U0587192

国学经典文库

图文珍藏版

多角度阐释中国历史　新视野感受华夏文明

中国古代野史

马昊宸⊙主编

中国野史

线装书局

图书在版编目（CIP）数据

中国古代野史：全4册 / 马昊宸主编. —— 北京：
线装书局，2014.6
ISBN 978-7-5120-1383-4

Ⅰ.①中… Ⅱ.①马… Ⅲ.①野史－中国－古代
Ⅳ.①K220.45

中国版本图书馆CIP数据核字(2014)第087860号

中国古代野史

主　　编：马昊宸
责任编辑：杜　语　高晓彬
装帧设计：博雅圣轩藏书馆 Boyashengxuan Cangshuguan
出版发行：线装书局
　　　　　地　址：北京市西城区鼓楼西大街41号（100009）
　　　　　电　话：010-64045283　64041012
　　　　　网　址：www.xzhbc.com
经　　销：新华书店
印　　制：北京彩虹伟业印刷有限公司
开　　本：710mm×1040mm　1/16
印　　张：112
彩　　插：8
字　　数：1360千字
版　　次：2014年6月第1版第1次印刷
印　　数：0001－3000套

定　　价：598.00元（全四册）

伏羲与女娲的婚姻

燧人氏钻木取火

女娲氏炼石补天

黄帝娶丑女嫫母为妻

纣王挖心

尊孔为圣

蒙恬制笔

昭君出塞

萧何月下追韩信

娶妻要娶阴丽华

竹林七贤

王献之与桃砚之缘

女史箴图（局部）

明皇幸蜀图

骆宾王畅饮图

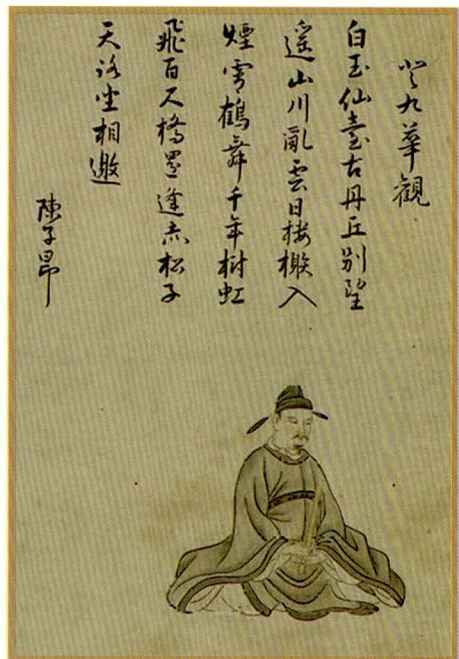

心九華观

白玉仙壺古丹丘别望

遥山川乱云日挂橫入

煙雪鶴舞千年树虹

飛百尺橋墨逢杰松子

天涯坐相邀

陈子昂

陈子昂一举成名

贺知章金龟换美酒

杜甫开药铺

柳宗元妙计除蛇精

狄青醉取昆仑关

范仲淹有志于天下

欧阳修大明寺里话泉水

辛弃疾剑劈义端和尚

吴敬梓拒绝赴考

前　言

　　野史，一般认为是指古代私家编撰的史书，与官修的史书不同的另一种史书，与"正史"相对而言。古代有"稗官野史"的说法，稗官者，采录民俗民情的小官也。所谓"野"，有两层含义：第一，从与在朝人士相对立而言，是在野人士（或士大夫的下层人士）所作，未经官方审定，更不是"钦定"的，甚至为官方所禁，不是藏于庙堂官厅，而是流传于"野"，当然，其中某些书也流传到官厅，在流传中经过官方删改；第二，从雅与俗、文与野相对立而言，是未经人工过分雕饰的，是原始的史料，虽然显得粗鄙，但具有原始性、真实性。

　　野史中所写的人物和事件大多是实有其人、实有其事的。刘鹗《老残游记》云："野史者，补正史之缺也。名可托诸子虚，事虚证诸实在。"相比较而言，正史的史料更可靠，更权威也更可信，但由于封建的正统观念及其他种种原因，也删去了一些本该记入正史的事情，而这些事情，便成了野史。

　　从另外的角度去观察历史未尝不能得到新的认知。在本书中收录了几千年来未曾被正史收录的野史材料，力求做到读者可以看到一个不一样的历史外貌。比如今天，评论汉武帝。这个人怎么评价？是好是坏？司马迁《史记》的《今上本纪》（《孝武本纪》），就是记载汉武帝的，满打满算5000字，有2500字是揭露汉武帝的暴行、丑行、恶行，至于汉武帝一生53年的帝王生涯，他干了那么多的好事，司马迁2500字搞定。你要是看了司马迁记录的汉武帝之后，你会觉得这人怎么这么糟糕啊，他那些成功的事只是一个偶然。好在我们还有班固，弥补了司马迁的不足，再比如，唐太宗在杀他哥哥和他弟弟的十个孩子的时候，手起刀落，8个月的孩子，格杀勿论。这难道不是一个暴君吗？到底谁是真实的？往往有的时候，私人笔记，他自己记载的东西，倒有可能接近于历史的真实。因为是私人笔记，他不是一个专家、一个史家，他依据的是自己的材料，他是用自己的眼光看自己所经历、所闻、所见，然后自己记载下来。所以，对于这些所谓的野史，我们不妨仔细审核、梳理，也可能有那么一点点用处。

用野史来证正史，未见得错。正史未见得都真实，野史未见得都虚构。具体怎么处理，仁者见仁、智者见智。我们都是依据历史现有的材料，做我们认可的一个推断，因为历史已经没有办法还原了，我们只能无限地接近真相。完全的真相，真的抱歉，已经过去了。历史恰恰因此而精彩。

本书摒弃了传统史学"为尊者饰、为贤者讳"的观念，采古今野史的精髓，引导读者从细节处发掘历史真相，力图通过简明的体例、精练的文字，新颖的版式、精美的图片等多种要素的有机结合，将帝王将相的性格心理、轶闻趣事，统治阶级的勾心斗角、尔虞我诈，政治军事的丑恶内幕、血腥手段，历朝历代的民间风情，数千年奇人异士的风流俊逸、洒脱风姿，立体、全息地呈现在读者面前，展示真实鲜活的历史。

目　录

夏代野史

商代野史

西周野史

国学经典文库

中国古代野史

·目录·

图文珍藏版

秦代野史

国学经典文库

中国古代野史

·目录·

图文珍藏版

5

国学经典文库

中国古代野史

·目录·

图文珍藏版

三国两晋南北朝野史

国学经典文库

中国古代野史

·目录·

图文珍藏版

9

国学经典文库

中国古代野史

· 目 录 ·

图文珍藏版

国学经典文库

中国古代野史

·目录·

图文珍藏版

国学经典文库

中国古代野史

·目录·

图文珍藏版

隋代野史

唐代野史

国学经典文库

中国古代野史

·目录·

图文珍藏版

五代十国野史

国学经典文库

中国古代野史

·目录·

图文珍藏版

宋辽金夏野史

元代野史

国学经典文库

中国古代野史

·目 录·

图文珍藏版

明代野史

国学经典文库

中国古代野史

·目 录·

图文珍藏版

国学经典文库

中国古代野史

·目录·

图文珍藏版

清代野史

国学经典文库

中国古代野史

·目录·

图文珍藏版

太平天国野史

洪宪野史

中国古代野史

远古野史

马昊宸 ⊙ 主编

线装书局

三皇野史

伏羲与女娲的婚姻

伏羲是我国远古神话传说中的"三皇"之一。传说中,伏羲氏教人结网捕鱼,耕田狩猎,为原始渔业、牧业和种植业的发展做出了积极贡献。相传,伏羲钻木取火,教民熟食;豢养牲口,驯服牛马;教民养蚕纺织、制定嫁娶礼仪;制作琴瑟,创作音乐,观天察地,演变八卦;与女娲通婚,繁衍人类。是一位博学多能的神奇人物。

传说,伏羲是雷神和人间极乐国王的女儿所生的儿子,他的妹妹就是女娲。在甘肃天水市坐落着一组明代建筑群,这就是闻名全国的"伏羲卦台"。庙内先天殿供奉着一座三米多高的伏羲像:浓眉粗黑,双眼滚圆,皮肤棕黄,身披鳞甲,好似龙人。而汉代画像砖上的伏羲,人首蛇身,穿袍带冠,腰身以下却是蛇躯,和女娲之躯缠绕在一起,似乎又是神蛇。

女娲

关于伏羲和女娲的婚姻,传说是宇宙初开之时,伏羲、女娲两兄妹居于昆仑山,当时天下没有人类。兄妹商议欲结为夫妻,又觉羞耻难当。兄妹两人指天盟誓说:"老天若是准许我兄妹二人结为夫妻,让我俩头上的烟雾汇合一处;若不是此意,请让我俩头上的烟雾离散。"果然,烟雾相交,于是兄妹结合了。在洛阳出土的西汉卜千秋墓壁画中,就绘有两人画像,人首蛇身,配有日月。在河南密县打虎亭汉墓和山东嘉祥县和氏祠的汉代画像石刻中,都有伏羲女娲交媾图。两人皆是人首蛇身,下体交尾,或分掌日月,共理阴阳,或分执规矩,共管乾坤。两人像旁饰以小儿像。从这里看,我们人类的始祖竟是神,我们中华民族的确是龙的传人。

伏羲这个人物,确实神秘难测,传说中他所发明创造的事物,有许多是难以想象的。

他仰则观象于天,俯则观法于地;近取诸身,远取诸物,创作先天八卦,用八卦的伦理定天地之位,分阴阳之数,表现了较多的自然信息,并用来占卜祸福吉凶。还作九九口诀,发明乘法并制琴瑟,作乐曲。

另外,他冒中毒之险,亲尝草木,辨别五谷。并尝百药之味,制造九针,祛除病魔,表现出了伟大的创造精神和奉献精神,对推动中华民族的文明进步起着巨大的作用。

天皇制干支

天皇是三皇之一,他有十二个头,兄弟共十二人。天皇最早制定天干地支,以表示时间顺序。干就是树干,其名称有十种,即甲、乙、丙、丁、戊、己、庚、辛、壬、癸,又叫十母。支就是枝叶,其名称有十二种,即子、丑、寅、卯、辰、巳、午、未、申、酉、戌、亥,又称为十二子。十天干和十二地支按顺序配合起来,可配成六十对,便可以纪年、月、日了。

地皇面如女子蛇身兽足

三皇之一的地皇氏确定了日、月、星三辰,区分了白天和黑夜。他兄弟共十一人,都长得面如女子,相貌似蛇身兽足。另一种说法是地皇兄弟十一人都长着女人脸,额头隆起,足如马蹄。这实际上也是说地皇兄弟皆蛇身兽足。

人皇蛇身九首

人皇氏是三皇之一,他共有九个脑袋,身子如蛇。人皇氏兄弟九人,分沿九州,各立城邑,凡一百五十世,合四万五千六百年。

三皇之说有七

三皇是传说中的三位远古帝王,有七种说法,《史记》以天皇、地皇、泰皇为三皇;《三五历记》以天皇、地皇、人皇为三皇;《春秋纬·运斗枢》以伏羲、神农、女娲为三皇;《白虎通》以伏羲、神农、祝融为三皇;《通鉴外纪》以伏羲、神农、共工为三皇;《帝王世纪》以伏羲、神农、黄帝为三皇;《礼纬·含文嘉》以燧人、伏羲、神农为三皇。

赤龙受娠

阴阳交和,就会发育出万物;男女交媾,就能生长出儿孙,这是世间的常理。单独一个阳,不会生育,这也是世间的常理。可是,却有单独一个阴,能够怀孕的事,像帝尧的母亲就是这样。她的名字叫庆都。庆都原来是火帝的女儿,她生在斗维之野,经常在三河南面活动。有一次,天空中电闪雷鸣,下了血雨。血雨浸透到大石头中,就这样,生下了庆都。庆都长大后,她的面貌就像火帝。她经常做被云龙覆盖的梦。她吃了饭之后,长时间不感到饥饿。当她二十岁时,就寄养在伊长孺家。她来往于三河之间,经常觉得有神灵跟随着她。这时,有一条赤龙背负着河图出现。庆都读河图上的文字:"赤色将受到上天的保佑。"在图的下面,有一个人,他穿着红色的衣服,满脸生辉,长着非常漂亮的胡须,身高七尺二寸,脚上穿着像鸟翅一样的鞋。在上面题写着一段文字:"赤帝,是上天降下的神奇宝物,能够制止阴风恶雨。"不久,赤龙就和庆都结婚。庆都怀有身孕后,赤龙忽然不见了。庆都怀孕十四个月后,在丹陵生下帝尧。帝尧的名字,叫放勋,他聪明过人,能够知道过去和未来的事情。当他长到二十岁时,就登上了帝位。

老人怪诞

帝尧即帝位以后,天下太平无事,百姓安居乐业。有一天,帝尧和帝后正在路上行走,他们看见路上有一位老人,身高九尺左右,胡须长得超过他的腹部,像雪一样白,精神焕发,在道路旁边敲击着土壤。看到他的人都感叹地说:"称得上伟大的,是上苍的美德呀!"老人笑着说:"我在太阳一出升时,就下地干活;直到太阳落山后,才回家歇息。我靠凿井饮水,靠耕田吃饭。上帝哪有我勤劳呢!"帝尧听到老人说的这番话,暗暗称奇,打算同他讲几句话。可是,老人头也不回,就扬长离去。有人说:"这就是古代的隐士。"

蛮女避婚

越裳氏重泽来朝见帝尧,进献一只大龟。这只大龟有一千岁,长宽有三尺左右。在大龟的背上有斗文的痕迹,依靠龟背的文字,能够事先占卜出天的晴阴。跟随重泽来的,还有一位女子,她身材苗条,神情活泼。帝后看到这位女子,非常喜欢,就把她养在后宫中。帝后让这位女子同她住在一起,帝尧也把她看作如同自己的亲生女儿一样。可是,每当帝尧和帝后打算为她订婚时,她就用手掩面,啼哭不止。他们询问她其中的缘故,可是这位女子就是不肯回答。过了几天之后,她忽然消失,到处寻找,都杳无音讯,就像消逝的黄鹤一样。

凤凰来仪

舜登上帝位的第二年,就制作了五弦琴来歌唱《南风》。这首歌词中说:"南风暖融融啊! 可以解决我的臣民心中的不满;南风按时季吹来啊! 可以使我的臣民日日生财。"百姓们听到舜唱的这首歌,都非常高兴。三年之后,舜任命夔作乐正,使音乐的六律声调都正确,没有偏差;使音乐的五声,都能和谐贯通。重黎要求再增加乐宫,帝舜说:"有一位夔,就足够了。"这样,夔创作了箫韶乐九章,使山中的各种野兽都来随着音乐舞蹈。天上的凤凰也来伴随着音乐翱翔飞舞。

妃受秘诀

舜遵父命去打扫粮仓,临去之前,告诉了他的两个妃子,妃子对舜说:"你进粮仓后,你父亲要把粮仓点燃烧死你。这时,你脱掉你的衣服,像鸟张开翅膀那样逃脱。"舜按妃子授他的秘计行事,死里逃生,没有被烧死。舜的父亲没有达到目的,便又命令舜去挖井。舜又告诉了二妃,妃子再次授计于舜:"到时脱掉你的衣服,从井下的旁洞中逃出。"此次,舜又大难不死。

燧人氏教民取火

燧人氏这一名字的由来是怎么回事呢?原来他发明了钻木取火的方法,教会了人们把食物烧熟了吃。熟食可以去掉食物的异味和毒性,有利于人的身体,使人们脱离了茹毛饮血的时代,故称他为燧人氏。

燧人氏教民取火

一交而人情遂

燧人氏最早倡兴男女交往,使人的情感之需得以满足,所以又称为"遂皇"。

产子如马

庸成氏的小儿子淫荡,同马交合而生下一子,长着人的身子,马的尾巴和蹄子。另一种说法是庸成氏的小儿子外表如马,所以生下儿子也像马。

民间趣事

女国奇闻

扶桑国东边一千多里处有一个女儿国,这里的女子个个容貌端正,头发很长,都拖到了地上。每年二三月间,她们都争着进入水中洗浴,如此便怀孕,到六七月间就分娩,孩子生下刚到一百天便能行走,三四岁时便长大成人了。

处女裙结杏子

有一株杏树开花很多但不结果实,一个媒婆笑着说:"明年春天把你这棵杏树嫁了出去。"寒冬,媒婆便带着酒来到杏树下,并把一条处女穿的裙子系在树上,祈祷了一番,然后离去了。第二年春天,这株杏树结的杏子特别多。

妇生十子能鸟语

云南保山西十里处,有一个名叫沙壹的妇女在池中洗棉絮,感应于沉在水中的一块木头而生下了十个儿子。后来,水中的木头变成了一条龙从水中出来,惊跑了九个儿子,只有一个儿子不跑,背着龙而坐。他的母亲说鸟的语言,把背说成九,把坐说成隆,于是这小孩便名叫九隆。后来,九隆娶妻生子,世世代代居住在山下,即是汉代的哀牢夷。

殉葬种种

古代葬人,扎草为人,随死者一起埋葬,作为死人的陪伴,称为"刍灵",其形状仅略似人形而已。到了中古,用俑取代了草人陪葬,这种俑人身上有一个机关,启动机关,便能跳跃,所以叫"踊"。俑人的面孔如同真人,只要开动机关,与活人确实太相似了。到了秦穆公死时,以大夫的一个儿子殉葬,而辽代皇后则以自己的一只手臂为皇帝殉葬。历史上关于殉葬的记载很多,说不胜说,害在始作,所以孔子说:"始作俑者,其无后乎。"

虹娠

伏羲氏的母亲住在华胥之渚。一次,她在野外踩到一个巨人的脚印上,受到感应,并且有一道彩虹绕在她的身上,因此便怀孕了,在成纪生下了伏羲氏。

制定嫁娶之礼

伏羲氏制定了嫁娶时以双数的兽皮为礼品的礼节,他还给人们规定了姓氏,建立了互相通婚,嫁娶生育的制度,以便使先民懂得和重视人伦道德,从而人们才脱离了蒙昧。

男子娶亲,女子出嫁,为什么要这样呢?这是因为女子属阴而卑下,不得自作主张,随心所欲,所以必须依靠属阳的男子,结成婚姻,然后生男育女。因此,《易传》说:"阳唱阴和,男行女随。"男子不自作主张娶谁,女子不自作主张嫁谁,必须由父母来安排,须通过媒妁来进行,这是为什么呢?是为了防止男女间出现淫乱私奔的事情。因此,《诗经》中说:"娶妻之事,必告父母。"又说:"娶妻之事,非媒不得。"男子三十岁时娶妻,女子二十岁时嫁人。阳数奇,阴数偶。男长女幼,阳舒阴促。男子到了三十岁,筋骨方才强壮,可以做父亲了;女子到了二十岁,肌肤已经丰满,可以做母亲了,男女的岁数合在一起是五十,正与衍生万物的大衍之数符合。所以,《礼·内则》说:"男子三十,身体强壮,可以娶妻生子;女子二十长大成人,可以嫁人了。"七岁是阳数,八岁是阴数,七加八是十五,阴阳之数皆备,有求取配偶的念头,因此《礼记》说:"女子十五到了许嫁年龄,举行成年之礼后便许嫁。"礼规定女子许嫁,是以阴系阳,使女子专一其志,不生旁骛之心。三十数三终,奇数,属阳。二十数再终,偶数,属阴。阳小成于阴,大成于阳,所以男子二十岁行成人礼,结发戴冠,三十而娶。阴小成于阳,大成于阴,所以女子十五举行成人礼,二十而嫁。

婚礼上用雁作为礼品,是取大雁根据季节变化而南迁北返,从不违时,以表明女子到年龄就该出嫁,不延误其时。又取大雁飞则成行,止则成列,表明嫁娶之理,长幼有序,不相逾越。《礼》:"娶新妇之家,三天之内不能有音乐之声。"这是为了思念如何延续祖宗血脉,有感于双亲年老体衰,将由子孙来代替了。所以,《礼》又说:"婚礼不庆贺,因其意味着后代将取代前代,代代相传。"出嫁女儿的人家,三天之内不生火,这是因为思念女儿的分离。丈夫有恶行,但妻子也不能离去,这是因为地没有离开天的道理。《礼·效特性》说:"女子一旦嫁夫,便终身不改其志,只有丈夫悖逆人伦,杀害了妻子的父母,乱纲常,绝仁义,方才可以离去。同姓不结婚,这是为了遵守人伦,防止淫乱,耻于禽兽同伍。"《曲礼》说:"买来妾不知道她的姓,则通过占卜来决定是否娶之。外亲中属堂表关系的也不能婚配。"

女子在家时学习侍奉公婆,而不学习侍奉父母,是为了将来做到夫妇一体。《礼·内则》说:"小妾侍奉正室夫人,应如侍奉公婆那样,表示对其尊重,以免她产生嫉妒之心。"

太昊制乐

太昊制作了荒乐,歌扶徕,咏纲罟,以统治天下之民,给其乐命名为《立基》。他又用桐木制琴,以绳丝为弦,共有二十七根弦,命名为"离徽",以此琴声来祝告神明,沟通天人。纴桑是三十六弦的瑟,制造它的目的在于修身养性,返于天真。音乐就是从此而产生的。

太昊死后,共工氏作乱,女娲诛杀了他以治理天下,并命令臣子随制作笙簧,以沟通各地方的风俗娥;陵氏制造了乐器都良管,以统一天下之音;又把五十弦的瑟一分为二,制成二十五弦的瑟,音乐从此和谐动听了。

女娲氏炼石补天

远古之时,天空坍塌,出现了一个大窟窿,地上也裂开了一道道的大裂缝。女娲在大江大河里拣了许多五色的石子,在火上把它们熔炼成胶糊状液体,然后用这些液体把天给补好了。她怕补好的天再塌下来,便又杀了一只大乌龟,斩下它的四只脚,用来代替天柱,竖立在大地的四方,把天撑起来,因此天空便再也不会坍塌了。她又杀了在中原地区为害已久的一条黑龙,赶走了各种猛兽、凶鸟,使该地之民再也不惧怕恶兽猛禽的残害了。最后,她又把芦草烧成灰,堆积起来,堵塞住了滔天的洪水,从而拯救了人类。

归美山上的石头都是赤红色的,色泽艳丽,如同用画笔描绘而成。山势巍峨,直插云霄,被称为"女娲石"。

女娲氏最早懂得冶炼金属的技术,用来补天空的缺陷。

葛天氏作乐

葛天氏治理天下，不言而自信，不化而自行，自然无为，世风淳朴。他制作的音乐，三个人手持牛尾巴，边跳边歌唱，称为《广乐》。

男女安居

伏羲氏时期的人，每天吃饱肚子后便游玩嬉戏。他们白天活动，晚上休息，渴了便喝，饿了便吃，自由自在，既不知道行善，也不知道作恶。无怀氏时期的人，吃得好，住得舒服。他们都留恋自己住的地方，重视自己的性命，哪儿也不去，虽然鸡犬之声相闻，但是人们之间老死也不相往来。

有妃无后

远古之时，君王之妻只称为元妃，到后来才称王后。商代之前，天子的配偶都称妃，如黄帝有四个妃子，以元、二、三、四称呼。帝喾也有四个妃子，也同样称呼。

神龙生帝

神农帝的母亲名叫安登，她同神龙交合，怀孕后在烈山生下了神农。

厉乡县有一个石洞，从前神农就生在这里，所以人们称该洞为"神农穴"。神农在姜水边生活长大，因此以姜为姓。

父母草木

上古时候，山中长有一种椿树。这种树寿命特别长，以八千岁为春，以八千岁为秋。所以，人们便称父亲为"椿庭"。

吃了萱草，可以使人忘掉忧愁。所以，人们称萱草为"忘忧草"。女人怀孕了，如果佩带萱草花，便生儿子，所以萱草又称"宜男草"，而人们又往往称母亲为"萱堂"。

黄帝娶丑女嫫母为妻

在我们对先祖黄帝敬仰之余，也对他的婚恋生活做一些了解吧。虽然黄帝位居首领，功德齐天，但传说他的次妃竟面如黑漆、额似石锤、两颧高耸、鼻塌嘴阔，简直是面目狰狞的奇丑之人，人们不禁要问：这是为什么呢？

据说有一年，黄帝带着妃子和子女们，威风八面地出去巡游，前呼后拥的浩荡车驾路过一片桑园。突然，一个采摘桑叶的姑娘被毒蛇咬了一口，一声惊叫引起了黄帝的注意，便下车朝桑园走去。只见众多采桑女围住那个姑娘不知所措，那个姑娘又痛又怕，呜咽抽泣。正在混乱之时，一位黑衣女郎站出来制止了慌乱的人群。她一面令人去采

黄帝

草药、舀清水、一面拔下头簪挑破伤口，挤出污血，吮吸毒液，随后用水清洗了伤口，敷上草药。不一会儿，那姑娘就转危为安了。

这个镇定自若、化险为夷、助人为乐的女子就是嫫母。她因相貌奇异，快到三十岁了仍嫁不出去。自己也自惭形秽，不愿抛头露面，这次是为了救人才挺身而出。

黄帝被她临危不乱、决断有方的才智所折服。他定下心来思索一会儿，毅然宣布纳其为次妃，随侍巡幸。此语一出，众人莫不惊诧，不禁议论纷纷。

哪个男人不爱美女？作为广有四方的中原大帝，什么漂亮女子没见过？身边何时少过倩丽多姿的美人？他怎会突发奇想纳丑女为妃，难道不怕被人耻笑吗？但是不久，大家便理解了黄帝心意，他是"以德取人"。黄帝后来让嫫母总管后宫事务，她出色的组织能力，诚恳待人的态度，果断办事的风格，都充分表现出来，将后宫治理得井井有条，免去了黄帝的"后宫之忧"，堪称"贤内助"。

国学经典文库

中国古代野史

·远古野史·

图文珍藏版

后来在一次巡游途中,黄帝的正妃嫘祖不幸死去,黄帝命嫫母主持盛大的祭祀活动。她调度得当,应付自如,亲自戴着凶猛可怕的面具作为"方相",率领一支几百人的舞蹈队伍,边舞边喊,震天动地,使一场驱逐恶鬼的活动进行得有声有色,非常成功。

据说嫫母也为黄帝生有一子,名叫苍林。嫫母以她高尚的道德品质和卓越的才能,赢得了黄帝的喜爱。

后人对此事评议不绝,有人认为,这是人们审"美"的标准不一样。比如,汉成帝刘骜的皇后赵飞燕身材窈窕,当时的女人就都束腰,少吃食物,饿得昏头昏脑,以达到以瘦为美的标准。唐玄宗时,杨贵妃受到宠爱,女人们争相仿效她,以胖为美,瘦就成了"丑"。宋时,妇女缠足盛行,以小脚为美,那些"天足"的女子则可能要嫁不出去。

在容貌上,人们往往"以貌取人"。西施、王昭君、貂蝉、杨贵妃并称为中国的"四大美女",被誉为"闭月羞花之貌、沉鱼落雁之容"。历史上有名的妹喜、妲己、褒姒、赵飞燕、李师师……也都有"倾国倾城"之色。但因为荒淫的帝王贪恋美色,误国误民,这些美女就被称作"女祸",被人口诛笔伐,骂名千古。

那么,娶丑女为妻者,真的以丑为美吗?难道他们天生爱丑?也不是这样。他们看中的是女人的品德,而不是容貌,即"以德取人"。如战国时代齐宣王田辟疆就娶了丑女无盐为后。无盐长得臼头深目,长指大节、仰鼻结喉、皮肤黝黑,但关心政事,勇而有识,使田辟疆深深叹服,成了他治国的有力贤内助。再如,三国时期蜀相诸葛亮,聪明能干,而且长得相貌堂堂,娶了瘦黑矮小、一头黄发的黄硕,此女自幼才识过人,颇有心计,上通天文,下通地理,精于诗画,长于兵法。对诸葛亮成就大业帮助很大。她们的故事后来都成为人们津津乐道的佳话。

黄帝娶丑女嫫母的根本原因,主要在于从治国治家的大局出发,选择一个德才兼备不可多得的女能人。因为,当"才"与"貌"不能兼得时,"才"更重于"貌"。

尧舜禅让

尧很善于治理天下,任命羲和掌管天地,派羲仲等四人掌管东、南、西、北四方。他还制订了历法,把一年分为春、夏、秋、冬四季,共三百六十六天,使农牧、渔猎都按季节进行。尧在位七十年,在他八十六岁那年,自觉年老力衰,想找个继承人接他的班。不久,人们就推荐了贤能有德的舜。据说,舜是个眼珠里有两个瞳仁的奇人。舜从小死了妈,跟双目失明的爸爸过日子,后来,他有了继母。继母生个儿子叫象。这个像好吃懒做,凶狠顽劣,极能搬弄是非。他和他母亲密谋,想方设法要害死舜,好独得家产。但舜却以德报怨,一直善待他们,并不介意。尧知道后很满意,就把自己的两个女儿娥皇和女英嫁给了舜,以便对他进行了解和考验。舜靠自己的美德,在历山,使争夺土地的农民懂得了谦让;在雷泽,使争夺房屋的渔民化仇为友,和睦得如同一家人;在河滨,他还使陶器制造的更精致。这种种的政绩,使他英名远扬,每到一处,总有许多人紧随其后,逐渐形成了村落、乡镇、城市。尧给了舜很多东西作为赏赐。

舜的瞎爸爸和象眼红极了,想出更狠毒的手段害舜。一次,瞎爸爸让舜到粮仓顶上干活,然后他在下面撤掉梯子,放了一把火想烧死舜。幸亏娥皇、女英早已识破了这个阴谋,叫舜上粮仓时带上两顶斗笠。当下面火起之时,舜两手各举一顶斗笠,如同翅膀,从房上飘落下来,安然无恙。又一次,瞎爸爸让舜去淘井,想趁机往井里填土,活埋舜。没想到,舜竟在井壁上凿了一个洞,从旁边的斜道爬出来了,大难不死。事后,舜没有计较,并不怪罪报复他们。

尧听说舜这样心胸宽广,对他更加放心,于是,就把治国大权交给了他,自己则带一班人马到各地巡视去了。舜就这样干了二十年,事事办得井井有条,深得人心。这时,尧已经一百多岁了,视察天下归来,就把全部权力都交给了舜,自己在家养老。这就是"尧舜禅让"的故事。

还有一个"插曲":舜到晚年也像尧一样到处视察,不幸在苍梧地区病逝。他的两个妃子娥皇和女英非常想念他,常常扶着门前的竹子落泪,点点滴滴的泪珠滴在竹子上,凝成了斑斑点点的花纹,即"湘妃竹",也叫"斑竹"。

中国古代野史

夏代野史

马昊宸 ⊙ 主编

线装书局

迎亲始于夏

从遂皇氏开始才有夫妻之道，五帝驾车娶妻，夏代开始到女方的庭院迎亲，以后殷商到堂上迎亲。周代规定了男女成婚的年龄，到了年龄才可以结婚，成亲时男子来到女子的屋中迎接，结婚时规定的六种礼仪开始完备。然而，成亲时男方亲自去迎接女子这一礼俗实开始于夏代。

不甘独宿

禹长着长长的脖子，有鸟喙一样的嘴，面貌长相丑陋不堪。他已经三十岁了，可是，还没有娶妻，主要原因就是因为他太丑了。有一天，禹途经涂山，看到一位女子，他深深地爱上了这位女子，就把自己爱慕的心情表达给这位女子，打算和她订婚。这位女子对禹的求爱，没有推辞，并答应了禹的要求，结果禹如愿以偿。可是，由于禹整天要为天下的老百姓操劳，他白天顾不上吃饭，晚上也抽不出很多时间睡一个安稳的觉。禹的妻子非常不高兴，她创作了一首哀婉的歌曲，向禹倾诉内心的哀怨和对禹的思念。

黄龙负舟

大禹正在过江。这时，有一条黄龙托起禹乘坐的大船。船上的人都大惊失色，只有禹的神色不变。他说："我受到上天的保佑，竭尽自己的全部力量为百姓服务。我活着是由我的德性决定的，我死则由上天来裁决，一条小小的龙能把我怎样呢？"过了不长时间，这条龙就俯首低尾消失了，而禹乘坐的船却安然无恙。

泣罪于途

禹外出，看到一个犯罪的人，就走下车来，哭泣着询问这位罪人。左右的人都说:"罪人不顺从道义,君王为什么要悲怜他呢?"禹回答说:"作为尧舜的人,都以尧舜的想法当作自己的想法。我作为一个国家的君主,百姓们却各自以自己的想法当作支配行动的思想,因此,我深感痛心。"

钟鼓之乐

大禹以五音听治,在悬挂钟磬架子的柱上刻字说:"凡来用道理开导我的请敲鼓,用义晓谕我的请打钟,告诉我事情的请摇铎,向我诉说忧愁的请击磬,向我告状的请摇鼗,大禹还常常说:"我不害怕四方之士留在路上,唯恐他们留在我门前。"

杀防风氏

大禹在会稽山大会诸神,防风氏迟到,很晚才来,大禹便杀了他,其骨头装了满满一车。防风,即今浙江武康县。

群鸟耕田

大禹死后葬在会稽,安葬时穿了三层皮衣,桐木棺材厚三寸。

山上有禹井禹祠,相传山下群鸟可以耕田。大禹病死之后,用苇席卷尸,挖地七尺而葬,墓穴虽深,但穴壁不塌,穴底无积水。墓上筑坛,高三尺,有土阶三级,一亩见方。

胸坼而生禹

帝王禹本来是夏后氏的后代,姒姓、母亲叫"修己",她在夜晚睡觉时看到一颗流星从天而降,她在梦中,感觉到和这颗流星有了接触。她又吞食了神珠薏苡,在石纽,当她拆开自己的前胸,就生出了禹。禹长着虎鼻大嘴,两个耳朵都有大孔,头上戴着钩,胸前有玉斗,所以命名为文命,字称高密。他身高九尺二寸,在西羌夷人那里长大。起初,禹在没有被任命为官时,他的父亲已被降职。禹在百姓中,显现出高尚的道德,因此,他开始受到上天的保佑。

得山海经

禹在《黄帝中经》中看到圣人所记载的话:"在九嶷山的东南有天柱,号称'宛委'。天柱用文玉作基础,它的上面用磐石覆盖。在天柱上,有青玉写成的字,并用白银加在编织。"禹因此到东方巡狩,登上衡山来找天柱。在他躺下歇息时,看到了一个穿着红绣衣男子,自称夷仓水使者,前来等候他。这位身穿赤绣衣的男子,让禹斋戒三个月,再去寻找天柱。这样,禹斋戒了三个月,登上了宛委山,他找到了一本书,按着书中的记载,禹走遍了天下。他把书中的话,大略记诵下来,并把此书称为《山海经》。

禹帝

夜明珠

大禹凿劈龙关之山,也叫龙门,发现一处岩洞,有几十里深,洞中漆黑一片,无法行走。大禹举着火把进洞,发现洞中有一只模样像猪的怪兽,嘴里衔着夜明珠,发出的光亮就像烛光一样,大禹因此而发明了灯笼。

传子

大禹本来把天下让给帮他治水有功的伯益,伯益死了,诸侯便把天下归还给大禹的儿子启,因此启便继承他的父亲而有了天下。帝王不传位于贤人而传于子,是从夏启开始的。

国学经典文库

中国古代野史

·夏代野史·

图文珍藏版

红绢抹额

大禹娶涂山氏之女为妻,娶亲当天晚上,天上雷鸣电闪,雷电中出现披甲的士兵千人,还有一些不披甲的,额头上都扎着红绢。

母教

大禹的妻子涂山氏懂得训教儿子的方法,启受到了她的品德的影响和感化,因而成就了美名。

好闻裂缯

夏王桀残暴、荒淫,但是,他却很有才干,并且还有力量。他伸出手来就可以钩住铁索,空着手,就可以和老虎、黑熊这些猛兽搏斗。夏王桀派人到处搜寻美女,把她们都安置在后宫中,他还建造了琼室瑶台,修建的金柱有三千多个。从桀时开始,用瓦覆盖屋顶,以此来遮挡雨水。桀又选择了很多个子矮小的倡优进宫,为他演秦靡靡之音,为他表演杂技。在宫殿中,每天都充满了嬉戏玩耍的淫荡声音。桀不分白天还是黑夜,都同妹喜以及其他的宫女在一起饮酒。他经常把妹喜放在自己的膝盖上。妹喜有一种癖好,喜欢听撕裂缯帛的声音。于是,桀就让人拿出缯帛,一块一块地撕扯,来满足妹喜的要求。桀用人驾车,用肉堆成山,用肉干建成树林,用酒充满水池。他敲一通鼓,就派出三千人到池边像牛饮水一样地来喝酒,这些人都喝得酩酊大醉,落入池中,被酒淹死。桀还把老虎放到市场中,他兴高采烈地观看市场中的人受惊吓而四散逃走的惊恐样子。伊尹举起酒杯,到桀面前进谏说:"君王如果不听群臣的话,离灭亡的日子就不远了!"桀却满不在乎地说:"你又来散布一些妖言了。天下有太阳,就像我有百姓一样。只有太阳死亡了,我才会灭亡。"

龙逢行歌

桀经常在瑶台观看对罪犯施加炮烙的刑罚。他对龙逢说："观看这种刑罚，快乐吗？"龙逢说："很快乐。"桀说："观看对犯人处刑，却说快乐，难道你就没有一点恻隐之心吗？"龙逢回答说："天下的人都感到痛苦，而君主却感到快乐。我们做臣的就像是君主的手脚一样，哪有君主内心感到快乐，而他的手脚不快乐的呢！"桀对龙逢说："我要听你进谏。如果你进的谏言，适合我的心意，我为你记功晋爵。如果不能满足我的要求，我就刑罚处置你。"龙逢说："臣下看君主的帽子不像是一顶帽子，这顶帽子是一块摇摇欲坠的石头。臣下看君主穿的鞋子不像一双鞋子，这双鞋子像是踩在春天将要溶化的冰上。没有像摇摇欲坠的石头一样的帽子不会把人压垮的，也没有像踩在春天的冰上的鞋子不会陷入冰水中的。"桀叹息着说："你只知道我会灭亡，却不知道你自己也要灭亡。我马上就要处你炮烙的刑罚，看着你死亡。这样，你也就会知道我不能灭亡了。"龙逢于是当场作歌，唱道："上天赐给我劳苦的命运，最后结束我的生命却用炮烙的刑罚。"他唱完歌，就跳入熊熊的大火中，被火烧死。

女喜男装

夏桀的妃子妹喜美艳无比，但是无德。她特别喜欢佩带宝剑，把自己装扮成男人的样子。

群臣作歌

夏桀凶残无道，他手下的臣子们一起作歌唱道："江水浩荡兮，舟楫损坏兮；我王荒淫兮，去归薄兮，薄才是我的乐土兮。"还唱道：乐兮，乐兮，四马飞奔兮，六辔矫捷兮，离开不善而从善，何不乐兮。"

桀犬吠尧

夏桀的狗,可以被指使来吠尧;而盗跖的门客,可以被指使刺杀子由。这正是各为其主。

夜宫男女

夏桀凿池为夜宫,男女杂处,荒淫如禽兽,三旬不去上朝,政事荒废。臣子终古手执图法哭着劝谏夏桀,夏桀根本不听,于是终古便逃奔商部落。

桀杀豪杰

使夏朝灭亡的是夏桀。夏桀先后六次诛杀豪杰。伯益的后代叫费昌,为了逃脱桀的魔掌,他率领部落大迁移,归顺了成汤。

杀关龙逄

夏桀荒淫无道日甚一日,关龙逄进谏说:"古时候的君主,爱人民,节费用,所以在位的时间长。如今君王您穷奢极欲,日用无度,杀人如麻,离灭亡没有几天了,你怎么不稍加悔改呢?"夏桀根本听不进去,关龙逄站着不离开,夏桀怒从心来,便杀了关龙逄。

关龙逄

中国古代野史

商代野史

马昊宸⊙主编

线装书局

成汤祈雨

夏桀王荒淫无道,老百姓们怨声载道,无法生存下去。他们都感慨地说:"这个太阳啊,什么时候能够消灭,我们宁愿与你一起灭亡。"汤向夏桀王哭诉民间的疾苦。夏桀王却把汤囚禁在夏台,以后又把他释放了。这样,各地的诸侯都开始背叛夏桀王,而归附了商汤王。在同一天,向汤进贡的诸侯就有五百多个国家。经过三年的时间,天下的人民都服从了汤。汤自从征伐夏桀王后,全国大旱了七年,整个洛水都枯竭了,汤派人手持三足鼎到山川附近祈祷说:"是因为我的欲望节制得不够吗?是因为使人民蒙受了疾苦了吗?是有进谗言的人在作祟吗?是营建宫室过分了吗?是由于迷恋了女色了吗?为什么上天这么长的时间不降下一滴雨水呢?"殷史占卜说:"应该用人做祭物来祈祷。"汤说:"我求雨的目的,是为了天下的百姓。如果一定要用人做祭物来祈祷,我就甘愿做这个祭物。"汤于是斋戒,剪去指甲和头发,把自己作为祭物,在桑林的社前祈祷说:"我向上天后土请求:各地方犯下的罪过,都是我一个人的罪过。我自己犯下的罪过,不要牵连到各地的百姓。不要因为我一个人做了不好的事,就使上帝鬼神伤害百姓的生命。"汤的这些话,还没有说完,上天就降下了倾盆大雨。下雨的范围,方圆有数千里。

扶都生汤

主癸的妃子扶都望见有一道白气贯穿月亮而生下了汤。尧封契于商,并赐姓子,主癸便是契的第十二代孙。汤的祖先是契。契的母亲名叫简狄,是有娀氏的女儿。简狄与三个同姓大夫的妻子在河中洗浴,玄鸟从天上掉下来一只蛋,简狄吞吃了蛋,便生下了契。由于契是他母亲吞吃了玄鸟蛋后生的,所以尧赐他姓子。

妲己丧邦

纣王生来身材高大,力气过人,空手能与猛虎格斗,拉回九头老牛,能像根柱子似的挺起房梁。有个姓苏的背叛了纣王,于是纣王率兵追拿他。苏氏无奈,把一美女妲己奉献给纣王。纣王非常高兴,于是免除了苏氏的刑罚,把妲己接纳为妃,整日与妲己寻欢作乐,沉醉于酒色之中。对拥护他的人大大加赏,高官厚禄,对憎恨他的人一律杀头。生活越来越放纵。他让人用象牙做筷子,他的儿子感叹地对父亲说:"有了象牙筷子,一定要有漂亮的筷笼,也一定要有犀玉做成的杯子,吃熊掌豹肉;也不穿粗布衣服,住在这样破旧的房屋也不合适,衣服要绫罗绸缎,游山玩水,住豪华的宫殿呀。"过了五年,纣王果然修建了皇宫,用碧玉装饰得富丽堂皇,七年才修成,宫殿的面积有三里地的范围,有千丈高,大宫百余个,小宫七十三处。宫中有九个集市,车能在里面行驶,马能在里面奔跑。纣王整日更加挥金如土。六月时节,率浩浩荡荡的队伍在西山狩猎。过了一年,天突然下起了大雨,狂风大作,电闪雷鸣,牛马都被水漂浮起来,房屋倒塌,树木毁坏,大火烧毁了皇宫,一直烧了两天两夜,哭喊声响成一片。纣王对此均未感到恐惧,但他从此神情越来越恍惚,诛杀一切进谏者。几天几夜不进茶米,越来越糊涂健忘,分不清身边的左右官员,也不知道过问什么。箕子私下对人说:"这个国家算完了,百姓将处于水深火热之中。作为一个国王不闻不问,我却心急如焚,我们的国家要衰败了。"一日,宰相派人送给纣王做好的熊掌吃,纣王说熊掌不熟并大怒,于是杀了宰相。纣王更加摧残文武官员,殃及百姓。剖开孕妇的肚子观看胎儿蠕动,又把人杀掉来喂老虎。文武官员们叛的叛,逃的逃,都离他而去。妲己对此从不用重刑,纣王却想对这些叛官处以重重的刑罚。于是先用大烙铁烧红了烙,用火烤,被用刑的人所遭受的痛苦,令人惨不忍睹。纣王越发暴虐起来,让用刑的人脚上涂些滑膏,让他站在火炭的边缘上,脚下一滑便跌落在火中,纣王与妲己人笑而不管其死活,并取名说这是炮烙的刑罚。待武王率诸侯兵马来攻打纣王时,纣王的官兵都不抵抗而溃逃。纣王自己感到大势已去,他登上鹿台,裹着绫罗绸缎,自己投入火中,结束了他罪恶的一生。

剖朝涉者之胫

"剖"的意思是斩。纣王在冬天看见一个人清早便在水中行走,认为这个人腿中的骨髓如此耐寒,一定与别人有所不同,便砍断这人的腿,来查看他的骨髓是否特别。

纣王画像

剖孕妇

纣王看见几个孕妇，想亲眼看一下怀孕到底是怎么回事，便把一个孕妇的肚子剖开观看。由于血四处喷溅，看不清楚，便又剖开一个孕妇之腹看，还是看不清，又剖开一个，先后一共剖了三个孕妇之腹，暴虐如此，令人发指。

西伯梦熊

西伯侯姬昌将要出外打猎，行前占卜吉凶，卜辞是："非龙非彲，非熊非罴，非虎非貔，所获霸王之辅。"果然应验，在渭水北边遇上了姜太公。

白鱼入舟

周武王姬发去东边阅兵，行至孟津，乘船渡黄河，船至中流，有一条白色的鱼跃入武王的船中，武王便用这条鱼来祭祀。鱼属介鳞类，象征着兵战。白色是殷商所崇尚的颜色。所以，白鱼入舟乃是殷商的王运归于周的预兆。

王屋见火

周武王渡过黄河之后，天上有一团火红球降下来，落在武王所住的屋子顶上，变成了一只鸟，鸟的颜色赤红，叫声和悦。赤色是周族所崇尚的颜色，鸟代表孝，武王完成了父亲的大业，所以有赤鸟降临的吉祥之兆。

纣王挖心

比干见微子走了，箕子发狂了，便叹息着说道："君王有过失而不劝谏，这是不忠；惧怕死而不言，这是没有勇气。君王有过失便直言劝谏，如果不被接受便以死相谏，这才是做臣子的忠心的最高体现。"因此，他便去当面谏说纣王，坚持不懈，三天过去了还不离开。纣王问比干为什么要这样自持，比干回答："修善行仁，我这是以义自持。"纣王大怒，说："我听说圣人的心有七窍，今天我倒要看看你的心是不是这样！"因此便杀了比干，剖开他的胸膛，挖出心脏来查看。

箕子披发

箕子反复劝说纣王而不听，便叹息道："做臣子的劝谏君王而不被听从，便愤而离去，这是显扬君王的罪恶，而自己取悦于民众，这样的事情我是不忍心干的。"因此，他便披头散发，假装疯子，寄身为奴，隐沦民间，以弹琴来抒发自己心头的悲伤。箕子所奏的琴曲流传后世，名为《箕子操》。

杀妲己

周武王斩下了纣的头，悬挂在白旗上，然后又杀了妲己。妲己笑起来有百般媚态，见者无不动心，相传杀她时，执刀者不忍下刀，只好把她的脑袋蒙上，然后才下刀的。

妲己面有雀斑

妲己又写作黮己。《说文》:"，黮白上有黑之意。"《字统》:黮，"黑而有艳之意。"把这两种意思综合起来看,大体上可以说妲己脸上有雀斑。

妲己好淫

纣王见大势已去,死到临头,便逃到鹿台上面。妲己在大难临头之际,仍不忘淫乐,请求纣王同她云雨,说:"阴可补阳,我愿与君交合,博君欢心。"交合时,纣王甚疲惫,妲己笑着说:"君王力不如前,是由于旷日太久的缘故吧。"

妲己求免刑

妲己即将被杀头之前,以宝物赠执刀者,对他说:"你如果放了我,我一定厚报你。请你转告西伯侯姬昌,纣王暴虐无道,这是我的功劳,不然他能伐纣吗?"武王姬发听了之后,想赦免妲己,姜太公阻止不许,说:"妲己是一个女妖,怎么可以宽恕她呢?"

妲己坐膝

纣王一次拥着美女嬉戏作乐,妲己见了笑着说:"怎么安排我呢?"说着便坐到了纣王的膝上,把别的美女招到眼前,褒狲交至,丑态百出,不堪言说。

妲己打胎

纣王剖孕妇之腹,是妲己让他这么干的,原来妲己担心自己一旦怀孕了,不能顺心所欲地淫乐,所以预备堕胎的办法。也有人说,纣王喜欢看女人的阴部,所以剖孕妇之腹。

女子从征

周武王阅兵,诸侯不约而前来会合的有八百国之多,军队行进于道,所过之处,民众纷纷加入,商人、工匠、农夫、渔夫赶来参加,妇女们不做饭,跑来参战,连老年人也携着棍杖来了。牧野之战,纣王的兵越来越多,哪知道这都是已经归附了武王的老百姓,谁能不临阵倒戈呢?

为女复仇

纣王放火自焚,火势渐旺,烧到他的肉了,痛得他喊道:"难道没有一个怜爱我的人吗? 看着我这样都无动于衷吗?"一个周朝的兵士应声说道:"我的女儿爱你很久了。"原来,纣王释放西伯侯姬昌之后,姬昌便把这个士兵的女儿献给了纣王,供纣王作乐而用。这个士兵听说自己的女儿已经被纣王杀死了,所以说这种气话。

鳏寡动心

周朝的军队杀妲己时,百姓争着前去观看。他们看到妲己皮肤白嫩,柔润如珠玉,螓首蛾眉,别具一种特殊的韵致,以致不知有多少人回到家之后心里还在想着妲己的漂亮,因此废寝忘食。从此,民间就多了些男女私奔之事,周代风俗渐渐改变,这未尝不是妲己的坏影响在起作用。

中国古代野史

西周野史

马昊宸⊙主编

线装书局

帝王传奇

周文王姬昌

　　周文王,姓姬,名昌,晚年自号为文王。他在位五十年,承袭其祖上的政策,使周国很快强盛起来,不仅具备了推翻商王朝的力量,也为周武王的伐纣夺取天下打下了良好的基础,推动了整个社会的进步。他所创立的卓越功绩值得后人崇敬。

周文王

1.时是贤能遭忌被囚

　　传说周朝王业是以古公亶父开始的,他有三个儿子:长子太伯,次子虞仲(即仲雍),少子季历。季历生子姬昌,聪明伶俐,卓荦不凡。传说,姬昌出生时,曾有一只口衔丹书的赤雀落在他门前,人们认为他有圣王吉兆。古公亶父很爱姬昌,曾说:"我们家族将来当有兴国立业的人出现,大概就是姬昌吧?"太伯、虞仲知道古公想要立季历,以便传位给姬昌,哥俩为了让位,就来到南方"荆蛮"地区(今江苏苏州、无锡一带),像当地土著一样,断发文身,定居了下来。于是季历在古公之后当上了周人的首领。太伯、虞仲避免与弟弟争夺王位而主动远徙退让,这在当时是难能可贵的,因而周人常赞颂他们此举,无形中在部族内部养成了崇尚仁义和礼让的风气。

　　季历当政时期,周的势力渐趋强大,曾多次在与南下侵扰的游牧部落作战中取胜,赢得了西北地区一些小邦国的拥戴。商王便承认季历做西方的霸主,号称西伯。后来商王文丁因感到周国的威胁而杀害了季历。季历死后,姬昌即做周君,也号称西伯,后称周文王。

周文王继承后稷、公刘的遗业，效法古公亶父、季历的成规，笃行仁政、敬老爱幼、礼贤下士，并且以商纣王为戒，始终保持周人质朴的美德，坚持过着俭朴无华的生活，不贪图享乐，玩物丧志。他勤于政事，重视发展农业生产，亲自穿着平民的衣服，从事开山垦荒、耕田种地的劳役，并从中体察民情，了解农民的辛苦。他还很关心那些鳏寡孤独的小民，帮助他们解决生活上的困难。

周文王很注意施行仁政和裕民政治，主要就是适当节制租税征收，让农民有些积蓄而保持对劳动的兴趣。为此他采用了一种类似征收劳役地租的办法，即将每一方里的农地划成一个井田区，每井共九百亩（每百亩约合今 24.6 亩），正当中的那一百亩为公田，外围让八家农民各分得一百亩作为私田。大家共同助耕公田，交九分之一的租税。大小官都有分地，子孙可以继承，作为公禄。这比商朝奴隶制国家的租税征收数额要少许多。其次是规定关卡和集市只稽查不征税，以利裕民和促进商业的发展。此外，还规定对罪人判刑不株连妻室儿女，不许把他们籍没为奴。这些政策都是比较进步，很得人心的。

由于文王的贤明仁政，周国的发展很快。商纣王的侍臣崇侯虎是商王朝中比较有头脑的人物，他看到周国的势力越来越大，就提醒商纣说："西伯积德行善，诸侯都归向他，这对帝王您是很不利的啊！"商纣觉得他言之有理，便在一次周文王来殷都朝见时，借故把他拘捕，关押在羑里。对此，周文王并不灰心丧气，他在羑里把相传由伏羲氏发明的八卦，推衍、发展为六十四卦，并且写了卦词，后世称之为《周易》。

周文王在羑里被囚禁两年，周的大臣们都十分着急。闳夭、散宜生等人设法找来了有莘氏的美女和骊戎地区出产的红鬃白身骏马、有熊国产的三十六匹良马以及其他奇珍异宝，通过商王朝的宠臣费仲去献给纣王。纣王非常高兴，说："有这么一个美女就大可释放西伯了，更何况有这么多好东西呢？"便赦了周文王，又赐给他弓箭斧钺，授权他可以讨伐不听命的诸侯。不幸的是，被作为人质送到殷都的周文王的大儿子伯邑考却仍被纣王留下，不久就郁郁地客死在商都。从此，文王与纣王结下了不共戴天之仇。他虽然表面上仍尊奉商王朝的号令，暗地里却在加紧积蓄力量，准备灭掉商纣。

2.知人善任招纳贤才

传说周文王虽然脱离了虎口，逃难归国，但长子伯邑考的死使他承受了重大的打击。悲伤之余,他更加痛恨纣王的残暴野蛮。为了进一步壮大势力,伺机推翻商朝,他更加推行仁政,行善积德,尽力招贤纳士。周国不仅继续做着西部许多邦国和部族的共主,而且进一步联络东方一些对商王朝不满的邦国。针对商纣招诱奴隶引起其他小国不满的形势,周又定出一条"有亡(奴隶逃亡)荒(大)阅(搜索)"的法律,宣示谁的奴隶归谁所有,不许藏匿,借以争取各国,孤立商纣。据春秋时楚国申无宇说,这是周文王得天下的重要原因之一。周文王的威望越来越高,诸侯间有了争端,常常不去找商纣而来找文王裁决。一次,虞国(今山西平陆)和芮国(今陕西大荔)为了争边界上的一块土地,两国国君相约同去请周文王公断。他们到了周国境内,见到耕田者互让田界,百姓对长者礼让成俗;进入城邑,又见秩序井然,老年人都不提东西;进入宗庙,见官员也互相礼让,一派君子之风。对照之下,他们感到十分惭愧,便互相商量,说:"我们所争执的,正是周人所耻于去争的,何必再去找西伯? 找他,不过是自取差辱罢了。"于是各回本国,所争的地,两国也都谦让不要,成了一块管它叫"闲原"的无主的空地了。消息传出,人们更加佩服周文王,又有四十几个小国自动来归附周国。诸侯说:"西伯真可说是'受天命之君'了。"

周文王特别敬重并注意延揽有才能的人来帮助自己治理国家,他也很知人善任。他的两个弟弟虢仲和虢叔贤明而有才干,他便内举不避亲,用他们做卿士。他们后来对周王室都有所建树。商纣王的臣子辛甲,因纣王淫乱,屡谏不听,便离商而至周,周文王亲自接见,知其贤能,令做公卿,封于长子(今山西上党)。其他许多有才能的人,包括太颠、闳夭、散宜生、鬻子等社会贤达慕名而来,文王都热情接待,因能授官。一次,文王在渭水边遇见姜尚,发现他不仅熟悉东夷各邦国的内部情况,而且博学多识,很有文韬武略。文王深感他是自己理想的辅弼大臣,就恳切地对他说:"我们盼望您很久了,请您到我们那里去,帮助我们治理国家吧!"说完,就邀请他和自己一同上车回到都城。文王先任姜尚为国师,这是最大的武官;后又擢升他为国相,总管全国政治和军事。姜尚就是后世赫赫有名的姜子牙,他不仅是周文王也是其后周武王、周成王的重要辅臣,对周王朝的创建与治理,有着卓越的功绩。由于周文王的父亲太公季历在世时就盼望着能找到姜尚这样的大贤臣,所以人们尊称姜尚为"太公望",后来又干脆把"望"字省略,称他为姜太公。

3.灭商就绪身死垂成

传说文王是在其生前的最后七年称王的。他在称王前的四十多年中,不仅使周王室实力空前增强,逐渐具备了与商纣相抗衡的力量,而且使周人树立了明确的灭商纣目标。称王后,他继续用主要力量对付西北各少数部族,北逐严狁,西攘昆夷,灭了阮(泾川东南)、共(泾川北)等小国,开拓了西北的疆土,巩固了大后方,接着,在姜尚的大力协助下,先后讨伐犬戎、密须(今甘肃灵台西南)、耆(今山西黎城)。周国的这种强劲而又咄咄逼人的势头,引起了商王朝中一些有识之士的不安,商大臣祖伊连忙告诉商纣,这时纣王正好在对淮夷的征伐中连连得手,他志骄气傲,满不在乎,说:"我不是受命于天吗,姬昌能拿我怎样?"周文王见纣王傲气十足,毫无戒心,又进而攻灭了邘(今河南沁阳)和崇国(今河南嵩县北)。崇国是忠于殷的一个大国,灭了崇国,不仅清除了周人向殷进攻的一个最大障碍,而且取得了关中肥沃之地,有利于周国力量向东发展。灭崇第二年,周文王就下令其子姬发在沣水东岸营建镐邑,并把周都从岐迁到了丰(今西安市西南),以便向东开拓。到周文王晚年,据说周已控制了当时天下的三分之二,为灭商奠定了坚实可靠的基础。

在即将大功告成之时,周文王突然患病死去。他的儿子姬发继承了王位,就是周武王。周武王继承父亲的遗志,尊称姜尚为师尚父。在师尚父的辅佐下,终于完成了灭商的大业。

4.文王四乳传奇

文王的长相与众不同,他虎背熊腰,天庭饱满,地额方圆,身材高大,并且胸前长有四个乳房。他每天早上不吃饭便会见全国各地来的有识之士。他联合六个州的诸侯,去朝见纣王。纣王因为听信了崇侯虎的谗言非常生气,诸侯要求送文王回去。十年后的正月,文王从商朝启程外游,太姒说夜里梦见商朝的院子里长满了多刺的灌木枯草。太子亲自到院子里把梓树砍倒,拿到楼前,不料梓树却变成松柏柞械。太子觉得很奇怪,于是把此事告诉了文王,文王不敢占卜。于是召见太子发准备行装,命令臣下准备好皮币,前往宗庙进行祈祷,然后在明堂中占卜。当他同太子发都做了吉利的梦,这才醒来启程。文王继承父业后称为西伯,首都建在雍州。当文王接受天命后,又兼管梁荆二州,以及江汉等区域,于是有六个州的诸侯归附了文王,可是,文王仍然保持臣的身份。在此之前,文王梦见太阳光亮耀眼地照在身上,后又听到像凤凰一样的水鸟在岐山鸣叫,于是制作了武象之乐,神农氏开始制造出五弦琴,因而有了宫、商、角、徵、羽五音。经历了九个时代,到了文王执政的时候,又增加了二根弦,叫少宫、少商,从这以后就把五弦改为七弦了。

隘苍弃儿

太史公记载,周朝的后稷小名叫弃。如何得此名的呢?原来这里面有一段奇特的故事。后稷的母亲是有邰氏的女儿,叫姜,姜是帝喾的妻子。有一天,姜嫄去郊外,看见一个巨人的脚印,非常高兴并特别喜欢这只大脚印。她从这只大脚印走过,不久却发现自己怀孕了。十月怀胎后生下一男婴,姜嫄认为不吉利,便偷偷地把他扔在一个很小的巷弄里,牛羊从那经过,都躲开而不踩他,姜嫄又把他移放在树林里,当时正赶上山林中有很多人,姜嫄怕不方便,于是又把他转移,丢弃在水沟的冰上,天下的飞鸟纷纷用自己的翅膀和草遮盖着他。姜嫄几经周折,认为是神灵的保佑,这一定不是一个一般的孩子。于是便小心翼翼地把他抱回家,精心地喂养起来,因而取名叫弃。弃在很小的时候就喜欢玩,并爱护栽种花草树木,等到成人后,就特别喜欢参加农事耕作,他种的庄稼长得特别好,年年都丰收。尧帝得知此事后,便推荐他当上了农师,全国在他的指导下,真是年年五谷丰收,人民终日饱食。于是封他姓为邰,名字叫"后稷"。后稷死后,他的儿子不窋继承父业。不窋的最后一年,夏后氏政治衰败,不窋没把后稷的事业延续下来,因此失去了官职,去了西北部定居,不窋的儿子鞠继承了父业,不久鞠死了,他的儿子公刘又继承了父业。公刘虽然居住在戎狄的地方,却一直从事后稷的事业,指导大家耕种土地。他所指导的土地耕种,都长出了好庄稼,百姓非常思念他,于是千方百计地把公刘接了回来。公刘精心指导全国的农业生产,周朝又兴盛起来,这全都是因为他重视了农业的发展。公刘死后,他的儿子庆节继承了父业,国都在邠地。经历了九个时代,到古公亶父时,又继承了后稷公刘的事业,爱护百姓,常指导他们农事劳动,深受人民的爱戴和拥护。等到獯鬻或狄来攻打想要霸占这里的土地和人民时,百姓全都愤怒地和他们作战。古公高兴地说:"我的百姓这样拥护支持我,我将全力地依靠官兵和百姓战胜他们。现在戎狄所侵占的地盘,是我的土地和百姓,全国的老百姓都拥护和支持我,这和我在不在这个地方有什么两样?现在你们强占了我的土地,在我的国土上作战,杀我的百姓和官兵,我能容忍吗?"大丈夫能屈能伸,留得青山在,不怕没柴烧。于是,古公带着家眷和侍从离开邠地,渡过漆沮河,经过梁山,在岐山脚下居住下来,邠地的全国百姓全都投奔到岐山脚下。邻近的大小国家知道古公的仁义友善后,也都投奔了他。于是古公摒弃戎狄的风俗,重新修建城墙宫廷,人民都歌颂他的美德和为人,都称赞古公是可以依赖的君主。

古公有个大儿子叫太伯,二儿子叫虞仲,太姜又生个小儿子叫季历。季历成年后娶妻叫大任,是个非常贤惠的妇人,不久便生个儿子叫昌,都说这是个好兆头。古公说:"我们这个时代将要出现一个伟大的人物,大概就是昌啊!"大儿子太伯、二儿子虞仲,都知道父亲想要季历继承王位。古公死后,季历便继承王位,帝号叫公季。公季继续奉行古公的治国安民政策,全心全意为民行善积德,诸侯都尊重爱戴他。公季死后,他的儿子昌继承了王位,帝号叫西伯,他叫文王。西伯继续遵照后稷公刘的治国之道,效法古公、公季的治国之法,把整个身心都倾注在尊老爱幼、仁德礼仪上,接待全国上下有才能、有见地的人,为了接待会见这些有识之士,有时都顾不上吃饭。他的仁德品行远扬天下,致使伯夷、叔齐、太颠、闳夭、散宜生、鬻子、辛甲这些人,都来投奔他。崇侯虎嫉能妒贤,他向纣王进谗言说:"西伯这样积德行善,诸侯的心都被他征服了,这将对您不利呀!"纣王听了崇侯虎的话后,便把西伯拘禁在羑里。闳夭于是找来有辛氏、骊戎文马,通过纣王的亲信费仲,进献宝物给纣王,以搭救西伯,请纣王开恩。纣王于是放了西伯,并赏赐给西伯弓、箭、斧、钺兵器,让他去打仗,并对西伯说:"说你坏话的人是崇侯虎。"西伯为了答谢纣王,把洛西献给了纣王,请求免除炮烙刑罚。西伯为诸侯虞国和芮国消除矛盾,于是人们有打官司不能解决的,都到周朝来。进入周朝地界,看到耕作的老百姓都自愿让出了自己土地。一些还没有看见西伯的人都惭愧地说:"我们在争抢土地,而正是周朝人感到耻辱的啊!"于是他们都让出了自己的土地。第二年西伯又率兵征讨犬夷,又过了一年征讨密须,又过了一年征讨崇侯虎,把都城迁移到丰地。诸侯百姓都投奔了西伯。

文王诫子

《周书》上记载,文王在镐执政的时候,把太子发叫到跟前,对他感叹地说:"唉,我已经老了。我的话你可要记住啊,我要把我所推行的国策和所奉行的国法,传给我的子孙后代。我的恩德和贤良谁都知道,爱护忠良,珍惜有识之士,从不骄傲自满;生活从不浪费和奢侈,从不因为天下太平,百姓过上了好日子而高枕无忧;从不为美色所动心;百姓的事就是我的事,我为他们的衣食住行操心;一年四季,护山护林,育树成材,从不乱砍滥伐树木,让这些树木都成为栋梁之材;湖泊水池不许行船垂钓,让那些鱼鳖自由自在地生活;不射不成熟的幼小动物,让鸟兽自由自在地生长;打猎时,不捕杀未长大的小牛,小牛见了不害怕,小马见了也不跑;不像鸭子那样去仿效别人;从不做害人的事。因此,土地都不失去它的肥沃,万物都不失去它的特性,天下的百姓才不能失去你,你可要记住这些话呀!

周武王姬发

武王,文王姬昌之子,名发,是西周王朝的开国君主。武王是他死后的谥号。周文王共有十个儿子,武王姬发是老二。他的哥哥是伯邑考,八个弟弟分别是管叔鲜、周公旦、蔡叔度、曹叔振铎、成叔武、霍叔处、康叔封、冉季载。在这十兄弟中,要数武王发和周公旦最有才干。大概在武王将届成年时,他的哥哥被商纣王杀害,因此武王成为其父的正式继承人。周武王是一位具有卓越政治和军事才能的杰出人物,他作为对后世有深远影响的周王朝基业的奠定人和传统礼乐文明的开创者,一直为后人所称颂。

1.牢记遗训加强战备

据说周文王在临终前曾把儿子姬发叫到身边,做过最后一次谈话,谆谆告诫他要敬慎自省,以民生为念,牢记周族所以兴旺之由,好好地和姜尚等辅臣相处,共图灭商复仇大计。文王去世后,姬发即位。他根据文王的遗命,以太公望姜尚为师,让他的弟弟周公旦辅政。对内重贤用能,因才录用。弟弟康叔为司寇(主管刑狱),冉季为司空(主管建筑工程、车船器械制造等),其他如召公、毕公等贤良都各当其位。对外继续尽力争取各国,联合反殷力量,孤立敌人,壮大自己。又在沣水东营建新都镐京(今陕西西安南、沣水东岸。称为宗周,又称西都),积极从政治、军事等各方面作灭商的准备。

两年后,周武王便带着部队向东进发,前往孟津"阅兵",实际是举行一次征商的大规模军事演习。他在出发前先到毕邑祭扫文王墓,并做了一个木头的周文王牌位,装在车子上,置于中军。周武王自称太子发,表示是奉了周文王的遗命起兵演习的。传说大军渡黄河,船到中流时,有条白鱼跳进武王的船里,武王俯身拾起,用来祭天。渡过黄河后,有一火团从天而降,落到武王所住的房子上面,随后化成一只乌鸦。武王和臣子们都认为这是吉兆,是上天示意支持周武王。这开了后代君臣寻找祥瑞事物而说成是天意的先声。

周武王这次举行军事大演习,事前并没有与其他诸侯商量,但诸侯们听到武王出兵的消息后,纷纷派兵赶来会合,接受武王的统一指挥。在部队到达孟津时,不期而来会师的各路诸侯有八百之多。周武王得到如此众多的诸侯的支持,已知人心所向,周在政治上、军事上已取得相当优势,商纣已陷于十分孤立的境地。因此前来会师的诸侯们都建议武王说:"可以伐纣了!"但姜太公根据沿途所了解的情况,再次陈说理由,认为现在还没有把握一举战胜商纣,建议武王慎重行事。武王仔细估量形势,同意姜太公的见解,决定班师回周,等候时机。于是,他就以"天命"为借口,向诸侯们说:"照天命而言,现在还不是伐商纣的时候。"并以继位周君的身份和他们举行了同心灭商的盟誓,随即撤兵回去了。

2.内应外合一举制胜

传说在周武王精心准备,见机讨伐商纣之际,商纣的残暴厉政更加严重:杀了叔父王子比干,并剖腹取心;囚禁了贤人箕子;纣的哥哥微子进谏多次毫无效果,出奔避祸;乐师太师疵、少师疆抱着商宗庙乐器逃奔到周国;坏人执政当权,好人全被斥逐,百姓闭口不敢说话了。纣王已把自己推向众叛亲离的境地。

武王听到了这些消息,又得知商纣的精锐部队连年在南方与淮夷作战,内部空虚,百姓怨愤,他就与姜尚商议讨伐大计,决定借此机会大举伐纣。于是,他派人通知诸侯:"商纣有重大罪恶,不能不讨伐他了。"并再次带着周文王的木头牌位,率领了兵车三百辆、虎贲(冲锋兵)三千人、士卒四万五千人,东进伐纣。行军中前歌后舞,士气旺盛。全军再次到了孟津,诸侯们和南方庸、蜀、羌、微、庐、彭、濮等许多部落也都率兵来会,并共同立下盟誓,保证支持周武王,合力伐纣。武王就写了《太誓》《泰誓》作为共同伐纣的誓师词,而后率领大军从孟津渡过黄河,直奔商都朝歌。

周武王十一年正月甲子日清晨,伐纣大军来到了离朝歌七十里的牧野(今河南汲县西南),武王举行誓师仪式。他左手执着象征军队指挥权的黄钺,右手握着用以发号施令的嫠尾杖,在姜尚和周公旦的左右护卫下,登上土坛,向全体将士发表了被后人称为《牧誓》的著名誓词,指责商纣王听信妇(妲己)言,不祭祀祖宗,不信任亲族,招集四方逃犯,虐待百姓,使奸邪横行。表示他决定代天施行惩罚。接着宣布了作战纪律,勉励全体将士要像虎那样威武,如熊一般雄壮地去奋勇杀敌,义无反顾。周武王的战前动员会,极大地鼓舞了早已高涨起来的周军士气,也更加激发了大家同仇敌忾的心理。随后各国兵车总计有四千辆,在牧野摆开了进攻朝歌的阵势。商纣王听说周武王率军打来,因一时来不及调回征讨东夷的大军,只得临时把奴隶和夷方战俘武装起来,和留守商都的卫队混编在一起,凑成了一支十七万人的部队,由自己亲自统率,开赴牧野迎战。

战斗一开始,武王便让师尚父亲自率领虎贲勇士冲向商纣军阵前挑战。武王如雄鹰奋击长空,大有一口将商纣吞下去的气势,接着大军就以"虎贲三千人,戎车三百辆"为先导,如疾风暴雨般掩杀过去。商纣军人数虽大大超过武王率领的联军,但这支主要由奴隶和战俘组成的军队,平日就恨透了虐待他们的奴隶主贵族,不但不愿为商纣卖命,反而希望周武王能胜利,使商纣早日垮台。所以两军一接触,纣军就纷纷在阵前起义,欢迎周军对自己的拯救,并且帮助周军一起作战。商纣军很快土崩瓦解了。商纣王见大势已去,只得匆匆逃回朝歌。随之,讨伐大军追到城下,商纣王见穷途末路,知道大势已去。

第二天一早,纣王登上平日寻欢作乐的鹿台,点火自焚而死。武王率领周和诸侯联军进入朝歌,到商纣自焚的地方,向纣尸连射三箭,用黄钺砍下纣的头,悬挂在太白旗上示众。

次日,周武王就在朝歌举行隆重的告天典礼,宣布今后将由周代商,由此历史进入了一个新的朝代。

3.兴利除弊保国安民

周武王推翻商朝,建立周朝,得到了商朝老百姓的热烈拥护,可是商朝的奴隶主贵族是很不服气的,他们已不能再像过去那样享乐腐化,肆意剥削压迫劳动群众,为所欲为了,所以对周朝的统治处处采取反抗的态度。为了制服和笼络他们,并遵行当时国虽灭而祭祀不可绝的惯例,周武王经与太公望姜尚和周公旦商量,采取了以商治商,分而治之的办法,封纣的儿子武庚在商朝的旧地为诸侯,让他去统治商朝的旧奴隶主贵族,并且允许他在侯国范围内可以保存商朝的太庙,祭祀商族的祖先,借以缓和商朝旧奴隶主贵族的敌对情绪。同时又分商为三部,命自己的兄弟管叔鲜、蔡叔度、霍叔处各据一部来监视武庚,称为三监。这种做法在当时是非常高明的。

接着,周武王又颁行了一些除暴安民的措施,命召公释放了被囚禁的箕子,命毕公释放了被关押的百姓,并命他在商容居住的故里,设立标志,予以表彰。又命令有关人士散发一些钱财和粮食,以求济贫苦百姓。在一系列事项全部安排妥当后,武王带着象征宗主权的九鼎,与众邦国一起撤兵回国了。

武王回到宗周镐京后,东方不断传来东夷一些部落不遵从新宗主国周朝的号令,进行叛乱的消息,而周朝政治重心偏处西部,也难以及时举兵东下。周朝从往日西北隅的一个小邦,很快而成为天下共主,如何管理好向周臣服的广大邦国,巩固自己的统治,确是一件极棘手的事。因此,周武王常常思索保国安民的良策,有时还忧虑得整夜睡不好觉。不久,他在和太公望、周公旦反复商量后,又采取了三项重大措施来保守周朝的天下:

第一,封邦建国,屏藩宗周。即把在灭商大业中做出了贡献的王室的亲族和有功之臣封为诸侯,让他们建立一些小国家,来拱卫周朝的中央政权。如把太公望封在营丘(今山东省临淄市),国号齐;把周公旦封在曲阜,国号鲁;把召公奭封在燕国;弟弟叔鲜封在管国,叔度封在蔡国;等等。后来武王的弟弟周公旦和儿子周成王又封了更多的诸侯。周实施"封邦建国"制后,其王朝与各邦国的关系就逐渐成了统辖与被统辖的关系,宗主对各地的控制大为增强了。西周一代三百年的统治基业也就因此而确立起来。

第二,营建洛邑(今河南洛阳市内王城),安定东土。周朝的老家在沣水以西的丰京,武王灭商后在沣水以东建了新都镐京,但仍偏西,不便于对东方的控制。因此,武王考虑再三,决定派周公旦在今洛阳一带营建洛邑,称为"成周",以作为恩都宗周之外的陪都。可惜周武王没有等到洛邑建成就死去了。这个都城没有夏桀、商纣那种倾宫、鹿台一类的豪华建筑,但规模还很宏伟,内城达九里见方,外城达二十七里见方,是大量使用商朝遗民的劳动,一共花了九年多的时间建成的。从此周朝有了东西两个都城。

第三,制订礼仪,倡行德政。据说周武王为了适应君临天下的宗主之国的需要,曾委托周公旦参酌商朝礼制,把周国原有的礼仪制度加以整理改革,订出一套比较完备的礼仪来,以利巩固统治,保持"天命"。周公旦从那时起到武王去世后摄政的这段时间一直尽心于从事这项工作,终于实现了武王的遗愿。这就是后世儒家所称颂的"周公制礼作乐"。周公旦制订的这套礼乐,最突出的一点是遵照周武王的旨意,总结了商纣失去"天命"的历史教训。

周穆王姬满

　　周穆王(前1027~前922),姓姬名满,是周文王灭商以后西周第五位君王。于公元前976年即位,在位共五十五年。

与西王母缠绵之情

　　传说周穆王十三年,他亲率七萃之士,驾八骏之乘,以柏夭为先导,造父为御者,长驱万里,开始了以开拓北方和西方为目的的西巡。

　　一路上,他经历了许多传奇。

　　他喜好打猎,在渗泽地方,他不但猎到了许多獐狍野鹿,还捕获了纯白色的银狐和纯黑色毛的貉;在阳纡山下,为了祭奠水神河伯,他把珍贵的碧玉和猪、马、牛、羊沉入黄河,表示虔诚。

　　上了昆仑山,他观览了黄帝当年住过的宫殿,还给雷神丰隆的墓培了土;在春山,他观赏了许多珍禽怪兽:赤豹、白虎、熊罴,还有能用巨爪掀起犬羊的猛禽。

　　继续西行,他到了赤乌国,据说这里出美人,长得如花似玉、貌似天仙。赤乌国王献给他两个美女,周穆王大为高兴,立即把她俩封为嬖人。

　　到了群玉山,真是目不暇接,遍地宝玉。他下令在这停留四天,叫大家都去采玉;最后到了帕米尔——西王母之邦,会见了西王母。

　　西王母是天下少有的大美人。周穆王为了见她,特地选了个甲子吉日,并带上了奇珍异宝作为礼物,白色的圭、黑色的璧、一百匹锦缎、三百匹白绸。西王母愉快地接受了他的礼物,并把他当成最尊贵的客人。

　　第二天,周穆王大摆宴席,请西王母一道饮酒行乐。穆天子设宴的瑶池,如同仙境,亭台楼阁、雕梁画栋、假山喷泉、奇花异草,处处令人流连忘返。周穆王和西王母沉浸其中,欢愉无比,他们一会儿刻石纪功,一会儿植树留念,缠缠绵绵、卿卿我我,如同一对初恋情人。

不料,国内来人传报徐偃王叛乱,于是,周穆王不得不告别西王母,御驾东征。在告别的宴会上,两位相见恨晚的国君,一唱一和,以诗来抒发互相依依惜别的情感。

西王母先赋诗一首:

白云在天,山陵自出。

道里悠远,山川间之。

将子无死,尚能复来?

意思就是:白云在天空中飘荡,哪一座山啊都不是它停留的地方!重重的山啊路途遥远,道道的水啊艰险漫长,它们把我们阻隔两地!啊,假如你平平安安渡了难关,你还愿不愿意再回到我的身旁?表达了她对周穆王的惜别与期望。

周穆王马上答诗一首,说:

予归东土,和治诸夏。

万民平均,吾顾见汝。

比及三年,将复而野。

意思是说:我不得不回到我东方的国土,我一定能联合起各地的诸侯平定叛乱,我要尽快地解救百姓的苦难。为了见到你,我要旋风一般回头!我向你保证,最多三年,三年一至,我就会再跨进你的国都!

西王母听到穆王这样坚定、深情地回答,又高声吟道:徂彼西土,爰居其野,虎豹为群,乌鹊与处。嘉命不迁,我惟帝女,彼何世民,又将去子?吹笙鼓簧,中心翱翔,世民之子,唯天之望。

这首诗的大意是:啊,不!你长途跋涉来到我这遥远的西方,可我这里是这样的简陋、荒凉!只有鹊鸟儿叽叽喳喳地同我住在一起,而凶猛的虎豹在我们四周游逛。只要你美好的誓言不再改变,我也永远是你贴心的娇娘。啊,那是一些什么样的百姓啊,竟使你忍心离我去为他们奔忙?这弦笙歌吹唱的是我的愁苦,我的心早已悬在半空飘飘荡荡!啊,你这爱民如子的君主啊!我只有遥望着长空把你怀想……

他们就这样地唱和着，缠绵悱恻，直到离别。

后来，周穆王平定了叛乱，并没有再如约西行，而是西王母在四年之后东来，朝见了周穆王。作为国宾，周穆王把她安排到昭宫下榻，好生招待了一番。

这段颇为浪漫的两国君主之恋，被后世传为佳话。

权臣逸闻

姜太公出生地之疑

姜太公，姓姜名尚字子牙，东吕乡东吕里人（今山东省日照市东），其祖先佐禹治水有功，封于吕，以封地为姓，故又称吕尚。姜太公世称多奇谋，据传兵书《六韬》《阴符铃录》均其所著。周康王六年（公元前1072年）姜太公卒，葬于镐京。

姜太公又叫姜子牙，是我国历史上比孙武和吴起更早的伟大的军事家和政治家。传说他从师学艺，70岁学成下山，投奔商纣，却不得任用。无奈之下，他便在都城朝歌以宰牛卖肉为生。商纣王暴虐无道，涂炭生灵，民怨冲天。天下诸侯纷纷叛离。西伯侯姬昌（即以后的周文王）笃行仁政，招贤纳士，把周地治理得路不拾遗，民富国丰。姜尚见此，料定天下以后一定归周，于是决心投奔西伯，辅佐他成就一统天下的大业。

一天，西伯侯姬昌在出猎前卜卦，卦辞显示有辅佐他成就霸业的圣人出现。这正与西伯侯不久前梦得飞熊吻合。后来，在渭水北岸的支流磻溪边果然遇见一个须发皆白的老翁。只见老者悠闲地唱着渔歌："钓呀钓，大鱼不要，王侯到。"西伯侯近前再看，老人的钓钩是直的，离水面足有三尺高。西伯侯猜测此人必是世外高人，急忙躬身施礼，与他攀谈起来。

这个老人正是隐贤姜尚，他在溪水边也正是等候明主文王的到来，看到姜尚熟知天文地理，博古通今，分析起天下得失来深刻精辟，西伯侯欣喜万分。他不就是卦辞暗示的贤明之人吗？这是祖辈太公所盼望的那个治国栋梁啊，有了他的辅佐，王业必成！于是西伯侯拜姜尚为国师。人们尊称姜尚为太公望，或姜太公。

姜太公辅佐西周，使西伯侯如虎添翼。他协助武王伐纣，牧野一役，战败商纣大军。攻入朝歌，纣王自焚。武王散鹿台钱财给商民，迁九鼎回西歧，开创西周八百年帝业。天下人公认西周的兴盛强大，是姜太公苦心辅佐的结果。

可是，这个经天纬地之才的出生地，却让后人好生困惑。有说是河南，有说是山东。

《史记·齐太公世家》说他是"东海上人"；《吕氏春秋》说他是"东夷之士"；《战国策》则说他是"齐之逐夫"。

汉代有人提出姜太公是"汲县人"（今河南汲县）。《水经注》记载"汲城东门北侧有太公庙。"庙前碑刻上说，已故会稽太守杜宣、汲县县令崔瑷认定太公故里在汲县，旧居还保存着。《汲冢书》载有太公为"魏之汲邑人"。根据《晋书·束皙传》记载，西晋太康二年，汲郡人不凖盗魏王墓，得竹书数车。漆书科斗文记载了自黄帝到魏襄王二千年的历史，有魏国《史记》之称。这些竹简书，称作《汲冢书》。《汲冢书》比《史记》成书早二百年，离周朝更近些，按此书说法，姜太公是魏汲县人也许更可信一些。此书出土第九年（公元289年），汲县令卢无忌立下石碑，铭刻下："太公乃汲县人"的文字。后世学者大部分认同此说，即太公是河南汲县人。

然而，元朝文学家王恽却不同意此种看法，他觉得这是人云亦云。既然司马迁在《史记》中写明姜太公是东海上人，他祖居吕地，就应该是山东。清朝学者阎若璩也称："太公望出生地在山东东吕乡。"

产生分歧的原因是什么呢？后人分析他们把太公故里与游寓混淆了，才把大家弄糊涂了。《战国策·秦策五》说太公发迹前，是商朝战败部落的首领。他是棘津人（即河南汲县），因不得任用，只好做个无用的屠夫。听到西歧行仁政，西伯为明君，他才离开故乡，到渭水垂钓，等待文王启用。汲县才是他的故乡。汲县至今还有太公庙、太公祠、太公阁和太公故里吕村。

《孟子·离娄》《尚书·大传》都认为姜太公是为了躲避商纣，才迁居东海的。当初，姜太公曾经投奔纣王，看到纣王昏庸无道，太公也进行劝谏，触怒了纣王而遭追杀。为逃避商纣的迫害，姜太公有可能搬到山东海边去住。本来河南山东就接壤，距离不远，姜太公有可能在山东住过一段时间。但这些也只是一种推测而已。

周公称王的背后

　　周公，名姬旦，周文王之子，武王之弟，周公是西周初年著名的政治家、思想家。因为被封在周，太王所居地为其采邑，故称周公。后人亦称之为周公旦。

　　周公本是周武王的四弟，他聪明睿智，贤能过人。武王看出他是众多兄弟中最有才干的，临终时把幼子姬诵托付给他。周公于是把姬诵扶为天子——周成王，自己做宰相负责军国大事，代行治理天下之职。为保周王朝的长治久安，周公制定了王位继承法，即嫡长子继承制和余子的分封制度。这样就在奴隶主贵族内部形成了天子、诸侯、卿、大夫、士这种阶梯式的等级关系。周公又对各级的服饰以及祭祀、占卜、会盟、饮宴、朝贡、婚嫁、殡葬时的仪式等做了详细具体的规定。有了这种尊卑有别的"周礼"，

周公

统治阶级有了遵循的法则，统治秩序就稳固下来了。

　　然而，这套统治制度却让武王的三弟管叔姬鲜和五弟蔡叔姬度非常不满。如果按照"兄终弟及"的习惯，老二武王去世，老三管叔有权即位。可是，周公制定的"嫡长子继承法"把王位明确地留给武王嫡子姬诵，剥夺了管叔的承袭王位之权，管叔十分气愤。武王灭纣后，管叔被封到管国、蔡叔被封到蔡国去监督商纣王之子武庚，二人远离镐京十分不满，心里愈加怀疑是老四姬旦在搞鬼，并且怀疑姬旦阴谋篡位。因此他们四处传播流言，令周成王、召公、太公不禁也起疑心。那么，周公在摄政期间确实称王了吗？

　　有人认为周公的确称王。《荀子·儒效》和《淮南子·氾论训》都说周公"履天子之籍"，清代王念孙认为古人之意，即指周公履天子之位。《礼记·明堂位》亦称"周公践天子之位"。《尚书·大传》指出："周公身居位，听天下为政。"对《尚书·大诰》进行分析，书中的"王"称文王为"宁王、宁考"，这是儿子对亡父的称谓。成王是文王之孙，是不会如此称呼文王的。那么，此中的"王"

应是文王四子周公。再有,《尚书·康诰》中的"王"称康叔为弟,康叔是成王之叔,只有周公会称他为弟。由此推断,周公确实身居王位,自称为王。

周公为什么要这么做呢？武王在消灭殷商后的第二年就因忧虑过度,心力交瘁而亡。当时天下初定,周王朝还不稳固,幼小的成王难服天下,若没有德高望重的君王震慑四方,被征服的殷人和新归附的部族随时都有反叛的可能,周王朝将有被颠覆的危险。在这种危急关头,周公从国家社稷出发对外称王。他对太公、召公解释说："我之弗辟,我无以告我先王。"于是,"周公服天子之冕,南面而朝群臣,发号施令,常称王命。"周公临危践位,"内弭父兄、外抚诸侯",制定典章制度,建立周礼秩序,使新建的周朝得以安定下来。但周公的苦心却被误解,管叔、蔡叔乘机散布谣言,周成王也对叔父产生怀疑。周成王后来翻看存放卜辞的金滕箱,发现了武王病生时,周公甘愿归天,以求武王康复的祷辞,这才使周成王十分感动,更加信任周公。等到周成王长大后,周公立即还政于成王。

不过,也有一种传说说周公果真篡位夺权。《荀子·儒效》称："周公屏成王而及武王以属天下。"周公既是屏除成王而继接武王之位,不是篡位又是什么呢？《史记》记载着太公、召公产生疑问,周公进行解释之语。如果没有称王之实,两位贤人怎会妄加猜疑呢？《史记·管蔡世家》也叙述道："管叔、蔡叔疑周公之为不利成王",对王室大臣们透露疑虑,后来联合武庚起兵叛乱反周。管、蔡二人原是忠于武王的,老三管叔文武兼备。当初,武王分封诸侯时,周公用计将管叔调离镐京,让"兄弟相为后"的第一继承人远离权力中心。后来,又借口平叛将管叔杀掉。这样,老四周公就顺理成章地成为王位继承人,心安理得地称王篡位。后来,由于周王朝众臣的强烈反对,西歧又生变乱,周公才无奈还政成王。他拉拢召公,平分大权。"自陕以西,召公主之；自陕以东,周公主之"。周公把长子派回封地,把次子安插进周都镐京,参与国政。由此可见,周公政治手腕高明圆滑,能进能退,以退为进,不愧为中国历史上第一位政治高手。

国学经典文库

中国古代野史

·西周野史·

图文珍藏版

中国古代野史

春秋战国野史

马昊宸 ⊙ 主编

线装书局

帝王传奇

主国国君齐桓公

齐桓公(？～前643年)，姓姜名小白，是姜太公吕尚的第十二代孙，齐釐公禄甫的儿子，是春秋时齐国国君。公元前685至前643年在位。他选贤任能，改革齐政，使国富民强，"九会诸侯，一匡天下"，成了春秋时期的第一个霸主。

1.迷惑对手兼程即位

齐国都城临淄(今山东淄博市)，地处黄河下游，土质肥沃，靠山临海，有渔盐之利，是东方最大的诸侯国。齐国国君的始祖叫姜尚，因其祖先曾封于吕，故又叫吕尚。姜尚即人们常说的姜太公，曾为周王朝立下很大功劳，被封于齐。

从姜尚下传至第十四个国君是齐襄公，即小白的哥哥。襄公当政(前697～前686年)时，荒淫无道，政治腐败。耗费大量民脂民膏兴修宫殿，供其享受，整天狩猎游玩。他执政期间，除饮酒玩乐外，性情喜怒无常，猜忌心很重，动不动就杀掉他不满意，或者他觉得图谋作乱的人，还做过一系列诸如和同父异母妹妹私通、杀死妹夫鲁桓公等类坏事，以致齐国政治极其混乱。齐国庶出的公子纠和小白因担心受到迫害，于公元前686年相继出奔到其他国家避难。公子纠因母亲是鲁国人，就逃到鲁国，跟随去辅佐的有管仲和召忽;公子小白的母亲是卫国人，就逃到莒国，跟随去辅佐的有鲍叔牙等人。

不久，齐国发生内乱。齐襄公的堂弟公孙无知联合大夫连称和管仲，杀死襄公自立为君。由于公孙无知曾在齐国雍林地区干过虐待民众的坏事，当地人对他恨之入骨。他在即位的次年即公元前685年，一次去雍林游玩时，便被该地区民众杀死。于是齐国出现了国无君主的局面，亟须解决王位继承人的问题。

齐国大夫高奚与公子小白关系密切，就派人前往莒国迎小白回国为君。鲁庄公则想立公子纠为齐君，他得到消息后，立即亲自率兵车三百辆，以曹沫为大将,护送公子纠回齐国,而另外派管仲率领一部分兵马去拦截公子小白,以消灭公子纠的竞争对手。

管仲带着兵车,在途中埋伏守候。当公子小白的车队一出现,管仲立即拦住他们进行袭击。在战斗过程中,管仲对准小白射了一箭,正好射中了小白的铜衣带钩。机智的小白一见出现了袭击的队伍,知道情况不妙,他怕管仲再射,为了迷惑对方,便顺势大叫一声,倒在车上,佯装中箭而亡,然后改乘一辆轻便小车,昼夜兼程向齐都驶去。

管仲见公子小白已被射死,便赶快派人报告鲁庄公说小白已死。这一来,护送公子纠的队伍放了心,也就放慢了行路的速度,一直走了六天才到达齐国。这时候,公子小白早已赶到了齐国,被高奚等主要大臣立为国君,是为齐桓公。

2.决计行动消除隐患

传说齐桓公迷惑对方,日夜兼程赶回齐都即了位。他料定公子纠也将到达,便下令发兵阻挡护送公子纠的鲁军。鲁庄公不肯善罢甘休,两军在乾时(今山东省淄博市西面)混战了一场,鲁军大败,回鲁国的后路也被齐军截断,鲁庄公只得弃车逃跑,鲁国的汶阳也被齐军夺去。于是,鲍叔牙代表齐国写信派人送给鲁国说:"公子纠是我国国君的兄弟,我们不忍动手杀他,请鲁国将他杀掉。召忽、管仲是我国国君的仇人,请交给我国,我们准备把他们剁成肉酱。如你们不照此办理,我们将对鲁国采取军事行动。"

鲍叔牙的这封信里,有真话,也有假话。要求鲁国杀掉公子纠是真话,说齐国要把召忽和管仲剁成肉酱则是假话。真正的目的是希望鲁国把管仲活着送到齐国,以便齐桓公重用他。

原来,鲍叔牙和管仲是相知最深、交谊极笃的好朋友,由于齐国历来重视发展商业,做生意受到国家的支持和提倡,他们两人曾长期合伙做过生意,所以鲍叔牙很了解管仲的水平和才能。

打了败仗的鲁庄公很害怕齐国,不敢抗命,就急忙杀了公子纠,把召忽和管仲囚禁起来,准备送交齐国。召忽随即自杀。管仲因知鲍叔牙受到齐桓公重用,而鲍叔牙与自己私交甚好,相信他必会向齐桓公推荐自己,所以不肯像召忽那样一死了之。

鲁国谋士施伯见管仲不自杀,便劝告鲁庄公说:"管仲很有才能,齐国要得到管仲,看来并不是要杀他,而是要重用他。管仲一旦被齐重用,齐必国富兵强,成为鲁国祸患,不如杀了他,把尸首交给齐国。"这时鲁庄公动了心,打算杀管仲,鲍叔牙派到鲁国去接管仲的隰朋闻讯,赶快跑去向鲁庄公请求说:"我国国君想要亲手杀死他,如果不能得到活的管仲在群臣面前杀他来警众,还是没有达到我们的目的,请把活的管仲还给我们。"鲁庄公怕得罪齐国,只好让人把管仲装上囚车交给隰朋带回齐国。

管仲进了齐国的地界,早就等在那里的鲍叔牙如获至宝,马上让人把囚车打开,把管仲放出来,一同回到临淄。鲍叔牙把管仲安排在自己家里住下,随即齐桓公力荐管仲。

3.不计前嫌重用管仲

传说齐桓公从莒国返回齐国当了国君后,任命鲍叔牙为太宰。他发兵攻打鲁国时,就记着管仲对他的一箭之仇,并想杀掉管仲以出自己胸中的一口恶气,但作为他的主要辅佐者的鲍叔牙,虽明知桓公对管仲有恼恨之心,却不避嫌疑,冒着危险竭力推荐管仲。他对桓公说:"臣下只是君主的一个平庸的臣子。我的才干比起管仲来差得很多,有'五不如':宽惠安民,我不如他;治国不失其根本,我不如他;能以忠信赢得百姓,我不如他;制定礼仪推行四方,我不如他;担任主帅,指挥战争,使士卒能勇气倍增,我不如他。君主如果仅仅要治理好齐国,我还勉强可以辅佐,如果想要在诸侯国中称霸,就非用管仲不可了。你如能重用他,一定能使齐国成就大业。"桓公说:"可那管仲曾经射中我的衣带钩,使我差点送了命。"鲍叔牙说:"他为了自己主人的利益才干的,您如果能赦免他让他辅佐您,他也同样会效忠于您的。"

齐桓公听了鲍叔牙这番话后,权衡利弊、比较得失,决定摒弃私仇、不计前嫌,接受举荐,就说:"那你明天带他来见我吧。"鲍叔牙笑了笑说:"您要得到有用的人才,必须恭恭敬敬以礼相待,怎么能随随便便召来呢?"于是齐桓公选了一个好日子,亲自出城迎接管仲,并且请管仲坐在他的车上,一起进城。途中,桓公就询问他治国的方略,管仲谈得一清二楚,两人越谈越投机,真有相见恨晚之感。齐桓公接着就任命管仲为相,位在鲍叔牙之上。

不过,桓公对管仲也并不是一开始就言听计从的。当桓公得知鲁国加紧练兵造戈,准备攻打齐国时,便想先发制人进攻鲁国,管仲劝阻说:"国家尚未安定,不能发兵攻鲁。"桓公不听,结果被鲁国的曹刿在长勺打得大败。桓公更恨鲁国,又派人去宋国借兵,宋闵公派了南宫万长率兵助攻鲁。不料齐军再次大败,南宫做了鲁国的俘虏。军事上的连续失利,使桓公认识到管仲预见的高明,从此增强了对管仲的信赖。

4.“尊王攘夷”称霸中原

传说公元前684年,齐桓公仗着雄厚的实力,开始对外扩张。这时,在黄河下游的各诸侯国中,能与齐国争雄的有鲁、郑、宋三国,于是,在管仲的辅佐下,齐桓公着重对这三国展开了一系列的政治和军事斗争。

齐桓公首先灭了不尊重自己的谭国。两年后,借宋国大臣杀死宋闵公,宋国发生内乱的机会,桓公便先派遣使臣朝见周王,请周王决定宋国君位。周王只好委托桓公代理此事。于是在周釐王元年(前681年),桓公就开始公开出头号令诸侯,他邀请宋、陈、蔡、邾等国诸侯于三月初到北杏(今山东阿县附近)会盟,协商平定宋乱。这是春秋时期第一次由诸侯国主持的天下会盟。由于鲁国不肯参加,宋国又提前退出盟会,当年冬天,齐桓公就以违抗周王之命不参加北杏盟会为理由,出兵讨伐鲁国。鲁庄公兵败,被迫让出遂邑,并与齐国在柯地会盟解决争端。

桓公又以奉周王命的名义讨伐宋国,宋国一面派使臣送厚礼给周王,一面向齐桓公承认不参加北杏会盟的错误。这样,公元前679年春,齐、宋、陈、卫、郑五国就应召在卫国的鄄城(今山东鄄城北)会盟,承认桓公的盟主地位。这是齐桓公称霸的开始。

但当时郑国仍对齐国不服。郑厉公虽然答应结盟,却不出席幽城的盟会。直到郑厉公突然得病死去,齐桓公才少掉了这一强硬对手。公元前667年冬,周惠王派召伯廖到齐国,正式赐命桓公为诸侯之长,并请他讨伐卫国,这时齐桓公的霸主地位才完全确立。

齐桓公的称霸一直是以“尊王攘夷”为旗号。因为在当时如公开夺取天子的权力,会招致诸侯们的联合反对,而“尊王(周天子)”可从道义上得到诸侯国的支持;“攘夷”,一方面是致力抵御严重威胁中原各国安全的北方少数部族山戎和狄人,另一方面暗中遏制从江汉极力向北扩张的楚国,这是中原诸国的共同心愿。

齐桓公做了霸主后曾多次发兵"攘夷",主要是帮助小国打退戎狄的入侵。如公元前664年(周惠王十三年)帮助燕国击退山戎入侵,一直打到孤竹(今河北卢龙南)才回兵;公元前661~前660年组织诸侯几次救助被戎狄侵扰的邢国和卫国,并帮助两国修建新都;公元前656年,齐桓公率领齐、宋、陈、卫、郑、许、曹、鲁等八国军队打败靠近楚国的蔡国;接着以楚国不向周天子进贡祭祀的包茅和周昭王被淹死于汉水为理由,进军楚国。最后迫使楚国在召陵(今河南郾城东)结盟修好,挡住了楚国北进的势头,楚国接着也派使者向周王进贡包茅,表示尊王。

齐桓公北阻戎狄、南遏楚国获得成功后,得悉周惠王想废太子郑,另立太子,便出面力保太子郑的地位,反对周惠王废长立幼。他在从召陵回来的第二年(前655年),又以拜见太子为名,邀集诸侯在首止(今河南睢县东南)集会,周惠王只好让太子郑去首止同诸侯见面,等于公开肯定太子郑的地位。公元前652年(周惠王二十五年),周惠王死,齐桓公在洮城(今山东濮城西南)召集八国诸侯相会,拥立太子郑为王,这就是周襄王。襄王感激桓公,准备派人送给他祭肉、弓箭和车子。齐桓公乘机以招待周王使者为名,在公元前651年,于葵丘(今河南兰考县)会盟诸侯。

晋文公重耳

晋文公(前697~前628年),姓姬,名重耳,晋献公的次子,晋惠公夷吾的哥哥。他于公元前636年(周襄五十六年)做晋国国君,在位时间仅八年。在做国君前,他被迫流亡列国,历时达十九年之久。长期颠沛流离的生活,大大增长了他的政治阅历,增长了他的治国治军的才干。他当了国君以后,注意选贤任能,修政整军,发展生产,安定人心,加强对外扩张活动,在不长的时间里,完成了足以与齐桓公媲美的霸主事业,开创了尔后晋楚争霸的局面。

1.流亡他国终当国君

传说晋献公在位时,生活奢靡,沉溺酒色。特别是在晚年,听信其宠姜骊姬的谗言,逼死了已故夫人齐姜生的太子申生,又阴谋杀害重耳和夷吾,迫使重耳逃离险境,流亡他国。重耳逃亡到狄国一住就是十二年。因他一贯喜爱结贤纳士,晋国一批有才能的人士,包括狐毛、狐偃兄弟、贾佗、先轸、介子推等,都始终追随着他。重耳来狄,他们也都跟着来了。在狄这些年中,晋国情况有很多变化。晋献公于公元前651年病死。晋王室曾先后拥立骊姬的儿子奚齐和骊姬妹妹的儿子卓子继承王位,都被晋国掌握军事大权的大臣里克杀死了。晋国出现了无君的混乱状态。为此,里克曾派人到狄国来迎接重耳回国为君。重耳因久在国外,不知晋国内部底细,怕回去后被害而婉言谢绝。于是里克又派使者去梁国迎公子夷吾。这样夷吾就当了国君,是为晋惠公。惠公心胸褊狭、不仁不义,

晋文公

他为了巩固自己的王位,一上台就杀了里克等一批掌握晋国实权的大臣,弄得人心惶惶,众叛亲离。他为了使秦国支持他回国为君,曾许诺割给秦国五座城池,这时也食言不给了。他即位时,碰上晋国发生饥荒,秦国曾拨出大批粮食救援,后来秦国遭灾时,惠公却不但不去救助,反而乘人之危,发兵进攻。惠公对周王派来的使臣也不尊重,外交上十分孤立。秦穆公见惠公如此忘善背德,不得人心,就出动大军迎击来犯晋军。结果晋军大败,惠公被俘。随后经申生的姐姐秦穆公夫人的求情,晋国交割了所许诺给秦国的五个城池,又留下晋太子圉作人质,才放惠公回晋。惠公在被俘后本来就一直担心重耳乘机夺取君位,所以他在释放回晋后,又派人到狄国去谋刺重耳。重耳闻讯只得赶快和他的贤士随从,躲避而去,另谋枝栖。当时正称霸一方的齐桓公,颇有招贤纳士的善名,重耳一行人便决定离狄去齐。

重耳一行去齐经过卫国时,卫文公不愿接待丧家流亡的重耳。他们走到卫国西北的五鹿(今河南濮阳东)时,因饥饿难耐,向一伙正在田边吃饭的农民讨吃。衣不蔽体的农民望着这群贵族打扮的人说:"我们连野菜都吃不饱,哪有多余的送人呢?"有个农民嘲弄地给了重耳他们一大把土块。重耳很生气。赵衰

说："土块，象征我们会有土地，您应该拜受它。"于是重耳立即叩头谢过上苍，郑重地捧起土块到车上。

到了齐国，齐桓公厚礼相待，并把同宗女子姜氏嫁给重耳，又赏给马八十匹。重耳很安于这种生活。两年后，齐桓公死，齐国发生内乱，霸业大衰，已无力使重耳返晋。重耳本人贪图安逸，留恋齐女，也没有离齐它去和回到晋国的心思了。转瞬就是五年。赵衰、狐偃等谋士屡次劝他振作起来，准备完成复国大业，均无效果。后来，终于在深明大义的重耳夫人姜氏的帮助下，设法灌醉了重耳，用车把他拉离了齐国。

重耳一行人来到曹国，曹国国君曹共公听说重耳的肋骨长得紧密相连，人称"骈胁"，便不听大夫僖负羁的劝告，趁重耳洗浴时前往观看，极不礼貌。僖负羁认为重耳他们绝非平庸之辈，为求日后免祸，私自赠送了藏有璧玉的食品。重耳接受了食品，退还了璧玉。

他们随即动身去宋国。这时宋襄公新败于楚国，并且股部受了伤。他听说重耳有贤名，就以接待国君之礼接待重耳。宋国司马公孙固与狐偃相好，对狐偃说："宋是小国，新近又兵败，不能指望宋国帮助回国了，必须另找大国才好。"于是重耳等人离宋去郑。郑文公觉得重耳不过是一个"流亡公子"，不愿以礼相待。重耳就离郑奔楚。

楚成王出于插手中原的考虑，也和宋国一样以诸侯之礼接待重耳。重耳谢不敢当。赵衰说："公子流亡在外十几年，连小国都轻视您，何况大国！如今楚国这样的大国都对您厚礼相待，您就不必谦让了，这是上天在保佑您啊！"于是重耳以相应的客礼会见成王，态度不卑不亢。楚成王问重耳说："您如果回到晋国了，用什么来报答我呢？"重耳说："羽毛、齿、角、玉帛，君王国中应有尽有，我不知道该怎样报答！"楚王说："即使如此，您总应报答我呀！"重耳想了想，说："我回国后，如果有朝一日晋楚两国军队不得已而在中原相遇，我就让晋军退避三舍（九十里）作为报答。"楚国大将子玉听后很不高兴，对楚王说："君王款待重耳如此隆重，他却想着将来同我们作战，出言不逊，请杀了他吧！"楚成王迷信鬼神，说："晋公子贤，他困于国外日子很久了，他的随从都是治国之才，这是上天在帮助他，怎么能杀他呢？违天必有大祸降楚啊。"因此，成王没有采纳子玉的建议。

重耳在楚国住了几个月，这时正好晋惠公病危，在秦国作人质的晋太子圉逃回晋国,秦穆公对太子圉的逃跑十分恼火,便派人到楚国来接重耳一行人到秦国去。楚成王就对重耳说:"楚国离晋国远,而秦晋紧挨着,秦国国君是贤君,他一定会帮助你的,你快去秦国,勉力而为吧!"于是送重耳一行人去秦。

重耳一行人来到秦国后,秦穆公给予了热情招待,还把女儿怀嬴改嫁给重耳。当年九月,晋惠公去世,子圉继位,即晋怀公。晋国局势动荡,人心思变。晋国大夫栾枝、谷縠等都暗中到秦劝说重耳回国,他们愿做内应。于是秦穆公就派军队护送重耳返晋。

周襄王十六年(前636年),护送重耳一行人的秦军,击败了前来抵御的晋怀公的军队,晋怀公弃城逃跑,不久被人刺死。前后流亡在外达十九年之久,这时已六十二岁的重耳,终于当了晋国国君,这就是晋文公。

2.平定内乱安民兴国

晋文公即位后,惠公、怀公的亲信吕省和郤芮害怕被杀,密谋与其党羽焚毁文公居住的宫室,活活烧死晋文公。当初曾经奉命要杀死晋文公重耳的寺人披知道了他们的密谋,打算报讯,请求进见文公。文公拒绝接见,并派人斥责寺人披当年在蒲城斩断衣袖,又在狄国行刺的罪行。寺人披说:"我过去那样做,是不敢以二心来对待国君的命令,所以才得罪了您。从前齐桓公不计较管仲射钩之仇,委以重任,因此成就了霸业。现在您为前仇不见我,只怕灾难又要降临,而像我这样得罪过您的人都再不敢为您效力了。"晋文公于是转变态度接见了他。文公得知吕、郤阴谋后,便迅速离开吕、郤党羽众多的国都绛,秘密去秦国请兵。秦穆公设计将焚宫后找不到晋文公而引兵追来的吕、郤等人诱到黄河边上,由秦、晋两国的军队协同消灭了阴谋集团。

晋文公在平定内乱后,即着手整顿内政。首先,他注意减轻百姓税赋,鼓励发展农业、手工业生产,并实行减轻进出口关税,翦除盗匪,确保交通安全,便利商旅往来和宽惠农民等政策,以调动民众的积极性。

其次,他注意"举贤荐能"和团结奖励多年来跟随他共度患难的功臣。他对有功人员都论功行赏,只有介子推被漏掉了,晋文公发现后马上改正。但介子推已隐居到了绵山(今山西介休东南)山中,晋文公派人遍寻不得,最后放火烧山以逼他下山,结果他宁愿被烧死,也没肯出山。晋文公为此事做了检讨,将绵山改名为"介山","以记吾过,且旌善人"。如此,使更多的贤士都愿为他效力。

再次，晋文公也注意团结晋国的贵族集团，不歧视没有随他流亡而留居晋国的贵族，他在铲除吕省、郤芮集团后，也注意不牵连、诛杀无辜的人，以稳定人心，并且后来还根据曾经一直跟随自己流亡的大臣司空季子的推荐，按照不计旧仇、各人责任各自负和用人取其长的原则，重用郤芮之子郤缺，让他担任了下定大夫。

为了增强国力，文公还加强军队建设，把原来的上、下两军，扩充为上、中、下三军，选拔了中军元帅，任命了上、下两军的正副将领，使军事力量大为加强。

3. 争霸称雄

随着晋国的兴盛和实力的增强，晋文公开始向中原地区扩充势力，图谋争霸称雄。这时在各大诸侯中，齐国霸业已衰；秦国僻处西部，东进受阻于晋；宋襄公抗楚失败，霸业无成；只有楚国地广势众，并从江汉流域不断向北推进。而中原各国对自称蛮夷的楚国，历来是心存疑虑和不满，故一直侧目而视。晋文公及其大臣都认识到：晋国要想逐鹿中原，称霸天下，必须抓到"尊王攘夷"的旗帜，并与楚国一决雌雄才行。

这个时机很快到来了。周襄王十六年(前636年)周王室内乱，襄王的弟弟太叔子带利用戎人的军队，把襄王赶出京城洛邑。周襄王逃到郑国，要求诸侯国发兵"勤王"(救援王朝)。秦穆公即出兵踞黄河岸，准备"勤王"。赵衰、孤偃对晋文公说，"这是一个难得的机会。求取霸业没有比勤王安周再好的捷径了。晋国如不第一个赶到，而让秦国抢先一步，晋国势将失去号令天下的资格了。"文公于是请秦穆公暂缓出兵，他亲率晋军，杀了子带，护送襄王回洛邑。秦穆公率领的军队中途回国。晋文公立了勤王安周的头功，被视为齐桓公再世。周襄王随即设宴慰劳，并将阳樊(今河南济源市)、原城(河南济源西北)、温(今河南温县西)等八邑赏给了晋文公。

接着，文公决心打击已严重威胁中原各国的楚国势力。

周襄王十九年(前663年)，由于原来战败而被迫与楚国结盟的宋国，因与楚国有杀父宿仇，又见晋国越来越强大，于是转而背弃楚国，亲近晋国，楚成王便联合陈、蔡、郑、许四国攻打宋国，宋国即向晋国求援。晋文公与群臣商讨对策，一致认为，这是报答当年宋国厚待之恩和建立霸业的良机。他们分析，楚国与曹、卫两国结盟不久，楚王又刚在卫国娶妻，如晋国攻打曹、卫，楚国必将去救，这样就可以为宋国解围了。于是，次年春天，晋文公就出兵讨伐曹、卫，取得大胜，曹君做了俘虏，卫君离都城出逃。在攻下曹国都时，晋文公还下令不许进入曹大夫僖负羁家，并赦免他的族人，以示尊重贤者，不忘旧恩。

当楚成王得知晋军出兵曹、卫时，就立即下令要伐宋的大将子玉收兵回国，并再次强调晋文公在国外饱经艰难险阻，终于得到晋国，又除去了政敌，说明他是"得到上天帮助的人"，不宜同他作战。但子玉一直不肯收兵，而向成王请战，要求允许他同宋国"打一仗以塞谗邪之言"，楚成王看到子玉不听自己的命令，心中不快，也就拨给他较少的军队。

宋国面对楚军大将子玉的进攻，又派人向晋国告急。晋文公认为，在没有得到秦、齐同意前，晋、楚不能贸然开战。他就采用中军元帅原轸之计，动员宋国向秦、齐送上厚礼，请秦、齐出面劝说楚国退兵；另一方面晋国则将部分曹、卫国土分给宋国，以使楚国迁怒于宋，不接受秦、齐的调解。秦、齐调解不成，又得了宋国厚礼，势必埋怨楚国不讲情面，而同情宋国，这时肯定会支持晋国对楚国的军事行动。情况果如晋国君臣所料，秦、齐两国都被晋国拉过来了。

这时，围宋的楚将子玉迫于形势，便向晋国提出自宋退兵的条件。他派使者宛春对晋文公说："请恢复曹国和卫国，我愿从宋国退兵。"文公经过与群臣商量后，决定将计就计，把楚国使者宛春囚禁起来，而私下答应曹、卫复国，要他们同楚国断交，以激怒楚国，使它解除对宋国之围，转而与晋国较量，从而使晋国有机会打败他们。楚国大将子玉得知楚使被扣，曹、卫听从晋国安排，与楚断交，果然怒不可遏，率领楚军，向晋军扑去。周襄王二十年（前632年），晋、楚之间酝酿已久的一场战争打响了。

晋楚交锋，楚国本来处于优势地位，楚国拥有的土地、军队和附属国，都远远超过晋国。晋军实力较弱，又远离本土作战，处于劣势，但晋国正确分析了形势。先攻克了靠近晋国的曹、卫两小国，取得了前进的基地；接着又设法获得了齐秦两国的支持。从而改变了不利的处境，掌握了主动权。

两军对垒，正要开战。晋文公下令晋军"退避三舍"，即九十里，以表示履行当年流亡楚国时的诺言，报答楚成王的礼遇。晋军一直退到城濮（卫国地名，在今山东省濮阳县南）才停下来。实际上，这不单纯是履行诺言，它还是积极防御，挫伤楚军锐气、激励晋军士气的一招，是诱敌深入，合而歼之。结果，楚将子玉中计,全军大溃。楚成王闻讯,使人传话给子玉说:"申、息二地的子弟都随你作战而死,大夫回国,何以见申、息二地的父老?"子玉便在回国的路上自杀。晋文公听说子玉已死,高兴地说:"我从外面打楚国,楚王从里面打楚国,内外相应,我以后用不着担心楚军了。"

晋文公于是献俘于周,周天子则封晋文公为侯伯,即诸侯领袖。同年冬天,晋文公主持"践土(今河南郑州市北)之盟",参加者有晋、宋、齐、秦、鲁、郑、陈、蔡、邾、莒十国,周天子(襄王)也应邀赴会。晋文公一跃而为中原霸主。

楚国国君楚庄王

楚庄王,(? ~公元前591),又称荆庄王,熊氏,姓芈名旅,一说名吕或作侣,春秋时楚国最有作为的国君。郢都人,楚穆王之子,公元前614年继位。在位二十三年。他任贤纳谏,勤理政事,多次用兵,扩大楚国势力范围,并大败晋军,称雄一时,为春秋时期赫赫有名的霸主之一。

1."不鸣则已一鸣惊人"

据传说,楚国在城濮之战中败给晋国后不久,楚成王就因准备改立太子而他的儿子太子商臣杀害。商臣当了国君,就是楚穆王。楚穆王不甘失败,加紧整军备战,矢志要和晋国一决雌雄。他首先兼并了附近的几个小国,又把中原的陈、郑等国拉到楚国一边。公元前613年(周顷王六年),楚穆王正在雄心勃勃,企图大干一番的时候,突然得急病死亡。其子旅继位,就是楚庄王。这时楚庄王还不到二十岁,而由他的两位老

楚庄王

师——斗克和公子燮掌握国家大权。年轻的楚庄王新做"千岁爷",只知玩乐,他白天带领人马去野外打猎,晚上喝酒跳舞,一晃就是三年,从没把国事放在心上。他知道臣下对他的所作所为很有意见,为了堵住他们的口,便通令全国说:"不许谏,有敢谏者,杀无赦!"

这时,晋国乘楚国忙于丧事,又重新会合诸侯,订立盟约,随后便把楚国已拉过去的陈、郑等国又拉回自己的势力范围,而楚庄王仍无动于衷,这使楚国大臣们很为着急。

一天,大臣伍举来见楚庄王,楚庄王正左手抱着郑姬,右手搂着越女,坐在钟鼓之间,见伍举到,欲理不理。伍举心情沉重地说:"臣听说大王心情烦闷,我是来给您讲个谜语故事,为您解闷的。有个谜语,人家叫我猜,我猜了一天一夜猜不着,我想大王是个博学多才的人,一定猜得着。故一大早就来请教您了。"楚庄王听他这样说,不觉兴致来了,就说:"那你就把谜语说出来,我来猜猜吧!"

伍举从容地说道:"高高山上有只鸟,身披五彩样子好。可是一停三年,不动不飞也不叫。请大王猜猜,这是一只什么鸟?"

庄王心里明白伍举说的是谁。就说:"喔,这不奇怪。它三年不动是在决定志向,三年不飞是在生长翅膀,三年不叫是在观察周围情况。这是一只了不起的鸟,它不飞则已,一飞冲霄,不鸣则已,一鸣惊人。伍举,你去吧,一切我已经明白了。"

慧眼识人励精图治

在伍举委婉谏言后,一过又是几个月,楚庄王依然日夜玩乐,不管政事。大夫苏从忍耐不住,又入宫进谏。庄王说:"你没有听说过我那'有敢谏者杀无赦'的命令吗?"苏从回答说:"如杀了微臣,而大王能醒悟,臣愿死!"楚庄王很为感动,于是罢去淫乐,取消阻谏禁令,博采众见,开始励精图治。

他首先整顿内政,惩恶扬善,举贤任能。据说曾惩办贪赃枉法、胡作非为的臣民数百人。当时楚国的令尹斗越椒野心勃勃,想要篡权,楚庄王便任命了三个大臣协助他处理事务,借以削弱其权力,防止他叛乱。在此同时,又起用了几百位贤能之士,任用伍举、苏从主管政务,后又先后用虞丘和孙叔敖为相。

楚庄王甚至在立王妃上也注意选立有才能者。据说,他要立王妃,但不知立哪一位好,便令众姬各备一件礼物,庄王认为哪一件礼物最有意义,便晋封谁为王妃。宫中许多姬妾,都竞相准备礼物,唯独樊姬没有准备。庄王问樊姬为何不准备,樊姬说:"大王,您要立的是王妃。能够当好您的内助,和您一块治理好楚国,这才是最有意义的礼物呀!"于是庄王便立樊姬为妃。民间还传说楚庄王喜吃甜食而不喜吃盐,樊姬劝谏庄王不宜偏食,庄王不听,竟下令禁盐。结果士兵因长期不吃盐而浑身乏力,缺乏战斗力。在关键时刻,樊妃擂鼓助阵,才把敌军击退。从此以后,樊妃有谏,庄王必听。可以说,楚庄王的富国兴邦,与樊妃之力很有关系。

据说孙叔敖出任宰相,即与樊妃的进谏有关。《史记·循吏列传》说:"孙叔敖,楚国民间的一位有德才而隐居未做官的人,虞丘地方的相把他推荐给楚庄王,让他来接替自己的官职。"刘向在《列女传》中则说虞丘推荐孙叔敖所以成功,是出于樊姬的支持。

关于孙叔敖当楚相一事还有这样一段传说。说孙叔敖做了楚相,全国吏民都来祝贺,却有一老人穿着丧服来表示吊唁。孙叔敖闻报也不动肝火,还端正衣冠出来迎接,问他有何见教。老人说:"身已贵而骄者,百姓将避开他;位已高而擅权者,国君将讨厌他;禄已厚而不知足者,祸患将追随他。"孙叔敖拜了又拜说:"敬受命,还希望能听听治国的高见。"老人说:"地位高了态度却越谦恭,官越大心地却越谨慎,俸禄优厚了却更加小心不敢妄取。您谨守这三条,就能治理好楚国了。"据说孙叔敖为相时的确是始终谨守这位老人的告诫的,可以说他是楚庄王的鼎力之臣。

3.发兵征战问鼎中原

传说楚庄王处理国事轻重分明,有条不紊。在国内事务处理就绪后,便着手对付外部敌人。他首先采纳大臣为贾的意见,于公元前611年秋起兵伐庸,平息了庸国的叛乱。其他弱小敌国,一见庸国失败,也都撤兵回国,向楚国称臣。

楚灭庸后解除了西部的威胁,其势力范围随即扩大到了今湖北西北一带,与陕西的秦国接界,从而大大方便了秦、楚两国的交往。西北方安定后,经过几年治理,国力渐趋强盛,楚庄王便又把注意力转向水方。

楚庄王先把打击目标放在从前与楚交好,后又背叛楚国而与晋国结盟的宋国和陈国。公元前608年,楚国打败宋国,获战车五百乘。过了两年,楚庄王又举兵攻打陆浑(今河南嵩县东北)之戎,到达洛水,陈兵于周天子京城的近郊,以示楚国兵力的强大。周定王派王孙满前往慰劳楚庄王。庄王趁机问鼎之轻重夏、商、周三代本以九鼎为传家宝,鼎为国家政权的象征。楚庄王的问鼎,反映了周天子权威的进一步下降和楚庄王企图称霸天下的雄心。后人于是把"问鼎"二字作为想要篡夺皇位夺取天下的代名词。

到公元前598年,楚庄王就趁陈国发生内乱(大夫夏征舒弑陈灵公,自立为陈国君)的机会,着手攻打陈国。他遣使者去打听虚实。使者回来说不可攻打陈,庄王问到说为何原因。使者回答说:"陈城墙高,护城河深,粮草储备多,其国内尚安宁。"庄王说:"陈国可以攻打。陈乃小国,而储备却多,储备多说明其赋税重,赋税重百姓会怨恨君主;城墙高,护城河深,民力就会疲敝了。"这一分析,反映了楚庄王的精明与睿智,由此果断地下令发兵攻陈,果然大获全胜。楚庄王索性把陈国吞并了,使它成为楚国的一个县。对此,楚大臣大都祝贺庄王扩大了楚国的领土,楚大夫申叔却认为"蹊(践踏)田夺牛"是轻罪重罚的做法,会引起诸侯不满,不如重新封立陈国,作为楚国的屏障。楚庄王采纳了申叔的建议,史称庄王"纳谏封陈"。这件事得到了其他一些诸侯国家特别是小国的赞誉,给楚国带来不少政治资本。楚庄王十七年,楚国又打败了背盟事晋的郑国。郑襄公肉袒牵羊拜见庄王,以示臣服和谢罪。

陈、郑都是晋国的保护国,楚国出兵陈、郑,显然是向晋国挑战,不承认晋国的霸主地位。于是在公元前597年夏天,晋景公就派荀林父为大将,先轸的孙子先縠为副将,率领兵车六百辆,前往救援郑国。晋军快到达郑国时,已听说郑襄公肉袒谢罪,荀林父本想就此班师,但是先縠和赵括、赵同等将坚决主战,并擅自渡河进军。晋军在将帅不和、举棋不定的情况下勉强应战。楚军先发制人,乘夜突袭晋军,两军在邲城(郑地,今河南省郑州东郊外)大战,晋军仓促应战,士气不振、指挥不灵、抵抗无力,结果拥有六百辆兵车的晋军,一夜之间,几乎全军覆灭。

在这次邲城之战中,楚军有位武将五战五胜,势不可挡,打得晋军无力招架。庄王问他何以如此勇敢,这位武将说:"臣当死,往者醉失礼,王隐忍不暴(暴露)而诛也。当肝脑涂地,用颈血溅敌。"原来,有一次楚庄王为了庆功,赐群臣宴饮,日暮酒酣,灯烛灭了。这位武将大概喝多了几杯,竟伸手去拽美人(宫女有美人·级)的衣裳。美人顺手摘下了他的帽缨,对庄王说:"刚才烛火,有人拽我的衣裳,我摘下了他的帽缨,已拿来了,想请取灯上来,看看谁是掉了帽缨的人。"这位武将十分害怕,调戏美人是要处死的。庄王沉思了一会儿,却说:"赐人饮酒,使得他们醉后失礼,怎么能够为了显示妇人的贞节,而羞辱勇士呢?"于是命令大家把帽缨都摘下来,然后才点烛,最后都尽兴而散。因此,这位武将感恩戴德,在作战中奋不顾身,甘愿"用颈血溅敌"以相报。

越王勾践

勾践(?~前465),赵王允常之子。公元前496年,即越王位。后被吴军败于夫椒,被围困在会稽山上,被迫向吴投降,做了吴臣仆。此后二十年,他忍辱负重,卧薪尝胆,任用贤臣,发展生产,重建武装,终于图强雪耻。

1.忍辱求和为奴仆

越国是古代越族人建立的国家,春秋中期以后,越国开始强盛起来。公元前506年,越王允常乘吴国伐楚之机,率军偷袭吴国,从而挑起了吴越两国的战端。公元前496年,越王允常死,其子勾践继位,吴王阖闾乘越国王位更替的时机兴兵伐越,不料被越国打败,阖闾被越将灵姑浮用戈刺中,受了重伤,回国后不久就死了。阖闾死前遗言,要太子夫差代父报仇。从此,两国的仇怨越结越深。吴王夫差即位后,在伍子胥、孙武等人的辅佐下,日夜训练军队,准备为父报仇。

传说越王勾践想趁吴国未做充分准备时打击吴国,大夫范蠡劝他不要轻启战端,勾践听不进他的话,公元前494年,发兵准备进攻吴国。吴王夫差接到报告后,调集全国的精兵迎战越军。双方在夫椒山(在今江苏省苏州西南太湖中)交战,越军大败,越王勾践带着残兵败将五千人逃回会稽山(在今浙江省中部绍兴市东南),又被吴军追上团团围住。

勾践到此时才后悔没有采纳范蠡的意见,只好再请范蠡出计解围。范蠡说:"现在只有带着厚礼低声下气去求和了,如果不答应,就只好把自己抵押给吴国,亲自去侍奉吴王。"大夫文种又说吴国太宰伯嚭很贪财,可以通过贿赂他去求和。于是勾践让文种带着美女和宝器私下里献给伯嚭,由伯嚭带着去见吴王夫差。文种向吴王叩头说:"希望大王能够赦免勾践的罪过,勾践愿把国中所有的财宝献给大王;如果大王不肯饶恕的话,勾践决心杀掉自己的妻子儿女,烧毁财宝,率领他那五千人马与大王决一死战,大王恐怕也要付出相同的代价。"这时,伯嚭也在一旁劝吴王说:"赦免越王让他做臣子,这对吴国有利。"于是吴王夫差不顾伍子胥的劝阻,同意了越王的请求。从此,越国成了吴国的属国,勾践和范蠡都被带到吴国为吴王服役,过着忍辱负重的生活。

2.蔽敌获释卧薪尝胆

传说勾践被吴军围困在会稽山上,懊悔不迭,但也无济于事,无奈之中,只得"忍辱求和"。越王勾践四年(前493年),勾践夫妇及大夫范蠡随吴军来到吴国,朝见吴王夫差,把带来的美女和宝物分送给了夫差和伯嚭等大臣,并一再感谢伯嚭的庇护之恩,伯嚭满脸堆笑,十分得意。吴王夫差罚勾践夫妇、君臣到其父阖闾坟旁的石屋里放养马匹。让他们都换上罪裙,吃的是糟糠野菜。勾践看马喂草,范蠡打草砍柴,勾践夫人洗衣做饭,日常生活与夫差的其他奴隶相差无几,但他们个个安分守己,毫无怨言。有时夫差乘车出游,勾践还要充当马夫,给夫差牵马驾车,走在路上,任凭百姓取笑、讥骂,勾践都低头不语,只把羞恨深藏在心中。

就这样过了三年,在这三年中,大夫文种在国内时常打发人给吴太宰后伯嚭送礼。所以,伯嚭常在夫差跟前给勾践讲情,说了不少关于勾践的好话。夫差听了也半信半疑,曾几次派人悄悄地窥视勾践,也没看出有什么可疑之处。夫差认为穷苦的生活已使勾践君臣磨灭了复国的意志,断绝了回乡的念头,因而也不再提防他们。久而久之,倒还觉得他们挺可怜,又经伯嚭讲情,便想放他们回国了。老将伍子胥听到了吴王夫差想释放勾践君臣的消息,连忙赶来劝阻,说:"大王,古时夏桀囚禁商汤,殷纣囚禁文王,都是因为没有杀掉他们而放他们回国,结果留下后患,落了个国灭身亡的下场。如今大王要放勾践回国,这不是放虎归山吗?大王可不能重蹈夏桀、商纣的覆辙啊!"夫差听了确实也不禁一惊,于是就不再提赦免勾践回国的事情了。

偏巧这时候夫差病了。范蠡经过了解,知道是寻常疾病。想到大丈夫应能屈能伸,正如月有圆缺、树有枯荣、弓有张弛一样,于是心生一计,让勾践去探视吴王,乘机更加表现出对吴王的忠诚,以取得吴王的信任,勾践一一答应。次日勾践先去拜见伯嚭,说明来意,伯嚭就领他去见夫差。见面后,正赶上夫差要解大便,叫他们在外面等一会儿。左右的人都离开了,勾践却不走,他趁机阿谀说:"父亲有病,做儿子的应当侍奉;君主有病,罪臣更应该侍奉。况且罪人少时曾从师名医,能从粪便判断病的轻重呢。"待夫差大便完了,勾践上前看了看,用手蘸了一点大便放在嘴里咂了咂。然后转过来,面露笑容,向夫差叩头祝贺说:"大王之病不日就可痊愈。"夫差问其蘸了一点何故?勾践答道:"刚才我仔细看了大王粪便的颜色,又嗅了气味,尝了尝滋味,可以断定大王腹中的毒气已排泄干净,只待几天就可恢复元气了。"夫差见勾践居然尝粪辨疾,很为感动,表示等他病好了就送勾践回国。伍子胥听了,进谏说:"勾践居心叵测,看是尝大王的屎,实是食大王的心。"忠言逆耳,夫差听不进去。反而责备伍子胥不如勾践那样尽忠。不久,吴王的病果然痊愈,随即把勾践君臣释放回国。

勾践回国后,决心复兴残破的越国,洗雪昔日的国耻。为了不忘会稽山被围的耻辱和在吴国经历的苦难,他把国都迁到了会稽山下,并在自己的屋中吊了一个苦胆,经常尝其苦味,他疲倦了要休息时,不用床铺,不垫被褥,而是把硬柴草叠起来睡在上面,以提醒自己。经过十多年的磨炼,加上各项措施的得力,终于灭掉了吴国。

权臣逸闻

齐国名相管仲

管仲(?~前645年),春秋初期齐国著名的政治家。名夷吾,字仲,安徽颍上人。因为好友鲍叔牙的推荐,被齐桓公任命为宰相。执政期间,他在齐国进行了一系列的改革,使齐国经济发展,政治清明,军事强大,并帮助齐桓公以"尊王攘夷"为号召,使齐国成为了春秋时期的第一个霸主。管仲还以自己的政治主张,写成了《管子》一书,共86篇(今存76篇)。

1.铸钱购鹿服楚王

管仲在好朋友鲍叔牙的推荐下,当了齐国的宰相。他把齐国治理得国富兵强,征服了许多割据一方的诸侯国,终于辅助齐桓公称霸中原,成了春秋时期的第一个霸主。可南方的楚国不听齐国的号令,征服楚国便成为当务之急。

当时,齐国有好几位大将军纷纷向齐桓公请战,要求率重兵去打楚国,以兵威震慑楚国。但相国管仲连连摇头，说："齐楚交战，旗鼓相当，够一阵拼杀的。一则我们得把辛辛苦苦积蓄下来的粮草用光，再则战争一开，齐楚两国万人的生灵将成为尸骨。"

一番话把大将军们说得哑口无言。

管仲说完，带大将军们看炼铜铸钱去了，弄得他们丈二和尚摸不着头脑。殊不知，这为管仲不费一兵一卒而征服原本强大的楚国埋下了伏笔。

管仲

一天，管仲派一百多名商人到楚国去购鹿。当时的鹿是较稀少的动物，仅楚国才有。但人们只把鹿作为一般的可食动物，二枚铜币就可买一头。管仲派去的商人在楚国到处扬言："齐桓公买鹿，不惜重金。"

楚国商人见有利可图，纷纷加紧购鹿，起初三枚铜币一头，过了十几天，加价为五枚铜币一头。

楚成王和楚国大臣闻知后，颇为兴奋。他们认为繁荣昌盛的齐国即将遭殃，因为十年前卫懿公好鹤而把国亡了，齐桓公好鹿正是重蹈覆辙。他们在宫殿里大吃大喝，等待齐国大伤元气，好坐得天下。

而这边，管仲却把鹿价又提高到四十枚铜币一头。

楚人见一头鹿的价钱与数千斤粮食相同，于是纷纷放下农具，做猎具奔往深山去捕鹿。连楚国官兵也停止训练，陆续将兵器换成猎具，偷偷上山了。

一年间，楚地大荒，铜币却堆积成山。

楚人欲用铜币去买粮食，却无处买。管仲已发出号令，禁止各诸侯国与楚通商买卖粮食。

这样一来，楚军人黄马瘦，大丧战斗力。管仲见时机已到，即集合八路诸侯之军，浩浩荡荡，开往楚境，大有席卷之势。楚成王内外交困，无可奈何，忙派大臣求和，同意不再割据一方，欺凌小国，保证接受齐国的号令。有人认为，管仲购鹿之计，比孙子、吴子兵法中的那些点计奇得更为高明。这虽不乏溢美之意，但此计策的高明也确实是一言而喻的。

2.重赏勇夫

传说管仲在齐国任宰相期间,平时就用重金过将士。有天,他对齐桓公说:

"去年的租税收入有四万二千金,我恳求大王把这些钱预付给各位将士当奖金,只要谁能够预先约定战功的,就发给他。"

齐桓公同意了。管仲马上召集全军将士,告诉他们:

"战争早晚都会爆发。现在,能够约定显著战功的人,可以预先领赏。"

将士们都窃窃私语。不久,一位士兵站出来问:

"到底要击败几个敌人才能领赏?"

"一百个。"

"那我就试试看吧。"

管仲当场给他五百金。于是将士们均纷纷报名,约定拿敌将首级的给一千金,杀敌兵的给十金。四万二千金很快便分完了,将士们也都勇气十足地离开。

此时,齐桓公紧张起来,担心地问:

"那些钱会不会就此白白地浪费掉呢?"

"请不要担心,将士们拿了钱之后,就可以使家人过着舒服的日子,到了战场上就一定会为了保住名誉、报答恩惠而拼命一战。只要全军士气高昂,就一定能打败敌人。用四万二千金来买一场胜仗,实在太便宜了。"

半年之后,齐国与蔡国果然发生战事。正如管仲所料,那些领了奖的将士的双亲、兄弟和妻子都对他们说:

"受到这种恩泽,男子汉绝不可以卑怯,一定要遵守约定。以报答国家的厚德。"

齐国军队奋勇作战,不久,蔡国只好俯首称臣。

所以,通晓兵法的人都知道,用兵之要在于礼多禄厚。礼多,则智慧之士不惜远来;禄厚则义勇之士皆不怕死。

齐国大夫晏子

晏婴(约公元前585年~前500年)字平仲,故后人也称其为晏平仲,或尊称为晏子。齐国夷维(今山东省高密)人。公元前556年,父晏弱(谥号桓子)

·春秋战国野史·

图文珍藏版

死后,他继任齐国正卿,历仕灵公、庄公、景公三朝,执政近五十年,是春秋时期和管仲齐名的政治家。

1.晏子使楚

齐景公分派晏子出使楚国,楚王问手下的大臣们说:"听说齐国的晏子很有才干,不知你们了解不了解这个人?"有个大臣答道:"晏子长得矮小丑陋,没有什么特别才能,不过就是能说会道点儿罢了。"楚王听了后说:"那你能否想办法羞辱羞辱他,压压齐国的威风,长长我楚国的志气呢?"那位大臣说:"没问题,就由我来安排好了。"

于是,那位大臣因为晏子身材矮小,就派人在城门旁边特意开了一个小门,请晏子从小门进去。晏子说:"只有出使狗国的人,才从狗洞进去。今天我出使的是楚国,应该不是从此门入城吧。"楚国人只好改道请晏子从大门进去。

晏子拜见楚王。楚王说:"齐国恐怕是没有人了吧?"晏子回答说:"齐国首都临淄有七千多户人家,人挨着人,肩并着肩,展开衣袖可以遮天蔽日,挥洒汗水就像天下雨一样,怎么能说齐国没有人呢?"楚王说:"既然这样,为什么派你这样一个人来做使臣呢?"晏子回答说:"齐国派遣使臣,各有各的出使对象,贤明的人就派遣他出访贤明的国君,无能的人就派他出访无能的国君,我是最无能的人,所以就只好出使楚国了。"楚王立即不好意思了。

按照惯例,国王对使者是要赐宴的。于是,第二天,楚王在王宫赐宴招待楚国使者晏子。酒席开始后,宾主举杯正在尽兴,却突然有两个差吏捆绑着一个人来到面前。楚王故意问:"被捆的人犯了什么罪?"官吏说:"他是齐国人,犯了盗窃罪。"楚王看着晏子说:"你们齐国人本来就善于偷盗吗?"

晏子知道这又是楚王要羞辱自己的一个花招,便回答道:"我听说:橘子树如果生长在淮河以南,果实就是橘子,但是生长在淮河以北,结出的果实就是枳。为什么呢?水土不同。老百姓生活在齐国并不偷盗,到了楚国就盗窃,莫非楚国的水土使百姓善于偷盗吗?"楚王笑道:"圣人是不能同他开玩笑的,我反而是自讨没趣了。"

2.齐景公受辱

一天早晨,天已经大亮了。齐景公披散着头发,驾着六马大车,带领后宫嫔妃从宫中出来,准备去到处游玩。却被受过刖刑(断足之刑)的守门人拦住,不让出门,守门人对景公说:"你不像是我们的国君。早朝的时间快到了,哪有国君不顾国家大事而只恋着游玩的呢?"景公知道自己的行为是缺乏礼教而且有违朝政制度的行为。只好生着闷气叫车夫驾回宫中去了。回宫之后,景公越想越难过,总觉得在众人面前被守门人数落很没有面子,于是惭愧得不愿亲临朝政。

晏子闻讯,便入宫求见景公,问景公为何这样。景公说:"是我有过错。但是,我作为一国之君,如今被断足的守门人羞辱,我还有何脸面呢?"

晏子一笑,回答说:"这是国君的福气呀,我就是专门来向你祝贺这件事的。俗话说,有了贤君才会有敢说真话的直臣。如今别说大臣可以向您提意见说真话,就连守门的下人都能够为了国家而提意见说真话,天下人知道这种事后,谁能不佩服您是个明君呢? 从另一个角度看,一个国家,如果臣下无直率的话,上边就会有受蒙蔽的国君,大家如果都只知道逢迎而不讲真话,国君就多骄奢的行为。如今您有失礼的举动,断足的守门人就敢于对国君直言,这说明老百姓对您忠诚呀。请赏赐他,以表明您喜爱直言善劝。"景公听了,觉得晏子说得很有道理,于是笑了说:"这可以吗?"晏子说:"可以。"于是下令给这个守门人双倍的俸禄并免征赋税。

人们知道了这件事,都纷纷夸耀齐景公善于纳谏,是个明君。

3.让齐景公认错

一次,齐景公举行酒宴,饮到高兴处,便对大臣们说:"各位痛快地饮酒,不要拘束君臣礼节!"

晏子听说后,容色顿变,严肃地对齐景公说:"国君的话不妥! 朝廷上,没有礼节、没有秩序,那成什么体统呢? 禽兽都是以雄健有力者为首,弱肉强食,所以天天都在更换首领。大臣们如果抛弃礼节,就会像禽兽那样行事。那时就可能有更换国君的危险,敢问您将如何处理呢?"景公听了,很不高兴地背过身子,不让他继续说下去。

过了一会儿,齐景公出去了。回来后,晏子坐着不动,也不起立;君臣碰杯,晏子先饮。景公怒容满面,瞪着晏子说:"刚才您不是还教训我人不可没有礼节吗? 你讲的礼节哪儿去了?"晏子离开座席,向景公拜了两拜,恭敬地说:"我哪里敢这样呢？之所以这样做，是想让国君了解没有礼节的实际情形啊。"景公听了，恍然大悟，说："看来是我的错啊！先生请入座，我按您说的办好了。"此后，景公完善礼制，整顿法度，来治理齐国，由此官员守礼，百姓肃然。

4.不娶公主要丑妻

一天，齐景公到晏子家赴宴，晏子让老婆出来招待国王，齐景公看晏子的老婆又老又丑，于是将晏子拉到旁边悄悄说：

"爱卿，你官至相位，又有才干，为什么不要个漂亮又年轻的老婆呢？"

晏子说："年轻又漂亮的老婆有什么好处呢？"

齐景公说："当然有好处啊！看在心里舒服，陪在身边高兴，别人见了羡慕，你说不好吗？"

晏子说："那样的老婆要整天陪着，我哪有那些时间呢？"

齐景公说："你只要愿意，我有个女儿，又年轻又漂亮。至于你想陪她的话，我可以随时批给你假期！"

不料，晏子离开座席，恭敬地回答道："我的妻子，本来也年轻貌美。在她年轻貌美时，曾经将终身托付给我，而我也接受了她的托付。如今她的确是老了而且很丑，但是怎可使我背弃对她的终身相托呢？而且，为了陪一个女子而放弃自己做臣子的责任，也是我所不愿意做的。请恕我不能接受国君对我的恩赐。"

5.二桃杀三士

鲁襄公二十五年乙亥日（公元前548年4月26日），齐庄公被杀，其弟弟杵臼即位为君，是谓齐景公。齐景公（公元前547~前490年）当政之时，丞相晏婴执掌朝政。起初，景公宠幸佞臣梁邱据，日夜淫逸享乐。梁邱据又与当时的"三杰"打得火热，不断扩大势力，已成为齐国的隐患。晏婴暗自着急，忧患他们乱政，想要削弱这个集团的力量以引荐贤人帮助自己。

"三杰"是三名武将，名叫田开疆、古冶子、公孙接，都是四肢发达，头脑简单的武夫。三人皆立过大功，结为兄弟，自号"齐邦三杰"，深受景公宠爱。常居功自傲，欺压群臣，凌铄乡里。"三杰"又与梁邱据打得火热，互相倚重，肆无忌惮。晏子看到这种情况，深以为忧，有心劝景公除去三人，又怕景公不听反招祸害,于是心中盘算着要除掉三人以翦除梁邱据的羽翼,但苦于没有机会。

鲁昭公与晋国不合,想要结交齐国,便亲自来访。景公设宴款待。两位国君之外,鲁国的丞相叔孙婼和齐相晏子分别作陪,并任执宾之职。田开疆、古冶子、公孙接三人挎着宝剑站在殿堂阶下群臣的行列中,个个昂首挺胸,神气十足。酒至半酣之时,晏子请示景公说:"园中的金桃已经熟了,可命下臣献上鲜桃,为两位国君上寿。"在这种场合下,景公自然准奏。晏子又说:"金桃非常珍贵,是难得之宝,臣当亲自前去监视摘桃。"于是他拿着后园的钥匙走了。

席上,景公向鲁昭公介绍说:"这种桃是先公时栽种的,当时有一位东海人,献上一个大桃核,说此桃名叫'万寿金桃',出自海外的度索山,也叫'蟠桃',种上三十多年了,枝叶虽然茂盛,但只开花不结果。今年结了几个桃,我非常爱惜它,所以封锁了园门,严加看守。今天君侯光临,寡人不敢独自享用,特取来与贵国君臣共同品尝一下。"鲁昭公连连拱手道谢。

不一会儿,晏子领着管理桃园的小官回来了。只见雕画精美的盘子中放着六个大桃。景公见状,问晏子说:"只有这几个桃吗?""还有三四个未熟,所以只摘了这六个。"景公命晏子行酒,只见晏子手捧玉杯,来到鲁昭公面前,左右的人赶忙献上一桃。晏子边斟酒边说些祝福的话,昭公饮酒后吃了一个桃,顿觉甜美适口,连连夸奖。接着景公、叔孙婼、晏子三人各饮酒一杯,吃桃一个。六个桃吃掉四个,盘中只剩两个了。堂下的"三杰"则直勾勾盯着剩下的两个大桃。

这时,只见晏子瞥了他们一眼,然后慢条斯理地向景公建议道:"盘中还有两个桃子,主公可传令群臣,让他们认为有资格吃桃的就自己摆一摆功劳,功劳大的就吃一个桃,以此来表彰功臣的贤德。"景公准奏,立刻传下命令,诸臣中自信功深劳重,有资格吃桃的就出班自奏,由相国来评功赐桃。

语音未落,田开疆、古冶子刚要出列,不料被公孙接抢先了一步。只见他腆着胸脯大声说道:"从前我随从主公在桐山打猎,一只猛虎惊驾,我徒手打死老虎,保护了主公,功劳怎么样?"晏子忙说:"擎天保驾,功劳没有比这再大的了,可以赐酒一杯,吃桃一个。"于是公孙捷一仰脖喝下酒,几口吃了一个大桃,心满意得地回归本位。紧接着,古冶子抢出班来大声说道:"打死老虎不算出奇。当初主公乘船在黄河上巡行,突然一个形如小山的妖鼋兴风作浪,要掀翻大船,是我拼力斩杀妖物,才使主公转危为安,这个功劳怎么样?"景公见状,忙说:"当时波涛汹涌,万分危急,若不是将军神勇斩除妖鼋,寡人就危险了,这真是盖世奇功,饮酒吃桃,又有什么可迟疑的。"晏子忙递酒递桃。盘中空空如也。

那田开疆早已忍耐不住了,只见他撩衣出列嚷道:"我奉命伐徐,杀其名将,斩首俘五百余人,使徐国君臣恐惧,献宝请盟,郯、莒等国家畏惧我的威势,一时里都来朝拜我国,奉我们主公为盟主,这样的功劳难道还不可以吃桃吗?"说完,看着空盘,愤愤不平,小胡子直抖动。晏子见状,忙说:"开疆将军的功劳真是大人了。比前两位将军更高十倍。怎奈无桃可赐,只好委屈您了,先赐酒一杯,等来年再吃桃吧!"景公也连连说他可惜。只见田开疆环眼圆睁,手按剑柄恨恨说道:"斩鼋打虎,小事一桩。我跋涉千里,血战沙场,反而不能吃桃,在两国君臣面前受尽侮辱,被后人耻笑,还有什么脸面在这里站着!"说完突然拔出剑来往脖子一抹,立刻卧尸殿堂。公孙捷见状,也拔剑说道;"我等功小而吃桃,田君功大却没吃到桃。吃桃不让,是不廉,人死而不能从,是不勇。"说完也自刎身亡。古冶子更不怠慢,痛心地说:"我们三杰结拜为兄弟,誓同生死,二人已死,我怎能独生?"也拔剑自杀。事情来得非常迅速,前后不到一盏茶工夫,三人便都自杀身亡,结伴到阴间做"三杰"去了。

这样,晏子巧施妙计用两个桃杀了三个武夫,这就是历史上著名的"二桃杀三士"的故事。

屠岸贾陷害忠良

屠岸贾是春秋时期晋国人。在晋灵公和晋景公时都当大夫之职。他出身于奴隶主贵族家庭,善以阿谀取悦灵公,因此得到晋灵公宠爱。他利用晋灵公的昏庸和对他的宠爱,为非作歹,怂恿灵公荒淫暴虐,出谋划策暗害忠良,后来又在景公面前进谗,冤杀丞相赵盾一家百口,制造了历史上一大惨案。屠岸贾因此也成为我国春秋史上有名的奸臣。

屠岸贾是晋灵公时的一个大奸臣。由于屠岸贾的怂恿,晋灵公嬉游无度,荒淫暴虐。对此,相国赵盾多次进谏,要求晋灵公以国家大事为重。赵盾的忠心,不仅没唤醒昏君,反而激起了晋灵公与屠岸贾的怨恨,屠岸贾便与灵公合谋,派人行刺和诱杀赵盾,但因赵盾的防备而未得逞。晋灵公的所作所为,激怒了赵盾的侄子,于是经过准备,赵盾侄子带人杀了灵公。晋灵公死后,成公即位,仍任赵盾为相。不久赵盾和成公先后死去,景公即位。景公即位后,同灵公一样昏庸,他复用屠岸贾,由此给了屠岸贾行奸之隙。

一天,梁山发生崩裂,泥石堵塞河流。景公出于迷信,召太史卜问吉凶。屠岸贾预先行贿太史,让太史说梁山自崩是由于"刑罚不中"引起的。太史即以此言告景公,景公不解,说:"我没有使用刑罚不当的地方,有何不中?"屠岸贾乘机解释:"所谓刑罚不中,就是该用刑罚的未用,如赵盾弑杀灵公,载在史册,此不赦之罪,成公不但不加诛戮,反而委以国政,延续至今,逆臣子孙,布满朝

屠岸贾塑像

廷,这怎么能警戒后人呢?且梁山崩裂就是苍天感灵公之冤,而声赵氏之罪的反映。景公遂听信屠岸贾之言,乃书赵盾之罪,命屠岸贾处理。

屠岸贾获得了景公的旨意,当即率领甲士,包围赵府,将景公所书赵盾之罪,挂在赵府门前,声言奉命讨逆,将赵盾的儿子赵朔、赵同、赵括各家老幼,尽行诛杀。清点死者时,唯独不见庄姬。庄姬是赵朔的夫人,晋成公的女儿。当时,将军韩厥密告赵朔,叫他赶快出离晋国,而他执意不从,只恳求韩厥能保全未出生的小孩。韩厥提议:在屠岸贾还未发兵之前,赶紧把庄姬秘密送入宫中。

屠岸贾不见庄姬,知其已入宫。他也知道庄姬已怀孕,心想万一生个男孩,留下逆种,必生后患,决心斩草除根。于是屠岸贾入宫回奏景公:"逆臣一家老幼都已诛绝,只有公主一人进入宫中,求晋侯定夺。"景公告诉屠岸贾,"公主是他母亲的爱女,不可过问。"屠岸贾立即挑拨说:"公主已怀孕,万一产个男孩,日后长大必然为其父报仇,不可不虑。"景公表示:"生子则除之。"屠岸贾即日夜派人入宫,探听庄姬分娩的消息。不久庄姬果然生一男孩,夫人立即吩咐宫人,假说生女,并推说女婴已经死了。探人回报屠岸贾,他不相信,亲自带领女仆入宫搜查,庄姬甚为惊慌,无奈只好将孩子藏于裤中,才得保全。屠岸贾没有查出孩子,并不就此甘心,他猜想孩子可能已送出宫门,于是张榜悬赏追缉。

赵盾生前有两个忠心耿耿的门客,一个叫公孙杵臼,一个叫程婴。前者想

出一个办法以救赵氏孤儿，他问程婴："养育孤儿成人和死哪个更难些？"程婴说："当然死容易些。"杵臼说："赵氏家族对你不薄，你就勉强些做那件难事，让我去死吧。"他接着说："如果能得到一个别人的婴儿，假充赵氏孤儿，我把他抱到首阳山中，你去告密，说出藏婴儿的地方。屠岸贾得到了假冒的孤儿，则赵氏的骨肉就可以保全了。"程婴说："我新生一个儿子，与孤儿诞生的日期相近，可以代赵孤。"

程婴把儿子交给公孙杵臼后，自己去见将军韩厥，请他想法把赵氏孤儿从宫中弄出来，韩厥立即答应了，并告诉程婴，庄姬正好有病，叫他求医，只要能把屠岸贾骗往首阳山，他自有办法把孤儿弄出宫来。程婴得到韩厥的许诺，即到处扬言，他知道赵氏孤儿的藏处，只要能赏给千金，他就出首告密。屠岸贾门客把程婴带去见屠岸贾，屠岸贾急问婴儿藏在何处。程婴回答说："藏在首阳山深处。"并且告诉屠岸贾赶快去搜，慢了就奔往秦国去了，而且需大夫亲自前往。屠岸贾在程婴的带领下，亲自率家甲 3000 人直奔首阳山，到山后见一草屋，程婴指草屋对屠岸贾说：此房是公孙杵臼和孤儿藏处。甲士叩门入房，执公孙杵臼来见屠岸贾，问孤儿何在，公孙杵臼抵赖说没有。屠岸贾命搜其家，从暗室中抱出一婴儿，杵臼一见，欲上前抱夺，被执不能走，乃假装大骂程婴："你这小人，公主把孤儿托付给我们二人抚养，你与我同谋，将孤儿藏于此山，你却贪千金之赏，私自告密，我死不足惜，你有何颜于九泉之下见赵氏呢？"骂声不止，程婴假作羞愧，叫屠岸贾杀之。屠岸贾即令甲士将公孙杵臼斩首，自取孤儿摔死于地。

当屠岸贾在首阳山中搜索婴儿时，韩厥密教心腹门客充做医人入宫看病，庄姬即打发走宫人，将孤儿放在药囊中，顺利地带出宫门。韩厥得了孤儿，心中大喜，藏于家中，请一乳妇好生育之，后来将孤儿及乳妇交付程婴，潜入山中藏匿。

直到晋悼公即位以后，赵氏之冤在沉埋了 15 年以后才得以洗雪，屠岸贾亦因害人误国而被诛。

叔詹临危服晋侯

叔詹(生卒年不详)，春秋时郑文公大臣。掌握郑国大权多年，屡次为郑文公制定国内外大计，是郑国的社稷之臣。

春秋时期，秦、晋联合攻打郑国，郑国派老臣烛之武说服了秦穆公，悄悄地撤退了秦国的大军。晋文公闻报大怒，虽未派兵追秦军，却决定单独以晋军继续围攻郑国。

郑国见晋军不退，又派了石申父，携带重宝见晋文公请和。晋文公提出了两个条件：一个是必须立子兰为郑国的太子；另一个条件要郑国交出大臣叔詹，表示求和的诚心。

为何晋文公提出如此两个条件呢？原来一则是因为子兰是郑君的弟弟，早年出奔晋国，做了晋国的大夫，对晋文公很忠心。所以，文公想让子兰将来能入主郑国，继续向他效忠。再则是因为叔詹是郑国的谋臣，许多国家大事，都依赖他的足智多谋，要郑国把他献出来，等于是断了郑君的左膀右臂。

石申父把晋文公的要求，向郑君禀报之后，郑君对第一个条件，并不感到为难。

不过，要他献出大臣叔詹，却使他不知该如何应付。因为，叔詹对他来讲，实在是太重要了。

叔詹听了晋国的要求之后，一点儿也不感到惊慌，反而慨然地向郑君禀奏说："臣听说有句话叫：'主忧则臣辱，主辱则臣死。'如今晋国要臣去，臣如果不去，晋军必然不肯退兵，是臣避死不忠，而使大王受辱。所以，请准许臣前往为是。"

"你前往必然被处死，寡人实不忍心让你前往！"

叔詹说："大王不忍心我叔詹一人前往送死，难道忍心让百姓受围困，让郑国社稷不保吗？牺牲臣一人以救百姓而安社稷，大王何必再想不开呢！"

于是，郑君只好答应叔詹的请求，命石申父和候宜多二人，陪送叔詹前往晋军大营。

见到晋文公时，石申父说："寡君畏惮大王的神威，所要求的两件事，皆不敢违抗，现在叔詹已送到帐下，听凭大王处置；请赐公子兰回国，立他为继承君位的世子，完成大王的心意。"

晋文公听了非常高兴，立即派人召公子兰前来听命，让石申父和候宜多二人，暂留晋营等候。接着把叔詹叫到面前，大声呵斥说："你执掌郑国的权柄，使郑君失礼于国宾，是一罪；既受盟于晋国，又怀有二心，又是一罪。来人，把他架到油鼎里烹了！"

帐前武士应声而出,一左一右架住叔詹,就要送到油鼎去烹杀。

叔詹面不改色,向文公坦然说道:"请大王容我把话说完,再去就死。"

文公说:"你有什么话要说?"

叔詹说:"大王早年未得国之前,出奔到郑国的时候,臣曾向寡君进言,晋公子贤明,跟随他左右的人,都是卿相之才,将来如果归国为君,必能称霸诸侯;后来,温邑会盟的时候,臣又劝寡君,务必永远忠于晋国,不可怀有二心。无奈这些话,寡君不肯采纳,才有今日之祸,大王却怪罪是下臣主张背叛晋国,寡君明白不是臣的过错,所以,不忍遣送臣前来领罪,是臣拿'主辱臣死'的道理,说服了寡君,自愿前来就死,以救全城百姓。像我这样,料事能中,是智;尽心谋国,是忠;临难不苟,是勇;杀身救国,是仁;一个智仁忠勇俱全好臣子在晋国的法律,固然应该烹死了!"

叔詹说完了这段话,双手按住油鼎,大声呼喊道:"从今以后,侍奉君主的人,都应该以我叔詹为戒!"

晋文公被叔詹的嚎叫声吓得毛骨悚然,急忙喝令武士放手,扮出一脸的笑容,说:"寡人只不过是试验一下你的胆识,你当真是一位了不起的英雄啊!"

就这样叔詹逃过了一劫,不但没有死,而且,受到晋文公特别礼遇。

申叔时谏楚庄王一言兴邦

申叔时,春秋时楚国大夫,楚庄王时,他经常代表楚国出使他国,深得楚庄王重用,是当时楚庄王称霸诸侯的重要谋臣之一。

春秋时期,陈国有个君主陈灵公,他贪酒好色,不理朝政,经常和两位大夫孔宁、仪行父沆瀣一气,与一位新寡的少妇夏姬整日鬼混在一起,甚至在朝堂上,取出夏姬所赠衣物,互相戏谑,不成体统。陈国有个正直的大夫泄治,看到国君这样荒淫无忌,心中非常不满,出于对国家的忠心,于是他冒死上谏,由此得罪了孔、仪二人,他们在陈灵公面前先是煽火挑拨,后在获得陈灵公首肯,不惜重金雇了一名刺客,除掉了眼中钉泄治。此后君臣三人,更加肆无忌惮,不时前往夏姬处饮酒作乐,完全把朝政抛在脑后。

夏姬有个儿子夏徵舒,生得身材魁梧,力大善射,对于母亲的行为,心如刀割,却又无可奈何。到了十八岁的时候,灵公为了讨夏姬欢心,就命她儿子夏徵舒继任他父亲生前司马的职务,执掌兵权。

偏巧有一天,灵公和孔、仪三人,又到株林淫乐,夏姬因儿子在家,不便作陪,他们君臣酒酣耳热之后,互相戏谑,胡言乱语,不堪入耳。夏徵舒心生厌恶,托辞退入屏后,任由他们去胡闹。

灵公见夏徵舒不在,指着仪行父问:"你看徵舒生得身材魁梧,有些像你,莫非是你跟夏姬生的?"

仪行父笑着回答:"徵舒两眼炯炯有神,极像主公,还是主公所生!"

孔宁从旁插嘴说:"别开玩笑了!主公和仪大夫未跟夏姬来往时,徵舒已经出生了,怎么可能是你们生的,其实,他的爹很多,是个杂种,恐怕连夏姬也记不清了!"

三人说毕,一起拍手大笑,继续饮酒。夏徵舒却在屏后听得清清楚楚,一下子怒气填胸,七窍生烟。于是,将他母亲锁在内室,自己从后门走出。吩咐随行军士和家丁,将府第团团围住,喝叫捉拿淫贼。

灵公等闻变欲逃,被夏徵舒看到,挽起弓来,一箭穿心,将灵公射死在地,却溜掉了孔宁、仪行父二人。二人逃往楚庄国,求见楚庄王,瞒下君臣淫乱不提,只说夏徵舒造反,杀死了陈灵公,请楚国派兵平乱。

于是,楚国派遣大军,以吊民伐罪的名义,长驱直入,到达陈国,轻而易举地擒住夏徵舒,治以杀君叛逆罪名,车裂分尸。之后,又把陈国的版图查明,灭除其国号,改为楚县,使公子婴齐留守其地,凯旋而归。

当时楚国大夫申叔时作为特使,被派往齐国一方面吊唁齐惠公之丧,同时,庆贺齐顷公就职。事发三日后,申叔时回到了楚国,听到了楚军灭陈的消息。但是,当他向楚庄王复命的时候,对楚军的胜利只字未提。

楚庄王很是生气,就派遣一位侍臣,传话责问申叔时说:"陈国夏徵舒,杀君造反,寡人派军申讨,杀以治罪,将其版图收归我有,正义之声闻于天下,诸侯县公,无不申贺。大夫回国复命,竟无一言提及,难道是以为寡人讨伐陈国有错吗?"

申叔时听后,立即随使者回宫求见楚庄王说:"大王听说过'蹊田夺牛'的故事吗?"

楚庄王说:"没有听过。"

申叔时说:"有一个人牵牛,从别人家的田里经过,踩坏了人家的庄稼,田主发现大为生气,夺去了他的牛。这件事如果打起官司来,由大王处断,将会如何判决?"

楚庄王说:"牵牛践踏田禾,损失应该不大,却夺去他的牛,太过分了!寡人如断此案,一定是给牵牛的人轻微处罚,发还他的牛,你以为是否适当?"

申叔时回答说:"大王为什么断此案如此明白,而对于断陈国之事却如此糊涂呢?夏徵舒有杀君之罪,但不至于亡国;大王派兵征讨,治他的罪足够了;又把他的国家灭掉,这与'蹊田夺牛'的故事有什么分别?有什么值得臣向大王恭贺的呢?"

楚庄王听后如大梦初醒,一跺脚,懊悔不迭地说:"你比喻得太好了!寡人从来没有听到过!"

申叔时一见庄王认同了他的见解,紧接着说:"大王既然认为臣的比喻很好,何不效法还牛的事呢?"

楚庄王立即把俘虏来的陈国的大夫辕颇找来,让其找回陈国继位的新君。重修国政,并世世代代服从楚国。

辕颇喜出望外,急忙叩头谢恩辞出,寻找新君去了。楚庄王又下令,召留守陈县的公子婴齐回国,将陈国版图交还陈了事。

正因为申叔时的一席话,使楚庄王改变主意,保留了陈国的江山。

后来,因为郑国一直不肯服从楚国,楚庄王亲自率领大军,讨伐郑国。当楚军杀进城内时,郑襄公见大势已去,向楚军乞降,说:"下臣无能,未能报事上国,使大王震怒,以大军降临敝邑,下臣已知罪,存亡生死,任由大王处置。假若肯惠顾先人的友谊,不加翦灭,使得绵延宗祀,比于附庸。就是大王天高地厚的恩德了。"

楚庄王还未做决定,公子婴齐抢先进言说:"郑国力穷才乞降,赦免了他,必将复叛,不如把它灭了!"

楚庄王沉吟半晌说:"申叔时若在,灭了郑国,他又将以'蹊田夺牛'的故事讥诮寡人了!"

秦国宰相范雎

范雎(?～前255年),战国时魏国人。曾因遭须贾诬陷,被宰相魏齐令人杖击打断了肋骨。后化名为张禄，前往秦国游说秦昭王，驱赶了专权的秦相魏冉，被任命为秦相。任秦相期间，他主张实行远交近攻战略，吞并天下。后由范雎推荐的将军郑安平率军攻打赵都邯郸失败而降赵。秦昭王五十二年（公元前255年），因范雎推荐的河东太守王稽又因"与诸侯通"之罪，被诛死。因此范雎称病辞相，不久病死。

1.因才遭忌

范雎是个有才能又胸怀大志的人，他很想向朝廷求仕，但是因家中贫穷，无法直接进谒，只好先投中大夫须贾门下，当了一名舍人。

一次，由于外交需要，魏王派须贾到齐国去进行友好访问，须贾便带范雎前去。齐襄王在接见须贾之时，须贾常被问得张口结舌，多亏范雎应答如流，才未失体面。齐王见这位随从反映机敏，口才又好，暗生爱慕之心，须贾虽然凭其解围，却暗怀妒忌之意。

会见结束，须贾和范雎回到馆舍。齐襄王暗中派人去劝说范雎："寡君羡慕先生的才华，想要留您在齐国，当以客卿之礼相待，希望先生不要推辞！"范雎连忙辞谢说："臣与使者同来而不同归，则没有信用，这又将怎么取信于人？请转告齐王，多谢他的美意。"齐王闻此，更加敬重，"乃使人赐雎金十斤及牛酒"。范雎坚辞不收，使者固请。范雎见盛情难却就留下酒肉而返还其黄金。齐使叹息而去。

齐使两次来到范雎的房间，自然有人报告给正使须贾。须贾立即召范雎过去询问说："齐使到你这里干什么来了？"范雎如实汇报说："齐王赐给我十斤黄金和酒肉，我不敢接受。来人再三相强，我无法推托，只收下了酒肉。"须贾疑惑地问："齐王为什么要赐你东西呢？"范雎回答说："我也不知道。或许是因为我侍奉在您的左右，齐王敬重您才赐我东西的吧？"须贾摇摇头说："赏赐不及使臣而偏偏给你，一定是你与齐王有什么私交吧？"范雎忙表白说："齐王先曾派人来劝我，想挽留我做客卿，被我坚决拒绝了。我以信义自勉，怎敢有什么隐瞒的呢？"他这么一解释，把齐王留其做客卿的事也说了出来，须贾的疑心更重了。

出使公事办完，须贾如期回国。须贾把齐使两访范雎的事报告给相国魏齐，并说范雎有私通齐国的嫌疑。魏齐听后勃然大怒，即刻派人召集宾客，又派人去捉拿范雎。要在席上当众审讯，以杀一儆百。不一会儿，范雎被带到，跪在

国学经典文库

中国古代野史

·春秋战国野史·

图文珍藏版

台阶之下。魏齐厉声问道:"你把我国的秘密告诉给齐国了吗?"范雎答道:"小人怎敢泄露国家秘密?"魏齐又问:"你若不私通齐国,齐王为什么要留下你?"范雎应口答曰:"要留我是实情,但我没有答应。"魏齐又说:"那么赐给你黄金和酒肉,你为什么接受呢?"范雎答曰:"使者十分相强,我怕齐王生气,才勉强收下酒肉,黄金十斤却实在没有接受。"听到此话,魏齐吼道:"你这个卖国贼,还要嘴硬!如果没有缘由,为什么要赐给你酒肉?"传呼狱吏打手们捆上范雎,打后背一百杖,逼他招供里通外国的罪证。试想,范雎本无私通之事,怎肯诬服,抗议道:"我本来没有私通齐国之事,有什么可招的?"魏齐更加愤怒,命令那些打手们:"给我打死这个奴才,不要留下祸种!"打手们闻言,乱棒齐下,可怜范雎无罪而遭此大难。一会儿便被打得满身血迹,牙也打掉了。他大声呼冤。宾客们见相国盛怒,也无人敢劝阻。

宴会还在进行,对范雎的拷打也在同步进行。一方是觥筹交错,一方是乱棒齐下;一方是猜拳行令得意扬扬,一方是痛苦不堪呼天无应。魏齐定要口供,范雎宁死不服。从辰时一直打到未时,打手们个个累得满脸大汗,范雎则全身血肉模糊,忽听"咯喇"一声,肋骨被打断,范雎大叫一声,昏死过去。

打手们见范雎已死,就报告魏齐。魏齐命人用芦苇卷起来,放在厕所里。让那些宾客们轮流到厕所里往范雎身上小便,极尽侮辱之能事,并说用来惩戒后人,看谁还敢里通外国,须贾也带人往范雎身上撒尿。

魏齐和宾客们又回到正堂继续宴饮,把范雎放在厕所里,留一个小卒看护。此时天近黄昏,也是范雎命不该绝,他渐渐苏醒过来,从苇席缝中向外偷看,见周围冷冷清清,只有一个小卒守在自己身边,便微微叹息一声。小卒听到动静,连忙凑近俯身来看。范雎有气无力,断断续续地说:"我伤重到这种程度,虽然暂时苏醒了,但绝对活不成了。你如果能让我死在家中,以便殡殓,我家中有一些黄金,全都给你作为酬金。"小卒一听,既有怜悯之心,又贪图黄金,就对范雎说:"你仍然装死,我这就进去禀报。"

这时,魏齐等人都已喝得迷迷糊糊。忽听小卒来报:"厕间死人腥臭难闻,应当扔出去。"宾客皆说:"范雎虽然有罪,相国处置得也够重的了。"魏齐见状,说:"行!可以把他的尸体扔到荒郊野外喂野狗饿鹰。"说完,又回头对一个心腹说:"你再去看一看,范雎是否已死透了。"心腹应声而出,跟小卒同到厕所。来人用脚踢了踢芦苇席捆子,见血肉狼藉,非常肮脏,皱皱眉头,捂着鼻子回去了。小卒略等片刻,见天色已晚,左右无人,便背起范雎迅速地送回他家。范雎妻子儿女一见,痛苦难耐,全都满脸流泪。范雎忙制止说:"现在不必悲伤。我没有致命伤,断不会死。赶快拿出黄金酬谢这位恩人。"说罢又对小卒说:"你快把这领芦苇席子扔到荒郊野外,稍远一点扔。上面的血迹不要动。用来掩人耳目。"小卒收起金子,拎着满是血污的芦苇席走了。

妻子小心翼翼把范雎伤口用盐水洗净,还在浸血的地方用布包上,又做了点热粥让他喝下去。范雎渐渐地有了点精神和气力,对妻子说:"魏齐把我恨透了。虽认为我死了,尚有疑心。我能逃离厕所,是乘他酒醉之时。等明天酒醒了,看不到我的尸体,一定到咱家来看,那时我更活不了了。我有一个八拜结交的兄弟郑安平,住在西门一条僻静的胡同里。你可乘夜把我送到那里去,千万不要泄漏。等一个月伤养好了,我再找机会逃到外国去,此仇定报。我走后,明天早晨,你和孩子就为我发丧,越悲哀越好,以免去魏齐老贼的疑心。"妻子听罢,忙派家人去给郑安平送信,郑安平听说后火速赶来。把老朋友接到家中精心安排照顾。下半夜时候,一切都已办妥。范雎家中忙着治丧。

次日,魏齐酒醒之后果然怀疑范雎未死,派人到野外去看尸体。回报说只有苇席乱在那里,并不见尸体。有人说或许被野狼饿狗等吃了,魏齐还不放心,便派心腹之人去范雎家门暗中观察一下动静回报。去人很快回来,说范雎一家人都穿白戴孝,正在发丧。范妻哭得两眼红肿,看来是真死了人。魏齐听罢,微微点头,自然不把此事放在心上,不再追查。

范雎在郑安平家养伤一个多月,渐渐恢复了体力。为安全起见,他改名叫张禄,和郑安平一起躲到附近的具茨山隐居起来,等待时机。

半年后,郑安平又为范雎到魏都大梁活动。正逢秦国使者王稽来到。二人用计瞒过魏国官员,随王稽到了秦国。

2.挡驾献计成重臣

公元前270年,秦昭襄王即位后,大权被太后和穰侯魏冉操纵,他每日郁郁寡欢,很想得到有识之士的帮助,来摆脱太后和魏冉的控制。一日,秦昭襄王接到一封信,上书人说有紧急事要亲见秦王。于是,立即答应在离宫召见这位上书人。

当秦昭襄王按约乘车到离宫去的时候,半路上有一个大汉挡着不肯避让,并叫嚷着："秦国还有大王吗？我只听说秦国有太后、穰侯，从没听说有什么大王呀！"

这几句话被车内的秦昭襄王听见了，知道这位大汉不是等闲之辈，赶忙下车，扶起大汉一问，才知道此人就是上书人范雎。

秦昭襄王把范雎请到王宫里，诚恳地请教治国之策。范雎刚才不肯让道，是用来试探秦王诚意的。现在看见大王确实至诚至恳，就一针见血地说："秦国的军事力量足以征服诸侯，可是 15 年来并没有什么进展，这不能不说是掌握秦国大权的太后和穰侯不愿真心为秦国出力，而大王在策略上也有失偏颇呀！"

秦昭襄王点点头。谦虚地问道："先生说的都是实话，请你详细地分析给我听听好吗？"

范雎说："这次单说大王失策的事。眼下穰侯不正要出兵攻打齐国吗？可是齐国离秦国很远，中间隔着韩、魏两国。大王即使把齐国打败了，也没法把齐国和秦国连接起来，齐国还有得而复失的危险。最好的策略是远交近攻。把齐国暂时团结起来，先把临近的韩国、魏国拿到手，再发兵攻齐，齐国就容易攻下了。"

秦昭襄王听了范雎的宏论，很受启发，他很快便任命范雎为秦国宰相。从此，秦昭襄王在范雎的辅佐下如鱼得水，多次击破了其余六国的合纵势力，扩大了疆域，为后来秦始皇统一中国在政治、军事、经济诸方面都做好了准备。

战国谋士苏秦

苏秦（？～前284），字季子，东周洛邑（今河南洛阳东）人。战国时著名谋士。他主张东方六国联合起来，一致对抗西面的秦国。他的主张最先受到燕国的采纳，因此苏秦当了燕国的宰相，后又说服了其他五国，使六个国家都把相印交给他指挥。虽然联合抗秦最终没有成功，但他却成了战国时期著名的纵横家。

1.凭一张嘴佩六国印

传说洛阳人苏秦，与张仪同人拜鬼谷先生为师，学习游说之术，学成后，回到故乡。苏秦想出游列国，凭自己所学，平步青云，大富大贵。于是，他变卖家

产,得黄金百锭,制黑貂裘为衣,买了车马仆
从,开始遨游列国,探访山川地形、风土民
情,及天下大势利害关系。如此数年,听说
商鞅深得秦王重用,遂决定西走咸阳,投奔
秦国,碰碰运气。不想,在秦国碰了壁。

苏秦一路上风餐露宿,好不容易回到了
洛阳老家,家人看到他那副狼狈的样子,都
冷眼相待。

正当他万念俱灰的时候,发现一篇"太
公阴符"。他顿然想起了在下山之前,鬼谷

苏秦

先生曾经嘱咐他:"若是游说失意,只需熟玩此书,自有进益。"

于是,苏秦闭门苦心钻研,昼夜不息。每当他疲倦极了打瞌睡的时候,就拿
起锥子刺自己的大腿,血流满脚,也不以为苦。他把"太公阴符"研究透彻之
后,再将列国情势,细细揣摩,如此又过了一年,终于对天下大势,了如指掌。

随后,他又把"太公阴符"传授给他的两个弟弟苏代和苏厉,同时说动他
们,替他筹措一笔盘缠,再度出发,游说列国。

他本想再去秦国,因为七国中以秦最强,足以辅成帝业,但怕再遭碰壁,无
颜重归故里。于是他转念想使列国同心协力抗秦。

苏秦遂东去赵国,没想到出师不利,相国奉阳君对苏秦的说辞并无好感。
苏秦于是北上燕国,打算求见燕文公,可是,他一直找不到一个愿意为他通报的
人,困居在馆舍里达数月之久,身上带的盘缠又花光了,连吃饭也成了问题。

馆舍里的人见苏秦饿得可怜,接济他一百钱,才使他暂时免于饥饿。一天,
苏秦听说燕文公出游,觉得机会难得,于是他拦路求见。文公问明原因,知是苏
秦,高兴地说:"听说先生曾以十万言献秦王,寡人非常倾慕,遗憾未能得读先生
的著作。今天先生肯赐教寡人,实乃燕国之大幸。"

于是,燕文公回车入朝,向苏秦鞠躬请教。

苏秦说:"大王列国战国,地方两千里,兵甲数十万,车六百乘,骑六千匹,然
比中原,尚未及半,乃能耳不闻金戈铁马之声,目不见覆车斩将之危,安居无事,
大王是否知其何故?"

燕文公似乎从未想到这个问题:"寡人不知道。"

苏秦说："燕国之所以不受刀兵之祸,是因为有赵国掩蔽。但是大王不知结好邻近的赵国,反欲割地以献媚遥远的秦国,岂非失策?"

燕文公问："依先生之见,应该如何才好呢?"

"依臣愚见,不若与赵修好,进而结连列国,合力抗秦,可期永久和平。"

"能合纵抗秦,以安燕国,寡人所愿,但恐诸侯不肯同意。"

苏秦欣然答道："臣虽不才,愿往赵国,首先说服赵侯。"

燕文公大喜,遂给苏秦金帛路费,高车驷马及侍从护卫,送其前往赵国。

这时候,赵国的相国奉阳君已经过世,赵肃侯听说苏秦来了,降阶相迎。苏秦对赵王说道："听说天下的布衣贤士,莫不推崇大王贤明,皆愿献身为大王尽忠,奈何相国奉阳君妒才嫉能,以致游士裹足不前,噤口不言;如今奉阳君已故,臣故敢前来敬献愚忠……"

"先生有何高见,但请畅所欲言。"赵肃侯迫不及待地向苏秦求教。

苏秦说："保国莫如安民,安民莫如择交,当今山东诸国,以赵国最强,地方两千余里,带甲数十万,车千乘,骑万匹,粮食充足,秦国忌害者,莫如赵国;然而,不敢举兵伐赵,却是恐怕韩、魏二国乘机袭击其后。所以,做赵国南方屏障的,乃是韩、魏,而韩、魏二国无险可守,一旦秦兵大出,吞食二国,二国降,其次祸必及赵……"

"啊!果真如此,那该怎么办?"赵肃侯着急地问道。

苏秦见状,胸有成竹地说出了他的计划："臣考察过地图,列国土地,面积超过秦万里以上,诸侯的兵,也多秦十倍,假使六国合一,并力抗秦,则破秦有何难?如今,秦常恐吓诸侯,必须割地求和。无故割地予人,乃是自破,破人与自破,两者以何为佳?"

赵肃侯说："当然以破人为上。"

"对!"苏秦说："依臣愚见,不如约列国君臣会于洹水,定盟立誓,结为兄弟,联为一体。如秦攻一国,则五国赴救,有背盟违誓者,诸侯联军共伐之,秦国虽然强暴,岂敢以一国孤军,与天下诸侯争夺胜负?"

赵肃侯听了苏秦的意见,自觉如醍醐灌顶,连忙说："寡人生少,立国日浅,未曾听到过高明的计谋,如今先生欲纠合诸侯抗秦,寡人敢不从命。"

遂将相国印信,亲自交给苏秦,同时,赐给他一座宽大的宅院,一百辆车马,和大批黄金珠宝绸缎,封为"从(纵)约长"。

于是,苏秦想起了他昔日困在燕国旅店中挨饿的往事,立即派遣专人,拿了一百两黄金,前往燕国,酬谢当初在旅店中借钱给他的人;他自己则准备启程,前往韩、魏诸国,游说促成合纵之约。

不料此时,秦国派遣大军攻打魏国,大败魏军,魏国割让十城求和。边使传报,秦兵将移师攻赵,赵肃侯一时慌了手脚,急忙召见苏秦,商议对策。

苏秦大吃一惊,心想秦兵若急攻赵国,赵君必然也将割地求和,则合纵之计,将难实现。急中生智,他一面安慰赵肃侯,自有退敌之计;一方面他差遣心腹毕成,前往魏国,依照他的计策,促成他的师弟张仪,投奔秦国,拜为客卿,阻止了秦军攻打赵国的企图。

于是,苏秦才放心出发,开始列国游说。

周显王三十六年,六国的君主,如约至洹水会合,签订六国联盟的盟约。

席间赵王提议让给苏秦高位,使其往来于六国之间,监督盟约的执行。于是,六王一致通过,合封苏秦为"从约长",兼佩六国相印,金牌宝剑,总辖六国臣民,又各赐黄金、马匹。苏秦领谢之后,完成了六国合纵的盟约。

乱世枭雄吕不韦

吕不韦(? ～前235年),卫国濮阳人。珠宝商人出身,他因策划政治投资而从一名商人跃为宰相。早期,吕不韦策划立子楚为王储,固然表现了他的唯利是图、贪求权势的性情,但他主持秦国朝政期间励精图治,使秦国不断强大。尽管他与秦王嬴政最终因权力之争而走向分裂,并最终以权力冲突而结束了他的生命,但秦王嬴政的一统天下与吕不韦的功绩有着不可分割的联系。

1.囤积奇货投资政治

卫国人吕不韦早年经商做生意,非常富有。他尽管有钱却并不满足,总想在政治上干一番大事业。秦昭王四十年,秦国的太子死后,昭王将次子安国君立为太子。安国君有20多个儿子,他非常宠爱一位姬妾,立她为正夫人,号称华阳夫人。华阳夫人没有儿子。这样由谁来做未来的太子,华阳夫人有很大的决定权。安国君还有一位姬妾,叫作夏姬,夏姬有个儿子,名叫子楚。由于夏姬不受宠爱,所以子楚也不受重视,他被秦王派到赵国去做人质。秦国总是攻打赵国,赵国对子楚态度也明显变坏,赵王常有要杀子楚的念头。这样,子楚在赵国的境遇也就非常悲惨。

当时,正在赵都邯郸经商的吕不韦,见子楚生活窘迫,便滋生了恻隐之心,心想:"毕竟是秦王的孙子啊,将来有一天说不定可以发达呢,说不定是奇货可居呢!"吕不韦经过再三谋划后就持金去拜见子楚,一见面就对子楚说:"我能光大你的门第!"子楚苦笑着说:"我现在这个样子,谁也救不了我,您还是先去光大您自己的门第去吧!"吕不韦说:"您有所不知,我的门第要等您的门第光大之后,才能光大起来。"

子楚对吕不韦的快言快语很感兴趣,但更感兴趣的则是改变自己的命运,一听说吕不韦可以改变他的命运,他便诚恳地邀请吕不韦坐下深谈。吕不韦说:"安国君是太子,是老国君的指定继承人。安国君最宠爱的华阳夫人没有儿子,您何不去做她的儿子,将来太子之位很自然就是您的了。您如果不这样做,太子怎么也轮不到您头上来,您父亲有 20 多个儿子,您又不是最年长的。而且您的母亲也不受太子的宠爱。她怎么可以帮助您呢? 只有华阳夫人能够帮助您做太子。"子楚无奈地说:"对呀,是这样! 我该怎么办呢?"

吕不韦说:"您现在最重要的是要结交国内外的亲戚朋友,扩大自己的影响,让别人说您的好话。我吕不韦虽然也不富裕,但愿意拿出千金,一半供您去结交朋友亲人,另一半我替您去侍奉安国君和华阳夫人,让他们立您为继承人。"子楚万分感激地说:"如果计策成功,我愿意分封秦国土地,同您共同享受荣华富贵。"吕不韦很是高兴。

吕不韦就到处购买奇珍异品,准备带着这些厚礼去秦国秘密活动。他一到秦国,就先去拜访了华阳夫人的姐姐,通过她把带来的东西全部献给华阳夫人。在拜见华阳夫人的时候,吕不韦便试探着说:"夫人不知道您姐妹二人已经大祸临头了吗?"华阳夫人的姐姐万分惊恐地说:"您这话怎么讲?"吕不韦说:"凭美色来侍奉人总不是办法,一旦人老珠黄,人家就不会再宠爱您了。现在华阳夫人侍奉太子很受宠爱,但自己却没有儿子,等到年龄渐长,您还靠什么来维持自己的地位呢? 依我看,不如趁早找个有才能而且孝顺的儿子,认他做义子,争取让他以后成为太子。这样,丈夫在世的时候,夫人会受到尊重;丈夫去世以后,义子继位,更是不会失去地位和权势。我看秦王的 20 多个孙子当中,子楚最聪明,夫人不妨认他为自己的儿子,辅助他成为太子,那么夫人会终身受益。"华阳夫人答应了吕不韦，以子楚做太子，安国君也答应了她，就跟华阳夫人立文书为凭证，约定立子楚为继承人。此后，子楚的声誉青云直上。

吕不韦娶了一个天资聪慧、能歌善舞的邯郸女子。当吕不韦知道她怀有身孕的时候，为了进一步加强与子楚之间的关系，将其送给子楚为妾。来到子楚身边，这位邯郸女子巧妙隐瞒了自己身怀有孕的现状，过了一段时间，生下了儿子，取名政，就是后来的秦始皇。由此，她备受子楚青睐。

秦昭王五十年，秦国派兵围攻赵国国都邯郸。赵王在危急与愤怒之中想要杀掉子楚。在吕不韦的策划下，子楚送了六百斤黄金给守城的官吏，才得以逃脱，顺利回到了秦国。赵王想杀了子楚的妻子和儿子，但子楚的妻子是赵国豪强家的女儿，闻到风声之后便巧妙躲避了。于是嬴政在赵国艰难地生存了下来。

安国君当了秦王之后，华阳夫人当了王后，子楚成为太子。子楚的妻子和儿子都回到了秦国。

2.权高震主遭放逐

秦国的安国君死后，太子子楚继位，是为庄襄王。庄襄王所认的母亲华阳王后就成为华阳太后，生母夏姬被尊为夏太后。庄襄王没有忘记对吕不韦的承诺，让吕不韦做了丞相，封为文信侯。将河南洛阳10万户作为他的食邑。吕不韦可谓一人之下，万人之上，比原先做商人要威风多了。

子楚做三四年秦王便一病而亡，嬴政即位当了秦王，史称秦王政。秦王政即位之后，尊奉吕不韦为相国，称他为"仲父"。当时，秦王政才刚刚10岁，还没有到亲政的年龄，于是大权都归吕不韦掌握。太后因过去与吕不韦有私情，于是经常与吕不韦私通。吕不韦的权力得到进一步巩固，他声名显赫，权势无限，仅家僮就有上万人。吕不韦在任职期间，秦国的国势日益强盛，伴随着秦国国势的增加，吕不韦的野心也更大，更加讲究排场，他大肆招徕宾客，给予他们优厚的待遇，仅他门下的食客就多达3000人。

吕不韦招揽这些门客并不是没有事情可做，他发现了众门客之中有很多都是饱学之士，于是吕不韦便将他们汇聚在一起著书立说，将有道理的所见所闻、所思所感记录下来，汇编成书，书名叫《吕氏春秋》。这本书集吕不韦门客的见闻而成，实际上记述了先秦各派的学术资料，内容极其丰富，尤其是其中包含的经济、政治、军事等内容，为吕不韦的战略方针提供了理论基础。这一系列的理论与实践，代表了当时秦国新兴地主阶级的要求，他为推进秦统一天下做出了巨大的贡献。

秦王政亲政之后，想夺回属于自己的权力，对吕不韦渐渐冷落，吕不韦感到惶恐不安，他害怕自己与太后私通的事情被秦嬴政发觉，于是就偷偷将嫪毐敬献给了太后。太后经常偷偷与嫪毐通奸，并怀有身孕，生下两个儿子后，便搬家到了雍宫。嫪毐依靠太后，势力也更加强大起来，他的家僮有数千人，甚至有1000多人为谋求官职而投奔嫪毐。吕不韦、嫪毐与秦始皇这三人之间的权力之争愈加明显。

秦王政九年（前238），有人告发嫪毐与太后的丑行，秦王听说后立即下令严查，得知了事情的全部真相，于是将嫪毐诛灭三族，捕杀了太后与嫪毐所生的两个儿子，太后被软禁在雍宫。由于嫪毐是吕不韦介绍给太后的，因此这件事很自然地牵连到了相国吕不韦。秦王免去了他相国的职务，将其遣发至河南封地。吕不韦迁徙到封地之后，由于他的名声大，在政治上很有影响力，因此各国诸侯都派使者前来拜访吕不韦。秦王对吕不韦的政治影响力非常害怕，就马上让他迁徙到蜀地去。

吕不韦接到诏令，害怕有朝一日被满门抄斩，为了不连累家人，他便饮鸩自杀了。

文人传说

道教鼻祖老子

老子，生卒年不详，姓李，名耳，字聃，因而人称老聃，楚国苦县（今河南鹿邑县）厉乡曲仁里人，一说为今安徽涡阳人。我国古代著名的哲学家、思想家和道家学派的创始人。曾做过周王室管理藏书的史官，后隐居石化。在我国民间，老子被称为太上老君、道德真君。其著作《老子》具有深远的历史影响。

1.出生传奇

老子是我国著名的哲学家、思想家，也是道家学派的创始人，在民间有太上老君，道德真君之称。关于老子的身世有着七彩迷离的传说，尤其是他的降生，充满着一段奇异的神话。传说他的母亲是感受了从天而降的神灵所化之气而怀孕，一怀就是整整八十一年。一天，他的母亲正坐在李树下歇息，忽听得天上仙乐奏鸣，四周香风阵阵，便觉左腋一阵剧痛，随之从腋下生出一个鹤发

老子

童颜，顶有日光，身滋白血，面凝金色，耳有三孔，美眉广颊的小孩。孩子一生下来就走了九步，步落之处，莲花绽起。他左手指天，右手指地，说："天上地下，唯我独尊，我当开扬无上道法，普度一切芸芸众生。"他还指着面前的李树说，"这就是我的姓。"当他的母亲带他去洗澡时，九条神龙飞驾而来，化作九条巨鲤，吸水为他喷浴。虽然这段传说像女娲以五彩石补天，精卫以衔木而填沧海那样虚幻神话，但可以说老子的确是一位非凡的传奇之人。

老子从小就是一个勤于用脑的孩子。他喜欢与小朋友在家乡的河滩、林间玩耍，独自一人时，常常面对昊昊天穹和河中的流水久久无语，似乎在揣摩着大自然的奥秘。

有一次，老子与小朋友在一棵大树下玩耍。老子看到大树上写着一个"楝"字，就对小朋友说，这是一棵楝树。而在大树另一侧的小朋友则说，不对，这是槐树。两人为此发生了争执。后来，两个人围着大树转了一圈，才发现树的一侧虽然写着"楝"字，但另一侧写的却是"槐"字，实际上是一棵楝槐连理树。通过这件事，老子懂得了看问题要全面，不能以偏概全。

然而老子最喜欢的，还是家乡的小河。因为在他看来，小河不仅默默流淌，日夜不息，滋润着两岸的土地，而且能够包容忍让，碰有东西阻碍，便悄然绕道离去，从不嫌弃污浊和阴暗。虽然有时候它是涓涓细流，看似柔弱，可一旦到了洪水季节，它又像脱缰的野马，浩浩荡荡、气吞万里，无坚不摧。正所谓"天下莫柔弱于水，而攻坚强者莫之能胜"。家乡的小河就像一本读不完的书，使老子获

益匪浅。它"善利万物而不争"的禀性,对老子后来哲学思想的形成,产生了重大的影响。

少年时期,经族人介绍,老子拜商容为师。一次,听说商容得了重病,老子前去探望。据说当时商容问了老子三个极富哲理的问题。

商容首先问:"不论什么人,经过故乡时都要下车,你知道这是为什么吗?"老子答:"这是表示人不论如何腾达,都不应忘记家乡、忘记根本。"商容点了点头,表示赞许,又问:"人从高大的树木旁边经过时,要弯腰鞠躬,这又是为什么?"老子说:"在高大的树下弯腰,是表示敬老的意思。"商容见老子聪明过人,十分满意。

接着,商容又问了第三个难度更大的问题。他先张开嘴让老子看,然后问:"我的舌头在吗?"老子答:"在。"又问:"我的牙齿还在吗?"老子摇了摇头:"没有了。"商容接着问道:"知道这是为什么吗?"老子略加思索回答:"舌头还存在,是因为它柔弱;牙齿掉光了,那是因为它太刚强。"商容没有想到老子小小的年纪竟能对这些深奥问题有如此深刻地理解,心里非常高兴。他进一步教诲说:"要记住,水虽是至柔之物,但滴水却能穿石;舌头虽然没有牙齿坚硬,但舌头却能以柔克刚。最柔软的东西里,蕴藏着人们不容易看见的巨大力量,这种力量甚至能够穿透世上最坚硬的东西。现在我已经把天下最根本的道理都告诉你了,再也没有什么可以教你了。"

随着老子人品和学识的不断长进,他的名气也越来越大。公元前551年前后,朝廷史官空缺时,老子被选中,担任了守藏吏,相当于周王室典籍图书档案馆的馆长。因为从事图书管理工作,老子得以博览群书。除历代文诰、档案资料、诗以外,他还读了《军志》《建言》《易》《尚书》等图书文献,成为一名精通周礼理论和制度的学者。作为史官,老子还有记录一切官场重大活动的职责。

当时,周王室由甘氏一族的甘简公执政,他与族人甘成公、甘景公不和。公元前536年,也许是因为记事不合甘简公的意思,老子被免去了史官之职。免职后,老子出游鲁国。同年,孔子曾从老子"助葬于巷党"。

鲁昭公十二年(前530年),甘平公登基,老子被召回守藏室继续任职。几年后,孔子适周,再次向老子请教,留下深刻印象。鲁昭公二十二年(前520年),周王室内乱再起,王子朝杀王子猛(周悼王),自立为王。五年后,王子朝被众诸侯赶下台,携带大批周朝典籍逃往楚国。老子因此被追究失职之责,再次被免去守藏室吏之职而回到阔别多年的故乡。

在故乡,老子目睹了连年战火带来的恶果:土地荒芜,满目疮痍,民不聊生。这使他更加痛恨朝政的腐败,对"仁义"的看法彻底动摇,毅然与周礼决裂。从此,老子把对现行制度的批判以及救世方略的思考,升华为对宇宙生成及万物本原的探索,成为先秦伟大的思想家、哲学家及道家学派的创始人。

据说老子离开函谷关入秦后,遍游秦国各地的名山大川,最后隐居于扶风一带讲学,传播他的道家思想。老子高寿,又活了好多年,终老于扶风。由于老子学识高深,宽以待人,深受当地百姓爱戴,所以前来吊唁的人不少。老子曾在槐里讲学,那里的百姓怀念他,将他葬于槐里,就是现在陕西省周至县东南的终南山麓。

2.巷党助葬

鲁昭公六年(前536年),老子第一次被免去守藏史之职。在游鲁期间,忽逢他的一位住在巷党的友人去世。人们都知道老子精通周礼,便请老子主持安排友人的丧事。老子早就听说鲁国有个孔丘勤奋好学,对周礼很有研究,有时还担任丧祝,于是便邀请他助葬。其时孔子方十七岁。

出殡那一天恰逢日蚀。送葬的队伍走着走着,天上的太阳渐渐被黑影遮住,天色变得越来越昏暗。但是孔子全然不管这些,仍然领着众人前行。突然,后面传来老子的大声喝叫:"停止前进!"孔子不由一愣,不知老子何以如此。老子让送殡队伍靠右站立,停止哭泣,等待他通知再前进,一直等到日蚀结束,灿烂的阳光再次照耀大地时,老子才发出队伍前行的号令,孔子对此表示不解。

殡葬过后,孔子向老子表示了自己的看法。他认为中途止柩不合周礼,而且日蚀究竟会发生多长时间也未可知,灵柩停留过久,会使逝者不安,所以应继续前行才对。

老子回答说:"你只知其一,不知其二。按照周礼,为了不误吉日,殡葬之事当然是越快越好。不过,也要具体问题具体对待,当速则速,不当速则不能一味求速,这也是为了吉利。昔日诸侯从外地赶到京城朝见天子,日出而行,日落而息;大夫出使外国也没有在夜晚还顶着星星赶路的。送葬也一样,不在日出之前出殡,不在日落之后止宿。只有奔父母之丧和亡命在逃的罪犯,才会在夜晚顶着星星赶路,要知道,那是为了赶时间啊!

"所以,见日而行者吉,见星而行者凶。今天我们碰上日蚀,虽然是在白天,但星星已经显现;星现而行,岂不是诅咒送葬之人在奔父母之丧吗?对于懂礼仪的君子来说,要以礼待人,不能以凶事咒人。所以出殡时如遇日蚀,就应该暂时停下,等日蚀过后再走。"

老子这番解释,令孔子频频点头称是。

3.相县求荐

传说老子"免而归居"以后,孔子想把自己多年修订的书册送到周守藏室收藏,以图留于后世,便带着子路等弟子前往老子的故乡,请求老子予以推荐。

听完孔子的诉说,老子颇不以为然。他说:"守藏室珍藏的书册之所以珍贵,是因其上录天象之变,下记地理之化,中载人世演进之文。至于近世,鱼龙混杂,危害子孙,其祸匪浅。《诗》《书》《礼》《易》《春秋》的藏本已经够多了,欲除尚且不能,何况经过你的修改,书的旨意又与前人有所不同,怎能再增加呢?"

孔子见老子不允,心中不免着急,便讲起了六经之意:"六经之要在于礼仪,六经之本在于仁义。弟子是以周礼为标准来衡量一切的,合之则存,悖之则删。"

老子笑问:"仁义是人之本性吗?"孔子答:"是的。君子不仁则不足以为君子,不义则不足以立世存身。"

老子又问:"什么叫仁义?"孔子答:"心思中正而无邪,愿物和乐而无怨,兼爱众人而不偏,利于万民而无私,这是仁义的要旨。"

老子听后哈哈大笑,说:"你后面说的话不对。你不认为现在讲兼爱太腐了吗?无论过去和现在,凡讲无私的都是为了实现其偏私。"

见孔子不解,老子接着说,"现在人世间不是征战就是讨伐,哪里有什么兼爱?所以你说的兼爱不过是一句空话。明明没有仁义却又侈谈什么仁义,不是迂腐又是什么?讨伐得不到利益,便讲什么无私。讲无私就应该舍己利人,而无私仅仅是为了求人不伤害自己的利益,这难道不正是一种私心?"

讲到这里,老子似乎意犹未尽:"人的一切都应自然无为。自然界的一切都在按其自然本性发生、发展。人之生死、荣辱,都有其自然的法则。随理而行,顺其自然,任凭百姓自作自息,人的本性也就在其中了,何必人为地标榜什么仁义!这就像有个孩子离家出走,如果你只会使劲敲鼓高呼孩子的名字叫他回来,结果只会越来越糟,反而令其逃得更远。你说的仁义,虽然本意是讲求人的本性,其结果与那位孩子的出逃是一样的,反而扰乱了人的本性。"

对老子的说法,孔子不能完全接受,两人发生了争执,结果谁也说服不了谁。

4.周都问礼

公元前526年,一个风和日丽的日子,孔子为了"观先王之遗制,考礼乐之所极",带着学生专程到周朝王都向老子请教解疑。当得知孔子来访时,老子也亲自骑牛前往郊外迎接。孔子依照当时的礼节,从车上下来,捧着作为见面礼的大雁送给老子。

这一次,孔子向老子请教了不少的问题。由于此时老子已在守藏室待了近三十年,早已看透官场的腐败,对周礼幕后的丑恶也看得清清楚楚,因此在回答了孔子的问题后,说了一段耐人寻味的话:"你问的有关周礼问题中所提到的那些人,虽然骨头早已腐烂,但他们说过的话仍为后人所记。一个人时运好时可以去做官,施展胸中的抱负;要是时运不济,就应该像蓬草随风飘移一样顺应自然,知难而退。我听说,一个会做生意的商人,即使很有钱,也不轻易张扬,所以别人看不出他有钱;一个有道德修养的君子,他的德、才都藏而不露,这就是大智若愚了。你应该努力摒弃骄气以及过多的功名欲望和爱自我表现的毛病,应做到清心寡欲,因为那些东西对你修身养性毫无好处。我想告诉你的就是这些。"

听完老子的这番教诲,孔子深受启发,出来后就对弟子说:"空中的鸟,我知道它为什么能够飞翔;水中的鱼,我知道它为何会游动;地上的兽,我也知道它为什么善于奔跑。对于善跑的兽,我们可以结网捕捉它;对于善游的鱼,可以用带钩的丝线去钓取;对于善飞的鸟,我们也能用系有丝绳的弓箭对付它。至于龙,我就不知道它是怎样随着风云上天的。我今天见到的老子,其学深奥难测,其言意旨悠远,真是乘风云翱翔于天地之间的一条龙啊!"敬佩之情溢于言表。

5.坐背青牛出西关

传说春秋末年,在东周王朝都城雒邑(现河南洛阳东)通往西部边陲函谷关的漫漫长路上,一位满头白发的老者驾着青牛缓缓西行。

函谷关位于现河南省灵宝市境内西南,是周王朝西去秦国的重要关隘。

自武王姬发灭商起,周王朝历经数百年,曾经有过那么多的辉煌。如今气数将尽,群雄并起,战乱频仍,简直没有一块安静的地方让人打理生计,更不用说做学问了。因此每天经由这里出关躲避战乱的人很多,那位老者正是西去人流中的一个,他就是——老子。

负责守卫函谷关的关令名叫喜(又称尹喜、关尹),据传说,他自幼聪慧过人,好观天文,精通占星之术,并能根据星体的明暗和位置来预测人的吉凶祸福。

尹喜曾在朝廷中担任大夫,他廉洁勤政,学识高深,颇受王室赏识,如果继续做下去,肯定前途无量。不过尹喜的志向并不在此。据说,他有一天观看天象,发现有一团祥瑞的紫气在东方聚集并缓缓向西移动,便知有圣人将要经函谷关西去,于是主动辞去大夫的职务,到这个偏僻的边防关隘当了关令。

上任伊始,尹喜就特别叮嘱一个叫孙景的关吏:"如果发现一个容貌与众不同或者服饰奇特的人从这里出关,要及时禀告我,千万不要错过了。"

在函谷关旁,尹喜结草为楼,称之"楼观"。他日日斋戒,坚持观察天象,静心修道,密切关注紫气的行迹,等候圣人的到来。

这一天,气候特别闷热。尹喜用过午膳,便觉两眼皮发沉,于是回到房内和衣小憩。刚倒在床上,便迷迷糊糊地入了梦境。朦胧中听到天空仙乐悠扬,紫气氤氲,有人对着他的耳朵轻声地说:

紫气东来三万里,

圣人西行经此地。

青牛驾车载老翁,

藏行匿迹混元气。

听到这里,尹喜猛然从梦中惊醒。恰在这时,就听得一阵急促的脚步声,孙景前来报告:一位相貌奇特之人驾着青牛已到关口准备过关。

虽然早有预感,但听到孙景的报告,尹喜依然无法控制心中的欣喜。他命人赶快把道路打扫干净,将客房收拾好,自己则急忙整理衣冠前往迎接。

到了面前,尹喜才看清青牛所驾的车中,一位老翁须发如雪、脸色红润、神态安详,两旁一对大耳朵垂及肩上,白色的眉毛足足有五寸多长,果然道骨仙风,气度不凡。尹喜跪拜在老翁面前,恭恭敬敬地行了大礼,然后,小心翼翼地向老翁提出,请他在函谷关住些日子。

老翁婉言谢绝说:"我只是个没用的糟老头子,家住关东,出关只是为了搬运一些柴草回来,你留我在这里有什么用呢?"

尹喜连连叩首说:"我知道您是一位圣人,要出关西行,已经在此恭候多时,万望暂留神驾。"

老翁听尹喜这么一说,十分意外:"哦! 你怎么会知道我呢?"

尹喜说:"去年十月我观天象时,看到东方有紫气向这边移动,知道这是圣人行动的征兆,所以专程从雒邑来到这里恭候多时。您老也不必隐瞒了。"

老翁笑问道:"你到底要我做什么?"

尹喜叩首问:"敢问圣人尊讳?"

老者答:"我姓李,名耳,字聃。"

尹喜说:"我早知道先生是一个学问高深的人。提起先生大名,犹如霹雳在耳,让人仰慕不已。我知道,先生一出函谷关,必然行影无踪,不知道是否还有再见面的机会。所以,将高深的学问留下,以免遗忘于世。那样的话,实在太可惜了。"

老子见尹喜一片诚意,又是个可度之才,答应在函谷关暂住。

于是,尹喜在官邸设座,行弟子礼,拜老者为师。

老子在函谷关住了一百多天,常常与尹喜彻夜长谈,向尹喜传授内外修炼的方法。经尹喜再三恳求,著书五千余字后过关而去。

据说临别前,尹喜曾要求随老子一同西行,表示:"即使蹈火赴渊,上天下地,灭身舍命,也在所不辞。"

老子说:"不是不想带你走,而是你现在修行的功夫不到家,需要继续修炼。千日之后,你可到蜀国青羊之市见我。"

至圣先师孔子

孔子(前551~前479),名丘,字仲尼,鲁国陬邑(今山东曲阜东南)人,春秋末期思想家、政治家、教育家,儒家学派的创始人。官至司寇。后罢职,带领弟子周游列国。归国后闭门治学,潜心研究礼仪。整理过《诗》《书》等古籍,后将其称为"六经",亦或"六艺"。现存《论语》一书,记有孔子的谈话以及孔子与门人弟子的问答,是研究孔子学说的主要资料。

1.孔子学琴

孔子作为儒家创始人,他既是一位伟大的教育家,也是一位出色的音乐家,会唱歌,又会弹琴作曲,并具有高超的音乐鉴赏评判能力。

孔子从小喜好弹琴,并勤于思考,善于钻研,因此在年轻的时候便有较高的造诣。但是孔子并不满足,他认识到,单凭自己的努力很难有更大的进步了。于是在二十九岁的时候,孔子师从当时著名的音乐家师襄学琴。

一天,师襄交给孔子一首曲子,让他自己练习。孔子拿着这首曲子,废寝忘食,日夜弹唱,足足练了十来天,仍然没有停下来的意思。第十一天早上,师襄一起床,便听到从庭院中传来的练琴声,孔子弹的还是那首曲子。师襄忍不住了,走出屋外,和蔼地对孔子说:"你已经弹了很久了,现在可以换个曲子练练。"谁知孔子认真地回答道:"我虽然已熟悉它的曲调,但还没有摸到它的规律,还需要继续练。"说完便又弹了起来,师襄也没有加以阻拦。

过了一段时间,师襄觉得孔子弹琴的水平大有长进,于是对他说:"你已经摸到这首曲子的规律了,可以换个曲子练了。"不料孔子停下琴,礼貌而恭敬地回答道:"老师,我虽然摸到了它的规律,但是还没有领悟到它的音乐形象呢,还需要再练。"师襄以前教过许多学生,各种各样的人都有,但是还没有碰到一个像孔子这么执着而好学的学生,心中暗暗高兴:此人以后必成大器,于是又是摇头又是颔首地走开了。

如此又过了一段时间,师襄发现孔子神情庄重、四体通泰,好像变了个人一样。一次,孔子正在庭院中练琴,师襄悄悄地走到他身边,凝神倾听孔子的弹唱,深深地陶醉于孔子的优美琴声中。一曲弹罢,聚精会神的孔子转过身来,才惊奇地发现老师早已站在自己身后,于是便作揖行礼,对师襄说道:"老师,我已经体会到音乐形象了,它黑黝黝的,个儿高高的,目光深远,似有王者气概,此人非文王莫属也。"师襄听罢,大吃一惊,因为此曲正好名叫《文王操》,而他事先并未对孔子讲过。

师襄对孔子说:"你说得很好!那你又是怎么知道的呢?"孔子不慌不忙地答道:"施行仁政的人推崇伟岸,鼓吹和平的人爱好粉饰,充满智慧的人喜欢弹唱,殷勤钻营的人追求艳丽,该首曲子刚健有力、高亢激昂,学生于是能够推断出该首曲子是文王创作的。"师襄听后,大为钦佩,连连点头赞许。

由于孔子的刻苦学习和勤于钻研,再加上师襄的高明点拨,他的琴技很快就炉火纯青了。在后来的教学中,孔子把弹琴纳入学习范围之中,所谓"礼、乐、射、御、书、数"中的"乐"指的就是弹琴唱歌及跳舞等技艺。他对推动中国音乐的发展起到了杰出的贡献作用。

2.孔子与弟子

传说,在孔子办学的时候,有一个十分聪明的弟子深得他的喜爱,这个弟子叫颜琛。有一天,颜琛来找孔子请教问题。他刚走到窗前,就听到里面有人正在谈论他。仔细一听,原来是孔子和他的一个好朋友——东门长老在叙谈。东门长老说:"您不是说过,颜琛很聪明吗?"

"是有点聪明,不过,他没有苦学精神。"

"噢!那么他将来会有什么造就呢?"孔子低声说道:"他不愿苦学,我从来就没有指望他能成大材。"

"啊?!"颜琛觉得"嗡"一声,就再也听不下去了。他扭头跑回卧室,用竹简留下句"三年以后再回来",便卷起铺盖回家了。

他回到家后,什么也没和媳妇说,就自己动手拾掇起书房来。从此以后,他就专心读书,发奋苦学。他心里一直憋着一口气:三年后,再让你孔老先生瞧瞧到底是谁不苦学?谁不能成材?

时间一晃,一年过去了。这一天,颜琛媳妇急匆匆跑进书房对颜琛说:"有客人来了。"颜琛头也没抬说:"不是说过了吗,什么客人也不见!"

媳妇把手一摊,说:"今天来的可不是一般的客人啊!"

"谁?"

"孔老先生!"

谁知,颜琛跟没听见一样,仍然没抬头,只是冷冷地说:"告诉他,我不在家。"

媳妇知道颜琛的犟脾气,只得向孔子撒谎说他不在家。孔子听了,微笑着说:"改日再来,改日再来。"

颜琛拒见孔子后,更加发奋了,吃饭时,也盯着书简,睡梦里,也喃喃吟诗。

眨眼之间,又是一年过去了。这一天,颜琛媳妇气喘吁吁地跑进书房说:

孔子讲学图

"又来客了。"

颜琛责问她说:"我是怎么嘱咐你的?"

媳妇把脚一跺说:"今天,可是个特别的客人啊!"

"谁?"

"孔老先生。"

颜琛听了,仍然没有搁笔,毫不在意地说:"我病了。"

媳妇没法儿,只好再次向孔子撒谎。孔子笑了笑,还是那句"改日再来"。

第三年的这一天,颜琛早早地起了床,刚到书房,他就见媳妇一步闯了进来。没等她站稳,颜琛就问道:"孔先生又来了?"

"嗯!"媳妇点头答应。

"快快请进来!"颜琛说完,就"噔噔噔"跑向大门外,急忙跪拜行礼,然后,亲自把孔子迎了进来,请到了上座。与孔子同路而来的还有东门长老。

孔子刚落座,就喜滋滋地拿出一块竹简,递到了颜琛面前。颜琛一看,是他当年写的"三年以后会再来"。

孔子说:"我按时来了。"

颜琛急忙站起身说:"我刚要收拾一下去见恩师,没想到您倒先来了。"说完,他抱过一大抱卷简往孔子面前一放,说:"恩师请您考吧!"

"好!"孔子答应了一声,便考问了起来。他专拣书中最难的问题问,颜琛呢,不慌不忙,对答如流。

考了半天,孔子把书放"啪"的一放,站起身,一把拉住颜琛的手说:"好!

好！有志气呀！"接着，又转身对东门长老说："在我的这三千弟子之中，颜琛可谓独占鳌头了。"

颜琛急忙向孔子深深施了一礼，诚心诚意地说："三年前，我不辞而别，还望恩师恕罪呀。"

孔子笑道："你是听到我们二人说你的坏话了吧！"

颜琛忙说："不是坏话，是激励我苦学三年的宝贵之言呀！"

"宝贵之言？"孔子与东门长老一齐捻着胡须"哈哈哈"大笑起来。这一笑，笑得颜琛不知所措了。

东门长老对颜琛说："你以为三年前孔先生真是在说你的坏话吗？"

"这……"颜琛一时没词儿了。

"这是一计呀！"东门长老继续对颜琛说，"孔先生见你天资聪明，有志气，很是喜欢你。可是他觉察到你不善于独立思考，于是，就和我设了这么一个圈套。结果，你真的中计了。"孔子接过话茬说："这样，不但使你克服了不愿自学的毛病，同时也使你在三千弟子中终于夺得了魁首！"

颜琛一听，激动得什么话也说不出来了。他"噗嗵"一声在孔子面前跪下，"嘭嘭嘭"地磕了三个头，以表示对恩师的感谢。

3．孔子拜师

有一天，孔子和众弟子乘马车到一个地方去讲学。途中，见到前面有一个六七岁的小孩在路上堆土玩，子贡便大喝一声，正要赶车过去，可是那个孩子突然把路一挡，高声叫道："站住，前面有一座城池在这儿，过不去了，你们退回去绕道走吧！"

子贡赶紧停住车，没好气地大声嚷道："你这顽童休得胡闹，这是孔老夫子的车，快放我们过去！"

"不管谁也得讲道理，我来问你们，到底是该城躲车呢还是车躲城呢？"小孩有板有眼地说。

大家被问得张口结舌，子贡又气又急正要发作，这时孔子从车上走下来拦住他说："这小孩讲得在理，你们不要乱来。"

说着，孔子走上前去对小孩搭躬施礼道："神童在上，老夫这边有礼了。我们有要事在身，万望高抬贵手，借个路让我们过去吧！"

小孩问道:"你们有什么要事呀?"

"周游列国。"

"那周游列国又是做啥呀?"

"讲学传道呀。"

"讲学传道就得有一套本事和才学才行呢,那你知道些什么呀?"

孔子回答道:"不是老夫夸口,上至天文,下至地理,什么事我都略知一二。"

小孩说:"那我出个问题考考你如何?"孔子见小孩如此口吻,轻轻一笑说:"好呀,你想问什么? 说吧。"

小孩问道:"你知道自己的眉毛有多少根吗?"

孔子一怔说道:"眉毛本人又看不见,怎么能知道呢?"

小孩眼珠一转接着问:"嫌看不见,那天上的星星看得见,你知道有多少颗吗?"

"天上的星星浩如烟海,那又如何数得过来呢?"孔子为难地说。

小孩又笑着说道:"呵,你又嫌多了,那日头就有一个,早晨像冰盘,晌午赛玉环,我来问你什么时候近什么时候远呢?"

孔子想了半天还是回答不上来,便诚恳地对那个小孩说:"本人还是才疏学浅,以上的事情确实不知,愿拜你为师,望多指教。"说着,磕头便拜。

后来孔子以此事教导众弟子说:"不要不知以为知,要知之为知之,不知为不知,莫忘三人行必有我师焉。"

4.后生可畏

春秋时期,孔子和他的弟子驾着马车周游列国。一天,正当他们边走边谈论学问,兴致勃勃之际,马车突然被一群小孩挡住了去路,孔子于是十分生气,大声地责怪他们:"你们为什么挡住我们的去路呀?"

孔子的话刚落音,只见从人群中站出一个眉清目秀的小孩,他眨了眨眼睛,回答道:"我听说您孔老先生上晓天文,下知地理,中通人情。今天我们想考问你一些问题。"孔子见小孩如此口吻,淡然地说:"你小小年纪,懂什么呢?"不料小孩却轻松地回答说:"我懂得的东西有很多呢。"

孔子见小孩如此张狂,心想,我不信难不倒你,于是又提了一大串问题考问小孩："你的嘴这么厉害，那我来考考你——什么山上没有石头？什么水里没有鱼儿？什么门没有门闩？什么车没有车轮？什么牛不生犊儿？什么马不产驹儿？什么刀没有环？什么火没有烟？什么男人没有妻子？什么女人没有丈夫？什么天太短？什么天太长？什么东西有雄无雌？什么树没有树枝？什么城没有官员？什么人没有别名？"

问完后，孔子盯着小孩，脸上露出得意的微笑。

可是小孩只是稍加思索，便从容地回答："您听着——土山上没有石头；井水中没有鱼；无门扇的门没有门闩，用人抬的轿子没有车轮，泥牛不生犊儿，木马不产驹儿，砍刀上没有环，萤火虫的火没有烟，神仙没有妻子，仙女没有丈夫，冬天白日里短，夏天白日里长，孤雄没有雌，枯死的树木没有树枝，空城里没有官员，小孩子没有别名。"

孔子大惊，这孩子真是智慧过人！这下轮到小孩来难孔子了，他对孔子说："您的问题我已经答完了，现在轮到我来考您了——鹅和鸭为什么能浮在水面上？鸿雁和仙鹤为什么善于鸣叫？松柏为什么冬夏常青？"孔子答到："鹅和鸭浮在水面上，是因为脚是方的；鸿雁和仙鹤善于鸣叫，是因为它们的脖子长；松柏冬夏常青，是因为它们的树心坚实。"

"错了！"小孩大声反驳道："龟鳖能浮在水面上，难道是因为它们的脚方吗？青蛙善于鸣叫，难道是因为它们的脖子长吗？茅竹冬夏常青是因为它们的树心坚实吗？"

学识渊博的孔子，竟然被驳得哑口无言，忙问："你叫什么名字呀？"小孩答道："我叫项橐。"孔子拱手连声道："后生可畏，后生可畏！"然后便驾着马车绕"城"而去了。

子贡索马

子贡（前520~?），娃端木，名赐，春秋卫国人。个性豁达仁义，善经商而富有，长于外交言辞，有将才。齐伐鲁时，曾游说于齐、吴、越、晋诸国，救了鲁。跟随孔子周游列国。

传说子贡非常聪明，头脑灵活，善于论辩。子贡靠着他的巧言善辩曾多次解救他人于危难之中。据说有一次，子贡和子路一块儿出去，恰好经过郑国的神社。神社前面有一棵千年古树,枝叶茂密,郁郁葱葱,像一把大伞一样。树上住着一种神鸟,神鸟神通广大、变化万千,属于魑魅魍魉之类。子路见那鸟生得奇怪,很是稀奇,不假思索便爬上树去,想捉只鸟来玩。谁知道鸟没捉到,自己反而被神鸟用法术给吊在树上了,不上不下,又难堪又尴尬。子贡见了,开始是惊讶,后来看见子路那副模样又觉得好笑,知道是被神鸟施了法术,连忙向神鸟求情。幸亏他才思敏捷、伶牙俐齿,终于把神鸟说得心服口服,好像真的是自己拘禁子路不对,才放了子路,这才免了一场灾难。

但有效的说服除了言辞犀利之外,更

子贡

要考虑让对方听得明白,才能有效。如果忽视这一点是很难成功的。子贡索马的传说就是一个典型之例。

据说孔子周游列国时,有一次中途困乏,于是停在大路边歇息。谁知道驾车的辕马忽然挣脱了缰绳,"哒哒哒"跑去啃人家种的庄稼。结果那马被正在田里干活的农夫抓住了,扣留起来,硬要孔子他们给个说法。

子贡自觉辩才无碍,那么多达官贵人甚至神鸟怪兽都为他的辩才折服,仅凭着他那三寸不烂之舌,就曾经"存鲁、乱齐、破吴、强晋、霸越",说服这么几个小小的农夫,那还不是轻而易举的小事,于是信心十足地走过去,对着那几个农夫滔滔不绝地说了一大通,上至天文,下至地理,引经据史,旁征博引,真是舌灿莲花,说得天花乱坠。可是那几个农夫只是用眼干瞪着他,看他在那里之乎者也,一句话也听不懂。最后实在不耐烦了,一个个挥着拳头、舞着棍棒,做出要动武的样子,子贡这才悻悻地跑回去,脸上很不自在。

连子贡这么善于论辩的人都要不回那匹马,这下大家可都犯愁了。正在大家无计可施的时候,一个看上去笨头笨脑,刚来不多久,正替孔子赶车的马车夫却自告奋勇要去讨回那匹马。孔子一看,其他弟子都不敢去,只好让他去碰碰运气。那马车夫走到那些农夫跟前,说:"道理很简单,你们不在东海耕田种地,我们不在西海耕田种地，那么我们的马又怎么能够不吃你们的庄稼呢？"

农夫们一听，开始还抓耳挠腮，不太明白，忽然一下子恍然大悟，不住点头：说："这才对嘛，你这话说得有理。先前那个人说了一大通，也不知道都说了些什么！"然后，农夫们高高兴兴把马还给了马车夫。

与这个传说很相似的是"对牛弹琴"的故事，琴弹得再好，对着根本听不懂的牛，只能是白费力。

子羽斩蛟

澹台灭明（前512～？），字子羽，孔子弟子，为孔门七十二贤之一，春秋时期鲁国武城（今山东平邑县南）人。苦心学习，终有所成，后到吴国讲学，收有众多门徒。

传说有一次，子羽携带一块价值连城的白璧从延津渡黄河，船行到正中，忽然狂风大作，波浪滔天，这风涛来得突然，而且气势汹汹。子羽站在船头，毫无惧色，观察了良久，确定是河伯在作怪。原来黄河水神河伯听说子羽携带一块举世罕见的白璧要渡过黄河，起了贪心，便派遣大波神阳侯和两条蛟龙前去兴风作浪，企图将船掀翻，乘机从子羽手里夺璧。那大波神原本是古代一个畏罪投河的诸侯，死后成了大波神，听从河伯的调遣。阳侯让那两条蛟龙将子羽的船挟持住，自己在一边呼风唤雨。霎时间，黄河上狂风怒号，骤雨倾盆，滚滚乌云遮住了整个天空，天色及其晦暗。惊涛骇浪中，只见两条蛟龙死死缠住船头和船尾。双目圆睁、张牙舞爪，那样子就像随时要把整条船都吞下去，的确是说不出的恐怖。

船上的人都吓得魂飞魄散，哭爹喊娘，只有子羽镇定自若，一副泰山崩于前而面不改色的样子。只见子羽巍然立在船头，对着滚滚波涛大声喝道："不用再白费心思了！想要得到我的璧，只管开口问我要，君子行得正，坐得直，想用这种卑鄙无耻的手段来迫使我屈服，你们办不到！"

说罢，子羽一手持璧，一手持剑，纵身投入激流之中，只见那剑光好似闪电一般，在江中上下翻飞，眨眼间，整条河忽然都被血染红了，再看船头，那两条狰狞可怖的蛟龙已经被子羽挥剑砍成了好几段，早就一命呜呼了。阳侯见那子羽有如天神下凡，几个回合就斩了两条蛟龙，吓得心胆俱裂，自知不是对手，于是急急忙忙收兵回去复命。霎时间,云开雾散、风停雨息,整个江面都安静下来,子羽和其他人便顺利渡过了黄河。

上岸以后,子羽掏出那块璧,鄙夷地往水里一扔,话也不说,回身就走,可是一连投了三次,那璧总是自动弹回来。原来河伯夺璧不成,反倒折了两条蛟龙,又被子羽一番痛骂,心中羞愧难当,着实无脸再要那块璧。子羽见河伯不肯受璧,于是一把将那璧砸在岸边一块石头上,摔了个粉碎,然后扬长而去。

子羽初入孔门的时候,孔子见他相貌凶恶,并不十分看重他,后来逐渐了解了他的品质和人格,非常钦佩,尤其是听说他斩蛟龙的经过之后,更加赏识他。并总结了自己以前以貌取人,是非常错误的。还感慨地说:"以貌取人,失之子羽。"

曾参小忍大逃

曾参(前505~前436),字子舆,春秋末期鲁国南武城(今山东费县)人。从小即师从孔子,并随孔子周游列国,孔子四高足之一。性格内向,长于内省,提出"君子慎独"及"吾日三省吾身"等不朽名言。笃行仁孝,提倡忠恕。著有《孝经》。

曾参是历史上一个有名的孝子。关于他的孝,历来有很多传说。

有一天,忽然有个朋友来看望曾参,当时曾参不在,曾参的母亲就说:"先坐一会儿,他马上就会回来的。"说罢,便用手在自己左臂上用力掐了一下。当时曾参正在山里砍柴,砍着砍着,忽然觉得左臂疼痛难忍,没法再干活,只好停止砍柴,收了东西回家。刚一见母亲就说:"真奇怪,今天砍柴的时候,我的左臂不知怎么忽然疼起来。只好提早回来了。"母亲说:"不用担心,今天有客人找你,我掐了一下我的左臂,叫你回来招待客人。"可见,曾参对母亲的孝顺,已经到了心灵感应的程度,母亲身体上的一点不适,曾参都能感应到。

曾参对父亲也一样,非常的孝顺。从来不会违抗父亲的决定,有时对于父亲蛮不讲理甚至动粗都尽量顺受。有一次,曾参在瓜田里干活,不知道为什么走了神,不小心把一棵长得很好很粗壮的瓜苗给弄断了。他的父亲曾皙性情暴躁,一见之下,怒火冲天,抄起一根粗木棒照着曾参背脊上就是一棍子。可是曾参这个书呆子,竟然不闪不避,扎扎实实挨了一棍,一下子扑倒在地上,不省人事。过了好半天，他才缓过劲，迷迷糊糊醒过来，背上火烧火燎地疼，尽管如此，还是挣扎着跑去问候他的父亲，说："不孝子惹父亲大人生气，您老人家教训我，可曾用力过猛，伤了您的手？"问候完毕，又回自己屋里，继续若无其事地弹琴唱歌，告诉父亲自己一点怨恨也没有。

这件事很快就传了出去。大家都说曾参真是个至孝之人，宁愿自己受伤，也不愿忤逆父亲。后来孔子也听说了，却对此不以为然，还吩咐其他弟子，如果曾参来了，就别让他进来。其他弟子虽然奇怪，可一看孔子的脸色，谁也不敢询问。果然没两天，曾参来了。一边走一边还在想："这回夫子肯定要表扬我了。"哪知道刚走到门口，就被关在门外，不准进去。曾参百思不得其解，不知道自己做错了什么。只好千方百计托人传话，希望孔子能

曾参

解开他心中的疑惑。孔子说："从前舜也是个大孝子，可不是曾参这样的。舜的父亲也经常打他，如果他爹用小棍子打，舜就不闪不避，随他打几下；如果他爹用大木棒打他，他就跑得远远的，躲开暴怒中的父亲。现在曾参，明明看见大木棒砸下来也不躲避，存心用自己的血肉之躯去承受那蛮不讲理的暴怒。他自己倒觉得自己这样是孝顺，也不想想，万一他老爹那一棍子把他打死了，那他老爹岂不是要背负杀子的恶名？天下还有比陷父亲于不义更不孝的吗？"

曾参听了别人的转述，恍然大悟。这才明白自己这种做法其实是极端错误的，几乎酿成大错。

墨子欲擒故纵赴楚破公输

墨子（前468~376），姓墨，名翟，战国时鲁国人，墨家学派创始人。在学术上，初受孔子影响，"学儒者之业，受孔子之术"，后逐渐叛逆，他反对儒家所强调的等级尊卑，认为"官无富贵而既常贱。"创建与儒家相对立的墨家学派。儒墨两派互相辩驳，在先秦首先揭开了百家争鸣的序幕。

春秋晚期,诸侯兼并激烈,楚惠王熊章于周定王二十二年(公元前447年),继灭掉陈国(今河南省开封市东南)之后,又灭掉了蔡(河南省上蔡县)、杞(河南省杞县)。这样宋国(今河南省商丘市)的边境便大都在楚军的窥视之下,楚国下一步要吞并宋国已成定势。但宋东临齐、鲁,北接晋界,有睢阳、商丘等大城可守,国力又强于陈、蔡,也并不是轻而易举就可攻灭。

睢阳是一座坚城,城高墙厚,楚军曾多次兵临城下,久攻不下,不得已订下城下之盟归去。在这种情况下楚惠王就花了重金把鲁国的能工巧匠公输般礼聘到楚国,请他制造一种新型的攻城器械。公输般果然不负所望,很快就造出了新的攻城利器云梯。梯下面以大木为床,设置六轮,前面竖起两丈多高的坚架,架顶与床尾连接成固定跑道,在跑道之上又装有可以升降的飞梯。梯四面用生牛皮蒙蔽,战时军士将云梯推至城下升起飞梯,部队就可以直接登城。这在今天讲也是一种半自动化的战争武器,当时消息传开,举世震惊,宋国的君臣百姓自然惶惶不可终日,犹如大难临头,破城亡国之祸就在眼前了。

墨子当时正游学于鲁,得知楚要攻宋,便立即登程,"行十日十夜而至于郢",这并不仅是一般的"昼夜兼程",而是一直夜以继日地走路到达郢都(今河北省江陵市)。

墨子在当时是个大学者,门徒之众不亚于孔子。他主张"非攻""兼爱""摩顶放踵利天下而为之"。春秋之世尤其到后期战火频仍,人民深受其苦,他主张制止战争,去爱众多的人,为了有利于天下不惜自身的一切,这在当时无异是有积极意义的,因为战争无论胜败对于普通人民是没有好处的。所以他的学说自然为中下层人民所欢迎,门徒之众多可想而知。

墨子抱着拯救世人,制止战争的思想来到楚国,首先找到了公输般,欲擒故纵地对公输般说:"请你帮助办一件事,北方有人侮辱了我,希望你能出面把他杀掉。"公输般立刻很不高兴:"子之以为我为何人?"意思是说你把我当成什么人了。墨子继续说:"我可以给你一千两黄金。"公输般道:"吾素行仁义,固不杀人!"墨子见他说了不肯杀人,便起身再拜说道:"我从北方听说你造了云梯之械,将以攻宋,宋何罪之有?楚国地大而人少,是土有余而人不足。"并说:"杀不足而争有余不可谓智,宋无罪而攻之不可谓仁,知其非而不争不可谓忠,争而不得不可谓强。今子义不肯少杀而多杀,智、仁、忠、强、义俱失矣,又岂言义不杀人!"

公输般顿时陷于尴尬，墨子见他面红耳赤不肯说话，进一步逼问道："既然如此，为何不立即停止？"公输般吞吞吐吐："不可，云梯之利吾已言于王矣。"墨子请公输般带领他去见楚王。

墨子对楚惠王说："如今有人于此，舍弃自己的华车，邻居有敝舆而欲窃之。舍掉其锦绣，邻家有短衣而欲窃之。舍其梁肉，邻有糟糠而欲窃之，此为何若人也？"

惠王大噱："先生开玩笑了，此人必为有窃疾矣！"

墨子这才转入正题："楚之地方五千里，宋之地方五百里，此犹如华车与敝舆也。楚有云梦（今湖北省安陆县以南的湖泽，云在江北，梦在江南，方圆八九百里，统称云梦），犀、兕、麋、鹿满之，江汉之鱼、鳖、鼋、鼍为天下之富，宋可谓无雉、兔、鲋鱼者也，此犹如梁肉之与糟糠也。楚有长松、文梓、楩、枏、豫樟，宋无长木，此犹如锦绣与短衣也。臣以为王之攻宋，与此同类。富而妄取为不义，因臣见大王之必伤义而不得。"

惠王道："先生之言善哉，虽然这样，公输般为我造云梯，必能攻取宋国。"

墨子说："亦未必然也。器械为人所造，器之强不如人之强，臣即请于王前败其云梯攻城之术！"

于是墨子解下腰带作为城墙，以木札为守城器械。公输般以木札代替云梯攻城，想尽办法，九次改变攻城的策略，都被墨子用木札作为炮石、油锅、火焰一一击退。一人就可以用石头、火焰、沸油烧毁一架云梯，所以公输般攻城的木札输尽，墨子手里还有余筹。公输般输了，却恨恨不已，说："虽然攻难于防守，我还是有攻宋之策！"

墨子说："你的办法我岂不知道，只是我不说破而已。"惠王却糊涂地向墨子追问，墨子冷冷地说："公输子之意，不过欲杀臣。以为臣善于守城，杀臣，宋之城即不能守，乃可攻也。然臣之弟子禽滑厘等三百人，已持守城之器，在宋城上等待楚兵矣。虽杀臣，臣之谋与器俱在，宋城仍不可破也。臣之所以来，只为息战，予救死伤。"

楚王听了墨子之言，为墨子的善良和多智多能所感动，遂决定罢兵不攻宋国。

道家真人列子

列子,名御寇,又作列圄寇、列圉寇,生活时代大约在老子的弟子尹喜之后、庄子之前。是战国时期著名的道家学派思想家。列子死后,他的后学根据各自的所见所闻,把列子的有关思想、言行收集起来,编辑为《列子》一书。到了唐代,《列子》被尊做《冲虚真经》,成为道教信徒的必读经典之一。

1.列子射箭

据说列子善于射箭。有一次,他为伯昏无人表演射箭。他拉满弓的时候,胳膊肘上还能纹丝不动地放一杯水;当他发箭时,一箭连着一箭,箭箭射中靶心。此时的列子,就像木偶一般屹立不动。

伯昏无人说:“你这种射法,是有心于射箭的射法,并非无心于射箭的射法。假如我同你一起登上高山,站在高耸的石崖上,面临着百丈深渊,你还能射箭吗?”

于是伯昏无人就带着列子登上了高山,站在高耸的石崖边上,面对着百丈深渊。然后伯昏无人背对着深渊,向后退行,双脚有一大半悬在石崖之外。他向列子拱了拱手,请列子朝前走来,而列子早已经吓得趴在地上,冷汗一直流到了脚后跟。

伯昏无人说:“那些精神境界达到高远的人,上可以窥测于苍天,下可以潜行于黄泉,他们逍遥自在地奔驰于四面八方,而神色不变。而你现在却头晕目眩,恐惧万分,在这种情况下,你要想射中目标,大概是太困难了吧!”

列子由此得到了很深的感悟。

2.列子与看相人

传说郑国有一位看相十分灵验的巫师叫季成。他能够通过观察一个人的相貌,预测这个人的生死存亡、祸福寿夭,并能准确地推断事情发生的年、月、日,应验如神。郑国人见了季成,都纷纷躲开,担心因为他的预测会为自己带来沉重的心理负担。

而列子见了季成后,却对他崇拜得五体投地。列子回去告诉他的老师壶子,说:"以前我以为老师您的道行最高深,想不到现在却又有比您的道行更高深的人了。"接着他就把季成的看相本领详细地描述了一番。

壶子听后不以为然,说:"我过去教给你的只是大道的皮毛,还不是大道的精髓,而你还自以为真的得道了。你用你学到的皮毛知识与世俗人相互辩论、相互抗争,自然会流露出你的真实情况。所以季成一眼就能把你看穿,就能预测你未来的命运。你把季成叫来,让他给我看看相。"

第二天,列子就陪着季成来见壶子。季成从壶子家中出来后,对列子说:"大事不好了,你的老师快要死了,他活不到十天了!我看到他临死前的各种奇怪征兆,他的神色就像水湿过的灰烬一样毫无生机。"

列子听了以后,伤心极了,哭得眼泪都沾湿了衣襟。他赶紧回去把季成的话告诉了壶子。

壶子一听,不仅一点也不伤心,反而狡黠地笑了,说:"刚才我让他看到的是阴静死寂的神情,我的表情茫茫然一动不动,他大概以为我没有生机了,让他明天再来。"

由于壶子每次装出的神情都不同,使季成无法把握他的真实情况,结果在以后的几天里季成一会儿说壶子还有一线生机,一会儿又坦率地承认自己观相不准。

最后一次,季成进了壶子的家,还没有来得及站稳,就惊慌失措地跑了。壶子对列子说:"你去把他给我追回来!"列子慌慌张张地追出去,而季成早已跑得无影无踪了。列子回来对季成说:"他跑得好快,连个影子也看不见了。"

壶子说:"刚才我让他看到的不是我的本来面目,我对他虚以委蛇、随机应变,顺着他的变化而变化,让他根本无法捉摸,所以他只好逃走了。"

列子听了这番话以后,这才深深感到自己根本没有学到大道的精髓。从此以后,他回到自己的家中,整整三年没有再出过门。

3.拒绝权臣资助

列子,生活非常贫穷,常常饿得面黄肌瘦。有人看到这一情形,就对郑国的权臣子阳说:"列御寇先生是一位有道之士,他现在居住在您的国家里却穷困无比,别人会说您不能礼贤下士的。"

子阳听到有人反映这个情况后,为了不落下一个坏名声,便派人送去了许多粮食。列子见到了送粮人送粮食而来,反复表示感谢,但拒绝接受粮食。送粮人无奈,只得把粮食又带了回去。

对此妻子非常生气地对列子说:"我听说当有道之士的妻子,生活是非常快乐的。然而我跟着您,却一直挨饿受冻。现在总算有人送了粮食来,而您却又不要。难道我命中注定要跟着您受苦吗?"列子笑着解释,说:"子阳并不了解我。因为有人在他面前讲了我几句好话,所以他就派人给我们送来了粮食。如果将来有人在他的面前再说我几句坏话,他照样会相信而治我的罪,依我看,还是不要他的粮食为好。"

此后不久,郑国发生动乱,子阳被杀。列子因为与子阳没有任何关系,所以躲过了这一难。

4.齐人抢金

执着于名利金钱,是学道人的最大忌讳,所以列子要求人们一定要能过金钱关,不然,不仅学道不成,还会做出许多愚蠢的事情来。为了说明这一道理,列子曾讲述了这样一个故事:

有一位齐国人,对黄金有着强烈的占有欲,对于黄金,他可以说是朝思暮想,垂涎欲滴。有一天早上,齐人到集市上去,看见路边有一家店铺,这店铺是专门做黄金生意的。店铺里的黄金亮灿灿、光闪闪,那齐人再也控制不住自己,扑向前去,抓起一把黄金就跑。结果,齐人没有跑多远,就受到人们的围追堵截,并很快被制服。人们把这个大胆的抢劫犯押送到了官府,负责处理此案的官员对齐人的行为非常纳闷,就问他说:"集市上到处都是人,你怎么敢抢夺别人的金子呢?"这位齐人倒也诚实,回答说:"当时,我的眼中只看到金子,没有看到人。"

真是让人可笑!

道教祖师庄子

庄子(前369~前286),名周,宋国蒙城(今河南省商丘市东北)人。自幼家贫,做过漆园小吏。他最崇拜的是老子的道家之学,虽学识渊博,但却生不逢时,后辞官归隐。庄子是中国历史上著名的思想家,是道家学派的主要创始人之一。他写有《庄子》一书，他的思想对中国传统的哲学、文学、宗教、艺术都产生了巨大而深远的影响。

1.不受世俗牵累

庄子最崇尚的是老子的道家之学，虽然他学识渊博，但却生不逢时，因此，连个漆园小吏也不愿做，便辞官归隐了。

辞官后的庄子生活窘迫，常有断炊之虞，不得不向人借米度日。庄子是一个交游很广的人，在社会上的名气很大。有一次他去拜访魏王，尽管事前刻意准备了一番，但也只是穿着带有补丁的粗麻衣服，仅仅整理一下腰带、绑绑鞋子而已。魏王见到这副模样，也觉得他太寒酸。

由于对时代和社会有切肤的感受，所以庄子始终抱着与统治者不合作的态度。楚威王听说庄子才识渊博，有意拜他为相，专门派使者带上丰厚的钱财去聘请他。庄子见后哈哈大笑，对使者说："我听说楚国有一只神龟，已经死了三千年，楚王仍然将其包好藏在庙堂之上。你说，是做个死龟，留下骨架让人供奉好呢，还是活着隐居于污泥之中好呢？"使者说："那当然是活着好啦。"庄子说："那么你可以回去禀告楚王，我宁可活着隐居于污泥之中。"

庄子

后来楚王再次派使者带着重金劝说庄子出来做官。庄子对使者说："楚王带来的重金确实很诱人，许给我的官位也很尊贵。但是你见过太庙里的祭品牛吗？它活着的时候身披彩绸、吃上好的饲料，而一旦进了太庙，就想离开做个普通的牛，能办得到吗？"又一次拒绝了楚王的聘请。

庄子不仅视权贵如粪土，而且极度厌恶那种有权力欲的人。他和名辩家惠施原是好朋友，当惠施在大梁为相时，庄子前去拜访他。然而事前惠施听人说，庄子是冲着他的相位来的,十分担心庄子有取而代之的意思,因此派人在国中整整搜查了三天三夜,想捉拿庄子。看到惠施这副势利相,庄子真是又好气又好笑,便向惠施讲了一个故事:一种名叫宛雏的南方鸟,从南海出发飞往北海,一路上非梧桐不栖,非练实不食,非甘泉不饮。鹞鹰得到一只腐烂的死鼠,十分得意,正要享用时,宛雏从它的头上飞过。鹞鹰以为宛雏要与自己争食,惊恐地"哎呀"了一声,紧紧地把死鼠捂住。其实,宛雏之志岂在死鼠呢。在这个故事里,庄子用宛雏表示自己的高浩,以鹞鹰比喻惠施担心自己的相位。

一次,庄子和惠施在濠梁之上观鱼。庄子说:"你看那些水中的鱼游得多快乐啊!"惠施说:"你又不是鱼,你怎么会知道鱼的快乐呢?"庄子反驳他说:"你又不是我,你怎么知道我不知鱼的快乐呢?"

庄子向往那种能达到忘却是非,挣脱名利枷锁,不受任何世俗牵累,精神自由快乐的人生境界,他把这样的人称为"至人",并说:"至人神矣,人泽焚而不能热,河汉冱而不能寒,疾雷破山,飘风振海而不能惊。若然者,乘云气,骑日月,而游乎四海之外。死生无变于己,而况利害之端乎!"

由于庄子继承和发展了老子的道家思想,后来的道家把老子与庄子并称"老庄"。在道教中,庄子被奉为真人,他写的《庄子》也被奉为道教经典。到了唐天宝六年(747 年),庄子被诏封为"南华真人",《庄子》诏号为《南华真经》。

2.庄子借粮

庄子家里穷的没饭吃了,于是他就硬着头皮去向监河侯借点粮食。监河侯对他说:"可以。等我把我封地里的钱收起来以后,我就借给您三百金。行不行?"

庄子听了愤然作色,生气地说:"我昨天来的时候,走在半路上,突然听到有人呼喊我的名字,我回头一看,原来是车辙的积水中有一条小鱼在叫我。那条可怜的小鲋鱼说:'我本来是生活在东海里的。现在您是否愿意给我一升半斗的水救我一命呢?'我告诉他说:'可以。我将要到吴越一带去见吴王、越王。到那时,我将把浩浩荡荡的长江水引来迎接你,行不行?'没想到那条鲋鱼听了之后愤然作色,生气地说:'我失去了我无法离开的水,我一天也没有办法生活下去了。现在如果有一斗半升水给我,就能救我一命。而你却说要等到将来把长江的水引来迎接我。到那时,你大概只能在卖干鱼的商店里找到我啦!'"

3.妻死鼓盆而歌

传说庄子的妻子去世了。当惠子前去吊唁时，看见庄子正伸着两条腿坐在那里敲着盆子唱歌。惠子责备他，说："你与妻子相依为命地一直白头到老。现在她去世了，你不为她的死痛哭流涕已经够无情了，现在还敲着盆子唱歌，这不是太过分了吗！"

庄子回答说："她刚死时，我怎能不伤感呢？可仔细想一想，在最开始的时候，我的妻子并不存在，不仅没有她的形体，连形成形体的'气'也没有。后来，在茫茫之中产生了'气'，再由'气'产生了形体，于是有了我的妻子。而现在我的妻子又回到了她原来不存在的状态，这就好像春夏秋冬四季循环运行一样。现在，我的妻子在天地这个巨大的房屋里安然恬静地休息着，而我却还为她嚎啕大哭，这样岂不是太不懂天命了。"

千古亚圣孟子

孟子（约公元前372~前289），名轲，字子舆，战国时期鲁国邹邑（今山东省邹城）人。是战国中期著名的思想家、教育家。他一生以学习孔子为志愿，继承并发展了孔子教育思想，对后代影响巨大。

1.幼年受教

孟子的母亲姓仇，父亲名叫孟激，在孟子年幼时就去世了。孟子在母亲含辛茹苦地培养下长大成人。后来成为"亚圣"，成为儒家思想体系中地位仅次于孔子的人，可以说他的功成名就多得力于他的母亲。

在日常生活中，孟母不仅注意儿子起居冷暖，更是不厌其烦地以"言教"和"身教"来完善儿子的人格。当孟母发现儿子受到了不良环境的影响，为了给儿子寻找一个好的生活、学习环境，孟母开始了漫长的迁居，最后才把家搬到了邹城的学宫附近。房子虽然破旧，但是附近常常有读书人来往，他们高雅的气韵，从容的风范，优雅的举止使附近居民受到潜移默化的影响。尤其是初解人事的孩子们，常群集在大树底下，演练学宫中揖让进退的礼仪，有模有样，一片庄严肃穆，使得远远察看的孟母内心大为高兴，于是孟母带着儿子安心地定居

·春秋战国野史·

图文珍藏版

下来,在历史上留下"孟母三迁"的美谈。

这就是"近朱者赤,近墨者黑","染于苍则苍,染于黄则黄"的道理,可见环境对孩子的成长太重要了。

在孟子的成长历程中,还有一段母亲"断织督学"的小故事。有一天,孟子逃学到外面玩儿了半天。当儿子回到家时,孟母不声不响地拿起一把剪刀,将织成的一段锦绢剪成两段,就在孟子惊愕不解时,孟母说道:"你的废学,就像我剪断织绢!"孟母用"断织"来警喻"辍学",指出做事半途而废,后果是十分严重的。"断织督学"的一幕在孟子幼小的心灵中,留下了既惊且惧的鲜明印象。他明白了做事必须要有恒心,一旦认准目标就应不为外界所干扰。从此,孟子养成了孜孜不倦地学习的习惯。

2.怪异忌"新潮"

传说孟子二十岁刚出头时,跑到孔子的徒孙门下念了五年书,学问道德突飞猛进,但思想很守旧,甚至怪异。有一次,孟子进卧室,突然眼前一亮,使他大吃一惊,原来他的妻子想试穿一件袒胸露背的蝉翼纱,上身裸着,正在对镜描容。孟子媳妇的思想比较新潮,以为穿上短、透、露的时装,定能平添几分美丽,博得丈夫的赞美。哪知道孟子无比陈旧保守。他说:"我以儒家门徒的名誉起誓,绝不能容忍女人半裸着上身。"说完,愤然调头离去,到户外去吸他的"浩然正气"去了。

他的妻子着急了,说:"今天我在家里没事儿,穿了一件休闲装在房里,想不到丈夫见了很不高兴,今后怎么相处呀!我还是回娘家去吧!"

孟母也觉得孟子走火入魔了,训斥孟子说:"按礼俗的规定,快进门的时候,问一问谁在里面,以提醒别人;推开内室的时候,眼要往下看,以免侵犯别人的隐私。这你都不懂,还赖别人?"

孟子哼哼了几声,掉头走掉了。

爱国诗人屈原

屈原(前340~前278),名平,字原,又自云名正则,字灵均,战国楚人。战国时期楚国丹阳(今湖北秭归)人。一生经历了楚威王、楚怀王、楚顷襄王三个时期,早年深受楚怀王宠信,位为左徒、三闾大夫。后受谗言相害,遭逐流放,自投汨罗江。是我国文学史上第一个伟大的诗人,流传下来的作品有《离骚》《天问》《九歌》等。屈原一生为楚国人民尽心尽力,赢得了人民的尊敬,留下了很多美丽的传说。

1.照面井

在屈原的老家秭归香炉坪的正对面,有座三星岩,三星岩的半山腰,有眼泉水井。井水清亮清亮,像一面菱花镜子。井边有块古碑,刻着"照面井"三个大字。屈原家乡的人民爱护这口井,世世代代传诵着屈原少年时代的一个故事。

屈原

相传屈原从小就养成爱好洁净的习惯。他每早起床,第一件事就是到姐姐跟前,请她给自己梳头、洗脸、整容。姐姐总是一面给弟弟梳洗,一面给弟弟讲那些保持高尚美德的故事。年长月久,小屈原渐渐懂得了,不仅要讲究外形的整洁,还要永远保持心灵的纯正。屈原渐渐长大了,他不再耽误姐姐的时间,自己每天早起后就来到香炉坪坎下的响鼓溪畔,对着清清的溪水照面、洗脸、梳头、整容。

有一天,小屈原在溪边梳洗完毕,突然想到:要是能有一口井,像姐姐说的那样,既能照出脸上的污垢,又能照出心上的灰尘,该多好啊!想到这里,他就回家去,扛来一把小锄头,爬到三星岩边挖起井来。屈原年纪小,气力也小,挖着挖着,呼哧呼哧地喘气了,挖着挖着,唰唰唰地流汗了。一连挖了两天,他才只挖了铜锣大的一块地面,深不到一尺。他的行动被三星岩上的山神爷爷看到了,山神爷爷就变成一个白眉白须的老樵夫,挑着柴走下岩边,问道:

"小屈原,挖水井吗?"

"是的,老爷爷,我想挖一口又能解渴,又能浇田,又能照面,又能照心的水井。"

"有志气呀,孩子!可挖这井,你没选准位置呵,你听着:

三星岩,三星岩,对准三星引泉来。

折断龙骨泉眼开,照面照心涤尘埃。"

说罢,眨眨眼睛,捋捋胡须,挑着柴担子走了。

小屈原心眼机灵,一下就明白了老爷爷的意思。夜里,他站在香炉坪,对准三星,选好了井位,第二天一早,就在选好的位置上挖起来了。挖着挖着,手打泡了;挖着挖着,臂震酸了。一连挖了两天,才挖出铜锣大的一块地面,深不到一尺。

姐姐原以为弟弟每天爬上三星岩是去采山花玩。这一天她悄悄地跟在屈原后面,爬上三星岩一看,弟弟是在挖井,便连忙上前帮忙。姐弟俩又挖了两天,井面还不过簸箕大,深不到两尺。

这情形,又被三星岩上的山神爷爷看到了,他又变成老樵夫下山来了。

"小屈原,锄头磨钝了吧?我借给你一把小镐!"

小屈原接过一看,嗨,明晃晃,金闪闪,原来是一把金镐。

老爷爷笑着说道:

金镐一点石岩开,碰到龙骨我再来;

心诚感得天地动,定有明镜镶山崖!

说罢,打着哈哈,飘然而去。

屈原姐弟俩高高兴兴地干起来,小屈原在井里挖土,姐姐在井边提土;姐姐在井下刨石,小屈原在井上拉绳。那金镐真怪,举起来,四两轻,落下地,千钧重。他俩挖呀挖呀,只挖了七天,那水井就有九尺九寸深,周围就有三丈三尺长。谁知就在这时,屈原猛地一镐掘下去,只听得叮当一声响,火星直冒,再一敲,石头蹦蹦直响,纹丝不动。小屈原急了,姐姐也急了。

这时,一曲山歌忽然从三星岩的云雾中飘下来,姐弟俩顺着声音一望,那位童颜鹤发的老樵夫又下山了。

"哈哈,遇上龙骨石了吧?小屈原,这山里伏着一条千年老龙化成了青石,压住了地脉,把泉眼封死了,让老爷爷给你砸开吧"

说罢接过镐,轻轻一举,"轰——",第一镐下去,老龙骨酥筋麻,块块龙骨石都飞出了井口。山神再叫小屈原用锄头轻轻一点,泉眼开了,泉水汩汩地直往上翻花,那水又清又凉,又甜又香,真跟琼浆玉液一般。

小屈原和姐姐正要向老爷爷道谢呢，可山神爷爷"嗯"的一声，便驾着青云，往三星高照的空中飞去了。

乡亲们闻讯赶来，纷纷向屈原姐弟俩祝贺。石匠把龙骨石凿成半月扇面，镶坐井沿。小孩子们从向王寨山采来芝兰，小伙子们从北风垭（方言，两山之间的狭窄地方）移来常青柞树，栽在井边。这眼照面井，就这样嵌在屈乡，照着香炉坪的天，照着香炉坪的山。

从第二天起，小屈原每天清早就来到井边，用清清的泉水冲洗散开的长发，濯洗鲜红的帽缨。长发、帽缨浸在水里，泉水就打起漩涡，跳起来为他洗脸。每次梳洗完毕，他就对着明亮的井水，察看自己心里有没有私心邪念，行为上有什么不够检点，省察自己对楚国忠不忠，对百姓爱不爱。从此，这照面井就像一面明镜，朝朝暮暮照着他那幼小的心灵，把心儿照得鲜红透亮，跟珍珠水晶一般。

这井水也怪，好人喝它，清爽津甜，不生疔疮；坏人喝它，五内俱焚，腹如刀绞。好人愈照愈美，坏人愈照愈丑，最后现出丑恶的原型。有一回，从郢都（当时楚国的京城，在今湖北省江陵一带），来了一帮贪官，游山逛景，逛到香炉坪，听说三星岩有一眼宝井，一个个跑来盗宝。他们趴到井边朝水里一望，井底立刻现出一群牛头马面、白粉骷髅，一个个吓得口吐白沫，眼珠子直翻，抬回去，都病得掉光了头发、脱了层皮。所以古人留下有"照面井寒奸佞胆"的诗句。

千百年来，屈原家乡的人民出坡下田，收工路过，都要绕到井边照一照，洗净眼里的灰尘，涤去脸上的脏污。在明月当空之夜，姑娘们常常相约，来到井边对月绣花。有时失手，花针落地，不用费神，借着井里的月光，很快就可以捡起来再绣。所说在这里绣出来的花卉，格外鲜，格外美，蝴蝶飞来也不愿离开。老人们还说，当三星高照的时候，你伏在井台边等巧了，兴许还能从井底看到屈大夫那忧国忧民的容颜呢！

2."我哥回"

传说秭归县的苍山翠林中，西陵峡的云崖雾岭间，有一种嘴巴殷红、羽毛金绿的鸟儿，一到五月端阳节，就跳上枝头，从黎明到黄昏不停地叫唤："我哥回，我哥回！……"

人们说："我哥回"这种鸟雀儿，就是屈原的堂妹幺姑变的。

相传,屈原有一个叔伯妹妹叫屈幺姑。这个姑娘,是喝三峡水长大的贫苦渔家女,风姿俊俏,心灵手巧,性格刚强。村里人都晓得,幺姑飞针会绣花,飞叉能刺鱼,爬岩会砍柴,扒壁能采药。那清脆悦耳的山歌,唱过一坡又一坡,直唱得林中百鸟来应合。她曾驾着渔船,荡着双桨,迎着西陵峡里的风浪,送屈原四处走访。她曾陪送屈原,翻过一架又一架陡峭的山峰,穿过一片又一片翠绿的柑橘林,听民歌,采楚风(即采录楚国的民歌),帮助屈原在故乡橘林里写下了《橘颂》诗篇。有一回,屈原从郢都回到家乡,擂鼓募兵,抗击入侵的秦国军队。屈幺姑听到这震动山河的擂鼓声,马上带领峡江上的渔民船夫,最先打起抗秦保楚的旗帜,向屈原请战。这阵势威震归州(即今秭归县)内外,叫秦兵闻风丧胆……就这样,屈原无论是在青少年时代,还是入朝做官以后,都把屈幺姑看作是自己的亲妹妹,情同手足,骨肉难分。

万万没有想到,就在顷襄王二十一年农历五月初五这一天,屈幺姑正在撒网打鱼,忽见云中飘下一条带子。她站在船头,接起一看,心里一怔,这不就是屈原哥的腰带吗!

她立刻跳下船头,打起飞步,爬上九畹溪旁的仙女峰,遥望东南方,眼含泪水,默默念着:"屈原哥哥,你该没有出什么凶险事吧!你千万不能离开我们啊,快回来吧!归州的百姓想念着你,你的幺妹想念着你呀!"

这时,屈幺姑一边默念着,一边抚摸着屈原的腰带,心如针扎,难过极了。她茶不饮,饭不吃,久久地坐在仙女峰顶,遥望东南方,声声呼唤:"我哥——快回哟!我哥——快回哟!"直唤得草木低头,白云滴泪,山风呜咽,猿鸟吞声,连仙女峰千年松也躲在云雾里偷偷地擦泪。

第七天早晨,屈幺姑又爬上仙女峰,拨开云雾,强撑着哭肿的眼皮,向东南方的峡江望去,只见一条金光四射的大神鱼,驮着屈原的尸首,飞滩逐浪,向归州游来了。屈幺姑看见屈原哥尸首,像晴天一声霹雳在脑门上炸开。她心碎了,肝胆要炸裂了,一边呼天抢地痛哭,一边向山下河边飞跑。跑呀跑呀,石尖划破了双脚,她不觉得疼;棘丛抓破了她的衣衫,她没理会。她喊一声"我哥——快回哟!"众乡亲就呼唤一声:"屈死的三闾大夫安息吧,安息吧!"

金色的神鱼听到一片哭声,不忍让屈幺姑和百姓过分悲伤,便闪身一跃,将屈原的尸首驮到了太空,留下了屈原的一堆衣冠放在一座鱼形山脊上。霎时,乡亲们一齐拥来,有的忙着挖土,有的忙着打石条,有的忙着做红色的楠木棺椁,有的忙着打吊棺的铁链。没用多久的时间,便为屈大夫建造了一座高大的衣冠塚。

屈幺姑来到衣冠塚前,抚摸着哥哥的衣衫,越哭越伤心。她顿着脚,捶着胸,又悲痛又愤怒地说:"朝廷昏庸,奸臣得势,把个好端端的楚国弄得山河破碎,民不聊生,害得我哥哥和多少忠臣含冤而死,这……这叫人怎么活得下去啊!"

哭声刚停,屈幺姑一头撞在衣冠塚上,"轰"的一声,顿时昏死过去。乡亲们正慌忙来抢救,却见屈幺姑的身上忽然红光四射,借着一股青云,腾空而去了。这时,众乡亲仰望西陵峡的上空,只见屈幺姑的身影在彩霞中一闪,竟化作一只嘴巴殷红、羽毛金绿的鸟儿,穿过金色的阳光,飞进了丛林。她还在声声呼唤着:

"我哥回! 我哥回! ……"

从此,每年端午时节,这种鸟儿就在秭归的崇山峻岭中四处叫唤,一声声,一声声,从黎明到黄昏,叫得声嘶力竭,嘴满鲜血,还不止声。老人们说,那殷红的嘴,是屈幺姑呕出的心血染红的,那全绿的羽毛,是故乡的青山绿水披在她身上。"我哥回"这种鸟儿,是屈幺姑那颗赤诚的心变的。"我哥回"一啼叫,人们都知道屈幺姑又回故乡看望他的哥哥了。

从此,每年端午节,归州屈原沱都举行龙舟竞渡,机智的艄公和勇猛的桡手(划桨的人),都在鼓声中高喊号子:"我哥——回哟! 我哥——回哟!"老人们说,"我哥回"是一种吉祥鸟。听到它的啼叫,就会大灾化小,小灾化无,长夜缩短,百病俱消;种田人一听到它啼叫,就知道是栽秧割麦的紧张时节了,都起在黎明前,收工在黄昏后,抓紧农时,不误收种;三峡的船夫渔民一听到它啼叫,大风大浪脚下踩,凶滩恶礁忙躲开,过滩船如飞,打鱼网网多;孩子们一听到它的啼叫,读书就更加专心致志了。

千百年来,屈原家乡的人民十分珍爱"我哥回",不准任何人动它一根羽毛。打猎的青年见了它,自动掉转枪口;川江的艄公见到它,立即吹哨致敬……

3.屈原与灵牛

湖北秭归县有个叫乐平里的小山村,位于县城东七十里的大山沟,屈原就是在这里出生的。在这里，牛耕田是不用鼻绳子的。但是很久很久以前，这里的牛耕田，也是要用鼻绳子的。

那后来为什么不用了呢？相传在楚怀王年间，屈原做了楚国的左徒官。为了体察民间疾苦，每次从郢都回故乡船行至青滩时，他总不愿抄水路走香溪去乐平里，而要在青滩下船，爬向王寨山，走三星岩、伏虎山，经北风垭，一路访问三老，请教耕、樵，问饥问寒，倾听民情。有一次，屈原回老家只住了七天，就要起身赶回郢都。他哥哥深知弟弟热爱祖国，时刻把楚国人民的安危放在心头，想再留他多住几天是留不住的。于是就默默地为弟弟收拾行装。说是行装，其实主要是满满一担书简。这些青竹书简上，有屈原准备向楚怀王进谏的奏折，有屈原"哀民生之多艰辛"的肺腑之言，有屈原赞美楚天风物的优美诗篇……屈原姐姐捆好书简，在担子的两头系上挑绳，挑起一试，挑绳短了，这可怎么办呀？姐姐毫不犹豫地拿起剪子，"咔嚓"一声，把自己的长辫子剪了下来，将挑绳接得不长不短，正好合适。挑绳接好了，姐姐陪着屈原，沿着叮咚叮咚的响鼓溪，急步前行。一路上，百姓们都停下犁耙，站在田间，拱手与屈原道别，耕牛也"哞——哞"地仰天长叫，像是跟屈原道别一般。走到三块像弯弯的月亮似的田埂前时，他们停住了脚步，这是屈原亲手种过的"玉米三土丘"。正当屈原同姐姐讲着玉米的收成时，突然扁担一闪，"哗啦"一声，将姐姐接上的那一段辫子绳儿闪断了，竹简全都散落在田埂上。两人正在为难时，在玉米土丘里耕田的老农夫看见了，急忙喊道："有了，这牛鼻子上的绳索，又结实又耐用，解去用吧！"老农夫话音刚落，他的那头大黄牯就乖乖地伸出了鼻子，好像是让主人快解下鼻绳。屈原连忙制止说："使不得！正是春耕大忙时节，农时一刻值千金。牛无鼻绳，不好使唤，哪能耕得成田呢？"老农夫说："屈左徒为楚国操心，不能耽误了赶路呵！"说着就动手去解牛鼻绳子。屈原不肯，可老农夫执意要解给他。两人正争执不下的时候，只见大黄牯眼里淌出蚕豆般大的泪珠，低下头去，像拨浪鼓似摇着，不一会儿就把拴鼻绳的短木棍甩掉了，鼻绳一下子从鼻孔里滑落下来，然后大黄牯衔起鼻绳，缓缓地送到了老农夫手里。这时，在伏虎山上耕田的人们，把牛鼻绳送来了；三星岩上的老农夫，把牛鼻绳送来了；向王寨山上的小伙子们，把牛鼻绳送来了；北风垭上的放牛娃，把牛鼻绳送来了……就这样，一根、两根、三根、四根……不大一会儿，乐平里总共九十九头牛的鼻绳子都送到了屈原面前。众人不由分说，接的接，捆的捆，把屈原的书简扎扎实实地绑扎好,送他上了路……

从此,乐平里的耕牛就再也不用鼻绳了。每当春暖花开,蛙鼓催耕的时节,这里的大畈里,梯田中,一条条耕牛来往耕耘,不用鼻绳,格外驯服。掌犁人喊一声:"哇上!"牛就自动往田的另一头拐;走到田头时,喊一声:"哇下!"牛就自动向另一头拐。就是外地的牛卖到这里耕田,七天之内需用鼻绳,七天之后,再犟的牛耕田也不用鼻绳了。所以,两千多年来,人们称屈原故乡的牛是"灵牛"。

传说屈原在汨罗江投河后,他借去的牛鼻绳,乘紫云从郢都飞过峡江,飞回家乡,落在伏虎山、三星岩、北风垭、王寨山的悬崖绝壁上,变成千万根葛蔓藤萝,供樵夫们攀岩打柴,帮药农们登山采药,给村姑们织箩制篓,让小伙子们编缆结绳,成了当地老百姓取之不尽、用之不竭的财宝。

中国古代野史

秦代野史

马昊宸 ⊙ 主编

线装书局

宫禁趣谈

妃女舐痔

秦王得了痔疮,召人医治,并悬出赏赐,谁能破痈溃痤,赏车一乘;谁能用嘴巴把脓血舐干净,赏车五乘。有一个妃子舐了,但是没有得到车,秦王夜里去同她交合,笑着对他说:"这就是赏给你的乘呀。"

穰侯通姊

秦昭王的母亲宣太后的弟弟姓魏名冉,被封侯于穰这个地方,所以称穰侯。穰侯举荐白起担任将军,为秦国打败了韩、魏、楚三国,攻取了魏国在黄河南边的属地,获得大大小小共六十余座城市。穰侯因此而专权独断,出入宫廷,有人怀疑他同自己的姐姐宣太后通奸,他权倾一时,飞扬跋扈,以致秦国人只知道有穰侯,而不知道有秦王。

娠妾进楚

楚国考烈王没有儿子,春申君给他进献了许多生育能力强的妇女,但最终还是没有得子。赵国人李园把自己的妹妹献给春申君,待有了身孕后,李园又让妹妹劝春申君说:"楚王没有儿子,等他死后,定将立他的兄弟为国王。您显贵于朝,掌权日久,多有失礼于君王兄弟的地方,将来君王兄弟一旦立为国主,灾祸便会降临。现在我有身孕了,但别人都还不知道,如果以您的身份,把我献给君王,假如老天爷恩赐,我能生个男孩,那么您的儿子便会继位成为一国之主。"春申君听从了这一建议,告诉楚王要把李园的妹妹献上,楚王召见并收下了她,于是便生下了一男孩。李园的妹妹成了王后,李园也因此而显贵掌权。

李园担心春申君泄露了秘密,便招募敢死之徒刺杀了春申君,并屠灭全家,而其子则立为楚国太子,后来继位为楚幽王。

童女求仙

方术之士徐市等人向秦始皇上书,请求给他们一些童男童女,渡海去寻找三神山众仙人的长生不老之药。秦始皇便派遣徐市带领童男童女数千人乘船过海,去寻仙药。

宫廷翁仲

始皇二十六年,临洮这个地方出现了十二个巨人,个个身高五丈,脚长六尺。秦始皇认为这是吉祥之兆,便命令工匠用铜铸人,所铸金人各重千石,高两丈,起名为"翁仲",安放在宫廷之中。

神女唾面

秦始皇同神女一起游玩,他违背了神女的意旨,神女便唾他,唾过之处立即生疮。秦始皇害怕了,向神女谢罪,神女便使地面出现温泉,秦始皇用此泉水一洗,所生之疮立即消除。

山女持璧

有一个使者夜里经过华山平舒道,遇见一个女人手持玉璧挡住他说:"明年祖龙就要死去。"说完,留下玉璧,便不见踪影了。这使者拿着玉璧去见秦始皇,并且把路遇女子所言如实转告。秦始皇听了之后,沉默了半天方才说道:"这是一个山鬼,其不过只知道一年之中的事情罢了。""祖龙"指秦始皇,这是次年秦始皇死于沙邱的先兆。

湘妃作祟

秦昭王获取周之九鼎,其中一鼎飞入泗水之中,另外八鼎皆在秦国。秦始皇想把沉没泗水中的这只周鼎打捞上来,便指使一千人入泗水中寻找,没有发现,于是朝西南方向渡过淮河,浮过长江,来到岳阳洞庭湖的湘山祠,恰逢大风,无法渡湖。秦始皇问左右:"湘君是什么神仙?"回答说:"过去舜帝南巡,死于苍梧之山。他的两个妃子追赶不上,便投湘水而死。人们为了纪念她们,就立了这座祠,历代称她们为湘君,也就是嫁给舜为妻的尧的两个女儿皇娥和女英。"秦始皇听了勃然大怒,以为是皇娥和女英在湖上兴风作浪,使自己不能渡湖,因此下令把湘山祠所在山上的树木全部砍伐光。

置酒焚书

秦始皇在咸阳宫中摆下酒宴。仆射周青臣走上前去,颂扬秦始皇说:"陛下平定了海内,把原来的诸侯国改为郡县,这是上古的帝王远远赶不上的。"秦始皇听说后,非常高兴。博士淳于越说:"殷朝、周朝立国长达五千年,都封自己的子弟、功臣,来作为国家的枝叶、辅助。现在,陛下占有四海之地,可是子弟们都是普通平民,如果突然发生齐国田恒、晋国六卿篡夺国家权力的事情,陛下该怎样救助自己呢?做事情不效法古代,而能够长久的,这是我没有听到过的。"秦始皇把淳于越的建议,交给众臣讨论。丞相李斯说:"五帝做过的事,不能再重复,三王做过的事,也不能再承袭。淳于越所说的,是夏、商、周三代的事,又怎么能够效法呢?在过去,诸侯相互征伐,优待到处游说的士人。现在,天下已经安定下来,法令统一了,但是,这些学士们不能注重现实事务,却要效法古代;听到国家颁布的法令,就要按着他们学过的东西加以非议;到朝廷上,他们心中不满,就在内心里加以非议;回到街巷里,就要说三道四。他们夸奖皇上,只是名义上的,实际上,是要显示自己与众不同,率领自己的下属诽谤朝廷。像他们这样的,而不加以禁止,那么,势必使皇上的势力下降,使手下的群臣结党营私。臣下请求,凡不是秦国的历史,全都烧掉;不是博士官掌管,在全国私人中收藏的《诗》《书》、诸子百家的书,都让各地的郡守、都尉,把它们收集起来烧掉;敢相互谈论《诗》《书》的,一定要处死;拿古代的事来非议今天时政的,一定要处族刑,官吏们发现这样的人,有不举报的,就同犯罪的人同样处置。"秦始皇立即下达命令,让全国各地烧书。如果在三十天中有不烧书的,就处罚为城旦。所谓城旦,主要是一早起来修筑城墙的刑徒,刑期为四年。不烧的书,只有医药、卜筮、种树的书。准备学习法令的人,就以官吏做老师。秦始皇下制说:"可以。"

珍奇之墓

秦始皇死后,修筑坟墓,与平常完全不同,冶铜紧锢墓口,深至三重泉水。墓中藏满了各种奇器珍怪。又命令工匠制造弩机,有靠近坟墓的人,弩机就会射死他。在墓中,又注满水银。象征百川江河大海。在墓上,有象征明星辰的;在墓下,有象征大地高山的,后宫中的宫女没有生子的,都命令她们为秦始皇殉葬。埋葬秦始皇完毕后,制造墓坟机关的工匠都关闭在墓道中,没有一个人能够逃出来。

帝王传奇

千古一帝秦始皇

嬴政实现了老秦人祖祖辈辈的梦想,从西陲出发,底定天下。现在的秦王嬴政,实际的控制权远超过周天子,也超过传说中的部落首领三皇五帝。

这就是伟人,他的伟大就在于他惊人的前瞻意识。

他登基仅仅26年,就完成了统一大业,这是后世任何人无法比拟的开创之功。在他统一华夏之前,"联合国"式的东周其实已经丧亡了28年。

历经28年的逐鹿,28年的烽烟,分裂的华夏终于被永远连接在了一起,并矗立不倒。

商周两朝是分封制,是松散邦联,而现在的秦国版图覆盖整个华夏,已经不是原来意义的封国了。

蛹化为蝶——国号未变,但实质变了。

最先意识到这一点的就是嬴政。

扫平六国后,嬴政想到的第一件事,是"正名"。他给丞相、御史下了一道谕令说:"天下大定,今名号不定,无以称成功、传后世,其议帝号。"

是呀,秦王还能再叫秦王吗?名不正则言不顺,再叫"秦王"岂不是将来有退回关中去的危险?

秦始皇

丞相王绾、御史大夫冯劫和廷尉李斯受命,与70位博士商量了几天,提出一个方案:叫"泰皇"最好。他们认为,上古有三皇,即天皇、地皇、泰皇;这"泰皇",就是人皇。

对这个方案,嬴政甚不满意。他认为自己功过三皇、名超五帝,叫一个泰皇哪成?于是下令:"去泰,著皇,采上古帝位号,号曰皇帝。"

"皇帝"这个词,最早在《尚书》里就有过,但不是嬴政的这个概念。因此嬴政所提出的皇帝名号以及对皇帝身份的神化,都是首创。

还有一个问题是,这皇帝传世怎么传?

第一皇帝嬴政,索性给臣下交代了一个最简单的办法:今后就不要用谥法了,免去"惠文""庄襄"之类的啰唆,"后世以计数,二世三世至于万世,传之无穷"。这样,他本人当然就被叫作"始皇帝"。

这真是超级现代派的思维。

始皇帝嬴政,刚打下天下,建立了开天辟地的大帝国,乐观得很;臣子们更不敢去细想"无穷"是怎么个无穷法。君臣的喜悦之情,从这世系的规定就可以看出来。如果秦始皇的憧憬能够实现,到清末也还是"秦三百五十世"左右,想想"万世"是什么样子,就连现代人也要犯晕!

谥法缘于周朝,废除谥法也是嬴政的独创。他认为,君王死后,由儿子和大臣给先王议一个尊号,带有评价的性质,是为大不敬,犯了"子议父,臣议君"的错误,今后,掰着指头数数儿就行了。

皇帝既然是前所未有,天下独一,那么皇帝的自称也要独尊。以前周天子

或诸侯自称,说"我"的时候,就说"余一人(我一个)""寡人(寡德之人)",都有点谦虚的意思在内。而秦始皇不同了,从今往后皇帝要自称为"朕"。以前这个"朕"字,也就是"我"的意思,不论贵贱谁都能用,今后它的"知识产权"只属于皇帝了。

皇帝下达命令,叫作"制"或"诏";臣子上书,叫作"奏"。上奏文件中,凡是遇到"始皇帝"或"皇帝"一词,就要另起一行,顶格书写。为什么呢?因为古代书写是竖着写,如何能容许别的字压在"皇帝"二字头上?

皇帝的名字也不能再提了,嬴政的名字叫政,那么凡是叫"正"的地名,都得改名叫"端"。皇帝的父亲庄襄王名叫子楚,楚国虽然已经灭了,文献也都得改叫"荆国"。

这套神化皇帝的礼仪,除了谥法在秦亡以后立即被汉朝恢复外,其他的大多被汉朝承袭,传至后代。这种唯我独尊的思想甚至固化为一种文化习惯,不论衙门大小,最高的头儿都认为自己与众不同,而且潜意识里希望最好把官职传至万世。

秦始皇的天下是靠武力所得,但他可不是武夫,知道权力的合法性还需要有天赐依据,于是他重新修正了意识形态,开始崇尚阴阳家邹衍创立的"五德循环说"。

"五德"也就是金木火水土。秦始皇认为,周朝是火德,循环下来就是秦之水德,为此他下令把黄河改名叫"德水",黄河不干,水运就长久。

老秦人的祖宗是颛顼高阳氏,这位神人也叫北方之帝或黑帝,北方属水属阴,这就与秦的运势相合了。于是,大秦帝国的衣服、仪仗、旗帜都尚黑。

按照古人的方位观念,上下东南西北为六大方位。大秦帝国既然是无所不包,那就要崇尚数字"六",帽子高六寸、车子长六尺、拉车的马要六匹等等。

秦始皇搞这一套,就是为了加固皇权的"合法性",让你敬畏、让你服——知否?我的权力来源于天命。

至于具体的统治,光玩这套虚的当然不行,他的一项大功,就是建立了完备的中央机构和官僚体系。现代的读者,往往一看这个就头疼;其实认真地想想,最高权力出自中央,官员队伍服务于国家,有没有好处?当然有,那就是增强了管理效率,中央集权总比大小诸侯、领主各自为政好。

一个农业国家,有了那么大的地盘,没有一个有效率的中央体制不可想象,更别说想传至万世了。尽管后来的皇帝姓什么的都有，但帝国这个框架，是一代一代地延续下去了，直至转化为现代中国。

改制这套花样，后来也有不少君主玩过，但只有秦始皇所玩的才有决定性的意义。

现在，秦国升格为秦朝了，有一整套的中央政府制度，自丞相以下，各司其职。要说明的是，秦朝的丞相沿袭旧制，分左、右相，秦俗尚右，但实际上左相往往更有实权，比如李斯很受秦始皇器重，他就是左相。

丞相是百官之长，等于皇帝的副手。秦朝的丞相只管执行，没有决策权。丞相下面能管的也就几个办事员，没有一个庞大的中央机构。此外还有御史大夫，相当于副丞相，是用来分丞相之权的；太尉，国防部长，但徒有其名，皇帝才是军队总司令。

丞相、御史大夫、太尉，这就是权势显赫的"三公"。

再往下就是"九卿"了，"九"是言其多，大约有 15 个官职，分管其他。

此外还养了大批博士，专门议政，目的也是为了分丞相之权。

以现在的标准看，这些官儿的总数并不多。那时候的全国地域已经不小了，交通、通信和办公的工具都不发达，这样少的官员就能管理得过来，很令人吃惊。不像后世越发达，人头越多，设立官职好像不是为了办事，而是为了养人。

秦朝的地方政权，就是著名的"郡县制"，包括郡、县、乡三级机构。至于乡的下面，叫作"里"，就是居委会了。城里和交通要道上，还有"亭"，相当于治安队，刘邦那时就是治安队的队长。

秦始皇就靠着这一套体系一竿子插到底，管理全国的老百姓。他年轻狂傲，不把万民当回事，下令改"民"为"黔首"。黔首这俩字，不好看，也不好听，意思就是"黑脑袋瓜"吧。始皇帝到死也不知道，这"民"实际上有多厉害。

秦朝的政治、军事、财政，大事小情最后都汇总到始皇帝那儿去决断，这权力大得可怕，任何人大概都羡慕，但工作量也大得可怕。丞相、大臣只管执行，秦始皇要每一件事都说了算，他处理公文每天有规定重量（文件都是竹简），日夜往上呈递，看完一件就处理一件，不处理完就不休息。

秦始皇是个勤政的皇帝，生怕江山传不到万世；但他也没经验，不懂得分权给丞相。他倒是能吃得起苦，但他以后的太平皇帝都是含着金勺子出生的，哪能像他那样吃苦?

这样辛苦,他还是做了大量好事的,特别是在文化上,做了几件影响深远的事,堪称功在千秋。

归纳起来,就是"五统一"吧。首先是统一文字。

中国古代,有文字证明的历史是从商朝时起,可见文字是在商朝以后普及的。到春秋战国,文字已经从甲骨文进化到"金文",也就是钟鼎文,刻在青铜器上。

这种金文,形制华美,各诸侯国在使用时,笔画也比较一致。可是其他刻或写在兵器、陶器、竹简和丝帛上的文字,就大不同了,有的字形差异很大。如果齐国人读不懂赵国的字,那太正常了。这就是《说文解字》上说的,"语言异声,文字异形"。

秦一统天下后,这事就显得比较麻烦,说方言咱管不了,可是皇帝的诏书发到南边的桂林郡,当地官员全不认识,那还怎么工作? 秦始皇觉得这是大问题,就交代李斯他们来做统一文字的工作。

李斯等人领命,以老秦人习惯用的"大篆"为基础,吸收了齐鲁一带流行的蝌蚪文,创造了"小篆",其优点就是笔画简略。为了普及,李斯用小篆写了《仓颉篇》、赵高写了《爰历篇》、胡毋敬写了《博学篇》,作为儿童识字课本,发到全国去。

在文字上更进一步的改革,是出现了更简单的字体"隶书"。这种新文字的创始人,是一位叫程邈的衙门小吏,因犯了罪,在监狱里待了 10 年,没事就琢磨文字演变,大有成就。秦始皇认为他太有才了,开恩予以释放,还把他提拔为御史。

秦始皇大概是批复公文批得太累了,认为写篆字跟画画一样,不科学,就命程邈发明一种更简便的新字体。

程邈这一研究,就不得了啦。他把篆字笔画转折处的圆弧形,全部改为直角转折,成为后世"方块字"的起源。从此,华夏主体文字就变得横平竖直、方方正正,与世界上绝大多数文字的曲里拐弯分道扬镳。

当时秦朝实行严刑峻法,因此征发民夫、派遣戍役、监狱断案这类事特别多,文书工作繁重。这种新字体,因为易写,深受当时抄写文书的"徒隶"欢迎,一下就流行开来,后世也就把它命名为"隶书"。到汉朝,隶书已上升为主流字体。

秦始皇对文字的改革，有着划时代的意义，只可惜这文字后世并未冠名为"秦字"，反而给了承袭者以冠名权，叫成了"汉字"。

文字的统一，有利于建设强势文化，在后世还曾影响到周边国家。华夏族群之所以有强大的凝聚力，统一文字的作用，怎么估计也不会过高。至于说我们今天还在受用秦始皇的恩惠，这不就是很好的例子吗？

秦始皇的第二功，是统一度量衡。

度量衡，也就是计量标准，关于长短、容积、轻重什么的——也就是斤两、斗升、尺寸。这东西既跟国家税收有关，也跟老百姓过日子有关。秦国从商鞅变法起，就对计量标准进行了统一规定，官府每年都要校准一次。秦国的量制（升斗）也比较科学，是十进位制，不像齐国是四或五进位制。

秦始皇的统一意识特别强，他就是要把秦国的先进标准推广到所有的"新区"去。

在统一的当年，他就下诏统一度量衡，俗称"四十字诏"，把这个诏令加刻到秦国原先的所有量器上。现存于世的"大良造商鞅方升"等文物，就刻着这个诏书。

战国时，六国各自为政，老百姓和官府约定俗成，度量衡各自不同，国与国之间的交易要经过复杂的换算，算得人头晕。秦始皇的这一整顿，不用说，大大方便了群众，促进了商贸发展。

秦始皇还规定，六尺为步，二百四十步为一亩，这个算法后来也延续了千年，大致不变。

他的第三功，是统一货币。

春秋战国的货币之乱，也足以让人头晕，可以写整整一部书了。像齐、燕用的是"刀币"，三晋用的是"布币"，楚国用的是"蚁鼻钱"，五花八门。这些钱币，当成艺术品看，是绝佳；如果要互相兑换，一个人的脑袋还真是算不过来。

秦国使用的货币，是方孔圆钱。秦始皇统一后，制作了法定货币"秦半两"圆钱，与黄金并用。其他商周以来作为古老货币流通的珠宝、龟甲、贝币、银子等，统统退出流通领域。

从此，铜制的方孔圆钱作为主流钱币，在我国流行两千年，直到清末才退出货币体系。

秦始皇的第四功,是统一交通。

交通在古代,不光是关乎老百姓出行方便,还关系到国家的税收、征战、行政效率、信息传递、维系边疆等,可说是政治、文化的大动脉。

在没统一之前,各国道路不一样宽,车辆也不一样宽。诸侯为防止外敌侵入,还设了很多关卡,就如现代的"柏林墙"。

于是,秦始皇在实行"书同文"之外,又下令"车同轨",车道宽度为6尺,全国一样,原六国的所有关塞统统拆毁。

统一之后的第二年,他又下令以咸阳为中心,修建古代的高速路——"驰道"。路宽50步,路基宽厚,埋有金属标杆,两旁遍植青松,壮丽无比。

从统一第三年起,他就在这条高速路上出巡全国,第一次就去了山东半岛,登上了泰山,然后转到琅琊、彭城,看完了南岳衡山才回去。这条路线,就是我们今天开汽车跑一趟也不轻松。

为了防御匈奴,秦朝还从咸阳往北,修了通往边境的"直道",用以运兵运粮。后来司马迁去北方旅游,走过这条路,看见道路凿山填谷,感慨秦始皇太不爱惜民力。不过这个问题,就看怎么看了。就防御匈奴而言,比较一下秦的气壮和汉初的窝囊,不能不承认秦始皇还是够有气魄的。

秦朝后来又平定了西南,设置了桂林、南海、象郡,涵盖今日的广东、广西和越南北方。为了经略这些岭南之地,又专门修建了"新道"。这些道路网,就是搁到今天,也堪称伟大的实用工程:

秦始皇的第五功,是"统一法令",这是诸统一中最根本的一个统一。六国灭后,秦国蜕变为史无前例的大帝国,如何统治,如何管理,没有统一的制度是不可想象的。

所以,统一之初秦始皇就废除了六国五花八门的礼仪和法律,实行商鞅之法,"海内为郡县,法令由一统"。

秦始皇废除分封制,等于铲除了春秋以来混乱分裂的根源,后来的事实也证明,郡县制保障了古代中国以千年为单位的超级稳定统一。

自从鸦片战争清政府战败以后,现代中国人对古代的超稳定结构颇有非议。其实,稳定显然要比动荡好,起码古代中国人享受到了当时欧洲人连想也不敢想的经济、文化繁荣。上千年的安稳日子,怎能一笔勾销?

可是古代人也有思维定式,凡事不问好不好,只问习惯不习惯。秦帝国统一之初，丞相王绾就曾提出，燕、齐、楚故地离中央太远，应考虑当地人民习惯，保留分封制，设置国王。群臣都认为这个"一国两制"很方便，只有李斯反对置诸侯。

秦始皇肯定了李斯的意见，说："天下之所以苦斗不休，是因为有王侯分封，现在天下初定，又复立国，不是自己找乱子吗？"

不料，统一了八年后，也就是秦始皇三十四年，郡县制好还是分封制好，这个问题又成了舆论焦点。

这就牵出了一个与"秦始皇"这个名字紧紧相连的成语——"焚书坑儒"。

焚书坑儒

据记载，这一年秦始皇在咸阳宫设宴，召集博士 70 人前来祝贺。秦在灭六国过程中，有意搜罗了各国的博士 70 人和诸生 2000 人，由公家养着。豢养他们，主要是让他们歌功颂德，以今日眼光观之，这也没什么大错。

问题在于，这些博士是喝着六国的文化乳汁长大的，这里面就有一个习惯的问题。祝酒这天，仆射（官职名）周青臣先站出来唱主旋律，他说："以前秦地不过千里，全赖陛下神明，平定海内，放逐蛮夷，日月所照耀之地，莫不臣服。废诸侯、置郡县，人人自安乐，无战争之患，传之万世。自上古以来的帝王，都不及陛下的盛德呀！"

周青臣说得不完全错。可惜秦帝国的国祚太短，后又被汉朝有意妖魔化了，否则它留给后人的大概不会是个"暴秦"形象，如果历史也给它两三百年的时间来纠错，它就很可能是个光辉无比的形象。

但拍马屁总有点讨人嫌，原为齐人的博士淳于越听不下去了，站起来反对："我听说殷周的国运都长达千年，分封子弟与功臣，为中央的辅佐。现在陛下占有海内,子弟却是平民,一旦有篡位的野心家,您没有辅佐,如何相救？做事不效仿古制而能长久的,我没听说过。现在,周青臣又当面吹捧,以加重陛下之过,他这可不是忠臣啊！"

秦始皇被泼了一头冷水,倒也没怒,他把这问题交给群臣去讨论。

主张郡县制是李斯坚持的,李斯当然要起来辩护,他滔滔不绝,说了一大篇反复辟宣言。

李斯本人虽然也是学者出身,但已蜕变为掌权的政治家,对原先的同类很鄙视,斥之为"愚儒"。他高屋建瓴,不屑于跟儒生们纠缠,只是一句话,就将淳于越等人的意见反驳了回去。

他说:"五帝的统治术不相重复,三代的统治术不相沿袭,各个都能达到大治。这不是后来者故意要相反,而是时势发生了变化。今天陛下创始大业,建立万世之功,其诀窍不是愚儒所能知道的。而且说到三代那么远的事,怎么能去效法呢？"

他的驳斥,就到此为止,而后突然引申出了另外一个问题,也就是六国旧时周游天下的知识分子,还有没有存在的必要。

一说起这个话题,李斯的语气就很严厉,千年之下也能感受到他的那股杀气。他说:"过去诸侯并争,所以厚待游学之士。现在天下已定,法令统一,百姓忙着务农做工,士子都学习法令以避免犯法,而诸生却薄今厚古,非议当世,迷惑黔首。"

接着他提出一个震古烁今的建议:"今皇帝已兼并天下,区别黑白而定于一尊,但民间的私学还在非法教学。上面一有法令下来,他们就用自己所学的那点东西来非议,不仅在家里嘀咕,还到外面去街谈巷议,成群结队地造谣诽谤。这要是不禁止的话,则朝廷权威下降,在野派将结成死党。我建议,今后凡《秦记》以外的史书,全部烧毁。如不是博士官,天下其他人不得藏有《诗》《书》和诸子百家著作,应命令地方官把它们全部烧掉。有敢偶语《诗》《书》的,杀头示众;敢以古非今的,诛杀三族;官吏知情不举的,同罪;法令下达三十日官吏不烧的,脸上刻字,罚做苦役。能留下的书籍,只有医药、占卜、种树之书。若有想学法令的,以吏为师。"

李斯这番话,真是骇人听闻,与吕不韦的海纳百川截然相反。他这是极端功利的法家手段,为了尊重权威,连一般的意识形态、一般的文化教育都要取消了。

令人费解的是,现在治秦史的专家,多有认为这是有道理的,说是为了结束百家争鸣,统一法令与思想。还有人举例说,六国就曾干过清理图书的事。

可是李斯所建议的"焚书",那可不是清理掉一点禁书,而是要把文化类图书全销毁。要看书,就看技术书;要学习,就跟官吏学法律条文。

这种极端做法,造成统治者与知识分子的关系极度紧张。知识分子当然不满,就不会给政权卖命,还要到处制造不利舆论,使政权的合法性大打折扣。

秦始皇想不到这些,对李斯言听计从,于是一道《焚书令》发到全国,民间所有的文化典籍统统被付之一炬。好在中央府库还有完整的藏书,不过后来也被"不读书"的项羽在入关后,一把火给烧掉了。

这个文化断层,给汉代的文化重建带来了巨大困难,华夏文化可说是遭到了第一次浩劫。

可叹的是,近世居然还有"四人帮"者流,不学中外先进的治国方法,偏偏去效仿李斯的干法,禁绝丰富生动的文化,让老百姓活得索然无味。学史学到了这个地步,他们的结局,当然也就比李斯强不了多少。

李斯实际上也是个没有治国经验的激进派,视历代统治术为腐朽过时之物,他以为"法令"能至高无上,取代文化与道德。他又迷信官吏万能,以为有了忠心耿耿的官吏,连教师也可以不要了。

其实法律只是上层建筑的一部分,要想官民都守法,还得有良好的文化、道德氛围,天下人如果都成了无知无识、狠如禽兽的乱民,靠法律能镇得住吗?官吏也是同样,不要教育,不讲道德,怎么能有合格的官员?像李斯这种人,在法家中也算是极端的,思维中缺少一点基本逻辑——他以为,如果一个人吃三张饼能饱,那就直接吃第三张好了,头两张饼不吃也罢。

他提出的焚书,开了人类文化史上的恶例。六国那会儿,君主多少都还标榜自己有文化,贵族交往聚会不念两句诗是不行的。李斯却要挖掉人头脑中的文化,百姓偶尔说两句《诗》《书》,都要砍脑袋,这不是要退回原始社会去吗?

"焚书"事件后,接着又发生了一桩"坑儒"事件,其案情扑朔迷离,给了秦朝的知识分子最致命的一击。

秦始皇做了千古一帝,起码在中国历史上无人可比,不仅李斯这类拥护者是这么认为的,始皇帝本人的感觉也是这样。那么,一般人到了这地步,就"真的想再活 500 年"了。与我们常人操劳衣食、奔走禄位不同,我们活上 70 年,大概就很有些不耐烦了。

秦始皇不可能有现代科学意识,他自然要开始琢磨:如何能够长生不老?这也不完全是为了贪图生之享乐,他一天看几百斤的文件,也不见得是什么享乐,这里面,也有为帝国长治久安的因素吧。

秦始皇二十八年,他东巡至琅琊(今江苏赣榆),有齐人徐福(又名徐市)给他上书,说海上有三座神山,分别是蓬莱、方丈、瀛洲,山上有神仙,长生不老。他请求率童男童女入海求仙,定能求来长生不老药。

始皇帝批准了徐福的请求,给徐福派了好几千童男童女,载上够吃三年的粮食,坐着大船就下海去了。

现在的人看,这徐福好像就是个骗子。其实不然,他是琅琊的一位"方士",博学多才,通晓医学、天文、航海等知识,且同情百姓、乐于助人,在沿海一带名望甚高。徐福还是鬼谷子的关门弟子,跟师傅学到了辟谷、气功、修仙的本领,且兼通武术。

在中国古代知识分子中,就有这么一类,当时叫方士,并不见得就是骗子。他们弄的那些玩意儿,有的是化学,有的是医学,有的是心理学,还有的是占卜,不能说都是骗术。

徐福这一折腾,耗资巨大,但出海数年,空手而归。9 年后,秦始皇再度东巡至琅岈,听徐福说神山尚未找到,大为生气。徐福连忙推说出海后碰到巨大的鲛鱼阻碍,没法儿登陆神山,请求增派射手对付鲛鱼。秦始皇应允了,派了一批射手出海,果然射杀了一头大鱼(估计是鲸鱼吧)。

大鱼除掉了,再去总成了吧。秦始皇再次派徐福携带童男童女,还有百工巧匠、甲士、射手 500 多人,装载了满满一船五谷种子、粮食、器皿等入海。

这回徐福不敢折回来了,硬着头皮往前走,终于登陆了一块"平原广泽"。这是哪里?据说就是日本的九州。原来,所谓蓬莱,就是日本的北九州;所谓方丈,就是韩国的济州岛;所谓瀛洲,就是琉球群岛。

按照秦律,方士的药方要是不灵验,那是要砍头的。徐福上岛一看,这也就是一荒郊野外,何来长生不老药?所以不敢回去,就在日本定居了下来。那时的日本也不叫日本,还没有国家形态,徐福这一群人的到来,无异于是先进群体插队落户,他们教给当地土著农耕、捕鱼、锻冶、制盐等技术,传授医术,大受欢迎。所以在日本后世，尊徐福为"司农耕神"和"医药神"，还有说他曾自立为国王的。

徐福最后到了日本，这事八九不离十。日本的地名和人名中有那么多以"福"字打头的，似乎也跟他有关。

徐福在东瀛算是安居乐业了，可这边厢急坏了秦始皇，他坐等徐福不归，就又派了燕人卢生去寻找仙人，还派了另外的人去找不死之药。世界上除了人以外，不能长寿的东西多了，大部分事物都"犹有竟时"，可还是有人祈望能千秋万代，这一点都不可笑。

卢生还真是有点收获。秦始皇再次巡游到达上郡（今陕西与内蒙古交界处），卢生求见，说自己刚从海外归来，带回来一本《录图书》，是一本谶书，可预测未来之事，书上说："灭秦者，胡也。"

秦始皇高度警觉：是啊，这些北方的胡人，不扫灭还真是不得了！于是他派大将蒙恬，带领33万大军北击匈奴，又在北方修起了长城。过了若干年，秦始皇死了，秦朝也亡了，人们才醒悟过来，这个"胡"哪里是胡人呀，而是"二世而亡"的胡亥！这些传闻，我们姑且听之吧。

这个卢生只是个方士，弄点占卜、气功什么的还行，要拿出长生不老药来，他得掂量一下自己的头颅有多重。于是他只能哄秦始皇："臣等去求仙人奇药，常不遇，好像有什么东西伤害了仙人。"他建议秦始皇要隐蔽自己的行踪，以远离鬼怪，这样才能迎来水火不侵的"真人"，求得不死之药。

秦始皇被忽悠住了，说："我仰慕真人。"于是不再自称"朕"，而自称"真人"，又下令将咸阳方圆两百里内的270座宫殿，用空中"复道"和带盖子的"甬道"相连，他走到哪里都要严格保密，谁说出去就是死罪。

从此，秦始皇深居简出，处理朝政都在咸阳宫，要是偶尔出去也行踪诡秘。原先性格还算开朗的他，这以后就变得很孤僻了。政坛从来是高处不胜寒，换了谁也难免。

秦始皇对方士深信不疑，但方士心里明白：这不过是哄独裁者高兴。可是方士吃的这碗饭，跟御用文人不一样，文人怎么吹都行，方士是必须要拿出长生药来的，"不验，辄死"。时间一长，总拿不出来怎么办？

就在焚书的第二年，负有寻找长生药使命的侯生和卢生，私底下就这一问题，展开了一番讨论。

他们说:"始皇这人,天性刚愎自用,从诸侯起家,兼并天下,随心所欲,以为自古以来无人可及。现在又专用狱吏,博士虽有七十人,但备而不用;丞相等诸大臣,只管办事,一切由皇上说了算。皇上以杀人刑罚树立威望,天下人怕得罪、要保俸禄,都不敢尽忠。这样一来,皇上听不到批评而日益骄横,下面因为害怕就只挑好听的说,以取悦皇上。秦法,药方不灵验,那可是立刻就得死的呀。现在,懂天文气象的有三百人,皆良士,因为忌讳就只能说些拍马屁的话,不敢直截了当地批评上面。天下大小事,都是皇上说了算,一天要看几百斤文件,不看完不休息。贪恋权势如此,我们绝不能为他求仙药。"

两人讨论完毕,既出于害怕,又出于正义感,决定不玩了! 于是一起逃亡了,不知所终。

秦始皇听说这两个方士跑了,大怒道:"我不久前收缴了天下不中用之书,全部销毁;又召集大批文学之士和方士,想发挥他们的作用,开创太平盛世,方士却劝我求奇药。现在方士一去无消息,徐福花费巨大,终究也没得到奇药。只有狡诈之徒为了图利,日日报告说有发现。像卢生等人,我赐给甚厚,现在却诽谤我,给我扣上'不德'的大帽子。这岂能容忍? 诸生凡是在咸阳的,我都要派人查问,看是否有以妖言惑众的!"

于是,始皇帝派御史,对首都所有的儒生和方士立案审讯,被审者只有供出有嫌疑的人,自己才可解脱。

高压之下,什么口供没有? 如此辗转攀扯,查出犯禁者共有 460 余人,皆在咸阳坑杀,并公告天下,以警示其他知识分子。这之后,更有大规模的贬谪、流放,对象都是知识分子。

可怜这 460 多名首都知识分子,是在渭水之滨被坑杀的,据说在今陕西临潼以西 20 里,就有一处山谷叫作"洪坑沟",清乾隆时代的临潼县志上载,此地又名"坑儒谷",就是秦始皇当年的坑儒之地。

秦始皇的长子扶苏,是个有慈悲心肠的人,他对知识分子如此惨遭活埋看不过去,向父皇提出了委婉的劝谏:"当今天下初定,远方黔首还未真心归顺,诸生也还都习惯于尊崇孔子。爹爹您现在全部施以重罚,臣恐天下不安,望父皇察之。"

这番话触怒了秦始皇,他现在只听得进法家言论,听不得"孔子"这俩字,于是他把扶苏派到上郡,去做蒙恬的监军。扶苏这一去,就再也没有踏上归路。

国学经典文库

中国古代野史

·秦代野史·

图文珍藏版

秦始皇把扶苏送到北方边境,是要让他受点锻炼,知道国家不是那么好摆弄的,似乎还没有不再信任的意思,因为监军等于手握兵权。北方的30多万大军,是秦军的精华;从这一点看,秦始皇对扶苏还是寄予厚望的。

现代史学界对始皇焚书一般都予以指责,烧书总是不对的,有的烧了就永远不能恢复。但对于坑儒,却有不同看法,最极端的是《剑桥中国秦汉史》,干脆认为"坑儒事件"是瞎编的。

瞎编当然不大可能,司马迁写《史记》的时间距离坑儒并不远,他不可能把流言当作正史。还有学者说坑杀的都是骗子,不是知识分子,其实方士也是古代知识分子的一种,有劝谏君主的独特功用。秦朝以"查禁妖言"为名,一次坑杀460多个读书人,无论如何也是暴政。

秦始皇功高于天,这不假,但历史人物在做好事的时候,也不可避免地要做一些坏事。古人对于政治,有他们自己的理解。一个开创性的大帝国,应怎么统治,也需要有一个漫长的探索和纠错的过程。

秦始皇焚书坑儒,对知识分子是空前的重创,现在更有人视为民族的千年之痛。他的这一举措,使得原六国的知识分子迅速离心,成为潜在的叛逆者。

专制政权,如果没有知识分子的群体参与,就无法完善和自我纠错。政权只依靠狱吏实行高压统治,使帝国政务变成了单纯的镇压与控制,再加上大工程的劳役空前繁重,百姓不堪其苦,知识分子趁势制造对抗舆论,帝国的基座也就十分不稳了。

物极必反。

秦始皇一定读过很多法家著作,但他要是能领会一点老子的精髓就好了——辩证法,这是中国哲学中最有用的瑰宝。

创世纪的伟人也有败笔

在上古传说中,也有三皇五帝这样的伟人,但多半可能只是部落首领,管辖的也许只有几千户。在秦始皇之前,能管一个统一的大帝国,且能一管到底的,不可想象。

秦始皇有了这么大的权力,自然会产生国家意志就是朕的意志、朕的意志无往而不胜的错觉。秦始皇在营建他的大帝国时,难免要被胜利冲昏头脑,干些劳民伤财的事。

如果仅仅是在言论上限制"黔首"自由，问题倒还不大，因为绝大多数人不是靠嘴皮子或笔杆子吃饭的。可是浩大的工程、繁重的劳役，还有迁徙富户、卫戍边疆等，都势必要影响到民生。

老百姓活得不安稳，他们也就不想让这帝国安稳了，这才是大秦帝国致命的软肋。

在秦始皇的功绩中，就有一些这样负面的东西，愈演愈烈，后患无穷，足可给后世统治者以刻骨铭心的教训。

他的负面"功绩"之一，是修建阿房宫。

秦始皇是喜欢豪华建筑的人，在灭六国时，每灭一国，就要把该国的王宫复制下来，在咸阳原样造一个，这大概算是历史上最早的"建筑世博会"了吧。这些宫殿群，规模达到什么程度？咸阳一带东西八百里，离宫别馆，连绵不绝。就算是有人"穷年忘归"——走上一年，也不能逐个看遍。

但这些建筑，仍不能让他满足。就在秦始皇亲政之后不久，即在丰镐(今陕西长安)开始营建空前绝后的超级皇宫——阿房宫。

这阿房宫，有多大？不好估摸。因为它修建了快 10 年最后也没完工。单说正殿的规模就很吓人，东西宽 500 步，南北长 50 丈，殿上可同时坐 10000 人，殿前广场上可容纳 10 万人。古代的人口少，设计这么大的广场想干什么？只有伟人才知道了。

宫殿的四周，回廊环绕，有的回廊从殿前直通南山顶上的宫殿。此外还建了一座天桥，凌空飞架渭水，直达咸阳。

先秦时代的宫殿，不像明清的北京故宫那么世俗化，早先的宫殿更高、更复杂、更富有奇幻感。

阿房宫采用的技术是一流的。为防刺客混入，前殿用磁石做门，四夷来朝的使者中，如果有身怀利刃的歹徒，立刻就有机关"咔嚓"一声拦住。

秦始皇把灭六国时抢来的美女、钟鼓乐器，都安置在阿房宫里，以至于"后宫列女万人，气上冲于天"！

唐代诗人杜牧曾作了一首《阿房宫赋》，把当年盛况想象了一番，估计与事实差不太多。开篇的第一段，就气势压人："六王毕，四海一。蜀山兀，阿房出。覆压三百余里，隔离天日……"

这样的宫殿，施工延续了 10 年，罪孽真是够大了。

秦始皇的负面"功绩"之二，是修建骊山陵。

深宫大宅是现世的住房，而陵墓是死后的住房，与营建阿房宫几乎同时，秦始皇又开始了修建来世的住宅，也就是后世叫作秦始皇陵的墓园。

秦始皇陵在咸阳的芷阳一带，占地 56 平方公里，其坟头经过两千年的风雨侵蚀，至今仍有 46 米高，屹立于临潼之南，与骊山并立。据考证，当年的高度竟有 120 米，完全靠人工堆成。

在这座宏伟的人造山丘下，有一个迄今未能知晓详情的地宫。为防泄密，当年修建地宫的能工巧匠，在始皇帝落葬后全部被封杀在墓中，因此地宫的建制、形状如何，没有片纸资料留存下来。

我们只能从《史记》上的只言片语，想象这个地下世界——穿凿了三层地下水，用铜汁浇铸成棺椁，将天下奇珍异宝搜罗来，堆积成山；又用水银制作了人造的江河大海，流动不止。天棚顶上画满天文景象，地面画着地理图案；又用东海人鱼的油脂做灯，长明不熄。

这样壮丽的地宫，绝大多数读者大概今生无缘得见了。但是从 1974 年在骊山脚下挖出的秦兵马俑坑来看，秦始皇陵有多神奇，就能品味一二。要知道，这个坑，不过是骊山陵外围的一个小小的部分。

而它足以让一个人不朽！

这浩大的工程，确实保住了秦始皇的灵魂两千年间不受侵扰，因为谁也组织不起那么大的一支盗墓队伍。

可是，伟业不可能凭空而起。修建阿房宫、骊山陵这两个大工程，不知耗尽了多少百姓的血汗。史料记载，共动员了 70 余万人，其中大多数是刑徒。

这就要提到秦始皇的负面"功绩"之三了——法网太密。

秦法严苛，人民动辄获罪，当时的刑徒在服劳役时，要穿赭色衣服，《汉书》上说"赭衣塞路，囹圄成市"，可见犯罪者之多。

秦朝的律令，刑徒是没有刑期的，要一直服役到死。这就使几十万、几百万人毫无解脱的希望。人不怕苦，也不怕穷，就怕永无希望。遍地的刑徒，以及更多的害怕自己将成为刑徒的人，就成了大秦帝国潜在的掘墓人。

法家理论向来有神化法律的倾向，秦始皇则集一切法家之大成，将帝国变成了一张大法网。

秦的法律相当完备，涵盖各个领域，超出了我们现代人的想象，包括了刑法、刑事诉讼、官吏赏罚、所有制、农田水利、山林保护、军队管理等等方面，条文细密，可以说办什么事都有法可依。

如果仅止于此，倒也不可怕，法律严密还不好吗？可怕的是秦律鼓励告密，鼓励父子、兄弟、夫妇间互相告密。规定"告奸一人得爵一级"。

在这样的法网之下，即使不出冤案，人也活得战战兢兢，人与人之间的互信荡然无存。

不仅如此，秦从孝公起，就实施连坐法，一人犯罪，亲属、邻里、同事都要连坐，判死刑也有灭三族、七族的。这样牵连起来，谁还敢说我一辈子也不可能犯法？无怪乎秦帝国的刑徒那么多。

秦始皇的第四个负面"功绩"，是大迁徙。

以各种名义，把成千上万的人口迁移到别处，大概是专制者的通病。中国人"安土重迁"，一般都故土难离，搬一次家，长途跋涉，拖家带口，到了新地方又要适应生存环境，何其难也！几十万人口的大迁徙，有多少是出于必要，有多少是为了显示权力，就很难说清了。

自六国统一后，秦帝国在不到10年的时间里，竟然进行了20余次人口大迁徙。秦亡，其实就是这么折腾出来的。后来的陈胜吴广大起义，不正是在迁徙中发生的问题吗？

大迁徙的目的与对象，分几种不同的类型。第一类是为了惩罚，对象是六国贵族遗民、犯罪者的家族，名义上统统叫作"不轨之民"。如何叫作"不轨"？就是当局认为靠不住的，把你从原地迁走，省得盘根错节。

第二类，是为了充实边疆，这还算是正常移民。政府有奖励，对这类移民往往免去10多年的徭役，或者拜爵一级。

第三类，是为了修工程，征发大批人口，长途迁徙去修阿房宫、骊山陵，还有长城。

被迁徙到边疆地方去的，不光有刑徒，还有商人、欠债者、官员渎职的，说让你走你就得走。

上述都是从好地方往苦地方迁徙，只有一次是倒过来的。秦始皇二十六年，迁各地富豪12万户到咸阳，这么做，是为了充实首都。

秦始皇的第五个负面"功绩"，是征越遭到惨败。

我们印象中的秦军,是一支战无不胜的雄狮,即便是国家瓦解了,这支军队到最后仍然很凶猛。

其实,秦军在始皇时代也有过耻辱的败绩。大败秦军的,不是六国中的任何一国,而是不起眼的越人。

春秋时期的"百越",应该说是一个大族群了,人数众多,占地辽阔,其地域绝不止粤地,还包括今天的湘、赣、桂、浙。百越的一支,曾建立过强大的越国,与吴国争霸,出了勾践这样的大英雄。

越国亡于楚国。秦灭楚后,顺带把越国的遗民也摆平了。可是大多数的百越人民住在岭南,他们仍不服。

秦始皇就派了屠雎为主将,率50万大军,分五路进兵湘粤。按说以正规军来对付游兵散勇,结果应该是没有意外的,但秦军与越人苦战了3年,人不解甲,马不下鞍,最后却是大败。

主要问题是秦军战线太长,后勤不济,虽然曾凿渠以运粮,但供应还是不足。再就是杀鸡用牛刀,使不上劲儿。秦军出击,杀掉了越人的君主,越人不但不降,反而都跑进丛林,宁愿与猛兽为伍,也不做秦军的俘虏。君主死了,他们就推选出勇猛之人为将,袭击秦军。最后秦军师老兵疲,主帅屠雎被杀,秦军"流血伏尸数十万",基本上全报销了。

这当然不是最终结局,但秦军不可战胜的神话却被打破了。

后来秦始皇派任嚣、赵佗率大批水军南下增援,又征发了大批闲杂人等戍边,长期驻屯。秦始皇还给士兵们派去了15000名剩女作为婚配。在长期戍边的政策下,才慢慢平定了百越。

在设置了南海、桂林、象郡三郡后,又征发50万罪徒去南疆屯垦戍边,最后才搞定了这片蛮荒之地。

秦始皇的第六个负面"功绩",是大巡游。

他可以说是中国古代级别最高、跑路最长的旅行家了。从称皇帝时起,到最后死在巡游途中,11年中进行了5次大巡游,耗时占统一后的一半还多。

始皇帝出巡,有多大的派头?透过几个细节,我们不难想象:

浩荡的车队中,前50对车是鼓车,上有鲸皮大鼓。出行时,百面大鼓齐擂,震天动地。后面是卫士执戈,肃立车上,再往后是执戟骑兵。

等前卫队过完了,才是核心部分。先过的是开道的"辟恶车",由警卫司令——"太仆令"亲执弓箭,观察四方,警示恶人。然后是护驾的"警跸车",上立威风凛凛虎贲勇士,再后面是500名轻骑、200名刀斧手,簇拥着始皇帝的豪华龙车。后面还跟着一辆古代的空调车——辒辌车(即温凉车)。

再往后是从属之车,载着嫔妃、近侍、文武大臣。仅从属之车就有81乘,取九九之数,车队源源不断有5里之长。

这样排场的出巡,令现代人愧不可及。

秦始皇的出巡途中,常有一时兴起,与天奋斗。第二次出巡到泰山,他决心举行"封禅"。

这是一种古礼,大概只在传说中才有,就是在泰山顶上祭天,此为封;在附近的梁父山顶祭地,此为禅。

秦始皇请来了70名鲁地的儒生,向他们咨询应该如何封禅。儒生们七嘴八舌,意见不一。秦始皇听得不耐烦,斥退了他们。最后,冒着瓢泼大雨上了山,按照秦族以往祭祀白帝的古老礼法,拜祭了天地。这是中国古代有可靠记录的第一次封禅。

当时民间有一个说法,说是"东南有天子气",秦始皇就老往东南跑,要去压一压那里的天子气,免得500年后出外姓的天子。为此,他还把"金陵"改名为"秣陵"。

他东临大海,在琅琊刻石,歌颂秦帝国的丰功伟绩;又把徐福打发去找蓬莱三山,空等了三个月不见回音。

到彭城以后,他想起当年的周之九鼎,有一鼎掉落在泗水之中,便发动千人下水去捞,但一无所获。

在湘君祠一带,因湘水上风大浪急,阻挡了巡游队伍。始皇帝心有敬畏,把随行博士叫来问:"湘君是什么神?"

博士说:"是尧之女,舜之妻,葬于此。"

什么,女人也敢如此!始皇帝大怒,发动刑徒3000人,把湘山上的树统统砍光,露出红土,成了个"赭山"。

传说当初舜帝南巡,死在了途中,他的两个妃——娥皇和女英,为追随他而溺死在湘水。后世有名的"湘妃竹泪",典故就来源于此。

这一切传说,都不足以让秦始皇敬畏。

因为——我才是开天辟地者。

秦始皇这样不安于宫廷，拿一多半的时间往外跑，实际意义并不大。依我看，多半是因为新鲜。自古以来能拥有这样大一块疆土的君主，还不曾有过，所以他要尽兴跑遍大好河山。

　　可是，他的功绩中有如此之多的败笔，不可能不招致民怨。秦法严苛，连说也不许人民说，于是必然会有千奇百怪的反抗形式爆发出来。

　　他在世时，反抗还是零星的；他一死，这股力量就开闸一般释放出来了。

　　就在他第三次巡游时，路过博浪沙（今河南原阳东南），忽然路边跃起一个大力士，甩过来一只百余斤重的大铁锥，"咔嚓"一声巨响，把秦始皇龙车后面的一辆副车击得粉碎。

　　椎是一种兵器，具体什么样子，就是古戏里的铜锤一类。

　　那刺客趁着卫士们混乱，一溜烟跑了。李斯等率人在周围一带搜捕了半天，毫无所获。

　　原来，这是张良谋刺秦始皇。

　　张良在故国韩国灭亡后，逃出城去，散尽家财要谋杀秦始皇。他后来见到了一位高人仓海君，仓海君为他推荐了一位力士，打造了一只重120斤的铁锥。

　　张良和力士躲在道边，看得准准的，本来可以一击而中，但秦始皇的龙车还有一辆副车，两车一模一样，故布疑阵，力士判断失误，砸烂了空空的副车。

　　秦始皇终于侦知事情是张良干的，于是下令全国大搜捕三日，却搜不到张良。

　　张良早就改名换姓，逃到了下邳（今江苏邳州市），隐蔽起来。在这里，他认识了项羽的叔叔项伯，又遇见了传奇高人黄石老者，这都是后话了。

　　博浪沙这一击，不能简单地归为六国贵族心不死，它代表了黔首的一种反抗心理。

　　你作为绝对统治者，可以极度夸张地使用权力，但是如果你的辉煌大部分是建立在百姓的痛苦之上的话，就会有人以民意为后盾，挑战你的权威。

　　古往今来最伟大的人，为什么有人就不服？为什么能开天辟地的人，人身安全反而要受到威胁？

　　秦始皇大概没往深里想，只把这归结于复辟疯子在捣乱。两年后，他有一次晚上微服出游，只带了4名卫士，走到咸阳附近的兰池，又突遇多名刺客。卫士们还算机敏，当场杀死了刺客。此后，秦始皇下令在关中搜捕20天，想找出幕后指使来，但仍一无所获。

秦始皇三十五年，有陨石落在东郡。没过几天，有人就在上面刻了"始皇帝死而地分"的字样。这系何人所为？查来查去没有结果，始皇帝就下令，把陨石附近的居民全部诛杀，陨石也销毁掉。

同年秋，有一名使者从关东来咸阳，半夜里走路遇到一个神秘人。神秘人把一块玉石交给使者，托他捎给咸阳附近的水神，还说了一句："今年祖龙死。"

秦始皇觉得这事很蹊跷，问使者在哪里遇到怪人的，使者说在华阴山下。始皇便不以为意，认为是山鬼出来作祟。

其实秦始皇也知道，天下黔首的服帖，绝不是真心拥戴，绝不是"民始安"而其乐融融，而是慑服于强大的政权。

统一之初，他就下令收缴了天下的兵器，铸成 12 个铜人（古称"十二金人"），每个重 1000 石，放在咸阳官内。为防止极少数黔首造反，他还规定 10 户人家合用一把菜刀，刀还必须用铁链锁住。

可是，问题哪是出在刀具上？

问题是出在人心里。

秦始皇时代，仅修建阿房宫、骊山陵和长城，就征发了 100 多万民夫，再加上其他工程，大约一共征发了 300 万人服劳役。而当时的人口，还不到 3000 万。

这就意味着，基层的丁壮绝大部分被抽走了，只剩下老人、妇女干活儿。这情况本来就很严重，再加上秦朝的田租、人头税、盐铁专营之利"三十倍于古"（董仲舒语），也就是把百姓的劳动所得收缴了一半以上。结果是男人再怎么勤奋耕耘，也不够吃；女人再怎么辛苦纺织，也不够铺盖。家里孤寡老弱，互相不能养活，道路上病饿而死的人到处都是。

这样的惨景，人心怎么会服？你就是到处刻石碑，歌颂"祖龙"的丰功伟绩也没用。

元朝人陈孚有一首《博浪沙》诗写得好："一击车中胆气豪，祖龙社稷已惊摇；如何十二金人外，犹有人间铁未销？"

说得好！人心不服，你就是把菜刀收缴了，又有何用？后来的陈胜吴广大起义，人们就是拿了镰刀、锄头杆起来造反的。所谓"斩木为兵，揭竿为旗"，一点也不错。

秦始皇对此毫无察觉,他也怕有人威胁他的统治,但担心的并不是黔首们会怎么样。

前述使者在华阴山遇到怪人,拿回来一块玉石,在收进府库时,仓库吏认出了这块玉石——这不是始皇在第二次巡游渡江时,投到水里去祀神的吗?

秦始皇这才认真起来,连忙命人占卜,得出结果说:要想逢凶化吉,就要再次巡游,还要迁徙人口才好。'

于是他下令,迁徙3万户到北河榆中定居,每家赐给爵位一级。这么做,是为了敬神。

第二年,也就是秦始皇三十七年十月,又开始了第五次,也是最后一次大巡游,这么做,是为了避害。

这次巡游,他踏上了壮阔人生的不归路。他好像到死也都没有什么太大的遗憾,因为在他的有生之年,看到的永远是壮阔。

一切只为了能辉煌地死去

对于成功,对于英雄,在今天我们已谈论得太多。可能有人对失败的英雄也很崇拜,但极少有人能承受生前的失败。

人们只为现世的成功而努力。

秦始皇也不例外,他很幸运,一直是在走向顶峰的。更为幸运的是,在某种意义上,他在死后也赢得了永久的辉煌。

他最后的一次长途之旅,从咸阳出发,先到了云梦。云梦,是古代大湖,在今湖北孝感一带。始皇来此,看见湘山上仍是一片赭红,感觉过去对舜帝的夫人实在太不敬,于是郑重其事地"望祀"舜帝,算是道了歉。

接着沿江东下,过丹阳,来到越国旧都会稽(今浙江绍兴),在这里祭了大禹,又遥望南海,不知想了些什么。然后下令刻了一块石碑,自己吹了一通自己。

他五次出巡,先后立碑8块,碑文是极漂亮的小篆字体,由李斯书写。看碑文,秦朝是5000年未有之盛世,很难想到它已维持不了几年了。

接着北上,来到吴国旧都吴(今江苏苏州)。据说来吴,是为了搜寻吴王阖间的名剑——干将、莫邪。

名剑没有搜到,于是渡江,沿海岸北上,到了琅琊。他还是忘不了这地方,想要找到徐福。

秦始皇年已五十,在古时就是来日无多了,他最想的就是长生不老。

这一次,就是前面说过的,徐福编瞎话说海上有大鱼。《史记》上说,秦始皇亲自拿了连弩,跟着船队下海,北上千里搜寻大鱼,来到了芝罘(今属山东烟台),果然发现海上有大鱼。秦始皇和射手们一通狂射,终于射死了一只。

徐福再次下海去了,茫茫海上也许有彼岸,但秦始皇却等不到他回来了。秦始皇很失望,知道天不助自己,只好踏上回程。

秦始皇素来身体不好,平时公务繁重,更兼旅途劳顿,体力竟渐渐地不支了。随行的上卿蒙毅,也就是蒙恬的弟弟,受命在中途赶回咸阳,去祈祷山川,请求老天能开恩保佑一下。

可是不等蒙毅抵达咸阳,秦始皇就在平原津(今山东平原南)准备渡黄河时,彻底病倒了,危在旦夕。

由于他平日非常厌恶谈论死亡之事,所以群臣没有敢说死事的,即使是随行的重臣李斯、赵高,也只能挨过一天算一天。

这次病来得厉害,秦始皇也知道怕是不行了,勉强支撑着安排后事。

在此之前,他一直未立太子,这时候他给公子扶苏写了一封加盖御玺的信件,嘱咐扶苏赶回咸阳,主持丧事。言外之意,就是让扶苏继承帝位。

在大事变到来之前,所有巧合的因素,都能决定历史的走向。当时深受信任的蒙毅不在身边,秦始皇自己又没有在关键时刻明确帝位的传承,这就给了别人做手脚的机会。

这封信写好之后,需要中车府令赵高盖章。赵高在盖章封口之后,不知是因来不及,还是有意为之,并没有马上交给使者发出。

庞大的出巡车队仍在威严地行进,除了李斯、赵高与几个近侍宦官,没人知道秦始皇已是气息奄奄了。

在随行队伍里,还有一个很关键的人物,就是公子胡亥。

胡亥是秦始皇的第十八个儿子,若论传位,怎么也轮不到他的。但历史在一个非常吊诡的时刻,给了他意想不到的青睐。

秦始皇出巡,总喜欢带上几个孩子一起走,这大概是为了排遣寂寞。前四次出巡中,就曾有随行的一子一女染病,死在了途中。

前四次,这种随父皇游逛天下的殊荣,轮不到胡亥。可是胡亥也有得天独厚之处——他的师傅,恰恰就是赵高。

赵高此人虽是近侍,但权力却远不及李斯、扶苏,影响不了朝政。秦始皇如果一旦归天,帝国最高权力的延续,应该是一件毫无悬疑的事。

为此,赵高动开了脑筋。他不想让自己的权势因秦始皇的死去而衰落,因此早就注意到了一个可以操纵未来的人,那就是公子胡亥。

赵高常常教胡亥应该如何讨父皇的欢心,这一招已经大见成效。因此,在第五次出巡之前,胡亥不失时机地向父亲提出:非常喜欢与父皇一起出巡,请求恩准跟随。秦始皇倒也不讨厌他,就答应了。

这就使得一个本来距最高权力很远的人,忽然近距离地获得了觊觎这权力的机会。

车驾在北方的秋野上继续前行。秦始皇三十七年的十月,在沙丘平台(今河北广宗西北)停下,病体不支的秦始皇住进了当地的行宫。

车驾在此异乎寻常地停留了三天。

这三天,天翻地覆。

就在丙寅日这一天,秦始皇病逝。

一位巨人在知天命之年溘然长逝了。

人类历史素来以百年、千年为单位来进行大总结,而一个人的有效社会活动时间,充其量不过40年。秦始皇虽然做了37年的君王,但真正亲政,是从秦始皇十二年开始的,因此到临终也就是短短的25年。

25年的勤政、征伐与变革,他亲手创建了一个空前的帝国,开拓了一个族群的生存与文化空间,留下了一份能保留几千年的政治遗产。

他是一位雄才大略之主。

他是一个眼光能看到两千年之后的政治家。

他是一位对民族有巨大贡献的人。

当然,他也有败笔,开了独裁专制的恶例,成为后世统治者的前车之鉴。可是,没有他,我们今天也就根本不可能如此昂扬地对世界说话。

在可以预见的未来,我们还无法完全抛弃他的遗产,另起炉灶。

这样的人,即使我们并不敬佩,也无法不对他的能量感到惊异。

嬴政,一个瘦弱、敏感、勤于政事的伟大政治家,以自己的意志,造就了一个伟大的民族。

秦始皇的终结,只是一个生命的终结;他所导演的大戏,将以无数个不同的舞台背景继续演下去。

他的死亡是一个辉煌之死。

但由于高度的集权专制,他的死,同时也就成了一幕接一幕宫廷阴谋的导火索。

这时候,丞相李斯犯了一个致命错误。李斯考虑:皇帝猝死在出巡途中,中枢机构一半留在咸阳,一半在这车队里,国家最高行政机构处在非正常状态中,这很值得忧虑。

再加上始皇帝的遗诏里面,并未明确立扶苏为太子,如果现在就发丧,"恐诸公子及天下有变"。于是,李斯决定秘不发丧,把秦始皇的棺材秘密置于辒辌车中,只允许几个近侍宦官在车上,每天照常奉上美食,百官也奏事如故,赵高再装模作样地从车里发出皇帝的批复谕令。

这种辒辌车,有特制的窗子,关上则温,打开则凉,可以调节车内温度,不过功能也还是很有限。秦始皇死后七八天,车队过恒山,出雁门,来到九原。这时的天气虽已是中秋,但温度仍很高,尸体的腐烂气味就渐渐溢了出来。

再不掩饰,就要露馅了!

赵高就向全体随行官员下了一道"矫诏",内容很奇特:命每部车上都要载上一担鲍鱼。

这里所说的"鲍鱼",并非海鲜珍品,而是指臭咸鱼。官员们不解其意,但哪个人敢提出疑问?

这样,每部车上都溢出了一股臭咸鱼味,秦始皇驾崩的秘密,也就得以隐瞒下去。

李斯秘不发丧,实际上存在一个巨大的风险,那就是权力更替进入了暗箱操作状态。李斯本人,还停留在过去的权力感觉中,没有意识到秦始皇一死,这个权力的保障已经没有了。李斯虽然还是左丞相,但对将要发生的事,控制力已大打折扣。

秦始皇留下的,是一个最具诱惑力的权力资源,谁接管了它,谁就会拥有与始皇一样至高无上的地位。

从合法程序上说,接替秦始皇的应是长子扶苏,但秦始皇并未把交班的事情法律化,这就给最接近他的一个人带来了机会。

这个人不是李斯,而是赵高——赵高现在是"虚拟秦始皇"的代言人。

这样,他就掌握着打开历史新阶段的锁钥。

他手上有加盖了玉玺的始皇帝遗诏,这张写了寥寥数字的绢帛,就是威力无比的授权书。

既然是暗箱操作,那么以右丞相冯去疾、左丞相李斯为首的中央官员集团,就无法在权力真空时期正常地发挥作用。赵高,可以拿着这份封了口的遗诏,去胁迫和利诱任何人!

秦始皇临终时没有想到,权力接替中的这一小小环节,竟然能使帝国在他死后发生剧烈的震荡。

赵高在秦始皇死亡前后的数天内,萌生了攫取最高权力的念头。当然,要想帝国改姓,是不可能一步就办到的,因此他谋划了一个曲线的方法。首先,他要改变秦始皇原定的接班程序,换上一个他可以操控的公子接替帝位。

他选中的,当然是由他培养多年的公子胡亥。

如何让公子胡亥参与篡位的阴谋,是一件高难度的事,赵高用的是从利害两个方面,来进行说服和拉拢。

他对胡亥说:"皇上驾崩,未对诸公子封王,仅有给长子扶苏的一封书信在此。如果扶苏来到咸阳,即可立为皇帝、拥有天下,而公子您却连一寸土地都没有,这该如何是好?"

胡亥一开始不解其意,随口答道:"也只好如此了! 我听说,知臣莫若君,知子莫若父。父皇不封诸子,我们就当遵从,还有什么可说的呢?"

赵高见胡亥如此冥顽不灵,就直截了当地点拨:"不然! 今日天下的大权,全在您、我和丞相李斯手中,我和李斯无所谓了,还请公子早早谋划。况且,做别人的臣子与别人臣服于我,受制于人与制人,两者的差别可就大了!"

胡亥终究是受过正统教育的,闻听此言,脸色骤变:"不可! 废兄立弟,是为不义;不奉父诏,是为不孝;才薄而强立,是为无能;这三种行为都是背德的。如果恣意妄为,则自身难保,国家也将危殆!"

胡亥如果能到此为止,那么对他本人与对大秦帝国,都幸莫大焉。可惜,人心的防线很脆弱,尤其禁不起权力的诱惑。赵高说到这儿,已经没有退路了,他必须把胡亥拉下水,否则,即使马上停止阴谋活动,也保不定哪天胡亥会把这事捅出去。

于是赵高紧逼道:"公子不信赵高之言,总该信古昔之史吧?昔日商汤、周武王弑君,天下都称义,无人说他们不忠;卫君杀父,卫国人都称颂其德,孔子还记载了这事,并不认为是不孝(注:此事纯属子虚乌有,是赵高瞎编的)。成大事者不拘小节,有盛德者不必谦让,乡俗各有不同,百官职位不一。您高贵如此,怎能墨守成规?要是顾小而忘大,则难免后悔;临事犹豫不决,则必有祸患。只要做事果断,鬼神也会避之,何愁事不成?请公子三思。"

这一番劝诱,终于攻破了胡亥的心理防线,他长叹一声:"现在丧礼尚未进行,怎么好拿这事去求丞相呢?"

赵高一听,有谱了,连忙说:"事不宜迟,千万不可耽误时机。"

胡亥终于入彀,遂与赵高商量了一通具体事宜。赵高说:"倘若不去与丞相谋划,此事恐不能成,我就为公子去和丞相一块儿谋划吧。"

赵高的阴谋,到此顺利地实施了第一步——掌握住了将来能够控制帝国的一个"抓手"。

然而,事情能否完全成功,还在两可之间。胡亥是个八辈子也轮不到当皇帝的人,以利诱之,并不困难;而下一步要说服位极人臣的李斯加入阴谋,则难度要稍大一些。

赵高知道李斯的智商与胡亥不是一个级别的,所以开门见山就谈实质问题:"遗诏现在公子胡亥处。我来与您商量,皇上驾崩与遗诏之事,尚无别人知道。这样一来,立太子之事,就在你我两人怎样说了,请问您意下如何?"

李斯闻听此言,不由大惊:"这是亡国之言,岂是为人臣者所应议论的?"

赵高这才开始做思想工作:"您应当自问,您才能与蒙恬比,谁高?功劳与蒙恬比,谁高?谋略与蒙恬比,谁高?声望与蒙恬比,谁高?与长子扶苏之关系与蒙恬比,谁深?"

李斯老老实实回答:"这五个,我都比不过蒙恬,但您为何要以此来责备我呢?"

赵高说:"我不过是一打杂的仆役,有幸靠着粗通狱法、文书,进入秦宫,办了二十年的事。这许多年来,我还没见过最终没被秦王罢免的丞相与功臣,即使有把封爵传到第二代的,也难免被诛杀。今皇上有二十余子,你无一不熟知。长子扶苏,刚毅勇武,对人信任,又善于激励将士,他如即位,必以蒙恬为丞相。

到那时,您还能保全您的印绶,光荣还乡吗?我曾受命教育胡亥,教他学习法令,数年间未见他有任何过失。胡亥这人,仁慈忠厚,不爱钱财,礼贤下士,内心明达而不善言辞,诸公子中无人能及。依我看,可立他为嗣君,请您斟酌后决定。"

这些话,虽然说到了李斯的痛处,但李斯仍不能接受,愤然道:"无须多言!李斯亲受遗诏,一切听天由命,无从选择。"

赵高冷冷地说:"安可以转为危,危可以转为安。今安危之势未定,却听之任之,这如何算得是一位尊贵者?"

李斯凛然道:"我李斯原是上蔡(今属河南驻马店)布衣,皇上之所以把我拔为丞相,封为通侯,让我子孙也获得高位厚禄,就是要把国之安危托付给我,我怎能有负于皇上?忠臣不避死,孝子不惮劳;为人臣者,只能恪守职责。请您不要再说了,以免我李斯因此而获罪。"

如果李斯到此为止,那么对他和对秦帝国也都幸莫大焉,可惜,这位元老重臣也未能摆脱赵高的圈套。

赵高接着攻心:"自古圣人无常道,无非是能见微知著、顺应时势而已。当今天下权柄,全在胡亥手中,我也只能顺着胡亥的意思来。政治这东西,以外制中,那就是惑乱天下;以下制上,那就是乱臣贼子。您总不至于愿意做乱臣贼子吧?其实呢,秋霜降,草木落;春冰融,万物苏。这就是物有本末,事有始终,您要是知道这先后因果,那就离道不远了。请您尽早决断吧。"

李斯是法家,讲究的是用狠辣手段达到实际效果,也可说是一个实用主义者。赵高的攻心,恰恰用的就是实用主义逻辑。李斯渐渐地守不住底线了,但仍在做内心的苦苦挣扎:"往事可鉴,过去晋易太子,三世不安;齐桓公与兄弟公子纠争位,公子纠身死受戮;纣王杀亲戚比干,不听忠谏,社稷倾危,都城变为废墟;这三件事都是逆天理之事,直闹得国破家亡、宗庙绝祀。我李斯还是个人啊,怎能参与这大逆之谋?"

赵高听出李斯已经有所动摇,就赤裸裸地威胁说:"自古上下同心,事可必成;内外合一,绝无差错。您要是能听我的计谋,可保长久为通侯,世代荣华,寿比王子乔、赤松子,智如孔子、墨子。如果舍此不从,必殃及子孙,我实在为您寒心啊。凡是善于处世者,可因祸得福,请您自己掂量吧。"

李斯这才恍然大悟,原来赵高已经与胡亥串通好,如果不从,厄运立见;但违心从之，又觉不忍，于是仰天长叹，流着泪道："生不逢时，偏遭乱世。既不能以死尽忠，又何以安托此身？"

在这决定国家命运的关键时刻，李斯终以一念之差，放弃了原则。他之所以退让，是出于恐惧，可是他就没有想到，如果坚持原则，那么秦始皇余威尚在，仍在运行中的国家中央机构就是他的后盾，一个宦官赵高、一个普通的公子，很难与他这位百官之首抗衡。而一旦屈服，加入了阴谋集团，他的地位立刻降到赵高之下，且完全被赵高所控制，原有的丞相权威如同虚设，今后的不可预见性就更大。

李斯是出于私利而跳了火坑，这也算是他谋害韩非的报应吧。凡是过于急功近利的，最终不一定有好结局，这规律于政治家、于普通人都是一样的。

赵高成功实施了篡权的第二步，便兴冲冲去向胡亥汇报，一开口就改了称呼："我奉太子明令，去向丞相传达，丞相岂敢不遵？"

胡亥一夜之间成了准皇帝，大喜过望，立刻召李斯来，三个人密谋了一番。

在权力接替的非常时期，胡亥、李斯、赵高抛开法定程序和公开机制，非法结成了"三人帮"，开始扭转帝国的命运了。

赵高开始篡权的第三步，他与李斯合谋，毁掉始皇帝写给公子扶苏的遗诏，对外诈称李斯亲受始皇帝遗命，立公子胡亥为太子。然后，另外伪造了一封始皇帝写给扶苏的信，给扶苏与蒙恬安上了几宗罪，赐他们两人死。

伪造的遗诏说："扶苏与监军蒙恬率师十万屯边，十多年了，不能前进一步，士卒消耗却很多，可说是无尺寸之功。不仅如此，扶苏反而还数次上书，诽谤我之所为，因为没能卸职回咸阳做太子，而日夜怨恨。扶苏这样子，是作为儿子的不孝，现赐给剑以自裁。将军蒙恬与扶苏驻外，对扶苏的行为不加纠正，明知其谋，却不及时汇报，是作为臣子的不忠，现赐死。兵权交给裨将王离（王翦之孙）。"

接班的问题，就这样完全变了样子。兵权的问题，顺带也就解决了。

这就看出赵高拉拢李斯的必要性了。赵高扶植胡亥上台这件事，太过离奇，帝国的任何官员都可能会提出疑问。而李斯是帝国最高行政官，如果谎称是李斯亲耳听始皇帝说的，事情才具有可信性。赵高这是在拿死人压活人。

在这场阴谋戏里，赵高要磨米，李斯就是拉磨的驴；赵高要过河，李斯就是临时搭建的桥。

政治阴谋，一切取决于利益。赵高可以在君王刚刚咽气之际，就违背君王的旨意，他对李斯怎么可能抱有一丝慈悲？

可惜，李斯竟一点也意识不到这危险处境。

伪造的遗诏写好之后，胡亥马上派亲信作为特使，飞驰上郡，送到蒙恬军的大营去。

事情办到这一步，仍然还潜藏着一个危险，那就是扶苏与蒙恬可能会抗命，发兵造反。如果是这样，问题就大了，因为在扶苏那里，也有一定的权力正统性。

为防止出现这种可能，车队在过了井陉(今属河北)之后，故意向北绕了一大圈，窥探北边的动静。

却说那信使到了上郡之后，把信交给扶苏。扶苏万没想到父亲的诏书竟是这样的内容，如雷轰顶，悲泣不止。但知道父命难违，只好接过宝剑，回到内舍准备自杀。

蒙恬虽然也很震惊，但他较为冷静，劝阻扶苏说："皇帝巡游在外，并没有立太子，命臣领三十万军戍边，以公子您为监军，这是将天下的重任托付给我们。如今仅凭一使者来，就要自杀，焉知其中无诈？可暂且派人向皇上请命，若属实，再死不迟！"

扶苏为人忠孝，不肯抗命，对蒙恬说："父令子死，唯有一死，又何必请命？"说完，便自刎而死。

蒙恬久经战阵，深疑其中有诈，说什么也不肯死。伪造遗诏只是说赐死，使者并没有权力杀死蒙恬，只好把他交给狱官，关押在上郡的阳周(今陕西安定北)，自己回咸阳复命去了。

此时，出巡车队已过了九原(今内蒙古包头西)，正沿着著名的"九原直道"驰回咸阳。在临近咸阳时，终于得到了扶苏已死的消息。赵高欣喜若狂：第三步也实现了！于是催促车队加紧赶路。

等到了咸阳附近，见留守的右丞相冯去疾率领众人，已在郊外迎接。

这时候，时间就是政治，赵高立刻假传圣旨，说皇上重病在身，免去一切朝仪，车队直接回宫。

早一步回到政治中心，就是早一步夺得正统，赵高哪里有心思再玩那套"虚拟皇帝"的花样。一声呼喝，车队马不停蹄，一股脑地拥进咸阳宫去了。

胡亥此时志得意满，想到远在北边被囚的蒙恬，觉得他一门三代有功于秦，便也有了想宽恕的意思。可是赵高不想让蒙恬活。

赵高对蒙氏有宿怨。当初赵高在刚进秦宫时，曾犯有大罪，秦始皇让蒙毅治他的罪。蒙毅不敢枉法，判决赵高罪当死，并开除官职。可是秦始皇考虑到赵高办事机敏，算个人才吧，就饶了他一命，恢复了他的官职。

这本不干蒙毅什么事，可是赵高却记了仇，现下可算找到报复的机会了，于是赵高向胡亥进谗道："先帝早就有意让你做太子，可是蒙氏兄弟反对，所以才改立了扶苏。今日不除去蒙氏兄弟，来日他们必为扶苏复仇，那时恐陛下就难以安枕了。"

胡亥不会追究这谗言是真是假，凡是能威胁到他帝位的，宁可错杀，也不能放过，于是下令缉拿在"祈祷山川"返回途中的蒙毅。将蒙毅逮捕后，就关押在代郡（治所在今河北代县）的狱中。

先朝的重臣这样一个个地被剪除，李斯却不置一词。李斯自以为扶助胡亥上台有大功，可保代代无忧；却不想胡亥是一个连哥哥都能杀的人，还能指望他吃水不忘挖井人吗？如果蒙氏兄弟能保下，李斯多少还能有些应援，这两位重臣一除去，将来首当其冲的，不是李斯又是谁？

当时倒是有一位皇孙看不过去了，他劝谏叔叔胡亥道："蒙氏是秦之大臣谋士，不可一下子就抛弃。诛杀忠臣而树立没有节操的人，群臣就会互不信任，将士也会离心，臣以为不可。"

这位贤明的皇孙，就是后来接了胡亥班的子婴。

看来不光是扶苏，就是子婴，也都是正直之人，可惜历史不给他们机会。

胡亥哪里能听这个小侄子的话，反而派御史曲宫，到代郡去赐蒙毅死。

在代郡狱中，蒙毅作了长篇辩白，但曲御史不想打抱不平，手起剑落，把蒙毅给砍了。

胡亥又派出使者，赴上郡再次向蒙恬宣布赐死，蒙恬也做了长篇辩词，但使者说，自己只是奉诏行事，不敢把蒙将军的话上达。

蒙恬自知存活无望，仰天大呼道："我如何得罪了老天，为何要无罪而死？"随后吞药自杀。

一代名将，就此陨落。这位蒙恬将军，不仅治军有方、威震匈奴，而且也是一个心灵手巧的人，传说他在治军之余，还发明了毛笔和古筝。

蒙恬死后，"三人帮"害怕蒙恬的旧部有异动，特别派了李斯的舍人去做护军都督，负责监视众将。

扶苏与蒙氏兄弟一死，秦朝等于垮了半壁江山，此后的命运，凶多吉少了。

把秦始皇的社稷以及秦族的大业推到悬崖边上的，是赵高。

这位赵高，是不是赵国宗室派来的卧底呢？当然不是。

赵高的爷爷，确实有一点赵国宗室的血脉，不过已经很疏远了。他爷爷在战乱中流落到了秦国，从此这一支就留在了秦国谋生。秦国法律很严酷，他爸爸不小心触犯了秦律，被阉掉了那玩意儿，送入宫中服役。

且慢——赵高的爸爸是阉人，那么赵高从何而来？

是他妈妈生的。

赵高的母亲，也是犯了罪的，被送入宫中做奴婢，属于很低级的宫女一类。不知与哪个男人野合，生下了赵高，所以赵高真正的血统，和曹操一样说不清楚了。

按照秦代法律，有罪被阉，后代也要被株连，所以赵高和他的兄弟从小也被阉了，留在宫中伺候。

因为出身卑贱，赵高总想出人头地，他从小好学，也积累了一些优点，精通狱法，字也写得好。他不但有心计，且膂力过人，算是有一点豪杰气。'

他在处理秦始皇死后的一连串事务中，心狠手辣，毫不迟疑，远胜于书生出身的李斯。在他这里，验证了"实践家远胜于理论家"的道理。

秦族建国后560多年的基业，很快就将败在这个奴才手里。中国古代的宦官擅权，对后世影响最大的当属此次。

假如秦朝不遭此劫，公子扶苏顺利接班，将来的政策肯定会改弦更张，那么就不可能有汉。

我们的族群、我们的文字、我们的语言，都极有可能以"秦"冠名，与现在世界上大多数地方对我们的称呼相对应。

这一切，九泉之下的秦始皇都不知道了。这片辽阔国土上的剧变，不是他所能掌控的了。

他走时，所能看到的，是万里江山的大好秋光。

不能长生，自是遗憾，但也可满足了——25年执政，即手创万世江山。如此的人生，不也很豪迈吗？

火山口上的末日狂欢

秦始皇三十七年的初冬,万木萧疏。秦帝国的辽阔疆土上,照常日落月出。

从秦长城的东端(今朝鲜平壤),到新辟"越道"的南端(今越南中部),数以百万计的刑徒仍在从事着此生看不到尽头的苦役。雪满山头的长城线上,30万戍卒仍在执戟警卫。

咸阳街头,熙攘如故。

十月戊寅日,在连续的阴谋中完成了权力接替的胡亥,以秦二世的名义为秦始皇发丧,诏令大赦天下,宣告自己正式承继帝位。

这一天,是秦始皇死于沙丘的第七十二天。

胡亥即位时的年龄,才21岁,正是大好年华。最高权力来得是否合法,可以不论,只要好好去做,父辈创下的基业就是他最好的舞台。可惜,他不是那样一块料。

他一上台,就论功行赏,把赵高提拔为郎中令,负责宫中卫戍。

秦二世的权力来得不合法,生怕有人异动,于是把中央警卫大权交给阴谋的始作俑者赵高,他才能放心。至于赵高会不会有异动,秦二世并不担心——没有我胡亥,也就没有他赵高的今天。

可是秦二世想错了。权力一旦授予人,就具有了某种独立的性质;被授权人可以借机培植自己的力量,最后反制授权人。想想看,一个宦官赵高,就可以颠覆伟大秦始皇的政治遗嘱,其野心与能量该有多么大,怎么还敢把最敏感的中央警卫权授予他?

胡亥本没有当皇帝的命,也就没有当皇帝的脑,他侥幸当上了皇帝,自然也想不到这许多。

现在他要做的,就是要隆重地为已逝父皇举行葬礼,以死人压活人,凸显自己的继承合法性。

始皇的骊山陵,我们在前面已经讲过,其宏伟空前绝后,由于工程庞大,附属工程极多,70万刑徒夜以继日地忙,到始皇下葬时也还未能完工。秦二世就下令突击修建,昼夜不息,一直到后来造反的队伍闯进了关中,才被迫中止。

始皇下葬之际,秦二世连发两道命令,令人倒抽一口冷气。一条是,始皇后宫的嫔妃,凡是没有生子的,放到民间去不宜,皆应殉葬。

秦国过去有古老的生殉制度,因为不人道,早在 160 多年前,就被秦献公废止了。秦二世不管那么多,老爸后宫的宫女,统统要塞到坟墓里去。曾有记载说,始皇后宫"列女万余人"。生了孩子的能有多少,微乎其微。始皇仅有儿子 20 多个、女儿 10 个。看来,万余宫女中的绝大多数,都做了殉葬品。

第二道命令是,始皇灵柩下葬,葬礼完毕后,为防止泄密,马上将墓道的中门关闭,然后落下巨大的外门,填土封树。那些仍在中门之内的工匠和放置珍宝的工作人员,就统统不管了,活埋。

这些人有多少?据《汉书》上说,也有万余人!

这是秦族有史以来,规模最大的一次生殉。

秦二世没有秦始皇的计谋,却有比秦始皇更出格的霸道。他在做公子时,就是个顽劣人物。一次始皇帝大宴群臣,让诸子也参加。诸公子先吃,吃完先走,胡亥走到阶下,看见群臣脱下的鞋摆了一大排。他见里面有华丽的,气不过,就用脚逐一踩坏,而后扬长而去。其他公子见了,莫不摇头叹息。

这样一个地痞式的人物,接管了一个疆域万里的大帝国,能发生什么事?我们不用想也知道了。

可叹李斯为一代名相,深受秦始皇倚重,其子皆娶秦公主,其女皆嫁秦公子,他与儿子两代都是帝国重臣。他的命运,与秦朝的兴衰紧密相扣,却忍心参与阴谋,断送了帝国和他自己家族的未来。

他现在,如何能制约得了秦二世?

胡亥骤得大位,心里还是没底,必然以极端行为来巩固位置,这就使得秦朝政治本来就绷得很紧的弦,更加紧绷了。

胡亥问赵高:"我既已坐了天下,就想享尽声色荣华,想玩什么就玩什么,还想长久拥有天下,有什么好办法吗?"

赵高给他的主意,跟法家的办法相似,就是严刑峻法。他建议说:"咱们的沙丘之谋,诸公子和大臣都有点怀疑。诸公子是您的兄弟,诸大臣又都是先帝的旧臣,今日陛下初立,他们当然不服,恐怕要闹事。怎么办好呢?就是严刑峻法,抓住有罪的就株连,以至于灭族。这样,把大臣全干掉,疏远您的兄弟。为了树立权威,您可以从小人物中选官,让贫者富、贱者贵,把先帝的大臣全部除掉,换上您所亲信的人,天下不就归心了吗?"

赵高的这番话,说得恶毒,但细品也没有什么,不过是自古以来的统治术。"一朝天子一朝臣",到后来都成了俗语了。

秦二世听信了赵高的话,立刻变更了法律,对诸公子、公主、大臣下手了。负责处理这些公子、公主的法官,就是赵高。

皇上想要一个人死,那是不难找到理由的。胡亥一口气在咸阳街头砍了12个公子的头,在杜县(今陕西长安西南)处死了6个公子,财物没收,受株连者无数。另外,还有10位公主被碎尸于杜县,简直是骇人听闻。

公子高在听到风声后想逃跑,但又怕株连亲属被满门抄斩,只好上书秦二世,表示愿意为始皇帝殉葬。秦二世大喜,批准了,还赐给钱10万用以安葬。

从此之后,秦朝的法律愈加严苛,群臣人人自危,都有了反心。胡亥加强专政的结果,适得其反。

赵高还给秦二世出主意说:始皇帝之所以能说一不二,是因为君临天下的时间较长。现在陛下刚开始执政,万一说错了话,群臣就会不服。因此,不宜与群臣多见面。

秦二世深信不疑,从此深居宫中,有事只和赵高商量,即便公卿也难得见上一面。

这样一来,秦朝的中央集权达到极致,文官体系的纠错功能完全丧失,国家等于只有一个人说了算,根本无法有效应付任何事变。

这还不够,秦二世认为自己刚当皇帝,大臣虽然被压服了,黔首可能还不服,必须像老爸那样巡游天下,让百姓知道新皇帝也不是好惹的。

这位二世办事,实事求是地讲,还是很有效率的。

秦二世元年春天,胡亥沿着秦始皇东巡的路线,从咸阳出发到碣石,再向南到会稽,在秦始皇所刻石碑上都刻上了自己的铭文,而后远赴辽东而还。

此行费时四个月,行程竟有八千里以上,每天要跑近两百里,堪称高速行驶。

回到咸阳后,秦二世继承老爸的大业,继续建设阿房宫,外抚四夷。可能他感觉还是不够安全,就从各地征发善战甲士5万人,驻屯咸阳,拱卫首都。考虑到一下子来这么多人,咸阳当地的粮食供应不上,就令各郡县自己筹粮,士兵们自带粮食,咸阳三百里内不提供一粒米。

秦二世的预感是准确的,就在他东巡归来两个多月后,秦朝的土地再也承受不住他的超高压了。

当年七月，在泗水郡的大泽乡（今属安徽宿州）爆发了由农民陈胜、吴广领导的全民大起义。

在我们的印象中，好像是由于陈胜、吴广首举义旗，刘邦等枭雄才跟上的，其实不然。就在此前一年，泗水的亭长（治安队长）刘邦，就拉杆子起来造反了。

当时，刘邦负责带队，送一批刑徒去骊山修始皇陵。一路上，刑徒不断逃亡，怎么也管不住，估计到地方也就快跑光了。队伍行至路途的一半，刘邦陷入了绝境——就这支人数不全的队伍，即使到了咸阳也要遭处罚，自己也得沦为刑徒。

人被逼急了，总要有个活路。刘邦是个带点痞气的人，想来想去，决定不按常规过这一辈子了，索性放掉了所有的刑徒，自己去当土匪。其中有十多个刑徒为刘邦的大义所感，愿意跟随。

这支小小的游击队，就这么形成了，隐蔽在草泽之中等待时机。渐渐地，竟然混成了好几百人的大队伍。

与此同时，一个打鱼人彭越、一个受过"鲸刑"的英布（脸上被刺字，故又名黥布），被罚在骊山修陵墓。在修墓期间，他俩秘密联络有志之士反秦，策划了一阵子之后，带着一批刑徒逃到了长江上，当了水匪，实际上就是开始了反秦起义。

是陈胜、吴广投下的星星之火，把四方民怨的燎原大火给点起来了！

秦二世这个倒霉鬼，撞上了中国古代最经典的一次全民大起义。

秦朝是伟大的，但也是有深重罪孽的。这罪孽，实事求是地讲并非由秦二世而起，秦始皇要负重大责任。秦法从来严苛，但自商鞅以来内部还没出过问题。因为百姓只要肯作战，上进之途还是有的。且国家在不断扩张的非常阶段，秦民多少还有个盼头。

待到天下统一后，战火熄灭，万民都有"更生"之感，如果这时候秦始皇与民休息，黔首必然感恩，秦朝就会有一个非常稳固的民意基础。

可是统一之后，秦法愈加严酷，完全针对着老百姓来了，再得军功不易，不小心犯法当刑徒的机会倒是增加了。国无宁日，民无安居，问题就严重了。

秦朝的赋税，是征收百姓收入的大半。聚敛过重，百姓难以承受，这是弊病一。

秦朝的边防、修建任务太重,征发卫戍和劳役人员一直征发到基层闾里。丁壮被搜罗一空,百姓没法过正常日子了,这是弊病二。

人民没有了希望,就要出事。

在这种危局下,如果中央机构头脑清醒、运转有效,还能防范一下。可是秦二世得国不正,他要防范大臣中的异己,所以采用了最极端的寡头统治,只依靠赵高一个人来施政,听不到正确意见。

另一方面,本应自觉为政权服务的大臣和郡县官僚,因为秦二世在残杀亲兄弟时株连过重,人人震恐,大家都是活一天算一天,完全失去了屏障政权的主动性。

正因为有这样种种失当的举措,火山一旦爆发,皇冠必然落地。

本想延续千世万世的秦朝,二世而亡.就是它的宿命了。

打败了六国却打不过老百姓

秦二世的元年,本来可以是一个新的辉煌开始,可是胡亥的命运不济,这一年,恰成了帝国末日的开幕式。

彼时的帝国,还在按照秦始皇规定的惯性在运行,北部边境防范匈奴的负担很重。

防匈奴,这没错儿,北方游牧民族对中原的威胁和侵袭,是一部后来延续了几千年的大戏,数次改变了我们民族的人种、文化与政治结构。

对北方的防范,按理说应该用一支职业军队去完成,可是秦朝的办法是,直接征调基层的居民去戍边。这就引出了一些问题,积累日久,成了溃堤之穴。

当年七月,官府下令,征发居民组的贫民去渔阳郡(今北京密云)戍边。

密云这地方现在早不是边疆了,不过,如果你登上离此不远的八达岭长城,放眼看所谓的"塞北"平原,你还是能体会到长城之外的浩大与苍凉。

秦时,这里当然是边远的苦寒之地了。

老百姓再穷,也不愿意离乡背井跑到长城上望天去。征发贫民戍边,本来就是容易引起民怨的事,而秦朝的法律,对戍卒到岗的要求又过于苛刻,一旦误期,就要斩首。

古代交通不似现代,一遇风雨,很难准点到达,秦律却不考虑这一点,斩你的首没商量。

如果误期了,是不是在半途就斩首呢?不是,是到达以后,由接受官员来验证、执行。

那么在半道上误期了的戍卒,会那么老老实实地跑去送死吗?

这就是法律上的空白了。这个问题,没人过问。法律的设计者们把黔首看成了牛马。在他们看来,既是牛马,让你左,你就不敢右。可是人不是牛马,人有一种意志。

就在这批牛马当中,有一批900人的队伍,被征发后暂时集中驻屯在大泽乡。这支队伍里,有两个意志非凡的人物,一个是陈胜,一个是吴广。

陈胜是阳城(今河南商水)人,吴广是阳夏(今河南太康)人,两人都是农民。

在我们这个族群的历史中,有很多伟大人物,都出自农民,这一点我们到今天也不能忽视,尤其不能忽视那些有作为、有抱负的农家子弟。

陈胜和吴广,当时就不是一般的贫民,他们能力很强,双双做到了"屯长"的职务,大概就是临时队长吧。

陈胜这人,素来有大志,曾给人当雇工,帮有钱人家耕田。一次在田间休息时,他想到自己这做牛马的命,怅恨久之,忽然对农友们叹道:"苟富贵,勿相忘!"

能说出这话,前面会有很多的思想铺垫,也许他想到了将来能有良田百亩、仆佣成群等。他的同伴就嘲笑他:"你一个打工的,怎么富贵啊?"

陈胜轻蔑地看看同伴,嗤笑了一声:"嗟呼,燕雀安知鸿鹄之志!"

这是一个很著名的段子,如果我们把它放到现实的环境中想一想,相信每个人都会感到震动。

再说那900名戍卒驻扎在大泽乡,想必是要择日开拔,可是偏偏遇上连日暴雨,走不了路,活活把行期给耽误了,他们恰好就遇到了要不要乖乖去送死的问题。

不送死,也可以,有一条出路是逃亡。可是逃亡的风险也很大,被通缉后也是死路一条。秦的法律之严,是连商鞅本人也跑不掉的,何况人生地不熟的新兵?

人到了绝境,本能地就会想法子求生。唯一的求生之路,就是造反,陈胜和吴广这两位屯长商量开了:"如今逃亡也是死,举大计也是死,一样的死,咱们死国乎?"

"举大计"是指造反,"死国"就是为国而死。陈胜、吴广现在虽是秦朝的黔首,但他们内心仍把自己视为楚国人,反正楚国已亡,闹腾一把,为国殉死,总算是个痛快的死。

陈胜不愧是人中豪杰,平时在田垄上干活时的思考,给他带来了超出一般农民的政治头脑,他对吴广说:"天下苦秦久矣。我听说二世是少子,不应立为太子,当立者是公子扶苏。扶苏因为几次劝谏的缘故,始皇帝才让他在外带兵。听说他无罪,就被二世杀掉了。百姓多数只听说他的贤明,不知道他已经死了。此外项燕是楚国将军,数次有功,爱护士卒,楚人对他很怜悯,有的以为他死了,有的以为他逃亡了。现在咱们这支队伍应该诈称以扶苏、项燕为首领,作为天下首倡,响应者一定多。"

陈胜、吴广打算带着900名闾里贫民造反,要对抗的是正统的帝国机器,只有举起一面"义"字大旗,拉出两位名震天下的贤者,才有可能唤起民众,点燃干柴。这些,陈胜都想到了。

两人定下大原则后,就一块儿去问算命先生。那算命先生可能也是个牢骚满腹的人,看出这两位队长心存不轨,就给出了一个"足下事皆成,有功"的吉兆来。那时候算卦,是烧龟甲,看裂纹的走向说话,怎么说、怎么是。

于是中国史上的第一次全民大起义,就在一位卜者的激励下拉开了序幕。

卜者还暗示他们说,可以"卜之鬼",也就是装神弄鬼,唤起民众。陈胜、吴广一点就通,马上用朱砂在绢帛上写了三个字"陈胜王",意思就是"陈胜为王"。然后,把这"丹书"偷偷塞到鱼贩子卖的鱼肚子里。

戍卒队伍里的伙头兵去市场买了鱼回来,剖开鱼肚一看:呵!有字!

——陈胜王。

这顿晚饭,900人可就炸开了锅,大家惊疑不定。吃完饭,陈胜又让吴广跑到驻地附近神祠的小树林中,点亮一盏忽忽悠悠的灯烛,装作狐狸叫:"大楚兴——陈胜王——"

戍卒们听见,面面相觑,更加惊恐。

陈胜故意装作什么也不知道。第二天,大家看见陈胜,都死死盯着他。陈胜心中有数了,这"狐狸广播电台"的舆论宣传,有效果了。

吴广平时对手下很爱护,深得人心,于是他决心上演苦肉计,把戍卒们埋藏在心底的怨气点燃。那时官府派来带队的,有两名正式的军官,官职叫尉。尉官的官儿不大,但吃喝很讲究,常常醉酒。吴广就趁着尉官醉酒时,故意说自己要逃跑。

戍卒逃跑,尉官就要被治罪。其中一位尉官大怒,当众拿起竹条子就狠抽吴广。

百姓没有向着官员的,众戍卒果然被激怒,群情汹汹。吴广趁机夺下尉官的剑,一剑把尉官刺死。

陈胜也没闲着,紧接着就杀死了另一名尉官。

然后,陈胜把戍卒们召集起来说:"各位遇到下雨,都已误期,误期就当斩。就算是不被斩,去戍边而死的,也有十分之六七。咱们是壮士,不死则已,死就应该出个大名。王侯将相,宁有种乎!"

——这算是中国最早的人权宣言了。

戍卒们正愁得不行,这话算是说到他们心里去了,于是齐声说:"愿意从命!"

接下来,就是一套庄严的仪式,全体脱下右臂膀的衣服(右袒),设坛盟誓,拿都尉的头颅做祭品,诈称受了扶苏与项燕的命令,起事了!

陈胜终于实现他的鸿鹄之志。他自立为将军,任命吴广为都尉,宣布建国,国号为"大楚"。国王的职位虚悬,给人印象是,将来不是扶苏来做,就是项燕来做。

一帮还没有上岗的戍卒,怎么造反?他们没有弓箭、没有刀枪剑戟,就拿了锄头、白木棍做武器。没有后勤保障,就"望屋而食",看见有村子就进去吃饭。

装备虽然简单,但造反队伍因为得人心,进展非常顺利,轻松就攻下了大泽乡,紧接着就攻下了当地的县城——蕲县(今属安徽宿州)。

在此之前,造反者只是一些藏在山泽的小帮伙,现在陈胜的队伍一家伙就拿下了一个县城,轰动当然不小。一路挺进,加入者也就甚众,反正老老实实地活也活不好了。

占领了蕲县之后,陈胜做了分兵部署,一小部分向东,而他自己率大部分义军向西,连克数城,一直推进到了陈县(今河南淮阳)。

这一路，义军旌旗飘飘，气势大盛，不断有穷人和失意者加入进来。到达陈县境内时，队伍壮大得已不可想象——有战车七百乘，骑兵千余人，步兵数万人。

这些队伍，虽没有秦军那种威武的锁子甲，胸前背后也没有起起红缨，但几万把锄头林立，也足以让秦朝的地方官胆战心惊。

牛马们，今朝也要怒吼了！

秦朝关东地区的地方官，不可谓不敬业，但他们无法阻止这潮水般的造反队伍。陈县的县令和当地郡守率先逃跑，只留下一个负责治安的郡丞，带着少数士卒与义军接战。几个秦兵哪里是几万把锄头的对手，一开战就被杀个一干二净。

陈胜进入陈县后，邀集了当地的"三老"（乡官，主管教化）与豪杰，共商大计。乡官和豪杰们一致拥戴陈胜，说："将军亲临前线，伐无道，诛暴秦，恢复楚国的社稷，功劳大了，可以为王。"

短短几天时间里，陈胜也迅速适应了身份的转变，其胸怀已不是简单的求生了，他立刻顺应民意，自立为楚王（扶苏、项燕那是等不来的），国号"张楚"，意为"弘扬大楚"。

"楚虽三户，亡秦必楚"的谶语，终于应验了。

穷雇工的"鸿鹄之志"，也应验了。

陈胜义旗一举，天下果然响应。各郡县的老百姓，被秦朝的官吏压迫得太苦了，都一哄而起，把县官关押起来，随后就砍头。秦朝在关东一带的基层政权，迅速瓦解。前面提到的刘邦，此时正隐蔽在芒砀山，听到了消息，也率众攻下了沛县（今属江苏），被拥立为沛公。英布、彭越等江洋大盗也纷纷响应。

这是真正意义上的全民起义，参加者不仅有底层百姓，还有知识分子、六国前贵族、基层官员。魏国的名士张耳、陈余，孔子的八世孙孔鲋，都投奔了陈胜。那位曾经谋刺过秦始皇的韩国贵族张良，也加入了刘邦的队伍。

官员参与造反的，级别较高的有会稽的郡守殷通。他认为亡秦之时已经到了，晚动手就会受制于人，于是也起兵闹事。后来被项燕的后裔项梁、项羽叔侄所杀。

四方豪杰，都喜欢把陈胜叫作"陈王"，一来他本来姓陈，二来义军大本营陈县原为陈国的旧都，叫"陈王"比较顺嘴。

陈胜占据陈以后，在战略部署上是四面开花，分别向南、北、东、西进军。其中西路是主力，又分为三路，直指咸阳。这样做，是要到处点火，狠掐命门，把"大一统"的天下完全搅乱。

　　在陈王的号令下，武臣、张耳、陈余向北，攻略赵地；周市向东，攻略魏地；葛婴向东南，攻取九江郡。而主力则分三路向西，其中"假王"（代理王）吴广攻荥阳、宋留攻南阳、周文攻关中，意在取咸阳。

　　此时秦朝之命运，就看这三路向西的大军战绩如何了。

　　吴广，是起义军的副帅，名满天下，率大军围住了荥阳（今属河南）。可惜，在这里他遇到了强劲的对手。驻防在这里的是三川郡守李由。李由是谁？李斯之子，堪称大才，他硬是挡住了浩浩荡荡的吴广军。

　　宋留一路则比较顺利，拿下了南阳（今属河南），准备取武关。

　　最让秦廷感到震动的，是周文一路。周文有点来历，以前当过项燕将军的"视日"（看太阳占卜的小官），后来又在春申君门下混事，颇知军事，因此他这一路势如破竹，打进了关中。队伍已经扩大到车千乘、士卒数十万人，屯兵于戏亭（今山西临潼东）。下一步，就要一脚踢开咸阳的城门了。

　　历史发展到此，似乎天下没有几天，就要从嬴姓改为陈姓了。可惜，天不助陈，由于起义军发展过快，所以在队伍控制上出了问题。

　　正当吴广在荥阳受阻时，与部将田臧发生矛盾。田臧竟然假传陈王号令，说吴广骄傲，把吴广给杀了。事后陈胜并未责难，而是予以默认，封田臧为上将军。这个事件，是义军初现的乱象。

　　向北一路的张耳、陈余，原就是魏国的小官或清客，他们的梦想就是复兴六国，建议陈胜不要称王。陈胜没听他们那一套，他们就请求拨给军队向北发展。陈胜还是信不过他们，任命了自己的老友武臣为将军，带 3000 人去北方，让张耳、陈余随行。

　　那张耳、陈余在赵地有人脉，两人利用优待秦朝降官的办法，竟然不战而下三十余城。这一路，渐渐地脱离了陈胜的控制，只是给六国复辟创造了条件。

　　周文大军暂时没有什么问题，但其统帅周文，原不过是个算命小官，颠覆秦朝的大任落到他肩上，前景如何？不好说。起义军拥有数十万众容易，得一名将，难啊。

　　那么秦二世面对天下的乱局，是一种什么态度呢？

执政者往往有独特的思维逻辑。当陈胜攻下陈县之后，纸里包不住火了，有使者飞马将坏消息报入咸阳。

秦二世一时反应不过来，连忙召集博士来咨询：老百姓这是要干吗？

看来当年秦始皇的"坑儒"是定向打击，并未把知识分子斩尽杀绝，召来的博士有30多人。他们异口同声地说："这不就是造反吗？应发兵击之！"

这与秦二世的思维完全对不上——秦一统天下，功盖尧舜，百姓安心，怎么可能造反？说话间，他的脸色就阴了下来。

待诏博士（候补博士）叔孙通见势头不对，连忙改口说："诸生说得不对。明主在上，法令在下，致使人人恪尽职守，这点小事何足挂齿？让郡守尉去抓捕就得了，有什么可忧虑的？"

秦二世转忧为喜，遂下令："刚才凡说是造反的，全部交御史审问；刚才说是盗贼的，皆免罪。叔孙通说话尤其符合政策，特别赏给帛二十匹，华服一件，转正为博士。"

谁知那叔孙通根本不领情，见秦二世死到临头还讳疾忌医，领了赏他就潜逃回家乡，投奔起义军去也。

等到周文的几十万大军屯聚在戏亭时，秦二世才如梦初醒：这哪是盗贼啊？朗朗乾坤，法令严明，老百姓怎么要造反啊？他只好又问计于群臣。

伟大帝国的最高执政者，愁眉苦脸地问臣下："奈何（怎么办）？"

毕竟帝国是吸纳精英的正统体制，秦朝高官中，高明者大有人在。九卿之一的少府章邯，本是一个负责国有资源专营和内府制造的经济官员，但其政治头脑在当时属于一流。他出了一个主意，挽救了一下危在旦夕的帝国。

章邯说："这盗贼（不是造反者）已经迫近了，人数又多，征发邻近郡县的壮丁来抗击，怕是来不及了。不过，正在修骊山的刑徒多的是啊，请求赦免他们，发给兵器，可以让他们去挡一挡。"

那些可怜的刑徒，平时在秦二世眼里，连猪狗都不如，如今国家有难，还真只有指望他们出力了。

秦二世脑筋稍微清醒一些了，立刻大赦天下，凡是刑徒、"奴产子"（官私奴隶之子）统统赦免，成为自由民，但都要武装起来，在章邯的领导下为国争光。

光是这帮乌合之众还不够，秦二世又下令，让王离带领防守北方的精锐军队撤回来，与章邯部配合作战。

帝国开始了它最后的挣扎。

秦末乱局中,章邯算是一个奇人,他不光是理财有术,统军的本事也是一流的。他所统辖的军队,不过是刚刚赦免的刑徒,战斗力不可能太强,但在他的指挥下,乌合之众竟然成了雄兵。

只在戏亭一战,就把一路顺风的周文大军打败。周文没了办法,只好撤出关中,退到曹阳(今河南灵宝)。章邯率军来攻,周文苦守了两个多月,弃城退至渑池,在渑池又为章邯所败。

不久前还是声威赫赫的"张楚",现在竟然孤立无援了。

这时候在北方赵地的武臣,不想再听陈王节制,自立为赵王,封陈余为大将

秦二世

军、张耳为右丞相。陈胜大怒,一度想杀了武臣等人的家属泄愤,但上柱国房君劝谏,不如做个顺水人情,让赵王去打章邯。

赵王武臣现在也是王了,哪里肯再为陈王卖命?他不发兵击章邯,转身去攻略燕地了,派部将韩广北攻燕地。哪晓得韩广也学会了主子的那一套,到了燕地,就被当地豪杰拥立为燕王。

原齐国的王族田氏,这时也起兵,自立为齐王。他们不去打秦军,反而趁火打劫,袭击困窘中的周文。

周大将军没有了脸面,自杀了。

周文军崩溃,对秦末局势影响甚巨,首先是田臧就是在这当口杀的吴广,陈胜只能默认事实,让田臧去阻挡章邯秦军。田臧率军在敖仓与章邯大战,失利,田臧本人也战死了。

章邯稳稳当当地解了荥阳之围。

整个局面,陡然逆转。

两路西征军完全溃散,章邯又连连进击,打到起义军的大本营来了。这时除了韩国,其余五国都有了自己的王,可是各有各的算盘,谁也不来救助首义的

陈王身边的重要人物上柱国房君,带兵与章邯在陈县城下激战,不幸战死。陈王又亲自出城督阵,也没用,还是败了。

威震天下的陈王,也走投无路了,于是开始逃跑。

陈胜到了现在,完全乱了章法,逃跑的方向很奇怪。当时他的东北方有起义军刘邦、秦嘉的地盘,可以缓冲一下。可是不知为什么,他选择了没有任何基础的东南方向。跑到汝阳(今安徽阜阳)后,才发现不对头,又掉头往东北跑。这一折腾,耽误了时间,被章邯死死咬住。跑到下城父(今安徽涡阳东南),陈王的驾驶员庄贾绝望了,杀了陈胜,投降了秦军。

一代英杰,就这么不明不白地死了。

此时,陈王下属还有一路西征军毫发无损,就是宋留的那一部分。他们在占领南阳后继续西进,准备攻武关。就在这时,传来陈王被杀的消息,身后的南阳又被秦军夺回。这支义军只好往东撤到新蔡(今属河南),想想,没什么出路了,便全体投降了秦军。

宋留被押解到咸阳,可以想象他的下场——车裂!

陈胜虽然败亡,但忠于他的人还是有的。他的清洁工吕臣,拉起了一支"苍头军",夺回了陈县,把叛徒庄贾给宰了,然后会合到英布的起义军里去了。

陈胜失败的原因,可以总结很多,比如赏罚失当、缺少将领、四面用力、大本营太靠后等等,但根本一条还在于战略失当,他心里明白"务在入关",打进函谷关才是关键,但实际上并没有"御驾亲征",没有集中全力去实现这一目标,这就给了秦帝国一个喘息之机。

陈胜以900名疲惫之卒起兵,到浩荡大军抵近咸阳,才三个月时间;而从戏亭之败到最后覆灭,也才三个月时间。真可谓其兴也忽,其亡也速。他的迅速失败,跟他的个人品质有关。

赏罚不明使得部将离心,关键时刻没人来救,这是一大原因。

前面说了,武臣自立、田臧杀吴广,陈胜给予默认;而陈胜的老友葛婴,屡立战功,在九江郡因为不明情况,立了襄强为楚王。后来听说陈胜自立为楚王,葛婴连忙杀了襄强以谢罪,但陈胜竟不能原谅,杀了葛婴。这样没有标准的乱来,使众人心寒。

此外,陈胜做了楚王后,立刻在陈县这个小地方大建宫殿,沉湎于帝王的享乐中,具有浓厚的暴发户心理。

过去一起干苦力的老朋友来见,说了一些田间地头的旧事,陈胜也不舒服。有人进谗言道:"客人愚昧无知,喜欢胡说,有损大王权威。"于是陈胜就把老朋友给杀掉了,哪还能记得自己曾说的"苟富贵,勿相忘"?就连他的岳父,也受不了他的傲慢,离他而去。

用人方面,陈胜也脱不出小人物暴发后的俗套,喜欢用佞臣,信任佞臣朱房、胡武,用他们来监视群臣。两人也是一样俗套,排斥忠直者,以权谋私。诸将不服,当然见死不救。

尽管如此,陈胜总体上还是一个伟大的人。他首开全民起义反抗暴政的先河,为后世被压迫者提供了一个典范。一个贫苦的雇工,能在六个月内号令天下,与强大的帝国体制相对抗,颠覆了尊卑贵贱的固有体系,起码给了他的继任者刘邦以巨大的心理鼓舞。

就具体而言,他放的这一把火,已燃遍中原,虽然半途熄灭了,但还会有人接着放,最终烧掉阿房宫。

司马迁说:"陈胜虽已死,其所遣王侯将相竟相亡秦。"一个灭掉了六国的强大帝国,却栽在了一个雇工的手里,可见民心是最强大的一种力量。

王翦父子横扫天下

嬴政二十一年,强秦对剩余三家的总清算,开始了。这一年,由小将王贲领军,试探性地伐楚,一口气拿下了十余城。

这王贲,是名将王翦的儿子,此时"尚未及冠"(未成年),小孩儿一个,但智勇不下于其父。嬴政非常看好年轻一茬的将领,这一时期很愿意使用新人。

伐楚的成功,使嬴政心里有了底,这华南虎并不可怕,还是先把大门口蜷缩着的魏国收拾掉再说吧。少一个是一个。

第二年,他令王贲率军转向魏国,包围了孤城大梁。

魏国两年前刚死了国君,太子假即位,他知道这一天早晚要来,又不想投降,可是满天下连个求援的主儿都找不着了,只有困守。

魏王假把大梁城的城墙加固了、雉堞加高了、护城河挖深了,又把城中精壮全部集中起来,配上强弓劲弩,日夜巡逻。

反正不能不战而降,毕竟也曾是七雄之一雄啊。

少帅王贲到这儿一看,硬攻是不成,魏国人说这城池"固若金汤"可不是吹的,于是就仔细察看,看出了破绽——大梁城地势低洼,黄河与汴水皆从城西而过。

王贲笑了:这就是我的两支"水军"呀!

于是他下令挖渠引流,不到一个月,就把沟渠挖到了大梁城下。看准了时辰,王贲下令破堤灌水,滔滔洪水狂泄而出,大梁顿成泽国,人或为鱼鳖。

这样泡了三个月,大梁城多处崩塌,秦军趁势破城而入,魏王假不得已出城投降。秦军入城后大开杀戒,屠了城,没屠干净的居民,后来都迁移走了。

六国中的第四家,也倒掉了。

这真是天命在秦,一个尚未"大学毕业"的小将军,轻轻松松就能灭国。

司马迁后来到过大梁,在城里对老住户访谈,居然还有人记得水淹那会儿。他抚今追昔,也直叹"天方令秦平海内",换了谁来守大梁也不成。

那么下一个是谁? 肯定是楚国了。

嬴政在摆弄天下的棋局中,玩到现在,是处处得心应手了。灭魏之前,他对楚做了试探性的武力警告,结果在灭魏的过程中,楚国一动没动。

与此同时,秦国又派出卧底把齐国君臣也摆平了——我要灭谁,你齐国不要管,自然就没事。

现下,就是集中力量对付楚国的时候了。楚国,是六国中相对强大的一国,事后证明,打起来甚至比打赵国还费力。

伐楚的时机也选得很好,楚国上层发生内讧,新君楚哀王上台才两个月,就被弟弟负刍给杀掉了。现任楚王负刍,根基也不大牢。

在灭楚之前,嬴政召集文武群臣,专门开了研讨会,主要征求了两位战将的意见,一位是王建,一位是李信。

李信也是个少年将军,估计岁数比王贲也大不了多少。他在灭赵、灭燕战役中都是王翦的副将,屡建奇功。特别是到辽东去抓燕太子丹时,只带了几千轻骑,千里奔袭,把燕王父子追得无路可逃,这一点甚获秦王赞赏。

正因为如此,李信也就有点傲气。

嬴政先问李信:"我要攻取楚,将军您考虑,要多少人够用?"

李信没把楚国当成什么,一拍胸脯说:"不过用20万人。"

嬴政转而又问老将军王翦。

王翦答道："非60万人不可。"

嬴政忍不住笑了："王将军果然是老了，何故胆怯至此！"

于是很快敲定，由李信和蒙恬带领20万军队伐楚。

王翦无端被秦王视为懦弱，心中不平。因为这个缘故，告老还乡去了。

嬴政二十二年，灭楚行动开始。秦军分为两路，李信一路攻击平舆（今属河南），蒙恬一路攻击寝（今安徽临泉）。

王翦

楚国方面也知道最后的时刻到了，派出了老将项燕，以全国之力迎击秦军。

一面是少年将军、兵甲鲜丽；一面是沙场老夫、众志成城。好戏就这么开演了。

秦军首战的这两处，都无险可守，因此轻松地拿下。

蒙恬得手后，又转而攻占城父（今安徽亳县）。李信接着也攻占鄢郢。看来，楚国真不是什么华南虎，跟待宰的羔羊差不多嘛！李信志骄意满，急于得胜，便孤军深入千里，去与蒙恬会合。

中国有句俗话说"老将出马，一个顶俩"，说的就是下面将要出现的情况。其实中国的真道理，都在这样的民间俗语中。

楚将项燕，早看出了李信孤军深入的破绽。老将军不打阵地战，专打运动战，率领楚军紧随李信军之后，三天三夜，马不停蹄，夜不宿营，瞅准了机会发起攻击，连破两座营垒，杀死七名都尉，大破李信军。

李信军支撑不住，狂奔而归，全数退出了楚境。

而另一路蒙恬的军队，也遭遇失利，不得已退入赵国旧地。

灭楚的第一阶段战役，秦军竟然输得这么惨，秦国从上到下，全都惊呆了！

这个结果，使得秦王嬴政勃然大怒，也使他头脑冷静下来，明白了少年不是在任何条件下都能胜过老年。于是他放下身段，跑到王翦的老家频阳（今陕西富平北），向老将军登门谢罪，请王翦出山来掌军。

嬴政说："寡人不用将军计谋，李信果然使秦军受辱，现在楚军逐日向西进兵，将军虽有病，但忍心就这么弃寡人于不顾吗？"

王翦当然要推辞,秦王就一再坚持。

最终王翦只好同意出山,但提出:"既然出兵,就要60万,前议不能变。"秦王也痛快:"悉听尊便!"

把条件一谈好,秦王就请老将军登上自己的车,回到咸阳,挂上帅印,又集结起60万大军。出发那天,秦王亲自把王翦送到郊外的霸上。

这是什么阵势?秦国全国的精壮,都在此集结了,秦王孤注一掷!

在饯行的宴席上,王翦忽然从袖子中抽出一只竹简,上面列有良田、宅院、园林、池塘数处,说:"臣老矣,请把这些赐给臣。"

秦王很纳闷儿:"将军走就走吧,何患贫穷?"

王翦说:"臣为大王的将军,按秦制,有功也不能封侯,所以趁着大王还信得着我,特作此请,不过是为子女留点基业罢了。"

秦王大笑:这老家伙,心眼还蛮多。

秦军即将出函谷关时,王翦又派使者回朝,要求再增加几处良田与豪宅。就为这点事,一共派了五次使者。有人看不过去了,对王翦说:"将军您请赏,可以理解,但这也太过了吧?"

王翦答道:"否!秦王暴躁而不信人,现在把秦国所有的甲士都交给了我,我不这样多请求些良田豪宅,捞点既得利益,秦王不就要怀疑我有异心了吗?"

重权在握的人,有这样清醒的自保意识,实属不易。

王翦看看没啥问题了,就带领浩荡大军,直入楚境,选择了汝阳(今属河南)附近的天中山,屯兵练武——他李信冒进,那我就不进,先看你楚军怎么玩?

这时,楚军方面仍以项燕为帅,搜罗了全国的丁壮,差不多也有60万,铺天盖地前来迎敌。但他们看到的是,秦军连营十数里,壁垒森严,外面一个兵都没有。

楚军几次前去挑战,王翦就是一个不理。那么,几十万秦军,窝在营垒里干什么呢?

秦军在养精蓄锐。

秦兵多为北人,初到南方多有不惯,王翦就让他们天天洗浴、休息,以适应环境。他还为士兵改善了伙食,与士兵同在一个锅里吃饭。

这样一拖就是几个月,王翦忽然派人打听,军中可有人在玩游戏?手下报告说,士兵们都在做"投石超距"的游戏呢!王翦大喜,断定士气已经养足了,于是决定开战。

那边厢，楚军巴巴地等了几个月，也没捞到仗打，爱国热情早就消耗完了。在这个战场，楚国全国的兵员都在这儿了，食量惊人，粮草也渐渐地有些不济。项燕派探子去秦军营中察看，发现王翦每天除了喝酒就是按摩，按摩完了就打盹儿。项燕心里有数了：这家伙心态比我老多了，生怕一战不利而葬送英名，这么窝着不动完全是为了自保。于是，项燕就下令楚军拔营，撤军东归。

楚军一动，几十万人归心似箭，不可能那么有秩序。王翦等的就是这个时机，他一声号令，洗了好几个月澡的秦军蹦出来了，势如猛虎出槛。

这是一支什么样的军队！秦制是以军功封赏，多杀敌就能封爵。战阵之上，大秦的黑衣武士一手提刀、一手提首级，呼号震天，浴血前行，简直视阵中如无人一般！楚军主力哪里挡得住，瞬间溃败，一路狂奔。

王翦率军急追，在永安（今属湖北黄州）追上了楚军，两下里再战，楚军再败，完全溃散了。王翦随后与蒙武分兵，自己率大军直插淮南，让蒙武屯兵鄂渚（今湖北武昌一带），作为呼应。

王翦军摧枯拉朽，直捣楚国的新首都寿春（今安徽寿县），将楚王负刍稳稳擒住。然后，老将军与蒙武合兵一处，狂扫楚境。

捷报传回咸阳，一直在闷头等消息的嬴政，终于沉不住气，高高兴兴地跑到楚国旧都郢，举行受降仪式。他斥责楚王负刍犯了弑君篡位之罪，将其贬为庶人，楚国到此也倒掉了。

楚国毕竟是大国，死而不僵，还有项燕那一拨残部在活动。项燕狼狈逃至淮上，在当地召集青壮，伺机再战。募集了数万人马之后，仓皇间竟不知楚王下落。这时候，恰好遇到了一位楚公子，就是昌平君。

这昌平君我们在前面提到过，就是协助嬴政歼灭缪毐集团的那位客卿，后来不知为何有叛秦行为，得罪了嬴政，被迁徙到秦国占领下的郢。后来，他可能是擅离流放地，进入了楚境。顺便提一句，秦对楚国发动的这场决战，名义上就是要捉拿昌平君。

项燕就拥立昌平君为新的楚王，率众渡江，到了兰陵（今江苏武进西北）暂作喘息。

第二年，秦军浩荡东进，造大船数十艘顺流东下，直逼兰陵。项燕没办法，只能闭门守城。秦军士气旺盛，日夜攻城不止。

不久城破，昌平君中流矢身亡。项燕抚尸痛哭，而后仰天长叹，自刎而死。

秦发动的灭楚战争，在灭六国战争中殊为不易，差一点就半途夭折。项燕老将军的壮烈殉国，使楚人耿耿于怀。数年后，一位叫楚南公的老者，说了一句狠话：

楚虽三户，亡秦必楚。

这就是谶语，后来验证，果然被说中。当嬴政死后，大名鼎鼎的反秦义军领袖项羽，就是项燕的侄孙。

历史就是这样冤冤相报的，有些事，不可能做了就做了。

在秦灭掉了五国后，天下的局势是：一支秦军由少年王贲领着，在北方；一支秦军由王贲的父亲王翦领着，在江南。

这真是，嬴家天下王家军，无怪王翦在伐楚之前要那么战战兢兢，生怕秦王起疑。

这父子俩在分别灭燕和灭楚后，还做了一些扫尾工作，王贲顺手牵羊，灭了燕国的附庸代国，生俘代王嘉。王翦南征百越，降服了越君，置会稽郡。这样，北至辽东，南至江南，就都收入了大秦版图。

后世华夏大一统的雏形，已隐然可见！

这就是我们族群今日的根基。

所有的征战杀伐，都不是没有来由的。

秦王大喜，下令天下大宴三日。宴毕，一个最迫切的问题就摆到了桌面上：六国中的最后一国，什么时候倒掉？

秦王嬴政把这任务交给了王贲。他给王贲下谕令说：灭代，是顺手牵羊的事，就不必专门兴兵了。而代与齐，道路相同，不过是归途中的一碟菜，小将军您也顺手把它给端了吧！

齐是超级大国，军事力量远远超过三晋与燕，历来与秦抗衡，以前秦的几次东进失利，与齐的幕后遏制都有关系。

秦发起统一战争后，在消灭赵、楚这两大强国时，都遭遇过重大挫折，为何这一次嬴政却看得如此轻松？

原来，今日之齐国，已全无大国的脊梁骨了。

现在的齐国国君是齐王建。齐王建上台的时候年龄太小，由他妈妈君王后掌权。这位君王后，是一位难得的贤明女主，她的外交方针是：对秦国恭谨有礼,对其他诸侯讲信用,维持良好的"国际关系",致使齐王建上台后40多年里齐国未受兵灾。

她的韬晦战略颇受世人的赞扬,但也埋下了危险的伏笔,在列强兼并中独善其身,实际上是做不到的,秦国实行远交近攻战略,"远"只是放在最后去解决。齐国本应该充分利用空间优势,变革自强,利用这段缓冲时间,把自己打造成令秦国无可奈何的堡垒。

但是,齐国保守的国策,决定了它在秦国的威胁面前无所作为,但求苟安。

君王后去世之后,齐王建毫无主见。秦国则派了大批卧底进入齐国,用重金收买了几乎全部的齐国大臣,使齐国的朝廷变成了秦国的一个"支部"。齐国的丞相后胜,则是卧底集团的总头儿。

被卧底操纵的结果就是:齐国不修战备,不助五国。当五国纷纷翻船的时候,齐王建不考虑自己的船是否也会翻——这种冷酷的现实问题,一想就头疼,不想,也许就不会发生了吧?

于是,他治下的齐国,就成了腐败的安乐窝。

随着五国的崩溃,各国的贵族纷纷东逃,来到齐国躲避,这就更增加了齐国上下醉生梦死的气氛。

当时的齐国首都临淄,最繁华的地方是游乐场,大家斗鸡、赛狗、赌博、踢球……玩得不亦乐乎。当时最吃香的行当是"三陪",最受人崇敬的是"蜘蛛侠"式的高级窃贼。

这样的腐败之邦,不是一踹就倒吗?难怪嬴政把它视为顺手牵羊的事。

当王贲率大军南下之后,原先灭魏国的一支秦军也进驻历下(今山东济南)。秦军的战车就要铺天盖地而来了,齐国朝中竟然掀起了一场大辩论:究竟应该"抗秦"还是"朝秦"?

由于卧底集团的撺掇,齐王建决定,还是去朝见秦王。服一下软,也许能换来苟安。

这一去,难道还能够回来?君王糊涂,却有小官不糊涂,当齐王车驾通过临淄的雍门时,一个掌管城门治安的小官拦住了车子,问齐王:"立您为君王,是为社稷呢,还是为您自己?"

齐王建说:"当然是为社稷。"

雍门司马又问:"既然是为社稷立王,那么您为何离弃社稷而人秦?"

这问题既简单又深刻,齐王建品出了其中的道理,恍然大悟,便下令车队返回,不去秦国了。

下一步怎么办呢?齐王建与丞相后胜商量了半天,拿出了一个不是办法的办法——发兵守西部边境,断绝与秦国的外交关系。

这还能有什么用?一个国家,无论经济怎么繁荣,如果不居安思危,不用心经营周边的战略缓冲带,那么大敌当前时,除了投降还能怎样?

这时仍有即墨大夫不甘心,向齐王建提出建议说:"我们齐国地方数千里,带甲数百万,不能就这么完了。现在三晋的大夫、楚国的大夫不愿意降秦,都跑到我们这儿来了。给他们百万之师,则三晋故地可以收归齐国,楚国故地也可以收归,那齐国不就很威风了,秦国的灭亡指日可待。大王您不南面而称帝,反而西面去侍奉秦,这是啥意思?"

这位即墨大夫,显然是苏秦、张仪的学徒,把个抗秦的事说得太轻松。不过也不是全无道理,利用列国贵族的复仇情绪做文章,是抗秦的一个好主意。只是当时齐国的体制,已完全丧失了这种动员能力,它只能继续腐败下去。

当南下的秦军与驻历下的秦军会合后,就直扑齐国首都临淄(今属山东淄博)。由于齐朝中卧底集团多年的影响,临淄城根本就没设防。秦军兵不血刃,"猝入临淄",和平接管了这个东方第一城。

不过此时齐国还不算亡。临淄虽陷落,但齐国的广大领土尚未全部丧失,齐王建出奔在外,如果抵抗,秦军还是要费一番力气的。秦国摸透了齐国的国情,派出使者,以500里封邑诱降齐王建。

不死,不囚,还有封邑——这诱惑对齐王建相当有效,于是他选择了投降。可是,齐国一灭,这场交易的仲裁者又在哪儿呢?秦国抓住齐王建后,立马赖账,把他迁徙至共地(今河南辉县),囚禁在一片松柏林中,活活把他给饿毙了。

灭齐灭得如此之轻松,在六国中绝无仅有,可见"银弹政策"之威力,不下于金戈铁马。

六国既亡,春秋战国这场大戏也就宣告落幕。后世对这一段历史总是无法释怀,关于秦国为何完胜、六国为何灭亡的探讨,不绝于史,对于其具体的、技术性的原因见仁见智。当然,近世也有总括性的阐释,说这是秦国以"恶"为历史开道。

秦在统一战争中,确有太多的杀伐、太多的奸诈,但仅用一句"人性恶是历史发展的杠杆"来概括,恐怕还不足以说透。

秦之胜利,是秦穆公以来400年连贯不断地扩张国策所致,更是商鞅最彻底的变法结出的果实。

六国抗秦,不可谓不英勇,其间也曾英雄辈出,但是他们挡不住秦军的战车,就因为他们任何一国都没有连续性的扩张国策。唯一在较长时间里力图扩张的楚国,也因楚怀王的昏庸而导致衰落。

秦国是这样胜出的——它一有耐心,二有办法,在400年间几乎是用了水滴石穿的工夫,打破"三晋"的强劲屏障,把不可能变为了可能。

至于秦国的扩张,也不能简单地归结为君主的贪欲。一国之内,仅够他贪的,何须劳神费力地搞扩张?

历史上,曾经有一个潜动力,那就是:一个族群,总要为自己的后代争取更大的安稳空间。春秋战国,诸侯林立,虽然文化在政治分裂中繁盛起来,但统治者和民众为了长久的安定与繁荣,却宁愿牺牲文化的繁盛,只要求稳定的大一统。

秦取天下,华夏族群果然就有了2200年总体的统一和繁盛,我们的祖先也因此活在了一个远高于欧洲中世纪的环境中。

福从何来? 不能忘却了源头。

至于秦在统一过程中过度使用了暴力,这不用掩饰,它也为此付出了沉重代价——短命且被后一朝代妖魔化。当然这是另外一个问题了。

秦之黑穗旗,飘扬在华夏南北西东,无论怎样也是一桩伟业。

这个不屈不挠的国家,在2200年前就把郡县制行政管理推广至全部中土,几乎与现代国家无异,这才是赳赳老秦最神奇的地方!

"大一统"的政治,其实并非嬴政君臣首先提出,它的理论最早是出现在战国儒者所著的《尚书·禹贡》与《周礼》中。

这个政治理想,就是由历史的潜动力所催生的。

有了理想,就会有实践。

秦国,秦的历代君王,大秦的赳赳武夫,就是这个理想的最决绝的践行者。

后妃轶事

始皇生母赵姬

1.从歌妓到太后

秦始皇嬴政是中国数千年专制时代的第一位君临天下、拥有万方、叱咤风云的皇帝。他统帅强大的秦军崛起于西秦,以不可一世的声威挥师东进,横扫六合,威服四海。六国养尊处优的君主嫔妃、王孙公主、皇亲国戚无一不胆战心惊地揖首跪伏,俯首称臣,四海豪杰英雄也无一不为之由衷折服。秦始皇真正是天地间顶天立地、睥睨四海的第一人。

然而,傲视天下的秦始皇内心却是异常虚弱的,他的身世也一直讳莫如深,令他汗颜——他的母亲是一个被商人玩弄的歌舞伎,怀孕后再被商人送给秦王而后生下了他,从此以后,这个女人随着他一步步夺得天下,而从一个歌舞伎一跃而为母仪天下的太后,秽行和绯闻始终缠绕着她,从而使自少年到君临天下的秦始皇一直为此胆战心惊,蒙受不可言表的羞耻。

秦始皇的母亲赵姬是个怎样的女人?她是如何从一个美艳风流的歌舞伎一跃而为万民景仰的太后?

这是一直强大的秦帝国重重深宫中一个令人迷惑又讳莫如深的宫禁之谜。

秦的先祖最初是周天子的牧马官,因为牧马有功而被天子看重,赐给采邑。采邑的封地在今天的甘肃省陇西县。周天子赐给嬴姓,称为秦嬴。

经几百年的风雨洗礼,到群雄角逐的战国末年,秦迅速崛起,经过不断地吞并和扩张,终于成为势力强大的七雄中实力最为雄厚的称霸一方的诸侯。

秦的辖域辽阔,国力雄厚,兵威强盛。名义上周天子还是统辖天下的天子,但实际上只是徒有虚名,号令只不过行于弹丸之地的王畿。周天子惶惶终日,知道自己的命运捏在诸侯的手里,不知道哪一天惹怒了诸侯,会挥兵而进,取自己而代之。周天子小心谨慎地度着日月,苟且偷生地守护着小小的王畿,生怕在言语行动上冒犯了拥兵自重的各大诸侯,尤其是其中虎视眈眈的强秦。

公元前256年,小心度日的周天子终于激怒了秦王,秦王横眉冷对,周天子吓破了胆,赶紧献出自己赖以存活的王畿三十六城和三万民户给秦王,以保全自己名存实亡的天子地位。秦昭襄王自然转怒为喜,欣然地接受了一代天子将王畿重地的进献,堂而皇之地成为王畿的三十六城和三万民户的统治者。

周天子委曲求全,只想保留自己的天子地位。可是,诸侯欲壑难填,最终想得到的是君临天下的天子之位。退让和欲求无法调和,周天子最后没有了退路,随着周走向灭亡,周天子便别无选择地踏上了穷途末路。中国历史便进入了多事之秋的战国争雄时代。而取天子而代之的自然是群雄之首的强秦,秦昭襄王一跃而为诸侯的领袖。

七十高龄的秦昭襄王驰骋沙场已历半个世纪,他知道自己的时日已经不多了。谁来接替王位?太子柱封为安国君,太子自然是未来王位的继承人。但昭襄王仍有隐忧。太子柱沉淫女色,后宫美姬侍妾盈庭,最宠的是细腰丰腴的楚国美女,立她为正妃,称华阳夫人,而这位正妃夫人始终纵情享乐,却一直没能生下一个儿子。秦王室的未来令昭襄王堪忧。

太子柱的众多姬妾中,夏姬备受冷落,夏姬所生的儿子子楚自然最不得宠。子楚在太子柱的众多儿子中排行居中,在昭襄王眼里也是一位不大引起注意的皇孙。当时是群雄角逐的时代,各国互相猜忌,又互相利用,于是,各国之间便互派王族子孙作为人质,以此确保彼此的信任。子楚便被昭襄王送到赵国作为质子。

秦将白起一次坑杀赵国四十万降卒,秦、赵关系便一直十分紧张,赵国人痛恨西秦。子楚在这种情况下作为人质生活在赵国,他的狼狈日子可想而知。秦、赵两国相邻,攻伐征战时有发生,而且赵国几乎每战必败,满腔仇恨的赵人无法对质子子楚以礼相待。

挣扎在水深火热中的王孙子楚正当对生活绝望的时候,遇见了智慧过人的大商人吕不韦——从此以后,子楚的命运急转直下,政治地位彻底改观,并一举登上了王位,君临天下,而子楚的夫人赵姬也因此而发迹,生下了吕不韦种下的儿子嬴政。

韩国大商人吕不韦是阳翟(就是今天的河南省禹县)人。他为人精明,常在韩、赵两国贩运货物,赚了不少钱,并在赵都邯郸颇有名气,能出入皇宫大院。

既有商人精明又有政治家敏锐的吕不韦熟知秦、赵的关系和强秦的重要深宫内幕。吕不韦在拥有相当财富以后便转而投机政治,把赌注压向受尽磨难又在秦宫中没有一席之地的子楚。吕不韦对自己充满信心。

吕不韦和他父亲的对话充分显示了吕不韦的非凡见识。吕不韦问,他的父亲作答。耕田力作能获几倍的利益?年成好的话,能获利十倍。买卖珠宝能获几倍?如会做买卖,能获利百倍。如果投资一个人,帮他取得王位,君临天下,这种大投资如获成功,又能获多少利?

吕不韦的父亲一时被问住了。是的,这样的问话谁也无法回答,只能笑话问话者痴人说梦。吕不韦的父亲也为此呵斥吕不韦,望他好生活着,别白日做梦,想入非非。

吕不韦决计要做一场白日美梦。他身穿美艳的衣服,骑着高头大马,直奔在赵都邯郸作为人质的子楚官舍,求见这位郁闷不乐的王孙。子楚见来人气宇轩昂,衣冠华丽,便迷惑地问有何见教? 不料来人直截了当,说有办法让质留此地的子楚高大门第!

一番试探以后,吕不韦和盘托出自己的计划:秦昭襄王已经七十有余了,太子安国君入主王位为时不远。然而,太子宠幸正妃,正妃华阳夫人没有儿子。安国君有儿子二十余人,子傒居长,并有士仓辅佐,声望极好,极有可能立为嫡嗣。公子在诸兄弟中排行居中,又久为质子在外,皇祖和父亲极少亲近,宫中又没有人相佐,一旦安国君即位,再想立为嫡子,几乎没有可能。要想改变目前的处境,结束这种囚禁的生活,目今之计,只要努力,事在人为,还来得及!

子楚被吕不韦的分析所震动。接着,吕不韦表示他要竭尽全力,为子楚谋取王位继承人的宝位:先资助重金,到秦都为子楚四处活动,尤其是笼络住华阳夫人;华阳夫人没有儿子,一旦她接受,由她在安国君面前说句话,子楚就极有可能立为嫡嗣。

子楚被这套计划所激动,感恩地对吕不韦许诺:一旦计划实现,必以秦国所有,和阁下共享。吕不韦一颗石头终于落了地。吕不韦随后送五百两黄金给子楚,让他多方结交秦国和各国重要人物,礼贤下士,获取名声。尤其嘱他要厚待秦王宫中的使臣,言谈话语中充分表达对安国君和华阳夫人的思慕,谦卑礼让,让贤声传扬内外。

一切按计划进行,十分顺利。子楚获得了华阳夫人的喜爱,安国君刻一玉符作为信物确定了他的嫡嗣地位，子楚的王位继承人指日可待。吕不韦也由一个贩运货物的商人堂而皇之地做了子楚的傅保。

吕不韦富甲一方，府第金碧辉煌，美女充栋。吕不韦尤其宠爱能歌善舞的绝色佳人赵姬。吕不韦和赵姬纵情享乐，形影不离，赵姬不久有了身孕。这时，子楚到吕府赴宴，意外地见到了美艳夺人的赵姬，子楚一见钟情，要吕不韦割爱。见识过人的吕不韦慎思以后，慷慨相赠。子楚喜出望外，对吕不韦感激不尽。不久，被子楚宠爱的赵姬生下了吕不韦的儿子。子楚以为是自己的儿子，不胜欢喜，取名嬴政。他便是后来的秦始皇。

公元前255年，秦、赵爆发战争。秦大将领兵围困赵都邯郸。困在城中的子楚和吕不韦岌岌可危。吕不韦用重金买通了邯郸门吏，和子楚顺利地逃出了邯郸，回到秦国。子楚夫人赵氏化装逃匿，带着儿子隐于民间，从而保全了性命。

公元前250年，昭襄王去世，安国君继位，就是秦孝文王。华阳夫人立为王后，子楚立为太子。孝文王遣使到赵国，迎子楚夫人赵氏和其子回国。不到一年，孝文王病逝，子楚继位，为秦庄襄王，华阳夫人尊为华阳太后，子楚的母亲夏氏尊为夏太后，夫人赵氏立为王后，儿子嬴政立为太子。吕不韦拜为相国，封文信侯，食邑十万户。

庄襄王在位三年便离开人世，太子嬴政继位，时年十三岁。嬴政尊母亲赵氏为太后。吕不韦依旧为相国，尊称为仲父，朝野政务尽决于文信侯吕不韦。这时的天下已非秦的天下，而是吕氏父子和赵姬的天下，但嬴政却不知道他的真父是谁，只知道自己是庄襄王的儿子，体内流淌着秦王的血。

赵太后知道儿子的父亲是谁。她爱儿子，但盛年寡居，更眷恋当年云欢雨合的恋人吕不韦。深宫长夜寂寞，赵太后在母仪天下的国母至尊和享乐人生的男欢女乐方面终于倾向于后者。赵太后生活在皇宫，时常在白天和黑夜召见相国吕不韦，他们相见当然不是商讨军国重事，而是重拾旧爱，叙述离情，两相欢爱得死去活来。这是一种较之以往更富于刺激的偷情欢爱。

以往的赵氏不过是地位低下的歌舞伎。是商人吕不韦召之即来、挥之即去的一件软体玩物。吕不韦对歌舞伎赵氏恩爱不薄，但那时赵氏是理所当然属于吕不韦，是吕不韦的私人宠物，想怎么欢爱就怎么欢爱，想多少花样就可以有多少花样，谁也不能如何。

可是如今却不同，赵氏是君临天下的秦王的母亲，是天下盟主的强大秦国的太后，赵氏生活在九重深宫。吕不韦这时从心理上当然更想占有这位至尊至贵又风韵犹存的女人。但是，他俩的欢爱却不能堂而皇之、登堂入室地来，只能在尽可能的掩人耳目的情况下偷情。这种滋味当然是又刺激，又新鲜，又兴奋又不解渴，越偷越不过瘾，事后也就越想。

一天天长大的嬴政却日渐令人畏惧。他长着鹰鼻、长目，壮硕的身躯上却是鸡胸，声音细脆如豺声，为人阴冷狠毒。忘情欢爱的赵太后只觉得一天比一天饥饿，恨不得天天拥着吕不韦，昼夜欢爱。然而，精明过人的吕不韦却不能，他尽管喜好赵氏的美色，但决不会沉溺其中，不能自拔，而不知道防患未然。事实上，吕不韦是个城府极深、富于谋略、未雨绸缪的智人，他当然看到了和一代太后偷情的险恶，尤其是发现了秦王一天天长大，嘴上冒出毛茸茸的胡子，吕不韦更明白了应当当机立断，从太后的怀抱中脱身。

如何既满足太后的欲望，又巧妙的脱身？吕不韦终日思谋着，并很快有了一个金蝉脱壳的妙计。智者吕不韦又一次获得了成功。

2.深宫秽行

赵太后的欲求是异常强烈的。吕不韦深知，赵太后只要能得到满足，不一定非要吕不韦不可，能取吕不韦而代之又要忘却吕不韦的人物自然是一位"本事"出奇、性功能极强的人，只要有了这样一个男人，吕不韦深信自己便能顺利脱身，不仅不会开罪了太后，还会更得太后的信任。

吕不韦派人四处查访，就在自家舍人中发现了一个名叫嫪毐的人。嫪毐原是一名邯郸的浪人，算来还是太后的同乡。吕不韦得知他的"本事"十分出众，见识以后相当满意，便将嫪毐留在了身边，以上好的酒食款待，并时时召来娼女，让他们大肆行乐。

嫪毐的伟力便很快传遍深宫。太后得到了奏报，一时心痒难忍，极想得到这么一个床上能人。太后终于憋不住，让吕不韦将嫪毐弄进深宫。

吕不韦等的就是这句话。吕不韦派人指控嫪毐犯有重罪，审讯以后立即判以宫刑。太后和吕不韦厚赐负责行刑的官吏，指使其掩人耳目，假行宫刑，只是将嫪毐的胡子、眉行拔尽，而保留了应阉割的东西。于是，嫪毐以宦者的身份进入深宫，送到了太后身边。倚窗而待多日的太后哪里把持得住，当即行淫，快活得死去活来。从此,嫪毐不离太后左右,终日欢爱,吕不韦便顺利地退出了这场险恶的情感漩涡。

太后和嫪毐不分昼夜,在所有能够欢爱的地方忘情行淫。结果,多年未孕的太后又一次怀孕。太后知道以后,并不害怕,但寡居怀孕终不是好事,还是以不让人知道为好。太后如果想打掉孩子,也是可以想想办法的,奇怪的是,贪恋嫪毐的太后竟也痴情地想生下他的儿子,并为此而不怕失去了身为秦王的嬴政。

太后占卜一卦,对嬴政说,卦象指示应迁徙宫室,以避灾祸。少年嬴政唯诺听命,太后就带着宦者嫪毐,迁移到远离皇宫的雍城。雍城是个独立的城市,富饶美丽,别具风格,尤其是十分隐秘。太后和嫪毐到雍城后,无所顾忌,公然一同起卧,俨然一对恩爱夫妻。

太后在雍城长年和嫪毐欢爱,结果,一连生下了两个儿子。太后痴情于嫪毐,但他知道,两个儿子都生下来了,这样下去,肯定不会隐瞒多久,一旦事情败露,该是如何个了局? 太后就和嫪毐谋划:如果事情被秦王嬴政知道,就一不做,二不休,一举起兵,收拾秦王,取嬴政而代之,并以生下的两个儿子作为嗣君。

嫪毐获得了太后的垂爱,太后对嫪毐的赏赐有增无减。太后封嫪毐为长信侯,将丰饶的河西太原郡赐赏嫪毐,作为他的封地。雍城宫中的一应事情都决于嫪毐,而且,雍城的一应军政也都尽委嫪毐,实际上,嫪毐成了雍城这个小小王国的国君。嫪毐富甲天下,威风凛凛。他的僮仆达数千人。投奔其名下奔竟仕途的宾客舍人也达千余人。嫪毐府门庭若市,不可一世。

嫪毐在太后的娇惯下,无所顾忌,忘乎所以,结果招致了灭顶之灾。秦始皇九年,嫪毐一次和朝臣饮酒。酒醉以后,两人争执了起来。嫪毐借着酒劲,怒气冲冲,不无炫耀地抖出了隐私。嫪毐称自己是当今太后的心上人,是太后离不开的情夫,是当世秦王的假父,这样的身份,你区区朝臣还敢顶嘴?

嫪毐的隐私暴露以后,消息不胫而走。有人就将这一太后秽行告知成年的秦王嬴政,说嫪毐不是真宦者,而是冒充的宦人;嫪毐和太后私通多年,秽行深宫,并且公然生下了两个儿子,养在雍城;不仅如此,嫪毐还同太后密谋,一旦有变,就取秦王而代之,并以儿子继承王位。

秦始皇得报以后,万分愤怒,立即派人前去查实。调查的结果当然与举报相符,而且此事还牵涉到了相国吕不韦。秦始皇便着手了结母亲这件令他汗颜的奸情。

长信侯嫪毐得河西太原郡为毐国,享受着王侯才有的车马宫室,过着钟鸣鼎食的生活。嫪毐当然不能失去这些。

嫪毐就先发制人。这是风和日丽的四月,秦始皇嬴政在雍城蕲年宫行冠礼。嫪毐出其不意,先声夺人,窃取秦王御玺和太后玺,急调县卒、宫卫官骑袭击蕲年宫。嬴政闻变以后,沉着应战,命相国昌平君昌文君领咸阳士卒平息叛乱,攻打嫪毐。两方人马大战咸阳。

关键时候,长于征战的嬴政颁令悬赏:凡有战功的都拜爵厚赏;宦者参战的拜爵一级;国中有拿获嫪毐的赐钱一百万;杀死嫪毐的,赐赏五十万。经过一番较量,惨烈的激战之后,嫪毐败北被擒,叛军死伤无数。

嬴政将嫪毐施以重刑:车裂嫪毐,灭其三族。嫪毐的死党卫尉竭、内史肆、佐弋竭、中大夫令齐等二十余人枭首;追随嫪毐的宾客舍人罪轻者为供役宗庙的取薪者——鬼薪,罪重的四千余人夺爵,充军西蜀,徒役三年。太后和嫪毐生下的两个儿子装入囊中扑杀。太后逐出咸阳皇宫,迁到城外的窭阳宫,断绝母子关系,永不再见。嬴政还特地颁令群臣:敢有以太后事进谏的,当即杀戮,蒺藜其背,断其四肢,悬尸宫外。

赵太后秽行深宫,虽然有些过分,但毕竟是情理中的事,而且终归是嬴政的母亲。嬴政这样处死了假父,扑杀了两个弟弟,又这样绝情于母亲,朝臣们觉得似乎不妥。虽有禁令在先,但朝臣们还是婉转进谏,结果,先后有二十七人被处死,并真的一一悬尸于宫墙之外。

秦宫血雨腥风,阴气逼人。在这种情形下,宫室又走出了齐国人茅焦,从容不迫,俨然视死如归,径直到秦始皇的宫门外求见嬴政。嬴政当然知道他的来意,让侍从告诉茅焦:看见宫墙外的二十七具尸体了吗?这二十七人都是违令替太后说话的,都是这样的结果,你难道还想送死?

茅焦从容地说:告诉皇上,天上有星辰二十八宿,现在是二十七人,我正好凑足二十八数;如果怕死,我就不来了! 侍从入门奏报。嬴政一声冷笑,吩咐:备好油锅,把油烧沸。嬴政阴冷的脸上掠过一丝笑意,心想凑满二十八宿之数正好,此后不会再有大臣进谏。

茅焦随着侍臣走进了警卫森严的宫门。甬道两边的花木无限眷恋地在轻轻摇曳,仿佛在向这位仁义侠士依依告别。茅焦走进大殿。秦皇嬴政一脸冰霜,正威严地坐在龙椅上,怒目注视着茅焦。

茅焦不慌不忙地走到御座前,行过叩拜大礼以后进奏说:小臣之所以敢于面谒陛下,是因为小臣觉得,自古以来,爱惜生命的人并不忌讳死;同样,一个以国家为重,明白国家兴亡道理的君主,也不会忌讳别人说国家危亡;道理很简单,如果只知道忌讳死,那不一定就能够确保长生;如果只知道忌讳亡,国家也不一定就会不亡,所以,世间生死存亡的道理,贤明智慧的君主都想知道,陛下难道不想知道吗?

秦皇嬴政默默看着他,那意思已是默许,表示愿闻其详。但是,嬴政的脸上依旧没有释然的神色,而且,油锅已经沸腾,滚滚白烟飞升翻卷,狰狞恐怖。茅焦发现秦皇已听进了自己的开场白,心里松弛了许多。茅焦更有把握了,他觉得自己完全能说服这位刚愎自用、不可一世的君主。

茅焦停顿片刻,继续说:陛下虽然圣明,但最近陛下有狂悖的行为,而陛下自己却一点也不知道——陛下车裂假父,囊杀二位弟弟,将亲生母亲迁出深宫,又残忍地杀戮直言谏士。陛下想想,商纣、夏桀的行为有过于此吗?如果天下臣民知道这些,臣民们能信服陛下吗?臣民离心,天下崩溃,再有谁来倾心于秦国?小臣只是替陛下担心。小臣就说这些。

茅焦说完以后,自己走向油锅,从容不迫地解去衣服,准备下油锅就烹。秦皇嬴政听了这番话,目睹了茅焦夺人的风姿,心中悦服,感叹这真是一位顶天立地、仁义干云的英雄豪杰!嬴政阴冷的脸已经释然,亲自走下座位,将侠义之士的茅焦扶起来,诚恳地说:先生请起来吧,你说的有道理,愿意听从你的忠言。于是,嬴政吩咐,拜茅焦为上卿。一场残酷惨烈的杀戮转眼烟消云散,茅焦的义风侠胆扫却了笼罩在秦室皇宫的血腥阴霾。茅焦真正是一代英杰。群臣为之叹服,也深深也松了一口气。

秦皇嬴政随令备好车马,亲自驾车,带上随从,前往幽囚母亲赵氏的窭阳宫,想亲自迎回母亲。母子相见,泪水横流。赵氏依旧做起了太后,迎回咸阳深宫——南宫甘泉宫。赵氏从此过上了富贵优裕又平静舒适的生活。赵氏在甘泉宫生活了十年,十年锦衣玉食,十年空落寂寞。对于赵氏来说,十年岁月,既是三千多个阳光灿烂的日子,也是三千多个孤寂难熬的漫漫长夜。

权臣逸闻

亡秦祸首赵高

赵高（？~前207年），据《史记》记载，他是赵国王室的远支。其父因获罪被处宫刑，成了宫中的奴隶。其母也受牵连，没入官府为奴婢，后来他母亲与人私通，接连生下了赵高等几个子女，皆承了赵姓。赵高因是宫婢所生，故从小就被阉割，在宫中服役。精通律令，擅长书法，为秦始皇所重用，并让他做了小儿子胡亥的老师。沙丘之谋中，他把胡亥推上了皇位，从此把持了秦的朝政，后又杀二世，立子婴为王，最终被子婴所杀。

1.复仇之火生于变态心

司马迁在《史记》中述说赵高的身世云："赵高者，诸赵疏远属也。赵高昆弟数人，皆生隐宫，其母被刑戮，世世卑贱。秦王闻高强力，通于狱法，举以为中车府令。"

秦始皇崇尚酷律严刑治民，赵高精通刑法，因此深受始皇赏识，提拔他做中车府令。

秦始皇多次巡幸天下，却病死在最后一次的巡行中。始皇死前，遗命长子扶苏继

赵高塑像

位。赵高是皇子胡亥的老师，平素阴险狡诈，凶狠残暴。扶苏人品正派，性格刚毅，最看不惯赵高的所作所为。如果扶苏继位为帝，赵高的政治生涯就终结了。赵高当然非常清楚这一点，于是偷改遗诏，立昏庸暴虐的胡亥为帝，为了杜绝后患，防止阴谋败露，赵高又假传始皇帝遗命，赐扶苏、蒙恬死。秦二世上台后，赵高又唆使他杀尽兄弟姐妹，屠戮宗室大臣。秦廷之中，人人自危，赵高把中央大权一人独揽。

秦二世靠阴谋篡位,当上皇帝后,心情紧张,怕人提起旧事,更怕别人心中不服他,不允许大臣们说话,只信赵高一人之言。赵高轻易地把持了朝政大权。赵高会弄权,但不懂治国。他只知横征暴敛,残酷压迫,哪知激起了全社会的愤怒,终于爆发了秦末大规模农民起义,断送了秦始皇创立的大好基业。赵高篡权误国,是秦朝的罪人。有人却分析,这与赵高的身世有关,这是何故?

清朝赵翼认为,赵高志在复仇。他解释说:赵高是赵国公子,痛恨秦灭赵国,发誓报仇。历经磨难,打入秦统治中心,篡夺大权,杀尽秦国子孙,灭掉秦王朝,终于给赵国报仇雪耻了。

赵高心中的屈辱和仇恨,随着年龄的增长而增长。他只有讨得主子的欢心,才能改变自己悲惨的命运。赵高天生机灵,惯会见风使舵,很讨人喜欢。他看到秦始皇重视酷律,他就通读熟记各种刑法,显露出才干,终于被始皇提拔做了中车府令。赵高当官后,疯狂地残害百姓,为执行秦朝暴政,想尽、干尽了坏事。他越狠越毒,秦始皇越是欣赏他,觉得他办事有手腕,很得力,就把更多的权力交给他。赵高以狠毒阴险害人起家,所以,他一旦大权在握,也会用同样的手段治理国家的。

赵高的父亲是犯人,母亲是官婢,兄弟们沦为太监,这样的家庭让人耻笑。赵高打心眼儿里恨他们,巴不得他们死光,让这些让他蒙羞的人,及早消失。他是二世胡亥的老师,他的冷血无情完全灌输给了胡亥。胡亥杀起同胞兄妹们,毫不手软。赵高遭到阉割,没有传续香火的可能了。他对子孙繁茂的秦朝宗室,有一种变态的仇恨。他希望人人像他,个个灭种,这样,他的心态就平衡了。他调唆胡亥对秦宗室赶尽杀绝,满足他心中阴暗的快慰之意。

2.妄图篡位终成空

公元前210年,秦始皇最后一次出巡,病死沙丘前曾下诏令长子扶苏回咸阳发丧嗣位。传说赵高竟偷改遗诏,把始皇幼子胡亥扶立帝位。赵高升任郎中令后帮助二世诛灭异己,戮杀宗室,激化社会矛盾,引起秦末农民战争的爆发,导致了秦王朝的灭亡。那么,赵高为什么要改遗诏呢? 他怎么有这么大的胆量呢?

赵高虽是身世低贱,但头脑聪明。他知道秦朝重刑律,始皇更是看重司法官吏,于是苦心钻研法律,将狱法熟记于心。随侍始皇左右,听始皇稍有疑惑,即对答如流。因此被破格提拔为中车府令,专管皇帝车马。赵高惯会察言观色,见风使舵,深得始皇宠信。赵高的书法又很漂亮,所以,又兼管写诏书盖玉玺。还被任命为幼皇子胡亥之师,教习胡亥诵习秦律。

公元前210年,秦始皇忌讳"祖龙死"的谶言,便外出巡游,没想到途中身染重病。秦始皇年仅五十,从未想到会死,连太子都没扶立。这回感觉真的要死了,他才急召李斯、赵高,让他们拟诏传长子扶苏速回咸阳,守候发丧,继承帝位。诏书写好后,始皇过目,加盖玺印,但未等发送,便命归西天。

秦始皇一死,李斯慌了神儿,他害怕天下大乱,自己的丞相之位难保,就与赵高、胡亥商议,暂不发丧,封锁消息,等扶苏回到咸阳,再公布始皇升天的消息。赵高心里早有打算,他准备改写秦朝的历史。赵高是胡亥的老师,跟胡亥的私人关系非常好,但与皇长子扶苏没什么来往。生性耿直,仁厚善良的扶苏对奸诈的赵高没什么好印象,如果扶苏即位,赵高一定会被罢官。扶苏与大将军蒙恬关系密切,蒙恬之弟蒙毅曾依律判定赵高的死罪,后来,秦始皇说情,才赦免了赵高。但赵、蒙结下了怨恨。扶苏即位,蒙恬可能升丞相,蒙毅也会官升一级,一定会将赵高重新治罪,赵高思前想后,下定决心:诏书一定要篡改,敢为天下先,敢冒天下之大不韪!绝不能留下扶苏和蒙恬!

赵高琢磨着立谁为帝,胡亥虽然为幼子,按顺序没他的份儿,但是,若立胡亥为帝,自己的帝师身份一定受益匪浅。胡亥没什么经历和见识,真即帝位,只能是个傀儡,权柄还不把持在自己手中?利用胡亥信任自己的心理,早晚除掉李斯,还愁丞相位置不是自己的?赵高为自己的谋算而激动万分,他首先劝说胡亥抢占主动,先发制人,继承帝位。胡亥没想到天大的美事儿降临头上,哪有不同意之理?赵高又去劝诱李斯。赵高太了解李斯追求荣华富贵,视权位如生命的性格了。他向李斯接连发问道:"丞相您的才能比得上蒙恬吗?功绩比蒙恬大吗?谋略比蒙恬多吗?比蒙恬更受拥戴吗?与扶苏的关系比蒙恬更密切吗?"李斯自忖不如。赵高一语道破心机:"若是扶苏为帝,蒙恬必定为相,还有您什么事儿呢?您当初主议坑儒,扶苏劝谏未成被遣边郡,如果扶苏即位,您必获罪,到时身家性命都难以保存呀!"李斯在赵高威逼劝诱下,屈从了赵高的意见,与胡亥一起假造诏书,由胡亥即位,赐死扶苏、蒙恬。

扶苏接旨自杀,胡亥即位,赵高升任郎中令。赵高又献毒计:除掉二世兄弟姐妹和所有旧臣,没人再敢议论沙丘疑事,重新启用新人,才能衷心拥戴二世为帝。昏庸的胡亥听凭赵高将自己的兄妹二十多人和宗室大臣在闹市斩首,血溅宫廷。赵高又乘机把自己的亲信安插于要职。赵高还以叛乱通敌罪陷害李斯,李斯被腰斩,赵高登上丞相宝座。赵高的弟弟赵成被提拔为郎中令,赵高的女婿阎乐也当上咸阳令,一时间,赵氏权倾朝野,一手遮天。

赵高用计使秦二世不理朝政,远避文武大臣,秦廷上下,唯听赵高指手画脚。赵高虽位极人臣,仍不甘心,觊觎帝位已久,积极为篡位做好打算。他先是"指鹿为马",观察大臣动向,再剪除异己。赵高看时机成熟,精心策划,派女婿阎乐、弟弟赵成冲入宫中,逼死秦二世,自己挂上传国玉玺,准备登上帝位。无奈众臣皆低头不语,赵高看臣民不服,只好暂立扶苏之子子婴为帝。子婴早已看出奸相赵高的诡计,心中明白赵高迟早会杀害自己的,不如抢先行动,杀掉这个佞臣! 子婴设计诛杀赵高,夷灭赵氏三族,罪孽深重的赵高终于结束了他玩弄权术、祸国殃民的一生。

秦朝丞相李斯

李斯(? ~前208年)战国末年楚国上蔡(今河南上蔡西南)人。早年为郡小吏,后从荀子学帝王之术,学成入秦。初被吕不韦任以为郎,后劝说秦王政灭诸侯成帝业,被任为长史。秦统一天下后与王绾、冯劫议定尊秦王政为皇帝,并制定有关的礼仪制度,被任为丞相。秦始皇死后,他与赵高合谋,伪造遗诏,迫令始皇长子扶苏自杀,立少子胡亥为二世皇帝。后为赵高所忌,于秦二世二年(公元前208年)被腰斩于咸阳市,并夷三族。

1.嫉贤妒能害韩非

秦王政九年(前238),秦国王宫里发生一起叛乱,因为叛乱者缪毐是由相国吕不韦推荐进宫的,因此牵连到吕不韦。正好秦王政觉得留着吕不韦对自己亲政有妨碍,于是就把吕不韦免了职。后来又发现吕不韦势力不小,就逼他自杀。

吕不韦一倒台,秦国一些贵族、大臣就议论起来,借韩国水工郑国事件,说列国的人跑到秦国来,都是为他们本国打算,有的说不定是来当间谍的。他们请秦王政把客卿统统撵出秦国。

秦王政接受了这个意见，就于秦王政十年（前237）下了一道逐客令。大小官员，凡不是秦国人，都得离开秦国。

李斯是著名儒家学派代表荀况的学生。他来到秦国，被吕不韦留下来当了客卿。这一回李斯也挨到被驱逐的份儿，心里挺不服气。离开咸阳的时候，他上了一道奏章给秦王。

李斯在奏章上说："从前秦穆公用了百里奚、蹇叔，当了霸主；秦孝公用了商鞅，变法图强；惠文王用了张仪，拆散了六国联盟；昭襄王有了范雎，提高了朝廷的威望，这四位君主，都是依靠客卿建立了功业。现在到大王手里，却把外来的人才都撵走，这不是帮助敌国增加实力吗？"

秦王政觉得李斯说得有道理，连忙打发人把李斯从半路上找回来，恢复他的官职，还取消了逐客令。

秦王政用李斯当谋士后，一面加强对各国的攻势，一面派人到列国游说诸侯，还用反间、收买等手段，配合武力进攻。韩王安看到这形势，害怕起来，派公子韩非到秦国来求和，表示愿意做秦国的属国。

韩非也是荀况的学生，跟李斯同学。他在韩国看到国家一天天削弱，几次三番向韩王进谏，韩王就是不理他。韩非满肚子学问，没被重用，就关起门来写了一部书，叫《韩非子》。他在书中主张君主要集中权力，加强法治。这部书传到秦国，秦王政看到了十分赞赏，说："如果我能和这个人见见面，该多好啊。"

这一回，韩非受韩王委派来到秦国，看到秦国的强大，上书给秦王，表示愿为秦国统一天下出力。这份奏章一送上去，秦王还没考虑重用韩非，李斯倒先着急起来，怕韩非夺了他的地位。他在秦王面前说："韩非是韩国的公子，大王兼并诸侯，韩非肯定要为韩国打算；如果让他回国，也是个后患，不如找个罪名把他杀了。"

秦王政听了这话，有点犹豫，下令先把韩非扣押起来，准备审问。韩非进了监狱，想辩白也没机会，李斯却给他送来了毒药，韩非只好服药自杀了。

2.临变图私自掘墓

李斯曾跟大学问家荀子学习帝王之术，他告别荀卿时说过一段名言："诟莫大于卑贱，而悲莫甚于穷困，久困卑贱之位，困苦之地，非世而恶利，自托于无为，此非士之情也。"意思是，没有比地位卑贱更大的耻辱，没有比穷困更大的悲哀。有人久处于卑贱穷苦的境地，却在那里自命清高，讥世骂富，实际上他不是不向往荣华富贵，是他没有能力得到而故作姿态罢了！

他的这种独白赤裸裸地道出了他的人生观，正是从这种人生观出发，他走过一条出人头地又惨下地狱的道路。

而他命运的转折点就在面临秦始皇死去，赵高阴谋发动政变时，他仍图私保位。

李斯出仕前，他审度天下之势，认为秦国最有希望成帝业，便离楚赴秦，到秦国后，他的仕途可谓是一帆风顺，秦统一中国后，他位居丞相，"一人之下，万人之上"。嬴政之世，他可以说富贵已极。

秦始皇在始皇帝三十七年（公元前210年）七月在巡游途中死于沙丘平台，中车府令兼行符玺令事赵高阴谋发动政变，想要扣压秦始皇临终玺书，造假诏杀死秦始皇长子，也是秦始皇临终指定的继承人公子扶苏，另立公子胡亥为二世皇帝。而这一切的最终决定权，掌握在随行的丞相李斯手中。也就是说，当时若无李斯的首肯，赵高的这些阴谋是根本无法实现的。

但是狡猾的赵高在说服了胡亥之后便来游说李斯，他正是看透了李斯极度贪权恋位的自私心理，从这个角度攻下了李斯这个政变路上不可逾越的大桥头堡。

见到李斯之后，赵高先亮底牌，说是皇帝临终的玺书还未发出，决定太子的权力在你我二人之口。

李斯本来是想按秦始皇的既定方略办，开口就呵斥赵高的阴谋：怎么说这种亡国的话？这不是人臣该说的话。

赵高不慌不忙地向李斯提出五个问题："君侯自料能孰与蒙恬？功高孰与蒙恬？谋远而不失孰与蒙恬？无怨于天下孰与蒙恬？长子旧而信之孰与蒙恬？"意即提醒李斯，他的才能、功劳、智谋，在天下人眼中的形象、与长子扶苏的关系，这五方面都不如与长子扶苏一起在上郡屯兵据守的大将军蒙恬。

李斯当时低下了头，承认这五方面都不如蒙恬，并觉得赵高提出的这五条使他有些难堪。

赵高抓住时机，继续深捅李斯的疼处：最怕丢掉官爵。

他说：我赵高在秦宫管事20余年，从未见到过被罢免的将相功臣的爵位有延续到第二代人的先例。先皇帝的20多个儿子，您都是了解的。长子扶苏刚毅勇武,如果让他继位,肯定会用蒙恬为丞相,而您,不能带着相位侯爵告老不是明摆着的事吗?

说到这里,赵高公开了自己的想法:立胡亥为二世皇帝,请李斯定夺。

虽然李斯此时认为赵高的分析有理,但仍不表示同意赵高的设想,只是说:"你回去干自己的职事去吧,我按先皇帝遗诏办事,自身安危听天由命了!"

赵高不肯走开,他要李斯明确表态才行。他又指出,安危相倚相伏,安可以危,危可以安,安危往往在一念之间。在安与危之间举棋不定,不能说是明智。

李斯这时感慨地说道,他本上蔡布衣,受先帝重用,位至通侯,子孙位尊禄重。现在先皇帝刚刚驾崩,怎能就背叛其遗嘱? 并表示自己要做忠臣孝子,请赵高不要再多说了。

显然,李斯虽然尚未同意赵高的意见,但态度已温软下来了。

赵高趁热打铁,又讲出一大堆权变从时、见末知本以保身家性命的道理。

李斯终于撑不住架子了,言语之间不知不觉向赵高的设想靠拢了,他说,历来废长立幼都没有好结果,我还是不能做谋逆之事,请你不要和我商量这种事。

赵高这时终于对着李斯的保住权位的私心一针见血地指明:"君听臣之计,即长有封侯,世世称孤,必有乔松之寿,孔墨之智;今释此而不从,祸及子孙,足以为寒心。善者因祸为福,君何处焉?"

到了这时,李斯终于露出了自私卑懦的熊包相,垂泪叹息,无可奈何地同意了赵高的意见。

于是,赵高的阴谋得以实现:立胡亥为二世皇帝,杀死了扶苏、蒙毅和蒙恬。赵高本人做上了郎中令(掌管宫廷宿卫的长官,九卿之一,最受皇帝亲重),成了胡亥的心腹。

李斯虽然暂时保住了相位,但权势亲重都已比不上赵高了。

胡亥上台后,天下大乱,陈涉起义,六国贵族也乘机起事,胡亥指责李斯失职。李斯因为"重爵禄,不知所出,乃阿二世意,欲求容",即把爵位俸禄看得太重,自己又无平治天下的好办法,便阿顺胡亥,想求得胡亥欢心,于是上书请求进一步重刑厚敛,这样一来,不单东方广大国土的百姓,连原来秦国境内的人民都想造反了。

赵高又用花言巧语把胡亥与百官隔离起来,以便自己居中用事,为所欧为。

赵高在大杀功臣将相和秦宗室公子公主后,转而来对付李斯了。

他先设种种计策，使李斯失宠，进而对二世挑拨离间，最后干脆诬陷李斯谋反，把李斯关进狱中，并大捕李斯亲属、宾客。

因为过于看重禄位，李斯屈从了胡亥、赵高的沙丘之谋，至此，李斯恰恰失去了权位，连家属宾客都跟着遭殃了。

然而，赵高必欲治死李斯而后快。

关进狱中的李斯上书自辩，辩状落到了赵高手中，根本没有送到大权旁落的胡亥手中。

赵高派人冒充御史、侍中等胡亥派来复审的官员，李斯一申辩就痛打。到胡亥真的派人来时，李斯辨不出真假，已不敢申辩了。

秦二世二年（公元前208年）七月，李斯被判处极刑，腰斩于咸阳大街上，并夷灭三族。赴刑场之前，他凄怆地对二儿子说："现在我想与你牵黄犬到上蔡郊外猎野兔，还能办到吗？"对自己视权位爵位如性命，孜孜以求的仕宦生涯做了反思与否定。然而晚了。

秦初名将蒙恬

蒙恬（？～公元前210年），秦朝初期的名将，祖籍齐国。他的祖父、父亲都是秦国大将，为秦国立下过赫赫战功。蒙恬小时候就很喜欢学习法律，做过审理案件的文书官。在公元前221前，他被秦始皇封为将军，后来因为破齐立功升任内史（京城的最高行政长官），弟弟蒙毅也做到了上卿。兄弟二人很受秦始皇的器重。

蒙恬出身武将世家，军功卓著。他曾率兵攻打齐国，大获全胜，被拜为"内史"。秦兼并天下后，蒙恬率三十万大军，向北驱逐戎狄和匈奴，收复黄河以南土地，扩大了秦疆域。蒙恬驻守西北边境，令匈奴闻风丧胆，保证了边疆的稳定安全。蒙恬还奉秦始皇令，构筑长城。征调百万民夫利用地势，凭借天险，设置要塞，修筑了西起临洮，东至辽东的万里长城。这个巨大的防御工事有

蒙恬

有效的抵御了北方少数民族的侵袭，但浩大的工程也使服役民众死伤无数，白

图文珍藏版

骨成堆。

蒙恬不仅军事指挥出色，工程指挥也令人佩服，非常聪明。传说，毛笔还是蒙恬发明的。

蒙恬曾经做狱官，掌文书，文笔也不错。他驻守边疆时，常要奏报军情。当时写字，就是刻字，用刀刻在竹简上，又累又慢。战场情况瞬息万变，文书十万火急，这种书写方式，常会贻误军情。蒙恬用心琢磨，把战士的盔缨撕成小缕，绑在竹管上，蘸着颜色，书写在白绫上，大大加快了速度。但笔头易走形，字迹易模糊，笔画也粗糙。用起来很不理想。后来蒙恬试着利用北方狼、羊动物的毛针，制成均匀的笔头，这种笔书写起来均匀流畅，笔画工整，字迹漂亮，好用多了。这种笔就是早期的狼毫笔、羊毫笔的雏形。蒙恬因此被供奉为制笔行业的祖师爷。

可是，现代考古发现，在蒙恬之前的时期，人们已经会使用毛笔了。

在距今六七千年的西安半坡遗址中，出土了彩色陶瓷。陶器上有许多颜色协调的图形。如人面纹、鱼纹、波浪纹，这些图形纹路清晰，线条流畅。在陶坯上作画，只能是软笔描画上去的。那么，在原始社会时期，天然软笔最有可能的来源，就是纤细的动物尾巴尖毛，这极有可能是原始的毛笔。在商朝殷墟出土的陶器和甲骨上，考古人员发现了一些朱、墨字迹，字画丰腴流畅，圆润古朴，一看便知是毛笔书写。我们仔细琢磨甲骨文中的"聿"字形，仿佛一只手在握笔写字，笔杆垂直，握笔姿势逼真。看来，我们的祖先很早就懂得了使用软笔（毛笔）。

考古学家还在湖南长沙古家公山，发掘了一座完整的战国木椁墓。陪葬物品中就有一支精美的兔毫笔。此笔笔头用精选的兔箭毛制成，用结实的细丝线把笔头固定在笔身上，外面再涂胶粘牢。该笔全长 21 厘米，直径 4 毫米，比现今毛笔略细、略长。它是我国迄今为止发现的最早的毛笔。它的发现，也说明了蒙恬并非是最早发明毛笔的祖师爷。

那么，后人为什么要给蒙恬戴上这顶桂冠呢？

有人分析，蒙恬虽然不是最先发明毛笔的，但是在毛笔的改良制作和推广使用上，有积极贡献。他本身的名气又大，后人很容易记住他。蒙恬采用狼毛和羊毛两种不同硬度的动物毛针，制成刚柔相济的笔尖，书写起来字迹遒劲，潇洒流畅。这种笔的制作工艺显然超过战国时期的毛笔。蒙恬率几十万大军在西北戍边，要求各级军官用毛笔写字，层层推广。许多人得以接触轻便的毛笔，抛弃笨重的刀笔。这些人服役归乡，势必带回先进的书写工具。蒙恬作为秦朝重臣，影响力十分大。他使用毛笔奏报军情，在秦中央政权机关产生反响，再波及全国，人们一定牢牢地把他的名字和制笔联在一起，自然推崇他为制笔业的祖师爷。

中国古代野史

汉代野史

马昊宸 ⊙ 主编

线装书局

宫禁趣谈

汉宫梳奉圣髻

汉高祖刘邦即位当皇帝后,叔孙通负责制定了朝廷的礼仪,刘邦这才体验到皇帝的尊贵,于是下令:宫女们梳的发髻样式也要像行拱奉礼一样,取名为"奉圣髻"。

太上皇宫居不乐

汉高祖刘邦的父亲迁居长安后,终日深居宫中,闷闷不乐。汉高祖暗中通过手下人了解其中原委。原来,太上皇平生所喜欢交游的都是些年少的屠夫、商贩们,大家终日在一起沽酒卖饼,斗鸡踢球,以此为乐趣,汉高祖了解以后,便在新丰建立村社,将太上皇昔日熟识的故旧迁移到那里居住,太上皇这才大为高兴;因为这样一来,便可与那些无赖子弟叙谈了,真可谓是"物以类聚"啊。

汉高祖刘邦雕像

汉高祖年少时,经常在枌榆社祭祀;后来搬到新丰住时,也建了一个枌榆社。社区的大街小巷、房屋栋宇,均由旧社移徙而来。他还下令让原来的男女老幼移居于此,大家相扶于街头,各自都知道自家的居住所在。将鸡、狗、羊、鸭等家禽、家畜放到大路上,它们也竟然能够认识各自的主人家。这些都是匠人吴宽所设计建造的,实际上就是将原来的模样、格局移植过来罢了。居住于此的人们因其与旧居相似而感到快乐,对匠人吴宽格外敬重,都纷纷拿出赏钱赠予他,吴宽因此而致富。

献美人

汉军被围白登之时,陈平让画家画了一名美女,派人从小道将美女图送给了单于的后妃阏氏。告诉他:"汉朝有这样一位美女,现在皇帝被困于此,想把这位美女献给单于。"阏氏害怕如此一来,自己便要失宠于单于,所以就对单于说:"汉朝天子也有神灵保佑,我们即使得到了他们的土地,也未必能够占有它。"于是,匈奴网开一面,汉军方得以突出重围。也有人说,陈平用数百个傀儡做成美女登城的样子,阏氏见了以后,怀疑是汉军献给单于的,怕夺了自己的宠幸,因此才为汉军解了围。

薄姬生子

薄太后的父亲在秦朝时与魏王宗家的女儿魏媪私通,生下了薄姬。等到诸侯纷纷反叛秦王朝之时,魏豹自立为魏王,魏媪便将女儿献给了他。相士许负看了薄姬的面相后道:"这位妃子将生天子。"这时项羽与汉王刘邦在荥阳正相持不下,天下尚未平定。魏豹开始时本来是与汉王联合一起攻击楚军的,听了许负的话之后,内心不禁窃喜,因此便背叛了汉王刘邦,保持中立,后来又与楚军联合起来。汉王刘邦派曹参等击败了魏豹的军队,并俘虏了他,将魏国变成了一个郡。同时把薄姬送进了织丝的作坊服役。

魏豹死后,有一次汉王刘邦来到织丝的作坊,看到了年轻貌美的薄姬,便下诏将其纳入后宫。薄姬进宫一年多也未能受到汉王的亲幸。

薄姬年少之时,曾与管夫人、赵子儿很要好,她们相互约定说:"若谁先得富贵,不要忘了大家。"后来,管夫人、赵子儿果然先受到了高祖刘邦的宠幸。一次,汉高祖在河南宫成皋台,这两位美人正谈论着薄姬年少时大家订的约誓。被皇帝听到了,便询问其中缘由,两位美人将实情告诉了他,汉高祖听后心情挺伤感,很怜悯薄姬。当天,汉高祖便召见薄姬并亲幸了她。薄姬告诉皇帝道:"昨天夜里,妾梦见一条苍龙盘附在妾的腹中。"高祖道:"这是富贵的征兆啊,我成全你。"

薄姬受到皇帝亲幸后,生了一个男孩,这就是代王。打那以后,薄姬便很少见到高祖。高祖驾崩后，他的嫔妃们包括戚夫人在内，都受到了吕后的妒恨，全被打入冷宫幽禁起来。只有薄姬因为很少见到皇帝的缘故，才得以被放出来。之后薄姬便随儿子来到封地代国，成为太后，薄姬的弟弟薄昭也跟随姐姐来到了代国。（《史记·外戚世家》）

苍鹰不恤贾姬

有一次，郅都跟从汉景帝到上林苑巡猎，景帝的妃子贾姬去厕所小便，一只野猪闯进了厕所，景帝以目示意郅都赶快去救贾姬，郅都却故意不救，景帝只好亲自救出了贾姬。郅都上前对景帝说道："死一个姬妾，再进奉给您一个就是了，天下难道还缺少像贾姬这样的美女吗？"

郅都一向勇猛强悍，作了中尉以后，执法异常酷烈，人们都称他为"苍鹰"。

慎夫人节俭

汉文帝打算营造露台，召来工匠们计算所需费用。工匠们告诉他需费钱百金。文帝道："百金相当于十个中等人家的全部财产了，我继承了先帝的宫室，应常常感到愧对先王，还要做什么露台呀！"

文帝常穿黑色的衣服。所宠幸的慎夫人，穿的衣裙也从不长得拖到地上，居室中帷帐也没有绣花之类的装饰，这样为的是显示自己敦厚俭朴，处处做天下人的表率。

武帝想娶外国女

金日磾的长子是汉武帝的宠儿，长大后，一次在宫殿下与宫女们戏耍，金日磾看到后便将他杀掉了。

武帝赏赐金日磾宫女，金日磾不敢与之亲近。武帝想纳金日磾的女儿为妃，金日磾也不肯同意。

冒充太子

汉昭帝时,有一位男子,名叫成方遂,夏阳人。一位曾在太子身边当差的人告诉他说:"您长得酷似卫太子。"成方遂听了以后,便想利用这一点,以取得荣华富贵。于是便骑一黄牛犊,自称是卫太子,到处招摇撞骗。京兆尹隽不疑责令吏卒将其收押了起来。

神女捧日授王夫人

汉武帝未出生时,景帝梦见一头红猪,从云中下来,一直进到了崇芳阁中。景帝醒后坐在床上,果然见到一条赤龙雾一般遮蔽了门窗。皇宫内的嫔妃们望见崇芳阁上红霞缭绕。一会儿,红霞消散,只见一条赤龙盘踞在栋宇之间。景帝召来占卜之人姚翁,问他这是怎么回事。姚翁道:"这是吉祥的征兆啊,这个阁子肯定要出一位盖世之人。能祛除不祥,召来祥瑞,是刘氏宗族的强人。"于是景帝便让王夫人移居到崇芳阁,改崇芳阁为倚兰殿。过了十多天,景帝梦见一神女捧着太阳,将太阳授予王夫人吞下了,从此,王夫人怀孕十四个月后,便生下了汉武帝。

合卺

李夫人初到宫中时,坐七宝床,乘流苏辇,以凤羽长生扇为屏障。汉武帝将李夫人迎入帐中一同坐下,共饮合卺酒。预先命宫女们远远地往账内撒五色同心花果,皇帝和夫人用衣裙接盛,称为"得多",取其多得子之意。

千金买笑

有一次,汉武帝与丽娟看花,当时蔷薇刚开,那半开半闭的样子就好像是在微微含笑。武帝道:"此花比美人的笑容要可爱得多了。"丽娟开玩笑似的问:

"笑可以用钱买吗?"武帝答:"当然可以"。于是丽娟便让侍从取来黄金一百斤,用作买笑钱,以此来博得皇帝的欢心。蔷薇又叫"卖笑花",便是从丽娟那时开始的。

百花舞

赵隽国献给汉朝皇帝一种吸花丝,不管什么花,一旦附在上面便不再掉落。汉武帝赐给丽娟二两,让她作舞衣。春夜月光之下,皇帝在花棚下设宴。丽娟穿着吸花丝做的舞衣为皇帝跳舞,跳舞时,用衣袖拂花,于是全身便都落满了花瓣,丽娟舞姿优美柔媚,被称之为"百花舞"。

骨节自鸣

汉武帝的妃子丽娟,皮肤白嫩细腻。呼出的气息比兰花的香气还要浓郁。每当丽娟唱歌的时候,李延年便在芝生殿和她遥相酬和。当唱到"回风"这首歌曲时,庭院中的鲜花便都纷纷飘落。武帝将丽娟放在帷帐中,唯恐尘土会玷污了她的身体。武帝还常用衣带绑缚住丽娟的衣袖,将她关在重重帷幕之中,担心她会随风飘飞而去。丽娟用琥珀为佩饰之物,放在衣裙里面,不让别人知道。却对别人说是骨节发出的声响。大家对此都感到很神奇怪异。

玉燕钗

元鼎元年,汉武帝诏令建起了招仙阁,有位神女留下一枚玉钗赠给皇帝,皇帝又将这枚玉钗赐给了赵婕好。到汉昭帝元凤年间,宫中妃嫔们还见过这枚玉钗。黄想见见它,第二天打开匣子给她看时,只见一只白燕从匣中飞出,直升空中,后来宫中仿造了一枚,取名"玉燕钗"。

见亡夫人

武帝时,有一位善于鬼神方术的人,名叫少翁,武帝所宠幸的王夫人去世后,少翁用方术复原了王夫人的容貌。使武帝从帷帐中望见已亡的王夫人。于是武帝便拜少翁为文成将军,赏给他许多银两。后世人们设立灵台以招亡魂,称为"望乡",就起源于此。

梦中遗香

一天,汉武帝在延凉室中休息,睡梦中梦见李夫人将蘅芜香授予自己。武帝惊醒后,香气留在衣枕之上还未散去,长达一个多月香气不断。武帝苦思以求,始终再未梦见过,不觉泪落沾席,于是便改延凉室为"遗芳梦室"。

四宝宫三云殿

汉武帝做七宝床,挂宝帐,置宝案,设宝屏风,都用宝物制作,也用宝字取名。设在桂宫,因此人们称之为"四宝宫"。汉成帝时,在甘泉紫殿设云帐、云幄、云幕,所以世人也称甘泉紫殿为"三云殿"。

相思病

李夫人去世后,汉武帝思念不已。方士李少翁告诉武帝,说他能让武帝再见到李夫人。于是李少翁吩咐张灯结彩,摆设帷帐,桌案上陈放着酒肉等食物,让皇上在另一间帷帐中远远地观看。武帝果然看到一位美女,形象跟李夫人一模一样。武帝苦于不能近身观看,思念之情反而更加沉重,于是便作了一首诗,诗中写道:"是她还是不是她?明明已望见她,为何她又姗姗来迟呀?"命乐府中的音乐家们谱成曲子传唱这首歌。

当初,武帝非常宠爱李夫人。李夫人死后,武帝常常在梦中见到她,因而天长日久武帝日渐憔悴,妃嫔们深感不安。武帝将李少翁召来,对他说道:"朕很思念李夫人,还能见到她吗?"李少翁答道:"可以从远处看到,但不能在同一帷帐中相见。深海中有潜英石,青色,轻如羽毛,特别寒冷的时候,石头就会变温;暑热之时,石头则会变冷。若将这种石头刻成人像,神韵风姿跟真人没有什么两样。如果能得到这种石头,那么您就能见到李夫人。不但如此,而且这种石头还能翻译人所说的话,说话时,只听见声音,看不到它呼气,所以人们才知道它的奇异。"武帝问:"那么,这种石头能找到吗?"李少翁道:"我愿驾楼船,带一千名擅长游泳爬树的大力士前往,这些人都要懂得道术,带上不死之药。"于是李少翁便带人驾船前往深海取潜英石,经历了十年才回到岸上。昔日一同前去的人,有的升仙了不能回返,有的假托形体已死,能够回来的仅四五个人,终于得到了这种石头。李少翁便让工匠依照李夫人生前的画像雕刻成李夫人的形状。雕刻成了以后,放在轻纱幕中,仿佛李夫人生前一般。武帝看了后非常高兴,问李少翁:"能不能再近一些呢?"李少翁答道:"如果半夜做梦,梦见是白昼,才可以靠近一些观看。这种石头毒性很大,只宜从近处看,不能近看。您不要以您一国之君的身份,终是迷惑这种东西。"武帝听从了他的劝告。李少翁又请武帝将这块石头磨碎,做成药丸服用,说那样就不会在梦中思念李夫人了。武帝于是便营建了"灵梦台",每年祭祀。

后来,李少翁又劝武帝建台宫,用来招致天神。李少翁暗中写好帛书喂进一头牛的肚子中,并对皇帝说:"这头牛的肚子里有怪物。"皇帝命人将牛杀掉后,看到了帛书,上面的话很奇怪。武帝认出是李少翁的笔迹,于是便把他杀了。

昭君出塞

汉元帝时,后宫中妃嫔很多,皇帝不能经常见到,便让画家画下每个妃子的形貌,元帝按画召幸美人。于是宫女们便送给画家财物,求他们将自己画得漂亮一些。只有王嫱不肯贿赂画家,画家便故意将她画得很丑,这样她就一直不能受到皇帝的召幸。

后来匈奴使者来朝廷朝拜,向汉朝皇帝求一美人作单于的后妃,元帝便按照画家所画的美人图形,派昭君出嫁匈奴。

昭君临离开汉朝时,元帝召见她,这才发现昭君是后宫最漂亮的美女。昭君善于应答,举止高雅,元帝很是后悔,但已经定下,恐怕失信于匈奴,所以不再

昭君出塞

另外换人。元帝严厉追究这件事,画家毛延寿等人都被斩首弃市。

班婕妤

一次,汉成帝曾想与班婕妤同辇,班婕妤推辞道:"我看古代的图画,圣贤之君都有贤臣陪伴左右,只有夏、商、周三朝末代君主才是由国君宠幸的美女陪伴。现在您打算让我跟您同辇而行,不是与此相似吗?"成帝认为她说得很对,便不再提这样的要求。太后听说了以后,高兴地说:"真是古有樊姬,今有班婕妤啊。"

汉成帝鸿嘉三年,赵飞燕向许皇后诬告班婕妤,说她用巫蛊之道诅咒后宫,还辱骂皇上。许皇后亲自考问班婕妤,班婕妤回答道:"我听说死生有命,富贵在天,德操端正尚且未能得到赐福,做坏事还想有什么指望吗?假使鬼神有知,一定不会接受佞臣的诬告;假使鬼神无知,那么佞臣即使诬告了,又有什么用呢?我根本不曾诅咒过后宫及皇

班婕妤

上。"皇帝觉得她回答得很好,便赐给她黄金一百斤。赵飞燕姐妹一向骄奢嫉妒,班婕妤害怕时间一长,自己受到伤害。所以便向皇上请求到长信宫去服侍太后,皇上同意了她的请求。

宫中开店

汉灵帝光和四年,灵帝在后宫开了许多店铺,让宫女们在店铺中贩卖东西,互相盗窃争斗。灵帝身穿商人服装往来其中,歌舞升平,灵帝以此为乐趣。

裸游

汉灵帝每到盛夏时节便到裸游馆避暑,经常通宵达旦饮酒作乐,灵帝感叹

道:"如果永远这样的话,那真是天上神仙般的日子啊。"宫女年纪在十二岁以上,十四岁以下的,都要打扮得漂漂亮亮的,解开上衣,只穿一件内衣,在池中游泳。有时灵帝也跟宫女们一起裸体游泳。

流香渠

汉灵帝时,西域献给汉朝的茵犀香,宫女用它煮水,以这种浸过香气的水洗澡洗衣服。将剩下的水注入沟渠中,称之为"流香渠"。

宫女复活

东汉末年,关中战乱频繁。有人发掘了西汉时的一座埋着宫女的坟墓,打开墓穴后发现这位宫女竟然还活着。从墓穴中出来后,宫女一切又恢复了从前的样子。郭皇后很喜欢她,将她安排在自己的身边,并时时问起当时宫中的一些事情。这位宫女讲述得清清楚楚。

悦服群臣

汉高祖刘邦平定了天下,他与群臣在南宫宴会。当刘邦喝得半醉的时候,对群臣说:"各位列侯、将领不要隐瞒朕,都要为我讲出实情。我为什么能够夺取天下呢? 项羽丧失天下的原因是什么呢?"王陵站起来回答说:"陛下派人攻城略地,就把这些地方封给各将领,与天下的人同享此利。可是项羽则不然,有功劳的人,他把这些人害死;有才能的人,他怀疑这些人;对打胜仗的人,他不给他们记功,对夺取土地的人,他不给他们好处。这正是项羽丧失天下的原因。"刘邦对王陵说:"你只知道其一,不知其二。如果在帷幄中运筹,就能够在千里之外取得胜利,我比不上张良。镇守国家,安抚百姓,转运粮食,保证军队供给,我比不上萧何。指挥百万大军,作战必然获胜,攻城一定能攻克,我比不上韩信。这三个人都是杰出的人才,我能够任用他们,这正是我能夺取天下的原因。项羽有一个范增,却不能加以任用,这正是他被我擒获的原因。"群臣听了,都对刘邦的这番议论感到心悦诚服。

未央取乐

未央宫是由萧何监督修建的,它周围有三十八里,由东阙、北阙、前殿、武库、太仓构成。刘邦看到未央宫修建得十分壮丽,就显露出愤怒的面容。他对萧何说:"现在,天下百姓已经劳苦了好多年,还不知道是胜利,还是失败,为什么要把宫殿修得这样富丽堂皇呢?"萧何说:"天下虽然没有平定,但是,可以建立起像样的宫室。况且,天子是以四海为家的,不把宫室修壮丽,就无法体现出天子的威风。这样修建,也使后代不必再增加宫室了。"刘邦听萧何这么一说,就很高兴了。于是,他把都城从栎阳迁到长安,在未央宫前殿设置酒宴,刘邦站起来,捧起酒杯为太上皇祝寿说:"起初,大人常认为臣是一个无赖,不能治理产业,不知刘仲得力。如今臣的产业同刘仲比较起来,谁的多呢?"在殿上的君臣都高呼万岁,笑声充满了宫殿中。

宠姬夜泣

戚姬受到刘邦的宠爱,她曾随从刘邦到关东。戚姬日夜在刘邦面前啼泣,要立她的儿子如意为太子。吕后年老色衰,所以很少能见到刘邦。刘邦认为太子太仁慈软弱,而如意却很像他。当时如意已立为赵王,刘邦却把他留在长安,他打算废掉太子而立如意。大臣们都为太子说情,但是,刘邦拒不采纳。御史大夫周昌在朝廷中为太子争辩,刘邦让周昌谈一谈理由,可是周昌口吃,加上他又非常生气,他只能结结巴巴地对刘邦说:"臣下口吃,可是臣下知道废太子的事是万万不能做的。如果陛下打算废掉太子,臣下是坚决不能尊奉诏令的。"刘邦听过后,欣然地笑了,他只好做出了不废太子的决定。吕后听说了这件事,就跪着答谢周昌说:"如果没有您,太子就要被废掉了。"

王莽进女

平帝即位的时候,年纪很小,不懂事,王莽为了巩固自己的权势,便把自己的女儿嫁给了皇帝。在事前,先奏请参考五经,确定娶皇后的有关礼节和规定。

世袭诸侯住在长安城里的,让他们的女儿参加皇后竞选。让下面有关部门,报上各家女孩的姓名。这样一来,王氏家族中的女孩,多列在入选的名单之中。王莽恐怕她们和自己的女孩竞争,便又假惺惺地给朝廷上书说自己的女儿不够条件,不宜中选。于是太后下诏说:"王氏是皇帝的外戚,可以不参选。"便又有那些庶民诸生郎吏给朝廷上书说:"在公卿大夫伏省卢下,大家都说愿意得到王莽大人的女儿做国母。"这样,太后又答允了他们这些人的上书请求。隔了一年,派遣大司徒马宫等把王莽的女儿迎入未央宫,当上了皇后。

鬼神惑莽

王莽的长子王宇反对自己父亲王莽的所作所为,便私自和卫宝通信,让他转请卫后上书,把他调到京城去。王莽不答应,王宇又和他的老师吴章,还有大舅哥吕宽商议对策,吴章提出因王莽信奉鬼神,可以借此来吓唬他。因而编造谎言说,朝廷要把政权全部归卫氏掌管。王宇又指使吕宽在黑夜里把血泼洒在王莽家的大门上,因被王莽手下的官吏发觉而暴露。王莽盛怒之下,把王宇抓起来投入狱中,并用毒药把他毒死,把卫氏的家族僚属全部处死。对卫皇后和吴章施行腰斩,同时把平日所有被看作死对头的人也都杀了。此后,皇帝便因王莽杀了他的皇后而怨恨不满。王莽一不做二不休,在腊月里以给皇帝进献防寒酒为名,在酒中放进毒药,使皇帝得病。王莽作书请命,愿代为执政,事先写好了对他的任命状,众大臣看了,没有敢反对的。皇帝终于死了。王莽下令,各官吏都要服丧三年,把孺子婴立为继位之人。

饮酒不乐

王莽夺位改了国号,把原来的太后奉作新王朝的文母,使她和汉室断绝关系。等到把汉室的孝文庙废掉了,另为太后建起新庙。唯独把孝元庙原来的殿堂,改作文母用膳的饭堂,建成后,取名长寿宫,摆上酒,请太后来,太后到来之后,看到原来的庙堂被毁改得一塌糊涂,面目全非,惊讶得哭了。说道:"这乃是汉家的宗庙,供奉着神灵,为什么要把它毁坏了呢? 假如鬼神没有灵验,又何必修庙? 假如鬼神有灵验,我乃是他们的妃妾,怎么可以污辱皇帝的庙堂,来摆放吃的东西呢?"饮酒不乐而作罢。

父子同妻

当初,王莽的妻子由于王莽接连杀了自己几个儿子,哭得双目失明,王莽便吩咐太子王临为她终身养老。在王莽身边侍奉他的人,名叫原碧,长得很美,被王莽占有,后来王莽的儿子王临也和她私通。父子同妻,真是天下少见。王临恐怕事情暴露,便和原碧二人合谋要杀死王莽。等到王莽的妻子死了,事情被发觉,原碧被抓了起来,经过拷问,全部招认了。王莽想使他家这种丑闻不被宣扬出去,便把审案的官吏杀了灭口。给王临送去毒药,逼他服毒自杀,王临不肯喝下那毒药,自刺身亡。王临的妻子知道了,也自杀而死。

光武废后

光武帝中兴汉室,把已经要倒伏的高楼大厦硬是给支撑起来,他的功绩也算是伟大的了。后来,他的皇后郭氏,因为不再受到他的宠爱而心怀不满,抱怨发怒,惹得光武帝生气而把她废了,立贵人阴氏为新皇后。郅恽对光武帝说:"我听说夫妇和好的事,连

光武帝

父亲都不能从儿子那里知道,何况君皇,能从臣子那里得到吗?这是我之所以不敢多嘴的原因,虽然如此,我也希望皇上要想到不可这样做,不要乱了人伦,使天下庶民百姓议论是非。"光武帝听了他的话,说道:"郅恽能善于宽恕自己,衡量君主而知我,不使我左右摇摆,而轻视天下的大事啊!"便重新抬高郭氏的地位,把他的儿子右翊公辅晋升为中山王,郭氏升为中山太后。

置酒行乐

光武皇帝到了章陵,想修国庙和旧房宅,观察田园房舍,摆酒行乐。当时被

请来参加饮宴的同家族母辈们因饮酒稍多而喜悦,聊天时说:"文叔年轻时谨慎又讲信义,和外人很少来往,唯有正直温柔,现在能够这样,不容易啊!"皇帝听了,大笑着说道:"我治天下,也要用温柔的办法呢!"在家乡逗留一个多月,才返回皇宫。

姊妹连诛

汉朝时候,在国境边上,没有建立郡县等地方政府。当时边境区域,有不少雒田,开垦它的人,就把他们叫作雒人,统治当地少数民族的首领,便是雒王,他下面的叫雒将。麋泠县(安南都护府峰州汉之边境)雒将之女,名叫征侧,勇敢而有力气,交址太守苏定,用汉朝的法律来统治约束她,征侧生气了,和她的妹妹征贰一同造反。这样一来,南蛮的各部落士民纷纷起来响应,竟攻下了六十五座城池,自立为王,就在麋泠建立都城,造成连年战乱。后来由伏波将军马援率军前往攻击,杀死了这姊妹二人,平定了边境地区的事端。

窦宪谋杀汉和帝

提起窦宪谋杀和帝这桩大案,还得从窦宪的妹妹窦皇后后宫争宠开始。

窦皇后是大司空窦融的曾孙女,在家时就是个聪明女孩,年仅六岁就能读会写,亲戚都觉得她确有不同寻常之处。家里曾请过几个相面的,见了窦皇后,都说她今后会大富大贵,不是那种随便嫁个人就了事的女子。果然,公元77年她被选入宫中,汉章帝先是听说来了个才貌双全的美女,对她发生了很大的兴趣,曾多次向别人打听过她的情况;等到见了面,更觉得确实是名不虚传,不仅人漂亮,而且举手投足,都那么有韵味,因此格外喜欢她,第二年就立她做了皇后。

窦皇后很受章帝宠爱,可美中不足,进宫数年都未生皇子,这事对她的地位构成了很大的威胁,因此,不管妃子贵人们谁生了儿子,她都恨之入骨,必欲置之死地而后快。宋贵人生了皇太子刘庆,梁贵人生了和帝刘肇,窦皇后先是在章帝面前挑拨离间,使章帝逐渐疏远了她们,然后又用诬陷的手法害死了宋贵人和梁贵人,收养了和帝。

　　章帝死后，和帝即位。当时他只有十岁，窦皇后被尊为窦太后，临朝称朕，执掌了朝政。养子毕竟不是自己亲生的，要想巩固政权，还得靠娘家人。窦皇后的哥哥窦宪、弟弟窦笃、窦景、窦瑰都做了大官，他们的亲朋故旧，被纷纷安插在朝廷和地方任职，满朝文武和刺史、郡守、县令大都是他们的人。这帮人无法无天，什么坏事都敢做，贪污勒索，强抢豪夺，杀个人像捏死只蚂蚁，根本不在话下。谁敢对他们说个"不"字，准得倒霉。尚书仆射郅寿、乐恢因上书告发他们，先后都被逼死了。四兄弟中闹得最不像话的就是窦景，不仅自己作恶，还放纵奴仆胡作非为。他们大白天也敢拦路抢劫，欺侮妇女，洛阳城里的商贩们一见到窦景的卫队出来了，忙不迭地赶紧关店门，躲避他们就像躲避强盗。司法部门的官吏们对他们的恶行有目共睹，可谁也不敢举报，否则郅寿、乐恢就是先例。窦宪又仗着出击匈奴有战功，和几个弟弟大兴土木，各自修建豪华住宅，耗费的人力、物力、财力不计其数。

　　窦家的权势、欲望膨胀到了极点，就觉得和帝这个傀儡也是多余的了，况且他一天天长大，迟早会对窦氏家族构成威胁，不如先干掉他，从根本上清除这个隐患。窦宪找来他的女婿郭举、亲家公郭璜，部下邓叠和邓的母亲、弟弟，一起谋划起诛杀和帝的大事来。

　　和帝年龄虽小，人却很聪明，窦宪等人的阴谋很快传到他耳朵里，他感到必须尽快制定对策，否则后果不堪设想。可朝廷里的官员大多是窦家的人，只有司徒丁鸿、司空任隗、尚书韩棱还可以信赖，只是此事非同小可，万一走漏了风声就不得了。想来想去，他决定先和内侍郑众商量一下，一则郑众服侍他多年，对皇室一直忠心耿耿，比较可靠；二则此人谨慎机敏，很有心计，也许能帮他出出主意。于是，趁着郑众一个人在身边服侍他的时候，和帝悄悄对郑众说出了自己的忧虑。郑众倒很果决，他劝和帝不如先下手为强，杀掉窦宪和他的党羽，否则这个江山迟早坐不稳。听了郑众一席话，和帝下了决心。趁着窦宪班师回朝，先派使臣到城外迎接他们，犒劳将士，给他们很高的礼遇，装得像没事儿人似的。等窦宪他们进了城，和帝下令关闭城门，派重兵驻守南、北宫，一举收捕了郭璜、郭举、邓叠和他的弟弟邓磊，把他们全杀了。窦宪还蒙在鼓里，在庆功宴上喝得酩酊大醉，踉踉跄跄地被侍卫们扶着回家睡觉去了。等到和帝派人去收取他的大将军印绶，他还迷迷糊糊地以为自己正做梦呢。

　　和帝感念窦太后的养育之恩，并没有公开处死窦氏兄弟，只是命令他们马上离开京城,返回各自的封地,派得力的官员跟随监督着他们的一举一动,等到了封地,就迫令他们自杀。四兄弟中只有窦瑰因平时表现较好,又没参与策划谋反,被免了死罪。窦家的亲朋故旧,凡是依仗窦家的关系做了官的,统统被罢免回家,外戚窦氏家族就这样被灭了。宦官郑众因献策有功,被加官晋爵,从此,东汉政权开始在宦官和外戚之间频繁更迭。

帝王传奇

西汉王朝的开创者汉高祖刘邦

刘邦,公元前256年出生于沛郡(今属江苏)的平民之家。他曾任秦朝泗水亭长,公元前209年响应秦末陈胜、吴广农民起义,在沛县起兵。三年后,攻克秦都咸阳;四年后,打败项羽,取得楚汉战争的胜利,建立了西汉王朝。

1.斩蛇起义

刘邦出身布衣,没有任何靠山,他从未钻研过治国平天下之策,游荡到四十多岁还未成家立业,却幸运夺得天下。后世广泛流传刘邦是赤帝之子下凡,他斩白蛇,举义旗,身经百战,平定天下,成为名垂千古的开国大帝。我们不禁要问:刘邦真的斩杀过白蛇吗? 他真是龙之化身,受命于天吗?

这得从刘邦的为人谈起,刘邦排行老三,喜欢结交各种朋友,厌恶耕田劳作。他的父亲看不上他的浪荡行为,认定他将来不会有任何出息。全家人也都瞧不起他。刘邦虽然生活上放荡不羁,却胸怀大志。有一次,他押送刑役去咸阳时,看到秦始皇出行时威风凛凛的帝王排场,他感叹道:"唉,大丈夫能像这样子,才不枉来世上一遭!"

提起刘邦的婚事,更是巧中添奇。刘邦的老丈人吕公是单县人,他与沛县县令私人交情甚厚。他曾到沛县避祸,后来他请客表示答谢,来了许多豪杰捧场。萧何任宴会主办,安排贺礼不满一千钱的坐在堂下,分清贵贱。刘邦虽分文未带,却宣称贺仪万钱。吕公亲自出迎,看他高鼻长颈的异相,知他日后必定发达富贵。宴后,提出愿意把女儿吕雉许配给他。刘邦四十三岁仍未娶上妻子,如今竟有人主动把女儿嫁给他,这是做梦都想不到的美事儿,他赶紧娶回家。吕雉就是历史上的吕后,当时已经二十八岁了。吕公家境好,女儿长得又不错,为什么嫁人这么晚呢?大约姻缘自有天注定。吕雉心性高,看不上寻常之人,高不成,低不就,耽搁成了老姑娘。看来,吕雉二十八年等待的人,正是刘邦;四十三岁的刘邦单身这些年,也正是等待吕雉,他们的婚姻有着天作之合的神秘色彩。

始皇末年,刘邦受命押送刑徒到郦山修皇陵,刑徒们知道不累死也得活埋,就纷纷逃亡。刘邦睁一只眼,闭一只眼,默许他们溜走。来到丰邑西边的大泽里时,刘邦借酒壮胆,把剩下的刑徒都放了。刑徒们得生了,刘邦却要亡命天涯避祸了。有十几个刑徒深受感动,愿意追随刘邦左右。刘邦带着他们连夜逃离大泽里。

黑夜里奔逃,必须探路。刘邦命一人前方开道,不一会儿,那人惊恐万状地跑回来,报告刘邦说:一条水桶粗细的大白蛇挡在路上,前进不得,赶快绕道而行吧!刘邦酒壮英雄胆,拔剑而起,怒喝道:"我们是顶天立地的壮士,岂能怕蛇?我倒要看看谁敢阻我去路。"刘邦冲到前面开路,走不多久,果见一条巨蛇盘踞在道上,把小路堵死,雾气弥漫,飘过一团团腥气,令人作呕。刘邦挥剑将白蛇斩为两段,腥热的污血喷了他一身,没走出几里路,刘邦酒性大作,睡倒在路旁。

后来有人路过斩蛇的地方时,看见一个老妇人在嚎啕大哭。众人问她缘故,老妇人悲哀地说:"我儿子是白帝之子,他不该下凡间闲游呀!他睡中化蛇,哪知挡了赤帝之子的去路,被人家杀啦!"听了老妇人的话,众人只当是胡言乱语。可奇怪的是,大家再回头看时,老妇人消失了,连斩杀的白蛇也不见了,众人惶恐之中始信有其事,刘邦酒醒得知此事,也隐约相信了。

我们知道,秦始皇多次巡行天下,有检查地方政绩,震慑天下黎民的目的;也有寻仙访道,找那长生不老药的目的;还有一个目的就是剿杀推翻秦朝江山的掘墓人。他常听人说东南有龙气,就多次寻找,却发现不了。而当初刘邦率领刑徒们躲进砀山避难时,四处隐蔽,极难发现,而他的妻子吕雉轻易就找到他了。刘邦问她原因,她说刘邦藏身之所的上方常有五彩云气缭绕,对应云气的位置,就是刘邦的躲藏地点,真是神乎其神了。

其实说白蛇是白帝之子，显然是人为编造的。编造这种神话的目的，就是神化刘邦，拢住人心，让人死心塌地地跟他打江山。试想，赤帝之子乃真命天子，当上皇帝还不是理所当然吗？刘邦的谋士、亲属极力传播这个神话，使更多迷信君权神授的人们相信这种事，纷纷投奔刘邦，使起义队伍不断壮大，最后夺取天下。

2.为何不敢改立太子

汉惠帝刘盈，从小就和父亲刘邦分离，父子感情生疏。刘邦虽然立他为皇太子，但感觉他为人"仁弱"，因此几次欲改立赵王如意为太子，但最后终究没敢改立，是何原因呢？

传说刘盈出生时，刘邦还是泗水亭长，因私放刑徒逃亡芒砀山泽间，父子一别两年。公元前209年，刘邦沛县起兵，刘氏父子也仅有短暂会面，刘邦又转战南北，一别又是三年。楚汉战争爆发时，刘邦路过沛县，派兵寻找父亲、妻儿。刘盈姐弟与亲人失散后，侥幸与父同行。楚军在后面紧迫，刘邦三次把他俩推下车，以加快逃亡速度，幸亏夏侯婴舍命捡回两个孩子，姐弟俩才幸免于难。由此看来，刘邦对待刘盈其实很冷淡，这主要由于长期分离造成的，也是刘邦想改立太子原因之一。

刘邦宠姬戚夫人，美丽迷人，刘邦常当着大臣的面儿，把她抱在怀里。戚夫人所生儿子刘如意，聪明伶俐，坚决果敢，常在刘邦身边撒娇，喜得刘邦合不拢嘴。他觉得如意才真正像自己的继承人。戚夫人自然明白母以子贵的道理。如果如意立为太子，日后自己就是皇太后，吕后也无法加害自己了。戚夫人日夜泣哭恳求刘邦改立如意为太子，废掉刘盈，于是刘邦真的产生了这种想法。

开国重臣极力反对刘邦的打算，御史大夫周昌强烈反对，说："臣口不能言，然臣知其不可。陛下欲废太子，臣绝不奉诏。"在群臣一片反对声中，刘邦只好暂时放弃了这种打算。

吕后也害怕刘盈太子之位不保，自己遭人暗算，恳求留侯张良出谋相助。张良知道高祖很尊重"四皓"，（汉初隐居于高山的四个隐士，四人须眉皆白，故曰"四皓"，熟谙治国之道）高祖多次请四皓出山，他们都拒绝了。于是他建议，如果能请来四皓辅佐太子，一定能保住太子之位。吕后依计，恳请四皓相佐，四皓深受感动，对刘盈苦心辅助，由此巩固了刘盈的太子之位。

公元前196年,异姓王韩信、彭越均被诛杀,淮南王英布知道下一个就是自己了。他暗中聚集军队,以防不测。可是英布的中大夫贲赫向刘邦密告英布谋反,刘邦立即派人调查,逼反英布。刘邦亲自率兵平定这些功臣们的叛乱。两军大战,英布大败而逃,刘邦亦受伤。公元前195年,刘邦伤重,一病不起,就更想赶紧换掉刘盈,趁他死前,把如意扶上皇位。张良据理力谏,刘邦听不进去,太傅叔孙通以死相谏,刘邦未置可否,还是四皓使刘盈转危为安。

这是怎么回事呢?有一次宴会,刘邦命刘盈陪同。入席时,刘邦望着刘盈身后四个八十多岁的白发老翁,大吃一惊。询问他们何故不接受自己的邀请,而甘愿辅佐刘盈?老人回答:"陛下从来没瞧得起儒生,经常侮辱取笑读书人,不尊重知识礼仪。而太子敦厚仁慈、聪慧贤明,虚心求教臣子,所以我们愿意辅助他治理国家。"刘邦看到刘盈既有大臣拥护,又受高人指点,羽翼已成,若再改立,势必引起流血斗争,才从此绝口不提改立之事。

再有,刘盈的舅舅吕泽、姨夫樊哙都是跟随高祖打天下的开国功臣,他们拥有很大的势力。刘邦要废刘盈改立如意,刘盈母家这一关就难以通过。刘盈母亲吕后,跟随高祖平定天下,掌握着很大的政治权力,是汉朝的第二号人物。如果刘邦不听劝谏,坚决改换太子,恐怕夫妻反目,宫廷事变。到头来,赵王如意的太子位仍然不会稳固,而且必定招致杀身之祸。因此,刘盈身后的强大势力,也是让刘邦止步,不敢更换太子的又一原因。

3.习性游荡

刘邦有兄弟三人,长兄名伯,次兄名仲,他自己名季,排行为老三。刘邦这个名字颇为文雅,据说那是他当皇帝后起的名,当皇帝之前一直叫刘季。因他家境贫穷,两个兄长都是文盲。刘邦比较聪明,父亲把他送入乡间学校,读书不多,但毕竟还能识得一些字,至今刘邦家乡中阳里还保存着他读书时的书塾。传说刘邦大哥患病早死,二哥是个朴素的庄稼汉,埋头陇亩、辛勤耕作,略有节余,稍置产业。父亲赞扬老二干活卖力,持家有方。刘邦却游手好闲、不治产业,被人看作是个不务正业的人。

其实刘父也是一个游手好闲之徒,平时不治家产,喜欢饮酒,有钱就打酒与人共饮,经常出入乡间市井,肚子饿了,随便买个汤饼充饥。凡是乡里有斗鸡、踢球的事情,他都要插上一手,而且很在行。这种从小养成的习性,直到晚年还是没有改掉。当时刘邦封他为太上皇，住在长安皇宫中，食宿都很豪华，刘邦以为这下他总该高兴了，但出乎意外，他总是一副郁郁不乐的样子。刘邦不解，忙问其故，答称自己从小就乐与屠夫、小贩之流结交，现在周围没有这号人，很不习惯。刘邦为逗父欢心，选宫内废址，筑成类似丰沛乡里市井风光一条街，以内监充任屠贩，叫卖其中，乐得太上皇流连忘返。

少壮之年的刘邦很多生活习性与他的父亲相似。他的酒瘾很大，是小酒店的常客。手中有钱就现买现饮，无钱则赊酒记账，但他不会赖账，一旦有了钱，还会加倍偿还。酒家欢迎这样的酒客，混得熟了，如同一家。当他喝成烂醉如泥，顾不得什么体统，就和衣卧倒酒家床上，成了醉汉。可是后来刘邦当了皇帝，谁都不敢讲他以前喝酒的事情。相反还有人为他粉饰了一些神奇的色彩，说什么刘邦醉卧时，老板娘常常亲眼看到他身上有龙出现，龙体附身正与刘邦后来当上皇帝相符。

刘邦结交的朋友也有屠贩之徒，不过比他父亲稍高一个档次，可能与他的经历有关。刘邦当上泗水亭长后，虽只管辖十里以内的民事、诉讼，是个小小的乡吏，但他有机会与县吏打交道。加上刘邦为人豪爽、不拘礼节的个性，很快与同事、上级混得很熟。

不务正业、游荡乡里，使刘邦染上流气，这个习性使得他补秦吏时还依然故我。

刘邦的游荡习性还表现在他从小不喜欢诗书，虽然曾进入过家乡中阳里的马公书院读书，但他与书不结缘，甚至有厌恶感。当秦始皇焚书坑儒的消息传来时，他竟幸灾乐祸，庆幸自己没有与读书沾过多少边，用不着担惊受怕。想到书烧成灰了，今后大家无书可读，更是喜形于色。长大以后他不喜欢儒生，时时流露出草莽意趣和粗野作风。登位之后，有不少戴儒冠来求见的儒生，刘邦厌恶之余，随手取下对方所戴的帽子，当着客人的面，撒一泡尿在里头，除殃及其儒冠外，还波及其儒袍。秦博士叔孙通身穿儒袍晋谒，刘邦一脸不高兴。事后叔孙通了解底细，马上变通：脱下儒袍，改穿楚服短衣，刘邦马上高兴起来。他虽贵为天子，但身穿短衣，习于楚俗服饰。如此对世人的轻慢，表面上看无礼至极，实际上是刘邦的流气与粗野作风的流露。

圣明君主汉文帝刘恒

刘恒（前202～前157），是汉朝的第四个皇帝，高祖刘邦第三子。是我国历史上有名的"文景之治"中的文帝，被历代士人盛赞为一代圣明君主。汉文帝刘恒深明治国之道，颇具治国之才，他奉行汉初以来的"休养生息"政策，轻徭薄赋，发展生产，安抚百姓，使全国上下呈现国富民丰景象。汉文帝大力推行"安抚边疆、减少征战、发展农业、节俭费用、废除苛刑、教化百姓、杜绝诽谤、虚心纳谏、重用廉吏"的措施，使汉王朝出现了国泰民安的盛世，

汉文帝刘恒

汉文帝刘恒的清明政治为后世人敬仰，有关他身世的传说也让世人好奇万分。

传说公元前204年，刘邦军队打垮了项羽封立的魏王豹。魏王宫中侍女都被掳到荥阳织布服役，宫女们被繁重的劳动累得直不起腰。有一次，刘邦来荥阳巡视，偶尔来到织布之处，见到一女子清秀沉稳、柔弱可爱，就把她带回了后宫。这个女子姓薄，秦时，她父亲与魏王宗室的魏氏女子私通，生下了她。薄氏以为被汉王看中，终于有出头之日了，高高兴兴地来到汉王后宫。可是，汉王转身就将她忘记了，竟从未召幸。

楚汉战争后期，汉军境况好转，刘邦心情不错，就与管夫人、赵子儿饮酒取乐，两个美人把当初薄氏与她们的约定"尊贵莫忘故人"之语，当成笑料说给刘邦听，刘邦闻听此言，觉得薄氏的确很可怜，当天晚上就召幸她，让她今生沐浴一下龙恩。薄氏与管夫人、赵子儿同从魏宫被掳，三个人姐妹一般相处，非常要好。哪曾想如今却是天壤之别？听人家夜夜燕语莺歌，嬉笑欢娱，受宠显贵，看自家冷冷清清，苦熬长夜，薄氏不免泪流满面。

薄氏正在怨恨命运不济，突闻汉王驾临。薄氏战战兢兢迎向汉王。汉王看到薄氏瘦弱干枯的身材，平淡无采的面容，顿感兴趣索然，转身欲走。薄氏连忙

扯住汉王,禀告昨夜曾梦见苍龙绕身,不知是何征兆。汉王一听,顿时大喜,他告诉薄氏是尊贵的征兆,薄氏始得临幸,后生下了刘恒。但薄姬未因生子荣耀,始终位列诸姬行列,极少被刘邦宠幸。皇子刘恒也不被父亲喜爱。母子二人小心生活,谨慎万分。

刘恒共有兄弟八人。大哥刘肥差点被吕后杀掉,奉献了二十个县的封土,尊奉吕后的女儿鲁元公主为齐太后,才算苟活安全。二哥惠帝刘盈,是吕后亲生子,不幸早死。三哥如意,戚夫人之子,被吕后毒死。五弟刘恢被吕后逼死,六弟刘友被吕后饿死,七弟刘长因生母早逝,由吕后扶养,才免遭毒手。八弟刘建早死,唯一儿子也被吕后害死。老四刘恒因为处处小心,"贤智温良",深得朝臣爱护,被封代王。薄姬一生不受宠幸,郁郁寡欢,却是不幸中的大幸,她不被吕后妒恨,母子得以保全。

公元前179年,疯狂迫害刘氏子孙的吕后死了!太尉周勃、丞相陈平密谋抄斩吕氏满门,还政于刘氏子孙。众臣推选皇位继承人。齐王刘肥之子是高祖嫡长孙,可以立为皇帝,但他的舅舅驷钧凶恶异常,大臣们都害怕出现第二个吕氏;淮南王刘长年龄小,姥姥家的人也很坏,所以立刘长为帝也不合适。大家一致推举代王刘恒,除了刘恒为人仁孝宽厚外,刘恒姥姥家根本没任何势力,不会出现外戚专权之事也是主要原因。刘恒因为母亲家庭的惨淡,幸运地被推上帝位。

这就是汉文帝,他即位初期就赏赐功臣,安置亲信,恢复刘氏宗室利益,令列侯离开京师,巩固自己的皇权。刘恒在位二十三年,他推行了"与民休息,安定百姓"的政策。和平解决了南粤问题,采取和亲与防御结合之策对付匈奴,减少战争开支。他重视农业,降低田税,鼓励生产。还废除酷刑,对民施教,鼓励百姓大胆讲真话。并重用冯唐、魏尚,尊重刚直敢言之人。

汉武帝刘彻"金屋藏娇"

刘彻(前156~前87),汉景帝之子,在历史上被认为是一位有雄才大略,又善于用人的盛明君王,公元前140年即位。

传说汉武帝刘彻从小就与堂妹阿娇在一起形影不离的玩耍,他们捉蜻蜓、捕蝴蝶,可说是青梅竹马,两小无猜。刘彻四岁那年,刚被封为胶东王,一天,在皇家苑囿游春,偌大的旷野里,青草漫山、碧波荡漾,皇亲国戚们身着华服,在众多美女的簇拥下,说说笑笑好不热闹。这时,刘彻的姑母长公主刘嫖将他唤来抱到膝上,逗他说:"娃儿,你想不想娶媳妇呀?"刘彻天真地笑道:"当然想。"刘嫖指着周围随侍的上百个漂亮的侍女问道:"你看哪一个好啊?"没想到小刘彻两眼一翻说:"都不好!"刘嫖又指着自己的女儿问:"那阿娇好不好?"刘彻顿时喜笑颜开地说:"阿娇好!如果能够娶得阿娇做媳妇,我一定造座金屋让她住在里面。"这就是成语"金屋藏娇"的由来。

的确是"童无戏言",后来,刘彻真的娶了阿娇。其间,刘嫖为使女儿能攀龙成凤,自然费尽心机。刘彻的生母王夫人也想借助皇姐刘嫖之力,使儿子能立为太子,当然更不遗余力。因此在刘彻被立为太子时,阿娇成了太子妃;在刘彻继位为帝后,阿娇成了皇后。他住上了比"金屋"更加奢华的皇宫。

可遗憾的是,阿娇立后十余年未能生育。偏偏刘彻是个"能三日不食,不能一日无妇人"的人,宫中被幸的女人很多,自然生育的机会也多,生了皇子的女人就会"母以子贵我"登上皇后的宝座,所以阿娇感到地位已不稳固,她非常气愤悲伤,可刘彻非但不予同情,反而对她更厌恶了。一天武帝偶翻宫人名册,看到卫子夫三字,不由得触起前隋,命内侍迎入。卫子夫显得清瘦了许多,她亭亭下拜,呜咽几句便泪流满面。武帝揽她入怀,重叙一年的离情别绪。卫子夫道:"臣妾不应再近陛下,倘被皇后得知,妾死不足惜,恐陛下亦有许多不便!"武帝道:"我在此处召卿,与正宫相离颇远,不致被闻。况我昨得一梦,见卿立处,旁有梓树数株,梓与子声音相通,我尚无子,莫非应在卿身,应该替我生子吗?"说着携着子夫的手共入帏账。尽一宵欢情。后来,卫子果真怀孕了。

不久这件事便被陈后察觉,她极度嫉恨恼怒异常,立即往见武帝,与他争闹。武帝却坚决不肯相让,并责备陈后无子,不能不另幸卫氏。陈后难其词驳,愤然退去。一面出重金求医,希望自己也得子嗣。可喝了无数药,始终难以发愿。

陈后气闷非常,她不想自己皇后的地位受到威胁,便一心想除掉卫子夫,偏偏卫子夫甚得专宠,每天与武帝在一起,根本没机会下手。自与卫子夫争宠后,竟渐失武帝的欢心。她穷极无聊,就召入一个名叫楚服的女巫,要她设法祈禳,以追根回武帝的心意。楚服设坛斋醮,每日入宫一两次,但好几个月不见应验。武帝听说这件事,怒不可遏,当下彻底查究,立将楚服拿下,楚服被枭首示众。

陈后宫中的女使太监三百余人，一概处死。陈后吓得魂不附体，数夜不曾合眼，最后册书被收，玺绶被夺，废徙于长门宫。

尽管事情到了如此地步，但阿娇仍不甘心失宠的现实，她冥思苦想，怎样才能挽回刘彻的情意。想来想去，她突然想到了大才子司马相如。这司马相如当年与卓文君鼓琴相知而结百年之好，纵使生活贫困，当垆卖酒也不改初衷，成为佳话。阿娇知道刘彻很崇拜司马相如的文才，非常赏识他作的赋，于是，奉上黄金百斤，请司马相如为她作赋。司马相如果然不负众望，洋洋洒洒写成了著名的《长门赋》，文采飞扬、情调哀婉把阿娇孤苦悲怆，盼望君主回心转意的殷切之情，抒发得淋漓尽致。然而此时的刘彻已羽翼丰满，帝位巩固，他再也不在乎阿娇之母刘嫖，对色衰无子的阿娇早已没有什么留恋，正与新欢卫子夫甜情蜜意，怎能为《长门赋》所动！于是阿娇只能终日以泪洗面，在长门宫郁郁而终。后代文人以此为题材，做了许多诗，咏叹这场"长门怨"。

权可倾国的新帝王莽

王莽（前45～公元23年），字巨君，魏郡元城（今河北大名东）人。他横空出世中断西汉王朝十六年，建立新王朝。王莽原是汉元帝皇后王政君的侄儿，掌两任（成帝、平帝时期）大司马之印，大权总揽，风光无限。他又将女儿嫁给平帝为后，以国丈身份独揽朝纲，权可倾国。

1.毒死女婿汉平帝

传说王莽的姑母王政君荣登皇后宝座后，娘家一族封爵授官，显贵无比。王莽父亲早逝，未受皇恩，王莽一家仍旧生活贫困。王莽不跟那些得到皇后封授的亲友比享受，而是洁身自好，苦读诗书，恭谨侍母，结交名士，很有远见，因此受到广泛赞誉。王莽小心侍候自己的贵族亲属，颇受青睐。大司马大将军王凤是他的伯父，王凤病重时，王莽比亲儿子还要周到细心地服侍他，王凤感动之余，临终托付太后、成帝授王莽一官半职。

由此王莽先从黄门郎做起，不久升射声校尉。他善于把自己伪装成一个守节操、讲谦逊的圣人形象。在众人的盛赞下，他荣封新都侯，晋官骑都尉光禄大夫侍中，年方三十，即为朝廷重臣，公元前18年，王莽击败姑表兄弟淳于长，如愿登上大将军宝座。

王莽勤于政务，谦和待人，但一年后却辞职离去，这是何故呢？

汉成帝无子，死后由侄儿刘欣即位，是为哀帝。哀帝即位一个月，即尊奉亲祖母傅昭仪为恭皇太后，母亲丁姬为恭皇后，追封傅、丁已故亲属。傅、丁两族一时间显赫至极，荣耀无比。傅、丁新外戚与把持朝政二十六年的原外戚王氏一族产生尖锐矛盾，王太后为维持政局稳定，令王莽让出大司马之位，王莽无奈辞职。哀帝着手剥夺王氏爵位，把王氏权贵纷纷赶下台。傅、丁两家封侯受赏，跋扈一时。王莽此时深刻地体会到了"一朝天子一朝臣，一任皇后一外戚"的道理，他认识到权力的宝贵，积极等待时机，东山再起。

公元前1年，汉哀帝逝去，王莽重掌大司马之职。年仅九岁的汉平帝即位后，无法亲政，由王太后临朝，大权实质上掌握在王莽手中。王莽害怕重蹈哀帝更换外戚的历史覆辙，封平帝母卫姬为中山孝王后，封帝舅卫宝、卫玄为关内一侯，命他们留居中山，不得入京。

大臣申屠刚谏言迎卫姬入京，触怒王莽被罢官。王莽长子王宇害怕平帝亲政后，因王莽苛毒而迁怒王氏一族，就施计诱使王莽就范。王宇派妻兄吕宽去王莽府门洒污血，利用鬼神变异之象，吓唬王莽。哪知门吏发现了吕宽的鬼祟行动，王莽追查出真相，逼死王宇，将吕宽下狱，王莽借机把卫氏一族牵连进来。

除卫姬外，又屠戮了卫氏族人，王莽还把叔父王立，堂弟王仁、王安赐死，肃清了异己势力。皇亲国戚、武将重臣、亲属家人数万人遭杀，王莽一时间为所欲为。

王莽施计剪除了平帝母亲一族，又计划把女儿嫁给平帝为后，安享皇亲无上荣耀。平帝十二岁时，王莽就上书为帝选后。王莽曾虚伪地把女儿的名字划掉，又暗示朝臣请愿。这样每天上千人上书请立王莽女儿为后。王莽的阴谋终于实现了，他的女儿成为帝后，王氏成为当朝天子的唯一的外戚，王莽作为国丈掌握朝中大权，凌驾于平帝之上。

平帝内有王莽女儿的监视，外有王莽的控制，又远离亲生母亲，心中十分仇恨王莽。小皇帝无意中流露出怨恨王莽之意，被人报告给王莽。王莽明白了，这个女婿若亲政，头一个要杀的就是老丈人。看来，平帝是留不住了，必须除掉！公元5年，大臣们欢聚一堂为平帝上寿。王莽献上椒酒一杯，平帝饮后，夜间发作，腹痛难忍。王莽知道毒酒发作，心中暗喜。为掩人耳目，还仿照周公替武王祈祷故事,将自己甘愿代死的祷文封在匣中,以示忠心。平帝几天后死去,王莽令天下官吏穿孝衣三年,以示郑重怀念,奸刁之极。

王莽后来又选择了两岁的小王孙刘婴立为皇太子,自己摄行皇帝之事,称"摄皇帝"。公元9年,王莽篡夺刘氏江山后,颁布了"新政",由此加重了人民负担,而失民心,公元23年,被起义军杀死。

2.逼亲生儿子自杀

传说王莽为了保全自己,是不择手段的。在他四个儿子之中,有三个都是被他逼死的。

王莽在公元前8年,荣升大司马,年仅三十八岁。他刻意保持克己修行,谦虚仁义的好形象。但是,由于汉成帝去世,哀帝继位,新外戚傅、丁两家登上政坛,王莽任大司马仅得意了一年,就被迫让位。王莽回到南阳新野都乡封地,积极结交士大夫,准备东山再起。王莽的二儿子王获杀死了一个奴隶,在当时社会算不得什么大事。然而,王莽却严加痛斥,让王获自杀偿命。王莽的"大义灭亲"行为,虽是小题大做,但却为他赢得了极好声誉。朝野上下一片赞美之声,汉哀帝只好恢复王莽的官职,王莽踏着亲生儿子王获的鲜血重登大司马权位。

汉哀帝驾崩,年幼的汉平帝继位后,王莽施计将平帝母亲的势力挤出京城。王莽的大儿子王宇担心平帝长大成人后,怨恨王莽狠毒使他骨肉分离,迁怒王氏一族,致使王氏后代遭灭门之祸,就琢磨一条"妙计"。想恐吓王莽,同意让平帝的母亲卫姬入京。然而事情败露后,王莽对王宇露出狰狞的面孔,令他说出何人主谋。王宇战战兢兢供出老师吴章,以为父亲此番最多重罚自己。哪知王莽逼他赶快自杀谢罪,并杀掉吴章斩首示众。王莽的"大义灭亲"为他赢得巨大声誉,王宇的鲜血让他荣膺了"宰衡"称号,得到"九锡"的待遇,荣耀显贵,无以复加。

王莽踏着用两个儿子鲜血染红的官阶,步步高升,公元8年,篡夺刘氏江山,坐上了新朝龙椅。王莽靠阴谋夺位,所以时时提防别人也篡去他的宝座。王莽共有四个儿子,王宇、王获被他逼死,王安又精神失常,只好封王临为皇太子。王莽连诛二子,皇后王氏哭瞎双眼。王莽命王临亲侍生母。新帝皇后有个侍婢,叫原碧,曾与王莽私通。王临来到后宫,被她迷住,也与她偷情。事后王临害怕丑事泄露被父亲诛杀,就与妻子商议杀掉王莽篡位。王临还未行动,王莽借口大风吹垮王路堂之事,废掉了王临的皇太子之位,王临被撵出京师。第二年瞎眼皇后病危,王临给母亲写信道:"皇上对子孙太苛酷,大哥二哥三十岁均被迫自杀身亡。儿臣今年也是三十岁,不知能否保全?"王莽探视瞎妻,看到来信,顿时震怒异常。莽妻一死,王莽拷问原碧,审出王临与之私通之事。王莽怕家丑外扬,竟把参与审问的官吏一并处决,并勒令王临自杀,由此,三个儿子皆由他所逼命丧黄泉。

3.拜受天书"铜匮"

相传,汉高祖刘邦为泗水亭长时,曾受命押送刑徒赴骊山修筑秦始皇陵,途中遇到一条大蟒蛇。大蟒蛇拦住去路,告诉刘邦:"你将贵为天子,拥有天下。不过,我要扰乱你的江山,让你子孙不得安宁!"刘邦大怒,拔剑欲斩蟒蛇。大蟒蛇阴险地笑道:"来呀,你斩我头,我乱你头,你斩我尾,我闹你尾!"刘邦将蛇一劈两半。结果,汉朝横空插进个"新朝",被分成西汉和东汉两部分。据说,王莽便是大蟒蛇转世,他的使命就是搅乱汉室,覆灭汉朝,改朝换代。

传说固然不可信,但王莽建立了新朝却是事实存在的。他是怎样盗得汉室的呢?

话说王莽以外戚的身份一步步爬上高官,他大权独揽,位极人臣,挟制君主。然而,王莽仍不满足,一心要代汉自立。

梓潼县有个无赖儒生哀章,惯于投机钻营,参透王莽之意,制造了天书大骗局,公元8年,哀章身穿黄衣,怀抱两个铜匮,来到刘邦祀庙,交给仆射。哀章伪造的铜匮一个上写"天帝行玺金匮图",一个上写"赤帝行玺某传予黄帝金策书"。金策书中说,王莽当继汉而立新朝,行真命天子事。图、书都写着王莽八大臣僚的名字,还添加了哀章、王兴、王盛的名字。王兴、王盛即为王氏兴盛之意。仆射赶紧报告了王莽这件奇事。王莽喜出望外,心说:"知我者哀章也!"

王莽率领群臣来到高祖庙,拜受铜匮。他乘机穿上天子冠服,宣布顺天承运,接受赤帝刘邦之授,另立王朝。王莽来到未央宫,坐上他梦寐以求的皇帝宝座,宣布代汉而立,正式建立新王朝。公元9年元旦,在未央宫前殿,举行新朝皇帝登基大典。王莽立妻子王氏为皇后,立四儿子王临为皇太子并大赦天下。王莽把自己摄政辅佐的小皇帝孺子婴降为"安定公",以平原五县百里之地,人万户为封邑,立刘氏宗庙,祭祀刘氏先祖。册封完毕,王莽拉着小皇帝的小手说:"我原欲效仿周公,等你长大就还政于你,但天命难违,只能这么办了。"装模作样地抹眼泪擦鼻涕,丑恶的表演令五岁的小皇帝刘婴困惑至极。王莽靠着所谓的天书,终于名正言顺地篡夺了汉朝江山。

王莽登基后新王朝很快就危机四伏。王莽一边加紧镇压各路起义军,一边继续编造天命迷信,自欺欺人。

有一天夜里王莽梦见长乐宫中铜人复活。王莽惊醒后,猜想这些铜人身铸"皇帝初兼天下"的铭文,难道有何变异?命人刮掉铭文。又一天夜里,王莽梦见刘邦谴责他篡汉夺位。王莽心惊肉跳,派虎贲武士冲进高祖庙,挥刀乱砍,又用桃树汤汁遍浇高祖庙四壁避邪。王莽还派军队进驻高祖庙和高祖陵园,震慑高祖魂灵。其疑神疑鬼,快灵魂出窍了。

王莽更加醉心巫术,让群臣十分可笑。王莽听人说"黄帝建华盖成仙"后,就命工匠造了一个九重的华盖,高八丈,用六匹大马拉着,三百名黄衣力士挽着。王莽每逢外出,力士们齐呼"登仙!登仙!"车上的军卒奋力击鼓,煞是可笑。大臣们心说:"登仙?上西天罢!"看着王莽的这幕闹剧,众人明白莽新王朝快完了。

公元22年,绿林、赤眉起义军铺天盖地,杀向京师,莽军节节失利,新朝乱作一团。王莽四面楚歌,黔驴技穷之时,采纳了崔发"哭天求救"的招数。王莽率群臣来到长安南郊,仰天哀叹:"天不祐我!"接着捶胸顿足,撕心裂肺地号啕大哭,竟真的哭昏过去。为壮大哭天声势,王莽命令太学生和京师百姓每日早晚两次去南郊哭天,并设专人做粥饭慰劳哭天众人。凡是哭声震天,并能育读王莽告天策文者,授予郎官的职位。几天之内竟有几千人获得职位。

然而,哭天无效。起义军势如破竹,攻入长安,将心狠歹毒的王莽杀死。

光武帝刘秀娶妻要娶阴丽华

刘秀(前6~57),字文叔,南阳蔡阳(今湖北枣阳西南)人,汉高祖刘邦九世孙。为东汉王朝的开国皇帝,庙号世祖,谥光武帝,公元25—57年在位。光武帝刘秀恢宏大度、开明谦和,以文治武功夺得天下后,勤于国事、廉明治政、减轻租税,发展生产,开创了中兴盛世局面。

传说刘秀生活俭朴,对皇后阴丽华更是一往情深,无比恩爱。这是为什刘秀虽为皇族,但祖辈逐渐衰落,到了刘秀父亲刘钦一辈,仅为济阳县令。刘秀九岁时,父亲死去,刘秀渡过了他困窘的青少年时代。刘秀家住南阳蔡阳,与新野相邻,常听人赞美新野首富阴家小姐丽华,聪明贤惠、娇羞艳丽,多才多艺。刘秀怦然心动,他虽家贫无助,但生得身躯英武、眉清目秀、鼻高嘴方,自有一股英雄气概,岂能久居人下? 刘秀暗下决心:"大丈夫立业必扬名天下,娶妻要娶阴丽华,方不负此生!"

公元 22 年,天下动荡,南阳饥荒。刘秀与哥哥刘縯起兵,得到豪强地主的支持,很快发展为七八千人,号"舂陵军"。阴丽华的哥哥阴识也率众投奔了刘秀。不久,舂陵军加入绿林军,刘秀任太常偏将军。王莽派军四十二万围剿绿林军,刘秀据守的昆阳只有八九千人,他率轻骑十几人星夜突围,调来援军。刘秀率三千精兵,突袭敌军将王寻。城内义军乘胜出击,内外夹攻,莽军大败。义军以少胜多取得昆阳大捷,刘秀在此役中智勇双全,建立奇功,威名传扬。

刘秀功名显扬,自认不会辱没了阴丽华小姐,就派人去阴家提亲。阴家早就对英雄豪杰刘秀敬佩无比,早欲攀附,哪有不同意结亲之理? 当年 6 月,意气风发的刘秀娶走了十九岁的美人阴丽华。走进洞房,刘秀看到阴丽华秀丽端庄、高贵典雅的姿容,高兴万分。梦寐以求的美人一旦来到身边,真的好似梦境重现。阴丽华望见自己的丈夫英姿勃发,气概不凡,也是一阵欣喜。夫妻两人恩爱情长,形影不离。但三个月后,刘秀要去洛阳任司隶校尉,不得不与娇妻分离,阴丽华被送回新野娘家。

刘秀在征途中闻听哥哥刘縯被更始皇帝刘玄杀害,他强忍悲痛,骗过刘玄,被刘玄封为大司马,前往黄河以北,招抚地方部队。刘秀一路废除苛政,释放犯人,义军队伍不断扩大。可是,北方刘姓宗室突然拥立新帝,建立邯郸政权,还追杀刘秀,刘秀得知拥护新政权的武装集团是西汉真定恭王刘扬,就派人劝说刘扬归顺。刘扬同意归顺,但要求刘秀娶她的外甥女郭圣通,一旦刘秀成大事,娘舅也好沾光。

郭圣通是真定藁人,其父郭昌出身望族,官至郡功曹,其母是真定恭王之女,乃豪门富族,郭圣通知书达礼,容貌姣好,人品出众。刘秀虽然深知郭氏有权有势,如能联姻,对成就大事有极大帮助。但是又觉愧对阴丽华,阴氏聪慧贤德,是激励自己建功立业的动力,与自己情投意合,怎能让这么优秀的女人寒心呢？刘秀前思后想，踌躇不决。然而，举起义旗只有前进，没有退路。如若错失眼前机会，失去郭氏支持，恐怕要亡命天涯。那时候，结发之妻也要跟着遭罪，就更别提让阴丽华享受什么荣华富贵了。刘秀想到此处，决定应允婚事，迎娶郭圣通。

刘秀与郭圣通的政治婚姻很快就发挥了巨大的威力，使刘秀如虎添翼，为夺取天下奠定了基础。公元 25 年，刘秀在洛阳称帝，改元建武。第二年，刘秀修缮洛阳宫殿，迎接阴丽华的到来。分别三年始得重逢，两人都不胜感慨。刘秀想，阴丽华高贵庄严，她是自己奋进的动力源泉呀，她应该享有母仪天下的荣耀。但是，郭圣通一家却为自己开创帝业立下重大功勋，郭圣通还为自己生下了皇子，母以子贵；郭氏如不封后，自己失去郭氏宗亲的支持，对于巩固帝业将造成重大损失。刘秀又为难了。倒是阴丽华坚决请求立郭氏为后，令刘秀十分欣慰，他也因此对阴丽华更加爱恋。此后，出征就带着她，他们的儿子刘阳就生在行军途中。

皇子刘阳聪慧善断，十岁时通读《春秋》。十二岁时，正逢刘秀核查郡县户口田亩。刘秀看到陈留郡的案牍后附一简，上书"颍川弘农可问，南阳河南不可问"。刘秀不解其意。倒是刘阳一语点破："颍川，弘农虽有富豪，但没有后台，只管放心核查；但河南郡是京都，颇多权臣，南阳郡帝乡，多是皇亲国戚，谁敢核查？"刘秀对刘阳的机智聪敏非常满意。刘阳十五岁那年，原武爆发农民起义，官军久攻不下，刘秀万分焦急。刘阳对父亲说："守城之军，肯定有反悔欲逃者，如能松弛围城，留一通道，遇有单身出逃的，用一亭长即可捉拿住。"刘秀采纳了刘阳"围城留之阙"的计策，果然有小股义军出逃，涣散了军心，原武城被攻破。刘阳的足智多谋让刘秀更加喜爱。刘秀决定废掉郭皇后之子原太子刘强，改立阴丽华之子刘阳为太子。

公元 41 年，天下平安、四海安宁，河北豪族势力对皇权已构不成威胁了。刘秀颁诏，废掉郭皇后，改立阴丽华为后。刘阳也就顺理成章被改立为太子。

汉桓帝刘志"卖官鬻爵"

汉桓帝刘志（132～167），章帝曾孙，因质帝被梁冀毒害，而幸运登基为帝。汉桓帝共在位二十一年，前十三年他只是个傀儡皇帝，朝政大权由外戚梁冀总揽。桓帝二十八岁亲政后,诛灭梁冀,宦官专权,朝政更加混乱。汉桓帝又四处搜罗美人,在后宫蓄美上万,满足其奢靡荒淫的放纵生活。他还异想天开地"卖官鬻爵",公开破坏东汉吏治法规,败坏社会风气,引发社会矛盾激化,加速了东汉王朝的崩溃。

大将军梁冀是当朝太后梁太后的哥哥,他专横跋扈,无所不为,朝廷内部"贿赂公行,政出私门",造成政治上的极端黑暗。梁冀策立桓帝后,权力达到极点。桓帝对他极尽尊崇,委以大权,规定他"入朝不趋,剑覆上殿,谒赞不名,

汉桓帝刘志

礼仪比萧何";又增封其食邑为四县,赏比邓禹;赏赐金钱、奴婢、车马、甲第,势比霍光。其弟梁不疑被封颍阳侯、梁蒙被封西平侯,其子梁胤为襄邑侯,其妻孙寿为襄城君,并加赐赤绂,封比长公主。梁冀更加专横暴虐,百官升迁,要先到他家谢恩,后到尚书台办理手续,地方贡品,上等的献给梁冀,次等的才给桓帝。梁冀的跋扈张狂让汉桓帝极其痛恨,延熹二年,梁太后薨天,桓帝依靠宦官单超等五人,一举诛灭梁氏势力。

这次政变,消灭了梁冀外戚势力,却又重开宦官专权的时代,朝政更加混乱。宦官单超、左悺、徐璜、具瑗、唐衡五人,因诛灭梁氏有功,被同日封侯,也称"五侯"。单超还被任命为车骑将军,位同三公,朝政大权由宦官们牢牢把持。宦官们一朝得势,横行霸道,穷奢极欲,倒行逆施,只把朝政搅得乌烟瘴气。宦官们安插爪牙,把持从中央到地方的政务;抢夺民女,强逼为妾;霸占民田,大兴土木;收养义子,接袭封绶;滥施淫威,铺张排场;取用金银,装扮犬马……各地官吏上行下效,贪婪暴虐、鱼肉百姓,使得民不聊生。社会矛盾不断激化,人民群众奋起反抗。

公元160年,烧当、烧何、勒姐等部的羌族人民再也忍受不了贪官污吏的疯狂压榨,掀起了声势浩大的少数民族大起义。起义军很快扩展到了三辅及并、凉二州,朝廷派护羌校尉段颎进行血腥镇压,起义的熊熊烈火却越烧越旺。后

来,朝廷改派中郎将皇甫规,采用镇压与安抚相结合的办法,惩办了一大批贪官污吏,才逐渐平息了羌族人民大起义。公元162年,荆州南部地区的人民也举行了英勇的起义。起义军攻打长沙、零陵、桂阳、苍梧、南海、交耻等地,联合当地戍卒,杀富济贫惩贪诛污。人民群众纷纷投奔义军队伍,给东汉王朝以有力的打击。朝廷耗费了大量的财力、物力来镇压人民的反抗,但人民并没有屈服。当时就流传着一首民谣:"发如韭,割复生;头如鸡,割复鸣。吏不必可畏,小民从来不可轻。"

汉桓帝却无视内外交困、国库空虚的现状,恣意畜养上万宫女,供其淫乐,维持他腐朽糜烂的奢侈生活。桓帝为首的统治阶级,穷奢极欲,致使国库枯竭。汉桓帝借口镇压羌族人民起义,从公元161年开始,"卖官鬻爵"聚敛钱财,供其挥霍。汉桓帝下令以不同价格售卖关内侯、虎贲郎、羽林郎、缇骑营士和五大夫等官职。不问才能品德,只要有钱就能买来官做。这些官吏一俟上任,就开始疯狂搜刮百姓,他们残暴凶恶地盘剥压榨老百姓,把他们买官的花销成倍地夺回来,造成了社会的极度混乱,由此也加速了东汉王朝的覆灭。

玩乐皇帝汉灵帝刘宏

汉灵帝刘宏(156~189),是汉章帝的玄孙,东汉的第十一位皇帝,以贪婪荒唐而遗臭万年。刘宏十二岁登上皇位,目睹了士大夫集团与宦官集团的权力争斗,听任宦官阉党独霸专权,甘当傀儡皇帝,汉灵帝曾无耻地说宦官张常侍就是他的爹,赵常侍就是他的妈,把权柄交给宦官,对权力极其麻木。是一个昏庸无能的君王。传说刘宏的父亲刘苌位列解渎亭侯,比起那些大富大贵的当朝权贵们,家境算是一般。刘宏的母亲董氏,一向贪财如命。看到人家暴富,眼里冒火,恨不得把别人的家私全部抢来,据为己有。刘宏在母亲的熏陶下,对金钱、财产都有极大的占有欲望,连做梦都想着捡到成堆成堆的钱。

公元168年,汉桓帝死去,刘宏即位,是为灵帝。汉灵帝不学治国之道,十七岁亲政时,竟对政事一窍不通。他把大权委托给亲信宦官和母亲董太后,自己专心变换花样玩乐,极其奢侈荒淫。

刘宏玩腻了汉家皇苑,遍地奇花异草、珍禽走兽,四季果树飘香的上林苑让刘宏打不起精神来,富丽堂皇的西苑、显阳苑、平乐苑、鸿德苑仍不能让刘宏满足,他要建造规模更大,更加豪华的新苑:毕圭苑和灵昆苑。可是,国库早已空虚,钱从哪儿来?

董太后建议卖官敛钱。公元178年,董太后在上林苑西邸设卖官机构,明码实价,按官位定价。两千石的官儿,就要价两千万钱,四百石的官儿,就要价四百万钱……,确有品德高尚者,酌减一半或三分之一。可以现金交易,也可赊欠,到任后加倍偿还。这些官员到任后疯狂的搜刮钱财,逼得老百姓家破人亡。卖官所得贮存在西苑仓库,名曰"礼钱"。望着满满的一屋子钱,董太后心里踏实多了,她要把这些钱当作自己的私房钱用,儿子造御苑可以再去卖官鬻爵!汉灵帝在母亲董太后的教授带动下,卖官鬻爵得到许多钱,刘宏从未见过这么多的钱,他激动得头晕目眩、手脚发抖。

汉灵帝把一部分钱修造毕圭苑和灵琨苑,剩下的钱呢,他决定拿回河间老家置办产业、购买田宅,让周围的人看看,我家也有钱啦!刘宏真不是当皇帝的料,连"普天之下莫非王土,率土之滨莫非王臣"的意思也不明白,做了皇上还不踏实,还要留下后手儿。有个宦官吕强觉得这样太可笑,就劝谏道:"天下万物均是陛下一人的,何必花钱购买?陛下此举实不适当。"汉灵帝觉得还是自己做得对,把吕强的话当作耳旁风,不加理睬。

卖官爵的钱太多了,建完新苑,购罢田宅,还剩许多。汉灵帝在西苑建了万金堂,用来储藏金钱。又用搜刮来的钱在玉堂殿铸了四个铜人,四个黄金钟,四个铜蛤蟆,像地主老财那样,时不时地来看看,摸摸钱还在不在?

汉灵帝刘宏像极了暴发户,有了钱先置田产,再捂紧钱袋,盯牢钱财。剩下的事儿,就是尽情享乐。

刘宏讨厌朝臣们前呼后拥地跟着他游览御苑,他换上常人衣帽,"微服"游览几次觉得挺有意思。他又让人在宫中设立市场,让宫人扮作商贩,卖酒卖肉、卖衣、卖布。刘宏游逛其间,张嘴砍价、顺手牵羊、喝酒吃肉、吆五喝六,十分尽兴。

等刘宏逛腻市场,宦官们又想出新花样儿逗他玩儿。宦官们给狗戴上进贤冠,脖挂绶带,身披朝服,刘宏细瞧竟是犬狗,禁不住大笑道:"好一个狗官呀,狗官不错!"朝臣们面面相觑,宦官们拍手叫好,朝堂之上乌烟瘴气。宦官们又找来上条老实的驴,拴成一辆华贵的小驴车,拉着刘宏满宫乱转。刘宏亲自驾车,左冲右突,宫中到处响起"驴车老板"的嘶吼之声。大臣们一看天子如此玩乐,也竞相仿效，一时间"洛阳驴贵"。

汉灵帝刘宏对狗驴又没了兴趣儿。宦官们再想不出有何荒唐刺激的游戏，就去请教刘宏。刘宏龇着牙花子，舔着厚嘴唇说："我想看女人光着身子玩儿"，便在苑内建起"裸游馆"。灵帝看着妙龄少女们裸奔其间，也加入裸奔的队伍，嬉笑淫荡，着实欢畅。嫖客们想不到的事儿，汉灵帝竟做到了，昏君荒淫无耻，大臣为非作歹，宦官们奢侈挥霍，激起了人民的强烈反抗。

汉献帝刘协傀儡生涯

汉献帝刘协（181~234），是荒唐昏君汉灵帝的儿子，东汉的末代皇帝。刘协幼年就经历了外戚与宦官的夺权血战，九岁时被奸相董卓立为献帝，即开始了他饱受欺凌的傀儡皇帝生涯。汉献帝被各派势力争来夺去，任人摆布，受尽挟制。最后，献帝落入曹操之手，在曹氏父子淫威之下，苟且偷生。公元220年，汉献帝被迫让位给曹丕，十四年后，结束了他悲惨屈辱的一生。

传说汉献帝刘协，生来就命运多舛。他母亲王美人怀孕时，害怕屠夫之女何皇后嫉妒自己，就服药打胎，但没有奏效。刘协生下后，何皇后闻听消息妒气大发，药死了王美人。刘协尚未足月，由祖母董太后抚养。刘协举止端庄高贵，深受灵帝喜欢。何皇后儿子刘辩粗俗轻浮，灵帝因其为皇长子，犹豫中没有确定太子封立之事，不久病死。刘辩被其舅舅大将军何进势力保护，被立为少帝。刘协为陈留王。

幼主新立，东汉内部的宦官集团就与士大夫集团进行了夺权血战。何进得到佐军校尉袁绍的支持，斩杀了宦官上军校尉蹇硕，夺取了中央禁军的指挥权。宦官中常侍张让、段圭，抢先杀死何进，袁绍、

汉献帝刘协

袁术又杀死宦官两千多人，洛阳城中一片血雨腥风。张让劫持了少帝与陈留王刘协出逃，被尚书卢植截杀。并州牧董卓引兵救驾，控制住京师形势，以司空的身份废掉少帝刘辨，扶立陈留王刘协为帝。从此，年仅九岁的汉献帝刘协开始了他痛苦悲惨的傀儡生涯。

董卓自封相国，又加封太师，横行霸道，为所欲为。汉献帝在董卓淫威之下，噤若寒蝉。各地豪强势力以讨伐奸相董卓的名义纷纷起兵，共推袁绍为盟主，围攻洛阳。董卓挟持汉献帝迁都长安。尽管汉献帝时刻都想摆脱董卓的控制，希望借助军阀势力消灭董卓，但无人理睬。公元192年，司徒王允与中郎将吕布密谋，刺杀董卓成功。朝政大权由王允、吕布把持。

王允狭隘多疑，竟杀掉了大学问家蔡邕，失掉了民心。不久，董卓部将牛辅军中发生变乱，牛辅被杀，校尉李傕、郭汜请求王允赦免军士之罪，却被拒绝。李傕集结十万大军攻打长安城，王允被杀，汉献帝落入李傕、郭汜之手。公元195年，李傕、郭汜内讧，李傕抢先把献帝一家劫走，汉献帝在惊恐中，辗转流离。第二年，献帝逃往弘农，回到洛阳。献帝重回旧都，以为能过些安宁的日子。哪承想，军阀争霸之战愈演愈烈，曹操抢先占领洛阳，牢牢地控制着汉献帝，"挟天子以令诸侯"。曹操又挟持献帝，迁都许昌。皇宫侍卫换成了曹氏党羽，献帝与朝臣的接触被隔绝，忠于献帝的臣子被杀戮，献帝成了真正的孤家寡人。

献帝也曾抗争过，但是力量太微弱，终究难以改变受挟制、受欺凌的悲惨结局。献帝曾秘派车骑将军董承携密诏出宫，命刘备、吴子兰等伺机杀掉奸贼曹操。无奈，时运不济，计谋泄露，董承被杀，刘备逃走。曹操统一了北方，自立丞相，大施淫威。董承之女是献帝贵人，她受父亲株连被曹操所害。董贵人已有身孕，献帝含泪恳求曹操饶其一命，却被粗暴拒绝，堂堂天子，被曹操肆意欺凌，心中的悲愤可想而知。

公元213年，曹操自立为魏公，献帝感到他代汉自立的日子不远了。献帝皇后姓伏，是伏完之女。伏皇后目睹了曹操的残暴虐行，预感到了汉室江山危在旦夕，偷偷写信给父亲，求伏完用行动推翻曹操。伏完不敢以卵击石，密信却被泄露。曹操大怒，代献帝写好废后诏书，命献帝废后，又派御史大夫郗虑尚书令华歆捉拿皇后。伏皇后被华歆从夹墙拖出，披头散发、赤裸双脚向献帝哭诉道："你是一国之主啊，就不能给我求情留下一条命吗？"曹操怎会理睬献帝的哀求呢？伏皇后被幽闭而死，两个皇子也被毒死。献帝眼睁睁地看着妻儿被屠戮，却无力保护他们，痛苦时刻煎熬着他的心。献帝知道更大的变乱正等着他。

公元220年，曹操病死，曹丕逼献帝逊位。献帝被封山阳公，向魏文帝曹丕叩头谢恩，孤寂地活了十四年，抑郁而终。

后妃轶事

汉朝开国皇太后吕雉

1.皇后之路

吕雉是汉高祖刘邦的正配夫人，历史上称为吕后。刘邦是沛县人，出身农民，但天性不爱读书，也厌恶务农，终日以交友游乐为事。刘邦伟岸英俊，一张方面庞，鼻子挺括，须髯飘飘，眉宇间溢出一股道骨仙风。

刘邦的相貌在相法属于极贵。他长手过膝，左股上分布着七十二颗黑痣。他性情豁达，胸怀大志，乐善好施，广交四方英杰，成为沛地广为传颂的一位人物，令侠义之士由衷敬仰。

刘邦字季，是秦朝泗水郡沛县人，就是今天的江苏沛县。刘邦有兄弟四人：长兄早年夭折；二兄刘仲，勤恳务农，佐理家务，是老父的一个好帮手；刘邦排行老三；小弟喜好读书。在兄弟四人中，除长兄早逝以外，三个儿子，唯独刘邦游手好闲，不务正业，令刘父担惊受怕，十分生气。刘父时常责骂刘邦，骂他没有出息。刘邦不置可否，依旧我行我素。

刘邦声望极好，很快就当上了沛县东泗水乡的一名亭长。亭长只是一个低级官员。当时的秦朝规定，十里为亭，十亭为乡，亭长就是掌管十里乡民的一方小长官，职位虽低，也算是一名政府官员。

刘邦天性豪爽放荡，好与朋友喝酒，好酒也好色，经常还赊账。有位吕公，是单父人，就是今天的山东单县，由于躲避仇人，避难来到沛县落籍。吕公和沛县县令是知交。乡民得知这些，便纷纷带着礼物前去拜会吕公。县吏萧何帮吕公料理宴会事宜,事先对各宾客说:贺仪在千钱以下的,座位就排在堂下。

当时的刘邦只是一名小小亭长,终日饮酒作乐,赊账都付不起,哪还有钱送呈贺仪?更不可能备千钱以上的礼物。但是,刘邦知道,这可是一次出人头地的好机会,绝不能错过。但若屈居下座,怎么会引人注目?思谋再三,刘邦想出了一计。

吕公宴会那一天,刘邦郑重其事地写了一份拜帖,拜帖上赫然写着贺仪一万钱。这在当时可是一个惊人的数目,莫说县吏萧何吃惊,连吕公也诧异,连忙亲自出迎,礼接亭长刘邦。刘邦气宇轩昂,彬彬有礼。

吕公细看刘邦,心中为之折服。这位气度非凡、谈吐风雅的亭长,日后不可限量。吕公是见过世面的人,心里器重刘邦,在行动上就十分谦让礼敬,将刘邦请入堂中,坐在上座。县吏萧何是刘邦的好友,两人素来相知。刘邦的家资和赊账萧何自然清楚,但见到拜帖,吃惊不小的萧何还是不敢怠慢,要看看这位心高志高的仁兄如何这等阔绰,又如何结局。

刘邦落落大方地坐在上座上,高谈阔论,旁若无人,气质、风度堪称上乘,在座的宾客无不黯然失色。吕公在酒宴过程中,一直观察着刘邦,并细察他的言谈,深究他的面相,吕公心里有谱。宴席结束后,酒足饭饱的刘邦起身告辞,吕公一再挽留。

客人散去,香茶招待了刘邦后,吕公方才诚恳地对刘邦说:我一向深究相法,相过的人很多,没有不灵验的;今天见到阁下,细看面法,面相上显示阁下贵不可言,望阁下好自珍爱;我有一个长女,相貌人品都不是下乘,我有意与阁下结这门亲,收阁下为女婿。

刘邦喜出望外,没想到白吃了上座的这顿丰盛酒饭不说,拜帖的一万钱还没个交代,就被有这样身份、背景的吕公如此看重,还要嫁给爱女,送赠厚礼。刘邦万分感激之下,当即应允了这门亲事。刘邦不胜惊喜地辞别了吕公,欢快舒畅地奔回家门。

吕公喜滋滋地回到内室,将这件事告知夫人。吕夫人听了经过,觉得十分荒唐,一个白吃白喝、口出狂言的浪荡小子轻狂不经,骗去了一顿好饭也就算了,还要白白送上一个好闺女!吕夫人怒骂吕公,说他老昏了头,并呵斥吕公:说你会相法,说女儿面相极贵,贵不可言,定嫁贵人,如今这贵人来了,原来是个亭长,多贵呀?女儿这么不值钱!县令和你是多年知交,如今又投在他的门下借宿,他想跟你攀亲,你一口回绝,竟然要将女儿嫁给一个身无分文、在县令手下最为低级的一个小小亭长!你老昏头真做得出来!

吕公摇头,觉得妇道人家见识太短,不能太多计较。吕公一意孤行,决意将大女儿嫁给刘邦,并赠送厚礼。大女儿当然听天由命,一切听从父亲的。吕公的这位大女儿便是日后汉高祖刘邦的皇后吕雉。

吕雉字姁娥。吕雉这位吕公的长女在吕公的坚持下嫁给了亭长刘邦。当时,刘邦家景不富裕,成家以后,自立门户,刘邦依旧游侠放任,广交朋友,家里的生计全靠吕雉料理。一晃就是几年,吕雉从一个娇小姐,一变而为一个农妇,一年四季,下地耕作,操持家务,并先后替刘邦生下了一儿一女。儿子取名刘盈。女儿就是后来的鲁元公主。

刘邦从亭长慢慢发迹,直到创立了汉王朝,有关刘邦的种种神迹自然不少。刘邦任职亭长,主管亭里的一切,尤其是亭内的租税和安宁。当时正是秦朝末世,盗贼四起,泗水乡内也时有盗匪侵扰,出没山林。刘邦制作了一种帽子,用笋壳编成,上部尖,下部方,形状古朴,很有情趣。刘邦常戴这种帽子出入山林田泽,追捕盗贼。

有一天,刘邦回家休假,在家歇息。吕雉和子女都在田里干活。一位老人路过这里,口渴了想喝点水。老人边喝水,边和温和的吕雉闲聊。老人善于看相,初见到吕雉就大为心惊,等细加观察,越发的不敢相信。老人告诉吕雉,她的命极贵,面相上贵不可言。老人又请她叫过儿子、女儿,也看一看。

老人细看了吕雉的一双儿女,告诉吕雉,日后她之所以大贵,是由于这个儿子,儿子相貌是大贵之相;至于女儿,也是贵不可言。老人喝完茶后,就辞别了吕雉,向前赶路。过了一会,刘邦来到田间,吕氏告诉了刚才的一切。刘邦闻言后,急忙追赶那位老人。

刘邦果然追上了老人,恭敬谦让一番后,刘邦也请老人替他看相。老人细细审视,不禁心中大惊。老人告诉刘邦,他的妻子和儿女之所以大贵,是由于他能大贵,贵不可言。老人希望刘邦好自珍重。刘邦恭送老人远去,心中大喜,想象着自己贵不可言,想必能入朝拜相?位极人臣?身为亭长的刘邦这时恐怕还不敢奢望做上皇帝。

满怀飞黄腾达希望的刘邦不久犯了事,出逃而去。同样向往着早日富贵的吕雉母子,也因刘邦之故,被官府捉去,送进了牢狱。公元前208年,刘邦38岁,儿子刘盈刚刚5岁,刘邦揭竿而起,举兵反秦。从此以后,刘邦开始了他招兵买马、南征北讨、扩充实力进而夺取天下的岁月。

公元前205年,已拥有一支大军能与各路起义军分庭抗礼的刘邦从汉中挥兵东下,趁项羽后方空虚,一举兵临彭城,取得空前大捷。怒火中烧的项羽迅速回军,在皖北灵璧大败刘邦汉军。惨败的刘邦溃逃中只有几十骑护卫。逃经沛县东泗水乡,刘邦想将妻儿带着一同逃命。可恨项羽先期下手,已派兵卒捉拿了刘邦家小。本来,战乱之机,警悟的刘公和吕氏在项羽兵到来前已先行逃脱,不意逃跑中走错了路,反而撞上了项羽的楚兵,被楚兵捉去,交给了项羽。而刘邦的儿女刘盈兄妹却因逃上了另一条路,遇上了刘邦,得以脱离危险。

灵璧一仗,刘邦损兵折将,几乎将老本赔光。但刘邦逃回关中以后,迅速重整兵马,又组织了强大的兵力,与项羽抗衡。汉军、楚军在荥阳对峙,呈胶着状态。汉、楚对峙三年,双方都不能取胜,汉大将韩信领一支人马,杀出太行山,过河北,飞奔山东,直捣项羽的大后方。项羽无计可施,急迫之下便想到了俘获在营中的刘邦的父亲。

项羽威风凛凛地坐镇广武城下,吩咐牵出刘邦的父亲刘太公。对阵中刘邦目睹了这一切,依旧从容镇定。项羽对刘邦说,除非汉、楚两军立即出战,决一雌雄,否则,就烹杀刘太公! 想不到的是,大丈夫刘邦竟然这样回答:项王以前和我共事楚怀王,两人情同手足,胜过兄弟;如今,我的父亲就是项王你的父亲,如果你烹杀了你父亲,你就分给我一杯羹吧!

项羽听了这番话,木在那里,一时无语。谋士项伯说:如今争夺天下的人,大多不顾家室,如果杀了,反而没了牵累,并更为增加仇恨,不如不杀。项羽无奈,便接纳项伯的建议。

这年九月,汉、楚达成停战协议,以鸿沟为界,鸿沟以西归汉,鸿沟以东归楚。两军休战。项羽很义气地将刘太公和吕雉送还给刘邦。刘太公和吕雉就回到了汉宫。从俘获到回到汉宫,吕雉和刘太公在楚军营中整整呆了二十九个月。这二十九个月没有死于敌营,真是大难不死,必有后福。果然大福大贵降临了吕雉。

自汉王元年十月，刘邦军抵灞上，迫秦王子婴投降，刘邦与秦民约法三章，废除秦的严刑苛法，刘邦受到了人民的拥护，关中臣民十分欢迎刘邦。项羽入关以后，刘邦听从张良之计，和项羽言和，屈就受封汉王，统治巴蜀、汉中。接着，便是长达四年的楚汉战争。汉王五年冬天，刘邦战胜项羽，在定陶即皇帝位，定都洛阳，随后迁都长安。

刘邦即皇帝位后，册立吕雉为皇后，长子刘盈册为皇太子，女儿封为鲁元公主。项羽乌江自刎以后，强大的楚军灰飞烟灭，刚刚建立的汉帝国只有一个强敌匈奴。匈奴当时由冒顿单于统治着，剽悍的冒顿单于借着中原大乱之际，不断地侵扰北方边郡。汉帝国创建之初，匈奴依旧屡屡犯边。

面对匈奴的挑战，刚刚夺得天下的刘邦膨胀着自己的那颗英雄心，决计亲领雄兵，扫平沙漠。公元前200年，匈奴单于领铁骑三十万，挥师围攻晋阳，就是今天的山西太原。刘邦亲领三十万大军，迎战匈奴。汉军行抵白登山，突然被匈奴合围。刘邦险些丧命。由于买通了单于皇后，刘邦这才逃回了汉宫。

刘邦明白了强大的匈奴一时无力对付，终日只是忧愁。大臣刘敬献计给刘邦，主张以和亲来改善和匈奴的关系，就是将汉皇室的公主远嫁匈奴单于，以求取和平。刘邦觉得不错，便接受了这个建议。但选谁来出嫁？当时贵为公主又年龄合适的只能是长女鲁元公主。刘邦当然不忍心将自己的女儿送给匈奴，而是想用一个宗室的千金冒充公主，远嫁匈奴。

刘邦对自己的想法很得意，但大臣们却不同意，尤其是力主和亲的大臣刘敬，认为这样不仅于事无补，还会更加坏事——试想一时骗蒙了单于，有一天如果单于发现被骗，岂不更要疯狂报复？而且，此后再要和亲，也不会得到匈奴的信任。刘邦听这番分析，目瞪口呆，但不得不承认有理，就只好决定远嫁鲁元公主。

实际上，这时的鲁元公主已经出嫁，丈夫是张敖。刘邦接受刘敬的建议，要拆散女儿和女婿，远嫁女儿给匈奴，以求取北地的安宁。吕后得到这个消息，怒火填膺！吕后怎么会容忍以自己女儿的身子和不幸来换取边境的安宁！吕后大声啼哭。刘邦束手无策，只好放弃了送鲁元公主和亲。

鲁元公主能平静的生活了，儿子刘盈的太子地位却受到了来自美女戚夫人的严重威胁。戚夫人是山东定陶的一个远近闻名的美女，驻军定陶的嗜女色如

中国古代野史

·汉代野史·

图文珍藏版

命的刘邦能不将这位美女占有？事实上，英雄刘邦是无论如何离不开美人的。刘邦在吕雉之外，有过许多的女人，但刘邦在这众多的臣妾中，最宠爱的还是戚夫人。

戚夫人受到刘邦的爱幸，长期侍寝，便怀上了身孕，后来，生下了一个儿子，取名如意。刘邦被戚夫人的柔美所迷惑，沉醉其中，不能自拔。刘邦和戚夫人所共同生下的儿子刘邦当然更是视如宝贝。尤其是孩子一天天长大，刘邦越看越像自己，那一举手，一投足，一个微笑，一声说话，简直就是孩童时的自己，刘邦爱幸不已。

如意十岁时，刘邦封如意为赵王。这个时候，吕后已青春逝去，人老珠黄，而戚夫人则正是风华正茂，风情万种，且比已往更具风韵。吕后长年留守长安，守着太子刘盈。南征北战的刘邦带着戚夫人同行，日夜侍从左右。戚夫人是个有心计的女人，她知道眼前的幸福是享用不尽的，但日后呢？一旦刘邦离世，太子刘盈即位，厉害的吕后能放过自己？戚夫人便借着刘邦的宠爱，时常啼哭，要刘邦改立如意为太子。

刘邦早有此意。太子刘盈天性仁厚，和刘邦相去太远，刘邦一直不怎么喜欢他，认为他懦弱无能，不能成就大事。刘邦将改立太子的意图告知大臣，希望能得到大臣的同意，起码不反对就行，因为太子的废立已不仅仅是皇家自己的事，而是国家的储君，储君决定着国家未来的命运，大臣们不能不参与决策，更不会坐视不管。

意外的是，朝臣们一致反对，认为刘盈立太子已经八年，名位早就确定，而且为人仁厚，宽怀待人，如果无罪作废，而以个人的私宠另立如意，则必将大失人心，动摇根本。大臣反对的奏章纷至沓来。刘邦宠爱戚夫人，无意改变废立的决心。太子的废立便在刘邦、戚夫人、如意和吕后、刘盈、朝臣之间相持，呈对峙状态。

危急时刻，御史周昌挺身而出，力争保留刘盈太子的地位。周昌有些口吃，但在拥护太子的热潮中，在诸臣里面数他最卖力。刘邦怒气冲冲，故意当庭质问他，为什么不能改立太子？周昌结结巴巴，但还是完整表达出了他坚决反对改立太子。周昌口吃结巴，十分滑稽，一番严肃的争辩被这可笑的气氛冲淡，怒气冲冲的刘邦不禁笑了起来。这场争论不欢而散。躲在厢房偷听的吕后捏了一把汗,事后召来周昌,拜谢说:如果不是你的力争,太子几乎被废去了,感谢先生的直言!

改立太子的决心刘邦很坚定,加上宠妃戚夫人的眼泪。刘邦的这个决心似乎不可动摇。仅靠大臣能力挽狂澜吗?吕后不敢相信。吕后惶惶终日。这时,有谋士献计,说留侯张良擅长计谋,这件事何不去请教他?吕后茅塞顿开,当即密遣她的哥哥建成侯吕释之到留侯府请教张良,叩请他一定出谋划策。吕释之肩负重托,前往留侯府。

一番谦让和口舌交锋以后,倾向于保持太子地位的张良终于想出了一条妙计:皇上得天下时,有四位高士东园公、夏黄公、绮里季、角里先生,四人躲避战乱,隐居商山。因为四人德高望重,又是年老的高士,因而名传遐迩,时人称为商山四皓。皇上得天下后,曾郑重请他们下山,他们嫌皇上爱骂儒生,没有答应,不愿意出山做皇上的臣子。如果太子能谦卑礼敬,恭请四人出山,到太子府中做太子宾客,一旦皇上知道,他不能请到的商山四皓愿意追随太子,必然有助于太子的声望,皇上也就会放弃废除太子。

吕释之心悦诚服,真为这位谋士所倾倒。太子修书一封,情真意切,派一谋士带着一份厚礼前去商山,叩请四皓。四皓深为太子感动。便欣然接受,出山进入皇宫,到太子府中做起了太子宾客。吕后大大地松了一口气。

汉高祖十一年,公元前196年,淮南王英布造反。正在生病的刘邦想让太子刘盈领兵平叛。刘盈从来没有打过仗,一直生长在歌舞升平的皇宫,如何能对付久经沙场的英布?英布在项羽手下曾是一员勇将,因功封为九江王。楚汉战争时,据有大片领地的英布被刘邦说降,反击项羽。项羽灭亡,刘邦封英布为淮南王。

仁厚的太子无法担此重任,又不能完全推让,否则盛怒之下的刘邦会借机会废了太子。面对这种困境,已是太子宾客的四皓之一东园公献计,召吕后的哥哥吕释之,让吕释之去见吕后,由吕后婉转说劝刘邦,说太子独自带兵,领导的都是刘邦当年手下的老将,对付的又是老谋深算的英布,众将恐怕难以心服,又何能一举平叛?英布得知后会更加猖狂,大举西进;皇上虽然有病在身,但是否随军筹划护持,诸将自会听令;皇上要受点苦,为了妻儿和社稷,皇上就苦一点吧。

东园公这一用计的本旨是太子独自领兵成功了不会增加秩位,失败了恐怕会动摇太子之位,因此,不如善为处置,不必冒险。吕后听了吕释之的说法,觉得很有道理,就借一个机会说劝刘邦。身上有病的刘邦心里当然不乐意,想不到这般年纪了又有病在身还指望不上早已成年的太子,实在太说不过去了!刘邦愤然地说:哼,什么太子,知道这小子没什么用,不能担当重任,还得老子亲自挂帅!

刘邦命太子留守长安,亲自领兵征讨英布。第二年,英布叛乱被彻底平复,刘邦回到长安。余怒未消的刘邦又重提废除太子。朝廷大臣依旧坚决反对,他显然没有什么用。谋士张良也进奏刘邦,说这样不可。刘邦不听。情况十分不利。恰遇朝廷举行大规模的庆功宴会。踌躇满志的刘邦和群臣欢宴共饮,庆贺胜利。刘邦不经意地发现,在太子刘盈身后,怎么跟着四个须发全白的老人?

刘邦召来太子一行,发现四位老人精神矍铄,须眉皓齿,宽衣博带,一望可知是四位饱学之士。刘邦询问四人是谁。四皓自报姓名。刘邦大惊,这不是自己请不来的那四位商山四皓吗?刘邦惊问:我以前请你们,你们躲避我,如今怎么却追随我的儿子?

四皓恭敬地回答说:皇上征伐四海,令天下臣服,英豪归心。但是,皇上一直轻慢儒生,动不动就骂人;我等义不受辱,当然只能逃避皇上;太子恭敬仁孝,宽以待人,礼贤儒生,遐迩闻名,天下豪杰之士都愿意为太子所用,所以,我等自愿追随太子。

大宴结束以后,四皓簇拥着太子从容不迫地离去。刘邦目送太子一行远去,对侍从在侧的戚夫人说:我一直想废了太子,但是,如今太子有这四个高士辅佐,名望日隆,羽翼已成,恐怕更难动摇了!太子刘盈就这样保住了太子的地位,从而决定了日后的结局,吕后以太后之尊统领后宫,戚夫人注定了不可逆转的悲惨命运。

汉高祖十二年,刘邦离开人世。太子刘盈即皇帝位,为汉惠帝,时年17岁。吕后尊为太后,大权独揽,总理朝政。吕后执政的第一件事便是残酷地杀害恨之入骨的戚夫人。汉宫血雨腥风,不得安宁。

2.太后吕雉

吕雉不是一般的女人。她的政治手腕和果断狠辣早在做手握大权的太后以前就表现了出来,集中反映在她协助刘邦,收拾拥有重兵的彭越、韩信,为此,刘邦都刮目相看,并为自己的宠妃戚夫人的命运深为忧虑。

商山四皓辅佐太子刘盈,刘盈保住了太子宝座。刘邦去世以后,刘盈继立,为汉惠帝,皇后吕雉尊为皇太后。刘盈年幼,为人太仁慈,朝中大事尽决于吕太后。吕太后掌权的第一件大事便处理当年夺宠又欲夺嫡的恨之入骨的戚夫人。

戚夫人的一头秀发被强行剪去了,手脚戴上了沉重的镣铐,穿上一身破旧的罪人的衣服,终日罚做苦工舂米。折磨了一段日子,吕后派人杀死了戚夫人赖以支撑的儿子赵王如意。接着,让侍从砍去了戚夫人的手脚,活生生地挖去了她那双令刘邦销魂的眼睛,用药雾熏聋了她的双耳,强迫她喝下了哑药。戚夫人被折磨得失去了人样,然后被放在臭气升腾的厕所中,称为人彘。

仁厚的惠帝刘盈上厕所,无意中发现了当年容光焕发,令少年太子十分景仰的戚夫人变成了这般吓人的人彘,刘盈的一颗心仿佛顷刻之间被人挖去。刘盈呆愣愣地站在那里,慢慢地,眼中涌出了泪水,随即悲声大哭。刘盈觉得母亲太过残忍了,刘盈愤恨地说:这是人做的事吗? 我身为太后的儿子,太后如此作为,我还有什么脸面治理天下! 从此以后,刘盈沉醉于酒色,不问朝中政务,只想一死了之。

吕后是因为强烈嫉妒美艳夺宠的戚夫人而由妒生恨才这样狠辣地收拾戚夫人的。同样,出于嫉妒,吕后决不会委屈自己,总要扬眉吐气,一吐为快。吕后从根本上讲是个普通的女人,她本能地维护着自己的身家性命,强烈地护卫着儿女的安危,而一旦有人侵犯了她的利益,那她就会毫不留情,哪怕干出伤天害理的事情她也在所不惜。

吕后本来是一个勤俭持家、安宁过日子的妇女,奈何她嫁给了身为皇上的刘邦,过上了皇家富贵的生活。冷酷的生活勾出了她的残忍,使他不顾一切。吕后平生只爱刘邦一个男人,后来,她发现刘邦好色,功成名就,就另寻别的女人,吕后就把一腔爱意全部放在一儿一女两个孩子身上。

刘邦为了边境的安宁,想把女儿鲁元公主远嫁匈奴。这对吕后刺激很大,她仿佛这时才明白,妻子、女儿对于刘邦,不过是手上的一件东西罢了,只要自己需要,扔出去都不可惜。接着,刘邦宠爱戚夫人,险些将儿子刘盈的太子宝座废掉。吕后生活在惶惑、惊恐的日月中,内心充满仇恨和愤怒,心理失去了平静和安宁,谁都不相信。吕后只是隐忍着怒火,盼着刘邦早些死去,儿子即帝位,自己便可以无所顾忌地一泄愤怒。

刘盈是因为嫡出才册封太子,如果按长幼排列,他还有个长兄刘肥。刘肥是刘邦结婚以前游手好闲与外妇生下的一个儿子。刘邦即皇帝位后,封刘肥为齐王,食邑山东七十余城。吕后对刘肥这个外妇通奸时生下的儿子本来就看不惯,再让他封为齐王,又食邑七十余城,吕后一直对此耿耿于怀。

惠帝刘盈召见刘肥。刘肥兴高采烈地入朝,进入后宫,和兄弟刘盈相见。惠帝刘盈和兄长刘肥欢宴太后。这当然是一次普通的家庭宴会,既然是家庭私宴,仁爱宽厚的惠帝刘盈当然要尊哥哥刘肥为长,将刘肥让到上座。刘肥不知天高地厚,竟真的以长兄自居,坐在了上首。

吕后将这些看在眼里,恨在心头。吕后什么也没有说,只是让人斟了两杯酒,酒中放了鸩毒,示意让刘肥敬酒上寿。刘肥站起来,端起酒杯,向太后走去。刘盈也随着刘肥站起来,走向太后。两兄弟各拿起一杯酒,敬过太后,便举杯要饮。吕后一时大恐,自己的儿子如果饮下此酒,岂不一命呜呼!吕后走下座来,一把夺过刘盈的酒杯,扔在一边。刘肥见这场变故,吓得也不敢饮手中的那一杯。

刘肥回到住处,闻知刚才那两杯酒,正是毒酒,刘肥吓得魂不附体。惶恐忧惧的刘肥知道了太后怨恨他,大概不会有他的好日子过,刘肥更是不知道该如何是好。尤其是在京师,太后如果不放自己离开京师,回到封地,那一定无一宁日!

刘肥惶惶终日。看出了事态严重的刘肥的随从向刘肥献计,说吕太后只有一个女儿,视如掌上明珠,王有封地七十余城,而鲁元公主的采邑才有数城,吕后一定是对此不满;如果王拿出一个郡献给太后,孝敬给公主作汤沐邑,太后必然大喜,这样,王就可以脱祸,离开京师,回到封地。

刘肥认为此计很好,便接纳了这一建议。刘肥叩见太后,表示要献出城阳郡,孝敬公主,并愿意以母礼事奉鲁元公主,尊称公主为齐王太后。吕后大为高兴。吕后这是用淫威威逼刘肥,让刘肥这个异母兄认自己的妹妹为太后,并以母礼事奉!可只有这样,哄得吕后高兴,刘肥才得以脱身回到封地。

吕后以自己为中心,不顾伦常的事远不止这些。惠帝刘盈一天天长大了,该为惠帝择婚,册定一个皇后。选谁为皇后呢? 吕后当然得好好考虑。选外姓人为皇后,势必会产生新的后族势力,和太后分庭抗礼,最好的办法自然是亲上加亲,不分彼此的好。

惠帝十七岁即位,三年后正好二十岁。吕后异想天开,竟将惠帝刘盈的姐姐鲁元公主的女儿嫁给刘盈,册立为皇后! 鲁元公主只不过大刘盈一些,但决不会大刘盈十几岁,她的女儿这时肯定没有成年。吕后这样干,不顾伦理,刘盈能不郁郁寡欢?

刘盈一直身体欠安,心中郁闷。刘盈也一直没有碰过已作自己妻子的外甥女皇后张氏,因而张氏没有怀孕生子。惠帝刘盈没有子嗣,这不符合吕后的要求,但吕后又不能强迫刘盈为她生儿子。怎么办? 老谋深算、鬼点子极多的吕后便想出了一计:取他人的儿子假称张皇后所生,杀其生母,抱养深宫。吕后在汉宫中养了好几个这样的假子。四年后刘盈去世,吕后立假子即帝位,称为汉少帝,吕后临政。

惠帝刘盈忧郁而死,吕后立假子为帝,这事一定会让皇族和将相大臣心中不平。吕后对此十分清楚。吕后眼中充盈着杀机,因而在悼哭亲生儿子刘盈时只是干嚎,而不流泪。谋士张良的儿子张辟疆看出了这一幕,便密告丞相曹参。

张辟疆问曹参:丞相,你知道皇上去了,太后为什么哭而不哀吗? 曹参大惊,想不到这位少年竟看出了这件事,而且如此一针见血。这事正是曹参所忧虑的,不知道该怎么办。曹参征询地看着张辟疆,让他说下去。

张辟疆说:这很简单,惠帝有好几个儿子,但都幼小;太后怕老臣不好统驭,心怀忧虑;朝廷将相大臣处境艰危! 曹参问有什么妙计? 张辟疆说:丞相如果建议太后,拜诸吕为将,让他们统领京师禁军,官尊位重,太后一定很高兴,而朝廷将相就会脱离险境。

曹参觉得这一想法很好,便照计而行。丞相主动让职让权,太后吕雉自然求之不得。曹参等将相之臣保住了性命,但大汉江山险些葬送在诸吕手里。吕雉有两个哥哥:吕泽、吕释之;一个妹妹。吕泽、吕释之两兄弟都已封侯爵,到汉惠帝刘盈执政时先后病故。吕泽有两个儿子:吕台、吕产。吕释之有一个儿子:吕禄。吕氏家族还有其他的子弟多人。

吕太后欣然接受丞相曹参的建议,大封诸吕。诸吕中封王的有四人:吕禄封赵王、吕产封梁王、吕台封吕王、吕通封燕王。封侯的有八人。女弟吕媭嫁给樊哙为妻,封临光侯。吕太后大封诸吕的同时,又将吕氏女子尽可能地嫁给刘姓王侯。赵幽王刘友、赵共王刘恢、营陵侯刘泽、朱虚侯刘章都是娶诸吕女子为妻。

吕氏封吕姓男子为王侯,将吕姓女子嫁刘氏王侯,目的只有一个,那就是巩固她的统治。吕后知道,只要权力在手,什么都不足为惧。当年刘邦君临天下,只封刘姓为王,明言非刘氏而王者天下共击之。如今吕姓子弟纷纷王侯,朝野大臣谁敢吱声? 刘邦还有六个儿子在世,朝中将相大臣成千上万,谁敢反对?

刘氏王侯娶吕氏女子为妻,无异于娶进了要日夜供奉着的一尊菩萨。如若不然,吕氏女子就不会饶这些贵胄王侯。堂堂的赵幽王刘友有几分傲气,他在心里极厌恶娶而为妻的吕氏女,言行上便多有怠慢,结果,吕氏女进言吕后,谗毁刘友。吕后召刘友入宫。刘友坦然地进入长安,来到后宫,不意竟被吕后关押起来,囚禁在一处冷宫,活活地饿死!

其他娶吕氏女为妻的刘姓王侯日子也好不到哪里。赵共王刘恢对吕氏的骄横极为不满,吕氏女监视着刘恢的行动,使刘恢处处不得自由。刘恢仇视吕氏女,便将感情移向爱姬,不料被冷落的吕氏女竟将酒中放毒,鸩杀了刘恢爱姬。刘恢怒火中烧,枉为一代封王,竟不能保护自己的女人,刘恢只好忧愤自尽。燕灵王刘建病死,留下了一个儿子,吕后不仅没让这个刘氏儿子袭封,反而派人将他杀死,以绝刘建之后。

齐王刘肥委曲求全,勉强从吕后的手中讨得一条性命。刘肥的儿子刘章在受尽屈辱的刘氏王侯子弟中算得上是出类拔萃的一个。刘章封朱虚侯,在吕后的操纵下,娶吕禄的女儿为妻子。刘章为人豪爽,无所忌畏,其妻吕氏也不能对他如何无礼。有一次,吕后在后宫设宴,令在座宾客饮酒。刘章请求吕后,以军法监酒。吕后欣然同意。结果,有一吕姓贵族逃酒,被刘章捉住,当场斩首了这位吕氏贵族。刘章豪气干云,借着几分酒意,唱诵耕田歌,吕后也为之吃惊。耕田歌歌词是这样的:

深耕既种,立苗欲疏。

非其种者,锄而去之。

3.吕后隐私

吕后大权在握,巩固了权位之后,便开始玩弄男人。吕后宠信辟阳侯审食其,喜欢审食其的美色,和他奸通。审食其是刘邦派给吕后的舍人,职在料理家务,是宫中的一名副官。吕氏喜欢审食其,两人奸宿宫中,这一秽闻早在刘邦在世时就已甚嚣尘上,传扬宫中,刘邦也知道这事。无奈视女人为衣服的刘邦不把这种秽闻当回事,一点也不计较。吕后也给刘邦留面子,她和审食其私通,只是满足生理上的欲求而已,并不过分。审食其也老老实实,不敢恃宠而骄,更不敢大肆张扬。

贯高谋反败露,淮南厉王的母亲牵连案中,收捕入狱。她的弟弟走投无路,想到了只有吕后赦免才会有救,而要说劝吕后,只有求助于吕后的私宠辟阳侯。见到辟阳侯审食其后,哀告事情的原委,请求辟阳侯向吕后求情。厉王的母亲是被刘邦宠爱才生下厉王的,这也是夺宠的一位对手,吕后心中能不怨恨?辟阳侯只求自保,哪里还敢招惹是非?辟阳侯只给吕后提及了这件事,没有力争求保,也不敢力争求保,怕引起吕后的反感,反而祸及自身,结果,厉王的母亲无力脱危,只好自尽身亡。

惠帝即帝位,吕后执政,吕后更是无所顾忌,老当益壮,公然和辟阳侯审食其私通。有人密告惠帝,惠帝哪能容忍这样的丑事!惠帝要杀死辟阳侯,先吩咐将他囚禁起来。吕后觉得此事无面目向儿子求情,便沉默不语。走投无路的辟阳侯求助于平原君,平原君引荐惠帝的私宠幸臣闳籍孺。闳籍孺向惠帝替审食其求情,惠帝怒气平复,宽恕了审食其。

汉文帝即帝,吕太后已不在人世。厉王在文帝面前痛诉辟阳侯的种种罪状,声泪俱下,其中罪状之一便是辟阳侯当年在太后跟前得宠,没有尽其全力营救他的母亲。为此,厉王用铁锥恨之入骨地将辟阳侯活活扎死。

吕太后的晚年像中国绝大多数君王一样,猜忌多疑。吕后一手扶立的少帝在深宫中长大。少帝渐渐知道了张皇后并不是自己的母亲,而自己的母亲已经被吕太后所杀。少帝十分愤恨,小小年纪,便怒声说:太后杀了我的母亲,我长大了,一定要为母亲报仇!吕太后得到奏报,心中大怒,便幽禁少帝,将他杀害,立另一个假子恒山王刘义为皇帝。

吕太后虽然疑神疑鬼,但却极为信神。有一年,她带着随从出宫敬神,回宫的途中,恍惚看见了一只白狗向她扑来,在她的腋下抓了一把,她大惊失色。吕太后回宫后卜算一卦,卦象指示是赵王如意捣鬼。吕太后自此以后,觉得腋下隐隐作痛,一病就是四个月,而且一天天病势加重。

吕太后知道自己将不久于人世了。吕太后考虑,她死以后,这社稷江山该由谁来统治?是刘姓王侯还是吕姓王侯?吕太后倾向于吕姓主政,她将王朝中的一应礼法制度都做了巨大的调整,如果权位回归,岂不前功尽弃?

吕太后躺在病榻上,发布重要诏书,任赵王吕禄为上将军,领禁军北军;梁王吕产领禁军南军。南军、北军是京师的禁卫军,北军护卫京师,南军护卫皇宫。

吕太后召吕禄、吕产到病榻前,对他俩说:吕氏封王,朝中的将相大臣都心中不平;我死以后,皇帝还年幼,恐怕将相大臣们会生变;你们一定要掌握南、北军兵权,护卫京师,护卫皇宫,即便服丧也不能离开军队,否则会为人所制。

公元前179年,吕太后终于离开人世。诸吕调动兵力,阴谋作乱,杀尽大臣。朱虚侯刘章的妻子是吕禄的女儿,刘章最先知道了宫中这一巨大变故。刘章将这一危急情况告知了他的哥哥齐王刘襄,让他立即起兵,诛杀诸吕。同时,刘章秘密联络太尉周勃、丞相陈平,告知宫中一切。

齐王刘襄起兵反击诸吕。相国吕产派将军灌婴领兵迎击齐王。灌婴领兵到了荥阳,停兵不进,反而和齐王联合,共同对付诸吕。曲周侯郦商的儿子郦寄和吕禄关系密切。已经解除兵权的太尉周勃和丞相陈平定计,派人进入北军,骗取上将军吕禄的将印,号令将士。进入北军的这个人自然是郦寄。

周勃、陈平派人劫持郦商,胁迫郦寄去北军,骗吕禄说:为了避免发生意外,大将军应交出军权、相印,赶快回到封地。诸吕犹豫不决。周勃诈持皇帝之诏,进入北军,对将士们说:追随吕氏的右祖,追随刘氏的左祖。将士们都左祖。吕氏兵权被解除。刘章入宫,杀吕产,捕杀吕禄,诸吕不论男女老幼全部杀尽。

汉武帝第一任皇后陈阿娇

金屋藏娇的故事在中国广为流传,可谓家喻户晓,妇孺皆知。

尤其是中国喜好风花雪月的文人，对于这一类帝王恋佳人的艳事更是津津乐道，题诗吟咏，赋词描摹，把一个平常的故事渲染得跌宕起伏，五彩缤纷。

唐代的大诗人们自然不会放过这段艳事的题咏。李白在《怨情》诗中称：请看陈后黄金屋，寂寂珠帘生网丝。白居易在《续古诗》中云：岁暮望汉宫，谁在黄金屋？李商隐《无题》诗：黄金堪作屋，何不作重楼？黄金屋作为典故自此就和汉武帝金屋藏娇分不开。

李贺在《上云乐》诗中这样描述：三千宫女列金屋，五十弦瑟海上闻。张先《木兰花》词称：帘重不知金屋晚，信马归来肠欲断。大诗人的手笔实在是细致入微，惊天动地。词人洪昇在《长生殿》第二出中有这样一段：金屋妆成，玉楼歌彻，千秋万岁捧霞觞。

元诗人元好问《荆棘中杏花》诗有这样的诗句：阿娇新宠贮金屋，明妃远嫁愁清筇。黄溍《贫妇谣》称：君不见，人间宠辱多反复，阿娇老贮黄金屋。阿娇贮金屋就成了人生际遇无常的代称。

明高启作《春夜词》，词中有这一名句：屋贮娇愁锁幔纱，青丝嘶骑醉谁家。诗人李商隐《茂陵》诗称：玉桃偷得怜方朔，金屋修成贮阿娇。史学家赵翼也曾赠诗戏言：冶游喜有藏娇屋，侨寓兼为避债台。

金屋藏娇、金屋藏娇、藏娇、贮娇、阿娇贮金屋、金屋、黄金屋等，都是作为典故风行中国表述新娶娇妻美妾，极为宠爱，或者表示妻妾失去宠幸，而被冷落幽室。

那么，金屋藏娇究竟是怎样的一个故事？何以千百年来牵动着这么多文人学士那颗多情的心？汉武帝雄才大略，风流多情，何以容不下自己许诺的这个金屋藏娇女？

金屋藏娇的主人就是汉武帝刘彻的第一任皇后陈阿娇。阿娇的母亲是馆陶长公主，就是汉文帝刘恒和窦皇后所生的女儿刘嫖。刘嫖嫁堂邑侯陈午，两人感情很好，生下了这个视若掌上明珠、聪明过人、骄横任性的女儿阿娇。

汉景帝刘启是馆陶长公主刘嫖的兄弟。刘彻是汉景帝刘启的第九个儿子。刘彻后来即位为汉武帝，许诺建造金屋贮阿娇的正是刘彻。刘嫖这个汉帝刘启的妹妹是刘彻的嫡亲姑母，刘启的儿子刘彻和刘嫖的女儿阿娇是表兄妹。刘彻是因为爱慕阿娇才赢得了姑母刘嫖的喜爱，刘嫖说动了汉景帝，刘彻立为太子，进而入主大位。十年恩爱以后，刘彻抛弃了金屋阿娇，一个任性骄傲的金屋娇女变成了以泪洗面的长门怨女。

刘彻字通，小的时候就长得英武，惹人喜爱。幼年的刘彻常受到姑母馆陶长公主家，喜欢表妹阿娇，两人常在一起嬉玩。阿娇十分漂亮，一双眼睛楚楚动人。刘彻不到7岁时就被景帝刘启封为胶东王。封王以后的刘彻更是很勤地去姑母家，找表妹阿娇。

有一次，馆陶长公主刘嫖爱怜地抱起少年胶东王刘彻，把他放在自己的膝盖上，问刘彻："你想要一个媳妇吗？"刘彻点点头。馆陶长公主觉得有趣，想不到这么小的家伙也想要个媳妇！馆陶长公主来了兴致，便笑着将左右侍女一百多人指给刘彻，让他挑选。

想不到的是，刘彻一一摇头，小脑袋摇得像个拨浪鼓，抿着嘴，一脸的严肃认真。馆陶长公主不禁心中十分高兴，觉得这个小王子很有品位，越发地喜爱。一百多侍女他都不要，只剩下自己的女儿阿娇。馆陶长公主指着阿娇，问刘彻："阿娇怎么样？"刘彻郑重其事地点点头。

馆陶长公主高兴得笑了起来，没想到这小家伙还这么有心计，这么小就要定了阿娇！馆陶长公主兴致勃勃地再问刘彻："阿娇好吗？"刘彻回答说："好！"接着，刘彻像小大人似的说："如果娶阿娇做媳妇，我一定要造一座金屋，让阿娇在里面住！"

馆陶长公主听后，笑得合不拢嘴。万分高兴的馆陶长公主就找来刘彻的母亲王夫人，叙说了这件趣事。想不到精明过人的王夫人当即玉成了这门亲事，两家就这样定了亲。儿女联姻，自然就是一家。和景帝刘启关系亲密的馆陶长公主理所当然地要为未来的女婿刘彻说情，使景帝在众多的儿子中挑选刘彻为太子。

馆陶长公主一有机会就和兄弟景帝刘启谈及刘彻，赞誉他聪颖过人。刘彻引起了刘启的注意。刘启多次观察刘彻，发现这第九个儿子确实有龙凤之资，是个可堪造就的儿子。刘彻7岁时，刘启更立刘彻为太子。文帝刘恒在位23年，46岁时去世。景帝刘启也是天命不长，在位仅16年，48岁时去世。刘彻16岁即皇帝位，为汉武帝。

刘彻做太子时，便娶14岁的阿娇陈氏为妻，就是太子妃。刘彻即皇帝位，太子妃陈氏旋被册为皇后。阿娇陈皇后一直养尊处优，过着优裕富贵的生活，在家被父母宠爱着，撒娇使性惯了，从来不知道什么叫忧愁，不知道要让着人。做了皇后以来，阿娇依旧被武帝刘彻宠爱着。阿娇美艳迷人，娇情万种，春情正盛的武帝刘彻被阿娇所吸引，既眷恋她，又有些怕她。

娇宠使性的阿娇一味地享受着生活，每日盼着武帝下朝，纵情享乐，游赏后宫。快乐的生活飞快地流逝，一晃十年成为过去。阿娇在武帝刘彻的宠爱下，十年间享受了无尽的欢乐，又受用了无尽的恩爱雨露。可是，连阿娇也奇怪，整整十年，她竟一次也没有怀孕。

享受着皇上恩爱的阿娇每天只是快乐无忧地度过，没有怀孕一直并没引起太大的注意，总觉得日月还长，皇上的恩爱无尽，幸福的日子慢慢消受，何况皇上刘彻之所以能坐上皇上的宝座，还不是因为母亲的说情？阿娇觉得自己操纵着武帝刘彻，刘彻会一心一意、死心塌地地爱着自己，决不会移情别恋，怀有二心。

武帝刘彻是位胸怀大志的人，他聪慧、果断，凭自己的判断和喜好裁理朝政，决不会听任他人摆布。在感情上，刘彻很迷恋自己的这个表妹，很留恋青梅竹马、总角相交的日子。尤其要感恩的是，刘彻之所以在众兄弟中能被立为太子，全得力于姑母馆陶长公主。刘彻一直宠着阿娇，让着她，即便她任性胡闹，甚至于无礼冲撞，刘彻也克制着自己，尽放宽心地原谅着这位娇艳迷人的表妹。

十个春秋匆匆而过。对于陈皇后阿娇来说，这十个春秋仿佛是一眨眼工夫。然而，对于武帝刘彻来说，这十年是那样的漫长，也是那样的丰富。刘彻从一个16岁的少年成长为一个富于魄力和智慧、能文能武、能征善战的一代天子。刘彻对朝政已十分熟悉，处理政务驾轻就熟，对朝臣政党、繁复的后宫更是了如指掌，协调起来游刃有余。

刘彻自己都为之惊叹的是，自己的感情发生了一些变化。他发觉，以前那般迷人的光彩夺目的阿娇不过是个任性的贵族女子罢了，有的时候令人十分不快，和她在一起常常觉得很不轻松，甚至于有些厌恶。精力旺盛的刘彻时常感到寂寞，移情别恋的想法不断地刺激着他，使他下朝以后的脚步有些徘徊。他不想走向皇后阿娇的寝宫，只想自己呆着。

沉鱼落雁的卫子夫出现在刘彻生活中，刘彻仿佛觉得阴暗沉沉的生活中射进了一束灿烂的阳光。刘彻寂寞的心里充满了这个娇艳可人的美女形象，一颗孤独的心终于有了寄托。刘彻一天天在离开阿娇，感情也日渐疏远。等到阿娇感觉到这种变化时，一切都为时已晚了。

阿娇意识到没有怀孕是十分严重的，皇嗣可是江山社稷的大事，千万马虎不得。可是，急能怎么样呢？能急出身孕吗？阿娇有意识地想使自己怀孕，但均没有成功。阿娇的母亲馆陶长公主也很着急，想尽千方百计，寻医，吃药，占卜，求神，所有能试的方法都试过了，可依旧无济于事。

武帝刘彻在姐姐平阳公主家见到了羞花闭月的歌女卫子夫，刘彻在更衣室中临幸了她。平阳公主随后将卫子夫好生打扮以后，送进了刘彻后宫。刘彻的感情日渐波动，下朝以后更多地走向了卫子夫的宫室，或是宠幸别的美女。阿娇的富贵生活失去了平静。

卫子夫再美也不过是一个歌女。这样低贱的歌女，竟能夺皇后之宠，陈皇后阿娇不能容忍，阿娇的母亲馆陶长公主刘嫖、武帝刘彻的母亲王太后也都为之鸣不平，她们联合起来，共同对付卫子夫，想把英武的皇帝刘彻拉回到阿娇的身边，重温昔日出双入对、温情脉脉的生活。

可惜卫子夫太美了，刘彻也太痴情了。刘彻真正认识到卫子夫的绝色以后，便再也离不开卫子夫。卫子夫不仅秀色可餐，而且肚子也很争气，像是故意气皇后阿娇一样，过段日子便怀上了一个，一连生下了三个女儿。

皇后阿娇在恼恨、愤怒、无可奈何的心态中眼看着卫子夫的肚子从平坦到突起，又从突起到平坦的变化，看着一个个的孩子降临深宫。唯可欣慰的是，卫子夫没有生下一个儿子，要知道，血脉是由儿子传承的，皇室血脉更是如此，没有儿子就不会从根本上构成威胁。

卫子夫也感到有些紧张。皇上因贪色才一次次光顾的，接连生了三个女儿，青春悄悄地流逝，一旦色衰，一旦皇上爱驰，怎么还会得这般的垂爱？趁着皇上爱意还浓，赶紧得生个儿子。卫子夫祈求苍天，祈求神灵。卫子夫又一次怀孕了，而且，天从人愿，竟真的赐给了她一个儿子。武帝刘彻当然十分高兴，给儿子取名刘据。不久，便立刘据为太子。

中国的后宫历来是众多的美女侍奉一个男人，就是皇帝。皇帝可以和这众多的女人中的任何一个发生性关系。在男女两性的这种关系中，皇后也只不过是众多女人中的一个，没有什么更特别的地方让皇帝忘情。

皇帝喜欢皇后，有的只是出于尊重，是礼仪上的需要；有的则是由衷，出于感情，比如武帝刘彻对于陈皇后阿娇。但是，时光能改变一切，自然也能改变感情。这是谁也无力抗拒的，谁都对此无能为力。

刘彻宠爱卫子夫，移情于别的美女，在别的女人身上多一份热情，多一份关爱，多一份心思，皇后阿娇就会多一份苦涩，多一份伤感，多一份寂寞，多一份痛苦。

阿娇比起别的得宠又失宠的女人更多一层哀愁。刘彻是她从小的伙伴，是她一直十分相信、十分信赖的朋友，刘彻离开她，无异于是对他们童年纯真的背叛，是无情地撕裂着他们那段美好的毫无功利色彩的感情。阿娇曾忘情地拥有过刘彻，享受过别的女人所没有过的欢乐，仿佛是瞬息之间，十年构筑的五彩金屋土崩瓦解。阿娇的心如同插上了一支剑，在无声地滴着血。

茶饭不思的阿娇听着别的宫室传来的欢声笑语，更是寝食难安。阿娇每天期盼着，不知道从什么时候开始，她没有看到过刘彻，也不知道上一次见到是何年何月？阿娇更记不起是从那时开始，这皇后的寝宫中没有了刘彻的身影，她望眼欲穿，倾听着宫门的每一个动静，等候着刘彻。

阿娇苦熬着一个个漫漫长夜，眼睛红了，眼圈发黑，脸上灰白，容颜憔悴。这个时候，一位名叫楚服的女巫来到了皇后寝宫。楚服当然知道皇后的心境，知道皇后的心痛。楚服教阿娇巫蛊秘术，每日念咒，咒死痛恨的人。

神思恍惚的阿娇如同一个溺水很久的人，发现了一根稻草也要抱住不放。阿娇得巫蛊秘术，如获至宝。阿娇重赏了巫女楚服，按楚服的法子，做了一个小布人，称小布人为卫子夫，每天用针扎着、刺着这个卫子夫。

汉宫中是绝对禁止巫蛊秘术的。按照巫师的说法，行巫蛊术后，被诅咒的人会受蛊而死。皇后阿娇在深宫行巫蛊术，诅咒刘彻的宠妃卫子夫，阿娇宫中邀宠邀赏的宫人告发了阿娇。

武帝刘彻勃然大怒，吩咐立即查实。调查的结果果真属实。刘彻本来就宠着美人卫子夫，有了三个女儿和一个儿子，刘彻早就有废后的意思，无奈开不了口。如今有巫蛊这个借口，陈皇后阿娇就在劫难逃了。

阿娇皇后的印玺被收走了，皇后被废，自然就得迁居别宫。阿娇痛苦不堪地被迁往长门宫。长门宫十分偏僻，到处荒草萋萋。远离皇宫的长门宫油漆剥落，弥漫着一股衰朽的气息。阿娇住进了这里，泪水涟涟，流淌着无言的落寞。

朝阳照耀着长门宫，如血的夕阳吞食着长门宫，长门宫的花木草树仿佛都失去了生机，一切失去了希望。阿娇的泪流干了。阿娇休整了一段时日后，一种生的热望又重新抬头。阿娇不甘心就这么离开刘彻，她要唤醒刘彻的记忆，重温昔日旧梦，再做一个温柔体贴的好女人。

阿娇知道，刘彻很喜欢读赋，尤其是大手笔司马相如的赋。刘彻当年读到《子虚赋》，大为赞赏，感叹这么飞扬的文采，竟不能见到作者，一睹作者风采，实在抱恨终生！侍从告诉他，《子虚赋》的作者就在当世，正是陛下的臣民。刘彻立即召见司马相如。司马相如便留在了京师长安，随侍左右。

阿娇和她的母后集团便备上百金，聘请大才子司马相如。阿娇向司马相如倾倒着一腔苦水，如泣如诉，十分哀恻。司马相如被这个痴情的女子深深打动，便铺纸挥毫，写下了一篇流传千古的《长门赋》：

夫何一佳人兮，步逍遥以自虞。

魂逾佚而不反兮，形枯槁而独居。

言我朝往而暮来兮，饮食乐而忘人。

心慊移而不省故兮，交得意而相亲。

伊予志之慢愚兮，怀贞悫之欢心。

愿赐问而自进兮，得尚君之玉音。

奉虚言而望诚兮，期城南之离宫。

修薄具而自设兮，君曾不肯乎幸临。

廊独潜而专精兮，天漂漂而疾风。

登兰台而遥望兮，神恍恍而外淫。

浮云郁而四塞兮，天窈窈而昼阴。

雷殷殷而响起兮，声像君之车音。

飘风迥而起闺兮，举帷幄之襜襜。

桂树交而相纷兮，芳酷烈之闿闿。

孔雀集相而存兮，玄猿啸而长吟。

翡翠胁翼而来萃兮，鸾凤翔而北南。

心恚嚘而不舒兮，邪气壮而攻中。

下兰台而周览兮，步从容于深宫。

正殿块以造天兮，郁并起而穹崇。

间徙倚于东厢兮，观夫靡靡而无穷。

挤玉户以憾金铺兮，声噌恴而似钟音。

刻木兰以为榱兮，饰文杏以为梁。

罗丰茸之游树兮，离楼梧而相撑。

施瑰木之枦枂兮，委参差以慷梁。

时仿佛以物类兮，像积石之将将。

五色炫以相曜兮，烂耀耀而成光。

缀错石之瓴甓兮，像瑇瑁之文章。

张罗绮之幔帷兮，垂楚组之连纲。

抚柱楣以从容兮，览曲台之央央。

白鹤绮以哀号兮，孤雌跱于枯杨。

日黄昏而望绝兮，怅独讬于空堂。

悬明月以自照兮，徂清夜于洞房。

援雅翠以变调兮，奏愁思之不可长。

案流徵以却转兮，声动眇而复扬。

贯历览其中操兮，意慷慨而自卬。

左右悲而垂泪兮，涕流离而纵横。

舒息悒而增欷兮，蹝履起而彷徨。

揄长袂以自翳兮，数昔日之愆殃。

无面目之可显兮，遂颓思而就床。

搏芬若以为枕兮，席荃兰而茝香。

忽寝寐而梦想兮，魄若君之在旁。

惕寤觉而无见兮，魂迋迋若有亡。

众鸡鸣而愁予兮，起视月之精光。

观众星之行列兮，毕昂出于东方。

望中庭之蔼蔼兮，若季秋之降霜。

夜曼曼其若岁兮,怀郁郁其不可再更。

澹偃蹇而待曙兮,荒亭亭而复明。

妾人窃自悲兮,究年岁而不敢忘。

一幅声泪俱下的怨妇思夫图。武帝刘彻读罢了这篇赋,大为赞赏。刘彻只是称叹这是一篇上乘好赋,但赋中的怨妇情怀并没有感染刘彻。刘彻依旧冷落长门宫,没有记着阿娇,不想回心转意。阿娇望穿秋水,心如死灰。

长门怨妇的痴情没有打动武帝刘彻那颗英雄心,却感染了一代又一代的文人。文人们挥洒笔墨,抒情吟咏,产生了众多典故。从此以后,长门事、长门泣、长门掩、长门闭、长门隔等都成了失欢、失宠的代名词。而千金买赋、黄金买赋也成了文人的才能、作品被人赏识的典故。

汉元帝刘奭皇后王政君

据史料记载,王氏宗族,发家于汉宣帝时代。汉宣帝时,太子所宠幸的妃子司马良娣因病而死。临死前,她紧紧地拉着太子的手,哀伤地说:"臣妾我不是死于天命,而是被其他的嫔妃贵人用'巫蛊'害死的。""巫蛊",是汉代流行的一种迷信活动。据说是用巫术诅咒及用木偶人埋在地下,可以害人,称为"巫蛊"。汉武帝晚年多病,他便怀疑是左右的人巫蛊所致。公元前91年,丞相公孙贺被人告发用巫术诅咒,和在驰道埋木偶,犯了巫蛊罪,因而罪死狱中。可见统治当局对它是何等迷信和重视。汉武帝还专门派大臣江充率胡巫四出追查巫蛊,被害者前后数万人。后来,江充还诬陷太子宫中埋有木偶人,太子非常害怕,便杀了江充和那些胡巫,并且发兵抗拒,激战五日,死者数万人。后来太子兵败自杀。所以,当司马良娣向宣帝的太子说自己的死,是周围的嫔妃贵人用巫蛊所害的时候,太子便相信了。但司马良娣和太子都找不到证据。司马良娣死后,太子就迁怒于其他的嫔妃贵人,再也不喜欢她们,也不愿意见她们了。

宣帝和皇后见太子整天闷闷不乐,郁郁寡欢,讨厌见到他宫中的嫔妃贵人,就只好顺着太子的意思办,由皇后从后宫里挑选几个平常百姓家来的宫女——"家人子",去侍奉太子。王氏的祖姑母王政君便在其中,她是五个"家人子"中的一个。王政君是王禁的女儿,王莽的姑母。自幼读经史,学鼓琴,生得温顺端庄,也还漂亮。王禁是宣帝时的廷尉史。他曾打算把女儿王政君送给东平王为姬。还未送去,东平王便死了。后来,王政君的哥哥王凤便把妹妹王政君送到了宣帝宫中做"家人子"。宣帝和皇后商量好了之后,便在一天上朝的时候,由皇后把挑选出来的五名"家人子"带来,让太子从中挑选。皇后问太子:"喜欢哪一个?"太子一看,没有一个是他看得上眼的。但又不好意思让母亲皇后失望,于是就随便应了一声:"就那个姑娘还可以。"他随意指的那一个姑娘,正好是王政君。当时,王政君坐得离太子最近,又唯独她一个人穿着绛红色镶了花边的衣裙,相比之下,显眼一些,皇后便以为太子指定了她。于是,立刻让人送王政君到太子宫中侍奉太子。不久,王政君怀了孕,后来生下了一个儿子。宣帝十分高兴。他好不容易盼来一个孙子。他亲自给这个刚出生的小孙子取名叫骜,"骏马"的意思。他希望他的这个好不容易得来的孙子将来像匹骏马,奔腾在汉王朝各个帝王的前面。等他稍稍长大一点之后,宣帝便常常将他带在自己身边。这就是后来的成帝。是汉代王朝历史上,外戚专权最厉害的时期。

宣帝死后,太子继位,是为元帝。元帝立刘骜为太子,立刘骜的母亲王政君为倢伃,三天之后,又越过"昭仪"这一级,立为皇后。元帝死后,太子刘骜继位,是为成帝。尊母皇为皇太后,封舅父王凤为大将军。王氏宗族专权、兴旺发达,便是从王凤开始的。成帝即位不到两年.就在同一天封了除王凤以外的五位舅舅为侯。即王潭为平阿侯,王商为成都侯,王立为江阳侯,王根为曲阳侯,王逢时为高平侯。"五人同日封,故世谓之'五侯'。"王政君的同母弟弟王曼因死得早,没赶上封侯,后来就追封为新都侯,由王曼的儿子王莽承袭爵位。于是"王氏子弟皆卿大夫侍中诸曹,分据势宦满朝廷。"整个朝中大权,全由王氏家族分别把持。弄得成帝也不高兴,但碍于母亲皇太后,不能发作。终于有了一个机会,司隶校尉解光上书弹劾王氏当权者中的王根和王况叔侄两人。王莽先得知信息,便忙主动请求辞职,成帝也就顺水推舟照准了。这才逃脱一次"大清洗"。解光的奏章所列举的王氏叔侄的罪行是"三世据权,五将秉政","臧累巨万,纵横恣意",说他们长期把持要害部门,贪污受贿,无法无天。又"蔽上壅下,内塞王路,外交藩臣,骄奢僭上,坏乱制度。""瞒上压下,蒙蔽皇上,勾结藩镇大臣,目无法纪。"一句话:"背臣子义","无人臣礼"。于是,成帝便罢免了一批王氏家族中为恶最烈的分子。

成帝死后，皇太后因成帝无子，便立中山王的后代来继承皇位，是为平帝；又召王莽回到朝廷中来，封为大司马。平帝即位时才九岁，便由成帝的母亲，太皇太后王政君临朝称制。这时，王政君已是耄耋之年，大权实际掌握在大司马王莽手中。

王莽为了进一步执掌朝政，以达到篡夺皇位的目的，便开始了周密的谋划，进行阴谋活动。他步步为营，第一步，是不让平帝刘箕子的生母卫姬到朝廷里来，用隔绝母子之情的办法，切断外戚卫氏专权的路径。王莽有个儿子，叫王宇。王宇自幼熟读史书，明白大义。又亲身经历了一次王氏宗室受清洗的挫折，虽然自己家没有受到很大打击，但他的叔祖父和堂叔们受的惩罚，他或是亲眼所见，或是耳有所闻，所以，虽是王氏家族的后代，对自己家族专权于朝廷，骄横于内外，也是心怀不满的。因此，他见父亲想不让卫姬和卫氏家族入朝，觉得太不合常理，不近人情。便暗地里劝平帝的母亲卫姬向她儿子平帝上书，以平帝年幼，还只九岁，需要照顾饮食起居为理由，请求准许入朝。卫姬的上书自然是落在王莽手中了。于是王莽便代平帝起草了一封诏书，大讲古代的礼法制度，说什么一旦儿子过继给了别人，就应该与生父母断绝关系。又说定陶共王傅太后就是由于儿子被征召到皇宫中当了皇帝，她就要当皇太后，结果，"居非其制，称非其号"，住在了按礼节制度不该她住的地方，戴上了不该她戴的皇太后的桂冠，死了之后，供奉她的神位的庙宇便被天火烧了。这是因为"皇天震怒，火烧其殿。"以此恐吓卫姬，也是暗示卫姬，不要妄想到朝廷中来染指朝政，还是安心在中山（今河北定县）呆着吧。既不要妄想乘机回到京师来，更不用做当太后的梦。王莽还软硬兼施，恩威并举。在用诏书暗示和威胁之后，又安抚卫姬，给她增加了七千户的封邑，还赏赐黄金一百斤。

王莽的儿子王宇得知后，更进一步明了了父亲的险恶用心。他很担心，父亲这样贪心，总有一天，王氏家族要遭到汉王朝历史上的那些专权的外戚一样的悲惨结局，要被诛灭九族的。于是他决心尽力去阻遏父亲实现他的权欲野心。他便亲笔写了一封信派人送往中山王太后卫姬宫中去。没料想，王宇的这封信落到了父亲王莽手中。王莽大怒。他没有料到，儿子竟然反对他，给他制造障碍。为了实现自己篡位夺权的野心，被权欲之火烧得正旺的王莽竟残忍地、惨无人性地派人捕捉了自己的儿子，并立即秘密杀害了。

王莽夺权篡位的第一步阴谋实现后,便立即开始迈出第二步:排除朝中妨碍自己专权的大臣。江阳侯王立、平阿侯王仁,是王莽的叔父和堂弟。王莽见这两位亲戚"素刚直,莽内惧之",他怕他的这两位亲戚不赞同他夺权篡位,便暗中指使另外的大臣诬告他们有罪,把他们遣送回各自的封地,后来又派使者去逼迫他们自杀。

　　第三步:在逼迫叔叔和堂弟自杀之后的第二年,他便让自己的女儿王氏为平帝的皇后。当时,平帝才十二岁,王氏十三岁。为了让自己的女儿名正言顺地当上皇后,以便自己进一步跳到姑母太皇太后王政君前边去统揽朝政大权,他还假惺惺地为平帝举行选皇后的仪式。他先暗示朝中大臣,"令称己功德",为他歌功颂德;"又内媚事旁侧长御以下,赂遗以千万数"。用千万数的巨金贿赂宫中上下官吏。还讨好太皇太后,封太皇太后的姊妹君侠为广恩君,君力为广惠君,君弟为广施君。于是她们便"日夜共誉莽",称颂王莽。他知道王政君年纪大了,常居深宫,想出去游玩,便投其所好,"乃令太后四时车驾巡狩四郊,接见孤寡贞妇",满足老妇人的惜贫爱老的天性。

　　王莽的女儿王氏入宫时,年十三。她对于王莽这一切所作所为也深感不安和不满。尤其是她最敬爱的哥哥王宇被父亲括活杀死,使她既悲伤又恐惧。父亲要她去当平帝的皇后,她当然明白父亲的居心。但她不敢违拗。因为她懂得,父亲连她哥哥都能残忍至极地杀害,她一个女孩,父亲不是更下得了手吗?她只是天真地想:进宫后,好好辅佐皇上。她同她哥哥一样,为王氏家族的前途着想,不能让父亲这样下去,不能让王氏家族遭受灭顶之灾。进宫一看,平帝身体不好。原来平帝生下来后便患有"肝厥症",说不定哪一天会死掉。于是,王皇后整日十分愁苦。小时候,哥哥爱她、关心她这个小妹妹,常带她到处去游玩。哥哥长她十二岁,兄妹俩一道读书时,哥哥既是她的"同学",又是她的老师。她是那样的爱他,又是那样的尊敬他。爱他的善良和蔼,尊敬他的学识渊博和为人正直。哥哥被杀后,她是那样的悲哀,再没有人关爱她了;再没有人同她作心的交流了。在寂寞痛苦和恐惧中,她整整生活了三个月。三个月的时间不能算长,但对她来说,这三个月该是多么漫长,多么难熬啊!她常做噩梦,梦见哥哥浑身鲜血淋淋,没有头,却在说话,在告诉她,一定要想法救王氏宗族。进宫后,她很快便又有了可交流的人了,那便是小他一岁的她的丈夫,皇上刘箕子。她常对皇上丈夫说笑:我们是一对患难夫妻。因为平帝很想念母亲卫姬;也怀念那位有着传奇经历、"立身挡熊"的祖母冯媛冯昭仪。虽然他记不得她是什么模样,但母亲自小便告诉了他,祖母最疼爱他了。他一生下来便天生的患有肝厥症,祖母怕母亲抚育孩子没有经验,便亲自抚养他,呵护他。为了治好他的病,祖母是熬尽了心血。病急乱投医,为他去求神拜佛,结果遭到诬陷,被以巫蛊罪而逼得自杀了。皇后也讲了她的经历,哥哥的惨死,自己如焚的愁心。于是,两人很快成为知心知己。这给了王氏许多安慰,也给了她一线希望:好好侍奉皇上,长大了临朝称制,庶几王氏宗族有救,也可告慰惨死九泉的哥哥。

平帝在位一年,就因肝厥症——先天性心脏病发作而死去了。这使王莽去掉了一块心病。于是他加紧安排篡位夺权的阴谋。先是立宣帝的玄孙广戚侯的儿子刘婴为帝。刘婴才两岁,不用说,全由他这个皇帝的外祖父摆布了。刘婴即位,王氏即为皇太后,时年十四岁。王莽自封为安汉侯。他以周公自许,就像当年周武王的弟弟姬旦那样,在周武王死后,全心全意地辅佐哥哥的儿子,他的侄儿,王位的继承人周成王。他自立为"摄皇帝","改元称制"。

王莽"改元称制"后,遭到了刘氏宗族安众侯刘崇和东郡太守翟义等的反对。他们起兵要来讨伐王莽。王莽干脆撕下假面具,自立为真皇帝,改国号为"新"。

王莽称帝后,为了使它一切方面都顺理成章,不留痕迹,便封皇太后为公主——因为是真皇帝王莽的女儿。并准备让女儿再嫁。

此时,平帝皇后的一线希望也熄灭了。绝望之后,她便称病不上朝。王莽知道女儿和儿子是一样,反对他篡位夺权的。便想彻底地断绝她阻遏自己的念头,让她早些嫁出去。于是,借给王氏治病的名义,让立国将军成新公孙建的儿子孙豫整装修容一番,带着御医去宫中探视问候。孙豫因是奉真皇帝王莽的密令去的,便很不礼貌地闯了进去。吓得宫女们急忙进去禀报。王氏自幼聪明机警,听说是成新公孙建的儿子孙豫陪同御医来的,心中便明白了父亲的用心,很是生气。便大发脾气地用鞭子抽打身边的宫女仆从,责问她们为什么随便放人进来。弄得孙豫十分尴尬地溜走了。王莽知道后,也明白女儿的用意,便也不敢太过分地勉强女儿了。他知道,女儿和儿子一样执拗。再说,他已经亲手杀死了儿子,为篡位夺权,付出了极昂贵的代价,他不能再失掉女儿。何况他的篡位夺权的目的已经达到了。于是,他便对外宣布他的女儿志在守节,为平帝守寡。

王氏知道后,便完全灰心丧气了。她只有等待命运的安排。经过这一场闹剧之后,她真的病了——气病了。

就在这种没有希望,没有交流,十分孤独,极度寂寞,如同在坟墓中的生活里,王氏度过了十五年。她的青春年华就这样一点点地耗去了。一天,宫女给她梳头,忽然发现一丝白头发,惊叫了起来。王氏忙问惊叫什么,宫女见瞒不过,便将手指中夹着的那根白头发给了她。看着那一丝白发,竟然呆住了。她才三十二岁呀,怎么就老了呢? 平帝死后,这十七年,她是怎么熬过来的啊! 她自己都不敢往回去想。

公元23年,各地的农民不堪忍受王莽的暴政,爆发了由新市(今湖北京山县)人王匡、王凤组织荆州饥民的武装起义。紧接着,各地王侯也举兵声讨王莽的不义。同年十月,义军攻入长安,直逼皇宫。喊声震天动地,一阵接一阵:"反贼王莽,赶快出来投降!"但是,宫门紧闭,无人应声。义军群情愤怒,便点燃火把,投入宫墙内。那天,正刮大风,于是,内宫立时成了一片火海,火势冲天。

当火势蔓延到后宫时,后宫立时一片慌乱。平帝王皇后站在宫门口,望着扑面而来的熊熊烈火,泪流满面。她心想,这就是老天的报应呀! 接着顿生一念,哭着说道:"我还有什么面目,再见西汉王朝皇家宗室呀!"说着,纵身跳入烈火之中,宫女们虽奋力抢救,却是来不及了。只听到一声长长的惨叫,大火便盖了过来,盖住了平帝王皇后的身影。为父亲王莽的可怕的权位欲望,可怜的王氏,付出了终身的幸福,和她那最宝贵的生命。

义军烧毁了未央宫,野心家王莽也死在义军的乱刀之下。

汉元帝时期宫女王昭君

公元前33年,王昭君远离故国家乡父母,至匈奴。虽思念父母,但"捐躯报主,何敢自怜"。后又从胡俗,改嫁新单于。先后生有一儿二女。在匈奴生活近四十年,使汉匈两族间"数世不见烟火之警,人民炽盛,牛马布野。"死后,被葬于归化(今内蒙古呼和浩特)城南,其墓称为"青冢"。

在中国古代历史上,北部匈奴常侵扰边关。为此,统一了中国的秦始皇便耗费了巨大的人力和物力,修筑起万里长城来防御。秦亡之后,楚汉相争。汉高祖刘邦统一了中国。这时,北部边关仍经常受到匈奴的骚扰。一次,汉高祖曾率大军去平定匈奴,却反被匈奴军队围困在平城地方长达七天,汉朝派出援军才解了围困,救出了汉高祖。这之后,西汉朝廷便采纳了刘敬的"和亲"政策,并作为一项国策,以与西部和北部少数民族实行政治联姻,从而使西部与北部边境得以安定,并从而促进了汉民族与少数民族的友好关系和共同发展。从此,这一政策便成为中国古代封建王朝实施有效的重要国

王昭君

策,并从而敷衍出许多可歌可泣的动人的历史故事来。

"自有千秋在"的王昭君,便是实施"和亲"政策的重要历史人物之一。

秭归是湖北西部山区的一个偏远小县。这里山水秀丽,景色宜人,民风淳朴。王嫱出生的那个小山村,依山傍水,更是风光如画,风景诱人。村前那条缓缓流淌的清清的小溪,是少女王嫱常去漂洗衣裙的地方,名香溪。因此,王嫱为后妃之后,又被称为"香妃"。到了晋代,王昭君这个名字,因为要避皇帝司马昭的讳,便被称为明君或明妃。

王嫱的父亲王穰,是一个多才之士,生性不爱做官,只愿享受平民百姓的自在平凡的生活。母亲料理家政,贤惠贞淑。夫妇二人,恩恩爱爱,远近皆闻其名。他们先生有一女王嫱,自幼聪颖活泼,夫妇二人视若掌上明珠,宠爱有加。稍大,即由父亲专门悉心教诲和培养。王嫱六岁开始读书识字,不但天资聪慧,常常能过目成诵,而且特别好学。在父亲的全心教授下,进步飞快。不足十岁,即能吟诗作文,常使父亲的友人或门生惊叹不已。他们感慨王嫱不是男子,否则,定会成国家社稷栋梁之材。王嫱的父亲则颇不以为然。每逢此时,王嫱的父亲总要抚摸着小王嫱的发辫,骄傲自豪地反驳说:谁能料定我们的小嫱嫱将

来不能为国出力,为君王分忧呢?! 父母对她的宠爱,不亚于,或者甚至可以说超过了她的弟弟。当然,王嫱也很爱护她的那个活泼可爱和听话懂事的小弟弟。

王嫱天生丽质,自幼又得父亲精心教授诗书礼仪,还能常与父亲的门生或友人研讨切磋,炎黄文化便潜移默化地注入她那小小的稚嫩纯洁的心灵,陶冶了她端庄贤淑的品性。十五岁时,她以才貌双全、文品兼优而传遍全县,达于州府。于是,一时间,上门求亲者,从豪门到巨富,络绎不绝,都快要把王家的门槛给踏平了。但王嫱的父母并不为之所动。他们对爱女的婚事非常看重,也因之非常慎重,绝不想轻易应允张家或李家,也决不愿意违拗爱女的心愿。于是,王嫱的婚事便被拖延下来。在古代,女孩子十五岁出嫁是被看作是符合常理常规的事。而的女孩子没有定下亲事反倒要遭人议论的。同一般女孩子不一样,王嫱心性甚高,婚姻是终身大事,决不肯随俗。何况她觉得自己年纪尚幼,又还正倾心于诗词歌赋,婚姻大事是用不着性急的。

不料,两年之后,到了王嫱十七岁时,发生了一个大变故,这个大变故改变了王嫱的命运。对于这次变故给王嫱的影响,明代一位诗人黄幼藻写有这样两句诗:"早知身被丹青误,但嫁巫山百姓家"。巫山,是长江三峡著名的风景区之一,也是王嫱的家乡。明代诗人的这两句诗,当然是站在他的立场,对距他千年之久的王嫱的心事的一种推测。不过,这个变故改变了王嫱的命运却是历史事实。被这个变故改变了的王嫱的命运,是喜是忧,是祸是福,历朝历代,评说不一。改变了王嫱命运的大变故是汉元帝的征选宫女。十七岁的王嫱,正值豆蔻年华,本来就天生丽质,这时更出落得亭亭玉立,如花似玉,清纯雅丽,美丽绝伦。加上惊人的聪慧与才学,早已远近闻名。于是一下子便被州府负责征选宫女的官员以最优的"良家女"征选上了。在当时,一般人眼里,能被征选为宫女,是被看作家族的幸事,个人的福分的。因为宫女再向上跨一步便是嫔妃。但王嫱和她的父母亲却被这一事变惊吓呆了。在荣华富贵与亲情之间,这一家人更看重亲情。现在,面对这一事变,父母割舍不下爱女,爱女也不愿离开父母;在她内心里,曾谋划过将来如何报答年过半百的父母养育之恩,也谋划过作为长女,如何呵护关爱年幼的弟弟。现在,这一切都成了泡影。面对这突如其来的打击,一家人张皇失措,不知如何是好。上命何敢违! 最后,还是王嫱以大义好言劝慰两位老人。她一面絮絮地述说着,自古女子总要出嫁,哪有长留在家这样的常理,一面暗暗垂泪,准备入宫。待诸事停妥,便满含着生离死别的痛苦的泪水,随征选的其他女子和官员进了汉元帝宫中,成了汉元帝刘奭的千百个宫女中的一个。

在汉代,皇帝征选的宫女很多,皇帝要挑选宫女作嫔妃,一个一个的认,当然认不过来,于是,便让画师先给宫女们画像,然后,"按图召幸",挑选最漂亮的宫女作嫔妃。于是,宫女的画像便变得十分重要了;给宫女画像的画师的地位也十分显要了。当时,汉元帝宫内技艺最高,也是最有名的画师叫毛延寿,他给宫女画的像真称得上是俏妙逼真,栩栩如生。真可谓技艺超群。但他又是一个金钱欲望极强的人,一个十足的贪心的画师。在等待画像的宫女中,毛延寿惊于王嫱的美丽,更贪图王嫱用金银财宝贿赂他。对于他,这样的绝色天香大美人,不正是得到最多贿赂的绝好机会吗?!对于他,宫女们谁多一分美色,他便可以多获得一份财宝。可是,王嫱呢,父母的教诲,家庭的濡染,使她自幼便成了一个品行端庄,绝不愿行小人之所行,绝不愿做丝毫之苟且的女子。尽管毛延寿一而再,再而三地暗示,王嫱的美貌只有他高超的画技才能画得下来,所以,她这张画像应值万金。王嫱虽也早已领悟毛延寿这是在敲诈,在索要巨额贿金。也并非她王嫱拿不出这份巨额贿金,但她内心里却十分的不愿意,甚至是十分的反感。她不愿随俗——因为别的宫女都送了贿赂。王嫱不愿玷污自己的品行。于是,她先是佯装不懂毛延寿的话的意思。当毛延寿让一名太监直截了当地向王嫱索要贿赂时,王嫱再也忍不住内心的厌恶和愤怒,义正词严地拒绝了。可是,毛延寿怀恨在心,便暗暗地把王嫱的像画得比本人丑多了。这样,害得王嫱"入宫数岁,不得见御"。王嫱深受委屈,怨恨难平。但对毛延寿这种贪鄙小人,她王嫱一个幽居深宫的女子,除了自己怨恨之外,却又怎能奈何得了他?!

公元前68年,匈奴内乱,五单于争位。其中一位名叫呼韩邪的单于,在汉王朝的帮助下,统一了匈奴。于是,这位呼韩邪单于与汉室和好,并于公元前33年,向汉元帝主持的王室求婚——求汉宫女作"阏氏"——王后。汉元帝继续奉行"和亲"政策,应允赏赐匈奴单于五名宫女。消息传至宫中,因毛延寿的刁难而备受委屈、愤愤不平的王嫱,便愤而向元帝请求,自愿往匈奴和亲。汉元帝看了王嫱等五名待选送匈奴的宫女的画像，见她们均长得一般，便下旨以这五名宫女赐给呼韩邪单于。待至王嫱等五名宫女启行，汉元帝一眼便见显然是鹤立鸡群的王嫱原来生得美丽绝伦，真是倾城倾国，便顿生悔意。但一国之君，一言已出，又不便失信，只有眼睁睁地目送王嫱怀抱琵琶，登上马车出关去了。送走王嫱，元帝心中仍懊悔了好几天，一直宁静不下来。据说，元帝为了强使自己的心绪长久地宁静下来，便改定王嫱去匈奴和亲的这一年为"竟宁元年"。还说汉元帝改这个年号是为了求得汉王朝天下永久安宁的说法，只不过是一种托词。

王嫱嫁到匈奴后，住穹庐，食畜肉，饮乳酪，生活很不习惯，加上语言不通，一个青年女子，处异国他乡，孑然一身，处境的艰难，亦如她所记述的："离宫绝旷，身体摧残。志念抑沉，不得颉颃。"她后悔不该因怨恨而贸然提出自愿来匈奴的请求。她日日夜夜思念故乡，思念两鬓染霜的父母和稚气犹未脱去的幼弟。思念至极，有时难以自己。有一天，她想轻生。可当她摸着自己的发髻，想剪下一绺好嘱人寄送远在千里之外的父母留下作纪念时，忽地忆起儿时父亲抚摸自己的发辫，不无自豪地说过的那句话：谁能料定我们的小嫱嫱将来不能为国出力，为君王分忧呢？！她立刻冷静下来，打消了自戕的念头。自此以后，她虽也常常独自一人，伫立草原高丘，遥望南天，默默垂泪，悲怆难抑。但另一种更加巨大的力量却在支撑着她的心。这种支撑力恰如她在给汉元帝上书时书中所写的："诚得捐躯报主，何敢自怜"。是的，教诲在耳，重任在身，哪敢只顾个人的思念与不惯呢？她对汉王室，对汉元帝的唯一请求，只是希望自己留在山野家乡的老父老母和幼小的弟弟能得到一些照顾："有父有弟，唯陛下少怜之。"

汉元帝得到王嫱从匈奴送来的上书后，不但又勾起对王嫱的美貌的忆念，更为王嫱上书中所显示出来的王嫱的才学人品，特别是那句"捐躯报主，何敢自怜"，贤惠与深明大义的高尚品德所深深感动。元帝又一次的后悔了。这一次的后悔中，还恨画师毛延寿的欺君罔上，便下令杀掉了毛延寿，还下令将毛延寿的尸首弃之于市以警戒天下的贪欲无度者。但对于王嫱来说，这已无济于事了。宋代诗人欧阳修对这件事还曾作诗曰："绝色天下无，一失难再得；虽能杀画工，于事竟何益"。不过，元帝还下旨，令南郡太守按王嫱的请求，照顾怜惜王嫱的老父幼弟,算是可以聊慰王嫱之心了。

和亲的五位宫女中,王嫱因为美貌出众,又加上贤惠有才,便深得呼韩邪单于的宠爱,封为"宁胡阏氏"。阏氏,是匈奴的王后;宁胡者,意思是匈奴得了王嫱,部族便安宁了。

王嫱在匈奴一年之后,生下一个儿子,取胡名伊屠智牙师。两年后,呼韩邪单于去世,呼韩邪单于前阏氏所生之子陶莫皋立为复株累若鞮单于。按匈奴风俗,新单于得娶老单于之妃为妻。这种风俗,对于从小便受汉人诗书礼仪教诲与熏陶的王嫱,要接受它,比克服内心的孤独寂寞更要痛苦千百倍,她当然难以接受。于是,她一面上书西汉朝廷,请求归返;一面打算如果新单于强行娶她,她便服毒自杀(她把毒药酒都准备好了)。不过,新单于对她很尊重,并不打算强娶——因为新单于很爱她,而且按胡礼,娶这位前阏氏是顺理成章的事,所以,他并不着急,更不愿强娶他所心爱的女人。

过了些时日,汉王朝的回复到达了。汉成帝为了和亲的政策需要,回复王嫱,一面赞扬王嫱的"捐躯报主"深明大义的忠君爱国之举,一面命她仍以国家社稷为重,"从胡俗"。王嫱接到成帝的敕令,便再一次以大局为重,忍辱负重,遵从胡俗,嫁给了新单于。几年中,先后生下了两个女儿。汉平帝时,单于遣王嫱的大女儿云须卜居次归汉,进宫侍奉太后。

再嫁后的王嫱,随着年龄的增长,政治上也更成熟了。这以后,她便直接参与了匈奴的实际政治生活,处理匈奴与汉室的外交大事,并用自己的地位与影响,去促进匈奴与汉室所保持的和睦友好的外交。从此,王嫱在匈奴生活的近四十年中,匈奴和汉室便没有发生过战争。而且,匈奴和汉族人民之间的经济文化交流也加多了。史书上记载说:汉匈两族间"数世不见烟火之警,人民炽盛,牛马布野。"

王嫱受到匈奴的敬重。死后,被厚葬在归化城南三十里的地方,常受到匈奴人的祭祀。归化即今天的呼和浩特市,为内蒙古自治区的首府。埋葬王嫱的墓称为青冢,是受到今天蒙古族人民纪念的地方;也是著名的旅游景点。

王嫱,王昭君出塞的故事,千百年来,在汉蒙两族人民中成为美谈,流传至今。也成为历代文人墨客咏叹不已的题材。对于这样一位"一去紫台连朔漠,独留青冢向黄昏"(杜甫诗)的古代女子,是为民族和睦做出了巨大牺牲和贡献

的。1963 年,现代无产阶级革命家、中国共产党和中华人民共和国的建党与开国元勋之一的董必武曾这样赞扬道:

> 昭君自有千秋在,
>
> 胡汉和亲见识高。
>
> 词客各抒胸臆懑,
>
> 舞文弄墨总徒劳。

汉明帝刘庄唯一的皇后马皇后

公元 57 年,太子刘庄即位,是为明帝,立马氏为贵人。公元 60 年,朝中众大臣议立皇后,明帝征求阴太后意见,阴太后便说:马贵人德冠后宫,就立她为皇后吧! 后来,马氏果不负阴太后的期望,成为东汉王朝的一代贤后。

马援(公元前 14~公元 49),字文渊,东汉扶风茂陵(今陕西兴平市)人,原是一位大畜牧主。在西汉末年的外戚专权、群雄割据的年代里,他曾提出皇帝要选择贤良的臣子,臣子也可以选择贤明的皇帝的大胆见解。他说:"当今之世,非独君择臣也,臣亦择君矣!"他自己先是在割据西州的隗嚣军中,后因隗嚣独断专横,又容不得人,马援便弃而选择了刘秀,并全心协助刘秀攻灭了隗嚣。后来南征立功而还。刘秀称帝后,封马援为伏波将军、新息侯。晚年(62 岁)还率军出征"五溪蛮"(西南边境),因中疫病死在合浦壶头山(令湖南沅陵县),实践了他"男儿要当死于边野,以马革裹尸还葬"的壮志。

马皇后在父亲病死军中时才 10 岁。年纪小小的马氏在父亲死后不得不面对惨苦的现实:由于父亲生性刚直,重大节,不阿谀逢迎,不与奸佞结交,曾得罪过朝廷佞臣。死后便被梁松、窦固等佞臣诬告,革去了爵位。于是,家庭失势,经常受权贵欺侮。但马援生前对子女要求十分严格,常教诲他们说:"丈夫立志,穷当益坚,老当益壮。"现在,马氏虽不是男儿,但"丈夫立志"的信念却牢牢树立。面对惨苦的现实,她勇敢地独自支撑起家庭,操持家务,分派指使仆人,处理内外一切事务,十分能干。逆境磨炼了她"穷当益坚"的坚强性格和生活能力。史书上记载说她干得像成年人一样出色:"干理家事,敕制童御,内外诸禀,事同成人。"周围的邻居开初还不知道马氏家庭全靠她一个十来岁的女孩子在操持料理,待知道后,都十分吃惊,也十分叹服。

马皇后自幼聪明好学,知书识礼,生得也端庄美丽,"仪状发肤上中以上",算得上一个比较漂亮的女孩子。她父亲的姑表姊妹都是成帝的婕妤,因为这层关系,马氏十三岁时被选入太子宫中。光武皇帝刘秀见她年纪尚小,她父亲马援又曾为汉朝的中兴立过功劳,后被谮害,受了委屈,便也十分怜惜她,让她陪伴皇后阴丽华。阴皇后见她知书识礼,十分贤惠,又心地善良,十分俭朴,与自己性格正好相投,便十分宠爱,留在身边,常与自己一起读史论经。马氏性聪慧,很快便能背诵《易经》。史书上还记载她"好读《春秋》《楚辞》,尤善《周官》、董仲舒《书》"。《周官》是周代的典章制度,她非常熟悉。一次,汉明帝想试一试她这方面的才能,便把大臣们上奏的文牍交给她处理,而她都能"分解趣理,各得其情",剖析和处理得十分得体。因为她才识很高,深得阴皇后的宠幸。太子刘庄常要到后宫向母后阴皇后请安,见马氏年轻貌美,性格温和,又很懂礼法,也十分喜欢她。

公元57年,光武帝死,太子刘庄即位,为汉明帝,立马氏为贵人。在马氏还是贵人的时候,明帝刘庄的一个妃子贾氏生了一个儿子刘炟(肃宗)。明帝因为马贵人心地善良,又通情达理,便十分宠幸;见马氏没有儿子,便让马氏抚养贾妃的儿子。马氏果然不负明帝重托,把贾妃的儿子当作自己亲生儿子,劳神费力,呵护备至,超过了亲生。后来肃宗对她也如同对待生母一样孝敬,像亲母子一样,没有一丝隔膜。正因为马贵人十分贤惠,品德美好,在明帝册封皇后时,阴太后便举荐了她。据史书记载,公元60年,朝中众大臣请明帝册封皇后,明帝征求母亲阴太后的意见,太后便说:"马贵人德冠后宫,即其人也。"阴皇后是一代贤后,她的眼力是很不错的。何况马皇后自幼就是由她教诲培养起来的。

马皇后真是不负阴太后的期望。立为皇后之后,仍不忘父亲的"丈夫立志"的教诲。尽管现在她已贵为一国之母,但仍十分节俭朴素。平常穿的是粗布衣袍,裙子上也不加上贵重的花边装饰,像其他嫔妃所惯常做的那样。按宫廷礼法,每个月的初一和十五两天的早晨,皇后和嫔妃都要入朝去拜见皇帝。每逢这个日子,嫔妃们都像过节一样,要刻意梳妆打扮一番,一个个穿着得艳丽夺目。而马皇后仍然穿平日穿的帛布衣装,只是更干净整洁一些。嫔妃们开初见了很是奇怪,有的还笑话她。她却毫不见怪,也不生气,反而耐心地开导她们说:"以前,我家里也很富,但我父亲却教诲我们,'丈夫立志,穷当益坚,老当益壮。'父亲死后,我家里穷下来了,没有什么金银珠宝这样的财富。但父亲留给了我另一种财富,就是'丈夫立志'的教诲。所以,我能吃苦耐劳,以坚韧不拔的毅力克服了种种困难,坚持下来,渡过了难关。现在,我又富贵了,难道就可以丢掉过俭朴生活的好习惯吗?!我不愿意太奢华。况且,我身上穿的这种厚布衣服容易染色,穿在身上又舒适大方,所以我爱穿它。"六宫嫔妃听了她这一番话,都觉得她说的有道理,佩服她的这种虽富贵而终不忘俭朴的美德。在马皇后这种以身作则、率先示范的行动带动下,宫中节俭之风也逐渐盛行起来。

马皇后不仅在生活上节俭朴素、率先垂范,她还时常劝诫明帝俭约勤政,更不要因为游乐过度而荒误了政务。明帝爱外出游乐,她总是以天气不好,"风邪露雾为戒"劝阻明帝少出外游玩。有一次,明帝带着六宫嫔妃、宫女、才人出外游乐,事前马皇后便多次婉言劝阻,见明帝一定要出游,便在出游的那一天早晨让一名宫女去禀报明帝,说自己身体不适,不能陪驾出游。明帝心里便有几分明白,出游时,有一名嫔妃问明帝,怎么不见皇后一道来呢?明帝笑了笑说,马皇后的志趣是不喜欢游乐。她就是来了,也不会玩得开心。我出外游乐,她是很少参加的。因为皇后没有来,明帝心里总觉得缺少点什么,玩得也总不太尽兴,所以以后再出去游玩,如果是马皇后借故不去,明帝便也失去了游乐的兴趣了。渐渐的,明帝大规模出游的次数减少了。

由于马皇后自幼熟读史书,她还能从史书中吸取教训,以古鉴今。身为皇后,不仅自己以身作则,以俭朴节省治理后宫,她还利用常在皇帝身边的有利条件,对明帝主持国政上的失误提出谏正。有一次,明帝将封皇子,马皇后便及时提醒他,这件事也要按规矩法则办,以节俭为本。于是明帝采纳了她的谏议。加封时,有人提出疑问,为什么只给皇子这么少的封邑呢?明帝便回答说:这是依典章制度办事,符合节俭的原则。并且解释说:我的儿子们加封,总不能与先帝给他的儿子们加封一样多。我的儿子们加封的数额为先帝给他的儿子们加封数额的一半,是合乎情理的。众皇子及大臣们都觉得这件事处理得公平合理。明帝心里也感激马皇后的提醒。

公元70年,明帝之子楚王欲谋反,明帝大怒,废黜楚王,追查楚王余党,株连了数千人。一时间，"楚狱连年不断，囚相证引，坐系者甚众"。马皇后"虑其多滥"，难免造成冤案，便"乘间言及"，找机会向明帝谏劝。她以自己父亲被诬告、受委屈的事例劝说明帝，说着说着，不禁为往事所牵动，流下了眼泪。明帝也被她打动了。"恻然，帝感悟之"，明白了冤案给受冤者家庭带来的痛苦，给社会造成的不安定的后果，"夜起彷徨，为思所纳"。听取了马皇后的建议，"卒有所降宥"。终于，降旨从轻发落了一大批受株连的人，避免了一场更大的冤狱。

史书上还记载说马皇后"每于侍执之际，辄言及政事，多所毗补，而未尝以私家干"。利用能经常接近皇帝的机会，劝谏皇帝少做错事，而从不利用这个机会去谋取自己个人的私利，这又是马皇后为后世所称道的一种高贵品德。

公元74年，明帝死后，太子刘炟即位，是为汉章帝。马皇后被尊为皇太后。刘炟是马皇后亲自抚育长大的，他虽是贾妃所生，但与马皇后感情尤其深厚。他把马皇后视为亲生母亲，"孝性惇笃，恩性天至，母子慈爱，始终无纤介之间"。马皇后早晚都与他一起谈论政事。章帝想要加封几位舅舅的爵位，因马皇太后坚决反对而未成。适逢第二年天大旱，有人说是因为未加封国舅而惹得老天爷发怒的缘故。大臣们请求依照汉朝的旧典加封外戚。太后便下诏说：凡是怂恿皇帝给我娘家人加封的，是想要讨好我。讨好我是想从我这里得到好处。他们难道忘了成帝时王太后娘家的亲戚有五个人同一天被封为侯而最后招致朝政腐败的教训了吗？难道忘了景帝时外戚田蚡和文帝时外戚窦婴"宠贵横恣，倾覆之祸，为世所传"吗？这些显贵一时的国舅们，因为专横跋扈，最后都遭到了杀身灭族的灾祸啊！正是因为吸取了这个教训，先帝时，很谨慎，防止外戚在朝廷中占据重权的位置。先帝在加封诸王子时说过，他的儿子们加封不能等同他的父皇对儿子们的加封，你们为什么要拿我比阴太后呢？阴太后尚且是在她父兄死后才同意光武帝加封的。我作为天下之母而身穿布衣，"食不求甘"；我身边的人也都穿帛布衣服，不薰香，不重修饰，为的是做一个表率。比起对汉室中兴做过贡献的阴皇后，我是无功于国的，我只想求得百姓的温饱，所以我带头节俭。又说："古人说，'再实之木，根必伤；掘藏之家，后必殃'。"禄位重叠，就像再实之木，一定会伤根的。皇上对我的孝心我心领了。古人说，最好的孝心是使被孝敬的亲人心里很安详平和。现在，国家连年遭灾，谷价上涨了好几倍,我心里很不安,晚上都睡不好。这个时候,我哪能只顾我娘家亲戚的爵位俸禄,而失去作为一国之母的拳拳之心呢? 我应该多顾念老百姓的艰难困苦。章帝读了诏书,感叹不已。公元 79 年,全国丰收,边境无事,章帝便封三个舅父为列侯。马皇后知道后,十分不高兴。她感叹说:"圣人设教,各有其方,知人情性,莫能齐也。"人的思想是不一样的啊! 我少壮之时,便仰慕古代圣贤的修身之道。孔子说:少之时,戒之在色;及其老也,戒之在得。老年人应该时时警诫自己,不要贪得无厌。我虽然老了,也还一直在警诫自己不要滥封亲戚。为皇上要加封我的亲戚这件事,我日夜忧虑。我'居不求安,食不念饱',只不过希望用这个办法来开导我的兄弟们共同遵守古圣贤的教诲,使我瞑目的那一天没有什么遗恨。没有料到,我年老了而这个志愿却不能实现。我怕是只有带着这个遗恨去归地府了!"她的三个兄弟听见这话,都不敢受封,上书皇上,皇上又不准他们辞封,便只好勉强受封。受封之后,便都辞别他们的姑母马皇后,离开京城,回到各自的封地,以表示不干预朝政,使他们的姑母减少了一些忧虑。

马皇后不仅从未以私家干预朝政,而且,对于自家亲戚的行为约束也极为严紧。外亲中"有谦素义行者",则给予表扬,并赏赐钱财;有"不轨法度者",便断绝亲戚关系并遣送回农村乡下。这样一来,马皇后的外亲都十分谨慎。

公元 79 年初,马皇后身患重病,卧床不起。她一生不信巫祝小医,多次敕令不得为她祈祷。到六月间,便病逝了。去世时,年仅四十岁,在位 23 年。她是中国封建社会宫闱内少见的出类拔萃的人物。她劝阻皇帝加封她母家以防止外戚专权,这种见识和行为在封建社会中是难能可贵的,也是极为鲜见的。即是在当今,也值得人们效法。

汉和帝刘肇皇后邓绥

西汉末年,外戚专权,扰乱朝政;王莽篡位,教训至深。东汉初年,刘秀立国,号光烈皇帝。光烈皇后阴丽华吸取了这一教训,以贤德著称。她不但自己绝不干预朝政,而且还抑制自家亲戚进入朝中掌权。从而使自汉代开始的外戚专权的流弊暂时受到遏止。同有远见卓识的贤后阴丽华颇有相近之处的,在东汉初年还有一位皇后,那便是和帝皇后邓绥。也许是有某种家族遗传因子在起作用,邓绥的母亲是阴丽华皇后堂弟的女儿。也就是说,和帝皇后邓绥与光烈皇后阴丽华还有点血缘关系。邓绥入宫以后,尤其注意修身养性,处处注意完善自己的品德,因而得到和帝的赞扬,曰:"修德之劳乃如是",即修养自己的高尚品德达到了这样认真刻苦的完美程度。获此殊荣之时,她还只是一个贵人,还不是皇后呢!

邓绥从小受到良好的环境熏陶和教育。祖父邓禹,西汉末年随刘秀征战河北一带,为前将军,是东汉开国元勋之一。刘秀即位之后,任大司徒。封赞侯,不久,改封高密侯。父亲邓训,为护羌校尉。母亲阴氏,"光烈皇后从弟女也"。

邓绥秉性善良,爱习经、史,懂礼貌,尤其能体贴别人,处处事事能替别人着想。因而深得父母长辈们的喜爱。五岁那年,有一次,祖母因特别宠爱,就亲自替她修剪头发。那时,祖母已经年近八旬,不免老眼昏花,手也发颤。一不小心,剪刀戳伤了小邓绥的额头。邓绥咬着牙,忍着疼痛,一声未吭。后来别人知道了这件事便很奇怪,问她为什么不作声,是不是不疼。小邓绥说:"哪里会不疼呢?可是,祖母是疼爱我才亲自为我修剪头发的呀!我哪忍心因为这一点点疼痛就大喊大叫起来呢?她老人家是那样疼爱我,要是知道把我的额头戳伤了,她也会很难过的。"一件小事,足以证明了邓绥的善良、大度、严于责己、宽厚待人。邓绥后来贵为帝后,也是很自然的事情。

史载,六岁时,邓绥便能诵史书,十二岁即能通《诗》《论语》。她的哥哥们有时故意拿经书上的难题考她,她都能对答如流。因为对经书典籍特别有兴趣,因而"不问居家之事",母亲便责备她说,女孩子不应该只读书,不学会居家过日子。比如说,不习女工,穿衣服就得靠别人了。她觉得母亲的责备有道理,但她又舍不得放弃令她入迷的诗、书、经典,于是,她便"昼修妇业,暮颂经典",白天学做女红,晚上诵读经书,安排得井井有条,又十分合理。

尊敬和孝顺老人,可以说是她们家的美好传统;正直为人,积善处世,是她们家的家训。她的祖父邓禹,当年曾"将百万之众,未尝妄杀一人。"率领百万大军,而且是在战争的非常时期,却没有随便乱杀一个人,可见其对士兵与下属约束之紧,军纪之严。她的父亲邓训,主管修石臼河,一年便使数千人受益。这样的长辈,自然要获得晚辈的尊敬和孝爱。邓绥父亲早逝。父亲死时,邓绥已被选入宫中,听说父亲死了,她十分悲痛,"昼夜号泣"。因为她太爱她的父亲了。以致有一段时间，"憔悴毁容，亲人不识之"……悲痛得面容憔悴，亲戚朋友都要认不出她来了。

邓绥十二岁时被选入宫，"姿颜姝丽"，漂亮得让看到的人都惊异她的美貌。十五岁时，升为贵人。虽然已是贵人。她却更注重自身修养，更严格要求自己。"恭肃小心，动有法度"。凡事都不越过宫廷规矩。一言一行，一举一动，都十分细心谨慎，按法规办事。她兢兢业业地服侍皇后阴氏。对其他嫔妃贵人，也总是关心、体贴，"克己以下之"。就是宫中的普通宫女仆人，"虽官人隶役，皆加恩惜，"十分爱护，施恩于她们。因而，宫中上上下下，无不称赞她的贤惠与大度。从此，她也深得和帝的喜爱与敬重。有一次，她患病在床，和帝便特令邓绥的母亲和兄弟们进宫来探视她。并且，也不限制在宫中居留的时间。邓绥知道后，心里很是不安，便对和帝说："宫廷有宫廷的规矩，谁都应该遵守；宫廷是很重要的地方，依照规矩，外面的人是不能在宫内居留太久的。现在皇上给了我这样特殊的待遇，让我的亲戚久留宫中，这是施恩施德于我，但是，别人会在底下怎么说呢？他们一定会议论我不知道满足。这对我和皇上你的形象都有损伤。我很爱我的母亲，我希望母亲能永远在我身边。但是，我又实在不愿意你这样特殊照顾我。"和帝听了十分感动，便叹息地说："别人都以自己的亲戚能经常进宫这件事为荣耀，你反倒觉得是一种负担，感到歉疚，感到不安。你有这样严以克己的好品德，真是不容易呀！"

在公共场合，邓绥都十分注意自己的身份、地位，都能很得体地保持自己应有的形象，同时，也爱护别人的形象。宫廷中，每逢宴会，嫔妃贵人一个个像是要去赶庙会一样，打扮得花枝招展，俏丽异常。而她却总是穿戴得十分朴素、得体。她追求的是气质美、品德美，外表朴实无华。她如果发现自己的服饰与皇后阴氏的服饰雷同了，则马上更换，以表示对阴皇后的尊重。因为自己是贵人身份，不应该与皇后竞美。如果是与皇后一同去晋见皇上，她总是很有礼貌地走在后面。皇上赐座的时候，她也总是很有礼貌地让皇后面对着皇上坐，自己非常谦逊地站在皇后身旁。离去的时候，她也总是欠着身子，十分礼貌地告辞。同皇上谈话，皇后在座时，她要说什么，或者回答皇上的问话，也总是要先看看皇后，看皇后是否有什么话要说，从不抢在皇后前面讲话，更不会去打断皇后与皇上的谈话。和帝见她这样"劳心曲体"，一点一滴，注意每一个小的细节，这

·汉代野史·

图文珍藏版

样来修养自己的品德,修养得又是这样完美,所以常常赞叹说:"修德之劳乃如是。"

　　谦逊、忍让、宽以待人、多替别人着想,这些既是邓绥家的家训和传统,也是邓绥的美德。因为她十分注意"修德",深得和帝赞许,慢慢的,和帝便喜欢她,而对阴皇后有些疏远了。这要是在旁人,该是多么难得的邀宠的好机会!但邓绥却不。当她觉察到这一点后,十分不安。皇帝要召幸她的时候,她便常常称自己身体不适,有病,不舒服,用这样的办法有意疏远皇上。

　　皇后阴氏,与光烈皇后阴丽华也有血缘关系,但却一点也不像光烈皇后阴丽华。她为人心胸狭窄,嫉妒心重,特别不能容人。她见邓贵人日渐见宠于和帝,不是学习别人的美德,加强自身的品德修养,相反却心生嫉妒,怀恨在心。她先是用"巫蛊"想暗害邓绥。"巫蛊"是一种迷信,自然不会奏效。有一次皇上病重,生命垂危。阴皇后乘皇上神志不清,假传圣旨,不让邓绥进宫侍奉,还私下对人说:"我得意,不令邓氏复有遗类。"可见她对邓绥嫉恨之深。邓绥听到这个话之后,心里很不好受,也十分伤心。便流着眼泪对左右的宫女仆从说:"我竭诚尽心地侍奉皇后,竟然反遭皇后的嫉恨。我只好去死,上可报皇上的恩德,中以解除我邓氏宗族的祸殃,下不让阴氏把我当'人彘'来残害。"邓绥幼读史书,熟谙历史典故。"人彘之祸",是记载在史书上的汉高祖刘邦的皇后吕雉与高祖所宠幸的贵人戚夫人争宠夺幸的历史事实。最初,戚夫人受宠于刘邦,吕后嫉恨在心。刘邦死后,吕后掌权,便惨无人性地杀害了戚夫人:先是砍断双手双足,捅瞎双眼,剜掉双乳,又用药使其聋哑,然后抛入茅厕之中。吕后的儿子上厕所,见到一个肉团在蠕动,便大吃一惊,跑去问吕后那蠕动着的一个肉团是什么东西,吕后回答说:"人彘"。彘,是猪,人彘,就是人猪。吕后的儿子得知那便是被母亲杀害的戚夫人时,想到母亲的残忍,一下就吓疯了。以古鉴今,邓绥便要服毒自杀。她不但想到自己,还顾念到自己的家族宗亲。因为当年吕后不仅灭绝人性地杀害了戚夫人,还杀害了戚氏家族所有的人。宫女嫔妃平素都感受过邓绥的恩惠,也都替她着急,替她捏了一把冷汗。有一个叫赵玉的宫女急中生智,想了一个办法:她从阴皇后身边回来,谎称皇上的病大有转机,已脱离了危险。邓绥这才稍微放下心来,也就听了嫔妃宫女们的劝阻,没有自杀。后来,皇上果然痊愈,邓绥这才放下心来。有一天,和帝查出阴皇后"巫蛊"之事,大怒,立即废掉了皇后阴氏,并捉拿下狱问罪。在汉代,"巫蛊"罪是极重的罪,要受到很重的刑罚,甚至是杀头灭族。据史书所载:汉代流行一种迷信,说是用巫术诅咒以及用木偶人埋在地下,可以害人,称为"巫蛊"。汉武帝晚年多病,他怀疑是左右的人巫蛊所致。公元前91年丞相公孙贺被人告发用巫术诅咒,在驰道埋木偶人,因而获罪,死于狱中。武帝又派江充率胡巫四面出击,追查巫蛊,被害者前后数万人。江充还诬告太子宫中埋有木人,太子非常恐惧,杀江充及胡巫,并发兵抗拒,激战五日,死者数万人。后来,太子兵败自杀。史称"巫蛊之祸"。邓绥不信迷信。虽然阴皇后嫉恨自己,害得自己差点要自杀,但见和帝要治阴皇后的"巫蛊"罪,还是连忙上书和帝,请求从轻发落,皇上这才没有杀阴皇后。由此可见邓绥是何等的善良啊!

和帝废阴皇后之后,便要立邓绥为皇后,朝中百官和宫中诸嫔妃宫女俱表示称贺。邓绥又再三上书皇上,"深陈德薄,不足以充小君。"还是很谦逊地说自己没有什么功德,不够资格当皇后。但皇上已认定了她,宫廷上下人人拥戴,她拒绝也无效了。

邓绥做了皇后之后,仍然是以仁德之心待人。对被废的阴皇后也不计前嫌。反而下诏赦免阴氏,为阴氏获罪而受株连的阴氏家族,被流放了的也全都让他们回到原先的郡县,并且,还发还了被查抄没收入官的五百多万财产。后又封阴氏为大夫人,新野君,封邑万户。

公元106年,和帝病死,邓绥迎立殇帝为皇上。时殇帝才一百天,于是邓绥以皇太后的身份临朝执政。时年二十四岁。执掌大权的邓太后,更注意不因自己的疏忽而使无辜者受害,造成冤狱。有一次,宫中丢失了一大箱珠宝。邓绥想,如果用刑逼供,必定会有无辜者受到冤枉,便不去声张,宁可丢失珠宝,也不随便去冤枉一个无辜者。又有一次,宫中一个叫成吉的人,被人诬告犯了"巫蛊"罪。并被拘捕到旁宫里拷问。在严刑逼供之下,成吉屈打成招。成吉的供状供词送到了邓皇太后处。邓皇太后看了忙细加分析。她想:成吉是和帝生前很信任的人。和帝待他有恩。他平素也并没有对和帝发过怨言。现在和帝已经死了,他反倒要对和帝行"巫蛊"之事,就太不合人情了。于是便将供词发下去重新核实。一核实,果然是被诬告。于是立即平反。并且因为这桩案子,邓绥还下令废除了"祀官",以破除迷信。后来,她自己病了,侍臣们要为她设坛祭祀祝祷,她听说后,也很生气地叱责了那些大臣。

对真正的犯人,她也实行宽大为怀、从轻发落的政策。她经常出巡,到各地监狱去视察。公元106年,即她执政不久,便到洛阳市,亲自到监狱里去查阅犯人的档案。当时,狱中有一个被判为犯有杀人罪的犯人,其实是被冤枉的。这个犯人见到邓太后的舆车时,很想拦住舆车向邓太后申诉,但因畏惧狱吏而不敢上前。那欲言又止,畏缩不前的样子被邓太后瞧见了,便将他召了过来问明详情。经查,确系冤案,便立即予以平冤释放,并且还把制造这一冤案的洛阳令提来"下狱抵罪。"这一次在洛阳监狱,邓绥用了三天时间,清理积案,共清理出确犯有死罪的三十六人,有期徒刑的八十人,其余的都被免罪。

邓绥自幼熟读史书,因而能从历史中吸取教训。和帝未死之前,曾一再要擢升邓绥的哥哥邓骘,邓绥坚决不同意,一直到和帝死前,邓骘都不过是个虎贲中郎,官位不算很高。邓氏"宗门广大,姻戚不少",邓绥对他们一律严格要求。因为亲戚很多,难免有一些违法乱纪之徒,"宾客奸猾,多干禁宪",邓绥便诏令各地官吏,依法惩治,"勿相容护"。

为了防止皇亲国戚违犯法纪,她从自身的经历深切感受到对他们教育的重要。针对皇室宗亲、宫女仆人缺少良好教育,有的身居高位而又不学无术的状况,邓太后于公元119年下令开设学馆,诏征和帝的弟弟济北河间王的儿子、女儿及宗室年纪在五岁以上的四十多人,和邓太后的亲戚三十多人,入馆学习经书典籍。邓太后还亲自去监督考试,以正考风,严肃学纪。不足五岁,年纪小的皇室子弟,她便让他们的父母早上送入宫内,晚上接回家去,在宫中由她亲自安排给这些孩子良好的教育。

邓绥不仅是一个善良贤惠的女子,而且还是一位贤明能干的皇后。从公元106年和帝死,二十四岁的邓绥以皇太后身份临朝执政,直到公元121年,长达16年之久。其间,她还立了殇帝、安帝两个皇帝。她鼎新朝政,颇有作为,成为一代贤后。作为一位女政治家,在掌权期间,她提倡节俭,禁止奢华;削减赋税,裁减冗员,兴修水利,任用贤能,这些也都被载入了史册,为后世所称颂。

权臣逸闻

汉初三杰之首萧何

萧何(？~前193年),西汉初年政治家。沛(今江苏沛县)人。早年任秦沛县狱吏。秦末佐刘邦起义。刘邦攻克咸阳后,他收取了秦丞相、御史府所藏的律令、图书,掌握了全国的山川险要、郡县户口等,对日后制定政策和取得楚汉战争胜利起了重要作用。汉朝建立后,他任丞相,曾采摭秦法,为汉朝重新制定律令制度。后又协助高祖消灭韩信、英布等异姓诸侯王。高祖死后,他辅佐惠帝,于惠帝二年(前193)卒。

萧何月下追韩信

秦末,项羽和刘邦领导的两支起义军势如破竹,很快攻下了都城咸阳,消灭了这个残暴的大一统王朝。项羽进了咸阳之后。为了报秦灭楚之仇。杀了秦王子婴和秦国贵族800多人,还下命令烧了秦始皇花30年心血用90万民夫建起来的阿房宫。跟随项羽进关的50多万兵士,谁没受过秦朝的压迫?他们见了豪华的阿房宫,想到他们过去受的罪,心里燃烧起报仇的火苗。项羽一声令下,大伙儿就放起火来。

这场火一直烧了三个月,把阿房宫烧成一堆瓦砾。

项羽灭了秦朝以后,他决定重新划分封地,把统一了的中国又弄得四分五裂。当时名义上的首领还是楚怀王,项羽把他改称为义帝,表面上承认他是帝,实际上只让义帝顶个虚名,一切分封的事,都得听他主张。他把六国旧贵族和有功的将领一共封了十八个王,自称为西楚霸王。春秋时期不是有霸主吗?项羽自称霸主,等于宣布他有权号令别的诸侯,诸侯都得由他指挥。到了第二年,项羽干脆把挂名的义帝杀了。

分封诸侯以后,各国诸侯就都分别带兵回自己的封国去,项羽也回到他的封国西楚的都城彭城(今江苏徐州市)。

在十八个诸侯中,项羽最忌的是刘邦。他把刘邦封在偏远的巴蜀和汉中,称为汉王;又把关中地区封给秦国的三名降将章邯等人,让他们挡住刘邦,不让刘邦出来。

汉王刘邦对他的封地很不满意,但是自己兵力弱小,没法跟项羽计较,只好带着人马到封国的都城南郑(今陕西汉中东)去。汉王到了南郑,拜萧何为丞相,曹参、樊哙、周勃等为将军,养精蓄锐,准备再和项羽争夺天下。但是他手下的兵士们却都想回老家,差不多每天都有人开小差逃走,急得汉王连饭也吃不下。有一天,忽然有人来报告:"丞相逃走了。"汉王急坏了,像突然被人斩掉了左右手一样难过。到了第三天早晨,萧何才回来。汉王见了他,又气又高兴,责问萧何说:"你怎么也逃走?"萧何说:"我怎么会逃走呢?我是去追逃走的人呀。"汉王又问他:"你追谁呢?"萧何说:"韩信。"

萧何所说的韩信,本来是淮阴人。项梁起兵以后,路过淮阴,韩信去投奔他,在楚营里当了个小兵。项梁死了,又跟了项羽,项羽见他比一般兵士强,就让他做了个小军官。韩信好几回向项羽献计策,项羽都没有采用。韩信感到十分失望。因此汉王刘邦到南郑去后,韩信就投奔了汉王。汉王也只让他当了个小官。有一次,韩信犯了法被抓了起来,就要被砍头时,幸亏汉王部下一个将军夏侯婴经过,韩信高声呼喊,向他求救,说:"汉王难道不想打天下了吗,为什么要斩壮士?"夏侯婴看韩信的模样,是一条好汉,把他放了,还向汉王推荐。汉王于是派韩信做了管粮食的官。后来,丞相萧何见到韩信,谈话中,认为韩信很有才能,很器重他,还几次三番劝汉王重用他,但汉王总是不听。韩信知道汉王不肯重用他,终于在一个月明星稀的夜晚,悄悄地踏上了逃亡的小路。萧何得知韩信逃走的消息,急得直跺脚,顾不得向刘邦报告,连夜率人追赶韩信。

刘邦听说是去追赶韩信,立刻拍桌子:"大将跑了几十个,没见你追,一个寸功未立的韩信逃亡,你却亲自追赶,显然是在骗我。"萧何笑道:"那些逃走的将领容易得到,天下多的是,而像韩信这样的人,失去这一个,天下就没有第二个了。大王如果愿意做一辈子汉中王,那就用不着留韩信;如果大王有争夺天下的雄心壮志,除了韩信,没有第二个人能帮助你完成这个大业了。"刘邦见萧何如此看重韩信,相信韩信一定有些过人之处,就说:"好吧,我就依着你的意思,让他做个将军。"萧何并不满意,说:"叫他做将军,还是留不住他。"善于听取别人意见,又深信萧何的刘邦,当即决定:"那就拜他为大将吧!"萧何很高兴地说:"这是大王的英明。"说着,刘邦就准备把韩信找来,想马上拜他为大将。萧何又直言不讳地说:"大王平日傲慢无礼,拜大将是件大事,不能儿戏。如果大王真心要拜韩信为大将,那就应该选择一个良辰吉日,斋戒

沐浴,隆重地举行拜将的仪式。"刘邦说:"好,我都依你。"汉营里传出消息,刘邦要择日子拜大将啦。几个跟随刘邦多年的将军个个兴奋得睡不着觉,认为这次自己一定能当上大将。待到拜大将的日子,拜的大将竟是平日他们瞧不起的韩信,一下子都愣了。韩信后来果然不负萧何所望,为刘邦夺取天下,建立汉朝立下了汗马功劳,与萧何、张良并称"兴汉三杰"。

西汉初年谋士张良

秦始皇二十九年(前218年)的一天,一队秦军护卫着秦皇车辇,戒备森严地行进在阳武博浪沙(今河南省原阳县)官道上。突然,从道旁闪出两名刺客,如虎入羊群,直逼黄罗伞盖的车辇,随着一声大喝,只见其中一人手持120斤重的铁锥用力向车辇砸去,随后两人便逃之夭夭。铁锤误中副车,秦始皇大惊失色,立即下令捉拿刺客。但是,刺客借着道旁草木的掩护,早已跑得无影无踪了。

秦始皇遇刺,这是第3次了。第1次是荆轲借献燕国地图的机会将匕首藏于图中,赶着"秦皇环柱而走"。第2次是荆轲的朋友高渐离,他用药熏瞎自己

的双眼,乔装成说书人,趁给秦皇说书的时机来行刺。这第 3 次暗杀的主谋,就是后来被人们誉为运筹帷幄的"帝王之师"——张良。

公元前 202 年,楚汉战争降下帷幕,刘邦即帝位,是为西汉高祖。五月,高祖在洛阳南宫大宴群臣。席间,刘邦问大臣们:"我能夺取天下,而项羽却失去天下,是什么原因呢?"群臣议论纷纷,或赞刘邦胆略过人,或称刘邦能与天下同利。刘邦不以为然地说:"你们只知其一,不知其二。要说运筹帷幄之中,决胜千里之外,我不如子房(张良)……而项羽连一个谋臣范增都留不住,所以他才败在我的手下。"

司马迁曾以为张良是位魁梧奇伟、英气非凡的大丈夫,当他见到张良的画像时大为惊奇,——原来张良却是个貌似漂亮女子的文弱书生。司马迁为什么会有如此臆想呢?这恐怕和张良身居乱世,却不甘雌伏投身于戎马倥偬的生涯有关。

1.下邳受书

张良(? ~前 189 年),字子房。祖父开地,连任战国时韩国三朝宰相。父亲张平,亦继任韩国二朝宰相。张平卒后二十年,即公元前 230 年,韩亡于秦,张良失去了继承父业的机会,丧失了唾手可得的显赫地位。他胸怀亡国亡家之恨,并把这种仇恨集中于一点——反秦复韩。

其实,韩亡后(韩成为秦的颍川郡),张良家境依然富绰,仅奴仆就有 300 多人。但年轻气盛的张良,却不满足于过眼烟云般的荣华富贵,独对秦始皇灭亡韩国怀恨在心。即使胞弟夭亡,他也无心厚葬,而是悉散家财,四处访求刺客,因此才发生了博浪沙袭击秦始皇的事件。

行刺未遂,张良被悬榜通缉,不得不逃往下邳(今江苏邳州市)躲藏起来。张良这个名字,就是为逃避追捕才改的。

下邳城北有一条沂水,沂水上有一座小桥。张良常常凭栏远眺,借此打发时光。

一日,一位身着布衣,须发皆白,腰系绒绳的老者来到张良跟前,并故意将鞋子扔到桥下,毫不客气地对张良说:"小子,下去给我捡来!"张良十分诧异,犹豫了一下,见他步履蹒跚,老态龙钟,便忍气下桥取来鞋子。老人把脚一伸,说:"给我穿上!"张良跪在地上,恭恭敬敬地照办了。事毕,老人也不道谢,大笑一声,悄然离去。弹指之间,老人又出现在张良面前,赞许道:"孺子可教也。"并相约5天后在此会面。张良觉得这位老人不同寻常,连连应允。

5天后,天刚刚亮,张良前往赴约,想不到老人已在桥上等候多时了。他严厉责备张良说:"同老人约会,为什么迟到呢?!"

再过了5天,张良在鸡叫头遍时就动身。走近桥头,张良大吃一惊:老人又比他早到了。

又一个5天后,寻找出路的迫切心情,促使张良不到半夜就去桥上等候老人。这次,张良总算赶在老人前面。老人高兴地取出一编竹简书,说:"读了这书就可以做帝王的老师了。10年后,你可以干出一番事业来。13年后你会在济北(今山东西部)谷城山下看到一块黄石,那就是我。"老人说完,悠然自得地走了。

张良迫不及待地打开书,一看,吃了一惊。原来,这是一部十分名贵的《太公兵法》。自此,张良如获至宝,手不释卷,把它作为学习的经典。

10年后,陈胜、吴广首揭反秦的义旗,张良果然踏上了建功立业的道路。13年后,张良去谷城,山下确有黄石一尊。老人的预言神奇般地得到应验。唐代诗人李白在《经下邳圮桥怀张子房》一诗中写道:子房未虎啸,破产不为家。

沧海得壮士,椎秦博浪沙。

报韩虽不成,天地皆振动。

潜匿游下邳,岂曰非智勇。

我来圮桥上,怀古钦英风。

唯见碧水流,曾无黄石公。

叹息此人去,萧条徐泗空。

从这个故事看,有人授张良兵书,是可能的,但授书者成了人格化的神,则未免荒谬。很显然,这一故事纯属后人虚构,经民间传说而成神话。它试图说明,张良聪慧过人,是因为有"神授"的缘故。这从某种程度上,又反映出后人对张良的顶礼膜拜。

张良在下邳一住就是10年。他仗义行侠,结交广泛。楚国的项伯(项羽叔父)因为杀了人也逃到下邳,靠着张良的帮助,藏匿起来,他们遂成为莫逆之交。

公元前 209 年，陈胜、吴广起兵反秦。张良闻鸡起舞，聚集了 100 多名少年前往呼应。第 2 年，陈胜被杀，景驹自立为代理楚王，张良又投袂而起，归顺在途中偶然遇到的刘邦，两人心照神交，相见恨晚。在伐秦路上，风餐露宿，张良向刘邦谈论《太公兵法》，把六韬之略和盘托出，深受刘邦赞赏。但张良向别人讲起这些兵法来，却没有一个人能够领悟的。张良因此对刘邦有知遇之感，他喟然兴叹："沛公（刘邦）的智慧，大概是上天授的！"

2.借箸画策

公元前 205 年 5 月，刘邦收集余部，移军荥阳（今河南荥阳市东北）。萧何也从关中送来了补充的兵员、物资，汉军军威复振，把项羽阻拦在荥阳以东。

敖仓是秦代建立的天下著名的粮仓，它位于荥阳西北的敖山上。刘邦下令在荥阳和敖仓之间修筑甬道，以便安全取用敖仓的粮食。

为了削弱项羽，刘邦派韩信渡过黄河，进攻安邑（今山西省夏县）。9 月，韩信活捉了魏王豹，从侧翼声援刘邦，孤立项羽。

12 月，项羽调兵遣将进攻刘邦，把荥阳团团围住，又趁机堵塞了甬道。汉军粮草匮乏，渐渐难以撑持局面。刘邦寝食不安，便把谋士郦食其找来商量对策。

郦食其此时年逾花甲，已没有了随刘邦下陈留、攻峣关时的机智。面对项羽围困孤城，便提出"分封六国后裔以削楚"的权宜之计：

"从前商汤讨伐夏桀，在杞国封亡国国君的后代；周武王讨伐商纣王，在宋国封亡国国君的后代；秦始皇失德弃义，侵占诸侯国家，灭了六国，使六国的后代没有立锥之地。陛下果真能再立六国的后代，全都授给他们国王的大印，这样各国国君和臣子百姓一定都对陛下感恩戴德，无不向往您的声望，仰慕您的仁义，甘作陛下的下属臣妾。德义一施行，陛下就可以南面称霸了，项羽也必将整肃衣裳前来朝谒汉王。"

刘邦听了，连声称善，下令赶制大印。

郦食其正准备到各地行封，恰好张良外出归来。汉王正在吃饭，他高兴地对张良说："有人为我谋划了削弱楚军的计策。"就把郦食其的计划一五一十地告诉了张良。张良脱口而出："如果陛下按郦食其的主意行事，陛下的大事就完了!"汉王大惑不解,如堕五里雾中。张良随手执箸(筷子),比比画画地讲出一番道理来。

张良说:"从前商汤讨伐夏桀,封亡君后代在杞国,是因为他能置桀于死地;如今陛下能置项羽于死地吗?"汉王说:"不能。"张良说:"这是不能分封六国后代的第一个原因。"

"周武王讨伐商纣王,封亡君后代在宋,是因为他有实力取下商纣王的首级,如今陛下能取项羽的头吗?这是不能分封的第二个原因。"

"周武王进入殷的都城,表彰殷时贤人商容,释放被拘禁的箕子,加高比干的坟墓;如今陛下能修建圣人的坟茔,表彰贤人,尊重智者的门第吗?"汉王说:"不能。"张良说:"这是不能分封六国后代的第三个原因。"

张良进一步反问道:"先人发放钜桥的粮食,散发鹿台的钱财,用来赐给贫穷的老百姓,陛下如今能散发府库的粮食和财钱给老百姓吗?武王灭商以后,收起战车而用坐车,把武器搁置起来,并用虎皮覆盖,向天下表示不再用兵,现在陛下能停止武备,施行文治,不再用兵吗?武王把马放在华山的南坡,表示不再打仗,如今陛下能放牧战马不再打仗吗?周武王曾经把牛放养在桃林的北面,表示不再运输和储积粮草,如今陛下能不再运输和储积粮草吗?这些是不能分封六国的另外四个原因。"

张良最后指出:"天下的游士离开他们的亲属,抛弃祖先的坟墓,远离他们的故人旧友,跟随陛下走南闯北,日夜盼望的只是能得到一小块封地。如今,陛下想再分封六国,拥立韩、魏、燕、赵、齐、楚的后代为王,天下的游士就会各回其国,各事其主,和自己的亲友团聚,回到故里扫祭坟墓,陛下和谁一起夺取天下呢?这是不能分封六国的第八个原因。况且,如今楚强汉弱,六国即使勉强重建,也会受到压力而屈从楚国,反抗陛下,这难道不是惹火烧身吗?"

汉王听得目瞪口呆,辍食吐哺,痛骂郦生:"这个书呆子,差点坏了老子的大事!"便下令销毁所有的印章。

张良的分析,确实鞭辟入里。当初,陈胜起兵时,六国也都想推翻秦朝,反秦的目标是一致的。陈胜分封六国的后代,暂时还可以起到联络与党,孤立秦朝的作用,况且当时天下的土地并不归陈胜所有,所以陈胜把秦朝的土地分封给六国的后代,既有美名又有实惠。但是,对刘邦来说就不同了。楚汉相争,胜负未卜,且呈楚强汉弱之势,六国诸侯并非全都反对项羽;如果刘邦把自己的土地分封给六国的后代,就等于削弱了自己,帮助了敌人。这是一种"饮鸩止渴"的办法。况且,秦朝灭亡后,项羽在并未站稳阵脚时,也曾分封诸侯,结果众叛亲离,兵戈迭起,搬起石头砸了自己的脚。此乃前车之鉴。张良力拒分封,表现了他对当时形势有清醒的了解,显现出一个古代谋略家的远见卓识和雄才大略。

3.抚绥齐王

韩信为将,豁然大度,善谋略,知己知彼,攻则必破,守则必固,每战皆胜,是楚、汉战争中不可或缺的中枢。

公元前203年11月,韩信奇计破齐后,派人送信给刘邦。信中说:"齐国伪诈多变,反复无常,又紧靠楚国,请封我为齐假王,以便镇服齐国。"刘邦读罢,火冒三丈,大骂道:"我被楚军围困,日夜盼望你来协助我,你倒要自立为王!"张良深知韩信的重要:如果他归顺刘邦,刘邦就会胜利;如果他投靠项羽,项羽就会打败刘邦。于是,张良用脚尖踢踢刘邦,暗示他不要再说下去,并且俯在他耳边说:"现在形势对我们不利,哪能阻止韩信自立为王呢?不如顺水推舟封他为齐王,让他安心驻守齐国。否则,后果不堪设想。"刘邦幡然彻悟,改口骂道:"大丈夫能平定诸侯,就可以立为真王,何必做假王呢?"于是,他立即派张良前往授印。张良不顾路途危险,穿越犬牙交错的战场,从荥阳直达齐都临淄(今山东中部),授印册封。韩信抚摸着朝思暮想的金印,不禁眉开眼笑。张良趁机劝说他发兵攻楚,韩信也满口允诺。

在荥阳战场上进退两难的项羽,自思无法抽调部队对付侧翼韩信大军,于是,利用与韩信"有故"的关系,派说客武涉诱劝韩信"反汉,与楚连和"。韩信义无反顾地回答:"我跟从项羽,官不过郎中,位不过执戟,言不听,计不用,而汉王对我则言听计从,解衣推食,并封我为王,我不能辜负汉王!"武涉后脚出门,项羽谋士蒯彻前脚跨进韩府,唆使拥有重兵的韩信说:"三分天下,鼎足而居",也被韩信婉言拒绝了。

张良抚绥韩信,虽为权宜之计,但小小一个封印却为刘邦赢得了楚汉天平上最为关键的一个筹码。由此可见,他的远见卓识确实高人一筹。

4.投桃报李

经过长期相持,楚汉战争的格局已经发生了根本性的改变,实力对比越来越有利于刘邦。韩信在黄河中下游稳住了阵脚,从东北方威胁项羽;彭越等人又不断从南方骚扰楚军,使项羽四面受敌。

色厉内荏的项羽,顿生一计,要求与刘邦单独比武,刘邦单骑出阵与项羽对话。明枪易挡,暗箭难防,项羽趁其不备,放箭射中刘邦的胸部。刘邦怕影响军心,便摸着自己的脚趾说:"虏中吾趾",然后从容退入军营,因伤重卧床。张良入账请安,好言加以宽慰。

项羽见刘邦中箭,兴高采烈。试图乘刘邦病危,军心浮动之际铲平汉营。

张良看出了项羽的用心,力劝刘邦忍痛巡视军营。汉军将士见刘邦安然无恙,愁容顿释。项羽探听到刘邦仍在军中巡行,惆怅不已,终不敢贸然轻举妄动。

项羽一计不成,又生一计。以送回被扣押的刘邦父亲和妻子为条件,谋求停战议和,企图获得喘息之机,以便东山再起。

公元前202年9月,刘、项签订了楚汉并存的和约,这就是历史上著名的"鸿沟议和"。

鸿沟是战国时修凿的水利工程。它沟通了中原地区的黄、济、汝、淮、泗诸河,是当时重要的水利交通干线。鸿沟议和,是以鸿沟为界,东归楚,西归汉。它在客观上标志着项羽已彻底失去了军事上的优势。

项羽率军佯装东归。

刘邦自反秦以来,转战数年,出生入死,鞍马劳累,几次幸免于难。楚汉议和后,他也向西撤兵。

当局者迷,旁观者清。张良听到刘邦与项羽签订"鸿沟和约"之后,力阻刘邦西撤。他认为,此时正是消灭项羽,夺取天下的大好时机。如果中途休战,就会前功尽弃。他对刘邦说:"现在,您已经占据了大半个江山,各路诸侯皆已归附,不如毕其功于一役,穷追猛打。否则,给项羽以喘息之机,就会养虎遗患。"刘邦觉得张良言之有理,又念项羽多次背信弃义,急令汉军跨越鸿沟,挥戈东向。

10月,刘邦追击项羽,来到固陵(今河南太康南)。此前,刘邦已和韩信、彭越约定,在固陵会师,共剿项羽。可是,韩信、彭越迟迟不到。楚军趁刘邦孤军深入,又把汉军杀得大败。刘邦只得退守要塞,掘堑坚守。

韩、彭罢兵,急得刘邦六神无主,七窍生烟。张良分析道:"韩信的老家在楚地,他还想扩大封地。至于彭越,魏王豹已死,且无后代,任魏相国的彭越也想称王。总之,在楚兵将破而韩信、彭越未有分地的情况下,他们不来固陵是可想而知的。"接着,张良提出了具体的分封方案:把陈州以东直到海边的土地(今安徽、江苏两省的淮北地区)都加封给韩信;而把睢阳以北直到谷城地区(今河南东部及山东西部)划给彭越。张良断言:如是而行,韩、彭二人必来会师,楚军定将被打败,否则,鹿死谁手,不得而知。

张良所言,可谓入木三分。刘邦欣然接受,遂传令册封。韩、彭受封后果然麾军直扑固陵。12月,汉军各路队伍把项羽围在垓下(今安徽省灵璧南)。金鼓齐鸣,战马奔驰,在汉兵十面包围下,项羽已成瓮中之鳖。

5.风筝破楚

常言道:"饿死的骆驼比马大。"项羽尽管被困垓下,但仍有8000楚兵保护他。他在山沟里扎下20里连营,仗着粮草殷实,一时间刘邦也真奈何不了他。

张良对刘邦说:"8000楚兵不消灭,项羽就完不了。但这些楚兵个个英勇善战,本事高强,又盘踞险要地形。硬打强攻必然伤亡很大,应当用计退敌,才能保全有生力量。"刘邦按捺不住心里的高兴道:"用什么妙计呢?"张良说:"楚兵跟随项羽征杀,离乡日久。作战顺利时不易思念家乡,但身陷重围则容易思念亲人。现在他们连连失败,被困深山,前途未卜,已是走投无路。如能勾起他们思乡之情,定会军心涣散,不战而降。"

于是,便有了张良吹箫,汉军以楚声相和,一夜之间"唱"退了8000楚兵的传说。其实,张良破楚不仅仅只靠吹箫,有人说,还使用了别的"秘密武器"。

张良回到营中,本想用箫吹出楚调,让楚兵听到家乡的声音,勾起思乡的感情。可是转念一想:霸王军营20里,兵士们分散驻扎,自己这一支箫吹得再响,也传不到半里远。近处的听到了,但远处却无法听到,项羽的军队照样垮不了。张良又苦思冥想,终于有了主意。

他派士兵上山砍来茅竹,选取粗竹子劈成竹篾,再把竹篾弯弯捆捆,扎成鸟形,上面糊了薄纸,做成纸鹞。又派人选取细竹子截成小段,做成哨子,绑在纸鹞上。

晚上,月明星稀,空中刮着微风,张良开始用计了。他命令士兵们拿着线绳、纸鹞分散到四面山冈上去等候,自己则登上了山坡的风口,在一块石头上坐下来,用箫吹起了哀怨、低沉、凄凉的楚地小调。附近的士兵听了,好不伤心,先是叹息,后来忍不住落下眼泪,放出悲声。这个时候,四面山冈上的汉军一齐放起了纸鹞。纸鹞飘荡在项羽军营的上空,黑压压的一片。微风吹来,纸鹞上的哨子呜呜作响,鹤唳鸿哀,凄凄惨惨,如泣如诉,所有的士兵都禁不住受到感染,哭声惊天动地。有的楚兵议论道:"整天打仗,有家难归,弄不好连个尸首也留不下。眼下大势已去,这仗还为谁打呀? 死保霸王还有何用呢? 干脆散了罢!"楚兵便把盔甲一甩,兵器一扔,做了刘邦的俘虏。

项羽还在帐中和虞姬喝着闷酒。虞姬到底是女人,心细,听到楚调、哭声,知道末日已到,把剑一举抹了脖子。霸王成了孤家寡人,翌日,在乌江边上自刎而死。

后来,人们喜欢放风筝,据说就是从汉朝张良那儿兴起的。

6.劝都关中

公元前202年,刘邦即帝位,史称汉高祖,建立了汉朝。

汉王朝已立,但都城地址未定。有人建议都洛阳,言都洛阳者皆山东故人。可是,娄敬却劝高祖都关中,高祖觉得娄敬所言有理,却又拿不定主意,便问张良。

张良想到,夺取天下后,高祖在采用秦的郡县制的同时,部分地实行了周的分封制,各路异姓诸侯王割据一方,蠢蠢欲动,构成对汉王朝的严重威胁。因此,尚在襁褓中的汉王朝还存在着潜在的不安定因素。建都应首先考虑到怎样有利于控制异姓诸侯王。张良权衡一番后,向高祖力陈都洛阳之弊,都关中之利。他分析道:

"首先,从军事上讲,洛阳虽然四周有山河险阻,但地处中原,容易四面受敌。而关中东有崤山、函谷关作为屏障,西有陇水、蜀水作为依靠,屏山带水,比洛阳地势更为险要。如扼守关中三方,独以一面控制诸侯,其势亦如高屋建瓴。因此,无论诸侯安定或变乱,关中都是能攻善守的战略要地。其次,从经济上讲,洛阳方圆数百里,地少田薄,而关中沃野千里,再加上南有富饶的巴蜀,北有丰茂的牧地。当诸侯有变时,可以凭借黄河、渭河两条交通大动脉,从关中顺流而下,输送军需到东方。更重要的是,从政治基础上讲,关中比洛阳优越。汉军兵入咸阳,秋毫无犯,深受关中之民的拥护。楚汉相争中,关中又成为汉军的可靠后方。总之,关中对西汉王朝来说,是所谓'金城千里,天府之国'。"

刘邦采纳张良、娄敬的建议,毅然迁都关中。时已入夏,和风吹拂,垂柳摇曳。洛阳城内,人声鼎沸,车水马龙。高祖率文武百官浩浩荡荡开往关中。

7.奏封雍齿

汉王朝初定,刘邦大封功臣。张良虽无疆场格斗之功,但有运筹帷幄之劳。因此,高祖让张良"自择齐3万户"为封邑。"大城名都"的人口只有秦时的五分之一,且齐地位于黄河下游,经济发展较早,素以富饶著称。因此,在凋敝、萧条的汉初,齐地3万户是极厚的食禄。与一些大臣争功的态度相反,张良却婉言谢绝了高祖的赏赐。他说:"当初我在下邳起事时,跟陛下在留城(今江苏沛县西南)相遇,这是天意成全,把我交给陛下。所以把留地封给我,我就心满意足了,哪里还敢要3万户?"高祖接受了他的请求,封张良为留侯。

当时,刘邦分封了20余名大臣。其他人日夜争功,使刘邦左右为难,无法再封。一天高祖看见将领们三三两两坐在沙地上交头接耳,就问张良他们在议论什么。张良故作惊讶地说:"难道陛下还不知道吗? 他们在密谋造反呢!"高祖大吃一惊:"现在天下刚刚安定,他们为什么又板叛呢?"张良告诉高祖:"自从您当了皇帝后,封的都是像萧何、曹参等亲近的人,惩罚的都是你平时仇恨的人。这些聚在一起的将军怕轮不到受封,——天下哪来那么多的土地封赏每一个有功的将士? ——又怕皇帝计较他们以前的过失而被收拾,自然就聚集在一起谋反。"高祖发愁了,不知如何是好。

张良给高祖出了个主意,要他马上封一个大家都知道是皇上最痛恨的人,来安定人心。于是,高祖大摆酒宴,当场封雍齿为什邡侯。原来,雍齿与高祖曾是旧交,但雍齿多次侮辱高祖,也曾背叛过高祖,但高祖念他功劳大而不忍心杀他。那些功臣在宴会上见雍齿被封了侯，都高高兴兴地说："雍齿尚且封侯，我们就更无所顾虑了。"

北宋史学家司马光评论这件事说，张良这样做，使高祖避免了"阿私之交"，使群臣消除了"猜惧之谋"，"国家无虞，利及后世。若良者，可谓善谏矣。"北宋政治家王安石亦赋诗赞道：

汉业存亡俯仰中，

留侯于此每从容。

固陵始议韩彭地，

复道方图雍齿封。

8.功成身退

汉朝建立后，由于统治阶级内部的矛盾和斗争日益尖锐和激发，举止如妇人的张良又体弱多病，更加上张良目睹彭越、韩信等有功之臣的悲惨结局，又联想范蠡、文种兴越后的或逃或死，深悟"狡兔死，走狗烹；飞鸟尽，良弓藏；敌国破，谋臣亡"的哲理，他索性"等功名于物外，置荣利于不顾"，杜门谢客，深居简出，采取明哲保身，功成身退的态度，专心修身养性，崇信黄老之学，静居行气，欲轻身成仙。但吕后感谢张良建议起用"商山四皓"、巩固了太子的地位，劝他毋自苦，张良最后还是听了劝告，仍就食了人间烟火。

以往史家，多以张良晚年消极引退，加以非议，殊不知，张良至死仍倾向国事，参与朝政。况且张良引退，不仅确有权宜利弊的深算，还有让权于后人的远虑。

事情是这样的：公元前 197 年，皇室内部发生了戚夫人争宠夺嫡的事件。高祖本来立了吕后的儿子刘盈为太子，但以后吕后常留长安，而戚夫人则与高祖形影不离，深受宠爱。一方面成夫人经常向高祖哭诉，请求废掉刘盈，改立自己生的如意为太子。另一方面，高祖对太子刘盈也不大喜欢，经常说："如意类我"；太子刘盈"仁弱"，"不类我"。于是，高祖便想废掉刘盈，改立如意为太子。当时，许多大臣竭力谏争，高祖始终不肯改变主意。

吕后一筹莫展，只得让她哥哥、建成侯吕释之去找张良。

吕释之对张良说："您是陛下的谋臣。现在陛下要废掉太子，您哪能放手不管呢?"张良推辞道:"以前陛下打天下的时候,经常处在困厄之中,所以才肯用我的计谋;现在天下安定,陛下从恩爱出发,想另立太子,这是骨肉之间的事,就是有一百个张良也没有用处。"吕释之赖着不走,一定要张良出主意。张良实在推脱不过,就献计说:"这件事用口舌是争不成的。天下有四个老人,很受皇上尊重。但是,因为皇上对人傲慢无礼,所以他们宁愿藏匿深山,也不愿意当朝廷的臣子。皇上很器重这四个人,如果太子刘盈能不惜金玉财宝,用谦恭的言辞、用舒适的车子设法带领他们出入朝廷,有意让皇上看到,让他知道这四个人在辅佐太子,这样,对巩固太子的地位是很有帮助的。"

吕后依照张良的吩咐,派人把这四个老人迎来了。

公元前 195 年,高祖平定黥布叛乱后,病得更厉害了,愈发想更换太子。但在一次酒宴上,高祖却改变了主意。

酒宴刚开始,太子刘盈给高祖斟酒,四个老人跟在太子左右。这四人年龄都在 80 以上,须眉皓齿,衣冠甚伟。高祖见了,觉得奇怪,一问才知道他们是东园公、角里先生、绮里季和夏黄公。高祖不解地问道:"我请你们,你们不来,总是躲着我。现在你们为什么愿意跟我儿子来往呢?"四人齐声说:"皇上一向看不起儒生,经常骂不绝口,我们不愿受人污辱,所以才远远地躲起来。现在听说太子仁者,尊敬贤者,善待儒生,天下谁都想为太子效力,所以我们自愿前来!"高祖说:"麻烦你们始终如一地辅佐太子吧。"

四人言毕离去。高祖目送他们,说:"太子羽翼已成。"在旁的戚夫人哭泣流涕。高祖随口唱道:"大鹏高高飞起,展翅飞跃千里。羽翼业已长成,四海飞来飞去。四海飞来飞去,尚能使用何计!虽有好箭利器,又能射向哪里?"……

这场皇室内部的争斗,尽管轰动朝野,几反几复,但是,由于张良的运筹帷幄,终于使吕后太子刘盈获胜,从而避免了一场可能发生的政治动乱,从稳定西汉王朝的统治来说,是有积极意义的,因为久经战乱的汉初人民,需要的是休养生息的太平盛世。

公元前 189 年,张良去世,埋葬在谷城山下的黄石岗。

公元 731 年,唐玄宗为崇尚武功,特给吕尚立庙(即"武成王庙"),选"十哲"(历代十位著名军事家)配享,便以张良居首。

西汉开国功臣陈平

陈平(？~前178年),汉初阳武(今河南原阳东南)人。少时家贫,学黄老之术。陈胜起义时,投奔魏王咎,被封为太仆。后跟随项羽入关,不久又投奔刘邦。楚汉战争中,用反间计,使项羽与谋士范增反目,又建议笼络大将韩信,使刘邦赢得了天下。汉朝建立之后,封曲逆侯。在刘邦北伐被匈奴所困之际,献和亲之计,开了汉胡和亲的先例。惠帝吕后时任丞相。吕后死后,与周勃用计,诛杀诸吕,为刘汉的江山稳定又立了一功。

1.巧用反间计

成皋之战是灭亡秦朝的两支义军项羽和刘邦在成皋地区进行的一场重要战役。在成皋之战进行到白热化阶段的时候,项羽派了使者到被围困在荥阳城里的刘邦军中探察军情。汉王刘邦的部将陈平接待了他。"请,请,请。您是……""哦,我是霸王派来的使节。"陈平陪同客人在上等客房坐下,桌上摆满了上等的美味佳肴。然而当陈平一听那人说是项羽的使者,眉头明显地皱了起来,脸上的笑容也不见了。

"我还以为你是亚父派来的呢。"亚父就是范增,是项羽的谋士,被项羽尊称为"亚父"。陈平说完此话,便示意仆人,把桌上的好菜端了出去。一会儿,侍者换上了下等的素菜。

"就这么吃吧。"陈平显得不屑一顾的样子,坐在一旁。

饭后,那个使者匆匆地赶回楚军营中,如实地把当天在汉营中受到的待遇,向项羽做了报告。

"这个老家伙,我尊他为亚父,对他言听计从,想不到他竟暗中与汉军勾结来算计我。好,等着瞧吧!"项羽听后,怒发冲冠,命令几个亲信暗中监视范增的行动。

一日,对项羽赤胆忠心的亚父范增分析战局后认为,楚军已到了急攻荥阳、荡灭汉军的最佳时机了,于是匆匆赶去向项王建议发兵进攻荥阳。

"你急什么?还有准备工作没有做好呢。"项羽一反常态,对亚父一副爱理不理的样子。

"大王,战机一失,追悔不及也。"范增忧心如焚。

"你唠叨什么?我还有事。"项羽居然开门逐客了。

亚父看到项羽在怀疑自己,联想到近日里常有人暗中监视自己的行动,气得跺脚长叹:"好!好!你不信任我了,不需要我这个老朽了。天下大局已定(指刘邦得胜),项王你自个干吧,我要带着这身老骨头回家乡去了。"

亚父在还乡途中因背上毒疮发作而死去。消息传到荥阳汉营中,汉军上下一片欢腾。刘邦特地设了庆功宴,祝贺陈平为汉铲除了最难对付的劲敌。亚父死后,项羽没了得力谋士,屡屡战败,最终在乌江边走投无路而自杀。

2.献计擒韩信

楚汉战争,最终以刘邦的胜利而告终。项羽兵败自杀后,他的大将钟离眛逃到楚王韩信那里。因为钟离眛曾经救过韩信。韩信素来讲义气,这次见恩人来避难,只得收留了他。

韩信收留钟离眛的事后来传到汉高祖刘邦的耳里,这时又有人上书告韩信要造反,刘邦大吃一惊,忙召陈平商议。

刘邦说:"韩信觉得自己功劳大,早就盘踞着齐地,逼我封他为齐王。后来我把他改封为楚王,他很不服气。现在,他窝藏着钟离眛想造反,我打算去征伐这小子!您看怎么样?"陈平问:"陛下的精兵和楚王的比起来谁的强?"刘邦答:"不及他强。"

陈平说:"既然陛下的兵士不如楚王的精锐,陛下的将领用兵又不如韩信,如果发兵打他,就是逼他造反,那么新的汉楚相争又要造成多么巨大的动乱。我私下里为陛下感到危险不安呢。"

刘邦问:"那这事怎么办呢?"

陈平献计道:"古时的天子有出巡天下、会合诸侯的礼节。南方有一个叫云梦泽的地方,陛下不如假装出游云梦泽,在陈州会合诸侯。而陈州在楚地的西界,韩信听说陛下很愉快地出游,一定不会戒备,会按礼节出郊欢迎。当他进见陛下时,只要派几个卫兵就可以把他拘捕起来。又何必一定要发动战争呢?"

汉高祖刘邦用了此计,在陈州活捉了前来进谒的韩信。

韩信被装上囚车时长叹道:"古人说得对:'飞鸟尽,良弓藏;狡兔死,走狗烹;敌国灭,谋臣亡。'现在天下已经定了,我就该死了!"

刘邦一听,心里软了,想:韩信究竟还没造反,再说这次他又交出了钟离昧的人头,如果把他拿来办罪,大家会不服,就把他降了一级,封他为淮阴侯。

汉初军事家韩信

韩信(? ~前196年),汉初军事家。淮阴(今属江苏淮安)人。韩信始投项梁,继随楚霸王项羽,但不受项羽重用。后又投奔汉王刘邦。经丞相萧何力荐,被拜为大将。不久因平定齐地被封为齐王。韩信战功卓著,为汉王朝的创建做出了重要贡献。刘邦虽用韩信而心存疑忌,故在项羽败亡后,即夺其兵权,徙为楚王,继又黜为淮阴侯,软禁于刘邦身边。公元前196年,吕后诱韩信至长乐宫的钟室,以谋反罪名杀之。

1.暗渡陈仓定三秦

秦朝灭之后,拥有30万军队的项羽成了各路义军的真正领袖。但是,还有一支义军队伍也实力不小,那就是由沛地起义的刘邦。他的手下也握有一支十万人的大军,由此引起了项羽的忌惮。当时,大

韩信

家名义上都听从项羽的号令指挥。灭了暴秦之后,天下当然也就由项羽安排了。项羽为了扼制刘邦势力的发展,防止他与自己急夺天下,因此秦朝被推翻后,项羽故意把巴、蜀和汉中三个郡分给刘邦,封他为汉王,以汉中的南郑为都城,想把刘邦关到偏僻的山里去。同时把关中划作三部分,分封给秦朝的降将章邯、司马欣和董翳,以便阻塞刘邦向东发展的出路。项羽自封为西楚霸王,封

地九郡,占领长江中、下游和淮河流域一带广大肥沃的地方,以彭城(今江苏徐州)为都城。

刘邦被封为汉王后,慑于项羽的威势,暂时领兵西去,为了麻痹项羽,刘邦在进川途中,还把一路走过的几百里栈道(在险峻的悬崖上用木材架设的通道)全部烧毁,使项羽以为刘邦真的不打算出来了,以松懈项羽对自己的戒备。

刘邦到了南郑,拜韩信为大将,请他策划向东发展、夺取天下的军事部署。

韩信拟定了东征的计划后,命令樊哙、周勃等人带领大队人马去修栈道,限三个月完工。

可是烧毁的栈道接连有三百多里,高低不平,地势险要。修了没几天,就摔死了几十人,修栈道兴师动众,一下就把兴兵东征的警报传到了关中。

守在关中西部地区的雍王章邯,一面派探子去打听修道的情况,一面调兵遣将去挡住东边的栈道口。他听说汉王的将士们都不服气韩信当大将,认为他只不过是曾经钻过人家裤裆的懦夫,结果修栈道的士兵和民工天天有逃走的,一年也别想修好。于是,雍王就放松了警惕。

忽然有一天,急报说:"汉军已经攻入关中,陈仓被占。"栈道还没修好,汉军如何过来的? 其实,韩信表面上派兵修复栈道,装作要从栈道出击的样子,实际上却和刘邦率领主力部队,暗中抄小路袭击陈仓。

汉军随即攻占了雍地、咸阳,章邯兵败,只得自杀。

没多久,翟王董翳、塞王司马欣先后投降。不到三个月时间,关中就变成了汉王刘邦的地盘。

2.木罂渡军破魏兵

公元前 205 年,魏王豹打算联楚叛汉,并点起十万人马,把守平阳关,截断河口,抗拒汉军,准备跟楚、汉三分天下。刘邦接报魏王豹叛汉,十分气愤,大发脾气,即命韩信为左丞相,和灌婴、曹参统帅十万大军渡河击魏,开辟北方战场。

魏王豹听说韩信率大军而来,把重兵调集到蒲坂,封锁了黄河渡口临晋关。韩信来到临晋关,派人一侦察,对岸全是魏兵,只有上游夏阳的魏兵不多。于是就决定在夏阳渡河。渡河需要木船,但他们只有一百多只,不够用。韩信就派人砍伐木材,并去收买小口大肚子的瓶子(古时候叫罂)。

灌婴和曹参不明白韩信买罂的用意,请他解释。韩信说:"把几十只口小肚大的瓶子封住口,排成长方形,口朝下,底朝上,用绳子绑在一起,再用木头夹住,叫作'木罂'。用它做成筏子可以比一般筏子多载人啊。"灌婴和曹参好不佩服,就各自去忙着伐木购瓶了。几天工夫,一一准备齐全。

这一天,韩信命令灌婴带领一万兵马和一百多只船。在临晋关黄河的对岸排开阵势,假装要渡河的样子。魏王豹率领重兵严阵以待。其实,韩信和曹参早已偷偷地带领大军连夜把木罂运到了夏阳。

魏王豹等了几天,并不见对岸发兵,以为汉军一时不敢渡河。正在这时,安邑守军来报,韩信已攻下安邑,向平阳方向杀将过来。魏王豹大惊:上游的夏阳向来没有船只,难道汉军是飞过河的? 仓促之间领兵去阻挡。但是以木罂渡河的汉军在安邑胜利后,士气更旺,魏军哪里抵抗得住? 魏王豹正想往临晋关退去,灌婴的兵马却趁临晋关空虚之机,挥师渡过河来攻占了关口,并向平阳冲来,两路夹击,腹背受敌的魏王豹只得下马投降。韩信很快平定了魏地。

3.给仇人赐官

故事发生在秦朝。一日,在淮阴的一条大街上,忽然围了一大群人在观看什么把戏——圈中有个宰猪的屠夫,叉着腰,对一个佩着剑的青年人说:"韩信,你虽然长得又高又大,喜欢带刀佩剑,其实你却是个胆小鬼!"

韩信生气地说:"谁说我胆小? 我可要走南闯北呢!"

那个屠夫鼻子里"哼"了一声,又说:"韩信,你要是不怕死,就用你的佩剑来刺我;要是怕死不敢呢,就从我的裤裆里钻过去!"他说着,双手抱在胸前,双脚叉开,对着韩信冷笑起来。

韩信盯着那屠夫看了好一会儿,按剑忍住气,低下头从他的裤裆里钻了过去。屠夫得意地狂笑起来。满街的人也跟着嘲笑起来。"看哪,韩信像狗一样钻别人的裤裆! 哪像个男子汉大丈夫!"韩信低着头,一声不响地从人群中走了出去……

几年以后,秦朝已经灭亡了,天下已是汉朝的天下。就在原来韩信被辱的那条淮阴城的大街上,驰来几辆豪华的马车,其中一辆车子里坐着一位大将军,他就是韩信,现在是汉高祖刘邦手下的楚王。韩信名闻天下,衣锦还乡,家乡父老都拥来观看,韩信自然心中也是志得意满,不时伸出头来向曾帮助过他的父老乡亲挥手致意,此时.他的眼前突然一亮,那个曾使他蒙受"胯下之辱"的屠夫忽然在马车前路过。"停下!"韩信命令车夫。马车停下后,韩信从车里走了下来,来到那个屠夫的面前。

屠夫见那位将军走近,仔细一看,吃惊不小:真是冤家路窄,那不是几年前从他裤裆里钻过去的韩信吗? 他曾听说,有个韩信被汉高祖刘邦拜为大将军,身经百战,立过赫赫战功,后被封为齐王,但总觉得不会是曾被自己羞辱的那个小子。如今走到面前,则令他不得不相信了。现在刘邦将韩信改封为楚王,正是他的属地淮阴这地方。面对曾经被自己逼着钻裤裆的楚王,他眼看今天要大祸临头,不由得脸色变得惨白。

韩信看了那人一会儿,却笑笑说:"你是个很勇敢的人,我封你当巡城捕盗的武官吧。"

那个屠夫愣了半天,直到有人给他送来了官服,他才醒过神来。

4.性傲遭忌下场悲

韩信为汉王朝的建立,立下了赫赫战功。但是,他的下场却十分令人不解:他不仅一再遭贬谪,而且最后被丞相萧何和吕后设计杀害。有人认为他谋反,罪有应得;有人认为他忠心不二,被诛杀是千古奇冤。那么,韩信究竟是不是因为谋反而被杀的呢?

楚汉战争中,韩信用暗渡陈仓之计,平定三秦;背水一战,平复赵地;十面埋伏,大败项羽等,可以说,韩信是个百战"常胜将军"。对于这样一位杰出的军事统帅,为什么此后的仕途却不顺了呢? 可以说,这与他那种高傲的性格有极大关系。有一次,刘邦问韩信:"你看我能领多少人马?"韩信直言无忌道:"不过10万。"刘邦又问韩信本人可领人马数,他竟傲慢地回答:"这个吗,多多益善吧。"刘邦心里不快,看出来韩信竟看不起自己的军事才能,对韩信心生忌妒。

在楚汉战争期间,韩信率兵杀死田广,攻陷齐地,请刘邦封他为"假齐王",镇抚齐国,刘邦当时心中大怒,恨他封官要赏,要与自家平起平坐(刘邦自己当时不过是个汉王)。多亏谋士张良、陈平暗中指点,封韩信为真齐王。韩信心中十分满意,拒绝了项羽使者武涉的建议,没有拥兵自重,与刘邦项羽三分天下。

但刘邦心里从此有了芥蒂。

楚汉战争一结束，韩信被夺兵权，封为楚王。韩信在楚地，出入都摆着大将军的威仪。他忘不掉昔日统帅百万大军的辉煌，所以，没法以一颗平淡心生活。刘邦听说后，采用陈平的调虎离山之计，出游云梦，聚会诸侯之时，逮捕了韩信。审来查去，没有谋反实据，赦免了他，但把他降为淮阴侯。韩信心中不平，也就拒绝上朝，与刘邦之间又增隔阂。

高祖十年，陈稀叛乱，高祖亲征。韩信、彭越均称病，不随刘邦出征，刘邦对韩信又增疑心。吕后在宫中主事，听人举报韩信勾结陈稀，里应外合，图谋反叛。因此，与丞相萧何设计，诱捕韩信，在长乐宫钟室诛杀了他。

有人认为，韩信向来居功自傲，素有野心。兵权被夺，心生不满，必然会有恨忌刘邦之心，受到打击压制，很容易产生反叛念头。陈稀拥重兵，韩信有韬略，如果起事，有成功的可能。那时候，韩信可重分天下，安享尊荣。因此，吕后及时捕杀韩信，清除这个分裂反叛因素，制止了一次叛乱，避免了二次楚汉战争，还是很英明的，韩信被杀不冤。

有人认为，这是阴谋，屈杀了韩信。首先，告发之人的消息来源就不可靠。告发人是韩信欲处死的罪徒弟弟，是韩信的仇人，韩信怎会让他知道机密大事？再有，韩信拥兵据齐时，有实力三分天下，却没有背叛刘邦。他被夺兵权，闲居京城倒想谋乱，这可能吗？说他与陈稀勾结，高祖头年就平定陈稀，说他第二年春天谋反，前后矛盾，显然是陷害韩信。韩信死后，看刘邦的态度就能窥出其中端倪。《汉书》中说，刘邦平定陈稀叛乱归来，听说韩信已死，"亦喜且怜之"。什么意思呢？

原来，刘邦一直视这些打天下的武将为眼中钉，肉中刺。这些人威信高，有军功，一旦有二心，很容易威胁刘家天下的稳定。韩信是刘邦最害怕的人。战争一结束就夺了他的兵权，云梦巡游，没抓住实据，无法以谋反罪杀他。刘邦已经很不开心了，早晚要寻借口除掉他。刘邦给韩信封个闲职淮阴侯，对韩信这样的功臣，不断压制，他是对不起韩信的。越是害怕韩信，也就想尽快除掉韩信。所以，听说吕后捏造罪名杀掉韩信，心中高兴，一块石头总算落了地。他心里知道这是谋杀，韩信根本没谋反。因此，心中有愧，从心底涌出一丝同情：韩信虽是无辜的，但只能是这种下场，挺可怜的！所以说，韩信是被屈杀的。

我们回头来分析,韩信有没有谋反的念头呢?楚汉战争期间,他攻城掠地,无人能敌,是不可替代的,刘邦要利用他,待他如兄弟,他没有谋反的念头儿。汉朝建立后,文官治理天下,武官倒有些碍事了。韩信这样的功臣,异姓封王,严重威胁着刘氏天下的安全。不管韩信是否忠心,只要武力谋反的假设存在,他就逃不掉被剪除的下场。韩信兴许明白了这个道理,产生过不谋反是死,谋反也是死,不如反了的念头。但是兵权已失,还不是空想?他已经左右不了自己的命运了,只能落进刘邦和吕后的陷阱,任其谋杀,韩信真的与陈稀串通举事,也是刘邦逼的,也是可以理解的。

西汉中期辅政大臣霍光

霍光(? ~前68年),字子孟,西汉名将霍去病的异母兄弟,西汉中期的权臣。霍去病死后,他升为奉车都尉、光禄大夫。霍光做事持重,深得汉武帝赏识。公元前87年,汉武帝病危,立8岁的刘弗陵为太子,并任命霍光为大司马大将军,与上官桀、桑弘羊等人辅佐少主。此后霍光执政20年,朝廷大权集于他一身,直到公元前68年病死。

霍光,汉武帝时期大将军霍去病的同父异母弟弟。他自幼聪明,十几岁被哥哥带入京城,便当上汉武帝的侍卫郎官,后升至奉车都尉光禄大夫。公元前87年,武帝临终前赠"周公相成王"图给霍光,任命他为大司马大将军,将幼主昭帝托付于他。霍光辅政近20年,勤于政务,决策国事独揽朝纲,威名赫赫。昭帝亲政后,仍把军权大事委托霍光,汉廷政事全凭霍光专权独断,这又是为什么呢?

这要从霍光的为人说起。

昭帝即位时,年仅8岁,霍光以大司马大将军领尚书事,决策大政方针。霍光积极推行武帝"轮台罪己诏"采取的政策,与民休息,思富养民,大力发展农业生产,恢复社会经济,开创了"昭宣中兴"盛事局面。针对御史大夫桑弘羊为首的保守派,霍光支持的变革派据理力争,经过著名的"盐铁会议"辩论,改良方针得以推行。汉王朝百姓生活逐步富足,国力稳步增长,霍光受到百姓的拥护。霍光出色的治国才能,令朝臣敬佩。他的主张也没人敢公开反对,慢慢形成了他独揽朝纲的局面。

左将军上官桀与霍光同为顾命大臣，又是儿女亲家，但上官一家十分不满霍光的独断专权，与桑弘羊、盖长公主、燕王刘旦结成联盟，反对霍光。

上官桀的儿子上官安，娶了霍光的女儿为妻，生有一女，年方6岁。上官安恳请霍光出面，把外孙女立为皇后，霍光没有答应。上官安又找盖长公主的情夫丁外人说情，盖长公主答应了立上宫女为后。上官安为报答盖长公主，积极为丁外人跑官儿，求霍光封其为侯，遭到严词拒绝。霍光从国家利益出发，公正无私的做法触怒了上官家和盖长公主，因此险遭他们暗算。

上官桀与桑弘羊暗中收集霍光过失，交燕王刘旦上书弹劾霍光。昭帝虽然年幼，却是聪明过人，一眼看出奏书破绽，下令通缉燕王使者。上官桀一计不成，又施一计，指使爪牙弹劾霍光。14岁的昭帝大怒道："大将军忠心耿耿，谁敢诋毁，重重治罪！"霍光听幼主此言，感动得涕泪交流，更加废寝忘食地操劳国事。

上官桀不甘心失败，他又与桑弘羊、盖长公主策划了一场政变：由盖长公主请霍光饮酒，派伏兵暗杀之；除去燕王、废掉昭帝，上官氏篡取刘氏江山。盖长公主仅知道欲除霍光。不知上官桀的下一步打算，就积极配合行动。不料，阴谋暴露，昭帝与霍光抢先发兵逮捕了上官父子、桑弘羊和丁外人，并诛灭其三族；盖长公主、刘旦自杀。这场政变被粉碎，昭帝更加相信霍光，放手霍光执掌大政。

霍光虽掌大权却不专权，目中只有皇室。昭帝对霍光也极其信任，即使18岁亲政，仍把军政大权委托霍光。君臣和睦，政局稳定，社会发展，成为历史上的美谈。

昭帝亲政3年后病逝，霍光为首的大臣们择立武帝之孙刘贺为帝，但刘贺仅做了27天的皇上就被霍光废掉。表面上是刘贺荒淫无道，实际上，刘贺没有重用拥立他为帝的重臣，而把原属地昌邑国中的人马带到京师抢班夺权，对汉室旧臣的权力和利益构成威胁，因此被废掉。霍光敢于废除刘驾，说明他的权力已经一手遮天。霍光家族确因他的权力，而封侯封王，不可一世。霍氏家族形成的势力网，笼罩汉廷，霍光的权势和威望。达到登峰造极的地步。汉宣帝刘询即位后，时时感到霍光集团咄咄逼人的政治压力。但迫于霍光家族的势力,他采取了先忍耐克制的策略,消除霍光的猜忌和提防;汉宣帝拒绝了霍光的"还政"要求,并当众宣布:朝廷诸事,先报请大将军,再奏知皇上。通过这种策略,默默培植势力,等待政治时机的到来,夺回政权。6年后,霍光去世。汉宣帝架空霍家权臣,解除他们的职务,逼得霍氏权贵铤而走险,发动叛乱,汉宣帝趁机派兵,彻底剿灭霍氏一族,确立了君主的绝对统治地位。

东汉外戚权臣窦宪

窦宪,(? ~92年)。字伯度,扶风平陵(今陕西咸阳西北)人,其妹为章帝皇后。东汉章帝和帝时外戚权臣。章帝建初二年(公元77年),被拜为郎,不久升为侍中。后因征讨匈奴有功,被拜为大将军。日益受到宠任。和帝即位后,太后临朝,窦宪在内掌握机密,对外宣布诏令。他的弟弟窦笃、窦景都占据要职,而且都骄纵不法,对皇帝构成威胁。公元92年,和帝利用宦官郑众等人剥夺了窦宪的大权,因此窦宪被迫自杀。

1.贪权固位谋杀都乡侯

东汉章和二年二月壬辰日(公元88年4月9日),31岁的东汉章帝刘炟在章德前殿驾崩。年轻机警的窦皇后立即召兄弟入宫分掌枢要,拥太子刘肇灵前嗣位,是谓和帝。因当时和帝年仅10岁,不能亲政,窦皇后的长兄窦宪贪婪专横,召集公卿尊其妹为皇太后,临朝训政。众大臣唯唯诺诺,无人敢异议。于是朝廷大权基本上掌握在窦宪的手中。为沽名钓誉,掩人耳目,窦宪请出当世享有盛名的老臣邓彪为太傅,但邓彪只担空名,实权仍在窦宪手中。

再说章帝死后办丧事,各地宗室王侯皆按规定前来吊丧。其他侯王都按时离京归国,只有一人未走。此人是光武帝刘秀长兄刘縯的孙子,封为都乡侯,名叫刘畅。刘畅性情奸狡,特别善于权变,尤长于谄媚拍马。他在京师有个朋友叫邓迭,二人又有一定的亲属关系。邓迭任步兵校尉之职,邓迭的母亲和窦太后关系特别亲密,出入宫中如往返家门一般。刘畅早知这层关系,就置办一份厚礼,托邓母带进宫中转赠窦太后,并为自己美言。邓母毫不推辞,竟带着礼物直入宫中。第二天便传出佳音,窦太后特旨召见刘畅。

刘畅闻信,心花怒放。回到馆舍沐浴更衣,次日精神奕奕地进宫谒见窦太后。太后两字往往给人以年纪很长的老妇人的感觉,其实封建社会中的太后一般都较年轻。西汉昭帝死时,上官皇后荣升为上官太后时芳龄仅15岁。这时的窦太后大概也不过30岁,正是春情荡漾时期,这刘畅长得也很入时,又打扮得溜光水滑,怎能不牵动太后的情肠。刘畅入见时尚行君臣大礼,连续叩了几个响头,说了一大堆歌功颂德的美词,先已引得太后满心欢喜,待四目一碰时,双方都感觉到对方的眼神中含有无限情意。刘畅又是宗室,与窦太后平辈,按亲属关系应称太后为嫂子。这样二人谈得十分投机,好一会儿刘畅才从太后宫中退出。

万事开头难,自从刘畅首次入宫之后,三两天便被特旨召进。每当此时,太后都屏退众人单独召见刘畅,而且都需很长时间才让刘畅退出,正因如此,这位都乡侯就在京师逗留不归。时间一长,宫中人皆知隐情,但谁敢多嘴,只能假装看不见。消息慢慢传到窦宪耳朵之中,况且他也看到妹妹经常召刘畅进宫。窦宪早是过来人,他猜知其必有隐情,心想刘畅为人精明奸狡,如果太后一旦迷恋他,待到两情缱绻之时恐怕要夺自己的权,不如来个先发制人,于是暗暗打定主意。

窦宪回府,花重金雇了一名刺客,寻找机会杀死刘畅。刘畅正是春风得意,踌躇满志的时候,好像吃惯粮食的小猪崽离不开粮食囤一样,天天到屯卫营中去听候传召。刺客掌握了他的行动规律,就先潜伏在屯卫营门旁的隐蔽处。这天,刘畅又挺着胸脯美滋滋地走进营门,突然间刺客从暗处猛地窜出照准刘畅的后腰肋下就是一刀,这刺客真是杀人行家,将刀一转抽出就跑,竟然扬长而去。街上有两个人尾随刺客一程而后离去。

窦太后得到刘畅被刺身亡的消息,大为震惊,非常悲伤,即令窦宪严查凶手。窦宪为推脱责任,把罪过推到刘畅弟弟利侯刘刚身上。窦太后几日茶饭无味,定要捉拿凶手,无论何人也要一追到底,就命令侍御史与青州刺史共办此案。原来刘刚封邑在青州,离京师洛阳有几千里路,刘刚怎能千里迢迢派人到京师来行刺,又何能知其兄尚未归国?朝中大臣都知这是栽赃诬陷。尚书韩棱上言贼在京师之内,不应舍近求远,令天下人耻笑。窦宪有些着急,怕怀疑到自己身上,请太后下诏严责韩棱。韩棱坚持己见。众大臣面面相觑,不敢表态。

太尉何敞实在忍耐不住,愤愤说道:"刘畅系宗室肺腑,茅土藩臣,来吊大忧,上书须报,乃亲在武卫,致此残酷。奉法诸吏,无从缉捕,踪迹不明,主名不定。敞得备股肱,职典贼曹,意欲亲往纠察,力破此案!"并责备司徒司空二府不尽职责。议定由何敞主办此案。司徒司空二府见何敞动真的了,也派经验丰富的侦探前去帮助。上文提到,刺客杀人是在白昼,又在屯卫营中,当时即被人跟踪,由于探知是窦宪主使,故未敢轻动。如今太尉办案,二府相帮,大动干戈,都不敢怠慢,很快查出并捉到杀人真凶,经过拷打审问,供出主谋是窦宪,案情大白。

窦太后听完案情汇报,勃然大怒,立刻召来窦宪审问,窦宪见人证物证俱在,无法抵赖,只好匍匐谢罪,连向妹妹求情。可窦太后怒气难平,下诏把窦宪囚禁宫中,等候处理。窦宪见妹妹真的动怒,也有些害怕,听说北匈奴侵扰边境,就上书请戴罪出征。窦太后毕竟念及同胞之情,答应窦宪的要求,赦他出狱,且命为车骑将军发兵北上,这桩罪恶就这样不了了之。

2.忘乎所以自取灭亡

东汉建武后期,我国北方的少数民族匈奴分裂为南北两部,并且相互攻战不已。为了得到汉朝的翼护,南匈奴单于率部附汉。

东汉章和元年(公元87年),兴起于漠北东部的鲜卑民族打败匈奴,杀死单于,又加上草原蝗灾,北匈奴占据的漠北大乱。第二年南单于上书汉朝,请求乘机出兵共同攻击北部匈奴。当时汉朝执政的窦太后不顾朝臣谏阻,任命她的兄长车骑将军窦宪为主将,征西将军耿秉为副,调动在北方的军队五校、黎阳营、雍营、缘边12郡骑士及羌胡兵一起出击北匈奴。东汉永元元年(公元89年)六月,窦宪、耿秉以汉军精锐骑兵8000人、南匈奴骑兵3万多人、羌胡8000多人,并装备战车1.3万多辆,组成一支适应漠北作战的骑兵部队,分三路出师,聚会涿邪山(今中国西北部的蒙古戈壁阿尔泰山)。后来窦宪得知北单于庭驻扎在稽落山(今蒙古人民共和国古尔连察口岭一带),便派遣精锐骑兵1万多人,分三路驰袭,围歼北匈奴军主力于稽落山,单于向北逃跑。

第二年五月,窦宪又派遣军队袭击攻取伊吾城(今中国西北部的新疆哈密西),切断北匈奴与西域的联系,再次击破北单于军,歼灭5000多人,北单于逃走。北匈奴一部分军队开始向欧洲迁徙,其余的部分溃散逃亡。

此战,汉军针对北匈奴飘忽不定、行动快速的特点,以远程奔袭、先围后歼、穷追不舍的作战方略取胜,使延续数百年的汉匈战争得以结束。

汉王朝尽管随时提防外戚专权,但在章帝、和帝时代,外戚窦氏的势力却迅速膨胀。建初八年(公元83年),窦宪为侍中、虎贲中郎将,弟窦笃为黄门侍郎,兄弟二人骄横无礼,横行宫中,窦宪竟敢依势以很少的价钱强夺刘秀女儿沁阳公主的园田,连公主也不敢与之发生争执,以忍气吞声而了事。有敢与窦氏作对的人都受到他的打击。章和二年(公元88年),和帝即位,窦太后临朝,窦氏一门把持朝政,改变了东汉外戚不干预朝政的传统。

永元初年,窦宪率军大破北匈奴后,窦氏兄弟更加骄纵,掠人妻女,夺人财物,培植爪牙,甚至地方太守、刺史也要听从窦氏安排。由于窦氏势力很大,因此就连和帝也是敢怒而不敢言。

永元四年(公元92年),汉和帝经过一番思量,觉得铲除窦氏外戚势力需要依靠宦官郑众等人才能实现。和帝深恶外戚专权,想亲自总揽万机,大臣无权,只有任用宦官郑众。因此,东汉宦官用事,从郑众开始。于是,和帝靠中常侍郑众等人,先设计收捕窦宪党羽,将郭璜、邓叠等人逮捕下狱处死。接着又派谒者仆射收窦宪大将军印缓,改封冠军侯。待窦宪离开首都到封国后,即迫其自杀。和帝诛窦宪后,于永元十四年(公元102年),封郑众为郫乡侯,宦官封侯也自郑众开始。这是宦官对外戚斗争的第一次胜利。

西汉权臣张汤审鼠

张汤(? ~前115),西汉权臣。杜陵(今陕西西安东南)人。早年学习律令,曾任长安吏和茂陵尉,由丞相田蚡推荐,补侍御史。因精于办案及处理公事,深为汉武帝赏识。升为太中大夫、廷尉、御史大夫等职。

张汤,汉武帝的一名得力助手。自幼聪颖,贪玩成性。他的父亲是有名的长安丞相。一天其父外出办事,嘱咐他看守家舍。小张汤忍不住孤单,带领一群小朋友,跑到郊外耍玩,把守家舍的事忘得一干二净。等他父亲带着朋友回到家中,一看厨中的肉,几乎全被老鼠吃光,不禁大怒,于是把小张汤找来大声责备,并欲举起皮鞭抽打,被人劝阻,小张汤才免遭一顿皮肉之苦。张汤因为老鼠盗食而受到责备,很不甘心,决定扒洞寻鼠,找它算账。扒着扒着,果然鼠从洞中跃出,被他用鼠具逮住。鼠洞中还存下一些没吃完的残肉。他便将这些残肉取了出来。

然后,他设一公堂,喊来朋友,草就讨鼠檄文,以肉作证,自任判官,义正词严,责鼠俞食,判处死刑,立毙堂下。

这一切全被门外的父亲看到了。其父不禁大悦,心想这小子讨鼠毙鼠,竟与了个老狱吏相似,是块好材料,何不让他也练练刑名,抄写案牍,精读法律?于是其父日夜勉励,后来张汤果然不负父亲望,成了汉武帝时一位有名的行政司法判官,官至廷尉,御史大夫。

之鼎二年(前115年)遭朱买臣等人陷害,自杀身死。死后被抄家,除了皇帝所赐的五百金外,并没有其他家产,这在当时的高官中是绝无仅有的。汉武帝重其廉洁而惜其自杀,后下令重用其子。

跋扈将军梁翼

梁翼(？~159年),字伯卓,东汉安定乌氏(今甘肃平凉西北)人。梁翼出生在一个官宦世家,自小无恶不作。为浪荡子,后凭借着两个妹妹分别为顺帝、桓帝两个皇后的关系,爬上了大将军的宝座。先后立冲、质、桓三个皇帝,专断朝政达20年之久。执政期间,他骄奢横暴,多建苑囿,并强迫人民数千为奴婢,梁太后与梁皇后去世后,汉桓帝与宦官单超等五人定计诛灭梁氏,梁翼被迫自杀身死。

1.靠裙带成为大将军

东汉永建三年(公元128年)秋,顺帝刘保已年满14岁,依照祖宗的惯例,下诏全国择选良家童女入宫。当时袭父职封为乘氏侯的梁商,其女儿梁妠和梁商的妹妹都符合条件,结果同时入选。梁商是梁翼的父亲,这就是说梁翼的妹妹和姑姑同入掖庭。这真是福从天降,梁翼的人生之路由此发生了天翻地覆的大转折。

而梁妠入宫后,特受顺帝的垂青,后宫3年,年方17岁的"梁小贵人"竟再跃龙门,成了母仪天下的皇后。

在梁妠封后那天,她的父亲梁商加位特进,加封户邑,更增国土,赐安车驷马,拜执金吾。不久,梁冀晋升为步兵校尉。本来有这样的优越条件,又受到皇上的如此器重,应该好好干一番事业,但梁冀却反其道而行之,依仗着皇帝外戚之威,背着父亲和妹妹胡作非为。洛阳令吕放曾是梁商的亲信门客,对梁冀在外的胡作非为实在看不上眼,也是为梁家名声所想,就在梁商面前讲了几句对梁冀不满的话。梁冀听说后,就派人把吕放暗杀了。他把这事推到吕放的一个仇人身上,后来又请准让吕放的弟弟吕禹为洛阳令。为了灭口,他指使吕禹把他哥的那个仇人及其全家族、宾客全部逮捕处死。

尽管平日梁冀不学无术、无恶不作,但他毕竟是皇帝的小舅子,依仗着皇亲国戚的身份,几年时间,居然由一个侍卫人员——黄门侍郎、步兵校尉,节节高升,登上了掌握京师治安的执金吾高位。永和元年(公元136年)又爬上了河南尹(国都所在地的最高行政长官)的高位。

永和六年(公元141年)秋,大将军梁商病故。父亲的棺椁还没有来得及入土,梁冀就被顺帝诏令擢升为显赫内外的大将军一职,继父辅政。

梁冀一路飙升,飞黄腾达,这一来他真成了一人之下,万人之上,威镇内外的权臣了。按说梁冀这下该心满意足了吧?不对,他的贪心真比天高。

建康元年(公元144年)于内忧外患中,年仅30岁的顺帝刘保病逝了。为了能轻易控制皇帝,进一步把持朝政,梁冀等将年仅两岁的刘炳推上了皇帝宝座,是为冲帝。就连自己的生活起居都无法自理的幼童如何承担起治理国家的职责?这样一来,冲帝即位后,国家大权自然旁落梁冀一门。顺帝的梁后以太后的身份临朝称制,身为大司马大将军的梁冀主持朝政,而冲帝只不过是徒具虚名的小傀儡而已。

2.毒死小皇帝拥妹夫登基

梁冀因为裙带关系当了汉朝的大将军,自他主持朝政以后,将自汉和帝开始的东汉政治舞台上外戚和宦官争权夺利的斗争进一步激化,统治集团内部不断内耗,官吏贪污腐败,社会矛盾日益尖锐。大规模的农民起义风起云涌,动乱蔓延到了东汉王朝的腹地东都洛阳,就在这危机四伏的社会动荡中,在位仅五个月的冲帝死了。

旧的去了,新的来了,冲帝死了,又一位年幼的皇帝在梁冀兄妹的密谋策划下,步上了皇帝的宝座,他就是年仅8岁的质帝刘缵。本来冲帝去世后,有两个候选人,一个是年已17的清河王刘蒜,一个是年仅八岁的千乘王刘缵。如果立国为公,接受前帝教训,立年长些的刘蒜为帝是顺理成章的事,但梁冀恐怕立年长的刘蒜难以控制,就一手遮天,选定了刘缵这位年少的继承人。

梁冀再次轻易得手,主持朝政,更加专横跋扈,无所不为,朝廷内贿赂公行,政出私门,社会动荡不安。梁冀的倒行逆施自然遭到朝内一批正直大臣的强烈抵制和反对,但梁冀大权在握,颐指气使,哪里会把这一切看在眼里呢!对梁冀的横行霸道,早熟的汉质帝刘缵,尽管小小年龄,也实在看不下去了,就在一次早会上,当着文武群臣的面指着梁冀说:"大将军是个跋扈将军!"梁冀听了勃然大怒。退朝后,梁冀越想越后怕,随后他恶毒地吩咐内侍把毒药放在食饼里送去了。质帝吃了饼,顿时肚子疼痛难忍,跌倒在地,滚着喊着悲愤地逝去了。刚刚还是活泼可爱的质帝就这样转眼成了梁冀手下可怜的羔羊。

害死了质帝,梁冀又是一阵忙碌,再次把自己的人推上皇位,他就是梁冀的妹夫——桓帝刘志。刘志之所以能够坐上皇帝的位子,这完全是梁氏一门精心策划,强制威逼而成的。

那还是在顺帝出殡的那天,13岁的蠡吾侯刘志也来送葬,不巧,端庄清秀的刘志到来后即被久居深宫的梁太后看见,也由此而喜欢上了,一心想把自己的小妹妹嫁给他。两年后,梁太后与梁冀正商量给妹妹操办婚事的时候,梁冀下死手,杀了质帝,皇位一时空缺。此时的梁冀自然想把自己未来的妹夫刘志推上皇帝的位子,其用心也是司马昭之心,人人皆知的。

不过,梁冀之用心,也被朝堂百官看透了,操作起来也没那么容易。梁冀决定策立刘志,而太尉李固等人为了削弱梁氏的势力,就坚决主张迎立年龄稍大的清河王刘蒜;两种主张,两大势力,一时斗得不可开交,梁冀心里虽愤恨不已,但也一时无反击的理由。

就在梁冀犹豫不决时,宦官中常侍曹腾,夜访梁府,献策道:"如果真策立清河王,大将军不免大祸临头。"

一言中的,第二天梁冀与梁太后议定,召集公卿大臣议立新君事。他端着肩,瞪着眼,开口杀气腾腾地宣布:"立蠡吾侯!"朝堂公卿一看这阵势、这口气,全都成了应声虫,唯有李固等正直大臣起而反对。梁冀一身霸气,猛地吆喝一声;"退朝!"刘志就这样随着一声吆喝当上了皇帝,是为桓帝。接着梁冀的小妹妹就成了皇后,姐俩也就分成了两辈,一叫梁太后,二称梁皇后,大将军梁冀又一次当上了皇帝的小舅子。

3.贪婪残暴第一人

大将军梁冀自从掌握了朝政大权,不仅一手遮天,贪婪残暴,而且凭借手中的权力谋财、谋色、谋私利。

就说这刚刚登基的桓帝吧,他非常明白,他的皇位是完全靠着梁冀和梁太后把自己送上去的。一句话,没有他梁冀哪有刘志。既然刘志今天的一切是梁大将军给的,他刘志也该投桃报李,给予他梁冀所要的一切呀。梁冀需要什么呢? 谈到权,除了皇权什么都不在他话下,即使皇权他也敢于挑战。当然他眼下说来,最眼馋的是钱财。对此,桓帝及时满足了他的需求。为了感谢梁冀的拥立之功,他于元嘉元年(151 年),下诏将梁冀的封地增加了四个县,受封的户数达到3 万多。这些封户封地,不仅大大超过了以往对功臣名将的封赏,而且也超过了当时刘姓各诸侯王的封地。同时,桓帝还赐给梁冀大量的金钱、奴婢、彩帛、车马和服装,等等。可是贪得无厌的梁冀对此并不领情,更不满足,他暗地唆使手下的党羽上书桓帝,大肆吹捧自己的辅佐之功,请求对梁冀的妻子孙寿大加封赏,享受公主的待遇。桓帝自然有求必应,于是封孙寿为襄城君,兼收阳翟县的租税。这一来,梁家每年的收入大大高于一个皇子的年收入。

像梁冀这样拥有权位的人,应该说,吃啥有啥,喝啥有啥;穿啥有啥,一句话,要啥有啥,想啥有啥,该满足了。不,他是贪得无厌,欲壑难填。他经营几十年,把心腹党羽安排到了朝野内外,一当耳目,二搜钱财。百官升迁,都必须贿赂先行,他方认可。各地贡献皇帝的奇异特产,稀世珍宝,必须选上等的先送于梁冀之后,才能进贡皇帝。

这样一来,一些善于察言观色的投机小人,看透瞅准了梁冀贪婪的本性,便投其所好。想当官的,来梁府送礼;嫌官小要升迁的,来梁府送礼;当官犯了罪想逃脱惩处,也来梁府送礼。有自己亲自带着礼品登门买官的,也有托人引见送礼买情的。对此,梁冀来者不拒,金银财宝一概笑纳,以至梁家门前上门送礼的排成长龙,人来人往,热闹非常。梁冀对来者也是投桃报李,有钱者,就有官做,有钱的也可免受法律制裁,真可谓是两全其美,各得其所。

梁冀不仅在自己的统治区域中搜刮,还络绎不绝地派遣自己的门客亲信,交通国外,广搜奇珍异物。这些门客,倚仗梁府势力,一路抢夺奸淫,敲诈吏卒,以致搜刮于上下,招怨于内外。梁冀自己四处搜刮聚敛贪婪无度,但他最看不得有钱的人,特别是比自己生活得更好的人。他让手下的门客私里将全国各地有名的富户的财产——登记造册,然后编造出种种罪名,将他们一个个抓进大牢,严刑拷打,恣意凌辱,其目的就是一个要钱。这些富户看透了梁冀的贪心,也只好倾家荡产舍财保命了。

但有些富户怨气十足,就是不买这个账。扶风人孙奋就是其中之一,他在当时是有名的有钱人家,但他也是个一毛不拔的铁公鸡。这次梁冀终于把黑手伸向了他。梁冀先送给他一匹马,然后向他借钱五千万缗。孙奋心亮肚明,这哪里是借,分明是抢!他实在不舍得这大笔钱打了水漂。后来被逼得实在没办法,狠狠心,只借给梁冀三千万。梁冀一看,少了两千万,火冒三丈。他即刻吩咐当时当地的官府把孙奋和他的兄弟抓了起来,谎称孙奋的母亲原是梁府的奴婢,偷走了他家十斛珍珠,一千万紫金,孙家才由此致富的,今天必须追还。官府里尽是些势利小人,是看梁冀的眼色行事的,根本就不去调查询问,不问青红皂白地一阵毒打。孙奋哥俩屈打不招,死不承认。结果兄弟俩就这么活活地被折磨死了。后来,孙家的家产就这么落入了梁冀手中。

梁冀通过明抢暗夺,收受贿赂积累了大量财富。有钱了,就要享受了。他大兴土木,大起第舍。可笑的是他的妻子孙寿也不甘寂寞,要和丈夫比比谁的第舍建的更阔气、更豪华,这样她的建筑就和梁冀的建筑,对街而建。一座座楼阁拔地而起,殚极土木,互相夸竞。雕梁画栋,金碧辉煌,河流、假山,亭台楼阁一应俱全,简直如皇帝的宫殿一般。梁冀与妇人孙寿"共乘辇车,张羽盖,饰以金银,游观宅内,多从倡伎,鸣钟吹管,酣讴竟路,或连继日夜,以聘娱恣"。

尽管如此淫乐富贵,梁冀仍不满足,他还要更拓林苑,享受与皇帝的同等待遇。于是他凭借外戚的势力广圈土地,东自荥阳(今属河南),西至弘农(今河南灵宝),南起鲁阳(今河南鲁山),北达河淇(今河南淇县)的广大区域,全成了梁家的苑林,苑内小桥流水,林木葱茏,鸟语花香,曲径通幽,真同仙境一般。梁冀喜欢小白兔。他下令各地交纳白兔,烙下标记。谁要是伤害他的兔子,罪至死刑。有个西域商人不知这个禁令,误杀了他一只兔子,梁冀得知后,结果此案牵连十多个人被判了死刑。

梁冀这样无休止地广造宅园,圈占林地,迫使大批农民失去土地,无法生存,或为流民,或成其奴婢。据史书记载,当时,名曰"自卖人"的达数千人之多。

梁冀一生既贪钱,也贪色,自小就非常荒淫放荡。当初,梁冀的父亲梁商将一美女友通期献于顺帝,后来,这友通期也不大争气,因微过而被皇上辞退梁商。梁商不便留府,就让她嫁人了。梁商去世后,梁冀乘机将她收入城西的私宅,与他私通。就是在他父亲丧期间,梁冀也不顾及,后来被其妻孙寿发现,大闹不休,指使儿子梁胤将友氏诛灭。

4.栽赃陷害杀直臣

诸葛亮在《前出师表》中写道:"亲小人,远贤臣,此后汉所以倾颓也。先帝在时,每与臣论此事,未尝不叹息痛恨于桓灵也。"这里所说的桓帝,就是东汉后期大将军梁冀所立的刘志。正是在围绕立他为帝的斗争中,梁冀用极为卑鄙的手段害死著名贤臣李固和杜乔的。

梁冀的妹妹梁妠是汉顺帝刘保的皇后,顺帝死后,太子刘炳只有2岁,不能执政,便由梁太后临朝听政,任大将军之职的梁冀完全掌握了大权。一年后,小皇帝刘炳死,史称冲帝。再立8岁的刘缵为帝,史称质帝,一年后又因称梁冀为"跋扈将军"被梁冀毒死,在继立何人为帝的问题上梁冀和李固、杜乔等大臣产生了尖锐的矛盾。

梁冀的本意要立15岁的蠡吾侯刘志为皇帝,因为他觉得刘志年龄小而又怯懦,自己还可继续掌权。太尉李固、大鸿胪杜乔等大多数大臣都主张立清河王刘蒜,因为刘蒜年长又有主见,很得人心。梁冀说服妹妹梁太后,以太后的名义迎立刘志当上皇帝,李固、杜乔先输了一着,被撤职闲居。

李固、杜乔都是当时知名度很高的贤士,在很多问题上都与梁冀发生过尖锐的冲突,只要他们存在,对梁冀专权擅政就会形成威胁。二人因反对梁冀拥立刘志,在桓帝登基后,被撤职。即使这样,却仍然是梁冀的心头病,必欲置之死地而后快。另外,清河王刘蒜既然已被朝中的诸多大臣所拥护,对现今的帝位也有一定的威胁,于是便和李固、杜乔一起成为梁冀陷害的对象。

当年冬季的一天,清河王刘蒜府中的丞相谢嵩带几名随从外出,正在大街上行走时,突然被从一条胡同冲出的十几人劫持到一个大院中。为首的人自称是清河的刘文,另一彪形大汉自称刘鲭,是南郡绿林的首领,并说他们要拥立清河王刘蒜为天子,请谢嵩与他们联合起事,可位至三公,又口口声声说他们在朝廷中也有大员支持,举事必成。谢嵩坚决不从被杀,几名随从被放回。几日里,京师满城风雨,说清河王得到朝廷要员的支持要被立为天子了。朝廷下诏,刘蒜被迫自杀。

梁冀见刘蒜已死,又唆使几名党羽同日里连续上书,参奏李固、杜乔心怀怨望,私自交结清河王,企图废掉皇帝,大逆不道。

桓帝刘志也知道当初李固、杜乔坚持要立清河王刘蒜为天子,早已深恨二人,见到奏疏后立刻批复收狱问罪。梁太后听说忙保住了杜乔,独收李固下狱。

李固被押进大牢的消息不胫而走,京师中出现了骚动。李固的学生王调义愤填膺,咬破食指写成血书,辩明老师李固的冤枉之情,自缚到宫门上书,多人围观。接着又有赵承等十多个太学生抬着铡刀,抱着宁可献身的决心到皇宫门外请愿,要求释放李固。围观起哄的更是成千上万,满城人声鼎沸。人们对忠而得罪、奸佞当道的黑暗现实表现了极大的愤慨,这是一次由十几名太学生发起的有数千群众参与的反对邪恶势力的斗争。

梁太后听说这种情况,怕事态扩大,忙传懿旨赦李固出狱。梁太后熟读经史,尚能识一些大体。当初她也知道李固、杜乔都是忠臣,但李固在关于最后一次立帝所上的奏疏中有"察周霍之立文宣,戒邓阎之利幼弱"的话,像一把利刃刺伤了她的心,所以当二人被诬下狱时,她只保杜乔而未保李固,没想到事情会弄到这种地步,便传旨放人。宫外的人听到放人的消息后都齐呼"万岁",又像潮水般涌向拘押李固的监狱。人们的热情救了李固。同时也更进一步害了李固。因为政治斗争中,政敌的深得人心会引起对方的更大嫉恨和仇怨。

梁冀听说李固因众人闹事而被释放的消息,恼羞成怒,气得两眼通红,忙叫人传来从事中郎马融,命令他重新起草奏章,一定要把李固、杜乔定成私通叛逆的罪名。马融是当世大儒,汉末大学者郑玄、卢植都是他的弟子,名将公孙瓒和蜀昭烈帝刘备则是他的徒孙。他本是正直学者,明知李固、杜乔之冤,坐在案边迟迟不动笔。梁冀则连连催逼。马融正在犹豫之时,梁冀府中的长史吴祐进屋,对马融说:"李公的罪行如果成于您的手中而被处死的话,您还有何面目见天下的士人?"梁冀见状,知道奏章写不成,恨恨离去。其实梁冀逼迫马融写奏章定李固的罪名,也是一箭双雕的毒计。一是利用马融在学术界的崇高威望,使李固之案谳成难翻;二是封住当时天下学子的口。结果是马融本不愿写,再有吴祐一激,奏章没有写成。但封建专制的官场中,有权便可恣意胡为,哪管什么公道和天理,更不需要什么罪证。梁冀见李固的罪名未能定成,便派两个衙役去抓李固再度投进大狱。李固也是位智者,非常感激学生和百姓们营救自己行为,但也知道这会更遭嫉恨,回家后马上给执政大臣赵戒、胡广写了一封遗书,表白自己的忠诚并再度揭露梁冀的罪恶。信刚写完,他即被抓走。第二天传出消息,李固已被缢死狱中。

梁冀见李固已死,想再除去杜乔才甘心,便派人在深夜之中去杜乔家中进行威胁让他自杀。第二天早晨,梁冀早早派人去杜乔门前打探,回来报告说杜宅中没办丧事,没听到哭声。梁冀听后大恚,骂道:"真是个硬骨头。"说完马上派人去抓杜乔,当晚杜乔也死在关押过李固的那间牢房中。

3天后,李固杜乔二人以通叛谋逆的罪名暴尸街头,洛阳城里到处是喊冤哭泣之声。王调、赵录等官员和太学生们纷纷辞官退学回归故里。这一年是汉桓帝建和元年(公元147年)。

5.气焰嚣张终败亡

梁冀残忍贪暴、搜刮无度的恶行,引起了朝野内外、官民上下的深恶痛绝和强烈反抗,当时民间到处流传着"梁氏灭门驱驰"的咒骂声。在梁冀辅政的二十年间,东汉政治腐败,经济衰败,社会矛盾日益激化,起义声浪日益高涨,人民要求惩治腐败之声日益强烈。还是顺帝刘保在位时,谏议大夫周举就上书顺帝,他说:"要消灭盗贼,必须把地方官彻底查一查。爱护人民的官升职,贪官污吏查办。"顺帝下达诏书,令周举、张纲等八大臣分赴各地考察政绩,劾拿贪官污吏。周举等人接诏书立即出发巡查。而张纲出了京城,走出洛阳亭不走了,他想着真正惩治贪官的话,应是惩办朝廷上的大贪官,地方上小官就不敢妄为了。他说"豺狼当道,何必查问狐狸"。他一气之下,把车毁了,把车轮埋在地下,毅然上书弹劾梁冀,足足给他罗列了十五大罪状。这时周举等人到地方巡查的贪污案件,也大都与梁冀有牵连。但这时梁氏外戚集团正在崛起兴盛之际,顺帝明知张纲所劾句句真言,但却不敢处置梁冀。反过来,张纲却成了梁冀伺机报复的死对头。不久,广陵(江苏扬州)发生了大规模的农民起义,梁冀趁机让他坐上了多事的广陵太守位子,把他赶出了京城。后来,张纲治理广陵有功,顺帝原打算调回京城重用他,梁冀坚决反对,方才作罢;不久张纲病死,年方36岁。郎中袁著对梁冀所言所行,不胜其愤,上书皇上,参劾梁冀,梁冀获悉立即密遣门客抓捕袁著。为躲避梁冀的杀害,袁著改名易姓,后托病伪死,结蒲为人,市棺殡送,结果还是被梁冀侦破,将他秘捕后,残忍地将他杀害了。袁著一批学生好友得悉噩梦,为其申冤鸣不平,梁冀则诬其著党,一并追杀;先后牵连无辜者60余人。当时一个叫郝絜的,与袁著友善,四处躲藏,知道不能幸免,就将反抗的书信投入梁冀的府门,接着就在门口服药而死,情形十分壮烈,百姓无不悲愤。

梁冀对揭发自己的大开杀戒,而对作恶多端、鱼肉乡里的门人同伙却保护备至。当时有个叫吴树的人被提拔到地方去做官,梁冀的一帮平时横行乡里的狐朋狗友照梁的安排一齐赶到县界去迎接新任县令,以情托恃。吴树这人也是十分正直的人,过去对梁冀的恶行就十分不满,今天一见这情形,根本就不买梁的账。他到任后,立即将梁冀手下这几十个为非作歹的家伙诛杀了。梁冀怀恨在心。后来吴树奉任荆州刺史,临上任前,他到梁府辞行,梁冀设酒送行,暗施毒药,吴树饮酒之后出门上车,竟惨死在车中。

梁冀欲壑难填,倒行逆施,不仅受到朝野上下的强烈反抗,同时也逐渐引起了汉桓帝的不满,并下定决心除掉这个害民祸国的贪官。

汉桓帝延熹二年八月丁丑(公元159年9月9日)东汉王朝发生了一件大事,即汉桓帝屠灭梁冀满门,这也是汉桓帝在位期间最为光彩成功的一件大事。

汉桓帝虽然总体上说是个庸主,但他不甘心做傀儡皇帝,对梁冀久怀不满。汉桓帝延熹元年五月甲戌(公元158年7月13日),出现日食。太史令(专掌天文历法的太常属官)陈授通过小太监徐璜上奏,说日食是因为大将军梁冀的罪恶招来上天的示警,当时这本是陈授的职责所在,梁冀听说后竟私下让人将陈授害死。汉桓帝怒而未敢发。第二年七月末或八月初,梁冀又派刺客擅自去杀两位皇亲,被发觉并报告了汉桓帝刘志。

汉桓帝怒不可遏。决定立即动手铲除梁冀。他起身去厕所,只召小宦官唐衡跟随。在去厕所路上,刘志问道:"宫中宦官,何人和梁家不和?"唐衡如实答道:"中常侍单超、小黄门左悺、中常侍徐璜、黄门令具瑗,这几个人对梁冀不满。"

由厕回宫,刘志密召唐衡列举的几个宦官,啮臂为誓,准备共同除掉梁冀。

尽管刘志与亲信宦官的商议十分秘密,还是被梁冀的耳目报告了梁冀。梁冀虽然不知道皇帝和亲信宦官到底商议了什么事,但他已动了疑心。

于是,梁冀派自己的亲信中黄门张恽进入皇宫值宿。按宫廷制度,新的宿卫官必须经皇帝任命。梁冀蔑视刘志,横行已久,自以为他说了就算,所以事先也没有奏报皇上,张恽就大摇大摆进皇宫值班来了。

这恰好给皇帝刘志和他的几个心腹宦官以口实。黄门令具瑗立即派人将张恽捉住,说他擅自进入皇宫,图谋不轨。

刘志立即来到前殿,召集各位尚书,将这件事宣布,说是梁冀派人入宫谋杀皇上,同时将杀掉梁冀的旨意宣布。具瑗集合了一千多将士,会同司隶校尉张彪等人去包围梁冀宅第。

在朝廷横行19年的梁冀,虽对刘志与宦官的密议生了疑心,但他绝没有想到他一向视为懦弱易悔的傀儡皇帝有这么一招。一时惊惶无计,还没等皇帝命他自杀,他就与那位妖冶善媚的夫人孙寿仰药而死。

首恶一死,群龙无首,皇帝的诏令便管用了。汉桓帝降旨将梁冀的儿孙、族属,包括其妻孙寿的内外宗亲一律捕来杀死,弃尸市上;亲信、宾客为官者或免或黜或杀300余人。因为事发突然,一切受梁冀株连者的处置都在梁冀死后进行,所以钦差交驰,都城鼎沸,闹了好几天才平静下来。

除掉了梁冀,刘志拔掉了肉中刺。但得了实惠的是那些参与此事的宦官们,其中有十几个被封为侯。从此东汉的宦官势力日盛一日。

大将军卫青

西汉中期,雄才大略的汉武帝为了雪国耻,振汉威,拓疆土,对北部匈奴发动了长达十几年的战争。其中有三次更是震烁中国军事史,使匈奴远遁塞漠深处,再也不敢成为中国北部的主要边患,同时也使汉王朝拓疆上万里。作为对匈奴作战的实际指挥者卫青,也成为中国军事史上的一个杰出人物。

大将军卫青

1.从私生子到汉军统帅

卫青,字仲卿,原姓郑,后改姓卫,河东平阳(今山西临汾)人。生年不详,死于汉武帝元封五年(前106年)。

据《汉书》载:卫青的父亲郑季,原是平阳侯曹寿家的小差役。在当差役期间,平阳侯的女仆卫媪因死了丈夫,就与郑季私通,不久生下卫青,所以卫青小时候又叫郑青。刚生下来时,郑季怕人耻笑,就想把新生儿扔掉。但接生的老媪对他说:"我接生的孩子很多,从未见过像这个孩子那样,面目红润,声音圆爽,胞衣绿紫,也许将来有出息呢?"郑季一听,也就把孩子留了下来。

几年以后,郑季离开了平阳侯家,回到河东老家。他走时,还把卫青带走了。因郑季在家已有妻室,并生了几个子女,所以,妻子一见丈夫领回一个小男孩,在感情上就异常厌恶。她又气又骇,除了平时对郑季白眼相向外,还把气出在卫青身上。

常言道:六月的日头,后娘的拳头,毒着哩!郑妻白天要卫青上山去放猪,晚上就把他关在猪圈旁边的小屋子里。卫青衣不蔽体,食不裹腹,即使这样,还经常要挨后娘的咒骂和刻薄。郑妻的几个孩子更是把卫青当作外人、出气筒,动不动就拳脚相向,揍在地上半天也爬不起来。所以,卫青少年时代的处境是十分凄凉的。

这样的艰难时光过了七八年,卫青已是十几岁的小伙子了。他每天的活计就是放猪,或是下地帮父亲干点活。一天,当他在山上放猪时,一个挑着功夫担子的老铁匠从他面前走过。一看见卫青,他就注视良久,说:"你这小伙子不简单哩!将来还要封侯,大富大贵哩!"卫青一听,苦笑道:"一个私生子,有顿饭吃,不挨打骂就已经满足了,还指望封什么侯?老人家不要取笑我了。"老铁匠坚持说:"如果你十年内封不到侯,那就算我这一辈子白相命了。"说完,就挑着功夫担子走了。走了一段,还回过头来对卫青喊道:"十年,小伙子,只要十年。"

按常规的生活逻辑,一个放猪的下等人、私生子,不要说封侯,能指望有口饭吃,娶上妻就已经不错。但不可思议的是,十年后,卫青不仅封了侯,还当了大将军,究其原因,还终因为他是个私生子哩!

卫青的母亲卫媪在与郑季私通前,已生了三个女儿:长女君孺,次女少儿,三女子夫。其中三女儿卫子夫长大后,体态多姿,色貌倾城,是出色的美人儿。因卫媪一直在平阳侯家当女仆,所以,卫子夫长大后,也留在平阳侯家,侍候平阳侯之妻平阳公主,并很得公主喜欢。

平阳公主有个胞弟,那就是雄才大略的汉武帝刘彻。此时的刘彻已是风度翩翩的青年天子,又生性好色。有一次,汉武帝到姐姐平阳公主家玩,一眼就瞧见了卫子夫,十分中意。平阳公主知道自己弟弟的五脏六腑,就让卫子夫陪伴汉武帝,自己知趣地走开。一见卫子夫秀色可餐,汉武帝急不可耐,就在平阳公主家的屏风后与卫子夫云雨起来。从此,汉武帝就经常来姐姐家与卫子夫约会,并封卫子夫为妃子、夫人。

得到了皇帝的宠爱,卫子夫一下身价百倍。当她得知自己的同母异父弟在民间受苦时,就派人把卫青从河东老家按来,并改姓名为卫青。卫青来长安后,就被安排在平阳公主家里当跟班。每当公主外出,卫青就骑马相随,相当于警卫人员的性质。由于卫青胆大心细,办事沉稳,为人忠厚,很得平阳公主的欢心。她就向汉武帝推荐了卫青,武帝就封卫青为侍中,出入宫廷,保卫皇帝。

汉武帝建元二年(公元前139年),卫子夫生了个儿子。在此前,汉武帝一直未有子嗣。他正为皇储问题而烦心时,卫子夫为他了却了心事,就选卫子夫入宫。汉武帝的这一举动引起了一个人的极大不满,那就是他的原配陈皇后。

陈阿娇是汉武帝的亲表妹,后封为皇后。但陈阿娇身体肥胖,一直没有生育。她非常嫉妒其他受武帝宠幸的女人,当她得知卫子夫受皇帝宠爱,醋意大发。她不仅采用蛊虫诅咒的办法咒骂汉武帝外,还把气出在卫子夫的弟弟卫青身上,暗中派人把卫青抓起来准备处死。

卫青的好友公孙敖知道此事后,惊恐不已。一面连忙组织营救,同时又火速上报汉武帝,这样卫青才捡了一条命。当汉武帝得知是陈阿娇所为后,大怒,立即下诏废除陈阿娇的皇后身份,并把她软禁起来。然后册封卫子夫为皇后,同时还把卫青提拔为太中大夫,不久又提为将军。

一个养猪的农家子弟,仅靠人生的某种关系,终于当上了朝中命官。但他没有想到的是,他人生最辉煌的时刻还在后头,偌大的汉帝国的万里江山还要靠他去拓展、去巩固。如果说以前的幸运是靠了后宫的关系,那以后的事业则是靠了他本人的努力和命中的造化。

汉武帝是中国历史上一个雄才大略、好大喜功、标新立异的皇帝。据本世纪初的历史学家夏曾祐统计:他一生在中国历史上创造了十一个"第一",其中的一个"第一"就是大规模反击匈奴,消除了中国北部的边患。

匈奴是中国北部一个善骑射、喜掠夺又飘忽不定的游牧民族,从春秋末年以来，一直是中原政权的最大边患。西汉初，汉高祖刘邦率军四十万，想一战而灭匈奴。结果中了匈奴诱敌深入之计，被包围在平城达七天七夜。最后还是用谋士陈平之计才解围，从此，汉王朝再也不敢与匈奴作战了。

既然打不过别人，国家又穷，就只好和谈。汉朝采取和亲的妥协政策，每年向匈奴纳绢帛几十万匹，并送上一美丽的汉室公主。所以，终文、景之世，汉王朝一直都是采取这种带有耻辱的妥协政策。

经过文、景两个皇帝近七十年的休养生息，汉朝的生产力得到了恢复和发展，社会上的财富也大量增加了。据《汉书·货食志》载：到了景帝末年，朝廷积钱数百万亿。时间长了，穿贯钱币的皮绳都朽烂了。同时，朝廷养马达数十万匹。所藏的粮食，新旧堆积在一起，以致腐烂不能再食。随着国力的增强，军事力量也逐渐壮大。这时，解除匈奴对西汉王朝的侵扰和威胁，不仅十分必需，而且完全可能了。汉武帝自己也说："每当朕念及平城之围，吕后之辱，就寝食不安，现在正是雪耻的时候了。"

汉武帝元光五年（公元前130年），匈奴入侵上谷（即今河北怀来），杀戮吏民，抢掠牲口，气焰嚣张。开始汉武帝想用诈降之计诱匈奴进入伏击圈，进而一举灭之，但因计泄未果。从此，一场长达近二十年的大规模军事反击匈奴的战争终于拉开了序幕。

在这场战争中，也许是冥冥之中的安排，卫青作为汉武帝的小舅子临危受命，深入漠北。屡获奇功。他则从一个普通的将军，脱颖而出，一跃而成为汉军统帅，指挥和领导了反击匈奴的战争，并取得了彻底胜利。

元光六年（公元前129年），汉武帝命公孙贺为轻骑将军，出云中（今内蒙古托克托东北）；太中大夫公孙敖为骑将军，出代郡（今河北蔚县）；卫尉李广为骁骑将军，出雁门（即山西右玉南）；卫青为车骑将军，出上谷（河北怀来县）。每路各率精骑万人，分路出击匈奴。

从军事学的角度分析，汉武帝这样部署是失策的：几路大军同时进发，不相连属，又不置战场总指挥，结果只能是你打你的，我打我的，像聋子、瞎子一样到处乱撞。但从另一角度来说，这对于卫青单独指挥方面军作战却是一次难得的锻炼机会。

在这次对匈奴的出征作战中，其他几路都是无功而返：李广恃勇轻进，全军尽失;公孙敖阵前失利,损兵七千余人;公孙贺未斩一敌;唯有卫青出上谷,斩敌数百而返。因功,汉武帝封他为关内侯,其他几个将军都受到了废为庶人的处分。

元朔元年秋(公元前128年),匈奴乘草肥马壮之时,驱兵犯边。匈奴杀了辽西太守,又掠吏民众二千余人。汉武帝命卫青出击。领命后,卫青出兵神速,斩虏数千,得胜而回。

元朔二年(公元前127年),匈奴再次犯上谷、渔阳(即北京密云西南),卫青奉命率精锐骑兵四万出击。他利用骑兵集团高度的机动性和冲击力,作响心突击。卫青甩掉后方,以迅雷不及掩耳之势直扑大漠深处,与匈奴主力决战。从云中出塞后,卫青与匈奴右贤王主力大战于高阙(今内蒙古抗锦旗阴山西南长城口一带)。然后急转西进,直抵陇西进击匈奴。最后获白羊、楼烦二王,以及匈奴兵五千人,并夺得牛羊一百多万头,收复了秦代开拓的河套地区。

捷报送到长安,汉武帝兴高采烈,诏封卫青为长平侯,食邑三千八百户,随军将校苏建为平陵侯,张次公为岸陵侯。

元朔五年(公元前124年),卫青率骑兵三万从朔方、高阙出关反击匈奴。匈奴右贤王探得汉军大举出击的消息,自知实力不敌,遂退出塞外。右贤王以为汉军不敢深入匈奴腹地,乃放松戒备,拥娇娃夜饮。而卫青利用匈奴的这种心理,率精骑数万,深入塞外七百里,以神速的动作,乘夜突袭匈奴右贤王。右贤王闻警大惊,慌乱中只率数百人逃跑。这一仗,汉军虏获匈奴裨王十余人,男女一万五千余人,牛羊数百万头。

得知前方大捷,汉武帝立即派使臣前去慰劳,拜卫青为大将军,节制诸将,加食邑八千户。这次不仅随军其他将士多有封赏,卫青三个尚在襁褓中的儿子也被封为列侯,只因卫青坚辞才未封。

为彻底解除边患,消灭匈奴主力,汉武帝准备对匈奴作致命的一击。元狩四年(公元前119年),汉武帝下了征兵总动员令,征集了十万精锐骑兵和数十万后勤部队,由大将军卫青和卫青的外甥、骠骑将军霍去病率领,对匈奴实施大规模反击。

卫青和霍去病各率五万精锐骑兵,采取分进合击的战略,越过浩瀚大沙漠深入匈奴腹地。卫青率军从定襄出塞后,深入漠北一千多里,穿过大沙漠,与匈奴主力对阵。

两军恶战一整天,至黄昏时,风大沙起。卫青乘双方正在疲劳之际,就把自己的两万预备部队投入战场,分两路从翼侧夹击匈奴。匈奴不支,全线崩溃,卫青乘势率军紧追不舍二百余里,追至寘颜山(今蒙古戈壁省)而还。

这一仗,卫青大破匈奴主力,捕斩匈奴兵将一万九千人。霍去病北上行军两千里,大败匈奴左贤王,斩获七万人,取得了空前辉煌的胜利,从而使汉王朝的北部边疆出现了和平安定的环境。匈奴在几次大战中的损失,匈奴民歌是这样描述:"夺我祁连山,使我六畜不得息;夺我胭脂山,使我妇女无颜色。"

因取得了汉王朝建国以来从未有过的大胜利,卫青和外甥霍去病同拜大司马,共同管理全国的军队。舅舅和外甥同为大司马的例子,在中国军事史上,唯有卫青和霍去病两人而已。

2.受宠不骄,富贵终身

在中国封建社会的政治生活中,武将擅权和后戚秉政是造成王朝动摇甚至解体的两个基本因素。皇后主持六宫,是与皇帝一样君临天下的至尊至贵之人。皇后的家人也因她而飞黄腾达,有的甚至掌握朝政,主宰天下。如果后戚心术不正,那王朝就有改姓的危险。如汉高祖的皇后吕雉,就差一点把刘姓王朝变成了吕姓王朝。

作为卫青来说,姐姐是当今皇后,自己又是屡立大功、威震天下的大将军,在这种情况下,很容易使人飘飘然,忘乎所以,飞扬跋扈,不可一世,最后落得个身败名裂的悲惨下场。

但卫青不是这样,时刻保持清醒的头脑、谦恭待人的品质和护国尊主的臣节。因此,汉武帝对他既尊敬又佩服,宠信不衰。所以,古人说的德深者必福厚这句话并非虚言。有三件事,可看出卫青的性格和人品:

元朔五年(公元前124年),卫青率军反击匈奴,大胜而还。汉武帝不仅封卫青为大将军、加食邑八千户,同时,还要封卫青的三个尚在襁褓的儿子为侯。见此,卫青上表坚辞,诚恳地对汉武帝说:"汉军大捷,是上赖陛下武威,下赖全军将士力战的结果,臣何力之有? 即使有微功,陛下已经赏赐了,臣之三子尚是幼儿,无功无德,现要封列侯,于理不妥,以后臣在军中何以鼓励将士效命力战呢？臣不敢奉诏。"

汉武帝一听，大为感动，说："难得你如此仁贤，朕安敢忘记其他将士而怜惜爵位呢？"于是就停止封卫青之三子，改封护军都尉公孙敖为合骑侯，都尉韩说为龙颌侯，骑将军公孙贺为南窌侯，轻车将军李蔡为乐安侯，校尉李朔为涉轵侯，校尉赵不虞为随成侯，校尉公孙戎为从平侯，将军李沮、李息和校尉豆如意为关内侯。此举一出，全军大悦，皆颂卫青之德。

元朔六年（公元前123年），卫青率军出定襄，将军苏建与赵信引军三千，为匈奴主力所围，激战一日，死伤过半。赵信原本胡人，见事危，乃引残军投降，苏建被俘，最后只身逃出匈奴，归汉营请罪。

如何处理苏建，卫青召集长史、军法官和议郎一起商量。按卫青的职权，可以处斩苏建，所以，长史、军法官和议郎均主张立斩苏建，以树大将军之威。可卫青不以为然，说："按军律，苏建当斩，但斩杀逃将之权，作为人臣不能擅使，应归之于皇上，由皇上定决。我身为大将军，以诚待人，又有后宫之助，不患无威。"

于是，卫青派人把苏建枷入京城，交由汉武帝处置。武帝听说卫青之所为后，对卫子夫说："汝弟乃忠厚之人，令朕叹服。"就赦免了苏建死罪，废为庶人。

元狩五年（公元前118年），平阳公主的丈夫平阳侯曹寿因恶疾病故。汉武帝见年轻的姐姐孀居，就劝她再找一个，并允许平阳公主在朝廷文武百官里挑选，选中谁，汉武帝就亲自当媒人。平阳公主道："当今朝廷中谁最贵者，我就嫁给谁。"汉武帝排列了一下，当今朝廷最贵者，唯卫青一人：姐姐是皇后，自己是大将军，又封为列侯。但卫青曾当过平阳公主的家奴，现女主人要下嫁以前的奴仆，人们都觉得有点不妥。平阳公主得知后，理直气壮地说："他当奴仆是他的过去，现在是英雄、大将军，有何不可？"

如此一来，"姐夫当媒人找姐夫"，不仅成了当时汉王朝的头号新闻，而且也成为中国历史上的一段佳话，唐朝诗人王昌龄为此曾写过一首七绝：

昨夜风开露井桃，未央前殿月轮高；

平阳歌舞新承得，帘外春寒赐锦袍。

从此，卫青更加贵宠无比。但是，卫青并没有盛气凌人，而是谦恭有臣节，不违法，不犯上，对同僚和以前跟随自己转战千里的将校，都能平等对待。有一次,他的一个家奴仗势犯法,卫青二话没说,就把家奴绑上送给廷尉处斩。太子刘据是卫青亲外甥,屡有过失。卫青知道后,就对太子痛加训斥,并对汉武帝说:"太子喜与群小为伍,愿陛下能严加管束。"汉武帝笑道:"他既是我的儿子,也是你的外甥,你也有责任。"

正因为卫青有如此榜样,他的儿子以后都官至列侯、将军。他的外甥霍去病二十四岁就成为赫赫有名的战将,远征匈奴立有大功,官拜大司马。因霍去病早死,其弟霍光辅佐汉昭帝、汉宣帝,忠心耿耿,无有二心,成为中国历史上可与成汤时的伊尹、西周的周公比美的贤相。

元封五年(公元前 106 年),卫青病死于家中,汉武帝得知后,伤心痛哭不已,诏令罢朝五天,以示哀悼,同时命把卫青下葬武帝的茂陵旁边,让卫青永远陪伴自己。

一个牧猪之奴终于走到了人生最辉煌的顶点,此归于天意?抑或人为?还待后人深思之!

飞将军李广

西汉中期的著名战将李广,是中国军事史上有名的飞将军。他一生从军四十余年,经历大小战争上百次。匈奴畏之如虎,望名而靡,称他为"战神"。但是,他一生的运气很不佳,职不过将军、太守,禄不过两千石。是汉武帝有功不赏?不是,是李广打仗不行?亦不是,年过六十,还要被后起之秀唤去受审,李广愤懑已极,只好拔剑自杀,为中国军事史上增添了一段悲壮史话,连历史学家司马迁都替他惋惜:"李广如此,岂非命也哉!"

1."飞将军"的由来

李广,陇西成纪人(今甘肃秦安县),生于高后(吕雉)二年(公元前 186 年),死于武帝元狩四年(公元前 119 年)。李广一生经历了文、景、武三朝,他在文帝后期投军,景帝时仕途正旺,武帝时则是他军事生涯的高峰和悲壮期。

李广的曾祖父是秦始皇著名的大将李信,曾随王翦大破燕国,并追燕太子丹于易水,斩其人头而还,威名赫赫。所以,作为将门之后的李广,'从小就以习

飞将军李广

武、骑马、射箭为职业,并练就了一身惊人的武功和骑马、射箭的技术,为他以后在战场上领军杀敌打下了坚实的基础。

青少年时代的李广,英气勃勃,意气昂扬,志在边塞。二十岁时,他以将门之后和武功入选为吏。后进入边塞抵御匈奴。从此,他一辈子就在与匈奴的厮杀中度过。他对前景充满了希望和憧憬,想真刀真枪地干出拜将封侯的不世之功。

有一次,他在长安遇到一个相者。李广来了兴趣,就向相者询问自己的前途。相者看了半天,说:"你是个好人,心地善良。"李广连忙打断他的话:"我不想谈这个,我想知道我以后能不能拜将封侯,光耀门庭。"相者道:"你呀!禄不过两千石,官不过太守、将军,而且一生郁郁不得志。因为你山根不高且瘦,面槽乱而中断,这叫相上不有终,功业一场空。"李广一听,哈哈大笑,对相者说:"人生如有命,命在何处?我到时封个侯给你看看。"说完,扬长而去。

李广为人敦厚,话语不多,更不会弄虚作假,投机钻营。他忠于职守,爱兵如子。每次率兵与匈奴作战时,他总是一马当先,身先士卒,屡有斩获。受赏时,又忘不了那些与自己出生入死的士兵,先人后己。士兵没有吃的,他总不独食,士卒没有扎好营帐,他总不独寝。中国古代有句成语:冬不当裘,夏不当盖,与众同也。在这方面，李广大概是做得比较好的一个。

有一次，李广率兵与匈奴作战，回撤时，发现少了一个兵。李广立命副将率队等候，自己骑马回返，寻找那失踪的士兵。最后发现这个士兵受了伤躺在一条水沟边呻吟，李广连忙把这个士兵扶上马，而自己则持刀、当弓步行，最后终于跟上了大部队。此事在士卒中影响极大，大家都乐意与李广一起作战，从不畏难、后退，即使战死也无怨言。

还有一次，李广与几十个士兵去山中打猎。时值傍晚，天色朦胧，李广兴致未减，还想再猎一阵才回营房。这时，突然发现前方不远处有只老虎蹲在那里。李广一见，连忙招呼士兵后退，自己搭箭开弓，"嗖"的一声一箭向那虎射去。过了一会儿，还不见动静，大伙连忙围成一圈，上前看虎是否已死。不看不知道，一看吓一跳：原来李广错把石头当老虎了，而且那箭已射入石头里面，深达数寸。李广自己一看，也惊且疑，觉得自己的箭不可能射进石头。于是又向石头射了一箭，但再也射不进去了。箭头碰到石头，只能溅出一点火星。

此事在军队中很快就传开了，而且越说越神，说李广是"神将"，连石头都可以射穿。而李广本人也觉得此事十分费解蹊跷，也许自己确非平庸之辈？从此他更加勤奋谨慎，杀敌更加勇敢。所以，汉景帝四年（公元前 151 年），三十多岁的李广就担任陇西太守（今甘肃东部），以抵御从河套地区南下的匈奴骑兵。以后，又相继担任上谷（河北怀来）、上郡（陕西北部）、代郡（河北蔚县）、云中（内蒙古托克托）几个地方的太守，为阻止匈奴的进一步南侵做出了突出贡献。李广自己也认为，此生拜将封侯应是稳操胜券了。

在李广当上郡太守时，汉景帝刘启久闻其勇武和精湛的骑射技术，就派自己身边的宦官来实地检验。有一次，宦官率几十个汉军骑兵出去巡视，在途中碰上了三个匈奴骑兵。宦官何时见过真刀真枪的流血场面？顿时两腿发软，回马便逃。这三个匈奴兵的箭术实在高超，一下子就射伤了十几个汉兵。

宦官在其他人的保护下好不容易回到营帐，并对李广诉说匈奴人如何厉害。李广沉思一下，说："有这样的身手，定是匈奴的射雕人。"并命随从备马，自己率一百名骑兵去追赶这三个匈奴人。因匈奴兵放马慢行，很快就被李广追上。于是，李广连忙命自己的部队左右撒开，自己一马当先，朝匈奴兵大吼一声："匈奴慢走，瞧本将军的箭法！"说完，一箭把一个匈奴兵射倒，另两个见李广威风凛凛,心有三分惧怕,就撒腿而逃。李广一见,喝道:"哪里跑!"又射倒一个,最后一个匈奴兵见不是对手,只好投降。

经审问,真是匈奴的射雕能手,而且是负有侦探任务,大部队还在后头。果然过了不久,数千匈奴骑兵蜂拥而来。敌众我寡,李广所率之兵见了都非常害怕,想往回跑。李广道:"敌有数千,我只一百,而且双方相隔不过几里,能跑得掉吗?如果我们镇定自如,也许还能转危为安,顺利回到营寨。"说完,就命令部队继续向前走,到离匈奴军队只有二里远的地方才停下来。接着他又命令士兵下马解开鞍子,把马放开,让其吃草,而人则随便躺在地上,一副漫不经心的悠然样子。

匈奴兵一见,非常疑惑,以为李广等人是诱敌部队,就停留不进,并立即登上山头布置阵地。李广见自己虚虚实实的办法见效,就一马当先,在阵前驰骋,并对匈奴大喊:"瞧本将军的神箭!"这时,天空中碰巧有一只大雁飞过,李广在马上一边跑,一边搭箭开弓,把大雁射落。匈奴兵一见,更为疑惧。李广捡起大雁,对匈奴喊:"有本事的出来与本将军比试一下!"

这时,一个匈奴将领,想靠前去看个究竟。李广一见,朝匈奴兵疾驰而去。匈奴兵一见李广飞驰而来,就搭箭备刀,准备一战。但李广马快箭准,待匈奴兵欲射时,早已一箭飞到。匈奴将领应声落马,李广又上前砍下其人头,朝匈奴部队扬了扬,又立即飞奔回到自己的阵地上。

双方就这样僵持着,一直到晚上,匈奴也不敢出击。到了半夜,匈奴害怕中了汉军伏击,就引兵退去。从此,他们就为李广取了个非常响亮的绰号:"飞将军"。每次与汉军交锋,只要闻李广之名,就自动引兵退去。几千年来,"飞将军"就成了李广的代名词而流传于中国军事史。

景帝的宦官回去后向皇帝汇报,极赞李广之勇。说:"如遇大敌,李广可挡之。"于是景帝遣使慰劳,并赐御酒一坛以示奖励。

从李广投军到汉武帝大规模反击匈奴,几十年来,李广都是在边界上与匈奴进行着这样小规模的战斗。李广名气虽大,而且威猛,但最终战绩总是不大。所以,一直到汉武帝大规模用兵,李广还是个将军兼俸禄二千石的太守。

所以,李广也决心在未来反击匈奴的战场上好好厮杀一番,立下大功,拜将封侯,显名后世。

2.忧愤自刎

作为一个将军,奋勇杀敌,忠于国家、忠于职守、爱护部属,李广当之无愧。但是,做一个大将、帅才,使其独当一面,不知是李广才智不及还是命运不济,总是很不理想,有时甚至大败而归。

元光五年(公元前130年),汉匈之间大规模的战争正式拉开了序幕。

如此规模宏大的战争,需要大批的军事指挥人才。理所当然,身经百战、素令匈奴闻风丧胆的李广更是应选之列。这一年,李广已有五十七岁了,当他得到皇帝的诏令后,欣然从命,决心要在自己的晚年,为国家打几次出色的战役,以实现自己拜将封侯的人生夙愿。

元光六年(公元前129年),匈奴兴兵大举入侵,大肆抢掠吏民和牛羊。匈奴前锋已达上谷(今河北怀来县),边境告急,狼烟四起。由于有了较长时间的准备,汉武帝决定大规模反击匈奴,以消边患。于是就令卫青为车骑将军,出上谷;公孙贺为轻骑将军,出云中;太中大夫公孙敖为骑将军,出代郡;卫尉李广为骁骑将军,出雁门。各将各率精骑万人,分路出击匈奴。

如单从军事指挥上加以检讨,汉武帝这样部署是严重失策的:数路大军出击,没有战场的统一指挥;自己坐镇长安遥控,如果一旦其中一路失利,其他各路则不能相救。各行其是的打法是不符合军事规律的。

如从另一方面看,也许是汉武帝想通过不任命战场总负责的做法,以检验各将军之才,然后从中挑选大将。因此,对于李广来说,这是一次难得的机会:如自己的部队取得了胜利,他以后的前途将会无限美好。

可李广没把握好这次机遇。当他率军出雁门之后,正碰上匈奴左贤王的部队。左贤王听说是汉军飞将军率领的部队,就引兵后退。李广以为匈奴后退是胆怯,就率部猛追,结果陷入了左贤王的重围。李广知道上当,只好率军血战。但终因寡不敌众,全军尽失。李广本人也受伤为匈奴所擒,只因他在途中诈死,不为匈奴兵注意,才夺马逃归汉营。

几路大军出击,唯卫青获胜而还,其他几路均大败而归。论功行赏,卫青被封为关内侯,以后历任对匈奴作战的总指挥、大将军,而其他将军皆受罚。李广因丧师之罪,法当必斩,后经人出钱说情,被废为庶人。

作为一个将军，一下子削职为民，让其闲居，其心情可想而知。有一次，李广与能望气以知祸福的相士王朔一起饮宴。李广说："我年轻时，相者谓我不能封侯，禄不过两千石，难道果真如此吗？"王朔说："你面相是不好，但你的气好，头顶上福禄茂气缭绕，应该是能封侯的。不过将军你想一下，你平生最后悔的事是什么？"李广想了一下说："我当陇西太守时，曾一次诱杀降羌八百人，至今悔之。"王朔道："祸莫大于杀已降，此乃将军为什么不能封侯之所在。"

更使李广心绪不平的是：自己厮杀几十年，还是个太守之职。那些比他小十几岁、甚至几十岁的后生，位都在其上。如公孙敖，自己当将军时，他还是个兵，现在居然封了侯；他的堂弟李蔡，也已位至诸侯国丞相，封为列侯。

元朔六年（公元前 123 年），汉武帝又以卫青为车骑将军，率骑兵三万从朔方击匈奴，结果大胜而返，斩首上万。因功，卫青被封为大将军，跟随卫青出征的其他将校如公孙贺、李朔、赵不虞等人都沾光封了侯。

元狩四年（公元前 119 年），汉武帝为了彻底击败匈奴，下了大规模征兵的诏令。汉武帝征集了全国精锐骑兵十万，另加数十万的后勤运输部队。他把部队分两路向匈奴出击。一路由大将军卫青率领从定襄出塞，一路由骠骑将军霍去病率领从代郡出塞。然后采取分进合击的战略，深入匈奴腹地，准备对匈奴进行一次一劳永逸的打击，以彻底解除边境之患。

李广在家闲居几年之后，觉得自己已老，再不立功就没有机会了，于是就向汉武帝请缨，要求上阵杀敌。汉武帝敬其威、服其壮，就命他率军属于卫青麾下，参加大军远征，并担任前将军。

但这一次，李广也没有否极泰来。出征前，卫青召集各路将领，交待事宜和具体任务。会上他强调说：各将军必须分路引进，在规定的时间内到达指定位置，然后再向匈奴腹地挺进。但由于没有向导，李广迷了路，落在卫青的后面，没有按规定的时间与卫青会合。

卫青得知后，很是恼火，派人去李广军营，询问后到缘由。按汉军律，后到误战者必斩。但卫青慎重，没有贸然行事，只令李广指挥部的幕僚去大将军处听审，视其情况再向汉武帝汇报。李广知道后，很气愤，说："迷路迟到的事罪责在我，我的部下没罪。要听审，我去好了。"说完，亲自骑马去大将军驻地听审。

在途中，李广百感交集：卫青乃牧猪之奴，虽有战功，在很大程度上，是靠了她姐姐卫子夫的关系，才爬到这么高的位置。自己从军几十年，身经百战，威震敌胆，最后还要受卫青这种后生的侮辱。李广越想越难受，在到达卫青驻地后，对人说："我与匈奴进行了几十次的战斗，不想迷了一次路，就有了罪。我六十多岁了，还要去听审，受幕府那些刀笔吏的污辱。这真是命也。"说完，拔出剑来，往自己脖子上一抹，一代飞将军就这样了却了自己的一生。

李广自杀的消息传到他率领的部队，将士们无一人不下泪。而友邻的部队听到了这消息，也号啕大哭。大家都为李广抱不平，鸣冤叫屈。后来军中不时有人定时祭祀他，以纪念他为国家忠勇奋斗的一生和爱兵如子的品德。

古人云：谋事在人，成事在天。天者，时也，势也，运也。李广最终没有封侯，时乎？命乎？

文人传说

汉代才女卓文君

卓文君，西汉临邛人，蜀君临邛富商卓王孙之女，善鼓琴，十七而寡。回娘家后，时以琴抒发忧伤。她才貌双全，后与司马相如结伴终身。

1.卓文君卖酒

学过一点历史的人，也许都知道卓文君是出生在大富人家的小姐。然而，民间传说她后来却白手起家、艰苦创业，自己学会酿酒，还亲自开店卖起酒来。这到底是怎么回事？大家欲知其原委，还得从司马相如与卓文君的奇遇说起！

早在西汉时期，蜀郡成都有个才子名叫司马相如，字长卿。此人虽说话有些口吃，但好读儒书。他下笔千言，才思敏捷，喜阅兵卷，擅长剑击。曾读战国史，深为蔺相如的为人所感动，故取名为"相如"。他家原很富裕，因以家财求得在汉景帝御前当上一名武骑侍卫，专管陪同皇帝打猎取乐。他厌倦此差事，便暗地拜当时著名的文学家胡安为师，希望在文学界有所作为。从此，他常和文人交往,写了不少文章,最有代表性的是《子虚赋》与《西京赋》,它独具风格,成为汉代辞赋的奠基者。

司马相如不愿为官受人驱使,他决心回到故里成都,可时过境迁,家已衰败,贫穷难以度日。他有个好友名叫王吉,时为临邛(即今四川邛崃市)县令,邀他去临邛小住,司马相如来到这里,王吉觉得别无相助,便决定以县令身份常去拜访,以提高相如的政治地位。王吉每天都要到他住地看望,对他十分恭敬。临邛富豪之家甚多,大都把司马相如视为达官贵人,争先逢迎,以贵宾相待,一时成为临邛城里最尊贵的客人。

一天,临邛第一富家卓王孙,设宴招待县令王吉,同时也请司马相如作陪。司马相如进入卓府,由县令王吉一一介绍,所有在座的人都为他的仪表风度所倾倒。酒宴行至半酣,王吉请相如表演弹琴。他再三推辞,无奈盛情难却,只好调拨琴弦,弹唱美妙幽雅的古曲:"凤兮凤兮归故乡,游遨四海兮求其凰,有一艳女兮在此堂,室迩人遐毒我肠,何由交换为鸳鸯。""凤兮凤兮从凰栖,得托子屋永为妃,交情通体心和谐,中夜相从别有谁。"司马相如所弹的琴音四座皆惊,无不认为:此曲只应天上有,人间哪得几回闻。那时,卓王孙的女儿卓文君,因丈夫去世,寡居娘家,听说才学过人、风度翩翩的司马相如来到临邛,可惜无法相见,她悄悄躲在屏风背后,听到这美妙的歌喉和琴音,爱慕之情油然而生。司马相如也早从王吉那里得知卓文君才貌双全,也倾心暗恋。自宴会结束后,他通过文君的侍者传书,向文君表明了爱慕的心意。一天夜里,卓文君不顾封建礼教的束缚,从家里逃走,直奔司马相如的住处,结伴前往成都,住在相如老家,不久便结成一对美满的夫妻。

相如家境贫寒,生活十分清苦。而文君之父卓王孙虽是富豪,因不同意她俩结婚,于是分文不给。于是,文君与相如商量,仍回到临邛,在乡亲们的帮助下,自力更生,从无到有,自己请酒师开作坊,文君学会酿酒,在临邛城里的闹市口开设了一家酒店。文君不顾小姐体面,亲自升炉卖酒,相如也不顾文人学士身份,身扎围裙,打杂跑堂。由于文君酿的酒味香可口,加上酒店服务态度好,生意越做越红。不料,卓王孙听到这个消息后,不但不高兴,反而感到这对他是个莫大的耻辱,便毅然断绝了父女关系。可是,文君与相如仍凭双手勤劳挣钱,日子越过越好。

随后,汉景帝驾崩,武帝接位。一天,新皇帝翻阅到司马相如的作品,突然发现他是奇才,叹惜与他相见恨晚,即刻下诏,令司马相如进京。

相如进京为官后,文君不愿享受朝廷的荣华富贵,仍立志在临邛开店卖酒为生。从此,卓文君卖酒的故事代代相传,一直在民间流传至今。而"文君井"的水酿出的酒,便是当今四川有名的邛崃"文君酒"。

2.卓文君的数字诗

西汉著名的辞赋家司马相如,曾因写出《子虚赋》《上林赋》这样的好文章,深得汉武帝的赏识。司马相如被重用后,顿觉身价倍增,连原来的妻子卓文君也觉得配不上自己了。但是,他又觉得不好直言休妻,于是写给妻子一封信,投石问路,试探着办。

卓文君在家天天想,日日盼,过了整整五年才接到丈夫的这封信,真是如获至宝,她拆开一看,信上只有十三个数字:

一二三四五六七八九十百千万

卓文君不是个等闲女子,这个绝顶聪明的才女读这十三个数字的信,对别人来说,疑如天书,而卓文君很快就琢磨出它的奥秘:十三个数字,从小到大,唯独少了一个"亿"字,而"亿"字与"意"音同,无"亿"不就是要割断夫妻关系的意思吗?

卓文君看到丈夫的这种数字游戏,婉转着心思要与自己离异,真是伤心极了,她思绪绵绵,感情起伏激荡,并马上写了一封回信:

"一别之后,两地相悬,说是三四月,却谁知五六年,七弦琴无心弹,八行书无可传,九连环从中折断,十里长亭望眼欲穿,百般想,千般念,万般无奈把郎怨。万语千言说不完。百无聊赖十依栏,重九登高看孤燕,八月中秋月不圆。七月半烧香秉烛问苍天,六月伏天人人摇扇我心寒,五月石榴如火偏遇阵阵冷雨浇花端。四月枇杷未黄我欲对镜心意乱,急匆匆,三月桃花随水转,飘零零,二月风筝线儿断。噫!郎呀郎,巴不得下一世你为女来我作男!"

卓文君根据司马相如来信中的数字,巧妙地连缀成文,把盼夫之心、怨夫之情写得感人肺腑。司马相如阅后愧疚不已,回忆文君与之私奔之情,遂回心转意,把文君接到长安,夫妻恩爱如初,直到百年。

西汉辞赋家东方朔

东方朔(前154～前93),字曼倩,平原厌次(今山东惠民东北)人。武帝即位,征召四方有识之士,他上书自荐,诏拜为郎。后任常侍郎,太中大夫等职。性情诙谐幽默、善于辞赋、巧于辞令,是汉武帝身边受宠的智囊人物。

1.上书自荐

传说汉武帝即位初年,征召天下贤良方正之士和有文学才能的人。各地士人、儒生纷纷上书应聘。东方朔也给汉武帝上书,他上书用了三千片竹简,两个人扛才扛得起,武帝花了整整两个月的时间,才将它读完。他在自我推荐书中说:"我东方朔少年时就失去了父母,依靠兄嫂抚养长大成人。我十三岁才读书,勤学刻苦,三个冬天读的文史书籍就已够用了。十五岁学击剑,十六岁学

东方朔

《诗》《书》,读了二十二万字。十九岁学孙吴兵法和战阵的摆布,懂得各种兵器的用法,以及作战时士兵进退的钲鼓。这方面的书也读了二十二万字,总共四十四万字。如今我已十二岁。身高九尺三寸。双目炯炯有神,像明亮的珠子,牙齿洁白整齐,像编排的贝壳,勇敢像孟贲,敏捷像庆忌,廉俭像鲍叔,信义像尾生。我就是这样的人,够得上做天子的大臣吧! 臣东方朔冒了死罪,再拜向上奏告。"

武帝读后,哈哈大笑,但赞赏他的气概,于是命令他待诏在公车署中,但俸禄不多,他也得不到武帝的召见。东方朔本来以为来到公车署中,武帝很快就会召见他的,谁知过了很长时间,也没有受武帝召见的迹象。东方朔心想:莫非是皇上将我彻底地忘记了? 这可不行,得想个办法尽快见到皇上才是。

一天,东方朔出游都中,见到一群侏儒,他顿时心生一计,走到侏儒面前,恐

吓他们道:"你们的死期要到了!"侏儒连忙问他为何,他说:"像你们这样矮小的人,活在世上无益,力不能耕作,也不能做官治理百姓,更不要说拿兵器到前方去作战了。像你们这样的人,无益于国家,只是活在世上糟蹋粮食,所以如今皇上一律要杀掉你们。"侏儒听后,抱头大哭起来。东方朔又安慰他们道:"你们先不要哭,我有一个办法能救你们。你们守在这里,等到皇上从这里经过,你们就过去叩头谢罪。皇上便会赦免你们。"

侏儒们每天都守在那里,焦急地等待武帝出现。一天,汉武帝乘辇过来,侏儒们拦在辇前,号泣叩首。武帝感到很惊讶,问侏儒们"你们为何而哭?"侏儒说:"东方朔说皇上对我们这些矮小的人,统统都要杀掉!"汉武帝叫人马上将东方朔找来,问他为什么要如此说。东方朔回答道:"臣东方朔活着要说,死了也要说这些话。那矮子身长只有三尺多,却有一袋米的俸禄,还有钱二百四十。我身高九尺多,也只拿到一袋米的俸禄,钱二百四十。那矮子饱得要死,我饿得发慌。陛下广求人才,您认为我讲的话对的,是个人才,就重用我;不是人才,就罢退我,不要让我在这里浪费粮食。"皇上听了哈哈大笑,觉得此人确实聪明过人,任命他为待诏金马门。这样,东方朔以后见到皇帝的机会就多了。

2.破"仙酒"之惑

汉朝时代,汉武帝刘彻想长生不老、修炼成仙,于是命令手下的臣子为他出外寻找不老仙药。臣子们不敢怠慢,四处访寻。

一日上朝,一位大臣向汉武帝献上一壶"仙酒",说是从一个鹤首童颜的老道处找来的,皇上饮了可以长生不死。汉武帝非常高兴,忙说:"爱卿有功,快递上来,让我试试。"

东方朔早就对汉武帝迷信长生不死之药有意见,多次劝谏,汉武帝都听不进去。他想,我今天定要利用这个机会,让皇上明白这些都是骗人之术。

当那个献酒大臣捧着酒,诚惶诚恐,趋步向前时,东方朔一个箭步,赶在他前面,接过"仙酒",张开口,一仰脖子,咕噜咕噜,一饮而尽。东方朔在皇上面前如此无礼,满朝文武都惊呆了。

汉武帝气得暴跳如雷,急忙令人把东方朔捆起来,要推出宫门杀头示众。东方朔却像没事一样,望着皇帝哈哈大笑,把汉武帝给弄糊涂了。他问东方朔:

"东方朔呀！你是真的不怕死，还是醉酒了？"

"我没醉，一点也没有醉。陛下，我今日喝了这么多仙酒，陛下如能把我杀死，这酒又如何称得上是仙酒呢？如果不是仙酒，陛下喝此酒又何益？这个明摆着的欺君骗局，陛下还信以为真，怎么不叫我觉得好笑呢？"

汉武帝被他这么一说，仿佛大梦初醒，立即把东方朔放了。从此，汉武帝再也不听信什么长生不死的胡言乱语了。

3.正色谏武帝

汉武帝有个姑妈叫馆陶公主，也叫窦太主，她的丈夫堂邑侯陈午英年早逝，窦太主便一直守寡，转眼就到了五十多岁。后来，窦太主结识了一个卖珠宝的女子，这位女子经常到她家去，身边还带了个十三岁的儿子董偃。

董偃长得十分漂亮，人又聪明，很是招人喜欢，窦太主就把他留在身旁，教他御射术。到了十八岁时，董偃已是个仪表堂堂的英俊少年了，他与窦太主出则执辔、入则侍侧，关系非同一般，整个京师都知道他与窦太主的关系，以董君称呼他。

一天，汉武帝到窦太主家做客，公主激动万分，亲自下厨做菜。武帝坐定后，对姑妈说："希望能见见你的主人翁。"窦太主就把董偃引了出来。董偃头戴绿帽子，手套皮筒子，跟在公主的后面，对武帝说："微臣董偃，公主家的庖人，冒死叩拜皇上！"武帝见他长得英俊潇洒，也很喜欢，赏赐了他很多东西，并喊他"主人翁"。从此，董偃经常与武帝斗鸡走狗，游猎踢球。

由于与武帝关系日趋亲热，董偃名声大噪，京城王公贵戚没有一个不认识他的。一天，武帝在宣室设酒宴款待窦太主和董偃。当他们要进入宣室时，东方朔突然出现，执戟上前阻拦，对武帝说："董偃有三个罪名，每条罪都是死罪。他以人臣的名义，私侍公主，这是第一条死罪。败坏男女风俗，搞乱婚姻礼制，有伤先王的制度，这是第二条死罪。陛下正当壮盛之年，须积思于六经，留心于王事，追慕唐虞的政治，仰敬三代的教化，而董偃却不知依经劝学，反而以靡丽为重，奢侈为称，尽狗马之乐，极耳目之欲，和邪枉之道，径淫辟之路，这是国家之大贼，社会之大害，这是他第三条死罪。"

武帝听后，默不作声，过了一会儿，说："我已经摆好酒宴，下次再改吧！"谁知东方朔正色道："不可以。宣室是先帝的正殿，如果不是议论正当的国事，不能进去。正是这样，淫乱的事情才渐渐消除了下去。坚貂教恒公淫乱，后来终究和易牙一同为患；庆父缢死于莒国，鲁国方得安宁；管蔡诛灭了，同室方得治安。请皇上三思。"武帝听罢说："你说得有理。"于是下诏停摆酒宴于宣室，改摆在北宫。并让董偃从东司马门进去，后又把它改称东交门。同时赏赐给东方朔黄金30两。从此，董偃逐渐失去了宠爱，30岁就去世了。汉武帝也远离了斗鸡走狗、游猎踢球这些无聊的游戏，励精图治、兢兢业业，一心扑在国家大事上。

司马迁忍辱负重著《史记》

司马迁

　　司马迁（前145或前135~?），字子长，夏阳（今陕西韩城）人，是太史令司马谈之子。早年从董仲舒学《公羊春秋》与孔安国学《古文尚书》。二十岁后漫游各地，考察遗闻轶事，搜集史料。西汉杰出的史学家、文学家、思想家，所著《史记》是我国历史上的第一部通史，同时也是一部伟大的文学著作，它对后世文学的发展有着巨大而深远的影响。

　　司马迁七岁的时候，他的父亲司马谈任汉太史令。司马谈是一位学问渊博、目光远大的史官。司马迁受父亲的影响，从小就怀有很大的雄心壮志。

　　公元前110年，当时司马迁三十五岁，他奉命从四川回到京城，看望病重的父亲。司马谈拉着他的手哭着说："我们的祖先是周朝的史官，远祖掌管天文历法，已成累世家学，后一度衰落。你如能再作太史令，那就可以继续祖先的事业了……"司马迁泪流满面，低着头对父亲说："儿虽不材，但一定会把祖先和您所谈论的内容记录下来，好好继承先辈的事业。"不久，司马谈就死去了。三年后，司马迁果然继承父职作了太史令。他废寝忘食，刻苦攻读，为写《史记》作了充分的准备。

然而正当司马迁雄心勃勃、发奋写书的时候,祸从天降,他因"李陵事件"讲了一些真情实话,而惨受宫刑。受了这样的奇耻大辱,他悲愤欲绝。但是,为完成父亲嘱托的事业,给后人留下信史,司马迁决定活下去,发愤著书。

两年后,司马迁受赦出狱,喜怒无常的汉武帝又召他做中书令。有一天,司马迁正在家中写《史记》,突然看见大儿子司马临怒气冲冲地闯进来,说:"爹爹,你看我从市上揭来的揭帖。"司马迁接过一看,只见上面写着:

鱼跃龙门变成龙

还看鲤鱼雌与雄

假若非雄也非雌

跃上龙门也非龙

原来,这是朝里与司马迁为敌的李二师一伙人干的。后来,司马迁的朋友知道了这件事,都竭力反对他应召。他们说:"你这个德才兼备的司马迁,为何非要进宫作'闺阁之臣',甘受此辱?"司马迁强忍心中的剧痛说:"不进宫怎知宫廷秘史? 不和帝王将相打交道,怎知他们灵魂善恶? 不应召,史书又怎样去写?"

后来,司马迁进了宫,作了中书令。但他知道,他写的这本纪传体通史的《史记》,必然会遭到汉武帝的反对。因此他早就做了应对,完稿后他同时准备了几份:一是手稿,后来汉武帝追查,他便将手稿呈交上去,果不出所料,手稿被汉武帝烧毁了;二是副稿,由才智非凡的女儿司马英抄写,以便"藏之名山,传之后人";三是腹稿,他每写一篇,都命外甥杨恽(司马英的儿子)学懂背熟,以确保信史传给后人。祖孙三代,继承祖辈写史的大业,精心保存《史记》,才让这部不朽的著作流传了下来。

梁鸿放鹤台

梁鸿(生卒不祥),字伯鸾,扶风平陵(今陕西咸阳市西北)人,东汉文学家。著书十余篇,皆不传。今存《五噫歌》《适吴诗》《思友诗》。

无锡又名梁溪。提起这,不免使人想起梁鸿、孟光这一对相敬如宾的贤惠夫妻。传说当年,他们是在两只白鹤的带领下逃到无锡来的。

梁鸿满腹经纶,才华出众。太守推荐他到京都洛阳去参加殿试。他到洛阳后,看到皇帝的宫殿造得富丽堂皇,老百姓却白骨成山,就写了一首《五噫歌》:

登上北芒山啊,噫!

看看帝皇家啊,噫!

宫殿多宏大啊,噫!

人民的苦难啊,噫!

永远无尽头啊,噫!

他不愿做官,转身就回了陕西扶风的家里。有人讥笑他"读书不做官,是个大木瓜!"他听了也毫不在乎,宁可坐在山头上,看着他养的一对白鹤,在白云里自由自在地飞翔。

扶风有一孟家大族,孟家有个小姐叫孟光,多少有钱有势的人家去说亲,她都摇头拒绝。孟光说,除了梁鸿,她谁也不嫁。梁鸿听了以后,就前去求亲。

成亲的这一天,梁鸿看见花轿里走出来的新娘子,头上戴金,脚上穿银,上下绫罗绸缎,浑身珠光宝气,他愣了一下,气愤地说:"这不是我梁伯鸾的妻子!"说完,他红丝绳也不肯牵,堂也不肯拜,一甩袖就往书房里走去,几天也不出书房门,不愿见妻子孟光。

这下子可急坏了白发苍苍的老母亲,急得直掉眼泪,双脚直跺。母亲知道儿子的脾气,真倔起来,就是大牯牛也拉不回来。新娘子却一点也不放在心上,反而安慰婆婆不要着急,说她会把丈夫劝过来。成亲后第七天,孟光洗掉脸上粉,拔下头上金,换下脚上银,脱掉绫罗绣袄,穿上一身粗布衣,围上短围裙,亲自煮了一锅香喷喷的小米粥,用盘托了来到书房。她一只脚跪下去,把托盘托得与眉毛一样齐,请丈夫吃早饭。

梁鸿只顾自己看书,没有理睬。孟光又随和地说:"人有了过失,改掉还不好吗?请相公谅察!"梁鸿这才侧过身来,一看妻子这身打扮,倒吃了一惊,连忙端下粥碗,双手把妻子扶起来,又对妻子上上下下打量了一番,"你……"

孟光亲亲热热说:"我怎么了?你真是我心目中的好夫君。人家都说你才学好,品德高,我可要看看你究竟喜欢我什么!"

梁鸿这时才明白过来,原来妻子是有意穿得那样华贵来试探他的。正在这时,一只白鹤飞到窗台上来。梁鸿看到白鹤嘴里衔着一张碎纸片,拿过来一看,

国学经典文库

中国古代野史

·汉代野史·

图文珍藏版

脸上霎时变了颜色。

梁鸿气愤地告诉母亲和妻子，因为他去年在洛阳写了一首《五噫歌》，京都已贴出告示，要捉拿谩骂朝廷的狂妄书生梁伯鸾。母亲吓得面色如土，浑身发抖。

孟光却是面不改色，问丈夫怎么办。梁鸿看看妻子，说道："怎么办？他来捉人，我就远走高飞。我本来要到泰伯（泰伯，一作太伯，周代吴国的始祖）生活的地方去的，可你……？"孟光回答说："既是嫁到你家，生生死死都跟着你！"于是，夫妻俩马上扮成农夫模样，拜别母亲，匆匆上路了。那两只白鹤则飞在天空探望，若是前面有官军拦阻，或有吃公事饭的人出现，白鹤就嗷嗷叫着飞下来，带领梁鸿、孟光另走小路。就这样，夫妻俩躲躲闪闪、走走停停，吃尽了千辛万苦，整整走了八个月，才来到无锡九龙山脚下。

梁鸿初到无锡，生活没有着落，就到皋伯通家去舂米，借住在皋家廊下的小草屋里。皋伯通是无锡大族，有九龙山、皇山两处大庄园。这一天傍晚，皋伯通捋着胡子走来，看到梁鸿在一盏油灯下专心致志地读着《四书》，妻子孟光端端正正坐在一旁缝补，就问他们是什么人。梁鸿说是舂米的佣工。"舂米的还读书？"梁鸿一听就抬起头来回问一句："舂米的为什么就不能读书呢？"

后来，皋伯通才知道梁鸿确有真才实学，想要请他搬进厢房，还说愿意供养他们。梁鸿却摇摇头说："有一间小草屋避避风雨，不冻死饿死就很好了。"从这以后，皋伯通经常到梁鸿的小屋里来坐坐，也说些仁义道德的话。但当他单独见到梁鸿的妻子时就嬉皮笑脸，满肚子邪念欲火。梁鸿知道后，长叹一声："知人知面不知心啊，皋伯通不配做泰伯的子孙！"于是他马上搬出了皋家，住到农夫的家里去了。

梁鸿和孟光在九龙山下住了整整五年，带领众乡亲在山脚下开了一条河，直通太湖，从此这一带的千万亩良田，年年旱涝保收。老百姓都非常感激，就给这条河取名叫梁溪。

梁溪开好后的第二年初春，梁鸿夫妇带着他们心爱的一对白鹤，一起来到泰伯墓地的皇山脚下。由于皇山一带连年干旱，禾稻庄稼多半枯焦，去年收到的三成粮食，又都进了皋伯通的西仓大粮房。这里家家断了炊烟，个个面黄肌瘦，真是"东山农夫无米饭，西仓大户粮成山。"梁鸿本来发誓不再见皋伯通，但为了老百姓,他忍气吞声来到西仓皋伯通家借粮米,皋家宁可粮米发霉发烂,也不肯开仓借粮。怎么办啊!梁鸿急得心里像刀割一般。每天清早,他到皇山去放出那一对白鹤时,总要指指西仓的大房子,拍拍白鹤的红头顶叹着气说:"东山农夫无米饭,西仓大户粮成山。怎么办,怎么办?"这两只白鹤总是睁着乌黑发亮的小圆眼睛,"嗷——嗷——嗷——"叫着,向西仓上空飞去。

有一天夜里,月亮照得像白天一样,乡亲们被一阵"嗷嗷"的叫声吵醒了,大家连忙开门出来,只见天上数不清的白鹤在月光里飞过来,停在每家每户的场头上,又拍打着翅膀"嗷嗷"叫着,向西仓皋家的粮仓那里飞去,一会儿又都飞了回来。"粮!粮!"大家惊喜地喊起来。这一夜,家家户户都收到了几斗几升金黄的稻谷,被皋伯通家抢去的粮食终于又回到了自己家里。

天大亮后,几百只白鹤都飞到山滩上去吃青草,然后又都飞到山弯里去生蛋了。梁鸿、孟光把拳头大的白鹤蛋一篮篮地拎到穷苦的乡亲们家里。第二天,村里村外的孩子都唱起歌来:

梁鸿孟光养白鹤,

帮助乡亲把粮衔,

放鹤放在山尾上,

产蛋产在香山弯。

度过了春荒,梁鸿又带领大家开池挖河,把伯渎港的水引进来,这里的老百姓就慢慢地富裕起来了。

梁鸿去世以后,就葬在泰伯墓旁边。每天清早,人们总可以看见两只白鹤,在墓地上空翱翔,然后就"嗷嗷"叫着向东方飞去。人们为了纪念梁鸿,就把皇山改名为鸿山,现在鸿山上还有很多古迹呢,如梁鸿井、故鹤台、望天台(梁鸿观看天气的地方)、洗砚池、古琴石等等。每年清明节,远近的男女老少都要到鸿山来玩,寻访泰伯、梁鸿的古迹,有些人还能唱这样的歌谣:

凉棚池,牛眼珠,

藤盘池,池喷水,

饮清泉,解酷暑。

班超不计前嫌

班超（32～102），扶风安陵（今陕西咸阳东北）人，父班彪，兄班固、妹班昭具有文名。班超小时候家里较穷，他的哥哥班固被辟为校书郎，班超和母亲一起随哥哥来到洛阳，班超为官府抄书以养家，后投笔从戎。公元73年，接受派遣出使西域各国。

班超一行在西域联络了很多国家与汉朝和好，但龟兹恃强不从。

班超便去结交乌孙国。乌孙国王派使者到长安来访问，受到汉朝的友好接待。使者告别返回，汉章帝派卫侯李邑携带不少礼品同行护送。

李邑等人经天山南麓来到于阗，传来龟兹攻打疏勒的消息。李邑害怕，不敢前进，于是上书朝廷，中伤班超只顾在外享福，拥妻抱子，不思中原，还说班超联络乌孙，牵制龟兹的计划根本行不通。

班超知道李邑从中作梗，叹息说："我不是曾参，被人家说了坏话，恐怕难免见疑。"他便给朝廷上书申明情由。

汉章帝相信班超的忠诚，下诏责备李邑说："即使班超拥妻抱子，不思中原，难道跟随他的一千多人都不想回家吗？"诏书命令李邑与班超会合，并受班超的节制。汉章帝又诏令班超收留李邑，与他共事。

李邑接到诏书，无可奈何地去疏勒见了班超。

班超不计前嫌，很好地接待李邑。他改派别人护送乌孙的使者回国，还劝乌孙王派王子去洛阳朝见汉帝。乌孙国王子启程时，班超打算派李邑陪同前往。

有人对班超说，"过去李邑毁谤将军，破坏将军的名誉。这时正可以奉诏把他留下，另派别人执行护送任务。您怎反倒放他回去呢？"

班超说："如果把李邑扣下的话，那就气量太小了。正因为他曾经说过我的坏话，所以让他回去。只要一心为朝廷出力，就不怕人说坏话。如果为了自己一时痛快，公报私仇，把他扣留，那就不是忠臣的行为。"

李邑知道后，对班超十分感激，从此再也不诽谤他人。

张衡为民除害

张衡(78~139),字平子,河南南阳西鄂(今河南南召县南)人,东汉文学家、天文学家。著有《二京赋》《归田赋》《四愁诗》《同声歌》等。原有集已佚,明人辑有《张河间集》。

东汉永和元年(公元136年)的一天,一个五十开外的老汉坐在河间城的一家酒馆里。他一边饮酒,一边听着邻桌上两个酒客的交谈。其中一个说:"阿秀又出来帮忙啦,也不怕那帮人再来找麻烦?"另一个叹了口气说:"要不是黄大人被诬陷进了狱,他们也不敢这样兴风作浪了。"

老汉这才注意到,酒馆里除了店主人外,还有一个十五六岁的小女孩正在招呼客

张衡

人。老汉想:这女孩出来帮忙,有什么可怕的,"那帮人"又是谁呢,那个黄大人又是谁呢?他正要打听个明白,突然街上一阵混乱,酒馆里的人也都四下逃散了。老汉往街上一看,只见一个花花公子,骑在一匹高头大马上,在离酒馆不远的地方停住。只见那花花公子不知对一个家丁说了些什么,那家丁就朝酒馆跑来,两只贼眼贪婪地盯着阿秀,说:"小丫头,别在这几受罪了,到我们少爷家去享福吧,那什么都有啊。"说着就伸手去拉阿秀。店主人一见,急忙上前求情,话还未出口,就被家丁一脚踢倒在地上。阿秀正要上前搀扶爹爹,就被家丁一把拉住往外拖,在场的人是敢怒不敢言。

坐在酒馆里的那个老汉忍无可忍,站起来大声喝道:"住手!"那家丁一听急忙松手,但当他看见喊话的只是个老头时,胆子就又壮了起来,吼叫道:"你这老头真是大胆,我们家少爷之命,谁敢不从?"说完,又要去拖阿秀。老汉向身旁的几个人使了个眼色,立即有两个壮汉上前拧住家丁的胳膊,厉声说:"还不跪下,张相爷在此!"这么一说,旁边的人们才知道这老汉就是新来的河间相张衡。

那家丁听说是张相爷，两腿一软，赶紧跪在地上磕头作揖，口中叫道："相爷息怒，奴才有眼不识泰山。"两个壮汉见家丁跪下了，也就松了手。谁知那家伙拔腿就往主人身边跑去。那花花公子听了家丁的话，立即掉转马头，扬长而去。老汉也不差人去追赶，他向旁边的百姓问道："那花花公子是谁？"在场的人都不敢明说，阿秀父女更是吓得吞吞吐吐。老汉一看也就不再多问，自我介绍道："我是张衡，你们有事可直接到衙内找我。"说完，便带领侍从离开了酒馆。

张衡经过几番走访，终于得知那个花花公子姓吕名骄，是宫中一位歌女的弟弟，自从他姐姐被选为妃子后，便依仗权势、欺压百姓、抢占民女，无恶不作。河间的百姓提起他，没有一个不咬牙切齿地。县尉黄书良为了铲恶锄奸、安抚百姓，要拿吕骄治罪，不料得罪了河间王，被诬陷为陷害皇亲而投入监狱。张衡到任后，不顾河间王的反对，依法释放了黄书良并提升为县令。但对惩治吕骄这件事，他也觉得十分棘手。

这一天，张衡正在屋里思考如何下手惩治吕骄，忽听有人呼喊："相爷做主！"张衡出去一看，见是酒店主人，便赶紧将他扶了起来。那店主人满脸泪痕哭诉道："相爷，我家阿秀被那吕骄抢去了，请您为我做主救救我的孩子呀！"张衡见此情景，心如刀绞一般，心想：哪怕把官丢了，也要把这事管到底！他安抚了那酒店主人一番，答应一定替他做主。那酒店主人千恩万谢，转身回去了。

正在这时，侍从急急走来告诉张衡，人们纷纷传说阿秀跳井自杀了。张衡一惊，忙带领侍从去看个究竟。县令黄书良已经提前来了，他一见张衡，就把张衡拉到旁边悄声说："相爷，打捞了多时，除了井边有一件褂子外，其余的什么也没有，我看这事有点蹊跷。""你是不是说这里面有鬼？""对，据我判断，这是假的。阿秀并没有死，很可能就在薛家庄。""有什么根据吗？""吕骄在薛家庄建了一个'欢乐窝'，被他抢劫去的民女，大都关在那里。"张衡听到这里，又气又恨，他一字一顿地说："不为河间百姓除去此害，我还做什么相爷？不能为河间百姓做主，我还做什么官？"说完，嘱托黄县令派人继续打捞，以免打草惊蛇。

当夜二更天，张衡的人马就把薛家庄团团围住。就在这时，从"欢乐窝"里摇摇晃晃走出来一个醉汉。军士们呼啦上前一下把他按住，盘问吕骄的行踪和阿秀的下落。原来，那阿秀不但年轻貌美，而且性情刚烈，吕骄把阿秀绑在西厢房的柱子上恣意拷打，阿秀至死不从。

军士们让那个醉汉带路,匆匆来到西厢房窗户外面,只见屋内吕骄正在用皮鞭狠狠地抽打阿秀。众军士怒喝一声,破门而入,救出了阿秀姑娘,将恶贯满盈的吕骄捆绑了起来。

　　几天以后,河间城里贴出了把吕骄斩首示众的告示。男女老少闻听奔走相告,欢天喜地地说:"张相爷为咱老百姓除了一大害啊!"

中国古代野史

三国两晋南北朝野史

马昊宸 ⊙ 主编

线装书局

宫禁趣谈

梦见龙头

吴主孙权的夫人潘氏,是会稽勾章人,她父亲是一名官吏,因犯了法被处死。潘氏和妹妹被一起送进了官府的织布作坊。

一次,孙权看到了潘氏,喜欢上了她,便将她召入后宫。潘夫人受到孙权的亲幸后,有了身孕。一天,潘夫人梦见有人将一龙头交给了自己,她把龙头接了过来,不久便生下了孙亮。

吴宫四香

吴主孙亮做了一个琉璃屏风,非常薄并且非常晶莹透亮。孙亮经常在深夜月色之下打开屏风,与所宠爱的四位妃子朝姝、丽居、洛珍、洁华坐在里面,并赐给她们一种奇异的香料。凡是经过的地方、吃饭休息的地方都会留有这种香料的气味,时间越长,香味越浓。即使濯洗上百聪,香味也不会消失。因此称这种香料为"百濯香"。

孙亮又用这四位妃子的名字为香料取名为"朝姝香""丽居香""洛珍香""洁华香"。孙亮每次戏要玩乐,四人陪侍,都要按香名的前后顺序为序,不能混乱。孙亮所住的屋子也取名为"思香媚寝"。

孙权

国学经典文库

中国古代野史

·三国两晋南北朝野史·

图文珍藏版

木美人置座侧

孙皓将张布的女儿封为后宫美人，倍加宠爱。一次孙皓问她道："你父亲在哪儿？"张美人答道："被贼人杀掉了。"孙皓听后大怒，当即就用棍棒将她打死。

后来孙皓思念张美人的容颜，便让能工巧匠用木头雕刻了一尊张美人的像，经常放在座位旁边。并且还向左右询问道："张布还有女儿吗？"左右答道："张布还有一个女儿，嫁给了原来的卫尉冯朝的儿子冯纯。"孙皓便将冯纯的妻子抢夺过来充入后宫。孙皓对她大加宠爱，封为左夫人，昼夜跟夫人寻欢作乐，不再听理朝政。

左夫人死后，孙皓思念不已，将她葬在花园中，建了一个很大的坟冢。让工匠用柏木刻成木人装入坟墓中作为卫士，还陪葬了许多金银财宝。

魏宫四姝

魏文帝后宫中最漂亮的宫女有四位。第一位叫莫琼树，她所发明的蝉鬓，从远处望去，缥缥缈缈如同蝉翼一般；第二位叫段巧笑，善于用锦衣丝履作紫粉拂面；第三位叫陈尚衣，能歌善舞；最后一位叫薛夜来，擅长做衣服。这四位美人终日陪伴在文帝身边，供他淫乐。

俱用胭脂

文帝的宠妃薛夜来刚到后宫不久，一天夜里文帝正在灯下读书，用七尺水晶屏风遮挡外人。这时薛夜来来到文帝处，不小心脸部碰在了屏风上，受伤的部位看上去如同早霞将散时一般，别有一种风韵。从此宫女们都开始用胭脂，依照薛夜来画"晓霞妆"。

辟寒金

嗽金鸟产于南国,形状像麻雀,黄色,经常在大海上翱翔。魏明帝时,南国遣使者进献这种鸟。明帝用珍珠和龟脑喂养它。嗽金鸟经常吐出米粒大小的金屑,熔炼后可以作成装饰品。宫女们争着用嗽金鸟吐出的金屑做成发钗、耳环,称之为"辟寒金",这是因为这种鸟不怕严寒的缘故。宫女们还互相取笑道:"不戴辟寒金,哪得帝王心? 不戴辟寒钿,哪得帝王怜?"

髻之名目

妇女梳发髻最早可追溯到远古燧人氏时期,当时妇女们只是将头发互相缠绕在一起,而没有什么复杂的样式。

到了秦代,开始有"望仙髻""参鸾髻""凌云髻"等名目。

汉代初期出现了"迎春髻""垂云髻""王母头上太华髻"等名称。到汉武帝时,宫中流行"飞仙髻""九环髻"等。汉元帝时,后宫中则盛行梳"百合分髾髻""同心髻"。上元夫人喜欢将头发梳成"三角髻"。

到了三国时期,魏国后宫中又出现了"反绾髻""惊鹤髻""百花髻"等。隋文帝时,宫中有"九贞髻"。

唐代贞元年间又有"归顺髻""闹扫妆髻"等发髻样式。

魏文帝曹丕

奉倩情痴

荀粲,字奉倩,娶了曹洪的女儿为妻。妻子很有姿色,可惜年纪很轻便去世了。妻了死时，奉倩没有放声大哭，只是神情黯然，捶胸叹道，佳人难再得。不久，荀粲也因思念过度去世了。

合欢草

魏明帝的花园中有一种草名叫合欢草，形状像蓍草一样，一颗有上百个支茎。这种草白天枝条舒展，到了夜晚便合为一体。魏明帝笑着对宫女说："为什么人就不能像合欢草一样呢?"从此以后明帝更加淫乱无度。

大虎、小虎

吴主孙权的夫人步氏，是淮阴人，与丞相步骘同一宗族，因容貌美丽而受到孙权的宠幸。

步夫人生了两个女儿，大女儿名叫鲁班，字大虎，先嫁周瑜的儿子周循，后又嫁给了全琮;小女儿名叫鲁育，字小虎，先嫁给朱据，后又嫁给了刘纂。

何姬

孙和的宠姬何氏，是丹阳勾容人。何氏的父亲何遂原来是一名骑兵。一次，孙权巡游各兵营，何氏在路旁观看，孙权看到了她，觉得她与众不同，便命宦官将她带入宫中，把她赐给了儿子孙和。

何氏嫁给孙和后，生了一个男孩，名叫彭祖，也就是孙皓。

广收美女

孙皓命黄门官到各州郡巡行，登记将领，官吏家的女儿。那些年俸禄在二千石以上的大臣家的女儿，每年都要向朝廷汇报。年龄十五六岁的，一年一挑选，挑选不上的，才允许出嫁。后宫美女已有几千人，但仍收选不止。

吴夫人

孙权的母亲吴夫人原来是吴郡人，后来移居钱塘，从小便失去了父母，与弟弟吴景一起生活。孙坚听说她才貌双全，便想娶她为妻。吴氏的亲戚们都嫌孙坚轻浮、狡诈，打算拒绝这门婚事，孙坚感到又羞惭又恼恨。吴氏对亲戚们说："你们何必因为喜爱我这样一个女子而招致灾祸呢？如果嫁给他不能幸福，只能怪我自己命运不好。"于是便答应嫁给了孙坚。婚后，吴夫人生了四男一女，四男即：孙策、孙权、孙翊、孙匡，一女即后来嫁给刘备的孙夫人。

日月入怀

吴夫人怀孕时，梦见月亮进入怀中，不久便生了孙策。等到怀孙权的时候，又梦见太阳进入怀中。吴夫人将这件事告知孙坚说："过去我怀孙策时，赠梦见月亮进到我怀中，现在又梦见太阳进到我怀中，这是为什么呢？"孙坚说道："太阳、月亮是阴阳之精，梦见日、月入怀，这是大贵的征兆，我的子孙怕是要兴盛富贵呀。"

怀孕梦肠

孙坚家世代在吴郡做官，老家在富春，孙家的人死后便葬在富春城东。孙家的坟冢上多次出现奇光，有五色彩云，上达天空，漫延数里。人们纷纷前去观看。等到孙坚母亲怀孙坚时，又梦见肠子流了出来，环绕着吴昌门。孙坚母亲惊醒后，感到非常恐惧，就将这事告诉了邻居家的老太太。邻家的老太太对她说道："说不定这是吉祥的征兆呢。"不久她便生下了孙坚。孙坚出生后，容貌不凡，性格豪爽、仗义。

孙权劝学

这是讲孙权劝学有绩的一个故事。

有一天，孙权对东吴吕蒙、蒋钦二位将军道："二卿如今都已身居要职，助朕掌管朝政大事，应该多读些书，以增加知识和学问，不断提高自己的思想水平和办事能力。"吕蒙闻言，皱着眉头，感到很为难地说："我在军营中光日常事务已经忙得焦头烂额，恐怕没时间再容许我去读书了。"孙权一听，微有不悦道："难道你们以为我让你们读书，就是要你们去钻经书做博士吗？我让你们多读点书，只不过是想让你们多了解些历史罢了。"孙权缓和了一下口气又道："要说事务多，你们说谁能有我的事多呢？朕少时历读《诗》《书》《礼记》《左传》《国语》，只有《周易》未曾读。自朕执政主持国家大事以来，时间是紧得多了，但我仍要挤时间仔细研究了'三史'（指《史记》《汉书》《东观汉记》）、诸家兵法，自以为大有裨益。像二卿这样虽是年纪不算小了，但精力都很充沛，且又气质聪慧，开朗颖悟，如果用心学习，定能得到更大的收益，怎么说可以不读书呢？你们应该先读《孙子》《六韬》《左传》《国语》，以备急用；尔后再读《史记》《汉书》《东观汉记》这三部史书。孔子曾说过：'终日不食，终夜不寝，一味空想，什么也得不到，不如坐下来扎扎实实地去学点东西。'当年东汉光武帝指挥着千军万马，仍然手不释卷；曹操亦常常说愈老愈是喜欢学习。"吕蒙听后，很受教育，从此便开始读书，专心勤奋。后来，鲁肃在一次和吕蒙商议政事的时候，对吕蒙的见解不时发出由衷的赞叹。事后，鲁肃轻轻地拍着吕蒙的背笑道："我原以为老弟身为将军，不过只有武略罢了，直到今天，才知道你学识渊博，文武全才，再不是从前在吴郡时的那个吕蒙了！"吕蒙也笑答道："士（指读书人）别三日，即当刮目相待。老兄今天所论，怎么和被人称作

吕蒙

反应迟钝的穰侯(战国秦昭之舅魏冉,封于穰,号穰侯,范雎曾说他"反应迟"。)一样呢? 老兄现在替代周瑜,要完全继承他已经很不容易,况且又与关羽对阵,关羽这个人年纪虽然大了,却十分好学,他读《左传》简直可以全部背下来,为人刚直忠诚,而又有雄气,但也有弱点,这就是自负好胜,盛气凌人。为此,今日你和他做对手,应当用明、暗两手来对付。"随后,又向鲁肃陈述了三条对策,鲁肃听了,对吕蒙更是佩服敬重,完全接受。

孙权见吕蒙智谋大进,不禁常常叹道:"人年纪大了还如此力求进取,就像吕蒙、蒋钦那样,是没有能比得上的。他们虽然已富贵荣显,但有毅力更改过去的志趣而付之求学,变得如此酷爱读书,轻财重义,这是很值得效法的。我把你们作为国家的模范加以宣扬,这不是很令人高兴的事吗?"

从这则故事可以看出,孙权不仅善于举贤任能,任而不疑,且十分关心他们的成长进步,使他们通过学习不断提高思想素质和办事能力。就此而言,孙权在中国封建帝王中,还是一个胸怀大志,具有远见卓识的皇帝。

宫闱内乱

东吴大帝孙权在称帝前后,胸有大志,知人善任,静察时局变化,稳操取胜之机,最终成就了鼎立之业,立国称帝,不愧为一个有才干的开国之主。然在其晚年,不仅刚愎自用,且为女色所迷,使得后、妃之间钩心斗角,诸子之间争夺王位,闹得后宫乱成一团,孙吴政权,也从此走向衰落。

孙权原有妻谢氏,没生儿子,便纳妾生了两个儿子。由原妻抚养,长子孙登,次子孙虑(未长大就死去了),孙权立孙登为太子。孙权的姑表弟徐琨有个女儿,其夫早丧,孙权见其貌美质丽,甚是爱慕,又纳为妃。原妻谢氏失宠,忧恨而死,孙权随令徐氏抚养太子孙登。母以子贵,群臣上书请立孙登养母徐氏为皇后,但孙权心在后宫步氏,并不立徐氏为后,徐氏心生怨恨,不久死去。然步氏没生儿子,只有两个女儿,一名鲁班,一名鲁育。步氏为此也未立后,不久也死去。孙权后又有两个王夫人,一个南阳人,史书未载姓氏,生子孙休;另一个为琅琊人,也未载姓氏,生有两个儿子,长为孙和,次为孙霸。孙权又得到一个姓潘的罪犯之女为妻,生子名亮。公元 241 年(赤乌四年),太子孙登患病死去,孙权立琅琊王夫人所生孙和为太子,封其弟孙霸为鲁王。群臣又上书立孙和的母亲王夫人为皇后,孙权表示同意,但孙权的女儿鲁班和这王夫人不和,诽谤王夫人曾在孙权重病期间很有喜色,孙权信女之言,怒责王夫人。这王夫人深感冤屈,又申辩无效,忧郁而病死去。孙和也因此失宠,其弟孙霸又受孙权宠爱。孙霸为夺太子位,不顾手足之情,勾结朝臣杨竺、全寄、吴安、孙奇等人,在孙权面前进谗诽谤孙和。孙权为谗言所惑,对太子孙和渐生反感。大将陆逊知道后,连上三道奏章,劝孙权不要废长立幼。他说:"太子为长是正统,鲁王为次,是藩臣,陛下爱的应该先长后幼,先太子,后鲁王,这样朝廷才会安宁,天下才会太平。"孙权不听,陆逊连续上书。太子的老师吾粲面奏孙权,指出应该遣鲁王出京,镇夏口,让杨竺离京戍边,且言辞激烈。杨竺听后甚为害怕,赶紧报告鲁王孙霸。孙霸立即到孙权那里诬告陆逊、吾粲互相勾结,图谋不轨。孙权信以为真,将吾粲下狱处死,责怪陆逊不应过问朝廷内部事务。陆逊见孙权如此不明是非,十分气愤,且为国家前途担忧,加之年纪已大,不久死去。至此,孙权头脑渐渐清醒,知道上了孙霸和杨竺的当,害死了两位忠臣,又疏远了孙霸。恰在这时,孙权在后宫又开始宠爱起一个潘夫人。这潘夫人不但年轻貌美,且善柔情蜜语,讨得孙权欢心。她见孙和、孙霸二人俱已失宠,便添油加醋,谗毁孙和、孙霸,劝立她所生的儿子孙亮为太子,她又不顾乱伦,竟让孙亮纳全公主的侄孙女为妻,使得全公主(即孙权长女鲁班)在父皇面前也竭力推立孙亮为太子。孙权内宠潘妃,外信爱女,也有心立孙亮为太子,便秘密征求侍中孙峻(孙权叔父孙静的曾孙)的意见。全公主的侄孙女恰又是孙峻的外甥女,如今嫁给孙亮为妻,当然也十分同意立亮为太子,虽如此,孙权为免群臣反对,又拖了下来。公元249年(赤乌十二年),全公主的丈夫全琮去世,公主年近四十守寡难熬,而孙峻年轻力壮,便相互勾搭成奸。两人情深日密,为长远计,便密谋计策,决计废掉太子,改立孙亮。孙峻随后便在孙权面前为太子捏造罪名,惹得孙权动怒,于公元250年(赤乌十三年),废太子孙和,令鲁王孙霸自杀,立小儿子孙亮为皇太子,其母潘夫人堂而皇之地登上了皇后的宝座。然而潘皇后恃宠生骄,待下人残暴,结果也命不长久,不到二年,便在一个晚上被下人乘其熟睡之机掐死了。对此,孙权气愤已极,立命查清凶犯,处死宫人数十名。至此,孙权自己也觉得宫中甚乱,担忧社稷,心神不宁,病情加重,结果于公元252年4月,气绝身

国学经典文库

中国古代野史

·三国两晋南北朝野史·

图文珍藏版

亡,终年 71 岁。

晋武帝娶良家女

晋武帝极端荒淫放纵,曾下诏国内,暂时禁止婚姻嫁娶,选良家女子五千余人送到皇宫接受挑选。京城内外到处都是号哭之声。

取竹叶引车

晋武帝平定吴国后,接收了孙皓的宫女五千多人,掖庭的宫女差不多达到一万名左右。武帝所宠幸的宫女很多,他自己都不知先到哪处好。常常乘着一辆羊拉的车子,任其拉到哪里,便在哪儿欢宴住宿。宫女们于是便将竹叶插在门上,用盐汁洒地引来皇帝的羊车,以便能得到皇帝的亲幸。但晋武帝还是最喜欢胡贵嫔,常常在她那里住宿。

晋宫假髻

晋太元年间,上至公主,下至一般妇女,她们的发髻样式都蓬蓬松松,侧向一边,以此为美。因为这种装束需要头发多才行,很难长久保持。于是妇女们便先在木或竹制的罩上做好发髻,然后再戴在头上。人们称这种发髻为"假髻"。

状如天师

准陵内史虞珧的儿媳妇裴氏,经常穿着一身黄衣服,其形象打扮得就像天师一样。虞珧的儿子很喜欢她这样打扮,经常让她出来见客人,当时的人都对她肃然起敬。

巾帼

孙亮屡次向晋宣帝挑战,宣帝闭营不出。于是,孙亮便派人送给宣帝一只妇人装饰用的头罩,以此来羞辱宣帝。

撷子纷

晋惠帝元康年间,流行这样一种习俗:妇女们梳好头发后,要用丝绸将头环紧紧束起来,称之为"纷"。

女骑兵

石季龙出巡时,常以千骑女兵作为扈从的仪仗队。这些女骑兵均头戴紫纶巾,身穿锦纶,佩金银镂带,脚蹬五彩靴。石季龙还另外增置女官二十四等,东宫有十二等。七十余个侯国也都设置了九等女宫。

在这之前,石季龙大肆征发各地年龄在二十岁以下十三岁以上的民女三万多人,将她们分为三等,分别住在相应的府第中。仅此一次,便掠夺了九千多名有夫之妇。

石崇之死

石崇有一名爱妾名叫绿珠,美丽娇艳。孙秀向石崇要绿珠,石崇没有给他。等到淮南王司马允反叛后,孙秀向朝廷报告说石崇支持司马允反叛,石崇因此被吴押了起来。石崇感叹道:"孙秀之辈只是想夺我的钱财、美女罢了。"看押的人说道:"你既然知道财多是祸,为什么不把钱财早点散出去呢?"石崇什么也说不出来了。

石崇又对绿珠说道:"我今天就是由于你而得罪了孙秀,才落到这个地步啊。"绿珠流着眼泪说道:"既然是这样,我应当以死来报答您。"说完便跳楼自杀了。

青衣女子

前秦皇帝苻坚打算实行大赦，便与王猛、苻融等人在甘露堂秘密商议此事，并亲自撰写大赦令。这时有一只大苍蝇飞进屋中，声音很响，停在笔尖上，赶走后又飞过来。过了不长时间，全京城的人都知道皇帝要实行大赦了。朝廷于是派人审问他们是从哪里得到的消息，大家都说，有一位青衣女子在集市上大声呼喊说："朝廷现在要实行大赦了。"马上却又不见了。苻坚说道："这位青衣女子就是在笔头前飞来飞去的那只苍蝇啊。"

张贵人在后宫中是最受宠爱的，已年近三十，皇帝跟她开玩笑说："照你现在的年纪，也该废黜了。"张贵人听后，便让婢女用被子蒙住皇帝的脸，将他闷死了。

怂舅斗富

晋武帝生活上的糜烂，带来了西晋吏治上的腐败。故事"怂舅斗富"，便是西晋诸多奇闻怪事中由皇帝直接插手的一件。

晋武帝有个舅舅叫王恺，靠巧取豪夺，一下成了京城富翁，并经常在文武大臣中夸耀自己如何富有。后来，王恺听大臣们议论荆州刺史石崇比他还富，很不服气，便暗中和石崇斗起富来。这石崇也不甘落后，不照而宣，积极响应。听说王恺用麦糖水洗锅，石崇便用蜡烛代柴烧；王恺赤石脂涂墙，石崇便用香料涂墙；王恺出游时，用紫丝布做成40里的步障，石崇听说后，就用五彩锦缎做步障，长50里。王恺斗富连连升格，但却连连败北。王恺心急如火，无计可施，便去请求晋武帝帮助斗富。武帝听了王恺斗富的经过，不但没有发怒，反而同情他的舅舅，遂对王恺道："国舅斗富失败，朕也脸上无光，今赐你一珍奇贵重之物，准保你斗富取胜！"武帝说罢，随命两名内侍抬出一株二尺多高的珊瑚树来。武帝指着珊瑚树对王恺道："此为珊瑚树，乃外国进贡之宝，实为罕见。朕今送你，保石崇一见便甘拜下风。"王恺见后，很为高兴，忙命随从抬了珊瑚，谢过龙恩,连府也没顾得回,便找石崇斗富去了。石崇一见,不但没有吃惊,反而微微一笑,顺手拿了一把铁如意,便将珊瑚打碎了。王恺一见大惊,又不敢说是皇帝送的,只是硬要石崇赔偿。石崇不慌不忙,竟让人立即抬出六七株高达三四尺的珊瑚树来,让王恺随意挑选。

官养和私养

别看傻惠帝司马衷在治理朝政上什么也不懂,毫无兴致,但在吃喝玩乐上却是热心的,且事事爱发表议论,闹出了许多笑话。有一天,雨过天晴,百花争艳,喜鹊弹翅。傻皇帝一时心血来潮,让三宫六妃陪同到华林园。这华林园,原名为芳林园,始建于曹魏正始元年。因芳林园的芳字,和齐王曹芳重了一个字,便改为华林园。这园内集有天下奇花名卉,珍禽异兽;中凿陂池,碧波荡漾,偏列画舫,分居佳丽。这傻皇帝这儿爱瞧,那儿爱看;特别是一入佳丽居所,亲这个,抱那个,也不管有没有大臣跟随,玩之兴起,拉过一个便入室作乐。众大臣见了,哭笑不得,只得在外等候。看看日落西山,星光满天,忽地池边蛤蟆齐鸣,将帝惊醒。他来不及穿好衣服,急忙提着裤子跑出来问道:"什么地方又要开战了?'咕呱'、'咕呱'的竟然打到京城来了? 成何体统?"众大臣见皇帝被蛤蟆叫声吓成这个样子,无不掩面偷笑。一位侍从急忙上奏道:"陛下不要害怕,这是蛤蟆在叫。"惠帝听了,这才安下神来,又问道:"这蛤蟆是官家养的还是私人养的?"侍从一时感到难以回答,低头不语。惠帝怒道:"怎么不说话了,难道连官家养的还是私人养的都搞不清楚了吗? 要你们何用? 白吃饭!"侍从见皇帝发怒,生怕其说一个"斩"字来,那可是金口玉言,不等惠帝再说,急忙胡乱答道:"在官家池里的就是官家养的,在私人池里的就是私养的。"司马衷听了,点点头,虽然不明白什么意思,也表示满意地说:"这就是了,既然知道,就应该早说,何必惹朕生气。"

何不食肉粥

傻惠帝司马衷刚即位的时候,由于武帝生活极尽奢侈淫乐,诸大臣公开行贿捞钱,致使朝政腐败,天下混乱;再加上惠帝即位后,又连遇灾年,天下百姓更是苦不堪言,不少人饿死、冻死在荒山野岭。有一天,一位大臣上书奏道:"天下大饥,民无饱食,饿死者无以胜计,望陛下开仓济民,以保社稷安定。"傻惠帝即位,对朝政本就一窍不通,还懂什么体察民情? 当然也就更不知道什么开仓济民之事了。但是,他却知道饿了必须吃饭,且皇宫中有吃不尽的鸡鸭鱼肉,故一听到有人饿死,便感到奇怪,遂开口问道:"天下竟有这样的傻人,既然饿了,为什么不吃肉粥呢? 偏偏要等到饿死!"众大臣听到傻皇帝说出这样的傻话来,无不窃笑。

撕诏改诏

司马曜是简文帝司马昱的儿子,生于公元 362 年,372 年得位,396 年为宠妃张贵妃害死,时年 35 岁。

简文帝先娶妻王氏,生子道生。后来,王氏失宠,忧郁成疾死去,接着道生也死去。其后诸姬都没有生育,直到简文帝 40 多岁,再没有儿子。后继无人,简文帝心中十分焦急,便找了一个相面的术士看其后宫还有没有能为他生男孩的宫女。他令后宫姬妾、宫女统统出来,让术士一一过目。谁知这术士见一个摇头,见一个摇头,后宫姬妾宫女都要过去了,术士仍没有想出一个能生育的,简文帝心灰意冷,差点就要瘫倒在地。恰在这时,后宫走出一个干粗活的宫女,术士急用手指道:"此女福相,必生贵男!"简文帝一听,马上转忧为喜,来了精神,顺手望去,瞧见一女,膀宽腰圆,面黑肤粗,虽然五官倒也端正,但和那些姬、妾、宫女比起来,真有天渊之别。简文帝心想,这是从哪里选来的一个粗陋的女子? 简文帝虽心中有些厌恶这女子,但求子心切,也只好将就使用了。经了解,这女子原来是一个纺织女工,名叫李陵容。当晚,简文帝便闭着眼睛令其侍寝。说来也巧,一夜春风,这女子竟然怀胎,十月分娩,生出一个胖胖乎乎的男儿,简文帝闻讯,当然喜之不禁,遂为其取名为司马曜。从此,简文帝当然视李氏不同一般,遂后,竟又生出一男一女,男取名司马道子,其女便是后来的鄱阳公主。

公元 372 年 7 月,简文帝司马昱忽患重病,弥留之际,急立司马曜为太子,且封司马道子为琅琊王,接着,一日四诏,命大司马桓温入朝。然桓温却以为简文帝儿子幼小,自己又一直大权在握,说不定会把帝位禅让给自己,至少也会让自己做个代理皇帝。这事皇帝不说,自己也不便直接开口,于是故意拿出架子,迟迟没有入朝。简文帝司马昱无法,命草拟遗诏。诏中意思是说:如太子可辅,大司马可像周公那样辅佐周成王,如太子不可辅,大司马可取而代之。遗诏将要送出,被郎中王坦之截住,打开一看,大吃一惊,急到司马昱榻前道:"天下乃宣帝、元帝建立的,陛下怎能私自授受呢?"遂后将遗诏撕毁。司马昱一见,已知其意,乃改动诏书,大意是让大司马像诸葛亮那样辅佐幼主。诏书刚刚拟完毕,司马昱便一命归西,终年53岁。

简文帝死后,对谁继位的问题,朝堂诸臣私下议论纷纷。有的说,这事须先和大司马商量,由他定夺;有的说,先帝归天,太子继位,顺理成章,还等大司马干什么;还有的说,如果先和大司马商量,说不定还要出现其他变故呢!尚书仆射王彪之见诸臣私下议论不一,正色大声说道:"先皇升天,太子继位,这是古今通例,大司马还会有什么不同的意见!如果我们连这点规矩都不懂,还要等他去定,恐怕反为所责了。"大家一听,觉得很有道理,遂经报请褚太后同意,奏太子司马曜即帝位,是为孝武帝,此时年只十岁。桓温听说后,很是后悔,如果当时入朝,怎么会让自己只像诸葛亮和王导丞相那样辅政呢?

一句戏言丧命

孝武帝在位期间,尽心国事,委任贤臣。他任用谢安为相,招募北府兵,击败前秦的进攻,保卫了东晋王朝,这是他的成绩。然而,孝武帝迷于女色,竟因一句戏言被张贵人将他活活地闷死,也落得后世笑谈。当时后宫有一宫女陈氏,能歌善舞,且貌如仙女,被孝武帝看中,日夜相偎,生下两个儿子,长子司马德宗,次子司马德文。然这陈氏命不长久,于公元390年一命告终,孝武帝悲痛欲绝。后孝武帝又得一女张氏,甚为宠爱。这张贵人也色艺俱佳,与孝武帝日日歌舞,夜夜饮宴,迷得个武帝连日不理朝政。这张贵人终日陪皇帝饮酒取乐,并不满足,对那些年轻美貌总想接近皇上的嫔妃,心怀醋意,冷言冷语地拒之门外,生怕皇帝另有他欢,使她不能终生独陪皇帝。

公元396年(太元二十一年)9月20日的晚上,张贵人在后宫陪同司马曜饮宴作乐。司马曜本就乐近酒色,见几个服侍宫女容貌竟若仙女一般,便已筋骨松软,意乱情迷,遂开怀畅饮。几个宫女见皇帝如此高兴,更是争献殷勤,一个劲地劝饮,对这一切,张贵人看在眼里,恼在心里,然皇帝在场,又不便发作,只能闷闷不乐。孝武帝见张妃闷闷不乐,便笑道:"爱卿为何愁眉不展? 常言说得好,一酒解万愁,快陪朕饮几杯。"随后,便令侍候宫女为其斟酒。张贵人无法,只好耐着性子饮了两杯。孝武帝令人再斟,张贵人便不再喝;孝武帝亲自把盏,张贵人也只喝了半杯。孝武帝道:"爱卿若再不陪朕痛饮几杯,朕就要生气了。"张贵人本心中有气,又加上皇帝令宫女劝她饮酒,更气上加气,现自己不饮,皇帝又当着宫女的面责怪,这还是自入宫受宠以来第一次受辱,她哪里能受得住? 便仗着几杯酒下肚,也有了一些胆量,反责孝武帝道:"陛下也应少饮才是。今妾不饮,也是为了让陛下少喝几杯,不应再像过去那样常醉不醒,陛下怎么反倒责怪起妾来了?"孝武帝见张贵人顶撞,便故意瞋目责道:"卿今日拒不陪饮,朕焉有不责之理? 你要真把朕惹火了,我责怪是小事,还想着要治罪呢!"张贵人平时在皇帝面前撒娇惯了,以为皇帝见自己生气,故意用话激自己,平时玩笑也开惯了,决不会真的治罪,便又大着胆子顶撞道:"妾今日偏不陪饮,看陛下如何治罪!"孝武帝以为张贵人故意撒娇,也不示弱地冷笑道:"哼! 你也不用嘴硬,现宫中年轻美貌宫女多的是,哪个比你不强? 况你年已三十了吧,也到废黜你的时候了。实话对你说了吧,朕还真有这意思呢? 并非朕离了你就不能活了!"

说者无心,听者有意。张贵人心想,宫中确有不少年轻美貌女子,且自己也已如败花残柳,皇帝又是个多情种子,看样子是想真的要被废黜了。想到这里,不由心中恼怒,便打定主意一不做二不休:你堵死了我的活路,我也让你活不成。想毕,她便买通了两个心腹,趁孝武帝入睡后,便和心腹宫女用被子捂住其头。孝武帝闷醒挣扎,张贵人和心腹硬是死死将其按住。过了一会,孝武帝不动了,待揭开被子一看,孝武帝已无气息。可怜孝武帝就这样为一句戏言,竟被活活地闷死了。孝武帝死后,张贵人为掩人耳目,又用重金贿赂左右侍从,让他们去宣传皇帝是在"睡梦中惊悸窒息突然死去"的。当时太子司马德宗是个白痴,会稽王司马道子昏庸荒淫,便都不追究查问,事情也就此不了了之。

孝武帝在位 24 年,死时 35 岁。

何有万岁天子

前已述过,晋孝武帝司马曜溺于酒色,常醉不醒,整日留恋深宫,致使朝政日益荒废。一些正直大臣,为晋室社稷着想,每每劝孝武帝节饮理政,爱惜龙体,而孝武帝对此回之一笑,置之不理。这是为什么呢?

公元395年7月的一天,孝武帝正在华林园夜宴饮乐,忽见长星出现在南天。众人见后,以为这是不祥之兆,惊慌不已。孝武帝望见长星光芒,开始也为之一惊;后见众人惊慌,却倒感到自己心中镇静了许多。接着,他长叹一声,缓缓举起酒杯向空祝道:"长星啊长星,朕今晚倒要敬你杯酒。自古以来,何有万岁天子呀? 既如此,又何劳你长星今晚出现呢?"这就是孝武帝的生死观。在他看来,人生在世,就是吃喝玩乐,所谓万岁天子,只不过是骗人的鬼话而已。正是从这一天开始,孝武帝更加尽情争分夺秒地沉溺酒色之中,后又为张贵人所迷,颠倒糊涂,直到最后为一句戏言,招来杀身之祸。

靠偷情即位

慕容熙,字道文,生于公元385年,死于407年,在位6年。他是后燕的末代皇帝。

慕容熙本为慕容垂的小儿子,慕容盛的叔父,为何抢在太子慕容定之先当上了皇帝呢?

原来,慕容熙初封河间王,及兰汗篡位后被封为辽东公;慕容盛复兴燕室后,被拜为都督中外诸军事、骠骑大将军、尚书左仆射,领中领军。公元398年10月,慕容盛即帝位后,尊自己的生母、太妃丁氏为皇太后,这就是丁太后。丁太后和慕容熙为叔嫂关系,二人很早就偷情私通。当慕容盛于公元400年12月立自己的儿子慕容定为太子的时候,丁太后便心有不愿她想立自己的情人、慕容盛的叔父慕容熙为皇位继承人。故在慕容国等人谋反时,丁太后和慕容熙就预先知道,但并未告发,他们希望在慕容国刺杀慕容盛成功之后,再让慕容熙出来平乱登基。秦舆、段泰为父报仇,进宫行刺,慕容熙也故不出兵救驾。直到慕容盛死后，丁太后才急忙召来中垒将军慕容拔、仆谢郭仲商议继位之事。在商议中，太后认为现在国家多灾多难，而太子年幼，应择一位年龄较大的来继承皇位。但这两位大臣不知道太后的真正用意是在河间王慕容熙身上，而提出立慕容盛的弟弟司徒、尚书令、平原公慕容元为皇帝继承人。丁太后一听，脸就拉了下来，没有表态，事情也就不了了之。当日夜间，就秘密召慕容熙进宫，策定废掉太子慕容定，让慕容熙继位。第二天早晨诸大臣一上朝，便宣布太后旨意。慕容熙故作姿态，推让慕容元继位，但慕容元早知此皆太后所为，哪敢接受？于是就在8月21日这天，慕容熙便堂而皇之地登上天王的位子；24日，慕容熙又以平原公有参与叛乱的嫌疑为由，令慕容元自杀，除掉了祸患。9月19日，中领军慕容提、步兵校尉张佛等趁宫中慕容盛发丧送葬之机，企图拥立原太子慕容定为王，结果事漏，全部被杀，原太子慕容定也被逼自杀。24日，改年号光始。

以后，丁太后还想继续和慕容熙保持偷情关系。然慕容熙于公元402年11月3日收纳了原中山尹苻谟的两个女儿为妃。其中，大的叫苻辉娥，做了贵人；小的叫苻训英，做了贵嫔。苻家二女貌美肌嫩，媚态动人，使得慕容熙心满意足，尤其老二苻训英更受宠爱。他哪里还把个老皱无味的太后放在心上？为此，丁太后愤怒，便跟自己的侄儿尚书丁信谋划废黜慕容熙，改立章武公慕容渊为帝。结果事不机密，慕容熙捕捉了慕容渊和丁信，将其杀死，尔后逼丁太后自杀。可叹丁太后不遗余力帮助情夫当上了皇帝，自己却也死在了情夫的手中。

淫虐亡燕

自从慕容熙得到了苻家姐妹之后，便埋头于淫乐之中。为了满足苻家姐妹奢侈生活的需要，慕容熙不惜一切地大兴土木，草菅人命，最后了为后燕挖掘了亡国的坟墓。

公元403年5月，慕容熙兴筑龙腾苑，方圆十几里，役使民二万人。在这个花园中，堆筑了一座景云山，地基的面积500步，山峰高达17丈；公元404年4月，慕容熙在龙腾苑中兴建逍遥宫，房屋连绵不断达几百间之多，又开凿曲光海，时至盛夏，士兵得不到休息，中暑而死的甚多。这年7月，苻昭仪（老大苻娥娥得病。龙城人王荣自称能治昭仪之病,然病不仅未治好,反而很快死了。慕容熙以为王荣将昭仪致死,将其站着绑在皇宫公车门外用肢解的酷刑将其慢慢处死之后,又焚烧了他的尸体。11月,慕容熙与皇后苻训英一起外出游猎,向北登上白鹿山,向东越过青岭,向南到了沧海之后才回首都龙城。公元407年3月(闰二月),慕容熙又为他的皇后苻训英兴建承华殿,从北门外把土运来,使土的价格涨到了与粮食的价格一样。宿军典军杜静带着棺材来到皇宫门外拜见燕王极力劝阻。慕容熙恼羞成怒,立即令人将其杀死。也许是苻皇后乐极生悲,于当年4月突然去世。慕容熙悲哀痛哭之极,昏死过去,很长时间才苏醒过来。他为了表示对苻皇后的深情,其丧礼比死了父母还重,披麻戴孝,只喝稀粥;在宫内设立牌位,令文武百官一起痛哭,并派人挨个检查,凡哭不落泪的就要治罪。群臣没有办法,都只在眼中抹上辛辣的东西,以刺激落泪。高阳王慕容隆的妃子张氏,是慕容熙的嫂子,因其美貌机敏,慕容熙准备让其为皇后殉葬。当拆开张氏特地缝制的丧鞋,发现里面有质量不好的毡子,便令其自杀。右仆射韦玭等人都害怕指定自己去殉葬,每天都洗澡换衣服,恭恭敬敬地等候皇帝的圣旨。从公卿以下的官员到士卒百姓,每户都必须参加营建皇后陵墓,致使国库的历年积蓄几乎付之殆尽。为皇后送葬这天,因为送葬的车驾高大,过不去城门,燕王慕容熙就立即下令拆毁;慕容熙还披头散发,光着双脚,跟着灵柩步行了20多里。

慕容熙的奢侈淫纵,激起了天怒人怨。就在他送葬出城之后,城内便发生了暴乱。中卫将军冯跋和他的弟弟侍御郎冯素弗因事得罪燕主。燕主慕容熙要杀他们,吓得这二人逃到了梁上僻水之间。苻皇后死后,他二人见燕王逼得民众再无生路,便决意乘机起兵造反。在燕王送葬的这一天,他二人混入城去,联通左卫将军张兴起兵,推举以前和他们关系密切的慕容云为盟主,攻打弘光门,禁卫军全部逃散。冯跋等率军闯进宫中,分发武器,尔后并闭城门坚守。慕容熙闻变,率军飞马赶回平乱。然燕军此时也是上下怨恨,谁还为主子出力,结果不战而散。慕容熙这才慌了手脚,急忙换上平民百姓的衣服,藏在树林之中,最后被抓获,押送回城。慕容云历数其罪之后,将其杀死。至此,后燕灭亡,先后立国23年。

慕容熙死后,慕容云即天王位,改年号正始,国号仍然称燕。不过,慕容云这个燕,已经不是后燕,因为他已决定恢复原来的高姓,故这时的燕已成为北燕。

亡于声色

张天锡,字纯嘏,前凉文公张骏少子。公元363年入宫杀死侄儿张玄靓,自称使持节、大都督、大将军、凉州牧、西平公,时年18岁。这张天锡杀侄自立之后,沉湎酒色,不恤国事。公元376年3月,张天锡的长子大怀本已立世子,偏偏这时又得了一个焦氏女,有闭月羞花之貌,张天锡为其所迷,使焦氏宠冠后庭。焦氏生子名大豫,尚在襁褓,焦氏因宠生娇,在凉王天锡面前求让自己的儿子为世子。于是,凉王竟遣世子大怀为征西将军。封高昌郡公,改立大豫为世子,焦氏遂成为左夫人。后来,张天锡又选了闫、薛两个美人为姬,并为其所迷。张天锡经常患病,有一天他对闫、薛二姬开玩笑道:"我对你二人如此宠幸,你们将怎样报答我呢? 将来我若遭不测,你二人还改嫁为他人妻室吗?"闫、薛二姬泣道:"陛下万不可有此不吉之言,假若真的有那么一天,妾当死随地下,供给洒扫,绝不敢再生异心!"不久,张天锡病重,二姬以为其不得活命,便一齐自杀,以实现死随地下的诺言。哪知二姬死后,没过几天,张天锡又选了新的娇娃入宫。

凉王张天锡如此擅行废立,淫乐无度,朝野上下无不愤恨。他的堂弟张宪用车子拉着棺材上殿以死劝谏,凉王仍我行我素,不予理睬。公元376年8月,前秦以前凉为臣不轨,擅行天子礼节为由,起兵讨伐,前凉军连连败北。及至前秦兵临城下,张天锡不得已亲出迎战。因上下对他早有怨恨,所以当他率兵刚一出城,城内便发生了叛乱。张天锡败后,与数千骑逃回姑臧。8月27日,前秦军抵达姑臧,张天锡素马白车拉着棺材,双手反绑于身后,出城投降。至此,前凉灭亡,前后历经5主,总计60年。

亡国之女为皇后

宋高祖刘裕亲手写下诏令道:"后世如有幼主,朝廷大事全部委托给宰相,母后不得临朝当政。"

刘裕的儿子义符即位时,年仅十七岁,立晋恭帝女儿司马氏为皇后。这一天,皇后梦见高祖对她说道:"容徐图之。"皇后不解其义。高祖死后不久,徐羡之等人就杀掉了义符。皇后将梦境告诉了徐羡之,因此得以免除一死。

宫人裸逐

宋废帝游华林园竹林堂时,让宫女们赤身裸体相互追逐戏耍,如有人不愿意,就命人杀掉。

宋废帝夜间梦见自己在竹林堂,有一女子骂他道:"放纵享乐,违背人情,明年麦子不熟你就会死掉。"废帝请来巫师解释此梦,巫师说竹林堂有鬼。于是废帝出了华林园,不带任何侍卫,与群臣一起来竹林堂捉鬼。寿寂之等人趁机抽出刀剑杀死了宋废帝。

宋明帝借种

宋明帝自己没有儿子,曾将宫女陈氏赐给嬖人李道儿,过了一段时间又将陈氏接回后宫,生下了刘昱。明帝还暗中将那些已怀有身孕的诸王的妃姬纳入皇宫中,如果生了男孩,就将母亲杀掉,而让自己的宠姬来抚养孩子。

宋明帝奢靡

宋明帝建湘宫寺,特别豪华壮丽。明帝对巢上之说:"爱卿可曾到过湘宫寺么,这可是我做的一件功德无量的大事啊。"侍郎卢愿愿讽刺道:"这都是老百姓卖儿卖女的钱盖起来的,佛祖如果有知的话,也会感到愤怒悲哀的,你的罪恶比浮图还要高,哪里有什么功德?"明帝听了恼羞成怒,让人将卢愿愿赶下了大殿。

刘骏奢俭

宋孝武帝刘骏喜欢跟群臣开玩笑,拿他们开心取乐。他称王玄谟为"老伧"、呼刘秀之为"老悭"、叫颜师伯为"老龊",其余大臣,根据他们的高矮胖瘦,也都各有绰号。

刘骏有一备受宠幸的昆仑奴,刘骏经常让这位昆仑奴用棍子击打群臣,以此取乐。

刘骏还大修宫殿,连土、木等建筑材料也都披上锦缎丝绸。他赏赐群臣,不惜倾尽府库所藏。

为修建玉烛殿,刘骏竟毁坏了宋高祖陵墓。他的床头没有土障,居室的墙壁上挂着用葛藤做的灯笼,门帘也用麻绳做成。以此来假装自己生活很俭朴。

屠家女入宫

明帝陈贵妃名叫陈妙登,是一位屠户的女儿。

宋武帝经常派官吏到民间察访那些有姿色的美女。陈妙登家住在建康县的边上,家里很贫穷,只有两三间破草屋。一次,武帝出巡,路过这里,问周围的人:"我经过的路边哪能有这样寒酸的草屋,肯定是由于那家太穷的缘故,赏赐给那家三万钱,让他们盖上瓦房。"手下的官吏将钱送到了陈家,当时只有陈妙登一个人在家,才十二三岁。那位送钱的官吏见她长得非常美丽,便告知了武帝。于是武帝便将她迎入后宫,作了太子的妃子。

郁林王何妃淫乱

何妃名叫何婧英,是何戢的女儿。何妃生性淫乱,作皇妃时便与外人私通。等到做了皇后以后,又跟皇帝的侍从杨珉之私通,二人住在一处,如同夫妻一般。因为皇帝很宠幸杨珉之,所以任他为所欲为。珉之还将何氏的亲戚迎入皇宫,赏赐上百万钱,并让他们住在宋武帝的耀灵殿中,等到皇帝被废黜后,何氏也被贬为皇妃。

步步生莲花

潘妃字玉儿。皇帝大举修建芳乐、玉寿等殿时,用麝香涂墙壁,宫殿内外雕梁画栋,装饰得极其华丽。皇宫中所吃的东西,都一经过精心挑选的珍奇食物。将金块凿成莲花的形状铺在地上,让潘妃在上面行走,称之为"步步生莲花"。

潘妃酤酒

东昏侯在苑囿中仿照集市上的式样设立了各种店铺,每天在这里面游逛,采购东西。命宫女、太监们扮成小贩,在街上叫卖,让潘妃扮成管理市场的官员,自己做官员的随从。还开挖了一些沟渠,设立了码头,东昏侯自己亲自撑船。在码头上又开设了店铺,亲自在店铺中杀猪卖肉。还在阅武堂边的路旁种上了杨柳。

老百姓有一首歌谣讽刺道:"阅武堂边种杨柳,皇帝杀猪兼卖肉,潘妃开店酤美酒。"

这年冬天十二月,萧衍率兵进入阅武堂,诛杀了东昏侯。

殷淑仪

一淑仪是王义宣的女儿,美貌出众。义宣被诛杀后,皇帝秘密地将她娶了过来,改姓殷。左右有泄露她真实姓名的,多被处死,所以当时没人知道殷氏的真实出身。

殷氏死后,皇帝常常思念她,渴望能再见到她。于是便让人做了一个潜望筒,一头通到殷氏的棺材中。皇帝想见她时,便通过这支潜望筒观看殷氏的尸体。这样过了很长时间,殷淑仪的尸体也没有腐烂,神色仍和生前一样。

郗后酷妒

郗后生性特别嫉妒,她死了以后化成了一条龙又回到了后宫,经常进入梁武帝的睡梦中。有时候现出原形,光彩照人,每当这时,皇帝的身体就会感到不适。这条龙总是从井中喷出一股股激流,武帝曾用银鹿炉、金瓶等灌入各种异味菜肴以此来祭祀她。由于这个缘故,武帝一直不敢再封皇后。

当初,梁武帝灭齐时,从齐朝掳得十余名美女,郗后对她们非常嫉恨。左右大臣向武帝进言说:"吃鸧鹎可以治嫉妒病。"

皇帝吃素念经

梁武帝信奉佛教,常吃素食,祭祀宗庙也只用面食作供物。每当判一死刑囚犯时,也一定总是为死者流泪。武帝还曾数次剃发为僧来到同泰寺,终日诵读佛经。

半面妆

梁元帝的妃子徐昭佩,是东海郡郯县人氏,没有什么姿容,元帝不喜欢她,二、三年才跟她见一面。因元帝只有一只眼,所以徐妃每当知道皇帝要来时,总是要画半面妆等待皇帝的到来。皇帝看到徐妃这样,便大怒而出。

徐妃淫行

朱元帝的妃子徐昭佩生性放荡、风流,曾与瑶光寺的智远道人私通。徐妃天生又特别爱嫉妒别人,若见到与自己一样不受皇帝宠爱的妃嫔,徐妃就会与之热情交往,关系密切;若是发现有妃嫔受到皇帝宠幸并且已怀有身孕的话,徐妃则必定要亲手杀掉,方以为快。

元帝的手下有位宠幸的臣子,名叫暨季江,容貌清秀,举止潇洒,素有美男子之称。徐妃便想方设法跟季江勾搭上，二人经常在一起鬼混。季江常感叹地说："柏直狗虽老犹能猎，溧阳马虽老犹骏，徐娘虽老犹尚多情。"

当时有位美男子，名叫贺徽。徐妃慕其美色，将他邀到普圣尼庵，二人勾搭成奸。两人还在白角枕上写诗互赠，情意缠绵。

大清三年，元帝逼令徐妃自杀，徐妃知道自己难免一死，便投井自尽了。元帝命人将徐妃的尸体送还给徐妃娘家，称之为"出妻"。元帝还写了一首《金镂子》诗，详细描述了徐妃种种淫行。

柳絮点衣

一次，陈后主与张丽华在后花园游玩，这时，有柳絮飘落在后主的衣服上。丽华笑着对后主问道："柳絮怎么竟能飘落在人的衣服上呢？"陈后主笑着答道："这种轻薄的柳絮，正如你一样啊。"张丽华笑了笑，没有说什么。

胭脂井

景阳井在陈宫廷内，隋军灭陈时，陈后主与张丽华、孔贵嫔曾一同跳进去以躲避隋军。过去传说井边围栏上有石脉，用丝帛一拭，就会出现胭脂的痕迹，因此也称此井为"胭脂井"。又叫"辱井"。

龟成皇后

陈高祖宣皇后章氏，名叫要儿，是吴兴乌程人。章氏本姓钮，父亲名叫钮景明。后来要儿被一章姓人家所收养，因此改姓章。

要儿的母亲苏氏曾遇道士，道士送给苏氏一只小龟，五彩斑斓，道士还告诉她说："三年后就会显灵了。"到了第三年，果然生下了要儿，当时紫光照室，再也找不见小龟的踪影。

章皇后容貌美丽，从小就非常聪明，她的手指长达五寸，红白相间。每当有大事将要来临，她就会预先断一手指。

妇幼知"萧"字可避火

梁武帝造了一座寺庙,命萧子云用飞白书写了一个很大的"萧"字。后来这个寺庙被烧毁了,只有这个"萧"字还仍然保存着。妇女、小孩们由此知道"萧"字可以避火,因此都纷纷烧香参拜它。李约见到后,便买下了这个"萧"字,带回到洛阳,并专门建造了一间屋子,终日把玩此字,称这间屋子为"萧斋"。

后来诗、词中经常出现"萧斋""萧寺",就源于此。

宫体

简文帝非常聪明,头脑敏锐。读书常常一目十行,诸子百家,经史典籍过目不忘。

他一生写了许多文章,所作诗词,自己也认为太过于轻浮艳丽。因为所写内容多是宫闱中事,所以当时人称简文帝的诗为"宫体诗"。

宋帝刘昱嗜杀成性

宋后废帝刘昱骄奢淫逸,嗜杀成性,每日铁锤、凿锯等物不离左右,不管是男是女,杀之为快。一天不杀人,就觉得心里不舒服。因此朝廷内外,终日惶惶不安。

苻坚夫人知兵

前秦皇帝苻坚的夫人张氏,不知其为谁家之女,聪慧有才识。苻坚将要大举入侵东晋时,张氏对他说:"妾听说天地生万物,王者治天下,都是因为顺应自然的趋势,所以没有不成功的。现在朝野上下都说不能讨伐东晋,但陛下您却执意而行,不知出于什么原因?"苻坚斥责道:"军旅之事,不是妇人所应参与的。"于是仍大举南侵,张氏请求随他前往。

这天夜里,苻坚梦见葵花生在城中。第二天将此梦说与张夫人听,张氏说道:"军队远道征战,主将难当啊。"苻坚又梦见大地向东南方向倾斜,又问张氏该如何解释,张氏说道:"东边为左,地向东南倾斜,意思是说江左不能平复,您不要再南下讨伐了,这是失败的征兆啊。"苻坚还是不听。后来苻坚果然在寿春被打得大败,只他一人单骑逃回北方。

苻登后毛氏

苻登的皇后毛氏,是毛兴的女儿,勇武强壮,擅长骑马射箭。

太初二年,毛氏被立为皇后。四年,苻登将毛氏及辎重留在大界营。姚苌率兵袭击大界营,营房被占领。毛氏弯弓上马,率领壮士几百人与姚苌死战,杀姚苌兵七百余人。但终于寡不敌众,被姚苌捉住。毛氏很有姿色,姚苌想将她占为己有。毛氏高声骂道:"天子皇后,怎能为你这个仇敌所污辱,还不赶快杀了我?"说着仰天大哭道:"姚苌无道,你先杀害了天子,现在又想污辱皇后,皇天后土,岂能饶恕你。"姚苌大怒,杀掉了毛氏。

发现墓中宝并侍姬

后凉时,有盗墓贼掘开了前凉王张骏的坟墓。盗贼们发现张骏的面容和生前一样,没有什么变化。这些盗墓贼从墓穴中发掘出了大量的珍珠笼、琉璃盒、白玉樽、赤玉箫、紫玉笛、珊瑚鞭、玛瑙钟等物,其他水陆珍奇宝物不计其数。(《后凉录·吕纂载记》)

张骏的墓中还随葬了一名张骏生前的宠姬。这位宠姬的容貌也和活着的时候一样。墓穴刚打开时,这位女子的身上还微微有些温热之气,经风一吹,才渐渐凉了下来。

杨氏义烈

吕纂的妻子杨氏是尚书右仆射杨桓的女儿,咸宁元年,被立为皇后。杨氏不仅容貌美艳，而且很有气节。

吕纂被慕容超刺杀后，魏益多接着进来斩吕纂的人头。杨氏哭泣道："人已死，如土石，什么也不知道了，怎忍心还要残害他的形骸啊？"益多不听，还是砍下了吕纂的首级并且对杨氏还大骂了一通。

杨氏带十几名婢女在城西埋葬了吕纂，正要离开皇宫的时候，慕容超担心她会携带珍宝，便派人搜查她。杨氏气愤地高声斥责道："你们兄弟之间不能和睦相处，互相残杀，还要连累于我。我早晚是要死的，珍宝对我又有什么用？"慕容超惭愧地没敢再搜查。他又问杨氏玉玺藏在什么地方，杨氏怒道："已经毁掉了。"

慕容超见杨氏美貌出众，便想将她娶过来。于是慕容超对杨氏父亲杨桓威胁道："杨皇后如果自杀的话，你的家族就要受到灾祸的牵连。"杨桓将慕容超的话告诉了女儿，杨氏冷笑道："您当初将女儿卖与氐族人以图富贵，给一个氐人就已经使女儿受够了侮辱，难道您还想让女儿嫁给第二个氐人，受第二次侮辱吗？"杨桓不敢强迫女儿嫁给慕容超，便自杀了。

驸马善医

庐江公主下嫁给了褚澄，褚澄医术高明。建元中褚澄为吴郡太守时，百姓李道念因公事到郡府。褚澄见到后对他说道："你有重病在身。"李道念回答说："过去患过伤寒病，至今已有五年了，许多医生都未能治好。"褚澄为他诊脉后，让他服苏子。李道念才吃下去一服药，就往外吐东西，一看竟是鸡雏，羽毛、翅膀、鸡爪等一应俱全。褚澄又让他继续服药，共吐了这种像鸡雏似的东西13头，之后病就完全好了。人们对褚澄的医术大加称赞。

启棺交合

后燕皇帝慕容熙的皇后苻氏，是苻尹谟的小女儿。苻氏名叫苻训英，最初被封为贵嫔，备受宠爱，其他妃嫔无人能比。不久，苻氏便被立为皇后。

苻皇后喜欢游猎，慕容熙常陪她一起去野外打猎。在一次野外狩猎中，士兵被豺狼野兽伤害或被冻死的就达五千多人。

符后去世时，慕容熙悲痛欲绝，如丧考妣，抱着符后的尸首嚎啕大哭，边哭边说道："身体已经凉了，想不到皇后果真命归黄泉了啊！"刚收敛完尸首，慕容熙又打开棺材，跳进去与符皇后的尸体交合。

符后的葬礼极其隆重，皇帝慕容熙亲自穿着用粗麻布制成的丧服，治丧期间只吃简单的米粥。在宫内设符后的灵位，命文武百官前往吊唁哀悼。又令所有的和尚穿素服，以示哀悼。慕容熙还专门派人观察那些前来吊唁的人，看他们是不是真的悲伤。如果吊唁时痛哭流涕、泪流满面，就认为是忠孝之人；相反，如果吊唁时，没有流泪痛哭，就被认为是不忠不孝，按有罪论处。

符后之虐

后燕皇帝慕容熙的皇后符氏，生性残虐。盛夏之时想吃冻鱼脍，隆冬季节又想吃生地黄，每逢有这种念头，都要马上严令有关部门想办法去办到。如果不能满足她的要求，就会将有关办事人员处以极刑，真可算是残虐至极。

有一位大臣，名叫杜静，因为慕容熙要为符皇后建一座新的宫殿，结果竟导致土的价格与谷物的价格相同。杜静命人抬着棺材来到皇宫，抱着必死的决心向慕容熙极言劝谏。慕容熙不仅不听劝谏，反而恼羞成怒，竟真的将杜静杀掉了。

不做凡人妻

段氏字元妃，是段仪的女儿，从小温婉聪慧。一次，元妃对妹妹季妃说："我将来决不作凡夫俗子的妻子。"季妃也说："妹妹我也决不作平庸之人的老婆。"周围的人听了只是笑笑而已，并不以为然。

内黄人张定善于看相，见到段氏姐妹后，惊讶地对段仪说："您家的兴盛将取决于这两个女儿呀。"段仪听后非常高兴。因此便不急于为女儿找婆家，以至于两个女儿都20多岁了还没有嫁人。段仪的儿子段伦沉不住气了，对段仪说："张定怎么能知道她们姐妹会富贵，您怎能竟然相信他，而拒绝别人求婚呢？"

段仪说道:"我等志向高远,所以才不急于让她们出嫁,为的是要给她们选择好的夫婿。"

不久,慕容垂娶了元妃为继室,备受宠爱。等到慕容垂夺取帝位后,元妃便被册封为皇后。范阳王也娶了委妃。这样姐妹二人都成了皇后,果然应了她们小时发的誓,也应了张定的预言。

石虎立太子

刘曜的小女儿年方十二,容貌出众。张豺得到她后,又将她献给了后赵皇帝石虎。石虎很宠幸她。

刘氏嫁给石虎后,生了一个儿子名叫石世,被封为齐公。张豺看到石虎年纪大了又体弱多病,就千方百计想让石虎立石世为太子,希望将来石世即位,刘氏成为太后,自己便能辅佐朝政,巩固地位。于是便去游说石虎道:"陛下过去所立的王储,他们的母亲都出生于娼妓或贫贱之家,所以祸乱不断。现在您应挑选母亲出身高贵,儿子又孝顺的人立为太子才是啊。"石虎说道:"爱卿暂且不要再说,我知道该如何去做了。"

石虎想让大臣们议论一下立太子这件事,石虎对大臣们说:"我真想用三斛纯灰洗涤一下自己的肠子,为什么我专生不孝之子呢?儿子到了二十几岁,总是想着要杀掉他的老子,夺取皇位。现在石世刚十岁,等到他二十岁的时候,恐怕那时我已经死了。"于是立石世为太子。

发美女三万人拜石虎称帝

赵王石虎在邺郡兴建台观,又营建了长安、洛阳两个宫殿。发民工数十万人,搜罗了三万名美女充入后宫。各地郡县大多强夺人妻,为此而杀死那些美女的丈夫共三千多人。

石虎又命儿子石宣外出游猎,打着天子的旗帜,随行的士卒有18万人之众。石虎从远处望见,笑着对左右说:"我家父子如此强大,除非天崩地陷,否则还有什么可忧愁的呢?"

石宣沿途所过十五郡,郡郡府库都被搜刮一空。石虎又命石宣的弟弟秦公石韬接着出巡,石韬也和他哥哥一样,大肆勒索民财,满载而归。

石宣忌恨石韬,便杀掉了他。石虎又杀害了石宣,情形极为残酷。

晋永和五年石虎称帝,篡夺了后赵政权。

楼上嬉笑

后赵皇帝石虎令人在太极正殿建起了一座高40丈的楼阁,将珍珠串起来做成帘子,上挂五色玉佩,每当微风吹过之时,锵锵鸣响,清脆悦耳。盛夏之时,石虎登上高楼眺望四面八方,演奏金石丝竹之乐,日夜不断。

当时天气干旱,石虎又令人将杂宝异香舂成碎屑,让几百人在楼上吹散它们,称之"芳尘台"。

楼上有铜龙,肚子里面可容几百斛酒,石虎令胡人在楼上用口喷酒,风吹过来时,从远处望去,如同雾气一般,称之为"黏雨台",用来洒尘土。楼上嬉笑之声,响入空中。

石虎御床御座并扇

后赵皇帝石虎的御床方三丈,冬季设熟锦流苏斗帐。帐的四角各置一纯金龙头,龙口衔五色流苏,有的用青绨光锦制成,有的用绯绨登高文锦制成,还有的用紫绨大小锦制成。在熟锦流苏斗帐之外,还有一层帷帐,用120斤纯白色锦丝织成,名叫"复帐"。"复帐"的四角各置一纯金银凿镂香炉,香炉中用石墨烧集和名香。"复帐"的顶上又有一金莲花,花中悬金箔织成的缳襄;缳襄的容积约为三升,用来盛香。帐的四面各垂十二只香囊,色彩都相同。

御座全都雕漆图画,上绘五色花朵。宫殿前设铁灯120盏。

石虎所用障尘蔽日的长柄扇,名叫"云母五明金箔莫难扇"。每当石虎出巡时,便有人在他所乘之车周围掌起此扇。石虎有时也用"牙桃枝扇",这种扇的扇面,有的是竹色,有的是绿沉色,有的是木兰色,还有的是紫绀色或郁金色。

陈逵妹长发

后赵皇帝石虎的宠姬陈氏是别驾陈逵的妹妹,才华容貌都很出众,头发长七尺。石虎很宠爱她,封她为夫人。

郑樱桃谗妒

后赵皇帝石虎的宠姬郑氏,名叫郑樱桃,原来是东晋冗从仆射郑世达家的歌妓。石虎常在太妃面前赞叹郑樱桃的美貌,太妃便答应将她送给石虎。

樱桃嫁给石虎后,生下太子石邃及东海王石宣、彭城王石遵。石虎为魏王时,称郑氏为魏王后。等到登上天王的宝座后,石虎又立郑氏为天王皇后。太子石邃因残暴被诛杀后,郑氏也被废黜了。

郑氏生性嫉妒,当初石虎攻下中山后,娶了征北将军郭荣的妹妹为妻,二人相敬如宾。郑氏很是嫉妒,竟向石虎进谗言杀掉了郭氏。

崔氏女惨死

后赵皇帝石虎娶清河崔氏的时候,郑樱桃刚生下一个男孩儿。崔氏请求将孩子交给她抚养,希望以此博得郑氏的欢心,但郑氏没有同意。

一天,孩子突然得暴病死了,郑氏又向石虎进谗言,说崔氏在外养别人的孩子。石虎当时正坐在庭院中的大床上,听了郑氏的谗言后不禁大怒,于是取来了弓箭。崔氏听说石虎要杀掉自己,赶忙光着脚来石虎面前,向他哭诉哀求道:"您千万不能枉杀了妾啊,乞请您听我把话说清。"石虎根本不愿听她解释,只是说:"快回到座位上,这事与你无关。"崔氏听了从后以为没事了,便转身离开,还没走到座位上,石虎便从后面向她射了一箭,正好射中崔氏的腰部,崔氏当时便死了。

不久,石虎去世,石氏宗族大乱。石遵废掉了太子石世,自立为帝,尊奉郑氏为皇太后。没过多长时间,石遵又被冉闵诛杀了。

刘氏辅石勒

后赵皇帝石勒的皇后刘氏，是侍中刘闰中的妹妹，石勒将其娶为妻子。刘氏不仅容貌美丽出众，而且颇有德行。

张禕在襄城发动叛乱时，刘氏拔剑将张禕斩杀，石勒靠刘氏的保护才得以脱身。

刘氏天姿聪明，富有才干，在处理国家大事，辅佐石勒建立功业方面，起了很大作用，很有汉初吕后辅汉之风。而且她又温柔和善，毫无嫉妒之性，在这方面又远胜过吕后。

建平元年，刘氏被石勒立为皇后。石勒死后，石弘即位，刘氏又被尊为皇太后。

不久，石虎大权独揽，把持朝政，将刘氏迁到崇训宫居住。刘氏内心深为国家担忧，便与彭城王石堪谋划，打算征发士卒讨伐石虎。但计划被泄漏，石虎抢先下手，将皇太后刘氏废黜并杀害了。

石虎治皇后浴室

建武二年，后赵皇帝石虎为皇后修建了三间浴室，整个建筑雕梁画栋，刻金镂银，极其华丽。

室中临池，设有石床，谓之"浴台"。按春、夏、秋、冬四季，设四时浴室，均用瑜石、斌砆等名贵石材砌成堤岸，或用琥珀、车渠等物制成瓶勺。

夏季时引外沟之水，注入池中。用沙縠做成小香囊，里面装上百杂香，浸入水底；有时也用葛布做香囊，放在水底。

隆冬之季，则制铜屈龙数千枚，各重数十斤，将它们烧红后，投入水中。这样一来，池水就总能保持恒温。然后再将池中温水引入浴室中，称之为"焦龙温池"。

又用文锦障，遮蔽浴室，石虎与宫女、宠姬，脱光衣服，赤身裸体在其中淫乐戏耍，常常通宵达旦，夜以继日。还美其名曰："清嬉浴室"。

洗浴后的脏水,被引出宫外,其引水之渠称为"温香渠"。渠外之人,争相前来汲取渠水带回家中,家人莫不欢欣鼓舞,乐不可支。

临轩简女

后赵皇帝石虎增置女宫,大肆征发民女三万余人。各地郡县为了极力奉承,更是变本加厉地掳掠美女,抢夺的有夫之妇竟达九千多人。平民百姓的妻子如果容貌出众,当地豪绅权贵就趁机威胁霸占。很多妇女遭受污辱之后,含愤自杀。石虎的儿子石宣和一些王公大臣又私自下令采选了一万多名美女。

从各地征发来的美女全都被集中到邺宫,石虎登楼临轩,挑选美女。得到如此众多的美女,石虎不禁心中大喜,下令加封负责征发美女的使者 12 人为列侯。

从开始征发至押解美女回到邺城,在这段时间内,负责征发的将领们杀害美女的丈夫,以及霸主抢夺后又缢死的美女,就有三千多人。荆楚地区,杨徐间率民发动起义,当地郡守因不能招降义军,竟大肆抓捕平民百姓,将他们投入监狱,最后处死达五千余人。

光禄大夫逯明直言劝谏,石虎竟勃然大怒,命部下将逯明拖出宫外杀害。从此,朝中大臣个个三缄其口,无人再敢多言,只为保官保命而已。

道武帝谴责贺夫人

北魏道武帝拓跋珪迷信方术之士的鬼话,服用了寒食散。结果药力发作,异常暴躁,喜怒无常,经常亲手用刀杀人。

一天,道武帝因一件小事便大加谴责贺夫人,以致要将她杀死。贺夫人把这事告诉了儿子拓跋绍。拓跋绍平时为人凶狠,听了母亲的话后,连夜进入皇帝卧室杀掉了拓跋珪。

拓跋珪的长子拓跋嗣又诛杀了拓跋绍,自立为帝,这便是明元帝。

胡太后逼淫

杨华，本名叫杨白花，投奔梁朝后才改叫杨华，是北魏名将杨大眼的儿子。杨华年轻勇武，容貌英俊。北魏胡太后强迫他与自己私通，杨华害怕灾祸临头，便率领家族逃离了京城洛阳。胡太后很是思念他，作了一首《杨白花歌》，让宫女们昼夜学唱。

胡太后用事

北魏孝明帝的贵嫔潘氏，名叫潘充华。潘氏生了一个女儿，胡太后却对外人诈称说生了个皇太子。

胡太后派人给自己的亲生儿子孝明帝元诩送去毒酒，将他杀害。之后，又立临洮王元宝晖的长子元钊为帝。元钊当时仅三岁，胡太后之所以立他为帝，是为了更进一步把持朝政，大权独揽。

由于孝明帝元诩渐渐长大成人，胡太后越来越担心，自己不能再独揽大权，因此，凡是孝明帝所宠爱信任的大臣，她都以种种事由将他们除掉。竭力使孝明帝耳目壅蔽，不能了解外面的事情。这样一来，母子二人互相猜疑，隔阂积怨越来越深。为了保住自己的地位，所以胡太后才不惜进献毒酒将自己的亲生儿子孝明帝杀掉。

窟室妇女

北魏太武帝拓跋焘到长安后，一天来到了一座佛寺。寺里的和尚给太武帝的随从喝酒，引起了太武帝的怀疑。于是领人进入和尚的住室，发现了许多兵器。太武帝大怒，命令有关部门按法令诛杀全寺和尚。抄检寺院财产时，发现了许多酿酒的器具，还在地下室搜出了很多妇女。太子拓跋晃平素喜好佛法，便利用职权延缓宣布诏书，致使该寺和尚大多逃亡，幸免于难。该寺查抄后，塔庙也一并烧毁了。

无愁天子

北齐皇帝高恒不善言谈，说话结结巴巴，如果不是特别宠幸的亲信，根本不与之交谈。他喜欢亲自弹琵琶，弹些无忧无愁的曲子，周围奉和者上百人，民间称他为"无愁天子。"

这位"无愁天子"还在华林园内设立一贫儿村，自己穿着破烂的衣裳，在村中行乞，以此为乐趣。在他统治期间，那些既无才能，又无道德，完全靠投机得到富贵的人，数以万计，甚至连狗、马或鹰等也有"仪同""郡君"等官职。

拳不可开

乐陵王高百年，是北齐孝昭帝的次子。一天，太阳周围两圈白虹围绕，然后这条白虹又横贯天空，久久不散，而且大白天天空中还有赤星出现。武成帝用一盆水映着星星盖上盖儿后，一夜之间盛水的盆子自己就破了。武成帝想让高百年来驱散邪气。当时正赶上博陵人贾德胄教百年写字。百年曾写过几个"敕"字，贾德胄将百年写的"敕"字拿去给皇帝看。武成帝见了大怒，派人将百年召见。百年知道自己难免一死，便割掉了一块衣袖留给妃子斛律氏保存作为纪念。

百年见到皇帝后，皇帝让他写"敕"字。经验证，确实跟贾德胄上奏给皇帝的"敕"字相符。于是皇帝便命人用棍棒狠狠地痛打百年，又让人拖着百年绕殿堂边走边打，所过之处，鲜血淋漓。百年被打得奄奄一息，对武成帝哀求道："请皇帝饶命，就让我为叔叔您做奴隶吧。"武成帝还是将百年杀掉了。尸首抛在池塘中，池中的水全染红了，最后才将尸体埋在后花园内。

百年的妃子斛律氏手握百年留下的那块袖头哀号不已，一个多月不吃东西，最后也死了。死时那块袖头仍握在手中，由于攥得很紧，拳头掰都掰不开。最后，还是斛律氏的父亲斛律光才将女儿的手掰开。

国学经典文库

中国古代野史

·三国两晋南北朝野史·

图文珍藏版

高后梦日

孝文昭皇后高氏,是司徒公高肇的妹妹,父亲名叫高扬,母亲盖氏。文明太后亲临北部曹时,见到高氏姿貌美丽,便将她纳入掖庭,当时年她纪只有 13 岁。

高皇后年幼时曾梦见自己站在堂口,日光从窗中射进来照在自己身上。连着好几个晚上都做这样的梦,高皇后自己很奇怪,便告诉了父亲高扬。高扬以此事问闵宗,闵宗说道:"太阳是统治人的象征,是帝王之相,阳光照在您女儿的身上,看来您女儿将来必定会受到皇帝的恩宠。"后来果然被选入宫中,立为皇后。生下了世宗和广平王元怀。

库中受娠

文成元皇后李氏,她的母亲是顿丘王元峻的妹妹。李皇后天资聪慧,容貌美丽。世祖南征永昌时,王仁率军从寿春出发,大军行至李氏的家时,王仁发现李氏长得很美,便将她收在了自己身边。后来王仁镇守长安,因事被诛杀,李氏与其家人一起被送到了平成宫。

淫妇不肯死

孝文帝去世后,北海王元详奉孝文帝遗旨派长秋卿白整等人前往后宫给幽皇后送去毒药让她自尽。幽皇后边逃边喊,不肯服从并说道:"皇帝怎么会有这样的遗旨呢,一定是那些诸侯王们想杀我罢。"白整等人抓住她,强迫她喝毒药。她这才含药而死。

咸阳王元禧等人验视之后说道:"如果没有孝文帝的遗诏,我等兄弟也当设法除掉她。怎能让这样无德行的妇人控制天下,宰杀我们这些人呢?"冯氏死后,谥为幽皇后。

兔在后宫

一天,后宫发现了一只小兔子,检查了所有的地方,也不知从哪里进到后宫的。皇帝便让崔浩占卜一下此事,崔浩认为将有邻国向中国进贡嫔嫱。第二年,姚兴果然前来进献美女。

高丽婢奸通

北魏北海王元详曾与安定王元燮的妃子高氏私通。高氏是茹皓妻子的姐姐。元详严令左右,不得泄密。元详既平素依附于茹皓,又与其姊私通,两人关系往来,十分密切。

后来,元详被高肇所劾,说他与茹皓等勾结阴谋叛乱。世宗于是命中尉崔亮负责调查元详与茹皓等人谋反之事,不久便将元详软禁起来。

元详刚被软禁时,就将自己与元燮的妃子高丽私通之事告诉了母亲。母亲听后大怒,严声痛骂道:"你自己有妻妾侍婢,个个都貌美如花,为什么竟然还跟高丽那骚女人勾搭成奸,以致酿成现在这样的大罪!我若得到高丽,定要扒她的皮,吃她的肉!"于是杖打元详后背及两腿百余下,以解心头之气。

夹领小袖

北魏孝文帝召见王公大臣,责怪留守京城的官吏道:"我昨天看到妇女们的服装,仍是夹领小袖,我到东山,虽然还不到三年时间,就已经超脱于寒暑冷热了,你们这些人为什么违背我以前的诏令呀?"

妇人着小襦袄

孝文帝元宏回到洛阳后,召见公卿大臣。孝文帝对他们说道:"建设国家、治理国家的根本是在于要礼教为先。我离开京城以来,礼孝是不是每日都有所提高啊?"元澄回答道:"我认为每日都有所提高。"孝文帝说:"朕昨天进城后看到车上的妇人头戴帽子,身穿小襦袄,这种情况,尚书为什么不考察一下呢?"元澄说道:"穿小襦袄的妇人毕竟比不穿小襦袄的妇人少。"孝文帝说道:"真是岂有此理!难道你任城王还想让所有的女人都穿小襦袄吗?孔子说过:'一言可以丧邦。'大概就是指你这种情况吧。可以让官吏记上你这些言行了。"

后主宠淑妃

冯淑妃名叫小伶,原来是穆皇后的婢女。穆后失宠后,于五月五日将小伶进献给了后主高纬,称之为"续命"。

淑妃聪明伶俐,能弹琵琶,擅长唱歌跳舞。后主很迷恋她。坐则与之同席,出则与之并驾,恨不得死也埋在一起。

弦断赋诗

北齐后主高纬将淑妃赐给代王高达后,淑妃深得高达宠幸。

一次,淑妃正弹着琵琶,忽然弦断了,便赋诗一首,诗中写道:"虽蒙今日宠,犹惜昔时怜。欲知心断绝,应看胶上弦。"

小字黄花

北齐后主高纬的皇后穆氏,名叫耶利,小字黄花,后来改名叫舍利。原是耶律皇后的侍婢。她的母亲名叫轻霄,原来是穆子伦的婢女,跟宋钦道私通后生下了穆皇后。所以关于穆皇后家族的情况,没有什么人知道。

珍珠裙袴

北齐之时,武成帝给胡皇后做了一件珍珠裙袴。所花费的珍珠不可胜计,后来被火烧掉了。后主高纬即位后,穆皇后又给胡太后做了一件。

七宝车

周武帝母亲去世后，北齐后主诏令侍中薛孤、康贤等为前往北周吊唁的使者。又派遣商明带着锦彩三万匹随从吊唁使者同往，目的是想从北周买到珍珠，为皇帝造七宝车。北周不愿与北齐做交易，但北齐竟也造成了七宝车。

胡后与沙门私通

北齐武成帝时，明皇后还没有被尊为太后。胡皇后经常与宫中的太监们勾勾搭搭，眉来眼去。武成帝很宠幸和士开，经常跟他在一起商议事情。和士开因此有机会与胡皇后勾搭成奸。

武成帝死后，胡后多次到佛寺进香，又跟和尚昙献勾搭在一起。胡后在昙献的褥席下放满了金钱，又在昙献的屋中放置了一张用宝物装饰的胡床。

尼是男子

北齐时，武成胡皇后常在内殿安排上百名僧人，假托是听讲佛经，实际上却是日夜跟昙献和尚私通。

后主听人说太后不自重，开始还不相信，后来在朝见太后时，见到两个小尼姑，很是喜爱，便将她们召来，验视后，发现她们原来竟是男子。于是胡太后与昙献私通之事终于被发现了，昙献等人都被诛杀。胡太后还曾与元山王三郡君私通，这次把元山王三郡君也一起杀了。

使婢通意

神武明皇后娄氏，名叫娄昭君，从小便聪颖慧悟，许多豪门大族向她求婚，都不肯答应。

一次，娄氏看到神武帝在城上干活，惊喜地说道："这个人才正是我的丈夫啊。"于是让婢女为她向神武帝传递爱的信息。

产帐鹗鸣

北齐武成皇后胡氏,是安定人胡延之的女儿。她的母亲卢氏怀她时,有一位胡僧对她母亲说:"这座宅院里葫芦中有月亮。"不久便生下了胡氏。胡氏生下后三天,有鹗鸟在产床的帷账上鸣叫不已。

有孕必梦

神武明皇后,共生有六男二女,每次怀孕时总会梦有所见。怀文襄时梦见一条断龙;怀文宣帝时梦见一条龙首尾与天地相连,张着大口,转动着双眼,样子非常吓人;怀武成帝时梦见一条大龙在大海中遨游;怀孝昭帝时梦见一条小龙在地上蠕动;怀襄城、博陵二王时,梦见老鼠钻入衣服中;怀两个女儿时,梦见月亮进入怀中。

击破公主车

北魏孝庄帝的姐姐寿阳公主,一次在路上行车,违犯了路规,被正在巡逻的中尉道穆打坏了她的车子。公主哭泣着将这件事告诉了孝庄帝,孝庄帝说道:"道穆很清直,我怎么能因私情而责怪于他呢?"

宠佞杀重臣

宣武帝元恪即位时,只有 16 岁。他即位后,一反孝文帝信忠惩佞之大计,专宠奸佞,排斥直臣,先后罢黜了孝文帝死前安排的六位辅政大臣,而让茹皓、王仲兴、寇猛、赵修、赵邕及外戚高肇等开始专政。在宠臣中,元详、茹皓、高肇三人尤为受宠。北海王元详,骄奢淫逸,喜好声色,贪图财利,永无满足。他到处营建宅地,夺占别人房屋,朝廷内外怨声载道,因他是元恪的叔父,故对他的奏请无不答应;冠军侯茹皓,因为心眼灵巧受到宠爱,宣武帝元恪宣布他有事可以直接来奏。因此,使他得以肆无忌惮地弄权作弊,收受贿赂,朝野上下无不怕他。高肇,是宣武帝元恪的老丈人,结党营私,拉拢亲信,凡是投靠他的人,十天半月就可破格升官。茹皓的妻子是高肇的堂妹,元详的堂姊是茹皓妻子的姐姐,且元详又和他的堂姊私通。于是,元详、茹皓、高肇三人关系更加密切,串通一气,相为表里,一切弄权,使得其他王公大臣都很少有觐见皇帝的机会。

宣武帝对奸佞如此宠信,而对于辅国重臣,则说杀就杀。其中突出的例子要算彭城武宣王元勰了。

武宣王元勰,是孝文帝时期的重臣。孝文帝临死前,曾亲对司徒元勰道:"冯皇后长久以来不守妇道,乖违后德,我死之后,可以赐她死,以皇后的礼仪安葬,庶可免去冯氏家门之丑。"并亲给太子元恪写下诏令:"你的叔父元勰,以自己的言行树立一个很好的榜样,所以被授官以资鼓励,其节操如白云一样纯洁;他不贪富贵,以官爵视为身外之物,其索心如松柏翠竹。我从小和他一起相处,从不忍分离。我离开人世之后,你要准许元勰辞去官职,脱身俗务,以顺从他谦虚自抑的性格。"孝文帝死后,元勰遵遗嘱赐冯皇后死,为元恪铲除了再次太后临朝专政的障碍;又和任城王元澄一起把元恪扶上了皇位。就是这样一个辅国功臣,于公元508年皇帝立高妃为皇后时,曾再三劝谏不可,但元恪不听。外戚高肇由此对元勰恨之入骨。于是,高肇便多次在宣武帝元恪面前进谗言诋毁元勰,诬告元勰和元愉勾结谋反,并收买元勰手下的魏偃、高祖珍到皇帝那里为其诬告作证。9月18日。宣武帝元恪召元勰赴宴。夜深,元勰酒醉后,宣武帝令其就地休息。不一会,便有人带武士送来药酒。元勰道:"我没有罪,希望能见皇帝一面,死而无恨!"来人道:"圣上是不会再见你的了。"元勰道:"皇上圣明,不应该无缘无故地把我杀死,我乞求与诬告我的人当面对质!"武士闻言,当即用刀环向元勰脸上打去。元勰大声哭道:"皇天,我冤枉啊!我这个两代忠臣,今天竟要如此不明不白地被杀害了!"武士上前又打,元勰见申辩无用,只好将药喝下,当场毙命。为此,朝廷之内,无不为武宣王之死唉声叹气,连行路男女皆流泪哭泣道:"是高肇杀害了辅佐两朝的贤王啊!"宣武帝如此宠信奸佞,杀害忠良,朝政随之更加腐败不堪了。

公元515年1月,宣武帝元恪病死,时年33岁,在位17年。元恪死后,由他的次子元诩即位,是为孝明帝。

死于母后

孝明帝出生于公元 510 年,515 年即位,时年 6 岁,528 年被杀,时年 19 岁。

孝明帝元诩即位时,年仅 6 岁,由其生母胡太后临朝听政。这胡太后名胡充华,崇信佛教,大兴寺塔,以在皇宫侧造永宁寺更为宏伟,并在龙门开凿佛龛,耗费不计其数。上行下效,皇亲、权贵亦竞相淫侈,加之连年旱、水灾不断,地方官吏贪污苛剥,使得百姓饥寒交迫,命不保夕,于是盗贼四起,天下皆叛。这太后虽颇信佛教,但耐不得年轻守寡,又有大权在握,便觉得没有办不到的事情。她见清河文献王元怿年轻美貌,仪表堂堂,便逼其与己私通,淫乱后宫。公元 520 年 2 月,太后与元怿淫乱的风声传到了孝明帝元诩的耳中,他虽年只 10 余岁,也已懂事故,觉得面子上很是难堪,便心恨太后,更恨元怿,便与侍中、领军将军元义、卫将军刘腾设计诛杀元怿,撤去母后临朝听政的权力,自己亲政。元义和刘腾合谋,让主食中皇门胡定自己供认:"元怿贿赂我,让我毒死皇上,许诺他当了皇上,使我永享富贵。"孝明帝一听,当然相信,便于 7 月 4 日行动,突然袭击,将元怿抓住杀掉,将胡太后囚禁宣光殿。从此,元义、刘腾乘机辅政擅权。523 年 3 月,刘腾因病去世,朝中由刘义一人专权。525 年 2 月,胡太后以要削发为尼为借口,让明帝放自己出去。明帝以为母亲真的要削发为尼,哭诉阻止,并感到元怿反正早已被杀,便同时解除了对胡太后的囚禁。胡太后解禁之后,又设计除掉元义,自己重新临朝;随后,她又开始宠幸郑俨、徐纥、李神轨等人,把孝明帝身边的亲信一个一个逐出,对皇帝严加控制,孝明帝的亲政问题又落了空。这样一来,孝明帝和母后又产生了新的矛盾。

公元 528 年 2 月,孝明帝很讨厌郑俨、徐纥等人,逼胡太后将他们除掉,但胡太后不答应。孝明帝便秘密下诏命驻镇晋阳(山西太原市)的讨虏大都督尔朱荣发兵洛阳,以此胁迫胡太后交权。当尔朱荣兵至上党(今山西长治市)附近时,孝明帝又密语让其原地待命。然而正是这时,徐纥、郑俨听说尔朱荣发兵洛阳,知其是奉旨针对自己和胡太后而来,十分害所,急忙找胡太后密谋杀害孝明帝元诩。元诩死时年只 19 岁,谥孝明皇帝。

投河被杀

元钊,孝文帝拓跋宏嫡孙,临洮王元晖世子,出生于公元525年。

前已有述,公元528年2月,胡太后与他的情夫郑俨、徐纥合谋,杀死了她的亲生儿子、孝明帝元诩。为了把持朝政,胡太后立后宫明帝妃潘氏刚刚生下的女儿为帝,没过一天,胡太后见朝中议论纷纷,她自己也觉得说不过去,便又急忙下诏道:"潘妃所生本是女孩,不宜为帝,临洮王元晖世子元钊,系高祖嫡孙,理当为帝。"27日,胡太后让年只3岁的元钊即位,史称幼主。幼主不懂事理,胡太后临朝听政,当然也就顺理成章了。

胡太后立3岁的小皇帝即位,目的是长期把持朝政。然事情却不像她想得那么顺当。消息传到上党(今山西长治市),尔朱荣乘机以讨伐太后为由,于3月起兵进军洛阳。四月,尔朱荣到达河阴后,又和并州刺史元天穆商议,立彭城武宣王的儿子元子攸为帝。4月12日,尔朱荣攻入洛阳,胡太后知己山穷水尽,为保活命,急忙落发为尼,遁入空门。然尔朱荣却不管这一套,4月13日,派骑兵抓获了胡太后和幼主元钊,将他们送到河阴,沉入黄河之中淹死。时,幼主在位只两个月。

河阴之变

孝庄帝元子攸,生于公元506年,卒于530年,是北魏彭城王元勰的第三子,526年8月袭封长乐王。他的即位,完全是一种巧合,是尔朱荣乘北魏宫廷之乱,企图篡夺帝位,在进军洛阳途中临时被推上帝位的。

且说胡太后杀死孝明帝,立只有3岁的元钊为帝后,遂派尔朱荣的堂弟尔朱世隆北上,命令尔朱荣的军队还镇。

再说尔朱荣听说孝明帝已死,对元天穆道:"皇上去世了,是奸佞之人杀害的。现在又立了一个还不会说话的幼儿为帝,国家怎会安宁?我决心率军进京,哀悼皇帝,除掉奸佞小人,重立一个年龄较大的皇帝。"元天穆道:"这真是伊尹、霍光今日再生啊!"接着,尔朱荣又上书朝廷,声称:"皇帝离开人世,天下人都知道是被毒酒害死的;接着又立刚生下的女婴为帝,反又改立孩童为帝,实际上这都是为让奸佞臣子把持朝政。希望朝廷允许我进京,参与商讨国家大事,访查皇帝死亡的真正原因,除去奸佞,以雪天下之耻,尔后重立新帝。"正好这时,尔朱世隆来到。尔朱荣的野心已很明显,看了诏书,当然不依,并决定将尔朱世隆留下。尔朱世隆道:"朝廷现在就怀疑你有野心,所以才派我来试探,现在你让我留下,京城就会做好准备,您进京就费事了,这不是好计。"于是,尔朱荣假装同意回军,又让其回去了。接着,尔朱荣继续进军。于528年4月9日,尔朱荣到达河内(今河南沁阳),迎来长乐王元子攸;4月11日,尔朱荣渡黄河至河阴(今河南孟津东北),立元子攸为皇帝,尔朱荣自封为侍中,都督中外诸军事。4月12日,尔朱荣兵进洛阳之后,一方面召集大臣迎接新皇帝元子攸,一方面派人入宫拘捕胡太后及幼主元钊,随后,又命人将他二人沉入黄河淹死。4月13日,尔朱荣以迎接新皇帝为名,将满朝文武召集在护城河上,又以祭天为名,斥百官不能匡辅社稷,致使天下大乱,明帝被害。随后,派军将其包围起来,将十多位有名望的元氏诸王,2000余名大臣将士,全部杀害。这就是历史上的"河阴之变"。

4月14日,尔朱荣拥元子攸登上太极殿即皇帝位,下诏宣布大赦,改元为建义,是为孝庄帝。

疯疯癫癫的高洋

北齐文宣帝高洋刚刚立国的时候,还能励精图治。一切政务,简便稳定,尊贤敬能,坦诚待人,故文武百官都能自觉地以尽其能为国效力。然没过几年,这文宣帝高洋渐渐以为功成业就,遂嗜酒淫逸肆行狂暴,达到了癫狂程度。他有时亲身歌舞,尽日通宵;有时披散头发,肩红挎绿;有时又身体裸露,涂脂抹粉;有时又骑牛跨驴,纵驰奔跑,洋相百出。一旦想开心取乐,便广召娼妓,令其脱去衣服,当场让侍从官任意戏弄;诱得自己淫性勃发,便不分场合,让娼妓卧于榻上,任意奸淫;遇有稍微不从者,便拔刀杀死。有一天,他忽然想起,他的哥哥高澄曾调戏过他的妻子,便愤然道:"我兄昔日戏我妇,我今必报。"随入嫂子元氏卧室,以刀相逼,让其脱去衣服,强行奸淫。提起他的肆意杀人,更是令人发指。他曾在大庭广众之下召见都督韩哲,什么罪也没有,便让人拉出去杀掉。他派人制造大铁锅、长锯子、大铡刀,摆入宫廷,一旦喝醉了酒,便动手杀人,以此作为游戏取乐。杨愔怕他滥杀无辜,只好选一些死罪囚犯,关在宫殿左右的木帐内,供其酒后杀戮。北齐有一术士曾对他说:"亡高者黑衣。"他问左右:"何物最黑?"左右对曰:"黑无过于漆。"他想起兄弟高涣排行为七,七"漆"同音,便将其抓到邺城杀掉。

文宣帝变得如此癫狂残暴,他的母亲娄太后十分生气。有一次,文宣帝高洋又发酒疯,娄太后举起拐杖打他,并骂道:"你的父亲英雄一生,没想到竟生了这么个混账的儿子!"文宣帝边逃边指着母后大声说道:"看来我早晚得把这老母狗嫁给胡人!"把他的母亲气得死去活来。高洋见母亲生气再不理他,也有些后悔,便进宫向其谢罪,但娄太后怒气未平始终不予理睬,高洋自觉没趣,便饮酒解闷,刚有醒意,忽地想起一招对左右道:"我今竟要母亲发笑!"说着便进入母后宫内,爬到母后床下,用身把床顶了起来。母后未加防备,一下子便从床上掉了下来,跌倒在地。待宫女将其扶起,娄太后已摔了个鼻青脸肿,受了重伤。娄太后怒上加怒,立即让宫女扶着,拿起拐杖,一拐一拐地追打高洋,将他轰出宫外。

公元559年10月10日,文宣帝高洋终因荒淫残虐无度,酒后中毒而卒,时年31岁,在位17年。

高寅叩头求饶

高寅,生于公元534年,高欢第6子。

公元560年8月,孝昭帝高寅设计将他的侄子高殷赶下了帝位,又将其掐死,自己夺位做了皇帝。忽一日,他似有良心发现,后悔莫及。他记起,文宣帝高洋弥留之际似乎已经看透了他定要夺位的野心,为此曾明确给他说:"要夺位,也随你去,只是不要杀死我的儿子。"他杀杨愔等辅佐大臣时,侄子高殷哀求道:"杨愔等人,随叔父处置,只要给侄儿留下一条命,我自己下殿走开便是。"他的母亲娄太后同意他夺权称帝,但也求他给孙子高殷留下一条性命。然而,他最终还是把高殷杀死了,特别当他听说送去药酒,高殷不喝,便被活活掐死的情景后,不仅感到后悔,且感到肉跳了。561 年 9 月,李昭帝派人弑侄子高殷,10月在一次出去打猎时,摔下马来,跌断了肋骨,他自以为和杀侄儿有关。娄太后听说儿子摔伤,前去探望,顺便问他济南王高殷现在哪里,孝昭帝心中有鬼,不敢回答。娄太后一看,心便明白了,不由勃然大怒道:"难道你真忍心把他杀了?你要夺位称帝,我同意,但让你留他一条活命。谁知你不听我的话,还是把他杀死了!你现在摔断了肋骨,说不定就是他们父子向你索命来了,死了活该!"一句"索命",说到了孝昭帝高寅的心病,待娄太后走后,他便觉心神不宁,神情恍惚,神志不清。他一会儿似看到一名夜叉,披头散发,手执利戟,向他刺来,吓得他大声呼叫;一会儿似见他的哥哥文宣帝走来:"还我儿命来!"一会儿似见废帝高殷走来:"叔叔,你杀我的手段好毒呀!"一会儿,被他杀死的辅佐废帝的几位大臣杨愔、燕子献走来向他索命……孝昭帝吓得冷汗淋漓,面色灰白,不住向这些冤鬼叩头求饶;侍从刚刚将他扶起上床休息,但刚一合眼,便似见这些冤鬼又来了,遂又叩首求饶。

11 月 2 日,孝昭帝忽觉伤处痛极难忍,自知不保,便下诏让他的弟弟高湛即皇帝位,并在诏书中说:"高百年(他的儿子、太子)没有罪过,你要好好安置他,不要再学前人的样子。"他知道太子幼小难保帝位,故立其弟,以保住儿子性命,其条件是高湛不要像他杀侄子高殷那样再杀他的儿子。嘱毕,便大叫一声,绝气而亡,年 27 岁,在位仅 14 个月。

盗嫂丢后

高湛,高欢第九子,生于公元 537 后,公元 568 年病死。他是孝昭帝高寅的同母弟。文宣帝高洋在位时,高湛被封为长广王,拜尚书令;废帝高殷时,封太尉、大司马、并省禄尚书事。孝昭帝高寅夺位时,曾答应即位后立高湛为皇太弟,将来接替他的皇位,可是高寅即皇位后,却立自己的儿子高百年为太子,没立高湛为皇太弟。对此,高湛心中愤愤不平。高寅死时在晋阳,高湛守邺城,接到让他当皇帝的诏书,不肯相信,因为高寅的儿子早已立为太子,故自己做梦也没想到这辈子能当上皇帝。他派人去晋阳以证虚实。证实后,他当然心中狂喜不已,立即急驰晋阳,于 561 年 11 月 11 日在南宫即位,是为武成帝。他即位后，降封前太子高百年为乐陵王，册立胡妃为皇后，立儿子高纬为太子。

武成帝高湛即位后，残暴淫乱，他辱嫂丢妻的故事便是其人这方面的一个写照。

且说高湛到11月11日于晋阳即皇帝位后，次年（公元562年）1月回到京都邺城，举宴招待群臣。他喝得东倒西歪，被人扶着去后宫。众嫔妃听说皇帝驾临，争先恐后出来迎接。高湛也是个酒色之徒，见到这些浓艳粉黛，花红柳绿，早已魂魄飞荡，便狞笑道："此处勿讲家常人礼，尽可脱略形迹，休得迂拘。"说着，便左拥右抱，丑态毕露。他醉眼蒙眬中，忽见上座有一佳人，甚为稳重；虽看上去年龄稍大一些，但其雪肌桃面，绰约丰姿；再细一看，却是皇嫂李皇后（文宣帝高洋妻，又称文宣皇后，居昭信宫），虽然为其美貌魄荡魂驰，但毕竟是皇嫂，又当众面，只好按捺住情欲。过了一日，高湛按捺不住对皇嫂的垂涎，便在这日黄昏，不带随从，悄悄来到昭信宫。文宣皇后一见，知其来意，甚为害怕，道："陛下身为天子，难道就不顾欺兄盗嫂之名吗？"高湛道："你若不从，我便杀了你儿子！"说着，竟仗年轻力壮，上前将李皇后抱入寝帐。到此时，李皇后也只好屈从。

高湛这边威逼皇嫂成奸，那边却丢了胡皇后。

胡皇后，原为安定人胡延之女，被选为长广王妃。胡妃虽然容貌一般，但床上功夫淫技盖世，极得高湛欢心，故高湛即位后，将其立为皇后。武成帝那边由于对皇嫂分心，便冷落了胡皇后，这胡皇后耐不得寂寞，也只好猎取新欢。给事和士开，生得俊俏，平时为高湛所宠，常侍左右，与胡后也很亲密，但由于过去高湛与胡后甚为相爱，和士开便无机可乘。今高湛常去盗嫂，胡后乘机将和士开引入宫内，贿通宫女，只瞒住高湛一人。二人一见，便似故旧，无须寒暄，便入轨道。和士开弄得胡后心花怒放，遂海誓山盟，决心永做露水夫妻。日久，高湛对胡后所为，也有所闻，但怕胡后责他盗嫂，故也只做不知，胡后乘机在高湛面前常美言和士开，高湛竟又升和士开为黄门侍郎。

日久，胡后生子名纬，被立为太子。

同时，李皇后也生一女。生前，太原王高绍求见。这高绍，系高洋次子，李皇后是其生母。李皇后怀孕将产，没脸和儿子见面，只好拒绝。高绍生气道："孩儿我难道不知道吗？娘是肚子大了，所以才不敢出来相见！"李皇后闻言羞

国学经典文库

中国古代野史

·三国两晋南北朝野史·

图文珍藏版

愧难当,故生下女儿后,便令人弄死扔掉了。武成帝听说后,怒气冲冲地提刀走来大骂:"你杀了我的女儿,我为何不能杀死你的儿子?"随后,令人将高绍捉住,押到李皇后面前,用刀环猛击高绍,将其活活打死。李皇后见儿子惨死在血泊中,抚尸大哭。高湛更加恼怒,迫令宫女剥光李皇后的衣服,尔后取鞭抽打,直到皮开肉绽,以为死了,才令人将其装入绢袋,投入宫沟浸泡。众宫女心生怜悯,见皇帝走去,便将李皇后捞出,见还有气息,便偷烧姜汤抢救,李皇后方得回生。又过了两夜,宫女们用牛车将其送往妙胜寺,削发为尼去了。

武成帝淫乱残暴,民众怨苦,朝内文武渐生怨恨。对此,高湛也有所察。忽一日,和士开进言道:"自古以来没有不死的天子。陛下正值少壮,应恣意行乐,快乐一天,比得上千军,应将大事交诸大臣去管。"高湛一听有理,便退入后宫,尽情恣乐,三四天才上一次朝。后来,他担心再发生高氏门中叔侄相残,兄弟相戮的事件,一保太子不被篡位,二保自己不被别人杀达,便于564年6月派人将前太子、乐陵王高百年杀死,以除后患;565年4月24日提前将皇位禅让给太子高纬,自己做起太上皇来。公元568年12月10日,太上皇病死,年31岁。

诛后弑帝

宇文泰见孝武帝难以控制,便想弑之。先杀后弑帝,便是他预谋已久的安排。

公元534年12月的一天,魏帝元修刚刚早朝完毕,宇文泰便将他引进一间密室,命人取来一盒点心,取出一块扔给狗吃。狗吃后,没过一会儿,嚎叫了几声,倒地而死。元修大惊,问是何故。宇文泰道:"这盒点心是高皇后昨晚派人送进我府,说是皇帝赏给臣下的。"元修说不知此事。宇文泰又道:"我得知东魏高欢最近派人给高皇后(高欢的女儿)送来一封密信。这盒点心可能就是高后受高欢的指使背着皇帝干的。"元修道:"皇后贤惠,绝不会有此事。"宇文泰主张到皇后住处搜查,元修表示同意。当元修和宇文泰来到皇后住处时,见高皇后已死,嘴角流血,宇文泰便抢先定论,说是高皇后畏罪自杀,遂又命人搜查,果然在御床下找到一块用白绢写的密信,信中命高皇后设计毒死宇文赟。元修见后低头不语。宇文泰临走时,对元修道:"为效忠陛下,臣愿将爱妹立为皇后。"元修听罢,不由一震,又想皇后的突然死亡,觉得其中必有蹊跷。宇文泰走后,元修慌忙找出高欢以前给高皇后的信加以对照,见字迹尽其费心模仿,仍露出不少破绽,便知皇后定为宇文泰所害。

当天夜里(即12月15日),元修躺在床上,难以入眠,他感到高皇后死得太悲惨了,更加感到宇文泰的手段太卑鄙了。元修处于愤恨和怨苦之中。正在此时,忽见一个浓艳盛装的年轻女子走来笑嘻嘻地道:"奴家是大行台(宇文泰)的妹妹,知陛下失后怨苦,特奉兄长之命前来侍寝。"元修一听,便火冒三丈,怒斥道:"似你这般风骚女人也配做皇后吗?给我滚!"那女子被一把推出,也恼羞成怒道:"你不让我做皇后,你也一定会像高皇后那样死在这寝殿之中。"元修一听,更加明白,原来宇文泰害死高皇后,是为了让他的妹妹当皇后,不由火上加油,元修便像疯子一般又向那女子扑去,双手掐住那女子的脖子。看看那女子将被掐死,宇文泰一步跨入,命人速用一条白绫勒住了元修的脖子,生生将其勒死。第二天,宇文泰声称孝武帝元修暴病而死,另立南阳王元宝炬为帝。

淫乱致死

宣帝宇文赟,字乾伯,周武帝长子,出生于公元559年,572年4月被立为太子,578年6月1日即位,时年19岁。

宣帝宇文赟做太子时就好饮酒淫乐,多次受到武帝的杖责。因此,武帝死去的当天,即6月1日,他不仅毫无悲伤,而用手抚摸着以前被棍棒所打留下的伤痕大骂:"死得太晚了!"武帝灵柩在皇宫里只停放三天,宣帝便下令抬了出去,遂后就一头扎到后宫查看所有宫妃,见到稍有些姿色的,便强迫她们满足自己的淫欲。6月23日,北周为武帝发丧后刚回到宫中,宣帝便下令朝廷内外全部脱去丧服,毫无顾忌地淫乐起来。他令人在宫中大演鱼龙戏,连日连夜不断;他下令广选天下美女充实后宫,并规定仪同以上官员的女儿不准出嫁,都要让他先行过目,供他赐封淫乐。为了淫乐,他往往一连十天不出宫门,群臣奏事,都由太监转奏。公元579年2月,他觉得天天淫乐,不理朝政也不是个事,便灵机一动索性把帝位让给了只有7岁的皇太子字文阐,自己当起太上皇来,称为天元皇帝。公元580年3月,天元皇帝在原册立4个皇后的基础上,又册立了第5个皇后。这五个皇后即：天元皇后杨氏、天元帝后朱氏、正阳宫皇后司马氏、天右皇后元氏、天左皇后陈氏。尔后天元皇帝下令速造五座宫殿，五位皇后各居一座。5月的一天，他下令五位皇后同时来到他的寝宫，都脱得赤条条的，自己也一丝不挂地轮淫取乐。其他4个皇后都顺从了，独有杨皇后不肯。宣帝光着身子怒道："这事4个皇后肯干，你为什么不肯？"只有18岁的杨皇后凛然正色道："陛下为一国之君，不可做出此等有失天尊的事，臣妾不肯，是为陛下着想；为此，我宁可受杖刑之苦。"天元皇帝大怒，立即命令将杨皇后拉了出去要处死，后经杨后的母亲叩头触地出血，天元皇帝才答应免其一死。天元皇帝如此淫乐无度，不久便骨瘦如柴，仍无一日间断，终在5月11日，天元皇帝驾车临幸天兴宫，事后连衣服没来得及穿，便赤条条地瘫死在寝帐内，时年22岁。

政变被杀

静帝宇文阐，又名字文衍，生于公元573年，579年即位，时年7岁，为天元皇后朱氏所生。静帝即位后，因年只7岁，宣帝还在，重大问题仍归他处理，且又淫暴，动辄诛杀，故这时还无人敢于专权。宣帝死后，对外秘而不宣，由小御正刘昉和内史郑译策划，假传诏命，让隋公杨坚辅政。这一来，静帝又完全成了傀儡，一朝军政要务，全由杨坚负责。故对于静帝，这里无事可述，只作此简介。直到公元581年2月14日，隋公杨坚用和平的方法发动政变，接受禅位，称帝建隋，同年5月，又将静帝宇文衍杀害。静帝在位2年。至此，北周灭亡，历经4帝，立国24年。

死于残暴

前废帝刘子业，孝武帝刘骏的长子，小名法师，生于公元449年，卒于465年。464年5月，孝武帝刘骏死后，由太子刘子业继位，是年15岁。刘子业年纪虽小，却凶恶残暴。他一即位，便继续大肆残杀宗室骨肉。公元465年7月，有个叫华愿儿的太监道："现在路道皆传，说宫中有两个天子，戴法兴为真天子，陛下为假天子，况戴法兴与太宰刘义恭、颜师伯、柳元景串通一气，内外无不惧服，恐怕您这帝位很快就不属于您的了。"刘子业一听,不分此话真假,便下旨将戴法兴赐死。

戴法兴原是孝武帝宠臣,又身居极位,竟被前废帝一句话便杀掉了,其他谁还准保无事?一时间,朝野震动,人心惶惶,个个自危。柳元景、颜师伯与戴法兴关系密切,更是心中害怕,便密谋废掉刘子业,推立刘义恭为帝。不料这消息被沈庆之得了去,因刘义恭平时和沈庆之关系不好,便将柳元景等人的预谋报告了前废帝。7月13日,前废帝刘子业便亲率羽林军讨伐刘义恭,杀了刘义恭及他的4个儿子,尔后又将刘义恭尸体大卸八块,剖腹挖心,挑出肠、胃,还将眼睛挖出,用蜜糖浸渍,称之曰:"鬼目粽"。前废帝以如此残毒手段杀害了他的祖父刘义恭之后,疑心更重。他每想起一个皇亲,便感到是在密谋夺位的,便千方百计地加以杀害。他先后杀害了叔父刘敬猷、刘敬先。废帝做东宫太子时,经常出现过失,孝武帝曾想废掉他,另立新安王刘鸾为太子,多亏侍中袁觊从中周旋,才得保住太子位,故废帝一即位,便将刘鸾赐死,并杀死了刘鸾的同母弟刘子师和妹妹。同时,还因株连杀害了许多大臣。刘子业特别嫉恨他的另外三个叔父,即文帝第11子刘彧、第12子刘休仁、13子刘休祐。刘子业将他们三人装在笼子里,捶打他们。因刘彧体胖,刘子业称其号为猪王,称刘休仁号为杀王,称刘休祐为贼王。为了侮辱他这三个叔父,他竟令人用木槽盛食,叫他的三个叔父裸伏在地上,像猪狗一样地以口就槽而食,不许用手。公元465年11月29日的夜间,前废帝刘子业带巫人,宫女前往竹林堂射鬼。湘东王刘彧屡遭刘子业侮辱,获得主衣(负责皇帝服装的官名)阮佃夫的同情,便与其商议谋杀前废帝刘子业。另一主衣寿寂之因侍奉刘子业屡次无端受责,心中怨恨,便主动与阮佃夫配合,伺机谋杀刘子业。他们听到刘子业夜间到竹林堂射鬼的消息后,以为时机已到,便迅速前往行刺。当他们来到竹林堂时,刚好刘子业指挥射杀完毕,以为射中,要演奏鼓乐庆贺,寿寂之冷不防一个箭步跳到废帝面前,举刀便砍。废帝立即下令射箭,但未射中,宫女们见势不妙,急速逃散,废帝着忙,也跟着逃走。寿寂之追上前去,一刀将前废帝砍死。废帝刘子业死时年只17岁,在位18个月。

乱伦后宫

前废帝刘子业不仅生性残暴,也是个色鬼,他即位的第二天,不想如何治理朝政,如何安葬刚刚去世的父亲,而是向往父皇过去的淫乱生活。他让掌班宦官把后宫嫔妃的名单拿来,一一查阅。正在此时,他的姐姐山阴公主走了进来道:"我后宫有一宫女,长得像姐姐一样,你喜欢不喜欢?"废帝道当然喜欢。姐姐道:"那你晚上去就是了,我让她在西厢房等你。"晚上,刘子业来到姐姐住处,到西厢房一看,竟是他的姐姐山阴公主赤着身子等他。他见姐姐玉体如仙,便神魂颠倒,还要什么"人伦"二字?文帝第10女新蔡公主,年已30岁,但仍杏眼桃腮,十分怡人。废帝见后,便设计骗来。一见面,他上前就抱到床上,准备胡来。新蔡公主挣扎喊道:"我是你姑姑,怎么如此乱伦?"刘子业气喘吁吁地道:"亲姐姐尚可侍寝,何况姑姑!"新蔡公主仍不就范,刘子业一下抽出宝剑,剑尖指着其胸道:"你再不同意,我就杀死你!"新蔡公主害怕,只好受辱。此后,便让新蔡公主留住后宫;接着,为长期霸占新蔡公主又设计杀死了她的丈夫,将其改姓为谢,封为贵妃;随后,又索性将其立为皇后。

前废帝刘子业有了新欢,便冷落了他姐姐山阴公主。山阴公主不干,便对弟弟刘子业道:"咱俩都是先帝所生,你有三宫六院,美人上万,而我却只有驸马一人,太不公平。你必须为我选几个面首(指美貌强壮男子)。否则,我就把咱们的事张扬出去!"刘子业无奈,只好选了30个面首,侍奉在山阴公主身边。

赤脚登基

刘彧,文帝刘义隆第11子,出生于公元439年,公元448年封淮阳王,后改封湘东王。

公元465年11月29日夜间,主衣寿寂之杀死前废帝时,湘东王刘彧还被禁锢在秘书省,故对此一字不知。因为刘彧和主衣阮佃夫、寿寂之虽然密谋伺机杀死前废帝刘子业,但连做梦也没想到事情干得这么早,这么快,这么突然。故当刘休仁跑到秘书省,一见刘彧就叩拜称臣的时候,弄得他目瞪口呆。刘休仁没等他弄明白是怎么回事,便拉着他去西堂登极。路上,因走得匆忙,又是三更半夜,刘彧连鞋跑丢了都没来得及找,光着脚来到西堂。当刘休仁把他按到皇帝座位上的时候,头上仍戴着一顶犯人戴的黑帽子。于是,刘休仁一把给他摘下扔掉,又急忙让主衣找来一顶白帽子给他戴上。这天夜里,虽不是正式登基,刘休仁仍然准备好羽林仪仗队,召集文武百官前来拜见,并宣称奉太皇太后的旨意宣布诏令,列举废帝刘子业的罪状,让湘东王刘彧继承帝位。12月7日,湘东王刘彧正式登上皇帝宝座,改年号泰始,宣布大赦,是为明帝。明帝刘彧任命建安王刘休仁为司徒、尚书令和扬州刺史,山阳王刘休祐为荆州刺史,桂阳王刘休范为南徐州刺史,改封安陵王刘子绥为江夏王。主衣阮佃夫、寿寂之弑废帝,拥明帝有功,也各被晋升官职。

借种得瓜

这还是刘彧即位前发生的故事。公元462年,明帝刘彧当时为湘王,23岁。王府中虽然妃妾成群,但由于刘彧那时就好色过度,渐至不能生育;虽皇后王氏已有二女,但没有儿子。刘为后继无人担忧。忽一日,他想出一个绝招借种。他把自己心爱的一个名叫陈妙登的宫女叫来,说明借种意图。陈妙登当时虽然心有不愿,但不敢违抗。于是,刘彧便将陈妙登赐给了一个名叫李道儿的嬖臣。陈妙登来到李道儿府中,见其生得年轻美貌,且身强力壮,不由心中十分欢喜,便连夜与李道儿交欢。不消一月,陈妙登怀孕,侍从报告湘东王刘彧。刘彧闻讯大喜,便又悄悄将陈妙登迎回府中。一月夫妻,妙登与李道儿感情至深,不愿离去。怎捺王爷旨意,谁敢违抗?二人只好洒泪而别。

且说陈妙登回至王府,一晃10个月过去。于公元463年生得一子,取名慧震。刘彧得知后,为掩人耳目,先后用毒酒将陈妙登和李道儿毒死,将慧震交给王皇后抚养,声称为王皇后所生。公元466年10月24日,明帝正式册立慧震为太子,改名为昱,这就是后废帝刘昱,时年3岁。刘彧对于借种生子的事,自以为做得机密,谁知仍走漏了消息,以至史有所记。但据《资治通鉴》所记,陈妙登并未被杀,太子刘昱即位后,被尊为皇太妃。

公元472年2月17日,明帝终因淫乐无度去世,年34岁,在位8年。18

日，由他的儿子刘昱即位，时年10岁。

箭射肚脐

刘昱，明帝长子，出生于公元463年，466年立为皇太子。472年，明帝死，刘昱即位，是为后废帝。

后废帝刘昱从小顽皮好动，惹是生非。他当太子时，曾亲自动手，缘油漆篷帐高竿，能从地面爬到一丈多的高处。平时，他喜怒无常，侍从官员劝阻不住。为此，明帝让其母亲陈妙登经常痛打于他，皇太后也严加管教。及他即位后，内怕太妃、太后，外惧各位辅臣，且年只8岁，还不敢放纵胡来，但自加冕之后，便放纵起来，无心理政，好出游逛。起初出宫，还带仪仗卫队，太妃跟随监督；及至后来，便去下车马随从，只带身边几人，随处游逛，或至野外，或至闹市，或至大街小巷，或独入平民之家，无处不去。走累了，常常就地而寝，或夜宿客店，或夜卧道旁。对于他自己的身世，后来也有所闻，不以为耻，反以为荣，有时外出，竟自称李将军。刘昱不仅生性顽皮，且性情凶狠。他外出游，常令随从手持短刀、长矛，路上碰上行人，不管男女老幼，也不管牛马狗驴，只要让他碰着，定要杀死后快。百姓对他无不恐惧万分，故他一出游，闹市商贩停业关门，民众白天闭户，路上行人绝迹。由于王太后对他管束严格，故怀恨在心，便下令御医配制毒药，打算毒死太后。左右劝道："如果太后真被毒死，陛下就要守灵充当孝子，就没机会出去游玩了。"他一想有理，才就此作罢。

闲话叙过，书归正题。且说公元477年6月的一天，后废帝又带人出游，闯入中领军府中。时至酷夏，中领军萧道成正裸着上身睡觉。刘昱见他身体肥大，肚脐尤其突出，以为好玩。于是，他便将其叫醒，让其站在室内，随便拿来一支毛笔在其肚脐周围划了个圆圈，以脐为靶拉弓要射。萧道成一见，吓得汗流浃背，连忙抓起上朝用的手板护住肚脐，连声喊道："陛下饶命，老臣无罪！"刘昱不听，坚持要射。萧道成的左右侍卫王天恩急中生智，连忙跪在刘昱面前奏道："陛下暂住。萧领军的肚大脐突出，的确是一个绝妙的靶，假如一箭射死，今后再也找不到这么好的靶子了。以臣愚见，陛下不如改用圆骨箭，一来不致受伤，二来日后还可再射。"刘昱一听，觉得有理，便换了箭头，拉弓射去，一箭正中

国学经典文库

中国古代野史

·三国两晋南北朝野史·

图文珍藏版

萧道成的肚脐。射罢他扔下弓箭，哈哈大笑道："朕的射法如何？"众皆面面相觑，王天恩却抢先赞道："陛下神箭，一射即中，勿需再射！"刘昱听到赞扬，才得意而去。从此，刘昱"射脐"的故事不胫而走，世代留传下来。

暴君分首

后废帝刘昱死时虽只有 15 岁，却是南北朝时期有名的一个暴君。他在后宫，制备了一套特殊的刑具，即钳、锥、凿、锯，不离左右。不论平常宫里人，还是侍臣妃妾，只要稍有不顺眼的，便顺手抓过凶器，当场杀死。一次，他带领随从在市井游逛，忽然听到一所民宅中有妇女呻吟痛苦的声音，觉得好奇，便推门进去。闯进屋一看，见一位产婆正在给一名产妇接生。他感到好玩，便走向前去观看，见婴儿的头颅已出产门，便将接生婆一把推开，挽起衣袖，双手抓住婴儿的头，一下拔了出来。产妇一声惨叫，当场死去，刘昱则把血淋淋婴儿一下摔在地上，复上一脚，将头颅踩碎，尔后哈哈大笑道："有趣，有趣！从此我也会接生了，我要给天下所有的产妇接生！"说毕，便带着随从扬长而去。

后来，有人将这事报告给中领军萧道成，萧道成听后不寒而栗，再加上"射腹"之恨，便咬牙切齿地对左右恨道："如此禽兽，怎得为君？若不早除，日后必酿大患！"于是，萧道成决心杀死刘昱。当天，他便秘密派人将在宫中供职的心腹，越骑校尉王敬则找来密谋。王敬则用重金收买刘昱身边的卫士杨玉夫、杨万年。由于刘昱的凶狠残暴，人人都对他恨之入骨。杨玉夫、杨万年二人整天侍在左右，更是日夜心惊肉跳，巴不得早日将刘昱杀掉。他二人听说是受中领军萧道成所遣，又有重金，当然同意。

公元 477 年 7 月 7 日这天，后废帝刘昱乘坐露天无篷车去台冈，跟左右比赌跳墙；尔后，前往青园尼姑庵；再后，至新安寺休息。时刘昱饿了，便命人捉来几只狗，找到寺里道人，让其剥皮后煮了吃。道人昙度不敢违抗，只得照办。刘昱吃肉喝酒，尔后腹饱酒醉，去寺中仁寿殿休息。临睡前，对杨玉夫道："今晚 7 月 7 日，织女渡河。我现在睡觉，你去看着。待织女渡河时，马上叫我；我若看不到，明天就杀了你。"杨玉夫连连答应。待刘昱呼呼睡去之后，杨玉夫叫来杨万年，悄悄解下刘昱的防身佩刀，砍下了刘昱的人头。接着，神色自若地宣称受皇帝派遣，打开寺门，将刘昱的人头交给早已等在外面的王敬则。王敬则飞马来到中领军府，敲门大喊。此时，萧道成怕是刘昱之计，不敢开门。王敬则便将人头扔过墙去。萧道成令人洗去血迹，认出确是刘昱的人头，立即率人进宫。当他宣布刘昱已被杀死时，宫内人无不欢呼万岁。在位五年的后废帝刘昱，恶贯满盈，就这样结束了罪恶的一生。

刘昱死后，萧道成拥立刘准为帝，这就是刘宋王朝的最后一个皇帝，即宋顺帝。

灵堂逗乐

东昏侯萧宝卷，明帝萧鸾的第2子，字智藏，本名宝贤，生于公元482年，498年即位，时年17岁，卒于501年，在位2年，卒年19岁。

东昏侯萧宝卷治国安邦一窍不通，但就其生活上的荒唐奢侈而言，却堪称一绝。其中灵堂逗乐便见一斑。

且说萧明帝萧鸾死后，按当时常例，皇帝死后，其灵柩应在太极殿至少停放一个月方能安葬。而东昏侯本来就是个纨绔子弟，即便当了皇帝，也想整日游玩，不理朝政。明帝死后，灵柩在太极殿没放几天，东昏侯就嫌时间长了，影响了自己游乐，便一再催促尽快下葬。后经尚书令徐孝嗣一再固争，才延迟到一月后下葬。明帝停枢期间，东昏侯没有一丝一毫的悲痛，每当哭灵时，他就以手指喉，声称喉咙痛，早早溜之大吉。有一次，在诸大臣的苦谏下，他才不得不去。但去了之后，他强挤硬压，也始终没流出一滴泪水，只是干嚎，很是难堪。恰在这时，太中大夫羊阐也来哭灵。羊阐是秃子，平时用头巾包着，谁也看不见。今天，他由于号啕大哭，前仰后合，不慎将头巾掉在了地上。萧宝卷听其人哭得甚为悲痛，不由悄悄回头一看，见是个秃子，头上发无一根，闪闪发亮，便索性借机大笑道："快看。快看，都来快看，秃鹙来啼叫了！"其他来哭灵的大臣，本来就没有什么悲痛，见萧宝卷哈哈大笑，又看了看羊阐那秃而亮的脑袋，也都哄然大笑起来，灵柩前的悲痛气氛随之一扫而光。

国学经典文库

中国古代野史

·三国两晋南北朝野史·

图文珍藏版

步步生莲

东昏侯令人选美,得一潘氏女,腰肢柔细,妖冶绝伦,甚为宠爱。他一夜欢娱,次日便封为妃,一月后又册封为贵妃。为了潘贵妃欢欣,他不惜一切。据史载,仅潘妃一个琥珀钏,就价值170万,宫中器皿,尽用金银;皇帝出游,则让潘妃乘舆先行,自己跨马随后,像个家奴。公元500年8月的一天,南齐后宫忽然失火,烧毁宫殿30余间。东昏侯对他的宠幸之徒常以鬼赐名。其中一个叫李鬼的,能读《西凉赋》,见宫殿被烧,便使用《西凉赋》中的"柏梁即实,建章是营"的词句,怂恿再造宫室。萧宝卷立即大兴土木,命人重新修建芳乐、玉寿等殿;并且用麝香涂在墙壁上。为了进一步讨好皇帝,李鬼又以卖弄文墨献媚道:"新宫美虽美,但地面平平,尚未达到令人叹为观止的地步。"萧宝卷道:"依你说该怎么办?"李鬼道:"若在潘妃来居留之处铺以莲花图案,且以金饰之,请潘妃走在上面,黄金地,美人足,足足踏金,步步生莲,岂不更美!"宝卷听后欣然同意急命人把金子凿制成莲花,铺在地上,让潘妃走在上面,不由拍手叫绝道:"真是步步生莲花啊!"此外,东昏侯还令人分别到各州强迫民众上贡锦鸡头、白鹤翎、白鹭羽毛;而征购之人则又乘机大肆捞取,加倍收财物,弄得百姓倾家荡产,没有活路,无不哭泣啼号。

要财不要国

东昏侯萧宝卷的穷奢极欲,激起了诸大臣的不满。公元500年11月,雍州刺史萧衍听说萧宝卷要谋害于他,便起兵反抗朝廷。501年3月,萧衍于江陵拥推南康王萧宝融为帝;同年10月,便打到京都,包围了建康。东昏侯派军抵御,便屡派屡败。兵将毫无士气,诸大臣心急火燎,而东昏侯却依旧放纵取乐。时有幸臣娄法珍见情景十分害怕,磕头苦求皇帝发库银犒赏兵将,以振士气。皇帝萧宝卷竟然说出一句历代皇帝没有说过的一句要钱不要国的话来:"贼来独取我耶?何为就我取物?"其意思是说:贼来只是为了收拾我一个人吗?为什么要拿我的钱赏赐?后堂储放着几百块木料,将士们启奏要拿去做城防之用,他不想给。东昏侯在叛军围城的情况下别看不急国难,可他却有心思去督促御府制作了几百人使用的精制兵器,准备在萧衍之围解除后,外出游玩时使用。

东昏侯如此要财不要国,城中民众谁愿意为他卖命呢? 就连守城将士也都盼望东昏侯早点败亡。恰在这时,幸臣茹法珍和梅虫儿又给东昏侯出主意道:"在城不能解除,主要是守城大臣蓄意谋反,应该将他们全部杀掉。"守将王珍国、张稷听到这个消息,很是害怕,立即决定造反,并速派心腹给萧衍一块明镜,以表示弃暗投明的心意。萧衍一见大喜,当即断金回报,表示心领神会,兖州中兵参军张齐是张稷的心腹,王珍国就通过张齐与张稷来回密谋,联合起来杀掉东昏侯。此后,他们又将密谋告诉了后阁舍人钱强。

公元501年12月6日夜间,钱强秘密令人打开云龙门,王国珍、张稷带兵冲进殿中,又有御刀丰勇之做内应。这天晚上,东昏侯在含德殿笙歌弹唱,刚刚休息,还没入睡,听到兵将进来,急忙从北门逃出,想跑回后宫去,可后宫门已关闭。东昏侯正在走投无路,被宦官黄泰平一刀砍伤膝盖,倒在地上,尔后张齐上来将其杀死割下脑袋,给萧衍送去报功。东昏侯就这样结束了他罪恶的一生。

错斩名将

南北朝刘宋文帝元嘉十三年春,一个风雨交加的黑夜,在建康城内一条宽阔的大街上,一乘大轿正匆匆向执政大臣彭城王义康的王府赶去。轿内坐着的是领军将军刘湛。刘湛是应义康的密约,为了一件机密大事急于商定而匆忙出行的。

很久以来,文帝一直沉疴在身,久治不愈。最近病情又继续恶化,医治无效。义康和刘湛断定皇上将不久于人世,于是急于为文帝以后的权力控制作打算。

义康,宋文帝的四弟,为当朝的执政大臣。由于文帝体弱多病,疏于朝政,诸事都委托给他。这样,久而久之,义康不仅擅政专权,而且朋结私党,扩充势力,私置僮仆六千余。对文帝不进君臣之礼,四方献馈,总是先以上品奉义康,次品献皇上,其权势力盛可想而知了。刘湛对掌握朝廷权力的欲望极大,梦想凭借宰辅义康之力,飞黄腾达。他们二人因各怀巨测,彼此便互相利用,密切勾

国学经典文库

中国古代野史

·三国两晋南北朝野史·

图文珍藏版

406

结。眼下,文帝病笃,正是他们实现夙愿的好时机,而要在文帝死后顺利控制朝政,最使他们担心的是现在京城的征南大将军、江州刺史檀道济,只有乘文帝病危未死之时,先除掉檀,扫除障碍,才能继续下一步的计划。

轿子里的刘湛急不可耐地赶往义康府,正是为了商定此计的。

刘湛一进入王府,义康得到通报,立即斥退左右。二人密谋半晌,决定假传圣旨,诏令檀道济入朝,为他返回江州钱行。待他入朝后,以谋反罪立即逮捕,然后交付廷尉,将其置之死地。

这时的檀道济也不会想到朝廷会对他下此毒手。还在此前一年,文帝病情加剧,又值魏军南侵,曾召令道济入朝,其妻提醒他说:功德过高,是道家所忌讳的,今皇上无事相召,一定会有大祸。但道济不以为意。近两天,当他将返江州时,船尚未发,有一大群鹢鹩飞集船篷之上,手下的人对他说:这是不吉祥的征兆,而他也未多想,接到诏书以后,便立即启程进宫。一跨进宫门,迎接他的不是钱行盛宴,而是兵戈林立,虎视眈眈的阴森场面。他还未曾落座,便被宣布为谋反而遭逮捕,送往廷尉狱中,当晚在狱中被刺死。跟他一起被杀的,还有他的两个儿子和他的部属共八人。接着义康又将司空参军薛彤、高进之杀害,道济的心腹,一批忠于朝廷的精英人物被一网打尽。

这一大冤案传出以后,朝廷内外,大江南北大为震惊。南阳百姓尤为悲痛,他们唱道:"可怜白浮鹜,枉杀檀江州。"

檀道济在被捕时,面对义康给他加上的莫须有罪名,怒气冲天,目光如炬。他把头上的帻巾摘下,往义康面前一扔,大骂道:"你们自毁长城!"

檀道济乃宋王朝的万里长城,这不是他本人自封,而是客观事实,是刘宋王朝的共同赞喻。还在宋武帝时,檀道济就已战功显赫。武帝当年北伐北魏,就是以檀道济为先锋的,道济的队伍所到之处,魏军望风而逃。辛弃疾在他的词《京口北固亭怀古》中有"想当年,金戈铁马,气吞万里如虎",就是指这次征战。元嘉八年,:文帝又举兵征魏,以彦云为统帅,开始还顺利,已经平定了河南,但很快又被魏军夺回去了。文帝任命檀道济都督征讨诸军事,向北挺进,转战到河南济水(今苑县一带)。当时魏军很强盛,道济与之进行了三十余次战斗,每战皆捷,并推进到了历城。后因军饷供应不足才退兵。

檀道济深谙用兵韬略,足智多谋。当时降魏的宋兵对魏将供认:宋军粮草已快吃光了，士兵都很恐慌，军心不稳。魏军将官大喜，决定乘机追击，全歼宋军。消息很快传到檀道济耳中，道济沉思片刻，心生一计。当天晚上他在军营里掌起灯火，给各部发放粮饷，把剩余的少量的米粮撒在沙子上，量沙为米，高唱筹码，运粮兵士，川流不息。第二天天亮后，魏军探得宋营发放粮草的事，以为宋营降兵谎报军情，便杀了降兵，停止追击。宋军转危为安。当时道济兵少势弱，为了麻痹魏军，他让兵士脱去盔甲，穿上白衣，坐上车子，徐徐开出外围。魏军看见，怕有埋伏，不敢逼近而退走。这次北伐，虽未占领河南，但全军在危急的情况下安全撤回，道济也因此威名大振。

魏军从此非常害怕檀道济，甚至还把他视为神灵，将他的肖像画成年画，用以驱赶妖魔鬼怪。

道济既是刘宋王朝的开国元勋，而且在宋文帝时也战功卓著，所以威名远扬。他的左右心腹也都身经百战，有功于朝。他的几个儿子也个个英武有才，能对朝廷尽力。但他并不居功自傲，也不揽权，更无反叛宋室王朝之意。文帝也很信赖他。然而他却遭到义康、刘湛等人的嫉恨，被诬以叛逆罪行而斩首，这是一个极大的悲剧。

檀道济被诛以后，消息传到了北魏，北魏武帝乐得兴高采烈，说道："道济已死，其他人都没什么可怕的了。"于是年年南侵，大有饮马长江之意。

元嘉二十七年，文帝派王玄谟领军北伐，由于准备不充分而失败。北魏军乘胜大举南下，一直打到长江边的瓜步地方。魏军在瓜步山上开凿盘山大道，设立毡篷，安置岗哨，隔江威胁建康，使得刘宋王朝十分恐慌。

一天，文帝登上石头城，向北边瞭望，看见北魏大军压境，登时忧形于色，他感叹道："假如檀道济还在，怎么会这样呢？"文帝问身边的大臣殷景仁："谁能接替檀道济？"殷景仁答道："道济因多次建立战功，威名显赫，道济死，谁也不能接替了。"文帝说道："是的，过去李广在朝，匈奴不敢南望，李广死，后继者又有几个人呢？"辛弃疾在《京口北固亭怀古》词中又写道："元嘉草草，封狼居胥，赢得仓皇北顾。"文帝"北顾涕交流"，不仅是为草率出兵失败而痛心，更是为错斩名将自毁长城而悲泣。

国学经典文库

图文珍藏版

多角度阐释中国历史 新视野感受华夏文明

中国古代野史

中国野史

马昊宸◎主编

线装书局

帝王传奇

曹魏奠基人魏武帝曹操

曹操(155~220年)，又名吉利，小名阿瞒，沛国谯县(今安徽亳州)人。初举孝廉，任洛阳北部尉，迁顿丘令。公元216年封魏王。死后其子曹丕称帝，追尊为魏武帝。是三国时期著名的政治家、军事家、诗人。

1.七十二座陵寝

中国历代帝王都把陵寝作为社稷江山的象征。他们大多从登基之日起，就下令建造陵墓。这些陵墓工程浩大，费时多年，动用上万甚至几十万民夫，耗费用大量金银，陪葬了数不尽的财宝。

而曹操对自己的身后事，却提出"薄葬"。他是中国历史上第一位提出"薄葬"的帝王。

公元218年，他颁布了一道《终令》，明确提出死后不要厚葬，要将自己埋葬在瘠薄的土地上，依照地面原有的高度作为圹基，陵上不堆土，不植树。一年后，他为自己准备了送终的四季衣服。并留下遗嘱说：我如果死了，请按当时季节所穿衣服入殓，金玉珠宝铜器等物，一概不要随葬。

曹操

当时，曹操虽未称帝，但权力与地位并不低于帝王，为什么他不但提倡"薄葬",而且身体力行呢? 其中的传说还不止一个呢。

据说,曹操是一个很讲俭朴的人,他对家人和官吏要求极严。他的儿子曹植的妻子因为身穿绫罗,被他按家规下诏"自裁(自尽)"。宫廷中的帷帐屏风,破旧之后缝补一下再用,不可换新的。有个时期,天下闹灾荒,资财匮乏,曹操带头不穿皮革制的衣服。冬天,朝廷的官员们都不敢戴皮帽子,所以他绝对不提倡"厚葬"。

另传说,曹操早年曾干过盗墓的勾当。他亲眼目睹了许多坟墓被盗后尸骨纵横、什物狼藉的场面,他不愿重蹈覆辙,所以一再要求"薄葬"。

在力主和实践"薄葬"的同时,他还采取了"疑冢"的措施。布置疑冢,一方面为了防止盗墓,另一方面,也和他生性多疑有关。生前,他因多疑,错杀了许多人,死后,他的多疑也不例外。传说,在安葬他的那一天,邺城所有的城门全部打开,七十二具棺木从东南西北四个方向,同时从城门抬出。从此,曹操之墓的千古之谜随之悬没。

这七十二座疑冢,哪座是真的呢?

千百年来,盗墓者不计其数,但谁也没发掘出真正的曹操墓。

2.乞求丁夫人

曹操奸雄而好色,临幸的女人极多。据史书记载他所宠爱的夫人、姬妾就有十余人,如丁夫人、卞夫人、刘夫人、环夫人、杜夫人、秦夫人、尹夫人、王昭仪、李姬、孙姬、周姬、刘姬、宋姬、赵姬等。他的正配夫人是丁氏,由于曹操好色,占有别人的老婆,结果儿子曹昂被杀,正夫人丁氏出走。

丁夫人的出走与骠骑将军张济的老婆被曹操占有有关。张济屯兵弘农,士卒很饥饿,张济便南攻穰,结果被流矢射中而死。张济的族人张绣就统率其众,屯兵宛,与刘表会合。

曹操挥师南下,大败刘表,张绣投降曹操。曹操见张济的夫人很美,便收入后宫,随兴享用。张绣恨之入骨。曹操听说张绣为此很不高兴,便计议杀掉张绣,不料,"计漏,绣掩袭操,曹操军败,二子没,绣还保穰"。

张绣这次掩袭曹操,差点要了曹操的老命。他的老命侥幸地保住了,他的儿子曹昂的小命却因此而丢了。曹昂并不是丁夫人的儿子,他的生母是丁夫人之下的长妻刘夫人,刘夫人还生曹铄和清河公主。不幸的是,刘夫人过早的就去世了,临死时将孩子托付给宽厚仁爱的夫人丁氏。

　　丁夫人将曹昂一手抚养长大,视如亲子,万般钟爱。曹昂也极聪明,弱冠即举孝廉,随曹操南征,成为一位英武有为的助手。可惜张绣突袭,死于非命。丁夫人伤痛悲泣,终日以泪掩面,哀悼不已。后来丁夫人痛定思痛,人死不可复得,进而恨起了曹操,便常常以眼泪和冷淡迎接他,让他没法尽兴。

　　曹操大为恼火,一气之下,就将丁夫人遣送回家。丁夫人家境贫穷。她泰然自若地回到家中,不思荣华、不慕富贵,以纺织过活。

　　丁夫人被遣回家以后,卞夫人接替丁夫人的位置,统率后宫。卞氏是娼门出身,长得花容月貌。曹操宠爱卞氏宠得昏天黑地,卞氏因之生曹丕、曹彰、曹植、曹熊。丁氏温柔贤惠,对曹操百依百顺,虽受恩宠却不敢稍有骄纵。卞夫人则完全不同,根本就是由着性子。

　　曹操征战繁忙,有一次路过丁夫人家,特地登门看望。丁夫人坐在织机上,认真地织布。曹操走到织机旁边,伸出手,抚着丁夫人的后背,对丁夫人说:"愿我共载归乎?"丁夫人没有任何反应,照旧织布。

　　曹操已是挟天子号令诸侯的人物,如此叱咤风云,竟遭丁夫人的这般冷遇,曹操有些尴尬,摇摇头,走出屋。曹操的随从捏了一把汗,生怕曹操发火使性。没想到,曹操出屋以后,又回到屋里,恳求地说,"得无尚耶?"

　　侍从们大为意外!丁夫人却不感意外,她知道曹操贪色,他会这么做,丁夫人因此也就无动于衷,她根本就不想再回那宫中。丁夫人不理睬,曹操不免有些绝望,长叹一声才离去。

　　不久,曹操派特使传谕丁夫人,说她如果愿意,可以改嫁。丁夫人不置可否,她的家人却绝不同意,怎么也不能改嫁。后来。曹操时时怀念丁夫人。终于千方百计把丁夫人迎了回来,接到后宫。

　　曹操万般殷勤,请丁夫人上坐,自己下坐,设盛宴款待她,向她赔罪。丁夫人不领曹操的情,总是不冷不热,然后再回娘家。曹操想念丁夫人,又派人去接,硬是迎回后宫,丁夫人又是冷冷地来,冷冷地去,反反复复,有许多次。

丁夫人最后烦了,便开金口,郑重地对曹操说,"废放之人,何能常尔邪?"从此以后,丁夫人便拒绝再见曹操的使臣,也绝不再入曹操后宫。后来丁夫人染病,死在家中。

3.失误小寡妇

封建帝王中,失江山、丧性命于美色者不少,就连魏武帝曹操这样一个有头脑的政治家、军事家,也因偶然失误于小寡妇,险些丢了性命,衔恨千秋,这也是曹操第一次征讨张绣大败而归的一个重要原因。

且说公元197年(建安二年)元月,曹操军至水,张绣见其兵力雄厚,战将整齐,便不战而归降了曹操。曹操高兴之余,便带了大儿子曹昂、侄子曹安民及几个随从出去闲逛。当逛至大街时,忽见对面来了一辆马车,车上坐着一个女子,生得很是俏丽,不由心有所动。然那女子见一生得十分威风的男子两眼直勾勾地看她,便嫣然一笑,故装羞状,掩面而去,引得个曹操久久回不过神来,侄儿曹安民见此情景,已知叔叔心意,就暗中查明那女子的来路,向曹操报告说:"叔叔所见之妇,乃降将张绣的婶婶。"曹操闻言暗思道:"张绣刚刚来降,现如纳其婶母为妾,岂不与其反目?"随大失所望地对曹安民道:"知道了。"曹安民则献计道:"张济在攻穰城时已为流矢射中而死,其妻邹氏已为寡妇。现你就是公开把她娶来,张绣也没有什么可反对的。"曹操一想,也有道理,就命曹安民妥善安排,悄悄把邹氏接到营中,与曹操相见。这邹氏自丈夫张济去世之后,渐受冷落,也早想找一靠山,见曹操派人来邀,自然求之不得;故在临行前,略施薄粉,银装素裹,更加貌美姿丽。曹操一见,当然喜欢,随携其入账,留在营中住了下来。邹氏怕日久事泄,侄子张绣干预,便劝曹操尽早回到许城。曹操却不以为然,他说:"张绣乃一降将,我有大将典韦守营,怕他怎的。"

再说张绣,对曹操纳其婶为妾已有风闻,心中十分不满。后来听到曹操有伺机除己之意,一是感到震惊,二是更加恼怒,便决定偷袭曹营,杀死曹操。张绣经过一番准备,便于一个风雨交加的夜晚,带领兵将突然杀入曹营。此时曹操毫无防备,正与邹氏饮酒作乐,猛听得外面杀声四起,知道有变,便让大将典韦前去阻挡,自己匆忙携了邹氏与其长子曹昂、侄子安民从后营骑马逃走。然没走多远,便被张绣兵追上。由于两军厮杀混战,邹氏被杀,曹操右臂中箭,受伤摔于马下。儿子曹昂见状急忙赶上,将曹操扶到自己的马上,催其快速逃走,自己反身阻敌。结果,侄子被杀,校尉典韦终因寡不敌众被缚,瞋目大骂而死,儿子曹昂命丧乱箭,只有曹操落荒逃得性命,后收集了一些残兵败将还住午阴县(属南阳郡)。

事后,曹操每想到此事,总是悔恨不已。

4.白门楼计杀吕布

白门楼,即下邳城的南门楼。此门楼并无名气,但是由于曹操在这里擒杀了反复无常的历史名将吕布,这门楼与其故事便也一并出了名。

却说曹操自淯一战败后,饮悔思痛,认真总结经验教训,从自己做起整顿军纪,故有第二次征张绣过程中的割发代首。然而这次曹军虽然军纪严明,士气高涨,但忽地又来了个全线撤退。这是为什么呢?这是因为曹操对张绣刚刚摆开两面夹攻,一举击破的阵势,突然收到许都方面的来信,说袁绿要趁曹军外线作战的机会偷袭许都。当曹操回到许都后袁绍又撤回了偷袭许都的计划。恰在曹操决定再次讨伐张绣的时候,刘备派人送来火急文书,说吕布已经叛变,正在进攻沛城,请求派军支援。曹操当即召集群臣议论。谋士荀彧说道:"当今能与曹公争天下的,只有袁绍。但袁绍遇事优柔寡断,十分骄横,根本无法与曹公用兵策略相比,故不必以其为虑。我认为当前最主要的矛盾,应该先把吕布干掉!"曹操采纳了荀彧和郭嘉的意见,于建安三年九月,率军东征伐布;十月,会同刘备,攻陷彭城,然后直抵下邳,日夜围城攻打。连攻两月不下,曹操又采纳郭嘉和荀彧之计,把沂水、泗水的河堤掘开。顷刻间,迅猛的河水灌向下邳城。吕布将士见满城一片汪洋,粮食又无补充,士气渐为低落。时有部将侯成、宋宪对吕布打杀部下早已不满,现见吕布败局已定,便趁吕布登城楼巡视之机,径自开城投降曹操;曹军乘机攻入城内。吕布在白门楼上,见大势已去,只得下城投降。

曹操入城后,一面传令引退城内河水,出榜安民,一面与刘备同坐在白门楼上,审问吕布。曹操问道:"吕将军此时有何感想?"

吕布道:"我被绑得太紧了,请曹公松松吧!"

曹操笑道:"缚虎安敢不紧?"

吕布道:"曹公所患,吕布而已。今已被擒,何忧之有?假如再让我当你的助手,天下即可太平,不知曹公意下如何?"

曹操闻言,转视刘备道:"玄德公意下如何?"刘备道:"我想明公不会忘记丁原、董卓的事吧?"

吕布一听,气得大骂道:"你这个可恶的大耳朵家伙,才最不可信!"

吕布为何如此气急败坏?因为他知道,曹操乃一代奸雄,最恨部下不忠其主;这是吕布最忌讳的。吕布最初乃是丁原最信任的部将,董卓进京之后,吕布杀了丁原去投降董卓,并做了董卓的干儿子。王允知其反复无常的弱点,用美人计使吕布杀了董卓。后来王允失败后,吕布不辞而别,去投奔袁术;之后,吕布又投靠刘备,与刘备联兵对付袁术。袁术得悉后,采纳纪灵的建议,以结成儿女亲家为条件,又把吕布拉了过来,共同去对付刘备。对于吕布如此的反复无常,毫无信义,曹操是很清楚的。此时曹操要听取刘备对吕布的处理意见,就是因刘备深受其害;故刘备一提丁原、董卓之事,曹操哈哈大笑道:"英雄所见略同,请问吕将军可还有话说?"至此,吕布才低头不语,被曹操处以绞刑。

5.煮酒论英雄

曹操白门楼杀掉吕布之后,把刘备、关羽、张飞一同带回许都。曹操让刘备进见献帝,一排辈数,刘备还是汉献帝的叔叔。这便是刘备被后人称为"刘皇叔"的来历。煮酒论英雄的故事,实际是讲曹操和刘备斗心智的事,刘备以伪装迷惑了曹操,使其放虎归山,之后形成了三国鼎立的局面。'

却说曹操之所以把刘备带回许都,是由于他对刘备不放心。为观其言行,到许都后,曹操建议献帝封刘备为左将军。事后,曹操试问刘备道:"玄德公对此可称心乎?"刘备道:"承蒙曹公抬举,备受如此重任,心中实感坐卧不安。"

再说献帝自到许都,处处受到曹操挟制,心中很是不满意,也想培植亲信,除掉曹操以保皇位。他见刘备才华出众,胸有大志,又是中山靖王第十四代孙,论辈数还是自己的皇叔,便视为成事亲信。一天夜里,献帝咬破手指,在一件衣服的暗处写好一封伺机除操的诏书(又叫衣带诏),让国舅董承给刘备送去。刘备见是皇帝的亲笔诏书,当即跪下接诏道:"既是奉诏讨曹,臣当竭力效犬马之劳。"从此,他便暗中联络心腹,积极准备除曹的行动方案。他怕曹操看出自己的心事,便主动要求到后院种起菜来,不再问政事。就连关羽、张飞也感到迷惑不解:"大哥怎么变得如此不成器了?"

曹操即不然。他虽不知道刘备有衣带诏的事,但对刘备一个当世豪雄,竟安心去种菜,也觉反常,便决定亲自试探一下。

有一天,刘备正在后院浇水种菜,曹操部将未经通报便闯进后院对刘备说:"曹公有请,让您马上就去。"

刘备去了之后,曹操第一句话便笑着说:"将军在后院干的好事!"刘备大吃一惊,以为有人泄露了机密,脸都吓黄了。接着,曹操又长叹了一口气道:"咳,实际种菜也很不容易啊!"刘备这才明白曹操并不知道他暗中谋反的事,也就放下心来。接着,曹操拉着刘备的手,来到后花园凉亭,指着一桌早已准备好的酒菜道:"有一次在征战途中,将士们口干难忍,我就用马鞭向前一指说:前面不远便有一片梅林,梅果青青,可以止渴。将士们一听,信以为真,以为前面真是一片梅果青青,口中流涎,嗓子一下便不觉渴了,勇往直前,今天,我突然想到这个'望梅止渴'的故事,特意煮上一壶梅酒,请玄德品尝。"两人对坐,开怀畅饮。正饮间,天上忽然乌云密布,雷鸣电闪。乘着酒兴,曹操兴致勃勃地对刘备说道:"当今之世风云变幻,正是英雄辈出之机。玄德公,您久历四方,必知当今英雄,请为指点指点。"刘备道:"备才疏学浅,孤陋寡闻,何以配论英雄?"曹操道:"玄德不必自谦,说说看!"刘见推辞不过,为免引起曹操更大的疑心,只好含混应付道:"淮南袁术,自称皇帝,可谓有志之雄。"曹操一笑道:"此不过是坟墓中的一把枯骨,不足一提。"刘备道:"袁绍兵多将广,独占一方,可称一雄。"曹操道:"此乃外强中干之辈,关键之时举棋不定,优柔寡断,也不足一顾。"刘备又道:"刘表坐镇荆州,世称'八俊'之首,可算为英雄了吧?"曹操不屑道:"徒有虚名而已。"刘备道:"孙策为东东一霸,能征善战,可称一雄!"曹操道:"孙策是靠他老子的名望而起的,也算不了英雄。"刘备道:"益州的刘璋怎么样?"曹操摇了摇头。刘备道:"汉中的张鲁、西凉的马腾呢?"曹操哈哈笑道:"净些无名之辈,不足挂齿!"刘备见曹操如此目中无人,便装出一副无可奈何的样子说:"除此之外,备实在举不出人来了。"曹操笑道:"所谓英雄,应该是胸有大志,腹有良谋。所谓志者,就是能吞天吐地;所谓良谋,即为心藏整个宇宙。"刘备道:"如此说来,究竟谁能配得上呢?"曹操用手指了指刘备,又指指自己道:"当今天下称得上英雄的,唯有你、我二人罢了。"刘备一听,吓了一跳,手中的筷子掉在地上。恰在这时,一道闪电划破长空,一声响雷震耳欲聋。刘备灵机一动,弯腰拾起筷子,故作镇静的掩饰道:"这一声雷鸣,竟有如此威力!"曹操见状,真以为刘备是个胆小鬼,禁不住一阵哈哈大笑。

　　曹操经过"煮酒论英雄"的试探,没有发现什么破绽,也就消除了对刘备的怀疑。而刘备事后却长时间惊魂未定,心想如果再在这里继续呆下去,必遭曹操毒手。于是,他便暗中与关羽、张飞商量,争取尽早设法离开此地。事也凑巧,正当刘备心急火燎地设法离开许都的时候,曹操听说袁术北上青州,路过徐州,便派刘备南下徐州,截击袁术。刘备闻言,心中大喜,立即带领关羽、张飞受命启程。曹操的谋士郭嘉、程昱听说刘备走了,急忙去见曹操:"刘备智深谋远,早就不愿屈就此地,曹公怎么能把他放走了呢?"曹操一想,顿时醒悟,急忙派人去追,可是刘备已走得无影无踪了。

6.曹操大宴铜雀台

　　公元210年(建安十五年)冬,曹操在邺城(今河北临漳西南)建了一座高15丈的台子,取名为铜雀台。铜雀右有金凤台,左有玉龙台,各高10丈,以桥相连,宏伟壮观。曹操一生俭朴,为什么又大兴土木,建造铜雀台呢? 这就是本文要讲的一段故事。

那是在铜雀台刚刚修好后的一天，曹操便登台设宴，大会群臣。为了增加宴会的欢快气氛，他让武官当场比武，让文官即席赋诗，各显其才。特别是那些文臣谋士，对曹操的文武韬略，很是敬佩，即席赋诗，无不称颂曹操的功德；更有那些势利之辈，竟在赋诗中建议曹操应该称王称帝。对这些文官写的诗文，曹操一一审阅，不住点头，只称赞其遣词立意如何恰当深妙，而对其称赞曹操功德之词，非但丝毫不动声色，且在阅完之后，还发表了一段自我表白的言辞。他说：

"诸公对我的称誉实在太过分了，曹某实不敢当。我开始做官，年纪很轻，自知不是知名之士，最多想当个郡守，好好从政，为民造福。为此，在济南做官时，除弊去秽，不怕得罪宦官。后来朝廷任命我为典军校尉，当时也只是为国家讨贼立功，当上一名征西将军，死后能在墓碑上写上一句'汉故征西将军曹侯之墓'，也就心满意足了。接着，讨董卓，剿黄巾，除袁术，破吕布，取袁绍，击刘表，直至身为丞相，人臣之贵已极，我还有什么不满足的呢？可是，现在竟有人怀疑我有不臣称帝野心，真是妄加猜度。过去，周文王得到三分之二的天下，还服从商朝，齐桓公、晋文公那么大的势力，仍尊奉周天子。我的祖父、父亲到我们兄弟，三代受到汉室的厚恩，我要像前人一样忠于汉室，这才是我心里的话。我可以说，国家如果没有我这个人，真不知道有多少人要称王称帝呢？

听了曹操的一番自我表白，文武百官无不感动备至，纷纷称颂："即使周公，又怎能比得上丞相呢？至于一些人的妄加猜疑，丞相万不可放在心上！"

其实，这正是今天曹操大宴群臣的目的所在。因为当时社会上传言很多，都说他很快就要篡位称帝，自己当皇帝。他修铜雀台，是要人们以为他好像已经厌倦东征西讨，对现在的地位很是满足，开始追求于晚年的享乐了，根本无心去篡位称帝。也正是由于这一点，使他获得了更多人的支持和同情，为后来统一北方打下了基础。

建安二十四年，孙权杀了关羽，夺了荆州，怕刘备报复，更怕刘备与曹操联合，便把关羽的头装在木匣子里，派人送到曹操那里，同时还写了一封信，表示愿意归顺曹操,并劝曹操顺应天命,趁早即位称帝。曹操见信后,随手递给诸大臣传阅,尔后却笑着说:"是儿欲踞吾著炉火上邪!"意思是说,"孙权这小子要把我放在炉上烤呀!"

由此表明,曹操对时局、对自己的处境始终头脑十分清醒。他认为,自己称帝,十分容易,但必然要成为众矢之的;孙权劝他称帝,是存心要害他。

明帝乐极生悲埋祸根

明帝曹叡22岁即位,35岁而亡,只做了13年皇帝。明帝年轻而逝,原因何在?一言以蔽之,追求淫乐,乐极生悲。

且说魏明帝曹叡即位以后,在位13年中,文治武功虽不如魏文帝曹丕,更不如魏武帝曹操,但在追求生活的奢侈淫乐上,却过无不及。为了恣意淫乐,他下令天下广选美女,上封贵人,次封夫人;对知书识字的,还特封为女尚书,出纳章奏;至于歌姬舞妓,彩女宫娥,更是成千上万,不可胜计。为了安置这些美女娇娃,他既作许昌宫,又建洛阳宫,起昭阳太极殿,修筑总章观。仅总章观,高十余丈,需数万民工建筑,使得徭役不休,农桑失业。青龙三年秋,洛阳的崇华殿不慎起了大火,整个殿宇毁于一旦。明帝拒绝诸大臣的劝阻,下令征发数万民工,昼夜督造,在崇华殿原址上重修一座更加豪华的大殿,这就是九龙殿。这九龙殿,也真穷极技巧,殿前有九龙环绕,又引谷水通过殿前,旁设玉井绮栏,便得神龙吐出,蟾蜍合受。他还在殿北设立八坊,在殿外造芳林园,搜罗奇花名卉,珍禽异兽,以供明帝随意游玩。明帝游乐中,遇有中意的美人,便当即召来纵淫。按说明帝当时30余岁,正值年轻力壮,可又怎禁得起连宵跨凤、未有虚夕呢?结果把好端端的一个身体,弄得骨瘦如柴,面如蜡纸,气息奄奄。结果,于公元239年1月,遗言未道,便一命呜呼了,时35岁。庙号烈祖,谥明帝。

曹魏亡于司马氏,是明帝曹叡死前埋下的祸根。

明帝原有妻毛氏,即位后立其为皇后,夫妻间相亲相爱,甚为和谐。后听说河西大族郭氏女,生得美貌无双,遂拜为夫人,这就是郭夫人。明帝淫乐无度,毛氏常常劝告，使帝心生怨恨。郭氏想夺后位，乘机对明帝更加多情，且怂恿明帝招花惹柳，当然要受专宠。有一天，郭夫人又拉明帝游芳林园，明帝很是高兴。游乐中，趁帝兴致大发，郭后故意激帝："陛下为何不请皇后一起游乐？"明帝道："她一来，我的兴致就全给冲掉了！"并嘱左右，此行千万不要让皇后知道，然恰恰有人将明帝此行报告了毛氏，毛后听后益发快快不快，一夜未眠。第二天一早，毛后便至芳林园等候，直到日上三竿，方见明帝在花红柳绿的笑声中走出。毛后上前迎接，并强作笑颜道："陛下昨游此园，很是痛快吧？"明帝恼羞成怒，未答即去，随后便派人下旨赐毛氏自尽。毛氏死后，明帝立郭氏为皇后。从此，郭皇后更加怂恿明帝恣意淫乐。

由于明帝天天搂红抱绿，未有虚夕，累岁绝麟，结果一生无子。为防日后无继，便于宗室中抱来两个儿子，一名曹芳，封为齐王，一名曹询，封为秦王。公元238年12月，明帝病危，急立养子齐王曹芳为太子，芳时年8岁。当天，明帝拜曹操的庶子曹宇为大将军，与领军将军夏侯献、武卫将军曹爽、屯骑将军曹肇、骁骑将军秦朗等共同辅佐朝政。当时，司马懿出征辽东攻孔渊，并不在朝；他的心腹刘放、孙资知道后，忙入宫对明帝道："先帝有诏，藩王不得辅政，且曹肇、秦朗托词进宫后，行为不轨，燕王曹宇对此不仅视而不见，反拥兵宫外，不令臣等进奏，这与秦朝的赵高专权还有什么两样？现太子幼弱，未能亲政，靠他们怎能安邦治国？"明帝道："依二卿之见谁可当此大任？"刘放、孙资道："大尉司马懿才略过人，文武双全，可参大政。"明帝点头称善。接着，这二人又请明帝下诏免去曹宇、夏侯献、曹肇、秦朗的职务，只留下一个软弱无能的曹爽为大将军；同时发出诏书，让司马懿火速回京。司马懿接到诏书后，料知宫中有变，便星夜赶回洛阳，入宫求见。明帝紧握着司马懿的手道："朕在临死前，总算把你盼来了。今日相见，能给你托付后事，我死无遗恨了。"司马懿闻言，立即诚惶诚恐地赶紧叩头谢命。明帝立即召入齐、秦二王，让其对司马懿谢过，尔后用手指着齐王曹芳道："这就是皇太子，请卿审视清楚，勿误勿忘！"明帝又让曹芳抱住司马懿的脖子，以示相依为命。司马懿被感动得涕泪交流道："陛下放心，难道您不记得先帝临崩前，曾将陛下也是这样托付给臣下的吗？"明帝这才感到宽慰地说道：

"如此甚好。愿卿与曹爽大将军共同辅佐此子吧！"

明帝嘱完后事，第二天便去世了。从此，司马懿便掌握了朝中军政大权，魏氏皇帝则成了司马懿父子任意摆布的傀儡，遂有后来的司马氏随意立废和篡魏建晋之故事。

曹芳帝被废

曹芳，明帝养子，生于公元 231 年，卒于 274 年。由于明帝生前恣意追求淫乐，精虚籽秕，未生一个儿子，便在后宫抱养了两个儿子，一名曹芳，一名曹询，因当时保密，故不知来由。公元 235 年，曹芳封齐王，239 年立为太子。同年同月，明帝死，曹芳即位，时年 8 岁。

魏明帝曹叡让齐王曹芳继位后，用曹爽、司马懿辅政。司马懿字仲达，河内温县（今河南温且以西）人，出身士族家庭。此人多谋善变，心计不露形色。他受诏辅政后，瞄准朝中大权，逐步铲除魏帝心腹，培植司马势力。公元 249 年，他控制中央禁军，发动政变，杀死曹爽、诛其三族，独掌了朝政。然司马懿并未来得及篡权，便于公元 251 年一命呜呼了，剩下的任务，就只好靠他的子孙去完成了。

司马懿死后，由他的儿子司马师继承父位，为抚军大将军、录尚书事。这时，魏帝曹芳年已 20 岁，在帝位亦已 12 年，正值年壮气刚之期。他历经司马懿任意诛杀曹爽、王凌、冷狐愚等家族近臣，已有不悦；及司马师继父辅政后，权过其父，更是不把这个魏氏皇帝放在眼里。曹芳无权自主，更加心中怨恨，便伺机除掉司马师，把大权抓回来。恰至这年，皇后甄氏去世，魏帝便立光禄大夫张缉的女儿为后；再有太仆李恢之子李丰、太常夏侯玄对司马氏不满，也被魏帝曹芳视为心腹，常向其诉司马氏专权之苦。这几人决心共同辅佐皇帝除去司马氏。嘉平六年（公元 254 年）二月，曹芳召中书令李丰、黄门监苏铄、永宁署令乐敦、冗从仆射刘贤私下密谋，拟封后宫王氏为贵人，到时暗派兵守住各门，待诸大臣到后，由皇帝立即下诏，一举诛掉司马师。然谁知此事没保住密，泄漏到司马师

国学经典文库

中国古代野史

·三国两晋南北朝野史·

图文珍藏版

耳中。司马师大怒,立即派兵把李丰捉来审讯。李丰知道事不能瞒,大骂司马师道:"长期以来,你父子包藏祸心,伺机篡位,我现在活着无力诛你,死后做鬼也不能饶你们这些狗党!"司马师恼羞成怒,当场令士兵将李丰杀死;尔后,又诛杀了夏侯玄、张缉、苏铄、刘贤等人,并诛其三族。接着,司马师怒气冲冲地提剑入宫,责问魏帝曹芳道:"请陛下赶快把张缉的女儿交出来!"魏帝心中害怕,乞求道:"张缉有罪,其女并不知情,请大将军宽恕了她吧!"司马师道:"逆犯之女,就是不知其反,也不能再当天下之母,应该立即废掉。"司马师未待魏帝答应,就派人到内宫把张后抓了出来,幽禁别室。第二天,便逼魏帝下诏废了张氏的皇后之位。没过几天,张氏不明不白的死去。司马师杀了李丰、张缉、皇后,并未解恨,感到根子还在魏帝曹芳身上,便与弟司马昭商议废掉曹芳,司马昭当然同意。公元254年9月的一天,司马师突然入朝,大会群臣道:"当今皇上荒淫无道,亵近娼优,听信谗言,闭塞贤路,若长此下去,必负社稷,敢问诸公应该怎么办?"一些大臣早为司马师的淫威慑服,此时何敢他言,便随声附和道:"伊尹放太甲(太甲,为商朝成汤长孙,被伊尹立为王。太甲暴虐昏乱,不按成汤之法行事,伊尹将其囚于桐宫,自行摄政。太甲被囚三年,悔过自新,伊尹又将其迎回还政。),霍光废昌邑王,这都是为社稷着想,今日之事,全由大将军定夺就是了。"司马师道:"既然大家都让我定夺,我也就要开诚布公了。"说着,他便拿出早已拟好的奏章,历数魏帝如何昏庸、淫乱,不应继续为帝。诸大臣尽管知道这都是司马师强加给皇帝的罪名,十有九虚,但谁也不敢提出异方。就这样,司马师又派人入宫强迫太后同意,一举废掉了魏帝曹芳的皇位。

曹髦登基怒成《潜龙诗》

曹髦,魏文帝孙,东海定王曹霖的儿子,出生于公元241年,公元254年即位,公元260年为成济所杀,时年21岁,在位6年。

却说司马师召会群臣,假造罪名,逼太后废掉曹芳之后,本想立曹操庶子曹据为帝,但太后不同意。她说:"彭成王曹据为武帝庶子,先皇之叔,与我是何辈数？若立其为帝，那把我放在什么位置呢？"司马师一想，曹据和曹丕是父辈兄弟，郭太后乃曹丕之子明帝曹睿之妻，若立曹据为帝，郭太后也的确不好办，便低头不语。郭太后继续道："按我的意思，还是立高贵乡公曹髦为宜，因曹髦为文帝长孙，明帝从子，小宗继大宗，也合古礼，不知大将军意下如何？"司马师感到无言可对，只好同意；随后又向太后索取玺绶。太后道："曹髦小时候曾在我跟前呆过，现既入嗣，由我当面给他便了。"司马师也只好依从。接着，司马师派人持节往迎曹髦。曹髦这年虽只有 14 岁，但十分聪敏，知书达理。他到洛阳时，群臣都赶紧出来迎拜，曹髦也赶紧下车答礼。礼官看见，悄声对曹髦说："不用还礼。"曹髦立时正色道："都是魏朝之臣，我今奉太后之诏来京，又不知是什么事，怎能见了君僚不以礼相还！"随后，入殿拜见太后。待太后说明原因后，曹髦道："侄儿何能，敢为天下之主？"太后道："此事已定，不必再推辞了。"至此，曹髦才受玺更衣，御殿坐定，接受百官朝贺。高贵乡公曹髦登基后，改嘉平六年为正元元年，大赦天下，封赏文武百官，嘉大将军司马师黄钺（一种高贵礼仪赠封之物）。

　　且说司马师逼郭太后废齐王曹芳，立高贵乡公曹髦即位后，消息传到南方，镇东督都毋丘俭与扬州刺史文钦对此十分愤怒，假传郭太后诏书，决定起兵渡淮，北上讨伐司马师。这时，司马师因眼中长瘤，割治未愈，闻悉很是恼怒，决定亲自率军出征。当平定淮南回至许昌，目疾突然发作，司马师料命难保，急召其弟司马昭嘱咐后事，结果话未说完，眼瘤空破，血流如注，顿时毙命。司马师死后，由司马昭继任大将军，总揽朝政大权。司马昭掌权后，更是独断专行，根本不把魏帝曹髦放在眼里。公元 257 年 5 月，扬州都督诸葛诞再次起兵讨伐司马氏集团。司马昭闻报，本应自率人马出征，但他疑心太重，生怕出征后朝中有变，便逼魏帝曹髦亲征，并要郭太后同行。对司马昭这种凌驾于皇帝之上的行为，曹髦早就不满，此时更是心生愤恨，怎奈郭太后鉴于曹芳的教训，生怕得罪司马昭，力劝曹髦御驾亲征。曹髦和曹芳比起来，虽然不懂得谋略和打仗，但此时年已 20 岁，胆量、魄力却比曹芳大得多，也不甘任人摆布。这次出征，虽然平定了诸葛诞，但魏帝曹髦对司马昭仍是耿耿于怀。有一天，一位大臣报告说，在宁陵的一口井中发现了黄龙。这大臣的意思，也是对司马昭的专横跋扈不满，借黄龙出现在井中暗示皇帝由于受到司马昭的控制，也像黄龙困在井中一样困在宫中。曹髦何等聪明，立即明白了这位大臣的提醒，回想自己的处境，愈感十分伤心。悲愤之际，他便提笔写了一首《潜龙诗》，诗中大意是说：

可怜的黄龙被困于井中，

上不能飞天，

下不能临地，

更不能够到大海中自由翻腾；

泥鳅鳝鱼也敢来欺负；

虽有尖齿利爪也是无用；

试看我今天的处境，

与黄龙是何等的相同！

司马昭听到这消息后，心中非常恼火，遂提剑上殿，不无讥讽地对皇帝曹髦说："听说你写的潜龙诗不错，请念给我听听！"曹髦不语。司马昭又道："你在诗中说的泥鳅和黄鳝是指的谁？恐怕就是我吧！"曹髦脸色气得发白，仍是不语。司马昭见皇帝不说话，便冷笑一声走了。

司马昭步步紧逼，年轻好胜的高贵乡公怎么能受得了呢？特别是作《潜龙诗》后，被马昭奚落了一顿，这哪里还有一点君臣礼节？而且事后又逼着自己封他为晋王，这不是明显的就要篡权夺位了吗？曹髦再也忍无可忍了，决心拼着一死，也要把这个乱国臣子除掉。然事不机密，曹髦不仅没把司马昭除掉，自己反招来了杀身之祸。

魏帝曹髦眼见司马昭气焰日甚一日，知其早有取而代之之意，心中很是忧愤难平。为不束手待毙，便把侍中王沈、尚书王经、散骑常侍王业私下召来。魏帝道："司马昭之心，路人皆知，我不能坐受废辱。今召诸卿来，就是要决心带兵和他拼死一斗，不知诸卿能否助我？"尚书王经劝道："昔日鲁昭公不能忍受季孙氏欺辱，联合郈氏、铖氏攻打，结果兵败出逃，失掉了国家，为天下笑谈；今朝政大权已久归司马氏所握，内外公卿，都是他的爪牙，而陛下宿卫空虚，甲兵单弱,怎么是他的对手？望皇上还是三思而后行为佳。"曹髦愤起道："我决心已下,虽死不惧,何况现在还未必能败？"说着,便从袖中取出诏书,扔到地上,让三位去看,自往永宁宫报告太后去了。

侍中王沈是个贪生怕死之徒,待皇帝走后,便对散骑常侍王业悄声道："我看此事快去报告司马公吧;否则,我们难免受累,同归于尽!"王业表示同意,唯有尚书王经不从,说道："我们不同意讨伐就是了,又何必去报告？这样做可实在对不起陛下对我们的信任。"王沈、王业此时怕都来不及,哪里还管得了皇帝？二人不待王经说完,便报告司马昭去了。司马昭闻报,立即通知中护军贾充,叫他整兵防备。魏帝曹髦从永宁宫出来,便亲率宫中300余名将士及官奴、僮仆,怒气冲冲地向大将军府杀去。刚到止车门,恰遇司马昭的弟弟司马引兵拦住去路。曹髦提剑上前喝道："有朕在此,谁敢阻拦？上!"司马见是皇帝亲自率兵,只好后退。然刚到南门外,就碰上中护军贾充带兵前来迎战。两军相遇,便厮杀起来。时有太子舍人名叫成济,虽十分骁勇,但见天子,心亦有惧,向贾充道："皇帝亲战,该怎么办好？"贾充大声道："司马公养军千日,用兵一时,此正是你立功之机,还问什么!"成济又问道："对皇帝怎么办？"贾充恶狠狠地说："杀!"成济闻言,便挺矛向前,直奔曹髦。曹髦大声喝道："我是天子,贼臣怎么如此无礼？"成济并不答言,挺矛便刺。曹髦哪里招架得住？立时胸部便被刺中,跌下辇来;成济又复一矛,便结果了曹髦性命。

成济杀了皇帝,便去司马昭面前请功领赏。司马昭闻言,当众故作惊讶道："是谁这样大胆,敢杀皇帝？"后见朝中众心难服,便把一切罪名统统归到成济一人身上,派兵搜捕。成济当然不干,便脱光了膀子,爬到房顶,大声喊道："是司马昭派我杀死皇帝的!"司马昭恼羞成怒,命人立即放箭,成济中箭被俘,后被杀死灭口。成济临刑前,仍大骂司马昭不止。成济虽死了,皇帝也被杀了,但"司马昭之心,路人皆知"这句话,却演变成一句成语流传下来。

曹奂改名称帝

曹奂,曹操孙,燕王曹宇子,生于公元246年,260年即位,265年被废,302

年卒。

且说凶手成济乃一勇夫,也是个直性子,奉命杀了魏帝,本想司马昭一定会给他记上一大功,赐个一官半职干干,没想到司马昭翻脸不认人,且要杀人灭口,便一下子把司马昭的阴谋全兜了出来,使其十分难堪。司马昭本想杀了魏贵乡公之后自己称帝,经成济一闹,惹得朝野上下议论纷纷,也就不再贸然称帝。在强大的舆论压力下,司马昭不得不仍立曹氏另一子孙为帝。但立谁合适呢? 为了牢固控制曹氏政权,他感到还须立一个小皇帝。他选来选去,便选中了曹璜。曹璜,乃燕王曹宇之子,年方 15 岁,无能无智,性格懦弱,完全不像曹髦那样性情暴躁,好胜心强,不甘人下。公元 260 年 6 月,也就是曹髦被杀不到一个月,司马昭便报太后同意,迎曹璜到洛阳,改名曹奂,登殿嗣位,改年号建元,这就是魏主元帝曹奂。曹奂登基后,完全服从司马伷的意思,进司马昭为相国,并封其为晋王,加九锡礼。司马昭当时还推辞了一番。曹奂在别人的介绍下知道,司马昭之所以决定杀曹髦,《潜龙诗》是个原因,还有一个原因,就是司马昭逼曹髦封其为晋王,曹髦坚决不干。元帝即位一年后,主动要封司马照为晋王。但司马昭假装推辞。元帝以为司马昭真的推辞,也就算了。司马昭见元帝不了解自己的意思,心中很不是味。公元 264 年 3 月,司马昭灭蜀之后,为称晋王,便指使一批大臣进奏元帝,劝其禅位。元帝慌了手脚,不知所措。司马昭见景,急忙上殿,假意怒斥诸臣不得对陛下无礼,并表明他要像魏武帝曹操一样,对汉室永远称臣。元帝这时才知道了司马昭的心意,就像汉献帝晋曹操为魏王一样,硬是封司马昭为晋王,封其子司马炎为副相国。但是元帝还有一层没有弄清司马昭自比曹操的用意,那就是他已年老体弱,不久人世,称帝的任务,要靠他的儿子去完成了。

蜀汉帝刘备

刘备(16~223),三国蜀汉的开国皇帝。字玄德,河北涿州市人,是汉景帝儿子中山靖王刘胜的后代。刘备的祖父、父亲都曾在州郡做官。刘备于公元

221年于成都称帝,国号汉,年号"章武",史称蜀汉。刘备善于用人,在诸葛亮、关羽、张飞等的辅佐下,历尽坎坷,终于成就大业。公元223年,死于白帝城,托孤于诸葛亮。

1.乱世起兵智杀吕布

传说刘备因父亲去世早,家境贫寒,平日以贩鞋织席勉强度日。他长得身高、臂长、耳大。平时喜怒不形于色,喜爱结交豪侠之士。

他从小就怀有大志。在小时候和同宗儿童玩耍时,他就曾说:"我将来一定要乘上有真正篷盖的天子之车。"

东汉灵帝光和七年爆发的黄巾大起义,给刘备发展势力提供了一个机遇。当时,东汉朝廷大军镇压起义军,各地的军阀豪强也纷纷拉起人马,以镇压义军为名,抢占地盘,扩充实力。刘备也趁机拉起一支乡勇,参加了镇压起义军的行列。这时,河东解县(今山西运城)人关羽、同郡人张飞也来投奔刘备。刘备把关、张二人当成左膀右臂,三人形影不离,晚上睡觉也在一床,像兄弟般亲密。刘备因镇压义军"有功",被朝廷任命为安喜县(今河北定县东)县尉。

不久,朝廷颁布诏书,要考核因军功而提拔任命的官吏,如不称职,就要淘汰。涿郡太守派督邮巡视各县,督察官吏。督邮来到安喜,因刘备未送贿赂,便要将他撤职。刘备听说自己将被撤职,十分愤恨,便回到自己官署率领一群吏卒,冲到督邮住处,大声喝道:"我奉太守密令,收捕督邮!"说罢,率人将督邮从床上提起捆住,押着他率领着自己的人马向外走去。将要出县界,刘备将督邮绑在树上,用马鞭狠狠地抽打了百余下,仍不解气,声言要杀了他,吓得督邮求饶不止。刘备便将官印挂在督邮脖子上,率众弃官而去。

后来。刘备投奔早年的同窗好友、幽州藩将公孙瓒,公孙瓒让他任平原县令,不久,又领平原国相。当时,天下大乱,人民饥寒交迫、流离失所,许多有才能之士也被迫抛弃家园,颠沛流离。刘备尽管官职不高,但却能对外防御寇难,内部聚集粮物,与一些暂无安身立命之所的人士同席而坐、同盘而食,推心置腹、肝胆相照。因此,甚得民心,附近民众及各方人士纷纷来投奔依附他。

这时,群雄逐鹿中原,各地藩将混战不已。袁绍攻公孙瓒,曹操又攻徐州牧陶谦。陶谦派人向公孙瓒告急,公孙瓒遂派刘备前往徐州(今苏北鲁东南一带)援救陶谦。这时刘备共有士兵千余人和饥民几千人。陶谦见刘备兵力不多,就给了他四千兵士,又任命他为豫州(今豫东皖北一带)刺史,屯驻小沛(今江苏沛县)。后来,陶谦病重,临终时对部下糜竺说:"除了刘备,没有人能使徐州安定。"陶谦一死,糜竺就率领徐州人士前往小沛迎接刘备。刘备再三推让,最后终于接管了徐州,第一次跻身于大藩将之列。

刘备占有徐州,近在寿春(今安徽寿县)的袁术十分不满,遣兵进攻刘备。刘备与袁军相持不下,袁术又勾结吕布,指使吕布袭击刘备的后方下邳(今江苏睢宁西北)。吕布原来和刘备是故交,但他反复无常,此时见有利可取,便不顾前谊,袭取下邳。陶谦故将曹豹因与督守下邳的张飞不和,听说张飞要杀他,便招来吕布,举城叛降。吕布乘机攻取下邳,张飞败走,吕布掠得刘备妻子家属。刘备听说后方失守,连忙带兵返回,遭吕布截击,兵众溃散,刘备无奈,只得称降,暂时依附吕布。吕布大喜,遂自称徐州刺史,将刘备家属归还,又派刘备进驻小沛。

刘备返回小沛,兵士渐渐增至万余人。这引起了吕布的不安和嫉恨,他便亲自带兵攻打刘备。刘备被迫应战,旋即战败,只得投奔曹操。曹操举荐刘备为豫州牧,因而史称刘备为刘豫州。这虽是个虚衔,却给刘备带来了声望。曹操给了刘备许多士兵和军粮,让他再去小沛一带收集余众,出击吕布。吕布又派大将高顺攻打刘备。曹操派夏侯惇救援,都被高顺打败,又把刘备的妻子掠去。于是曹操亲自率领大军前往,将吕布擒住。吕布向曹操告饶说:"曹公所怕的不过是吕布,现在我已归顺,天下不必忧虑。您统率步军,我帮您统率骑兵,何愁天下不平定?"说得曹操也有些心动。刘备说:"曹公难道忘了吕布是怎样侍奉丁原和董卓的吗?"曹操点首称是,于是将吕布缢杀。曹军得胜后,刘备跟随曹操到许昌(今河南许昌东),曹操又上表推举刘备为左将军。

2.三顾茅庐礼贤求才

据说刘备跟随曹操来到许昌后不久,就感觉到一种紧张的气氛。原来,汉

国学经典文库

中国古代野史

· 三国两晋南北朝野史 ·

图文珍藏版

献帝及其岳父车骑将军董承不满曹操专权,正与将军吴子兰、王子服等人密谋诛杀曹操。这些人听说刘备已来许昌,十分高兴,寻找了个机会,邀请刘备密谈。刘备是汉帝宗室,自然一拍即合,随即答应参与其事,并从董承手中接过了汉献帝以衣襟书写的手诏。

但刘备处事极其慎重。曹操虽然表面厚待刘备,对他十分尊重,出去同坐一车,居内同坐一席,实际上却很不放心,经常派人加以监视。刘备知道曹操提防自己,便深居简出、闭门谢客,不参与其他人的活动。有时,刘备还在院子里刨地种菜、浇水捉虫,乐此不疲,一副悠然自得、胸无大志的样子。一次,曹操请刘备喝酒,谈论天下英雄。刘备说:"袁绍或许算是一个英雄吧!"曹操却从容不迫地笑着对刘备说:"现在天下英雄只有你和我。袁绍之流,不算英雄。"刘备一听曹操把自己说成是英雄,误以为密谋泄露,不觉大吃一惊,手中筷子惊落在地。恰巧这时天上响过一阵雷声,刘备灵机一动,俯身拾起筷子,不慌不忙地对曹操说:"圣人说:'惊雷烈风会使人惊惶变色',这话讲得真有道理,雷震之威,想不到如此厉害!"巧妙地将自己的不慎过失掩饰过去了。曹操如此聪明,竟然丝毫也未感到怀疑。

刘备等人也知道曹操不能长期容纳自己,早晚要将自己杀掉,因而也密做准备。正巧,袁术因被曹军打败,想经徐州北上投奔其兄袁绍。曹操不愿他俩联合,准备派兵截击。刘备趁机请求前往。曹操未加考虑,随口答应,刘备立即率兵脱离曹操而去。郭嘉、程昱等人听说此事,连忙来见曹操,大声说道:"主公不可放刘备出去!刘备出去后必然叛变作乱。"曹操一听,不觉后悔起来,马上派人追赶,刘备已走得无影无踪了。

刘备一到徐州就袭杀了徐州刺史车胄,将汉献帝诛曹操的诏书公之于世,公开打起了反曹旗帜。附近几个郡县也都背叛曹操,归附刘备。曹操随即做出反应,马上派兵攻打刘备,但未能取胜。

汉献帝建安五年(200年),董承等人谋杀曹操的计划泄露,曹操将他们全部杀死。曹操听说刘备也参与了其事,大为恼火。决定亲自带兵征讨刘备。

刘备以为曹操正全力对付袁绍,不会亲自带兵前来,没有防备。听说曹操已来,不太相信,亲自带领数十骑外出视察。望见远处尘雾弥漫,旌旗蔽日,大吃一惊,估计自己没有抵抗的实力,便下令退却,投奔袁绍。他的妻子来不及逃跑,又被曹操俘获。镇守下邳的关羽抵挡不住曹军的猛烈进攻,只得束手投降。袁绍听说刘备被曹操打败来投奔自己,十分高兴,以为又添了一个对抗曹操的帮手,马上派军前去迎接。一个多月后,刘备散失的部众渐来会集,力量渐渐恢复。

袁绍依仗优势兵力继续进攻曹操,与曹军相持在官渡(今河南中牟附近)。袁绍派刘备率部众袭击曹操的后方。这时,关羽离开曹操重新逃归刘备,张飞也回归了。刘备见关、张两将回来,大为高兴,遂率军进攻许昌。后来,听说袁绍在官渡全军溃败,刘备遂南下,投奔荆州太守刘表。

刘表好谋无断,虽然拥兵十万,但无所作为。见刘备前来投奔,表面非常客气,内心却十分猜忌。他让刘备屯驻新野(今河南新野)防备曹军南下。

刘备

长期以来,刘备没有固定的地盘,经常寄人篱下,先后依附公孙瓒、陶谦、曹操、袁绍、刘表等人,四处奔波、颠沛流离,十分狼狈。徐州两次得而复失,南北征战接连失败,主要原因是刘备实力不足,无法与势力雄厚的大军阀曹操等人抗衡;再就是虽有关羽、张飞等几员猛将,但缺乏才能出众的谋士。因此,刘备渴慕贤才奇士辅佐自己。

后来,徐庶前来投奔刘备。刘备十分器重徐庶,又请徐庶再推荐一位贤士。徐庶说:"诸葛亮,乃卧龙先生,主公可愿见他?"刘备听说诸葛亮,忙说:"愿意,愿意! 请您把他请来!"徐庶说:"此人可去拜访,不能请他委屈前来,请主公屈尊去拜访他。"于是,刘备就准备去拜访诸葛亮。

刘备打听到诸葛亮的住地后,便率关羽、张飞等随从前去拜访。众人来到了一处风景宜人的茅舍前,经询问,方知诸葛亮外出未归。关、张二人稍感沮丧,刘备却毫无倦容。

第二次,刘备等人又专程拜见诸葛亮,竟又未见到。关羽、张飞等人颇为不满,刘备却对他们说:"此次未见,下次再来。"关、张二人更不高兴,嘴里嘟哝不停。

第三次,刘备终于见到了诸葛亮。这就是有名的"三顾茅庐",历来被人们传为礼贤下士的美谈。刘备三顾茅庐,精诚所至,使诸葛亮大为感动。二人一见如故,相见恨晚。刘备虚心请教天下之事,诸葛亮便将自己对时局的精辟见解毫无保留地对刘备倾说。诸葛亮分析了曹、孙、刘当时各自占有的天时、地利与人和因素,提出了占荆襄、夺益州三分天下的战略,这就是历史上有名的"隆中对"。刘备听罢这一分析,心悦诚服,连声说道:"讲得好,说得对!"于是,刘备便请诸葛亮一同出山,辅佐他成就大业。诸葛亮一来久闻刘备英名,早知刘备乃成大事之人,另一方面为刘备的诚恳心意所感动,于是同意出山,开始辅佐刘备。

3.联孙抗曹攻占益州

东汉建安十三年(208年),曹操在统一北方之后,率大军南下进攻刘表,企图夺取荆州。这时刘表已经病危,他召来刘备,打算推荐刘备为荆州刺史,治理荆州。刘备推辞不就。

不久刘表病死,其次子刘琮继任荆州牧。刘琮软弱无能,听说曹操三十万大军将至,吓得魂飞魄散,连忙上表请降,又不敢告诉刘备。刘备听说此事,连忙派人询问。此时曹操已至宛城,刘备连忙召集部属商议对策。诸葛亮等人劝刘备攻击刘琮,劫持刘琮及荆州官吏士人南至江陵(今湖北江陵一带)。刘备回答说:"刘表临死曾将其子托付于我,背信弃义之事,我不能干,否则有何面目见刘表!"于是,刘备率众向江陵撤退。

曹操听说江陵存有大量军械粮草,担心被刘备夺去,就舍弃辎重,轻装赶至襄阳。见刘备已经奔江陵而去,曹操亲率三千精锐骑兵,昼夜兼驰,一日一夜行三百多里,于当阳长坂坡(今湖北当阳东北)追上了刘备。

刘备没有想到曹军追赶得如此之快,猝不及防,军队大部被杀散。刘备抛却妻子部属民众,只带领诸葛亮、张飞、赵云等人突围而走。赵云见形势危急,怀抱刘备弱子刘禅,保护着刘禅母亲甘夫人,杀出重围。刘禅母子在赵云力护下得以身免灾祸。刘备令张飞率二十余人断后。张飞见刘备等人已过得河去,将桥拆断,张飞立马横矛,站立桥头,怒目注视追兵,厉声喝道:"我是张翼德,谁敢来与我决一死战!"曹军被张飞的气势所震慑,无人敢前。刘备等人得以退至夏口(今武汉)。

曹操占据荆州后,收纳了刘琮的水军,又占领了江陵,缴获了大量军资,声势更大。曹军沿江东而下,准备消灭刘备,进而吞并孙权,占领江南。

强敌紧逼,刘备力量单薄,不得不考虑寻找盟友,在东吴鲁肃的建议下,便派诸葛亮去见孙权,劝说他联合抗曹。孙权也早已感到曹军的威胁,曹操曾下书给孙权,声称率八十万大军,要与孙权会猎于东吴。东吴群臣噤若寒蝉,纷纷主张投降。只有鲁肃、周瑜主张抵抗。而孙权虽然同意迎战,但仍担心力量不足。听说刘备派诸葛亮联络,十分高兴。二人商谈极为融洽,孙权同意联合抗曹,遂派鲁肃、周瑜、程普等率水军数万,与刘备一起合力抵抗曹操。

孙刘联军到达赤壁(今湖北武昌西),与曹军相持。后来,曹操中了周瑜部将黄盖的诈降计,放松了警惕,船只营寨被吴军用火烧毁,孙刘联军乘势进攻,曹军溃败。这就是历史上有名的"赤壁之战"。刘备联合孙权的力量,打败强敌,争取了自己的安全。

赤壁之战后,刘备宣布刘表的另一个儿子刘琦为荆州刺史,利用刘表父子在荆州的势力和影响,招抚长江以南的荆州四郡太守,四郡太守欣然归附。不久,刘琦病逝,刘备自称荆州牧,荆州一些文武人才,如黄忠、庞统等人,纷纷聚集在刘备身边。

刘备势力渐增,孙权也不得不另眼看待。孙权想利用刘备对抗曹操,不仅承认了刘备为荆州牧的事实,而且主动将自己的妹妹嫁给了刘备,进一步巩固两人之间的关系。

刘备占有荆州大部,又当上了荆州牧,有了立足之地,但其实力和地盘与曹、孙相比,仍难抗衡。因此,如何进一步增强势力、扩张地盘,便成了当务之急。

当初,诸葛亮在"隆中对"中,就提出占有荆益二州以成帝王之业,刘备占有荆州后,便着手进取益州。

益州,主要地盘是现在的四川,并包括现在的云、贵、甘、陕等省的一部分。这里地域广阔,物产丰富,号称天府之国。益州牧刘璋是汉朝宗室,懦弱无能,空有贤才而不能用,手下军队纪律散漫又不能禁止,因此,内部危机四伏,全州上下都盼望贤德之人入主益州。

孙权也早就觊觎益州,他曾写信给刘备,邀刘备一起攻取益州。刘备早想独吞,岂容别人染指?便回信推脱。孙权遂派周瑜率水军进夏口,准备越过荆州而入蜀川。刘备对周瑜说:"你如要取蜀,我当入山隐居。"并立即派关羽守江陵,张飞守秭归,扼住入川之路。孙权看透了刘备的意图,知道难以占先,便将周瑜召回。

当初曹操打下荆州,刘琮归降,刘璋也极其害怕,就想归附曹操,便派张松去荆州拜见曹操。谁知曹操对张松十分冷淡,张松极为恼火,不待深谈,便辞别曹操,去见刘备。刘备对张松诚恳热情,使张松十分感动。张松回到益州,大谈曹操的坏话而极力赞扬刘备,劝刘璋与刘备联络。恰好这时占据汉中的张鲁进攻益州,刘璋便派法正去见刘备,刘备待法正也十分热情。张松和法正见刘备时,刘备向他们询问益州的地理形势、军事力量及其他内部情况,张、法二人都详细陈述,并画了地图送给刘备。这样,刘备对益州的虚实了如指掌。法正劝刘备说:"以将军的英明才略,刘璋的懦弱无能,还有张松做内应,夺取益州易如反掌。"庞统等人也力劝刘备进取益州。于是刘备决定进川。

刘备让诸葛亮、关羽、赵云等人留守荆州,自己带领庞统、法正等数万人,由水道入蜀。刘备率军来到涪县(今四川绵阳),刘璋从成都赶来迎接,会见时关系十分友好,欢宴达一百多日。刘璋以米二十万斛、战马千匹、战车千辆及其他物资赠予刘备,并将杨怀、高沛之军交刘备指挥,让刘备攻打张鲁。

刘璋日夜盼望刘备为他出击张鲁,刘备却进军至葭萌(今四川广元),便停顿不前,反而做起笼络人心、树立恩德的事来。刘备在葭萌住了一年,借口曹操要进攻孙权和荆州,写信给刘璋,要求回师救荆州,并要刘璋再给一万军队和粮饷。刘璋极不高兴,只给了刘备四千军队,粮草物资也只给了刘备所要数目的一半。刘备借这一事情,激怒其部下说:"我们为益州征讨强敌,将士非常辛苦,而刘璋却如此吝啬,不舍得将仓库里的东西赏给将士,这怎能让我们出力死战呢?"张松在成都听到消息,不辨真假,以为刘备真要撤军,连忙写信给在刘备营中的法正,说:"如今大事马上就要成功了,怎么能放弃而去呢?"张松的哥哥、汉太守张肃知道其弟的谋划,生怕连累自己,就向刘璋告发了。刘中璋下令杀死张松,并令各关隘守将不要再与刘备联系。

刘备见计划已经暴露,立刻杀了刘璋派在身边的杨怀、高沛二将,收编了他们的军队,进占涪城。接着,又攻占绵竹,包围雒城(今四川广汉)后,攻了足足一年,才把雒城攻下,军师庞统也在攻城中中箭身亡。攻下雒城后,刘备即率军包围了成都。这时,诸葛亮也率张飞、赵云等,沿水道入蜀,攻下白帝城、江州(今重庆),前来与刘备会师。

刘备的军队包围成都几十天,刘璋见内外断绝,坚守无望,只得出城投降。刘备由此占据益州。

蜀后主刘禅

刘禅(207~271),三国蜀汉的第二代皇帝。字公嗣,河北涿州市人。父为先主刘备,母为甘夫人。公元223~263年在位。刘禅无能为帝,徒有皇帝虚名。最后寄人篱下,苟且偷生。其"乐不思蜀"令人感喟。

1.即位为帝政赖诸葛

传说蜀汉章武元年(221),刘备在成都正式称帝,立刘禅为皇太子。公元223年,刘备东征孙吴,大败而归,暂住白帝城,一病不起。临终前,刘备将蜀相诸葛亮、太子刘禅及其他几个儿子都召至白帝城,嘱托后事。

刘备去世后,刘禅继位为帝,改元建兴。十七岁的后主刘禅倒也有自知之明,他把一切事情都交给诸葛亮处理,自己只管一些礼仪而已。他说:"政由葛氏,祭则寡人。"诸葛亮觉得后主少不懂事,也就总揽朝政,无论大小诸事,都由自己决定。

后主刚刚即位,就不断传来南中地区(今云南一带)一些蛮夷豪帅起兵反叛的消息。对付这种困难局面的重担完全落在了诸葛亮的身上,他考虑到刘备伐吴大败,蜀汉元气大伤,后主又刚刚即位,不便立即用兵。因此,决定努力说服争取南中叛酋,同时,出兵驻守险要,遏止其向蜀中蔓延,待条件成熟后再加以解决。他把整顿内政、发展蜀中经济和与孙权修复联盟作为首先必须解决的几件大事。

蜀汉建兴元年(223年)十一月,诸葛亮派尚书郎邓芝出使东吴。邓芝不辱陛命,说服孙权和曹魏断绝关系,专与蜀汉联和。

在恢复吴蜀联盟的同时,诸葛亮又集中精力整顿内政,奖励生产,积聚粮草。过了两年,蜀汉的经济情况好转。诸葛亮见条件成熟,遂于建兴三年(225年)亲率大军平定南中叛乱。蜀军经过长期休整,兵精粮足、士气高涨,大军所到之处,节节胜利。不久,就扫清外围地区,深入南中腹地,控制了南中。

诸葛亮从南中回师的时候,把一部分威望较高的少数民族豪帅带回成都,委任他们以适当官职。又把南中地区重新划分,派了可靠的官吏担任地方长官。平定南中之后,蜀汉政府还从迁往蜀中的少数民族中间选拔精壮,编为五部,经过严格训练,组成一支精锐部队,号为"飞军"。

经过长期准备,诸葛亮准备北伐曹魏,进军中原。蜀汉建兴五年(227年)三月,诸葛亮以张裔为留府长史,与参军蒋琬处置丞相府政事,以侍郎董允管理宫中。把宫中和府内大事安排就绪后,诸葛亮便向后主刘禅上了一道表章。在这篇奏表中,诸葛亮苦口婆心地劝告后主要亲近贤臣、疏远小人,励精图治。这就是千古流传的《出师表》。这时,后主已二十多岁。

接到诸葛亮的《出师表》后,后主下了一道讨伐曹魏的诏书,以激励士气,

国学经典文库

中国古代野史

· 三国两晋南北朝野史 ·

图文珍藏版

诸葛亮遂率领大军出屯汉中。蜀军经过两年多的训练,纪律严明、士气振作、行动迅速。主力很快到达祁山,继续向西北进攻。自从刘备死后,蜀军多年没有动静,魏国毫无防备。这次蜀军突然在祁山出现,魏国大为震动,原属魏国控制的天水、南安、安室三郡,都望风叛魏归蜀,天水将领姜维向诸葛亮投降。

诸葛亮攻占祁山的消息传到魏都洛阳,朝野一片恐惧。朝廷大臣都不知怎样对待。魏明帝曹丕还算镇静,他连调大将张郃率军五万西上,抵御蜀军主力。为了安定人心,明帝也亲自坐镇长安。

就在蜀军节节胜利的时候,蜀将马谡没有执行诸葛亮的部署,导致战略要地街亭失守,使蜀军失去了进攻的据点。诸葛亮见取胜无望,便带兵撤回汉中。

诸葛亮对街亭失守十分痛心,追查责任,首先是马谡违背部署,于是挥泪斩马谡。接着,诸葛亮又上书刘禅,自请处分。

后主刘禅接到奏章后,把诸葛亮降职为右将军,代理丞相职务。这种处分当然只是做做样子给人看的,并不影响诸葛亮的实际权力。以后诸葛亮又曾两次率军伐魏,蜀军都取得了局部胜利。于是,后主刘禅下诏恢复诸葛亮丞相职务,诏书说:"街亭之失,错在马谡,况且近来你又立新功,功勋卓著。现在天下并未安宁,应该以国家大业为重,今天恢复你的丞相职务,请不要推辞。"

229年,吴王孙权正式称帝,派使臣到成都,建议和蜀汉互尊为皇帝。后主把这件事交给臣下讨论,蜀汉大臣多数认为只有蜀国才能继承汉朝正统,孙权称帝和曹丕一样,都算是谬误,主张与东吴断绝盟好关系。不过,大家最终还是同意了诸葛亮以联盟大局为重的主张。于是,后主便派使臣到东吴,向吴帝孙权祝贺,并订立了新的盟约,约定互不侵犯,在灭魏之后平分曹魏之地。

建兴十二年(234年)春二月,诸葛亮亲率1万大军由斜谷而西出,发动了第五次北伐。这次出兵还派了使者去东吴约孙权东西配合,同时大举进攻。四月,诸葛亮据武功五丈原(今陕西岐山县境内),与司马懿在渭水之南相持。

魏军主帅司马懿久经征战,老谋深算。他深知蜀军远来,利在速战,便坚守不出。这时,配合蜀军进攻的东吴十万大军出师不利,久攻魏军重镇合肥不下,战将孙泰被射杀,吴军便撤退回国了。

吴军这次出兵虎头蛇尾，使诸葛亮的蜀军又成孤军。加上司马懿坚守不战，诸葛亮见难以取胜，心中更加焦急。他平时身体就很虚弱，又事必躬亲，大小事都要亲自处理，因此十分劳累。现在司马懿深沟高垒不出战，诸葛亮进不能战、退不甘心，英雄无用武之地，不禁郁闷致病，积劳成疾。病倒之后，诸葛亮知道自己这场病来得凶险，就给后主上了奏章，报告病情，还附上一份密奏，说"我如有不幸，后来可托付给蒋琬"。诸葛亮又把杨仪和费祎等人叫到身边，把他死后如何退兵的安排细细叮嘱一番。

几天后诸葛亮病情恶化便撒手人寰了。诸葛亮去世之后，丞相长史杨仪总统军事，指挥蜀军撤退。司马懿得知消息，忙率军追赶，被杨仪用诸葛亮留下的计谋杀退。

北伐大军回到成都后，后主为了表彰和纪念诸葛亮生前的品德和功绩，封赐他谥号为忠武侯，又依照诸葛亮的遗愿，将他葬在定军山。

2.无为之君亡国之囚

据说后主刘禅处理完诸葛亮的丧事之后，便按诸葛亮的生前建议，任命丞相府长史蒋琬为尚书令兼益州刺史，后来又拜大将军，接替了诸葛亮的职位。蒋琬才干出众、老成持重，在诸葛亮去世、群情惶然之际，抑制自己的悲痛，镇静自若地处理政事，有条不紊。于是在朝廷中逐渐树立了威信，形势也逐渐安定下来。

蜀汉建兴十五年（237年）正月，后主立张氏为皇后，大赦天下，改元为延熙，尔后，又立儿子刘睿为太子，刘瑶为安定王。这时他已不再有诸葛亮的严格管教，而蒋琬实际上根本约束不了他。因此，其贪图享乐的劣根性日益严重。他经常带领宫人外出游玩，又令人在内宫广置声乐供自己赏玩娱乐。

蜀汉延熙九年（246年）冬十一月，蒋琬病卒，后主自己处理政事，而以费祎继任大将军辅政。

由于蒋琬、费祎执行稳健政策，加上魏明帝死后曹魏内部政局动荡，司马懿和他的儿子司马师、司马昭杀死曹髦，夺取了魏国实权，他们忙于镇压异己势力,顾不上伐蜀,因此,在十多年间,蜀魏间基本上没有战争的摩擦。

蜀汉延熙十六年(253年)春天,蜀汉又发生了一件大事。魏国降将郭修被姜维俘虏带回成都,后主没有弄清此人是否真心归降,便任命他当了左将军。郭修表面感恩戴德,内心却思谋报仇。他几次想刺杀后主,都被后主的卫士阻拦而没有成功。最后,郭修只得退而求其次,在宴会上将大将军费祎刺杀,费祎一死,姜维继任大将军。姜维掌握军权之后,几乎每年举行北伐,但又都劳民伤财、无功而返。姜维出兵不利,在朝廷中没有威望。后主信任的宦官黄皓趁机掌握了内政大权。黄皓还想撤掉姜维大将军职务,让他的同党来操纵军权。姜维厌恶黄皓专权,便向后主密奏,要求杀掉黄皓。后主却回答说:"黄皓不过是供我奔走的小臣,你又何必介意!"言下之意,嫌姜维多管闲事。姜维见黄皓党羽众多,又得到后主的信任,怕黄皓再来陷害自己,便称说自己虑事不周,辞别后主而出。不久,姜维便要求去沓中(今甘肃临潭西南)屯兵种麦,再也不敢回到成都。从此,在后主的纵容下,黄皓等人为所欲为,蜀国内政越发不可收拾了。

蜀汉景耀五年(262年),姜维发现魏在关中练兵,有伐蜀的迹象,立即上表报告后主,建议派重兵防守阳平关(今陕西勉县西)和阴平(今甘肃文县)。后主问黄皓,黄皓假托巫鬼的意旨,说魏军不会进攻,后主便对姜维的建议置之不理。朝中大臣对边境的危急情况,竟然毫无所知。

不久,魏军果然三路进兵攻蜀。由于蜀军防守松懈,等后主得知消息,派兵抵御时,钟会大军早已攻下汉中。姜维在沓中得知汉中失守,大为吃惊,急忙集中力量,坚守剑阁。钟会大军到了剑阁,被姜维军挡住。不料,邓艾突出奇兵,从阳平出发,经过七百里荒无人烟的崎岖山地,逢山开路、遇谷搭桥,终于越过剑阁天险,直达江油(今四川江油北)。蜀江油太守不战而降。

这时,诸葛亮之子诸葛瞻率军驻守涪城,邓艾派使者送信给诸葛瞻劝降。说:"只要您投降,我一定保举您为王。"诸葛瞻不愧是诸葛亮的后代,他愤怒地撕毁来信,斩杀魏使,决心与邓艾死战。在邓艾优势兵力的猛烈进攻下,诸葛瞻经过奋勇搏斗,终于兵败被杀。

涪城失守,诸葛瞻战死,成都已无险可守,无将可战。邓艾长驱直入,兵临成都城下。后主急忙召集臣下商议。有人主张投奔东吴,有人主张退往阆中。刘禅左思右想,实在没有两全之策,只得准备投降邓艾。

后主的儿子、北地王刘谌,听说父亲准备投降邓艾,勃然大怒,对刘禅说道:"如果真的没有办法。应当父子君臣背水一战,同社稷国家一起灭亡,一同去见先帝。为什么要投降?!"后主贪生怕死,拒不采纳刘谌的建议,率领太子、百官缚住双手,抬着棺材,到邓艾军营中投降。司马昭从实现统一的大局出发,对他十分优待,以魏帝名义,封后主为安乐县公,食邑万户,又赐绢万匹、奴婢百人和许多其他财物。

后主作为亡国之君,受辱敌国,却怡然自得,乐不思归。有一次,司马昭与后主宴会,故意命人弹奏蜀国伎乐,想看看刘禅到底有何感受。从蜀国来的人听到蜀国音乐,想起家园故国,无不感伤,而后主却嬉笑自若。司马昭对贾充说:"人没有感情,竟能到这种地步!即使诸葛亮在世,也不能辅佐他长治久安,何况姜维呢!"贾充说:"若不是这样,主公如何能吞并蜀国?"又一天,司马昭又问刘禅:"你想念蜀国吗?"后主回答:"这里很快乐,我不思念蜀国。"

后主在魏国过了将近十年寄人篱下、形同囚徒的屈辱生活之后,死于洛阳。终年六十六岁。

吴大帝孙权

孙权(182~252),三国时期吴国的开国皇帝。字仲谋,吴郡富春(今浙江富阳)人。父亲孙坚,汉末被封为乌程侯、破虏将军;兄孙策,曹操表为讨逆将军、吴侯。孙权公元229~252年在位,谥号"大皇帝",孙权礼贤下士,从善如流,最终称帝,成为三国时期能与曹操、刘备相抗衡的势力,并最终形成中国历史上三国鼎立的局面。

1.少年承志有智有谋

传说孙权出生之时,方面大口,双目炯炯有神,孙坚十分惊奇,认为他有贵相，对他特别钟爱。孙权少年时期就随父兄转战南北，见多识广。并且喜欢读书，刻苦非常。十岁那年，孙坚因帮助袁术争夺荆州而中箭身亡。从此之后，孙权就随长兄孙策寄寓军旅，开始了他的军营生活。丰富的生活经验和系统的文化修养，使孙权很快地成长起来。

孙权虽然年轻，却性格开朗、胸怀宽广、度量恢宏、好侠养士，仁义而又果断，因此名声很快就赶上了他的父兄。孙策出兵江东时，孙权经常帮他出谋划策，孙策十分惊奇，

孙权

以为自己的智谋赶不上这位弟弟。因此，每次宴请宾客，孙策总是对孙权说："在座的各位谋臣猛将，将来都会成为你的部下臣僚。"

孙策见孙权确有才能，便委任他为阳羡（今江苏宜兴一带）县长。这时，孙权才十五岁。不久又担任了仅次于将军的军职。

东汉建安五年（200年），孙策遇害，临死之前，将重臣张昭等及孙权召到床前，先对张昭等人说："现在天下大乱，如果据有吴、越之众力，保有三江之坚固，便可以坐观成败，进而兼取天下。请诸君好生照顾吾弟！如果仲谋不长进，公等可自取权位。"孙策又将官印授予孙权，对他说："若论率江东之众冲锋陷阵，与天下英雄争高下，你不如我；若论举贤任能，使众人齐心协力保有江东，我不如你，你当善自为之！"当夜，孙策去世，年仅二十六岁。

孙权继承其父兄的事业之时，虽已拥有会稽、丹阳、吴郡、豫章、庐陵和庐江六郡，但这些地方新占不久，人心并未归服，统治并不巩固。将士新丧主帅，见继位者年轻，放心不下。许多江东英豪和北方侨寓之士，也多徘徊观望，有人甚至想改换门庭，另投新主。在此关键时刻，江东名士周瑜从驻地巴丘率军前来，稳住了军心，与张昭等说服众人齐心辅佐幼主。他们到处宣传孙权有帝王之相，可以共成大业。于是，江东人心渐安。

已经占据北方大部地区的曹操早有统一天下之志，见江东孙策刚刚去世，

人心不稳,便欲乘机伐吴。侍御史孙策旧臣张纮劝阻道:"乘人之丧进兵,不合古义,有不仁不义之嫌。如果征伐不利,会将好友变成仇敌。不如利用这个机会厚意待之,孙氏必然感恩戴德。"曹操听从其言,上表请封孙权为讨虏将军,领会稽太守。

于是,孙权便名正言顺地开始行使职权。

他待老臣张昭以师傅之礼,以周瑜、程普、吕范等统率军士。同时,招纳名士、聘请俊杰。于是,一批从北方流寓江南的人士如鲁肃、诸葛瑾等人都成为孙权的座上客,逐渐得到重用。之后,孙权分兵遣将,开始征伐不服从自己的人,巩固在江东的统治。

这时,孙策生前委任的庐江太守李术不肯接受孙权的统领和指挥,还经常将其他一些背叛孙权的将士纳于旗下。孙权写信给李术,要他交出叛将。李术回答说:"有德之人,人们自然归顺他;无德之人,人们肯定背叛他。我不能再把这些人交还与你。"孙权大怒,决定出兵征伐李术。

孙权估计李术受攻,必然要向曹操求救,就先以李术曾杀掉曹操委派的扬州刺史严象一事作为出兵理由,写信给曹操,说:"严刺史从前为您所用,又是州中的长官。但李术为人凶恶,藐视朝廷之法,残害州官、惨无人道,应该速速将其诛灭,以惩罚丑恶之人。现在我要讨伐他,上为朝廷扫除不法之徒,下为州郡报仇雪恨。这是天下通义,更是我夙夜所思之事。只恐怕李术受攻,害怕诛杀,必然捏造情况,向您求救。希望您命令下面执事官员,不要听信李术的一面之词。"这一来,孙权既为自己造了出兵的舆论,又堵住了李术的求救之路。

谋划已毕,孙权便出兵把李术包围在皖城。不出孙权所料,李术果然向曹操求救,曹操便不肯出兵救援。由此顺利地除掉了这一心腹之患。

在孙氏家族内部,也有人企图作乱。孙权的叔伯哥哥孙辅担心孙权不能保住江东,便借孙权出行之机,派人拿着书信去邀曹操前来,不想所派之人将书信径直交给了孙权。

孙权得知此事,火速返回,回来后假装不知此事,招呼张昭一同去见孙辅。见到孙辅,孙权半开玩笑地说:"兄长快乐够了,不想活了,为什么呼唤他人来江东?"孙辅心中大惊,可嘴里却矢口否认。孙权便把孙辅写给曹操的信拿给张昭看。张昭看后十分愤怒,随即扔给孙辅。孙辅满面羞愧,一言不发,于是孙权将孙辅的左右心腹杀了个一干二净,将他的部下分编到其他军中,将孙辅迁徙东部,看管起来。

由此消除了隐患,孙权在江东的统治便逐渐安定下来。

2.有胆有识抗曹军

传说赤壁之战后,周瑜等率军经过一年多的战斗,夺取了江陵,控制了江陵以南大片土地。建安十五年(公元210年),又任命步骘为交州刺史。步骘率一千军卒南下,杀了不肯归顺的苍梧太守,东吴的势力便一直扩展到了交州(今广州)一带。

孙权把都城从京口(今江苏镇江市)西迁至秣陵,筑石头城,改名建业(今南京市)。同时,在通往巢湖的濡须口设立夹水坞,控制通往长江的水道,以防曹操南下。

东汉建安十八年(公元213年)春,曹操率大军进攻濡须口。曹军号称40万,声势浩大,攻破了孙权在长江西南的大营,俘虏东吴都督公孙阳。孙权带领七万军队前去迎战。曹军制造了一种油船。用牛皮制成,外涂油漆,轻便异常。夜晚,曹操派部分军士乘坐油船,渡到一个沙洲上,准备偷袭。孙权发现,立即派水军将曹军包围,俘虏了三千人,淹死者还有数千人。曹操吃了亏,便坚守营垒,拒不出战,孙权几次派人挑战,曹军均不应。

孙权决定亲自前去观察。他带领军队,乘快船,行至曹军营寨附近。曹军将领以为是挑战者前来,准备出击。曹操说:"这一定是孙权前来观察动静。"他下令军中严加戒备,弓箭不得乱发。孙权行了五六里路,便调转船头返回,还奏起了鼓乐。曹操见孙权胆略过人,所率战船队伍旗幡鲜明、兵械严整,不觉叹道:"生儿子就应该像孙仲谋。若像那刘表的儿子,简直跟猪狗一样。"

过了几天,孙权又到曹军水营乘船观察。曹军弓箭齐发,孙权所乘大船的一边被射满了箭,失去平稳,船身渐渐倾斜,差点儿翻船。孙权急忙命令将船转过身来,让另一面受箭。等两边都射满了箭,船身渐渐平稳,孙权方才下令退兵。

双方相持月余,曹军未占优势,曹操虽想退兵,又有些犹豫。这时春雨连绵,不便征战,孙权便写信给曹操说:"春水方生,公宜速去。"又另外写道:"你一日不死,我一日不安。"曹操对诸将说:"孙权没欺骗我,他说的是真心话。"便趁机退兵北返。

3.联蜀称帝

传说孙权与曹操数有征战,双方各有胜负。后来,因孙权和刘备争夺荆州发生尖锐矛盾,孙权为避免两面受敌,便于东汉建安二十二年(217年)春,向曹操请降讲和。

曹操也知难以战胜孙权,便同意双方修好。此后,孙权便把精力转向了荆州。

就在孙权夺回荆州的第二年,曹操病死,其子曹丕代汉称帝,建立魏国。孙权知道自己夺回荆州,刘备必然出兵再争。为避免两面受敌,必须与魏国暂时搞好关系。因此,他派使节向曹丕祝贺称臣。曹丕封孙权为吴王。

消息传到东吴,孙权召集臣僚商议对策。有人以为孙权不应接受曹魏的封号。孙权考虑再三,对群臣说:"从前汉高祖刘邦也接受项羽的汉王封号,这不过是权宜之计,有何不好?"于是,孙权便接受了吴王封号,并遣使至魏称谢。曹丕乘机索求象牙、夜明珠、犀牛角、玳瑁、孔雀、翡翠等珍宝异物。东吴群臣又反对。孙权说:"我所钟爱的,是土地、人民。曹丕所求的东西,对我来说不过是瓦石之物,有什么可惜的呢?况且,以这些东西换取荆州以至东吴的平安,是以轻代重。我何乐而不为呢?"于是,孙权便不断地遣使纳贡,奉献方物,恭行臣子之礼。曹丕受到迷惑,不再考虑出兵攻吴,孙权避免了魏的攻击,得以全力对付刘备,以后取得了打败蜀国倾国来攻的夷陵之战的全胜。

荆州之争和夷陵之战后,吴蜀联盟彻底破裂。孙权因夺荆州、防刘备的需要,表面上向魏国称臣,但并非出于真心。曹丕为加强对东吴的控制,再三要求孙权把儿子孙登送到魏国做人质。孙权当然不肯，推说孙登年幼，不宜入朝，拒绝送入魏国。

东吴黄武元年（222 年）秋，曹丕以孙权不送子为人质，首尾两端、心怀二意为由，派三路大军直攻洞口（在今安徽和县东南）、濡须（在今安徽巢县）和南郡，孙权连忙调兵遣将，抵挡曹军。

这时，孙权意识到如果继续与刘备为敌。将有两面受击的危险，便主动派太中大夫郑泉前往白帝城，向刘备求和。刘备大败之后，也知道荆州已难夺回，如吴军继续进攻，自己也会有危险。同时，刘备又担心魏国灭掉东吴之后，可以全力以赴地对付自己，于蜀汉不利。所以，同意了求和的建议，吴蜀联盟重新建立。

孙权与魏国绝交之后，曹丕十分恼火，他亲自带领大军，到达广陵（今江苏扬州一带），准备进攻东吴。孙权见曹丕来势凶猛，遂召集谋臣武将商议对策。徐盛向孙权建议，在长江南岸多树木桩，围上芦苇，涂上泥灰，建造假楼疑城，迷惑魏军，使之不敢轻易渡江进攻。孙权认为此计大善，便加以采纳，命令东吴军民准备材料，连夜动工。一夜之间，长江南岸出现了无数城楼关隘，连绵不断、首尾相接，足有数百里，远远望去，真假难辨。同时，吴军又在江边停泊了大量舰船，多树旗幡，制造声势。

曹丕在长江北岸隔江望去，只见江边战船密布、旗帜招展，岸上城楼连绵，固若金汤，不觉大吃一惊。他叹口气说："江东人才济济，不可轻易夺取。"便无可奈何地撤军北还。

这时，诸葛亮也带领蜀军，对魏国不断发动进攻。曹魏被迫处于守势，已不可能集中兵力对付东吴。这样，孙权建国称帝的时机终于成熟了。

当初，曹丕、刘备相继称帝后，孙权也有称帝之意。但他进一步审时度势，考虑到力量尚微，难以威命众人，感到时机不成熟，所以没有急于称帝。东吴黄武二年（223 年），群臣又上孙权尊号，劝其即皇帝之位。孙权再次辞让说："汉朝虽气数已尽，衰败灭亡已成定局，但我既然不能相救，也无心去相争。"说得冠冕堂皇。群臣又称符瑞多次出现，天命已显，反复请求孙权称帝。孙权无奈，只好对群臣说出心里话："我何尝不愿早日当皇帝？只是担心过早称帝,会招致魏国征讨。魏蜀如同时进兵,我们将腹背受敌,岂不危险？请诸君理解体谅我暂时低屈的本意。"

东吴黄龙元年(229 年),孙权见曹魏幼主临国,不会有大的作为。吴蜀联盟关系融洽,国内统治十分稳固,便正式建立吴国,登上皇帝宝座,改元黄龙。

4.由贤明转向糊涂

传说曹魏黄初二年(221 年),东吴使臣赵咨出使魏国。魏帝曹丕问他:"孙权是什么样的人主?"赵咨回答说:"是聪明、仁智、雄略之主。"曹丕追问道:"为什么这样说?"赵咨答道:"吾主孙权纳取鲁肃于凡人之间,是其聪;选拔吕蒙于征战之伍,是其逊;获于禁而不加害,是其仁;取荆州兵不血刃,是其智;据荆、扬、交三州,虎视于天下,是其雄;屈身事陛下,是其略。"曹丕又问:"孙权也知道学习吗?"赵咨又答道:"吴王带甲百万,战舰万艘,任贤使能,胸有大略,偶有余暇,博览众籍,浏览史书,探索奥秘,不像腐儒那样咬文嚼字,寻章摘句。"说得曹丕不住点头称是。

孙权早期与群臣推诚相处,君臣和睦,上下同心。有人曾告发诸葛瑾里通蜀汉,孙权说:"我与诸葛子瑜,可谓神交,外人流言不能间隔。"陆逊坐镇荆州,孙权复刻自己的一枚大印交给他,委他全权处理与蜀汉交往之事。孙权刚刚称帝时,蜀汉有人主张讨伐。丞相诸葛亮说:"东吴贤才良多,将相和睦,不可一朝而定。"

孙权不仅知人善任,而且善抚将士,能得臣下死力,将士都愿以身事主。孙权恩威并著,尤以恩信得众将心。凌统早死,其子尚幼,孙权将其幼子领入宫中抚养,爱如己子。吕蒙患病,孙权将其安置在内殿就近治疗,不惜重金悬赏以购求名医名药,悉心治疗。孙权常来探视,又恐吕蒙伤神劳累,乃在墙壁上穿一小洞,随时看望。看到病情偶有起色,小进饭食,孙权便喜形于色,与左右谈笑。否则就黯然神伤,夜不能寐。吕蒙病小愈,孙权特地下令群臣祝贺。后来吕蒙病情转重,孙权亲临榻前探视,又命道士祈祷祛灾。吕蒙终于不起,孙权哀痛已

国学经典文库

中国古代野史

·三国两晋南北朝野史·

图文珍藏版

甚，身心为之大伤。平虏将军周泰担负护卫孙权之职，不顾安危，冲锋陷阵、出生入死，曾于重围之中拼死抢救孙权，全身受伤十二处。后来，孙权以周泰统率朱然、徐盛等将，二人不服。孙权特意置酒席送到周泰军营之中，大会诸将，亲自为周泰行酒，命其解开衣服，亲手指点身上斑斑伤痕，询问其来由。周泰一一述说完毕，孙权扶着他的胳臂，流着眼泪说："周将军，你为我孙氏兄弟出征死战，勇如熊虎，不惜生命，受伤几十处。看您伤痕累累、肤如刻画，我于心何忍！我怎能不把您作为骨肉之亲，授您以兵马之权呢？将军乃东吴之功臣，我要与您休戚与共，同享富贵。"说毕，便将自己所用的御盖赐给周泰。周泰感恩戴德，诸将亦无不心悦诚服。正因为孙权能礼贤下士、爱才如命，天下之士才视孙权为圣君明主，望风而归。使东吴贤臣如林、猛将如云，故能保江东几十年基业。

孙权还虚怀若谷、从善如流，对臣下的正确进谏，勇于采纳。孙权对自己说过："天下没有纯白的狐狸，而有纯白的狐裘，是集众狐而成的。能用众人之力，则无敌于天下；能用众人之智，则无畏于圣人。"孙权曾在武昌临钓台饮酒，与群臣喝得酩酊大醉但还醉眼蒙眬地说："今日大家都要畅饮，一醉方休！只有醉倒台中，才能停下！"老臣张昭正色不语，径直走出台外，端坐车中，孙权派人将张昭唤回说："不过是一起作乐，你何必生气？"张昭答道："过去商纣王作酒池肉林，竟长夜之饮，当时也认为是作乐，而不觉得是作恶。"孙权听后，默然不语，思虑再三，深感惭愧，遂命罢酒。

但孙权到了晚年，刚愎自用、猜忌群臣、信用奸佞、排斥忠良，与前期英雄作为相比，简直判若两人。

东吴嘉禾二年（223年），割据辽东的公孙渊突然遣使向东吴上表称臣。孙权大喜过望，为之大赦天下，并欲派遣太常张弥、执金吾许晏、将军贺达等为使，将兵万人，携带金银珠宝，漂洋过海，授公孙渊为燕王，并赐九锡。满朝文武以张昭、顾雍为首，都痛切谏止，认为公孙渊乃反复小人，不必对他宠遇过厚，只需派兵吏护其使者归返即可。张昭说："公孙渊背叛曹魏，担心招致讨伐，故远来求援，归顺并非本意。如果他重又投靠曹魏，我国派出的使节不能返回，岂不取笑于天下？"孙权不听。张昭再三谏诤，孙权仍不接受，依然坚持己见，派张弥、许晏等前往辽东。张昭见此,十分气愤,遂称病不朝。孙权恨张昭不从己命,命人用土将张昭家门堵住。张昭一见,来了个针锋相对,又从门内用土封住,再也不出门。

后来,公孙渊果然斩杀吴国使臣,重新倒向曹魏。孙权听说后,勃然大怒,不仅不检讨自己处置不当,反而迁怒于公孙渊,说道:"我已年届六十,世界之事,无所不知。近来却为鼠辈所骗,真令人气愤! 若不斩截这鼠子之头掷于海,还有什么面目当皇帝! 就算长途跋涉,我也要亲征鼠辈,以雪心头之恨!"说着,就要带兵亲征,幸亏众臣谏止。

随着猜忌心的日益加重,孙权专门设置了校事、察战两职,用以监视文武百官。吕壹为中书校事,诋毁大臣、罗织罪名、构陷无辜,使无罪有功之臣,互相纠举,横受大刑,而孙权对他却十分宠信。丞相顾雍无故被诬陷,遭到软禁。江夏太守刁嘉被陷害,几乎受诛。太子孙和数次劝谏,孙权不听。大将军陆逊见吕壹窃柄弄权,擅作威福,而无人可禁,与太常等人同心忧思,以至流涕。骠骑将军步骘多次上书,揭露吕壹罪行,请求孙权改变虽有大臣而不能用的状况,重新任用顾雍、陆逊等忠贞股肱之臣,孙权却置若罔闻。

东吴太元元年(251 年)冬十一月,孙权出南郊祭天地,回宫之后,就中了风。十二月,孙权将大将军诸葛恪召回,拜为太子太傅,开始安排后事。东吴太元二年(252 年)夏四月,孙权病死,时年七十一岁。

晋惠帝司马衷和丑皇后

晋惠帝司马衷(公元 290~306 年在位),为历史上有名的傻皇帝。他即位后,贾后独断专权,导致"八王之乱"。惠帝在乱中被废除。

传说,惠帝在没即位的时候就是出了名的傻太子。

那傻太子究竟有多傻呢? 他除了吃喝一概不懂。他的傻气不仅在宫中,甚至在全国百姓中传为笑谈。有一天,司马衷在众人簇拥之下到皇家猎场打猎,听到鸟叫便道:"这是官鸟,还是私鸟?"众人一听,均偷偷暗笑,又不敢笑出声来。其中一个反映快的忙答："禀太子，这皇家猎场中的鸟是官鸟，那外面的鸟是私鸟。"傻太子一听，马上叮嘱一句："那官鸟多喂点猪肉。"众人一听都撑不住了，忙捂上嘴，躲到一边，笑完了再若无其事地转出来。一行人继续前行，傻太子喜欢热闹，一边走，一边命人讲故事。其中一个人就讲了某个人穿越沙漠、最终渴死的故事。故事刚一讲完，傻太子就跺脚道："这人怎么这么傻呀，喝点水他不就渴不死了吗?!"

晋惠帝即位以后，国家政事他一件也管不了，倒是经常闹出一些笑话来。

有一次，他带了一批太监，在御花园里玩。那是初夏季节，池塘边的草丛间，响起一片蛤蟆的叫声。

晋惠帝呆头呆脑地问身边的太监说："这些小东西叫，是为官家，还是为私人呢?"

太监面面相觑，不知该怎样回答。有个比较机灵的太监一本正经地说："在官地里的为官家，在私地里的为私家。"

惠帝似懂非懂地点点头。

有一年，各地闹饥荒。地方的官员把灾情上报朝廷，说灾区的老百姓饿得很多。这件事给晋惠帝知道了，就问大臣说："好端端的人怎么会饿死?"

大臣回奏说："当地闹灾荒，没粮食吃。"

惠帝忽然灵机一动，说："没有粮食，为什么不叫他们多吃点肉粥呢?"

这样的傻皇帝，偏偏娶了个丑皇后，这皇后就是大臣贾充的女儿，名叫贾南风。贾南风则是历代帝王后妃中少见的丑女：又矮又黑，五官不端，凶神恶煞，为人妒忌而多权诈。还在武帝为儿子议婚时，司马炎就认为，娶贾女有"五不可"："贾家种妒而出少子，丑而短黑"(见《晋书·后妃传》)。贾女的母亲郭槐妒忌心极强，而且子息不蕃，有其母必有其女嘛。实际上郭槐也曾生过两个儿子，只是早夭了。贾女长相丑陋，身体矮小，皮肤太黑。怎奈贾南风的父亲贾充，是西晋开国功臣、当朝第一宰辅。当年他曾劝阻司马昭传位给司马攸(司马炎的同胞弟)，又手弑曹髦，为司马炎帝位的获取，立下汗马功劳。何况，为太子议婚之前，贾府已做了手脚。郭槐重贿后宫上下，皇后杨艳决意要娶贾女，又有赵夫人相帮。迎奉贾充的一些朝臣,也是武帝的近臣,竭力为贾家说好话,把一个丑女吹得天花乱坠,如何贤淑,有德有才,"女子以德不以色"等等。司马炎终于定下这门儿女亲事,贾南风得为太子妃。

当时,傻太子读书不进,成了晋武帝的一块心病,他也怀疑太子是否能承袭帝位,便想测试一下太子。一天,他把东宫大小官吏全都召进宫去,设宴招待。同时却派人持一密函给太子,里面封着几件疑难之事,让太子判决,而且要当即回复。司马衷心里慌张,召人讯问,一个人不见,只好去问贾妃。贾妃忙派侍婢到相府找了一位师爷做了回复。她还有点不放心,又把给事张泓叫来商议。张泓看完师爷代拟的回复,摇着头说:"不好。太子不读书,圣上心里很明白。这个答复中引了许多的经义典故,一看就知道是别人代拟的。一经查究,水落石出。不仅代拟者遭遣责,太子恐怕也难以安位。"贾妃道:"这却如何是好?"张泓答道:"不如直率陈词,纯用口语答复,以免圣上怀疑。"贾妃当即请张泓用太子的口气草拟了一个回答,然后要太子抄写一遍,交内使带进宫去了。晋武帝看了回答,虽然词句鄙俚,意思却是通顺的,不由释去了疑虑。

晋惠帝呆傻无能,大权自然落到皇后贾南风手里。丑陋却又凶恶狠刁的贾南风,勾结宗室,除掉辅政大臣杨骏,废杀皇太后,终于拉开了导致西晋灭亡的"八王之乱"的序幕。

她自己也在"八王之乱"中命赴黄泉。

梁武帝萧衍会晤菩提达摩

南朝梁武帝萧衍(464~549),字叔达,南兰陵中都里人(今江苏武进区),是中国历史上好佛的著名帝王,他定佛教为国教。为了便于祭拜佛祖,他下令于宫城附近修筑金碧辉煌的同泰寺,寺内供奉莲座,宝相巍中,殿宇弘敞。在位四十八年间,全国各地兴建寺院不计其数,佛教信徒遍布天下。

传说达摩于梁武帝普通元年由海路乘船来到广州,梁武帝听说有远方高僧到来,立即命令地方官吏将其护送到都城建康(今江苏南京),于内殿亲自召见,谈论佛理。

梁武帝问:"朕自从即位以来,造寺写经度僧不可计数,这能算得有功德吗?"

达摩直言相答:"并无功德。"

梁武帝又问:"为什么无功德呢?"

达摩解释道:"你这不过是人天小果,如影随形,虽有非实,不是真功德。"

达摩认为,佛家之旨在心不在口,再发经论,也称不上佛家上乘。只要人能明心见性,自然能够成佛,并不在明白经文多少。他认为,梁武帝的所作所为,不过是凡夫世俗之心,满脑子都是想立功德的欲望,就如同心中有了漏洞,本来有的功德也会失去。

但是,染武帝并不醒悟,又接着问"什么是真功德","什么是圣谛第一义","和我应对的是谁"等问题,达摩见话不投机,只说了三个字"不知道"即告辞出来,两人不欢而散。事后,梁武帝悔恨当初未悟达摩直示心印,在《菩提达摩大师碑》上,表露了这种因语不投机而失之交臂的怨悔心情。碑文中叹云:"嗟夫! 见之不见,逢之不逢,遇之不遇。今之古之,悔之恨之……"

据说后来,达摩辗转到了北魏,在嵩山少林寺长住下来,潜心攻研佛学,并面壁九年静修禅法。他的禅法经弟子们的承传,逐渐形成了东土禅宗的门派,达摩因而被尊奉为中国禅宗第一世祖。梁武帝后来闻其声名,从内心也对其深有崇拜。

北齐文宣帝高洋性格暴虐如疯子

高洋(529~559),历任东魏骠骑大将军,尚书令等职,后任丞相,掌军政大权。天保元年(550年),代魏建立北齐,在位十年,肆行暴虐、嗜杀无度,后病卒,庙号威宗,后改显祖。

北齐文宣帝高洋,在称帝前任东魏京畿大都督,掌管外朝大政,但却假装愚钝憨直,平时讷言少语,可是,当高澄因专横跋扈,粗暴野蛮被宫中膳奴兰京杀死后,他立即恢复了本来面目,谈起政事井井有条,有理有据;推行新法,革除弊政,颇有政绩,晋阳内外竟被他管理得井然有序,欣欣向荣。东魏帝元善见看他兢兢业业,认真办事,便封他为大丞相,都督中外诸军,袭封齐王。其实,人们哪里知道,高洋早有当皇帝的野心,经过密谋策划,终于逼元善见禅位,自立为帝,称天宝元年,国号齐,史称北齐。

当了皇帝的高洋,嗜酒成性,变得昏乱妄为,脾气暴躁,甚至泯灭人性,大发兽性。

有时喝酒到酣畅时,他自己就起身擂鼓,然后跳舞,直跳得筋疲力尽。有时他脱光了衣服,乱叫乱闹。有时他披头散发,穿上胡服,到街上去挥刀舞剑。有时又随意乱走,到大臣或外戚家乱闹一通。

有一次,他命人制作一些带刺的草马草驴,让都城中作风败坏的女人们光着身子骑上去,直弄得这些人身上鲜血淋漓、哭嚎不止,他才哈哈大笑,然后把这些浑身血迹的女人杀死肢解,用火烧掉,或扔到河里淹死。这样取乐他仍不过瘾,竟把自家女眷全聚到宫中,让部下当众侮辱她们。他自己则去奸淫自己的嫂子或庶母,庶母不从,被他当场杀死。

一次,高洋夜晚喝醉了酒四处游逛,来到了自己宠妃的姐姐家,与其胡混。这个女人以为高洋真的喜欢自己,在缠缠绵绵之时请求封其父为高官,高洋立即大怒,把她吊在房梁上乱抽一气,最后用锯锯死。

之后,高洋在三台摆酒设宴,宫中妃嫔全部去陪宴。正在喝得高兴之时,薛妃前来斟酒讨好,不料高洋猛然想起此妃入宫前曾被别人占有过,于是笑容变成怒容,一刀砍下薛妃的脑袋。第二天,高洋与群臣赴山东欢宴,酒至半酣,高洋突然从怀中掏出一颗人头扔在案上。一会儿,他又让人拖上一具无头女尸,下令肢解,用髀骨做琵琶,大家定睛一看,才知死者竟是薛妃。正在众人惊乱之时,高洋忽然把人头抱在怀里大哭道:"佳人难再得呀!"泣不成声,然后,披头散发,大哭着步行去送葬。

还有一次,高洋醉酒后闯进岳母家。看到岳母矮矮胖胖,像个靶子,竟从腰间摘下弓来,搭上一支鸣镝箭,一箭射中岳母面颊,他岳母痛得大叫,高洋却大骂道:"你算个什么东西,我喝醉了酒连老太后都不认得,别说你这个蠢老婆子了。"然后他用马鞭狠抽了岳母一顿,才算心满意足,扬长而去。

高洋称帝的第八年,永安简平王高浚见他如此暴虐,就上书劝谏,高洋不但不听,反而派人把高浚抓来,与上党王高涣一起装入笼子里,投进地牢。第二年,高洋带人到地牢口唱歌,并逼高涣和歌。唱毕,高洋和侍人往笼中乱刺,并投入薪柴将二人活活烧死。他还大肆诛杀元氏一族,前后被诛七百二十一人,把他们全部投入漳河之中。

到了三十岁,高洋已经不能吃饭,每天只靠几碗酒度日,最后终于死于昏醉之中。

后妃轶事

曹操夫人

曹操在中国历史上是个十分有名的人物。曹操在世时虽然没有即位称帝,但从权力、地位、声望各个方面看,曹操实际上就是一位有实无名的皇帝。曹操开创了曹魏江山的基业,到他的儿子曹丕时,水到渠成,享受曹操打下的江山,正式建魏称帝,史称魏文帝。文帝曹丕轻而易举地得了江山,自然不会忘了父亲曹操的恩德,便追封曹操为魏武帝。所以谈到三国魏的帝王,自然就要谈谈曹操。

曹操是历史大动荡时期的杰出人物,有豪雄的气魄,有奸雄的心计,更有一股扫荡天下的英雄气概。曹操字孟德,小字阿瞒,是沛国谯地人,就是今天的安徽亳县人氏。曹操是汉太尉曹嵩的儿子。曹操的出身不大清白,曾被对手嘲讽,曹操有一度对此十分苦恼。曹操既然出生于太尉这样的豪门大族,何以会身世不大清白? 被人嘲笑? 这是事出有因的。

国学经典文库

中国古代野史

·三国两晋南北朝野史·

图文珍藏版

　　曹操的祖先据说出自远古时代黄帝的一系，就是说是黄帝的后裔。到了高阳时，正式得了曹姓。发展到汉高祖刘邦统治时期，曹氏家庭的曹参成了一位有名的人物，以军功卓著，封为平阳侯，并且，世袭爵士。曹氏一脉传到曹节，仁爱宽厚、忠君报国的美名传遍天下。曹节生了个儿子名叫曹腾。曹腾长得好看，又极聪明，被皇室看中，便入侍宫中，陪皇太子读书。到汉顺帝刘保即皇帝位，陪侍的曹腾就由小黄门升迁中常侍，正式供职宫中，不久便迁为大长秋，进封费亭侯。

　　曹腾飞黄腾达，令朝野百官羡慕，使门庭光耀，曹氏家族自然欢欣鼓舞，然而，曹腾供职宫中是要付出代价的，皇家决不容许一个异性的健康男子出入深宫。曹腾没有儿子，便收养了一个儿子，取名曹嵩。曹嵩在殷富舒适的环境中长大，很得曹腾的爱重。曹腾去世以后，养子曹嵩承袭侯尉。太尉曹嵩生下了儿子，这便是曹操。

　　曹操是曹腾的养子生的，就是说不是曹氏血脉。曹操这段不清不白的家世自然不会被门望相尚的门阀所容，因而曹操常常遭到豪门巨族的冷漠和蔑视。曹操毕竟是一位争强好胜、时时想出人头地的了不起的人，他并不气馁，而是勇往直前，兢兢业业，终于，曹操剪灭群雄，独树旗帜，成就了霸业，以超乎寻常的胆略统一了北部中国。

　　曹操是在被人鄙视的困境中征服天下的。曹操作为乱世中的一代奸雄，征服天下有两种绝妙的手段，一是机关算尽，用武力夺取江山，令四海臣服；一是无所顾忌，将天下美人尽数据为己有，令天下男人自愧自惭，俯首心服。曹操有一颗征服天下的英雄心，这颗英雄心不仅坚如磐石，无坚不摧，唯我独尊地拥有天下；而且，这颗英雄心也儿女情长，柔情如水，能容纳得下天下万千美色。

　　曹操作为一代枭雄，对于美色是极其喜好的。自古英雄都爱美人，这确实不假，因为古往今来，哪一个争夺江山的英雄不爱美人？不享受美人？曹操和历史上几位既好色又打江山的皇帝一样，喜好美色，但不沉迷其中。当然，有的时候被美色所迷惑，忘乎所以，行事失于考虑，险些送了性命，这是有过几次的，这也是曹操好美色所付出的代价。

曹操和多少女人有过关系？这实在无由考证。但可以说，曹操一生中，占有了许许多多的女人。仅从可信的史书中可以知道，曹操占有的女人载诸史册的有丁夫人、卞夫人、尹夫人、刘夫人、杜夫人、秦夫人、王昭仪、李姬、孙姬、周姬、刘姬、赵姬。这还仅仅是有名号的夫人、姬妾，这些人就多达十余个。

记载魏晋人物事迹的著名书籍《世说新语》中讲了这样一件事，说有名的美男子何晏，曾经被曹操胁迫，曹操要他改姓，不姓何晏，而姓曹。何晏是汉代权臣何进的孙子。何进何以得势？是因为何氏出了一位皇后。事实上，何家最初不过是一个屠户，出了一位皇后，何家就飞黄腾达，不可一世。

但是，天有不测风云。何皇后被董卓杀死了，何进也被乱兵所杀。何晏的父亲很早就去世，何氏家族败落，何晏陷入困境。好在何晏的母亲很能干，能撑持家务，维持生存。何晏的母亲不仅能干，而且美貌动人。何晏母亲的美貌是远近闻名的。但何晏的母亲毕竟生养过孩子，已是孩子的母亲，年纪也不轻了。就是这样，何晏的母亲尹氏也逃不过曹操这双色眯眯的眼睛。

曹操看上了何晏的母亲尹氏。曹操借着何家败落，趁火打劫，将尹氏占为己有。生活陷入困境的尹氏半推半就，自然应允了曹操，依附于他，终身有靠。这样，尹氏便成了曹操妾。曹操得到了尹氏，尹氏搬入曹府，尹氏的儿子何晏自然也进了曹府。踌躇满志的曹操见何晏聪明美貌，十分可爱，曹操便喜欢上了何晏，想让何晏改姓曹氏，正式收为自己的儿子。

可是，聪明过人的小神章何晏连连摇头，根本就不同意。何晏只是一个孩子，一个孩子如何拒绝刚愎自用的曹操？何晏划定地方，自己坐在划定的圈中。府里的人迷惑不解，问何晏：你这是干什么？何晏振振有词地说：这是何氏庐，谁也不许进。曹操得报以后，知道美人尹氏这个儿子人小鬼大，不会同意改姓，曹操便看在美人的份上，不再勉强何晏。后来，何晏长大了，曹操越发喜欢。何晏不仅聪明过人，而且十分英伟，相貌俏美，连何晏自己也被自己的美色打动，时常对镜欣赏，顾影自怜，人称敷粉何安慰，更是张济部众的女神。突然之间，女神被敌人曹操占有，族人张绣和众将能不痛恨曹操？于是，投降后本来就有些后悔的张绣便决计再反曹操。曹操的心腹发现了张绣的反叛之心，密奏曹操,曹操决计要除掉张绣。但奇怪的是,一直以果断著称的曹操并没有立即行动,而是还一味沉湎在张济夫人的美色欢情之中。灾难就这样降临了。

张绣在夜间突然领兵偷袭曹操。张绣兵来势凶猛,势如破竹。曹军没有防备,事出突然,措手不及,慌忙应战。曹军大败。一场血雨腥风的残酷战争中,曹操从温柔梦中惊醒,狼狈逃窜,在混乱中被流矢射中。曹操的长子曹昂、弟子安民被乱兵所杀。典军校尉典韦死守曹操营门,身上受伤数十处,血迹淋漓,奋战到最后一口气。曹操带着箭伤,领着残兵败将,退守舞阴,就是今天河南泌阳西北。曹军喘息初定,张绣追兵便赶到。老谋深算的曹操带伤遣将迎战,挫败了张绣,张绣领骑兵退去。

遭受大败的曹操带着箭伤和失去爱子、亲人、大量将士的哀痛回到许。南阳等县纷纷叛降张绣。休息了几个月,到这年冬天,伤口已愈的曹操便领重兵直赴南阳,收拾张绣。曹兵到达宛,攻拨几座城池,到第二年三月,便将张绣围困在穰,就是今河南邓州市。唇齿相依的刘表派兵救援张绣。长于战阵的曹操巧妙设计,大败刘表、张绣。但张绣并未被消灭,而是自树一帜,与曹操抗衡。到官渡之战前,袁绍派人说服张绣,约张绣出许攻许。张绣的谋士经过细致分析,谋士贾诩劝张绣降曹,曹操便封张绣为扬武将军。

由于曹操的好色导致这系列的变故,张绣和曹操终是有个了结,但长子曹昂的去世却没有完。曹昂并不是曹操夫人丁氏的儿子,丁夫人没有儿子。曹昂的生母是曹操的大妾刘夫人。刘夫人生曹昂、曹铄和清河公主,都是曹操的心肝宝贝。不幸的是,红颜薄命,刘夫人早早地便撒手而去。刘夫人临死前,将孩子托付给仁厚宽怀的丁夫人。丁夫人关怀着这三个孩子,尤其喜爱长子曹昂,一手抚养长大,视如亲生儿子,万般疼爱。

曹昂长得清秀,聪明可人,弱冠便举孝廉,随同曹操南征,成为享誉军中的一位青年将军。这样一位有为的青年在张绣的叛乱中死于非命。丁夫人初闻噩耗,痛不欲生。哀痛的丁夫人无法去恨张绣,便将一腔怨恨转向曹操:是你曹操贪欢好色,逼反了张绣,杀死了曹昂!丁夫人就恨上了曹操,从此以后,便冷待曹操,让曹操一次次十分扫兴。曹操憋着一肚子火,终于按捺不住了,恼羞成怒之下，将丁夫人遣送回家。丁夫人出自贫寒人家，家境清贫。丁夫人泰然从容地回到家中，断了尘世的欲望，不思显达，不慕荣华，不恋富贵，终日纺纱织布，过着清淡贫寒的生活。

丁夫人如此淡漠人生，令曹操十分气愤。曹操原以为吓唬一下丁夫人，让丁夫人回心转意，流些眼泪认个错，两人和好如初，没想到丁夫人是如此倔强，根本没有和好的意思。丁夫人能原谅曹操好色，似乎好色是男人的天性，但是，丁夫人不能原谅曹操因过分贪欢好色而将曹昂的性命葬送，这是绝对不能原谅的。

丁夫人就这样离开了皇宫，走出了曹操的生活，远离令人烦恼的红尘世界。丁夫人离去以后，曹操新宠卞氏取代了丁夫人的位置，坐镇曹氏后宫。丁夫人是良家子女，有一颗善良纯正的心。卞氏出身娼门，生性浪漫多情，长于风月，极得曹操的钟爱。曹操将卞氏留在身边，侍寝欢娱，享不尽的雨露恩爱。卞氏秀雅丰满，美艳动人。曹操纵情求欢。卞氏陶醉其中，一次次怀孕。卞氏先后替曹操生下了四个子女：曹丕、曹彰、曹植、曹熊。

卞氏虽然出自娼门，相貌出众，风情动人，但卞氏在曹操面前表现得十分贤惠温柔，百依百顺。卞氏聪明出众，她在后宫中广结人缘，众美人宫女都很感恩。卞氏以其美色和贤惠赢得曹操的宠爱，又以接连生下的出众的儿子固宠。卞氏作为女人，成功又幸运。

卞氏被曹操宠爱得无以复加，但卞氏总是那么温柔平静，从不仗势欺人，恃宠而骄。丁夫人却不同，眼睛不能容下半粒沙子。只要是自认为是沙子，绝不能容忍。丁夫人倔强好强，自然令曹操恼火；丁夫人不讲情面，更使曹操火冒三丈。丁夫人被曹操驱逐冷落自是必然而然的。

但丁夫人回家过日子，平平静静，淡漠如旧。曹操十分奇怪，也十分难过。曹操毕竟是好色之人，丁夫人如此美貌，闲处家中，过了些日子曹操觉得如九兔挠心，难受得慌。曹操不能容忍由着性子漠视自己的丁夫人，但曹操又迷恋美貌倾城、性格独特的丁夫人，曹操在这复杂难耐的心境中备受煎熬，最后好色的情绪占了上风，曹操终于忍不住美色的诱惑，屈尊大驾，前往丁夫人娘家拜见丁

　　曹操是在征战的战争间隙,一次行军路过丁夫人娘家时,特地骑马前去看望丁夫人的。曹操一身戎装,十分英武,雄赳赳的侍人随侍左右。身穿铠甲的曹操推开柴门,抬头看见一身素装的丁夫人坐在织布机前,正聚精会神的织布。丁夫人虽然衣着朴素,可是越发有一种超凡脱俗的秀美,一张白皙瘦削的脸越发清秀,罩着一种缥缈的仙气,楚楚动人,惹人怜爱。

　　曹操出神地盯着久违了的夫人,怦然心动。侍从见丁夫人没有任何反应,怕统率千军万马的曹操下不了台,便轻声提醒丁夫人,说曹操来了,特来看望她。丁夫人依旧织布,像没有听见一样,根本不予理睬。曹操走到织布机旁边,多情地看着丁夫人,伸出手抚摸着丁夫人的后背,对丁夫人说:和我一起回宫好吗?丁夫人充耳不闻,头也不抬,照旧坐在那里,一丝不苟地织布。

　　愣了半天神,曹操不知该如何是好。面对发号施令的近侍,曹操觉得有些尴尬,好在都是心腹。曹操苦笑着,摇摇头,无奈地离开织机,走出柴门,准备上马离开这座茅屋。近侍们都捏了一把冷汗。生怕丁夫人这般的冷淡会惹怒曹操,从而激起不测。没想到,曹操这样平静,这样宽怀地准备离去。近侍们悬着的一颗心终于可以放下来。

　　但更为出人意料的事接踵而来。临要上马时,多情的曹操又朝茅屋看了一眼,恋恋不舍。最后,曹操抗不住好色的欲望,又一次走进柴门,来到丁夫人的身边。丁夫人冷漠依旧,织布依旧。曹操恳切地再问丁夫人:可以和我一块回去吗?曹操那恳求的神情、语调令近侍们目瞪口呆。曹操多情地看着丁夫人,等着丁夫人的回答,如同做了错事的孩子渴求大人的宽恕。

　　近侍们感到惊讶,但丁夫人却一点也不觉得意外。丁夫人了解曹操,知道曹操见美色就心动,求欢以后就不管不顾,忘得干干净净。别看曹操这会儿如此可怜巴巴,一旦答应了他,他再次得逞其欢,转身他便又寻别的美色。曹操就是这样,嗜色如命,见色动心,根本改不了。丁夫人对曹操已经死了心,不想再搭理曹操,平添烦恼。丁夫人像身边没有别人存在一样,小心的织着布,干自己的活计。

　　曹操对丁夫人如此淡漠，如此绝情，大失所望。曹操绝望地叹息了一声：唉，真是决绝啊！怏怏不快的曹操这才痛苦地离去。过不多久，曹操派特使传谕丁夫人，说如果她愿意，可以改嫁他人。丁夫人没有搭理，不置可否。但趋炎附势的丁夫人家人，怎么也不答应，说无论如何，丁夫人不会再嫁他人。言外之意，丁夫人会守着曹操，希望曹操能接走丁夫人。

　　后来，曹操果然腻了众美人，强烈地思念起了丁夫人。到了邺城后，曹操终于熬不住了，便派人强行将丁夫人接回宫中。丁夫人接到了后宫，曹操喜不自胜。曹操设宴郑重其事的款待丁夫人。丁夫人不说一句话。开宴时，曹操只请丁夫人。丁夫人静静地吃，不领曹操的多情。吃完以后，丁夫人让人依然把她送回娘家。曹操心急火燎，没有任何办法。温情不能感化美人那颗绝望的心，曹操没有良策，只好看着丁夫人离去。

　　曹操熬持不了几日，又有点思念丁夫人。曹操又派心腹到丁夫人家中，又强行接走丁夫人，送到后宫。丁夫人依旧不冷不热，不说一句话，吃了饭就走人。曹操迷惑不解，丁夫人何以如此铁石心肠？如此绝情？反复多次，丁夫人接到后宫，吃过饭后又送回娘家，始终不言不笑，平平静静。

　　反反复复，次数多了，厚道的丁夫人便有些气恼。被逼无奈的丁夫人就郑重地对曹操说：废放的人，哪能这样没完没了？从此之后，丁夫人拒绝跟任何人回到后宫，也拒绝见曹操的任何心腹和使臣。从那以后，丁夫人再也没有回到后宫，也就再也没有见到曹操。不久，郁闷苦难的丁夫人染病，平静地死在家里，一了百了。曹操听到丁夫人病故的消息，痛心疾首，既恋着她，又觉得愧对于她。曹操在临死的时候还恋顾着丁夫人。曹操临终前充满愧疚地说：我思前想后，心中想着丁夫人，也眷顾着她，不曾负心；可是，假如死后真的有灵，儿子曹昂如果问我，母亲在哪里？我将如何回答？

先主刘备夫人甘皇后

　　先主刘备的夫人甘皇后，身体洁白细润，神态娇媚，容貌美丽。先主刘备将她召入绡帐中,从门外看她,就如同月光下堆聚的一团雪一般。当时,河南有人献给了先主一个用玉雕刻成高三尺的美人,先主将它放在甘皇后的旁边。白天跟将领们商计军政大事,晚上则拥搂着皇后把玩玉人。甘皇后跟玉人一样洁白柔润,以至看到的人有时会把甘皇后和玉人搞混。那些希望得到先主宠幸的人不仅嫉妒甘皇后,而且连玉人也嫉妒。甘皇后为此便想把玉人毁掉,于是向先主劝谏道:"历史上子罕不把玉看作宝物,《春秋》一书对他大加赞美,现在吴、魏两国尚未消灭掉,您怎么能让这种玩器牵扯精力、心思呢?"先主觉得甘皇后说得很对,便撤掉了玉人。那些想邀宠的小人们也都不敢再嫉妒了。当时人们认为甘皇后真是一个聪明而又通达事理的人。

吴主孙权的夫人潘氏

吴主孙权的夫人潘氏,小时候因其父亲犯法受到牵连,被送进官府的织布作坊中干活。潘氏容貌、神态都很出众,是江东第一美女。跟潘氏一同幽禁的有一百多人,都认为她是神女,对她很敬重,不敢接近她。

有将士将此事告知了吴主孙权,孙权便派人去画潘氏的肖像。当时潘氏神情忧郁,饭吃得很少,身形也消瘦了许多。画家将她的真实情貌画了下来进奉给吴主孙权,孙权看了以后,非常喜欢,感慨道:"真是一位神女啊!她忧愁的样子尚且这么让人怜爱,更何况她快乐的样子呢!"于是便派雕轮马车前往织布作坊接潘氏,将潘氏纳入了后宫。

潘夫人性格阴险、嫉妒,曾谮害袁夫人等。孙权病重时,潘夫人想仿照吕后的样子干预朝政,结果被宫中之人绞杀了。

吴主孙权的夫人赵氏

吴主孙权的夫人赵氏,是丞相赵达的妹妹。能在手指间用五彩丝线织成云霞龙凤图案的锦缎,呔的有一尺,小的则不过一寸见方。

一次,孙权想得到一位善于绘图的人,给他画山川地势及排军布阵方面的地图。赵达便将自己的妹妹进献给了孙权。赵夫人将地图刺绣好后献给了孙权,孙权看后,非常高兴。

一年夏天,孙权住在昭阳宫中,这一天,天气闷热,他便将紫绡蚊帐拉开,放些凉风进来以解暑。赵夫人见后,对孙权说道:"我可以不用卷绡帐而让凉风进到账中,人在绡帐里面往外边看一点也不会妨碍视线,周围侍从之人也会感到飘然自得,清凉无比,就如同乘风而行一般。"于是赵夫人剪断头发,用一种神奇的胶将发丝粘在一起。这种胶产于郁夷国,如果用它粘接弓弩的断弦,百断百续。

赵夫人花了几个月的时间用发丝织成了一匹罗纱,裁成了一顶幔帐。不管从里面看,还是从外边看,幔帐飘飘如同烟气轻轻移动,房间内自然便凉风习习。孙权出征作战时,经常随身带着这顶幔帐,称它为"征幔"。

这顶幔帐,舒展开后长、宽达一丈;卷起来可以装在枕头中。当时人们称它有三绝,即:机绝、剪绝、丝绝。真可谓是天下无双。

曹丕妻甄氏

在中国文学史上,建安才子曹植有一篇传世佳作《洛神赋》,描写梦寐追求的一位美女。他在自序中说,有一次他在洛水旁休息时,恍惚中见一绝色丽人,停立岸边。他惊异美人之美无与伦比,便写出:

"其形也,翩若惊鸿,婉若游龙,荣曜秋菊,华茂春秋。仿佛兮若轻云之蔽月,飘飘兮若流风之回雪,……芳泽无加,铅华弗御。云髻峨峨,修眉联娟,丹唇外朗,皓齿内鲜……"

后世许多人以为他描写的美女,就是他嫂子、曹丕的妻子甄夫人,并且牵强附会出一段浪漫的恋爱故事,说他爱慕甄氏美色,求娶而不得,被哥哥曹丕抢去,十分不平。后甄氏被逼自杀,曹植入朝见曹丕,曹丕将甄氏所用的玉镂金带枕赏赐曹植,曹植一看,伤心下泪。在回封地的路上,他在洛水之畔休息,做了

国学经典文库

中国古代野史

·三国两晋南北朝野史·

图文珍藏版

一梦,梦见甄氏同他相会,说愿将此心托君,又献上明珠一颗以为信物。曹植又悲又喜,还赠以玉珮。醒来后,作《洛神赋》,以示纪念。

这般美丽的故事虽然没有史实根据,但是事出有因。曹植比甄氏小十岁,艳羡甄氏之美是有的,他在《洛神赋》中,写了一个类似甄氏而为自己所理想追慕的美女。

历史上的曹丕妻甄氏,是一个悲剧人物。她美而有德,却得不到曹丕的欢心。曹丕称帝后,她被害死,让一个曹操式的狡诈的女人郭女王当了皇后。在曹丕这样的丈夫面前,善与恶、是与非被完全颠倒了。

延康元年(公元220年),曹丕逼汉献帝让位,自己做了皇帝之后,没有马上册立皇后。按理,甄氏是原配正妻,又生长子曹叡,应是当然之皇后,但是,曹丕却迟疑不决,这一年曹丕三十三岁,甄氏已三十八岁。结婚十五年来,曹丕对甄氏的感情已大不如从前,其中原因除了甄氏渐渐色衰,曹丕另宠郭、李、阴等美人之外,最主要的原因是,在曹丕同弟弟曹植激烈的夺嗣斗争中,甄氏表现出来的软弱和谦让令曹丕大为不满。

曹丕取得曹操世子的地位是颇不容易的。曹操的四个嫡子中,曹丕虽能文能武,但不怎么出色;曹彰习武,常年跟从曹操征战。曹操最喜欢的是三子曹植。曹植文学才华横溢,落笔成章,且仪表俊伟,气度恢宏。建安十五年,曹操在邺城府第的后园筑铜雀台,左有芙蓉池,右有华明园,千门万户,金碧交辉。一天,曹操在这里大宴群僚,命自己儿子中的能文者曹丕、曹植、曹叡等作《铜雀台赋》,以志纪念。曹丕、曹辕很长时间未能完成,曹植却一挥而就。曹操把曹植的文章拿来一看,不禁大为叹赏。他的幕僚中,有陈琳、王粲等不少文章高手,他们读了曹植的文章后,也无不矢口叫好。这以后,曹丕就对曹植嫉恨在心。

甄氏对这位小叔却怀有很大的好感。她欣赏曹植秉性自然,为人不虚伪雕饰;也欣赏曹植天赋极高,诗词文章格调高雅,美不胜收,曹植则极其钦羡甄氏的美色和雅重的品性。曹植比甄氏小十岁,叔嫂间关系甚好,这些曹丕是清楚的。曹丕嫉恨曹植,每向甄氏说些曹植的坏话,甄氏总是为曹植辩护,使曹丕不快。后来，曹丕见父亲流露出想立曹植为嗣子的意思，非常惊慌，同甄氏商量对付的办法，甄氏不但没有出谋划策，反力劝他忍让，以谦怀下士、建立德望来巩固嗣子地位。这同曹丕的为人风格是格格不入的，曹丕对甄氏更反感，宠爱日见稀衰。

曹丕做了皇帝之后，本来按皇太后卞氏的意思，预定立甄氏为皇后，且曹丕的玺书也已颁下，但甄氏再三谦让不肯接受，曹丕也不再强求。但是，谁也没有想到，过了半年左右的时间，甄氏竟被曹丕逼令自杀，并死得很惨。

曹丕有个宠妃郭贵嫔，名郭女王，安平广宗（今河北威县东）人。父亲郭永，官至南郡太守，母亲董氏封堂阳君。郭氏出生时，显得与众不同，特别伶俐聪明，所以郭永替她取名为郭女王，意为女中佼佼者。北方战乱期间，郭女王家破人亡，没入铜鞮侯家为奴。有一次，曹丕偶然见到她，深爱其妖娆美貌，纳入府中为妾。当时，曹操为魏公，曹丕只是一个五官中郎将。

郭女王同甄氏全然不同，是个曹操式的美女，多智谋且工于心计。曹丕同曹植争夺嗣子地位时，郭女王投曹丕所好，帮他出了不少主意。于是，被曹丕引为心腹，多所倚重。

曹操晚年时，在立嗣问题上举棋不定。立嗣应以嫡长子为先，但曹操看出曹丕为人奸诈，毒辣，且妒贤嫉能，很想立曹植。丞相府内，曹操最信任的是主簿杨修，内外军国大事都让杨修参与办理。杨修亲附曹植；曹操还有一些亲信幕僚也同曹植交好，天天在曹操面前称赞曹植的才能。曹操每有询问，他们都先通消息，使曹植有所准备，能应对如流。所以曹操常常夸奖曹植能定大事。曹丕看在眼里，心忧如焚。郭女王就替他出主意，要他在内府方面下功夫，凡曹操的姬妾、侍从、婢仆等，都尽量拉拢、馈赠，要他们为曹丕通消息，以便筹划对策。曹丕照着做了。尤其是曹操最宠爱的王夫人，厚加馈赠，并着意亲近王夫人的儿子曹干，从曹干那里听到了不少内幕消息。

后来，郭女王以向曹丕献计，请朝歌（今河南淇县）令吴质进邺城，让足智多谋的吴质时时为他考虑夺嗣的对策，但怕被多疑的曹操知道，就把吴质藏在竹篓里，用大车运进邺城。吴质潜入曹丕府中后，献上两条计策：第一要设法揭穿杨修等人私通曹植的不法行为,使曹操不再信任杨修,继而怀疑曹植;第二,曹植任性嗜酒,设法促成他犯戒令,使曹操对他产生恶感。到时,曹植不击自败。

就在这时候,丞相府内有人密告曹丕,说杨修已将吴质潜入邺城到曹丕府中的消息告诉了曹操,要曹丕多加小心。吴质一听,对曹丕说,抓住机会,借刀杀人。第二天,他化装出城,要曹丕再隔几天同样用竹篓载在大车上运出城去。果然,在城门口,被曹操派来的人扣留住搜查,结果,是一车绢。这样,曹操就对杨修的话产生了怀疑。

以后,曹丕处处小心,处处尊礼守法,而曹植依然任性,有一次竟违背禁令,私开城门出城。曹操知道后大为震怒,曹丕乘机用巧妙的办法透露杨修私通曹植的情况,曹操半信半疑,想了一个办法作试探。他故意在杨修面前说,要令曹丕和曹植各出邺城一门,另外,又命城门令,没有他的手令,任何人都不准放出城,然后看兄弟俩到城门口各取什么态度,来考验他们各自的决断力。杨修连忙告知曹植,并教他,如果城门令不准你出城,你就杀掉他强行出去,因为你亲受王命,曹植便依照杨修所教去做;曹丕受阻后则转身返回。

曹操明白了杨修同曹植不寻常的关系,便不再信任杨修。过一时期,曹操赐一食盒给杨修,杨修打开一看,里面空空如也,知道死期已到,乃自杀身死。

在这场竞争中,曹丕采纳了郭女王的许多建议,处处运用心机和权术,渐渐受到曹操的信任;相反,曹植仍以自然、自由的天性处事待人,不免见嫌。曹丕终于在建安二十二年(公元217年),被曹操立为嗣子,官拜副丞相。不过,三年之后,曹操在洛阳病危时,已经深感曹丕的奸诈狠毒,有改立之意。他在临死前,派急使去长安召执掌兵权的次子曹彰速来洛阳,曹彰未及赶到,曹操已死,这样,曹丕安然入继为魏王。曹彰倒是看出了曹操的意图,到达洛阳后对曹植说:"父亲急召我来,是有意要改立你为嗣子,不幸晚了一步。"曹植颇能顾全大局,说:"你我兄弟不能像袁氏兄弟那样,为夺嗣位,自相残杀,那样,很可能同归于尽,于国于民都不利。"

鉴于郭女王在夺嗣斗争中的表现,曹丕做了皇帝后,很想立她做皇后,但许多大臣都反对，表示应立原配王妃甄氏为后。中郎栈潜上奏说："春秋之义，无以妾为妻，若因爱而登上皇后之位，使贱人暴贵，臣恐后世开张非度，乱自上起也……"言辞十分激动，把个郭女王气得半死。这个女人很不简单，不仅善媚，而且善谋，她要办到一件事，会不择手段。于是，她利用一切机会，在曹丕面前拼命攻击甄氏，非取而代之不可。

魏文帝黄初二年（公元221年）夏，曹丕率军南征孙权，把甄氏丢在邺城，让郭贵嫔随侍身边。郭氏乘机大进谗言，说甄氏因曹丕冷淡了她而心生不满，常有怨言。于是引起了曹丕的震怒。曹丕派人持诏书至邺城，逼令甄氏自裁。面对谗言，软弱无能的甄氏无力反抗，只得饮恨服毒，临死前将儿子曹叡托付给曹丕的另一姬妾李夫人。甄氏死后，曹丕还不解气，命令手下在装殓她的尸身时，以发覆面，以糠塞口，使她在阴曹地府也不能开口骂人。

第二年，郭女王终于登上了皇后之位。

甄氏生的儿子曹叡为曹丕的长子，但曹丕迟迟没有立皇太子。曹叡长大后，弓马娴熟，也颇明事理。有一天春天，曹丕带他去狩猎，远远望见子母二鹿并行。曹丕先发一箭，射倒母鹿，又命曹叡射子鹿。曹叡不忍，流着泪对曹丕说："陛下已杀其母，臣儿怎忍再杀其子？"一句话触动了曹丕的心事，又觉得曹叡仁孝有德，便于临死前立曹叡为皇太子，命曹真、曹休、司马懿三人辅政。

黄初七年（公元226年），曹叡即位，为魏明帝，尊母甄氏为文昭太后，郭女王为皇太后，曹丕在位时，曹叡因母亲被罪而死，自己又不得宠，怕生是非，所以处处小心，不问政事，不交朝臣，成日钻在书籍之中。他虽然不喜欢郭皇后，但郭后待他如同亲生，故在他即位之后，仍对郭氏以礼相待，再说，他对母亲甄氏的死因不太清楚。

在魏明帝即位的第九年，李夫人将甄氏的死因及装殓时的情形告诉了魏明帝。明帝听后悲不自抑，立即赶到郭太后的永安宫去质问。郭太后不肯承认，明帝发誓要为惨死的母亲报仇，这使郭太后十分恐惧。青龙三年（公元235年），魏明帝逼郭太后自杀。郭太后死后，明帝虽然给她正式下葬，但命令装殓时，也使她以发覆面，以糠塞口，明帝还追谥母亲甄氏为"文昭皇后"，别立寝

魏明帝立贱者为后

魏明帝太和元年（公元227年），皇宫内进行册后大典。使文武百官们出乎意外的是，曹叡不立原配王妃虞氏，却立了一个毛贵嫔为皇后。群臣反对无济于事，也许立庶不立嫡是曹家的传统。

其时，曹叡的祖母、太皇太后卞氏尚在世。她虽然喜欢贤惠的虞氏，但虞氏无宠，毛贵嫔一向深为明帝所宠爱，早在东宫时，便与明帝"出入同辇"。卞氏为人谦和、善良，不便干预明帝的选择，只能用好言好语安慰虞氏。虞氏气愤地说："曹氏一向好立贱者为后，未见升迁有德有义之女。然而，皇后执掌内廷，皇帝听政升朝，其道相通，如果不能择贤者而立必由此而亡国灭祀。"这话说得十分痛心，却颇有见地。虞氏被废黜后居于邺城，不准她再回洛阳皇宫。

毛皇后是河内（郡名，河南黄河以北）人，父亲毛嘉为典虞车工，是一种地位卑微的小官。黄初年间她选入掖庭时，曹叡为平原王，即得宠幸。明帝即位，她进位贵嫔，太和元年又立为皇后。毛氏家族也一下子荣贵起来，父亲毛嘉为奉车都尉，封博平乡侯，又升光禄大夫；弟弟毛曾为驸马都尉。明帝还特意诏令群臣去毛嘉家里宴饮贺喜，以示尊崇。毛嘉坐在上首，形容举止呆滞愚钝，言语中却自以为是个侯爷，矫揉造作，在座的人看了无不感到好笑。

明帝即位之初，有一宫人姓郭，生得美而敏慧。郭氏本出身河右（即河西，今甘肃、青海两省黄河以西地区）大族，为西平（今西宁市）人。黄初年间，其本郡反叛朝廷，她被没入掖庭为宫奴。一次偶然的机会，她被明帝发现，召幸于后宫，深得明帝欢心，日见宠爱，拜为夫人。她的家族也跟着复兴，叔父郭立封骑都尉、堂叔父郭芝为虎贲中郎将。郭氏的宠遇，越来越威胁着毛氏的皇后地位。景初二年（公元238年），终于发生了废后的变故。

明帝爱郭夫人，每日相狎取乐，月余不出寝宫。一天，他见北园内百花怒放，偕郭夫人同到园中饮酒赏花，召才人以上美女一起陪同，没有请毛皇后。郭夫人问："为何不请皇后同乐?"明帝说："她若在,我一滴酒也喝不下去。"又传令左右宫人,不准让皇后知道。第二天,毛皇后见了明帝,故意问起："陛下昨日游北园,其乐不浅也!"明帝大怒,将昨日侍奉左右的宫人杀掉十几人,以示淫威。

毛皇后惊恐地逃回中宫。不一会儿,就有诏书降至,明帝令毛皇后立即自杀。这一年的十二月,郭夫人被立为皇后,群臣无人敢反对。

一个月之后,曹叡生了重病,临死前立八岁的齐王曹芳为皇太子。曹叡没有儿子。当时宫中养育着齐王与秦王两个皇子,有人说曹芳是曹丕弟曹彰的孙子。

曹芳即位后,郭氏被尊为皇太后,一直深居内宫,不问朝事。原来,曹丕在位时,吸取汉代教训,规定太后不得干预朝政,太后或皇后的外家亲属不得辅政。

郭太后直到魏元帝景元四年(公元263年)才死,第二年葬于明帝高平陵。

孙权的七位夫人同时受宠

东吴的孙权称帝后,把许多江南美女纳入宫中,一时间,他的后宫美女如云,花枝招展,令人目不暇接。其时,七位夫人同时受宠,七人地位相当,选谁做皇后呢?把个孙仲谋弄得左右为难。

第一位谢夫人,会稽山阴人,出身书香门第。父亲为东汉尚书郎。谢夫人是孙权的母亲吴太夫人亲自做主为儿子聘娶的,是原配正妻。起初很受宠爱,后来孙权纳娶了徐夫人,想把谢夫人压到第二位,让徐夫人作正妃,谢夫人不答应。于是渐渐失宠,很早就死了。

第二位徐夫人,吴郡富春人。她祖父徐真与孙权的父亲孙坚相交甚厚,孙坚将妹妹嫁与徐真,生儿子徐琨,就是徐夫人的父亲。所以,徐夫人是孙权的表侄女。徐琨跟从孙坚、孙策戎马征战,封广德侯、平虏将军。徐夫人先嫁给予陆尚,陆尚死后,再嫁孙权,非常得宠。但孙权称帝后,群臣请立徐夫人为皇后,孙权不肯,碍于谢夫人有正妻的名分。徐夫人便同谢夫人争位。使吴宫失去了平衡。

第三位步夫人,临淮淮阴人。东汉末年,随母徙居庐江。庐江被孙策占领后。她们一家又来到江东,纳入孙权后宫。因为生得特别美丽、娇柔,最受孙权的宠爱。她有很高的德性修养,一点不嫉妒,处处照顾其他美人,所以后宫不论嫔妃还是宫女都很拥戴她,觉得唯有她才配领导六宫,背地里就称她为"皇后""中宫"。孙权称帝后,很想立她为皇后,但群臣多倾向立有深刻背景的徐夫人。孙权犹豫着,一拖就是十多年,步夫人没有儿子,生了两个女儿,长名鲁班,字大虎,先嫁周瑜的儿子周循,后改嫁与大司马、左军师全琮;二女儿名鲁育,字小虎,嫁给荡魏将军朱据。步夫人死后,大臣中有人讨好孙权,奏请追赠她皇后以名号。孙权依议,追谥号为"惟皇后",还授予皇后的印绶,葬蒋陵。

第四位王夫人,琅琊人。被选入宫后很快得宠,生子孙和、孙霸,孙和被立为皇太子。她的得宠程度当时仅次于步夫人。孙权曾想立她做皇后,但是,大虎公主一向同她不和,常在孙权跟前进谗。有一次,孙权生病卧床,大虎公主对孙权谎说王夫人面露喜色,盼着她生的儿子早登帝位,孙权大怒,将王夫人狠狠地训斥了一顿。不久,王夫人忧郁病死。

第五位王夫人,南阳人。入宫后于嘉东年间得宠,生子孙休。孙和立为皇太子后,孙权特别宠爱孙和的母亲王夫人,命令其余有宠的姬妾都搬出京都居住,孙休的母亲这位王夫人便出居公安,后死在那里。

第六位袁夫人,是袁术的女儿。她没有生子女,步夫人死后,孙权也曾想立她为皇后,因为她的家世显赫,在复杂的后宫嫡庶争斗中,又能保持中立,无派无系。但是,她不愿当皇后,以没有儿子为理由,坚决推辞掉。

第七位潘夫人,唯一登上皇后宝座的人。她是会稽人,父亲为官贪污被处死,她和姐姐被没入宫皇为奴,在织房内做苦工。后来,她被孙权撞见,召幸而生子孙亮。这个宫娥出身的美女生得娇媚迷人,比其他几位夫人都有心机,为了争夺皇后的宝座,她先为儿子孙亮聘纳大虎公主的侄孙女儿全氏为妻,以此联络公主派,又设法谗害了王夫人、袁夫人等其他几个对手。赤乌十三年(公元

250年），孙权终于改立孙亮为皇太子，潘夫人也于第二年被册立为皇后。但是，她以皇后的地位恃尊而骄，得罪了后宫的许多人，连孙权也渐渐对她产生了不满。太元二年（公元252年）二月，孙权病危，潘皇后见孙权将死，向中书令孙弘问起吕后专制的故事，目的是想仿效吕后。诸宫人害怕她日后临朝，会变本加厉地压迫大家，便密谋联合起来算计她。一天，宫人们见潘皇后侍候孙权累得病倒在床，便一拥而上，用白练将她活活缢杀了。孙权在病重之中得知这个消息，又惊又怒，病势更为沉重，拖到这一年的四月，也死了，享年七十一岁。潘皇后同他合葬蒋陵。

酒鬼夫妻终误国

简文帝的儿子孝武帝在开始亲政的几年里，对国事相当尽心尽力。淝水一战击退前秦强敌，东晋王朝收复了兖州、青州、河南等地，声威大振，使这位少年皇帝得意非凡。

孝武帝司马曜的母亲是会稽王府内一名织机婢女。他父亲司马昱的世子道生早年忧死，另外三个姬妾所生的儿子也相继夭折。司马昱年近四十，膝下没有一个儿子，非常焦灼。据说，后来他找了一个相士，让他替自己府内的姬婢们一一看相，但是没有一个像是会生儿子的。最后看到一个织婢，长身黑皮，面貌猥琐，而这相士却连连称奇，说此女贵相，定生贵子。众姬婢一听，都鼓掌大笑说："昆仑婢要发迹了！"原来，这婢女姓李，名陵容，家世寒微，因形体壮硕，人称"昆仑婢"。为了生儿子，司马昱也不管李婢低微粗俗，便令她侍寝。几年后，果然产下二子一女，长子司马曜，次子司马道子，女为鄱阳长公主。

太元元年（公元376年），年将弱冠的孝武帝司马曜下诏选聘门第高贵、德色俱佳的淑女为皇后，并让公卿大臣们推荐。尚书仆射谢安奏道："从前选择皇后的外家不够慎重，如毛嘉微贱，而使曹魏蒙羞，杨骏擅权，而使晋室遭乱。今皇上聘娶皇后，应选其父品德高尚、卓有声望者，如王蕴即可。"孝武帝问："王蕴为何人？"谢安介绍说，王蕴是晋哀帝皇后王穆之的哥哥，司徒左长史王濛的儿子。他的品行为人在家乡素有贤名。原来就在几天前，王蕴的儿子王恭曾拜见过谢安，王恭的仪表举止、谈吐学问深得谢安赏识，由于推及其父，谢安便向皇帝作了推荐。孝武帝点头采纳了谢安的意见。

过几天，宫中派人去考察王蕴的女儿，果然是位容貌端淑的有德之女，回来后向孝武帝作了推举。中军将军桓冲等也上奏道："臣以为天地之道如化为帝后之德，必能振兴社稷。闻晋陵太守王蕴之女天性柔顺，四德皆备，臣等以为可同陛下相配，母仪天下。"于是，孝武帝正式决定册立王蕴之女王法慧为皇后。

王皇后初进宫时表现尚可，还能使孝武帝满意，可是不知怎么的，后来竟染上了嗜酒的坏习惯，嗜酒如命，连孝武帝也阻止不了。酒喝多了，便装疯卖傻，骄妒蛮横，原先的美女之美不知到哪里去了。孝武帝深以为患，特地召皇后的父亲入宫，详细述说皇后的过失，请他严加训导。王蕴十分惶恐，忙向孝武帝免冠叩头谢罪，又立即赶到中宫，对王皇后说了一番为国之母为人之妇应如何如何的道理。王皇后这才有所收敛，五年之后，皇后得病去世，年仅二十一岁，没有留下子女。

在孝武帝的后宫，先得宠的是一位名叫陈归的淑媛（嫔妃中第五等级）。她原是教坊歌女，色艺双全，且媚帝有术，孝武帝爱之不离左右。她生了两个儿子，司马德宗和司马德文，孝武帝很想立她为皇后，但因她出身低微，怕公卿大臣们反对，便将皇后的位子空着，等待机会提出。偏偏红颜薄命，不过几年，竟是一病而殁，红消香殒，被孝武帝追封为夫人（嫔妃中的第二等）。

后来，孝武帝又宠爱一位张贵人，娇美伶俐不亚于陈淑媛。孝武帝因她而渐渐怠于朝政，把国事全都交给自己的同胞弟弟、会稽王司马道子去办。

太元二十一年（公元398年）秋，孝武帝住在新选的清暑殿中，夜夜拥着张贵人饮酒作乐，连六宫妃嫔也如咫尺天涯，不得见面。一天，后宫一名美人想去问候孝武帝，偏偏孝武帝醉得不省人事，高卧在床，美人便同张贵人发生了口角，无非是女人之间的争风吃醋。吵过之后，张贵人闷闷不乐。孝武帝醒来后，又嚷着要张贵人陪他饮酒。张贵人强打精神陪坐敷衍。饮了几杯，孝武帝睁着一双醉眼，对她看了多时，猜不出她为什么不高兴。又命宫人取来大杯，劝贵人多饮酒,说"一醉能消百日愁"。张贵人无法,只得勉强干了三四杯。实在喝不下去,她把杯子推开,起身要走,这一下惹恼了已经大醉的孝武帝,只见他怒目圆睁,大喝道:"谁敢违抗朕的旨意,必不轻饶!"张贵人平日骄宠惯了,也不服气,蓦然站起身来顶嘴道:"妾偏不饮,看陛下如何降罪!"孝武帝冷笑道:"你已年将三十岁,美人迟暮,如同破履,该丢弃了!朕眼中,后宫佳丽多得很,朕爱的是少年美貌之人!"说着,一大口脏物吐在张贵人身上,蒙头睡去。

张贵人得宠多年,从来没有受到过如此斥骂,又见孝武帝讲出这番话来,以为废黜之日就在不远,不禁又气又怕。她见孝武帝躺在床上已烂醉如泥,清暑殿中,除了自己以外,没有一个人影。她突然生出杀人的恶念,便命心腹宫婢用被子蒙住孝武帝的头,竟把一个荒唐皇帝活活闷死。可叹孝武帝酒后一句戏言,竟送掉一条命,死时年三十五岁。

张贵人杀死皇帝后,自知犯下大罪,赶快拿出私蓄,用重金贿赂左右。报出宫去,谎称孝武帝得暴病而死。皇太子司马德宗愚昧迟钝,同晋惠帝司马衷如出一辙,不可能查明孝武帝死的真相;会稽王司马道子同哥哥不和,巴不得孝武帝早死。如此一桩弥天大罪,竟被混了过去。

皇帝荒唐不羁,朝中一片混沌,这样的王朝,已是寿命不长了。

前废帝刘子业的"献皇后"何令婉

不知为什么,刘裕的后代子孙,除宋文帝刘义隆外,个个荒淫无耻,一代胜过一代。刘子业的荒唐,堪称一绝。

刘子业当太子时,因太子妃何令婉生得国色天香,颇为宠爱。何氏是庐江人,父亲何瑀是晋代尚书仆射何澄的曾孙,母亲是宋武帝刘裕的女儿豫章康长公主。何氏命短,只做了五年太子妃,于大明五年(公元461年)死于东宫徽光殿,年仅十七岁。到永光元年(公元465年)刘子业登位,追册为"献皇后"。

刘子业没有再立皇后,并非因为他怀念何令婉,而是可以不受任何约束地搞淫乱活动。他比父亲刘骏更厉害,竟同自己的姐姐山阴公主、姑姑新蔡公主乱搞一通，并效法其父所为，册立姑姑新蔡公主为贵嫔，假称谢氏，让后宫称公主为"谢娘娘"。新蔡公主的丈夫驸马都尉何迈，是刘子业的妻舅，即何令婉的哥哥，平白无故戴了一顶"绿帽子"，愤愤不平。他在暗中蓄养兵丁，准备乘机废掉刘子业，可惜因事机泄漏而被杀。

刘子业的荒淫，比之畜生尚不知，假如书写出来，只恐玷污了纸笔，唯史传记载较为详细。他在位一年，就被废杀，史称"前废帝"。

只当了一年皇后的何婧英

齐武帝永明十一年（公元 493 年），三十六岁的皇太子萧长懋病死，齐武帝立长孙南郡王萧昭业为皇太孙。本来，武帝尚有次子萧子良可立为太子，但他痛惜长子早死，加之长懋的长子昭业深为他喜爱，故不立儿子立孙子。

萧昭业长相清秀华美，给人留下很好的印象，但骨子里却奸刁阴险。为了骗取祖父的好感与信任，他表面装作恭谨有德，暗里却淫乐好色，胡作非为。他父亲在世时，常派人去他的封地西州考察他的起居及开支情况，不许他奢靡浪费，他装得很规矩，半夜里却偷偷带了僮仆出王府，混迹于酒楼妓院，没有钱用，就向当地富户借，从不偿还，这些富户也不敢上门讨债。后来，萧长懋得了重病，召他入建康侍奉，他在东宫见到父亲时，装出满面愁容，一离开东宫，便与一班僮仆宵小相狎取乐。过不多久，萧长懋病逝，他扑在棺材上面呼天抢地，号啕大哭，俨然是个孝子，但哭罢回到府内，又是纵酒酣饮，嬉笑如常。祖父齐武帝被他哄得一无所知，还真以为长孙德性过人，便决意立他为皇太孙。

后来，萧赜也染上重病，命在旦夕，萧昭业闻讯，喜不自胜，暗中修书一封，送到住在西州的王妃何婧英那里，信中不写别的事，只在中央画了一个特大"喜"字，周围又写了三十六个小喜字，表明大庆的意思。齐武帝临终，满怀希望地握住他的手，谆谆嘱咐："你若是想起你的父、祖，就努力做个好皇帝……"话没有说完，就咽了气。

这下，萧昭业不用再装模作样了，他喜气洋洋地穿上黄龙袍，登殿接受群臣朝拜,尊母亲王氏为皇太后,册王妃何婧英为皇后。何婧英为庐江人。父亲何戢为抚军将军。这一对活宝在宫中恣意乱来,皇帝同父亲的小老婆私通,皇后也同丈夫的男宠姘居,充分体现"男女平等"。萧昭业的父亲萧长懋有一宠姬霍氏,生得很美,萧昭业垂涎已久,做了皇帝后,便想占为己有,又怕母亲王太后不同意,想了一个办法,先派心腹内侍禀告太后,说霍氏愿削发为尼,得到太后的批准,然后"暗渡陈仓",将霍氏从庵中接入自己宫内,充为姬妾,改姓徐氏。何皇后不甘示弱,看中了皇帝身边的侍从、美男子杨珉,同杨珉姘居,萧昭业知道后装聋作哑,一则自己可自由些,二则杨珉又与他搞同性恋,乐得成全他们两人。

萧昭业继位不到一年,干出许多荒唐绝伦的事,将祖父萧赜在位时积累充盈的国库几乎挥霍殆尽。他曾同何皇后及众姬妾一起,以击碎珍宝玉器为乐事;有时高兴起来,打开库藏,令群阉宵小任意搬取,看着他们一个个手提怀揣,狼狈不堪的样子,开怀大笑。又好微服游幸,躲在他父亲的陵墓中,与群小赌博,放鹰走狗,尤好斗鸡,买鸡价至数千,赏赐动辄数十万。

皇帝如此荒淫无耻,惹恼了官拜尚书令的西昌侯萧鸾。萧鸾是齐高帝萧道成的侄子,他想废萧昭业自立为帝。隆昌元年(公元494年)春二月,萧鸾率领卫士从尚书省闯入云龙门,他外披大红锦袍,内裹铁甲,命卫士们团团围住皇帝所居寿昌殿。萧昭业一见兵甲涌入,拔剑想自杀,被徐姬拦腰抱住,动弹不得。卫士们杀进殿来,用缯帛把这个荒唐皇帝勒死,死时年仅21岁。萧鸾迎立萧昭业的弟弟、15岁的新安王萧昭文为皇帝,追废萧昭业为郁林王。只当了一年皇后的何婧英也被废为郁林王妃,不知所终。

不过几个月,萧鸾将齐高帝和齐武帝的几十个儿孙杀死大半,逼萧昭文让位,自己即皇帝位,史称齐明帝。这就是萧齐时代的"一岁三改元。"

傀儡皇后诸令璩

继承齐明帝萧鸾帝位的萧宝卷也是南朝有名的坏皇帝。他排行第二,因是皇后所生,故立为皇太子。早在东宫时,就不肯好好读书,常通宵达旦捕鼠以为取乐。他的皇后诸令璩,河南阳翟人,为诸蒜子娘家的后代,父亲诸澄官拜太常。诸皇后无宠。萧宝卷后宫最宠的是潘贵妃,他专为潘妃建造神仙、永寿、玉寿三座殿,又用黄金凿出一朵朵莲花,让潘妃走在莲花上,称之为"步步生莲花"。又在御苑中设立店铺,让潘妃做管辖市场的官,自己和宫人们一起当下属或小贩,每犯小错,就跪下让潘妃杖责,他受之十分乐意。还在花园中开凿小渠,自己摇船过渠,岸上开设肉铺卖肉,他则亲自入店屠肉。

永元三年(公元 501 年),雍州刺史萧衍起兵反对萧宝卷的荒淫统治,在江陵(今湖北江陵县)拥立南康王萧宝融为帝。萧衍本是齐高帝萧道成的族弟,萧宝融则是宝卷的同胞母弟。不久,萧衍大军围住建康城,可笑的是,这个荒唐皇帝仍在宫中夜夜笙歌。这天晚上,他喝得酩酊大醉沉沉睡去。宫中侍卫与宦官合谋叛变,将他杀死,并割下首级献给城外的萧衍。萧宝卷死时年仅十九岁,只做了三年皇帝。

萧衍假托宣德太后(即萧长懋的遗孀)诏命,追废萧宝卷为东昏侯,傀儡皇后诸令璩和太子废为庶人,将妖冶淫荡的潘妃缢杀。

短命皇后王舜华

萧衍杀掉萧宝卷后,迎接在江陵称帝的萧宝融入都,但还没等到萧宝融到达建康,萧衍便在部将们的推波助澜下登位称帝,又派使者去江陵,要求萧宝融禅让。萧宝融怎敢不从? 中兴二年(公元 502 年),宣德太后手捧皇帝玺绶,亲自送到梁王萧衍那里。梁武帝萧衍废萧宝融为巴陵王,皇后王舜华为巴陵王妃。王舜华是琅琊临沂人,太尉王俭的孙女,仅做了几个月的皇后,好比是黄粱一梦。

情夫和士开被杀

比起昏庸无能、一味迁就母亲的高纬来,十四岁的琅玡王高俨却是个敢作敢为的人。高俨也是胡太后生的儿子,高纬的同胞弟弟。高湛在世时,很喜欢这个儿子,曾想立高俨为太子,终因怕遭非议而作罢。高俨闻知和士开同母亲的秽行,羞怒异常,又见和士开同高纬乳母的儿子穆提婆狼狈为奸,浊乱朝政,就想伺机除掉和士开。和士开何等奸诈精明,早就察觉了高俨的敌意,他找到穆提婆说:"琅玡王目光奕奕,若同他眼光相对,不觉汗流浃背。我在天子跟前奏事,也没有这种感觉。倘若他日琅玡王执掌朝权,我等怎么办?"穆提婆从小同高纬一起相伴玩耍,享受高官厚禄,作威作福,也觉得高俨对自己是个威胁,便与和士开一起,常在高纬跟前讲高俨的坏话。高纬信以为真,免去高俨的太保之职,只保留中丞的职位,命他出居北宫,不得天天入朝。

高俨的属官们愤愤不平,力劝高俨设法剪除和、穆等人,否则会受制于人。高俨去找胡太后的妹夫冯子琮谋划,他知道冯子琮与和士开结怨颇深。果然,冯子琮赞同高俨的主张。一天,冯子琮乘高纬同后妃们有一起宴乐,将一份弹劾并要求处死和士开的奏章夹在其他文书中,一起递上去请高纬过目。高纬略略看了几份,便不耐烦地对冯子琮说:"卿拿去办吧,可行即行,朕不耐烦看这些东西!"君令在手,冯子琮正中下怀,立即命令宫廷卫队长伏连去捉拿和士开,伏连听说去抓太后的心上人,有些着慌,请求再去向皇帝奏请一下。冯子琮连忙说:"琅玡王已入宫奏准,真是皇上下的命令,何须多疑!"当天深夜,伏连带了五十名甲士埋伏在神兽门外。次日凌晨和士开上朝,甲士们一哄而上,一把抓住他,剥去衣冠,送交廷尉押了起来。冯子琮报告高俨,高俨大喜,立即派了自己的一名心腹将领,去廷尉处杀死了和士开。

胡太后闻报,又悲又怒,正想派人去抓高俨治罪,又听说高俨拥兵三千,屯在千秋门外,连皇帝也拿他没有办法。胡太后想起皇后的父亲斛律光,素来很有威望,高俨也很敬重他,便让高纬召斛律光入宫解决此事。斛律光听说高俨已杀死和士开,不禁拍掌大笑道:"龙子所作所为,果真不同凡响!"进宫以后,他见高纬正在调集兵马出战,上前劝谏道:"小孩子弄兵,真的交起手来,反容易激起变乱。皇上不如亲自去千秋门,琅玡王见了您,一定不敢轻举妄动。"高纬依言,随着斛律光走到千秋门,斛律光大叫:"天子驾到!"高俨的部下一听,相率跪下,有的逃走。斛律光抢上一步,抓住高俨的手,笑着说:"天子的弟弟杀掉一名汉家奴才,何必惊慌!"又把高俨拉到高纬跟前,代为请罪。高纬顺手抽出佩刀,用刀环在高俨头上击了几下,就放高俨走了。

过了几天,高纬下诏杀死高俨的几名属官,用以泄愤。高俨又进宫向胡太后请罪。胡太后一面哭,一面大骂儿子不孝。高俨无言以对,把责任推到冯子琮身上。胡太后立即派人绞死冯子琮,方才解恨。

这次事变之后,高纬耿耿于怀,总觉得高俨聪明勇武,必不肯屈居人下,但是碍着胡太后,他不敢把弟弟怎样。后来,在穆提婆等人的挑唆下,下定决心要杀掉高俨。一天,他对胡太后说:明日一早,准备偕高俨一起去郊外狩猎。胡太后答应了,嘱咐兄弟俩早去早回。第二天凌晨才交四更,高俨便被召出宫去,刚走到永巷,就有武士们一拥而上,把他抱住,高俨大叫:"我要见母后与皇兄。"但是口又被塞住,武士们用衣袍将他一头蒙住,背到大明宫,用力勒死。高纬入宫报告胡太后,太后骂了几声,又哭了一场,也就作罢。第二年,下令追封高俨为楚帝,厚加葬殓。

北齐帝高纬立左右皇后

北齐的亡国之君高纬也以荒淫好色著称。他创造了立"左右皇后"的历史记录。

高纬的第一任皇后斛律氏,为太子妃的身份册立为皇后,是累世勋贵、官拜太傅的咸阳王斛律光之女。斛律光是北齐的栋梁之臣,父亲斛律金助高欢起兵,为北齐立国建立功勋。斛律光事君忠诚,持身节俭,不好声色,颇有贤名。高纬有一佞臣祖珽素来忌恨斛律光,曾被斛律光当众斥为"阴毒小人"。后来,高纬乳母陆令萱之子穆提婆,向斛律光求娶他女儿为妻,遭到斛律光的拒绝,穆提婆也因此对斛律光怀恨在心。于是这些小人勾结起来,阴谋陷害斛律光。他们一边向高纬进谗,一边唆使丞相府属官诬告斛律光私藏弩甲,阴谋造反,高纬对此深信不疑,便同这几个佞臣一起定下杀害斛律光的步骤。

过了几天，高纬下诏，命人赐一匹骏马给斛律光，说是皇帝邀请他明日一早同去游东山，赐斛律光坐此御马同行。斛律光接诏书后，骑御马入宫谢恩。刚走到凉风堂前下马，背后突然有人猛扑上来，幸亏他脚力尚健，站定步子，回顾身后，只见苍头刘桃枝站在身后怒目圆睁，斛律光呵斥道："桃枝你为何专做此事？我并不有负于国家！"刘桃枝也不理睬他，挥手召来几名武士，将斛律光按倒在地，用弓弦扼住他的颈项，用力扼死。在这之前，赵郡王高叡、琅玡王高俨都是被刘桃枝杀死的。斛律光被害之后，高纬又命人抄了他的家，几个儿子全被赐死。一家数百口，只有一名仅几岁的小儿幸得免死，天下莫不称冤。

斛律皇后姿貌平常，未得高纬宠爱，到此地步，自然被高纬毫不留情地抛弃，后位被废，迁居冷宫。中宫皇后，该由谁来接替呢？

当时，高纬的后宫有两个妃嫔最受宠幸，一为早先入宫的弘德夫人穆舍利。穆氏原是斛律皇后的贴身婢女，名叫穆黄花，因生得轻盈妖冶，善卖弄风骚，被高纬勾引，收为嫔妃。高纬将她改名为舍利，独宠专房。过了一年，穆舍利生下儿子高恒，立为皇太子，她一心一意想爬上皇后之位，设法同当时颇有权势的高纬保姆陆令萱亲近。

陆令萱本是罪人之妻，被隐入宫中为奴。后来，因善于献媚，得到胡太后的赏识，放在身边使唤。高纬小时常被陆令萱抱养，称她为"干阿妳（妈）"。高纬当了皇帝，陆令萱被封为郡君，儿子提婆也拜官受禄。一时间，母子二人势焰无比，连勋贵皇亲，也走他们的门路。

穆舍利有心巴结，陆令萱也有意亲近，两人关系日益亲昵，穆舍利拜陆令萱为养母，又同提婆称兄道妹，提婆也就冒姓为穆。三人就此牢牢勾结起来。斛律氏被废后，穆氏以为皇后之位非己莫属。

但是，想不到半路上杀出一个人来。过了几个月，后宫又来了一位姓胡的美女，是胡太后的娘家侄女儿。一进宫，就受到高纬的格外宠爱，很快就宠冠后宫，使穆氏受到冷落。结果，胡太后多方周旋，又买通陆令萱，促使高纬册立胡昭仪为皇后，把个穆氏气得半死。她埋怨养母陆令萱，说她一味讨好太后，全然不顾母女之情。陆令萱也觉后悔，决心为穆氏努力争取，保证不出半年夺回皇后之位。

一天，陆令萱对高纬说："天下哪有儿子贵为皇太子，而母亲反为奴婢的？"高纬知她话中有话，默然不语。陆令萱又想出一个办法。她把穆舍利的宫院装饰打扮得犹如仙境瑶池，让穆舍利穿上皇后的冠服，珠环翠绕，装束得像天仙一般，坐在华丽的宝帐之中，连同枕席器物等，都是四方进贡的世间珍宝。陆令萱跑到高纬处说："有一圣女出世，请陛下前去看看！"高纬怀着好奇之心，随陆令萱来到穆氏宫院。揭开宝帐一看，在沁人心脾的香气中，坐着一位炫人眼目的美女，她似神女下凡，再仔细端详，认得是穆夫人，不禁拍掌大笑，指着陆令萱说："陆太姬真会开玩笑！"

陆令萱答道："如此天生丽质，尚不配做皇后，试问陛下所择何人？"

高纬说："天子只有一名皇后。"言下之意，胡氏已先立为后，无可奈何了。

陆令萱道："古时舜纳尧之二女，一为娥皇，一为女英，便是两位皇后，陛下何不效法圣贤？"

高纬一听，大喜过望，这一夜便宿在穆夫人的宝帐之中。第二天下诏，立穆氏为右皇后，胡氏为左皇后，两位皇后并列。

穆舍利当上皇后之后，犹不满足，总想独霸六宫，视胡氏若眼中钉。她又去找陆令萱商量。陆令萱熟知胡太后的脾气，便把心计用在她身上。

一天，陆令萱去见胡太后，装作又生气又伤心的样子，说："不知为什么，亲侄女也会说出那样的话来！"

胡太后很惊讶，忙问是怎么回事。陆令萱故意不肯说，只管摇头叹息，经胡太后再三追问，才低声耳语道："胡皇后对皇上说：太后的行为多有失检点，不足为训。"

胡太后一听，十分恼怒，也不多加考虑，立刻将胡皇后召来，命左右侍从将她头发剪去，遣回家中。

孝明帝元翊皇后胡氏

孝明帝元翊七岁登位，朝政先后掌握在胡太后和胡太后的妹夫、侍中领军将军元叉等人手里。及至长大，元翊也是一个酒色之徒。他的皇后胡氏，是胡太后的娘家侄女。胡太后为提高娘家的地位，替儿子纳聘胡女为皇后，但胡女恣貌平庸，不受爱宠。元翊单宠一个潘氏，名外怜，有倾国倾城之美貌，进位充华。胡太后还把当时北方的世族如博陵崔家、范阳卢家、陇西李家的女儿，都选纳进宫为嫔妃，以打破门第之见。

胡太后临朝专权，权欲熏心，恐怕儿子长大，自己无法肆意妄为，竟把亲生儿子元翊毒死，另立三岁的元钊（孝文帝的孙子）为皇帝。骠骑将军尔朱荣不服，拥立长乐王元子攸（彭城王元勰的儿子）为帝，即孝庄帝，又率大军攻打洛阳。兵临城下之日，胡太后急得没法，把元翊的胡皇后以及六宫妃嫔一起召集起来，命令她们全部削发为尼，她自己也拿起了银剪。她以为做了道姑，就可免罪。谁知尔朱荣不肯放过她。他一面召集文武百官出城迎接元子攸入皇宫登极，一面派人将胡太后和小皇帝元钊一同抓起来，丢入黄河活活淹死。

之后，尔朱荣进行大屠杀，杀掉洛阳城内王公以下大臣近两千人，包括元氏的宗室皇亲凡在朝任职者全部杀光，元翊的皇后胡氏幸亏已入寺为尼，才保住了性命。

尔朱皇后的悲惨命运

孝庄帝是尔朱荣立的傀儡皇帝，尔朱荣易如反掌地逼使他册立自己女儿尔朱英娥为皇后。尔朱英娥本来是孝明帝元翊的妃嫔，元翊死后，胡太后将她送入瑶光寺为尼，尔朱荣又把她迎进皇宫。元翊是元子攸的侄子，寡居的侄媳再嫁叔父，也是件荒唐事。后来，孝庄帝被尔朱荣的侄子尔朱兆缢杀。尔朱荣的部将高欢起兵攻破洛阳，尔朱皇后又被高欢占去做了姬妾。高欢死后，高欢的儿子高洋逼奸尔朱英娥，尔朱皇后不从，被高洋杀死。

作为男人们手中的玩具，尔朱英娥被抢过来，占过去，命运十分悲惨。

寡妇高皇后下嫁给元韶

高欢所拥立的元脩,也是孝文帝的孙子,即位后史称孝武帝,封高欢为大丞相、太师。高欢把自己的女儿嫁给孝武帝为皇后。他因权势日隆,盖过君主,引起孝武帝的不满。不久,孝武帝西向长安,投奔占据关陇地区的宇文泰。

随孝武帝西行的并不是皇后高氏,而是他的堂妹明月公主。原来,孝武帝也是一个好色之徒,洛阳皇宫里,他的三个堂妹都没有外嫁,留着成了孝武帝私蓄的姬妾。其中,最受宠爱的是明月公主,高皇后反而被冷淡了。有一次,孝武帝设内宴,让明月陪侍坐在前席。孝武帝的几位妃嫔看着有些酸溜溜,即席赋诗:"朱门九重门九闺,愿随明月入君怀!"孝武帝听了,哈哈大笑,很是得意。他把明月视若掌上明珠,爱不忍弃。

到了长安,宇文泰将孝武帝一行人接到临时宫舍安顿下来。孝武帝封宇文泰为大将军、雍州刺史兼尚书令,统摄军国大事,还把妹妹冯翊长公主嫁给宇文泰为妻。留在洛阳的高欢另立清河王元亶(孝文帝的儿子)的世子元善见为帝,即孝静帝,并迁都邺城。这样,北魏便一分为二,一为长安宇文泰所奉孝武帝,称西魏,一为邺城高欢所奉孝静帝,称东魏。

不久,孝武帝与堂妹之间有悖伦理的关系引起宇文泰的不满,他暗嘱宫人设法诱出明月,将她杀死。孝武帝所爱,以明月为最,伤心万分,并恨煞宇文泰。宇文泰怕孝武帝报复,又下手毒死孝武帝,另立南阳王元宝矩为帝(元宝矩的父亲元愉,是孝文帝的儿子),称为文帝。

孝武帝的死讯传到洛阳,东魏孝静帝请高皇后为丈夫服素守丧,但是高皇后不耐寡居,看中了风度翩翩、容貌俊俏的彭城王元韶(彭城王元勰的孙子),于是,就由高欢做主,把高皇后改嫁给元韶,还带去皇宫珍藏的许多国宝作为嫁妆。

高皇后横遭父兄逼辱

高欢立元善见为帝,又把次女送进宫去,让元善见立为皇后,帝后感情十分融洽。元善见本来是个较为英明的君主,有勇力,善骑射,且喜爱文学,当时人们说他有孝文遗风。可惜他生不逢时,处于乱世,只能被高欢父子玩弄于股掌。

武定五年(公元547年),高欢死,世子高澄替代了高欢的职位,袭爵渤海王,都督中外军事,录尚书事。对待孝静帝,他同高欢的态度大不一样。高欢在世时,尚敬重孝静帝,事无大小,必先上奏皇帝,然后决定;入朝侍宴,必先俯伏敬酒,然后敢自饮;'随皇帝出巡,也是跟从在后,鞠躬守礼。所以,高欢以下臣僚,也跟着一起敬奉君主,不敢怠慢。可是高澄一点不把孝静帝放在眼里,不时派人窥伺宫中动静,向他禀报,使孝静帝愤愤不平。高澄还肆意凌辱皇帝,一次,他硬逼孝静帝连连饮酒,甚至指使他的走狗、黄门侍郎崔季舒殴打孝静帝。更可悲的是,在高澄的淫威之下,孝静帝居然还赐绢百匹给打了他的崔季舒。

高澄未及篡位,被人刺死,弟弟高洋嗣王爵。武定八年(公元550年),高洋逼孝静帝让位,改国号为齐(史家称为北齐,以同南朝的萧齐区分),降封孝静帝为中山王,高皇后为中山王妃,兼称太原长公主。因有高皇后的随时护视,孝静帝还不至于立即被高洋所害。

但是,没多久,高洋便派人下手了。他怕高皇后阻挠,以家宴为名,召高皇后入宫。宴毕,高氏回到府中,见孝静帝及其三个儿子已被毒死,不由号啕痛哭。孝静帝下葬后,高氏迁居皇宫,后为高洋逼迫,改嫁高洋的宠臣、尚书左仆射杨愔。

高皇后与高澄,高洋本是同根所生,横遭逼辱,令人可悲可叹!

未亡人元皇后的悲哀

高演的皇后元氏,在高演初为常山王时,她是王妃。册立为皇后不到两年,高演即死,元皇后生的儿子百年立为皇太子,但高演临死,忽然改变了主意,留遗诏传位给弟弟高湛。他由己及人,怕高湛逼杀自己的妻子和儿子。

一个月后,元皇后奉高演的梓宫至邺城下葬。高湛曾听人说,元后身藏奇药,可治百病,命人向她索取,元皇后不愿给。高湛大怒,派随行的宦官在灵车上辱骂元后,元后不便发作,只得忍辱含悲。待梓宫到达高演的文静陵旁,她抚着梓宫大哭一场,十分伤心。回到皇宫,高湛逼她居住别宫,不准同家人见面,又杀死了她的儿子高百年。

北齐亡国后,元皇后被没入北周宫廷。隋文帝杨坚当北周丞相时,见她可怜,将她放回山东老家。

胡皇后沦落为娼

古今皇后中,沦落为娼的,唯此一家;觉得做皇后不如做娼妓有乐趣的,唯此一人。高湛的皇后胡氏可算是个少有的荡妇,同她的丈夫,如出一辙。

皇后的荒淫,也同皇帝一样,可促使政治腐败,王朝衰落,胡皇后的所为,就是明证。

高湛继承帝位后,他的妻子胡氏以长广王妃册立为皇后,儿子高纬被立为皇太子。胡皇后姿貌平常,却善作媚态迷惑人,是个十足的荡妇。所以高湛娶了她,同她欢情狎谑,很是要好。

胡皇后不耐宫闱寂寞,同高湛的亲信随从、给事和士开勾搭上了。和士开唇红齿白,翩翩有风度,又弹得一手好琵琶。高湛知道后,非但不责怪胡皇后,反而有意成全他们,升和士开为黄门侍郎。因为他自己同李氏勾搭,怕胡皇后生出风波,大家彼此彼此算了。

和士开善使一把铁槊,胡皇后说她也想学槊,高湛便命和士开教胡皇后。一天,高湛还特意在宫中摆下酒宴,命和士开教胡皇后习槊,自己则同子偡亲信等人一面喝酒,一面欣赏。胡皇后同和士开眉来眼去,乘机调情。胡皇后故意弄错手法,让和士开握住她的手,帮她纠正。两双手摸来捏去,高湛坐在上面只顾饮酒,嬉笑作乐,丝毫没有注意到。这一幕,高湛的侄子、河南王高孝瑜看得非常清楚,很是气愤。宴席散后,他进宫劝谏高湛:"皇后为天下之母,尊贵无比,怎能与臣子随意接手亲近呢?"高湛一声不吭,好像没有听见似的。高孝瑜只好告退出去。

这事被和士开知道了,心下怀恨,便常常向高湛进谗,说河南王高孝瑜心怀叵测,山东一带只知有河南王,不知有陛下。高湛听到这话,心想,高孝瑜是父亲高欢的长孙,颇具威望,似有可能夺位,渐渐生出疑忌之心。一天,他召高孝瑜入宫,逼着孝瑜连连饮酒,足足灌了37杯之多。体态肥胖的孝瑜酒量不够,醉倒在地。高湛密嘱左右,乘着夜色将孝瑜载入牛车拉出宫去。途中,孝瑜口渴讨水喝,随从将毒酒当水递给孝瑜,孝瑜醉眼蒙眬喝了下去。车行至西华门,毒性发作,孝瑜更觉口渴难熬,下车去河里取水喝,一头栽入河中溺死。

高湛闻报,假惺惺地掉了几滴眼泪。高湛同高孝瑜同岁,从小一起生长在宫中,十分亲密。他还追封高孝瑜为太尉,几位亲王虽然怀疑高孝瑜为高湛所杀,但害怕高湛心狠手辣,无人敢为之申冤。

和士开为了巩固自己的权位,讨好皇太子高纬,劝高湛让位做太上皇,说这样可以进一步纵情享乐。高湛听信和士开的话,便在二十九岁那年让位给儿子高纬,从此居于深宫,一味淫乐。三年以后,便因酒色过度而死。

高湛死后,胡太后和和士开的关系正式公开化,许多公亲大臣看不惯,议论纷纷。一天,官居太尉的赵郡王高叡(高欢的侄子)、安德王高延宗(河南王高孝瑜的弟弟),以及司空娄定远、侍中元文遥等人一起进宫向高纬请求,调和士开出任外职。高纬年少昏庸,怕得罪胡太后,不敢做主。胡太后知道后,又急又恼。她既舍不得同和士开分手,又怕这件事惹怒了亲王大臣,自己孤儿寡母的,会遇到不测,就想了一个办法。有一天,她在宫中大摆宴席,把诸亲王及文武大臣统统召进宫来赐宴,想以此笼络人心。哪知高叡并不理会她的苦心,就在席间,站起身来奏道:"和士开为先帝在世时的佞臣,收受贿赂,淫乱宫闱,臣等无法禁止朝野对他的议论,所以冒死直言。"胡太后一听,勃然作色,斥道:"先帝在世时,王爷何不早说?今日是想欺负我孤儿寡母吗?现在大家只管饮酒,不要再多嘴了!"高叡仍不罢休,在一番言辞尖利的争执之后,他脱下帽子,放在地上,拂袖而出。

之后,由于高叡等人的坚持,胡太后与高纬只得下诏将和士开放出任兖州刺史。高叡再三催促和士开离京赴任,并让娄定远守住宫门,不许和士开入宫见胡太后。和士开选了两名美女,以及一副用珍珠织就的帘子,送给娄定远,要求进宫去辞别太后和皇上之后再赴任。娄定远得了重贿,便放和士开入宫。和士开一见到胡太后和高纬,便伏地痛哭,说:"先帝驾崩,臣恨不能一起去死。臣见朝臣们的意思,恐不久就有废立之大变!"三个相对哭了一阵之后,胡太后问和士开:"有何计策对付?"和士开说:"臣既已入宫,还有什么可忧虑的呢? 只要颁行诏书,便可解决。"胡太后点头会意。

第二天,以太后的名义下了一道诏书,将娄定远出调为青州刺史,又谴责高叡目无君王,不行人臣之礼。高叡接诏后气恼万分,想进宫去争辩,妻儿都劝他不要再去,以免惹祸。他不听,走到殿前,又有宦官悄悄劝阻他说:"殿下不宜入宫,恐有祸事及身!"高叡正色道:"我上不负天,死亦无恨!"他见了胡太后,又是一番振振有词的道理。胡太后也不回答,返身入内,剩下高叡一人,只得悻悻退出宫去。刚走到永巷,突然被卫兵们抓住,押到华林园活活勒死,死时才三十六岁。

和士开权势日隆,擢为尚书令,封淮阳王。一班趋炎附势的大臣见和士开能扳倒亲王,纷纷向他献媚,甚至拜他为干爹,一时间,成了北齐王朝的大红人。

权臣逸闻

董卓作恶多端自取灭亡

董卓(？～192)，字仲颖，陇西临洮人。年幼时已勇武非常。汉桓帝末年，官拜羽林郎。黄巾起义时，朝廷任命卓为中郎将，以平民变。但兵败，被革职。大将军何进谋诛宦官，卓被召入京城协助。但董卓未至而何进先被宦官杀害。卓趁势以勤王的名义入洛阳。废少帝而另立献帝。后以利诱吕布杀了丁原。至此京城兵权唯在卓手。董卓大权在握，残害百姓。初平三年(192)，司徒王允利用美人计，唆使吕布杀了董卓。

董卓

董卓是个既有野心，而又贪婪残暴、昏庸至极的家伙。他带领军队进京废了少帝，另立陈留王刘协为帝(即汉献帝)，这充分暴露了他擅权专政的野心。特别是他看到那些朝臣们都不敢得罪自己，便更加肆无忌惮了。不久，他又强迫将京城迁住长安。就在长安自称太师，要汉献帝尊称他为"尚父"。他还把他的弟弟、侄儿都封为将军、校尉，连他刚生下的娃娃也封为侯。

为了寻欢作乐，董卓在离长安二百多里的地方，建筑了一个城堡，称作郿坞。他把城墙修得又高又厚，把从百姓那里搜刮得来的金银财宝和粮食都贮藏在那里，单是粮食，足够三十年吃的。

郿坞筑成之后，董卓十分得意地对人说："大事成了，天下就是我的；即使不

国学经典文库 中国古代野史 ·三国两晋南北朝野史· 图文珍藏版

成功,我就在这里安安稳稳度晚年,谁也别想打进来。"

董卓在洛阳的时候,就杀了一批官员;到了长安以后,更加专横跋扈。文武官员说话一不小心,触犯了他,就丢了脑袋。一些大臣怕保不住自己性命,都暗暗地想除掉这个坏蛋。

董卓手下有一个心腹,名叫吕布,是一个出名的勇士。吕布的力气特别大,射箭骑马的武艺,十分高强。他本来是并州刺史丁原的部下。董卓进洛阳的时候,丁原正带兵驻守洛阳。董卓派人用大批财物去拉拢吕布,要吕布杀死丁原。吕布被董卓收买,背叛了丁原,投靠董卓。

董卓把吕布收作干儿子,叫吕布随身保护他。他走到哪里,吕布就跟到哪儿。人们害怕吕布的勇猛,就不好对董卓下手。

司徒王允决心除掉董卓。他知道要除掉董卓,先要拉拢他身边的吕布。他就常常请吕布到他家里,一起喝酒聊天。日子久了,吕布觉得王允待他好,也就把他跟董卓的关系谈了出来。

原来,吕布跟董卓虽说是父子关系,但是董卓性格暴躁,稍不如他的意,就向吕布发火。有一次,吕布说话顶撞了他,董卓竟将身边的戟扔了过去。幸亏吕布手疾眼快,把身子一侧,躲过了飞来的戟,没有被刺着。

后来,吕布向董卓赔了礼,董卓也表示宽恕他。但是,吕布心里很不痛快。他把这件事告诉了王允。王允听了挺高兴,就把自己想杀董卓的打算也告诉了吕布,并且说:"董卓是国贼,我们想为民除害,您能不能帮助我们,做个内应?"

吕布听到真要杀董卓,倒有点犹豫起来,说:"我是他的干儿子,儿子怎么能杀父亲呢?"王允摇摇头说:"唉,将军真糊涂,您姓吕,他姓董,本来不是骨肉至亲,再说,他向您掷戟的时候,还有一点父子的感情吗?"

吕布听了,觉得王允说得有道理,就答应跟王允一起干。

公元192年,汉献帝生了一场病刚刚痊愈,在未央宫会见大臣。董卓从郿坞到长安去。为了提防人家暗算,他在朝服里面穿上铁甲。在乘车进宫的大路两旁,派卫兵密密麻麻排成一条夹道。他还叫吕布带着长矛在他身后保卫着。经过这样安排,他认为万无一失了。

他哪儿知道王允和吕布早已商量好了。吕布约了几个心腹勇士扮作卫士混在队伍里，专门在宫门口守着。董卓的座车一进宫门，就有人拿起戟向董卓的胸口刺去。但是戟扎在董卓胸前铁甲上，刺不进去。

董卓用胳膊一挡，被戟刺伤了手臂。他忍着痛跳下车，叫着说："吕布在哪儿？"

吕布从车后站出来，高声宣布说："奉皇上诏书，讨伐贼臣董卓！"

董卓见他的干儿子背叛了他，就骂着说："狗奴才，你敢……"

他的话还没说完，吕布已经举起长矛，一下子戳穿了董卓的喉头。兵士们拥了上去，把董卓的头砍了下来。吕布从怀里拿出诏书向大家宣布："皇上有令，只杀董卓，别的人一概不追究。"

董卓的将士们听了，都高兴地呼喊万岁。

长安的百姓受尽了董卓的残酷压迫，听到除了奸贼，成群结队跑到大街上唱着，跳着。许多人还把自己家里的衣服首饰变卖了，换了酒肉带回家大吃一顿，庆祝一番。

曹操挟天子以令诸侯

曹操（155～220年）三国时著名政治家、军事家和诗人。祖籍沛国谯郡（今安徽亳县）。小名阿瞒，字孟德。东汉末年在镇压黄巾起义过程中，扩张了自己的军事实力，又于建安元年（196年）把汉献帝迎至许昌，遂"挟天子以令诸侯"。建安十三年做了丞相，赤壁之战被刘备、孙权击败后回北方重整势力。公元216年自封魏王，他的儿子曹丕废汉献帝自立，追封其为武帝。

1.急中生智献宝刀

东汉末年，宦官与外戚朝廷争权。外戚招了军阀董卓进京，结果董卓乘机专断朝政，废黜少帝，擅立陈留王为汉献帝，溢杀朝廷大员，满朝文武敢怒而不敢言。

一天，司徒王允以做生日家宴为名，秘密召集朝臣在家里聚会。聚会上骁骑校尉曹操直言,愿意斩杀董卓之头,悬挂在京都城门,以告慰天下。

王允离席悄悄问道:"你有什么办法吗?"

曹操说:"董卓比较相信和重用我,我也故意小心伺候他,实际上是在寻找机会呀。听说司徒有一把七星宝刀,愿您能借给我进入丞相府去刺杀董卓,即使我死了也是在所不辞。"

第二天,曹操佩带宝刀前去丞相府,径自来到小阁,只见董卓坐在床上,吕布侍立在旁。董卓说:"你怎么来得这么晚呀?"

曹操说:"我的马瘦弱,走得太慢了。"

董卓对吕布说:"我有西凉进贡来的良马,你去马圈拣一匹好的送给他吧。"吕布便出房去了。

曹操暗暗高兴道:"吕布这个猛将离开了,哼,董卓死期到了!"想着就要拔刀,又怕董卓气力大,一时不敢轻举妄动。董卓由于身体肥胖,耐不得久坐,便躺在床上,侧身休息。曹操急忙将宝刀从腰际抽出,正待要杀,不想董卓在床上穿衣镜内看见曹操在背后动刀,急忙转身道:"你要干什么?"

这时,吕布已经牵着一匹马到达小阁外边。曹操非常惊恐,急中生智,双手捧着刀跪在床前道:"我有宝刀一把,今献丞相,以报答您的恩德。"

董卓接过一看,只见它长约一尺有余,刀背用七种颜色的宝石作装饰,是一把世间罕见的宝刀。董卓高兴地收下,交给吕布保管,曹操便把刀鞘也解下交出。于是,董卓领着曹操出房看马。

曹操牵马一看,谢恩道:"好马,好马,让我试着骑骑看。"董卓便命下人备好马鞍。曹操牵着马走出相府,跃上马背,加鞭朝东南方向急急逃去。因为他知道久留此地,必然会露出破绽,招来杀身之祸的。

2.扰敌脱险纵牛马

公元211年夏天,曹操率领军队从潼关偷渡过渭河,欲绕到敌人后面打垮割据势力马超。

曹操一向讲究攻心战,为了稳定军心,他先让大军陆续渡河,自己则亲自带着一百多位壮士留在南岸断后。

哪知，这情况给马超手下派出的游动哨发现了。那探子猛地挥鞭策马，风驰电掣般直奔马超军营。马超听完探马汇报，欣喜若狂："追上去活捉曹操！"他马上召集一万多步兵、骑兵，飞速直扑那渡河地点。

曹操大军正一批批下船，一批批渡河，哪料后面马超率军追杀而来。

曹操见背后烟尘滚滚，杀声震天，心个一惊："完啦？我方大军都已渡过河，剩下一百多壮士难以抵挡马超的强悍之师！"心惊未定，忽生一计，忙派一骑将如此如此骑马而去，马超士兵操弓搭箭，箭如雨点，密密地落在曹操四周。曹操打起精神，仍有条不紊地指挥大军按顺序渡河。

马超的人马越奔越近，飞箭越来越密，曹操部将许褚一顿足，心里急死啦："丞相再不走，就来不及啦！"他忙三步并作两步，大步流星赶到曹操身边，用力拉着曹操上船："丞相，快渡河吧，对岸大军等您指挥呢！"这时，后面飞箭如蝗般往这儿射。此时，船工中箭倒下。

说时迟，那时快，马超士兵已经越追越近。

在这千钧一发之际，突然窜出一群牛马直奔马超兵将面前。原来，这是曹操派校尉（官职名）丁斐故意放出诱惑、扰乱敌人的。肥牛哞哞，健马嘶嘶。马超兵将见到这良马壮牛，个个心花怒放，马上忘了打仗，争着去抢，阵容大乱。

马超气得哇哇大叫，仍无济于事，只好眼睁睁看着曹操乘机渡过河去，脱离险境。

诸葛亮稳坐中军帐

诸葛亮（181~234年），三国时著名政治家、军事家，字孔明，琅琊阳都（今山东沂南南）人。东汉末，随叔父诸葛玄来到湖北襄阳。叔父诸葛玄死后，隐居于隆中卧龙山中。建安十二年（207年），刘备三顾茅庐，请诸葛亮出山，从此，诸葛亮便成了蜀汉国的中流砥柱。建兴十二年（234），在与魏司马懿的作战中，病死于五丈原军中。

1.美男子愿娶丑丫头

诸葛亮是三国时期杰出政治家、军事家。他上知天文,下知地理,神机妙算,智慧超人。诸葛亮隐居隆中,便预知"天下三分",他巧"借"东风,火烧赤壁,大败曹军;又摆下"八阵图",吓退东吴追兵。更加神奇的是,诸葛亮"六出祁山"时,制作出"木牛流马",顺利完成10万大军的粮草运送工作。诸葛亮不仅才能卓越,而且人品出众。他身材高大挺拔,面如美玉,但却娶了个丑妻,极不般配。这是何原因呢?

《三国志·诸葛亮传》记载,诸葛亮"逸群之才,英霸之器,身长八尺,容貌甚伟。"八尺的身材就是今日一米八的身高,高大挺拔,英气逼人,是标准的美男子。当时前来说媒的不在少数,可诸葛亮却偏偏选中"瘦黑矮小,一头黄发"的黄阿丑为妻。让世人讥笑道:"莫学孔明(诸葛亮字)择妇,只得阿承(黄承彦)丑女"。诸葛亮选择丑妻,是出于何意呢?

有人认为诸葛亮既为奇伟男子,娶妻也不会拘泥"郎才女貌"的俗套旧制。诸葛亮看重的是才学和品德。黄小姐出身名门,足智多谋,胆识过人,谦虚质朴,坦荡正直,正是欲成就大业的诸葛亮的好搭档。诸葛亮自然要选择聪明的妻子,做他事业上的好助手。

关于黄阿丑的故事,后世有这样的传说:诸葛亮去沔南名士黄承彦家拜访,进到第二道门时,门却自己打开了。诸葛亮正在迟疑间,突然窜出两只狗向他扑来,诸葛亮欲后退时,大门却关闭了。这时,跑来个小丫鬟一拍狗头,狗就停住了,再拧狗耳,狗就跑开了。诸葛亮定睛一看,分明是两只假狗,身披狗皮却像真狗一样。进到第三道门时,两只猛虎扑向诸葛亮。诸葛亮自认已看出机关奥妙所在,又是拍虎头,又是拧虎耳,却被老虎扑倒。多亏小丫鬟跑来踢踢虎屁股,老虎登时趴在地上。诸葛亮只好请小姑娘带路,去见黄老先生。小丫鬟却说自己脱不开身。诸葛亮抬眼一看,一头木驴正在拉磨,磨好的面粉正等人收拾呢。诸葛亮不由心中赞叹不已:"想不到黄老先生如此心灵手巧,竟制作出如此精妙的物件来!"小丫鬟笑道:"说错啦,这是我们小姐做的!"诸葛亮万分惊讶,女儿家竟是能工巧匠,这黄小姐实在是太了不起啦! 后来,黄小姐为丈夫出谋划策,使诸葛亮受益匪浅。传说,"木牛流马"就是在黄小姐的启发和帮助下制成的。

后世有人认为,诸葛亮娶丑妻是政治上的考虑。诸葛亮父亲早逝,幼年便随叔父豫章太守诸葛玄生活。14岁时,诸葛玄被罢官,投靠刘表后死去。诸葛亮14岁便失去依靠,流落到南阳乡下居住。诸葛亮胸有大志,发愤读书,苦修建业之能,治世之才,同时他还关注时局的变化,结交士大夫集团,等待时机,以实现他出将入相的抱负。显然,在当时情况下,如果可以与士大夫、地主集团联姻,便可走捷径,借助姻亲势力,及早登上政治舞台。

诸葛亮与荆州名士结交,很快受到当地头面人物庞德公、黄承彦的赏识,名流们也看出诸葛亮年轻有为,前途不可限量,一方面把他举荐给求贤若渴的英雄豪杰刘备,另一方面积极促成与诸葛氏的联姻,以图一荣俱荣。

诸葛亮对于家族的婚姻,进行了精心的选择。他把姐姐嫁给了襄阳地主集团头面人物庞德公的儿子,又为弟弟聘娶南阳名流人物林氏之女。诸葛氏依靠荆州豪门,结交当地权贵,在荆州站稳了脚跟。诸葛亮听说"沔南名士"黄承彦欲将女儿嫁给他,相貌稍差,他权衡利弊后,爽快地应允了。诸葛亮选择黄阿丑,主要考虑女方家族的政治背景。一来,黄承彦乃荆州名流,在当地颇有声望,黄老先生的一言一行都有分量。二来,黄承彦之妻与刘表后妻是姊妹关系,如果成了黄门女婿,也就攀上了皇亲刘表,依附上了强大的政治势力。再有,诸葛亮立志高远,主要精力集中在建功立业上,他哪有闲暇时间陪伴在娇妻美妾身边? 黄小姐虽容貌稍差,但才学出众,品德端正,娶进家中,不仅会成为他事业上的好帮手,而且不会招惹好色之徒的非分妄想,可保家庭稳定。诸葛亮的婚姻,事实上也是非常成功的。

还有人认为诸葛亮的婚姻,遵从的是"妻贤美妾"的传统习俗。自古以来,娶妻子就要首先考虑女方品格,是否温柔贤惠,能否相夫教子,维护好家庭关系;至于博取丈夫欢心,以色侍夫则是参考因素,二者不可兼得时,成熟深虑的诸葛亮当然选择前者,聘娶品德端正、明晓事理的黄小姐为妻。再说,一旦事业有成,再纳美妾也是相当容易的。

2.火烧新野第一计

诸葛亮受刘备"三顾茅庐"之恩,出山担任刘备的军师。刘备得了诸葛亮高兴不已,总说:"我得孔明是如鱼得水。"但他的两个义兄弟关羽、张飞却心中不服,诸葛亮只装作不知。

一日,探子飞报说,曹操派大将夏侯惇领兵十万,杀奔新野来了。关公、张飞嘲讽说:"让'水'去抵抗好了。"当时,刘备只有两三千人马,抵抗10万大军显然没有把握,但诸葛亮却镇定自若,他向刘备要了尚方宝剑,升堂调度:"博望左边有座山,叫豫山;右边有树林,叫安林。可以埋伏兵马。关羽可领一千人在豫山埋伏,敌军来就放过,他们的粮草辎重一定在后面,只等南面火起,就可驱兵出去,烧毁粮草。张飞可带1000人去安林背后埋伏,看南面火起,便可出击。关平带五百人,预备引火之物,到博望坡后两边等候,到初更天敌人到来,便可放火。樊城赵云速回,让他作先锋,交战时只要败,不要胜。主公自带一支军队作赵云后援。你们各自按计划行事,不得有误。"

关羽说:"我们都出战,不知军师做什么?"

诸葛亮说:"我坐守县城。"

张飞大笑道:"我们去厮杀,你在家里好自在!"

诸葛亮喝道:"剑印在此,违令者斩!"

关、张冷笑而去,诸将都心里疑惑不定。诸葛亮对刘备说道:"主公今天便带兵到博望山下屯驻。明日黄昏,敌军必到。主公便弃营撤退,见火起就回军掩杀。我在此准备庆功宴等你。"

刘备心下也疑惑不安。

且说夏侯惇、于禁率大军到达博望,忽见前面尘土飞扬。夏侯惇命军队摆开阵势,问向导:"前方是何处?"

向导说:"博望坡。"

夏侯惇大笑道:"亏得徐庶在丞相前夸口说诸葛孔明如何了得,我看他也是蠢物一个。他派出这等人马与我对阵,不等于是驱狗羊同虎豹决斗吗?"说完,赵云领兵来战,夏侯惇与之交战几个回合,赵云且战且退。

部将韩浩说:"恐有埋伏。"

夏侯惇说:"敌军兵力如此微弱,就是十面埋伏,我怕什么!"

直追至博望坡,忽地一声炮响,刘备领兵来战,夏侯惇对韩浩笑道:"这就是所谓伏兵。今晚我不踏平新野,誓不收兵。"催促队伍前进,刘备、赵云一路撤退。

天色渐渐昏黑,夜风愈大。夏侯惇只顾催促部队赶路,行至两边都是芦苇的狭窄山路,护送粮草的于禁、李典率领后卫赶到,见此状大叫:"夏侯将军慢走。"于禁还赶到前边阻止。夏侯惇猛然省悟,正要退兵,却听背后喊杀声起,早有一派大火烧着,两边芦苇也着起了火。一刹那,四面八方都是火。曹军顿时大乱,自相践踏,死者不计其数。赵云回军赶杀,夏侯惇冒烟突围而逃。李典见势不好,往博望坡奔回,却被关羽的军队拦住厮杀。于禁见粮草车辆烧了,便从小路逃命去了。夏侯兰、韩浩来救粮草,却被张飞伏兵拦住,张飞一枪刺落夏侯兰于马下。韩浩夺路逃脱。一直杀到天明,刘备才胜利收兵,直杀得曹军尸横遍野,血流成河。夏侯惇收拾残部,狼狈返回许昌。

关羽、张飞相互惊赞道:"孔明真是英才啊!"一并拜伏在坐于小车里前来犒军的孔明车前。

3.空城退敌展奇谋

蜀国丞相诸葛亮因错用马谡,失去了街亭。这街亭是蜀军通往汉中的咽喉。街亭一失,魏军大都督司马懿便率大军15万奔蜀军的粮草之地西城而来。而此时诸葛亮正带领少数军队在西城搬运粮草。

这时,诸葛亮身边无一员大将,只有一班文官和两千五百名老弱残兵。众位官员听到这个消息,个个大惊失色。诸葛亮登上城头一看,果然尘土冲天,魏军分路往西城县杀来。诸葛亮立即传令道:"将旌旗全部隐藏起来,军士们各自守卫在城上巡哨的岗棚,如有随便出入城门及高声讲话的,杀!传令大开四个城门,每个城门用 20 个军士,扮为百姓,打扫街道。如果魏军到时,不可乱动,我自有计谋对付。"传令下去后,诸葛亮披鹤氅,戴纶巾,引两个少年携带一张琴,来到城头上,凭栏而坐,焚香操琴演奏。

司马懿带领军队停在城下,但见诸葛亮在城楼上,笑容可掬,焚香弹琴。左面一个少年,手捧宝剑,右面也有一个少年,手执麈尾。城门内外,仅有二十余名百姓,低头打扫,旁若无人。司马懿看后怀疑城中有重兵,连忙指挥部队撤退。

他的儿子司马昭说:"莫非诸葛亮没有多少兵力,故意这样的?父亲为什么要退兵呢?"

司马懿板着脸说:"诸葛亮平时一向十分谨慎,从不冒险。今天大开城门,必定有重兵埋伏。我们若想冲进去,必定中计。你们懂得什么呢?还不快退!"

诸葛亮见魏军远去,哈哈大笑起来。众官员问他说:"司马懿是魏国的名将,今统率十五万精兵来到这里。见了丞相,慌忙撤退,这是什么原因呢?"

诸葛亮说:"他料定我平生谨慎,从不冒险,见我们这样镇定,怀疑有重兵埋伏,所以退去。我并非在冒险,只因为不得不这样啊!"这就是诸葛亮空城退敌的神话。直到第二天,司马懿才从当时老百姓那儿了解到当时西城里确实没有伏兵,但为时已晚,只得仰天长叹:"我真不如诸葛亮啊!"

4.火烧籐甲破蛮兵

蜀国是三国时期实力较弱的一个国家,但是丞相诸葛亮为了完成刘备临死托付给他的辅佐大任,决心北伐曹魏,完成刘备恢复汉室的遗愿。但是,当时蜀国南方的南蛮经常叛蜀,成为诸葛亮北伐的后顾之忧。因此,在北伐之前诸葛亮决定先征南蛮。在这次征伐中,诸葛亮采取攻心为上的方针,对南蛮首领孟获实行七擒七纵,使他口服心服,归顺蜀国。下面就是诸葛亮第七次破孟获兵的故事。

孟获领南蛮兵抵抗诸葛亮的大军,连续六次都被诸葛亮打败擒获。但他们仍然不服输。因此诸葛亮又将他放了回去。孟获被第六次放回后,向乌戈国王求援,领了3万藤甲兵来桃花渡口与诸葛亮对阵。诸葛亮派大将魏延迎战,谁知藤甲兵身穿的藤甲厉害非常,刀枪不入,蜀军难以抵挡,只得败走。藤甲兵也不追赶,返回桃花渡口,因藤甲浸透了油,故而浮于水面,乌戈兵都轻易地渡河而去。魏延向诸葛亮报告此情,左右劝诸葛亮班师回朝。诸葛亮说:"我好不容易到此,岂能轻易退兵。"

于是,诸葛亮亲自去踏勘、考察地形,忽到一山,望见一条形如盘蛇的山谷,两边都是悬崖峭壁,没有树木杂草,中间是一条大道,便问土人:"这是什么地方?"

土人说:"这是盘蛇谷。"

诸葛亮大喜。打道回寨,命令马岱准备黑油柜车、竹竿等物置放在盘蛇谷两头,命令赵云准备应用之物在路口守卫,命令魏延与藤甲兵交战,在半个月内要连输十五仗,丢弃七个营寨,引诱藤甲兵进入盘蛇谷。各将纷纷领命而去。

却说孟获见了乌戈国王兀突骨说:"恭贺贵军旗开得胜,蜀军怎是你们藤甲兵的对手? 不过,诸葛亮惯会运用埋伏火攻之计。今后交战,只要见山谷中有树木草卉之处,切切不可进去。"

兀突骨说:"您说得有道理,藤甲怕火不怕水,我们要防止诸葛亮放火进攻。"

不日,魏延与兀突骨交战,每战必败,半月连败十五次,连丢七个营寨。藤甲兵大进追杀。兀突骨但见林木茂盛处便不叫前进,派人远望,果见树荫之中隐隐有军旗飘扬,对孟获笑道:"果然诸葛亮想在树林处埋伏火攻。我不上当? 他必败无疑。"

第十六日,魏延又来挑战,兀突骨打败魏延。魏延过盘蛇谷而逃,兀突骨率兵追杀,见谷中并无树木。忽见谷口有黑油柜车,蛮兵说:"这是他们的粮车。"兀突骨大喜,放心进谷。忽报谷口"粮车"火起,又被大批干柴拦断。兀突骨心慌,正要夺路,只见山两边乱丢火把,地中火药爆炸,三万藤甲兵左冲右突,全被烧死,臭不可闻。

原来,诸葛亮料定敌人一定会防备在树林处伏兵的火攻,于是故意布置军旗,让敌军相信。而后,让魏延连输十五次,让敌军知道我军敌不过他,使他骄傲轻敌,放心朝光秃秃的盘蛇谷追来,最后用火药、黑油等引火物来火攻。因为利于水的东西一定怕火,藤甲是油浸之物,见火必着……

滕甲兵被烧之后,孟获又被擒拿,这一次他已感到无计可施,于是彻底释服,保证永不复叛。诸葛亮南征取得了彻底胜利。

5.将计就计气周瑜

三国初期,诸葛亮出山不久,便为刘备定好了先取荆州,再取益州为根据地的战略方针。不久,刘备利用周瑜、曹仁厮杀之际,乘虚袭取了南郡、荆州、襄阳,以后又征服了长沙等四郡。周瑜为此十分气恨,自己辛辛苦苦打败曹军,本应将荆州取回吴国,却没想到被刘备乘虚而入,捡了便宜。于是他苦思冥想,无时不考虑怎样从刘备手上夺回荆州。不久,忽然传来刘备丧偶的消息,周瑜计上心来,他要孙权以联姻抗曹名义向刘备招亲,把刘备骗来南徐幽禁,逼刘军拿荆州来换。

刘备认为这是骗局,想要拒绝,诸葛亮却笑着说:"您只管去东吴,我叫赵云陪您去,自有安排,包您得了夫人又不失荆州。"接着,诸葛亮暗暗关照赵云道:"我这里有三个锦囊,内藏三条妙计。到南徐时打开第一个,到年底时打开第二个,危急无路时打开第三个。"

赵云贴身藏了,领了五百士兵护卫刘备前去东吴。到了南徐,赵云打开第一个锦囊,即令士兵们去商店购买结婚用品,并大肆张扬:"刘备要与孙权妹妹结亲了。"并劝刘备去拜见周瑜的岳父乔国老。

乔国老将此事告知了孙权的母亲吴国太。吴国太在甘露寺见到刘备仪表堂堂,就完全同意将女儿嫁给刘备。孝顺的孙权只得依了母亲,结果周瑜安排的假戏变成了真事。孙权让人把消息告诉在柴桑的周瑜,周瑜心里叫苦不迭。

周瑜一计不成,又心生一计,写信给孙权,说:"刘备出身很苦,从没享乐过。现在利用声色犬马迷住他,离间他们上下之间的关系,我们再出兵攻取荆州。"孙权依计而行。

　　果然,刘备迷恋新婚的甜蜜生活,暂时不想回荆州。赵云劝告也无用,非常焦急,想想到了年底,便打开第二个锦囊,立即心领神会,向刘备报告:"曹操兴兵五十万报赤壁之仇,荆州危急,主公要赶快回去。"刘备大惊,夫妻商议停当,于次日就去江边祭祖,出了城沿江一路朝荆州方向飞奔而去。

　　等孙权知道真相,刘备他们已走远了。孙权大怒,先后派两起人马追赶。刘备一行人快到柴桑地界,又有周瑜派出的一支军队拦住去路。赵云见形势危急,忙打开第三个锦囊给刘备看。刘备依计向夫人哭诉孙权、周瑜用美人计诱杀自己的阴谋,夫人大怒,命推出坐车,对东吴追赶的几个将军严辞斥骂。将军们如何敢得罪孙权的妹妹,便让开大路让刘备他们通行。

　　刘备一行走到快近荆州地界,东吴追兵又至,诸葛亮把刘备接应上船。忽然,周瑜率战船追来,诸葛亮叫部下弃船上岸,周瑜也上岸汇合陆兵一起追赶,却给诸葛亮安排的关云长、黄忠、魏延三支伏兵杀得大败。周瑜急急上船,岸上刘备的士兵齐声喊道:"周郎妙计安天下,赔了夫人又折兵。"周瑜又羞又恼,大叫一声,旧伤迸裂,昏倒于地。部将将他救醒,开船逃走。不久周瑜就因伤不治身亡了。

6.巧收姜维识人才

　　诸葛亮为复兴汉室,平时就留心贤才,以便培养自己在军事指挥上的继承人。在一次伐魏作战中,他见到魏国智勇双全的年轻骁将姜维,心中非常喜爱,决心收降姜维。然而,听人说姜维非常忠于曹魏,他思考了好久也想不出办法。

　　后来,听说姜维是个孝子,他母亲在冀县闲居,诸葛亮心生一计,便令魏延率军佯攻冀县。姜维得到消息,只得哀求天水郡守马遵让他领兵前去冀县守卫。姜维快到冀县时,魏延假意与他交战,没有几个回合,又假意败走,放他入城。

　　于是诸葛亮派人到南安郡叫来被俘的魏国驸马爷夏侯楙,说:"你怕死吗?"夏侯楙慌忙跪地请求饶命。诸葛亮说:"现在姜维守卫冀县,派人告诉我,'只要夏侯驸马活着,我愿投降。'我饶你性命,肯招安姜维吗?"

夏侯楙忙道："情愿招安。"诸葛亮便给他马匹衣服,放他离去,也不叫人跟随。夏侯楙逃脱蜀寨,寻找道路时碰到几个逃难的百姓,便问:"你们到哪里去?"

百姓答道:"我们是冀县人,今姜维投降了诸葛亮,献出了城池,魏延驱马烧杀,我等只好逃出来投奔上邽去了。"

夏侯楙问明了道路,朝天水急驰而去,路上又碰到了几起携老扶幼的逃难百姓,说法都是一样:"姜维献了冀县,投降了蜀汉。"夏侯楙到天水城下叫门,守兵认得他,慌忙开门接入,郡守马遵跪拜迎接。夏侯楙说起姜维之事,马遵叹息道:"想不到忠诚可靠的姜维会叛变啊!"

大将梁绪说:"我认为他是想救都督,故意说此话假投降。"

夏侯楙斥责道:"他已经投降了,怎么还是假的?"

正议论时,忽报蜀兵又来攻城。这时已近初更,火光中见姜维在城下大叫道:"我为夏侯都督投降,都督为什么违背诺言?"

夏侯楙斥骂道:"你受魏国大恩,为什么要投降蜀汉?有什么诺言?"

姜维说:"是你写信教我投降的。你要脱身,却将我陷在泥坑里。我已为蜀国封为上将,怎么能返归魏国?"说完,驱军攻城,快到天亮才退兵。——原来夜间进攻天水的姜维是假的,是诸葛亮在部队里选择与姜维形貌相似的人装扮的,因为夜色火光朦胧,城上人难以分辨。

却说诸葛亮率军进攻冀州,城中军粮越来越少。诸葛亮故意叫蜀军搬运粮草,诱惑姜维出城抢劫,却叫魏延偷袭了冀城。姜维丢了冀县欲归不得,只好另走别路。但一路上不断遭到蜀国伏兵截杀,最后落得单骑匹马冲杀到天水城下叫门。太守马遵见是姜维,命人乱箭射下。姜维只得投奔上邽城,城上守将见是姜维,大骂:"反叛之将,竟敢诱我大开城门!"又是乱箭射下。姜维分辩不得,仰天长叹,双泪直流,朝长安落荒而去,路上给诸葛亮伏兵团团围住,只得下马投降。接着,诸葛亮采用姜维"反间"之计,又兵不血刃夺取了天水、上邽两城,很快进军祁山,到达渭水西岸。

周瑜火烧赤壁成英名

周瑜（175～210年）三国时代吴国大臣，字公瑾，庐江舒县（今安徽舒城）人。出身士族家庭，少年时与孙策为友。孙策掌管江东时，拜周瑜为建威中郎将，并帮助孙策建立了孙吴政权。孙策死后，与张昭共同辅佐孙权，任大都督。建安十三年（公元208年），曹操率领百万大军进攻东吴，周瑜用火攻在赤壁大败曹军。36岁时病死。

曹操在官渡战胜了大军阀袁绍后，统一了北中国，势力日益强大。接着占领了荆州，起用善于水战的荆州降将蔡瑁、张允操练水军，积极准备灭吴。

曹军中有个名叫蒋干的人，与东吴都督周瑜有些旧交，向曹操请求去东吴刺探军情。蒋干到吴营，周瑜察知他的来意，巧施反间之计，假造了一封蔡瑁、张允的投降信，

周瑜

信中声言："不久将献上曹操的脑袋。"蒋干当即偷了这封假信，不辞而去。曹操见信，一怒之下，竟不加查究，杀了蔡瑁、张允。

曹操后来察觉到是中了周瑜的反间计，非常后悔。因为，曹军大多是北方人，不惯乘船，渡江中战船摇荡不定，不少将士都得了病，熟知水战的蔡瑁、张允一死，更难训练水师了。

接着，周瑜派庞统假意暗投曹操，"献计"道："把战船每三十只至五十只用铁环连锁成排，如此一来，不惯乘船的北方士兵就不怕水上颠簸了。"其实，这是为了在实施火攻时，让曹操的战船无法逃脱之计。

曹操中了庞统的连环计，将战船用铁锁联结起来。但由于没有内应，孙刘联军仍然无法接近曹操的船只放火。于是，周瑜又心生一计。

一天，周瑜召集将士们，叫他们准备三个月的粮草，一定要把曹军打回去。

老将黄盖劝告周瑜还是归顺朝廷，两人争吵了起来。周瑜气得喝令将黄盖推出去斩了！将士们苦苦央求，请从宽处罚，周瑜便吩咐左右把黄盖重打五十军棍，打得他皮开肉绽，鲜血迸流，当场昏死过去。全军上下都暗暗叹息。

第二天，黄盖就派心腹送信给曹操，说他受不了周瑜的气，准备投降曹操。曹操派人打探，听说黄盖确被周瑜打得死去活来，就眼巴巴等着他来投降。过了五六天，黄盖又去一信，说："周瑜防备严密，一时脱不了身。这几天当中将有运粮船到，江面由我巡查，到时候船上插着青龙旗的就是粮船，也就是投归朝廷的船。"曹操大喜，但他哪里知道，他已中了黄盖的"苦肉计"。

黄盖骗取曹操的信任后，准备了几十只大船，船上装满了干草、芦苇，灌饱了油，上面盖着油布，船头插着青龙旗。一切布置停当，请周瑜检查。那天正刮着西北风，水花直打到岸上来。周瑜看着看着，突然头晕眼花，差点倒下。回到营里，就病倒了。

在东吴游说孙刘联盟的诸葛亮这时前来探视，看完写了十六个字："欲破曹公，宜用火攻；万事俱备，只欠东风。"

诸葛亮说他有借风的法术，便叫人搭起法坛，故弄玄虚，祭天借风。其实诸葛亮懂得天文。旧说"冬至一阳生"，此时阳气初动，会刮东南风。

果然，到了冬至那天，刮起东南风来了。黄盖又去了一封信给曹操，约定当晚带几十只粮船到北营投降。晚上黄盖率一队快船直扑曹营。曹操正端坐帅船静候佳音，忽听一声锣响，水面上霎时出现十几条火龙，"连环船"不能躲避，烧成一片火海。孙刘大军乘机全线出击，打垮了曹操的几十万大军，曹操带了一些残兵败将落荒而逃。

司马懿装病惑敌夺权柄

司马懿（179~251年），三国时河内温县（今河南温县西）人。字仲达，出生于士族，初为曹操的主簿。魏明帝曹睿时，任大将军，多次率军抵抗诸葛亮。曹芳即位，他与皇族曹爽受遗诏辅政。嘉平元年（249年），发动政变，杀了曹爽。

魏国大权皆归其所有。司马懿死后,他的孙子司马炎代魏称帝,建立晋朝,追尊司马懿为宣帝。

魏明帝曹睿临终,把儿子曹芳托孤给大将军曹爽和太尉司马懿两人。要他们共同辅佐曹芳治理国家。没想到曹爽听从谋士之计,奏明皇帝,加司马懿为太傅,夺了其兵权。因此,司马懿心事重重:"自己身为太尉,和大将军曹爽受明帝遗昭,同辅朝政。曹爽原先不敢自专,凡逢大事必请问。如今,他竟引荐心腹,架空了我。唉,人家曹爽是宗室贵族,再加自己太尉兵权已被夺去。当了名空架子太傅,怎能与这小子硬拼呢?"但司马懿并没有死心,他在等待机会,要伺机夺回兵权。

曹爽也没有忘记他。一天,曹爽派心腹李胜出任荆州刺史,去司马懿处告辞,顺便探探虚实。

司马懿得知李胜来探望,觉得这是个麻痹曹爽的好机会,于是忙让两个婢女搀扶着,坐在雕花大床上。

李胜刚刚跨入,司马懿忙以手拿衣,衣服却扑地落地。他又向婢女比画着双手。示意口渴。婢女端上一碗粥,司马懿滋溜滋溜喝着,粥汁竟全顺着口角流到了胸前。

李胜心中大喜:司马懿不中用喽!脸上却装出一副痛心疾首的样子:"皇上年幼,缺了您辅助不行。您病成这样,天下人都会痛哭流涕的。"

司马懿长叹一声:"我老了,快进黄土了。听说您出任并州刺史,好好地干吧,恐怕我们再也见不到了。"

李胜忙纠正:"太傅公,我是去荆州,不是并州。"

司马懿知道李胜是荆州人,把荆州说成并州,是他故作昏庸:"君将出任并州长官,好自为之。"

李胜再也忍不住,反复说:"我是去荆州,不是并州。"

司马懿一意装病到底:"君去并州出任刺史,正好为国建功立业。此地一别,恐今生再难见面。有一事相托于您!"说着唤儿子司马师、司马昭出来,恳求李胜:"两小儿从此与君结为朋友,只求您在我死后多多照顾。"话语间,司马懿已开始抽泣起来。

李胜将所见报于曹爽,曹爽大喜过望,不再把司马懿放在眼里,更加肆无忌惮地弄权。

第二年正月,幼主曹芳按老规矩去高平陵祭祀祖先,曹爽兄弟率兵随驾出行,好不威风。城中无主,司马懿马上部署兵马,飞速占据武库,控制都城。然后,他屯兵洛水浮桥,派人向曹爽兄弟送去一封信:"大将军曹爽背弃先帝遗诏,内怀骄纵,外专威权,挟幼主以令天下。如秦朝赵高,汉朝吕后、霍光等乱臣贼子。我遵皇太后之命,罢免曹爽兄弟官职,令你们留下幼主及宫内一切侍从。你们自己乖乖回家,尚可恕罪;若违此令,格杀勿论!"

曹爽兄弟眼见重兵压境,不得不依言而行。

曹爽兄弟回府后,司马懿征发八百民工,在曹家四周筑起高墙。三步一岗,五步一哨,在高墙上严密监督曹家的一切行动。曹爽兄弟心慌意乱,马上给司马懿写了封乞求信试探虚实:"司马公,家中无粮,请求将肉脯、盐、大豆,送到曹爽兄弟府上!"士兵们送来了这些东西,曹爽兄弟心中略显宽慰:司马懿不计前怨,看来自己可以免去一死啦!

谁料想在这段时间里,司马懿正忙着在朝中剪除曹爽党羽,将他们一一打入监狱。全部障碍扫除后,司马懿把曹爽兄弟也关进狱中,最后以谋大逆的罪名,灭了曹氏九族。

陆逊以智破荆州

陆逊(183~245年),三国时吴国名臣,字伯言,吴郡吴县华亭(今上海松江县)人。出身于江南士族,为人善谋略,黄武元年(222年),他任吴军大都督,利用火攻,大败刘备取得了夷陵之战的胜利。黄武七年(228年),又破魏国曹休大军于石亭(今安徽怀宁和桐城之间),后任荆州牧,久镇武昌(今湖北鄂城),官至丞相。

三国时期,蜀国的大将,荆州牧关羽受命进攻魏国。开头,关羽打了几次胜

仗,很是得意。但是在围攻魏国的樊城时却旷日持久,久攻不下。此时,东吴守卫陆口

的大将吕蒙到建业向孙权献计道:"荆州本是我吴国地盘,因被刘备借去久不肯还。现守将关云长兴兵伐樊,大军阻于樊城,荆州必然空虚,我们可以乘虚偷袭,这是个难得的好机会。"孙权很是赞成,便命吕蒙回陆口准备兵马,自己随后起兵接应。

吕蒙回到陆口,得知关云长在沿江上下每隔二三十里都设置了烽火台,荆州防备森严后大惊,便借口有病,深居不出。孙权派陆逊前去探病。

陆逊知道原因,于是向吕蒙说:"将军是为荆州而病吗?我视荆州为囊中之物一样。"吕蒙向陆逊请教破荆州之策,陆逊为吕蒙出计:必须麻痹关云长,关云长最怕的就是你。你假装生了重病,干脆离开陆口,这样关云长就放心了。另外,还要对关云长尽量显示自己的谦卑和无能,让他轻视我们,好调出荆州主力去樊城。

于是吕蒙托辞生病,向孙权提出辞职。孙权听了陆逊的计策,召见吕蒙养病。孙权便派陆逊去守卫陆口。

远在樊城城下的关羽听得东吴陆口将领的调动,大笑道:"孙权怎么不长眼睛,用了陆逊这个乳臭未干的孩子?"忽又听得报告:"陆将军派使者送来名马、锦缎等礼物,还有公函一封。"关羽拆开公函一看,里面尽是卑躬屈膝乞求蜀吴两家永结同心的话;不由得仰天大笑。等使者返回,关羽即调出荆州精兵,帮助攻取樊城。

陆逊探听到关羽果然调出荆州主力,便派人通知孙权。孙权大喜,立即召见吕蒙,命他为大都督,节制江东各路兵马,并率军三万前行。吕蒙挑选大船八十余只,让水性好的士兵扮作白衣商人,在船上摇橹,却令精兵全部匿藏在船舱内,昼夜兼行,溯江而上,直抵北岸。江边烽火台蜀军盘问,白衣商人答道:"我们是客商,因江中遇风,到此暂避。"并将财物送与守台士兵。守军相信,便让他们泊船于岸边。到了晚上二更天,东吴商船内精兵齐出,将沿江烽火台守军尽行活捉,不叫一个逃脱。吕蒙驱兵直进,进抵荆州城下,又用重赏诱使被俘的烽

火台守军叫开城门。城上守军见是自家人，便打开城门。守台军兵拥入，举火为号，吕蒙大军一拥而入，夺取了荆州。

黄皓行奸亡蜀汉

黄皓生卒年不详。蜀汉时期权阉，幼年时期进入蜀汉宫中为宦官。后主刘禅即位以后，黄皓一直伴后主身旁。他在宫中 30 多年，由最初侍奉后主起居，而后献媚取宠，最后窃取权柄，排挤忠良，使蜀汉王国走向灭亡。

公元 223 年 4 月，刘备病亡于白帝城。临终之前，刘备向诸葛亮托付后事，希望他扶助儿子刘禅治理好蜀国，完成兴复汉室之大业。刘禅时年 17 岁，平庸无能，即位之后国家大事尽付丞相诸葛亮，自己躲在宫中尽享君主之福。此时，黄皓因整日陪伴后主玩乐，极尽阿谀奉承之能事，取得了后主的信任。后主首先提拔他为小黄门，令其陪伴左右，继之又被提升为黄门令。

公元 227 年春，诸葛亮统率大军进入汉中，准备攻打北方的曹魏。出师之前，呈《出师表》给后主："侍中郭攸之、费祎、侍郎董允等，先帝简拔以遗陛下，愚以为宫中之事，事无大小，悉以咨之，必能裨补阙漏，有所广益。"（《三国志·董允传》）诸葛亮担心他走了之后，刘禅因玩乐受群小之惑，误了国事，所以让费祎任参军；董允任侍中，并以虎贲中郎将之职，统领宿卫亲兵。诸葛亮率兵走后，刘禅不思朝中政事，预谋在国内大选美女充实后宫玩乐之需，黄皓借此向后主大献殷勤。董允得知后，劝谏后主说："古时天子后妃之数不超过 12 个，现在陛下宫中嫔妃已经额满，不应该再增加。"同时严厉斥责黄皓引诱后主耽于声色的行为。此时黄皓虽然深得后主宠信，但他对早年曾任太子舍人，现为侍中的董允畏惧三分，不敢公然冒犯。但他却在后主面前不断讲董允的坏话，使后主对董允产生不满。诸葛亮病死五丈原后（今陕西郿县西），蒋琬任尚书令，上书后主，建议让费祎接替董允的官职，加封董允。然董允性情刚直、疾恶如仇，担心离开后主后黄皓得势，蒙骗后主，所以坚辞不受。后主受黄皓蒙骗，几次欲提升黄皓，都在董允的劝谏下作罢。

公元 246 年,董允逝世,主持政务的大将军费祎提拔陈祗接替董允。陈祗善弄权术,入宫以后,与黄皓狼狈为奸,为黄皓提供了参预朝政之方便。费祎死后,由姜维继任大将军,主持国事,但姜维因常年出征在外,朝政被陈祗把持。黄皓与陈祗互为表里,怂恿后主沉湎声色,荒废政事。陈祗死后,深受后主宠爱的黄皓先升中常侍,旋又加以奉车都尉。黄皓身兼二职,既掌管文书、传达诏令,又负责陪乘皇帝军马,基本上控制了蜀汉王朝的宫廷政务。黄皓一旦权力在握,便肆无忌惮,开始结党营私,排除异己,对忠正贤良的朝臣进行诬陷打击。大将军姜维,曾对陈祗与黄皓相互勾结、惑主误政深感忧虑,上书后主认清黄皓奸邪本色。黄皓对此耿耿于怀,窃取权柄之后,便与右大将军阎宇串通,阴谋废掉姜维,由阎宇取而代之。姜维得知后,只得领兵在外屯田,不敢贸然回朝,以免遭黄皓毒手。后主之弟刘永,刘备在位时被封为鲁王;刘禅即位后,于建兴八年(公元 230 年)改封为甘陵王。他因对黄皓用事表示不满,黄皓在后主面前屡进谗言,被后主发派到外地做官,"至不得朝见者十余年"。

黄皓在朝中弄权,政治黑暗;蜀汉又连年兴兵北伐,国力空虚。曹魏司马昭见蜀国已师废民疲,便加紧备兵,在关中整饬军旅,准备大举攻蜀。有鉴于此,姜维于公元 262 年上书后主,请令早做迎敌准备。然而黄皓却"征信鬼巫",得出魏军不可能进犯的结论。后主偏信黄皓,继续日夜享乐,根本没有防备魏军进犯。

公元 263 年,魏军分三路伐蜀。魏将邓艾率领三万余人,通过了阴平七百里险路,直逼绵竹(今四川德阳市),准备叩击成都门户。为保成都,诸葛亮之子诸葛瞻及孙诸葛尚浴血奋战。结果诸葛瞻战死,其子诸葛尚仰天长叹;"父子荷国重恩,不早斩黄皓,以致倾败,用生何为!"(《三国志·诸葛瞻传》)他深知蜀国为黄皓所误,痛恨不已,策马单身杀入魏军,搏战而死。魏军直抵成都城下,昏庸无能的刘禅,只好让人绑上自己,带着棺材向邓艾投降。

羊祜边境攻心战

羊祜(221~278 年),西晋大臣,字叔子,泰山南城(今山东费县西南)人。

魏末任相国从事中郎,参与司马昭的机密。晋武帝司马炎代魏后,与羊祜筹划灭吴。泰始五年(公元269年),羊祜从尚书左仆射都督荆州诸军事,出镇襄阳。在镇10年,开屯田,储军粮,作一举灭吴的准备。临终,推荐杜预代替自己,实现了灭吴的宏愿。

公元269年,东吴命大将军陆抗屯兵江口,伺机进攻晋国襄阳,晋武帝便派羊祜率兵抵抗。于是两军在边境形成了对峙。当时,由于吴弱晋强,常有吴国兵前来投降。羊祜总是宽宏大量地说:"想回去也行,你们来去自由。"每次外出活动,羊祜常穿一身轻便皮衣,不着铠甲。住所附近,保卫的侍卫总不超过二三十人。一有空闲,羊祜就跟将士们一块儿去打猎捕鱼。这一切,全给吴国士兵看在眼里。他们从来未见过这么平易近人的敌军将领,渐渐失去敌意,纷纷越过边界向羊祜投降。吴军的斗志,开始慢慢松懈。

羊祜用兵于两国交战时,他不搞突然袭击。一日,两军交战正酣,有人捉来了两个吴国小孩子。两个小孩瞪圆了双眼,惊恐万状。羊祜冲他们宽慰地笑笑,忙招呼壮士:"送他们回去,一定要保证他们平安无事。否则,唯你们是问!"两个小孩子破涕为笑了。不久以后,吴国将领夏详等前来投降。那两个小孩子的父亲因大受感动,也带着部将来投降。

有一次,吴国将领陈尚、潘景入侵晋地,羊祜派兵追击,截杀了他们。事后,羊祜却隆重地给他们举行葬礼。吴国将领邓香举兵入侵晋朝夏口,一败涂地,给羊祜活捉。邓香被晋兵捆绑押送到羊祜面前时,心中诚惶诚恐,羊祜却微笑着挥手吩咐松绑,饶恕了他。邓香感激涕零,连连叩头。他返身入吴,马上带领大队人马投降了羊祜。

羊祜这边的人一旦进入吴国领土,却都有特殊的"规矩"。收割吴国的谷物当军粮了,都要统计好数目价值,送给吴国百姓丝织品作为偿还。羊祜和手下兵将驰骋在吴、晋边界打猎、游玩,总在晋地活动,从不踏上吴国土地。禽兽不识边境线,有时它们乱窜,一旦禽兽先被吴国人射伤逃到晋国这边来,羊祜总吩咐手下绑好后送还给吴国人。

就这样,吴国人对羊祜心悦诚服。吴国虽与晋国敌对,却尊称羊祜为"羊

国学经典文库

中国古代野史

·三国两晋南北朝野史·

图文珍藏版

公"。跟羊祜对战的吴国将领陆抗也啧啧称赞:"羊公胸怀宽广,连乐毅、诸葛亮都比不上他啊!"

吴国人的心逐渐偏向羊祜。这一切,都为晋国征服吴国奠定了基础。羊祜逝世不久,吴国被平定了。班师回朝,论功行赏。晋武帝双眼泪光盈盈,喃喃自语:"说良心话,这都是羊祜公立下的功劳啊。要论功劳,他最大。"

杨忠巧舌胜万兵

杨忠(507～568年),北周柱国大将军,隋国公。祖籍为弘农华阴。杨忠本人初为尔朱氏将领,后为独孤信的部将,并随独孤信逃奔到梁国,大统三年(公元537年)返回长安。因功封为骠骑大将军,朔州刺史,开府仪同三司。北周天和三年(公元568年)卒,谥曰桓。隋朝开国皇帝杨坚就是他的儿子。

公元564年(北周武帝保定四年),北周大司马(官职名)杨忠被派到陕西去征伐经常反叛北周的稽胡人,但因兵少粮缺,还没与稽胡人作战,就已快陷入困境了。

当时北周大冢宰(官职名)宇文护率军攻打北齐洛阳。临行前,命令大司马杨忠联合突厥人征服稽胡(今陕西米脂、横山一带的少数民族)。可是半个月已过去,杨忠的军粮越来越少,不要说在短期内无法征服胡人,反而有被敌人困死的危险。何况,宇文护在洛阳已被齐军打败。如果这个消息再让稽胡人摸清,那后果更不堪设想!

中军帐中,众多北周将领都皱紧了双眉,一时想不出什么破敌取胜的好办法。过了好长时间,杨忠终于出了一条妙计。他说:"我们布置个圈套,让稽胡人乖乖钻进去!"于是杨忠精心设计了下面一出戏:

第二天下午,稽胡首领全喜滋滋地坐在杨忠中军帐内。这天上午,他们都接到了杨忠盛邀赴宴的大红请帖,便一个不漏地来了。

这批首领落座后,开始面露喜色地谈笑风生。这时,北周河州刺史王杰全副武装,敲着战鼓大步闯到这里,那模样像是要上战场似的。杨忠一见,佯作不懂:"王大人,这是什么意思?"

王杰装作不知道有稽胡首领在场,大声作答:"大冢宰(指宇文护)已经攻下洛阳城。皇上听说银、夏二州之间的稽胡不服朝廷管理体制辖,特地派我来和您一块儿出兵攻打他们!"

两人正言语间,假突厥使者策马奔来,刚跳下马,便气喘吁吁禀告:"杨大人,我们可汗(首领)已在长城下面布置十万雄兵。他特意派我先来通报,如果稽胡不服,马上统统调来帮您打败他们!"

在场稽胡首领听罢,个个呆若木鸡:"这,我们哪敢反抗,岂不是以卵击石?"杨忠看在眼中,双手抱拳,虚情假意地安慰他们:"请放心,我北周大军绝不会乱杀生灵!"

这批人千恩万谢地躬身曲腰退出。不少人回家以后越想越害怕,几天后,便相约一些胡人首领,率兵前来归顺杨忠。

韦孝宽酒肉滞敌脱虎口

韦孝宽,(?~580年),京兆杜陵(今陕西西安)人,又名叔裕。门阀大族出生,西魏时随大将独孤信征讨,以功晋爵为侯。北周建立,韦孝宽屡败北齐军,天和五年(公元570年)晋爵郧国公。及杨坚辅政,任韦孝宽为相州总监,大司空,都督十二州诸军等。大象二年(公元580年)十一月卒。时年七十二岁。

公元579年,北周宣帝驾崩,幼帝宇文阐即位,左大丞相杨坚权倾朝野,雄心勃勃,特派韦孝宽前往邺城,替换不听其指令的尉迟迥。但韦孝宽知道尉迟迥想害死他,所以故意放慢行程。尉迟迥派韦孝宽的侄儿魏郡太守韦艺来刺探情况。韦孝宽知道侄儿是尉迟迥的同党,拘起韦艺严加审讯,弄清了尉迟迥确有加害自己的阴谋。

韦孝宽拧紧了双眉,心急如焚:"尉迟迥既蓄谋已久,杀死我后再起兵攻打杨大人。现在我迟迟不去就任,他肯定马上会派人来追杀。他追来怎么办?他人多势众啊。"一会儿,他的双眉舒展开了,"现在只能如此这般了。"

韦孝宽带着韦艺和一行随从向西逃跑。每到达一个驿站，韦孝宽都郑重其事地吩咐驿站管事的小官："快准备好酒好菜，蜀公尉迟迥大人将要大驾光临，你们要隆重接待、热情款待！"临动身离开时，韦孝宽又命令手下将驿站的好马统统牵走。

果然不出韦孝宽所料，他们走后不久，仪同大将军梁子康奉尉迟迥之命率几百人马追杀而至。他们一见驿站内摆满好酒好菜，个个垂涎欲滴，哪有心思追赶韦孝宽呢？何况，追了这么长时间，肚子正饿得咕咕叫呢。众将士忙扔下兵器，争先恐后坐在酒桌旁，猛喝大嚼。一站接一站，每个驿站都摆好了美酒佳肴。他们吃了一顿又一顿，耽误了追击韦孝宽的时间。吃得酒足饭饱，正欲呼五喝六地换马时，谁知驿站的好马都给韦孝宽带走了。他们没办法了，只好慢慢地赶路。就这样韦孝宽利用酒肉美食滞留住追兵，而自己却一站一站地换走骏马，快马加鞭，逃出了虎口。

和士开专权八年一朝毙命

和士开(523~571)，字彦通，清都临漳(今河北磁县南)人。其先世为西域胡商。齐武帝高湛太宁元年(公元561年)即位之初就任命他为侍中，不久又升为右仆射。河清三年(公元564年)十二月，高湛驾崩前，将和士开当作顾命大臣，托以后事。武平元年(公元570年)，他被封为淮阳王，尚书令。武平二年，被琅玡王高俨杀死，终年48岁。

1.用贿赂反败为胜

北齐天统四年十二月辛未日(公元569年1月13日)，北齐武成帝做了四年太上皇死于乾寿殿。临死前的时候，握着大臣和士开的手说："我的儿子就靠你辅佐了，千万不要辜负我的托付。"高湛死时才32岁，小皇帝高纬年幼暗弱，由胡皇太后参政。当时，和士开虽然得到胡太后的支持，但宗室亲王和正直派大臣都反对他，因此双方形成了尖锐对立的局面。

高湛在世时,皇后胡氏与和士开勾搭成奸。高湛宠任其他嫔妃,冷落了胡氏。和士开善于握槊(一种游戏),又善弹奏琵琶,深受高湛信宠,常出入宫禁。胡皇后受不了寂寞,便引他入室,代高湛之劳。时人皆知此事,只高湛不知,所以临死尚握手托以后事。

小皇帝高纬遇事不能自主,胡太后年龄也只在30左右,况与和士开情深意笃,朝中大权眼看落入其手。当时太尉赵郡王高睿满腔悲愤,既为高湛戴绿头巾感到羞愧,又为和士开惑乱朝纲而愤慨,决心要将其驱除出去。赵郡王高睿本是高欢兄弟高琛的儿子,他"三旬而孤,聪慧夙成,特为高祖所爱,养于宫中。令游娘母之,恩同诸子"。据此可知他是高欢的亲侄儿,而且由于早孤而为高欢收养,当亲儿子看待,他论辈分是高湛的兄弟,后主高纬的从叔,怎能眼看着从嫂与他人通奸且主掌朝政呢? 于是,他联合司空娄定远、侍中元文遥等入朝奏请齐主高纬,要求把和士开调往外任。其目的是先把和士开挤出朝廷,以免再与太后通奸。这样,以皇叔高睿为首的朝臣集团与以胡太后为首的幸臣集团的矛盾白热化了。

但高纬生性昏暗怯懦,全听胡太后的。胡太后与和士开感情很深,高湛死了正好没有遮拦,怎肯让情夫离开自己呢? 于是众论纷纷,莫衷一是。一天,胡太后出御前殿,赐宴朝臣。赵郡王高睿挺身出奏道:"和士开不过是先帝的一个戏子和玩伴,是个十足的小人。他不仅依仗权势受贿敛财,而且在宫廷里淫乱,这种人留在朝廷合适吗?"众人惊愕,看着胡太后,太后说:"先帝在世时,王等为何不说? 今日想要欺负我们寡妇孤儿吗? 姑且喝酒吧。不要多说话了!"高睿继续慷慨陈词,其他大臣也有帮腔的。太后见状,忙说:"此事改日再说,大家回去吧!"赵郡王高睿等人有的把冠扔在地上,有的拂衣一甩袖子就走了,不欢而散。第一回合的斗争可谓打个平手,矛盾更加尖锐。

翌日高睿等复至云龙门,让元文遥进去弹劾和士开,三入三返,终不见从。但几人尚在宫门外等候商议怎样排挤出和士开。左丞相段韶派胡长粲传达太后谕旨说:"梓宫在殡,事太匆匆,欲王等三思后行。"高睿等人才拜命散归。胡太后闻言大喜,忙召和士开商议对策。和士开说:"陛下幼弱,大臣皆有觊觎之心；今若出臣，正是翦陛下羽翼。何不传语睿等，但说臣与文遥，并经先帝任用，可并出为州吏，待山陵事毕，然后遣行。"双方皆以为然，如言颁敕，授和士开为兖州刺史，元文遥为西兖州刺史，只等山陵事毕，即遣上道。

胡太后这一手也很厉害，即用死人压活人，以"梓宫在殡"为理由要求赵郡王高睿暂不要闹事是有相当充足的理由的。和士开之策实为缓兵之计，且有双层意义，一是可争取时间，"山陵事"即指送殡埋葬高湛之事，这当然需一定的时间；二是他又把对方的主要成员元文遥牵进去，并以同顾命也应同出为理由。他以为对方不一定同意，那么自己也有理由不出外任了。双方继续斗心计，局面仍很僵，胜负难料。

奉葬完毕，赵郡王高睿入宫请求实行前议，出和士开外任。胡太后又想等百日之后再令赴任。对胡太后来说，多留一天是一天，实在割舍不了这位情夫。而对赵郡王高睿来说，则尽快赶走和士开，免遭意外。高睿见胡太后又变卦，要等百日之后，坚决不答应。因为如此拖延下去则无定日了，百日后还有周年，周年后还有三周年。于是与太后苦争。弟媳和大伯哥，太后和亲王之间各执一端，互不相让。胡太后令下人斟一杯酒赐给高睿，高睿严肃地说："今来争论国家大事，岂是为了一杯酒？"说完愤愤趋出，下令娄定远监守住宫门，不准和士开进入宫中。形势对和士开极为不利。

和士开想要进宫则被拦住，几次都进不去。他非常窘迫，乃特选两个美人和一具珠帘去送给娄定远。娄定远见显赫一时的和士开竟给自己送来重礼，心中暗喜，忙问士开来意，和士开说："在内久不自安，今得调外任，心中实在高兴，但求您多加保护，使我长居大州，就感德不浅了。"娄定远见其无意留朝廷，先放松了警惕，信为实话。和士开临行时又说："今当远行，愿入内辞觐二宫，请君方便一下。"娄定远当即答应。不料，这正上了和士开的大当。和士开的进宫成为双方胜败的关键。

和士开进宫后，立刻拜见太后和齐主高纬，哭着说道："先帝升遐，臣愧不能从死。窃看朝贵意，仍将行乾明故事（指北齐乾明元年，公元660年，齐常山王高演废高殷自立为帝），臣出后必有大变。臣受先帝大恩，愧无面目相见地下!"胡太后母子也都哭了,忙向和士开问计。和士开揩干眼泪不无自负地说:"臣已得入,尚复何虑?只写几行诏书,便可了事。"于是下诏出娄定远为青州刺史,切责赵郡王高睿无人臣之礼。至此,和士开完全占了主动,开口可假传圣旨,下笔则是诏书。

赵郡王高睿接到诏书,知道宫中有变,满腔义愤,不顾家人的劝阻,于翌日进宫力争,于归途中被宫中的卫兵拘住,牵至华林园处死。年方36岁,时人皆为之鸣冤。

和士开又复原任,仍为侍中、尚书左仆射。娄定远忙把和士开送的礼物全部退回,还把自己家的珍宝加进不少。至此,以赵郡王为首的朝臣集团排挤佞臣和士开的计划完全失败。

2.琅玡王骗诏杀佞臣

后主高纬暗弱,胡太后参政,和士开更肆无忌惮,与胡太后俨然夫妇一般。而且执掌朝政,势焰熏天。这便触怒了另一位亲王,即皇帝高纬的胞弟琅玡王高俨。

和士开凭借与胡太后的不正常关系把持朝政,不仅高俨非常气愤,而且许多大臣也看不过去。于是以琅玡王高俨为核心又形成一个集团与和士开进行斗争,其中主要人物还有御史王子宜、侍中冯子琮等。侍中冯子琮的妻子是胡太后的妹妹,此人先依附和士开,故连续升迁,到一定品位后则开始自大起来,录用人才也不与和士开商量,二人渐成仇隙。王子宜疾恶如仇,又任御史之职,可以纠弹百官。高俨集团对和士开也形成一定的威胁。

其实,这和士开确也算个人物。他"幼而聪慧,选为国子学生,解悟捷敏,为同业所尚"他有文凭,又机敏,只是心术不正,导君于奢。他曾劝武成帝高湛说:"自古帝王尽为灰烬,尧、舜、桀、纣,竟复何异?陛下宜及少壮恣意作乐,纵横行之。即是一日快活敌千年"。极力宣扬淫欲享乐的腐朽哲学。故他虽机敏聪明,也属邪恶一类。高俨与之进行的斗争自有邪正之别了。

琅玡王高俨是后主纬的胞弟,深得父母的宠爱。他聪明有威,遇事有主见。

高湛在日,曾想废高纬立俨,后来因长幼之别,事未果行。这样,高俨与皇帝的关系比赵郡王高睿又进了两层,其威胁也就更大。高俨对和士开与另一幸臣穆提婆二人大修宅第颇为不满,曾加以冷嘲热讽。二人有些害怕,相互商议,和士开说"琅玡王眼光奕奕,数步射人,前时偶与相对,不觉出汗。见天子时尚不至此,此人若掌握大权,我们俩死无葬身之地了!"遂朝夕在皇帝面前说高俨的坏话。结果是出高俨居北宫,免太保官,只留中丞一职,限令五日一朝。一位14岁的少年亲王却能使40多岁的老臣如此惧怕,确是有威。但在第一回合的较量中,高俨显然处于劣势。

和士开扳倒亲王,愈加骄横。一些势利小人愈加谄附,有的拜其为假父。一次,和士开偶感伤寒,需服食黄龙汤。黄龙汤是多年的大粪汁,味道奇臭,和士开紧锁双眉不愿服用,一个干儿子竟代为品尝。和士开趾高气扬,作威作福,完全放松了警惕。高俨则被免官出宫,心中不平,暗思驱除政敌之计。双方的形势在暗转。

御史王子宜,素与高俨友善,又探得和士开密谋欲把高俨出为外任,知道斗争到了关键时刻。他就去找高俨商议对策。高俨忙召集僚佐谋臣密谋,又请来冯子琮参与其事。决定先发制人,置和士开于死地。

首先,由王子宜写成奏本弹劾和士开。王子宜为御史,正当此职,名正言顺。弹章交给冯子琮。冯子琮是侍中,为侍中省长官,正管将章表奏疏交由皇帝审阅批复之事。俗话说"县官不如现管",这个官职帮了冯子琮的大忙,而成为诛杀和士开的关键环节。冯子琮把王子宜的奏章杂在许多奏章的中间偏后的位置。前面都是些无关紧要又必办之事,这也是精心安排的。冯子琮抱着一厚摞奏疏进呈给高纬御览。小皇帝高纬看过几份后就有些不耐烦了,便对冯子琮说:"可行便行,我不耐烦看这么多东西!"冯子琮巴不得他这一句话,遂全加盖御玺,王子宜弹奏请收审和士开的奏章自然也照批了。

后主高纬批完奏章又回后宫拥姬抱妾去了。他丝毫也未觉察王子宜奏章之事。冯子琮回到省中,立刻拿着圣旨命令领军库狄伏连带人去收捕和士开,又派人将情况报告给高俨。

琅玡王高俨和侍中冯子琮的行为十分诡秘,后主高纬被轻轻骗过,老奸巨猾的和士开也丝毫没有察觉。翌日凌晨,他按部就班地要入朝上班,当走到神兽门外时,被埋伏在那里的库狄伏连和五十名甲士拘住,并被立即押往廷尉。高俨当即派心腹将领冯永洛亲自去监斩和士开。和士开猝不及防,此时已毫无办法,低头饮刀,从被抓到砍去脑袋,前后不到一个时辰。一位久执朝柄的老幸臣就这样被一位年仅14岁的亲王迅速除去。这一天是北齐武平二年七月二十五日(公元571年8月30日),和士开时年48岁。

宇文护连弑二君如儿戏

宇文护(515~572),北周权臣,小字萨保,武川(今内蒙古武川西)人,宇文泰之侄。西魏恭帝三年(公元556年)宇文泰死,诸子幼小,遗命宇文护掌管国家大政。拥宇文觉称周天王,建立北周,宇文觉即是北周孝闵帝。护为大司马,封晋国公,迁大冢宰(当时的宰相)。后杀宇文觉拥立宇文泰另一个儿子宇文毓(周明帝)。武成二年(公元560年)毒死明帝,立宇文泰四子宇文邕(周武帝),改元保定。建德元年(公元572年)宇文邕与弟卫王宇文直策划,杀死了宇文护。

北周闵帝宇文觉登基时虽年仅16岁,但是性格刚毅果决;很有见识。当时,提任大司马的宇文护掌握着朝政大权,他独断专行,根本没把这个皇帝放在眼里。因此,闵帝"深忌之",决定铲除掉他。此时,有几位宇文泰在世时的佐命大臣,如司空李植、司马孙恒等,也痛恨宇文护专权,并看出他已有图谋篡逆的苗头。于是他们便团结在闵帝周围,又找了乙弗凤、贺拔提、张光洛、元进等人,共同计划除去宇文护。谁知张光洛临时叛变竟将计划密告了宇文护。宇文护当即利用手中权力,将李植赶到梁州(今陕西汉中市)任刺史,孙恒则放到潼州(今四川绵阳市)任刺史。二人虽被逐,却并没能够阻止他们实现除去宇文护的计划。

然而,由于他们未能识破奸细张光洛,计划再度泄露。宇文护马上采取行动,调兵遣将,擒拿了乙弗凤、贺拔提、元进等人,又遣散宿卫兵,派贺兰祥率军围宫逼帝,幽禁于旧宅之中。接着便召集公卿大臣,诬赖闵帝荒淫无度亲近小人,疏忌骨肉,说"今日宁负略阳(闵帝原封号),不负社稷",要废黜闵帝。事实上,闵帝是位天姿秀杰、年少有为皇帝,只是因为不满宇文护专擅,加上自己聪明有识而遭其忌惮。被要挟的公卿慑于他的淫威,只好说:"此公之家事,敢不唯命是听。"无人敢抗一言,宇文护派贺兰祥将在位不足十个月的闵帝弑杀,还不准以皇帝礼仪安葬。为斩草除根,断绝后患,又将李植、孙恒召回加以杀害,甚至同时杀北周功臣、李植之父李远及李植的几个弟弟。

闵帝被弑后,宇文护尚不敢自立,只好迎立宇文泰长子宇文毓为明帝。从此,他更是权高蔽主,威势大行。不过,明帝"宽明仁厚,敦睦九族,有君子之量,幼而好学,博览群书","睿哲博闻"。他年龄也较大,已24岁。这些对于宇文护来说都构成一种威胁。宇文护也深知不除去明帝,自己难保,故一直密谋加以杀害。他手下有一小人,名叫李安,由于厨师手艺不错,甚得他的欢心,一直做到膳部下大夫的官职,管理皇宫里的饮食事务。宇文护便密令李安在明帝的食物中投毒。武成二年(公元560年)四月,明帝因食物中毒,医治无效,不几天便死了。年仅27岁。

明帝在位不到3年,却做了不少有益的事。他力求政化循理,使黎庶丰足,并积极准备统一北方,进而统一全国。他还能团结老臣和元勋,齐心协力。自己在生活上十分俭朴,盖的是布被,穿的是常服,所用器皿,都未加雕刻琢磨。他的这些表现,在历代帝王中是罕见的。而宇文护为了自己窃取大权,竟在三年多的时间里,连弑两名国君,使建立不久的北周因接连发生重大政治事变,而极大地影响了政权的稳固,社会的安定和经济的恢复发展。

明帝中毒弥留之际,心知为宇文护所害,口授了一篇遗书,称:"鲁国公邕,朕之介弟,宽仁大度,海内共闻,熊弘我周家,必此子也。"选定宇文邕为皇位继承人,以防宇文护再次玩弄阴谋诡计或自己篡位。这一选择,确是慧眼独具。后来,宇文邕果然不负众望,终于除去了践踏朝廷15年之久的权奸宇文护,并灭了北齐,统一了北方。

由于明帝遗诏，宇文护迫不得已迎立武帝。但他故伎重演，将朝廷大权仍把握在手，百官听其命令行事。武帝登基时虽然才18岁，但心有大志，沉毅有智谋，城府极深。因为宇文护专横，所以即位之初的宇文邕总是将自己的真实想法隐藏心底，含而不露，也不与他争权，人们莫测其深浅。如此十年过去了，宇文护确也被迷惑住了，放松了注意和警惕。

其实，周武帝早就有除掉宇文护的打算，他与王轨、宇文神举、宇文孝伯等经常商量，后来又加上卫王宇文直。天和七年（公元572年）三月十八日，宇文护自同州回京，武帝见他之后，领他去见皇太后，假称太后好酒，请他以《酒诰》读示太后。武帝趁他诵读之时，从后面用玉珽猛击其后脑，宇文护惨叫一声，扑倒在地。武帝即令躲在屏风后面的宦官何泉出来用刀砍之，何因心惧，手颤无力，砍而不死。宇文直也赶忙出来连续数刀将宇文护砍死。当天，将宇文护的党羽一网打尽。

武帝此举，理所当然，也是宇文护的罪有应得。武帝说："晋公不臣之迹，朝野所知，朕所以泣而诛者，安国家，利百姓耳。"

乱世豪杰鲁肃

鲁肃的名字，通过罗贯中的《三国演义》和民间平话、戏曲而广为流传，在我国可以说是一个家喻户晓的历史人物。如果说，在《三国演义》中曹操是被歪曲得面目全非的第一号人物，那么，鲁肃就算得上第二号了。

历史上的曹操，不仅是一个杰出的政治家、军事家，而且还是一个卓有成就的大文学家。鲁迅先生就曾经说过："曹操是个很有本事的人，至少是个英雄。"那么鲁肃呢？也不像罗贯中笔下所描写的那样是一个头脑简单、忠厚无能的老好人，而是三国时期一个具有远见卓识的政治家、军事家和谋士。

鲁肃，字子敬，临淮东城（今安徽定远东南）人。公元172年出生在一个大户人家中，生下来不久，父亲就不幸逝世。鲁肃的祖母和他住在一起，非常喜爱这个聪明伶俐的小孙子，经常给他讲各种各样的故事。鲁肃最喜欢听的，是那些关于古代英雄豪杰的故事。

大概是因为没有父亲的严厉管教，鲁肃从小就养成了一种狂放不羁、轻财好义的性格。到了十七八岁，鲁肃已长成一个英俊潇洒、魁伟不凡的男子汉了。他拜名师，学剑术骑射，招聚了上百名青少年，供给他们衣服和食物，经常去南山打猎，把豺狼虎豹等猛兽当作敌人一样进行围歼，讲武习兵，号令严明，就像军事演习一样。家乡有些安分守己的父老说："鲁氏的家世衰败了，竟生下这样一个狂儿！"鲁肃听了，一笑了之。他有自己的志向和抱负，不屑于跟一般人一样见识。为了将来干一番大事业，鲁肃还刻苦读书，广泛地学习政治、军事、经济、历史、文学等方面的知识，尤其喜爱研究《孙子兵法》。鲁肃后来喜欢使用奇计，大约与早年爱读兵书有关。

这时正值东汉末年，一连几个皇帝都昏庸无能，由宦官和外戚轮流执掌朝政。他们对内争权夺势，互相残杀；对外又残酷压榨百姓，横征暴敛，搜刮民财，把整个国家闹得乌烟瘴气。因为朝纲松弛，政治腐败，各地的军阀、官僚和豪强地主也无视王法，巧取豪夺，霸占了大片良田。加上东汉末年的水灾、旱灾、蝗灾也特别多，很多地区瘟疫流行。老百姓为了躲避各种天灾人祸，四处逃亡，妻离子散，大片田园都长满了荒草，出现了大诗人王粲笔下所描写的"出门无所见，白骨蔽平原"的惨象。这种情况到了汉灵帝时，已发展到不可收拾的地步，连京城洛阳的街头，都横七竖八地堆着饿死、冻死的流民的尸首。

广大农民忍无可忍，终于在公元184年爆发了大规模的农民起义——黄巾起义。大江南北的青、徐、幽、冀、荆、扬、兖、豫八州，36万头裹黄巾的起义军，在首领张角、张宝、张梁三兄弟的率领下，攻打郡县，火烧官府，惩处官吏，开仓放粮……各地的农民纷纷起来响应。黄巾起义的浩大声势，使整个统治阶级感到十分震惊和恐慌。他们暂时放弃了争权夺势的内部斗争，联合起来共同对付农民起义。汉灵帝急忙抽调了皇甫嵩、卢植、朱儁率领三路大军，分头围剿和镇压农民起义。经过多次反复激战，黄巾起义终于被陆续镇压下去了，但各地军阀和豪强纷纷拥兵自重，割据称雄。当时，董卓占据凉州，并曾一度占领和抢劫了洛阳和长安。公孙瓒占幽州，袁绍占冀州，曹操占兖州，刘表占荆州，袁术占

·三国两晋南北朝野史·

图文珍藏版

南阳,公孙度占辽东,张鲁占汉中,刘焉、刘璋父子占益州,孙策、孙权兄弟占江东。至于那些占据一郡或几县的小军阀豪强,就数不胜数了。这些大大小小的军阀豪强,为了扩大地盘,称王称霸,互相混战厮杀,东汉王朝已名存实亡,汉献帝刘协先后沦为董卓和曹操的傀儡。

史书上记载鲁肃"家富于财",大约属于当地的豪强地主。鲁肃志向远大,不屑于在家经营祖辈留下的产业做一个守财奴,而是大量散发家财,落价典卖田地,慷慨地救济穷人,广泛地结交朋友,因此得到乡里的欢心和赞誉,在当地享有很高的威望。

周瑜为居巢(今安徽桐城南)县长,听说了鲁肃的名声,带领了几百人专程来拜访鲁肃。鲁肃亲自到大门外迎接。两人一见面,看到对方都是英气勃勃,气宇非凡,便互生敬慕之心。寒暄几句后,周瑜说明了来意,因为居巢县闹饥荒,想找鲁肃借点粮食。鲁肃家有两个圆形大谷仓,每个谷仓里各存有3000斛(古代以10斗为1斛)粮食。鲁肃用手指着其中的一个,对周瑜说:"这个送给你了!"周瑜喜出望外,愈加相信鲁肃是个了不起的人物,对他十分敬佩。从此以后,两人就成了好朋友,经常互赠礼物,建立了像春秋时期的公孙侨和季札一样深厚的友谊。这就是"指困相赠"的故事。

像鲁肃这样的豪杰,虽然有非凡的才能和一定影响,但在社会上并没有很高的地位,还不足以号召天下称雄一方。因此,选择英明的君主,是他们能否实现理想和施展才能的一个关键问题。

当时势力强盛的军阀袁术,一听说鲁肃的名声,就派人请他出来代理东城县长,鲁肃见袁术做事没有一套原则和办法,而且心胸狭窄,目光短浅,认为不值得跟这样的人共事,便毅然加以谢绝。然后,带着全家老小和归附于他的具有侠气武艺的青少年共300余人,南来居巢县投靠周瑜。州府知道后,派骑兵来追击。鲁肃让妇女和老弱在前,自己带领强壮者断后,慢慢徐行,等州兵追近,才勒转马头,将部下一字排开,大声说道:"你们这些人也是大丈夫,应当懂得识时务,当今天下兵乱,有功不赏,不追无罚,为什么如此相逼呢?"说完,将盾牌插入土中,张弓搭箭,箭矢都穿盾而过。追兵觉得鲁肃的话有道理,又自量不是鲁肃的对手，便撤回去了。

周瑜东渡长江，投奔"威震江东"的孙策。鲁肃跟他同行，把家小留在曲阿。恰逢祖母去世，鲁肃就护送灵柩，回到东城老家安葬。这时有个叫刘子扬的人，与鲁肃平时很有交情，写信给鲁肃说："当今天下的英雄豪杰纷纷崛起，像您这样的匡世之才，正好可以大用于今日，望您赶快把堂上的老母接来，不要滞留在东城。近来有个名叫郑宝的人，在巢湖（今安徽中部巢县、肥西、肥东、庐江等县之间）聚众起兵，手下已有 1 万多人，占据的地方又很肥沃富饶。庐江很多读书和闲散的人都去依附他，何况咱们呢？我看郑宝的发展势头还很兴旺，时机不可丢失，您还是赶快去吧！"

鲁肃觉得刘子扬的话很有道理，但究竟投靠谁，他还在犹豫。将祖母安葬完毕，鲁肃回到曲阿，正巧碰上周瑜已把鲁肃的母亲接到东吴去了。于是，鲁肃也到了东吴。他把听到的事情告诉周瑜，征求周瑜的意见。

这时是公元 200 年，孙策被人刺死，孙权还住在吴郡。周瑜对鲁肃说："以前马援对汉光武帝刘秀说：'当今之世，非但君择臣，臣亦择君。'如今我的主人亲近贤能，尊重国士，接纳和录用出类拔萃的人。我听说以前有高人私下透露，承受天命取代汉朝的人必定兴于东南。推算天象历法，体察当前局势，在这里终将会奠立帝王的基业，以配合天命。这也是志之士攀附圣哲，建立功业的大好时机，我刚刚弄通这个道理。您千万不要把刘子扬的话放在心上！"于是，鲁肃听从了周瑜的劝告，没有去投奔郑宝，而是留在东吴。过了不久，郑宝果然兵败，被刘晔杀死，这是后话。

周瑜向孙权说："鲁肃是个难得的匡时佐世之才，您千万不能让他投向别处去啊！"

孙权听了周瑜的推荐，马上举行宴会接见鲁肃。两人一见面就谈得十分投机，孙权心中大喜。宴会结束时，群臣纷纷告退，鲁肃也起身准备告辞。孙权却单独把他留下，合并座席，面对面地继续饮酒。孙权与鲁肃密议道："现今汉朝危机四伏，天下大乱，我继承父兄遗业，很想建立像齐桓公和晋文公那样的功业。您既然来到我这里，打算怎样辅佐我呢？"

鲁肃回答说："过去汉高祖刘邦一心想拥戴义帝,最终不得实现,原因就在于项羽起破坏作用。今天的曹操,犹如往日的项羽,您怎么能建立像齐桓公、晋文公那样拥护天子、号令天下的霸业呢? 我私下分析,汉朝皇室不可能再复兴,曹操也不可能立即铲除。替将军您打算,只有立足江东这块地方,观察和等待天下局势的变化。江东的规模虽然不大,但也不要嫌它太小。为什么呢? 北方现在是多事之秋,曹操自顾不暇,我们就可以趁机铲除黄祖,进伐刘表,把整个长江流域统统纳入我们的版图,然后打出帝王的旗号以谋取天下,这正是汉高祖的功业啊!"

孙权想了一下,说:"如今我在东南一隅竭尽力量,只是希望辅佐汉室而已,您刚才说的话,不是我所要做的。"这时孙权控制的地盘不大,只有会稽、丹阳、吴、豫章、庐江等五郡,而其中比较偏远和险要之地,还没有完全归附。哥哥孙策刚死不久,由他继承遗业,尚未完全站稳脚跟。当时东吴不少士大夫,对局势都持观望动摇态度,各自心里打着自己的小算盘。只有周瑜、鲁肃、张昭等人坚决拥护孙权。

鲁肃的一席话,对当时全国的形势作了精辟的分析,提出了一个首先巩固江东,然后夺取荆州,最后统一全国的战略方针。这同诸葛亮《隆中对》中的战略决策,在基本精神上可说是英雄所见略同,只是各为其主,立足点不同罢了。孙权起先只是想"挟天子以令诸侯",在拥护汉室的前提下建立齐桓公、晋文公那样的霸业。鲁肃却指出汉室已不可能再复兴,明确提出要孙权学习汉高祖刘邦,成就统一中国的大业。这就显示出鲁肃的见识和眼光,比孙权略高一筹。当时在孙权和文臣武将中,明确提出逐步统一全国的战略方针的,只有鲁肃一人。这时鲁肃年仅29岁,第一次见孙权,就为东吴未来的发展规划了一幅宏伟蓝图。虽然统一全国的愿望最后没能实现,但巩固江东,夺取荆州,孙权在吴国称帝的战略目标毕竟都达到了。这些足以显示鲁肃作为一个谋士的远见卓识,以及运筹帷幄的政治军事才能。

也许孙权当时确实没想到要当皇帝,也许想到了故意不露声色,所以才说出相反的话来。不管怎样,反正从此以后孙权对鲁肃确实格外赏识,另眼相看。

当时年长的大臣张昭，认为鲁肃不够谦虚，经常在孙权面前说鲁肃年轻狂妄，志大才疏，不可重用等等。但孙权从来不把这些话放在心上，反而更加器重鲁肃，赏赐给鲁肃的母亲许多衣物帷帐，住处所使用的家具摆设，阔绰气派也同从前一样。鲁肃心里也十分感激，更加尽心竭力地与周瑜等人一起辅佐孙权，治理和巩固江东。

公元208年，东吴经过几年的治理整顿，内部已经得到了巩固。孙权凭着有利的地理位置和较强的军事实力，日夜操练兵马，准备同伺机向荆州下手。

曹操这时已击败袁绍，平定了乌桓，基本上统一了北方。他听说孙权要对荆州下手，立即不顾久战的疲劳，亲自率领10多万大军，日夜兼程，浩浩荡荡地向南进发。曹军出发不久，刘表就病死了，由小儿子刘琮接任了荆州之主。

刘表的死讯传到东吴，鲁肃立即向孙权进言说："荆州与我东吴相邻，水流顺北而去，外面环带长江、汉水，内陆又有崇山峻岭，象金城一样坚固，加上肥田沃土万里，人口众多富裕。如果占据了荆州，就可以作为帝王事业的基础。现在刘表死了，两个儿子又一向不和，军中将军各有所向，加上刘备是天下枭雄，与曹操素有嫌隙，现在寄居刘表那里，刘表忌妒他的才能而不重用他。如果刘备与他们同心协力，上下一致，那就应当采取安抚政策，同他们结成联盟。如果刘备与他们相互猜忌，离心离德，那我们就可以采取别的办法以图谋取，成就我们的大事业！"孙权见鲁肃说得有理，连连点头。

鲁肃接着说："我现在请求奉命前去抚慰刘表的两个儿子，慰劳军中的主要将领，说用刘备和刘表的部属搞好关系，同心协力，共同对抗曹操，刘备一定十分高兴地听从我的劝告。如果能达到这个目的，天下就可以安定了。现在如果不赶快去，恐怕会被曹操捷足先登啊！"于是，孙权派鲁肃立即启程去荆州探听虚实。

鲁肃走到夏口（今湖北汉口附近），听说曹操正日夜兼程，向荆州进军。鲁肃走到南郡（今湖北江陵），刘表的儿了刘琮已投降了曹操，刘备在当阳长坂（今湖北当阳东北）被曹操的追兵击败，匆忙逃走，准备南渡长江。鲁肃决定走近路去迎他，在当阳与刘备会了面。

鲁肃向刘备转达了孙权的旨意,并介绍了江东的强大与坚固,劝说刘备与孙权联合,共同对付曹操。鲁肃的建议,与刘备、诸葛亮联孙抗曹的方针不谋而合,刘备听了非常高兴。这时诸葛亮正跟在刘备左右,鲁肃对诸葛亮说:"我是子瑜(诸葛亮的哥哥诸葛谨的字)的好朋友!"于是两人当即建立了友谊,成了知心朋友。刘备退到夏口后,立即派诸葛亮随同鲁肃去见孙权。

两人乘舟到了孙权的驻地柴桑(今江西九江市西南),鲁肃将诸葛亮安顿在驿馆中休息,自己先去向孙权汇报情况。孙权正召集文武大臣在堂上议事,见鲁肃回来,忙说:"你回来得正好!"说着,便拿出曹操下的战书给鲁肃看。

原来曹操占据荆州后,收编了刘琮的七八万军队(其中约有一半是水军),又在当阳长坂击败刘备,缴获了大量粮草物资,便把帅营扎在江陵,日夜练兵;派人向孙权下了战书,说他要亲自率领 80 万大军东下,与东吴决一雌雄,意欲恐吓孙权,不战而胜。

大臣张昭、秦松认为:"曹操本是豺狼虎豹一样凶狠的人,假托汉朝丞相的名义,挟天子以令诸侯,征讨四方。拒绝他,在名义上等于是抗拒朝廷。东吴以前可以抗拒曹操的,是凭借长江天险,现在曹操得到了荆州,又收编了刘琮的水军,长江天险已为双方共有。曹操兵强马壮,人多势众,水陆俱下,难以抵挡,不如向曹操称臣纳降,还可以保全江东。"其他将领也都劝孙权归降曹操。独有鲁肃一言不发。

孙权离座去更换衣服,鲁肃追到屋檐下。孙权明白他的来意,握着他的手说:"你有什么话要对我说吗?"

鲁肃说:"刚才那些人的议论,专门是想贻误将军,不值得与他们图谋大事。如今像我鲁肃可以迎降于曹操,像将军您则不可。为什么这样说呢?今天如我投降曹操,曹操会把我送回乡里,品评名位,仍不失做一个下层官吏,乘坐牛车,后面跟随个小兵,和读书人交个朋友,得到连续提拔时,还可以当上州郡的长官。将军您迎降于曹操,那将是怎样的结果呢?希望您尽早做出决策,不要采用那些人的建议。"

孙权叹了口气,说:"他们所持的议论,令我很失望,现在你的见解正好与我相同,这是老天把你赐给我的啊!"

鲁肃告诉孙权,刘备已派诸葛亮到东吴来了,大敌当前,只有联合刘备,才能抗拒曹操。于是,孙权马上接见了诸葛亮。诸葛亮详细分析了敌我双方的力量对比和各自优劣,指出曹操并不是不可以击败的,使孙权增强了抗曹的信心。

张昭、秦松等一班主降派,听说孙权准备起兵与刘备联手抗敌,又轮番跑来劝说孙权:千万不要中了诸葛亮的计策,借兵给刘备抗拒曹操,弄得不好,连自己和身家性命都难保!孙权一听,又有几分犹豫。因为此事直接关系到东吴的生死存亡,他一时下不了最后的决心。鲁肃对孙权说:"您为什么不赶快把周瑜召回来,问问他的意见呢?"孙权一听,如梦初醒,急忙遣人去召周瑜。

这时,周瑜正奉命在鄱阳湖训练水军,闻讯后火速赶回柴桑。鲁肃与周瑜交情最好,先去接着周瑜,把前后情形一五一十地告诉了他。周瑜见到孙权后,十分坚决地说:"曹操托名汉朝丞相,其实是汉室的奸贼。将军以神武雄才,并依仗父兄遗业割据江东,拥有土地几万里,军队精锐,粮草充足,英雄豪杰乐意效命,该当横行天下,为汉朝皇室扫除残暴污秽,何况曹操是自己前来送死,怎么可以去迎降他呢!"接着,他又向孙权具体分析了敌我双方的形势,指出曹操内部存在着严重的弱点。并自告奋勇,愿亲自率领3万精兵,联合刘备,保证为孙权击破曹操。

孙权一听大喜,这才果断地说:"曹操老贼想废弃汉室自立为帝,早就蓄谋已久,只是顾忌袁绍、袁术、吕布、刘表和我而已。现在几路英雄都被灭,只有我孙权依然健在。我和老贼势不两立!"说完,他抽出宝剑用力一挥,把面前的桌案砍去一角,严厉地说:"谁要是敢再提投降曹操,就叫他跟这桌案一样!"

孙权正式任命周瑜为左督(相当于前线司令员),程普为右督(相当于前线副司令员),鲁肃为赞军校尉(相当于总参谋长),率领能征惯战的水军3万,同诸葛亮一起溯江西,与刘备的军队会合,共同举兵抗击曹操。

公元208年冬天,刘孙联军与曹操大军在波涛汹涌的长江上,发生了一次举世闻名的"赤壁之战",创造了我国军事史上以弱胜强的著名战例。那么,双方力量的对比到底怎么样呢?

（一）曹操号称水际大军80万，实际上从北方带来的军队不过十五六万，收编的荆州军队约七八万人，加起来共20多万，在数量上占绝对优势。但曹军远道而来，又连续作战，已十分疲惫。荆州降军，只是慑于曹军的声威而暂时屈服，并不是真心实意替曹操打仗。联军方面，周瑜带来3万水军，加上刘备、刘琦的2万人马，共有5万精兵，人数虽占劣势，但都是精兵强将，本乡本土，战役的胜负直接关系到身家性命，为保国保家而战，因此士气旺盛，同仇敌忾。

（二）曹军大部分是北方人，长于骑射陆战，而短于游泳水战。甚至曹操本人，也缺乏指挥大规模水战的必要经验。联军绝大多数是南方人，长于舟船游泳和水上作战。周瑜大战前夕还在鄱阳湖训练水军，关羽和刘琦的水军也是训练有素，可以说是"以己之长，攻敌之短"。

（三）曹军远道而来，战线过长，粮草运输不便，而且北方人不服南方水土，加上天气寒冷，极易生病。而联军的粮草给养可就地解决，孙权长期在东吴养精蓄锐，屯聚丰足，占"地利"之便。

（四）曹操虽统一了北方，但袁绍的残余势力尚存，还有马超、韩遂拥兵关西（今函谷关和潼关以西地区），有后顾之忧。东吴和刘备则团结一致，共同抵敌。

（五）从作战心理来看，曹军连战连胜，骄傲轻敌，求胜心切，连曹操本人也被一系列胜利冲昏了头脑，犯了兵法上"骄兵必败"之大忌。孙刘联军，则大敌当前，头脑冷静，准备充分，认真对敌，在作战心理上也胜了一筹。

孙刘联军的战船，浩浩荡荡，沿着长江向西挺进。曹操的先头部队，这时已抵达长江南岸的赤壁（今湖北省蒲圻县西北60里）。正如鲁肃、诸葛亮和周瑜所料，北方人不服南方水土，军中许多人生起病来。加上入冬以后江面风大浪急，船只颠簸摇晃，大多数人晕船呕吐，失去了战斗力。因此，两军先头部队刚一交锋，曹军就吃了败仗，仓皇退到北岸乌林（今湖北洪湖市一带）与曹操主力会合。于是，出现了两岸战船列阵，旌旗招展，隔江对峙的局面。

曹操亲临前线，视察部队，抚慰将士。为了减轻船只的颠簸，有利于北方士兵作战，曹操采纳了部下的建议，用铁链把战船锁在一起，船与船之间再铺上木板,在风浪上就四平八稳了。

周瑜的部将黄盖,发现了曹操"连环船"的致命弱点,献计说:"现在敌众我寡,难以持久。我观察到曹操的战船首尾相连,可用火攻打败他们。"经周瑜、鲁肃、程普、刘备、诸葛亮等人的周密计议和反复论证,认为此计切实可行。为了迷惑敌人,接近曹操水营,黄盖给曹操写了一封诈降信,约定了投降的时间和旗号。曹操自认为在兵力上处于绝对优势,加上荆州不战而降的先例,使他竟然相信了黄盖的诈降,满心欢喜,放松了应有的警惕。

到了约定的那天夜间,黄盖率领10艘大船,装满了干柴、枯草和硫磺,还在柴草上浇上油液,用布幔遮住,插上约定的旗号。又预备好小船,系在各条大船后面,按照约定的次序,扬帆向曹军水寨驶去。曹军将士以为是黄盖来降,一个个都伸长脖子观望。这时,江面上刮起了东南风,黄盖一声令下,10艘大船同时点火,然后跳上小船逃走。着火的大船,借助风势,疾速向曹军水营扑去。转瞬间,曹军的"连环船"燃起冲天大火,一直延续烧到岸上的营寨。曹军大乱,马嘶人叫,烧死、溺死、踩死者不计其数。联军趁势发起猛攻,直打得曹军人仰马翻,大败而逃,20余万大军被全部击溃。曹操带着少数残兵败将,从陆路经华容逃走,留下曹仁等人镇守江陵,自己便回北方去了。

曹军败退,周瑜等人乘胜追击。鲁肃先回柴桑告捷。孙权亲自率领文臣武将迎接凯旋归来的鲁肃。鲁肃进入阁门时下拜,孙权起身还礼,对他说:"子敬,我手提着鞍鞯,下马来欢迎你,是否足以使你感到荣耀?"鲁肃走近几步,答道:"没有。"大家听了,无不感到惊愕。鲁肃就座后,徐徐举起手中的鞭子说:"愿主上威名德行覆盖四海,总括九州,完成帝王的业绩,到那时再用软轮安车来请我,那才算得上显赫!"孙权明白鲁肃的用意,禁不住拍掌大笑起来。

赤壁之战后,周瑜领兵攻打江陵(南郡郡治),与曹仁隔江相对。还没有交锋,周瑜就派遣甘宁前去抢占夷陵。曹仁也分出一支兵马,去包围甘宁。甘宁向周瑜告急,请求援救。周瑜采用吕蒙的计策,留下凌统守住后方,自己和吕蒙西上解救甘宁。甘宁既解了围,于是渡过长江驻屯的北岸,约定日期和曹军决一死战。周瑜亲自跨马冲击敌阵,恰好被乱箭射中右肋,伤势很重,只好退下阵来。曹仁听说周瑜卧床不起,率兵前来阵前挑战。周瑜忍着伤痛,振作精神,亲自巡视军营,鼓励将士,曹仁只好从江陵退走。这样,孙权取得了江陵及其以东的广大地区,以周瑜为南郡太守,程普为江夏太宁,并向岭南地区扩展势力。

与此同时,刘备则乘机占据了荆州南部的武陵、长沙、桂阳、零陵四郡,亲自去拜见孙权,请求做荆州的长官。孙权的部下都表示反对,周瑜还上书说:"刘备是一个骁悍的枭雄,身边又有关羽、张飞等猛将,决不会久居他人篱下,受人摆布。我认为最好的办法,是把刘备移徙到吴地,为他修盖富丽堂皇的宫室,多送他一些美女、珠宝和玩物,使他终日开心,消磨意志。并把关、张二人隔开,各置一方,派像我一样的将领和他们周旋,这样大事就安当了。现在随便割让土地帮他做起家的本钱,让这三人聚在一起,又都在边界上,恐怕有朝一日,蛟龙得到了云雨,终归不是池中之物了。"

吕范也劝孙权把刘备留在东吴。只有鲁肃劝孙权把荆州借给刘备,他说:"将军您虽然英雄盖世,但曹操的威力实在强大。您刚刚到荆州,老百姓对您的恩惠和信义还不太了解,最好是把荆州借给刘备,让他去安抚百姓,给曹操多树一个敌人,为自己多树一个朋友,这才是上策啊!"

孙权也考虑到曹操在北方的势力强大,自己应当广泛地收揽英雄,又恐怕刘备一时难以制服,就没有采纳周瑜的计策,而是听从了鲁肃的劝告,拜刘备为左将军,兼荆州牧,以此共同抗拒曹操。曹操听说孙权把土地借给刘备,正在写字,不觉一怔,笔掉在地上。

周瑜病重,上疏给孙权说:"当今天下,正是多事之秋,这是我白天和黑夜都放不下心的事。希望主上要先考虑可能发生的事,然后再过安逸康乐的日子。现在我们与曹操为敌,刘备又近在公安,边境地区犬牙交错,形势复杂,老百姓又没有完全归附我们,必须派一名得力的将领去管理这些地方。鲁肃的才智谋略足以胜任,请用他来代替我的位置。在我临死之时,所想到的就是这些了。"

于是,孙权即拜鲁肃为奋武校尉,代替周瑜领兵。周瑜的4000多名士兵和奉邑4个县,都划归鲁肃。改任程普为南郡太守。鲁肃驻军江陵,后改屯陆口(又名蒲圻口,在今湖北嘉鱼西南,为东吴军事重镇)。由于鲁肃的威名和恩德远扬,很多人前来投奔和依附,兵众很快发展到1万余人。被拜为汉昌太守,偏将军。公元214年,鲁肃跟随孙权攻下皖城,转授为横江将军。

原先,益州牧刘璋管辖的地区法纪松懈,政权极不稳定。周瑜、甘宁都劝孙权夺取西蜀,孙权征求刘备的意见。刘备早已想把益州纳入自己的势力范围,于是,假惺惺地说:"我和刘璋都是汉朝的宗室,仰仗列祖列宗的在天之灵以扶助汉朝。现在刘璋得罪了您,我心里感到很不安,实在不敢有所陈述,希望您加以宽宥。如果我的请求得不到获准,那我就只好披头散发,到山林里去当隐士了!"孙权见刘备如此说,也就暂时放弃了攻打益州的念头。

公元214年,刘备、诸葛亮率军攻下成都,占据了益州,留关羽镇守荆州。孙权听到消息后,愤怒地说:"这狡猾的奴才,竟敢玩弄花招!"以后关羽与鲁肃管辖的地方相邻,屡次发生边界纠纷,鲁肃总是以大局为重,怀着搞好关系的愿望来解决争端。

刘备占据益州的第2年,孙权见刘备的实力和地盘都越来越大,对自己构成了威胁,就派使者向刘备索还荆州,刘备又以夺得凉州为借口拒绝归还。孙权大怒,派吕蒙袭取了长沙、零陵、桂阳三郡。刘备听到消息,急忙从益州赶回公安,命令关羽争夺三郡。鲁肃驻扎在益阳(今湖南益阳),和关羽对抗。双方关系十分紧张,一场大战迫在眉睫。即便如此,鲁肃仍抱着和平解决的愿望,约请关羽会晤谈判。

到了约定的那天,双方都把兵马驻扎在百步以外,鲁肃和关羽单刀相会。临行前,鲁肃部下将领担心会有意外,劝鲁肃不要去。鲁肃说:"今日之事只能开诚布公地谈判,刘备对不起国家,最后的是非还没定下来,关羽又怎敢再胡作非为呢!"于是,毅然前去赴会。

见面之后,鲁肃义正词严地指责关羽说:"我们吴国只有区区江东之地,而肯以荆州借给你们,是因为看到你们兵败远来,没有立足之地。如今你们已占领了益州,仍没有归还土地的意思,我们退而只要三郡,你们仍不同意,恐怕于道理上说不过去吧!"

关羽却回答说:"乌林之役,左将军(刘备)亲临前线,睡觉也不脱战袍,戮力破魏,怎么能徒劳无益而得不到一块土地来报偿呢?您这次来大约是想收回这块土地吧?"

鲁肃立即反驳道:"不对!当初你们在长坂被曹军击败,计穷力竭,一心只想远远地逃窜,哪里还敢企望有一块地盘?我的主人见皇叔(刘备)无处栖身,不吝啬土地人力,使你们有所庇护,解救你们的患难。但皇叔却自私虚伪,损害道义,破坏交情,现在得到益州,又想兼并荆州之地。平常的人都不忍心这样做,何况是领袖人伦的主人呢?我听说贪婪而背信弃义,必将还来祸害。您身负重任,不能阐明道理适当处理,用信义辅佐您的主人,而是自恃武力来强行夺取,这样做的结果,恐怕会被天下的人所耻笑啊!"

关羽理屈,无话可答。这时座位中一个突然嚷道:"土地嘛,谁有德行就不占有,哪有一定属于谁的!"鲁肃立即大声斥责他,言辞很严厉。关羽握着钢刀站起来,说:"这是国家大事,你这个人知道个什么!"使个眼色,让他退下去。

于是,双方约定以湘水为界平分荆州。江夏、长沙、桂阳三郡归孙权,南郡、零陵、武陵归刘备。会谈后双方同时撤军,一场大战就这样平息了。这次谈判成功,虽有曹操出兵袭击汉中、威胁刘备后方作为背景,但与鲁肃的谋略胆识,据理力争有很大关系。

公元217年,鲁肃不幸病逝,终年46岁。孙权为了悼念这位对东吴的巩固和发展做出重要贡献的臣下,十分隆重地为他举哀,还亲自参加了他的葬礼。诸葛亮闻讯后,也为鲁肃举行哀悼之礼,素服哭祭,为期3日。鲁肃虽然死得太早,没来得及充分施展他的政治军事才能,但他短短的一生,仍在历史上留下了不少功绩。

第一,鲁肃第一个向孙权明确提出了立足江东、建立帝王事业的战略规划,预见了汉朝灭亡,天下三分的必然趋势。后来,孙权在与陆逊论及鲁肃时,还念念不忘鲁肃对他有两大快事,其中之一,就是"便及大略帝王之业"(《三国志·吴书·吕蒙传》)。孙权当了吴国皇帝,登上祭坛时,还对公卿大臣们说:"过去鲁肃曾经说过这件事,他是多么清楚地预见到事情发展的趋势啊!"

第二,鲁肃在赤壁之战中起了重要作用,挽救了东吴和刘备失败的命运。

首先,他策划和促进了孙刘联盟的实现。裴松之在《三国志注》中明确指出:"刘备与权并力,共拒中国(曹操),皆肃之本谋。"任何片面夸大诸葛亮在孙刘联盟中的历史作用,把鲁肃置于无足轻重地位的说法,是违背历史事实的。其次,鲁肃坚定和促进了孙权抗曹的决心。孙权说鲁肃对他的第二件快事,指曹操率兵东下时,"子布(张昭)、文表(秦松)俱言遣使修檄迎之,子敬即驳言不可,劝孤急呼公瑾(周瑜字),付任以众,逆而击之,此二快也。"(《三国志·吕书·吕蒙传》)充分肯定了鲁肃的作用和影响。最后,鲁肃在赤壁之战中也起了决策作用。《三国志·吴书·鲁肃传》记载:"(孙权)任瑜以行事,以肃为赞军校尉,助画方略。""赞军校尉"相当于现在的总参谋长,"助画方略"就是协助周瑜制定作战方案和策略。孙权称赞鲁肃"决计策,意出张(仪)苏(秦)远矣",也应当包括鲁肃在赤壁之战中的作用。

应当指出的是,罗贯中《三国演义》和民间平话、戏曲中有关诸葛亮"草船借箭""祭东风"等情节,都是虚构出来的,目的是为了渲染诸葛亮的智慧,而以鲁肃的"忠厚愚笨"作陪衬。这些都是不符合历史真实的。

第三,鲁肃在维护和处理孙刘联盟的关系上,表现出过人的远见和胆略。赤壁之战后,曹操退回北方,孙权、刘备的势力有所扩展,但在总体力量的对比上,曹操仍占有很大优势。加强双方的联盟,仍是孙权和刘备政权生存的关键。因此,鲁肃从大局着想,力排众议,劝孙权把荆州借给刘备以增强抗曹的力量,实在是一个高明的策略。

桓温一生是非多

桓温在中国历史上的名声不太好,因他曾说过这样一句话:"大丈夫不流芳百世,亦当遗臭万年。"桓温不仅是这样说的,而且在行动上也是这样做的。在东晋那种分裂、混战的局势下,桓温以他的文武奇才、豪迈气魄,立功海内,收复旧疆,观兵河洛,引旆秦郊,威震三辅。在这时,桓温也开始问鼎神器,觊觎皇位了。因此,他的一生留下了许多是是非非供后人评说。

桓温,字元子,生于晋怀帝永嘉四年(310)年,死于东晋孝武帝司马曜宁康元年(373年)。其父桓彝曾任过西晋的宣城太守。相传,桓温刚生下不久,其父好友山西太原令温峤见而奇之,对桓彝说:"此儿有奇骨,将来必成伟器,不信,你在他屁股上拧一把,听他啼哭即晓。"于是桓彝就在桓温的小屁股上扭了一下,桓温大哭,声震屋宇外数里。温峤道:"此儿真英物也,日后必是宣、文、景之俦。"意思是桓温日后必定是司马懿、司马昭之类的人物。于是,温峤就把自己的姓作为桓温的名,其父调侃道:"日后果如所言,那就要改姓了。"

十五岁那一年,其父桓彝为贼韩晃所害。桓温查知泾县县令江播参与了此事,他面上不动声色,心中立志复仇。十八岁那年,江播死,尸体还停在家中,播子三人居丧。桓温以吊丧为名,杀江播三子于家中,然后扬长而去。

长大后的桓温风流、豪爽,姿貌甚伟,面有七星,即七颗黑痣。沛国人刘琰与桓温友善,对他说:"吾阅人多矣,未有如君者,好事为之,后当鹏程万里。"并对别人说:"桓温眼如紫石棱,须像猬毛磔,孙仲谋、晋宣王之匹也。"朝廷闻其名,就以南康长公主许配之,官拜驸马都尉,袭爵万宁男。之后又拜琅琊太守,继迁徐州刺史。

为了攫取更大的权力,桓温开始广交社会名流,并与朝臣友善往来,对皇帝身边的人更是殷勤有加。晋成帝的心腹、侍郎庾翼充当了桓温的说客,经常在皇帝身边推荐桓温。他对成帝说:"桓温小有雄略,愿陛下勿以常人对待,宜委以方、召之任,使其弘济时艰,为国家出力。"于是,东晋成帝就委任桓温都督荆梁四州诸军事、安西将军、荆州刺史、领护南蛮校尉、假节,成为镇守一方的封疆大吏。从此,桓温凭手中兵权,乘艰难时世,欲济青云之志。

东晋是一个衰弱的王朝。本来海内一统的西晋王朝,因八王之乱变得四分五裂。它的北方是五胡十六国,即五个少数民族相继建立的政权以及日后分裂成的十六个国家,经常对它进行骚扰。后来,南逃士大夫拥立琅琊王司马睿在建康建立王朝,史称东晋。东晋建立后,其版图实际上只有东南及刑湖一带。因朝政不修,王权下降,悍将猾吏都不把王朝放在眼里,都想取而代之。首先有江东士族首领王敦之乱,然后又有苏峻之乱和陈敏之乱。过了十几年,又来一次。对于这些叛臣乱将,东晋皇帝毫无办法,只有抚慰而已。这样更助长了叛臣的气焰,皇帝的威信一落千丈。

桓温执掌荆梁四州军事后,他的族弟桓冲对他说:"时世艰难,将军处荆襄要冲,此英雄用武之秋也。"但桓温不像苏峻、陈敏及王敦,仅满足于做一个叛臣,而是要立功朝廷,有功国家,名垂天下。他要像司马懿一样,要建万世之功,以顺利地移神器。所以做一个乱臣贼子,是他桓温所不取的。他说:"我受国厚恩,应当报效国家,立功边塞,其他的以后再说吧!"

作为大将,桓温的用兵水平和军事指挥能力在当时是名列前茅的。他从不打无把握之仗,要打必是集中兵力攻打敌人薄弱环节。从当时的地理位置和敌我双方的情况看,桓温要对外用兵,只有先从西蜀的成汉政权下手。成汉由李成建国,传至李势,国势已衰。成汉地处长江之上游,是战略要地。它距荆、襄路程又近,溯汉水而上即可到达蜀地。于是,桓温决心先从薄弱处下手,首先进攻成汉。

晋穆帝司马聃永和二年(346年),桓温上书朝廷,要求对蜀用兵,把大西南归入东晋版图,然后再逐一扫荡北方,统一中国。其书辞气干云,慷慨激昂,大有一扫东晋软弱之势。因穆帝弱惛,朝廷由康献太后临朝。她召集大臣就桓温所上之书进行商议。大臣们均以蜀地险远,桓温兵少,没有取胜的把握为由,劝桓温谨慎从事。但桓温不听,率军溯汉水、长江而上,一个月后到达成汉的彭模(现奉节县西北一带)。

到达彭模后,在鱼复沙滩上,有无数堆石头,垒成阵图,众将莫识其究。桓温道:"此诸葛孔明之八阵图。"他对诸将讲解八阵图的用法奥妙,以及如何攻蜀的方略。桓温对诸将说:"敌众我寡,又深入敌境,唯有同仇敌忾,奋勇向前,方能取胜,功成与否,在此一举。"桓温采取了先保退路,然后急进急战、出其不意、擒贼先擒王的战略。他命参军周楚、孙盟守辎重,布置阵图,不给敌人以可乘之机。他自己则亲率步军直指成都。

成汉主李势闻晋军入境,就命其叔父李福及族兄李权攻击彭模。成汉先攻桓温辎重,希翼逼其回顾。桓温早已料到此着,命令参军周楚与孙盟坚守。李福、李权不能胜,只好转而进击桓温。李福以为桓温孤军深入,不难消灭。见李福、李权来攻,桓温就把主力伏于两翼,然后以少量部队置于正面以诱李福李权来攻。李福、李权不知是计,鸣鼓攻之。激战正酣,晋军突从两翼杀来,李福、李权大败。又复战,再败,再复战,成汉军大溃。李福、李权率数十人逃走。

李势知成汉军大败,大恐,只好集中所有军队与桓温在成都城外展开决战。因敌众我寡,桓温初战不利,参军龚护战死,全军退却。这时,桓温振臂大呼:"国难如此,又深入敌境,岂望活乎?"就抢过鼓手的槌子猛擂。晋军见是进军鼓声,转而复攻。李势大败,退入成都。桓温派人前去说降。经部将反复劝说,李势只好投降。

至此,分裂近五十年之久的大西南又与东晋合为一体,使东晋的土地扩大近一倍。桓温因功被封为征西大将军、开府仪同三司,进而封临贺郡公。

相传,桓温不仅在战场上雄略过人,而且在生活上也风流成性、滑稽有趣。他攻下成都后,就把李势的一小妾据为己有。可桓温又是有名的"气管炎",只好把小妾藏在秘密之所,定期约会。不久,桓温的妻子得知此事,醋意大发:"必杀此妖,以泄吾恨!"就率家仆三十多人,手持白刃,怒气冲冲地闯进小妾的住所。时值早晨,霞光掩映,小妾在窗前梳头,只见她长发委地,楚楚动人,气度悠闲。小妾见来人气势汹汹,就慢慢转过身,凄楚地对桓温妻子说:"国破家亡,本不图活,幸而被杀,实本愿也。"说完,就伸出脖子让人砍。桓温妻子一见,大惊,连忙弃刀于地,抱住小妾大喊:"阿姊,我如是男人,也会喜欢你的,何况桓温这个老鬼呢?"连忙把她接入家中,以妹礼待之。此事在士大夫中颇有反响,说桓温不仅在战场上是英雄,在风流场上亦是好手。魏晋人士之风流,确是有意思得很。

西南大捷之后,桓温上疏朝廷,要求北伐中原、关中。当时的朝中宰相是殷浩,他怕桓温功大,入朝为相,就阻北伐之议,由他自己亲自率兵北伐。但殷浩并非将才,结果屡战屡败,器械人马皆尽,朝廷怨之。不得已,东晋朝廷又只好采用桓温之议,支持他北伐。可桓温对朝廷使者说:"有殷浩在,我决不去。"朝廷无奈,只好把殷浩外放。从此,东晋王朝的权力逐渐归于桓温。

晋穆帝永和十年（354年），桓温开始北伐。他命督护高武据鲁阳，辅国将军戴施屯河上，勒舟师以逼许昌、洛阳。他又命徐州之兵从谯梁水道进入淮泗，以阻北方之敌南下。而后，桓温自己率兵四万自江陵北伐关中。具体部署是，梁州刺史司马勋出子午道，别军攻上洛，击青泥，然后合军灞上以取长安。秦王苻健不敌桓温，只好深沟自固。关中父老一见晋军，都箪食壶浆迎接桓温。父老流涕道："不图今日又见官军。"不久，关中很快就被桓温占据。

这时，北方后燕政权乘桓温北伐、江东空虚之机，一路南下。东晋王朝急诏桓温击破后燕。见东方报警，桓温只好率军退出关中。前秦王苻健乘虚又占关中。

次年，桓温又率军从蜀地北伐陇右的姚襄，行至金城（即今甘肃兰州），见自己十年前种的柳树已成大阴，而自己北伐未就，于是慨然叹道："树犹如此，人何似堪！遂使神州沉陆，百年丘墟，王夷甫诸人真罪人也。"他以澄清天下自许，与姚襄战于金城之北。桓温杀敌数千，姚襄大败越岭而走。桓温追之不及，遂执降将周成等三千人以归江汉。

正当桓温在金城激战时，司、豫、青、兖又复陷于敌，桓温只好率军退出金城，入青、兖以击燕军，陇右又归于苻健。至此，桓温终于明白：以有限之兵力、国力，要统一北方，已属不可能。唯有巩固南方，积蓄力量，再图后举。

于是，他撤兵南归。因功，朝廷拜桓温为侍中、大司马、都督中外诸军事、假黄钺、宣武侯，掌握朝政。总理朝政后，桓温上书皇帝，要求整理内政，扩大国力。具体可分为七条：

一是禁止朋党比周，抑止私议之论，不使再成态势。二是整理户籍，减少各郡守官员，并官省职，以省财用。三是机务不可停废，经常行文，并限时日，以提高办事效率。四是明长幼长礼，奖忠公之吏，改进社会风气。五是赏罚严明，必须名副其实。六是述遵前典，敦明学业，尊先王之教以治国。七是选吏史官，整理国史，流传于后。

至此，东晋王朝才开始有点生气。为此朝廷又加桓温扬州牧、录尚书事，甲仗百人入殿，赐钱五千万，绢两万匹，布十万匹，仿诸葛亮故事。

太和五年（370 年），北方的苻坚、慕容晖率兵攻寿阳（今安徽寿县）。桓温率军二万，领督护竺瑶、矫阳及其弟桓伊与之战于广陵，大破之，斩首数千，生擒秦将朱瑾、朱辅及男女数百人，并把他们统统活埋在京师。经此一战，北方的前秦帝苻坚在淝水大战前都没有在淮泗方向发动过大的军事攻势，东晋王朝又危而复安。

此时的桓温实际上成了东晋王朝举足轻重的人物，其作用谁也不能取代。见桓温权倾中外，他的参军郗超就劝他取东晋而代之。当时的晋废帝司马奕是个傻子，朝廷又无人能与自己抗衡，又有大功于晋，桓温认为取而代之也属在理，加上他雄武专朝，早就有如司马懿之心，因此，当郗超相劝时，他深以为然。

于是，桓温加紧禅代东晋的一切准备工作。首先清除朝中异己。先是诛死殷浩，继而诛废庾倩、殷涓、曹秀，这样朝政尽归于己。桓温的威焰炽盛无比，连当时的名士、侍中、后为宰相的谢安，老远见到桓温，也都要下拜。

见火候差不多了，桓温就废掉晋哀帝而立病入膏肓的简文帝。他知道简文帝活不了几天，希望简文帝死后能禅让帝位于自己，时间是公元三七一年。

对于桓温来说，皇帝宝座距他只有一步之遥了，几乎可说是唾手可得。因此，桓温踌躇满志，准备接位称帝，像司马懿、司马昭一样，让江山改姓了。

东晋王朝不仅多事，而且那些皇帝都是生理上有严重缺陷的人，非哑即聋或傻。奇怪的是，这些智商低能者居然高居君位，除非自然死亡，否则无人可以取代。即使以王敦的残忍，并率军攻下了建康，也不能废晋元帝、晋明帝；以苏峻之恶，陈敏农民军的威势，也不能推翻晋王朝。因此就是桓温，对东晋也无可奈何。结果桓温临死也没当上皇帝，甚至连个"王"也未捞上。个中缘由，令人深思。

当时有一本名叫《石头符》的谶书，上有两句话：晋祚尽昌明，昌明之后当有二帝。相传孝武帝生时，其母梦神对自己说："送汝子名为昌明。"所以，孝武帝名司马曜，字昌明。

早在晋元帝、晋明帝时，著名预测学家郭璞曾为东晋算命。他留下了几句话："有人姓李，儿专征伐，譬如车轴，脱在一边；赖子之蠡，延我国祚；痛子之阴，皇运其暮。"其实，这八句话基本上算定了东晋的命运：儿者，子也，李去子木存，车去轴为亘，合成则"桓"；二子者，元子、道子。元子则桓温，道子则后来的东晋丞相司马道子。其谶算定桓温当不成皇帝："赖子之霓，延我国祚。"司马道子辅政，东晋复存，但司马道子死，东晋完蛋。"痛子之陨，皇运其暮。"

桓温早年自负才力，以司马懿，司马昭自许，又立有大功，执掌朝政，皇帝好像自己手中的玩具，认为取代东晋应是易如反掌。所以，他常对左右亲信说："既不有流芳百世，亦可遗臭万年。"左右一听，大惊！因为这是明显的谋篡之言。

有一次，他得知一女道士有法术，就请来为自己预测。女道士说："我先洗个澡再说。"女道士洗澡时，桓温好奇心大起，偷偷窥视。一见，大惊不已。只见女道士先以刀自破其腹，又断自己两足。洗完澡后，桓温问吉凶，女道士说："你都看见了，想做天子，这就是下场。"说完，飘然而去。桓温一听，很不舒服，连续几天都不下床。

还有一次，晋废帝司马奕诏桓温入朝。桓温想在见皇帝时谈禅让一事。可一见面，话未出口，桓温股粟，流轩不已。回家后对家人说："我久战沙场未尝惧过，今见皇帝，不觉自失。"说完，叹道："难道君位真有天命？"

于是，他想通过废帝、立帝来实现代晋的野心。简文帝即位后，桓温又想在见皇帝时谈禅让一事。因为简文帝有病将死，又是桓温所立，纯粹就是桓温手中的玩物。简文帝说："立由汝，废由汝。"说完，只是哭个不停，使桓温一句话也不好说。

简文帝死后，桓温以为简文帝在遗诏里会把皇位禅让给他，可打开遗嘱对大臣一宣读，才知是立司马曜为帝。遗嘱只是令桓温行诸葛武侯、王导故事，辅佐朝政，没有禅让之意，桓温的希望又破灭了。因此，桓温很是气愤，对其弟桓冲说："要我学武侯、王公辅政，令人不平。"于是，他想强夺皇位。

孝武帝即位后不久，按惯例，必须去祭祀祖宗葬地高平陵。作为朝中宰辅的桓温也跟车前往。在祭拜高平陵时，怪事出现了：只见桓温一边拜，一边好像与谁在说话似的，不停地自言自语："臣不敢！臣不敢！"登车回城后，他对左右说:"吾已见先帝及殷浩、殷涓诸人。"至于先帝所言之内容,他缄口不谈。回去后他就一病不起。

病中的桓温也许知道自己不久于人世,就暗中指使人要朝廷为自己加九锡,即封王。朝中大臣谢安、王坦诸人得知桓温将死,就密谋拖延,故意久而不决。这样桓温的最后希望又破灭了。一直到三七三年桓温死时,也没得到王位,带着他永远也弄不明白的原因去世了。

二十年后,桓温之子桓玄承父志,率军东下,推翻了东晋,终于当上了皇帝,国号楚。可桓玄皇位还没坐热,就被东晋军队里一个卖草鞋出身的小小的参军刘裕消灭。从此,晋政归于刘裕。二十年后,刘裕复晋祚,自立为皇帝,史称宋武帝。

史书常言:宝鼎不可以永得,神器不可以力征。干非常之事者,不仅要有非常之才,还要有非常之势。诚哉斯言! 至于桓温因功大想篡位,亦不必苛求他,说他是野心家亦大可不必。天地有代谢,人间有兴废,势所之然也。所以,桓温仍不失为东晋的一奇男子。

刘牢之屡为人作嫁衣裳

刘牢之是东晋劲旅北府军的主要军事将领。在各次战斗中,他都勇猛无比,屡获大捷。尤其是在著名的淝水大战中,刘牢之率军屡挫强敌,擒斩敌将,为东晋王朝在生死存亡的关键时刻立下了汗马功劳。但是,在东晋内部那种复杂的政治权力斗争中,刘牢之屡为人作嫁衣裳,最终成了权力斗争的牺牲品,以自缢身死的结局完成了他人生的最后归宿。

刘牢之,字道坚,彭城人(今江苏徐州)。生年不详,卒于晋安帝元兴元年(402 年)。论门第,刘牢之算是江东名门之后。其曾祖父刘羲以善骑射为晋武帝司马炎所赏识,历任北地(今甘肃庆阳)、雁门(山西玉右)太守。晋朝南渡后,其父刘健,以勇武和军事指挥才能为皇帝所赞赏,拜征房将军。

出生在这样的一个家庭,刘牢之从小就受到了良好的教育和家风的熏陶,好学不倦,沉毅坚定有计谋,尤好军事。他父亲刘健颇为自负,屡对人言:"此吾家千里驹也。"长大后的刘牢之以功业自诩,而当时的客观形势也为刘牢之提供了一个施展才华的舞台。

魏晋六朝是中国历史上一个特殊的年代:国家分裂,战乱不休。到了四世纪,在北方的五胡十六国,逐渐为占据关中一带的氐族人苻坚所统一。公元三五七年,苻坚在长安称帝,史称前秦皇帝。由于苻坚的宽容大量、善于用人,国势一度强盛,并统一了北方。当时黄河以北、关中、巴蜀地区都归属于前秦的统治范围。

见北方已告统一,苻坚就想立不世之功,统一全国。对偏安江左的东晋王朝,他必欲吞之而后快。于是,经常派兵南侵。江淮地处南北要冲,战争格外频繁。为抵御苻坚的南侵,东晋王朝也在积极备战。其中之一就是在原来军事建制的基础上,另外组建一支军队,这就是历史上有名的北府军产生的时代背景。

当时东晋的宰相是有名的谢安。他见苻坚崛起北方,虎视江南,而东晋原有部队成分复杂,战斗力不强,就命他的堂弟谢玄招募劲勇,组织新军。公元三七七年,谢玄奉命镇守广陵(即今江苏扬州),并悬榜招募劲勇,组建北府军。刘牢之闻讯,欣然前往谢玄军营应募。谢玄见刘牢之乃将门之后,仪表又不俗,就收入帐下,不久即命为参军。因当时谢玄的大营在建康的北面,所以历史上把谢玄组建的这支部队称为北府军。

由于刘牢之精明沉毅,通晓军事,勇猛善战,所以深得谢玄赏识。刘牢之很快被选任将领。从此,刘牢之倚仗自己的军事才能,加上朝中谢安、谢玄等人的支持,手握北府重兵,东征西讨,在中原大地上所向披靡,为东晋王朝屡立大功。刘牢之也因之成为朝中著名战将,为人们倚重瞩目。

公元三七八年,苻坚派大将俱难、彭超率军南侵。五月,秦军攻陷盱眙。苻坚闻讯后,复以六万之众围攻三河(即江苏宝应)。

见强敌入侵,东晋孝武帝命谢玄率兵抗敌。晋军与秦军对峙于三河。

此时,刘牢之向谢玄献计:效曹操破袁绍之计,让主力坚守正面,自己率精锐一部突袭秦军后方。谢玄深表赞同。于是,刘牢之独自率领三千精锐骑兵远程奔袭秦将俱难屯留在盱眙的辎重。接敌后,刘牢之奋勇当先,指挥部队杀散守卒,烧其粮秣,获其运输船队。秦将见粮草被烧,不能久持,只好撤军退去,从而解除了秦军对三河的围攻。因功,刘牢之被拜为鹰扬将军,授广陵相。

公元三八三年,苻坚终于定下南下灭晋的决心。他集马步军八十万,号称百万之师,向东晋王朝发动了全面进攻,想一举荡平东晋。其主攻方向在淮北、寿阳一带。为表示对此次战役的重视,苻坚亲任大军的最高指挥官,随军引动,他的弟弟平阳公苻融任前线指挥官。至此,中国历史上著名的淝水大战终于拉开了战幕。

苻坚南下的消息传到建康,东晋王朝上下进行了紧张的军事调度和备战:以将军谢石、朱序镇守寿阳;以谢玄率北府兵在淮水一线布防,阻断淮河交通以遏止晋军西进。宰相谢安坐镇建康,随时指挥调度。整个建康呈现出一派紧张有序的大战前的气氛。

谢玄领命后,率军进至洛涧二十五里处,扎住阵脚,然后命刘牢之率精兵五千为先锋,直趋洛涧。到达洛涧后,刘牢之立即率参军刘袭、诸葛求等,挥军渡水。晋军冒失前进,拼死冲杀,斩杀秦将梁成及秦弋阳太守王咏。秦军为之崩溃。然后,刘牢之分军截断秦军退路。秦军争越淮河逃命,刘牢之率军乘胜追击,轩杀秦军一万五千之众,并尽获秦军器械军资。是役,使秦军闻之大惧,连苻坚在登上八公山时,都误认为山上的草树灌丛都是晋军。成语"八公山上,草木皆兵"盖源于此。

刘牢之率北府兵在洛润大破秦军之后,秦军士气大伤,就向后溃退。如此一来,退却的秦军带动后面的部队,以为秦军真的败了,加上晋将朱序在后面大喊:"秦军败了!"一路上,秦兵如大山崩塌一样,向长安方向狼狈退去。连苻坚也无法收拾这个局面,只好在亲兵的保护下向长安逃奔而去。

据说晋军淝水大捷的消息传到建康时,宰相谢安正与人下围棋。谢安看完战报后就扔在一边,棋友问他前线战局如何,谢安轻描淡写地说了一句:"小儿辈已破贼。"可当他下完棋回家时,激动得跌跌撞撞,不知所以,连自己的鞋底也被门槛碰掉了。同时,牙齿也碰掉了几个。可见他当时高兴、激动的样子。

作为大战前线先锋的刘牢之，朝廷提升他为龙骧将军，授彭城内史，赐爵武冈县男，以表彰他在关键时刻立下的功劳。

公元三八四年，苻坚之子苻丕据守邺城（河北临漳）。为燕王慕容垂所逼，苻丕请降于晋。谢玄派刘牢之率军二万救邺。受命之后，刘牢之引军先据枋头（河南浚县），随而进攻黎阳（河南浮县）。解了邺城之围后，接受苻丕投降，随后又大败慕容垂。第二年，刘牢之解救泰山郡，生俘秦将张遇，使东晋王朝的势力在淝水大战之后，达到河南、山东、河北一带，刘牢之又为东晋王朝立下了汗马功劳。

权力这个东西有时真像一条毒蛇。如果耍蛇的技术不过关，反会被蛇咬一口，立成致命伤。在中国历史上，多少名将名相都被这条蛇咬过，被咬者的结局都非常惨，北府名将刘牢之也不例外。

公元三八五年，东晋宰相谢安病死。以此为转折点，东晋王朝内部的权力斗争开始呈现新的形式：接替谢安职务的是司马氏政权的宗室、会稽王司马道子。他执掌朝政后，与宦官王国宝勾结，卖官鬻爵，极力排挤谢氏集团的人。刘牢之被谢安兄弟所赏识，理所当然遭到了司马道子的打击，刘牢之为此心不自安。

司马道子其人十分鄙劣、庸浅。他掌政后，政事都在家中处理，出入仪仗，形同皇帝。他经常与他儿子司马元显在后宫涂脂抹粉，听宫伶唱戏。有时，他连吃饭也不想动，靠仆人喂。他的家中装饰得都金碧辉煌，豪华奢侈已极。

见司马道子气焰熏天，晋孝武帝司马曜深感不安，担心大权旁落于王室不利。为在权力上实行平衡与牵制，司马曜起用大臣王恭为仆射，与司马道子共掌朝政。他又命殷仲堪为大将军，镇守荆州，以为外藩，牵制司马道子。司马曜如此动作，使司马道子深为不满，就令人把他毒死。

司马曜死后，白痴儿子司马德宗继位，史称晋安帝。见皇帝年幼昏愚，司马道子更加为所欲为。他命王国宝为右仆射，与之分掌朝政。同时，对被司马曜起用的王恭和殷仲堪，必要去之而后快。双方之间的矛盾几乎到了白热化的程度。

作为仆射的王恭觉得要在朝中站稳脚跟，能与司马道子抗衡，仅凭他一个人的力量是不够的，需要有人支持自己。于是，他想到了刘牢之。他是北府名将，有大功于朝廷。主意已定，就与刘牢之热乎起来，并拜刘牢之为辅国将军、兼领晋陵太守。

谢安死后，朝中就无人支持刘牢之。司马道子又极力排挤谢氏集团里的人，所以刘牢之倍感孤立无援。现见王恭主动接近自己，非常高兴。他对王恭说："定为公折此朽。"他家人提醒他："王恭其人貌恭而内狠，其心不可测。"刘牢之道："王恭无拳无勇，正求助于我。此正是保富贵之时，何须疑哉？"拒不听受家人之劝。

公元三九七年，刘牢之率兵在京口镇与殷仲堪联合发难，以讨伐王国宝为名向京师建康发动进攻。见刘牢之发难，朝野震动，司马道子只好派人与刘牢之讲和，以诛杀王国宝为条件求得刘牢之息兵。

王国宝死后，司马道子去了一条臂膀，权力大减。而王恭的权力空前增大，都督兖、青、冀、幽、并、徐、扬诸州军事，并镇戍京口。见自己在朝中的威望日隆，王恭对刘牢之的态度也起了变化。开始，刘牢之每次求见，王恭总是离座相迎，以贵宾待之。王国宝死后，王恭觉得自己的目的达到了，刘牢之也没有什么利用价值了，就高高在上，让刘牢之拜见，颐指气使，把刘牢之当成一个普通的武夫。为此，刘牢之气坏了，对王恭深恨之，想寻找机会报复王恭，以出胸中这口怨气。

后来，司马道子因人心不服而去职，由其子司马元显接替，执掌朝政。朝中大都督王恭原以为司马道子一死，自己可以执政，没想到司马元显又抢在自己前面，于是又想故伎重演，以兵逼司马元显退位。公元三九八年三月，王恭命刘牢之率军从京口杀向建康，以请君侧为名，讨伐司马元显。

消息传到建康，举朝戒严。司马元显见自己无力抵挡王恭的逼人攻势，就只好派刘牢之的老熟人，原北府将领后领卢江太守的高素去刘牢之军营当说客。高素要刘牢之叛离王恭，许诺事成之后，以王恭之位授刘牢之。

高素说："你我都是北府军故人，谢玄部将。现谢安、谢玄均已死去，此一时而彼一时,投靠司马元显不失为上策。王恭何许人?你为他立下大功,有何封赏?此种寡恩之人也不值得你再为他卖命。现送你一句话:向王恭,官不过将军,还要受气,向司马元显,加官晋爵,是朝中大将军,威震天下。连我这样的庸劣之辈都受重任,何况你呢?何去何从,请将军速断。"

刘牢之见是老熟人当说客,同时对比王恭态度的几次变化,觉得王恭这种人不可信,亦不可交,就听从了高素的劝说,叛离王恭。

正当王恭做着很快就要当宰相的美梦时,传来了刘牢之在中途反叛投向司马元显的消息。王恭惊讶得半天说不出话来,久之,恨恨地说:"道坚误我!"王恭想率亲兵逃跑,但被刘牢之追上。刘牢之大刀一挥,王恭终于做完了他的宰相梦。

王恭死后,司马元显没有失信,把王恭的职位官号让给了刘牢之。从此,刘牢之就以朝中大将军的身份兼领都督兖、青、冀、幽、并、徐、扬等州军事,成了天下响当当的人物。

其实司马元显是在事态紧急的情况下才做出如此决定的,在内心上,他不希望刘牢之与自己分享权力。所以,刘牢之掌握朝中兵权之后,司马元显心里十分不舒服,对亲信左右说:"刘牢之自恃功大,跋扈不已,奈何?"因北有外敌,内有孙恩的农民起义军,他又不敢与刘牢之明目张胆撕破脸皮干。因此,他处于一种既怕刘牢之又不敢与之闹翻的矛盾心态。两人的关系处于一种十分矛盾而又微妙的状态。

这样的日子过了三年,东晋王朝又内起风波,风源就是镇守荆襄的桓温的幼子桓玄。桓温死后,桓玄袭爵。桓玄长大后,常叹道:"父为九州伯,儿为五湖长。"大有继承父志,立不朽之功的雄心壮志。

东晋孝武帝死后,傻瓜儿子司马德宗继位。掌握朝政的又是十分庸劣的司马道子父子。桓玄见有机可乘,就起荆襄十郡之兵,顺江而下,直扑建康。消息传来,朝廷震惊不已,司马德宗任命司马元显为征讨大都督,刘牢之为前锋都督以讨桓玄。

桓玄仪表威严,素有盛名。他一路顺江而下,势不可挡。但在快到建康时,却遭到了刘牢之部队的猛烈抵抗。桓玄滞留江上。桓玄见此，就命人去刘牢之处当说客，要他倒戈，并许诺事成后，以司马元显之位相授。

历史地看，对于刘牢之来说，这可是他人生的关键时刻：如果当时不为桓玄所诱，奋起抵抗，桓玄就进不了南京，而再造社稷之盛誉就非他莫属，并且也轮不到他的老乡刘裕在京口以一百八十人起兵反击他的壮举发生了。

但刘牢之没这么想，他在权臣之间斗争的钢丝上行走。他见自己与司马元显的矛盾日益激烈，怕镇压桓玄之后，自己功高震主，会为司马元显所不容；同时，他也听说了桓玄的盛名，万一打不赢，他就退无所归。于是打定主意，想重演讨王恭一幕。于是他投靠了桓玄，倒戈讨伐司马元显。

这时，作为他的心腹参军的刘裕力劝他不要这样做。刘裕说："将军原以北府名将一反王恭，现又反司马元显。万一桓玄言而无信，你怎么办？与其受桓玄空言所惑，不如直起抗击桓玄，反能获忠君的美名。"但刘牢之不听。

果然，桓玄入建康之后，杀司马元显，废司马德宗，自己当起皇帝，并立国号楚。至于他对刘牢之许下的诺言，早已飞到九霄云外了。他只授予刘牢之会稽内史这样的小官。就这样，刘牢之的兵权一下子丧失殆尽。

此时，刘牢之如梦方醒，觉得为桓玄所卖，愤怒不已。他想占据江北，纠集部众讨伐桓玄。这时，参军刘袭又劝他不要冲动，说："天天最不可为的莫过于一个'反'字。将军过去反王恭，近日又反司马元显，今又欲反桓玄，一个人一生有三反，天下谁能容之？"说完，自己就溜之大吉。刘裕也说："将军事已至此，就安于会稽内史之命吧！想讨桓玄，没人听你的，因为你不是勤王，而是为你自己。"

但刘牢之被愤怒烧昏了头，固执地率部曲向京口进发。但到达新州（即今镇江市）西部时，部众尽散。刘牢之见大势已去，自己孤身一人已毫无作为，也不会为桓玄所容，更无颜见天下人之面，结果上吊自杀了。

淝水大战的功臣在一棵树上了却了自己的一生，成了权臣之间斗争的牺牲品，令人叹息。但作为刘牢之来说，也有不可推卸的责任：权欲太强，目光太浅，识人太昏，谋事更差。

国学经典文库

中国古代野史

·三国两晋南北朝野史·

图文珍藏版

文人传说

三国诗人曹操

曹操(155~220),即魏武帝,字孟德,小名阿瞒,谯郡(今安徽亳县)人,是三国时的政治家、军事家、诗人。他善诗歌,并著有《孙子略解》《兵书摘要》等书。

1.曹操巡夜

东汉末年,朝廷昏暗。奸臣当道,百姓们受尽欺凌,哭告无门,好端端的京城洛阳也被他们弄得乌烟瘴气。这时候,曹操举孝廉进京做官。皇帝看他文武双全、能说会道,就派他在洛阳做了北部尉,掌管京都北城政事。这个官虽说不大,可也不大好当。因为住在洛阳北城的有许多都是皇亲国戚和达官豪强。这些人仗势欺压百姓,无恶不作,历任北部尉谁都不敢去捅马蜂窝。曹操是个有心计的人,从小就胸怀治国安天下的雄心大志,现在当了北部尉,虽说官小点,总算英雄有了用武之地。北城豪强为富不仁、残害百姓的事他早有耳闻。他上任头一天,第一件事就是找匠人做了十根碗口粗细的大棍,染成红黄蓝白黑五色,让兵丁各持一根,分列衙门大门外两边。过路的老百姓不知道曹操葫芦里卖的什么药,就你一言我一语地议论开了。有人说,新官上任三把火,不知曹操这是烧的哪一门子邪火;有人说,新官气派与众不同,兴许会治治那些欺压百姓的坏蛋;还有人说,自古以来官向官民向民,曹操不会向着受苦人。人多嘴杂,说啥的都有。曹操听了,啥都没说,顺手拿起一沓子告示,叫兵丁去大街小巷分头张贴。老百姓还当曹操又出啥新花样呢,挤过来一看,龇龇牙冷笑两声又都走啦。告示上也没多少话,只说是为整顿北城社会秩序、严防歹徒夜间行凶危害百姓,自即日起实行宵禁,有敢不遵者,五色大棍严惩不贷。老百姓为啥笑呢？因为这种告示，历任北部尉都贴过，恶人照旧霸道行凶，百姓仍然受害遭殃，这种官样文章，一个钱也不值。

曹操当夜把兵丁分派停当，就让他们上街查夜去了，临走时，他还再三交代：天大的事都由我做主，只要有人胆敢犯禁，无论官宦百姓，一律押回衙门审问。谁知一连三夜，出去巡夜的兵丁回来都报告"平安无事"，当然也没抓住一个犯禁的人。北城果然平安无事吗？曹操是何等聪明的人，他听罢兵丁报告，嘴里没说啥，但心里啥都明白了。

等到第四天晚上，巡夜的兵丁正说要上街，曹操忽然来了。他二话没说，带上书童，打着灯笼，领着兵丁巡夜去了。

这天夜里，正赶上月黑头加阴天，洛阳街头除了隔三差四听见几声打更的梆子响，啥声音都听不见。曹操带着兵丁，走大街串小巷，旮旯缝道都查遍了，也没碰见一个犯禁的人。他心里想，北城豪强恶名在外，难道说我这一张告示出来，这些家伙真的都改邪归正了不成？他正想着心事，忽然听见一声尖叫"救命啊"——曹操一怔，连忙一阵子小跑赶到一条小胡同里。这是一条死胡同，最里边有一间破草屋，屋门倒在地上，门外头立着一匹高头大马，马上坐着一个骷髅样的老头，正拈着胡子哈哈大笑。再往里头看，几个膀大腰圆的大汉正从屋里往外拽着一个年轻女人。曹操不觉勃然大怒，"呛啷"一声从腰里拔出宝剑，大喝一声："住手"！这一声真如平地一声霹雳，把那帮家伙一个个震得目瞪口呆。骑在马上的干骷髅扭头一看，眼前站的这人好不威风，他心里不由一怔，身子禁不住直打冷战。停了好一会儿，他才定住神儿，壮壮胆说："你是哪来的野种，敢来老爷面前捋虎须？"曹操一听这话，知道找见了对头，只见他不慌不忙地答了话："老爷乃是洛阳北部尉曹操！"干骷髅听说是个小小北部尉，不由"哼哼"一阵冷笑道："你知道我是谁吗？"曹操说："老爷是巡夜查禁，哪个管你是谁！来人，与我一齐拿下！"哪知曹操令下，手下兵丁个个都像木雕泥塑，竟没有一个人动手。他正想发火，一个年纪大点的班头过来说："老爷，此人乃当朝蹇硕大人的亲叔蹇老爷，拿不得！"曹操听说是蹇叔，心中一动。他想，要想整顿北城秩序，非拿这号出头鸟开刀不行，怎能轻易放过他。于是，把眼一瞪说："就是王子犯法,也要与民同罪! 尔等若要枉法,老爷定斩不饶! 此时还不动手,更待何时?"蹇叔平日仗势欺人、无恶不作,就连这些兵丁也没少受他的冤枉气,暗地里早已恨得咬牙,如今有老爷撑腰打气,自然个个奋勇当先,只听齐吼一声,三下五除二,就把这群恶棍捆了个死马倒蹾蹄儿。百姓们见曹操真个动手抓了蹇叔,一家家都开了大门,走出来助威呐喊……

曹操把蹇叔带回衙门,连夜击鼓升堂。这家伙开始还想耍赖,怎奈苦主在场哭诉,四邻百姓又纷纷当堂作证,最后只得画供招认。曹操收起供状,"啪"一声丢下火签,命令重责五十大棍。兵丁们像拉死狗一般,把蹇叔和几个狗腿子拖到衙门外边大街上,扒开裤子,抄起红黄蓝白黑五色大棍,乒乒乓乓一口气打足了五十下。蹇叔爬在地下疼得鬼哭狼嚎,老百姓高兴得拍手叫好。

从那以后,北城豪强一听"曹操"二字,脊梁沟子就发紧,一见五色大棍,浑身上下就起鸡皮疙瘩,再也不敢祸害老百姓了!

2.借刀杀祢衡

曹操是敢于杀戮的,不论是皇亲国戚,还是文武大臣,也不论是拥兵割据的军阀,还是手下的文官武将,他都说杀就杀。但细细琢磨起来,他杀的人,都是对他心怀敌意,或可能危及他地位与性命的人。并且杀人的手段也很狡诈。避恶名,借刀杀祢衡便是一个典型的案例。

祢衡,字正平,游历到曹操所在的许都(河南许昌县东)时,恃才傲物,对人褒贬过分,见到自以为不如自己的人就不搭理,所以人们都厌恶他。只有当时做少府的孔融欣赏他的才能,向曹操力荐,祢衡不肯主动拜见曹操。曹操也久已听说祢衡清狂,曾评说许都没有"人物"。

原来,祢衡到许都以后,有人问他现在许都哪些人还算人才。他答道:"大儿孔文举,小儿杨祖德。"就是说,他只觉得孔文举(即孔融)、杨祖德(即杨修)还勉强算个人物,其余都是庸碌之辈。有人故意指名道姓让他谈谈对曹操、荀彧、赵稚长的看法,祢衡没说曹操什么好话,对曹操十分倚重的谋士荀彧,祢衡认为他仪容还不错,可以借他的面相去吊丧;荡寇将军赵稚长肚子大,能吃肉,祢衡认为他可以做监厨请客的事。《三国演义》将祢衡这个言论扩展开来，写成当曹操的面骂遍曹操手下文武官员，痛快淋漓。

祢衡对曹操不恭并辱及荀彧与赵稚长的话传到曹操的耳朵中，因祢衡是当代名士，曹操不愿杀他而受不能容人的罪名，便想羞辱祢衡，下令强迫祢衡做一个鼓吏，即一个演奏鼓的乐工。这本身就是对自命不凡的祢衡的一个侮辱。

曹操还想当着大众羞辱祢衡一番。在一次大朝会之后，他大宴宾客，并命击鼓为乐。按规矩，鼓吏来击鼓前都要换新衣服，祢衡却只穿平时衣裳。演奏鼓曲叫《渔阳三挝》，音律节拍激越动听，当场听到的人都为之激昂感慨。因他没有换新衣服，在场有关官员呵斥他，祢衡竟当着曹操和在场官员宾客的面，一件一件脱下身上的衣服，最后脱得精光，裸体而立，然后才慢慢穿上为他准备的新衣裤，重新击鼓奏《渔阳三挝》，而且面色从容，毫无愧色。

曹操尴尬地大笑，对众人说道："本想羞辱祢衡一番，没料到反被他辱羞了！"

向曹操推荐祢衡的孔融受不了了，私下责备祢衡，并要他向曹操道歉。祢衡答应了。

两个月后的大朝会上，孔融先对曹操说，祢衡想见您一面。曹操也答应了。

但祢衡到天晚也没有入见曹操，而是在入冬的天气里穿着单衣，手持三尺长的手杖，坐在大营前敲着地面一件事一件事地数落曹操。

即使这样，曹操仍不肯同意将吏捉杀祢衡的要求，而是让人准备了三匹快马，两个骑手。当时，曹操明白地向孔融表露了自己的想法："祢衡竖子，乃敢尔！孤杀之无异于雀鼠，顾此人素有虚名，远近所闻，今日杀之，人将谓孤不能容，今送与刘表，视卒当如何？"

于是祢衡被两个骑士拥送给刘表。曹操事先派人在许昌城南驿亭为祢衡饯行，这些人事先约好，祢衡来到时谁也不起身说话，想以此再侮辱一下祢衡。没料到祢衡来到后，见状大哭。这些人闹愣了，问他为什么哭，他说："我走到了静得可怕的坟墓中间，来到了都不会说话的死人堆里，所以大悲而哭。"然后驰马而去——众人本想羞辱祢衡，又反被祢衡痛辱。

坐守荆州的刘表及其手下官员也久已闻祢衡大名,自识破了曹操借刀杀人之计,反对祢衡热情礼遇,但祢衡清狂之性不改,又冲撞了刘表。刘表知道江复太守黄祖为人心胸狭窄、禀性狷急,也学曹操的借刀杀人之计,将祢衡送到黄祖那里。

黄祖的儿子黄射,一向慕祢衡之名,和祢衡交好。黄祖起初也因座中有祢衡这样的名士引以为自豪。一次黄射大宴宾客,恰逢有人献鹦鹉,黄射举酒请祢衡当场作赋,祢衡援笔即书,文不加点,而且辞采华丽,这就是祢衡传世名作《鹦鹉赋》,又传说现在的武汉鹦鹉洲即由此得名。

但终不出曹操和刘表所料,祢衡终以口舌取杀身之祸。汉献帝建安三年(198年),一次黄祖在军舰上大宴宾客,祢衡言语不恭,使黄祖难堪,便当众呵斥祢衡。祢衡反唇相讥,黄祖大怒,命人拉下去挞笞;祢衡破口大骂,黄祖怒不可遏,便命将祢衡杀死。黄射闻讯来不及穿鞋跑来相救,但也没来得及。事后黄祖也后悔自己替曹操、刘表负上杀死名士的恶名,下令厚葬祢衡,祢衡时年二十六岁。

3.曹操与道术

传说曹操渴望长生不老,如同秦皇汉武一样迷信仙术。为此,他广泛招罗各种有社会影响的方士、道士集之于魏。除了防止他们蛊惑民众、聚众造反外,另一个考虑,就是可以随时向他们学习仙术,以达到延年益寿的目的。因此就有了许多关于曹操和道教的传说故事。

左慈,字元放,生卒年不详,庐江(今安徽庐江)人,东汉末著名道士。道书《神仙传》说他少有神道,通晓五经,兼通星相。后来,到天柱山学道,遇有神人授《九丹金液经》。出道之后,左慈能驱使鬼神,变化万端,能辟谷,会遁术和房中术。曹操把他召到魏国时,百姓闻之,或呼朋唤友,或携妻带子,争相上街,以求一睹风采。在魏国时,不仅公卿大夫竞相随之学习房中术,甚至宦官严峻也在深夜悄悄溜去左慈寓所讨教有关房中术的事情,以致返回时被人撞见,成为第二天街头巷尾的笑谈。

　　刚到魏国时,曹操有意要试探一下左慈的道术,把左慈召进宫内,说:"我听说先生善辟谷之术。不知可否让我见识见识?"左慈答:"这有何难,小技而已。"于是一头钻进曹操事先备好的石屋之内。为了防止左慈辟谷期间得到吃喝,曹操命人:将石屋所有通口封死,并派人严加看守,下令:有敢私下送食送水者,杀无赦。一年后,曹操让人开启石门,左慈出来时,依然面色红润、精神焕发,与进去之前相比,并无丝毫变化。曹操大惊,竟然不顾身份向左慈揖首说:"愿拜先生为师,请先生授予方术。"左慈答:"我会的不过是一些上不了桌面的雕虫小技,魏王真正需要的,是治国之术,学习这些东西毫无用处。"曹操见左慈如此傲慢,心中大怒,想要将其杀掉。左慈见状,对曹操说:"到魏国一年多了,山野之人,不习惯城市生活,我想回庐江看看。"曹操追问其故,左慈说:"刚才魏王有杀我的念头,不走,日后必成刀下之鬼。"曹操听后大惊,心想此人绝不可再留,不过既然心思已被识破,也只好连连说:"先生多虑,我绝无此意。"

　　一天,曹操大宴宾客,左慈也在邀请之列。席间,曹操突发感慨说:"今天高朋满座,虽然有山珍海味,遗憾的是缺少吴淞江的鲈鱼。"左慈在席上应声道:"不难,请备铜盆,倒满水,顷刻可得。"侍者将盛满清水的大铜盆端上来后,左慈手持竹竿垂钓于其中,很快就钓上一条鲈鱼。宾客惊讶不止。曹操则高兴得拊掌大笑,又问:"一条不够,还能再钓几条吗?"左慈接着下竿,不一会儿,一条又一条被钓了上来,差不多都在三尺左右,条条鲜活乱蹦。曹操又说:"鱼是有了,如果烹饪时放上蜀地出的生姜作调料,味道就更鲜了。"左慈应道:"简单,请各位稍候。"说完,使用遁术,霎时没了人影。众宾客还未缓过神来,左慈已入蜀得生姜而还。

　　还有一天,曹操与百官外出郊游,见眼前青山绿水、百花烂漫,个个兴奋不已。渐渐地,曹操与百官便觉腹中饥饿难忍。正在此时,但闻得一阵阵酒肉之香扑鼻而来,直勾得人人口中涎水直流。抬头看时,不远处半坡之上小亭中,左慈一手携酒,一手携肉,正在自斟自饮。奇怪的是,虽然是左慈在吃,但百官看着看着,倒像是自己在吃喝一样,不一会儿,便感到脚下轻飘飘地、有酒醉饭饱的感觉。曹操感到奇怪,派人到附近的酒店察看,才发现各家店铺的酒肉都不见了。曹操心中不悦，欲捕杀左慈，不想左慈一下混入路中的羊群不见了踪影。后来有人向曹操报告，看见左慈在城中闲逛。曹操马上派人出去抓捕，谁知到了街上，满街都是左慈，弄得抓捕之人不知所措，结果一个也没有抓回来。

据说左慈后来到荆州，刘表想杀他；又去见孙策，孙策也想杀他，都被左慈使用隐身逃遁之术躲过。后来左慈在江东某名山隐居修道，葛玄遇之，拜之为师。

东汉学士孔融

孔融(153～208)，字文举，是东汉末期的著名学士，曾经在北海做官，又称"孔北海"，和曹操之子曹植等人并称"建安七子"。

1.智难上大夫

孔融是孔子的二十世孙，泰山都尉孔宙的儿子。孔融从小聪明过人，尤其长于辞令，小小年纪，已在社会上享有盛名。孔融同时还是一个懂礼貌、讲谦让的人，"孔融让梨"的故事可谓家喻户晓，被作为中国传统美德的典范，世人代代传颂。

孔融小时候，都城洛阳的行政长官李元礼是一位十分有名的学者。日常拜访他的人很多，如果来访者是无名之辈，守门的人照例是不通报的。

孔融

年仅十岁的孔融很想见见这位大学者。一天，他来到李元礼的官府门前，请守门人通报李元礼。但守门人见只是一个孩子，就打算随便把孔融打发走。孔融灵机一动，对守门人说："我是李先生的亲戚，他一定会见我的。"

守门人一听说是李元礼的亲戚，不敢怠慢，马上通报主人。谁知李元礼听到守门人的通报后，却倍感奇怪，因为自己并没有这样一位亲戚。不过还是决定见见他。

李元礼见到孔融，就好奇地问他说："请问你和我有什么亲戚关系呢？"

孔融不紧不慢地回答道："我是孔子的后代，你是老子的后代。天下的人都知道孔子曾向老子请教过关于礼节的问题，他们是师生关系，所以说我和你也是世交呀！"

孔融所说的，在中国历史上确有其事。与孔子同时代的哲学家老子本名叫李聃，是道家学派的创始人。孔子当年碰到自己不懂的问题，就自称学生，谦虚地向李聃请教。

李元礼的家里当时有很多宾客在座，大家对年仅十岁的孔融竟能如此博学和随机应变感到惊奇，李元礼更是为能结交这样一位神童做亲戚感到十分骄傲。

正在这时，一个叫陈韪的人来拜访李元礼。陈韪是一位颇有些名气的学者，官拜上大夫，平时十分高傲，自以为是，目中无人。在座的宾客将孔融刚才的表现告诉他。谁知陈韪却不以为然，当着孔融的面随口说道："小时了了，大未必佳。"意思是说，小时候虽然很聪明，长大了却未必能够成才。聪明的孔融立即反驳道："我想陈先生小的时候，一定是很聪明的。"言下之意是说陈韪现在是一个庸才。陈韪被孔融这句话噎住了，半天说不出话来，涨得一脸通红。

孔融长大后，东汉已经衰落，国家出现分裂，历史上的"三国时期"即将开始。孔融秉承了祖先孔子"兼济天下"的抱负，在言行及写作中常常流露出对时局的担忧和不满，引起了当权者的不满，最终被曹操所杀害。

2.慧眼识英才

孔融在北海做官时，召王修为主薄。王修为人正直，从不贪赃枉法，在北海为官期间有口皆碑，后来被举荐为孝廉。但是王修想把这个名额让给邴原，邴原也是个非常孝顺，非常有学问的人才。孔融听到这个消息，感到非常震惊，对王修的举动十分不理解,于是就去找王修谈话。孔融对王修说:"我已经知道了,邴原是个很贤德的人才,他的人品和才华大家有目共睹,你把孝廉的名额让给他也十分可敬啊!以前高阳氏颛顼担任部落联盟首领的时候,有八个才子,尧不能任用,而则加以保举。邴原可以说十分贤德,他既然是个有才能的人,就不愁没有出人头地的机会,也不会因为没有地位就患得患失,你就把举荐邴原的机会留给后来的贤才,你看这样可以吗?"可是王修再次拒绝了。

孔融见王修十分执着,就继续对他说:"在官府中当官应该廉洁清正,能够忍受种种苦难和意想不到的考验,要有智谋,遇到事情要能够随机应变,处乱而不惊,不能犯错误,要教化百姓不知疲倦,遇到困难要想尽办法渡过,不能随便放弃。我非常欣赏你的功劳,欣赏你的美德,所以才提升你在官府中做官,难道你能够推辞吗?"后来郡中有人造反叛乱,杀人放火,百姓受到骚扰而无法安心生活,官府也惶惶不可终日,于是王修就连夜跑到孔融的住处前来帮助孔融对付叛军。叛乱者刚刚行动,孔融就对他的手下和左右文臣武将说:"这个时候,能够冒险前来帮助我的只会有王修一个人,我不会看错他的。"孔融的话音刚落,王修就急匆匆地带人赶到了。王修的到来今所有的人十分高兴,军心大振,众人一鼓作气将叛贼剿灭,王修也成了剿灭叛乱的最大功臣,得到了朝廷的奖赏和孔融的赞扬。

从此之后,孔融对王修更加信任,两个人的交情也越来越深。每当孔融有危险的时候,王修虽然已经不在任上,但是他仍然会带着人前去帮助孔融,有时候甚至冒着生命危险也在所不惜,孔融因此经常能够躲避灾祸,逢凶化吉。

葛玄法术神奇

葛玄(164~244),字孝先,三国时丹阳句容(今属江苏)人,出身东吴士族家庭。葛玄幼而好学,十三岁博通古今,十五六岁在江苏一带就很有名气。他性喜黄老之术,不愿入仕,后拜左慈为师,遍读五经。

传说葛玄魔道高超,常服术辟谷,能经年不饿;擅长治病,能使鬼魅现形,或杀或遣;又能坐薪柴烈火之上而衣冠不灼;或酒醉潜入深水中卧睡,酒醒乃出,身不濡湿;还能分形变化,善使符书。有一次,葛玄与朋友吃饭,酒兴正浓时,有人提出:"久闻先生道术非凡,能否略施小技,让我等一饱眼福?"葛玄放下酒杯,往嘴里扒了口饭,嚼了嚼,忽然将饭喷出。奇怪的是,喷出的竟然是几百只小蜜蜂,"嗡、嗡"地围着友人飞舞,把友人看得目瞪口呆。随后,只听葛玄一声:"见笑。"口一张,蜜蜂又纷纷飞入口中变成了饭粒。

吴主孙权及太子孙登仰慕葛玄之名,待之以礼,从之问道,所以葛玄经常往来于吴国都会。一次,孙权让葛玄随其出游,看到一路上不少百姓设香案求雨,孙权问:"今年大旱,再不下雨,将颗粒无收,百姓明年的生计就成问题了。先生能否施法为百姓祈来一场雨水?"葛玄说:"这很简单。"随即书写符签置于神社,作起法来。顷刻间,天上乌云翻滚,雷声隆隆,一声霹雳过后,白雨乱飞,不久地上的水就达一尺多深。孙权又说:"雨水足矣,先生还能不能使水中有鱼游动?"葛玄再作书符投入水中,只一会儿,就有百余条二三尺长的大鱼在水中游动。孙权命侍者捞上几条,洗净后入锅烹饪,鱼香扑鼻,吊人胃口。

还有一次,葛玄随孙权乘船游扬子江,刚到燕子矶就遇到大风,游船被强风刮得东歪西斜,晃动非常厉害,大江上的船只甚至有被掀翻的。众人忙于护卫吴王,一时竟也顾不上葛玄。等风平浪静时,不见了葛玄。孙权叹息说:"葛神仙虽是得道之人,看来也躲不过这场灾难啊!"第二天一大早,孙权站立船头,忽见葛玄从水中冒出,踏荷水迎游船摇摇晃晃走了过来。上船后,葛玄满怀歉意地对吴王说:"实在对不起,昨天伍子勉强留我喝酒,盛情难却,因当时船摇晃得厉害,没有向大王说一声,让您担心了。"

后来,吴国有条渔船在海上捕鱼时遭遇风浪,不知漂泊了多长时间,大海茫茫,粮水皆断,众人都以为必死无疑。忽然,见前面出现一座神山,仙人将他们迎到岛上,好生接待,补足粮水后交给他们一封信,上书:"寄葛仙公",并嘱他们回到吴国后务必交给葛玄。吴国之人知道后,从此都改口称葛玄为"仙公"。东吴赤乌七年(公元244年),葛玄去世,举足成仙去了。

蜀汉丞相诸葛亮

诸葛亮(181~234),字孔明,号卧龙,琅琊阳都(今山东沂南南)人。是汉朝司隶校尉诸葛丰的后代。三国时蜀汉丞相,出色的政治家和军事家。为蜀汉的发展立下了赫赫的功劳。

1.妙计出山庄

传说诸葛亮少年时期,曾拜水镜先生司马徽为师。当时同他一起学习的还有十多个弟子。满三年后,水镜先生便对弟子说:"五天后,我要考你们,合格的算出师,不合格的就请便了,往后在世上也不能说是我的弟子。"

弟子们一听,个个心情紧张,捧着书本昼夜背诵。只有诸葛亮整日在水镜庄外游逛,逍遥自在得很。

第五天到了。一大早,水镜先生端坐堂上,对弟子们说:"我只出一道考题——从现在起到午时三刻止,谁能得到我的允许走出水镜庄,谁就算出师了。"

弟子们一听傻了眼,急得抓耳挠腮。有的大呼:"庄外失火!"有的谎报:"大水漫到水镜庄了!"水镜先生听后概不理睬。

徐庶跑回宿舍,暗中写了封假信,然后哭着呈给水镜先生:"今天早上有人带来家信,说我母亲病重。我不参加考试了,请先生允许我马上回家。"

水镜先生摇摇头,说:"午时三刻以后就自便。"

庞统接着上前禀道:"得到先生允许从庄里出去,我是没办法了。但如果站在庄外,我倒能想出主意走进庄内来,要不先生让我到外面试一试。"

水镜先生也不吃他这一套,笑着说:"庞统休得要小聪明,站到一旁去。"

诸葛亮呢,他早就伏在书桌上睡着了,鼾声大作,搅得大家不得安宁。水镜先生很气愤,要在往日,早就将他赶出去了,今天只好忍着。

眼看午时三刻就要到了。诸葛亮打个哈欠站起来,一脸怒气,踢踢打打直奔堂上,他一把拉住水镜先生的衣襟,发怒道:"你这个先生太刁钻古怪,尽出歪题害我们,我不当你的弟子了。还我三年学费,快还我三年学费!"

水镜先生是天下名士,谁不尊敬。现在见诸葛亮竟这样对待他,气得浑身颤抖,忙唤庞统、徐庶上来,生气地说:"快把这小畜生赶出水镜庄! 我再也不想见到他!"

谁知诸葛亮还拗着不走,庞统、徐庶死拉硬拽,才把他拉了出去。

一出水镜庄,诸葛亮哈哈大笑起来。庞统、徐庶一时被他笑糊涂了,便问诸葛亮为何而笑。诸葛亮不答,却顺手捡起路旁的一根柴棒,然后返身跑回水镜庄,对水镜先生说:"方才为了考试,万不得已冲撞了恩师,弟子愿受重罚。"

水镜先生恍然大悟,转怒为喜,对诸葛亮说:"你可以出师了。"

诸葛亮又说道:"庞统、徐庶也出了水镜庄,理应出师,还请先生恩准。"

水镜先生听后,内心更是高兴,想不到诸葛亮不仅聪明,而且心胸宽广,不仅想着自己,而且想着他人。真是孺子可教,日后必成大器。水镜先生捋着银白的胡须,爽快地答应了诸葛亮的请求。

据说,后来水镜先生真正承认的弟子,也就诸葛亮、庞统和徐庶三人。

2.巧破断粮计

东吴周瑜是一位文韬武略、运筹帷幄的大将,但是少年得志的他心胸狭窄、自视甚高,以为自己是天下第一。谁知诸葛亮来到江东后,风头逐渐盖过自己,和他的几次较量中都以自己失败而告终,周瑜因此怀恨在心,总是想法设法除掉诸葛亮。

一次,周瑜派人请孔明军中来议事。孔明到后,周瑜便说:"以前曹操兵少,袁绍兵多,然而曹操反而战胜了袁绍,这是因为他采用了许攸的计谋,派兵切断了袁绍乌巢的粮草。如今曹操拥兵八十三万,而我军只有五六万,怎么抵抗得了呢? 所以也必须先切断曹操军队的粮草,然后一举攻破。我已经探知到曹操军队的粮草,都屯据在聚铁山上。先生您久居汉中,熟知地理,所以希望先生与关羽、张飞、赵子龙等人——当然,我也将拨给先生五千兵马——星夜赶往聚铁山，一举切断曹操的粮道。咱们彼此都是为了各自的主人，希望先生不要推脱。"

孔明是何等聪明之人，心中暗思："周瑜这么做，分明是设计害我。如果我推脱的话，一定会遭到他的讥笑，不如假装答应他，然后另做打算。"于是欣然应承。周瑜大喜。

孔明告辞后，鲁肃秘密地问周瑜说："周公派孔明劫粮，有何企图？"周瑜毫不掩饰地回答："我打算杀了孔明，但是害怕天下英雄讥笑，所以借曹操之手杀了他，以绝后患。"鲁肃听后，便去找孔明，看他明不明白周瑜的用意。来到孔明的住处，只见孔明面容镇定，正在整点军马，准备前行。

鲁肃是个心地十分善良的老实人，看到诸葛亮前去送死，心中不忍，便用言语点拨孔明："先生此去能够成功吗？"孔明笑着回答道："我水战、步战、马战、车战，样样精通，各尽其妙，何愁功绩不成？不像你和周郎一样，止于一能。"

鲁肃不服，说："为什么说我和公瑾止于一能呢？"孔明回答道："我听到江南童谣这么唱：'伏路把关饶子敬，临江水战有周郎。'也就是说，先生你只善于在陆地上伏路把关，而周公瑾只会水战，不会陆战。"

鲁肃辞别孔明后，直接来到周瑜帐中，将诸葛亮所说的话一一告知周瑜。周瑜听后，大怒："诸葛亮欺人太甚！谁说我不能陆战？不用他去！我亲自带领一万骑兵，前往聚铁山去切断曹操粮道。"

孔明早就料到鲁肃会再次回来，果不其然，鲁肃又来到诸葛亮那里，将此言告知孔明。孔明听后，笑着说："公瑾派我去切断曹操军粮，实际上是想借刀杀人。我刚才故意用言语调侃他，谁知公瑾便容纳不下。可笑可笑！只是目前正值用人之际，东吴吴侯与刘皇叔同心协力，抗曹大计才能成功；如果大家互相谋害，那么大事休矣。曹操诡计多端，经常断人粮道，如今怎会不派重兵防守呢？公瑾如果真去，必为所擒。依据当今的形势来看，目前只适宜水战，以期挫败北军的锐气。还希望子敬好言相劝公瑾，切不可意气用事。"

鲁肃连忙去见周瑜，对其陈述孔明之言。周瑜听后，摇首顿足说："此人见识是我的十倍，今不除之，必留后患！"鲁肃劝说道："当今是用人之际，希望公瑾以国家为重。等到打败曹操之后,再想办法除掉他也为时不晚。"周瑜觉得鲁肃说得也有道理,便听从了他的意见。

3.酿酒败魏军

诸葛亮伐魏时,率领几千蜀兵驻扎在现今四川的城口。城口山深林密、潮湿多雨,山里经常冒出一团团白雾,滚滚升腾、遍山弥漫,这是山里人称的瘴气。凡是染上瘴气病的都要打摆子,很难治好。

蜀兵不少人染上了瘴气,每天都要病倒十几个。当地老乡看到这种情景,忙从深山密林中采来一种野果送给蜀兵治病。真灵,蜀兵们吃过这种野果后,就不打摆子了。

诸葛亮十分高兴,忙找来几个老乡请教。"这野果什么名儿?"诸葛亮问道。白胡子老头告诉他:"它的外形像山里的猕猴,人们就称它猕猴桃。"白胡子老头接着说,"现在正是猕猴桃结果的季节,满山遍野都有,丞相何不叫兵士们去采摘!"

诸葛亮大喜,命令兵士们随老乡进山去采摘猕猴桃。蜀兵们来到深山老林,看见满山遍野的枝藤上挂满了密密麻麻的猕猴桃,迎风飘来一阵阵清香,个个馋得涎水直淌,争先恐后地采摘。

兵士们摘回很多猕猴桃,一间大屋也装不下,大家天天吃,吃得不想吃了,也没有吃完。诸葛亮发愁地说:"眼下果子多得吃不完,但过了结果季节,没有猕猴桃了,兵士们染上病又用什么治呢?要有什么办法能把猕猴桃保存一些日子就好了。"

这天,来了一个驼背老头,对诸葛亮说:"丞相,你何不把这桃制成酒,以后可以用酒治摆子病。"

这话恰好地说到诸葛亮心上,他恭恭敬敬地对老头说:"那太好了,怎样酿酒,请老人家指教。"老头于是把酿制猕猴桃酒的方法告诉了诸葛亮。

诸葛亮立即命令兵士们找来十几个大木桶,按老人教的办法,把猕猴桃酿在桶里。

过了十多天，一股芬芳的香气冒了出来，沁人心脾。诸葛亮令人揭开木桶盖，用布滤去桃汁，盛在大瓦坛里密封起来。猕猴桃结果的季节过去了。诸葛亮命令兵士们开坛饮用猕猴桃酒，这酒像蜂蜜一样甜，像山茶一样香，蜀兵们开怀畅饮，一个个精神焕发，斗志昂扬。

这时，探子向丞相禀报，魏国大将军司马懿率兵撤退了。诸葛亮一惊，凝思片刻后，马上传令点兵抄袭后路。原来，司马懿也率大军来夺大巴山关口，与蜀兵初来时一样，一进山就染上瘴气，许多魏兵打起摆子来，不几天就病倒了一半，剩下的疲惫不堪，毫无斗志，司马懿只好撤军。诸葛亮神机妙算，断定魏军必是因摆子流行撤军，派兵抄袭后路，把魏军杀得落花流水。从此，猕猴桃酒的名声传开了。

曹植永留八斗岭

曹植(192~232年)，字子建，沛国谯县(今安徽亳县)人。曹植在三国时期诗歌方面有着很高的造诣。他是建安诗歌成就的杰出代表，对五言诗的发展起了重大的推动作用。著有集卷三十卷，不过现已失传，宋人辑有《曹子建集》。

据说合肥东北角七十里有个集镇叫八斗岭，三国诗人曹植的墓就在那里。"八斗岭"的名字就是为了纪念他而起的。曹植是曹操的第三子，自幼非常聪明，曹操非常喜爱他，就一直带在身边。当时天下大乱，曹操过的是戎马生活，曹植也跟着曹操四海为家。

这一年，曹操带兵来到合肥，曹植也跟着来到此地。

有一天，曹植带着随从，骑马出去玩，来到一个地方，只见四处凹凸不平。这时正是春末夏初时节，庄稼非常茂盛，遍地郁郁葱葱。曹植跑了半天，汗流浃背，就令随从拴了马，在一棵树荫下歇凉。哪知随从没有把马拴好，就在他们歇凉时，几匹马走进了庄稼地，把庄稼践踏了好几亩。这还了得！曹操的军纪极严，曾有令说："糟蹋百姓庄稼者斩。"有一次在征途上，曹操的马受惊，下了麦地，曹操自己带头执法，举起宝剑，就要自刎。众将官说啥不让，曹操才"割须代首"，处罚了自己。

曹植虽然年轻，但是非常爱护体恤他的随从，怪自己未嘱咐好，出了纰漏，因此，就举起宝剑，说："诸位甭担心，回复丞相，就说植已伏法啦!"众随从哪让呢，拽住他，夺去宝剑。那个粗心的随从跪在地上，说："公子，你不能这样。马践庄稼，全是小人的错。只要你照顾好小人的家人，我就死而无怨了。"曹植还是感到对不起他，抱着他哭成一团。这时，几个留着黑胡子的农民走上前来，说："公子，你甭难过，丞相的军纪严明，可是对我们却没用哇!"

曹植擦擦眼泪，不解地问："为啥?"

"你别看现在庄稼长得怪好的，可是一不下雨，全完了，那比马践还厉害。那时我们只得逃荒啦。公子，你不要杀他，请你在丞相面前，为我们这里的村民讨个封，开条河吧! 有水就有粮，一碗水一碗稻啊!"曹植明白了，就说："这个容易。不过父亲的命令还是要执行的。他从来不准徇私。"

农民笑了，说："这不妨事，你就说，这是老百姓的要求，以河换命吧!"

曹植答应了，回来把这事向曹操说了。曹操果然答应宽免了那个随从。至于开河，曹操说："现在仗还没打完，怎么抽得出手来? 待全国平定后，我一定办。"

曹植是个直肠子的人，当即跑到那里对农民们说了。大家听了，也很高兴，相信曹操说到做到。

谁知不久曹操死了，曹植的哥哥曹丕当了皇帝。曹丕嫉恨曹植的才能，就把曹植贬到陈留去了。这时，曹植想起了当年在合肥北外乡的那段事。他收拾了一下，便来到北外乡。那几个黑胡子老农已变成白胡子了，他们流着眼泪对曹植说："公子，你遭难了，还没有忘记我们啊! 只是这……这开河的事是无指望啦!"

曹植说："老大爷，你们甭愁。曹植就是为这开河事来的。合肥守将张辽老将军，是父王的爱将。我现在给他写一封信，请他帮忙，完成父王遗志。"老人们感动得眼泪直流，只是他们已很难相信这开河的事会成功啦。曹植写了信，派人送给了张辽，自己也赶回陈留，准备把仅有的一点积蓄也拿来，用到开河上去。

一个月后，曹植又从陈留回到北外乡，可是不见一个工人，心里感到纳闷。原来，张辽虽然和曹植交往深厚，但是他惧怕曹丕，所以既没有答应，又没有不答应，一直拖着。曹植相信他与张辽的交情，于是，又写了封信去催！

当时六月暑天，又遇干旱。那一带干得土地干裂，一落脚，尘灰齐脚脖子，村民喝的都是泥浆水。跟随曹植的那个"以河换命"的随从泪水汪汪地说："公子，看来开河无望了，走吧，走吧。"

曹植说："估摸着信他也该收到了，张辽是个讲情意的人，等等吧！"

老随从只得哽咽着点点头。

又过了几天，连泥浆水也没啦。几个白胡子老汉跑来对曹植说："公子，这里不能待啦，渴死不如逃荒！"

曹植望着万里无云的晴天，痴心地说："我等张将军派人来。"

老汉们苦苦哀求："公子，快走吧，你可不能干死在这荒岗野坡！"

"我等……等张将军派人来！"

几个老汉流着泪走了。

第二天一早，曹植看到村民们三三两两地离开了，就是不见来人。一个白胡子老汉又来劝："公子，我们一道走吧！"

曹植摇摇头，照旧痴情地望着南边，等了很久，还是不见人来。曹植渴了，他和随从走进村里，到处都是空荡荡的，连个人影都找不着，到哪里去找水呢？曹植和那个随从后来渴死在那个荒岗上。

后人为了纪念曹植，就在这里为他修建了墓地，还把曹植渴死的地方起名叫"八斗岭"。

阮籍醉酒拒婚

阮籍（210～263），字嗣宗，陈留尉氏（今河南）人，是"建安七子"中阮瑀的儿子，为竹林七贤之一，是魏晋之际著名的文学家、音乐家。他嗜烈酒、善弹琴。

相传琴曲《酒狂》是感怀之作,音乐理论有《乐论》。

曹魏末期,司马集团控制了朝政,对朝内其他姓氏的官员总是加以排斥。诗人阮籍就是他们不放心的一个,总是千方百计地拉拢他。

一次,有人向司马昭建议,要司马昭到阮籍家求亲,娶阮籍的女儿做儿媳妇。阮籍若允诺了这门亲事,那就等于宣布他倒向司马集团的怀抱。

阮籍听到这个消息后,感到非常为难。他从内心反对司马集团排斥异己的做法,但又不好拒绝求亲,否则会有杀身之祸,左思右想找不到万全之策,只好借酒消愁。端起酒杯,阮籍不禁计上心头,何不以醉酒来敷衍一番呢?从第二天开始,阮籍就拼命喝酒,一连六十天,天天喝得酩酊大醉,不省人事。

果然,司马昭派人上门求亲来了。那个当差的官员踏进阮家的大门,只见阮籍烂醉如泥。官差连问多次,阮籍不知答话。官差毫无办法,只好回朝禀报司马昭。司马昭也感到无计可施,对这档事也就不再重提了。阮籍借醉酒拒婚,保全了自己的性命。

嵇康得道成仙

嵇康(223~262),字叔夜,祖上原是会稽上虞(今浙江绍兴)人,后为避怨迁至谯国铚县(今安徽宿县)。他与阮籍、山涛、刘伶、阮咸、向秀、王戎等人不愿卷入政治斗争,便"托好老庄",常聚于竹林之下,被世人称为"竹林七贤"之一。

据说嵇康胆量极大。他的友人王伯通新建一座馆舍,夜晚常有鬼魂出现,凡住过的人都死了,从此无人敢住,王伯通只好将它关闭。嵇康听说后,一定要去那里寄宿。王伯通问:"难道你真的不怕鬼魂?"嵇康答:"鬼魂与人虽有阴阳之别,但老子说过'万物负阴而抱阳,冲气以为和'。有什么好怕的呢?"为了打发时间,他向王伯通借来古琴坐弹。

二更时分,屋内果然出现了八个鬼魂。嵇康虽然嘴上说不怕,但鬼魂真出现时,还觉得心里发毛。于是他在心里默默念《易经》来稳定自己的情绪。待心情镇静后,嵇康问:"以前在这里住宿的人都是你们害死的吗?"

鬼答："不是。我们兄弟几个都是虞舜时期的乐官,因受奸佞谋害冤死,埋葬于此。王伯通在我们的墓上建屋,把我们压得受不了。见有人来住,只是想让他们转告王伯通,不料竟然被我们吓死,实在不是有意杀人。既然你已经知道了这个情况,就请你告诉王伯通,让他将我们的骸骨取出另行安葬。如果这样,他半年后可升为本郡太守。为了表示对你的谢意,今夜教你《广陵散》一曲。"说完,鬼魂取过古琴将曲调弹奏了一遍。嵇康听后,马上就学会了。第二天,他将此事告诉王伯通,王伯通即刻派人挖掘,果然见到骸骨,另外找了一个风水好的地方将它安葬下去。半年后晋武帝司马炎即位,王伯通果然被提拔为太守。

　　嵇康虽然不是道士,但他喜好老庄,相信真有神仙,只是一般人无法学到而已。他曾写过一本《养生论》,大力宣扬道教服散养生的妙用。他听说有一个名叫孙登的高道长年住在深山之中,夏天编草为衣,冬季则披发为被;既会弹琴,又擅长啸,便决定向孙登请教道法和琴艺,然而孙登却始终一言不发。直到分手时,孙登才开口说:"你才学虽高,但不懂得保身之道,今后难免有杀身之祸。"

　　嵇康是曹操之孙沛王曹林的女婿,在政治上属于曹魏集团,所以对司马氏采取不合作的强硬态度。由于他是"竹林七贤"领袖人物,士绅钟会仰慕他的名气,专门前来拜访。嵇康知道钟会与司马氏的关系非常密切,所以表现得非常冷淡,他翻着白眼对钟会说:"贵人光临贫贱之地,不知有何见教?"钟会是当地一霸,有什么人敢这样对待过他? 他气得七窍生烟,袖子一甩转身就走,临走前抛下一句:"哼,不识抬举,走着瞧!"

　　从此钟会对嵇康怀恨在心,有一次趁着进宫的机会对司马炎说:"嵇康这小子狂得很,他一直对司马氏心怀不满。说他是一条龙,迟早要兴风作浪。陛下可要小心啊。"不久,司马昭派人将嵇康抓去,押赴东市斩首。听说嵇康要被处决,太学生三千人前去认请嵇康为师,并上书为嵇康求情。但司马炎不许。

　　临刑前,嵇康要求抚琴一曲以壮行。琴取来后,他弹奏了从鬼魂那儿学来的《广陵散》,长啸一声:"世上从此无此曲。想起孙登,真是惭愧啊!"死时年仅

东晋书法名家王羲之

王羲之(303~361,一作307~365,一作321~379),字逸少,东晋琅琊(今山东)人,后迁居会稽山阴(今浙江绍兴),是我国古代最杰出的书法家,出身于士族名门,后朝中召他为侍中、吏部尚书,都辞谢不就,后任右军将军之职,也称"王右军"。

1.王羲之机智解危

王羲之的家族,是东晋的名门望族,他的两个伯父是拥立司马睿建立东晋的佐命功臣,一位叫王导,任东晋宰相,另一位叫王敦,任大将军,掌管东晋的兵马大权。当时社会上流传着"王与司马共天下"的说法。王氏家族在东晋政权中,权势之盛,地位之高,无与伦比。

王敦虽已位极人臣,享尽荣华,但他的野心很大,一心想尝尝当皇帝的滋味。王敦的谋士钱风,一直在给王敦问鼎的野心鼓动打气,他自己也存心借此捞个开国元勋。二人气味相投,成为知己。

初夏的一个早晨,王敦起床不久,钱风急如星火地走进王府大门,直奔客厅而来。王敦得报后立即到客厅与他见面。钱风欲言又止,向王敦使个眼色。王敦抬起右手挥了挥,几个仆人都心领神会地退了下去。二人关起门来,谈起了"谋反"的机密。

王羲之

钱风用极为神秘的口气,小声地对王敦说着。二人叽叽咕咕地谈了好一阵子,王敦突然站了起来,手一挥,正在开口说话中突然停了下来,原来他透过窗子,看到对面房间里睡着的帐子动了一动,这使他想起侄儿王羲之还在床上睡觉。

王羲之这年才十一二岁,平时最受王敦器重。王敦把聪明机灵、悟性极高的王羲之,看作是维持王家世家大族地位的"荣誉"标志之一,是王家下一代人中的佼佼者。因此,经常把王羲之带在身边,留他在自己府中生活。这一次,王羲之已连续几天吃住在王敦家中了,他的卧室恰好紧挨着客厅。当钱风到来时,因为双方都很紧张,王敦便把王羲之在屋里睡觉的事忘得一干二净。直到王敦站起身来,看到帐子动了一下,才想起来。于是,王敦大惊失色,对钱风说:"不好! 羲儿还在这里睡觉。我们刚才说的话让他听去了可怎么办?"

策划起兵、夺位,是一件冒天下之大不韪的事,一旦走漏风声,策划者的身家性命将彻底毁灭,王敦和钱风对此是十分清楚的。经王敦一提起,两眼射出凶光的钱风对王敦急促地说:"大将军,计划泄漏出去,我们便死无葬身之地了。量小非君子,无毒不丈夫啊!"钱风怂恿王敦去杀王羲之。

"大将军,要成大事,不敢作为不行。当断不断,反受其乱啊!"钱风焦急地催促王敦下手。

听了钱风的话,王敦心一横,脚一跺,说:"对,不能儿女情长。"接着转头向着王羲之睡觉的那个房间叫道,"羲儿呀,你就莫怪这做伯伯的无情无义了!"王敦说着拔出了寒光逼人的青龙宝剑,提剑直奔王羲之睡觉的床前。

王敦撩起帐子,正待挥剑砍下去,却突然停了下来。原来王羲之这时发着微微的鼾声,睡得正香甜,头歪在一边,胸脯随着均匀的呼吸一起一伏,王敦掀起帐子,王羲之也毫无反应。王敦爱怜地望着十分钟爱的侄儿,庆幸自己的密谋并没有被侄儿听见,于是,打消了杀侄儿的念头。王敦收回宝剑把它插入鞘中,拉着钱风的手走了出去。

真玄哪,王羲之差一点就成了伯父王敦的刀下鬼了。实际上,打钱风进门时起,王羲之就已醒来,无意中偷听到了伯父与钱风的谈话。很快,王羲之意识到了自己的处境非常危险。当王敦提剑向他走来之时,王羲之紧张的心几乎堵住了嗓子眼,他尽力使自己平静下来,两眼闭着,神态自若,完全像睡着一样,一点破绽也没有露出来。王敦因此才没有下手。

王羲之以自己的机警,避免了一场无妄之灾,保住了自己的小命。

2.另辟蹊径成佳婿

郗鉴是晋朝明帝时的车骑将军,在他的女儿郗睿成年后,为了选出一个门当户对的好女婿,他征得宰相王导的同意,派了一个人到王导家,从王导的众多儿子中去物色最佳人选。王导的几个儿子早就知道郗睿才貌双全,听说此事后,都想纳此佳妻。到了郗鉴派人来的那一天,一个个都穿戴得衣冠楚楚,光彩照人,而且显得举止潇洒,风度翩翩。

郗鉴派去的人对王导的几位公子逐个地细加端详,比来比去,怎么也分不出个高下优劣来。最后只得回去如实向郗鉴禀报:"王丞相的几位公子,都想娶我家小姐。他们个个都一表人才、超群出众,实在难以比较出哪一个是最佳人选。只有一个公子若无其事地躺在东厢房的床上,还把肚子都袒露在外面。"郗鉴听说竟然有这么一个与众不同的公子,连忙说道:"就选这一个,这一个好!"于是,王羲之便这样被他的泰山大人选中了。

原来王羲之明明知道郗鉴派了人来家里物色女婿,他也早就了解郗睿小姐才貌双全,为什么他这一天要躺在东厢房的床上,还把肚子都袒露在外面,表现出漠不关心、若无其事的样子呢? 是他与弟兄们不同,不想娶郗睿小姐吗? 非也! 他也同样希望能娶郗睿小姐为妻,只不过他的看法与做法不同。他认为,要能被选中,不能步其弟兄们的后尘,应该另辟蹊径、独树一帜。

他深知,他的弟兄们个个都是"好样的",又都希望能娶到郗睿小姐。如果他也如法炮制,来一个油头粉面、锦衣华履,那么,在他的众多弟兄中,未必能脱颖而出,很难会受到特别关注。

王献之与桃砚之缘

王献之(344~386),字子敬,是东晋时的书法家,王羲之的第七个儿子。精通书法,其中行草最出名。在承张芝、王羲之的基础上,进一步改变了当时的书风,有"破体"之称,和他的父亲齐名,并称"二王"。

王献之从小在父亲王羲之的培养下,就很出名。那时,他住在南京。

一天,有个朋友告诉他,在桃叶渡对岸,有个老头卖的砚石可好啦:像一个大桃子似的,一尺来长,八寸宽,砚石上雕着山,山上还有一棵桃树,树下还有一个放牛娃骑在牛背上吹箫呢。

王献之听说世上竟然有这样好的砚台,十分高兴。第二天一大早,他就过了桃叶渡,在一个墙拐角头,果然找到了卖砚台的老人。王献之买了一个砚台,临走时,老汉告诉他,这个砚台最好用桃花水洗,这样墨不会干,写出来的字又匀又好看。老汉还说,桃叶渡口那里有一大片桃树林,林里有一个池塘和秦淮河水相通。每年春暖花香的三月初三,他都在桃花潭里洗砚台。王献之把老汉的嘱咐牢牢记在心中。

第二年三月初三这天,王献之就带着书童,到桃花潭洗砚台。他卷起袖亲自动手,哪知他刚往潭边走几步,还没蹲下身子呢,脚底下一滑,便跌倒了。书童急忙去拉,王献之却叫书童先把砚台捧上去。站在桃树边一个卖扇子的姑娘看到他这样一副呆相,"噗哧"一声笑了出来。这时,王献之只顾捧着砚台仔细瞧,看摔坏了没有。这姑娘也凑过来看,叫道:"哎呀,这砚台是我家的。"王献之好不奇怪,问姑娘:"这砚台明明是我的,怎么说是你家的?"这一问,姑娘哇的一声哭了。

原来她家过去也是个读书人家,现在穷了,借了人家银子,还不起,他父亲只好卖了心爱的桃砚还债。家里东西卖光了,又只好做扇子卖啦!

王献之很可怜这姑娘,本想掏几两银子给她,一则身边未带,二则怕姑娘不肯要,就想出个法子帮助她。在姑娘卖的几十把扇子上写了好多诗,叫姑娘去卖。姑娘一见落款是王献之,心想:王献之的字,那些有钱有势的人,请他写都请不动呢。

王献之抬眼细看姑娘。这一看,不觉愣住了,这姑娘长得真漂亮,柳叶眉,糯米齿,一笑还有两个小酒窝,着实惹人喜欢! 王献之心里想:这样好的姑娘,

国学经典文库

中国古代野史

·三国两晋南北朝野史·

图文珍藏版

却落了这般的苦命。那王献之还是个少年人,没有成亲,在姑娘面前,一颗心"扑通,扑通"像打鼓一样跳个不停。姑娘对王献之又敬重,又爱慕,也羞得满脸通红。王献之看看还剩一把扇子,对姑娘说:"这把扇子你就不要卖,留着自己用吧!"随手在上面题了一首诗:

三月桃花里外红,

黄蜂采蜜在花中;

两人来看池中水,

不知哪年再相逢。

王献之又问姑娘的姓名,姑娘摘了一段桃枝,对王献之说:"你猜,我的名字还没发芽呢!"王献之可是个聪明人,张口便说:"你叫桃(陶)叶。"姑娘拍手笑道:"真给你猜到了!"

这陶叶姑娘是卖砚台老汉的独生女儿。自从在桃花潭和王献之分手后,她每天都摸弄那把王献之题了诗的小扇子,真是茶不思,饭不想!

第二年冬天,老汉病重离开了人世。不久陶叶自幼定亲的男人,也死了。婆家怕陶叶守不了这"望门寡",败坏门风,欺她家孤女寡母,就起了歹念头,带了一伙身强力壮的人,闯到陶家,不由分说硬要把陶叶抬去婚葬。抬到半路,陶叶急昏过去了。抬的人以为陶叶死了,就把她往男人坟边一丢算数。

陶叶被冻醒了。一个人睡在荒郊野地,想想自己身世悲惨,叫天不应,叫地不灵。她翻身起来,从雨花台外乱葬岗,跑到秦淮河畔桃叶渡,寻思了半天,决心跳进桃花潭,一死了事。

说来也巧,这天正是三月初三。王献之又来桃花潭洗砚台了。他听说陶叶已经出嫁,想到去年今天的情景,望着桃花潭的流水,不觉发起呆来。王献之洗了砚台,在渡口又转了一阵,正打算回家,陶叶恰好也来到渡口,两人相见,都疑心是在做梦。

"陶叶!"

"先生!"

王献之急忙迎了上去,哪晓得跑得过急,一头栽倒,把砚台摔出好远。姑娘连忙赶过去,捡了起来,双手交给王献之,说:"完好无损!"

王献之一听这话心中有数,她不光说的砚台,也是说的自己,便说:"跟我回去吧,不要怕旁人冷言耻笑!"

陶叶点点头,又欢喜,又感激,那止不住的泪水,把桃砚都滴满啦。王献之捧起桃砚,伴着陶叶回到家。很快称心如意地完了亲。

顾恺之价值百万的点睛之笔

顾恺之(346~407),字长康,江苏无锡人(今天的江苏无锡)。擅长诗赋、书法,而且绘画最精,为东晋最杰出的画家。人称"三绝"包括才绝、画绝、痴绝。著有《论画》《画云台山记》《魏晋胜琉画赞》三篇论画专著,但多数都已失传,现在只有《女史箴图》《洛神赋图》等摹本。

大约在一千六百多年前,南京有个慧力和尚,打着东晋皇帝的牌子,到处化缘捞钱。有一天,他假借要在中华门内花露岗南边造瓦棺寺的名义,又想捞一笔钱来花花,特地请来了赫赫有名的王、谢、庾、桓"四大家族"和一些权贵,还把画家顾恺之也请来作陪,一共有二三十人。

慧力和尚是个势利小人,看见那些权贵,低头哈腰。对顾恺之这些没财没势的文人,只是倒了一杯茶,就让他一边坐冷板凳了。顾恺之看了,只顾喝茶,并不理会。

过了一会,慧力开口了,他吹捧过晋哀帝之后,就把四大家族天花乱坠地恭维了一通。说完,捧出本簿子请大家布施。那姓庾的气粗得很,拿过本子也不推让,提笔就写:"捐钱十万"。慧力一看,开了这个大盘子,喜得眉开眼笑,打躬作揖连忙又去请旁人写。姓庾的写了,那姓王、姓谢、姓桓的三个也都跟着写了"捐钱十万"。轮到顾恺之,他淡淡地说:"还是请各位先捐。"说完,照旧喝他的茶。那和尚本来就看他穷酸小气,就把脸一摆,把化缘簿子挨排传下去。余下的人有捐一万,有捐五千,也有捐八百的。最后,慧力又走回到顾恺之面前,双手把簿子一送,故意抬他一句:"请虎头将军施舍。"表面是对顾恺之的恭敬,骨子里是想丢丢顾恺之的脸，叫他当众出丑。顾恺之笑笑，把茶杯一放，拿过化缘簿子，连划几下，划好把簿子一合，送给慧力。慧力心想：这顾恺之一定是捐钱太少，不好意思，眼珠骨碌一转，又想了个坏点子。他打开化缘簿子，有意把众人的捐款，从头宣读一下，当他读到最后顾恺之名下时，慧力突然结巴起来："一……一……"他这一打愣，四座都竖起耳朵，要听听到底捐多少。那慧力结巴了半天，好不容易才报出了个大数字："一百万！"

"啊！"满座的人都惊叫起来，四大家族也一个个惊得眼都斜了。顾恺之看着慧力和四大家族这副熊样，心里又好笑又好气，站起来，一甩袖子就走了。

顾恺之一没有财，二不信佛，捐这许多钱做什么？

原来顾恺之一生爱好画画，画就是他的命根子。画起画来，人都变得痴了，有人就喊他"顾痴"。今天，他看那些势利小人，心里作呕，痴性大发作，就写了一百万。其实顾恺之抖抖他的全部家私，也不值一百万呀！

过了一些天，瓦棺寺眼看要建成了。这天，慧力派人到顾恺之家，上门收钱。顾恺之一愣，过后眉头一皱，说道："钱，到你们瓦棺寺落成的那天再付。"然后又关照来人回去叫慧力和尚留一间便殿，把墙壁刷白，等他明天去派用场。

第二天一早，顾恺之叫童子备了画笔和颜料，跟着他来到瓦棺寺。一到便殿，就避开和尚，关起门来在壁上作画。天天如此，一直画了一个多月。到瓦棺寺接纳香火的头一天，他把慧力和尚叫来说："我给你们画了一尊金粟如来像，马上就要点睛了。从明天起，你们打开这座殿门，第一天来看画的，每人要他施钱十万；第二天来看画的，每人要他施钱五万，第三天以后，随人施舍。我捐的一百万钱，准保在这三天之内给你。"

那慧力和尚看看佛像，好像没有什么出奇，也不好多说什么。他口头上连声答应，心里总是怀疑。顾恺之在画上点睛之后，就关上殿门走了。

第二天，寺里的和尚把殿门一开，忽见便殿里闪出金光来。那些和尚忍不住挤进便殿一看，壁上的金粟如来面带笑容，眼睛好像会说话，抬脚像要走出墙壁，全身的光彩，把一个便殿都照得金亮金亮。那一天，争着来看的人山人海。三天不到，瓦棺寺就得了好几百万钱。

当时,大家把顾恺之画的金粟如来像,连同戴安辽制作的铜佛和狮子国(即今锡金)赠送的一尊玉佛,这三件稀世的珍宝称为三绝。

田园诗人陶渊明

陶渊明(出生于365或372或376~427),字元亮,一说名潜字渊明,自号五柳先生,私谥靖节,浔阳柴桑(今江西九江西南)人。东晋大诗人,是田园诗派的创始人。代表作有诗歌《读山海经》《咏荆轲》《归园田居》,散文《桃花源记》,辞赋《归去来兮辞》等,有《陶渊明集》。

1.虎溪三笑

庐山西麓,在离九江县沙河街不远的地方,有一座中外驰名的古庙,叫东林寺。在寺的大门南面有一条小河,叫虎溪。虎溪与东林寺,还有一段佳话呢。

陶渊明

相传,晋朝著名和尚慧远禅师,在东林寺译《华严经》三十余年,影不出山、足不入俗,送客不过虎溪。若过了虎溪,崖上的老虎就要吼叫起来。

这样,虎溪也就成了慧远送客不能越过的禁区。慧远喜欢与有节操的名人雅士交游,对栗里的陶渊明、南山的陆修静,钦羡不已,很想与他们交往,但又感到自己身在佛门,有些不便。陶渊明、陆修静对慧远禅师也深为敬仰,总想登门拜访,无奈僧家戒律森严,只有心向往之。

后来,陶渊明写了封信给慧远。慧远看了手舞足蹈,哈哈大笑。徒弟们好久不曾见师父如此高兴过,便问道:"师父,多年不见您这样高兴,今日是谁的来信,使你这样大笑?""当今节操高尚之人陶渊明!"慧远边笑边说,"难得,难得!"徒弟们又问:"他来信做什么?""他决定邀陆修静同来看我。"慧远说到这里停了一下,"不过,陶先生向我提出……""提出什么?"徒弟们问。慧远说:"陶先生在信中问我,佛殿上能否让他喝酒?"徒弟们听了大吃一惊,忙劝道:"师父呀,这可使不得! 庙堂乃清静之地,怎能让那些玩世不恭之人饮酒作乐?而且,师父的人望、学问、佛法在华夏和西域都是受到人们尊敬的。望师父三思。"慧远哈哈大笑:"陶渊明、陆修静乃当代文豪,他们喜欢的就是酒,我不能违反人家的意愿,把僧家的戒律强加于人。"

为了表示对陶渊明、陆修静的诚意,慧远越过禁区虎溪亲自到村镇上去打酒。徒弟们看见师父肩头扛着禅杖,禅杖头上挂了个酒葫芦,只好站在旁边摇头叹气。村镇上的人看见慧远来打酒,也觉得很是奇怪。

几天后,陶渊明、陆修静果然赴约而来。慧远亲自到庙门外迎接,一手拉着陶渊明,一手拉着陆修静,哈哈大笑。陶渊明对慧远说:"禅师,多年来一直想拜望禅师,一直未得,今日终于得见禅师之面。"陆修静指着慧远挂在颈上的念珠说道:"老禅师,今日得见,很是高兴。"慧远说:"我等神交多年,未能先去拜望,今日烦劳两位前来,万分惭愧呀。"三人促膝长谈,陶渊明讲了不做县官,过隐居生活的乐趣;陆修静畅述游山玩水,饱览山河秀色的情景;慧远也讲了译《华严经》三十余年的甘苦滋味。谈话过后,慧远设斋饭招待陶渊明和陆修静。慧远不喝酒,真诚地举着空杯祝客。陶渊明、陆修静开怀畅饮,尽醉而散。临别时,慧远送了一程又一程,三人边走边谈,不觉过了虎溪。徒弟们在背后见师父送客过了禁区,惊叫:"过虎溪了! 过虎溪了!"慧远、陶渊明、陆修静三人相顾大笑。

"虎溪聚三人,三人三笑语,莲池开一叶,一叶一如来。"现在东林寺佛殿内挂着这副对联,就是当时情景的生动写照。

2.辞官还乡

陶渊明早年没有做官,二十九岁时,因为亲人衰老、家道贫困的缘故,他出仕做祭酒。由于不能忍受官场的腐败和黑暗,没过几天就辞职不干了。州里又召他做主簿,他也是"辞不就",在柴桑过起了自给自足的隐居生活。七年之后,陶渊明又出任桓玄镇军的参军。母亲去世后,他辞官奔丧,守制两年。

有一次,他对亲戚朋友说:"我想过恬淡自娱的生活,现在我出去做官,为隐居积攒一些衣食之资,不知可以吗?"当权者听说后,马上派他去做澎泽县令。县里拨给他几亩公田,他全部用来种植酿酒用的秫谷,说:"能让我每天有酒喝就够了!"妻子不同意他这么做,于是他便拿出一半的土地种植粳稻米,另外一半仍种植秫谷。

陶渊明当上彭泽县令没多长时间,有一天,浔阳郡郡守派一个督邮到县里视察。县吏告诉他:"您应该穿衣服,束好衣带前去拜见。"陶渊明听后,叹了口气说:"我岂能为了五斗米,就向那些乡里小儿卑躬屈膝?"当天便辞了彭泽县令这个职务,回归故乡。

陶渊明只当了八十五天的彭泽县令,从此就没有再做官,开始了长达二十多年的隐居生活。

3.心寄世外桃源

据说,陶渊明四次辞官,最终选择归隐,这一方面是他爱好自然的天性所驱使,另一方面则是因为他不愿在当时的那种环境中生存与忍受。

陶渊明从小就喜爱大自然,向往美好的田园生活。他有"少无适俗韵,性本爱丘山""弱龄寄事外,委怀在琴书""静念园林好,人间良可辞"等诗句,可见,陶渊明在正式辞官归隐之前,心中始终有一个声音在强烈地呼唤他"归去来"。当他由于公事奔波忙碌时,这个声音在呼唤;当他沉思冥想之际,这个声音也在呼唤。最后,他终于实现了归隐田园的夙愿。

崇尚自然,是陶渊明归隐的主要原因,而客观原因则在于,他对当时动乱污浊的社会很不满。他所处的社会到底是什么样子呢? 诗人在《感士不遇赋》的序言中说:

自真风告逝,大伪斯兴,闾阎懈廉退之节,市朝驱易进之心。怀正志道之士,或潜玉于当年;洁己清操之人,或没世以徒勤。故夷、皓有'安归'之叹,三间发'已矣'之哀。悲夫！寓开百年，且瞬息已尽，立行之难，而一城莫赏。此古人所以染翰慷，屡伸而不能已者也。

诗人在这里指出当时社会风气的腐朽，朝堂之上"雷同共誉毁，咄咄俗中愚"，正直的人是没有出路的。而且长期的政治动乱、迫害无辜，魏晋以来"名士少有全者"，真是"密网载而鱼骇，宏罗制而鸟惊"，当权者是靠不住的，"觉悟当念还，鸟尽良弓废"。要保持高洁的品性，延命于乱世，便只有隐居这一条路了。

陶渊明心目中有自己的理想社会。这个理想社会就是他在《桃花源记》中所描绘的世外桃源。

按照文章所描绘的，桃花源是一个与世隔绝，不受外界干扰的地方。桃花源外是一片桃花林，中无杂树，芳草鲜美，引人入胜。"林尽水源，便得一山。山有小口，从小山口进入，复行数十步，豁然开朗"。那里土地平坦广阔，房屋排列整齐，田地肥沃，池塘清澈，桑竹茂盛，田间道路纵横交错，井然有序；村舍中鸡鸣犬吠不绝于耳；男男女女正在田间辛勤地劳作，老人和小孩在一边怡然自乐。整个桃花源呈现出一派繁荣祥和、生机盎然的景象。

在生活上，桃花源人也是自给自足。他们日出而作、日落而息，互相勉励，努力耕种。桑竹繁茂，都可以蔽日遮阴了，五谷能够及时种植，不违农时。到了收获的季节，他们也能够"春蚕收长丝，秋熟靡王税"。所有的收获都归自己所有，而不必交那些繁重的苛捐杂税。此外，这里没有兵丁、官吏，不见商业、学校，完全是一个没有剥削、没有压迫，"小国寡民"式的社会。在这个社会里，人人平等、共同劳作、酷爱自由、崇尚人性，没有钩心斗角，也没有尔虞我诈，这就是陶渊明心目中的理想社会。

但是，这样一个淳朴、安乐的乌托邦式的理想社会在当时是根本实现不了的。诗人知道在一个充满着阴谋、屠杀、战争的社会中，他的"世外桃源"只能是一种奢望，于是便隐居起来，希望在他隐居的狭小的生活范围内，能找到心灵的安宁。

4.志趣概览

田园诗人陶渊明"不为五斗米折腰"的故事,一直传为美谈。

由于受家庭和儒家思想的影响,陶渊明少年时代起就对统治阶级抱有幻想,立志为国为民干一番事业。但当时的东晋社会,贵族垄断了高官要职,庶族寒门的人则遭到无理压制。陶渊明虽有济世之才,却一直得不到重视。他的政治抱负不仅难以施展,而且还要忍受屈辱与一些官场人物周旋,这使他十分痛苦。加上当时老庄思想和隐居的风气非常盛行,就产生爱慕自然、向往隐逸的思想。他在四十一岁时毅然解职归田,从此隐居不再做官。以后的二十年中,他同劳动人民有了广泛地接触,还亲自参加农业劳动,这使他的思想感情发生了很大变化,为他创作田园诗提供了重要条件。

陶渊明流传下来的诗歌大约有一百二十多首,另外还有散文、辞赋多篇。其中田园诗是陶诗的重要部分,内容描写农村生活、田园风光和淳朴的风俗人情。如四言《时运》、五言《归园田居》等。这些田园诗抒发了作者对宁静、闲逸生活的衷心喜爱,表现了作者淡泊旷达、安贫乐道的品格。艺术上,他追求诗歌语言朴素明洁,平淡自然,使人感到像是从"胸中自然流出",没有一点斧凿痕迹,为古典诗歌开辟了田园诗的新境地。

同时,诗人还写了一些咏怀、咏史的篇章,这些诗通过对自己一生经历中的种种感受、体验和对历史的缅怀,寄托诗人的社会理想,对黑暗的现实具有批判意义。与田园诗相比较,这类诗更富于政治性和现实性。陶渊明的辞赋散文,数量不多,但在思想、艺术上都有独特的成就,像《桃花源记》《归去来兮辞》《五柳先生传》,直到今天仍是传诵的名作。

谢灵运与浣沙潭

谢灵运(385~433),诗人,陈郡阳夏人(今河南太康),后来到会稽。他的诗大都是描写会稽、永嘉、庐山等地的山水名胜,他善于刻画自然景物,创立了文学史上的山水诗一派。

南朝时候,谢灵运出任永嘉太守。他非常喜好山水,经常四处游玩。这年春天,他驾上一艘小船,沿着瓯江而上,遍游处州的名山胜景,可以说:仙都山下留诗迹,石门洞前作文章。这天,他来到景宁的沐鹤溪畔。

这沐鹤溪风景如画、碧波荡漾,两岸层峦叠翠。谢灵运看得心旷神怡,诗兴大发,正想吟上几句,忽见前面岸柳下,有两位红衣少女临水浣纱,银铃似的笑语,顺风送来。谢灵运听得发了痴呆,不由得赶紧收起太守身份,现出了才子本色,走下小船,赶到两位少女身边。

两位少女见有个陌生人站在身边,就都低下了头,默不出声,只顾洗涤纱线。谢灵运站了半天,见没人搭理,心想:我谢某的诗才,当今天下也是数一数二的了,何不来个投诗搭桥呢?他清了清嗓子,开口吟道:

浣纱谁氏女?香汗湿新服。

对人默无言,何事甘辛苦?

两位少女听了诗句,不由得抬起头对谢灵运笑了笑。啊,世间竟有这等美貌女子!只见这两位女郎冰肌玉肤、体态轻盈,一个十分俊,一个十分俏。他见过多少美女,哪比得上这一对儿模样?正想上前搭话,谁知两位女郎却提起了竹篮,顺着溪岸便走。

谢灵运在后面一阵紧追,好容易才在下游的深水潭边,见那两位女郎又在浣纱。谢灵运这回可不客气啦,走到两位女郎跟前,又吟了一首诗:我是谢康乐,一箭射双鹤,试问浣纱女,箭从何处落?两位少女,面红耳赤,羞答答地也同声回了一首:

妾本潭中鲤,偶出滩头嬉,

嬉罢自还潭,云迹何处觅?

说完,两人手挽手,纵身跳入万丈深潭。谢灵运大吃一惊,只见那潭水翻起了一阵浪花后,渐渐地又水平如镜,两尾红鲤鱼,朝着他将头点了三下,尾巴摇了三摇,游了一圈,钻入水底。

谢灵运见了,如梦初醒,原来见到了两位仙子,真是惊喜万分,当即在潭边大石壁上题了"浣纱潭"三个大字,后面署上"永嘉太守康乐公谢灵运题"。从此,谢灵运诗逗鲤鱼精的故事传为佳话。

山中宰相陶弘景

陶弘景(456~536),字通明,丹阳秣陵(今江苏南京)人,出身江南士族家庭。四岁就能认字,九岁读遍儒家经典,十六岁时,陶弘景不仅读书万余卷,而且善琴棋、工草隶,是江东有名的才子。

陶弘景的青少年时代都处在刘宋统治集团争权夺利的不断纷争之中,所以尽管才高八斗,仕途却并不顺利。他二十岁步入仕途,却屡屡受挫,于是三十岁左右拜陆修静的弟子孙游岳为师,正式步入道士行列。按陶弘景的想法,凭着自己的实力,到四十岁时,应该能做到尚书郎。实际上,到了三十六岁才升到"奉朝请"这样的六品文官。这使陶弘景感到灰心泄气,对着友人发牢骚说:"不如早去,免得以后自寻其辱啊!"于是辞了官职,回到句曲山(今江苏茅山),开始了后半生四十余年的隐居修道生涯。由于他学识渊博,著述甚多,又是从官场隐退下来,所以齐梁两朝公卿大夫都尊敬他,纷纷从之学道。

陶弘景虽说归隐山林,不再出仕,实际上并不甘于寂寞,"身在山林,心存魏阙",暗中仍注视着山外政局的发展。永元三年(公元501年),萧衍起兵,于次年代齐称帝,建立了梁朝,史称梁武帝(公元502~550年在位)。说起萧衍的称帝,这个山林中之人于此起了不小的作用。

陶弘景早年曾与萧衍有过交往。当他得知萧衍起兵,心中暗暗叫好,立即派弟子戴猛奉表前往表示拥戴。后来又假托神旨,令弟子将标有"梁"字和图画的"符命之书"(图谶)进献给萧衍,帮助萧衍选定国号,为萧衍夺取政权大造舆论。因此,萧衍登基后,对陶弘景格外恩宠,多次请他出山做官,但都被婉言谢绝。他说:"圣上的恩宠贫道心领了。我已是归隐之人,以侍奉道祖为唯一宗旨,大道才是我最后的归宿。请圣上不必勉强。"

后来,陶弘景为了表明自己的心志,让使者给武帝带去了一幅图画。梁武帝打开看时,见纸上画有两头牛,其中一条无拘无束、逍遥自在,在水草丰美的田野上游荡;另一条虽然头戴金笼头,却被人牵着鼻子走。武帝看后,百般感慨地对百官说:"陶先生真是超凡脱俗的神人啊!"从此对陶弘景愈发敬重,绝不再提做官之事。当时,陶弘景得到神符秘诀,准备炼制金丹,但却"苦无药物"。梁武帝知道后,立即派人送去黄金、朱砂、曾青、雄黄等原料。金丹炼好后,看上去色如霜雪,武帝还亲自服用以试效果。

魏晋南北朝时,随着佛教的传入,佛道两教的斗争十分激烈,都想通过统治者削弱对方,扩张自己的势力。据民间传说当时有一个道士和一位名叫宝志的禅师同时看上舒州潜山(今安徽境内)一带的风景,都想以此作为修行的地点,结果发生争执,互不相让,于是找到梁武帝,请他裁决。

梁武帝见二位毫不相让,也觉得十分为难。于是让他们通过斗法比出高下,然后决定去留。两下约定:道士与和尚分别以白鹤和禅杖为法宝,在山上展开道、佛两门的较量。

比试当天,漫山遍野挤满了看热闹的人群。山坡上黄色的华盖迎风猎猎翻动,梁武帝端坐其下,黄衣黄袍,威风凛凛。但见道士抢先一步,跨上白鹤,嘶鸣着冲天而去,回过头朝着地下的和尚大喊:"来、来,你同我比试比试。"和尚却不慌不忙,口中念念有词,突然,禅杖从地上跳起,"嗖、嗖"地朝着白鹤直扑过去。转眼间,就见白鹤与禅杖在蔚蓝的天空时分时合,上下翻滚、左右盘旋,直看得人眼花缭乱,"好!好!"之声震天动地。最后,随着耳中传来"嘣"的一声巨响,禅杖击中白鹤,白鹤被迫降落在地,而禅杖也被折成两截反弹到很远很远的地方。

梁武帝见状,拊掌大笑说:"佛、道法力果然不相上下。朕的意思,各自法宝落地的地方,便是你们结庐修行之处,不必再争了。"

四年后,梁武帝虽然改信了佛教,但对陶弘景的宠信始终如一。国家每有吉凶征讨大事,还是要亲自向陶弘景请教,书信往来更是频繁。皇上如此。朝中文武百官对陶弘景更是敬重有加,因此,世人把陶弘景戏称为"山中宰相"。

刘勰装扮读书郎

刘勰(约465~约532),字彦和,祖籍东莞郡莒县(在今山东省)。世居京口(江苏镇江)。是南朝梁时的文学理论批评家。其父名叫刘尚,曾任越骑校尉,在刘勰很小的时候就去世了。尽管刘勰家中极为贫穷,但他笃志好学,认真攻读,博经通史。由于没有什么收入,也自然娶不起亲,平时的生活也大多依靠寺庙的僧人供给。尽管如此,他撰写的一部文学理论巨著《文心雕龙》为他在后世赢得了很高的声誉。这是他忍受贫困发愤而成的大作。

刘勰生活的南北朝时期,盛行门阀制度,一个人出身的贵贱决定了这个人在社会上地位的高低。像刘勰这样出身贫寒的平民子弟,在当时自然默默无闻,无人知晓。以刘勰这种社会地位,《文心雕龙》写成后,自然没有人会重视,这种情况在当时社会也是不足为奇。可刘勰却十分自信,深信自己著作的价值,不愿看到用心血写成的书稿湮没无闻,决心设法改变这种局面。

沈约是当时的文坛领袖,有很高声望,刘勰想请他评定此书,以赢得声誉。可多次登门,都被守门人拒之门外。的确也是,沈约身为名流,刘勰一个贫寒的读书人,哪能轻易见到? 刘勰聪颖过人,经过思考想出了一个主意。

一天,刘勰事先打听到这天沈约有事外出,于是背上自己的书籍,装成街头卖书小贩,早早等候在离沈府不远的路上。当沈约乘坐的马车经过时,刘勰乘机兜售。沈约性喜读书,当即停下车来,顺手取过一阅,见是自己没有读过的书,便随手翻看起来。

这一看,沈约竟被深深吸引住了,当即买了一部带回家去,放在案头认真阅读。在以后上流社会举行的聚会中,沈约还不时向人推荐介绍这本书。当时文坛人物见沈约对《文心雕龙》这样推崇,大家群起仿效,争相传看,刘勰很快便名声大噪。

贯休画罗汉

贯休（832～913），原娃姜，字德隐，婺州兰溪人（今浙江）。五代前蜀的大画家、诗人。现在的《十六罗汉图》，相传是他的作品。并著有《禅月集》。

贯休和尚喜欢吟诗作画，也爱游山玩水，随身带着一瓶一钵，云游天下。听人说遂昌有座唐山，是冠州的风景胜地，他就特地赶来探名胜访古迹。

这唐山果然景物幽丽，风光秀美，站在山头的香炉岗上望去，脚下是一片云海。只有南北对峙的观音峰和罗汉峰，露出半截峰顶，太阳照着，发出两团金光，就像是两朵金莲花开放在白浪滔滔的云海上。贯休看了心里高兴地念道："这才是我多年梦寐以求，潜心修行的地方啊！"

于是，贯休和尚就在香炉岗上造了座翠峰院，作了寺里的当家和尚。

说也好笑，他一点也不会当家，既不会巴结官绅，乞讨些布施，又不给人打醮念经，弄点油水，只晓得自己关着寺门"修行"，结果落得翠峰院香火冷冷清清，有时连斋粮也吃不上。

贯休和尚的修行与众不同，一不学经书佛典，二不做打坐练功，只是整天关起门来画画儿。画的又都是些佛国菩萨、罗汉金刚。白天，在寂静的禅堂里，夜里，在佛前青灯下，伴着他的只是素绢和画笔。

原来，贯休和尚曾经朝拜过不少名山大寺，他发现各地的佛像画，好像从一个模子里倒出来的，千人一面，万人一佛。他在佛前立下誓愿：画出一套不同凡俗，各具神采风貌和性格特征的十八罗汉像，作为唐山镇山传世之宝，这就是他在唐山的"修行"啊！

贯休在唐山一晃渡过了十四个春秋。他的画技艺术已炉火纯青。那十八罗汉他已画好十七幅，悬挂在禅堂里。这十七位罗汉，画得栩栩如生，那立的、坐的、走的、卧的，那笑的、愁的、怒的、恨的，生动多姿，各具神态。贯休看了也暗自欢喜，心里盘算着，再画成一幅，就可了却誓愿，下山云游了。

有一天，贯休铺开素绢，握着画笔，开始画制第十八幅罗汉像。他画呀，画呀,画了一张又一张,可贯休都把它投在香炉里烧掉。

原来画出来的罗汉那眉眼神情、体态风韵,在画就的十七幅中似曾相见,贯休怎能不烧掉? 看来,这和尚要再画出第十八个活罗汉,也真难煞他了。

夜里,他打坐在佛前苦思冥想,思考着从何处落笔;白天,他站在香炉岗上,面对着观音罗汉两峰,仰天长啸,幻想天上能掉下来个活罗汉,好让他捕捉到画笔底下。

这天,贯休又走出寺外,在参天古木的浓荫下徘徊漫步,面前猕猴嬉戏、野鹿追逐,一点也没有打断他的思索,直到有人喊了他声"师傅",才将他从梦幻中唤醒,回头一看,原来是常上唐山采药的钟老汉。

钟老汉见贯休眉头一把锁,两眼像个洞,走上来关切地问"师傅是不是身子不好,出来采药? 我这里有,看,灵芝茯苓,天麻百合,师傅要哪一种?"

贯休见是熟人,诉开了苦:"唉,我有什么病? 是有件心事发愁啊!"

钟老汉奇怪地问:"师傅是位有道行的和尚,怎会愁得这样皮包骨?"

贯休苦笑着说:"我又不是神佛,和你一样是个凡胎俗骨,哪会没有愁。不瞒你说,我那第十八个罗汉,总是画不好,唉,要是天上下来个罗汉,让我看着描画,那就好了。"

啊,这和尚是为了画画儿的事,愁到这副模样。钟老汉不由得又好笑又钦佩。老汉常去寺里讨茶歇力,看过那十七幅画,确是画活了的。他想,怎样帮师傅再画个活罗汉呢? 看那贯休和尚满脸虬须,一双深陷的大眼炯炯有神,紧闭着嘴,显出一副刚毅气概,秃头像块古铜,发着光亮……啊,眼前不就是个活罗汉吗? 老汉打了个主意,笑着说:"师傅不要愁,要见罗汉并不难啊! 听老辈人说,香炉岗下这道泉,源头在那罗汉峰,有佛法的在这深水潭里常会看到罗汉显身呢! 师傅何不到潭边去,等那菩萨显身时画他下来。"

啊,有这个奇异地方? 贯休在唐山住了十四年,还是第一次听说呢! 连忙谢过钟老汉,回寺里带上画具,就向岗下跑。到了水潭边,贯休闲目合掌,虔诚祈祷一番,睁开双眼向潭里一瞧,只见潭水清澈见底,映着一个和尚,方脸大眼,秃顶胡须,啊! 罗汉真的显身了! 几条游鱼将潭水轻轻搅动,太阳照着水面,闪着一圈圈金灿灿的波纹,如同仙佛头上的灵光,绕住水底的和尚,忽隐忽现,迷离神奇。

"阿弥陀佛!"贯休提笔蘸墨,照着水中样子,画了下来。这幅画果然比先前那十七幅更具有生气,真如一个活罗汉活现画上,看了令人喜爱。陶醉在艺术幻境里的虔诚佛教徒,当时哪里想到是自己的身影啊,认为钟老汉也不是凡人,特来点化他完成这幅罗汉画!

贯休将他十几年呕心沥血的艺术结晶十八幅罗汉像挂在翠峰院禅堂,就离开了唐山,云游到四川去了。他忘不了唐山十四年的艺术生活,几年之后,特地派了两个弟子,从四川赶来唐山翠峰院朝拜,瞻仰十八罗汉画。当两位弟子看到第十八幅罗汉像时,急忙跪下叩首,惊讶地喊着:"啊!我们的贯休师父,原来是佛国的罗汉呀!"从此,贯休和尚便成了人们心中的罗汉。

中国古代野史

隋代野史

马昊宸⊙主编

线装书局

宫禁趣谈

杨坚母扔儿

杨坚小名叫那罗延。父亲杨忠曾在西魏和北周做官,被封为隋公。杨坚世袭了父亲的爵位,后来又进而升为隋王。不久,杨坚篡夺了北周政权,接着又灭掉陈,统一了中国。

杨坚出生时,庭院中充满了紫气。有一尼姑从河东来到杨家,对杨坚母亲说道:"这个孩子很不一般,不能让他住在世俗之人中间。"于是这位尼姑将杨坚带到别处住下,亲自抚养他。

一天,尼姑外出,将杨坚交给他亲生母亲抱。杨母抱着孩子,忽然见杨坚头上竟生出了犄角,全身长出了鳞。杨坚母亲大惊失色,吓得将孩子扔到了地上。尼姑回来见此情形,责怪杨母道:"你惊吓了我的孩子,这样一来,他就不能早得天下了。"

杨坚

宝毅的女儿

宝毅的女儿听说北周皇帝将帝位禅让给了隋王杨坚后,来到堂下,拍着胸口感叹道:"可惜我不是男人,救不了舅舅的灾患啊!"宝毅及襄阳公主赶忙掩住她的嘴说道:"你千万不要胡说,那样会毁了我们整个家族的。"从此以后,大家都觉得这个女孩子气质非凡。等到长大后,宝毅将她嫁给了唐国公李渊。

杨勇多内宠

太子杨勇有很多宠幸的妃嫔,其中云氏是最受宠爱的。他的另一位妃子元氏一直得不到宠爱,结果害病而死。独孤皇后认为杨勇别有用心,严厉地斥责了他。但云氏从此反而却更加受到杨勇的宠爱,先后生有杨俨、杨裕、杨筋三个儿子。杨勇又先后纳了几名妃子,独孤皇后更加对杨勇不满,便派人调查杨勇的过失。

晋王杨广知道这些情况后,更加矫饰自己以博得皇后的喜爱。果然独孤皇后越来越喜欢杨广,多次在皇帝面前夸赞他贤明。一次,皇帝杨坚与皇后独孤氏巡幸杨广的府第,杨广事先将那些美女都藏到了别的房间,住宅中只留下一两个又老又丑的女人。身穿粗布衣服,侍奉左右。皇帝见此情形非常高兴,从此便喜爱上了杨广,对杨广跟对其他儿子大不一样。杨素在皇帝杨坚面前又大肆毁谤杨勇,说他没有才能。这样,隋文帝杨坚便于当年十月下诏宣布废黜太子杨勇,将杨勇及其妃嫔一律废为庶人。十一月宣诏立杨广为皇太子。

盛饰帷帐

隋炀帝时,各国首脑齐集洛阳,炀帝下令在都城东门街上上演各种文艺节目。光是演奏音乐的乐手就有一万八千多人。每天从傍晚到第二天的早晨,鼓乐大作。持续了一个多月,耗资上万金。

各国的首脑又向隋炀帝请求到丰都集市上买些物品,皇帝答应了他们的请求。于是预先命所有商店整饰一新,店铺中陈列着珍宝玉器,人们都衣着华丽。外国客人路过酒馆、饭馆时,店主人都热情邀请他们前来就餐,吃饱喝足而去,分文不取。还对外国客人们说:"中国富饶、生活充裕,到饭馆吃饭一律不收钱。"客人们都惊叹不已。客人中也有狡黠的,看出了其中的破绽,见树上都缠着丝帛,便问道:"中国也有穷人,衣不蔽体,为什么不把这些东西送给他们,缠在树上有什么用呢?"集市上的中国人惭愧得不知怎么回答才好。

梅酸李甘

明霞院美人杨夫人,一日,高兴地向隋炀帝报告说:"酸枣邑所进献的李子树一晚上忽然长得格外茂盛。"隋炀帝问是什么缘故,杨夫人说:"这天夜里,院中宫女们听到空中好像有成百上千的人说'李子树将茂盛',早晨起来一看,果然如此。"过了一会儿,晨光院周夫人也来报告隋炀帝说:"晨光院中的杨梅树一夜之间也茂盛起来了。"炀帝问:"杨梅树与李子树哪个更茂盛。"有人回答说:"杨梅树不如李子树茂盛。"炀帝于是亲自前去观看,果然是李树更加茂盛。

后来李子树和杨梅树都结了果实,院妃们前来进献果实。炀帝又问她们:"这两种果实哪一种更好?"院妃们答到:"杨梅太酸,不如李子甘甜。"皇帝感叹道:"厌杨喜李,难道是人之常情吗? 大概是天意吧?"后来有人来报告说杨梅已经枯死,不久,炀帝果然在扬州被人杀死了。

侍女韩俊娥

隋炀帝到了扬州后,终日沉湎于酒肉声色之中,荒淫过度。每晚睡觉时,必须有人在旁轻轻摇动他或奏乐唱歌,方能睡熟。侍女韩俊蛾,尤合炀帝心意,每次睡觉时,一定要让她轻摇才能睡得好。因此炀帝给她赐名为"来梦儿"。

萧妃暗中讯问韩俊娥道:"皇帝睡不着觉,你却能使他安睡,难道你有什么媚术吗?"韩俊娥对萧妃说道:"妾随皇帝从都城来,一路上哪有那么平平稳稳的车子呢,车子在高低不平的路上行进,本来就让人摇摇晃晃,我坐在皇帝身边,身子随车摇晃,皇帝靠着我一摇一晃的,他觉得很高兴很快乐。后来妾得以侍奉皇帝寝卧,便又效仿车中的姿态才使皇帝成眠,妾并没有什么别的媚术。"不久,萧妃便在炀帝面前说韩俊娥的坏话,将韩妃调离了炀帝身边。

宫女罗罗

一次,隋炀帝喝醉酒后巡幸诸宫,偶然碰上了宫女罗罗,隋炀帝很是喜爱她。罗罗却由于害怕萧妃知道,所以不敢跟皇帝亲近,并且推托自己有病,不能侍奉皇帝。炀帝于是作了一首诗嘲弄她道:"个人无赖是横波,黛染隆颅簇小蛾。幸得留侬伴做梦,不留侬注意如何?"炀帝自从来到扬州,宫中之人学说吴方言很好,所以炀帝这首诗中会有"侬"这个吴语词。

缫丝女夜梦

越溪县向皇帝进献了一种绫,名叫"耀光绫"。这种绫的花纹是凸现出来的,很有光彩。传说当地越人一次乘樵风舟,泛舟于石帆山下,采到一种野茧,便带回去缫丝。缫丝女夜里梦见神人告诉她说:"大禹穴三千年一开,你所得的野茧,就是江淹诗文中的壁鱼变成的。用这种茧丝织成的绫所做的衣服,必有非常奇异的花纹。"后来缫丝女织成的绫,果然跟梦中所见一样,所以便将它进献给了皇帝。隋炀帝将这种耀光绫只赐给了袁宝儿和吴绛仙二位妃子,其他人都没享受到这种荣耀。为此,萧妃很是恼怒嫉妒。

隋文帝之女

周宣帝杨皇后,名叫杨丽华,是隋文帝杨坚的长女。她性情柔婉,不嫉妒。周宣帝越来越昏庸暴虐,喜怒无常。一次周宣帝无故斥责杨皇后,欲加罪于她。皇后举止安详,面不改色,宣帝大怒,于是赐皇后死,逼她自尽。皇后的母亲独孤氏听说了之后,赶忙来到大殿向宣帝谢罪,请求饶恕杨皇后。在独孤氏的百般求情下,皇后才得以免于一死。

周宣帝患病,下诏让杨皇后的父亲进入皇宫侍奉皇帝的疾病。宣帝病情加重了以后,刘、郑泽等人便趁机篡改诏书,让杨皇后的父亲受遗诏辅佐朝政。杨皇后当初虽然不曾参与谋划,但因自己孩子尚幼,担心大权落入他族,不利于自己,所以听说刘、郑泽等人已经按照篡改了的诏书执行时,心中也还是非常高兴的。后来杨皇后逐渐知道她父亲另有企图时,心中很是不满,并把这种不满显现在言辞和脸色上。父亲杨坚取代皇帝后,杨皇后更加愤慨。杨坚又不能谴责她,内心感到很愧疚。隋文帝开皇六年,文帝杨坚封女儿丽华为乐平公主。

春兰秋菊一时秀

隋炀帝在江都,终日沉湎于酒食声色之中。一次炀帝游吴公台,恍惚中仿佛又与陈后主相遇了。陈后主的几十名舞女中,其中一人最美丽,炀帝屡屡瞟视她。陈后主见状,便告诉炀帝说:"这就是宣华夫人。"接着陈后主又用新酿的酒款待炀帝,炀帝喝了后非常高兴,便请宣华夫人舞《玉树后庭花》。跳完舞之后,陈后主问炀帝:"萧妃跟宣华夫人相比怎样?"炀帝答道:"春季的兰花,秋季的菊花,它们都是各自所在季节的佼佼者。"

帝王传奇

隋代开国皇帝隋文帝杨坚

乍看本文题目,肯定不少人会立刻联想起中国当代"先锋"小说一个伪命题式的开场白:"我就是那个叫马原的汉人",很有故弄玄虚之感。

当然,"大师"总有道理,就像鲁迅之文——"在我的后园,可以看见墙外有两株树,一株是枣树,还有一株也是枣树。"如果现在有哪个小学生写下如此文字,必会被老师揪着耳朵痛骂:"你有病吧,这么百无聊赖、心不在焉!"但出于大师之笔,赘文废话,自然也飘然物外,立意深远,非常人所能及,成为小说修辞学津津乐道的"话题"。

至于那个姓"普六茹"的汉人,绝非是模仿"先锋"小说家的故作深沉。宇文泰主掌西魏国事,大将杨忠(即后来隋文帝杨坚的老爸)出力甚多,东征西杀,血染战袍,被魏恭帝"赐姓普六茹氏",所以,大名鼎鼎的隋文帝杨坚,最早的名字就叫普六茹坚。

如此不伦不类的姓氏,还要追溯一下西魏的权臣、北周的开国主周文帝宇文泰(同曹操一样,宇文泰是死后儿子称帝被追封的皇帝)。

北魏孝文帝改胡姓为汉姓,鲜卑化的匈奴种宇文泰一反其道,在崇慕儒化之余,他为了在乱世保持军队的战斗力,不得不对汉族兵将进行"胡化"。他模拟鲜卑最初的军事部落组织,改汉姓为鲜卑姓。

当然,宇文泰的"胡化"并非本质上的"反动",西魏(北周)境内胡汉关系并不像北齐那样水火不容(鲜卑人欺凌汉人),而是相互间比较融洽。

杨坚(普六茹坚)不仅最初姓氏奇怪,小名也怪,叫什么"那罗延",其鲜卑原意"金刚不坏",源于梵语。杨坚十三岁前在寺庙长大,小名由抚养他的女尼智仙所取。

1.样貌怪异的"奇"男子——杨坚的"蛰龙"岁月

《隋书·文帝纪》中,有这样的记载:"皇妣吕氏……生高祖(杨坚)于冯翊般若寺,紫气充庭……皇妣尝抱高祖,忽见头上角出,遍体鳞起。皇妣大骇,坠高祖于地……(杨坚)为人龙额,额上有五柱入顶,目光外射,有纹在手曰'王'……"——这些鬼话不用详释,肯定是史家为显示帝王神奇而做的荒诞不经的"编排",犹如号称杨坚是汉朝太尉杨震第 N 代孙一样,纯属胡说八道。

杨坚六世祖杨元寿,不过是北魏武川镇军户,"又红又专"说得上,贵族血缘丁点也没有。而且,大脑门上五条肉柱子贯入头顶,棱棱角角,恰似动画片中的东海龙王,如果以玩乐的眼光看电视看电影,可能觉得这种"尊容"好玩,真人长成这种样子,让人不吓死也得腻歪死!

观唐初阎立本所绘《历代帝王图》，杨坚的相貌庄重、威严，画家笔下肯定有"溢美"。但画家所处时代，乃隋亡不久，杨坚的样子应该有五六成可信，也不见他大脑瓜子上有五根肉柱棱起。

不过，有一点是肯定的，即杨坚此人相貌堂堂，定有让人过目不忘之处。他性格沉深严重，不好与人狎昵，属于不怒自威那种人物。

由于其父杨忠有大功于国，杨坚十五岁就获封成纪县公，十六岁迁骠骑大将军，加开府。

当时，宇文泰见到老战友这位风华正茂的儿子，不禁大相叹异："此儿风骨，不似代地北人。"

讲起北周，还要简述一下西魏的历史。

北魏孝武帝被高欢所逼，逃至宇文泰处，也称魏，至此，北魏分裂为东、西两魏，宇文泰所掌握的魏，史称西魏。

孝武帝至长安后不久，即与权臣宇文泰发生龃龉，被毒酒毒死，时年二十五。

宇文泰毒死孝武帝后，立孝文帝孙子元宝炬为皇帝，是为西魏文帝。文帝在位十七年，安死于宫，时年四十五。虽身为皇帝，元宝炬完全是个幌子，大权尽在宇文泰之手。正因为他听话，所以一直让他在帝座上待着。

文帝死，宇文泰立太子元钦为帝，是为西魏废帝。元钦只当了三年皇帝，便被宇文泰废掉，转立文帝第四子元廓为帝，是为西魏恭帝。恭帝也只当了三年摆设，公元556年，宇文泰病死后，其堂侄宇文护拥立宇文泰第三子宇文觉建立周朝，史称北周。西魏恭帝不久就被毒死。

三十余年中，西魏的皇帝虽姓元，其实真正的皇帝是宇文泰。

宇文泰不仅大大增扩了西魏的国土，最重要的贡献还在于他于公元535年建立了府兵制，并仿鲜卑旧制，将所统兵马分为八部，各设"柱国大将军"，称为"八柱国"，府兵是职业军人，专门编为军籍，只作军事用途，不从事屯垦生产。（周武帝时，府兵制又走向"兵农合一"。）

宇文护拥立宇文泰第三子宇文觉为帝后，皇族此次改姓宇文了。宇文觉虽

国学经典文库

中国古代野史

·隋代野史·

图文珍藏版

然才十五六岁年纪,但本性刚果,想干掉飞扬跋扈的堂兄宇文护。宇文护先下手为强,废掉宇文觉后,把这位不听话的孩子弄死。其后,他拥立宇文泰长子宇文毓为帝,是为北周明帝。干坏事一干起来就收不住手,不久,宇文护嫌这位"宽明仁厚"的堂弟太"聪明",就派人在食物中下毒,再把这位堂弟皇帝送上西天。挑来挑去,宇文护把宇文泰第四子宇文邕推上帝位。

北周武帝宇文邕,可称是神武过人,沉毅有智,莫测高深。当皇帝十九年间,他先是韬光养晦,族灭权臣宇文护。而后亲掌万机,平灭北齐高氏。

这位勇武皇帝,一直崇尚节俭,平时身穿布袍,寝布被,全身上下没有金银宝玉装饰,同时对于那些雕文刻镂的宫室,锦绣衣物,全都一概禁止。前朝宫殿有恢宏华绮的装饰,他严命撤毁,改为土阶数尺,务为俭朴。

在开土扩边的战争中,这位周武帝劳谦接下,自强不息,打仗时步行山谷危涧,履涉勤苦,一般人不能忍受的,周武帝自己却甘之如饴。行军时见有兵士光脚走路,周武帝甚至脱下自己的靴子给小兵穿上。与敌对阵之时,他皆亲冒矢石,一马当先,多次差点以帝王之尊身陷死阵。破北齐以后,他降服突厥,进攻南朝,从当时周朝的气势来看,一两年时间内,天下一统很快就要成为事实。

然而,天妒英才,不假予年,宇文邕北伐路上忽遇暴疾,死在兵车之上,终年才三十六岁。遗诏,太子宇文赟袭统大宝。

恰恰是这位不到二十岁的儿子,史书上所称的"周天元"、周宣帝,袭位后两年多时间,把武帝辛辛苦苦打下来的大好河山折腾得烟雾四罩,民不聊生,言所难言!

周宣帝宇文赟做皇帝两年多,估计是游戏过度,纵酒荒淫,加上寒热不洁,在回宫游玩后不久就重病不起,几天后,这位荒唐加荒诞的帝王撒手西归,亡年二十二岁。

宫内上下一片混乱之际,又是一朝孤儿寡母惶惶不知所以。

年仅八岁的皇长子宇文衍虽然为帝,但只是一个摆设。宇文赟的宠臣郑译矫诏,以杨坚入朝辅政。此时的天元皇后杨氏,高兴自己父亲掌握权柄,以免他姓权臣或皇族中野心大的人篡位。

从前,在周武帝时,聘杨坚长女杨丽华为太子妃,所以杨坚一下子就能从贵臣荣升为"国戚"。当时的武帝五弟齐王宇文宪就对皇帝哥哥讲:"普六茹坚相貌非常,臣每见之,不觉自失。此人终非久居人下之辈,请早除为上。"周武帝对自己这位亲家翁多有回护,表示说:"看他的相貌,作上将可以了,没有什么特异。"不久,武帝亲近大臣王轨密奏:"皇太子非社稷主,普六茹坚貌有反相。"

周武帝很不高兴,沉吟久之,无可奈何地表示:"假若天命有在,又能拿他怎样!"

消息传出,杨坚大惧,深自晦匿,他一改平素满脸戾气,韬光养晦,开始毕恭毕敬装懦夫。

周宣帝即位,马上下诏封杨坚这位国丈为大司马,拜上柱国。每次出外巡幸,都派他留守京城或者担当护卫军统领。可见,刚当皇帝之时,小伙子对老丈人可谓信任到家。

身为国丈,杨坚有阵子还真冒出一腔忠勇,想当个响当当的"忠臣",劝谏女婿废除已经实施的恶法《刑经圣制》。由此,惹起小伙子好大不高兴。

当时,周宣帝立四美人为皇后,各家争宠,相互毁谮,都想把杨丽华从正皇后的位子上搬下来自己坐上去。为此,谣言四起,宣帝的美人及其家属纷纷进言说杨坚有"不臣之心",激得周宣帝多次对杨皇后高骂:"朕一定要族灭你们杨家!"

当然,捕风捉影的事也当不得真,说归说,周宣帝并没有真想把老丈人干掉。最危险的一次,是周宣帝喝得稍高,忽然想起杨坚有"反嫌",派人召杨坚入宫,对左右卫士讲:"如果杨坚入宫后神色惊惶,马上就杀掉他。"

毕竟见过大场面,杨坚入宫后,行礼趋拜,一如平日。他神色自若,装得逼真,周宣帝只能不了了之。

2.狰狞毕现的大丞相——杨坚"辅政"的过程

周宣帝撒手西归,按理讲,再怎么轮也轮不到杨坚这个外戚老丈人入宫"辅政"。引狼入室的关键的人物,正是周宣帝宇文小伙的两个宠臣刘昉和郑译。

刘昉生性轻狡,周宣帝在东宫当太子时,他就已经在其身边"侍读"。宣帝即位后,刘昉因为会说话,大得皇帝欢心,出入宫掖,宠贯一时,得授大都督,又迁小御正。由此,可想见刘昉的玩乐弹唱功夫肯定不简单,他能使周宣帝白天黑夜不能离开自己。

周宣帝弥留之际,只宣召刘昉和御正中大夫颜之仪入内宫,准备托付后事。两人趋至床前,小伙子已经说不出话,不停地翻白眼倒气。刘昉为自身计,眼见周宣帝的儿子周静帝宇文阐(初名为衍)是个七八岁的小孩子,不足以当自己日后富贵荣华的大托儿,就与郑译密谋,准备把杨坚推出前台。

郑译也是人精。此人的爷爷、父亲都做过北魏、西魏太常、司空一级的大官,典型的高干子弟。郑译本人,颇有学识,兼知音律,善骑射,可以讲是文武全才的坏人。他也是周宣帝东宫旧人,曾任太子宫尹,因常常与当时当太子的宇文小伙欢歌狎饮,曾被周武帝除名为民。

周宣帝自己登上皇位,自然马上把这位鬼鬼老友召回宫中,顿时超拜他为开府、内史下大夫、封归昌县公,委以朝政。

一次,郑译擅自把修建皇宫的奇异木材偷运回家,自修府第,为人告发,周宣帝一怒之下又把他削职为民。小人心气相通,刘昉多次为郑译求情,宇文小伙子也少不了这位陪吃陪喝陪玩的老哥们,不久就把他召回,顾待如初,委以内廷重任。

郑译和杨坚关系也不一般,两人曾经是同学,古人迷信,他见杨坚相貌非俗,一直倾心相结。杨坚知道女婿周宣帝对自己渐有疑忌诛除之心后,不停送钱送物拼老命巴结郑译,并在皇宫的胡同中相求道:"您知道我一直想出藩外任,希望您给我留个心,有机会能让皇上派我出京。"

杨坚想出京,无外乎是想逃离京城政治漩涡避祸。正好赶上周宣帝要出兵南伐陈国,让郑译主管此事。见机会来临,郑译就推荐杨坚为元帅,准备随自己一道前去平定江东。周宣帝当然言听计从,下诏以杨坚为扬州总管,准备兴兵。恰巧,诏下不久,周宣帝病重,杨坚便称自己忽然得了腿病,留在京城伺察形势。

刘昉、郑译眼见周宣帝快咽气,密谋之后,宣杨坚入宫,把让他辅政的事情说出来。

　　杨坚老奸巨猾，也是患得患失之辈，忙摆手"固辞"，称不敢当。刘昉也急了，激言道："公若为，速为之；不为，我自为也！"

　　此时的杨坚，还没能从女婿周宣帝残暴的阴影下走出。入宫前，杨坚遇见算命的术士来和，还心惊肉跳地问："我这一趟有灾吗？"可以想见这位半大老头内心的惊惶不安。

　　思来想去，利大于弊，杨坚就答应刘、郑二人，自称受诏，居中侍疾。当天，周宣帝就一命归天。于是，刘昉、郑译矫诏，任命杨坚总知中外兵马事，即代理全国陆海空总司令。

　　几个内臣草诏，唯独颜之仪不签字，厉声言道："主上升遐（帝死为"升遐"），嗣子（静帝）冲幼，宫中大任，宜委宗室。赵王（宇文招，宇文泰之子）年纪最长，论亲论德，应受辅政重任。你们备受朝恩，应思尽忠报国，奈何今日以国家神器，授以外姓他人！"

　　刘昉、郑译知道颜之仪人太倔直，不能够说服，索性"代替"他签署。诏下，宫廷诸卫禁兵认敕不认人，马上归统杨坚节度。

　　一直心倾杨坚的御正下大夫李德林听说刘、郑二人要安排杨坚做大冢宰（类似人大委员长），郑译自己做大司马（国防部长），刘昉想当小冢宰（类似现在的司法部长），连忙跑去见杨坚，出主意说："杨公您应该做大丞相、假黄钺、都督中外诸军事（最高军事首长），否则，无以号令大众。"

　　杨坚深以为然。周宣帝大殡结束，诏旨一下，连刘昉、郑译都有些傻眼：郑译为丞相府长史、刘昉为司马。这二人本来想与杨坚平起平坐，现在倒成了人家的僚属。

　　不过，杨坚待二人甚厚，赏赐巨万，封刘昉为黄国公，郑译为沛国公，出入都可以派甲士自卫，朝野倾瞩一时。时称二人为"刘昉牵前，郑译推后"，皆是杨坚成事的红人。

　　周静帝即位后，其叔父汉王宇文赞以皇叔之尊入居禁中，常与杨坚同帐列坐，听览政事。

刘昉觉得这个宗室碍眼，就送上几个绝色美女，趁机对宇文赞说："大王您乃先帝之弟，众望所归。少帝幼冲，岂堪大事！今先帝初崩，群情尚扰，您不如先回私第，等候佳音。待事宁之后，我们肯定会迎您入宫做天子，此乃万全之计。"

宇文赞只是个十五六岁的好色少年，性识庸下，觉得刘昉好人好语，马上携美女、属官出宫，回王府等着天上掉大馅饼。

由此，刘昉、郑译二人自恃有大功于杨坚，得意扬扬，骄色横溢。此外，二人还有一个共性：贪财溺利。富商大贾，朝夕盈门，卖官鬻爵。

杨坚本人，并无大功于国，又是最让人起"联想"的外戚，忽然大权在握，幼主在朝，外间自然不服。

但杨坚总是先人一步。周宣帝刚死，杨坚已经矫诏征在外拥强兵坐重镇的宗室五王（赵、陈、越、代、滕五王，皆为宇文泰之子，是静帝叔祖辈）入京朝见。五王入见，才知道周宣帝已死，无奈之下，只得各返他们在京城的王府，伺机行事。

但是，五王入笼，外间拥兵的周朝贵臣纷纷起兵，其中规模最大的有相州总管尉迟迥、青州总管尉迟勤、郧州总管司马消难（此人是小皇帝周静帝的老丈人）以及益州总管王谦。数十万大军，此起彼伏，四处响应。

危急时刻，杨坚惊惧攻心，天天忘寝与食，想派心腹刘昉与郑译出外监军平叛。但刘昉推说自己从未为将，郑译以母老为辞，皆推托不行，杨坚心中大为恼怒。

情急之下，府司录高颖自告奋勇，李德林坚持岗位，杨坚大喜，定下心神，派遣韦孝宽、梁士彦、宇文忻、崔弘度等名将到各处策划、征讨。

外间纷起，在京师的周室诸王也不闲着。愤惋之余，赵王宇文招就想设"鸿门宴"，伺机杀掉杨坚。

一日，宇文招邀请杨坚到他的王府喝酒。杨坚当时因外乱未平，还不想和诸王翻脸，又怕被对方毒死，就自己带酒入赵王府。大家心阴面和，一起欢饮。

诸人入于寝室，赵王宇文招为主人，他的两个儿子宇文员、宇文贯以及妃弟鲁封皆在左右,佩刀而立,藏刃于帷席之间,伏壮士于室后,可谓是武装到了裤衩。

依制,大臣见宗室于府邸,卫士皆不得入内,杨坚身边只有堂弟杨弘和亲信元胄两人在门口坐着守卫。这两人皆勇悍孔武,官职皆为大将军,所以才能入得王爷内廷。

酒酣之时,宇文招亲自以佩刀割切瓜果,然后以刀尖插瓜,递至杨坚面前。鲜卑风俗旷野,又是王爷亲自送食,杨坚还挺给面子,大嘴一口一块,连吃数片。

宇文招脸上欢笑,心中冒火,想趁机一刀刺死杨坚。

坐在门口的元胄看出情势不对,冲入室内,对杨坚说:"相府有事,不可久留!"

赵王宇文招正要一刀朝杨坚嘴里捅过去,忽然见元胄闯入,坏了大事,斥责道:"我和丞相讲话,你是什么东西!"

元胄不仅不退,他瞋目愤气,扣刀而立,大有樊哙之风。

宇文招见呵斥不成,只得解释:"我难道会有恶意吗!将军怎么如此多心。"同时,赐酒给元胄喝。元胄不饮。

宇文招见计不成,便假装酒醉恶心欲呕,想返入后阁,唤埋伏兵士入屋乱剁。

元胄机警,几次阻止宇文招走出。

宇文招走不成,称自己口干,命元胄入后厨取水来饮,元胄仍立于原地不动。

僵持之间,门外有传滕王宇文逌来府。杨坚依礼,降阶迎候。

趁此机会,元胄附耳言道:"事势古怪,请马上离开!"

杨坚一点,"他们手中又无兵马,敢对我怎么样!"

"兵马都是他们宇文家族的东西,如果他们先发,大势去矣!"

杨坚不听,又入座与新来的滕王宇文逌互敬互饮。

趁杨坚降阶与滕王寒暄时,赵王下令王宫卫士准备动手。

元胄一直揪着心,听见室后甲胄摩擦之声,刀剑叮当,他再也不顾礼仪,冲至坐榻前,高言:"相府有众多急务,杨公您应该马上离开!"

说着话,元胄连搀带拽,扶起杨坚就往屋外走。

宇文招见状也急,想追出门豁出去一刀捅了杨坚。元胄自己挡住门口,不让宇文招出去。

杨坚见势不妙,一溜小跑,跑到王府门口才敢喘口气。此时,元胄也跟了上来。

宇文招恨计不成,弹指出血。这位赵王,自幼聪颖,博涉群书,写得一手好文章,又学庾信体,善为轻艳之词。他既有文才,又有武略,曾与周武帝一起伐北齐,单军攻克北齐的汾州坚城,后来,他还曾与齐王宇文宪一起打败过附属北齐的稽胡。这么一位文武双全的王爷,该断不断,瞻前顾后,丧失了诛杀杨坚的大好机会,也敲响了宇文皇族的丧钟。

不久,杨坚就诬称宇文招谋反,以周静帝的诏令名义诛杀宇文招及其三子、二弟。至于元胄,杨坚大行赏赐,赐金赐物不可胜计。

元胄本是北魏昭成帝六世孙,美须眉,多武艺,曾广受北周的齐王宇文宪荐引,屡立战功。不知为何,此人与杨坚一见如故,惺惺相惜。杨坚辅政之后,立为心腹。杨坚称帝后,叹言"保护朕躬,成此帝业,元胄之功也",进位上柱国,封武陵郡公。

元胄看似忠直,其实也属投机取巧之辈,后来他参与杨广潜废太子杨勇之谋。隋文帝晚年,蜀王杨秀获罪受谴,元胄因与这位王子往来密切得罪,除名为民。炀帝继位后,因元胄与弟弟杨秀通谋,也没给他恢复原官。落寞之余,元胄与也因事被废于家的将军丘和喝酒,席间谈起老友上官政做事贬徙岭南一事,元胄嘴多,酒酣大言:"上官政乃壮士,令徙岭南,能不在那里做大事(造反)吗?"言毕,他还拍着自己的肚子,朗言道:"如果换了此公,肯定不会碌碌无为!"转天一早,丘和就把元胄的话上奏给炀帝。杨广气不打一处来,派人杀掉元胄一家,并下诏征上官政为骁卫将军,起复丘和为代州刺史。元胄这个倒霉蛋,以己一家性命,换来两位老友的高官坦途。

想当初,缺了这位元胄,隋文帝早成了宇文招刀下鬼。

于杨坚而言，挨过了最艰难的时刻，好消息接二连三。数月之间，尉迟迥、尉迟勤、王谦等人相继败死，送首阙下；司马消难见势不妙，仓皇逃奔陈国。

得意之时，杨坚已无外忧，开始大杀周朝宗室。杨坚共计杀周朝文帝子孙二十五家，孝闵帝子孙及明帝子孙六家，武帝子孙十二家，荒唐皇帝宇文赟的儿子宇文阐禅位后即被杀，时年九岁。宇文赟另外两个幼子还在怀抱之中，为斩草除根，也被杨坚诛杀。加之其余宇文宗室疏属，几乎为杨坚诛杀无遗，成千上万的凤子龙孙，均于一年多内惨遭屠戮。如此种种，加上周静帝的惨死，应了北周初期的谚谣："白杨树头金鸡鸣，只有阿舅无外甥。"

清朝历史学家赵翼感叹说："古来得天下之易，未有如隋文帝者，以妇翁之亲，安坐而登帝位……窃人之国，而戕其子孙至无遗类，此其残忍惨毒，岂复稍有人心！"

然则，天道昭昭，隋文帝自夸为"真兄弟"的五个儿子（即五个儿子是同父同母，都是杨坚与皇后独孤氏所生），长子杨勇，被废后赐死。次子炀帝，被臣下勒死。次秦王杨俊，早死。次越王杨秀，废锢，死于江都之难。次汉王杨谅，谋反被诛。而杨勇十子，均被炀帝贬于岭南杖死。杨俊、杨谅、杨秀之子，都死于江都之难。炀帝三个儿子，一个早死，另外两个也都在江都被诛杀，杨氏子孙基本"无遗种"。更巧的是，灭了隋朝弑了炀帝的人又恰恰姓宇文（宇文化及与周朝皇族同姓，但并不同宗），冥冥之中，令人慨叹。

公元581年春，眼见内平外定，杨坚便以周静帝名义进封自己为隋王，没几天，就上演"禅让"大戏，自立为帝，改元开皇，以杨勇为皇太子，并假模假样地封八岁的周静帝为介公。

杨坚的女儿杨丽华自从知道其父有代周自立企图后，意颇不平，形于颜色。杨坚称帝后，杨皇后愤惋逾甚。愧疚之余，杨坚封女儿为乐平公主，并想逼其改嫁，杨丽华誓死不从。后来，杨皇后于炀帝年代在随帝巡游途中生病，病死张掖，时年四十九。

见大事已定，杨坚这位狠心的姥爷让人把继位的九岁孩童周静帝掐死，然后假意举哀于朝堂。周静帝生母朱皇后本来比周宣帝大十多岁，是宣帝当太子时的掌衣侍女,母以子贵,其本人并无宠于周宣帝。杨坚篡国后,朱皇后出家为尼,几年后抑郁而死,时年四十。

开皇六年,沉猜阴狠的隋文帝又把三个老朋友刘昉、梁士彦、宇文忻一勺烩掉,杀掉三人及其儿子辈。

刘昉自杨坚掌权以后,就以功臣自居,纵酒逸游,贪污纳贿,最要命的,是关键时刻他不为杨坚排忧解难,拒绝出外监军讨伐尉迟迥等人,使得杨坚暗中生恨。杨坚以高颍代其司马一职。

受禅后,杨坚虽封刘昉为舒国公,只让他闲居,并不真给这位老朋友实职。刘昉以"佐命功臣"自居,被隋文帝疏远后,怏怏不快,便与同为隋朝功臣的梁士彦、宇文忻二人深相结纳,准备伺机起事。

梁士彦在北周时代就是赫赫有名的上将。周武帝平北齐,梁士彦居功甚伟,此后,他击擒陈朝名将吴明彻,平定淮南之地。他在北周时代,已经是上柱国的大官。尉迟迥反杨坚,梁士彦又亲为前锋,并攻入邺城北门,立下首功。平灭尉迟迥后,梁士彦代之为相州刺史。虽获大功,杨坚对文武通才的梁士彦甚为疑忌,不久就把他征还京师,削去兵权。

闲居无事之余,梁士彦以元功重臣之身,难免怨望。刘昉本来是与梁士彦妻子通奸,老梁戴了绿帽也不知,二人很能谈拢,暗中相谋起事。而且,几个人答应事成后,推梁士彦为帝。

至于宇文忻,也是北周名将,能左右驰射,骁捷若飞。十八岁时,宇文忻即因跟从北周的齐王宇文宪讨突厥有功,拜仪同,获赐县公。周武帝平北齐,宇文忻屡立大功,进位大将军,后又因大败陈朝大军而进位柱国。

杨坚初执政,尉迟迥在邺城与杨坚派去的军队拒战,背城结阵,杨坚所遣的"官军"大为不利,将有溃败之态。当时,邺城百姓在周围观战看热闹的有数万人,宇文忻见事急,便表示要以"权道"破之,于是,他率兵杀入围观的百姓群中,见人就砍,众百姓大叫而走,声如雷霆。见此,宇文忻趁乱高呼"贼军败了",使得正想逃跑的"官军"复振,奋力急击,最终大败尉迟迥。

事后,宇文忻进封上柱国,封英国公。隋代周后,杨坚阴忌宇文忻威名,寻个小错就削去他的职权,遣归于家。

落寞之余,宇文忻便与老友梁士彦、刘昉密谋,准备干回大事。

"秀才造反,三年不成"。三人之中,刘昉文士出身,宇文忻、梁士彦均百战勇将,也一直未想出什么一掷即中的好法子来。

本来,三人商量伺隋文帝外出祭庙,率僮仆动手驾刺。但此时的杨坚非数十年前和他们一起喝酒、吃肉的普六茹坚,天子之尊,扈卫千乘,一时间下不得手;于是,三人又想在蒲州起事。

策划归策划,皆空泛不能施行。

不久,梁士彦的外甥裴通知悉大舅与刘昉、宇文忻的"阴谋",忙向隋文帝告密。

隋文帝乃阴狠之人,此时,天下已平,对于老哥们的造反谋划,他根本不急,反而猫玩耗子一样慢慢摆弄这三个老友。

于是,他下诏派梁士彦为晋州刺史,观察对方的表现。

接诏后,梁老头直乐得要蹦,欣然对刘昉等人说:"这真是天意让我们成功!"何者,困龙入海,又有晋州一块根据地,帝业可图啦。

出发前,他上表向隋文帝,请求派心腹薛摩儿为长史一同赴任。隋文帝立马照准。

公卿大会,梁士彦辞行,隋文帝在御座上一抬下巴,虎狼武士一拥而上,当地把梁士彦、宇文忻、刘昉三个捆成粽子。

杨坚大脸一耷拉,喝问:"尔等欲反,何敢发此意!"

三人不服。隋文帝命当庭押上薛摩儿,立时对证。薛摩儿马上坦白,把几个人暗中谋反的事一五一十招来,细节不漏,并讲:"梁士彦的二儿子梁刚哭泣谏阻,他的三儿子梁叔谐却劝他老子说'做猛兽就要做大老虎那样的百兽之王'。"

廷对鞫审,梁士彦不得不服罪。七十二岁老头,连同三子(除梁刚外)一同牵出斩首。刘昉虽为文士,自知不免,默无所对,死猪不怕开水烫。

几个人被押送刑场之前,六十二岁的宇文忻看见老战友高颎,向他叩头哀求,惹得刘昉勃然大怒,怒斥宇文忻:"事已至此,叩头管屁用!"

隋文帝虽残忍,但念这三人均是"佐命元勋",当初没他们就没有自己今天,就法外开恩,特恕三人兄弟叔侄之命及妾生子性命,远配蛮荒,财产田宅皆抄没。

3.混壹南北的大功——隋文帝灭陈的大业

杨坚称帝后,一顺百顺。隋将韩僧寿、李充在河北山、鸡头山两次大破突厥的进犯,隋将梁远又在尔汗山大败吐谷浑,斩其名王。高丽、靺鞨,都遣使来朝。

当时,杨坚的隋朝,只是继北周后拥有北中国大部分地区。江南的南朝陈国,恰值陈叔宝在位,那位爷是位中国历史上出名的荒唐皇帝。

杨坚称帝后,陈叔宝派大臣到这个北方邻国以进贺名义查验真情。听说隋帝状貌不凡,就让使臣袁彦把隋帝杨坚的相貌画回来看看。展开画幅后,见到杨坚魁伟沉毅的姿容,吓得陈叔宝"大骇",掩面说"我不欲见此人",马上令人把画像拿走。

本来,杨坚受周禅之初,同陈国很想搞好"睦邻友好关系",当时陈宣帝在位,倒对杨坚不大在乎,也不约束陈兵侵掠北境。隋军曾一度派大军南

隋文帝灭陈

征,恰好陈宣帝崩逝,"兵不伐丧",隋文帝杨坚下令班师,遣使赴吊,信中也谦恭地"称姓名顿首"。

陈后主觉得隋兵是退走而不是撤走,见来信更加自骄,复信内有"想彼统内如宜,此宇宙清泰"之句,惹恼了隋文帝。

陈后主不恤政事，荒于酒色，成天与一帮诗人文臣（时人称之为"狎客"）通宵达旦酣饮，后宫美貌华服的妇人数以千计，其中以张丽华最受宠爱。张贵妃发长七尺，光彩照人，聪明伶俐，进止从容，又不妒忌，常常亲自给后主拉皮条，大为后主爱幸。陈叔宝不仅自己吟诗作赋很专业，对音乐也造诣精深，是大师级水准，自制《玉树后庭花》曲，沉浸于妙曲曼舞和醇酒之中，流连忘返。

　　隋文帝觉得时机可行，对大臣高颖说："我是天下百姓父母，岂可限一衣带水而不拯之乎！"

　　公元588年，他下令大造战船，以儿子、晋王杨广为元帅，总督八十总管征讨陈国。同时，隋朝复印三十万份写有陈后主十二大恶事的征讨诏书遍致江南各地，大举伐陈。

　　隋国起如此大军逼境，陈后主竟然丝毫不慌。他对侍臣左右说："王气在此，想必无忧。齐兵三来，周师再来，无不摧败。他们怎么又做这种费力无功的事情呢。"

　　佞臣孔范也一边附和："长江天堑，自古以此为限分割南北，隋虏岂能飞渡呢！守边将领妄言事急，想以此邀功。为臣我常常觉得自己官小，隋军真的有胆来攻，我趁机立大功弄个太尉当当。"

　　言毕，君臣欢笑、奏乐、饮酒、赋诗，一如往常。

　　这一边，杨广手下大将贺若弼、韩擒虎等人势如破竹，南北两道一路攻来，拔城陷阵，很快就渡过长江，包围建康。即便此时，城内仍有十多万甲士，欲与隋军奋战。陈叔宝本性怯懦，也不懂得劳军鼓励，只知道日夜啼泣，娘们儿一样以泪洗面，大事都交给文臣施文庆。施文庆怕武将有功对自己不利，在如此危急关头仍旧私字当头，将领们一切防御守备的计划全被他压下不上报，没有一件得以施行。

　　很快，城溃兵逃，百官遁跑。陈叔宝自己也跑到景阳殿后，藏入井中躲避。隋朝军人冲进宫内，遍寻后主不见，发现井里有人，向下喊叫，无人应声，就大声嚷嚷要用大石头砸下去。陈后主在井内忙叫唤"下面有人"。隋兵丢下绳索，往上提拉时觉得非常重，拽上来一看，竟是荒唐后主和张贵妃、孔贵嫔三个束在一起,果真是临到亡国也保持"不爱江山爱美人"的秉性。

当时的隋军元帅杨广,年仅二十岁,英姿飒爽,挥军直入建康。安顿好吏民之后,斩杀佞臣施文庆、沈客卿等人,为民除害;封存府库,资财一无所取,江南民众都称颂杨广的贤德。

在他的指挥下,得陈国三十州,一百郡,四百县,军功赫赫,隋朝最终得以统一南北。

元589年四月,陈叔宝和陈国的王侯将相二百多人连同陈国的服舆宝器、天文图籍等等,一并展览似的被铁骑围押着,在骊山上演"献俘"的大戏。在加封杨广为太尉并赐予大量财物后,隋文帝命内史令宣诏痛斥陈国君臣的过失和亡国罪行。陈叔宝与陈国王子、群臣都惶恐跪伏,屏息流汗。

虽然杨坚把他所篡夺的周朝宗室皇族杀得一个不剩,对陈叔宝一族却很宽厚,并赏他三品官,每次朝宴时还怕陈叔宝伤心,嘱咐乐师不许演奏江南音乐。

不料,陈叔宝奏称说每次朝会自己没有官号,要隋文帝给他实封一个官当当,隋文帝苦笑,说道:"叔宝全无心肝。"

听监守的人说陈叔宝天天喝得大醉,很少有清醒的时候,隋文帝还真为陈后主身体着想,让监守官员节制供酒,不久就又下令:"任他喜欢供酒吧,否则他不畅意喝酒,日子肯定也过不舒服。"并把陈氏宗室子弟分置各州,赏赐土地衣物,派人护卫。

本性严酷的杨坚之所以能容忍陈氏子弟存活,主要是这一大家子没人能对隋朝构成威胁(如果像南唐后主李煜那样再写什么怀念故国的诗词,说不定早被弄死)。

说来也怪,在南北朝皇朝迭兴、杀戮至惨的时代,只有南朝陈国四个皇帝及宗室子弟皆得善终,也真是个奇迹。

后来,跟随隋文帝东巡游幸,陈叔宝还献诗一首:"日用光天德,山河壮帝居,太平无以报,愿上东封书。"称颂隋帝功德,表请封禅。

隋文帝心中十分快意,他目送陈叔宝下殿时,又叹息说:"如果陈叔宝把作诗和喝酒的心思用于治国,又怎会有今天呢。"

4.文治武功四方宾服——隋文帝的功绩

隋文帝杨坚的朝廷，不仅有刘昉、郑译、高颍、李德林、韦孝宽等纯汉族官员，鲜卑贵族如元胄、宇文忻、元谐等人也早就加入他的阵营。中国北方政权到了杨坚手里，由"胡"变汉，又一统江南，中国从西晋末年分裂了三百多年后，重归大统。

政治方面，杨坚确立了三省六部制度——省即尚书、门下、内史；六部即尚书省下的吏、礼、兵、都官、度支、工等六部（开皇三年改度支为户部、都官为刑部）。武官方面，隋文帝仍袭北周制度，置上柱国、柱国、上大将军、仪同三司等十一级，以奖励军功。

对于各地的辖统，隋文帝实行州县两级制，罢去郡级。特别是官吏任命，地方州县僚属均由中央的吏部统授，大大加强了中央集权制度。同时，在均田制的基础上，隋文帝时代"兵农合一"成为事实，北周时代的府兵制与自北魏以来就施行的均田制得以充分结合，军事统率权也集中到中央政府。

经济方面，由于均田制限制了豪强的兼并，农业得到迅速发展，耕地数量激增，加之国家有组织的大规模水利灌溉工程建设广收成效，处处丰收，景象喜人。

隋朝在袭用北周租调力役制度的同时，减轻了农民的赋役，并施行"大索貌阅"，以"三长制"的基层组织为依靠，阅实户口，检括民丁。"貌阅"类似现在的身份证，上面详细记载人民的性别、年龄、容貌特征，以备检索、核实。

当然，隋朝的"貌阅"不是为了搜查"孙志刚"们，而是为了按人头多收赋税。隋炀帝之时，国内人口近五千万，为数百年之所未有。此外，由于隋文帝大行节俭之风，提倡储粮备灾，致使隋朝的官仓、义仓储积粟帛为历朝之最，资储遍于天下，能供五六十年之需。

经过隋末天灾人祸，唐朝立国二十年后，隋朝在各地的库储尚未完全用尽，可以想见其数量的骇人之巨。

不过，史学大家王夫之一针见血地指出："隋文帝之俭，非俭也，吝也，不共其德而徒厚其财也。富有四海,求盈不厌,侈其多藏,重毒天下,为恶之大而已矣。"他深刻指出隋文帝"义仓"是花架子宣传的东西,并非真正"爱养天下"的善举。

商业方面,文帝改铸"新五铢钱",此钱背面肉好,周郭清晰,由此统一了货币。

隋文帝时代,都市繁盛,商贾云集,海上和陆上贸易均盛极一时。

隋朝建立后,还达成了中国科举制的雏形,废除了全凭门第的"九品中正制",下令京官五品以上、总管等官员推荐志行清谨的二科举人。到了炀帝,又建"进士"等科,使先前地方豪门大族把持选举的情况完全得以改观,不仅加强了皇权,又有利于庶族地主的仕进腾达。

刑法方面,隋初取纳北魏、北齐刑律中的精粹,集纳而成《开皇律》,律法明晰,比北朝先前的朝代宽明许多,并取消了枭首、轘裂等酷刑(后来又被炀帝恢复)。日后赫赫《唐律》,基本脱胎于《开皇律》。

对此,大儒王夫之大加赞赏:"今之律,其大略皆隋裴政之所定也。(裴)政之泽远矣。千余年间,非无暴君酷吏,而不能逞其淫虐者,法定故也。"

对外关系方面,隋文帝很有一套,他对契丹、靺鞨等胡族施行"怀抚"政策,不听话的就先打后抚;大败吐谷浑军队后,送宗女与之和亲;慰抚"流求"(即现在的台湾),派船舰、军人到当地"视察";经营西域,削弱突厥在当地的影响,发展贸易;派人出巡南海以及海东的百济、新罗、倭等国,宣示"皇威",询访风俗,等等。

隋朝最重要的对外关系内容,是突厥问题。本为柔然锻奴的突厥自伊利可汗(即阿史那土门)起,日益强盛。北齐、北周对峙时期,为了防止对方联合突厥打自己,争相巴结讨好当时的佗钵可汗,每年都送金银珠宝子女玉帛无数作为"贡献",致使这位可汗自大得不行,常对来往诸国使臣讲:"我在南两儿(指北齐、北周皇帝)常孝顺,何患贫也!"

隋文帝篡周后,由于赵王宇文招的女儿千里公主系沙钵略可汗之妻,宇文姑娘为替父报仇心切,不停撺掇夫君攻打隋地。

双方交战,隋兵自然不弱,多次大胜。沙钵略可汗不仅没占得便宜,还丢盔卸甲,大败而去。同时,隋朝厚赂西突厥的达头可汗,挑拨东西突厥的关系,让两方自相残杀。为了平衡两只"狼"的势力,隋文帝不愿让达头可汗一方做大,不久又安抚沙钵略可汗,哄得这位蛮汉上书隋文帝称杨坚为"丈人",自称"儿"以求大隋欢心。

　　沙钵略死后,其弟处罗侯继位,大张隋朝所赐旗鼓,真正地"扯虎皮做大旗",内斗连连,征服了不少异己力量。不久,处罗侯在"内战"中战死,沙钵略可汗的儿子都蓝可汗得立。

　　为了再次平衡突厥可汗的力量,隋朝把宗女嫁给都蓝可汗的异母弟突利可汗。都蓝可汗求亲多次被拒,见突利可汗反而成为大隋半子,感觉很没面子,恼羞成怒,又开始侵袭隋境,却也大败而回。打不过隋军,都蓝可汗就向突利可汗下手,突然袭击,尽杀其诸子亲随,使得突利可汗仓皇间带五骑逃出,直遁长安。

　　隋文帝大排盛宴,以隆重的礼节欢迎这位丧家之犬似的落难可汗,并封他为启民可汗,把这位突厥哥们感动得差点晕过去。

　　不久,都蓝可汗在内乱中被自己人干掉,达头可汗以大突厥可汗自居,率兵攻打为隋朝捍边的启民可汗。关键时刻.又是隋军出手相援,启民可汗全身而还。

　　感激之余,启民可汗叩首上表,愿当大隋牧羊犬,"世世捍边"——由此可见,隋文帝对突厥的政策极为有效,使群狼互争,自己成为仲裁者和真正的老大。只要涉及阴谋和权术,隋文帝总是佼佼者和胜利者。

　　另外值得一提的是对高丽的关系。由于高丽与隋朝接壤,就成为朝鲜半岛三国中与隋朝关系最为敏感的国家。公元598年,隋开皇十八年,高丽国王高元吃饱了撑的,主动派兵进攻辽西,被隋军击败而返。蕞尔偏邦小国,竟敢和天朝大隋叫板,隋文帝满朝君臣大怒。

　　商议过后,隋文帝以汉王杨谅为行军元帅,以高颎为长史,派三十多万大军水陆并进,直奔高丽杀去。

　　不幸的是,隋朝水军海上遇风,船舰沦没倾覆;陆军在半路上感染瘟疫,没见敌人就病死大半。不得已,隋朝退兵,但三十万大军,死者十有八九,几乎全报销。但是,敲山震虎,高丽国王高元也知道大隋不是好惹的主儿,忙遣使奉表谢罪,并自称为"辽东粪土臣元"。

观览高元谢罪表,隋文帝终于一泄愤懑之气。

对于隋文帝的文治武功,史臣不得不加以赞叹:

隋文帝勤劳日昃,经营四方。楼船南迈,则金陵失险,骠骑北指,则单于款塞,《职方》所载,并入疆理,《禹贡》所图,咸受正朔。虽晋武之克平吴会,汉宣之推亡固存,比义论功,不能尚也。……躬节俭,平徭赋,仓廪实,法令行,君子咸乐其生,小人各安其业,强无凌弱,众不暴寡,人物殷阜,朝野欢娱。二十年间,天下无事,区宇之内晏如也。考之前王,足以参踪盛烈……

5.精明不到黄泉界——杨坚晚年最大的失误:废嫡与立储

杨坚与皇后独孤氏有五个儿子,即太子杨勇、晋王杨广、秦王杨俊、蜀王杨秀、汉王杨谅,这几个人,确实是同父同母的"真兄弟"。

杨坚管教儿子也很严,秦王杨俊好佛喜色,在并州总管任上奢侈违制,被杨坚召回免官。大臣们认为处罚过重,杨坚回答:"我不仅是五儿之父,也是兆民之父。如果按你们意思,干吗不为皇帝儿子特定一部法律呢?"坚持对杨俊的处罚。

隋文帝皇后独孤氏十四岁就嫁给杨坚,发誓生死同一,杨坚也发誓不与别的女人生孩子。

独孤皇后本性俭约,不好华丽。又好读书,识达古今,言事论人都和隋文帝想的一样,宫中称为二圣。她为人非常仁爱,每次听说大理寺斩决犯人都为之流泪。

但此妇人有一个毛病,就是天性嫉妒。叛臣尉迟迥有个孙女非常美貌,杨坚于仁寿宫偷偷临幸。独孤氏趁皇帝上朝,派人一刀杀掉这个美貌女孩。杨坚又悲又怒,单骑从御花园中抢出,直入荒山三十多里。大臣追上,拦马苦谏。杨坚叹息:"我贵为天子,不得自由!"驻马良久,半夜才回宫。可以说,隋文帝是中国历史上级别最高、最出名的怕老婆汉子。

独孤氏不仅对丈夫防护甚严，对儿子们也管束甚严，要求他们学她和杨坚一样从一而终。她为杨勇挑选的妃子元氏很受杨勇冷落，多年不得召见，突发心脏病而死。杨勇宠爱云妃、高妃和成妃等人，并和这几个妇人生下一大堆孩子。对此，独孤皇后非常生气，不断派人伺察自己这个儿子，访探他的举动，不断在文帝耳边吹风，指摘杨勇的过失。

太子杨勇虽然有些好色、奢侈，但为人宽厚，率意任情，没有矫饰假装的性格，常常优礼士人，宽接大臣。作为长子，总是这样的性格，其后唐朝的太子李建成，性格脾气也和杨勇相仿佛。

晋王杨广一直觊觎太子宝位。得知父皇、母后对杨勇猜阻之意已生，更加矫饰伪装，平日只和正妻萧妃住在一起，后庭有宫人怀孕，都把胎儿打掉，以免外人知晓。因此，独孤皇后十分喜爱杨广的"忠贞不二"。其实，这位晋王绝对是个好色坏子，攻灭陈国后，他马上想把陈叔宝妃子张丽华弄到手，其手下大臣高颎先入建康，不仅没有按他意思把美人送上，还说"从前姜太公蒙面斩妲己，今天怎能留下张丽华这个祸水"。下令斩美人于青溪。杨广由此十分仇恨高颎，继位后不久就借故杀了这位功臣。

但当晋王时的杨广，十分谦虚自抑，史载："晋王（杨）广美姿仪，性敏慧，沉深严重；好学，善属文，敬接朝士，礼极卑屈；由是声名籍甚，冠于诸王。"依此，青年时代的杨广真是一个有华有实的美男子。

一次，在军队观猎时，遇上大雨，左右进上雨衣，杨广说："士兵们都淋得透湿，干吗我自己一个人要穿雨衣呢。"命左右拿走，仍冒大雨立马观览。对此，将士们感动得一塌糊涂。

文帝有一次去他家里观瞧，早有准备的杨广随文皇四处查看，只见殿内乐器灰尘满布，丝弦断绝，一看就知很久不用。由此，老皇帝就认定二儿子不好声伎歌舞，是"又红又专"的好苗子，和那位连铠甲都以金玉装饰的太子杨勇形成鲜明对比。

杨广暗中派遣和他关系亲密的大臣宇文述、杨素等人在杨坚夫妇面前百般诋毁太子杨勇。

太子本性直率，不知矫饰，容易发怒，形于言表，隋文帝渐有废杨勇之意。

杨广当上扬州总管后，借入朝还镇的机会与母后独孤氏道别，装出十分依依不舍、万分可怜的样子，伏地流泪不止。独孤后也泣然涕下。

杨广趁此机会大倒"苦水"："儿臣非常看重兄弟情谊，不知哪里得罪太子，一直想杀掉我。每想到我自己不知哪天被毒死害死，真是恐惧得不得了。"

独孤后闻言大怒："杨勇太过分，我给他娶的元妃他一点也不爱念，专宠云妃，还下毒毒死元妃（其实是心脏病发而亡）。我现在活着他还这样对待你，哪天我死了他不知怎样害你们兄弟呢。等你父皇驾崩以后，想到你们兄弟得向那个云妃小妖精拜跪称臣，为娘我真是心如刀绞！"

杨广闻言再拜，呜咽不止。独孤后也抱持着儿子大哭。

由此，独孤皇后已经下了废掉杨勇的决心，日夜不停地在杨坚面前说杨勇坏话，杨素等大臣也推波助澜，加之杨勇在冬至于太子宫中张乐接受百官朝贺，犯了大忌，老皇上最终也决定废嫡。

公元600年，冬十月，杨坚派人召杨勇入殿。心力交瘁的太子闻命大惊，问使者："不是要杀掉我吧？"

他进宫后，发现父皇戎服陈兵，百官肃立。杨坚开金口，废掉太子杨勇，押回东宫看管。立晋王杨广为太子，并命杨广负责看押杨勇。

一番苦心，终未白费，杨广终于由晋王成为皇储。杨勇当庭被废，泣下沾襟，只言自己罪过，拜辞而去，竟无一言反诘二弟杨广，由此，可见杨勇仍是一个宽仁忠厚之人。反观李世民太子李承乾，被废后鱼死网破，死咬四弟李泰，最终两人同归于尽，才得懦弱的高宗李治成为皇太子。

可以推论，假如杨勇继位，隋朝不至于二世而亡。

杨勇被囚于府内，渐感冤屈，几次上书诉冤。杨广命人把书信全部销毁，不许上闻。

杨勇爬到树顶大声叫屈，希望老皇上听见自己的声音，亲自讯问。但杨广的心腹大臣杨素趁机上奏说杨勇得了神经病，胡喊乱叫，不能治愈。

杨坚听信此议,就没有再给杨勇诉冤进见的机会。

公元602年八月,皇后独孤氏病逝。太子杨广进宫拜见父皇时,哀恸气绝,装出万分悲痛的样子。回宫以后,他饮食欢笑,一如常。为了表示思母过哀,饮食不思,杨广对外声称每天只吃两勺米,在灵前嚎哭跪伏,私下派人精制猪鱼肉脯,装在竹管里以蜡封口藏于袖中,瞧见没人就吃上几口这特制的"压缩干粮",继续演戏。

独孤皇后死后,压抑一辈子的老皇帝终于有机会一畅其情,天天搂着宣华夫人陈氏和容华夫人蔡氏大搞天地一家春。

老房子起火,没两年就掏虚了龙体,疾病大生。

杨广作为皇太子入居大宝殿,杨素等大臣入内殿侍疾。

根据马总的《史通》记载,杨广不放心父亲弥留之际会发生什么变化,密派人问杨素内宫父皇的病状。杨素把老皇帝的病情一五一十写明,封上信口回送杨广。送信的宫人转了几道手,误以为是送给皇帝的上奏,呈给杨坚。病危的杨坚见信后又恨又悔。忽见陈夫人进来时神色慌张,就问缘由。陈夫人回答:"太子无礼!"原来是陈美人出去更衣时,差点被杨广强奸。老皇帝闻言,一口气上不来差点气死,大叫:"畜生何足付大事!独孤皇后误我!"就召唤身边的大臣杨述、元严说:"呼我儿来见!"两人以为是召杨广,老皇帝忙说:"是杨勇!"杨素知道这事,马上告知杨广事急,矫诏逮捕杨述和元严,命杨广心腹张衡入侍,禁止宫内一切人员出入。不久,隋文帝就崩了。更玄乎的是,《史通》载,"(杨素)令张衡入拉帝,血溅屏风,冤痛之声闻于外,(帝)崩……"

此种记载,类似演义,极力铺陈老皇帝不是善终。

唐朝魏征等人编纂的史书虽不是特别令后人信服,但对于文帝的死亡记载应该多有可信之处:"(仁寿)四年春四月乙卯,上不豫……秋七月乙未,日青无光,八日乃复……甲辰,上以疾甚,卧于仁寿宫,与百僚辞诀,并握手嘘唏。丁未,崩于大宝殿,时年六十四。"

唐太宗特别注意自己和大唐皇家的历史形象,常常自己查看史书记述(哥们连自己的起居注都看),对于杨广这位表叔,自然要大加鞭挞。这样,才显得

图文珍藏版

唐朝的得手应天顺人。即便如此,唐臣也记载老皇帝临死与百官辞诀,应该是善终,并非为太子杨广所弑。

纵观隋文帝杨坚与独孤皇后所生的五个"真兄弟",父子相忌,兄弟相屠,金枝玉叶皆凋零殆尽。

太子杨勇被废,忽忽如狂。炀帝继位,马上伪造隋文帝遗诏,赐死大哥杨勇。杨勇有十个儿子,皆为二叔炀帝所杀;

老二杨广,大名鼎鼎隋炀帝,结局在此自不必赘述;

老三秦王杨俊,少年时代"仁恕慈爱,崇敬佛道",长成之后,逐渐奢侈,盛治宫室,广敛民财,违越制度。杨俊王妃崔氏虽为大族之女,嫉妒成性,见夫君好色,罕来己房,便于瓜中下毒,想把丈夫毒死。毒药分量是没下够,把杨俊弄得半残。隋文帝知道消息,征杨俊入朝,免去实官,软禁于京,同时赐死胆大包天的崔氏。病榻缠绵,杨俊颇有悔悟,上表向父皇谢罪。杨坚不仅不安慰要死的儿子,反而下诏"切责之"。惭怖之下,杨俊终于死去。虽不算善终,也称得上是"安死"。杨俊有两子,杨浩、杨湛。宇文化及弑隋炀帝后,曾让杨浩当过数日"皇帝",后来觉得没用,就把两兄弟全部杀掉;

老四蜀王杨秀,少有胆气,容貌瑰玮,美须髯,多武艺。不知为何,隋文帝很厌恶他,常对独孤皇后讲:"杨秀必不得好死。我活着的时候他不敢闹事,等他哥哥当皇帝后这小子肯定要造反。"杨秀自己也不检点,在蜀地违反制度,车马穿戴和天子一样,真是关起门来做皇帝。大哥杨勇被废,二哥杨广成为皇太子,杨秀意甚不平。杨广闻知,指派杨素向老皇帝进言,搜集罪状,说四弟有异心,把杨秀征还京师,锁进大牢。盛怒之下,杨坚愤言:"当斩杨秀于市,以谢百姓!"杨广火上加油,派人做两个小木人,分别写上杨坚和汉王杨谅的名字,缚手钉心,令人埋之于华山下。然后,杨广指派杨素等人把偶人挖出,诬称杨秀所为。杨坚暴怒如狂,马上废杨秀为庶人,禁锢终身,诛杀他手下数百僚属。炀帝继位,仍维持对四弟"无期"徒刑的原判,巡行各地时总把杨秀押在队伍之中。宇文化及弑逆,杨秀与诸子也被杀。可怜这个英武刚锐的大好青年,一直窝窝囊囊地成为笼中之兽;

老五汉王杨谅，特为杨坚宠爱。开皇十七年，出任并州总管，老皇帝亲自出宫饯送。这个官职管的地方大，自山以东，至于沧海，南拒黄河，五十二州皆隶属杨谅管辖。大哥杨勇被谗废后，杨谅居常怏怏，阴有异图。他以防突厥为名，缮治甲兵，大发器具。杨坚死后，隋炀帝征杨谅还京。杨谅在南陈旧将萧摩诃等人协助下，扯旗造反。可惜的是，杨谅无远谋，无胆识，又不听手下文臣武将的谏劝，很快就被隋炀帝派来的老将杨素击败。穷蹙之下，他只能出降。押送京师后，隋炀帝假意说自己兄弟无多，饶杨谅一命，对他只是除名为民。随后，炀帝就把这位五弟幽禁，活活饿死。杨谅只有一子杨颢，宇文化及大杀宗室时也遇害。

因此，史官叹道："高祖之子五人，莫有终其天命，异哉！"

唐朝魏征对于隋文帝，有褒有贬，在夸了他养民节俭、宾服四夷等历史功绩后，也言之凿凿，批评了杨坚的猜忌、疏亲和寡恩：

"（隋文帝）素无术学，不能尽下，无宽仁之度，有刻薄之资，暨乎暮年，此风逾扇……听哲妇之言，惑邪臣之说，溺宠废嫡，托付失所。灭父子之道，开昆弟之隙，纵其寻斧，剪伐本枝。坟土未干，子孙继踵屠戮，松槚才列，天下已非隋有。惜哉！迹其衰怠之源，稽其乱亡之兆，起自高祖，成于炀帝，所由来远矣，非一朝一夕……"

隋文帝杨坚，为帝二十四年，崩年六十四岁。如此惨毒阴狠之人，也有一首四言小诗流传于世，虽诗意很不吉利，充满夭殇气息，然伤恻哀婉，清丽可观：

> 红颜诋几，玉貌须史。
> 一朝花落，白发难除。
> 明年后岁，谁有谁无？
>
> ——《宴诗》

此诗是老爷子在开皇十年（公元 594 年）巡幸并州与秦王杨俊与大臣王子相欢饮时所作。惨丽诗意，氤氲缠绵，转年，陪宴的王子相病死。八年后，秦王杨俊也离世。

穷兵黩武的暴君隋炀帝杨广

岭南七月,酷暑如蒸。一夕,笔者沉湎黑甜之乡,忽梦一身着古代帝王礼服的美男子,其人头戴通天冠,冠前昂竖金博山,身着绛纱袍,面色白皙,剑眉朗目,唇激朱,齿编贝,长身玉立,倜傥风流。

挥洒岸然之间,此人走上前来,教我用毛笔写小字,诗曰:"梅花飞数点,流水绕孤村。"写了数次,我均执不好毛笔,无法写就……一着急,忽然梦醒。

早晨,浑噩之余,忽然忆起此梦,顿足恍然:原来是近日想写隋文帝、隋炀帝父子,日有所想,夜有所梦,把隋炀帝的两首诗在梦中混记一起。

当然,笔者大可无厘头地炫言是隋炀帝"托梦"于我,如此,凝神费思肯定沦为荒诞不经,会贻笑于大方之家了。

隋炀帝千古暴君,大有骂名万载的趋势。但此人"美姿仪,少敏慧",既有其父汉人杨坚的高大威猛,又有其母鲜卑姑娘独孤氏的白皙婉秀,风流漂亮,神采照人。

当王子时,杨广南平陈国,北却突厥,绝对不是绣花枕头大草包。此外,隋炀帝文采飞扬,能文能诗。笔者梦中记混的隋炀帝两首诗,兹录于下:

寒鸦飞数点,流水绕孤村。斜阳欲落处,一望黯销魂(《无题》)

求归不得去,真个遭成春。乌声争劝酒,梅花笑杀人。(《幸江都诗》)

这两首诗,凄丽婉约,意境森然,果然有诗谶之效。宋人秦观把《无题》铺陈成词,"斜阳外,寒鸦数点,流水绕孤村,"文士寒酸,倒也贴切,但帝王出此语境,就老大不祥了。

此外,炀帝被弑,恰逢阳历三月春天,"真个遭成春"。冥冥之中,早已预应了"梅花笑杀人"。

在今天扬州市北郊的雷塘,仍存有一丘坟墓,上有清书法家、时任扬州知府的伊秉绶所书"隋炀帝陵"四字。说是"陵墓",几千年来,只有这么一任帝王的"陵墓"如此寒酸,虽然历史上几次重修,但大部时间皆荒草萋萋,鲜有人于此凭吊。

隋炀帝在世之时,滥杀朝臣,穷兵黩武,三征高丽,劳民伤财,多次巡幸江南,国库空虚,致使国内兵民之变蜂起,最终被禁卫军勒死于江都。

千载骂名声中,如果静下心来仔细研读前因后果,可以发现杨广在登位前平定陈朝以及做皇帝早期也干了不少可以称道的事情。诸如他营建东都加强了对关东的控制,开凿运河以及修建长城、驰道对于国防的巩固,在文化上促进了南北的交融和联系,并使有隋一代的商业繁荣一度达至鼎盛。

当然,杨广所作所为的出发点可能是为满足一己之私,但不能否认的是,二世隋朝,从客观上为日后强盛的唐王朝奠定了丰厚的民族心理积淀和统一的多民族国家样板。

1.罪在当时功用千秋——大运河的开凿

公元604年年底,杨广刚当上新皇不久,就派人赐死故太子杨勇,以衣带绞杀亲哥哥于旧太子宫。接着,亲弟弟杨谅在并州造反,炀帝派大臣杨素统兵平定,逮捕杨谅至京师后绝其属籍,幽禁于深宫饿死,并把杨谅部下吏民二十多万家判以流刑。

同年,当了十五年亡国俘虏的陈后主叔宝病死,善终于家。隋朝追赠大将军、长城县公,杨广给陈叔宝的谥号,恰恰是"炀"。

根据谥法,好内怠政曰炀,好内远礼曰炀,去礼远众曰炀,逆天虐民曰炀。这真是中国历史上最大的黑色幽默之一,十四年后,即大业十四年三月,杨广自己被宇文化及缢杀。他死后,李渊给他的谥号也是同一个"炀"字,而且,他这个隋炀帝要比先他而善终的"陈炀公"有名得多,后者的谥号几乎不为人知,只以"陈后主"知名。

大业元年三月,杨广下诏令杨素与将作大匠宇文恺(大将宇文怡之弟,其兄谋反,文帝特赦未杀)等人营建东京(洛阳),每月役使工匠两百万人。同时,他大建显仁宫,南接阜涧,北跨洛滨,发大江之南、五岭以北的奇才异石,输运洛阳。为了排场,他下诏搜求海内奇花异树、珍禽怪兽充实御花园。

接着，为了更容易从北方乘船到江都游玩，隋炀帝下令调征河南、淮北诸郡人民百多万人开凿通济渠，自洛阳西苑引谷、洛两条河水入黄河，又自板渚（在虎牢之东）引黄河水经荥泽入汴水，自大梁之东引汴水入泗水，直达淮河。他征发淮南民工十多万人开邗沟，自山阳至扬子入长江，渠宽四十步，两旁皆筑工整平坦的御道，夹种杨柳。

从长安到江都，修建离宫四十多座。

闲不住的隋炀帝，派人到江南造龙舟和杂船数万艘。而后，杨广下命开永济渠、江南河，后统名为"大运河"。

这条河的开凿，致使当时役死工匠无数，给民众带来深重灾难。另一方面，却大大加强了漕运和军运的功能，所谓害在一时，功在千秋。

所以，唐代诗人皮日休作诗道："万艘龙舸绿丛间，载到扬州尽不还。应是天教开汴水，一千余里地无山。尽道隋亡为此河，至今千里赖通波。若无水殿龙舟事，共禹论功不较多。"（《汴河怀古二首》）

诗人把修建此运河的功劳同大禹治水相提并论。诚然，西门豹曾讲过："民可以乐终，不可以与之忧始"，但那是指大规模的国家建设。杨广开凿大运河的初衷，不能不说是为了一己之私。

大业元年、大业六年、大业十二年，隋炀帝三次巡幸江都。每次都乘龙舟而行。他的龙舟有四层，高四十五尺，长二百丈。最上一层有正殿、内殿、东西朝堂；中二层有一百二十房，都以金玉装饰，骇人眼目，下层为内侍们使用。皇后乘坐的船，叫作翔螭舟，略比龙舟小一点，其中的装饰一模一样。此外，又制号为"浮景"的大船七艘，三层高，殿中可击水为乐（类似现在豪华邮轮的游泳池）。随从船只，名为漾彩、朱鸟、苍螭、白虎、玄武、五楼、道场、玄坛等，数以千艘，供后宫、诸王、公主、百官、僧、尼、道士以及外藩使臣等人乘坐，并载有百司贡奉之物。

每次出游，隋炀帝都要用挽船民工八万多人，挽漾彩等高级舟船的有九千多人，称为"殿脚"，这些人都穿锦绣豪华的衣服，不仅干活，还要求好看。除此以外，还有号为平乘、青龙、艨艟等小船数千艘，供十二卫禁卫军乘坐。

船舟连绵二百余里,旌旗风帆,照耀川陆,一眼望去五彩锦绣。两岸又有长溜骑兵夹岸护送,同样绵延二百多里地,旌旗散野,蹄声隆隆。

路过的州县五百里以内都要求献食,极尽水陆珍奇,隋炀帝一行根本吃不完。休息后启程,他们往往把未吃未用剩下的东西就地弃埋,浪费无算。

大业三年(公元610年),隋炀帝自江都回返,从伊阙陈摆帝王法架,在千乘万骑的庞大仪仗队护卫下入东京,羽仪填于溢路,绵亘二十余里。

他在端门朝见群臣,令五品以上文官、武将按制度佩玉戴帻,气象森然,文物之盛,前后无匹。

由于游玩高兴,太子杨昭病死,杨广也仅哭了几声就止,不久奏饮欢歌,无异平时。

大业十二年(公元616年),在江都的办事官员为了讨炀帝欢喜,制作了更为豪华精美的大龙舟,通过大运河运至东都洛阳。

杨广非常高兴,宇文述等借盖殿造船升官的人也劝他再次游玩,更让炀帝玩意甚坚。

大多数朝臣都不愿意去,又没人敢站出来逆拂帝意。唯独建节尉任宗上书极谏,书上当天,这位倒霉的臣子就被炀帝唤至朝中当众杖杀。除了留下越王杨侗及几个大臣留在洛阳办事,杨广携后宫百僚浩浩荡荡准备出发。

行前,他留诗给东都宫人:"我梦江都好,征辽亦偶然。但存颜色在,离别只今年。"诗虽如此,其实是一去不返,永世相诀了。

奉信郎崔民象在建国门上表,说当今天下盗贼充斥,不宜出游。

炀帝见还有人敢扫兴,大怒之下,先命人用刀把崔民象两腮连嘴一起削掉,再斩之于殿外。

2.南征林邑北过突厥——好大喜功的雄心帝王

在杨坚末年,隋朝臣子就有好多人讲林邑(今越南中部)有许多中原罕见的奇异珍宝,当时隋军已平交州,大军逗留附近。

隋炀帝继位之始,一边大营东都,造船制舟,一面下令平定交州的大将刘方进击林邑。

林邑国王梵志派兵守险,被刘方打得大败。隋军渡过阇黎江后,林邑兵各乘巨象,四面围攻,让隋兵很是惊扰了一阵。不仅兵士看见大象害怕,从中原带去的战马也没见过这种长着两只长牙的巨兽,人仰马翻。

刘方见此情形,就命令军士在地上挖小坑,用草盖上,再派士兵挑战,未接战就假装败走。林邑士兵乘势前冲,座下大象纷纷陷入地坑之中,横冲直撞,战阵大乱。

刘方下令隋军以大弩射象,虽然大象皮糙肉厚,劲弩也能射进几寸,疼得受过训练的大象怪叫之下,转头冲入自己军阵,踩死许多林邑士兵。

刘方下令精锐部队趁势出击,斩首万余,乘胜追击,连战连捷,一直追过马援所立铜柱的南面(汉大将马援攻伐征侧姐妹叛乱,就是那位“马革裹尸”的伟丈夫),八天后攻入林邑国都。

林邑王梵志吓得跑入海中。隋兵大掠,并缴获林邑国王家庙纯金铸制的金人十八座,在林邑刻石记功而还。

虽然大胜,但由于水土不服,士卒在返程路上死掉近一半,大将刘方也在半路病死。隋军走后,林邑王上表求降,遣使称臣。

炀帝新立,契丹人不知好歹,听闻隋朝新天子继位,发兵侵犯辽西营州。隋朝派通事谒者(相当于现在一个外交部高级翻译)韦云起到突厥料理此事。

隋朝借用突厥亲隋的启民可汗两万兵,分为二十营,全归韦云起一人控制。韦翻译真是个人才,他下令每营相距一里地,不得交杂,听鼓声前进,闻号角而止,如非公事,不得于营间跑马。三令五申之后,击鼓而发。其中有突厥小官犯令,立斩于营,让人手持突厥小官的首级挨营警示(这位韦翻译肯定读过孙武子的事迹,连“三令五申”的做法都如出一辙)。

听大隋官员如此严厉,突厥各个首领进账禀事,都跪着浑身哆嗦爬进帅帐,说话也不敢抬头仰视韦翻译。

契丹本来常年向突厥进贡,听说有两万“友军”在近处,也不设备,觉得是友邦在搞演习什么的。韦云起派人散布消息,说这两万突厥兵是去高丽做牛马买卖的,契丹人听说后,更放下心来。

暗中,大军出发,距契丹营帐五十里,韦云起一声号令,命两万突厥人马突然袭击。契丹人连兵器都来不及拿,四万多男女一时被俘。

兴起之下,韦云起下令,斩杀所有男兵,把妇女与牲畜一半给突厥,留下一半,由他自己带回向隋庭报功。

炀帝闻讯大喜,对百官说:"韦云起用突厥兵平定契丹,文武全才,朕现在亲自举荐他。"皇帝荐官,说什么就是什么,立马提拔为治书侍御史(副部长级)。

观中国历史,这位韦云起真是一个大英雄,只身一人入突厥,真正是凭一张嘴、一页纸(诏书)借来两万突厥雇佣兵,杀得契丹措手不及,又用缴获来的人马给突厥作补偿,不费丝毫国用。

如此有勇有智有谋,如果后世翻译这行供祖师爷,想必非韦云起爷莫属。

大业二年正月,久慕大隋甘心当附庸的突厥启民可汗入隋朝贡。为了凸显大隋盛华,炀帝把北齐后主高纬在世时喜用的鱼龙杂耍和后周、南齐、南梁、南陈等本来已经失业的乐工乐户都重新召集。

隋炀帝先是在朝内大肆陈列文物,让人领着启民可汗一行人观赏这些他们做梦也想不到的东西,然后,令众人坐定。鼓声一响,一队巨大的舍利怪兽跳跃而进(估计类似现在的舞狮子),激水满大厅,水人、虫鱼、龙龟等等优人装扮的杂耍队塞满大厅。

突厥胡人们正张大嘴看得入迷,又见巨大的鲸鱼模型向天喷出雾烟,转瞬之间,浓烟里又冒出长七八丈的黄龙数条,紧接着又有神龟驮山,幻人吐火,千变万化,令人目眩神迷。

这种规模的嘉年华,估计3000年以后,连巴西那种地方也没有财力物力举办。

倾慕震骇之余,启民可汗叩头请求隋炀帝让他们突厥人也穿汉服,归化为直属臣民。虽然大喜过望,炀帝仍优诏不许。

大业三年四月(公元607年),隋炀帝御驾亲行,车驾北巡,并征发河北十多郡男丁开凿太行山直达并州,以通驰道,方便大队人马车驾行进。五月,皇帝车驾到达榆林郡。

炀帝想出塞炫耀兵威,从突厥治下的地段穿过,直达涿郡(幽州)。他害怕启民可汗惊骇,就先派武卫将军长孙晟先往晓谕。

启民可汗听见大隋天使来,把属国诸部几十个大酋长(包括室韦部落,即成吉思汗的祖先,那时还是奴才的奴才)都召集在一起,恭慕聆听长孙晟示教。

这位将军也是个人杰(他的女儿日后嫁给李世民,不过他生前没有做成皇帝的老丈人),看见帐中杂草丛生,长孙将军很想让启民可汗亲手芟除干净,就故意指着那些草说:"这些草的草根肯定特别香。"

启民可汗马上拔起几棵,闻了闻,说:"一点也不香啊。"

长孙晟说:"天子行幸之地,诸侯都要亲自洒扫,平整御路,以表至敬之心。我见帐庭内有这些荒草,还以为是什么香料呢。"

启民可汗至此恍然大悟:"奴才罪过!奴才的骨肉都是天子所赐,有机会效犬马之劳,怎敢推辞。将军您原谅我这个边鄙的粗人,不知天朝法令,您对我的教诲,真令我三生有幸。"

言毕,可汗马上拔出宝刀,亲自芟除庭草。

他属下的贵人酋长见大可汗自己干活儿,全随后撅着屁股一同当起清洁工来。

随后,启民可汗等人大征国人开修道路,从榆林北境一直到蓟州(涿郡治地),三千多里,宽百步,大道平直,专候皇帝亲临。

隋炀帝听说后,非常高兴,把长孙晟夸得不得了。

就道之前,隋炀帝在黄河边大宴群臣。太府卿元寿献言:"汉武出关,旌旗千里,令御营外请分为二十四军,每天派遣出一支军队,相距三十里,旗帜相望,锣鼓相闻,首尾相属,千里不绝,此举可显示皇帝威仪。"

未等炀帝点头,旁边有个叫法尚的大臣连称"不可"。

炀帝脸一沉,问:"为什么不行?"

法尚进言:"千里连兵,中有山川阻隔,万一有意外发生,首尾过长难以相救。应该结为方阵,四面拒外,六宫及百官家属全都在内。如有事故发生,马上下令当敌的一面抵御,再发精兵从内冲外奋进,又可以兵车为壁垒,钩结成军阵,就如同据城御敌一样。臣以为这才万无一失啊!"

一席话,讲得炀帝大喜,立授法尚为左武卫将军。主意是好,护兵护具又增添无数。

为了在突厥面前夸示威仪,炀帝下令宇文恺制作下面可容千人的巨大帐篷,立于城东。他亲坐帐中,盛备仪卫,在大帐里面设宴款待前来迎候的启民可汗,大奏音乐。

诸部胡人,大相骇悦,争献牛羊驼马,数目达数千万头。

隋炀帝更大方,赏赐给启民可汗一人的锦帛就有二千万段(加上赐给那些"小胡"的布帛,不知中原百姓要织上多少年)。

宴会后,喜出望外的启民可汗上表,求赐公主为婚,并再次表示率部落改变服式,一如华夏。

杨广面子上已经觉得光光闪闪,就回书表示:"碛北未静,犹须征战,但心存恭顺,何必变服?"

同时,隋炀帝发诏征派百万男丁修筑长城,西拒榆林,东至紫河。

大臣高颎(就是平陈国后杀张丽华那位爷)与贺若弼私下议论修长城太浪费民力,宴赐启民可汗太过奢侈。炀帝听闻后,勾起新仇旧恨,立斩两位大臣,抄没他们家产,妻子为奴。十八年前,二十岁的杨广以晋王身份正是在这两位大臣的帮助下才能平灭江南。如今,他不仅不念旧勋,反而借机诛杀,可见杨广有其父文帝之风,真是个猜忍之人。

八月,皇帝车驾开始从榆林出发,共有甲士五十余万,马十万匹,旌旗辎重,千里不绝。

宇文恺等人造观风行殿,上可容纳侍卫几百人,下面安装轮子,推移轻巧。又作"行城",周长两千步,围以布幔,饰以丹青,推移转动灵活,远望有如行动的城市。

一路之上,周围看热闹的胡人们,看见如此排场,惊以为神,他们列祖列宗十八辈子也没见过这样的阵势。于是,远在十里以外,群胡就望风跪地,朝着御营方向叩头，更没人敢在军队附近骑马。突厥的王公贵人，都跪伏于大帐前莫敢仰视。

炀帝见状大悦，随口赋诗一首："鹿塞鸿旗驻，龙庭翠辇回。毡帐望风举，穹庐向日开。呼韩顿颡至，屠耆接踵来。索辫擎羶肉，韦鞲献酒杯。何如汉天子，空上单于台！"

此诗，借两汉两位呼韩邪单于归顺的典故，气势豪迈，神采飞扬，确有大隋天子风度！

揣摩到隋炀帝喜爱宏图运略，大臣裴矩投其所好，根据西域商人提供的情报，编撰《西域图记》三卷，共四十四国风土人情、仪形服饰等内容，上报给炀帝。

炀帝览后大悦，把裴矩唤至面前，亲问西域情况。裴矩声言西域诸国奇珍异宝无数，吐谷浑也很容易吞并。

隋炀帝飘飘然，很想也像秦皇汉武那样建立不世武功，就命裴矩总管西域事宜，派使臣到张掖，准备大量金钱宝物引诱"诸胡"做外交工作。自此，人员往来不停，所经郡县疲于迎送，糜费巨亿，最终使国家疲弊空乏，成为隋亡的一大原因。

裴矩派人劝说铁勒部落进击吐谷浑，打得吐谷浑转过头向隋朝声降求援。炀帝派宇文述帅大军"迎降"。得悉宇文述大军兵盛，吐谷浑可汗伏允连投降的胆都吓没了，率众往西逃。

宇文述引兵追击，斩三千余级，虏获王公二百多人，男女四千多名。吐谷浑故地皆空，东西四千里，南北两千里，皆成为隋朝属地，设置州、县、镇、戍。

隋炀帝派将军薛世雄与启民可汗一起击伐伊吾，隋兵出玉门关后，启民可汗人马还未赶到，薛世雄就单独率汉军越过大漠，击降伊吾，筑城留守，振旅而还。

至此，隋朝共有一百九十郡，一千二百五十五县，八百九十万户，东西九千三百里，南北一万四千八百一十五里，为极盛之峰顶期。

当然，当时也有不知好歹的蕞尔小邦。倭王多利思比孤入贡，信上开头写道:"日出处天子致书日没处天子无恙。"估计是当时缺少汉文翻译,词不达意,对天朝出语不逊。

炀帝览后不悦,对鸿胪卿说:"以后这些小蛮小夷上书无礼的,不要再向朕奏报。"

可见,倭奴无礼,自古皆然。

炀帝大业六年(公元610年)正月十五,为了迎接西域诸胡、突厥、蕃人等酋长,炀帝在洛阳端门于盛陈百戏,戏场周围五千步,乐工一万八千人,音乐声传出数十里,通宵达旦,灯火照耀天地,整整狂欢一个月,费用无算,自此以为常乐。中国人的"闹元宵",实际也始于这一年。

为了搞大"形象工程",诸朝商贾到洛阳丰都市场交易,看见店铺整齐划一,帷帐盛丽,珍宝充积,来往人物都穿得十分体面,卖菜的草垫都是用昂贵的龙须席子。

隋廷下令市肆酒楼,胡人商客吃饭喝酒不要钱,吃完饭,还要对这些"外宾"讲,"中国丰饶,吃饭喝酒一律不要钱。"目的就是让胡客们惊叹羡慕。

当然,其中不乏心知肚明的胡人,他们看见街上的树木都用高级绸缎包裹,就说:"中国也有好多衣不蔽体的穷人,干吗不把这些缠树布给他们做衣服,缠树装饰有什么用?"

隋朝人愧不能答。

隋炀帝虽有拓土开边之功,却无救域内之败。他穷兵黩武,滥赐横赏,最终把国家给败得精光。

3.三征高丽盗贼蜂起——隋朝灭亡的前奏

大业六年(公元610年),裴矩劝杨广打高丽国的主意。

裴矩此人,一时间难下定论是好是坏。当年杨广伐江南时,他率三千疲卒就攻下建康。宇文述、虞世基等大臣广受贿赂,唯他清贞自守。雁门之围,他坚守朝堂。在江都末年,他劝炀帝为禁卫军娶妇以安军心,以至禁卫军叛乱也没杀他,拜为尚书右仆射。后来宇文化及被杀,夏王窦建德也很尊敬他,官封吏部尚书。窦建德败,归唐,他得封为民部尚书,最后善终于京。

然思隋朝之亡,大半和裴矩有关联。

然而,当时他对隋炀帝讲的话,确也不无道理:"高丽本来是商朝箕子的封地,汉、晋时都是中国郡县,现在不向大隋臣服,竟为异域!连启民可汗都臣服了,怎能容忍高丽跳梁。"

炀帝觉得此话正中心怀,下令高丽王高元亲自来朝贡,否则就要征讨。

当初,隋文帝立国时,遣使封高丽的头领高元为辽东公(袭北周的固有爵位)。高元奉表谢恩,并恳请封王。文帝对他不错,优册为王。高元真不是个好东西,转年就率靺鞨万余骑侵扰辽西,气得杨坚大怒之下让杨谅发水陆二军直进高丽。大军已至辽水,高丽国王高元惶惧至极,遣使谢罪,上表自称"辽东粪土臣元",一个劲地道歉。本来隋军军粮跟运不上,又值士兵疾疫,文帝找个台阶也就罢兵,待之如初。

现在,炀帝遣使让国王入见,高丽恐惧,颇失藩臣之礼。

炀帝下诏讨高丽。命人督工在东莱海口造战舰三百艘,民工昼夜立于水中造船,自腰以下都生满蛆,工匠死掉三分之一;又发江淮以南水手一万人,弩手三万人,岭南排刺手三万人;下令河南、江南造戎车五万乘送高阳,命江南民夫运米至涿郡。

一时间,船舻千里,皆满载兵甲器物;路上几十万人,填溢道路,昼夜运输战具、粮食。死者相枕,天下骚动。

还未伐高丽,国内因耕稼失时和官府侵逼,已经有邹平王薄、清河窦建德等人起义,一时间隋朝群盗蜂起,不可胜数。尤其是王薄作《无向辽东浪死歌》,其诗云:"长白山前知世郎,纯着红罗饰背裆,长稍侵天半,轮刀耀日光,上山吃獐鹿,下山吃牛羊。忽闻官军至,提刀向前荡,譬如辽东死,斩头何所伤。"

那些逃避征役的人纷纷响应,踊跃报名造反。

大业八年(公元612年),隋炀帝第一次征伐高丽,左右十二军,名目纷繁,共一百一十三万三千八百人,号称二百万,隋军役夫近三百万。

隋廷日遣一军,相去四十里,连营渐进,用了四十天才发完兵。

大军首尾相继，鼓角相闻，旌旗近千里，仅御营就有十二卫、三台、五省、九寺，绵延八十里，可谓是前无古人，后无来者。

开始时，隋军进军顺利，斩获万计。渡过辽水后，情况发生变化。隋炀帝自以为"吊民伐罪"，禁止军将对高丽人掩袭或奇兵进击，遇上敌城投降，也要立即招抚，不得纵兵。

因此，诸将怕被皇帝责杀，每次作战事无巨细都一一禀报，命令批准后，往往战机已失。守城的高丽人情势危急时往往诈降，隋军一停止进攻就马上修补城池，以致频战频失，诸将谁也不敢违背帝命。

炀帝自以为天国大帝，以坦荡待人，其实正中高丽计谋，被对方屡屡得手。

另一支宇文述统领的大军，为了赶路，下令士兵弃粮轻装前进，走到半路就没粮食吃。又饥又寒之下，竟还能一日七胜。既恃骤胜，宇文述不听劝告，东渡清川江，距平壤城三十里，因山为营。但城坚池深，兵又无粮，又冻又饿，宇文述结阵退师，高丽军自后追击，诸军皆溃，将士奔还。

另一支来护儿统领的大军，听见消息，跟着败还。

渡过辽水作战的三十万隋朝军人，回到辽东城时才二千七百人，损失军械资储巨万。第一次征战高丽，失败告终。

大业九年四月，又羞又怒的隋炀帝第二次亲征高丽。败军之将宇文述等人，仍为统将，率军进击平壤城。

出乎意料的是，大臣杨素的儿子杨玄感在国内造反。当时隋炀帝正围攻辽东城，遣兵士刚刚做了一百多万土袋，堆为鱼梁大道，高与城平。

隋朝战士准备登踏攻城，本来马上就要攻克城池，恰值此时杨玄感反讯传来。炀帝大惊，半夜忽然密令撤兵。

隋军营内军资、器械攻具，积与山高。而且，营垒、帐幕都按兵不动。回撤的隋军兵士不知退兵原因，惊疑恐惧，一路跑散了许多。

高丽兵察觉到隋军撤走，但都不敢追击，直到转天天亮，才渐渐出城侦探虚实。这些棒子看见那么多军械、物资，又惊又怕又慌，当时都想不到高兴。

宇文述、来护儿等人打高丽没能施展才能，对付杨玄感倒很在行。隋军连战连捷,在董杜原一举击败杨玄感,玄感自杀。

杨玄感之所以失败,主要因为私心太重,妄图称帝,所谓"好反而不欲胜",最终被众将所败。

炀帝愤愤不平地说:"杨玄感一呼而从者十万,可见天下人多了不好。人多就会相聚为盗,杀人不尽,无以惩后。"

大臣裴蕴等奉旨,仅杀那些与杨玄感有牵连的人,就达三万之多。凡是在杨玄感开仓发米时领过米的洛阳居民,全都被活埋在城南。

大业十年(公元614年)二月,隋炀帝下诏征发天下兵,百道俱进,第三次伐高丽。

三月,炀帝亲至涿郡。此次征伐,一路上士卒相继逃亡,军队越走越少。七月,炀帝车驾至怀远镇。当时天下已经大乱,所调征的军队许多都失期不至,一是因为半路逃亡,二是因为路中为义军所阻,有的军队,走到半路,就地和当地人就一起造反了。

高丽经过几次大战,国内也困惫不堪,就遣使请降,把上次战争中因和杨玄感关系好而叛逃至平壤的大臣斛斯政捆缚送回隋军。

有了这么一个大台阶,炀帝大悦,诏示已经逼近平壤的大将来护儿班师。

来护儿对军士们说:"大军三次伐辽,都未能胜利。现在高丽穷困,肯定能一举攻灭。否则,劳而无功,我们做军人的多么羞耻啊。"其长史崔君肃不敢违诏进战,吓唬众将说,如果违诏,就要得罪于皇帝。众将不从征伐,来护儿惶恐之下,只能无胜班师。

可笑的是,隋炀帝从怀远镇"大捷"班师,邯郸的一个强盗头子杨公卿率八千人,忽然抄掠皇帝禁卫后军,掠得上好御马四十二匹,扬长而去。

由此可见,炀帝这时候在国内,已经大失声威人望。

大业十一年八月,隋炀帝巡幸北塞。当时启民可汗已死,其子始毕可汗完全没有恭敬的样子,因怒隋朝封其弟为南面可汗,就发兵数十万把隋炀帝围在雁门。

雁门有城四十一,突厥已攻克三十九,最后仅剩两城不下,飞矢入城,射及御座,杨广吓得抱着儿子赵王杨杲大哭,眼睛都哭肿了。

于是,隋廷下诏天下,高官厚赏,募兵勤王。当时,年仅十六的李世民也在勤王军中,一举成名。

由于隋军各路兵至,始毕可汗解围而去。

苦守雁门的一万七千隋朝将士,只有一千五百人得到虚勋封赏。远来的勤王人马,什么赏赐都没有。

接着,炀帝怪高丽王没有如约来朝,重新商议伐高丽。

闻信,将士、民众无不怨愤。

由于杨玄感造反时已经焚毁所有龙舟水殿,至此杨广又下诏令江都重薪制造几千艘大小船只,形制比先前更宏丽更精致。

4.江都变起死于匹夫——隋炀帝的最后岁月

大业十二年,隋炀帝不顾臣下反对,在国家即将土崩之时,再次游幸江都。

夜间,躺在楼船之内,隋炀帝隐隐约约听见外面有歌声:

"我儿征辽东,饿死青山下。今我挽龙舟,又困隋堤道。方今天下饥,路粮无些小。前去三十程,此身安可保。寒骨枕荒沙,幽魂泣烟草。悲损门内妻,望断吾家老。安得义男儿,烂此无主尸。引起孤魂回,负其白骨归。"

隋炀帝惊起,派人查询唱歌的人,根本找不到人。他惊疑彷徨,通夕不寐。

当时,天下糜烂,诸郡及地方将领的告急求援文书不断,都被炀帝身边大臣虞世基等压下,只上告说是"鼠窃狗盗"的骚扰,欺骗隋炀帝,要他不要以此介怀。

大将杨义臣破降河北义军数十万,列表上奏,炀帝叹息道:"我开始都不知道造反人数,现在怎么连降贼都这么多啊。"

虞世基忙说:"小偷小摸人众虽多,未足为虑,皇上您应担心杨义臣拥重兵在外,专权日久,恐怕生变。"炀帝信以为然。

隋廷下诏杨义臣解散部下,各归乡里,造反人马得到喘息,其势复盛。

当时兵锋最盛的除窦建德、格谦以外,还有李密、翟让等人的瓦岗军。

其中，李密让文人祖君彦写的《讨隋炀帝檄文》为后世所传，文采飞扬，指摘中的，书列炀帝弑父、乱伦、嗜酒、劳民、滥赋、兴役、征辽、滥诛、卖官、无信等十大罪恶，并指出：

"有一于此，未或不亡。况四维不张，三灵总瘁，无小无大，愚夫愚妇，共识殷亡，咸知夏灭。罄南山之竹，书罪未穷；决东海之波，流恶难尽……"

炀帝一直以文才自诩，估计没有机会亲览檄文，否则肯定会叹赏祖君彦之才。

这位祖君彦，也是贵家子弟，其父祖珽乃北齐仆射，曾杀掉北齐忠臣斛律光。所以，当薛道衡推荐祖君彦给文帝时，杨坚就说："祖君彦是杀斛律光那个人的儿子吗，朕不会用他！"祖君彦如此文才，又是贵族世家，由此郁郁思乱。等他投靠李密后，终于有机会申斥隋廷，私仇在心，文章自然透骨犀利。

王世充大败李密后，俘获这位大才子，斥道："你替叛贼大骂国家够了吗！"祖君彦辞色不屈，王世充派人乱棒打他。过后，王世充自己也想篡隋，很后悔折磨祖君彦，派医士去给他治疗。当时祖君彦已经被打得气息奄奄，倒卧树下。偏偏一个郎将叫王拔柱的，说道"这个弄笔的穷酸死有余辜"，上前猛踢才子心窝，把祖君彦踢死。这个王拔柱真是个王八猪，千古才子，竟死于此粗人臭脚之下。

隋炀帝自负才学，常常认为他自己的诗文天下第一，他对侍臣讲："天下都讲朕是因为父皇余烈而有四海，假设让朕与士大夫以文章竞争，朕也应该为天子。"对于文人名士，他也心有嫉妒。大臣薛道衡被赐死后，他恨恨而言："还能作'空梁落燕泥'的诗句吗？"王胄被杀，炀帝背诵着这位臣下的佳句，并阴狠地嘲弄："'芳草无人随意绿'，王胄再也做不了吧。"

国内民众，群起反叛，连李渊、罗艺这样的勋贵大臣也巧立名目起兵，不听朝廷节制，占据重要城镇。李渊自己还攻占都城长安，迎立杨广的孙子代王杨侑（为死去的太子杨昭之子）为皇帝，改元义宁。

杨侑时年十三，完全是个傀儡皇帝，李渊遥尊杨广为"太上皇"。

公元618年，隋炀帝已在江都待了近两年，成日与幸妃嫔妇千余人饮酒作乐,荒淫日甚。

内心深处,隋炀帝也预料到天下纷乱无法收拾,无心北归,只是在宫中厚自奉养。

每当酒后阑珊,杨广幅巾短衣,策杖步游,遍历宫内舞榭歌台,汲汲顾景,唯恐不足。由此,已见其心事重重,内不自安。

一天,他边照镜子,边对萧皇后说:"这么好的头颈,会是谁来砍呢!"

皇后大惊,问何以言此。

炀帝苦笑,说:"贵贱苦乐,更迭为之,亦复何伤!"

由于江都周围已经动荡不已,粮食渐渐吃完,从行的禁卫军多是关中人,人心思归,不时有兵将逃亡。官将斩诛多人,也止不住逃亡潮。

有宫人向炀帝告发外人谋反,炀帝大怒,立斩。而后再有人告变,连萧皇后也劝说宫人不要再冒死进言:"天下事一至于此,无可救者,何用言之,徒令帝忧耳!"

多少年后,元军出征花棘子模,那个大胡子国王日夜忧心,也是厚赐报平安者,立斩道实情的臣下,其心情想法,和杨广彼时一模一样,正所谓掩耳盗铃耳。

宇文述的两个儿子宇文智及、宇文化及以及禁卫军首领司马德戡,见天下英雄并起,众叛亲离,就一起密议废掉隋炀帝。

于是,他们先散布谣言,讲炀帝听闻禁卫军(骁果)想叛乱,正多酿毒酒,尽杀关东人,只留南人在身边。

为此,禁卫军大相惊骇,互相转告。

司马德戡趁机召集众人,兵士惊惧惶恐之下,都讲"死生从命",豁出去要造反保命。

炀帝发觉有变,逃入西阁。其宠妃魏妃赶忙为兵士开门。

炀帝忙逃入永巷躲藏,有美人告诉兵士其所躲藏之处。

校尉令狐行达拔刀直入,炀帝隔着窗子问:"你想杀我吗?"

令狐行达说:"臣不敢,只是将士思归,欲奉迎陛下还京师。"

炀帝说:"朕也想回去,因为粮食未到,现在和你们一起回去吧。"

兵士逼迫炀帝乘马入朝堂慰劳百官。他们牵来一匹马，炀帝此时仍嫌马鞍敝旧，换上新的后才勉强骑上。兵士挟刃，牵缰而出。

反叛兵士见到皇帝本人已在掌握之中，欢呼遍地。

宇文化及望见炀帝，知道事已成功，一反当初惶恐之态，对左右说："何用持此物出来，杀掉算了。"

于是，兵士们逼拥炀帝返回寝殿。

面对环立提刀的兵士，炀帝叹道："我何罪，竟然落到这个地步？"

叛将有个名叫马文举的，善于辞令，答道："陛下违弃宗庙，巡游不息，外勤征讨，内极奢淫，使丁壮尽于矢刃，女弱填于沟壑，四民丧业，盗贼蜂起；专任佞谀，饰非拒谏；怎能说无罪呢？"

炀帝说："我确实有负天下百姓。至于你们这些人，荣禄兼及，怎会干出这种事来？今天之事，谁是带头人呢？"

司马德戡答道："普天同怨，何止一人！"

宇文化及得理不饶人，派封德彝数斥炀帝罪恶。

炀帝漠然道："爱卿你是读书人，怎么也掺和这事？"

封德彝愧然而退。

炀帝爱子杨杲是个十二岁的小孩子，一直跟在炀帝身边。他看见如狼似虎的兵士亮刀弄剑，吓得号哭不止。

隋炀帝昔日的贴身侍将裴虔通（此人是杨广为晋王时的亲信）火起，一刀砍掉小孩子的脑袋，鲜血溅满炀帝一身。

事已至此，众人一拥上前，想砍杀炀帝。

此时，杨广倒不失天子威仪，厉声说："天子自有死法，何得加以锋刃！拿鸩酒给我！"

此前，炀帝内心也预感自己必不免死，身边常带一个盛有毒药的小瓶。他常对身边宠幸姬讲："如果叛贼入宫，你们先死，然后我也服毒。"

事起仓促，左右一时逃散，炀帝一时间也没找到毒药。

马文举等人不答应，令狐行达上前，一推把炀帝摔坐于地。

炀帝自己解下白练巾，交给令狐行达。

几个人嘎嘎作响地用力，练巾绞死炀帝，时年五十。

萧皇后与宫人拆掉床板，把杨广杨杲父子两人的尸体埋于西院流珠堂。

贞观五年（公元631年），炀帝尸身移葬于雷塘。

编撰《隋书》的魏征对隋炀帝发感慨说：

炀帝……荒淫无度，法令滋章，教绝四维，刑参五虐，锄诛骨肉，屠剿忠良，受赏者莫见其功，为戮者不知其罪。骄怒之兵屡动，土木之功不息。频出朔方，三驾辽左，旌旗万里，征税百端，猾吏侵渔，人不堪命……上下相蒙，莫肯念乱，振蜉蝣之羽，穷长夜之乐。土崩鱼烂，贯盈恶稔，普天之下，莫匪仇雠，左右之人，皆为敌国。终然不悟，同彼望夷，遂以万乘之尊，死于一夫之手……《书》曰：'天作孽，犹可违，自作孽，不可逭。'……观隋室之存亡，斯言信而有征矣！

唐人李商隐有诗叹曰：

紫泉宫殿锁烟霞，欲取芜城作帝家。

玉玺不缘归日角，锦帆应是到天涯。

于今腐草无萤火，终古垂杨有暮鸦。

地下若逢陈后主，岂宜重问《后庭花》？

五代罗隐，也有诗哀叹：

入郭登桥出郭船，红楼日日柳年年。

君王忍把平陈业，只博雷塘数亩田。

（据中新江苏网2002年6月15日消息，江苏准备启动隋炀帝陵旅游区项目，占地2500亩，投资4亿多元，主要项目有邗沟舟游、迷楼风韵、龙舟戏水等八大景区项目。假若隋炀帝地下有知，不知是否鄙夷不屑，嫌此规模太过小气。）

后妃轶事

一代贤后独孤皇后

北周明帝宇文毓登基这一年，即公元 557 年，京城长安有一件朝野关注的婚事：官拜柱国大将军的杨忠，为长子杨坚聘娶独孤信的幼女独孤伽罗为妻。两家都是北周开国勋臣，数一数二的豪门大族。杨忠是汉代名相杨震的后裔，他助宇文泰起兵，屡建战功，爵封隋国公，食邑万户，长子杨坚年方十七岁，因父亲的功勋，已被拜为骠骑大将军，开府仪同三司（将军开府置官属，指一种待遇），又进而封为大兴郡公。同他结亲的独孤信，更是权势隆盛。独孤信也是随宇文泰起兵的大将，官拜上柱国（北周时最高官衔，共八"柱国，"每人统二"大将军"，分别统率府兵），爵封卫国公。她的长女又是当今皇帝宇文毓的皇后。

独孤皇后

独孤信共有七个女儿，对十四岁的幼女独孤伽罗最为钟爱，决意为她选一名乘龙佳婿。长安城内，多的是公子王孙，个个都想攀龙附凤，因此上独孤家求婚的人络绎不绝。但是，独孤信选中了杨忠的长子杨坚。他爱杨坚长相奇特，气度不凡，也爱杨坚少年英武，韬略过人。经过几次慎重考察，才满意地定下这门亲事。

婚后的生活非常美满。独孤氏虽然生长权贵之家，但谦卑自守，柔和恭孝，家教、修养都属上乘。她也不仅仅是个漂亮的女子，而且通晓书史，对于古今兴亡大事颇有些独特的见地，因此，她深得杨坚的爱重。

有一天，杨坚下朝回家后，同夫人一起坐着叙话，忽有朝中同僚赵昭求见。赵昭是带着皇帝的秘密使命来的。由于有人传说，杨坚有帝王之相，引起明帝宇文毓的疑忌，便派善于替人看相的赵昭来，仔细察看杨坚的面相，如真有帝王之相，就要设法诛灭他。赵昭一看杨坚的长相，不由大惊。他告诉杨坚道，你这相，五百年也难得一见，额广，中央突起，直贯入顶，相法上称为"玉柱贯顶"，此相当为天下之君。

杨坚一听，害怕极了，忙用手掩住赵昭的口，不让他说下去。杨坚生怕赵昭是奉皇帝命来试探自己的，忙装出一副不经意的样子，说道："我不过是一凡夫俗子而已，只愿效法我父亲，为国出力，此外一无所求。"这时的赵昭，已决心投靠杨坚，谋求将来的富贵腾达，他说："我这绝非恭维话，将军日后必为天下之君，但须经过一番大诛杀才能定天下。请务必记住我的话！"他还嘱咐杨坚说，执掌朝权的大冢宰（丞相的代称）宇文护嫉贤妒能，要深自韬晦，等待时机。

赵昭回报明帝时故意说，杨坚虽然相貌奇特，但将来至多做一个柱国之类的大官，"天子之相"只是讹传而已。明帝这才放下心来。

再说杨坚送走赵昭，回到上房，将刚才赵昭的一番话告诉了妻子。独孤氏听后十分高兴，丈夫既有天子之相，那么，自己将来就能当上皇后。作为一个女人，还有什么比当皇后更高的企求呢？凭着她对于时势的估计，以及对丈夫的了解，她相信丈夫是有可能取代北周而君临天下的。但同时，出于一个女人的本能，她又担心起来：做皇帝的人，哪个不是三宫六院，佳丽成群，到那时，丈夫还会对自己保持像现在这样的恩爱吗？她把这一层心事告诉了杨坚。杨坚哈哈大笑，说："夫人真是多虑，我杨坚岂是负心之人？将来无论大富大贵，我都担保不会背弃于你！"独孤伽罗还是不放心，她说：夫妻之间只有真诚相爱，始终专一，才有幸福可言。但是古往今来，哪一个男人都把娶妻休妻看作像穿一件衣服那样随便，总是三妻四妾，朝秦暮楚，不要说帝王之家了。"我希望你能始终只爱我一个人，不纳妾，不乱爱。"她充满希望和深情地向杨坚提出要求。杨坚当即庄重地表示绝不再喜欢别的女子。

国学经典文库

中国古代野史

· 隋代野史 ·

图文珍藏版

独孤氏曾熟读《周礼》，在妇德、妇言、妇容、妇功四方面有很好的修养。传说她走路不回头，说话不露齿，坐着不动膝，站着不摇裙，欢喜不大笑，愤怒不高声。独孤氏对杨坚是很柔顺、恭敬的。杨坚退朝归来，在外面遇到不顺心的事，回到家中就表现烦躁不安。每当出现这种情况，独孤氏总能婉言相劝，耐心开导，细心服侍，于是杨坚很快就能平心静气了。一天，杨坚退朝回家，怒气冲冲，大骂上柱国王谦。独孤氏便问究竟是怎么回事。原来，王谦要离开朝廷去益州（今四川成都）当总管，他认为这是杨坚搞的鬼，是杨坚有意排挤他，便利用上朝的机会，当着文武百官的面，和杨坚公开对骂起来。独孤氏听完杨坚的介绍，微笑着说："这有什么值得发怒呢？难道王谦敢不去益州吗？只要今后防范他就是了。"杨坚听后，觉得也有道理，不由得怒气全消了。杨坚称帝后，王谦果然在益州造了反，由于杨坚早有准备，王谦谋叛不但没有成功，最后连自己的脑袋也丢了。

独孤氏不仅在家里很守妇道，而且在朝廷中也享有贤德的盛名。独孤氏的姐姐是北周明帝的皇后，长女又是北周宣帝的皇后，皇亲国戚，位高爵尊，声势显赫，无人可比。但独孤氏并不以此炫耀，在和朝廷大臣们的往来中，也从不盛气凌人，以至在有些人看来，她实在有点过于谦卑了。有一次，周宣帝宴请百官及他们的眷属，酒宴中，大家祝皇帝和皇后万寿无疆。不一会儿，一个大臣又提出，祝皇后的父母杨坚和独孤氏康泰平安。这显然是有意讨好，虽然算不得什么过分，但独孤氏还是委婉地谢绝了。她说："皇帝是天的儿子，皇后是一国之母，我们怎么能和皇帝、皇后相提并论呢？请您还是不要这样提吧。"她的话得到许多大臣的点头赞许，那个提议的人也并没有感到太难为情。宴会散后，大臣及眷属们的车轿各自回府，一时间车水马龙，十分拥挤。有些官员主动地为杨坚和独孤氏的车轿让路，独孤氏却叮嘱车轿夫，不得无礼地超越，要按照先后的顺序行进。从这以后，独孤氏贤德的名声传得更广了。

在杨坚的政治活动中，独孤氏始终是个积极的支持者和谋划者。她熟谙朝政和时局，表现得很有头脑，有识见，因而得到杨坚的信任和器重。当时，朝中大权掌握在宇文护一人手中，连明帝宇文毓也是宇文护手中的玩物。宇文护疑忌先朝老臣，逼独孤信自尽，又想下手害死杨坚，但每一次都被杨坚逃过。不久，杨忠死，杨坚袭爵隋国公。为躲避宇文护的迫害，杨坚听从独孤氏的建议，主动要求外放任隋州刺史，另一方面，又暗中积极交结朝臣中的智士能人，结为一党，以期将来共同谋事。

明帝不甘心受宇文护的挟制，很想除掉他，不幸反被宇文护毒死。临死前，他口授遗诏把皇位传给最英明有为的四弟宇文邕。即位以后的周武帝宇文邕表现得相当深沉有作为，他用长达十一年的韬晦之计，才除去宇文护。此后，又重用杨坚，让杨坚替他南征北战，消灭了雄踞中原一带的强敌北齐，统一了北中国。杨坚得到武帝的信任，地位和声望越来越高。在皇太子宇文十六岁那年，武帝又择杨坚的长女杨丽华为太子妃，以进一步笼络杨坚。

齐王宇文宪怕杨坚势大，劝谏武帝道："杨坚相貌奇特，我每次看到他时，不知为什么，总觉得有些惊慌失措，此人必不肯久居人下，望陛下及早设法除之。"武帝不以为然。又有内史王轨也对武帝说："皇太子看上去不像一个社稷之主，杨坚貌有反相，须及早防备。"武帝很不高兴地说："如果天命如此，我们又何必强求呢？"这些话传到杨坚耳里，引起他深深的恐惧，于是，他对武帝格外小心恭谨，唯恐引起猜忌。

宣政元年（公元578年），周武帝调集大军准备讨伐投降突厥人的北齐残部，不料未及出师，竟一病不起，很不放心地撒手归了天。继位的周宣帝宇文，与父亲完全不一样，是个荒淫无道的昏君，引起朝野的普遍不满。杨坚身为国丈，对皇帝女婿的种种乖张行为也看不下去，时时加以劝谏。宣帝对杨坚渐渐产生了反感。不久，一场祸事临头，差点要了杨坚全家的性命。原来是杨皇后因规劝皇帝不要过分胡来而冒犯了天颜，宇文竟下令逼杨皇后自尽，还要夷灭皇后全家。杨坚闻报，带了独孤夫人在宫门外跪了整整一夜，向皇帝苦苦哀求，又亏得杨坚的好友，官居内史、上大夫的郑泽赶来相救。郑泽当过太子宫尹，颇得宣帝信任。经他一番劝说，宣帝才消了气，饶恕了杨皇后及杨坚一家。

这场风波使杨坚夫妇心有余悸，感到就像坐在刀口上一样，身家性命时时受到威胁。他俩商议之后，觉得唯有外放，才可保证安全。大象二年（公元580

年)五月,在杨坚好友郑泽、刘(时任御正大夫)的帮助下,杨坚总算得到了外放扬州总管的任职书。刚要出发,郑泽忽从内里传出消息,说宣帝饮酒中毒,已昏迷两天了,怕有变故。杨坚得到消息后犹疑不定,是照常出发去扬州上任,还是留在京都以观变化? 他只有同夫人独孤氏商量。独孤氏不愧是个卓有见地的女中丈夫,她劝杨坚不要走。她说:万一皇帝驾崩,太子即位,太子又不是杨皇后亲生,因此,杨坚在不在朝中,同女儿能否保持太后地位大有干系。

"但是,要是不走,有什么托词呢? 只怕有人会攻击我,逗留观变,图谋不轨。"杨坚虽然认为夫人的话有道理,却又十分为难。

独孤氏略一思索,计上心头,她说:"有了,你可以装作失足扭伤,行走不便,公开宣布推迟行期,然后找郑泽、刘商量,假如皇帝不起,就由他们二人做内线,见机行事。"

杨坚大喜,连连称赞:"好主意"。

宣帝一连昏了十天,郑泽见他已到弥留之时,便利用职权,草拟一道诏书,以宣帝的口气命杨坚入朝辅政,并都督内外军事。又取得杨皇后的默认,就在宣帝床前宣读,算是口授遗诏,使朝内外周知。两天以后,宣帝驾崩,杨坚便以辅政大臣的身份,扶七岁的皇太子宇文阐登位,即是周静帝。杨坚被拜为左大丞相,把丞相府搬进皇宫。

杨坚独揽大权,自然引起宇文氏诸王的嫉妒和不满。皇族中辈份最高的赵王宇文招早就听说关于杨坚的种种传说,担心皇位将会落入杨坚手里,便设下鸿门宴,想谋杀杨坚。幸亏随从的护卫将军拼死保护,才未遭毒手。独孤氏获悉之后,力劝杨坚:"对付这批反对者,你要狠下决心除之。常言道,无毒不丈夫,你不杀人,人必杀你。今大事已成骑兽之势,你不能罢手,退下去一步,就是死路一条。"

妻子的提醒,使杨坚想起当年赵昭的话:"须经过一番大诛杀方能定天下。"于是,他毫不留情地放手大干了。先命人告发赵王与相州总管尉迟迥勾结一起,企图叛乱,牵连坐罪,一口气杀了五个亲王及其家属,又杀掉六个反对他的大将,对凡是不附和他的朝臣,一一剪除,毫不手软。就这样,扫清了一切障碍。

杨坚辅政两年,见时机基本成熟,就在大定元年,亦即开皇元年(公元581年),逼静帝让位,自己登上了皇位,建立了隋王朝,史称隋文帝。对年方九岁的小皇帝宇文阐,杨坚也不肯姑息,秘密将他害死。接着,又残忍地杀死了宇文氏的十六个亲王,几乎将宇文氏的子孙斩尽杀绝。

"无毒不丈夫",独孤氏的这一主张,帮助杨坚顺利地夺得了皇位。

杨坚即位后,册立独孤氏为皇后,长子杨勇为皇太子。独孤氏共生了五个儿子,杨勇、杨广、杨俊、杨秀、杨谅,以及两个女儿,杨丽华和兰陵公主。杨坚常夸口说:"我别无姬妾,五子同母,可谓真兄弟。不像前代帝王,内宠多,兄弟间互相争权夺利,亡国之道,莫此为甚。"他当然不会想到,几年之后,一母所生的亲兄弟,也闹出了阴谋夺嫡的惨剧。至于他"别无姬妾",倒是真的。

杨坚做了统一中国的大皇帝,对待皇后的感情,依然很深。他对妻子,于敬重之中带有畏惧,简直是言听计从。凡军国大事,无一不是同独孤氏商议之后再作决定。杨坚每天临朝,独孤后总是陪他乘坐同一辆御辇,杨坚去前殿听政,她坐在后殿等候。杨坚处理政事若有失误,她听见后,就让宦官随时前去匡谏纠正。杨坚退朝,她也一同乘辇回到寝宫。每每谈论政事,帝、后二人意见观点总是一致的,宫中称为"二圣"。

独孤皇后不仅辅助杨坚执政,而且对六宫行政管理得井井有条,后宫也设"六部"组织系统。据史料记载,她还有不少值得称赞的德行。如礼敬外廷大臣的父母。她因自己从小失去双亲,见公卿有父母者,常怀感慕。她拒绝统治百官的妻子,有大臣建议百官妻子的职衔应由皇后任命,她不同意,说:"也许妇人干预政事会由此而生,还是不这样做为好。"独孤皇后经常劝诫公主:"周家公主缺少妇德,常失礼于舅姑,离薄人之骨肉,你们应切戒。"她崇尚俭朴,不喜奢华,当时有突厥同中国的交市,幽州总管阴寿获明珠一箧,价值八百万,奉献给独孤后,她不肯收,说道:"这不是我需要的,当今戎狄屡犯边疆,将士们御敌辛劳异常,不如将这些明珠分赏给有功的将士吧!"史书还说她"后颇仁爱,每闻大理决囚,未曾不流涕"。

但是,由于她十分重视丈夫对她的感情,要求杨坚遵守一夫一妻的誓言,在这方面对杨坚控制很紧,因此,就招来"善妒"的名声。史称"独孤氏多嫉",道理就在这儿。至于杨坚,也不是从来都心甘情愿地受妻子管束的。"别无姬妾",是独孤皇后斗争的结果。

开皇十九年(公元599年),隋文帝新造的别宫仁寿宫落成。见画栋雕梁,金碧辉煌,杨坚不由得"饱暖思淫欲"。他想,自己身为帝王,后宫佳丽如云,却不能与她们亲近欢谑一番,不免惆怅万分。这天,独孤皇后稍感不适,隋文帝独自来到仁寿宫排遣,当他漫步在宫苑中观赏景物时,忽然看见一个妙龄女郎,长得十分美貌。只见她眉若黛山,唇若樱桃,身段丰满,另有一种典雅高贵的气质,令人勾魂。文帝越看越爱,不由开口问道:"你姓什么,进宫已有多久了?"那宫女跪着回答:"奴婢复性尉迟,乃罪臣尉迟迥的孙女,坐罪入宫已有四年。"杨坚听后有些吃惊,他所喜爱的这个美人,竟是当初反对他最厉害的尉迟家的人。但是,禁不住美色的引诱,加上尉迟氏娇声柔语,曲意奉承,杨坚最后还是忍不住把她揽进怀抱,把独孤皇后和昔日的誓言抛到九霄云外去了。一连几天,他下朝后就匆匆赶到仁寿宫同尉迟氏相会,连皇后的病也顾不上探视了。

过了几天,独孤皇后的病好了,她奇怪为什么一连几天不见皇帝的身影,问内侍,才知文帝住在仁寿宫,心下疑惑,便派内侍去打探。不一会儿,内侍回来,一五一十向她报告了隋文帝的风流事。独孤皇后气得差点晕厥,立即赶去大兴问罪之师。

"好哇,你竟忘了从前的山盟海誓,背着我同别的女人偷情!"她责问杨坚。

"我不过是一时兴至,皇后何必太认真。"杨坚装出不经意的样子。

"既如此,你打算如何处置她?"她进一步逼问。

"这……,我将她撵出宫去就是。"杨坚不舍得放弃尉迟氏,但慑于独孤皇后的威势,只能忍痛割爱。

但是,独孤皇后知道,尉迟氏美貌绝伦,过后皇帝还会偷着去找她,何况有第二个,就会有第三个,第四个,她无法容忍其他女人夺走丈夫对她的爱。于是,惨剧发生了。

图文珍藏版

第二天,杨坚退朝回宫,不见独孤皇后,问内侍,内侍吞吞吐吐不敢直说,杨坚发了脾气,内侍才告诉他,皇后去仁寿宫了。杨坚一听,知道大事不好,忙骑上一匹快马赶到仁寿宫。隔着窗户向里一望,不由他痛彻心扉,地上鲜血淋淋躺着一具女尸,不是别人,正是他心爱的美人尉迟氏。再看独孤氏,还坐在上首高声怒骂,活像一个母夜叉,杨坚这一惊,一怒,加上一悲,非同小可,只因平时惧内已成习惯,不便当场发作,于是,掉转马头,扬鞭直向宫门外狂奔而去。

独孤后看见杨坚骑马出宫,情知不妙,想要阻拦,叫了几声,杨坚头也不回,直出长安北门而去。她连忙叫内侍去请杨坚平时最信任的两个大臣高和杨素,将情由略略交代了之后,命他们出城去找。

隋文帝出了长安北门,扬鞭策马在山野间狂奔,足足走了二三十里,来到一片山谷前停下。此时,他的心情十分复杂,痛惜美人儿惨遭杀害,痛恨独孤氏的心狠手辣;作为皇帝,他为自己的尊严受到损伤而愤怒。他很想惩治一下骄横的皇后,又怕朝臣们议论"皇帝好色,皇后好妒",反而大失面子。他不知道下一步自己该怎么办……

过了一会儿,高和杨素二人拍马追来,君臣见了面,高、杨苦劝皇帝,赶快息怒回宫,以免荒山野岭的发生意外。杨坚叹了一口气说:"我贵为天子,竟连这点自由都没有,还做什么皇帝!"高劝道:"陛下错了,岂可为一妇人而把天下看轻?"杨素也劝他:"皇后着急异常,正在宫中等待御驾返回。"劝了多时,杨坚才稍稍解气,掉转马头,与高、杨素一同回到皇宫。

这时,已近半夜,独孤皇后还站在阁门前等候,见了杨坚,不禁掉下泪来,忙跪下叩头谢罪道:"臣妾一时暴戾,触犯圣怒,望陛下顾念夫妻之情,宽恕妾这一回吧!"高、杨二人乘机说:"皇上到现在还没有吃晚饭,皇后就在这里也赐我们吃顿饭吧!"他们想让独孤皇后乘机下台,并借酒宴使帝、后二人重归于好。

一场冲突,终于在酒宴的觥筹交错中化为烟云。

独孤皇后不仅反对杨坚纳妾,也反对大臣们纳妾。见朝士及诸王有妾孕者,必劝上斥之,不得重用。杨坚的宠臣高本是独孤皇后父亲独孤信的朋友,皇后一向很尊重他,后来,听说高在劝隋文帝时,曾说过"岂可为一妇人而轻天下"的话，很是不快，以为高看轻自己。后来听说高的夫人死后，他的姬妾生了儿子，就此对高衔恨在心。到晚年，独孤皇后反对纳妾的思想发展到近乎偏执的地步，以至对长子杨勇产生成见，使次子杨广夺嫡阴谋获得成功。隋朝二世而亡，同她的偏见是分不开的。

杨坚的几个儿子，个个生得仪容俊美。尤其是太子杨勇和被封为晋王的次子杨广，能文善武，参决军国大事颇有见地，更得杨坚夫妇的倚重，只是杨勇性格宽厚坦率，不善矫揉造作；杨广则深藏心机，很会察言观色，迎合父母。在五个儿子中，独孤皇后最喜爱杨广，而隋文帝出于对皇位继承人的重视，对太子杨勇更为严格。

杨勇的太子妃元氏，出身北魏皇族，门第高贵，很得独孤皇后的喜爱。但元氏生得不够美丽，杨勇对她不甚爱幸，却另宠一姬妾云氏。为此，独孤皇后非常不满。后来，元氏得暴病二日而亡，恰巧云氏在这时候生了一个儿子，独孤后感伤之余，怀疑元氏是云氏同太子合谋害死的，整天不给杨勇好脸色看。偏偏杨勇太没有心计，一点不加收敛，反而让云氏执掌东宫内政，待之如正妃一样，更使独孤皇后愤恨。她就派了内侍伺察杨勇的行为，若有过失，便去杨坚那里说杨勇的坏话，好像这个儿子不是她生的。渐渐地，杨坚也对太子不满起来，特别有两件事，一件事情是：有一次朝廷阅兵，杨勇在自己的铠甲上加了金银珠宝作为装饰。杨坚素尚节俭，为此而斥杨勇道："从古帝王，好奢必亡，汝为储君，当先知俭约，方能奉承宗庙。"第二件事是：那一年冬至节令，杨勇在太子宫张乐接受百官的贺节，场面甚是铺张。这事被独孤后知道后，告诉杨坚，杨坚很不高兴，第二天下诏诫谕群臣，以后不准擅自去东宫贺节。

杨勇渐渐失去父母的欢心，杨广看在眼里，暗暗高兴。他早就存有夺嫡的野心，一看这情景，认为有机可乘，便积极活动起来。

杨广奸诈阴险，善于迎合父母所好，巧作伪装。首先，他知道父亲杨坚不好奢华，便把自己的晋王府布置得十分寒素，只留老丑婢仆充当役使，自己与妻子萧妃穿旧衣服，用旧屏帐，车马用具一律简陋异常。杨坚和独孤氏来到晋王府，见到这一切自然很高兴。其次，他知道母亲最恨人宠妾忘妻，他明明纳有姬妾数人,却故意装出与萧妃日夕同居,形影不离的样子,即使后庭姬妾生了儿子,也不准养育。他还倾心结交朝臣,尽量表现得谦逊有礼。凡宫中派来的宦官或宫女,他一律待之如上宾。这些人回去在帝、后面前大力称赞晋王的贤德。如此,宫廷内外,有口皆碑。

隋平定陈之后,杨坚派杨广为扬州总管,镇守南方。杨广入宫向母后辞别,故意装出一副依依不舍的愁容,用动听的语言来打动独孤皇后。

"儿臣此去江南,远离膝下,不能侍奉左右,心中实在悲伤。"杨广跪在母后脚下,流着眼泪说道。

独孤皇后也感到伤心,一番叮嘱之后,又问他是否到各处去辞别过。当说到太子杨勇时,杨广故意长叹一声,装出一腔愁容,欲言又止的样子。独孤后不免起疑,问他有什么心事。杨广请母后屏退左右,伏地哭诉道:"母后既然问起,儿臣不得不直说了。儿臣一向尊敬太子,可不知为什么,太子对我很不满意,说我装好人,图谋神器,将来他总有一天要收拾我。儿臣远在外藩,太子常在父皇左右,若父皇听信太子谗言,儿臣天高地远无法辩白,只怕死无葬身之地了!"说到这里,他泣不成声。

独孤皇后又怜又恨,说道:"阿㑇(杨勇小名)越来越不像话了! 我为他娶了元氏,向无疾病,一夕暴亡,他却与那个云氏昼夜淫乐,我就怀疑这里头有阴谋,好了,现在他竟敢连自己的兄弟都要加害,这还了得? 我现在活着,他就敢这样,我要是死了,你们岂不成了他的俎上肉? 还有,东宫至今无正妃,一旦皇上千秋万岁之后,你们几个兄弟,岂不是要向那姓云的跪拜问安? 这还像话吗?"说到这里,她又气又伤心,也哭了起来。

杨广见目的已达到,赶紧劝慰道:"都是臣儿不孝,害母后伤心,教臣儿如何安心?"

经过这次谈话,杨广知道母亲已对哥哥极不满意,觉得取代太子的地位为时不远了。他密召心腹张衡、宇文述二人商量,决定由宇文述托好友杨约,请杨约求哥哥杨素帮忙,为杨广谋求储位。杨素起初不敢,后听说独孤皇后也厌恶太子,有废立之意,便有所动心,他知道皇帝对皇后言听计从,倘不依从晋王,万一晋王真作了太子,自己就会大祸临头。不过,老奸巨猾的杨素不敢轻易相信,他要亲自试探独孤皇后的真意。

不久,在一次内廷宴会上,杨素故意在帝、后面前称赞晋王。

独孤皇后马上接口说:"我这个儿子确是孝顺,一提到远离双亲,就流眼泪;我和皇上派出的内使,他都和萧妃亲自迎送,不像阿伐,只知道成天和一班小人亲近,我们派去的人,他每次都是无所谓地丢在一边,眼中哪有父母至尊?"

杨素一听,明白独孤后确实有所偏私,也乘机讲了一通太子不是。过了几天,杨广派人送来许多珍玩,价值连城,令杨素心花怒放,他决心随风使舵,帮助杨广打倒太子。

杨勇渐渐感觉到自己的东宫地位已发生动摇。惊惶失措之下,别无一法,只能在自己后园内设一卑陋草屋,名为庶人村,布衣草褥,住在里面,以示改过。杨坚知道后,命杨素去东宫探察太子的言行。杨素来到东宫门前,递上名刺。太子不敢怠慢,忙端正衣冠,站在台阶下面迎候。杨素故意滞留在门外,迟迟不进去,以此激怒太子。太子等候多时,才见杨素姗姗而来,不由恼怒,怒形于色,言语中也有唐突之词。杨素回去告诉杨坚说,太子心存怨望,恐有他变。杨坚还有些半信半疑,独孤后却已派人去伺察太子的过失,芝麻绿豆大的一点小事,也上报给杨坚,无不构成罪名。更毒辣的一招是,杨广命人用重金买通太子的近臣姬威,让他捏造莫须有的罪名,诬陷太子谋反。

关于太子的蜚语从四面八方过来,不由杨坚不信。他生气极了,这天,他在大兴殿升座,宣召东宫全体臣僚属官,怒目斥道:"仁寿宫离此并不远,但朕每次出行回到京师,都要严加防卫,好似身临敌国一般。近来我患了腹泻,半夜至后房上厕,都不敢滞留,恐生不测。想不到朕开创帝业这么多年,竟是日夜提心肘腋生变!"

当下,他命杨素陈述太子的罪状,宣告群臣。杨素竟随口编造,把太子说得一无是处,无非是好淫好奢,好杀好忌,甚至有密谋不轨,诅咒皇上早死等事。杨坚听到这里,气得老泪纵横,说道:"此儿罪恶,我早有所闻。皇后每劝我废去,改立贤能。我因此儿居长,总希望他改过致德,不料他怙恶不悛,反心怀怨望。我岂可将社稷黎民赋予这不孝子呢？"

开皇二十年（公元600年）十月，隋文帝决定废太子杨勇。这天，他在武德殿升座，全身披挂，甲胄辉煌。朝堂之东，排列文武百官；朝堂之西，站着宗室亲王。阶下兵甲森严，一片肃穆之气。杨勇被宣召入殿，见此情景，吓得心胆俱裂，以为父皇要杀他，匍匐阶下，不住叩头。文帝命内史薛道衡当众宣读废太子的诏书，将杨勇及其十个儿子一概废为庶人，并幽禁内史省。读罢，武士们立即走入，将杨勇和他的儿子们一一剥去冠带。

杨勇幸得不死，凄惶谢道："儿臣罪有应得，合当陈尸街市，以为鉴戒。幸亏父皇哀怜，得全性命。"说罢，泪流满面，再拜而出。文武大臣见状，莫不为他哀悯，但谁也不敢多嘴。

两个月之后，杨广被立为太子。这件事，似乎令帝、后十分满意，都以为立储得人，可无后忧。在这中间秉承独孤皇后旨意，一手遮天，酿成废立悲剧的杨素，晋封为左仆射，进一步执掌朝廷大权。最可怜的是杨勇，他知道自己并无多大过错，罪不当废，总希望有一天能重见父母，当面申诉冤屈，但是，父母却不再理会他，他常常在被囚禁的住处，攀着一棵大树，仰天呼叫："父皇，母后，可怜可怜我，让我出来吧！我冤枉啊！"但是，管束杨勇的正是新太子杨广，怎肯允许他再见父母？可恨杨素，当文帝偶有所闻问及他时，他说：杨勇已神智昏乱，为癫鬼所祟，不可救药了。杨坚便命令杨广，对杨勇严加幽锢。这样，杨勇始终同父母如隔九重，再无重见天日的机会。

仁寿二年（公元602年）八月，独孤皇后病死。直到死前，她还以为自己替杨家的基业选了一个理想的继承人。她不知道，就在她的灵柩前，杨广也扮演了两面角色：当着众人，他手扶灵柩，哀号痛哭，几不欲生；回到家里，宴饮欢笑，如同平时一样。她的丈夫隋文帝很快又迷恋上了宣华夫人陈氏、容华夫人蔡氏，身体渐渐地就垮了，在他病重时才有所悔悟，叹息道："假如皇后在世，我不会成这个样子。"

萧皇后助夫夺嫡

萧皇后和她的婆婆独孤伽罗,是截然不同的两种女人。由于萧皇后的出身、经历及个性,她柔弱得像一个随风飘荡的风筝。她聪慧有才,又有识见,知道炀帝荒淫无道会带来亡国之祸,"心知不可",又"不敢唇言"。她也曾婉言规劝过,并做了《述志赋》曲折地表达她对炀帝所为的不满。但是,她的软弱柔顺在炀帝刚愎自用、暴戾无道的个性面前,往往不击自溃。因此,当初曾想辅佐丈夫有所作为的抱负很快化为乌有。

她的一生,有太多的享受,几乎尽享人间一切奢华;又有太多的苦恼和折磨。因为这一切都不是她的愿望和追求。

隋文帝开皇三年(公元583年),晋王杨广已十六岁,该为他选一名王妃了。五个儿子中,皇帝和皇后最喜欢杨广。杨广不仅长相俊美,才思敏捷,而且恭谨孝顺,最能揣摩并体贴父母的意思。杨广的哥哥太子杨勇,已纳北魏皇家之女元氏为太子妃,独孤后的意思,也要为杨广结一门高贵的亲事。她和隋文帝商量结果,想在梁王萧岿的几个女儿中选一名德容兼备的江南淑女为儿媳。

萧岿是萧梁昭明太子的孙子。梁亡于陈后,萧岿投靠北周,被封为梁王,建都江陵(今湖北沙市)。从北周到隋,一直处于附庸地位,偏安一隅。萧岿继承了祖父的儒雅之风,不仅雅好辞章文学,而且服色端丽,进退有度,得到隋文帝的尊重。文帝不设江陵总管,让萧岿专制其国,以示隆遇。

当使者带着皇帝的诏命到达江陵时,萧岿高兴非凡。他共有三个女儿,都已成年,但是选择的结果,不是相貌不够端庄美丽,就是卜之不吉,令萧岿很失望。忽然,他想起自己还有一个女儿寄养在别处,赶快命人将她接回来应选。使者一看,大为中意,她不仅长得美,更有一种高贵典雅的风度;占卜的结果,又是"大吉大利",于是,十分满意地回长安禀报隋文帝。

萧岿想不到这个当初被自己遗弃的女儿,竟会为他带来这么大的荣耀。原来,此女生于二月初二,江南风俗,女生二月,命运多舛。萧岿不得已将她送给远亲萧岿抚养。萧岿没有儿女,对她十分疼爱。但是在她八岁时,萧岿夫妇相继病故,只得再投靠母舅张轲。张轲家境贫穷,她在这样的环境中成长,躬亲劳苦,依然努力读书,兼习女工。及至成年,温柔婉顺,美而有智识,能做辞文,见过的人莫不称羡。

不久,萧氏被迎到长安同晋王完婚。杨广对她既宠爱,又敬重,夫妇十分相得。一晃过了二十年,她为杨广生了两个儿子,杨昭和杨。在她三十五岁的时候,杨广登上帝位,她被册为皇后,长子杨昭立为皇太子。

杨广当了皇帝之后,所作所为同隋文帝与独孤后在世时大不相同。他好大喜功,讲究享乐,衣食务求其精,宫室务求其华丽。他即位后第一件事,就是下令在洛阳营建东都,仿效江南的庭苑楼台设计宫室,并搜罗江南奇花异石,珍禽奇兽运往洛阳。其次,为了满足游幸江南的嗜好,又下令开运河,造龙舟,从长安到江都(今江苏扬州市)修离宫四十所,每天征发民工数百万,搞得江南民心骚动。朝臣中凡有劝谏,不是被杀,就是遭贬,因此,没有人再敢多嘴。

见此情景,萧皇后大为忧虑,她觉得自己有责任来劝导炀帝。一天,乘宫中牡丹盛开之际,她特地请了炀帝前来观赏。酒过三巡,她婉转开口道:“今天难得请陛下来。自从你当了皇帝,我们夫妻难得见面了。”

“我就是闲不住,要做的事情太多了!”炀帝不无几分得意。

“风和日丽,百花盛开,多好的景致! 要是母后在世,一定十分欣赏。可惜她老人家再也见不到了! 母后在时,一直夸你好,说你俭朴,没有私宠,认为你是能够继承父皇的基业的。”萧后怕正面规劝,炀帝会不高兴,便从侧面提出自己想说的意思。

“那是过去的事,提它干什么? 如今国富民足,钱财堆在国库里,像山一样,我去查看过,下层的钱都腐烂了。钱是给人享用的,像父皇那样,只知节俭,到头来不是一场空,那才叫傻呢!”炀帝颇不以为然。

“陛下,臣妾有句话不得不说,我们夫妻十多年,一直相敬如宾,无话不说。我只希望你凡事不要过度,享受是应该的,只是不要过于劳民伤财,以免引起怨望。”

隋炀帝大不高兴,斜睨了皇后一眼,只顾继续饮酒,过了一会儿,他不忍扫了皇后的兴,便开口道:"皇后未免多虑,如今四海升平,国泰民安,正是应该享乐的时候,你不是爱读古诗吗? 曹阿瞒的'对酒当歌,人生几何',朕十分欣赏。一个人应趁少壮之时,尽情享受,享尽天上人间之福,才不枉活一世。朕贵为当今天子,拥有四海之富,怎可上负天意,下负自己生命呢?"

萧皇后见炀帝说出一番道理,且振振有词,知道一时无法改变他的想法,说下去反而惹他生气,破坏夫妻之情,于是,便将话题扯到了别处。

萧皇后的愿望是过一种俭朴、安静的生活,她还希望运用自己的聪明才智,像母后独孤氏辅助父皇一样,也来帮助炀帝处理一些政事,使隋家基业进一步得到稳固,千秋万代昌盛不息。但是,她却身不由己,天天随着炀帝游乐宴饮。生活越是豪华靡费,炀帝越是得意,她却心头越是沉重。最苦恼的是,她不敢多说。作为亡国之君的女儿,她深知自己在皇宫里的地位,升降荣辱,还不是炀帝一句话决定她的命运? 在别无办法的情况下,她只有作《述志赋》,以文章词句,表明自己的所思所忧,企望能打动炀帝。

她找了一个机会,使炀帝看到了她的作品。炀帝拿起来一看,见标题是《述志赋》,笑着问:"皇后有什么志向? 朕读来听听。"便朗声读了起来。开头是这样的:

"承蒙皇天有德,能得以洒扫箕帚于皇庭,只恐我修身不够,有负先人的厚望,我愿努力不懈,自强不息。多谢皇恩浩荡,使我得到长久的恩宠……"

炀帝一面读,一面点头称赞道:"写得好,皇后太自谦了。"当读到"愿立志于恭给……苟无希于滥名……",炀帝没有说什么。再读下去,当看到"夫居高而必危,虑处满而防溢,……珠帘玉箔之奇,金屋瑶台之美,虽时俗之崇丽,盖吾人之所鄙……"炀帝觉得不是味道,推开这篇东西,不高兴地说:"你身居瑶台,却心慕寒素,未免过于清高。"

"陛下,我只是以一种居安思危的心情,表达自己的想法罢了。"萧后解释说。

但是,炀帝一点都不理会她的心情,反而得意扬扬地夸耀起明年游幸江都的盛大场面来。至此,萧皇后明白了,她是不可能使皇帝回心转意的。从此,她便心灰意懒,再也不过问任何事情了。

权臣逸闻

"真宰相"高颎

高颎(? ~607 年),又叫高敏,字昭玄,渤海蓚县(今河北景县南)人。他在隋朝理政 20 年,以天下为己任,殚精竭虑效忠隋朝,在国家统一和治国两方面建立了盖世功勋,为隋朝第一功臣。他胸怀宽阔,奖掖人才,为隋朝的繁荣富强立下了赫赫功勋。被人称为"真宰相"。

1.为杨坚平叛成心腹

北周时期,高颎与杨坚同在朝廷为臣。当时,随着政局的不断变化,杨坚逐渐掌握了北周的大权。高颎先是独孤信的家客,而独孤信的女儿又是杨坚的妻子,因此高颎与北周宰相杨坚非常熟悉。高颎很年轻时就步入了北周的中央政权,在平齐大业中,屡建战功,深受杨坚的赏识。

高颎有着杰出的才干,又与独孤氏族关系特殊。周武帝时,高颎便承袭父亲的爵位武阳县伯,并迁升为内史上士,不久又提升为下大夫。后又因为在平定北齐的战争中立功,被拜为开府。

在这一段时间中,高颎的政治地位虽然不是很高,但是他的政治才干表现得十分突出。此时的杨坚,已经官至丞相,大有总揽朝政之野心,并有取代周室之意。杨坚开始招揽人才,培植党羽。当杨坚知道高颎才智出众之时,在密谋取代北周政权时曾特派心腹与他密谈,高颎坚决表示:"愿受驱使,倘若大事不成,甘当灭族!"高颎从此成了杨坚的心腹。

周宣帝驾崩之后，年仅7岁的静帝继承王位，杨坚便以外戚的身份"受命"辅佐朝政，此时他的篡周之心昭然若揭，引起了部分忠贞之士的反对。其中威胁最大的则是相州总管尉迟迥公然反叛。杨坚接连派心腹崔仲方、刘昉、郑译赴前线监军，然而三人都推托不愿受命，形势危急至甚，高颎自告奋勇接受使命。他赶赴前线，审时度势，赏罚严明；他进军造桥，渡河之后，采用项羽的破釜沉舟战术，毁桥激励士气，一举大破敌军。最后，困守邺城的尉迟迥走投无路，城破后自杀。

当高颎凯旋回朝之时，杨坚高兴至极，加封高颎为柱国、相府司马，封其为义宁县公。

2.为佐朝政谋划统一

公元581年，杨坚废周静帝自立，国号隋，建元开皇，史称隋文帝。高颎高居相位，被拜为尚书左仆射、纳言，封渤海郡公，一时间权高势大。

高颎自知责任重大，每日里都勤恳、尽力地为杨坚服务。起初，他在政治上针对西魏有史以来的"民少官多，十羊九牧"的局面，协助杨坚进了行政体制改革，将原来的州、郡、县三级行政区划改为州、县两级。接着又裁掉了大批冗官，既节省了许多开支，又使政令得到普遍推广。

随着政局的不断稳定。以及经济的复苏与发展，隋朝的综合国力大大增强，隋文帝便着手开始统一大业。开皇二年，杨坚派高颎率兵攻打陈国，兵至陈国边界，此时恰逢南陈国主陈顼辞世，太子陈叔宝即位，他派人向隋军求和。高颎主张笼络江南朝野人士的人心，以使他们内部分裂，一旦时机成熟，内应外合，一鼓作气攻克陈国。隋文帝充分信任高颎，命他节制讨陈诸军。当时正遇陈宣帝驾崩，高颎提出"礼不伐丧"的战略，出于攻心为上、攻城为下的考虑，暂停伐陈，隋文帝同意了他的意见，这为隋军塑造了仁义之师的形象。

高颎班师回朝之后，主持规划与建造新都。一年时间新都告成，高颎为其取名大兴城。

当时隋朝虽然建立，然而南北分裂，国土尚未统一，在隋朝君臣的眼中，打败南陈、统一中华是他们最高的理想,高颎也在做着积极辅佐隋文帝策划伐陈战略的工作。

高颎将所有精力都投入到治理军事上来。隋文帝问高颎有何灭陈妙策,他胸有成竹地说:"江北地寒,收成稍晚;江南气温高,水田庄稼早熟。在对方收获时节,我方征集少量部队,佯作进攻。对方定忙于屯兵防御,因而误了收获时节,使粮食供给困难。对方防御时,我则解除进攻之势,使对方疲劳。如此再三,对方便习以为常,在对方麻痹之时,再集结部队,一举渡江,快速登陆,我军士气必定高涨。此外,江南土不好,屋舍多是竹木茅草盖成的,粮食等物堆积在屋内。我秘密派人前去,在有风的时候纵火,焚毁其屋舍和粮食积蓄;待其重修重积,再予以焚毁。不出数年,对方财力必定枯竭。"

隋文帝对此决策大为赞赏。没过几年,原本民不聊生的陈国,国势日益衰落,大有摇摇欲坠之态。

又经过数年的精心准备,开皇九年(公元589年),隋文帝令杨广为元帅节制诸军,高颎为元府长史,大举义师征讨陈国。此时高颎掌握了实际的指挥权,事无巨细都由他决定。他兵分八路,从长江上游、下游发动总的攻势,陈军不能抵抗,隋军以破竹之势顺利攻破了建康城,将陈叔宝活捉。陈国遂告灭亡。高颎在这场战争之中起了决定性的作用,从此结束了中国近400年的南北对峙局面,全国得到统一。得胜回朝之后,高颎被晋升为上柱国,加封齐国公爵位。

3.耿直惹祸　遭贬被杀

开皇九年(公元589年)隋朝灭了陈国,班师回朝后,隋军统帅高颎功高盖世,使得朝中官员都非常嫉妒他,将他包围在流言蜚语之中,甚至谣传他图谋不轨。好在隋文帝非常信任高颎,将那些告密者尽皆杀掉,并好言安慰高颎,要他抛弃一切疑虑,安心当好宰相,亲授他为上柱国,封齐国公。隋文帝认定高颎是不可多得的"心腹",是上天赐予他的"良辅"。隋文帝评价高颎说:"爱卿就好像是一面镜子,每一次被人摩擦,就更加显示出了卿的光明灿烂。"对君主的厚遇和高度评价,高颎并没有趾高气扬,相反,他却是更为谦虚,对隋文帝也更加由衷地感激。

然而,即便是如此谦虚,高颎也无法逃脱被人诋毁的命运。原因是他得罪了两个权高势重之人:一个是独孤皇后,另一个是杨广。这两个人都对他有怨言。更深的原因是,高颎将女儿许配给了太子杨勇。而杨广与独孤皇后正要想方设法废掉太子,因此必须先得除掉高颎这把太子的保护伞。所以杨广和独孤皇后都意图用谣言来打倒高颎,这是他们母子共同联合的阴谋。那些在朝中诋毁高颎的人只不过是他们二人的传声筒。

由于事情渐渐复杂化,再加上满朝文武对太子杨勇的诋毁日益加深,隋文帝也日渐对太子杨勇表示不满起来,而且有了废除太子的想法。但是,高颎却反对隋文帝改换太子。他认为太子是国体,保住太子就是保住国体。不过,这次隋文帝不但没有听从他的建议,而且非常反感高颎干涉此事。他私下对侍臣说:"不要学高颎要挟君主的样子,不要自许第一。"隋文帝终于废除了太子杨勇,另立杨广为太子。太子杨勇被废之后,高颎也因此事得罪了隋文帝,被文帝罢去了官职。

高颎遭人所谗,但他百口莫辩,只好闭门不出,避开政治纷争。没料想他的政敌们总想将他置于死地,他们诬陷高颎以司马懿自比,正托疾以待时机,谋求东山再起。隋文帝闻听此讯后更加疏远了高颎,并将其削职为民,永不任用。

公元604年,晋王杨广弑父杀兄,夺得帝位,史称隋炀帝。由于杨广是靠着阴谋诡计才登上了皇帝宝座的,当时许多人对他表示不满,一时义军四起,就连他的弟弟杨谅也起兵反对他。由于当时群雄四起,刚刚登基的杨广深知,要得到众人的拥护与支持,必须有德高望重的人来扶持,于是他便想到了高颎。虽然早在平陈过程中,杨广与高颎就结下了私仇,不过出于大局考虑,高颎还是毅然出山辅佐杨广。然而,杨广却是一个昏庸酒色之徒,完全没有杨坚的治国韬略与良好品德。他每天沉湎于酒色,朝政不理。为此高颎劝阻道:"为君者应该有治国安邦之意,有扶助万民之心,一味荒淫酒色,国家就会陷入危局!"

可是这时的杨广过度沉湎于酒色,又广兴徭役,修缮长城。高颎对此忧郁颇深,他对太常寺丞李懿说:"北周宣帝因为好乐而导致亡国,这便是前车之鉴。

我们怎么能够重蹈覆辙呢?"

当时突厥王启民可汗来朝拜贺,杨广给了他非常厚重的优待。为了充分显示中原的富庶,杨广特意在朝中充置了许多稀世奇宝,粉饰出颇多盛况。启民可汗在炀帝身边,当他看到这一切的时候羡慕至极。而高颎、贺若弼等人却认为,隋炀帝给予启民可汗的待遇太丰厚了。他们对太府卿何稠说:"这个外族人对中原山川非常熟悉,将来恐怕会留下祸患。"又对观王杨雄言道:"近来朝廷不成体统,已经不存在法度了。"没料想。有人将这件事告诉给了杨广。杨广听后,顿时暴跳如雷,他害怕高颎有谋反朝廷之意,夺去他的锦绣龙台,于是下达诏令,以"诽谤朝廷"之罪处死了高颎。

隋朝开国元勋杨素

杨素(?~606年),字处道,弘农华阴(今陕西华阴东)人。他在整个隋朝的建立中发挥了巨大的作用,曾经协助杨坚谋取天下,平定江南,功勋卓著。建立隋朝后。他又阿谀奉承,改立太子,贪恋富贵。他是一个在历史的正反两面都留下很大影响的人物。

1.年少才高得君赏

杨素出生于名门望族之家,年轻时心胸开阔,胸有城府,不拘小节。他内心的大志不为世人所知晓,只有他的堂叔祖西魏尚书仆射杨宽非常欣赏他,常对人说:"处道(杨素的字)出类拔萃,不是一般的才器,也不是一般人所能比的。"

将门出身的杨素有充分的习武条件,他终日里刻苦练功,逐渐练就一身好武艺,为他日后纵横疆场、南征北战奠定了坚实的基础。有一次,隋文帝杨坚亲自率领文武百官比武。由于当时良将云集,要想取胜实属不易。但在众多良将之中,杨素却出类拔萃,深受杨坚的赏识。

杨素不仅武艺超群,而且还工于文化。大凡经史典籍、礼乐书法等样样精通。他写的文章措辞优美,形象生动。还写得一手挺拔有力的好字,在当时被人们传为佳话。

杨素习文不同于一般的儒生。他治学非常注重治国安邦之策,对于文韬武略皆悉之,经常以天下兴亡自勉。他与志向远大的牛弘结为知己。牛弘后来也对大隋建立了赫赫功勋。

由于杨素很精通兵法,北周权臣宇文护很欣赏他的才干,将其引为高级文官,随即升任大都督。

周武帝之际,杨素的父亲杨敷,时任汾州刺史,在对北齐的战争中以身殉职,却未蒙受朝廷的恩命。杨素为父亲鸣不平,上表陈述道理。申表如泥牛入海,没回音。杨素接二连三地上表,最后引得周武帝勃然大怒,命人将他推出斩首。杨素毫不畏惧,临死求见周武帝说:"我侍奉的是无道天子,因此才遭到了杀戮!"周武帝被杨素为父叫冤的慷慨英雄气概所感动,不但免了杨素一死,还追赠他父亲大将军的封号,杨素自己也被封为车骑大将军、仪同三司的高职。

杨素平时非常自负。周武帝曾经让杨素为他拟写诏书,他思维敏捷,一气呵成,且文辞优美,以理服人。周武帝看后赞叹不已地说:"你若像这样自强不息,富贵是迟早的事。"若是一般的官员得到君主的这般激励,定会感激涕零,磕头谢恩,高呼皇恩浩荡。但杨素却不为所动地说:"只恐怕富贵来时,臣没有这份心来贪恋富贵!"周武帝听了不但不计较,反而称赞杨素的胸襟宽阔。这则故事后来成为北周时期的一段佳话。

2.伐陈平叛定江南

南北朝时期的中国,始终处于一种分裂割据状态。北方有北周、北齐,南方有陈。几支势力相互杀伐,云集中原。最终北周灭了北齐,杨坚夺取了北周政权后建立了隋朝,隋又灭亡了陈,全国才得以完全统一,从此才结束了近400年的分裂局面。在这一段时间的漫长劳苦征战中,杨素身经百战,被时人誉为"战神"。

在漫长的平齐过程中,杨素请求周武帝让他亲自率领父亲的旧部充当先锋。周武帝应允了。他率领父亲的旧部,随同齐王宇文宪与北齐战于河阴,因功封为清河县子,食邑五百户,并被授予司城大夫。第二年他又追随宇文宪攻取晋州。宇文宪率领军队驻扎在鸡栖原,北齐大军杀来,宇文宪因恐惧而逃走,大军溃散,而杨素与勇将十人拼死抵抗,保护了宇文宪。以后,杨素每战必有功,平定北齐之后,他则被封为成安县公。

杨素与时任北周丞相杨坚的交情很深。杨坚取代北周受禅为隋文帝后,尉迟迥起兵反对杨坚,杨坚加封杨素为大将军,全权负责对尉迟迥之子尉迟胄的战事,杨素不辱使命,受隋文帝的奖赏,晋爵清河郡公。

隋朝开国之后,"富贵"终于"逼"到杨素的头上,他被加封柱国;三年之后,便晋升为御史大夫。可他仍然非常狂放,口无遮拦。他的妻子郑氏极为泼悍,杨素忍耐不过,有一次便怒气冲冲地对他妻子说:如果我坐天下,卿定不配做皇后!"郑氏跑去告御状,隋文帝以妄言之罪罢免了他的全部官爵,但念其是有功之臣便放了他一条生路。

其后,当隋文帝决意谋取江南时,重新起用杨素。杨素多次陈述攻陈的高超计谋,在大军出发平陈之前,杨素又献上一计。这一计使得隋文帝非常满意,对他委以信州总管,主持这一防区的军事重任。杨素命军队建造大船,名曰"五牙"。这是地道的楼船,上有楼 5 层,高 100 多尺,每舰可容 800 名战士。另外,还依次建造了"黄龙""平乘""舴艋"等战舰。这些战舰不仅舰体容量大、数量可观,而且还能大小组合、互相照应。在中国战舰史上也是绝无仅有的。杨素对这些战舰抱有很大的希望,他言说:"胜败之间,全凭此举。如果我们白天出发,滩险流急,舰船难以控制,而且敌军能够看见我们的行动,那么我军必然失败。"于是他要求军队晚上悄然出发。杨素胸有成竹地指挥数千艘战舰乘着夜色轻缓而行,陈军无人察觉。杨素又另派一部分人马从岸上偷袭陈军大本营,很快隋军就出其不意地拿下了陈军守备严密的三峡。

杨素用兵如神,逢军破敌,过关斩将。陈军不能抵挡,望风而逃,巴陵以东的沿江一线没有敢于抵抗的,杨素直上汉口,率领所部凯旋而归,被拜为荆州总管,封越国公;不久升为纳言,再转内史令。

陈朝政权消灭之后,江南人心并不都向着隋朝,拥兵反抗者屡屡不绝。精于将略的杨素,在隋朝建立后仍几次挂帅出征,先后平定了李棱、朱莫问、顾世兴、陆孟孙、叶略、高智慧、汪文进、沈孝彻等起事者。杨素在军事与政治上以过人的谋略,平定了各方叛乱,隋朝的根基才在江南扎了下来。杨素平定一系列叛乱之后,班师回朝,因战功赫赫,他被任命为尚书右仆射,当上了宰相,与高颎共同掌管朝政。

隋朝刚建立之初,突厥达头可汗侵犯隋朝边境。原来隋兵为防突厥骑兵劲旅冲阵,以骑、步、车三个兵种共同编阵,而将骑兵置于阵内。杨素出塞亲自察看了战场,改变了原战术,将诸军一体编为骑兵。突厥可汗大喜。以为是一举消灭隋军的天赐良机,于是便派 10 多万精骑迎击隋军。结果,突厥大败,突厥可汗受重伤逃走。

杨素在建立隋朝、平陈及维护边境安宁的战争中屡建奇功,因此被称为"常胜将军"。

3.改换太子,不为天下为私利

杨素虽然拥有文武全才,但他同时也是公少私多的"佞臣"。杨勇被立为太子之后,杨广处心积虑总想取而代之。独孤皇后也支持废太子杨勇。于是朝廷围绕废立太子一事争论不休。杨广通过伪装粉饰,先是获得母后的欢心,继而又获得隋文帝的宠爱。颇有心计的杨广知道,自己要想成为天下之主,朝臣的支持也非常重要。因此,为了争取朝臣的支持他首先放下架子,百般讨好作为百官之首的杨素,杨素自然深知其意,为日后能够享受到荣华富贵,他终于站到了杨广一边。杨素和杨广并无交情,而与杨广早已勾结在一起的出发点纯属私情,就这样他们结成了共同的政治联盟。杨素当时心里非常明白,一旦太子杨勇登上皇位,他的处境就会不利。如果杨广立为太子,那他就是最大的功臣,将可在隋文帝百年之后,依然大富大贵;杨素出于私利考虑,加速和推动了杨广阴谋夺太子之位的步伐。他使出阴谋伎俩,在隋文帝面前大肆用谗言中伤杨勇,用谎言美化杨广。年迈昏聩、不辨是非的隋文帝被杨素的话所迷惑,更加讨厌太子杨勇。最终决定改立太子,杨素的计谋终于得逞。

作为首席宰相的杨素,对处理国政并不投入,而是将全部精力用在权力与私利之上。他为了巩固自己的地位,在朝中排斥异己,只要朝中有他看不顺眼的人,不管对方官有多大,爵有多显,必设法除之。如贺若弼、李纲等人,都成为他手下的败将。他任人唯亲,对依附于他的党徒和亲戚友人,即使再庸碌无能,他也大力提携,让他们掌握重权。于是朝中多是对他巴结逢迎之辈。

隋文帝弥留之际,对杨广阴谋篡位之事有所察觉,想废太子杨广。但杨广在杨素的诱导下,严密把守宫禁,不准许朝臣入内,控制了隋文帝的举动。一天,杨广有事致信向杨素讨教,但是回信却被宫女误送给了隋文帝。隋文帝看后大怒,适逢宣华陈夫人说太子杨广对她非礼,隋文帝在一气之下,大叫要召回杨勇。但杨素采取紧急措施,矫诏让太子心腹宇文述统率东宫卫士前来"护驾",另一心腹张衡入侍隋文帝。当天,即对外宣布了隋文帝驾崩的消息。杨广于是登上帝位。杨素因立新君有功,又享有了一段时间的荣华富贵。

杨素满以为从此能永享富贵,但实际上却是事与愿违。杨广只是利用了他,仅给了他表面的尊荣,背地里却巴不得他早点死去。不久之后,杨素身患重病,不肯服药,最终一命归西。

杨素死后,他的儿子杨玄感起兵反对杨广,结果被杨广派兵剿灭,并将其子孙满门抄斩。这恐怕不是杨素生前所能预料到的事情。

隋朝名将贺若弼

贺若弼是隋朝最著名的将领。隋文帝杨坚禅周自立为帝后,贺若弼就向他建议:借较强之国力和其他有利条件,挥军南下灭陈,完成统一中国的大业。对于他的建议,隋文帝深然之,就诏令贺若弼负责灭陈战略的制订和具体的组织实施工作;其后,贺若弼又协助晋王杨广发起灭陈战役,并亲自挥刀上阵,指挥部队攻入南京,灭亡陈国,使分裂了近四百年的中国重归统一。

然而,就是这么一个有大功于国的将领,在以后的日子里,受尽种种屈辱,最后被害身死,妻子被没宫为奴。

1.父亲的临终遗嘱

贺若弼,字辅伯,河南洛阳人。生于梁大同十年(544年),死于炀帝大业三年(607年)。其父贺若敦以武烈知名而仕北周,任金州刺史(今陕西安康)。

少年时代的贺若弼慷慨豪迈,风流倜傥,聪颖好学,胸有大志,经史诗文,了觉于心,尤擅军事,其深思奇想常出人意。十五岁就在周围远近知名,周齐王闻其名,任为记室(相当秘书之类)。

贺若弼所处的时代,是分裂了近四百年的中国处于统一的前夜:北方的五胡十六国经过二百多年的岁月洗礼,统一于魏;然后魏又分裂为东魏和西魏,不久,东魏丞相高欢的儿子高洋废东魏建北齐,西魏丞相宇文泰的儿子宇文觉废西魏而建立北周。二十多年以后,北齐为北周所灭,北周统一了中国的北方。

在这几百年的岁月里,南方的政权也像走马灯似的进行交替。开始是晋元帝司马睿南渡建立东晋,一百多年以后,刘裕灭晋建立宋朝,六十多年以后,宋朝被将军萧道成所取代,是为齐;只过了二十多年,齐将萧衍废齐自立,国号梁,四十多年后,梁将陈霸先趁侯景之乱,起兵灭梁,建立陈朝。

陈朝建立后,正好与北周南北隔江而治。陈朝的最后一位君主陈叔宝是中国历史上的有名人物。他的有名不是由于他的治国,而是由于他的荒唐胡闹。唐诗人杜牧有名句:"商女不知亡国恨,隔江犹唱后庭花。"指的就是这位只会喝酒、作诗,狎妓但不会治国的亡国之君。到了陈后主时,随着北周的崛起,名为一国的陈朝实际上只有一个郡那么大,而且国势衰弱,所以,中国的再度统一已是大势所趋了。

然而统一中国的重任由谁来担当呢? 北周武帝宇文邕曾有此雄心,但宇文邕早死,壮志未遂。他的儿子宇文邕和孙子宇文衍更不是那块料。所以,挥军南指的事就暂时被搁置起来。

贺若弼的父亲贺若敦以武烈知名,通晓军事,而且壮志勃勃。他看到天下最终会归于一统的大势,就想在自己的有生之年,由自己统兵混一江南。他多次对贺若弼说:"南方之陈,名为一国,实则一大郡耳,陈叔宝,郡守也,举一杖则可逐之。"

但是,贺若敦亦壮志未遂就死了。究其原因,贺若敦之死不是由于疾病,而是被人逼其自杀:因他得罪了当时北周晋王宇文护。贺若敦很瞧不起宇文护,多次在朝中对人言:"晋王只能配看门护院、端饭钵。"有人把这些话转告了宇文护,使之气得发抖。不久,宇文护就胁迫北周皇帝逼令贺若敦自杀。一州之刺史焉敢与皇帝、亲王较量? 贺若敦只好吞下自己种下的苦果,拔剑自杀了。

临死时,他把贺若弼叫到跟前,问:"你是吾儿否?"贺若弼点了点头。贺若敦道:"既是吾儿,当继吾志。第一,我一生志在灭陈,然中途而亡,遗憾哉! 你必继吾志,择机择主,挥军南下,混成一统。"

说着,贺若敦命人拿来一尖锐的铁锥,放在自己的座位上,问贺若弼:"汝知为父是怎么死的?"贺若弼道:"未知。"贺若敦指指自己的舌头:"就是因为这个伤人,遭人逼死。所以,第二,你亦当继吾志,勿以口舌伤人。切记,切记!"说完,命贺若弼跪下,伸出舌头,贺若敦就拿铁锥猛锥之,使之血流满面。

应该说,贺若敦的这份遗嘱是非常有特点的。父死不久,贺若弼被封为当亭县公,官迁小内史,经常出入太子东宫,颇得北周皇帝及太子信任。而在这段时间内,贺若弼也认真恪守父亲的遗嘱,谨言慎行,不以口舌伤人。这样,不仅使他避了祸,还升了官。

当时的北周皇帝是武帝字文邕。他当皇帝后,就立宇文为太子,可宇文是个极不成材的废物,好酒贪杯,日与群小狎戏为伍,丑闻达于宫外。宇文邕为使太子以后能接好班,就对宇文要求极严,不仅不给宇文酒喝,还经常大棒侍候,使宇文的腿上伤痕累累,可他的毛病一直改不了。

有一次,宇文邕就太子的有关情况询问上柱国王轨,王轨为人直率,实言相告。几天后,宇文邕复问贺若弼。贺若弼怕引祸于己,就回答道:"太子德业日新,未发现有什么过失。"于是,宇文邕就放心了。事后,王轨指责贺若弼欺君,可他振振有词地说:"太子乃国之储君,如言之不慎,祸将灭族,公不应直言轻议。"并对人言:"吾父死于口祸,吾焉能不戒之慎之?"

宇文继位后,立即追查在宇文邕面前说他坏话的人。为此,王轨被杀,而贺若弼却免其祸,后升为寿州刺史、封襄邑县公。

　　宇文没当几天皇帝就得病死了,他七岁的儿子宇文衍继位。因皇帝是幼童,宇文妃子的父亲杨坚乘势掌握了政权,晋封上柱国、大丞相、假黄钺、持节都督中外诸军事、隋国公。

　　因杨坚生有异相,早就有人预言他要做皇帝,所以深遭宇文邕、宇文父子的猜忌,有几次险遭杀害。现见皇帝幼小,杨坚又大权在握,所以朝中文武大臣都力劝杨坚代周自立。在这些劝进的人中,最为卖劲的有两人:高颖与贺若弼。有一次,杨坚问贺若弼:"代周自立可不是儿戏,弄不好要灭族的。"贺若弼一听,立即磕拜于地,说:"臣愿负灭族之祸以从主上。"杨坚一听,大喜,就更坚定了他夺取政权的决心。

　　公元五八一年,杨坚逼北周静帝宇文衍退位,自己当皇帝,国号隋。为了酬谢那些劝进、拥戴之人,杨坚大赏功臣,加官晋爵,贺若弼也被拜为左仆射,不久又授予吴州(扬州)总管,使之经略一方,并赠他七星宝刀一把,以示殊荣。

　　此时的贺若弼不仅身居高位,而且深得隋文帝的信赖,更加踌躇满志,准备在新皇帝的领导下,施展自己的才干与抱负,以实现他父亲未竟之事业。这一年,贺若弼二十五岁。

2.六合重归一统,大将下狱身死

　　经过十多年的休养生息和政权巩固工作,杨坚觉得自己羽毛已丰,开始跃跃欲试,想挥兵南指,统一全国了。他曾不止一次对大臣说:"天下本是一家,现因一江之隔使海内分裂。朕岂能不顾一衣带水而不拯之乎?"为此,他找来他最信任的丞相高颖,征求灭陈大计。高颖说:"放眼当朝,要决灭陈大计,有文武全才者,无有如贺若弼者,陛下何不找他来一问?"

　　于是,杨坚把贺若弼从吴州调回京师,共商灭陈大计。杨坚说:"以卿之见,灭陈当以何策为好?"贺若弼拜道:"中国分裂了几百年,北土虽宽,但遭战乱较频,南方虽小,偏安一方,物阜民丰,而且沟壑水网纵横,不宜北方骑战。陈后主虽属荒淫之主,但甲士不下数十万,大将肖摩诃有万夫不当之勇。所以,百足之虫，死而不僵，当徐徐图之。可命一大将率军忽左忽右，时停时战，多方以误之，先使彼之国力尽耗，兵疲民散，然后大军直出淮、泗，分道击之，使首尾不能相顾，如此，则陈必亡，天下必一统。"

贺若弼的分析和步骤比较稳妥：不急于决战，在准备不充分时，亦不靠一次大的战役以决胜负，而是采取猫吃老鼠的办法，逗玩一阵，再几口吞下，像伍子胥灭楚那样，虚张声势，多方以误敌、疲敌、痹敌，然后再出其不意，发动其实的进攻，一举击败对方。

所以，杨坚一听，深为在理。就命贺若弼把自己的观点形成书面意见，供皇帝和大臣讨论。贺若弼受宠若惊，连日写出《平陈十策》进献给隋文帝。

开皇九年（589年）冬，杨坚在寿春（安徽寿县）设置淮南行台省，以晋王杨广为尚书令，总理伐陈事宜，总管各路大军。以贺若弼为行军总管，率军出吴州，云集江左。

贺若弼欣然受命，并按自己的既定战略行动。为麻痹陈军，每当各队换防，总大张旗鼓，声势浩大，陈军起初以为是隋军进攻了，急忙发兵为备，见陈军严阵以待，贺若弼就率军撤回，见隋军没有动静了，陈军就松懈下来，一见陈军回营，贺若弼又率军作大举进攻之状。这样一来，陈军以为隋军是在搞演习、换防，就逐渐放松了警惕和戒备。

见陈军急懈，贺若弼引军突进，大举渡江，陈军猝不及防，慌忙溃退，贺若弼乘势攻占了南徐州（镇江），获其刺史黄恪，俘陈军六千人。为了使进军顺利，贺若弼严令各军：所过之地，必须纪律严明，秋毫无犯，如有私拿南方军民一物者，立斩之，还对俘虏格外优待，如愿回家，发给资粮，尽皆释散。如此一来，隋军所向披靡，数日之间，进至建康城外之钟山。

起初，陈后主不相信隋军会南下，经常大言曰："王气在此，贼军岂不是送死？"当他得知隋军大将贺若弼已率军到了钟山时，大恐，忙命将军田瑞、樊毅、肖摩诃等人率军拒敌，在建康城外，与贺若弼展开大战。战斗异常激烈，隋军死伤数百，贺若弼见此，令部队作小退以观敌变。

陈军见隋军后退，认为松了一口气，争相抢掠战利品和邀功请赏，形势一片混乱。贺若弼一见,大喜:"乱而取之,正此时也。"就率军向陈军再次发动进攻。猝遇隋军,陈军大败,大将肖摩诃被擒,到黄昏时,建康城里的战斗基本上停止,贺若弼遂从北掖门入城。

就在贺若弼与肖摩诃的大战,吸引了陈军主力时,使隋军另一将领、西路军总管韩擒虎率五百人乘虚而入,从朱雀门入城,俘获陈后主。至此,隋文帝统一中国的平陈之战宣告结束,时间是公元五八九年。

这次平陈战役从开始谋划到具体实施直至最后取得胜利,贺若弼自始至终贯穿于战役的全过程,如论功行赏,贺若弼是首功无疑。但是,就在他与肖摩诃大战时,使韩擒虎乘虚活捉了陈后主,据其府库。按古代军规:活捉敌军主将乃至国王者受上赏,为此,贺若弼愤愤不平,还在建康时,他就与韩擒虎争起功来,面红耳赤,甚至闹到两人都拔出剑来准备拼命,后经众人劝阻才罢休,但贺若弼恨恨不已。

班师回长安后,杨坚论功行赏,要授韩擒虎首功。见此,贺若弼气愤地站出来,对杨坚说:"臣献平陈之策,又在钟山死战,破陈精锐,擒陈骁将,扬威耀武,平定陈国,而韩擒虎没打什么仗,怎么能与臣相比呢?"可韩擒虎也不示弱:"本来旨令臣与贺若弼同时合击,以取伪都,然弼不遵命,先期攻击,致使将士伤亡甚多。而臣仅以轻骑五百,兵不血刃,直取金陵,执陈叔宝,据其府库,倾其巢穴,他怎能与臣比?"

见两人争执不下,杨坚虽不满意两人在自己面前争功的庸劣作风,但有功必赏,只好当和事佬,说:"克定三吴,乃二公之功,二将军诸为上勋。"遂命贺若弼登御座,赐物八千段,加上柱国,晋爵宋国公,加以金宝,赐陈叔宝妹为妾,拜右领军大将军,韩擒虎亦受封上柱国,赐物八千段。

尽管贺若弼得了头功,成了天下瞩目的人物,然而也在杨坚的心里留下了很大的阴影:此人才智可佳,人品较次。

贺若弼当上了大将军,如位极人臣,他还有一个台阶没有登上:官拜宰相,执掌朝政。他自己也认为这个位置非他莫属,自己有大功于天下,举朝之下,没有人可与自己比。因此,骄狂之气,溢于言色,除了皇帝,任何人都不在他的眼里。

有一次,杨坚与贺若弼品评朝中将领的优劣,谁可为大将。贺若弼说:"韩擒虎是斗将,史万岁是骑将,杨素是步将。"杨坚道:"以你之见,诸将均不在你眼里,大将非你莫属?"非常不满意贺若弼的回答。

贺若弼的母亲见儿子因功与周围同僚的关系弄得十分紧张时,训斥儿子道:"汝父死时嘱你何来? 锥你舌头流血是为何事?"说完,抄起一把刀要杀贺若弼,并怒气冲冲地说:"位至大将军还不知足,不待人杀,我先自宰之。"吓得贺若弼连忙下跪求饶,但终不能改。

高颍和杨素是贺若弼的老熟人,两人深得杨坚的信任。平陈不久,拜杨素为右仆射,相当于宰相,不久后,又擢高颍为相,而贺若弼还是将军,心甚不平。于是,就对皇帝的人事安排很不满意,牢骚满腹,到处说高颍、杨素的坏话,说高颍只配端茶送水,杨素只配喝酒扫地。两人听后,心大恨之,就把状告到杨坚那里。杨坚大怒,就罢了贺若弼的官,并把他找来训斥道:"我以高颍、杨素为宰相,与你何干? 你却倡言反对,说此二公只配吃饭,什么意思?"贺若弼说:"颍,臣之故人;素,臣之舅子,臣知其为人,故有此话。"

也许贺若弼此时的心态不平衡所致,在罢官后还未收敛对朝中各大臣的攻击。因此,不久就被杨坚关入大牢,至此,贺若弼更为不满,认为皇帝薄待自己,在杨坚去看他时说:"臣以七千兵破建康,灭陈国,望陛下宽宥。"杨坚道:"你平陈之功,我早就封赏过了,无愧于你。"杨坚想了一下,就把贺若弼释放了。

过了不久,杨坚也许觉得贺若弼有碍朝中的安定与团结,又把他抓起来,投入大牢。贺若弼要求皇帝宽恕。杨坚道:"你有三太猛:非上心太猛,是自心,非人心太猛。"贺若弼道:"还望活。"杨坚道:"自古以来,功臣不能善其终者,岂非偶然哉?"也许杨坚想起了贺若弼对隋王朝的大功,认为经过几次打击,贺若弼或许会收敛一些自己的毛病,又把他放了。

不久,杨坚死,杨广即位,是为隋炀帝。隋大业三年(607 年),隋炀帝北巡榆林在会晤突厥首领启民可汗及其部众时,就命建筑师宇文恺建可容纳数千人的大帐。贺若弼作为隋炀帝的随员,对隋炀帝这样做看不惯,认为太奢侈,就与人私下议论,说新皇帝是个败家子。结果被人告发,隋炀帝大怒:"贺若弼利嘴剑舌,屡忤于人,先皇要他死之久矣。"就以诽谤朝政罪,把贺若弼杀了,并把他妻子没宫为奴。有句谚语曰:江山易改,本性难移。人的性格在离开娘胎的那一瞬间,就基本上已经注定了,日后的社会环境对人的改造只是表层次的,不过是为了使人更适合于社会而涂上的一层光滑的保护剂。本性是改不了的,因为能改掉的本性就不是本性了。贺若弼的功业与结局最终说明了这一点。

一代名将既不是死于战场,亦不是对国家不忠,而是由口舌招惹是非,引来横祸,千载之下,令人惋惜不已。然而,对于贺若弼的人生结局来说,也确有值得今人认真的深思和揣摩的地方。

中国古代野史

唐代野史

马昊宸 ⊙ 主编

线装书局

宫禁趣谈

李渊娶妻生子

李渊娶了窦毅的女儿为妻，生了四个儿子、一个女儿。这四个儿子是：李建成、李世民、李元霸、李元吉。女儿嫁给了临汾人柴绍。

当初，窦毅曾对妻子说道："咱们的女儿很有贵相，不能随便许嫁于人。"于是在屏风上画了两只孔雀，请那些前来求婚的人射箭。如谁能射中孔雀的眼睛，就将女儿嫁给他。李渊各射中一只孔雀的眼睛，于是便娶了窦毅的女儿。

李渊女

柴绍到太原时，其妻李氏回到了县别墅。李氏在家乡广散家财，招兵买马。

李渊的堂弟李神通，当时也在长安，此时也逃入县山中，和长安大使史万宝等人起兵，以响应李渊，李神通的部队有万余人，任命令狐德为记室参军。

左亲卫段纶娶了李渊的另一个女儿，这时也聚众在蓝田发动起义，队伍达万余人。

李神通和段纶各遣使者迎接李渊的部队。李渊派柴绍率数百名骑兵迎接李氏。

这样看来，李渊实际上有两个女儿，一个嫁给了柴绍，另一个嫁给了段纶。

梨园子弟

唐玄宗深晓音律，曾选宫廷艺人的子弟三百人在梨园学习音乐。如果有谁演奏有误，唐玄宗必能觉察出来并加以指正。这些人均号称"梨园弟子"。另有宫女数百名，也是梨园弟子，均居于宜春北院。还专为她们配置了三十余人的小乐队。

一次，唐玄宗游幸骊山，这一天正好是杨贵妃的生日。于是玄宗便命小乐队在长生殿演奏乐曲，当时因奏的是新曲，还未命名，正好南方派人进献荔枝来，于是便命名新曲为《荔枝香》。玄宗命乐工黄幡绰撰拍板谱，其他乐工奏乐，呼天子为"崖公"。

明皇画眉

一次，唐明皇命画工画出十种眉形的图案。这十种眉形如下：一为"鸳鸯眉"，又名"八字眉"，二为"小山眉"，又名"远山眉"；三为"五岳眉"；四为"山峰眉"；五为"垂珠眉"；六为"月棱眉"，又名"却月眉"；七为"分梢眉"；八为"涵烟眉"；九为"拂云眉"，又名"横烟眉"；十为"倒晕眉"。

明皇见墨精

一天，唐明皇见墨上竟有一小道士，只如苍蝇一般大小，徐徐而行，很是惊异。明皇厉声叱之，谁知，那小道士竟一边呼"万岁"，一边说道："臣不是别人，乃是墨精，人称黑松使者。凡世上有文才之人，所作文章，其墨上都有十二龙宾。"

金玉化蝶

唐穆宗在宫殿前的空地上，种了一些千叶牡丹。牡丹花开的时候，香气袭人。一朵花下，叶子竟果真多达上千，花朵又大又红。穆宗每次看到牡丹花如此繁盛，常不免感叹道："真是人间少有。"

自从千叶牡丹开花后，宫中每夜都有无数黄白蝴蝶飞集到牡丹花间，一时辉光照耀，花艳蝶香，至晓才纷纷散去。有时，宫女们争相用罗巾扑蝶，却没有人能捉到它们。穆宗便命人从空中张开一张大网，于是才捉到了数百只蝴蝶。穆宗将这些蝴蝶在宫殿中放飞，让宫女们追逐捕取，以此为乐。第二天天亮时再看，夜里捉到的这些蝴蝶竟然都变成了金玉。形状各异，其巧无比。宫中妃嫔们争相用绛色细丝线系于蝴蝶腿上,作为首饰戴在身上。每至夜晚,这些蝴蝶化成的金玉在奁匣中仍熠熠发光。

后来,打开宫中宝库,看到一些金钱玉犀,有的正在蠕动,好像将化为蝴蝶。人们这才明白,原来那些蝴蝶竟是宝库中的金玉所化。

宫人穿靴

唐代宗时,皇帝命侍立左右的宫女们都要穿红棉靴。武德年间,妇女们穿曳履和线靴。唐玄宗开元年间,最初有线靴,后来侍女们则着厚履。

女臂上有鳞

唐肃宗将游幸灵武驿。黄昏时分,人们看到一位妇女身材高大,手提两条鲤鱼,出现在皇帝的行宫门前,高声唤道:"皇帝何在?"守卫的将士们都认为这个女人太狂妄了,于是赶忙进宫向皇帝汇报,同时派人留下来暗中监视这个女人的举止。

这位妇女说完上面的话后,便在一棵大树下坐了下来。一位士兵走近她身边仔细打量,见这个女人胳臂上竟然有鳞。

不一会儿,天色已黑,那位女人也无影无踪了。

后来唐肃宗即位后,大臣王奇光向皇上奏报说,女娲坟在天宝十三年一个大雨滂沱的黄昏时分突然塌陷。今年本月一日夜间,黄河上有人听到有风暴雷鸣之声,到第二天早晨一看,只见女娲坟从水中涌出,坟上生出了两棵柳树,树下有一块巨石。王奇光还将女娲坟周围的景物绘成了一幅图进献给了肃宗。人们这才知道,原来所见的那位女人就是女娲的化身。

女钟馗

一次,唐明皇患疟疾,病得不轻。这天,唐明皇大白天做了一个梦。梦见一个大鬼,头戴一顶破帽,身披一件蓝袍,扎一条角带,脚蹬一双朝靴,正在吃一个小鬼。明皇从梦中醒来后,病竟然奇迹般的好了。于是,明皇马上将大画家吴道子召来，命他画了一幅鬼画，然后赏赐给了大臣。

北魏的时候，就曾有过一位李钟馗，隋朝有位将领名叫乔钟馗，还有一位叫杨钟馗。郑众女为宗母，宗有位妹妹也叫钟馗，这样看来又有一位女钟馗。

重明枕

元和八年，大轸国向唐朝廷进贡了一只枕头，名叫"重明枕"。这枕头长一尺二寸，高六尺，浑体洁白，赛过水晶。枕中有楼台的形状，四角有十位道士，均手持香烛、竹简，沿同一方向循环旋转，永不停歇，称之为"行道真人"。枕中楼台建筑，从瓦木材料到色彩装饰，乃至十位"真人"的衣服、头饰等，无不具备，可谓惟妙惟肖。

另外，虢国夫人还有一夜明枕，置于房间之中，明光焕发，一室皆明，甚至不必点蜡烛照明。

唐明皇梦中作曲

有一天，唐明皇在朝廷听政，两只手却不停地用手指上下移动按摩着自己的腹部。退朝后，观察入微的高力士小心翼翼地追问：陛下忽上忽下地用手指抚摸肚子，是否龙体欠安呢？李隆基若无其事地说：那天夜里做了个奇怪的梦：我到月宫去了，众神仙盛情款待，奏的是人间所没有的上清之乐，清越嘹亮，美妙极了。然而当我告辞十仙时，音调突然变了，是那样的凄恻动人，幽眇如在耳际。当我醒来后，立即用玉笛追忆乐谱，居然毫厘不爽地把仙界乐章全部记了下来。刚才，我正在反复练习哩。高力士仍然疑惑不解地问：抚摸肚子如何能练曲呢？李隆基说：在我的怀里藏着一支小玉笛。我是隔着衣服在依曲按着笛孔。高力士恍然大悟，请求皇上吹奏一曲以饱奴才耳福。李隆基欣然同意，当即摸出那支小玉笛吹奏起来，音调寥廓凄清、摄魂动魄。曲终，高力士请问曲名，李隆基信口说道："紫云回"。这就是载之于乐府，并刻石为记的《紫云回曲》的创作经过。相传唐玄宗所创作的《凌波仙曲》，也是他应凌波池龙女的请求而在梦中即兴创作的。他还在游骊山的时候，从一种名叫"河滥堆"的飞鸟的啼鸣声中得到启迪,触发灵感,创作《河滥堆曲》,据说,当时曾风靡京都,成为人人争唱的流行歌曲,有张纪事诗为证:"红树萧萧阁半开,玉皇曾幸此宫来。至今风俗骊山下,村曲犹吹河滥堆。"

帝王传奇

唐代开国君主唐高祖李渊

言及唐高祖李渊,如果没看过温大雅的《大唐创业起居注》,没有在古史的字里行间中追根溯源,总会让人联想起被时下热播的电影电视剧歪曲至极的一个窝囊老头形象:

镜头一:李渊正在太原晋阳宫搂着本属隋炀帝的美人睡觉,一脸英气的李世民与裴寂等人闯入,畅言天下大乱、起兵兴义的宏略。老哥们哆哆嗦嗦,翻来转去,左思右想,最后终于憋出一个屁:"随你吧,化家为国也由你,破家灭族也由你……"

镜头二:已在长安称帝的李渊兴高采烈,海池湖上泛舟,怀里搂着美妃,抚扪鸡头肉,畅饮岭上春。忽然,大将尉迟恭一身甲胄,手持长矛,飞身从小船上一个旱地拔葱,跳上龙舟。李渊大惊,忙问:"外边有什么动乱发生吗?爱卿你来此做什么?"尉迟敬德高声回禀:"太子、齐王两人阴谋造反,秦王已经兴兵诛杀二人,恐怕有人惊动陛下,特派为臣我前来护卫。"老头子颤颤巍巍,良久,才定住心头乱跳,说:"好,好,军国大事,一切皆任秦王处分……"

历史上的李渊,绝非我们现在一般人心目中的、被影视节目歪曲过了的李渊。

1.倜傥豁达任情真率——太原起义前的李渊

李渊,史书记载,他的祖先是陕西狄道人,是武昭王李暠的七代孙。此说,纯属瞎认祖宗,胡说八道,史臣所援引的数代"爷爷",名字全为史臣瞎编。

　　李渊家族,到他祖父一辈才混出名堂,是西魏"八柱国"之一,大名鼎鼎的李虎,官至左仆射,封陇西郡公。

　　当时宇文泰赐李虎鲜卑姓"大野氏",所以,李虎又名"大野虎",幸亏老哥们的名字不叫"鸡"什么的。李虎之兄名起豆,其弟名乞豆,可见李虎原名也可能是叫什么"豆"的鲜卑名。李渊生母,乃八柱国之一独孤信的女儿,与隋文帝皇后独孤氏是亲姐妹。李渊正妻窦氏,是窦毅之女。这位窦毅原姓纥豆陵,百分百鲜卑人。

　　可见,李建成、李世民兄弟,皆是汉人与鲜卑的混血。李世民正皇后长孙氏,原姓拓跋,也是纯粹的鲜卑人。因此,李唐王室,与鲜卑着实结下了不解之缘。

　　李渊的籍贯,确切说应是在武川(现呼和浩特以北)。据清人赵翼才称,武川这个地方是"龙气"聚集地,北周、隋、唐三代先人,皆出于武川。宇文泰四世祖、杨坚五世祖、李渊五世祖,皆以武川为家。

　　所以,赵翼才感慨:"区区一弹丸之地,出三代帝王,(北周)幅员尚小,隋唐则大一统者,共三百余年,岂非王气所聚,硕大繁滋也哉!"

　　奇怪的是,南朝的宋帝刘裕、齐帝萧道成、梁帝萧衍三人,分别生于京口、南兰陵、吴兴,相距不过数百里,抑或那一带也是虎踞龙盘之所?

　　由此,西魏而后的执政集团,多为武川镇出身为主的军阀势力,即陈寅恪所谓的"关陇集团"。这些人相互通婚,结拜兄弟,逐渐衍发成名噪一时的政治集团势力。

　　西魏的"八柱国大将军"中,宇文泰、李虎、独孤信、赵贵、侯莫陈崇五人皆出自武川,而成为隋文帝的杨坚之父杨忠官职还不如李虎高,只位列"大将军"而非"柱国大将军"。

　　北周篡西魏后,追封李虎为唐国公。李渊之父李昞,袭唐国公,做过北周的安州总管。李昞死时,李渊年仅7岁,袭封唐国公。待他长大,倜傥豁达,任性真率,宽仁容众,很得众心。入隋后,因姨母是隋文帝皇后独孤氏,属于皇亲,李渊累任大州刺史。

隋炀帝继位，李渊在地方和中央都做过官，广树恩德，常多结纳豪杰。

隋炀帝征高丽，李渊在怀远镇督粮；杨玄感造反，李渊坐镇弘化，统率关右军事。

隋炀帝晚年多猜忌，一次，他下诏征这位表兄入见。李渊因病未能及时赶到。李渊有个外甥女王氏为隋炀帝妃子，一次被御幸时，杨广问王氏："你舅舅这次怎么没来拜见我？"王氏回言李渊有疾未至。隋炀帝若有所思，说："这次他能病死吗？"

消息传至李渊耳里，可把这位爷吓得不轻，他开始纵酒沉湎，纳贿自污，装成特别庸俗的样子。其实，当时隋炀帝不是特别"惦记"他，否则，正好以其"秽迹"来治罪。

隋炀帝被突厥始毕可汗围困于雁门，李渊很是出力，派李世民等人驰救。逃雁门天后，杨广觉得这位大表哥还不赖，便下诏李渊统领太原部兵马，与马邑郡太守王仁恭在北方防备突厥的入侵。

边塞虏劲，贼人众多，李渊起先还真不愿意前去。帝命难违，他只得硬着头皮出发。到了马邑，李渊与王仁恭合兵一处，总共不够五千人马。

王仁恭看见李渊才带这么少的人来，心中愈加恐惧，生怕突厥大军来袭，马邑不保。

李渊分析形势后，内心已定，他对王仁恭说："突厥人的长处，在于他们熟谙骑射战斗。这些蛮族以弓矢为爪牙，以甲胄为常服，队不列行，营无定所，本性喜于劫掠，得胜大抢，败也不惭。所以，突厥人并无我们大隋军队警夜巡昼的辛苦，也无军储馈粮的消耗。如果稳扎稳打，按照常理与他们列阵交锋，我们根本胜不了敌方。现在，我们应学习突厥人的战法，以己仿彼，然后找机会给他们以致命的打击。"

众人深觉李渊之言有理。于是，隋军挑选出精于骑射的兵士两千多人，饮食居止，一如突厥。随逐水草，远置斥堠。平时，这帮"仿突厥兵"见到真正的突厥小股部队，旁若无人，驰骋射猎，耀显威武。突厥人遇见这些汉人兵士，心里也很发毛。

李渊尤其善射，每见飞禽走兽，发无不中。突厥大股部队数次邂逅李渊带队的隋军，看到这些人走马如飞，射箭精准，总觉是自己人穿了隋军军装，常常犹豫再三，最终都不敢战而去。

如此数次，隋军兵士的自信心也增添了不少，军众心安，咸思奋击。

李渊见火候差不多，隋军欲战，突厥生畏，便趁一次与突厥主力相逢，纵兵大击，斩首数百千级。

突厥一战丧胆，深服李渊能将兵，好久不敢南入。

可见，李渊出手不凡，是文武兼备的人物。

大业十三年，隋炀帝下敕命李渊为太原留守，并遣亲信王威、高君雅任李渊的副手，一来助力，二来可以监视李渊。

当时，太原附近有不少贼众，最强的一支号称"历山飞众"，于上党、西河一带屡败官军，致使道路隔绝。隋朝军将与之争锋，丧命不少。

李渊初到任，正好拿这伙人立威，便率五千多人出城讨伐。

到了河西雀鼠谷口，两军相遇。看见对方有两万多人，隋兵隋将皆生怯意。李渊从容不畏，对王威讲："这些人起自盗贼，习惯贪财。近来又屡屡获手，骄心满溢，我们以智心筹谋，定能胜敌。所忧不战，战必克之。"

于是，李渊把隋军分为二阵，以老弱残兵居中，多张旗帜，大集辎重；以平日心腹精兵数百骑分置左右，为小队。

此时，隋军上下，皆不知这位皇帝大表哥到底要干什么。

敌军散列横阵，绵延十几里，步步逼近。

临战，李渊派王威领大阵居前，旌旗招摇。

对方看见帅旗居前，认为是隋军主将所在，纷纷调集最精锐部队，一齐呐喊向王威杀来。

王威暗叫倒霉，胯下马却鞭打不动，吓得他一头栽下，几乎为贼众生擒。

看见阵中遍是粮草辎重，贼军欢喜，个个跳下战马抢取值钱东西。

此时，一旁观斗的李渊，忽然率领小阵左右二队，大呼而前，夹而射之。

乱箭如雨，贼众大乱。隋军因而纵击，所向摧陷，斩首无数……

经此一战,李渊在太原落稳脚跟。

后来,突厥人知道李渊回到太原,马邑只有王仁恭等人,便放开胆子又来入侵。

隋炀帝闻讯,下诏派太原副留守高君雅率兵前往马邑,与王仁恭共抵突厥。

王仁恭先前跟随李渊与突厥打过几仗均得胜,胆子变大,不听李渊让他坚守不出的指令,也想得胜立威,不料出兵即败,损兵折将。

隋炀帝人虽在江都,仍有人上告李渊、王仁恭不积极备战,说他们"纵虏为患"。

杨广大怒,派出司法人员,到太原把李渊抓了起来,关进监牢,并准备斩掉王仁恭。

当时,李渊长子李建成不在身边,只有二儿子李世民在城内。小伙子性急,泣求父亲赶紧造反。李渊老姜,知悉时机还未成熟,便大讲"天命",劝李世民不要太急于起兵。

果然,不久就有隋炀帝诏使驰至,宣布释放李渊与王仁恭,命其依旧统领军队。

当时,隋朝已经天下大乱,盗贼蜂起,朝廷信使往往误期不能到达各处城市。唯独隋炀帝这一介下赦免令的使臣,一路上不逢劫掠,依程到达,众人都发叹异。

李渊乍听御使至,也是大惊。等听到赦免令,他仰天而笑,说,"此后余年,实为天付。"

由此,老英雄也下了必反之心,只是要发未发之际,多怀逡巡犹豫之心。

推动李渊最终兴兵造反的,除李世民外,关键要属刘文静与裴寂二人。

刘文静,字肇仁,他伟姿仪,有器干,倜傥而多权略,时为晋阳令。裴寂,字玄真,时为隋朝晋阳行宫的宫监。这两个人一处为官,相知甚洽,结为好友。

一夜,哥俩赌钱饮酒,裴寂遥见城外烽火,凄然长叹:"遭逢乱世,家道屡空,真不知该怎么办才好。"

刘文静笑道:"世途如此,时事可知。我们二人相扶相倚,还怕不发达吗?"

李渊入太原，刘、裴二人暗中观察，见其有大志，便起劲巴结这位英雄。

特别是刘文静，慧眼识人，认为李渊的儿子李世民"大度类于汉高（刘邦），神武同于魏祖（曹操），其年虽少，天纵之才。"

裴寂起初不信。后来，李世民与这位裴大叔假装赌钱，输给对方数百万，高兴之余，裴寂大喜，天天与李世民混在一起玩耍。李世民趁机倾诉衷情，裴寂马上允诺"共举大事"。

不久，刘文静倒霉，他坐与李密（瓦岗那位爷）连婚，被隋炀帝下诏关入太原监狱。

李世民潜入牢中，与刘文静深谈。

"天下大乱，唐公若能兴兵一起，乘虚入关，不到半年，帝业可成！"一见面，刘文静就劝李世民。

李世民大喜，笑道："君言正合人意。"

于是，他想方设法把刘文静先"弄出来"，然后四处部署，伺机欲发。

但是，不知父亲葫芦里卖的什么药，李世民也不敢轻易动手。

刘文静诈称得隋炀帝手敕，大发兵民，以伐辽东为辞。听说皇帝又要打仗，太原城内人情大扰，众心思乱。

眼看水已经搅浑，刘文静催促裴寂赶紧鼓捣李渊起兵，并威胁说："您身为晋阳宫监，却把宫中美人送给唐公享用，此事传出，您与唐公哪个也活不了啊！"

大惧之下，裴寂屡促李渊起兵。

恰巧，马邑人刘武周结众为盗，杀太守王仁恭，自称天子，诱引突厥兵马，准备向太原挺进。

李世民、裴寂、刘文静借此机会，大发库金，分散府物，四处招兵买马。

太原副留守王威、高君雅是隋炀帝心腹，他们闻讯起疑，获悉李渊父子异动，一合计，便想以到晋祠祈祷为名，把李渊诱至其地拘捕，一网打尽。

关键时刻，"吉人自有天相"。晋阳有个叫刘龙的土豪乡长，通过裴寂与李渊相识。李渊贵为帝亲，与这么一个"副科级"的财主一见如故，喝酒吃肉，豪赌打炮。刘龙这种卑贱出身的"微细"之人，自然心中感激涕零，觉得李渊很给自己面子。同时，由于刘龙有钱，与副留守高君雅关系也不错。高君雅想"办掉"李渊，饮酒之际，自然就不拿刘龙当外人，把已谋全盘告之。

刘龙出了高君雅府门，一溜烟直奔李渊宅邸，具以实情相告。

心惊肉跳之余，李渊表面镇静，对刘龙说："您能以此事相告，深有至诚。请不要再对别人说，我自有安排。"

李渊暗下决心，事已至此，不反也得反。

大业十三年农历五月丙寅清晨，李渊"恶人先告状"，大集僚属，声言高君雅、王威两人引突厥入寇。他先发制人，当众逮捕了两人，送入监牢。

两人叫苦不迭，直悔动手过晚。

更绝的是，过了两天，果然有突厥数万骑抄逼太原，这些武装蛮族纵入城廓北门，穿越城内，从东门而出。

李渊也不畏惧，派先前招降的贼师王康达出城埋伏。

王康达等人习惯了抢掠，突厥军队过了一半儿，中有缺停，王康达误认为是队尾，他忽然率军跳出，准备抢马。不料，后队突厥包抄，前队突厥掉头，前后夹击，把这批"新附军"包了饺子。

太原城内居民，一恨高君雅、王威"引狼入室"，二畏突厥兵马强盛，三惊城内军兵众多。忧恐之下，他们更加紧密地"团结"在李渊周围。

李渊指挥若定。他派遣小股部队连夜偷偷出城，占据险要之地，然后，又让这些人白天大张旗鼓，大呼入城，给突厥人造成"援军不断"的假象。同时，他嘱诫军士，遇到突厥兵，恃险勿战，敌退勿追，使敌人弄不清太原守将到底要干什么。

《大唐创业起居注》记载，突厥各队首领互相嘀咕："唐公相貌有异，举止不凡，智勇过人。前来马邑，大胜我辈。今在太原，何可当也……不如早去，留必取死！"于是，突厥人连夜遁逃。这些记载，完全是温大雅唬弄人。

真正原因，一是突厥人在城外抄掠已足，急于回去享用"战利品"；二是李渊亲自给突厥的始毕可汗写信，称臣装可怜，并表示"征伐所得，子女玉帛，皆可汗有之……"

突厥人无远谋，又贪宝物。太原城坚，难以一时攻破，自然得了大便宜就走。

李渊日后为自己脸上涂粉，向众人讲他是"屈于一人之下，伸于万人之上"，表示他是为了民众利益才如此"屈尊俯就"。

解除了突厥人"背后一刀"的最大威胁，处死了王威、高君雅两个"肉中刺"，李渊父子于七月份开始正式兴兵，托以伊尹放太甲、霍光废昌邑王为名，宣布废掉隋炀帝，立代王杨侑为帝。

代王杨侑是隋炀帝亡故的元德太子杨昭之子，当时才13岁，人又在长安。所以，李渊明显是掩耳盗铃，不过当时天下人皆争逐帝座，没有人真站出来和他在这方面较真。

突厥人听闻李渊反隋，也派柱国康鞘利等带数千匹好马赶来。李渊演戏很投入、逼真，以臣礼跪受始毕可汗书信，并大赠使臣金银美女。同时，李渊心机很深，知道突厥人所携马匹不是无偿赠送，而是要用钱购买，便只捡上等好马，仅仅购买其中一半的马匹。

起义人众见李渊如此，以为主将惜钱，便纷纷自告奋勇，要自己出钱出物换购其余马匹。李渊阻止，意味深长地劝告说："突厥人的马，像羊一样多，陆续有来，恐怕到时你们买也买不尽。胡人贪财，我们不要暴露自己有钱，现在买少量的马，表示我们很穷，也不要急需战马，如此，才能稍稍抑制这些胡人的贪心。"

此外，他诚谕出使突厥的刘文静："突厥人派兵前战，只可收纳数百骑，拿他们当幌子吓唬一下隋军。借胡人援军，可阻止刘武周与胡人联军攻打我们。如果突厥人马众多，百姓绝无生存之理，抢掠劫杀，会造成大祸。"

从这些话语可以看出，李渊还真不是倚仗狼势的卖国贼，不愧是老到深谋的政治家。

所以，李家之所以能化家为国，究其实，李渊起到了决定性的作用。

2.反经合义妙尽机权——太原起义后的李渊

八月，李渊以四子李元吉为太原留守，以长子李建成为左军，以次子李世民统右军，自率中军，从太原向长安挺进。

李家军一路顺利，义旗之下，每日千有余人加入，来从如云，观者如睹。人人得所，咸尽欢心。很有天王巨星风采，一路上几乎是"有征无战"，兵不血刃。

一直开到霍邑（今山西霍县），李渊才遇到平生第一块难啃的骨头——隋将宋老生。

霍邑地形险要，西北抗汾水，东临霍太山。而且，宋老生手下有精兵二万，非一般隋兵可比。同时，隋廷派左武侯大将军屈突通统辽东劲卒数万于河东（今山西永济），与宋老生遥为呼应。

时值秋雨淋漓，双方均无法开战，战事胶着，最着急的当属李渊部队。

观温大雅的《大唐创业起剧注》，其中记载，李渊先分析天下形势，而后征求大郎（李建成）、二郎（李世民）意见。

这兄弟俩皆表示："（宋）老生轻躁，破之不疑。定业取威，在此一决……雨罢进军，若不杀老生而取霍邑，儿等敢以死谢！"此段话语，百分之九十的可能是由李建成说出。何者，古人重礼，自然是长子先发言表态，然后才能轮到李世民接茬。到了后来，太宗臣下编史书，当然都把定策的大功记在李世民一人头上。

李渊当时闻言而喜，马上表示，"尔谋得之，吾其决矣"，显示出李渊本人也是如此思忖，并非像《新唐书》《旧唐书》所载是他想窜回太原。

战前，还有一段小插曲可述：李渊忽然接到刚刚杀了翟让自立为头领的瓦岗寨李密书信，信中语意夸诞，大谈"以天下为己任"，表示要与李渊交结合兵，纵横天下。实际上，此信既是试探，也隐含威胁。

为了麻痹李密，李渊卑辞下意，回书李密，"鼓励"对方正应图谶，并肉麻地大肆吹捧一番："天生烝民，必有司牧，当今为牧，非子而谁！老夫年逾知命，愿不及此。欣戴大弟，攀鳞附翼……"称兄道弟，甘愿为下。

李密见信，非常高兴，并拿信向部下显摆："唐公李渊见推，天下不足定也！"由此，他集中精力对付洛阳周围的军事势力，李渊就暂时又少了一个危险的对手。另外，李密傻不拉叽地把"李氏当为天子"的谶言自揽上身，成为众矢之的，倒成全了"缓称王"的李渊。

在运用道教影响方面，李渊也是棋高一招，他依靠"李氏为天子""老子当度世"的图谶，李渊尊崇老聃，当时天下信道教的徒众很多，自然始祖李耳与李渊一笔写不出两个"李"字，而李密却忘了把自己的"李"往李耳身上拐靠。

不久，天色转晴，秋雨忽止，太原军粮及时运到。阴历八月辛巳，李渊义军晨起行军，从山道急行军七十余里，直奔霍邑杀来。

对此，温大雅的描写既诗意又传神："初行之，雾甚，俄而秋景澄明"，良辰美景，不能不让人心头为之一振。

霍邑一战，李渊亲自指挥，并率先统左右轻骑数百，先至霍邑城下观察敌情。立营之前，李渊派李建成、李世民各带数十骑驰至城下，行视战地。

宋老生凭城眺望，认定李渊义军是想紧挨城墙扎营，就亲自率兵出城来迎，分别从东门、南门两道而出。

李渊恐怕宋老生背城不肯远斗，就先下令李建成领左军准备赴东门，命李世民带右军赴南门。同时，李渊下令中军往后小缩，做出怯敌欲退的姿态。

手中握有近三万生力军的宋老生见李渊兵阵回退，顿时来了精神，很想乘势追击，一举击破。他远离城门口，带头冲出一里多地后，下令整队准备进攻。

宋老生隋军直向李渊中军杀来，而当时在帅旗下面马上高坐的，根本不是李渊，而是李渊的部将殷开山。义军以数列整厚方阵迎敌，与宋老生主力中军展开厮杀。

此时，隋军的注意力全部集中于殷开山一部。殊不料，李建成、李世民两人领骑兵忽然从左右突出，他们依照李渊先前吩咐，分别杀向霍邑东门和南门。李氏义兵齐呼而前，红尘暗合，锋刃乱交，响若山崩，城楼皆振。

隋军本来战斗力很强，忽然看见唐军骑兵从身边飞一样掠过直奔自己的老窝，皆顿时心慌。

没多久，李渊让军士鼓噪，高呼"宋老生已经被杀"。

隋军闻知大将被杀，全都乱了手脚，像无头苍蝇一样左突右撞，溃不成军，他们舍仗而走，争奔逃回城门。但两个城门的进路，均为李建成、李世民兄弟率精兵堵住，李家军迎头射箭，刀砍矛捅，隋兵死伤无数。

宋老生本人被败兵夹裹,左冲右撞。见两个大门方向都被堵住去路,宋老生腿快,跑到城墙边,仰脸高叫守城隋兵放下绳子,准备拽住绳子爬上去。

城上守兵扔下大绳,宋老生丢下手中大刀,拼命往上爬。无奈,重甲坚盔,攀爬速度大受影响。

说时迟,那时快,唐军已经追杀而至,一个名叫卢谔的小队长跳起一刀,斩断宋老生一只脚。大叫一声,宋老生因痛坠地,未及求饶,大刀又下,他脑袋顿时搬了家。

李渊命兵士把宋老生的首级挑在长矛上,在战场上驰骋示众。隋兵大败,数里之间,血流蔽地,僵尸相枕。时已日暮,李渊见战士斗志正锐,就下令攻城。

当时并没有攻城的器械,唐军肉搏而上。如此坚厚的霍邑,竟然被唐军在没有任何攻城器械的情况下,凭一股冲劲和不怕死的精神,一举攻克。

如此苦战,到了太宗史臣笔下,却变成这个样子:

"太宗(李世民)恐(宋)老生不出战,乃将数骑先诣其城下,举鞭指挥,若将围城者,以激怒之(以显示李世民孤胆英雄)。老生果怒,开门出兵,背城而阵。高祖(李渊)与建成合阵于城东,太宗与柴绍阵于城南。老生麾兵疾进,先搏高祖,而建成坠马,老生乘之,高祖与建成军咸却(不惜把李渊、李建成描写成胆小鬼。战中坠马,死亡近乎百分百,即使不被敌人杀掉,也会被自己人踩死)。太宗自南原率二骑驰下峻返,冲断其军,引兵奋击,贼众大败,各舍仗而走(完全是小说传奇,李世民三骑冲锋,挽狂澜于既倒,好像他是真正的军神和救星)……"

仔细揣摩,可见太宗臣下所写,水分太多。

攻克霍邑之后,李渊安民慰众,招遣降兵,对被俘的隋兵隋将一律优待。

本来隋军同唐军就无什么深仇大恨,那些本身是关中人想回家的,李渊也"授五品散官放还",连宋老生也被光荣礼葬,毕竟他是死于所职的忠臣。

如此,士兵们感恩戴德,咸思报效。

这一仗关键在于,李渊不仅稳固了内部,对外又显示了"宽仁"。自此以后,无论贤愚贵贱,无论乡村堡坞,都远来投附。

"好事"连来。刘文静、康鞘利等人在龙门县也与李渊会合,并带来五百突厥大个骑兵和两千多匹好马。见此,李渊喜其兵少而来迟——突厥兵少,好控制;迟来可喜者,如果早先这些雇佣兵加入进攻队伍,一来造成"民族"矛盾,二来胡人肯定觉得唐兵是凭恃自己的加入才取胜,漫天要价,不好打发。

拔掉霍邑这块大绊脚石,下一个目标就是镇守河东城的屈突通了。

屈通突不似宋老生轻躁,久经战阵,老谋深算,加上他深知当时天下大乱,人无固心,便不轻易出战,固守河东坚城。此城城高甚峻,很难攻下。

唐军一路无敌,将士勇而骄,争前要再显身手,准备重演霍邑"肉搏登城"的好戏。

李渊心存侥幸,就派千余唐兵攻南城。

这次没有上次好彩,加上大雨,唐军遭到严重挫折。

幸亏裴寂、李世民等献计,唐军沿河北进,自梁山(陕西韩城)、龙门(山西河津)分别渡河。同时,仍留军士于河东城下,与屈突通相持,以防这位隋将蹑后追击。

此计果然棋高一招。唐军主力舍河东城不攻,不仅保持了大量生力军,还一下子顺利进入关中。

大喜之下,李渊令李建成、刘文静入据永丰仓(陕西华阴),扼守潼关;又令李世民沿渭水急行军,直扑长安都城。

此时,李渊的堂弟李神通、其女儿女婿(柴绍夫妇)等人纷纷率兵赶到。众人拾柴火焰高,一路收降各处"贼军",滚雪球一样越滚越大。各路唐军齐集长安城下时,已经有二十多万人之巨,把都城铁桶一样围了个水泄不通。

长安城内,代王杨侑年少不主事,留守的刑部尚书卫文升、右辅翊将军阴世师等人乃大隋忠臣,誓死守城,任凭李渊诱说百端,终不为所动。

李渊帐下诸将,皆想立功,多次攻城,均因长安城墙高坚而未得手,死伤不少人马。当然,这数次攻城败退,在温大雅笔下,皆变成是因为李渊"仁德",不忍自己下令集中攻打"旧主"之都城,说李渊不忍惊犯隋朝的七庙、代王以及宗室亲戚。

即使是最后的血战总攻,温大雅也写成是各路义军"咸自逼城",并说,"帝(李渊)闻而驰往,欲止之而弗及。"

明明是李渊总指挥,倒变成他事先不知道总攻令,想阻止又来不及了。

此种鬼话,真连3岁小孩子也骗不过。

所以,我们读中国的历史,一定要持有清醒的头脑去"研读",从字里行间里找线索,读者要先行树立自己的主观逻辑性和基本判断力。否则,必为史书记载所误导。

长安城破。李渊三大纪律,八项注意,果然是有教养的贵族出身,不似一般贼盗,入京后大掠奸淫。由于痛恶阴世师等人凭城抵拒,又恨这些隋官奉隋炀帝之命挖刨自己家几代祖坟,李渊下令杀掉这几个大官(卫文升先已病死),余无所问。

众将皆推李渊为尊。

这位唐公乃老奸巨猾之人,仍旧推托观望,他暂时拥立少年代王杨侑为帝,改大业年号为义宁元年(公元617),仍遥尊杨广为"太上皇",做足了"仁义"的表面宣传功夫。

至于李渊呢,他就以杨侑名义任自己为"假黄铖、使持节、大都督内外诸军事、尚书令、大丞相",并晋封唐王。

3.拾取天下端拱而治——李渊唐朝的建立

一举攻克隋朝的政治首都长安,李渊内心之喜,可以说是情不自禁,溢于言表。

但李渊老成,善于忍耐,仍旧耐着不急于马上称帝。缘何?隋炀帝还在江都,天下英雄烽起,说句不太好听的话,他只是大隋境内"诸贼"中的一员,现在自己仍尊隋朝正朔,好歹先找个"诸侯"的感觉。

"少帝(杨侑)以帝(李渊)功德日懋,天历有归,欲行禅让之礼,乃下诏命为相国,加九锡。"

唐臣如此以"少帝"为主语,完全是文字游戏。13岁一个长于深宫的小孩子懂个屁，整个过程，全由李渊及其属下操纵。

李渊"推让"数次，并对公卿大臣们讲："魏氏（曹魏）以来，革命不少，鸿儒硕学，世有名臣。佐命兴皇，皆行禅代。不量功业之本，唯存揖让之容。上下相蒙，遂为故实……魏、晋、宋、齐，为惑已甚，托言之士，须知得失。"

表面上看，真是大实话，发自肺腑，弄得一帮"劝进"的公卿大臣们反倒不好意思起来。

虽如此，李渊已经胸有成竹，私下对亲近讲："吾今一匡天下，三分有二，入关形势，颇似汉高祖……"既然以刘邦自居，可见李渊的胸怀肯定不会满足只当一个"相国"。

公元618年4月，隋炀帝在江都被宇文化及所弑。

消息传来，李渊内心大喜，但仍假装一脸哀容，与少帝杨侑于大兴后殿为隋炀帝"举哀"。

"追悼会"上，李渊哭之甚哀（估计是乐极生悲），边哭还边嚷嚷："我为人臣，不能不感悲痛！"政治家皆有上流演员的本能，拿捏到位，该哭时哭，该笑时笑，让人不得不服。

史臣讲，"少帝（杨侑）年未胜衣，不经师傅，长于妇人之手，时事茫然。既知隋炀帝存，唯求潜逊。"

唐臣此说，真没道理，霍光辅汉少帝，襁褓中小儿，仍能护持保育，冠礼成后交出权力。杨侑已经14岁，待个两三年就可行成人礼。所以，此说十分勉强。最关键的是，隋炀帝已死，李渊心中最大的心病已消除，国内各地数路英雄称王称帝，洛阳的王世充又把杨侑的弟弟越王杨侗立为傀儡。所以，李渊觉得时机已到，该自己披挂上场了。

公元618年5月，以隋少帝名义出诏，要把帝位禅让于唐国。还有"文武将佐裴寂等两千人，不谋同辞，相率上疏劝进。"

笔者看见"不谋同辞"四个字，差点笑出声来。看见过不要脸的，真没看过这么不要脸的。篡就篡了，导演就导演了，非要说大家伙儿"不谋而合，众口一词"，弱智都不信！

为了更要人相信李渊为帝是"天命所归",裴寂等人在朝堂之上,当着满朝文武,絮絮叨叨,大背高诵"歌谣诗谶":"栾海十八子,八井唤三军。手持双白雀,头上戴紫云";"西北天火照龙山,童子杰兴连北斗";"18成男子,洪水主刀傍";"李树起常常,深水没黄杨"……等等,反正就是一个主旋律:姓李的应天顺人,如不称帝,天理难容。

李渊也笑了,说:"汉高祖当年讲他是诸侯所推,称帝是为天下人民,事已至此,孤王也就不好再推让了。"

于是,阴历五月甲子,李渊于太极殿前登基,改元武德。

隋少帝逊位后,被封为酅国公,一年内就"因病而崩",时年15,谥为恭帝。很显然,杨侑是非正常死亡。

就王朝易代而言,弄死少帝并非大恶之事。因为,假若人人乘乱而起,偷走这位少年,打着"兴复"隋朝的旗号,不知又会死多少人命。

反观杨侑的异母弟越王杨侗,也被王世充立为幌子皇帝(皇泰主),这位少年也是"美姿仪,性宽厚",起先颇想有一番作为。王世充大奸之人,当然不会任其所为。不久,王世充自己欲称帝,便派自己侄子王行本带毒酒去毒杀杨侗。杨侗自知不免,哀请临死前与母相见,不许。于是,少年焚香礼佛,发誓:"从今以去,愿不生帝王尊贵之家。"仰药之后,不能即死,被王行本以帛缢死,同其祖父隋炀帝一个死法。

李渊登基之后,立李建成为皇太子,李世民为秦王,李元吉为齐王。

半由人事半由天,诸子如虎,猛将似狼,数年之间,一统天下:

武德元年底(公元618年),李世民平灭薛举的西秦(今甘肃武威一带);

武德二年,河西建立凉国的李轨部下内讧,传首长安;

武德三年,李世民打得刘武周逃亡突厥,河东之地归唐;

武德四年,李世民所部生擒夏王窦建德,击降龟缩于洛阳坚城的王世充;同年,越郡王李孝恭、李靖等人击灭企图复兴梁朝的萧铣,长江中游大部地区全为唐有;

武德五年,李建成、李元吉给予窦建德旧部刘黑闼等人以致命打击,并处死

首恶,占领河北;

武德六年,李世民打败山东徐圆朗等人;

武德七年,江淮一带最后的割据英雄辅公祏也被俘杀,大唐江山统一。

此时,高丽、百济、新罗等小国纷纷来拜,皆被大唐赐封为国王。

所有这一切功勋,虽皆为诸子诸将所成就。但凭心而论,也皆与李渊的"英明"领导分不开。

武德八年,老皇帝李渊觉得大功告成,便在终南山造太和宫,准备住进新修的宫殿颐养天年,享受胜利大果实。

武德九年,阴历六月庚申,发生了众所周知的"玄武门之变",秦王李世民杀掉大哥李建成和四弟李元吉(三人同父同母),并诛除十个年少的侄子。

一日之内,二子十孙横死,老英雄惊悸惶恐,不亚于当年病榻上的隋文帝。

毕竟李渊聪明人,八月癸亥,他下诏传位于李世民。李老头自为"太上皇",徙居地势低洼的弘义宫(太安宫)。

虽经丧子丧孙之痛,毕竟当国的仍是自己的亲儿子。贞观九年六月(公元635年),李渊善终于太安宫,享年70岁。

"人生七十古来稀",李渊这辈子活得还不错,唯一可惜的是,壮年时代老哥们叱咤风云的事迹,皆为二儿子唐太宗及其刀笔下臣所掩,毕竟没在后世留下"汉高祖"一样的魄力十足、高大威武的形象。

另外,言及李渊,值得一提的,当属其最重要的两个"元从功臣"刘文静和裴寂。

想当初太原起兵,李渊假称高君雅、王威勾引突厥,急得二人跳脚大叫:"造反的正是你李渊,难道你想杀我们!"正是刘文静以第三者姿态"义正辞严"跳出怒斥两个倒霉蛋,并喝令一旁不知所从的太原府兵士收捕高、王两人,由此,唐公能为唐帝,才走出至为关键的一步。

后来,刘文静豪气英雄,深入突厥虎狼之地,为李渊"勾通"这些骠高马大的胡人,消除了李唐进军关中的后顾之忧。此后,刘文静与隋师屈突通手下大将桑显和潼关大战,也丝毫不畏,击败对手,平定新安以西之地。

李渊建唐后，拜刘文静为纳言。刘文静尽力辅弼，并删定隋文帝时的《开皇律》为唐律，通行天下。不过，薛举进侵泾州时，刘文静在李世民手下为元帅府长史，出军争利，大败而还。幸运的是，除名之后，他随李世民进击薛举，一举讨平，因功复爵，并拜民部尚书。

武德二年以后，刘文静自认为才干均在裴寂之上，又屡有军功，而官位反在这位老友之下，意甚不平，每次廷议，这两位昔日的亲密战友多相违戾，互相给对方下绊子。

怨恨之下，刘文静酒后高言，以刀击柱，大叫："必杀裴寂！"

刘文静弟弟刘文超多事招祸，他召来巫师，在星下披发衔刀，为厌胜之法。正巧刘文静一个爱妾失宠，妇人心毒，便上告刘文静施行左道，诅咒朝廷。

李渊不顾旧情，马上派人把刘文静兄弟二人抓入大牢，并遣裴寂、萧瑀等人审讯。

刘文静只承认自己因屈居裴寂之下，心怀怨望，酒醉狂言，并不承认有诅咒朝廷之事。此外，萧瑀等人都认为刘文静没有重罪，李世民也极力救援，声称刘文静有定策大功，非敢谋反。

李渊本人对刘文静的文才武略十分疑忌，裴寂又火上浇油："当今天下未定，外有强敌，今若赦免文静，必为后患！"

此言正合李渊之意，便下令斩杀刘文静、刘文超兄弟，抄没其家。

一代智士刘文静临刑，抚胸而叹："高鸟逝，良弓藏，故不虚也。"死年52岁。

太宗继位后，恢复刘文静官爵，并让其子刘树义袭封鲁国公，还准备把公主嫁给他。但刘树义和其兄刘树艺深怨唐朝，不久谋反，被逮捕诛杀。

至于裴寂，由于他和李渊是旧时狎昵的老哥们，入关后，进封魏国公，赐良田千顷。

高祖受禅为帝，前后左右最卖力的，就属裴寂。以至于加冕礼后，李渊马上对这位老玩友说："使我至此，公之力也。"立拜尚书右仆射，赏赐他金银财宝，不可胜计，还每天都派人赐御膳送至裴寂家里。

李渊视朝，必引裴寂同坐。下朝回公，就把裴寂请入卧内，言无不从，呼为

国学经典文库 中国古代野史 ·唐代野史· 图文珍藏版

"裴监"而不名。当朝贵戚,没人受此超格对待,连李建成、李世民兄弟,也无此"殊荣"。

但裴寂本性怯懦,并无捍御之才,出外打仗就成草包一个。刘武周等人进寇太原,他"自告奋勇"率军前往,一败再败,打了一路,败了一路,逃了一路。还朝后,虽遭李渊一番奚落,住了两天监狱,不久就被释放,李渊顾待弥重。

老友之间心气相通,互相看见心里就舒坦,李渊不可能严惩裴寂。

武德六年,高祖迁裴寂为尚书左仆射,又特赐其可自己铸钱。君臣两人欢饮于含章殿,裴寂倒知道"满则溢"的道理,叩请致仕。老李渊闻言,竟泣下沾襟,说,"不要走嘛,我俩要偕老安享荣华富贵,公为台司,我为太上,逍遥一代,岂不快哉!"宴毕,为安慰老友,马上册裴寂为司空,每天遣尚书员外郎一人,轮流到裴寂府内值班伺候。

太宗继位后,一朝天子一朝臣,起先还挺尊敬裴寂。不久,裴寂牵涉入和尚法雅妖言惑众一案。李世民抓住这个碴口对这位裴老叔毫不留情,把他免官放归蒲州。

不久,裴寂在老家负气怨恨,还杀了劝他造反的妖人信行灭口。太宗大怒,下令把裴寂徙交州禁锢,不久再远流静州。

估计李世民有两事最恨这位裴叔:一是他进谗杀掉刘文静,二是当年在太原起兵前,太宗本人低声下气,奉迎巴结,假输了不少金钱给他。

常人爱恨,帝王不异。

幸好,当地的土著造反,老裴寂率僮仆平乱,立功赎罪。

唐太宗顾念裴寂对唐朝有佐命之功,征其回朝。

路远多疫,老头儿走到半道就病死了,时年60岁。

裴寂下场不算坏,死后获赠河东郡公。其子裴律师还娶太宗妹临海长公主为妻。不过,他的孙子裴承先下场不好,在武则天时被酷吏诬杀。

一代元勋,竟最后绝嗣。

"济世安民"的明君唐太宗李世民

李世民(599~649),是唐高祖李渊的次子,公元 626 年他发动"玄武门之变",杀死太子李建成,迫使李渊退位,从而当了皇帝,年号贞观,共在位二十二年(627~649)。聪明英武,少有大志,是中国历史上功名赫赫的皇帝之一。

1."玄武门之变"

在中国历史上,"贞观之治"是封建治世的楷模。"贞观"是唐太宗李世民的年号。他在位的二十二年间,由于知人善任、锐意进取、轻徭薄赋、发展文化,使国内经济一片兴旺,国力强盛、政治清明、社会安定,呈现一派民殷财阜的景象。

贞观时期的国家版图也相当大。李世民一举灭掉了东突厥、西突厥,稳定了对大西北的统治,再无外族侵扰之害。他还把文成公主嫁给吐蕃王松赞干布,巩固了西南边疆。当时与中国通使的国家有七十多个,强盛的唐朝成了亚非各国经济、文化的交流中心。唐太宗被各少数民族首领称为"大可汗"。

唐太宗李世民

可是,这样一位文治武功彪炳千秋的一代君主却是靠一场血雨腥风的"玄武门之变"登基称帝的。

一天凌晨,李世民同长孙无忌、尉迟敬德等九人率兵埋伏于玄武门内,把守玄武门的主将常何也被李世民收买,只等在此地将上早朝的长兄太子李建成和四弟齐王李元吉杀死。天一亮,建成和元吉上朝走到临湖殿时,感到气氛反常,正要拨马回府，突然，李世民领着一彪人马狂奔而来，一箭将李建成射死。又杀死齐王元吉，并率兵赶到东宫和齐王府，把李建成和李元吉两家，不论老少，全部杀死斩草除根。之后，李世民派尉迟敬德带兵冲入父王李渊的殿堂。后来，李渊下了诏书，叫东宫和齐王府的将士别再为太子和齐王争仇泄愤，并让各路兵马由李世民指挥。两个月之后，李渊下诏传位于李世民。李世民就是唐太宗。

后世之人认为，唐太宗李世民杀太子而自立为帝是无君无父的行为；而杀自己的弟弟，穷凶极恶，更是惨无人道。

但是，史书上却说，这个凶杀事件不是"蓄意预谋"，而是临时应变；不是"违反父意"，而是合父王之意；不是"夺嫡篡位"，而是合情合理，该当皇上。

对此也有这样一段传说：

有一年夏天，突厥率兵南下，李渊派李元吉为帅，领兵迎敌。元吉和建成商量，准备先向父王李渊要求从秦王李世民府中调出大将尉迟敬德、秦叔宝等及部分精兵随军作战，以削弱李世民实力，然后伺机杀死李世民。但此消息被密探得知，李世民被逼无奈铤而走险，才先发制人，发动政变。

2.选太子

据说唐太宗共有十四个儿子，但是，在他的十四个儿子里，却选不出一个像他一样有雄才大略、智勇过人的太子来，而且在废立太子的风波中，还漾出了一股血腥味，最后继承他皇位的九子李治，他也并不称心。这不能不说是这位英名盖世的伟人的遗憾。

关于李世民选立太子事曾有着以下一些传说：

李世民的十四个儿子中，只有长子承乾、四子泰、九子治三个是长孙皇后所生，因而有资格成为太子的人选。根据嫡长子继承制，李世民在登基的当年就把长子承乾立为太子。可是，这个太子颇不争气，顽劣成性、嬉戏无度，根本不配做李世民的继承人。儿时的承乾就胆大妄为，常带领一帮人偷百姓的牲畜，杀死后大家煮肉吃。还扮成突厥人模样，成群结队劫掠牛羊，然后杀了煮吃，恣意胡闹，乐此不疲。他年龄稍长，又搞上了"同性恋"，与一个皇宫戏班中叫"称心"的男孩日夜厮混。李世民一怒之下杀了"称心"，承乾却在宫中为"称心"修墓、立碑，无所顾忌。更有甚者，他还亲自领着一队兵马，与七叔汉王元昌在宫中玩布阵交战的"游戏"，谁不真打真杀就被他绑在树上吊死。直到见了伤亡，血溅战袍，他才算玩得尽兴。他甚至狂妄地说，如果我做了皇帝，就在皇宫中设"万人营"，那时坐观交战才叫痛快。谁敢劝谏就杀了谁！后来，他真的派人暗杀劝谏他的大臣。眼见这样不成材的儿子，李世民气愤异常心灰意冷，便打算废了他，承乾在自己不争气的荒唐放纵中渐渐失了宠。

正在此时，承乾的弟弟老四李泰想取而代之，承乾顿起杀心。他先派人冒充李泰府中的人到父皇面前诬告李泰有种种不法行为，被太宗识破；他再派人去暗杀李泰也没成功。于是，承乾狗急跳墙，密谋杀人皇宫以武装政变夺取皇位。不料阴谋败露，太宗看承乾已不可救药，一怒之下，把承乾废为庶人。这就算"恶有恶报"吧。

李泰是承乾的亲弟弟，排行老四。他本来很有文才，李世民对他格外宠爱。只因哥哥是长子，才成为太子，他心里很不是滋味。后来见太子胡作非为，渐渐失宠，他就忍不住想尽快挤掉太子而自代。于是他勾结朝臣组成死党，形成一股颠覆太子的势力。待到承乾被废，太子之位似乎非他莫属了。可是，朝中的大臣们却为此分成了两派：一派主张立李泰，另一派主张立李治。而拥立李治的都是元老大臣。这下使太宗为难了：真若是李泰做皇帝，那么李治和几位重臣早晚得受害，朝廷可能出现一场悲剧。后来，太宗又发现李泰暗中胁迫软弱的李治退出太子地位之争，再联想到李泰排挤承乾的举动，遂暗中决定不立李泰。待决定立李治为太子后，李世民为防止李泰闹事，派人把他囚禁起来了。李泰聪明反被聪明误，也没得到好下场。

贞观十七年（642年），十五岁的李治被立为太子。若不是他大哥承乾和四哥李泰鹬蚌相争，太子的头衔怎么也落不到他头上。太宗虽然确立了李治的太子地位，他内心深处对这个性情温和、天赋不高的九子并不甚满意。但此时太宗已别无选择，只好为李治日后能胜任皇帝这一角色花费大量心血。太宗先是清洗了承乾与李泰的同党,为李治消除了隐患,又让重臣们兼东宫官职,即让他们教育太子,又让他们亲近未来的皇帝。他还下令全国兵马都要服从太子调遣,树立李治的威信。他又让李治陪同自己朝见群臣,观摩政务,培养太子的治国能力。尤其是太宗亲著《帝范》十二篇,专门论述治国之道,让李治研读。可谓用心良苦。

据说,太宗认为李治天性宽厚,办事循规蹈矩,只能算一个好儿子,而不可能做一个精明的帝王,所以对他始终放心不下。他直到病重,还为李治做了两件事:一件事是把才智过人的丞相李世绩故意贬到外地,让李治当上皇帝后再召回重用,使李世绩对李治感恩戴德,为新皇效力。第二件事是临终之前,把朝中重臣长孙无忌、褚遂良叫到病榻前,赋以重托,希望他们努力辅佐李治。李治就这样被扶上马,即位时才二十二岁。李治在执政期间,虽没有惊天动地的功绩,没有表现出特殊的治国才能,但由于他基本继承了唐太宗的治国路线,本人也比较谨慎,政局基本稳定。

3.嗜马成癖

传说唐王朝建立之后,李世民挂帅出征,削平群雄统一全国,先后消灭了薛举、刘武周、王世充、窦建德等强大的军阀势力。李世民领兵作战取胜的主要一点,是身先士卒,用自己奋勇作战的榜样力量来鼓舞士气。每次作战,他都是亲率精骑,冲入敌阵,由于他武艺高强、机智灵活、胆气过人,虽然身经百战,但从来没有被敌人的刀箭伤过,军中将士都叹为神奇。李世民以马上取天下,也有马的功劳。他一生喜马、爱马、嗜马成癖,留下了许多趣闻轶事。

李世民生长在边地,自幼就练就了一身骑射功夫。从晋阳起兵到登基称帝,他的生涯几乎是和弓马伴在一起的。东征西讨,出生入死,强弓和骏马从未离身。

在他率军与薛举的儿子薛仁杲作战时,他骑乘宝马"白蹄乌",一天一夜奔驰了二百多里,乘胜追击,直捣折庶城,迫使薛仁杲率残部投降。在与刘武周的主力宋金刚部作战时,李世民骑着骏马"特勒骠",猛插敌后,宋军阵营顿时大乱,溃不成军,逃窜而去。在与王世充对阵时,李世民骑着"飒露紫",仅率十余精骑,突袭敌阵,杀开一条血路直出敌后。与窦建德在虎牢关作战时,李世民乘"青骓"冲入敌营,只经过四五回合的交战,就大败敌军。"什伐赤"、"拳毛𬴊""也都为他冲锋陷阵立了大功。唐太宗李世民临死之前,遗命雕刻"白蹄乌""特勒骠""飒露紫""青骓""什伐赤""拳毛𬴊"六匹骏马来装饰自己的陵墓——昭陵。号称"昭陵六骏"。这六匹石马神态生动,雄健有力,造型粗犷,质感强烈。六骏形象各具风采,或原地待命,或轻步徐行,或驰骋战场,或腾空飞跃。这一杰作正是李世民驰誉战场与嗜马成癖的真实写照。

据说,在贞观后期,他心爱的一匹叫作"黄骢骠"的骏马病死,他痛惜不已,特诏令乐工作《黄骢叠曲》进行演奏,以表哀思。

公元647年,突厥人派使者向唐朝献良马百匹,其中十匹尤为健硕,唐太宗称它们为"十骥",分别给它们起了富有诗意的名字,如"腾白云""凝露白""发电赤"等,并予以精彩评论。

一次,唐太宗特别喜爱的一匹骏马突然死亡,唐朝太宗非常震怒,竟要将养马人处死。幸亏长孙皇后用春秋时期晏婴劝齐景公不要因为马死了就杀养马人的历史典故提醒他,才使唐太宗饶恕了这个养马人

唐太宗对骏马感情深厚,还写了一些咏马诗,他的《咏饮马》一诗写道:"骏骨饮长泾,奔流洒络缨。细纹连喷聚,乱荇绕蹄萦。水光鞍上侧,马影溜中横。翻似天池里,腾波龙种生。"可见对马的观察和喜爱之深。

全国统一,战事结束后,李世民骑射的豪兴仍不减当年。《出猎》一诗就充分反映了他那娴熟的骑射技术:"雕戈夏服箭,羽骑绿沉弓。怖兽潜幽壑,惊禽散翠空。"

当时,大臣虞世南和魏征等,对唐太宗李世民喜欢围猎都加以劝谏,一是为他的安全着想,二是怕他兴师扰民。但唐太宗仍围猎不绝。只是在游猎时,克制自己不妨农事,不踏稼禾就是了。他认为,围猎是为了布阵练兵,强军防敌,因此,在鱼龙川、黄泉谷、骊山、少陵原、广成泽都留下他跨骏飞驰、轻捷矫健的身影。

　　尤为有趣的是,唐太宗竟在文成公主嫁人的大事上,出了一个关于马的难题,让婚使猜。据说难题是这样的:要婚使把杂处的一百匹母马和一百匹小马驹的母子关系准确地识别出来。吐蕃赞普松赞干布的使者禄东赞才智过人,巧妙地把母马和小马驹分别圈起来,暂时断绝了马驹的草料和饮水。过了一天,他把母马和马驹同时放出,饥渴的马驹疾速地奔向自己的母亲,寻求母乳,依偎不离——难题迎刃而解,令太宗非常高兴,不但允诺禄东赞迎娶文成公主入藏,还将琅琊公主的外孙女嫁给了他。

　　唐太宗嗜马成癖可见一斑。

4.迷信兆卜　又寻仙丹

　　唐太宗李世民可以说是一位很有作为的皇帝。尤其是在他即位的前期可谓兢兢业业,警醒励志。但是,在他做了十几年皇帝之后,也被安逸享乐的生活染上了奢侈腐化的习气。他修复了隋炀帝在洛阳建的豪华宫室,霸占了齐王元吉的杨妃,还把已故大臣武士彟的十四岁女儿选为才人,给她起了个名字叫"媚",这就是"武媚娘"。在他的"晚年",即他做皇帝的最后几年,一反常态,既迷信兆卜,又痴迷丹药。

　　传说贞观二十二年,天空中太白星多次在白昼出现。这本来是宇宙间天体运行的自然现象,而太史却占卜说,这"主女主昌盛"。李世民又听说民间流传的《秘记》上说,"唐三世以后,女主武王代有天下。"这可让李世民睡不着觉了,他的李家王朝怎能让"武王"取代呢? 于是,他要想尽一切办法找到这个"武王",把他扼杀在摇篮里。有个叫李君羡的左武卫将军武连县公正好倒霉。他的官衔、爵号、籍贯和职务里,一连串占了四个"武"字:"左武卫将军"里占一个,"武连县公"占一个,他又是"武安县"人,是宫城北门"玄武门"的守将,这兆卜正好应在他的身上,巧得不能再巧了。偏偏他的父母在他小时候给他起了个女孩儿的名字,叫作"五娘",是盼他易于养活。可是,"五"与"武"同音,正好牵连到"女主"之忌里去。李世民迷信兆卜,简直丧失了理智,不由分说,先把李君羡贬到华州(今陕西华县)任刺史,后来仍不放心,又借故将其杀死。李君羡到死也不明白自己犯了什么罪,成了李世民迷信的牺牲品。

贞观二十一年,李世民得了风疾,瘫痪在床上。经御医诊治,半年后病体稍愈,可以三天上一次朝了。如继续边治边养,说不定会逐渐康复的。可是,此时的他却迷恋上了方士炼制的金石丹药,希冀长生不老。他先是服食了国内方士的丹药,并不见效,李世民认为他的道术浅,于是派人四处访求国外高人。贞观二十二年,大臣王玄策在对外作战中,俘获了一名印度和尚那罗迩婆婆,为迎合李世民乞求长生不老的心理,把他进献给李世民。这个印度和尚自称有二百岁高龄,专门研究长生不老之术,并信誓旦旦地说,吃了他炼的丹药,一定能长生不老,甚至可以白昼羽化登仙。这番谎言竟打动了李世民,遂给这个印度和尚安排了华居美食,天天有人侍奉。这家伙见李世民对自己深信不疑,就煞有介事出了一大串稀奇古怪的药名来,李世民号令天下,按此方采集药草,不惜任何代价。一年之后,药配制好了,李世民非常高兴,毫不迟疑地将药全吃了下去,不料中毒暴亡,一命呜呼。

文治武功唐高宗李治

说起中倭之间的战争,一般人均会想起中华民族死伤三千多万人的抗日战争,令人切齿嗟叹、尽丧北洋水师的甲午海战,十六世纪惨烈的抗倭援朝战争以及忽必烈居心叵测想顺带消灭汉人"新附军"、最终功亏一篑的元朝征倭大战。

数次战争,说句实话,代价巨大,败多胜少。特别是距离今日最近的抗倭战争,最后关头,多亏了美国的两颗原子弹,不然,狂妄叫嚣"一亿玉碎"的倭人不知还要涂炭我中华多少生灵。

其实,远在一千三百多年前,我们伟大的唐朝先人曾在朝鲜半岛的白江(今韩国锦江)干净利索地打过一个漂亮仗,使得倭寇

唐高宗李治

偃旗息鼓、一蹶不振。

当时，汉军、新罗联军两万多（汉军一万多，新罗军不到一万），对倭军、百济联军七万多（倭军五万，百济军两万），真正以少胜多，重创倭夷，且水陆并胜，焚烧倭军战船四百多艘，四战走捷，倭、百联军不战即降，余则仓皇遁走。

而且，与明朝援朝抗倭不同，那次战争明朝主将邓子龙与朝鲜主将李舜臣均壮烈战死；白江之战，唐军主将刘仁轨与新罗王金法敏都精神抖擞，完好无损。倭国国内大震，剩下未被屠杀的残兵败将逃返本岛。心肝胆裂之余，倭人在国内凿三重巨堑，以防唐军进攻。

当时当地，如此赫赫战功，在《旧唐书·刘仁轨》传中，却只有短短的123个字："于是（刘）仁师、（刘）仁愿及新罗王金法敏师陆军以进。（刘）仁轨乃别率杜爽、扶余隆率水军及粮船，自熊津江往白江，会陆军同赴周留城。（刘）仁轨遇倭兵于白江之日，四战捷，焚其舟四百艘，烟焰涨天，海水皆赤，贼众大溃。（扶）余丰脱身而走，获其宝剑。伪王子扶余忠胜、忠志等，率士女及倭众并耽罗国使，一时并降。百济诸城，皆复归顺。"

《资治通鉴·唐纪十七》，基本也是类似的描述，短短数十字。

即使以现代眼光来看，白江之役不可不谓大胜：又是以少胜多，又是水陆并进，又是"借东风"烧敌船，又是友军配合作战破敌联军，该记载该褒功该宣传的地方多的是。

但在唐朝，以及书写新、旧唐书以及《资治通鉴》的五代和宋朝，倭国名气太小，近乎被史臣忽略不计。当时的大将们，也以平高丽、灭突厥、却吐蕃、击回纥等等自耀大功，谁都不会把打败倭人的战绩拿出来显摆。当时的中国人，也没多少知道倭国，估计可能吃过倭瓜。

就像今天的美国人，如果对他说美国大兵狠狠教训了斯威士兰一顿，对方肯定一脸茫然："斯威士兰，哪里啊，亚洲？非洲？拉丁美洲？有石油吗？不是斯里兰卡吧？"可能一直到数月后，在哪个电视小节目上看见娱乐新闻数千美女猛晃豪乳竞当国王新妃，这个美国人才恍然："哦，斯威士兰是南非一个部落小国啊。"由此可推，美国将士也只会吹牛说"兄弟在二战、韩战、越战的那会儿……"绝对不会吹嘘他在斯威士兰宰过多少"马猴"。

当时的唐朝,乃世界性泱泱帝国,天朝,所以,对白江之战,根本没有什么人太当回事,不过是一次鸡毛蒜皮的小胜利而已。

盛唐大宋,对倭国真的不甚了了,道听途说,只作如下记载:

"日本,古倭奴也……国无城廓,联木为栅落,以草茨屋(贫民窟一样的草棚子)。左右小岛五十余,皆自名国,而臣附之(散乱的部落联盟)……其俗多女少男,有文字,尚浮屠法……其俗椎髻,无冠带,跣以行,幅节贯后,贵者冒锦(倭国自古就穷);妇人衣纯色裙,长腰襦,结发于后(跟高丽学的)。至(隋)炀帝,赐其民锦线冠,饰以金玉(日本在炀帝之前连衣冠都没有,更甭想"衣冠人物"和"道德文章")……日本国者,倭国之别种也……或曰:倭国自恶其名不雅,改为日本;或云:日本旧小国,并倭国之地……"

直到"遣唐使"一批批来大唐跪拜求学打秋风,中华才对这些矬个子的小人种稍加留意。其中一批贡使来唐,副使仲满(阿倍仲麻吕)"慕中国之风,因留不去,改姓名为朝衡……留京师五十年,好书籍。放归乡,逗留不去。"

朝衡就是晁衡,这倭国哥们在天宝十三年忽起思乡之情,想搭乘遣唐使藤原清河的便船"衣锦还乡",中途遇风,差点被淹死。诗仙李白以为和自己一块吃过倭瓜并收受过对方一件日本裘皮大衣的矮小哥们喂了王八,三两黄酒下肚,信笔涂鸦,有《哭晁卿衡》一诗:"日本晁卿辞帝都,征帆一片绕蓬壶。明月不归沉碧海,白云愁色满苍梧。"

哭,肯定也不是真哭。三天之后,李白本来把矬哥们这"死人"就忘了。过了数月,忽然惊见此人现身长安诸王公的大宅院酒席间,李白还以为白日见鬼遇诈尸,实实吓了一大跳。

不过,诗也不白写,此诗后来被人肉麻地吹捧为"中日友谊史传诵千年的名作"。

1.半岛也三国——高丽、百济、新罗与唐朝的关系

今天的朝鲜半岛,在唐朝初年存有高丽、百济与新罗三个"国家"。其中,

高丽名声最大,军力最强,对中央王朝一直是时降时叛,时慕时倨。

隋炀帝亡国,最主要的原因之一就是征高丽,致使国内民生凋敝,国力大耗。

唐高祖李渊称帝后,对高丽"遣使称臣"并不感冒,他对臣下说:"高丽虽臣于隋,而终拒炀帝,何臣之为。朕务安人,何必受其臣。"

裴矩、温彦博谏劝:"辽东本箕子封国,魏晋时故封内,不可不臣。中国与夷狄,犹太阳于列星,不可以降。"

这话,听上去虽有些"沙文主义"的味道,但也确实有道理。当时的高丽国王,是隋炀帝时一直和帝国叫板的国王高元异母弟高建武。高建武也想察看新帝国虚实,遣使臣献上封域图,表示臣服。唐高祖命人去辽东旧战场,收埋战没隋朝将士的尸骨,平毁高丽人夸功耀武的景观。

高建武害怕了,下令国人修建长城千里,准备抵抗大唐。

后来,高丽内部政变,东部大人盖苏文杀大臣一百多人,并入宫把高丽王高建武也宰掉,转立高建武的侄子高藏为傀儡王,自为莫离支(主兵元帅)。

这位棒子通古斯种群,"貌魁秀,美顺髯,服皆饰以金,佩五刀,左右莫敢仰视。"盖苏文每次上下马,国内贵人大臣都争抢伏地,撅屁股趴在那里给他当"脚垫"。

高丽内变,臣下劝太宗讨伐其弑主之罪。

"因丧伐人,朕不取也"。太宗挺厚道,下诏拜高藏为辽东郡王。不久,高丽、百济二国联合,大举进攻新罗。新罗向唐朝乞援。众臣商议,最后李勣力劝征辽。不巧的是,适值辽水泛滥,唐军无功而返。

贞观十九年,太宗李世民御驾亲征,率陆军六万,水军四万,又发契丹、奚、新罗等国兵,进击高丽。

唐军初进克捷,攻克盖牟城(今辽宁盖平)、沙卑城(今辽宁复县),并克陷辽东(今辽宁辽阳)坚城。不久,唐军攻陷白崖城(今辽阳东),向安市(今辽宁盖平东北)进发。

高丽大将高延寿等人率高丽及鞨靺兵十五万来救援,被唐太宗君臣设计大破。高延寿势屈，率众投降，膝行匍匐入辕门求请饶命。太宗怒喝："以后还敢和天子交战吗？"高延寿叩头，惶汗不敢回答。

高丽举国震恐，坚壁清野，向后方紧缩战线。黄城（今辽宁辽阳）、银城（辽宁铁岭）一带，顿时空无一人。

唐军进至安市，此城地险众悍，城上高丽兵将见太宗旌旗仪征，竟敢乘城鼓噪示威。

太宗大怒。李勣在一旁也气愤，劝太宗说，城下之日，尽屠守战男丁。安市城内守兵闻知此讯，拼命死拒。

交战数日，城不能下，又遇酷寒天气，太宗惜爱将士性命，只得下令班师。其实，安市城是高丽国内一方诸侯，盖苏文执政后也曾派兵攻打，竟然也不能攻下，就做个人情表示安抚。

此城地险，人死战，又遇酷寒，唐军人再多兵再强也无可施展。

唐军临行，安市城屏息偃旗，城主登城再拜。虽然没有被攻屠，高丽守军也知晓了唐军的勇武。太宗认为城主勇敢，临行赐绢百匹。

贞观二十二年，太宗本准备集三十万大军，以长孙无忌为大总管，想一举击灭高丽。不料，太宗因病崩逝，高丽又逃过一劫。

高宗永徽六年（公元655年），新罗国向唐廷告状，说高丽、百济、靺鞨连兵，攻取新罗三十多城。唐廷下诏劝和，不听。

作为帝国仲裁者，唐廷于显庆五年（公元660年），诏派左卫大将军苏定方等人率兵攻讨。当时，唐朝刚刚生擒西突厥可汗阿史那贺鲁，又分西突厥为两部，设昆陵、濛池督护府。北方突厥问题解决，唐朝自然要"料理"朝鲜半岛上蹦下跳的高丽和百济。

围魏救赵，断其一方。唐军并未直接救援新罗，而是集中力量进攻高丽的帮凶百济。百济同高丽一样，乃扶余别种。当时的国王是扶余义慈。

唐军从城山（今山东荣城）渡海，在熊津口大破百济军，克真都城，击灭百济军主力，斩首万余级，攻拔其城。

百济王扶余义慈和太子扶余隆仓皇遁走，逃入北鄙小城躲避，被苏定方唐军团团包围。扶余义慈的次子扶余泰主意大,趁父兄外逃,自立为王,率众固守百济城。

扶余义慈的嫡孙扶余文思对左右人讲:"现在国王、太子均在,王叔自立为王,即使唐兵退去,我父子也会被王叔杀掉!"惶急之下,扶余文思率左右翻城而出。城内人见王太孙如此,也纷纷跟随,扶余泰连杀数人也无法阻止。

无奈,扶余泰出降,百济都城告陷。很快,唐军逮捕了百济王扶余义慈父子以及百济豪酋五十八人,全部押送长安。此战,唐军平灭百济,收其王都、三十七郡、三百城,户口七十六万。

唐朝在百济设熊津、马韩等五个都督府,择其酋长管治。同年十月,一行囚俘至京城,高宗诏释不诛。

扶余义慈也是个倒霉蛋,本来此人上孝下亲,很有荣名,有"海东曾子"的时誉。战前,唐高宗还下诏劝谕,让他自新。百济王总以为唐兵不会轻出,继续当高丽帮凶。

殊不料,苏定方诸将一出,百济立时破灭,他自己也被生俘,行数千里地归罪长安。

不久,扶余义慈病死,唐廷施恩,赠卫尉卿,并允许其被俘旧臣临丧,准许他葬于孙皓、陈叔宝墓左——此举意味深长,同为降臣,下场也一样,终免横死。

2.倭奴自送死——百济的"复国"活动

灭百济后,唐朝大军振旅而还,留下郎将刘仁愿率数千唐兵留守百济城,并派左卫郎将王文度为熊津都督。

赴任半途,王文度病死,诏以刘仁轨代之。

百济王扶余义慈的堂弟扶余福信本来已经降服唐军,待他看到唐军主力回国,萌生贼心,并与一个叫道琛的和尚联手,在周留城聚百济旧民造反。

由于百济直系王族基本被一锅端,擒送长安,扶余福信就想到了百济王义慈数年前送往倭国的王子扶余丰。当时朝鲜半岛各国以及倭国等小国之间,常常交换王子为质子,如同春秋战国时的诸侯所为。

倭人不自量力，想搅蹚浑水讨便宜，就派兵护送扶余丰回百济，准备帮百济"复国"，扩展自己在朝鲜半岛的势力。当时拍板下主意的倭王，是齐明"天皇"，还是个娘们儿。估计是顿遭天谴，不久，这个女王就死掉了，其子继位，号为天智"天皇"——其实是"无智天皇"。

继位新"天皇"迫不及待，快马加鞭把扶余丰送回周留城。

有了扶余丰这个"幌子"，百济西部诸城纷纷据城造反，支持扶余丰。众军相聚，反而把唐军刘仁愿的留守军团团包围于百济城。

唐廷下诏，任刘仁轨检校带方刺史，统王文度旧部与新罗军合势救援刘仁愿。

唐、新联军一路厮杀战斗，直杀百济城。

百济和尚道琛在熊津江边建两座巨大的兵垒，刘仁轨率众猛攻，百济军不敌，堕溺而死者一万多人。道琛等人大败之下，退保任孝城。不久，扶余福信与和尚道琛争权，道琛被杀。扶余福信并其兵马，招诱亡叛，势力渐大。

刘仁轨、刘仁愿二人合军后，休整队伍，准备再战。新罗兵掠取大量百济财物后，提前还军。

高宗龙朔元年（公元661年），唐军三十五万在大将苏定方率领下，攻打高丽。平壤城下，又遇大雪酷寒，唐军不得不重演"班师"一幕。

高宗下诏给刘仁轨，指示说："平壤军回，一城不可独固，宜拔军就新罗，共其屯守。若（新罗王）金法敏藉卿等留镇，宜且停彼处；若其不须，即宜泛海返国。"

不仅高宗诏示还军，唐军将士也都想返回老家。天寒地冻冷面泡菜，鬼才想待在那里。

刘仁轨上表，表示说唐军应该坚守观变，不能随便撤军。

高宗君臣仔细研究，深觉刘仁轨言之有理，便让唐军继续留在百济城坚守。

唐军并不龟缩于百济城中不敢轻出。刘仁轨先出奇兵，首发制人，率军先端掉扶余福信派人修建的真岘城（今韩国镇岑县）。唐军连夜奇袭，一举攻破此城后，打通了新罗运粮之路。

国学经典文库

中国古代野史

·唐代野史·

图文珍藏版

另一个好消息传来:果如刘仁轨所料,百济王子扶余丰越来越不能忍受堂叔扶余福信的飞扬跋扈,两人火并,扶余福信被杀。

当自己全身被剑捅刀劈之时,不知这位大将是否后悔自己召来了作为"掘墓人"的大侄子。

杀掉扶余福信,扶余丰连忙派使,分往高丽和倭国搬兵。高丽没啥大动静,倭国却迫不及待,他们也效"围魏救赵"之计,派兵数万进击新罗,攻取数城,然后直扑百济旧地。

唐廷没敢大意,急诏右威卫将军孙仁率近一万唐兵从海路乘军船驰援。两军会师百济城,兵威大振。也难怪,孙仁唐军不仅带来了生力军,又有坚船斗舰,大量补给、辎重也随船而至,难怪唐兵欢天动地。

唐军诸将议事。有人建议率先进攻当水陆要冲的加林城。

刘仁轨不同意,他主张先攻周留城(今韩国扶安,位于白江河口上游左岸)。

于是,刘仁师、刘仁愿以及新罗王金法敏率陆军,刘仁轨以及先前降附的百济王子扶余隆率水军,从熊津江出发,水陆并进,直趋白江口,准备合军直捣周留坚城。

高宗龙朔三年(公元663年)八月,刘仁轨水军率先行至白江口。很快,倭国水军四百余艘也绵延驶至。

宽阔水面上,唐、倭两路水军对峙。

双方合战。唐军四战皆捷,水陆连胜。虽然唐军军船在数量上占绝对劣势,但隋唐时期,我国的造船技术还是非常高超,船壁高而坚,设计精良。当时日本的兵船与之相较,自然简陋寒酸。

那个时候,倭奴还未从我中华天朝偷师学艺,技术方面落后得很,兵将甲胄质量又不好,唐军箭雨之下,倭兵倭将往往被射得透心凉。最重要的一点,在于刘仁轨自然通晓"火烧赤壁"之事,倭奴当时还不像唐朝以后那样精通中华典故、兵书,四百多艘破木船蛆一样挤在一起,被唐军连发火箭,顺风投火,一时间烟焰涨天,海水皆赤。烧死呛死外加弃船跳水淹死,一万多倭奴军全都成了水怪沉到白江口水底喂了王八。

海上大败，百济、倭奴陆军也抵不住唐、新联军的进攻，被杀得人仰马翻。扶余丰脱身而逃，唐军最终缴获了他的宝剑。最后，这个"百济王"竟不知所之，从人间蒸发了。估计他是被杀、淹死或在逃跑途中让自己人干掉了。早知如此，当初他还不如留在倭国吃生鱼片呢。

周留城内据守的百济王室扶余忠胜、扶余忠志兄弟二人知道大势已去，率城内守军、侍女以及未被杀掉的倭奴兵将，乖乖投降。当时，倭人好像还没养成临败自己用刀掏肚子的习惯，一系列小矬个子军将，通通跪伏于泥淖之中，听凭唐军与新罗军发落。五六万倭奴军，死的死、伤的伤，降的降，跑的跑，终于心悦诚服地挨了中华天朝一顿猛揍。

此后，百济诸城，皆复归顺。就连降而复叛的百济大将黑齿常之等人，都乖乖地到刘仁轨军营投降。黑齿常之后来还成为唐朝得力大将，威震朔方。

刘仁愿回长安后，高宗向他询问情况，这位大将不专功，说明战役主要指挥者以及表章主拟人均是刘仁轨。高宗大加叹赏之因超加刘仁轨六阶，授他带方州刺史，并赐京城住宅一区。

本来，显庆五年高宗征高丽的时候，时为青州刺史的刘仁轨监统水军，因中途遇风失期，到达战场时晚了一天，被削夺官职，以白衣随军自效。正是因为百济余孽跳梁，倭奴渡海送死，白江口一役，终于成就了刘仁轨一世威名。

值得一提的是，刘仁轨乃文官儒将，破百济时已是六十老翁。

刘仁轨丝毫不敢懈怠。他安抚百济余众，屯田厉兵，积粮抚士，准备下一步进灭高丽的战事。同时，他连上表奏，极言百济之地不可轻弃，高宗深纳其言。

百济亡国，下一个肯定轮到高丽。几年后，权臣盖苏文病死，其诸子争权，长子泉男生为两个弟弟泉男建、泉男产所逐，穷急之下投奔唐朝。

在这个"内奸"的带路指引下，高宗总章元年（公元668年），唐朝大将李勣为帅，一举踏平高丽，终于完成了隋炀帝、唐太宗未竟之业，收一百七十六城、六十九万户。唐朝置安东都护府，留大将薛仁贵等两万多唐兵于平壤，高丽终成我天朝治地。

可笑的是，类似中国《推背图》的《高丽秘记》中早有"预言"："不及九百年，当有八十大将灭亡。"高氏王族自汉代起据有高丽，一直到灭亡，当时正好快到九百年，唐军主帅李勣时年八十。严丝合缝，预言得中。

由于高丽王高藏一直是个傀儡，唐廷赦而不诛，还把他封为司平太常伯，只把负隅顽抗的泉男建流放到黔州蛮荒之地，估计傻哥们儿至死连驴也见不到一个。

但没过两年，唐军与吐蕃作战失利，先失安西四镇。公元670年至公元676年，安东都护府两次先后由平壤退撤至辽东。鉴于吐蕃的压力，唐朝在朝鲜半岛的统治逐渐萎缩。

677年，唐廷相继撤走高丽和百济旧地上的汉族官员，送原高丽王高藏回国，想扶持这个"傀儡"继续唐朝在当地的影响力。同时，为牵制高藏，唐廷又派泉男生和原百济王子扶余隆驻守辽东附近地区。果然，不久高藏又想"独立"，为扶余隆或泉男生所告，立刻被擒押回长安。

本来一直被高丽、百济联军差点灭国的新罗，狗仗人势，借大唐军队平灭了两个主要敌手后，狼子野心，开始想独霸朝鲜半岛，并与唐军发生规模不一的军事冲突。同时，新罗不断接纳百济和高丽逃亡兵士，蚕食两国旧地，日渐坐大。

武则天掌权后，把国内的李唐势力和异己官僚势力视为心腹大患，根本顾不上朝鲜半岛。接二连三，又有契丹、突厥问题相继出现，她就在公元700年（武则天久视元年）下敕，视高丽旧地为外蕃，再不把其当作唐朝固有境土了。

新罗蹦跶了数年，出来一个以靺鞨族为主的部落在它旁边建立了震国。713年，大祚荣改国名为渤海国，与新罗南北对峙。

倭奴虽大败，但失败确实是成功之母。倭人本性就是欺软怕硬，此后一直乖乖当孙子，数百年间不断派使臣（遣唐使等）向天朝拜师学艺，逐渐形成其一整套政治、经济、文化制度。乍一看，倭奴国数百年间几乎就是唐朝的一个"具体而微"的翻版模型。直到1592年丰臣秀吉侵略朝鲜（中间元朝击倭不算数），其间，近一千年间，倭人未敢和中华天朝叫板。

所以，白江口之役，在击闷的同时又击醒了倭人，福兮祸兮，真不好说。

倭人在明治维新以前，常以"汉土""唐土""中国"称呼我们天朝。以后倭奴有了点银子，大了些胆子，就以支那（罗马字母为 SINA）音译来称乎天朝。特别是甲午海战以及"七七事变"后，日本政府也一直以此称谓来称呼中国。美国两颗原子弹扔到日本，日本人尿了，没有"玉碎"反而"下跪"，并被盟军勒令禁止蔑称中国为"支那"。

时至如今，日本右翼们，比如东京市长石原慎太郎仍称中国为"支那"。据一些专家考据，支那音译原无贬义，后来在特定历史条件下才成为今天这个样子。

其实，称呼并无所谓，"日本人"如果从我们中文的字面上解，就是"Fuckingmyself"，大家也没有谁振臂较真。如果，日本首都市长仍称中国为"支那"，那我们国人大可遵旧称管这个东邻叫"倭奴"，因为古史上这样记载，它的天皇向天朝上书这样自称，中华皇帝赐它的金印也是如此称呼（日本自己出土的，本来是炫耀它"久远"历史的，真假不知）。

铁腕女皇武则天

唐太宗李世民贞观初年，天下渐平，诸事晏安。一日，忽然太白星白天显现于天空，且一连多日不断出现这种天文景象。

古人迷信，唐太宗君臣一边自我反省政事阙失，一面让主管天文的太史"钩沉典籍"，进行推占。不知是查了《易经》还是"扶乩"所得，太史奏报："女三昌"。

面对如此玄玄乎乎的三个字，太宗君臣商量了半天，也没整出什么头绪来。同时，民间有谶言歌谣传入内廷："当有女武王者"——"女"了半天，李世民百思不得其解，他心多恶之，总有一种不祥之兆的预感。

唐太宗君臣关系十分融洽，一天晚上，李世民在内廷宴请心腹武官多人，飞觞仰饮，大家好不痛快。喝到一半，为了使气氛更加融洽、欢快，太宗令诸将作酒令，各自报出自己儿时的小名，以此作引，以博戏乐。

轮到左武卫将军李君羡，这位将军长身虎须，一脸络腮，自报小名："五娘子"。

话音刚落，殿内的武将们笑成一片，东倒西歪。太宗初听李君羡的小名时也不禁发噱："何物女子，如此勇猛！"

电光石火之间，太宗面色忽然一变，低头沉吟。当然，与宴的诸位武将，包括李君羡自己在内，均未注意到李世民当时面部表情的变化。美酒醉人，皇帝又是主人翁，天大的面子，谁能不尽醉方休！

女皇武则天

李君羡，洺州武安人（一个"武"），封武连郡公（两个"武"），时为左武卫将军（三个"武"），值守玄武门（四个"武"，玄武门是宫城最重要的咽喉要地，因此有数次宫廷政变都在此处发生，包括洛阳宫的玄武门，均是"制高点"），当然，最要命的，当属李君羡小名"五娘子"——"女三昌""女武王者"——莫非正是这位身为皇家禁卫军的李姓武将？

太宗宴毕，退至寝殿，细思李君羡为人。此人也是武艺绝伦之辈，本属王世充贴身侍卫官（骠骑），因讨厌王世充的为人，潜结数人从洛阳城中潜出，投靠当时还是秦王的李世民。从此，太宗引为左右，从讨刘武周及王世充等，每战，此人必单骑先锋陷阵，前后受赐宫女、马牛、黄金、杂彩等物，不可胜数。

就是这样一个武功盖世、一心事唐的壮士，神勇与尉迟敬德、秦叔宝相匹的猛将军，恰恰因为自己当年的一个小名"五娘子"，使得太宗皇帝浮想联翩，夜不能寐。

史载，"会御史奏（李）君羡与妖人员道信潜相谋结，相为不轨，遂下诏诛之。"

史书为尊者讳，给人一种李君羡倒霉，有人牵告他。其实，肯定是太宗李世民杀心顿起，为后世天下计，派人诬引，杀掉了这个他认定符合谶谣中的"女武王"的将军。

人要倒霉，祸从天降。李君羡将军正是这种倒了八辈子血霉的晦气包，一人被杀不说，株连三族。上百人头落地，起因竟在于两三句的"歌诗谶言"。

没过几年，听说工部尚书武士彟女儿貌美，时年十四，太宗一时兴起，召小姑娘入宫破瓜。

这女孩圆脸大眼，媚笑动人，太宗名之为"媚娘"。尝了几口，也觉平平，胖丫头肉紧腮圆，双目炯炯，不是太宗喜欢的那种温柔类型，但毕竟是高祖李渊老友武大叔的女儿，怎么也得给个"才人"封号。

恰恰是这个武才人，才真正是那个应谶的"女武王"。日后，数百上千李姓凤子龙孙，皆被这位当时的肥胖闺女弄死。她还化唐为周，差点儿让唐朝三世而亡。

1.茅庐初出——武才人与太宗、高宗的父子"情缘"

说起武则天，笔者想起那位"生的伟大、死的光荣"的少女英雄刘胡兰。看客至此，可能大有哂然之意：武则天和刘胡兰有什么关系，难道这位女皇帝也是生的伟大、死的光荣？当然不是，武则天嘛，生得很胖，死得很差。

老武与小刘的共同之处，在于两个人皆是山西文水县人，真正的老乡。文水县因境内有文峪河而得名，西依吕梁，东靠汾河，春秋时名平陵，战国时称大陵。天授元年（公元690年），武则天篡唐，自立"周"朝，便改自己老家为"武兴县"，武兴者，武氏由此兴也。中宗复辟，神龙元年（公元705年），仍改回文水县。

可见，文水地气，总是养育女英杰，不是出乎其类，就是拔乎其萃，连十五岁的小姑娘，都铁血铮铮，毅然躺进大铡刀下为理想献身。

武则天当皇帝后，大肆宣扬其父武士彟"兴唐"的功业。其时，武老头在隋炀帝大业末年只是并州文水小地方的一个"鹰扬府队正"，即当地派出所一个所长。由于家富于财，高祖李渊还是隋臣时，就常因公事四出巡视时，歇在武家。

偏偏这位土财主很义气，颇好交结。当然，这也是人之常情，唐公李渊，乃当今圣上的大表哥，往他身上使银子，肯定不会白瞎。

眼见武老头很懂事，每次住他家，又献银子又献当地好闺女来"孝敬"，李渊很喜欢这个土财主。隋炀帝诏命李渊为太原留守，这位唐公一高兴，就把这位小县的"队正"提拔为"行军司铠"，让他一下子了捞到太原府内专管军事后勤的肥缺，由一个副处级干部跃升为"正处"了。

天下大乱，武士彟阴劝高祖举兵，暗献兵书及符瑞。此举，并非显示出这么个低级土豪多能"慧眼"识英雄，不过是乱世纷纷，人各思乱而已。推个头头出来，事成封侯，事败斩之，说不定也能封侯。

李渊很高兴，但表面没有太多表示，淡淡言道："幸勿多言。兵书、符瑞皆是朝廷禁物，你能拿来给我，我知道你的心意了。日后富贵，当与君分享。"

李渊起事前，派其手下刘弘基、长孙顺德分别以隋廷名义四处募兵。武士彟当时不仅和李渊关系不错，和副留守王威、高君雅关系也不错。

钱能通神，谁和银子都没仇，老武深知世路难行，以钱作马，自然和几个上司都打成热火一片。一次，三人饮酒，高、王二人就对老武说："刘弘基等人假借诏命，四处征兵，我们得把他抓住，仔细拘审。"武士彟做惯了老好人，闻言，便从中周旋："那几个人是唐公李渊的心腹门下，如果真把他们抓起来，会惹出大乱子呵。"

王威、高君雅一听，也觉有理，便疑而不发。

不久，几个人又在一起吃吃喝喝，留守司兵（军区司令手下的主力军长）田德平在座，也提起刘弘基等人四处募兵的"怪事"，劝高、王二人抓捕刘弘基，审问他到底由谁指派，敢私下募征。

宴后，武士彟私下对田德平讲："讨捕之权，应该都由唐公李渊说了算。王威、高君雅二人，毕竟是副手，他们怎能越权抓唐公手下的人呢。"

田德平一想，也觉老武好心，就不再"多事"。

国学经典文库 中国古代野史 · 唐代野史 · 图文珍藏版

虽多方回护李渊,但李氏父子、裴寂、刘文静等人密谋定大事,根本没告诉这么一个人微言轻的老武。

起事后,见老武人还不错,李渊任他为大将军府铠曹,仍主管军事后勤。由于从征长安有功,李渊称帝后,封这位老友为太原郡公,拜光禄大夫。副处长级的土豪,忽然成为部长级官员,老武喜出望外,开始口无遮拦,逢人就讲:"我从前一直做梦,梦见高祖入长安,自为天子!"

李渊听见老武大嘴巴,忙命人把他唤至内宫,灌他几杯老酒后,笑着数落他:"你这个老东西,当初你也是王威好哥儿们。今天赏给你官做,正因为当时你劝阻王威等人没有深查刘弘基募兵一事。如今事成,你天天四处瞎掰乎说自己早有识人之鉴,梦见我做皇帝,是想胡咧咧当更大的官吧。"

老武脸一红,忙跪下自称"死罪"。

李渊对老武这种低出身没啥政治头脑的老友并无深忌之心,看见他在殿上叩头如捣蒜,自己心中反倒不忍了,又进封他为应国公,授以大州刺史。

老武活得不错,贞观九年病死在任上,赠礼部尚书,谥曰"定"。

不仅武士彟一人得以优遇,他两个哥哥也得到了很好的待遇。大哥武士棱,也从李渊太原起义,官至司农少卿,封县公,常在皇宫内殿搞后勤,亲自管理农囿,怎么也是皇帝家的花农,很牛。此人贞观中卒,赠潭州都督。

老武的二哥武士逸,在唐朝屡有战功。有一阵子,他被刘武周俘获,在敌营好几年,仍暗中派人向唐朝送报敌情。刘武周败后,武士逸归唐,累受李渊表扬。贞观初,武士逸为韶州刺史,卒于官。

可见,武则天父亲一辈,看准时机,太原从龙;李唐一家投桃报李,对这一大家子也可以说是仁至义尽。

太宗在世时,武才人虽被开苞,却并非深受皇帝爱幸之人。倒是当时的太子李治,偶见武才人那丰腴的"胖倩影",深记于心,所谓"各花入各眼",此言不虚也。

太宗驾崩,武才人削发为尼,在感业寺的青灯下熬了数日。已是皇帝的李治以拜佛为名,在寺庙里搂住这位小妈就是一顿乱亲,互诉衷肠。

接着,把她召入宫中,武"才人"成了武"昭仪"。不久,进号"宸妃"。此后故事,耳熟能详,最让人心惊肉跳的,莫过于武氏为了搞掉对手王皇后,竟然忍心亲手掐死自己粉雕玉琢的小女儿,然后向高宗哭诉是王皇后所为,残忍心机,让人不寒而栗。

当然,废掉皇后在高宗时代是天大的事情,看似"皇帝家事",实际涉及当时关、陇大族与庶族地主间的钩心斗角与暗中角力。唐太宗时,对山东士族进行了不遗余力的打击,但对以武川军阀为主的"自己人"关陇大族却竭力维护、提携。

高宗正妻王皇后,名门大族之女,又是高祖李渊同母妹安长公主的侄孙女,是太宗当时为儿子"御选"的"佳妻"。长孙无忌作为帝舅,与韩瑗、于志宁(此人虽首鼠两端,其实也是反对武氏为后的一派),褚遂良、来济等关陇士族派系,明确反对高宗废后。

出身于庶族地主的许敬宗、李义府等人,属于长期在政治上郁郁不得志的"寒族",名义上是拥立武则天为皇后(其实武氏本人也属关陇家族),其实是想借此提高自身的势力,在政治上想来个大翻盘。如果他们"押宝"成功,就不仅仅是扬眉吐气的事情,而且是扳倒敌对势力的倾力一击。

恰巧,唐高宗李治又是中国历史上为数不多的惧内虫,对武氏宠幸正浓,怎么看王皇后怎么不顺眼。当然,高宗素来懦弱,亲舅与一帮重臣皆持反对意见,他还真不敢马上就施以"龙威"。但李勣的一句话,一下子让高宗"茅塞顿开":"此乃陛下家事,不合问外人。"

深谙宫廷政治之道的李勣老好人一个,自然不愿得罪皇帝。有这么一个重臣表态,高宗、武氏大喜过望,终于心中意决。

永徽六年十一月,高宗下诏,称"王皇后、萧淑妃谋行鸩毒,废为庶人,母及兄弟,并除名,流岭南。"没过几日,奉承上意的"百官"一齐上表,请立中宫。

水到渠成,武氏被立为皇后,武媚娘终于尝到了一人之下、万人之上的滋味(按理讲应是二人"之下",太宗、高宗是也)。

高宗遂愿之后,眼见武后天天兴高采烈,总算满足了这位挚爱妇人的心愿。

懦人易生怜悯，笑语之间，李治有时也念起被囚于深宫后院的王皇后与萧妃，毕竟曾经云雨枕席，结发情深。趁武后不注意，高宗带了几个小内侍，溜至王后、萧妃的囚所，发现二人的牢室连窗带门都被封死，只在墙上凿出一个小洞"以通食器"。

见此，李治不觉"恻然伤之"，低呼道："皇后、淑妃，你们俩在里面吗？"

王后闻听是高宗的声音，哽咽不自胜，泣答："妾等得罪，已为宫婢，怎敢劳陛下以昔日位号称呼我们……希望至尊您看在往昔情分上，让妾二人能重见日月，得以在院子里活动就可以，当改此院名为'回心院'"。

高宗声中有颤，说："朕会有处置。"

这位懦君的"慈悲"，反而为王皇后、萧淑妃招来了立时的杀身之祸。

武后闻听消息后，登时大怒，马上派去一队身强力壮的太监，把王皇后与萧淑妃按在小屋里，各击大杖一百，并断去两人的手足，放在两个大酒瓮中，阴险笑道："让这两个婆娘骨醉！"

可怜花月美人，玉肌天眷，遍体伤痕，四肢被剁，被浸入于宫殿美酒之中，一时间受尽折磨，求死不得。酒精有杀菌、收敛、止血作用，故而二人苟延数日才死。其中煎熬，令人想起都不寒而栗。就这样，武后仍旧不依不饶，依旧派人斩杀了两个情敌。

如此阴毒妇人，高宗册封她为皇后的诏册中竟然称其"誉重椒闱，德光兰掖……嫔嫱之间，未尝忤目"，真是滑天下之大稽！

处死两个"情敌"，武氏下令改王姓为蟒氏，萧氏为枭氏。

当时，即使是跪受杖刑、斩刑的"诏令"，王皇后娴淑女人，仍旧起身再拜，声称："愿皇上万岁，武昭仪承恩日隆。此去一死，本为吾命。"

萧妃则大骂："阿武（武后）妖滑，是她陷我们于此地！愿下辈子我生为猫，阿武为鼠，生生扼其喉，食其肉！"

武后听闻两人死状，高兴之余也怀惊恐。毕竟刚开始做坏事，心里也不安稳，她便下敕宫中不得养猫。日后，武后数见王、萧为祟，披发沥血如死时惨状。她徙居蓬莱宫，依旧见鬼。所以，日后武则天多在洛阳，终身不归长安。

除掉情敌，武后计谋长远，又在李义府、许敬宗二人的帮助下，陆续把褚遂良、长孙无忌、韩瑗、于志宁等人贬到僻远之地。诸人没能在半路病死的，到了当地就被武后党人活活弄死，斩草除根。

武后在宫廷政治斗争中屡屡得手，其中出力最大的，当属许敬宗、李义府二人。

许敬宗，杭州新城人，其父许善心是隋朝礼部侍郎。隋炀帝被弑，宇文化及滥杀朝臣，许善心自然不免。当时，身为儿子的许敬宗拜乞求哀，为时人所耻。他乞得一命后，投在瓦岗李密手下，当时与魏征都是中下级幕僚。

武德初年，秦王李世民知其有文名，召为秦府学士。贞观十年，太宗文德皇后葬礼，追悼大会上，百官肃穆，屏息悲哀（不装也要装）。大臣欧阳询状貌丑异，从许敬宗面前过，这位爷竟然见而大笑，为御史所劾"大不敬"，贬至洪州。贞观十七年，因他修撰唐朝《武德实录》《贞观实录》有功，又调回京城。

唐太宗在驻跸山大破高丽，许敬宗立于马前受旨草诏书，词采甚丽，深受太宗嗟赏，并得到日后成为皇帝的皇太子李治的赞赏。

高宗嗣位，许敬宗代替于志宁为礼部尚书。不久，由于嫁女予岭南蛮酋冯盎之子，多纳金宝，为所司弹劾，贬为郑州刺史。老小子外放心急，千方百计活动回城，力赞高宗废王皇立武则天，并相继谗构长孙无忌等人，深获高宗、武后宠信。

许敬宗晚年，主修国史，谁得罪过自己就编排谁家的"罪恶过失"，谁给钱就给谁的先人大作"赞歌"，收银无数。同时.老许头好色无度，临老又收其母婢为妾，此妾与他的长子许昂私通，一家乱伦，颇多秽声。不过，坏人好报应，高宗咸亨三年，许敬宗善终于家，年八十一。

李义府，瀛洲饶阳人。太宗时代，也是因其文笔不俗，为刘洎、马周（三人是同性恋伙伴）等人所荐，入朝中为监察御史。进京后，李义府官为太子舍人，得与日后的高宗相往来，关系甚密，因参撰《晋书》有功，被太宗优诏赐帛。

高宗时，迁为中书舍人，加弘文馆学士。为了更加飞黄腾达，李义府不遗余力，力襄武氏成为皇后，出了不少非常好的"坏主意"。事成之后，擢拜中书侍郎,赐以男爵。李义府貌状温恭,与人谈话时,必嘻怡微笑,内心却褊忌阴贼。笑里藏刀的典故,正是出自这位李大人。只要有人微忤其意者,他会马上加以倾陷,时人称其为"李猫"。

由于恃宠无惧,一次看见大理寺监狱中有一个犯通奸罪的妇人淳于氏貌美,他竟敢让大理丞(典狱长)毕正义把这妇人弄出来"昭雪其罪",自己置个大宅把这淫妇养起来。

他舒服不要紧,事泄,皇上下诏按问,毕正义倒因惶惧自缢而死,李义府却一点儿事没有。

高宗夫妇为感激李义府,连他在怀抱的诸子都授以官爵,荣宠莫之能比。

李义府贪得无厌,卖官鬻爵,多引腹心,广树朋党,倾动朝野。

其后,李义府外任,也是贪污受贿,肆无忌惮。一次入朝,高宗都亲口劝他:"听说爱卿您的儿子、女婿多为不法,做事应谨慎些才好,我也替您多方回护,希望您嘱诫他们小心点儿,别太过分。"

李义府闻言,勃然色变,腮颈俱起,反问皇帝:"谁和您说的?"

高宗说:"我只是说说而已,您也别问谁告诉我的。"

李义府不快,也不道歉,缓步而去。

到这地步,高宗依旧优容他。估计他是武后爱臣,高宗不敢拿他怎么样。

李义府自惭自己祖上不是士族,便上奏改审太宗时修编的《氏族志》,把自己家描写成"世代清贵"。

也是合该有事,有占卜者为李义府"望气",说李家大宅"有狱气,积钱二千万乃可厌胜"。李义府闻知心急,聚敛更为急切,并不时出城,白天黑夜登古坟,四处瞭望。

此举怪异,被不少人告发,说他"窥觇灾祸,阴怀异图"。

这,可正触皇家痛处,高宗夫妇不再容忍。审讯过后,把他一家子长流延州。毕竟有大功于皇帝皇后,以武后之阴毒,竟能饶他一命。后来,他因能遇赦得以放还。

窝囊之下,李义府病死,死年五十余岁。

从许敬宗，李义府两人的人品以及他们所受的"宠遇"，可以想见高宗、武后两人的喜恶爱憎及卑下格调。

2."二圣"在朝——唐高宗时代的真正"皇帝"

唐高宗在位，长达三十多年（公元649至公元683），虽属庸劣之君，又有悍毒之妇，但唐朝在这三十多年中仍旧按照惯性前进不辍，尤其是对外扩张的武功，赫赫扬扬，值得大书特书。

高宗永徽初年，唐将高侃击降东突厥余部，生俘车鼻可汗，东突厥土地皆隶属唐朝；接着，唐军数次发大军击破西突厥叛军，活捉自称"沙钵罗可汗"的阿史那贺鲁，再把西突厥分为两部，弱而治之，基本上解决了突厥问题；显庆年间，唐军击灭野心勃勃的百济；龙朔二年，铁勒九姓合众十多万叛唐，唐将薛仁贵征讨。铁勒部族挑选数十位军中最骁健的战士出阵挑战，薛仁贵连发三箭，射穿三人。见势不妙，十几万铁勒人一齐滚落下马，叩降请死。薛仁贵把这些人全部活埋。手段虽属残忍，但谱就了中国军事史上一曲至为传奇的篇章。为此，唐军军士歌唱道："将军三箭定天山，壮士长歌入汉关。"不久，大将李勣攻克高丽，隋炀帝、唐太宗地下有知，这两位表叔侄当举杯相碰：终于一伸愤怒之气！由此，朝鲜半岛基本处于大唐控制下，并在平壤设安东都护府，右武卫大将军薛仁贵率唐军两万人驻守当地；西域方面，唐朝更是在早些时候已经把在高昌的安西都护府移至中亚的龟兹国，并设濛池、昆陵二都护府。

武后真正掌握国政，当在麟德元年（公元664）。

武后登上皇后宝位初期，能屈身忍辱，奉顺上意。高宗觉得她既有大志又贤惠，喜欢得不得了。得志之后，武后开始专作威福。高宗想自己决定几件朝事，都会被武后制止。

高宗生气之余，又听说有妖道郭行真常出入武后卧内，行厌胜之法，更加大怒不止。于是，他密召西台侍郎上官仪谋议。上官仪工于五言诗，是个词客文官，回奏说："皇后专恣，海内不服，请皇上废掉她。"

高宗点头，马上命上官仪起草废皇后的诏书。

这边君臣二人正密谈，早有武后安排的宫女、宦者撒丫子飞奔，密报武后。武后也不慌，乘辇直入高宗寝宫，诉说自己无罪。高宗羞缩不忍，待之如初。

好一个怯懦绿帽皇帝，面对悍妇，羞、惧、畏、忍，一齐涌上心间脸头，唯唯之余，他还把上官仪给出"卖"了："我本无此心，都是上官仪教我"。

武后冷笑。

从高宗处回到自己宫内，武后马上唤来得力走狗许敬宗，让他上书诬称上官仪与高宗长子燕王李忠谋反，不仅杀掉了上官仪父子，顺带弄死了李忠。

李忠是高宗的刘妃所生长子。由于上官仪早年做过李忠"陈王"时的谘议，武后便乘机把这位"继子"也弄死了事。一石数鸟，可见武后的妇人之毒。

武后杀掉上官仪、李忠后，气焰更炽。黜陟杀生之权，都归于己手，高宗拱手而已，中外谓之"二圣。"

高宗盛年皇帝，竟完全成为自己老婆的傀儡，这也是天下一奇。

不仅杀继子，武后连亲儿子也照杀不误。武后生有四子，依次为李弘、李贤以及后来时而为帝时而被废的中宗李显和睿宗李旦。

李弘仁孝，喜读书，善待人，并曾谏阻高宗刑杀太过，很有仁德之风。咸亨年间，李弘亲见自己两个异母姐姐义阳公主、宣城公主三十多岁的人，仍旧幽禁于掖庭牢室，见之惊恻，就上表父皇，奏请放出这两个姐姐嫁人。武后听闻，杀心顿起，愤恨李弘竟敢把自己死敌萧淑妃的两个女儿释放，恨记在心。过了一年多，趁李弘在合璧宫拜见自己，武后下毒，把自己的长子毒死，时年二十四。

同年，她立自己的二儿子李贤为皇太子。

李贤容止端雅，深为高宗喜爱。但武后宠臣明崇俨密奏说李贤"状类太宗"，武后很害怕这个儿子日后不好控制。同时，宫内的宦者、宫女都私下议论李贤实际上是武后姐姐韩国夫人所生，众议纷纷，李贤本人终日疑惧。调露二年（公元680年），明崇俨在京中被人暗杀，武后怀疑是李贤所为，便借事把他废为庶人，迁于巴州看管。后来，酷吏丘神勣承武后旨意，逼令李贤自杀，时年三十二。

李贤死后，其长子李光顺，也被武后诛杀；二子李守义病死；三子李守礼，数十年被幽禁，直到玄宗继位，这位王爷才有了好日子过，封为邠王。

诸位宗室王爷宴饮，这位邠王有"天气预报"之称。数日连阴，李守礼会忽然说"要晴天了"，果然一会儿就晴；艳阳高照，李守礼会高言："马上要下雨！"话落不久，乌云顿起。诸王以为嬉笑，在一次宗室大宴上，大家奏称邠王有"特异功能"。唐玄宗奇怪，就询问李守礼何以如此预验天气。守礼回答："臣并无预晓之术。当年我父亲（李贤）被贬放后，我被囚禁于宫中十多年，每年都会被武则天数次下敕加以杖打，浑身布满伤痕。如果要下雨，臣背上即感沉闷。天要转晴，臣即感轻健，依此预知天气，并非有什么异术。"言毕，李守礼涕泗沾襟，唐玄宗也为之悯然。

除李忠、李弘、李贤被武后杀害，高宗八个儿子，原王李孝还算病死善终，另外两个儿子泽王李上金和许王李素节也被武后杀掉。

许王李素节是萧淑妃所生。其母被杀后，李素节被贬外放，任申州刺史。不久，又被陆续转贬，一刻也不停。武则天天授年间，思起其母旧恶，她派人把李素节和泽王李上金召入京师。临行，李素节听见城内有人送葬哀哭，感叹说："想病死是一件多么不容易的事，怎么还如此哀哭呢！"连京城都未入，李素节就被武后派人在龙门驿用带子勒死，并杀其九子；泽王李上金与许王一同被征召入朝，听见四弟被杀，惶恐之下，也自缢而死，他的七个儿子也被武后于流放途中弄死。

所有这些龙子龙孙，皆是高宗皇帝的直系骨血。

笔者二十岁时，趁放暑假曾去洛阳的龙门石窟游玩。北方秋日，空气澄明，艳阳高照，卢舍那大佛屹立于山前，庄严肃穆，结跏趺坐，令人顿起崇穆之意。大像头束高肉髻，涡状纹发型，双耳重肩，眼帘微垂，嘴角隐含意味深长的笑意，既有天国的高尚，又有人间的慈祥。据说，此尊卢舍那大佛，作于公元675年（上元二年），是仿摹武则天本人的相貌雕刻而成。笔者当时年轻，还不知武则天有那么多骇人听闻的残忍"事迹"。由此，当时倒可以真正怀有"无暇"之念对佛教艺术进行最深刻的审美。

3.变唐为周——真正过了"皇帝瘾"的女性第一人

公元683年底,窝囊废高宗李治"驾崩",时年五十六。他遗诏太子李显即位。

唐中宗李显即位后,尊武后为皇太后。为了暂时稳住唐朝宗室,武后加韩王李元嘉等人以"三公"的职位,恐其为变,以安其心。

唐中宗自找倒霉。当皇帝才两个月,他就想把自己老婆韦皇后的爸爸韦玄贞升为侍中。老哥们刚刚从普州参军被超升为豫州刺史,现在又因是中宗岳父要再提至"国家领导人"级别。

中书令(宰相)裴炎表示不赞成。中宗大怒,高声说:"我以天下让给韦玄贞有何不可,怎会可惜一个侍中职位!"

裴炎生惧,忙向武后禀报。武后大怒,转天上朝,大集百官,并命羽林将军程务挺等人勒兵入宫,当庭宣诏,废中宗为庐陵王,扶下殿去。

李显还嚷嚷,"我有何罪?"

他的太后亲妈在殿上高言:"汝欲以天下与韦玄贞,何得无罪!"接着,武后下诏把韦玄贞流放于钦州。这老哥们也倒霉,天上地下,何其促也!

废了自己三儿子,武后扶立四子李旦为帝,是为唐睿宗。但国家政事,皆决于太后,睿宗只是一个幌子。

不久,武则天干脆自己临朝称制,御紫宸殿视朝,并把侄子武承嗣招至朝中,封为礼部尚书。

武大侄子得意忘形,请武后追封其父祖七代为王,立庙尊祀。裴炎谏劝,武后闻言不悦,从此恨上裴炎。追封之事,仍旧施行。武士彟在地下,肯定会惊讶自己的冷猪肉分量越来越大。

武承嗣用事后,与堂弟武三思等人不时进宫,劝姑姑"革命",尽诛皇帝诸王及公卿中不附己者。消息传出,唐朝宗室人人自危,众心愤惋。

李勣之孙李敬业、与事中唐之奇、长安主簿骆宾王等人皆因坐事贬官,相遇于扬州,就密谋造反,以匡复庐陵王李显为借口。

武后闻讯，心中也惊。她忙遣左卫大将军李孝逸率三十万大军前去征讨。

裴炎上朝，武后问计，这位宰相回答："皇帝年长，不亲政事，所以外间几个小子托以为辞。如果太后返政于帝，诸贼则不讨自平。"

武后愤恨，当晚就派人把裴炎逮入狱中。有人劝裴炎向武后道歉，或许能活一命。裴炎说："宰相下狱，安有活理！"

果然，不过数日，武后命杀裴炎于市，籍没其家。

李敬业等人志大才疏，未几兵败，被手下兵将王那相等人斩首，扬、润、楚三州皆平。

不仅自己一家全被杀，李敬业的祖父李勣等人也被挖棺刨尸，并复姓徐氏。

此次起兵，唯一留下动静的就是骆宾王那篇《讨武檄》。当时，手捧檄文，看得武则天连连叹赏不已。

诸事平定，武则天派人去边疆军中，杀掉了左武卫大将军程务挺。

程务挺父子英雄，其父程名振在隋末就已威震四方。程务挺少年即随父行征，为唐朝立下了汗马功劳。裴行俭大败突厥阿史那伏念，程务挺为副将，居功甚伟，得封公爵。中宗之废，程务挺与裴炎出力，可谓也是武后得力鹰犬。此后，程务挺任单于道安抚大使，在边疆督军正抵御突厥。听说裴炎被逮，程务挺上书"申理"求情。武后妇人，听不得异议，见表大怒，就派人到军中斩杀了这位大将。

本来，突厥人特别害怕这位程将军，知道他来就远远遁走。听说他被武后杀掉，突厥人摆宴相庆，又为程务挺立祠，每出师攻战，就先到祠内祈祷焉。

所以说，武后是自毁"战神"。

武则天一久居深宫老娘们儿，玩唐帝于股掌，乍废乍立，李孝逸、程务挺一方大将，或任或杀，都是府兵制中央集权的功效。然而，正是太宗时代处心积虑"散兵于农"的府兵制，也种下了祸乱的根苗。因为，以农为兵，虚为行阵演习，应以虚文，兵不习战，将不知兵，旷日持久，太宗想"弱天下"以巩固中央集权的谋略，最终却成了"弱自己（唐王室）"的下策。

唐玄宗改易府兵为"彍骑"，有所改变，但仍不能除掉数十年之积弊。而后安史二贼一呼,唐朝江山,一朝瓦解。

垂拱二年(公元686年),武则天因徐敬业之反,怀疑天下人都想谋害自己,就设置铜匦(告密信箱),想大诛杀以立威,便广开告密之门。

为武则天出设告密信箱的,是一名叫鱼保家的官僚子弟。李敬业造反,鱼保家曾辅助做刀箭。李敬业叛乱平息,鱼保家幸免一死。但此人不闲着,上书武则天,把自己设计的精巧的"铜匦"献上,"中有四格,上各有窍,以受表疏,可入不可出"。

武则天很高兴,命施行于天下。不久,鱼保家的私敌也往"铜匦"中投告密信,告发他当初帮徐敬业造兵器一事。经验为实,鱼保家成了"鱼破家",他不仅自己被杀,还被族诛,真是小人枉为小人。

从垂拱四年开始,武则天加紧了"革命"步伐,开始有计划地大批诛杀唐朝宗室。九月,琅玡王李冲在博州起兵,其父越王李贞也于豫州响应,唐朝宗室开始了他们绝望搏命的反抗。但武后相继派丘神勣等人讨平,斩杀李贞、李冲等人,并因此大相诬引,杀韩王李元嘉等宗室数百。

大戮之下,武则天广加牵引,连自己的女婿薛绍兄弟也不放过,或杀头、或杖死。太平公主也不哀戚。不久,武后派人杀掉自己侄子武攸暨的妻子,把太平公主嫁给自己这位糊里糊涂死了老婆的汉子。

太平公主方额广颐,多权略,武后觉得此女很像自己,宠爱特厚,常与她密议天下大事。

武后这个妇人真是很怪,四个亲生儿子或杀或废,对女儿倒好得不行。

天授元年(公元690年)阴历九月九日,武则天终于"革唐命,改国号为周",以睿宗为"皇嗣",追谥父祖多人为帝,并立武承嗣、武三思等十二人为郡王。

至此,武则天终于成了真真正正的女皇帝。

武则天在"革命"进程中,依赖来俊臣、周兴、丘神勣、索元礼等酷吏,冤杀宗室、贵族、大臣等成千上万家,这些得力鹰犬,主人用毕之后,他们自己最终也被弄死。

来俊臣，雍州万年人，以善于告密被武则天欣赏，累迁侍御史。他大兴制狱，前后族杀千余家。由经验而理论，来俊臣还与手下合著《告密罗织经》一卷，条理分明，简明易懂，成为酷吏的必读"工作手册"。

来俊臣天生杀才，每次讯囚，无问对方有何罪状，均以醋灌鼻，或囚于地牢，或塞入瓮中，绝其饮食，环以小火烤炙，所以，几乎没有不认罪的。每逢朝廷赦令，他必提前杀尽"重囚"。

来俊臣又与索元礼等人制作大枷，共有十个"型号"，第一"定百脉"，第二"喘不得"，第三"突地吼"，第四"着即承"，第五"失魂胆"，第六"实同反"，第七"反是实"，第八"死猪愁"，第九"求即死"，第十"求破家"——观此名号，形象生动，可以想见这些枷具的厉害。

无论犯人贵贱与否，来俊臣均以致对方死地为后快。武后大臣如狄仁杰，也在鞫讯之下不得不承认造反。武则天亲自审讯，质问狄仁杰为何在狱中承认谋反，老狄如实回奏："如不认罪，臣早已死在枷棒之下了。"

对朝中大臣，来俊臣或以棒杀，或以刀斩，或截舌，或剖胆，甚至为了强取大臣一个美婢，不惜族诛数百人以达到目的。最后，来俊臣玩得过火，想罗告太平公主和武氏诸王以及武则天面首张易之等人，众人齐起攻之，武后才对他下诏弃市。刑场上，京城的人纷纷碎剐其肉，争而抢食以解恨。

有个故事，周兴虽为武后手下酷吏，也被人告发要"谋反"。武则天命来俊臣审理。老来和老周数年老同事，知道对方铁嘴钢牙，便宴请对方到自己家里饮酒。席间，老来问老周审讯犯人让对方招供的"秘方"。老周莞尔一笑，说："找个大瓮，让人犯进入其中，四周慢火烤煎，没有什么人能不招供的。"老来欣然，马上让手下抬来一口大瓮——这就是"请君入瓮"的由来。

周兴最"有名"的"政绩"，是害死大将黑齿常之。黑齿常之是百济人，此人身长七尺余，骁毅有谋略。苏定方平百济，常之以所部向唐军投降，虽然中间又因惧生叛，最后还是诣唐将刘仁轨降，死心塌地成为唐臣。仪凤三年，黑齿常之在与吐蕃的作战中，眼见敌人凭高乘险，他连夜率五百敢死队，直冲上陡壁，杀掉数百人，吐蕃主将吓得弃军而逃。此胜克捷，常之得授左武卫将军。良非川一战，常之又率精骑三千夜袭吐蕃大军，斩首二千级，获羊马数万。他整军屯田，斥堠置烽，统军七年，吐蕃严畏，不敢犯边。垂拱年间，突厥犯塞，黑齿常之率唐军追讨，在一个叫两井的地方，三千突厥精骑正准备身穿甲胄出战，他忽然率唐军出现，虽然身边只有二百骑，突厥兵仍见之惊恐而逃。

而后，黑齿常之与李多祚合军，在黄花堆大破突厥，迫使这帮胡人溃归碛北。

就是这样一位立下赫赫功勋的大将，周兴诬陷他与右鹰杨将军赵怀节谋反，逮捕至京，关入诏狱。

千军万马皆不惧，黑齿常之进了周兴等人的活地狱，惊恐畏惧，肝胆俱裂，竟然自己上吊自杀。

索元礼与来俊臣"齐名"，时称"来、索"。老索此人，是西域胡人后代，穷凶极恶，他每推一人，必会牵连数十百人，在职期间杀戮数千人。此人日后因为受贿数目大，也被逮入监狱。开始，由于从前也是"公安人员"，他还不服。狱吏大叫："把索公铁笼拿过来！"眼见自己先前所制刑具砸在面前，索元礼马上服罪。不久，他便被老同事们在狱中"折磨"死。

所有的这些酷吏，虽为武则天效尽犬马之劳，最后都难逃刑诛，武后杀之，以慰人望。由此，可以想见武则天心思之深、手腕之毒，用谁就提拔谁，用过了就弄死给自己找"受蒙蔽"的借口，杀掉这些"大狼狗"。

不仅这些人随用随弃，恩宠之最者如僧怀义，也难逃一死。僧怀义本名冯小宝，是洛阳城中卖药郎。高祖小女儿千金公主见此人虎头虎脑，借买药为名就把他买上了床。用过之后，畅悦非常，为了巴结花甲之年仍有虎狼之欲的太后，便于垂拱元年（公元685年）荐之入宫。

武则天一使，大喜过望，冯小宝腰下大药杵很是管用，立刻剃其为僧，以方便他出入宫中。

头上疥疤还是新烧，怀义已经与洛阳那些副部级的高僧大德们如法明、处一、惠俨等人同台出入了。骄蛮如武三思、武承嗣，都像僮仆一样为他牵马缀蹬。

怀义多聚无赖子弟，剃度为僧，四处犯法，是个十足的流氓无产者。武后一高兴，重修白马寺，以怀义为寺主。

当时，有个小官王求礼听说僧怀义常出入后宫，还上表劝谏武后："陛下若以怀义有巧艺，欲宫中驱使者，臣请阉之，以免其污乱宫闱。"

这位小臣真傻，阉掉怀义，太后使啥。

垂拱四年，怀义为武则天建成骇人心目的巨大"明堂"，高二百九十四尺，方三百尺，高三层。由此，怀义得拜左威卫大将军、梁国公。

僧怀义是武后"使用"时间最久的面首，则天长寿二年（公元693）年，女皇帝为了让这位"大老二"立功显威，派任他为代北道行军大总管，出兵讨伐突厥的默啜可汗。虽为一方总管，但怀义手下皆是当朝宰臣：李昭德、苏味道等人。怀义聚众议事的时候，宰相李昭德有异议，怀义拿出鞭子劈头盖脸一顿乱抽，吓得李昭德惶惧请罪——谁敢得罪女皇帝枕边红人。

李氏皇族诛除几尽，唯独送奉僧怀义的长孙公主以巧媚得存，武则天赐其"武"姓，养以为女，终日欢言。

后来，御医沈南璆为武则天"看病"，看着看着也就看上了床，只"医治"女皇下半身。

估计是厌倦了怀义粗蛮型大汉，武则天开始玩起"小白脸"型的文雅书生。

僧怀义吃醋，他放起大火，点燃了明堂，大火照城中，黑夜如白昼。耗费巨亿的宏大明堂，一下子成为白地。武后耻而讳之。时为天册万岁元年（公元695年）。

而且，这个卖药出身的和尚不知好歹，到处胡说八道，炫耀他如何伺候老太太。传到武则天耳朵，老妇人登时起了杀心。太平公主"用"过这个和尚，此时劝母亲扔掉这桶"药渣"，武后应允。

于是，太平公主率数十壮妇仆从，在瑶光殿抓起大大咧咧、四处游逛的大和尚，把他活活打死。然后送尸白马寺，焚尸造塔——真不知怀义大和尚的舍利子，是否粒大而坚硬。

仔细算算，武则天对僧怀义也够有情，足足用了十年之久。现在，好多电视剧中瞎编滥造，硬说冯小宝与武后是青梅竹马。其实，冯小宝伺候武后时，老太太已年过花甲，冯小宝当时才二十多岁。如果说"青梅竹马"，也只能推算武媚娘和小宝的爷爷弄青梅、骑竹马了。

可见，无论是谁，只要敢稍有损于武则天自己的利益，必杀之而后快。

4.高寿遗祸——武则天的晚年

自武则天长寿元年以后(公元692年)，老妇人杀心渐息。

由于告密者不可胜数，武后亦厌其烦，起用直臣严譔，这正是标志着武则天逐渐厌杀的开始。而且，老妇人年纪虽大，更注意享用男宠和面首。老年性生活愉快，自然杀心也随之稍歇。

虽如此，武则天手下酷吏杀人已成习惯，仍有大规模诛戮事件不时发生。长寿二年(693年)，有人告发岭南流人谋反，酷吏万国俊到了广州，把流放至此的大小官吏召集在一起，矫制赐流人自尽。流人们冤天呼地，尤国俊就派兵把这些人赶到水边，尽皆斩之。然后，他伪造流人谋反的供状，上报武则天，被擢升为朝散大夫。

众酷吏见万国俊因多杀而获提拔，争相效仿。"(刘)光业杀七百人，(王)德寿杀五百人，自余少者不减百人，其远年杂犯流人亦与俱毙。"所有这些流犯，皆非一般百姓，都是昔日的唐朝各级官吏及其至亲家属。

又一轮屠杀过后，闲暇之时，武则天为了显示自己的"仁德"，把万国俊等人杀掉了事。

神功元年(公元697年)，和尚怀义死后，太平公主见母后"采阳补阴"的工具减少，便把自己用过的美少年张昌宗推荐入宫。

武则天一试，小伙儿真棒，就天天猛用。

老阴凶猛，恰如无底之洞，张昌宗自感不敌，就把异母哥哥张易之"推荐"给太后，轮流侍奉，把老太太伺候得极其舒坦。

这二人不仅"美姿容"，还"善音律"，吹拉弹唱，样样都行。于是，张易之为司卫少卿，张昌宗为散骑常侍，两人的母亲都进封"太夫人"名号，赏赐不可胜记。

这两个男妓不比寻常，女皇专用，气焰冲天。武承嗣、武三思、宗楚客等人，都在他们马前争执鞭辔，并昵称张易之为五郎，称张昌宗为六郎。

杨再思为宰相，专以谄媚取容。一次，杨宰相去张易之的哥哥张同休家喝酒，公卿众多。酒过数巡，喝得高兴，张同休望着杨再思，嬉笑说："杨内史长得像高丽人。"

一听此说，杨再思欣然起身，剪纸贴巾，反披紫袍，大跳高丽舞，使得举座大笑。

坐定之后，满席诸人又大献殷勤，极口夸赞张氏兄弟美貌，有人站出高呼："六郎（张昌宗）面似莲花。"

杨再思又跳起，大叫"不对！"

众人惊愕。连张昌宗都停下酒杯，瞪向杨再思。

"应该说莲花似六郎！"

包袱一抖，众人又大笑，各自心里不得不佩服这位宰相的奉承功夫。

张氏兄弟虽年轻，与太后被翻红浪、贴身肉搏之时，见老肉横陈、皮松发少，心中深知这个靠山不能长久。

酷吏吉顼与张氏兄弟俩关系好，一次，他"语重心长"地劝二人说：

"公兄弟贵宠如此，非以德业取之也，天下倾目切齿多矣。不有大功于天下，何以自全？窃为公忧之！"

一席话，把二小伙说哭了，流涕问计。

吉顼出主意："天下士庶，未忘唐德，咸思复庐陵王（中宗）为帝。太后春秋高，武氏兄弟非能承继。公兄弟何不劝太后复立庐陵王，以慰苍生之望。如此，不仅可免祸，也可长保富贵。"

此前，武承嗣、武三思哥俩不停地派人向姑母说情，都想当太子，并进言："自古以来哪有以异姓为嗣的"，意思是指，姑姑您姓武，当然要我们武家人来继承。

武则天犹豫未决之际，大臣狄仁杰劝谏："太宗栉风沐雨，亲冒锋镝，以定天下，传之子孙。大帝（高宗）以二子托付给陛下，如移社稷与他族，天意不可啊。而且，姑侄与母子，孰亲孰近！陛下立子，则千秋万岁，配享太庙；如果立侄，为臣我从未听说有侄子当天子会在太庙中树立姑母牌位加以祭祀的。”

老妇人心动。此时，恰恰两个男宠也来劝。武则天召来吉顼细问，此人仔细为武后具陈利害。

于是，武则天终于下定了复立中宗的决心，召李显回京。武承嗣深恨不得为太子，急火攻心，竟发病而死。

身为皇嗣的睿宗李旦见三哥回来，固请逊位，武则天便应许把李显复立为"皇太子"。

武则天晚年，信重内史狄仁杰。或许两人都是并州老乡，讲起话来心气相通。即使是这位老臣面引廷争，当众表示异议，武则天也常屈意从之。狄仁杰入见，武则天常免其跪拜，说："每见公拜，朕亦身痛。"

狄仁杰不仅仅为周朝立下不少功业，也时常谏阻武则天少干坏事。更重要的，是他推荐了如张柬之、桓彦范、敬晖等数十名能臣干士进入中央，为日后唐朝的复兴进行了充分的人员准备。

久视元年（公元700年），狄仁杰病逝，武则天在见群臣时大哭，说"朝堂空矣！"

后世《狄公案》小说流布甚广，狄仁杰成了一个"神探"，皆是小说家言，没有丝毫可信度。破案等事，乃是"吏"的事情，狄仁杰乃政治天才，不会把心思都浪费在"法医学"方面。

古稀之年已逾，武则天仍多选美少年为奉宸内供奉。估计是俊小伙用过以后感觉很妙，老妇人欲望更强。

大臣朱敬则上谏："陛下内宠有张易之、张昌宗，应该是够了。近来，听说右监门长史侯祥等人，在广众之中炫耀宫中受宠的经过，不知羞耻，无礼无仪，污慢朝廷。为臣职在谏诤，不敢不奏。"

武则天也不怒，慰勉说："非卿直言，朕不知此。"赐朱敬则锦彩百段。

二张恃宠仗势，骄恣异常。这哥俩的弟弟张昌仪为洛阳令（首都市长），也在朝中气势凌人。一日早朝,有个姓薛的待选候补官员拉住张昌仪马头,奉上黄金五十两,并呈上自己的名状,希望能得补京城美官。

张昌仪笑纳。入朝后,他把那个姓薛的名状递给天官侍郎(组织副部长)张锡。张锡不小心,把名状弄丢,就战战兢兢问张昌仪那个姓薛的人到底叫什么名字,好把他登记为新选的京官。

张昌仪大骂:"真他妈不会办事!我怎么记得住人名,这样吧,凡是姓薛的就补官"。

张锡大惧之下,检索候选名录,竟有六十多人姓薛,无奈,全部注为留京官员。

可见,张氏兄弟也有可爱之处,受人钱财,与人好处,比起现在好多吃黑钱不办事的贪官要"善良"好多。

由于张氏兄弟凭胯下枪伺候得武则天舒舒服服,"宗族贵盛,势倾朝野"。就连太子李显、相王李旦、太平公主兄妹三人也联合上表,请封张昌宗为王。

武则天下半身舒服,上半身却极有"原则",执不许。兄妹再三上表,武老太就赐爵张昌宗为邺国公。

张氏兄弟虽暴横,大臣中也有不买账的,左台大夫魏元忠就是最硬的一位。此人生性倔强,早先,他被周兴、来俊臣数次诬陷,几进大狱。最危险的一次,魏元忠已经被押赴刑场,李唐宗室子弟三十多人皆在他面前斩杀,尸体枕藉于前,元忠仍面不改色。幸亏武后派人宣救,免其一死。

张昌仪依恃几个美男子哥哥的势力,在洛阳牛得不行,骑马直入长史府听事。魏元忠为洛州长史(省部级干部),马上叱之下马(张昌仪只是"市级"干部)。张易之的僮仆在于市横暴,也被老魏抓起来杖杀。同时,他还在武则天面前沉痛地表示:"臣自先帝以来,深蒙恩渥,今不能尽忠死节,使小人在侧,臣之罪也!"

武后闻言不悦,张氏兄弟也恨他得要死。

张昌宗深恐武则天哪天暴崩,诸兄弟会为魏元忠所诛,便先下手为强,诬其谋反。他唤来凤阁舍人张说,许以高官厚爵,让他做伪证诬引老魏头。张说本来应承,但张说的同事宋璟劝说:"名义至重,鬼神难欺,如果你坚持正义,获罪流放,也是光荣之事。届时,我当叩阁力争,与您同死。努力为之,可获万代美名!"

侍御史张延珪、左史刘知几也劝励张说。

武则天召来众臣,当面廷审魏元忠。张昌宗见到张说,凑上前拽他胳膊,要他马上发言,"揭发"魏元忠。

不料,张说翻脸,对武则天说:"陛下您看,张昌宗在您面前,尚且敢逼迫臣下,可想他在廷外多么嚣张。我确实没有听说魏元忠有谋反之言,是张昌宗逼我,要我诬引魏元忠。"

张昌宗、张易之急了,闻言大叫:"张说与魏元忠一同谋反!"

武后见自己的两块小心肝肉在殿上着急,心中十分不悦,怒言:"张说反复小人,抓起来再说。"

审讯多次,张说一直铁嘴钢牙,绝不改口。

为了让美小伙儿开心,武则天下令贬魏元忠为高要尉(一下子变成副县级干部)。岭南路远,估计老魏不一定能活着走到那地方。至于张说,也窜贬岭表。

魏元忠老臣,仍有机会面辞武则天。他深深一拜,说:"臣老矣,今向岭南,十死一生,陛下他日必有思臣之时。"

武则天沉吟。

魏元忠怒髯皆张,指着站于武则天御榻两侧的张易之、张昌宗,怒斥:"此二小儿,终为乱阶!"

二张兄弟闻言,忙下阶跪倒,拍胸打滚,自称冤枉。

看见两个心肝儿"驴打滚",老妇人心不忍,忙呵斥:"魏元忠,赶紧离开!"

不久,张氏兄弟猖狂至极,武则天也烦,想教训一下他们,把张氏哥儿五个全部关押起来,经过御史严查,兄弟五个皆收赃暴横,应予免官。

武则天几天没用张氏兄弟,身上想得紧,便亲自上朝,问在座诸相,"昌宗有功吗?"

　　宰相杨再思听出弦外之音,忙回禀:"昌宗合神丹,圣上饮服有验,此为莫大之功。"

　　于是,武后赦免张昌宗罪,复其官职。

　　此次实际上是小打小闹,踹一脚赏口肉,武则天把小情夫们也玩弄于股掌之上,并非真想整治他们。

　　长安四年底(公元 704 年),武则天病重,居于长生殿,身边只有张易之、昌宗侍侧。

　　老妇人老病之身,仍然带病坚持与两个美男子"工作",把两哥们儿当药引子,真是越老越混。

　　二张兄弟见老太太病重,忧恐交加,但只知道引用党援。关键时刻,他们忘了当初吉顼出的主意:"拥戴嗣君李显"。

　　公元 705 年正月,武后病危,两小伙居深宫。

　　别人不知不急,满朝正直的大臣们忧心如焚。

　　凤阁侍郎张柬之、崔玄,中台右丞敬晖,司刑少卿桓彦范以及相王府司马袁恕己等五人密议,准备诛杀二张兄弟,以除帝国心腹之患。

　　议定,五人皆文官,手中无兵,要想成功,须得有军将,尤其是禁卫军将的帮忙才能成功。

　　于是,张柬之找来右羽林卫大将军李多祚。

　　两人坐定,张柬之问:"将军居北门枢要之地,有多久了?"

　　"三十年了。"李多祚答。

　　"李将军您富贵荣华,贵重当世,应该感怀大帝(高宗)恩重吧?"张柬之又问。

　　李多祚泣下沾衣:"死也不忘!"

　　这位将军祖先是靺鞨酋长,附唐多年。李多祚骁勇善射,以军功累迁右鹰扬大将军。高宗时代,命他进讨黑水靺鞨(金、清之祖先)。由于李多祚本人也出自靺鞨,他最终诱其酋长,置酒高会,杀掉贼酋,立得大功。后来,他带兵为唐朝讨室韦、契丹的叛乱,升至右羽林大将军,领北门禁卫兵。

张柬之劝说道:"将军既知感恩,当思报效。现太后病危,小人居侧,东宫太子乃大帝亲儿,宗社危急。将军果有报恩之心,今正其时也!"

李多祚指天地发誓:"苟利国家,惟公所使!"

说动李多祚的主力禁军,其余就容易得多。张柬之委任心腹杨元琰为右羽林将军,以桓彦范、敬晖以及李湛皆为宫中禁军首领,准备起事。

事前,桓彦范、敬晖二人谒见太子李显。当时,李显为侍母皇疾病,于北门起居。所以,见他也很容易。二人向李显说明来意,得到允许。

神龙元年(公元705年)正月癸卯日,张柬之、桓彦范、崔玄等人率领左右羽林兵五百多人急行至玄武门占领宫中战略要地(此玄武门是洛阳玄武门,与长安皇宫的玄武门一样重要)。同时,派李多祚、李湛以及驸马都尉王同皎率人往迎皇太子。

时已至此,李显倒打起退堂鼓,显示出此人和他老爸高宗是一根藤上的软瓜。

他隔着门,哆嗦着说:"圣躬(武则天)身体不适,此行怕有惊动。公等且止,待日后再说。"

王同皎急了,说:"先帝以宗社付殿下,却横遭幽废。人神共愤,二十三年矣。如今,北门、南牙,诸将士同心协力,诛凶竖,复李氏社稷,希望您速至玄武门,以慰众望。"

李显不答。

左羽林将军李湛高声道:"诸将弃家族性命于不顾,与宰相等同心协力,匡辅社稷,殿下奈何不哀其至诚,忍心置他们于死地。我等微命,诚不足惜,愿殿下自出止之。"

得悉文臣、武将皆出力,李显心中小算盘飞了半天,终于勉强跟随众人,一起往玄武门进发。

古人讲求师出有名。有了李显这么一个"大招牌",行事就变得非常容易。王同皎把老胖太子抱上马,众人随后,直冲玄武门,与附近集结的张柬之等人合军,斩关而入,一直冲到迎仙宫中武则天养病的长生殿。

张易之、张昌宗两兄弟刚刚给老太太揉完身子喂完药,听见外面稀里哗啦满院子兵甲刀剑以及军靴声,急忙出门观瞧。

灯笼高挑,没走几步,只见明晃晃数百刀剑左右上下竖砍横劈,两个美男子立时变成血淋的尸块。

武则天刚迷糊睡着。猛惊醒,忽见床围满是手执刀剑的军将,众人脸上、身上以及甲胄上溅满鲜血。

"谁在作乱?"武老太太惊问。

"张易之、张昌宗谋反,臣等奉太子令诛杀二人。称兵宫禁,臣等死罪。"李湛回答。

李湛是武则天当皇后的心腹李义府少子。李义府病死于流放地后,武则天念起昔日旧情,把他一家子又接回京城,优先抚恤。因此,看见李湛如此说,武则天叹气:"爱卿亦是诛易之军将?我待汝父子不薄,何至于是!"

老妇人喘了几口,转头又对一直哆哆嗦嗦不敢抬头的李显说:"哦,也有你的份儿,那两个小子既然已经杀掉,你可以回东宫去了。"

桓彦范进前施礼,朗声道:"太子怎能再还东宫!昔天皇(高宗)以爱子托付陛下,今年岁已长,天意人心,久思李氏。愿陛下传位太子,以顺天人之望!"

武老太太不答。她心中黯然,知道事势如此,只能让太子复位。

看见崔玄也一身戎装、手持长剑,武则天沉脸对他说:"别人皆因人而进,唯有爱卿你是朕亲自提拔,也参加此事呀?"

崔玄丝毫无愧,回言:"此乃所以报陛下之大德!"

于是,众人连夜派兵逮捕张昌期、张同休、张昌仪等人,就地处决。五个兄弟的首级,全被高悬于天津桥南。至于张氏兄弟同党,也一并逮捕入狱。

中宗即位,复国号为唐,大赦天下。自此,"大周"消失,天下重归李氏。

唐中宗拜皇弟相王李旦为太尉,加太平公主号为镇国太平公主。李唐皇族昔日被杀被废者,子孙皆复宗室属籍,量叙官爵。

一年多前,中宗爱子李重润与妹妹永泰郡主和妹夫武延基三人饮酒,聊天时,聊到了张氏兄弟出入太后卧室之事。其实,三个人也是好奇,老奶奶这么大岁数,还能干那个,真让人奇怪。这些私房话,很快为人所告,武则天大怒,孙子、孙女敢议论老奶奶我的"性生活",这还了得,她唤中宗大骂。中宗惶恐,回东宫后,马上逼儿子、女儿自杀。李重润死时,年仅十九岁。永泰公主还是一尸两命,当时她已经身怀有孕。

无论老妇人如何阴毒,武则天毕竟是自己的亲妈,唐中宗把老太太"徙居"上阳宫后,仍率百官上诣,上太后尊号为"则天大圣皇帝"。

老妇人躺在床上,眼瞪上方虚空,充满怨毒,却也无可奈何。

病榻缠绵,武则天又拖了近十个月,年底才咽下最后一口气,时年八十二。清朝历史学家赵翼感慨,总结了武后一生的隐忍残暴,得出一个结论,武后,真千古未有之大残忍人!

如此残暴无情的妇人,当时和后世亦有不少辩护者,认为武则天时代是"僭于上而治于下",其人仍是"杰出女政治家",并以户口增长为例,高宗永徽年间只有三百八十万户,武则天死时,唐朝增至六百二十万户——笔者认为,这些发展,皆是高祖、太宗治下,特别是贞观之治后的发展惯性使然,如果没有武后佞佛、滥封的骄侈淫逸,唐朝本来应该会更兴旺才是。

而且,武后成为"天后"以后,即她掌握真正的国家大权以来,唐朝对外势力也开始有了萎缩迹象。670 年,唐军败于吐蕃,安西四镇一并丢失;670 年和 676 年,安东都护府两次从平壤撤至辽东及新城。677 年,高丽旧地的汉官基本撤回。674 年,新罗日益做大,唐朝已经力不能及。678 年,吐蕃日强,唐朝只能以"无好将"的借口不敢出兵。696 年,契丹松漠都督李尽忠又叛,武周出兵,整支军队竟全军覆没。而后,突厥的默啜又借势而起,搞得武周朝焦头烂额。

东晋名士刘惔与王濛外出游玩,至中午也没吃饭。有一个相识的小土豪见二人近至家门,忙准备了满满一大桌子好饭菜。刘惔拒绝入席。王濛劝说:"聊以充饥罢了,何必推辞呢。"刘惔正色道:"绝不可与小人作缘!"

当然,东晋门阀士族,清高自诩,确有不近人情之处,但刘惔"绝不可与小人作缘",也发人深省。

当初,假使高祖李渊不贪那位文水土豪武士彟几顿美餐、几两银子,拒腐蚀，永不沾，也就不会与老武这样僻远的小财主搭上界。日后，李渊为帝，酬谢旧人，对武士彠一家人还真不错，给官给钱，以为就可以了此宿缘。殊不料，这武家胖丫头，凤鸟入宫，多少李氏皇子龙孙，皆成血肉尸块，唐朝几乎香火不续。

究其最初因缘，恰是李渊占小便宜，"与小人作缘"，以至社稷几乎不保！

今天，在广袤的渭北高原，高宗与武则天的合葬地乾陵气势恢宏。方圆百里之内，散布着大大小小共十七座陪葬墓，其中有章怀太子墓、懿德太子墓、永泰公主墓，许王李素节墓、泽王李上金墓等等——其中的章怀太子李贤是武则天第二子，被生母以"忤逆"罪废为庶人后派人弄死于巴州（今四川巴中市）；懿德太子李重润是武则天亲孙子，其父乃唐中宗李显，因与妹妹永泰公主私下谈议张易之随意出入宫廷"伺候"武则天之事被逼自杀，时年才十九岁，尚未婚娶；永泰公主是武则天亲孙女李仙蕙，与哥哥同时被赐死，年仅十七岁，随死的还有她腹中已成型的胎儿；泽王李上金和许王李素节皆是高宗与别的嫔妃所生之子，都为武则天所杀……

果真神道有灵，亡人能于幽途之中相会，真不知武老妇人如何面对绿帽老公高宗皇帝以及被她弄死的亲儿子、亲孙子、亲孙女以及几位王子？

"绿帽皇帝"唐中宗李显

中宗李显，是唐高宗与武则天所生的第三子。高宗崩后，武则天借口李显要超封其岳父韦玄贞官爵，把才登上宝位两个月的儿子废掉，押送房州安置。

直到武后晚年有病，经狄仁杰等众大臣力保，李显才有幸从房州贬所被召回京城。

武后病危，凤阁侍郎张柬之等人纠结禁卫军发动政变，逼武则天退位，唐中宗得以复辟。当他第二次坐上象征皇权的宝座时，其间已经相隔二十三年。

这不是普通的二十三年，是天天提心吊胆的日子，是日日忧恐欲死的光阴。

困贬房州之时，数次听说有京城敕使来临的消息，李显几乎每次都想到自尽。他心里清楚，母亲会随时派人来弄死自己，因为两个亲哥哥的下场，已经昭示出母后是多么的冷酷无情。

关键时刻,总是结发妻子韦氏在一旁力劝:"祸福无常,反正也是一死,何必自己这么着急!"

由此,艰难苦恨染双鬓,五十岁的唐中宗终于盼来了母亲回心转意、征召他回洛阳京城的那一天。

临行,李显满眼喜泪,握住韦氏的手,信誓旦旦:"以后如能复见天日,当唯卿所欲,你干什么事我都不会管!"

出于报恩心态,唐中宗复位之后,马上封韦氏为皇后,追赠早被武后贬死的岳父韦玄贞为上洛王。

诛除二张兄弟之后,洛州长史薛季昶马上劝说张惠之、敬晖等人:"二张兄弟虽除,武三思等人犹在。去草不除根,终当复生!"

张、敬二人不以为然。"大事已定。武三思等人不过是砧板上的肉,又何能为! 此次起事,诛杀不少,不可再杀人了。"

朝邑尉刘幽求力劝桓彦范等人:"武三思尚存,公辈终无葬身之所! 如不早图,后悔无及!"

桓彦范等人以为天下已定,不纳。

唐中宗之所以不诛杀武三思等人,也有个人因素。武三思不仅是中宗李显的表兄,安乐公主与武三思的儿子武崇训还是夫妇,如果行诛,女婿也会被牵连。杀掉爱女的夫君,这一关,韦后那里就过不去,甭说中宗了。

因此,诸臣迟迟下不了决心动手,也可能把这种姻亲因素考虑进去了。"大行不顾细谨,大礼不辞小让",还是这种婆婆妈妈的妇人之仁,最终使得拥推中宗复辟的诸臣个个死无葬身之地。

高宗时代,谏劝废掉武后的上官仪被加以谋反罪杀掉后,其小女儿上官婉儿没入宫府为奴婢,这个女子辩慧能文,明习吏事。名家之女,又有遗传文才,定然脱颖而出。后来,她被武则天看中,专掌宫内之秘,常常参决百官的奏表。

中宗复辟后,对上官婉儿也无恶感。而且,春风一度,觉得这位女子才貌双全,温柔懂事,就拜她为婕妤,专掌制命诏书。

这样的人物，自然不是寻常妇人。在武后时代，上官婉儿与武三思就一直通奸偷情。至此，在上官婉儿牵针引线下，儿女亲家，韦后与武三思在宫中会面。

本来是亲家们之间拉家常，韦后久旷，又值虎狼之年，更年期来临前，最后的亢奋期，眼见武三思小老爷们眉眼带情，浑身熏得倍香，老娘们便倒在亲家翁怀中，由此成就了两代人的"通家之好"。

有人可能奇怪，女人妒忌乃天之常情，为何上官婉儿会把老情人荐给韦后？宫廷政治，人情皆扭曲不同常人。上官婉儿此举，实则是确保自己地位的关键一招。只要皇帝、皇后倚重，宫内外卫士、道士、僧人一类的"捣药杵"有的是，不缺武三思那一根。

把韦后搞定，武三思一颗心终于放进了肚子。枕边风最硬，一经韦后整日言表武三思多么有才多么忠心，中宗李显自然把这位表哥亲家翁召入宫，引入禁中，图议政事。又有女儿、女婿成天甜言蜜语，往来弥切，中宗、韦后、武三思等人最终热成一片。

至此，张柬之等人，都反而受制于武三思。

中宗入据皇位后，遍搞宫中美女，自然床笫间冷落了韦后。心中"不忍"之际，见武三思让韦后很高兴，他自己就高兴，毕竟二十多年患难夫妻，当年两人又有为帝以后"不相禁制"的誓言。武三思替自己干床上活儿，自然也是"忠臣"所为。

平时，韦后与武三思玩双陆棋，眉来眼去，打情骂俏，中宗竟也装作不知，斜倚一旁，为二人点算筹码，可以说是中国历史上等级最高、最厚道的绿帽乌龟。

待到皇宫大内的中宗、韦后、武三思已经"天地一家春"，张柬之等人才慌了神，多次上奏，劝说中宗遍诛武氏宗族，中宗不听。

张柬之急了，亲自入宫陛见，泣谏说："武后革命之际，几乎尽诛李姓皇族。今赖天地之灵，陛下得以返正，而武氏诸人滥宫僭爵，按堵如故，怎能让天下人心服呢。希望陛下抑裁他们的禄位。"

唐中宗不仅不听，还升封武三思为司空、梁王，封武攸暨为司徒、定王。同时,在韦后撺掇下,中宗李显反把自己与张妃所生的儿子谯王李重福贬为均州刺史外放,常令州官监视。

为了安抚张柬之等人,唐中宗下诏,以张柬之、武三思等十六人皆为助己复辟的大功之人,赐以铁券,各恕十死。其实,中宗复辟,革的就是他武氏表亲的"命",武三思等人没有事前任何的帮助。

张柬之等人虽被唐中宗表面"荣宠",实际已无权柄,他们只能一个月见到皇帝两次。

至此,数人相聚一起,或抚床叹息,或弹指出血,相言道:"主上当英王时,以勇烈著称,我们当时不立刻诛杀诸武,是想让圣上自己下诏诛杀,以扬天子之威。如今,事势已去,真不知如何是好!"

这些人事后诸葛亮,只能哀叹徒然。

中宗李显这辈子,只在年轻刚登帝位时为他老丈人争禄位时牛过,以后从未有过什么"勇烈"举动,属于老好人一个。张柬之等人算是看走了眼。

敬晖等人失权后,很怕武三思等人在唐中宗面前说自己坏话,就派先前曾提携过的考功员外郎崔湜为耳目,让他刺探宫内动静。

崔湜是个投机小人,眼见中宗日亲武三思而疏远敬晖等人,他来个一百八十度大转变,把敬晖等人的密谋一股脑儿端给了武三思,反为武三思所用。

武三思又怒又喜,马上提拔崔湜为中书舍人。

一日,武三思正于府中饮酒,家人来报,有位"老友"郑愔求见。

郑愔曾是武后时代的殿中侍御史,一直谄事张易之兄弟。中宗复辟后,他被贬为宣州司士参军(地级市的教育局长)。人坏四处坏,他在当地也不老实,不久,郑愔因贪污事发,慌忙逃回洛阳。穷急之下,来投见武三思。

别人谒见,武三思还懒得接见。听说郑愔老友来,他忙唤入一见。

郑愔堂下跪拜施礼,刚刚起身,忽然放声大哭。嚎了数声,这位爷又开目伸颜,朗声大笑。

武三思见状也吓一大跳,心想这郑愔莫非"下放"后得了失心疯,神经病犯了?仔细观瞧,郑愔神色又恢复如常,不像有什么毛病。

两人落座,武三思问:"你刚才又嚎又笑,什么意思啊?"

郑愔回答:"始见大王而哭,哀大王将戮死而灭族也;后乃大笑,喜大王之得我郑愔相助也。大王虽受天子爱宠,张柬之等五人皆据将相之权,胆略过人,废太后若反掌。大王自思,您如今势位,能与则天太后相比吗?大王不除掉这五个人,危在旦夕,这正是我郑愔深感寒心的啊。"

一席话,说得武三思如梦方醒。大悦之下,武三思与郑愔二人携手提袖,登楼密谈。

转日,武三思就推荐郑愔为中书舍人,与崔湜一起成为自己的心腹"智囊"。

有了这二人筹划,智商本来不太高的武三思如狗添翼。他与韦后定谋,日夜讲张柬之等五人的坏话,说他们"恃功专权,将不利于社稷"。

唐中宗无主见之人,当然相信。于是,武三思等人进言:"不如封敬晖等人为王,罢其政事,外不失尊宠功臣,内实夺其权。"

于是,唐中宗下诏,以敬晖为平阳王,桓彦范为扶阳王,张柬之为汉阳王,袁恕己为南阳王,崔玄为博陵王,赐金帛鞍马,不让他们参政。

至此,五王失权,武三思把昔日窜逐的武后旧党悉召入朝,不附武氏者尽斥于外,大权尽归武三思。

当初政变时挟持唐中宗上马、护卫他冲进玄武门的驸马都尉王同皎,闻知五王失势,韦后、武三思秽乱宫闱,他常常对友人愤言切齿。和他同座饮酒的,有好友张仲之等人。

王驸马在家里说说也就算了,偏偏门外有耳,众人话语被两个借住的"客人"听了进去。帘外"有心人"并非旁人,而是唐朝鼎鼎大名的诗人宋之问与其弟宋之逊。

宋之问诗歌虽好,人品却极差。武则天时代,老家伙为了能一近老太太"御眼",天天在朝殿上招摇。由于患有口臭,宋之问口中还常含鸡舌香,准备武老太太哪天高兴"幸"他时留下美好印象。天公不作美,武后身边男宠太多,还真没怎么留意身边官为少府监丞的半老美男子。此门不通,求官心切,宋之问兄弟后来投靠张易之兄弟，阿谀奉承，席间敬酒，笔间写诗，哄小伙子们开心。二张倒台，宋氏兄弟俩声名狼藉，被贬至岭南的泷州（今广东罗定市）安置。岭南地僻多瘴，哥儿俩热得不行，相约从贬所逃归，过汉江时（今襄阳附近），宋之问还留下《渡汉江》一诗，名播千载："岭外音书断，经冬复历春。近乡情更怯，不敢问来人。"

二宋兄弟逃归洛阳，无人敢接纳，唯独昔日朋友王同皎非常义气，把他们藏在自己家中。

听见恩公王同皎斥骂武三思与韦后，奸狡的宋氏兄弟暗中派侄甥王昙、李俊二人去向武三思"告状"，想靠出卖朋友升官。

武三思闻讯，愤恨不已。与几个心腹一合计，武三思就派王、李二人把这位驸马爷告上朝廷，诬陷王同皎与洛阳人张仲之等人准备杀武三思，废韦皇后。

唐中宗接表，赫然大怒，命杨再思、韦巨源等高官旁听，监察御史姚绍之等人主审。按理，王同皎不仅在中宗复辟时立过大功，他还是中宗女儿定安公主的夫婿。即使如此，庸君仍然不肯饶过。

府堂开审。张仲之富贵之子，宫内宫外认识不少人，自然知悉武三思、韦后等人的淫乱事情。虽被杖打、夹指，张仲之仍不屈服，朗声大骂武三思与韦后通奸之事。

杨再思、韦巨源却是官场老滑头，假装打瞌睡没听见。主审姚绍之窘急，马上命手下送张仲之入大狱死囚牢。张仲之跳脚大骂不已，姚绍之命人猛力击打，折其双臂，然后立刻结案，以谋逆罪斩杀王同皎、张仲之等人，并施以族诛。

王同皎临刑，神色不变，天下人莫不冤之。想当初，没有他的一番激励，唐中宗连马也不敢骑上去，更甭提入宫废武后了。

宋之问兄弟自然升官，武三思亲自引见，拜之为鸿胪丞，不久，擢升他为考功员外郎，进"组织部"重用。日后睿宗继位，贬宋之问于钦州（今广西境内）。老哥们穷极之下，又写了《题大庾岭北驿》："江静潮初落，林昏瘴不开。明朝望乡处，应见陇头梅。"人品虽差，诗做得极好。不过，等到玄宗登基，宋之问终被赐死。

过了数日,武三思派郑愔上奏,诬告已被外任当各州刺史的敬晖、桓彦范、张柬之、袁恕己、崔玄五人与王同皎通谋。这"五王"此时连自辩的机会也没有,马上就有诏书下来,把五人长流于偏远小州做司马。

两个多月后,武三思派手下书写载有韦后"秽行"的大字报,张贴于天津桥上。唐中宗震怒。一般绿帽乌龟都是掩耳盗铃之辈,最恨别人揭短,他马上派御史大夫李承嘉,穷究其事,要彻底追查。

李承嘉禀武三思意旨,很快结案,上奏说是被外贬的"五王"派人张贴大字报,说这几个人实谋大逆,奏请族诛之。

唐中宗虽昏愚,却也知道没有这五个人就没有他的今天,不同意族诛"五王",只判五人长流蛮荒之地。

中书舍人崔湜阴劝武三思:"假如敬晖等人日后北归,终为后患,不如矫制杀之!"

"那派谁干这差事呢?"武三思问。

"周利贞"。崔湜推荐。

周利贞为崔湜表兄,曾是武则天时代的大理寺正(中央监狱长),武后被废,他被张柬之等人贬为嘉州司马。武三思弄权,此人又重回朝中。

如今,能有机会报复昔日整治自己的"老上司",周利贞摩拳擦掌。他马上以御台侍御史的身份,即刻出发去岭外,报仇之心,迫切之极。

等到周利贞急匆匆地赶到监所,张柬之、崔玄已经老病而死,只剩下敬晖、桓彦范以及袁恕己还活着。

官场怨毒,刻入骨肉。周利贞先命左右把桓彦范绑起来,四个大汉相持,在锐利的大竹搓板上面上下磨曳,肉尽至骨,然后杖杀。接着,他派人逮捕敬晖,把对方寸剐而死;最后,抓来了袁恕己,周利贞命人端来大碗野葛毒汁,逼其喝下。袁恕己一直是个注重养生的人,服黄金多年,耐毒很强。被灌数升野葛汁,袁恕己仍不能死,毒液攻心,疼得他十指抓地,指甲尽数剥落,嚎呼辗转,还是断不了气。最后,周利贞自己上前,用棍子上下猛击,把袁恕己活活打死。

至于最早劝说张柬之等人诛除诸武的薛季昶,被一贬再贬,最后流放到儋州(海南岛),绝望之下,饮药而死。

任务完成后,周利贞返京,擢拜御史中丞。不过,天网恢恢,后来玄宗登位,把他和宋之问逮捕,一同赐死于桂州驿。

杀掉"五王",武三思气焰覆天,权倾人主。他常讲:"我不知人世间什么人是好人,什么人是坏人,和我好的,就是好人;和我不好的,就是坏人!"

武三思当权,自然有一帮人趋炎附势,兵部尚书宗楚客、将作大匠宗晋卿、太府卿纪处讷、鸿胪卿甘元柬等人,皆为武三思羽翼。此外,还有被时人称之为"五狗"的周利贞、宋之逊、姚绍之、李俊、冉祖雍等人。他们侍奉左右,以为爪牙。

不久,由于武三思在乾陵"乞雨"成功,大旱有雨,中宗认为是武后"显灵",下诏恢复武氏诸庙。

解决了"五王",武三思诸人下一个目标,又瞄上了中宗太子李重俊。

李重俊是中宗的第三子,非韦后亲生。这个青年本性明果,但由于没有高德师傅教化辅佐,平时做事多有不法,存有青年人最常见的豪侈毛病。此外,太子宾客杨璬、武崇训等人皆是皇室驸马,几个人只知道蹴鞠猥戏,互相狎戏。数位公子王孙,天天踢球喝酒,不可能有正经事干。

中宗爱女安乐公主也很嫉恨李重俊,由于他不是韦皇后所生,安乐公主常常当众称这位皇太子弟弟为"奴才",侮狎至甚。同时,安乐公主自己想当"皇太女",更把这位弟弟视为眼中钉。

这位安乐公主恃宠骄恣,卖官鬻爵,势倾朝野。她常常自为制敕,掩盖内容和名字,嗔笑着让父亲中宗皇帝签署,中宗总是笑而从之,从不看其中的任免名单。宠溺如此,难怪安乐公主无法无天。

韦后不是自己亲妈,姐姐安乐公主不是自己亲姐,李重俊不胜愤恨。

景龙元年(公元707)年七月,李重俊率左羽林及"千骑"(御林军精兵)三百多人,突然冲入武三思府中,立斩武三思、武崇训父子以及相聚饮酒的党徒十多人。

此后,李重俊派宗室成王李千里(李千里乃太宗之子吴王李恪的儿子。武后时代，由于李千里"偏躁无才"，又数献符瑞，武后竟饶过这位李唐近宗一命）与兵守住宫城诸门，他自己率兵直奔肃章门，斩关而入，索求韦后与安乐公主，并喝内宫人速把与武三思通奸的上官婉儿也交出来。

韦后、安乐公主一个劲儿哆嗦，上官婉儿人精一个，急忙高叫："看太子的意思，是先杀婉儿，再杀皇后与安乐公主，最后是要杀皇帝陛下！"于是，惶急忧恐的唐中宗李显，急忙跟随几个妇人，一溜烟上玄武门城楼以避兵锋。

此时，楼下只有右羽林大将军刘景仁带着二百多御林军抵拒太子的军兵。

李多祚纵马飞驰，先至玄武楼下，想直闯登楼，为宿卫兵士所阻。但是，此时双方并未交锋，没有开杀。李多祚与太子狐疑，按兵不动。本来太子李重俊等人就不是想谋弑中宗，只是想杀掉武三思、韦后等人"讨个说法"。

这种犹像是致命的错误。中宗身边，有个名叫杨思勖的宦者，时为宫闱令，是内侍省的芝麻官。此人虽被阉割，膂力超群。他主动请命，要下楼厮杀。

韦后、安乐公主连忙挥手让他下去。

李多祚的女婿野呼利为太子军前锋，骑马站在前列。看见楼门大开，冲出一个没胡子的阉人，这位鞑鞨大将根本没在意。殊不料，杨思勖纵马疾驰，冲到野呼利马首前，挺矛斩之。太子一军，立时夺气。

杨思勖原姓苏，小时为一个杨姓宦官所养，故改姓杨。他后来跟从李隆基诛杀韦氏有功，官至右监门卫将军。唐玄宗开元年间，安南首领梅玄成叛乱，杨思勖受诏讨伐。到岭南后，他募集当地土著军队十多万，依按汉朝马援的进兵线路，出其不意，直达安南，临阵斩杀梅玄成，诛杀逆从数万人，积尸为京观而返。开元十二年、十四年、十六年，杨公公三次领兵平定王溪、邕、泷州等地叛乱。杀人十多万，均积尸为京观。这位大公公性残忍，好杀人，所得俘囚，多生剥其面，或剥发际，揲去头皮。将士以下，望风慑悍，莫敢仰视。小内侍牛仙童到幽州向张守珪索贿事发，玄宗大怒，命杨思勖"处置"。杨大公公把这个徒弟架起，折磨数日，探取其心，截去手足，割肉而唼。大概是受阉割之故，宦官总是比常人变态。但这位杨公公能变态成英武，一股正邪气都发泄对路，反倒成为唐朝功臣。如此冷酷大太监，竟得善终，开元二十八年卒，时年八十多岁。

楼上的中宗李显看见手下宦者得胜，也缓过神来，他不知从哪里来了精神，凭楼向下喊道："你们都是朕宿卫将士，为什么跟随李多祚等人造反！如果能斩杀造反首犯，勿患不富贵！"

如果当初不犹豫，众人登楼控制了中宗一行，杀韦后、安定公主，肯定是想让中宗干啥就干啥，会重演废武则天一幕。现在，当朝皇帝在上面亲开金口，一帮将士大眼瞪小眼，皆望向居中指挥的李多祚。

寒光闪处，未等李多祚等人反应过来，冲上来一帮原本是自己领带的士兵刀砍枪刺，把几个领头人杀死在当地。成王李千里等人也力战而死。太子李重俊见状，知道事不成功，率百骑逃奔终南山。

龙落浅滩，不久，困急小憩之时，李重俊为左右所杀。首级送往都城后，气急败坏的唐中宗，命人把儿子首级悬放于武三思父子灵前，以祭奠"忠臣"。

秋后算账，韦氏一党要把诸门守将以及太子属官全部杀掉，幸亏大理卿郑惟忠劝谏中宗，才没有大行杀戮。同时，安乐公主与兵部尚书宗楚客串谋，派人诬告中宗弟弟相王李旦与妹妹太平公主与李重俊同谋。

中宗立刻宣召御史中丞萧至忠，准备派他抓两人于狱中审讯。萧至忠泣谏："陛下富有四海，不能容一弟一妹，而使人罗织害之乎！相王昔为皇嗣，固请于武后，以天下让陛下，此四海皆知，奈何听人言而疑骨肉！"

中宗觉得有理，暂时把事情压了下来。

武承训已死，安乐公主并不哀伤，马上嫁给早就与之通奸的武延秀（武承嗣之子）。送嫁之日，安乐公主乘皇后车辂，中宗与韦后亲上安福门观礼，赏赐巨亿。

安乐公主生于唐中宗被武则天贬于房陵的路上，当时无被服，中宗只能解衣包裹她，所以她小名"裹儿"。长成之后，安乐公主姝秀辩敏，韦后、中宗视之为掌上明珠。恃宠弄娇，安乐公主每次起造大宅，皆以宫中形制为标准，积石为山，蓄地为池，遍嵌珠宝，穷奢极欲。

安乐公主、韦后妹郕国夫人、上官婉儿以及女巫第五英儿等人，都依势用事，卖官鬻爵，即使是屠沽商贩，只要花三十万钱，就会得到他们的墨敕封官。

由于总是札带斜封付与中书省，明码标价，时人称之为"斜封官"。

不仅妇人妨政，韦后党徒也肆无忌惮。宗楚客、纪处讷等人为监察御史崔琬所弹劾，奏表他们"潜通戎狄，受其货赂，致召边患"。罪行累累，证据确凿，这些被弹之人反而愤怒作色，自恃后面有韦后作倚仗，在朝上大骂崔琬诬陷"良人"。

中宗竟不推问，命崔琬与宗楚客两人当朝结为兄弟讲和。为此，时人称中宗为"和事天子"。

此外，由于中书侍郎崔湜搞上了上官婉儿，让这位妇人舒服得可以，得拜"同本章事"，超升为相。

当时，政出多门，滥官充溢，加上皇帝皇后以及宗室、贵族佞佛过度，天下嚣然。

唐中宗优游岁月，日子过得不错，常常四处游玩，与皇后、公卿、妃子等聚集宴饮。听说长安城东面隆庆池有"帝王气"，唐中宗就亲自临幸，结采为楼，泛舟戏象以为厌胜。大象巨脚，一阵猛踩，中宗觉得这样就可以压住"帝气"。

隆庆池北面，乃是中宗亲弟相王李显的五个儿子府第，五人列第而居。

虽一片"太平"景象，仍不断有人上告韦后等人"谋逆"，下场一样，这些人皆为韦后等人杀掉，然后再奏知中宗。

案子一多，中宗也烦躁，听闻许州司兵参军燕钦融上表奏除韦后等人，气恼之下，中宗亲自审问。

燕钦融官职虽低，但不畏强势，跪于殿中朗言：

"皇后淫乱，干预朝政，其宗族日益强盛；安乐公主、武延秀、宗楚客等人，居心叵测，图危宗社。"

中宗诘问再三，燕钦融丝毫不屈，表示天下汹汹，街闻巷议，都知晓韦后等人的秽事丑闻。

遇到这么一个说实话不怕死的，中宗默然。绿帽皇帝至此，似乎颇有所悟。

殿中侍立的宗楚客着急，马上下令卫士把燕钦融抓住，数人高高抛起，把这位直言小臣投摔在殿庭石地上，折颈而死。

看见宗楚客没得自己的谕意竟敢当着自己的面如此行事，中宗虽未发作，仍感怏怏不快，脸色阴沉。

自此，韦后及其党羽心内开始忧惧。

妇人歹毒，认定"先下手为强"，于是，韦后与一直想当"皇太女"的安乐公主一合计，就决定毒死中宗。

她们密谋数日，就出现了文章开始的那一幕。

中宗李显也倒霉，在惊悸惶恐中度过了二十三年，刚刚登上皇位五年，就被自己的皇后和亲女儿毒死。

过渡帝王唐睿宗李旦

毒死中宗后，韦后秘不发丧，召诸相入禁中，并征府兵五万人屯京城，同时，她派自己的两个女婿韦捷、韦灌以及诸韦亲戚分领诸军以及宫中禁卫军。

唐太宗时代，简送官户以及蕃族中骁勇能战者，着虎纹衣，跨豹纹鞍，扈从游猎，称为"百骑"。武则天时，这支贴身御林军增为"千骑"，属左右羽林军。经李重俊太子事后，又增营为"万骑"。

由此，"万骑"以及其他禁军的统帅，皆是韦氏一族亲戚。

本来上官婉儿与太平公主密谋，草拟中宗"遗诏"，立中宗小儿子李重茂为皇太子，皇后知政事，相王李旦参谋政事。

宗楚客老奸巨猾之人，马上召韦后之兄韦温商量，改篡诏书，以相王李旦为太子太师，虚其职权。

坐稳朝廷，宗楚客等人不停劝韦后效仿武则天，革唐命，自称帝。由于相王

唐睿宗李旦

李旦和太平公主宗属王亲,地位尊显,诸人也暗中加以准备,想除掉二人。

相王李旦唯唯诺诺之人,正因其懦弱的性格,才熬过了武则天、中宗两朝。他自己没想过怎么办,听天由命,其子李隆基一直不闲着。

李隆基时为临淄郡王,任卫尉少卿,兼潞州别驾。听闻中宗崩逝,李隆基急忙潜回京师,以观时变。在此之前,他非常"有心",与"万骑"以及禁军其他部府的头领和豪杰交游、玩乐,一直深相结纳。

由于禁军统领韦播等人近日常杖打鞭击"万骑"将领立威,"万骑"营内上下皆怒,其中的小队长(果毅)葛福顺、陈玄礼等人,纷纷找李隆基诉苦,大骂韦氏兄弟。

见众人意气可用,李隆基也打开天窗说亮话,表示要诛杀韦氏一党,以安社稷。众人闻言,皆踊跃奋请,以死自效。

有人劝李隆基应先启禀父亲相王李旦后再行事。李隆基摇头:"我拯社稷之危,赴君父之急,事成归福于宗社,不成身死于忠孝。如果先行请示,父王一定忧恐。若请而从之,则陷父王以危事。若请而不从,则大计不成。"

兵部侍郎崔日用一直谄附韦氏,当他得知宗楚客等人想杀相王和太平公主,恐怕事不成而引祸上身,便先行派个和尚密告李隆基,劝临淄王先下手为强。同时,李隆基与太平公主以及其子卫尉卿薛崇简密谋,加紧准备起兵诛除韦氏。

临行,李隆基发现自己最亲信的从奴王毛仲不见,只有李守德一人跟随。原来这个高丽人后代王毛仲惧祸,不知躲藏于何处。事已至此,不能耽误,仍然按原定计划出发。

待诸人潜行入皇城禁苑,当值的钟绍京又后悔想变卦,欲拒众人于门外。幸亏其妻许氏有远见,劝说他曰:"忘身殉国,神必助之,而且你已经预谋此事,今天想不干,事发也难免一死!"思前想后,也觉有理,钟绍宗忙开门拜谒李隆基,这位临淄王执其手和他并排相坐,以示相结相交之心。

很快,众人相集,等待号令。

二鼓,天星散落如雪。初秋时分,夜空朗彻。观此星象,众人皆讲:

"天意如此,时不可失!"

于是,众人一鼓作气,分别纵马突入羽林营。御林军内各中、低级官员早有通气,大家又是战友,立刻联手,很快就斩杀了作主将的韦氏兄弟,并高举他们的首级在营中呼叫:"韦后毒杀先帝,谋倾社稷。今夜当共诛诸韦宗族,身高马鞭以上者皆斩之,立相王以安天下。敢有怀两端助逆党者,罪及三族!"

羽林之士闻讯,皆欣然听命。以正攻逆,大家自然听从。

众将送上韦氏兄弟首级,李隆基执火炬细看不误,一颗心落肚。他马上与刘幽求等人一起出禁苑南门,钟绍京等人率宫内做活的丁匠二百余人,执斧锯以从。

起事的禁卫军很快攻克玄德门和白兽门,合兵于凌烟阁前,大呼大叫,共杀守门将,斩关而入。

李隆基本人勒兵玄武门外,听见凌烟阁处兵士的欢呼声,立刻率领羽林兵冲入。

宫中诸处禁卫兵,听闻弟兄们起兵,都披甲响应。

韦后梦中惊醒,慌不择路,跑入飞骑营,立刻有眼明手快的军士迎上前,当头一刀,砍了这位母后的脑袋。"立功"之人飞身上马,驰至李隆基马前邀功。

安乐公主当晚也在宫中,心情不错,正照镜画眉。忽然门被踢开,还未及回过身,她在镜子里就看见自己的漂亮脑瓜被一把明晃晃的大刀从粉颈上一刀切下。

上官婉儿就是冰雪聪明,乱中不慌,听说外间兵起,知道韦后一党不保。她赶紧找出早已准备好的中宗"遗诏",高执蜡烛,大开宫殿各门,率宫人跪迎起事军人。

刘幽求第一个闯入,上官婉儿呈上诏书草稿,表示当初她自己本意是以相王李旦为辅政,后为宗楚客所窜改。

刘幽求请示李隆基。临淄王不知为什么,深恨这位美貌才女,命人斩之于殿下。聪明一世的女文豪,终于死于比她更聪明的临淄王李隆基手里。

所以,现在看到电视剧中上官婉儿语重心长地告诫青年李隆基要"准备承接大唐社稷"，很觉荒唐。不伦不类，胡编得太不挨边。

韦后并非浅见荒唐妇人，试观她二十多年忍辱负重，与不争气的老公共渡艰难，并能维护中宗幽厄时的性命，可称为女中豪杰。弑中宗后，她里外安排得当，各个重要部门及皇宫禁卫军权都控制于自己人之手。而后她扶立少帝，稳扎稳打，想做第二个武则天。可见，唐王朝初期这些悍妻艳妇，皆非等闲之辈。

但是，她没有想到的是，势异时移。武则天在高宗时已并称二圣，又有李氏帝系亲骨肉在自己手里，过渡时间长，亲信嫡系已经遍布中外，所以，对于李唐王室，包括她自己亲儿子们，想杀想废，易如反掌。

韦氏则不然，中宗懦孱，享国日浅，她自己与武三思的秽行早已行闻天下，首先就败坏了"母仪天下"的声名。其次，她亲生长子李重润在武则天时因议论老奶奶纳"男妾"被杀，非己亲生的太子李重俊又因她而死，推立的少帝李重茂，不是她亲生儿子，从传统上她就不是很占"主动"。

中宗驾崩，即使不是韦氏毒死这位绿帽老公，天下人也会把罪责推于她的头上。因此，她冒天下之大不韪，作恶至极，如此下场，也应在意料之中。

于是，诸军大闭宫门、城门，捕杀韦温、宗楚客等人，并韦后一起，暴尸于市。

崔日用等立新功，带兵冲入韦室宗族聚居的城南杜曲，大开杀戒，襁褓儿都不免被杀，连邻近的杜姓大族也被枉杀不少。

转天，军士在城内大索武氏宗属，诛死流窜殆尽。先前韦后派出巡视外地的纪处讷等人，也被依令收斩。

内外皆定之后，李隆基入相王府见父王，叩头道歉，表示自己未报先发。

相王又惊又喜，抱之而泣："社稷宗庙不坠于地，汝之力也。"

众人力劝相王李旦为帝。推让再三，李旦终于答应。

群臣会集。年方十六的少帝李重茂糊里糊涂，不知外间发生何事。正惶惑间，他看见亲姑姑太平公主大步走近御座，一把把他揪下来，说："天下之心已归相王，这已经不是你的座位了。"

少帝不敢言，听之任之，被复封为温王。一年多后，李重茂改封襄王，迁于集州，有五百多兵士"守卫"。不久，他被徙于房州其父皇中宗的旧囚所，不久就"崩"了,时年十七,谥曰"殇皇帝",肯定不是善终。

相王李旦继皇帝位,是为唐睿宗。

唐睿宗继位后,本来宋王李成器嫡长,应立为皇太子。但李成器固辞,表示:"国家安则先嫡长,国家危则先有功,苟违其宜,四海失望"。

李成器泣请累日,大臣们又多言李隆基功高盖世。于是,诏立李隆基为太子。

睿宗追封侄子李重俊的太子位号,并为"五王"以及李多祚、李千里等人平反。

清算旧账,死人不饶。追废韦后为"庶人",安乐公主为"悖逆庶人"。追削武三思、武崇训的爵谥,削棺暴尸,平毁坟墓。最倒霉当属韦玄贞,这位中宗的老丈人当年没享一天福,就被武则天流放钦州,忧郁而死。其夫人崔氏与四个儿子也被当地土豪宁氏兄弟所杀,二女被奸占。韦后当权,追封父亲为王,大修坟墓。至此,又被开棺戮尸,坟墓铲平,残尸喂了野狗。

睿宗为帝才一个多月,中宗的儿子谯王李重福受先前被贬江州司马的郑愔撺掇,准备入袭洛阳,自立为帝。

李重福是中宗第二子,中宗复辟后,韦后诬称正是李重福当初向张氏兄弟告发其长兄李重润议论武则天宫闱秽事,中宗甚怒,不分青红皂白,就把这个儿子贬至均州,严加看守。

睿宗继位后,郑愔等人认为,按继承权来讲,应该是中宗的儿子继位,费尽口舌,上劝李重福起事。这个一直走背运的谯王也是遇人不淑,铤而走险,纠集数百人,突入洛阳,并闯过天津桥,直突宫城。幸亏洛阳长史崔日知和留台侍御史李邕警省,关闭宫城城门,驰告东都留守军营警备,李重福突袭未成。

政府军集结后,左右夹攻,窘急之下,李重福驰马向城外跑。大兵搜捕叛逆,梳篦一样沿山谷查找首犯。眼见无望,李重福自己头朝下栽进山间溪水中,自溺而死。

不过,假使他在洛阳得手,拥有一都之重,又是中宗亲子,名正言顺,后果还真难以想象。

国学经典文库

中国古代野史

·唐代野史·

图文珍藏版

"智多星"郑愔貌丑多须，听闻李重福败走，忙梳个发髻，穿一身妇人衣服，还想逃跑，没出城门就被抓住，斩于洛阳闹市，并夷三族。

郑愔最早依附来俊臣得进，俊臣诛，附张易之；易之诛，附韦氏；韦氏败，又附谯王重福，最后竟坐族诛。可见，此人也是个扫帚星，跟谁败谁！

太平公主是睿宗唯一的亲妹妹，又有扶立睿宗、诛韦氏之大功，至此骄横无比。以武后之毒，可以连杀两个亲生子，但对太平公主则一直宠爱有加，并杀掉侄子武攸暨的原配妻子，以太平公主嫁之。韦后、上官婉儿在中宗时大权在手，仍惮畏太平公主。

政治经验如此老到，太平公主连老辣的武则天时代都挺过来，更不用讲"对付"素来孱懦的两个哥哥（中宗、睿宗）了。

本来，太平公主自认为侄子李隆基年轻，不以为意。势易时移，她忽然发现这位太子非常英武明敏。她思忖，万一睿宗死后，这样的侄子继位，自己肯定不会好过。

于是，她四处派人散播流言，嚷嚷道"太子非嫡长子，不当立"。同时，她收买了不少太子身边属官、内侍、以为耳目，想方设法侦伺李隆基的"过失"。

大臣宋璟与姚元之向睿宗秘密进言，表示太平公主有陷害太子李隆基的意图，应把她送往东都洛阳闲置；各位亲王年长，皆应派至各州。

睿宗不忍，说："朕现已无兄弟存世，唯有太平公主一妹，怎可远置东都。"

事情未成，太平公主获悉此议，气势汹汹找到太子李隆基，当面质问、责让。李隆基心中惧怕这位"老姑"，赶忙奏请，说姚元之、宋璟离间姑兄，请睿宗判处死刑。睿宗当然不忍，贬二人为中州和楚州幽史，赶出朝廷。

惶恐之下，为了避免当二把手的危险，李隆基上表要把太子位让给大哥宋王李成器，睿宗也压下奏表，不许。

此时，太平公主的权势可谓如日中天。先前依附韦后的崔湜，偷偷回都城，在床上把太平公主哄得高兴。大爽之余，公主就把他调回京城。不仅如此，太平公主在哥哥睿宗面前又哭又闹，竟让崔湜又成为中书侍郎（宰相之一）。此外，侍中窦怀贞、岑羲以及蒲州刺史萧至忠等人皆成为太平公主的心腹死党。

为了离间睿宗、太子父子两人,太平公主派术士向睿宗报告"天象":"今有彗星扫过,是除旧布新之象,皇太子当为天子"。

谁料,"离间计"不成,倒给了一向烦于政事的睿宗一个大台阶:"传德避灾,吾志决矣!"

他下定决心传皇位给太子。

李隆基闻讯,跑入宫中,自投于地,涕泣固辞。

睿宗说:"社稷之所以再安,吾之所以得天下,皆汝力也。今帝座有灾,故以授汝,转祸为福,不必犹疑!"

结果,太平公主一着臭棋,反而促使李隆基提前登上皇位。

公元712年阴历八月庚子,太子李隆基继位,是为玄宗,尊睿宗为太上皇。

盛世帝王唐玄宗李隆基

唐玄宗李隆基,是睿宗第三子,垂拱元年(公元685年)生于洛阳。七岁时,他随仪仗卫士入朝(当时武后当权),武后的侄子金吾将军武懿宗气势汹汹,喝骂阻挡李隆基的扈从。小孩子李隆基高坐马上,童声稚气地斥责武懿宗:"这里是我们李家朝堂,关你什么事?竟敢排迫我的侍卫队!"武则天听闻此事,不仅没恼,特加宠异。毕竟是自己的亲孙子,人小鬼大,如此威严,比起几个畏蕙儿子来要出息得多。奶奶虽毒,也不由得爱从心头起。

成年之后,李隆基英断多艺,尤知音律,善八分书。他长相也好,仪范伟丽,有非常之表。性格英果,多才多艺,相貌出众,可见,这个青年人确实是人中龙虎。

唐玄宗李隆基

率兵诛杀韦后,拥父登皇位,大功盖世,当时的李隆基才二十五岁。

坐上皇位时,玄宗才二十七岁。

国学经典文库

中国古代野史

·唐代野史·

图文珍藏版

但是,在太平公主政治势力的阴影下,睿宗仍有处理军国大事的实权,李隆基虽为皇帝,仍是虚位。而且地位越高,越岌岌可危。当时宰相七人,五人出于太平公主门下。宫内的左羽林大将军常元楷、知羽林军李慈,皆私谒太平公主为党徒。

太平公主内忌李隆基英明,加上宰相、大将皆其党羽,乃生逆谋。

唐玄宗的心腹刘幽求与右羽林将军张暐密议,准备以羽林兵诛太平公主之党。同时,刘幽求派张暐对玄宗说:"窦怀贞、崔湜等皆因公主得进,日夜阴谋。若不早图,一旦事起,太上皇何以得安! 谓速诛之!"

玄宗深以为然。

然而,张暐武人,性爱饮酒,又嘴碎,不小心在喝酒时对侍御史邓光宾大言其事。邓光宾倒没有告密,却先惊坏了唐玄宗。

他先行派人上奏太上皇父亲,上陈刘幽求、张的"罪行"。二人被逮后,玄宗又"求情",说刘幽求虽"离间皇家骨肉",但有"兴复"大功,不可杀,只把二人外流,未加斩杀。

可见,当时的李隆基,是多么畏惧太平公主及其党徒。

唐中宗时,驸马王同皎密谋杀掉武三思,被宋之问等人告密,同谋之人几乎全被杀掉,唯独跑了一个王琚。王琚是怀州人,其父王隐容在武则天时曾为凤阁侍郎,因此,王琚也是"高干子弟"。

由于父亲早死,王琚自知上进,很有才略,又喜欢玄象炼丹。与时下一样,懂得《易经》八卦又能合制"长生不老"保健药,自然是贵族达官府上宾。王同皎被杀,王琚变易名姓,跑到江都,在一个富商家里教书法。后来,富商渐渐明白王琚并非平常的寒酸文士,以女嫁之,资给其财。这段"戏文",很像唐伯虎点秋香。唐伯虎之事是小说,王琚此事乃是历史所载。

李隆基当太子时,常找一个叫普润的和尚算卦。王琚入京,与普润相善,大言特言"天时人事"。

普润和尚同李隆基一讲,玄宗大异之,补其为诸暨主簿,人事关系算是重回"中央组织部"。

依理,补官要去东宫见太子拜谢。王琚入殿,徐行高视,一副目中无人的傲慢姿态。旁边有宦者提醒:"殿下在帘内,不可轻慢!"

王琚应声答道:"我在外间只闻有太平公主,不闻有太子!"

玄宗闻言,知道王琚是有心人,忙唤入召见。

王琚进言:"韦后弑逆,人心不服,诛杀她很容易,太平公主乃武后之女,凶猾无比,朝中大臣多出其门,这才是心腹大患!"

李隆基闻言,忙引王琚同榻而坐,泣言道:"父皇同气兄妹,唯存太平公主。如果向父皇言之,必伤其意;如不言,然其为患日深。真不知如何是好!"

王琚劝道:"天子之孝,异于匹夫,当以安宗庙社稷为重。以前朝为例,昭帝之姐盖主,于汉帝有养育之恩,但她日后谋害大臣霍光,危及宗室,汉昭帝仍以大义为重,毅然除掉了她;殿下您功高天地,位居储君。太平虽为姑母,亦为臣妾,何能为她所左右!"

李隆基连连点头。由于怕忽然召王琚为心腹官员招来物议,玄宗就问王琚:"君有何技艺,可隐迹与寡人游处?"

王琚也爽快,"臣炼丹药,诙谐嘲咏,堪与优人(戏子)比肩。"

李隆基大喜。转天,就授其为崇文殿学士。

李隆基拿王琚当哥们看待,恨相知晚,呼为"王十一。"唐人密友之间,常以大排行相称。

唐玄宗一直瞻前顾后,太平公主那边却一直不闲着。她与窦怀贞、常元楷等文臣武将日夜谋划,准备行废立之事。同时,她暗派宫女元氏往玄宗常服用的补品赤箭粉中放毒,准备毒死玄宗。

时势至此,中外颇有耳闻。远在东都洛阳的左丞张说也派人送给玄宗一把佩刀,意思是让玄宗下决心。荆州长史崔日用力劝:"太平公主谋逆日甚,陛下昔日在东宫,犹为臣子,当时若想诛讨逆党,还真要前思后想,花大气力。现陛下已居大宝,诏书一下,谁敢不从!万一奸人得志,悔之无及!"

玄宗深觉有理,但总觉投鼠忌器:"诚如爱卿所言,但怕会惊动上皇。"

"天子之孝在于安定四海。假如奸人得志,则社稷宗庙不存,安得为孝!请先定禁军,后收逆党,则不会惊动上皇。"

王琚一旁催促:"事势大急,不可不速发!"

于是,玄宗以崔日用为吏部侍郎,加紧准备工作。

公元713年阴历七月初一,大臣魏知古上告太平公主要在七月四日作乱,准备派禁军首领常元楷、李慈率兵入武德殿,窦怀贞等人将在南牙起兵响应。

事已至此,不得不发。

唐玄宗便与兄弟岐王李范、薛王李业、吏部尚书郭元振、龙武将军王毛仲、内执事高力士等人定计,决定起兵诛杀太平公主一党。

阴历七月甲子早晨,玄宗派王毛仲取御马三百匹,兵士三百人(这个高丽人此次倒没躲),从武德殿入虔化门,宣召禁卫军的首领常元楷和李慈。

两人不知有变,皇帝有诏,马上晋见。刚入殿门,刀剑相加,两位羽林大将的脑袋登时滚落在地。

萧至忠、岑羲等几个太平公主党羽正在朝堂上等着上朝,兵士上前,二话不说,把几人按在当地,立刻斩首(可惜这萧至忠,九世卿族士家,还曾为睿宗与太平公主在中宗面前说过好话,一旦"站错队",难免一死)。

窦怀贞逃入御沟,绝望之余,知道求活无望,就蹲在臭水中用裤带自缢而死。

睿宗闻变,慌忙奔登承正门楼。郭元振驰至,奏称"奉皇帝诏诛窦怀贞等人,并无他意。"睿宗这才缓过神来,下诏昭示窦怀贞等人罪恶。

转日,睿宗又传旨:"自今军国刑政,一皆取皇帝处分。朕方无为养患,以遂素心。"于是,这位太上皇避居百福内殿,完全把天下交给了儿子。

睿宗下场还算不错,又活了三年,于开元四年夏天崩逝,时年五十五,岁数和他哥哥中宗死时一样大。

但中宗是被韦后毒死,睿宗是善终。

太平公主闻变,逃入南山寺庙。

发昏当不了死,三日后,她被军士逮捕,赐死于家。其被封为王爷的三个儿子皆被杀,只有小儿子薛崇简因为先前数谏其母不要乱政被鞭打,特免死,赐姓李氏,官爵如故。此人当初与李隆基诛韦后,立功不少,故而一直站对了"队"。

没收太平公主财产时,李隆基发现这位老姑家里财货山积,珍物比御府还多。厩牧羊马、田园息钱,收之数年不尽。

大定之后,玄宗封王琚为户部尚书,王毛仲为辅国大将军,张说为检校中书令,刘幽求为尚书左仆射,郭元振兼御史大夫,并赐死逆党崔湜等人。同时,以高力士为右监门将军。

唐太宗时代,内侍连三品官都没有,只是"守门传命"而已;武后时,宦官也不用事;唐中宗宠信宦官,七品以上的宦官有一千多人,但穿绯衣的人很少;到了唐玄宗时期,由于高力士等人有定策大功,宦官开始得势,增至三千多人。

宦者们除三品将军者渐多,衣绯、衣紫的有千余人,唐代宦官之盛,自此而始。

宝位坐稳。开元元年十一月,唐玄宗于骊山之下讲武,征兵二十万,旌旗连亘五十余里。

大唐天子,万乘之尊,李隆基终于找到了感觉。

年底,满朝文武上表,请上尊号为"开元神武皇帝"。

皇帝活着的时候加尊号,并正式形成"制度",实从玄宗开始(玄宗的奶奶武则天最喜欢"尊号",多是不伦不类的"吉祥"名目)。到了天宝十三年(公元754),玄宗经过四次加"尊号",到那时已变成"开元天地大宝圣文神武孝德证道皇帝"。唐朝之前,只有汉哀帝和北周宣帝自称"陈圣刘太平皇帝"和"天元皇帝",当时均被视为昏君标新立异之举。而唐玄宗开始的皇帝自加尊号,实际上是传袭草原民族的可汗号(当年唐太宗时代,就已经接受各方"夷狄"上供的"天可汗"徽号)。唐玄宗开皇帝加尊号之源,日后,各朝各代君王生前死后莫不滥加"尊号"。直到清康熙时,这位满人老头儿还算心里明白,说:"从来所上尊号,不过将字面上下转换,乃历代相传陋习,其实何尊之有!"

从唐玄宗统治初期的这件小事,就可窥见此位帝王妄自尊大、夸诞务虚的性格特征。

"性格即命运",冥冥之中,似乎从一个侧面也注定了日后这位唐明皇要亲自品尝其自己种下的恶果。

无论如何，唐玄宗"开天盛世"（开元以及天宝前期），是唐朝最繁荣昌盛的年代。政治方面，有姚崇、宋璟、张嘉贞、张说、张九龄，一系列的名臣宰相，光看这些人的名字就可知晓唐玄宗前期政治的清明度；经济方面，海内富实，实力强盛。而且，唐朝人口在天宝末年也达五千多万，与隋朝最盛时相持平，比唐初增长了近二十倍。大量劳动人口的出现，使大量荒地被开垦成良田，无数的水利、农田等属于基本建设的大工程遍布全国；科学技术、商业、手工业皆发展飞速，令人咋舌；至于文学、艺术、绘画等方面，更是人才辈出，群星灿耀。

崇尚节俭的唐宣宗李忱

李忱（810~859），初名怡，前名是光五，公元847~859年在位，共十三年。勤于政事，孜孜求治，非常喜欢读《贞观政要》。是一位十分崇尚俭朴的帝王。

唐宣宗李忱在位十三年，史官称他明察慎断、执法无私、恭谨节俭、惠爱民物，具有贞观之风，可以和唐太宗李世民相媲美。这个评价虽然有些夸张，但也确实肯定了他作为皇帝贤明的一个侧面。他在位时期，国家安定，社会的政治、经济等方面都得到了发展。据《新唐书》记载，大中十三年，国库充足，各种货物堆积如山，户部的钱币多得几乎无法计算。各州的情况也是如此，有的州积钱甚至多达三百万缗。

李忱的节俭首先表现在对自己衣食住行用度方面的严格要求。在衣着服饰方面，他一反历代帝王追求奢华的风气，不讲究穿戴。平时在宫中，经常穿着洗旧的衣服。待上朝召见文武大臣时，才换上新衣服。有时上朝也穿着洗旧的衣服，看似旧了些，但并不以为耻。在饮食方面，也不铺张浪费，每日三餐的饭菜也比较简单，从不挑剔。他的出行也不讲究排场，他曾下诏废除出行前先用龙脑、郁金香铺撒地面的陋习，认为这样做太奢侈浪费，根本没有必要。大臣们见皇帝如此节俭，都上行下效也注意节俭起来，因此，在官场中形成了一种崇尚节俭的风气，都以节俭为荣。

李忱对自己的子女们的要求也很严格。他曾下诏说："我要用俭朴来教育天下，应当从我的家属开始。"李忱的长女万寿公主下嫁给起居郎官郑颢。按照宫中常例，公主出嫁时，乘坐的车子应该用白银装饰，可是李忱却打破常规，下诏令改银为铜。他还亲笔给女儿写了一个诏令："假如违背了我的告诫，将招致太平公主和安乐公主那样的灾祸。"他的告诫是什么呢？1.谨守妇道，2.以俭朴为德，3.不要轻视丈夫和丈夫的家族，4.不要干预政事。可谓言简意赅，语重心长。有一次，郑颢的弟弟患了重病，

　　李忱派人前去探望。使臣回宫后，李忱问长寿公主在哪里，回说在慈恩寺看戏。李忱听了非常生气，叹气说："我曾经责怪士大夫家不愿和我结亲，现在才知道其中的原因。"于是，立即把长寿公主召进宫来，严厉地责备她道："哪有小叔子生病，不去探望问候，竟然去看戏的呢！"公主站在石阶下，不得不认了错，李忱才让她回去。官员们见皇帝的爱女都安分守法，都不敢骄横妄为了。

　　据说，李忱还有平易近人的美德。在上朝时，他听大臣们奏事，拥有一副威严的气势，但却没有烦躁和怠惰的神情。下朝后，他和朝臣们说说笑笑，谈家常，说趣闻，总是和颜悦色，无所顾忌，气氛非常融洽。对身边的重臣们，在平时如同对待客人一样，很尊重对方，总是客客气气的。甚至对宫中的侍役，他也不歧视。他能够叫得出每个侍役的名字，知道他干什么差事，谁要是生了病，他还亲自前去探望，有时不定期私下里赏赐给病人一些物品作为安慰。他的平易近人，使人尊敬他，他的威严又使人怕他。当这样皇帝的臣子只有兢兢业业了。

游宴无度的唐懿宗李漼

　　李漼（833~873），初名温，宣宗长子。宣宗并不喜欢他，但在宣宗病危时，被左神策军中尉王宗实等矫诏立为太子，宣宗死即位。在位时间是公元859~873年。崇信佛教，怠于政事，游宴无度。

　　唐懿宗李漼即位时，国势衰败，时称"国有九破，民有八苦"。

　　据说"九破"是指：

一、终年聚兵。

二、蛮夷炽兴。

三、权豪奢督。

四、大将不朝。

五、广造佛寺。

六、贿赂公行。

七、长吏残暴。

八、赋役不等。

九、食禄人多而输税人少。

"八苦"是指：

一、官吏苛刻。

二、私债争夺。

三、赋税繁多。

四、所由乞敛。

五、替逃人差科(音 chai，即替逃跑之人代交赋税、劳役)。

六、冤屈不得申理。

七、冻无衣，饥无食。

八、病不得医，死不得葬。

因此，国内不断爆发农民起义，南诏也不断派兵侵扰。后来，在初步平定了内乱和外患之后，昏庸的李濯却看不到老百姓的忍耐是有限度的，以为天下太平，天下是他家的，想怎么干就怎么干，于是他的心思就大都用在吃喝玩乐上了。

李濯的"宴游"是出了名的，那种挥霍无度，奢侈腐败，令人咋舌。他酷好音乐，殿前常年供奉的乐工多到五百人，每月举行大型的宴会不下十余次，山珍海味无不收集，美酒歌女，八方贡献。据说有一个叫李可及的乐工，善于作新曲，深得李濯宠爱，竟被封为左威卫将军。大臣刘蜕见此事荒唐，一再进谏，李濯不但不听，反而将刘蜕黜为华阴令。李濯又不惜兴师运输，离宫出游长安附近的名胜古迹。出游的时候，警卫及内外诸司随从等前呼后拥，多达十万人，浩浩荡荡绵延数十里，耗费钱财无法统计。这还不算，他每次出游大多是临时灵机一动，事先并不通知当地官员。因此，京师周围的州郡，只得常年花费巨资养着一批仪卫、歌女，并准备车马、粮草、服装等物资。以免皇帝突然驾到而无法供应，遭至贬官甚至丧命的下场。

李漼如此荒淫，官僚们也竞相效仿。于是贪污成风，专以害民为能事。宰相路岩及其下属生活奢靡，弄权纳贿。他的心腹亲吏边咸的家产可供全国军队两年的军饷。至德令陈蟠叟上书奏报边咸的种种恶行，李漼不但没有惩办边咸，反而把陈蟠叟流放到边远地区。李漼的昏庸简直到了黑白不分的程度。朝野上下，一片乌烟瘴气。皇帝身边的禁军将士中一些刁钻之徒，以成倍的利息向京都长安的富室贷款，然后贿赂皇帝的亲信宦官，可以买到节度使的职位。当就职以后，便疯狂搜刮民财，除了偿还高利贷之外，还积蓄了大量钱财。据说定边的节度使李师望搜刮的财富以百万计，手下士卒特别痛恨他，恨不得生吃了他。后来，李漼以窦滂代替李师望，而窦滂的贪婪又甚于李师望。还有一例，一个小小长葛县令严郜，罢任之后，在当地建造豪宅，里面有林泉花木，简直是个大花园，他还兼并良田万顷，大置庄园，百姓被榨干了血汗，只能生活在水深火热之中。真是富者田连阡陌，穷者无立锥之地。朝廷这样腐败，统治怎能继续下去？百姓无法生活只有起来反抗了。

咸通九年，终于再次爆发起义，即桂戌兵的起义，不久发展到二十万人，动摇了朝廷的统治。后来，虽然朝廷派重兵镇压了这场起义，但李漼并未从中接受教训，奢侈无度的恶习仍没有改变，并且愈演愈烈。他的女儿同昌公主下嫁韦保衡时，他陪送的妆奁里有好几斛用金子制成的麦粒和用银子制作的米粒。公主的家里，扶栏和药臼等用具都是金银制品，门窗楄扇和壁上全都装饰着珍宝。至于衣饰、陈设等，更是穷奢极侈。所行婚仪更奢华，超出唐以前的任何一个公主。一年之后，同昌公主病死，李漼自制挽歌，饬群臣奉和，令宰相以下所有官员都去吊祭。又诬陷给公主治病的医官用药不当，把二十多个医官处死，把医官家属三百多人投入狱中。一些大臣见事不公，劝谏李漼别滥杀无辜，竟被李漼贬为地方官。同昌公主的葬礼也非同一般,仅护丧仪仗就长达数十里。乐工李可及作汉百年曲,率几百人为地衣舞。殉葬的物品全用珠玉制成,大臣们也都以金贝、车马和华服等致祭。每种祭品都是一百二十车。这么多的贵重物品,在墓地上却一把火烧掉了。后来人们把灰烬收集起来,用水冲洗,竟淘出许多金银珠宝来。

后妃轶事

窦皇后才智过人

窦氏出生在南北朝的北周时代。她是周武帝宇文邕的外甥女。父亲窦毅是北周定州总管神武公;母亲宇文氏是北周文帝的襄阳长公主,武帝的姐姐。窦氏还在襁褓中时,头发便生得特别好,浓黑发亮,长垂过颈。到三岁时,头发长齐她的身体。她的舅舅周武帝特别疼爱她,将她带到宫中抚养,让她像公主一样,受到良好的宫廷教育。窦氏自幼聪明好学,习读经史,知书识礼。

窦氏的舅父周武帝宇文邕(公元543~578年)是古代历史上一位著名的政治家。他是鲜卑族人。公元557年,他的堂兄宇文护先是支持他的亲哥哥宇文觉推翻北魏,自立为帝,建北周王朝。第二年,宇文护又杀宇文觉,立当时年仅十五岁的宇文邕为帝,称为周武帝。由宇文护来辅政专权。公元572年,周武帝宇文邕愤而杀宇文护,收回大权,亲临朝政。周武帝临朝称制后做了三件大事:一是免去奴婢杂户,消除鲜卑族拓跋氏带来的奴隶制影响;二是禁止佛道两教,使寺院占有的大量人口向国家纳税服役;三是严惩贪污,兴修水利。从而迅速使北周国力强盛起来,公元577年,北周灭了北齐,统一了北方,奠定了隋王朝统一中国的基础。

北周武帝在励精图治的过程中,为了政治的需要,曾纳突厥族女阿史为皇后。阿史是突厥本杆可汗俟斤之女。突厥在北齐时代势力日益强大。北周文帝时，便想与突厥结为友好，以与北齐抗衡。突厥可汗俟斤先是同意了以女儿嫁给周武帝，结秦晋之好。后来，俟斤可汗又反悔。周武帝即位之后，屡次派使臣往突厥催促，俟斤可汗最后才不得不同意，并定下了迎娶阿史的日子。于是，周武帝派重臣神武公窦毅（窦氏的父亲）等带着丰厚的聘礼到突厥迎娶皇后。谁知在这最后时刻俟斤又生变故。俟斤又把女儿许嫁给了齐国。窦毅等北周迎亲的使臣一再晓谕以信义，仍无结果。他们在突厥等候了将近一年，看来事情已无可挽回，便准备回到北周京都长安。一天，在他们收拾好了行李，整装待发之时，事情又突然发生了戏剧性的变化：这时气候陡变，天降大雨，而且是风雨交加雷电大作。大风卷走了不少突厥人的穹庐，雷电也击伤击死了不少突厥人。暴风雨一连上十天不停歇。于是，聪明的神武公、窦氏的父亲窦毅想出一条妙计，让随从到突厥人中去宣传，就说这场暴风雨是"天谴"，是上天对他们的可汗不守信用的一种惩罚。很多突厥人都相信了，而那些受灾害大的突厥人还纷纷去找他们的俟斤可汗，催促他赶快嫁出女儿阿史。这样，俟斤可汗才吓得不敢再提要将女儿嫁到齐国的事，并且迅即做好送嫁女儿到北周的准备。在周武帝天和三年（公元562年），周武帝亲自行迎娶之礼，纳阿史为后。

由于这是一桩政治联姻，加上中间又经历了这样的曲折，所以周武帝对阿史皇后并不宠幸。关于皇帝舅舅和皇后舅母的婚姻故事，幼小的窦氏从父亲那里早就听说过；进入宫中习读经史，聪明敏感的窦氏也觉察出周武帝与皇后的不和谐。她虽然年纪幼小，却能意识到这件事的重大关系。有一天，她偷偷地对舅父周武帝说：现在北周王朝国力还不强盛，四周边关也常有骚扰。北边突厥族势力很大。希望舅舅能对舅母阿史"抑情抚慰"。要以北周王朝子民百姓的安居乐业为重。北周王朝还需要借助突厥的力量，使北部边关能够平静下来，这样，江南、关东也就不敢贸然进犯。你也就会感到安全了。又说，舅母阿史皇后不但人长得漂亮，言谈举止也很礼貌得体。再说，那些婚姻中的曲折，也怪不得她。她一个人，离乡背井，来到关中内地，语言和生活都不习惯，一定也是孤独得很的，舅父应该多体贴她，体贴她一个做女人的难处。周武帝听了，十分惊异。没想到，这么小小年纪的一个女孩子，竟然能有如此的政治远见和卓识；竟然能这般体察人情，善解人意。不禁十分高兴。于是周武帝欣然采纳了窦氏的建议，调整了与皇后突厥女阿史的关系，也就是加强了与突厥的友好关系，使北周在很长一段时间获得了稳定与发展。

周武帝还高兴地把这件事告诉了窦氏的父亲窦毅和母亲长公主，他们见女儿如此懂事和成熟，自然也更加高兴。窦毅便与长公主商议起窦氏的婚姻大事来。窦毅对妻子长公主说，我们这个女儿不仅貌美性婉，而且又胸怀才略，见识超人。我们不能随随便便为她找一个丈夫便将她嫁了出去，一定要为她找一个能与她相匹配，有德有才的丈夫。夫妻二人还想出一个为窦氏择选夫婿的奇妙办法。那就是他们在自己官府的门屏上画上两只美丽的孔雀，门两旁各悬挂一张弓和一个箭袋，宣布凡是想要向窦氏求婚的人，必得先取下门楣上悬挂的强弓和从袋中取出两支箭矢来射门屏上的孔雀。一箭射一只，两箭全中的，他就可娶窦氏为妻。

因为窦氏才貌双全的美名早已传遍京都，窦氏招婿的这个办法和消息一经发布，霎时间，王公贵戚、世族子弟，纷纷蜂拥到神武公窦毅的府门前来。一两天之内，竟多达数百人。但却没有一个能张弓射中门屏上那两只孔雀的。他们一个个乘兴而来，又败兴而去。这些落选者又四处传播消息，于是，窦氏招婿的消息便很快传遍国中。当时远在京都之外北部边关的唐国公的儿子李渊闻知消息，竟不顾千里之遥和路途的辛苦，也赶来京城，到神武公窦毅的府门口。

李渊的祖上原是陇西（今甘肃西部）的少数民族。南北朝北凉时归化为汉族。父亲被北周文帝封为陇西郡公，并赐姓李。后又封为唐国公。李渊于北周天和元年（公元 566 年）生于京兆（今陕西长安）。七岁时，承袭父亲唐国公的爵位。后授千牛备。李渊的父亲与周文帝及太保李弼、大司马独孤信等当时被称为"八柱国"。李渊身材魁伟，英俊倜傥。性豪爽，豁达，轻财帛，重义气。他喜爱结纳豪侠，不分贫贱，广交朋友，又为人宽厚温和。因而他为众豪侠朋友所拥戴。正是他的一个豪侠朋友告诉他神武公窦毅的女儿以比射箭来招婿的事。他的豪侠朋友还怂恿他去应招，因为知道他是将门之子，善骑马和射箭，有百步穿杨的神功。

果然，李渊站在神武公府门口，拈弓搭箭，屏气定神，一连射出两支箭，箭箭命中。两箭各射中一只孔雀的眼睛。把整个围观的人都看得呆了，一连声地喝彩叫好。神武公窦毅知道后，忙一面接待李渊，一面让家人进内府去报知夫人和女儿，于是阖家大喜。又报知窦氏的舅父周武帝，周武帝也十分高兴，并且亲自为他所最疼爱的外甥女主持了订婚礼。订婚礼的隆重与热闹自是不用说了，绝不亚于公主的订婚礼。

公元578年，周武帝死。窦氏悲痛恸欲绝，如同自己亲生的父亲死了一般。她尤其同情和关心周武帝皇后突厥女阿史。武帝死后，阿史被尊为元贞太后。元贞太后阿史自入关为周武帝皇后以来，因不惯关中地方的生活，语言相阻，更不耐寂寞。久之，得病，一直无法治好。病发严重时，生命还有危险。周武帝死后，更形孤单，很容易烦躁发怒。侍奉她的宫女仆妇也常受到她的无端责骂。大家都很怕靠近她，一个个称病借故躲在一旁。窦氏见了十分不安，便一个人不分昼夜地去侍候病中的这位突厥女元贞太后，连身上的衣服鞋袜都来不及换洗，整整忙了一个多月，元贞太后的病情才有了好转。窦氏对元贞太皇后的孝顺超过了女儿对亲生母亲，受到周围人的交口称赞。

公元581年，隋文帝杨坚灭周称帝，建国号为隋。窦氏知道消息后，扑在床上大哭，说道："老天生我怎么不是个男儿呢？不然，我会救舅舅家的国难啊！"她的父亲窦毅和母亲长公主在一旁听了忙用手掩住她的嘴："你不能胡妄乱说，这话传出去了可是要杀头灭族的呀！"。

北周灭亡之后，元贞太后更形孤单寂寞了，第二年，终于忧郁而死。死时才三十二岁。突厥女元贞太后死前还紧紧地拉住窦氏的手，哭泣着对她说：你我虽有辈分之隔，但却是情同姊妹啊！窦氏也紧紧地拥住元贞太后的身子，悲哀得说不出话来。她无限同情于这位薄命的异族女性。

窦氏的丈夫李渊是隋文帝的姨侄儿（隋文帝的皇后独孤氏是李渊的姨母），因而，在隋王朝建立后，李渊受到隋文帝的信任和关爱。李渊累任谯、陇、岐三州刺史。

　　隋文帝也是我国古代历史上的一位杰出政治家。北周时,他袭父亲的爵位为隋国公。后总揽大权,封隋王。公元581年,他废北周静帝自立为帝,建立了隋朝。公元587年,他又灭掉了后梁,两年后灭陈,结束了南北朝分裂二百五十多年的混乱局面,统一了中国。他在位二十多年,推出了许多重大的改革措施。像厉行均田制,减轻赋税徭役,免除盐酒商税;整顿币制,改订法律,革除一些弊政;废除九品官人法,改革官制,简化地方行政机构,加强中央集权,等等。

　　公元604年,隋文帝杨坚被儿子杨广所杀。杨广即位称帝,是为隋炀帝。隋炀帝即位后,一反他父亲杨坚的做法。即位后即营建东都洛阳,大兴土木,修建宫殿和西苑。开掘运河,修筑长城,开辟驰道。生活也极为奢靡腐化,挥霍无度。

　　隋炀帝即位后,李渊与隋炀帝的关系也立刻变得紧张起来。李渊好结纳豪侠之士,因为他仗义疏财,不分贵贱,宽以待人,于是,"天下豪侠皆附之"。从而引起了隋炀帝的怀疑和不满。

　　有一次,隋炀帝患病,朝廷内外众大臣都纷纷前去请安问病,唯独李渊未去。隋炀帝将此事暗记在心。当时,李渊的一个外甥女儿恰好在宫中。一天,隋炀帝见是她给自己侍送汤药,便拉住她问道:"我病了这么久了,你舅舅怎么也不进宫来问候我的病呢?"王氏见问,吓了一大跳。幸好她很机灵,忙说她舅舅也病倒在床,行走动弹不得;又说,他说过几遍,一俟病情稍有好转,他一定要进宫来问候皇上的。尽管王氏这样为她舅父遮掩,炀帝仍不放过。他追问说:"他是不是病得快要死了?!"王氏听了,不敢再吱声,直吓得浑身大汗,忙将消息传给李渊。李渊知道后,非常恐惧。

　　隋炀帝大业年间(公元605~618年),李渊为扶风(今陕西兴平)太守。李渊喜骑射,便常派人去买良马强弓。有一次,他征得良马数匹,非常高兴,也十分爱惜。说这是他数年来所得到的最令他称心如意的一些良马。他派专人精心饲养,自己亲自去训练。窦氏见了,不免有些担忧。她想到上一次李渊未去探视炀帝的病便遭炀帝责难的事,便劝丈夫李渊说,当今皇上喜爱养鹞鹰和骏马,你应该将你的这些良马进献给皇上。你将这么多的良马留在你的兵营里,恐怕不是什么好事。我听到不止一个人说到，你将这些骏马留在身边，将来一定会因为这些马而使你受到祸害。李渊听了觉得有道理，但他又实在舍不得这些骏马。就在他犹疑不定的时候，他养了一批良马的消息早已传到了京都，传到了炀帝耳中。原来，炀帝对李渊已是十分注意和警惕了。还专门安放了耳目在他身边。李渊没有听窦氏的劝告，没有将良马献给炀帝，便受到了炀帝的严厉斥责。

后来，窦氏因病死于涿郡（今河北涿州），时年才四十五岁。李渊很是悲痛，他追想起她平时对自己的体贴与关爱，尤其是想起她劝自己将骏马送给皇上而自己不听，终于招致皇上斥责的事，十分后悔。以后还会有谁这样来关心他，提醒他做哪些该做和哪些不该做的事呢？他总觉得自己有愧于妻子，于是便想了一个办法作为对妻子的一种补偿。那就是每处理一件事，他都要设想，妻子窦氏如果还活着，她会怎么说呢？

有一次，他的一个豪侠朋友来告诉他说，当今皇上喜爱养鹰犬。于是，他又好像听到妻子窦氏在对他说，你该给皇上送些鹰犬去。他立即派人去寻找了一些良种鹰犬献给了炀帝。炀帝十分高兴，不久便擢升了李渊，拜为将军。但李渊并不高兴。他对儿子们说：要是我早听了你们的母亲的话，我早就当上了这个将军了。说完，他便沉思起来，窦氏对他说过：投其所好当另有深谋；一个推翻隋王朝暴政的"深谋"便在他心里酝酿开了。

窦氏没有能伴随李渊推翻隋王朝，实现帝王大业，但建立了唐王朝的李渊却忘不了她。她的贤淑美德使他感到是无人可取代的。她没有真正当过一天皇后，但李渊追谥她为皇后，史书也这样记载着她，记载着她的关雎美德。

名声最好的长孙皇后

唐高祖武德九年（626年）七月，经过骨肉相残的"玄武门之变"后，李渊的次子李世民被立为皇太子。长子建成和三子元吉不仅身首异处，而且他们的儿子也都被斩草除根。对建成的东宫旧属，李世民采取恩威并施的手段，将他们

——收罗,就连曾经力劝建成杀死李世民、早谋大事的太子洗马魏征,也被李世民擢为己用,成为新太子的忠实臣僚。

这天,李世民下朝回到东宫,当他走进内室时,见太子妃长孙氏正同一个美丽的少妇交谈,定睛一看,是三弟元吉的遗孀杨妃。在唐室的宫嫔王妃中,要数这个杨妃最风流美艳。二十三四的年纪,长得面如桃花,腰若细柳,而且风流柔媚,元吉在世时,爱她如命。但此时,她却是淡妆浅抹,脸容凄惨,颊边似有泪痕未干。自从家破人亡之后,她以戴罪之身孤苦度日,因平时同长孙氏甚是要好,应邀常来东宫相叙,以慰痛苦寂寥,善良的长孙氏十分同情杨氏,总是用好言安慰她。

同李世民见过礼后,杨妃突然双膝跪地,边哭边叩头请罪,弄得李世民很为难,连连请起。长孙氏把杨妃搀扶起来后,安慰她说:"你不要太难过了,假如住在王府寂寞,就搬到我这里来住吧,你我姐妹也好做个伴。"李世民虽然不很乐意,但他一向尊重妻子,也不好说什么。第二天,杨妃收拾细软及漱洗衣物迁入东宫。长孙氏已为她准备好了一间净室,一切布置均是长孙氏亲手安排,又调拨婢女数人,供她使唤。杨妃非常感激。

自从迁入东宫,李世民常常见到这个绝世美人,杨妃又曲意献媚,讨好未来的天子。日子一久,英雄难过美女关。若论李世民同妻子的感情,一向和睦恩爱,但毕竟禁不住美色的引诱,在李世民登位的前几日,两人悄悄地发生了暧昧关系。

这一年八月甲子日,高祖李渊下诏禅位于太子,李世民在东宫显德殿升座,接受百官朝贺,便是历史上有名的唐太宗。过了十天,太宗册立长孙氏为皇后,又公然拜杨氏为妃。此举不仅使满朝公卿大臣惊诧,就连长孙皇后也大感意外。她这才明白,由于自己的好心,无意中成全了他们。见杨妃宠眷日隆,长孙皇后不免后悔,但她一向谨守妇德,且心地宽容大度,依然待杨妃十分亲热,心存歉意的唐太宗看在眼里,不由对皇后更添了几分敬重。

长孙皇后是长安人士,父亲长孙晟任隋朝的右骁卫将军,母亲高氏,是隋扬州刺史高敬德之女。长孙家原姓拓跋氏,祖先为北魏献文帝拓跋弘的第三个哥哥,因这一支为宗室之长,后来改姓长孙氏。长孙晟早年亡故,当时长孙皇后与同胞哥哥长孙无忌尚在年幼。他们的异母兄长长孙安业嗜酒好赌,不务正业,视继母及弟妹为累赘。舅舅高士廉知道后,把妹妹以及一对甥儿女接到自己家里去住,尽心抚育兄妹俩。长孙氏从小喜欢读书,知情达礼,即使事情再匆忙,也要求行止合乎礼法。大业九年(613年)高士廉任治礼郎,见殿内少监唐公李渊的次子李世民才识不凡,便将十三岁的甥女许与十六岁的李世民。长孙氏不忘母舅养育之恩,婚后常常归宁到舅家看望高士廉。

晋阳起兵后,李世民常年戎马倥偬,顾不上同妻子相聚。长孙氏在家里操持家务,养育儿女,对李渊的姬妾也很恭谨,因此上下和睦,武德元年(618年),李渊称帝,长孙氏册为秦王妃。当时李世民功业显赫,威望很高,引起太子建成的猜忌,建成勾结齐王元吉不时设计,企图谋害世民,兄弟间的矛盾日益尖锐起来。长孙氏竭力孝事高祖,恭顺妃嫔,同建成元吉的妻妾热情周旋,以弥补兄弟姊娌间的感情裂痕,可谓用心良苦。当然,在她内心深处,她是赞同丈夫及早发动兵变以夺权并自保的。因此,在玄武门兵变这一天,李世民号召秦王府的壮士们入宫,授以兵甲,准备起事时,长孙氏亲自出面,积极勉励大家奋勇作战立功,辅佐秦王奠定帝业,使将士们很受鼓舞,唐太宗这位善良、温顺的皇后,是很富有政治手腕的。

太宗登基,百废待兴,日理万机,她更是起到了贤内助的作用。

贞观元年(627年),唐太宗因长孙皇后的哥哥功高居首,准备将当时已任吏部尚书、封齐国公的长孙无忌加封为尚书右仆射。但是,当他把这意思告诉皇后时,却遭到了激烈反对。她问:"我兄长已位列公卿,职高权重,为何还要加官晋爵?"

"朕同无忌乃布衣之交,又为至亲,无忌从大业年起,即辅助朕打天下,为佐命元勋,玄武门起事,他又立下首功,故进位右仆射毫不为过。"唐太宗陈述了理由。

皇后摇摇头,侃侃而言:"臣妾既蒙恩宠,托身紫宫,全家已尊贵至极,实在不愿让兄弟子侄布列朝廷,执掌大权。陛下当以汉室吕氏、霍氏外戚擅政,浊乱朝纲的教训为切骨之戒。"

"皇后苦心，朕十分明白，但长孙无忌才学渊博，长于谋略，兼之品德高尚，足可鉴人，朕用的是他的才能品行，并无掺杂半点私心。"太宗解释道。

"请陛下三思！"皇后仍坚持自己的主张。

"皇后平时不肯过问朝堂之事，常对朕言道：'妇人唯治内，岂敢干预政事？'不想今日过问朕的政事，竟如此认真！"唐太宗半开玩笑地揶揄道。

结果长孙皇后还是阻挡不了太宗的决定，她很着急，连忙私下命内侍召长孙无忌进宫，将皇帝的意思告诉他，并希望他理解自己的苦心，向太宗辞却尚书右仆射的职位。长孙无忌是个明白人，愉快地答应下来。

由于唐太宗的格外信任，长孙无忌被特许可"出入卧内"，因此第二天早朝之前，他先进入太宗的寝殿，诚恳说明自己不想担任右仆射之职的苦衷，希望太宗视朝时不要提出这项任命。太宗无法说服他，只得同意。

不久之后，长孙皇后却为自己的异母哥哥长孙安业向太宗提出了额外的要求。长孙安业曾对幼时的皇后刻薄寡恩，但是长孙皇后不记前衔，每次请太宗对安业厚加恩礼，使他一直做到监门将军的官位。贞观元年末，右武卫将军刘德裕等人造反，安业竟参与预谋。事发后，唐太宗十分震怒，想杀掉长孙安业。长孙皇后为安业苦苦求情，叩头流泪说道："我兄安业犯下大罪，罪不该赦，但是当年他苛待臣妾，人所共知，若处以极刑，人们一定以为是我恃仗陛下的宠幸，故意报复于他，岂不是平白无故牵累陛下？"太宗便听从皇后的要求，将长孙安业改为"减死一等"。

长孙皇后天性仁厚，对后宫妃嫔们所生的庶子，视若亲生，而对自己生的三个儿子太子李承乾、魏王李泰和晋王李治却训诫甚严，常教导他们，当以谦金为先。太子的乳母遂安夫人见东宫用器太少，要求皇后添置一些，皇后不许，斥道："我替太子忧虑的是德不立而名不扬，并非器物太少。如今国家新建，百姓饱受战乱之苦，刚刚安定下来。太子作为储君，应多多体恤民情，注意节俭，方为人君之德。"她不仅对太子严格要求，自己也是躬行节俭，凡衣物车马，只要够用就好，从不讲究，六宫上下，都以皇后为榜样，不敢糜费。

唐室规定，皇帝姑母为大长公主，皇帝姐妹为长公主，皇帝女儿为公主，唐太宗共有九个女儿，其中只有长乐公主是长孙皇后亲生的，所以太宗特别喜爱。

长乐公主成年后,下嫁长孙无忌的长子长孙冲,太宗给她的嫁妆特别丰富,要比永嘉长公主的多一倍。永嘉长公主是太宗的妹妹,这件事被魏征知道后,就在朝堂上直言进谏:"陛下此举未免欠妥。昔日汉明帝分封皇子,曾说'我子怎能与先帝子比',因此他给儿子们的封地和户邑只有先帝诸子的一半。今陛下送给长乐公主的妆资要比太上皇之女永嘉长公主的多一倍,这不是离汉明帝的意思太远了吗?长公主既加一个'长'字,便是有所尊崇,抑或情可有深浅,然而礼却不应逾越。"

李世民听了,只得接受下来,但心中很不舒坦。回到中宫,把魏征的话告诉了长孙皇后,哪知长孙皇后一点不生气,反而高兴地说:"妾常听陛下称赞魏征,尚不知为何缘故,今日听说这一番诤言,知道他能以大义劝说陛下抑制私人的感情,才体会到魏征确是一个正直的社稷之臣。妾与陛下乃结发夫妻,情深义重,每说话行事,还要看陛下的颜色,怕有损陛下的威严,更何况魏征乃是做臣子的,却能犯颜直谏,真是难得!"

第二天,长孙皇后特意派人去魏征府上赐给绢四百匹,钱四十万,以资奖励。

从这以后,魏征更加无所顾忌,凡皇帝有所过失,总是直言相谏,言词颇为激切。有一次,太宗下朝怒气冲冲,见了长孙皇后说道:"总有一天,我要杀掉这个田舍翁!"皇后惊问:"田舍翁是谁?陛下何故发怒?"太宗道:"便是魏征,这人自恃是个诤臣终日聒聒不休,今日竟当着众人羞辱朕,故必杀之,方解恨!"魏征出身贫苦,因生计所迫,曾出家为僧,朝中有些权贵豪门之士看不起他,背后称他"田舍翁"。

长孙皇后听了,也不答话,退回内室,换上举行大典时才穿的皇后朝服,走到太宗跟前行礼拜贺。太宗十分惊讶,只见长孙皇后说道:"妾闻君王英明,臣子才正直敢言。我朝能有魏征这样的忠臣,全赖陛下英明有识,妾怎得不向陛下道贺呢?"太宗这才转怒为喜,感到自己对魏征的态度错了,他感激而又钦佩地说:"多亏皇后及时提醒,明日早朝,朕一定向魏征道歉,并予以当众嘉奖,使众大臣明白'君待臣以礼,臣事君以忠'的道理。"

贞观十年(636)盛夏,唐宫内气氛异常,上下心情沉重。眼看长孙皇后病得十分厉害，似将不起，唐太宗急得茶饭无心。

长孙皇后早年就患有咳喘病，这年夏天犯病后，病势沉重，虽然遍召天下名医多方治疗，终不见效。这天，急得六神无主的太子承乾对长孙皇后说道："该吃的药都吃遍了，母后的病总不见好，我去奏请父皇，请他下诏大赦天下，并延请方士入宫禳灾，为母后祈福。"

长孙皇后叹了口气，摇摇头说："死生由命，非人力所能挽回。若修福能为我去病延寿，我这一生从未做过一件恶事。既是行善无效，又有何福可求？况大赦令乃国家重典，佛道者为异土之教，这些都是皇上所不愿做的，怎能因我一人而乱天下之大法？"

太子只得诺诺答应，不敢上奏太宗，私下又去同尚书左仆射房玄龄说了。房玄龄把皇后的一番话告诉了太宗，太宗与众大臣听了莫不唏嘘感叹，大家齐声请求太宗为救皇后，下诏大赦天下。长孙皇后再三劝阻，甚至挣扎着想起床叩头请求，慌得太宗连忙答应不发诏书。

皇后的病越来越重，已到弥留之际。太宗无心理政，日夜守在病榻旁。长孙皇后微微睁开眼睛，拉着太宗的手。这时她因气喘很急，讲话有些困难。诀别之际，她第一句话是："玄龄事陛下最久，处事小心谨慎，陛下凡有奇谋密计，人未泄漏一字。即无大错，愿陛下勿轻易弃之。"当时房玄龄因一点小的过错被太宗遣归家门。太宗见皇后归终，牵挂的还是这件事，忙含泪答应下来。接着，长孙皇后又嘱咐道："我家有幸与皇家联姻，故荣贵至极。但无功而居高位最易倾覆，为保我家安全无虞，望陛下勿再让我兄弟子侄参决朝政，仅以外戚之谊侍奉朝堂。臣妾这一生，无大益于时，死亦不可破费厚葬。只愿倚山为坟，毋用棺椁，所需器服用品，但取木瓦而已，如能以俭约送终，便是陛下不忘臣妾了！"说到这里，喘息不止。

太宗难以抑制心中悲痛，泪流满面，不住点头。长孙皇后最后说："愿陛下亲君子，远小人，纳忠谏，拒谗谀，省劳役，止游畋，使大唐国运昌盛，妾在地下亦能瞑目安心了！"说完这些话，握着太宗的那只手突然松开，溘然长逝了。自从长孙皇后逝世，唐太宗若有所失，心情一直很悲伤。来到皇后居住的立政殿，人去楼空，再也听不到她温柔、诚挚的规劝了，唯有桌上放着的一本《女则》三十卷，是她在世时，采集古之妇女得失事例撰成的。书在人亡，太宗边流着眼泪，边翻阅，他对左右感叹道："皇后此书，足可垂范百世。朕非不知天命，徒增无益的悲伤，实因她这一死，使朕失去了一位贤内助，所以朕格外思念哀伤。"

可惜的是，唐太宗毕竟不是一个完美的皇帝。他的英明有为，他的虚心纳谏，随着时间的迁移，发生了变化。到贞观后期，他抛弃了轻徭薄赋的政策，个人也追求腐化享乐的生活，寻求长生不死之药，尽管他没有册立过第二个皇后，但也下诏广选良家美女，使后宫妃嫱如云。他的这些作为，说明早把长孙皇后的临终嘱咐丢到脑后去了。

风华绝色杨贵妃

1.杨家有女初长成

唐开元七年（公元 719 年），在蜀州（今四川成都）一个蜀州司户的家里，诞生了一个漂亮的女婴，父母给她起名叫杨玉环。玉环的原籍在永乐（今山西永济）独头村。高祖杨汪是隋朝名臣，弘农华阴人，爵位是平乡县伯，官做到上书左丞。唐代初年，被唐太宗李世民以"凶党"诛死。玉环的父亲杨玄琰，是杨汪的曾孙，但这时杨家的家道已大不如从前。

玉环上有三个姐姐和一个哥哥。她在家最小，又长得乖巧漂亮，所以受到父母的格外疼爱。父亲的官位虽不高，但家道还算殷实富足，整个家庭和谐欢快，玉环从小过得无忧无虑。但噩运从天而降，在玉环刚刚 10 岁的时候，父母不幸双双亡故，叔父领养了她。

杨贵妃

叔父杨玄，是河南府士曹，虽然只是个七品的小官儿，但有远祖杨汪的声望，是名门后裔，本人在当地也有较好的声誉，再加上和当朝达官显贵们来往较多,在洛阳还是有一定地位的。杨玄还是个正直的儒学家,所以,又有一定的知名度。

杨玄自己没有子女,所以把小玉环当成自己的亲生骨肉,除了在生活上关心照料以外,还很注意对玉环的教育,并向她灌输了许多儒学思想。

玉环生性活泼好动。传说,在她刚学会走路的时候,就经常蹒跚着跑到池塘边玩耍。有一次一不小心竟掉到了池塘里,后人便把这池塘起名叫"落妃池"。后来玉环到了繁华的东都洛阳,她的这种天性更有了施展的天地。

开元盛世,国富民足,洛阳城内到处莺歌燕舞,繁花似锦。因洛阳当时是文化政治中心,又是皇亲国戚们集中的地方,因而在各方面都很发达。玉环初到洛阳,对洛阳都市里的一切都充满了好奇。除了接受各种教育之外,她特别喜欢歌舞技艺,对学习作曲、弹奏乐器等非常感兴趣。她精力充沛,什么吸引她,她就学什么。因她聪明伶俐,很有悟性,再加上天生一副好身材、好嗓音,很快就学会了许多歌舞技艺,表演起来生动活泼,惹人喜爱。时光荏苒,在不知不觉中,小玉环长到了16岁,变成了一个亭亭玉立的美丽少女。

2.娇艳美态寿王妃

唐玄宗继位以来,曾经五次巡视东都洛阳。在第五次巡视时,玄宗和他的宠妃武惠妃开始为他们的儿子寿王李清考虑婚事。这时的玉环也已长成相貌出众的"洛阳第一美女"。事也凑巧,在陪同玄宗巡视的官员中,有个叫杨慎名的大臣,和玉环养父杨玄是同宗又是好友。杨玄也参加了这次活动的接待工作。杨玄家中有美女的消息不胫而走,引起了选妃官员的注意。

开元二十三年(公元736年),玉环在杨慎名家中认识了玄宗的堂妹长宁公主,这时长宁公主正为儿子杨洄准备婚事,见玉环端庄倩丽,人又活泼可爱,很喜欢她,就请玉环做婚礼的伴娘。就是在这次婚礼上,寿王李清爱慕上了这位国色天香,举止不俗的娇美少女杨玉环。

寿王清是玄宗的第十八个儿子,人称十八郎,是玄宗宠妃武惠妃所生。母贵子荣,玄宗特别喜爱这个儿子。武惠妃把寿王的意思转告了玄宗,并请求玄宗考虑纳玉环为寿王妃。玄宗派人继续到洛阳了解玉环的情况,得知玉环是不仅名门望族的后裔,受过良好的家庭教育,长得如花似玉,而且品德贤淑,知书达礼。就这样,历经了两年的调查,最终选定了玉环做寿王的妃子。

玉环得知自己被选为王妃,心中又惊又喜。她无论如何也不会想到自己竟然能成为当朝天子的儿媳。那个寿王究竟是个什么样子?宫廷生活又是怎样的?这一切都对玉环充满了神秘。

在完成了册妃前的许多礼仪之后,开元二十四年(公元736年)十二月二十四日,宫里隆重的为寿王清举行了册妃礼。这一天,杨宅张灯结彩,锣鼓喧天,杨家父女早早地准备就绪,恭候前来送册书的皇宫使者。在仪仗队的簇拥下,礼部尚书、同中书门下李林甫、黄门侍郎陈希烈送来了"诏命册"。玉环激动地上前行礼,恭敬地接过皇帝册书,供在了堂上,全家磕头谢恩。接下来几天,又完成了一套皇子纳亲的繁缛礼仪。正月,寿王清和玉环正式生活在一起。从此,玉环成为寿王妃,玄宗的儿媳。二月,玄宗下诏,所有的皇子改名,寿王李清改名为李瑁。

结婚不到一年,寿王和玉环从洛阳回到了长安,住进了十王宅。这十王宅是为皇子、诸王集中住在一起而专门兴建的宅院,在长安朱雀街,不在宫里。各王子分院居住,每个院中都有花园、亭台楼阁、小桥流水等景致,并各有许多宫女侍候。

玉环初到一个新的环境,对一切都感到新奇陌生。她虽是名门后裔,官府世家,但到父辈这一代已是家道衰微,比起王公贵族的生活来实在是相差甚远。王宅官邸的气派,富贵的生活使玉环感到惊;繁琐的礼节,各种规矩使玉环有些不自在,有时她还挺想念原先无拘无束的娘家生活。但在寿王无微不至的关爱下,没过多久,玉环便适应了这里的一切。

寿王对玉环非常宠爱,关怀备至。玉环高兴做什么,寿王就会让她做什么。在这里,玉环的歌舞才能得到了充分发挥。寿王还专门为她请来了从事歌舞的人员指导教练她,又怕她一个人跳舞没意思,就从宫里找来舞女陪伴她。玉环兴致高时,还自编些歌舞进行娱乐。玉环生性活泼,又正值青春之时,不甘寂寞,除了唱歌跳舞外,还喜欢许多其他的娱乐活动,如打球、骑马、划船等。寿王就尽量陪她游戏玩耍,厅堂里,花园内,小桥边到处都留下了他们的欢声笑语,尤其是玉环银铃般的嗓音,听起来格外动人。他们的大部分时间就在寿王官邸度过,有时也到宫里母亲武惠妃身边,或接受父亲玄宗的小小宴请,偶尔也会到王宅以外的地方玩耍。寿王对待玉环就像对待小妹妹一样的关心、耐心、爱护。玉环偶有娇嗔不高兴时,寿王就想尽办法哄她开心,讲些笑话给她听,直到玉环高兴起来。玉环感到和寿王在一起生活很快乐,不仅生活有趣,而且精神有所寄托,感情有所依靠,她为能有幸嫁给英俊潇洒、温柔多情的寿王而感到幸福、满足。寿王也为有玉环这样一位娇艳美丽,性情活泼的妻子而如醉如痴。

武惠妃对自己唯一的儿子寿王寄予着全部期望,她看到寿王和玉环如此相亲相爱,心里非常高兴。她常在玄宗面前夸赞玉环,她本人更是喜欢这个很像自己年轻时的儿媳。武惠妃经常召见寿王和玉环进宫陪伴,还送些衣物、珠宝等东西给玉环。武惠妃总想立寿王为太子,废掉赵丽妃所生的太子李瑛,这就使其他王子不服,竞相参与争夺太子的角逐。十王宅内表面平静,实则暗藏杀机。对于这一切,寿王的态度却是漠然视之,他并不像他的母亲那样权欲熏心。在这点上,玉环和寿王的态度一样,对寿王当不当太子不感兴趣,她只愿过平静的生活。

3.明皇倾心杨玉环

唐玄宗李隆基是唐朝的一位杰出君王。在他执政的40多年里,出现过太平盛世,对唐王朝的贡献很大,在唐代历史上留下了许多丰功伟绩。尤其是在他执政的前30年,励精图治,改革弊政,选贤任能,虚心纳谏,使社会政局稳定,经济发展,百姓安居乐业。连许多外国使者都到唐朝学习取经。开元年间,唐朝社会经济繁荣,国势强盛。史称"开元盛世"。

然而,唐玄宗又是一位著名的风流君主。他好歌舞声色,生活奢靡。建功立业以后,更是贪图享受,沉溺于歌舞声色之中。在他统治的后期,懒于朝政,任奸佞当权;饰非拒谏,生活腐败。最终导致了"安史之乱",唐王朝也因此从鼎盛转向了衰危。

唐玄宗一生风流。在杨贵妃以前,受他宠爱的嫔妃众多,但多是过眼烟云,霭散便忘,能留下姓名的没有多少人。最初,玄宗很宠爱美丽端庄的王皇后以后，王皇后人老色衰，又没有为他生子，玄宗便不再喜欢她，还找理由把她废为了庶人。王皇后含悲死后，武惠妃得宠。由于武惠妃年轻美艳，又很会献媚逢迎，玄宗就只专宠武惠妃。玄宗还曾想立武惠妃为皇后，但因为她是武则天的侄孙女（玄宗的母亲窦太后惨死在武则天手中），朝中大臣一致反对，所以，这事也就搁置了下来。但对武惠妃的待遇却同皇后毫无二致。

开元二十四年（公元736年），武惠妃病死，这对晚年的玄宗是个沉重打击。他神情恍惚，茶饭不香，精神空虚，整日里闷闷不乐，十分惆怅。尽管后宫佳丽有的是，个个美目流盼，但在玄宗看来却个个"粉色如土"。没有谁能比得上武惠妃。偶尔让漂亮的嫔妃陪伴，那也只是暂时的消遣，没有人能真正留在玄宗心里。漫漫三年，玄宗一直为失去武惠妃而郁郁寡欢。

在玄宗身边日夜服侍的"老奴"高力士很为玄宗着急，他最了解玄宗的心思。他知道，为玄宗物色美人不难，但要找到一位能揣摩玄宗心思，和武惠妃不相上下的美人就太难了。不仅要貌美，还要会投其所好；不仅要才艺出众，还要适合玄宗的鉴赏品味。这样一位才色双全的人到哪儿去找呢？高力士苦思冥想，不知为什么，竟然想到了寿王妃杨玉环。高力士觉得，寿王妃不仅外表美丽，而且还聪敏过人，善解人意，又会唱歌跳舞，最主要的是她具有武惠妃当年的风采，而且比武惠妃更漂亮，更娇艳。这对玄宗来说，无疑是再好不过的宽慰。但寿王妃毕竟是玄宗的儿媳呀，怎么办呢？高力士想，这事只能对玄宗稍稍暗示。

唐玄宗对玉环一向是很疼爱的，他喜欢玉环的活泼温顺，更喜欢她的典雅漂亮。当力士提出让杨玉环来陪伴一段时间的建议后，玄宗也就欣然允诺了。但当时也仅是公公召见儿媳而已。

每年十月，玄宗都到骊山温泉宫避寒。温泉宫是唐代著名的行宫，在陕西临潼区城南骊山西北麓，因温泉而著名。它的特点是先凿泉眼，而后依泉建宫殿，后来改名叫华清池。开元二十八年（公元740年）十月，玄宗就在这里召见了他的儿媳寿王妃杨玉环。

这一天，玉环款款步入宫殿，体态优美，楚楚动人。只见那玉环美目传神，柳眉如黛，神态高雅，气质雍容；皮肤细腻如凝脂，身材适中且丰腴。好一个姿色冠代,艳压群芳的殊艳尤物。玄宗看得几乎发呆,觉得玉环比以前更加美艳出众了。顿时,玄宗为之一振。他马上赐座给玉环,并柔声问道:"玉环会些什么技艺?"玉环小声地说:"会些歌舞声乐,粗通音律。"玄宗更为高兴,因为这正合玄宗心意,玄宗本人是很懂音乐的,而且较有造诣,是位极富艺术修养的人。于是,他令人奏乐,是那首由玄宗本人改编创作的《霓裳羽衣曲》。这首曲是玄宗游览名胜女儿山(今河南宜阳县)时,望女儿山仙女庙有感而作。"开元天子万事足,唯惜当时光景促,三乡山上望仙山,归作霓裳羽衣曲。"玉环听曲心领神会,既而随曲舞了起来,舞姿翩翩,如同仙女下凡。把个玄宗看得如醉如痴。他真想不到玉环的舞跳得竟如此之好。一曲舞毕,玉环已是香汗淋漓,本来就十分漂亮的脸颊,这会儿更是灿若朝霞。玄宗高兴的赐玉环去洗温泉,沐浴过的玉环更是美艳绝伦,娇羞无比。玄宗越看越是喜欢,当下就有一种常让玉环陪伴在身边的念头。玄宗召见玉环到温泉宫一住就是十几天。这些日子,是玄宗自失去武惠妃以来最快活的日子。几年来的沉闷不快,郁郁心境统统被玉环的到来一扫而光。玉环就像一股沁人心脾的春风,带着香浓吹散了玄宗心头的愁云。时间苦短,玄宗不得不回到兴庆宫,但从这时开始,玄宗再也舍却不掉杨玉环了,他要有一个新的安排。此时,大唐明皇李隆基53岁,而寿王妃杨玉环则刚刚22岁。

4.含羞忍辱女道士

玄宗回到宫里,日思夜想杨玉环,玉环的倩影、音容笑貌,不断在他脑海中浮现,他多么想让玉环时刻陪伴在自己身边。但棘手的是玉环是寿王妃,自己的儿媳,如果直接召到身边,舆论会如何呢? 自己虽是大唐明皇,一代天子,但也不能无所顾忌。如何能得到玉环,又让别人说不出什么,自己又不失身份呢? 正在玄宗苦苦思索时,他忠实的"老奴"高力士又为他出了个绝妙的主意。那就是让玉环变换个身份,先去当女道士,然后再在适当的时候册封为妃,这样一来,就名正言顺了。玄宗高兴之极,觉得这个主意出得相当不错,便当即点头表示同意。

"妇女勤道,自古罕闻。"也就是说,女人出家做道士,自古以来非常稀少。

但到了唐睿宗——玄宗的父亲时,这种观点已有所改变。睿宗的两个女儿——玄宗的妹妹,在贵族社会中始作俑者,为逝者追福,"以资天皇太后之福,"度为女道士。玄宗的女儿万安公主也"欲以追福"度为女道士,宰相李林甫的女儿也度为女道士。贵家女子入道在唐时已成为一种新风尚,在某种程度上推动了"妇女勤道"。玄宗本人就很信道,使得道教之风日益盛行。因而,寿王妃杨玉环度为女道士,也就没有什么稀奇了。

玄宗以为母亲窦太后"永存追福"的名义,在窦太后的忌日令寿王妃申请为女道士,代皇帝玄宗尽孝。玄宗的妹妹——已度为女道士的玉真公主在玄宗的授意下,也极力劝说玉环出家做道士。皇帝的语言就是圣旨,皇帝的意志任何人都不能违背,寿王妃不得不强忍心头的悲哀,情感上的爱恋,挥泪忍痛离开挚爱她的丈夫寿王李瑁,告别那令人陶醉的四年恩恩爱爱的甜蜜生活,含羞忍辱,去做一名女道士。

太庙里,玉真公主身着法衣,迎接寿王妃。她将道袍披在玉环身上,并授予符录法器。寿王妃拜祭窦太后,在完成了一套礼仪之后,寿王妃成了一个女道士,玄宗为她赐道号为"太真"。

寿王李瑁对这突发的一切毫无思想准备,他既愤怒又痛苦,可这又有什么办法呢? 生母武惠妃已经去世,自己的靠山已倒。他自知玄宗不仅仅是他的父亲,更重要的是大唐明皇,当朝天子,天子要做的事都是对的,不允许也没有人敢阻拦。天子为了权力可以杀儿子,为了女人难道不可以吗? 寿王知道,如果和父皇抗争,那将是很危险的,非但救不了玉环,反而连自己的身家性命也保不住。所以,寿王也只好强忍泪水听之任之了。可表面上,他还得全力拥护父皇的决定。

寿王妃度为女道士,玄宗的目的达到了。为了能随时看到玉环,就令人在大明宫内修了道观,取名"太真观"。这样,就可以让玉环住在宫里了。

玄宗以各种方式培养和玉环的感情,尽量转化公公和儿媳之间的关系。在"太真观"里,玄宗和玉环谈天说地,说古论今,谈得最多的当然还是音乐舞蹈,有时还有诗歌。谈得投机高兴时,玄宗还会亲自奏上一曲,或陪玉环一块儿跳舞或为玉环击鼓伴奏。玄宗会弹奏多种乐器,如弹琵琶、吹笛子等。尤其是他击鼓最为出色。玉环很钦佩玄宗的多才多艺,她没想到大唐皇帝除了治国,还懂艺术,不仅会演奏而且还会作曲,并且样样精通,水平高超。

玄宗对玉环非常有耐心,对她几乎是百依百顺,对玉环的宠爱已远远超过了以往的任何嫔妃。玉环度道不到一年,玄宗待她的礼数就已经如同当年的武惠妃了。而玄宗以前的嫔妃,则往往要等待好几年才能得到专宠。玄宗亲切地称玉环为太真妃,宫里的人们则称她为娘子。

玄宗怕玉环寂寞,就常带她出入许多公共场所,如宫内宴会,接见文学侍从等。

有一回,玄宗约见文学侍从,并为他们略备酒宴,同他们尽情地谈论文学、诗歌、艺术。当谈到李白时,太真妃感到了极大的兴趣,因为她非常喜欢李白的诗词,欣赏李白的才华。玄宗也有同感,他很赏识李白的才气。于是,玄宗决定赐李白为翰林院的翰林学士。在宴会上,太真妃还表演了自己编排的歌舞,让文人学士们大开了眼界,赞叹不已。玄宗高兴极了。

玄宗还经常携太真妃赏花望月。在一个牡丹盛开的季节,玄宗和太真妃到沉香亭前赏花,牡丹花香四溢娇艳无比。玄宗看得高兴,脱口而出:"赏名花,看妃子。"乐师刚要奏乐,玄宗摆摆手说:"今天不用旧乐词。"他令人找李白写一首新乐章。李白奉诏作了《清平调词三首》,在词中,李白把牡丹比作杨贵妃,把杨贵妃又比作牡丹,人面花光融为一片,同蒙玄宗恩宠,道出了玄宗的心思,深得玄宗赞赏。词是这样写的:

> 云想衣裳花想容,春风拂槛露华浓。
>
> 若非群玉山头见,会向瑶台月下逢。
>
> 一枝红艳露凝香,云雨巫山枉断肠。
>
> 借问汉宫谁得似?可怜飞燕倚新妆。
>
> 名花倾国两相欢,长得君王带笑看。
>
> 解释春风无限恨,沉香亭北倚阑干。

姿质丰艳的杨玉环美丽、秀逸,玄宗把她比做一块珍宝。他对服侍他的高力说:"我得到了玉环就像得到了一块宝贝。"为此,他还作了一首曲子,叫《得宝子》。

玄宗自得到玉环后,整个人都变得年轻有活力了。有玉环在身边,他感到精神亢奋,生活愉快。他常常和玉环相互依偎,漫步在兴庆宫里,游乐于龙池湖畔,静坐在沉香亭内,品茗于花萼楼上。玄宗给予了玉环无尽的恩爱。玉环也渐渐地离不开玄宗了,她由原先对玄宗的敬仰转化为了爱恋。她不再因离开寿王而难过,而痛楚,也不再感到度为女道士是耻辱是悲哀。她知道玄宗是何等的喜欢她,她感受到了玄宗是多情的君王。她更折服于玄宗的治国才能,欣赏玄宗的气宇风度,佩服玄宗的多才多艺。

时光飞逝,玉环度为女道士已近5年。玄宗决定正式册封杨太真为贵妃。在册封前,先为寿王举行了婚礼,召左卫郎将韦昭训的女儿为寿王妃。这样,寿王与玉环的关系便彻底结束了,玄宗为自己娶玉环做好了充分准备。

天宝四年(公元745年)八月初六,玄宗颁布诏令,正式册封太真观女道士杨太真为杨贵妃。在兴庆宫里,玄宗准备了丰盛的酒宴,百官前来庆贺,举杯祝愿玄宗和贵妃幸福美满。

5.三千宠爱在一身

唐玄宗封杨太真为杨贵妃,为玉环正了名分。玉环可以和玄宗大大方方地出入于宫内外各种场合,接受朝臣们的礼拜,再也用不着遮遮掩掩,明为太真女道士而暗为太真妃了。杨贵妃的地位就和皇后一般。贵妃的娇态美姿让玄宗着迷,贵妃的聪敏智慧令玄宗喜悦。他看不够贵妃的妩媚,欣赏不完贵妃的舞姿。玄宗对贵妃的宠爱与日俱增,整日和贵妃厮守在一起,从此很少过问朝政。正如白居易在《长恨歌》中所写:

> 春宵苦短日高起,从此君王不早朝。
>
> 承欢侍宴无闲暇,春从春游夜专夜。
>
> 后宫佳丽三千人,三千宠爱在一身。
>
> 金屋妆成娇侍夜,玉楼宴罢醉和春。
>
> 姐妹弟兄皆烈士,可怜光彩生门户。
>
> 遂令天下父母心,不重生男重生女。
>
> 骊宫高处入青云,仙乐风飘处处闻。

图文珍藏版

缓歌漫舞凝丝竹,尽日君王看不足。

玉环在玄宗面前是妃子更像女儿,她时而娇嗔佻俏,时而单纯天真,有时娇笑着看着玄宗,有时又调皮得捉弄玄宗,真是风情种种,姿态万千,使玄宗神魂颠倒,不能自持。

玄宗宠爱杨贵妃,给了贵妃许多优厚的待遇。比如玄宗带贵妃外出骑马,高力士就亲手为她递缰绳马鞭。贵妃平时的穿戴,专门有几百人为她织锦刺绣。贵妃生日、节日的礼品及平时摆放的工艺品等,也专门挑选工匠为她雕刻描绘。

杨贵妃生在蜀州,酷爱吃新鲜荔枝,但荔枝生长在南方的夏季,又很难保持新鲜,有"一日色变,二日香变,三日味变,四五日外香味尽"之说。玄宗为能让贵妃吃上新鲜荔枝,就令人千里迢迢快马加鞭的每天从南方快速呈献鲜荔枝进宫,每天清晨出发,可以跑死马,累死人,但绝不能让荔枝失去新鲜。正是"一骑红尘妃子笑,无人知是荔枝来。"

杨贵妃喜欢鲜花。有一次,玄宗和杨贵妃在花园散步,看到一株千叶桃花开得甚是好看,玄宗就亲自摘下一朵为贵妃戴在头上,并笑着说:"这花更能助娇态。"还有一次,贵妃喝醉了酒,玄宗亲自为她摘下一朵牡丹花,让贵妃闻鲜花的芳香,对贵妃说:"这花香能解酒。"有一年的夏天,池塘中的白莲开得特别繁茂,玄宗和贵妃特邀皇亲国戚们前来观赏。大家交口夸赞白莲漂亮清丽,洁白可爱。玄宗高兴地指着贵妃说,"哪里比得上我这枝解语花?"大家纷纷点头称是。杨贵妃非常高兴。

杨贵妃体态丰腴,夏天怕热好渴。玄宗就令人不停地为她扇,还让贵妃嘴里含上一个玉制的小鱼儿解凉解渴。

有一次,贵妃牙疼,不愿说话也不吃东西,手托香腮紧皱蛾眉,姿态犹如病西施。玄宗看到煞是怜爱,就抚着她的背,手捧她的脸说:"我真恨不能为你解痛。"

有一年夏天七月七日乞巧节,玄宗和贵妃做游戏,令人捉个小蜘蛛放在盒中。到了晚上,看蜘蛛结的网,网多便是巧多,表示夫妻永远恩爱,网少就是巧少。玄宗和贵妃共同祈祷网能结得又多又密。

每年十月，玄宗和贵妃都到华清宫避寒，一住就是十几天。"华清恩幸古无伦，犹怨娥眉不胜人。"玄宗为能和贵妃在华清官玩儿得更加尽兴，令人先后三次大兴土木，扩建骊山行宫。宫殿依山而建，殿堂迤逦宏伟，温泉交相叠错，亭台楼榭，水波荡漾，风景如画。供玄宗和贵妃洗浴的温泉池，豪华奢侈，制作宏丽。供玄宗洗浴的汤池叫御汤，形状为椭圆形，用范阳白玉雕成的鱼、龙、野鸭、大雁、莲花做点缀，又叫莲花汤。供杨贵妃洗浴的汤池叫贵妃汤，也是椭圆形，比御汤小而浅，汤池边上有两层台阶，台阶砌成盛开的海棠花，又叫海棠汤。两个温泉相连，左上方是玄宗的御汤，右下方是贵妃的海棠汤。据说，供玄宗和贵妃游乐的小船用白香木制做，以银镂漆，用珠玉装饰楫橹，在汤泉中制成类似瀛洲方丈仙山的形状，供玄宗和贵妃在水中玩耍嬉戏。

有一年冬天下大雪。这一天玄宗去上朝了。杨贵妃一个人百无聊赖，站在窗前看外面的雪景。她发现房檐上挂着许多小冰条，长长细细的晶莹剔透，非常可爱，就让侍从们把它敲下来拿到屋里去玩儿，玄宗回来看贵妃正在把弄着什么，就问："你在干什么？"贵妃娇滴滴地说"我正在玩儿冰筋（筷子）。"玄宗觉得贵妃实在是天真烂漫，煞是可爱，就脱口赞道："妃子聪慧，比拟可爱。"

杨贵妃琵琶弹得出色。玄宗令人为她特制了一把琵琶，用蜀州著名的檀木制成，光亮油润。琴弦用的是末珂罗国（今伊拉克巴士拉以西），进贡的渌水蚕丝，音质柔和悦耳。

玄宗宠爱贵妃，许多宦官大臣也争相向贵妃献媚。如岭南节度使张九章、广陵长史王翼为讨杨贵妃欢喜，就殷勤献上珍奇异物。后来，张九章做了从三品散官银青光禄大夫，王翼做了户部侍郎。

玉环对玄宗的感情日益加深，希望玄宗永远只宠她一个，已经容不得半点的移情别恋。但再卿卿我我的生活也会有摩擦，更何况玄宗又是个风流天子呢？因此，在玄宗与贵妃的感情生活中也曾先后出现过两次小小的不愉快。

第一次不愉快发生在天宝五年（公元746年），贵妃受到玄宗的责备，被送出宫。据说起因是因为一个叫梅妃的，这个梅妃是玄宗纳玉环之前，高力士为玄宗从江南选来的美女，叫江采苹，为闽州莆田人氏（今福建莆田市），生得清丽俊俏，能诗善赋。江采苹喜爱梅花，所住之处栽满了梅花，人又长得妩媚，玄宗就叫她梅妃,梅妃的住处叫梅园。曾一时很喜欢她,称她是江南西施女,吴国赵飞燕。但梅妃拘板,又缺乏音乐素质,不是很合玄宗的脾性。很快,玄宗对她就有些厌倦了。后来由于玉环的出现,更使梅妃大失色彩,玄宗几乎已把梅妃忘却。但有一天,玄宗路过梅园,看到了梅花想起了梅妃,忽然有一种想见梅妃的冲动。就令高力士到上阳东宫让梅妃接驾。梅妃自然高兴,于是轻扫蛾眉,淡点朱唇,穿上最漂亮的衣服去见玄宗。她跪在地上哭着说:"贱妾负罪,原以为不会再蒙恩宠,但想不到还能再睹天颜。"玄宗的怜爱之情不禁油然而生,扶梅妃起来。杨贵妃听说玄宗去了上阳东宫,很不高兴,就对玄宗说了几句责备的话,触怒了龙颜,被撵出宫。

第二次不愉快发生是在天宝九年(公元756年)。传说是因为贵妃的姐姐虢国夫人。贵妃的三个姐姐相貌都很出众,个个丰硕美艳,尤其是虢国夫人更具魅力,不仅貌美而且风流。玄宗很欣赏她。允许她随便出入内宫,以便能经常看到她。后来,终于有了暧昧。有一次,在骊山华清宫,玄宗和虢国夫人调情,正巧被杨贵妃看见。她很是生气,对玄宗说了许多不满的话,还发脾气冲撞玄宗,使其龙颜大怒,第二次撵贵妃出宫。

杨贵妃的两次被撵出宫,都是在玄宗极为盛怒、冲动的情况下做出的。就玄宗本意而言,并不想这么做。所以,贵妃两次出宫,又两次被接回,以玄宗妥协,贵妃认错双方重归于好而结束。

第一次贵妃出宫刚半天,玄宗就后悔了,他表现出了极大的烦躁和不安。过了中午,还吃不下饭。在玄宗身边侍候的人也被责骂,怎么做都不合玄宗的心意。还是高力士最了解玄宗,他明白玄宗为什么会发如此大的脾气。于是,力士主动请求把宫中的一些物品及司农寺供给的酒食等一百多车东西送给杨宅,玄宗立即同意,并让力士把御膳分一半一同给杨贵妃送去。到了晚上,玄宗还是坐卧不宁,高力士又进一步说:"臣请娘娘入侍陛下。"这正说到了玄宗的心坎儿上,他令力士打开宫中兴安坊的门,迎贵妃回宫。贵妃在寝殿见到玄宗后马上磕头谢恩,玄宗对贵妃是又安抚又劝慰,就这样,一天的不快立即烟消云散。第二天,玄宗大摆宴席,杨家姐妹争相敬献美食,以谢皇恩。玄宗高兴得赏赐给杨家人许多物品,并特别给予杨家姐妹们每人每年一百万的脂粉钱。

但第二次贵妃被撵出宫比第一次要严重得多。贵妃出宫许多天，玄宗仍没有接贵妃回宫的意思。玄宗本人的生活一切照旧，也没有像上次那样坐卧不安。高力士看玄宗不急，也就不再说什么了。倒是贵妃的堂兄杨国忠非常着急，他很怕贵妃失宠，杨家就没了靠山，自己就失去向上爬的阶梯。杨国忠找到他的好友吉温商讨办法。吉温是个很有见地的人，他想出了一个激将法。吉温想方设法见到了玄宗，对玄宗说："妇女过分不顺从应该处死。陛下为什么要让她在外面丢脸呢？"这话说得玄宗似有感触，就令宦官张韬光将自己的御膳赐给贵妃，以示抚慰。而玄宗的心里又何曾不念着贵妃呢？

杨贵妃回到杨宅后已是悔恨万千。她后悔不该对玄宗发那么大的脾气，那么任性。当她看到宫中送来的御膳时，哭着让张韬光转告玄宗说："妾有罪应当被处死一万次，但除身体发肤外，妾的所有东西都是皇上所赐，现在妾将死去，没有可用来报答皇上的东西。"说着，剪下了一束头发让张韬光带给玄宗，并让他转告说："留下这东西与陛下诀别。"张韬光回到宫里，把杨贵妃的头发交给了玄宗，还如实地把贵妃的话重复了一遍。玄宗大惊失色，知道剪发意味着诀别，他立即令人火速接杨贵妃回宫。贵妃又见到了玄宗，虽才几日，恍若隔世。贵妃扑入玄宗的怀里不禁痛哭失声，酸甜苦辣溢于心中。玄宗也是感慨万千，情感复杂。他温情地看着贵妃，柔声安抚着……。过了几天，玄宗亲自到秦国夫人和杨国忠府第赐给他们很多钱财。

唐玄宗与杨贵妃共同经历了情感上的煎熬和考验，他们感受到了离开对方的徨与痛苦，他们发现，彼此已密不可分了。从此，玄宗对贵妃的情爱更加专一，贵妃也更加注意和玄宗多做感情上的交流，他们互谅互让，情感上得到了进一步的升华。相传，在一个牛郎织女双星相会的夜晚，唐玄宗与杨贵妃双双依偎指天发誓，"人寿难以预料，愿牛郎织女保佑我们永远相爱，过了今世，还有来世。"他们信服道教，确信人死会升仙，"在天愿做比翼鸟，在地愿为连理枝"。

6.杨门辉煌势倾天下

自从杨玉环被宠爱以后，杨家人都跟着荣耀起来。真正是"一人得道，鸡犬升天。"杨家人一个一个地被皇帝推恩。首先是玉环的父亲杨玄琰，虽然他早已去世,但仍被追赠为济阳太守,后又被追封为兵部尚书。母亲李氏,被封为陇西夫人,后又追封为凉国夫人。叔叔杨玄任光禄卿,银光禄青大夫,堂兄杨铭任殿中少监,堂兄杨任御史,以后玄宗又把女儿太华公主下嫁给了杨。杨玉环的三个姐姐分别被封为韩国夫人、虢国夫人、秦国夫人,就连堂兄杨钊(后改名杨国忠,他的祖父和杨玉环的祖父是兄弟),也跟着飞黄腾达。一时间,杨家辉煌,门庭显赫,成为唐开元以来皇宫以外最豪富和有地位的人家。从此,杨家耀武扬威,不可一世。杨贵妃的三个姐姐更是备受唐玄宗优待,有着许多别人没有的特权。

虢国夫人依仗权势蛮横无理。她想买一处大宅,看中了原宰相韦嗣立住的宅院。有一天,她大摇大摆地走进院内,拿腔拿调地说:"听说你们这座宅院想卖,要多少钱啊?我买了。"韦氏子孙们诚惶诚恐,他们赔着笑脸,小心翼翼地说:"这是先人祖业,我们不能卖。"可虢国夫人一定要买,就令随身带来的工匠拆房推墙。韦氏子孙们拿这个泼蛮刁钻的浪妇没有办法,知道她是当朝天子的宠妃杨贵妃的姐姐,所以也只敢怒而不敢言,忍气吞声地把家具搬到了街上。更为不讲理的是,虢国夫人连一文钱也没给,只给了几十亩空地了事。

虢国夫人的中堂盖了起来,光装饰费用就花掉了200万钱。她还叫人抓来了蝼蚁,蜥蜴,数好了有几只,然后放人中堂说:"如果跑掉一只,这个中堂我就不要。"她的意思是要这间中堂没有一点缝隙。

韩国夫人也很奢侈。在一个元宵节的夜晚,她让人点燃百支树灯,高80尺,放在山上,在百里之外都能看到冲天火光。

杨家人外出,宝马香车,奢侈华丽,吆三喝四,招摇过市。有一次他们随唐玄宗去华清宫,各家攀比着用金银锦缎装饰牛车,由于装饰的东西太多,以至牛都拉不动车了。玄宗听说后让他们改用马拉车。杨家人各穿不同色彩的服装集结而去,从远处望去,像彩旗在招展,花园在移动。所过之处,香飘几里,且沿路散落了不少衣物等东西。

杨贵妃的远房再堂兄杨钊更是一步登天。杨钊小的时候家境贫穷,他又不务正业,吃喝嫖赌样样都干,乡里没人看得起他。后来,他发奋到了军中,不得志,又跑了几个地方,最后在关中当上了一名小小的扶风尉,但仍不得志。天无绝人之路,远房堂妹杨玉环被封为贵妃,真是喜从天降,他开始寻找机会。剑南节度使章仇兼琼得知杨钊是贵妃的亲戚,又看他"言词敏锐",就派杨钊为"推官",以献锦丝为名,联络杨氏姐妹,想依附杨贵妃进而得到玄宗的注意。杨钊到长安后,把价值一万缗线的蜀地珍贵土特产分赠给杨氏姐妹,还特别强调这是章仇兼琼送的。杨家姐妹在玄宗面前不断夸奖章仇兼琼和杨钊,并引荐杨钊去见玄宗,因他只是贵妃的远房亲戚,所以先封杨钊做了一个官位很小的金吾曹参军;提升章仇兼琼为户部侍郎。杨钊的这个官位虽不高,但有一种特权,就是可以随便出入皇宫,经常能陪玄宗和杨家姐妹们玩乐。这就有了一个供他施展"才华"的机会。有一次在内宫宴上,玄宗和杨家姐妹们玩儿一种叫"樗蒲"的游戏,杨钊负责计数,算得详细而又准确。玄宗夸奖他说:"这是个好支度郎的材料。"杨家姐妹们就嬉笑着叫他"好支度郎"。

天宝以后,唐玄宗不再勤政,他讲究享受,奢侈豪华,整日陪伴杨贵妃,沉溺于酒色之中。统治集团内部的矛盾也在日益加深,开元盛世已开始衰退,社会经济也随之滑坡。在这种情形下,急需一批聚敛之臣搜刮钱财,来维持歌舞升平的"盛世"。杨钊就是在这种环境下显露了他的"才干"。他敲诈勒索,聚才有功,得到不断升迁,才几年功夫他已兼领数职,又由于他协助李林甫满门抄斩了李林甫的政敌杨慎名一家,得到了李林甫的信任。高力士也在玄宗面前称赞杨钊能干。玄宗本人也认为"好支度郎"杨钊精明强干,又是贵妃的亲戚,就提拔他做了兵部侍郎兼任御使中丞。不久,杨钊以自己的名字对国家不利为名,请求玄宗为他改名,玄宗欣然赐名国忠。从此,杨钊改名叫杨国忠。杨国忠把眼光又瞄向了宰相李林甫的高位。李林甫实际上很看不起他,只因他是杨贵妃的亲戚,也就拿他没什么办法。天宝十一年十一月,李林甫去世,杨国忠终于得到了觊觎已久的宰相位置。

杨国忠小人得志。他任人唯亲,妒贤嫉能;强辩浮躁,独断专权;颐指气使,缺德少才。朝中大臣们对他很反感,但慑于他的淫威,又看到玄宗信任他,也只好看着他在那里指手画脚,横行霸道。杨国忠也知道别人看不起他,曾说:"我出身寒微,依仗椒房亲戚(杨贵妃)到了这个程度,我已心满意足,反正留不下什么好名声,我也不考虑归宿,只知富贵享乐。"

杨国忠的儿子杨暄倚仗权势，不用功读书，参加明经考试不及格，但礼部侍郎达奚抚害怕杨国忠的权势，就把杨暄放到了头等。达奚抚对他的父亲说："人家仗着贵势，令人恐惧，哪能和他论是非。"

杨国忠还欺上瞒下。有一年发大水，许多地方颗粒无收，可杨国忠却谎报"军情"。为了表功，他让人拿来长势最好的庄稼给玄宗看，并对玄宗说："雨水虽多，但并没有危害庄稼。"玄宗对杨国忠的话深信不疑。有一个地方上的官员实在看不下去，就上奏皇上报告实情，杨国忠知道后就把这个官员看管了起来，吓得别人不敢再说实话。

杨国忠的生活奢靡到了极点，吃喝玩乐享尽荣华。他家用的木炭必须要掺上蜂蜜捏成双凤才用，冬天烧炉取暖时，炉底一定要用白檀香木垫上，其他的木炭从来不用。每年冬天，杨国忠就挑选一些长得肥胖的婢妾走在自己前面，这样可以挡风，又可以借她们身上的热量为自己取暖，杨国忠得意地对别人说，这叫"肉阵"。

杨国忠府上有座四香阁。这四香是：沉香、檀香、麝香、乳香。楼阁用沉香木制作，栏杆用檀香木，把麝香和乳香分别掺和在泥里用来抹墙，用这四香造成的楼阁清气怡人，香飘四季。就连皇宫中的沉香亭都比不上杨国忠家的四香阁。每年春天花开季节，杨国忠都邀请一些客人来他府上赏花，客人们坐在四香阁中分不清扑鼻而来的清香是花香还是楼阁本身散发的香气。

杨国忠在任宰相的几年中，没有任何建树，有的只是劣迹斑斑，套用前宰相李林甫的治理方针，比李林甫的缺德少才还有过之而无不及，其奸、其坏和李林甫不分上下。任相刚刚三年，就酿成了"安史之乱"。

7.香消玉殒马嵬坡

唐玄宗晚年已懒于治理朝政。他内用奸相杨国忠，外用胡人安禄山，听信谗言，任用奸佞，政治腐败，社会矛盾激化。中央集权不断被削弱，藩镇割据势力相继而起，最终酿成了"安史之乱"。天宝十四年（公元755年）十一月，平卢、范阳、河东三镇节度使安禄山伙同其部下史思明以奉皇帝圣旨讨伐杨国忠为名，率领20万大军在蓟城（今北京西南）南郊举行誓师大会，发动叛乱。安禄山传令军中："有意煽动军队者灭族。"这支队伍势如猛虎，长驱直入，直奔长安而来。

安禄山是混血胡人。他的父亲是契丹族，母亲是突厥人氏。安禄山原本姓康，在他还很小的时候父亲就去世了，从小跟随母亲生活在突厥部落里。后来，他的母亲又嫁给了突厥部落一个将军的弟弟，他就改姓安。安禄山这个人长得五大三粗，肥头大耳，但却不失灵活，人也聪明，还会六种少数民族语言。他还善于揣度人意，并且诡计多端。有一年，安禄山偷羊，被幽州节度使张守抓住，要杀他。安禄山眼珠一转，大声叫嚷："大夫不是想灭两蕃吗？（奚、契丹）为什么要用棍子打死安禄山？"意思是灭两蕃有用得着我禄山的地方。张守想，兴许这个胡人可以利用，就令人留下他一条性命，让他做了一名捉生将。这安禄山熟悉奚族、契丹族的生活习性，他本人又骁勇善战，所以每次出击都能抓到许多契丹兵。有一次，他一人竟带回了5骑契丹人马。张守挺欣赏他，就提拔他做了一名偏将。安禄山为人乖巧，善于逢迎，因而得到不断升迁。他作战勇敢，镇边"有功"，玄宗对他十分赏识，任他做平卢、范阳、河东三镇节度使，还特别关照他和杨家姐妹结成兄弟。安禄山在玄宗面前表现得憨态可掬，忠诚无比。有一次玄宗笑着问他："你的肚子如此之大，里边装的净是些什么东西？"安禄山装憨卖傻，他拍拍肚子说："这里没别的东西，装的只有一颗忠于陛下的红心。"说得玄宗哈哈大笑，说禄山真是忠诚厚道。还有一次在宫中的宴会上，安禄山竟跪在地上请求比自己还小许多岁的杨贵妃收他为义子。玄宗和贵妃居然高兴地答应了。在举行收子典礼时，安禄山只拜贵妃不拜玄宗，玄宗感到奇怪，就问他这是为什么，安禄山又假扮憨傻，说："胡人只知有母，不知有父。"贵妃笑着说："禄山实在忠厚可爱。"

安禄山就是这样，用表面上的憨厚忠诚来掩盖他暗藏的勃勃野心，而他私下却屯兵训练，设内奸刺探情报，为他日后的谋反做着充分的准备。

安禄山惧怕李林甫，看不起杨国忠。李林甫一死，他就没有什么顾忌了，但也没想马上起兵造反。他还想等待更成熟的机会。但由于杨国忠和他作对，有意在玄宗面前说他坏话，他怕夜长梦多，坏了他的大事，就提前起兵，说这是杨国忠逼他造反。当初也曾有人向玄宗奏报安禄山有谋反的意图，杨国忠也想乘机铲掉安禄山。但老朽的玄宗非但不信,反而把告发的人交给安禄山处理。这就使得安禄山更加肆无忌惮了。

安禄山的叛乱大军滚滚杀来,唐王朝江山顷刻之间天昏地暗。"禄山一呼,而四海威震!"玄宗这才如梦初醒,急忙下令部署防线,阻止叛军西进。但官军和安禄山的军队交起锋来,根本就不是对手。由于官军平时"处世太平,不练军事,"打仗的多数人又是临时招来的市井子弟,没经过严格训练,所以,遇到安禄山的人马就只会望风而逃。而安禄山的军队平时训练有素,又都是精兵强将,个个骁勇,洛阳、潼关相继被他们攻克。

玄宗已看到了形势的严峻,他决定亲自出征,由太子监国。杨家姐妹们大惊失色,聚集到院中嚎啕大哭。杨贵妃口衔土块请求赐死,她们以此要挟玄宗,不让他出征。玄宗心情沮丧,亲自挂帅出征的事就搁置下来。实在说,玄宗这时已经苍老,再也不是当年威风凛凛除韦氏、战"太平"的英姿飒爽的临溜王了。

天宝十五年(公元 756 年),安禄山居然自封皇帝,改号"圣武",暂时实现了他十多年来的野心。

在安禄山的叛军直奔长安之前,玄宗还很自信,认为安禄山不是自己的对手。哪承想,官军一败再败,不做抵御,只知逃亡,长安是不能再呆下去了。玄宗只好听从了杨国忠的建议,离开他的皇宫寝殿,逃往还没被安禄山占领的蜀州一带。这也是杨国忠的根据地。此时,玄宗深悔当初太骄纵信任安禄山,没有听人忠告。

天宝十五年六月十四日(公元 756 年)黎明,71 岁的玄宗带领杨贵妃姐妹、皇太子、亲王、嫔妃、皇孙、杨国忠、韦见素、高力士、陈玄礼等一批皇亲国戚,亲近宦官等一行人马出逃,由一支几千人的禁军护送。他们惊慌失措走了半日,到了中午,才走到咸阳(今陕西)望贤宫,离长安不过 40 里。这些人走的是又累又饿,当下留在望贤宫休息。当地官员早已逃跑,没有人接驾,就更别提吃喝了。许多百姓跑来看皇宫里的人,更主要的是想看看他们的皇帝。玄宗问老百姓:"你们有吃的东西吗? 不管好不好,什么都行。"善良纯朴的百姓平时是没缘看见皇帝的,今日有机会一睹天颜实在兴奋,他们急忙回家,尽其所有,拿来了夹杂着麦豆的粗饭,玄宗看到百姓平时吃的竟是如此饭食,很有些自责,他对百姓说:"让你们受苦了,我作为一国之君,实在是有愧于你们。"百姓们十分激动。

达官显贵们连续走了半日也实在是太饿了,他们全没了往日的尊贵,粗茶淡饭被他们狼吞虎咽的一扫而光。杨国忠跑到集市上为玄宗和贵妃买了些胡饼充饥。下午,这队人马又继续赶路,约在午夜时分,到达了离长安约有90里的金城驿站(今陕西咸阳西北)。同样,这里的官员也跑得无影无踪,百姓也逃难去了。玄宗等人走了一天的路,又困又乏,胡乱弄了点儿吃的,就倒头睡下了。除了玄宗、贵妃和皇子们分着睡,剩下的人员随便挤在了一起,也不分什么高低贵贱,长尊老幼了。

天宝十五年六月十五日,逃离长安的第二天,玄宗贵妃等一行人马到达了马嵬驿(马嵬坡,今陕西平兴县西北二十二里)。从长安到这里,经历了两天一夜的奔波,将士们饥饿难挨,天气又热,更使他们心情浮躁,认为直接造成这次事件的责任者是杨国忠,"六军愤怒,持戟不前,"将士们决定不再西行。陈玄礼将军在长安时就想杀掉杨国忠,但无奈没有机会,现在他认为是上天的安排,可以除掉杨国忠。他对各位将士们说:"如今天下分崩离析,朝廷震荡,难道不是由于杨国忠盘剥百姓、朝野怨愤所造成的吗?如果我们不除他以谢天下,怎么能平四海之愤呢?"将士们一致赞同。这时,杨国忠正在驿站西门外和吐蕃"和好使"说话,骑兵们立即跑上前去把他围了起来,并大声喊道:"杨国忠联合吐蕃谋反!"话落箭到,杨国忠从马上跌落下来,想逃出包围,但刚跑入门内士兵们就追了上来,用乱刀把他砍死了,然后把他的头挂在了驿站西门外。愤怒的闸门关不住了,将士们又杀了杨国忠的儿子户部侍郎杨喧,同时也把韩国夫人杀了。御使大夫魏方进想阻止他们,士兵们也把他杀了。将士们把玄宗住的地方包围了起来,实行兵谏。

玄宗听到外边吵吵嚷嚷,不知发生了什么事。这时有人来报,说杨国忠谋反,将士们把他杀了。玄宗大惊,他知道杨国忠不会谋反,只是因他积怨太深,将士们对他不满造成的。本来玄宗对杨国忠也有所察觉,想到达蜀州后再解决这件事情,可没想到事态竟发展得这么快。玄宗没有责备将士们,只是让他们

·唐代野史·

图文珍藏版

解散归队,但没人响应。玄宗不知这是为什么。陈玄礼对玄宗说:"杨国忠谋反,我们杀了他,但杨贵妃还在,她是杨国忠的妹妹,不适合在陛下左右服侍。祸根还在,大家不放心。"意思很明确,杨国忠谋反,祸水在杨贵妃,如不处置贵妃,将士们不会散去。玄宗听后大惊失色,浑身震颤,如五雷轰顶,他万万没有想到,将士们对贵妃会如此仇恨。想到贵妃深居内宫从不过问朝政,想到贵妃清白无辜,想到贵妃还年轻,想到自己和贵妃的恩爱生活,玄宗心绞难忍,他不肯交出贵妃。他强忍悲哀,痛楚地说:"我会自己处理的。"风烛残年的玄宗颤巍巍的拄着拐杖慢慢地往回走,泪水蒙住了双眼,他真想自己死去算了。高力士等人跟着玄宗,韦见素的儿子、京兆参译韦谔对玄宗劝道:"如今众怒难犯,陛下和国家的安危就在此一瞬间,请陛下快做定夺。"玄宗不甘心就这样处决杨贵妃,他说:"杨贵妃一直深居内宫,杨国忠谋反,她哪会知道?"在一旁的高力士已十分明白,杨贵妃必死,才能解救玄宗。于是他也力劝玄宗道:"贵妃确实没罪,可是将士们已把杨国忠杀了,如果贵妃还在您的身边,怎么敢说您的安危呢?请您自己考虑一下,将士们稳住了,您也就会安全了。"这时玄宗已无可奈何,他又何曾不明白眼前即将发生的一切呢?

唐玄宗扼腕仰天长叹:"一个堂堂天子,一代大唐明皇,竟没有能力保护一个弱小的爱妃,这是何等悲哀,还说什么在天愿做比翼鸟,在地愿为连理枝?"唉!可又能怎么办呢?要江山还是要美人?鱼和熊掌不可兼得啊!更何况,如不交出贵妃,势必连自己的皇位也保不住,到那时,又何谈要贵妃呢?玄宗在万般无奈的情况下,只得忍痛割爱了,他无力地挥了挥手。

此时杨贵妃在行宫里独坐,听着外边的喧嚣,她似乎明白了自己目前的处境。她心里清楚杨国忠的所作所为,清楚自己的姐姐们如何因自己而飞扬跋扈,可自己又做错了什么呢?自从入宫以来,从不参与政治,对玄宗也提醒过,不要太宠爱杨家人。可灾难还是来临了。这时,玄宗由高力士、韦谔搀扶着,颤颤地走到贵妃面前,老泪纵横,拥抱起贵妃。杨贵妃知道自己最后的日子到了,她悲泣地哭着,一双泪眼望着玄宗,声音颤抖地说:"愿明皇保重,妾诚负国恩,死也不恨,只希望在临死之前再拜一拜佛。"玄宗声音嘶哑地说:"愿妃子善地投生。"他相信人死会升仙。

这是人世间真正的生离死别，明明两人相爱至深，可又必须看着爱的一方去死，这是多么残酷的事情啊！

杨贵妃拜完佛，由人搀扶着走出佛堂，面色惨白地接过了高力士递过的罗巾，由两名小宦官用这罗巾缢死在佛堂前的梨树下。至此，一代红颜、唐朝著名美人、大唐明皇的宠妃，香消玉殒，殒命于马嵬驿前，"红颜尺帛，碧玉孤坟"，杨贵妃死时年仅38岁。

权臣逸闻

青史美臣魏征

魏征在东宫担任闲职，自己的前途命运与太子的安危息息相关。他看到太子和二弟秦王李世民之间已到了势不两立的地步，深为太子的前景忧虑。窦建德被平定后，其部下刘黑闼重新起兵，迅速控制了河北一带。这时，魏征和同事王对太子说："殿下仅仅因为是嫡长子，才被确定为太子，谈不上什么功绩和名气。而秦王东征西讨，功劳卓著，威加海内，众心归向，殿下的地位因此受到威胁。现在刘黑闼兵不众，粮不多，大军一到，定能奏捷。希望殿下向朝廷请求带兵出征，一则立功，赢得政治资本，二则网罗山东人才，增加实力，殿下的地位也就牢不可破了。"太子采纳了这一建议，于武德五年的冬

魏征雕像

季，带兵前往镇压了刘黑闼，平定了山东地区。后来，魏征见李世民功业越来越高，又劝太子及时下手，消除后患。

武德九年六月四日，李世民发动政变，在宫城北门玄武门杀掉太子和四弟齐王李元吉，夺得了太子地位。不久，高祖李渊被迫退位为太上皇，李世民继任皇帝，这就是唐太宗。玄武门之变刚收场，李世民就把魏征召来，劈头就问："你为什么要离间我们兄弟关系？"魏征回答道："皇太子要是早点听从我的话，也不至于有今天的杀身之祸。"问得厉害，答得也不含糊，表现出魏征特有的耿直。李世民很看重这一点，因此不仅没有将他作为李建成的死党杀掉，反而不计前嫌，授给他詹事主簿一职，又将他提升为谏议大夫（谏官），封以巨鹿县男爵位。这时，魏征看到河北地区原曾追随过故太子和齐王的人，心里都很不踏实，而一些善于见风使舵的人则争相告发或捕获他们以邀功，这不利于社会的安定，于是就对当时已执政的太子李世民说："如不表示出最大的宽容和公正无私，恐怕会不断出乱子。"李世民听了他的话，就让他去安抚山东，允许他自己做主，灵活处理所遇到的问题。魏征到了磁州（今河北磁县），路上碰见前太子的禁卫官李志安和原齐王手下的军官李思行正被押送长安，就说："前东宫和齐王府的人，殿下都已明令赦免不问了。现在州县仍然押送李志安、李思行去长安治罪，这样，受牵连的人谁不疑虑丛生，就是派使者来宣慰，也没人再相信了。涉及国家利益的大事，哪能怕自己受嫌疑就不去管呢？我们如果把李志安、李思行释放而不加追究，国家的信义恩泽就会远布各地。殿下既然把我当作国士对待，我怎能不以国士行为去报答他呢？"于是将二人释放。李世民知道这事后，非常高兴。这初次成功的合作，便为以后的长期共事奠定了基础。

唐太宗登极后，同魏征等许多大臣不断地总结隋亡的教训，引为借鉴。他们认为，隋炀帝刚愎自用，拒谏饰非，厚敛重赋，滥用民力，奢侈纵欲，穷兵黩武，终于导致灭亡，像这样的皇帝，决不允许再出现了。因此唐太宗励精图治，勤政惠民。他经常将魏征请入居室，询问时政的得失。于是魏征愈来愈受信用，唐太宗逐步提升他为秘书监（掌管图籍的机构秘书省的正长官）、侍中（最高审议机构门下省的正长官）、宰相，并封他为郑国公。后来唐太宗对于魏征甚至到了不可一日不见的程度。魏征喜遇明主，知无不言，言无不尽，先后陈谏数百余事，决心致君尧舜上，把唐太宗辅佐成为英明天子。

如何在君主专制的情况下，最大限度地集思广益，发挥群体作用，是魏征经常和唐太宗讨论的问题。贞观二年(628年),太宗问起魏征:"君主怎样做才能明达睿智,怎样做就要昏庸糊涂?"魏征先列举了尧、舜和秦二世、梁武帝、隋炀帝等帝王的事迹,然后总结道:"广泛听取各种意见,才不至于被权臣和坏人蒙蔽,这样就能明达睿智,偏听偏信,就必然昏庸糊涂。"太宗很称赞这个说法。

贞观八年,一个叫皇甫德参的地方官上疏批评了三件事:一是修洛阳宫劳扰百姓;二是收地租过重,三是宫妃好梳高髻,民间竞相仿效,影响到社会风气。唐太宗见疏大怒,说:"这人想让国家不役使一个人,不收二斗租,宫人都不留头发,才算满意!"他要以所谓诽谤朝政的罪名对皇甫德参加以惩治。魏征得知此事,对太宗说:"汉文帝有道,贾谊尚且为时政担忧,上书说可为痛哭的事有三项,可为长叹的事有五项。可见自古以来,上书若不把话说得激烈些,就不能触动君主的思想。而说得激烈了,又和诽谤朝政差不多。前人说过,即便是狂夫的言论,圣人也要加以辨别,择善而从。陛下要认真对待!"太宗被说服了,并且说:"我如果惩治这个人,以后谁还敢再说话呢!"于是他赐给皇甫德参二十疋绢作为奖赏。贞观十一年,唐太宗又抱怨百官的一些批评时政的封事所列举的事有出入,想要处分这些人。魏征说:"先王想知道自己的过失,故意立诽谤木,鼓励人们议论是非,指责过失,将意见写在诽谤木上。现在百官批评时政的封事,就是诽谤木一类的东西。陛下想知道自己的得失,只可放手让人们去陈说。如果说得有理,就会有益于陛下;说得不对,也无损于国家啊。"太宗说:"你说得很对。"于是对所有封事批评时政的人都加以表扬,以示鼓励。

用进谏的方式为帝王出谋划策,难免要批评帝王的错误做法,提出针锋相对的主张,往往使帝王感到逆耳、难堪。进谏者如果缺乏胆识,顾忌小利,是不敢这么做的。古代把这叫作"批逆鳞",说是龙脖子下面长有倒生的鳞片,触摸时疼痛难忍,龙就要发怒,将触摸者干掉。魏征就随时会遇到这种风险。一次,唐太宗退朝后,面带盛怒,扬言:"我要杀掉这个乡巴佬!"皇后问他指的是谁,太宗说:"魏征经常在朝廷上当众侮辱我,使我不得自在。"然而魏征并不因此而畏怯,仍然不改他那耿直的本色,照旧对一系列问题经常提出批评建议,有些谏言还涉及声色犬马和家庭关系等为人所难言的事。

贞观二年,太宗听说郑仁基的女儿长得漂亮,又有才华,便在皇后的鼓动下,下令册封她为充华,想把她娶进宫中。魏征知道这女子已经许嫁士人陆爽了,就上表说:"陛下身居宫廷台榭,就应希望百姓也有房子住;吃着膏粱美食,就应希望百姓不饿肚子;看见自己的嫔妃,就应希望百姓都有家室。现在郑家女子已经和人订婚,陛下要娶她入宫,这哪像做天下人父母的样子呢?"唐太宗于是非常愧疚,立即下令停止册封。

贞观十年,皇后长孙氏去世,葬在昭陵。太宗念思不已,就在苑中修筑层观,以便登高而望昭陵。一天,太宗带着魏征一同登观而望。魏征看了半晌,说:"我眼已昏花,望不见。"太宗指了指。魏征说:"我还以为陛下修层观是为了?望先帝的献陵呢,原来不是!要是昭陵,我本来就看见了。"太宗不禁潸然泪下,下令拆毁层观。

太宗虽然经常被魏征尖锐的谏言所激怒,但又不得不为之息威,甚至对魏征产生了畏惧感。一次,他得到一只鹞子,十分喜爱,就放在臂上玩赏,忽见魏征走近,便赶紧藏到怀里。魏征佯装不知,一直奏事不已,鹞子竟被捂死在怀里。还有一次,太宗想到终南山游玩,已经安置了车马警卫,但又决定不去了。魏征问起这事,太宗说:"怕你再说我,所以取消了。"

在魏征的带动下,贞观时期群臣议政蔚然成风,涌现出马周、张玄素、张行成等一大批敢于进谏的人物,甚至在隋朝时号称谀佞的裴矩,也为风气所染,折节而进谏。唐太宗因此经常处在一种面折廷诤而不举首的状态中。这种封建民主可以说是对于君主专制的一种制约和补充。利用集体智慧,修明政治,是被后人所称颂的"贞观之治"得以出现的一个重要因素。

太宗即位之初,有人建议对周边各族炫耀武力,显示国威,使它们震恐而归服。这时,十多年的战乱刚刚结束不久,社会经济凋敝不堪,人口减少到隋代的三分之一,当务之急是安定社会,恢复和发展经济,除遇外敌入侵等迫不得已的情况,应尽量避免战争,集中精力把国内的事办好。国内的事办好了,威望和地位自然会提高,从而赢得周边各族心悦诚服的拥戴。魏征认准了这一点,因此竭力反对炫耀武力的主张,而为唐太宗制定了"偃革兴文,布德施惠"的方针,强调"中国既安",则"远人自服"。

唐太宗并非不打折扣地接受这个方针。因此魏征还需要通过不懈的努力,时时注意劝谏太宗,使他不违反这个方针。一次,太宗想征发十六岁至十八岁的中男当兵,这比原来规定的二十一岁的征兵年龄早了好多年,因此魏征坚决反对。他与唐太宗争执了四五个回合,坚持认为:"兵不在多而在精。只要治军有术,现有的健壮兵士就可无敌于天下。何必要把未成年的中男扩充到军队中来虚凑人数!"唐太宗终于认识到自己的错误,放弃了征发中男的念头,这为当时恢复生产争取到了劳动力。

岭南蛮族酋长冯盎因内部争斗,多年未到京师朝觐,被人奏称为反叛朝廷。贞观元年,唐太宗派将征调数十州的兵士前往讨伐。魏征对太宗说:"国内刚刚安定,冯盎反状未成,不宜兴师动众。"太宗说:"告发他反叛的人络绎不绝,怎么还说他反状未成!"魏征说:"冯盎如果反叛,必然要据守险要,攻掠州县。现在举报他谋反已经好几年了,却未见他的兵士出境抄掠,这说明他根本没有造反。州县怀疑他反叛,陛下又不派遣使者前往安抚,他怕送死,才没来朝见陛下。如能派出可靠的臣子前去宣示陛下对他的绝对信赖,他必然为免遭祸害而高兴,不动一兵一卒即可安定岭南。"太宗采纳了这个建议,冯盎果然派其子入朝。魏征一言安邦,太宗十分高兴,说:"魏征让我发一介使者,就安定了岭南,胜过十万大军!"

贞观四年,唐灭掉大敌东突厥,国威大振,各少数民族政权都尊称唐太宗为天可汗,还专门开辟了一条参见天可汗的道路,前来朝贡,自愿接受唐廷的统辖。唐太宗兴奋地说:"我采用了魏征的方针,才会有这样的结果,这都是魏征的功劳啊!"

但魏征仍然担心唐太宗好大喜功,轻易动武。唐太宗当秦王时,曾多次带兵打仗,平定国内割据势力。乐工将太宗的这个经历编为乐舞,名叫《秦王破阵乐》,后改称《七德舞》。战争年代,军中时常演出,用以鼓舞士气。唐太宗即位后,便将此舞乐作为国宴上的保留节目,用于娱乐。魏征每次陪同太宗出席宴会,只要见演出《七德舞》,就低头不看,如果是文舞《九功舞》,就看得津津有味,以此表示他对于太宗仍然热衷于宣扬武功的不满。在魏征死后,唐太宗曾为收复辽东故土而发动对高丽的战争,如果遭到失败。他对此十分懊悔,说:"魏征如果还活着,是不会让我有辽东此行的。"

魏征在辅佐太宗发展经济的同时,还重视文化教育事业。战乱之后,书籍散佚和损毁较多,他奏请组织儒生校辑图书,从而使国家典籍粲然大备。他见汉朝戴圣汇集的《礼记》一书编次混乱,就花费了好几年的心血,采集前儒的训释,加以分类整理,重编为《类礼》二十卷。唐太宗读后很赞赏,下令抄成数本,除藏于内府外,还赐给太子和诸王。唐太宗想借鉴前代的治国经验,魏征便组织虞世南等人,采集经史百家中的嘉言善语和明君昏主的事迹,编成《群书治要》五十卷。太宗认为这书取事面宽,要言不烦,可使自己稽古鉴今,临事不惑,除自己学习以外,还赐给太子和诸王各一部。唐太宗还命魏征收集古来帝王子弟成败事迹,编成《自古诸侯王善恶录》,作为教材,赐给诸王。当时规定官修史书,由宰相监修,因此魏征又主持了梁、陈、齐、周、隋几朝史书的修撰工作,并亲自动笔,增补删削,还为《隋书》写了绪论,为《梁书》《陈书》《齐书》写了总论。

魏征的"兴文"主张,不仅体现在整理、编撰图书典籍方面,还体现在他关注全社会的教化方面。他方劝唐太宗行王道、施仁政,重视对人民的教化工作。太宗执政之初,曾和群臣讨论教化问题,说:"现在大乱刚过,恐怕百姓不易教育。"魏征说:"不然。生长在太平时期的百姓骄横放肆,难于管教。相反,遭遇过动乱的百姓穷困愁苦,却容易感化,正如久饿的人容易喂养,渴极了的人容易饮水一样。"老官僚封德彝非难说:"三代以后,人越来越浮薄诈伪,因此秦朝才专用刑法律令,汉朝才兼用霸道。他们原都是想用王道仁政来感化百姓而不成,哪里是能感化百姓而不想感化呢?魏征是个书呆子,不识时务,如果相信他的荒唐说法,将会危害国家!"魏征回答说:"商汤驱逐无道的夏桀,周武王讨伐残暴的商纣王,百姓依然是原来的百姓,都能加以教化,出现太平,难道不都是大乱之后的事吗?如果说古人淳朴,后来便愈益浮薄诈伪,那么发展到今天,人早已不再是人,都变成鬼怪了,君主哪还能治理他们呢?"封德彝等人被驳得哑口无言,但仍然以为不可,唐太宗却采纳了魏征的意见,并终于在社会教化方面取得了很好的成效。

英冠人杰长孙无忌

长孙无忌,字辅机,河南洛阳人。其初出自北魏献文帝第三兄,初姓拓跋,由于在部落之中获功最多,世袭大人之号,曾更姓跋氏,为宗室之长。孝文帝时,改姓长孙氏。其父长孙晟是隋朝的右骁卫将军。

由于家世贵重,世为华丽家族,长孙无忌自幼一直接受良好的教育,通览经史,精晓文义,自少年时代起就和太宗李世民关系极好,妹妹又是李世民的妻子(文德皇后),因此和李世民在君臣身份之外,又多了一层亲情。

李渊义军渡黄河后,长孙无忌即前去谒见,多次参与李世民的军事行动,出谋献计,殚精竭虑,因功被封为上党县公。

武德九年(公元626年),长孙无忌在太子李建成和齐王李元吉咄咄逼人的情势下,

长孙无忌

暗中劝说李世民先发制人,可称是"玄武门之变"中一个非常重要的角色。

李世民即位后,马上封这位大舅子为吏部尚书,因其赞画功劳第一,晋封齐国公。此时的长孙无忌是人生最为得意之时,佐命元勋又兼贵戚,恩礼尤重,常常出入皇帝卧内议事,如家人兄弟一般。

李世民杀其一兄一弟十个侄儿,而且世民与建成和元吉皆一母所生,母为窦皇后。看来亲兄弟不免互煎,倒是大舅子成为贴心人。

任高官几年,有人密奏太宗说长孙无忌权宠过盛,不利于国。李世民亲自拿这封密疏给长孙无忌观瞧,表示自己对他实无疑虑。太宗召集百官,宣布说:"无忌有大功于我李家,朕诸子皆弱,现在委托给无忌,朕胸中非常放心。疏间亲,新间旧,是不顺之举,朕所不取也。"

大庭广众之下,皇帝表露了对长孙无忌的信任。

同年，李世民进行祭祀礼，下命功臣裴寂与长孙无忌两人和他一起同立于皇帝专用的巨大御车上，宠遇莫比。

贞观七年，朝廷册拜长孙无忌为司空。他固辞不受，表示自己以外戚任三公，会有私亲得官的误议。

太宗马上表示："朕授官必择才行。襄邑王李神符是我李家骨肉，但他德行轻薄，故朕不授其任何实官。魏征从前是太子建成死党，朕照旧委以重任。如果真是以外戚之故，多赐长孙无忌金银财帛也就足够，确实是因为他聪明鉴悟，武略不凡，朕因此授以台鼎之位。"

言毕，赐《威凤赋》予长孙无忌，表彰他的贤德谦让。

贞观十一年，太宗下令长孙无忌等功臣世袭大州刺史；贞观十三年，太宗又亲自到长孙无忌家里，赏赐长孙亲族；贞观十六年，册拜长孙无忌为司徒；贞观十七年。太宗命在凌烟阁图长孙无忌等二十四功臣的画像，并下诏褒崇。

贞观十七年（公元643年），太子李承乾与魏王李泰两人暗中结党争斗，相继被废禁锢。大英雄李世民虽贵为四海天子，仍为家事搞得懊恼无比。

朝会散后，唐太宗独留长孙无忌、房玄龄以及李勣三人议事，待坐片刻，五内俱焦的太宗皇帝叹道："我三个儿子一个弟弟（三子指齐王李祐、太子承乾、魏王李泰，都阴谋结党夺位。一弟指汉王李元昌，参与太子谋反。）个个干出这样的事情，活着真难受啊。"言毕，从座椅上自投于地，拔出佩刀想自杀。

长孙无忌等惊惧至极，争上前去扶拥抱持，并夺过佩刀递给太宗的儿子晋王李治。

解劝半晌，三大臣问太宗想要立谁为储君。"我想立晋王。"太宗答道。

晋王李治是李世民第九个儿子，依照次序还真轮不到他。长孙无忌心中大喜，因为李治是他亲外甥，马上就表态："敬听陛下诏命！如有异议者，请允许为臣我为陛下斩之！"

太宗对李治说："你舅舅已经同意你当太子了，应该拜谢啊。"晋王李治连忙跪倒在地，连连拜谢元舅的提举。

李世民还有些不放心，就问："既然几位和朕意见相同，不知外间议论何如？"

长孙无忌跪地应对说："晋王仁孝，天下归心。陛下如果不信，可以召问百官，肯定众口一词推举，否则，为臣我负陛下万死！"

长孙无忌此话，实出让亲外甥继位的私心。李治日后宠幸太宗用过的才人武氏，连唐家江山差点丢掉，不孝；杀掉长孙无忌等大臣，不仁。

日后，太宗也还想另立他所喜爱的吴王李恪为太子，长孙无忌力争，鉴于他是当朝贵臣，又忠贞正直，太宗不得不从，并亲口表示："（长孙无忌）虽统兵攻战非其所长，但他善避嫌疑，应对敏捷，自古无比。"

贞观二十三年（公元649年），李世民病重，弥留之际，他单独召见长孙无忌和中书令褚遂良两人受遗诏辅政，并对褚遂良说："无忌尽忠于我。我有天下，多是此人之力。你辅政后，不要让谗毁之徒陷害无忌。否则，你就不是我李家忠臣。"

高宗李治即位后，当年亲舅推举之景犹然在目，自然心中怀有万分感谢之情，马上晋拜长孙无忌为太尉，兼扬州都督，仍知尚书及二省事。

长孙无忌竭尽忠忧，数进良谏，高宗无不优纳。

高宗做太子时，入侍太宗，看见时为太宗才人的武媚娘，心旌摇荡。虽然也好色，李治毕竟和杨广不一样，老爹还没咽气就扑过去搂着父皇的爱妃求欢。太宗崩后，按规矩武才人应落发为尼。高宗以上香为名，于寺庙见到武才人，两人泣下如雨（不知是睹佳人思亡父，还是大喜成悲）。

当时，高宗的王皇后没有孩子，萧淑妃有宠。王皇后听说此消息马上令武才人留起头发，劝高宗纳武才人为后宫，目的想夺萧妃专宠。没料到的是：武氏巧慧异常，不久就大受高宗宠幸，获封为昭仪。由此，王后、萧妃一齐被冷落，此时二人联手再想扳倒武昭仪，却是永不能够的事情。

虽然王皇后失宠，毕竟结发之妻，高宗并没有废后之意。不久武昭仪生下一个女儿，王皇后见了心中真的十分怜爱，抱在怀中逗弄，然后离开。武昭仪暗中潜入，活活掐死自己的亲生女儿，然后等高宗看视时大哭大闹，陷害说王皇后弄死了小公主（武后之毒，历代罕有）。

高宗勃然大怒，立马起了废掉王后之心。由于皇后母仪天下，高宗自己还真做不了主，便首先从巴结自己的亲舅入手。

　　永徽五年(公元654年),高宗和武昭仪亲自临幸长孙无忌家,面见三个表兄弟(长孙无忌宠姬所生的三个小儿子),并当时就封三个小孩为朝散大夫。他还让宫廷画师为长孙无忌画像,御笔亲题画赞,称颂这位元舅的"定策之功。"临来时,皇帝和武氏带来十车金宝缯锦以赐这位老舅。

　　笑语之间,高宗假装提起王皇后无子的话题,想要老舅接这个话茬,顺竿就讲起换皇后的事情。

　　长孙无忌心知肚明,不为所动,绕过话头讲起别的事情,弄得皇帝和武昭仪很没趣,怏怏而去。

　　武昭仪后来让亲妈杨氏多次上门,假装和长孙无忌老婆拉家常,祈求太尉答应高宗废旧立新的要求,都被长孙无忌驳回。礼部尚书许敬宗是个马屁精,多次劝说长孙无忌给皇上个面子,遭到痛斥。

　　无奈之下,高宗和武昭仪就撕破脸皮,诬称王皇后巫祝厌胜,召集长孙无忌、李勣、于志宁、褚遂良四人入内殿。

　　入殿之前,褚遂良对长孙无忌和李勣说:"今日圣上召见,肯定是立后之事,上意已决,逆之必死。太尉元舅,司空功臣,不能让皇上蒙受杀害元舅和功臣的污名。我褚遂良出身布衣,备位辅政,受太宗托之恩,当以死争之!"

　　临行,李勣比较世故,称自己有病,没有上朝。

　　到内殿后,高宗直截了当地说:"皇后无子,武昭仪有子,现在要立昭仪为皇后,怎么样?"

　　褚遂良接过话:"皇后出身名门,是太宗皇帝为陛下所娶。先帝临崩,拉着我的手说:'朕佳儿佳妇,今以付卿。'陛下您当时在场,言犹在耳。皇后没有过错,怎能轻废!"

　　高宗一时语塞。

　　转天,又把几人召至内殿,声色更加严厉,逼问同样的问题。

　　"陛下您果真想换皇后,可以从天下名族中仔细挑选。武氏曾侍奉先帝,天下所知。万代之后,后世对陛下会怎么评论呢!"褚遂良言毕叩头言罪:"为臣逆忤陛下,罪当死!"并解下官帽放下手中官笏,请求高宗把他放归田里。

　　由于触及自己和老爸共用一妇的痛处,高宗大怒,命卫士把老头子拉出去。

武昭仪也在帘后大叫："何不扑杀这个乡巴佬！"

站在一边的长孙无忌此时再也忍不住，喊道："遂良受先帝顾命，有罪不可加刑。"

同去的于志宁一直低头不语，大气不敢喘一口。

过了几天，李勣入见，高宗问李司空易后之事，老成世故的李勣说："此陛下家事，何必更问外人！"皇帝大喜。

马屁精许敬宗趁机在上朝时对百官宣言："田舍翁多收十斛麦，尚欲易妇；何况天子欲立皇后，关众人屁事而妄生异议！"

永徽六年冬十月，皇上下诏称王皇后、萧淑妃谋行鸩毒，废为庶人。并立武昭仪为皇后。

自此，高宗与长孙无忌的舅甥之情全然消解，一丝全无，而且心中十分怨恨这位老舅的"非暴力不合作"态度。

武皇后对长孙无忌更是恨之入骨，只是刚刚当上皇后，摸不准长孙家族的势力和底细，暂时也没有动他。

从此，长孙无忌在朝中也处于半退隐状态，重大朝议再也插不上手。

高宗显庆四年（公元659年），一直对长孙无忌怀恨在心的许敬宗借一起朋党案件，把长孙无忌牵扯进去，诬称他构陷忠臣，伺机谋反。

高宗起初闻言还真吃了一惊，说："果真如此吗？朕舅为小人挑拨，不至于谋反吧？"

许敬宗一脸忠心耿耿："为臣我推究始末，反状已露。陛下以此为疑，恐怕不是社稷之福。"

高宗流泪说："我家不幸，亲戚间屡有如此事发生，往年高阳公主与房遗爱谋反，现在元舅又干这事，使朕愧对天下人！如果事情属实，怎么处理？"

许敬宗答道："房遗爱乳臭未干，与一女子谋反，能成什么大事！长孙无忌与先帝一起谋取天下，为宰相三十年，天下畏其威名。如果哪天他忽然起事，陛下您派谁能抵挡他！为臣我从前也见过先例，宇文述与宇文化及父子都为隋炀帝亲任，结以婚姻，委以朝政，一夕事发，先杀不附己之人，为臣一家也惨遭杀害，其余大臣惶恐听命，不过数个时辰，隋室已亡！"

听毕许敬宗这一番"推心置腹"又极有理的话语,前鉴不远,高宗泣道:"阿舅真干出谋反的事,朕也不忍杀他,天下、后世将如何评论朕啊!"

这许敬宗也是贵族出身,明晓历史通义,马上说:"汉朝薄昭,也是汉文帝的舅舅,也有拥立之功。薄昭仅仅犯了杀人之罪,文帝就让朝臣们身穿孝服齐坐于薄昭家门口哭吊活人,逼得薄昭自杀,至今天下以汉文帝为明主。现在,长孙无忌忘两朝大恩,谋移社稷,其罪与薄昭不可同日而语啊。他是司马懿、王莽一类人,陛下稍加犹豫,后悔不及!"

一番话语,高宗深以为然。竟不加亲自推问,就下诏削夺长孙无忌太尉封号及封邑,流放黔州。史书中虽无明言武后在此事件中有何言语举动,但枕边风肯定吹了不少。

不久,许敬宗派人到黔州重审长孙无忌谋反案,到州后,逼令这位功臣自缢而死,并抄没其家产,子孙长流岭外荒野之地。

以元舅之尊,定立之功,长孙无忌只因不赞和高宗易立武后,竟遭杀戮,可见昏主遇诈妇,加之奸臣推波助澜,遗祸匪浅!

但思及长孙无忌鞫审房遗爱和高阳公主的案件,肯定也在里面做了不少猫腻,而且他顺便把太宗宠爱的吴王李恪也牵连进去,枉杀先帝爱子。最后,他自己及其家族遭到诛杀,想想也有报应之理。

独称军功的河间王李孝恭

河间王李孝恭是唐高祖李渊的堂侄。李渊当年攻克京师后,拜李孝恭为左光禄大夫,不久任其为山南道招慰大使。他带军直入巴蜀,降下三十余州。

由于李孝恭借唐朝兵威四处征伐,抚慰有加,往往书檄到处兵不血刃,保全了许多性命,可称得上"仁德"二字。

高祖武德三年,李孝恭献计进攻萧铣的割据政权,李渊非常欣赏他的计策,晋爵为王,并改信州为夔州,拜孝恭为总管,命他广造大船,教习士兵水战,准备进攻萧铣。

萧铣是后梁宣帝曾孙。当年北周趁梁国内乱入境大掠,象征性地保留了梁国。隋文帝时萧铣的爷爷萧岩叛隋入陈。陈国灭亡后,隋文帝杀掉了萧岩。萧铣自幼丧父,家里很穷,靠卖字作书挣钱养活母亲,为人十分孝顺。后来,由于族内的萧氏成为隋炀帝皇后,萧铣沾光被授以罗川令的官职。

隋炀帝大业十三年(公元617年),天下纷叛,岳州上下文武官员也趁势想起军叛隋,众人本来要推校尉董景珍为主,这位武人倒有自知之明,他对众人说:"我家世寒贱,起事以我为名没有号召力。罗川令萧铣是梁国王孙,宽仁大度,有梁武帝之风。我还听说帝王龙兴,都有符名吉兆,隋朝的冠带都叫'起梁'这个称呼,冥冥之中预示着萧家梁国该中兴啊。现在请萧铣为主,不正是应天顺人吗?"

大家找到萧铣一说,果然帝王贵胄,没有一般书生畏怯怕事之意,马上大悦应承,即日自称"梁公",改易服色,建立梁国旗帜。

不久,附近义军和起义官军纷纷来投,隋朝派军来攻,都纷纷败走。萧铣于是称帝,署置百官。

隋炀帝被弑江都,一时间天下无主,岭表诸州纷纷归降萧铣,九江、南郡也相继为梁国所据。当时东至三硖、南尽交趾、北据汉川,全都成了萧铣梁国的地盘,胜兵四十余万,成为南方雄国。

唐高祖武德元年(公元618年),萧铣迁都江陵,开始与刚刚建唐的李家有了遭遇战。由于萧铣属下将领多横恣杀戮,他就以罢兵为名把诸将召回,想趁机剥夺这些将帅的权力。已经当了梁国大司马的董景珍等人相继怨恨叛乱,纷纷被杀,以至于萧铣的故旧边将各自心怀疑惧,实力大减。

武德四年(公元621年),李孝恭率大军,统水陆十二总管,大兵直逼江陵。

萧铣的江州总管盖彦举是个懦夫,乖乖献上五州之地投降,致使梁国门户大开。梁将文士弘等人率兵拒战,但哪里是李孝恭王爷和李靖将军的敌手,立时军溃。

萧铣刚刚为了换将而遣散兵士,身边只有几千人的宿卫之士守城。唐军忽至,他急忙下诏追还遣散至各地的军队,但梁国疆土辽阔,山河纵横,众军急忙往江陵赶也赶不及。

李孝恭纵兵布长围把江陵围得铁桶一般,很快就攻克了水城,俘获舟船数千艘,依附梁国的交州总管丘和、长史高士廉等人本来是带人来拜谒萧铣的,听说梁国兵败,新主对自己又无恩宠,就都转头到李靖军门投诚。

萧铣秉承梁家一贯的"仁义道德",自度救兵难于赶到,就对属下说:"天不助梁,数次亡国。如果战至力屈而降,唐军必因军士死伤而大杀城内百姓。怎能因为一人之故而使百姓遭殃呢。现在城池还未被攻拔,我先出降,可能会保全民众。众人失我,何患无君!"

于是,他亲自巡城下令投降,守城军士都号哭不已。

萧铣祭拜太庙后,率官吏赴李孝恭军门请降:"当死者唯有我萧铣,百姓无罪,请勿杀掠。"

李孝恭马上派人把萧铣用囚车送至京师。

李渊见了萧铣,当面大骂这位玉面王孙的"罪过"。

萧铣一脸凛然,对答说:"隋失其鹿,英雄竞逐。我萧铣无天命,故至于此。我之所行,恰似田横南面为王,非负汉朝。若陛下以此为罪,甘从鼎镬。"

李渊竟下令斩萧铣于都市,时年39岁,称帝五年。

萧铣言语不卑不亢,字字有理,他确实与李家唐朝没有深仇大恨,竟不免身死,可见李渊不够大度。此外,另一个仁德的大英雄窦建德,也是在兵锋正盛之时忽然被擒,被李渊下令杀于都市,似乎不得不让人相信"天命"这两个字。

李孝恭平灭萧铣后,被拜为荆州大总管,岭南四十九州皆望风而降。武德七年,他率兵击败江东辅公祏的反叛,平定江南,拜扬州大都督,江淮及岭南诸州都归他统摄。

隋灭乱起,李氏家族除李建成、李世民、李元吉等带兵横行天下外,宗室中只有李孝恭一人算能独当一面,并立有击破梁国的大功。然而,李孝恭本性还算得上宽恕退让,没有骄矜自得之色,故而李渊、李世民都对他十分亲待。

功成名就之后,这位王爷不喜反悲,对左右说:"我住的大宅子真是太宏丽了些,应该卖掉再买座小院子,能住就可以了。我死之后,诸子有才,守此足矣。如果这些犬子不才,也免得这么好的大宅子便宜了别人。"

贞观十四年,李孝恭暴毙,得急病一下子死掉,时年才50岁,正当壮年。李世民亲自举哀,哭之甚恸。

观史书所记,李孝恭只是一个武豪之人,胆识不凡,但也并无十分过人之处,从他对待萧铣就可以看出端倪。如此金枝玉叶一个仁德乱世皇帝,并非是唐朝的叛臣,又没有与李家大动干戈,因以百姓为念前来投降,李孝恭竟无任何礼之亲之的举动,捆起来放进囚车直送京城,没有丝毫堂皇的风度和气魄,更无高贵人格的体现。

思及此,他在知天命之年忽遭横死,也没什么令人值得叹惋的。

贤辅谋深的莱公杜如晦

杜如晦,字克明,京兆杜陵人。其祖父杜果官至隋朝工部尚书,其父杜咤为隋朝昌州长史。他自少聪悟,好谈文史,是个典型的彬彬书生。隋炀帝大业年间作为候补官员,只补了个滏阳尉的小官,不久就弃官回家。

秦王李世民平定京城时,引为秦王府兵曹参军。不久,当时的太子李建成恐怕秦王府内英才云集,日后于己不利,就以朝廷名义把许多李世民的手下文武从秦王府中调去外地任职。

房玄龄当时对李世民讲:"府僚去者虽多,不足惜也。杜如晦聪明识达,王佐之才。大王您如果想经营天下,非此人不可!"李世民大惊,忙把已经调离的杜如晦追回。

在平定薛仁杲、刘武周、王世充、窦建德的战争过程中,杜如晦作为李世民的高参,对军旅戎事剖断如流,深为时人敬服。

莱公杜如晦

李建成对杜如晦非常忌讳,他对齐王李元吉说:"秦王府中可惮之人,唯杜如晦与房玄龄耳。"随即就借机向高祖李渊讲房、杜两个人的过失,把他们调离李世民的秦王府。

杜如晦虽然被外调,暗中不时潜回李世民处替他出主意。"玄武门之变"

成功后,他的功劳与房玄龄相等,不久就被太宗拜为兵部尚书,晋封蔡国公。

贞观初年,他与房玄龄共掌朝政,制定典章,品选官吏,好评如潮。贞观四年,杜如晦病重,李世民亲自去他家中探望,抚之流泪,在他咽气前提升其子杜构为尚舍奉御。

即使皇帝如此贵重其人,杜如晦仍旧抗不过疾病之侵,死时年仅46。

太宗哭之甚恸,赠司空,封莱国公,谥曰成,并手诏为制碑文。后来,有一次唐太宗吃块美味的香瓜,不知何因忽然忆起杜如晦,怆然泪下,遣人以所食之半奠于这位文臣的灵牌前,并不时送御馔祭奠。

在杜如晦的每年忌日,太宗都派人到他家里慰问其夫人儿子,还一直保持其公府的官吏僚佐职位。

杜如晦二儿子是尚城阳公主的驸马爷,后来因牵涉进太子李承乾谋反案中被斩。袭爵的长子杜构,本来官为慈州刺史,因弟弟一案也坐贬岭南,死于边野。

不知晚年的李世民,是否因为三子迭叛而伤透了心神,再也顾及不到这位功臣的后人了。

善建嘉谋的梁公房玄龄

房乔,字玄龄,齐州临淄人。自幼聪敏,博览经史,工草隶、善属文。玄龄少年时代随父亲去京师,当时隋文帝当国,天下宁晏,一片大好太平景象,但弱冠之年的房玄龄已经对世事有精到的分析,私下对父亲讲:"隋帝本无功德,只知诳惑百姓。而且他不为国家长久之计,诸子嫡庶不分,竞相淫侈,最终会互相诛夷倾乱。现在国家康平,但灭亡之日翘足可待。"

18岁时,本州举进士,他获封羽骑尉。由于父亲常年卧榻重病,房玄龄一直侍奉左右,为人极其孝顺。李世民领兵过渭北,房玄龄谒于军门投靠。两人一见,便如平生旧识,马上任其为记室参军。

房玄龄为报李世民知遇之恩,竭尽心力筹谋军政事务。每攻灭一方割据势力,军中诸人都全力搜求珍宝异物,唯独房玄龄四处访寻英杰人物,并把他们荐于秦王李世民。因此府中的谋臣猛将，心中都十分感念房玄龄推荐之恩，尽死力报效。

房玄龄在李世民秦王府中十多年，一直掌管军谋大事，而且于军书表奏，驻马立成，文约理全，不用草稿。高祖李渊也对房玄龄深加叹赏，对侍臣讲："此人深识机宜，足堪委任。每为我儿（世民）陈事，必会人心，千里之外，犹对面语耳。"

后来，太子李建成斥逐秦王府宫属，房玄龄与杜如晦一并被驱斥于外任。"玄武门之变"前夕，李世民密召二人化装成道士入阁秘计，最终策划计成。

梁公房玄龄

贞观元年，官拜中书令。论功行赏，太宗以房玄龄、长孙无忌、杜如晦、尉迟敬德、侯君集五人功为一等，晋爵邢国公。李世民的堂叔李神通当时很不服，大言道："义兵初起，臣率兵先至。现在房玄龄、杜如晦等刀笔之吏（这位皇叔不敢提长孙无忌，因为他是太宗大舅子；也不敢提尉迟敬德和侯君集，二人都是武将，勇武有兵，而且尉迟敬德老拳连太宗堂弟脸上也不能幸免），反而功居一等，臣心不服。"

李世民也不客气，当庭驳斥道："义旗初兴，人各有心。叔父您虽率兵前来，也是因为惧祸怕被株连杀掉，而且您从未亲自上阵打过仗。与窦建德交手，您全军陷没（还被俘获，只是窦建德仁义没杀他。李世民给他面子没点破）；后来刘黑闼起兵，您又望风败逃。如今论功行赏，玄龄等人运筹帷幄，安定社稷，功比萧何，虽无汗马之劳，但能以大计居功一等。叔父您国家至亲，朕并不吝惜封赏，但不能因私情滥于功臣同受奖励！"

一席话，讲得这位常败皇叔惭愧退下，好没面子。

贞观二年，房玄龄改封梁国公，为尚书左仆射，监修国史。房玄龄尽心竭诚，夙兴夜寐。加之他明达吏事，法令宽平，任人唯贤，不分卑贱，当时论者皆称之为良相。

他任宰相十五年,女为韩王妃,儿子房遗爱尚高阳公主,显贵至极,但常常深自卑损,不敢炫人傲物。

贞观十八年,李世民亲征辽东高丽,命房玄龄留守京城。贞观二十三年,房玄龄旧疾复发,当时李世民在玉华宫,闻讯命人用自己的担舆把房玄龄抬入御座前,两人相见,感怀流泪,哽咽不能言。

太宗命太医去这位功臣家里疗治,每日以御膳供房玄龄食用。听说他病有好转,太宗就喜形于色;听见病情加重,太宗马上愁容顿现。

临终之时,房玄龄对诸子说:"当今天下清平,只是皇上东讨高丽不止,正为国患。主上含怒意决,臣下莫敢犯颜。我知而不言,就会含恨而死啊。"

于是,他抗表进谏,请求太宗以天下苍生为重,罢军止伐高丽。

太宗见表,感动地对房玄龄儿媳高阳公主说:"此人病危将死,还能忧我国家,真是太难得了。"

临终之际,李世民亲至其病床前握手诀别,立授其子房遗爱为右卫中郎将,房遗则为中散大夫,使其在生时能看见二子显贵。

房玄龄受遇如此,死时定当含笑。卒年70岁,诚为喜丧之年。太宗为之废朝三日,赠太尉,谥曰文昭,陪葬昭陵。

房玄龄一直告诫儿子们不要以他望凌人,切勿骄奢沉溺,并集汇古今圣贤家诫,亲书于屏风上,分给各房子嗣,说:"如能留意上面的内容,足以保身成名。"

长子房遗直嗣爵,高宗初年做到礼部尚书的大官。次子房遗爱在太宗活着的时候,由于老婆高阳公主特受宠爱,他作驸马时与皇室别的女婿也大不相同,礼赐恩宠异于诸皇婿。

高阳公主骄恣成性。高宗继位后,她想让自己老公承袭房遗直的公爵爵位,就诬告房遗直对自己无礼(不知是讲房遗直调戏她还是不尊重她)。高宗还真当回事儿,让舅舅长孙无忌鞫审此案。

这一下子不得了,竟审出高阳公主和房遗爱两人想要谋反的事情(其中不排除皇舅为了清除异己而使案件升级的"猫腻")。

可惜房玄龄一世忠贞，家族终为逆子恶妇所累，公主赐自尽，房遗爱伏诛，诸子都作为刑徒流配岭南（金枝玉叶，自此后都成了讲鸟语的土著了）。

房遗直因父亲之功，总算保得不死，除名为庶人。可惜房玄龄本人死都死了，大红的牌位被下令从太宗庙中撤出，失掉配享的资格。

社稷之臣申公高士廉

高俭，字士廉，渤海修人。其祖父高岳是北齐神武帝高欢的堂弟，封清河王，官至左仆射、太尉。其父高励，北齐乐安王，也曾任左仆射。北齐之后入周，不知何故竟没被周武帝与齐后主高纬一起杀掉。隋朝取代北周后，他还任过隋朝的洮州等四州刺史。史载，高士廉"少有器局，颇涉文史"，与大文豪薛道衡等人结为忘年之交，为一时才俊。

隋炀帝大业年间，高士廉的妹妹嫁给右骁卫将军长孙晟，生子长孙无忌和一个女儿。长孙晟死后，高士廉把妹妹接回自己家中，非常厚待自己的外甥和外甥女。当时他发现年轻的贵族子弟李世民异于常人，就把外甥女嫁给他，这位长孙氏就是后来的文德皇后。

隋炀帝时，由于和高士廉逃亡到高丽的兵部尚书斛斯政关系密切，隋廷把他流放至交趾。萧铣称

申公高士廉

帝时，交趾太守丘和附梁，高士廉也随之降梁。萧铣被唐朝平灭后，高祖李渊因亲戚关系，命高士廉巡按岭南诸州。后来他升迁为雍州治中，而当时他的外甥女婿李世民为雍州牧。

"玄武门之变"，高士廉与外甥长孙无忌并预密谋，他自己还亲率吏卒从监牢里释放囚犯，授以兵甲，组成临时的部队驰援李世民。

贞观元年，他被提升为侍中。贞观十二年，以其佐命之功授申国公，拜尚书右仆射。

高士廉为人谨慎缜密，表奏皇帝的草稿一概焚毁，不使左右知晓。贞观二十一年病死，时年 72 岁。

当时太宗刚刚饮服"药石"（类似"五石散"的东西，当时认为既"壮阳"又"保健"，实际上是毒性很大的东西。多位贵族、皇帝因之而死），闻讯马上整装要亲临看视。

高士廉的外甥长孙无忌急忙策马跪伏于半路迎接，痛哭陈说高士廉临终前切言皇上不要亲临，加之"饵石临丧"是医家大忌，劝了半天才把药性正发作的太宗皇帝劝回宫去。

高士廉死后，唐廷赠司徒，陪葬昭陵，谥曰文献。

高士廉一家三代仆射（宰相），子为尚书、驸马，外甥为太尉，外甥女为皇后，一时无两。

想想北齐皇族中他那些年不过四十就暴死的高家堂叔、堂兄弟们，高士廉一支可谓是下场最好的。即使日后长孙无忌被诛，其子高履行也仅仅受牵连贬官而已。

智勇双全的鄂公尉迟敬德

尉迟敬德，朔州善阳人。行伍出身，隋炀帝大业本年，以官军身份四处讨"贼"，由于他勇武过人，获朝散大夫封号。刘武周在河间起事，武人惺惺相惜，以尉迟敬德为偏将，和宋金刚一起南侵，与唐朝争夺天下。

尉迟敬德一军深入关中，在夏县大破永安王李孝基军队，生俘李渊的重臣唐俭和独孤皇后的侄子独孤怀恩等一帮猛将亲戚，可谓战功赫赫。吓得唐高祖李渊不仅命李世民勒军前往，他自己也亲自到蒲津关督战。

武德三年（公元 620 年），人中之龙的秦王李世民，大败宋金刚和尉迟敬德于介休，宋金刚亡命突厥，尉迟敬德率残兵固守城池。

当时冷兵器时代，攻城最难，况且尉迟敬德勇智超人，介休城成为唐军最难啃的一块骨头。李世民派任城王李道宗和宇文士及前往城内劝降。

隋末内乱，英雄各思良主，尉迟敬德确实是"知命"之人，便举城投降。

李世民见这么赫赫有名的大将归降,大喜过望,宴席欢饮之间,封敬德为右一府统军,带着他进击割据东都洛阳的王世充。

由于战事胶着,互有胜负,"世上英雄本无主"的那些昔日勉强归降的将领纷纷叛逃,给唐军在心理上打击很大。

没获李世民同意,唐军诸将就把尉迟敬德捆起来囚禁,他们怀疑这位猛将肯定会和其他人一样叛逃而去。

李世民帐下屈突通、殷开山两位高级助手劝言:"尉迟敬德初归国家,情意未附。此人勇健非常,又被囚禁,必生怨望,留之肯定生祸,请即杀之!"

鄂公尉迟敬德

秦王李世民想都未想,随口答言:"我和你们想的完全不同。"他马上派人把尉迟敬德放了,并引入卧室内,只剩下他和这位勇武的将军两个人。

秦王拿出一大包金宝,说"丈夫以意气相期,勿以小疑见意。我绝不会听信谗言杀害忠良。如果您真想离开,今以此物相资,以表我们一时共事之情。"

李世民不是奸雄,一番话语肯定是出自肺腑。

尉迟敬德武人直肠,并未有什么一番剖解自己"报效"的丑表功之言。当天,跟从李世民一帮人在榆窠打猎,忽遇王世充率数万步骑,估计是想偷袭唐军,没想到半路上遇见秦王李世民这条"大鱼"。

王世充帐下骁将单雄信率一队骑兵直冲李世民,说时迟那时快,快马名将,眼巴巴看着单雄信一丈八尺长的大槊就要刺到。

危急关头,尉迟敬德跃马大呼,横刺单雄信坠马,其徒众见领将滚落,冲势稍减。尉迟敬德把李世民挡于身后,缓缓后撤出包围圈。

待李世民等人进入唐军人多的安全地带,尉迟敬德率一队骑兵与王世充军队交战,大斗数合,王世充军大败,尉迟敬德生擒其大将一名,获俘槊兵六千多人。

李世民面对意气高扬归来的尉迟敬德,感慨言道:"上午我身边众人都说您肯定要叛逃,天诱我意,独保明之,所谓福善有征,只是没想到您报答得这么快!"

大庭广众之下,他特赐尉迟敬德一大柜金银。自此,恩遇日隆。

尉迟敬德武艺极其高强,特别善于两将相战对合之际躲避对方槊刺。他常常在两军对阵间,单人独骑直冲入敌阵,即使敌方众人举槊齐刺,都伤不了他,最奇的是,他还能在左闪右避之间夺取敌人的长槊,返刺对方。

李世民的弟弟、太子李建成的心腹齐王李元吉也非常善于马上击槊,听说秦王李世民帐下尉迟敬德也有这方面的技艺,心中很是不服,就到营中亲自比试,一来炫耀一下自己的武艺,二来挫一挫秦府兵将的锐气。

兄弟相见坐下,招来尉迟敬德。齐王李元吉命尉迟敬德把两根长槊去掉金槊尖刃,只以木杆相击,比试一下武艺。尉迟敬德很恭谨地禀报:"请大王您用有尖刃的槊,肯定伤不了我。我自己把我的槊尖去掉就是。"

李元吉心中暗气,心想我今天就成全你。上马疾驰,槊尖直贯尉迟敬德三路要害处。相合数次,尉迟敬德俯仰左右,齐王的槊尖终不能及。

秦王李世民在旁心中暗喜,为了更加打击这位暴戾兄弟的气焰,他故意问尉迟敬德:"夺槊和避槊,哪个更难?"敬德回答:"夺槊难。"世民就命敬德夺李元吉的槊。

这位一直以为槊马天下第一的王爷已经气得七窍生烟,跃马执槊,朝着对面空手而来要夺槊的尉迟敬德狠命刺去,想置之死地而后快。

俄顷之际,尉迟敬德三夺李元吉之槊。最后,这位齐王不得不服,嘴上大声赞叹敬德神勇异常。虽然耻愤巨大,钢牙咬碎,也只能叹服其能了。

尉迟敬德艺高人胆大,总能在万马军中干出令人喝彩叹绝的事情。唐军攻打王世充的洛阳城,背后窦建德的救兵数万前来救援夹击。王世充的侄子王琬当时出使于窦建德营内,胯下骑着当初隋炀帝的亲乘御马,铠甲鲜明,浑身上下打扮齐整,金玉镶嵌,在两军阵间来回奔驰,夸耀于军。

李世民是识马之人,用鞭指着王琬的乘马,说:"这真是匹无双的良马。"尉迟敬德一听,马上请命说要过去夺马。李世民连忙阻止,"怎能以匹马之故而丧勇将!"尉迟敬德摇摇手,说了句"无妨",策马直去,身后仅高甑生、梁建方两人跟随。

众目睽睽之下,在双方对阵数万军将眼皮底下,三骑直入窦建德阵。

尉迟敬德抓小鸡一样,把身穿价值连城铠甲的王琬生擒,牵着隋炀帝的御马,从容还营。贼众只能望之兴叹,无敢当者。

可以想见,那种昂然意气、成竹于胸的大将英雄气魄,无论敌我,都会心悦诚服。

尉迟敬德从李世民征战多年,不仅破王世充、窦建德,后来又打败刘黑闼、徐圆朗等人,战功卓著,为秦王府中数一数二的大将。

太子李建成素知尉迟敬德英勇,暗地派人赠以一大车金银器物,并卑辞下意地表示要和敬德达成"布衣之交"。敬德婉言谢绝,表示自己要对秦王李世民以身报恩,不敢有二心。

齐王李元吉深忌其骁勇,屡次派人行刺尉迟敬德。尉迟敬德提前知道些风声,睡觉时也重门洞开,自己在帐中安然大睡,刺客多次都已悄入庭院之中,但见这阵势都心中犹疑,以为敬德有什么防备或更深的计诱,最终没有一个人敢下手。

玄武门之变前夕,尉迟敬德知晓太子李建成很快要动手,就和长孙无忌一起劝李世民先下手。如此大事,涉及太子和齐王以及自身的生死,李世民还很犹豫。尉迟敬德以言语相激道:"人情畏死,众人以死拥奉大王您,此是天授啊。如果天与不取,必受其咎。大王您存仁爱小情,忘社稷之大计,诚非明计。您如果不行事,那请容许我尉迟敬德先逃命,不能等事发时束手被杀。我现在逃走,长孙无忌也和我一起跑掉。"

李世民闻听此言,心中发怵。

尉迟敬德又说:"大王您现在处事犹豫不决,非智非勇。而且我已经召集了八百壮士披甲持弓,其势不得不发!"

侯君集和长孙无忌也在一旁死劝,李世民最终下定决心。

唐高祖武德九年(公元626年)阴历六月初四,玄武门之变,李世民亲自发箭射死太子大哥李建成。齐王李元吉张弓射李世民,三发不中。李世民胯下马惊，跳跃狂奔中把李世民甩下地，狼狈之中，狠戾的齐王李元吉飞马赶到，翻身落地，用弓弦勒住刚刚爬起身还未站稳的李世民的脖子。

万分危急关头，又是尉迟敬德跃马大喝赶到。估计要是别人来，李元吉肯定先把李世民脖子勒断再说，见是尉迟敬德策马冲前，李元吉自知不敌，松开李世民转身跑向武德殿，估计是想奔进宫殿内门或找老爹李渊诉冤。

尉迟敬德马疾手快，一箭把这位齐王射死在当地。然后，他手里拿着李建成、李元吉的两颗血淋淋人头，赶到正在玄武门混战的太子、齐王府军与秦王府军前，大呼示意。

东宫及齐王属兵见到主人人头，全都死心，顿时溃散。

当时，唐高祖李渊正和一帮宠妃侍姬在海池上泛舟游玩。李世民命敬德"侍卫"高祖，其实是真正的"逼宫"。

尉迟敬德全身披挂身持长矛，突然出现在李渊面前，差点把老头儿吓死，惊问："今日是谁作乱？爱卿你因何而来？"

尉迟敬德回禀："太子、齐王作乱，秦王已举兵诛之，特派遣为臣来宿卫。"

当时宫外还有些太子、齐王的兵马在各处与秦王府兵交战，尉迟敬德要求李渊降手敕退兵，其实是逼着老皇帝手谕各军统归李世民掌管。

此时的李渊只得称好，于是众兵止斗。而后，李渊被迫"下诏"，诛杀李建成、李元吉诸子。一天之内，二子十孙横死，老李渊不知心中是什么滋味。

不过，想想他下令诛杀仁德宽厚的大英雄窦建德、萧铣、李密等人，也算是冥中相报了。

论功行赏之际，尉迟敬德居功甚伟，获赐绢万匹，而且李世民把齐王李元吉的府邸全部封存，一股脑赏赐给这位大功臣。

贞观元年，尉迟敬德拜右武侯大将军，赐爵吴国公。突厥寇边，他以泾州道行军总管的身份前往迎击，在泾阳阵前故伎重演，单骑挑战，立斩突厥名将，大胜而归。

尉迟敬德毕竟是武人出身，自负大功，多次和长孙无忌、房玄龄、杜如晦等文臣廷上争执，不久被这些文臣们合伙排挤出京师，到襄州和同州等地任地方官。

一次，大臣们与太宗皇帝同宴庆善宫，有人坐在尉迟敬德上列，大英雄刚从地方外任回来，一肚子鸟气，趁酒劲大骂："你有什么功劳，能坐在我的上列？"

　　坐于其下的任城王李道宗好心起身解劝，敬德更是勃然大怒，回手一记老拳，把这位王爷几乎打瞎。

　　任城王李道宗17岁随李世民征战，屡有殊功，又曾带军打败突厥和梁师都的大军，开疆拓地千余里。这么一个武人王爷，挨了尉迟敬德一大拳也不敢说什么，只能捂着脸坐在原地自叹倒霉。

　　居于主座的太宗李世民此时非常恼怒，宣布罢宴。他把尉迟敬德唤至近前，说："朕览汉史，见刘邦手下功臣没几个有好下场的，对此常常怪罪这位汉高祖。自从朕当皇帝以来，一直想保全功臣，但爱卿你居官屡犯法度，在国宴上当着朕面又来这个，我才知道韩信和彭越被杀，也不尽是汉高祖的过错。国家大事，只有赏罚两种，非分之恩，不可能数行。希望你好好反省，以免有后悔之时。"

　　一席话说得很有分量，尉迟敬德也忽悟自己是"登鼻子上脸"，有些过分猖狂了。从此他深自谦抑，不再张扬招摇。

　　贞观十一年，太宗大封功臣，册封尉迟敬德宣州刺史，改封鄂国公。贞观十七年，敬德上表乞骸骨（要求退休）。

　　唐太宗征伐高丽，尉迟敬德上表进谏，太宗不纳，并命这位老将跟随自己以左一马军总管身份进军，大破高丽于驻跸山。还军后，照例退休。

　　晚年在家的尉迟敬德，崇信道教，和道士们一起炼丹服药，天天吞吃大量云母粉养生。

　　他闭门谢客，不与外人交通，远离政治，在家里穿池筑台，奏清商乐自娱自乐，长达十六年之久。

　　高宗显庆三年（公元658年），尉迟敬德善终于家，享年74岁。册赠司徒，谥曰忠武，陪葬昭陵。

南平北定的卫公李靖

　　李靖，本名药师，雍州三原人。此人累世为将，祖父李崇义是后魏殷州刺史载，李靖"姿貌瑰伟，少有文武才略"，他常对朋友讲："大丈夫若遇主逢时，正当立功立事，以取富贵。"

其舅韩擒虎是隋朝名将，常常与这个从未经过战阵的外甥论兵，每次都啧啧称奇（最终事实表明，李靖不是赵括式"纸上谈兵"的人物）。

李靖年轻时就声名通显，常常是左仆射杨素和吏部尚书牛弘的座上客。杨素曾有次拍着自己的坐床（椅子）对李靖说："卿终当坐此。"后来小说中有杨素侍儿红拂夜奔李靖两人私逃的故事，应是附会编造。观史

卫公李靖

可以明人，以李靖的性格，肯定不会有这么"浪漫"的事。况且杨素何人，谁敢偷当朝第一红人大臣的女侍！

不知为何，李靖做官一直也没做大，隋炀帝大业末年只当个马邑郡丞。当时李渊奉隋廷诏命勒兵在塞外击突厥，李靖已经得知这位唐公有不臣之意，就暗中潜逃往隋炀帝所在的江都方向跑，想密报李渊要造反的消息（更加看出此人忠勇）。

当时天下已经大乱，李靖跑到长安就过不去了。不久，李渊攻克长安，马上把李靖抓起来亲自临斩。

李靖临刑大呼："唐公您兴义兵，本为天下除暴乱，难道为私仇斩壮士吗？"

李渊闻言壮之，李世民一旁又数次恳请放掉李靖，最终李靖得以免斩。

李靖马上被秦王李世民延入幕府，在讨伐王世充过程中表现不错，以军功授开府。当时南方多事，萧铣坐大，唐高祖就派李靖率军前去征伐。

也怪李靖出道运气差，在硖州被萧铣军队阻挡，迟留许多天。李渊闻讯觉得李靖是故意迟留观变，前仇新怨，加上李渊是小气之人，就密令硖州都督许绍斩杀李靖。

许绍爱惜李靖才能，估计两人也一起宴座谈过兵，为李靖请命，有了这么一个贵人，李将军又逃过一死。

正赶上王爷李孝恭讨伐开州土蛮冉肇则兵败，李靖将兵八百奇袭，临阵斩冉肇则，俘虏五千多人。

至此，高祖李渊大喜，对旁人讲："朕听说，使功不如使过，李靖果展其效！"马上亲降玺书慰问李靖，手敕告诉这位应死了两回的将军："朕既往不咎，旧事吾久忘之矣。"

在其后攻伐萧铣的战斗中，李靖首出奇兵，击败萧铣大将文士弘，兵围江陵，迫使萧铣投降，以军功获封为岭南道抚慰大使。

其后，他率军平灭江南辅公祐，并带江淮兵一万人前赴太原前拒突厥。当时诸军皆败，唯李靖一军独全。

唐高祖李渊对李靖大为叹赏，常说："李靖打萧铣、辅公祐，手到擒来，数古代良将如韩信、白起、卫青、霍去病，恐怕都赶不上他。"

太宗李世民继位后，拜李靖为刑部尚书。贞观三年，封兵部尚书。

当时，突厥诸部离叛，唐朝方盛，正想报昔日委曲求和之怨，就派李靖为代州道行军总管，乘间讨伐。

李靖仅率三千骑兵，自马邑飞奔至恶阳岭，使得突厥突利可汗大骇。

这位可汗望着忽然出现的三千唐军，惊惶地说："唐兵如果不是倾国大军随后，李靖断不敢孤军而至！"

李靖立营，也不马上进击，先和突利可汗打心理战。突利可汗的军队一日数惊，吓得寝食不安。

李靖摸清突利可汗底细后，暗中离间可汗左右，逼使突利亲信大将康苏密来降。

贞观四年，李靖进击定襄，找到了隋朝齐王杨暕的儿子杨正道和陷入突厥多年的隋炀帝皇后萧氏。突利可汗大败，仅以身免。

太宗李世民大喜，进封李靖为代国公，并对凯旋而还的李靖夸道："从前李陵将五千兵入塞北，不免身陷匈奴，但尚能因勇武而青史留名。爱卿你以三千轻骑深入虏庭，克复定襄，威震北狄，真是古今未有之奇迹！"

国学经典文库

中国古代野史

·唐代野史·

自高祖武德四年起,突厥颉利可汗就不断攻伐中国(处罗可汗死,其弟为颉利可汗。突利可汗是处罗可汗之子,颉利可汗之侄),李世民从武德五年起多次与两可汗交战,时战时和,从无大胜。

唐太宗新登基不久,颉利可汗自率十多万骑兵入寇,与突利可汗称二可汗总兵百万来战,害得刚刚坐上帝位还没热乎的太宗以天子之尊亲自披甲上阵,隔渭水与颉利交语,晓以利害。颉利见所属各部落酋师见太宗都恭敬罗拜,知道没有胜算,就做个顺水人情请和。而后,就赶上突利可汗被李靖打败,颉利可汗闻讯后大惧,忙率军退保铁山,遣使入朝谢罪。

无论是匈奴、柔然、突厥、吐蕃,这些北方少数民族都是这样,打胜仗则大掠人民财物而去,打败仗就奉表称臣装孙子,喘息定后又回来大肆杀掠。

太宗李世民任李靖为定襄道行军总管,率军迎降颉利。你不是说投降吗,大唐现在派兵来受降。

颉利实际上根本不想投降,只是想找借口趁机喘息重整旗鼓。太宗不放心,派出鸿胪卿唐俭和将军安修仁带国书前往慰谕。

李靖对当时突厥内部的情势知道得一清二楚,对将军张公谨说:"我国诏使到颉利处,他肯定一时心安,不再防备逃逸。可以马上精选一万骑兵,备二十天粮食,引兵奇袭,肯定大胜。"

张公谨有些为难,"皇上已答应他投降,又有使臣在颉利处,好像不该此时进击啊。"

李靖不以为然,断然道:"此兵机也,时不可失,正是韩信破齐的良机。似唐俭之辈,又何足惜!"(唐俭日后也是凌烟阁功臣)

他马上下令发兵,督师疾进,行至阴山,俘获突厥边哨千余账,都用绳子拴上随军。

这一厢,颉利可汗见唐帝使者来,大悦,根本没想到李靖一军突然杀来。直到唐兵距帐十五里,突厥人才发觉,颉利可汗吓得自己跨乘上千里良马一溜烟跑得没影,部众大溃。

李靖军斩万余级,俘虏男女十余万,并杀掉一直和唐朝作对的隋朝义成公主(处罗可汗之妻)。

图文珍藏版

颉利可汗跑到半道被人抓住,捆送京师。

突利可汗听说叔父败讯,自知不是"天可汗"李世民的对手,也忙派人内附称臣。

此役大获全胜,唐俭并没像汉代那位"高阳酒徒"郦食其一样被用油锅烹死,他乘间跑掉,平安回朝。

太宗听说李靖大破颉利,喜出望外,对侍臣说:"朕闻主忧臣辱,主辱臣死。往年国家草创之际,太上皇不得已向突厥称臣,朕未尝不痛心疾首,志灭匈奴,坐不安席,食不甘味。现在李靖将一偏师,无往不捷,使得颉利可汗被俘,突利单于附款,往年大耻,一朝而雪!"

于是,唐太宗大赦天下。

当时,唐高祖李渊作为"太上皇"还活着,闻讯忙命人大摆酒席。席间,他命被俘的颉利可汗起舞,让入贡的林邑王上酒赋诗,真正享受到了大唐天子之父太上皇的尊荣。

纵观整个中国古代历史,多是中原之主被马上民族俘获"青衣侑酒"的耻辱,堂堂"天之骄子"被抓入汉庭,起舞献寿,"前无古人,后无来者"!

李靖虽建此殊勋,仍为文吏御史大夫温彦博弹劾,说他军无纲纪,纵兵抢掠突厥宝物。

太宗闻言大怒,召李靖责让,大将军伏地道歉。

过了几天,太宗把李靖又召来,说:"有人说你坏话.我现在忽然明白过来,希望爱卿不要介怀。"赐绢两千匹,拜尚书右仆射。

虽官至宰相,李靖为人谦恭至极,朝会之上总是作恂然若不能言之状,太宗深叹其为"真是一代楷模!"

贞观九年,吐谷浑侵犯边塞,太宗对侍臣说:"如果李靖为元帅,战胜不难啊。"

已经退休在家的李靖马上对房玄龄说:"靖虽年老,固堪一行。"

太宗大悦,以李靖为西海道行军大总管,统摄兵部尚书任城王李道宗、凉州都督李大亮、利州刺史高甑生三总管前往征伐吐谷浑。

吐谷浑为慕容氏别部,鲜卑种,听闻李靖率师前来,坚壁清野,烧掉野草,退保大非川。

唐朝诸将都认为春草未生,马匹无草羸弱,不能打仗。李靖力排众议,决计进击。唐军逾积石山,前后与吐谷浑大战数十合,杀伤甚众,大破其国。

最后被迫无奈,吐谷浑贵族杀掉可汗前来归降。唐军扶立听话的慕容顺为王,振旅而还。

贞观十一年,诏改封李靖为卫国公。贞观十四年,李靖结发老妻病死,按例夫妻同葬,先营坟茔。太宗下诏,命有司为李靖营坟依据汉朝卫青、霍去病故事,筑阙像突厥铁山、吐谷浑积石山的形状,以表彰他的赫赫战功。

后来,太宗亲帅军队伐高丽前,召李靖入阁赐座,问这位老英雄,"公南平吴会,北清沙漠,西定慕容,唯东有高丽未服,公意如何?"

李靖强撑病体,壮言道:"臣虽残年朽骨,陛下不弃,请随军行。"

太宗怜其病老,没有答应。

贞观二十三年,李靖病死于家,享年79岁。册赠司徒,陪葬昭陵,谥曰景武。

(另外,《旧唐书》李靖传后有寥寥数语记载其弟李客师之语,诚可一哂,附录于下:李靖弟名为李客师,贞观中,官至右武卫将军,以战功累封丹阳郡公。高宗永徽初年,以年老致仕。此人性好驰猎,四季好放鹰纵猎,没有一刻暂歇。李客师在昆明池南有别墅,自京师之外,西至澧水,鸟兽皆识此老翁。每出行,大群鸟鹊在他头顶盘旋鸣噪,当地农人称这个老头为"鸟贼"。他总章年间病卒,享年90余岁。可见李家皆属长寿仁者,性情中人。)

骨鲠大儒宋公萧瑀

萧瑀,字时文,其祖父是后梁宣帝萧察。与唐朝争地的萧铣,还属他的子侄辈亲族,隋炀帝皇后萧氏是他亲姐姐。

萧瑀自幼以孝行闻名天下,且善学能书,骨鲠正直,并深精佛理。以皇后亲弟之重,萧瑀在隋朝的时候,年纪轻轻就已做到银青光禄大夫的官,参决要务。后来由于屡屡上谏忤旨,渐为隋炀帝疏斥。

特别是萧瑀谏隋炀帝应该舍高丽而防突厥，引起杨广震怒，贬放他为河池郡守。

唐高祖很器重萧瑀，刚刚进京定位，就遣书招致，授光禄大夫，封宋国公，拜民部尚书。李渊所以这么亲重他，一则萧瑀为人正直，二则累世金枝玉叶，三则他又是皇后独孤家族的女婿。因此，李渊以心腹视之。每次临朝听政，都赐萧瑀升于御榻而立，亲切地呼之为"萧郎"。

宋公萧瑀

唐朝革创，以萧瑀最熟识国典朝仪，他又孜孜自勉，留心政事，故而深得李渊信任。

唐太宗继位，拜为尚书左仆射，当时房玄龄、杜如晦等新朝臣子正在风头上，萧瑀深感不快，上书时辞旨寥落，殊有怏怏之意，很快就被废于家。不久，太宗念其旧情，恢复了他的官爵。由于性情骨鲠，有一次他与大臣在太宗面前厉声愤争，因不敬罪又被免官，而后很少再能进入太宗政事裁决的核心班子。

即便如此，太宗仍常回忆他当秦王时恐惧畏祸，萧瑀在李渊面前公正持平为自己讲好话的旧事，说："此人不可以厚利诱之，不可以刑戮惧之，真社稷臣也。"并赐诗曰："疾风知劲草，板荡识忠臣。"（此诗为古诗，非李世民创作。当年杨素替刚即位的隋炀帝平亡皇弟杨谅造反，隋炀帝致杨素的"感谢信"里也引用这两句诗。）

贞观二十一年，萧瑀病死，享年74岁。宫廷太常上谥曰"肃"，太宗认为萧瑀性多猜疑，刚忌太过，最后谥曰"贞褊公"，册赠司空，陪葬昭陵。

可见，一个人再忠厚耿直，毕竟逆触龙鳞，使人耿耿于怀。

真正将军褒公段志玄

段志玄，齐州临淄人。其父段偃师为太原书佐，从高祖李渊起义，官至郓州刺史。

段志玄自少就和李世民关系相当亲密。在潼关与刘文静协同抵拒隋将屈突通时(此人日后也成为凌烟阁上二十四功臣之一),刘义静被屈突通大将桑显和击溃。关键时刻,段志玄率二十骑飞奔进击,杀数十人而还。当时他脚上中了一枝流箭,怕属下知道自己受伤,动摇军心,就忍痛不言,多次往返冲入敌阵。

桑显和军大乱,唐军趁机复振,最终大败隋军。

不久,段志玄跟随李世民讨伐王世充。他冲入敌阵时,马倒被俘,为两个兵将挟持着,一人抓住他的一边头发骑马拖着将过洛水,看稳机会,段志玄踊身而奋,努力一挣,两个敌将落入水中,他乘机夺马驰还。后面追者有百余骑,都不敢逼近他,最终安全回营。

而后,太子李建成以金银财宝贿赂他,段志玄都告知秦王李世民,并在玄武门之变中参加战斗。

太宗继位,封褒国公。文德皇后丧礼期间,段志玄与宇文士及分统兵马出章肃门,太宗在夜间派宫使至二将军处,宇文士及马上开门迎纳使者,段志玄闭门不纳,说:"军门不可夜开。"

宫使说:"有皇帝手敕。"段志玄表示:"夜中不辨真伪。"竟让皇帝宫使等到天明才放进。

太宗闻后赞叹:"真将军也。周亚夫也比不了呵。"

段将军贞观十六年病死,赠辅国将军,谥曰忠壮,陪葬昭陵。

开国猛将夔公刘弘基

刘弘基,雍州池阳人。其父刘升,是隋河中刺史。刘弘基少时为官员子弟,落拓不羁,好侠仗义,不事家产。隋炀帝大业末年,已经沦落到一贫如洗,连随军征辽东的盘缠都凑不够,只能装疯卖傻私宰耕牛,故意犯罪,被县令关进监狱来躲兵役,

后来,他趁乱盗马,一路边卖边吃,竟撞巧来到太原。因其豪壮,结交了当时正在太原做官的李渊父子。大概此辈哥们儿义气相投,刘弘基与李世民有一

阵子竟亲热到"出则连骑，入同卧起"的地步。

李渊起事，刘弘基招募到兵士二千多人跟随。而后他又跟从李世民攻下西河，特别是霍邑一战，刘弘基神威大振，其属下小头目斩隋朝名将宋老生，功拜右光禄大夫。

而后，刘弘基率千余人下冯翔，西略扶风，南渡渭水，大败隋将卫文升，攻破京城之功，刘弘基实为第一。后来，在讨伐薛举的战斗中，刘弘基苦战至矢尽，兵败被俘。

夔公刘弘基

李渊深嘉其不屈之志，赏赐其家里粟帛无数。后来薛举之子薛仁杲被俘斩，刘弘基得以放归，复还原官。不久，他跟随李世民破宋金刚，大败刘黑闼，累封为任国公。

太宗继位，亲遇甚隆。贞观九年，改封夔国公，世袭朗州刺史。太宗征伐高丽，刘弘基为前军大总管，力战有功。

高宗永徽元年，刘弘基病死，享年 69 岁，赠开府仪同三司，谥曰襄，陪葬昭陵。

临死，他遗命只留给诸子每人奴婢各十五人，良田五顷，他对朋友说："诸子如果有本事，本来就不用多财物；如果没本事，守此田产足可以免于冻饿。"其余家产，都散施给亲朋乡里。

由此，仍可见其青年时代的豪爽之气。

隋室贵臣蒋公屈突通

屈突通，雍州长安人。其父屈突长卿为北周邛州刺史。

屈突通禀性忠毅，好武略，善骑射。隋文帝开皇年间，为亲卫大都督，属于御林军高官，深得文帝喜爱。有次文帝派屈突通去陇西检校军马，得知有隐瞒未报的马匹两万多头，杨坚大怒，要把太仆卿慕容悉达和一千五百多监官都杀掉。

屈突通跪地极谏:"人命至重,陛下岂能以马匹之故杀掉千人?"

文帝大睁双眼叱责。屈突通表示以己一命换那将要斩杀的一千五百多人的命。

杨坚毕竟不是昏君,不久转过神来,说:"朕之不明,以至于此。"由此更加委信屈突通,升为右武侯车骑将军。

屈突通正直无私,即使自己亲戚犯法也无所宽贷。当时他弟弟屈突盖当长安令,也以清正严肃知名。当时人有顺口溜:"宁食三斗艾,不见屈突盖;宁服三斗葱,不逢屈突通。"可见兄弟俩的肃然为官之气。

隋炀帝初即位,他只身前往造反的汉王杨谅军中征召其回京,事后竟得以安全返京。大业年间,他任关内讨捕大使,为隋朝剿灭了不少反叛的"盗贼"。

隋炀帝巡幸江都,命屈突通镇守长安。当时天下纷起,屈突通听说永丰仓为义军所破,大惧奔还,想自武关趋蓝田返长安。在潼关,他与唐军刘文静相遇,其大将军桑显和与刘文静军大战。在隋军马上要获胜时,桑显和指挥失误,他怕隋兵饥疲,就命令炊事兵送饭上阵地。恰恰就一顿饭的功夫,让刘文静复整旗鼓,唐军大奋夹击,隋兵大败。

屈突通常有必死之心,抚勉将士,他常常自抚其脖颈说:"要当为国家受人一刀耳!"慷慨流涕,当时人对他非常敬重。

不久,唐军攻克长安,大将桑显和投降,并与唐将段志玄带着俘获的屈突通儿子屈突子寿一起追击屈突通。

双方结阵相持,唐军让屈突子寿劝父投降,屈突通大叫:"昔与汝为父子,今与汝为仇敌!"命左右军士朝儿子射箭。

桑显和在唐军阵中劝说隋兵:"京师已陷,你们都是关西人,能跑到哪里去呢?"隋兵闻言,都放下兵仗准备投降。屈突通自知不免于败,下马向南再拜号泣道:"臣力屈兵败,不负陛下(隋朝皇帝)!"众军涌上,把他擒送长安。

唐高祖李渊亲见屈突通,问:"怎么这么晚我们才见面啊!"

屈突通泣道:"我不能尽人臣之节,力屈而至,为本朝之辱!"

高祖由此更加敬重,说:"真是隋朝忠臣啊!"立授兵部尚书,封蒋国公。

而后，这位大将从秦王李世民攻伐薛举，又参与讨伐王世充的战争。当时屈突通有两个儿子在洛阳没跑出来，为王世充所羁押，李渊就问："您有二子在洛阳，您参与攻伐，这怎么办呢？"

屈突通回答道："至尊您对老朽我亲加恩礼，粉身难报，此命终归国家所有。为臣我做前驱攻伐王世充，两儿若死，自是其命，我绝不会以私害义！"

高祖闻言，叹息不已。

平定王世充后，屈突通功居第一，拜陕右大行台右仆射。贞观二年卒，享年72岁。太宗痛惜久之，赠尚书右仆射，谥曰忠。后与房玄龄配飨太宗庙庭。

对屈突通，《旧唐书》的作者有如下评价：

"或问：'屈突通尽忠于隋而功立于唐，事两国而名愈彰，何也？'答云：'若立纯诚，遇明主，一心可事百君，宁限于两国尔！'"

秦府能臣郧国公殷开山

殷峤，字开山，雍州人。其父殷僧首为隋朝秘书丞。殷开山年轻时以学行知名，尤善尺牍写作。李唐起兵后，秦王李世民召之为长史，常常四处招慰关中流民、群盗，赐爵陈郡公。

后来，他跟随太宗评讨薛仁杲和王世充，以军功晋爵郧国公。在征伐刘黑闼的路上，殷开山病死。李世民临丧痛哭赠陕东道大行台右仆射，谥曰节。贞观四年，诏以佐命之功配飨唐高祖庙庭。

驸马英雄的谯公柴绍

柴绍，字嗣昌，晋州临汾人。其祖父和父亲都为北周、隋的大官。他自少年时代起就行侠仗义，名闻关中。李渊未发迹时，把女儿（后来的平阳公主）嫁给柴绍。

李渊太原起义，柴绍马上从长安往太原赶去，道遇李建成、李元吉等人，共赴太原成事。

在与隋将宋老生的交战中，柴绍出谋划策，力战有功。随后，他带兵下临汾，平绛郡，冲锋陷阵，获授右光禄大夫。唐军入长安，柴绍也有功于其中。

其后，他跟随李世民平薛举、宋金刚、王世充、窦建德等人，封霍国公，转右骁卫大将军。

吐谷浑与党项寇边时，唐廷派柴绍率军征讨。当时，唐军处于一盆地中间，四周的吐谷浑等兵马居高临下，用箭齐射唐军，矢如雨下。

柴绍并不惊惧，反而让人高弹琵琶，安排两个奇美女子相对欢舞盘旋。胡族敌兵一辈子也没见过这种场面，诧异非常，一时间竟然放下弓箭，三五成群交头接耳起来。

郧国公殷开山

柴绍见敌军行阵不整，暗地里派精骑兵悄出其后发起攻击，吐谷浑大败，唐军斩首五百余。

贞观元年，拜右卫大将军。贞观七年，改封谯公。贞观十二年病重，太宗亲自临问。死后赠荆州都督，谥曰襄。

柴绍夫妻英雄。其妻平阳公主是李渊第三个女儿。李渊将在太原起兵，柴绍和公主当时都在长安，当时柴绍非常为难："我俩一同离去怕事发泄露，留下你一个人又怕起事后被隋廷捉住，这可如何是好？"

公主刚烈如大丈夫，她说："你马上就去。我一个妇人，容易临时藏身，自可随机应变。"

柴绍去太原后，平阳公主回到乡下，散掉家财，招引潜逃于山中的亡命之徒，共得数百人，起兵响应李渊。

当时有伙贼寇势大，平阳公主派马夫劝说这帮没有首领的贼人和自己一起攻克鄠县。此事成功后，附近几股起义队伍都前来听平阳公主号令，队伍一下子扩大到千人。

在平阳公主指挥下，他们攻克武功、始平等好几座城池，而且纪律严明，秋毫无犯,最后兵数达七万人。

李渊听说后,大喜过望。唐军过黄河后,他马上派柴绍直趋华阴与公主会师。

而后,公主与柴绍各置幕府,亲率万余精兵共围京城,其营号为"娘子军"。(兵士都是男卒,只是以公主名义才这样称呼)。

攻克长安后,李渊封赐这位军功赫赫的女儿为"平阳公主",逢年过节的赏赐,也数倍于其他女儿。

武德六年,平阳公主病逝。高祖命以大辂、麾幢、虎贲等仪仗恭行丧礼,并加前后部羽葆鼓吹。

宫廷太常回奏说:"依礼,妇人丧葬无鼓吹。"

高祖李渊说:"鼓吹,军乐也。先前公主亲执金鼓,对立国有克定之勋,非一般妇人能比。何得无鼓吹!"

按"明德有功"的谥法,唐廷给这位公主追谥曰昭。

柴绍、平阳公主夫妇二人,都有功于李唐社稷。其子柴哲威袭封谯国公,次子柴令武尚巴陵公主,又是一位英俊驸马。

高宗永徽年间,在长孙无忌的审理下,柴令武竟株连进房遗爱谋反案中,这位亲上加亲的贵公子,被朝廷从卫州刺史任上锁送京城。他半路自杀,仍被戮尸,其兄柴哲威远贬交州。巴陵公主赐死。

由此可见,无论怎样贵显,牵涉入皇族里面的政治争斗,哪管你母亲为皇女皇妹,父亲为开国功臣,终归不免暴死。

太原从龙的邳公长孙顺德

长孙顺德是李世民正妻文德皇后的族叔。李渊父子太原起兵,一路上攻城陷池,此人多参与其间。高祖即位,封薛国公。玄武门之变,他站在李世民一边,率兵与李建成余党大战。

太宗即位后,以宫女赐之。贞观年间,长孙顺德居官贪婪,几次被削爵,最后病发身死。

李世民仍念旧情旧功,赠荆州都督,谥曰襄。贞观十三年,封郧国公。(死后改封)

外恭内诡的郧公张亮

张亮,郑州荥阳人。出身寒贱,务农为业。

史载,张亮"倜傥有大节,外敦厚而内怀诡诈。"隋炀帝大业年间,他投李密瓦岗军,因告密而获得信任。后来从属李勣,在李勣投唐过程中起到重要作用。

李勣、房玄龄把张亮荐给李世民,为秦王府车骑将军,逐渐大受宠任。李世民与太子、齐王争位时,派张亮到洛阳一带,广结当地豪杰以待时变。

齐王李元吉向高祖李渊告发张亮图谋不轨,因此他被唐廷逮捕,严刑拷打下,他倒一直没把李世民招供出来。

太宗即位,封长平郡公,授怀州总管。

自贞观五年起,张亮被召回朝,历任御史大夫、金柴光禄大夫,贞观十一年改封郧公。

张亮为人有明察之能,常常暗遣手下侦知治下善恶细隐,动若有神,抑豪强而恤贫弱,颇有政声。

后来,张亮在怀州新娶妻子李氏,淫悍又好巫蛊左道,干预政事,渐渐张亮的名声就被这妇人败坏掉了。

由于曾诳骗侯君集老哥们,套出对方有"反意",侯君集被杀后,张亮因有"先见之明",迁为刑部尚书,参预朝政。

郧公张亮

唐太宗伐高丽时,张亮随军,为沧海道行军大总管,管理军船事宜。

张亮屯兵于建安城下时,其属下士兵多出去打柴找吃食,营垒未固。忽然,高丽一大队人马杀到，军中士兵张皇失措。张亮本性怯懦，真正冲阵临敌的场面几乎没有经历过，看见敌人杀入，他坐在胡床上，瞪眼直视，一句话都说不出。老哥们吓得目瞪口呆，连逃跑都想不起来。

他手下将士见到这情形，反误以为张总管临危不惧，一时间胆气冲天，都稳下心神挺身斗敌。不久，其副手又及时赶到，鸣鼓奋击，竟大破敌军。过后，此事传到太宗那里，李世民也知道张亮没有将帅才能，并无责备于他。

贞观二十年，有人告发张亮讲过"有弓长之君当别都"的谶语，加上他私招义子五百人，有谋反之嫌。

太宗对张亮畜养五百壮士之事极其愤恨，虽然其"反形未具"，仍下诏处斩，籍没其家。

侯君集地下有知，知道张亮这老哥们也到地下与自己相聚，可能会为之一笑。（事见侯君集事传）

摧凶克敌的陈公侯君集

看见侯君集三字。总想起少年时代听单田芳评书《隋唐演义》中那个瘦小枯干、行事如水浒中鼓上蚤时迁一样的偷儿。成年后，细读《唐史》，发觉此公和演义中人大不相似。

侯君集，豳州三水人。史载："性骄饰，好矜夸，玩弓矢而不能成其艺，乃以武勇自称。"可见，他是个二吊子弓马玩家，但肯定机谋方面有过人之处。

在李世民秦王府中，侯君集极受信任，数从征伐，累军功封全椒县子。玄武门之变，侯君集之策居多。太宗即位后，立封潞国公，赐邑千户，拜右卫大将军。贞观四年，迁兵部尚书，参议朝政。

李靖伐吐谷浑，侯君集与任城王李道宗为副手。一路上，侯君集进献不少奇计，都为李靖采纳，大破敌军于库山；他与王爷李道宗自为一军，从南路挺进，历破逻真谷，逾汉哭山（估计是当地人起的名字，从前汉军肯定于此战死不少），经途二千余里，盛夏降霜，山多积雪，连途转战，过星宿川，一路上数次与敌大战，每战必胜，获牛马无数，斩获颇丰。此后，他统领兵士一直行军，直到北望积玉山,观黄河源头,然后凯旋,与李靖一军会于大非川,平定吐谷浑。

贞观十一年,改封陈国公。转年,拜吏部尚书。

侯君集行伍出身,入秦王府后才开始读书。由于禀赋聪颖异常,他竟能点选举,定考课。

出则为将,入则参政,为时人所叹美。

侯君集一生最光辉的事迹,当属他独担重任,率唐军平灭高昌的壮举。

高昌,就是汉朝时候的车师。此地距长安以西四千三百里(从唐书),有三十一城,先都交河,后移至高昌,是西域大国,有胜兵万人,土壤肥沃,麦果丰饶,以葡萄酒知名。

隋朝时,朝廷封高昌王鞠伯雅为车师太守,弁国公。唐高祖武德三年,伯雅死,其子鞠文泰嗣位,遣使告哀,高祖派使臣前去祭吊,正式承认了其藩贡国地位。

鞠文泰开始还很"孝敬",经常贡献奇珍异兽白玉盘什么的,还上贡过一对大狼狗,能曳马衔烛。贞观四年,鞠文泰还亲身入朝,回去时获赏赐甚厚,大打秋风而回,其妻还被赐姓李,封常乐公主。

按理说鞠文泰亲朝天子,又获巨赏,应该安心臣服才是。但此人在朝贡时经过唐朝西边久经战争之地,见人民稀少,城邑空虚,心中就升起轻唐之念。渐渐地,鞠文泰把西域诸国经过高昌前往唐朝的商人和贡使都扣押起来,暗中和突厥人勾结,攻打唐朝另外的西域属国伊吾。

不久,他竟胆大妄为,和突厥连兵进攻唐朝另一属国焉耆,拔克三城,尽掳男女而去。

焉耆王上表告状,太宗大怒,说:"高昌数年无状,没有尽藩臣之礼;其国中模仿我大唐,设置官号;今年岁首,万国来朝,文泰独不至。高昌还不断拘押西域来使,离间邻好,所谓恶而不诛,何以劝善!"

贞观十四年,太宗命侯君集为交河道大总管,率左屯卫大将军薛万均等人,率领突厥等西域归附军数万人征讨。

当时,唐朝众大臣都以为行经沙漠,用兵万里,恐难取胜。而经高昌界处绝域,得之难守,不如不伐。

太宗坚执不从,侯君集身受皇命,浩荡而来。

鞠文泰做梦也想不到唐朝会真的出兵,他常对左右讲:"我先前去唐朝贡见秦、陇之北,城邑萧条。假使唐兵攻伐,军队人数多,路上不能有足够的军需供给;如果兵发三万以下,我高昌力能制之。加之沙漠艰险,唐军即使能来也疲惫至极,我以逸待劳,不用忧虑啊。"

等到听说唐军已到达碛口,这位西域名王一下子惶骇无计。未见唐兵,竟活活吓死。其子鞠智盛嗣立。

侯君集率军至柳谷,侦察兵报告说鞠文泰这几天就要下葬,其时高昌国人毕集。诸将要求趁发丧时起兵突袭。侯君集独表异议:"天子以高昌骄慢无礼,使吾辈恭行天罚。如果我们趁人发丧时偷袭,非问罪大国之师所为!"

于是,唐军全军整装,鼓行而进,类似拿破仑战场上那种双方光明正大的进击。

高昌大兵汇集于田地城,城坚墙厚。高昌人起初还有斗志,固城自守。

侯君集军队携带了威力巨大的撞城车和抛石机,巨石飞空,尖车推城,很快就一攻而入,俘获男女七千多口。接着,大军前行,直逼都城高昌。

鞠智盛无奈,来信乞怜,表示说:"有罪于天子者乃先王,今已无罚丧身,我本无罪,望侯尚书哀怜。"

侯君集回书:"如能悔过,应束手投降!"

鞠智盛还不肯投降,侯君集命人填其城壕,大发抛石机,并树十丈高楼,于楼顶指挥抛石机落点。巨石纷下,高昌守兵顿成肉泥。早先答应和高昌里外为援的西突厥兵,到此时还连影儿都没有,他们自己的部落西逃千余里,哪还顾得上邻家。

计穷之下,鞠智盛出城门投降。

侯君集马上分派兵马,接连攻灭其余城池,平灭高昌,带着俘虏的高昌国王及将士、刻石勒功而还。

此次远征,下高昌三郡、五县、二十二城,得人口三万七千七百户,马四千三匹百,其国东西八百里,南北五百里。

非常值得人玩味的是,侯君集军到之前高昌国内有童谣流唱:"高昌兵马如霜雪,汉家兵马如日月。日月照霜雪,回手自消灭。"鞠文泰当时让人搜捕初唱者,最终也未抓获,不知是何人所为。

唐太宗以高昌故地为西州,置安西都护府,留遣兵马镇守。

虽立此平国大功,侯君集仍不免犯下前辈平灭西域将领的过错——私取宝物。他属下战胜的将士们,得悉总管大拿高昌宝物,纷纷效仿,竞相来盗窃。侯君集上梁不正,也不敢阻挡,怕他们把自己也连带告出来,以至于高昌的一国宝物被掠一空。

大军回京,御史们早把弹劾奏章报上。

功劳再大,赏罚应分,迎接侯君集的不是红地毯和凯旋乐曲,而是国家大狱。

还是中书侍郎岑文本有远见,认为功臣大将不能轻加屈辱,上书列举汉朝李广利、陈汤、晋朝王浚以及隋朝韩擒虎等大将事迹,并以黄石公兵法内容作为补充——"《军势》一书中讲,使智、使勇、使贪、使愚。故智者乐立其功,勇者好行其志,贪者邀趋其利,愚者不计其死,希望太宗以帝王之德,含弘为美,弃人之短,收人之长,使侯君集能悔过报效。"

奏上,太宗很觉有理,下诏把侯君集放出。

侯君集立此殊勋,回京就被关进大狱,虽然日后放出,仍然终日怏怏不快。

贞观十七年,多年一起共事的老哥们张亮出任洛州地方官,与侯君集道别,侯君集乘机激怒他说:"怎么,被排挤出京城了?"

张亮不乐,答道:"当然是你背后排挤我,还能怨别人吗?"

侯君集闻言,激起心中积恨:"我功平一国,回来就被天子谴怒,哪还有机会背后挤兑你!这种日子我过不下去了,你敢造反吗?我和你一起反了吧!"

张亮为人外忠内诈,一转身就把侯君集的话密告太宗。

李世民毕竟大度君王,对张亮说:"你和侯君集都是我唐朝功臣,刚才的话,只有你和他两个人知道,如果审验成狱,你们都不会承认有谋反之语。"

于是,太宗就把此事压下,对待侯君集如初,不久命人图侯君集等二十四人像于凌烟阁。

当时,李世民的太子李承乾怕被父亲废掉,暗中准备谋反。他知道侯君集心怀怨望,太子就通过侯君集的女婿贺兰楚石(当时为东宫属官)与他牵线,两人数次密谋。

侯君集深知李承乾气量劣弱不能成大事,但仍想借机旁图,就答应一起干,举手对这位太子说:"此好手,当为殿下用之!"

虽如此,毕竟谋反事大,侯君集常常夜中惊醒,一醒就再也睡不着觉,四转叹息。

他的妻子很奇怪,劝他说:"您是国家大臣,怎么会这样? 如有辜负国家之事,还是自首的好,肯定能保全性命。"

侯君集低头不应声。

不久,太子李承乾谋反事发,供出侯君集。他那作为牵线人的女婿贺兰楚石为了活命,诣阙上告岳父谋反的实情。

对这么一个共事几十年的老功臣,太宗亲自审问,说:"我不欲令刀笔吏辱公,自己亲自问你案情。"

侯君集最初还狡辩,但太子、贺兰楚石等人证及书信等等物证俱在,最终辞穷服罪。

太宗临朝,对百官讲,侯君集于国家未安之时有大功,我想活其一命。

但谋反是封建社会不可饶恕的大罪,群臣争进,都讲:"侯君集之罪,天地所不容,必诛之以明大法。"

无奈,太宗回到私室,对跪伏于地的侯君集讲:"与公永别了! 从今而后,以君之故,我不忍复上凌烟阁!"言毕,皇帝唏嘘泣下,痛哭不止。

侯君集也自投于地,泣不能起。

读各类唐朝史书,此情此景,均可感觉到唐太宗的真性情感人之处。透过千年烟云,仍可想见李世民身为帝王之尊。当其时也,他肯定没有一丝矫饰做作,他一定是回忆起这位勋臣与他自己年轻时代的豪情友谊,想起连骑冲杀,攻城掠城的浴血艰难,加之先前故人病死、被杀无数,至此寥寥,不能不凄然伤情。

按刑法,侯君集被斩于四达通衢。这位大将临刑之时,容色不改,对监刑将军说:"我侯君集怎能真反呢,是蹉跌至此啊! 念我为唐家大将破灭二国(高昌国以及与李靖一起灭的吐谷浑),还是有微功可陈。为我对陛下讲一声,留下我一个儿子活着以守祭祀。"

本来，谋反应诛满门。监斩官驰奏，李世民特诏，原其妻及一子，徒于岭南。

助定奇策的郯公张公谨

张公谨，字弘慎，魏州繁水人。他刚开始在王世充手下为官。高祖李渊建唐，张公谨投归，后为尉迟敬德等人荐于李世民，引入幕府。

玄武门之变前，李世民让占卜的人烧龟甲卜吉凶，张公谨恰巧从外而入，拿起龟甲扔在地上，进言道："凡行卜签，是以决嫌疑，定犹豫，现在应该举事不疑，用得着卜卦吗？如果卜不吉，势已不可停阻，希望大王仔细想想。"

李世民深然其言。

其年六月四日，张公谨与长孙无忌等九人埋伏于玄武门之外，成为李世民日后登基的关键人物之一。李建成、李元吉被杀后，其党羽进攻玄武门，张公谨有勇力，独自率兵闭门以拒。

贞观元年，拜代州都督。他后助李靖伐突厥，擒颉利，屡有战功，封邹国公。

郯公张公谨

不久，在襄州都督任上，张公谨病死，时年仅39岁。

闻讯，太宗不避辰日而哭之（古礼及当时风俗，辰日不能哭泣），谥曰襄。贞观十三年，改封郯国公。

义气将军卢公程知节

"半路杀出个程咬金"，"程咬金的三板斧"，这两句俗谚，中国人耳熟能详。

估计提起程知节,除研究历史的学者以外,肯定会出现许多茫茫然的脸,几乎没有人知道这位程知节是谁。所以,通俗演义小说的民间力量,可以把历史人物的本来面目涂改(或美化或丑化)得与本来全非。

程知节,本名咬金,济州东阿人。他年轻时就骁勇异常,善于马上击槊。隋末四海鼎沸,大乱之中,程咬金聚数百徒众,捍卫乡里。

李密起兵,他前去投靠,署为内军骠骑。当时李密精选八千名勇敢异于常人的兵士,以四骠骑统领,号为内军,程咬金即四骠骑之一。李密常对人讲,"此八千人,足可当百万军"。

卢公程知节(程咬金)

李密与王世充交战时,程咬金率领内马军与李密在北邙山指挥。王世充率众猛攻单雄信统领的外马军(单雄信也是隋唐之际大名鼎鼎的好汉),李密见状,就命程咬金与裴行俨前去支援。

裴行俨也是勇猛骑将,他先行冲阵,行到中间被流矢所中,滚落马下。程咬金挺身而出,一骑先行,击杀敌人,王世充那些争前想斩大将人头的兵士,望之披靡。

程咬金下马把受重伤的裴行俨抱上马,两个人骑一匹马往回走。王世充派骑兵追击,由于马上还有裴行俨这名伤员,程咬金的动作不如平时灵活,被一根尖槊洞穿其身(估计不是胸部等致命处)。

这位大英雄牙关紧咬,回身生生把槊把折断,顺手一带把追刺他的兵士拉至近前,刀斩其头。见状,后面追骑大骇,谁都不敢再近前,最终两个人平安归营。(裴行俨就是《隋唐演义》中第三条好汉裴元庆的原型。正史中,他勇猛善战,号"万人敌",降于王世充后,心有不甘,想行刺未成,被王世充所杀。)

李密与王世充大小近百战,胜多败少,但洛水之战大败,就败投李渊。程咬金、单雄信、秦叔宝等人不得已，归于王世充。

王世充这位隋炀帝宠臣、西域胡人出身的枭雄对这几位大将接遇甚厚，很希望他们能帮助自己扫平天下。

相处没多久，程咬金就对秦叔宝说："王世充器量浅狭，平时胡乱妄语，喜欢诅咒发誓，迷信神怪，简直就是个跳大神的老娘们儿，根本不是拨乱济世之主！"（此外，据笔者估计，王世充是胡人后代，没有人君之貌，也是众将不附的原因之一吧。）

不久，王世充与李世民战于九曲，程咬金等人列于战阵。他忽然与秦叔宝等人拨转马头，面向王世充说："蒙您接待，极欲报恩。但您性多猜疑，身边又多小人，不敢在您身边久留，今谨告辞！"言毕，他左右数十人跃马而奔向唐军。

王世充身后数万兵马，都惧怕程咬金等人的勇武，只得眼睁睁望着他们离去，无一人敢蹑追其后。

归唐后，程咬金每阵先登，随李世民破宋金刚，擒窦建德，降王世充，以军功封宿国公。

高祖武德七年，太子李建成为了剪除秦王李世民左右羽翼，把程咬金外调为康州刺史。

情急之下，武人出身的程咬金对李世民以言相激："大王手臂今并剪除，身必不久。我冒死不走，请大王您也速下决心！"

玄武门之变后，他被升为右武卫大将军。贞观年间，改封卢国公，是唐太宗自始至终的忠臣之一。

唐高宗显庆元年（公元656年），程咬金任葱山道行军大总管讨伐西突厥，击其歌逻、处月二部落，斩首千余级。十二月，程咬金引军至鹰娑川，遇突厥强兵四万骑，其前军总管苏定方师五百骑驰迎冲击，西突厥大败，追奔二十里，杀获一千五百多人，缴获的战马及器械，漫山遍野，不可胜计。

副大总管王文度非常忌妒苏定方的大功，对程咬金说："现在虽说是获胜，但官军也有死伤，千万不要急迫敌寇，应自结方阵，慢慢谨慎前行，遇敌则战，万全之策。"

更出格的是，王文度还对人讲皇上有密旨给他自己，让程咬金及全军归他指挥,并下令军队不许深入追敌。

可怜远道万里的唐军士卒,终日骑行马上,严冬朔风,身披重甲缓缓而行,粮草不继,人马相继冻病而死。

苏定方劝程咬金:"我们出师目的是为了歼敌,现在反而坐困自守,敌来必败,如此怯懦,何以立功!皇上以您为大将,怎么可能又密诏副手发号施令呢,其中肯定有诈。请下令把王文度抓起来,飞表上奏皇上弄个清楚。"

英雄老矣,此时程咬金已全无青壮年时代的锐气,摇头不从。

唐军至恒笃城,有胡人数千归降。王文度说:"这些人等我们离开,肯定又会反叛,不如全部杀掉,还能得大笔资财。"

苏定方劝谏:"这样干的话,我们自己倒成贼了,怎能称得上是为国伐叛!"

程咬金默许王文度。几千胡人被杀得干净,王文度私分其财,唯独苏定方不受。史书虽未明讲程大将军也贪财宝,但文中有"独(苏)定方不受"字眼,已表明程老自己肯定也分了一大份儿。(不知苏定方得罪谁了,在《隋唐演义》中,这么一位雄威的大将军竟成为一个奸臣角色。)

回师以后,事情败露,王文度因矫诏当死,特除名免职。程咬金因逗留不进及不努力追敌,减死免官。

这位大英雄晚节不保,杀降利财,贪生怕死,令人遗憾。虽然不久他被朝廷起用为刺史,毕竟气短,程咬金上表退休。

高宗麟德二年(公元665年),程咬金善终于家。赠骠骑大将军,陪葬昭陵。

其后代下场都不错,次子尚公主,几个儿孙都为金吾将军这样的高级禁卫军将领。

良谏纯臣永兴公虞世南

虞世南,字伯施,越州余姚人,与其兄虞世基均为陈朝知名才俊。

隋灭陈后,与兄被征入长安,时人比之为"二陆"(陆机、陆云)。

虞世南的哥哥、隋朝内史侍郎虞世基,却是隋炀帝末期大名鼎鼎的奸佞之臣,他整日附和邀宠,隐瞒外间起义的消息。当时虞世基一家人,贵宠无比,拟于王者。唯独虞世南一人谨慎艰苦，只知读书写诗。

宇文化及杀掉隋炀帝后，一帮禁卫军闯入杀虞世基，虞世南号泣向军士求情，请以身代家兄挨刀，当然没获允许。众人把虞世基一家犹如砍瓜切菜一样杀个精光，估计士兵们平时对这位文质彬彬的公子印象不坏，舍之而去。

永兴公虞世南

窦建德打败宇文化及之后，虞世南在其手下做黄门侍郎。李世民擒获窦建德后，引为秦府参军，与房玄龄一起对掌文翰。

贞观七年，赐爵永兴县子。

虞世南纯文人出身，书法大家，唐太宗非常看重他的博识，常常与之谈论经史。虞世南也常常趁讲史之际规调劝谏，陈述昔日帝王得失。而且，他志性抗烈，多次因修陵、游猎等事进谏太宗，李世民万代明君，因此更加亲礼于他。

太宗称虞世南有五绝，一德行，二忠直，三博学，四文辞，五书翰。

贞观十二年，虞世南病死，享年81岁。太宗"哭之甚恸"，赠礼部尚书，谥曰文懿。

高祖旧臣渝公刘政会

刘政会，滑州胙城人。高祖李渊欲太原起兵时，隋朝的副留守王威、高君雅预先知道李渊要谋反，很想提前动手为隋炀帝剪除"此害"。

当时，刘政会为太原鹰杨府司马，握有兵马。李世民来个"恶人先告状"，派刘政会到太原议事厅先告王威、高君雅两人谋反，借机囚斩两人。

武德初年，此公留守太原，为唐朝经营后方根据地，贡献很大。其间，他虽被刘武周俘虏过，也不忘秘密向李渊告知敌方军情。

他累任刑部尚书，光禄卿等职，封渝国公。贞观九年卒，谥曰襄。

心存唐朝的莒公唐俭

唐俭,并州晋阳人。其父唐鉴与李渊就是老朋友。起事之初,唐俭就极力赞成。

武德元年,升为中书侍郎。唐初之时,天下割据政权还有不少,唐俭与永安王李孝基等人一起被刘武周俘获。

李渊正妻元贞皇后的侄子独孤怀恩当时兵据蒲州附近,先前就与其属下元君实想反叛李渊自立。刘武周大军忽至,元君实也被抓住,和唐俭关押在一起。他私下对唐俭抱怨:"独孤尚书如果早点起事,我们今天被俘之事也不会发生。"

独孤怀恩此前趁乱从刘武周乱军中跑出,李渊还不知他先前曾想谋反,仍让他驻守蒲州附近。

唐俭虽身陷贼营,仍对唐朝忠心耿耿,派亲信跑出告发独孤怀恩之谋。

当时坚守蒲州的隋将王行本以蒲州城降唐,高祖已乘船准备亲往蒲州与独孤怀恩相会,一起入州受降。

船行到中路,唐俭密奏送达,高祖大惊:"真是天命啊!"忙下命返航,派人抓捕独孤怀恩按验。怀恩畏惧上吊自杀而死。

如果没有唐俭,李渊很可能以皇帝之尊被怀恩劫持,唐室必亡。

李世民击破刘武周后,唐俭还朝,拜礼部尚书,授天策府长史,封莒国公,朝廷把抄没独孤怀恩的全部财产转赐给唐俭。

贞观初年,太宗一面派唐俭为使说降匈奴,一面派李靖进军。大将李靖倒不在乎唐俭的性命,也不顾唐俭作为使者正在匈奴处,奇袭突厥,生擒颉利可汗。

唐俭命大,竟趁乱脱身。回朝后,授民部尚书。

后来,一次他随太宗打猎。李世民神勇如初,发四箭连杀四只大野猪,有只大公猪张着獠牙直冲御马,已至马镫,唐俭滚身下马上前搏击。

太宗从容拔剑,斩杀野猪,笑对唐俭说:"天策长史,你没见过我当上将时击贼的样子吗,干吗这样害怕?"

唐俭回答:"汉祖以马上得天下,不以马上治天下。陛下以神武定四方,岂复逞雄心于一兽。"

太宗纳谏,为之罢猎而归。

高宗显庆元年(公元 656 年),唐俭卒于家,享年 78 岁,谥曰襄,陪葬昭陵。

义名天下的英公李勣

李勣,曹州离狐人。本姓徐,名世勣。高宗永徽年间,为避太宗李世民名讳,改单名为"勣"。

李勣年轻时,家本当地豪富,隋末徙居滑州。史称其"家多僮仆,积粟数千钟",与其父徐盖都是乐善好施之人,拯救贫乏,不问亲疏。

隋炀帝大业末年,李勣才十七岁,见天下大乱,就近参加了翟让的军队。他劝说翟让:"附近是您与我的家乡,乡里乡亲,不宜侵扰,宋、郑两州地近御河,商旅众多,去那里劫掠官私钱物非常方便。"翟让称善,他们一起在运河上劫取公私财物无数。

有钱就不缺人,不久兵众大振。隋朝遣名将张须陀讨伐,翟让吓得要跑,李勣止之,与隋军两万多人交战。竟于阵中斩张须陀,大败官军。

当时,蒲山公李密参与杨玄感反叛,兵败逃亡。李勣与浚仪人王伯当知道李密天下英雄,一同劝说翟让奉李密为主,以收买人心,扩大影响。

隋朝令王世充讨伐李密,李勣多次拒敌,以奇计在洛水两岸几次大败王世充,李密因此封他为东海郡公。

当时,河南、山东大水,饥民遍地,隋朝赈给不周,每天饿死数万人。李勣向李密进言:"天下大乱,本是为饥。如果我们攻陷黎阳国仓,大事可成啊。"

李密听计,派李勣带五千人,从原武渡黄河掩袭黎阳仓隋朝守军,当日攻克,开仓招民众随便领粮。十天之间,就招募到兵士二十多万人。

一年多后,宇文化及江都弑隋炀帝,越王杨侗即位于东京洛阳,赦免李密诸人,封魏国公,拜太尉。隋廷授李勣右武侯大将军,命他们一同讨伐宇文化及。

李勣守黎阳仓城,宇文化及率军四面攻城,形势危急,李勣从城中向外挖地道,忽然现身城外,大败弑君叛贼宇文化及。贼人解围而去。

讲李勣,不得不交代李密。李密为人,身先士卒,躬服俭素,号令严整,每战所得金宝都赐予手下将士,因此非常受人爱戴。在与隋军的交战过程中,威信日隆,号为"魏公",他让祖君彦所做的《讨隋炀帝檄文》千古流传,辞采壮烈。

后来,李密与翟让之间产生矛盾,两人手下都劝他们先下手为强,其间原委,皆是由争权夺利而起,不是简单的"地主阶级阴谋家杀害农民起义军领袖"那么简单。而且,翟让为人简单粗暴,其兄翟宽与属下又数次侮辱李密手下兵士,逐渐结怨。

李密最后在众人劝说下,决定除去翟让,趁宴请机会斩杀翟氏兄弟。由于李勣当时是翟让属下,也被乱兵刀砍剑劈,遭受重创。李密见到后,马上制止士兵,李勣免于一死。翟让另外的大将单雄信等人叩首求命,李密都释而不杀。

后来,李密多次打败隋军,最盛时有众三十余万,各地割据的首领,都派使请他称帝,连李渊也不得不上书推戴,肉麻地称"天生蒸民,必有司牧,当今为牧,非子而谁? 老夫年余知命,愿不及此,欣戴大弟,攀鳞附翼……"

屡战屡胜之际,李密军士有粮而无饷银,军士渐怨,几次反败于王世充。其间,李密手下有人谋叛王世充,李密本想将计就计,趁王世充半渡洛水时出兵一举击灭。岂料天意弄人,王世充发军时,李密的侦察兵没有发觉,等整军将战时,王世充军队已经全军渡河上岸。

李密见大势已去,不得不率小股人马逃遁。本来李密想去黎阳李勣处,有人劝他:"杀翟让之时,李勣被乱兵砍伤差点死掉,他能不记仇吗? 现在投奔他,靠得住吗?"

最后,不得已之下,李密与王伯当投靠李渊。

当时李勣全统李密旧境,东至于大海,南至于长江,西至汝州,北至魏郡,一时间未有所属。不过李勣是真义士,他对长史郭孝恪说:"魏公(李密)已归大唐,如果我自己上表向唐主献地,是自邀功劳而彰主公败绩,现在我把土地人口军人数目造册,总启魏公,让魏公自献。"于是他派使臣上表。

唐高祖李渊听说李勣有使人来忙召见,一见只有给李密的信,很感奇怪。

使人详细道明原委，高祖大喜，认为李勣这个人能感德推功，实是忠纯之臣。他马上下诏封李勣黎阳总管、英国公，不久加右武侯大将军，赐姓李氏，并封其父李盖为王。李盖固辞，于是封老头为舒国公。

李渊下诏遣李勣部统河南、山东之兵以拒王世充。

李密归唐后，从前在信中对自己亲热过分的"老哥"李渊相待甚薄，只拜光禄卿的散官。不久，唐朝听说李密降于王世充的旧将纷纷离心，就派李密前往黎阳招降旧部。

心怀怨望的李密行至洮阳，高祖李渊又派人召还他。疑惧之下，李密决定反唐。王伯当一直劝他不要反唐，但见李密意决，就横下心，说："义士之立世，不以存亡易心。我一直受您厚恩，期待以性命相投。您不听我劝告，我肯定会和您一道起事，生死以之，但是恐怕结果也不会好啊。"

隋唐之际，英雄辈出，男儿义气相应，很是感人，诚为我中国人做人的样板。

唐将史万宝、盛彦师早有准备，伏兵山谷，横击李密及王伯当等人，众人皆被杀。李密时年才 37 岁。

《旧唐书》中虽然称他"狂哉李密，始乱终逆"，但字里行间，也不得不佩服此人的倜傥奇才和爱人下士的仁德大度。

李勣听说李密被诛，上表请唐朝谷许他收葬故主，唐廷诏许。

李勣服重孝，与从前僚属旧臣将士隆重地把李密安葬于黎山之南，坟高七仞，以君礼葬之，朝野闻讯都赞叹他的忠义。

不久，窦建德军擒斩弑隋炀帝的宇文化及，乘胜大败李勣，并以其父李盖为人质，李勣不得不暂时表示顺服，被窦建德下令，仍守黎阳。转年，李勣趁机再次归唐，有人劝窦建德杀掉他父亲李盖。

这位夏王也是位磊落大夫，表示说"李勣忠臣，各为其主"，派人送李盖归唐。

此次以后，李勣就一帆风顺。他协同李世民连平王世充、窦建德、刘黑闼、徐圆朗、辅公祏等人，功勋赫赫。

其间，还有一个插曲可述。单雄信投王世充后，极受宠遇，也很卖命。李世民攻洛阳时，有一次与单雄信相遇。单雄信号为"飞将"，艺高胆大，援枪直刺李世民,好几次差点追及把这位秦王捅落马下。(此事可见尉迟敬德传。有逸史记载李勣当时在旁,对单雄信这位老哥们说"此秦王也","雄信惶惧遂退",这肯定是小说家语,绝不可信,以单雄信性格,他肯定会枪挑李世民向王世充报功。)

王世充投降后,李世民把与唐军苦战的十几名大将列入处决名单。李勣泣请,以自己家财爵位换这位老哥们一命。由于自己先前差点被单雄信杀掉,李世民坚执不允。

李勣无奈,与单雄信诀于大狱。

单雄信埋怨他:"我固知汝不办事。"

李勣大哭,他用刀从腿上割下一块肉给单雄信吃掉,说:"本来我想随仁兄一起死,但谁来照顾你的家人呢。此肉随兄入地下,以表我拳拳真情。"

单雄信死后,李勣如家人般照顾他的妻子儿女,确是千古义气的典范。

贞观十五年,太宗拜李勣为兵部尚书,还未赴京上任,薛延陀部侵扰李思摩部落。李勣获唐廷委任为朔州行军总管,率轻骑三千追薛延陀于青山,大败敌师,斩名王一人,俘五万多人。(薛延陀部为匈奴别种,为铁勒族,对唐朝时叛时附。)

回朝后,李勣遇暴疾。药方上,讲治此病胡须灰可以做药引。唐太宗听说后,自剪胡须,为李勣和药。儒家礼仪,身体发肤受之父母,一般人都不会轻易损伤,何况九五天子,亲剪"龙须"为臣子做药引,诚为千古美谈。(明太祖朱元璋把大便晒干后也分赐臣下,还得让臣下谢恩大赞这种烘干的"黄龙汤",显然就是暴虐王八蛋所为,是朱家天子的一贯作风,同唐太宗此举相去十万八千里。)

李勣叩首见血以谢,感动得一塌糊涂。太宗说:"吾为社稷计耳,不烦深谢!"

不久,君臣宴饮,太宗醺然对李勣讲:"朕将以太子托付于您。您往年不负李密,今日必不会负朕。"

李勣涕零,誓以必死。俄而沉醉,太宗亲解御衣为这位勋臣盖上以免着凉,如此宠遇,古今罕有。

贞观十八年，李勣跟从太宗伐高丽，攻破辽东、白崖等数城。贞观二十年，率军大破薛延陀部，平定碛北。

贞观二十三年，太宗李世民病重，临崩前对太子说勣："汝于李勣无恩，我现在把他责出外贬。我死后，你再以新皇名义授他仆射（宰相）之职，受汝恩遇，李勣必致死力。"于是，诏出李勣为叠州都督。

其实，太宗大可不必和李勣这样重义气的人玩这一手，有些人英明一世，却糊涂一时。李密也是一样。他大败于王世充后，如果去投李勣，说不定东山再起，江山姓"唐"姓"魏"还都不一定。他当时和唐太宗一样，以"小人"之心度君子之腹，认为李勣会因杀翟让时被砍重伤会怀恨在心，结果转路归唐，最后结果是龙虎入牢，再无出头之日。

高宗即位后，立拜李勣为尚书左仆射。永徽四年，册拜司空。李勣为人小心谨慎，对于皇帝家事一概不过问。

后世都因他不反对高宗立武后一事颇有微词，笔者独以为不然。皇帝椒房内事，外臣权位再高，血缘再亲，掺和入宫闱之事无论成败，最终难逃一戮。李勣不是皇亲国戚，为人又深沉谨慎，加之太宗托付他的是社稷国事，所以他当时的表现实为中允，并非油滑臣下所为。

由此，武后对他非常亲切，对待李勣的老姐还亲自临问，赐以衣服，家人一般。

高宗乾封元年（公元666年），高丽权臣（官号莫离支）盖苏文病死，其子男生继掌国事。盖苏文另外两个儿子男建、男产发难，驱逐男生。

男生逃奔唐朝，恳求唐朝发兵相助。高宗任李勣为辽东道行军大总管，率军征高丽。

乾封二年二月，李勣大军渡辽水，攻拔高丽重城新城。李勣一路连捷，直抵平壤城南扎下大营，男建不断派兵迎战，皆大败而还。不久，城内人投降唐军为内应，大开城门，唐兵四面纵火，烧毁城门，男建窘急，自杀未死。平壤城最终被攻下，唐朝共获一百七十六城，六十九万七千户。至此高丽国灭，分其地置九个都督府，四十一州，一百县，唐朝设安东都护府，统管整个高丽旧地。

自隋文帝以来，屡伐高丽，无一成功。隋炀帝四次伐辽，因此亡国。英明神武如唐太宗,御驾亲征,也因天寒少粮而无功罢兵。高宗继位,前后派兵部尚书任雅相、左武卫大将军苏定方、左骁卫大将军契必何力多次征讨,皆无功而返。

直到李勣老将出马,乘高丽内乱,加之指挥有方,一举讨灭东边这个多年难拔的"钉子"。想必隋、唐几位皇帝如果地下有知,肯定惭叹不已。

李勣回国后不久,因征伐劳累而病重,卒,享年76岁。高宗亲为举哀,辍朝七日,赠太尉,谥曰贞武,陪葬昭陵。

李勣一生,经战阵无数,所得赏物,大都分赐手下将士。大功成就,常推功于别人,故而人尽死力。重病后,只服皇帝送来的御药,家里人延请的大夫一律不见。

他说:"我山东一田夫耳,攀附明主,滥居富贵,位极三台,年将八十,岂非命乎?修短必是有期,宁能就医人求治!"

临终之时,李勣忽然让其弟李弼置酒宴乐,堂下子孙满排而立。他对李弼说:"我自知必死,怕你悲哭,所以假装病情转好为此宴乐。你现在脑子清醒,听我讲话。我亲见房玄龄、杜如晦、高士廉等人辛苦建立门户,都被后辈破家亡人。我这些不肖儿孙,现在都交付给你,应细加防察,如有操行不伦、结交非类,马上打杀,然后奏之,以免倾覆家族……"

虽如此,李勣的忧恐最终成为现实。

唐高宗崩后,武后临朝,随意废杀儿皇帝,大戮李唐宗室。武氏家族高官重权,天下人情怨愤。恰巧李勣孙子李敬业与两个兄弟都因受赃贬官,在扬州遇见同遭贬斥的唐之奇、骆宾王等人,几个人趁机起事于扬州,旬日之间,竟有胜兵十多万。

然而,李敬业终属志大才疏之辈,也并非真的想力复唐室,纯属有个人野心的半吊子阴谋家。武则天派三十万大军,很快捕诛众人。此次起事唯一能影响后世的,是大文豪骆宾王那篇千古流传的《讨武曌檄》。武则天边读这篇大骂自己的文章,边赞叹不已,并讲"宰相之过,安失此人?"由此,可见此女主对待文人倒有曹操之肚量。

平定李敬业后,武则天下诏追削李敬业祖、父官爵,刨坟斫棺,复本姓徐氏。所以,我们现在多知反武则天的"徐敬业",其实他当时的名字是李敬业。

至此,李勣直系子孙诛戮无遗,偶然有旁支逃脱的,皆窜迹胡越边陲。

唐德宗贞元十七年(公元801年),吐蕃攻陷麟州,驱掠民畜而去。一行几千汉人俘虏走到盐州时,有位名徐舍人的吐蕃将领,把俘虏召集一处,对其中的和尚延素说:"大师勿惧,我本汉人五代孙。从前武太后杀唐宗室,吾祖建义不果(当指徐敬业),子孙流落绝域,至今已经三代了。虽然我们几代居此,有兵有地,然思本之心,无忘于国。但至今旌属繁衍已多,无法自拔归汉了。"言毕,他把几千作为奴隶本来要累病死于吐蕃的汉人全部放掉。

英国公做梦也想不到,他一辈子都为唐朝在边疆和"夷狄羌蛮"多个少数民族作战,殊不料他自己残留的血脉最终竟也混同于其中,这真是中国历史上最大的黑色幽默。

笔者对大儒王夫之一直钦服有加,唯独于他对李勣的评价大不以为然。王夫之讲:"李勣始终一狡贼而已矣……"

可是,毕观李勣一生,于李密,忠也;于单雄信,义也;于兵士,恤也;于唐朝,始终如一;灭亡高丽,功至高也。其孙李敬业反叛,皆非李勣力所能及,想所能想,以一后世乱臣贼子而追愤前人,实无可取。

(后记:李勣也是民间演义歪曲最甚的一个人。在《隋唐演义》中,他成了"牛鼻子老道"徐茂公,变成诸葛亮、吴用一类的军师人物,羽扇纶巾,掐指运算,此种形象,诚为误导后人。)

马槊英雄胡公秦叔宝

《隋唐演义》中,秦琼秦叔宝是绝对主角,以"秦琼卖马"为引线,牵出全书情节。殊不料,凌烟阁二十四功臣中,秦叔宝竟排名倒数第一。显然演义作者当初有心,有本事把你最末一名变成正数第一。

人民群众的力量是巨大的,二十四功臣中,以秦叔宝最为广大群众所熟悉,过年贴年画,说门神是神荼、郁垒没几个人知道,但都晓得一个是秦叔宝,一个是尉迟敬德。

秦叔宝,名琼,齐州历城人。隋炀帝大业年间,为隋大将荣国公来护儿帐下

胡公秦叔宝

卫士。

当时，秦叔宝母亲病死，来护儿派人送钱送物吊孝。军士们议论纷纷："士卒死亡以及兵将家里死人的很多，来将军从未吊问过，为什么单单这样礼待秦琼呢？"来护儿闻此议论，对左右说："叔宝勇悍，又有志节，必当自取富贵，岂得以卑贱处之！"这位来公也是慧眼识英雄，见人下菜碟。

来护儿是江都人，和秦叔宝出身差不多，少年时常常发陈涉之叹："大丈夫当取功名，安能久事陇亩！"他追随隋将杨素数次击贼有功，又从蒲山公李宽——李密之父——在现在的黄山一带破贼，进位柱国。隋炀帝即位，数被宠遇，几次征高丽均参与其中，并以平灭杨玄感被封为荣国公。最后一次击高丽，来护儿劝隋炀帝不要因高丽王假装称臣就撤兵，当时平壤城破指日可待，隋炀帝不听，功败垂成。宇文化及江都弑帝，来护儿作为贵臣也为乱兵所杀。其长子来楷也以勇武出名，讨击群盗，所向皆捷，贼人为之作歌曰："长白山头百战场，十十五五把长枪。不畏官军十万众，只畏荣公第六郎。"后来，这位名将与父一起遇害，诚为父子英雄。

隋朝末年，秦叔宝在大将张须陀手下听用。这张须陀也是一个英雄，有一次以万人对有众十多万的大盗卢明月，相持十余天，疲尽且退，他对诸将士说："我们撤退，贼兵一定追击我们，到时其营空虚，如以千人袭其大营，必定大胜。只是这个任务太危险，谁愿意去呢？"

众将默然，唯独秦叔宝、罗士信自告奋勇。（罗士信十四岁从军，勇猛异常，《隋唐演义》中也是主人公之一。历史上，罗士信投唐，也是李世民亲密战友之一，最后在与刘黑闼争战中被俘，坚不投降，被杀，年仅22岁。）

两人依计行事，趁卢明月追击隋军时袭其大营，焚烧三十多营栅。卢明月奔还，张须陀带兵还击，大破十万之众，卢明月只和百十号人逃走。由此，秦叔宝威名大震。

不久，秦叔宝跟随张须陀攻伐李密，哪知天外有天，张须陀军败身死。秦叔宝去武牢投奔隋官裴仁基（裴行俨之父），不料，裴仁基不久就归降李密，秦叔宝顺理成章成了李密大将。

李密英明贤达，厚待叔宝，以他为帐内骠骑。在与宇文化及大战中，李密曾为流矢射中，堕马闷绝。当时左右奔散，追兵继至，只有秦叔宝一人捍卫左右，把李密救回营中。

后来，李密败于王世充，这个胡人也久闻秦叔宝大名，署之为龙骧大将军。与程咬金等人一样，秦琼对这个"卷发豺声，性多诡诈"的西域胡人后人很看不起，阵前告辞，奔投唐军。

高祖李渊亲自下命秦叔宝跟从秦王李世民征战，在美良川大战中，助李世民击降尉迟敬德，功居最多。

高祖李渊专门派使臣赏赐秦叔宝金瓶，慰劳说："爱卿不顾妻子，远来投我，又立功效。朕肉可为卿用者，当割以赐卿，况子女玉帛乎？卿当勉之。"由此而观，雍正皇帝给年羹尧写的信称兄道弟还不算太肉麻。唐朝草创之初，太需要秦叔宝这样的良勇之将了。

接着，秦叔宝跟随李世民击败王世充、窦建德、刘黑闼等人。每次与秦王李世民征伐，只要敌方阵垒中有骁将锐卒在阵前跃马招摇示威，李世民都会派秦叔宝去把对方"处理"掉。

秦叔宝一得命，立即跃马提枪，万众之中必刺对方于马下，敌军人马群易，潮水般后退，场面煞是壮观。

玄武门之变，秦叔宝跟从李世民诛太子建成和齐王元吉。太宗即位，拜左武卫大将军。此后，秦叔宝就一直患病在家。

他常对人说："我自少所经二百多战阵，屡中重创。大概前后受伤流出的鲜血有数斛之多，又怎能不生病呢？"

贞观十二年，卒，赠徐州都督，陪葬昭陵。太宗特令在他坟茔内立石人马，以旌其战阵之功。贞观十三年。改封胡国公。

至此，综观凌烟阁二十四功臣，"书生"出身的还真不少，包括长孙无忌、杜如晦、魏征、房玄龄、高士廉、萧瑀、虞世南、唐俭，共八人，占三分之一；武将出身的有尉迟敬德、李靖、段志玄、刘弘基、屈突通、殷开山、柴绍、侯君集、张公谨、程咬金、刘政会、李勣、秦叔宝；宗室一人，河间王李孝恭；外戚一人，长孙顺德；农民出身一人，张亮。

可见，王孙李贺"若个书生万户侯"的叹息，只是他感自己身世的虚叹，并非实指。

凌烟阁功臣中，绝大多数是太宗李世民南征北战、东征西讨过程中的老战友，不少还是化敌为友，一见就如平生之交。

唐太宗晚年，常常有预感地在多个功臣死前有梦兆，互相欢笑如平生。可见，昔日文臣旧将都长活于一代英主的脑海之中。

细观史书，太宗继位后，在与这些旧臣老友言谈中常常称"我"而不言"朕"，足见无君臣鸿沟之隔，情义之重，古今罕见。

笔者少年时代不爱学习，特别沉迷于单田芳的评书《隋唐演义》，诸多情节至今不忘。

写毕凌烟阁功臣，单田芳大师那独特的沙哑噪音给《隋唐演义》的结尾诗似乎言犹在耳，恍如昨日：

"隋末英雄起四方，龙争虎斗动刀枪。多少英雄含恨死，一统江山归大唐！"

正是凭依这些文臣武将的辅佐，唐朝迎来了"贞观之治"。

公元627年到649年（太宗贞观元年至贞观二十三年），赫赫唐朝，终于向世界展示了她阳光灿烂的青春期。

倒霉透顶的高仙芝、封常清、哥舒翰三大将

初闻安禄山造反，杨国忠还"洋洋有得色"，大言道："现在只有安禄山一个

人真心造反,将士肯定不愿意跟随。旬日之间,我肯定让安禄山的首级献于阙下。"

没料到,安禄山连陷博陵、藁城,并攻下坚城灵昌郡。由于安禄山军队步骑散漫,各地城廓只见千军万马铺天盖地而来,老百姓惊骇至极,纷纷遭到屠灭。

尤其是朝廷杀掉在京师当驸马的安禄山儿子安庆宗后,安禄山狂怒已极,连投降的数万唐兵唐将也一并杀掉,指挥大军,连陷荥阳等重镇,直奔潼关。

安禄山反讯初闻,当时正在京城的安西节度使封常清就自动请缨,向玄宗保证:"臣请走马诣东京(洛阳),开府库,募骁勇,计日取逆胡之首以献阙下!"

玄宗当即命封常清为范阳、平卢节度使,并在十日之内于东京洛阳募得六万兵,断河阳桥据守。同时,玄宗命宗室荣王李琬为元帅,以右金吾大将军高仙芝为副元帅,在京师招募11万军士(皆市井子弟),统诸军并进,由太监边令诚监军。

安禄山攻陷荥阳后,攻破武牢,大败经验老到的唐将封常清,攻陷东京洛阳,纵兵大肆杀掠。都亭驿一战,封常清又败,率残兵退平陕郡。

败退之际,封常清飞书请高仙芝力守潼关,修葺城池,贼兵没有攻下潼关。东征期间,由于高仙芝与太监边令诚数不相合,这位太监公公便趁入朝面君之际狠狠参奏高仙芝、封常清二人的"罪状",讲封常清"以贼摇众",说高仙芝"弃陕地数百里,又盗减军士粮赐"。

肝火正旺的唐玄宗闻言大怒,一改平日纵容武将的态度,加之当时还以为安禄山叛乱依旧是指日可平,正好想杀此两个大将以威众,就派太监边令诚持敕令于军中斩杀了高仙芝、封常清这两位声名赫赫的大将。

高仙芝,本是高丽人(唐朝属国),其父高舍鸡投军安西,从军卒做起,官至诸卫将军这样的中级军官。史载,高仙芝"美姿容,善骑射,勇决骁果",是个弓马娴熟的美男子职业军人。

他自少年时代就随父亲至安西从军,因父功获授游击将军,二十多岁就拜将军,军职与父亲相当。他在节度使田仁琬手下做事时,并没有获得重用。四镇节度使夫蒙灵察(此名怪异,是少数民族出身的"蕃将")很欣赏他,屡次加以提拔,至开元末年,高仙芝已升任为安西副都护,四镇都知兵马使。

唐朝在西域的属国小勃律国国王因贪图吐蕃的金银珠宝和公主,投入唐朝的宿敌吐蕃阵营,阻挡驿路,致使西域二十多个城邦国家无法向唐朝进贡。田仁琬、夫蒙灵察等人多次派兵征讨,均无功而返。最后,唐玄宗特命高仙芝为行营节度使,率万余唐兵前去攻伐小勃律。

　　高仙芝治军有方,兵分三路,三个多月千里行军,不顾水急流变,冒险涉过婆勒川,一举攻下驻有千余吐蕃精兵的连云堡(今阿富汗境内),随后,一路狂撵,斩五千多首级,生俘千余人,得骏马千匹,军资器械不可胜数。

　　由于前路险远,身为监军的太监边令诚不敢再行前进。高仙芝派兵护卫这位"天使"留在连云堡,自己亲自率兵跋涉冰川巨谷,直插小勃律都城(今巴基斯坦境内)。神兵神将一般,尽俘小勃律国王及吐蕃公主和一帮王公贵族。不到两个月时间,高仙芝已经押着大批俘虏和宝物胜利抵达连云堡,与正翘首时刻准备撒丫子逃跑的大太监边令诚相见。为了使玄宗早日获得捷报,高仙芝马上派人把胜讯写成奏表飞报给朝廷。

　　不料,高仙芝得胜之师回到河西,四镇节度使夫蒙灵察见面后劈头盖脸一顿臭骂:"你这个吃狗屎的高丽奴!不识抬举,算一算,自你作于阗镇将、焉耆镇守使、安西副都护,一直到安西都知兵马使,都是谁推荐保举你的?"高仙芝毕恭毕敬,回答:"全赖您所举。"夫蒙灵察稍稍平了平怒气,说"既然还知道我对你的恩情,为什么不把胜利消息先告诉我,让我再奏报皇上!你这个高丽奴罪过不浅,按常理我得斩杀你,但念你新立大功,先不处理你!"

　　话虽汹汹如此,夫蒙灵察此时根本不敢擅杀高仙芝,最令他狂怒的就是此次大捷没能算在他自己的功劳簿上。

　　大太监边令诚当时还很回护高仙芝,他把征伐小勃律的整个过程原原委委上奏给唐玄宗,又把高仙芝惹怒主帅夫蒙灵察的事情也细细禀明:"仙芝立奇功,今将忧死!"

　　太监奏事,往往夸大渲染,不由得玄宗感叹高仙芝的功劳,怒恼夫蒙灵察的跋扈。很快,朝廷下表,授高仙芝鸿胪卿、摄御史中丞、代夫蒙灵察为四镇节度使,并征夫蒙灵察入朝。一下子失去官位,夫蒙灵察"大惧",很怕高仙芝对自己"打击报复"。但高仙芝绝非狭隘小人,每日到他,依旧趋走如故,对老上司毕恭毕敬。

此后,高仙芝一帆风顺。他于天宝九年(749 年)率大军讨伐亲附吐蕃的石国(今巴基斯坦北部),大获全胜,俘其国王而归。两番征伐,使唐朝在中亚地区的威望达到了顶峰,也使高仙芝本人的威名响震西域,连吐蕃和大食帝国也赞称这位唐朝大将为"山地作战之神"。

唐朝拜高仙芝为开府仪同三司、右羽林大将军,并于天宝十四年封其为密云郡公。

安禄山反范阳。唐廷以玄宗第六子荣王李琬为讨贼元帅,高仙芝为副元帅。也是天命示警,李琬上任才数日,就得暴疾而薨,只剩高仙芝一个人独挑大梁。虽然惶急之下招募了数万军卒,但都是些不谙战阵的市井俗人,真正的乌合之众。同时,玄宗派高仙芝的老搭档大太监边令诚为监军。

天宝十四年阴历十二月,玄宗亲临劳军,大军开拔。阴历十二月十一日,封常清败讯传来。十三日,安禄山打败封常清,攻陷东京洛阳。

在逃往陕州路上,封常清不忘告诫高仙芝:"累日血战,贼锋甚锐。现在潼关无兵,如果狂寇乘胜奔进,京师就危急了,应该急回潼关严守。"于是两将率兵搬取太原仓钱绢,分给将士,剩下的就一把火烧个精光,免得留下资敌。

高仙芝奔至潼关后,修缮城防。安禄山骑兵大至,看见城坚池深,无可奈何舍潼关而去。此次潼关不失,诚为高仙芝的莫大功劳。

至此,再插表一下另一个"悲剧英雄"封常清。

封常清,本蒲州人。由于他外祖父犯罪,被流放安西。封常清父母双亡,随外祖父一起流放,自小就生长于安西。老头子被派守胡城南门当门卒,仍旧不改读书旧习,常常让外孙子封常清坐在城门楼上,手把手地教他读书识字。几年以来,封常清也博览群书。后来外祖父老病而死,封常清孤贫无依,默默军中,一直到三十多岁还只是个普通军士。

夫蒙灵察为四镇节度使时,高仙芝任都知兵马使,每次出门都有随行副官三十多人跟从,衣甲鲜明,气宇轩昂。封常清慨然发愤,进账报名要当高仙芝随从副官。

高仙芝定睛瞧看,见来人身形瘦小,走路也一瘸一拐,相貌丑陋,当时就断然拒绝。转天，封常清又进账报名，高仙芝很不耐烦，"我随行副官人数足够，何烦复来！"封常清也火了，说："我倾慕您的英明高义，愿于左右伺候以听驱遣。孔子曰：'以貌取人，失之子羽'，明公您怎能这样拒绝我啊。"高仙芝仍然没有答应。封常清果然有毅力，天天晨夕不离其门，共等了数十日，死缠烂打，高仙芝烦透了，就任他为随从副官。

唐玄宗开元年间，达奚部落背叛唐廷，整个部落自黑山往北向成方向逃奔。夫蒙灵察受命，派高仙芝率两千骑兵昼夜兼程，于绫岭半路邀击。达奚部落一路奔跑，人马疲极之时，忽遇身着黑甲、手持陌刀、胯下骏马的唐军，吓得魂飞魄散，纷纷成为刀下之鬼，整个部落几乎被一锅端掉，只跑出几个人。

破敌之后，封常清在军帐中为高仙芝写"奏捷书"，他文笔精审，把唐军一路上的行军路线、却敌方略、战斗过程等等详情渲染刻画，事事周全，从此，高仙芝才对封常清刮目相看。

以此役为晋升契机，封常清得授"判官"（军中高级参谋）一职，逐渐以军功不断升职。

唐玄宗天宝六年，在高仙芝击破小勃律的战役中，封常清也是有功之将。高仙芝代替夫蒙灵察为四镇节度使后，推荐封常清为节度判官。不久，朝廷加授封常清朝散大夫，专职负责四镇的仓库、屯田、甲仗、支度、营田等事务。高仙芝每次有重大军事行动，全赖封常清留守后方，保障一切征讨所需的后勤给养。恰恰才为所用，封常清又才学不俗，明敏果决，成为高仙芝不能暂失的左膀右臂。

天宝十年，高仙芝改授西节度使，仍保荐封常清作参谋长。天宝十一年，封常清代王正见为安西副大都护。天宝十三年，封常清入朝，摄御史大夫，获赐甲第一区（豪华别墅一座）。虽功高赏厚，封常清为人清廉勤俭，每次出征或经驿途办理公事，随从仅一两人而已，且赏罚严明，深得众心。

天宝十四年，安禄山反讯传至朝廷。唐玄宗于华清宫召见封常清，问讨贼方略。由于久习边事，封常清慨言回奏："安禄山率凶徒十余万进犯中原，太平日久，人不知战。但事有逆顺，势有奇变，臣请走马赴东京，开府库，募骁勇，计日取逆胡之首悬于阙下。"

玄宗正处于忧恐之中，闻言"壮之"。转天，就授封常清为范阳节度使，授权他去洛阳募兵征讨。

封常清到洛阳后，旬日间得兵六万，但都是庸俗市井之辈——这些平日里从未经过军训、挑担推车的老弱残兵，实际上已经决定了封大将军的悲剧结局。

天宝十四年阴历十二月，安禄山大军渡过黄河，攻陷陈留，兵锋正锐，先头部队已打到葵园。

封常清派兵与安禄山的柘羯兵逆战，起先还能杀贼数十百人。不久，安禄山大军继至，封常清退入洛阳上东门，抵抗不住，最终各路贼兵攻进四门，鼓噪杀掠。此后，封常清战于都亭驿，又败。退守宣仁门，又败。屡战屡败，屡败屡战。最后，封常清不得已，率残兵至谷水，西奔陕郡。

半路，封常清遇见高仙芝，详细汇报了安禄山的兵情兵力，嘱咐高仙芝千万不要轻敌，莫与贼争锋。高仙芝急忙率军退守潼关，这才保证了通往长安最重要隘口的安全。

唐玄宗得知封常清败讯，非常恼怒，马上下令削夺封常清一切官爵，令他于高仙芝军中"白衣效力"。世事轮回，封大将军一下子又被打回原形。即使如此，封常清仍旧无悔无怨，高仙芝对他也始终如一，仍然让他监巡左右厢诸军。

战事如此吃紧，"代朕亲巡"的大太监仍旧作威作福。太监边令诚每事都要插一腿，高仙芝多不从。天宝六年的小勃律之役，远在西域边外，估计边令诚知道自己能吃几碗干饭，加上高仙芝当时人轻位浅，对监军敬重有加。如今时势有异，战事危急，边令诚不习武事，仍事事插手，难免双方会产生龃龉。

太监的性格仍似女人，"易怒而难消"。边令诚回朝奏事，把高仙芝、封常清的"败绩"添油加醋地在玄宗面前一一陈讲，对于二将的顽强和匆忙召募士兵的低素质却只字不提。玄宗"龙颜大怒"，丝毫不念二将固守潼关之功，就派边令诚赍敕至军，诛杀二人。

边令诚到潼关后，在驿南西街向封常清宣读敕令。跪听圣旨后，封常清言道："我讨贼无方，令国家蒙羞，死所甘心。但身死之后，有表章奏与皇上，请公公予以上达天廷。"言毕，随身取出早已准备好的奏表，递给边令诚，然后，跪地伏首，慷慨受刑。

封常清在临终表章中，先陈述自己东京失陷后之所以败逃，不是为了苟全性命，并向唐玄宗详细讲解与敌交战后对安禄山叛军的军事分析和重新认识。接着，封常清又如实讲述了洛阳败绩的原因和自己忍死败退的情由。千载之下，可悲可悯。

"……臣死之后，望陛下不轻此贼，无忘臣言，则冀社稷复安，逆胡败覆，臣之所愿毕矣。仰天饮鸩，向日封章，即为尸谏之臣，死做圣朝之鬼。若使殁而有知，必结草军前，回风阵上，引王师之旗鼓，平寇贼之戈矛。生死酬恩，不胜感激，臣常清无任永辞圣代悲恋之至。"

高仙芝从城外巡营回来，刚知道封常清被下旨斩首，还不知道自己也有份儿。由于高仙芝此时仍兵权在手，大太监边令诚急忙找了百多名陌刀手跟随身后，迎前对高仙芝讲："大夫您亦有恩命！"

一闻此言，高仙芝知道大祸难逃，并无惊慌，只是跟随边令诚走到封常清受刑的地方，跪听敕令。

敕令宣达后，高仙芝很平静，对边令诚说："率军撤退，确实算得上是罪过，为此受死，我无异言；说我克扣士兵钱粮和赐物，就肯定是冤枉我！上有天，下有地，兵士皆在，足下怎么不知道实情呢？"

刑场之外，此时已经密密麻麻围满了高仙芝招募而来的兵士。这些兵士虽跟随高仙芝不久，但对这位豁达大度的将军都很敬重。

高仙芝扭头对兵士们高声说："我于京师招募你们出来打仗，大家虽然得到一些兵饷装备，其实远远不足。正想和诸位儿郎一起冲杀破贼，取高官重赏，不料想贼众突来，我才带领军队后撤至此，本意也是想为国家固守潼关。如果我果真克扣你们的钱粮，你们就说有；如果我没有克扣钱粮，请你们说无。"

话音刚落，数万士兵齐声大喊："无！"其声震天动地。

太监边令诚不为所动，他示意刽子手行刑。

高仙芝凝视已身首分离的封常清尸身，感叹道："封二（唐人喜称对方大排行以示亲昵），您从一名无名小卒到大将，皆由我所引拔，又代我为节度使，步步有缘。今日，我又与您同死此地，真是天命如此！"

言讫，刀下头落。

一天杀掉两个大将，皇帝才稍解心头恨意。思来想去，唐玄宗又召见因病在家休息的陇右节度使哥舒翰，拜其为兵马副元帅，将兵八万，加上高仙芝原来招募的兵士，号二十万，军于潼关，准备与各路人马一起，会攻洛阳。

由此，牵出"安史之乱"后第三位倒透血霉的大将军——哥舒翰。

"北斗七星高，哥舒夜带刀。至今窥牧马，不敢过临洮。"哥舒翰是唐朝赫赫有名的战将，从此首西北民歌中就可见其英勇之一斑。

不仅如此，大诗人李白在《答王十二寒夜独酌有怀》一诗中，也曾言及这位盖世英雄："……人生飘忽百年内，且须畅达万古情。君不能狸膏金距学斗鸡，坐令鼻息吹虹霓。君不能学哥舒横行青海夜带刀，西屠石堡取紫袍。吟诗作赋北窗里，万言不值一杯水……"

哥舒翰，是突骑施首领哥舒部落的后裔，以部落为姓。其父哥舒道元曾为安西副都护，世居安西。由于家财殷富，哥舒翰年轻时代起就倜傥任侠，义气重诺，酷爱酣饮赌博。一直胡混到四十岁，其父在长安患病去世。他在长安守丧三年，由于身无长技，又有一身公子哥的坏毛病，地方官很瞧不起他。为此，哥舒翰慨然发愤，仗剑入河西。

毕竟自少生于边陲，哥舒翰勇武善斗，深为大将王忠嗣所赏识，推荐他为衙将。

哥舒翰自年轻时代起就喜读《左氏春秋传》和《汉书》，深受书中人物放荡不羁、慷慨豪迈的精神熏陶，做事磊磊大方，待人疏财重义，深受士兵拥戴。在新城讨伐吐蕃时，同列有个副将不听指挥，哥舒翰大怒之下当时就用木棒把此将打死，军容为之一振。

苦拨海一役，吐蕃精骑从山顶排三列兵队疾驰而下，哥舒翰一人立于马上，手持半段枪逆其锋而击，三列人马无不摧垮，大败而去。自此，哥舒翰声名大振。

天宝六年(公元747年)，朝廷授哥舒翰为陇西节度副使，仍于边境抗御吐蕃。吐蕃军队当时常常四出抢掠。每到秋天麦熟之时，吐蕃就会派出大批精锐骑兵去唐军积石军屯田的地方抢麦子，几乎次次得手，并扬扬得意地把积石军麦田称为"吐蕃麦庄"。由于每次吐蕃兵都是劲骑有备而来，唐兵都不敢当其锋芒,眼睁睁自己辛苦一年的麦子被吐蕃军队抢走。

哥舒翰上任,得知这一情况后,就派将领暗中在积石军埋伏兵马,设下伏击圈,静待吐蕃军上钩。吐蕃五千骑兵骤至积石军营垒,同往常时节一样,唐兵皆龟缩于营内。吐蕃军人笑语喧哗,像拿自家东西一样大肆抢掠。不料想,营门忽然大开,哥舒翰率唐兵纵马驰击,吐蕃人马不久就被杀大半。剩下的残兵拼命往外逃,又被埋伏的唐兵半路截击,最终"匹马不还",五千吐蕃精骑一个不剩,全部命丧唐兵之手。

哥舒翰打仗时善使长枪,在与敌兵战斗中,他每次追及敌将,就以大枪搭在对方肩上,然后大喝一声,待敌人惊愕之时,枪头掉转,直刺入喉,往往挑起三五尺高才扔于马下。哥舒翰有个家奴名叫左军,才十五六岁年纪,也勇猛非常。每次哥舒翰把敌将挑下马,左军就下马挥刀,斩落对方首级,以做回营报功之用。爷儿俩配合默契,天生一对战场上的凶神恶煞。

后来,唐玄宗以哥舒翰为陇右节度使。哥舒翰上任后,首先在青海设神威军,并筑应龙城,击退吐蕃军的进攻,使吐蕃不敢再进犯青海。天宝八年,朝廷以朔方、河东等地十万多军卒全归哥舒翰统领,集中力量进攻吐蕃的石堡城,在付出数万人伤亡的代价后,终于占领了该城。

万骨枯后,一将成名。唐玄宗授哥舒翰为特进、鸿胪员外卿,赐物千匹,并赐大宅美田以彰其功。

哥舒翰一直与安禄山以及安禄山的族弟安思顺处不好关系(估计是出于"同行是冤家"的心理,其实此三人从未在一起共过事)。

唐玄宗知晓此事,趁着天宝十一年三人同时进京面见的机会,派高力士以皇帝的名义撮合三人一起饮酒。安禄山眼见哥舒翰如今也是皇上的红人,加上喝酒喝得爽,一高兴,就主动向哥舒翰示好:"我父亲是胡人,母亲是突厥;您父亲是突厥,母亲是胡人。我们血脉如此相类,怎能不感觉亲近呢?"

哥舒翰的回答很特别,大概老哥们读过些书,爱引经据典:"古人讲,野狐向自己出生的洞窟嗥叫,是不祥的兆征,因为它忘本啊。我哥舒翰怎能不尽心呢。"其实这话也是示好之意,没什么"刺儿"在里面。

偏偏安禄山是个粗人,以为哥舒翰拐弯抹角以"狐"字讥讽其胡人,骂他

"忘本",大怒,酒杯一摔,骂道:"你这个突厥狗敢如此说话!"

哥舒翰正要起身回骂,大公公高力士忙向哥舒翰使眼色,这才阻止了两个人的发作。

由于朝中宰相杨国忠和安禄山日生嫌隙,这位靠堂妹裙带关系上台的宰相就特别注意拉拢哥舒翰。玄宗天宝十三年,在杨国忠力赞之下,哥舒翰刚刚接到河西节度使的委托状不久,又被授封为西平郡王,拜太子太保,兼御史大夫。

哥舒翰自青年时代就是个酒徒,功成名就后,更加大鱼大肉,醇酒美人不离左右。在土门军蒸"桑拿"时,老哥们忽然得了脑溢血,摔倒在地,昏迷好久才醒过来。于是入京养病,废疾于家。哥舒翰也倒霉,如果在浴室里"嗷"的一声归西,肯定有"唐室竭忠之良将"的万世英名。偏偏他被救活过来,为善不终,使一世英名化为流水。

安禄山造反,朝廷以败退之罪杀掉高仙芝、封常清两位大将,只能起用在家养病的哥舒翰,拜他为皇太子先锋兵马元帅,统数十位汉、蕃名将,率高仙芝旧部等二十多万兵士,赴潼关"拒贼"。

临行,唐玄宗亲自饯行,加封哥舒翰为尚书左仆射,同中书门下平章事,可谓荣禄已极。

安禄山造反前,已居长安安享福贵的安禄山族弟安思顺深恐这位老兄日后造反会牵连自己,暗中不停上表唐玄宗说安禄山不是个好种,造反是迟早的事,以此为自己一家留后路(造反是诛族的大罪,安思顺事先告发,安禄山造反后果然没有"连坐"他一家)。

哥舒翰带兵出发后,思起旧恶,派人伪造安禄山与安思顺"里应外合"的书信,派人送玄宗呈阅,并请求诛杀安思顺。唐玄宗此时对哥舒翰言听计从,马上下诏赐死安思顺和他弟弟安元贞,两家全部流放于岭南偏远之地。

见此,杨国忠心里也开始打鼓,从前他力保的哥舒翰羽翼已丰,说不定哪天会奏自己一本,加之其拥重兵在外,不得不防。同时,哥舒翰手下部将王思礼也劝他:"安禄山以诛讨杨国忠为借口,如果将军您留三万兵于潼关,自将大兵回师京城杀掉杨国忠以清君侧,不仅国权在握.安禄山进兵也失去了借口。"哥舒翰考虑半天,没敢认同,说"如果这样的话,我不也成了安禄山第二了吗?"

虽如此，此谋被泄，消息很快就传到杨国忠耳朵里。大骇之下，他赶忙入见玄宗，说："兵法讲，安不忘危。现在大军全部都集结在潼关，万一有个闪失，京师就太危险了。"

取得玄宗同意后，杨国忠招募三千精兵，日夜训练，以他的亲信将领统驭。同时，他招募一万多兵士屯结灞水之上，以心腹杜乾运掌兵。

哥舒翰害怕杜乾运从背后给自己来个"窝心剑"。假装商议军事，把杜乾运召至自己大营，一进大营就借事绑上砍头，并领其军。与安禄山还未开战，杨国忠和哥舒翰这一相一将就开始互相算计，后果不难想象。

无论如何，哥舒翰确实是将帅之才。他认为，安禄山虽占有河北广大地区，但所领皆是蕃将胡人，占领之地皆是依恃威势，肯定不会持久。如果固守坚城，安禄山众军很快就会因挫沮而军心涣散，到时可以趁势出击。

不料，杨国忠认定哥舒翰长期拥兵在外不出去交战，害怕大将军没准儿暗地里会找机会先发制人陷害自己.所以，他不停地上奏玄宗要哥舒翰出师，以免师老兵疲。

玄宗自然听信杨国忠的，不断派中使催促哥舒翰马上出潼关主动进击安禄山，把安大胖子擒进京城万剐千刀才解恨。

哥舒翰紧急上奏，说："安禄山久习用兵，现在暗藏精锐，以老弱兵卒引诱，肯定是有诡计。而且，贼兵远来，粮草无继，利在速战。如果我师轻出，正中其计！"

玄宗不听，认为哥舒翰惧敌，皇帝派遣的中使一个接一个，到后来语气也慢慢加重。有高仙芝、封常清这两个"前车之鉴"，哥舒翰无奈之极，很怕最后来个像边令诚那样的太监，一纸诏书就能要了自己的老命。

万般无奈之下，哥舒翰大哭一场，集结大兵出关。

天宝十五年(公元756年)阴历六月四日，哥舒翰大军驻扎于灵宝县西原。六月八日，十几万官军南追险峻高山，北临黄河，乱哄哄前行与安禄山的大将崔乾祐之军数千人交战，踏进贼兵的埋伏圈。

哥舒翰自己和几个高级参谋浮船河上，看见崔乾祐兵数很少，心中轻敌，就击鼓催促兵士速进，唐军将士也争功，一拥而上，更无行列阵伍。

有如大炮打蚊子，贼兵又居于高险之处，十来万大军气喘吁吁爬了半天山，也没找到几个敌人，乱哄哄在山下聚成一团。

山上敌人忽然冲下，杀掉不少唐军。

哥舒翰此时依仗人多，分遣兵马，夹河鸣鼓，拥众而前。

崔乾祐假装示弱，兵士十十五五，或进或退，唐军大笑。

午后，东风忽起，崔乾祐估计学过诸葛亮兵法，把数十辆点燃的草车推下山谷，很快树木草丛接连火起，一时间烟焰熏天。唐军烟熏火燎，眼都睁不开，互相你推我撞，前军后退，后军前逼，自己乱成一锅粥，掉进黄河就立时淹死几万人，哀嚎救命声震天动地。

河边的唐军再也不敢进攻，争相逃上黄河中运粮船逃命。由于人多，几百艘船最后都因超载沉入河中，浑身铠甲的士兵几乎全都在黄河中淹呛而死。最后，剩余唐军把军械绑缚在一起，以枪当桨，划向河对岸逃命。最终上得岸来的，大军仅存十分之一二。

唐军军败之情状非常惨烈，山上的尸体填满了斗门绵延数里的三条广二丈深一丈的堑沟。

见此势态，哥舒翰忙带领数百亲兵渡河还营，一点数，总计还剩八千残兵。惊惶之中，哥舒翰还算镇定，逃至潼津，他把陆续逃归的败兵集合起来，重新守住关口。

崔乾祐大胜，稍稍休整军队后，马上向唐军扑杀过来。为哥舒翰一手提拔起来的蕃将火拔归仁等人见大势已去，暗中商议好要一起劫持哥舒翰投降安禄山。

几个人进得大营，拥持着哥舒翰就往外走。

"去哪里？"哥舒翰得过半身不遂的身子又经一路狂逃，还没歇过劲儿来，忙惊问诸将。

"大帅，二十万大军，在您手中一天就覆亡殆尽，还能回朝廷面君吗？高仙芝等人的下场您不知道吗？"诸将向哥舒翰把事情挑明。

此时的哥舒大将军还算条汉子，怒道："我宁可像高仙芝那样被国家杀头，你们放掉我！"如此奇货可居，火拔归仁等人当然不会放走。他们把哥舒翰绑在马上，捆送至崔乾祐营内，以余军归降。

至此，潼关失陷。

崔乾祐不敢怠慢，连忙以囚笼驰送哥舒翰至洛阳。安禄山见到哥舒翰，骂道："你平常总是瞧不起我，现在成为我手下败将，怎么样啊？"

青壮年时代万马军中驰骋杀人的哥舒大将军，可能是又老又病的原因，也可能是二十万大军丧亡殆尽的惊惧使然，他膝盖一软，一下子跪倒在安禄山面前，俯伏谢罪，说："陛下是拨乱之主。现在天下未平，李光弼在常山（今河北正定），李祗在东平（今山东郓城），鲁炅在南阳，为臣我现在为陛下您以书信招降他们，可平定这三方唐军。"

安禄山大喜，马上封哥舒翰为司空、同中下门下平章事。随后，安禄山大脸蛋子一沉，唤人把站在下边等着封赏的火拔归仁五花大绑，呵斥道："背主忘恩的东西，怎能容你这样的人留在军营！拖下去砍了！"安禄山此招，表明此人确实是一个大奸雄。一来可以激励手下将士一心为主（安禄山自己），二来又卖哥舒翰一个大面子。试想，如果三面唐军皆能由哥舒翰招至，死个粗疏忘恩的火拔归仁算个屁。

不料，哥舒翰昔日手下诸将接到书信后，都复书责骂他不死节，有失国家大臣的体面，并纷纷严兵以待，丝毫不为所动。

安禄山这才知道哥舒翰此时已是个无用的废物，又念起旧恶，就派人把哥舒翰杀掉了事。

可见，人死一定要死得是时候，"周公恐惧流言日，王莽谦恭未篡时。向使当初身便死，一生真伪有谁知。"假如哥舒翰在土门的大浴室蒸桑拿时"嗷"地一声归西，肯定是因一生抗击吐蕃而功名盖世，不仅在唐朝存在时会四时享受冷猪肉，后代万世也会被人们作为竭忠保国的楷模。加上又有西北边境人民的民歌颂扬，再有大名鼎鼎的李太白赋诗"表彰"，没准儿经后世艺人再演义那么几下子，跟关公并列门户都不称奇。

可惜可叹，老将军死晚了，拜倒于安禄山座下，一世英名，皆为流水。他为唐朝出生入死大半辈子，晚节不保，向贼屈膝，史官盖棺论定八个字："丑哉舒翰，不能死王！"

　　回想一下，公元 742 年，即唐玄宗天宝元年，唐朝设十节度使（十大军区），其中九大节度使都是处于西北边疆，只有河东一镇治所在较处内地的太原。唐玄宗中后期，由于郭虔瓘、郭知远、王君廓、张守珪、王忠嗣、牛仙客等能将良臣的经营，吐蕃、突骑施、奚、契丹等异族遭受沉重打击，已无能力进攻唐境，远远窥伺而已，唐朝只要稍于边塞筑坚城待守即可。

　　偏偏玄宗晚年好安乐，以为只要边镇不乱，即可高枕无忧。他哪里知道，节度使在外，重兵在握，有专征之权，兵之强弱多寡，将领之忠奸精英，朝廷一无所知。同时，安禄山等人又收买人心，以蕃将全代汉将，将士只知主帅的恩威，根本不知道朝廷的存在。

　　唐玄宗晚期已承平多年，内地又无重兵防守，外强中干，重用文臣（又多是李林甫、杨国忠此等奸邪自私之人），因此，塞外精锐之师一反，内地全是疲弱乌合之众，仓促迎战，交兵即溃。封常清、高仙芝等人再能战斗冲锋，对唐朝生有八颗忠心，再舍生忘死，也不过一身两臂，不能呼风唤雨，又没有导弹核武器，冷兵器时代，只能眼看着盛唐的大厦轰然倒塌，无可奈何！哥舒翰虽有军事才干，但其度量隘浅，不恤军士，老病昏庸，加上杨国忠撺掇唐玄宗再三催命出潼关迎敌，败亡之势，根本就不可扭转。

　　唐朝上下骄昏如此，三将败擒，也在常理之中。时兮命兮，令人长叹。

国学经典文库

图文珍藏版

多角度阐释中国历史　新视野感受华夏文明

中国古代野史

马昊宸◎主编

线装书局

殊死报唐的李光弼

时至今日,只要说起唐朝"安史之乱"之后挽狂澜于既倒的大将军,国人只熟悉郭子仪,戏曲中有《满床笏》《打金枝》等传统折子戏,男女老少,都能知晓一二。

中兴大将李光弼

仔细研读各类史书,才知拥有兴唐第一功的,当属本来是契丹族的李光弼。《旧唐书》中,只把李光弼与王思礼、邓景山、辛云京共列一传;《新唐书》虽多篇过于精简,却把李光弼单独成传,待遇与郭子仪相当。

南宋以后,估计屡次失国,汉人的民族意识空前高涨,总是把郭子仪等汉族出身的将帅刻画为光复国家的栋梁,有意无意地逐渐弱化其他"九夷"出身的蕃人大将。随朝代递嬗,又无民间戏曲、演义渲染,这些立有奇功的能臣武将们的事迹渐趋黯淡,几近失传。

究其实也,赫赫大唐的创立者李渊家庭,本来就不是纯种的汉族,绝非后来编造杜撰的是什么李耳或李广的后裔。李唐家系源自北魏的西北民族杂居地区,或许是汉化的鲜卑人,或许是汉化的突厥种。皇室自身的民族模糊观念和以"天下为己任"的雄才大略,李唐王朝的民族隔阂意识非常淡薄(其实汉族是文化意义上的民族),初唐时就有冯盎(百越)、阿史那社尔(突厥)、契苾何力(铁勒)、黑齿常之(百济)、李多祚(靺鞨)等"九夷"大将,忠心耿耿于唐室,为唐王朝东征西讨,死命拼杀,青史有名,都是大唐"纯臣"。因此,唐朝使用非汉族的"九夷"将领不是什么特别的事情。

安禄山、史思明的叛乱留给后人这样的印象,好像造反起兵、残暴杀人的都是"异族",其实他们手下充当首席军师出尽坏点子的都是汉人。安禄山兵起,河北尽降,以至于唐玄宗哀叹:"河北二十四郡,怎么就颜真卿一个忠臣!"即使与安禄山同宗的安思顺,也是忠于唐朝,事前不断向玄宗提醒安禄山要造反,虽然事后由于哥舒翰造假,使玄宗怀疑安思顺和安禄山暗中勾结,下令杀掉了安思顺兄弟,但当时"天下冤之",他们最终仍是唐朝不叛之臣。

以李光弼为最,在唐王朝最危急的时刻,"九夷四蛮"出身的将军们,包括哥舒翰、白孝德、李国臣、白元光、荔非元礼等人,舍生忘死,力赞唐室,时至今日,他们的忠勇行节,仍旧令人感动。千载之下,依能使人至于唏嘘泣下。

李光弼的父亲李楷洛,原本是契丹酋长。武则天统治时期,内附唐朝,官至右羽林大将军,封蓟郡公。吐蕃侵袭河源,李楷洛率精兵抵御。临行前,老头子不知怎么有了预感,对人讲:"灭了来袭的吐蕃贼,我也回不来了。"果然,平贼之后,李楷洛于回师途中病死,真正是"牺牲在工作岗位上"。唐廷大力褒扬,赠营州都督,谥忠烈。

李光弼烈士子弟,自幼就不像一般孩子一样嬉闹玩耍。少年时代起,李光弼就精于骑射,性格严毅刚果,不苟言笑,让人一见肃然。营中上下皆知这是个有远大志向的好苗子。

由于在击破吐蕃、吐谷浑的战斗中屡建战功,唐廷进封李光弼为云麾将军。当时的朔方节度使安思顺推荐李光弼为副使,知留后事(统管全部军备后勤事务）。由于李光弼一表人才,为人磊落,安思顺想把女儿嫁给他。李光弼推托自己有病,没有答应这门婚事。由此,就可以看出李光弼出道时就有深谋大略,不把自己陷入这些权臣大将的关系网中。这样,才能一心尽忠朝廷,免受私人的利诱恩惠。

素与安思顺不和的哥舒翰知道此事后,大竖拇指赞叹李光弼是个汉子。当其时也,安禄山、安思顺兄弟权倾朝野,平常人想巴结他们都没门,而李光弼竟坚辞不做"乘龙快婿",志节确实不同凡响。为此,哥舒翰上表朝廷,征他入京城为武官。

哥舒翰镇守潼关时,唐玄宗心中也打鼓,同时拜郭子仪为朔方节度使,收兵河西。临行之前,玄宗问郭子仪有何良将可以推荐,郭子仪马上就说出李光弼的名字。

唐廷制下,以李光弼为云中大守,兼御史大夫,充河东节度副使。天宝十五年三月,李光弼以五千兵马与郭子仪合军,东下井陉,收复常山郡。

史思明叛军来援,李光弼数出奇兵,贼军连败,唐军趁机攻拔赵郡。四月,唐廷拜李光弼兼范阳长使、河北节度使。七月,李光弼率军在常山的嘉山一带大破安禄山属下史思明、蔡希德、尹子奇三大将,斩首万余,生俘四千。史思明露发徒跣,只身一人逃往博陵。至此,河北大半郡县重为唐军所有。

首伐连捷之时,李光弼清醒地认识到,范阳是安禄山的老窝,应该先予攻克,绝其根本。计划未行,哥舒翰潼关败迅传来,唐玄宗逃往蜀地,一时间军心大骇。

唐肃宗李亨即位后,马上派使臣授李光弼为户郎尚书、同中书门下平章事。李光弼临危受命,立即提五千兵马赴太原。

唐肃宗至德二年(公元757年),史思明等人率十万多叛军向驻扎太原的李光弼军发起攻势。当时,唐军的精兵锐卒都被征调到朔方军保卫唐肃宗,李光弼手下士卒连一万都不到。

面对十倍于己、来势汹汹的劲敌,众将都建议修城凭固,坚守以待外援。唯独李光弼有自己的见解。"环城四周有四十里,现在派城内兵民大修城池根本就不现实,敌人马上就杀至城外,到时大家筋疲力尽,连御敌的力量都没有。"

于是,李光弼亲率士卒百姓,在城外掘壕沟为守,他下令挖堑沟数万,周围将士也不明就里,只能依命而行。

史思明到太原城前信心百倍,对诸贼将说:"李光弼弱兵不过一万,太原可屈指而取,然后我们鼓行而西,直攻河陇、朔方两军,再无后顾之忧!"

没想到,刚要攻城,李光弼派人先以二百人才能挽动的巨型抛石车猛砸大石,一顿乱轰,叛军有一两万人被砸成肉酱。

史思明指挥兵士搭建飞楼,用木幔围起,在中间堆土成山,想凭土山临城进攻。李光弼兵士从下面把土挖空,土山轰塌。

如此数合,史思明知道确实遇到劲敌,再也不提速战速决的事情。

史思明在城外张灯结彩,大宴兵士,又让戏子在台上扮成逃跑的唐玄宗,一来刺激城内固守的唐兵,二来给叛军当"宣传队",鼓舞士气。

戏演到一半儿,台上的几个戏子忽然不见了——李光弼派人从先前挖的堑沟壕洞一直钻到戏台上,掏空地层,戏子们自然就掉了下去。没多大功夫,几个戏子就被推上城头,咔咔几下,涂满化妆油彩的脑袋就被扔了下来。

史思明大骇,忙把自己的统军牙帐赶忙迁到距城很远的地方。叛军走动时,也个个眼睛紧盯地下,唯恐不小心自己也掉到下面的窟窿里面,脑袋搬家。

相持之中,李光弼派人遍挖城外地下,可以说是中国军事史上第一次大规模的"地道战"——只不过唐兵不是躲在里面放冷枪,而是把叛军营地的地下全部挖空。见时机成熟,李光弼假装城内粮尽,派人向史思明"约降"。

史思明兴奋过望,眼见在约定的时间有唐军将领手执白旗出城,忙下令兵士放炮准备迎降。脸上笑容还没消失,史思明身后军营忽然发出巨响,随即声声惨叫——军士集结后,地面再也承受不住重量,纷纷"塌方",几千叛兵糊里糊涂全被活埋。

再一转头,城上城下唐兵鼓噪大喊,精骑突出,一下子就杀掉近万名叛军。

史思明吓破了胆,转身就逃。唐军乘胜追击,斩首七万余级,获军资粮草无数。

此次大胜后，唐廷迁李光弼为司空，封郑国公。

乾元元年（公元 758 年），李光弼代替郭子仪为朔方节度使，不久，又为天下兵马副元帅。

滑汴节度使许叔冀屡战不利，向史思明投降，唐军形势转恶。有人建议增益陕郡兵力，速保潼关。李光弼不同意，说："两军相敌，尺寸之地必争。今弃五百里地而退守潼关，贼军益地，威势更强，不如移军河阳，北阻泽、潞，胜则出，败则守，表里相应。"

同时，他又做出悉空洛阳城的决定，让全城官吏居民全部出城避寇，派军兵运送守城军备于其中。

史思明军队到偃师，李光弼全军赶赴河阳。双方在石桥相遇，时值黄昏，李光弼令军士持火炬慢慢行进，坚甲利矛。叛军忌惮李光弼威名，没有人马敢突前进犯。

史思明军驻扎于白马寺，南不出百里，西不敢犯宫阙，只敢在河阳南筑月型城，挖战壕与唐军相持。十月，贼军攻城，李光弼指挥得当，斩千余人，生俘五千多人，叛军掉入河中又淹死好多。

南城方面，唐将李抱玉也使"诈降计"，忽然出兵击袭，杀伤不少贼兵。唐将荔非元礼在羊马坡大破贼军。

各路贼军虽溃败，然毕竟是燕山锐卒，很快又整合在一起，劲兵三万，全力进攻北城，很有决一死战的气势。唐军城内兵少得可怜，全赖李光弼指挥得当，或给五百兵，或给三百铁骑，或给几十匹战马，又临阵重赏英勇之士，杀掉几个退兵败卒，使得唐军有必死之心，望旗而进，一举斩敌万余，生擒八千，俘获敌军大将三人。

战事正酣。其间，还有一个小插曲。李光弼手下大将荔非元礼守羊马城。战事胶着之时，李光弼命令荔非元礼率兵出战。贼将周挚指挥八千兵马，一边填平壕堑，一面疯狂进攻。荔非元礼乍开城门一冲，敌兵小却。毕竟贼兵人多势众，攻意正盛，荔非元礼认为此时不是派精骑突阵的时机，就摇旗令步兵回阵，示弱诱敌。

国学经典文库

中国古代野史

· 唐代野史 ·

图文珍藏版

李光弼大怒，派人召荔非元礼回帅营，想当众杀掉以明军法。荔非元礼对传令兵说："我正在战斗中，来不及见主帅，请回禀一声，破贼后我马上去！"

在栅后望着贼军越来越近，荔非元礼对手下将士说："李公刚才派人召我，是以为我们刚才怯战，要斩我以示众。现在应该拼死一奋，战死有名，以免因无功而受戮于军营之内。"说完，荔非元礼下马持刀，身先士卒，瞋目冲前。身后将士感奋，左右砍刺，无不以一当十，斩杀数百敌人，势不可挡。

贼将周挚见势不妙，慌忙遁走。

南城的史思明仍不知北城军败，还在指挥叛兵猛攻。李光弼驱赶八千多俘虏临河"展览"，当众杀掉数十人恐吓敌军。剩下的俘虏大惧，纷纷跳入河中往南岸游，唐军刀砍箭射，几乎一个不剩全部报销。见此，史思明率军败走。

每次大战前，李光弼都插一锋利短刀于靴中，有必死之心，对属下讲："我位居三公，绝不会活着被贼军俘虏，誓死报效朝廷！"

至此，见敌军退败，李光弼西向天子所居方向拜舞，三军感动，欢声震地。

唐肃宗上元元年（公元760年），唐廷加封李光弼太尉、中书令。

李光弼率军进围怀州。史思明率兵来救，再三为唐军所败。史思明扬言要渡黄河断绝唐军粮道。李光弼驻军野水渡一带平地，四周竖立木栅为营垒。

白天时，李光弼率兵巡营。当晚，他率随从驰还大本营。临行前，他留牙将雍希颢留守，嘱咐说："贼将高晖、李日越都有万夫不当之勇，今夜史思明一定会派他们来此劫营。你留守此地，切勿与他们交兵。敌人如果投降，就和他们一起来见我。"

听此一席话，李光弼属下都摸不着头脑，以为主帅操劳过度，语无伦次。

史思明听谍报说李光弼在野水渡，忙派人把李日越叫至面前，下死命令说："李光弼驻守平地，今夜你以五百重甲骑兵进袭把他擒来。否则，别来见我！"

李日越得到命令后，乘夜急驰，进攻唐军营垒之前，他高声喝问："李太尉在吗？"唐军守兵回答："已经走了。"又问："你们有多少兵在营中？"回答："一千人左右。"又问："谁为主将？"答："雍希颢。"

李日越顿时来个透心凉，良久，他对属下说："今夜下死命令派我来擒获李光弼,现在冲进去,最多抓住个雍希颢,回营也会被处死!"于是李日越一箭未发,下马请降。雍希颢喜出望外,忙带领这位勇闻三军的敌将回营,受到李光弼的热情接待,朝廷马上授以金吾大将军之职。史思明帐下大将高晖得知此讯,也带人归降唐军。

众将佩服之余,也很不解,就问李光弼,"您降伏这两个敌军大将怎么这么容易?"李光弼说:"史思明屡次攻城失败,就想与我军平地野战。他听说我当天扎营在外,觉得我正中其计,连夜派李日越来袭擒我,肯定下死命令给李日越。雍希颢无名之将,李日越抓他回去肯定不免一死。人情惧死,李日越不得不降;高晖勇斗名声一直在李日越之上,听说李日越获授大将军之号,他怎能不动心来降呢!"

众人大悟,大服。

唐朝诸军毕集怀州城下后,决开丹水倒灌入城。贼军顽抗,久攻不下。李光弼又使"地道战",派人挖洞偷偷入城。唐军探子得到敌军口令,潜上城楼,然后站在城墙上大呼,大开城门。唐军一拥而入,立克怀州,擒俘安太清等三位贼军大将。

对唐肃宗有拥立之功的大太监、观军容使鱼朝恩轻信史思明散布的假消息,认为贼军思乡厌战,想要李光弼等人立刻收复东都洛阳。李光弼帐下大将仆固怀恩暗中嫉恨主帅之功,对鱼朝恩大加附和,数次上表说贼军可一举攻灭。

李光弼对形势十分清醒,上奏说:"贼锋尚锐,请候时而动,不可轻进。"

朝廷不听,派中使督战,催促进军。

李光弼不得已,仓促设阵于北邙山下。贼军一直窝火不能平地决战,倾军而来,拼死进攻。唐军大败,军资器械丧失无数。贼军乘胜攻占申州、兴州等十三州。

李光弼上书请罪,唐肃宗此时也知道不是他的过错,优诏不罪。不久,下旨李光弼掌管河南、淮南东西、山南东、荆南丘道节度行营事,出镇泗州。临行前,皇帝亲自赋诗送别。

危急关头,李光弼抱病出征,入保徐州。接着,他派军击败围攻宋州唐军的贼将史朝义,收复许州,俘获贼军大将二十多人。不久,李光弼击擒在浙东造反的袁晁,平定了整个浙东。宝应元年(公元 762 年),唐廷进封李光弼为临淮郡王。

慑于李光弼的神威,一直拥军自固的唐朝方面大将田神功、来王真、尚衡、殷仲卿等人相继入朝复命,乖乖听从朝廷调遣。

大功如此,李光弼仍有岌岌可危之感。

大太监鱼朝恩和程远振都对李光弼嫉恨得要死,天天想方设法在背后进行中伤。

说起鱼朝恩,就要说一下他统领的禁军。本来,唐朝禁军之始是那些随李渊、李世民起兵的士卒。大唐建立后,为了照顾这些"从龙有功"的最早一批军人,李唐把渭北的土地分给他们,以为禁卫亲兵,当时叫元从禁军。玄宗时,为了击败吐蕃入侵,在临洮又以禁军为骨干设置神策军。"安史之乱"爆发,神策军一千多人奔援长安,半路就已听说京城失陷。神策军屯驻陕州,太监鱼朝恩就以监军身份掌握了这支军队。太监手中有了军队,就完全拥有了废立皇帝的威权。特别是到了后来的唐德宗时期,由于皇帝猜忌大臣,宠信宦官,神策军竟有 15 万人之众,以至于日后有七个唐朝皇帝均为宦官所立。

唐代宗广德元年(公元 763 年),吐蕃入寇,兵锋直指都城,唐代宗逃往陕郡。皇帝下诏,命李光弼赴行在来援。由于害怕鱼朝恩等人趁机杀害,李光弼一直迁延行期,不敢面君。

昔日闻命赴难的大将军,现在整日为一两个没有男根的大太监吓得六神无主。而且,由于他威权渐失,不听朝命,属下将领田神功等人也慢慢不听调遣。

愧耻成疾,李光弼一病不起。身边将吏向弥留中的大将军问以身后事,李光弼感叹道:"我一直为朝廷效命军前,家有老母不能奉养,未尽孝子之职,还有什么可说呢!"只是下令把自己获赐的金帛分给帐下诸将。

很快,李光弼病死营中,年五十七岁。唐廷予以国葬之礼,谥武穆。

后世史家对李光弼评价甚高,认为他完全可以与孙膑、吴起、白起、韩信这样的古代良将相比肩,且品德方面,更胜一筹。殊不料,李大将军晚年为太监所谋,困于口舌,不能自明,千方百计想保全性命,最终令自己处于更加危险的境地。惊惧成疾,竟以忧死,正是"工于料人而拙于谋己",令后人叹惋。

古人谥法也非常有讲究。李光弼被谥为武穆,武者,刚强直理、克定祸乱;穆者通缪,布德执义、中情见貌。然而,穆还有另一种谥法:武功未成曰穆。宋代岳飞,后来也被追谥为武穆。

福禄寿全的中兴大将郭子仪

郭子仪,华州郑县人。其父郭敬之曾做过唐朝五个地方的刺史,也算是世家子弟。郭子仪仪表堂堂,身高七尺三寸,勇武不凡。

唐玄宗天宝十三年,他为天德军使,兼九原太守、朔方节度右兵马使。如果没有"安史之乱",估计郭子仪会像许多边镇中高级官员一样,庸庸无为,度过富贵而乏味的一生。

天宝十四年(公元 755 年),"安史之乱"爆发。当时郭子仪被任命为朔方节度使,以本军出兵单于府(今内蒙古和林格

郭子仪

尔)。他出奇兵从山西插入,攻陷河东地区的战略重地静边军城(今山西右北卫镇),斩杀胡兵七千多,是"安史之乱"后唐朝首次大捷。

天宝十五年七月(公元 756 年),郭子仪与李光弼合军配合作战,在嘉山(今河北曲阳)大败史思明等贼将,斩首四万,生擒五千,获马五千匹。河北十余郡重归唐朝掌握。

唐肃宗即位后,贼将阿史那从礼率五千骑出塞,与河曲部落数万胡人觊觎身在朔方军的皇帝。郭子仪与回纥首领联兵击败贼军,平定河曲地区。

至德二年(公元 757 年),郭子仪在潼关大破贼兵,收复陕郡永丰仓。同年四月,安禄山被儿子杀掉,朝廷召郭子仪还凤翔,欲图大举。五月,郭子仪进位

司空,充关内、河东副元帅。十月,郭子仪率汉、回纥联军十五万收复长安。与敌交战中,郭子仪指挥有方,斩首六万余级,唐兵重新夺回京城。百万人民夹道欢呼:"不图今日复见官军!"

至德二年十一月,郭子仪率兵攻入东都洛阳,陈兵于天津桥南,士庶欢呼。至此,郭子仪因军功加司徒,封代国公。

率师回京时,唐肃宗亲遣御林军迎于灞上。面君之时,唐肃宗一句话发自肺腑:"虽吾之家国,实为卿再造!"

乾元元年(758年)八月,郭子仪在河上大败贼兵,擒获贼将安守忠。十一月,接连大败安庆绪。转年二月,邺南战役,贼将史思明大败唐军,处于后阵的郭子仪未及合战就遇上沙尘暴,率兵士退保河阳。

大太监鱼朝恩借机进谗,朝廷召郭子仪入朝,削夺了他的军权。郭子仪怡然接受处理,没有任何怨言。

唐肃宗上元元年(公元760年)三月,李光弼邙山大败,鱼朝恩退保陕州。转年三月,河中、太原军乱,两地唐军主帅相继为乱兵所杀。

面对乱兵可能造反与史思明叛军结盟,不得已之下,唐廷重新起用郭子仪,以他的威望与德望镇服各部兵马,进封他为汾阳郡王,充任朔方、河中、北庭等数州节度使,出镇绛州。

唐肃宗临崩前,把郭子仪叫到床前,托付后事:"河东之事,一以委卿!"

郭子仪呜咽流泪,誓以死报。

虽然不断受鱼朝恩、程元振等太监诬陷,继位的唐代宗仍然起用郭子仪,但也是留在京都虚位相待,不予实权。

不久,唐将梁崇义、仆固怀恩相继叛乱,勾引吐蕃、回纥军队入寇河西。

唐代宗广德元年(公元763年),吐蕃大军深入而来,大掠奉天、武功,渡过渭水,一路东进,进逼长安。惶急之下,唐廷只能下诏封郭子仪为关内副元帅,出镇咸阳。

由于久废在家,郭子仪部曲旧军已散。诏旨下达之日,他手下仅有二十骑人马。一行人至咸阳时,吐蕃军已经渡过渭水。

唐代宗闻讯,慌忙弃长安奔陕州。逃跑途中,射生将王献忠又叛乱,劫持丰王等十个王爷想投奔敌军。半路为郭子仪遇上,十王转危为安。

由于郭子仪统兵有方,声名又隆,一路上不断有唐朝的败兵散卒来奔,军势渐振。吐蕃入长安不久,唐军与城内居民里应外合,虚张声势,竟使敌军惶骇奔逃。

太监程元振见郭子仪又立大功,害怕于自己不利,就极劝唐代宗迁都洛阳。郭子仪上表极谏,痛陈利害,代宗终于转意,回都长安。

面对伏地迎拜的郭子仪,唐代宗一脸怅恨,说:"朕用卿不早,故及于此。"

代宗广德二年十月,仆固怀恩引吐蕃、回纥、党项数十万兵南下,郭子仪受命,率军抵御。转年九月,叛军已相继进抵长安附近,京城人情恐慌,不知所从。关键时刻,唐代宗急召郭子仪从河中返长安。

当时,郭子仪随从军卒仅一万人左右,在泾阳屯军。四周叛军、回纥、吐蕃等军队有近三十万,已经把郭子仪一军围得里三层、外三层。

郭子仪急忙下令属上四将分阵迎敌,自己亲率两千铠甲军出于阵前。回纥军队首领很奇怪,惊问唐兵:"主帅为谁?"唐军回报:"郭令公。"回纥大惊:"郭令公还活着吗?仆固怀恩讲天可汗(唐代宗)已崩,郭令公也病死,中国无主,我们才跟随他来到这里。既然郭令公还活着,天河汗也活着吗?"唐军答称:"天子安好!"这下子,回纥首领有些慌乱,面面相觑:"难道仆固怀恩欺骗我们?"

见此,郭子仪忙派使者去回纥营中晓谕:"几年前回纥大军跋涉万里,帮助我大唐收复两京,双方休戚与共,关系甚洽。现在,你们为什么要捐弃旧谊,帮助仆固怀恩这个叛臣,如此下去,对回纥一点好处也没有呵。"

回纥人将信将疑:"都说郭令公死了,否则,我们怎敢至此。如果郭令公真活着,就让我们亲眼见一见。"

使者回报。郭子仪马上跨马欲出。左右将帅都劝:"戎狄狼子野心,怎能相信!"郭子仪说:"敌众数十倍于我军,力战肯定不能胜。我现在出去与他们相见,示之以诚。"

左右将领要派五百骑兵扈卫，郭子仪摇手拒绝，只带十几骑轻装而出。唐军大呼："郭令公来！"

回纥如临大敌，不知唐军真假，前面数排弓箭手皆引弓搭箭，持满欲射。

郭子仪骑马至阵前，摘去头盔，对带头的回纥"大酋"亲切问候道："君与我前些年同生死、共患难，怎么现在一点也不念昔日情分啊？"

见到果真是郭子仪本人，回纥首领大将们都扔掉手中兵器下马拜礼："果吾父也。"（真是我们郭大爷呵）

于是，郭子仪邀请回纥众首领欢饮，大赠金帛，誓好如初。酒席宴上，酒酣耳熟，郭子仪乘机劝说回纥首领："吐蕃与我大唐本来是舅甥之国，现在背信弃义进攻我们。他们已劫抢牛马无数，诸位如果能倒戈奋击吐蕃，既能逐戎得利，又与我大唐重修友好关系，一举两得，多么好啊。"

当时，仆固怀恩已经暴病而死，群胡无主，回纥人就答应了郭子仪。

吐蕃军队已经得知唐军与回纥军"联欢"的消息，惊疑双方有诈，乘夜就引军退走。郭子仪先派白元光等率一部分唐兵与回纥军相合，追击吐蕃，自引大军继后，于灵台西原大败吐蕃，斩首五万，生俘一万，得牛羊马驼不可胜计，并追回被俘掠的唐朝士女。

唐氏宗大历二年（公元767年）十一月，郭子仪以三万步骑破吐蕃于灵州，斩敌三万。

由于鱼朝恩一直嫉恨郭子仪，他派人挖毁郭子仪父亲的墓穴，乱抛尸骨。

在古代，刨挖别人的先人坟墓，简直是深仇大恨。恰值郭子仪引兵入朝面君，众臣心下疑惧，唯恐这位郭大爷一气之下大闹朝廷，闹出个兵变什么的又把京城颠个底儿掉。

唐代宗见到郭子仪，首先就谈起这件事，想就他父亲坟墓被毁之事代朝廷道歉。不料，郭子仪伏地大哭，说："为臣我久为军队主帅，战场上不能禁暴，时有军士挖毁坟墓事件发生。为臣我不忠不孝，上获天谴，不是别人的过错啊！"

如此，朝廷上下才安下心来，知道郭子仪没有寻衅找碴的念头。

郭子仪为人，宽于御下，忠于事上，赏罚必信。虽屡遭几个太监谗毁，但他处处小心，朝廷叫干啥就干啥，没有丝毫怨言，故而唐肃宗、唐代宗对他始终信任。

以鱼朝恩之阴毒，也有被感动之时。有一次鱼朝恩宴请郭子仪，属下都害怕郭令公赴鱼公公之宴有去无回，要他众兵相护而去。郭子仪仅带十几个仆人前往。鱼朝恩很奇怪，问："王爷您怎么随从这么少？"郭子仪告以实情。这样一来，感动得这位曾大挖郭子仪祖坟的鱼大公公也哭了："令公您真是长者，别人能不对我起疑心吗？"

此外，郭子仪麾下勋将数十人，一时都封王封侯，贵重无比，但郭子仪对他们颐指役使，那些人也恭谨俯首，如仆从一般。其幕府参谋六十多人，后来也都成为将相高官，时人皆钦服郭子仪有识人之明。

郭子仪为人也颇有远见，该疏放时疏放，该谨慎时谨慎。他晚年在家养老时，唐德宗宠臣卢杞进谒。平时，无论什么王侯将相来看望，老头子身边都是妾姬侍奉左右，不避来人。

听说卢杞要来，郭子仪忙令众妾侍退下，自己危坐，等待这位"鬼貌蓝色"的奇丑大臣。相谈之间，也谦恭有礼，态度温和。

卢杞走后，家人很奇怪，问："令公您干吗如此好待卢杞呢？"郭子仪说："卢杞此人，貌陋而心险。如果有妾姬在此，看见他那样子肯定会笑出声。如此，此人必衔恨在心，以后他必登相位，一旦大权在握，追忆前嫌，说不定到时候我郭家会被他杀得一个不剩！"

后来卢杞果然掌权，"贤者妒，能者忌，小忤己，不致死地不止。"完全应合郭子仪的"预测"。

唐德宗继位，召郭子仪还朝，进位太尉、尚书令，赐号"尚父"。

建中二年（公元781年），郭子仪病逝，时年八十五。朝廷震悼，皇帝亲御安福门哭送，赐谥忠武。

郭子仪八子七婿，都是朝廷显官。诸孙数十人，不能尽识。可称史富贵寿考，哀荣终始。

他第六子郭暧，娶唐代宗女升平公主，是京剧《打金枝》的主角，剧情不是

国学经典文库

图文珍藏版

虚构,历史上确有其事。有一次夫妻二人斗气,郭暖怒道:"你以为你爸爸是当今天子就不知自己老几,我爸爸还不愿坐这个位子呢。"公主怒羞回宫,向父亲代宗告状。唐代宗是明白人,劝女儿说:"他爸爸还真是不愿做天子,否则,天下还真不一定是我李家的。"郭子仪听说此事,怒火烦心,忙把儿子五花大绑,亲自上朝请罪。唐代宗笑着说:"不聋不哑,不做亲家翁。儿女们怄气说话,怎好当真?"虽如此,郭子仪回家仍旧大板子"伺候"了郭暖一顿。郭暖女儿为唐宪宗贵妃,后来生的唐穆宗。穆宗即位后,尊郭妃为皇太后,并追赠外祖父郭暖为太傅。

郭子仪盛德所至,节高名完,为古代名臣所罕有。

"安史之乱"中的忠烈义士颜杲卿

颜杲卿,琅玡临沂人。是唐朝大忠臣颜真卿的族兄,他们的五世祖颜之推(写《颜氏家训》那位大儒)是北齐著名大臣。

颜杲卿年轻时精于吏事,豪性刚直,颇有才干。开元年间,任魏州录事参军。天宝十四年,摄常山太守一职。由于当时安禄山兼任河北采访使,颜杲卿也算是他的部下辖官。

安禄山造反后,从范阳发起大军,以讨杨国忠为名,忽然出现在常山郡外(今河北正定),猝不及防的颜杲卿和长史袁履谦开始不知实情,忙赴营中拜谒安禄山这位顶头上司。

安禄山好言安抚,赏给颜杲卿、袁履谦每人一副官袍以示优宠,并派干儿子李钦凑率七千多军兵守土门。

回城路上,颜杲卿对袁履谦指着自己身上的新官袍低声说:"我们两个人怎能穿这东

颜杲卿

西呢?"袁履谦会意。于是,两人暗中定议,颜杲卿派儿子颜泉明与太原尹王承业等人暗中联系。

洛阳失陷后,颜杲卿恐怕叛军进攻潼关,国家社稷不保,想立即起兵。当时任平原(今山东陵县)太守的颜真卿先杀掉安禄山使臣,派人通知族兄颜杲卿马上在常山起事,切断贼军北路之军。

颜杲卿很高兴,忙假传安禄山命令召贼将李钦凑往常山议事。李钦凑不知是计,被灌醉后杀掉,尸体也被投入滹沱河。见袁履谦拎着李钦凑的脑袋来复命,颜杲卿喜极而泣,终于顺利起事。

接着,颜杲卿派人接连诱捕贼将高邈、何千年等人,派儿子颜泉明与内丘县令张通幽等人带着李钦凑的人头与两个贼将前往京师献捷。

经过太原时,张通幽因为自己的哥哥张通儒当时任安禄山的伪宰相之职,为开脱自己并显耀自己的功劳,他劝太原尹王承业扣押颜杲卿表章,把大功归于他们二人名下。王承业一听动心,好言厚礼把颜泉明等人打发回常山,自己重奏一表,连同两个贼将和李钦凑首级一同去长安报功。唐玄宗大喜,马上封王承业为羽林大将军。

"不久,真相大白,唐廷拜颜杲卿为卫尉及御史中丞,拜袁履谦为常山太守。

颜、袁二人传檄河北,声言朝廷二十万大军已至土门,并派百余骑兵为先锋,一路快马向南,马后拖上树枝,扬尘造势。见到大路灰尘飞扬的景象,人们纷纷传言唐朝大军已至。消息传开,正在围攻饶阳的贼将张献诚弃围而逃,赵郡、巨鹿、广平、河间兵士起事,斩杀安禄山伪署刺史,专守常山。乐安、博陵、上谷等郡镇也都闭门固守,以待官军。

安禄山在陕州,听说自己老窝附近起火,大惧,忙派遣史思明率平卢精锐军卒与贼将蔡希德合军,急攻常山。常山守军极少,派人向河东求救,太原尹王承业见死不救。

常山军民昼夜奋战,苦斗六天,最后,粮水弓矢尽竭,贼兵攻陷常山,颜杲卿、袁履谦被俘。

贼将令二人投降,皆不屈怒骂。贼将把颜杲卿的小儿子颜季明推到面前,用刀抵在脖子上,威胁说:"现在投降,就留你儿子一命。"颜杲卿闭目不答。贼将一刀挥下,颜季明身首异处。至此,河北诸郡,又全都复入贼军手中。

颜、袁二人被装进囚笼,俘送洛阳。安禄山见到颜杲卿,大骂道:"你从前官职不过是范阳户曹,我推荐你为判官,又荐你任常山太守,我没做什么对不起你的事情,为什么要反叛我?"颜杲卿瞋目大喝:"我世为唐臣,常守忠义。得你推荐升职,绝不会配合你造反!你安禄山本来不过是营州一个放羊的羯奴,天子对你荣宠至极,没做什么对不起你的事,你又为什么要反叛呢?"

安禄山被揭伤疤,恼羞成怒,派兵士把颜杲卿绑在洛阳天津桥的柱子上,从脚上开始肢解,以慢死来折磨这位唐朝义士。颜杲卿大骂不已,叛兵钩断他的舌头,仍含糊大骂,至死不屈。颜杲卿的另一个儿子颜诞、侄子颜诩及其他近亲宗属,也都被绑在柱子上,先砍去手脚,然后加以脔割节解。

被颜、袁二人诱捕送到长安砍头的贼将何千年弟弟在旁观刑,袁履谦含血猛唾其面,惹得这个贼子亲自动手,更加酷虐摧残这几个义士。

路旁行人见此辈义士惨状,无不感伤流泪。

一直在长安拿着赏钱过好日子的内丘令张通幽在杨国忠面前大讲颜、袁两人的坏话,因此两位忠臣死讯传来,朝廷也不加褒赠。后来长安失陷,唐肃宗继位于灵武,颜真卿为族兄颜杲卿辩其枉状。当时出逃于路的唐玄宗也知道消息,把已在普安做太守的张通幽拘至御前,杖击而死。朝廷赠颜杲卿太子太保,谥忠节。

颜、袁二人以一千多人马的微薄力量,从起兵到失败,总共不过十几日时间,但正是他们的有效抵御,拖慢了安禄山叛军的进军速度,唐廷获得了调动军队的喘息机会。唐室不亡,实赖这两个文臣出身的忠义之士!

"安史之乱"中的忠烈将军张巡

文天祥在其流传千古的《正气歌》中,他所列举的"时穷节乃见,一一垂丹青"的几个忠臣烈士,其中有"为张睢阳齿,为颜常山舌"。"颜常山舌"是指颜呆卿舌断仍喷血骂贼的壮烈事迹,而"张睢阳齿",则讲的是唐将张巡固守睢阳,以身殉义的浩然正气。

张巡,邓州南阳人。史书称其"博通群书,晓战阵法。气志高迈,略细节不以庸俗合,时人叵知也。"开元末年,他考中进士,显然是个文武双全的才子。

天宝十四年安禄山起兵叛乱,连连攻陷宋州、曹州等地,谯郡太守杨万石降于贼军,逼张巡为长史,派他西去迎接贼军。张巡不受命,率属吏哭于玄元皇帝庙,感召众人,起兵抗击叛军,得众千余人。

张巡

当时,雍丘(今河南杞县)县令令狐潮想率众投降贼军,下属百余人不从,全被令狐潮绑在一堆准备杀掉。恰值叛军薄城,令狐潮出去接应,被绑的义士们乘间解脱绳索,杀掉看守士卒,迎张巡等人入城。张巡等人在城头上杀掉反贼令狐潮的妻子儿女,率兵拒战。

令狐潮愤怒至极,带上万贼兵猛攻雍丘,城内唐兵仅两三千人。面对惊恐之众,张巡对诸将说:"令狐潮等人对城中军情一清二楚,肯定有轻我之心。我们出其不意出击,肯定会让敌军惊溃,乘胜追击,定能大败他们。"张巡就派千余人守城上,自己为前驱,以余军分成数队突然冲出城,令狐潮的贼军猝不及防,一时退却。

转日,叛军猛然攻城,张巡在城上搭建防护楼橹,用柴火浇油烧掉敌军攻具无数,令对方不能近城,并不时乘间攻出城外,杀敌甚众。两个多月内,大小数百战,唐军甲不卸身,负伤战斗,最后竟打得令狐潮四万贼军掉头而逃。唐军乘胜追击,差点生擒令狐潮。

恼羞之下,令狐潮增兵又来,重新围城。

令狐潮与张巡是老相识,他在城下劝诱张巡:"朝廷现在兵不能出关,天下大势已去,您以老弱残兵守此危城,尽忠无主,不如投降下城与我共图富贵。"

张巡答言:"从古义来讲,君主杀掉父亲,为臣为子的不能抱怨。您以妻儿被杀怨恨朝廷,借贼之力想要报复,可以预见您最终一定为朝廷所戮,而且百世骂名难逃! 您平生以忠义自诩,今日之事,忠义何在!"

令狐潮羞愧而去。

由于当时各地交通隔绝,城中有六名将领暗中联合,一起到张巡面前表示说已经筋疲力尽,不如降敌。张巡假装答应,转天,他在堂上摆设天子画像,率众军将朝拜,人人感泣。张巡下令士兵把六名将领引至堂前,责其不忠于国家,立斩于前。由此,将士人人思奋。

城中粮食很快吃尽。张巡假装率众军在城内建竖壁垒,作战状,令狐潮带着大队人马来攻,剩下几百艘运送盐米的船只无人看守。张巡派人袭取,得粮盐千斛,其余一把火烧光。不久,唐军箭只射尽。张巡派军士绑扎千余个草人,穿上黑衣,半夜用绳子吊下城墙。令狐潮兵士见有人下城,万箭齐发,由此又得箭数十万枝。后来,张巡于夜间用绳子吊下真人,贼兵于外望见,哈哈大乐大嚷"不上当",殊不料这些敢死之士下得城来,大刀逢人就杀,贼军大乱,营垒践毁过半,逃奔十多里。

喘定之后,贼军又惭又怒,增兵重新把雍丘围得铁桶一般。

又隔数日,城中防具渐竭,张巡就骗令狐潮,说实在守不住了要出奔弃城,但让敌军退居二舍(六十里地),让出道路给唐军突围。令狐潮信以为真,答应下来。张巡率军士空城而出,把四面几十里地范围内的房子全部拆掉,运回防备所需的木头。

令狐潮大怒,引兵合围,责问张巡失信。张巡说:"你给我三十匹快马,我好与诸将乘之而去,此城就归您所有。"令狐潮得城心切,派人送三十匹马入城。张巡得马后,分配给军中最能战斗的骁将,说:"明天贼军出现,每人各取敌方一将!"

转天,令狐潮于城外等候消息,张巡在城头露面,对令狐潮说:"我想离开此城,无奈众将不答应。"

令狐潮闻言,差点气死,勒兵欲战。还未成阵,城门大开,骑着贼军所送三十匹快马的唐将奔出，直突入阵，转眼之间有十四名贼将被擒，唐军趁机进攻，斩首百余，得器械牛马甚众。

令狐潮终于丧气，跑到陈留（今河南开封），自己再也不出来和张巡近战。

四个多月以来，贼军数万人围城，张巡兵仅两三千，每战都胜敌，着实不容易。

至德二年（757年），安禄山被儿子杀掉，安庆绪继位。叛军大将尹子奇率十三万大军直破睢阳（今河南商丘），企图攻取睢阳后，沿运河一线进发，尽取江南富庶地区。鲁郡、东平很快失陷，济阳唐军降于叛军。

分析形势后，张巡带着仅有的三千兵卒赴宁陵，恰值睢阳太守许远告急，双方合军，共保睢阳。宁陵一战，张巡手下大将雷万春、南霁云杀敌将二十名，斩首万余，投尸汴水，河水为之不流。胜讯达至朝廷，诏拜张巡副河南节度使。

张巡想乘胜进击陈留。贼师尹子奇闻讯，复率大军围睢阳城。张巡鼓舞将士，杀牛犒士，整军将战。十几万叛军中，又有数万同罗、突厥等族精锐，他们望见城下列阵的五六千唐兵，衣衫褴褛，面目憔悴，都不禁大笑。

张巡、许远亲自于阵前擂鼓，唐军奋死，贼军抵挡不住，奔逃数十里。

相持至夏六月，唐军忽守忽战，弄得城外十来万贼军疲惫不堪。张巡派大将南霁云等人开城门忽然冲至尹子奇大帐近处，斩将夺旗而还。有个柘羯族大酋长亲率千余重甲骑兵，耀武扬威，在城下高喊要张巡来斗。张巡暗中派数十名唐兵埋伏在护城河河道内，持钩枪、陌刀、劲弩候着，约定听见鼓声一响就出击。羯奠依恃人多，扬扬自得，城上唐兵突然齐声大喊，鼓声大动，埋伏的唐兵一跃而起，活捉了这个柘羯大头目。后面众贼欲救，唐兵劲弩齐发，射倒一片，只能眼睁睁看着埋伏的唐兵捆着羯酋又攀绳上墙，没有一个人敢前去。

贼首尹子奇闻讯出城，站于众将之间向城上观望。张巡想射死这个贼头，但不知一群人中到底是哪一个，就派人用根蒿草秆代箭，射向那一堆人。

"中箭"的人见草秆大喜，以为这意味着唐军已经矢尽，忙举箭杆向尹子奇报告。张巡此时知道尹子奇为谁，忙令南霁云发箭，嗖然一声，正中尹子奇左眼，只听惨叫一声，贼头倒于地上。贼军因此暂退。

一个多月后,尹子奇左眼虽瞎,回率叛军再围睢阳。

睢阳本来有存粮六万斛,先前被昏庸无能的宗室嗣虢王李巨运走一半。至此,睢阳粮绝,城内唐兵每天只有一勺米吃,掺和树皮和纸一起煮着吃。战至最后,只剩一千多伤残兵士,城池仍然不能被攻破。最后,尹子奇索性不再攻城,在城外深挖地道,密树木栅,只待城中唐兵饿死。

眼见兵士饿得不成人形,张巡把爱妾唤出,对将士们说:"诸君一直挨饿,忠义不衰,我恨不能把自己的肉割下给你们当粮食吃!今出此妾,暂让诸君填腹充饥!"于是忍痛杀妾,以人肉为食。在场兵士皆匍匐痛哭,张巡强令众人食之。太守许远也杀仆人,作成干粮充军。最后,城内雀鼠皆被吃光,唐兵开始煮铠甲弩弓为食。

当时,唐廷御史大夫贺兰进明屯兵临淮,另一位挂御史大夫头衔的许叔冀拥兵彭城,这两个人分属朝廷不同的帮派,各自心怀鬼胎,怕对方趁乱攻击自己,都坐看睢阳危急,不肯出兵相救。

张巡派南霁云先去许叔冀处求兵,这位大夫只从城墙上扔下千多匹布给南霁云,气得这位将军在马上高骂,唤许叔冀下城一决死斗。无奈,张巡又派南霁云带三十骑出城突围前往临淮求救。贼兵万余一拥而上前来阻挡,南霁云弯弓搭箭,左右驰射,无一虚发,贼众披靡,一行人趁机突出。

贺兰进明也是进士出身,但精神境界比起张巡简直是天上地下,怯懦不说,又忌妒张巡声威赫赫,恐怕自己助他成功守城后更显衬得自己渺微,根本没有任何出兵相救的意思。他反劝南霁云:"睢阳陷落是早晚的事,救也无益。"南将军乞求:"城池应该还没被攻陷,请您出兵,如果兵到时睢阳不存,我当以死相谢!"

见南霁云勇武绝伦,贺兰进明也顿起惜才之意,想把这位姿容俊美的青年将军留在自己军中效力。为此,贺兰进明大摆宴席,盛设声乐,与临淮诸将频频举杯向南霁云敬酒。

丝竹艳声弥弥于耳,山珍海味盈盈于席,南将军悲不自胜,泫然涕下,说:"昨天我冲出睢阳的时候,将士们已经有一个月没有牙沾粒米,天天吃树皮、草根。现在大夫您不肯出兵相救,却在此广设声乐请我大吃大喝,我怎能忍心自己享用这些东西呢。即使吃进嘴里,想想睢阳城里的兄弟,又怎能下咽进腹!如今,主将派我的任务我没有完成,霁云我留下一指以示信!"

言毕,南霁云拨出佩刀,剁下一指。满座大惊。南霁云一口东西没吃,纵马离城。

出城之后,南霁云抽箭回射佛寺浮图,镞深入砖,他恨恨而言:"等我破贼后,必灭贺兰进明,这支箭就表示我的决心!"

南霁云回睢阳路上,从真源和宁陵守将处各得马一百多匹,军士三千人,趁黑夜冒围而入。

叛军惊起,众兵层围,南霁云率军且战且进,到城下时身边兵士剩下不到一千。

当时,大雾弥漫,张巡听见城外厮杀声起,叹息说:"这是南霁云回来了。"

城门开启,南霁云与士兵把刚刚夺取的贼军数百头牛赶进城中。

守城将士见外面并无唐军救援大部队,知道待援无望,纷纷相持而泣。

贼军得知周围唐兵不救睢阳,攻城愈急。众将中有人主张弃城东奔以图将来,张巡、许远坚持不可,认为如果丢掉睢阳,江淮必被叛军一鼓而下。而且饥兵行远,半路就会被消灭干净。

在最后的日子里,为了困守孤城,睢阳城内妇女老弱三万余人战死或将死之际都为守军吞泪而食。人人怀必死之心,甘愿被杀被吃。可谓是一城忠义,千秋难匹。

至德二年(公元757年)十一月,贼兵聚众猛攻,守城将士皆伤病不能再战,大多数人连站起来的力气都没有。

张巡西向拜跪天子:"为臣力竭不支,生不能报答陛下,死当为厉鬼击贼!"

士兵痛哭呜咽,不能仰视。

城陷。

已成"独眼龙"的贼将尹子奇按捺住一腔的邪火,迎面看见昂头挺胸、被缚而来的张巡,阴阳怪气地问:"闻公督战,大呼辄眦裂血面,嚼齿皆碎,何至于此?"张巡答道:"吾欲气吞逆贼!"尹子奇大怒,用刀刃剔割张巡嘴唇,撬开之后,果然见将军嘴里只剩下三颗牙齿。

张巡怒骂:"我为君父死节。你依附叛贼,猪狗不如!"

尹子奇以刀刃抵张巡喉头要他投降,张巡大笑。

见张巡不屈,尹子奇又踱到南霁云面前说降。南霁云低头不吭声。

张巡大呼道:"南八(南霁云大排行第八),男儿死则死耳,不可为不义屈!"

南霁云笑答:"欲将有为也(意思是本来想假装投降趁机再找机会杀贼),公即有言,敢不致死!"摇头不降。

于是,张巡、南霁云、雷万春、姚訚等三十六将同时被杀。张巡时年四十九。

太守许远被贼军俘送洛阳,大骂不屈,至偃师被杀。事后,人们因为许远未受惨刑而俘送洛阳一事议论纷纷,张巡的儿子张去疾成人后也追翻旧案,上诉朝廷说当时许远有贰心。直至元和年间,大儒韩愈才予以定论:许远是睢阳太守,一般屠陷城池以生擒主将为功,所以许远稍后死节只不过是殉节先后的问题,不存在许远畏死而变节的事情。(许远是唐高宗时大奸臣许敬宗的曾孙,或许因此人们对他的人品有疑。其实,忠臣之后未必忠,如岳飞之孙岳珂;奸臣之后未必奸,如许远。)

睢阳城被围时内有军民六万,城破后,仅存四百人。古来忠节惨烈者,莫若此城!

睢阳城陷三日后,代替贺兰进明的河南节度史张镐援军大至;十日后,广平王李俶(后来为唐代宗,改名李豫)收复东京洛阳。张镐知道张巡事迹后感动异常,上表朝廷请求赠谥。

当时,朝中有好几个腐儒还对张巡守军在睢阳食人为粮一事大为诋毁,"与夫食人,宁若全人?"意即还不如或走或降,保全一城性命。

朝廷犹疑之际,诸多大臣纷纷抗表,极言张巡睢阳之守的显赫大功,认为他沮遏贼势,保全江淮,致使天下不亡,功劳莫匹。由此,天下再无异言。

陋儒矜以小节,贬善扬恶,倘若睢阳数万人得命(还不一定能活),江淮乃至天下百千万人会惨遭残暴的安史叛军杀戮。而且,睢阳牵制住几十万叛军攻围一城,唐廷有足够时间重新部署,反败为胜。因此,以此保全天下之奇功,瑕不掩瑜。若以迂腐俗儒求什么"人道主义"眼光看问题,只要有敌军压境,大家一起投降算了,俯首泥中称妇称臣作顺民以免死翘翘。

如此,天理良心何在! 忠孝节义何在!

皇帝下诏,赠张巡扬州大都督,许远荆州大都督、南霁云开府仪同三司、再赠扬州大都督,立庙祭祠,并重用这些忠臣的子孙。

自雍丘守战以来,不到两年时间,张巡等人率兵抵御叛军,大小四百余战,斩敌将三百,杀伤敌卒十余万。张巡进士为将,指挥若定,义薄云天,人皆尽死。正是依赖这些仁臣义士,唐朝才能亡而复存。

时至今日,我们仍不禁感叹汉、唐时代中国人的勃勃血性,宁死不屈,宁互食而不投降,真是勇烈大丈夫,比至弱宋、晚明,数十万人解甲匍匐而降,仍难逃残戮。古人之义,渐已远矣!

"安史之乱"中的另类大将仆固怀恩

家族本是铁勒九大姓之一仆骨部,因音讹为仆固,以部落为姓。历史上,仆固部与中原王朝的关系一直是"时叛时降",其祖先最早为匈奴别部,后又成为突厥的臣属。

唐太宗贞观二十年,包括仆固部落在内的铁勒九姓附唐,几世为金微都督,到仆固怀恩这辈,已历四世。

由于世袭武职,仆固怀恩对征伐战斗非常在行,显然是个高度汉化而又通晓边陲各少数民族内情的唐朝边将。

安禄山造反,仆固怀恩就跟随朔方节度使郭子仪在云中(今山西大同)大破贼兵;在马邑斩杀七千多叛军;配合李光弼部在常山、赵郡、沙河等地苦战,击走史思明叛军。

唐肃宗即位后,他马上与郭子仪赴灵武勤王。由于安禄山引诱同罗部落叛变,仆固怀恩在郭子仪指挥下率军迎击。由于先战不利,仆固怀恩的儿子仆固玢兵败投降。小伙子机灵，后来乘人不备又只身逃回唐营。仆固怀恩大义灭亲，叱而斩之。见到将军连亲儿子都不饶恕，唐军将士无不以一当百，殊死拼斗，大破同罗部落，收缴器械、驼马无数。

唐肃宗至德二年（公元757年）二月，仆固怀恩跟从郭子仪攻克冯翊、河东两郡，袭破潼关。不久，贼将安守忠等人率大部叛军进攻唐军，双方苦战两天，唐军不支溃败，仆固怀恩退至渭水，由于没有舟船可渡，仆固怀恩抱着所骑战马的脖子渡河，幸免一死。五月，贼将李归仁率劲骑五千邀击郭子仪于三原北，幸亏仆固怀恩等五将伏兵于路，打得李归仁大败而去。

唐肃宗以广平王李豫（后来的唐代宗）为元帅，郭子仪为副元帅，意图收复长安、洛阳两京。仆固怀恩带领回纥六千多骑兵，与唐军协同作战，屡立殊功。两京收复后，因功获授开府、丰国公、同节度副使。

长安一战，唐将李嗣业为前军，郭子仪为中军，王思礼为后军。安史叛军十多万人与唐军对阵。贼将李归仁挑战，唐军前进逼逐，叛军突然起步直冲，出乎意料，唐军后却，军中惊乱，贼兵趁势乱抢唐军器械辎重。

胡人出身的大将李嗣业见形势危急，对郭子仪说："今天如果我不以身饵贼，我军无孑遗矣！"于是，李嗣业脱光膀子，手执陌刀立于阵前，大呼奋击。当其刀者，人马俱碎。紧接着，李嗣业身后唐军前军各执长刀，如墙而进，大将身先士卒，所向披靡。

安史叛军皆是经验丰富的职业军人，见唐军气盛，就埋伏精兵于阵侧，准备等唐军前军过后跃出偷袭。还未举旗发兵，仆固怀恩从间谍口中知晓实情，他立刻率回纥骑兵蜂拥而上，把埋伏的贼兵消灭殆尽。唐军前后夹击，斩首六万多级，被践踏至死或摔死于沟堑的贼兵，也有万余。

如果没有仆固怀恩截杀埋伏贼兵，双方胜负还真难以预料。

唐肃宗乾元元年至乾元二年（公元759至760年），仆固怀恩跟随郭子仪把安禄山的儿子安庆绪包围于相州。在五个多月的时间里，他常为先锋，勇冠三军。李光弼代郭子仪为主帅后，仆固怀恩为副，仍旧摧锋陷敌，多次获胜。

乾元二年，他被唐廷封为大宁郡王。其子仆固场也随父出生入死，军中号为"斗将"。

唐代宗继位后，仍以仆固怀恩为郭子仪的副手，为朔方行营节度。当时，史思明与回纥新登位的登里可汗搭上线，回纥派兵近十万入塞，有侵扰进袭之意。登里可汗不是外人，他爸爸毗伽阙可汗的皇后（可敦）是唐肃宗亲女，他自己的皇后是仆固怀恩的亲女。因此，这位率大军进塞的登里可汗实际上是仆固怀恩的女婿。

登里可汗上表，要与老丈人仆固怀恩和老奶奶（怀恩之母）见面，唐代宗下诏答应（此时他不能不答应）。仆固怀恩闻讯心中暗惊，怕有通敌嫌疑，不敢去和登里可汗见面。唐代宗下手诏，赐铁券，明白表示朝廷无嫌猜之心。

仆固怀恩与登里可汗在太原相见，叙翁婿之礼，登里可汗大悦，遂答应帮助唐廷讨伐史朝义。"虏性反复"，有奶就是娘，谁给好处就帮谁。于是，数万回纥大军在陕州扎营，随时准备上战场（到时帮谁还不一定）。

洛阳一战，仆固怀恩、李抱玉、马璘等大将（包括大公公鱼朝恩也亲率一帮劲弩手加入）拼死斗战，大败史朝义十万多贼军，收复东京及河阳城。

仆固怀恩一鼓作气，乘胜逐北，压贼而进，下郑州、降汴州、拔滑州，追破史朝义于卫州。贼军睢阳节度使田承嗣等人率四万多兵马来援，皆大败，相率骇散，于是相、卫、洛、邢、赵、深、恒、定、易数州皆复降于唐军。

博县一战，贼军背水决战，又一败涂地，积尸拥流而下。史朝义逃至归义县，被追及的唐军打得落花流水。穷蹙之下，史朝义逃入林中自缢身死。不久，田承嗣向仆固怀恩投降。至此，"安史之乱"平。

由于居功至伟，仆固怀恩被唐廷封为尚书左仆射、兼中书令、单于镇北大都护、朔方节度使。由于皇帝在先前有诏命，平叛后惟取史朝义一族，其余叛将皆赦免。因此，田承嗣、李怀仙、张忠志、薛嵩等人见仆固怀恩时都叩头装孙子，希望效力帐下。

仆固怀恩自恃功高，认为贼平后自己就没用了不能固宠。于是，他私心顿萌，上书请朝廷分授这几个力竭才降的叛将以"河北大镇"，并大施私恩，潜结投降的贼将，为后来这几个人的割据一方埋下祸根。

同时,唐廷下诏令仆固怀恩劝登里可汗一班回纥兵马回其原属地。起先,仆固怀恩初到太原,太原尹、金城郡王辛云京(也是唐朝干城之将)一直怀疑登里可汗入塞是仆固怀恩这个丈人招来的,闭城不出,不敢犒军,怕回纥军趁机攻下太原。

仆固怀恩送登里可汗回去,又路经太原,辛云京仍旧闭门不纳,也不出城"热情招待"。

自以为功高震天地的仆固怀恩大怒,上表弹劾辛云京,并屯军汾州,很想让朝廷为自己出口恶气,派诏使斩了辛云京后,自己再和登里可汗出塞。

也是合该有事。大太监骆奉先先到太原辛云京处办事,两个人非常投机。辛云京就讲,仆固怀恩与回纥登里可汗暗中密约要造反,要骆奉先回京后把此事密禀皇上。

从太原城出来,骆奉先路过仆固怀恩大营,依情依理也要去看视。家宴之上,仆固怀恩的老妈很不高兴,责备骆奉先说:"你与我儿结为兄弟,现在又和辛云京这么热乎,做人怎能两面三刀呢……过去的事就算了,从今以后我们母子兄弟如初。"

酒酣耳热之际,仆固怀恩起舞娱客,骆奉先也大赠金帛以作回礼。有来有往,加上骆奉先是皇宫红人,仆固怀恩想转天回赠大公公一份厚礼。

骆奉先心中小鼓一直打个不停,自称有急事,固辞要走。仆固怀恩说:"明天就是端午节,今晚就在此休息,过了大节再走也不迟。"

苦苦相留不住,仆固怀恩就派人把大太监的马藏了起来。其实,这本是一片好心,就好像现在为了留住好朋友多住几天,藏起对方车钥匙一样。

骆奉先惶急于心,半夜惊起,对手下说:"酒宴上老太太骂我两面派,现在仆固怀恩又藏起我的马不让走,不是要杀我吧。"越想越怕,骆奉先爬墙逃走。

早晨起来,仆固怀恩到客馆,见大太监已经无影无踪,心中也暗暗叫苦,连忙派人带着一大包金银连同马匹一起"追赶"骆奉先,在半路上把东西还给这位公公。

虽如此,惊魂未定的骆奉先一回朝就上奏仆固怀恩要造反。知此讯后,仆固怀恩上表,请诛辛云京、骆奉先。

唐代宗充当和事佬,手诏和解三人怨隙。

仆固怀恩心甚不平,怏怏不快。愤懑之下,上书皇帝自叙功劳,怨恨之意,溢于言表。

唐代宗广德元年(公元763年)十月,唐廷以回纥近塞、两将不和,便派黄门侍郎裴遵庆带着皇帝手谕到汾州谕旨。

仆固怀恩心中冤屈日攒月深,抱着裴侍郎的双足号泣诉冤。裴遵庆向他传达了皇帝推心至诚之意,让仆固怀恩入朝面君,以解嫌猜,仆固怀恩当下允诺。

正打点行装准备上路,仆固怀恩副将范志诚劝说道:"您现在谗言交构,有功高不赏之惧,奈何入不测之地呢? 李光弼以忧死,来以功诛,功不见容,两个人就是先例呵。"

仆固怀恩越想越觉得有理,就以惧死为借口,不去长安面君。

裴遵庆回朝复命。不久,就传来仆固怀恩的儿子仆固玚进攻太原辛云京的消息。辛云京也是百战良将,又早有准备,对阵下来,仆固玚大败,回军途中,他就集军包围榆次。

唐代宗忧心忡忡,任颜真卿为刑部尚书,想派他去仆固怀恩处进行宣慰。颜真卿持重老成,建议道:"仆固怀恩现在骑虎难下,进退两难,肯定不会进京来朝。他手下将士,也都是郭子仪从前的部曲,可以下诏派郭子仪替代他的军职,再喻以逆顺祸福,或许会来。"

郭子仪刚到河中,进攻榆次的仆固玚就因为鞭打汉族将士引起众怒,被焦晖等偏将斩首,献于阙下。一时间仆固怀恩属下将卒迸散,听说郭子仪来,纷纷来投,归者数万。

仆固怀恩知道军变消息,忙跑去告知老母。老太太也很生气,怒叱道:"我一直告诫你别造反,国家待汝不薄。现在军变,祸将及我,奈何!"仆固怀恩惶急无对,再拜而出。老太太提刀追赶,大骂:"吾为国家杀此贼,取其心以谢军中!"

仆固怀恩只带了三百名亲随,渡河而逃,到灵武才敢歇口气,召集亡命唐代宗念其旧功,不加罪,派人护送他母亲至京师,供养极厚,又把他最小的女儿收留,养育于皇宫之中。不久,老太太因为年高而病死,并没有因儿子叛逆被国家杀戮。

朝廷为了安抚仆固怀恩,只是下诏罢免其军职,仍拜太保兼中书令、大宁郡王。

仆固怀恩铁勒本性,刚烈不回,反正是破罐子破摔,索性他就诱结吐蕃,与回纥等诸蕃兵马二十多万入塞,攻陷丰州,进掠泾、汾一带,为害不浅。

当一群乌合贼军横渡泾水时,仆固怀恩被其手下旧将白孝德率兵打得落荒而逃;攻奉天,老上司郭子仪又把他击退遁走。

虽如此,吐蕃、回纥联军兵盛,四面进击,直趋凤翔,京师震骇。

估计是忧愤成疾,仆固怀恩拥军至鸣沙时,突然暴病,几天后就病死,其属下以铁勒旧俗把他火葬。

仆固怀恩一死,首脑顿失,其属下汉军相互攻杀,回纥和吐蕃也各怀鬼胎。关键时刻,郭子仪单骑说降回纥,反击吐蕃,唐朝又逃过一次大劫难(详情见郭子仪事迹)。

可嗟可叹者,仆固怀恩一门,自安禄山之乱起,死于王事者四十六人;及其拒命朝廷,也搅扰了足足三年。唐代宗数次下诏,一直未有直接斥责仆固怀恩"反叛"的罪名。即使收到了仆固怀恩死讯,唐代宗仍旧恻然说:"怀恩不反,为左右所误耳。"深究仆固怀恩起事初衷,也是无可奈何之举,尤其是大太监骆奉先、鱼朝恩事事相激,加之他与大将辛云京不睦构隙,终使自己一生忠义事业,皆化为流水乌有。《叛臣传》中,仆固怀恩名领首位,也真有些冤枉的。

"安史之乱"的恶首之一安禄山

安禄山,本是营州柳城杂胡。其母出身卑贱,在突厥种落中作巫师为生,和男人鬼混时,怀上了安禄山。也不知这小子他爸到底是谁,巫婆就给他起了个突厥名:轧荦山(突厥语"战斗"的意思)。

后来,他跳大神的老妈嫁给突厥的一个下级军官安延偃。安延偃在开元年间降唐,带着当时年仅十几岁的安禄山与另外一个突厥将领安道买的儿子安节厚(安思顺是安节厚的儿子)一起过来,于是两家人关系十分密洽,轧荦山就冒姓安,更名禄山。

安禄山长大后,鬼灵精怪,出身贫贱的他不仅有副好身板,又通晓边境六蕃语言,成为互市郎将(唐朝与少数民族买卖市场的管理员)。

安禄山

也是自小就不是好货,安禄山监守自盗,偷了市场的几只大肥羊去卖,被当时的幽州节度使张守珪拿获,绑在法场上判处死刑,准备杀头。

鬼头刀已经磨好,刽子手正要挥刀,安禄山于绝望中大叫:"您老人家不要击灭两蕃的进犯吗? 为什么杀我这样的人!"张守珪很少见到死囚有这么大胆子的,又见安禄山高大健壮,是块战场抢大刀的好料子,就下令放掉他,与史思明一起署为捉生将(类似侦察排长)。

由于安禄山自小在当地长大,遍知山川水泉地理形式。加上他运气好,没过多久就以五骑人马擒获契丹数十人,很让张守珪惊讶,于是就逐渐提拔他。

由于每出必有所获,张将军便提拔安禄山为身边的偏将。张守珪虽器重安禄山,但对他一身的臊肥肉很讨厌。安禄山很会装孙子,深知自抑之道,每餐不敢过饱,小心谨慎,渐得张守珪欢心,竟成为这位节度使的义子。

由于有高干义父撑腰,安禄山后来被朝廷授为幽州节度副使,成为军分区副司令长官。

只要皇上有采访使到河北来,安禄山就百计谀媚,不计成本地大出金宝进行贿赂。这些中央大员们一回朝,都交口赞誉安禄山,唐玄宗渐知其名。

天宝元年（公元742年），安禄山获授平卢节度使兼柳城太守。转年，入朝面君，奏对称旨，进位骠骑大将军。隔年，唐玄宗在长安亲自任命他为范阳节度、河北采访使。

当时，李林甫用事，嫉恶汉族边臣因军功回朝做宰相威胁自己地位，便竭力推荐安禄山这样的胡人将领任边境节度将帅。安禄山也很会"做人"，大黑胖子看上去憨憨乎乎，一步三摇，给人特别诚实忠厚的样子。

他又自称为杨贵妃的养子，每入朝先拜见比自己小二十多岁的贵妃。玄宗奇怪，问为什么不先拜见皇帝。安大胖子大嘴一咧，说："我们胡人都是以母为尊，先母后父。"

玄宗更以为这位胡人性情率直，天真无邪，信任加重，并令杨国忠兄妹与安禄山结为兄弟。

安禄山见到皇太子，也不下拜。其左右悄声告诉他，这位是储君，应该下跪。安禄山装傻，问："皇太子是什么官职？"唐玄宗说："吾百岁后他接替我当皇上。"安禄山作恍然大悟状："为臣不知朝廷礼仪，心中只有陛下不知有太子，罪该万死！"

这么一丑表功，唐玄宗更认为是大大的忠臣，无限欢喜。

玄宗渐老，床上功夫渐衰。大胖娘儿们杨玉环往往用大锦被包着光屁股的安禄山到内宫中"喂奶"，以为笑戏。此事，玄宗知道了也不怀疑，反正李氏皇族是胡人血统，对男女之伦没有什么特别的嫌猜。

皇上恩宠如此，安禄山大大咧咧。

天宝六年（公元747年），安禄山进位御史大夫。由于深受皇上、贵妃的特别宠爱，安禄山上朝时，见到宰相李林甫也只是哈哈腰，不是十分恭敬。当时，李林甫权倾天下，又以"口蜜腹剑"著称，群臣没有不害怕他的。

渐渐地，安禄山才知道面前这位"笑面猫"的厉害。试想，这位狡黠的大胖子见到比自己阴狺数倍的小瘦子，不能不怕，不能不服。因此，每次见到李林甫，虽寒冬腊月，他也紧张得一身胖汗。

看见威仪已立，李林甫就对这个胡人胖子接以温言，假装和颜悦色。在中书省接见时,脱下自己身上的衣袍盖在安禄山身上,以示亲昵。安禄山大喜过望,拜舞不已,亲昵地呼李林甫为"十郎"。

在节度使任上,每逢信使上朝奏事回来,安禄山就问宰相李林甫对自己有什么"说法",如果回答是"好言",大胖子就"喜跳欢笑";如果李林甫说"大夫近期应好好检点自己的行为",就会吓得安禄山仰躺在座椅上连呼:"哎哟,我要死了!"此事为朝廷优人李龟年(就是杜甫诗中"落花时节又逢君"的那位音乐家)所知,当作笑话讲给唐玄宗听。老皇帝也哈哈大笑,很是觉得好玩,开心。

安禄山晚年,越吃越肥,估计是报复自己在张守珪手下当"孙子"时的节食岁月,每顿猛填狂吃,大肚子垂至膝下,走路时要左右仆人扶持腋下才能迈动步子。但一到上朝面见唐玄宗时,安禄山常作胡旋舞,迅疾如风。

玄宗见此眉开眼笑,问:"你这大肚子里装的什么呵这么鼓圆?"安禄山答:"只有一颗对陛下的忠心!"大喜之下,玄宗把女儿许配给安禄山长子安庆宗。

为了不停地邀功博唐玄宗欢心,抓住老年人心理,安禄山按月向朝廷进贡驼马鹰犬等奇异之物。同时,他多次欺骗契丹首领,邀请这些人欢宴,灌醉后杀掉,把脑袋砍下,尸体埋入一个大坑,前后杀掉数千人,都送入京城报功,说是打仗中斩获的首级。

玄宗当然不知实情,赐安禄山铁券,进为东平郡王。在禁苑中射猎,每获新鲜猎物,唐玄宗都要派人驰赐安禄山,以示恩宠。

后来,安禄山多次以讨伐契丹为名,不断扩充队伍和势力范围,兼三道节度使,权倾中外。

由于杨国忠与安禄山疑隙渐深,他不断向玄宗说安禄山要造反。天宝十三年(公元754年),唐玄宗召安禄山入朝以检验虚实,大胖子提前已知道杨国忠之谋,如约前来。由此,唐玄宗再也不信杨国忠说安禄山要造反的话,并答应安禄山把三道中最重要的将帅职位全部由汉人换为蕃人统领。

归镇时,唐玄宗亲自在望春亭饯行,以御服赐赏。赐服本来是示以恩宠,反而让做贼心虚的安禄山心中暗惊,拜别后疾驰而去,日行三四百里,至范阳老巢加强谋反准备。

天宝十四年底(公元755年),安禄山假托承旨讨杨国忠,起兵十五万造反,一路势如破竹,连连大胜。天宝十五年正月,安禄山占据东京洛阳后,见宫阙壮丽,心中大悦,僭称雄武皇帝,国号大燕。正是由于他建国称帝,部将又忙于四处掠取,没有乘胜追击,唐军才有了喘息的机会。

攻取长安后,安禄山残杀未能跑掉的唐室王孙公主一百多人,纵兵大掠。一路之上,郡县城池,尽为废墟。

安禄山由于体肥嗜酒,体重达三百三十多斤。乐极生悲,当上"皇帝"后,身上长满带状疱疹,而且眼疾加重,后来连东西也看不见了。

由于病痛,本来生性残暴的安禄山更加躁急,动不动就痛打杀戮左右从人。其子安庆绪害怕自己的太子位会被安禄山宠妃段夫人之子安庆恩夺取,就与严庄(安禄山的军师)等人相谋,想先下手为强。

安禄山有个贴身僮仆名叫李猪儿,自小聪明伶俐,十几岁时,安禄山亲自用刀割去他的小鸡鸡。当时血流数升,从人用热火灰给李猪儿的私处敷上止住血才得以活命,作为入室的阉人随侍卧内。平素安禄山穿衣服,都有两个仆人抬起安禄山肥肉大肚子,李猪儿用头顶起这一坨巨肉,才能帮这个大胖子系上腰带。

带状疱疹带来的剧痛使安禄山每每狂怒,不问任何原因就会用大棒子狂殴左右,李猪儿是卧内亲随,每天挨揍更多,心中深怨。

严庄、安庆绪把意思说明,李猪儿马上答应。

唐肃宗至德二年正月十五(公元757年)夜,严庄、安庆绪把门,李猪儿闯入卧内,举起大刀朝着安禄山大肚一刀劈下。

当时安禄山眼睛已经全瞎,双手乱摸枕边佩刀,怎么也摸不到,就手摇床柱大叫:"肯定是家贼杀我!"大叫之时,满肚子肥肠内腑流满大床,气绝而死。

安庆绪派人用毯子包裹起大胖子尸首埋于床下,矫称安禄山旨意宣布自己为储君。

安庆绪性喜饮酒,又无大志,接连被唐军所败。唐肃宗乾元元年(公元758年)秋十月,郭子仪等大军包围安庆绪于邺城。贼将史思明率十三万兵来救,安庆绪情急之中把皇帝玺绶让与史思明。

史思明大败诸路唐军，安庆绪不得已，与兄弟四人及亲信左右前往史思明营中拜谒，被当场拿下，责以弑父之罪，一并勒死。

一同被绞死的，还有当初以六千人潼关大破哥舒翰二十万大军的崔乾祐，估计此人想不到自己死得如此离奇、不堪。

至此，安禄山父子僭位，三年而灭。

"安史之乱"的祸首之二史思明

史思明，原名窣干，为营州突厥杂胡，"史思明"，是唐玄宗亲赐给他的汉名。其人是个瘦杆子身形，半秃，少须，端肩驼背，凹目歪鼻，性情暴躁，是个长相古怪的家伙。他和安禄山自小同乡里，大安禄山一天，两个人关系一直很亲密。

年轻时，史思明先在边将乌知义手下干事，知晓六蕃语言，和安禄山一起干过互市郎的差事。安禄山偷牛，史思明也不是什么好货。他挪用公款事发，又补不上漏子，就往奚人居住地区跑，想穿越这些部落再往远处逃。

史思明

半路，奚人侦察兵发现他，见他服饰可疑，举刀就要杀掉他。情急生智，史思明忙说："我是大唐使者，如果我被杀，你们整个小国都会遭受报复。不如把我抓起来见你们王爷，这样，保我一命，你们也有功。"

奚人侦察兵信以为真，带着他去见本部落酋长。史思明很能表演，他见到奚人酋长也不拜礼，还说："天子使臣见小国国君不用下拜。"酋长很恼怒，但见史思明态度倨傲，处乱不惊，便认定他是真的使臣。

忍住怒气，奚族酋长把他安置在驿舍里，好吃好喝好招待。临行前，还安排一百多人护送，一是表示尊敬排场，二是想趁机与大唐修好，三是想这些人去长安后可以按人头获赏打些秋风。

奚人部落中，有个名叫琐高的将领，常常率众侵扰边境，杀人掠物，名闻唐廷。史思明想把琐高带回国中以将功抵罪，就骗奚人酋长说："虽然这么多人跟随我朝见，但没有人有资格面君。我只听说过琐高的大名，可让他与我回朝。"

奚人酋长大喜，马上派琐高与其账下三百精兵随从。

一行人到了平卢唐境，史思明暗中向边防军主将报信，说："有数百奚兵跟我来国，名义上是入朝觐见，实际上是想乘机作乱，请赶紧准备迎敌。"

唐将连忙布下埋伏，假装好酒好肉摆上犒劳，一群人刚刚坐定，牛肉还没吃上一口，就被突然冲入的唐兵围住，一刀一个，几百人全部被杀。琐高也被绑上，史思明押着他送幽州节度使张守珪处。

张守珪啧啧称奇，直说是"奇功奇功"，立马升史思明为折冲将。至于挪用公款的"小事"，谁也不敢也不会再提。

就此，可见史思明的胆略，但其凶狡残忍，也由此可见一斑。

天宝初年，史思明频频立军功，升至将军，主管平卢军军务。有次因公事入朝面见唐玄宗，赐座交谈，玄宗很器重这个胡人边将。知道他当时已经有40岁，玄宗还抚其背勉励他："卿贵在后，当大器晚成。"

皇帝金口，马上就升迁为大将军、北平太守。天宝十一年，安禄山推荐他为平卢节度都知兵马使。

安禄山造反后，史思明一军为先锋，开始所向皆捷，攻陷饶阳诸郡。一直到天宝十五年初，他才在常山被李光弼、郭子仪合军击败，逃至博陵。

本来叛军马上就要被李光弼攻灭，忽然哥舒翰兵败潼关的消息传来，李光弼回军，史思明蹑后追击，大破唐军刘正臣部。由于史思明所率兵士是安禄山叛军的精锐的部分，他们乘胜进击，攻拔常山、赵郡、河间，大破颜真卿部下和琳的一万二千唐兵。

接着，史思明率部攻下清河。在信都，史思明又把老上司乌知义的儿子乌承恩包围在城里，掠其母、妻、儿子。不得已，乌承恩投降，史思明与之把臂欢饮。由此，可见他还念一些昔日的旧情。肃宗至德二年（公元757年），史思明包围李光弼驻守的太原城，最后反被李光弼用"地道战"打得大败。

当年十月，安禄山被儿子安庆绪等人杀死，史思明顿起自立之心。

邺郡一战，安庆绪困守孤城，史思明率十几万军起来，大败唐军，进而杀掉安庆绪，并统其众。

混乱之际，史思明手下参谋耿仁智劝他向唐军投降，由于当时形势未明，史思明假装答应。唐廷封史思明为归义王、河北节度使。虽然假装归降，史思明"外示顺命，内实通贼"，不断招兵买马，引起唐肃宗警觉。

乾元元年（公元758年）五月，唐廷以乌承恩为副使，派到史思明军中做"策反"工作，想伺机杀掉这个居心叵测的反贼。李光弼也对乌知思严加嘱托，派他赶快行事。

乌承恩是个草包，晚上多次打扮成妇人，夜入诸将家里"策反"。没想到，这些番将出身的将领对史思明很忠心，转头向史思明告发。

由于没有实证，史思明也下不了手。

宾馆之中，史思明在乌承恩床下埋伏两个人。夜见，乌承恩与儿子密谈，说："吾承上命，一定除此逆胡！"

床下两人，闻言突出。

史思明马上带兵抓住乌承恩，搜出李光弼的书信以及写有应该诛杀的叛将名单。史思明等贼将大怒，大呼："我们都投降了，怎么还对我们这样！"

乌承恩是个草包，咕咚跪下，说这些都是李光弼指使他干的。史思明大怒，杀掉乌承恩和他儿子以及从属两百多人，重新反叛。史思明的参谋耿仁智劝他不要反复，这个贼头亲手用棍击碎这个跟了他三十多年的参谋的脑袋。

乾元二年正月（公元759年），史思明僭称大圣燕王。四月，更国号大燕，自称大燕皇帝，改元顺天。

史思明部下兵将是安史叛军中最残暴的队伍，每攻陷郡城，都杀光老弱男丁，以壮丁为挑夫，把妇女奸淫殆遍，凶淫无比。魏州一役，史思明军一天就杀掉三万多人，平地流血数日。称帝之后，他派间谍扬言自己军士思归，诱骗唐军

图文珍藏版

决战。大太监鱼朝恩想立大功,力劝唐肃宗下令各军进攻。不得已,李光弼等人出战,唐军大败,河阳、怀州等军事要地尽归于史思明。

自作孽,不可活。史思明乘胜攻陕州,被唐军挡在姜子坂一带。出战不利,退守永宁。

史思明下令筑三角城,约期一个月时间筑成,以贮备军粮。其子史朝义率军士苦干,城筑好后,未及泥抹外墙。史思明巡视到此,大怒,把史朝义、骆悦等大将召至面前,想杀掉他们以立军威。

史朝义战战兢兢,深知凶残的史思明完全没有父子之情,哀求说:"兵士太乏累,歇一歇马上就上泥。"史思明呵斥道:"你爱惜属下,就敢违我将命吗!"立马城下,目视兵士上泥。害怕被杀,兵士们手忙脚乱,斯须而毕。

临走,史思明冲史朝义大骂:"等我攻克陕州.斩却此贼!"

史朝义大惧。骆悦等人也因兵败惧诛,力劝史朝义先下手。

史朝义不敢答应,骆悦等人就威胁说要投降唐军。史朝义思虑再三,点头示诺。

当夜,史思明宿营中,其亲信曹将军率人守卫。史朝义等人召他来说明行事目的,曹将军只得依从。

夜半时分,史思明因梦惊醒,踞床惆怅。他平时特别爱听优人唱曲,吃饭睡觉都有几个戏子不离左右。由于他为人残忍.杀戮为常,这些戏子心中也十分恨他。见他惊起,几个人忙问原因,他说:"我刚刚梦见河里的沙洲上有群鹿涉水而至,鹿死水干。"说完,就起身上厕所。

几个戏子偷偷说:"鹿者,禄也;水者,命也。此胡命禄都到头了!"

正说话间,骆悦等人提刀闯入,不由分说就劈死数人,逼问史思明所在,余人忙指厕所方向。

史思明听见卧帐内响动不对,翻墙而出,骑马刚跑到马槽处,被追赶而来的兵将射中胳膊,滚落马下。

史思明忍住痛,问"何人造反?"有人答称是怀王(史朝义)起事。史思明老奸巨猾,哀求说:"我早上说错话,才有现在这等事。你们别这么快就杀我,等我攻陷长安再杀我不迟。"一失往日凶暴之态,史思明连声乞命。

转头看见耷拉着脑袋的亲信曹将军,史思明大骂:"这胡误我!这胡误我!"

骆悦挥手,兵士把史思明捆个结实,幽禁在柳泉驿。

史朝义心惊肉跳,见到骆悦等人复命,还连问:"没有惊动圣人(史思明)吧?没有伤着圣人吧?"诸将回答说:"没有。"

于是,一行人伪造史思明诏书,推拥史朝义继位,并杀掉在外统军的史思明亲信大将周挚等人。

为绝后患,骆悦等人先行动手,用绳子勒死了这位动辄就要人命的老上司史思明。

比起史思明,史朝义为人宽厚,但他没有什么政治手腕。安禄山手下各大将本来就与史思明平起平坐,史朝义继位,众人更不拿他当回事。

宝应元年(公元762年)十一月,郭子仪<用法不当>李光弼、以及仆固怀恩带来的回纥兵合军,在邙山与史朝义军大战,大破贼军,斩首一万六千,生擒四千多,降三万两千,叛军精锐皆尽。此后,史朝义在四十多天内八战八败。最后,他被仆固怀恩的儿子仆固玚率军包围在莫州。

宝应二年(公元763年)正月,史朝义在莫州城内大阅诸兵,准备做最后殊死一战。其属下田承嗣劝他说:"陛下您不如携精锐将卒还至幽州,与李怀仙的五万兵相合,再掉头来战。为臣我替您死守此城,等你带兵来我们内外夹击。"

史朝义轻信,当夜带精兵五千突围。临行,握着田承嗣双手,以存亡为托。田承嗣叩首流泪,样子极其"忠义"。已经上马,史朝义又回头,说"全家百口,老母幼子,全托付给将军您了!"田承嗣深深下拜,泪眼不止。

史朝义刚出城,田承嗣就召集诸将,说:"我们起事以来,攻破河百一百五十余城,毁人坟墓,烧人房屋,掠人金帛,壮者死锋刃,弱者填沟壑。事已至此,大军围城,但自古祸福不常,或能转危为安。明天我准备出降,诸位以为如何?"

诸将知大势已去,都连忙称是。

黎明,贼兵在城上高喊:"史朝义半夜跑掉,赶快去追!"唐军不信。田承嗣就把史朝义老母及妻子儿子全都绑上押送到仆固场处。

诸军才知田承嗣是真降,轻装纵马,追杀史朝义。

史朝义跑到范阳,精疲力竭。李怀仙授命其部下李抱忠闭城不让史朝义进城,说:"你们史家人对天子时降时叛,没有恩信可言,以后又要干什么呢!"

史朝义乞求说兵饥无粮。

念在旧日情谊,李抱忠派人送粮于开阔地。大家好歹吃了顿饱饭,士兵们逐渐散去。见周遭军卒皆散,史朝义没办法,只能流泪大骂"田承嗣老奴误我!"

他单人独马,就近转了几个地方,皆遭闭门羹。最后,史朝义跑回幽州城外,自杀上吊而死。平心而论,史朝义还真不是特别坏的人。李怀仙斩其首送于长安。

至此,史思明父子僭号四年而灭。

安史之乱,至此告一段落。史臣说得好:"彼(安禄山、史思明)能以臣反君,而其子亦能弑杀其父。事之好还,天道固然!"

安禄山、史思明两个叛贼虽然只折腾了七年,但使中原板荡,千万生命死于军乱,与之而来的藩镇割据、宦官专政以及党争之祸,最终把赫赫盛唐推上了不归之路。

禄东赞三解难题成和亲

禄东赞(? ~667年)即薛禄东赞,藏籍称噶东赞宇松。吐蕃大相,出身于塔布之世家噶尔家族。唐太宗时,松赞干布为赞普时,曾以穷波·邦色叔则为大相,穷波阴谋叛赞普,事泄自杀。禄东赞因此继为大相,极受信任。640年受松赞干布之命入唐求婚,次年唐授以右卫大将军衔,护文成公主至吐蕃。650年,松赞干布死,其孙继位为赞普。禄东赞独掌国政,在其当政。其间,,抚服边地,规定赋税、清查户籍,对于吐蕃的社会、经济、政治制度的发展起了不小的作用。

唐太宗时,西藏吐蕃国国王松赞干布想与唐朝通好。他听说唐朝皇帝有个文成公主,又漂亮,又能干,就派大臣禄东赞去求婚。幸亏禄东赞智慧超群,连解三道难题,促成藏汉联姻,维护了边疆的稳定。

就在禄东赞奉命来唐朝求婚之时,印度、波斯等好多国家都派了使臣到内地求婚。

唐太宗李世民决定让求婚的使臣们比智慧,说:"哪个最聪明,就把公主许配到他们那里去。"

文成公主

第一次,太宗叫人牵一百匹马驹、一百匹母马,叫使臣们找出哪匹驹是哪匹母马生的。别的使臣都把毛色相同的分在一起,以为白色的马驹是白色的母马生的,黑色的马驹是黑色的母马生的,黄色的马驹是黄色的母马生的。结果都错了。只有禄东赞一人分对了。禄东赞是这样分的:他先把马驹和母马分开关起来,隔了一夜才把母马一匹匹地放到马驹中去。马驹一见自己的妈妈来了,忙扑上去吃奶,就这么一匹匹地放,一匹匹地找,不一会儿全分出来了。

太宗又出了第二道难题:叫人扛来一根两头削得一样大小、一样光滑的檀香木棍儿,问使臣们,哪头是根,哪头是梢?使臣们你望望我,我望望你,谁也答不出来。只有禄东赞跑了出来,用一根绳拴在木棍的中央,然后把它放在花园的池塘里。他指着下沉的一头说:"这下沉的一头是根,那浮着的一头是梢。"皇帝连连点头。

最后,太宗在使臣们面前放了一块很大的玉石,要他们把上边的一个洞眼用线连穿起来。这个洞眼很小,而且,从这头到那头,要经过一条曲曲弯弯的孔道,而且很长很长。使臣们一个个试着用线去穿,怎么也穿不过去。禄东赞也在一边感到为难。忽然,他见地上有只蚂蚁在蠕动着,心生一计,他忙把丝线拴

中国古代野史

·唐代野史·

图文珍藏版

在一只蚂蚁的腰上,然后把它放到孔眼上去慢慢吹气。而在孔眼的那一头,放了一些蜜糖,那蚂蚁就扭动着腰肢,努力地向前爬着。就这样,把丝线穿了过去。

太宗李世民见三道难题全让禄东赞解了出来,想:一个使臣都这么聪明能干,那么,藏王一定更加聪明能干了,就答应把文成公主嫁到西藏去。

睿智宰相狄仁杰

狄仁杰(607~700年),唐代名臣,字怀英,太原狄村(今属山西)人。初以明经举,任并州都督府法曹参军,转大理丞,改任侍御史。历任宁州,豫州刺史等职。武则天即位初年,他任地官侍郎同凤阁鸾台平章事。后被来俊臣诬害下狱,贬为彭泽令,转任魏州刺史,幽州都督。神功元年(967年)复相。睿宗时,追封梁国公,世称"狄梁公"。

狄仁杰

1.智破杀夫案

狄仁杰断案如神是众所周知的,下面讲述的是他审断的案件中颇费周折的一个:

一日,当地的保正禀报县令狄仁杰:有一个名叫郝广友的男子,在端午节那天带了妻子和女儿到市镇上去看赛龙船。他喝了点酒,回家后就酣睡不醒。晚上他家中突然传来凄惨而惊慌的一声大叫,接着他的妻子就痛哭起来。邻居们闻讯赶来时,只见郝广友鼓出两只大眼,已死于非命。

对这个案件狄仁杰一时摸不着边际,虽然他怀疑这是个"谋杀亲夫"的案件,但那女子矢口否认,查那尸体,既无伤痕也无中毒迹象。后来经过他细心勘查死者的住房,才发现地窖内有一秘密通道接连邻居孙坤之家。经过盘问孙坤,他承认了与郝广友妻子私通之事。但郝妻仍不认罪,一口咬定那通道是原来购置房产时就有的,孙坤曾几次向她求欢,她未曾答应。她甚至破口大骂孙坤,说孙坤因调戏她不成,才将她丈夫害死的。吓得孙坤也连忙翻供,说那通道虽然连接两家,但他从未使用过。事情搞得越来越复杂。

狄仁杰于是耐心地问郝妻:"你丈夫白天还好端端的,为何晚间便突然死去呢?"

郝妻答道:"这只能说是命里注定的,俗话说,阎王要你三更死,你便活不到五更。小妇人今春曾算过一卦,说我夫妻生肖相克,不是他死,就是我亡。早知这样,我愿代我丈夫先死。"

但从她这一番话中,狄仁杰了解她相信因果报应和阴间阎王之说。当下他就将郝妻下在狱中,并想定了一个计策:装扮阎王诈出实情。

是夜三更,一阵阴风吹进郝妻狱中,她从睡梦中惊醒,只见两个蓬头小鬼将铁链套住她的脖子,将她拘到一个阴森森的大殿,两旁凶神恶煞张牙舞爪,牛头马面如虎似狼。大殿正中端坐着阎王。郝妻见此场面,早就吓得魂不附体。

在幽暗的烛光下,只见从殿后走出一个年轻鬼魂,突鼓两眼对着郝妻大叫:"你这贱人,还我命来!"郝妻一见,那人竟是自己丈夫郝广友。

阎王爷开口问道:"郝广友,有何冤屈可如实禀告。"

那郝广友呈上一份状纸说道:"小的冤屈全写在状纸上,请大王审阅。"

阎王看完状纸,对着郝妻大声喝道:"大胆淫妇,私通奸夫,谋害亲夫,还不从实招来。"

旁边的凶神恶煞、牛头马面发出阵阵喝声,郝妻只得磕头求饶,为免下地狱,愿从实招供。

原来,她私通孙坤之后,就处心积虑要害死郝广友。端午节那天,她趁丈夫酒醉熟睡之际,用扎鞋底的钢针钉入丈夫的脑心,因有头发遮住伤口,所以除两眼突然鼓出外,使人查不出死因。

郝妻招供画押完毕,大殿上忽然灯火齐明,那案前端坐的阎王爷,原来是狄仁杰假扮的,那些凶神恶煞、牛头马面以及蓬头小鬼都是差役化装的。

那郝妻还想翻供，已有差役来报，在郝广友的尸体头上找到钢针一支，郝妻见物证被获，再无可抵赖。

2.阎王手下逃命

狄仁杰出身官宦世家，祖父孝绪、父亲知逊都是朝廷命官。狄仁杰自幼受到良好的家庭教育，文化修养很高。他聪敏忠正，从不阿附苟合，从小就显示出耿介的性格，又以孝亲为时人所重。武则天执政后，武承嗣等诸武得进，并觊觎皇位，企图得立为太子。一些无耻的大臣依附武承嗣等人，劝武则天立武承嗣为太子以承大统。当时的太子是豫王李旦，即著名的风流天子李隆基的爸爸。在这个问题上，武则天并未糊涂，没有应允。但诸武势大，著名酷吏来俊臣等皆是他们的爪牙。然而干练贤达很有时望的狄仁杰却不依附诸武，更不依附来俊臣。这不能不对这股邪恶势力形成威胁，于是惹动他们的肝火。由武承嗣等授意，由来俊臣出面，分头嘱人上书告密，编造谋反的罪名把狄仁杰及裴行本、裴宣礼、卢献、魏元忠等大臣投进大牢，并由来俊臣主审此案。众人危在旦夕。

那么，诸武及来俊臣为何要置狄仁杰于死地呢？原来狄仁杰已逐步得到武则天的重视，于天授二年九月丁酉日（公元691年10月26日），转地官侍郎判尚书同凤阁鸾台平章事。地官侍郎即由户部侍郎改称，凤阁鸾台由门下中书两省改称而来，唐代六部尚书凡加"同中书门下平章事"字样即进宰相班子，狄仁杰此时便以这种身份当了宰相。精明强干颇受武则天信任的宰相却不肯依附诸武，这必然成为其得到最高统治权的巨大障碍，所以诸武与来俊臣才将他扳倒。

来俊臣设置好公堂，气势汹汹地提审诸位大臣。狄仁杰被带上大堂后，一问即马上承认道，"大周革命，万物维新。唐室旧臣，甘从诛戮，反是实。"来俊臣见状，点头冷笑，但毕竟无法用刑。其他几位官员本佩服狄仁杰的精明，官品又都比狄仁杰小，故基本上都重复一遍他的话，只有魏元忠辩驳几句。来俊臣也未加酷刑，令押回大牢。这样，狄仁杰用一问即供之法先保护了自己及同僚的肉体。试想，狄仁杰当时年事已高，怎能承受住来俊臣手下这班狗奴的酷刑呢？他这样做只是为了争取时间再想办法，也可叫作"缓刑之计"。

由于狄仁杰的"认罪"态度最好，对方便放松了对他的看管和监视。判官王德寿入狱探视狄仁杰，劝他引入杨执柔可减罪，狄仁杰坚决未从。王德寿离去后，仁杰乘狱卒不防之时，从被头上撕下一块布，因无笔墨，咬破食指用血写成冤状，说是与狱卒借笔砚而书，似不近情理，然后将绵衣拆开一个口，把这封写在帛上的血书藏在绵中再缝上。第二天，王德寿再来看他，他说天气转热，请王德寿把衣服带出去转给家里，把绵子拆出去再送进来。王德寿曾是他的下级，故两次探监，虽另有所图，但大面上还过得去，就答应了。狄仁杰的计谋得以施行。

家中人见到绵衣，知道定有缘故，也顾不上悲伤，忙拆开绵子，看到血书。狄仁杰的儿子狄光远带着血书去求见武则天。武则天见到血书后立刻派人传召来俊臣。来俊臣扯谎说："仁杰等下狱，臣未尝褫他巾带，寝处很安适，如果不谋反，怎能承认呢？"武则天问："全案人员都招了吗？"来俊臣答："只有魏元忠未实供。"武则天当即吩咐，需再次审明，免得枉屈。来俊臣唯唯而退。

至此，形势对狄仁杰虽稍有好转，但并未有根本的变化。魏元忠的死不承认无疑又为狄仁杰赢得了一些时间。来俊臣见只有魏元忠不招，便让人把他两腿朝天倒挂起来。逼他招供。魏元忠真是个硬骨头，竟大叫道："就当我骑驴掉下来，脚挂驴蹬上了，被驴所拽，有什么了不起，你们要借我的脑袋尽管割下去，我死也不服。"正审问时，武则天派人来察看审案情况及犯人的情况。来俊臣忙把魏元忠放下来，又让人给狄仁杰穿上官服。来人把这一切都看在眼里，但也不敢如实回报。来俊臣又令王德寿假造一封狄仁杰的《谢死罪表》转呈武则天。形势对狄仁杰更为不利。

正在万分危急之时，出现了一位奇童救了狄仁杰等人的性命。武则天见到狄仁杰的《谢死罪表》，犹豫不定。正当此时，被来俊臣害死的大臣乐思晦的儿子上书告变，武后召见他。一见面武则天便有些吃惊，因为这小孩尚不到十岁。只见这小男孩不慌不忙地说："我父已死，我家已破。只可惜陛下法度被来俊臣等人弄坏了。陛下若不信我的话，请选择朝廷大臣中最忠正而又为陛下所亲信的，说有人告其谋反然后交来俊臣审，没有不承认的。"话句句在理又出自小男孩之口，一般说小孩儿口中无谎言，怎能不打动武则天的心？小孩退去，武则天立即召见狄仁杰。

狄仁杰见到武则天，极口辩冤。武则天问："卿为什么承认呢？"仁杰答："若不承认，恐怕早已拷掠死了！"武则天又问："那为什么作《谢死罪表》？"狄仁杰一愣，连忙否认。武则天将表递给他，狄仁杰认识是王德寿的手笔，向武后说明。骗局彻底揭穿，真相大白，狄仁杰及同案犯皆被无罪释放。

口蜜腹剑李林甫

李林甫（？～752年），唐玄宗时奸相，初为宫廷侍卫。历官御史中丞，刑部、吏部侍郎。因趋附玄宗宠妃武惠妃，擢为黄门侍郎。开元二十二年（734年）拜礼部尚书、同中书门下三品。时人称他"口有蜜，腹有剑"。同时为相的张九龄、裴耀卿、李适之等皆被他排挤罢相。李林甫在相位19年，玄宗晚年政治腐败，他有很大责任。

1. 跑官有秘诀

李林甫是唐玄宗的一个奸相，史书上说他"口有蜜，腹有剑"，其实是说他"奸"气熏人。

李林甫

李林甫从一个下级警卫官（千牛直长）高升到大唐宰相，其升官的秘诀主要是靠"跑"，他钻到三条跑官的路线：

一是亲戚路线：通过他的舅舅"跑"当时中央三省之一门下省侍中源乾曜。他的舅舅姜皎，当时任朝廷秘书监。按说，官官相通，他舅舅招呼一打，源侍中高抬贵手，李林甫升官顺理成章。但是，唐代秘书监官职品级较低，李林甫的指望并非放在与侍中权位相距尚远的舅舅身上，他是另外看重了舅舅的妹婿源光乘。

　　源光乘是源乾曜的侄孙,且与源乾曜之子源清相善。李林甫通过亲戚,与当朝权贵侍中源乾曜的贵公子源清联结起来。当源乾曜听到儿子告诉自己"李林甫求为司门郎中"时,虽认为郎中"须有素行,才望高者",深知李林甫不堪此任,还是于几天之后提升了他,并连续升他为御史中丞。

　　二是夫人路线:李林甫通过太监"跑"唐玄宗的武惠妃。在杨贵妃未得宠之前,"武惠妃特承宠遇","爱倾后官"。李林甫深谙枕边风的威力,就千方百计"跑"太监,利用已经获得的御史中丞身份,"多与中贵人善",请他们给武惠妃捎话献忠心,表白自己"愿保护寿王(惠妃之子)",支持寿王夺取太子尊位。此招果然灵验:惠妃对李林甫十分感谢,不仅在皇上面前经常夸李林甫有才有德,还经常暗暗地帮助他。

　　三是情人路线:李林甫的情人是武三思(武则天侄)之女。恰好,高力士"本出武三思家",当时又红得发紫,"四方奏请皆先省后进"。李林甫尽管"无学术,仅能秉笔",又说话"陋鄙,闻者窃笑",却有一个"善音律"的长处,而且"面柔""有狡计",这是他博取女人欢心的条件。大概这就是武三思之女"与林甫私"的原因。李通过情人去找高力士,等于接通了最高层。

　　李林甫升御史中丞后,一方面有高力士通风报信,一方面有武惠妃暗中扶助,便更加官运亨通,很快升黄门侍郎,又由侍郎擢升礼部尚书、同中书门下三品(宰相)。

　　纵观李林甫的"跑官"策略和路线,其得官靠"奸"字开路的情景已一目了然。跑来的官能用于为民谋福,为国尽忠吗?李林甫后来在相位19年,专事"迎合上意,以固其宠;杜绝言路,以专其权;压抑贤能,以保其位;屡兴大狱,以张其势……"差点儿把好端端一个大唐天下搞亡了!

2.贪恋富贵失仙源

　　李林甫在东都洛阳时,特别爱好狩猎和打马球、架鹰养狗,终日游乐。他常常在城里的槐坛下骑驴打球,没有一天不去。有时骑驴打球累了,就扔掉驴,干脆坐在地上或头枕着手躺在地上歇息。这天有个十分丑陋的道士经过这里,他对坐在地上的李林甫说:"骑驴打球有什么意思,值得你这样沉迷呢?"李林甫瞪了道士一眼怒冲冲地说:"关你什么事?!"道士走了。

第二天道士又来了,对李林甫还是说那两句话。李林甫从小就聪明过人,立刻意识到道士不是个平凡的人,就很快从地上起身整理好衣服,向道士恭敬地施礼。道士就说:"郎君你虽然很会骑驴打球,但早晚会从驴背上掉下来的,要是摔坏了,你将后悔莫及呀!"李林甫向道士表示自己今后要谨慎小心加强自己的修养,不再骑驴打球了。道士听后笑着说:"三天后的五更时,我在这里等你。"李林甫答应了。

到了那天约定的时间,李林甫到时道士已经在那里了。道士说:"你怎么来晚了?"李林甫忙赔罪。道士让李林甫三天后五更再来。到了那天,李林甫半夜就赶到约定的地点,过了很久道士才来。这次道士很高兴地和李林甫谈笑,并说:"我在人世已经500年了,现在我考察了此间众多的人,一直没有发现有仙源的,只有你一个人名列仙籍,你将会白日升天成仙。如果你不愿意成仙,也可以当20年大权在握的唐朝宰相。你今天先回去,三天后的五更时你再到这里来吧。"

李林甫回去以后心里暗想:"我本身就是皇族,从小就豪放侠义,20年大权在握的宰相太好了,成仙怎么能和当宰相相比呢?我决心向道士请求让我当宰相!"再见到道士,李林甫说自己愿意当宰相,不想成仙。道士听后,非常感叹惋惜,斥责李林甫说:"真没想到你竟这样浅薄庸俗!我考察了500个人才遇见你这一个可以成仙的人,你却是这样地让我失望,太可惜了!"李林甫后悔了,要求再换过来,不当宰相让他成仙,道士说:"不行了,上天神灵已经知道你想当宰相的心愿。"临别时道士告诫李林甫说:"你可以当20年宰相,掌握着生杀大权,威震天下,然而你千万不要暗藏坏心要阴谋害人,要多救人少杀人,多积阴德。这样,300年后你就能白日升天成仙了。现在你的官运已经来了,可以进京做官了。"李林甫哭着伏在地上叩拜,道士和他握手告别。

当时,李林甫的堂叔当户部郎中,李林甫到京后就去见他。堂叔因为李林甫一向放纵浪荡，很少教导他，也不和他来往，很惊奇地问道："你怎么跑到京城来了？"李林甫说："侄儿知道以前错了，这次来拜见堂叔，就是决心从此改邪归正好好读书，如果再犯错误，情愿受堂叔的鞭打。"堂叔仍然感到奇怪，没让他读书，而是让他在每次宴请宾客前把杯盘餐具弄好。李林甫把餐具洗得非常干净，罗列得工整有序。

有时堂叔要李林甫去做什么事，即使时值严冬，李林甫趟着很深的雪，也毫不推辞去把事办成。堂叔对他的印象越来越好，在上朝时也常常和同朝大臣们说起他这个能干的侄子。后来在堂叔的关照下，李林甫以先世的功勋而赐官，任命为赞善大夫，不到10年，就当上了宰相。

李林甫胸有城府，很懂得玩弄权术，能暗中体会皇帝的意图，所以深得皇上的恩宠，成为朝中大权独揽的重臣，宫廷内外不论官民没有不怕他的。几年后，李林甫为了自己的地位更加巩固，就排除异己，把很多人抓进了监狱，枉杀了不少好人，把那位丑道士的告诫完全忘在脑后了。

当时，不管什么人只要拜见李林甫，必须在离他府邸很远的地方就下马步行，不敢骑马。有一天近中午时，一个人非常放肆地敲李林甫家的门，门官非常吃惊地开了门，只见是一个容貌干瘦的道士，说要见李相国。门官大声呵斥着把道士赶走，又把他鞭打了一顿送到官府，那道士后来笑着走了。

第二天中午，道士又来了，门官只好找机会报告了李林甫。李林甫说："我不记得曾认识过什么道士，你让他来见见我吧。"等道士拜见李林甫后，李林甫才突然想起这道士正是在槐坛曾告诫过他的那个人，顿时感到又怕又愧，不知所措。进而又想，当初道士预言自己只能当20年宰相，现在已快到20年了，但道士当初的告诫却没有遵守。想到这里，心中更恐惧，像突然生了大病似的。

李林甫向道士行了礼后，道士笑着说："先生这一段可安好吗？当初我对你的告诫你一点也没听，丝毫没有积什么阴德，而且枉杀了很多人。你的一切罪行上天都了如指掌，你就不怕对你降下惩罚吗?!"李林甫只有不断地磕头。李林甫把仆人全部都打发走，让道士住在堂屋中，他和道士各睡一张床。道士只吃少量的茶点，其余什么也不要。

　　夜深时,李林甫问道士说:"当年你所说过我有上天成仙的缘分,现在我还有这种可能吗?"道士说:"由于你在人间的罪行,折去你300年仙缘。由于受到上天的谴责,你的仙缘推迟了600年。600年后,你才能成仙。"李林甫说:"我的寿数快满了,既然我有这么深的罪孽,以后会怎么样呢?"道士说:"你想知道今后,只有和我到天上去一趟。"李林甫忙下床跪拜,要求道士带他上天一趟。道士说:"你坐在那里凝神静心,排除所有的杂念,就像一棵无知无觉已枯死的树。到了那个程度,我就可以带你一同上路了。"过了半天,李林甫说:"我现在已经什么杂念都没有了。"道士就下了床招呼道:"咱们可以走了。"李林甫不知不觉就跟着道士走,李林甫家大门和长安城东的春明门都自动打开,李林甫拽着道士的衣服跟着走。李林甫长期养尊处优没吃过苦,更没走过这么远,走了十几里以后,就累得受不了。道士也知道,就问他是不是想歇一会儿,然后两人就坐在路边。过了一会儿,道士给了李林甫一根竹竿说:"骑上它,到了地方就自然会停下,但路上千万不要睁眼!"李林甫跨上竹竿,立刻觉得身子腾空而起,飞越大海,耳边响着水声和风声。过了一顿饭时间终于停了下来。李林甫睁眼一看,见来到一个大都城前。城门前排列着好几百士兵,见道士到来,都行礼迎接,也向李林甫行礼。进城走了一里多,来到一座府门前。进了大门,见两边都有士兵侍卫,两人登上台阶上了大殿,见殿里设着华丽的床帐,李林甫忽然觉得很困乏,想上床睡下,道士惊慌地把他拉起来说:"你要在这床上睡下,就回不到人间了,因为这里是你死后才能来的地方。"李林甫说:"如果这里真是我死后的归宿,我死也无怨了。"道士笑着说:"这里也不是你想的那样完美,也会有小病小灾,苦事也不少。"道士就跟李林甫出了大门,又把竹竿给他骑上。不一会儿李林甫就又回到人间自己的家,进了门到来堂屋,见自己的肉体闭着双眼坐在床上。这时道士喊道:"李相国,李相国!"李林甫才还了魂醒过来,哭着向道士拜谢。道士第二天告别李林甫,李林甫送他金银绸缎,道士一律不要,只是挥挥手说:"好自为之吧,600年后我还能再见到你。"说罢就出门不见了,不知去了哪里。

3.嫉贤妒能设圈套

李林甫为相期间，嫉贤妒能，睚眦必报，整日不琢磨事，专琢磨人。他琢磨哪些人呢？大凡声望功业出己右者，皇上厚待者，势位将逼己者，才名显于时者，均在"琢磨"之列。

天宝元年（公元742年），有一天，玄宗驾临勤政楼。兵部侍郎卢绚正骑马经过楼下，风标清粹，垂鞭按辔。玄宗看到，不禁称赞道："真乃伟丈夫也！"以目送之良久。

李林甫平时在皇帝身边布置了许多耳目喉舌，此事很快被他知道。他担心卢绚被皇上重用，便设计阻挠其成。第二天，李林甫把卢绚的儿子召来，说："你的父亲平时声望很高，皇帝想派他到交州、广州一带去做官，如果怕边地太运，不想去，不妨打个报告，就说父亲已年迈，不堪远行重任。"

卢绚害怕被任命到交州、广州一带边远地区任职，只好听从李林甫的"指点"，上书奏言自己年老，不堪重用，结果被罢免兵部侍郎之职，出任华州刺史。卢绚到任不久，李林甫又诬其借口有疾而不理政事。玄宗对他的好印象一下子抹煞了，改授为太子员外詹事。卢绚就是这样让李林甫给耍了。

原中书侍郎严挺之，早年被李林甫排挤出京城。后来唐玄宗想起他，问李林甫："严挺之现在在哪儿？此人可用。"李林甫当晚把严挺之的弟弟严损之召到府中"叙旧"，虚伪地以老朋友自居，说："当授子员外郎。"李林甫又进一步套近乎说："皇上对你哥哥很关心，须作一计，入城面见，当有大用。"并教严损之为其兄写一状纸，以身体不好为名，请入京就医。

严损之不知是计，反倒心怀感激，一切照办。李林甫拿着严损之写的状纸，面奏玄宗说："严挺之年事已高，近患风疾，急需辞官就医。"玄宗听后，叹息良久，只好令严挺之到东京养病去了。一起被安排去东京"养疾"的还有李林甫憎恨的汴州刺史齐瀚。

李适之也是李林甫排挤的对象。他任刑部尚书，是太宗李尚民的曾孙，"昼决公务，庭无留事"，办事效率极高。天宝元年牛仙客死，代为左相，被李林甫视为竞争对手。一次,李林甫故意对李适之说:"华山有金矿,采之可以富国,上未之知。"适之性疏率,玩人不是李林甫对手,他未识圈套,以为李林甫说的是好事,就进奏玄宗。玄宗闻之大悦,认为这个建议不错,就将此事征询李林甫的意见。李林甫不无担忧地说:"臣知之久矣,然华山陛下本命,王气所在,不可穿凿,臣故不敢上言。"玄宗听了,觉得李林甫是一片"忠心",而怨李适之考察问题失之轻率,因而宣布,"自今奏事,宜先与林甫议之","适之由是束手",渐被皇上疏远。

表面上看,李林甫甜言蜜语,好像很关心人,实际上,暗藏杀机,有自己的险恶用心。他还常常挑拨他所反对的人之间的关系,制造矛盾,各个击破;或在两败俱伤时,坐收渔利。户部尚书裴宽,平时为皇上所器重,李林甫怕他有一天入相,威胁自己,便设法阻拦之。刑部尚书裴敦复"平贼有功",皇上表彰了他,李林甫心内忌之。二裴之间本有矛盾,他总算从中找到了缺口。

李林甫怂恿裴敦复买通杨玉环的姐姐,在皇上面前说裴宽的坏话,致使裴宽坐贬为睢阳太守。接着,李林甫又采取明升暗降的手法,借口裴敦复有战功,奏请皇上让他充任岭南王府经略使。裴敦复不太乐意,稍稍迟疑,没有及时赴任,则被李林甫反奏一状,坐"逗留京师",贬为淄川太守。就这样,李林甫在不到一年的时间里就把裴宽和裴敦复赶出京城,何谈入相?

嫉妒成性的李林甫不仅排斥朝官,还注意"琢磨"边帅。按唐朝传统,边帅皆用忠厚名臣,其中功绩卓著的人往往迁升入朝,拜为宰相。李林甫欲堵边帅入相之路,乃献一条奸计,即不用文人和贵族子弟为边帅。天宝六年(公元746年),他向玄宗再次进言:"文臣为将,怯当矢石,不若用寒酸胡人(出身低微的少数族将领)。胡人则勇决习战,寒族则孤立无党。陛下诚以恩给其心,彼必能为朝廷尽死。"其花招是,少数民族将领不识汉字,驻边领军,才能再大也不会入朝拜相。这就从根本上杜绝了边帅入相的路子,自己的相位可长保无虞。玄宗未察其奸,竟听信其言,选用安禄山做边帅,委以重兵,遂有天宝末年"安史之乱"的发生。

李林甫对有贤能的人或杀或贬或压制不用,而只用一些才智平庸而善于溜须拍马的小人,这自然使得唐朝末期纲纪崩坏,政治腐败。

早在开元年间被张九龄斥逐朝廷的"伏猎"侍郎萧灵(腊、猎不分。越是没知识的人,越起一些偏、冷、怪字的名),重又被李林甫引荐入相府。"目不识丁"的牛仙客被李林甫称有"宰相才"。专用神仙符瑞取媚于上的陈希烈,李林甫认为"柔佞易制",于公元746年引荐为相,同平章事。这些人被重用后,都成了李林甫的走狗。

4.炮制三狱案

唐朝天宝后期,李林甫已经结结实实地坐稳了相位。他屡次兴起大狱,或诛杀或贬谪贵臣,手段残忍,无所不用其极。三方头案就是他迫害政敌而制造的三次冤案。

由于妒恨兵部尚书兼左相李适之,李林甫制造了"兵部案"。公元745年,李林甫无端向兵部发难,诬告兵部官员以权谋私,逮捕了官员60多人,交给京兆尹和御史审讯。一连审讯几天后,李林甫仍然得不到任何口供,只好交给法曹吉温。吉温非善良之辈,因此受到李林甫的赏识。他严刑逼供,"或杖打或挤压,哭嚎之声,撕心裂肺",致使这些兵部大员们个个屈打成招,没人再敢违背吉温的意旨,画押招供,互相揭发。李适之是太宗李世民的曾孙,面对李林甫咄咄逼人的气势,此时也束手无策,不得已,便上书皇帝要求外迁。于是,他被罢了宰相一职,出任宜春太守。

李林甫一手制造的"韦坚案",有的也称"东宫案"。韦坚是皇太子妃的哥哥,自从原太子李瑛被废,东宫虚位后,李林甫多次劝皇上立寿王为太子,可玄宗没有听他的话,另立忠王为太子。由于新立的太子早就对李林甫不满,李林甫心里也明白这一点,所以李林甫担心将来太子登基后自己早晚要倒霉,就时时刻刻"巧求阴事,密谋推翻太子。"

却说韦坚是怎么惹李林甫"生气"的呢?他是新立太子忠王的姻亲,担任江淮转运使期间,很有政绩,受到皇上恩宠,又与当朝宰相李适之相处很好,所以李林甫把他看为眼中钉,恨得咬牙切齿。由于时机不成熟,阴险的李林甫要考虑影响，没有直接治韦坚的"罪"，而是采取先拉后打的办法。他表面上对韦坚很好，提升他为刑部尚书，以此麻痹他，接着，派杨慎矜暗里察看他的动静。

恰巧，太子的朋友、边防重将皇甫惟明进京述职，他看到、听到李林甫如此专权，愤愤不平，私下规劝玄宗撤掉李林甫。谁知此事泄露，李林甫决定先下手为强。他让杨慎矜诬告韦坚和皇甫惟明搞阴谋，当即把他两人收进牢狱，交给京兆府曹吉温审理。因找不出具体的证据，韦坚被贬出京城，皇甫惟明仍回边镇，降级使用。韦坚的弟弟韦兰、韦芝不服，替他的哥哥喊冤，也被贬往岭南；凡是与韦坚有牵连的人都被诬蔑为同党，贬官流放的竟达几十人。

李林甫并没有就此罢手，他一路追杀过去。747年，他奏请皇上，要求分遣御史到各地巡查被贬谪的官员，其用心不言自明。派往岭南路的御史罗希奭自然也是李林甫的心腹，他根据主子的授意，从青州到岭南，对被李林甫贬谪的官员，见一个杀一个，搞得沿途郡县人心惶惶。李适之谪居宜春，听到这一消息后，忧惧万分，想到自己大祸临头，大呼："唯愿转世不再做朝官！"一仰脖，咕嘟咕嘟，喝药自杀了。他的儿子李普迎奉父亲尸骨到东京，李林甫知道后，阴险地说："斩草务必除根！"派人诬告李普，乱棍打死在河南府大堂上。趁此机会，皇甫惟明、韦坚三兄弟也都被赐死外地。对韦坚，李林甫不知怎么会有这么大的刻骨仇恨，人死后仍不放过。因韦坚一直任江淮转运使，李林甫又遣使去江淮州县搜罗韦坚的"罪恶"，甚至连船夫也抓了起来，犯人一时充满牢狱。此案最终还是牵涉到太子妻族，太子整日战战兢兢，唯恐查到自己头上，赶紧上表请求与妃离婚，才得以保全自己的性命。

最惨的恐怕要算是"杨慎矜案"了。他是隋朝炀帝的玄孙，玄宗察访他有才干，授以御史中丞，他因惧怕李林甫，不敢接受；几个月后，李林甫接纳他为自己人时，才敢到任并兼诸道铸钱使，这期间，曾帮李林甫诬告韦坚。不久，又升任户部侍郎。杨慎矜忠于职守，兢兢业业，渐受皇上重用。李林甫却不由得妒火中烧，他怕日后难以控制，即使是自己手下的人，也绝不客气。

于是李林甫与王鉷一同谋划，因杨慎矜是隋炀帝玄孙，便诬告他与周边小国有勾结，家里窝藏图谶之书，反对朝廷，阴谋恢复祖先基业。为了求得罪证，李林甫诬蔑太府少卿张瑄曾经和杨慎矜一起谈论过谶语,将张瑄下狱。因确实没有这事,张瑄矢口否认。李林甫气急败坏,用铁镣铐住他的双脚,让人抓住他脖子上的枷锁,像拉皮筋一样,用力向前拉拽,身体加长数尺,腰几乎被拉断,眼鼻出血,气绝身亡。

李林甫无奈,又找新的替死鬼,逮捕了一个名叫史敬忠的术士。史敬忠经不起严刑威吓,无中生有,胡编乱造了三页纸,承认自己曾与杨慎矜谈论谶语,企图谋反。获得人证后,李林甫又寻找物证——谶书,一时搜查不到,竟派殿中侍御史卢铉将伪造的谶书挟往杨慎矜的老家中,说是在老家中发现。李林甫获得"证据"后,上报皇上,玄宗即赐杨慎矜自杀,满门抄斩,其他受牵连遇害的达70多人。

裴度失印不查知自回

裴度(765~839年),字中立,河东闻喜(今山西闻喜县)人,唐宪宗时宰相。贞元年间进士,由监察御史晋升为御史中丞。力主削除藩镇,转升为宰相。元和十二年(公元817年)督师攻破叛将占据的蔡州,擒吴元济,河北藩镇大惧,多表示顺从政府。使唐代藩镇叛乱的局面得到控制和平定。晚年因为宦官专权,他辞官退居洛阳。

裴度是唐代著名的宰相,在他还没做宰相之前所发生的一件事情,就足可证明他是个宰相之才。当时,度任中书侍郎,一天清晨,他将一个文件交与小吏,叫他速去盖上中书省省印上报。

不一会儿,小吏上气不接下气地奔来报告道:"不好了! 大人,省印不在印盒,肯定被偷走了!"

堂上同僚都吃惊不小,丢了印便是严重失职。追究起来掉官帽不说,弄不好会掉脑袋。大家都站立起来,道:"这还了得? 快快查办!"

裴度摇手,示意大家坐下。他笑笑说:"各位不必惊慌,坐下继续谈我们的事。"

众人不解,再也无心议事。

刚过片刻,刚才来报大印丢失的小吏又来报告说:"奇怪,省印找到了,仍在原处。"

裴度毫不在意地点点头。

众同僚见裴度一直镇静自若料定省印不会丢,不知他何以得知。

裴度笑道:"你们可知后汉曹州济阳县县印丢失之案?县印由县令和县主簿昼夜轮流保管。当时县令有个妾,与妻争宠,县令爱妻而不爱妾,妾感到愤恨,便将县印藏了起来,印盖的封条仍然保持原样。主簿当晚接到印盒。第二天吏人要用印,打开见是空盒子。当时众人皆慌,而主簿却神态安详,向县令汇报之后,立即不露声色地进行查找,果然在县令房舍的灶头烟煤堆里找到了县印。主簿何以不作声张,主要怕盗印人一时情急,将印毁掉,那就坏了大事。今日我省印丢失,我料定是吏人盗用省印去印署驿券了。这是内部人干的,干完定还归原处。倘若刚才急于追查,他怕承担罪名,弄不好就会把印投进水火里灭迹了。"

同僚们听罢这番话,恍然大悟。

专权祸政程元振

程元振(? ~764 年),生卒年代不详。唐肃宗、代宗时宦官。他同相李辅国勾结。发动宫廷政变,废了张皇后,拥立代宗,骗取信任。官至骠骑大将军,总领禁军,专政自恣。广德元年(763 年)隐匿吐蕃进攻军情不极,致代宗仓促逃离长安,被弹劾放归乡里,因私入京师,被流放江陵(今湖北荆州),死在途中。

1.做帮凶诛杀皇后

至德元年(公元 756 年),因安史之乱,唐玄宗率领朝廷文武百官及皇室贵族逃往四川。其子李亨则在大宦官李辅国和爱妃张良娣的策划下,去了朔方节度使驻地灵武，被玄宗授为天下兵马大元帅。当年九月，李亨即位，称作肃宗。至德二年（公元757年），郭子仪收复长安、洛阳，肃宗回到长安，已是太上皇的唐玄宗也从四川返回。

唐肃宗的登基即位，主要靠的是李辅国的谋权，因此他很信任李辅国，并给了他很大的权力。不过皇后张良娣却渐渐对李辅国的专权产生不满。

程元振

宝应元年（公元762年）四月，肃宗病重不能理事，让太子李豫监国。张皇后对太子说："李辅国统帅禁军的时间很长了，他擅自向四方发布命令，说是皇帝的旨意。他还最嫉恨我和你。如今你父皇病重，李辅国和程元振狼狈为奸，阴谋作乱，如不除掉二人，我们马上就大难临头了！"太子听后流泪说："父皇病重，生命垂危，李、程二人都是父皇的老部下，如果我们现在不声不响地杀了他们，不仅会使父皇受惊吓，还会出乱子，还是慢慢来吧。"

张皇后见太子无意杀掉李、程二人，只好敷衍说："既然我儿采取优容政策，容我考虑考虑再说吧。"

张皇后退下，并没有多想，立即找来越王李系，告诉他这个计划，让他联合兖王李偘一起行动。李系立即着手准备，命令内侍段恒俊挑选200名身强力壮的宦官，全身披挂，到肃宗养病的长生殿后集结。然后，由张皇后出面，以肃宗名义召太子到长生殿来。

哪知，这一行动已被李辅国的帮凶程元振探知，他立即报告了李辅国。掌握禁军大权的李辅国调来一大批禁军，守住太子进入宫城的必经之路——凌霄门。太子果然途经此门。程元振迎上去说："长生殿内将会发生恶战，殿下千万不能进去。"太子回答说："绝无此事，父皇病危召我，怎能怕死不去呢？"程元振以不容置疑的口吻说："国家事大，千万不能进去。"几乎是苦苦哀求，并招呼禁军士兵，簇拥太子到玄武门外的飞龙厩里躲藏起来。

天黑后,程元振亲自带兵闯入宫城,很快捉拿了越王李系及埋伏在各殿的段恒俊等100多人。又假借太子命令将张皇后幽禁在别宫里,将肃宗病榻前的数十人幽于后宫。当夜,李、程二人就将张皇后、越王李系、衮王李偘秘密处死。正处于弥留之际的肃宗闻此噩耗,也撒手人寰。太子李豫继位,即唐代宗。

共同政敌一铲除,内部矛盾便摆到面前。官场上就是这样,没有永久的朋友,也没有永久的敌人,有的只是相互利用,和李辅国也是一样。在杀了皇后等政敌之后,程元振渐受代宗的宠信,由此引起了李辅国的嫉恨。两人的矛盾也越来越大。于是,程元振借机会,不断在代宗面前说李辅国权力过大,恃功专横。代宗本就对李辅国杀死母亲和越王、衮王不满,所以不久便撤了李辅国的行军司马、兵部尚书等职。这年十月十八日夜,程元振派刺客将李辅国杀死在卧房内。

2.倒行逆施害忠良

唐代宗宝应元年,程元振杀了原先的同伙李辅国。李辅国一死,程元振立即被提升为骠骑大将军,接替李辅国统率全部禁军。程元振得势后,他的父亲被封为司空,母亲也被封为赵国夫人,兄弟姐妹也都跟着沾了光。一朝重权在手,程元振更与其他得势的权奸小人一样,开始对朝廷中阻碍自己夺权的官员加以陷害,排挤大将郭子仪就是一例。

郭子仪是平定安史叛乱的有功之臣,肃宗即位后任副元帅,后升为中书令。当时程元振已得到代宗的宠信,他妒忌郭子仪功高位重,于是多次在代宗面前诬陷郭子仪。久经沙场的郭子仪在什么危险境地都能冷静沉着,却被一小小的宦官程元振弄得整天坐卧不安,胆战心惊,于是,他要求代宗解除他的副元帅、节度使等职。

广德元年(公元763年),吐蕃向中原进攻,十月。到达奉天(今陕西乾县)、武功,京师震骇。此时代宗才下诏以雍王李适为关内元帅,郭子仪为副元帅,出镇咸阳抵抗。郭子仪带领少数人马到了咸阳,吐蕃率领吐谷浑、党项、氐、羌20多万人,弥漫山野几十里。显然兵力悬殊甚大。在这危急时刻,郭子仪派中书舍人王延昌回长安请求救兵,可程元振不仅不召见,还百般阻止。

程元振唯权力是逐,竟置国家安危于不顾。郭子仪请援兵,元振避而不见,使得吐蕃兵长驱直入。更糟的是,代宗下诏各地军队勤王时,竟无一士应命,或迁延不前。原因何在?程元振专横跋扈,陷害名将忠臣,闹得文武百官人人自危,地方与中央离心离德,生怕遭到程元振的诬陷。吐蕃兵进占长安时,烧杀掳掠,无恶不作,百姓都纷纷跑到山中避难。

程元振的倒行逆施引起了广大有识人士的义愤,他们一致呼吁要求惩治程元振。太常博士、翰林待诏柳伉上疏说:"吐蕃以数万军队进犯关陇等地,兵不血刃便打进了京城,都因谋臣不出良谋,武将不奋力死战所致……臣听说良医治病,讲究对症下药,药不能治病是留着没用的,陛下看看今天的情况已经到了什么地步!天下百姓都恨陛下疏远贤才良将,任用宦官小人,而对他们离间将相关系听之任之,如果陛下还能为国家社稷着想,就应当砍了程元振的头,并且下罪已诏以谢天下。"

代宗此时虽然也醒悟到是程元振这个权奸坏了国家大事,但他仍然顾念程元振对他是有功劳的,所以仅仅"削元振官爵,放归田里",至于"罪已诏",似乎没见着影子。

后来吐蕃退去,代宗回到了长安,程元振换上了妇人装束蒙混过关,也进了长安。结果被人告发,说他要图谋不轨。代宗此时仍然对程元振很宽容,因为又想起他的功劳,只是把他流放了。最后程元振走到江陵就死了。

卢杞三千猪命换个害人宰相

卢杞(?~784年),字子良,滑州灵昌(今河南滑县西南)人。因为父祖之功得以入朝为官,一直做到德宗朝宰相。卢杞奸险狡猾,陷害大臣,他又以筹措军费为名,任意掠夺百姓,人民深受其害。他的累累罪行成为"泾师之变"的重要原因之一。

卢杞的祖父卢怀慎是唐玄宗开元初期以清廉谨慎著称的贤相,父亲卢弈因抵御叛军，为安禄山叛军所害，被人称为忠臣。

卢杞面貌丑陋，生活也极不讲究，不嫌旧衣粗食，生活清廉。他口才很好，语言极富感染力。天宝十四年（公元754年），卢杞借助门荫，任清道率府兵曹参军，且被朔方节度使仆固怀恩任为节度府掌书记，因病免职。不久，补鸿胪丞，并派去当忠州刺史。在去赴任时卢杞前去拜见管辖忠州的节度使卫伯玉，卫伯玉见卢杞长得丑陋，便没有搭理他。他见忠州不好混，便又赶紧装病谢归。回到长安之后，又被任为吏部郎中，不久去当了虢州刺史。

卢杞步入仕途之后，权力欲望表现得非常强烈，千方百计地想讨到皇帝的欢心。

卢杞貌似忠臣，因此很多人对他毫无戒备，只有郭子仪对他抱有戒心。卢杞来访，郭子仪摒去所有的美女侍从，单身相见。事后，家人问是何故，他解释说："卢杞面丑，左右见了必笑，然他心险，一旦得权，恐有灭族之祸。"可见郭子仪看人是很有眼光的。

建中元年（公元780年），卢杞向唐德宗上奏，说本州有三千头官猪，影响当地居民的生活。唐德宗令移往同州（今陕西大荔），然卢杞答复说："同州之民也是陛下的百姓，三千头猪到了那里同样成为那里的祸害。不如将它们赏赐给平民百姓。"唐德宗感动地说："在虢州为官而忧其他州县的百姓，这是宰相之才啊！"于是下诏将官猪赐予贫民，因为此事，卢杞调朝中担任御史中丞。当时恰逢朝中发生了宰相刘晏被杨炎错杀的事情。朝廷闻此震怒，屡有诛杀杨炎之意，但终隐未发。不久之后，便将杨炎迁为中书侍郎，擢卢杞为门下侍郎，同平章事，与杨炎共掌朝政。

卢杞善于揣摩唐德宗的心理，每次上奏都切中唐德宗的想法。因此他受到了唐德宗的注意，一年后就升为御史大夫，之后又被拜为宰相。朝中之人都对此感到异常奇怪，这件事情实在太出乎他们的意料了。

当上宰相之后的卢杞，首先并不是把心思花在治理国家方面，而是用于打击报复那些曾经轻视他的人，以发泄积累已久的愤恨。朝中大臣没有几个他能看上眼的，只要稍不如意，朝中文武便会遭受他的排挤打击，甚至将他们置于死地。许多身为国家栋梁的大臣，都败在了大奸臣卢杞的手上，但由于卢杞善于讨取唐德宗的欢心，都对他无可奈何。

为了巩固相权，卢杞首先把打击的目标对准了同朝为相的杨炎，杨炎过去与现在都看不起他。卢杞怀恨在心，又加之在政事上发生了一些分歧，卢杞便将亲信大理寺卿严郢擢升为御史大夫，让他与自己一同对付杨炎，最后终于将杨炎陷害致死。又将另一宰相张镒撵出了中央，让他出镇凤翔。度支使杜佑，以学术和气度，得到唐德宗的青睐。卢杞却百般诋毁，最后将杜佑外放为苏州刺史。颜真卿与前宰相李揆等，也被卢杞陷害致死。

由于国家财政非常拮据，无法满足好大喜功的唐德宗对藩镇用兵所需的巨额军费。卢杞为了解决战争的经费问题，他采取了残酷敲诈商贾等有钱人的办法。他强行规定：商贾有钱千万者，任其自用；超过千万的，多余的上交作为军费；战争结束之后，将这些钱移为国用。卢杞上奏唐德宗，唐德宗不顾国家的实情，批准了这个建议。

这个强制办法给商业与国家的经济同时带来巨大的危害。商贾们并没有那么多的钱，他们只得变卖了田地、住宅、奴婢等，又通过借贷钱财等办法，勉强将规定的钱交清。于是，长安与天下的经济都出现了大萧条与崩溃状态。长安的店铺纷纷倒闭，居民的日常生活受到严重影响，于是民怨沸腾，向卢杞上报。可是卢杞不予理睬，最后事情终于让唐德宗知道了。唐德宗见此办法根本不足以解决军费，便下诏予以停止。

卢杞这一个办法没有行通，竟然想出了征收间架、除陌之税的办法。其间架税是：有屋二架为一间，按其质量、数量交税，上等者二千钱，中等者一千钱，下等者五百钱，由吏员进行核查，若发现有隐瞒者，没收抵罪，告发者可得五万钱。其除陌税是：原公私交易，规定征税千分之二十，现提高到千分之七十。若有隐瞒，每一千钱罚二万钱，告发者奖一万钱。此法推行后，主掌官吏大肆舞弊，中饱私囊。结果，缴入国库的钱不及以往的一半，导致天下民怨沸腾。

由于政治的原因，加上间架、除陌之税带来的民怨，终于导致了朱泚发动的"泾师之变"。

国学经典文库

中国古代野史

·唐代野史·

图文珍藏版

叛军很快就夺取了长安，唐德宗逃往奉天，叛军曾在长安大叫："从此不再夺商贾之钱，不征间架、除陌之税！"由此，叛乱得到了商人、居民一定程度的支持。

卢杞随唐德宗一起逃往奉天。宰相崔宁流涕痛陈卢杞迷惑唐德宗对"泾师之变"负有不可饶恕的罪责。卢杞反诬崔宁与叛军将领朱泚订有盟誓，借着唐德宗之手将崔宁杀了。

朔方节度使李怀光大破朱泚之军，想求见唐德宗。但卢杞害怕德宗诛杀自己，于是便以冠冕堂皇的理由，说动唐德宗不见李怀光，而让李怀光去收复长安。李怀光接到诏书后非常气愤，自己千里勤王，为国家建有大功，但还得不到天子的一次接见，于是一怒之下举起了反旗，与朱泚等人结伙，并极言卢杞的罪恶。

唐德宗迫于舆论与形势的压力，不得以将卢杞流放到边远地方做司马。由于唐德宗对卢杞的献媚很有满足之感，卢杞虽身处远地，但唐德宗却对他非常怀念，卢杞也认为自己必能东山再起，他言道："皇上必然会重新起用我。"卢杞的话果然说中了。唐德宗不久就下诏让他出任为大州刺史，满朝文武对此事严厉谴责，唐德宗只好废除了原先的任命，并将卢杞改为澧州别驾。

兴元元年（公元784年），卢杞因病死在了澧州（今湖南澧县）。

文人传说

王勃即席作名篇

王勃（650~676），初唐诗人，字子龙，绛州龙门（今山西）人。祖父王通是著名学者，王勃年少时聪慧过人，据传六岁能做文章，有"神童"之誉，十四岁应举及第。其文章《滕王阁序》影响深远，流传天下。

位居"初唐四杰"之首的王勃，自幼聪明过人，七八岁时，文章就写得又快又好，十几岁时，就很有名气了。由于秉性直率，不巴结权贵，他因此受到压制，郁郁不得志。

一年秋天，王勃单身一人，千里迢迢地去看望被贬为交趾县令的父亲。他在九月重阳这天，来到江西南昌（当时称为洪都）。恰好这一天是洪都大都督阎伯屿女婿吴子章的生日。值此秋高气爽，佳节良辰，阎伯屿在临江傍水的滕王阁里大摆筵席，款待全城的达官显贵、文人才子。他在一个多月

王勃

前，就叫吴子章认真写好了一篇《滕王阁序》，以便在宴会上显出风采。

王勃碰巧经过这里，只见车马盈门，宾客云集，热闹非凡，便想进去看看，又觉得自己有些寒酸；无奈饥肠辘辘、精疲力尽，犹豫再三，决定还是壮着胆子进去吃喝一顿再说。于是稍整衣裳，尾随源源而来的宾客走了进去，在一个空位子上坐下，不料正坐在首席。大家看王勃少年老成、凛然正气，倒也有几分敬服。主人以为他是哪个王公贵族的子弟，客人则估计他是阎家的什么贵戚，虽说对他坐首席不甚乐意，但也不便说什么。

酒过，阎都督令人捧出文房四宝，当场命题，请来宾当场作《滕王阁序》。客人们得知他的女婿也算个才子，早在一个月前就已将文章写好背熟了，因而深知他此举的目的。那些有才气的人认为在席上"抛砖引玉"有些丢人现眼；几个和吴子章文才不相上下的人，又觉得在此时此地和他比高低也不适宜，于是都真真假假地推让吴子章来写。吴子章把纸笔推给了王勃，一是对首席贵宾表示尊敬，二是想戏弄一下王勃。没想到，王勃竟毫不推辞，略一沉思就写了起来。这一下，可惊呆了吴子章，气煞了阎伯屿。阎伯屿退坐一边，命人执笔在旁看着王勃写一句就抄录一句，并大声朗读，他准备随时挑毛病，羞辱王勃。开始，王勃写得也并不算很好，渐渐地得心应手，旁征博引，随心所欲。看的人都

面现惊讶赞赏的神色,唯有阎伯屿冷若冰霜,默不作声。可是,当他见王勃运笔如神、佳言妙语滚滚而来时,逐渐有些沉不住气了。当他听到吟诵出"……落霞与孤鹜齐飞,秋水共长天一色……"时,禁不住长叹一口气说:"妙句,天才!"吴子章在一旁也自愧不如。王勃这时发挥得淋漓尽致、不可遏止,一直写了下去,最后还附写了一首长律作为结束。一时间,宾主都对王勃心悦诚服,推崇备至、争相敬酒,并请他在此地多逗留几天,但王勃思父心切,匆匆告辞而去。

骆宾王与花生的故事

骆宾王(约638~?),字观光,婺州义乌(今浙江义乌)人。幼年即资质颖悟,聪慧过人。七岁时即席赋《咏鹅》诗,一时传遍乡间,誉为神童。他写的《为徐敬业讨武曌檄》一文,一直被人们传诵。与王勃、杨炯、卢照邻"以文章齐名天下",号称"初唐四杰"。有《骆宾王文集》。

说起花生,没有人不知道的,可是,古时候的花生是什么样子,却很少有人知道。那时的花生大小和现在的差不多。但是它既没有包着花生仁儿的薄红皮儿,又不在土里生长而像四季豆角那样吊在花生秧子上。它是怎么才变成现在这个样子的呢?说起来,这里边还有一段关于骆宾王的故事。

很多年以前,有个村子叫李家庄。庄上居住着三十多户人家,只有一户姓骆的,其余的都姓李。姓骆的夫妻两个都五六十岁了,可儿子才十来岁。父亲体弱多病,母亲勤劳贤惠。一家三口人,只有半亩地,一年到头起早贪黑,才勉强能维持生活。骆家的孩子虽然聪明伶俐,但是因为家里穷,请不起先生,往往在拾柴、剜菜之后,到学堂门外旁听。先生发现骆家的孩子虚心好学,而且过目不忘,心里非常高兴,就让他坐在学堂里读书,不仅不收学费,还常用自己的钱给他买书。

有一天,孩子跑来对先生说:"我不能来上学啦,得到地里去看花生。"先生就送给他几本书,嘱咐他抓紧时间念书,千万别荒废了学业。

骆家的花生地在离村一里多的山脚下,地形狭长。这地方虽然没有野兽,但是乌鸦特别多。每当花生开花结果的时候，它们就成群结队地飞来啄食。骆家地少，一家全靠种花生换粮糊口。他父亲不能干活，母亲既要伺候父亲，又要操劳家务，只有让孩子来看花生了。孩子也真够命苦，每天天一亮就去撵乌鸦，中午吃点干粮，喝点凉开水，一直到太阳落山才能回家。三天过去了，孩子发愁起来。愁啥呢？他撵走了地北头的乌鸦，地南头又飞来一群。这样跑来跑去，就没一点看书时间了，夜里腰酸腿疼，看不上几眼就困乏得顶不住了。这孩子心想：照这样下去，岂不荒废了学业？

有一天中午，天气非常热，乌鸦都飞到树林深处去乘凉。孩子见是机会，就不顾满头大汗，坐在阴凉处看起书来。当他看了一阵，拿起手巾擦汗的时候，忽听得不远的地方有人呼救。他放下书跑过去一看，原来是个瘦骨嶙峋的老头跌倒在地上，他的头发、眉毛、胡子都是白的，脸上沾满了汗水和尘土，样子很难看。他趴在地上一边痛苦地呻吟，一边挣扎着，可就是站不起来。孩子看他那么大年纪怪可怜的，就慢慢地把老头扶起来，然后轻轻地问："老大爷，你怎么啦？"老头有气无力地说："我去……闺女家……走到这……又热……又渴，又饿，就……摔倒了。"孩子赶紧拿出手巾让他擦汗，又把水递给他喝，把篮子里的干粮送给他吃。

吃饱喝足了，老头说："我要走了，你到前边树林里给我砍一根不粗不细、不长不短的木棍，我好当拐杖。"骆家的孩子就拿起一把柴刀跑进树林。他挑了又挑，拣了又拣，砍了一根不长不短、不粗不细的木棍，又把它刮得光溜溜的.双手递给老头。老头接过木棍，说了一声："好孩子！"忽然，平地起了一阵清风，那老头不见了。孩子大吃一惊，只见地上放着一张纸，上面压了一块会发光的石头，纸上写着："好孩子，我是本地的山神。你在太阳落山以前，把这块宝石埋在花生地中间，就会得到好处的。要记住：一是必须埋三尺深。二要用手来挖。"孩子很高兴，他拿起宝石走进花生地。奇怪！满地的花生都朝宝石点头，像磁石吸引铁末一样。他挖呀挖，不一会儿就挖了一尺深，因为上面是沙土，容易挖。再往下就难挖了，那是黏土和碎石块。他挖呀挖呀十指头都磨破了，往外渗着血，每挖一下，指头就像针一样从手上一直疼到心里。当他挖好坑，埋上宝

图文珍藏版

石,填上最后一捧土时,太阳正好落山。

晚上,孩子坐在灯下看书,由于手指疼痛难忍,怎么也翻不开书,他就把右手的食指放在嘴里吮一会儿,等疼得轻一点,再用它打开书页……就这样,一直看到很晚很晚。

第三天,孩子来到花生地一看,奇怪的事情发生了:花生都钻进土里藏起来了。就连那些刚开花的花朵、花冠,一掉下来也马上钻进沙土里了。乌鸦看不见花生,就一群一群地飞走了。从那以后,孩子不用看花生了,可以专心读书了。

花生成熟的季节到了。各家各户的花生都因为乌鸦偷吃而减产,只有骆家的花生获得了好收成,而且籽粒饱满,花生仁上还包了两层红色的薄皮,传说那是孩子埋宝石时手指出血染成的。从那以后,全村人都买骆家的花生做种子。原来的花生品种慢慢地绝迹了,骆家的花生种一直流传到现在,所以人们称它为"落(骆)花生"。

骆家的孩子由于刻苦读书,虚心好学,后来成了著名的文学家,不用说大家也知道他就是有名的"初唐四杰"之一——骆宾王。

陈子昂一举成名

陈子昂(661~702),字伯玉,梓州射洪(今四川射洪县)人。自幼具有豪侠浪漫的性格。是唐代诗歌革新运动的扛旗人,他那首脍炙人口的"前不见古人,后不见来者;念天地之悠悠,独怆然而涕下"的《登幽州台歌》,由于有着深邃的内涵,铿锵的韵律,使人百读不厌。

据说,陈子昂出身于富豪之家,慷慨任侠、机警过人,但在京城这陌生之地,一时还施展不开。开始,陈子昂也像其他人一样,把自己的得意之作不停地进献给文坛的名宿大老。但总是石沉大海,没有回音,显然没有人愿意赏识他。为此,陈子昂常有英雄扼腕之叹。

一天,长安东市这个热闹的商业区里,来了一位外地人,手里拿着一把光亮照人、精美绝伦的胡琴，标价出售，卖主对每个讨价还价的人，说的都是一句话："一百万就是一百万，少一个子儿不卖"。一百万，在当时可是一大笔巨款啊！谁能够出这么大的价来买一把胡琴？这个消息几天便沸沸扬扬地传遍了长安城。好奇之心，人皆有之。每天从四面八方赶到东市来观看这把胡琴的人，络绎不绝。胡琴一时成了整个长安城各阶层人士关注的焦点。

陈子昂

善于思考的陈子昂决心借这把胡琴为自己引路，邀约了几个朋友一起来到东市。陈子昂拿起这把琴，上上下下打量一番，大声说："好琴，绝对是货真价实的好琴。"然后对卖主说："就依你这个价，这把琴我买了！"说得非常干脆。

围观者无不向陈子昂投以惊异、羡慕的目光，口中发出一片"啧啧"之声。同来的朋友对陈子昂说："你疯了不成。你也不想想这一百万是多少钱！花这么高昂的代价购买一把胡琴，值得吗？你要干什么呢？"

陈子昂对朋友说："我喜爱音乐，精通琴艺，买回去，当然用它来演奏。我还没见到过这么好的琴，既然是好琴，多花点钱，也是值得的呀。"

这时人群中有人高声说："买琴的这位先生，既然你有高超的演奏技艺，买的又是一把天下无双的好琴，何不当众演奏一曲，让我们一饱耳福呢？"

陈子昂笑笑说："当然可以。不过弹琴要有一定的气氛，要有条件，比如，要焚上一炷香，要有琴童侍立，这样弹起琴来才会富于情趣。随随便便地奏一曲，岂不辜负了这把价值连城的好琴吗？"说着，他用手指指向不远处那一片鳞次栉比房屋说："那里是宣阳里，我就住在那里。你们有雅兴听琴的，欢迎明天上午到寒舍去。我恭候你们大驾光临，也期待着一切才高名重的朋友一起莅临指教。"

于是，这样一个精通琴艺、慷慨好客的人立即成了长安城中街头巷尾议论的话题。

第二天上午,宣阳里的陈子昂家中热闹异常,一二百个嘉宾把家里挤得满满的,不少人只得站在院子里。这些人中三教九流等各色人物都有,其中以文士居多。陈子昂兴奋得脸上焕发出光彩,跑进跑出,指挥家人端茶递水,忙得不亦乐乎。

一个来客有些焦急了,对陈子昂说:"我们慕名而来,是想听听先生演奏美妙琴声的。请快弹奏一曲吧!"

神采飞扬的陈子昂站在人群中间,大声说:"感谢各位朋友的光临。"说着他抱拳向众人施礼致谢,继续说:"我来自巴蜀之地,胸怀大志,腹有文才。我写的诗文,不敢说字字珠玉,但绝不是平庸之作。我曾把诗文投献给一些知名学者。然而,太遗憾了,他们却连看一看的时间都没有,这是因为他们还没来得及了解我。"陈子昂看到人们都在聚精会神地听着他的话,十分高兴,便伸手从书童手里接过琴,慷慨激昂地转了话题,"我会操琴演奏,而且技艺不凡,但我不想把时间耗费在弹琴上面,因为那是梨园弟子做的事。"话未落音,举起手中的琴,"嘭"的一声摔在地上,耗费百万的一把琴竟被他摔碎了。众宾客一时哗然,不知陈子昂的葫芦里到底装着什么药。

陈子昂以十分自信的口气说:"我要做的事就是写文章。你们看,我已写好了上百篇文章,我还会继续写下去的。今天,我请诸位来,就是想请诸位帮我鉴定一下文章的质量。如果不好,我马上放把火把它们烧了;如果还有一点价值的话就请诸位多美言几句吧。"

这时只见小书僮捧出一卷卷誊抄工整的文章,陈子昂依次送给每位来宾一卷。客人们恍然大悟:陈子昂是在借此机会宣传自己的文才。

陈子昂的文才的确属于上乘,他的文章刚劲质朴,有西汉文学家司马相如、扬雄的风格;他写的诗歌格调清新、明朗刚劲,有汉末"三曹"和"七子"的风骨。人们透过陈子昂的非常之举,进而真正认识了他。就在一天之内,陈子昂的名声传遍了帝京长安,他从一个无名之辈,一跃成为大众宣扬的新闻人物。从此,陈子昂的身价倍增,大街小巷到处都可以听到有人吟诵陈子昂诗篇和朗读陈子昂文章之声。

贺知章金龟换美酒

贺知章(659~744),唐朝人,字季章,越州永兴(今浙江萧山)人。少以文辞知名。自号四明狂客。公元695年中进士。诗文以绝句见长,风格独特,清新潇洒。其中《回乡偶书》脍炙人口,千古流传。

唐玄宗天宝元年,伟大的诗人李白到各地漫游之后,来到京城长安。尽管李白的诗写得好,名气大,但因性格孤傲,不愿寄身权贵,便孤身一人住在小客店里。

一天,他去著名的道观紫极宫游览,碰见了著名的诗人贺知章。

贺知章自号"四明狂客",是个三品大官。他任过皇家图书和出版机构秘书监,此时担任"太子宾客"的官职。他虽然与李白素昧平生,但早就读过李白的诗,极为敬慕。这次邂逅,一见如故,便亲切地攀谈起来。

贺知章雕像

李白仪表堂堂,很得贺知章的赏识。他向李白索读新作。当他读完《蜀道难》时,惊讶地对李白说:"听说天上的文星被贬谪到人间了,看来这谪仙就是你呀!"

天色将晚了,贺知章邀李白去饮酒,在酒店刚坐下,才想起没有带钱来,就毫不犹豫地把悬在腰间的金饰龟袋解下来,作为酒资。李白阻止说:"这是皇家表示品级的服饰,怎好拿来换酒呢?"贺知章仰面大笑说:"这算什么?我记得你的诗句,'人生得意须尽欢,莫使金樽空对月'。"

两人皆能豪饮,尽兴而别。接着贺知章在皇帝面前推荐李白,唐玄宗也久闻李白的大名,于是就任命李白为翰林学士。

国学经典文库

中国古代野史

·唐代野史·

图文珍藏版

李白重游长安时，贺知章已经逝世，他触景生情，写了一首《对酒忆贺监》的诗，悲悼亡友。诗中写道：

> 四明有狂客，
>
> 风流贺季真。
>
> 长安忆相见，
>
> 呼我谪仙人。
>
> 昔日杯中物，
>
> 今为松下尘。
>
> 金龟换酒处，
>
> 却忆泪沾巾。

吴道子与卧虎桥

吴道子（685～758）又名道玄，阳翟人（今河南禹县）。他擅长佛教和道教人物画，曾经在长安、洛阳的寺观留下大量宗教壁画，而且还擅长山水，在我国绘画发展史上贡献很大，被后人称为"画圣"。其代表作有《天王送子图》等。

许昌在唐朝时候称许州，城西北角有一汪湖水，大家叫他"小西湖"。每到夏天，岸边垂柳成荫，湖中荷花盛开，九曲石桥连着湖心凉亭。这里风景秀丽，也是消暑胜地，不少文人学士常到这里流连观赏，吟诗作画。

大画家吴道子本是禹州人，他的画可以说天下闻名。那真是画鱼鱼戏水，画鸟空中飞，画的树能结果，画的叫驴会拉磨。人们都称他为"画仙"。

有一年，皇帝把吴道子请到京里，让他在宫中作画。他画一幅《天子行乐图》，画上的歌舞美女飘飘欲仙；画一幅《百官侍宴图》，那杯中美酒，好像要流出来。文武百官交口称赞。皇帝也十分欢喜，要封他大官，让他留在宫中。可吴道子是山珍海味不吃，绫罗绸缎不穿，黄金美女不爱，骏马高官不受，一心记挂着乡亲父老。他辞谢了皇上，仍旧布衣草鞋转回家乡。禹州是和许州挨着的，吴道子回家路过许州小西湖，见这里风光宜人，是个作画的好地方。他一连游玩了几日,又看到这里民风淳朴、物产富饶,便爱上了这里。况且这里离家也不远。他就邀了几个朋友,在小西湖附近住了下来。他每天到湖边观景作画,或和友人谈古论今。他为人和善,从不摆架子,人缘极好,和邻里乡亲处得很融洽,生活上倒也逍遥自在。

有一天,吴道子在小西湖岸边临大路的一座小桥上歇息。这时,夕阳衔山、晚霞如火,清风徐徐吹来,湖水荡着金色的波纹。他正入神地揣摩着画一幅《小西湖落照图》,只见一个老汉匆匆走来,劝他赶快回家,说是最近有一伙歹人,夜聚明散,拦路抢劫,污辱良家妇女,桥头成了是非之地。说完他就慌忙走了。吴道子听后微微一笑,略一沉吟,便不慌不忙,从怀中取出画笔和颜色,在桥头山石上画了一幅画。

第二天,许州城内外便传开了,说是夜里桥上卧了只斑斓猛虎。那虎两眼放光,像两盏灯笼;张着血盆大口,明晃晃一对虎牙,像两把利剑;尾巴一竖,像立一根旗杆。这事儿一传十,十传百,传遍了附近村庄,人人谈虎色变。有十几个胆大的后生,带着刀枪弓箭,成群结队,吆吆喝喝地要到桥上看个究竟。远远的果见一只猛虎张牙舞爪,威猛异常。这伙人弓上弦,刀出鞘,如临大敌,大气也不敢出,慢慢地摸到跟前,仔细一瞅,原来是一幅画。这画画得也太像了,看着比真老虎还吓人。所以,人人点头咂舌,惊叹不止。忽然,从人群中走出个老头,他呆愣愣地看了一会儿画,猛然想起,昨晚上吴道子走得最晚,便捋着胡子哈哈大笑道:"这准是画圣吴道子画的,是吓那伙歹人的。"他一边笑着,一边十分得意地把昨晚上遇见吴道子的情景,一五一十说给众人听。这样一讲,消息不翼而飞,越发传得远了。方圆几十里的老百姓,扶老携幼、成群结队,争先恐后地来看这只画虎。嘿!大白天还虎视眈眈令人胆寒,别说夜里,不吓掉魂才怪呢,那伙儿歹人心虚,听说有虎,便逃走了。日子久了,卧虎桥的名字也就传下来了。直到现在还有那座桥。

王维即席吟《息夫人》

王维(701~761),字摩诘。祖籍太原祁县(今山西祁县),其父迁家簿册

（今山西永济），遂为薄人。他不但诗歌创作卓有成就，还善于绘画，精通音律，是中国文学史上一个多才多艺的诗人。

唐代诗人王维不仅才华出众，而且富于正义感。

一次，唐玄宗的哥哥宁王李宪，邀请了十几位有名的文人墨客来宁王府做客，王维也被邀请了。席间，宾客们有说有笑，唯独有位坐在宁王李宪身边娇艳多姿的年轻女子闷闷不乐。

王维

王维看着这个充满忧愁的女子，悄悄地询问坐在他身边的一位好友说："这位女子是什么人，为什么这样忧愁?"他这位朋友轻声对王维说："她是宁王手下的人从宁王府左邻一个开烧饼铺的人那里抢来的。这个女子很有骨气，她不喜欢宁王府的荣华富贵，时刻想念着卖烧饼的丈夫。虽然宁王对她比对其他妻妾、歌妓都宠爱，但她和宁王从不说话，整天都是这样泪流满面。"王维知道这个女子的遭遇之后，非常同情她，但又想不出用什么办法可以帮助她解脱。

这时，雅兴正浓的宁王李宪，看到他新近霸占来的妾仍然闷闷不乐，就想当着众人的面戏弄她一番，于是问她："你放着荣华富贵不享，难道还想着你那个卖烧饼的穷汉子吗?"这女子仍旧眼泪汪汪，不肯说话。宁王又说："那个卖烧饼的穷汉子已得了我一大笔钱，早就另娶新欢，把你忘了。如果你不信，我现在就派人把他叫来给宴会送饼，叫你看看，这样你就会死了这条心了!"

一会儿，卖烧饼的汉子端着烧饼走进宴会厅，他的妻子马上站起来，跑了过去。夫妻两个你看看我，我看看你，相对无言、泪如雨下，在座的人都被这激动人心的情景所感动。这个场面的出现是宁王李宪万万没有料到的。他十分尴尬地站起来，请在场的文人墨客即事吟诗，以便为他解围。

王维第一个站起来，说："宁王，小人愿先来献丑。"宁王以为王维是要为他解围，脸上露出十分高兴的神色说："好! 好! 快快吟来。"

王维端起酒杯,饮了一口,说道:"我这首即兴诗的题目是《息夫人》:

> 莫以今时宠,能忘旧日恩。

> 看花满眼泪,不共楚王言。"

宴席上所有宾客都知道,王维所说的息夫人,是春秋时代息国君主的妻子,楚王灭了息国,将她据为己有,但她始终不对楚王说一句话。王维的诗,分明是借历史故事来批评宁王,同情这对患难夫妻。这对患难夫妻也听明白了王维这首诗的含义,他们抱头痛哭起来。

宁王的所有宾客听了王维的这首诗,又看到这对患难夫妻的悲恸场景,都难过得低下了头。他们当中没有一个人敢继王维之后再即事续诗,因为王维的这首《息夫人》已经达到了即事的最高点。宁王这时连气带羞,脸色白一阵红一阵,无地自容。最后他出于无奈,只好对卖烧饼的夫妻说:"以前那些事都是我手下人干的,我一点都不清楚。现在成全你们夫妻,你们可以走了。"王维写的《息夫人》,借古讽今,成全了一对患难夫妻,这个故事一直流传至今。

"诗仙"李白

李白(701~762),字太白,号青莲居士,祖籍陇西成纪(今甘肃秦安东),幼随父迁居绵州昌隆(今四川江油市)青莲乡,唐代大诗人,被后人称为"诗仙",诗风雄奇豪放,富有浪漫主义精神,对后世影响很大。有《李太白集》。

1.妙词惊贵妃

唐玄宗非常欣赏李白的诗才,召李白进京,任命他为翰林供奉。这时的唐玄宗已由励精图治的英明君主,变成了骄奢淫逸、只图享乐的皇帝,整天贪恋酒色,不务朝政。他召李白进京,只是想利用李白的诗章,为他自己歌功颂德、粉饰太平,增加宫廷生活的乐趣,并不想让李白参与朝政。

李白虽任翰林供奉,但只是一个虚衔,并无实权,尽管李白的诗才得到了唐玄宗的欣赏和宠爱,但由于政治抱负得不到施展,他的满腔热血、一片肝胆无处倾诉,一身才智无所用处,因此常常闷闷不乐,借酒消愁。

一天,正当李白独自在宫廷外一处酒楼上闷闷饮酒的时候,唐玄宗和杨贵妃正在宫中对酒赏花,连夜欢筵。因为这一天是杨贵妃的生日,唐玄宗便命梨园供奉李龟年等人请李白进宫将今天赏心悦事写成诗歌,以为永久纪念。李龟年一行数人找遍了翰林院所有角落,也没有见到李白的影子,便亲自带人到闹市上的所有酒家查寻。他们找了几个酒店,还是没有见到李白的影子,着急之际,忽然听到一家酒楼上有人引吭高歌:

李白

三杯通大道,一斗合自然。

但得酒中趣,莫为醒者传。

李龟年一听就知道是李白的声音,急忙奔到楼上去请。谁知李白已烂醉如泥,在酒桌上睡着了。李龟年无奈,只好差人将李白扶下楼去,用马将他驮到金銮殿。玄宗见李白醉成这个样子,急忙令人在自己身边给李白铺了一块毯子,并叫贴身宫女口含清水给李白喷面。不多时,李白渐渐醒来,当他看清在自己身旁坐的是玄宗皇帝和杨贵妃时,不禁大吃一惊,急忙起身跪下请罪。唐玄宗不仅没有怪罪他,反而让人端来已准备好的醒酒汤。玄宗亲自给他调温,赐给他喝下。李白喝了醒酒汤,神志清醒多了,只见眼前一片火红、粉红、紫、黄和雪白的木芍药花,在皎洁的月光和灯火照耀下,争奇斗妍,栩栩飘香。玄宗皇帝见李白已清醒了,便对李白说:"贤卿,今日是贵妃的生日,又正好赶上牡丹盛开,我和贵妃前来观赏,特召你作首新词,以助雅兴。"

李白谢过万岁,命人拿起笔来,抬头看了看争奇斗妍的牡丹花,又看了看含情脉脉、满脸红晕的杨贵妃,便乘酒后的余兴,铺纸挥笔,一口气写了三首著名的《清平调》:

云想衣裳花想容,春风拂槛露华浓。

若非群玉山头见,会向瑶台月下逢。

一枝红艳露凝香,云雨巫山枉断肠。

借问汉宫谁得似,可怜飞燕倚新妆。

名花倾国两相欢,常得君王带笑看。

解释春风无限恨,沉香亭北倚栏杆。

李白写完,李龟年立即将李白写好的新词献给唐玄宗。唐玄宗将新词置于御案,从头至尾细细读了一遍。他见李白醉中写出的新词仍然笔墨酣畅、文采盎然、隽永别致,不禁高兴地用手拍着御案,点头连称:"好,好,好啊,爱妃诞辰喜日,贤卿为朕写出这样绝妙好诗来,足以光灿千古了!日月不能掩其精华,流年不能减其光彩。"说完,忙将新词转给杨贵妃,贵妃接过新词,见字字喷珠涌玉,笔笔牵心动人,读着读着心都要醉了。她欣喜不禁地将新词交给梨园供奉李龟年,命他立即率乐工、歌妓,在筵席前演唱。

李龟年率众歌妓在欢快的《清平调》旋律中,唱起了李白为杨贵妃写的新词。

在欢快的音调中,杨贵妃心花怒放,禁不住迈开轻盈的脚步,在花前月下飞舞起来。半醉了的唐玄宗,痴痴地望着杨贵妃的舞姿,也高兴地让身边宫女取来一支玉笛,随着《清平调》乐曲的节拍,兴致勃勃地吹起了玉笛。

杨贵妃舞完一曲,端起七宝盏,亲自斟上一杯西域酿造的葡萄酒,赏给李白。李白谢过贵妃,双手接过这杯美酒,一饮而尽,不久便昏昏然地沉睡过去了。

2.豪饮棋法精

相传唐朝时,四川万县名叫南浦。"安史之乱"时,李白因辅佐永王李璘,得罪朝廷,流放夜郎。途中经过南浦,因长途跋涉,艰辛劳累,李白病倒了,就在南浦的西岩休养了一段时间。

李白当时心情十分忧郁,想到自己雄才大志未得实现,反遭奸臣陷害,他多么想痛饮几杯，醉卧三天，忘却一切忧虑，在诗和酒中寻找安慰啊。怎奈这南浦乃偏僻之地，既没有知心朋友唱和，也没有可口的好酒消愁。

当时南浦有个县令，名叫秦禄，此人不务正业，下棋成癖。他闻知李白不仅诗才盖世，而且精通棋艺，便时常来找李白下棋。李白为了消磨时日，也乐得与他对弈消遣。

秦县令自恃棋艺是南浦之冠，不把李白放在眼里。一天，他请来南浦全城的棋手，当众和李白对棋，想战败李白，更进一步显示他的棋艺。结果出乎意外，李白得胜，县令惨败。县令气得酱色的脸一下变青，幸亏有善于给主子拍马屁的师爷给他圆场，说："这回不算数，下次再来。"县令虽强作镇静，但也难免怒形于色。

县令当众丢了面子，五脏六腑都气炸了。他忙把师爷叫来商量对策，说："我是一个堂堂县令，李白乃是一个被贬谪的罪人，我竟被他打败，今后我这父母官还有什么威风？"师爷献媚地说："老爷休气，胜败乃兵家之常事。不过依下官看来，李白来自京都，见过全国各家名手，棋艺确实非凡，老爷想胜过他也有难处。今下官有一条妙计，下次去西门外酒坊里，买回两坛劲儿大的酒，先请李白喝酒，把他灌醉，再找他对棋，他昏昏沉沉，棋数必乱，老爷要战败他就容易了。"县令一听，喜上眉梢，连声喊："好！好！好！"

县令得到师爷的妙计，立即把听差叫到面前，吩咐道："明天你去西门外酒坊挑两坛酒来，下次我和李白对棋时，先请他喝酒，你在一旁斟酒，看我的眼色行事，尽量给李白多斟，灌他个烂醉如泥。"听差连连点头，声称："照办！照办！"

听差原是个穷苦人，他心地善良，从不忍心欺负百姓，敲诈良民。他也去看过李白下棋，佩服李白的棋艺高超。他听了县令说的这套诡计，心中甚是不平。不忍心看到这个被奸臣陷害的可怜文人，再受县令的欺凌。因此，他表面答应县令的吩咐，暗中却琢磨着如何保护这个远方来的客人。

听差来到酒坊，替县令买酒，酒坊老板岂敢怠慢，按照吩咐挑选了两坛。此酒劲头特大，不会喝酒的人，一杯即醉；善于饮酒的人，三五杯也便醉倒。听差想:李白身体本有病,要是喝上三杯五盏,不但下棋不灵,而且还会加重病症,甚至性命难保。他挑着酒坛不知不觉来到天仙桥,见从歇凤山岩缝里流淌出来的泉水清澈纯净,晶莹透亮,汇成一股小溪,流过这天生石桥,发出淙淙的琴声。他想,何不冲点泉水在酒里,把浓酒冲淡,让李太白喝了不醉,也许可以幸免灾难。于是,趁无人之机,揭开酒坛,捧了许多泉水倒进酒坛里,又从从容容地挑回县衙去了。

这天,县令请来更多的棋手,声称正式和李太白决一胜负,并扬言如果输了,就不当县令。

下棋之前,县令假惺惺地对李白说:"本官闻知先生好饮酒,特备上本地特产上等头酒,请先生好好品尝品尝。美酒助兴,定会显出更精湛的棋艺来。"说罢,举杯和李白对饮。听差按照县官的吩咐,在一旁斟酒。李白饮了一杯又一杯,而县令却只是做做样子,饮得很少。

喝了酒以后,李白兴致勃勃,精神百倍,不但没有昏昏沉沉,而且神志更加清醒,棋法更精,稳重灵活,攻势猛烈。秦县令只有招架之功,哪有还手之力。斗了几个回合,秦县令落得惨败。

秦县令垂头丧气回到县衙,满腹怨怒,有气无处泄。过了一会儿他静下心来,感到事情不免有些蹊跷,这样的头酒,身强力壮的小伙子喝几杯也要醉倒,体弱多病的李白竟然如喝白开水一般,毫无醉意? 想到刚才自己喝的时候,也不觉有醉意,似乎这酒变淡了,原来那股辣味也没有了,而且绵软清香。县官琢磨着,又去舀一杯来品尝,果然香气扑鼻,绵软可口,和过去买的酒大不一样。香甜的美酒,立刻冲淡了县令满肚子怒气,他忙把听差唤来,瞪着眼睛问道:"你前日是从何处买来的酒,如实说来!"

听差听了,身躯微微颤抖,唯恐兑水之事被老爷发觉,连忙答应道:"禀老爷,奴才是从西门外酒坊买来的酒,一点不差。"

"你别骗我,西门酒坊的酒我尝得出来,哪有这般美味? 究竟是从何处买的,如实招来?"

听差颇觉奇怪,左思右想也不知酒怎么会变好的,他忽然醒悟道:是不是因

图文珍藏版

为兑了天仙桥下的溪水呢？他只好把兑水一事招了出来，县令一听忙叫人一起再去试试。一试果然如此。

这件事流传开了，于是酒坊都采用天仙桥的溪水酿酒，酿出了很多美酒来。

李白得此美酒，一日三饮，心爽神怡、精神倍增、郁闷顿消、疾病痊愈，住在南浦，不愿离去。传说，李白后来没去夜郎，因喝了南浦美酒成了仙人了。

从此，南浦名酒一代代传了下来。为了纪念李白，人们就把"南浦酒"改名为"太白酒"。

李白与太白酒家

这一年，冬天刚到，就已寒气袭人。李白住在采石矶，他经常到街头的一家酒店里去沽酒。这酒店是一个姓鲁的财主开的，人们都叫他鲁老板。别看这鲁老板表面对人和颜悦色，骨子里却很心狠。他手捻佛珠，口诵阿弥陀佛，肚子里却时时打着小算盘，想着怎样盘剥他人。他家用的几个酒保，个个累得弯腰驼背，到头来，却都被他踢出门去。

这一天，李白又到酒店来沽酒。躺在椅子上的鲁老板捻着胡子，眯着眼，笑吟吟地打量着李白，心想：这个穷书生离开京都几年了，带来的钱大概花得差不多了。当初，李白头次进店，他笑脸相迎，以后常来常往，他估计榨不出多少油水了，脸色就一次比一次难看。他暗示小酒保别理李白，可酒保偏偏热情地为李白斟酒，临走，还把上等美酒给李白灌上一大壶。这回，说什么也不能便宜李白了。他站起身，踱到李白身后，弦外有音地说："小店屋檐太低，酒池太浅，经不住翰林这样的大酒壶哪！"

李白明知上回给的酒钱还够沽几次，现在看鲁老板的这副模样，也不愿多同他争辩，就从怀里取出最后一锭银子往柜台上一掷，"啪"地震得鲁老板两眼发亮，满面乌云立时消散，浮出一片笑容，说："老朽有眼不识江底浅，没想到李翰林还有这么多酒钱。"他转身忙吩咐酒保说："快，快给大人沽酒，找大人银子！"

李白一挥袖子道："算了，下次再来！"鲁老板两眼眯成一道缝，一个劲地连说:"是,是!"

第二天黄昏,李白又来了,酒保又为他满满灌上一壶酒。第三天,第四天,李白天天一趟,鲁老爷很是不耐烦了,他算算李白丢下的一锭银子,再有个把月也差不多了,就用花言巧语支开酒保,偷偷地往李白酒壶里兑水。

李白喝了几口,觉得味道不够,但也没说什么。以后每次李白来,鲁老板总装得特别热情,亲自为李白灌酒,暗地里却多加了一倍水。一天天过去了,李白若无其事。后来鲁老板干脆给李白灌上满满一壶江水。

李白还以为是酒呢,路过独木桥时,几个顽童在河边扔石子,一块石子向李白飞来,他吓了一跳,忙把酒壶往怀里一搂:"哎哟,别把我的酒壶打翻了!"逗得几个顽童哈哈大笑。来到船上,李白拎起酒壶往杯子里倒,一闻,味道不对;喝一口,"呸"地吐了出来! 一看,才知是又浊又浑的江水。他气坏了,想找鲁老板去理论,又一想,和这种人没什么好讲的。唉,无奈采石矶这一带就这一家酒店。求他施舍,不行! 就是在皇帝老爷面前,李白也不曾低三下四过,更何况对这样一个前(钱)心后比后心重的小人!

更深夜静,他翻来覆去地睡不稳,想写点诗,又写不出。多年来,酒和他结下不解之缘。一壶酒下肚,他便能暂时忘记愁苦,把雾蒙蒙的世界,看个清清楚楚。可是如今,在这满目凄凉的采石矶头,连唯一能使他解闷的酒都没有了!

"李白斗酒诗百篇",没有酒,就写不出诗来。他叹了口气,静听着房檐下淅淅沥沥的雨滴声,心都要碎了。

第二天,李白路过一间茅舍,一位两鬓全白的老人,朝他点头微笑,热情地邀请他到屋里去坐。刚一进门,老人就朝李白拜了下去:"感谢救命恩人!"

李白呆立着,不知是怎么回事。老汉含着泪诉说道:"我姓纪,老家幽州。那年遭灾荒,我和老伴带着孩子上山剥树皮。忽然出现了两只吊睛白额大虎扑上来,把我那老伴吃了,我和孩子吓得魂不附体。多亏先生您正好在那里游玩,飞起一箭,连射两虎,我父子俩才得以死里逃生。"

李白听了恍然大悟,连忙扶起老汉说:"算不得什么,算不得什么。"

老汉说:"多年来,为了报恩,我暗地跟着您,除了您在京都时,我进不了皇宫外,从金陵到庐州,从宣城到采石矶,我一直跟在您身边,捕鱼,打柴。"

李白听了,热泪盈眶,一把拉住老人的手,亲切地问:"孩子呢?"

老人顺手一指说:"喏,在酒店里帮工。"

李白正想把鲁老板以水当酒的事告诉老人,老人打断他说:"我已听孩子讲啦。这种只看得到钱的人,是什么事都做得出来。"说罢,从屋里抱出一大坛子酒对李白说:"来,恩人,开怀畅饮吧!"老人拍拍胸说:"往后,您喝的酒,全由我这老头子包啦!"

李白乐得不知如何是好,憋了多天的酒瘾,一下子全冲了出来。他等不得老人拿菜出来,就端起杯来一饮而尽。饮着,饮着,就醉了。他眯着醉眼,跌跌撞撞地跑到门外的"联壁台"上,叫人拿笔;老人知道李白诗兴大发,就赶快递上准备好的笔墨纸张。遥望着滚滚的大江,如血的落日,李白提起笔来,一挥而就:

> 天门中断楚江开,碧水东流至此回。
>
> 两岸青山相对出,孤帆一片日边来。

老人伸出颤抖的双手,捧起墨迹未干的草书,奔回茅屋,恭恭敬敬地贴在了墙上。

打那起,这间普通的茅屋可热闹起来了。过路的,打柴的,捕鱼的,都想进来看看墙上的诗。有的抄,有的背,一传十,十传百。有的还千里迢迢,专门来欣赏这首诗。有人问起是谁写的,老汉总竖起拇指,自豪地对大家说:"是仙人李白的手迹。他是喝了我酿的酒,才写出这般好诗的呀!"

一听这话,南来北往的都争着到这里,坐下喝两盅,细细品味着这醉人的美酒,领略着诗人创造的意境……也不知从哪天起.老汉开起了酒店,不分日夜,除了为李白酿酒,还用甘甜的美酒为客人洗去一路的风尘。

从此,"太白酒家"的店号就亮了出来。

俗话说,"同行是冤家"。那个鲁老板听说姓纪的白发老头酿酒手艺高超,生意兴隆,一肚子的不快。加上小酒保宁愿不要半年工钱跑到太白酒家,闹得自家酒店门庭冷落,气得他吹胡子瞪眼。他左思右想也没法子,只得叫家人捧着几只大元宝，再带上两坛美酒，亲自到江边去拜访李白，想请他写一首诗，为自己撑撑门面。

李白一眼看出这位鲁老板的来意，冲他摆摆手："你家酒池太浅，经不住我一口喝的啊！"说罢把手一扬，叫船翁开船，竹篙一点，小船轻轻离开江岸，朝江心驶去。随着李白的歌声。他那高大的身影，渐渐融进了落日的余晖。

鲁老板急得像热锅上的蚂蚁，嘶哑着喉咙喊道："仙人哪仙人，你停停，有话好说，好说呀！"跑了几步，被石头绊了一下，"扑通"一声倒在了沙滩上。

不久，鲁家酒店关门了，而纪老汉的"太白酒家"生意，却一天旺似一天。一年后，老汉不幸病故，李白悲痛欲绝，把酒洒进长江，整整哭了三天三夜，并且写下一首悼念老汉的诗：

> 纪叟黄泉里，还应酿老春。
>
> 夜台无李白，沽酒与何人？

可见，李白与酿酒老汉情谊多么深厚啊！

千百年来，沿江一带，许多大大小小的酒店总以"太白酒家""太白遗风"作为店号，用布写好挑在门前檐下，表现出对伟大诗人李白的纪念之情。

杜甫开药铺

杜甫（712～770），字子美，生于河南巩义市，唐代大诗人，被后人推崇为"诗圣"，他的许多优秀作品，真实生动地反映了当时的阶级矛盾和社会生活，显示了唐代由盛转衰的历史过程，因而被称为"诗史"，有《杜工部集》。

在沙市（沙市在唐代叫沙头镇）中山路中段，有一条古老狭窄的石板路小巷，相传杜甫曾在这里住过。

大历三年（公元七六八年）的早春，杨柳新绿，青竹吐翠。在沙头镇大街上，新近开设了一家"百草堂"药铺，门前贴着一副别出心裁的对联："独活灵芝草，当归何首乌"。店主人就是五十多岁的杜甫，他刚从四川药州回来，在沙头镇定居下来。他弟弟杜观也把家眷接来，兄弟团聚，甚为欢洽。他常和荆沙一带的老友李之芳、郑审相会，老友相聚，甚是欢喜。当时，荆南节度使卫伯玉在楚国名流宋玉的故宅旁边新盖一座宅院，杜甫特地致诗述怀：

摇落深知宋玉悲，风流儒雅亦吾师。

怅望千秋一洒泪，萧条异代不同时。

江山故宅空文藻，云雨荒台岂梦思。

最是楚宫俱泯灭，舟人指点到今疑。

杜甫本想借题发挥，希望卫伯玉像严武一样把他荐用于朝廷。岂知卫伯玉不学无术，更不懂爱惜人才，加以他的门客从中挑拨，说杜甫自比宋玉，怀才不遇，把您比做楚王，不识人才，最终将和楚宫一样泯灭。从此，卫伯玉对杜甫怀恨在心。

杜甫刚来时由于生活穷困，虽有杜观等亲友接济，毕竟是"寄人衣食"，非长久之计，于是就以卖药为业，聊度岁月。

药铺开张后，货真价实、童叟无欺；甚至实在无钱付还药费的，也就免费赠送。因此百姓称赞，生意兴隆。

常说："落毛的凤凰不如鸡。"杜甫的药铺生意一好，其他几家药店的生意自然就冷落了下来。这几家老板暗恨杜甫这个"外来户"抢了他们的生意，于是就串通起来，用银两收买了卫伯玉衙门里一个书吏。这家伙近来在赌场输得精光，正好有人送财上门，自然满口应承。这一天，他乘机在卫伯玉面前挑拨道："老爷啊！你晓得有个杜老倌在镇上开药铺的事吗？"

"嗯！晓得。"

"哎呀，这个杜老倌可神气啦！他在药铺门口招徕顾客，夸下海口，说'百草堂'里天下药材无所不有，其实，他是想把人家都压垮。"

卫伯玉疑惑地问道："真有这等事？"

书吏故弄玄虚地说："还有一句话，小人不敢讲。"

"啊！"卫伯玉更加奇怪，"什么话，快快讲来！"

书吏凑上前去："杜老倌自以为才高学深，连老爷您也瞧不起呢！"

卫伯玉被激怒了，又加上他对杜甫那首诗的不满，便决心报复。于是开了

国学经典文库

中国古代野史

·唐代野史·

图文珍藏版

934

一副药方,对书吏交代:"你将这药单拿给杜老倌,要他照单发药,如有则罢,没有你就砸掉他的招牌,要他滚蛋!"

书吏连忙来到"百草堂",将药单往柜台上一甩,大声说:"这是卫大人急需的药,赶快照单发药。"

伙计接过药单一看,都愣住了。药方上写着:

行运早行运迟

正行运不行运

有个老伙计对书吏赔笑问道:"您哥是请哪位高明郎中开的药方,怎的我们都不曾见过……"

书吏不等说完,开口就骂:"他娘的,你们开的是什么药铺? 快给我把杜老倌叫出来,要是配不齐卫大人要的药,我就砸掉你们的招牌!"

伙计们不敢怠慢,忙把此事告知杜甫。杜甫心里明白,这是卫伯玉故意对他刁难。及至看了药单,他不禁付之一笑,区区雕虫小技,也来卖弄,未免太不自量。他顺手办好四味草药,随即来到柜台边,拱手问道:"这位大哥请了,不知你家大人有何见教?"

书吏目中无人,仍旧傲慢地答道:"杜老倌听了,我们老爷要你照单发药,否则就要砸你的招牌,要你滚蛋!"

"哦,原来如此。"杜甫胸有成竹地说,"卫大人需要的药,小店应有尽有。"

"什么?"书吏大吃一惊,口气也缓和下来,"你先拿给我看看。"

杜甫不慌不忙地拿出四味药,原来是一片萝卜干,一块生姜芽,一粒新鲜李子,一颗干桃僵。

书吏一看傻眼了:"杜老倌,这可不是跑江湖,这算什么药?"

杜甫说:"萝卜干是'甘罗'之意,甘罗十二岁就当了宰相,你说他是不是'行运早'呢?"

"是。"

"生姜芽是'姜子牙'之意,姜子牙八十三岁遇文王,是不是'行运迟'呢?"

"是。"

"你看这红皮李子,虽然酸不溜儿的,却正是目前市场上的俏货,可说是'正行运'吧!"

"啊!"

"这是隔年的桃子,经过雪冻霜打的算不得鲜果,只能入药,所以说'不行运'了。"

书吏连连点头,无话可驳。杜甫接着说:"这红皮李子好比你家老爷'正行运',这桃僵好比我已'不行运'了。当今朝廷重用奸臣、嫉贤妒能,正如俗话所说'李代桃僵',难道不是真的吗?"

经杜甫这么点破,书吏才恍然大悟,马上跳起来说:"好哇,杜老倌你莫非吃了熊心豹子胆,竟敢辱骂我们老爷,管叫你吃不了兜着走!"

杜甫淡然一笑说:"请便。"说罢拂袖而去。

书吏气冲冲地回到卫府,交上杜甫给的四味药,并将他的一席话当面讲明。卫伯玉自知理亏,只气得吹胡子,瞪眼睛,可就是想不出一点办法来整杜甫。

刘禹锡探骊得珠传佳话

刘禹锡(772~842),字梦得,唐代著名文学家。洛阳(今属河南)人,生于嘉兴(今属浙江)。贞元九年(793年)中进士,登博学宏词科,翌年举吏部取士科,授太子校书。永贞元年(805年),因参与王叔文进行的政治革新,先贬连州刺史,道贬朗州司马,后回京,又贬连州刺史,历夔州、和州刺史。太和元年(827),回洛阳任职,次年回朝任主客郎中,后出苏州、汝州、同州刺史。开成元年(836年),改任太子宾客,分司东都。临终前撰《子刘子自传》。公元824年,唐代著名诗人刘禹锡由于写诗嘲讽当朝权贵,被贬为和州刺史。途中与诗人元稹、韦楚相逢,三人相约绕道去苏州,拜访在那里任刺史的诗友白居易。三位诗友突然来访,使白居易十分高兴,他备上酒菜,盛情款待远道而来的客人。诗人们会聚在一起,开怀畅饮、说古论今,好不惬意。

刘禹锡自从被贬出京后,从来没有像今天这样高兴过,他建议说:"为了助一助酒兴，我们不妨以南朝兴废为题，各赋咏史诗一首，如何?"

大家一致赞同，于是元稹提议，由刘禹锡先赋诗一首。

刘禹锡赶紧推让说："还是由主人先赋为好。"大家你推我让，难以确定。白居易提议道："谁为兄长，谁先来赋诗怎样?"

四人齐声称好，于是各自报出自己的生辰年月，结果是刘禹锡为长。

刘禹锡一看再也无法推辞，便独自斟满一杯酒，然后一饮而尽.酒尽诗成：

刘禹锡

> 王濬楼船下益州，金陵王气黯然收。
>
> 千寻铁索沉江底，一片降幡出石头。

人世几回伤往事，山形依旧枕寒流。

今逢四海为家日，故垒萧萧芦荻秋。

刘禹锡刚刚吟完最后一句，韦楚便拍手叫绝。年岁次之的白居易赶紧接过来说："我四人以南朝兴废为题，各赋咏史诗一首，就像探骊龙，看谁先获取骊龙额下的宝珠一样。禹锡已先获其珠，剩下的不值钱的鳞爪还有什么好获取的呢?"于是元稹、韦楚、白居易甘拜下风，各自认罚酒一杯。

刘禹锡即席而作《西塞山怀古》一诗，而引出的"四人探骊得珠"的轶事，一直成为后人津津乐道的佳话。

"诗魔"白居易

白居易(772~846)，字乐天，号香山居士。祖籍太原，后迁居下圭(今陕西省渭南县境)。唐德宗贞元十六年(800年)中进士，授秘书省校书郎。元和年间任左拾遗及左赞善大夫。元和十年(815年)，因直言进谏，被贬为江州司马。此后又历任忠州、杭州、苏州等地刺史,做了许多有益于当地人民的好事。在仕途生涯的最后,他官至刑部尚书,晚年辞官,闲居洛阳,享年七十五岁。

1.白居易与白公堤

有一年,杭州大旱了九九八十一天。西湖旁边的几千亩农田,都干得裂开了口,老百姓天天到衙门里去求县太爷,放西湖水灌溉农田。可是,那些官府大老爷们,只知道整天在西湖河畔寻欢作乐,对此不管不顾。

这一天,又有很多百姓赶到衙门,要求县太爷放西湖水救助农田。县太爷怒气冲冲地走到衙门口,对百姓说:"你们这些愚民,谁敢再说放西湖水。把西湖水放了,湖里的龙王在哪栖息呀!"

这时,一个长着五绺长须的老汉走出人群,反问县太爷道:"龙王与百姓的性命相比,哪一个要紧?"

县太爷一听,气呼呼地说:"你们这些愚民,谁敢再说放西湖水。把西湖水放了,那菱茭就不能生长了。"

老汉冷冷地一笑,又反问道:"菱茭与稻米相比,哪一个重要?"

县太爷一听,气急败坏地说:"你们这些愚民,谁敢再说放西湖水。放了西湖水,对……对皇上洪福不利!"其实,这位县太爷是想说对自己的官运不利,但怕说得太露骨了,触犯众怒,就把当今皇上抬了出来,吓唬吓唬老百姓。

谁知那老汉一听这话,更加生气了,他理直气壮地反问道:"皇上与百姓相比,哪一个重要?假如没有老百姓种稻谷供他吃,做衣服给他穿,他还当得成皇帝吗?"

周围的百姓们见这位老汉说地句句有理,都高兴得回应说:"他说得对,他说得有理啊!"

县太爷早已气得浑身发抖:"你……你……你是什么人?竟胆敢当众顶撞本大老爷,煽动百姓!"

那老汉又微微一笑,说:"问我是谁,我是白居易!"

县太爷一听,原来是新上任的刺史大人到了。这老头儿,听说当今皇上也忌他三分,不好硬顶,连忙赔笑说道:"原来是新任刺史白大人到了,下官有失远迎,望乞恕罪。请到衙内休息!"

老百姓听说这老汉就是白居易,有的还读过他写的关心百姓疾苦的诗篇,都说:"白大人来做我们的父母官,我们的农田有救了!"

果然,第二天,碧绿的西湖水,就哗哗地流进了附近的农田。干枯的稻禾,像喝了甘露一般,"唰"地一下子直起了腰。百姓们望着潺潺的湖水流进自己的农田,兴奋得掉下眼泪来。

后来白居易又访问了附近的农家,在钱塘门外,修了一条堤,造了一座石涵闸,把湖水贮蓄起来。他又怕后代的地方官不了解堤坝对于老百姓的利害关系,亲自写了篇《钱塘湖石记》(当时西湖又叫钱塘湖)刻在石碑上,详细写明堤坝的用处,以及蓄水、放水和保护堤坝的方法。

百姓都围拢来看这块石碑。当看到上面写着,放一寸湖水能够灌溉多少顷田时,大家都为白居易深知百姓疾苦,精心设计了这个工程,而感动得热泪滚滚。大家纷纷议论说,这位大老爷真是好呀,要为他向朝廷请功。白居易一听到这个消息,急忙阻止,还沉痛地做了一首诗:

> 税重多贫户,
>
> 农饥足旱田;
>
> 唯留一湖水,
>
> 与汝救凶年。

白居易在杭州做刺史期间,对这浅湖水管理得特别严格。

有一次,白居易去游湖,看到南面的湖边上,有人在挑土填湖,建造亭台楼阁,就问是哪一家造的。当差的回禀说:"这是衙内二爷的老丈人在造一座花园!"

白居易就把二爷的老丈人传来,说:"西湖是老百姓的西湖,你怎可一人独占?现罚你开田一百亩。"那位二爷的老丈人没办法,知道刺史说一不二,只好派人挖了一百亩湖泥。

还有一次,白居易从白沙堤上散步回来。看见有人从山上砍了两株树,背回来当柴烧。白居易就对那人说:"山上的树砍光了,山泥就会流到西湖里去,积聚起来,再无法造福百姓,那怎么行呢?就罚你补种十株树吧!"那人就只好到山上去补种了十株树。从此,再也没有人敢占湖造屋、上山砍树了。这样,白居易在杭州三年,把西湖治理得山青水绿,使老百姓能够安居乐业。

可是,白居易的所作所为,也得罪了那些鱼肉百姓的官吏们。他们把白居易看作眼中钉,偷偷地把他写的《醉后狂言》等诗篇,加油添醋地送到皇帝面前去告发。皇帝一看,这还了得,就把他贬到别的地方去做官了。

白居易要离开杭州了,手下佣人把他剩余的俸钱装好箱子,准备带走,白居易看见了,说:"把它放到库里去吧,留着今后治理西湖用!"白居易把别人送给他的绫罗绸缎分给了杭州的百姓。

杭州的百姓听到白居易要离开的消息,心里都非常难过。他们打听好白居易上路的日子,纷纷提了酒壶,托了糕点,站在西湖边送别。

百姓们在西湖边等啊等啊,没有听到开锣喝道的声音,没有看到抬着满箱金银绸缎的队伍,只看见白居易从天竺山骑着马缓缓走来,后面有两个佣人抬着两块天竺石。他一路走,一路与百姓们话别。百姓们跪着拦住白居易,许多人都哭了。

白居易看了,心中十分感动。当即在马上吟了一首诗,大意是说:我在杭州三年,惭愧没有什么政绩,只不过是未脱诗人的气质,做了十多首诗歌,临行还带走了两块天竺山的石头,恐怕这也有伤清白吧。

白居易离开杭州后,老百姓一直亲切地称他为"白舍人"。有的人把他的像供在家里;有的人抄了他的诗贴在墙上。以至于千百年来,杭州人一直把原来的一条"白沙堤",改叫"白公堤",以纪念这位诗人!

2.长安米贵

白居易是唐朝著名的诗人,传说他在十六岁时,作了一首《赋得古原草送别》的五言律诗,其中那句"野火烧不尽,春风吹又生"以其无限的生命力曾经鼓舞了多少代人。白居易少年时就充分显露了他在诗歌创作上的才华,十几岁就在家乡成为远近闻名的天才少年。他出口成章、下笔成文,就连他的老师也不如他,一时间,他的家乡找不出第二个比他学问好的人。白居易深知,人外有人,天外有天,在自己居住的狭小范围内,自己的写作水平还可以,可是到了大城市,自己的水平可就不敢说了。因此,他决定来到都城长安,那里是文人墨客汇聚的地方,一定能够学到不少东西,也一定能够得到施展自己才华的机会。

白居易在长安也没有什么亲戚,靠着自己老师写的一封推荐信,来投奔当时德高望重的顾况。顾况和白居易的老师曾经一同来京城参加科考,有过一段日子的交情。可是当年顾况考取了功名,而白居易的老师却名落孙山,两人当初还有些书信往来,可日子久了就断了联系。白居易拿着老师的推荐信,来到顾况的府邸拜访。书童把白居易带到客厅,敬上茶后就离开了,白居易以前从来没有见过顾况,只见客厅里摆设的都是名人字画诗句,知道顾况的学问非常的了不起,于是内心里感到一丝不安。过了大概一个时辰左右,顾况才慢悠悠地踱着四方步出来。白居易一看主人出来了,纳头便拜。顾况一见这个后生不过十五六岁的样子,心想这小子这么年轻就敢来长安闯荡,真是勇气可嘉啊,当他知道白居易的名字时,觉得非常有意思,于是就对白居易打趣说道:"年轻人,你知道长安是个什么地方吗?这里可是藏龙卧虎之地呀。白居易,白居易,呵呵,长安米贵,白居不易啊!"白居易没有解释什么,而是恭敬地递上了自己的诗集请顾况指点。顾况翻看后,态度顿时发生了一百八十度大转弯,尤其是当顾况看到诗中那句"野火烧不尽,春风吹又生"时,禁不住对这个少年大加赞赏,说"想不到你小小年纪便有如此才华,能写出这么好的诗句来,将来肯定会有大出息的。看来你在长安城住下去是不会有什么困难的,呵呵!"

于是白居易就在顾况的家里先住了下来,每日读书写字、吟诗作画,还结交了不少的青年诗人和当时的文坛巨匠,白居易的名字也渐渐地传开了。没过多久,白居易就凭借自己的聪明才学成了长安城出了名的大诗人。他的名字传遍长安城的时候,才不过二十五岁。

柳宗元妙计除蛇精

柳宗元(773~819),字子厚,祖籍河东(今山西水济),后迁长安(今陕西西安)。与韩愈一起倡导古文革新运动,并称"韩柳",同被列入"唐宋八大家"。他是唐代著名文学家、思想家。著有《柳河东集》。

唐朝的时候,永州还是个蛮荒之地。野地里,毒蛇很多,年长日久,有的就成了精,出来害人。有一年,来了一个老道士,每天在永州城里城外化缘,逢人就说,他道法高深,能开得南天门,有缘分的,到八月十五那天,洗了澡,换了衣,焚香顶礼,晚上二更,到南门外等着,等他打开了南天门,放下天桥来,谁能上了天桥,就可以登天成仙。

柳宗元

有些人被他说得动了心,真的照着他的话去做了。八月十五那天夜晚,二更过后,南边的天空中果然挂出了两盏大灯笼,绿绿闪闪的。过了一下子,中间就伸出一条紫红色的"天桥"来,慢慢地垂到了地面。那些人都信以为真了,争着往天桥上爬。等要上的人都上完了,那天桥往上一缩,连灯笼一齐不见了。

从此以后,每年都有不少人到南门外去登了"天"。

那一年柳宗元到了永州,一了解民情,就听到了这件事。又亲眼看见那老道士化缘布道,觉得这事出奇古怪,其中一定有鬼。八月十五那天,就亲自到南门外看个究竟。他看到那紫红天桥和绿灯笼,柳宗元是何等的聪明,一下明白了：那对绿灯笼是两只巨眼，紫红天桥就是一条长舌头，分明是蛇精在作怪，哪里是什么"开天门"呢？

柳宗元断定那老道士就是蛇精的化身，下决心要除掉这条蛇精。这蛇精看来妖法不浅，怎样才能除掉呢？他想了三天三夜，定下了一条妙计。

柳宗元命人做了一张最硬的弓挂到衙门口，出张大告示：凡拉得满这张弓的，就给重赏，并且收为武官。立刻有不少人都来拉那张弓。不久，就招得一个能拉得满弓的武士。柳宗元马上赐给他重赏，收他当了武官。

他又贴出告示，说是永州地区毒蛇为害，为了替民除害，要征集蛇药，若有祖传秘方，能治蛇伤、杀毒蛇的，贡献出来，给以重赏。告示一出人们纷纷献药献方。柳宗元命人选出最好的，按药方炮制了一批，存起来备用。

看看八月十五又到了，柳宗元带了文武随从，又去看"开天门"。等那两盏绿灯一出现，他叫那个武官拉开硬弓，搭上毒箭，一箭射去，正中左边的灯笼，顿时一阵狂风卷起，灯也不见了。那些要"登天门"的不晓得怎么回事，都乱吵起来。

第二天，柳宗元命人将城里开药铺的先生悄悄传来，给每人一包蛇药，吩咐说：如有一个老道士到店里买眼药，就将这包蛇药卖给他。

柳宗元神机妙算，第二天那老道士果然包着左眼到药铺里要眼药来了，卖药的就将准备好的蛇药给了他。

当天晚上，有人听见南门外西岩里发出一阵阵打雷一样的声音。第二天有胆大的人到岩洞里去看，见一条水桶粗的蟒蛇死在里面，左眼烂成了一个大窟窿。那个老道士从此再也不见了。柳宗元妙计杀蛇精的事一传十十传百。

柳宗元公布了征得的秘方，将制好的蛇药分给老百姓。从此永州的毒蛇就渐渐少了。老百姓感谢他，为了纪念他，就在潇水和湘江会合的地方砌了柳子庙。柳宗元计杀毒蛇也传为佳话。

陆羽鉴水

陆羽(773～804)，复州竟陵(今湖北天门)人，字鸿渐，一名疾，字季疵、竟陵子，自号桑翁，又号东冈子，为人个性诙谐，闭门著书，不愿为官。一生嗜茶，精于茶道，著有《茶经》。

陆羽喜爱茶道，专门从事茶叶的生产研究，登名山、看名泉、采名茶，走遍了三十多个州府，这年到了湖州地界。

湖州刺史李秀卿久慕陆羽大名，硬要拉他到府衙门中去品茶。

席间，李秀卿问："先生认为煮茶用什么水最好？"

陆羽张口答到："山泉水煮茶最好。"

李秀卿又问："天下的名泉数哪儿最好呢？"

陆羽答："扬子江的南零水。"

李秀卿为了验证陆羽的话，特地派了两名军士到镇江金山西边的中冷泉去取南零水。

两名军士奉命取水，返回途中不小心将桶里的水荡失了一半。他俩为了交差，就近在江中取水加满，挑了回来。陆羽当着李秀卿的面，用木勺在桶里漂了一下，十分肯定地说："这不是南零水，而是附近的江水。"

两名军士一听慌了神，连忙说："我俩在中冷泉取水，在场有上百人可以做证哩！"

陆羽不声不响，提起水桶，将水倒掉一半，然后说："桶里剩下的才是真正的南零水。"两个军士傻了眼，只好说明了真情。李秀卿听了，惊叹万分、心悦诚服地说："先生真是神人。"

所以，过去茶铺的老板卖茶，炉灶上供的是陆羽像，尊他为"茶神"。直到现在还有人保留着这个传统。

柳公权练字

柳公权（778～865），字诚悬，京兆华原（今陕西耀州区）人。是唐朝继颜真卿后另一位大书法家。他的书法自成面目，对后世有很大的影响，与颜真卿并称"颜柳"。书碑很多，以《玄秘塔碑》《金刚经》《神策军碑》为最著。

传说柳公权小的时候字写得很糟，常常因为大字写得七扭八歪受先生和父亲的训斥。小公权很要强，他下决心一定要练好字。经过一年多的日夜苦练，他写的字大有起色，和他同龄的小伙伴相比，公权的字已成为全村最拔尖的了。

从此以后，经常得到老师夸奖，连严厉的父亲的脸上也露出了微笑，小公权感到很得意。

一天，柳公权和几个小伙伴在村旁的老桑树下摆了一张方桌，举行"书会"，约定每人写一篇大楷，互相观摩比赛。公权很快就写了一篇。这时，一个卖豆腐脑的老头放下担子，来到桑树下歇凉。他很有兴致地看孩子们练字。柳公权递过自己写的，说："老爷爷，你看我写得棒不棒。"老头接过去一看，只见写的是"会写飞凤家，敢在人前夸"。老头觉得这孩子太骄傲了，皱了皱眉头，沉吟了一会儿，才说："我看这字写得并不好，不值得在人前夸。这字好像我担子里的豆腐脑一样，软塌塌的，没筋没骨，有形无体，还值得在人前夸吗？"小公权见老头把自己的字说得一塌糊涂，不服气地说："人家都说我的字写得好，你偏说不好，有本事你写几个字让我看看。"

老头爽朗地笑了笑，说："不敢当，不敢当，我老汉是一个粗人，写不好字。可是，有人用脚都写得比你好得多呢！不信，你到华原城里看看去吧！"

起初小公权很生气，以为老头在骂他。后来想到老头和蔼的面容，爽朗的笑声，又不像是骂他，就决定到华原城里去看看。华原城离他家有四十多里路。第二天，他起了个五更，悄悄给家里人留了个纸条，背着馍布袋就独自往华原城去了。

柳公权一进华原城寿门，见北街一棵大槐树下挂着个白布幌子，上写"字画汤"三个大字，字体苍劲有力，笔法雄健潇洒。树下围了许多人，他挤进人群去一看，不禁目瞪口呆，只见一个黑瘦的畸形老头，没有双臂，赤着双脚坐在地上左脚压住铺在地上的纸，右脚夹起一支大笔，挥洒自如地在写对联，他运笔如神，笔下的字迹龙飞凤舞，博得围观者们阵阵喝彩。

小公权这才知道卖豆腐的老头没有说假话，惭愧极了，心想：我与字画汤老爷爷比起来，差得太远了。他"噗通"一声跪在汤老爷爷面前，说："我愿拜你为师，我叫柳公权，请收下我，愿师傅告诉我写字的秘诀……"汤老爷爷慌忙放下脚中的笔说："我是个孤苦的畸形人，生来没手，干不成活，只得靠脚巧混生活，虽能写几个歪字，怎配为人师表？"

小公权一再苦苦哀求，汤老爷爷才在地上铺了一张纸，用右脚提起笔，写道：

写尽八缸水，砚染涝池黑（涝池，旱塬上盛水的大池子）；

博取百家长，始得龙凤飞。

老人对公权说："这就是我写字的秘诀。我自小用脚写字，风风雨雨已练了五十多个年头了。我家有个能盛八担水的大缸，我磨墨练字用尽了八缸水。我家墙外有个半亩地大的涝池，每天写完字就在池里洗砚，池水都乌黑了。可是，我的字练得还差着远呢！"

柳公权把老人的话牢牢地铭刻在心里，他深深地谢过字画汤，才依依不舍地回去了。

自此，柳公权发奋练字，手上磨起了厚厚的茧子，衣服补了一层又一层。他学习颜体的清劲丰肥，也学欧体的开朗方润，学习字画汤的奔腾豪放。他经常看人家剥牛剔羊，研究骨架结构，从中得到启示。他还注意观察天上的大雁，水中的游鱼，奔跑的麋鹿，脱缰的骏马，把自然界各种优美的形态都融注到书法艺术里去。

柳公权终于成为我国唐代著名的书法家。可是，柳公权一直到老，对自己的字还很不满意。他晚年隐居在华原城南的鹳鹊谷（现称柳沟）专门研习书法,勤奋练字,一直到他八十多岁去世为止。

杜牧判案

杜牧(803~852),京兆万年人(陕西西安),字牧之,号樊川,晚唐时期文学家。他与同时的李商隐齐名,有"小李杜"之称。至今留有《樊川文集》。

传说有一段时期,杜牧在池州当刺史。他为官清正,又有才能,不久,就把池州治理得"树绿葱葱,花红艳艳",一派繁荣景象。可是杜牧的对头,却跑到杜牧的上司秦御史那里告了杜牧一状,说:"杜牧在池州不理政事,只知喝酒游玩,害民误国。"

秦御史问道:"何以为证?""有诗为证。杜牧在池州城南写诗道:'借问酒家何处有,牧童遥指杏花村';在城北泾川镇水西寺题诗说:'半醒半醉游三日,红白花开山雨中'。"

秦御史说:"啊——,让我亲自去查查。如果真如你所说的那样,定惩杜牧不赦;属假,办你诬陷也不宽容。"

秦大人带了两个中军来到池州,刚好杜牧理案即将完毕,正要退堂。秦大人就此在公案一旁坐下查看,见无积案,

所有案件"小葱拌豆腐——一清(青)二白"。可秦大人还是放心不下,心生一计,立即吩咐两个中军:"你俩到衙门口看着,有没有要申冤的人,有没有无理取闹的人;如果有,带上堂来,让杜大人审理。"

两个中军来到衙门口,但见来往行人,士农工商,面带喜色,各理其事。好大一会儿,并无怒骂打闹的人。中军甲对乙说:"看来秦大人是要看杜大人亲自理案。可是,又没有要打官司的,也无打骂的,这如何办呢?"

"这可苦了我哥俩,腿站得酸痛,眼望得麻胀,就是……就是没人来打官司。唉——"

正说着,过来一个人,这人有点特别:光着脚丫,卷着裤筒,一手拎着一双新鞋,一手拎着一包中药。

中军甲把嘴凑到中军乙耳边，嘀咕说："这人，'冬水田里栽麦——怪哉（栽）'，就抓他。""行！管他是个什么葫芦，且看杜大人如何开瓢。"

说完，两人走到那人身边，把木枷往那人头上一套，说："走，上衙门去。"那人执拗不过，被推推搡搡地拽进公堂。他不知自己犯了什么罪，跪在大堂下，说："老爷，我是个老实人，我娘病在家中，我上城给她抓方子，未与人争，未与人吵，更未与人打，不知老爷抓我为啥？"

杜牧一听，是个良民。再看看秦大人，板着脸坐在一旁，心里便有了数，心想：秦大人要亲眼看看我如何审案。可是衙门抓人，是好抓不好放。清官不兴胡来；就是放掉，人家也要议论的。衙门名声要紧。好吧，你秦大人要亲眼看看，就审给你看看吧！

于是，杜牧对那人说："抬起头来！"

那人把头抬起，杜牧把他上下打量一番，说："大胆，自己的过处还不知道？看你这个样子，赤脚卷裤，手提鞋儿，只知爱惜你女人的针线却不顾惜父母给你的肤体，实属宠妇欺老。本应责打十板，姑念你无知初犯，恕你无罪，以后再不准这样了。回去吧！"

那人看看自己的一身打扮，默然无语，涨红了脸，爬起来，向杜牧作了一个揖，说："谢大人！小人下次再也不敢了。"说完，便出了衙门。

放走"犯人"，杜牧向秦大人说："秦大人，恕卑职无礼啦。"

"有话照说。"

杜牧转向两个中军，说："你二人可知罪？"

两个中军望着秦大人，不敢吭声。秦大人说"这——"

杜牧说："无辜抓人，一害百姓身心，二毁衙门声誉，应该治罪不饶。来人。给我每人责打二十大板。"

两个中军赶忙跪倒。秦大人赶忙挽起袍子，走到杜牧身边，说："贤契，我佩服你的才智。只是他两人所为，是老夫指使的，看老夫薄面，饶了他们吧！"

杜牧笑着说："原来是这样。劳累了大人。好吧！免了吧！请大人到书房里叙话。"

杜牧与秦大人到书房刚坐定,有人来向秦大人报告:"那个告状的人跑了。"

秦大人说:"好啦,这种小人,不足道哉!哈哈。"杜牧也笑了。从此杜牧更加声名远扬。

陆龟蒙斗鸭池

陆龟蒙(? ~881),字鲁望,江苏苏州人。举进士不第,曾任苏、湖二郡从事。后隐居淞江南里,自号江湖散人、甫里先生,晚唐文学家,与皮日休齐名,人称"皮陆"。著有《甫里集》。

吴淞江边上有一座千年古镇,叫甪直镇。唐代大诗人陆龟蒙曾经隐居在这里,所以它又叫甫里镇。他为人正直,很有学问。在官场上浪迹几年后,就早早隐退而居,喜欢和老百姓交朋友,大家都很喜欢他。

陆龟蒙家住在白莲寺旁。他住的地方有一座"清风亭",亭旁边有一座池塘。清风亭,是他经常在那里读书的地方。池塘,是他养鸭的地方。鸭群成双成对地在池里觅食、嬉水、争斗,所以叫"斗鸭鸟池",非常有趣。

陆龟蒙

有一天,朝中来了一个太监,见池里鸭群嬉水争斗追逐,十分高兴。尤其是那只五彩头毛的雄鸭,羽毛闪闪发光,漂亮得像只雄鸳鸯,非常讨人欢喜。有人告诉太监,这就是陆龟蒙最心爱的一只鸭子。太监一听,心中升起一股无名怒火,拉起弹弓,"咚"一声,弹子正巧打在雄鸭的头上,雄鸭惨叫一声就死去了。

陆龟蒙听见雄鸭惨叫声,急忙从屋内奔出来,只见他心爱的雄鸭已经死在池中,鲜血染红了一片池水。再看看太监,手里拿着弹弓脸上露出得意的神色。

陆龟蒙十分生气,但他不动声色,上前施礼道:"请问,这鸭是你打死的吗?"太监瞪了他一眼,用鼻孔嗡了一声,说:"正是。"

陆龟蒙不紧不慢、压低嗓子说:"你闯大祸啦!"太监莫名其妙地说:"什么?什么?"陆龟蒙说:"这不是平平常常的鸭子,这是我进贡给皇帝的'贡鸭',现在被你打死了,你看怎么办?"

太监"啊"一声,急得额头上直冒冷汗。他定了定神,眼珠贼溜溜一转,带着狡猾的笑脸问:"你的鸭有什么记号?""我的鸭已上书皇上,它的叫声特别好听。""别吓人,鸭子是粗嗓门,有什么好听的?""对啊,平常鸭子叫起来嘎嘎嘎,而这只鸭子叫起来哈哈哈,跟人笑差不多。它不但会笑,还和八哥一样会讲话,大家叫它'能言鸭',这可是稀世珍宝。如今我只好上书皇帝,说鸭子是你打死的!"太监一听,面色一会儿青,一会儿灰,一会儿白,一会儿黄,吓酥了。太监抖着喉咙甩着腿,苦苦哀求:"大人,我有眼不识泰山,请多多包涵,你给皇上上书,只说鸭子生病死了,切莫提我,我……我赔,我愿赔。"

陆龟蒙趁势教训道:"今后遇事要谨慎,切不可胡作非为!"太监连连拱手称谢。

陆龟蒙智斗太监,为大家出了一口气。他智斗太监的这个斗鸭池,一直保存到现在。其传说也一直流传至今。

中国古代野史

五代十国野史

马昊宸⊙主编

线装书局

宫禁趣谈

朱温淫张氏妻女

梁太祖朱温返回洛阳,碰巧遇见张全义携家眷在节圆避暑,朱温见张全义的妻子和女儿颇有姿色,顿生邪念,强迫奸淫了她们。

朱温淫子妇

后梁主朱温惧怕妻子张后,张后去世。朱温便纵情于声色之中。他的几个儿子均在外地,朱温便经常把他们的妻子召进宫来陪他。友文的妻子王氏姿色颇美,深得梁主宠爱,梁主就想把她的丈夫友文立为太子,次子友珪得知此事后愤愤不平,梁主因此而对友珪怀恨在心。一天,梁主让王氏召来友文,想把后事托付给友文,友珪的妻子张氏得知此事,偷偷告诉了友珪,友珪便和韩勍合谋,深夜斩杀了守门的士兵后,闯进了梁主的卧室。梁主被惊醒后说:"我早就怀疑你这个不孝的大胆贼子,真

朱温

遗憾没有早把你杀了,如今你大逆不道,天地岂能容你?"友珪早已不耐烦,大喝道:"狂贼,我恨不得将你碎尸万段!"友珪的仆人冯廷谔上前便刺,一剑刺穿梁主腹背,然后用破被包裹了梁主的尸体,埋在卧室。

国学经典文库

中国古代野史

·五代十国野史·

图文珍藏版

子烝母

刘仁恭骄奢淫逸,贪婪暴虐,利用大安山(今北京附近)四面悬崖绝壁的险峻地势,在山上建造了一座极其壮观华丽的宾馆,馆内住满了美女和炼药的方士。刘仁恭有位爱妾名叫罗氏,刘仁恭的儿子守光与罗氏私通。

梁妃郭氏失节为尼

梁次妃郭氏,父亲叫归厚,是后梁的刺史。妃少年时因为貌美被选入宫中。梁灭亡后,后唐主庄宗入宫,梁朝的嫔妃妻妾哭泣着迎拜庄宗。朱温之子友雍的妃子石氏颇具美色,庄宗首先召见她,石氏不从,并谩骂庄宗,被庄宗杀死,然后庄宗又召见郭氏,郭氏害怕被杀,委曲从命,事后削发为尼,法名"誓正"。

饼家女有美色

淑妃王氏,是邠州(今陕西省县)卖饼店家的女儿,人长得非常漂亮,外号叫"花见羞"。王氏少年时被卖给梁朝前将军刘郡做侍女,刘郡死后,王氏无家可归。这时,明宗夏夫人已死,明宗正想再续妻室,听人说王氏生得很美,便将她收为淑妃。

路上行奸

后唐宫中戏子郭从谦造反,混战中庄宗中了流箭,伤势很重。庄宗感到口渴,想饮水,刘后自己并不去查看庄宗的伤势,只是让仆人给庄宗吃了点乳酪。刘后携带许多金银珠宝,和李存渥等人放火烧了嘉庆殿,率百名坐骑,冲出子门,仓皇而逃。路上,刘后与李存渥通奸,到了太原,刘后便削发为尼。后来明宗听说了这件丑事,命令刘后自杀。

蝶绕头上

南唐李后主的宫女中有个叫秋水的,喜欢饰戴奇花异草,发髻芳香缭绕,常常引来蝴蝶在她头上上下飞舞,流连忘返。

宠姬闭目

讨伐江南的大将俘获了李后主的宠姬。夜晚,后主宠姬看见灯火便闭上眼睛,说有烟雾,大将赶忙换上蜡烛,后主宠姬还是不睁眼,说烟雾更大了。大将问宠姬,难道你在宫里时不曾点灯吗? 宠姬说,在宫中自己的房里,每夜都悬挂一颗硕大的珠宝,珠光明亮无比,照得房间如同白天一样。

后主事妻如事母

李后主与皇后都喜爱音乐诗律,常常与皇后沉湎其中,以至荒废了朝政大事。不久皇后卧病在床,后主终日守护在皇后身边,煎好的药都要亲自尝过后才给皇后吃,为服侍皇后,接连几夜和衣而眠。

黄保仪容态绝世

南唐后主的保仪黄氏,容颜华美,举止端庄,堪称绝代。黄氏一举手、一投足,顾盼輦笑,无一不令人称绝。她的书画、技艺却全部出于自然天成。

流珠工琵琶

南唐李后主有位嫔妃,后主御名叫她"流珠"。流珠天性聪慧,弹得一手好琵琶。李后主因怀念昭惠后,想整理出她的旧曲子,环顾左右没有人知道,只有流珠能够毫无疏漏地追忆出来。

妓妾染碧

南唐后主李煜的一名妓妾,曾漂染一块浅蓝色衣料,衣料晾晒在外,夜间忘了收回,染上了露水,谁知颜色却更加鲜亮明丽了,李煜非常喜欢。从此宫中的人都争着收集露水用来染制衣物,她们把这样染成的衣料叫作"天水碧"。

皇帝扮戏

后唐主庄宗擅长音乐诗律,有时便自施粉墨,同戏子们在宫廷中表演,后来,庄宗被宫中戏子郭从谦杀死。

叔母为后

冯后丧夫寡居,颇有姿色,晋出帝很喜欢她。晋高祖逝世,灵枢还在停放,出帝在服丧期间便娶了冯后。出帝对近侍大臣们说:"我今日作新女婿了,怎么样?"皇后与近侍大臣们都高声大笑,笑声传得很远很远。

通婚解仇

杨行密下令田頵攻打钱塘,钱镠感到情况不妙,忙派儿子元璙前去求和。元璙长得美俊清秀,行密相中元璙为婿,把自己的女儿嫁给了元璙。而后下令退兵。想当初,杨钱两家视为仇敌,杨行密常用大绳索穿钱贯,叫作"穿钱眼"。钱镠听说后,每年杨柳发新芽时,便用大斧砍折,叫作"砍杨头"。至到元璙与杨家通婚,这种做法才告结束。据考证,杨行密与一块起事的刘威、陶雅等人,号称三十六英雄。

淫妇多夫

冯道历事五朝,即后唐、晋、辽、汉、周;效忠于八姓十一君,即后唐四帝、晋二帝、辽一帝、汉周各二帝;从来不曾离开将相公师的官位。他曾著《长乐老序》,自述五个朝代荣华知遇的状况。淫妇多夫,说的就是这种人吧。

归郎通于金凤

小吏归守明,年方少年,美皙如玉,深得闽王延钧宠爱,闽王把他唤作"归郎"。闽王患有风疾,归郎就在宫中侍奉闽王,这就使归郎有机会与宫中婢女金凤私通。院使李可殷曾与归郎亲昵,归郎让他在长春宫造一顶缕金五彩九龙帐,账上织八龙,闽王为一龙,合为九龙。金账做成后,极其华丽,归郎把金帐进献给了闽王。

长老问夫人

文昭王夫人彭氏,曾去报恩寺烧香。寺中长老问夫人:"你是谁家的媳妇?"妇人听了大怒,香未烧毕便匆忙返回宫中。文昭王感到惊讶问她:"怎么这么快就回来了?"夫人说:"今日好扫兴,被老秃驴问我是谁家的媳妇,媳妇是轻贱称谓,怎么能对我这样的人讲呢?"文昭王笑着说:"这是禅机之礼,夫人可以回答,弟子是彭家的女儿,马家的媳妇,长老立刻便明白了。"夫人说:"如此说来,是我缺少见识了。"

幨宫

孟蜀高祖晚年作幨宫,用了七十张画好的屏风,使用五个环钮相接,做成了一个斗的形状,用作睡觉的地方。

左宫枕

左宫王夫人用青玉做了一个枕头,形状方平,可睡枕两人。此枕冬暖夏凉,可使醉者醒酒,梦者游仙。王夫人将此枕交给杜光庭,杜光庭又将它进献给蜀王。后来世人称此枕为至宝。

以扇酿酒醉宫女

蜀后主有一把扇子,可以盛五升水,过一会儿这些水便酿成了美酒。蜀后主常常用这些酒灌醉宫女。当时有人说,实际上扇子当中有夹层,夹层中装着酒,蜀后主用这种幻术来取悦宫女。

教妾骑射

太祖的原配妻子刘氏,曾经随太祖征伐疆场,刘氏聪明伶俐,足智多谋,经常习兵练武,还常常教授其他侍妾骑射之术,让她们辅佐太祖。

帝王传奇

"儿皇帝"石敬瑭的悲喜剧

"文革"以后,最后恢复上演的传统京剧曲目,当属宣扬爱国主义情怀的《杨门女将》,其情节主要围绕佘太君老奶奶领着一群寡妇征战三关,浴血奋战

国学经典文库

中国古代野史

· 五代十国野史 ·

图文珍藏版

抵御辽国侵略的故事。

　　笔者当时还是不谙世事的孩童，由于祖母是个大戏迷，耳边整日里都是收音机里挥之不去的佘太君的悲壮慷慨："哪一战，不伤我杨家将！哪一战，不亡我父子兵！"

　　后来，刘兰芳的评书《杨家将》播出，老令公杨继业以及杨六郎几个父子兄弟都是"威震三关"，故事情节引人入胜，令人神驰向往，可以说"在幼小的心灵里播下了爱国主义的种子"。

　　但"三关"是哪里，辽国人是什么

"儿皇帝"石敬瑭

人，模模糊糊没有任何实际的概念，想当然地认为是靠近苏联或蒙古的什么地方。成人后，对历史逐渐感兴趣，才知道三关离我的老家天津近得不能再近——瓦桥关（今涿州南）、益津关（今霸州）、淤口关（今霸州东），皆在白沟的南岸。而白沟北岸不远处，就是当时契丹族辽国的地盘。

　　今天的白沟，是个鼎鼎有名的各式小商品集散地，从前的大河，早已随时光流逝变成为不起眼的小河沟。而从前拼死诛杀的汉族与契丹两族人民，以及日后取代辽国的女真人，早已在元朝时期就被蒙古统治者统称为"汉人"，血脉融合，成为今日真正彼此不分的一家人。

　　那么，如果想进一步了解为何"三关"深入汉族传统疆域如此之腹地，就不得不谈起残唐五代中走马灯式变幻的人物中最大名鼎鼎而又最遗臭万年的人物——"儿皇帝"石敬瑭。

　　此公为了同后唐抗衡，竟答应以割让燕云十六州（今北京至山西大同等地）给契丹，使得中原门户大开，为后来的汉族政权留下心腹之患，英明神武如后周的柴世宗、北宋的太宗赵光义，几次北伐，都无功而返，而且北宋之亡的最根本原因也早在石敬瑭时代已经种下。

最为后世中国人所诟病痛斥的,则正是石敬瑭向契丹国主耶律德光自称"儿皇帝",拜认这位比自己小十几岁的异族人为父。

以至于直到1905年8月29日在东京发表的《同盟会宣言》中,第二条就赫然表明:

恢复中华。中国者,中国人之中国;中国之政治,中国人任之。驱除鞑虏之后,光复我民族的国家。敢有为石敬瑭、吴三桂之所为者,天下共击之!

可见,石敬瑭此人名气之大,几乎和吴三桂并驾齐驱,而且他还少了"冲冠一怒为红颜"的浪漫,多了层"认贼作父"当"儿皇帝"的屈辱,千秋万代,骂名滚滚,成为"汉奸卖国贼"的代名词。

1.残唐五代的戏剧性历史

说起五代,人们会机械性地背出历史课本中要考试的五个朝代——后梁、后唐、后晋、后汉、后周,如果没怎么深入学习过历史,很可能想当然地认为这五个朝代肯定像南朝宋、齐、梁、陈一样是"一家物与一家物",是一朝顶替另一朝承接下去的。

实则不然。

要说石敬瑭,不能不先提及后梁太祖朱温和后唐太祖李克用。

沙陀是西突厥的一支(驻地在今新疆古尔班通古沙漠)。唐朝末年,李克用因帮助唐朝镇压庞勋有功,获封为云州刺史,并受御赐改名为李克用(原姓朱邪)。唐德宗时,李克用被晋封为大同军防御使。黄巢破长安,李克用率军勤王,大败黄巢大将尚让,因功拜同中书门下平章事(宰相),地位由此显赫。

后来,黄巢进攻朱温(原是黄巢将领,后降唐),李克用为了扩大地盘,就与朱温合军夹击黄巢,最后逼得这位杀人百万的盐贩子逃到狼虎谷(今山东莱芜)时被外甥林言杀掉。

大胜后,朱温宴请李克用,这位二十八岁的使相(既是节度使又是宰相)根本不把朱温放在眼里,狂饮肆骂,惹得本来就不怀好意的朱温杀心顿起。夜间,朱温派人纵火射箭,想灭掉这位刚刚救了自己一命的竞争对手。

李克用虽然烂醉如泥,终有"天命"保佑,加上亲兵从人血战,他最终狼狈逃出,但三百多精骑护卫全部被杀,从此双方结下死仇。

日后朱、李两人较量多次,李克用败多胜少,有一次还差点抛弃老窝晋阳逃回沙漠,以至于多年不能和朱温相抗衡。

朱温篡唐后,李克用以唐朝大忠臣面目出现,并在独生子李存勖建议下励精图治,不断积蓄力量,准备和立都中原的老对头朱温再争高下。

在潞州与朱温军队相持时,李克用病发身亡,临终时,他交给独生子李存勖三支箭,一支箭要儿子讨伐忘恩负义的河北刘仁恭,一支箭要他击平不守信用的契丹首领耶律阿保机,一支箭就是平灭朱温的梁国。

李存勖果真不负老爹厚望,先是身着丧服出师,把一直盘踞幽州的刘仁恭父子抓住斩首,又马上进军攻打朱友贞的梁国(此时朱温已被儿子杀掉),一举歼灭七万多梁军主力。为了消除常常南下的契丹人,他挥师北进,大败骁勇能战的契丹军,并迅速回师,直攻梁国都城汴州,梁国国主朱友贞自杀,梁国灭亡。

李存勖完成父亲的遗愿后,称帝建国,国号为唐,史称后唐。这位英明神武的皇帝登基后迅速腐化,冤杀功臣,加之他又是历史上地位最高的戏迷票友(自封艺名"李天下"),一时间奸佞当权,将士困顿,本来已经占领四川的唐军因主帅郭崇韬被枉杀而起兵造反,并迅速波及后唐内地。

不得已,李存勖委派自己的义弟李嗣源率军征讨,没想到李嗣源被属下叛变军士挟持,调转马头直攻洛阳。

都城的御林军见势不妙,也里应外合,鼓噪造反。窘急之下,李存勖率军亲自加入战斗。怎料天意人意已改,这位"李天下"身中数箭后流血不止,大叫"口渴"而死,年仅四十三岁。

当时,左右从人奔逃略尽,只剩下一个伶人还算忠心,往他身上堆了好多乐器然后放火焚烧,终于使得这位帝王尸体未受乱兵戮辱,并能在弦乐琵琶的噼啪声中直达最高的"艺术境界。"

取而代之的李嗣源,原名邈佶烈,十三岁时就因勇武善射被李克用收在帐下做养子,侍卫征战,奋勇争锋,在灭梁和击破契丹的战役中功劳颇著。

后唐建立后，皇帝李存勖猜忌忠臣，李嗣源几次险些被杀。最后，魏州兵变，皇帝派他前去镇压。赶到魏州城下，还未来得及攻城，当天夜里就发生军队哗变，将士们逼着李嗣源称帝，老将军流泪不从，想亲自回首都向李存勖解释自己对本朝的一片忠心，他的女婿石敬瑭劝说道："岂有军变于外，上将独无事乎？"意思是你现在跳进黄河也洗不清，回去后肯定马上被杀。

无奈，李嗣源只有随军队攻返洛阳，还没到达首都，城内就发生御林军叛乱，李存勖被射杀。因此，李嗣源得以回都继位。

在位七年间，李嗣源诛杀宦官奸佞，惩治贪污，宽仁爱民，力图节俭。但是，他属于"仁而不明"一类的人，末期也重蹈诛戮功臣的覆辙，加之他在立储事宜上不做明白交代，臣下派系众多，拥立不一。病危时，他的长子李从荣害怕自己不得立为皇帝，带兵准备冲入宫中察看虚实，当即被大臣诛杀。得知此讯后，老皇帝惊骇交瘁，一命呼呜。

虽在位仅七年，李嗣源在五代君王中，最为"长命"，可见五代是何等的乱世！

李嗣源死后，优柔寡断的李从厚继位，是为唐闵帝。此人虽"寡言好礼"，但确实没有人君之量与人君之才。执掌朝柄的朱弦昭和冯斌两个人，只知道结党营私，排斥异己，从而逼反了李嗣源的养子潞王李从珂。

李从珂原姓王，战乱时母子被掠，十几岁时就为李嗣源收养，青少年时代一直跟随义父在战场上厮杀，英勇异常。

当初李嗣源继位后，李从珂因事得罪了重臣安重海，屡屡进言李嗣源要对李从珂治罪，最后激得老皇帝也急了，对安重海说："朕为小将校时，家徒四壁，衣食不足，赖此儿荷石灰、收马粪以存养，朕今贵为天子，而不能庇一儿乎！"

后来，安重海被诛，李从珂得封潞王，晋位太尉。闵帝继位后，为削弱李从珂兵权，就派他到河东任节度使，乃把他从凤翔重地调离。

五代之时，功臣勇将纷纷被杀，李从珂已经预见到自己的下场，就四处发檄文要"清除君侧"，引得后唐闵帝派大军攻打凤翔。

很快，外军大集，蚁附登城，眼看就要城陷被俘杀，情急之下，李从珂亲自凭城,大声哭嚷道:"我二十岁不到就跟从先帝征战,出生入死,金疮满身,树立得社稷,军士从我登阵者多矣。今朝廷信任贼臣,残害骨肉,且我有何罪!"于是大声恸哭不已。

城下好多攻城将士本来就是李从珂从前的属下,闻言伤悲,派来攻城的羽林都和严卫都的两个指挥使临阵"投城"。仅仅十二天,李从珂就率诸军攻入洛阳,闵帝慌忙奔逃。他自立为皇帝,正所谓是"一哭得帝位"。

闵帝出逃路中,正遇自防地而来查探虚实的姐夫石敬瑭,大喜过望,以为终于遇见救星。不料石敬瑭见闵帝身边仅有五十骑随从,又无将相大臣跟从,也无证明其身份的宝玉、玺物。翻抄查看过后,他对这位失势的皇帝小舅子渐不礼遇。

后来,闵帝身边侍臣看不惯石敬瑭的无礼,叱骂中抽刀欲刺,被石敬瑭手下杀个一干二净,独留闵帝一人于驿舍。

然后,石敬瑭这位"先帝爱婿"驰入洛阳,向新主效忠。

不久,闵帝与皇后及其四子同时被李从珂鸩杀,时年才二十一。

2.乱世播迁中的石敬瑭

石敬瑭,沙陀部人,其父名臬捩鸡,《旧五代史》中说他是汉景帝的丞相石奋的后代,欧阳修在《新五代史》则坦白称"不知其得姓之始"。

由于《旧五代史》资料主要得自各朝大臣为自己主人修的《实录》,显然把石敬瑭当成石奋后代是溢美之词,冒认祖宗。石奋裤裆再不紧,也不会漏出个西突厥别部的沙陀后人。

欧阳修《新五代史》虽太过简略,但已有宋代腐儒的"正气",对帝王身世追根究本,因此欧阳一说更为可信。

石敬瑭生于太原,此人本性沉淡,寡言笑,喜读兵法。李嗣源为代州刺史时,非常器重石敬瑭,以亲女妻之,任为心腹。唐庄宗李存勖听说石敬瑭的骑射之能,常招致旗下一并攻伐四战。甘陵之战中,石敬瑭仅带十余骑横槊深入,东西驰突,使立阵未稳的李存勖得以安全,使得这位本人就十分英勇善战的皇帝亲抚其背夸奖："将门出将，言不谬尔。"并把自己喝过的酥油茶赐给石敬瑭。由此，这位石郎一时显名于世。

在与梁军作战中，有一次石敬瑭与岳丈李嗣源侦察地形，一行人都轻装没有穿甲胄，忽然遭逢一队隐蔽的梁兵，快马从丘陵中跃出，刀锋几及李嗣源后背。石敬瑭大喝一声，以战戟策马冲奔，一击而落敌兵数人，救了老丈人一命。

在日后的灭梁决战中，石敬瑭屡建奇功，因此史书评曰："平汴水，灭梁室，致庄宗（李存勖）一统，集明宗（李嗣源）大勋，帝（石敬瑭）与唐末帝（李从珂）功居最，庄宗朝官未重者，以帝（石敬瑭）不好矜伐故也，唯明宗心知之。"

显然，石敬瑭不好张扬，因此在李存勖称帝时没有获封大官。李嗣源称帝后，封石敬瑭为宣武军节度使，开国公，加驸马都尉，后改河阳节度使，赐号"竭忠匡运宁国功臣"。

歧阳兵乱，兵士推潞王李从珂为帝，后唐闵帝诏石敬瑭赴阙救援，双方相遇于道。乱世之际，忠义最难，石敬瑭权衡利弊，终于杀尽闵帝左右，奔投李从珂，致使自己的小舅子闵帝为李从珂毒杀。

估计石敬瑭内心对于闵帝之死并没有什么真正的愧疚，他对岳父李嗣源可以说是忠心耿耿，对嗣君闵帝只是把他当成扶不起的"刘阿斗"。

石敬瑭称帝后，谥李从厚为"闵帝"，封土坟高才数尺。如果心中有愧，石敬瑭肯定会厚葬这位小舅子。

后唐末帝李从珂继位后，对这位"石郎"很不放心。石敬瑭在新皇登基后，也不敢主动提出回到自己的驻防地，整日提心吊胆地怕被杀掉，忧愁生病，竟然一时瘦成麻秆一样。

由于李嗣源发妻曹太后说情，李从珂才勉强应答石敬瑭回河东驻地，为北京（当时的太原）留守、太原节度使。

有一次，石敬瑭的妻子到洛阳为李从珂祝寿，宴会后要回家见丈夫，李从珂趁酒醉说了句玩笑话："这么着急干吗，是不是要回去和石郎一起造反啊。"

说者无意，听者有心，石敬瑭得知后更加暗地里加紧防备。

后来，朝廷派使臣宣慰河东，石敬瑭手下将士高呼万岁，想趁机拥立石敬瑭为帝以邀功。由于当时机会还不成熟，善于观察形势的石敬瑭马上把为首高呼"万岁"的三十六人逮捕斩首，然后上奏李从珂以表"忠心"。这些人也真倒霉，如果在黄桥拥立赵匡胤那样的人，或许还能混个从龙功臣当当。

不久，为了试探皇帝李从珂对自己的态度，石敬瑭上奏要求辞去军权，请调到别的地方任节度使。这种伎俩最简单但很奏效，如果李从珂同意他的辞职书，说明皇帝肯定怀疑他；如果退回，就说明李从珂仍然信任他。

李从珂问大臣薛文遇如何处理，薛文遇对答："臣闻作舍于道，三年不成……石敬瑭除亦叛，不除亦叛，不如先事图之。"

自此，李从珂下定主意，下诏调任石敬瑭。

事已至此，石敬瑭也撕破脸皮，上书说李从珂不是李嗣源亲生儿子，应让位于许王李从益。

李从珂阅奏大怒，派人草诏给石敬瑭责备，也很有理——你连嗣皇李从厚尚且出卖不救，现在又上书要立另外一个小舅子许王李从益，天下人谁能相信你的话！

于是，李从珂征发大兵进伐石敬瑭。

以石敬瑭的兵力和能力，他绝对不是李从珂折对手。

毕竟石敬瑭一世奸雄，忙令桑维翰草表称臣于契丹主，且请以父礼事之，约事捷之日，割卢龙一道及雁门关以北诸州与之。并派心腹密赴契丹向耶律德光求助。

这位契丹主马上率军赶来，迅若流电。后唐史臣为此沾沾自喜，日后述及此事时，欢喜无限地认为契丹出兵是天助大晋，殊不知耶律德光是完全为私而来。

公元936年九月，契丹耶律德光亲率军队自代州扬武谷南来，有众五万，号三十万，旌骑不绝五十多里。

石敬瑭闻契丹兵至，连夜出城，拜见耶律德光，双方相见恨晚。于是，二人"因论父子之义"。如果读书不细，还以为耶律德光会认比自己大十多岁的石敬瑭为父，其实正好倒个儿，谁有兵有权有势谁就是爹，自古皆然。

石敬瑭这一招给青年人当儿子,连其手下大将刘知远(日后的后汉高祖)也觉过分,劝他说:"称臣就可以了,奈何以儿子居之!"石敬瑭不听。

耶律德光则大喜。他在得到石敬瑭割送燕云十六州(并输岁币三十万帛)并称儿皇帝的许诺后,马上册封这位比自己大十多岁的"大干儿子"为大晋皇帝,改"元天福"(实则无福)。

李从珂这边,盛怒之下,连诛石敬瑭两子石重英和石重裔,并把石敬瑭弟弟石敬德一家也杀个干净。

石敬瑭在契丹人马增援下,大军直进,直攻洛阳。

从前勇猛绝伦的李从珂称帝后已无昔日胆气,在败绩连传的情势下,只知酗饮悲歌,形神惨沮。臣下劝他亲征,他答道:"卿辈勿说石郎,使我心胆坠地!"怯懦如此,不亡也难。

城陷前夕,京城父老上奏,劝李从珂说:"前唐皇帝每当中原有难,多幸蜀地以图进取,陛下何不入西川?"

李从珂此时倒很明白,答称:"本朝(指前唐,后唐以唐朝正朔自居)两川节度使皆用文臣,所以玄宗、僖宗避寇幸蜀。今孟氏已称尊矣,吾何归乎!"

后唐在蜀地的地方长官孟知祥在李嗣源时代就已经不听节制,名义上服从后唐,实际上自己割据四川。李嗣源死后,孟知祥马上称帝,史称后蜀。

恸哭之余,李从珂奔入后宫,与曹太后、刘皇后等人携传国玉玺等上玄武楼,举族自焚而死。后唐亡。

3.割送燕云十六州的耻辱及后果

石敬瑭狮子大开口(不是索要反是倒吐),一下子送给"小爹"耶律德光的十六州是:幽州(今北京)、蓟州(今天津蓟州区)、瀛洲(今河北河间)、莫州(今河北任丘)、涿州(今河北涿州)、檀州(今河北密云)、顺州(今北京顺义)、新州(今河北涿鹿)、妫州(今已被官厅水库湮灭)、儒州(今北京延庆)、武州(今河北宣化)、蔚州(今山西灵丘)、云州(今山西大同)、应州(今山西应县)、寰州(今山西朔县马邑)、朔州(今山西朔县)。

由此，北方少数民族可以骑马直侵至黄河岸边，失去了此前历朝历代一直恃为天然屏障的大部分地区。

远至汉代的刘邦和唐朝的李渊，都曾因想实现个人野心和专心经营中原地区而向北方少数民族（匈奴或突厥等）称臣、和亲或纳贡，但充其量最多是送钱送物送女人而已。置国家民族利益于不顾，答应割让给对方大片土地，石敬瑭可以说是在中国历史上开了先例，并因此而享受"遗臭万年"的不替待遇。

石敬瑭当皇帝后，常常得接待来宣诏的倨傲契丹使者，而且要跪地拜受契丹主耶律德光的诏敕。后唐不仅要按年送金帛，每有节日生日（契丹帝后）、吉凶庆吊，都要运送大量奇珍异宝进献，而且从上到下，遍及契丹元帅、太子、数王以及贵臣，卑躬屈膝，滋味确实不是很好过。

不久，魏州的节度使范延光趁乱起兵，石敬瑭派灵武节度使张从宾东讨范延光。不料两将合谋，起兵时把石敬瑭的两个儿子楚王石重信（年二十）和寿王石重义（年十九）杀掉。虽然叛乱最终平定，这位石皇帝又丧掉两个爱子（先前已经有两个儿子被李从珂杀掉）。

没过多久，镇州节度使安重荣起兵反叛石敬瑭。

安重荣是朔州人，自少就孔武有力，精骑射，石敬瑭初起兵时自代北率数千人赴归，深受信任。后晋建立后，获授成德军节度使。由于安重荣军伍出身，暴得富贵，不断亲睹耳闻近代的节度使不几年就当皇帝，就常常对人讲："天子，兵强马壮者当为之，宁有种耶！"

石敬瑭天福年间，后晋朝廷为了免起兵端，上上下下对契丹人尊敬无比，唯独安重荣常常对路过的契丹使节箕踞谩骂，肆意侮辱。当时受契丹侵逼的吐浑诸部请求内附后晋，后晋当然不敢接纳，安重荣反而和这些部族打得火热，暗杀契丹过路使臣，并乘机上表数千言，大意指斥石敬瑭"称臣奉表，罄中国之珍，贡献契丹，凌虐汉人，意无厌足"，并把奏表改成书信体，遍发朝廷大臣和后晋诸藩镇。

当其时也，后晋割让燕云十六州已成事实，境内民人粗安，上下都怕再起兵衅。安重荣也并非是为了什么民族大义，其实他是怀有不小的个人野心以启战端。

从《旧五代史》中的《桑维翰传》中，称"高祖（石敬瑭）览表（安重荣奏表），犹豫未决"，从中可见石敬瑭也觉得安重荣说的话不无道理，当皇帝以来，他一肚子鸟气，确实想发泄一下。

关键时刻，自始至终参与石敬瑭称帝计划的心腹重臣桑维翰当时镇守兖州，得知消息后连忙秘密上表，从契丹人"万里赴难"救援石敬瑭讲起，又说到开国六年来彼此通欢，相安无事，进而劝石敬瑭不要轻举妄动，惹恼契丹人。

石敬瑭见密奏后，反复思之，终于不敢和契丹翻脸。

石敬瑭冷静下来，安重荣那边却等不及。其实，安重荣一边大言要灭契丹，一边也秘密和契丹边帅刘睎暗中联络，其真实目的是想回兵入洛阳做天子。

契丹人也想让安重荣和石敬瑭开战后，借机因中原事起再次入侵取利，因此契丹对安重荣的"指斥"，仅仅是做表面文章而已。

有一次，安重荣与契丹使节骑马并行，指天上飞鸟射之，应弦而落，当时观者万数，无不欢呼，连精于骑射的契丹使臣也非常钦佩，以所乘良马敬献给安重荣。这使得这位武将一时间飘飘然起来，自谓名振北方，天下可一箭而定。

不久，他就纠集饥民数万，以回朝入觐为名，大举攻向洛阳。

石敬瑭派大将杜重威迎敌，双方相遇于宗城。军才成列，安重荣帐下将赵彦元卷旗奔降，后晋军因势奋击，安重荣一鼓而溃，部下被杀及于路冻死两万多，最后他本人也被抓住斩首。

平定安重荣叛乱后的第二年，51岁的石敬瑭就得病死去。

这老哥们这一辈子也确实不容易，前半辈子戎旅生涯，出生入死，为几姓后唐帝家卖命，确实做了不少好事；后半辈子称帝，却一直战战兢兢，外忧内患，虽然其当皇帝后厉行节俭，使民间稍得粗安，但千载汉奸的骂名是铁定的绝案，任谁也翻它不得。

况且，身死才四年，尸骨未寒，后晋就被他手下的将领和契丹人一起灭掉，真正被扫进了"历史的垃圾堆"。

4."儿皇帝"崩后的身后事

石敬瑭死前有六子,一子早夭,二子为李从珂所杀,二子为叛将张从宾所杀,唯有幼子石重睿在生。

由于石重睿太年幼,众大臣拥立石敬瑭的侄子石重贵为帝,是为后晋出帝。此人方面大眼,确有人君之相。

后晋出帝践位之初,确值艰难之世。北面契丹虎视,南有吴越、后蜀窥边,加之连年天灾不断,饿殍遍地,国内政治极其不稳定。

当时,如果依据桑维翰之计,休养生息,静待时机,日后事还未可知,偏偏此时,又出了个好生事端的景延广。

景延广是石敬瑭的侍卫亲军都指挥使,在老皇帝死后,他对石重贵有拥立之功。

石重贵即位后,景延广撺掇他对契丹"称孙不称臣",惹得耶律德光大怒,遣使责备。

景延广更加蛮横大胆,劝出帝要尽杀在中原的契丹商贩,并大言:"先帝(石敬瑭)则北朝所立,今上(石重贵)则中国自策,为邻为孙则可,无臣之理。"又扬言:"晋朝自有十万口横磨剑,要战则早来!"

于是,后晋与契丹人公开决裂。

天福八年(公元943年)十二月,契丹军队来攻。转年正月,契丹军攻陷甘陵,河北一带的储积粮草尽陷于敌。

晋出帝惊骇,亲率军队进驻澶渊,景延广仍自恃胸中甲兵。

契丹兵至城下,派人向城上高喊:"景延广唤我们来相杀,何不急战!"

此时的景延广坚持做缩头乌龟,闭栅自守,始终不战。

对此,朝臣们议论纷纷,都讲:"昔与契丹绝好,言何勇也;今契丹至若是,气何惫也。"

开运元年(公元944年)三月,契丹主耶律德光引兵十余万来攻。晋出帝石重贵亲自率领亲军列为后阵,东西济河,为偃月之势,旗帜鲜明,士马严整,吓得耶律德光对左右说："杨光远（后晋降将）言晋朝兵马半已饿死，今日观之，何其壮也！"

契丹骑兵冲阵，晋军严立不动，万弩齐发，飞矢蔽空，契丹军死伤甚重。

耶律德光正要退奔，有奔降的晋兵告知晋军东阵军少，契丹军集中军力猛攻阵东，晋军不敌败走，契丹骑兵乘胜追击。当时，正好有数千晋军在河堤处赶筑水寨，有旗帜从岸边露出，契丹人以为是晋军伏兵，没敢再追。

不久，双方整兵再战，晋军又退。后晋勇将李守超以数百军士短兵突击，契丹军稍却。

双方你来我往。最后，战场之上，人马死尸无算，断箭成镞，横厚数寸。

夜幕降临，契丹军击钲而退。

同年八月，契丹军队又来入侵。晋出帝不得已，再派十五将出征。转年三月，双方大战于阳城。

契丹铁骑如墙而来，后晋步军以方阵御抵，并选劲骑迎击，大战二十余合，契丹骑兵不敌，渡白沟而去。

后晋中下级将领都认为，契丹主自己将兵前来，实为劲敌，如不血战，必不得活。于是他们铁下心来死战，双方骑兵步兵交战成一团，杀声震地，后晋士兵无水，取泥水绞汁而饮，艰苦异常。

双方混战之中，忽然大风扬尘，风势转猛，犹如黑夜（肯定是当时罕见的沙尘暴，当时北方植被还未被破坏）。晋军齐力进击，契丹大败。

耶律德光本来坐在御车里指挥，败退后见追兵渐及，忙跨上一只骆驼，狼狈奔逃。

后晋众将踊跃，要求追击亡寇，身为统军的杜重威（石敬瑭妹夫，晋出帝姑夫）却说："逢贼不死就是万幸，还想得活后再便宜吗？"他下令停止追击，丧失了绝好的击灭契丹的时机。

杜重威以皇亲大将之重，在成德军节度使任上，每逢契丹进兵，只知闭城自守，未尝派一兵一卒救援邻近的晋朝城池。常常有数十契丹骑兵驱赶成千上万俘虏的汉人经过城下，杜重威从来没有发一箭相救。

开运三年(公元 946)冬,晋出帝石重贵竟下命让这个草包姑夫杜重威统领十万大军北去抵御契丹。

军队至瀛洲,后晋将梁汉璋与契丹交战阵亡,杜重威马上回军,驻军武强。

听说耶律德光亲自南下,他马上西趋镇州,在中渡桥与契丹平漙水而营。

十二月八日,晋将王清等数千人渡河进击,为契丹所败。虽如此,后晋军主力未伤,而且先前曾大胜契丹,上下皆无惧敌之心。

作为统帅的杜重威,自己反而十分害怕,暗中派人秘密前往契丹营帐,向耶律德光表示效忠。

耶律德光大喜,答应杜重威像扶立石敬瑭那样要立他为帝。

对此,杜重威信以为真。转天,他埋伏甲士于大帐,召诸将议事为名,突然表示要率军向契丹投降。

诸将愕然。但统帅如此说,只得俯首听命,在降表上连署签字。

而后,杜重威集合十万大军训话。

众军士以为要与契丹兵决战,个个欢呼踊跃。

不料,统帅下令解甲投降。

沉默过后,晋军营内恸哭一片,声如雷震。

而后,从前血战契丹的大将见大势已去,纷纷降敌。杜重威、李守贞、张彦泽等人不仅投降,还为契丹军做前锋,转头直攻入都城。

宫中相继起火。石重贵自携宝剑驱拥后妃十数人,将要赴火自焚,为御林兵所阻。不得已,他奉表称孙请降。

转年正月下旬,契丹封石重贵为负义侯,遣送至黄龙府安置。同行的有皇太后李氏、皇太妃安氏、皇后冯氏、皇弟石重睿,以及两个年幼的皇子和宫嫔、内官几十人。

在遣送过程中,途经中途桥杜重威十万兵众曾经驻营的连营大寨,石重贵仰天大呼:"我家何负,为此贼所破,天乎! 天乎!"嚎哭而去。

自范阳开始,一路乏食,宫女、从官采野菜、橡实供食。一行人千辛万苦到达辽阳,遇见契丹的永康王,石重贵的幼子和幼女及内官数十人均被抢走。不久,宠姬赵氏、聂氏也被契丹贵族强掠而去。

在东北建州苦寒之地,石重贵一直熬了十八年,即宋太祖乾德二年(公元964年)才病死,可谓受尽折磨,还不如早早自杀死掉好。

"族行万里,身老穷荒。自古亡国之丑者,无如出帝之甚也。千载之后,其如耻何,伤哉!"

撰写《旧五代史》的北宋大臣,这话说得太绝,也太早。

没有过太久,公元1127年,距石重贵被俘才过了一百八十多年,北宋的徽、钦二帝也被代辽而起的金国俘掠而走,且侮辱更甚。

靖康之耻,最为汉族臣子伤心!

5.相关诸人的悲喜剧下场

契丹主耶律德光攻入洛阳后,于公元947年二月身穿汉天子服装,御崇元殿受朝,制改晋国为大辽国。不久,后晋大将刘知远派牙将王峻奉表于契丹表示臣服。

此前,刘知远作为幽州道行营招讨使,在忻口、朔州等地一直和契丹人作战,屡有胜绩。但他并非是为了维护后晋帝业,只是想在乱世交战各方中显示自己的实力罢了。

刘知远出身贫寒,也是沙陀人,穷到给人家当上门女婿的地步(张艺谋在《老井》中演的那种人,天天早晨起来倒尿盆),后来投奔李克用的后唐军,作战非常勇敢,在一次危急关头,他把自己的战马交给失马的石敬瑭骑,救了这位后来的皇帝一命。

李从珂攻打李从厚时,石敬瑭差点被这位失势小舅子皇帝的随从杀死,也是刘知远带一行人冲入,把后唐闵帝的全部从人杀个干净。由于救主有功,石敬瑭称帝后就封他为同平章事兼节度使。

后来,石敬瑭、刘知远君臣之间也开始产生隔阂。石敬瑭免除他禁卫军领军的官职,外派为河东节度使。石敬瑭死后,刘知远一直静观其变,只是固守自己的河东地盘,对于小皇帝的诏令置若罔闻。

后晋灭之后,耶律德光也顾不得实力雄厚的刘知远,趁势做个顺手人情。在诏旨中称呼刘知远为儿,赏赐他一只木制拐杖(不伦不类)。

史书中没有刘知远对"儿"称呼的反应,但肯定他会一笑置之。当年石敬瑭向耶律德光称儿,他曾明白无误地表示过反对。

由于已经断定天气转冷契丹就会北撤,刘知远便于公元947年在太原称帝,建立汉,史称后汉,并改后晋开运四年为天福十二年,意思是不忘旧主,延续石敬瑭年号。

刘知远在位不到一年就病死,年五十四岁。其子隐帝刘承祐继位后轻信谗言,滥杀功臣,很快就导致邺都留守敦威的起兵,都城开封被攻陷,隐帝被杀。

后汉是五代最短命的王朝,传二帝,仅四年。

以十多万大军降于契丹的石敬瑭妹夫杜重威随耶律德光南侵,投降的晋军驻守陈桥,成日挨冻受饿,困乏不堪。每当杜重威官轿在洛阳街道上走过时,市人纷纷高声诟骂,杜重威只得低头忍受。

契丹人下令洛阳后晋降官按官职大小上交钱帛,杜重威应上纳万缗,急得他哀求耶律德光:"臣以十万汉军降于皇帝,不免罚纳,臣所不甘。"契丹主笑而免之。

契丹人走后,刘知远为招抚杜重威,任他为太尉,拜宋州节度使。杜重威心怀鬼胎,坚守邺城抵拒刘知远。这位后汉高祖指挥大军,攻伐数日,死伤万余人也打不进去(杜重威真不是东西,这股精神拿来抵挡契丹,十万汉军定能灭掉耶律德光)。最后,城内兵民战死饿死十分之六七,杜重威才不得已开门投降。

由于降前刘知远许以不死,杜重威仍苟延残喘了些日子。

刘知远不久病重,临终时嘱咐顾命将佐要"善防杜重威"。这位后汉高祖一咽气,朝臣就把杜重威及其三子在都市以叛逆罪凌迟。由于恨他的人太多,大家一冲而上,不一会儿功夫这位卖主卖国卖民的老贼便被人们吃个精光!所谓食肉寝皮,仍不能解众人之恨。

与契丹首挑争衅的景延广在晋出帝后期被罢兵权,出为洛都留守。由于深知契丹强盛,国家危急,就只好纵夜长饮,今朝有酒今朝醉。契丹军入洛阳,耶律德光专门派数千契丹军去逮捕景延广。由于顾虑一大家老小，景延广最终没有逃跑，硬着头皮去拜见耶律德光。契丹主当面责让他，说他是南北失和的祸首。估计当时耶律德光因破灭晋国正在兴头上，没有马上下令杀他，而是派人绑缚起景延广，押送入契丹。夜间，景延广左思右想知道自己没什么活路，趁防守人不备，挣脱绳索，自己扼亢而死。比起那些叛降之辈，景延广还真算得上是条汉子。

最后，还要提提那位契丹主耶律德光。耶律德光的母亲述律太后（萧太后）一直不愿儿子南伐中国。多次出兵，使得契丹国人死伤无数，消耗甚大。这位太后曾对人讲："南朝汉儿争得一向卧耶？自古闻汉来和蕃，不闻蕃去和汉，若汉儿实有回心，则我亦何惜通好！"

耶律德光灭晋后，服汉天子袍服于崇云殿见百官，大悦，对左右说："汉家仪物，其盛如此，我得于此殿坐，岂非真天子邪！"虽心慕华仪，这位契丹主骨子里仍是野蛮人，他任命契丹部族豪酋为诸州镇的刺史和节度使，搜刮天下钱帛以赏军。

由于没有固定的粮草供应，契丹人常派数千铁骑四出劫掠，号为"打草谷"，东西两三千里地范围内，人民遭受荼毒不已。这些契丹兵士烧杀抢掠奸淫，使广大汉人对契丹人痛恨到极点。

很快，刘知远在太原称帝，各地州镇守将纷纷杀掉契丹族官员归附后汉，耶律德光大惧。加之天气转热，这位北国国主再也待不住，他驱使后晋宫伎、艺人、官员，大载宝物北归，自黎阳渡黄河，行至汤阴，到达一个叫愁死岗的地方驻扎歇息。

他对随同的汉臣高勋说："我在上国（契丹）以打围食肉为乐，自入中国，心常不快，若得归我本土，死亦无恨！"高勋回去就对从人讲："这虏头将死矣。"

大军路过相州，汉将梁晖杀契丹守将据守。耶律德光凶性大发，城破后把男丁全部杀尽，尽驱妇女而去。后来后汉王继弘驻镇相州，挖出十多万骷髅人骨。由此，可见这位虏主残暴之一斑。

回国途中，看见一路城邑残破，行里无人烟，耶律德光还笑着对身边的晋臣讲,都是向他邀宠请降的汉人才造成这样的后果。

行至栾城,耶律德光苦热得疾,在一个名叫杀胡林的地方暴死,时年四十六。

想当初,耶律德光开始攻击晋朝时,述律太后常劝阻,问:"我们契丹国立一个汉人当天子可以吗?"德光回答:"当然不行。"述律循循善诱,"所以呢,即使你攻占了中国也不能统治,以后肯定因此得祸,到时后悔也来不及。"

耶律德光在杀胡林因苦热烦闷而将死之时,不知是否想起过母后昔日的这番谆谆话语。

为防尸体腐烂,契丹人剖开耶律德光的肚子,摘除五脏,其中放满大颗盐粒,载而北去(汉人管这个盐腌的尸体为"帝羓"),把大辽皇帝腌得不会变臭,全尸而还。

283年后,即公元1230年,元朝太宗窝阔台在攻取汉族中原地区后,在宠臣别迭的建议下,当时想把几千万汉人都赶尽杀绝。一位名叫耶律楚材的汉化契丹族官员极谏,摆事实,讲道理,最终说服窝阔台没有实行杀光汉人的政策,使得大约6000万汉人(包括女真人,当时都被蒙古人称为"汉人")的性命得以保存。

耶律楚材,字晋卿,是辽国东丹王突欲的八世孙,乃高度汉化的契丹人。元太祖铁木真攻灭金国后,对他说,"辽、金世仇,朕为汝雪之!"深谙儒家大义的耶律楚材答道:"臣父祖尝委质事之,既为之臣,敢仇君耶!"此言一出,深为铁木真所欣赏,成为元初的最重要谋臣。日后,无数汉人的性命为其所救,无数城池赖他的一席话得以保存。

据此思之,历史有时很像是个荒谬绝伦而又合情合理的大戏,使人愁,使人喜,使人忧,使人怒,使人辗转反侧,使人扼腕叹息,沉迷于间。我们常常会在光怪陆离和萧萧沉郁中,发现令人叫绝的惊喜。

前蜀末帝王衍与后蜀末帝孟昶

平素笔者喜欢翻阅古画帖,特别是对那些工笔人物、禽鸟、阁台,尤为注意。

图文珍藏版

观五代画家黄荃的作品,形神兼备,笔法纤密,构图巧妙,用意精湛,使人对这个公元十世纪生活在成都的画家兴趣顿生。仔细研读黄荃的生平,发现这位画家竟然大半生都生活于被中国文人称为"季世"的混乱黑暗的五代时期,而且,他作为御用画家,侍奉过前蜀王衍和后蜀孟昶两个历史上有名的昏庸君王。

王衍、孟昶与南唐后主李煜和宋徽宗赵佶一样,虽然政治上昏庸无能,耽花湎酒,终至亡国,可他们在艺术上的造诣都可称得上是真正的大家,无论诗词歌赋画文,皆臻至逸品和神品之境。

相传,前蜀后主王衍得到唐朝画家吴道子的《钟馗捉鬼图》,上面画钟馗正用右手食指剜出小鬼眼睛准备当小吃的场景。王衍是内行,他自忖,如果把钟馗描画成用大拇指剜出小鬼的眼睛,效果可能会更好,更显衬出钟馗的昂然气势。黄荃受命后,回家琢磨,怎么想怎么不对,皇上的旨命又不能违背。无奈之余,黄荃就重新画了一张钟馗用大拇指剜小鬼眼睛的画,然后,他把两张《钟馗捉鬼图》一并奉给王衍。

王衍大为不解,忙问黄荃为什么不在吴道子原画上面修改。黄荃答道:"观吴道子所画钟馗,整幅人物的气力、眼神、筋骨皆落于右手第二指上,如果改为用大拇指着力,原先的人物姿态一下子就散掉了,整幅作品就会丧失原有的人物神采和光芒。而为臣我画的钟馗,人物力道着于大拇指,以此奉上,特供参考。"

王衍琢磨一番,大为称赞,遂成一段画坛佳话。

此外,后蜀末帝孟昶,与这位黄荃大画家也有一段"艺术交流佳话"。后蜀广政七年(公元944年),南唐与后蜀结为"友邦",送来六只江南特有的白仙鹤。喜爱丹青文辞的孟昶忙命人宣黄荃进殿,让大画家为这六只仙鹤图形写真。

黄荃落笔如飞,浓点淡染,不大功夫,六只仙鹤或理毛、或整羽、或唳叫、或翘足、或惊恐、或啄苔,体态鲜活,栩栩如生。如此,喜得后蜀末主孟昶大叹不已,把作画的偏殿也命名为"六鹤殿"。画幅悬于殿中,这位皇上朝夕监视,流连不已。

于黄荃而言,可幸也可悲!可幸的是,两个君王皆是彬彬文士,品画作诗的高手,言语谦谦,和蔼可敬;可悲的是,两人都是盛世亡国之君,只知沉湎于"艺术",不知体恤政情民意,真个是"可怜夜半虚前席,不问苍生问丹青"。

二人的结果,皆是国破家亡,命丧人手!

1.前蜀末帝王衍

说起王衍,不得不交代他老爹王建。

王建,字光图,许州舞阳人。此人隆眉广面,状貌不俗。但王建年少时是个远近有名的无赖之徒,以杀牛、偷驴、贩私盐为生(很像黄巢,不过规模不如黄巢大,文化修养方面更比不上这个给唐王朝致命打击的强盗头子),当时,邻居都送给王建这位"混混"一个绰号:"贼王八".可见当时他是多么的讨人憎厌唾弃。

后来,赶上唐末乱起,王建趁机投军,从小兵做起,渐成队将。黄巢攻陷长安,唐僖宗奔逃于蜀地,恰值王建当时为都头,与忠武军将领鹿晏弘一起西迎僖宗,喜得仓皇如丧家狗似的唐皇如捞救命稻草,号王建等诸人所率军队为"随驾五都"。大太监田令孜(当时任十军观军容使)收王建为养子。

唐僖宗还长安后,王建一下子跃为御林军宿卫将领。

僖宗光启元年,大将王重荣和大太监田令孜争权夺利,兵端又起。王重荣举大兵直攻长安,唐僖宗依旧又是"三十六计走为上",向凤翔狂奔。

光启二年,僖宗逃往兴元,任命王建为"清道使",背负玉玺以为开路前锋。一行人跑到当涂驿时,栈道被焚,王建冒死牵控僖宗御马,从浓烟中一溜小跑,刚刚奔离,身后栈道轰然塌断,落入万丈悬崖之下。

夜晚露天宿营,唐僖宗枕王建膝方能安眠。半夜醒转,悲从中来,这位荒唐半辈子的帝王忽然被眼前这位出生入死的将军所感动,解身上御衣赐予王建。

兵乱稍息,大太监田令孜觉得自己在皇帝身边不安稳,就以皇帝名义下诏,自己委派自己去给当时任西川节度使的同母兄弟陈敬瑄当"西川监军"。

当时王建正拥军在外,带着一帮八千之众的亡命之徒四处攻城掠地,这让陈敬瑄很忧虑。田令孜知道此事后,对陈敬瑄说:"王八,乃吾儿也,派人召他来可为我们效命。"

王建闻召大喜,忙选精兵两千奔往成都。骑兵到达鹿头关时,陈敬瑄后悔"引狼入室",派人阻止王建。王建大怒,也顾不得什么干爹田令孜的情面,攻破鹿头关,取汉州,攻彭州,大败陈敬瑄五万兵,俘虏万余人,横尸四十里。

陈敬瑄惊吓过度,亲率七万兵与王建相持三个多月,双方久攻不下,互有胜负。

此时,唐僖宗已死,有名无实的唐昭宗连忙派人谕和,派韦昭度为西川节度使,替换陈敬瑄。唐廷又分邛州、蜀州、黎州、雅州为永平军,拜王建为节度使。

陈敬瑄当然拒绝听命。唐昭宗就命韦昭度和王建一起讨伐。韦昭度是个文臣,没什么本事,数万兵马在他指挥下,向陈敬瑄发起数次攻势,皆无功而返。王建趁机让韦昭度回长安继续做他的"太平将相",劝说"师久无功,您远在蜀地又没什么好处"。

韦昭度迟疑不决。王建就派遣军士把韦昭度从长安带来的一帮师爷亲兵一股脑儿抓住,在军门内捆上,碎剐了下酒。然后,王建自己冲进帐内禀报韦昭度:"军士饥饿,正需这些人当饭吃!"

韦昭度这种京官哪见过这阵势,吓得差点儿拉一裤子,马上把符节等等拱手相让给王建,单人匹马慌忙离开四川。待韦昭度离去,王建派兵把守剑门,四川由此同中原完全隔绝。

转回头,王建集中注意力收拾陈敬瑄、田令孜两个"瓮中之鳖"。很快,资州、简州、戎州、邛州等诸多州府相继降附,王建包围成都。

无奈之下,陈敬瑄与田令孜开门出降。王建先把二人囚于新津,不久就以谋反罪派人把他们都干掉了。接着,王建击降黔南节度使王肇,杀东川节度使顾彦晖,又招降武定节度使拓跋思敬,于是并有两川兼三峡之地。

唐昭宗乾宁三年,唐廷封王建为蜀王,不得不承认这位割据一方的地方枭雄。

唐昭皇帝天佑三年(公元907年),朱温灭唐,派使人谕晓王建。王建不纳,

国学经典文库

中国古代野史

·五代十国野史·

图文珍藏版

并驰檄四方建议各地军事势力会兵讨梁,说是要兴复唐室。各地军阀都知道他说假话,没一个搭理他。

同年,闭起山门、恃险而富的王建,在秋天九月即皇帝位(比朱温晚五个月),封诸子为王。

由于中原战乱不已,唐末许多士人名族都逃入四川避难,所以王建手下大臣许多都是唐朝的名臣世。

王建本人贼寇出身,智诈狡悍,但他善待士人,善于量才授用,一时有明帝之称。

王建晚年,逐渐昏庸奢侈。太子王元膺与大臣唐袭相互倾轧攻杀,"窝里斗"的结局是双双丧命。不得已,王建立幼子郑王王宗衍为太子。

本来王宗衍在王建十一个儿子中年纪最小,因其母徐贤妃最有宠,故得立为皇太子。

王宗衍继位后,更原名"宗衍"为"衍",尊其母徐氏为皇太后,尊其姨母(也是王建的妃子)为皇太妃。

这两个妇人不知是何出身,王衍初掌国柄,两人就教唆王衍卖官求财。自刺史以下,每一官缺,给钱多的人就能当官,情形和现在的公开拍卖如出一辙,果真荒唐得令人瞠目结舌。

王衍年少继位,生于深宫之中,养于妇人之手,浑然不知经营天下的辛劳和他老爸开疆拓土的艰难。

按理讲,依王建那"贼王八"的穷出身,应该几代教养下来才有贵族气象。至王衍则不然,其父虽是猛戾武夫,这宝贝儿子倒是天生艺术家、大诗人的料儿。

王衍继位后,把国政交给平日伺候他的太监宋光嗣、王承休等人,自己与韩昭、潘在迎一帮文士终日吟诗饮酒,欢笑怡然,并下命兴建重光、太清等数座宫殿,兴筑名为"宣华苑"的皇家园林,其中遍充美妇人,清唱侑酒,酣饮终日。

王衍有个宫人名叫李玉兰,容貌姣美,音声清丽,王衍特作《宫词》一首,令玉兰美人歌之:

"晖晖赫赫浮五云,宣华池上月华春。月华如水浸宫殿,有酒不醉真痴人!"

王建的义子嘉王王宗寿是明白人,看见皇帝弟弟如此溺于酒色,也想在酒席宴上斗胆进谏。一次,他起立行礼,言发泪下,呜咽地劝王衍要以社稷为重,经营国事。未等王宗寿讲上几句,韩昭等文士在旁一起嘲谑起哄,讥笑地说:"嘉王这是喝多了撒酒疯呵。"

举座哗然,笑语纷纷,王宗寿不得已退回原席暗自伤悲。

"蜀人富而喜遨",王衍也不例外。他常常率领成千上万的随从扈驾东游西走,游玩打猎,每次出发都旌旗戈甲,连亘百余里。

王衍往往出发时走山道,归来时又换行水路。

蜀地江河湖泊,常见王衍的龙舟画舸于其中逡巡,遮天蔽日,当地人民为这位皇帝的出行弄得苦不堪言,劳苦至极。

民间虽苦,丝毫不减王衍的"雅兴"。

有一次,他在剑州西部山区游逛,忽然密林中窜出一只猛兽,从随行人群中咬叼住一个役夫,如入无人之境一般,摆尾掉头回山。王衍并未派兵去"虎口救人",反而大叫刺激,命群臣以此情状赋诗。

文士王仁裕作诗道:"剑牙钉舌血毛腥,窥算劳心岂暂停。不与大朝除患难,惟于当路食生灵。"言语之间,对猛兽还有斥责之意。翰林学士李洪弼不甘落后,随口赋诗一首:"崖下年年自寝讹,生灵饕尽意如何?爪牙众后民随减,溪壑深来骨已多。天子纲纪犹被弄,客人穷独固难过。长途莫怪无人迹,尽被山王税杀他。"后主览诗大笑,以为此诗作得巧妙。

狎客韩昭也不示弱,急智吟诗,大拍王衍马屁,颂扬皇上巡游不是以玩乐为目的,而为了安定边疆。其诗曰:"吾王巡狩为安边,此去秦宫尚数千。夜昭路岐山店火,晓通消息戍瓶烟。为云巫峡虽神女,跨凤秦楼是谪仙。八骏似龙人似虎,何愁飞过大漫天。"

王衍闻诗大喜,自作一诗,和之曰:"先朝神武力开边,画断封疆四五千。前望陇山登剑戟,后凭巫峡锁烽烟。轩王尚自亲平寇,嬴政徒劳爱学仙。想到隗宫寻胜处,正应莺语暮春天。"

王衍五年,在一次"嘉年华"宴会上,这位皇帝乘着飘然酒兴,亲自唱吟唐朝韩琮的《柳枝词》:"梁宛隋堤事已空,万条犹舞旧春风。何须思想千年事,唯见杨花入汉宫。"

乐极生悲,众人不觉泫然。

奇怪的是,太监宋光嗣估计是一直替王衍判行政事,对蜀国的政务糜烂有较清醒的认识,也知道虎狼般的强邻唐国(李存勖的后唐)虎视眈眈,也乘醉咏胡曾的诗以应之:"吴王恃霸弃雄才,贪向姑苏醉绿醅。不觉钱塘江山月,一宵西送越兵来。"

他以越王勾践灭夫差故事,讽谏醉醺醺的帝王。

王衍何其聪颖,半醉半醒仍一下子明悟宋光嗣所吟的诗意,果然不快,为之罢宴。

太监王承休在成都待腻了,求王衍放外任,到秦州做天雄军节度使。这位太监很有意思,自己没有"那话儿",也要个貌如天仙的严氏做妻子,估计觉得自己是"封疆大吏",怎么也应该有个老婆做摆设。

王衍和王承休等人名义上是君臣,关系却哥们儿一样,一来二去,皇上私下和严氏打得火热,时时通奸。

王承休携家眷赴任后,王衍很想念严氏,便托言巡视民情,带着大队人马去秦州看望老情人。

秦州路途险远,又有强邻窥境,众大臣都劝谏不止,连太后也哭哭嚷嚷闹绝食阻止王衍前去。先前曾任秦州节度判官的薄禹卿上表陈言,劝阻他出行。

这篇谏表王衍没有看到,为文臣韩昭截留。这位佞臣手拿谏表,对薄禹卿恶狠狠地威胁道:"我先把你这篇表章留着,等主上巡境之后回成都,肯定会派遣狱吏依据你的奏章逐字逐字地来审你!"

韩昭一个词客,当时竟然对官居礼部尚书、文思殿大学士、成都尹要职的重臣如此狂妄无礼。

公元 925 年冬,王衍引数万大军从成都出发,天气不错,心情不错,大队人马浩浩荡荡向秦州而去。

一行人马行至汉州，军使报告说后唐大军正逼近蜀境。王衍见报，认为是大臣们用敌兵压境的情报吓唬自己，阻止自己巡幸游玩，很不以为然，哈哈大笑说："我正好要耀武扬威，就让唐军来吧！"

一路之上，他与众文臣词客饮酒赋诗不辍，殊不为意。

在王衍欢宴观光的时候，蜀国威武城已被攻克，城中数十万斛粮食也为远道而来的后唐军所得。以战养战，很快就迫使蜀国大将王承捷等人献数州投降。王衍行至利州，有奔逃的威武城败兵来告，他才知后唐兵真的已经入蜀境。

王衍这才慌神，忙派王建从前的义子王宗勋等三人为招讨使，以三万兵迎战。

蜀军士兵长年跋涉在外，亲见王衍的御林亲军龙武军锦衣玉食，临战之时，见到皇帝反派自身这些平素待遇低下的士兵御敌，心中甚是不平，纷纷叫骂："怎么不派龙武军去，我们又冻又饿，哪里能打仗！"而且，平素这些军士扈驾，总见王衍与一帮穷酸文臣在那里"叉手摇头"吟诗作赋，心中可气又好笑，这时节也趁机出口冤气："敌兵攻来，让那些叉手摇头的人去打仗吗？"

军心如此，后果不难想也。王宗勋等三招讨一战便败，唐军斩首五千，又得蜀国数州土地。蜀军守将宋光葆、王承肇、王宗威、王承岳等多人献城投降，其余城镇皆望风款附。

王衍闻讯大惊，下令王建另一个义子王宗弼斩杀御敌不利的王宗勋等三个招讨使，哪知王宗弼早已暗中与唐军有往来，把王衍密旨给王宗勋等人观瞧，一起决意"卖掉"王衍，投奔后唐以取新富贵。

公元925年十一月，王衍回到成都。百官和后宫嫔妃迎驾于郊外，败亡之际，王衍仍不忘大摆排场曳队妖娆。

歇息几天后，他在文明殿里见群臣，泣下沾襟，蜀国君臣大眼瞪小眼，竟无一言以救国难。

王衍回到后宫，一筹莫展，看着周边那些穿着道服，头戴莲花冠。施红胭脂的宫人，他还有心做《醉妆词》一首："这边走，那边走，只是寻花柳。那边走，这边走,莫厌金杯酒。"

几杯酒落肚,隐约听到成都城外的军旅嘈杂之声,忧惧之情涌上心头,他口吟周宣帝所作诗歌:"自知身命促,把烛夜行游",然后,他命宫女们连臂舞蹈而歌,以遣漫漫长愁。

王宗弼带着数万蜀军自绵谷驰归。王衍以为这位义兄是回来"勤王",和太后一起亲自前往营劳师。

不料,王宗弼早已和唐军有约在先,严兵自卫。见到蜀主及太后,他端坐于上,爱搭不理。

接着,王宗弼劫迁王衍和蜀太后以及后宫诸王于西宫偏殿,收缴印绶,派亲兵把内府的金帛财宝统统运回到自己家中。

王宗弼的儿子王承涓"仗剑入宫",四面观瞧,把王衍数位貌美的宠姬悉数取回自己府中享用。

不得已,王衍在王宗弼逼迫下让大臣李昊写降表,亲自抄录乞降,呈进给统率唐兵而来的李继岌和郭崇韬。

公元925年丙辰,王衍"白衣、衔璧、牵羊、草绳萦首,百官衰绖、徒跣、舆梓、号哭俟命",依例做足了国主投降的"仪式"。

后唐军队自出师到平蜀成功,总共七十天,共得蜀国十节度、六十州、二百四十九县、三万兵丁,此外铠杖、钱粮、金帛无数。至此,蜀国亡,历二主,共十九年。

后唐庄宗李存勖先是亲赐诏书给王衍,让他举族到洛阳安置,并信誓旦旦地说:"你到洛阳来,必定列土而封,三辰在上,一言不欺!"

王衍捧诏,忻然就道。同行的还有王氏宗族及"宰相"王锴等高官贵族,一共数千人,在唐兵押送下东归洛阳。

一行俘虏之徒走到剑阁,王衍竟也还有心思在被押送途中叹赏山川之美,牵勾起一片诗兴,吟道:"不缘朝阙去,来此结茅庐"。

此时,身边再也无人应和"激赏",蜀中随行人士惟默默而已。倒是王衍作诗消息传出后,时人笑之,认定他是北齐末帝高纬和陈后主叔宗的同路人。

总以为献国归命,到洛阳不失作一刘阿斗。殊不料,后唐内部争斗乱起,后唐庄宗宠信的戏子景进声称:"王衍族党不少,闻听皇上亲征在外,恐怕他们趁机作乱,不如斩草除根!"

李存勖早忘了当初"列土而封"的许诺,顿下诏敕:"王衍一行,并从杀戮!"

命令下达到中书省,已经盖印,幸亏枢密使张居翰有仁德之心,临封缄命令前用笔改"行"为"家",由此,和王衍同来的前蜀高官及家属随从等几千人皆免于难。

本来王衍一行都到达了长安的秦川驿,以为洛阳不远,可以在大宅子里安度余生。

忽然,李存勖诏使率数队士兵前来,宣敕已毕,拉出王衍一族,切瓜砍菜一般,开始行刑。

纵有锦绣词心,雌黄辩口,王衍此时一个字也"吟"不出,眼睁睁看白光一闪,刀下头落。

徐太后临刑,心有不甘,大呼道:"我儿以一国迫降,不免全族被杀,信义俱弃,我知汝行(后唐李存勖一家)受祸不远!"

老妇人虽昏庸爱财兼生养个庸君儿子,临死这一席话,却板上钉钉,再准不过。

2.后蜀末帝孟昶

讲后蜀末帝孟昶,一定要讲讲灭前蜀王衍的后唐庄宗李存勖、郭崇韬以及孟昶的亲爹孟知祥。

李存勖的老子李克用是沙陀族人,在唐末战乱中一直以唐王朝"忠臣"面目出现,与篡唐的大流氓朱温打了半辈子仗,负多胜少,临终之际,他交给李存勖三支箭,一支要他讨伐忘恩负义的河北刘仁恭,一支要他击灭背信弃义的契丹首领耶律阿保机,一支就是要攻灭代唐建梁的草头贼朱温。

李存勖青年继位,不辜负老爹厚望,身着丧服,先是把刘仁恭抓住斩首,接着大败常常南来窥境的契丹人,最后攻破梁国都城汴州,灭亡了朱温所建的后梁。

完成父亲三大遗愿后,李存勖称帝建国。由于他以唐室皇脉自居,国号唐,史称后唐。

这位本来英明神武的皇帝登基后迅速腐化,成日与一帮唱戏的优伶在一起厮混,咿咿呀呀,自封艺名"李天下",是中国历史上地位最高的"票友"。

郭崇韬是后唐战勋卓著的将相人物。自李克用时代,郭崇韬就效力军门。李存勖继位后,郭崇韬与李克用的侄女婿孟知祥等人一起参决机要。当时皇帝门下有个中门使的要职,李存勖要孟知祥去担任。此位虽重要,但常常会因琐事得罪皇帝左右,前两任中门使均下场凄惨,被杀法场。

由于孟知祥毕竟是皇亲,通过老婆在太后前泣诉,请求外任为官。唐庄宗无法,就让孟知祥推举个替代他的人。孟知祥便推举郭崇韬。

郭崇韬在中门使任上如鱼得水,帮助李存勖出谋划策,多次使唐军转危为安,并最终击擒梁国名将王彦章,诛灭朱温子孙。

由于功勋显著,郭崇韬获封为赵郡公,领镇州、冀州两州节度使,赐铁券,恕十死,位极人臣,颇有令誉。

灭梁之后,后唐庄宗李存勖奢侈之心渐起,大修宫室。郭崇韬进谏,君臣之间开始产生猜嫌。李存勖左右的宦官也不时大进谗言,讲了不少郭崇韬的坏话。

郭崇韬对此也有警醒,上书请辞所任官爵,朝廷"优诏不许"。

正好后唐要征伐王衍,李存勖想立他宠爱的魏王李继岌为太子,便任命李继岌为伐蜀元帅,以郭崇韬为副手,率众征西。

后唐庄宗的立意很明显,唐军伐蜀得胜后,功劳首归魏王李继岌,立他当皇太子就成为理所当然的事情。当然,李存勖也有知人之明,在欢送征西诸将时,他对郭崇韬说:"(李)继岌未习军政,卿久从吾战伐。西面之事,属之于卿。"

受皇帝顾托,郭崇韬竭尽忠诚,两个多月就平灭蜀国。王衍亲书降表,面降出城。

前蜀降将王宗弼奉献郭崇韬珍宝美女无数,求托他上言后唐庄宗封自己任蜀地地方长官,刚刚击灭一国的郭崇韬也飘飘然,率然答应下来。

由于蜀地实际主持军政的人物是郭崇韬,将吏宾客终日奔走于门下,车水马龙;反观魏王李继岌,牙门素然,门可罗雀。

王衍投降后,也没有多少人给魏王李继岌送礼送钱。一直在李继岌身边任马步都指挥盐押的宦官李从袭心中深为耻恨,不断挑拨魏王和郭崇韬的关系。

王宗弼见封自己为蜀中统帅的任命一直没消息,随风一变,带着一大帮降官降将面见李继岌,要求郭崇韬留驻当地为统帅。本来王宗弼是想给自己今后找个大靠山,不料却给了李从袭等人进谗的大好借口:"郭公父子专横,现在又支使蜀人请求他自己留当地为帅,其志难测!"

由此,魏王李继岌与郭崇韬开始相互猜疑。

不久,王宗弼截留军饷,几乎引起唐军哗变,郭崇韬趁机族诛了开门迎降的这几个人,并没收他们的财物,以平民愤。

郭崇韬出征王衍之前,为了报答当年孟知祥对自己的推举之恩,就对李存勖讲:"臣等平定蜀国后,陛下如果选择守西川的将帅,再没有比孟知祥更合适的了。"

唐兵破蜀后,李存勖马上任命孟知祥为成都尹、剑南西川节度副大使,准备前去接收两川之地。

虽然唐军攻占了成都,但蜀中盗贼群起,很不安定。郭崇韬确实也一心为公,命令诸将,策划征讨,因此一直在蜀地逗留。

庄宗李存勖不放心,派太监向延嗣前往蜀地催促郭崇韬回师。郭崇韬由于先前受过庄宗身边太监的挤兑,对这些"没把儿"的公公很不感冒,相见时态度倨傲,一点儿面子也不给。他还当众劝过魏王李继岌:"大王以后继位当了皇帝,骟马也不可骑,更甭提任命宦官了!应把他们从身边驱除干净,专用读书人。"

上上下下大小太监知晓这番言语后,无不对郭崇韬恨得咬牙切齿。

魏王身边的李从袭和前来催促郭崇韬回朝的向延嗣是"铁哥们儿",两人相见之时竟也忧悉哀泣:"郭公专权,诸军将校皆其党羽,魏王此时等于寄身虎口,一旦有变,吾辈死无葬身之所!"

向延嗣回朝,马上向魏王李继岌的妈妈刘皇后"泣诉",刘皇后又向庄宗李存勖"泣诉"。

李存勖早听说蜀人恳请郭崇韬为师的消息,已感不快;阅检蜀国的府库册簿时,问:"人言蜀中珍宝无算,怎么册子上这么少啊?"刚刚回来的向延嗣乘问答腔:"臣听说破蜀之后,珍货皆为郭崇韬所有,共有黄金万两,白银四十万两,名马千匹,因此,归送国库的东西才这么少。"

李存勖闻言,怒形于色,杀心顿萌。

孟知祥临行,辞别庄宗李存勖。庄宗说:"听说郭崇韬有异志,爱卿到蜀地后,为朕诛之!"

孟知祥是明白人,劝说道:"郭崇韬是国家的大功臣,应该不会有反逆之心。为臣我到蜀地后一定详细察验,如确无其事,应该护送他回洛阳。"

孟知祥从洛阳出发后,后唐庄宗仍不放心,派衣甲库使马彦珪(也是太监)骑快马至成都伺察郭崇韬举动,并授命有权和魏王一起见机行事。

马彦珪虽是太监,做事不乏机敏,他去成都之前向刘皇后密报:"据向延嗣的报告,蜀中事态忧在旦夕,今主上当断不断,不能下立斩郭崇韬的决心。成败之机,间不容发,怎能在三千里之遥还有时间等待皇上亲授斩杀之权呢?"

刘皇后急忙奔到李存勖处,让他下令斩杀郭崇韬。庄宗不听,说:"传闻之言,未知虚实,怎能这么快就下命令呢?"

刘皇后不得已,回宫后自己亲写书信,命魏王与众太监杀掉郭崇韬。

孟知祥才走到石壕,马彦珪半夜叩门宣诏,催促孟知祥尽快赴镇上任。

孟知祥窃叹:"大乱将作矣!"

他昼夜兼行,心知已经对郭崇韬救死不得,只能是希望能及时赶到,安定众心,再以观他变。

926年正月,马彦珪驰至成都,以刘皇后密敕示于魏王李继岌。

李继岌虽然是个年轻王爷,也知此事关系重大,说:"郭崇韬没有任何叛逆的兆端,怎能行此负心之事! 而且皇上也无敕令,以皇后敕信杀招讨使,怎能行得通!"

太监李从袭等人"泣劝":"此事已发,万一郭崇韬知晓,中途为变,大事去矣!"

不得已,魏王李继岌手书信函召郭崇韬来府议事。

郭崇韬见魏王来请,不敢怠慢,快马加鞭,驰至府邸。刚上台阶,埋伏的杀手(魏王的仆人李环)就从后跃上,用铁锤击碎郭崇韬的脑袋,并杀其二子。

郭崇韬为人,以天下为己任,忠心不二,诚为后唐忠臣。可毕竟他武人出身,刚愎自用,不体物情,轻言不慎,使得庄宗和魏王身边的太监们一直窥伺其隙,最终不明就里地一命归西。

不久,孟知祥赶至成都,宣布郭崇韬死讯(魏王李继岌等人杀了郭崇韬后怕引起兵变,一直封锁消息),慰抚吏民,赏赐将卒,这才使蜀地保持安定,没有妄起兵端。

马彦珪回洛阳后,添油加醋,把郭崇韬讲得罪大恶极。

庄宗大怒之下,遍诛郭崇韬在洛阳诸子,派人杀掉郭崇韬的女婿、保大节度使李存义。诸位太监一不做二不休,连进谗言,又下诏族诛义成节度使李继麟。

一时之间,朝野骇惊,人心大乱。

当时,洛中诸军饥窘,谣言四起,有传闻说"郭崇韬在蜀中自立为帝,已杀魏王李继岌",又有传闻说"刘皇后怪魏王之死责在皇上,已经在宫内弑掉皇帝",谣言种种,不一而足。

不久,后唐多部军卒叛乱,皇甫晖、赵在礼等拥兵攻掠,连庄宗左右的御林军军士王温等也趁机作乱。

李存勖心慌,忙派自己一直心存忌讳的义兄李嗣源去征讨邺都的叛兵。

正当集军于城下将要进攻之际,兵士哗变,反而里外合兵,一起劫持李嗣源,逼他带军队返攻洛阳。

李嗣源是厚道人,还想束身归朝自明,被女婿石敬瑭劝阻。

李存勖众叛亲离,就率两万五千御林军"亲征",没多久,兵士就逃亡殆尽,他不得已半路掉头,回军洛阳。

喘息之际,刚刚吃了口饭,从马直指挥使郭从谦率兵叛乱。乱兵攻入内殿,李存勖中流箭而死。

他临死前,口渴至极,求刘皇后找口水给他喝。刘皇后看也不看他一眼,自己逃命而去。

这位后唐皇帝,英武、荒唐集于一身,是个非常复杂的人物,特录其小词二首,以窥其心智一二:

其一:曾宴桃源深洞,一曲清歌舞凤。长记别伊时,和泪出门相送。如梦,如梦,残月落花烟重。【如梦令】

其二:薄罗衫子金泥缝,困纤腰怯铢衣重。笑迎移步小兰丛,弹金翘玉凤。娇多情脉脉,羞把同心拈弄。楚天云雨却相和,又入阳台梦。【阳台梦】

李嗣源为众人所推,称监国(代理皇帝)。刘皇后与李存勖的弟弟申王李存渥一起逃跑,逃亡途中还不忘私通。

不久,申王李存渥、永王李存霸皆被军士所杀,薛王李存礼和李存勖的四个幼子皆"不知所终",估计是被忠于李嗣源的军士杀掉。

魏王李继岌从成都出发,回师至渭南。庄宗败讯传来,部下大惊,士兵骇散,得胜振旅之师,顿成奔亡溃败之兵。

成事不足、败事有余的太监李从袭此刻"劝说"魏王:"时事已去,王宜自图。"明白无误地告诉这位年轻的王爷,您赶紧自杀吧,省得落入叛兵之手。

李继岌徘徊流涕,乃自伏于床,命仆夫李环缢杀自己(李环也正是用铁锤击碎郭崇韬脑袋的那位杀手)。

天日昭昭,诚不虚言。

由此,可以发现,帝王子弟大多笼中之鸟,遇乱自危,彷徨无计,连挣扎的勇气都没有,只得听凭太监、军士宰割。

刘皇后在晋阳削发为尼,不久也被杀掉。李存勖兄弟子侄多人,只有一个邕王李存美因半身不遂得免,软禁于晋阳。至此,后唐开国皇帝李克用后代几乎被杀光。

李存勖自食其言,杀光王衍一族,王衍的妈妈徐太后临死愤言诅咒。也就几十天的工夫,已成事实!

李嗣源继位,是为后唐明宗。后唐明宗继位后马上为郭崇韬等被杀大臣平反。

此时,远在蜀地观变的孟知祥已有在蜀地自立为王的念头。为了约束孟知祥,后唐明宗一面任孟知祥为侍中的显官,一面派客省使李严为监军,来蜀地监视孟知祥。

李严此人,后唐庄宗时朝廷最早派他到蜀国以国使身份敦邻国之好,他回国后就力劝庄宗伐蜀,因此蜀人恨他要死。

李严以名士才人自居,又有明宗手令在身,大摇大摆地回到成都,他以为会受到孟知祥礼敬。

宴客度上,酒未喝一口,孟知祥就派人把他拿下,斩于军门口。

后唐明宗闻讯,也无可奈何,就做个顺水人情,派人把孟知祥的老婆琼华公主和儿子孟昶等家属一同送去蜀地。此举目的,本是想"以恩信怀之",不料,正了却孟知祥的后顾之忧。

后唐明宗李嗣源日后因军事需要,屡屡遣使让孟知祥出钱出兵相援。孟知祥都阳奉阴违,总是搪塞敷衍。

不久,据兵东川的董璋反唐,孟知祥一道兴兵。后唐明宗派女婿石敬瑭等人讨伐,大败而回。

过了一阵子,唐明宗过后诛杀了常讲孟知祥坏话的重臣安重诲,并下诏赦免孟知祥和董璋。

孟知祥派人要董璋和他一起向朝廷致歉,董璋很气愤,回复说:"朝廷把我在洛阳的家属杀个精光,孟公您宗属独存,我凭什么道歉!"

孟知祥抓住借口,派大兵相攻,很快灭掉董璋的部队,并有东川。

董璋死后,孟知祥索性把连向后唐明宗道歉一事也免了。

李嗣源倒大度,派遣使臣谕示招抚。孟知祥乘机派人来朝,请封蜀王。

明宗也知孟知祥遥不可制,就派大部尚书卢文纪入蜀,于长兴四年五月(公元933年)封孟知祥为蜀王。同年十一月,明宗病死。

公元934年正月,孟知祥即皇帝位,国号蜀,史称后蜀。

孟知祥即位没几个月,就患脑溢血死去。他在位期间,轻徭薄赋,吏治较为清明,修缮蜀地不少农田水利设施,确实促进了西川地区的经济和农业发展。

孟知祥死后,孟昶继位,是为后蜀末帝。

后主孟昶在位期间,中原多事。后唐明宗李嗣源死后,他的儿子后唐闵帝李从厚不久就被李嗣源义子李从珂推翻。李从珂称帝不久,被李嗣源女婿石敬瑭借契丹兵打败。石敬瑭割燕云十六州给契丹,建立后晋。经过数年屈辱,石敬瑭的儿子石重贵又被契丹军队俘虏,后晋大将刘知远乘机建立后汉。到了儿子那辈,又因残暴不仁被枢密使郭威推翻。郭威建立后周。郭威由于诸子皆被后汉隐帝所杀,故死后由其内侄(其妻柴后之侄)柴荣继位,即英明神武的后周世宗。柴世宗聪察如神,南征北讨,军政严明,颇有一统天下之志。可惜天不假年,柴荣于三十九岁壮年得暴疾而崩。后周幼主继位,不久陈桥兵变,宋太祖赵匡胤黄袍加身,建立宋朝。

至此,在三十年左右的时间内,孟昶的后蜀一直是没有什么大事发生。

孟昶,是孟知祥第三子;继位时年仅十六岁。同前蜀末主王衍不同,孟昶姿质端凝,少年老成,个性英果刚毅。孟知祥晚年,对故旧将属非常宽厚,大臣们依恃是"老人",放纵横暴,为害乡里。

孟昶继位后,众人更是以少主视之,更加骄蛮,往往夺人良田,毁人坟墓,欺压良善,全无任何顾忌。诸人之中,以李仁罕和张业名声最坏。

孟昶即位数月,即以迅雷之势派人抓住李仁罕问斩,并族诛其家,川民为之大悦。

张业是李仁罕外甥,当时掌握御林军。孟昶怕他起内乱,杀李仁罕后不仅没动他,反而升任他为宰相,以此来麻痹对方。张业权柄在手,全不念老舅被杀的前鉴,更加放肆任性,竟在自己家里开置监狱,敲骨剥髓,暴敛当地人民,蜀人大怨。

见火候差不多,孟昶就与匡圣指挥使安思谦谋议,一举诛杀了这位不知天高地厚的权臣。

藩镇大将李肇来朝，自恃前朝重臣，倚老卖老，拄着拐杖入见，称自己有病不能下拜。闻知李仁罕等人被诛死，再见孟昶时远远就扔掉拐杖，跪伏于地，大气也不敢喘。

收拾服帖了父亲孟知祥的一帮老臣旧将后，孟昶开始恭亲政事，并在朝营增设"举报箱"以通下情。宋代史臣所做的《新五代史》等史书，总把孟昶说得荒淫不堪，其实是为宋太祖伐蜀找借口。

据民间野史和一些逸史笔记资料记载，孟昶天性明敏，孝慈仁义，能文章，好博览，有诗才。可以讲，在继位初期，他是个不错的皇帝。

他曾亲写"戒石铭"，颁于诸州邑，戒令官员："……尔俸尔禄，民脂民膏。为民父母，莫不仁慈。勉尔为戒，体朕深思。"

由此，可见孟昶爱民之心，在五代十国昏暴之主层出不穷的年代，确实难能可贵。

孟昶虽好文学，但殷鉴不远，继位初期他还多次以王衍为戒，常常对左右侍臣讲："王衍浮薄，而好轻艳之词，朕不为也。"

为了能使文化经学更加流传广泛，孟昶还令人在成都立石经，又刻木版大量印刷古代典籍。宋代刻本最早实际上兴起于蜀，后世人言及"宋版"，都以蜀本为上佳之品。

还有一事值得一提的是，中国人新春贴对联，也始于这位孟昶，他所撰写的中国历史上第一幅春联如下："新年纳余庆，佳节号长春。"

后晋被契丹灭之后，趁后汉刘知远立足未稳，孟昶曾想趁机染指中原，但终于所将非人，大败而归，不能成事。

周世宗柴荣在位时，由于孟昶上书不逊，周军伐蜀，蜀军大败，丢掉秦、成、阶、凤四块土地。

情急之下，孟昶忙与南唐、东汉等周边小国联合，以谋抵御。

孟昶在位后期，特别是中原那边后晋、南汉、北汉、后周交替迭兴之际，各家都注力中原，无暇顾及川蜀，孟昶的外部压力减轻，据险一方，正好"关起门来做皇帝"。

此后，他年轻时一直压抑的"打球走马""好房中术"的坏习惯一下子释放出来，逐渐奢侈放纵，连尿盆都嵌满珍珠宝玉做装饰，豪侈至极。

孟昶有个宠臣名叫王昭远，狡黠阴柔，自小就伺候孟昶，两人一起长大，深受孟昶亲狎。后来，权高位重的朝廷枢密使一职空缺，孟昶竟让王昭远补缺，事无大小，一以委之。国库金帛财物，任其所取，从不过问。

如果王昭远仅仅是个智识庸下的宠臣，也不会惹出太多事端，偏偏这小子平素还好读兵书，装模作样，处处以诸葛亮自诩。山南节度判官张廷伟知道他的"志向"，乘间拍马屁献计："王公您素无勋业，一下子就担当枢密使的要职，应该建立大功以塞众人之口，可以约定汉主（北汉）和我们同时举兵以夹击宋兵，使中原表里受敌，能尽得关右之地。"

王昭远大喜，禀明孟昶，获得同意，便派了三个使臣带着蜡丸帛书去和北汉密约。

不料，三个使臣中有一个叫越彦韬的，偷偷带着蜡书逃往宋国，把秘书献给宋太祖赵匡胤。

立国不久的赵匡胤正愁攻讨蜀国无名，得越彦韬献书后大笑："吾西讨有名矣！"

公元964年十一月，宋太祖命忠武节度使王全斌为主帅，率兵骑六路大军分路进讨。同时，他又下命在汴梁的右掖门为蜀主孟昶修建宅邸，待其归降，显示伐蜀的必克之心。

此时的孟昶仍沉浸在温柔乡里，自忖外面有王昭远这个"诸葛亮"镇抚，大可安枕无忧。

听说宋兵来伐，孟昶派大臣李昊在郊外为王昭远饯行。王昭远手执铁如意，一派儒将派头，左右前后指挥，看上去很像模像样。

酒至半酣，王昭远对李昊讲："我此行出军，不仅仅是抵御敌兵，而是想率领这两三万虎狼之师一直前进，夺取中原，易如反掌！"

"诸葛亮"出发后，孟昶派他的太子孟玄喆率数万兵守剑门。大军出发之际，这位太子爷用豪华的绣辇抬着他好几个爱姬随行，并携带了大批乐师和乐器,蜀人见者,皆窃笑不已。随行大军,仪甲灿烂,旌旗招展,很像是一支演戏的大部队。

孟昶浑然不知灾祸将至。他做了近三十年太平天子,总以为天佑神庇,加之蜀道险远,定能使宋师无功而返。

蜀中清夜之时,与美人花蕊夫人云雨一度,孟昶爽得可以,作《玉楼春》一首以感怀:

"冰肌玉骨清无汗,水殿风来暗香满。绣帘一点月窥人,欹枕钗横云鬓乱。起来琼户启无声,时见疏星渡河汉。屈指西风几时来,只恐流年暗中换。"

情景交融,香艳撩人,意境深远。

这边后蜀末主正在温柔乡中,那边宋军节节进取。

王全斌等人连取兴州等地,一路深入,修治被蜀军烧掉的栈道,直取天险大漫天寨。

王昭远来迎击,三战三败,狂跑至利州。宋军追至。没办法,他又继续狂逃,退保剑门,依恃天险拒守。

宋军从小路急行军,忽然出现在蜀军身后,双方猝然交战,王昭远惊惧交加,瘫倒胡床上不能起身。剑门失陷,王昭远免胄弃甲而逃,没多久在东川被宋军抓获。

后蜀太子孟元喆一路上笑语喧喧,游山玩水。忽然剑门败讯传来,吓得他和几个随从弃军西奔,逃归成都。

至此,孟昶才如梦方醒,知道宋军已兵临城下。惶骇之间,他忙问左右退敌之策。良久,才有一个老将出主意:

"东兵(宋军)远来,势不能久,请聚兵坚守以敌之。"

孟昶思忖半晌,叹息道:"吾父子以丰衣美食养士四十年,一旦遇敌,不能为吾东向发一矢。现在要拒守孤城,谁能会卖命呢?"

"德高望重"的蜀国司空李昊劝孟昶"封府库请降"。

无奈之下,孟昶只能听从,命李昊替自己起草降表。

前蜀王衍灭亡时,降书也是这位李大人所为。因此,有人连夜在李昊大门上写了几个大字："世修降表李家"。

四十一年之后,李昊文思不减当年,他抖擞着精神,笔走龙蛇,依仿孟昶的语气,书写投降书。

果真是写"降书"的大家,李昊把孟昶的恭顺、惶恐、求生之情写得活灵活现,并以刘禅和陈叔宝自比,以求宋太祖能保全"微命"。

王全斌大军至成都升仙桥。孟昶备齐亡国之礼,跪于军门上降表。

自宋军发兵汴京,到孟昶归降,总共才六十六天。宋朝共得四十六州,二百四十县,五十三万四千户。后蜀亡。

公元965年五月,孟昶家族至汴京,于明德门外素服待罪。

六月,宋太祖下诏释罪,赐孟昶冠带、袭衣,并封他为开府仪同三司、检校太师兼中书、秦国公。

七天后,这位蜀降王就暴卒于家,估计是大英雄宋太祖知晓孟昶年轻时勇毅英果,恐为后患,派人用毒酒毒药什么的暗害了他。

孟昶亡国之君,怯懦不能死社稷,这也是文人皇帝的通病。王衍、李煜、赵佶等皆是如此。锦绣阵里,玉臂交绕,浅斟低唱,消解了帝王应有的一腔英气和"宁为玉碎不为瓦全"的豪迈情怀。

为了保全蚁命,数十万精甲利矛大军放下武器,束手就缚。千里迢迢押护之下,孟昶如果像刘禅和陈叔宝那样能安享后半生,也不失富贵荣华的遗梦。

然而,遥遥路途之苦还未尽消,只七天,他就被一瓶毒酒或一条白帛送回地府,倘知如此,孟昶还不如当初于内宫举剑自裁,既可保全一城生灵,又可免去亡国献俘之羞。

话虽如此,"平日慷慨成仁易,事到临头一死难"。让一个享受了三十年奢华生活的文人帝王一逞英杰之烈,绝非我们臆想的那么容易。

孟昶亡国,没有什么新鲜出奇之处。而其宠姬花蕊夫人,逸史笔记中多有记载。

花蕊夫人姓费,青城人,不仅相貌清丽,且善作宫词。孟昶死后,宋太祖召花蕊夫人入宫。此前,太祖早已闻知花蕊夫人有才名,命其作诗。这亡国靓女随口成诵,赋《国亡》诗一首:"君王城上竖降旗,妾在深宫哪得知。十四万人齐解甲,宁无一个是男儿。"

赵匡胤品玩久之,心中大悦。

这花蕊夫人也是冰雪聪明,一方面"妾在深宫哪得知"摆脱了女色亡国的嫌疑;一方面"十四万人齐解甲",而宋兵才五六万兵,反衬出了大宋天朝的气运正隆,以少胜多。难怪宋太祖大悦,忙拥着这位有才有貌的绝色佳人同赴巫襄,想来定别有一番滋味。

宋人笔记《铁围山丛谈》中讲,宋太祖得花蕊夫人后,日久迷恋,有误政事。太祖兄弟赵光义(后来的宋太宗)借打猎机会,忽发一箭立毙花蕊夫人于马下,太祖也不责备。笔者认为,此诚为揣测、小说之言,不足可信。否则,正史上肯定会浓墨重笔,大书宋帝的"轻色重国"之仁。

至王安石时期,市间重新发现了花蕊夫人《宫词》三十二卷,共百余首,当时名噪一时,情景仿佛今天张爱玲又被重新"发现"一样轰动。

后来战乱,其词其诗又多散佚,现附录数首于后,一则显示花蕊夫人才华,二则读者可凭借花蕊夫人的描写重温孟昶浮华、孟浪而又不失温柔的帝王生活:

> 东内斜将紫禁通,龙池凤苑夹城中。
>
> 晓钟声断严妆罢,院院纱窗海日红。
>
> 立春日进内园花,红蕊轻轻嫩浅霞。
>
> 跪到玉阶犹带露,一时宣赐予宫娃。
>
> 殿前宫女总纤腰,初学乘骑怯又娇。
>
> 上得马来才欲走,几回抛轻鞚鞍桥。
>
> 月头支给买花钱,满殿宫人近数千。
>
> 遇着唱名多不语,含羞走过御床前。

有国有家皆是梦　为龙为虎亦成空

陈桥兵变,黄袍加身——如此离奇的帝王之路,一般人总以为是宋太祖赵匡胤的独家大戏。

为此，清初大诗人查慎行（字悔余，号初白，公元 1650～公元 1727）有诗道曰："梁宋遗墟指汴京，纷纷禅代事何轻！也知光义难为帝，不及朱三尚有兄。将帅权倾皆易姓，英雄时至忽成名。千秋疑案陈桥驿，一着黄袍遂罢兵。"

这位金庸大师的数世祖与金大师一样，名重一时，但对于史学均是半瓶子醋，明显地只知其然而不知其所以然。"家学渊源"，可窥一斑。

何者，查慎行对五代只是皮毛之知，最后两句的疑诧更是凸显老查的浅薄：似乎赵匡胤黄袍加身之事人世间只此一件，陈桥一事竟让老查大跌眼镜（甫说，清朝前后已有眼镜从西洋传入）。

其实，在那"王政不纲、权反在下、下凌上替、祸乱相寻"的五代，由军士鼓噪、拥主帅为帝的事情，成功的就已经有四件之多：后唐明宗李嗣源、后唐废帝李从珂、后周太祖郭威、最后一个才是宋太祖赵匡胤。

至于未成功的"拥帝"事件，也有好几件。其一，石敬瑭当河东节度使时，一次出猎，军中忽然有人大叫"万岁"，把当时正"韬光养晦"的石敬瑭吓得够呛，忙下令斩杀为首的兵士三十多人；后晋大将杨光远率军至滑州，又有军士称要拥杨光远为帝，老杨还挺明白，表示"天子岂汝等贩卖之物"，喝之而止；其三，大将符彦饶在瓦桥关守戍，有裨将带兵士欲"拥立"老符。符将军佯允，约定转天在府街大会将士，伏甲尽杀之——可见，大乱季世的五代，承袭唐朝中晚期河朔诸藩镇的跋扈之风。每有节度使死去，唐帝即派中使到军中"观察"军情，因军士请授予他们自己推举的人为新节度使。"至五代，其风益甚，由是军士擅废立之权，往往害一帅，立一帅，有同儿戏。"

也是一报还一报，"藩镇既蔑视朝廷，军士亦胁制主帅"。

军人们之所以爱搞拥人为帝的把戏，不外乎是出于这样的事实："将校皆得超迁，军士又得赏赐剽掠。"如同大公司下面七八个人的小公司。小头目也称总经理，自然其余数人可立马被升为副总经理、总监等等，瓜分资财便当，名声又好听。

最可笑的，当属后唐大将赵在礼。当时，军士皇甫晖暗知军士思归欲为乱，就劫拥军将杨仁最为帅,杨将军不从,被杀;接着,皇甫晖又推一个人缘好的小校为帅,不从,又被杀;于是,皇甫晖率一大帮军士直趋赵在礼处,把两颗血淋淋人头往老赵面前一扔,大叫:"不从者视此!"老赵不得已,乖乖听命。

此情此景,与唐朝的泾原乱兵劫朱泚、辛亥革命时兵士劫黎元洪一样,都是兵士爱玩的一幕戏。事成,大家升官发财;事败,有冤大头一人全家扛祸。

可见,文人舞文弄史,还是要博通一些才好。

查慎行虽然历史半瓶子醋,也能获康熙帝赏识,常常被召入大内与皇帝吟咏诗词。不仅查慎行有文名,其弟查嗣庭等人也被满人招致翰林院,"一门七进士,叔侄五翰林",得意得不行。不过,查嗣庭老弟在雍正皇帝时代,主持江西会试,出考题目为"维民所止"。此四字语意出自《诗经》,本无影射,但多疑的雍正皇帝认为是汉儒讥笑他:"维止"二字,恰似"雍正"去头。妈妈的,想讥讽要朕脑袋,朕先要你们一家的人头。于是,清皇大怒,大兴文字狱,查嗣庭父子均被斩首,查家宗族皆牵涉入内,查慎行老身子骨也被投入大狱,不久病死。

查嗣庭也是倒霉自找,不知忌讳,他自己文史底子不厚,偏偏故弄玄虚。在清初,说话写东西不慎,可是要换千刀万剐的大罪。

所以,现在有人眼红金庸大师银子多名声大,也该想想人家老查家祖上那么多人被切瓜砍菜一样地大锅烩,否极泰来,总得出个发达的人物呵。

话题扯远。本文所叙,既非清朝"文字狱",也非赵匡胤"陈桥兵变",而是讲述一下五代北周郭威酷似赵匡胤兵变的"发家史"以及周世宗柴荣的弘武大略和英雄神武。

五代后汉的混乱局面与郭威的上台

《水浒传》第十二回:"梁山泊林冲落草汴京城杨志卖刀"中,描写青面兽杨志因"生辰纲"被劫,遭高逑怒斥黜放。失意落寞之余,只得在汴京市上出卖自家祖传的宝刀。刀还未卖,遇见当地泼皮半醉而来,硬要索取宝刀。

施耐庵的描写,其实是脱胎于《旧五代史·后周太祖纪》:

帝(郭威)时年十八,避吏壶关,依故人常氏,遂往应募。帝负气用刚,好斗多力，（李）继韬奇之，或逾法犯禁，亦多假借焉。尝游上党市，有市屠（夫）壮健，众所畏惮，帝以气凌之，因醉命屠（夫）割肉，小不如意，叱之。屠者怒，坦腹谓帝曰："尔敢刺我否？"帝即刃其腹。市人执之属吏，（李）继韬惜而逸之。

可见，郭威年轻时的杀人之行，成为日后施耐庵的"杨志卖刀"与"鲁提辖拳打镇关西"两场情景描写的灵感所源。

郭威是邢州尧山人（今河北隆尧），流氓无产者出身，原本姓常，其父早死，其母改嫁郭氏，故而就姓了郭。

十八岁，郭威投潞州"土皇帝"李继韬处吃粮当兵，不久，后唐庄宗灭后梁，杀掉李继韬，郭威就成为"唐军"一分子。后晋代后唐，郭威顺理成章成为"晋将"。契丹人耶律阿保机灭后晋，郭威当然又成为后汉"高祖"刘知远的手下重将，得授权枢密副使、检校司徒。

但这位"汉高祖"刘知远命短，当了一年皇帝就病死，临终前他以苏逢吉、史弘肇、杨邠、郭威四个人为"顾命大臣"，辅佐儿子刘承佑登基，是为后汉隐帝。

后汉隐帝初即位，乾祐元年（公元949年），即爆发了永兴赵思绾、凤翔王景崇与汉中李守贞三人的联合叛乱。

李守贞本是后晋高祖石敬瑭手下，立功不少。后晋少帝时，李守贞与杜重威一起投降契丹，引狼入室，干了不少坏事。

后汉高祖称帝后，李守贞害怕，入朝称臣，得授太保高官，移镇河中（原镇汶阳）。后汉高祖死后，杜重威被诛，李守贞心自安，想造反。王景崇呢，因与大臣侯益不合，被诏令移镇，因而与李守贞潜联，阴谋起兵。

赵思绾原为军阀赵在礼部下，后来他依附引契丹人入寇的大汉奸赵延寿之子赵赞。后汉建立后，下诏王景崇西赴凤翔，这位王节度使便路过京兆，顺便带上这位狡悍的赵思绾一同前往。行至长安，赵思绾与数位部下空手夺白刃，杀守门军校军卒，占领整座城池，赵兵反叛，并送"御衣"给李守贞，表示要拥之为帝。

为了平叛，后汉朝廷遣郭威攻河中，赵晖攻凤翔，郭从义攻长安赵思绾。

　　李守贞反心之所以坚决，一是因为赵思绾等人"拥戴"，二是因为术士给他儿媳符氏算命，说此人"大富贵，当母仪天下"。老李乐了，自己儿媳都要当皇后，儿子肯定是皇帝，再推，自己肯定是老皇帝。

　　谁知，郭威大军一到，摧枯拉朽，老李贪吝不得军心，很快败散，只得与老妻自焚而死。郭威把他几个儿子与两个女儿押送京城，皆凌迟处死。郭威见老李儿媳符氏貌美，仪态端庄，便施恩不杀，嫁与自己外甥柴荣（当时叫郭荣，早先郭威无子时养以为子）。后来柴荣继位为帝，符氏果然成为皇后。

　　可见，术士没骗老李，只不过皇帝命不应在他李家。

　　王景崇不必讲，他也在凤翔大败，被赵晖的后汉兵杀得几乎一个不剩。最后不得不举家自焚而死。

　　至于赵思绾，依恃长安城坚墙厚，负隅顽抗。最后，实在撑不下去，这位喜欢吃人肝的将军只得投降，被后汉大将郭从义诱诛，并杀尽他全家。长安之围，居民被叛军杀掉做军粮以及饿死的，有十多万人。

　　三叛既平，后汉隐帝刘承祐日益骄纵。小伙儿年方十九，正是贪玩的年纪，特别是茶酒使郭允明和飞龙使后匡赞两个近臣特别得宠，君臣三人老友鬼鬼，整日混在一起狎笑欢饮。

　　虽如此，后汉隐帝朝廷内能臣干吏却也不缺。枢密兼侍中郭威主征伐，枢密使、同平章事（宰相）杨邠主朝内政事，侍卫亲军都指挥使史弘肇典掌宿卫，三司使王章理财赋，集贤殿大学士苏逢吉管典选，运作得还算不错，国家算是粗安。

　　但是，这些重臣之中，只有郭威比较老成，杨邠忠清无私，其余数人，皆不是德才兼备的材料。

　　史弘肇军人出身，统兵极严，用刑也极滥，设有断舌、抉目、斫筋、决口、折足之酷刑，动辄族诛犯臣之家，就连白天太白星出现，京城有人仰观，也被他下令腰斩。他还特别讨厌儒士，常讲"文人难耐，轻我辈，谓我辈为卒，可恨、可恨。"其属下刻薄聚敛，无所不至。

　　大学士苏逢吉也不是好东西，贪财纳货，阴险狡诈。后汉高祖称帝后，把后晋宰相李崧在开封的大宅子赐予苏逢吉。当时,李崧与冯道皆被契丹人所软禁。后来李崧得还汴京,本想巴结苏大学士,把自己被占的几处房产地契皆赠送给他。不料,苏逢吉以为是李崧想索回旧产,杀心顿起,便让人诬告李崧谋反,族诛了老宰相全家近百人。这个人特别喜欢杀人。刘知远在太原时,老苏负责监狱事务。一次,刘知远命令苏逢吉"静狱",意思是让他把所有囚犯开释,以祈福祐。老苏倒好,尽杀禁囚回报,声称"狱静"。

三司使王章也不是好货,聚敛刻急,唯以盘剥百姓为己任,别人有犯盐酒之禁的,小罪皆死。

此外,李太后的兄弟们也干预朝政,营求不息。

这些文臣武将共处一朝,结党营私,专权跋扈,又都各不相容。他们正面冲突的爆发点,竟由郭威出镇之事而诱发。

由于契丹兵马时常入寇劫掠,横行河北,朝中大臣们便建议委派郭威镇守邺都,防备契丹。

史弘肇坚持要郭威除本身军职外另带枢密使头衔出镇,大学士苏逢吉认为没有军人带枢密使坐镇的先例,表示异议。史弘肇自己是军头出身,自然想帮同为军人的郭威出头,认为"郭威领枢密使可以让诸军畏服"

后汉隐帝觉得史弘肇讲得有理,从之。于是,他下诏以郭威为邺都留守、天雄节度使,并"领枢密使如故"。

史弘肇建议虽得行,仍旧对苏逢吉等人当初与自己持异议表示愤愤不平。说句实话,苏逢吉虽是个好利奸狡之人,对郭威带枢密使出镇一事却是就事论事,出于公心。他自己解释说:"以内制外,顺也;今反以外制内,其可乎!"

武人以枢密使之内廷重职行于军镇,确实不大合适。

皇诏颁布后,身为宰相之一的窦固贞在家中设宴,朝贵大臣均赴宴欢饮。席间,史弘肇举大杯向郭威劝酒,大声大气地叫道:"老弟,痛饮此杯! 昨日廷议,如果没有我坚持,老弟你哪能得此尊荣之号!"

这样一来,老史等于把朝中将相争执不和的底细暴露于大庭广众。

苏逢吉、杨邠两个宰臣很尴尬,也一旁忙举觞劝酒向史弘肇、郭威说:"万事皆是为国家考虑,望二位不要介怀。"

郭威厚道,赔笑点头忙尽一觞。

史弘肇仍旧气哼哼不买账,大言道:"安定国家,就要靠长枪大剑,毛锥子管屁用!"

毛锥子意即指毛笔,影射弄笔弄权的文臣。

三司使王章听此言不悦,反唇相讥:"没有毛锥子,国家财赋从何而出!"

几个人唇来齿往,不阴不阳,表面没有撕破脸,实际已经大生龃龉,从此将相之间,嫌隙大生。

郭威确实在大臣中算得上老成厚重之

郭威

人,与隐帝辞行时,他还不忘进忠言:"太后从先帝久,多历天下事。陛下富于春秋(您年轻),有事宜禀其教而行之。亲近忠直,放远谗邪,善恶之间,所宜明审。苏逢吉、杨邠、史弘肇皆先帝旧臣,尽忠殉国,愿陛下推心任之,必无败失……"

虽然苏、杨二人反对老郭带"枢密使"任军职,老郭仍明推二人是"忠臣",可见此人的厚道和大度。

但是,"将相和"的大好局面不仅没出现,郭威走后,数位重臣之间的关系更因一件小事而雪上加霜、形同水火。

军头如史弘肇,深信"打打杀杀能成事";文臣如苏逢吉,自负"运筹帷幄赛神仙",不仅互相不服气,更是互相瞧不起。

三司使王章因为几日前老宰相窦固贞家举行的宴会大家不欢而散,又在自己家里设宴,想借欢宴弥缝几位重臣之间的"感情"。

开始,众人很给面子,没在吃饭时叽咕朝事,嘻嘻哈哈挺融洽。酒酣,大家便划拳行令,互相逗酒助兴。古人修养高,划拳不像现在只是什么"哥俩好呀""六六六呀""点七个呀""八大仙呀",而是有"潜虬阔玉柱三分""奇兵阔潜虬一寸"等繁杂的手势令。

数位文士对这些东西轻车熟路,武将出身的大老粗史弘肇则完全是"老外",对于饮酒时候玩的守势令一点儿也不会,全靠他身边的客省使阎晋卿手把手来教。数番下来,仍是云里雾里,摸不住头脑。

大学士苏逢吉见状,开玩笑说:"将军您身边也有姓阎的人在,别怕被罚酒呵。"

说者无心,听者有意。史弘肇的结发老妻阎氏原本酒家三陪娼女出身。苏逢吉本意,原本指史弘肇身边的阎晋卿,可老史认定老苏语带讥讽,笑话自己老婆出身低下。

于是,史弘肇大怒之下,突然跳起,顿拍桌案,大骂苏逢吉。

苏逢吉文人,假装有涵养,坐在原地"不应",一副死猪不怕开水烫的样子。

如此一来,老史更怒,掀翻酒席,想对老苏大打出手。

苏逢吉文臣,身子骨当然弱些,见势不妙,转身就走。

史弘肇得理不让人,拔剑欲追,想赶上去杀掉苏大学士。

枢密使杨邠见状,又惊又怕,哭着劝史弘肇:"苏公是当朝宰相,您若把他杀了,置天子于何地!"

老史挺倔,飞身上马。杨邠忙也跟上,一路不停苦劝,把他送到家自己才敢回去。

很快,隐帝得知相变仇人的事情,派宣徽使王峻置酒和解。但几个人均因公事私事过节太大,怨毒极深,最终也未能再坐在一起欢饮和解。

大学士苏逢吉、三司使王章均想自救出京外镇,中间却都改变主意,不走了。有人问缘由,苏逢吉表示:"如果我离开朝廷,没准儿史弘肇一句话,到时我一家人立时粉身碎骨!"

将相之间矛盾如此尖锐,旁观众人皆心知肚明,各自也心中暗打小算盘,如此,后汉朝廷的灾祸很快就要降临。

祸事起因,也是缘起一个"气"字。

宣徽北院使吴虔裕出镇郑州,朝中就空出一个位置。李太后最小的弟弟李业身为大内总管财物的要员，很想得补这一显贵的官位。隐帝与李太后时不时也找杨邠、史弘肇二人"拉家常"，有意无意间暗示二位将相把此职留给李业。

杨邠、史弘肇两人毕竟忠于所事，非常"死脑筋"，认定外戚不可以超居此任。为此，隐帝和李太后也觉理亏，就没再强求。

李业做不了宣徽使，内客省使阎晋卿按理应该循资补任，杨、史二人也不着急。而且，一直深受隐帝宠任的聂文进、后匡赞、郭允明等人因自己久不迁官，都心里深怨杨邠和史弘肇。

小人之怨，易构难消，他们皆是后汉隐帝的身边红人，不出事才怪。

如果讲史弘肇与杨邠两人百分百出于"公忠"之心，也不客观。这两位文武大臣，特别是史弘肇，可能心中有轻视"寡妇孤儿"之意，对太后和隐帝常常不给面子。李太后有位老乡亲，几十年不见，忽然得知昔日邻居的李家姑娘已为国母，自然大喜过望。进宫拜见后，老乡亲自然想出常人应有的小小要求，想给自己儿子在军队中找个差事做做，试图一枪一棒混出个功名。谁料，太后乡亲的儿子拿着太后"懿旨"去见史弘肇，不仅没被立刻补入军职，赶上史老头不高兴，竟然怒而斩之。此举做得不仅仅是不近人情，只能说是凶戾残暴了。

此外，隐帝服丧期满后，于内廷欣赏音乐，感觉很爽，便赏赐宫内教习音乐的乐官玉带，赐宫廷乐手锦袍。这些人很知礼，得赏后，前往宫内"总值班"的史大将军处拜谢。

老史不喜反怒，大骂："军队健儿为国戍边，忍寒冒暑，未得赏赐。你们这些戏子有何功劳，敢承受这么好的赐物！"命手下军士把玉带、锦袍一并夺回，放还国库……

如此种种，使得隐帝母子不仅没面子，心中也有愤怒之意。

宰相杨邠，虽属器局宽厚之辈，但总以后生对待隐帝。隐帝有位宠妃号"耿夫人"，小伙子朝夕临幸，想立这位美人为皇后。杨邠不同意，认为立后乃国家大事，不宜太快；未几，耿夫人病卒，隐帝心痛得不行，欲以埋葬皇后的礼仪对耿夫人风光大葬，杨邠又在朝中坚执不可。

老杨也是死脑筋，隐帝小伙子年纪再轻，也是帝王，连给心爱美人死后名分的要求都加以拒绝,皇帝不起杀心才怪。

特别让隐帝大怒的,是一次杨邠、史弘肇两人于廷上议事,争来争去,互不相让。隐帝在一旁想当和事佬,劝说道:"慢慢商量,别让人看笑话!"

杨邠与史弘肇正较劲,大袖一扬,对隐帝讲:"陛下住嘴,有臣等在。"

隐帝心中更怒。

一来二去,隐帝积愤不能平。

李业和隐帝所宠幸的聂文进、郭允明等人趁机不停地在隐帝耳边吹风,说杨邠、史弘肇等人专恣弄权,日后肯定要造反。

隐帝信之不疑。一夜,小伙子听见宫墙外作坊间有炼铁的声音,竟然因疑生惧,因惧更疑,一整宵没敢睡觉,生怕是杨宰相或史大将军带兵进宫废了他。

"君疑臣,臣必死",至此,老杨老史的脑袋瓜基本上就不属于他们自己了。

后汉隐帝乾祐三年(公元950年)冬阴历十一月十二日夜,隐帝与小舅李业及几个近臣密谋杀掉杨邠等人,并入告李太后。

太后大惊:"这种事可不要轻下决定,应该和宰相等重臣详议!"

李业劝姐姐说:"先帝活着时,常说朝廷大事不能和书生辈定议,那种人怯懦不决,耽误大事。"

太后仍旧惊惶,坚决反对儿子草率行事。

隐帝也怒。"闺门之内,焉知国家大事!"言毕,他拂袖而出,把老妈一个人晾在内殿,出外布置"政变"事宜。

李业心中也没底,多拉一个算一个,就连夜派人偷偷告知内客省使阎晋卿,让他准备明天起事。这位阎爷虽然一直怨恨史弘肇、杨邠等人迟迟不给自己升官,但听到如此草率谋诛重臣的密谋,大吃一惊。他连夜跑到史弘肇府邸,想告发此事。

不料,听到是阎晋卿来见,老史不悦,闭门不见。

老史如此赌气,完全是推走了福星,迎来了死神。

阎晋卿一夜未睡,他夜悬高祖刘知远画像于中堂,泣祷于前,生怕皇宫内大难忽起,谁死了都不是好事情。

一大早,杨邠、史弘肇、王章皆像往常一样入朝,坐在广政殿东边的亭子中,商谈国事,处理公务。

忽然,殿门大开,冲出数十位手提大刀、长剑的甲士,刹那间刀砍剑捅,三位大臣连叫也来不及叫一声,顿时被斩成数段,血流遍地。

这下可好,后汉王朝的"总理""国防部长""财务部长",一时归西。

老杨、老史、老王这几个人,跋扈归跋扈,张狂归张狂,其实没有一个人暗怀篡逆之心。否则,这几个人肯定平时护卫森然,常人根本近不了身。特别是史弘肇,他本人就是禁卫军统帅,京城内的所有军人皆归他掌统,杀他简直难比登天。

"不怕贼偷就怕贼惦记",三人被天子"惦记"上,想不死也难。

杀掉三人后,隐帝下诏在崇元殿召见诸位大臣,表示:"杨邠等人想谋反,现在已经受诛,朕与卿等同庆。"

朝臣们闻言,五雷轰顶,大眼瞪小眼,谁也不敢开口说话。

昨天三大臣还活蹦乱跳,今天一大早竟然皆变成乱七八糟三大堆尸块,不得不让人惊悚。

接着,隐帝在万岁殿庭院面见京内诸卫部军的将校,高声训谕道:"史弘肇等人蔑视朕躬,朕今日才真正是你们的皇帝。从今以后,你们也不用再担心史弘肇的凶横了。"

别说,这些军将们听到老史死讯,高兴的多,忧虑的少,因为史大将军平素军法太严苛,动不动就要人命。现在他死了,大家也松口气。于是,诸将"皆拜谢而出"。

隐帝等人紧绷的心弦终于得松,事情看上去出人意料地顺利。

于是,秋后算账,隐帝下诏收捕三大臣亲族,大开杀戒。特别是郭允明,这位与后汉高祖、后汉隐帝父子两代大搞同性恋的小人,命人押送杨邠、史弘肇以及王章的诸子、女婿等"高干子弟",至皇宫朝堂西庑之下,他手持宝剑,亲自动手,依次横劈直捅。

其实,死去的三大臣与这个皇帝狎臣未有什么深仇大恨,只是没有及时给他升官加俸罢了。不仅仅是三族被诛,三大臣昔日的手下,不分贵贱,一律被朝廷斩首。

一不做,二不休,在李业等人怂恿下,隐帝密遣供奉官孟业到澶州,对侍卫步军都指挥使王殷和在邺都抵拒契丹人的天雄节度使郭威以及宣徽使王峻等三人下绝杀令。

同时,为了稳住"各大军区"首长,隐帝下诏征调天平军节度使高行周、平卢节度使符彦卿、永兴节度使郭从义、泰宁节度使慕容彦超、郑州防御使吴虔裕以及陈州刺史李谷等人入朝。一方面这些人带兵入京后可增加京兵人数,二来又可直接控制这些"诸侯",让他们对是否拥护中央做鲜明表态。

大事猝发,人情忧骇。

大学士苏逢吉虽同史弘肇形同水火,听闻老史等三人被杀,大吃一惊,对手下人讲:"如此行事,太出人意料,皇上如果事前问我一声,绝不会出现现在这种情势。"

苏逢吉之意,估计是认为隐帝大可免去三大臣官职或黜放他们,毕竟皆是顾命大臣,没有任何"显恶",朝廷随意杀掉三人及三人宗族,事情做得太过分。

皇舅李业做事更毒,未等出外杀王殷、郭威的人回来复命,他就以隐帝名义下诏派遣刘铢平卢节度使(当时又代理开封府尹)率人去屠灭郭威在京城的宗亲。

刘铢极其残毒,杀得郭威家里孩幼不免,而且还是"虐杀"。

1.郭威代汉为周的迅捷过程

隐帝密使孟业赶到澶州,去见坐镇当地的李业另外一个哥哥李洪义,要他杀王殷。

李洪义畏懦胆小,他不仅不敢干掉身为"陆军总司令"(侍卫步军都指挥使)的王殷,犹豫半天,他竟拉着手持"杀人诏"的孟业去见王殷。

王殷见密诏,脸上冷汗登时就冒了出来。不过,王指挥没功夫玩笑里藏刀那一套,大喝一声,让手下军士就把"御使"孟业捆起来关入小黑屋。

李洪义一脸尴尬，讪讪而去。

王殷没拿这位皇帝舅舅当回事，而是十万火急地派兵押着隐帝派出的副使陈光穗带密诏前往郭威处。

郭威见到密诏，召枢密吏魏仁浦，将密诏给他看了，并问"怎么办？"。

魏仁浦机敏有断，沉吟片刻，为主公出主意："郭公您系国之大臣，屡立功名，握强兵，据重镇，一旦为朝廷群小构陷，此非书表言辞所能解。时事至此，不可坐而待死！"

言外之意，魏仁浦劝郭威举兵内向。

《资治通鉴》《旧五代史》等史书，内容大都取自后周当时大臣编撰的"太祖实录"，叙述郭威起兵情况时，都讲老郭召集诸将校，先一番自我表功，然后表示说"今有诏来取我首级，尔等宜奉行诏旨，断予首以报天子，各图功业，且不累诸君也"。邺都行营马军都指挥郭崇威等人闻言大哭，声言"愿从明公（郭威）入朝，面白洗雪，除君侧之恶，共安天下。"

而欧阳修的《新五代史》所记，才是当时真实情况："（郭）威匿诏书，召枢密使院吏魏仁浦谋于卧内。（魏）仁浦劝（郭）威反，教（郭）威盗用留守印，更为诏书，诏（郭）威诛诸将校以激怒之，将校皆愤然效用。"

也就是说，郭威与魏仁浦伪造一份假诏书，内容是隐帝命令郭威杀掉邺都的将校。然后，老郭把假诏书给大伙看，自然群情激愤，奉拥郭威起兵。

假使事情果真依《资治通鉴》与《旧唐书》所本的"太祖实录"内容，郭威话音一落，肯定会有兵将立马把他杀在当地。五代军将兵士，贪财爱钱，凌上侮下，眼前站着一个"大元宝"，谁都会提剑立取。

于是，为保性命，郭威率大军南向，直杀都城。王殷、王峻等人自然率所属兵士跟随。由于当初郭威以枢密使身份出镇，关键时刻也很管事，河北诸州皆听从他调度。

为了"激励"将士，王峻还在军中宣言："郭公让我告诉大家，攻克京城后，听任你们剽掠十天！"

大伙儿一听，大喜，踊跃欢呼。

在五代时期,这句话太能"鼓舞"士气了。五代僭乱至极,没有任何上下秩序和道德伦理可言,军将士兵做买卖一样,谁给利多就跟从谁。

闻知郭威率众起兵,后汉隐帝忙召集群臣商议抵拒之策。

前任开封府尹侯益表示:"邺都戍兵家属多在京城,官军不可轻出,应闭城坚守以挫其锋,然后派遣戍兵母妻家属登城招怀,郭威所率军兵必然人心大乱,可以不战而定。"

受招入京的泰宁节度使慕容彦超想在皇帝前立功,力驳侯益:"侯公您年纪大了,怎能给皇帝出这样的馊主意,长他人志气,灭自己威风。我们应该主动出击贼军,一举攻灭他们。"

隐帝无断,事已至此,就听信慕容彦超之言,命令侯益、阎晋卿等人率领宫廷禁卫军精兵奔赴澶州方向阻拒郭威。

不料,郭威抢先一步,先到澶州(今河南濮阳)。

守城主将李洪义虽是隐帝亲舅,又有密诏在手,仍然不敢抵抗郭威,大开城门放大军入城。

其间,隐帝自己派出一个名叫昝脱的亲信小宦官"微服"而出,化装后往邺城方向赶路,侦窥郭威大军的动向。

宦官没胡子,很快就被郭威的侦察兵识破抓住,押往大营。郭威亲自书写表奏,然后缝在昝脱的衣领里面,让他回隐帝处复命。

老郭表奏大意,是讲自己受诬,手下军将不服,奉拥自己"诣阙请罪",但要查出冤枉自己的贼臣,杀掉以慰人心。

隐帝览毕,召李业等人给他们看。诸人惧形于色,知道终于要大祸临头了。

不久,本来要亲往澶州坐镇的隐帝听说郭威已过了澶州渡河,非常害怕,他不停向宰相窦贞固等人抱怨前些日子杀三大臣及郭威等人家属的事情"太过草率"。

世间无后悔药,隐帝只得安排众臣开府库赏军,准备抵挡。但宰相苏禹珪认为不宜于滥赐将士。

祸首李业见状也急,当廷向苏禹珪下跪哀求:"相公您为皇上着想吧,别再吝惜库物资财了！"

忧惧之情，溢于言表，这位爷当初首议杀人的豪气，一丝全无。

郭威一路进军顺利。大军刚到滑州，隐帝的姐夫义成节度使宋延渥便开城迎降，使得郭威能动用滑州府库赏赐手下军士，帮了大忙。

很快，郭威军人快速抵至封丘，京城人情惶惧，各自思乱。

李太后闻讯，急得大哭。隐帝惶恐不已。

慕容彦超见状，当廷大言道："陛下勿忧，臣当活捉郭威来见。"

退朝后，慕容彦超见到刚从"前线"回来的聂文进等人，打听郭威军中将校姓名后，顿生惧心，嘀咕道："这些人可都不是善茬，要加倍提防！"

于是，他率主力屯扎于七里店，严待来军。

老将侯益等人率禁军屯于赤冈，以为犄角之势。

转天，两军于汴梁北部的刘子陂对阵。

隐帝亲自率大批扈从军士"劳军"，其实是天子监阵。

李太后劝儿子不要出城。隐帝不听。聂文进也口出狂言："有为臣我在，即使有一百个郭威，我也一一擒入城中！"

可笑的是，即使皇帝亲自出城督战，两支大军阵前相遇，谁也不发第一箭。因为大家都是自己人，谁和谁都没有深仇大恨，都持兵观望。一直到晚上，两军不战。

无奈之余，隐帝见天色已晚，只得返城还宫。

慕容彦超还卖乖，冲着隐帝背影大声嚷嚷："陛下明天有空，希望您再出城看我破贼。为臣我连手都不用动，吆喝一声就让他们都卸甲归降！"

煎熬了一夜。早晨，隐帝率扈卫禁军，再次出城监战。

慕容彦超再也挺不住了，只得硬着头皮，亲自率前锋军主动突阵。

郭威手下军将立时前击，一下子就把来敌击溃，慕容彦超坐骑被射毙，本人几乎被活捉。

隐帝诸军夺气，不断有人前往郭威处投降。

见此情势，统率精锐禁军的侯益等人纷纷转舵，私下谒见郭威。郭威好言好语慰遣诸人还营。到了傍晚，隐帝手下军队基本都向郭威投降。

见势不妙，慕容彦超也顾不上皇帝了，忙率自己亲兵十余骑，逃奔回自己的老巢兖州。

再看后汉隐帝，可悲又可笑，他身边只剩下苏逢吉、苏禹珪、窦贞固三个宰相以及从官、宦者几十个人。

愣了半晌，隐帝垂头丧气，只得乘黑奔返城中。

一行人刚刚抵至城北的玄化门，开封尹刘铢不仅不马上开门，反而陈弓箭手在城上，喝问道："那么多兵马都哪里去了！"

未等隐帝一行人回答，刘铢下令射箭，隐帝从人又死掉数个。

无奈，隐帝只得率余下的数人仓皇掉转马头奔逃，黑天暗夜，他们只能在荒郊野地露宿，准备天明再逃。

不料，蹄声阵阵，追兵已至。隐帝一行人忙窜入村中民家躲避。

荒村之中，皇帝的目标太大，郭威军士很快就找到了身穿龙袍的皇帝，乱刀剁下，把隐帝小伙子当场杀死，时年20。

苏逢吉、阎晋卿、郭允明等人知道大势已去，皆自杀。李业马好腿快，奔往陕州投奔其兄李洪信处，但时为保义节度使的李洪信不敢藏他，给他一大笔金钱让他逃往晋阳。半路，李业遇见一伙强人，脑袋被人剁下。

后汉隐帝为人，姿貌白皙，眉目疏朗，沙陀种群的特征很明显。但此人自小就有癫痫病，即位初好过一阵，后来又时发时犯，临被杀前此病愈发严重。如此病躯，也真难做"真龙"天子。

郭威骑兵率人至玄化门，刘铢下令发箭。真不知这老刘心中所思何事，隐帝想入城他命人射箭，郭威想入城他也下令"开火"。

郭威也不计较，掉马头赶往汴城东面的迎春门，直入自己的私第。

老郭说话算话，任凭手下军将兵士在京城剽掠。

一直到转天中午，王殷、郭崇威入府禀告，"如果不止剽掠，到晚上就只剩下空城了"。

至此，郭威才下令诸将约束部伍，禁止再杀人掠物烧房。杀掉数人后，才禁止住士兵的抢劫烧杀。

宰相窦固贞、苏禹珪逃归，郭威知道这两人无预前事，皆让他们官复原职，派兵保护。然后，他命人四处搜查，抓住刘铢、李洪建，严加看押。

临被抓，刘铢对老婆说："我肯定得死，你也要被罚做奴婢了。"

妇人没好气，回答说："想想你这些天干了这么多缺德事儿，这个结局也是活该！"

郭威对众将说："刘铢屠杀我全家，如果我再屠杀他全家，冤冤相报，何时得了！"于是，他下令只杀刘铢、李洪建及其亲信，赦免了他们的家人。

安定京城后，郭威先搬出李太后这块"招牌"，以她的名义任命自己的亲信为文臣武将：王峻为枢密使，王殷为侍卫骑军都指挥使，郭崇威为侍卫骑军都指挥使，曹威为侍卫步军都指挥使——全部军权，皆入"郭家将"之手。

隐帝死后，后汉皇室还有以下诸人：后汉高祖刘知远的弟弟河东节度使刘崇（951年称帝后改名为刘旻）、后汉高祖的堂弟忠义节度使刘信，后汉隐帝的弟弟刘承勋。

倒霉的是，最该承袭帝位的隐帝之弟刘承勋一直重病在身，根本不能为帝。刘崇的儿子武宁节度使刘赟自少年时代就为后汉高祖喜爱，由此，郭威便以群议为名，上禀李太后，备法驾去徐州迎刘赟为帝。同时，他派太师冯道前往迎奉。

官场不倒翁冯道一生经历数位"帝王"，深知世道险恶。临行，他问郭威："您派我此行，不是让我去骗人吧？"

郭威信誓旦旦："奉迎新帝，实出忠心！"

其实，郭威当时心中所忧，正是因刘崇在河东、刘信在许州、刘赟在徐州，皆占据重镇要冲。假使这三人登高一呼，以兴复为辞，天下乱起，真不知如何收拾这一乱摊子。

现在，假装迎立刘赟为帝，三镇宗室必然麻痹，刘赟被骗离开老窝徐州，刘信向来庸识无谋。除掉这两个人，只剩刘崇一人就很容易对付。

眼见诸事妥当，郭威便以契丹入寇为由，亲率大军出发，对外声称是往北方御寇。

京城大事，皆委之于亲信王殷、王峻二人。

公元950年阴历十二月十六日，郭威大军渡河，在澶州驻军。二十日一大早，大军开拔前，发生了这一幕：

"诸军将士大噪趋驿（舍），如墙而进，带（郭威）闭门拒之。军士登墙越屋而入，请帝（郭威）为天子。乱军山积，登阶匝陛，扶抢拥迫，或有裂黄旗以被帝体，以代赭袍，山呼震地……诸军遂拥帝南行。"

乍看史书，郭威完全是被兵士"强奸"的忠臣，无奈才当皇帝。

史臣就是这么好玩，咋咋呼呼，活灵活现，最后连他们自己都相信这些谎言都是"真实"。

总之，"总导演"郭威大获成功，变家为国，终成帝业。

当然，事已至此，郭威不像袁世凯那么着急。他率军不紧不慢往都城汴梁回还。

老宰相窦固贞自然知趣，率百官出迎拜谒，对郭威"劝进"。

无奈，李太后下诏先任郭威为"监国"，即代理皇帝。诏诰之中，也有如下语句："……老身未终残年，属此多难，唯以衰朽，托于始终。（郭监国）载省来笺，如母见待，感认深意，涕泗横流。"

老太后心中痛楚，可见一斑。四年之后，李太后病死于宫，也算善终。

此时，原本被群臣迎奉为帝的原武宁节度使刘赟已经行至宋州。郭威知道这小伙子是囊中之物，便派大将郭崇威率七百骑前往"迎候"，并命太师冯道回京。同时，郭威派出自己嫡系将领马铎去许州，前去"处理"忠武节度使刘信。

宋州距汴梁不到三百华里，忽闻有一队精骑赶到，刘赟大惊，忙令人紧闭城门，并亲自登上城楼问郭崇威此来何意。

郭崇威仰头答言："澶州发生军变，郭公（郭威）担心陛下安危，特意派我来护驾，别无他意。"

刘赟不信，招郭崇威入城。

郭崇威不敢入城。太师冯道出城，与郭崇威嘀咕半天，郭将军才肯下马，随冯太师入城。

刘赟握住郭崇威的手，涕泣不止。刘赟小伙子很厚道，家国多难，世道艰难，他也没对郭崇威多生疑虑。

郭崇威心怀鬼胎，说了几句安慰话，托辞出城。

刘赟的手下董裔（官职为徐州判官，即刘赟做节度使时的参谋长）进言劝说："我看郭崇威刚才神情慌张，必有异谋。现在，外面纷传郭威已经称帝，陛下您如果再往前行，恐怕要大事不好。应该马上召张令超来，谕以祸福，让他连夜进攻郭崇威，劫夺其兵，然后，我们一行人奉拥陛下，掠睢阳金帛，召募士卒，向晋阳方向挺进（刘赟之父刘崇当时坐镇晋阳）。京城新定，郭威肯定无暇追杀我们。"

刘赟犹豫不决。此时，他心存幻想，总觉自己名义上已经是皇帝，离京城三百里不到，如果郭威没有异心，自己先行逃走，反倒授人口实。董裔所言的张令超，原本是与冯道一起来迎奉他为帝的"护圣指挥使"，手下也有数千精兵。

该断不断，必受其乱。刘赟举棋不定之间，郭崇威急急火火秘见张令超，告诉他郭威已经被拥立为新帝，与其为旧主殉葬，不如替新朝立功。

五代武将多无"忠君"之念，郭威又威名素著，张将军想了一会儿，非常痛快，马上归附，顺便还劫持了刘赟自己镇内的数百私兵。

这样一来，刘赟成为真正的"孤家寡人"。

转天一早，发现自己周围已经侍卫尽去，刘赟又惧又惊。悔叹之间，郭威有书信送到，声称他自己为诸军"所迫"，暂时"监国"，并召冯道先入京，让刘赟放心"慢慢走。"

冯道辞行，刘赟诚恳地问："我当初之所以肯随同您前来汴京，正因为您是三十年德高望重的数朝宰相（冯道在五代数朝为相二十四年），所以才深信不疑。现在，郭崇威劫夺我属下扈卫兵士，事情危急，您能给我出个主意吗？"

冯老头默然不答。"长乐老"冯道正是经年的巨滑，才能活到今天。刘赟身边亲将贾贞怒极，几次拔剑要杀冯道，皆为刘赟所阻："你们不要鲁莽，今天这种结局不关冯公的事。"

刘小伙确实厚道,事已至此,他仍不忍心杀掉这个把他从根据地骗出来的老头子。

其实,冯道早就知道郭威根本无诚意迎立刘赟,出发前,他就对自己左右说:"今天我老冯要去说谎骗人了。"

冯道一走,郭崇威就宣读李太后诰旨,废刘赟为湘阴公,严兵看押。同时,还杀掉董裔、贾贞等刘赟从徐州带来的数位亲随。

过了几天,郭威密令郭崇威弄死了刘赟。说句实话,刘赟人品不错,才智也不低,但"运去金成铁",大伪之世,失之柔懦,这种下场也属必然之事。

刘氏的后汉出奇短命,一姓朝代,才存了四年,是中国历史上罕见的事情。

至于坐镇许州的后汉高祖堂弟义成节度使刘信,听说马铎率军队来"巡检",连箭也未发一支,就惶惑自杀,草包得出人意料。后汉高祖刘知远这位弟弟,本性残酷。昔日他在京城掌管禁军,手下人有犯罪者,皆把犯人妻子家属召至刑讯室,然后,他亲自"下厨",用尖刀活活剔取犯人身上的肉,用刀尖叉上令犯人自食其肉。他还常常喜欢肢解犯人,血流盈前而不变色,是个不折不扣的变态虐待狂。

如此残暴之人,一听说郭威派人来,还没怎么样,他自己先"自绝"了。由于这位爷过分"听话",郭威称帝后,追封这位死人为"蔡王",这位爷确实很"菜"。

当初听闻隐帝被杀的消息,其叔父河东节度使刘崇闻讯,马上密谋要起兵内向。很快,听说自己的儿子刘赟被李太后下诰立为皇帝,刘崇大喜:"吾儿为帝,吾又何患!"

刘崇派使者入见郭威,老郭指着自己脖子上的刺青,说道:"自古岂有雕青天子,希望您为我转告刘公,我无任何异心!"刘崇闻知此讯,更加安心,等着儿子入京坐稳皇位后把自己迎入内廷做"太上皇"。

其下属太原少尹李骧不傻,苦心劝他:"郭威举兵犯顺,其势绝不可能做汉臣,必不立刘氏为后。我们应该发兵下太行,扼孟津战略要地,待公子刘赟入京安坐帝位后,再回兵不晚。"

刘崇闻言大怒,骂道:"腐儒真可恨,想离间我父子关系,岂有儿做皇帝父亲兴兵的道理!"马上叱命左右牵曳李骧出庭斩首。

临刑,李骧叹言:"我给蠢材愚人出计,死也该得。我家中唯有老妻,身又多病,愿与之俱死。"

刘崇马上"成全",遣人把李骧夫妇一起杀于市中。

没过多久,郭威称帝消息传来,刘崇忙派人送信,哀求老郭把自己的儿子送还晋阳。其时,刘赟已被杀掉。

恸哭之余,刘崇念起李骧的"忠言",为之立祠,派人吊祭之。到此,这一切管个屁用。

郭威称帝后,刘崇也在太原称帝,改名为刘旻。他所建立的"汉",史称北汉,欧阳修的《新唐书》,称之为"东汉"。

刘崇虽有并、汾、忻、代等十二州之地,他不得不依赖契丹,向当时契丹主耶律兀欲称臣称侄。当然,刘崇心中也有数,对其"臣下"讲:"朕以高祖(刘光远)之业一朝坠地,今日位号,不得已而称之。顾我是何天子,汝曹是何节度使邪!"

因此,刘崇仍袭用隐帝时的"乾佑"年号,不建宗庙。

2.后周王朝的新气象

后周建立后,郭威郭皇帝手下的辖州,比起前两代还要小,只有九十八州。当时,北汉有十二州,南唐有三十六州,南汉有六十二州,后蜀有五十二州。

由此可见,郭威虽然自称"姬室远裔",国号大周,其实仍然是个大藩镇而已。

相对而言,比起后梁、后唐、后晋、后汉前"四代"开国"皇帝",郭威的人品要好得多。虽然前前后后郭威只当了三年多皇帝,他的"文功武治"却很有善可陈。

经济方面,郭威下令废止后汉时期的一些苛捐杂税,禁止官吏再以"斗余""称耗"的名目榨取百姓。取消"牛租",允许农民销售自家的牛皮。他废除先前以"散从亲事官"名目摊派徭役的恶法,放松盐禁。废止"营田务",释放国家农奴,使数万耕田的"农匠"成为自由民。此外,郭威对于前代朝廷每年向辖地索求特产的"惯例"也深恶痛绝,一概禁止地方再行上贡。

政治方面,郭威称帝后,马上就废除后汉"盗一钱即死"的酷法,知人善任,察纳雅言。特别是在惩贪治污方面,他大刀阔斧,连老下属叶仁鲁也因其贪赃而定斩不饶,又下令赡养其年迈老母,严厉之余很有人情味。同时,老郭深知国家底子薄,招抚流民,给授荒田,均定田赋,鼓励农业生产,革除了自唐朝中末期以来不少土地分派使用方面积存的弊端。

也是从老郭开始,后周王朝大修水利,治理黄河河患。此种举措,在五代那种人民能过一天算一天的黑暗年代,确实罕见。

军事方面,除下诏派大将去击战汉帝刘崇外,郭威于广顺二年(公元952年)六月率兵亲征兖州,杀掉因惶惧而反叛的慕容彦超。回师途中,老郭还去曲阜,以天子之尊亲谒孔子祠庙祭拜。有大臣说:"孔子,陪臣也,不当以天子拜之。"老郭虽是大老粗出身,明理达义,反驳说:"孔子百世帝王之师,敢不敬乎!"

他亲征慕容彦超的大胜,出师克捷,不仅提高了自己作为新皇的威望,又为后周帝国的开国根基打下了坚实的一根巨桩。

新朝开基后,另一个大问题就是对待功臣的问题。郭威起先对王峻、王殷这两个铁杆功臣很不错,封为枢密使和同平章事。王峻"性轻躁,多计数,好权利,喜人附己。"骄横跋扈。老郭也不恼,时时呼其为兄。

得寸进尺,王峻又要求以枢密使之外,另求大藩,老郭马上给他个平卢节度使。此外,王峻还特别反感郭威的外甥柴荣,一直阻止他入朝朝见。

得寸进尺身兼使相的王峻,还推荐自己门下文士取代郭威一直倚赖的宰相范质、李谷二人,并在朝廷上与皇帝力争,连老郭想去吃饭也不让,非让皇帝马上下诏。

退朝后,郭威招来太师冯道,哭着"投诉"王峻欺人太甚。老郭没有朱温和朱元璋的那种底层阴狠,如果王峻遇上二朱,早就九族人头不保。遇上老郭,这位皇帝委屈之下,还找德高望重的太师冯道发发牢骚,诉诉苦。最终,他只把王峻贬为商州司马了事。

王峻到贬所后，水土不服患上"腹疾"（肠癌什么的）。听说后，郭威忧而悯之，遣王峻老妻去商州探视。不久，王峻病死，实为善终。

贬放王峻后，怕另外一个功臣当时镇守邺都的王殷心里不踏实，郭威亲派王殷在京城任职的儿子远赴邺城，原原本本告以王峻得罪的因由，以安其心。

虽如此，王殷仍心怀快快。由于怕王殷拥大镇怀异心对王朝造成巨大威胁，郭威便趁王殷入朝时把他留在京城任京官——"京城内外巡检"，看上去也挺重要，即"首都卫戍区司令"。

可是，这位爷不知韬光养晦，咋咋呼呼。于是，老郭终起杀心，趁一次朝见时命人当廷逮捕王殷，把他杀了。

当初郭威大军攻入汴京时（公元950年），士卒先前得到允许，在全城大掠，四处杀人取财货。时为右千牛卫大将军的赵凤（《五代史补》为"赵童子"）也在京城"高干区"居住，愤恨乱兵劫掠烧杀，在巷口踞胡床，持弓箭，大呼道："郭太尉兴义兵清君侧安国家，军士趁乱而剽掠，实乃强盗，今为太尉除之！"他连发箭矢，射杀数十抢劫的兵士，保全了数千家居民。

当时，郭威得到消息后还挺高兴，觉得这位赵将军做事果敢，又维护了自己的声誉。不久，听闻路途有"赵氏合当天子"的谶言，郭威忙招义子柴荣说："观此人才略度量不俗，不早除之，吾家难保！"

于是，郭氏父子派人诬告赵凤谋反，逮捕杀掉了这位赵姓将军。

岂料，十多年后，另外一个姓赵的（赵匡胤）代周建宋。郭氏父子地下有知，肯定后悔杀错了人。

无论如何，郭威称帝后未行大肆屠戮功臣之事，顶多也就"对不起"王殷，错杀赵凤，还算一老成厚道之君。

郭威临终前，曾对自己的义子晋王郭荣（原名柴荣，因郭威自己的儿子皆被隐帝所杀，只有拿内侄当继承人了）嘱托说：

"我西征作战时，亲眼见到唐朝皇陵没有不被发掘的，就是因为皇陵多藏金玉宝物。我死之后，当衣以纸衣，敛以瓦棺，快速下葬，不要使尸身久留宫中，也不要在陵前作石人石马等物，只立一块碑，上刻：'周天子平生好俭约，遗令用纸衣、瓦棺，嗣天子不敢违也……"

显德元年(954年)正月十七日，郭威崩逝，时年51岁，为帝近四年。

晋王郭荣(柴荣)继位，是为后周世宗。

3.神武雄略的周世宗柴荣

当初后汉隐帝诛杀杨邠等三大臣，又杀郭威在京城的亲族。郭威的数位姬妾以及儿子郭青哥(后追赐名为郭侗)、郭意哥(后追赐为郭信)以及侄子郭守筠、郭奉超、郭逊古均被刘铢虐杀。因此，郭威本人的子侄均无一个活在人世，只有养子郭荣因跟随自己在邺城征战而幸免于难。而郭荣自己的三个儿子郭宜哥等(另两个儿子史中未载其名)也在京城被杀。

郭荣原姓柴，是郭威原配夫人柴氏的侄子。因此，柴荣从血缘上讲同老郭并不亲，只是内侄而已。后汉隐帝杀绝老郭子侄，只能以柴荣来当承嗣了。

血缘上虽不近，柴荣和郭威却情同父子。柴荣从孩提时代起就被郭威养为义子(当时老郭自己还没生孩子)，他聪明伶俐不用说，还整日出外贩佣挣钱，养活姑姑和姑父(义父)。

老郭青年时代也是军中顽劣之徒，不事产业，平时生活不是特别富裕。因此，柴荣青少年时代常常为了家计，给商人作仆从，往来江陵等地贩卖茶叶等货物。

一次，他在市肆算命，有个"神算"为了几个大钱儿，说柴荣有天子命。当晚，柴荣与东家颉跌氏喝酒，开玩笑一样说："算命的人说我日后会当皇帝，果真有那么一天，您想当什么官啊？"

商人酒至半酣，见柴荣小伙和自己讲笑，也不怪恼，回答说："我从商有三十年了，常常在京洛间贩货，很羡慕那些税官坐而获利，他们一天的收入，可以敌我等商贾三个月的利润，太让人眼红了。如果哪天你当皇上，给我个京洛税院使当当就行。"

言毕，爷俩儿碰杯大笑。

日后，待柴荣登基，老商人颉跌氏还活得挺硬朗，就被柴荣请入京城做税院使，果然"美梦"成真。

柴荣虽早年过继给郭威，其生父柴守礼一直活着。柴荣当皇帝后，封生父老柴为金紫光禄大夫、检校司空这样的荣誉高衔。但是，并非如我们现代人想象的那样，柴荣会封他亲爹当太上皇。

古代人最讲"礼"，柴荣的帝位来自其姑父郭威，因此，他自己自然是以郭家的继承人自居，只能认开国皇帝郭威为父。对待生父，礼归礼，敬归敬，但礼仪方面皆是把生父当舅舅对待。

柴荣称帝时，柴守礼已经退休，在洛阳安享晚年，"终世宗（柴荣）之世，未尝至京师。"确实也只能这样。依据礼仪，柴守礼即使是老国舅，见皇帝也要下拜。但从宗亲人伦孝道方面，他又是当今皇帝生父，亲爹给儿子下跪，于礼也不和。因此，父子俩自从儿子当了皇上，一直到死，再未见过面。

柴守礼本人出身低下，使气骄蛮，六七十岁的老头子，非常恣横，曾经杀人于市。甭说，有个皇帝儿子，老混蛋喝多点儿酒肯定认为天王老子也管了不他。有司上奏世宗皇帝，他只能听之任之。柴荣在五代属于眼里不揉沙子的英主，假如他自己的亲舅舅犯法，说不定会马上下诏推出去砍了。亲爹杀人，也只能算了。

可笑的是，后周王朝的贵显将相王溥、王彦超、韩令坤等人的老爹都在洛阳养老，他们和柴守礼朝夕往来，横行霸道。当时，洛阳人给这帮老阿飞起名为"十阿父"，惹不起躲得起。

早在郭威称帝建立后周的那一年，北汉"皇帝"刘崇就勾引契丹军队进攻晋州，被后周大将王峻带领的大军击溃。

契丹军回返晋阳，点算兵马，发现军队已经损失三分之二。怒极之下，契丹主帅萧禹厥把一个大酋长当众钉死。

经此一战后，北汉内供军国，外奉契丹，赋役繁重，民不聊生。于是乎，当时就有大批境内民众涌逃入后周境内。

"老实"了几年，听闻郭威驾崩的消息，北汉主刘旻甚喜，想大举入寇。他遣使去契丹搬援兵。

见"大侄子"皇帝有求于己,契丹主就派武定节度使杨衮率万余精骑来援。刘旻自率三万精卒,浩浩荡荡,杀入后周国境。

柴荣帝位还未坐热,刘旻老匹夫就协同契丹人入寇。

柴荣又惊又怒,忙集朝臣廷议。众大臣皆表示:"刘旻上次入寇大败,势蹙气沮,必不敢亲自统兵入侵。陛下您新登大宝,人心易摇,不宜轻动,应该诏命大将前往抵御。"

柴荣气盛英武,言道:"刘崇趁我朝大丧之期,轻朕年少新立,有吞并天下之心,此次他必定自来,朕不可不往。"

别的大臣没敢说什么,太师冯道倚老卖老,固劝世宗皇帝不可御驾亲征。

"昔唐太宗平定天下,未尝不自行,朕何敢偷安!"柴荣朗言。

"未审陛下能为唐太宗否?"冯道泼凉水。

"以吾兵力之强盛,破刘崇如山压卵耳!"柴荣又言。

"未审陛下能为山否?"老冯阴不阴阳不阳又来一句。

虽然心中不悦,周世宗心内已下决定,对老冯未加理会,执意要亲自出征刘崇与契丹军。

柴荣诏令天雄节度使符彦卿(柴荣老丈人)、镇宁节度使郭崇(即郭崇威,为避郭威名讳,改名郭崇)、河中节度使王彦超、宁江节度使樊爱能、清淮节度使何徽、义成节度使白重赞等大将各率本部兵马,前往潞州方向奔赴。

北汉王刘旻没有料到柴荣年轻人自己会亲率大军前来。他伙同契丹大军,过潞州(今山西长汉)不攻,引兵南向,想直趋中原直克汴梁。

北汉、契丹联军在高平(今山西境)屯军。

954年四月二十日,刘旻一觉醒转,才知道周世宗亲统军队已经行到近前,未及安排,北汉军队已经受到后周前锋军的猛烈进攻。

北汉军虽受小小挫折,并无大碍,刘旻指挥军队慢慢后撤,退往巴公原(今山西晋城附近)。

周世宗唯恐北汉主力就此不战而退,忙下令诸军急行军集结准备总攻。由于当时后周大将刘词的后军未至，军中疑惧，将士怯战。周世宗志气益锐，他下令白重赞、李重进统左军居西，命樊爱能、何徽统右军为东翼，又命向训、史彦超二人为中军，与北汉军对阵。

北汉军当然不是软蛋，严阵以待。刘旻自己居中军，猛将张元徽居东翼，杨衮的契丹军为西翼，虎视眈眈。

周世宗亲自乘马临阵督战，只有他姐夫殿前都指挥使张永德率一部禁军护驾。

由于周军的后军未至，人数上明显少于北汉、契丹联军。关键时刻，刘旻后悔召契丹兵助战，对左右将领说："根据经验，我认为周军很容易被消灭，我们汉军一军即可破敌，不仅能完全消灭周军，还可让契丹人心服。"诸将纷纷点头。

于是，刘旻派军使对契丹主将杨衮说："周军现已与我们汉军对阵，形势大明，不烦契丹军士助战，请您率军登高观战，欣赏汉军如何奋勇杀敌。"

杨衮是百战将军，回劝北汉主刘旻不要轻敌。但既然对方不让自己的军士参战，他也乐得其便，就慢移军阵，给北汉、后周军打仗腾地方。

本来天刮北风，忽然转刮南风，北汉的枢密使王延嗣让司天监官员劝刘旻说："此刻正乃决战之时。"

文臣王得中扣马劝谏："风势转吹我军，万不可轻出。"

刘旻大喝："我意已决，老书生勿妄言，再胡说就杀了你！"

言毕，他令旗一挥，指示张元徽东翼骑兵发动进攻。

北汉大将张元徽乃出名的骁勇猛将，其属下骑兵战斗力极强。因此，合战不久，周军大将樊爱能、何徽就率领右军骑兵先遁。后周的右翼步兵没马逃不快，千余人解甲呼万岁，降于北汉。

此时，周军形势万分危急。刚刚开仗，右翼军就被对方干掉，等于是卸掉了一只臂膀。

周世宗柴荣跟见形势危急，赶忙自引亲兵，冒着箭雨督战。

硬着头皮，不上也得上。只要柴荣战马一掉头，周军必败不可。

宋太祖赵匡胤当时还只是张永德鞍下一名禁军中级将校，他向同伴大呼：

"主危如此,吾辈怎能不誓死以战!"同时,他还对张永德讲:"贼兵气骄,力战可破。您指挥手下神箭手登高为左翼,我率军为右翼,国家安危,在此一举!"

于是,二人各将两千兵,分别进战。

这两大将军身先士卒,驰犯其锋。士卒死战,无不以一当百。

后世史书多言宋太祖英勇,其实大多是宋臣拍自己老板马屁。假若周世宗拍马先遁,再有二万个赵匡胤也不顶事。

周朝的禁军将校马仁瑀、马全等人也率众蔽翼皇帝,反复陷阵,最终保住周军中军和左军阵脚不乱。

刘旻望见黄龙伞盖,确定柴荣真在军中,就死命褒赏初战得胜的大将张元徽,催他乘胜进兵。

福无双至。张大将军拍马而前,一马当先,正要冲入周军军阵,战马失蹄,一下子把张大将军甩入周军士卒脚下。

现实不是小说和电影,未等张元徽"鲤鱼打挺",周军的长枪大刀密密麻麻朝大礼包一样甩到自己阵地里的敌将扎砍过来,张大将军顿时成了一堆碎肉。

眼睁睁看着猛将被杀,北汉军由是夺气。

当时,南风益盛,周兵争奋,北汉兵大败。

刘旻亲自高举红旗收兵,但兵败如山倒,溃不能止。

而起先被"礼劝"入高地观战的杨衮及其手下契丹兵,畏惧周兵强盛,根本不敢参战,他们又恨先前北汉主刘旻不拿他们当回事儿,就全军而退。

收集残兵败将,刘旻发觉手下兵马连一万人还不到,三分之二的主力皆被周军干掉。

未待喘息,周军后军刘词又杀入战场,与世宗皇帝合兵,乘胜追击,基本把剩下的北汉军包了饺子。

幸亏刘旻有契丹人赠送的黄骝宝马,他从雕窠岭(高平西北山间)的小路狂逃,驰离杀戮战场。夜间迷路,刘旻又受村民骗指方向,走了好长一段冤枉路。

一路之上,老头子仓皇狼狈,往往刚刚驻马想吃口干粮,就听见有人高呼

"追兵",立刻上马又逃,昼夜驰骋,最终勉强有命得入晋阳。

回国后,老头并不发丧自责恤军,反而为他的黄骠马用真金白银上好檀木修造了一个专用大马厩,以三品官职对待这匹马,号之为"自在将军。"

转年,刘老匹夫即病死,时年60岁,其子刘承钧袭位。

刘承钧继位后也曾发兵入寇后周,也大败而归。

契丹人此后再不对这个"儿皇帝"施以援手,北汉再无南侵之意。

北宋开国后,出兵灭掉北汉。

全歼北汉兵后,周世宗发现起先投降北汉的一千多士兵还活着,立刻下令全部宰了。这帮东西确实没用,临阵投降,罪过不可谓不大。

更可恨的,是临阵奔逃的樊爱能、何徽二人,他们跑就跑了,途中抢劫自己人的后勤部队却精神十足。当时世宗皇帝连派数名近臣和禁军军校追劝他们回来,他们根本不听,乱军还把使者杀掉,扬言:"契丹大至,官军败绩,余众都投降了!"甚至当周军后军的统领刘词急赴军阵的时候,樊爱能还"劝阻"刘大将军不要前往。

五代乱世的骄兵悍将,樊爱能、何徽这样的是其中的"典型"。高平之战时的后周世宗柴荣,情势与先前与郭威对阵的后汉隐帝其实完全一样,新皇之位摇摇晃晃,属下将领三心二意。如果柴荣像刘承祐那样怯懦无计,结果肯定逃不出"兵败身死"四个字。

大战胜利后,对于如何处理樊爱能等人,周世宗一时还不能下决定。

大白天,他躺在行宫营帐中,召其姐夫张永德商议。

张永德官为统率禁军的殿前都指挥使,又是世宗姐夫,自然直言不讳:"樊爱能等素无大功,添冒节钺,望敌先逃,死未塞责。陛下方欲削平四海,苟军法不立,虽有熊罴之士,百万之众,安得而用之!"

世宗皇帝闻言,正中下怀,掷枕于地,大呼称善。

于是,周世宗置酒高会,遍引诸将。酒刚一巡,世宗起身指骂樊爱能、何徽等人:"汝辈皆累朝宿将,并非不能用兵。此次一战即逃,实是想以朕为奇货,卖与刘旻。果非如此,为何朕亲自入阵,刘旻大军便败!汝辈万死,不足以谢天下！"

言毕，周世宗命禁卫军立擒樊爱能、何徽等当天临阵脱逃的中高级将校七十多人，推出斩首。

然后，他嘉奖当时奋勇进击的军将士卒。从此，骄将惰兵，无不知惧。

郭威临死，见四人"托孤"，樊爱能、何徽正是其中之二。他们不仅是京城大将，又都身兼军镇节度使。受先帝如此寄重，高平大战如此表现，二人也是该杀。

此次高平大战，后周世宗柴荣临危不惧，身先士卒，不仅树立了自己的威望，也拉开了他统一战争的大幕。

从此实战以后，他终于看清京城兵士都是多年"关系户"子弟，赢老者居多，又骄蹇不用命，这些人每遇大敌，不走即降。后汉失国，实是这帮草包坏事。由此，他命赵匡胤等人涤汰冗军，简选兵士，诏募天下壮士，终于选得一只劲军，日后征战四方，所向皆捷。

坐稳帝位，周世宗朝廷搞了一系列政治、经济改革，治河、通漕、扩建汴梁都城，并命大臣们以《为君难为臣不易论》《开边策》为题，各抒己见，广开言路，以削平天下，恢复唐僖宗之前的中华境土。同时，为了富国强兵，周世宗对佛教加以禁抑。诏下，后周境内当年就废寺院三万多，僧尼还俗六万多人。

不久，"唯物主义"者周世宗又下诏命民间融销铜佛像铸钱，以充国用。他对侍臣讲："卿辈勿以毁佛为疑，夫佛以善道化人，苟志于善，斯奉佛矣。彼铜像岂所谓佛耶？且吾闻佛志在利人，虽头目犹舍以布施，若朕身可以济民，亦非所惜也！"

周世宗是中国古代历史灭毁佛教皇帝"三武一宗"中的一位，但他不滥杀，不滥废，有理有节，就连不轻易评述历史的司马光也大加赞叹：

"若周世宗，可谓仁矣，不爱其身而爱民；若周世宗，可谓明矣，不以无益废有益。"

至此，政治、军事、经济基础都奠立，周世宗就开始了他南征北讨的伟大事业。

4.周世宗的西进与南征

五代后期,群臣大多守常偷安。而后周的比部郎中王朴,神峻气劲,有谋能断。他所上的《开边策》,句句中的,字字合意,周世宗览之拍案称绝。

当然,周世宗自有主见,不是完全接受王朴之议先进南唐,而是命大将率兵西进,先击后蜀,立收秦(甘肃秦安)、凤(陕西凤凰)、成(甘肃成县)、阶(甘肃武都)四州。当时的后蜀"皇帝"是孟昶,大惧之下,致书请和。幸亏当时周世宗不以蜀地为意,让孟昶这个"土皇帝"苟延残喘数年。后来孟昶得知周世宗击破南唐,又遣使想"进一步发展两国友好关系",周世宗仍旧不搭理。孟昶也恼,愤愤说:"朕为天子郊祀天地时,尔犹做贼,何敢如是!"其实,孟昶的"天子",其实只是一个小盆地的天子罢了。

下一个大目标,就是南唐。周世宗用了近三年的时间,三次御驾亲征,终于使南唐李璟称臣,尽收长江以北土地。

言起南唐,当时是大词人李璟当政。看见李璟这个名字,大家肯定都笑了,肯定知道这个"文学家"打不过柴荣那个"政治家"。

在此,顺便简单交代一下南唐的历史。

唐朝末期,军阀杨行密占有江淮地区,后为"吴国";军阀钱镠占有两浙地区,即"吴越"。吴越始终未称帝。

杨行密的发迹,得益于唐朝节度使高骈军中的内乱。这位杨爷是庐州合肥人,最早是通信兵出身,史载其一昼夜可行三百华里,真可称"神行太保"了。杨行密以救高骈为名,步步为营,杀掉当时横行江淮的军阀孙儒。朱温觊觎江淮,杨行密不服,老朱打了半天得不到便宜,奈何老杨不得。

公元905年(唐天佑二年),杨行密病死,其子杨渥袭位,但大权掌握在徐温和张颢手中。

上下猜忌,徐张二人先下手为强,杀掉杨渥,推立杨行密次子杨隆演为弘农王兼准南节度使。不久,张、徐二人又生龃龉,徐温杀掉张颢。

徐温禀政后,学孙权立吴国,推杨隆演为吴国王,不再以唐朝藩王自居。徐温死后，其义子徐知诰执政，更进一步，推杨溥为"皇帝"。

没过多久，徐知诰索性推倒吴帝杨溥，自己做皇帝，并假称是李唐后代（尊太宗李世民儿子吴王李恪为远祖），改国号为唐，自己改名叫李昇。

其实，这位爷既不姓李也不姓徐，原本姓潘，平头百姓一个。战乱时期，父母相继饿死，他得由徐温养而为子。

李昇称帝后，休养生息，勤俭治国，轻徭薄赋，为政还算不错。公元943年，李昇因服食"仙丹"中毒去世（这死法倒是像极了正宗李氏唐朝皇帝）。老哥们活得不像唐朝皇裔，死得倒百分百相似。

李昇死后，其子李璟即位，在位十九年，南唐在他手里由盛而衰。

李璟早期，先进攻福建的闽国，有得有失，消耗了大量国力。当时，恰巧中原的后晋灭亡，杀伐大乱，如果南唐没有把力量全部陷在福建，大可北伐占据中原。"机不可失，时不再来"，沙陀人刘知远抢先，建立了后汉。

保大九年（公元951年），南唐趁"老邻居"楚国马氏家族内乱，发兵直指，竟然也灭掉了"十国"中重要的割据政权"楚国"。

福兮祸兮，没过多久发生军变，南唐丢失了南大部分土地。看看描绘当时南唐宰臣韩熙载的《韩熙载夜宴图》，就可以想象到南唐"文怡武嬉"的时政。

史载，"唐主（李璟）性柔和，好文章，而喜人佞己，由是谄谀之臣多进用，政事日乱。"

周世宗征南唐，正是在这种时局下开始。

周世宗显德二年春，他下诏亲征。

周世宗在近三年多的时间里，联合吴越钱氏家族的兵力，屡战屡胜，最终占领光、寿、庐、舒、濠、泗、泰、通等十四州六十个县，共二十多万户，长江以北，尽为中原王朝所有。至此，大一统的曙光，重新出现在中华大地上。

李璟被迫放弃帝号，改称"国主"，并进献犒军银十万两、绢十万匹、钱十五万贯、茶五十万斤、米麦二十万石，尊后周为正朔，敬受后周"历日一轴"，完全以藩臣自居了。

过了三年，李璟郁郁而死，其子大词人李煜继位。

国学经典文库

中国古代野史

·五代十国野史·

图文珍藏版

在李璟向周世宗称臣后,十国中最弱小的一个"荆南"(南平)国王高保融很乖巧,觉得上贡称臣还不够,派亲弟弟高保绅入朝来见周世宗。

见南平王送其弟入朝为"人质",周世宗大喜,赏赐高保融不少金银财宝。

南平的"开国主"高季兴本是僮仆出身,为后梁太祖朱温所喜,养以为子,当时叫"朱友让"。朱温死后,领兵于荆南的高季兴起割据之意。后唐灭后梁,高季兴惧而入朝唐庄宗,并向庄宗"献计"灭前蜀。后唐庄宗大悦,以手拊其背而赞赏他。老高很会讨好人,在袍子上让人用金线绣了个"金手印",四处炫耀。同时,他也怕唐庄宗杀了他,在归途中连夜斩关而去。唐灭亡时,先前灭蜀的后唐军从蜀地搜刮有金帛四十多万,被老高全部劫取。

高季兴死后,其子高从诲袭位,仍被后晋封为南平王,子袭父业,德性也一样。后梁时,南汉、闽、楚三国皆向梁国朝贡,路过荆南时,往往财物贡品被劫夺。如果有人发兵加讨,高从诲就把财物返还,一无愧色。

后来,南汉、闽、蜀等割据政权皆称帝,高从诲挨个儿向这些邻国"称臣",有奶就是娘,有钱就是爹,目的是为了获取赏物,当时人称高氏父子为"高赖子"。而向周世宗大献殷勤的高保融,正是高从诲之子。

待高保融之子高继冲时,慑于宋朝皇威,他自率将吏宗族五百多人入朝,结局非常不错。

人虽赖,下场不赖。

此外,听说江南强国南唐屡战屡败,南汉"皇帝"刘晟忧形于色,吓得他遣使想向后周"修贡"。

南汉的第一位"土皇帝"是刘隐。此人军将出身,唐末趁乱自立为清海军留后,不断向朱温行以重贿,得为一方藩镇节度使,占据岭南。后梁建立后,进封南海王。刘隐病死后,其弟刘陟即位,见后梁离乱,中原多事,便自立为帝,国号"大汉",史称"南汉"。

刘陟穷奢极侈,占据一方,肆行虐酷,常有炮烙、刳剔、截舌、灌鼻之刑。此人还妄自尊大,称呼中原帝王为"洛州刺史"。

刘陟病死,其子刘玢继位。子肖其父,多行淫虐,不久就被其弟刘晟和刘昌密谋杀掉。

刘晟自己坐上帝位，改元应乾。与父兄一样，刘晟荒暴异常。数年之间，他把自己近二十个弟弟全部杀掉，一个不留。此人还喜亲自行酷刑于人，号其刑讯室为"生地狱"，热油锅、碎剐床等等，凡是一般人想象不到的酷刑，里面应有尽有。

刘晟天天以酒为水，终日酣醉之中，连他的宠爱伶人尚玉楼也不得好死。一次，半夜饮酒高兴，刘晟口渴想吃西瓜，便置之于尚玉楼脑袋上，一刀劈下，连瓜带人劈成两半，刘晟也不知，只是感觉口中西瓜汁又浓又红又咸……刘晟在位十多年，饮酒过量而死。

其子刘鋹继位，时年17，改元大宝。这个小子有样学样，虐类其父，昏庸过之。刘鋹以为群臣因各有家室不能尽忠于他，一切政务皆委以太监，发现有才的读书人，皆阉割后任用。所以，南汉的士子最倒霉，只要考取了前三甲，只有"金榜题名时"，再无"洞房花烛夜"。他们披红挂绿戴喜花之后，就被拥入蚕室割去小鸡鸡。

刘鋹平日最信任的是太监许彦真、女巫樊胡子以及商胡进贡的一个波斯舞女，哪位大臣得罪了这几个人，下场只有一个——族诛。同时，宦官劝刘鋹："先帝所以得宝位传陛下，正因尽杀群弟。您也应该效法先帝。"刘鋹大以为然，把几个弟弟杀个干净。

这么一个酷虐的王朝，由于山高皇帝远，远隔岭外，自刘隐至刘鋹也经四世五主，近六十年，最后被北宋灭掉。这一大家子投降后被迁至开封，刘鋹得封恩赦侯，竟得好死。

所以，后周世宗柴荣大败南唐后，当时的各个小国吓得肝胆俱裂，纷纷示好不迭。

南唐向后周称臣后，派宗室李从善及大臣钟谟入贡。周世宗问钟谟："江南现在还治兵守备吗？"钟谟小心翼翼地回禀："唐王已臣服大周，不敢再在边境治兵修守。"周世宗摇头，说："昔日两周为仇敌，现在亲如一家，大义已定，君臣分明，应无嫌猜。然而，人生难期，后世之事不可测知。你回去转告唐主，趁我在位,完城廓、缮甲兵,据守要害,为子孙后代多做考虑。"

得此"指示",南唐国主才敢修葺城池,增守戍兵。

在大伪奸雄纷出的五代乱世,周世宗这种推诚布公、宏规大度的高尚人格,几乎可以说是前所未有。

"大邦畏其力,小邦怀其德",中华帝王,周世宗的人品当为上之上者。

但雄才大略的后周世宗柴荣真正怀有伟大的战略眼光,他最根本的目的其实是北伐契丹,夺回幽燕形胜之地。

可惜,天妒英才,不假其年,柴荣病死。

而后,虽有两宋的高度文明,但更大更深的祸结,却已经深深藏在虚假的繁荣背后。

周世宗平定南唐,不仅开疆拓土,大增中原王朝声威,最主要的是使国内经济、军事力量得以进一步增强。

如此,周世宗终于得以展开他心中最大的事业:北伐。公元959年,周世宗显德六年三月,柴荣又御驾亲征,踏上了北征契丹、收复燕云之路。

周世宗北伐,占尽天时地利人和。契丹方面,耶律德光病死后,其侄耶律兀欲得立(辽世宗),后因其发动南攻,臣下不满,发动政变,杀掉了兀欲。至此,耶律德光的儿子耶律述律(辽穆宗)继统。

这位耶律述律没有一点其父的英武,天天酗饮,自夜至旦,昼则常睡,国人谓之"睡王。"

外无戒心,内无固志,契丹朝上下一片混乱。由此,周军在皇帝亲自统领下,所向披靡,连克三关(瓦桥、益津、淤口),共得宁州、鄚州、瀛洲三州十七县,近两万户,而且大多兵不血刃,不战而降敌方将守。

形势大好之下,周世宗厉兵秣马,准备一鼓作气,直捣幽州。

人算不如天算。关键时刻,周世宗忽罹暴疾,仅仅一昼夜之间,竟然人事不省,处于弥留状态。

正史中没有柴荣疾病的确切记载,也许是急性肺炎,也许是急性心肌炎,也许是某种莫名其妙的细菌感染,总之是一病不起,再起身不得。

本来世宗皇帝还想硬撑病躯进军，其姐夫张永德苦劝："天下未定，根本空虚，四方诸侯唯幸京师有变，……如有不讳（崩逝），奈宗庙何！"无奈之余，周世宗只得下诏班师，自澶州迅速乘车回汴京。

特别值得回味的是，周世宗夺取瓦桥关后，心中大喜，认定大功必成，便登高岗望远，检阅军队。

当地父老将牛酒劳军，周世宗好言抚慰，乘间问道："此地叫什么名字？"

父老们回答："此高坡名为病龙台。"

古人多忌讳，周世宗闻之默然，立刻上马驰去。

结果，当夜柴荣就发病，高烧不止。

笔者揣测，或许就是当天傍晚的策马狂奔，造成周世宗大汗遇风，重感冒因劳累体力透支而转变成急性肺炎或者心肌炎，皇帝才真正变成了"病龙"。

病重期间，周世宗听闻外间有人从地下挖出一块木板，上有"点检做天子"的字样，便大疑当时官职为殿前都点检（皇家禁卫军总司令）的姐夫张永德。于是，他下诏免去姐夫军职，虚升他为检校太尉、同平章事，转任平时看上去老实忠厚的忠武军节度使赵匡胤为殿前都点检。

公元959年阴历六月癸巳（六月十八日），周世宗柴荣病逝，时年39岁。

周武帝死后，其第四子梁王柴宗训即位，是为后周恭帝，时年7岁。

转年春天，周恭帝还未及改元，周世宗棺柩刚刚入土两个多月，真正尸骨未寒，本来要率兵北征契丹的赵匡胤兄弟自导自演大戏，在陈桥驿发动兵变，黄袍加身，赵"点检"果真做成了"天子"。

后周恭帝便被宋朝改封为"郑王"。十三年后，柴宗训20岁出头，即"发病"而死，估计是被宋室暗害。赵匡胤又演一出，假装"震恸"，谥曰"恭皇帝"，把小伙子葬在其父陵侧。

周世宗有七个儿子，除老大、老二、老三被后汉隐帝杀掉，老六柴熙谨已在宋初不明不白死掉，老五柴熙晦、老七柴熙让皆"不知其所终"，估计也都被赵宋派人弄死。

直到宋仁宗嘉祐四年，才下诏有司取阅柴氏谱系，"于诸房中推最长一人，

国学经典文库

中国古代野史

·五代十国野史·

图文珍藏版

令岁时奉(后)周祀。"

所以,一般人皆为《水浒传》或其他民间演义所误,以为柴进是后周皇帝的嫡系子孙,还一直获封"一字并肩王"什么的,完全是小说演义误导人。柴荣这位千古仁德帝王,并无直系后代得活世上。

当初,为了防止唐末以及五代诸朝藩镇推翻皇帝的"悲剧"重演,周世宗想方设法削弱藩镇的兵力,重金招募强兵猛将入京城守卫帝室。

结果,周世宗死后,帝位未失于强藩,却被禁卫军头子捡走。天算人算,防不胜防。可悲!可叹!

前人栽树,后人乘凉,赵氏兄弟完全是依凭周世宗的遗泽余威,四攻八伐,最终成就两宋基业。

刘知远老谋深算

正当契丹(后改为"辽")攻开封,灭亡后晋的时候,后晋的河东节度使、沙陀人刘知远却乘机在太原称帝,建立了后汉。看看刘知远称帝建汉的过程,便知道他是何等的老谋深算了。

刘知远,后改名刘暠出生于 895 年,卒于 948 年。947 年称帝,时年 53 岁,在位 1 年。后晋时,他曾为邺都留守,河东节度使,945 年,受封北平王。

当初,刘知远见晋出帝对契丹称孙不称臣的时候,便知道后晋从此凶多吉少,不加劝阻。后来契丹便屡次深入进犯,刘知远只顾加紧收拢人马,扩充自己的实力,而对契丹入侵,全然没有拦击的打算。当听说契丹占据大梁后,他一方面派兵守护自己的四方

刘知远

边境,防止契丹侵袭,另一方面则又向契丹主奉上三道表章:一是祝贺契丹进入

大梁;二是说明因太原是夷、夏杂居共处之所,守防士卒屯聚,所以不敢离开亲往朝贺;三是说本应献贡品,但因现在贵军已入南川,太原城中人心慌恐,道路不通。待召回贵军,道路畅通后,再送贡品。契丹主见表,心中高兴,对其大加称赞。过了一段时间,契丹主见刘知远派人送来贡品,而不亲至,便让来人回去对刘知远道:"你既不奉南朝(指后晋),又不奉北朝,究竟是何目的?"当契丹攻入都城后,有人劝刘知远乘机起兵攻击契丹,刘知远道:"用兵有缓有急,应当因时采取策略,现在契丹刚刚招降了晋国的 10 万兵马,像老虎一样雄踞都城,形势还没有其他变化,怎么能轻举妄动呢? 我看契丹所图的无非是钱财、物品,等他捞足了,一定会返回北国的。况且现在已冰消雪融,他们难以久留,等他们退去之后,我再占领那里,才可确保万无一失。"当昭义节度使张从恩,因地近怀、洛二州,想向契丹朝觐,派使者先去和刘知远商量的时候,刘知远则道:"我们以一隅之地,怎敢和契丹抗争? 我同意你的打算。你可先行一步,我随后就去。"张从恩信以为真。当刘知远听说晋出帝已被契丹迁徙北上时,认为时机已到,便放出风来,要出兵井陉,迎接晋出帝回晋阳城。947 年 2 月 11 日,他一方面故意命令武节度指挥使史弘肇集合各军,公布了出兵的日期;另一方面暗中使人鼓动军士公开劝他称帝。军士们便一齐要求道:"现在契丹已攻陷京城,天下已没有主了。今天能做天下之主的,除了我们北平王还有谁呢? 应该先确定皇上名号,然后再行出兵!"接着便群起高呼"万岁",刘知远则又派人制止。13 日,行军司马张彦威等人又三次劝他即位称帝,刘知远仍不同意。就在这时,郭威和杨邠入内和刘知远摊牌道:"现在大家不谋而合,这是天意。如果您不趁这个时候夺取天下再谦让不就,只怕人心就要转移了。"刘知远这才同意即位称帝。当月 15 日,刘知远于太原登皇帝位后,还自称不忍心改后晋年号,以示他不愿背弃后晋。18 日,刘知远又做了个样子:要亲自率兵东去迎接后晋出帝和太后,当听说后晋出帝早已被押过恒州好几天了,才又回军。5 月,刘知远命皇弟刘崇留守太原,自率军南下。6 月 11 日,刘知远定都开封,改国号为"汉",史称后汉。

刘知远即位后,由于性情极为阴险残暴,所用大臣也极贪暴凶恶,以致民心背离,再加皇子刘承训死了,刘知远心情过分悲痛,故只在位一年,便于948年1月因病去世了,时年54岁。

海龙王钱镠

1.警枕粉盘

钱镠,五代十国之一吴越国的建立者。出生于852年,卒于932年。字具美,杭州临安人。唐昭宗时,任镇海、镇东节度使,封越王,后又封吴王。后梁时,被梁太祖朱温封吴越王,兼淮南节度使,建都钱塘。907年到932年在位,是五代十国中享国最长的君主,终年81岁。

吴越国拥13州土地,是五代十国时期的一个弱小国家,常受吴国(杨行密所建)威胁。钱镠做了国王之后,在临安城中盖起了豪华的府第,且常带车马随从外出游览。他的父亲见钱镠好摆阔气,心中不满,经常避开,不愿理他。钱镠发现后,也知不对劲,便不坐车,不骑马,不带随从,步行来到父亲住处请罪。

他父亲道:"咱家世世代代以打鱼为生,没有出过达官贵人。你现在做了吴越国的国君,可还有三面(北、西有吴国,南有闽国)受敌,都会和你争夺地盘。你不知警惕,只顾享乐,我怕有朝一日,必会招来祸患,故不愿理你。"钱镠听了,恍然大悟,涕泣认错。从此,他便处处谨慎,精心理政。为了提高警惕,他睡觉时枕在用木头做的小圆枕头或大铃铛上,一旦睡觉过死,头一动就会从圆木枕头或铃铛上滚下来,也会因此惊醒。他把这个枕头或铃铛称之为"警枕"。他在卧室里还放了个盛着白粉的盘子,晚上想起了什么事,就随时写在粉盘里,免得忘掉;他还让侍从通宵值班,外面有人要来,就让人将他叫醒,随时进见,以免误事。

为了让将士们也提高警惕,他经常悄悄巡查。有一天晚上,打更的兵卒打盹,忽然从墙对面飞来几颗铜弹子,把兵士惊醒。第二天,钱镠让人追问士兵为何夜间值勤打盹,大家方知铜弹子原来是国王打来的。从此,士兵们巡逻值勤,再不敢疏忽大意。

又一天夜里，钱镠穿了便服，要从北门进城。城门已经关了，钱镠高叫不开，他对看门官吏道："我是国王派去办事的，要急着进城向大王禀报。"这看门吏道："请出示令牌！"钱镠道："我出使匆忙，忘了带令牌！"门吏道："哼！没有令牌，别说国王派出去的人，就是国王本人，也休想进城。"钱镠无奈，只好等待，后来设法从南门进了城。第二天，他一上朝，便将看门吏召去，大加赏赐，并对众大臣道："诸卿如都能像我们的看门吏这样认真，事情就没有办不好的！"

2.海龙王

吴越国王钱镠是个有作为的皇帝，但也是个穷奢极欲的暴君。"海龙王"的故事，又是例证。

钱塘江的入海口十分宽阔，江水常常冲上江岸，威胁着杭州城的安全。钱镠即位后，于910年下令征召大批役夫、工匠、凿石填江，修筑了一道坚固的石堤，保卫杭州城；把江中的巨石炸平，以利舟楫航行，增进海上交通；造龙门，浙江两大闸，阻止海潮内灌；又在武义县修筑长安堰，灌溉万顷良田；在鄞县修东钱湖，方圆800顷，可灌50万亩，在绍兴挖鉴湖，按时蓄泄，可灌9000余顷。江浙平原的土地本来十分肥沃，气候温和多雨，又有这么多的水利工程，故使农业得到很大发展，稻谷连年丰收，米价便宜，每石只有50文钱。为此，江浙群众便送给了钱镠一个外号，叫"海龙王"。这是对他在兴修水利方面所做贡献的赞誉。

另一方面，钱镠在兴修水利的同时，又大兴土木，把杭州扩建成周围30里的大城。在杭州城里和海塘中的石基上，又修建了不少亭台水榭；他还把自己的府第修建得富丽堂皇，像海底龙王的宫殿一般。故"海龙王"的称号，也包含了对他生活上穷奢极欲的斥责。由于大兴土木，民怨很深。有人深夜里用白灰在他的门上写道："没了期，清早起，抵暮归。"他见了，也写道："没有期，春衣才罢又冬衣。"就是说，他要不惜民力，一个劲干下去。

3.一个神话

吴越国王为消除本国钱塘江的潮汐水患,便在府城东南建造了一条长堤。钱塘江流杭州东,形成了天下奇观的钱塘江水潮。然而,潮水经常冲垮杭州城东边的城墙,影响钱氏首都的安全。901 年 8 月,吴越国王钱镠征集民工数十万,在候潮门外修筑一长堤,以阻止潮水入城;并置有 3 个钱幢作为标志。修筑石塘,并非易事,怒潮急湍,塘难以成。相传这是江潮成心与吴越作对。吴越国王钱镠大怒,便选拔弓弩手 500 名,齐射潮头,顷刻间,潮头后退,直到石塘建成。于是,便留下了一个"钱王射潮"的神话故事。

高季兴家童称王

高季兴,五代时期十国中荆南国,也称南平国的建立者,出生于 858 年,卒于 928 年,字始孙,又名季昌,陕州硖石(今河南三门峡南)人。高季昌少年好武,曾为汴梁富人李让家中的一名家童。后来,朱温收李让为养子,并命李让收高季兴为养子,改姓为朱;再后,因军功受封为宋州团练使,颍州防御使,恢复高姓。907 年,朱温灭唐建立后梁,高季兴被任为荆南节度使。923 年 10 月,李存勖灭后梁,建立后唐,高季兴于 924 年 3 月受封为南平王,定都江陵。926 年 6月,高季兴上表请求夔、忠、万三州为自己属郡,后唐答应了他的要求。当他得到三州后,927 年 2 月,又上表后唐不要往三州任命刺史,想派自家子弟去充当,后唐没有答应,并派军队从三面向高季兴发起进攻。高季兴坚守不出,并请吴国出兵救援。928 年 6 月,高季兴转向吴国称臣,被吴国封为秦王。

高季兴在位期间,针对国小、民贫、兵弱的特点,对邻国采取友善谦让政策,不仅使其国家安定,且能得到邻国的同情和帮助。荆南地处南北交通要冲,他以征收过境税为由,增加收入,这是他的主要经济来源。928 年 12 月,高季兴病逝,时年 71 岁,在位 4 年,谥号信武王。

后唐庄宗李存勖豢养伶人

李存勖(885~926),是晋王李克用的长子,十岁起即随父南征北讨,长于戎马之间,是个英姿焕发的武士。公元914年,他灭燕,杀刘仁恭、刘守光父子。公元922年,率兵驱逐了南下的契丹军队。公元923年,他在魏州即皇帝位,是为庄宗。同年,他灭了后梁。公元925年,发兵灭掉了前蜀。至此,统一了黄河流域,并将势力扩展到长江上游,可以说即位之初他还是个有所作为的君主。然而,使人不解的是,他对演戏的伶人格外宠爱。不但赐以钱财,而且封以高官,最终酿成祸端,为伶人所害,成为终生憾事。

李存勖

李存勖定都洛阳后,就以做戏看戏为乐。他平时就豢养了一批伶人,供其消愁解闷,如今大业已成,他更是终日沉湎于畋游、声乐之中了。他常常亲自粉墨登场,与伶人们共同做戏,还给自己取了个艺名,叫"李天下"。每次出行,必有伶人相伴。这些伶人可以随时出入宫廷,干预朝政。李存勖也把他们当成自己的耳目,非常宠信。大臣们都怕他们几分。

伶人景进收受了后梁降将段凝的贿赂,就使段凝很快当上了泰宁节度使,镇守兖州。伶人周匝曾被梁人俘获,为梁帝作乐助兴,后来回国仍继续受宠,并求李存勖把景州、宪州的刺史之职作为礼物授给他在梁的两个伶人朋友。李存勖竟慨然答允。

一次,李存勖率群臣百官及佞幸伶人外出巡游。一路上沿途地方官都要大肆铺张,无度供给,稍有不到之处,或削职,或斩首。许多州县官纷纷弃职而逃。

到了魏州,又令伶人景进等人四处寻找美女,景进就派人抢掠民女三千,装上牛车,先行拉回宫中。大队人马行至中午,李存勖把一片庄稼地当成猎场,率左右军将、伶人前驰后奔,追逐猎物。农家百姓见自己的田地夏粮颗粒未收,秋播后的作物又遭毁,都远远地望着落泪。随行的县令实在于心不忍,就拦住李存勖的马劝道:"陛下是百姓的父母,怎能忍心践踏青苗,断绝百姓生路呢?"李存勖没想到自己贵为天子,外出打猎也得受到这样限制,不禁大怒,喝令把县令拉到下去砍头。这时一个好的伶人敬新磨故意把县令拉到李存勖马前,假意骂道:"你身为县令,难道不知道天子喜欢打猎?竟敢让百姓在这块地上种庄稼!你为什么不叫他们饿死,空出这片土地,供天子跑马取乐?你这个县官真是该死!"说完,马上按下县令的脖子,请斩首,其他的伶人像演戏一样也随声附和。见此景象,李存勖大笑不止,遂放掉了县令。

枢密使郭崇韬本来是李存勖倚重的朝中老臣,因不屑于理睬李存勖身边的伶人、宦官,使这些人对他切齿痛恨。在李存勖要修避暑楼时,他们大进谄言,说:"崇韬府第豪华无比,无异宫室,他当然体察不到陛下是怎样地溽热缠身。"使李存勖对郭崇韬极为不满,渐生恨意。不久,郭崇韬荐举的河南令罗贯,因执法严谨,得罪了伶人,被李存勖找个借口处死了。后来,郭崇韬复命伐蜀,仅用七十天就大功告成。李存勖竟听信伶人们的谗言,听凭宦官设计杀害了郭崇韬父子,还下诏说郭崇韬"拥兵谋反",并捕杀郭夫人及其三个儿子。当时谁得罪了伶人、宦官,马上就会被诬为郭氏一党,满门抄斩。一时间,朝野上下,人心惶惶。

李存勖贪图享乐,竟让皇太后行诰敕,皇后行教令,令出多门,政治一片混乱。伶人们也骄奢淫逸,作威作福。公元926年,赵在礼谋反,攻占了邺都。李存勖派遣大将军李嗣源平叛,李嗣源即在汴州谋反。并在伶人郭从谦的内应下攻入宫城。李存勖被乱箭射死,尸首同一堆乐器一起焚化。李存勖至死也没有想到,自己会葬身于宠信的伶人之手。

南唐后主李煜

李后主(937~978)，初名从嘉，即位后，改名煜，字重光，酷好书画，精于音律。在中国历代皇帝中，是最有艺术才华的文学家，他的诗词艺术在中国文学

南唐后主李煜

史上占有很重要的地位。但他在政治上却无所作为，后来被宋太祖赵匡胤所俘，成了亡国之君。

1.被俘亡命

传说李煜自幼聪悟好学，善属文，工诗画，明音律，但生性懦弱仁厚，与世无争。即位后，他对宋朝表示顺服，一直委曲求全，以低卑的姿态求得生存。

李煜有个毛病，即过分佞信佛教，曾拿出宫中金钱募人为僧，所以金陵一地有上万僧徒，其全部开销都由国家支付。李煜退朝后，就身穿佛衣，诵佛经，俨然一个虔诚的佛教徒。宋太祖赵匡胤听说他酷信佛教，就阴谋选一个口才极好的少年去见李煜，与他讨论佛经佛法。李煜不知是计，十分欣赏此人，谓之"一

佛出世"，此后，他再也不关心治国守边之事。

李煜又是个"情种"，先是与妻子周娥皇情深意笃；娥皇死后，他又将真情倾注在娥皇之妹小周后的身上。他经常与小周后酣饮在苑内，调笑为乐。又于小周后所居的柔仪殿内设诸多用金玉所制的香器，璀璨夺目，豪华无比。他则在香烟缭绕中，令小周后歌舞其间，恣情取乐。甚至在亡国之前，还日夜行乐，满门心思都沉浸在爱情和诗词之中。

由于李煜不理国事，众多奸吏与权臣勾结，把持了朝政，使南唐的政治日益腐败。

当时南唐物阜民富，国力较其他几个割据者都为强盛，所控制的地域也最广，是赵匡胤攻击南方的最后一个目标。为了灭掉南唐，赵匡胤做了精心准备，而李煜却对宋朝唯唯诺诺，抱有不切实际的幻想。

南唐南都留守兼侍中林仁肇素有威名，是朝中少有的忠臣，他曾向李煜建议，趁赵匡胤灭南汉师旅疲弊之机，率兵恢复江北旧境。李煜无此胆量，未予采纳，后来竟中了赵匡胤的反间计，用毒酒毒死了林仁肇，令人惋惜，令人心寒。

这时，北宋已消灭了后蜀、南汉、荆、湘等割据政权，从三面包围了南唐的国土，又和吴越结成了军事同盟，吴越之兵从东面出动，夹击南唐。形势对南唐极为不利。赵匡胤为了找到出兵南唐的借口，先让作为人质留在汴京的李煜之弟李从善转告李煜，要他来汴京朝见宋太祖，李煜宁愿增加每年的入贡也不进京朝见。后来，赵匡胤见李煜死不肯来，便以此为名，出师讨伐。大军很快进抵金陵附近。面对浩瀚的长江天险，赵匡胤采纳了叛逃到宋的樊若水的建议，以千艘舰船造成浮桥。李煜却认为宋军此举形同儿戏，根本不予重视。待宋军踏过浮桥大举过了长江，层层包围了金陵之时，李煜才如梦初醒，只得苦守金陵城，使得城中之人病死饿死无数。李煜还派大学者徐铉到汴梁说情。徐铉说："李煜无罪，陛下师出无名。李煜从来以小事大，如子事父，未有过失，为什么要兵戎相待呢？"赵匡胤厉声道："既然称为父子，为什么要分成两家？但天下一家，卧榻之侧，岂容他人鼾睡！"李煜这才明白，什么希望都没有了。

开宝八年冬金陵城陷，李煜率群臣肉袒跪拜投降。到了汴梁，李煜等人穿着白衣纱帽,向赵匡胤叩拜再三,得以苟全性命,被赦免无罪,封为"违命侯"。他在汴京过了两年多生不如死的囚虏生活,受尽了宋太祖的侮辱。一腔恨愁和着血泪都化为词作.陪伴余生。如《虞美人》:

春花秋月何时了?

往事知多少,

小楼昨夜又东风,

故国不堪回首月明中。

雕栏玉砌应犹在,

只是朱颜改。

问君能有几多愁,

恰似一江春水向东流。

哪曾想,继太祖之后的宋太宗以为此词意在贪恋皇帝之位,心存报复,认为李煜是"贼心不死,眷念故园",于是在李煜四十二岁生日那天,赐毒酒给李煜。李煜明知酒里有毒,还是喝了下去,结束了自己亡国之君的生命旅程。

2."情圣"之说

南唐后主李煜在兄弟中排行老六,本来无指望继承帝业,但他一生下来,一只眼睛里竟有两个瞳孔,即"重瞳",被人视为有帝王之相,因而成了众兄弟猜忌、提防的对象。为了避祸,李煜一头扎进了文艺研究之中,在诗词、书画的天地里乐而忘返。有着隐迹江湖的志向、留恋文苑的意趣,又在幽深如海的宫室内与簇拥如云的妇人中长大,作为一个多愁善感的诗人,他当之无愧。但是,命运却跟他开了个大玩笑,他的几位兄长相继亡故,他竟出乎意料地承继了南唐的君主,人称"李后主"。

李煜把真情倾注在娥皇姐妹身上,演绎出一曲荡气回肠的爱情故事,因此人们称李煜为"情圣"。

传说李煜十八岁那年,娶了比他年长一岁的周娥皇为妻。周娥皇不但容貌出众,而且通晓诗书,善弈棋、歌舞,尤精琵琶,很受李煜宠爱。李煜即位后,册封其为国后。二人一往情深,恩爱甚笃。年轻的李煜从此深浸在幸福中。此时南唐偏安一隅,还呈现出暂时的平静,小俩口的家庭生活也涂上了温暖绚丽的色彩。李煜为她写了许多诗词,周后因词谱曲,随之演唱。他沉迷于逸乐之中,竟荒废了政事。

他俩最感快乐的是为艺术而互相切磋,共同探讨。娥皇有时为他研墨牵纸,让他尽兴挥毫;有时与他吟咏唐诗,两人评点其中奥妙;有时听他讲解佛经,力求领悟其中真谛。要是论起歌舞,则娥皇如数家珍,让他自愧不如。

然而,红颜薄命,这位与李煜厮守了十年,情投意合的爱妻却染病不起,李煜又悲伤又难受,为她请遍了国中名医,并为她求神拜佛、虔心祈祷,而且亲煎汤药,悉心照料,然而娥皇的病仍无好转的迹象。正在此时,她的二子仲宣又因惊吓而亡,她再也撑持不下去了,几日后即告别了人世。李煜深感悲痛,用最隆重的礼节来安葬娥皇,又写了一首情真意切的词来悼念她,还以"鳏夫煜"的名义写了一篇祭文,命人刻于碑上,竖在娥皇陵前。

此后,李煜在恍恍惚惚中度过了一段时间。接着,娥皇的妹妹成了李煜的最爱,后人称其为小周后。还在娥皇病重之时,十五岁的小周后为探视姐姐的病情,来到了宫中。小周后的才情和品貌都不亚于娥皇,且举止大方,青春焕发,两人一见钟情,娥皇死后,妻妹小周后就留在了李煜身边。小周后既为李煜的气质和才华所折服,也为李煜对妻子的真情所感动,对李煜更多添了几分敬爱之情。李煜也把小周后当作"娥皇第二",倍加宠爱。可是,这时李煜的母亲逝世了,李煜须得守孝三年。三年一过,李煜就迫不及待地举行了大婚,立小周后为后。虽然是大敌当前,国府衰竭,李煜还是鼎力大办,以博取小周后的欢心。

此后的李煜仿佛从那纯洁的、两小无猜的夫妻之情中挣脱了出来,也许是国势更加危急,烦心事更多,李煜有了"今朝有酒今朝醉"的心态,开始放纵自己,小周后也知自己无回天之力,就让他能快活时尽量快活去吧。于是,那些后宫佳丽为了得到李煜的青睐,千方百计去取悦他。有个姓乔的宫女知道李煜好佛,就刺血写经,受到李煜的赞赏;有个叫流珠的宫女苦练琵琶,技艺比得上娥皇,李煜有时想念娥皇就让她弹奏一曲;宫女黄氏为了接近李煜,潜心钻研书法,书艺超群,也为李煜赏识;特别是宫女窅娘,为了吸引李煜的注意,竟用帛紧缠双脚,使足趾变形成为"三寸金莲",跳起舞来摇摆飘逸,更为李煜所欣赏。

李煜就这样沉湎于声色中,疏于朝政,大臣们的谏诤也听不进去,自然,南唐的末日来临了。

闽景宗王曦

王曦,初名延曦,公元939~944年在位。共做了五年皇位,年号为永隆。通文四年七月(公元939年),连重遇杀害康宗王昶,拥立其即位,称威武军节度使,闽国王。永隆三年(公元941)称大闽帝。后被朱文进、连重遇所杀。

1.剖视酒肠

939年7月,王曦的侄子王继业杀死康宗王昶后,王曦立即自称闽王(当时因惧中原,未敢立即称帝),向后晋称藩。然天高皇帝远,远在中原的后晋根本管不到南闽,941年7月,王曦又自称大闽帝19月,即皇帝位。

王曦即位后,骄淫奢侈、酷苛暴虐的程度和闽国前几任皇帝没有什么区别。"剖视酒肠"的故事,便说明了王曦是如何的荒唐残暴。

942年12月的一天,王曦和臣下一块饮酒,吏部侍郎李光准多饮了几杯,说话不逊,违背了王曦的意思,当即命人把李光准绑起来押到市街问斩,但手下人不敢杀他,便又囚禁狱中。第二天,王曦上朝,觉得杀的不妥,便又将他从狱中放了出来。当夜,王曦又与臣下宴饮,翰林学士周维岳多饮了几杯,讲话又不合他的心意,被拘禁下狱。狱中吏卒打扫干净了床位对他道:"昨天李侍郎就是睡的这张床,请不必担心(意思是也会被放的)。"第二天,周维岳也果然被释放了。过了些日子,王曦再次与臣下宴饮,宴饮结束,陪侍大臣都离去了,只有周维岳酩酊大醉未走。闽帝王曦对左右道:"维岳身材短小,为什么能喝那么多的酒?"有个侍臣答道:"凡能喝酒的人,都另有一副盛酒的肠子,不必身材非长得高大不可。"王曦听了感到惊奇,便命人立即将周维岳推到殿下,想要剖腹看看他盛酒的那副肠子到底是个什么样子。但又有一位侍臣道:"陛下不可,如果将他杀死了,那么日后有谁还能陪您开怀畅饮呢?"王曦听了,觉得有理,才又将周维岳放了。之后,"剖视酒肠"便作为讥讽王曦恣意杀戮大臣的故事留传下来。

2.为臣所弑

闽主王曦随意诛杀大臣,弄得诸大臣整日惶恐不安。

944年2月的一天,王曦游览西园,乘着酒醉杀死了控鹤指挥使魏从明。魏从明是朱文进和连重遇的党羽,这二人虽然杀死王昶,拥立王曦,但见王曦乱杀魏从明,觉得必然事出有因,故担心魏从明的下场不知哪一日就会落在自己头上,不由心生余悸。谁知两天之后,王曦又邀朱文进、连重遇宴饮,竟乘着酒兴吟诵白居易的诗道:"唯有人心相对间,咫尺之情不能料。"且边诵边举酒目视朱、连二人。朱、连二人听了汗流满面,忙起身流涕拜道:"臣下侍君如父,岂敢怀有二心!"王曦对此并无反映。朱、连二人更加大为惶恐。

王曦的儿子王亚澄为皇后李氏所生,但王曦宠爱的却不是李皇后,而是另一位姓尚的妃子。对此,李皇后很是不满。李皇后为立她的儿子王亚澄为嗣,恐有他变,便想除掉王曦。她见朱文进和连重遇不受王曦信任,便派人转告这两个人道:"皇上将要杀死你们二位,这如何是好?"他俩听了,感到确有可能,除了先下手为强,起兵造反,别无出路。正巧,在3月13日这天,朱文进、连重遇听说李皇后的父亲李真生了病,闽帝王曦要去问安,便派得力心腹马步使、钱达守候在李真府第的门口。不一会,王曦果然来了,钱达假装上前侍奉王曦下马,乘其不备,一举将王曦杀死。尔后由连重遇召集百官,郑重宣告:"太祖开创闽国,但其子孙淫乱暴虐,现在上天已废王氏天下,我们应推贤德之人为皇帝。"说罢,便把朱文进推上了皇帝宝座,众臣无敢异议;李皇后想让儿子继位之事不仅落空而且不久全被杀死。朱文进即位后,把王氏宗室的50余人全杀掉了。之后,朱文进埋葬了王曦,谥号睿文广武明圣元德隆道大孝皇帝,庙号景宗,任用连重遇总领六军。

国学经典文库

中国古代野史

·五代十国野史·

图文珍藏版

3. 酗酒杀人之说

传说五代十国时期的王曦自即位为闽国王起,就酗酒暴虐、滥杀无辜,其恶行使朝野不安,民怨沸腾。他与其兄王延政素来不和,最后起兵互攻,成为仇敌。天德元年(939 年),王延政在建州公开称帝,国号殷。兄弟俩把闽国一分为二。王曦对王延政恨之入骨,对宗室子弟猜忌日甚,凡有可能被拥为新帝的,一律遭到谋杀。他曾怀疑小弟与王延政有来往,派兵将其由汀州抓回福州,又听说自己的从子继业曾得到延政的书信,遂将任泉州刺史的继业召还福州赐死,还听说继任泉州刺史的从子继严很得人心,也马上召归用药酒毒死。全不念及父子之情,更不分是非曲直。

对朝中大臣,他也滥用刑罚,动辄笞打,甚至杀头。宰相杨沂丰等人相继被杀,已故的丞相王炎被他挖出斩尸,校书郎陈光元谏上此事,竟被鞭打数百,在树上活活勒死。弄得大臣们朝不保夕,人人自危。

王曦还常常酗酒,酒后滥杀无辜,更令人提心吊胆。他每次宴饮,都令人使用特制大酒杯,称为"醉如泥"。每次喝酒,众人都必须一饮而尽,一醉方休。大臣们因偷偷少喝或酒后失言、失态被杀者不可胜数。一次,他与宰相李光准饮至午夜,两人都醉意朦胧,发生争执,王曦命左右将李光准拉出斩首。不料,李光准在市中仍烂醉如泥,监斩官不敢行刑,只好将他拖回狱中。第二天早朝,王曦竟问众臣:"光准何在?"一点儿也记不得昨晚酒后之事,只好又下诏,赦李光准无罪,官复原职。当晚,王曦大宴群臣时,再次醉酒,将翰林学士周维岳关入狱中。狱卒们知周维岳无罪,让他好生安睡。不一会儿,王曦酒醒,遍寻周维岳不见,才知其已在狱中,又命人将其放出。又过了几日,他又在新宫大宴群臣,从深夜到黎明,发现只有周维岳一人坐着未动,于是口齿清晰地问左右:"他身材矮小,为何能有这么大的酒量?"侍从们顺口应了一句:"他酒肠弯曲,不需有高大身材。"王曦闻所未闻有此怪事,来了兴致。命人立即把周维岳拉下大殿,要剖开其腹,看看酒肠到底是怎么长的。左右侍从见他又要杀人,怕杀后受到怪罪,马上机智应对道:"杀掉维岳,就没有人能陪陛下痛饮了。"王曦一想也是,遂饶了周维岳一死。似此酒后无德,以杀人为乐的事,比比皆是。事后,王曦仍不反省,视人命如草芥,令人心寒齿冷。

天德二年三月,王曦与朱文进、连重遇、魏从朗等人在西园游宴。王曦于醉后杀了控鹤指挥使魏从朗,并对朱、连二人咏起白居易的诗:"唯有人心相对间,咫尺之情不能料。"使二人心惊。

原来,王曦未称帝时,在康宗朝中任左仆射、平章事,后遭康宗猜忌,被软禁于府中。通文四年,时任控鹤军使的连重遇发动兵变,派人前去请王曦主事。王曦误以为是康宗派人捉拿他,吓得躲进厕所里不敢露面。过了许久,弄清来意之后,王曦才出来,与连重遇见面。后来害死康宗,王曦称帝。

朱、连二人一直担心被王曦甩掉,见王曦咏诗暗指二人有异心,不禁大骇,马上起身对王曦哭诉道:"臣事君父,安有他志。"但此时王曦已醉得不省人事,二人的话似耳边之风,一吹而过,全然不觉。自此以后,二人处处小心,躲避王曦,并暗生杀心,密谋除掉王曦。正巧当时皇后十分嫉恨王曦宠爱尚妃,也想杀掉王曦,立自己的儿子为帝。于是二人一拍即合,紧锣密鼓地做政变准备。

六月三日,皇后之父病重,王曦前去探视,这正是刺杀的好机会,朱文进、连重遇在途中设下伏兵,将王曦从马上拉下斩首。

后妃轶事

此恨绵绵

五代时期,封建割据,战事频仍。"今世天子,兵强马壮则为之耳",后晋高祖石敬瑭也不例外。更有甚者,他依靠契丹人的兵力,以向契丹纳贡称臣的代价,换取了儿皇帝的宝座。

石敬瑭原是后唐的河东节度使,是后唐明宗李嗣源手下得力大将,李嗣源还把女儿永宁公主嫁给他为妻。但是,李嗣源死后,新即位的唐愍帝和唐末帝都十分猜忌石敬瑭,怕他伺机造反。石敬瑭为图自保,在晋阳城内称病不理政事。

清泰三年正月,逢唐末帝李从珂生日,宫中摆下酒宴庆贺千春节,文武百官齐集一堂举杯畅饮。末帝喝得酩酊大醉回到后宫,他的妹妹,即石敬瑭夫人(此时晋封为魏国长公主)也来向他敬酒祝寿。末帝举杯一饮而尽,问道:"石郎可好?"公主答道:"敬瑭多病,每日卧床静养。"末帝说:"敬瑭身强力壮,何致一病如此,御妹就在宫中多住几日罢!"公主急了,说"夫君病重,正需人侍奉,明日即向陛下告辞回归晋阳."这时,末帝已醉得东倒西歪,口中吐出戏言:"妹妹刚到京城,就急着回去,莫非想同石郎一起造反吗?"公主一听,吓出一身冷汗,低下头默默退出宫去。

第二天,末帝酒醒后,左右侍从告诉他昨天酒后失言,末帝后悔不及,忙把公主召来,好言安慰一番。公主也不敢马上回晋阳,在宫中住了好几天,才回去。

魏国长公主有其父李嗣源的遗风,为人精明强干,嫁给石敬瑭后,颇获丈夫敬重,因此夫妇相濡以沫,生死与共。回到晋阳后,她立即把千春节末帝的醉语告诉了石敬瑭,更使石敬瑭感到危机深重。为了进一步试探末帝的居心,石敬瑭假装上表请求解除他的兵权。过了几天,诏书下达,命他离开河东重镇,调任为地处僻远的天平节度使。石敬瑭同部下商议道:"先帝委我重任,命我终生镇守河东,今皇帝无故夺我兵权,一定是怀疑我有反心。难道我们就此等死不成?"部将刘知远进言道:"明公兵强马壮,何不起兵反唐,帝业岂不是唾手可得?"谋士桑维翰劝石敬瑭说:"契丹国兵力强大,明公如能设法结纳,引以为后援,不怕事情不成。"

石敬瑭在不反即死的情况下,听从了桑维翰的建议,一边公开传檄反唐,一边派人向契丹国主耶律德光求援,以认耶律光为父亲,并割让燕幽十六州的条件,向契丹借了五万兵马,很快击退了唐末帝派来的大军。接着,契丹军队冲杀在前,石敬瑭军队紧紧跟随在后,一路势如破竹,从晋阳打到洛阳。唐末帝势穷

国学经典文库

中国古代野史

·五代十国野史·

图文珍藏版

力竭,只好率全家老幼登楼自焚而死。

靠契丹兵力夺得皇帝宝座的石敬瑭,心甘情愿地认比他小十岁的契丹国主耶律德光为父亲,除割让燕幽十六州外,另外每年还向契丹交纳三十万匹贡帛。这样一来,河北大平原无险可守,河东仅存雁门关一处险要。从此,也就酿下了中原四百多年以来频频遭受契丹、女真以及蒙古统治者侵扰而长期战乱不断的恶果。

石敬瑭做皇帝后,统治极不稳定,连旧部属对他的卖国行径也深感不满。也有一些部将想学他的做法,向辽国称臣,以谋取他的帝位。他一面被人唾骂,一面经受辽国方面的压力,还要对付部下的反叛,在夹缝中做了七年儿皇帝,忧悒而死。因此,困境中,他在位时根本顾不上建宗庙,册皇后等事,他的妻子魏国长公主李氏也就未被他立为皇后。

天福七年(公元942年),石敬瑭死,因他的几个儿子都已早死,便把侄子石重贵过继为嗣子。石重贵即位,称晋出帝,迁都汴梁,尊李氏为皇太后。

石重贵也是个不成器的东西,就在石敬瑭治丧期间,竟看中了寡居的婶母冯氏。他把冯氏弄进宫来,服丧未满,就做起了新郎。喜庆宴席上,他乐不可支,突然想起已死的石敬瑭,举起一杯酒来,向着石敬瑭的遗像奠告道:

"皇太后有令,先帝不参加大庆!"

一句话说出口,左右侍从无不掩口而笑。石重贵自己也觉失口,索性放声大笑起来,于是满堂哄笑声益发不止。朝野对此引以为丑事。

寡妇冯氏以婶母嫁给侄子,被立为皇后,恃宠而骄。她哥哥冯至,本是大字不识几个的粗俗之人,竟是官运亨通,由知制诰而中书舍人而大学士,一直做到枢密使(管理军事、边防等实权的大官,有时权超过宰相),连他的一群狐群狗党也一个个升官晋爵。李太后不满冯氏兄妹弄权,常常加以训诫,但石重贵不听,一味纵容冯氏。如此,后晋政权处在内乱外患的双重威胁之中。

在石重贵执政期间,晋辽关系迅速恶化,后晋的几个将领都想做皇帝,便勾结辽国,出卖后晋利益。开运三年(公元946年),后晋被辽国打败。兵临城下之时,石重贵还在醉生梦死,等醒来后,知大势已去,提着剑,把太后、冯皇后等后宫眷属统统赶到一起,意欲投火自尽。正在这时,亲军将领薛超赶来,一把抱住石重贵的后腰,大叫:"皇上且慢轻生!"说着,递上辽国国主耶律德光写给李太后的信。石重贵展开一看,觉得信中语气颇为平和,以为有一线生机,忙下令迅速扑灭宫中大火,又命翰林学士范质起草降表,自称"臣孙男"。

降表草就后,出帝正在展阅,李太后踉踉跄跄走来,边哭边说:"我屡次训诫你,说冯后兄妹误国,你偏不听,才有今日,看你有何面目去见先帝!"出帝默默不语。太后接过降表一看,更加伤心,索性大声恸哭起来。哭了一会,也亲自执笔,写了一封投降信给耶律德光,自称"新妇李氏妾",诚惶诚恐至极。

耶律德光可不客气,受降后,立即把出帝废为庶人,又派骑兵逼着出帝一家人北徙黄龙府。黄龙府地处渤海(今辽宁一带),离汴京迢迢数千里。一路上,风雨凄苦,饥寒交迫,历经两年,才走到那里。可怜李太后已是风烛残年,又是出身王家的金枝玉叶,哪里吃得起这般苦,到黄龙府的第二年(公元 950 年)元月,她就病倒了。无医无药,不禁南望故土,仰天大哭,挨至八月,已是奄奄一息。临死,对出帝嘱道:"我死后,请焚我尸骨,务将骨灰运回范阳佛寺,勿使我变成虏地野鬼!"说完,含泪而逝。

李氏一生,并无过错。其悲惨命运,是时势造成,更是石敬瑭父子罪孽所致。

风流哪堪回首

宋太祖建隆二年(公元 961 年),南唐都城金陵。

比之大宋皇朝的都城汴京,江南小国南唐的皇城虽然不大,但规模和陈设却更为富丽奢华,作为宋朝的附庸国,南唐国主的登基仪式仍按皇帝应有的排场进行。

二十五岁的李煜高高坐在金銮殿上接受群臣的朝拜。宣读大赦的诏书后,他尊母亲钟氏为圣尊后,又封妻子周娥皇为国后,其余的兄弟皆封王,百官皆晋级,皆大欢喜。

登上国主宝座,对于李煜自己,却并非什么大喜事。此刻的他,喜怒哀乐百感俱生。他本是一个十足的文人学士,书画文章无所不精,棋琴歌舞也很在行。他在兄弟中排行第六,本不是皇位的法定继承人,但是他一出世,就深得祖父唐烈祖的疼爱。因为他的生辰八字好,相貌又很出众。后来,几个哥哥相继夭亡,他便以嫡长子的身份被立为太子。长于吟风弄月的李煜对政治一向没有兴趣,即位之时又面临北兵压境、山河破败的局面。因此,坐上龙廷时他那无可奈何的心情是可以想象的。

为了求得苟且偷安,李煜于即位的第二年一连三次派使臣去宋朝进贡,江南财富滚滚北流,只求宋太祖不要出兵南下。国库是空虚了,暂时的太平也有了。风流文士李煜便在宫中过起了醉生梦死的生活。

李煜的国后周娥皇本是李煜父亲唐元宗的宠姬。她不仅容貌美丽,能书善文,而且深谙音律,弹得一手好琵琶。唐元宗觉得她与太子李煜很般配,就把她赐给了儿子,娥皇比李煜长一岁.又是父亲的姬妾,这些李煜倒不在乎,他爱娥皇的娇美,更爱娥皇多才多艺,能歌善舞。婚后,两人意气相投,如漆似胶。李煜登位之后,虽有三宫六院,但是对娥皇,倒是专一如前。而周娥皇呢,为了维持不易持久的君王的爱情,只有努力在自己的才色方面下功夫,每天以换一种打扮来吸引后主,夜夜同后主一起弹唱歌舞助兴,一时间,金陵皇城绮靡成风,宫廷深院弥漫着亡国之音。

光阴易逝,特别是纵情享乐的年头。李煜和周娥皇婚后第十年的一天,周国后突然卧病不起,而且一病数日,不见好转。开始时,后主对她关心备至,亲侍汤药,焦急地盼望她早日病愈,但日子一久,随着娥皇的病情一日坏似一日,花容月貌渐渐变色,后主的心也渐渐冷淡下来。

周娥皇有个同胞妹妹(因后来被立为继后,史称小周后),也是个国色天香的美女。她常常进宫去探望姐姐,同后主也熟识。娥皇病倒后,后主身边没有美人做伴,感到空虚,就把感情移到小周后身上。两人很快就热恋起来,花前月下,山盟海誓。幽会时,怕惊动别人,小周后甚至脱下金缕鞋,提在手里,蹑手蹑脚走路。情人相会不易,一旦见面,君王格外爱怜。有时,李后主命亲信内侍在远离寝宫的花园一角摆下酒宴,同小周后一起欢歌弹唱,喁喁聚话。此情此景,李煜曾在一首词作《菩萨蛮》中,作了生动详细的描写。

这边周蛾皇的病情越来越重,那边新的爱情日益浓烈,甚至到了无法抑制的地步。李后主公然把小周后接进寝宫同居,同娥皇的病榻仅一墙之隔。毕竟纸包不住火,这事很快被病中的周娥皇知道了,她又气又妒,本就是日薄西山的病体,哪能经得起雪上加霜,竟然一命呜呼了。在她临死之前,李后主前去探视,她不愿见到负心的丈夫,而是翻转身去,把脸朝着里床,含恨而逝。

或许是旧日恩情萌发,或许是良心被发现,李煜悲悔交加,扑在周娥皇的身上号啕大哭,直哭得天昏地暗。哭完,又命内侍取来文房四宝,就在娥皇的遗体旁,写了一篇情真词切的祭文,既有对昔日两情欢谑的追忆,又有对今日丧偶之痛的抒发,最后具名"鳏夫李煜",似乎下定一辈子不再重娶的决心。

不久,李煜的母亲尊圣后也去世了,因要守丧三年,他即使想重娶继室也不能。但是,他和小周后仍是卿卿我我,龙凤双飞。果然,守孝期一满,他立即宣布册封新国后,并举行了隆重的续娶仪式。

在北方的宋朝军队随时可以南下的严峻形势下,李后主依然沉溺于这种男欢女爱的享乐中。小周后比之周娥皇,虽然更加年轻漂亮,但才艺相差一大截。李煜同她谈书画,她心不在焉;李煜邀她共歌舞,她跟不上节拍,只能旁观凑凑热闹。不过,她擅长下棋,李煜便丢开自己的爱好,同她终日消磨在棋局上。大臣们劝谏再三,他表面上接受,也装模作样地召集大臣进宫议事,但不出三天,旧病复发,又躲进小周后的寝宫去了。白天不行,就把歌舞宴乐放在晚上,或是通宵达旦。在李煜的词作《浣溪沙》中,他是这样描写自己的荒唐生活的:

"红日已高三丈透,金炉次第添香兽,红锦地衣随步皱。佳人舞点金钗溜,酒恶时拈花蕊嗅,别殿遥闻箫鼓奏。"

美酒加美人的狂欢,可以从深夜一直持续到次晨日高三丈;红锦地毯由于舞蹈而弄得满是皱纹,宫娥们因欢乐过度首饰掉下一地;谁如饮酒过度想吐,就采摘一点芳香的花蕊,闻着驱散酒意……

放纵过后静下来,李煜同小周后也会想起死去的周娥皇。他们都愧对自己的亲人,由羞愧而产生恐惧,常常害怕死者的阴魂作祟。李煜本就相信佛教,做了亏心事,更祈求佛灵的保护。再说国事艰难,命运未卜,醉生梦死的生活也需要麻醉剂,于是,他大兴佛事,下诏命令各地都要修建佛寺,供奉佛像。李煜还替自己取了一个"莲峰居士"的佛号,在皇城里修建佛堂,请了许多僧人尼姑居住,自己则同小周后每天都去朝拜。为了照顾好僧尼的生活,他们俩还亲自检查御厨房,为僧尼准备可口的饭菜,今日江南一带流传的素鸡素鸭荤素斋,不仅味道鲜美,而且样子也像鸡鸭,就是当年李煜的御厨房创制的。更为可笑的是,他们还亲自动手为僧尼削制厕筹(大便以后擦拭肛门用的一种小竹片),削制时异常细心谨慎,力求光滑,削完后还在自己脸颊上轻轻试一试,怕削得粗糙不平,会引起皮肤不舒服。

　　小周后不像姐姐那样对丈夫管束很紧,李煜后宫的美姬越来越多,她倒不在乎。这样,李煜在男女性爱上得到充分满足后,反倒更欣赏小周后的独特美貌。在成群的美女中,他最喜欢的仍是小周后,他曾写有一首《一斛珠》的词赞美小周后,意思说:她美貌宛若天仙,口似樱桃,牙齿像洁白的丁香花微微显露;她爱喝美味的醇酒,喝醉了就娇滴滴地躺在绣床上。

　　可惜,好景不会很长。当宋朝灭了荆南、后蜀、南汉之后,十国之中只剩下吴越、南唐和北汉了,盘踞江南富庶之地的南唐,早晚将归入大宋的版图,这一点,李煜心中也是清楚的。果然,到宋太祖开宝七年(公元 974 年)宋朝大军就从北、西、东三面,水陆并进夹攻金陵。仅仅半年功夫,宋军就渡过号称天险的长江,攻破了石头城。李煜手足无措,只会痛哭流涕。当宋军进入皇宫时,他正摊开一张白纸,还准备写一首《临江仙》,以抒发自己的亡国哀愁。

　　接着是肉袒请降。之后,他走进祖庙大哭一场,然后率兄弟子侄三百余口,全部换上白衣素帽,离开居住三十多年的金陵皇宫,登上了北去汴京的船只。到了汴京,宋太祖封他为违命侯,名义上让他静心休养,实际上是将他软禁起来。从此,"无言独上西楼",过着以泪洗面的凄凉生活。最使他痛心的是,他的爱妻、被封为郑国夫人的小周后,被宋太祖看中并霸占了去。

　　由一国之主,一下跌落成了阶下囚,失去了花天酒地的享受,也失去了自由，失去了人的尊严，这不能不使李煜异常愁苦，异常悔恨。"故国不堪回首月明中"，日日夜夜，就在这种亡国之痛的煎熬中度日。夜晚梦游故国，白天写诗填词，许多脍炙人口的传世之作，就是这样境遇中的产物。然而，一首千古绝唱《虞美人》，却断送了李后主的性命。

那是在宋太宗赵光义即位之后。在李煜周围，有许多宋廷安插的密探，随时都把李煜的一举一动报告给宋太宗。"春花秋月何时了，往事知多少！……雕栏玉砌应犹在，只是朱颜改，问君能有几多愁，恰似一江春水向东流。"词作传入宋太宗耳里，他反复玩味其中含意，感到李煜深藏着复辟祸心，不可小看，于是，在太平兴国三年(公元978年)派人把李煜毒死。

李煜惨死后，小周后伤心欲绝，加上不堪忍受宋朝皇帝的侮辱，她也悬梁自尽了。

中国古代野史

宋辽金夏野史

马昊宸⊙主编

线装书局

宫禁趣谈

御屏后后衣

宋仁宗死时,英宗才四岁,曹后摄政。后来英宗长大成人,曹后仍未还政于英宗。宰相韩琦对此不满,请求辞职。曹后道:"相公不能辞职,今后我一定隐居深宫,不再干预朝政。"说罢撩帘进入内室。曹后走后,韩琦厉声命人撤去帘子,却见御屏后面仍闪动着曹后的衣裙,原来曹后仍在屏幕后面。没想到英宗已长大成人,曹后仍不想让他亲自执政。

女能骑射

宋徽宗政和五年四月,燕辅臣在宣和殿校阅,参加校阅的有他的弟子五百余人。众弟子骑射完毕,徽宗赐座。这时宫女们都整齐地排列在大殿下面。她们剪柳枝、射绣球,技艺超凡,惊妙绝伦。在场的卫士看了都面有愧色,徽宗感慨道:"剪柳枝、射绣球都不是女子做的事情,但女子做得如此之好,天下还有什么人不可教呢?"大臣蔡京等接着说:"男子能奋力拼搏,女子能骑善射,平安时不忘危难,这是天下最大的幸事啊!"

宋徽宗

太后放生

淳熙六年三月十五日，宋孝宗派车将太上太后请到景园相聚，一起饮酒赏花。席间，太后命人将湖中的鱼、龟放生，又让宫中的仆人用彩旗将湖边做买卖的人们召唤来，每人给予一定的赏赐。

吴夫人进鸡汁

宋孝宗为宋高宗服丧，"百日"之后，才吃点素菜素饭，弄得身体十分虚弱。吴夫人看在眼里十分焦急。她便对掌管皇帝饮食的太监说："皇上一直吃素，太清瘦了。你们可以暗中在素菜素饭中加些鸡汤。"皇帝吃了加上鸡汤的素菜之后觉得味道很鲜美，便向太监询问原因。太监惊恐万状，只得以实相告。皇帝听后大怒。欲找吴夫人问罪。亏得皇太后听说后极力为吴夫人开脱，皇帝才放过了吴夫人。

媳与翁争

李皇后要求公公宋孝宗立嘉王为太子，宋孝宗不同意。李皇后便说："我是明媒正娶来的，嘉王为我所亲生，为什么他就不能被立为太子呢？"孝宗听她这样一说更是怒不可遏。李皇后讨了个没趣只得悻悻回到家中。回家后她拉着嘉王的手来到自己的丈夫宋光宗面前哭泣。光宗听后很不高兴，从此不再朝拜自己的父亲。

宫人放火

宋世宗到中都以后，决定将一批宫女发放还家。这批人中有名叫称心的宫女等几人。然而具体掌管宫女们的宦官玩忽职守，没有及时照办，于是称心等人出不了宫，一时心里很不高兴。大定二年闰二月癸巳夜间，称心等几人放火烧了十六位宫，大火一直漫延到太和神龙殿。大火过后宋世宗严命手下的大臣查清起火原因。当问起宫女们的时候，住在十六位宫的袁六娘等人以实相告。后来纵火的称心等人被诛杀，而袁六娘等人则得到了世宗的赏赐。

淫有夫之妇

金主海陵王荒淫至极。不仅与众多的宫女淫乐，而且凡是已发放出宫嫁人的宫女，海陵王都将她们的丈夫发配到很远的地方，让她们扔搬到宫中居住，不让外出，以供他随时淫乐。

奸淫奏乐

海陵王每次与宫女行房，都要让乐师奏乐，而且让人撤去幔帐。有时还让人在面前说些淫言秽语。

共观淫状

有一次，海陵王玩弄处女未能得手，便让元妃用手将其左右分开。有时，他又让嫔妃们坐成一排，供他随意行乐。并让众人亲自观赏他的淫态。他甚至让人模仿他的动作，以此为乐。

黩面狼视

圣宗萧皇后字耨斤，儿时面色黩黑，目光凶狼。她的母亲曾梦见一支擎天大柱，几个儿子怎么也爬不上去，唯有萧后和她的仆人爬了上去。不久以后，萧后果然被召入宫。入宫后,一天她打扫承天太后的卧榻,发现一只金鸡,便吞了下去,谁料突然间她的肤色变得又白又亮,光彩照人。太后看后惊叹道:"出现这种情况肯定将来要生一个不寻常的儿子。"后来萧后果然生下了兴宗。

萧后冤死

懿德皇后萧氏是枢密使萧惠的小女儿。一天,她的母亲耶律氏做梦,梦见月亮坠到怀中,接着又向东面升起,跃上天空,忽然被天狗吃掉,耶律氏梦惊而醒,这时生下了萧氏。当时是重熙九年五月已末。萧氏的母亲把自己的梦告诉了自己的丈夫,萧惠道:"这个女孩命中必大福大贵,但不得善终。五月生女孩子,古人所忌,但命已如此了,又能怎么办呢?"萧氏自幼便能诵诗,又读过经书和历史书籍。长大后面目端庄、美丽。许多人都把她看作小观音,因而萧惠将她的字取为观音。萧氏不仅能诵诗,还善于赋诗,又被人们称为女中才子。后来萧氏被乙辛陷害,诬称她与赵唯一私通。皇帝听信了谗言,十分震怒,萧氏不得不自缢而死。萧氏死后,皇帝让人用苇席裹着萧氏的裸体送还萧家,这年她年方三十六岁。萧氏生前生有一个儿子,这便是皇太子濬。听到母亲的死讯,濬伏地大哭,一边骂道:"杀死我母亲的就是耶律乙辛。今后不杀掉此贼,我誓不为人!"乙辛听到后怕留后患,便又将太子谋害。萧氏坏事就坏在喜好音乐能诗善画。当初乙辛谋害萧氏,便让人写了篇十香淫词,然后让一个名叫登的人拿出哄骗萧氏说:"此诗是宋国忒里蹇所作,如果您能亲手抄过,可称得上是二绝了。"萧氏读后很喜欢,信以为真,便抄了一遍,并在后面又附上了自己作的一首怀古诗。姓登的这人得到萧氏的手笔之后,将它转给乙辛。乙辛借此编撰谎言,秘密地上报皇帝,指责萧氏淫乱,从而导致了萧氏的悲惨下场。冤枉啊!

抱尸哭子

赵德昭,是宋太宗赵光义之子,生前被封为武功郡王。太平兴国四年(公元

979 年），赵德昭曾随同其父宋太宗征讨幽州。其间，军队曾在夜间发生一场虚惊，讹传太宗不知去向。这时就有人策划，要想立赵德昭做皇帝。太宗回来听到此事，非常气恼。因为征讨幽州不利，回京之后，宋太宗在很长一段时间里，

宋太宗赵光义

也不提把太原这块地方赏赐给赵德昭。赵德昭忍耐不住，就当面去问宋太宗。宋太宗一听非常恼怒，就没好气地说："等你自己去把太原弄到手吧，赏赐并不算晚！"赵德昭在父亲面前遭到抢白，一气之下，回家就自刎了。宋太宗听到儿子自杀的消息，又惊讶又后悔，就急忙赶到儿子家，抱住尸首大哭起来，并说："你这个傻小子，为什么想不开，寻了短见呢？"回去以后，就追封赵德昭为魏王，谥号为"懿"。

希夷先生

宋太宗赵光义即位以后，就派人去诏请华山的隐士陈抟到京进见，陈抟到

京之后受到了厚重的接待,以后他又一次到京拜见太宗。太宗对宰相说:"陈抟一心保持个人的节操,不追求功名利禄,看来是一个讲神仙方术的人。"于是派宫中的侍臣把他送到中书省。宰相宋琪等人就恭恭敬敬地向他求教:"先生深得修身养性之道,可以把它传授给别人吗?"陈抟坦诚地回答说:"我是个山野之人,对现时是毫无用处的,况且也不知道成仙得道、烧炼丹药点化金银一类事情;至于在呼吸吐纳、服食养生方面,也没有什么方术可传。即使我能在白日升天,对人对事也没有任何好处。现在皇上相貌堂堂,一表人才,又博通古今,深究治乱之理,真是个贤明有道的圣主!现在正是君臣同心同德,致力教化以求天下大治之时,如果讲什么勤行修炼的话,那就没有超过这个的了。"宋琪把他这番话上奏给太宗,太宗更加敬重陈抟,并赐给他一个封号:"希夷先生"。以后他就怡然自得地回到了隐居地——华山。

帝王传奇

宋太祖赵匡胤黄袍加身

宋代,是中国封建社会历史上较为繁荣的时期。"唐宗宋祖,稍逊风骚。"宋太祖赵匡胤,可称得上是中国几千年封建王朝中屈指可数的杰出帝王之一。

宋太祖赵匡胤生于公元927年,卒于公元976年。公元960~976年在位。他容貌伟岸,心胸豁达。青年时便吟出"逐退群星逐退月"这样气壮山河的诗句。虽生逢于乱世,却不甘沉沦,砥砺奋发,角逐争雄。他仿效后周太祖郭威,策划兵变,黄袍加身。以一介武夫之身,跃登帝王之尊。

宋太祖在位16年间,南征西讨,荡平割据,混一天下,顺应了历史发展的潮流,结束了从唐中叶以来二百多年的分裂局面,开创了中华民族历史上的一个新时期。

宋太祖首先是一个杰出的军事家。在他登上帝位之后,便开始了从军事家到政治家的转变。他草创的许多法规制度,为宋王朝的昌盛发展创造了条件。他的一生以武功居多,但却扭转了近百年来重武轻文之风。他改革军事、政治、经济制度,强化了封建专制的中央集权,从而奠定了两宋三百余年的基业。然而正当年富力强、大有作为之时却溘然长逝。作为一代开国之君,宋太祖赵匡胤在封建史上写下了不朽的篇章。

1.生逢乱世,谋求前程

　　公元907年,由唐末农民起义和藩镇割据的军阀混战中起家的朱温,废掉已是有名无实的唐哀帝,在开封建立了后梁王朝。自此,数百年来不可一世,称雄于华夏大地的大唐帝国就这样分崩离析了,中国陷入了五代十国军阀长期混战的分裂局面。

　　然而建立了后梁王朝的朱温似乎并不满足眼前的"战绩",顺利地篡夺了大唐江山,更加膨胀了朱温混一天下的野心。但是,四周割据的军阀并没有把这个实力并不强大的暴发户放在眼里,他们觊觎着朱温统治的中原地区。各种势力一直进行着逐鹿中原的厮杀。"攻城以战,杀人盈城,攻地以战,杀人盈野"。中原大地遂成为杀人的战场:"白骨露于野,千里无鸡鸣",昔日肥沃的田地,竟然沦为狐兔出没的废墟。社会经济遭受严重的破坏,黎民百姓蒙受了极大的苦难。龙德三年(923年),后梁终于被沙陀人李存勖所灭。在这片废墟上,李存勖建立了后唐。

　　后唐天成二年(927)二月十六日,这一天,在中州古都洛阳夹马营的一个军人家中,诞生了一个婴儿。这个新生的婴儿同成千上万的新生儿一样,并没有什么异常、特别之处。然而,由于他日后显赫的地位,致使史学家们为他的出生刻意地蒙上了一层神秘色彩,把他描绘成所有圣贤之人出生所应有的异兆:"赤光绕室,异香经宿不散,体有金色,三日不变"。

　　五代乱世,不但各派军阀之间互相争斗,而且各种势力内部也不断地上演着篡杀夺位的闹剧。后唐庄宗李存勖的皇位还没坐上几年,就被他的养子李嗣源发动政变推翻。也许是接受了前朝的教训,新上台的后唐明宗李嗣源暂时停止了对外征战。他的这些做法,在几年内收到了一定的效果。史家记载这一时期"年谷屡丰,兵戈罕用,较于五代,粗于小康。"赵匡胤就诞生在这样一个乱世之中的暂时承平时期。

赵匡胤的家庭,是一个典型的武人家庭。他的曾祖父、祖父都在李唐王朝做过官。父亲赵弘殷曾在后唐禁军任飞捷指挥使(骑兵中级指挥官),这是一个中级禁军头目。也许是因为处于承平时期,也许是因为篡位的明宗李嗣源把赵宏殷视为庄宗的人,总之,赵宏殷的官运不佳,二十多年来一直未得升迁。因此,赵匡胤的家庭,并没有为这位未来的天子安排一条锦绣前程,只是像一般人家那样,送他去读了几年乡校。然而,生长在国擅于将、割据称霸的烽火年代,又出生在耍枪弄棒、宿卫宫廷的将校之家的赵匡胤,无心于科举功名,却立下了依仗武艺建功立业的雄心壮志。他苦练骑术、射箭。有一次,赵匡胤选了一匹无人敢骑的烈马习练骑术。谁知烈马不甘役使,四蹄乱踢,狂嘶一声,朝城门驰去。赵匡胤猝不及防,一头撞在城门上,立刻从马上被甩了出去。在场的人都吓得目瞪口呆,以为这下可完了。但是还没等众人上前,赵匡胤很快地站起身来,几步小跑,又翻身上马。随着年龄的增长,赵匡胤练就了一身好武艺。

时光如箭,岁月如梭,转眼赵匡胤已满二十一岁。在那动荡不安的年代,即使是仕宦世家,对赵匡胤今后的晋身发迹无能为力。作为武将的父亲,只能给他娶了一个袍泽的女儿。然而,胸怀大志、勇于冒险的赵匡胤,决心独自闯荡江湖,凭借自己的能力来迎接前途和命运的挑战。于是,在赵匡胤二十一岁这年,他毅然告别了父母、妻子,浪迹于芸芸众生之中。

他背着包袱,沿黄河西行,到关陇(今陕西甘肃)一带这片大唐崛起之地漫游,寻找风云机会,但一无所获。四处漂泊的赵匡胤,走到原州潘原(今甘肃平凉东),已经囊空如洗。关陇无望,赵匡胤就南下到了复州(今湖北沔阳西),去投奔他父亲的旧交防御使王彦超。但王彦超没有收留赵匡胤,只给了他十贯钱,就打发他上路了。赵匡胤只得又来到随州(今湖北随县),去找父亲的旧友、刺史董宗本。董宗本总算收留了他,赵匡胤以为这次能安定下来了。不料,与赵匡胤年纪相仿的董宗本的儿子董遵诲,却对穷困潦倒的赵匡胤横加凌侮。赵匡胤年轻气盛,不愿苟且偷生,于是,愤然辞别,离开随州,长途跋涉,来到汉水边的重镇襄阳。

到了襄阳,赵匡胤投宿在一个寺庙里。也许是由于寺庙正处于南北交通要道上的缘故,寺里的老和尚对天下大事颇知一二。他对茫然不知所向的赵匡胤说:"我给你一点盘缠作路费,你一直往北走,也许会交上好运的。"

原来,后汉刘知远称帝仅一年就病逝了。年幼的隐帝刘承祐即位,后汉统治集团内部的各种矛盾迅速加剧。军校赵思绾在长安发动兵变,联合凤翔节度使王景崇反叛,护国节度使李守贞也密结辽朝,在潼自称秦王。三镇连叛,汴京震动。枢密使郭威受命前去讨伐。在平定三镇连叛前后,郭威便招兵买马,扩充势力。老和尚指点赵匡胤北去,正是要他去投奔正在邺都(今河北境内)的郭威。

几次投奔他人的坎坷遭遇,使赵匡胤对这次投奔郭威也不抱太多希望。途经归德(河南境内)的高辛庙时,赵匡胤看到占卜的百姓络绎不绝。穷困潦倒的人,更关心自己的前途和命运。赵匡胤也随着人群走进庙中,拿过香案上占卜用的竹筒,一边默默祷告,一边晃动竹筒。漫游了一二年也没交上好运的赵匡胤,并不指望这次投靠郭威能出现什么奇迹。因此,他先问能否当个小校,结果不吉。而后连问几个小官职也都不吉,当问到能否当节度使时,竹签所显示的还是不吉。节度使上面就是天子了,赵匡胤有些急了,难道要我做天子不成?他又急又恼,果然,像是同他开玩笑似的,竹签呈现出吉兆。虽然,赵匡胤并不全信竹签上的提示,但是这对愁肠百结、慌不择路的赵匡胤来说,无疑是注了一支兴奋剂。尽管这种占卜的结果目前还是可望而不可即,但它却像是一粒种子,悄悄地埋在赵匡胤的心中。只要遇到合适的土壤,这粒种子就会萌芽。

大凡胸怀大志之人,平素的谈吐总会流露出不同常人之处。史载汉高祖刘邦卑微时,在人群中围观威仪凛凛出巡的秦始皇,感叹道:"嗟乎!大丈夫当如此也!"项羽看到这一场面后说:"彼可取而代之!"心怀大志的赵匡胤也是如此。一天,他到郊外漫游,看到几个文人正对着初升的朝阳吟诗。他静静地在一旁聆听,但越听心中越不是滋味。他感到这些文人的诗篇尽管文辞华丽,但意味却很浅陋,毫无气概可言。于是,从来不喜欢吟风弄月的赵匡胤不禁随口吟道:

> 太阳初出光赫赫,
>
> 千山万山如火发,
>
> 一轮顷刻上天衢,
>
> 逐退群星与残月。

这几句果然气象不凡。看得出,只要有了风云机缘,赵匡胤是有扫平群雄,混一天下的雄心大志的。

到了邺都,郭威果然相中了身强力壮、武艺精湛的赵匡胤。在郭威的帅幕下,风华正茂的赵匡胤总算找到了一个施展才能和抱负的地方。

2.戎马生涯,战功显赫

五代是武人的天下。郭威平定三镇叛乱,坐拥重兵,足以左右朝廷。赵匡胤投靠郭威时,郭威正以平叛有功,成为朝中的实权人物。汉隐帝为了巩固统治,先后杀死了权臣杨邠、史宏肇、王章,随即把刀锋转向郭威。汉隐帝表面上信宠郭威,暗地里却派遣密使赴澶州企图杀害郭威。郭威被逼起兵,以"清君侧"的名义,起兵反汉。他带领禁军渡过黄河向汴京进军,攻入京师开封。汉隐帝无力抵抗,被乱军杀死。郭威请太后临朝听政,准备迎立刘知远之侄武宁节度使刘赟继位。这时,边报辽兵南犯,郭威率禁军北上抵御。行军途中,将士们议论纷纷地说:"我们攻陷了京师,每个人都犯有谋反的死罪。如果刘赟继位,天下还是刘家的,那我们不就等于搬起石头砸自己的脚吗!"于是,将士哗变,他们撕裂黄旗裹在郭威身上,在众将士的拥立下,旦夕之间,郭威便代汉立周,坐上了龙廷。郭威回师汴京,受禅即帝位,是为周太祖。赵匡胤作为郭威帐下的一员,由于命运所系,在这次"政变"中表演得身手不凡,深得郭威的赏识,并很快被提升为东西班行首(禁军军官)。这次事件,给赵匡胤留下了深刻的印象。

两年后,即后周广顺三年(935),郭威又任命赵匡胤为滑州(今河南滑县东)副指挥使。当时正赶上皇子柴荣被封为晋王,担任开封府尹。由于柴荣曾与赵匡胤同在军中共事,对赵匡胤的英武、机灵和超凡的才干非常欣赏,就要求把赵匡胤留在自己身边,并任命为开封府马直军使(府属骑兵指挥官)。赵匡胤因此成为柴荣的潜邸僚属。这次机会对赵匡胤的一生起了决定性的作用。第二年,郭威病死,养子柴荣即位,是为周世宗。周世宗即位后,立即任命赵匡胤参掌禁军。从此,赵匡胤为周世宗柴荣卖力效忠,屡立奇功。他的官位也随着周世宗的宠信而飞快上升。平步青云的前程,正在赵匡胤面前展开。

郭威之死,正如刘知远之死一样,使朝廷内外窥伺已久的投机分子又活跃起来。北汉王刘崇(刘知远的弟弟)认为灭周复汉的时机已到,于是就联合契丹对后周发动了进攻。周世宗率军亲征,赵匡胤与殿前都指挥使张永德各领牙兵(亲兵)一千随行。两军在高平(今山西晋悉东北)遭遇,大战遂在高平展开。后周骑兵将领樊爱能、步军统帅何徽畏惧汉军声势,不战自溃,望风而逃,见主帅逃跑,步兵也纷纷解甲投降。周世宗身边除赵匡胤一支亲军外,还剩下张永德率领的两千牙兵。形势变得十分危急。为了鼓舞士气,周世宗赫然跃马入阵,率领亲兵督战。在这危急时刻,赵匡胤表现出临危不惧、指挥若定的军事家风度。他指着西南的山坡,对张永德说:"敌军士气骄盛,你手下的士兵擅长射箭,赶快占领右翼制高点,我率兵从左翼包抄。两面夹攻,必能取胜。国家安危,就在此一举啦!"说完他振臂大呼:"如今主上处境危急,养兵千日,用兵一时,现在,是我们武人报效皇上的时候了!"说完,就与大将张永德分左右两翼,身先士卒,冲入敌阵。在周世宗和将领们的激励下,士兵个个奋勇争先,齐心杀敌。北汉军队根本没有预料到几乎败绩的后周军队能够突然反击,全军大溃。在这次战役中,赵匡胤智勇双全、转危为安的指挥才能,赢得了周世宗的欢心,也博得了张永德等禁军将领的赞许。

高平之战,这场关系到后周生死存亡的大决战中,周世宗认识到,赵匡胤并不只是一介武夫。他不但智勇双全,而且颇具战略眼光。于是就提拔赵匡胤为殿前都虞候,赵匡胤从而跨入高级将领的行列。在这次战役中,周世宗痛感禁军军纪不严,兵力不振。骄兵悍将,临阵溃逃,使他几陷绝境。他决心彻底整顿

图文珍藏版

军纪,首先他把樊爱能、何徽等七十多名临阵脱逃的将校斩首,继而又授权给他所欣赏的赵匡胤,对禁军裁汰老弱,精选强壮,大大整顿了一番,使后周禁军的战斗力大为增强。通过这次整军,赵匡胤的威望、势力亦在禁军中扎住了根。

高平之战的胜利,大大鼓舞了周世宗统一天下的雄心。他开始致力于统一的事业。而在周世宗所经营的统一战争过程中,赵匡胤逐步成为周世宗不可缺少的干将,使得赵匡胤深为周世宗所倚重。

显德二年(955),后周攻打后蜀的秦(今甘肃天水)、凤(今陕西凤县)等州,大将王景、向训久未攻下。周世宗不甘心师出无功,决定派赵匡胤前去审度形势,以决进退。赵匡胤深入前沿认真观察了战势,经过分析、对比双方力量之后,向周世宗报告说可以获胜。周世宗听后,下定了决心,重新调整了部署,果然了不出一个月,就一举攻占了秦、凤、成(今甘肃成县)、阶(今甘肃武都)四州的大片土地。

周世宗在进行内部改革的同时,挥兵开始了统一天下的事业,赵匡胤在统一战争中功勋卓著。显德三年,周世宗亲征南唐。南唐国力颇盛,后周军队在淮北寿州(今安徽凤台)受阻,久攻不下。而淮水下游驻扎着一万多唐军随时都有可能包抄周军。危急时刻,周世宗又派赵匡胤去解除这一威胁。赵匡胤在涡口设下伏兵,然后派一百多个骑兵前去唐军营前挑战,佯装战败,且战且退,把唐军引入包围圈,大败唐军。

解除了寿州的后顾之忧,但唐军随时还有可能从滁州增援。为了切断寿州外围唐军的增援、孤立寿州,必须先夺取淮河南岸重镇滁州(今安徽滁县)。于是在涡口破敌后,周世宗又派赵匡胤远道攻取滁州。滁州是南唐都城金陵(今南京)西北的重要门户,有重兵把守。唐军皇甫晖拒兵于清流关下,赵匡胤初战失利。他感到不能硬碰,必须智取,就密访当地百姓,询问通往滁州的捷径。在当地百姓的指点下,赵匡胤率兵绕过清流关,走山后小径,突然出现在滁州城下。皇甫晖大惊,慌忙率一万五千兵众退守滁州城,赵匡胤率精骑紧逼到城下。皇甫晖说:"人各为其主,休想叫我屈服投降,有胆量,就让我整好队伍与你决一死战。"赵匡胤笑着答应了。皇甫晖稍定惊魂,率兵复出,赵匡胤乘皇甫晖放下城门吊桥拥众而出时,只身飞骑,突入敌阵,左冲右突,一个劲地高呼:"我单取皇甫晖一人的脑袋,别人都不是我的敌人!"刚刚败下阵来的南唐军,给赵匡胤的杀手锏搞得惊慌失措,皇甫晖一愣神,已被赵匡胤一剑砍在头上。一拥而上的周军活捉了受伤的皇甫晖,一举攻克滁州。被俘后的皇甫晖极为赞叹赵匡胤的勇敢,他对周世宗说:"我之所以被俘,并非不尽心尽力,实在是赵将军英勇过人啊!我曾屡次与契丹交战,也从未见有如此勇猛、顽强的将士。"

征伐南唐的战争,前后持续了一年多,最后以南唐臣服,献出江北十四州土地而暂告休战。在征淮战争中,赵匡胤战绩突出。然而,赵匡胤没有因此骄纵起来,相反,处事待人更加小心翼翼。他作为武将勋臣,表现出难以令人置信的克制。滁州大捷后,赵匡胤的老父亲赵弘殷征战回归,半夜时途经滁州城下,传呼守城的儿子开放城门。赵匡胤不但没有开门,还在城墙上打官腔说:"父与子虽然是至亲,守城门却是王事,更为重要。按规定得等天亮才能开门。"赵弘殷这时已抱病在身,但碍于"忠孝难以两全"的臣子之道,未敢发作,只得懊恼地在城外冻到天亮。待第二天一进城,便卧床不起。两个月后竟一命呜呼。按古代丧礼,父母死,得免官守丧三年。为了重用赵匡胤,守丧没多久,周世宗就起复使用。提升赵匡胤为定国军节度使兼殿前都指挥使。节度使,位秩崇高,殊不易得。这一次提升,是赵匡胤威望日隆的一个标志。

在滁州,对于赵匡胤来说更有重要意义的是,他结识了日后辅佐他创立北宋王朝的核心人物——赵普。赵普"少习吏事,以吏道闻",在认识赵匡胤之前,已"托迹诸侯十五年"。他到平定后的滁州任军事判官,就是由于永兴军节度使刘词临死前的举荐和后周宰相范质的提名。赵匡胤与赵普虽然初次相见,但赵普的一番谈话已使赵匡胤感到这是一个不可多得的谋臣。随后,赵普在滁州处理狱事,也使赵匡胤很钦佩。然而,当时赵匡胤的地位还不可能将赵普罗致在身边。而赵普也没有轻视这个地位还不很高的武将。凭着他多年的经验,他认准了这颗正在升起的新星。因此,他对当时病倒在滁州的赵匡胤之父赵弘殷,殷勤服侍,孝顺得像亲生儿子一般。从而使赵普与赵匡胤结下很深的私交。所以当八个月后,赵匡胤一被任命为同州节度使,兼殿前都指挥使,就立即上表把已经做了渭州军事判官的赵普罗致在自己身边,做节度推官。至此,赵匡胤集团已初步形成。

3.陈桥兵变

据说公元959年,周世宗柴荣突然身患重病,魂归西天,他年仅七岁的儿子即位,史称周恭帝。次年元旦,正值君臣在宫中同贺新年之时,北方突然来了一份紧急军事报告,上写:"辽师南下,与北汉合兵,进攻周境,形势十分紧急,若不马上增兵,辽兵必将长驱直下,后果不堪设想。"小皇帝不懂事,皇太后也束手无策,只好由两位老宰相范质和王溥商量,请归德军节度使、检校太尉、殿前都点检赵匡胤率领禁军前往北方边境,抵抗入侵的辽军。大军走了一天,驻扎在陈桥驿。当天夜里,士兵们聚集起来,喧嚷着:"皇帝这么年幼无知,他怎么治理朝政?让我们与辽人打仗,出生入死,谁能了解我们的辛苦与功劳?不如先立总检当了天子,要我们干什么都没有二话!"此时赵匡胤正醉卧帐中。天快亮时,闹事的将士们手执兵器来到赵匡胤帐前,声称"诸将无主。愿策太尉为天子!"赵匡胤方才被惊醒,未等回话,将士们就把象征皇权的黄袍裹在他身上,并且都下跪欢呼"万岁"。然后众人又硬拥他上马,返回开封。赵匡胤取代后周政权,建立了北宋。这就是历史上著名的"陈桥兵变""黄袍加身"的故事。

据说这一事件的发生并不是偶然的,而是精心策划的。赵匡胤在帐中"醉卧不省",其实是掩人耳目。赵匡胤是率军出征伐敌的主帅,刚刚出发上路,怎能在军帐"醉卧不省"?他再爱喝酒,也不能对军国大事如此掉以轻心,其实,"醉卧"是在演戏,意在掩人耳目,给人们对兵变一无所知的假象。

一首古诗说:"千秋疑案陈桥驿,一着黄袍便罢兵。"当时赵匡胤领兵出战,是因国境告急,临危受命。而"黄袍加身"后,不费一兵一卒,"紧急军情"就没了,战事就平定了。这明显是有人蓄意安排,谎报军情。谎报的结果是,赵匡胤轻易地掌握了禁军的兵权。而且能制造出在陈桥驿之夜,众将士给他"黄袍加身"的机会,凡此种种,都足以证明兵变自始至终都有人精心策划。

4.皇位传弟不传子

中国封建社会实行的是君主专制制度,历代帝王都传位给自己的儿子,只有极少数的无子帝王才由弟或侄嗣位继承。令人不解的是,宋太祖赵匡胤死时,两个儿子尚在,却"传位"给了其弟赵光义。堪称一代英主的赵匡胤,在"传弟不传子"的问题上,又有哪些传说呢?

对此,据说有这样一段事:开宝乙亥岁,十月二十日,赵匡胤把赵光义找来对饮,身边无他人,"但遥见烛影下,太宗(即赵光义)时或避席,有不胜之状。饮讫,禁漏三鼓殿,雪已数寸,帝引柱斧戳雪,顾太宗曰:'好做好做。'遂解带就寝,鼻息如雷霆。是日太宗留宿禁内。将五鼓,周庐昔寂无所闻,帝已崩矣。太宗受遗诏,于枢前即位。"这段话记述了赵匡胤在"斧声烛影"中突然死去,是个疑案,赵光义又"是日留宿禁内",有杀兄夺位的嫌疑。

另传说,赵光义以皇弟的身份继承其兄赵匡胤的帝位,是他母亲杜太后的意见。说是杜太后临终之时,曾对赵匡胤说:"你之所以能够得天下,是因为后周的皇帝年纪太小,不能凝聚众心的缘故,如果后周是一个年长的皇帝继位,你怎么可能有今天呢? 你和光义都是我的亲生儿子,你将来把帝位传给他,国有长君,才是社稷之纲啊!"赵匡胤表示同意,于是叫宰相赵普当面写成誓词,封存于金匮里,这就是所谓的"金匮之盟",也就是赵光义"兄死弟及"的合法根据。

然而,这个"金匮之盟"是赵光义登基后五年才列举了证人。为何不在赵匡胤死时堂堂正正地公布出来呢? 而且,赵匡胤死时,其长子赵德昭已近而立之年,幼子赵德芳也已二十出头,并不是"年纪太小"啊。其中的疑点不免复杂。

另据说赵匡胤死去,赵光义第二天刚即位,就不按照嗣统继位后下一年改元的惯例,急急忙忙将只剩两个月的开宝九年改为太平兴国元年。这打破常规的迫不及待,令人难解。

并且赵光义嗣统之后,其弟改名为廷美,被封为齐王,但不知何故,赵光义竟将廷美削去王爵,贬为涪陵县公,"渑郁而死";赵光义曾封赵匡胤的长子赵德昭为武功郡王,却"自杀而死";赵匡胤的幼子赵德芳也神秘地"暴死"而亡。这些都是偶然吗?还有,赵光义曾加封宋皇后为"开宝皇后",可是,宋皇后死后却不按皇后的礼仪治丧。这是为什么呢?后来赵匡胤"传弟不传子"的说法有许多可疑之处。

5.修身正己,猝然身亡

传说宋朝开国皇帝赵匡胤登上天子之位后,随即南北用兵,巩固和加强了专制主义中央集权,在统一大局已定的情况下,宋太祖并没有志满意得、忘乎所以,更没有因此而狂傲放纵。平定南方诸国后,各国的金帛财宝源源不断地运至东京,宋太祖将其作为战备物资,全部收贮在内库,从不随意挥霍。宋太祖本来很喜欢射猎和踢球(当时称"蹴鞠"),刚做皇帝那阵,他还常常技痒难忍,不时地邀手下的人玩上几次。这些游戏对宋太祖来说自然属于忙里偷闲,但有时玩到兴头,又难免误事。一次,他正在后苑射鸟,忽然有大臣口称有急事求见。可他接过奏章一看,里面说的并不是马上要办的事,不由得有些恼火,当即训斥了几句。那大臣却说:"这些事虽不是很急,但总比射鸟急些吧。"他愈加恼怒,随手抄起一把玉斧,朝那人撞去,一失手,撞掉了两颗牙齿。那人也不作声,跪在地上,将牙齿捡起来装在衣服里,宋太祖问:"你想拿这个来控告我吗?"那大臣说:"不敢!不过陛下既为天子,一言一行自然会由史官记录在案的。"这一句看似很轻微的话语,却致其要害,力重千钧,逼得宋太祖不得不赶紧地表示道歉。通过这件事,使宋太祖认识到"吾为天下主",一言一行至关重要,"畋游"(即射猎)、"蹴鞠"终究不是"正经事",以后慢慢地就将这些嗜好戒除了。

宋太祖曾对臣下说:"自古为君者,很少有严以律己而无过失的。像唐太宗那样虚心纳谏固然不错,但他若一直注意防止骄奢,克制自己,不犯过失,使臣下无从谏议,岂不更好!所以我自己是夙夜畏惧,防非窒欲,以防过失的。"

不过,随着宋初局势的稳定和统一事业的逐渐完成,赵宋皇族被外姓旁人颠覆的危险几乎不存在了,但宋太祖与赵光义之间原来那种为家族的命运和利益同心同德、共济险滩的精神也慢慢地消失了。而一旦他们有了互不相干的命运,原来掩盖在"兄友弟悌"伦理美德下的人性中的另一面就可能显露出来。

尽管赵光义当时已是势延难遏、滋蔓难图了,但宋太祖仍没有放弃这方面的努力。开宝九年(976年)2月,吴越国王钱俶来朝,一般很少参与政治活动的皇子德昭这次却突然被宋太祖委派至宋州迎宾。钱俶来朝是当时引人注目的大事,宋太祖借这一机会,巧妙地把本来还默默无闻的皇子推到了臣民们的面前。3月,宋太祖巡视洛阳,特令赵光义随行。宋太祖在洛阳盘桓了一个月,一直是住在自己当年出生和长大的旧居中。有一次,他指着一条小巷说:"我小时候与伙伴们玩游戏时,曾埋在这里一个石马,不知还在不在。"左右的人一挖,果然找到了这匹石马。

回到开封后,宋太祖一反常态,明显地加强了同另一皇弟赵光美(后改为延美)的关系。其中仅7月份一个月的时间,就三次"幸光美第"。赵光美是"金匮之盟"中排在赵光义之后、赵德昭之前的继位人之一,宋太祖对他如此亲近。恐怕不是毫无用意的。开宝九年,皇子德昭已二十五岁,德芳也十七岁了。德昭、德芳之母均已早死。此时,宫中主事者为孝章皇后宋氏。

从历史记载上看,宋皇后并无子女,但在德昭、德芳这两个皇子中<据说她比较偏宠德芳。这一点,对正在考虑继位人问题的宋太祖也可能产生了一些犹豫的成分,使他难以果断地在长子德昭和幼子德芳中进行选择,以取代赵光义的继承人的位置。

不料就在这年的10月,宋太祖猝然死去,太祖之死,留下了千古之谜。由此,也使继承人的结果发生了根本性变化。

宋太宗赵光义以文治国

赵光义(939~997),初名匡义,称帝后又改名赵炅。北宋第二代皇帝。公元976~997年在位。

1.嗜书之说

宋太宗即位称帝后,结束了五代十国的分裂局面,国家走上大治。他开始实行弃武尚文的统治政策,大量任用文官主持政务。他自己也喜好读书,热衷诗文、挚爱书法,不讲奢靡,不好淫乐。

宋太宗自幼喜读古书。其父赵弘殷总兵江南时,每每攻州破县,必到处搜求古籍,供他学习。他的业余爱好和乐趣主要是读书。在书中知道古今成败,吸取治国平天下的成功经验和历代帝王亡国的教训,从前人那里得到丰富的知识和学问。据说在战火纷飞的年代里,他都利用闲暇时间,在军帐中秉烛夜读,从不间断。书籍、书袋成了他的随身之宝。

称帝后,他对《太平御览》情有独钟。此书多达一千卷,他决定发奋每日读三卷,争取一年内通读一遍。于是命史馆每日进呈三卷,不论寒暑,坚持不懈,终于按时读完。宋太宗读书范围很广,各种学派的书籍都曾涉猎,对书中的观点进行中肯的评论,对其中有利于其治国的部分,融会贯通,加以采用。如读《阴符经》时,他颇有感叹地说:"这是一部诡诈奇巧的著作,不足为训。"在读《道德经》时,他又大发感慨,说:"书中'善者,吾亦善之;不善者,吾亦善之',说的是善恶无不包容,修身治国就应该这样,如果事事不能包容,那么怎能治理好天下呢?"他的近臣们都对他鞭辟入里的分析,点头称是。不论政事有多么忙,宋太宗都坚持在听政之后读一些书,常常废寝忘食,乐此不疲。他大规模开科取士,仅继位的第二年,就从五千多应试的贡士中录取了五百多人,超过宋太祖十五年内录取人数的总和,显示了他治国平天下的雄心。吕蒙正、寇准等著名朝臣,都是北宋初期科考录取的进士,成为辅佐宋太宗的有力助手。由于他看的书多,深谙驭人之术,成为控制政治局势的老手。在胡旦一党和吕端、寇准一党的明争暗斗中,他玩弄权术,使两派谁也不能专权,都为其所用,从而稳固自己的统治。

宋太宗在读书过程中,还不断增长文才,他曾把自己写的诗文编为《御制诗文》四十一卷。还经常与朝中群臣进行诗文唱和,或作为消遣,或歌功颂德,以为乐事。如平定北汉时,他作《平晋诗》令随从的大臣们唱和。

宋太宗书法也有很高的造诣,不但精通草、行、楷、篆,而且自成一家,被列为宋代著名的书法家之列。对于书法历史、笔法、文学等方面的问题,他都虚心地向名家请教。公元992年，他把唐太宗、唐玄宗、王献之、王羲之、柳公权、颜真卿等人的书法精品编成《淳化阁法帖》，成为中国最古老的法帖，流传后世。

宋太宗还是个围棋高手，在黑白世界里，运筹帷幄、纵横捭阖，显示出卓越的驾驭全局的才干。当时著名的国手杨希紫、蒋元吉等都是他的手下败将。一些大臣们见宋太宗与人对弈绞尽脑汁，不知疲倦，就劝他注意身体健康。他则说："朕不是不知道，只不过是想借此躲避六宫的诱惑，众爱卿不必多言。"

2.伐汉收功，攻辽败绩

赵光义以皇弟身份继承皇权，在正统的封建世袭制中并非名正言顺。他感到要想巩固帝位，帖服人心，必须树立自己的威望。宋太宗赵光义即位后，陈洪进亲自到开封朝贡。宋太宗封陈洪进为检校太师。钱椒于是决意上表，献出所管十三州一军，共六十八县，削去吴越国号。宋太宗封钱椒为淮海国王，授其子弟多人官职。吴越旧地反对纳土的官吏，受到宋太宗的坚决镇压。至此，宋朝完全统一了南方各地，宋太宗于是把主要兵力转向北方的北汉和辽朝。

太平兴国四年(979年)，宋太宗下令再次进攻北汉。任潘美为北路都招讨使，率领勇将崔彦进、李汉琼、米信、田重进等，四路出兵，分攻太原，把太原城围得水泄不通。宋太宗吸取了以往失败的教训，特派邢州判官郭进为太原、石岭关都署，阻截辽朝援军。北汉主刘继元见宋军来攻，急忙遣使向契丹求救。太宗预料契丹必出兵助汉，故于四月间下诏亲征，率领潘美等到太原督战，在太原城外筑起长圈，断绝城内的一切物资供应。双方苦战至五月，北汉指挥使郭万超潜行出城，投奔宋营，刘继元帐下诸卫士也多出降，北汉亡。至此，五代十国的割据局面全部结束。

太宗乘灭北汉的余威，率大军于太平兴国四年六月进抵易州(今河北易县)。辽刺史刘宇本是汉人，献城投归宋营。太宗留兵千人协守易州，又进攻涿州，辽涿州判官刘厚德亦为汉人，复开城纳降。宋太宗见连下二城，旗开得胜，非常高兴，乘胜率兵进抵辽之南京(今北京市)城南，命宋催、崔彦进、刘遇、孟玄喆四将各率军兵四面攻城。守将耶律学古拼命抵御，太宗亲自督战。然而宋军攻伐太原疲敝,今又攻城不下,已经懈怠。这时辽朝已派援军来救。探卒入报,辽将耶律休哥为前锋,已至高梁河(在今北京市)。太宗命大军拔营齐起,前往高梁河迎敌。快到河边时,只见辽兵有数万人越河而过,双方摆开阵势,金鼓齐鸣,旌旗飞舞,宋军奋力激战,辽兵伤亡惨重,渐往后退。太宗见辽军将要支持不住,遂命宋军猛攻。正在这时,又有两队辽兵,分左右冲杀而来。左翼为辽将耶律斜轸,右翼为辽将耶律休碰。此二人都是辽国良将,善于用兵,宋军抵挡不住,纷纷败退。耶律休哥趁机直取太宗,太宗急命左右护驾,但诸将被辽兵分割散乱难以顾及,太宗仓皇失措,幸亏呼延赞等人赶到,奋力遮护,方才脱出险境奔回涿州。

雍熙三年986年正川,太宗诏议亲征,企图扭转高梁河惨败之后频频被动挨打局面,挽回自己的面子。但是前次亲征的惨败,特别是高梁河之战险被辽军所擒的遭遇,使太宗余悸未消。这时又有参知政事李至乘机上言,说京师是天下之根本,皇上不离辇毂,而命将出征,可以显得从容。太宗顺水推舟,决定不再亲自出马,而出动三十万大军分东、中、西三路北上攻辽。

初期作战宋军进展顺利,接连小胜。但由于宋军指挥不当,各路军缺少合作,纷纷败绩。杨业父子率领残兵在陈家谷奋力死战,不见援兵,命其子杨延昭杀出一条血路,飞马乞援。辽兵漫山遍野而来,杨业部下大部分战死。杨业本人身负几十处创伤,最后为辽军所俘获,不受辽军的威胁利诱,绝食三日而死。

在战事方面,宋太宗远不及太祖。赵匡胤出身行伍,身经百战,有着丰富的战场实践经验。而赵光义则基本上没有经历过重大战役,缺乏这方面的锻炼,但他又自诩高明,刚愎自用,再加上为了控制军将,每次作战前都亲自拟定阵图,结果严重束缚了前线将帅的手脚。如此,失去了灵活性,其被动失利的局面可想而知。

3.以文治国

宋太宗是自五代以来第一位非武人而坐天下的皇帝。他即位之初也重武,是因为当时形势需要他继承太祖的统一大业,然而多次伐辽失败后,他失去了往日的锐气,转而重文。传说文治方面,宋太宗的确有很多独到之处。他开创、修补、完善了宋朝的各项典章制度,奠定了宋朝政治、军事、文化、经济各方面制度的基础,巩固了统治。两宋之人多言"祖宗之法",这"祖宗之法"即是对宋太祖、宋太宗而言,其中太祖法度主要在于军事、政治方面,而太宗除了对太祖法度做了进一步完善外,又着重在文化、经济等方面建立了一整套法度规范。

科举制度虽始于隋唐,但真正完善是在北宋。到宋初,门阀制度不复存在,科举向文人知识分子广泛开放,"家不尚谱牒,身不重乡贯",只要文章、诗赋合格,都可录取。宋太宗扩大了取士的规模,每次科举考试录取的进士数额远远超过唐代及宋太祖时期。太宗还促进科举取进士制日趋严密、完整。宋太祖开宝六年(973 年)以后,殿试成为定制。太宗进一步规定,殿试后在殿前"唱名",由皇帝分别赐予"进士及第""进士出身""同进士出身"的功名。太宗时实行考卷糊名弥封法,有效地防止了考官利用试卷作弊。宋太宗还严格科举考试,亲自复试。

太宗十分重视发展文化事业。五代以来,昭文馆、史馆、集贤院为三馆,在长庆门东北,仅有小屋数十间,条件很差,三馆每逢受诏撰述,都是移到其他地方。太祖时期,也没有什么变化。宋太宗即位的第二年,亲到三馆视察,看到这种寒酸状况,对左右侍从慨叹道:"这哪里能够蓄天下图书,待天下贤俊?"当即下令另选左升龙门东北车府地为三馆新址。命中使督促工匠,晨夜兼作。三馆的栋宇殿阁,都是太宗亲自规划的,其精美壮观,可与皇宫的建筑媲美。一年后,工程竣工,定名为崇文院。到太宗晚年,崇文院及秘阁的藏书已十分丰富。太宗颇为自负地对大臣们说:"朕即位之后,多方收拾,抄写购求,今方乃数万卷。千古治乱之道,并在其中矣。"

在广泛搜求图书的同时,太宗先后组织一批文人编纂了几部大型类书。如《太平广记》《太平御》等书。

宋太宗执政较为勤谨,为了巩固宋王朝的统治基础,他亲自挑选人才,甚至于忘了饥渴。通过召见临问以观其才,优秀者提拔重用。他对近臣说:"朕每看见布衣缙绅中有才志受推戴的,就替他的父母高兴。"太宗每天一早就到长春殿受朝,听完百官的政务汇报,就到崇政殿去处理政事。

据说太宗对宗教的态度基本上是宽容的。北宋开国后,为了争取南方各阶层的支持,对佛教采取保护政策,因为佛教在吴越、南唐、后蜀等南方割据小国中非常流行。太宗认为佛教"有裨政治",因而有意提倡,在五台山、峨眉山、天台山等处修建寺庙,并在首都开封设译经院释译佛经。从太祖开宝年间开始在益州雕印大藏经,到太宗时雕版完成,印行了我国第一部佛经总集。宋朝建国时,各地僧徒不过六万多人,太宗时增加到二十四万人。太宗本人态度是重道教,轻佛教。

太宗执政总的方针是宽松敦厚,但是,为了有效地维护社会的安定,太宗在刑狱方面也亲自处理了一些案件,他下令在禁中设立审刑院。各地上奏案件,先由审刑院交付大理寺,刑部断复,再交审刑院详议裁决。审刑院不归宰相统领,直属于皇帝。

宋真宗赵恒"封禅泰山"

赵恒(968~1022),太宗赵炅第三子,初名德昌,封韩王,改名元休;封襄王,改名元侃。至道元年(995年)立为皇太子,改今名。公元997年太宗去世,即皇帝位。

在位之初,尚能广开言路、锐意兴革、勤政治国,使社会经济得到发展,出现了"咸平之治"的小康局面,但与辽订立了"澶渊之盟",以纳岁币求苟安之后,他的进取精神泯

宋真宗赵恒

灭殆尽,施政思想日益保守,而且既崇道又信佛,劳民伤财,国势日渐衰微。在这时期,一场关于"天书"的闹剧一直折腾了好几年。

1."天书"闹剧

据说澶渊之盟后,赵恒提升主和派王钦若为资政殿大学士,位诸臣之首。王钦若迎合赵恒厌兵而又好功的心理,提出了"封禅泰山"的建议,并进言说:"古来即有圣人以神道设教之说,天瑞虽非人力所为,但是只要皇上深信崇奉,以明示天下,则与天降祥瑞无异。"赵恒点头同意。后来,全国各地纷纷向他进献祥瑞之物,"天书"即是其一。

景德五年正月初三的早朝上,有人报说在宫城左承天门南角发现像书卷一样的黄帛两丈多长,黄帛上面隐约有字。赵恒说:"去年十一月,我曾梦见神人,说今年正月当降《大中祥符》三篇,想必正是天书下降了。"于是,赵恒率领群臣到承天门,焚香望拜,取回"天书"。"天书"中把赵恒称颂一番,并勉励其善始善终,永葆宋祚。赵恒把"天书"藏于金匮之中,然后大宴群臣,令改元为"大中祥符",改"左承天门"为"左承天祥符门",并遣使祭告天地、宗庙、社稷、京城祠庙及各地宫观。群臣也纷纷上表称贺。一场闹剧就此开演了。

大中祥符元年三月,兖州知州率一千二百八十余人赴京上表,称天降祥符,天下大治,请赵恒"封禅泰山",以报天地。四月,又有"天书"降于宫中功德阁,宰相王旦又率文武百官,外来使臣、僧道耆寿等两万多人伏阙上表,请行封禅。赵恒遂决定于当年十月赴泰山举行封禅大典。六月初六,王钦若又上奏说,泰山下有醴泉涌出,泉旁有"天书"下降。群臣再纷纷上表称贺,并乞加赵恒尊号"崇文广武仪天尊宝应章感圣明仁孝皇帝",赵恒一一接受。

十月初四,赵恒在庞大的仪卫扈从下,以玉辂载天书先行,离京城赴泰山。大队人马历经十七天到了泰山脚下。仪仗、士卒遍列山野,并两步一人,数步一旗,从山下一直排到山顶。十月廿三日大清早,赵恒就头戴通天冠,身穿绛纱袍,乘金辂、备法驾,在众臣簇拥下,登上岱顶。次日以隆重的仪式封祭昊天上帝及五方诸神,礼毕下山。再以同样隆重的仪式在杜首山祭地祇神。最后登上朝觐坛,接受百官、外使及僧众的朝贺,大赦天下。以封禅礼咸,诏改乾封县为"奉符县",并作《庆乐封礼成诗》,令诸臣唱和,最后盛宴群臣。

十一月，赵恒回到开封，诏定"天书"下降京城之日为"天庆节"，"天书"降于泰山曰为"天贶节"，命人将其封禅泰山之行编成《大中祥符封禅记》一书，还命人专门制造了奉迎"天书"使用的"天书玉辂"。群臣又争上表章，赞颂赵恒功德无量，举国若狂。

自秦皇汉武以来，仅有少数帝王去泰山封禅，皆因天下大治、四海升平而为，然而赵恒外患未除、内忧加剧，却掩耳盗铃，劳师"东封"，只不过是为了满足自己的虚荣心而已。

此后，一些阿谀奉承之徒，投其所好，不顾连年水旱，民心动摇，仍屡屡谎报"祥瑞"，什么"池盐不种自生"啦，"仙书"《灵宝真文》问世啦，"黄河自清"啦，赵恒都表示深信不疑。

大中祥符四年正月廿三，赵恒又率众启程，历时二十一天以封禅泰山的隆重礼仪，在山西宝鼎奉祗宫，祭祀后土地祗直到四月初才回到京城。这趟"西祀"，比"东封"耗费更大，是经过一年多的准备才完成的。期间，修行宫，治道路，增差夫，役兵卒，贡钱物，动辄几千人，几十万钱帛。一些正直的朝臣上书劝谏，赵恒根本听不进去。

大中祥符九年，全国各地发生旱蝗，赵恒又是下诏灭蝗，又是亲赴道观，祈求上天保佑。灾情不但未减轻，反而继续扩大，连他住的京城上空，都是遮天蔽日的飞蝗，自此，赵恒忧郁成疾，并日益迷信。不断拜神求佛，甚至服食丹药，不几年就一病不起，在道徒与僧众的祈祷中死去。他的"天书"闹剧也至此收场了。给后人留下了个可笑的话柄。

2.神人下降

汀州有个人叫作王捷，他说他在南康这个地方遇到一个姓赵的道士，传授给他炼丹术，还给了他一把精制的小神剑。原来这个道士是上天的司命真君，也就是宋朝的开国皇帝宋太祖之父。大臣刘承珪把此事奏给真宗皇帝，皇帝一听深信不疑，赐给王捷一个新名字叫王中正，并可到龙图阁上书言事。不久又给他的祖父追加一个封号——司命天尊，又任命王中正为左武卫将军。

真宗对身边的大臣说："我梦见一位神人传达玉皇大帝的旨命：'我原先命令你的祖父赵元明传授给你一部天书，现在还要让他去见你。'第二天又梦见神人传达我祖父的话：'你要摆设六个座位等候我，我的座位要靠在西边。'于是当天就在延恩殿设立道场。到了五更之初，先是闻到一股奇香，接着黄光射满大殿，祖父驾到。我一再在殿下参拜。不一会儿又来了六个人，向祖父作揖，然后各就座位。祖父让我到他跟前去，他说：'我是人皇九人中的一人，是赵家的始祖，第二次降生就是轩辕黄帝，后唐时又降生于赵家，现已百年。你作为皇帝要好好保护黎民百姓，我就不详嘱咐了。'说完就离开座位驾云而去。"

王旦等大臣听真宗这样一说，莫不跪拜称贺。于是真宗下诏告谕天下，赦免刑犯，加恩于众。又命令丁谓等人撰写《崇本仪注》，记载此事。在这一年的闰月里，真宗给其祖父加封尊号为"圣祖上灵高道九天司命保生天尊大帝"，祖母封号为"元天大圣后"。于是又加封太庙六室尊号。群臣为真宗加的尊号为"崇文广武威天尊道感应佑德上圣钦明仁孝皇帝"。不久，又建造景灵宫以供奉圣祖。因为孔子的谥号犯圣祖的名讳，把孔子"元圣先师"的谥号改为"至圣先师"。

3.令兄改名

大中祥符五年（公元 1012 年），宋真宗赵恒立德妃刘氏为皇后。皇后父刘通，官拜虎捷都指挥史，攻打太原，半道死去。皇后是刘通的第二个女儿，皇后在婴儿时就失去双亲，被外祖家所抚养，她很会玩拨浪鼓。蜀地有个叫龚美的人，是个银匠，把她领到京城。十五岁那年，她进入襄王府。真宗即位，入宫任为美人，又想要把她封为贵妃，大臣李沆不同意。不久以"修仪"的身份晋封为德妃，在后宫受到皇帝专宠。郭皇后死去，真宗想立德妃为皇后，翰林学士李迪劝阻说："德妃出身贫寒低下，不可以做天下之母。"参知政事赵安仁也说："不如让沈才人做皇后，因为她出身于宰相之家。"真宗没有听他们的话。

真宗想让杨亿草拟进封皇后的诏书，就派丁谓去传达旨意，杨亿感到很为难。丁谓对他说："你勉强草拟成它，不愁不大富大贵！"杨亿回答："像这样求得富贵,可不是我所希望的!"于是只好让别的学士去草拟诏书。

刘氏当了皇后以后,因为没有家族至亲,所以就把龚美当作哥哥,并改其姓为刘。刘后听说李迪说过她的坏话,非常恼恨。刘后性格聪敏机警,通晓书史,听到朝廷发生什么事,都能原原本本地记住。皇帝退朝之后,要批阅大量奏章,往往要看到半夜,刘后也都参加,提出己见。皇宫中有什么疑难之事需要回答,她总是援引先前的事例、制度来答对,因此,皇帝非常器重她。此后,她逐渐干预朝政,皇帝也情愿同她商量。大臣屡次劝谏皇帝,皇帝始终不听,照旧与皇后商议国事。

4.效唐明皇

宋真宗亲自去参拜奉祀老子的太清宫后,就给老子李耳加上封号:太上老君混元上德皇帝。大臣孙奭向皇上进言:"陛下你事事仿效唐明皇的做法,难道你把唐明皇看作是一个贤明有道的君主吗?"真宗说:"我东封泰山、西祀汾阴、参谒皇陵、祭享老子这几件事,都不是从唐明皇那里开头的;况且唐朝开元年间以来的礼制,尚被现在所沿用,不能因为发生'天宝之乱',就说先前什么也不对。"于是真宗就写了一篇《解疑论》,示给群臣。至此只好把此文奉作天书,发给京城各色人等,于是尽去拜谒太清宫。大臣丁谓为此奉献一只白鹿,九百五十棵灵芝草。

5.宫中火灾

荣王赵元俨是宋太宗的第八个儿子。有一天,在他的家里起火,蔓延到皇帝的宫殿、楼阁和内库。主管大臣向皇帝揭发此事,肇事者应当处死并牵连许多。大臣王旦对真宗说:"陛下,您不是发下诏书说责任在您吗? 现在竟想杀掉许多有牵连的人。况且,起火的原因虽有踪迹可寻,但是,怎么能知道不是上天在惩罚我们呢!"真宗欣然采纳了他的意见,结果有几百人被免除了死罪。王旦这句话救活了不少人。

6.飞蝗遮天

宋真宗派人到郊外去察看虫灾。这几个人找到几只死蝗虫送给他看,他又把蝗虫交给大臣们看。第二天宰相把死蝗虫放在袖子里觐见皇帝,说:"蝗虫都完全死掉了。"又展示给朝廷大臣,并率领百官向皇上祝贺。大臣王旦站出来说:"蝗虫出而为灾,消灭它就是万幸的事,又有什么值得庆贺的?"他坚持不可祝贺。过了几天,二府官员向皇帝启奏:飞来的蝗虫已遮天蔽日。这时,皇帝对王旦说:"我正想让群臣百官为消灭蝗虫庆贺一番,可是蝗虫却如此猖獗,这难道不要被天下耻笑吗?"

7.太子监国

宋真宗天禧四年(公元1020年)六月,皇帝患风寒症,政事多由皇后决定。大臣寇准、李迪对此颇为担忧。

有一天,宰相寇准请屏除外人,对皇帝说:"皇太子是人们所期待的,希望陛下考虑到后继之事,传位给他,并挑选端方正直的大臣来维护他。丁谓、钱惟演是奸邪之徒,不能让他们辅佐少主。"皇帝认为他说得很对。寇准暗地里让杨亿草拟表章,请太子参政监理国事,并推荐杨亿辅佐太子理政。

事隔不久,寇准醉酒,泄露秘密,被丁谓听到。他说:"皇上马上就要恢复健康,看你们怎样处理此事?"李迪说:"由太子参政监国,是古来就有的制度,为什么不可以呢?"丁谓于是在暗地里极力活动,要皇帝罢免他的官职。皇帝不记得同寇准有说定的话,竟把寇准免做太子太傅,封为莱国公,让他不得亲近自己。

东宫宦官周怀政,为此事忧惧不安,暗地里商量:奉真宗为太皇,而把皇位传给太子;不许皇后干预朝政;杀掉丁谓而恢复寇准的宰相职位。客省使杨崇勋等人,将怀政的谋划告诉了丁谓。丁谓当即换上便服趁夜坐上牛车,带着杨崇勋到曹利用府上计议此事。第二天,他们把这件事情奏给真宗,真宗下诏让曹玮负责审讯怀政;周怀政满口招认,真宗非常恼怒,想严惩太子,群臣谁也不敢说话。只有李迪从容地上奏："陛下你有几个儿子？竟想如此处理。"真宗一听才明白过来，便不再追究太子。

宋仁宗赵祯"假皇子"事件

赵祯(1010~1063)，初名受益，宋真宗赵恒之子。十二岁即位，由皇太后垂帘听政。明道二年(1033年)太后去世，始亲政。在政治、军事方面都没有大的作为。

"假皇子"

传说，仁宗赵祯执政后期，统治阶级内部日益腐朽，对外妥协苟安，对内因循保守，官僚机构庞大，官员们贪污腐化，贿赂公行，军队人数虽然不少，但兵不能战，对西夏、北辽的侵扰，节节败退，只得多"赐"银帛，求得妥协。这一切，使赵祯感到困扰不堪，难以招架。更令他心焦的是自己已过不惑之年却无子嗣，百年之后后继无人！

赵祯十三岁继位，十五岁时就由刘太后为他立皇后郭氏，又选美女充盈后宫。不知因为什么缘故，此后的十几年中，无论皇后、妃嫔，无一为他生出皇子。为此赵祯曾在宫中供奉赤帝像，日夜祈祷，以求皇嗣，直到景祐四年，后宫俞美人才生子，却没活下来。宝元二年，苗美人又为他生子，满朝皆喜。赵祯更是乐不可支，亲自为这个宝贝儿子起名昕，意思是"太阳将要升起的时候"，并立即封官加爵，可惜赵昕只活了一年半便夭折了，赵祯空欢喜一场。庆历元年，朱才人再为赵祯生子，赵祯赐其名为曦，意思是"清晨时的太阳光"，并封此小儿鄂王，但是，赵曦没活到三岁也夭亡了。赵祯受此打击，更为自己无子而忧愁。皇嗣成为当时朝廷内外最关注的大事之一，因而此后就发生了有人冒充皇子的"假皇子"事件。

皇祐二年四月初的一天，京城忽然来了一个庐山的和尚，姓全名大道。他带着一位风度翩翩、仪表堂堂的青年，声称这名青年是当今圣上的皇子，要面见皇上。这个消息不啻一声惊雷，一下子轰动了京城。人们奔走相告。纷纷聚集起来，围观这名青年，评头品足、交头接耳，好不热闹。开封府尹钱明逸闻讯，大为惊异，不敢怠慢，赶快命人将这个和尚和青年请入衙门，以礼相待，安顿下来。同时急忙派人奏报朝廷。

朝廷一下子开了锅，大臣们议论纷纷，有人说，皇上只有三子，都已早夭，从哪儿又冒出个皇子来，其中必然有诈，应亟加贬诛为是；有人说，皇上的私事谁能全知道，倘若这个和尚说的实有其事，贬诛之后如何收场？七嘴八舌，莫衷一是。赵祯听奏此事后，尤为恼火，即令翰林学士赵概和谏院包拯，迅速查明事情本末奏闻。

包拯铁面无私，断案如神，深得赵祯信任，接到此案之后，知道非同小可，遂抖擞精神，深究追问。终于找出了破绽，弄清了真相。原来这青年名叫冷青，其母王氏本来是赵祯后宫中的一名宫女，熟知宫内情形，后来，因她偶犯小过被贬出宫去，生计无着，嫁给一名叫冷绪的郎中（医生）为妻。婚后，王氏为冷绪生有一女一子，此子即为冷青。冷青自幼缺少家教，既不愿读书，又不愿劳动，衣来伸手，饭来张口，东游西荡，无所事事。后来竟离家出走，四处漂泊到了庐山。和尚全大道得知冷青是宫女之子，又长得一表人才，遂收留了他。全大道深知此时皇室正为无继承人着急，王氏在宫中的经历又有隙可乘，倘若把冷青调教一番，再用花言巧语骗过皇上，说不定自己因此名利双收，飞黄腾达呢。于是全大道和冷青在密室中日夜谋划，时时演练，并把冷青打扮一下，下了庐山。哪想到，刚入京城便遇上了智谋过人的包大人，露了马脚，两人全被诛死。"假皇子"的闹剧才收了场。

此后，"无子"更成了赵祯的心病，整天沉溺后宫，一一召幸，结果不但皇子无望，自己的身子也搞垮了。形神疲惫，疾病缠身。他竟长居深宫，服起丹药来，更少问政事。大臣每有国政奏闻，他连话都不愿多说，只是点头敷衍。

嘉祐四年，后宫董御侍、周御侍为其生下二女。自此，赵祯心如死灰，自己生子继嗣已完全无望。不得已立养子宗实为嗣，赐名曙，总算放下了一件心头大事。过了不到两年，赵祯旧病复发，无医可治，崩于福宁殿，终年五十四岁。

宋徽宗赵佶风流有余

赵佶(1082~1135),神宗十一子,哲宗病死后,太后立他为帝。在位二十五年,国亡被俘受折磨而死。政治昏庸腐败,但喜好书画,广收历代文物。

1."花石纲"祸国殃民

宋徽宗赵佶在位时昏庸无道,重用奸臣,大肆搜刮民财,供自己享乐。传说他下令设造作局,向民间征敛象牙、牛角、金玉、织绣等物料,役使几千名工匠制成精美工艺品供其赏玩;又下令设应奉局,抢掠民间奇花异石,用大批船只运往京城,称作"花石纲",供其盖宫殿、造花园、建宅院;还设御前生活所、营缮所、裁造院等专门为皇室供应豪华的衣物、精美的膳食和珍贵的用品等等。其中,"花石纲"一项,规模最大,对百姓祸害最重,不少人为之倾家荡产,成为方腊起义的导火线。这"花石纲"怎么会有如此大的危害呢?

原来,自唐宋以来,全国各地运往京城的货物,都要按品种编组,同一种类的货物编为一组,称之为"纲"。这种运送的方式称为"纲运",运盐的叫"盐纲",运粮的叫"粮纲",运花木奇石的叫"花石纲"。

当时,主管花石进奉的有宰相蔡京大儿子蔡攸,开封府尹盛章和苏杭应奉局的朱勔。这样一来,就有三条线为朝廷进奉花石。以朱勔的花石纲规模最大。

朱勔本来是苏州无赖朱冲之子,因巴结蔡京当上了苏杭应奉局的主管。上任之后,他凭借皇家权势,横行霸道,胡作非为。他养了一批差官,四处搜罗花石,发现谁家宅院内有中意的花木奇石,就带了兵士们闯进那家,用黄封条一贴,就算是进贡皇帝的东西了,要百姓认真保管,然后运走。如遇假山、大树等不好搬运,就令人拆墙拆屋,比强盗都凶恶。稍有违抗者,差官立刻借口"对皇帝大不恭",轻的罚款,重的抓起来投入监牢,任意治罪。如遇深山里的怪石,他即强征民夫去开采。他们还趁机大肆贪污勒索,诬告其有花石不献,逼得中等人家变卖家产,小户人家卖儿卖女。

他搜刮的东西,遍及江南各省。有江苏太湖、安徽灵璧的奇石,有两浙的异花、竹子和海鲜,有福建的荔枝、龙眼、橄榄,有海南岛的椰子,四川、两广的奇花异果,数不胜数。几乎把天下的美石、佳木都集中到了开封,供宋徽宗和大臣们享乐之用。

宋徽宗役使上万工匠,先后修建了举行祭祀活动的"明堂",举行宴会活动的"延福宫"和祈求多生儿子而在方圆十里垒土建造的假山艮岳。这些豪华建筑的石头花木,都是从全国各地通过"花石纲"运来的。

朱勔等人借口收买花石,把国库里的钱装进自己的腰包,而采办花石,则是不花一分钱,强迫百姓到深山幽谷去开凿,或是到民宅中抢掠。运送花石船只,在淮河和汴河里航行不断。据说,有一回往京城运的花石太大了,河道无法通过,朱勔下令改为海运。一座山一样的石头人在木船里,一个巨浪打来,木船一摇晃,连船带人都翻进了海里,几千名运石的民工都葬身鱼腹了。

特别是因为"花石纲"的运输,严重地影响了北宋的南粮北调,许多士兵因为给养不足,吃不了饱饭而纷纷逃亡。就连京城也常常因为粮食供应不上而发生粮荒,导致粮食短缺,米价暴涨,民不聊生,怨声载道。然而,宋徽宗却仍然整天过着醉生梦死的生活,挥霍无度。

宋徽宗常常把价值百万贯的装点有奇花异石的华丽宅第赐给那些为自己吹牛拍马的大臣。据说,他赏给蔡京的宅第,园内树木如云,还觉得不够宽敞,竟把宅西数万间民房毁掉建为"西园",无处申冤讲理的百姓们说"东园如方,西园如雨(泪下如雨)"。宋徽宗手下的三个大臣、三个宦官,被人们称为"六贼",即蔡京、朱勔、童贯、王黼、梁师成和李彦。他们贪污受贿,搜刮民财,家里的金银财宝堆积如山,比朝廷国库都多。他们占有的豪宅里都遍布江南的花石,那里面都浸透了劳动人民的血和泪。

2.迷恋李师师

传说宋徽宗赵佶生性轻浮,又值风流年华,除了耽好花木竹石、鸟兽虫鱼、钟鼎书画、神仙道教外，还嗜好女色如命。

赵佶是十七岁正式大婚的。婚后，他不喜欢相貌平平的皇后，却宠爱太后的侍女郑氏和王氏等人。因为这些女人个个姿色出众，妩媚动人。有的识字解文，能说会道；有的善解人意，温柔多情；有的心灵手巧，知冷知热。这几个人各领风骚，人人都擅一时之宠。她们曲意迎奉，关切备至，使赵佶目迷心醉，朝夕相拥。

然而，再美味的佳肴吃多了也会腻烦，再绮丽的风景眼熟了也不再新奇，在享受了十几年太平之乐后，宫禁中那甜得发腻的谄媚，那刻意做作的奉迎，早已使风流成性的赵佶感到索然寡味了。

一天黄昏，宋徽宗带着内侍数人，轻乘小辇，微服往游。满目春色，尽入眼中，但欠得，花草郁郁葱葱，烟云弥漫在道路两边。天色将暮的时候，来到金环巷，百肆杂陈、人行熙攘、盈歌笑语、热闹非凡。徽宗东瞧西望，目不暇接，在一座楼下，突听得窗帘一响，便举头仰顾，只见得窗帘开处露出一个艳美十足的俏脸儿来，鬓鸦凝翠，鬟凤涵青，秋水以神玉为骨，芙蓉如三月柳花，自有三千后宫粉黛不具有的惊艳，顿令徽宗为之倾倒。

这座楼是烟花之地的青楼，徽宗所看到的女子乃是汴京名妓李师师。李师师原本是汴京城内经营染房的王寅的女儿，父亲早亡，被经营妓院为业的李媪收养，教她琴棋书画、歌唱舞蹈。年纪十四五，渐渐出落得眉目如画，通体雪艳，诗词歌赋，也无所不精。一时间李师师成为汴京名妓，是文人雅士、公子王孙竞相争夺的对象。不想今日天缘良赐，开窗闲眺之时，正与徽宗打个照面。

徽宗下车便入青楼。见到李师师，徽宗仔细端详，一抹纤腰，眉目含情。李师师开筵宴客，酒至数巡，唱了几出小曲，益觉令人心醉。席间询及姓氏，徽宗先诌了一个假姓名。但酒喝多了，徽宗却自称"朕"，无意中透露了自己身份，李师师毕竟心灵，已是会意，她极为惊异，但伺候的自然也越发周到。待到了更深夜静，谑浪笑语，毫无避忌，徽宗便拥抱着李师师同入罗帏。这一夜的枕席缱绻，比那妃嫔而言，情致加倍。李师师温婉灵秀的气质使宋徽宗如在梦中。可惜情长宵短，转瞬天明，徽宗没奈何，披衣起床后，与李师师约会后期，依依不舍而别。别后几日，徽宗几乎每夜都梦到师师，只觉得那些后妃没有一个比得上李师师的。隔日再见到李师师，徽宗自明心迹，彻夜绸缪。他一度想让李师师充掖后宫。徽宗再三踌躇，可是李师师一个烟花女子，毕竟不便移居禁苑。从此宋徽宗对后宫佳丽视若无睹，隔三岔五就微服出宫来李师师这里寻欢作乐。自此，李师师也不敢招待外客。有权势的王公贵族也只能退避三舍。

可是偏有武功员外郎贾奕，年少英俊。以前与李师师交情深厚，一日偶遇李师师，旧情重温，便去她家中留宿，酒后不免醋意大发，写了一首讽刺宋徽宗的词："闲步小楼前，见个佳人貌似仙；暗想圣情浑似梦，追欢执手，兰房恣意，一夜说盟言。满掬沉檀喷瑞烟，报道早朝归去晚回銮，留下鲛绡当宿钱。"有好事之徒把这首词传扬开来，宋徽宗听说后大怒，差点杀了他，最后还是贬到琼州做了个参军，并规定永远不许再入都门。

李师师的家中已是门前冷落车马稀，但内中却有一人是李师师自己不能割舍的，他就是大才子周邦彦。他是词界出了名的美男子，风雅绝伦，博涉百家，且能按谱制曲，所做乐府长短句，词韵清蔚，是当时的大词人。有一次宋徽宗生病，周邦彦趁着这个空儿前来看望李师师。二人正在叙阔之际，忽报圣驾前来，周邦彦躲避不及，藏在床下。

宋徽宗送给李师师一个新鲜的橙子，聊了一会儿就要回宫，李师师假意挽留道："现已三更，马滑霜浓，陛下圣躯不豫，岂可再冒风寒。"而宋徽宗正因为身体没全好，才不敢留宿，急急走了。周邦彦酸溜溜地填了一首词："并刀如水，吴盐胜雪，纤指破新橙。锦帏初温，兽香不断，相对坐调筝。低声问：向谁行宿？城上已三更，马滑霜浓，不如休去，直是少人行。"

岂知宋徽宗痊愈后来李师师这里宴饮，李师师一时忘情把这首词唱了出来。宋徽宗问是谁做的，李师师随口说出是周邦彦，话一出口就后悔莫及。宋徽宗立刻明白那天周邦彦也一定在屋内，脸色骤变，派心腹收罗周邦彦平日所写的艳词，作为罪证，说他为人轻薄，不能在朝为官，把他贬出汴京。

李师师冒风雪为其送行，并将他谱的一首《兰陵王》唱给宋徽宗听。李师师一边唱，一边流泪，特别是唱到"酒趁哀弦，灯映离席"时，几乎是泣不成声。

宋徽宗也觉得太过严厉了,就又把周邦彦招了回来。

徽宗风流有余,治国却无一点本领。因金的南侵,徽宗赵佶于公元1125年仓皇传位于皇太子赵桓,翌年改元靖康,徽宗南奔,后被金兵俘虏。由此与李师师的风流佳话也不得不画上句号。传说后来李师师也下落不明。

宋钦宗赵桓软弱无能

赵桓(1100~1156),原名亶,又名垣,徽宗长子,由徽宗禅位于他。在位两年。金兵南下,国亡被俘后被马踩死。

宋钦宗赵桓于宣和七年受其父徽宗禅位。赵桓本是一个反复无常、优柔寡断的人,他本不愿做皇帝,在徽宗威逼之下,勉强登上帝位,但一上任,就面临着如何对付凶悍金兵的入侵的难题。

赵桓上台伊始,就惧怕金人,主张讲和,但是议和并没有坚持到底,不几天,在有骨气的大臣们的力谏下,他又变成了主战,后来又从主战变成主和。有时在一天之内变几变,有时又在同一件事情上朝三暮四,或者是在战和二者之间徘徊,或是把战与和双管齐下,并行不悖,既主战又主和,总之.支配他的不是他自己的思维,而是不时变换的各种耳边风的强弱。变来变去,终于变出了一幕亡国的悲剧。

宋钦宗赵桓在其父赵佶南逃之后,召集宰相等人议事,大家都主张赵

宋钦宗赵桓

桓也向南逃,以避金兵。幸而兵部尚书李纲力排众议,挺身而出,坚持守城,以等待各地勤王之师。正好这时燕王、越王也赶到了,也都主张固守京城。赵桓

才稍微安定下来，并对李纲说："朕今天是为你留下来的，治兵御敌，全由你来操办。"不料，当天夜里，赵桓又准备离京，第二天早晨被李纲拦住，六军将士也表示愿意誓死守城，赵桓才又勉强留下来。但是，他又派人偷偷出城，到金人营中议和去了。宋朝廷提出，愿派亲王、宰相到金营议和，同意每年增加岁币三百万两，另外，答应犒劳金军，但请免割地。当时就派人押送去一万两金子及酒果等物，送给金兵统帅宗望。然而宗望收下东西之后，却提出犒师金银帛绢各以千万计，马驼骡驴之类各以万计，尊金国为伯父，以河为界、割让太原、中山、河间三镇之地，再让宋朝的亲王、宰相到金国作人质。宋钦宗不答应，于是第一次议和破裂，金兵开始攻城，在宋军的顽强抵抗下，金兵未能攻克。

此后半月左右，各地勤王之师陆续到达，已有十余万人，于是金兵稍做撤退，集中兵力，准备再战。

李纲等人认为，金兵目前只有六万人左右，而我方已有二十多万人，而且金兵是孤军深入，不能久留坚城之下，若不能迅速攻下汴京，必然要撤退。而宋军就可趁其回撤渡河之际，加以攻击，然后联络河北各地，从背后袭击拦截金兵，这样就可以全歼金军。如果执行这个作战方案，肯定胜券在握。可是赵桓却采纳了姚平仲夜袭金营的计策，背着李纲出兵，结果劫营失败。那些主和派又喋喋不休地说什么此次劫营使勤王之师及京城部队尽被金兵消灭，吓得赵桓屁滚尿流，下诏不准再战，并罢免了李纲的职务，准备以李纲为替罪羊，来向金人谢罪。

太学生陈东等人听说李纲被罢免，数百人一起上书为李纲喊冤，京城内数万军民闻讯赶来，人们打破了登闻鼓（古代帝王悬在朝外表示听取臣下意见的鼓），呼声动天。赵桓只好又恢复了李纲尚书右丞之职，并任京城四壁守御使。

此时，金兵派人责问赵桓为何派兵袭营，赵桓连忙说这不是朝廷的命令，一定治罪偷袭之人。然后，让人带着同意割让太原、中山、河间三镇听诏前往金营，并让赵构到金营作人质。金人拿着割地诏书，押着赵构，不等宋朝答应的金帛送齐，就匆匆撤军了。宣抚使种师道请求趁金兵半渡黄河之际，出兵攻击，赵桓竟然不许。而主和派李邦彦等人则宣布军法，谁敢擅自出动攻击，格杀勿论。

种师道等人眼睁睁地看着金兵渡河而去。

金兵一退，上下自安，赵桓置边防于不顾，又好像天下太平了一样。只有李纲忧心忡忡，多次上书请求加强战备，以防金兵再次入侵，都不被赵桓采纳。甚至通知门下侍郎耿仲南等人，凡有李纲上书，一律扣压不得上报。所以仅仅过了半年，金兵又卷土重来了。

金兵见宋朝廷软弱可欺，再度南侵，至十一月初二日，两路金军会合，围住了汴京城。赵桓身边却只有卫士和弓箭手七万人而已。各地勤王兵因曾接到不得妄动的命令，且距京城甚远，救不得燃眉之急。赵桓只得在雨雪交加中，在绝境里与军民守城。正在一筹莫展之时，他竟迷信一个自称能撒豆成兵，生擒敌帅的骗子郭京，赐金帛数万，召来市井无赖七千七百七十七人，于二十五日出战，结果"神兵"一败涂地、郭京也逃跑了，金兵趁机攻进了汴京城。

赵桓痛哭道："朕不用种师道之言，以至于此。"可是后悔已晚，他对前途完全丧失了信心。此时，汴京百姓争欲巷战，吓得金人宣布要议和退兵，赵桓仿佛捞到了一棵救命稻草，亲自出城向金人恳求，奴颜婢膝、低声下气地俯首称臣，乞求宽恕。签字已毕，赵桓又摆下香案，望金国方向拜了拜，算是尽了臣礼，金人这才同意放他回城。

回城后，赵桓下令搜集金银、骡马、女人送与金使。计有金一千万锭、银二千万锭、帛一千万匹、牲畜七千余匹、少女一千五百人，甚至连自己的嫔妃也拿来充数。但金人贪得无厌，嫌所给金银数量不足，声称要洗劫城池，并要赵桓再去金营议事。吓破了胆的赵桓只得再次前往，被金人当作人质扣留下来。赵桓被迫下令城中官吏加紧搜刮金银，百姓各分坊巷，互相监督，即使妇女的钗钏之物也在搜刮之列。市井寺观、妓院旅居，根刷殆遍，弄得汴京城里翻江倒海，民不聊生。

这次"议和"让赵桓在金营内受尽了苦，遭尽了辱。他整天被囚在一间小屋里，忍受着彻骨寒风，没吃没喝的，晚上蜷缩在一铺土炕上，连被褥都没有，真是生不如死。后来，他的父亲太上皇赵佶也被押来。四月一日，赵桓及赵佶、皇后、妃嫔宗室、大臣等二三千人也成为俘虏，随金兵北归。

国学经典文库

中国古代野史

·宋辽夏金野史·

图文珍藏版

1092

宋高宗赵构"处女"选太子

赵构(1107~1187),字德量,南宋第一代皇帝,在位时间共三十五年(1127~1162)。年号先后为建炎、绍兴。

宋高宗赵构虽然后宫妃嫔如云,但儿子却只有元懿太子赵旉一人,可是赵旉年仅三岁就突然夭折,使赵构大为悲痛。太子既死,赵构又在南逃途中受惊,患了不育之症,一时之间,皇储无人。可是储君乃一国之本,储君不立,朝野不能安心。为了保住赵家江山,赵构只得在太祖的后裔中"伯"字行里访宗求室。此时,"伯"字行的已达一千六百四十五人,他先从中选七岁以下儿童十人,再逐一审看,最后只剩一胖一瘦两个小孩子。胖的是伯玖,瘦的是伯琮。

赵构粗看以后,决定"留胖去瘦",并赐伯琮三百两白银遣回原地。伯琮正待捧银出门,赵构又说没看仔细,让他二人双手并呈,自己站在一旁反复端详比较。忽然间一只猫从二人身边经过,伯琮立着未动,伯玖却飞起一脚向猫踢去,赵构不高兴地说:"如此轻狂,怎能担当社稷重任!"于是决定"留瘦遣肥"。这样,伯琮便以候选人的身份被养育在宫中了。

伯琮入宫三年,方才六岁,城人护持,赵构便让张婕好养育。伯琮天资聪颖、博闻强记,异于常人,颇受赵构钟爱。伯玖也被孤独无依的吴才人抚养。长大之后伯琮被加爵普安郡王,伯玖也被封为恩平郡王。二人才能不相上下,赵构一时踌躇不决,未下诏立谁为嗣。为试二人优劣,赵构决定用"处女"选太子。于是各赐宫女十人,几天之后,赵构将宫女召回,一一检验。结果,赐给伯琮的十人都未破身,赐给伯玖的十人都已被其奸过,不是处女了。赵构并未将此事告诉别人,但内心已知孰优孰劣了。

原来,伯琮本不是好色之徒,宫闱生活尚称严谨,再加上他的老师史告预先提醒他谨慎从事,经受考验,使伯琮轻而易举地击败了伯玖。

绍兴三十年,赵构宣布立伯琮为皇子,封为建王,并诏告天下。之后,确定伯玖为皇侄,皇位继承人算是确立了。绍兴三十二年,赵构正式册立伯琮为太子,并在紫宸殿行内禅之礼。但赵玮不肯接受,退到大殿一侧的旁门,想返回东宫。经赵构再三勉谕,太子方才答应。

赵构为什么要在此时禅位呢?原来,他自即位起,颠沛流离、半生戎马,身倦神疲,早就想当太上皇过清闲日子了。这段时间,金人屡次入寇,他带兵亲征不利,两淮又告失守,朝臣们畏敌如虎。争相提出退避之计。赵玮年轻气盛,讨厌秦桧专权卖国,且正随赵构在军中供职,也熟悉了朝中文武及军中将士。赵构说不敢抗金,又无法继续推行投降政策,进退两难,只好把这副担子扔给赵玮。

行内禅礼时,文武百官齐聚殿门之下,宣读禅位诏书后,按官阶高低鱼贯进入紫宸殿迎接太子登极。过了一会儿,赵玮身着朝服,由内侍扶掖来到御座前,但却拱手侧立不坐,七八次扶掖之后才稍稍就座,宰相率领百官祝贺,赵玮又忽然从座上跳起来,悲怆地说:"皇父之命,过于独断,此天子大位断不敢为,还是容我退避吧!"群臣当然不依,又是一番苦劝,赵玮推辞再三后也只好听从所请,告继皇位,是为孝宗。

即位仪式刚刚结束,孝宗便着龙袍,佩玉带,行出禅曦殿,送上皇还宫,直到出宫门还不肯止步,赵构再三辞谢,他才停下。赵构高兴,说:"我托付得当之人,可以说是没有遗憾了。"

宋孝宗赵玮不孝之悲

赵玮(1127~1194),字元永,初名伯琮,生于秀州。后改名瑗,赐名玮。公元1162年高宗让位于赵玮,是为宋孝宗。在位二十七年,统治期间政治经济相对较为稳定,是南宋第二代皇帝。

宋孝宗赵玮即位之后,对其养父高宗赵构极尽孝道,"孝子"之名妇幼皆知。几十年来.父子相处极为融洽,感情笃厚。孝宗每月四次朝拜太上皇,毕恭毕敬、曲意侍奉,从不违拗太上皇之意,哪怕是军国大事,起用官吏,也顺太上皇之意而为。

即位之初，孝宗很想有一番作为，主张抗金，以恢复祖宗基业，而高宗却不赞成对金用兵，想苟且偷安。父子二人意见不一致，使高宗大为不快，对孝宗说道："此事（指抗金用兵）待我百年之后，你再议论吧。"从此，孝宗在高宗面前就再也不提此事了。

一次，高宗在灵隐寺遇见一位行者。此人本是一位落职的郡守，一个脏污狼藉、侥幸免死的犯官。可是，他与孝宗攀谈启用此人。过了几日，高宗再访灵隐寺，发现此人还在，心中不乐，见了孝宗板起面孔不言不笑，吓得孝宗对宰相说："昨天太上皇盛怒，朕只恨地上无缝可钻，即使是犯了大逆谋反罪，也要放他。"结果恢复了这人的官职，高宗才转怒为喜。

淳熙十四年，八十一岁的太上皇高宗忽然得病。孝宗扔下政事不顾，天天在德寿宫高宗的病榻前侍奉汤药，极尽孝子之道。无奈高宗寿限已到，医药无能为力，孝心也无济于事，不到一个月，就病死了。孝宗悲痛欲绝，捶胸顿足大哭不止，两天之内竟滴水不进，并下了哀诏，为高宗服丧三年。自此以后，每月的初一、十五，孝宗都要着孝服，亲自到德寿宫举哀。服丧期间，他禁劳吃素，少饮少食，渐渐形容憔悴、面容苍白，精神萎靡，连宫中的妃嫔都替他担心，生怕他病倒生出什么意外。有位姓吴的夫人在素菜中掺上一点鸡汁，他发觉后，竟勃然大怒，当即将吴夫人逐出宫门。孝宗的孝心可谓天下少有。

可是，万没想到，他这样一个孝顺皇帝，竟死于自己的不孝儿子之手。

高宗去世之后，孝宗也已六十多岁了，他在位多年，对政事已感到厌倦，遂有意借服丧之机退位，因大臣们苦苦挽留，才暂时没有禅位，但退位之意却不可动摇了。

淳熙十六年，金世宗完颜雍病死，他二十一岁的孙子完颜景继承了皇位。这样一来，按"隆兴和议"的规定，孝宗就得对小自己四十多岁的完颜景称叔伯，真是无法张口，于是在当年二月，自己当了太上皇，禅位给太子赵淳，号为光宗。

光宗即位后，太子妃李氏被册为皇后。这李氏与孝宗翁媳之间素来不和，宿怨很深。孝宗对她经常教诲，她却不理不睬，为此，孝宗曾对禅位犹豫过。如今木已成舟，作为皇后的李氏自然千方百计地报复孝宗，处处挑拨孝宗与光宗的父子关系。光宗竟抗不住枕边风，渐渐与其父疏远起来，一年也不见孝宗一面，使孝宗怏怏不乐。不久就郁闷成疾。茶饭不思，形神疲乏。可是，直到病危，光宗也不出面探望。孝宗很想见儿子一面，临死也未能如愿，终于含恨而死，终年六十八岁。

宋恭宗赵显为僧被诛

宋恭宗赵显，(1271～1323)，是南宋第七位皇帝。即位前曾被封为嘉国公，左卫上将军等。谥号恭皇帝。1274年因宋度宗酒色过度而死，四岁时在奸臣贾似道扶持下登基，是为宋恭帝，年号德祐。五岁即国亡被掳，当了囚徒，十九岁被逼为僧一直到死，一生遭遇极为悲惨。

传说，赵显嗣位之时，宋朝江山已是危如累卵，摇摇欲坠了。蒙古铁骑继续向南猛扑，局势已经无法收拾。元世祖任命伯颜为统帅，攻下了鄂州，沿江东下，直取临安。独断三朝(理宗、度宗、恭宗)、贪生怕死的奸臣贾似道一面带领七万宋军驻守芜湖，一面派使臣到敌营中求和。伯颜拒绝求和，命大军在长江两岸发起进攻，宋军全线崩溃。第二年，伯颜带兵占领了临安，垂帘听政的谢太后带着五岁的小皇帝赵显出宫投降，从此当上了俘虏。

此时，没被消灭的宋朝残余力量拥立的端宗赵昰、卫王赵昺仍在继续抵抗，新征服的地区也是干戈四起。忽必烈意识到这个落难的少帝仍有可利用的价值，只有安置了他，以他作为幌子才能招徕那些尚未归附的南宋臣子们，于是封赵显为瀛国公，把赵显等人软禁在高墙深院之中。赵显处处小心、忍辱偷生，不敢越雷池一步。十二岁那年，忽必烈忽然下诏，令赵显迁往上都，到偏僻的蒙古腹地去。据当时有位僧人告诉忽必烈，从星相上看"土星侵犯帝星"，必将有人危害皇帝，应加以提防；又听说有人声称要为被俘的丞相文天祥起兵。忽必烈感到，赵显和文天祥对自己的统治是个威胁，所以在大都杀害了文天祥，并把赵显发遣到上都。

赵显十九岁那年冬天，忽必烈突然赏赐赵显一大笔钱财，赵显不知何故，受宠若惊。事隔十天，忽必烈下诏让他去吐蕃学佛法，并令他即日启程不得有误。原来忽必烈认为南宋已灭亡十二年之久，元朝在中原的统治也大体稳定，赵显在政治上、军事上都无利用价值了，让他出家当和尚，与世无争，算是开恩吧。

从上都（今内蒙古正蓝族东）到吐蕃（今西藏自治区）有万里之遥。一路上赵显过草原、进沙漠、跋山涉水、风餐露宿，经过了千难万险，才到了吐蕃，居住在拉萨加大寺。一个汉族青年，身处藏地，言语不通、水土不服、人地生疏、无亲无故，每天伴着青灯黄卷、晨钟暮鼓，过着清心寡欲的生活，这与他的皇帝生活，形成了多么巨大的反差！但赵显很快就适应了这种生活，学会了藏语藏文。经过多年的刻苦钻研勤奋努力，他竟当上了该寺的住持，并成为一个出色的翻译大师。一些比较深奥的佛家专著都出自他的手笔，藏族史学家把他列入翻译大师的行列中。他为汉藏文化的交流，做出了可贵的贡献。可惜，赵显的这段经历只在藏族典籍中有所记载，一般人便无从知晓了。

至治三年，他因无意写了一首诗，被赐死于甘肃河西。他的诗原文如下：

> 寄语林和靖，梅花几度开？
>
> 黄金台下客，应是不归来。

诗中的下句"黄金台"是一个地名，有一典故，讲的是战国时燕昭王在大都朝阳门附近筑土为台，上置千金以招天下贤士的故事，元朝统治者认为此句是赵显抱怨自己是"台下客"未受重用，有不满之意。

诗中的上句"林和靖"，是一人名，是宋代一位出名的高士。此人无意功名进取，二十年不临市廛，终身不娶。他在杭州西湖的孤山结庐，以梅树仙鹤为伴，人称他是梅妻鹤子。他死后，宋仁宗念其清高，谥为"和靖先生"。这在元人看来，是赵显在以林和靖自比，而林和靖又居于南宋都城一带，足以证明赵显是借题发挥，怀念故国，其意在煽动天下人心，图谋不轨。

如此"上纲上线"，赵显岂有不死之理？

独具睡名的大辽睡王辽穆宗耶律璟

辽穆宗耶律璟字述律,他是太宗的长子,母亲是靖安皇后萧氏。耶律璟于会同二年九岁时晋封为寿安王,到天禄五年群臣奉他即位,时年二十岁,称为天顺皇帝。耶律璟即位以后,虽然尊为天顺,但政局极其不稳,叛乱此起彼伏。先有太慰忽右质谋乱,穆宗一举扑灭,诛杀无数。接着,国舅政事令萧眉古得、宣政殿学士李瀚等谋逆南奔,穆宗将其识破,诏暴其罪。不久,政事令萧眉古得会同林牙敌烈、侍中神都、郎君海里等谋乱,穆宗下令逮捕,杀萧眉古得、娄国等,杖李瀚。

扑灭了几次叛乱,政局稳固,穆宗开始讲求享乐,希望能够长生不死。应历七年四月朔日,穆宗回到上京。女巫肖古曾奏上延年益寿药方,穆宗大为兴奋。药方配制独特,尤其是要用男子的胆和药下服,穆宗觉得惊奇,并深信不疑。于是,接连几年服药,也

辽穆宗

接连几年杀死了无数的童男子,取其胆用以和药。到这时,穆宗才发觉延年益寿的药方是骗人的,穆宗回到上京以后,便吩咐推出女巫,当场射杀。

穆宗沉溺于美酒,乱杀无辜,日益变得喜怒无常。应历七年十二月,穆宗大猎七鹰山以后,趁着高兴,诏令天下:有罪的,依法论刑。我发怒时,难免祸及无辜,你们要据理劝谏,不要盲从。但此后穆宗并没有什么好转,而是继续沉醉于美酒,终日昏睡。王子敌烈、前宣徽使海思、萧达干等不满于穆宗昏庸,密谋造反。事泄以后,穆宗治其罪,还郑重地敬视天地、祖先,告知贼臣谋反,随后召群臣议事。一年以后,穆宗便彻底地射猎游乐,动辄昏睡,干脆不理朝事。

穆宗在位十八年，从应历十三年以后他开始嗜酒、嗜睡。应历十三年正月他一连酗饮九日，醉得几天不醒，醒来以后就杀死了兽人海里。两个月后，穆宗杀鹿人弥里吉，割下他的脑袋，将脑袋赏赐给掌鹿者。穆宗带近侍游猎，近侍射中了一只獐，穆宗认为近侍伤生，吩咐杖责近侍，结果近侍被活活杖死。接着，穆宗又杀獐人霞马，杀鹿人曷主。后来，又肢解鹿人没答、海里等七人。

穆宗在最后的几年，除了昏睡、醉酒，便是动不动就杀人。他身边的近侍和仆从被他杀死的即有：近侍小六、近侍东儿、虞人沙剌迭、近侍喜哥妻，近侍随鲁、近侍白海、家仆衫福、押剌葛、枢密使门吏老古、挞马失鲁、狼人马里、豕人阿不札、术里者、涅者括等。穆宗真是杀人如麻，连他身边的近侍也不放过。穆宗如此沉醉、乱杀，结果召来了杀身之祸：应历十九年正月，大宴宫中，酒醉以后，命殿前都点检夷腊葛代行击土牛礼。酒醒以后，穆宗和群臣玩叶格戏，并诏令太尉化哥：我醉中处事有错，不要执行，酒醒以后复奏。接着，穆宗领群臣、近侍出宫游猎，射大熊，欢饮达旦，君臣大醉。近侍小哥、盥人花哥、庖人辛古等六人平日胆战心惊，不胜其苦，此时即乘机杀死穆宗，时年三十九岁。

从史书的记载上看，穆宗身体卑弱，怕见女人，因而不喜女色。《契丹国志》说，穆宗在藩邸时，述律太后想给他纳妃，他称自己有病，坚决拒绝。即位以后，嫔御美人面前，他连看都不看。朝臣考虑嗣统，上奏说淑房虚位，乞望立后坐镇六宫，穆宗置之不理。结果，他的左右近侍和一应房帷供奉，全都是阉人。也许，穆宗的残暴是源于他的天阉，天阉导致他的失性变态，于是，他终日除了睡觉，便就是游乐和杀人。

穆宗在中国历史上最驰名的不是游乐、杀人，而是终日酗睡。游乐和杀人是中国帝王们的专利，几乎史不绝书，因而没什么新鲜。但睡觉却是不同。除了天阉，享乐不尽的帝王哪里会终日睡觉？他们总觉得时间紧迫，享乐不够。穆宗则不同，美人他享受不了，与其去受罪，吃饱喝足以后倒不如去睡觉。于是，史书便这样记载说：穆宗年少，好游猎，不亲国事，每夜酗饮，达旦乃寝，日中方起，国人谓之睡王。有两首宫词对此也有精彩的描述：

沉沉宫禁静无哗，五凤楼开理鬓鸦。

怪底君王眠不醒，春风闲煞拔庭花。

延昌宫外夜冥冥，侍宴宫娥冷倚屏。

四鼓将残齐聒帐，何曾唤得睡王醒。

这就是中国历史上独具睡名的大辽睡王。

辽兴宗搧岳父耳光

辽兴宗耶律宗真是中国历史上一位较为独特的皇帝。他崇尚文化，对于与他对峙的汉王朝汉族文明和风物制度由衷敬仰。他统治的时代正是北宋仁宗赵祯在位时期，他和宋仁宗忘却了边境的金戈铁马，互赠书法、绘画，这段史事在艺林中一直被传为佳话。可是，就是这样一位雅好文事的辽兴宗，竟横不讲理，在一次酒宴上当着汉番百官搧了他岳父一耳光。

辽兴宗耶律宗真字夷不堇，小字只骨，是辽圣宗耶律隆绪的长子，母亲是钦哀皇后萧氏，养母是圣宗仁德皇后。仁德皇后萧氏小字菩萨哥，是景宗睿智皇后的弟弟隗因的女儿，年十二岁时美丽多才、被选入掖庭，统和十九年正式册为圣宗齐天皇后，后来谥为仁德皇后。仁德皇后美丽多情，一直受到圣宗的宠爱。她还别出心裁，以草莛为殿式，密付有司，令造清风、天祥、八方三殿。三殿造成后，圣宗大为奇怪，更是宠爱无比。连她所乘的车，都是龙首鸥尾，装饰黄金，精美绝伦。她还造九龙辂，诸子车，用白金造浮图，无一不是巧夺天工。因此史书说：夏秋从行山谷间，花木如绣，车服相错，人望去以为神仙。

可是，仁德皇后命好却是子嗣不继。她先后生了两个儿子，但都一一夭折。开泰五年，宫人耨斤生下了一个儿子，仁德皇后抱过来收养，他就是后来的辽兴宗耶律宗真。圣宗临终时，宫人耨斤见圣宗奄奄一息，知道自己的儿子马上要继任为大辽皇帝，耨斤无所顾忌，指着仁德皇后，破口大骂：老家伙没有够吗？左右侍儿低着头，默默地扶出痛不欲生悲苦不堪的仁德皇后。圣宗死去。耨斤自立为皇太后，即钦哀皇后。耨斤又授意护卫冯家奴、喜孙等诬告北府宰相萧浞卜、国舅萧匹敌谋逆，然后下诏穷治，连及仁德皇后。刚即位的兴宗耶律宗真闻讯以后立即阻止：皇后侍先帝四十年，抚育我长大，当尊为太后，如今没尊为太后，反而治罪，行吗？耨斤见儿子袒护，狠狠地说，此人若在，恐为后患。兴宗固执己见：皇后年纪大了，又没有儿子，还会怎么样呢？仁德皇后于是免于冤死，被耨斤迁往上京看管。这一年，兴宗刚即位，年仅十六岁。

史书称兴宗：幼时聪明，长大魁伟，龙颜日角，豁达大度。善骑射，好儒术，通音律。三岁封梁王，太平元年册为皇太子，十年六月判北南院枢密使事。兴宗即位之前即已经受了磨砺，深知血腥的权术内幕。即位以后，他又目睹和默许了他的母亲对于仁德皇后的迫害。他在枢前即位以后即尊其母元妃萧氏为皇太后。大行皇帝的梓宫刚刚殡葬于永安山太平殿，皇太后萧氏耨斤即将驸马萧鉏不里、萧匹敌赐死，将围场都太师女直著骨里、右祗候郎君详稳萧延留等七人弃市，籍没全家。在兴宗的力谏下，又将仁德皇后迁往上京，随后怕兴宗怀鞠育恩，便遣人加害。使者到达后，皇后质问：我实无辜，天下共知。你待我沐浴，而后就死，可以吗？使者退出，回来后皇后便已死去。

即位一个月，先皇尸骨未寒，兴宗即召晋王萧普右等人入宫，陪他宴饮博戏，夜分才散。接着，又与近侍和群臣击鞠。尽兴以后，才禀母后意旨视事，委耶律韩八为左夷离毕，特末里为左祗候郎君详稳，横帐郎君乐右权右祗候郎详稳，耶律郑留为于厥迪烈都详稳，高八为右皮室详稳。政局稳定，与宋修好，宫禁平安无事。

六年后的重熙四年（公元 1035 年），立萧氏为皇后。萧氏小字挞里，是钦哀皇后耨斤的弟弟孝穆的长女。萧氏性情豁达，为人宽厚，容貌端庄秀丽。兴宗即位时，耨斤即将她召入后宫。兴宗临幸了她，不久生下耶律洪基，即为后来的辽道宗。道宗生下以后，萧氏才被正式立为皇后。

兴宗喜好游猎。重熙五年九月，兴宗带着侍卫，行猎黄花山，在那里猎获了三十六只大熊，十月幸临南京（今北京），临御元和殿，以《日射三十六熊赋》《幸燕诗》试举进士，择优赐冯立、赵徽四十九人进士及第，并委冯立为右补阙，赵徽以下为太子中舍，统统赐赏绯衣、银鱼，大宴庆贺。辽代御试进士就是从这时开始。这件事有宫词云：句胪高唱榜花开，玉殿千官笑语陪。三十六熊同献赋，夺

国学经典文库

中国古代野史

·宋辽夏金野史·

图文珍藏版

标争及状元才。

兴宗对于文事兴致极浓。他还书画兼工,尤其长于画鹅,状貌逼真,栩栩如生。关于这一点还要在宫禁文化活动一节中专讲,这里从略。兴宗在文事中除了书画诗赋的爱好,还酷爱音乐和杂剧,他常常夜间酣饮,加入伶人的乐队,自唱自娱,乐在其中。他爱喝酒助兴,一次兴致高涨时,加入伶人的乐队弹奏,并毫不顾及有汉番百官在座,竟吩咐皇后美妃们换上女道士的衣服,即席上场表演。皇后美妃们只能从命,入内换上女道士的衣服。皇后的父亲萧磨只看不过去,觉得很丢脸面,便恭敬地上前进谏:汉番百官都在,后妃入戏,恐怕不合适。这真是大煞风景。兴宗怒视败兴的岳父,挥手就是一耳光,随着一声脆响,迸出一句:我尚入戏,何况你的女儿!岳父萧磨只和随同兴宗入伶人乐队玩乐的王纲、刘四端兄弟以及后妃、百官都目瞪口呆。此事有宫词为证:

> 竿木逢场一笑看,内家妆束易黄冠。
>
> 君臣宴乐团栾坐,始信天朝礼数宽。

兴宗耶律宗真在位二十六年,四十岁时死于行宫。史学家尽管对兴宗的奇特行为大感惊奇,迷惑不解,但还是公正地说:圣宗以下,兴宗还是可谓贤君。

金熙宗游猎无度

金太宗天会十三年正月,六十一岁的太宗完颜晟去世,谙班勃极烈完颜亶即位,是为金熙宗。完颜剌本名合剌,是太祖完颜旻之孙,父亲是景宣皇帝,母亲是富察氏。景宣皇帝即丰王宗浚,熙宗即位以后追尊。谙班勃极烈是太宗即位前的官称,太宗即位以后,将此授给其弟完颜杲,地位相当于太子。天会八年,完颜杲死,太宗久意不决。两年后,左副元帅宗翰、右副元帅宗辅、左监军完颜希君入朝与宗翰合议:谙班勃极烈虚位已久,今不早定,恐授非其人;合剌,先帝嫡孙,当立。四人进奏太宗,陈述再三,太宗才下诏:你为太祖嫡孙,故命你为谙班勃极烈。你不要自谓年幼,狎于童戏,要好生修德。

熙宗是金代的一代明主。他即位以后,推行大规模的改革,推行汉化。他崇尚儒学,对于贞观天子由衷钦佩。他曾召集翰林学士,对他们说:我每阅贞观政要,见其君臣议论,大可效法。翰林学士韩昉回答说,唐自太宗以后,可以称道的皇帝就是唐明皇和唐宪宗。唐明皇有始而无终,初以艰难得位,用姚崇、宋璟,能成开元之治。末年殆于万机,委政李林甫,奸谀当道,以致天宝大乱。熙宗点头称善。可是,金熙宗在位十二年,其为政尚仁就是有始无终,最后竟以妄杀驰名。

汉儒韩昉是金熙宗的启蒙教师。熙宗自幼受学,习汉文,学汉礼仪、制度,由衷地敬慕汉族文化。熙宗是第一个接受汉文化从而鄙薄女真习俗的皇帝,也是大金第一个用汉代的官制和风俗改造女真官制和风俗的皇帝。金熙宗在推行汉化中,受到了来自各个方面的阻力,尤其是皇帝贵戚,达官显贵。熙宗对此泰然自若,针锋相对,并毫不客气。

熙宗以相位易兵权的方法升国谂右勃极烈、都元帅宗翰为太保,封晋国王,实际上剥夺了这位专权和淫刑毒政的权臣的权力。接着,熙宗以贪赃罪,杀尚书左丞高庆裔和转运使刘思。高庆裔被杀,连及同党宗翰,宗翰自尽。除掉了宗翰,熙宗又以相位易储贰的办法,升长子宗磐为尚书省尚书令、太师,地位最高。宗磐和宗翰本来是争夺大位的死敌,宗翰死后,宗磐骄纵跋扈,甚至当着熙宗的面,要杀宗干。不久,宗磐、宗隽谋反,宗干、宗弼和完颜希君联合平叛,杀死宗磐、宗隽,宗干升任太师,晋封梁宋国王。熙宗随后又杀死了谋反的行台左丞相挞懒、翼王鹘懒反活离胡土、挞懒子斡带、乌达补等。最后,臣宗杀掉危害改革和影响皇权的重熙萧庆和完颜希君。阻力一一剪灭,熙宗便大胆地进行改革。

熙宗大胆地废除了勃极烈制度,采用辽宋官制,兼采唐代制度,设尚书、门下、中书三省和太师、太傅、太保之师。他又废齐、燕枢密院,设行台尚书省。天眷元年,颁行新官制和换官格。从这个时候开始,金代开始有内廷之禁,也从这时开始从亲王以下严禁带刀入宫。皇统时期,熙宗又诏令诸臣以本朝旧制,兼采隋唐制度,参酌辽宋大法,编纂成书,颁行中外,为《皇统制》。这是金代统一法制的开始。

皇统元年，熙宗亲祭孔子庙，北面至诚再拜。熙宗对侍臣说：我幼年游侠，不知道求学，年岁大后，深以为悔。孔子虽然无位，但其道可尊，让万世景仰。熙宗和其他的许多帝王一样，只是说得好听，一转身便全盘忘记。就是从这一年开始，熙宗便沉溺于美酒，常常召近臣痛饮，夜以继日，宰相入内进谏。熙宗举杯说：知道了，就饮这一次，明日就戒。这话自然又不能当真，第二天他依旧我行我素，痛饮尽兴。

有一次，熙宗在五云楼，大宴群臣。他不停地吩咐上酒，让群臣豪饮，结果，全部醉倒。当时，金人出使宋朝，求赠白面猢狲、鹦鹉、孔雀、狮子、猫。宋帝悉数赐赠，并对金使说，听说金皇后擅政，三省只承皇后旨意。皇后天性侈靡，用珍珠装被，召集绣妇至数千人，一天绣衣一袭，值数百缗。侈风如此，还能长久吗？

确实，这位干政的皇后便是熙宗悼平皇后裴满氏。宗翰、宗干、宗弼相继被除以后，熙宗日益荒政，沉溺于美酒。皇后便干预政事，渐渐地，裴满氏便左右逢源，无所顾忌，最后竟发展到掣制熙宗。熙宗内不能干政，因为无聊，便纵酒酗怒，亲手杀人。熙宗晚年酗酒妄杀，原来还有这一层。

皇太子济安病重。熙宗和皇后临幸佛寺，焚香泣祷，赦免五百里以内罪徒，但一切无济于事，皇太子还是于皇统三年正月死去。熙宗此后便不临正殿，不再视朝。熙宗这一年二十五岁，当时只有两个儿子，一个是刚死去的济安，另一个是魏王道济。一年以后，醉酒错乱的熙宗斩断了自己的皇统血脉，杀死了唯一的儿子道济。此后，熙宗游乐、醉酒、杀人为乐便一发不可收拾。

熙宗游猎无度，而且游猎时心情极好，也较宽容。有一次，他带着侍从，游猎一阵以后信马闲游。他的坐骑跟着猎禽在荒漠的寒土地上乱走，结果误入了一片大泽之中。熙宗惊醒过来时，坐骑已经陷入沼泽中，不能拔出。熙宗只是笑笑，在侍从的帮助下，走出沼泽，却破天荒地没有降罪导骑，把他杀死。

国师宇文虚中恃才傲物，爱讥讪时政，品评政务。熙宗接受宇文虚中谋反的诬告，吩咐穷治。可是鞫治无状，没有证据。熙宗便以家藏图书作为宇文虚中谋反的罪证，下令将他杀死。临死时，宇文虚中抗议，说：我死没什么说的！

只是图籍,南来士大夫家都有,翰林学士高士谈家尤其多,难道都反吗? 虚中本意是忠心进谏,希望熙宗醒悟:死是没有什么可说的,可是要以图籍治罪,那就太不应该了;南来的士大夫哪一家没有图籍,朝廷礼重的翰林学士高士谈家里图籍就最多,难道他们都谋反? 可惜熙宗没有听进这些,不仅没有赦免虚中无罪,反而杀死了虚中及其全家老幼上百口,并杀死了翰林学士高士谈。可怜高士谈一代才士。竟这样不明不白地冤死。且看高才士的《棣棠诗》:

> 闲庭随分占年芳,袅袅青枝淡淡香。

> 流落孤臣那忍看,十分深似御袍黄。

皇统七年四月,熙宗在便殿设宴,喝得大醉,挥刀杀死户部尚书宗礼。两个月后,又杀横海(即沧州)节度使田等八人。两年后的皇统九年四月,狂风暴雨,电闪雷鸣。大殿的鸱尾震坏,大火熊熊,窜入了熙宗寝宫,烧毁帐幔。熙宗仓惶奔别殿躲避。接着,盛传利州榆林河上有二龙相斗,斗得极为残酷。随即大风铺天盖地,扫平民居官舍,瓦木人畜等在狂风中飘扬十余里,死伤无数。

熙宗以天变大赦天下,并命翰林学士张钧立即草诏。参政萧肆说张钧草诏语涉诽谤,即有所谓:龙潜我宫。熙宗大怒,说:龙奈我何! 吩咐杖张钧数百。张钧奄奄一息,还没有死,熙宗用剑厘其口而醢之。张钧惨死。熙宗却在当日颁诏,大赦上京罪囚。这年八月,宰臣议徙徙辽阳、渤海的居民充实燕南。熙宗同意。侍从高寿星家在迁徙之列。高寿星到皇后前哭诉。皇后进言熙宗,激起熙宗愤怒,熙宗吩咐杖责动议迁徙的平章秉德,杀死郎中萨哈。可怜宰臣受屈,侍从高寿星遂意,竟举家没有迁徙。

熙宗有兄弟三人:他、胙王完颜元、安武节度使扎拉,都是景宣皇帝宗浚的亲儿子。皇统九年十月,熙宗杀死了自己的亲兄弟完颜元和扎拉,又杀死了左卫将军塔斯、故王子阿兰、达林。十一月,杀死皇后裴满氏,召胙王完颜元、王妃萨满入宫。几天后,杀死爱妃:德妃乌吉论氏、妃夹谷氏、张氏、裴满氏。第二天,完颜亮杀死熙宗,年仅三十一岁。降封东昏王。完颜亮即帝位,为金海陵帝。

淫荡无耻的金废帝海陵王

中国历史上最淫荡,最无耻的帝王恐怕要算是金废帝海陵王。

海陵王完颜亮,本名迪右乃,小字元功,是辽王宗干的第二个儿子,母亲是大氏。太祖天辅六年(公元1122年)完颜亮生。天眷三年完颜亮十八岁,以宗室子授奉国上将军、赴梁王宗弼军前任使,任行军方户,迁骠骑上将军。四年后的加龙虎卫上将军,为中京留守,迁光禄大夫。

史称完颜亮为人急,性多猜忌,狠毒残忍。当初金熙宗完颜亶以太祖嫡孙继承大位,完颜亮便心中躁动。他是辽王宗干的儿子,宗干是太祖完颜的长子,这样他和完颜亶一样同是太祖的嫡孙,而且他还居长,所以他认为自己应当入主大位。完颜亶被大臣们拥立即位,他就静观事态,虎视眈眈,暗中觊觎神器。

完颜亮喜好读书,看上去人很宽和,但实际上城府深密,莫测高深。他留守中京时便潜心权术,专务立威,使文武臣僚唯命是听。猛安萧裕阴险狠辣,敢作敢为,完颜亮倾心接纳。萧裕劝完颜亮举大事即皇位,两人不谋而合。皇统七年,完颜亮判大宗正事,进平章政事,大权在握,开始揽权植党,引萧裕为兵部侍郎。不久,迁右丞相,兼都元帅。

有一年完颜亮生日。熙宗派大兴国带着司马光画像和玉吐鹘、厩马等赐赏丞相。皇后裴满氏也派人赐赏礼物。熙宗大怒,下令杖责使臣大兴国,并追回一应赐物。丞相完颜亮心中恐惧,于是疑畏愈甚。右丞相秉德、左丞唐古辩被杖,密谋废掉熙宗。乌达告之完颜亮,互相勾结,并派李老僧约寝殿实达尔大兴国、护卫十人长图克坦额勒楚克、布萨呼图等共举大事。

左丞唐古辩曾回答完颜亮,一旦举大事,谁可继位,说胙王常胜。完颜亮摇头。再其次回答是邓王子阿懒。完颜亮又摇头。唐古辩大惊,明白了似的试探说:你有意吗? 完颜亮从容地回答:如果不得已,我其谁? 皇统九年十二月丁巳夜,大兴国取符钥开门放进完颜亮、秉德、唐古辩、乌带、李老僧等人,一行直奔寝殿,杀死熙宗。完颜亮即位,是为海陵王。杀左丞相宗贤、曹国王宗敏,任秉德为左丞相,唐古辩为右丞相,乌达为平章政事。嫡母图克坦氏、母亲大氏并尊为皇太后。

海陵王即位后,大施杀戮,树立权威。杀了政敌以后,他便转而杀拥他即位的重臣。他即位后,杀太傅领三省事的重臣宗本,杀左丞相唐古辩、杀判大宗正事宗美,朝野百官便吓破了胆,一个个噤若寒蝉;唯命是听。接着,他又派人杀了领行台事的秉德和东京留守宗懿,北京留守卞以及太宗子孙七十余人、宗翰子孙三十余人、各宗室五十余人。海陵淫威之下,人人自危,海陵王于是便可以从容不迫,为所欲为。

海陵王极善诈饰。他即位前只有姜媵三人。即位后,他定宠妃十二人,并立惠妃图克坦氏为皇后,正位宫闱。右丞相梁汉臣、兵部侍郎何卜年进奏迁都。海陵王下令营建燕京宫室,仿照汴京制度。天德三年四月,海陵王正式迁都燕京。一个月后,宰臣迎合海陵王,奏请增嫔御,以广继嗣。海陵王当然乐意,美人便源源不断地送入后宫。海陵王还吩咐图克坦贞诏令宰相,将所诛杀的各位逆党的妻、女,悉数纳入后宫。宠妃萧裕认为不可,进谏劝阻,海陵不听。于是,宗本子苏尔图、宗固子呼喇勒、和硕打,秉德弟喜哩妻等一行美人,纳入了海陵后宫。

海陵的嫡母徒单氏是宗干的正室,没有子嗣。次室李氏生长子完颜充,后封郑王。次室大氏生三个儿子,长子就是海陵王。徒单氏和大氏情同姐妹。完颜充嗜酒,徒单氏常责怒,厌恶完颜充。徒单氏却极爱海陵。海陵即位以后,见母亲给徒单氏拜寿,极为恼怒,第二天即将公主、宗妇凡是和徒单氏说话的人等,统统杖责。大氏谏阻,认为这样不好,海陵却大声说:今日的事,难道还能像前天吗! 海陵迁都燕京,独留徒单氏于上京。徒单氏终日恐惧,每有使者到来,便更衣待命,等着宣诏赐死。大氏临终时,要海陵迎回徒单氏,敬事如母。大氏死后,徒单氏被迎入燕京后宫。海陵淫徒单氏的侍婢高福娘,并派高福娘侦伺太后的动静,随时奏报。太后因与出征的枢密使仆散师恭多说了几句,海陵怀疑太后有密谋,内结完颜充及其成年的四个儿子,外连领兵的仆散师恭,使召点检大怀忠、翰林待制翰论、尚衣局使虎特末、武库直长习失直奔宁德宫,杀死太后徒单氏。

　　海陵的皇后徒单氏是太师斜也的女儿，最初为歧国妃，旋迁惠妃，接着立为皇后。即位后的海陵有美妃十二人，还有昭仪到充妤九人、婕好、美人、才人三人，另有殿直以下美女不计其数。皇后以外，第二位娘子太氏封贵妃，第三位萧氏封昭容，第四位耶律氏封修容。海陵后宫美人众多，皇后对他来说过于正统，乐过以后再也激不起情欲，于是，便是史书所谓的"后宫浸多，后宠颇衰。"

　　皇后被冷落，后宫的美人们便在海陵的荒淫放纵中被百般地蹂躏和淫乐。海陵王在宫禁中淫乐美人时花样百出，别出心裁。史书对此有明确的记载：海陵王常令教坊番直禁中，每幸妇人时，必使奏乐，撤掉帏帐，或让人说淫言秽语。有时临幸室女不顺利，便让元妃（第二娘子大氏）以手左右扶送。或者让妃嫔列坐，随意淫乱，使大家共观，或让人效其形状以为娱乐。凡座中有嫔御时，海陵必自掷一物在地上，让近侍注视，不视的就杀掉。

　　同宫中美人的淫乐纵欲尽兴以后，海陵便把淫威指向任何一个他看上的女子。不管是幼女还是有夫之妇，只要他有意，便必须遂愿，有夫之妇的丈夫如果没有因此而被杀，那就算是万幸。美人阿里虎先后嫁过两个男人，海陵闻其芳名以后立即召入后宫，彻夜淫乐。阿里虎的女儿重节也一同陪伴侍寝。崇义军节度使乌带的妻子唐括定哥，英气勃勃，美艳风流，长于风情。海陵得讯后密令唐括定哥杀死丈夫乌带。乌带被杀后，唐括定哥便进入后宫。入宫后，定哥得宠，昼夜宣淫玩乐。不久，海陵移情，唐括定哥便被冷落。唐括定哥寂寞难熬，想起当初海陵命她杀死乌带，否则夷灭全家，定哥心有余悸，无可奈何，又不能强迫海陵和她行乐。定可熬持不住，就和仆奴奸通。奸事被海陵发觉，海陵哪里能容忍宠幸的贵妃和家奴私通？于是，定哥和私奴被残酷地处死。定哥的妹妹石哥也因美色被带入后宫，海陵淫过石哥，又召石哥的丈夫入宫，让石哥当着他的面，用秽语戏谑其丈夫，他在一边笑乐。

　　海陵看上了太祖长公主兀鲁的侍婢忽挞，他无故就杀死了长公主兀鲁，并杖罢其丈夫平章政事徒单恭，封侍婢忽挞为国夫人，百般寻乐。海陵玩乐不够，又下令选天下良家女一百三十人充实后宫。海陵发现叔父曹国王宗敏的妃子

国学经典文库

中国古代野史

·宋辽夏金野史·

图文珍藏版

阿懒很漂亮，便杀了叔父宗敏，霸占了叔母阿懒。海陵淫过阿懒，就封阿懒为昭妃，常侍后宫。后来，举凡宗室人员被杀，其妻室女儿便归海陵所有。

海陵对姐姐的女儿即他的外甥女叉察他也不放过。他喜欢叉察，毫不隐晦，竟公然告知太后，想把叉察召入后宫，纳为嫔妃。太后坚决反对，对他说：这孩儿出生时，先帝亲自抱到我家收养，直到成人。你是舅舅，如同父亲，不可！海陵见叉察美貌动人，哪里管什么虽舅犹父，他终于将外甥女叉察占有。

海陵在即位前只有三位美人：大氏、萧氏、耶律氏。即位后大氏由贵妃而迁惠妃进而进封姝妃、元妃。萧氏也由昭容而淑妃而宸妃，耶律氏自修容进昭媛、昭仪最后进封丽妃。元妃大氏被宠，对海陵俯首帖耳，甚至于幸宗室的女子不得遂，还要她以手左右抉掖！元妃的妹妹很美，有这样一位淫帝在宫中，元妃不阻止妹妹入宫，结果，妹妹入宫看视元妃，遇上海陵，被海陵逼淫。

海陵淫过的美人们却并不以被淫为耻，反而争风吃醋，甚至于连同时被淫的母女也反目为仇，大打出手。这之中最典型的便是淫妇阿里虎。阿里虎在前面已简单说过，她姓蒲察氏，是驸马都尉没里野的女儿。她初嫁宗艋的儿子阿虎迭，阿虎迭被杀，再嫁于宗室南家。南家亡故，南家的父亲突葛速在南京任元帅都监，海陵也恰在南京。海陵看见了阿里虎，要据为己有。突葛速不同意。当时，海陵还没有即位。即位以后第三日，海陵就诏念念不忘的美人阿里虎回父母家，两个月后便纳入后宫。行乐以后，海陵封阿里虎为贤妃，又迁昭妃。阿里虎恃色贪酒，醉后丑态百出，海陵很厌恶，于是宠衰，将一腔淫欲倾泻给阿里虎的女儿重节。阿里虎获悉女儿和海陵淫通，勃然大怒，痛骂重节下流无耻，和母亲夺爱，并搧重节的耳光。海陵得报以后很不高兴。阿里虎满腔怒气，便派人送衣服给前夫的儿子。海陵大怒，吩咐杀死阿里虎，因幸得徒单后率领诸妃伏地哀求，阿里虎才免于一死。

宫中妃嫔的侍女们都穿男子的衣服，叫作假厮儿。阿里虎难耐长夜寂寞，就和假厮儿胜哥一同起卧，就像一对夫妇。阿里虎的厨婢三娘将此事告知海陵。海陵觉得有趣，并不怪罪阿里虎，只是告诫她，不要笞捶厨婢三娘。阿里虎不听告诫，榜杀三娘。海陵听说昭妃阿里虎宫中有宫人死去，怀疑是三娘，便

国学经典文库

中国古代野史

·宋辽夏金野史·

图文珍藏版

说:如果是真的,我必杀阿里虎!一问,果然是三娘被榜杀。阿里虎听说海陵要杀她。便素服绝食,每天只是烧香祷祝,希望免死。过了一个月,阿里虎以为无事了,海陵派人缢杀阿里虎,并将给三娘施刑的侍婢一并杀死。

天德二年,礼部侍郎萧拱在汴得美女耶律弥勒。到燕京,萧拱的父亲萧仲恭时为燕京留守,看弥勒的体形,觉得不像处女,仲恭便叹息说:皇上必疑。弥勒入宫,海陵临幸,果然不是处女,第二天便逐出后宫。海陵怀疑萧拱捣鬼,下令杀死萧拱。几个月后,海陵又召弥勒,再度淫乐,封弥勒为充媛,并封她的母亲张氏为莘国夫人,伯母兰陵郡君兼氏为邓国夫人。海陵强夺了定哥和妹妹石哥,此时将萧拱的妻子择特懒赏给石哥的丈夫。不久,海陵放不下择特懒,以其姐姐弥勒的名义召她入宫,海陵遂占有了她。

耶律察八本已许嫁奚人萧堂古带。海陵霸占察八,留在后宫,封为昭媛。海陵以萧堂古带为后宫护卫。察八派侍女习捻带软金鹌鹑袋几枚送给堂古带。海陵发觉,召问堂古带,堂古带如实奏报,海陵没有怪罪。几天后,海陵带美妃们登宝昌门楼,当着众人,海陵击杀察八,察八落下门楼惨死,海陵接着又杀死了察八的侍女习捻。

宋王宗望的女儿寿宁县主什古;梁王宗弼的女儿静乐县主蒲剌、习捻;太傅宗本的女儿混同郡君莎里古真、余都;宗磐的女孙郧国夫人重节;海陵母亲大氏的表兄张定安的妻子奈剌忽;丽妃的妹妹蒲鲁胡只等,除了什古的丈夫已死,其他的都有丈夫。海陵不管这些,派高师姑、内哥、阿古等召她们入宫,一一淫通。史称凡妃主宗妇被私幸的,都分属诸妃,出入位下。于是,奈剌忽出入元妃位,蒲鲁胡只出入丽妃位,莎里古真和余都出入贵妃位,什古、重节出入昭妃位,蒲剌、师姑儿出入淑妃位,后宫简直成了一大淫窟。

在这群有夫之妇中,海陵最宠爱的是习捻和莎里古真,她们二人也因之恃宠而骄,竟恃势笞决其丈夫。海陵召习捻的丈夫稍喝押护卫值宿,召莎里古真的丈夫撒速在近侍局值宿。海陵对撒速说:你妻子年少,遇你值宿,不可让她宿在家里,让她宿在妃处。撒速除非不要命,只有点头。一个丈夫最悲哀和耻辱的莫过于是妻子被辱。可海陵不仅要辱人妻,还要在淫其妻子时让其丈夫在室外值宿望风!

最为可悲可气的是,海陵幸过了习捻和莎里古真,还要在其丈夫的眼皮下,温柔多情。每次召她们来,他总是提前在廊下恭候,显得极其殷勤。有时,恭候得久了,不免腰酸腿痛,海陵就坐在高师姑的膝上,等候两位美人。高师姑调笑说:天子何必劳苦如此? 海陵美滋滋地回答:我以为天子易得,这等期待,难能可贵。海陵认为约会难得,很是可贵,实际上,吸引他并令他愿意恭候的是两位美女能满足他的淫行,畅快其淫心,他们在一起常常是室内遍铺地衣,一丝不挂地裸逐为戏。

海陵玩乐的美女太多,自然满足不了莎里古真的旺盛的淫欲。莎里古真便在海陵之外另行淫乐。海陵发现以后,勃然大怒,质问莎里古真:你爱贵官,难道有贵过天子的吗? 你爱才,难道有像我这样文武兼备的吗? 你爱娱乐,难道有比我丰富伟岸的吗?! 说得气噎咽喉,以致说不下去。海陵放不下莎里古真,爱幸不够,哪里忍心下毒手? 一会儿以后,海陵怒气全消,又转过来抚慰莎里古真,让她不要惭愧,并让她在宴会时要行立自如,不要让他人猜度,以免贻笑。后来海陵依旧屡屡召她入宫行乐。

余都是牌印松古刺的妻子。海陵喜爱余都,用他自己的话说:余都相貌不扬,但肌肤洁白可爱。在这群美妇中,什古年高色衰,海陵觉得她还有风韵,在乐过以后又常常以其色衰为笑乐。海陵淫过了这些美妇以后,一一封授名号:蒲刺封寿康公主、什古封昭宁公主、莎里古真封寿阳县主、重节封蓬莱县主。

海陵淫乐美女,独占美女,不容他人染指。他严诫宫中,不许给使男子。凡是在妃嫔身边使役的仆从一旦有人举首正视,他便命刜去其双目。在宫中出入时不许独行,最少得四人一同出入,由所司执刀监护,不从规定路径行走立斩。太阳落山以后,下阶砌行走者处死。告密者赏钱二百万。男女仓促间误相接触,先声言的赏三品官,后声言的立即处死,同时声言的一同获释。

女使癖懒本已有夫,海陵喜其色,召入宫中,想封授县君,然后行淫。可是,癖懒已经有了身孕。海陵对孕妇也不放过,他亲自给她堕胎,强迫她喝麝香水,自己用力揉她隆起的腹部。癖懒痛苦不堪,哀求他不要这样做。海陵根本不

国学经典文库

中国古代野史

·宋辽夏金野史·

图文珍藏版

听,最终还是弄掉了胎儿,肆其淫欲。

辽道宗兴文字狱

1.选才"高招"

一朝天子辽道宗在位时间虽然很长,约有46年之久,但他对国家大事却了解甚少,他的精力主要集中在打猎、钓鱼、游玩上。可恰恰就在娱乐时,他的言行和爱好,便决定了王朝的走向。

大安六年(1090),三年一度的科举取士的殿试来临了。那些昼夜苦读、凿壁借光、囊萤映雪、头悬梁、锥刺股的书生,一个个受尽十年寒窗苦,谁不希望在这次殿试中一步登天?!具体负责科举取士的礼部、吏部官员,在选官这件大事上,按惯例一起前往辽道宗所住的养心殿,向他请示这次殿试的准备工作及殿试之后的铨选细责。

辽道宗本应对此事拿出自己的具体看法,提出殿试和殿试后铨选的原则。然而,令人可笑的是,作为皇帝的辽道宗对这项工作却漠不关心。当负责殿试的官员前来领受旨意时,正在聚精会神地钓鱼的辽道宗却吃惊地问道:"殿试?什么是殿试?"

"启禀万岁,就是请您当面测试那些举人,以便为我大辽铨选得力干练的人才啊!"

谁知,辽道宗听后竟懒洋洋地说:"这件小事,你们一手去办不就得了。"

"陛下,殿试岂能由臣子主持?天子主持殿试,这是祖宗传下来的定法。"

"什么祖宗定法!祖宗之法也不是为我而立的。"辽道宗不耐烦地指手画脚道。

"不管怎么说,这次殿试,陛下千万得参加。"那人小心翼翼地坚持说道。

辽道宗听罢,觉得也对,一朝天子么,也该在这样的场合显示显示自己的权威。随后便说:"那好吧,既然你们非要我去,那我就去'殿试'那班举子。不过咱们得把话说明白，'殿'我可以去，但'试'什么可得由我来决定。"

礼、吏二官心里一下子轻松了。心想，只要你去，我们便完成了任务，既然连殿试什么心中都没谱，想必也不会试出什么新点子来。于是二人就连声称谢，一并退出了养心殿。

殿试这天到了。一向以懒起为乐的辽道宗却一反常态，五更鼓刚刚打过，他便穿戴整齐，准备殿试举子了。两位宫女看罢也觉得惊奇，便悄悄地说："妹妹，今天皇上怎么起这么早？且那样兴奋，那样激动，莫不是有什么重大喜事？"

"听说是要去前堂殿试各地来的举子。"

"可主子爷对什么早朝、晚朝都不感兴趣，对那殿试更是一窍不通，莫不是今天心血来潮？"

宫女的猜测确实不错，辽道宗对这次殿试之所以如此感兴趣，是因为他心血来潮，想出了有别于古人的新"高招"。

对于传统的殿试，辽道宗并不陌生。中原先进文化对辽朝的影响是很深的，拿殿试来说，自隋、唐以来，都是由皇帝亲自出题、亲自批卷、亲自圈点，最后确定人选。所出的内容大多与国计民生有关，目的是为封建王朝选拔得力的人才。殿试以后，中选者一甲三名，赐进士及第。其中第一名便是常说的状元，第二名通称榜眼，第三名称探花。对这套做法和通例，辽道宗不是不清楚，他执政前期，也曾这样做过。

可现在，辽道宗却把国家的前途和命运当作儿戏，视为赌场。头脑一热，竟想把赌场上的做法，一股脑儿地搬到关系辽朝前途的官场上，去开创他心目中殿试的"新局面"。

那么，辽道宗有何妙计呢？

原来，辽道宗喜爱游戏。在这一点上他和北宋昏君宋徽宗倒有相似之处，那就是热衷于微服出游，到民间去寻求刺激。一次，辽道宗来到一家勾栏瓦舍，屋里人声鼎沸，好不热闹。好奇心极强的辽道宗便走了进去，一看是一群赌徒正在掷骰子赌博。这些社会上的三教九流，个个眼珠子通红，伸着很长的脖子，连喊带叫。不承想这一幕却给辽道宗留下深刻的印象。赌博是以筹码计输赢，以金银论得失。在赌博过程中，总有人要输，也总有人要赢，谁输谁赢，无非全凭个人的运气。

辽道宗从中得到了启示，认为："我大辽王朝不也是一个大赌场吗？那些一心想当官的士人便是一个个大赌徒，如让他们像赌场上那样，靠掷骰子的方式来求得功名富贵，输赢得失完全付之于命运，那我不就免去了什么出题、策试、圈点、铨选之类的麻烦了吗？这一高招即省事又刺激，何乐而不为呢？"

因此，当礼、吏二部官员坚请他前往的那一刻，他随口应了下来。原来，就在那一瞬间，他的脑海里萌发了这种念头。

这时，天色已大亮，辽道宗断喝一声："起驾！"说完，太监及礼、吏二部官员陪道宗来到了殿试考场——文华殿。

辽道宗在文华殿坐稳之后，环视了四周一下，见周围举子早已准备好笔墨纸砚，便漫不经心地说道："你们都是才高八斗、学富五车的才子，因此，考你们文章、诗赋之类，对你们来说根本不在话下。干脆，今天的殿试，文章、诗赋、策问等，朕全都取消了。"

立在辽道宗身后的礼、吏二部的主管官员，一听吓了一惊，忙跪下说："陛下，取消了？"

"对，取消了。"

"那人选如何确定？"

这时的辽道宗心中乐滋滋的，他为大家对他的话感到困惑而得意。他再次环顾了一下四周，装模作样地干咳了两声，然后才说道："当然要确定人选，决出高低。"

"皇上，那如何确定？"

"今天我要采取一种你们意想不到的新方法来选官。"

"新法子？什么新法子？"

"其实，说新也不新。就是将所有参加殿试的举子每4人一组，围在一张桌子旁，靠掷骰子来取胜负。谁的点数最多，谁就是该组第一，各组第一名，再按4人一组来掷骰子。依此类推，胜了所有人者，朕就御笔亲点他为一甲头名。"

这哪是什么新方法！简直是把国家大事当儿戏。把赌场上的伎俩搬到考场上，实为空前绝后之大滑稽。

端立于两侧的礼、吏二部官员听了都大吃一惊，不由得暗暗叫苦，一种本能的责任感使两位主要负责人忙跪下奏道："陛下，殿试之法，自唐代则天大圣皇太后垂帘听政之时创始至今，一直为我大辽列祖列宗所沿袭，已成为法度，岂可一改常规，用掷骰子的办法取而代之呢？万请陛下三思而后行。"

话音刚落，辽道宗便有些不耐烦了。他把手一挥："你们不要说了！我早已有言在先，我本不想主持殿试，可你们非请我不可，我答应了下来，已是给你们面子了，再说你们也是同意了的，我可以来，但怎样考由我自己决定，难道你们敢违抗朕的命令？"

辽道宗已把话说到了这个份上，谁还敢再发异辞，皇帝的话就是圣旨，要怎样就怎样！

这恰恰就是历史悲剧之所在。

辽道宗见二位大臣已不再多言，便向周围的举子重申了一下比赛的程序和规则。此时，这些举子心里真不知是何滋味：有的摇头，有的叹气，有的愁眉苦脸，有的听了半天也没回过味来。不少人连骰子的模样都从没有见过，怎么个比法，心里一点底儿也没有。

十年寒窗、昼夜苦读的努力，如今全押在了这小小的骰子上，真不知这一甲状元究竟落在哪位举子的头上。

"好了，把骰子盆给我搬上来！"

随后，4人一组便摆开了阵势。

此时的辽道宗，只想快点看到那赌场上刺激的场面，什么国家的前途、举子们个人的命运早已抛到了九霄云外。

"大家注意，比赛马上开始"。辽道宗宣布说。

于是乎，一场紧张而激烈的角逐开始了，整个文华殿变成了大赌场，人声鼎沸，喧哗声、喝彩声、争吵声混杂在一起。运气好的，兴高采烈；点数小的，垂头丧气。有的人心情郁闷，有的人叫苦连天。最后一轮角逐结束了，夺得总分第一名的是析津(今北京)人李若思。他技压群雄,独占鳌头。

辽道宗立即命令呈报上来,一看此人骰子的花色、点数以及搭配的名目,不禁拍案叫绝,连连称道:"此上相之征也!上相之征也!"

当场,辽道宗赐李若思以国姓——"耶律",并为他改名为"俨"。俨者,庄重也。这便是历史上的耶律俨。

就是这位大辽皇上,御笔亲点耶律俨为一甲第一,实封大理寺卿,后累迁景州刺史、御史中丞、山西路都转运史,赐予"经邦佐运功臣"的称号。

耶律俨的高升,仅仅是靠在文华殿掷骰子得来的!

有辽道宗这样的昏君,出现耶律俨这样的"状元"也就不足为奇了。

令人不解的是,这不是杜撰,而是历史事实!

辽道宗耶律洪基在选官任人问题上的所谓独出心裁,竟是靠赌场上的手段——掷骰子。

如此昏君,天下岂有不乱之理?

2.痴迷佛儒,忠奸不分

信佛崇儒,本无可厚非,但作为一国之君,在政治上处处套以佛儒,对佛儒痴迷到登峰造极的地步,就不能不称其为昏君了。

少年时代的辽道宗,有着沉静的性格和严毅的举止。其父兴宗皇帝也像普天下所有的父亲一样,希望自己的儿子能知书达理,将来可以成为一个贤明的君主。

近朱者赤,近墨者黑。由于辽道宗耶律洪基是储君,其周围必然塞满了趋炎附势、阿谀谄媚之徒。原本沉稳的洪基常常与这般人厮混,学问不长,邪道有余,加之其父兴宗对佛教十分迷信,经常命洪基召集僧人讲授佛经。因此,耶律洪基没有学到一点君臣之义,却从父亲身上继承了崇佛思想。

耶律洪基是在耳鼓里经常充满诵经木鱼之声中一天天长大的,自然对佛教的迷信程度远远胜过其父亲兴宗。兴宗好佛只是听听佛经,逛逛寺院,举办佛事而已。而洪基呢?

他的日常工作便是吟诵佛经,举办佛经训练班。参加训练班的学员多是诸京僧徒,还有朝中的大臣。洪基有时还亲自前去讲解经义。

由于他痴迷佛教,不仅能在讲堂上对佛经倒背如流,而且还对佛经进行过研究。比如《华严经》,他不知看了多少遍,看得多了,自然有了自己的想法。为此,他写出了《<华严经>赞》和《<华严经>五颂》两部著作颁行全国,让天下臣民都来拜读。

对佛教的崇拜,使洪基对佛教的忠实信徒格外重视。若有一信徒说某件事如何如何神奇,洪基便认为该人悟性高,定将该人加以提拔。有个回鹘族的小官员名叫孩里,就是由于在信佛方面得到了洪基的肯定而得以升迁的。一次他随洪基去野外狩猎,不小心失手从马上栽了下去,好长时间不省人事。等他醒来后,便在洪基面前说:"刚才我好像到过另外一个世界。"洪基很是相信,忙说:"快快讲来。"孩里胡诌说:"有两个看不清头脸的人引我到了一座城池,城内宫室宽敞明亮。在大殿上一个人身穿绛紫袍,很威严地坐着,我被引到他面前。旁边有人手拿牒簿交给他,此人看罢冲着我说:'很抱歉,本来要取大胡子的回鹘人,误把你捉来了。'我抬头一看,见牒簿的背面有自己的名字,名字下写有'官至使相,寿七十七'等字样。随后,有人把我送出殿外。在回来的路上,不小心掉进了一个深沟里,一下子就醒了。"

听罢,洪基感叹万分。他深信这是孩里信奉佛教的结果,立即令孩里将这一经历记录下来,作为宣传佛教的活教材。事后果然像孩里说的那样,洪基不仅提升他为节度使(地方行政长官),还对他格外厚爱。

皇帝信佛,下边也随之烧香,全国各地到处兴修寺院;凡有人烟的地方,就回荡着悠扬的钟声;路上遇到的,也尽是些身披袈裟的僧徒。

翻开《辽史·道宗本纪》不难看出,洪基在位长达40年之久,几乎每一年都有佛事活动。他不是把佛经赠给高丽,就是接受西夏等国进献的佛经;要么迎佛骨,要么建浮图。至于朝政如何,百姓疾苦与否,他却很少问津。在耶律洪基的倡导下,辽朝僧众人数剧增,仅大康元年(1075)七月,全国各地就达36万之众。

僧徒一时走红了,和尚竟成了人们羡慕的职业。他们个个来到朝廷企求官职,有的竟官至司徒,有的还当上了司空。于是,洪基殿前两侧的文武大臣越来越少,取而代之的是那些亲述祸福、求取财物的和尚、尼姑。洪基一时难以应付,只好答应他们的条件,但令他们不要私自前来。这实在是对他佞佛的绝妙讽刺。

由于洪基大肆宣扬佛教,社会上大批青年壮丁借机剃头入佛,不劳而食,妇女则削发为尼。一时间寺院僧侣横行乡里,恣纵不法,占据田产,鱼肉百姓,无恶不作,成为当时大辽王朝的一块毒瘤。

除了信佛,辽道宗耶律洪基还好儒术,重视对儒家经典的收集整理。他这样做完全出于个人的爱好,当然也浸透着维护自己统治的目的。尽管他在崇信儒家文化方面有可取之处,但他并没有真正接受儒家颂扬的仁义道德;他痴迷佛教,也没有吸收佛家倡导的行善思想。相反,他却变得更加凶残,以至忠奸不分,残害无辜,屡兴冤狱,使他周围时时闪现着刀光剑影。

耶律洪基即位之初,朝中便有一位奸诈大臣,名叫萧革。此人早在兴宗时,就已怙宠擅权,官至北院枢密使掌管军事。由于他有奉承拍马的绝招,到洪基时仍然宠信有加。当时与萧革同掌国政的萧阿剌忠直不阿,通晓世务,很有才干,他见萧革狡诈不法,便经常向洪基揭露萧革。可是洪基忠奸不分,对萧阿剌的忠言根本听不进去,反而一气之下将萧阿剌罢官,送回老家。萧革又乘机诬告萧阿剌的堂弟萧术者贪污官粮,洪基信以为真,下令将萧术者免官,处以杖刑。

由于洪基宠信奸臣萧革,将身边忠于自己的头面人物——免官革职,使朝政日益腐朽黑暗。清宁九年(1063),统治集团内部终于爆发了一场大搏斗。

这场大搏斗是朝廷内的元老重臣一手挑起的,为首者叫耶律重元。

耶律重元乳名孛吉只,是辽兴宗耶律宗真的弟弟、耶律洪基的叔父。兴宗在世时,耶律重元颇得皇帝的厚爱,在朝内骄纵不法,手段毒辣残忍,是个典型的虐待狂。他常在喝酒时,命人把犯人拉到席前,轻者乱箭射死,重者用刀裔割。被害者那撕心裂肺的哭喊声,那满地的鲜血,令人不寒而栗,惨不忍睹。而耶律重元却一边喝酒,一边欣赏,不时发出狼嚎般的笑声。

兴宗在世时曾答应把皇位传给耶律重元,可兴宗一死,继位的却是长子耶律洪基,因此,耶律重元心中恨恨不平,总想伺机图谋不轨。

清宁四年(1058),洪基喜得贵子,重元的妻子入宫庆贺。她打扮得花枝招展,妖冶俗艳,像青楼的娼妓一般,神情也颇为骄矜自负。洪基的皇后萧观音向来端庄,对这位妃子的酸样感到很不舒服,就劝诫她说:"妃子是贵家的夫人,何必装扮成这样?"重元的妻子泼性大发,便气呼呼地回到家里,和重元发了一顿脾气,并大骂道:"你也算是圣宗的儿子,竟然让人这样污辱我,你若还有点男子汉的志气,非得给我出这口恶气不可!"

重元听了妻子的话,更加愤愤不平。他和儿子涅鲁古到处网罗党羽,加快谋反的步伐。他们先后把萧革手下的走狗萧胡睹、萧迭里得、兴圣宫太保(优待大臣的荣衔)古迭等人收揽过来,时刻等待着时机发难。

清宁九年(1063)七月,辽道宗到滦河太子山打猎,除皇太后萧挞里、大臣耶律乙辛等人外,扈从诸官多数是重元的死党。重元见时机来到,决定发动叛乱。可是不幸走漏了风声,叛乱被皇太后萧挞里得知。萧挞里早已看出重元的不轨行为,便假称有病,召洪基前来对他说:"我看局势很危急,这是关系到社稷存亡的大事,应早做准备。"然而洪基仍半信半疑。

此时的重元行账内已是磨刀霍霍,杀气腾腾。重元的儿子涅鲁古正跑前跑后,紧张地部署着叛乱的准备工作,突然有人来报:皇上有请。涅鲁古一听大吃一惊,知道阴谋已经泄露,慌忙把使者捆了起来,想等叛乱成功后再来杀掉他。不承想,使者用刀割断绳索,逃了出去,疾速回宫报信。洪基听罢后,这才相信大祸即将临头了,吓得心惊肉跳,手忙脚乱,想逃离行宫。朝内德高望重的大臣耶律仁先认为逃走更加危险,便极力劝阻。洪基没法,只好暂住下来,把抵御叛党的大事交给了耶律仁先。

这时,已是半夜时分,外边不知何时已下起了雨。耶律仁先急忙下令在行宫外围用车辆围成一道防线,亲率30余人骑马在圈外摆成阵势。刚准备好,涅鲁古便率领4200多名叛党簇拥着重元向行宫杀将过来。叛党来势很猛,耶律仁先的30几人被重元打得落花流水,眼看重元就要杀向行宫了。就在这时,一股人马从侧面插了上来,将重元的兵马一下冲乱了,叛党被迫稍退。混战之中,正跃马向前的涅鲁古中箭,从马上一头栽下去,当场毙命。涅鲁古一死,叛党气焰大挫。重元只好率残兵败将撤回。耶律仁先向前一看,前来相助的正是皇太后萧挞里。

重元刚到府上,为叛乱未能成功大动肝火,他身边的死党献计说:"事到如今,我们只有死战,不能就这样了事。我们应再次袭击,大事可望成功,若到了明天,恐怕就来不及了。机不可失。"重元知道行宫方面兵少将微,想想自己的实力,截断行宫与外军的联系,明天不愁不能成功,因此没有采纳那人的建议。当晚,还未成功的重元,就迫不及待地在自己的府上做起了皇帝的美梦,几人商定了位号,随后便大吃大喝,一直热闹到了黎明。

"知己知彼,百战不殆"。重元对这句至理名言似乎并不理解。天刚亮,他便率兵再次杀向了行宫。他万万没有想到,昨夜的美梦只不过是自己的一种向往与渴求。他还没有到达行宫,探子来报,耶律洪基已从边防前线调回了援军,重元一听就吓了一身冷汗。这时,行宫里传出了喊声:"重元听着,你背叛皇上,罪该万死,还不放下屠刀。"话音还未落下,重元的叛军便纷纷扔下武器四散而逃,叛党阵脚顿时大乱。重元见势不妙,调头带几个随从向北落荒而逃。耶律仁先挥众追杀,重元一口气跑到了大漠中,四下一看,荒野杳无人烟,但远远望去,追兵的马蹄扬起一股股尘烟。他知道自己大势已去,便长叹一声,拔剑自刎了。

重元的叛乱,给洪基带来了一连串的不安,平定之后,他那紧绷的神经才慢慢松弛下来。他知道,如果不是耶律仁先指挥有方,自己非但皇位难保,恐怕连脑袋也要搬家。因此,当耶律仁先凯旋后,他竟不顾皇帝身份,亲自走上前去大加称赞,并将耶律仁先晋封宋王,官拜北院枢密使(辽官制分南、北面官,此为负责调动军队的官员)。随后下令捕杀重元的党羽,将叛党的余孽一网打尽。

这场叛乱的发生不是偶然的,洪基本应从中吸取教训,改弦易辙。但他并不从根本上革除弊政,以求堵塞乱源,而总是头痛医头,脚痛医脚。因此,当一个弊政消除后,另一个恶迹又萌生了,周而复始,没有止境。

此后,辽道宗又宠信当时头号奸臣耶律乙辛,自己整天无所事事。耶律乙辛则恃宠独断乱权,使辽朝的政治日益腐败,越发不可收拾,不久,又演出了更加混乱的一幕。

3.偏听谗言,杀妻灭子

辽朝也有文字狱,开创者不是别人,正是辽道宗耶律洪基;受刑者也不是他人,恰恰是耶律洪基的夫人萧观音萧皇后,这不能不说是一件千古奇闻。辽道宗残杀皇后,只因一首诗。促成此事者,便是耶律乙辛。

其实,辽道宗和萧观音的爱情生活,开始时还是满幸福的。

萧观音是兴宗时的大臣萧惠的女儿,出身名望贵族,其家世代与皇室联姻。她的姑姑萧耨斤,乃是辽道宗的祖父、圣宗耶律隆绪的皇后。到了耶律洪基任燕赵国王时,她也嫁了过来,与洪基结为伉俪。这样,细说起来,萧观音与洪基还是姑侄亲。

婚后的最初一段生活,两人相亲相爱,互帮互学,萧观音不但姿容冠绝,而且才华出众,她擅长写诗,且精通音乐,能自创歌词。所以洪基登上皇帝宝座后,她自然就被册立为皇后,加之她又为大辽生下了一个皇太子耶律濬,就更为洪基喜爱,差不多独占了皇帝的专房之宠。

一次,萧观音随辽道宗耶律洪基前往秋山(在今吉林洮南)打猎,到了杀虎林,洪基命她赋诗,她望了望杀虎林,又看看皇上,不由得触景生情,随口吟道:

威风万里压南邦,东去能翻鸭绿江。

灵怪大千俱破胆,那教猛虎不投降。

洪基听罢,赞不绝口,并向大臣们炫耀了一番,随后进山围猎,洪基一支箭将只老虎射死,他得意地对群臣们说:"力能伏虎,这才没有愧对皇后之诗。"以后,洪基每有诗作,总令萧观音属和,夫妻二人一唱一和,恩爱无比。

可是,幸福、快乐、平静的生活背后往往潜伏着难以避免的危机。从后来的历史发展看,萧观音的结局,不是喜,而是悲,原因很简单:

因为她有一个昏头昏脑的丈夫。

因为她嫁给的是个并不贤明的君主。

耶律洪基是一朝之主,他的话高于一切,他要处死萧观音,他人是无法阻拦的。

那么,洪基为何要置皇后于死地呢?

原来,在平定了耶律重元叛乱后,辽道宗耶律洪基并未彻底醒悟,反而更加昏庸,依然故我,继续重用奸邪。就这样,便造就了耶律乙辛这个一手遮天的头号大奸臣。

耶律乙辛,字胡懋衮,出身低贱,他的父亲是个方圆几十里有名的穷汉,家中时常是吃了上顿没有下顿,人人都称其"穷迭剌"。迭剌就是他父亲的名字。乙辛出生在这样的家庭,从小就没有受过良好的文化教育,反而学得油嘴滑舌。因为生活所迫,便到山上放羊,以维持生计。一次,天都很晚了,他还没有回家。他父亲很着急,便去山上找他,见他在草丛中睡得正香,那群羊不知跑到哪里去了。他父亲见状,忙把他弄醒,乙辛却大怒道:"干啥呀!我正梦见有人拿日月给我吃,月亮已吞下肚里,太阳刚刚吃了一半就让你给弄醒了,真扫兴。"他父亲一听,吃惊而又兴奋地说:"真的?""当然是真的,都怪你没让我把太阳全部吃下去。"他父亲不但没有责怪他,反而高兴极了,心想,说不定我儿子将来能有大出息呢!

说来也巧,几年过去了,乙辛居然成了一个身材魁梧、模样英俊、外表和蔼、内心诡诈的奸臣。兴宗时,乙辛就以小吏的身份开始接近皇上,刻意地投机钻营,挖空心思揣摩皇帝的意图。他凭着那张甜甜的小嘴,很快就博得了兴宗夫妇的赏识,爬上了护卫太保的职位。耶律洪基继位后,有这种本事的人,自然也受到重用。乙辛很快加官为太子太傅(教导太子的老师)、北院枢密使,进封魏王。咸雍五年(1069),又官拜太师。洪基还亲自下诏许他处理四方军旅事务,把军政大权全部交到了乙辛手中。而洪基本人却对朝政不闻不问,只知四处游玩打猎。

有辽道宗做后盾,乙辛在朝中便不可一世,奉行顺我者昌、逆我者亡的信条。凡是巴结他、讨好他的，就立即提拔；而那些刚介正派、不趋炎附势的大臣，则均遭斥逐。如耶律仁先，在平定重元叛乱中，功绩卓著，在朝中德高望重，连皇帝也要敬他三分，而乙辛只略施小计，便让洪基把仁先赶到南京（今北京）担任留守。还有参知政事（副宰相）刘伸，曾一度受到洪基赏识。此人刚直不阿，耿直忠诚。一次，洪基召见刘伸时曾对他说："你不要害怕宰相"。刘伸回答："臣连耶律乙辛都不怕，岂能害怕宰相!?"不料，这句话传进了乙辛的耳朵。乙辛便怀恨在心，暗中施展伎俩，以莫须有的罪名，在洪基面前诋毁刘伸。洪基二话没说，立即贬刘伸为保静军节度使。在洪基眼里，乙辛总是正确的，因而特别宠信他，以致发展到这种地步：乙辛喜欢什么，洪基也喜欢什么；凡乙辛厌恶的，洪基也必然厌恶。君臣关系完全颠倒了过来。因此，当乙辛对皇后不满，对太子心怀叵测，煞有介事地在洪基面前诬陷皇后、太子时，辽道宗耶律洪基竟也信以为真了。

那么，乙辛为何对皇后不满，又为何敢在太子身上打主意呢？

一句话，就因为在当时的朝中，只有皇后和太子是乙辛擅权的两大障碍。他非常清楚，只有除去这两大障碍，自己才能在朝中独占鳌头，而要达到这个目的，还得依靠洪基手上的尚方宝剑。

耶律洪基原本是个喜怒无常、性格乖戾的人，他最爱听顺耳之言，最讨厌听逆耳的话，无论是谁，只要逆着他的心思说话，哪怕是好意，他都会心中不快，以至翻脸发怒，六亲不认。耶律乙辛之所以受到洪基的宠爱，就是他善于迎合溜须，处处顺应洪基的爱好。一句话，他已摸清了洪基的心理特征。就这样，在洪基的极度宠信下，乙辛专权乱政竟达十几年之久。

辽道宗有一最大爱好，就是外出打猎，且喜欢一人独来独往。骑马驰骋千里，风驰电掣，撒开缰绳，他感觉十分刺激。特别是他动不动就只身跑到深山幽谷之中，并且不带随从和卫士，万一有个闪失，后果不堪设想。作为皇后的萧观音，对丈夫的这种随意行动很是担忧。她一向仰慕唐太宗徐贤妃的为人，便在洪基面前劝说："我听说穆王远游，周朝的德政因此而衰败；太康佚豫，夏朝的社稷几乎倾灭。这都是沉湎畋猎的教训，帝王施政的龟鉴呀。妾见陛下临幸秋山，不带随从，单骑逐猎，深入幽远不测之地，这虽然表明陛下威武至极，有神灵保驾，不过万一有什么闪失，岂不成天下不雅之谈。为妾虽愚昧无知，却不能不为社稷而忧虑，希望陛下能以天下为重，采用汉文帝吉行的做法。"其实萧观音的这番话，目的不仅仅在于让他外出打猎带上随从，注意个人安全，主要还是劝谏洪基要以朝政为主。这样的逆耳忠言，洪基还是初次听到，心中立时产生反感。从此，便对皇后开始疏远了。

心怀奸诈、诡计多端的耶律乙辛看到洪基与皇后的关系有了裂痕，便乘虚而入，将矛头首先对准了萧观音。

萧观音好音乐，尤善弹琵琶，这与她所处的时代有关。

在我国文学发展的漫长历程中，辽代也占有一席之地。在这个时代，词既是一种文学创作的形式，也是一种音乐吟唱的谱本。换言之，词可以吟诵，也可以引吭高歌。就是这种文学表现形式，曾使一位女诗人的经历、创作及其遭遇，分外惹人注目。此人就是辽道宗的皇后萧观音。

萧观音曾作有《回心院》词一组十首，是当时的上乘之作。她的词，文理辞藻纷呈，令人百看不厌，钦佩不已，因此，有许多有特长的文人都愿意和她切磋唱和，其中最密切的是伶官赵惟一。赵惟一能将词演唱得传神且动听，皇后非常满意。因此，时人把皇后萧观音的词和赵惟一的演技并称为"双绝"。

萧观音身边有个婢女叫单登，在弹筝、琵琶方面有些造诣，但技艺远远比不上赵惟一。此人心胸狭窄，不仅不向比自己强的人虚心学艺，反而对赵惟一嫉妒在心。洪基曾经召见单登弹筝，萧观音得知后劝谏说："陛下，此人本是叛臣耶律重元的家奴，召她来弹奏，谁知她是否怀有鬼胎，望陛下还是不和这种人亲近为好！"洪基对皇后的一片好意很不以为然，他心想："我外出打猎游玩你妄加劝阻，今日我令婢女来御前弹唱，你又加阻止，难道天子要听你皇后的话不成？"洪基越想越气，根本不理睬皇后的建议，还是令单登前来弹奏。事后，单登便对皇后怀恨在心。

单登将此事告诉了妹妹。她的妹妹是教坊艺人朱顶鹤的妻子，而朱顶鹤是乙辛的党徒。乙辛考虑来考虑去，最后想出了一条毒计，让单登和朱顶鹤去诬告萧观音,可这时的萧观音还蒙在鼓里。

一天,单登拿着一首《十香词》去见萧观音,见面后就吹捧说:"皇后娘娘,这首诗是南朝宋国忒里蹇皇后的佳作。倘能得到您的亲笔书写,那可真称得上世间的珍品了。"

不知底细、毫无戒备的萧观音看罢,适时正闲着无事,便顺手拿起笔来涮涮点点,不一会儿就把《十香词》抄在了一幅宣纸上。写完之后,兴犹未尽,又口占一首《怀古诗》书写于后,诗云:

> 宫中只数赵家妆,败雨残云误汉王。
>
> 唯有知情一片月,曾窥飞燕入昭阳。

这首诗咏的是我国历史上人人皆知的汉成帝与其皇后赵飞燕的故事,本意无非是说,身为皇后,不能冶容误国。

可是,这首诗到了单登和耶律乙辛手中,却变成了诬陷萧观音的证据。

耶律乙辛手拿抄有这首诗的那张宣纸,前去报告给辽道宗耶律洪基,对辽道宗说:"接到密报,宫婢单登和她的妹妹以及教坊艺人朱顶鹤一并状告皇后与伶官赵惟一关系暧昧,经常厮混。"

耶律洪基显得有些紧张,忙问:"何以见得?"

"有诗作证"。

"什么诗,快读来我听。"

耶律乙辛仔细地、一字一句地将那首《怀古诗》读给洪基。在读的过程中,心术不正的乙辛故意将"赵家妆"和"唯有知情一片月"两句加重语气,以便洪基听得更加分明清晰。最后乙辛又添枝加叶地解释了一番。

洪基听完,怒气冲天,令耶律乙辛与张孝杰审理此案。

乙辛得令,毫不迟疑,立即将赵惟一逮捕入狱,施用了火烧、抽打,钉子钉等种种酷刑。赵惟一忍受不了严刑拷打,最后屈打成招。枢密副使(枢密使的副手)萧惟信听到此事,急忙找到乙辛说:"皇后素来贤明端重,养育储君,怎能凭听叛家婢女的一句话就把皇后治罪呢?"乙辛哪里听得进萧惟信的这番话,令张孝杰加紧审理皇后。为达目的,张孝杰捏造了许多细节,奏报洪基。洪基愈加气愤,当下就将赵惟一灭族,勒令萧观音自杀。皇后有冤无处诉,悲愤交加,含泪写下了一首绝命词,随后自缢而死。

当时,耿介刚正的大臣大理卿大公鼎就此事专门上书,替皇后呼冤翻案。辽道宗耶律洪基训斥道:"你不要以为自己平反了一些冤狱就想连这个案也要翻,告诉你,这个案谁也翻不了。"

"陛下,臣不贤,不知皇后犯有何罪?落得个如此下场。"

"你是真的不知道,还是故意跟我装糊涂?告诉你,那个贱女人亲手写下的那首诗中,就有她的供状。"

"何以见得?陛下。"

"那是一首藏头诗。"

"藏头诗?"

"对!你看,'宫中唯有赵家妆',一句含了'赵'字,'唯有知情一片月'中又含有'唯一',再与第二句'败雨残云误汉王',合起来,说的岂不是'赵惟一误汉王'吗?必是那个贱人与赵惟一做下了伤风败俗之事,后又生忏悔之情,才有《怀古诗》之作。"

"陛下,臣不敢苟同。依臣愚见,皇后这首《怀古诗》是见到南朝皇后所做的《十香词》有感而发的。'赵'系指赵宋王朝之'赵',与赵惟一没有任何关系。这首诗的主旨是告诫自己不要像南朝宋国皇后那样冶容误国,根本不是什么藏头诗。据臣所知,所谓藏头诗,是指藏句中头一字的诗,决不会头上藏一字,中间藏两字。"

"你懂什么?到底你是皇上,还是我是皇上?我说《怀古诗》是藏头诗,就是藏头诗。"说完,辽道宗拂袖而去。

耶律乙辛得逞了,为了继续蒙蔽耶律洪基,便说:"皇帝和皇后就像天地一样,有天无地是不行的。"接着,又在洪基面前,极力称赞他的党羽、驸马都尉萧霞抹的妹妹萧坦思如何美貌,如何贤能。洪基听后,很感兴趣,令乙辛将萧坦思召进宫中。洪基一见,果然中意,随即纳在宫中册为皇后。

皇后萧观音除掉了,可还有耶律洪基非常喜爱、非常器重的皇太子——耶律濬。

耶律濬作为大辽王朝的法定继承人，在朝中的地位日益提高，尤使乙辛感到不安。

耶律濬，小名耶律斡，是辽道宗耶律洪基的独生子。他自幼聪颖好学，机智勇敢。6岁时被封为梁王，8岁时立为太子。洪基和萧观音都很疼爱他。清宁十年（1064），耶律濬随洪基在中京（今内蒙古宁城）打猎，连发三箭，箭箭皆中。洪基拍着他的肩膀高兴地说："朕的祖宗，都是骑射绝人，威震四海，我儿虽幼，却不坠祖宗尚武之风。"从此，洪基便把希望寄托在太子身上，对太子倍加钟爱、器重。耶律濬还不到18岁，洪基就让他步入朝政，还亲自选了个秉直好义的师傅来教导他。太子耶律濬的长大和在朝政中的地位的日益重要，无疑对野心勃勃的耶律乙辛来说，构成了致命的威胁。他要寻找时机，挖空心思，把洪基对太子的殷切希望全部转移到自己身上。

其实，耶律潜心中早就明白耶律乙辛的阴谋，他痛恨乙辛，更不满父皇听信谗言。当他得知父皇上当受骗，令母后自尽时，曾痛苦地乞求代母受死。怎奈，耶律濬势单力薄，有心杀贼，却无力回天。母后死后，耶律濬痛不欲生，他和耶律乙辛的矛盾已到了不共戴天、势不两立的地步。

昏聩无知的辽道宗耶律洪基至此还蒙在鼓中，他做梦都没有想到。耶律乙辛的手又伸向了大辽王朝的法定继承人——太子耶律濬的身上。

一天，耶律洪基正在宫中陪皇后萧坦思饮酒作乐。突然，护卫太保耶律查刺急急忙忙来报，说枢密使萧速撒，都部署耶律撒刺企图谋反，拥立太子。辽道宗一听，火冒三丈，气愤地将酒杯摔得粉碎，立即命令耶律查刺立案审查。可查来查去，却查不出一点儿线索。辽道宗觉得很奇怪，随后将萧速撒和耶律撒刺贬出朝廷，可这件事令辽道宗日感不安。

就在这时，耶律乙辛出现在了辽道宗面前，辽道宗一见到他，就像找到了救星。他拉着乙辛的手，将事情一五一十地讲给他听。乙辛听后，急忙说道："陛下，这事非同小可，应继续严查下去。既然线索不好找，不如下道诏令，凡有告谋者，一律给予重奖，事情就能查个水落石出。"辽道宗十分高兴，他觉得乙辛这

图文珍藏版

一招太高了,便按着乙辛的说法,下了诏书。还真灵,乙辛的几个党徒立即前来投案自首,并说查剌告发之事,全是实情,臣等也参与了此事,就是想杀了乙辛,拥立太子,只怕遭连坐,所以才来自首。

这便是耶律乙辛为迫害太子耶律濬而导演的苦肉计。

世间没有自己往自己头上泼脏水的,只有诡计多端的耶律乙辛才做得出来。他的这一着果然奏效了,终于使辽道宗上了钩。

辽道宗下令杖责、关押太子耶律濬。耶律濬知道父皇又中了乙辛的计,百般诉冤而毫无作用。乙辛为得到证据,把耶律濬平时亲近的几个人也逮捕入狱,严刑逼供,迫使他们屈打成招。乙辛仍怕辽道宗下不了狠心,就把这几个人押到辽道宗面前,让他们身戴重枷,脖子被细绳勒住。这几个人不堪其苦,只求快死,一副副挣扎痛苦的模样。乙辛在旁说道:"陛下请看,他们都痛心疾首了"。辽道宗心里一沉,完全相信了。既然证据确凿,耶律洪基便下令将耶律濬废为庶人。因于上京(即临潢府,在今内蒙古巴林左旗南),太子宫里所有的官员全部诛杀。牵连被杀者成千上万,尸体多得来不及掩埋,只得暴尸野外。时值盛夏,一时间,到处散发着尸体腐烂的臭气。

大康三年(1077)十一月,心狠手毒的乙辛在上京将耶律濬杀害,随后谎报皇上,说是耶律濬因病而死。辽道宗闻讯,不由得动了恻隐之心,将儿子葬于龙门山。

心腹之患已除,耶律乙辛得意忘形,大加庆贺,而辽道宗仍未从昏庸中清醒过来。

萧坦思入宫已两年了,至今还未生下个孩子,她就向洪基说自己的妹妹能生孩子,而她的妹妹已嫁给乙辛的儿子,洪基便命他们离婚,把萧坦思的妹妹纳入宫中。乙辛乘机在洪基面前说:"皇弟宋魏国王和鲁翰的儿子耶律淳可以立为储君。"朝中有远见的大臣忙进谏说:"陛下,万万使不得,不立嫡系,是把国家拱手让给别人呀!"

听了这番话,辽道宗耶律洪基似乎领悟出了一些道理,大康五年(1079)正月,辽道宗要外出打猎,他决定把孙子耶律延禧带在身边,而乙辛坚决反对,主张把延禧留在中京(今内蒙古宁城)。此时,辽道宗那颗混沌的脑袋多少开了些窍,他开始怀疑乙辛了。

在打猎的路上,辽道宗看到扈从官员大多数跟在乙辛的马后,个个对他点头哈腰,极其恭顺,心里很不是滋味,一股反感情绪油然而生。他一气之下,将乙辛贬出了朝廷。最后乙辛企图逃往宋朝,被辽道宗处死。

乙辛得到了应有的下场,可乙辛的绝大多数党羽依然逍遥法外。辽道宗耶律洪基也未能从中吸取任何教训,而是继续自己的老作法。辽朝的朝政自然没有多大改善,而是沿着腐朽的道路越陷越深。

到了晚年,辽道宗更加昏庸,他既好色又懒惰,靠投骰子而升官的耶律俨的老婆长得颇有姿色,辽道宗便常把她弄到宫中干些见不得人的勾当。作为参知政事的耶律俨深知自己的地位全是皇帝的恩典,因此,对于这件事,也就睁一只眼,闭一只眼,甚至嘱咐妻子好好伺候皇上,不要令皇上失望。

寿昌六年(1100)腊月,凛冽的寒风吹打着,皇宫内,显得很寂静,只有几个人偶尔进进出出。身体虚弱的辽道宗已重病在身,他感到自己没有多少时间了。他躺在床上,一动也不动。表情很呆板,眼睛直望着天花板,像在思索什么,是在思考他走过的路,还是……,只有天知道。

寿昌七年(1101)正月初一,已多时安卧不动的辽道宗不知从哪儿来了一股精神,居然起身来到清风殿,接受了文武百官及诸国使臣的朝拜。面对两侧的文武大臣,他没有说一句话,只是木然地点了点头。仅过了两天,他便在前往混同江的路上归天了,时年70岁。

后妃轶事

宋仁宗皇后曹皇后

仁宗庆历八年(公元1048年)闰正月。在痛痛快快玩了几天,度过个元宵节之后,仁宗兴犹未尽,还想张灯两度元宵。皇后曹氏竭力劝阻,她说,一来耗费资财,二来有损龙体。仁宗采纳了她的意见。

曹皇后,真定人,宋代开国元勋、周武惠王曹彬的孙女。那一年郭后被废,杨太后赶走尚、杨二美人之后,曹氏被聘娶入宫,册为皇后。曹皇后出身将门,熟读经史,性温和且宽仁大度,崇尚节俭。正位中宫后,她亲自带领宫嫔们在苑内种谷养蚕,深得上下敬重。

曹皇后还做了一件不计私利,专为社稷着想的好事。入主后宫之后,她见仁宗体弱多病,担心日后没有子嗣,尽管她自己还年轻,日后有希望生皇子,但在征得仁宗同意后,把仁

曹皇后

宗叔父元份的孙子,四岁的宗实领进皇宫,亲加抚养。

元宵过后的第三个夜晚,曹皇后住的中宫静悄悄的,帝、后两人正在酣睡。忽然,一阵杂乱的响声将他们惊醒,仁宗披衣而起,想去外面看看发生了什么事。曹皇后一把将他拖住,劝道:

"听这声响,不是一般小事,想必有人作乱,陛下万万不可轻出,免遭毒手。而今之计,只有派人火速宣召都知(皇宫警卫长官)王守忠,引兵前来保卫。"说着,她命令宫人们紧闭寝宫所有门户,保护好仁宗。

这时,喧闹声越来越近,夹杂着呼救的叫喊声。曹皇后一听,变了脸色,知道事态严重,果真有人谋反,她定了定神,对仁宗说:"贼人越来越近,可王守忠的卫队还没有到,必须预先做好防备。"

此时的仁宗,已吓得六神无主,一切听从皇后的安排。曹皇后把中宫所有的太监侍从都召集起来,编成各路队伍,分别把守宫门。有一名太监同谋反者沟通,故意蒙蔽曹皇后说:

"莫非是乳媪殴打小女子,所以有此哭声。"

曹皇后怒斥道:"贼在近处杀人,还敢胡言乱语!"

她一面亲自督阵，鼓励太监们奋力守住宫门，等待外援，一面又暗中派人溜出去取水，偷偷跟在贼人后面，以防贼人放火。

过不多久，果然因宫门打不开，贼人放起火来，但是火势随起随灭，始终无法侵入内殿。到天快亮时，王守忠带兵赶到，迅速杀退了反叛者。曹皇后命将领头叛乱的宫廷侍卫颜秀等四人立即正法，不许牵连家属，也不随意降罪别人。

宋仁宗见皇后临危不惧，指挥井井有条，大为佩服，叹道："卿如此镇定，应变有方，不愧是将门之后！"

曹后谦虚地回答说："这是陛下的洪福，妾能有什么韬略呢！"

正说着，后宫的妃嫔们陆续赶到中宫，向皇帝和皇后问安。为首的是张美人，后面是周美人、苗才人、冯都君等。张美人是后宫第一宠妃，就是当初仁宗想要立为皇后，被刘太后阻止而改立郭氏的那位美女。她父亲张尧封是石州推官。早死，留下寡妇孤女，去投奔张美人的伯父张尧佐，尧佐不肯收留。她母亲无奈，只得把年尚幼弱的女儿送进皇宫侍奉杨太后。张美人长大后，因巧慧多智，被仁宗看中，很得宠幸。尽管两度册后，张美人都未被选中，但她仍是谦虚尽礼，毫无怨言。她对仁宗说："妾福薄，难以担当盛名，还是仍做美人吧！"因此更得仁宗爱怜。仁宗一直想把她进位贵妃，只是一时找不到理由。

中宫事故之后，枢密使夏竦上奏，说杀退贼人的那一夜，是张美人最早赶到中宫去的，因此她护驾有功，应该荣封。夏竦此举，意在讨好仁宗。于是，仁宗顺水推舟，立即册封张美人为贵妃。一些大臣很是不满，翰林学士张祥说："张美人功在何方？曹皇后护驾护宫都有功，反舍皇后而尊美人，古来没有这种道理！"仁宗不予理睬，而曹皇后却毫不介意，一笑置之。

宋孝宗皇后李凤娘

宋孝宗赵奢堪称勤政爱民的好皇帝，但他最大的弱点是不会用人，不会识人。他想挑选一个聪明英武的儿子做皇太子，结果偏偏选中昏庸懦弱，不明事理的赵惇（光宗）；他想挑选一个贤德婉淑的太子妃，偏偏看上泼悍凶残的李凤娘。这只不吉祥的黑凤飞入赵家内苑之后，宫中便掀起了层层波澜。父子两代皇帝，一个被活活气死，一个被迫丢了帝位。有宋一代，皇后如此无法无天，仅此一人而已。

李皇后

1.贾南风再世

宋孝宗淳熙十六年（公元 1189 年），高宗赵构已经死去两年了，孝宗还在为养父服丧。每天，他身穿白衣布袍亲朝理事，因政务繁忙不得不一个月仅两次去德寿宫。一天，他对右丞相留正说："天下之礼，莫如重家庙；天下之孝，莫如执父丧。朕若不退休，怎能每日亲去德寿宫服丧?"过了几天，他就下诏，宣布传位于皇太子赵惇，自己以"寿皇圣帝"的名义，住进改名为重华宫的原德寿宫去了。

这一年，孝宗六十三岁。他禅位之后，一心安享清福。他满以为此时南北已达成和议，以岁贡二十万两绢银和割让大片土地为代价，所换取的一段和平能使他得遂心愿。但是，他想错了。宫中竟然出了一个悍妇，好比是贾南风转世，扰乱了他后宫的宁静。这人就是孝宗亲自为儿子选定的、光宗的皇后李凤娘。

光宗赵惇是考宗第三个儿子。孝宗原先册立长子赵愭为太子，不幸赵愭早死。按理，应依次册立次子赵恺，但孝宗认为三子赵惇聪明有见识，更同自己相像，便立赵惇为太子，还留心替赵惇选一位贤淑的太子妃，以便将来有资格母仪天下。

一天，善于看相的方士皇甫坦入宫，对太上皇赵构说起："小臣曾遇庆远军节度使李道之女凤娘，此女真是贵相，当为天下之母！"高宗素来相信皇甫坦，听了这话立即要孝宗聘李凤娘入宫，立为太子妃。

李凤娘为河南安阳人，是庆远军节度使李道的女儿。据说，在她出生的时候，有黑凤聚集在李道的军营前，故取名为凤娘。李凤娘初进宫时，高宗和孝宗

国学经典文库

中国古代野史

·宋辽夏金野史·

图文珍藏版

见她生得美貌出众，又为太子生下儿子赵扩（封为嘉王），甚是满意。但不久，凤娘便露出心胸狭窄、泼悍难制的本性，常在高宗、孝宗跟前挑拨是非，还说太子的坏话。高宗很不高兴，对吴后说："此妇人乃将门之后，缺少女人的温柔，不守本分，我悔不该听信皇甫坦的一派胡言！"孝宗也屡次训诫李凤娘，要她恪守妇道，否则，便要将她废黜。李凤娘知道孝宗软弱可欺，不但不听，反而对孝宗怀恨在心。

光宗登位后，孝宗没有充分看清李凤娘的品行，仍让光宗册立她为皇后。这下，李凤娘更加神气了。后宫执掌权柄不能使她满足，她还利用宦官做耳目，干预前庭政事。加上光宗并不像他父亲所期望的那样，而是一个软弱不堪的、十足的懦夫。他登位时已经四十多岁，夫妇生活多年，已习惯受制于李凤娘。对于皇后干政，他心底极不满意，也想排斥那班为非作歹的宦官。但不知为什么，每次见了皇后，都像是老鼠见了猫，有口不敢言。皇帝的自尊与弱丈夫的自卑感矛盾交织，使他内心痛苦异常。日子一久，便落下一种心病，终日不言不语，忧心忡忡。

退居重华宫的寿皇知道儿子有病，自然十分着急，忙召太医进宫，按光宗的病状拟就一张药方，并且派人按处方制成药丸，准备待光宗进宫请安时，让光宗服用。但是，一连好几天，总不见光宗的身影，而那班惯于惹是生非的宦官倒把太上皇为光宗合药的事告诉了李凤娘。

过了几天，李凤娘见光宗的病有些好转，让内侍准备了一席光宗平时喜欢吃的、丰盛的珍馐佳肴，又把自己着意打扮一番，将光宗请到中宫。先是使出狐媚手段，哄得光宗心神晃荡，接着，也把寿皇合药的事告诉光宗，又进谗说：

"陛下切切不可轻易服用上皇的药，万一遭遇不测，岂不是贻误宗庙社稷？"

接着，她要求光宗道："扩儿年已长成，今为嘉王，陛下何不立他为太子，也好助陛下一臂之力啊？"

光宗欣然同意："朕亦有此意，但须立即禀明寿皇才是。"

李凤娘不以为然，说："何必惊动寿皇呢？"

光宗道："父在，子不得自专，何况立储乃国家大事，岂能不让寿皇知道？"

凤娘默然不语。

又过了几天。寿皇知道光宗的病好些了，命内侍召他去重华宫饮宴。李凤娘不让光宗知道寿皇召见的事，自己偷偷坐车去重华宫。到了那里，她哄骗寿皇说：

"今日皇上身体欠佳，特嘱咐臣妾前来伺候上皇。"

接着，她又试探性地进言道："皇上多病，依臣妾愚见，不如马上立嘉王为太子。"

寿皇摇摇头说："皇帝登位才一年，便要册立太子，不是太早了吗？再说立储应择贤而定，过几年再说吧！"对李凤娘提出这种要求，寿皇大为不满。

谁知李后沉下脸来，怒气冲冲脱口而出："古人有言，立嫡以长。妾系你家之礼所聘，嘉王扩又是妾所亲生，为何不能立？"说着，一双凤眼盛气凌人，故意瞟着坐在寿皇身边的太上皇后谢氏。这句话，分明是嘲笑谢氏，因光宗是郭皇后生的儿子，不是谢氏所生。

寿皇一听，气得说不出话来。半晌，才叱责道："你竟敢来讽刺我吗？实在太无礼了！"

李后也不顾礼节，一扭腰转身就出了重华宫，上车回去了。

到了光宗寝宫，她想把光宗狠狠责骂一通，出出这口恶气，但是不见光宗的影子。盘问内侍之后，才知光宗去黄贵妃那儿了，这好比是火上浇油，她立即命车驾速去贵妃宫。

下了车，也不待内侍通报，直闯内室，一眼瞥见光宗正与黄贵妃异常亲热地依偎在一起说话，她不由妒火中烧，大声呼道："皇上龙体稍愈，应知节欲自重，何以跑到这里来调情作乐？"

光宗忙撇下黄贵妃，起身相迎。黄贵妃更是吓得魂不附体，跪倒行礼。李后冷冷地"哼"了一声，正眼都不朝她看一下，径自坐下。光宗见势不妙，心里咚咚乱跳，连忙赔着笑脸，挽起李后的衣袖，一起坐车去皇后中宫。

原来，李凤娘不仅刁泼难制，而且善妒，不许光宗接近别的妃嫔。黄贵妃本是德寿宫的女官，光宗为太子时，除太子妃李氏之外，别无妾侍。孝宗见黄氏美貌温柔，特意把她赐给光宗，很得光宗宠爱。光宗即位后，封她为贵妃，但因惧怕皇后淫威，很少敢去贵妃宫。

帝后回到中宫，李后又做出另一种姿态，只见她珠泪盈盈，抽抽搭搭说道：

"妾并非妒忌贵妃，想陛下身为天子，不过一二名妃嫔，难道妾还能不相容吗？不过念着陛下病体新愈，不宜纵欲过度，于是冒昧劝谏。此外，妾还有一件重要事情，急着与陛下商量呢！"

光宗见她说出这些话，才放下心来。李凤娘又命内侍去召嘉王赵扩进宫。她把儿子按下跪伏在光宗跟前，自己也跪下。光宗惊得非同小可，连声叫他们起来，只见李凤娘呜咽着说道：

"寿皇马上要废掉陛下，难道陛下还不知道？可怜我母子俩不知是何结局？"

"此话从何说起？"光宗不信。

李后便造谣说，她去见过寿皇，寿后不但不肯册立嘉王为太子，还说要废掉多病的光宗，另立新皇帝。

昏庸软弱的光宗，已被李凤娘迷惑，哪里分得清善恶真假，竟然听信谗言，表示从此不再去重华宫见寿皇了！

2.淫威下病魔缠身

第二年冬十一月，光宗又病倒了，这次病势来得凶猛，他终日卧床昏睡，非但饮食逐日减少，而且醒来后不是长吁短叹，就是嘤嘤哭泣。渐渐地，光宗变得骨销形立，四十多岁的人，看上去倒像个六十多岁的老头。

寿皇已有好几个月没有见到儿子了，当他获悉光宗的病情后，忧急非常。一天，他忍不住坐车来到光宗住处，恰巧李皇后不在，他命左右不必通报，自己径直走入光宗寝殿。

轻轻地揭起帷帐一看，见到儿子那枯瘦苍白的面容，寿皇不禁伤心起来。他不忍惊动熟睡的光宗，便坐在殿前等候。

这时，李皇后进来了，一见是寿皇坐在上面，她有些吃惊，不得不勉强上前行礼。

寿皇问她："你在哪里？皇帝病重，为何不在身边伺候？"

李后答道："皇上有病，不能亲理朝政，妾为社稷大计着想，不得不览阅外廷奏牍。"

对于李凤娘乘光宗病重之际，干预朝政，独断专行等不法之事，寿皇已有所闻，今见她非但不知掩饰，反而振振有词地说了出来，不由更加气恼，他斥责道：

"皇后不得干政，这是自太祖以来我朝家法。就是慈圣、宣仁（指仁宗曹皇后、英宗高皇后）两朝，母后垂帘，也必与宰相商议后，才能决定。听说你自恃才高，一切大事独断专行，这是祖制所不允许的！"

李后仍强辩说："臣妾岂敢违背祖制，所有政事，实是由皇上做主后才决定的，不信可问皇上！"

这时，光宗已经从噩梦中惊醒，默不作声地听着他们的谈话。

寿皇叹了口气，说道："你也不必瞒我了，你想想看，皇帝这病是怎么引起的？又为何日日加重，不见好转？"

李皇后听了，号啕大哭起来，边哭边说："天有不测风云，人有旦夕祸福，他生病，与我有什么相干？为何都推到我一人身上？"

光宗听到这话，触动心事，默默流下了眼泪。刚才的梦境又出现在眼前，好像又看见满身血污的黄贵妃走过来，他想上去拉贵妃的手，猛然间，贵妃的玉手变成了一双血肉模糊的断手，光宗吓得大叫一声。

这一叫，把寿皇和李皇后吓了一跳，两人赶紧走到床前探视。

好容易让光宗平静下来，寿皇含泪劝慰光宗不要多想，好好保养身子。坐了一会儿，他起身离开。

光宗挣扎着想起来送父亲，但一眼看见李皇后竖起柳眉，怒睁着一双凤眼看着他，不由畏怯起来，又躺了下去。

寿皇走后，李皇后连哭带骂，闹个不休，闹累了，才作罢。

光宗这场大病是怎么引起的呢？

一个月前的一天傍晚，光宗在宫中漱洗，一名宫侍端着铜盆面巾之类的用品在一边伺候。光宗见她一双手又白又光洁，很是可爱，禁不住说了一声："好一双玉手！"恰恰被走进来的李皇后听见。

第二天，光宗下朝后在书房读书。李皇后派了一名内侍向他献上食盒。他以为是皇后送什么好吃的来了，便打开食盒。一看之下，吓得他魂飞魄散，盒中哪有什么果脯珍馐，而是一双血肉模糊的玉手，手指上还套着一枚指环。从此以后，光宗便寝食不安，常做噩梦。

过了几天，光宗出宫去郊外祭祀天地宗庙。按规定，要去离宫过夜。谁知李皇后乘光宗不在的机会，把黄贵妃召来，责骂她是媚惑君王的妖人，罪同谋逆，竟喝令手下一班如虎似狼的宦官，将她一顿大杖，活活打死，又命人将黄贵妃的尸身拖出郊外，草草掩埋。这还不够，为有意刺激光宗，李后派人赶到离宫向光宗禀报，说贵妃暴病而亡。光宗又惊又伤心，他心中明白，一定是皇后加害的，但是，他既不敢回宫去查明原因，又不能亲自抚棺痛别亡灵，不由得悲愤交加，无法排解。

第二天天亮之后，光宗去郊外祭天，只见四野阴霾重重，一会儿狂风大作，暴雨骤降，祭坛前的烛光全被吹灭。光宗勉强拜了几拜，浑身被大雨淋得湿透，踉踉跄跄回到宫中，便生起了这场大病。

但奇怪的是，自从寿皇探视之后，光宗在御医的多方调治下，病势稳定下来，而且一日好似一日，到第二年春天，已经能够坐在延和殿听政了。在他生病期间，李后利用手中权力，竟擅自晋封母家祖宗三代为王，还按照太庙的规模，修筑了一所李氏家庙。但是，软弱的光宗根本不敢过问皇后的这种违反礼制的做法。非但如此，在皇后的淫威下，他一直不敢去重华宫探望父母亲，甚至连寿皇寿辰，也不去祝贺。

3.不顾亲情犯众怒

"皇上太不像话了！"

"父子至亲，天理昭然。太上皇有疾近三月，皇上竟不去问疾，可谓不孝至极!"

退朝后,大臣们愤慨地议论着,有的大胆批评光宗不孝不仁。像这种皇帝被大臣们公开议论谴责,是赵宋开国以来,从来没有过的事。

光宗绍熙五年(公元1194年)元月,寿皇病倒了。一连三个月,光宗竟没有去重华宫探视过父亲,这无疑使本来就日渐恶化的父子关系雪上加霜。寿皇的病更重了。

大臣们看不过去,纷纷上书要求光宗去重华宫。但是,所有的奏章都被压住不报。立夏这天,李皇后建议光宗一起去城外的玉津园游乐。车驾出宫时,兵部尚书罗点跪请皇帝和皇后先去一下重华宫,帝后扭头不予理睬。车驾出游后,直至天黑才尽兴而归。

第二天早朝时,中书舍人彭龟年伏在地上叩头不止。光宗再三问他什么事,他一语不发,只顾叩头,直到血流满地,才奏道:"今日之要事,莫过于请陛下去重华宫探视太皇的病了。"

光宗无可奈何地答应道:"朕知道了!"但是,几天过去了,仍不见他去重华宫。

大臣们仍是接连不断为此上奏,光宗被迫无奈,只得宣布去重华宫的日期。这一天,文武百官在丞相的率领下,一大早就入宫等着光宗。一直等到日落西山时,才见一名小太监出来宣道:"圣上龙体不安,不便外出。"毋庸猜想,一定又是皇后李凤娘从中搞的鬼,大臣们不由想起去年九月重明节发生的一幕。

光宗的生日称为重明节。从这一年的元旦到重明节前,光宗一直没有去过重华宫。节日将近,大臣们觉得这是一次很好的机会,于是联名给光宗上书,请光宗于这一天去朝贺寿皇。

这一天早上,光宗在接受了百官的朝见之后,并没有要去重华宫的意思。给事中谢深甫出班奏道:

"太上皇之爱陛下,犹如陛下之爱嘉王。太上皇春秋已高,千秋万岁之后,陛下何以见天下?"

光宗听了这话,心头有所感悟,答应稍待片刻后即去重华宫,接着宣布退朝。

大臣们站在外面静静地等待。好容易见光宗从屏风后面转出来,大臣们刚想上前相迎,不料光宗后面又跟出一个李皇后,她拉住光宗的手,故作娇态道:

"天气好凉快,官家请再陪臣妾喝上几杯!"

光宗想转身返入,一个名叫陈傅良的大臣抢上几步,拉住光宗的衣袍,说:"陛下请勿回宫!"

李皇后用力一拉,把光宗又拉入屏风后,陈傅良想跟进去,李后回过身来怒视着陈傅良,厉声斥道:"这是什么地方?你这秀才难道不怕砍头吗?"

陈傅良只得止步。退下殿之后,他放声痛哭起来。

李皇后又命内侍出来喝问:"无故在此痛哭,是何道理?"

陈傅良答道:"子谏父,父不听,则恸哭。君王即是父,臣僚即是子,力谏不听,怎能不哭?"

内侍把陈傅良的话禀报了皇后,李皇后大怒,传出旨来说,皇帝不去重华宫!

从那以后,大臣们不断上奏,光宗始终不理不睬。持续了两个月,两班文武忍无可忍,自丞相以下,纷纷上书自劾,要求罢免自己的官职,以此逼迫光宗去重华宫,光宗竟然仍是装聋作哑。

对如此一意孤行的皇帝和皇后,臣子们又能怎么样呢?

这年五月,重华宫传来消息说,寿皇已是生命垂危,不能说话了,唯一的心愿是死前能再见儿子一面。他常常吃力地睁开眼睛,似乎谛听着宫门前的动静,眼中流出伤心的泪水。丞相留正等听说后,十分难过,便闯进光宗宫里力谏,请光宗去重华宫最后见寿皇一面。但是迷了心窍的光宗不予理睬,拂袖而走。留正等跟在后面苦苦哀求,一直跟到福宁殿,光宗加快几步跨进殿,命内侍赶快合上殿门,把留正等人关在门外。气得留正大哭一场,挂印离京出走了。

在大臣们的一再请求下,光宗才让嘉王赵扩去同祖父见了最后一面。

六月戊戌之夜,寿皇带着无限遗恨离开了人世,子孙们没有一个在身边。

以枢密使赵汝愚为首的大臣们,一致要求光宗出场,去重华宫主持寿皇的丧礼。光宗无法推辞,但是一直到傍晚,还不见他的人影。于是,群情激愤,天下汹汹,大臣们一致认为,这样的人还配当什么君父? 在赵汝愚的带领下,百官们集体进行了倒皇运动,他们一齐涌向太皇太后吴氏的宫中,请吴太后出来主持丧礼,并提出,皇帝多病,不宜上朝理政,建议禅位给嘉王,吴太后同意,并以太皇太后名义宣喻。光宗无奈,只好答应退居二线。

就这样,一对丧失道德和天良的帝后,在位仅五年就被赶下了台。

李凤娘于宁宗庆元六年(公元 1200 年)死在她退休养老的泰安宫,年五十六岁。

宋宁宗皇后杨皇后

棋高一招

宋宁宗嘉泰二年(公元 1202 年)。一个大雪纷飞、寒风浸骨的冬夜,可宁宗的爱妃杨氏住的宫内,却是灯烛璀璨,春意融融。那天,杨贵妃花了足足两个时辰,把自己精心梳妆一番,又命内侍备下一桌丰盛的酒宴,一切准备就绪,她焦急不安地等待着。

她所等待的,与其说是盼望已久的机遇,还不如说是一场决定她命运的生死搏斗。

两年前,当宁宗赵扩的皇后韩氏一死,册谁为继后,便成为宫内外人所窃窃私语的话题。对于杨贵妃来说,藏在心底的这个愿望从那一刻开始,突然升腾起来,就再也无法压抑。她暗自揣度着:宁宗身边最得宠的,无非是她和曹美人两人。皇后人选,非她即是自己。但是宁宗对此从未表过态,而从他的行止好恶中也看不出一点意思来。

击败曹美人,一举夺得皇后的桂冠,这就是近年来杨贵妃日夜思索的问题。她终于想出了一个绝妙的计划。

一天,她去找曹美人。像平时一样,两人有说有笑地闲聊了一会儿。杨妃突然正色对曹美人说：

"此番册立继后，不外你我二人，若是早些窥知官家的属意，你我姐妹也不必相争。我看这样吧，哪天我们两人各在宫内备齐一桌酒宴，请官家驾临，各自向他问个明白，你看怎样？"

比起心计多端的杨妃来，曹美人要忠厚得多了。近年来，杨妃突然对她亲热起来，她一点也看不出杨妃的用心，而是真心相待。因为她愿意与人为善，不喜欢倾轧相斗。

几乎没有什么考虑，曹美人便同意了杨妃的这个建议。杨妃暗暗高兴，又故意做出谦让的姿态，说道：

"你我设宴时辰须分个先后，这样吧，我做姐姐的让你先走一步，请皇上先驾幸你那里，然后再到我宫里去。"

曹美人听了，又高兴又感激。

今夜便是杨曹二妃约请宁宗赴宴之机。

看看时辰已经不早，去曹美人处探听消息的宫人回来向杨妃报告："官家在曹美人宫中宴饮，刚是酒过一巡。"

杨妃闻报，立即起身，向曹美人住处赶去。

这一天，宁宗下朝特别晚些，曹美人好容易盼到车驾，忙接宁宗进宫坐下，自己侧作陪饮。酒过头巡，她提起勇气想开口问及册后之事，未及出言，忽听宫女人报："贵妃娘娘来了！"曹美人又惊又疑，只得起身相迎，邀杨贵妃一同入席。只听见杨贵妃对宁宗说道：

"陛下不可厚此薄彼，既已答应妾身，何故车驾迟迟不到？妾特来迎接陛下！"

宁宗哈哈一笑，站起身来想走。急得曹美人拦又不是，放又不舍，只得恳求宁宗再饮几杯。

杨贵妃半拉半请，把宁宗接到自己宫中。银缸红酒，宝髻绿妆，美人儿使出浑身手段，曲意献媚，把宁宗哄得六魂出窍，七魄飘荡，搂着杨妃一意求欢。杨妃乘机提出，要宁宗册立她为皇后。宁宗一口答应下来。杨妃要求宁宗用纸笔写下。醉意朦胧中，宁宗哪顾得上多加考虑，取过纸笔写上："贵妃杨氏可立为皇后"一语。杨妃取过一看，不由心花怒放，忙曲膝谢恩，一面又唤过内侍，嘱咐一番。便转身伺候宁宗去了。

第二天一早，文武百官鱼贯进入朝堂，只见一名大臣昂首阔步登上金殿，从袖中取出御笔手诏，当众宣布："皇上有旨，册立贵妃杨氏为皇后！"

众人一看，不是别人，正是杨贵妃之兄杨次山。其实，杨次山并非杨贵妃的同胞骨肉。杨妃出身微贱，原是会稽人，从小随母入宫充作歌女。因天生丽质，能歌善舞，六宫粉黛比之不及，很得吴太后的欢心，把她赐给宁宗。先封婕妤，后进贵妃。杨妃因家世寒微，母家无人，恰巧有个朝臣名杨次山，与她籍贯相同，便认为兄妹，两相利用。杨妃依靠自己的狡诈智谋击败曹美人，取得宁宗手谕，唯恐夜长梦多，便命内侍速召杨次山进宫，面交皇帝手谕，嘱其及早宣布，以免生变。

报复杀人

听到杨妃被册为皇后的消息后，大臣中最懊丧的莫过于宰相韩侂胄了。

韩侂胄是宁宗原配韩皇后的叔祖，仁宗朝宰相韩琦的曾孙。韩皇后从小同姐姐一起被选入宫，性情柔顺，侍奉两宫太后（高宗吴皇后与孝宗谢皇后）尽心尽力，特别得到她们喜爱，于是，由太后做主，把她许配给嘉王赵扩，封新安郡夫人。嘉王即位，她册为皇后。韩侂胄初时官并不大，因在逼光宗禅位，册立新皇的过程中立了功，又加上同韩皇后的这层亲属关系，不断获得升迁，以至在宁宗即位后的七八年功夫，位至宰相，执掌了朝中大权。满朝文武，多半投靠韩侂胄，拜其门下。而韩皇后的父亲韩同卿，尽管官拜庆远军节度使，加封太尉，但小心谨慎，不闻政事，所以朝内外人士，但知韩侂胄是皇后至亲，不知韩同卿是皇后父亲。

韩皇后短寿，于宁宗庆元六年逝世。韩侂胄仍然不知收敛，专权用事，骄横如前，引起一些人的不满，特别是礼部侍郎史弥远。此人素来怀有野心，觊觎韩侂胄的相位，一直窥伺着机会想把韩侂胄搞下台去。

韩皇后死后，韩侂胄又在册立继后的问题上输了一招。他明明知道，杨、曹二妃相比较，宁宗似乎更宠爱才色俱佳，机敏多智，且熟读书史的杨贵妃，但他还是竭力建议宁宗册立柔弱纯情的曹美人，他的目的无非是想抑制杨次山等新贵，让自己继续控制朝政。杨妃知道这事后，怀恨在心，另一方面也促使她运用谋术主动出击，终因棋高一招击败了曹美人。

　　当上皇后之后，杨氏便寻找机会报复韩侂胄了。

　　韩侂胄为了巩固自己的相位，于宁宗开禧二年（公元1206年）说服皇帝，出兵北伐抗金。由于军事准备不足，加上投降派官僚史弥远、杨次山等人的破坏，北伐没有成功。史弥远乘机秘密上书给宁宗，请求杀韩侂胄，宁宗没有理会。杨皇后暗中推波助澜，密嘱皇子赵严乘宁宗退朝时，面奏宁宗，弹劾韩侂胄，说他是"轻易挑起兵端，祸及社稷"。赵严是宋太祖长子赵德昭的九世孙，宁宗因没有子嗣，将他收养，晋封荣王。

　　宁宗不但不听赵严的话，还斥责他是"年少无知"。杨皇后在一边开口了：

　　"宫廷内外，哪个不知韩侂胄奸邪？只是怕他势大，才不敢明言。陛下怎能置多数人的意见不顾，只相信韩侂胄一个人呢？"

　　宁宗素来宠幸杨后，听了这话，不觉沉吟起来，说："待朕查明后，再定罪不迟。"

　　杨皇后紧追不放，说："陛下深居大内，何从查究？不如派一名亲信大臣去查。"

　　宁宗点头同意。

　　当天夜里，杨皇后秘密召见杨次山，命他速去找史弥远商量，借口有宁宗口谕，设法杀掉韩侂胄。

　　过了几天，逢韩侂胄的如夫人过生日，暗中勾结史弥远的郎官张镃备上份厚礼去韩家贺寿，同韩侂胄畅饮通宵。第二天一早，韩侂胄酒意尚存，匆匆起身准备上朝，刚要出门，他的一名亲信名叫周筠的，急速跑来向他密报，说史弥远等人可能会采取谋变行动。韩侂胄根本不相信，说："谁敢造反？"便大摇大摆地登上车，向皇宫驰去。

车行至六部桥,突然前面有数百名禁军拦住去路,韩侂胄正想发问,只见殿前司公事(皇家禁军将领)夏震走了上来,大声说道:

"皇上有旨,太师罢免平章军国事,着夏震去太师府宣读诏书!"

韩侂胄不相信宁宗会撤销他的军事大权,反问夏震道:"既有诏书,我何以不知? 莫非假传诏旨?"

但是,夏震不听,指挥禁军七手八脚拥着韩侂胄的车,一直驰往玉津园。到了园中,把韩侂胄拖下来,命他跪下听旨。还没等到夏震读完,忽有一人转到韩侂胄的身后,用铁锤朝他头上猛地一击,韩侂胄顿时脑浆迸裂,倒地而死。

再说宁宗接到韩侂胄的死讯,又惊又气,想追究史弥远、杨次山等人目无君父、擅杀大臣的罪责,但后来知道是杨皇后命令他们干的,只得作罢。

3.共谋废立

宋宁宗嘉定十七年(公元 1224 年)闰八月,五十七岁的皇帝赵扩崩于福宁殿。

杨皇后一面主持丧事,一面准备让宁宗选定的皇太子赵竑登位。宁宗没有儿子,原先过继的皇子荣王赵严于四年前病死,只得再选赵德昭的另一个九世孙赵贵和为皇储,赐名赵竑。但是,围绕着皇位继承人,一场违背宁宗意愿的废立阴谋早就在宫外悄悄进行了。

五天前,宁宗已不省人事。右丞相兼枢密使史弥远假传宁宗诏旨,又过继太祖的十世孙赵贵诚为皇子,赐名赵昀,并授武泰军节度使,封成国公。宁宗皇储已定,在这种节骨眼上,又新立一个皇子,大臣们无不暗中猜疑,人心惶惶,而杨皇后却被蒙在鼓里。

宁宗驾崩的第二天,史弥远请杨皇后的侄子杨谷和杨石进宫面见皇后,将丞相已另立皇子这件事告诉了皇后,杨后又惊又怒地斥道:

"史丞相怎能做出如此不法之事? 难道他怀藏异心,想要废立不成?"

杨谷和杨石忙回答道:"正是如此。史丞相以为,国君当择贤而立,皇子赵昀英明仁孝,足可托付神器,宜登大室。"

国学经典文库

中国古代野史

·宋辽夏金野史·

图文珍藏版

1144

杨后坚持不同意。杨谷、杨石没有办法,只得退出。

史弥远不死心,又命两人进宫劝说皇后,这一夜,谷、石七进七出中宫,力劝皇后同意废立,杨皇后始终不肯答应。逼到最后没有办法,杨谷和杨石哭着对皇后说道:

"皇后不答应也罢,如今丞相以下百官、内外军民,都是一心向着成国公赵昀,若不拥立他为新皇帝,势必引出祸患,恐怕我杨氏一门将死无葬身之地了!"

听了这话之后,杨皇后沉吟良久,最后慢慢吐出四个字:"此人何在?"

杨谷、杨石见皇后已经动心,忙三步并作两步出宫去报告史弥远。史弥远又命人火速宣召成国公赵昀进宫觐见皇后。

不多时,一个眉清目秀、行止凝重有方的翩翩青年跪在杨皇后的面前。杨后见了,感到印象不错,这才放心一些,她抚着赵昀的肩头说:"今后你就是我的皇儿了!"

史弥远为什么废赵竑而改立赵昀呢?

原来,自从韩侂胄死后,史弥远步步升迁,也成为执掌朝政的权相。他内与杨皇后联成一气,外又结交私党,培植亲信,把一个宋家王朝变成了史家天下。于是,引起皇子赵竑的愤慨不平。老奸巨猾的史弥远看出了赵竑对他的不满,怀恨在心。他见赵竑喜欢古琴,特意买了一个善于弹琴的绝色女子献给赵竑。美女加上知音,赵竑被她倾倒,也顾不上去思考史弥远究竟怀的什么心思了。久而久之赵竑和美人变得如漆似胶,无话不谈了。有时候,赵竑下朝回府,用笔记下史弥远勾结杨皇后做下的不法之事,末了,又愤愤地批上"弥远当发配八千里"的话。又有时,赵竑偕美人一起读书议政,讲到愤慨处,手指壁上地图所示的琼崖(今海南岛)地区,对美人说:"我即位后,一定把史弥远发配到那里去。"

赵竑哪里知道,他身边的这个心爱女人,竟是史弥远布置的暗探,他的一切言行,早都落入史弥远的耳目之中。史弥远恨赵竑简直咬牙切齿,下决心要废掉赵竑。

先是在宁宗跟前百般造谣诬陷赵竑,无奈宁宗深爱赵竑,听不进谗言。史弥远便留心物色其他的皇储人选。他派人去会稽找到太祖十世孙赵贵诚,将贵诚接到临安,送给没有子嗣的沂王(宁宗的堂兄弟)做儿子,暂时安顿起来。等到宁宗将死,便开始实施废立阴谋。

有了杨皇后的支持,阴谋很快公开,得以异常顺利地实现。那天,赵竑接到宫中的宣召,满以为自己登上皇位的吉时已到,喜滋滋带着随从进宫去。但是等到百官齐集,也不见有人请他进去见皇后。一会儿,殿上突然烛炬齐明,抬头一看,只见御座上坐着一个身披黄袍的少年天子。他这一惊,非同小可。起先,他还不肯跪下,被人猛地一推,只得屈膝下跪,向新皇帝叩了几个头。接着,新即位的宋理宗赵昀宣布,尊皇后杨氏为皇太后,垂帘听政,授皇子赵竑开府仪同三司,进封济阳王,出京居住湖州。

过了几年,有人为赵竑抱不平,发动兵马造反,拥立在湖州的赵竑为帝,但不久就失败,赵竑被迫自缢身死。

皇太后杨氏,临朝九个月后归政给新皇帝,十分荣耀地度过了晚年,享寿七十一岁,到理宗绍定五年(公元1232年)才死,谥号"恭圣仁烈"。

宋理宗皇后谢道清

宋理宗宝庆年间,朝廷下旨,为新即位的皇帝挑选后妃。皇太后杨氏为感谢当年她自己册立为后时,丞相谢深甫支持有功,特下手诏,命在谢家诸女中确定皇后人选。

太后谕旨到达天台县谢家的时候,全家人又喜又忧。谢家仅有一个女孩子,便是谢深甫的长子谢渠伯之女谢道清。渠伯早死,家业破败,道清从小依靠叔父谢举伯抚养长大。只因谢道清长得不够漂亮,肌肤黧黑,一只眼皮上还留有一道明显的疤痕。谢家不免担心她不能入选。

"道清即使被选入宫,也只能充个宫婢,还是多准备一点资装,让她今后出宫嫁人吧!"叔父举伯说道。

过了几天,正是元宵张灯时节,忽有大群喜鹊飞到灯山上筑巢,谢家兄弟们见了,说这是吉祥之兆,象征着道清此番入宫,必定贵为后妃。他们说服父亲,坚持把谢道清送上去临安的宫车。

到了京城，谢道清被送到掖庭候选。谁知第二天她就生了病，病得十分厉害，好几天昏迷不醒，滴水不进。宫人们都以为她活不成了。可是过了十几天，她忽然痊愈了。更使人惊奇的是，她的手蜕掉了一层皮，肌肤变得洁白如玉，新浴过后，更如芙蓉出水，海棠带露；又黑又亮的大眼睛如一泓清泉，眼皮上的那片疤痕也不见了。

几天后，理宗在便殿召见新入选的妃嫔。除谢道清外，另有一名贾氏之女，不仅生就一副倾国倾城之貌，而且极尽柔媚之术。理宗少年好色，见了爱之不及，想册立贾氏为皇后。但是杨太后不同意，她对理宗说：

"谢女相府出身，端庄有福，还是立谢女为皇后吧！"

在理宗犹豫不决的时候，一些大臣也窃窃私语："不立真皇后，难道立一个假（贾）皇后不成？"

理宗不便违背太后的意思，便于宝庆三年（公元1227年）十二月册立谢氏为皇后，又封贾氏为贵妃。亏得谢皇后谦和宽容，理宗专宠贾妃，她毫不妒忌。贾妃死后，理宗又专宠阎妃，后妃之间始终和睦相处。因此，谢皇后也一直受到理宗的尊重和礼遇，逢有政事不能决定，只要谢皇后有所建议，理宗总是虚心采纳。如开庆初年，元兵大举进犯，渡江南下，理宗想迁都去浙江四明。谢皇后竭力劝阻说，这样恐怕会动摇民心，理宗才作罢。

理宗在位长达四十年，沉溺声色享乐，任用史弥远、贾似道等奸相，使南宋国势如江河日下。他死于景定五年（公元1264年），没有儿子，只得过继同胞兄弟荣王的儿子赵禥为子。赵禥即位，尊谢道清为皇太后。

度宗赵禥比理宗更加昏庸无能，让贾似道把持军政大权，自己一意享乐，因纵欲过度，于三十五岁壮年时就死了。这一年（公元1274年），蒙古军队已经渡过长江，直逼扬州了。但是贾似道为了个人权欲，反对立稍年长的皇子赵昰为帝，而拥立度宗全皇后所生幼子，四岁的赵㬎做皇帝。他自己出兵不战而逃，还上书太皇太后谢道清，要求朝廷迁都南逃。谢太后坚决不肯。

在大臣们的再三要求下，谢太后下诏罢免贾似道的官衔，贬到循州（今广东龙川等县)安置。半路上,作恶多端、误国误民的贾似道被押解人员杀死。

在元军逼近临安的时刻,垂帘听政的谢太后被迫以老病之身出来主持抗元大业。当时,主管军事的枢密官员和一些武将纷纷逃跑,朝中一片混乱。谢太后急忙下诏各路兵马进京勤王,她说:

"我朝三百余年,于士大夫一贯以礼相待。今日我和新皇帝遭难,你们大小官员们,没有人说过一句救国的话。朝内的官员离职逃走,朝外的守将丢印弃城。御史言官不能替我监察,二三宰相,又不能统率群臣。相反,却是里外合谋,不断在半夜逃走。你们平时熟读圣贤之书,在这种关头却做出这等事来,你们活着有什么面目见人?死后又如何去见先帝?"

亡国在即,谢太后的悲愤焦急并不能打动这些"食君之禄"的官员,到后来,进宫上朝的文官,竟少到只有六个人。眼看元军兵临城下,首相陈宜中请求谢太后迁都,太后不肯。文天祥、张世杰等抗元将领请求两宫太后与皇帝一起下东海避难,自己率师背城一战,但是贪生怕死的陈宜中派人捧着传国玉玺和投降书出城去向元军投降了。谢太后至此,只得把这出投降戏演下去。

宋恭宗德祐二年(公元1276年)二月,蒙古军元帅伯颜进入临安,立马观潮于钱江,南宋灭亡。三月,小皇帝赵㬎、皇太后全氏以及度宗的生父生母等,被俘虏北去。太皇太后谢氏因病留在临安,至八月,也被押送去大都(今北京),七年后病死,终年七十四岁。

权臣逸闻

北宋开国第一谋臣赵普

北宋开国丞相赵普是中国历史上一个较有传奇色彩的人物。一个浪迹江湖的流浪汉,因一次偶然的机会,认识了当时任后周都指挥使的赵匡胤,两人一见如故。后来,赵普协助赵匡胤夺取政权,整刷内部,大胆改革,为北宋政权的长治久安竭尽心力,赵普也因此而成为北宋开国第一谋臣。

1.滁州遇明君

赵普,字则平,幽州蓟(今河北保定一带)人,生于后梁龙德元年(921年),死于宋太宗淳化三年(992年)。父亲赵回,系当地的一个族长,为避战乱,举族先迁于常山,后迁于洛阳。

为了使自己的儿子能在乱世中混口饭吃,在赵普十岁那一年,其父为他请了一私塾先生

赵普

教他辞章、计数之学。可赵普对这些一点兴趣也没有,屡遭其父的呵斥,然而赵普道:"大丈夫处乱世要辞章何为? 当辅明主以安天下耳。"其父大奇之,就请人教他先秦纵横之学,可赵普亦不感兴趣,认为纵横之学是天下处士蛊惑人主为取富贵的诡诈之术。他独对孔子的《论语》爱不释手,终日揣摩研思,稍长,精通星历象纬之学。所以,史称赵普以一部《论语》治天下。长大后,赵普沉默寡言,好深思远想,举动常出人意。镇阳豪族魏氏闻赵普之名,求见而大奇之:"此儿王佐之才也。"就把自己的女儿嫁给赵普。

五代十国是中国历史上第二个大分裂的时代。朝代的更替、政权的兴亡,像走马灯一样迅速。为了争地盘,各路军阀拼得你死我活,而最终倒霉的还是老百姓。见世道混乱,赵普毅然起澄清天下之志,于是别妻离子,出去闯荡江湖,希望有朝一日能干出一番事业,出人头地。

可赵普一介文人,身处乱世,毫无用武之地。为糊口,他给人家当过家庭教师,替有钱人家管过账,都时间不长,后经人推荐,在一将军幕下当过一小办事员。赵普觉得这些人不是成事的,整日只知花天酒地,毫无作为。所以,他索性辞职不干,去浪迹江湖,这一浪就是十五年。

后周太祖郭威显德元年(954年),后周永兴聿节度使刘词认为赵普是个人才,就征他做了自己的从事,算幕僚人员。此时,赵普的生活才算暂时安定下来,就、把妻小接来与自己团聚。

可这样的时光并不长,后周显德三年(956年),刘词病死,赵普又失去了依靠。幸好刘词临死时给朝廷写了份推荐书,要求朝廷委用赵普,赵普就拿着这份推荐书去找正在滁州打仗的周世宗柴荣。

此时周世宗正在滁州进行紧张、激烈的战争,哪儿顾得上一个节度使临死时写的推荐书? 赵普的希望落空了。赵普虽然没有见到周世宗,却得到了一个意外的收获,就是结识了都指挥使赵匡胤。两人一见如故。历史上把"二赵"的相见,比做刘备见到诸葛亮。赵普的命运从而改变。

相传有一次,赵普一人在滁州的一家客栈里喝酒。都指挥使赵匡胤在战斗之余,领着石守信等一班中下级军官也进来喝酒。赵普一见赵匡胤,心中惊奇不已:此人仪表堂堂,顾盼非常,非人臣也。于是,他想与赵匡胤搭讪。因人多客栈小,一帮人呼啦啦地坐满了,一个小军官没地方坐,就坐在赵匡胤坐的凳子上,两人坐在了一块儿。赵普一见,在旁喝道:"你也配坐在他的旁边? 下去!"

这一喝不打紧,大家都把目光转向赵普。赵匡胤见了赵普,觉得这个陌生人不俗,就拉他来一块儿喝。这时,石守信没地方坐,也想坐到赵匡胤的旁边,赵普道:"他最终可当到节度使,还可勉强坐在这里。"

此时的赵匡胤已是高级军官,雄心勃勃,豪气干云,想干一番事业,正在物色自己事业的班底。今日赵普这个陌生人的言语,不是说明自己可以当皇帝吗? 赵匡胤听了赵普的话后,心里很高兴,觉得这个人不简单,就相约另找机会,两人单独交谈。

在交谈时,赵普为赵匡胤分析形势,指出天下分裂已久,百姓盼望统一。他要赵匡胤顺应历史潮流,做统一中国的历史人物。同时,他运用象纬星历之学,说赵匡胤有人君之象,气度不凡,要他好好把握,顺天应人。

一席话,说得赵匡胤心花怒放,热血沸腾,就把赵普比做自己的诸葛亮,说:"当年刘备见到孔明之后,才成就大业,今天真是天赐先生于我。以先生之见,当如何干?"赵普道:"我观天象,世宗不久于人世,那时就是将军建图大业之秋。我游历江湖十五年,还未见有如将军之人者。"并要赵匡胤进一步取得周世宗的信任,把军权抓在手里。

此次谈话不久,赵匡胤接到家信,说父亲赵殷廷病重。赵匡胤忧心忡忡,但此时又不能离开军队,于是他找赵普商量。赵普沉吟半晌道:"自古忠孝不能两全,将军应以事业为重。如蒙不弃,我代将军去服侍老太爷,如何?"赵匡胤一听,大喜:"先生代我去服侍老父,真是功德无量。"

到了赵家后,赵普见到了赵匡胤的弟弟赵匡义,亦大奇之:龙骧虎步,真人君之象也。于是在赵家认真服侍赵殷廷,热情周到,态度谦谨,尽职尽责,不怕脏、不怕累。三个月下来,赵殷廷对赵普极有好感,并临终遗命赵匡胤,要认赵普为干儿子、本家。这样,赵普与赵匡胤之家又多了一层家族关系,也使赵匡胤对赵普更加信任。

淮南、滁州之战后,赵匡胤荐赵普为渭州军事判官,后又荐为推官,继而迁为掌书记。以后赵家人包括杜太后在内,都昵称他为"赵书记"。从此,赵普就成了赵匡胤集团的重要成员。

一天,赵匡胤在与赵普议论平天下之事时,问赵普为何对孔子的《论语》感兴趣并钟爱不已。赵普道:"治国平天下就少不了它,释、道及其他学问都不行。"赵匡胤道:"那你在我这里,《论语》怎么用?"赵普道:"半部为将军打天下,半部为将军治天下。"赵匡胤大笑并赞赏不已。

后周显德五年(958年)秋天的一个下午,赵普找到赵匡胤,说:"长星竞天,彗星扫豫,此乃除旧布新之象。"赵匡胤问:"书记有何良策?"赵普神秘地一笑,说:"到时便会有分晓,只要将军配合一下就行了。"

后周显德五年底,地处晋地的后汉出兵南下,后周皇帝周世宗点起十万大军向北进发,想彻底扫除边患。当大军走出汴州(开封)不远时,军中出现了一块神秘的木牌,上面写着三个字"点检做"。点检"做"什么呢? 当然是做皇帝。周世宗认为这是不祥之兆,就班师回朝。回去后,便一病不起。他担心当时任殿前都点检的张永德对皇位不利,便将其撤职,改由自己最信任的都指挥使、宋州节度使赵匡胤接任。不久,周世宗病死,他七岁的儿子柴宗训继位,史称周恭帝。

后周显德六年(959年)正月,边境上又传来警报,说后汉入侵。当时的皇帝是个只有七岁的幼童,见大臣一片惊惶,就命殿前都点检赵匡胤率军出征。出征前,京城里谣言四起,都在传闻"都点检"要做皇帝。

当大军到达离汴京五十里的一个叫陈桥驿的地方时,天已傍晚,赵匡胤下令宿营。此间,赵普与赵匡义在下面部队中不断进行串联,赵普还利用天象来蛊惑人心,说西方出现两个太阳,正在斗得很厉害。一会儿工夫,士兵们就三个一群、五个一伙地议论起来:"皇帝年幼,立了功也没人知道,不如先立点检做天子,再上阵杀敌。"很快就在全军上下形成一片要求立点检为天子的呼声。

那天晚上,赵普安排赵匡胤与自己一块儿喝了不少酒,之后,赵普又命人扶赵匡胤去睡觉。第二天早上,赵匡胤醒来一看,全军上下人声鼎沸,荷刀侍立,一片杀气。赵匡胤吃了一惊,喝道:"你们干什么?"这时,赵普上前一步,说:"全军愿立点检为天子。"说完,就把一件黄衣服披在赵匡胤身上,并推他到椅子上坐定,然后率将士齐刷刷地跪下,三呼万岁!这就是史不绝书的"陈桥兵变"。

因兵变有功,赵匡胤建立宋王朝后,以赵普功劳第一,官拜枢密使、检校太保,成为北宋王朝的第一任宰相。

2.定计风雪夜

五代时期具有军阀混战、王朝更换迅速地政治特点,在北宋王朝建立之初,人们都认为这个王朝和它的前任一样,也是短命的,很快就会被别人所取代。

可事实上并非如此,赵匡胤建立的宋王朝长达三百年,是中国历史上少数几个存在时间较长的朝代之一。这固然是由于开国皇帝赵匡胤的雄才大略,同时也要归功于开国宰相赵普的深谋远虑,君臣配合,共固大厦。

宋太祖乾德二年(964年)冬天的一个夜晚,寒风凛冽,瑞雪纷飞。时值深夜,家家都已进入梦乡或是一家人围在火炉边取暖,宰相赵普一家也正准备就寝歇息。

　　突然，门口传来急促的敲门声，赵普打开门一瞧：只见皇帝赵匡胤独自一人站在门外，身上披满了雪花。赵普连忙磕头请进，安排妻子魏氏准备火盆和酒菜。赵匡胤笑道："嫂子，有何好酒，都拿出来，我要与赵书记痛饮一杯。"赵普道："陛下深夜至此，必有事故。"赵匡胤道："我睡不着。"赵普道："天下已定，陛下有何不安？"赵匡胤道："当初，你们协助我登上天子之位，但是大宋江山能否长治久安，没把握。前车可鉴，我能睡得着吗？"赵普一听，连忙下跪拜了三拜，贺道："陛下有此心，天下苍生之福也。"

　　赵匡胤道："天下要怎样才能长治久安？"赵普道："武将不擅权，藩镇不林立，收回兵权，制其钱谷，则天下可安。"然后赵普做了个杀头的手势。赵匡胤摇摇头："石守信等人都是我的患难兄弟，不会有异心。"赵普一听，大声提醒他道："他们无此心，一旦他们的部下要图富贵，把黄袍披在他们身上，也没有办法啊！当初，我们不也是这么做的吗？"赵匡胤听了，不住地点头称是。

　　见火候已到，赵普向赵匡胤提出了一系列巩固政权、维护长治久安的方针、政策。概而言之，有以下几个方面。

　　一、收回节度使的兵权，委以有职无权的闲职，功劳很大者，就多赐良田、美宅，以养天年。

　　二、改革军事制度，撤掉殿前都点检一职，把原来的马步军由一人率领的情况改为马、步军各由一人率领，同时把天下健壮之士集于禁军，地方的厢兵都只是一些老弱病残者；其次，兵权属于枢密院，可枢密院只有发兵权，没有带兵打仗之权，打仗之权属于将军，一旦战争结束，将军就要把兵权上交。

　　三、改革政府机关，实行财政、枢密、行政三权分立，以防止宰相权力过大。同时，宰相下面设副宰相（参知政事）以分宰相之权，宰相的任务是上传下达，对问题的最后决定权归于皇帝。

　　四、在州一级地方政府设立转运史，统管地方的财政收入。除了地方必要的开支外，一律归中央。转运史由中央政府委派。

　　五、州、县一级主要的行政长官由中央委派，定期调换或罢迁。

国学经典文库

中国古代野史

·宋辽夏金野史·

图文珍藏版

六、实行文官制度,政府的各级官吏和军队主要将领均由文官担任。为了保证文官数量的源源不断,朝廷大规模实行科举取士。

这些确是关系到宋王朝长治久安的根本性措施。所以,聪明的宋太祖听后,不住地点头,同时大呼:"好酒! 好酒!"赵普的妻子魏氏不断地给赵匡胤斟酒、夹菜。赵匡胤大汗淋漓,对赵普说:"你说的是内政,要平外必先安内,可安内之后,如何? 怎样统一天下?"

赵普讲出四个字:先南后北。赵匡胤道:"理由呢?"赵普说:"北有契丹和汉。如我们对汉用兵,取北汉之后,我们就要独挡契丹的兵锋,不如先让北汉替我们挡住契丹兵势,待我们取了南方之后,地广兵强粮多,北汉弹丸之地,可一鼓而下。而且南方富庶,各个政权又不强大,兵弱主昏,正是我们用兵的大好时机,以陛下之雄略,必能克日扫平江南。"

赵匡胤一听,连呼:"卿计大妙!"从此着手实施巩固政权的各项工作。

短短几年的时间,天下大治,五代以来那种武将擅权、藩镇林立的局面彻底改变了。赵匡胤在此基础上派大将曹彬下江南,逐一消灭了南方各个割据势力,统一了江南。因功,赵普官拜右仆射、昭阁馆大学士。

3.固权有术保余生

从历史上看,宰相与皇帝的关系总是微妙的:皇帝担心宰相权力过大有碍皇权,宰相害怕皇帝怀疑自己而丧失权力,有时甚至连脑袋都保不住,这几乎成了中国历史上之通例。以宋太祖之雄略、赵普之忠智,最终也不能使赵普免于失掉相位而成为老百姓的结局。

赵普作为一代名相,除了智深、谋忠外,还有一个特点,就是专。自己认为对的无论如何也要坚持到底,因此,他与赵匡胤的冲突在所难免,有时两人甚至大吵大闹,赵匡胤心里很不舒服。

有一次,赵普向赵匡胤推荐韩当为朝官,认为此人是个人才,可任侍郎之职。但赵匡胤不用,赵普就坚持己见,赵匡胤大怒:"我偏不让他当,你能奈何我?"赵普寸步不让,说:"刑赏乃天下之刑赏,非陛下之刑赏,岂能以自己的喜怒而黜天下之才?"见赵普这么说,赵匡胤怒愈甚,就起而入宫,赵普却紧随其后;赵匡胤关闭宫门,赵普便站在外边等。赵匡胤认为赵普站久了会走,就打开宫门,可赵普仍站立在那里,赵匡胤叹了口气,没办法,只好照赵普的意见办。

在当时北宋初建、一切都还比较混乱的情况下,赵普这种举贤任能的作风有利于北宋王朝的稳定和巩固,然而在皇帝的心目中,赵普太专了。

太祖开宝六年(973年)春的一天,赵匡胤去赵普家探问。恰好在这时,江南的钱俶致书并送海产于赵普,来不及收藏,被皇帝发现了。赵匡胤问是何物,赵普实话实说,赵匡胤道:"如是海产则是好东西。"命打开来瞧:里面哪有什么海味,全是用黄金制成的瓜子。赵普一看,傻了,连忙磕头顿首不已:"臣实在不知是黄金。"赵匡胤久不作声,最后,酸溜溜地叹道:"既然是送给你的就收下吧!他认为国家大事都是由你们这些书生决定的。"

从此,赵匡胤对赵普有看法了,见皇帝对自己有了看法,赵普也知趣,就上书辞职,赵匡胤二话不说,大笔一挥:钦准。

可赵普是个官迷,一旦失去权力,心里很不是滋味。他见赵匡胤疏远自己,就把希望寄托在其弟、晋王赵匡义身上,并与之热乎起来。赵普与赵匡义是老熟人,陈桥兵变时,两人又是首谋,因此,两人正常来往,顺理成章。

开宝九年(976年)十月的一个夜晚,赵匡义在与赵匡胤点着蜡烛喝酒时,用斧头把赵匡胤劈死,这就是典故"烛影斧声"的由来。赵匡胤一死,赵匡义就宣布自己当皇帝,史称宋太宗。

但按周礼,赵匡胤是开国皇帝,江山是他打下的,理应传给自己的儿子赵德芳。所以,严格说来,赵匡义继位是不合法的,可算是谋篡。赵匡义于是绞尽脑汁,编造谎言,说自己即位是杜太后的主意,鉴于五代之乱,是因为国无长君,所以,杜太后要赵匡胤在自己百年之后传位给弟弟赵匡义以保宋王朝的长治久安,并把它写成遗诏,藏在金匮中,史称"金匮之盟"。

其实,赵匡义的这个杜撰漏洞太多,其中最明显的是:国要立长君,赵匡胤死时,其子赵德芳已有二十六岁了,能不能算成年人?所以赵匡义必须借助于人来证实自己编造的谎言是杜太后的遗嘱,而这个人必须德高望重,为天下瞩目。于是,他想到了赵普,唯有赵普最合适。

这时的赵普正在湖北的房州任州刺史,为了立功重返相位,就出来作证,说杜太后确有此遗嘱,并有板有眼地说杜太后作遗嘱时,自己还在场云云。如此一来,赵匡义的篡位就变成了合理合法的继承。因功,赵普出任河阳三城节度使、检校太傅、同平章事,又迁太子少保、太子太保。太平兴国八年(983年),赵匡义拜赵普为武胜军节度使兼检校太尉、侍中。人臣之位已极,而他在赵匡胤当皇帝时,从来没有过这么多这么高的职位。

赵普的伪证换来了一顶顶耀眼夺目的桂冠。虽然中间有一段时间因吕蒙正所逼而离相位,但不久又官复原职。一直到太宗淳化二年(991年)春,赵普才向赵匡义上书要求辞职。此时退出相位,对于赵普来说已是心甘情愿的事,因为他已经七十岁了。

赵匡义先是不准,但见赵普去意恳切,赵匡义乃钦准同意,以太师、魏国公、给宰相料科等归第休养。

淳化三年(992年),赵普死,宋太宗赵匡义闻讯为之恸哭,并罢朝五日以示哀悼,追赠尚书令、真定王,谥号忠献。赵普死后,他的家人在翻阅他的遗物时,发现他除《论语》二十篇外,一无所有。

作为北宋开国宰相的赵普,虽有微瑕,但仍不失为中国历史上较有作为的政治家,一代名相。为保相位作伪证,也是封建社会官场的通例,无须过于苛求。

北宋权宦童贯

1.藏画家之子

北宋的京都开封,有一市井之家,雅好藏画。当时的骚人墨客、学界名流如易元吉,郭熙、崔白、崔愨等都与这家交情至深。主人童湜,凭着过人的聪敏机智,与官宦文人们应酬往来,对古今书画颇有研究,善于收藏。童家有一子,小字道夫，大名童贯。生性乖巧，生得一副可人的妩媚相。从小跟在父亲屁股后头，与大人们交接谈笑，时不时还冒出一两句精彩的话来，博得大家赞赏。父亲也经常有意识的教他一些鉴别古画的方法。希望有朝一日能派上大用场。这孩子也真继承了一点儿父亲的灵性，只要交代过一遍，他便能心有灵犀，融会贯通。所以年岁不大，已经掌握了不少鉴别古画的绝招。

童贯

元符三年，开封府内突然紧张起来。传说是哲宗皇帝龙体欠安，朝廷正在为选定继承人而争执不下。各家皇妃都想选定自己的儿子，但没有一个中皇上的意。

请占卜家推卦，神秘的仪式完成以后，相书上出现了两个字："吉人。"没有人能够解释这两个字的玄机，宫廷内仍然处于混乱之中。

童家自然也听到了宫内的传闻。童湜想，"吉人"就是"佶"。诸公子中赵佶喜好书画，如果他做了皇上，童贯倒正有条件接近他。这也许是儿子进宫的一个好机会。于是，童家宴请易元吉等人，商量送童贯进宫的办法。按规定，男子进宫除了高官就是太监。童贯要想进入内宫，必在阉割之后。童湜对此并不反对。不久，手术已毕的童贯便投到了李宪门下。一日，宫内传出消息说，哲宗皇帝已经驾崩，由太子赵佶登基，定为徽宗。

宋朝的时候，把五、十三、二十三看成是不吉利的忌讳数。赵佶的生日五月初五由于犯忌被改到了十月初十。后来，有人说李宪门下一个小太监也是五月初五的生日，依皇上的例，改到了十月初十，并说这个小孩很会说话。这一消息被皇帝听到，便想要见见这个和自己生日相同的小太监。

很快，童贯被带到皇帝面前。

国学经典文库 中国古代野史

·宋辽夏金野史·

图文珍藏版

"你叫什么？"徽宗问道。

"小的名叫童贯,贱字道夫。"

徽宗听到这个"贱"字,心里一动,觉得这个小孩很会说话,懂得长幼尊卑的规矩。

"走近前来,让朕好好地看一看你。"徽宗非常友好地打量这个小太监,总觉得与自己前世有缘,便决定留他在内宫服侍自己。

童贯从此便不离皇上左右,悉心尽责。

徽宗皇帝不仅嗜好古玩书画之类,更擅长水墨工绘,他的书法人称"瘦金书。"聪明伶俐的童贯把这些记在心上,千方百计地讨好皇上。他使出浑身解数,揣摩主子的心思,事先便逢迎承顺,越来越得到徽宗的好感。

时间荏苒。童贯由一清秀少年长成英俊潇洒的青年。他不像其他太监,软叽叽说话有气无力,而是生得彪形魁梧,双目炯炯,面皮白嫩。不光是皇上喜欢他,后宫的嫔妃人人愿意结交他。童贯从父亲身上学得了一套笼络人心的本事。他在小是小非上从不与人计较,度量颇大。平时,他给别人以小恩小惠,所以,宫人也非常喜欢他。

他时常被差遣为皇帝及嫔妃搜寻书画。不久,便奉召赴江浙钱塘,去访求古代书法图画。

2."巧"演双簧

童贯来到杭州,为西湖美景陶醉。在这富庶的江南城里,他享受着呢喃艳曲,美味佳肴。

这一天,有人来报,说是已遭贬谪的宰相蔡京求见。童贯心里明白,蔡京是因前朝贤臣上疏参奏其"奸"而下野的,现在切盼朝廷复用,以图东山再起。这样的人是可以利用而于己无害的。

童贯延请蔡京坐上座,以贵宾相待。这使蔡京颇为感动。

两个人话语亲密,意气相投,打得火热,成为莫逆之交。

蔡京出身名门世家,除饱读诗书之外,还有一手绘画的功夫。在取悦皇帝这一点上,与童贯心照不宣。他对童贯说:"童大人只管玩乐享用,征集书画方面有我蔡京,保您在皇上面前得意过关。"

童贯毫不客气,连声说道:"拜托!拜托!日后朝廷复用您大人出山,成败也就系于此画了。"

两个心怀不轨的人相视一笑,拱手告别。

自童贯处回来,蔡京使出自己的看家本事,精心绘画,研求书法。甚至重金购得名人书画,加以篡改,修饰题跋,冒充自己的作品,托童贯进呈皇宫。

童贯在杭州的一段时间,为自己也勒索了足够的财帛,不久便回到了京师。

为了早日使蔡京官复原职,一方面,童贯密表谕扬,称蔡京为国家栋梁之材,不应放置闲地;另一方面,他打通关节,联络太常侍范致虚及左阶道录徐知常等人,为蔡京说情。同时,加紧在后宫嫔妃宦官处活动,重金贿赂。一时间,朝廷上下交口赞誉蔡京有"德"有"才",像这样德才兼备的人物,实在是朝廷应该重用的贤臣。

徽宗皇帝果然宣下圣旨,起用蔡京为定州知府。不久,迁升大名府知府。

童贯的上下煽动,惹恼了左宰相韩忠彦。韩忠彦在朝多年,深知政治斗争中宦官与大臣勾结而误国的厉害。当他看穿了童贯想借蔡京之事而稳固自己的政治势力的野心时,他便勃然大怒,在朝廷上严厉反对起用蔡京。被童贯串通好的右宰相曾布,一心想排挤韩忠彦而独揽大权。于是在朝廷上与韩忠彦针锋相对,数出起用蔡京的诸般好处。曾布抓住徽宗好虚荣的心理,说道:"起用蔡京,是当今皇上重视人才,不计前嫌,为了国家的繁荣昌盛。如此皇恩浩荡,开明之举,怎么能被韩大人说得那么耸人听闻呢?"

满朝大臣没有人站出来支持韩忠彦。

徽宗皇帝急于退朝,也不辨是非,宣旨了事。

童贯暗中得意。不到一年的时间,蔡京从大名府调回朝廷任翰林学士承旨,专门为皇上起草诏书。不久,曾布退职,蔡京为右宰相。第二年正月,韩忠彦被免职,蔡京为左宰相。蔡京一步步地被提升,童贯起了关键性的作用。一日,早朝之后,蔡京对童贯说:"如今天下已把握在咱们手中了。您也不用在外面东奔西跑,访求什么书画,赶快回到朝中,你我共掌天下吧。"

童贯说:"虽然朝中百官无人敢反对你我,可边关的军队我们都不能控制。我看倒不如演一出'双簧'。你掌握朝中大权,我主管军队事务,这样文武兼备,岂不更好吗?"

蔡京非常赞同。

第二天,皇上下旨,封童贯为"节度使",主管边关军队,有权提拔立过战功的人入朝为官。

从此,童贯利用手中权力卖官鬻爵,成为京城首富。老百姓气愤不过,但敢怒而不敢言,就编了民谣来讽刺他:"想做官,买童贯;三千索,值秘阁;五百贯,擢通判。"

政和年间,童贯在京城重建府第,贾明仲作监工。快要落成的时候,贾明仲到童贯住处辞谢。童贯说:"多亏你长期劳心费神,我也没有顾得上款待你。这样吧,明天早朝之后,我不干其他的事情,招待你吃点点心。"

贾明仲叩头称谢。

第二天早朝之后,贾明仲按时来到。童贯并不说一句话。两个人静静地坐在那里。过了一会儿,一个仆人拿来两个像皇宫中华盖一样的东西,边上缀满璎珞。他小心地把这东西打开,放在童贯和贾明仲旁边。贾明仲不知这叫什么。仔细看看,这上面都是用珍珠做成的。

两个丫鬟捧着一只小桌子走来,放在贾明仲面前。又有厨师拿来烧炭的银炉,在客厅两侧点火蒸包子。然后捧到客人面前。丫鬟给斟酒伺候。前后重复三次。每吃完一次换一回小桌。所用的果碟、酒杯之类,第一次是银的,第二次是金的,第三次是玉的。做工非常讲究,精美极了,贾明仲从来没有见过。

吃过点心,贾明告辞出来。先到了监工局里,然后才回家,看见有几个人在等他。见他回来,便说:"太师吩咐了,刚才您在客厅享用的一份器皿和两个丫鬟,都送给您了,请您接受。"

看看这价值几万钱的器皿,贾明仲感激不尽。从此,他成为京中豪富。

3.初做监军

崇宁元年(公元1102年)十二月,童贯接受命令讨回前朝败给西夏国的湟州等地。

这是第一次领兵打仗,童贯雄心勃勃,浮肿的白脸皮上泛出几丝红晕。他被任命为西北监军,高永年、王厚为主帅。

北方的冬天,寒风凛冽,天空上飘着几朵惨淡的云。

童贯督帅王厚、高永年,领兵十万,直逼湟州。

这天,朝内太乙宫失火。一向迷信道教的徽宗,恐怕天象告警,不宜用兵,便立即手书敕令,使人乘快马给童贯送信,禁止他向西进军。

温顺逢迎的童贯,这次却违抗圣命。他看了命令以后,立即把它塞到靴筒里。王厚问有什么事,童贯不动声色。

"皇上催促我们赶快进军成功。"他从容不迫地说。

这样,求胜心切的童贯等于擅自出兵。

西夏羌兵早已得到消息。他们集结众多羌兵,据险固守,静静地等待着宋兵的到来。

王厚、高永年熟谙兵法。他们商定,一面佯装出兵,一面由高永年率轻骑抄道出击,首战羌兵首将多罗巴的三个儿子。

一场激战,天昏地暗。多罗巴的大儿子战死,接着二儿子也战死。小儿子阿蒙见势不妙,中箭后即败逃。

首战告捷。王厚部署兵马,准备攻克重镇湟州。

童贯求胜心切,命令高永年直接进攻。

气急败坏的多罗巴命令小儿子阿蒙沿宗水布下兵马,倚北山设下军阵,要以死来反攻宋军。

在这种形势下,王厚、高永年商议:羌兵早有设防,不可轻举妄动。

童贯不管这些,找到主帅营帐,对王厚、高永年骂道:"你们两个懦夫!我军眼看就要胜利,不进攻还等什么?"

二将军无奈,领兵冲杀,结果败下阵来。

童贯又气又急,咬牙瞪眼,拳头打着自己的大腿,弯着腰命令军队继续进攻。他嗓门很大,公鸭嗓拖出的尾音在寒冷的空中颤抖。

王厚、高永年兵分三路,杀入军阵。敌人负背受敌,不能抵抗,一哄而散。

突然,狂风大作,黄沙分扬。羌兵想组织兵马回头再战。弥漫满天的尘沙让人睁不开眼。宋兵顺风追杀,直逼得羌主母——龟兹公主率各部酋长开城投降。

王厚、高永年进驻湟州。

童贯耀武扬威,搬师回朝。

开封。艳阳高照,皇宫肃寂。

宋徽宗正举行庆功大典。蔡京表为司空,晋封嘉国公;童贯为景福殿使,兼襄州观察使。王厚、高永年官封原职,未得到任何奖赏。

4."媪相"诞生

湟州一战,蔡京在朝中地位大为巩固。

满朝文武多为蔡京、童贯死党,此举基本上没有人反对。只有蔡京的弟弟蔡卞挺身而出,反对这一奏议。

蔡卞说:"用宦官守疆,必误边计,童贯不配做监军。"

蔡京气得脸色铁青,手指弟弟骂道:"你这奸佞小人!我早就知道你有篡夺军权的野心,只是没有适合你的机会。今天,你侮辱童将军以达到自己的目的,真是痴心妄想。圣君在上,蔡卞心怀不轨,扰乱朝政,宜贬出朝廷。"

满朝文武大臣随声附和。徽宗下旨,将蔡卞贬出朝廷。

童贯再度领兵西进。

党项君臣,闻讯愤怒之至,主动发兵向宋朝边陲进攻。

位于宋朝东北边疆的辽国与宋并无战争。可是,这时正值辽国遣使向西夏和亲,于是两家联合起来,对付宋朝。

这些都及时地报告了朝廷,可童贯置若罔闻。大军继续西进。

西夏军愤怒之下,以大规模扫荡的阵势掠走北宋边疆数万居民。

党项族兵、重新组建的羌兵,辽兵三家合力,等待宋兵的到来。

到达边城的童贯会见王厚、高永年等将领。童贯说:"敌兵虽三军合力,也不抵我大宋之毫毛。我军必胜。"

高永年挺身而起,高声说道:"如今敌兵人多势众,士气旺盛。我军远道而来,疲惫不堪。对敌作战还是慎重为好。"

童贯最不能听见什么"慎重"之类的话,他拍案而起,横眉立目对高永年说:"我命令你马上增援宣威城。不打胜仗,别来见我!"

高永年谙于战事,知道此去必败无疑,但面对军令他无可奈何。只有前进,不能后退。

临近宣威城,天色将晚。高永年下令择地安营。至夜半时分,蓦地胡哨齐鸣,羌兵大至。高永年惊起,正想组织反击,不料羌兵前后杀入,攻破营寨。宋兵大败,纷纷逃窜。高永年也在混乱中被羌兵擒去。

不久,羌兵首领多罗巴将高永年杀头,为儿子报仇。接着,羌兵又毁掉大通河桥。㵪州、鄯州危在旦夕。

暂时的平静潜在着更激烈的战争。在这种形势下,京城却连连得到边关得胜的捷报。童贯也就一次又一次地得到嘉奖,封公晋爵。

宣和元年,童贯觉得边关太过于平静。盘算之余,命刘法进攻朔方。在童贯的再三催促下,刘法领兵二万,孤军深入,直奔朔方北部小城统万城。

几乎与此同时,西夏王弟察克正引兵前来。察克自领步骑三队,直逼宋军前锋。另遣轻骑登山,绕道至宋军背后,迫使刘法前后失控,溃不成军。

刘法远道跋涉,正行进中,忽见敌军战旗招展,喊声阵阵。他知道已陷入包围之中,便命令士卒原地准备迎战。不想,部队后面也有敌兵杀来。前后夹击,军心大乱。

双方激战六七个时辰,宋兵人困马乏,伤亡参半。

刘法只得弃军逃去。途中,遇着几个商人打扮的西夏人,刘法侥幸求救。谁知这些商人却是军人所扮,当即把刘法杀死。

察克并不满足,带兵直捣统万城附近的震武城。进城如入无人之境,杀宋官吏,血洗震武城,最后留下一座空城而去。

明明是西夏兵留座空城,以此戏弄童贯,嘲讽宋廷无人。而童贯却再次谎报军情,反称宋兵大胜。

童贯又一次因说谎而受到表彰,晋封为"太师""经国公"。宋徽宗赐号"媪相",人们从此也就这样称呼他。

5.剿杀方腊

"打破筒,泼了菜,便是人间好世界。"这是北宋末年广泛流传的一首民谣。筒是童的谐音,指童贯;菜是蔡的谐音,指蔡京。

宣和二年(公元1120年),席卷中国东南的方腊起义终于爆发了。

起义的矛头直指巴结童贯而上台的朱勔。

朱勔,本苏杭一富商。当年童贯作为皇上的专使去苏杭搜求古画,他就有意巴结,进奉许多财帛给童贯。等朝廷中蔡京、童贯唱起了"双簧",独揽朝纲的时候,他就更拼命巴结童贯、蔡京,以奉献奇珍异宝而被列到军功簿中。最初,徽宗在苏杭设"造作局",童贯做首管。在他管辖时期内,修宫殿、筑园林,每天都要役使几千名工匠,为皇室造作牙角金玉竹藤织绣等各种奢侈品,曲尽其妙。三年后,再设苏杭"应奉局"时,因童贯领兵北去,就由朱勔承管。

朱勔是以做花石生意起家的。他上台以后,强迫工匠走山寻湖,掘坟挖墓,寻找奇花异石。不管在什么地方,哪怕是在百米深潭之下发现有所需要的花石,千方百计也要取出来。

当地一些富庶人家,有收藏一些珍宝的,只要被发现,一律征收。稍有迟疑,不愿交出者,朱勔便带官兵前来,用带有官印的黄条封上,命令他的主人为皇上好好看管,不能有半点差错。有一点闪失,按欺君之罪处以死刑。十余年的时间,无数的花石被大量船只运送出苏杭。运送"花石纲"成为当地一项特殊职业。有的船只役夫就达数千人。一块石头所需的费用,据说要用掉三十万贯钱。两浙、两广、福建、四川等处官员也仿照苏杭,运送奇花异竹各种果木等进京师,沿途拆屋毁房,凿城廓、毁桥梁,江河中船只不断,陆地上役夫相连,沿途州县稍有积蓄的,也都为此耗费一空。

东南各省的下层百姓,不断有人造反,但都遭到镇压。运送"花石纲"的船只有时消失了,千百名役失一哄而散。朱勔感到威胁,增派大量监工严刑拷打怠工的役夫,企图以武力震慑百姓。

方腊再也不能忍受这严酷的统治。他组织东南方农民举起了"诛朱勔"的义旗。起义军所向披靡,不到三个月,接连攻占了两浙首府杭州及六个州六十个县。义军所到之处,清算富豪之家,杀掉有民愤的官吏,痛打巴结拍马屁的读书人。

宣和二年底,起义军声势浩大,直向开封府杀来。

徽宗闻听消息,恐惧万分。朝廷紧急议事,商量对策。蔡京便又提议任用童贯为江、浙淮南等路宣抚使,带兵镇压起义。皇上表示同意,马上宣旨任命。

童贯以宣抚使的身份,做大将军,调原驻淮东的东南第一军和原驻荆湖北路的东南第七军、驻京畿的第四军官兵以及本来准备与金联合攻辽的陕西六路精兵共十五万人,前往东南,镇压方腊起义。

宋徽宗亲自率众臣送童贯出征。皇上手执童贯抱紧的拳头,一字一顿地说:"东南方的事,就都交给太傅您了。如果有什么紧急情况,来不及请奏朝廷,您就有权直接处理了。需要以圣旨的形式下达的,您也就大胆地办吧。"童贯听完这番话,激动得泪流满面。扑通跪倒,举拳向皇帝发誓说:"请皇上放心。我童贯一定不负您的厚望,割掉方腊的脑袋。"说完,飞身上马,领兵而去。

宣和三年(公元1121年)初,童贯到达杭州。他命令黄耗作"手诏",称作"御笔",说原来"花石纲"的事,都是当地地方长官做得不好,与私商勾结,才酿成百姓生活困苦不堪。朱勔父子,私心严重,今查其所为,十恶不赦,罢黜他们的官职以安民心。

杭州。朱勔府。在正房客厅的太师椅上,坐着一个人。他双眼泡微微肿起,松弛的脸皮有些倦意。旁边一个丫鬟侍立,为他轻轻垂着臂膀。这个人正是发布官令的童贯。

·宋辽夏金野史·

图文珍藏版

国学经典文库

中国古代野史

·宋辽夏金野史·

图文珍藏版

客厅左边坐着副将蔡攸，一旁站立的是起草"诏书"的黄耘。客厅右边站着一老一少，正是朱勔父子。

整个客厅气氛紧张。几个人正在密谋剿杀方腊的计划。从窗外射进来的几束光线使客厅显得幽暗、神秘。

过了几天，杭州地区被起义军清算过的地主豪绅都集中起来，听童贯训话。大家一起研究对付起义军的办法。有的说："我知道他们藏粮的地方。"有的说："他们的首领就在我家附近。"接着，起义军的粮仓被劫，小股部队被官军吃掉。整个起义的战斗力被大大削弱了。

童贯又命令偏将刘镇守金陵，然后进攻镇江。他亲率重兵夹攻方腊主力方七佛部，逼迫义军在弹尽粮绝，失去援兵的情况下，不得不于这年四月十九日放弃青溪，退回帮源洞。

帮源洞，方腊义军的大本营。这里山峦起伏，怪石丛生，地势险峻。义军余部退避洞中，各自凿地为家，摆兵布阵。洞口都用茂密的山间林草遮蔽，使官兵难寻路径。

童贯并不急躁。他采用软硬兼施的办法，一方面广贴绘有方腊头像的布告，上题"御笔"，来瓦解民心，切断义军与农民的联系；一方面命令部将王禀等，在帮源洞前后左右布置重兵，然后以火为号，步步紧逼。他亲临战阵，督军作战。

由于义军遮蔽巧妙，官兵始终找不到帮源洞口。童贯气急败坏，他手指前方，高声喊叫，后来下令鸣镝纵火，焚烧山野。尽管如此，官兵仍然久攻不下。

方腊刚刚起义时，曾杀地主方有常一家，他的儿子方庚越墙逃脱。这时，方庚出来为童贯官兵带路，从小径会攻包围了帮源洞。

20万农民起义军，由于主力受挫，加上长年战争奔波，至此腹背受敌，最后失败。方腊及其妻邵氏、子毫等被俘。

据守帮源洞的义军继续抵抗，7万人壮烈牺牲。

童贯下令，士兵每杀一人赏绢7匹。大批青溪居民甚至来往行人都遭到杀害。

这年八月，方腊被童贯押解到开封凌迟处死。这一仗，宋官兵杀死起义军百余万，屠杀平民不下二百万！

童贯被列为"有功之臣"，晋封为"楚国公"。

不久，苏杭"应奉局"又重新开张了。

6.君臣自欺

方腊起义，是一个危险的信号。徽宗、蔡京、童贯并不在意这些。在他们看来，只要武力镇压，再困难的局面也能安抚下来。

宣和四年(公元1122年)三月，金国来的使臣将一封约会宋朝共同进攻辽朝的信交给徽宗。君臣和议，两派意见针锋相对，不能统一。老将安尧臣大胆地说："我以为联金抗辽万万不可。如果这样，我国北部边疆战争兴起，辽国灭亡，对我不利。到那时唇亡齿寒，金国就会对我国进行攻击呀！"

蔡京闻听此言，冷笑几声，不紧不慢说道："辽国之患，从上祖时就是一块心病。辽贼不除，国无宁日。安大人所言是因惧怕而求得苟安吧？我大宋政权稳固强盛，况且又有金国如手足兄弟，联合抗辽，所向必胜。"

宋徽宗认为蔡京所言极是，乃命童贯为河北、河东路节度使宣抚使，蔡京子蔡攸为副使，勒兵15万，号称20万，出巡北边，以应金兵。

童贯慨然受命，领兵前往高阳关。

阳春三月，北方正是乍暖还寒时候。童贯、蔡攸左右相傍，马不停蹄。官兵浩浩荡荡，所到之处，鸡犬不宁。

这日，正行进间，先锋来报，说是有辽国的使者求见。

童贯很不耐烦的样子，设账迎接。

使者上前报告了辽国君臣愿意与宋修盟和好，请求不要轻易用兵。

童贯以轻蔑的语气回答说："你们辽邦早该对大宋俯首称臣。仗着宋国的强大，收拾你们只是早晚的事。现在宋朝皇上想开辟北国边疆，以使我国更为强大繁荣，你们的安稳日子没有几天了。"

辽使者并不生气，对童贯依然笑语相问："童大人就一定有把握打赢辽国吗？安定、和平是我国君民所希望的，如果您非要发动战争的话，我们一定奉陪到底！"

说完，转身而去。

辽国君主看到和议没有希望，就派遣达什统领兵马，迎战宋兵。

童贯继续统兵北进。蔡攸在一旁说："童大人的话对辽使就是一种威胁。说不定他回去一说，辽人已经害怕了呢？"二人满怀信心，来到边陲。

童贯部署：大军休息。部分士卒要贴出告示，晓谕百姓，官兵师出有名。他这样虚张声势，无外乎想达到两个目的：一是到处张贴"吊民伐罪"的黄榜，以显示自己的威风；二是以高官厚禄为诱饵，拉辽国人投降。

边陲村镇分外平静。没有人前呼后拥来迎奉王师，更没有人箪食壶浆，愿意为王师效力。

童贯有些发怒，他不能允许百姓们也不买他的账。军中有人开始骚扰百姓生活，抢东西，调戏妇女，童贯只做不知，任其发展。

又过了几天，还是没有人理会他。一气之下，童贯愤然命都统制种师道出兵，悍然向辽国发动进攻。

种师道接到命令，冒死对童贯说："现在出兵，末将好有一比，不知当讲不当讲？"

童贯满脸怒气，瞪着眼说："军中无戏言。还有什么话讲，说出来吧。"

种师道说："现在出兵，就好像邻居家有了盗贼，我们不但不帮忙捉贼，反而与贼约好分赃。这样的事可行吗？恳望太师您三思。"

童贯怒叱道："天子有命，何人敢违？你怎么敢瞎说八道，动摇军心。"

种师道争辩说："太师明察，我可是一片忠心，才说出肺腑之言呵！"

童贯喝道："执行命令才是你应该做的。如果违抗军令，就地正法！"

种师道一声长叹，领兵出征。

种师道将部队分兵两路：东路由他亲自统领，进趋白沟（今河北雄县北）；西路由辛兴宗率领，进军范村。

这时前方来报，先锋官杨可世已到白沟，与辽兵交锋。

早已等候多时的辽国将领达什见宋兵前来,前后包抄,直逼杨可世部。

杨可世部远道跋涉,兵疲将惫,一开战便节节败退。等种师道赶来,二人仓促应战,不能赢得主动。

两军混战,自早至暮,难解难分……。

这时得到消息,西路军辛兴宗已败给辽军。

种师道部军心涣散,无人再战,只得退守雄州。辽军大胜。

第二天,辽国使臣备了厚礼,来到宋军营盘。直奔童贯大帐而来。

辽使说:"女真人建立金国是他们背叛了我国而行事的。对于这样的国家,你们宋朝理应鄙弃轻视。把我们辽国作为你们的后继援来看待。为什么会贪图一时小利,放弃我们辽国这样百年友好的国家,与豺狼交朋友,做邻居,为日后种下祸根呢?"

童贯无言以对。

辽使又说:"况且帮助邻邦从灾难中解救出来,是古今一样的道理,还是希望大宋朝好好决策一下,不要忘记古训中的礼节,更不要为自己种下什么祸患。"

童贯张口结舌,支吾难以对答。

辽使走后,种师道再次建议与辽和好。

童贯正有气无处发泄,对着种师道大吼起来:"你心存不满,故意战败,又来替敌人说服我。我要上报皇上,治你里通辽国的罪。"

童贯果然暗中密奏皇上,种师道暗通辽军,屡次阻止宋军用兵,居心叵测,乃至失败。朝中王黼极力袒护童贯。徽宗最终给种师道降罪,贬他为左卫将军,同普通军官一样的待遇。

童贯因密报有功,不承担战败的责任。回到京师,调养生息。

7.兵败燕京城

宣和四年(公元1122年)七月,传来辽国国王耶律淳死去的消息,大权由萧太后执掌。辽国臣民中有对女人专权持怀疑态度的,就投降到宋朝,说了许多萧太后无能的话。

由蔡京推荐的新任宰相王黼认为有机可乘,就串通童贯、蔡攸劝说皇上发兵辽国,夺取燕京宝地。徽宗皇帝见童贯也极力主张北上讨伐辽国,就说:"可以发兵。"

这时,朝散郎宋昭上书,反对出兵。他的话直指对准童贯等人。他说:"不能向辽国出兵,也不能以金国为邻。当初辽宋'澶渊之盟'里说,毁坏盟约的人应该被诛灭九族。皇上以孝德赢天下,难道您忍心动摇先圣诸君的灵位吗?当今之计,是要诛杀主张攻打辽国的王黼、童贯、蔡攸等人。皇上您以仁德威震天下,难道您忍心将北方的百姓置于长年的战乱之中,使他们生灵涂炭,白白送死吗?"

听了这番话,王黼暴跳如雷,指着宋昭骂道:"你这奸贼,简直一派胡言。当初祖上和辽订立盟约,实是敌贼强大,我朝为积蓄力量而采用的缓兵之计。如今我朝有足够的武力征服它。况且,萧太后初掌政权,立足未稳。我们趁其不备,攻克这个女人布置的防线,还不是轻而易举的事吗?你现在竟敢以皇上的声望来威胁,实在是不安好心。像你这样的奸臣,我朝应立即除掉。"

于是,王黼专写一道奏折给皇上,建议除掉宋昭。徽宗马上降诏,把宋昭从朝廷里除了名。

童贯、蔡攸也纷纷上奏皇上,支持王黼,并且言辞恳切地要求马上出兵,尽早消灭大辽国。

自三月战败之后,金国一直伺机再度攻辽。但它不敢轻举妄动,也不好再主动到宋朝请兵,商量夹击辽国的事。现在听到童贯、蔡攸主动出兵的事,不免有些慌乱。大将粘罕在军帐中说:"不知道这个太监又玩的什么把戏。他是真的攻打辽国呢,还是对准我国而来?我看还是主动去探个虚实,了解他们北上的真正意图。"于是,金使者求见童贯。

童贯上了几分年纪,行动有些迟缓。公鸭嗓说话带着颤音:"我朝有人说打下辽国就会受到你们金国的威胁,我看不会。你们金国地少人稀,与大宋相比,实力太差。你回去告诉你国国王,大宋不会欺负你们这个小国的。你们有什么困难,就到宋朝来说一声,我国会尽力相助。"

金使者没多说什么,转身回去了。

童贯轻蔑地说:"他们害怕了,所以前来打听。整顿兵马,我们出发吧。"

宋军人马号称几十万,以凶猛之势向北进发。

辽国人心大乱,无意战斗。

驻守涿州的常胜军统帅郭药师犹豫不决。

郭药师副将站出来说:"宋兵进驻白沟,离涿州咫尺之遥,我军还是调遣兵马,出击迎敌吧。如果只是坐在城里等死,那结果会更惨。"

另一副将反驳说:"如今军心涣散,无人愿意再战下去。白沟已经陷落,说不定士兵已经有开小差逃跑的呢。我看不如乞降宋军,落得个清白好名声。"

郭药师打断他的话,说:"看来辽兵惨败,实属天意。我们常胜军不怕打仗,只是天意难违,不如顺水推舟,也免得百姓遭受战乱之苦。我们准备投降吧。"

第二天,郭药师率八千人马,带上涿州、易州的版图,向童贯投降。

十月,童贯派遣刘延庆、郭药师领兵十万,攻夺燕京。

刘延庆部行至良乡,被辽兵截住。

郭药师部偷渡芦沟,袭入燕京边界。按约定刘延庆部为郭部后援,郭药师只好按兵不动,等待后援。

可刘延庆部纪律散漫,他的儿子刘光世贪图逸乐,迟迟不发兵。

这给辽军以缓冲的机会。他们调整人马,对郭药师大举反攻。郭部被辽军打得大败。

刘延庆在良乡整军,凌晨见辽军营中火起,误以为辽军来攻,自行烧营逃跑。辽军乘胜追击,直到涿水。

这一战,宋兵伤亡惨重,大败而还。宋朝自神宗王安石变法以来积存的军需,经此一战,几乎全部折损。

宋兵败退到雄州,童贯大惊。他与蔡攸商议如何推卸责任。蔡攸说:"回朝不好交代,不如遣密使到金营,约请金兵会攻燕京。"童贯觉得有理,便派人到金国商请援兵。

十二月,金太祖亲自领兵出征,直奔燕京杀来。城内没有防备,金兵进驻燕京。

童贯、蔡攸在雄州呆等金兵消息。金国使者终于来到,童贯喜出望外。哪想到金太祖已进驻燕京城,这次是来责问宋兵为何不按约定夹击辽军。金太祖还提出,若燕京交给宋,以后每年宋朝需将燕京租税一百万贯献给金朝。

童贯不能决断,把金使陪送到开封。

徽宗、王黼依金使之言,一一照办。

第二年(公元1123年)四月,金兵退走还朝。按将帅命令,每个士兵可任意挑选奴隶、财物。燕京城内一片混乱。精壮男人被挑为奴隶,女人被唤为奴仆,被金兵肆意糟蹋。满城狼藉,不堪入目。

童贯、蔡攸只接收到一座残破空城。

燕人作诗讥讽宋军无能,诗云:

痴心只望复燕云,庸帅何堪领六军?

一败已羞偏再败,寇氛从此溢河汾。

开封府内,却在大庆功勋凯旋。童贯、蔡攸被看作是得胜的大功臣,耀武扬威,不可一世。

童贯拟写奏本,大肆鼓吹收复燕京的经过,把一次又一次的败仗说成是胜仗,极力吹嘘。被时人嘲笑为"复燕奏"。

王黼、童贯、蔡攸却再次加官晋爵。

徽宗君臣自欺欺人,终于酿成了辽亡而北宋败国的祸端。

8.保驾南逃

宣和七年(公元1125年)的春天,北方的冰河刚刚解冻,河畔的小草刚刚冒出嫩绿的新芽,金兵发动了对宋朝的进攻。

金军主将粘罕、斡离不为军队送行。

领兵大将是斜也,副将粘没喝。军队士兵个个精神饱满,神采飞扬。

斜也身穿虎皮战袍,头戴貂皮帽,身背一对铁锤,胯下一匹黑色战马,膘肥体壮、毛尖闪闪发亮。

粘罕拍拍斜也的肩膀，语气坚定地说："两年前，金国的使者被童贯侮辱说我们没有实力进攻宋朝。如今，辽国已灭，宋朝皇上只知道贪图享乐，根本没有防御的准备。此次向南进兵，对付的是有作战经验的宋将，全凭着我军旺盛的士气压倒他们。你一定晓谕士卒，勇猛作战。童贯是纸老虎，没有什么可怕。"

斜也点点头，不再说什么，领兵出发。与此同时，宋朝君臣也在商议接收燕地。听说斜也、粘没喝领兵南下，满朝感到诧异，纷纷询问童贯缘由。

童贯心里明白，但嘴上却说："我军与金联合攻辽，取得燕京城，他们应如约交出燕地版图，不知为何带兵前来。"

童贯带一帮人马匆匆赶到太原城。马上派马扩、辛兴宗赶赴金营，拦住他们南下，询问他们对宋朝提出什么条件。

马扩、辛兴宗来到金营粘没喝的帐下，小心求见。粘没喝怒目以待，质问道："你等前来，还是妄想索要两州两县的事吗？"

马扩上前道："不敢索要。此来一是迎接大将军入中原做客，二来是询问一下如约归还燕地的时间。"

粘没喝突发狂笑，坚定地说："山前山后，都是我们金国的土地，哪有什么归还的事，不必再提这件事了。况且，你们接收我国燕地的叛徒，违背当初我们订下的盟约，应当另外割下几座城池交给我大金国。"

马扩、辛兴宗不能应对，像败下阵来的公鸡，怏怏还报童贯，并提醒童贯我方加紧战备，准备迎战金兵。

童贯听完诉说，"呸"的一声，吐得马扩、辛兴宗满脸唾沫星子，说："你们这两个不中用的东西，何必大惊小怪？金国只是初建小国，不会有许多兵马，对我朝堂堂大国只是窥视而已，不会有什么冒险的举动。"

这时，有人来报，说金使者王价儒、斡离不求见。

童贯整装接见，金使递上国书。

童贯拆阅来书，不禁脸色大变，过了半晌才战战兢兢地说："你们说我纳叛渝盟，何不先来告知我呢？"

斡离不说:"我们已经发起了进攻,何必再告知你呢? 想让我方退兵也不难,快快把河东、河北之地划割给我们金国,以大河为界,这样才能够保住你们宋朝的江山!"

一向威风不已的童贯,见金兵根本没有把他和宋军放在眼里,顿时张口结舌,支支吾吾半天才说:"你们不肯交地,反倒要我割地,这不是很荒唐吗?"声音越来越小,小到几乎没有。

宋军将领看了,个个义愤填膺,但没有办法。

此时,童贯已在暗自盘算逃脱之计,打算借回京禀告为名撤离前线。

太原知府张孝纯看透了童贯的心思。他知道,这个时候主帅临阵脱逃,必然动摇军心,两河之地就会轻易地被敌方夺走。他想到这里,挺身而出,劝阻童贯道:"金人违背盟约,王爷您理应会集各路兵将,合力抗敌,如果王爷一走,军心必然动摇。万一河东有失,河北还保得住吗?"

童贯默然,没有说话。

张孝纯又说:"太原城地势险要,城防设备坚固,将士又善战勇敢,金兵未必能攻克它,诚恳地希望您留下几天,一起杀退敌兵,为国立功。"

一听这话,童贯气急败坏地说:"照你的说法,我是临阵脱逃了。我童贯受命宣抚使,并没有守边陲的责任,一定要我留在这里,请问要你们这些边将守臣干什么?"

当天夜里,童贯收拾行装,抄小道仓皇而逃。

张孝纯得到报告后,长叹一声,深有感触地说:"平日童太师,在人面前那么威风潇洒。现在畏金兵而退缩,抱头逃窜,有何面目见天子啊!"

童贯一逃,降将郭药师马上投降了金兵,并带兵攻朔州(山西朔州),克代州(今山西代县)、平州(今河北省卢龙县),破檀州(今北京市密云区)、蓟州(今天津市蓟州区),至大河。北宋京师开封告急。

开封府此时乱作一团。

有大臣建议降童贯的职,参奏他历来谎报战功,如今引狼入室,不积极应战,却逃回京城。宋徽宗这时还袒护童贯,承认自己"任用非人,过听妄议,兴作事端,蠹耗邦财",下"罪己"诏,晓谕各地军民,换取各地官兵和百姓起兵"勤王",抵抗南来的金兵。

童贯不战而逃,名声极坏。徽宗任命宇文虚中取代童贯,为河北、河东路宣谕使。

同时,召诸军入援京师。

徽宗一面号召各地官民抗金,一面任命皇太子赵桓为开封牧,主持全国政事,以监国的名义来代替自己抵抗金兵,自己仍然保持王位向金陵逃跑。李纲等主战的大臣坚持要求他传位给皇太子,以便更新政局,组织军民抵抗。宋徽宗为了自己能够逃命,只好同意退位。

宣和七年(公元1125年)十二月二十三日,宋徽宗假装得病,跌倒在地,昏迷不醒,大臣们急忙灌药。后徽宗又装着苏醒了,伸臂索要纸笔,用左手写道:"皇太子可即皇帝位。"

此时,金兵在毫无阻挡的情况下,顺利渡过了黄河,进逼汴京城。

消息传来,朝廷上下,惊恐万状。

深夜,开封府通津门打开,一队人马仓促出城。他们先是坐船,延护城河东进。后又见几个人从船上下来,坐上小轿,快跑行进。只听见轿上的人说"太慢""太慢",于是又改乘运砖瓦的大船,赶到南京(今河南省商丘市),弄了些衣被之类,又改乘骏骑飞奔到符离(今安徽省宿县北),才乘上官船,一直逃到泗州(今江苏省盱眙东北),方敢稍稍休息。

这一队人马就是宋徽宗、蔡攸、童贯和几个内侍。他们原定等天亮借口前往亳州烧香逃出开封,没想到金兵进攻如此之快,只好夜奔。

童贯随皇帝"东行",找到的借口是带领"胜捷军"护驾。其实,他这时已被宣为东京留守,应该配合李纲的前线作战,做好京城的卫戍、备战等事。他的出逃,无非是贪生怕死,自私奸猾的又一表现。

徽宗在过黄河时,浮桥窄小。朝廷卫士攀桥乞求皇上,留下来与他们共抗金兵。皇帝不理,卫士纷纷放声痛哭,以求皇上动心。童贯见此情景,恐怕耽误了行程,被金兵俘虏,就对"胜捷军"下命令说:"用强弩射退那些攀桥的卫士。"

"胜捷军"开始有人不忍心,被童贯痛骂。他亲自拔箭射杀。

朝廷卫士被射入黄河。有的泅水而逃,有的淹死在水中。这一行人向亳州逃去。

南雄遭斩

靖康元年四月,给童贯制罪,贬至郴州。

七月,再移吉阳郡(今江西省吉安市)。

在童贯去吉阳郡途中,将至南雄州(今广东省南雄)时,钦宗下诏杀童贯。

童贯为人奸狡,人人熟知,就连钦宗皇帝也深信不疑。为防范童贯闻讯而逃,宋钦宗对宰相唐钦叟说:"一定要派熟识童贯面目的人领命前去,以免有什么差错。"

经过一番周密安排,张征领命前往。

但张征恐怕童贯听说而自杀,就派一个送信的官员先去见童贯,以稳住对方。

小官员飞驰而至,拜贺童贯说"皇上有诏,派小使臣给您送来些生活补品,召王爷回京师,听说要派您任河北宣抚使。"

"果真如此吗?"童贯半信半疑。

"今朝廷将帅都是晚进之辈,不可委任,皇上与大臣商议,没有谁能有王爷之威望而能主边事。"小官信口胡编。

"看来朝廷还是不能没有我童贯啊!"童贯翘一翘下巴,回头看看大家,喜笑颜开。

童贯整好衣装,等张征到来。

第二天,张征及其随行,急驰而来。

童贯出来迎接。

张征示意童贯跪接"圣旨",接着历数其罪。

随行执刑官从外庭飞奔而入,手起刀落,削掉童贯的脑袋。

一代奸宦,一命呜呼!

张征唯恐回京途中遭童贯"胜捷军"抢劫,便将童贯人头用生油水银浸泡,又用生牛皮裹好,放在竹轿座底,并亲坐于上,回京城交差。

童贯之死,大快人心。有诗为证:

> 权奸误国祸几深,开国承家戒小人。
>
> 六贼尽诛何足道,夺回二圣远蒙尘。

曹翰屠城变猪遭报应

曹翰(924~992年),大名(今属河北)人。仕后周,官至枢密承旨。入宋朝后,改济州刺史。太祖乾德二年(964),移均州,兼西南诸州转运使。太宗太平兴国元年(976),迁桂州观察使、判颍州。太平兴国五年,拜威塞军节度,复为幽州行营都部署。做事流登州。雍熙二年(985)起为右千牛街大将军,分司西京。雍熙四年,召入为左千牛街上将军。淳化三年卒,年69。谥武毅。

传说曹翰因为攻下江州之后,把守将胡则斩首,而且他纵容部下与官兵进行屠城,杀人和掠夺财物,所以曹翰死后报应很重,他转入畜生道投生为猪,曹翰的儿子没能长大成人就死了,他的女儿也轮为娼妓。

据明朝高僧憨山大师在他的《梦游集》中记载,当时无关这个地方,有个长官叫刘玉寿,刘玉寿家中养了一只猪,在刘玉寿准备杀猪的前一夜,他在梦中见一人要求饶命,醒后自知是猪的灵识的示现,此时刘玉寿慈悲心生,就没杀猪,把猪养了起来,一年后猪自己死了。这一年刘玉寿应朝廷差遣,出使贵州,在路途中生了病,他在梦中见一伟丈夫走了进来,站在他的面前,好像有所求,刘玉寿问其姓名,来人说:"我是宋将曹翰,江州一役,杀人越货,多杀无辜,我已受报应为畜牲,我以前的部下也都落入异道、饿鬼道、地狱道,我今已转为猪身,请长官拯救!"

"我也是凡夫,有什么方法救你呢?"

"你心性慈悲,见猪被杀就生怜悯之心,你曾记得往年你救了我一命?养了我一年?"

"我想起来了,以前在家中我确实救过一只猪的性命,但不知就是你呀!现在我上哪去救你呢?"

"因还往昔命债,我刚被人杀死,现在业报没定,不知往哪再去转猪,今日有缘与恩人在贵州相见。我在唐朝时代,原来是名小吏,听一位法师讲经,我也去供养,因这点功德,世世为宰相,后来善报享尽,到了宋初,因我作恶转受此果。今遇恩人我有一事求:今后凡遇我辈,或被捉,或闻叫声,或见人吃杀,请告人持念准提咒,或念阿弥陀佛,我辈可暂忍其苦,有缘者可脱生人道。我因杀业之惨,而受刀砧之苦,由宋至明已达 600 余年,至今没能脱离畜牲之身,因果惩罚真是厉害!恩人呀!我多么想早日脱离苦海,再转人身!"

刘玉寿答应了曹翰的请求,而且从此之后,刘玉青一生不再吃肉。

浩气长存的宰相寇准

寇准(961～1025 年),北宋政治家。字平仲,华州下邽(今陕西渭南)人。太平兴国年间进士。宋真宗时任宰相。宋真宗景德元年(公元 1004 年)辽国军队大举进攻北宋,他力排众议,坚请皇帝御驾亲征。终于使宋辽在澶渊城订立了和平盟约。此后不久,那些曾主张逃跑的大臣们不断排挤寇准,使他被罢了相位。晚年被贬逐到雷州(今广东海康),并在那里病故。

1.献计废太子

重阳节又到了,宋太宗下令遍请诸王,大摆酒宴。

楚王元佐刚巧发病,太宗因此没请这位长子参加。他得知后,元佐得知父皇宴请诸王,却没有请自己,竟把宫中姬妾们统统关起来,放火烧宫。一时间,太子东宫内外,惨叫声震

寇准

天。大火烧了三天三夜才熄灭。

听到太监传报，太宗气极了：这太子自从得了精神病后，像野兽一般残忍。左右侍从稍有过错，就给他弯弓射死。多次教诲，不见悔改。想到这儿，他气不打一处来，猛拍御书案，说："废了他，废了他！我要另立太子！"

这时，寇准恰恰放任郓州通判，被太宗召见。太宗屏退左右侍卫，悄声问道："爱卿帮朕解个难题如何！"

寇准微笑道："陛下尽管说来。"

太宗忙说："东宫太子破坏王法，早晚会像桀纣那样凶恶，我想废了他。但废太子得有个正当的理由，而且东宫有不少兵将，万一不慎，我怕引起宫内大乱。"

寇准献上一计："三天之后上午，请陛下令东宫太子去祖庙举行托节仪式，让他带左右侍从一同前往。来个调虎离山，然后派一个太监去东宫，如此这般……"说着，他轻松地一笑："废除太子，尽管只用一个太监之力，但包管马到成功。"

三天后，元佐心花怒放，带着大群侍卫，耀威扬武地奔向祖庙。东宫内一片空虚，太宗派一名太监带人来到东宫，经过一番细细搜查，查出很多凶残的刑具，如割肉、挑筋、摘舌等物。

元佐乘兴而归，太宗派来的太监和侍卫早在门口迎接他。面对一大堆被搜出的违法罪证，元佐只好低头认罪。

当晚太宗降下圣旨，废了元佐的太子之位。朝野一片欢腾。

2.虚心向朋友讨教

宋太宗的宰相寇准，同张咏是至交，两人都为人耿直，不卑不亢。

在寇准未做宰相之前，张咏在天府之国做官，饱览西蜀风光。一天。同僚们把话题扯到他和寇准身上："听说你的好友寇准要当宰相了。你和他可谓是当今双杰。"

张咏并没有压人抬己、嫉才妒贤之意，真诚地说："寇公很有奇才，可惜学术不足。"

后来，张咏从成都回来，拜访寇准。两个老朋友一见面高兴异常，他俩不作揖不打拱，只拍肩相悦而谈，彼此问长问短，说不完的知心话。那天，为表示对张咏的欢迎，寇准摆下百禽宴，盛情款待他。酒逢知己千杯少，他们你来我往，杯盏交错，喝得好不痛快。然而天下没有不散的酒席，人间没有不别的朋友，过了一些时候，张咏要回成都了。分手前，寇准诚恳地请张咏赠言指教。张咏是不会说"寇公多多高升"的话的，再高升，皇帝放哪儿；也不会说"听君一席话，胜读十年书"的恭维话。但是寇准学术不足，我该怎样向老朋友指出呢？张咏想了想，只说了句："《霍光传》不可不读。"

送走张咏，寇准回家后立即找出《汉书》，翻到《霍光传》，埋下头逐字逐句往下读，直读到快完了时，心头"咯噔"一愣，"光不学亡术"一句进入眼帘。寇准这才恍然大悟："这是张咏说我的缺点呀！"从此寇准刻苦研读，成了忠贤皆备、文略俱全的好宰相。

执法严峻的"包青天"包拯

包拯（999~1062年），北宋庐州合肥（今属安徽）人，字希仁，仁宗天圣年间进士。历任天章阁待制、开封知府、龙图阁直学士，枢密副使等。他在知开封府时，以廉洁著称，执法严峻，不畏权贵，被人们誉为"包青天"。

1.陈州惩贪官

仁宗年间，陈州大旱，发生饥荒，户部尚书范仲淹上殿奏本，保举龙图阁大学士兼开封府尹包拯到陈州粜米济赈。

原来朝廷已派了两个官员去陈州办理济赈事宜。这两个人都是当朝权贵刘衙内的亲属：一个是他的儿子，一个是他的女婿。他俩在陈

包拯

州贪赃枉法,鱼肉饥民,还打死了饥民李大胆,搞得陈州怨声载道,民不聊生。所以范仲淹要保奏包拯前往陈州查处。

包拯带了差役王朝赶往陈州。将近陈州地面时,包拯穿便服先行,吩咐王朝随后赶来。包拯一副乡民打扮,混入饥民之中,来到衙门购买赈米。只见刘衙内子婿两人高踞公案之后,督促差役粜米。名为粜米,实力盘剥,在米中掺入大量泥沙,提高价格,克扣斤两,使饥民不堪其苦,稍有微词,便棍棒相加。包拯实在看不下去,高声喊道:"身为朝廷命官,竟敢如此荼毒百姓,天理何存?"

刘衙内的子婿见一个黑脸饥民敢当众揭短,不由气怒万分,喝道:"住口,先前有个李大胆,今天又来了黑大头,我让你们一样下场。"吩咐差役将包拯吊在树上。

正在这时,手持金牌、背插宝剑的王朝赶到。两个贪官忙迎接钦差。王朝说道:"包大人先我而来?不知现在何处?"

两贪官面面相觑,答道:"下官不曾见包大人来过。"

王朝眼快,看见大树下正吊着包拯,忙跪步上前,亲手松绑,两个贪官这才知道"黑大头"原来就是铁面无私的包大人,忙上前恭请包拯坐上公案。

包拯一拍惊堂木喝道:"尔等贪赃枉法,荼毒饥民,我不但亲眼看见,而且亲身经历,还有何话可说!"

两贪官当即写了伏罪状,并签字画押。

在场饥民见包拯如此清正,声声齐喊:"包青天!"被两贪官屈打致死的饥民李大胆的儿子,此时气愤交加,率众饥民将两个贪官当场打死,以泄民愤。

包拯对饥民的举动是深表同情的,但咆哮公衙,击毙官吏毕竟是有罪的,他就暂且将李大胆的儿子收押在监,等送报朝廷后再作处理。

包拯在发出奏折前,先叫王朝去向刘衙内暗通消息,让他将陈州发生的事,稍做改动说道:"两官员贪赃枉法已经查实,被下在狱中。饥民作乱,为首者已被当场处死。"

刘衙内听了又忧又喜,忧的是,子婿已获罪;喜的是,幸亏早得消息。局面尚可挽回。于是。他自恃皇上宠爱,便连夜进宫见驾,在皇帝面前花言巧语。

皇帝果然听信了他的谗言,下了一道圣旨:"活的赦罪,死的不赦。"这样可以完全达到刘衙内的愿望,既可救了他子婿,又可镇压作乱的饥民。

刘衙内奉了圣旨亲赴陈州,当着包拯面宣读。

包拯当场问道:"济赈两官员何在?"

众差役答道:"已经死了。"

包拯又问:"饥民首领何在?"

众差役答道:"押在狱中。"

包拯宣判道:"奉圣旨,两贪官理该处死,不准赦其罪;李大胆之子。为父报仇是为义举,应予释放。"

这一宣判使刘衙内当场昏厥在地。从此一病不起。

2.套破钉杀案

开封府尹包拯断案如神,但有一案件颇费他踌躇。

街民毛勤猝然死亡,族人因其死得蹊跷,便将案件告到开封府。接案之后,包公将毛妻冬花传讯,传讯中,包拯发现冬花虽言词哀切,但面露妖冶。外着丧服,却内套红袄,分明具有杀夫嫌疑,但她声称丈夫系"气鼓症"死亡。

包公问道:"既患气鼓症,可曾请医治疗?"

冬花对答:"丈夫命簿,未及请医,已气绝身亡。"

包公便命仵作廖杰开棺验尸。廖杰经验丰富,但验尸结果,虽见毛勤死状异样,但并无查出谋害痕迹。回转家中,夜不成寐,不知如何向府尹汇报。

其妻阿英告诉他:倘从鼻中钉上利钉,直通脑门,不易留痕迹而致人死亡。

廖杰将信将疑地连夜再去复验尸体,果见毛勤的鼻孔内有两根铁钉。于是真相大白,遂将冬花缉拿问罪;冬花抵赖不过,承认串通奸夫谋害亲夫。

事后,包公询问廖杰怎知去验看尸体鼻孔?

廖杰回答:"此是小的妻子提醒的。"

包公心想:一个平常女子,如何懂得鼻孔钉钉的奇特方法,除非有过亲身经历,才能一语点破。

但包公并未表露出来，而是说："请你妻子来府，我要当面酬谢。"

第二天，廖杰高兴地带着妻子到府里领赏。包公像是熟人似的对阿英端详了一会，开口问道："你嫁给廖杰几年了？"阿英答道："我们系半路夫妻，只因我前夫暴病死亡，才改嫁廖杰为妻。"

"你前夫名字可叫路才？"

阿英面露惊异之色："大人如何得知？"

"路才暴死一案由县衙呈送本府，我昨晚查阅卷宗，得知县衙已对此案作了正常病故的结语。但我觉得此种结语颇存疑问。"

阿英更是呈恐慌之色："大人以为……"

"本府认为，路才系被人从鼻孔中钉钉谋害。"

廖杰奉命前往路才墓地，掘墓开棺，虽尸体已腐烂，但在鼻孔部位露出两根已锈的长钉。

阿英只得如实招供事实：原来她也是个水性杨花的女子，在与路才结婚之后，经常与人姘居，姘夫是个惯犯，与她合谋用铁钉钉鼻之法害死路才，后来那姘夫在斗殴中被人杀死，阿英才改嫁廖杰。

3.智破纵火案

包拯在京都开封当了府尹，京都治安大有好转。百姓高兴，但地痞流氓们都怀恨在心，伺机捣乱。

一天晚上，有两个流氓在一条街上放起了火，疯狂的火浪向四周扩散，无数的火舌不住地盘旋上升，把京城的上空照得火红一片。

包公带领一班公差正在街上巡视，见此情景，马上分头召集百姓救火。不一会儿，人们一个个挑着水桶来了。失火处有两个巷子，一个叫甜水巷，一个叫苦水巷。人群中忽然有人问："挑甜水巷的水，还是挑苦水巷的水？"另一个高叫道："甜水巷的水甜，苦水巷的水苦，救火当然用苦水巷的水。"人们正在慌乱之中，也顾不得细想，跟着那一问一答的人涌向苦水巷。顿时，巷子被人塞满了，哪里还能挑出什么水来。

包公心想:救火是十万火急的事,怎么挑水还分什么甜水、苦水呢? 他们一问一答把慌乱之中的人们都引到了苦水巷,这不是有意要让火越烧越旺吗? 于是,包公对两个公差说:"把刚才一问一答的两个抓起来!"那两人被抓来后大喊冤枉。包公对人们说:"这两个就是放火犯! 你们上当了。这里留下一半人挑苦水,另一半人到甜水巷去挑甜水救火!"

一会儿,人们分别从甜水巷、苦水巷挑来水,扑灭了火,就涌到开封府去看包公审理纵火犯。那两人经不住包公审问,就露了马脚,最后不得不老实招供了纵火的事实。

押下犯人后,有人问包公说:"大人,您怎么在刚才救火时就已经知道他们是纵火犯呢?"

包公将自己的推断说了出来,最后补充说道:"这两个人很面熟,当时我一想,他们的父兄曾被我判过刑,看来对我是怀恨在心,因此有破坏社会治安、与我过不去的动机。凭这两点,我断定他们是纵火犯。"

一审问下来,果真如此。

4.两断耕牛案

包拯在天长县刚任县令时曾审过两桩牛案。

那是春耕时节,东村农民王某和张某一天在田里同耕,休息时坐在田岸边闲聊,让两头牛在坡上吃草。一会儿,两头牛抵起角来,王某和张某没当一回事,竟在一边看热闹,谁知道王某的牛把张某的牛抵死了。这下两个好朋友翻了脸,张某告到县衙门,要王某赔牛。那时包公还没上任,前任白县令审案时想:判赔,王某吃亏;叛不赔,张某吃亏。左思右想,没法把案子判得公平合理,只得把两人收到监里。

第二天,包公上任,听说有两个农民在监里骂人,提出来一审,知道事情的原因,就笑哈哈地对他们说:"你们本是一对好朋友,只是漫不经心使牛抵角死亡,以致朋友反目成仇人,这实在是不应该的。今天本官劝你们言归于好。"说罢,提笔写了四行字:

二牛抵角。

不死即活。

活牛同耕。

死牛同剥。

两个农民听完判决,都说这样公平合理,谢过包公,携手走出公堂。谁知那两人刚走,又来一人报案。

那是西村农民,名叫刘全。今天早晨他正要牵牛下地干活,来到牛圈时大吃一惊:原来他的大黄牛满口血淋淋,牛舌头不知给谁割掉了。他心疼得哭了一场,急来县衙门要求破案。

包公看了状子,心想:这很可能是刘全的仇人干的。就对刘全说:"看来,这头牛是活不长了。你干脆把牛宰了,肉可以卖,我再资助你一些钱,这样你又可以买一头牛了。"刘全感激地挥泪告别。

刘全刚走,包公当即出了一张禁杀耕牛的布告:

本县晓谕黎民百姓:为确保春耕春种,保养好耕牛,严禁私自宰杀如有病牛,须请牛医诊治;诊治无效的,先报呈县衙,经查验后,方可宰杀。未经查验,擅自杀牛的,一律严惩不贷,有人捕捉到杀牛者,官府赏银三百贯。此布。

包公出布告本来就是要引刘全的仇人出来。

果然,第二天,刘全的邻居李安前来报告说,刘全擅自宰杀耕牛。

包公想:村中的人一定都知道,刘全宰杀的是残废牛,而这个自称刘全邻居的人明知杀残废牛而来告他,不就是诬陷好人吗? 这人肯定和刘全有仇。

一审问,李安只得供认了自己割牛舌而又来诬告的罪状。

狄青醉取昆仑关

狄青(1008~1057 年),北宋大臣,字汉臣,汾州西河(今山西汾阳)人。仁宗皇佑四年(公元 1052 年)任枢密副使,皇佑五年(1053 年),升为枢密使同平章事。总揽全国军事。不久被排挤去职,后在陈州判官任上病死。公元 1053

年,北宋大将狄青率军去征讨叛军侬智高。当时,他打算穿过昆仑关(今广西南宁东北昆仑山上),攻取侬智高占据的邕州城。但是,昆仑关被侬智高设重兵把守,不易通过,狄青只得把部队驻扎在关下。

此时正是农历正月十四,明天就是元宵节。狄青的军营中张灯结彩,设宴作乐,一片喜气洋洋的节日景象。狄青宣布一连三夜要欢乐一番,先请高级军官和中级军官,再请各级文官。这些情况,都被侬智高派来的密探知道,飞报给了侬智高。因此,昆仑关上的守军麻痹松懈起来。实际上,狄青设宴,劝酒,都是做给侬智高派来的奸细看的。让其误认为自己和将领们都在宴会上,不可能会在元宵节之夜去攻打昆仑关了。而后,趁其不备,暗中出击。

狄青在第一夜与高级军官开杯畅畅饮,闹了个通宵。第二夜是元宵节,狄青喝到二更天,忽然呕吐了起来,随从人员连忙把他扶到内室,狄青令一位军官代他主持宴会。

过了一会儿,狄青的一位亲信出来举杯说:"大将军正在服药,让我代表他向诸位表示节日的问候。"过了一会儿,狄青又派人代他向各位文官致意,并叫大家多喝几杯。狄青派来的人不断劝酒,大家喝得兴致很高,一直到天快亮时宴会还没结束。

天蒙蒙亮时,一阵马蹄声敲破了清晨的沉寂。一个骑兵飞身下马,牵到军营,向还在饮酒的文官们报告道:"狄将军已拿下昆仑关!"文官们一个个又惊又喜:啊呀!狄将军刚才还在这儿痛饮,怎么神不知鬼不觉地斩将夺关了呢!等天亮后才得知真相,都称赞狄将军的智勇双全。

宋夏战争中,狄青立下了赫赫战功,宋仁宗因此任他为枢密副史。对此宋朝廷官员们出于妒忌,纷纷提出反对。狄青平定了侬智高叛乱后,宋仁宗更加坚定了重用狄青的决心。但是,狄青任枢密使后,那些大臣们又乱造谣言。弄得京城内外一片哗然。宋仁宗在此情况下,也不得不解除了狄青的大权。能人总是遭排挤,这是宋朝衰亡的必然原因。

"中国十一世纪的改革家"王安石

王安石(1021～1086年),字介甫,号半山,北宋抚州临川(今属江西)人。王安石的一生是改革家的一生,他为挽救北宋王朝的危局,进行了一场轰轰烈烈的变法,虽然他的变法最终失败了,但是他的"富国强兵"思想与措施却给后世带来了极为深刻的影响。列宁称他为"中国十一世纪的改革家"。散文雄健峭拔,是"唐宋八大家"之一。

1.兴利除弊的地方官

王安石出身于中下层官宦之家,小时候就经常跟随做地方官的父亲辗转各地。他见多识广,早年的迁徙生活使他较为广泛地接触到社会的贫困和人民的苦难,对广大挣扎在贫困线上的劳动人民寄予深切的同情。

王安石自幼聪明好学,博览群书,诸子百家,诗词歌赋无不精通,甚至还阅读下层社会的市井文学。王安石的刻苦攻读是怀着学以

王安石雕像

致用的目的的。随着阅历和学识的增长,他思想也日益成熟,少年时即以天下为己任,他曾写诗言志道:"此时少年自负恃,意气与日争光辉。秉闲弄笔戏春色,脱略不省旁人讥。"由此可见少年时代的王安石就有着不同凡响的志趣。

宋仁宗庆历二年(公元1042年),王安石高中进士,被授为淮南判官。庆历七年(公元1047年),王安石调任鄞县(今属浙江)知县。他到任后便大量访问多方面人士,对鄞县的自然状况做了一番深刻的调查。经过调查得知这个县跨江负海,有着丰富的水利资源。由于上任知县废掉营田吏,致使水土流失,连年荒旱,农业歉收。当他了解到这一情况之后便抓住了这一地区兴利除弊的关

图文珍藏版

键,广修堤堰和川渠以确保丰收。他还发动乡民们疏通渠道。这些水利设施起到了蓄水排灌的作用,对农业生产大大有利。

每当青黄不接的季节,穷人的口粮接不上的时候,王安石就让人打开官仓,把粮食借给农民,待到秋收以后,要他们加上官定的利息偿还。这样做,农民可以免除大地主豪强的重利盘剥,日子比较好过一些,因此很受百姓爱戴。同时也使政府从中得到一笔稳定的经济收入,搞活了政府经济。

2.致力新政强国家

王安石生活的时代,是封建社会开始走下坡路的时期。宋仁宗时,表面上国家还算安定,但农村因土地兼并和苛捐杂税,已使农民不堪重压。王安石为了解除人民的疾苦,曾多次上书上级官吏,建议兴利除弊。皇祐三年(公元1051年),王安石勇敢地向当时的宋仁宗递上了一封长达万言的《言事书》。

《言事书》对北宋王朝内忧外患、积贫积弱的局面及形成的原因做了较为精辟的分析,王安石主张重新建立宋王朝的"法度",对现实政治进行大胆而深刻的改革。当时范仲淹"新政"失败之后,仁宗对改革已不抱什么兴趣,因此没有重视王安石的主张。

治平四年(公元1067年),宋英宗死,宋神宗即位。神宗立志改变现实,有所作为。他需要一个得力的政治助手。由于神宗早就听说王安石的杰出才能,他就下令把正在江宁做官的王安石调到京城来面谈,当时,面谈非常投机,宋神宗便决定重用王安石。

熙宁二年(公元1069年),宋神宗将王安石提升为副宰相,主持朝政。王安石在内忧外患,矛盾重重的状态下,提出了"天变不足畏、祖宗之法不足法、人言不足恤"的口号,但守旧派却以"祖宗之法不可变"为由极力反对王安石的变法,并认为王安石的思想观点是大逆不道、不能容忍的。王安石针锋相对与之争辩,并劝宋神宗不要听反对变法的流俗之见与守旧观点。不久,王安石在宋神宗的支持下,开始大刀阔斧地进行改革。

王安石变法的内容主要有:一、青苗法。这就是他在鄞县试用过的借粮济民的办法,现在拿来推广到全国实行。二、农田水利法。政府鼓励地方兴修水利,开垦荒地。三、免役法。官府的各种差役,百姓自己可以不服役,改为由官府雇人服役。各家各户按贫富等级,缴纳免役钱,原来不服役的官僚、地主也要交钱。这样既增加了官府收入,也减轻了农民的劳役负担。四、方田均税法。为了防止大地主兼并土地,隐瞒田产人口,由政府丈量土地,核实土地数量,按土地多少、肥沃程度收税。五、保甲法。政府把农民按住户组织起来,每十家是一保,五十家为一大保,十大保为一都保。家里有两个以上成年男子的,抽一个当保丁,农闲练兵,战时编入军队打仗。

王安石的变法很快取得了成效,宋王朝的收入大大增加,政府和军队裁撤了大批冗员,效率大大增加,农田水利设施建设蒸蒸日上。

王安石的变法得到了人民的拥护,但是变法却触犯了大地主、大官僚的利益,两宫太后、皇亲国戚和保守派士大夫联合起来,共同反对变法。

宋神宗对变法的态度开始逐渐转变,他对王安石说:"外面人都在议论,说我们不怕天变,不听人们的舆论,不守祖宗的规矩,你看怎么办?"王安石答道:"陛下征询下面的意见,这就是照顾到舆论了。再说,人们的话也有错误的,只要我们做的合乎道理,又何必怕人议论。至于祖宗老规矩,本来就不是固定不变的。"王安石坚持三不怕,但是宋神宗并不像他那么坚决,听到反对的人不少,就动摇起来。

熙宁七年(公元1074年),河北发生大旱,一连十个月没下雨,没有粮食吃的农民到处逃荒要饭。宋神宗也因此而发愁,有个官员将一幅"流民图"献给宋神宗,说旱灾是王安石变法造成的,要求神宗把王安石撤职。宋神宗终于渐渐坚持不住了。神宗的祖母曹太后和母亲高太后也在神宗面前哭哭啼啼,诉说天下被王安石搞乱了,逼神宗停止新法。新法没有办法继续执行下去。宋神宗只好让王安石暂时离开朝廷,到江宁府去休养。

第二年,当反对派意见渐渐减少时,宋神宗又把王安石召回京城当宰相。但刚过了几个月,天空上出现了彗星。当时人们认为这是不吉利的预兆。宋神宗又面临着保守派的压力,而且这种压力越来越无法抵抗,到第三年(公元

1076 年)春天,王安石只好再一次辞去宰相职位,回江宁府去了。他从此闲居江宁府,潜心于学术研究和诗歌创作,在文学上取得了很大的成就。

3.晚年文坛逸事

王安石既是一个政治家,改革家,也是一个著名的文学家。在后人评定的唐宋八大家中,王安石就是其中之一。王安石的散文语言简练朴素,立意高远,比较重视理论的说服力。他的诗歌遒劲清新,充满现实主义,表现出对人民的同情与理解,以及对传统思想的反抗,对社会前途的忧虑,这些诗歌充分抒发了他远大的政治抱负和积极的人生态度。晚年王安石罢相隐居以后,生活和心情的变化,引起了诗风的变化,他创作了较多的描写湖光山色的小诗,也更多地注意对诗歌艺术及文字的锤炼,名例很多,如《泊船瓜洲》中的"春风又绿江南岸"一句中的"绿"字,最初用"到",后改为"过",又改为"入",再改为"满",改动了十几遍之后才定为"绿",一直被后人当成锤炼字句的经典。

王安石对学术研究非常认真谨慎,他晚年曾撰写一部《字说》,对汉字的造字方法,含义提出自己的独到见解,不过因为他过于认真,有时难免穿凿附会。有这么一个小故事,有一次,苏轼拿自己的号"东坡"中的"坡"字请教王安石字义。王安石解释道:"'坡'者乃'土'之'皮'。"苏轼听了笑着反问道:"照这样说来,那么'滑'字乃'水'之'骨'喽?"王安石被问得哑口无言。玩笑归玩笑,两人私交还是很好,晚年的王安石闲居无聊,苏轼不因为以前的政见不合而疏远他,专程去江宁探望。两人一同游山玩水,王安石写出了名篇《桂枝香·金陵怀古》,苏轼看了也不禁叹服。

宋哲宗元祐元年(公元 1086 年),保守派得势,此前的新法都被废除,连王安石的心血之作《字说》也因为含有变法思想被禁止传播,王安石在无限的忧愤中与世长辞,享年 66 岁。

"六贼之首"蔡京

蔡京(1047~1126 年),字元长,北宋时兴化仙游(今属福建省莆田市)人。

进士出身,初为钱塘尉,后相继为舒州推官、起居郎、中书舍人、龙图阁待制,知开封府。司马光废除新法,限各地 5 天改掉差役法,蔡京如期完成任务,很受司马光赞赏并将其引荐为相。蔡京为相 20 多年,做尽了坏事,成为我国历史上典型的奸相之一。

1.百变媚态谋相位

蔡京在 24 岁时那年考中进士。元丰六年(公元 1083 年),蔡京被任命为中书舍人,不久又改为龙图阁待制,知开封府。

蔡京初入仕途之时,正是王安石变法的高潮时期,为了尽快得到提拔,他跻身于变法派当中。

元丰八年(公元 1085 年),神宗驾崩,年仅 10 岁的哲宗继位。神宗的母亲高太后听政,严厉地打击王安石的新政,旧党派官僚司马光

蔡京

等人当政,全部废除了王安石的新法。蔡京当年也是追随王安石的新法的,但他很善于见风使舵,看到风向一变,便马上倒向了司马光一派。他积极附和司马光,并得到了司马光的赏识,司马光高兴地说:"假使人人像你这样的奉公守法,还有什么不可以做的事情呢?"尽管许多人认为蔡京不可重用,但司马光最终还是将他提升为龙图阁直学士,知成都府事。因此,在使奸臣蔡京最终走上权力巅峰这一方面,司马光是有很大责任的。

然而,好景不长,蔡京的投机之举引起其他官吏的强烈不满,御史、谏官们纷纷上书,弹劾他"挟邪私法",不可重用,司马光也无能为力。蔡京便被驱逐出京,贬至地方。

哲宗亲政之后,王安石的青苗、免役法都得到了恢复。蔡京的弟弟蔡卞等人甚至挖了司马光的坟墓。蔡京最初支持王安石变法,后又支持司马光恢复旧

法,然后又反对司马光,在短短的时间之内,其变化之快令朝臣瞠目结舌。这也让人们看出了他权奸的本质。

宋徽宗即位之后,众朝臣不断地弹劾蔡京,徽宗只得下令将蔡京罢免。蔡京听说之后,立即到太后面前跪地磕头,乞求不要让他离开朝廷,太后见他可怜,让徽宗留蔡京编修国史,但由于谏臣的竭力反对,蔡京在极度不情愿之下再次出京,在杭州闲居。

虽说是闲居,其实蔡京并不得闲。他虽然远离朝廷,但是他对国事仍然颇为关注,静待其变。

有一次机会最终来临了。当蔡京在杭州闲居之时,获知皇上的宠臣童贯正奉旨在江浙一带访求民间的书画佳品等奇巧之物。蔡京对童贯尽力巴结,还请求童贯将他的字画不断送到宫中。徽宗皇帝看到蔡京的画后,龙颜大悦,便下诏将蔡京调到定州(今河北定县),后又调到大名府(今属河北)。

由于宋徽宗刚登上帝位,他想彻底改变北宋王朝的衰落态势,便决定变法图强。当时任丞相的韩忠炎、曾布二人对此政见不合,常常相互指责。曾布便引荐蔡京入朝任了翰林学士。

蔡京这次入京的最主要职责就是替皇帝起草各种诏令,这便为蔡京提供了接近徽宗的好机会。由于蔡京善于察言观色,办事机敏快捷,很得徽宗的赏识。

当时,新旧两党仍在朝中争吵不休,这令徽宗感到了厌倦,但他表示要尊崇熙宁之政,重新推行新法,并将年号改为崇宁。

崇宁元年(公元1102年),韩忠炎和曾布相继罢相。蔡京见有机可乘,便大肆投机钻营,为所谓"新法"推波助澜。蔡京还指使亲信在朝中大造声势,说皇帝若推行新政,非得蔡京为相不可。徽宗最终被说动了。于是蔡京升为尚书左丞,相当于副宰相,不久蔡京便将自己的政敌打倒,如愿以偿地做了正宰相。从此北宋的历史进入了蔡京当权的黑暗时期。

2.借行新法排斥异己

当上宰相后的蔡京不择手段地打击政治上的反对派。他大肆排斥异己,以巩固自己的权位。刚当宰相两个月,就把司马光等120人统统定为"奸党"。为了警诫百官,蔡京还在端礼门刻石立碑。端礼门是文武百官每日上朝必经之门,蔡京在这里竖立"奸党碑",让百官每日都能看到。不久后,在蔡京主持下,圈定了司马光、苏轼、黄庭坚、秦观等309人,统称为"元祐党籍"。司马光当初曾扶植过蔡京,但这回却遭到了蔡京的残酷打击与镇压。徽宗亲自书写党人名单,命工匠刻写在文德殿东壁,表示永不再录用。蔡京这样做还嫌不够,为了让他们遗臭万年,他又手书一份,向全国各地颁布,下令各州县,官厅遍竖党人碑。当时,被蔡京打入"元祐党籍"的人都遭到了迫害。死了的被追夺官职,活着的被流放或降官。由于蔡京的倒行逆施,国内政治处于一片黑暗之中。蔡京对人的打击报复也是不择手段的,下面就是一个典型的例子:

有一个叫吴俦的进士,曾与蔡京关系不错,蔡京让他代买东西,后因为吴俦在所买东西上标明了价钱,使蔡京极为不快。几年之后,吴俦被徽宗召到京城做编修官。蔡京向徽宗进谗言说:"吴俦这个人很高傲,眼中没有皇上。"皇帝不解,蔡京进一步解释说:"他明明知道陛下的御讳,却不肯改名,还用一个圈把御讳圈在里边,这不是目中无上吗?"意思是说吴俦的"俦"字把赵佶的"佶"字用圈阻住。徽宗听了对吴俦大为不满。没过几天就将吴俦罢免了官职。由此足见蔡京为人的凶险。

王安石的新法经过蔡京一伙的肆意篡改,使熙宁新法完全变成了压榨民脂民膏的手段。人民的负担大大增加。各种赋税都数十倍甚至百倍地增加了。

3.怂恿皇上玩物丧志

蔡京很善于揣摩徽宗的心思,很会尽力满足徽宗的种种欲望,蔡京知道徽宗喜欢奢侈生活,于是便到处搜刮民脂民膏来供徽宗享用。蔡京先后在苏州设置"应奉局",专门搜罗奇花异石,用船运往汴京,号称"花石纲"。在苏杭设置"造作局",挑选东南能工巧匠数千人,为宫廷制作玉石、象牙、金银等各色工艺品,使得东南人民流离失所。因此东南人民恨透了奸臣朱勔和蔡京,方腊起义就是在这样的背景之下爆发的。

蔡京为了讨好徽宗,经常鼓动徽宗享乐快活。徽宗担心"花石纲"会使人民反对,蔡京说:"陛下喜爱的花石竹木不过是山林间的野物,是别人不要的东西,对帝德没有影响,对民间没有困扰。"徽宗极想用玉石杯盏大宴群臣,可又恐怕人们说他太奢侈了。蔡京便说:"陛下乃当朝天子,理应享用天下的供奉,区区玉器有什么可顾忌的呢?"蔡京的话总使徽宗感觉到特别舒坦,徽宗果然心安理得地享受起来。徽宗在京城东耗费了无数的民脂民膏来兴建御花园,仅其中的一个项目就役使了成千上万人,耗资不计其数。蔡京君臣骄奢淫逸,加速了北宋的灭亡。

蔡京当政时,铸钱十分混乱,当十钱、小平钱来回改变,铁钱、夹锡钱不断变动,吃亏者自然是贫苦的百姓。蔡京当政时,不仅是百姓深受其害,民不聊生,而且使商人破产,而蔡京却通过种种手段捞到了大量的好处,把钱财都聚集到了朝廷中。为了捞取钱财,甚至定出官价,公开卖官鬻爵。在蔡京的胡作非为之下,社会相当黑暗。这样一来,致使徽宗不信忠良、专信奸臣,连蔡京在内,当时朝廷中一共有六个大奸臣,人们称之为"六贼"。

北宋就是在"六贼"的内蠹之下,才不堪一击,被金国灭亡的。

刘光世以钱遣散金兵计

刘光世(1089~1142年)宋代将领,字平叔,保安军(今陕西志丹县)人。因功授承宣使,充任鄜延路马步军副总管。靖康初率部戍边,败西夏兵于杏子堡。抗金时屡立战功,升司检校太保、殿前都指挥使,封荣国公。绍兴年间为三京招抚处置使,死后赠封太师,追封鄜王。

宋高宗时,流传着宁武军节度使(官职名)刘光世曾利用离间计打败金将完颜昌的精锐之师的故事。

公元1127~1131年,金将完颜昌屯兵承、楚(今江苏中部)。金兵来势凶猛,宋高宗命令宁武军节度使刘光世统兵抗击完颜昌。

刘光世率兵抵至前线,做了大量的调查,了解到完颜昌手下士兵因长期在外作战疲劳不堪,思念故乡,归心似箭,于是计上心来:"用离间之策,让金兵产生二心而自我分解!"

刘光世铸造了一大批金、银、铜钱。所有钱币上,统统印上了"招纳信宝"字样。每次俘获了金兵,刘光世都不杀死,反而让他们拿一些这种钱:"带回去,给你们同伴看看。你们有谁想开小差回家,到江边,见了把守渡口的宋兵,只要拿出这种钱做凭证,宋兵见了,就会统统放过!"

被俘的金兵端详着钱上的字样,边用手抚摸,心里边思忖:"天下会有这号大便宜买卖!"听了刘光世这番话,大伙仍将信将疑。不过,为了一试真假,被俘的金兵都争着索要这种钱。

领到钱后,金兵拿着它逃回金营,暗暗收拾好包裹,偷偷回家。临到滔滔江边,这群金兵踌躇再三,终于取出了从宋营领到的特制钱币,举起晃了晃。

把守渡口的宋兵笑道:"快快上船呀,我们送你们回家。"金兵欣喜若狂,互相扮着怪脸,纷纷跳上渡船,渡江回家。

这消息一传十、十传百,不胫而走。一时间,到宋营取钱后逃走的金兵络绎不绝。完颜昌手下两支最精锐的部队"奇兵""赤心",军心涣散。完颜昌也挺不住了。只好率部返回金国。

南宋权奸秦桧

秦桧(1090~1155年),字会之,江宁(今江苏南京)人,南宋权奸。宋徽宗政和五年(公元1115年),登进士第,官至御史中丞。曾被金军俘虏北去,旋即降敌,于建炎四年(公元1130年)被放回南宋。回来后受宋高宗信任,官至宰相,力主和议,后与宋高宗密谋解除岳飞、韩世忠等大将军权,以"莫须有"的罪名杀害岳飞,与金朝再次签订屈辱和约。

1.主张抗金,却成了和议使者

秦桧出生于一个小官僚家庭。他少年时曾经拜汪伯彦为师。秦桧自小天资狡猾，从汪伯彦那里学得了一套玩弄权术的本领，为他将来弄权提供了基础。秦桧长大之后便入太学就读，他善于筹划，常为同学们做一些跑腿的事情，因此得了"秦长脚"的绰号。不久他25岁考中进士，并中状元，任大学学正。秦桧娶了北宋名臣的孙女为妻，妻子王氏的亲姑父就是徽宗郑妃的堂兄郑居中。因此，尽管秦桧只是一个九品小官，却有一条上达天听的渠道，也为他日后联络达官贵人铺平了道路。

宣和七年（公元1125年），金国大举南伐，兵锋直指宋都汴京（今河南开封）。宋徽宗为了逃避战争责任，将皇位传给了太子赵桓，自己则远遁淮、浙躲避金兵去了。赵桓即位，是为钦宗，次年正月改元靖康。

正当国家动荡之时，秦桧却一心专注于时局的变化，掌握朝廷的政治风向，为自己升迁做准备。不久，金兵直抵汴京城下，要挟宋朝割太原（今山西太原一带）、中山、河间（今河北河间一带）三镇作为退兵条件。当时朝廷分成以李纲、张邦昌等人为首的主战和主和两个派系。善于察言观色的秦桧猜度钦宗绝不会接受这一苛刻条件，于是向钦宗奏疏，提出反对割地的主张，为自己加上抗金派的主张，其要旨则在于争得参与政权的机会。奏书虽然不合钦宗的意图，没有被采纳，但钦宗却非常欣赏秦桧的才思。秦桧一方面主战，另一方面却又和主和派打得火热，以此博得了主和派的好感。于是，秦桧节节高升。

金人围攻汴京不下，宋朝20万勤王大军渐渐集结在汴京外围，形势逐步朝着有利于宋朝的方向发展。于是金人提出退兵议和。钦宗诏命秦桧以礼部侍郎身份赴金营议和，但秦桧害怕被金人扣留，遂以"割地之事，失臣本心"为由辞不赴金。但宋钦宗不许，于是秦桧只得硬着头皮去了金营。到了金营之后，由于秦桧对金人的奴颜婢膝之态，金人对待秦桧非常好，这让秦桧放下心来。谈判之后，钦宗追悔割地之诏，重命三镇将士固守不让，致使秦桧赴金和谈的使命落空，但秦桧却没有被金人扣留，安全返回了汴京。

回朝之后，秦桧四处放言自己如何坚定而又灵活地与金人交涉，等等。主张投降求和的御史中丞李回对秦桧的话深信不疑，认为秦桧是不可多得的人才，于是极力向钦宗保荐。钦宗遂命秦桧为殿中侍御史，专门负责纠弹朝官之失,不久又擢升他为御史中丞,成为御史台的最高长官。从此,秦桧掌握弹劾大权,成为天子近臣。

靖康元年八月,金人再度南侵。十一月,金兵再次进逼汴京城下,围攻月余而破之。徽、钦二帝都被金人俘虏北去,张邦昌成了金人所推举的傀儡皇帝。身为御史台头目的秦桧,出于卖国求荣的目的,也出于为自己未来仕途的考虑,写了一封信送到金营,称张邦昌是一个名不见经传的庸人,如果他当皇帝,必然为天下人共起而诛之。如果金朝恢复钦宗的皇位,对双方都是有利的。这一举动使他赢得了忠于宋王朝的美名。秦桧也因此再度被金兵所扣留。在金营里,秦桧则又变了一副嘴脸,称自己反割地与反张邦昌是一时无奈之举,而且变节投降金人,因此不但没有受到折磨,反而得到金人的重用,蒙受了金人恩宠的秦桧当然感恩戴德,卖力效劳。因为为金人效力有功,秦桧还受到金太祖四太子的专门宴请。

2.罢相复相,议和先锋

公元1130年,秦桧从金营返回宋高宗赵构的驻地,立即被任命为南宋的礼部尚书。为了骗取宋高宗的信任。他谎称是杀死了看守他的金人后逃出来的。但朝廷中很多人都不相信,幸得他的老相好宰相范宗尹与同知枢密使李回极力为他辩解,才使他取得了宋高宗的信任。宋高宗说:"秦桧的朴实、忠诚超过了一般人,我能得到秦桧的辅佐实乃大幸也。"不久就将秦桧升为参知政事。

秦桧为了谋取相位,极力排挤宰相范宗尹,他干脆对高宗说:"如果让我当宰相,我有轰动天下的妙计献上!"秦桧所说的妙计,实际上就是投降措施。高宗为了早日达成和谈协议,就在绍兴元年任命秦桧为右仆射同中书门下平章事,兼知枢秘院事,于是军国大权都被秦桧一人窃取了。

秦桧上台后,独断专行,任人唯亲,排斥异己,他的所作所为令世人所不齿,高宗也对秦桧未迅速达成和谈协议而不满,于是秦桧受到了弹劾。

绍兴元年(公元1131年)五月,金军兵分两路进犯南宋。秦桧主持议和无效,使宋高宗感到失望,将秦桧的宰相之职免去。

国学经典文库

中国古代野史

·宋辽夏金野史·

图文珍藏版

公元 1135 年,金太宗死,挞赖掌握了金朝的朝政大权。即位后的金熙宗便采纳了挞赖的建议,决定将伪齐统治的地区交给南宋。但是,必须以南宋向金称臣、贡纳岁币作为交换条件。高宗以为这个条件太苛刻,但始终认为议和为上策。他又考虑到秦桧与挞赖的关系不同寻常,认为议和之策还应该由秦桧来完成。绍兴八年(公元 1138 年),宋高宗便升任秦桧为右仆射、同中书门下平章事并枢密使(右相)。

当年五月,金人遣使来宋议和。高宗对议和的态度显得愈发坚决,于是秦桧在朝廷上传达了高宗的旨意。

没过多久,秦桧又玩弄了两面派的手法,使得反对议和的左相赵鼎激怒高宗,最终被罢相。赵鼎一去,秦桧便独揽朝权,对于议和更加无所顾忌了。朝中凡是反对议和的贤士,都被他一一贬官。

金国特使张通古、萧哲手捧金国皇帝的诏书,奉行诏谕江南。这显然是做样子给南宋朝廷看的。秦桧见状,恐怕遭到天下人责骂,便与萧哲等人商议,将“江南”改为“宋”,将“诏谕”改为“国书”,妄想以表面上虚假的平等,掩盖其投降称臣的实质。京淮宣抚处置使韩世忠屡次上书劝谏,力阻议和。秦桧却代表皇帝跪拜在金使面前,代接金国的诏书。从此之后,南宋成为金的一个属国,向金称臣。

3.造冤案害死岳飞

岳飞是南宋初期抗击金兵的主要将领之一。他坚决反对秦桧的投降路线,深为秦桧所忌。绍兴十年(公元 1400 年)金兵南侵,被宋军打得大败。岳飞以河南北诸路招讨使之职率兵抗敌,在郾城(今河南郾城)大破金兀术的“拐子马”,乘胜进军朱仙镇。岳飞激励将士曰:“直抵黄龙府,与诸君痛饮尔”。当时,高宗力主和议,秦桧一味主降。秦桧居心尤恶,他要在南宋处于劣势的情况下讲和,才能显出议和的重要性和他的作用。高宗也不愿再战,更不愿迎请二帝还朝,因这样会威胁他的帝位。君臣各怀鬼胎,目的虽不一,结果却相同,即尽快结束战争局面。所以,岳飞正拟进兵,秦桧派人催促退兵。岳飞不肯,秦桧先用紧急文书命另两路兵马统帅张浚、杨沂中率军火速撤回,使岳飞处在孤立无援的境地。然后一天发出十二道金牌命令岳飞回师。"飞愤惋泣下,东向再拜曰:'十年之功,废于一旦'。"宋军撤回,金兵复来,刚刚收复的失地重新沦陷。

为实现和议,秦桧秉承高宗旨意,用明升暗降之法收回三大帅兵权,任命韩世忠、张俊为枢密使,岳飞为枢密副使。金兀术最怕岳飞,又向秦桧提出,必须杀死岳飞,方能商量议和主事。秦桧也恨岳飞不依附自己,更嫉妒他坚决主战的态度和杰出的军事才能,于是下决心要害死他,扫除投降路上的一道障碍。

岳飞在各将领中最年轻,三十岁时即统帅一军独当一面。起初张俊很佩服岳飞的文武双全,后来见岳飞屡立战功便暗生忌妒之心,于是便依附秦桧参加了谋害岳飞的活动。

秦桧先找死党上奏章弹劾岳飞,解除岳飞的兵权。后又利用张俊的忌妒心理及和岳飞的矛盾,找张俊商量谋害岳飞。一位丞相,一位枢密使合谋要害一位立下赫赫战功的英雄,真是丧心病狂,令人发指。

二人先找来岳飞的部下,以重赏封官为诱饵来引诱其检举告发岳飞,可连续几天一点声响也没有。几天无人告发,可反衬出岳飞的清廉公正和深得人心,若是一般的人恐怕无法达到这一点。张俊听说岳飞曾处置过统制王贵,并屡加杖刑,就去动员王贵诬告岳飞,但遭到王贵严词拒绝。一计不成,再生一计,秦桧听说岳飞手下有个绰号叫雕儿的部将王俊,贪婪奸诈曾屡受张宪的制裁,虽有怨言但因军纪严明不敢兴风作浪,秦桧便暗中封官许愿,又送他许多金银,唆使他诬告岳飞。王俊本贪婪无行,见钱不要命,何况良心呢? 但他水平太低,不知怎样写诬告信。后来张俊出面,亲自写好,让他抄写上报。信的主要内容是:"岳飞部下副都统张宪,谋据襄阳,求还岳飞兵柄。"试想,张俊是主谋之一,他又是枢密使,见到呈上的诬告信后,立即传令拘捕张宪,亲自审讯。属吏曾提醒张俊说枢密院没有审判权,张俊全然不顾,对张宪严刑拷打,张宪几次昏死也不招供。张俊令属吏捏造一个假供交给秦桧,秦桧则凭这个假口供请示过高宗后逮捕岳飞,岳云父子入狱,并命中丞何铸、大理卿周三畏审讯。

何铸、周三畏提审岳飞，岳飞脱上衣解开内衣让他们看，见后背刺有"尽忠报国"四个大字。查讯后又无佐证，二人深知岳飞之冤，何铸虽是秦桧党羽，也不忍心枉害忠臣，周三畏则干脆挂冠辞官而去。

秦桧必欲害死岳飞，见何、周二人不肯再审，就起用万俟卨这条疯狗去办理此案。万俟卨用尽灭绝人性的手段拷打岳飞，岳飞被害得死去活来，就是不肯诬服。万俟卨黔驴技穷，再用张俊故伎，让手下人编个口供，说岳飞曾令手下将领于鹏、孙革致书张宪、王贵，让他们谎报敌情以惊动朝廷。又说岳飞曾与张宪通信，让张宪想办法还岳飞的兵权，因没有证据，则说："书已被焚，无从勘证，应再求证人，以便谳狱。"秦桧又悬赏募集证人，两个月后竟无人作证。万俟卨再编造其他罪名，也毫无证据。秦桧、张俊等如此悖逆猖狂，惹怒了朝廷中的几名忠臣，如薛仁辅、李若朴、何彦猷（音 yóu 由）等都曾上书为岳飞呼冤，高宗看过后压下不发。韩世忠在大堂上质问秦桧，岳飞究竟犯了什么罪，秦桧答道："飞子云与张宪书，虽未得实据，恐怕是莫须有的事情。"韩世忠气愤地说："'莫须有'三字何以服天下？"秦桧也不答复。韩世忠见状，回家与夫人梁红玉商量一下，干脆辞职还乡隐居去了。"莫须有"的罪名即来源此处。

岳飞从绍兴十一年（公元 1341 年）十月份入狱，直到年底也未能定案，所有的罪名都不能成立。秦桧又找新证，说岳飞在与众将闲聊时说过"我和太祖一样，都是三十岁当的节度使"，再雇几个亲党作证，说岳飞是指斥乘舆有不臣之心。于是以这条罪名和逗留淮西两条根本不能成立的罪状把岳飞定成死罪。昏庸的宋高宗居然批准这一千古难平的冤狱，下诏赐岳飞狱中缢死，张宪、岳云斩首。

十二月二十九日（公元 1142 年 1 月 27 日）这一天，临安城上空阴云四起，尽忠报国，惊破敌胆的抗金英雄岳飞被秦桧派去的走狗勒死狱中，两员猛将张宪和岳云被杀死在刑场。

刘锜蒙汗药破敌立功

刘锜（1098~1162 年），字信叔，德顺军（今宁夏隆德）人。南京绍兴年间，任太尉,威武节度使。绍兴十年(公元 1140 年),刘锜曾在顺昌(今安徽阜阳)打败金宪宗弻(即金兀术)所率领的精兵 10 万人,由此名震中外。"委石之战"后不久,因病重不能再战,自请提举万寿观,寓居临安都亭驿。后临安留守汤思退以金使将至,令其移居他处,刘锜因此发怒吐血而死,终年 64 岁。

公元 1140 年,在顺昌城,金兵几次与宋顺昌守将刘锜交战,都是丧帅折兵。金军主帅兀术接到战报十分恼怒,大骂手下。

"元帅明鉴,宋将刘锜刁钻奸猾,很难对付……"

"饭桶,宋将什么时候是我大金国神兵的对手?"兀术瞪眼打断一位试图解释的将领,又是一顿臭骂。

"报告,宋将耿训求见。"一个卫兵在帐门口禀报。

"带他进来。"

一会儿,中军帐中跨入了一位宋军打扮的黑面大汉。

"你是来投诚的吗?"兀术眯着双眼不无戏弄地对耿训说。

"我是奉我们太尉刘锜的命令来向您挑战的!我们太尉说了,只要您前去应战,他愿意在颍河上献出五座浮桥,让您的兵马从桥上过去,双方决一雌雄。"

"好!一言为定!"一向骄横自大的兀术一拍桌子,答应了刘锜的挑战。他心想:"你刘锜真的吃了豹子胆了,我就偏不信一向庸弱的宋军,真会一下子变得能征善战起来?"

第二天上午,兀术率领大队金兵来到颍河边,果然见河上架设了五座浮桥。他得意地想:嘿,刘锜啊刘锜,你成不了诸葛亮,我也绝不是司马懿,我可不会中你的空城计的。

兀术的军队马不停蹄地从桥上开过去。可是,金兵大队人马劳师远征,赶到颍河边的时候已经是中午时分,烈日当空,部队人困马乏。人和牲畜都饥渴难挨,他们一到颍河边便纷纷跳入河中畅饮起来,战马一过河便啃食岸边的青草。不知怎么的,抢先饮食河中水与岸上青草的人畜,不一会儿便纷纷昏睡过去,在河边躺倒了一大片。

"不好,宋军在水中下过毒了。快,命令官兵不准饮用河中之水。"兀术慌忙下令,然而命令下得太晚了。

刘锜按兵不动,以逸待劳,直到下午三四点钟,金兵已被拖得精疲力尽了。突然,顺昌西城门开了。冲出数千宋兵,杀向金军。中了毒的金兵手无缚鸡之力,连忙移营北逃,但中途被追兵杀死数万人。

南宋权相韩侂胄

韩侂胄(1152~1207年),字节夫,相州安阳(今属河南)人,南宋大臣。宁宗时以外戚执政13年,权位居左右丞相之上,后加封平原郡王,任平章军国事。力主乘机恢复中原,请宁宗追封岳飞为鄂王。后又削去秦桧死后所封申王,改谥"谬丑"。开禧二年(公元1206年),请宁宗下诏出兵北伐金国,兵败求和。次年被宋廷杀害,函送首级至金廷谢罪。

1.力倡抗金反道学

南宋光宗时,由于李皇后擅权,光宗惧内,致使太上皇孝宗与光宗多年隔阂,猜疑不和。且光宗原患有精神疾病,在这一刺激下病情也不断加剧。太上皇孝宗死后,在太子妃兄弟韩侂胄与皇族赵汝愚的策谋下,使光宗退位,拥立太子继位为宁宗。赵汝愚是朱熹道学的有力支持者。宁宗即位,赵汝愚任枢密使和右相。赵汝愚执政的第一件事,就是荐用朱熹做焕章阁待制兼侍讲,为宁宗讲道学。朱熹在潭州得到诏命,当天就启程上路。到临安后,和赵汝愚结纳,协力排挤拥立宁宗的韩侂胄。对韩侂胄多给些钱"厚赏酬其劳",而不要让他参预朝政。

韩侂胄当然也很有心计,对朱熹的行为心中有数,只是当时还不便发作。不久,韩侂胄因主张北伐而得到宋宁宗的信任,又得到朝中抗金主战的官员的支持,其中的有力人物是参知政事京镗。京镗在高宗死时出使金朝,曾斥退金朝全副武装的卫兵,要求金朝撤除音乐(表示哀悼)。孝宗称赞说:"士大夫(指儒生)平时都以节义自许,有能临危不变,像京镗这样的吗!"京镗执政,支持韩

国学经典文库

中国古代野史

·宋辽夏金野史·

图文珍藏版

侂胄，和赵汝愚朱熹集团形成对立。

朱熹初次见宁宗，就进讲正心诚意、人欲天理的道学。任侍讲后，进讲《大学》。旧制：单日早晚进讲，双日休息。朱熹请不分单双日和假日，每天早晚进讲。借着给皇帝讲书的机会，多次进札，对朝廷政务多加论议。朱熹又和吏部侍郎彭龟年弹劾韩侂胄，并在进讲时说宁宗被左右的人（指韩侂胄）窃取权柄。绍熙五年（公元1194年）闰十月，宁宗下诏免去朱熹的侍讲。次年二月，赵汝愚被人"以同姓居相位，将不利于社稷"罢相出朝，又被劾曾图谋篡权，庆元二年（公元1196年）正月在永州病死。

赵汝愚罢相后，京镗任右相。韩侂胄加开府仪同三司，权位重于宰相。韩、京等取得政权，演出了禁道学和北上抗金的场面。

韩、京执政后，朝中反道学的官员，纷纷指责朱熹道学的虚伪，称道学是伪学。于是宁宗下诏："伪学之党，勿除在内差遣"。十二月监察御史沈继祖弹劾朱熹言行不一，说："朱熹引诱两个尼姑做妾，出去做官都要带着。""朱熹在长沙，藏匿朝廷赦书不执行，很多人被判徒刑，知漳州，请行经界，引起骚乱。任浙东提举，向朝廷要大量赈济钱米，都分给门徒而不给百姓，霸占人家的产业盖房子，还把人家治罪。发掘崇安弓手的坟墓来葬自己的母亲，开门授徒，专收富家子弟，多要束修（学费），加上收受各处的贿赂，一年就得钱好几万，什么廉洁、宽恕、修身、齐家、治民等等，都是朱熹平日讲《中庸》《大学》的话，用来欺骗世人。他说的是一套，做的又是一套，岂不是大奸！"沈继祖的弹劾已超出道学范围，多有攻讦。宁宗下旨，朱熹落职，朱熹门徒蔡元定送道州编管。

朱熹被迫上表认罪，说是"草茅贱士，章句腐儒，唯知伪学之传，岂适明时之用。"笼统承认。"私故人之财""纳其尼女"等，说要"深省昨非，细寻今是"，表示要改过。朱熹门徒，纷纷离去。两年多后，朱熹病死。

2.崇岳贬秦促北伐

韩侂胄当政时，为了在朝廷和全国造成抗金复国的舆论和声势，他向宋宁宗提出了崇岳贬秦的主张，即崇敬岳飞、贬抑秦桧。

对待南宋初的岳飞、秦桧这两个历史人物的评价，一直是南宋战和两派官员争论的一个方面。封建朝廷加给死者的谥号和封号，是官方所做的评价，有时也是推行哪种政策的一种标志。孝宗初年，追复岳飞原官。公元 1197 年，加谥号武穆。公元 1204 年，宁宗又追封岳飞为鄂王，给予政治上的极高地位，以支持抗战派将士。秦桧死后，高宗加封他申王，谥忠献。孝宗时，揭露秦桧的奸恶，但还没有改变爵谥。1206 年，宁宗削去秦桧的王爵，并把谥号改为谬丑。贬秦的制词说："一日纵敌，遂贻数世之忧。百年为墟，谁任诸人之责？"一时传诵，大快人心。韩侂胄对秦桧的贬抑，实际上也是对投降、妥协势力的一个沉重的打击。崇岳贬秦，为北上抗战做了舆论准备。

韩侂胄执政后，光宗朝被排斥的主战官员，再被起用。陈贾任兵部侍郎，吴挺的儿子吴曦回四川，任四川宣抚副使。家居的辛弃疾也出知绍兴府兼浙东安抚使。在宁宗、韩侂胄决策伐金的过程中，辛弃疾起了重要的作用。

他被宁宗、韩侂胄再度起用后，公元 1204 年到临安面见宁宗，力陈"金国必乱必亡"，请委付元老大臣，"预为应变计"，准备出兵北伐。宋、金边境的汉人这时不断有人越境投宋，报告金国困于北方战事和人民饥困的情况。驻守安丰军的官员，也奏报淮北流民请求渡过淮河，投附宋朝。开禧元年（公元 1205 年）改元，一个进士廷对，也上言"乘机以定中原"。本来准备北伐的宁宗、韩侂胄，得到辛弃疾等人的建言，在朝野抗金声中，决意发兵了。

公元 1205 年，韩侂胄加封平章军国事，总揽军政大权，下令各军密作行军的准备，出朝廷封桩库金万两作军需。命吴曦练兵西蜀，赵淳、皇甫斌准备出兵取唐邓。殿前副都指挥使郭倪指挥渡淮。公元 1206 年 4 月，郭倪派武义大夫毕再遇（岳飞部将毕进子）、镇江都统陈孝庆定期进兵，夺取泗州。金兵闭城备战。毕再遇建议提前一日出兵，出其不意，攻其不备。陈孝庆领兵假攻西城。毕再遇自东城杀入，金兵败溃。毕再遇竖起大将旗，喊话说："我大宋毕将军也，中原遗民可速降"。城中汉官出降。宋军收复泗州。郭倪来劳军，授毕再遇刺史官。毕再遇说："国家河南八十一州，现在攻下泗州两城就得一刺史，以后还怎么赏官？"辞官不受。陈孝庆继续进兵，攻下虹县。江州统制许进攻下新息县。光州民间武装攻下褒信县。宋军出兵得胜,形势大好。五月间,韩侂胄请宁宗正式下诏,出兵北伐。

伐金诏下,群情振奋,上下沸腾了。辛弃疾作词赞颂韩侂胄:"君不见,韩献子,晋将军,赵孤存。千载传忠献(韩琦谥),两定策,纪元勋。孙又子,方谈笑,整乾坤。"号称"小李白"的诗人陆游,曾在四川军中"干办公事"(官名)。孝宗朝被召见,多次上书建策北伐,移都建康。光宗朝,曾作诗慨叹:"公卿有党排宗泽,帷幄无人用岳飞。"韩侂胄初执政,在山阴家居的陆游寄予很大期望:"吾侪虽益老,忠义传子孙,征辽诏倘下,从我属櫜鞬。"朝廷果然下诏伐金,诗人大为激动。82岁的陆游作诗言志,表示还要走上战场。"中原蝗旱胡运衰,王师北伐方传诏。一闻战鼓意气生,犹能为国平燕赵。"辛弃疾、陆游的壮丽诗篇,也正是曲折地反映了广大人民群众意气风发,斗志昂扬的振奋情景。

3.北伐失败遭迫害

韩侂胄出兵伐金,政治上思想上的准备是充分的,但军事准备却很不足。

决策出兵前,宁宗、韩侂胄解除伪学逆党籍,重新任用一些在籍的官员,争取他们一致对外,但其中的某些人并不真诚合作。韩侂胄拟用广帅薛叔似去前线统帅淮西军兵,薛叔似不赴任。又命知枢密院事许及之守金陵,许及之也不出守。调任光宗时派往四川的丘崈为江淮宣抚使,丘崈辞不受命。将帅乏人,宁宗下诏:朝内外举荐将帅边守。邓友龙曾出使金朝,说金朝内部困弱,主张北伐,用为两淮宣抚使。程松为四川宣抚使,吴曦仍为副使。伐金的主力军分布在江淮、四川两翼。

韩侂胄部署北伐时,宋军中已出了内奸。早在宁宗下诏伐金前一月,吴曦已在四川里通金朝,图谋叛变割据。派遣门客去金军,密约献出关外阶、成、和、凤四州,求金朝封他作蜀王。

宋出兵伐金,金朝指令吴曦在金兵临江时,按兵不动,使金军东下,无西顾之忧,密许吴曦作蜀王。韩侂胄日夜盼望四川进兵,陆游诗翰多次催促,吴曦不理。金将蒲察贞领兵攻破和尚原,守将王喜力战。吴曦则下令撤退,致使宋军败溃。金兵入城。吴曦焚河池，退军青野。兴元都统制毋丘思领重兵守关。金兵到关，吴曦下令撤防。毋丘思孤军不敌，金军陷关。公元1205年底，吴曦秘密接受金朝的诏书、金印，作了蜀王。四川宣抚使程松兼程逃出陕西。吴曦叛变，宋军伐金的部署遭到了严重的破坏。

金军有吴曦在四川作内奸，得以集中兵力到东线作战。宋郭倪军驻扬州，派遣郭倬、李汝翼会师攻取宿州，被金兵打败，退至蕲州。建康都统李爽攻寿州，也战败。皇甫斌又败于唐州。江州都统王大节攻蔡州不下。只有毕再遇一军继续获胜。公元1206年6月，韩侂胄因出兵无功，罢免指挥军事的苏师旦和邓友龙，又用丘崈为两淮宣抚使，用叶适知建康府兼沿江制置使。丘崈受命一上任，就放弃已占领的泗州，退军盱眙，说是可以保全淮东兵力。宋军退守，金军分九道进兵。战争形势，由宋军北伐变为金军南侵了。十一月，丘崈任签书枢密院事，督视江淮兵马。金完颜纲军陷光化、枣阳、江陵，又攻破信阳、襄阳、随州，进围德安府。仆散揆军偷渡淮水，宋兵大败，金军进围和州。纥石烈子仁攻陷滁州、真州。淮西县镇，都被金军占领。1206年底，金军又秘密派人去见丘崈，示意讲和。丘崈密送金使北归。从此，丘崈多次遣使与金军谈和，暂行停战。

西线吴曦叛变，东线丘崈主和，韩侂胄日益陷于孤立了。开禧三年（公元1207年）正月，罢免丘崈，改命张岩督视江淮兵马。韩侂胄自出家财20万，补助军需。又派遣使臣方信孺到开封同金朝谈判。

这时，四川的形势是：叛徒吴曦在开禧三年正月，公然建行官，称蜀王，置百官，请金兵进入凤州，献出四郡，并准备削发（改女真辫发）向金称臣。长期以来坚持抗战的四川军民，对吴曦的叛卖，展开了强烈的反抗。吴曦召用大安军杨震仲。杨震仲拒不附逆，服毒药自杀。陈咸剃去头发，拒绝向金朝臣服。史次秦自己弄瞎了眼睛，拒不做官。一些官员也都弃官而去。随军转运使安丙却受伪命，作了吴曦的丞相长史。监兴州合江仓的杨巨源和吴曦的部将张林、朱邦宁、义士来福等相联络，策划讨伐吴曦。杨巨源去找安丙说："先生做逆贼的丞相长史吗？"安丙见势不妙，号哭说："我没有兵将，不能奋起。必得有豪杰才能灭掉此贼。"兴州中军正将李好义结合兵士李贵、进士杨君玉、李坤辰、李彪等数十人,也在计划杀吴曦。杨巨源与李好义等商议,杀吴曦后,得有个"威望者镇抚",准备推安丙出来主事。杨君玉等伪造皇帝诏书,命安丙为招抚使,诛反贼吴曦。李好义等七十多人闯入伪宫,宣读诏书,兵士都散去。李贵当场斩吴曦。吴曦称王41天,受到了应得的惩处!

诛灭叛徒,大快人心。军民抗金情绪,极为高涨。韩侂胄得知吴曦叛变,曾密写帛书给安丙说:"如能杀曦报国,以明本心,即当不次推赏。"帛书未到,安丙已奏报吴曦诛灭。韩侂胄即任安丙为四川宣抚副使。吴曦被杀,金朝大为沮丧,又无战备。杨巨源、李好义等请乘势收复四州。李好义出兵,一举收复西和州。张林、李简收复成州。刘昌国收复阶州,张翼收复凤州。孙忠锐收复大散关。李好义进兵至独头岭,会合当地民兵夹攻金军。金军大败。宋兵七日到西和,所向无敌。金将完颜钦逃走。李好义整军入城,军民欢呼。李好义又请乘胜进取秦陇,以牵制侵淮的金军。安丙不许,士气大受挫折。大散关又被金兵夺去。

安丙不许乘胜北伐,却在宋军内部自相残杀。安丙与孙忠锐不和,命杨巨源伏兵杀孙忠锐。吴曦原部将王喜指使党羽刘昌国在酒中放毒药,害死李好义。安丙又诬指杨巨源谋乱,把他下狱害死,假说是自尽,报给朝廷。抗金将士,无不愤慨。由下级军官和民众武装发展起来的大好形势,又被安丙等断送了。

这时的金朝,正如辛弃疾所判断的,处在"必乱必亡"的前夕。只是由于宋朝出了叛徒和内部的不和,部署失宜,才使金兵得以侵入淮南。但金朝实际上已不再有继续作战的能力,只是对宋朝威胁、讹诈。不过,这时宋朝伐金,也暂时无法继续,于是派使者与金讲和。宋使方信孺到金,金朝先把他下狱,虚声恫吓。九月初,方信孺带回完颜宗浩给宋朝的复信,信中说宋朝如果称臣,以江淮之间取中划界。但须若称子,以长江为界。斩元谋奸臣(指韩侂胄等),函首以献,增加岁币,出犒师银,方可议和。韩侂胄大怒,决意再度整兵出战。宁宗也下诏,招募新兵,起用辛弃疾为枢密院都承旨(代苏师旦)指挥军事。68岁的辛弃疾这时得病家居,任命下达后,还没有去就任,就在家中病死。

韩侂胄筹划再战,但朝中主降的官员却开始大肆活动。史浩在光宗朝病死,子史弥远这时任礼部侍郎,是朝中投降派的主要代表。公元 1200 年韩皇后死,1202 年,宁宗立杨氏为后,韩侂胄曾持异议。因此杨后对韩侂胄深怀仇怨,在政治上则和兄杨次山一起,主张妥协、投降。史弥远秘密上书,请杀韩侂胄。杨后又叫皇子赵询上书,说韩侂胄再启兵端,于国家不利,宁宗不理。杨后、杨次山和史弥远秘密勾结,阴谋对韩侂胄暗下毒手。他们指使中军统制、权管殿前司公事夏震等,在韩侂胄上朝时,突然袭击,把他截至玉津园夹墙内害死。事后才奏报给宁宗。韩侂胄被暗杀,军政大权全归杨后、史弥远所操纵。随后,又把苏师旦处死。投降派完全遵照金朝的无理要求,把韩侂胄、苏师旦的头割下,派使臣王枏送到金朝,并且全部接受金朝提出的条件:增岁币为 30 万,犒师银(赔款)300 万两。金军自侵占地撤回。南宋又一次屈膝降金,算是完成了"和议"。当时太学生作诗讽刺说:"自古和戎有大汉,未闻函首可安边。生灵肝脑空涂地,祖父冤仇共戴天。"又说:"岁币顿增 300 万","莫遣当年寇准知"。北宋时,寇准坚持抵御辽军,长久地受到人们的敬重。史弥远谋杀韩侂胄,屈膝投敌,完全是秦桧一类的投降派!

贾似道误国专权

贾似道(1213~1275 年),南宋末年台州(今浙江临淄)人,字师宪,宋理宗贾贵妃之弟。淳祐九年(公元 1249 年)为京湖安抚制置大使,次年移镇两淮,专权多年。度宗时,他权势更盛,封太师,平章军国重任。德祐元年(1275 年),元军沿江东下,他被迫出兵,在鲁港(今安徽芜湖西南)大败。不久被革职放逐,至福建漳州木绵庵,被押送人郑虎臣所杀。

1.畏敌如虎,私乞和蒙骗过关

公元 1258 年,蒙古大汗蒙哥分兵三路进攻南宋。一路由忽必烈攻打鄂州,一路由兀良哈率领攻打潭州（今湖南长沙），蒙哥自率一路主力军进攻合州（今四川合川）。准备三路会师后，直取南宋临安。

新任丞相贾似道，原是个不学无术的浪荡子，靠他的姐姐是宋理宗的宠妃，才得了官位。他当上官后，什么事都不干，经常带着一批歌女在西湖上喝酒作乐。有一天晚上，宋理宗在宫里登高眺望，看到西湖上灯火通明，就对左右侍臣说："这一定是似道这小子。"侍臣知道宋理宗宠着贾似道，就凑趣说："别看他年纪轻轻，喜欢玩乐，他的才能大着呢。"这回，因蒙军进攻甚急，宋理宗开始真要看看他的本事了。于是要他上汉阳前线督战，贾似道无奈，只好硬着头皮去了。贾似道率兵尚未到达前线，一天他听说前面有一队蒙古兵便吓得直打哆嗦，嘴里连声叫着："怎么办？怎么办？"后来，蒙古兵抢了一些财物走了，贾似道才拍拍胸口，喘了口气。

忽必烈攻鄂州城越来越猛。贾似道眼看形势紧张，就瞒着朝廷，偷偷地派个亲信到蒙古营去求和，表示只要蒙古退兵，宋朝就愿意称臣，进贡银绢。忽必烈攻得正起劲，不肯就此罢休。正在这时候，蒙哥因在合州受重伤死亡，忽必烈接到他妻子从北方捎来的密信，说蒙古一些贵族正在准备立他弟弟阿里不哥做大汗。忽必烈急着想回去争夺汗位，就答应了贾似道的请求，订下了秘密协定。贾似道答应把江北土地割给蒙古，并且每年向蒙古进贡银、绢各二十万。忽必烈得了贾似道的许愿，就急忙撤兵回北方去了。贾似道回到临安，把私自订立和约的事瞒得严严实实，却抓了一些蒙古兵俘虏，吹嘘各路宋军取得大胜，不但赶跑了鄂州的蒙古兵，还把长江一带敌人势力全部肃清了。

宋理宗听信了贾似道的弥天大谎，认为贾似道立了大功，专门下一道诏书，赞赏他奋不顾身，指挥有方，立刻给他加官晋爵。再说忽必烈回到北方后，得到大多数蒙古贵族的支持，即了大汗位。他想起了在鄂州跟贾似道订下的和议，就派使者郝经到南宋去，要求履行和约议定的条件。郝经到了真州（今江苏仪征），先派副使带信给贾似道。贾似道一听郝经要到临安来，怕他的骗局露馅，赶快派人到真州把郝经扣了起来。忽必烈听到这个消息，气得要命。

2.恃宠专权,滥施淫威

宋理宗死后,太子即位,就是宋度宗。宋度宗封贾似道为太师,拜魏国公,地位高得没人能跟他比。贾似道一面故意要求告老回家,一面又派亲信散播谣言,说蒙古军又要打过来了。刚即位的宋度宗就苦苦留他,这样一来,他的地位就越来越高了。度宗专门给他在西湖葛岭造了一座豪华的别墅。贾似道每天在葛岭过着享乐的生活,朝政大事,都得由官员到别墅去找他决定。

咸淳五年(公元1269年),贾似道再度托病向度宗递献辞章,假称想要归老田园。度宗泪流满面地恳求他以国事为重,不要辞职不就,贾似道自然也是"坚决"地谢绝,推说自己年事已高。度宗立刻准许他六日入朝一次,上朝也不必同百官一起叩拜。退朝时,皇帝必避席而立,目送他走出大殿方可落座。继而又准他十日入朝一次,这样,贾似道便可以无忧无虑地徜徉在西湖之上,饮酒纵乐。时人有歌云:"朝中无宰相,湖上有平章。"

贾似道虽说年事已高,但其贪婪荒淫之性却丝毫不减当年。他非常喜爱珍宝古玩,只要别人有的,他总要千方百计弄到手,如不立刻据为己有,则寝食不安、坐卧不宁。一次,他听说余玠有玉带一条,便派人索要,听说那条玉带已作为殉葬品被深埋地下,便立刻要人开棺掘墓,暴尸扬骨以取之。他还大兴土木,广建楼阁,日日派走狗四处搜罗美色,纳为小妾,无论是宫人,还是优伶、妓女他都不会放过,甚至连尼姑也逃不出他的魔掌。他还招集旧日结识的那群赌徒,日夜纵赌,使堂堂太师府变成了妓院、赌场。

当时襄阳被元兵围困已是数年,边关告急的文书接二连三地传来。他既不着手解决,也不上报朝廷,每日蹲在草坪上同众妾斗蟋蟀。一个押客进来看到此景,哈哈大笑,戏之说"这也是军国大事吗?"贾似道玩得正起劲,就像没听到一般。

贾似道不仅荒淫贪婪,而且一刻也不曾放弃独断专权。咸淳八年(公元1272年),明堂建成,在景灵宫举行祭祀典礼,正逢天降大雨,贾似道希望度宗雨停了再乘车归,当时为皇帝带御器械的胡显祖是度宗宠爱的胡贵妃的父亲,他请求皇帝弃车乘逍遥辇还宫。度宗把贾似道的话告诉了胡显祖,胡显祖说:"平章大人已允许您乘逍遥辇回去了。"度宗才敢登辇而归。贾似道闻听勃然大怒,大声吼道:"我是大礼使,而陛下的举动都事先不告诉我,我不如归老田园。"当天便装模作样打点行囊,安排家眷,从嘉会门出发,度宗苦苦哀求,最后无奈罢免了胡显祖,又含着眼泪把胡贵妃送进了尼姑庵,贾似道才"原谅"了他。

贾似道对贵妃之父尚且如此,对家奴妻妾更是凶残暴虐。他的一个小姿之兄来,立在府门口远远窥一眼,好像要进来的样子。他立刻命人将这人绑起来投入火中烧死。他带领众姬妾游西湖,其中一个侍妾多看了一眼一个英俊清秀的书生,立即被他杀死。

贾似道专恣横行,日胜一日,他为堵众人之口,还施一些小恩小惠拉拢一些名士。例如加太学餐钱,宽科场恩例。由此更断绝向皇帝弹劾他的言路,他也更加威福肆行。自从元兵围困襄阳以来,贾似道也多次装模作样地上书请求"出征边地,救民水火",暗地里却让台谏上章挽留。守将吕文焕向朝廷告急,贾似道再次请行,监察御史陈坚等为贾似道买通,一起上章:"臣等以为师臣(贾似道)出征襄阳则不能顾及淮扬,出兵淮扬再无法顾及襄阳,不可以一方安危轻易出师,应坐镇中央,使天下太平。"度宗自然一百个同意。当时众臣以为高达可解襄阳之围,监察御史李旺率朝士言于贾似道,可贾似道却说:"我任用了高达,又把吕文焕怎么办呢?"李旺等出了平章府叹道:"吕氏平安,则赵氏天下危矣。"而远在襄阳的吕文焕又十分嫉妒高达的军事才能,听说朝内有人推举高达援襄阳,怕他抢了自己的功,心中十分恼恨,手下门客出主意:"朝廷因为襄阳告急才派援兵,不如我们报捷于朝廷,则朝廷不必派高达来了。"于是谎报捷报,这样折腾了一阵,襄阳终于失守了。贾似道得了便宜又卖乖,四处说:"臣屡次请行,陛下都不准。若许老臣出征,当不至于此啊!"

这年十月,贾似道的母亲胡氏死了,度宗诏以天子规格葬之,造的坟墓模仿皇帝的山陵。送葬那天,百官立在瓢泼大雨中,站了一天都不敢动一动。

3.鲁港兵败,走上灭亡路

宋度宗去世后,元兵于咸淳十年十二月(公元1274年)攻破鄂州。太学诸生进言:非师臣(贾似道)出,天下必危。贾似道骑虎难下,不得不在临安都督府准备抗元兵。他抽调了各路精锐人马、金帛辎重,舳舻相衔,浩浩荡荡,直达芜湖。到了芜湖,他不是先审时度势指挥督战,而是送还军中所俘的元兵将领,让他携带荔枝、黄柑馈赠元丞相伯颜,请求如"开庆条约"一样输币、称臣,但遭到了伯颜的拒绝。

这时,夏贵率领部队由合肥赶来与贾似道会合,贾似道却无计可施,将一万七千大军尽交付毫无本领的孙虎臣,屯驻在丁家洲抵抗元兵,他和夏贵则带少数人马驻在鲁港。

德祐元年(公元1275年)二月夜间,孙虎臣派人忽报前军失利,贾似道仓皇而出,连呼:"虎臣败矣。"他赶快召来夏贵商量大计。不久,孙虎臣赶来抚胸痛哭:"全军兵士无一听命啊!"夏贵亦苦笑说:"我曾血战抗敌,至此已无计可施了,诸军已闻风丧胆,我凭何而战?公只有退入扬州,迎护圣驾于海上,我以死守住淮西就是了。"言毕,解舟而去。贾似道和孙虎臣哪顾得上数万将士的生死,慌忙乘单舸奔扬州。

第二天,失魂落魄的败兵沿江逃命,贾似道忙命人登岸扬旗召集他们,这些兵卒破口大骂贾似道奸佞误国,无一肯归队。贾似道望着四散奔逃的兵士和滔滔东流的江水,听着那不息的流水声、谩骂声,终于明白再没人买自己的账了,自己也和大宋一样气运殆尽,大厦将倾。他头脑一阵晕眩,气急败坏地坐到了一片废墟中。

其实,贾似道早就不得人心了。当初,他在汉阳督战的时候,当朝丞相吴潜采纳了监察御史饶应子的建议,命贾似道移师黄州(今湖北黄冈),而分曹世雄等的兵力以属江阃。黄州虽然是地处长江下游,却是兵家必争之地,地势十分险要。贾似道接到调令只当吴潜欲借蒙古刀枪置己于死地,心中十分痛恨,又无奈军令如山,不得不行。孙虎臣领七百精骑保驾赴任,一行人马刚刚来到苹草坪，先遣的兵士便回来报告："前面有一队北兵正往此处行进。"贾似道闻知，当即面如土色，体若筛糠，慌慌张张跳下马，磕磕绊绊地逃到路旁的草丛中，痛哭流涕只当自己半世荣华，一日休矣。可等到"北兵"来到眼前，才发现并非什么虎狼之师，而是元人向北方押送在中原劫掠的金帛子女的队伍。江西降将储再兴骑在一头牛上一跛一颠地带着路，孙虎臣自然不费吹灰之力便活捉了储再兴，夺回金帛子女。贾似道虚惊一场，立即擦干眼泪，抖擞精神，向朝廷再报"胜利"的消息，不过他心里算是恨透了吴潜。他私下探听到吴潜在事情紧迫时往往先斩后奏，不禁心头窃喜。又正逢理宗欲立孟启为太子，吴潜等持反对意见，理宗极为不满。贾似道乘机上本陈奏立皇储事宜，理宗很是赞赏。贾似道又暗使沈炎上章，弹劾吴潜目无君主、用兵失策、措置无方，致使全、衡、永、桂等州县被元兵攻破。理宗皇帝是个耳根子软爱听好话又没准主意的主，四面风哪面风硬哪面倒，当即把吴潜流放到循州。

凡是"得罪"过贾似道的人，他都是睚眦必报。曹士雄、向士壁在援鄂战役中对他尊敬不够，他便诬蔑他们贪污军费、侵盗官钱，并把二人贬谪到偏远之地。高达在军中凭仗自己武勇过人，根本不理会贾似道的胡乱指挥，一看见他督战就嘲笑他："巍巾者何能为哉？"每次作战都须贾似道亲劳方出，否则就让士兵在帐前喧哗不止，吕文德为讨好贾似道，就派人呵斥高达："宣抚在此，你敢怎么样？"贾似道看在眼里恼在心头，他多次在理宗前进谗言想杀死高达。理宗总算没丧尽良心，以为高达作战有功，不曾准允。但论功行赏时，贾似道却把那位军事才能与他本人不相上下的吕文德排在第一，把骁勇的高达放在其次。

贾似道这次出兵把宋朝的主力部队丧失殆尽，因而遭到满朝痛斥，大臣们纷纷要求杀贾似道以谢罪，执政的谢太后终于决定将他贬官为高州团练使，押解贾似道的是校尉郑虎臣，他早就对这个大奸臣恨之入骨，因此，在押于高州时，私自将他一刀结果了性命。

文人传说

范仲淹烧毁画像

范仲淹（989~1052），字希文，苏州人，北宋文学家，"先天下之忧而忧，后天下之乐而乐"的名句，荡气回肠，流传千古。所作散文赋予政治内容，词传世仅五首，风格明健，善写塞上风光，有《范文正公集》。

范仲淹在青州（今山东益都）做知府时，为官廉洁，深得民心。他的藏书总管米方，想为范仲淹画一幅肖像，百年之后，好供后人瞻仰。

米方的那一手画技，从没有显露过。这天，他来找范仲淹商议："有个画师，想为大人画像，不知您意下如何？"

范仲淹反问道："平白无故，为何要画像？"

"常言道：树有墩，官无根。大人一旦调离青州，我们怀念起来，也好看看您的容颜呀。"

范仲淹

范仲淹听后，连连摇头。后来，米方又请求过几次，范仲淹不但不应，反而把他训斥一顿。米方无奈，只得趁范仲淹夜间批阅公文时，借着月光，从窗外偷偷画出了他的肖像。

事过不久，范仲淹把米方唤到书房，问他："你讲的那位画师，他现在哪里？"米方不敢继续隐瞒，赶忙躬身说："回禀大人，就是下官。"

"你的技艺如何呀？"

米方一听，大人肯画像了，忙说："虽不高超，但还可用。"

范仲淹微微一笑，道："还是拿来，让我自己评论一下吧！"

米方一惊："什么……"

范仲淹走到窗前，指着窗外，道："你从这里画的那幅画啊。"

"啊……下官从命。"米方口上应着，心里却在嘀咕：大人怎么知道的？

范仲淹笑道："墙打千遍也透风，月照窗前总留影。"

米方听了，暗吃一惊：哎呀！那天我作画时，身影映到了面上……太疏忽了！

这时，范仲淹唤出一个家人，说："你陪米总管走一趟。画像的事，不要声张！"家院领了命，随米方去了。

路上，米方想：前几天，大人还为画像训斥过我，为何突然……说不定他拿到画像，会更加责备我……米方思索着。到家后，他把家人让进正房，泡上一壶茶，自己到厢房找去了。家人一壶茶喝完了，还不见米方出来，便来到厢房，刚要推门进去，米方满头大汗，捧着画卷一步跨了出来，说："让我好找哇，咱们走吧！"

他二人来到范仲淹书房，见屋内坐了满满一圈儿人，全是府内的官员。米方想：这事不便张扬，还是待会儿再说吧。他找了个空位刚要落座，就听范仲淹问他："东西带来了吗？"

"什……什么东西……"

范仲淹拈着胡须，轻轻一笑，说："怕什么？呈上来吧！"

本来，众官员被突然唤来书房，就觉蹊跷，见他二人这样一问一答，更加摸不着头脑。

家人替米方呈上画像，范仲淹当众展开："诸位请看，这画如何？"大家仔细一看，素雅的绢轴上，简洁几笔，就勾画出了范仲淹的容颜，笔法传神，惟妙惟肖。众官员纷纷议论：

"这是谁画的呀？"

"真是画神了！"

范仲淹说："这出自我们的大总管米方之手。"

"怎么,是米总管画的?"

范仲淹接着说:"对,是他。诸位同本官一样,时至今天,方知米方有此技能,往后,大家可以请他作画。切记!要多画名山大川、禽鸟花卉,不要随意为官员画像,更不可为我画!"

范仲淹捧着画像站起身来,说:"有一位已经辞世的老先生,过去与本官甚是亲密,理当请他老人家也来欣赏一下。"说着,将画像慢慢点燃,当场化成了灰烬……

从此以后,偌大个官府,再也无人敢提作画这件事情了。

事过两年,范仲淹与青州官吏、百姓辞别,赴任颍州。谁知,不久便从颍州路上传来噩耗——范公与世长辞了。

青州百姓闻讯后,无不悲恸。百姓们在范仲淹时常读书的阳河岸边,修建了一座范公祠。米方为范公精心绘制的绢轴画像,端端正正地悬挂在祠堂正中。

原来,米方交给范仲淹烧毁的那幅画像,是那天他趁家院饮茶时,迅速到厢房临摹的一幅。这件真品,被他完好地珍藏了下来。直到今天,人们一到范公祠,总会情不自禁地讲起这幅画的故事。

欧阳修大明寺里话泉水

欧阳修(1097~1072),字永叔,号醉翁,晚年又号六一居士,吉州吉水(今江西吉安)人,北宋文学家、史学家,北宋古文运动的领袖,有《欧阳文忠集》。

传说欧阳修离开滁州,到扬州做了江都太守。他当的这个太守,实际上是个虚衔,平日里无事可做,便常常游山赏景、饮酒赋诗,以倾泻心中的郁闷。

有一天,风和日暖。一清早,他就命差役喊来了轿子,决定到城西大明寺逛逛。轿子抬过瘦西湖,来到大明寺。他走出轿子,放眼一看,山上青松苍劲,山下百花争艳,堤下绿水荡漾,堤旁垂柳如丝。

他用手摸摸胸前的胡子,不禁大声说道:"烟花三月扬州美!"

他整整衣装,朝那绿树丛中的大明寺走去。庙门紧闭着,他走上台阶,轻轻扣了两下。不多会儿,庙门打开,从里面走出来两个小和尚,把欧阳修迎了进去。后院的老和尚一看欧阳修的衣着,便知是州官,一面忙作揖施礼,一面叫小和尚去泡香茶。二人推让着坐了下来。

欧阳修客气地说:"从滁州任职到此,前来打扰!"

老和尚知道欧阳修是个被贬的官,态度很是冷淡,勉强寒暄道:"太守到此,无上荣幸!"

欧阳修

这时,小和尚把泡好的香茶送了上来。欧阳修喝上一口,问道:"老师父,敢问你这泡茶的水取自何处?"

老和尚一听问水的来由,脸上立时露出十分高兴的神采:"太守大人,我的庙内有一口泉,是天下第五泉,茶就是那第五泉的水泡的!"

欧阳修端起了茶壶,又喝上一口,问道:"老师父,敢问鉴定这天下第五泉的是何人?"老和尚连忙起身,登上藏经楼,捧来一本古书,说:"是书上写的,毫无差错。"

欧阳修说:"是不是唐代张又新写的《煎茶水记》?"

老和尚谄媚地说:"是,是,太守真是学问渊博。"

欧阳修笑着说:"张又新一生都不曾走遍天下,闭着眼睛将天下的水分为七等,实在是不可取。"

老和尚慌忙起身,向前一步,把《煎茶水记》捧到太守面前:"太守,张又新是根据茶神陆羽的《茶经》写下来的,有根有据。"

欧阳修笑着说:"那所谓的茶神陆羽又有什么根据呢?"

"陆羽是茶神……茶神……恐怕不会没有根据……"老和尚无言以对了。

欧阳修一本正经地讲:"陆羽也没有走遍神州。唐朝的天下,南有滔滔的长江,北有滚滚的黄河,河水、湖水、泉水,还有千家万户的井水,陆羽走过几州几府? 尝过几河几泉? 他又有什么资格评定天下的水呢? 有什么理由鉴定天下的水为七个等级呢?《茶经》的根据又在何处呢?' '

老和尚心想,陆羽是茶神,是前朝的名人,他的话还会有错吗? 于是他大声说道:"太守,这七等水从唐朝传到大宋,都这么说,还能有错吗?"

欧阳修问道:"那就请老师父讲讲这七个等级?"

老和尚念经似的,一股脑儿背了下来:"镇江金山寺冷泉水为第一,无锡惠山石泉为第二,苏州虎丘石井水为第三,丹阳寺井水为第四,扬州大明寺井水为第五,松江水为第六,淮水为第七!"

欧阳修笑声朗朗地捻着胡子说:"老师父,你看这七个地方都在天下的哪一方呀?"

老和尚答道:"均位于大宋天下的东南方!"

"好,讲得好! 七水全在东南方。那长城内外,黄河上下,天府之川,苍茫楚天,难道就没有好水了吗? 那陆羽、张又新没有亲自见到,更没有亲口品尝,就武断地下此结论,岂非妄语?"

老和尚想"妄语"这个词是佛教里的话,妄语就是说空话,说空话死后是要割去舌头的,便连忙作揖道:"太守高见,太守高见!"

欧阳修还礼道:"老师父,凡事都不要人云亦云,要寻根究底,一是一,二是二呀!"

欧阳修告别了老和尚,回到州厅,当日下午就写出了《大明寺泉水记》那篇文章。文章中既不讲天下,也不讲等级,只如实地写道,"为水之美者也!"第二天派公差将文章送给大明寺的老和尚,请求指正。从那以后,太守和老和尚变成了知己好友,常来常往。老和尚以后再向香客们讲到大明寺泉水的时候,再也不讲是天下第五泉了!

苏洵焚稿

苏洵(1009~1066),字明见,号老泉,眉州眉山人,北宋散文家。与其子苏轼、苏辙合称"三苏",均被列入"唐宋八大家"。代表作有《权书》《衡论》《几策》等文章。

苏洵在二十七岁那年的一天,正像往常一样随手翻书阅览,无意中发现一篇关于古人爱惜时间、刻苦攻读的故事。他认真地读了一遍,感到这故事很生动,又读了一遍,更加感到有意义,于是他反复读了好几遍,每读一遍,就有一次收获。他觉得这故事好像是专为自己写的,不由得心中发出感叹:"时光无情地飞逝,我已经快到而立之年了,自己虽然写过一些文章,却都是些平庸之作,没有什么大的建

苏洵

树。"他想:现在不努力,还要等到什么时候啊!从这时起,苏洵又开始发愤苦读。经过一年多时间,他觉得自己在学习上有了长进,就急急忙忙地参加录取秀才和进士的两场考试,但两次考试都落了榜。这件事对他的打击很大,不过,他没有灰心丧气,决心重新振作起来,因此他陷入沉思,但也没有理出头绪,不知从哪做起。

有一天,苏洵正在书房里整理他以前写的书稿。面对这些书稿,他发现了自己的不足,因为他对自己的书稿也感到不满意,又怎能让它们在世上流传呢?于是他将这数百篇书稿统统抱出屋去,放在一个空地上,点上一把火,化为灰烬。他之所以这样做,正是为了坚定从头做起的决心。焚稿后,他如同放下一个沉重的包袱,更加轻松愉快地刻苦学习了。苏洵有时在家闭门苦读,有时奔走四方,求师访友,一年到头忙个不停,以致后来他两个儿子的学习要靠他妻子教导。

经过二十多年的努力奋斗,苏洵已经阅读了大量的书籍,既精通《五经》和诸子百家学说,同时又对古今是非成败的道理进行探讨,使自己具有了渊博的知识和惊人的才智,再写起文章来,往往到了"下笔顷刻数千言"的程度。他写了许多有研究价值的论文,受到了家乡学者的倾慕,他自己也真正体会到成功

的乐趣。这时他的大儿子苏轼、二儿子苏辙也都长大成人,而且在他的影响下也同样才华出众。他就带着自己写的论文和两个儿子到京城游学。当时,文坛领袖欧阳修担任翰林学士,他看了苏洵的论文后很赏识,认为这是当今最好的文笔。欧阳修平时非常器重有才华的学者,这次更不例外,于是他将苏洵的二十二篇文章推荐给朝廷,希望引起朝廷的重视。一时间,朝廷上下震惊,京城内外的学者传阅他的文章都赞不绝口,并且争相效仿苏洵的文章写作方法。苏洵这位晚学成才的散文家,也从此闻名于世。直到很久以后,还广泛流传着赞誉苏洵文章的民谣:"苏文熟,吃羊肉;苏文生,吃菜羹。"

曾巩与读书岩

曾巩(1019~1083),字子固,南丰(今属江西)人,后居临川,北宋散文家。为"唐宋八大家"之一,留有《元丰类稿》。

从南丰县城的南门渡过盱江,就可以看见一座高耸的红石山,山上有一个半圆形的岩洞。相传这是北宋文学家曾巩青少年时勤奋读书的地方,所以叫作读书岩。

在当时,城里有个赵员外,他有个独生子叫成龙,已经十七八岁了,成天吃喝玩乐,读了好多年书,还是没有长进。赵员外心中非常焦虑。他看到曾巩少年名扬,便问奴仆瞿仁:"曾巩长进得那么快,读的是什么书?"瞿仁为了迎合员外,也就胡乱编造:"禀老爷,相传曾巩读的书,都是九天玄女所赠的天书哩!"赵员外一把拉过瞿仁的耳朵说:"快替公子偷来,事成有赏!"

曾巩

就在当天晚上,瞿仁悄悄地来到读书岩旁,当时,曾巩正点着蜡烛,孜孜不倦地在那里苦读。瞿仁等了好几个时辰,曾巩连头也没有抬一下,鸡叫了几遍,才见曾巩伏着闭目养神。瞿仁急忙走近曾巩身旁，从书堆里抽出几本原书，转身就跑。

赵员外得了"天书"，喜出望外，立即命儿子沐浴更衣、烧香叩头，拜读"天书"。说也奇怪，赵成龙还没有跪下去就"哎哟"一声惨叫，一双端书的手僵曲着动弹不得。赵员外吓得手忙脚乱，瞿仁赶快从公子手中夺下"天书"，赵成龙的手立刻恢复了常态。原来他是怕得了"天书"，老爷子逼他苦读，所以灵机一动，想出了这么一计。赵员外流下老泪说："天书凡人如何读得，实在可惜啊！"瞿仁连忙劝慰员外说："说不定光有天书，没有秘诀也是不行。老爷何不花些钱财把曾巩请来，叫他当面传授传授。"赵员外心想：要不是曾巩有读天书的秘诀，哪能出口成章，过目不忘呢？事到如今也只好亲自去请了。

赵员外把曾巩请到家里，开门见山地说："曾先生如果能把读书秘诀传授我儿，一定重谢，重谢！"曾巩心想：求学问全在勤奋刻苦，不过他们哪能明白这个道理呢？倒不如提出三个条件，看他父子如何回话，便说："要说秘诀也不过三条。"赵员外忙问："哪三条？"曾巩说："第一，赵公子平日酒肉无度、肚腹胀满，文章读不进去，先饿三天三夜。"赵员外连连点头："照办，照办！"曾巩提第二条："每天三更起床喝一杯黄连水，连喝一年。这就叫'书从苦中来'。"赵员外哪知曾巩话中有音，所以又连声说："照办！"曾巩哈哈大笑一阵之后，便提出了最后一条："人们常说墨水喝得多，学问就会高。读书岩下有个洗墨池，请公子每天去喝上几碗。"赵员外心想：这条捷径早就有人讲过，怎么我就一直想不起来呢？他连连举杯感谢曾巩的开导。

曾巩走后，赵员外马上叫儿子来商议。赵成龙心想：饿几天不怕，我肚子里饱得很；三更起床喝黄连水，又困又苦，真难做到；喝墨水，虽然也难喝下去，既然喝到肚子里能变成学问，再好不过了，便硬着头皮向父亲表示："我不妨先试试第三条吧！"赵成龙马上就往读书岩跑去，看见洗墨池乌黑的池水，心里十分高兴，一头栽下墨池，恨不得一口气把墨水全部喝光。不料他双脚一滑，"噗通"一声，掉进池里，再也起不来了。

王安石下马拜荆条

王安石(1021~1086),字介甫,号半山老人,临川(今江西抚州市)人,北宋时期的政治家、思想家、文学家。他的诗文大多为揭露时弊、反映社会矛盾之作,体现了他的政治主张和抱负,散文雄健峭拔,被列为"唐宋八大家"之一。有《临川集》《临川集拾遗》等流传至今。

传说,临川东门城外二十里的地方,有一座山,山上青竹成林,松柏满布;山下汝水北去,岸柳成荫。就在山与水相连的地方,有两块怪石,其状如蛤蟆戏水。相传这两块怪石是天公磔蛙,坠地化石,故此山得名蛤蟆山。北宋时期,蛤蟆山上有一座古庙,庙里是个书院,王安石在这个书院里读过书。

宋明道元年,王安石当时才十二岁,跟随"解官告老"的父亲回到故乡临川。回乡不几天,父亲就把他送到蛤蟆山书院去求学。教书的先生,是一个仪表威严、学识渊博的老秀才。他讲课时旁征博引、贯通古今,对学生要求十分严格。在书院里,王安石喜欢和那些出身贫寒的同学接近。有时,趁先生不在,经常邀一些要好同学到书院附近的山头上练习拳棒,强健筋骨。在此期间,他还结交了好些进不起书院的乡村牧童,从他们口里了解到一些乡民的苦难和不幸,对平民百姓寄予同情。一次,王安石听说有一个牧童的母亲病重,无钱买药,便跑到家里偷偷地拿了父亲几两纹银,送给了这个牧童。由于交朋结友甚多,在一段时间里,把读书倒放到一边去了,上课常常迟到。一些和他要好的同学,受他影响,也常迟到,惹得先生好不气恼。

一天上午,老先生正在兴致勃勃地讲解古文。一位同学悄悄告诉王安石:附近村子里来了一位精通十八般武艺的江湖豪侠。王安石早就想习武济贫,一听这话,再也坐不住了,便和那个同学偷偷地溜出了书院,飞也似的向村里跑去。

先生讲完课后,发现王安石不在,一时怒从心起,真恨不得把这顽童找来狠揍一顿,可是谁也不知道他跑到哪里去了。

国学经典文库

中国古代野史

·宋辽夏金野史·

图文珍藏版

第二天早晨,先生在蛤蟆山前的荆树下踱步散心,恰好王安石和几个同伴迎面走来。先生见王安石正谈兴勃勃、若无其事,昨日积下的怒火禁不住又燃在心头。他顺手从身旁的荆树上折下一根荆条,朝王安石屁股上就是一顿猛抽,边抽边骂:"王安石,你好大的胆子,竟敢邀伴逃学,破坏书院规矩,该当何罪!"王安石自觉理亏,既不申辩,也不哼声。

待先生怒气稍消,王安石忍着疼痛,从容正色地回答道:"先生,不是我不愿好好读书,实在是时局不让我好好读书啊!"

"这话从何谈起?"先生以为他在故弄玄虚。

"先生,我想你比我更清楚,现在国内朝政腐败,黎民怨声载道,积贫之势已成;国外夷狄入侵,朝廷卑躬屈膝,积弱之局已定。国家兴衰,平民有责,你叫我怎能安心读书?"王安石侃侃而谈,露出忧愤的神色。

先生看王安石年纪虽小,胸襟却十分宽阔,不禁暗自称奇。他对王安石说:"你的忧虑不无道理,但国家如此之大,有多少朝廷命官、志士仁人想整顿朝纲而无能为力。你一个孩童,即便愁坏了,又有什么用呢?"

"事在人为,办法是人想出来的。我就不信国家如此局面不能改变。"王安石满怀信心地对老师说。

"安石,你有何高见?"

"依我看来,要改变天下积贫积弱之势,国人只有弃文就武!"

"此话怎讲?"

"文人学士,纵有满腹经纶,能均贫富,驱夷狄吗?你看那些江湖豪杰,闯就包天大胆,练得一身武艺,路见不平,便可拔刀相助。那比读书可有用得多啊!"

王安石此番见解,虽未免幼稚偏颇,但气概倒也非凡,先生听了暗自兴奋。于是,他循循善诱地说:"安石,光文不武,当然难以自强御侮;但光武不文,又怎能审时度势、改革弊政? 治国安邦,必须文武相济才是。"

王安石一向恃才傲物,以为所行不偏。经先生这一指点,立时脸红起来。深思好问的习惯驱使他去问个水落石出:"先生,那你说当务之急,到底靠什么改变国家时局?"

"我以为国家贫弱至此,在于不知法度。只有改变法度,方能图强。而要变法图强,当今之急,唯盼能人辈出。如果天下能人辈出,变更弊政,破除旧习,定能挽狂澜于既倒啊!"先生这番言语,犹如一盆清水浇头,使王安石猛然省悟。他立即说:"先生,我长大后就做一个这样的能人,为国立法,革新图强,你说能行吗?"

先生说:"像你现在这样东游西逛,不潜心求学,能有所造就吗?古人云:树长于根,水出于源。又云:玉不琢,不成器;人不学,不知义。你既有如此大志,但千里之行,始于足下。从现在起,你必须熟读经史、博览群书,探求治国之道。将来才有益于社稷,造福于黎民啊!"

王安石猛击一掌说:"对,知书方能明理,知书方能治国!先生,从今后,我一定好好念书,不负师望。"

打这以后,王安石真的变了。他手不释卷,苦读精思。先生看到这种情况,内心无比欣慰,更加着意栽培,王安石也愈加专心致志。师生之间,关系日益密切。

光阴荏苒,王安石在蛤蟆山书院受业期满,他依依不舍地拜别先生,外出深造了。

庆历二年,二十二岁的王安石,赴京应试,一举中了第四名进士。第二年,被派往淮南做判官。这期间,他经常深入乡间,了解民众疾苦,为后来的"变法"寻找了许多依据。同时,他还惩豪富,除贪官,为当地百姓做了许多好事,受到人们的普遍拥戴。在远离故乡的日子里,王安石十分怀念自己的先生,逢人就推崇先生对他的教导。

一年夏天,王安石回到临川,未进家门,先拍马直奔蛤蟆山,拜谒日思夜念的师长。谁知,这时蛤蟆山上古庙已毁、书院无存,老秀才早已迁居外地,并且亡故了。王安石想起先生当年的一番苦心,心中无限痛惜与伤感。他低头沉思,径自朝山前的老荆树奔去。"见荆树如见先生"。到得树前,他急忙翻身下马,面对满树荆条双膝跪下,磕头便拜。拜毕,又和侍从们一道,挥锄铲除树旁杂草,培土浇水,似期它长青不凋。临别时,王安石还捐款修亭,以资纪念。

苏轼趣事种种

苏轼(1037~1101),字子瞻,号东坡居士,四川眉山人,北宋大文学家、书法家、画家,在诗文书画方面造诣很高,诗文有《东坡七集》等。为"唐宋八大家"之一。

1.寿宴斥群丑

传说宋朝元祐年间,苏东坡受哲宗委托,微服轻装到浙江暗察民情。

一天傍晚,他来到了处州府,听人说,处州知府杨贵和县令王笔都到当地富豪留山虎家里去吃寿酒。苏东坡一想,好啊,官绅勾结、鱼肉百姓,早就有人告到朝廷,今日我就亲赴寿宴,当面见识一番。于是,他备了一份"寿礼",向东门留山虎家走去。

苏轼

留山虎,家有良田千亩、森林万顷,庄客上百,人称"处州霸王"。这天夫妻双双做寿,一府七县的大小官员都已到场。就在这时,留家总管禀报:"客人到!"留山虎斜眼一瞄,是个年约五十的过路人,风尘仆仆。总管送上礼单,上面只写着"清风锁一盒",他想这一定是什么宝,就小心翼翼地接过檀香木制的盒子,问客人尊姓大名。客人却笑了笑说:"少刻便知。"

入席了,寿堂第一桌的首位没有人坐。杨贵、王笔同其他几个县令,故意让来让去。留山虎假作客气地说:"谁坐首位都行,不要谦让了。"苏东坡趁机说:"主人说得对,恭敬不如从命,我来吧。"便大模大样地坐了上去。王笔一看不对,便借故道:"人说,诗助酒兴,我们还是来赋诗,凭诗的好坏轮流坐首位,诸位看怎么样?"众人齐声赞同。只有苏东坡笑而不答,王笔料定他不会作诗,于是领头吟了起来:

一个朋字两个月,一样颜色霜和雪;

不知哪个月下霜,不知哪个月下雪。

另一个知县接说:

一个出字两重山,一样颜色煤和炭;

不知哪座山出煤,不知哪座山出炭。

随后,杨贵也吟道:

一个吕字两个口,一样颜色茶和酒;

不知哪张口喝茶,不知哪张口喝酒。

最后,轮到苏东坡。只见他从容吟道:

一个二字两个一,一样颜色龟和鳖;

不知哪一个是龟,不知哪一个是鳖。

东坡吟毕,寿堂内立即喧哗了。因为"龟"和"贵"同音,"鳖"和"笔"同音,这不是分明在骂知府大人和县令王笔吗?当下王笔大怒:"大胆,今天留老爷和夫人寿庆,你不祝贺,反而侮辱他们是'龟'和'鳖',真是岂有此理。"

苏东坡厉声说道:"呔,无知小人!要说骂,霜雪见不得阳光,煤炭遇火化成灰,茶酒进肚变成尿,这才叫骂。只有龟鳖是长寿的标志。古人有'寿龟'之说,难道你连这个都不懂吗?"说得他们无话可对。知府杨贵这才知道来者绝非常人,于是改口问道:"请问贵客高姓大名?"

"我乃苏东坡!"苏东坡答道。

众人一听,如雷贯耳,天哪!他就是京城里的大官苏东坡!一时寿堂上一百多人"唰唰"地向苏东坡下跪。知府、县令哀求道:"恕小的们有眼不识泰山。"

寿宴散后,留山虎打开苏东坡送的礼盒,想看看"清风锁"到底是什么模样。可是里面什么也没有,只有一张纸,上面写着一首诗:

老弟无钱远道来,

身边只有一枝梅;

借得一盒清风锁,

送汝成仙上玉台。

留山虎想,"成仙"是离开人间之意,"玉"与"狱"同意,即是"地狱",难道我的所作所为他都知道了……他吓得汗淋如雨瘫倒在地上。

果然,苏东坡后来回到京城,向皇上奏明这三人鱼肉百姓的罪行,将他们处刑判狱,处州人民无不拍手称快!

2.一言心语

有道是"真人不露相",越是有学问,有修养的人越不会着意卖弄。而往往那些稍有点文墨的人,却自命不凡,由此也往往会陷入尴尬之境。

3.画扇判案

苏东坡要到杭州来做刺史了。这个消息一传出来,衙门前面每天都挤满了人。老百姓想看一看苏东坡上任的红纸告示,听一听苏东坡升堂的三声号炮……可是,大家伸着脖子等了好多天,还是没有等到。

有一天,忽然有两个人又打又闹地扭到衙门里来,把堂鼓擂得震天响,呼喊着要告状。衙役出来吆喝道:"新老爷还没上任,要告状过几天再来吧!"

那两个人正在火头上,也不管衙役拦阻,硬要闯进衙门里去。正在这时,衙门隔壁那边转出一头小毛驴来,毛驴上坐着一个大汉,头戴方巾,身穿道袍,紫铜色的面孔上长着一脸络腮胡子。他嘴里说着:"让条路,让条路! 我来迟啦,我来迟啦!"小毛驴穿过人群,一直往衙门里走去。衙役忙赶上去,想揪住毛驴尾巴,但已经来不及,那人就一直闯上大堂去了。

只见那大汉把毛驴拴在廊柱上,信步跨上大堂,在正中的虎座上坐下来。管衙门的二爷见他这副模样,还当是个疯子,就跑过去喊道:"喂! 这是虎座呀,随便坐上去是要杀头的!"

大汉哈哈大笑道:"哦,有这样厉害呀!"

管衙门的二爷说:"当然厉害! 虎座要带金印的人才能坐的。"

"这东西我倒也有一个。"大汉从袋里摸出一颗亮闪闪的金印,往案桌上一

国学经典文库

中国古代野史

·宋辽夏金野史·

图文珍藏版

搁。管衙门的二爷见了，吓得舌头吐出三寸长来，半天缩不进去。原来他就是新上任的刺史苏东坡啊！

苏东坡没来得及贴告示，也没来得及放号炮，一进衙门便坐堂，叫衙役放那两个要告状的人进来。他一拍惊堂木，问道："你们两个叫什么名字，谁是原告？"

两个人在堂上跪下。其中一个说："我是原告，叫李小乙。"另一个说："我叫洪阿毛。"

苏东坡问："李小乙，你何故状告洪阿毛？"

李小乙回答说："我帮工打杂积下十两银子，早两个月借给洪阿毛做本钱。我和他原是要好的邻居，讲明不收利息，但我什么时候要用，他就什么时候还我。如今，我相中了一房媳妇，急等着这银子娶亲，而他非但不还我银子，还打我呢！"

苏东坡转过来问洪阿毛："你为啥欠债不还，还要打人？"

洪阿毛急忙磕头分辩："大老爷呀，我是赶时令做小本生意的。借他的那十两银子，早在立夏前就贩成扇子了。没想今年过了端午节天气还很凉，人家身上都穿夹袍，谁来买我的扇子呀！这几天又接连阴雨，扇子放在箱里都霉坏啦。我是实在没有银子还债呀。我不还，他就骂我揪我，我一时在火头上打了他一拳，这可不是存心要打的呀！"

苏东坡在堂上皱皱眉头，说："李小乙娶亲的事情要紧，洪阿毛应该马上还他十两银子。"

洪阿毛一听，在堂下叫起苦来："大老爷呀，我实在是没有银子还债呀！"

苏东坡在堂上捋捋胡须，说："洪阿毛做生意蚀了本，也实在为难。李小乙娶亲的银子还得另想办法。"

李小乙一听，在堂下喊起屈来："大老爷呀，我辛辛苦苦积下这十两银子，可不容易呀！"

苏东坡笑了笑，说："你们不用着急，现在洪阿毛马上回家去拿二十把发霉的折扇给我，这场官司就能两清了。"

洪阿毛高兴极了,急忙爬起身,一溜烟奔回家去拿来二十把白折扇交给苏东坡。苏东坡将折扇一把把打开,摊在案桌上,磨浓墨,蘸饱笔,把那大块的霉印子,画成假山盆景;拣那小点的霉印子,画成松竹梅岁寒三友,只一会儿工夫,二十把折扇全画好了。他拿起十把折扇交给李小乙说:"你娶亲的十两银子就在这十把折扇上了。你把它拿到衙门口去喊,'苏东坡画的画,一两银子一把',马上就能卖掉。"他又拿起十把折扇交给洪阿毛说:"你也拿它到衙门口去卖,卖得十两银子当本钱,去另做生意吧。"

　　两个人接过扇子,心里似信非信。谁知刚刚跑到衙门口喊了两声,二十把折扇就一抢而空了。李小乙和洪阿毛每人捧着十两白花花的银子,欢天喜地各自回家去了。

　　苏东坡"画扇判案"的事,一下子就在民间传开了。

　　原先杭州的纸扇只有黑纸扇和白纸扇两种。自从苏东坡画扇之后,人们也学了起来,有画花鸟的,有画人物的,有画山水的,有写诗题词的……把扇面装点得甚是好看。这有画有字的"杭扇",既可取凉,又可观赏,很受欢迎,一直流传到现在。

4.填词救弱女

　　宋朝的时候,有两个叫郑容和高莹的农村女子被人骗到杭州卖给了妓院。当她二人知道身落虎口以后,哭闹不止,虽被多次毒打,但仍不屈服,拒绝接客。有一天,其中一个女子乘人不备,逃出妓院,告到了衙门。据说,当时正好苏东坡任杭州太守,他听到这位女子的哭诉,非常同情,于是便派人把妓院老板和另一女子叫来予以审问。他问完各种情况后,便写了一首《减字木兰花》词给妓院老板看,问他有没有意见。但见这首词写道:

郑庄好客,容我尊前先坠情。

落笔生风,籍籍声名不负公。

高山白雪,莹骨冰肌那解志?

从此南徐,良夜清风月满潮。

妓院老板本是一粗俗之人,岂懂诗词的意思?它不知苏东坡还在诗中玩有别的花招,便说对此诗没有意见。听他这么一说,苏东坡便让人拿来纸笔,要他画押。画定押后,苏东坡便道:"既然老板没有意见,那么郑容、高莹你们二人就回原籍从良去吧!"说完后便要退堂,老板一听着急了,便要争辩。苏东坡便道:"你既然没有意见,并且在上面画了押,还争辩什么?"老板说:"你那判决书上并没有要她们回原籍从良呀?"苏东坡说:"怎么没有?你看这判决书的各句话的第一个字连起来不就是'郑容落籍高莹从良'吗?"老板一看,果然是这样写的,只得自认倒霉,服从判决。

原来苏东坡写的是一首藏头词。就是这样一首藏头词,把郑容和高莹这两个弱女子从火坑里救了出来,并使她们能和亲人团聚。

黄庭坚少游江洲府

黄庭坚(1045~1105),字鲁直,号山谷道人、涪翁,洪州分宁(今江西修水)人。北宋诗人、书法家,有《山谷集》。

黄山谷自幼天资聪明,年纪轻轻就享有盛名,很是自负。他觉得当地已无人可与自己相比,应该走出深山,游访天下名山胜川,一来长长见识,二来显显名声。于是他离开了修水老家,来到当时江南的繁华胜地江州府(今九江市)。

听说修水才子黄山谷来到本地,江州府一些自认为有才学的文人纷纷前来拜访。一次,一班文人约好,陪黄山谷游览名胜,乘此机会赋诗作对,试试他的才华。

黄庭坚

这天,他们来到烟水亭上,只见亭上正好有个香客在吸水烟。有个书生沉吟半晌,心生一联,请黄山谷作对。此联是:

"烟水亭,吸水烟,烟从水起。"

黄山谷立即想起刚才游过的汉朝灌婴所掘"浪井",灵机一动,随口对出下联:

"风浪井,搏浪风,风自浪兴。"

众人听了,齐声叫好:"不说浪随风起,反说风自浪兴,足见浪井之奇,妙对,妙对!"

黄山谷听了渐渐得意起来。当来到思贤桥的时候,他神气十足地对众人说道:"刚才一路走来,承蒙各位抬爱。现在我也有一联,以助各位雅兴,请不吝赐教。"说完,他念出上联:

"思贤桥,桥上思贤,德高刺史名留世。"

大家没有想到黄山谷突然来了这么一手,猝不及防,一时竟无以回对。黄山谷为了扭转这难堪的局面,笑着说:"各位不必为难了,这里已有了现成的一联。"他摇了摇头念道:

"琵琶亭,亭下琵琶,情多司马泪沾襟。"

大家见黄山谷小小年纪,如此才思敏捷、博学多闻,不由吐了吐舌头。

随着一班人游来游去,黄山谷渐渐乏味起来。他觉得,偌大的江州府,竟没有高他半筹之人,忍不住说道:"小生虽学问浅薄,也要不揣冒昧,敬问各位先生,是否有什么高招让我领教领教,也好开开眼界。"

众人一听,面面相觑,对他这少年气盛的劲头,实在气愤难平,打定主意要奚落他一回,压压他的气焰。

一行人不觉来到小乔梳妆楼下,有人对黄山谷拱了拱手说:"数年前,本地有个书生新婚,洞房花烛之夜,新娘子以此楼为题,出了一联,要书生对出下联,否则不准进罗帐。可这书生竟一直未能对出,后来因此郁郁而死。多年来竟也无人对答得出,实在惭愧,有请先生指教。"于是念道:

梳妆楼头,痴眼依依,痴情依依,有心取媚君子君不恋。

黄山谷一听,就觉出了弦外之音。心想:他们把我比做呆女献媚,真是可笑,一定要想个妙对回敬他们。忽然,他抬头看见庙堂森森,香烟缭绕的延支

山,触景生情,顿时舒开眉心,说道:"那位书生心胸也太狭窄了,我来对上一联,让他在九泉之下瞑目。"说着,他吟出下联:

延支山上,落木萧萧,落花萧萧,无缘省识春风春难留。

众人一听,黄山谷自比春风,把他们比作斗败了的落叶残花,而又文辞优雅,不显痕迹,个个赞佩不已。虽然被他挖苦了,但又不得不叹服他的才学。于是,江州府一班文人墨客大为奉承,黄山谷自己也愈加飘飘然起来,自以为赋比先秦宋玉,诗齐盛唐李杜,如此年少,鹏程无量,江州府经不起他振翅一扑。听说吴越苏杭一带是藏龙栖凤之地,他想到那儿去出出风头。

这天,风和日丽,正是出游的大好时光。黄山谷便乘轻舟顺流东下。他站立船头,望水天寥廓,不觉心旷神怡,大有不可一世之感。这时,在桅杆下扯着篷索的少年,非常恭谦地问道:

"敢问先生就是大名鼎鼎的黄庭坚黄山谷吗?"

黄山谷不屑一顾,只矜持地点了点头。

少年说:"我们江湖上的粗人,平常也颇有点俗趣。这里有个对子,只有上联,没有下联,想请教先生,只是不知先生时下有没有这个兴致?"

黄山谷转过脸,白了少年一眼,见他一身粗俗的船家打扮,便回过头去,懒得搭理。只听少年自言自语地叹道:"想不到一个名盖江州的才子,竟怕起一个无名船夫来了。"

黄山谷一听,转身叫道:"什么,我怕你?料你这等鄙俗之人,也没有什么诗采文章,既然你不怕丢人现丑,那就说说看吧!"

少年抱歉地拱了拱手,微笑着说了一声"请教",便朗声念道:

"'驾一叶扁舟,荡两支桨,支三四片篷,坐五六个客,过七里滩,到八里湖,离开九江已有十里'。下联之中,凡逢上联有数字处,必须以数字相对,但不论反顺,不得有一字与上联相同。"

黄山谷还没听他说完,就哈哈大笑道:"这种粗俗之联,根本就登不得大雅之堂。不过,时下我也闷得慌,就来凑凑这个俗趣吧。"

可是,他低头默想,把少年的话细细捉摸一遍,忽然心里一跳:上联中,数字一至十均已用完,而下联中必须以数对数,且不得有一字与上联相同,到哪里找许多数词与上联对仗呢?

黄山谷怔怔发呆,额上沁出了冷汗。他直盯盯地看着眼前这个一身船家打扮的少年,好不明白,自称饱学之士,怎么会被一个普普通通的船家少年难住了呢。想着想着,他幡然醒悟,立刻请求船家掉转船头,改变了原先去苏杭的打算。

黄山谷虽然始终没有对出这个"绝对",却从中悟出了一个重要的道理:"学问绝无尽头,治学必须谦虚。"此后,他虚心好问、刻苦攻读,终于成了当时的"苏门四学士"之一,而且与苏东坡齐名。

米芾潇洒奔放

米芾(1051~1107),字元章,号襄阳漫士、海岳外史。祖籍山西,迁居襄阳。据说他个性怪异,嗜书法成癖,人称"米颠"。七岁学书,十岁写碑,二十一岁步入官场,是个早熟的怪才。其书法严于法度,潇洒奔放。

1.米芾学书

据说米芾小时候在私塾里跟先生学写字,学了三年,却没有多大长进。一天,一位秀才进京赶考路过米芾家乡。米芾听说他写一手好字,便前去求教。

那秀才见一孩子前来求教,便要来米芾写的字,看了又看后,若有所思地说:"要跟我学书,得买我的纸。五两纹银一张,贵点。"

米芾一听,吓了一跳,心想,天下哪有这么贵的纸,这不成心难为人吗?但他学字心切,还是回去借了五两银子,买了秀才一张纸。

"回去好好写吧。三天后拿给我看。"秀

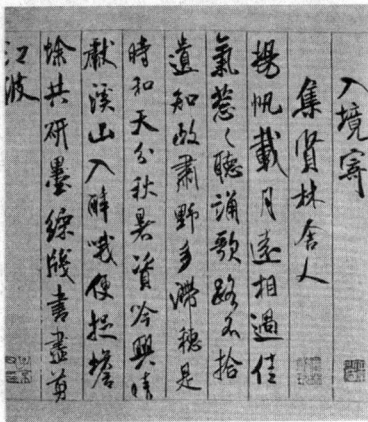

米芾书法

才说。

　　米芾回到家里，双手捧着五两银子买来的纸，舍不得用。他把纸放在一边，回到桌旁翻开字帖，用没蘸墨汁的笔在桌子上划来划去。一连三天，他都是这样，反复琢磨，却连一笔也没舍得在纸上写。

　　第四天，秀才来了，见米芾手握毛笔坐在桌前望着字帖出神，秀才见一字未写，竟故作惊讶地问道："你怎么一个字也没写呀？"米芾听到说话声，抬头一看秀才来了，才意识到期限已到，忙争辩道："我怕写不好，废了纸。"秀才见状，笑着说道："好了，琢磨了三天，现在写个字给我看看吧。"米芾提笔写了一个"永"字。秀才在旁一看，字写得漂亮极了，于是问道："为什么三年学不会，而这三天就能写好呢？""因为纸贵，我不舍得写。这三天，我就反复琢磨字帖，把字都琢磨差不多了。""这就对了，学书不单是动笔，而是动心，不但要观其形，还要悟其神，心领神会，才能写好。"秀才接着又说："你已领会了写字的窍门，我走了。"说完，他提笔在"永"字后添了七个大字"（永）志不忘，纹银五两"。随后从怀里掏出那五两银子还给米芾，便上路赶考去了。

　　自此以后，米芾牢记秀才的教导，用心练字，终于成为著名的书法家和画家。

2.索图戏卧佛

　　江苏涟水城中有个荷花池，米芾爱花爱画，经常坐在假山上苦思冥想，绘描荷花图。荷花池边就是能仁寺，寺中卧佛大师名望也很高。但是，尽管卧佛与米芾交情不错，想讨幅画却很难。

　　卧佛见米芾画好了画，心生一计，就备了几样菜，提了一壶酒，到船上和米芾对饮。米芾是个见酒就疯的人，喝完酒不多时就迷迷糊糊地睡着了。

　　酒醒后，不见了荷花图，米芾料定是被卧佛拿走。但碍于情面，不好明言，他终于想出一个办法，上门找卧佛对对子，旁敲侧击。卧佛当然明了，但他不露声色，佯作不知。一个指桑问槐，一个装聋作哑，故意打岔。

　　米芾指着荷花池说道："我有一对，对上即息，对不上罚作一荷花图。"卧佛说："请兄弟先出吧！不过，有言在先，小弟不会作画，就是输了，也请你代为作画。"米芾不问三七二十一，先把上联出了：

"河里荷花和尚摘去何人戴？"

明是对对，实是问案。卧佛说：

"道旁稻草盗贼窃来到处铺！"

对得工整，无茬可找。

米芾见他对了，又来一联：

"三年一闰五年再闰阴阳无差无错。"

卧佛也不示弱，回对道：

"二月春分八月秋分冷热不短不长。"

米芾无法，心中叫苦，口上连说："好好好。"卧佛心中高兴，随口应声："妙妙妙！"

李清照买书

李清照是我国宋代时期杰出的女词人。传说有一年冬天，李清照顶着大雪到郊外"寻找"诗句。她正站在雪中出神，忽听背后有人喊她，回头一看，不知从哪里来了一位花白胡须的老人。老人身披着蓑衣，站在路边问李清照："您一人站在这里，是迷了路吗？"

李清照答到："不是。"

老人又问："心中有什么忧伤？"

"没有。"

"在这里练功？"

"不是。"

"噢——"，老人好像明白了似的点了点头，"那么，这样东西，您一定喜欢喽？"他说着，

李清照

从怀里掏出一个包裹,递给了李清照。李清照莫名其妙地接过一看。见是个蓝布包儿。她打开蓝布,是一个红布包儿,打开红布,是一个黄布包儿,打开黄布,是一部书。李清照一望封面,顿时神采飞扬——这部书,她不知盼了多少年呵!

"大伯,这书……"

"是我家祖传三代的'宝书'。"老人微笑着说"我没有继续习文,留着也无用,我想给它另找个主人。您要是喜欢,就收下吧。"

李清照非常高兴,立即领老人回到家中。她一边斟茶,一边说:"大伯,这书太好了。您就出个价吧。"

老人望着李清照那一摞一摞的书籍,感到很满意:"看来,您是这书最合适的主人啦!我半卖半送,要五十两银子。"

李清照说了声:"多谢!"回身取钱。当她打开盛银钱的小匣时,却愣住了:里面空空如洗!原来,她丈夫赵明诚已经两个多月没有寄钱回来了。可这书,她又怎么舍得不要呢?

"您家离这多远?"

"十里。"

"这样吧,外面雪大路滑,我给您拾掇个房间,您先住下,明天给您钱,行吗?"

老人沉吟了一会儿,说:"可以。"

李清照把老人安排好后,回到自己房间,她急忙打开首饰盒,可是找不着一样珍贵的首饰,再打开衣箱,也没有一件值钱的衣服,怎么办呢? 她皱着眉头,在屋里转来转去,一下看到了挂在墙上的"七星宝剑"。这是她结婚时父亲送的。她想:对呀,就用宝剑换钱!

次日一早,李清照带着剑,来到了城里当铺。谁知当铺早已倒闭,她只得回来,和老人商议说:"大伯,你再住一天,明天再给您钱,好吗?"老人同意了。

第二天,正是逢会,李清照又来会上卖剑。她把宝剑摆在路旁,自己站在一边。可是,这天天气特别冷,赶会的人少,直到傍黑,也没人来问价。她无可奈何,只好回到家,恳求老人再住一天。

国学经典文库

中国古代野史

· 宋辽夏金野史 ·

图文珍藏版

这天夜里,李清照翻来覆去睡不着觉。天没亮,李清照就起了床,一气儿跑到十里外的卧牛泉。这里,每天早上都有人来练武术,她想:练武术的人,一定会喜欢宝剑。

清照捧着宝剑,走到一位练拳的姑娘面前问道:"小妹妹,您喜欢这把宝剑吗?"姑娘急忙接过,抽出剑身一看:"好剑!好剑!"她一边称赞着,一边"唰"地舞了一个剑花,满面带笑地问:"您卖吗?"李清照诚恳地说:"我要买本书,需要五十两银子,你若喜欢它……"姑娘很机灵,一口答应给她五十两银子。接着,她又有几分为难地说:"我父亲不在家,要等他回来,才有钱给您。"

清照看到她捧着宝剑,爱不释手的样子,就想到自己买书的心情,又见她十分诚实,也就答应了。姑娘问明了李清照的地址,说:"大姐,等我父亲回家来,就把钱给您送去。"清照谈妥了"买卖",长舒了一口气,高高兴兴地回了家。

可她回家听说卖书老人见她过了三天还没给钱,带着书走了。清照一听,急得差点哭出来。她一头栽到床上,整整一天一夜,茶不思,饭不想,难过极了。

直到次日天亮,她才朦朦胧胧地睡去。睡梦中,一位美丽的姑娘,笑吟吟地送来一个蓝色布包儿。她打开蓝布,是个红布包儿,打开红布,是个黄布包儿,打开黄布,嘿,正是那部盼望已久的"宝书"!她一阵激动,"嗯"地把书搇到了胸口上!这一搇,把自己惊醒了,睁眼一看:啊,手中果真捧着个蓝色布包儿。

她慌忙起身打开蓝布,也是一个红布包儿,打开红布,也是一个黄布包儿,再打开黄布——不是别的,正是那部书!李清照又惊又喜,可这书是怎么飞来的呢?

忽然,她发现窗外有个人影一闪,便急匆匆来到院里,见一个姑娘向外走去。她追上前一看,是昨天买剑的那位姑娘。一问,才知道,姑娘的父亲就是卖书老人。老人回家听女儿讲述了买剑的经过,又问清了卖剑人的长相、穿戴和住址,便明白了其中原委,立即让女儿把书送来了。刚才,姑娘见李清照睡得正香,没有打扰,就将书悄悄放到了李清照身边。李清照听到这里,拉着姑娘就喊:"小妹!"从此,二人结成了好友。

据说,李清照临终时,身边的书籍所剩无几,可其中仍有这一部书。不过这

国学经典文库

中国古代野史

·宋辽夏金野史·

图文珍藏版

岳飞英勇抗金

岳飞(1103~1142),字鹏举,相州汤阴(令属河南)人。曾率岳家军英勇抗金,后被投降派秦桧等人诬陷而杀害。

1.欢潭

从前,浙江富阳江畔,有一个小小的村庄,前村后村共有三十多户穷苦农民,靠种田打柴为生。这年夏天,烈日炎炎,两个多月没有下雨,烤得田板龟裂,庄稼叶子都干枯啦。只有后村村口小水潭,还有一点水。三十多户农家,从早到晚,轮流提水,作为一天饮用。

岳飞

这时,金兵进攻杭州。岳飞带领岳家军,抗击金兵(这是民间传说,当时金兵并未进到杭州),浩浩荡荡路过这个村庄。火红的日头,晒得岳家军人人口干唇裂,饥肠辘辘。傍晚,岳大帅传令宿营。十几万岳家军驻下来饮水烧饭,这口小小潭水,一时无法供应。急得先锋牛皋捶头顿足,毫无办法。

忽然,营门口一片闹嚷嚷的声音:"乡亲们送水来啦!""乡亲们送水来啦!"一桶桶、一罐罐清清泉水,摆满营地上。岳家军拉着乡亲们的手,感动得流下了泪。

这事惊动了岳元帅。他正在为大军用水担忧,一见乡亲们把自己贮存的用水都送了来,急忙说:"久旱无雨,乡亲们庄稼干枯,用水困难啊!还是请乡亲们担回去吧!"

乡亲们见岳元帅不肯收水,都嚷嚷开啦:

"岳家军日夜追击金兵,为国为民,不能不吃饭,不饮水啊!"

"岳爷爷,请收下吧!这是乡亲们的一点心意啊!"

乡亲们边嚷边将水倒进锅里,给岳家军做起饭来啦!

岳飞只好说:"我们是抗金的子弟兵,不能惊扰乡亲们,不能动乡亲们一草一木啊!既然乡亲们送水来,这份盛情我们就领啦!"

牛皋在一旁可急啦!他知道全村百姓就靠这点水过活,如果让士兵吃了,乡亲们如何过活呢?他忙向岳元帅说:"这水,我们可不能收啊!"岳飞向他微微一笑,招手叫他过来,低声吩咐一番。牛皋这才高高兴兴地走啦!

第二天,乡亲们开门一看,岳家军早已离开村庄,直向杭州追击金兵去啦。可是,后村的那个小水潭,却一夜工夫变成了一口四张八仙桌那么大的大潭哩!潭里泉水清清,水味甘洌。乡亲们围在潭边惊奇地欢叫起来:

"一定是岳爷爷叫岳家军连夜开的潭!"

"岳家军真是处处为百姓哪!"

全村乡亲高兴地围着水潭欢歌。清澈的潭水,不仅供全村饮用,还可以担去灌溉农田呢!乡亲们为了纪念岳飞,就把这口潭叫"欢潭",把前村叫"岳驻村",后村叫"欢潭村"。

1.祁东砖圹萝卜

"砖圹萝卜不用油,筷子夹起两头流。"它肉质脆嫩,水汪透亮,生食清甜爽口,熟食细腻柔软,香喷喷,甜津津,确实名不虚传。说起来,它还有一段动人的故事呢。

传说南宋时期,民族英雄岳飞,曾率领十万人马路过祁东砖圹。这一年久旱不雨,号称"水乡泽国"的湖南田土,竟也干裂得像乌龟壳一样。唯独那砖圹三里见方的地方,萝卜却长得十分青翠。岳飞已三天没进汤水了,肚子里咕咕咕地直叫。他想:如今胡虏横行、灾荒连年、赤地千里、民不聊生,而皇上苟安江南,这十万人马北上驱胡,朝廷竟然粮草不济,却如何是好?他东寻西觅,半天连一滴水珠儿也没发现,他捡起团土块用力一提,顿时化成了飞扬的尘沫。他真不明白这萝卜为什么长得这样旺盛?连忙在大路口竖起了一块木牌,用手指蘸着硃红在上面写了几个大字:"蔬菜如宝,将士当心;若有损害,一律严惩。"写毕,他才放心地离开了菜地。

岳飞才刚坐定,一个士兵就气喘吁吁地跑了过来:"元帅呀!不知是哪个该死的竟把您竖的字牌窃走了,又另立了一块牌。""啊,"岳飞吃了一惊,忙问,"那牌上写了些什么?"那士兵说:"听人家说,那上面写的是什么'砖圹萝卜,吃了饱肚;愿吃就吃,何必拦阻?'。"岳飞听了,怒发冲冠:"胡说!是谁违抗军令,毁我军纪、堕我士气,这、这、这……"他急忙来到了大路边,一看,果然不假。他正要挥剑向木牌砍去,却又很快地把扬起的宝剑收了回来。原来,他发现在字牌的左下方还有一个落款:"砖圹百姓敬启。"

岳飞正在犹疑,迎面走来一个挑着柴禾的中年汉子。这汉子哼着山歌:"荒年萝卜不用愁,扯个萝卜哪算偷?砖圹萝卜吃不尽,萝卜年年烂地头。"岳飞听得,自言自语地说:"这般灾荒之年,百姓连野菜都找不着,哪里还有萝卜年年烂地头的?"那中年汉子倒也耳利,他见这人浓眉大眼、气度非凡,放下柴禾,急急上前拱手施礼:"大人,这萝卜要不是每年外地人来帮忙吃点,我们就只好让它一年年长着。你看,那地里有的不是长得齐人高了吗?""可你们吃的是……"那中年汉子没等岳飞把话说完,就哈哈大笑起来:"这个请大人不必担心,我们这里能吃的东西多啦!"岳飞沉吟了半晌,然后,把臂一挥。"嗯,既然如此,请你回村商量商量,这萝卜我们就按价买了罢!"

老百姓闻听岳飞要买萝卜,都争先恐后地抬着一篓篓又白又嫩的萝卜来到了兵营。不一会儿,萝卜竟堆得像小山一样高了。末了,老百姓还打锣鼓鼓,特地给岳飞抬来了一个"萝卜王"。岳飞随手掂了掂,咦喂,这足有百来斤呢!于是大家围着一堆一堆的萝卜,横啃竖咬,个个吃得饱饱的。

军营里,唯独主帅岳飞没有吃。一个偌大的"萝卜王"摆在那儿。他搔了搔两鬓的头发,心想:老百姓把萝卜全部献给了我们,难道他们真的是不吃萝卜吗?于是派了一个士兵前去察看。工夫不大,这个士兵回来禀报:"元帅呀!我见家家锅里出白气,户户灶里冒炊烟,看来他们吃的并不差啦"!岳飞又问:"那他们究竟吃的是什么?"那士兵张口结舌。岳飞再令两个士兵前去察探。

过了好一会儿他们回来了,这回看见的却是另外一种情形:"元帅容禀,我们打开老百姓的锅盖一看,啊哟——原来老百姓尽用萝卜叶子熬汤喝呢!"这时,岳飞完全明白了百姓们的一番苦心好意。他们让出了这救命的萝卜,正是显示了他们盼望驱除胡虏、一统神州的迫切心愿啊!

岳飞激动得热血沸腾,他疾风似的爬上一座山坡,极目远眺,情不自禁地呼喊起来:"不负众望,还我河山!"岳飞一定要把这"萝卜王"切成百份,和老百姓一同分着吃。全军将士和老百姓无不深受感动。

直到现在,这里每年照例要拔出一个"萝卜王"来,十户百家的一同分着吃,以纪念民族英雄岳飞。砖圹萝卜的美名,也就代代相传,远近闻名了。

王十朋与拦诗巷

王十朋(1112～1171),字龟龄,南宋温州乐清(今浙江温州乐清县)人。曾经担任秘书郎、侍御史等职务,官至龙图阁学士,能诗文,他著有《梅溪集》,流传至今。

王十朋早在县城私塾里念书的时候就已经才华横溢,后来考中了状元,誉满乐清了。他还写得一手好字,不少人都想请他写对、题诗,但他绝不轻易为权势者留赠墨迹。

县城里有一条无名小巷,巷里住着一个名叫钱百享的财主官儿。此人肚里只有几滴墨水,却喜欢和诗人墨客结交,常常拉一些名人到家里饮酒吃饭,酒后乘兴叫他们留赠墨迹,借以装饰门面,抬高自己的声誉。他多次备酒菜请王十朋,都被婉言谢绝,心里很不是滋味。

有一天钱百享的一个走差,得知王十朋非常尊敬书院里教书的老先生,两人常常形影不离。每当年高体弱、行动不便的老先生出门访友时,王十朋总是陪伴护送。因此,这个走差向钱百享献计说:"老爷选择一个吉利日子,请王十朋和教书先生一同来喝酒,王十朋总会上门来。他一上门,老爷就可以拦他题诗了。"钱百享听了,连连点头。

这一天,钱百享准备了一席山珍海味,发了请帖。王十朋果然扶着老先生来了,但一到钱家门口,就要辞别。钱百享早已安排家丁们在路口拦住。王十朋无法脱身,不得不硬着头皮跨进钱家,陪着老先生坐到酒席上。

吃罢酒饭,王十朋扶着老先生就要致谢告别。钱百享连忙叫家丁拦住,自己双手递上早已准备好的文房四宝,毕恭毕敬地说:"老弟出口成诗,下笔成章,给鄙人题诗留念吧! 请,请……"

王十朋见蚂蟥叮住鸳鸯脚,无法脱身,便接过笔墨,问道:"我这个穷书生是写不出好诗的呀! 不知老爷出什么题目?"

钱百享想:只要我出个好题目,限个严格的条件,他总会写出为我歌功颂德的好诗来,就满脸堆笑说:"嘿嘿嘿,诗的题目,就叫《钱百享升》,今天是个吉庆好日,想讨个彩。请把'钱'、'百'、'享'、'升'这四个字分别用在每句诗的开头吧!"

王十朋稍皱一下眉头,提笔一挥、一气呵成,写下了一首打油诗:

钱家鱼肉满箩筐,百姓糠菜填饥肠;

享福毋忘造福人,升官莫成殃民郎。

老先生边看边称赞:"好诗,好诗!"钱百享却哑巴吃黄连,有口难言。此后,他再也不敢叫王十朋题诗了。后来,人们为了纪念王十朋,就把这条无名巷取名为"拦诗巷"。这条拦诗巷流至今还在。

陆游一怀愁绪吟绝唱

陆游(1125~1210),字务观,号放翁,浙江山阴(今绍兴人)。他为我国文学宝库留下了浩瀚的遗产,有《渭南文集》五十卷,《剑南诗稿》八十五卷,《放翁逸稿》二卷,《南唐书》十八卷等。他是一位爱国诗人,从小就树立了忧国忧民的思想和杀敌报国的壮志。

南宋著名爱国诗人陆游,一生遭受了巨大的波折,他不但仕途坎坷,而且爱情生活也很不幸。

宋高宗绍兴十四年，二十岁的陆游和表妹唐琬结为伴侣。两人从小青梅竹马，婚后相敬如宾。然而，陆游的母亲不喜欢唐琬，以致最后发展到强迫陆游和其离婚。陆游和唐琬的感情很深，不愿分离，他一次又一次地向母亲恳求，都遭到了母亲的痛斥。陆游迫于母命，万般无奈，便与唐琬忍痛分离。后来，陆游依母亲的心意，另娶王氏为妻，唐琬也迫于父命嫁给同郡的赵士程。这一对年轻人的美满婚姻就这样被拆散了。

十年后的一个春天，陆游满怀忧郁的心情独自一人漫游山阴城沈家花园。正当他独坐独饮、借酒消愁之时，突然他意外地看见了唐琬及其改嫁后的丈夫赵士程。尽管这时

陆游

他已与唐琬分离多年，但是内心里对唐琬的感情并没有完全摆脱。他想到，过去唐琬是自己的爱妻，而今已属他人，好像禁宫中的杨柳，可望而不可即。想到这里，悲痛之情顿时涌上心头，他放下酒杯，正要抽身离去。不料这时唐琬征得赵士程的同意，给他送来一杯酒，陆游看到唐琬这一举动，体会到了她的深情，两行热泪凄然而下，一扬头喝下了唐琬送来的这杯苦酒。然后在粉墙之上奋笔题下《钗头凤》这首千古绝唱：

红酥手，黄滕酒，满城春色宫墙柳。东风恶，欢情薄，一怀愁绪，几年离索。错！错！错！春如旧，人空瘦，泪痕红浥鲛绡透。桃花落，闲池阁。山盟虽在，锦书难托。莫、莫、莫！

陆游在这首词里抒发的是爱情遭受摧残后的伤感、内疚和对唐琬的深情爱慕，以及对他母亲棒打鸳鸯的不满情绪。

陆游题词之后，又深情地望了唐琬一眼，便怅然而去。陆游走后，唐琬孤零零地站在那里，将这首《钗头凤》词从头至尾反复看了几遍，她控制不住自己的感情，便失声痛哭起来。回到家中，她愁怨难解，于是也和了一首《钗头凤》词：

世情薄，人情恶，雨送黄昏花易落。晓风干，泪痕残，欲笺心事，独语斜阑。难、难、难！

人成各,今非昨,病魂常似秋千索。角声寒,夜阑珊。怕人寻问,咽泪装欢。瞒、瞒、瞒!

这首词如泣如诉,哀怨凄楚,情意缠绵。

唐琬不久便郁闷成病而死。

陆游得知唐琬的死讯,痛不欲生。为了抒发自己内心的隐痛,他后来曾多次来到沈园题词怀念唐琬。

辛弃疾剑劈义端和尚

辛弃疾(1140~1207),字幼安,号稼轩,历城人(今济南市)人,他是南宋的大词人。他一生坚决主张抗金。他的词大部分离不开抗金爱国主题,写得深切感人,也有不少吟咏祖国河山的作品。他的艺术风格多样,主要特色是雄浑豪放,辛词给当时和后世以巨大的影响。有《稼轩长短句》,今人编辑成《辛稼轩诗文钞存》。

南宋初年,辛弃疾为了抗金救国,收复中原大好河山,率众在他的家乡历城起义,接着又投奔到泰山义军耿京大营,共谋抗金救国大业。他听说柳埠神通寺和尚弟子五百余众,也不满金人的统治,在寺院内舞枪弄棒,准备自卫,就觉得这也是一支力量,于是,就多次在耿京面前推荐。得到耿京大帅的允许后,他便乔

辛弃疾

装访古探幽的书生,带着书童前来神通古刹说服义端上山共谋抗金救国大业。

主仆二人一边装作饱览山水景色,一边急急赶路。他们正走在一条大河旁,突然看到一位农家女子,抱头向河边跑去,辛弃疾喊了声:"不好,有人要跳河!"他快步如箭,一下子就窜到那女子跟前,挡住了她的去路。那女子看有人拦住了自己,就一下瘫倒在地上,哀号着:"叫俺去死吧!俺活不了啦……"辛

弃疾问："姑娘，你这是为啥呢？"小书童也跑过来说："姑娘，你有什么难事就说吧，俺辛公子心眼好着呢，说不定还能帮帮你哪！"

那女子含着泪端详了辛公子半天，仍摇摇头说："好心的公子，你也救不了俺，俺家刚刚交了官府的税银子，神通寺的师父又来催田银，如果拿不出，就要把小女送到寺中……"

辛弃疾听了，扶起了姑娘，说："你父亲尊姓大名？你家的银两我代付就是了。"姑娘一惊，赶忙说："恩人，我家父叫李石夫，多谢大恩人慈悲！"说着就要跪下磕头。辛弃疾阻止道："我们这就到神通寺去，你放心回家吧。"

他俩顺着崎岖的山路，来到了隋唐年间兴建的神通寺。辛弃疾迈步走进山门，请小和尚禀报，他要见义端方丈。

小和尚从后殿领来一位凶神似的老和尚，他手捻佛珠，打量了辛弃疾一眼说："义端方丈有事，不能相见，施主有何贵干？"

辛弃疾扫了和尚一眼，心想：我要是不激一下这位和尚，义端是不会出来的。所以，他也板着脸说："我是来代李石夫一家还田银的！"

凶和尚立刻沉下脸来说："施主好善，可敬可佩，要是能把这一方佃户的银两都代交纳就更可敬了。"

辛弃疾点点头："可以。不过我倒想请教一下，在这国难当头、天灾人祸之时金主衙门征收了粮银，寺院还要逼债，还有老百姓的活路吗？"

凶和尚恼怒地说："佃户种的是寺院的田，就该交银两，金主衙门收不收我们不管！"

辛弃疾正言道："师父是佛门弟子，应以慈善为怀，普济众生，哪有不顾农家死活之理？再说还要强逼民家妇女顶债……"

凶和尚一听，把眼一瞪，大吼一声："你这个小小书生狗胆包天，真是活得不耐烦了！"回头把手一扬："操家伙！"

"呼拉"一声，从殿前殿后拥出一伙手持兵器的和尚围了上来。只见辛弃疾不慌不忙地脱下长衫，走到铜鼎前，一弯腰就把铜鼎举过了头顶；小书童也拔剑在手，紧站在辛弃疾的身旁，大声喝道："都识相一点，不怕死的过来试试！"

国学经典文库

中国古代野史

·宋辽夏金野史·

图文珍藏版

众和尚都被这阵势吓傻了。这时,肥头大耳的义端和尚突然从月牙门外闪了进来,他双手合十,呼道:"施主请息怒,贫僧义端有礼了。"

辛弃疾放下了铜鼎,也还了一礼,报了姓名。义端满脸堆笑地说:"久仰辛公子的大名,多有待慢,实在罪过。"于是,义端便恭敬地把辛弃疾请到了后殿。辛弃疾直爽地劝告说:"现在民不聊生,不应再逼佃户纳银征粮了。"义端为难地说:"辛公子不知小寺的难处,金主衙门对我佛门也要征丁征粮,稍有怠慢就要兴兵围剿,火焚寺院。"辛弃疾趁机劝说义端,金人官府要逼他,佃户要反他,这种日子也难过,倒不如去泰山义军入伙的好,并说明自己就是奉耿大帅之命来请他的。

义端也暗下合计:"眼下金人官府逼得我也无路可走了,干脆反了吧! 朝廷看我们的势力大,必然要招安,我那时再归顺朝廷,还可以当我的方丈。"就这样,义端带着部分徒弟和佃户也上了泰山,投奔了义军。

义军耿大帅看义端读过兵书,武艺出众,就让他去操练义军。可这义端干了没多久,就干腻了,所以他便经常去找辛弃疾发牢骚:"这些点墨没有的家伙,有何本事,倒要来管我义端,还不如回神通寺当方丈好。"

辛弃疾劝他应以抗金救国大业为重。义端心想:你小子没志气,甘心俯首耿京的帐下,当日把我也拉了来,我可受不了这个闷气! 所以一天夜里,他趁辛弃疾不在营帐中,偷了"天平节度使"的大印,悄悄地溜走了。

辛弃疾发现大印丢失,又听说义端来过,就赶到义端营帐查找,他一见义端不在,知道是义端把大印偷走了,立时骑上快马,飞也似的追了出去。他想:义端拿了大印准是要到济南府金人那里去请功,但这要走一天一夜的路,他怕义军半路拦截,绝不敢直奔济南,现在必定潜回神通寺老窝去了。所以他飞马直奔柳埠。

辛弃疾赶到神通寺,很快就找到了义端,怒斥他忘恩负义。可义端一见辛弃疾那愤怒的样子,倒乐了:"贫僧就知道你要赶来的,我这样做也是救你出苦海。就凭咱兄弟这本事,投到金人那里也是享不尽的荣华,受不尽的富贵。就是退一步说,咱拉起手来自己干,也不必受那些人的气!"

国学经典文库

中国古代野史

· 宋辽夏金野史 ·

图文珍藏版

辛弃疾见义端已彻底背叛义军,就逼着他交出大印,老老实实回义军大营受审。义端冷笑了一声,挥刀想夺路逃走。辛弃疾一剑把义端的腰刀打落。义端"扑通"一声跪倒在地,苦苦地哀求:"辛公子,你宽宏大量,积阴积寿,饶小僧一命吧……"

辛弃疾要把他活捉归营寨,也就不想杀死他,喝道:"起来,马上回大营!"谁知义端趁机从靴中抽出一柄飞刀,"嗖"的一声,朝辛弃疾飞来,辛弃疾躲闪不及,"噗"一声,刀扎在左胳膊上。义端趁机朝他扑来,辛弃疾忍着痛,大吼一声,挥剑劈去,义端应声倒地。辛弃疾取了他的首级,抱着大印,便飞马返回大营。辛弃疾的英雄事迹在民间广为流传。

中国古代野史

元代野史

马昊宸⊙主编

线装書局

宫禁趣谈

罢元夕张灯禁中

元代，英宗皇帝想在元宵之夜在宫中大办灯会，把灯会布置成一座鳌山的样子。张养浩劝谏英宗说："世祖在位30多年，每逢元宵佳节，街头里巷都禁止大张灯火，何况是威严深邃的宫廷殿堂之上，尤其应该谨慎从事。如今您构造灯山，您所赏玩得到的很少，而构筑灯山，花销极大，必定劳民伤财，这才至关重大。所以，您得到的乐趣将是微不足道的，而隐藏在其中的疾患将是深重的。"元英宗听后勃然大怒，继而仔细思索，又转怒为喜。并让人赐给张养浩钱物，以奖赏他直言敢谏的精神。

伯颜弑皇后伯牙吾氏

唐其势兄弟试图谋反，事情败露后，其势被擒的时候抓着殿堂门槛不肯出来。其势的弟弟塔剌海悄悄溜到皇后的座下，皇后用衣服裙摆将他藏了起来，被宫中侍臣发现，他们把塔剌海从皇后的衣裙下拉出来斩首，血溅到了皇后的衣裙上。伯颜就其势兄弟谋反一事上奏皇帝，并抓着皇后一同前往，皇后惊恐万分，向皇帝高声呼叫："陛下救我！"皇帝说："你的两个兄弟都是叛贼，我还怎么救你呢？"于是皇后被遣出宫门，伯颜寻找时机，将皇后伯牙吾氏杀死在开平（内蒙古正蓝旗东）一所民房中。

男女裸处

宫中有一西番僧人教授元顺帝行房中运气之术，号称"演揲儿法"。后来宫中又来一位僧人，名叫伽璘真，此僧懂得行房中的秘密法。元顺帝学会了两种法术。顺帝为了向两位僧人表示谢意，下诏书封西番僧为司徒，伽璘真为大元国师。各选良家女子三四人侍奉他们两人，把这叫作"供养"。两位僧人曾对顺帝说："陛下，虽然天下四海皆归您所有，但不过您也只能享用一生一世而已，人生在世，能有几何？您应当运用所学的秘密法术及时行乐才对呀！"于是，元顺帝广取天下美女，日日从事于秘密法术，只把淫乐、游戏当作乐趣。顺帝的八个弟弟与哈麻妹婿秃鲁帖木儿，及老的沙等十人，号称"倚纳"。他们各自都有所宠爱的人，他们常常当

元顺帝

着顺帝的面，互相亲近亵狎，甚至男女裸处，把这种处所叫作"皆即兀该"，就像汉语的"事事无碍"一样。

群僧出入禁宫

元顺帝时期，君君臣臣无所顾忌，整日淫乱不止。而群僧则悠然出入于宫中，没有什么地方是他们不能去的。荒淫污秽的丑事传到了宫外，令百姓耻笑。皇太子已长大成人，他对两位僧人的所作所为深恶痛绝，想把他们驱除宫外，但是几经周折，依然没有成功。

匡腰立玉女

元顺帝下令让工匠在内苑制作了一只龙舟，龙舟长12丈，宽20丈，由身穿金紫衣的24位水手来驾驭。顺帝让水手们划着龙船从后宫到前宫，再到山下的海子内，往来穿梭，悠然自得，此龙舟行走时头、眼、口、爪、尾都可上下飞动，

活灵活现。顺帝还让工匠自制宫漏(古时计时器,用漏壶原理,故称宫漏),宫漏高六七尺,宽三四尺,做一个木质的面柜子,把壶藏在柜子中,上下有水运行。柜子上面设有三圣殿,柜腰,也就是柜的中间立有美丽玉女像。按照时辰刻制筹码,每到一个时辰,则浮水到达筹码之上,柜的左右有两位金甲神人。这两位神人,一位手执悬钟,一位手持悬铃,夜晚神人能够按时按刻自己出来打钟铃,精确度是分毫不差。钟铃鸣响时,有狮凤站立两侧,狮、凤闻钟铃鸣响声翩翩起舞,栩栩如生。柜的东西两侧,做有日月宫,日月宫中有六位飞仙站立宫前,每到子午时分,六位飞仙能够自如迈进渡仙桥,到达三圣殿,然后再退回到原来的位置。这座宫漏构思独特,出人意料,工艺精巧,美妙绝伦,真可谓前世未有。

宫女十六人按舞名十六天魔

元帝常常懈怠政事,整日沉湎于游戏欢宴之中,他为宫中的 11 名宫女,按照她们所跳的舞蹈,起名叫 16 天魔。还有 11 位宫女为乐师,分别演奏龙笛,头管、小鼓、筝邛、琵琶、胡琴、响板、拍板等乐器。每当宫中念诵佛经歌词时,元帝就让舞女、乐师起舞奏乐,宦官中没有受到秘戒的都不准参与赞佛之事。

斗巧宴

至大(元武宗年号)中年,后宫嫔妃中,洪妃很受武宗宠爱。七月七日夜,宫中高坛上用七彩丝结为彩楼。其他的嫔妃都不能够登上高坛,只有洪妃与宫官数人登上高坛,然后剪断彩丝扔到台下,让众宫嫔捡拾,并以拾到彩丝颜色的鲜艳与否定夺胜负。第二天,宫中大摆宴席,叫作"斗巧宴",失败的一方就要被罚办酒席。

元宫饮膳品

元宫的饮膳品中,酒有:翠涛饮、露囊饮、琼华汁、玉团春、石凉春、葡萄春、风子脑、蔷薇露、绿膏浆;酪有:杏花酸、脆枣酸、润肠酸、苦苏浆;盐有:水晶盐、苓霜盐、五色盐;酱有:蚁子酱,鹤顶酱、提苏酱;油有:苏合油、片脑油、腽肭脐油。宫中还用吉州(今江西吉安)的土特产玉板笋和白兔胎做成羹,味道极鲜美。

元妃诞日受贺

静懿皇后过生日,六宫妃嫔依次奉献庆贺礼品。当时,南宋宫人中也有被选入元后宫的,她们也一一向元静懿皇后献上珍奇异宝,以示祝贺。其中一人献寒光水玉鱼,一人献青芝双虬如意;一人献柳金简翠腕阑(类似今日的手镯,但较为扁平,是套在手腕以上的臂上)。据说:鱼是杨太真润肺用的物品,如意是六朝宫人的遗物,阑是建业(今江苏江宁)景阳宫胭脂井中的物品,有人怀疑是张丽华掉下去的遗物,皇后知道了很不高兴。

五云车

元时,皇宫中曾制作一辆"五云车"。此车共有五个车厢,全车以火树做槛式,以乌棱木做轮辕。车顶悬挂着夜明珠。五个车厢呈十字形排列,前后左右四个,簇拥着中间的一个。左箱张挂翠绿色羽毛,华盖下吊着金铃。又用黑色织锦叠成层云状,覆盖在华盖之上。箱旁树有青龙旗,并排列五支磨锷雕银戟。右箱则张挂着白色鸠毟,华盖下面吊着玉铃,白色锦缎叠做层云状,覆盖在华盖之上。箱旁树有白虎旗,还排列着五支豹绒连珠枪。前箱张挂的是红猴毛颤,华盖下吊的是木铃,华盖上是叠成云状的红色织锦。箱前树的是朱雀旗,还并列着五支线铎火金戈。后箱张挂着黑兔团毫,华盖下吊着竹铃,华盖上覆盖着叠成层云状的黑色织锦。箱前树立玄武旗,并排列五只画干。中箱张挂着雕羽曲柄,华盖下吊着石铃,黄色织锦做成层云状覆盖在华盖上面,箱前立着勾陈旗。中箱是皇帝的座位,外面的四个车厢则坐着嫔妃。每当皇帝夜晚在皇家园林游玩，都要乘坐此车。由于车上挂着夜明珠，所以乘车时用不着灯烛。陈刚中曾作有《云车夜游》一诗，诗曰：

　　金根云盖辂移玉，露花不坠瑶草绿。

　　明珠照乘秋月悬，天风吹下箫韶曲。

　　万年枝上清光满，八鸾导引双龙管。

　　夜深如昼翠华来，三十六宫碧云暖。

元祖建内殿

　　元世祖曾在皇宫中修建了一座内殿。内殿的修造十分精巧。屋檐处雕刻有螭的形象，用檀香木制成。螭头向外，口中衔着珠子。珠子都是五彩的，用彩色金线穿起来，能顺着柱子滚动。柱子上又有用彩纱做成的猊。这些猊怒目张牙，栩栩如生，就像真的要活动起来一样。内殿的顶上覆盖着蓝色琉璃瓦，看上去瓦天一色，似乎殿顶和天融到了一起。内殿的墙壁由朱砂涂抹，红红的一片，恰似胭脂。殿中的柱、桷、鉏、梲或雕龙或画凤，或绘彩描金，总之富贵华丽，穷工极巧。殿上又挂着水晶帘，石阶上刻有龟纹，龟纹四周以曲槛相围。曲槛与石阶都是汉白玉做成。每当太阳东升，阳光射入殿内，殿中便一片灿烂，石阶更是熠熠生辉。古人说天子有金殿玉墀，真是名不虚传呀！世祖又建有紫檀殿，称为紫檀殿，因为此殿系用紫檀木制成。除此而外，还有光天、玉德、七宝、摇光、通云、凝翠、广寒等殿，难以胜数。又有德寿宫、兴圣宫、翠华宫、择胜宫、连天楼、红鸾殿、入霄殿、五花殿。五花殿又名五华殿。殿东设置吐霓瓶，取名"玉华"。殿西设置七星云板，取名"金华"。殿南设置火齐屏风，取名"珠华"，殿北设置百蕊龙脉，取名"木华"。殿中央设置的是木莲花，紫香琪座和千钧案，还有九朵云盖，这些与前四华并称"五华"。内宫中又建有纳凉的场所，取名"清林阁"。清林阁四周种植着高高的松、竹，每当轻风从南面徐徐吹来，松竹之叶交相自鸣，其声音之美妙，甚至胜过琴笛之声。清林阁旁又建有两座小亭，东面的一个名叫"松声"，西面的一个名叫"竹风"。不远处还有一座温室，名曰"春熙堂"。春熙堂的墙壁先是用香椒涂抹,然后再贴上粉色锦缎,柱子是由香桂木制成,堂内又设有乌骨屏风,鸿羽帐。地上铺有毛毡。在皇家园林中还并立着眺远阁、留连馆、万年宫。内宫中又有龙泉井。该井以玛瑙石做石床,以雨花石做井湫,香檀木做井盖,红色锦缎做成井绳,而提桶则是用云母石做的。内宫中还建有集贤台,凡是地方的臣服之国进贡的古代遗物,都贮藏在里面。还有一座夜光亭,亭中放有一枚夜光珠,每到夜晚,这枚夜光珠就发出耀眼的光亮,照得亭内如同白昼,亮光直照射到几十步开外。

月宫仙子

丽妃张阿元,天性聪明伶俐,机智敏锐。有时,元帝退朝便来到后宫,与众妃嫔一起嬉笑游玩。元帝曾说:"真是光阴似箭,岁月如梭呀!百年的光阴,也不过如同一道闪电一样,稍纵即逝,人生能有几回呢?日夜游玩作乐不止,也不足十万。况且这其间还会有疾病常常侵扰人的身体,使人的寿数难定。人生也就如同白云一样,存在的时间是有限的,天下的富贵不会永远归我所有。为什么自缚作茧,苦了自己,而虚度这一生呢?"于是,元帝常常长歌漫舞,美女酒宴,通宵达旦,从不停止。元帝把这样做称为"遣光"。众妃嫔则趁此机会各显其能,千方百计使用浑身解数,百媚丛生,都想以自己的容貌求得元帝欢心。唯有阿元独辟蹊径,不同于众妃嫔。阿元悄悄地制作了一座昆仑中。所谓中,就是古代投壶游戏时装计数筹码的器皿。该中从上到下共有三层,中间有转轴,玉石质地,黄金为枝。用彩线缝制成花朵,围缀在中的四面,又做了许多蜂蝶,夹杂点缀在花朵的中间,昆仑中转动时三层浑然一体,百花自动摇曳,蜂蝶飘飘欲飞,全都扑向花蕊。阿元又制作了一条飞琼流翠袍,穿在身上,趋走向前的时候,缥缈飞动,宛如月宫仙子一般。

丽嫔制裘履

丽嫔阿元为元帝做了一件丝绣大衣,一双雪白千层底鞋。大衣和鞋子做好以后进献给元帝。元帝身穿丝绣大衣,脚穿白底鞋,头戴春阳一线巾。这块春阳一线巾是一位方士进献给元帝的,据说是东海长生公穿用过的,元帝因此非常珍视它,特意建了宝光楼将它收藏在里面。待到外出时才穿用。元帝曾对宫女们说:"当我穿戴起这些服饰,感觉真是飘飘欲仙,不吃饭也不会感到饥饿,就像遨游在蓬莱仙岛之间,与金仙羽客为侣,其乐无穷,忘记了一切忧虑,好像天下也不过如粪土一般。"宦官梁行听说此事后进谏元帝说:"陛下您穿戴这些服饰,可说与神仙没什么两样,即使海池琼岛,蓬莱仙阁也不能与咱们宫中的壶岛相媲美(方壶,是蓬莱岛仙境,元帝的宫中也有一池岛,可与蓬莱方壶相比)。苑中池岛就可使陛下逍遥百岁,还有什么不快乐的呢? 何必还要去钦慕远方的那个所在呢?"

龙瑞娇残忍

淑妃龙瑞娇,生性贪婪忌妒,宫女中如果有谁冒犯了她,她便让人用鞭子将她们打死。有时大发"慈悲",不想治人死罪,就千方百计使用各种刑法让她们痛苦。其中,把醋灌进鼻子里,叫作"酸刑"。把污秽的东西填塞进口中,叫"臭刑"。夏天用大火熏烤,叫作"蒸骨"。冬天则横卧冰上,叫"炼肋"。不能喝酒的,强行灌下,多则数十碗,这叫"醉鬼"。还有一种刑法是用削好的木棍,埋在地下二尺,地面上剩三尺,让犯罪的宫人站立在上,用另一根木棍挂着她们的腰,再让其两手各提一重物,不得失手掉下去,这叫作"悬心之刑"。像这样的酷刑,还有很多很多。

身妊移居

元宫中,如果皇后、妃嫔身怀有孕,待到十月怀胎,将近临产时,就搬到宫外的毡毛账房里。如果生下皇子或皇孙,皇上就会下令赐给百官金银钱财及丝绸锦缎,称之谓"撒答海"。等到满月后,后、妃仍搬回内宫。生产时用过的毡房则赐给近侍大臣居住。

后妃有疾移居

元时，如果皇后、妃嫔中有人身患疾病，且病情危重，估计已无法救治，就把她们迁出宫外，住在宫外的毡毛账房里，待后或妃去世，就地殡葬。每天杀羊两只，用羊肉做成饭菜作为祭祀，如此而已，直到49天后才结束。后、妃住过的账房赐给亲信大臣。

后拒临幸

宏吉剌后生性节俭勤奋，性情豁达，不善妒忌，常常以宫中的礼法约束自己。居住在兴圣西宫的第三皇后奇氏，一向被皇帝所宠爱，皇帝经常住在奇氏的处所。左右的大臣近侍把这些告诉了宏吉剌后，剌后毫无妒意和怨言，也没有期盼皇帝的意思。一次，剌后随从元帝去上京（今吉林宁安）巡视。行路途中，元帝派内官传旨，想接见剌后，剌后推辞说："夜暮来临，已不是皇帝能来这里的时候了。"内官回报皇帝，皇帝说再去，如此几次反复，剌后最终不肯接受。

皇后宠幸阉官

宦官朴不花，高丽人氏（朝鲜族），也有人叫他王不花。皇后奇氏入宫以前，与朴不花是同乡，两人情投意合，挚爱笃深。后来，奇氏被选入宫中，在宫中奇氏很快赢得皇上的宠爱，升为第二皇后。这时朴不花以阉人身份入宫中，在宫中侍奉皇后奇氏多年，深得皇后宠爱。两人情意绵绵，感情深厚。

凝香儿

元顺帝的宫女中，有个叫凝香儿的。凝香儿本是官妓，因为才艺出众被选入宫中,后来成为才人。凝香儿擅长鼓瑟,谙熟音律,能跳一种叫"翻冠飞履"的舞蹈,跳舞时,凝香儿腾空跃起,鞋帽也随之飞向空中,待凝香儿空翻一周后,起身的刹那恰好穿戴好鞋帽,分毫无误,百试不差。

男女死者相枕籍

至正(元顺帝年号)十八年,元国都闹大饥荒。灾民饥饿难忍,与此同时瘟疫四起,民不聊生。当时河南北山东郡县,都被军队占领,饥民百姓、男女老幼全都躲避出来,聚居在国都城内。成群的饥民无以果腹,饿死街头的人群尸横遍街。宦官朴玉花想邀功奖赏,荣耀一时,便向皇帝请求带人上街收尸,顺帝允准。事情办完后,元帝赐给朴玉花银钱七千锭,中宫及兴圣、隆福两宫的皇太子、皇太子妃也赏赐朴玉花许多金银钱财和各种物品。

玉观音、瑟瑟、美珠

淮东宣慰使撒都,向元帝进献玉观音、七宝帽顶,宝带宝鞍等贵重物品,元帝拒绝接受。又有人向元帝进献瑟瑟,元帝说:"只有贤德才是最宝贵的,瑟瑟有什么用呢?再别让我见到有人这样做。"又有一位近侍告诉皇上,说有个商人在卖美珠,元帝说:"我穿着服饰,喜欢素静典雅,不喜欢装饰珠宝美玉。"

太子忧惧

元世祖第二子真金早立为太子。真金起初跟姚枢、窦默学习儒家所提倡的忠孝恭俭等品德,因此他对朝廷大臣非常尊重,谦虚有礼。一时跟他结成师友的,不是朝廷中德高望重的大臣,就是平民百姓中有节操的人。他在中书省任职时间较长,善于听取意见,判断准确。他听说各地常发生多征赋税、强行漕运和官家以购买为名掠夺民财的现象。而这些现象都直接关系到百姓的根本利益,于是他多次奏请朝廷减免百姓沉重负担,因此朝廷内外的人都归心于他。江南行省大臣,每年都把赋税盈余 47 万贯进献给宫中,他对此很不高兴,说:"朝廷只让你们安定百姓,百姓生活安定了,愁什么钱粮不足!百姓生活不安定,即使钱粮再多,你能拿来自己用吗?"于是就让他们拿走,一文不要。行台治书侍御史王恽给太子进上《承华事略》二十篇。太子看此书言:汉成帝巡行时并未戒严中断道路来往;唐肃宗改绛纱服为朱明服,穿衣方便。于是他们非常高兴地说:"我如果有即位那么一天,也要像他们那样改变礼俗。"又读到邢峙给齐太子送上食物野菜"邪蒿"而被处罚一事,就对身边的侍臣说:"这不过是一种菜名,带个'邪'字,怎么能害人呢!"詹事孔九思说:"忠正之臣都注意防微杜渐,道理本应如此。"太子赞成他的说法。太子并让他的几个儿子传看这部书,他的宽厚仁爱之风超出一般,可能他的天性本来就是这样。等到专权弄政的阿哈玛特等人的党事发生,有人诽谤太子阴谋夺位,太子终于忧惧成病而死,死时为至元二十二年十二月。

仁厚可风

元世祖忽必烈的皇后翁吉喇特氏,向来聪明敏锐,通达事理。国家初步安定,政事纷繁,她在皇帝左右协助办事,立下很大功劳。有一天,四集赛上奏皇帝,要求割京城外一块近地作为放马的地方,皇帝答应了他。皇后刚想进谏,却看到了大臣刘秉忠,就公开责备他说:"你为什么不去劝阻皇帝?如果是刚刚定都的时候,划一片地牧马还可以。现在军民各有各的土地,军队去夺老百姓的土地怎么可以呢?"经她这么一说,这件事也就拉倒了。

宋朝灭亡以后,宋朝的小皇帝被弄进燕京,生活闷闷不乐。世祖皇帝说:"江南一带已经被平定,从此不再打仗,人人都很高兴,你为什么独自闷闷不乐?"皇后在一旁说:"自古没有千秋万代的国家,别让我们母子见到这一天,就是幸运的了,所以你要追问他。"世祖皇帝把宋朝府库中的财物摆放到宫殿上,召请皇后来看,皇后只看一眼就回去了。皇帝问皇后:"这里的东西,你喜欢什么?"皇后说:"宋朝皇帝贵族积蓄这些财物是用来传给他们子孙后代的,可是他们的子孙没有保守住而归于我们。我为什么要拿他们的财物呢?"宋太后全氏到燕京以后不服水土,全氏屡次奏请皇帝把她放回江南,皇帝都不允许。可是皇后回宫以后,却更加以优厚之礼对待全太后,因为皇后十分理解全太后作为俘虏的心情。

和尚就擒

至元十九年(公元1282年)三月,益都千户王著因人心怨恨阿哈玛特,暗地里铸造一柄大锤,同妖僧高和尚密谋杀他。当时皇太子真金跟随皇帝去了上都,让阿哈玛特在京城留守。王著因为太子向来痛恨阿哈玛特的奸猾弄权,就派两个西域和尚到中书省,谎称太子回京城作佛事,中书省里面的人很怀疑此事。高觿、张九思二人当时正在宫值宿守卫,就追问这两个西域和尚。他俩神色慌张,回答不出,于是就把他俩抓了起来,经过审问,他俩并不招认。到了晌午,王著又假传太子命令,让枢密副使张易派兵,晚上相聚于东宫太子住处。张易没有察觉,迅速派兵前去,高觿问张易:"你想干什么?"张易贴近他的耳边说:"是太子来杀左丞相。"不一会儿,中书省派一些人来迎接太子,全部被假太子王著部下所杀,夺取他们的马匹骑着进入健德门。晚上二更天到了东宫的前面,王著骑在马上大声招呼中书省的官员赶快到前边来,一见阿哈玛特来到,仅斥骂他几句话,就把他的坐骑拉走,随即用所铸的铜锤把他脑袋砸碎,立刻倒毙。接着招呼他的同党郝镇来,也立即将他杀死。同时也把左丞相张惠抓了起来。正在此时,张九思打开大门大声喊:"这是一帮反贼!"立即命令卫士赶快去抓住他们。留守布敦手持大棒击倒骑在马上的一个人,余下的奔逃溃散,多被捉住,高和尚逃脱,只有王著挺身站出任其拘捕。当时世祖皇帝正在察罕诺尔,听到这一情况,立即派和尔郭斯等人带兵回京,讨伐这些作乱的人,终于抓到高和尚,把他杀掉。梁河、张易和王著也被斩首示众。

帝王传奇

一代天骄元太祖成吉思汗

元太祖成吉思汗(1162~1227),名铁木真,乞颜氏,蒙古人。是元朝的开国皇帝,出身于贵族世家。为著名政治家、军事家、蒙古族领袖。他统一蒙古各部,在历史上起了进步作用。攻金灭夏,为元朝的建立奠定了基础。但从另一方面来看,他指挥的战争具有野蛮残酷的特点。大规模屠杀居民,毁城灭舍,破坏性很大。

1.选储君

元太祖铁木真出身于蒙古部孛儿只斤族贵族家庭,幼年丧父,家境困苦,但他发愤图强,汇集群英,使家业重振。于1200至

元太祖成吉思汗

1206年间,战胜了塔塔儿、克烈、乃蛮诸部,统一了蒙古主要部落。开禧二年,蒙古各部在斡难河畔举行"忽里勒台(部落议事会)",他被拥立为大汗,号为"成吉思汗",建立蒙古汗国,并制定了军事、政治、法律等制度,创制蒙古文字,促进了蒙古社会经济、文化的发展。在1218至1223年间,进行了一次西征,占领了中亚细亚和南俄罗斯草原,建立了一个以和林(今蒙古人民共和国乌兰巴托西南)为中心的,横跨欧亚的大汗国。是一个有着丰功伟业、叱咤风云的一代英豪。

成吉思汗的长妻孛儿帖共生了四个儿子:长子术赤,次子察合台,三子窝阔台,四子拖雷。成吉思汗让术赤管狩猎,察合台掌法令,窝阔台主朝政,拖雷统

军队。他们都为蒙古帝国的奠基立了下汗马功劳,犹如帝国的四根台柱。

蒙古自古流传着幼子有优先继承权的习惯。长妻所生的幼子,蒙古语叫斡惕赤斤,意为"守护灶之主",是留守家业者,而他的兄长们则要到外面另立炉灶。成吉思汗克制了自己对小儿子拖雷的宠爱之情,打破蒙古的旧传统,让三子窝阔台为储君。历史的发展表明了他选择的继承人没有辜负他的期望,也证明了他的远见卓识。

成吉思汗为什么要选窝阔台为储君呢?

传说成吉思汗虽然是一介武夫,但他深谋远虑,清醒地认识到他的继承人不单要有军事家的本领,更要有政治家的才能,这样,才能巩固和发展他开创的大业,并且使江山永固。他逐一分析了自己四个儿子的才能和特长,认为窝阔台比其他三子都高出一格,认为窝阔台意志坚定、忠厚崇仁、举事稳健,能担负起治国安邦的重任,所以,当嘉定十二年,成吉思汗挥师西征前,他便召集了诸子及胞弟,议定窝阔台为汗位继承人。

此后,成吉思汗率四个儿子,分四路大军踏上了讨伐花刺子模国的征程。历时六年,凯旋而归。

宝庆元年,成吉思汗指责西夏国主违约,再次亲率大军征讨西夏。次年六月,西夏国主李睍派兵迎战,结果被击溃,只好遣使投降。成吉思汗遂挥师南下,渡过黄河,将兵锋直指全国。一路势不可挡,一直攻下京兆(今西安)。

宝庆三年七月,成吉思汗身患重病,卧床不起。他自知死期临近,便招诸子于枕边。叮嘱兄弟之间要和睦相处、精诚团结,并重申:"如果你们希望舒服自在地了此一生,享有君权和财富的果实,那么,有如我在不久以前已经让你们知悉的那样,窝阔台将继承我的汗位,我要把帝国的钥匙放在他的英勇才智的手中。"

按照封建制度,帝主驾崩后应立即由他指定的继承人登基。但是,由于蒙古的"忽里勒台制"(部落议事会制度)仍起作用,窝阔台暂不能因其父的遗命继位,而要等忽里勒台的最后决定。在王位空缺的两年内,由拖雷监摄国政。

按照忽里勒台的制度,在推选新大汗的时候,整整争议了四十天。此时,术赤已死,察合台全力支持窝阔台,只有宫廷内的少数人主张让拖雷继位。但寡不敌众,拖雷无奈,只得拥立窝阔台。经过与会贵族的推选,窝阔台终于继承汗位,是为元太宗。

2.陵寝为何在"马背上"

一代天骄成吉思汗的陵园,建筑在美丽、辽阔的鄂尔多斯高原上。在那静静的蓝天、白云、黄沙、草地之间。三座蒙古包式的宫殿伫立着。有明黄的墙,朱红的门,金黄色的琉璃宝顶,一派雍容、典雅、庄严的气象。但这并不是他的真正意义上的陵墓,这里并没有他的遗骨。那么,他的陵寝究竟在哪儿呢?

成吉思汗的一生是在马背上度过的。他能征善战,所向无敌。在即将攻克西夏首都之前,逝世于行营中。成吉思汗给他的孙子忽必烈统一中国、建立元朝奠定了基础。他的蒙古铁骑震撼了世界。

但是,他的陵墓何在呢?

按照蒙古民族的遗俗,他们的君主无论死在何地,他的遗骨都必须送到他们的祖先的发祥地漠北去。

传说成吉思汗的墓地在斡难、怯绿连、秃剌三水发源之不儿罕合勒敦诸山之一山中,可是这山既没栽树,又无标志,群山莽莽、四顾茫茫,哪里寻觅呀!为了祭祀成吉思汗,后来的蒙古人为他建立了一座马背上的陵园"八白室"。所谓"八白室",就是八座白色的毡帐。毡帐里供奉着成吉思汗的遗物,象征着墓地。这样的陵园既便于迁移,也便于祭祀,很符合游牧民族到处迁徙的特点。"八白室"迁移多处,起初在肯特山一带的蒙古高原上,后又称到黄河河套一带,最后迁到鄂尔多斯高原,现在的地点在伊金霍洛旗。"伊金霍洛"在蒙语就是"主人的陵寝"之意。

据说成吉思汗墓地之所以难找,原因在于:

从传统上看,蒙古人是游牧民族,迁徙频繁,瀚海无垠,黄尘弥天,建了高大陵寝也会被沙丘掩埋。所以,该民族是薄于"墓葬",而奉行"天葬"和"野葬"的。无论是天葬或是野葬,不外乎是将尸体暴露于荒野,最好被鸟兽食尽。蒙古的王公贵族身份高贵,当然不行"天葬""野葬",但也遵循"墓而不坟"的古训(深埋地下为"墓",隆起地面为"坟"),成吉思汗的陵墓也只能按传统深埋于地下。

再从当时现实看,成吉思汗是在战争中去世的,即将攻克西夏城的紧要关头,如果大汗去世的消息传了出去,势必会动摇军心。而给强敌以喘息和反攻的机会。所以,当时,成吉思汗为了骗取西夏早日投降,留下遗嘱"秘不发丧"。待西夏投降后,才由一支秘密骑兵部队护送灵柩到预定墓地。据说,到达墓地把灵柩深埋之后,还把原来地面上的草、木、石等还原,不留一点痕迹。并用群马在墓地上任意践踏,使之平整,再在上面当着一匹母骆驼的面杀死它的小骆驼,然后,派支部队远远守护它。等第二年青草长起,四周的大草原绿成一片,无法分辨了,才拔营撤走,确保万无一失。

为什么留下母驼呢?据说,骆驼有辨识自己血亲的天性。将来要寻成吉思汗的墓地时,只以母骆驼为先导,就能找到小骆驼死的地方——那个地方就是大汗的墓了。可是,这只骆驼如果死了,那么成吉思汗的墓地将永远无人知晓了。现在骆驼没了,谜就谁也破解不了了。

雄才大略的元世祖忽必烈

忽必烈(1215~1294),元朝的创建者,又称薛禅汗。具有雄才大略,他曾患有脚疾,但并不妨碍他像其他蒙古贵族子弟一样在战场上屡建功绩。

1.兄弟残杀之争

开庆元年,元宪宗蒙哥在南下伐宋的战争中,死于合州城下。因其生前没立储君,所以,引起了诸王争夺汗位的斗争。当时,有资格接替汗位的除了蒙哥的几个儿子外,还有蒙哥的两个弟弟:忽必烈和阿里不哥。忽必烈是有雄才大略、手握重兵并立下赫赫战功的征宋主帅;阿里不哥是坐镇和林,受皇后及蒙哥诸子拥护的,还是蒙哥的心腹。两人势均力敌,又都觊觎汗位已久。由此,兄弟二人之间骨肉相残的内战不可避免地爆发了。

忽必烈得知蒙哥战死的消息时，正在率军南伐，本不想无功而返，但是，他的妻子察必派人密报阿里不哥正调兵遣将，图谋不轨，使忽必烈感到国内形势危急，不能掉以轻心。幕僚郝经对他说："眼下宋人不值得忧虑，当务之急是对付阿里不哥。您现在虽然握有重兵，但如果他宣称正式继承汗位，我们还能回得去吗？愿您以社稷为念，与宋

元世祖忽必烈

军讲和。然后率轻骑直奔燕都，使他们的阴谋不能得逞。同时派兵堵住先帝的灵车，收蒙哥帝的印玺；再遣使通知阿里不哥、蒙哥等诸王到和林会丧；并命令您的儿子真金镇守燕京……。如摆出这种阵势来，汗位就唾手可得了。"当时，正好南宋宰相贾似道派使讲和，忽必烈当即同意，遂把大军留在江北，自己率一支亲军北上。抵达燕京时，忽必烈识破了脱里赤奉阿里不哥扩兵的阴谋，将所扩之兵全部遣散。又派亲信廉希宪到开平争取有实力的塔察儿拥戴忽必烈。中统元年三月，忽必烈在开平召集诸王，登上了汗位。

阿里不哥在和林拥有重兵，自恃有皇后及少数地位高的诸王的拥戴，自称奉遗诏，也在四月宣布继承汗位。

天无二日，国无二君。兄弟二人磨刀霍霍，都想用武力把对方消灭掉。

四月间，双方在秦、蜀、陇地区展开了争战。忽必烈谋划周密、行动果断，以廉希宪商挺为陕西、四川宣抚使，一路征战，捕杀了刘太平、八春、汪良臣等部，合兵击败阿兰谷儿、浑都海，彻底粉碎了阿里不哥在这一地区的势力，使其失去了西线的优势。

这年春季，忽必烈在得到陕、川的财力和物力的充足供应下，乘胜追击，亲征和林。阿里不哥却是粮草匮乏，供应困难，他自知敌不过忽必烈，便弃城而走，撤到西北方面的谦州一带。他一面派阿鲁忽主持国事，筹粮草，一面假意与

忽必烈讲和，准备休养生息，伺机而动。忽必烈遂派宗王移相哥驻守边境，自己也返回了开平。谁知第二年秋天，阿里不哥假装投降，出其不意地发动了突然袭击，打败了移相哥。然后，直向忽必烈扑来。忽必烈急忙率军反击。

双方在昔木土脑儿展开一场殊死大战，结果，阿里不哥大败，向北逃遁，其部将都归降了忽必烈。

此时，阿鲁忽又背叛了阿里不哥，把在察合台征集的大量牧畜、军械、财货据为己有。盛怒之下的阿里不哥率军与阿鲁忽开战，大肆屠杀其兵民，手段极其残忍，令人发指。其部将见其如此暴虐，都纷纷离他而去。后来，阿鲁忽倒向了忽必烈，原来拥戴阿里不哥的诸王也相继投靠了忽必烈。阿里不哥成了孤家寡人，四面楚歌。最后，在至元元年七月，不得已归降了忽必烈，结束了历时四年之久的内战。

按照蒙古古训，阿里不哥应当被杀，但是，忽必烈经过汉儒文化的熏染，很想做个被人称颂的"仁恕"之君。联想到唐太宗李世民虽然堪称一代英主，但他发动"玄武门之变"，杀兄夺位的污点还是遮掩了他的光辉。如今，阿里不哥已是断翅的飞禽再无飞天之势，况且当时不少蒙古诸王，在关注忽必烈对阿里不哥如何惩治。不杀阿里不哥，肯定会使诸王念及他的仁厚，断了叛逆之心。眼下一统天下大业未竟，先安定内部，再全力对付南宋，才是上上之策。

于是，忽必烈决定不杀阿里不哥，但是"死罪可免，活罪难逃"，遂赐阿里不哥一处宅院，让他度其残生去了。

第二年十一月，忽必烈宣布将"大蒙古"国号改为"大元"，以一个新朝雄主的姿态登上了历史舞台。

2.改金印，分等级

忽必烈为了稳固在中原地区的统治，决心改变以落后的草原奴隶制的统治方式，来统治封建经济已十分发达的中原地区的做法，他采用中原地区原有的一整套行之有效的政治、经济、思想文化等统治方式，即"尊用汉法"。其中有一项重要的改革——改金印。

原来大蒙古国的统治方式是分封诸王,实行采邑制。元太祖成吉思汗统一蒙古后,他的弟弟、儿子及勋臣外戚都得到了分地。在各自的领地内,他们不但可以世袭,而且可以有军队,可以对领民收税,俨然是割据一方的独立王国。忽必烈本人亦是宗藩最大的受益者,他正是凭借自己藩国的强大势力打败阿里不哥而夺取汗位的。正因为他对此深有体会,于是在统一全中国之后坚决开始大规模的削藩运动。"改金印"便是削藩的第一步。

据说以前蒙古汗国诸王的印章,有的用金印,有的用"玉宝",混杂不一。中统二年,忽必烈下令,把个别宗王的"玉宝"一律改为金印,这样,持"玉宝"者唯大汗一人。大汗与诸王的名分在印章上就有了等级高下之分。不久,又特制"十纽"为御用玉玺,以示君臣尊卑,并按诸王等级分别持不同形状、质地的印章。共六等三十六位。

凡获印章王号者,称"大大王"。每一支宗王支系,只封"大大王"一人作为朝廷的代理人,统辖本支,享有系带祗侯扈从的礼遇。凡效忠忽必烈,在拥立、征伐中功勋卓著者,即可接上等爵,未获印章王号者称"小大王"。

六等宗王又分"一字王""二字王"。所谓"一字王"就是持一等金印者,规定其王号仅为汉文一个字。其他王的印章,因其王号为汉文两个字,故称"二字王"。

无论"大大王"还是"一字王",都是依亲宗法原则及诸王对元廷的忠诚程度来封授。如有拥兵叛乱者,一律夺印削爵。后来,又形成了"非亲王不得加一字之封"的定制。

通过收玉宝,改金印,论封功赐爵印等办法,忽必烈就打破了昔日家族成员平均共权的旧俗,建立了一个金字塔式的宗室等级秩序,大汗的至高无上的权威地位确立起来了,君臣名分泾渭分明。

名分即定,继之而来的是一系列严厉的削藩措施。忽必烈设置了吉利吉思等五部断事官,直辖诸王领地事务,这样就严格剥夺了诸王独立管理本藩事务的行政权;忽必烈还通过定军籍,建都府,解重兵,削夺了诸王草原领地的军权;中统二年,忽必烈下令禁止诸王私自断理民间狱案,不许其滥刑扰民,这样,诸王领地的司法权也不复存在了。

与此同时,忽必烈又从税收、领民关系、食邑官等任命方面,削夺诸王在食邑的实力基础。忽必烈一系列的削藩措施使诸王对中央集权的威胁大大减轻了。

忽必烈一边加强消藩措施,一边镇压叛乱,迫使他们交出实权和军权。后来又采取了地方兵、民分治制度,实行迁转法监督汉军,实行易将制,取消汉人封邑等措施,彻底消除了汉人世侯的势力,大大巩固了中央集权,为元朝的统治打下了较为稳定的政治基础。

3.组建精干"智囊团"

传说元世祖忽必烈的扩张欲极强,他不被蒙古一地所局限,与其子其孙三次西征,建立了历史上罕见的庞大的元帝国,他的雄才大略,绝非一般的封建帝王可比。尤为难能可贵的是,在那个兵荒马乱、天下分裂的时代,他敢于大胆任用汉族儒士,组成人才济济的智囊团辅佐他,成了中国历史上的一代英主。

忽必烈与其他蒙古帝王不同,他自小就对汉族的文化和历史怀着真诚的敬意,即位之前,他就四处网罗人才,延聘名士,待之以上宾之礼,敬之如师。他所求的贤才,均是中原地区的汉人儒士。这些人熟谙汉族文化,是忽必烈用汉人智慧来统治汉人的高参。

他的谋士姚枢被他求贤若渴、礼贤下士的态度所感动,初次相见,就为他写出《治道书》数千言。先述二帝三王所以得天下之道,又列出修身、力学、尊贤、亲亲、畏天、爱民、好善、远佞八条细目,教忽必烈如何做一个优秀的帝王。然后又为他烈出三十条方案,细说其中的弛张之道。简直是一套有纲有目的帝王纲领。忽必烈大为赞赏,视姚枢为奇才,动必召问。

他最信任的负责中书省事务的刘秉忠,曾隐居云中南唐寺为僧,法名子聪,因其博学多才,又懂得天文律历及各种奇门异术,被忽必烈重用。刘秉忠跟随忽必烈三十多年,参与军机大事,制定大政方针,对忽必烈登上帝位,统一中国立下了汗马功劳。据说刘秉忠常在大帐里为忽必烈日夜讲解中国历史与儒家学说,上书言事、出谋划策,二人情同手足。他还用儒家的阴阳文化为忽必烈相地筑城,修建了开平城。后来又替忽必烈修建燕京,即中都,也就是后来的元大都(今北京),成为元、明、清三代的首都所在地。忽必烈称帝后,他又为忽必烈金盘考虑并制定了开国的整套制度,如颁章服,举朝仪,给俸禄,定官制等,甚至忽必烈定国号为"大元",也是刘秉忠从儒家经典《周易》中的"大哉乾元"中取来的。刘秉忠生前担任太保,死后被追赠为太傅,这都是元代国家最高官职,位列三公。足见忽必烈对他的敬重。

他极为信任的京兆宣抚使廉希宪,从年少时就跟随他南征北战。廉希宪笃好经史,手不释卷,他尤其喜读《孟子》,被忽必烈称为廉孟子。京兆即关中地区,当时是忽必烈的封地。又是控制陇西与巴蜀的战略要地,而蒙古其他亲王的封地分布在京兆四周,百姓也是多民族共处,所以是最难治理之地,廉希宪不负所望,上任伊始就访贫问苦,裁抑豪强,打击奸民,改革弊政,不久就把京兆一带治理得井井有条、民安物阜,使忽必烈无后顾之忧,全力向外发展。

蒙哥在位期间,任命忽必烈全权负责南宋方面的军政事务。为了在汉族地区扩大影响,积聚自己的政治势力,为未来统治中原做准备,他采纳了谋士张德辉的建议,做了一件令蒙古人大惑不解的事:亲自主持了祭孔典礼。本来忽必烈不懂祭孔有什么意义,但是张德辉告诉他:"孔子是万世帝王之师,统治了天下的帝王,都要祭祀孔子,把孔庙修得极其庄严辉煌,并且按时进行祭祀。帝王尊重孔子与否,对圣人本身无所损益,但可看出帝王的政治水平是高是低。"忽必烈一听,茅塞顿开,立即宣布:"从今以后,祭孔之礼勿得废弛。"忽必烈在未称帝之前就祭孔,一方面表示了他的帝王之志,另一方面也反映出他要安抚广大汉族知识分子的良苦用心。之后,在智囊团的策划下,他韬光晦略,迷惑蒙哥;在中原地区实行屯田制,暗中壮大自己的实力,在蒙哥对他产生疑心后,他听从姚枢等人的计谋,把家眷送到蒙哥那里作为人质,并亲自晋见蒙哥,骗取了蒙哥的信任。这步步高招,都是他的智囊团提供的。

元英宗硕德八剌励精图治

元英宗硕德八剌（1304～1323）是元朝的第五位皇帝，蒙古族称格坚皇帝。是元朝中期一位杰出的政治家、改革家。他自幼接受儒家正统教育，通晓汉族文字，博识雅怀、谙于典故，有很深的汉文化素养。延祐七年，仁宗病逝，十八岁的硕德八剌即皇帝位，是谓英宗。

传说英宗刚强有为，充满锐气，即位伊始就对蒙古沿袭的选取制度进行了改革，引起了蒙古贵族对这种废改"国礼"的做法的不满。而后，"威临三朝"的太皇太后答己和右丞相铁木迭儿等结成保守势力的内侍集团，成为分割英宗君权的强大对手，对以英宗及其亲信左丞相拜住为一方的改革派造成了极大威胁。两方的冲突不可避免地愈演愈烈。

元英宗硕德八剌

英宗前期，由于答己与铁木迭儿一派势力很强，双方势力虽然出现对峙，但矛盾尚未公开化，拜住只能暗中献策，以抵制铁木迭儿派势力的扩张，还不能大量任用有志改革的儒臣。这个时期的政治，大体上保持了成宗、武宗以来的旧传统，同时也有许多创进。如在经济方面，节约开支、省减吏员、降低官秩，安抚流民等；政治方面，实行了一些强化中央集权的措施，如禁止宗教人士交通诸王，百姓不得妄言时政，不准汉人执兵器出猎，不准练习武艺等。他还非常重视学习汉民族文化，并善于采纳朝臣的谏言。

英宗后期至治二年，当时英宗以拜住为中书右丞相，不再另立左丞相。其时，铁木迭儿和答己相继病卒，使英宗基本摆脱了保守势力的钳制，能大力实施政务改革。英宗后期进行了一系列改革，其内容有：

大规模起用汉族地主官僚及儒臣,罢宣徽院及冗官冗职,行助役法,减轻徭役,审定颁行《大元通制》。

英宗新政的核心问题,就是"行汉法"。所谓"汉法",就是建立在中原、南方封建农业经济基础上并与之相适应的一整套封建上层建筑,包括中央集权制的国家机器,法律制度与正统儒家思想,等等。作为游牧民族的统治阶级,"以汉法治汉地"是历史的要求,元世祖忽必烈即深通此理,英宗的改革更是明智的、有远见的。

但是,英宗所进行的改革,触犯了大多数保守的蒙古贵族的利益,引起了他们强烈的抵制和反对。尤其是以御史大夫铁失为代表的贵族势力更为嚣张。

铁失是由左丞相铁木迭儿引荐当上御史大夫的,后来又掌管了禁卫军左右阿速卫。他贪财好色、品格卑鄙,拜铁木迭儿为义父。铁木迭儿死后,英宗说铁木迭儿贪得无厌,下令籍其家,并追夺其官爵及封赠制书;之后,又诛杀了铁木迭儿的儿子宣徽院史八思吉思和铁木迭儿的一些同党。这一切使铁失感到自己的末日也快要来到了,于是阴谋策划政变,要除掉英宗。

至治三年,铁失勾结晋王也孙铁木儿,以立其为帝为条件,组成了一个暗杀集团。八月五日晚,趁英宗南行宿于南坡店之际,铁失串通一伙人闯入皇宫行刺,以卫兵为内应,先杀了拜住,然后将英宗杀死在卧榻之上。九月四日,晋王也孙铁木儿即位称帝。

元朝末帝元惠宗妥欢贴睦尔

元惠宗(1320~1370),又称元顺帝。名孛儿只斤妥欢贴睦尔,是元朝的最后一位皇帝。他的汗号是图干铁木耳。1368年朱元璋直逼大都,元惠宗出逃,宣告忽必烈帝国对中国统治的终结。1370年,元惠宗病死于应昌(今属内蒙古)。

元惠宗妥欢贴睦尔十三岁登极之时,蒙古统治的兴盛时代早已成为过眼烟云。从元成宗铁木耳死后到他即位的二十五年间,朝廷竟换了七个皇帝,摆在他面前的是一个要散架了的烂摊子。朝中大权全由伯颜和燕铁木儿两大家族垄断。后来,这两大家族在互相倾轧中相继败亡,元朝的统治已是病入膏肓。朝中大臣结党拉派,争权夺利;地方官员互相勾结,鱼肉百姓;元朝军队腐化堕落、寻欢作乐,在社会矛盾日益激化的情况下,人民无法忍耐,由此预示着大规模的农民战争必将爆发。

此时,妥欢贴睦尔却把大权交给右丞相脱脱,自己深居宫中,过着荒淫无度的糜烂生活。他宠信的宫中宿卫哈麻,为了迎合他喜欢玩乐的心理,暗中向他推荐了一种淫术,一群男女全身赤裸,一块淫乱,令妥欢贴睦尔极为着迷,整日沉溺其中。不久,在哈麻的妹婿的建议下,妥欢贴睦尔在皇亲国戚中选了十个人,称为十"倚纳",在宫中学练秘密淫法。这十"倚纳"与他在皇宫中跟众多美貌女子都脱光衣服,丑态秽行令人不堪入目。妥欢贴睦尔则日夜以此为乐。后来,淫行越演越烈,妥欢贴睦尔竟下令在避暑地上都修建穆清阁,设密室数百间,强掳民间美女入住,以供他与亲信们夏季避暑之用。他亲手设计了长一百二十尺的龙舟,乘舟经常在宫苑湖内往来游戏。舟上的五彩金涂饰的殿宇金光闪闪,舟行时龙首、眼、口、爪、尾一齐摆动,他坐在舟里宛如天神在天宫巡行。

他还选了十六名宫女,称之为十六天魔,身披璎珞,头戴佛冠,赤脚露脐,表演摆臀扭胯的天魔舞,供他与亲信们观赏。为了与天魔舞女厮混,他让人在宫中秘密挖掘地道。歌舞之后,他就与这些天魔舞女在地道里以尽淫兴。他对宠爱的舞女,则不吝资财,弄得朝野上下,一片怨声。

至正十八年五月,红巾军起兵一直打到距京城一百二十里的地方,妥欢贴睦尔这才惊慌失措,朝中乱成一团。幸而,红巾军一部内讧,另一部被镇压,妥欢贴睦尔才保有半壁江山,得以苟延残喘。

此后,朝中不断倾轧争斗,军阀不断,割据混战,朱元璋趁机崛起,在南京称帝,建立明朝。至正二十八年闰七月,徐达率明军兵临城下,妥欢贴睦尔在一天的半夜里,率后妃、太子及大臣们慌忙出逃,奔向大都。八月,徐达大军攻入大都,妥欢贴睦尔又逃往应昌,最后在那里病死。

图文珍藏版

后妃轶事

元成宗的两个皇后

元成宗铁穆耳 29 岁登位。他有两个皇后，即位初年册立的是驸马托里斯的女儿伯岳吾·卜鲁罕；即位的第七年，又册立皇后弘吉喇·失怜答里。元代自开山鼻祖成吉思汗开始，宫中常有几个皇后并列，都算是正妻，地位的高低按册后的顺序而定。

失怜答里为人和善，沉默寡言，不爱多管事，很早就死了。她生有一个皇子名德寿，成宗立为皇太子，可惜刚册立不久，也生病夭折了。

元成宗多病，即位后又贪图淫逸，常在宫中宴饮享乐，不理朝政，内廷事务由皇后卜鲁罕一手操纵，外廷军画诸事交给宰臣们去办理。其时，海内灾难频繁，先是宗庙失

元成宗铁穆耳

火，继而两浙地区闹饥荒，又是河东地震，于是，就有大臣上奏，说阴阳反复，天地易位，暗中批评女人干政。甚至有人传言，说皇后失怜答里生的太子德寿是卜鲁罕暗中谋害的。

大德九年（公元 1305 年）冬，元成宗旧病复发，势将不起。由于没有选定储君，宫廷内外情势紧张起来，以皇后卜鲁罕为首，各种力量展开了激烈的斗争。

一天夜里，卜鲁罕密遣心腹把安西王阿难答和另一宗室亲王明里帖木儿召到大都。阿难答是元世祖的庶孙，元成宗的堂弟，与卜鲁罕关系亲密，结成一党。卜鲁罕一见到他们，就心怀忧急地说道：

"皇上的病一日重似一日,恐怕不久就要归天,我召你等来京,无非是为着嗣位问题,需要赶紧密商。现在皇太子已死,觊觎皇位的受育黎拔力八达早已被我弄出京城。假如立怀宁王海山为帝,日后他必定为弟弟而报复我们,所以有诸多不利之处,你们替我出个主意吧!"

海山是爱育黎拔力八达的哥哥,兄弟俩同为成宗的侄子。成宗曾有意立他们中一人为皇储,尤其是爱育黎拔力八达,英武善战,更得成宗喜爱。卜鲁罕窥知元成宗的意图后,便借故把爱育黎拔八达调往怀州戍边。

明里帖木儿一听皇后说这话,马上接口说:"何不就立安西王?"

卜鲁罕看了看阿难答,故意做出踌躇不决的样子。

明里帖木儿出了个主意:"皇后莫非顾虑叔嫂间的嫌疑,怕人闲话吗?须知安西王若能得到皇后相助,继承大统,必定感恩图报,那时,皇后还能临朝称制呢。"

卜鲁罕听了,不免有些动心。阿难答推辞道:"这事恐怕有些不妥。"

明里帖木儿说道:"有了,不如以皇后临朝,皇叔摄政,这样,还有什么人可说?"

卜鲁罕和阿难答点头同意。

过了几天,元成宗驾崩,享年 42 岁。卜鲁罕以成宗遗诏的名义宣布:皇后垂帘听政,由安西王阿难答辅政。右丞相哈喇哈孙看出了卜鲁罕的企图,借口身子有病,没有出席朝会。明里帖木儿恨得咬牙切齿,派杀手伺机下手,想暗杀哈喇哈孙,然后奉皇后正式临朝。哈喇哈孙对此早有防备,他一面派急使去怀州迎接爱育黎拔力八达进大都,一面又向在京的怀宁王派使者密告宫中动态,让怀宁王做好准备。

在怀州,爱育黎拔力八达接见哈喇哈孙的使者之后,心下犹疑不决,找师傅李孟商量,李孟分析道:

"世祖曾有遗命,庶出皇子不准继承皇位。所以安西王假如立为嗣君,就是违背祖制。今皇上已驾崩,怀宁王又远在万里之外,君位则非殿下莫属,所以请殿下速做入京嗣位的打算,以安人心。"

图文珍藏版

国学经典文库

中国古代野史

·元代野史·

爱育黎拔力八达这才携带家眷离开怀州向大都进发。走在半路上，又迟疑起来，不知此去凶吉如何。他让李孟快马加鞭，先去右丞相哈喇哈孙家里打探宫中的动静。李孟赶到丞相府门前，正想进去，忽见一人从里头走出来，看到李孟，他便停步不前，注意地打量着李孟。李孟面不改色，反而主动上前询问，那人忙说，他是奉皇后卜鲁罕之命，前来探视丞相之病的。李孟随机应变答道："我正是替丞相来看病的医生。"那人便不再疑心，放心离去。

哈喇哈孙向李孟详细介绍了前几天宫廷内外发生的事，要李孟说服爱育黎拔力八达赶快进京，挫败皇后与安西王的阴谋，早登帝位。

几天之后，当卜鲁罕得知爱育黎拔力八达已飞马赶回大都，并在一些大臣的簇拥下前去大行皇帝的灵前吊过孝，她吃惊不小，忙召安西王以及她的亲信大臣左丞相阿忽台进宫密商。三人谋划定当，准备在三月初三日爱育黎拔力八达生日的那天，假借祝寿为名，由阿忽台亲自把爱育杀死，然后杀掉拥护爱育的右丞相哈喇哈孙等人。

眼看三月初三快要到了，安西王等人紧锣密鼓进行着准备。忽然有一天，爱育黎拔力八达府中派了两名侍从去请安西王和阿忽台，说是怀宁王海山派使者到达京城，请他俩速去议事。安西王有些疑虑，不敢去，阿忽台仗着自己武艺高强，说："怕什么？有我在此！"他又约请了明里帖木儿，三人同行一起去爱育府第。

见过礼坐下后，刚交谈了几句，爱育突然脸色一沉，拂袖起身抢步走出廊外，大喝道："卫士何在？"话音未落，两厢拥出百多名手执刀剑的武士，上前捉拿安西王等三人。阿忽台"腾"地跳上椅子，扬眉大叫道："来来来，哪个敢跟老子拼命！"旁边又有一人接口，厉声喝道："死到临头，竟敢口出狂言！"阿忽台定睛一看，吓得失声叫了起来："不好了，安西王快逃命吧！"说着拔腿就想夺门而逃，只见那人一个箭步上前，伸出臂来一下子就把阿忽台抓住，卫士们一拥而上，把阿忽台捆得结结实实。安西王和明里帖木儿也被一起抓住，关押起来。

原来，皇后与安西王等人的阴谋早被哈喇哈孙看破，他密嘱爱育黎拔力八达先下手为强，设计除掉对手。又去邀请力大无穷、武艺高强的宗室亲王图喇相助。在爱育府中,擒住阿忽台的那条好汉便是图喇。

于是,爱育黎拔力八达一面把皇后卜鲁罕禁锢起来,一面又大肆搜索余党,等到肃清京都的反对派之后,便派人去迎接怀宁王海山。爱育黎拔力八达自己不愿做皇帝,他说:"罪人勾结宫闱,乱我家法,故带兵讨伐,我本意并不是作威作福,觊觎皇位。怀宁王是我兄长,应由他继承皇位!"

海山接到消息,也不谦让,连忙率领军队向东出发,到达上都开平,即皇帝位,史称元武宗。武宗一面大封功臣,一面派人去大都,宣布废黜前皇后卜鲁罕,命她立即离开京都,去东安州居住。又把安西王阿难答,左丞相阿忽台以及明里帖木儿三人一并处死。过了几天,武宗又下诏书,大意说,阿难答与卜鲁罕系叔嫂名分,但一起住在宫内,难免有私通之情,故卜鲁罕不立侄子,坚持立皇叔为嗣君,这是秽乱宫廷,玷辱皇室,应以祖宗家法严厉制裁,故特赐卜鲁罕立即自裁。

卜鲁罕接到诏书,呼天抢地,最后只得饮下毒酒,一死了事。

泰定皇后弘吉喇·八不罕

蒙古以少数民族入主中原,元世祖忽必烈建立了统一中国的元皇朝后,所有典章制度,多仿效中原的汉族,但在皇位继承这个问题上,只规定过"旁支不能继大位",却没有定下"立嫡以长"这个严格的继位次序,所以几乎每一代皇帝病死前后,都无可避免地发生争夺皇位的激烈斗争。英宗以后的泰定帝也是这样。泰定帝的妻子泰定皇后八不罕便成了这场斗争的牺牲品。

泰定帝也孙铁木儿是真金太子的长孙晋王甘麻剌的嫡子。也先铁木儿等人杀死英宗后,奉立他为皇帝。他即位不久,便把这帮谋逆弑君的奸臣统统杀死。整肃了朝纲。

泰定皇后弘吉喇·八不罕是按陈的曾孙女儿,元世祖察必皇后的侄孙女。她于泰定元年被册立为皇后,同时,她的儿子,年仅5岁的阿速吉巴也被立为皇太子。泰定五年(公元1328年),泰定帝在上都开平病死。本应由泰定皇后主持,扶皇太子阿速吉巴登上皇位,但是丞相倒剌沙欺负孤儿寡母,意欲揽权,不肯立即拥立太子,而是借故拖延。泰定皇后看出了倒剌沙的用心,连忙派平章政事乌都伯喇为使臣,急速进京,以皇后之敕,命在朝文武百官收缴印章,等待新皇帝临朝,并下谕安定百姓。然而,这时的大都,也正酝酿着一场争夺皇位的阴谋,发难者便是留守京城的燕帖木儿。

身任左召亲军都指挥使的燕帖木儿,从前曾经是元武宗海山镇守朔方时的亲信宿卫,深得海山宠信。泰定帝即位后,他又加授太仆卿,执掌枢密院大权。泰定帝病危时,燕帖木儿拿定主意,要把帝位夺过来,让武宗的两个儿子周王和世㻋或怀王图帖睦尔做皇帝。当他得知泰定后已派乌都伯剌进京,忙同心腹们商量,说服了安西王阿剌忒纳失里同意他的计划。然后,他一面派急使去迎接居住江陵的怀王(因周王远在漠北,已来不及赶去),一面准备好对付乌都伯剌。

第二天一早,由安西王出面,说是上都开平来的使者已到大都,请在京的文武百官齐集兴圣宫,共议要事。乌都伯剌和另一位平章政事伯颜察尔带头先到。百官们到齐后,乌都伯剌正想宣读泰定皇后的敕命,忽见燕帖木儿等率领数百名武士带刀闯入殿,直逼乌都伯剌。只听燕帖木儿厉声说道:

"武宗皇帝有子二人,忠孝仁爱,名闻中外,我以为,这天下本是武宗之天下,皇位早该归还给武宗嗣子。假如谁不同意,就是乱臣贼子,先吃我一刀!"

乌都伯剌与伯颜察儿一听,想摇头反驳,燕帖木儿不由分说,命人将他两人捆绑起来。中书右丞朵朵刚说了一句"你想造反不成?"就被燕帖木儿一刀砍倒在地。大臣们个个吓得面如土色,只好俯首听命。

消息传到上都,丞相倒剌沙慌了手脚,一面派人去抓身处上都、暗中与燕帖木儿联络的一批宗室亲王,一面请示泰定皇后,立即拥9岁的皇太子阿速吉八登位,称为天顺帝。然后,他派出军队兵分三路攻打京师,讨伐"叛逆"燕帖木儿。

一场恶战持续了好几天,结果,上都军队大败而回。此时,怀王图帖睦尔一行已到达大都,在燕帖木儿的主持下,半推半就地登上了皇位,史称元文宗。文宗赐给燕帖木儿大量黄金和白银，封他为太平王，官中书右丞相兼知枢密院事。燕帖木儿接受封赏后，立即又率大军打败了各路前来讨伐的亲王军队，乘胜直逼上都而来。倒剌沙见大势已去，竟大开城门迎接燕帖木儿的军队，献上玉玺。

进城后，燕帖木儿直奔行宫寻找天顺帝和泰定皇后的下落。进了宫，只见泰定后和另两个妃嫔吓得玉容失色，嗦嗦发抖，天顺帝则不知去向。燕帖木儿便用好言安慰皇后道：

"娘娘不要惊慌，怀王并没有命我来抓你，只因娘娘住在上都不甚方便，故让我来安排你们三位暂时移居东安州，一切待遇同以前一样。"

泰定皇后流着眼泪答道："先帝驾崩后，拥立皇子阿速吉八等事，统是倒剌沙的主张，我是个女人，能有什么主意？如今皇子已死，留下我们几个妇人，有什么用？说不定今日让我移居别处，明日又来要我的命，倒不如乘早死在这里罢！"

见泰定皇后长得妩媚动人，燕帖木儿不由起了淫心，打起了皇后的主意。他用好言好语劝慰一番，答应把上都行宫所有的侍卫，都拨给皇后使唤，并决定亲自护送皇后去东安州，谁知次日清晨当他刚要出发时，忽然接到文宗诏令，要他马上回大都，他只好忍痛抛下皇后。临别，他再三叮嘱皇后道："他日相见，决不辜负！"

回到大都，才知道元文宗将四位宗室公主赐予他为妻，命他立即择吉日成婚。燕帖木儿念着皇后，不肯受诏，但文宗坚持把四位美女送进太平王府，燕帖木儿只得先做了新郎再说。洞房之夜，左拥右抱快活异常，也就暂时忘记了东安州的泰定皇后。

元文宗因燕帖木儿功高显赫，特地追封他三代为王，又授以"开府仪同三司上柱国太师太平王答剌罕中书右丞相，录军国重事，监修国史提调燕王宫相府事，大都督领龙翊亲军都指挥使司事"，可谓一人之下，万人之上。

过了一年，燕帖木儿的王妃病故，元文宗又赐予他几名宗室亲王之女，甚至把自己所宠爱的一名高丽美女也送给了他。但是，没有一个美人使他真正中意能选做继妃的。燕帖木儿旧情不忘，忽而想起居住在东安州的泰定皇后八不罕。他立刻亲自赶到东安州去见八不罕,果然是人面桃花依旧,风姿绰约不减当年,不由大喜过望。他涎着脸皮恳求八不罕嫁给他。

八不罕听了燕帖木儿的要求,又惊又羞,心想自己身为国母,怎可屈尊再嫁大臣。燕帖木儿半诱惑半威胁地对她说,皇帝念念不忘一直想加害于她,亏得他燕帖木儿再三设法保护,八不罕才不致遭毒手。今天到此求婚,无非是为了更好地保护八不罕,好让皇帝死了这条害人之心。到了大都,还乘机一并霸占了另外两名泰定皇妃。

史传记载说,从这以后,燕帖木儿的生活越发荒淫无度,总计后房妻妾达40多人,甚至连他自己也认不过来,有时一宵侍寝的,竟有几个美女。这还嫌不够,他只要听到哪里有美人,便一定要弄上手,无论宗室亲王,达官贵族之女,往往都要被他强占三天之后,再送回家里。人人都只能忍气吞声,任凭他玷辱。

如此纵欲无度,自然好景不长,不过几个月功夫,燕帖木儿便是老病复发。临死前他忽而悔悟过来,对妻子八不罕说:"夫人,夫人! 你负泰定帝,我负夫人! 这都是咎由自取啊!"

转眼间,泰定皇后又成了寡妇,到此地步,她后悔也来不及了。

元文宗皇后弘吉喇·卜答失里

元文宗天历二年(公元 1329 年),图帖睦尔在燕帖木儿的一手帮助下,夺得了皇位,史称元文宗。但因他是元武帝的次子、长兄和世㻋还在朔方镇守边关,他恐怕自己做皇帝名不正言不顺,便效法当年叔父爱育黎拔力八达(元仁宗)把皇位让给他父亲海山(元武宗)的前例,迎立兄长周王和世㻋,以换取一个仁德的美名。

年初,和世㻋在漠北即位,史称元明宗,立图帖睦尔为皇太子。当新皇帝一行从漠北走到大都附近的王忽察都时,已是八月一日了。图帖睦尔率领群臣在行宫迎候,兄弟相聚,君臣相见,大开酒宴尽欢而散。到第二天日上三竿,明宗尚在寝殿安睡。皇后八不沙以为明宗连日来长途跋涉,不堪劳顿,又多喝了一点酒,不忍叫醒他。直到巳时(上午九点到十一点),仍不见动静,八不沙忍不住走到床前。撩起帐子一瞧,不由吓得她魂飞魄散,只见明宗僵卧在床上,七孔流血,四肢发黑,已经死去多时了。八不沙顾不得哭,立即派人去请皇太子图帖睦尔进宫。当下,大家抚尸痛哭了一场,便匆匆治理丧事。可怜明宗不辞辛劳,跋涉山川半年有余,一心回来登上宝座,谁知还没有到达大都便暴死在路

元文宗图贴睦尔

上,年仅30岁,妻子八不沙,本是元成宗外甥女寿宁公主的女儿,来不及被正式册为皇后,便做了未亡人。

很自然,皇帝位又回到图帖睦尔手里。这一年的八月十五日,他在大都重新登上皇位,授予妻子卜答失里皇后册宝,又封明宗嫡子、八不沙生的懿璘质斑为鄜王,还把明宗与侍妾所生的长子妥欢帖睦尔接进皇宫抚养。

文宗的皇后弘吉喇·卜答失里,是鲁国公主与驸马、鲁王弘吉喇·阿不剌夫妇所生的女儿。当初,文宗当怀王时,她跟着丈夫东奔西走,先是随同出居建康,后又一起迁居江陵。怀王对她颇为敬重,称帝后即立她为皇后,也算是夫妻间同甘苦,共荣辱了。

再说八不沙皇后,虽然住在宫里,受到文宗的礼遇,但是她心中明白,明宗的死,定与文宗有关。因此她心怀怨恨,不是暗中流泪,就是明言相讥。文宗的皇后卜答失里本来与她就不和,不免对她更生厌恨之心。

妯娌间的矛盾被宫中一个名叫拜住的太监看在眼里。此人居心不良,有心讨好皇后卜答失里,而随意欺负八不沙。有一次,他看到八不沙,故意不向她请安,八不沙很生气,责骂道:

"你一个小小太监,居然这样无礼!不过是仗着皇后的权势罢了。须知我也是个皇后,只是先帝过于忠厚,不曾提防,才被那狗男女从中暗算,难道说皇天无眼,反让这帮作恶多端的人得逞吗?尔等不要太过分,须知泰山也有坍倒

的日子呢!"

拜住冷笑几声,不予理睬。当他进入中宫后,装出一副受委屈的模样,向皇后卜答失里哭诉。卜答失里大怒道:"我与八不沙势不两立,一定要让她死在我手里,方消心头之恨!"不过,她又踌躇起来,说:"我向皇上说过好几次,干脆赐她自尽算了,无奈皇上总是不听,怎么办呢?"

拜住眼珠子一转,计上心头,便俯在卜答失里耳边,如此这般说了一通。两人密谋定当,拜住才离开中宫。

一天,文宗下朝后来到中宫,卜答失里便将八不沙说的一番话告诉文宗,文宗听了虽然气恼,却也不肯降罪于她。卜失答里又进谗道:

"听说八不沙暗中勾结外廷大臣,谋立王鄜太子。若一旦得逞,我儿阿剌忒纳答剌将被置于何地?"

文宗听罢,不由怔住了,他沉吟道:"我这里正打算立侄不立子呢!"

卜答失里说:"皇儿之事倒也罢了,最可恨的是八不沙语中含刺,分明有影射含意。如今外头已有谣言说,先帝暴崩,系太平王主谋,连陛下也牵累在内,这不是八不沙授意外臣传播出去的吗? 陛下万万不可心慈手软,留下后患无穷!"

听了这话,文宗叹息道:"罢,罢,我已是不仁不义之人,如今骑虎难下,只能将错就错,一错到底了!"但是,他毕竟有些不忍心,对卜答失里道:"一个寡妇孤女子,我怎能下令将她赐死? 宁可由别人去处置她?"

卜答失里明白了,这意思是让她用别人之手去杀八不沙。

第二天,拜住受卜答失里之命来到八不沙的住处。一听到皇帝命这恶奴手持密诏而来,八不沙就知道凶多吉少。果然,拜住宣读了诏书:"八不沙勾结大臣,谋立己子,为国法所不容,特赐以自尽。"八不沙捶打着胸口大哭道:

"狗男女丧尽天良,先杀我夫君,又要杀我,我死后,当化作厉鬼索命!"

她一边哭骂,一边从拜住手里夺过鸩酒,一饮而尽。不一会儿,便倒地身死。

傍晚,文帝下朝回宫,卜答失里告诉他,八不沙得暴病死了。文宗心中明白，也不加追问，只是下令办理八不沙皇后的丧葬事宜。

卜答失里还不肯罢休，又唆使文宗将明宗的长子妥欢帖睦尔母子赶出了皇宫，发配去高丽大青岛居住。然后，文宗便册立自己的儿子阿剌忒纳答剌为皇太子。

据说妥欢帖睦尔是南宋恭帝赵㬎与北国妓女迈来迪所生的儿子，赵㬎病死后，迈来迪依旧年轻美貌，被周王和世㻋看中，连同她的儿子一起纳入周王府，妥欢帖睦尔便为周王长子。

正当这个恶毒的女人又将魔掌伸向明宗的嫡子，即八不沙皇后所生的懿璘质斑时，她自己的儿子，皇太子阿剌忒纳答剌生起病来了。

据传说，阿剌忒纳答剌的病生得很奇怪，三天三夜高热之后，全身发出红斑，满口胡话。那一天，文宗和卜答失里去东宫探视太子的病，只见太子大叫一声："你们这对狼心狗肺的男女，不要想立什么太子，我来索命了！"帝后一听，吓得魂不附体。卜答失里赶紧跪下叩头，哀求道："皇后饶命！这都是我与皇帝的罪过，求皇后保住我儿的性命！"太子冷笑了几声，又昏昏然睡去了。文宗又悔又怕，流着眼泪对丧魂落魄跪在地上的卜答失里说道："先兄先嫂不肯放过我们，不如改日册立皇侄为太子，或许能保住皇儿的性命！"卜答失里点头应承。

但是，皇太子的病日重一日，文宗遍召天下名医诊治，终不见效，卜答失里祈神祷鬼，斋戒叩头，闹了几天几夜，太子仍是昏迷不醒。到最后弥留之际，太子忽然睁开眼睛，看着文宗和卜答失里说："你想做皇帝，你就作罢，何必阴谋害死他？害了他不算，连我这个孤弱妇人都不肯放过，你既如此狠毒，我还顾念你什么？先取你长子性命，再取你次子，这叫作恶有恶报！"说完这话，太子两眼一翻，呜呼哀哉了。

文宗夫妇又痛又悔，抚尸大哭一场。等丧葬完毕后，忽又想到冤鬼的话，不由毛骨悚然，怕次子古纳答剌也惨遭同样下场，文宗赶紧召太平王燕帖木儿进宫商量。

燕帖木儿建议道："宫中既有阴气，皇次子便不宜再居住。"他建议让皇子移居已故亲王阿鲁浑撒的旧宅。

这样住了一段日子后，果然是冤魂不到，古纳答剌安然无恙，文宗夫妇自然十分感激燕帖木儿，除大量的金银赏赐以外，又收养燕帖木儿的儿子塔剌海为皇子，让皇子古纳答剌认燕帖木儿为义父，改名为燕帖古思。

以上这段记载，虽说史料确凿，但不免夹杂迷信的成分。以今天的眼光来看，太子阿剌忒纳答剌可能因对父母的罪行知道得太多，由憎恶、害怕而致精神癫狂，惊悸而死。至于年幼无知的皇次子，当然不会受到这种刺激了。

在后悔、惊恐、伤感中受尽折磨的文宗终于病倒了。太子死后不过几个月，文宗也得了重病，终日昏昏沉沉，满口胡言乱语。临死前，他紧紧抓住卜答失里的双手，大呼："哥哥饶我！嫂嫂饶我！"吓得卜答失里冷汗淋漓，跪下不住叩头求饶。过了一会儿，文宗清醒过来，对卜答失里叹息道："我这病是不会再好的了，我自知这一生作了大孽，害死了兄嫂，后悔莫及。只求你听我一句话：我死后，须将皇位传给鄜王，我才有脸见皇兄于地下！你也可保住性命。切记，切记！"说完这话，文宗喘息不止，一会儿便咽气了。

总计文宗在位不过五年，死时年仅 29 岁。

听到皇帝驾崩的消息之后，燕帖木儿牵着皇子燕帖古思跟跟跄跄入宫。吊丧完毕后，他对皇后卜答失里说道：

"皇上驾崩，应由皇子燕帖古思即位，请皇后速速颁布大行皇帝遗诏！"

卜答失里听到这话，伤心地哭了起来，哭了一会儿，对一脸惊讶之色的燕帖木儿说道："大行皇帝已有遗命，立鄜王懿璘质斑为皇储。"

燕帖木儿大叫："臣不敢领旨！"但是，卜答失里坚决地说："这是大行皇帝亲口所嘱，不能更改。"当下，也不管燕帖木儿再抗辩，便传敕令，立即召集诸王会议，由太师燕帖木儿及太傅伯颜奉鄜王在大明殿即位，称元宁宗。因宁宗年仅 7 岁，不能亲政，由皇太后卜答失里临朝称制。

卜答失里还为 7 岁的小皇帝配了一个小皇后，名弘吉剌，答里也忒迷失。幼帝和幼后在宫中成双作对，两小无猜，倒也有趣。可惜，新皇帝短寿，登皇位不过两个多月，便得急病死了。燕帖木儿又进言皇太后道：

"我原想立皇太子燕帖古思，先帝偏不肯，到底鄜王没有福分，一病夭亡，这下应该立燕帖古思了吧!"

谁知皇太后还是没有理会他的话,坚持要立明宗的庶子妥欢帖睦尔。

燕帖木儿十分不解,几乎是恼怒地问卜答失里:"臣不明白,太后何以做出这种荒丽。太后此举,是想违背先帝遗愿吗?"

卜答失里回答道:"这正是先帝临终时面嘱于我的,待妥欢帖睦尔百年之后,再立我子燕帖古思。"

燕帖木儿还是不断摇头。卜答失里说道:"太平王难道忘了王忽察都的事了吗?先皇帝为此终日不安,太子又为此一病而亡。我如今只剩下这一点骨血,只望他多活几年,不做皇帝也罢。所以我宁可立侄不立子,明宗地下有知,也不致再怨恨我!"说着,扑簌簌又掉下泪来。

燕帖木儿低下头去,不再说话了。

过了几天,去迎接妥欢帖睦尔的使臣回来报告,说嗣皇帝马上到达京师。卜答失里命文武官员一起出城迎接。当13岁的妥欢帖睦尔看见燕帖木儿时,竟装出没有看见的样子,掉过头去。侍从官忙提醒他:"太平王在此迎驾,陛下应顾念他是先朝旧臣,格外礼敬。"妥欢帖睦尔只得下马同燕帖木儿相见。燕帖木儿向嗣皇帝微微屈膝请安,妥欢帖睦尔答了一揖,算是还礼。然后两人上马,并肩而行。燕帖木儿扬着马鞭对妥欢帖睦尔说:

"陛下来京,可知道是谁做主迎立的?"

妥欢帖睦尔不回答,只顾催马前进。

燕帖木儿又说:"这是皇太后的旨意,太后承先皇遗命,舍子立侄。"

妥欢帖睦尔仍然不说一句话,好像什么也没有听见。

燕帖木儿有些恼怒,继续说道:"老臣历事三朝,深知先皇帝大公忘我,很是敬佩,所以他的遗命老臣不敢违背。这次迎立陛下,老臣也是赞同的。"

说到这里,燕帖木儿用眼睛看着妥欢帖睦尔,妥欢帖睦尔仍然没有理睬他。燕帖木儿大怒,想要发作,又强忍住火,声色俱厉地对嗣皇帝说:

"陛下登位以后,须好好孝敬太后。自古圣贤之君,统以仁孝治天下。太后明明有子,却甘心让位于你,太后可谓仁慈之极,难道陛下不应多多尽孝吗?"

可是,妥欢帖睦尔任凭燕帖木儿说什么,始终像个木偶一般,一言不发。

进了皇宫,燕帖木儿向太后禀报妥欢帖睦尔一路上的表现,说道:"依臣看来,嗣皇帝虽然年少,但对太后成见颇深,若让他执掌朝权,恐怕日后对太后不利。"

卜答失里叹口气说:"既已迎立,也难以更改,且听天由命吧!"

但是,燕帖木儿仍是千方百计阻挠。妥欢帖睦尔进京三个月,仍然不得登位,朝廷大事,仍由燕帖木儿一人做主。

至顺四年(公元1333年)六月,燕帖木儿因酒色过度,溺血而死。卜答失里便召集大臣决定下来,扶妥欢帖睦尔登上皇位,改年号为"元统",这一年即为元统元年。史称元顺帝。

顺帝初即位几年,对太后卜答失里非常尊崇。后来,他利用丞相伯颜同燕帖木儿的宿怨,废黜燕帖木儿及其子孙,并打击了燕帖木儿在朝中的势力。在这期间,有人为讨好卜答失里,上书要求顺帝尊卜答失里为太皇太后,顺帝也答应下来,以婶母为祖母,授册宝那天,礼仪格外隆重、热闹,卜答失里端坐兴圣殿,接受了百官觐见,以及后宫妃嫔的朝拜,好不光彩。她全然不知道,自己的命运立即便是急转直下了。

元顺帝至元六年(公元1340年),妥欢帖睦尔巩固了权力,又借脱脱之手,杀死了专权不法的丞相伯颜。这年六月,他突然下了一道诏旨宣告中外,说先皇帝文宗与太皇太后卜答失里违背天理人伦,谋杀明宗与皇后,卜答失里离间骨肉罪恶尤其深重,立削去封号,迁到东安州居住,其子燕帖古思发落到高丽。

诏书一下,众大臣哗然,以丞相脱脱为首,率众人入朝请求顺帝宽恕太皇太后母子,尤其认为文宗作恶时燕帖古思当时只是个襁褓小儿,不应替父母担待罪名。

但是顺帝置之不理,宫人们奉了皇帝命令,如狼似虎地逼迫卜答失里母子出宫。一出宫门,母子两人又强行被分隔开,一个押往东安州,一个押往高丽。母子生离死别,唯有抱头痛哭。卜答失里到东安州后,满目凄凉,只有两三名老媪相随,于是,她积郁成疾,临死时后悔不该不听燕帖木儿的话,又挣扎着起身,靠着床栏,向东方声声呼叫:"儿啊儿,你年纪这么小,远居高丽,料想也保不住性命,我在黄泉路上等你,母子地下再相逢吧!"说罢,她跌倒在床上,咽下最后一口气。

再说燕帖古思一路跋涉,一路悲啼。监押官十分凶暴,一路上对他肆意鞭挞,走到榆关外,燕帖古思就被活活打死。

元顺帝三后

所谓三凤即元顺帝妥欢帖睦尔的皇后钦察·答纳失里、弘吉剌·伯颜忽都和奇·完者忽都,元顺帝刚即位时,因皇太后卜答失里的关系,对已死的燕帖木儿推恩备至。先是聘娶燕帖木儿的女儿答纳失里为皇后,又封燕帖木儿的弟弟、左丞相撒敦为荣王,燕帖木儿的儿子唐其势袭爵太平王,进阶金紫光禄大夫。几年后,撒敦病死,右丞相伯颜独揽大权。元顺帝日益信任伯颜,使唐其势愤愤不平。

一天,唐其势同几名亲信在府中密商,想找机会废黜元顺帝,另立新君,并且杀死伯颜,以恢复自己家族的势力,谁知事机不密,走漏了风声。元顺帝立即派人告知伯颜,命他小心防备。

元统二年(公元1334年)六月晦日(月底这一天),唐其势先派弟弟塔剌海在东郊埋下伏兵,自己率卫士袭击皇宫。谁知当他刚杀入禁城时,只见伏兵四起,伯颜亲自带领大将杀了出来。唐其势毫无思想准备,仓皇应战,而伯颜的军队越来越多,把他和卫士们团团围住,最后终因寡不敌众,被拖下马鞍活捉。

伯颜又带兵去东郊,将塔剌海的军队杀得东逃西窜,溃不成军,连塔剌海也一并活捉,关进了大牢。伯颜押着两名罪犯,进宫请顺帝登殿亲加审讯。

元顺帝说:"唐其势兄弟谋反之罪昭然,何必再审,你就按国法严办吧!"

伯颜便命卫士先将唐其势拖出午门斩首。唐其势返身攀住殿上栏杆,大叫道:"皇后救我!"坐在顺帝身边的皇后答纳失里虽然又悲又急,但不敢说一句话。唐其势又对顺帝说:

"陛下当初对臣的父亲有明令,宽恕子孙九死,为何今日违背前言?"

顺帝大怒,斥责道:"谋逆之罪不可宽恕!当初你兴兵犯上,怎么不想到今日会身首分家呢?"

两旁武士一拥上前牵扯唐其势,直至扯断栏杆,才把唐其势拖出殿外。这时,塔剌海吓得颤抖不已,毕竟年纪小,一闪身,竟躲到皇后的宝座下面。皇后不忍幼弟遭难,忙用自己的衣裙把他遮掩起来。但是伯颜岂肯放过,他在文宗朝与燕帖木儿争权好多年,一直屈居燕帖木儿之下,早就窝着一肚子气。只听他一声怒喝,命卫士上前,将塔剌海从皇后的座椅下面拉了出来,拔剑出鞘,把塔剌海劈成两段。鲜血四溅,洒在皇后的衣裙上,吓得皇后面色如土,缩成一团。

伯颜见状,微微冷笑一声,又对顺帝奏道:"皇后兄弟谋逆皇后也有罪,何况皇后偏袒兄弟,显然是同谋。请陛下割舍私情,以正国法。"

顺帝听了,尚在犹豫,伯颜已下命令:"把皇后拖出去!"

卫士们见顺帝没有表态,不敢动手。伯颜大怒,自己走上前,扯住皇后发髻,一把拖了下来。皇后大声啼哭,哀求顺帝:

"陛下救我,陛下救我!"

这时的顺帝也无可奈何,只是流着眼泪对皇后说:"你兄弟身犯大罪,朕亦不能救你!"

伯颜不耐烦了,下令卫士,把皇后拖出宫外,押到上都开平,暂时安置,听候发落。

几天之后,就有燕京派出的使者,手持顺帝诏书和一瓶鸩酒,来到开平,命皇后立即饮毒自裁。

答纳失里立为皇后不到两年,并无过错,因受父兄牵连,遭到这个下场,实在可怜。元顺帝对她这样无情,除了为报复太后卜答失里和燕帖木儿之外,还有另一层原因。

元顺帝册立答纳失里为后不久,又宠爱一个高丽女子奇氏。奇氏名叫完者忽都,本是侍女,长得极其秀丽,尤擅长调制饮料。顺帝每用膳必定要她侍候,她聪明狡黠,善用心计,很快就博得顺帝欢心,由侍膳变成侍寝。皇后答纳失里知道后,大大吃醋,好几次辱骂甚至责罚她。受了委屈,她不敢发作,但总到顺帝跟前哭诉一番。顺帝嘴上不说,心中颇为不满,渐渐便同皇后疏远起来。假如顺帝一向同皇后情投意合,即使皇后犯了法,也会设法袒护的。

答纳失里死后,顺帝想立奇氏为皇后。当时,奇氏已为顺帝生下皇子爱猷识理达腊,更加得宠。但是伯颜坚决反对,说奇氏是个高丽女子,且出身微贱,不配正位中宫。顺帝没有办法,只好改立弘吉喇·伯颜忽都为皇后。

伯颜忽都是武宗皇后真哥的侄孙女。她同前皇后答纳失里不同,性情温淑,表现得相当宽容大度,生活也很节俭。她从不同奇氏争风吃醋,相反还处处谦让,不时给奇氏一些赏赐。奇氏住兴圣西宫,元顺帝时常宿在那里,很少去中宫。皇后左右的人有些不平,但皇后没有一句怨言,一笑置之。

奇氏生了皇子,更得顺帝宠幸,不免骄矜起来,很想夺取皇后宝座。无奈她同顺帝说了几次,顺帝总是不敢,怕丞相伯颜阻挠。

元顺帝即位之初还略有些作为,以后,渐渐沉湎于酒色与享乐之中,常常不坐朝。凡朝事要政,多由伯颜决定,日子一久,竟是处处受伯颜的钳制。由此,奇氏更加痛恨伯颜,常在顺帝跟前进谗。到至元四年,元顺帝终于忍受不了伯颜的专横无礼,在伯颜侄子脱脱的帮助下,设法铲除了这个权相。伯颜死后,奇氏才得以立为第二皇后。她因伯颜忽都皇后待她不薄,不忍恩将仇报,所以让人替她上奏,要求仿照前代几位皇后并封的先例。顺帝十分高兴地接受下来。

过了几年,皇子爱猷识理达腊渐渐长大,顺帝视若掌上明珠,册为皇太子。他还常命太子陪侍左右,凡有巡幸外出,身边总带着太子,还命太子拜丞相脱脱为老师,加以严格教育。而顺帝自己,则越发追求享乐,不理朝政,甚至请了一些西洋僧人进宫,无权,不能诛灭这班妖人,唯有偷偷出宫,到脱脱府中诉说。

丞相脱脱在当时是个难得的忠直之臣,他不贪财,不好色,忠心为国。当他知道顺帝竟在宫中整天干这种荒唐事时,又惊又气。他告诉太子说,方今天下大乱,警报频传,刘福通、徐寿辉、方国珍、张士诚纷纷起事,盘踞一方,皇帝竟毫不在意,整日里寻欢作乐,大元朝不灭,更待何时?

太子离去后,脱脱连夜闯进宫去,竭力劝谏顺帝,要他亲君子,远小人,崇德远色,拨乱反正,以力挽危局,否则,亡国之日近在眼前!顺帝表面上听从,可是过了几天,当脱脱亲率大军去高邮同张士诚交战时,忽有朝廷诏书下达,谴责他劳师费财,不胜重任,命削去官爵,安置去淮安。

过片刻功夫,竟又有第二道诏书飞来,命脱脱迁徙去云南,并将他弟弟流放四川,长子充军肃州,次子充军兰州,所有家财一律籍没!不久,这位对元王朝忠心耿耿的脱脱丞相,在充军路上被逼自杀。

至正二十五年(公元1365年),在各路义军蜂起,元统治岌岌可危之时,伯颜忽都皇后病死,年42岁。伯颜忽都品德修养极好,连荒诞无耻的元顺帝也十分敬重她,她居住坤德殿,整日端坐,行止均按法度。她死后,皇后奇氏见她遗下的衣服十分破旧,好笑地说:"身为正宫,怎么穿用这样的衣服!"倒是皇太子尽管不是伯颜忽都所生,却对她相当尊重爱戴。听到她死的消息,特意从外地赶回燕京,吊丧时痛哭流涕,十分伤心。

皇太子见各路变乱迭起,时局越来越困难,而父亲元顺帝终日荒淫无度,一点不管国事,十分忧急,便想自己来做皇帝。他同母亲奇氏商量,想请顺帝禅位。奇氏怕左丞相太平不同意。母子俩想了个办法,把太平接进皇宫,招待好酒好菜,希望太平能帮助成全这件事。可是太平认为,皇帝假如不主动提出禅让的意思,是万不能这样干的。奇氏怀恨在心,密嘱亲信大臣上本参奏太平。昏头昏脑的元顺帝相信了谗言,把太平发配去吐蕃,又逼他在路上自尽。就这样,无论脱脱还是太平,元末为数极少的几个忠直之臣,不是被皇帝弄死,就是被皇后弄死,元顺帝时的朝政之腐朽,可见一斑了。

太子异常急切地想做皇帝,但是元顺帝不肯让位,他对儿子说:"朕头未白,齿未冷,怎能说朕已年老?"宦官朴不花与左丞相搠思监见有机可乘,便投靠了皇后与太子,两人借着皇后和太子的势力,排斥异己,残害大臣,触犯了大同镇帅孛罗帖木儿的利益。孛罗帖木儿以"清君侧"为名,率大军进犯燕京。皇太子亲率卫士去抵挡,结果大败而逃。孛罗的军队长驱直入,紧逼城下,元顺帝慌了手脚,一面把朴不花与搠思监两人捆绑起来,送入孛罗的军营处死,一面命令使臣把孛罗请进皇宫，好言抚慰，并封孛罗为右丞相，节制天下兵马。

再说太子逃到统帅河南军队的扩廓铁木儿那里去之后，扩廓以太子名义召集各路军队，向燕京进发，征讨孛罗帖木儿，孛罗闻讯大怒，带剑闯入皇宫，逼顺帝交出皇后奇氏。顺帝不忍，只是发抖不止。孛罗不耐烦了，指挥卫士们把皇后押出宫去，幽禁起来，又亲自出城去，抵挡扩廓的军队。

奇氏虽被幽禁，但仍然积极活动，她设法授意一名亲信宦官，去皇宫里挑选了几名绝色美女，送入孛罗府中，孛罗见了，喜笑颜开，对宦官说："难得皇后这样好心，你去代我向她致谢，过几天我马上送她回宫！"

从此，孛罗帖木儿放松了警惕，一味躲在家中同美女们淫乐。在奇皇后的策划下，顺帝下诏把孛罗骗进皇宫杀死，又杀尽孛罗的眷属以及部将。孛罗的军队便不战自溃。

扩廓帖木儿护送太子进京，走在半路上忽然接到奇皇后的密谕，命令率领军队拥护太子入城，逼顺帝让位。扩廓不露声色，当走到离燕京30里地时，扩廓就下令部队回去，自己只带了几名卫士，把太子送入皇宫。母子、父子相见，格外高兴，尤其元顺帝，见了太子欢喜不迭，他还不知道这母子俩正一心谋夺他的皇位呢。

见扩廓铁木儿不肯依附，奇皇后很是怨恨，唆使太子伺机谗害。此时，元顺帝任命扩廓为左丞相，加封太傅河南王，总制关、陕、晋、冀、山东等各地军事，要他南下征讨江淮一带的农民军张士诚、朱元璋和川蜀的明玉珍。但是关中的李思齐和张良弼不肯听扩廓的调遣。扩廓再派兵去攻打李、张。皇太子乘机向元顺帝进谗说："扩廓不听调令，私自出兵打自己人，未免过于跋扈。"顺帝听信了，派使者去传谕，命扩廓立即停止同关陕一带的战事，挥军南下打农民军，并任命皇太子为全国兵马大元帅，统领扩廓、李思齐、张良弼各部。扩廓不肯听，依然同李、张自相残杀。皇太子请求顺帝撤销扩廓兵权，还命令李、张两面夹击扩廓。扩廓大怒，领兵占领了太原，杀尽元朝设在太原的官吏。元顺帝再派各路军队围剿扩廓。

就这样，元朝的军队你打我，我打你，打了好几年，而这段时期中，占据江、浙一带的吴王朱元璋已是羽翼丰满。他乘元朝军队忙于内战，无暇他顾之际，迅速壮大自己的势力。他先打败占据湖广、江西地区的陈友谅，再讨伐江淮一带的张士诚，又逼降占据温州、庆元海域的方国珍。到元顺帝至正二十七年（公元1367年），朱元璋业已扫平群雄，拥有江南的半壁江山了。这一年，他积极准备北上讨元。

朱元璋的北伐军队一路攻城掠地，势如破竹。元顺帝带了三宫六院及皇太子匆匆逃往上都开平。至正二十八年（公元1368年）八月二十日。朱元璋攻进大都，元朝宣告灭亡。顺帝一路逃亡，于明太祖洪武三年（公元1370年）死在应昌。皇后奇氏随顺帝逃至漠北后，早顺帝一年病死。

权臣逸闻

元朝宰相桑哥

桑哥（？~1291），出身于畏兀儿族，长于吐蕃。他狡黠豪横，因善理财，为元世祖忽必烈所信任。至元二十四年（公元1287年），为尚书平章政事，天下大权尽归尚书。他改变钞法，颁行"至元宝钞"，同年，为尚书右丞相，兼宣政院使。他增征赋税，加重民间负担；诛杀异己，接受贿赂，致使天下大乱。后因罪恶滔天，被杀。

1.从小译吏到大宰相

桑哥虽然出生于畏兀儿族，但是他从小就十分聪慧，故少年时代就开始识字读经，懂得西域好几个国家的语言。年龄稍大些后，因其通多族言语而做过西蕃译吏。西蕃地处交通要道，商旅往来频繁，商业非常兴盛。桑哥从小生活在这里，学会了经商牟利，并学会了商人的精明与狡猾，以懂经营而作为将来的政治资本。

桑哥发迹的机遇是佛教。因为桑哥懂得很多种语言,而被忽必烈从译吏提升到总制院正院使,负责全国佛教事务兼吐蕃政教事务。这使桑哥有大量的机会接触元世祖忽必烈,他经常向忽必烈言及财利之事。这正好迎合了忽必烈的意思,因为当时社会经济衰落,元朝的统治出现了财政危机。为了摆脱经济困境,极需精通发财之术的人当政。桑哥恰逢其时地出现在忽必烈的视线里。

一天,桑哥向世祖忽必烈论述和雇(官府出钱雇用劳力,属半强制性)、和买(又称"和市",唐时,在青黄不接之时,官府向百姓发放贷款,夏秋时,以绢偿还贷款,名为"预买",后来演变为田赋附加税;至元朝,成为重赋)之事,世祖对他所提出的聚财办法非常高兴,于是头脑中便有了重用桑哥的意思。

有一次,中书省要为寺院买一批灯油,派了一名汉人官员李留判去办理,桑哥知道后非要自己去买,让中书省把油钱交给他。司徒不同意,说买油这种小事情不应该他去做。但桑哥坚持要自己去买,最后甚至为此两人大打出手。桑哥的目的是想用油钱去倒卖灯油牟取利益,最后桑哥终于以低廉的官价购买到了油,并以高价卖出,获利丰厚,既买回了油,又以所营息钱进献给了朝廷。忽必烈听说了这件事情,对桑哥的理财本领更是刮目相看。于是桑哥便渐渐得到了忽必烈的宠信。

至元二十四年(公元1287年)闰二月,元朝设置尚书省,桑哥与铁木儿并为平章政事。桑哥终于当上了宰相。他负责主持财政大事,成为显赫一时的重臣。从此,天下大权尽归尚书。三月,桑哥提出了使用新钞"至元宝钞"的建议,原来的"中统宝钞"仍然使用。并确定了新钞一贯,相当于旧钞五贯。国库当时亏空数目巨大,仅此一项,就将国库亏欠数目的五分之四转嫁到社会上。致使社会物价飞涨,民用匮乏。

2.贪赃枉法遭诛杀

桑哥为政期间,任意加重百姓的赋税,致使民不聊生。有的百姓不堪重负,纷纷自尽。有的逃入山林为盗贼,天下一片骚动,江淮一带更加严重。但贪官污吏们都说桑哥的好话,这都是桑哥苦心安排的。桑哥甚至还让他们为自己树碑立传。忽必烈不知道其中的内情,只是说:"人民要为他树碑立传那就立吧。"于是翰林院写了碑文,题曰:《王公辅政之碑》。

桑哥独揽大权之后,牟利的手段渗透到了各个领域,甚至是只要肯出高价,即使犯了罪,都可以不被判处徒刑;只要肯向他出钱贿赂,就可以买得爵位。桑哥的逆行倒施,使得天下人都对其恨之入骨。至元十六年(1279年),全国起义多达400余起,其中最为著名的是江南钟明亮起义。农民起义如火如荼,给元朝统治者以沉重的打击。这些起义迫使元朝统治者对起义动机进行反思,忽必烈受到震动,多次召集宠信大臣不忽木询问症结,不忽木说:"桑哥欺上瞒下,贪赃枉法,紊乱朝政,陷害忠良。于是百姓失业,盗贼蜂起,桑哥不诛灭,遗患无穷。"

至元二十六年(1289年)十二月,南台侍御史程文海上书说:"当今权奸用事,尚书以搜刮人民钱谷为要务,他所委任的下属都是贪污腐败以敲诈人民为能的人。江南之所以盗贼增多,就是因为他们无法承受这种盘剥。臣以为应当廓清尚书省的权限,让尚书省行使它应该行使的职权,罢免那些盘剥百姓的官吏,对人民实行恤民爱民的政策,这是对国家有好处的。"桑哥得知这些奏书大怒,六次上奏要杀程文海。但都没有得到忽必烈的允许。

至元二十八年(1291年)正月,集贤直学士赵孟頫谓奉御彻里说:"皇上说贾似道(南宋奸臣)荒淫误国,又责备留梦炎(南宋宰相)不向南宋皇上报告贾似道的罪恶。而今,桑哥的罪比贾似道的还胜,如果我等不将他的罪孽告诉皇上,他日我等必然无法逃脱干系。但是我只是一个被疏远的臣子,我说的话皇上一定不肯听。"彻里遂向世祖陈述了桑哥奸贪误国、祸害人民的种种罪孽,言词非常激烈。忽必烈当时不太相信,因此对彻里大发雷霆,命左右打他的脸,血涌口鼻。不久,世祖又召他询问这件事情,彻里更加强辩,说:"我与桑哥无仇,之所以这样极力控诉桑哥之罪孽,最主要的是为了国家。"众大臣及皇孙也先帖木儿也都说桑哥专权贪货的种种罪孽,于是忽必烈便萌生了杀桑哥的心思。

至元二十八年(1291年)二月,忽必烈令侍御史杜思敬与桑哥辩论。辩论多次，桑哥都理屈词穷。世祖于是责令御史台说："桑哥为恶四年之久，其奸赃之事很多，你们这些台臣，难道一点都不知道吗？知道而不弹劾他，你们的责任心都到哪去了？"

公元1291年七月，忽必烈下令杀桑哥，没收了他的全部家产，查抄到的珍宝有宫廷内所藏的一半之多。

元世祖花了三年的时间才推倒桑哥，诛杀了部分贪官污吏。但是，元朝的政风没有多少改变。桑哥在执政期间，曾经暗示手下为其树碑立传，歌功颂德，这一块碑也成了桑哥的耻辱碑。

身历元朝五代君主的权臣铁木迭儿

铁木迭儿（？~1322），蒙古人。成宗大德年间，任同知宣徽院事，兼通政院使。元武宗时，为云南行省左丞相。至大四年（1311年），拜中书右丞相，次年被免职。后起用为太师、开府仪同三司、监修国史、录军国重事。延祐元年（公元1314年），复为中书右丞相，至治二年（1322年）死。

1.收巨贿丢掉乌纱帽

延祐元年（1314年）四月，经右丞相哈散推荐，铁木迭儿升任开府仪同三司、监修国史、录军国重事。九月，为中书右丞相。铁木迭儿上奏说："近来听说近侍之臣越级奏事的很多，倘若不加以禁止，要达到致世

铁木迭儿

之效就异常困难，请皇上敕令诸司，从今以后中书省的政务，不准人加以干预。"仁宗答应了他的要求。

铁木迭儿为了显示自己的才干，首先从搜刮民脂民膏开始。其中最重要的举措就是"禁私匿民田"，因江浙一带粮食单产高，于是按照江浙一带的租税和

田亩数制定税收标准。这一方法在全国推广之后,朝廷财源滚滚而至,人民的负担却在不断加重。国内的各种矛盾日益加剧,南方相继爆发了许多武装起义。仁宗皇帝这时才感到非常害怕,于是急令宣布停止铁木迭儿的搜刮民脂民膏的措施。铁木迭儿刚开始当政,就在政治上受到了重创。

延祐四年(公元1317年)六月。上都富人张弼杀人被捕入狱,铁木迭儿派遣家奴胁迫留守贺伯颜将张弼放出来,但是贺伯颜偏偏不肯听命于他。中丞杨朵儿只查访后得知铁木迭儿接受张弼的巨额贿赂,于是将这件事情告诉了贺伯颜,贺伯颜势力孤单,就与丞相萧拜住一起上奏皇上,揭露铁木迭儿的贪赃枉法,胡作非为。朝廷大臣也纷纷一个接一个地揭露铁木迭儿的种种贪污罪行,仁宗震怒,下诏逮捕铁木迭儿,铁木迭儿慌忙逃入皇太后的兴盛宫,杨朵儿只四处紧急搜捕,却遭到了太后的斥责,仁宗不忍违背太后的意思,仅免去了铁木迭儿的相位,并将他的几个作恶多端的同党杀了。

铁木迭儿虽然免去了宰相之位,但他暗中活动,在皇太后的支持下,半年之后又被任命为太子大师,朝中大臣听说后莫不感到惊愕。众朝臣都纷纷表示抗议,御史中丞赵世延率诸御史指控铁木迭儿的数十件不法事情,另外还有几十个人也力劾铁木迭儿的不法之事。仁宗召杨朵儿只询问,杨朵儿只说:"铁木迭儿为东宫师傅,常在太子左右,恐怕他向太子灌输其奸诈的伎俩,则对国家的祸害就更大了。"仁宗因为碍于皇太后的面子,没有听从群臣的意思。

2.多行不义,身败名裂

公元1320年正月,仁宗驾崩。铁木迭儿奉皇太后的旨意,复任中书担任首席右丞相。铁木迭儿欺英宗年幼,又仗着自己是英宗的老师,所以在朝中大权独揽。反反复复的宫廷斗争,使铁木迭儿的手段变得更加老练,害起人来也更加肆无忌惮。

铁木迭儿再次任相之后,大肆迫害异己势力。在张弼一案中,很多大臣都反对他,他因此借机报复,他采用各个击破的手法。铁木迭儿尤怨杨朵儿只、萧拜住二人,因为他们是张弼案中反对自己最为强烈的。于是他借太后旨意,召二人至徽政院,以违背太后之旨而责备他们。杨朵儿只说:"我恨不能即刻斩杀你以谢天下,如果真的违背了太后的旨意,你还能活到现在吗?"铁木迭儿于是让两位御史作伪证,污蔑其有罪恶,上奏皇上将他杀了。杨朵儿只对那两个作伪证的人说:"你等作为御史,难道皆是鹰犬否?"在座的人感到羞惭,尽皆低头不语。铁木迭儿遂传令将两人斩杀于市,京城里的人都大为惊恐,在路上都不敢谈论这件事情,只是以目光来传达愤怒之意。不久之后,铁木迭儿想夺杨朵儿只之妻刘氏给别人,刘氏毁容剪发,这才得到幸免。赵世延为四川省平章政事,曾经弹劾铁木迭儿的十三罪,铁木迭儿决心乘机报复,立即奏请逮捕他。于是以朝廷名义命赵世延入京,但赵世延没有来。铁木迭儿又假意许以美官来引诱他,让他诬告不依附自己的人,赵世延不听从铁木迭儿的安排。铁木迭儿非常恼火。参议中书省事韩若愚,廉洁勤勉,铁木迭儿因其曾不附己,以种种罪名来污蔑他,最后夺其官,将他遣送回了乡里。

太子即位后,铁木迭儿进开府仪同三司、上柱国、太师。从此铁木迭儿更加专权,只要与他有一点小小的怨恨,他都要趁机报复,贺伯颜与他居住在同一条巷子里,因对他的奸诈非常憎恶,所以从来不与他往来,后来伯颜告发其贪污之罪名,铁木迭儿因此对他恨之入骨。不久,铁木迭儿奏伯颜以便服迎诏是对皇上的最大不敬,于是将他在街市上杀死,并没收了他的全部家产。伯颜被杀的那一天,百姓都争相持了纸钱焚烧,并在他的尸体旁边哭泣。

后来,铁木迭儿又诬赵世延违诏不敬,将他逮捕下狱,并奏请皇上将他处死,皇帝不许。英宗从容地对近侍说:"铁木迭儿一定想将赵世延置于死地,这是打击报复,朕素来听说赵世延忠良,所以铁木迭儿每次上奏我都不予以采纳。"左右都三呼万岁。

至治元年(公元 1321 年)五月,铁木迭儿将武宗子图帖睦尔贬谪至海南。诸王、大臣个个自危。

由于铁木迭儿的倒行逆施,专权跋扈,他的种种罪恶行径引起了英宗的强烈不满,许多元老旧臣也被他杀害,弄得朝中人人自危、朝不保夕。因此英宗开始疏远铁木迭儿。

公元 1322 年，铁木迭儿死在家中。御史盖继元、宋翼向皇上进言说铁木迭儿上负国恩，下失民望，使生灵涂炭，死有余辜。英宗下令将其所立的碑毁掉，将他的官爵夺去，并没收了他的全部家产。

元末名相脱脱

脱脱(1314~1355)元明顺帝时宰相，字大用，生于蒙古贵族之家。为相期间。他励精图治，锐意改革，减免赋税，选儒臣以劝谏。他还主张开河修路，利于通运，使元顺帝统治的前期社会趋于安定。至正十四年(1354 年)率军围攻高邮张士诚，被劾劳师费财，撤职流放云南，不久被毒死。

1.大义灭亲擒伯父

脱脱是元朝末期的著名宰相，他颇具治国韬略。至元四年(1338 年)，脱脱进御史大夫。他任职后，随即大振纲纪，内外肃然。脱脱还是个敢于劝谏君主的直臣，一次，他随从顺帝狩猎于保安州，顺帝所骑的马颠蹶。脱脱就劝谏说："古代帝王端居九重之上，每天和大臣、饱学之士讲求为政之道，至于飞鹰走狗，不是帝王的事。"顺帝接受了他的意见，对狩猎之事也渐渐淡忘了。

脱脱的伯父伯颜为中书右丞相。他依仗权势，无所忌惮，任用奸佞，滥杀无辜，擅自授官封爵，赦免死罪，收买精兵强将为己所用，严重威胁到了顺帝的统治。因此顺帝对他很是不满。脱脱从小就受伯颜的抚养，对伯颜的个性非常了解，常担忧他要失败。脱脱曾私下对父亲马札儿台说："伯父骄纵已极，万一天子震怒，我们就要被株连了。不如在他未败之时预先图谋。"他的父亲犹豫不决，不想将自己的兄弟置于死地。脱脱于是就向吴直方请教，吴直方建议他应忠于国家，大义灭亲。脱脱听从了这个建议。于是脱脱便与顺帝的心腹世杰班、阿鲁二人结为挚友，以图诛灭伯颜之大事。

一天，顺帝流着眼泪向脱脱诉说伯颜的专横跋扈，脱脱对此也深表同情。回来后和吴直方谋划除去伯颜之策。吴直方说："这是关系到宗庙社稷安危的大事，不可不保密,你和皇上议论之时,左右都有谁?"脱脱说:"有阿鲁和脱脱木儿。"吴直方说:"你的伯父有震主之威,这班人苟图利禄富贵,你们的话如被泄漏,那皇上就会面临危险,你也就会难免杀身之祸。"脱脱于是请二人到家,备酒奏乐,日夜不让他们出去。为防止卜伯颜作乱,脱脱加强了宫中守备,又命令卫士严查出入宫门的人,凡是隐蔽之处都安置士兵。脱脱和世杰班、阿鲁商议,计划等伯颜入朝时将他擒获。伯颜见脱脱把宫中变得戒备森严,心生恐惧,怒言责备脱脱。脱脱回答说:"天子所居,防御不得不这样。"伯颜也开始怀疑脱脱,因此增兵自卫。

至元六年(公元1340年)二月,太子燕帖古思被伯颜邀请去柳林打猎。脱脱和世杰班、阿鲁合谋,计划扣留京师城门钥匙,命令亲信布列城门下,待伯颜入城门时宣布其罪,企图通过这种方式捉拿伯颜。这夜,顺帝到玉德殿,召集近臣汪家奴、沙刺班及省院大臣先后入见,又召亲信入内草拟诏书,列举了伯颜的数条罪状。脱脱坐城门上,城门关闭。伯颜也遣骑士到城下追问原因。脱脱说:"皇上有旨驱逐丞相一人。"伯颜所领卫兵听后都各自散走,于是,伯颜被捕。伯颜事平定,诏以马札儿台为中书右丞相,脱脱知枢密院事等职。当年十月,马札儿台因病辞去相位,脱脱被授以太师衔就相国之位,成为中国历史上一位有名的贤相。

2.身负重任整朝纲

脱脱当了宰相之后,首先矫正了伯颜过去不恰当的旧政,并将以前的冤案昭雪,下诏将宣让、剜匝二王官的职位复原,使他们位居旧藩,并复阿鲁图亲王之位。他复行太庙的祭祀,开释马禁,减少盐额,蠲除拖欠的赋税,减轻了人民的负担。他恢复科举选士法,又开经筵,挑选儒臣为皇帝讲经,使贤能之士得到了任用,国家出现了重儒尊儒的良好局面。

至正三年(公元1343年),元顺帝下诏修辽、金、宋三史,命脱脱为都总裁官。脱脱修史的目的是想通过史学来劝谏君主,可谓眼光高远。脱脱对顺帝说:"陛下临御以来,天下无事,应该留心圣贤之学。不能听到左右有些人加以阻挠便以为经史无足以观看。"顺帝听了很是高兴。

脱脱对皇太子有救命之恩。皇太子爱猷识理达腊曾经养育于脱脱家，每次有病服药，脱脱必定先尝而后让皇太子服用。顺帝曾巡幸驻扎在云州，突然遇到狂风暴雨，山洪暴发，车马人畜都漂溺于水面上，脱脱抱着皇太子单骑登山，救了皇太子一命。顺帝非常感动，对脱脱说："你的功劳，我不会忘记的。"脱脱于是以私财造大寿元忠国寺于建德门外，为皇太子祈福，共费钞十二万二千锭。

脱脱为相期间，对治理黄河做出很大的努力。黄河在白茅堤和金堤决口长达五年，总未能堵，方圆数千里土地上的百姓深受其害。脱脱亲自参与治理黄河的决策。他采用贾鲁的计划，用堵塞之法来治理，并向群臣表明治理黄河的决心："自古以来黄河泛滥就是难治的疾病，现在我一定要除去这个疾病。"许多人泄气，但脱脱决不退缩，他奏请让贾鲁为工部尚书总治河防，使发河南北兵17万充役，用筑堤拦截河水的方式使河水充入故道。工程历时8个月才竣工。顺帝嘉奖他的功劳，赐世袭答剌罕之号，并令儒臣欧阳玄制《河平碑》来记载脱脱的治河功绩。

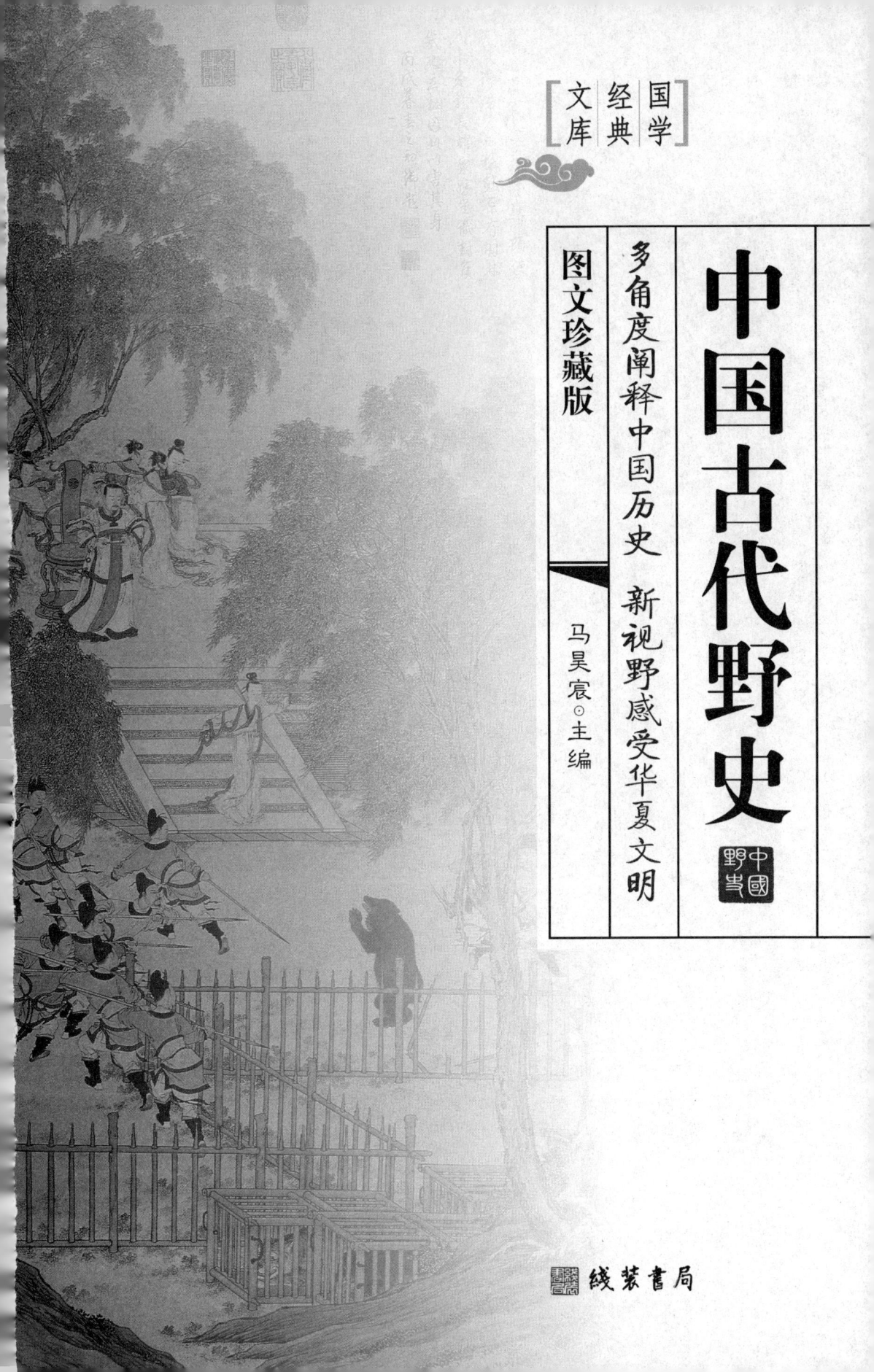

国学经典文库

图文珍藏版

中国古代野史

多角度阐释中国历史 新视野感受华夏文明

马昊宸◎主编

线装书局

文人传说

刘秉忠隐居入道

刘秉忠(1216~1274),字种晦,初名侃,为僧时法名子聪,自号藏春散人,邢州(今河北邢台)人。元朝大臣,科学家、文学家,草定元初典章礼乐规模制作,官至中书参知政事。著有《藏春集》十卷,仅传诗作六卷。

刘秉忠出生在金王朝统治下的邢州(今河北邢台市)。刘秉忠的祖先本是瑞州(今江西高安县)刘李村人,由于世代仕于辽王朝,遂为官宦之家。金灭辽以后,刘秉忠的祖先效命于金王朝,由于其曾祖父被任命为邢州节度副使,刘氏便定居于邢州,从此刘氏一家便成了邢州人。

刘秉忠虽然生于战乱的年代,可是他生而风骨异秀,志气英爽不霸。八岁那年始入学,由于其天资颖悟、卓尔不凡,小小年纪便

刘秉忠

能日诵数百言。十三岁之时,由于其父刘润为蒙古国录事,便被作为质子送往元帅府。在为质子时期,刘秉忠立志为学,诗文字画,与日俱进,同辈之人,莫可望其项背。十七岁那年,刘秉忠由于家贫,更为了奉养其亲,便不得不去充当邢台节度使府令史。在担任令史时,刘秉忠精明干练,诸老吏皆服其能。但对刘秉忠来说,一个小小的节度使府令史,难以满足他那颗高傲的心,因此刘秉忠常常郁郁寡欢,唉声叹气。终于有一天,刘秉忠提笔叹道:"我家累世官宦,而今我却汩没于刀笔之间。大丈夫才不遇世,当隐居以求其志耳!"于是,刘秉忠即弃

官而去,隐居于武安山(今河北有邢台市西南太行山的一部分),与全真道士一同居住。

全真道,是当时的北方地区道教的三派之一,另两派为真大道、太一道,其中以全真道最盛,在北方的势力也最强。全真道是咸阳人王重阳于公元 1153 年所创,光大于金末元初。公元 1222 年,成吉思汗西征到达阿姆河畔,在那里安营扎帐,会见了来自远方的莱州(今山东莱州)全真道道士,这个道士便是长春真人丘处机。这次会见是成吉思汗预先安排好的,他于公元 1219 年在西征途中就派遣工匠出身的汉族官员刘仲禄去莱州,邀请丘处机来讲授长生之术。丘处机作为全真道的领袖,也作为金朝汉人地主的代表,于公元 1221 年跋涉来到了蒙古军刚刚占领的撒马尔罕城(今乌兹别克撒马尔罕)下,与成吉思汗会见。公元 1222 年 3 月,成吉思汗与丘处机第一次在阿姆河畔的营帐相见。10 月,成吉思汗又一次召见丘处机,论道三日,由契丹人耶律阿海做翻译。当成吉思汗向丘处机询问长生不老之术时,丘处机诚恳地告诉成吉思汗:"世上本无什么长生不老之术,只有养生之法。"丘处机还针对当时蒙古军队的屠杀和掠夺政策,一再阐述自己的封建政治观点,要求成吉思汗治应以敬天爱民为本,长生之道以清心寡欲为要。这次会见之后,成吉思汗指令耶律阿海把丘处机的谈话记录下来,说是要传给他的子孙,并赐给丘处机一纸诏书,下令免除道士的赋税、差发。这次会见还有一个意外的收获,那就是使全真道的地位大大提高了,在佛、道两教并重的蒙古贵族统治初期,道教的地位开始高于佛教。

刘秉忠隐居武安山之时,正值全真道的盛期,他与全真道道士居于一处是有深刻的历史根源的。与全真道道士相处的这段日子,极大地影响了刘秉忠的生活,以至于他后来自号藏春散人,甚至连他自己的文集也名之为《藏春集》。这一切无不深刻地打下了道教的烙印。

公元 1238 年,有名的大法师虚照禅师主持天宁寺,当他听闻刘秉忠行高节端、才高于世,便派遣弟子颜仲夏招其为僧。因为刘秉忠擅长文辞,虚照禅师便让其作了书记一职,刘秉忠本人也取法号子聪,后人称他为僧子聪。后来,刘秉忠跟随虚照禅师云游,来到云中(今山西大同市),留在南堂寺修行。在这段时间里，刘秉忠尽其所能，博览群书，特别精通《易经》及邵氏《经世书》，对于天文、地理、律历、三式六壬奇门遁甲之类，也无不精通。除潜心读书之外，刘秉忠的诗赋、书法、音乐等方面的天赋也得到充分的发挥。刘秉忠所做的诗章乐府，都是脍炙人口，他的书法效法颜真卿的正楷、二王的草书，有口皆碑，当时人把他的音乐才能誉为"得琴阮徽外之遗音"，声声皆妙。刘秉忠在出家隐居期间中，获得意想不到的收获，成为当时群儒为之翘首的学者。

刘秉忠在出家隐居期间对于道教有一定的研究；后又入寺为僧，对于佛教更是精通；加之他原有的儒家文化功底。使得他年纪轻轻便成为学兼儒、佛、道三家的学者。由于他也多才多艺也自然而然将他推上了学术领袖的位置。

"元曲四大家"之首关汉卿

关汉卿，号已斋叟，金末元初大都人，是我国文学史上最早的伟大戏剧家。与马致远、白朴、郑光祖合称"元曲四大家"，并位居其首。他一生"不屑仕进"，生活在底层人民中间，多才多艺、能写会演、风流倜傥、豪爽侠义，是当时杂剧界的领袖人物。

著有杂剧六十部，现仅存十八部，其中曲白俱全者十五部。所作大曲十余套，小令五十余首。他的戏曲作品题材广泛，大多暴露了封建统治的黑暗腐败，表现了古代人民特别是青年妇女的苦难遭遇和反抗斗争，人物性格鲜明，结构完整，情节生动，语言本色而精练，对元杂剧和后来戏曲的发展产生了很大影响。

关汉卿

其作品主要有《窦娥冤》《救风尘》《望江亭》《单刀会》等。

1.调适心态,倜傥不羁

关汉卿的前半生,是在血与火交织的动荡不宁的年代中度过的。作为封建时代的知识分子,关汉卿熟读儒家经典,深受儒家思想影响,所以,在他的作品中,常把《周易》《尚书》等典籍的句子顺手拈来,运用自如。不过,他又生活在仕进之路长期堵塞的元代,科举废止、士子地位的下降,使他和这一代的许多知识分子一样,处于一种进则无门、退则不甘的难堪境地。和一些消沉颓唐的儒生相比,关汉卿在困境中较能够调适自己的心态。他生性开朗通达,放下士子的清高,转而以开阔的胸襟,"偶娼优而不辞"。他的散曲《南吕·一枝花》套数,自称"我是个蒸不烂、煮不熟、捶不扁、炒不爆响当当一粒铜豌豆",宣称"则除是阎王亲自唤,神鬼自来勾,三魂归地府,七魄丧冥幽;天那,那期间才不向烟花路儿上走。"这既是对封建价值观念的挑战,也是狂傲倔强、幽默睿智性格的自白。由于关汉卿面向下层、流连市井,受到了生生不息杂然并陈的民间文化的滋养,因而写杂剧,撰散曲,能够左右逢源、得心应手地运用民间俗众的白话,三教九流的行话。而作品中那些弱小人物的悲欢离合,也在流露着下层社会的生活气息与思想情态。

元朝,是儒家思想依然笼罩朝野而下层民众日益觉醒,反抗意识日益昂扬的年代。在文坛,雅文学虽然逐渐失去往日的辉煌,但它毕竟浸入肌肤,余风尚炽,而俗文学则风起云涌,走向繁盛。这两股浪潮碰撞交融,缔造出奇妙的文化景观。关汉卿生活在这种特定的历史阶段,他的戏剧创作及其艺术风貌,便呈现出鲜明而驳杂的物色。一方面,他对民生疾苦十分关切,对大众文化十分热爱;另一方面,在建立社会秩序的问题上他认同儒家仁政学说,甚至还流露出对仕进生活的向往。他一方面血泪交迸地写出感天动地的《窦娥冤》,另一方面又以憧憬的心态编写了充满富贵气息的《陈母教子》。就其全部文学创作的总体风格而言,既不全俗,又不全雅,而是俗不脱雅、雅不离俗。就创作的态度而言,他既贴近下层社会,敢于为人民大声疾呼,又是一位倜傥不羁的浪子,还往往流露出在现实中碰壁之后解脱自嘲、狂逸自雄的心态。总之,这多层面的矛盾,是社会文化思潮来回激荡的产物。唯其如此,关汉卿才成为文学史上一位说不尽的人物。

2.巧言脱险

民间传说,元代的关汉卿因为编演《窦娥冤》,得罪了统治者,官府要捉拿他治罪。关汉卿得知消息后,连夜逃走。途中,他遇到几位捕快。

班头问:"你是干什么的?"

关汉卿顺口答道:"三五步走遍天下,六七人统领千军。"班头明白了:"原来你是唱戏的。"关汉卿又吟道:"或为君子小人,或为才子佳人,登台便见;有时欢天喜地,有时惊天动地,转眼皆空。"班头见他如此伶俐,出口成章,便问道:"你是关……"关汉卿笑道:"看我非我,我看我,我亦非我;装谁像谁,谁装谁,谁就像谁。"班头本来爱看戏,特别爱看关汉卿编演的戏。知道眼前这人便是关汉卿。捉他吧,于心不忍,不捉吧,五百两赏银便没了。关汉卿看透了他的心理,便顺口吟道:"台头莫逞强,纵得到厚禄高官,得意无非俄顷事;眼下何足算,到头来抛盔卸甲,下场还是普通人。"

可能是这首诗打动了班头,他便对另几名捕快说:"放人吧。这是个疯子。"

关汉卿就这样脱了险。

白朴潜心创作

白朴(1226～1307 后),原名恒,字仁甫,又字太素,号兰谷先生,奥州(今陕西河曲县)人。自幼聪慧、满腹才学。其父白华任金朝枢密院判官,金哀宗天兴二年(公元 1233 年),蒙古军攻南京(今开封),白华随哀宗奔归德,白朴则与母留南京。次年金将崔立叛降,南京失陷。崔立掳王公大臣妻女送往蒙古军中,白朴母亲也在其内。这时白朴尚年幼,由他父亲的好友元好问带领,渡河至山东聊城,又迁居山西忻州。元好问视他如亲子。数年后白华北归,白朴随父依元名将史天泽，客居真定。元世祖中统初，史天泽曾将他推荐给朝廷，白朴再三辞谢。后师巨源又荐他从政，也不就，历宋元两朝终身未仕。

白朴

传说白朴自幼聪颖，善于默记。他通诗赋，精度曲，满腹经纶，由于对现实生活感到失望，始终不仕朝廷。虽有人再三举荐，依然辞却。他的才华与精力大多投入在杂剧的创作上。

其杂剧代表作《梧桐雨》，全名《唐明皇秋夜梧桐雨》，取材于唐人陈鸿《长恨歌传》，题目取自白居易《长恨歌》"秋雨梧桐叶落时"诗句。剧写唐明皇李隆基与杨贵妃的故事。其情节是：幽州节度使裨将安禄山失机当斩，解送京师。唐明皇反加宠爱，安遂与杨贵妃私通。因与杨国忠不睦，又出任范阳节度使。安禄山反，明皇仓皇逃出长安去蜀。至马嵬驿，大军不前，兵谏请诛杨国忠兄妹。明皇无奈，命贵妃于佛堂中自缢。后李隆基返长安，在西宫悬贵妃像，朝夕相对。一夕，梦中相见，为梧桐雨声惊醒，追思往事，倍添惆怅。全剧以李、杨爱情为主线，反映了安史之乱这一重大历史事件及唐王朝由盛至衰的过程。全剧结构层次井然，曲词华美典雅，诗意浓厚。末折以闻雨打梧桐声作结，渲染悲剧气氛，衬托李隆基凄凉的内心世界，尤见成功。此剧对清人洪昇的传奇戏曲《长生殿》影响很大。

《墙头马上》全名《裴少俊墙头马上》，所写故事本于白居易新乐府《井底引银瓶》。剧中写裴少俊奉父命由长安去洛阳选买奇花异卉，骑马过李世杰花园，和李世杰女李千金隔墙以诗赠答。当晚私约后园，为李家乳妪撞见，二人遂私奔到长安，居裴家后花园七年，生一子一女。后被少俊父裴行俭发现，强令少俊休妻而留下子女。千金归洛阳，父母亡故，在家守节。少俊中进士后，与李千金正式完婚。李千金形象有别于其他杂剧中的大家闺秀，她敢于蔑视封建礼教而私奔，还敢于为自己的行为辩护，有民间市井女子的性格特征。

白朴的词流传至今一百余首，大致为怀古、闲适、咏物与应酬。他的怀古

国学经典文库

中国古代野史

·元代野史·

图文珍藏版

词,如《沁园春·金陵凤凰台眺望》《水调歌头·初至金陵》等篇,寄托了故国之思,感慨很深:"长江不管兴亡,谩流尽英雄泪万行。问乌衣旧宅,谁家做主?白头老子,今日还乡……"这是由于他经历过改朝换代的乱世,遭受了父母离散的痛苦,因此有"山川满目之叹"。白朴还有不少"闲适"词,表现了消极避世的生活态度。他与不少元代作家一样,倾慕那浪迹山林的生活,如《西江月·渔父》等词即是。他的词风受宋词豪放派的影响。

白朴散曲内容大抵是叹世、咏景和闺怨之作。这也是元代散曲家经常表现的题材。艺术上以清丽见长。他的"叹世""写景"之作,如《沉醉东风·渔夫》《天净沙·春、夏、秋、冬》等曲,俊爽高远,以情写景,情景交融;闺情作品以仙吕·点绛唇散套为其代表作,文辞秀丽工整。还有一些小令吸收民间情歌特点,显得清新活泼。

马致远苦闷中发出豪放心声

马致远(1250~1321),大都(今北京)人。是元代著名的杂剧家。晚号"东篱"。他创作的杂剧有十六种,现存世的有《江州司马青衫泪》《破幽梦孤雁汉宫秋》《吕洞宾三醉岳阳楼》等七种。其散曲作品也极负盛名,小令《天净沙》成为流传千古、脍炙人口的佳篇。

马致远为"元曲四大家"之一。传说他在对历史不平的愤慨中,将抑郁和苦闷诉于笔端,从而发出豪放的心声。他和元初其他一些有才华的作家一样,把自己的艺术才智献给了杂剧创作事业,成为"梨园"中一个知名的人物。马致远创作活动的前期处于元世祖时期。他在这一时期的代表作品是《汉宫秋》。它以王昭君的故事为题材改编而成。公元前33年,汉元帝的宫妃昭君出塞并入匈奴,与呼韩邪生有一子。呼韩邪死后,根据匈奴习俗,王昭君又嫁给了新立的单于,又生二女。马致远在《汉宫秋》里突出了昭君出塞是在匈奴武力胁迫下进行的构想,把王昭君与汉元帝之间的关系写成了爱情关系。在故事的结局处理上,他写王昭君未入匈奴境内而投江自杀,从而表现出昭君对祖国和故土的情感和眷恋。戏中把王昭君出塞的目的描述成了汉室江山而和蕃,并借王昭君之口表现出她勇于承担大任的无私品质,赋予了王昭君以新的形象,歌颂了那种在民族矛盾中保持崇高气节的精神。

《荐福碑》是马致远创作前期的另一部重要作品。剧本通过主人公的不幸遭遇,抨击了当时的社会现实中贤愚不分、是非颠倒的丑恶现象,间接地表白了作者怀才不遇的思想感情。他在剧本中借主人公之口,讽刺和诅咒当时的社会:"这壁拦住贤路,那壁又挡住仕途。如今这越聪明越受聪明苦,越痴呆越享了痴呆福,越糊涂越有了糊涂富。"

马致远

马致远在他的一些文学作品里也体现了这一思想。套曲《般涉调·哨遍》中说:"半世逢场作戏,险些误了终焉计。白发劝东篱,西村最好幽栖。"

马致远于元成宗(1295~1307年在位)即位前后回到了大都,与艺人花李郎、红字李二及李时中合撰《黄粱梦》,标志着他的创作进入了后期。这一时期他所写的剧本几乎都是演述全真教的度脱故事。

这一时期马致远的散曲大都直接表露了他对历史上的是非和现实社会的态度。如散曲《秋思》中说:"百岁光阴一梦蝶,重回首往事堪嗟";"想秦宫汉阙,都做了衰草牛羊野——纵荒坟横断碑,不辨龙蛇";"投至孤踪与兔穴,多少豪杰!鼎足虽坚半腰里斩,魏耶?晋耶?"表面上,这套散曲包含着虚无思想。但是,这正说明了马致远对历史不平的愤慨。

马致远的作品中也反映了封建社会时期文人的郁闷心情。这种思想和元代绘画中某些作品的意境是相同的。在小令《秋思》中,马致远描写了一个天涯过客的秋思,意境萧瑟悲凉:"枯藤老树昏鸦,小桥流水人家,古道西风瘦马,夕阳西下,断肠人在天涯。"

总的来说，马致远在作品中更侧重现实的批判，如《汉宫秋》中斥责统治集团里的文武百官是"忘恩咬主贼禽兽"；《黄梁梦》抨击了当时的险恶的世风："如今人宜假不宜真，则敬衣衫不敬人"。

马致远的思想在当时具有一定的代表性，对后世也有深远的影响。他对于现实社会感到愤慨甚至苦闷和绝望，但他的愤慨之情却在悲凉的思绪中激所回荡，具有一股豪放的气势。

马致远的艺术才能得到了后人很高的评价，元代后期的周德清尊马致远为四家之一，明代的朱权更将马致远列于元曲家之首。总的来说，马致远擅长悲剧性的抒情，情调凄凉、悲愤，曲词老健、宏丽，是一位独具艺术特色的杂剧作家。

郑光祖不善逢迎

郑光祖，字德辉，平阳襄陵（今山西襄汾县）人。是元代著名的杂剧家和散曲家。与关汉卿、马致远、白朴齐名，号称"元代四大杂剧家"之一。

传说郑光祖早年以习儒为业，后来补授杭州路为吏，因而南居。他为人方直，不善与达官贵人相交往，因此官场上不少人都歧视和瞧不起他。可以想见，其官场生活是很艰难的。他把身怀感触大多寄托在了杂剧的创作上。

据文学戏剧界的学者考证，郑光祖一生写过十八种杂剧剧本，全部保留至今的，有《迷青琐倩女离魂》《伹梅香骗翰林风月》《醉思乡王粲登楼》《辅成王周公摄政》《虎牢关三战吕布》等。

以描写青年男女爱情故事为主题的剧本中，《迷青琐倩女离魂》是他的代表作。剧本以唐朝陈玄佑的《离魂记》小说为素材，其大致情节是：秀才王文举与倩女指腹为婚，王文举不幸父母早亡，倩女之母遂有悔约的打算，借口只有王文举得了进士之后才能成婚，想赖掉这门婚事。不料倩女却十分忠实于爱情，就在王文举赴京应试，与倩女柳亭相别之后，由于思念王文举，倩女的魂魄便离了原身，追随王文举一起奔赴京城。而王文举却不知是倩女的魂魄与他在一起,还以为倩女本人同他一起赴京。因此,当状元及第三年后,他准备从京城启程赴官,顺便打道去探望岳母,便先修书一封告知倩女的父母。王文举偕同倩女魂魄来到了倩女身边,魂魄与身体又合一,一对恩爱夫妻得到团圆。

全剧集中刻画了倩女追求婚姻自主,忠贞于爱情的形象和性格。在婚姻上,表现了她对封建礼教的反抗和鄙视。

郑光祖在《倩女离魂》一剧中,成功地塑造了一个对爱情忠贞不渝,感情真挚热烈的少女形象,因而使这一剧堪与《西厢记》相媲美。也正由于此,使郑光祖"名誉天下,声振闺阁"。郑光祖的历史剧,似乎不及他的爱情剧引人入胜,但是,他在描写人物内心活动方面,还是独具一格。

《王粲登楼》虽然在剧情、结构方面无甚可取,但词曲工丽,对人物心境的描写却颇具匠心。明人何良俊认为,郑光祖元曲当在关汉卿、马致远、白朴之上,他说:"王粲登楼第二折,摹写羁怀壮志,语多慷慨,而气亦爽烈,至后《尧民歌》《十二月》,托物寓意,尤为妙绝。岂作脂弄粉语者,可得窥其堂庑哉。"刘大杰也说,这些曲词"表现出思乡之情和怀才不遇的愤慨,情感的真挚,意象的高远,语言的俊朗,能与人物当时的心境相映衬。"

郑光祖一生从事于杂剧的创作,把他的全部天才贡献于这一民间艺术,在当时的艺术界享有很高的声誉。伶人都尊称他为郑老先生,他的作品通过众多伶人的传播,在民间产生了广泛的影响。

中国古代野史

明代野史

马昊宸⊙主编

线装书局

宫禁趣谈

皇后下厨

天大旱,朝廷祈雨,明太祖朱元璋在宫殿中西头的大屋中斋戒,皇后亲自动手烧火做饭,做的是地道的农家饭,朱元璋和太子以及各番王一起在斋所进食。吃过饭后,朱元璋身穿白色衣服,脚穿草鞋,徒步走上祭坛,坐在草席上,曝晒于炎日之中,夜晚也就地而睡。

妇女发浣衣局

宣德年间,陈祚向世宗请求讲授《大学衍义》,谁知世宗听了大怒,说:"陈祚以为我没有读过《大学》,这不是羞辱我吗?"因而命令抄了陈祚的家,把陈祚及其亲属一同关入锦衣卫狱中,妇女们则全都发送浣衣局服苦役。

乜先弑其主收其妻子

脱脱不花娶乜先的姐姐为妻。其时,乜先想立姐姐的儿子为太子,脱脱不花不同意,乜先便杀了脱脱不花,押着脱脱不花的妻子和儿女来投降明朝。于谦说:"乜先君臣之间互相仇杀,这是老天爷给我们一个复仇的机会。为臣我请求朝廷允许我率兵去讨伐贼敌。"景宗不同意。后来,阿剌杀了乜先,孛来又杀了阿剌,把乜先的母亲和妻儿抢了过去,并从明朝把脱脱不花的儿子麻儿要了回去,立他为君,号称"小王子"。

至老不识牛马

朱文圭是明惠帝的小儿子,明成祖把他幽禁在中都。明景帝可怜他无罪而久被囚拘,便释放了他,并让他定居凤阳,赐给他房屋奴婢,每月供应米面柴火,允许他娶亲成家,自由出入。文圭被关押时才 2 岁,到现在已经 57 岁了,所以出门见了牛马也不认识。

宫嫔殉葬

早先之时,明太祖去世,宫女们大多殉葬。明成祖、仁宗、宣宗时,也使宫女殉葬,人数多至数十人。郕王死后,景帝仍按照老规矩,让宫女殉葬。景泰八年,景帝在遗诏中下令废除殉葬制度。

万贵妃擅宠

明宪宗做太子时,万贵妃就开始擅宠了。宪宗继位后,吴皇后非常嫉妒万贵妃,就千方百计地挑她的过错,并用棍杖责打她。宪宗非常生气,便废除了吴皇后,把她打入冷宫。从此,万贵妃宠冠后宫,王皇后淡泊而处,丝毫不与万贵妃相争,这也是她能被立为皇后的原因。

纪氏生孝宗

纪氏是贺县人,本是当地首领的女儿,明军征讨蛮人时被俘,来到后宫,因机敏有才,通晓文字,便被安排看管内库。当时,万贵妃专宠,明宪宗偶尔来到内库,纪氏应对得体,甚得宪宗欢心,便同她交合,有了身孕。万贵妃知道后特别生气,命令婢女用钩子把胎儿取出来,婢女不忍下手,便谎报说纪氏不是怀孕，而是腹中有病，于是便把纪氏幽禁在安乐堂。到了日子，纪氏生下了皇子，她让太监张敏把婴儿溺死，张敏吃惊地说："皇上没有儿子，好不容易生了这么一个，怎么能抛弃呢？"便把婴儿藏到另一个屋子里，用米粉蜜糖等喂养。万贵妃每天派人探察情况，但一无所得。一天，宪宗召太监张敏给自己梳头，他对着镜子叹息说："唉，都快老了，还没有儿子。"张敏听到这里，连忙跪在地上说："万岁爷已经有儿子了。"宪宗惊问道："在哪里？"张敏磕着头说道："我说了便没命

万贵妃

了，万岁爷一定要为皇子做主。"这时，另一个太监怀恩跪下说："张敏说的是真的，皇子偷偷地养在西宫中，今年已经6岁了，只是一直不敢说出去。"宪宗听了万分高兴，当天就来到西宫，派人迎接皇子。纪氏抱着皇子边哭边说："儿啊，你一离开，我就活不成了。儿啊，你看见穿着黄袍，有胡子的人，就是你的父亲。"来人给皇子穿上小红袍，让他坐在小轿上，把他抬到台阶下面。下了轿，皇子边跑边喊父王，投入宪宗怀中。宪宗把他抱起来放在膝上，抚视了许久，认出确是自己的儿子，悲喜交加，哭着说："是我的儿子呀，完全像我。"给他起名为佑樘，并立为皇太子。这年六月，皇太子的母亲纪氏突然亡故。宪宗死后，皇太子继位，为明孝宗。

贵妃治食

孝肃皇太后住在仁寿宫，她对宪宗说："把皇太子交给我来看护吧。"于是，皇太子便住进了仁寿宫。一天，万贵妃召太子吃饭，皇太后叮嘱他："孩儿你去了后不要吃任何东西。"太子来到了万贵妃的住处，万贵妃准备了食物让他吃，他说："已经吃过饭了。"又让他喝汤，他说："不喝，怀疑有毒。"万贵妃说："这孩

子才几岁,就这样,日后,他一定要把我往死整的。"于是,气火攻心,很快就病倒了。

房中术

孝宗在宫中收到送来的一个小箱子,箱子里装的全是关于房中术的书,后面署着"臣安进献。"宪宗命令太监怀恩把东西拿到朝廷上,对着所有的大臣说:"这是大臣所应该做的吗?"姓安的大臣又惭愧,又害怕,汗流浃背,跪倒在地,一句话也说不出来。

夜入人家索妇女

江彬想要独揽朝中大权,因而多次唆使武宗外出远游,以便使那些宠臣们不能接近武宗。为了实现自己的目的,江彬便告诉武宗说宣府的乐工中有许多美貌女子,可以去嬉游,另外也可以顺便看一下外面的情况,何必死气沉沉地住在宫中,受那些大臣的限制呢? 武宗认为江彬说的正合自己的心意,因此同意了。于是,武宗经常在夜间外出,来到宣府,寻欢作乐。江彬先为武宗建了一座镇国府第,后又设立了专供武宗淫乐的场所豹房,世间的珍奇宝物以及美艳女子充斥其间。如此淫乐还不足,江彬还随着武宗,好几次在夜间闯入别人家中,掠抢妇女,而武宗觉得江彬很不错,更加宠信他了。

男性犹在必须近女

宣德年间,明宣宗赐给太监陈芜两个夫人。天顺初,明英宗赐给已故太监吴诚之妻宅第和土地。《高力士传》记载,唐时,河间男子吕元晤在京城做吏,其女儿吕国姝,被高力士娶为妻。《李国辅传》也记载,皇帝为李国辅娶元擢的女儿为妻。又据《朱子语类》记载,梁师成的妻子死了,苏叔党、范温都前去哀悼。由此可知,太监也有妻子,古今都一样。京城中的人们说这些太监虽然被阉割了,但男子的心理还在,所以必须要亲近女人。

敬事房太监

敬事房太监,专管皇帝同后妃的房事。皇帝同皇后交合了,房太监便在册子上记上交合的年、月、日和时辰,以便作为受孕的证据。如果皇上要临幸哪位妃子,那么在用晚膳时,凡是可以接待皇上的妃子,她们的名字都写在一块块的绿头牌上面,由房太监把这些牌子放在一个大银盘中。等皇上用完膳,太监举着盘子,跪在皇上面前。皇上如果不愿意临幸,就说一声"去"。如果想临幸哪个妃子,就把写有她的名字的牌子翻过来,太监便把这个牌子交给负责背妃子到皇上卧榻的太监。晚上,皇上先睡,但被子不盖住脚,负责背妃子的太监把妃子的上下衣脱掉,用大氅把她裹住,背她到皇上的床前,去掉大氅,妃子从皇上的脚下钻进被中,同皇上交合。这是明代后宫中的制度。如果皇上住在圆明园,则这一程序不需要,可以随时临幸,如平常人家那样。但是,晚膳时翻牌的程序还照旧。所以,皇上都在圆明园住的时间长,必住到年终,方才回宫,一至二月中,则又来园中住。

闻香动心

皇上在便殿中休息,闻到一股异常的香气,不禁怦怦心动,便问身边侍奉的人是怎么回事,回答说:"凡是圣驾临幸之处,都要点上这种香。"皇上听了叹说道:"我现在才明白了正是点这种香气使皇父、皇兄短寿,以后不许点这种香。"

官扮农夫村妇

过去的惯例,秋收时,钟鼓司要举行打稻的仪式。圣贺临幸旋磨台无逸殿,钟鼓司的官吏们都打扮成农夫村妇,以及管理农田、负责收租、审理官司的官吏,做种种表演。十年之后,皇上在各种时令、节日时的各项游幸大多废止了,只有这一项还举行,这是重视农事。

于谦之案

明景泰八年正月的一天,景泰帝重病卧床,新春佳节的皇宫里愁云惨淡,全无往年的喜庆气氛。就在这天夜里,移居南宫八年之久的太上皇英宗驾临奉天大殿。这就是明朝轰动一时的"夺门之变"。

英宗复位后,第一件事就是将兵部尚书于谦、大学士王文执付法司。不几日,主审官石亨、都御史萧惟桢等以谋逆罪将于谦、王文二人斩首。

于谦、王文二臣一死,朝野哗然。回首十年来的沧桑之变,人们简直像做了一场噩梦。

那是英宗正统十四年八月中秋过后的第二天夜里,一匹骏马得得疾驰,打破了京城的宁静,马蹄声由西长安门经过,一直奔皇宫内院而去。

一个月前,23岁的大明皇帝英宗不听劝阻,在佞宦王振的唆使下,委命御弟郕王朱祁钰留守京师,自己亲点五十万精兵挥师北上,迎战蒙古瓦喇部的挑衅。

人们只想到瓦喇来犯之敌也先部世代戎马倥偬,此次来犯又蓄谋已久,而英宗自九岁嗣位,十余年来深居皇宫,毫无作战经验,随英宗出征的王振又是一个只识得几个大字的宦臣,所以认定皇帝此番出征必定凶多吉少。正因为如此,当听到疾驰的马蹄声时,所有的人都从睡梦中惊醒,他们的心悬了起来。

正应了一句俗话:好事不出门,坏事传千里。皇帝在土木堡被也先所擒的消息不胫而走,很快传遍了京城大街小巷的每一个角落。人们惊呆了,有些人竟傻了似的哇哇大哭起来。

土木堡之变对于留守京师的郕王朱祁钰,却是别有一番滋味。黎明时分,郕王故作镇定,像往常一样来到午门左门接见群臣。郕王万万没想到,他来到左门却是这样一幅景象。

郕王还未坐定，群臣就七嘴八舌地吵得炸开了锅。他们大声叫嚷着，要求立即族灭佞宦王振，以慰受难的英宗和悲愤的百姓。

素无主见的朱祁钰听了，心里非常慌乱：他也早已厌恶王振的为人，但王振好比英宗的耳目、喉舌，甚至心肝，英宗在东宫时，王振教过他读书认字，英宗即位后，王振以英宗的"先生"贵宠日隆。郕王想：我要是把王振灭了族，将来英王回来却如何交代？

想到这里，郕王忙站起来要回宫，并吩咐立刻关闭午门。

群臣一听，也顾不得平日礼仪，愤激之下，一拥而上，拦住了郕王的去路。

郕王朱祁钰哪见过这种阵势，立刻慌了手脚。这时，是兵部侍郎于谦上来为郕王解了围。

于谦见群臣情绪异常，忙急步上前，挡在群臣与郕王之间，诚恳地劝道：

"殿下，现在是国家存亡的关键时刻，你若稍有差池，将来以何面目见为国蒙难的英宗皇帝？群臣今天虽说有些失礼，但他们都是为大明江山着想啊。土木堡之难，是王振一手造成的，不抄没其家何以平民愤啊！"

郕王听了于谦的话，定了定神，终于依从了群臣的请求，传下令后便匆匆起驾回宫了。

锦衣卫领令直奔王振家而去。文武百官也各自散了。吏部尚书王直却久久未动，他看着于谦因保护郕王，在众人的拖拽中被撕烂了的袍袖，感慨地说：

"今日之事多亏了贤弟。如今挽救国家危难正需要你这样的人呀。"

午门事件增添了北京城的紧张气氛。古语云：天下不可一日无主，而眼下，英宗已成为异邦的阶下囚，皇太子正牙牙学语，也先部落随时都有可能兵临北京城下，这让大臣们怎能不忧心如焚呢。

其年九月，郕王在大臣们的推戴下登上帝位，是为景泰帝。但尽管如此，仍不能使民心稍有安定：英宗所率的五十万精兵全军覆没，京城只剩了不足十万的兵力，且都是英宗筛选后的羸弱之卒。一些贪生怕死、贪图享受的大臣乘机危言耸听，到处煽动王公富族南逃，侍讲徐珵甚至肆无忌惮地散布妖言，说什么天降灾祸,只有南逃才能消灾免祸。

大臣们争吵不休,景泰帝举棋不定。此刻,新任兵部尚书于谦挺身而出,厉声说:

"倡议南迁者,立斩不饶!"

满朝哑然。接着,于谦又进一步说服景泰皇帝道:

"京都乃天下根本,人心所系,怎么能说弃就弃呢?宋朝南渡之事陛下莫非忘记了吗?为今之计,只有迅速调集军队,安定民心,积极备战,以稳定局势,争取主动。"

于谦镇定自如,句句话掷地有声,终于使景泰帝下定了决心。

形势是十分严峻的:土木堡之败,使明军产生了畏怯情绪,兵力又严重不足,工事、战具年久失修,但这些都吓不倒于谦,他慨然以军国大事为己任,并与皇帝立下了军令状。

就在于谦积极筹划攻守大略的时候,也先已经率领大军、挟持英宗南下了。也先一路上势如破竹,竟用了不到十天时间,就攻破了重重关隘,跨过卢沟桥,直抵北京城下。这是十月十日。

北京保卫战是一场血战,也是一场巧战。于谦否决了京师兵马总帅石亨把主力放在城内,拥城固守的方案,而将主力列阵于九门之外,城中只留少量守卒。结果也先一到,认定明军集中在城内,于是贸然猛攻城门,结果陷入了于谦的伏击圈,也先部主力顷刻间成为瓮中之鳖。

也先屡攻不克,损失惨重,只在北京呆了五天便拖着残兵败将逃之夭夭了。由此,于谦不仅解了北京之围,而且,由于他的周密部署,以致在后来的七八十年中,也先虽曾大举入寇,但其都城北京却再也没受到敌骑的蹂躏。

第二年,也先战败,向明朝请和。于是,在瓦剌过了整整一年游牧生活的英宗被迎回朝,并被迫接受了"太上皇"的尊号,住进南宫。

转眼已到了景泰八年正月,皇帝突然身染重病,卧床不起。这给节日的宫廷罩上了阴云——景泰帝登基后,废掉了英宗皇储,立自己的儿子为太子,谁知不到一年,他仅有的儿子却死掉了。从此,皇储之位一直悬而未决,如今,这又毫无疑问地成为宫廷阴谋活动的极好的温床。

正月十六日夜里，太监曹吉祥、武清侯石亨、都御史徐有贞等乘皇帝卧病、朝野上下人心浮动之机，将做梦都想复辟的太上皇朱祁镇迎回了金銮殿，而景泰帝朱祁钰则在其兄复位的钟鼓声中咽了气。

英宗复位后，石亨、徐有贞等少不得加官晋爵。大权在握，他们便开始了下一步的行动：排除异己，陷害忠良。而首当其冲的，便是于谦和他的有力支持者王文了。石亨为将时一直嫉恨景泰帝以于谦为兵部尚书，加之北京保卫战中于谦正确地否决了他拥城固守的方案，对此石亨始终耿耿于怀。而徐有贞就是当年散布谣言，鼓吹南逃的徐。二人急于陷害于谦、王文之情可想而知了。

徐有贞、石亨等捏造说于谦、王文"逢迎景泰篡位"、还说他们两人见景泰帝卧病，便阴谋迎立襄王等。英宗对徐、石等人深信不疑，于是令石亨及其党羽都御史萧维桢主持会审。

石亨、萧维桢对于谦、王文严刑拷问，逼迫他们承认所告罪行。王文对他们的无耻行径非常气愤，厉词质问：

"召迎亲王是须用金牌的，派人也要有马牌，这两样东西现在何处？"

石、萧二人被问得张口结舌，无言以对。于谦冷蔑地一笑，对王文说道：

"你不必费口舌了，这是石亨之辈的诡计，欲置你我于死地，辩也枉然。"

审了几天，萧维桢还是不能让于、王招供，自己又拿不出证据，只得以二犯阴谋迎立外藩为名，请求凌迟处死他们。

明英宗听了不同意，沉吟着说："于谦保卫北京是立了大功的。"

徐有贞奸险地说道："如果不杀于谦，陛下复位以何为名目呢？"

英宗听了倒吸口冷气，于是一言不发，签发了处死于谦、王文的旨令，不过，他将凌迟改为了处斩。

数日后，于谦、王文慷慨就义。临刑前，于谦还吟诗一首，诗末两句是：

顾我于今归去也，白云堆里笑呵呵。

其凛然之气可以想见。

土木堡之变前后，始终未离开皇宫的英宗皇太后听到于谦、王文被处斩的消息后,哀痛不已,伤悼数日,英宗见此情景才稍有悔意。

于谦死后不久,曹吉祥、石亨、萧维桢等就开始钩心斗角,为了权利争风吃醋了。先是萧维桢被曹、石合谋除掉,然后石亨和曹吉祥继续明争暗斗,其险诈渐渐被英宗觉察,二人见失宠于英宗,便狗急跳墙,先后策动谋反,结果事败,石亨死于狱中,之后曹吉祥也被诛。

平定曹吉祥叛乱之后,再看北京城,像是血洗过一样。明英宗不忍目睹眼前的惨状,仰天而叹。此刻,他似乎真的看到,在那幽幽白云生处,有一个人正冲着他冷蔑地笑着——那就是"忠肃公"于谦。

明宫琐事

年终时,在乾清宫守岁,从十二月二十四日起,到第二年正月十七日止。每日白天放炮仗,遇上大风则暂止一日半日。官眷内臣们都穿葫芦景补子及蟒衣,元宵这天则穿灯景补子和蟒衣。二月初二这天,各宫撒出所制作的彩妆。三月初四这天,都换穿罗衣。清明这天则称"秋千节",头发上插柳枝,坤宁宫其他各宫都安一座秋千。各宫的沟渠,也在此日都疏通了,而竹篾排棚、大木桶、天沟水管等,此时也都油漆一新,铜缸也刷洗干净以便装水。凡是院子大的内宫,都用席箔搭起凉棚,可以用绳子随时收放,遮阳取荫。四月初四这天,宫眷内臣都换穿纱衣。五月初一到初五,宫眷内臣都穿上五毒艾虎补子蟒衣,门两旁安放着菖蒲艾盆,门上悬挂一吊屏,上面画着天师或者仙子仙女执剑降五毒的故事,如同过年时的门神一样,挂一个月方才撤去。七月七日这天,宫眷们都穿鹊桥补子,观赏秋海棠、玉簪花。八月十五,摆上月饼瓜藕,等月亮上来点过香后,便尽情地吃喝,天亮方才散去。九月初四,宫眷内臣换穿罗衣。重阳节穿菊花补子蟒衣。十月初一颁历,初四宫眷内臣换穿纻衣,十一月冬至节,宫眷内臣都穿阳生补子蟒衣,空中悬挂很多绵羊太子画,司礼监印刷《九九消寒诗图》,诗都是鼓词俚语一类,并非宫廷文人应制而作,也不是皇上所作,不知因何原因而相传下来,都遵守原样,不敢有所改动。十二月初一,皇上赏给腊八果粥米,初八吃腊八粥;先此一日,泡枣汤,到了初八这天,加上粳米、白果、核桃仁、栗子、菱米来煮粥,煮成后,先给佛圣供上,窗户、园子中的树以及井盖之上,也都涂些粥,然后一起吃腊八粥。

田贵妃能事

田贵妃双脚缠得只有三寸长短,而袁贵妃的脚几乎是田贵妃的一倍,将近六寸长。皇上曾经在皇后面前嗤笑袁贵妃脚大,赞美田贵妃的三寸金莲,引得皇后非常不高兴。

田贵妃自幼练习钟、王楷书,后来又得到宫中的秘本临摹,因此书艺大长,达到了"能品"之境界。凡是书图卷轴之类,皇上常常让田贵妃题签。田贵妃还擅长画兰,又擅长踢球,还善于骑马,善于梳妆打扮,经常以新式样改变宫中的老样式。宴会时,她除去头上的首饰,另外作了副髻藏在发间,越发显得动人。她的衣服,在纱縠上饰缀一些剪出的绣花图案,配以不同颜色,看上去如同一幅画。

苏州织造局进贡一些女乐,皇上非常迷恋这些女子,田贵妃上书劝谏:"如今内外多事非,皇上却有心燕乐?"皇上在田贵妃的奏书上批道:"许久不见你,没想到学问大有长进。但是,朝廷内外的这些麻烦事,前朝就有了,并不是从朕这里才开始出现的,你忧虑什么呢?"

宫中羽衣

懿安后剪五色丝绢,叠成观音形状,宫中称此为"堆纱佛"。又用白绫同黄桑色绫相杂,裁制成如鹤氅式的衣服,给绢观音穿上,宫中称此为"霓裳羽衣"。又在别殿中供佛像,准备在殿前立幡竿,吩咐有关部门估算一下工价,估算的结果是需花费 1500 两银子。

截宫人发

万历元年，神宗不喜欢读书，慈圣皇太后把他召来，罚他跪在地上，许久不让起来。皇太后每次来到神宗读书的地方，都让他自己讲一遍，以便检查他是否记住了。每到上朝的日子，五更之时，皇太后便来到神宗的寝所，喊道："皇上快起来。"命令侍从扶神宗坐起来，打来水给他洗脸，然后拖着他上车出发。八月十一日，神宗在西苑宴乐，两个宫女在旁侍奉。神宗喝醉了，看着两个宫女，让她们唱新歌，她们推辞说不会唱。神宗非常生气，退席取来宝剑，要刺杀两个宫女，左右劝止住了他，但他仍不罢休，最后用剑割下她们的头发才算完事。第二日，慈圣太后知道了这一情况，非常生气，她换上青布袍，去掉簪子耳环，传话给内阁大学士张居正，让他写奏章，对神宗的过失加以严厉的劝谏，并且还让他替神宗起草自责的御扎。慈圣皇太后又把神宗召来，让他跪在面前，斥责他的过错，直到说出："难道我非用你做皇帝不成吗？"当时，宫中盛传皇太后命令冯保到内阁去取《霍光传》，将要废掉神宗，另立潞王为帝。神宗异常恐惧，跪在地上一个劲地哭，怎么也不肯起来，乞求皇太后不要废掉自己。

皇后坏股

英宗的皇后姓钱。正统十四年，英宗到北边巡狩，被瓦剌军俘虏，钱皇后把中宫所有的钱财都拿出来，作为迎驾费。每天夜里她都对天祈祷，求老天保祐英宗平安归来。祈祷完毕后，她便睡在地上，时间久了，睡坏了一条大腿，又由于经常哭泣，眼睛也坏了。

帝与后偷荤吃素

明太祖朱元璋与马皇后每月吃斋十天，他们嫌素菜没味，御厨便将生鹅退去毛，从后面把肠子等挖出，然后把蔬菜填进去，放在锅中煮，取出来后，再用酒洗净，最后用麻油烹煮成馔，让太祖和皇后吃，他们吃得很香。

李太后赐父泥水刀

武清伯李伟，是慈圣李太后的父亲。他原来是一个瓦匠，因女儿做了皇后，一下子富贵，所以欲望无穷，处处要奢侈，不停地向女儿索取，贪得无厌。一天，慈圣太后赐他一个箱子，外面加锁，他猜想里面装的一定是贵重宝物，打开一看，里面装的却是瓦匠所用的泥水刀。原来，慈圣太后的意思是让他稍微收敛一下。

帝王传奇

明朝开国皇帝明太祖朱元璋

1.童年困苦

1328 年 9 月 18 日，元文宗天历元年，朱元璋出生于安徽钟离太平乡孤庄村（现安徽盱眙）的一个贫苦农家，父母起名为重八。重八祖籍江苏句容，祖父辈逃生到盱眙垦荒，便安家那里。父亲一生为佃农，由于地主时常加租，难以支持，东迁西移，不断变换东家。到 60 岁，才在孤庄村定居。重八为家中四子，上有三个哥哥，二个姐姐。

重八幼时体质瘦弱，父母担心养活不了，便给他在附近的庙里舍了身，企望佛祖保佑重八健康成人。这也许就是他后来投身寺院的一个姻缘吧。

当时的佃农，很多为地主垦荒，荒田的租金稍微低一些。而一旦生田变为熟田,地主就提租,否则就赶人。朱家在孤庄村已经住了有些年头,租金一涨再涨,加上儿女多,生计很难维持。重八七岁时,便得帮衬家里,去给地主放牛。

放牛的日子里,重八结交了一些童年玩伴,象汤和、徐达、周德兴,后来都成了他忠实的左右手。重八个性突出,心思多,花样多,又有胆气,敢担当,在玩伴中很有威信。王文录《龙兴慈记》中记载了一个故事,显示了重八从小不同寻常小儿的峥嵘头角。

一天,重八和伙伴们在山上放牛。

明太祖朱元璋

大伙儿疯玩了一气,不觉都饿了。看看太阳落山还早着呢,谁也不敢这会儿就回村,要不会挨地主的鞭子。大家越饿越想着吃的,七嘴八舌,有人说:不知道肉是什么滋味,富人家成天都吃。更是惹得众人肚空心慌。重八突然提高嗓门,大声说:"放着现成的肉,不吃白不吃。"动手去牵过来了一头小牛。几个小伙伴先是一愣,但看到有人做主,又实在馋得难受,便一起上前将牛捆了,宰牛、剥皮、烤肉,不一会儿就都狼吞虎咽起来。吃完了,天也昏黑了,该回家了,大家都发愁,怎么跟地主交代?还是重八出了主意,将小牛皮骨埋了,把牛尾巴插在一个地缝里,回去告诉地主,小牛陷到地里去,只剩尾巴露在地面,怎么拔也拔不出来。这样荒唐天真的故事,自然地主不会相信。重八挨了一顿暴打,被赶回家。而他也因此在伙伴中成了当然的头领。

朱元璋的少年时期,全国各地相继爆发百姓聚众起义。1337 年,元璋 10岁,广东朱光潜起义,称大金国,很快失败。棒胡于河南汝宁信阳起义,宣扬弥勒佛王降生,也被镇压。另外有合州大足县韩法师,惠州归善聂秀卿、谭景山等起义。十一岁时,袁州彭莹玉、周子旺起义,周子旺称周王,后被捕遇害。彭莹玉逃到淮西,后与徐寿辉再度起事。漳州南胜李志甫起义。这些起义很多借助宗教进行反元宣传,当时,明教、弥勒佛教,白莲教都在民间广为流行,很有影响。

明教起源于西亚,唐时流传到中土。它的主要教义是"二宗三际",二宗指相信世界的本源是光明和黑暗两种力量。光明也即是善,是理;黑暗是恶,是欲。这两种力量的斗争构成了世界的变动。斗争分为三个过程,即三际。初际,天地未辟,只有光明与黑暗两种力量存在,处于抗衡状态;中际,黑暗压倒光明,世间混乱不平,这时便有明王出世,驱除黑暗,明王即明尊、明使;后际,光明与黑暗各归其位,黑暗处隐,光明昭显,世间恢复和平安定。弥勒佛教认为弥勒佛为释迦牟尼的继承者,释迦仙逝后,世界被恶势力侵占,人心也不再纯良,只有等待弥勒佛的降生,才能挽救世界,重创一个美好合理的世界。白莲教主要是劝人向善,死后可升入西方净土白莲池,永享幸福。这三种宗教在漫长的年代里流传民间,互相融合,它们给广大贫苦农民以希望。传教中提倡互助,教中子弟,一人有事,大家相帮,深得民心。明教有经文道:"焚我残躯,熊熊圣火。生亦何欢,死亦何苦? 为善除恶,惟光明故。喜乐悲愁,皆归尘土。怜我世人,忧患实多!"怜我世人,忧患实多! 这样的宗教,鼓舞了人们反抗恶势力,反抗不平的勇气,成为广大贫苦百姓参加起义的主要精神动力。

1344 年,(元顺帝至正四年),朱元璋 17 岁了。春天起,淮河流域天灾肆虐。旱灾、蝗灾后紧接着是瘟疫。起先是一家一户,后来是一村一村地死人,活人离乡逃命,整个淮河平原一片荒凉萧条。

瘟疫也侵袭了朱元璋的家乡太平乡孤庄村。在这场横祸中,父母哥嫂相继亡故,家里只剩下元璋和他的二哥。骤然面对亲人的死,元璋第一次感到生的艰辛和不易。当时,家徒四壁,别说钱,连一样值钱的东西可以抵挡了,为亲人买棺下葬的都没有。还是邻居刘继祖好心,舍了一块地给他们,破衣旧席草草裹了亲人尸身葬了。在后来朱元璋自制的《皇陵碑》里,他追忆:"殡无棺椁,被体恶裳,浮掩三尺,奠何殽浆。"穷苦到连人伦之孝都不能尽分,算是让人内心惨痛之至的事了。

天灾使本来艰难为生的农民更加难以维持生计,元统治者手忙脚乱应付各地风潮,丝毫不顾及民生,而且变本加厉地加强对汉人、南人的压制。他们严禁汉人执有军械,一切马匹归公。元人任意殴打汉人,汉人不得还击。甚至有大臣主张杀绝汉人张王刘李赵五大姓,这无异于火上加油,整个中国如一堆巨大的干草,已零星冒烟,只等待一把大火,熊熊燃起,烧毁整个统治集团。

元璋父母俱丧,顿失依靠,亲戚不多,也大都景况不好,要不就是久无联系,无法投靠。生计维艰,晃荡半年,只得投身寺庙,到邻近皇觉寺去当了和尚。在《皇陵碑》中,他写这段经历:"众各为计,云水飘扬,我何所为,百无所长。依亲自辱,仰天茫茫。既非可倚,侣影相将。突朝烟而急进,暮投古寺以趋跄,仰穷崖崔嵬而倚壁,听猿啼夜月而凄凉。魂悠悠而觅父母无有,志落魄而央伴。"

元璋在寺内的生活也很辛苦。他剃了头,但没有受戒,是作为小行童被收留的。元朝僧人多有妻室,朱元璋在寺里要做很多杂活,还要伺候长老高彬的家小,从早忙到晚,只是饱了肚子。很多年长师兄也欺负他小,东指西派,时常给脸色,孤身一人,亲友不在,元璋在寺里很不畅快。

有一次,元璋打扫伽蓝殿,不小心叫伽蓝像的石座绊了,又累又气,索性拿起扫帚抽了伽蓝神一顿。

又一次,供在佛殿神案上的红蜡烛叫老鼠啃了,元璋挨了长老的责骂,气极了,心想:你这个伽蓝神连自己屋里的东西都看不好,有什么用? 害得我受气。拿笔在神像背后批上:"发去三千里",竟然把神发配充军去了,元璋少时个性之强,可见一斑。

僧侣在中国是个特殊阶层。寺院靠朝廷资助、信徒捐赠维持,另外寺院又有自己的田产,把土地租给佃农,坐享地租。元璋投身为僧的这一年,整个淮河流域灾情严重,田里颗粒无收,皇觉寺也维持不下去了。寺里先后打发众僧出门云游,元璋也最后一个被打发出去行脚为生了。五十天的行童生涯就此结束。元璋第一次走出了自己的故乡,走到广阔世界里。

2.中都营殿

太祖朱元璋灭掉元朝,统一天下以后,便以临濠为中都,营建城郭宫殿像京师的规模。这之前,皇帝召见各位元老问建都之地选在哪儿,有的说关中险要稳固,有的说洛阳地处天下之中,汴梁为宋朝的旧京,还有的说北平是过去元朝的宫室,借助它可以节省民力。皇帝说:"大家所说都有一定道理,只是时代不同罢了,长安、洛阳、汴京,实是周、秦、汉、魏、唐、宋的旧都,但是天下刚刚平定,百姓还没有从战乱中恢复过来,朕若在那些地方建都,物资和力役的供给都要仰仗江南,就加重人民的运输之劳。如果借助北平的宫室,也不能不有所改建。临濠有长江做天堑,虎踞龙盘之地,足可以建国立都,它前面是长江,后面是淮河,有险可以倚恃,有水可以漕运,朕要把它建成中都如何?"群臣都说好,便开工营建了。

3.太祖受欺

太祖本来出身于草莽之间,一跃而登上皇帝宝座。一天,独自一人在殿上散步,四顾无人,回想当初起兵的时候,不禁哑然失笑,便说了几句得意的话:"我本沿江抢掠,不料弄假成真,今日得此尊严,实在出人意想之外。"正说间偶然抬头,瞥见一人蹲在房梁上,原来是个工匠,很可能是宫殿刚刚建成,油漆还没有刷完,梁上的人正在工作。皇帝叫那人下来,招呼好几声那人就是不动弹,仍旧做自己的事。皇帝感到奇怪,又唤一声,匠人才下来,在地上下拜说:"小人因耳聋听不见,罪该万死。"皇帝一笑,让他继续工作。这大概是匠人已知道皇帝召他,必死无疑,因此假装是聋子,召唤几次也不答应,皇帝既知道他耳朵聋,就赦他无罪,其实已受匠人的欺骗了。

4.侃侃而谈

徐达、李文忠回师到龙江,皇帝出面在长江上慰劳三军将士。过了两天,以武事成功祭告于祖庙,令大都督府兵部上报诸将功绩,皇帝亲自审定他们的排列次序。到颁爵行赏时,任命李善长为韩国公,邓愈为卫国公,常玉春儿子常茂为郑国公,再加上汤和等封侯的,共 28 人。接着又封汪广洋为忠勤伯,御史中丞刘荃为诚意伯,第三天大宴群臣。宴会的第二天,诸臣入宫致谢,皇帝赐座华盖殿，从容地论起夺取天下的方略说："朕起于民间，本想保存自己，渡江以后，看到群雄所作所为，只危害百姓。张士诚、陈友谅尤为大害。张士诚恃富，陈友谅恃强，朕独无所恃，只是不好杀人，布施信义，实行节俭，与你们上下一心，同舟共济。最初与张、陈二寇相对峙，士诚步步紧逼，有人建议应该先击破他。朕以为友谅志气骄横，士诚器量狭小，志气骄横则好生事，器量狭小则无远图，所以先攻打陈友谅。鄱阳一战，张士诚始终不能出姑苏城一步，去支援陈友谅。当初如果先进攻张士诚，张士诚坚守姑苏，陈友谅必定倾巢出动，我就腹背受敌了！后来北定中原，先攻山东，后攻河、洛，停止潼关之兵。不马上攻取秦、陇的原因，是因为库库特穆尔、李思齐、张思道，都身经百战，未能一时拿下，急攻则并力于一隅，不易攻战。所以出其不意，倒旗向北，燕都既拿下，然后西征，张思道、李思齐势单力孤，绝了希望，可不战而胜。但库库特穆尔犹奋力抗争，不肯屈服，从前若不先攻下燕都，突然间和他们硬碰硬，胜败就很难说了。"各位老臣听了，都赞叹不已。

5.行丧议礼

贵妃孙氏死了，命礼官议定丧报制度，礼部尚书牛谅等上奏所议论之礼制，即父宗还在，为母亲服丧一年，庶母则无丧服。皇帝说："父母之恩是一样的，高低相差这许多，太不合情理了。"下令让儒臣重加审定，宋濂等考证古人论述服母丧者有42人，愿意服三年丧的28人，服一年丧的14人。皇帝说："三年之丧，是天下通行的丧制，人情能接受的，就是天理所在。"于是定下制度：儿子为父母，庶子为母亲，都服斩衰三年；嫡子、众子为庶母，都服齐衰；用杖五服，丧制都有升降。成文后，皇帝下命令说："孝慈录，颁行天下。"当初，孙贵妃本来未生儿子，命令吴王朱橚服慈母服，齐衰三年，主持丧事，皇太子及诸王都服齐衰用杖。太子说："按礼规定，只有士人为庶母服缌服，大夫以上则无服。如今陛下贵为天子，臣辱居嫡长，而为庶母服一年丧，这不能说是尊敬宗庙，重视继体呀，不敢奉诏。"皇帝大怒，群臣震惊，不知说什么好。正字(官名，掌管校雠典籍，刊正文字等事务)桂彦良对太子说："殿下应当依照君父之情，不可拘执小礼而亏损大孝。"于是按重孝服丧,太子穿孝服拜谢,皇帝才消气。

6.保保真奇

还没灭元的时候,太祖就曾派遣使者与库库特穆尔通好,库库特穆尔扣住使者不让走,前后七次致信皆不予答复。出塞后,又派人去召他,也不回应,太祖心中更加敬重他。一次大会诸将,太祖问道:"谁称得上是天下奇男子?"都异口同声地回答说:"只常遇春一人而已。"太祖笑道:"遇春虽是人中豪杰,我能臣服他,我知道一个人是真正的奇男子,而这个人始终不肯臣服我,那就是王保保,因此我以为王保保的为人,堪称奇男子。"保保是库库特穆尔的小字。太祖又册封库库特穆尔的妹妹为秦王妃,刘基曾对常遇春说过此事,认为库库特穆尔不可小看。到徐达吃了败仗后,大军也很少出塞,库库特穆尔随他的主子远徙金山。不久,死在哈喇诺海的衙庭,他的妻子毛氏也自缢身死,始终不愿为明朝服务。

7.和尚赐座

太祖一生英雄威武,为群臣所敬重。即位不久,便喜欢上佛教,下诏征调东南的戒律僧,数次在蒋山建立法会。僧人应答合乎旨意的,便召进宫中赐座,讲论时听取他们的意见。诸僧恃宠而骄,特意为佛家创立职官,于是设置左右善世阐教等,都给他们很高的官阶和俸禄,对道教也是如此。大理寺卿李仕鲁上书说:"陛下正在创建大业,指令所导向的,即是告示子孙万代应遵守的程式,为何要舍弃儒学而重视异端呢?"几次上书,皇帝都不予理睬。李仕鲁性格刚烈耿直,以反对佛教为己任,见皇帝不听自己的话,便要弃官回家养老,放笏板在皇帝面前。皇帝大怒,命令武士推出去立刻斩首阶下。唉!皇帝因为一念之差,就杀害无辜的忠良之臣,能够辞其咎吗?

8.治狱通经

朱允炆是太祖的第二个孙子,禀性聪颖,便立他为皇太孙。一次皇帝发怒时,有所诛罚遣责,退朝后怒气未消。太孙从容地进言道:"《论语》说:'你假如能审出罪犯的真情,便应该同情他,可怜他,切不要自鸣得意!'这或许是一种解脱的办法。"皇帝听了,就不再生气了。还有一次,巡逻兵抓住七个盗贼,太孙观察他们一番后,对皇帝说:"六个人是盗贼,另一个不是。"经过审讯,果然如此。皇帝问:"你怎么知道那个人不是盗贼?"太孙回答说:"《周礼》书上讲,断案要先察言观色,那人眼光明亮,仔细端详,知他一定不是盗贼。"皇帝高兴说:"审理案件贵在通晓经书,确实如此。"

9.宫中戒严

洪武三年,皇帝命令工部制造红牌,上边刻有告诫晓谕后妃的词句,悬挂在宫中,严肃后宫的禁令。皇后的尊贵,只能处治宫中的事,宫门外的事,丝毫不得干预。后妃女官,以及宫中的诸项费用,都由宫官的首长上奏,再发往内宫监复奏,才能到户部领取。如果宫官的首长不上奏,而擅自去户部领取的都要论处。死了宫嫔以下的人,或者有病不能进宫,只能凭证取药。命妇只有庆典节日朝见中宫,无事不许入宫,人主也无见命妇之礼。凡是天子及亲王后妃宫人等,一定要选择良家女子,按礼聘娶,不拘泥于处所,不要受大臣送进,又命令儒臣修立女诫。

10.吟诗触怒

太祖在宫中,常与后妃等饮酒取乐。当时的诗人高启,作《宫女诗图》说:"女奴扶醉踏苍苔,明月西园侍宴回;小犬隔花空吠影,夜深宫禁有谁来。"高启就因这首诗遭来横祸,因为宫中实有其事,因此触发了太祖的怒气。

11.纳履受灾

太祖宫中有四个姊妹,同做女官,长相都很漂亮,老大叫兰英,老二叫荷英,老三叫菊英,老四叫桂英,整个宫内称她们为四美人。太祖因为四姊妹美丽聪明、多才多艺,给她们以优厚的礼遇。一天,菊英把破鞋扔在地上,被新进宫的内侍王云捡到。王云看好那鞋上所绣的花鸟,栩栩如生,想把它带出宫外,向亲朋邻里夸耀,便将鞋放进袖筒里,珍贵如珠宝。开始时并没有觉察这么做违犯宫中禁令,时值太祖到内花园饮宴游玩,丹桂花盛开,命令王云向最高的枝条上折花,一不小心,袖中藏的鞋掉在地上。皇帝见了大怒,立刻叫人用木杖把王云打死。

明惠帝朱允炆靖难"失国"

明惠帝朱允炆(公元 1399～1402 年在位)明朝第二个皇帝,明太祖朱元璋长孙。他即位后因削藩引发"靖难之役",皇位被叔父朱棣夺取。明惠帝后下落不明,成为历史悬案。

传说明太祖朱元璋早在自己称吴王时就立自己的长子朱标为世子,做了皇帝后朱标成了皇太子。但在洪武二十五年(1292年)朱标死去。朱元璋立朱标的第二个儿子朱允炆为皇太孙。朱元璋死后,朱允炆继承帝位,年号建文,史称建文帝。

朱允炆做皇帝时已二十多岁,在中国古代继承帝位的皇帝中,他的这个年龄不算

明惠帝朱允炆

小。朱允炆也算得上是聪明能干的人,明朝又处于国势上升时期,按常理说,他应该做个太平天子,享国数十年。原来,他即皇帝位时,他爷爷朱元璋给他留下了一个封建统治者最忌讳的难题:尾大不掉。

他的叔父,即朱元璋的儿子都封作藩王。其中朱棣做燕王。驻地在北平即今北京。

聪明的朱允炆早在做皇太孙时就预料将来各位藩王叔叔是自己的对头,他曾和侍读太常卿黄子澄语及此事,议谋削藩。

朱允炆即位时,面对的诸位藩王叔父中,燕王朱棣据地最险要,政治军事经验最丰富。于是,朱允炆和他的两个削藩谋主黄子澄、齐泰避强就弱,先削夺了其余诸王封地。

朱棣本来就因朱允炆不允许他进京师奔朱玩璋之丧而不满,又见其余兄弟被夺藩,自然兔死狐悲,更加警觉且阴怀异志。于是京师(今南京)与北平(今北京)之间的矛盾日趋明朗和尖锐。朱允炆用黄、齐二人之计,提升北平军官张昺、谢贵官职,密诏二人监视燕王朱棣。朱棣于是装病不起。

到同年七月癸酉(1399年8月6日),燕王朱棣诱杀了朱允炆安在北平的钉子布政使张昺和都指挥使谢贵,夺取北平的九门守卫权,进而上书朱允炆,说齐泰、黄子澄是奸臣,他要按先帝祖训起兵讨平,同时起"靖难"之师南下来夺朱允炆的帝座。

朱棣反迹昭彰,朱允炆被迫点兵遣将迎战。双方已成你死我活的情势,朱允炆仍是仁柔且仁柔到荒唐的地步。他对前去迎战的将帅下了一道可笑的圣旨:对朱棣只能活捉不能杀死,以免"负杀叔父之名"。结果在三年的南北战争中,京师将领几次白白放弃了杀死朱棣的机会。《明史·成祖本纪》记载的一次尤有文学色彩,读来令人忍俊不禁:

建文三年三月辛巳(1401年4月5日),建文帝的统兵将领盛庸和朱棣的燕军在夹河(漳河支流,在今河北武南)打了一场遭遇战。燕将谭渊战败,亏得燕将朱能、张武拼死搏战,盛庸军才略为后退。这时正值日暮,双方收兵回营。当晚,燕王朱棣带十多个人逼近盛庸大营露宿。第二天,即三月壬午(公历4月6日)天亮,朱棣从梦中醒来,举目四望,自己已在南军的包围之中,原来他带十几个人在南军的军营中间睡了一宿!

这时南军将士已认出朱棣,朱棣已成为网中之鱼,南军将士要杀掉朱棣已是易如反掌的事。但南军将士因建文帝有诏,"勿使负杀叔父名",一时仓促之间不知如何办才好,互相惊愕对望,"不敢发一矢",结果朱棣从容地拉过马来,"鸣角穿营而去"!

朱棣逃回自己军中后,又率军与南军交战,厮杀一天,互有胜负。当天天晚,东北风大起,尘埃蔽天,燕兵大噪大呼,顺风进攻,南军遭惨败。

到建文四年六月乙丑（1402年7月13日），燕王朱棣终于攻占了京城，做上了皇帝，即历史上的明成祖。

那个仁柔寡断的建文帝朱允炆，据说乘兵乱逃出京师，化装做了和尚，来往于川滇黔数十年。

开创永乐盛世的明成祖朱棣

朱棣（1360~1424），谥号文皇帝，庙号成祖。是明朝开国皇帝朱元璋的第四子，足智多谋，深得其父宠爱。公元1398年朱元璋死后，为了与朱允炆争夺帝位，朱棣发动了"靖难之战"，经过四年内战，夺取帝位。

1.杀妃说

传说大明王朝开国皇帝朱元璋死后，实力强大的燕王朱棣以"清君侧"为名发动了"靖难之役"，以武力从自己的亲侄建文帝朱允文手中夺取了皇位，一跃而成了大明朝的第三代皇帝，是为明成祖。他的雄才大略，使明帝国达到了全盛时代，并为其后的"仁宣之治"奠定了基础。明史中对他的文韬武略倍加赞誉，但他的暴戾却鲜为人知。永乐八年发生的一件诛戮后宫的惨案中，明成祖朱棣几乎杀死了他所有的朝鲜籍妃子，株连此案被杀者达三千人以上，而事情的起因仅为一个妃子的死。

明成祖朱棣

据说，这个妃子是个朝鲜人，人称"恭献贤妃权氏"。这权氏品貌不俗，善吹玉箫，深得朱棣宠爱。《明宫词》曾赞她："琼花移入大明宫，旖旎浓香韵晚风，赢得君王留步辇，玉箫嘹亮月明中。"永乐八年，权妃随明成祖朱棣北征，病逝于临城，葬在峰县。

那么,权妃之死是怎样惹出了宫廷喋血惨案的呢? 对此流行着两种传说,一说是吕氏毒杀案。

据说有个商人出身的吕婕妤与权妃本来都是朝鲜人,一同来到明廷。但她见权妃受宠,非常嫉妒,于是勾结宦官,从一银匠家里借来砒霜,趁机放入权妃喝的茶里,结果使权氏在随征归途中病逝。这事干得十分隐蔽,本无人知晓。一直到永乐十一年,两宫宫婢因吵嘴泄密,才真相大白。明成祖暴怒之下,对吕婕妤及其宫人、宦官进行了残酷的报复,尽杀吕婕妤及后宫之人。

还有一种传说是吕氏诬告案。据说,权妃死后,吕婕妤为泄私愤,诬告说一个姓吕的宫嫔把毒药放在茶中毒死了权妃。她的私愤是因其想与吕姓宫嫔结拜为姐妹遭到拒绝而生恨。然而明成祖竟不问青红皂白,当时就诛杀了那个吕姓宫嫔及宫人、宦官多达数百人。事后不久,吕婕妤与宫人鱼氏私通宦官,被人发觉,无颜而缢。明成祖又大发淫威,亲自审讯,许多朝鲜籍的妃子都被抓起来,直到成祖死后才释放。依此看来,由吕氏造成谋杀案就被说成是成祖制造的冤案了。

2.凶残的"瓜蔓抄"

据说朱棣经过三年的"靖难之役",推翻侄子建文帝而登上皇帝的宝座,后对建文时的旧展开了血腥的镇压。

进京伊始,他便下令将早已拟就的"奸臣名单"计五十余人,列到榜上,张贴于朝堂,分列数等,悬赏捉拿。这些人被拿获后,无一幸免。首当其冲的是倡议削藩的齐泰、黄子澄。朱棣亲自审讯,二人抗辩不屈,被整族杀掉。后来,凡跟这五十人沾亲带故的统统清洗,而且顺藤摸瓜,株连左邻右舍,甚至所住村庄都赶尽杀绝。这次大清洗,史书称之"瓜蔓抄",先后被杀的达数万之多。

其中,建文时的辅佐大臣,著名的文学博士方孝孺之死,最为悲壮。

方孝孺为官正直,知名度很高。朝野上下很有威望。本已被朱棣逮入狱中。后来朱棣筹备登基时,朝臣公推方孝孺为即位诏书起草人,才将他从狱中放出,受命拟诏。然而方孝孺竟穿一身孝服,直奔殿廷,伏地大哭不止。朱棣降座安慰他说:"先生不要自苦了,我是学习周公辅助成王的。"方孝孺问:"如今成王在什么地方"? 朱棣答道:"他已自焚而死。"方孝孺又问:"那为什么不立成王之子呢?"朱棣说:"国家需要一个年长的君主。"方孝孺又追问道:"为何不立成王之弟呢?"朱棣被问得哑口无言,对答不上,只好说:"这是我们朱家的事,先生不必多言。"接着叫人拿过笔札来,说:"诏天下,非先生不可。"方孝孺把笔扔在一旁,边哭边骂:"要杀便杀,诏书绝不可草!"朱棣恼羞成怒说:"想死吗? 偏不让你马上就死,难道你不怕诛灭九族吗?"方孝孺大义凛然,慷慨回道:"即使诛灭十族,你也对我无可奈何!"说完拿起笔来写了四个大字"燕贼篡位"。朱棣登极前为燕王,"燕贼"当然是骂他了。朱棣狂叫一声,令左右用刀剜方孝孺的嘴,直至耳旁,顿时血肉翻飞,惨不忍睹。朱棣还不解恨,遂把方孝孺的亲族、朋友、门生作为十族,都抓来,让方孝孺一一看过,但方孝孺始终不肯低头,刚烈到底。朱棣无奈,遂将其牵出聚宝门外,处以极刑。方孝孺的妻子郑氏及两个儿子都自缢而死。两个不满十五岁的女儿在被抓途中也投河自杀。他的宗族亲友及门下被牵连诛杀者,共八百七十三人。被发配充军折磨而死的更无从计数了。

另外兵部尚书铁铉也死得凄惨。

铁铉在"靖难之役"中,坚守济南,行"诈降计"差点用铁闸把朱棣砸死。朱棣败在铁铉手下,自然对他恨之入骨,但又很欣赏他的智勇双全,想要留用他。可是铁铉被押到殿上之后,竟直立不跪,用脊背朝着朱棣,坚决不肯回头,嘴里还骂个不休。朱棣命人将铁铉的耳鼻割下,烧熟后送入铁铉口中,问:"肉味甘否?"铁铉厉声回答:"忠臣孝子的肉有什么不甘?"朱棣听出此话又是影射他的,极为愤怒,遂命人将他斩剁了,还放在油锅里烹炸,顷刻间化成焦炭,焦臭味弥漫殿廷,久久不散,其凶残之极,令人不堪耳目。

宽容大度的明宣宗朱瞻基

朱瞻基(1398~1435),明仁宗长子。谥号章皇帝,庙号宣宗。自幼聪颖过人，深得成祖朱棣的喜爱，因而，十分重视对他的培养和教育，不但派重臣对他尽心指导，还经常带他巡边，指点他治国安邦之道。并夸他"孝友英明，宽仁大度"。从小喜欢斗蟋蟀，即位之后还让各地采办上等蟋蟀来京。由此也被人称为"蟋蟀天子"。

1. 与叔父伤心对立

传说，永乐二十二年，朱瞻基之父朱高炽即位，他被立为太子。一年之后，朱高炽病逝，他登基称帝，是为宣宗。

明宣宗朱瞻基

然而，他的叔父汉王朱高煦却欺他年少新立，于宣德元年，扯起了反叛的大旗。讲求仁政的朱瞻基起初不愿与他的叔叔兵戎相见，亲书一封，语意婉转温和，希望朱高煦能回心转意。然而朱高煦反意已定，回信中对他横加指责，诬称老臣夏原吉等为奸佞之臣，还分别写信给公侯大臣们，诋毁朱瞻基，挑拨君臣关系。朱瞻基见事已至此，只有发兵平叛了。

他采纳了夏原吉的建议，自己亲自领兵，御驾亲征，以从气势上压倒对方。临行之前，他调兵遣将，安顿好京都守卫等事宜；待一切准备停当，他才率大军向朱高煦的老巢乐安进发。

此时，他再一次致书朱高煦，恩威并加，但是朱高煦仍不加理睬，以为朱瞻基的大军尚在百里之外，不足为虑。岂不知朱瞻基一夜急行军，第二天即赶到乐安城下，将城围住，吓得朱高煦不敢出城迎战。这时，朱瞻基仍想做到仁至义尽，修书两封给朱高煦，可是还是不见回音。朱瞻基仍不打算攻城血战，又写了告朱高煦部下的谕示，命人用箭射入城中。一些人见了皇帝的谕示，便想擒获朱高煦，领功请赏。城内将士人心浮动，士气不振。朱高煦见大势已去，只得出城归罪。

朱瞻基决策英明，运兵神速，恩威并举，终于不战而胜，班师而归。返京途中，人人建议再征讨与朱高煦谋逆已久的赵王朱高燧，但朱瞻基仍以宽厚之心待之，只是令人严加防范而已。后来法司审问朱高煦时，果真牵连了朱高燧。一些弹劾的奏章呈到了朱瞻基面前，请求削去朱高燧的护卫军，并拘朱高燧到京关押。朱瞻基对此仍宽大为怀，只是修书一封，连同那些奏章一并派人送给朱高燧。朱高燧深受感动，主动交出了护卫军，叔侄二人一笑泯恩仇。

朱高煦因谋反罪，被废为庶人，囚禁于西内，名为逍遥城。他的主要谋士和将领和积极参与谋反者则遭到了严惩。宣德四年，朱瞻基前去西内看望朱高煦，朱高煦毫不感恩，竟趁其不备，用脚将朱瞻基勾倒，让朱瞻基当众出丑。盛怒之下，朱瞻基当即命人弄来一口三百斤重的大铜缸，将朱高煦扣在缸中。朱高煦自恃有蛮力，竟将缸顶起。朱瞻基忍无可忍，命人用木炭将铜缸围住，然后用火将朱高煦活活烧死在缸中。

2.选用能者整顿吏治

明宣宗朱瞻基自幼聪慧过人，谦恭有礼，受到祖父成祖朱棣的格外钟爱，十四岁那年被朱棣立为皇太孙，这在历史上也是罕见的。他二十八岁登基后，因治国有方，政治清明，人们常把他父亲仁宗的政绩和他连在一起，合称为"仁宣"之治。这是自有明朝以来最为开明的时期，人们常将其与西汉的"文景之治"和唐朝的"贞观之治"相媲美。

朱瞻基的"开明"，主要表现在他整顿吏治方面，他在重用一班富有经验的老臣的同时，还提拔了一些正直有才干的新人，特别是严惩了一批贪官污吏。他首先对都察院进行一次大清理。这都察院的御史们本是朝廷的耳目，职责就是监督不法的官吏。如果都御史带头做不法之事，下边的不肖御史必须要效尤。御史奉巡四方，地方上的不肖官员再去效法他们，上行下效必然形成腐败，如果他们再互相勾结、同流合污，后果更不堪设想了。除恶必须务本，朱瞻基决定先拿都察院的头儿开刀，把贪赃受贿、生活奢靡的左都御史刘观谪戍辽东，派刚正不阿、公廉有威的通政使顾佐为左都御史，把都察院的官吏来个大换血，又擢任福建按察使邵纪为南都御史，至此，北有顾佐，南有邵纪，南北呼应，贪吏金息，纪纲肃然。与此同时，他把寡学多欲、碌碌无为的尚书陈山和才疏学浅的内阁大学士张瑛都贬了下去,朝廷风气为之一新。

过了不久,朱瞻基又命吏部对苏州等九郡新知府人选进行认真考核,经过反复研究,才正式任命。朱瞻基亲赐敕书,允许九位新任知府便宜行事,并鼓励他们大胆秉公办事。

此后,朱瞻基又擢升御史于谦、长史周忱等六人为侍郎,让他们巡抚两京、山东、山西、河南、江西、浙江、湖广等地,兴利除弊。

当时,苏州之难治是出了名的。那里虽然有繁荣的商市和丰饶的物产,但当地的土豪和官吏相勾结,沆瀣一气,欺压百姓,清官在那里根本站不住脚。于是,朱瞻基便把礼部郎中况钟派到那里,以清除积弊。

况钟以机智果断、执法严明著称,是吏部尚书蹇义和内阁大学士杨士奇推荐的。到了苏州,他从代理知府手中接过印信,开始问案。第一件案子是个杀人案,吏役说杀人犯赵五冤枉,应该无罪释放,况钟表假装糊涂,随口答应"好,好"了事。第二件案子,吏役主张把无辜的被告严惩,况钟也不细问,连称"好,好"地同意了。那些奸吏们见这个新的府台大人如此愚昧可欺,都个个开心,以为今后可以为所欲为了。这场戏演完了,况钟就开始秘密私访,苏州衙的许多弊端都摸清楚了,再升堂理事。一天,他召集所属吏员齐聚大堂,当场问那处理杀人案的吏役:"赵五杀人一案,那赵五究竟杀没杀人?"那奸吏以为此案已断过了,遂坚持说赵五冤枉。况钟"嘿嘿"一阵冷笑说:"那是我断的,还是你断的?"接着惊堂木一拍,大喝一声:"为何赵五送给你五百两银子?"那猾吏知道受贿之事露馅,只得叩头认罪。况钟又接着问第二件案子。况钟把私访来的事实一一道来,使奸吏们无由分辩,都低下头来。这时,况钟拿出皇帝亲赐的允他便宜行事的敕书来,亲自宣读,猾吏们一下子傻了眼。况钟吩咐掌刑衙役,把其中六名罪恶严重的奸吏当堂活活打死。接着,况钟又把贪暴的五人监禁起来,把庸碌无能的十余人全部开除。不到半天时间,苏州府衙换了新天,老百姓奔走相告,笑逐颜开。况钟清除了苏州府几十年的积弊,大小官员无不凛然守法。

之后,况钟又免掉了烦苛的律令,订出合理的制度,奏免了各县农民不合理的负担,还依法惩治了当地的豪强。为百姓做了不少好事。

一天，衙役来报告况钟，说有两个太监在驿馆里把通判赵忱捆绑起来了。况钟不敢怠慢，急忙带领三班人役前往。到了馆驿，只见两名太监坐在堂上，身后十几名恶汉怒目而视，赵忱被绑在廊柱上，十分狼狈。况钟忍着气，客气地询问事情经过。原来他们说是到此来买鸟儿的，要画眉一千只，百灵一千只，因为赵忱说天寒地冻没有鸟儿才被捆绑在此。然后况钟要过"凭引"看了一下，只见照会上写的是要苏州府协助采购苏绣一百袭，照会是宫中尚衣监开出的。况钟这下心中有了数。他知道，苏州盛产"苏绣"，又有各种奇花异卉和珍贵鸟类。太监常来苏州采办这些物品，但有些太监仗着皇家势力，到此之后趁机骚扰，敲诈勒索，胡作非为。这家伙就是这类人。于是，况钟厉声质问道："购鸟要司苑局来办，你这尚衣监怎么也买起鸟来了？而且到了苏州为什么不向我投递照令，却敢私自捆绑本府官员。赵忱是六品官员，你们有何权力扣押？"一个太监狂叫一声："吆喝！铁撑子烙饼——翻儿啦！别说六品，就是你四品大老爷，也不敢不给皇上要的东西吧！"况钟一听大怒，说："哼哼，你们以为况某是什么人？竟敢跑到这儿撒野！冬天要鸟儿，无非是有意勒索。来，给我拿下！"衙役们一拥而上，将这帮狐假虎威的家伙都绑了起来，押回府去。一问，随太监来的只有四人，其余都是两名太监临时召来的流氓。于是，况钟将这几个流氓枷号示众。

随后，把两名太监的不法情由，写成疏文，派人把太监和随从一齐押往北京，交皇帝处理。

朱瞻基看到况钟的疏文，大为赞赏，心想这况钟真是有胆有识，从来没有人敢惹太监，他却不畏权势，敢扫歪风，真是不可多得的好官。于是吩咐锦衣卫将太监收监惩处。还夸赞身边的杨士奇"荐贤有功"。

明英宗朱祁镇摘"祖立铁匾"

朱祁镇（1427~1464），谥号睿皇帝，庙号英宗。他是明朝开国以来的第六位皇帝。宣宗长子。明宣宗死后，他九岁即位，宦官王振专权。1449 年瓦剌大举南侵,王振狭英宗亲征,英宗被浮,史称"土木堡之变"。1450年被放回。1457年发动"夺门之变"复辟。

明英宗朱祁镇

据说,明英宗朱祁镇在孩童时就与身边的太监王振相处亲密,形影不离。九岁登基时,他便把王振提拔为司礼太监。司礼太监是明廷中二十四个宦官衙门中最重要的一个,负责掌管皇城内一切礼仪、刑事和各种杂役,尤为重要的是,它还替皇帝管理一切奏章,代皇帝批答朝臣上奏的所有公文。皇帝口述的诏令也由司礼监的秉笔太监用朱笔记录,再交内阁撰拟诏谕向下颁发。王振当此重任,本该尽心尽意,属守宫规,协助年幼的朱祁镇管理好朝政,可是,他却野心勃勃,想利用这个权力达到自己不可告人的目的。为了巩固自己的地位,一步一步向上爬,他一面千方百计地讨好朱祁镇,装出十分恭顺的样子,一面故作姿态,骗取阁臣的好感。

当时,由于皇帝年幼,凡朝廷大事,都要先请示朱祁镇的母后张氏,再送往内阁议决执行。由于张氏的把持,再加上大学士杨士奇、杨荣、杨溥等一班老臣主持政务,朝野上下都风平浪静,王振知道自己羽翼尚未长成,于是在"三杨"面前,装出毕恭毕敬的样子。一次他见朱祁镇与几个小宦官玩球,便做起了文章。次日,他当着重臣们的面假惺惺地跪奏,劝朱祁镇别贪玩影响了国事,换得了大臣们对他的称赞,认为皇帝有此亲信真是找准了人。其实他们哪里知道,这出戏演过之后,王振正偷着乐呢。与此同时,王振在暗中拼命扩大自己的势力。一天,他在朝阳门外的阅兵活动上,骗过所有大臣,谎报骑射名次,把自己的私交纪广列为第一,并越级提拔其为都督金事,成为他的心腹。渐渐地,他的门下便网罗了一批趋炎附势的小人。

后来,王振见自己羽翼丰满,便放肆起来。他不把"三杨"放在眼里,有时竟自作主张处理政事,使得杨士奇非常恼怒。为此,太皇太后张氏把英宗朱祁镇及五位重臣叫来，当面下令赐死王振。朱祁镇舍不得王振，赶忙跪下为王振求情，才免王振一死。从此，太后经常派人监视王振，不让他再越雷池一步。

然而，朱祁镇却对太后的懿旨不理不睬，仍一味宠信王振。正统六年的皇宫大宴上，宦官本无资格参加，朱祁镇却破例请王振参宴。王振以"周公辅佐成王"自比，待百官迎于东华门外，才趾高气扬地走进宫来，骄横狂妄不可一世。第二年，太皇太后张氏病故，"三杨"中也死的死，老的老，王振权势日重，更加无所顾忌了。

当时，宫门上挂着一块祖立铁匾，上书"内臣不得干预政事，违预者斩"，这是开国皇帝为防止内臣（即宦官）干预朝政，酿成祸乱而立下的规矩。王振每当看到这块铁牌都心惊胆战，连晚上睡觉都不安稳，成了他的一块心病。而今张太后一死，王振便明目张胆地立即摘去了这块铁牌，破了祖立的戒律。朱祁镇对此竟听之任之，不加责问。

摘去了祖立的铁匾，王振更加肆无忌惮，疯狂地结党营私，打击异己，一时朝野上下一片乌烟瘴气。他的侄子们都被提升为锦衣卫的头子，搞特务政治。御史见之不跪即被贬谪，驸马都尉骂了他的家人也被逮入狱中。朝廷中文武百官人人自危，争相攀附于他，有的甚至剃去长须拜王振为父。其时，王振才不过三十多岁。

朱祁镇的昏庸，王振的擅权，终于酿成了"土木之变"。正统十四年，蒙古族瓦剌部大举南侵，塞外明军不堪一击，节节败退。王振为了讨功邀宠，劝朱祁镇御驾亲征，一切军政事务均由王振一人专断。结果，在土木堡大败，五十万明军精锐全被葬送，朱祁镇也当了敌军的俘虏。

朱祁镇被俘后，护卫将军樊忠把怒火集中到王振身上，猛呼一声："我为天下诛此贼！"用铁锤猛击王振，王振惨叫一声摔死到马下，祸国殃民的王振终于遭到了应得的下场。不久，文武大臣数百人联名呈上一份弹劾王振的奏章，并在朝上当庭打死了王振的几个同党，代朱祁镇主朝的郕王朱祁钰顺应民意，宣布了王振的罪行，传旨将王振的田地家产全部没收，抄家灭族。王振一党终被铲除。

明代宗朱祁钰病中失皇位

明代宗朱祁钰(1428~1457),庙号景皇帝是明朝第七代皇帝。朱祁钰是明宣宗次子,由贤妃吴氏所生,与英宗为同父异母的兄弟。性格内向,为人谨慎。

传说"土木之变"后,瓦剌首领经常挟持着明宗,不断骚扰边境。国家正处于危难之秋,人们人心惶惶,此时必须另立一个皇帝以安定人心,于是群臣请太后正式宣布成王朱祁钰做皇帝,改称被俘虏的明英宗为太上皇。太后见英宗归回无望,便下旨应允。这样,朱祁钰便即位称帝,是为明代宗。

明代宗朱祁钰

朱祁钰正式登基称帝后,面对内扰外患,决心振兴祖业。对于瓦剌的袭扰,他抛弃了议和求生存的念头,采纳了兵部侍郎于谦的建议,做好抵御瓦剌入侵的准备。招募兵勇、集合民夫、操练军队、动员百姓,并令各地明军增援京城。后来经过五天的激战,使来犯的也先瓦剌军死伤惨重,溃败回去,北京城保卫战取得了辉煌的胜利。瓦剌首领见明朝边疆和京师防守力量增强,无机可乘,以英宗相要挟的阴谋也无法实现,又想与明廷讲和,只得将英宗送回北京。英宗被安置到南宫,远离朝政,做他的太上皇去了。朱祁钰对内,则实行开明政治,广开言路,招贤纳士。经过两年的整治,国家出现了稳定的局面。

按封建正统观念,皇位的继承人应该是皇帝亲生之子,严格说来,应该是皇后所生的长子,如果无此当然的继承人,且后妃生的皇子又多,则应从中选定位列首位者;个别的也有择优而立的。朱祁钰当了皇帝,而太子却是英宗之子朱见深,这使他心理极不平衡,为什么不及早立自己的儿子朱见济为太子呢? 于是,在景泰三年五月的一天,他下诏废太子朱见深为沂王,立朱见济为皇太子。此举引起了轩然大波,加剧了朱祁钰与一些大臣们的矛盾,朝臣之间也迸发出火药味。

原来,在朱祁钰准备立朱见济为太子的时候,就遭到了许多人的反对,他的夫人汪皇后带头反对,被他当即废掉,立朱见济的生母杭妃为皇后,他还赏赐给内臣每人五十两黄金,五十两白银,以堵住反对者之口。

谁知,祸不单行,景泰八年,朱祁钰突然病倒,病势很重,"易位"之事又提到了议事日程上来,群臣们私下议论不休。武清侯石亨、宦官曹吉祥都主张重立朱见深为太子。大臣徐有贞认为,不如趁朱祁钰正在病中,发动宫廷政变,让太上皇英宗复位,将来论起复位之功,肯定能加官晋爵。野心勃勃的石亨和曹吉祥眼睛为之一亮,顿时赞同。于是分头准备,策划政变事宜。

正月十六日夜,石、徐、曹等人带领一千军卒闯入长安门,直奔南宫,在南宫守卫英宗的士兵吓得不敢开门。于是,石、徐等人拼命破门毁墙而入,直奔英宗寝室。英宗问明所以,用力压抑住心头的惊喜与慌乱,答应了他们。这时天已大亮。

奉天殿里,文武百官正在朝堂等着皇帝视朝。忽然,徐、石带兵赶到,将英宗扶上王位,大呼"上皇复辟了",众臣无奈只得列班朝贺,这场"夺门之变"就这样成功了。

英宗复辟后,把朱祁钰重用的大臣都逮捕入狱,于谦被杀,石亨、徐有贞等大受宠任。几天以后,朱祁钰在西宫也死了。有人说是被害死的,但无人查证,成了千古疑案。明朝振兴的希望至此破灭。

明宪宗朱见深特殊情结

朱见深(1447~1487),初名朱见浚。他是明英宗朱祁镇的长子。英宗病死后继位,在位共二十三年,年号成化。在位期间,因好游逸,贪女色而不理朝事。

国事日衰，因爱妃病亡愁闷成病而死。最令人捉摸不透的就是他竟喜欢一个比自己大十七岁的宫女，而且终其一生都没有改变。这位宫女就是万贵妃。

传说明宪宗朱见深自十七岁即位开始，就将其纯真的爱情都献给了三十四岁的身边侍女万贞儿，从此演绎了一段老妻少夫的奇特恋情。这在中国历代帝王中非常罕见，据说，朱见深刚被立为太子的时候，还是整天被人背着、抱着、哄着、宠着的两岁幼童。

明宪宗朱见深

其母周氏身为贵妃，难以给儿子寻常百姓家的那种母爱。十九岁的妙龄少女万贞儿作为周贵妃的侍女就充填了这段感情空间，对他无比疼爱，他也对万贞儿产生了无尽的依恋。经过"土木之变"和"夺门之变"，朱见深从被废到被立，对万贞儿产生深深的爱恋，万贞儿竟成为太子身边最受宠爱的侍女。

此时，万贞儿逐渐意识到朱见深的价值，她要牢牢地将他掌握在自己的手里。于是，她处处迎合朱见深，努力琢磨养生以保持美丽的身材和容貌，无微不至地照顾朱见深的衣食住行。可以说，朱见深是在她的温柔怀抱中长大的，从小孩儿成为丈夫。

天顺八年，朱见深登基，时年十七岁。此时的他，对万贞儿的感情中混杂着缠绵的"恋母情结"。这种双重的感情足以抵挡住任何女性对朱见深的吸引力。所以，尽管他身边有后有妃，有另外的性生活，但这位三十四岁的半老徐娘万贞儿在他心目中的地位，是任何女性也取代不了的。

面对着出身高贵、年轻貌美的皇后和妃嫔，万贞儿决心不惜采取任何手段，以保持自己受宠的地位。在她的精心策划下，上演了一幕幕宫中悲剧。

她先是以骄横之态逼朱见深废掉皇后吴氏。起因是皇后不满万贞儿的傲慢无礼，令宫女打了她一顿。这下儿可捅了马蜂窝。万贞儿哭哭闹闹，寻死觅活，不依不饶。朱见深对皇后本无感情，心思全在万贞儿身上，见到自己心爱的女人被打,岂能容忍?于是决定废后。立后不到一个月就要废后,且只因一件小事,很难令人心服。朱见深嫁祸于人,诬陷太监牛玉:"违先帝之命谋立吴氏为皇后",将牛玉发配边疆,其亲属被革职停薪。这样一来,朱见深就理所当然地废掉了吴皇后,万贞儿更加不可一世。之后,王氏被立为皇后。万贞儿出身卑微没资格做皇后,但她依仗皇上骄宠,依然飞扬跋扈。她逼得王皇后委曲求全,看她的脸色行事。万贞儿遂把持了后宫,使其他妃嫔难近皇帝。

威化二年,万贞儿因生有一子,被册封为皇贵妃,朱见深欣喜之余,将万氏一门尽行封官,并赏赐万氏大量金银财宝。宫内势利者对万氏趋之若鹜。

万氏趁机勾结内外势力,不断壮大自己的力量,巩固自己的地位。这期间,她信任的太监汪直,是特务机关西厂的头子,专权擅政,暴虐善良,搞得官员不安其位,商贾不安于途,庶民不安于业,无人敢惹。不学无术的大臣万安,与万氏认为本家,以侄子自称。他一切听命宦官,虽为阁臣却对皇帝不敢陈奏国情,却呈奏大量的"御女之术",为此做了十九年高官。还有一位劣迹斑斑的大臣刘臣,因有万氏作后台,屡次遭弹劾,不但弹不掉,反而,像弹棉花一样,越弹越起,人称"刘棉花"。

万贞儿四十岁那年,一岁多的儿子夭折了,对很难再生育的她打击极大。为了保住自己的前途,她千方百计地阻挠嫔妃、宫女们与朱见深接近,发现有谁怀了孕,就想法儿将其胎儿打掉,因此,被其强逼饮药堕胎者无数。威化十年,她毒死了贤妃柏氏生的皇子。威化十一年,纪宫人背着万氏,偷偷把养在西内的小皇子领来与朱见深见了面。为无子嗣而郁郁不乐的朱见深大喜过望,百官齐来贺喜,纪宫人被封为淑妃。可是,一个月后,纪氏被万贞儿毒死,参与潜养皇子的太监张敏也被逼吞金自杀了。

威化二十三年,万贞儿患肝病而死。朱见深急忙赶来,悲痛欲绝,下令辍朝七日,按皇后礼仪将其安葬,从此郁郁寡欢,整日沉浸在对她的思念之中。不到一年,朱见深便在抑郁中一命呜呼,追寻万贞儿而去。

明武宗朱厚照"豹房"中丧生

朱厚照(1491~1521),明孝宗的长子,年号正德。谥号毅皇帝,庙号武宗,明朝第十一位皇帝。一生腐化堕落、荒淫无耻,是明朝有名的荒唐皇帝,因荒淫过度,死于公元1521年。时年三十一岁。

明武宗朱厚照十四岁即位,据说当了皇帝后,他对朝政大事感到枯燥无味,甚至厌烦。对此,品性恶劣、狡诈多端的太监刘瑾,投其所好,弄来鹰犬、歌会、角抵之类供其玩乐,深得宠爱。朱厚照于是更加纵情声色、不理朝政。后来,刘瑾结党营私、排斥异己、权倾朝野,成了"站皇帝",朱厚照则成了刘瑾操纵的"座皇帝",宫廷内外一片乌烟瘴气。即位的第二年,朱厚照依从刘瑾的主意,下令在西华门外筑起了宫殿式的高大建筑,命名为"豹房"。从此,朱厚照整天沉湎其中,不能自拔。

明武宗朱厚照

"豹房"内设有很多密室,专供朱厚照奸淫妇女之用。在玩腻了宫中美女之后,又令人到京官的府第中物色一批能歌善舞的美女。朱厚照将她们留在豹房的密室中,待之如妃嫔。他还和这些舞女及乐工们,同喝同演,醉生梦死。

他的玩乐之心如脱缰之马,时时寻找新的刺激。他令宦官们开设店铺,自己换上平民服装充做店主,以讨价还价为乐。他又让宦官们开设酒店,弄来宫中美女歌舞,助其酒兴。还经常和他的义子江彬微服到教职工坊欢乐,夜不归宫。为了寻求更激烈的刺激,朱厚照还身披铠甲、驰马舞剑,指挥宦官组成的"中军",与江彬率领的边兵玩对阵游戏。呐喊声震天,火炮声不断,三天两日就演练一回,闹得京城鸡犬不宁。

后来,他又大肆整修和扩建豹房,花费白金二十四万两,增添人员和虎豹熊狮等凶猛野兽，并不断令人为其进献美女。延绥总兵官马昂本已犯罪罢官，为了讨好他，竟逼着已出嫁的亲妹妹来豹房为朱厚照侍寝，结果，不但官复原职，而且得到了豪宅和蟒衣的赏赐。

朱厚照把"豹房"称作"新家"。可是，过了一段时间，他对这个"新家"又感受到腻烦了，在江彬的怂恿下，想搞大规模的出巡玩游。他在位期间，北巡宣府两次，密云一次，西巡太原一次，每次都涂炭一方，为害百姓。最后一次南巡，因众臣以死相谏，才未能成行。这期间种种荒唐之举，不堪所言。

他第一次北巡宣府，是不顾大臣们的劝阻，在没有伴驾大臣、护辇将军陪同的情况下，乘夜秘密出京的。一路上像支游击小分队，躲避追劝的朝臣，偷过御史把守的关口，悄悄到达了塞上的宣府。这里有江彬为其修建的"镇国府"，府里画栋雕梁、朱檐黄瓦，还有京城的豹房中的珍宝和巡游途中掠来的民女，朱厚照乐得心花怒放，称这里是"家里"，是他的第二处豹房。宣府地处交通要道，街市富丽繁华，城外天高云淡，别具情调。朱厚照常常晚上出去，闯入民宅，或索要酒食，或抢劫妇女，无恶不作。他手下的军士竟强拆民房，以门窗作炊柴，搅得市井萧然，白昼闭户。不几天，听说蒙古兵压境，朱厚照竟自封为"部督军务威武大将军总兵官朱寿"，向内阁索要白银五十万两，并冒险与蒙军交战，伤亡六百余人，自己也险些被俘。但他认为敌军已死十六人，并且退走，自己取得了胜利。于是在回京之时，令文武百官迎驾于德胜门外，彩幛数十，彩联数个，冒着雨雪等了一天，直到傍晚，才见他坐骑红马，身披战袍，在火把照耀下，由兵士簇拥着，洋洋得意而来。

西巡太原那次，他走的是京城—居庸关—宣府—大同—榆林—绥德—太原这条路线，费时半年之多。他怕大臣再据理阻止他，遂以抵御北寇为借口，拟了一道荒唐的"敕令"："特命总督军务威武大将军总兵官朱寿，率六军征讨。"这里的朱寿当然是朱厚照自己了。阁臣无法从命，他竟拔剑威胁，后来看诏令无人能拟，遂于次日天未亮之时，悄然出京。一路上，无论官家民家，已婚未婚，凡被其看中之妇女，一律占有。太原晋王府乐工杨腾的妻子刘氏，既有姿色又通音乐，朱厚照把她占为己有，带回宫中，称为"美人"，宠幸超过所有妃嫔宫女。

西巡归来还不到一个月,朱厚照又要到细雨轻烟笼罩的南方出巡,并下了诏令。当时遭到朝臣的群起反对,先后上疏劝阻。朱厚照先是不理睬,后来竟十分震怒,将几十名大臣捕入狱中,又对上百名大臣施以杖刑,有几人当即死于杖下。金吾卫指挥佥事张英,以死相谏,竟袒胸持剑自刃,血流满地,后遭杖击而死。遭害者不惜生命的浩然正气,使朱厚照不得不取消这次南巡行动,其中有十五人被杖刑送命。

此后,他仍在豹房中鬼混。那些围在他身边的奸臣,见他嗜酒如命,就将罂粟放入酒中,使他染上酒瘾,终日醺醺,趁他颠倒迷乱之际作祟。过量的酒精加上毒品,使朱厚照的强壮身体垮了下来,后来他死于豹房,结束了荒嬉无度的一生,死时才三十一岁。

崇信道教的明世宗朱厚熜

明世宗朱厚熜(1507~1566),谥号肃皇帝,庙号世宗。因年号嘉靖,也称嘉靖皇帝。崇信道教,一心求长生不老之术。在位四十五年中,有一半时间不住在宫中,而住在他专门用来炼丹的地方。即位之初,由于内阁的鼎力相助,加之自己的勤勉,国家大体上平安无事。后来,奢侈的生活,阿谀的风气,蛀蚀了他的进取心,渐渐懒于朝政,使朝廷内外出现了许多弊端。

1.用"处女血"炼丹

传说嘉靖二年,西北夏季大旱,南方秋季大水,朱厚熜以为这是老天反复无常,大概有灾难要降临。于是听信太监崔文的妖言,在宫中设立醮坛。他亲自挑选年轻的太监二十人,穿上道服,学诵经忏,并在乾清宫、坤宁宫、五花宫、西暖阁等处,次第建醮,香花灯烛,日夕不绝;锣钹幢幡,沸沸扬扬,直把个紫禁城变做了修真道院。大臣们苦苦劝谏他停止建醮,远离僧道,他一概不听。

由于他长期纵欲,体力不支,接连生了几场大病,吓得他赶忙搜求长生不老之术。于是,他亲自召见江西道士邵元节,让他居住在显灵宫,专司祷祀,驱鬼

通神,封其为"至一真人",总领道教。此后,
宫内醮事不断,斋醮仪式也越搞越隆重。

斋醮仪式上,需用"青词"上奏"天神",
于是朱厚熜就把能否写好青词作为衡量文
臣学识高低的标准。一时间,大臣们争相撰
青词,奸臣严嵩就是因为青词写得好,受到
朱厚熜的宠信,干预朝政的。

眼看到了而立之年,朱厚熜虽然嫔妃成
群夜夜新欢,但却无一人为他生下皇子,对
此不免焦虑起来。于是让邵元节在钦安殿

明世宗朱厚熜

建祈嗣醮,又在内皇坛建金禄大斋。祈嗣醮坛竟以大臣为监礼使和引导官,由
文武大臣轮流进香。

嘉靖十五年,因祈嗣不灵,邵元节暂求还山修炼,临行前骗他说,皇子指日
可生。巧的是,不久阎贵妃真的有孕。朱厚熜认定邵元节祈求有功,派人立即
将其召回。皇子生下后,朱厚熜加授邵元节为礼部尚书,一品服俸。此后,王贵
妃、杜康妃、卢靖妃也各生一男,朱厚熜这才了却了一桩心事。嘉靖十八年邵元
节病死,朱厚熜痛哭不已,如丧考妣。邵元节临死之前,给朱厚熜介绍了方士陶
仲文。

陶仲文比邵元节的骗术更高,他唆使朱厚熜用童女初至的经血做原料,制
成"元性纯红丹",说是服后即可长生不老。朱厚熜以为得到了仙方,大喜过
望,传谕各处地方官,挑选三百余貌美健康的童女入宫,并派人一一检验是否为
处女,为制药做准备。为此,陶仲文深得朱厚熜宠信,官衔从少保到少傅直至
少师。

与此同时,朱厚熜又把方士段朝用进奉的"仙物",视为长生不老之药,听
信段朝用让他"深居"的鬼话,下诏让四岁的太子载壑监国,自己则退到后宫,
不与外人接触,以求得不死之药。

朱厚熜在后宫中祈求道法,苦练苦修,自我感觉不错,但他并没有遵循道家

"清心寡欲"的教规,而是不断派人到民间挑选淑女,为数超过数千。这些女子既供他淫乐又被当作奴婢使用,备受欺凌,结果激发了一起宫女造反的事件。宫女杨金英带人闯宫,差一点把他勒死。事后,他仍未觉悟,反以为自己大难不死是尊崇天神的结果。从此更躲进西苑燕王的旧宫里,宣称自己是尘世外的人,专心崇神修道。

到了晚年,朱厚熜因经常服食丹药,造成慢性汞中毒,四肢麻木,不久便卧床不起,一命呜呼。

2.后患无穷的"大礼仪"

正德十六年,十五岁的朱厚熜被内阁首辅杨延和拥立为孝宗朱祐樘的继承人,当上了皇帝,即嘉靖帝。

即位典礼后的第五天,为了给死去的父亲一个比较高的封号,朱厚熜下诏让九臣讨论这个问题,不料,朝臣的意见与他发生了分歧。

朱厚熜的父亲是兴献王朱右杬,即位后朱厚熜想尊奉生父,称自己的父亲为"皇孝"。但按祖制,这是不合礼法的。因为这样一来,先帝就成了"皇叔",哪有"皇叔"让"皇侄"继位的道理?虽然事实如此,但不能这样说。

以杨延和为首的朝臣们认为,朱厚熜既然是以宗藩入继,就应称孝宗为"皇孝",而称兴献王为皇叔父,这才是合理合法的。

朱厚熜对这种"移易"父母的做法非常不满,要求重议。其实,这种"礼仪"之争毫无意义,可以说是迂腐可笑,然而新皇帝只是个涉世未深的孩子。非要这样拗,只能令人啼笑皆非。

偏偏朱厚熜的母亲蒋氏也是个不懂大礼的人,蹚了一脚浑水,把这件事弄得糟糕了。蒋氏在被迎入京的途中听到此事,对陪行官员大发脾气说:"你们受职为官,父母都得到了封诰,我儿子当了皇帝,却成了别人的儿子,我还到京城做什么?"不肯再向前走了。朱厚熜闻之,哭着入禀张太后,说:"您另选别人做皇帝好了,我要同母亲一同回安陆去,仍旧做献王。"太后无奈,只得让杨延和等妥议,结果,尊朱厚熜生父为兴献帝。蒋氏为兴献后。接着,安排蒋氏由东安门入宫,朱厚熜不满意,改进大明乐门,仍不满意;最后,从中门入,谒见太庙,才算作罢。后来,朱厚熜仍在其父尊号后加上"皇"字,却因清宁殿发生了一场大火,使他觉得自己可能惹起了祖宗神灵的愤怒而将"皇"字搁起,不得不称孝宗为"皇孝",尊慈寿皇太后为圣母。

从此,朱厚熜与杨延和之间就产生了矛盾,一些阿谀奉承之人乘机挑拨二人之间的关系。朱厚熜正想在政治上摆脱杨延和,就听信了谗言,疏远了杨延和。杨延和也不想再辅佐这个昏庸自负的小皇帝了,遂辞去了官职,告老还乡了。

杨延和去职后,"大礼仪"之争达到了白热化的程序,一派以新任礼部尚书汪俊、大学士蒋冕、文渊阁大学士石瑶,大学士毛纪为代表,坚持属守礼法;另一派以张熜和桂萼为代表,奉旨不顾传统礼仪,拼命维护朱厚熜。这时,朱厚熜决意抛开内阁,一意孤行,非要按他的旨意行事不可。他强令礼部追尊其兴献帝为"本生皇孝恭穆献皇帝",尊兴国太后为"本生圣母章圣皇太后",并令礼部在奉先殿侧另建一室。安放皇孝神主。汪浚、蒋冕不肯从命,愤然辞职。

朱厚熜还据张熜、桂萼的意见,传谕内阁除去父母尊号中"本生"二字,毛纪力言不可,朱厚熜熜大怒,限四日恭上册室。两派争斗水火不容。

七月十五日早朝后,修撰杨慎说:"国家养士百余年,节杖死义,正在今日!"众人一致赞同,吏部与九卿以下二百三十七人一齐跪在左顺门下,高呼孝宗皇帝。毛纪、石瑶也加入了跪伏行列。面对如此众多的反对者,朱厚熜并未反省自己,相反地,令锦衣卫抓为首的人。群臣大放悲声,嚎哭不止。朱厚熜又使人抓了一百三十四人,两天后,朱厚熜下令,将为首者发配边地,四品以上者夺俸,五品以下杖之,结果十六人死于杖下。毛纪负气辞职。与此同时,朱佑杭的神主被迎奉入京,供奉在新建的观德殿里,尊号曰"皇孝恭穆皇帝"。朱厚熜终于在"大礼仪"案中取胜。自此以后,他以"大礼仪"中的态度划线,开始了"顺我者昌,逆我者亡"的荒谬之行,弄得朝风日下,邪气上升。

聚财爱财的明神宗朱翊钧

朱翊钧(1562~1620),十岁继位,一共在位四十八年,是明朝皇帝在位时间最长的一个。由于疏于朝政,并且有不择手段聚敛钱财的恶习,社会风气腐败,万历四十八年(1620年),在内外交困风雨飘摇中死去,终年五十八岁,庙号为神宗。

1.贪财搜刮

中国历史上的皇帝形形色色,有的爱美女,有的爱钱财。但似乎像明神宗朱翊钧这样疯狂爱财、贪财的好像还不多。他贪婪金钱,恨不得把天下的财富都抓到自己的手中。常常挖空心思向朝廷各部门勒索钱财。

明神宗朱翊钧

他生了一个女儿,要户部、光禄寺各进奉白银十万两;公主出嫁,也要讨取数十万两银子。皇子们办婚礼,他从国库支银九百三十四万两,外加袍服费二百七十多万两,有一次,他竟花掉白银两千四百万两买珠宝,挥霍浪费惊人。

其实,在当时皇帝贵为一子,整个天下都可以说是他的。他完全没必要那样聚财,应该说要啥有啥。然而万历皇帝却并不这样想,他硬要把钱财着实地握在手中才舒服。他为了敛财,无所不用其极,想了百般荒唐的点子。他大力提倡官吏们向他"进奉",进奉钱财多的就加以重用,于是,官员被迫纷纷"进奉",以表忠心。他还把太监无缘无故地抓来拷问,谁交钱献宝,就立即释放;谁执迷不悟,就备受责打。有一个太监张鲸犯了欺君之罪,本应处死,但由于献上大量财宝,不但未治罪,反而继续供职。其见钱眼开,简直到了鬼迷心窍的地步。

后来,他见这样强行勒索的办法发不了大财,就借口修宫殿用钱,派大批太监充当"矿监"和"税使",大肆搜刮民脂民膏。这就是历史上有名的"采榷之祸"。

这些矿监凶横无比,他们名义上以开矿增加税收,实际上根本不去勘探、开采,而是随心所欲地指地为矿。被指中的人家灾祸临头,只有献上金银珠宝方能摆平,否则就被强拆房屋,掘地翻圃,甚至抢掠家产、侮辱妇女、胡乱杀人,有的则借口找矿,挖坟掘墓,搜取陪葬品。简直是明火执仗,比强盗还甚。当时有个叫陈奉的矿监,出使荆州和兴国州,常借口巡视到处殴打官吏、抢劫行人,引起民愤。一次他在巡查途中被数千群众围打,逃回荆州后,上疏皇上,诬陷当地官府煽动叛乱,朱翊钧不问青红皂白,马上派人查办。

兴国州无赖曾经诬陷徐鼎掘墓获得万金,朱翊钧贪心大发,命陈奉将这些钱缴来。

陈奉将徐鼎抓来严刑拷打,勒索金银,并把境内所有坟墓一一掘遍。巡按御使王立贤等人参奏陈奉作恶多端,朱翊钧却说,黄金是我让他去查的,矿监是我让他当的,哪来什么问题?将此事压下不理,类似的办法,朱翊钧用过不止一次。

到了后来,矿监遍布各地,全国百姓深受其害。

除此以外,名目繁多的杂监杂税也使各行各业及通商口岸不得安宁。天津有店租,广州有珠榷,两淮有盐监,浙江有市舶监,成都有茶盐监,湖口、长沙有船税,荆州有店税,等等。这些税使横征暴敛,残害百姓,摧残经济,直逼得人民不断起来反抗,大臣们一再上疏劝谏,要朱翊钧猛醒,可是朱翊钧搜刮得红了眼睛,聚敛钱财雷打不动。

万历三十年,皇帝一病不起,以为自己将死,想死后留个好名声,于是下了遗诏,停了矿税。不料,他命不该绝,几个小时后竟又奇迹般地活了过来,于是,他赶紧派人去内阁收回遗诏。前前后后来了二十多拨人传达皇上口谕,说矿税万万不能停。结果,采榷之祸始终没能废去。为了钱,皇帝竟这样不要脸面。

2."玉盒密约"

万历六年,十六岁的朱翊钧行冠礼,加元服,举行大婚。皇后王氏和刘昭妃都知书识礼、贤淑端庄,可是她俩虽然受到万历生母慈圣皇太后的喜爱,却满足不了生性风流的朱翊钧淫乐的需要,而且又都没有生育,这令朱翊钧气不打一处来,变得行为乖张,动辄大怒。十九岁那年冬天,他偶然来到母后宫中,母后不在,只有一个姓王的宫女迎接他。他一时淫兴大发,便跟这宫女发生了关系。后来,这位宫女便有了身孕,但朱翊钧却把这件事忘得一干二净。

过了几个月,王宫女肚子大起来了,慈圣太后一问,原来是跟皇帝有的,并有《起居注》为证。朱翊钧不得不承认这个事实,太后不但不怪,反而大为高兴,立刻将王宫女封为恭妃。不久,便生下一个男孩,这就是皇长子朱常洛。然而,万历对王恭妃没什么感情,对朱常洛也态度冷淡。但是,对朱常洛的名分、地位并没有什么异议。

过了几年,郑贵妃生的皇三子朱常洵出生了,一下子打破了昔日的平静。朱翊钧十八年,大臣们提出应该立太子了。皇后没生儿子,现在的皇子都算庶出,既然无"嫡"可立,那么就理该立"长"。可是皇帝不干,他要立朱常洵为太子。这就引起了历史上称之为"争国本"的事件。"国本"指的是太子,以群臣为一方,牢守着祖制,主张册立长子;而皇帝自己为一方,坚持立三子。双方争来争去,竟延续了十五年。

朱翊钧为什么顽固地坚持非立三子不可呢?关键是他宠爱三子的生母郑氏。郑氏原为淑嫔,容貌出众、机智聪敏,她还爱读书、有谋略,很合朱翊钧的胃口,所以入宫后很快得宠,晋为贵妃。她处处显露出天真少女的本色,她敢跟皇帝搂搂抱抱,敢把头扎进皇帝怀里撒娇,敢和皇帝互诉衷肠,敢给皇帝出主意,敢跟皇帝要大把大把的珠宝……朱翊钧在她面前,才觉得是从"神"的地位上降下来,成了活生生的人,感到摆脱了孤独感。他也就把郑氏视为知音,朝夕相伴。因此朱常洵一出生,朱翊钧马上册封郑氏为皇贵妃,比王恭妃高出两级,群臣见此不公,纷纷为王恭妃鸣不平。正在这时,又传说朱翊钧和郑贵妃曾在大高元殿谒神盟誓,把立朱常洵为皇太子的誓言装入玉盒中交给郑贵妃。这就是所谓的"玉盒密约"。这个传说在朝野中引起极大震动,群臣们认为立皇三子是不顾祖宗礼法,为了社稷,就是罢官掉脑袋也要坚决顶住。立储之争达到了白热化程度。

群臣们的立储之疏数千百计地向朱翊钧抛去,令他招架不迭,只好极力镇压。他把户部给事姜应麟、吏部员外郎沈琼、刑部主事孙如法等都贬了官,治了罪。慈圣太后这才感到,儿子恐怕真有"废长立爱"的决心了,就质问朱翊钧。朱翊钧说:"他(指朱常洛)是宫女的儿子。"太后申斥说:"你不也是宫女的儿子吗?"(朱翊钧的生母是宫娥李氏)吓得朱翊钧惶恐万分。于是,他就把册立太子的事推迟,采取"拖"的办法。理由是皇后还很年轻,说不定她会生个男孩,"立嫡"的原则是优先的,那时再立太子也不晚。

其实,朱翊钧是耍花招,他根本不到皇后宫里去住,皇后又怎么会生出男孩来呢?

万历还想了个办法,把皇后废了,另立郑贵妃为后,那时朱常洵就会变成"嫡子",可以名正言顺地立为太子了。可是怎么也找不到废皇后的理由。他还希望皇后自己死去,可惜皇后偏偏病恹恹地活着。

为立太子的事,朱翊钧大伤脑筋,也大为恼火。后来赌气采取了跟大臣们消极对抗的办法,从此不再上朝。皇帝竟罢了工,真是亘古未有的奇闻。幸而官僚制度还起作用,内阁及部府仍然照常工作。有事呈奏上去,皇帝不批,就等于默许,便照章办理。谁再上本去争立太子的事,他就"留中"——又叫"不报",让那疏文自动作废,外面也无法知道真相了。

直到万历二十九年,朱翊钧已经四十岁了,再不立太子,如果他一旦殡天,朝廷非大乱不可,于是决定册立太子了。郑贵妃没忘"玉盒密约",从锦匣中拿出朱翊钧的手谕。不料手谕却被虫子咬掉了一部分,偏偏"常洵"二字被蛀成一撮碎末。迷信的朱翊钧惊叹道:"这真是天意啊!"终于把朱常洛立为太子,皇三子朱常洵封为福王。至此,"国本之争"才算告一段落。

3.妖书案的闹剧

明神宗朱翊钧即位后,由于他的昏庸无道,朝廷内不同派别的官僚集团互相纷争,矛盾四起。万历三十一年发生的"妖书案",竟把满堂朝臣都卷入了空前纷乱的党争漩涡,酿成了一场大祸。

据说事情起自于刑部左侍郎吕坤写的一本叫作《闺范图说》的书。该书以绘图解说的方式,记载了历代一些贤德女人的故事。传到宫中之后,郑贵妃把自己也列入书中,并让人刻印成书,传出宫外。这本来不算件什么了不起的事,至多有点标榜郑贵妃自己的意味。

但是,此事却成了党争的借口。礼部给事中戴士衡、全椒县知县樊玉衡接连上疏,弹劾吕坤和郑贵妃。郑贵妃见事不好,赶忙哭求朱翊钧,于是朱翊钧暗忖找机会处罚"二衡"。后来,有人为《闺范图说》作跋,名为《忧危竑议》,矛头直指郑贵妃,说她刻书之意在于"夺嫡",是为自己的儿子朱常洵立为太子制造舆论,一时朝野上下闹得鼎鼎沸沸。朱翊钧一怒之下,派锦衣卫捉拿"二衡",贬到两广了事。

过了几年,一本托名"郑福成"写的小册子《续忧危竑议》冒了出来。此书以问答体写成,说皇上册立朱常洛为太子是出于不得已,还说郑贵妃与一些大臣勾结,欲废朱常洛另立自己的儿子为太子。整篇文章用词闪烁诡妄,"郑福成"的托名,也蕴含"郑氏"的儿子"福王"朱常洵"当成"的意思,人称"妖书"。朱翊钧一见此书,当即怒斥为"胡闹",命锦衣卫速速查办。一下子掀起了一股滥捕之风。许多人借此发泄党争仇隙、个人恩怨。连和尚、医生都被抓了起来,一时廷狱人满为患,京城人人自危。朱翊钧皇帝也被弄得糊里糊涂,不明就里。

"浙党"魁首、内阁首辅沈一贯善于排斥异己,这时他从中插了一脚。当时内阁次辅沈鲤曾做过朱翊钧的讲官,入阁后很受器重,但与沈一贯始终不和。"妖书案"发,沈一贯便趁机上书朱翊钧,说是我手下人干的。把沈鲤及其门生、东宫讲官郭正域抛了出去。沈一贯还指使给事钱梦庚上疏,说:"妖书出现,不前不后,正在上疏的时候,令人怀疑这中间必有瓜葛。郭正域是沈鲤的门生,而医生沈令誉是正域的食客,胡化又是正域的同乡同年,他们结成死党,反对朝廷。还望皇上能控根治本,严惩正域,贬谪沈鲤。"朱翊钧见疏,当即下诏,命郭正域回原籍听候审查。沈一贯派人在半途截住郭正域回京拷问,并劝他自杀,郭正域却说:"我是朝廷大臣,有罪也应明正陈尸法场,如何能不明不白地自杀死去?"太子朱常洛也几次出面质问:"为什么想杀我的好讲官?"使沈一贯不敢再下毒手。最后,把和尚达观、医生沈令誉、胡化等人折磨个半死,把个无赖当作真凶凌迟处死了事。

"妖书"之狱,令朱翊钧也感到悚然。他似乎才觉察到,由于他的昏庸、姑息,使党派之争达到了令人吃惊的程度。但是,内心深处,他又真希望这些"浙党",能钳制一下势力强大的东林党人。因为东林党人总说政治腐败了,要求改革弊政,动不动就弹劾大臣、抨击太监,甚至连皇上也不放过。朱翊钧想坐山观虎斗,利用党争保住自己。这样,"妖书案"才演成了一出荒唐的党争闹剧。

明光宗朱常洛丧命"红丸"

朱常洛(1590~1620),神宗长子,神宗病死后即位,年号泰昌。他自幼身体虚弱,然依旧贪淫好色,因淫欲过度,即位当天就病倒了。后因服用丹砂过度,一命身亡。在位时间仅一个月,是明朝在位最短的一位皇帝。被称为"一月天子"。

朱常洛虽然起初不为神宗皇帝钟爱。但在一场场纷争之后,随着时光的流转,终于还是登上了太子之位,并继了皇位。由此,使郑贵妃的儿子朱常洵在竞争中败下阵来。对此,阴险的郑贵妃一反常态,对朱常洛加倍逢迎,她深知朱常洛天生体虚,却从自己的宫女中挑选出八名美艳的女子送给朱常洛。朱常洛不知是暗藏玄机,倒是心喜

明光宗朱常洛

非常,毫无顾忌地恣意放纵起来,酒色财气无所不沾,整天和这些宫女们淫乐。本来即位时已是病中之人了,如此这般,使朱常洛临朝不到半月,便一病不起。八月十四日,内侍御医崔文升给他开了付泻药,一夜之内竟腹泻三十多次,顿时委顿不堪。众臣都认为崔文升是郑贵妃的心腹,下此虎狼之药定是郑贵妃主使

谋害皇上，纷纷提出追查此事。但朱常洛认为是自己体质极度衰弱，不胜药力，并未怪罪崔文升。朱常洛自感来日无多，关心的只是册立贵妃的事了。

八月二十九日，朱常洛召见群臣，安排"托孤"，即要求方从哲、张惟贤等大臣今后辅佐其子朱由校为帝的事。

召见临了，朱常洛问："鸿胪寺不是有个官员要来进药吗？他在哪儿？"方从哲赶忙道："鸿胪寺丞李可灼说他有仙方，但臣等不敢轻信。"朱常洛立即命人宣其进殿临榻诊视，一并让他赶紧进药。李可灼进献的就是所谓的"红丸"。据说是祖传的秘方制成，用人乳调服。朱常洛服了一丸后，感觉很舒服，大呼李可灼是"忠臣"，并说："朕用药后，自觉身心舒畅，也想吃饭了，卿等放心。"群臣见状大喜，放心而退，只留下李可灼与几个御医在榻前侍候。夜里，朱常洛又令进一枚红丸，结果，药一入肚就折腾起来，呻吟不止，不到天亮，这位登基只有三十天的皇帝，就带着一腔遗憾撒手归西了。

这样，由李可灼进献的红丸断送皇上性命的"红丸案"就折腾起来了。人们认为，这"红丸"无论说是春药、丹药，还是补药，总之是药性太燥，断不该用。对于衰弱日久的朱常洛来说，先有崔文升泻药在前，又有李可灼的"红丸"在后，一损一益，都是追魂命的劫剂，所以就有人说崔、李都是弑逆，该处以极刑。同时，还要追究幕后之人。言外之意，直指郑贵妃及其朋党。偏偏在此时，方从哲匆忙拟旨，代皇长子朱由校下令，赏赐李可灼银五十两，二百匹彩缎。这一来，如火上浇油，朝臣立时议论蜂起，纷纷上疏，表示不满。有人并将"梃击案"与"红丸案"两案联系起来，认为"梃击案"处理不严，才使崔文升敢用剧药，使皇帝病情加重，应予严惩。整来整去，人们将方从哲也划入弑逆者之列了。因为李可灼是经他手入宫的，怎么也脱不了干系。方从哲身为首辅，早就依附于郑贵妃，众人想揪出幕后元凶郑贵妃，肯定先把他当成替罪羊。不过，方从哲老谋深算，立即上疏辩释，并请求削职为民。一些为方从哲辩护的人则说先帝并非死于非命，试图使"红丸案"不了了之。一时间，斥方派和保方派争斗不休。

后来，又有"移宫案"发生，人们都转移了视线，"红丸案"真的不了了之了。处理的结果是，李可灼流放边地，崔文升发往南京安置。一场纷争暂时偃旗息鼓了。

明熹宗朱由校成全皇后谏言

明熹宗朱由校（1605~1627），光宗长子在位共七年，在位期间，宠信乳母客氏及宦官魏忠贤，屡兴冤狱，迫害忠良，致使朝政紊乱，为明朝的灭亡埋下伏笔。即位后，因年号天启，又称天启皇帝。

明熹宗朱由校的皇后是河南生员张国纪之女，长得丰姿绰约，美色天成。她知书达礼、深明大义、善良贤惠、文静端庄。按说朱由校娶此女为妻是他的造化。然而朱由校却是一副纨绔子弟的派头，整天昏天黑地地玩，对做木工活又极其痴迷。他不理朝政，宠爱自己的奶妈客氏，信任狡诈的太监魏忠贤，大明江山成了客、魏的天下。尽管皇后再三劝言，他毫无理会。

明熹宗朱由校

有一天，朱由校突然起了一个念头，要与张皇后各率一军玩"列阵对仗"游戏。他请张皇后和他一起披挂上阵参加内操。他率太监三百人，执龙旗；张皇后率宫女三百人，执凤旗。张皇后对这种明火执仗、锣鼓喧天的玩乐不感兴趣，推说自己身体不舒服，先辞别回宫去了，弄得朱由校很扫兴。后来他从宫女中挑出三人代替张皇后接着玩。只见他龙旗一挥，太监们发一声呐喊冲入宫女阵中，互相打闹取笑一回，他才尽兴而归。

朱由校很爱看戏，什么过锦戏、打稻戏、傀儡戏，他是每晚必看，非常开心。戏班中有个丑角王跛子常常在演戏中插科打诨，谀谄魏忠贤，把个魏公公褒奖到天上。张皇后看了十分气愤，指斥魏忠贤横行霸道、乱国乱政，可是朱由校根本不听她的。这样的戏，她也再不想看了。

一天,张皇后正在读《史记》,朱由校玩得满脸是汗地跑进来了问张氏读的是什么书?张皇后说"赵高传"。"赵高,谁是赵高?"朱由校不读书,不懂史,怎么会知道赵高是何许人也。"大奸似忠、毒如蛇蝎、指鹿为马、颠倒黑白,坏秦家锦绣天下的小人!"张皇后气愤地一口气说了一串话。可是,朱由校糊里糊涂,他唯玩是命,只是似懂非懂地朝皇后一笑,又玩他的去了。

本来朱由校身体很健康,二十岁刚出头,从没得过病,可是不知什么原因,从天启六年开始,身体却日渐虚弱起来,脸和身上都出现了浮肿。到了天启七年,竟病倒在床,时发高烧,浮肿加重,饭量大减,说话有气无力,朝野上下惶惶不安。这时,京师又传出了魏忠贤欲谋篡位的谣言,闹得满城风雨。张皇后更是忧心忡忡。

张皇后虽然也是二十几岁的年轻女子,但作为天下之母,她还是很有政治头脑的。她清醒地认识到,面对形势复杂的危急时刻,必须沉着冷静,当务之急是解决皇位的嗣继问题。绝不能再让客、魏专权误国。

说起朱由校子嗣问题,就不能不提起客、魏二人费尽心机加害张皇后的事。

客氏和魏忠贤把朱由校玩弄在股掌之中,气焰熏天,不可一世。客氏在宫中作威作福,横行无忌。因此,常遭到张皇后当面斥责,并由此结下冤仇,客、魏二人开始阴谋将张皇后铲除。天启三年,张皇后怀了孕。客氏将张皇后宫中下人一律换成她的心腹。一天,一个宫女给张皇后捶背时,故意用猛劲造成流产。一个未来的皇子就这样在腹中夭折了。其他妃子,如薛贵妃、容妃等生的孩子也都被客氏设法害死,故此,朱由校一生没有子嗣。为了达到潜移明祚的目的,客、魏二人又把毒手伸向了张皇后的父亲张国纪,想以此牵扯并废掉张皇后而立魏忠贤之侄魏良卿的女儿为皇后。结果造出个谣来,说张皇后是被张国纪收养的一个在逃杀人犯的女儿。朱由校不辨黑白就下旨革去张国纪的爵禄,令其回原籍,然而并未动张皇后。客、魏二人阴谋虽未能逞,但其狼子野心已昭然若揭了。

如今,朱由校的病眼看无望再起,又无子嗣,张皇后就想到了朱由校同父异母的弟弟信王朱由检。遵照"兄终弟及"的惯例,信王是可以名正言顺地继承皇位的,况且他素有贤名,能当此大任。于是,张皇后就对病中的朱由校提起了信王,说他可以托付大事,朱由校点头同意。后来,趁魏忠贤疏于防范之际,张皇后安排了朱由校接见信王一面,确定了信王为继位之人。这是朱由校二十几年来做的唯一的明白事。这可能也和他自生病以来,在张皇后的朝夕陪伴中,良知感触,对张皇后的话也听进去了的缘故。

天启七年八月,朱由校驾崩,张皇后马上传旨,命人迎信王入宫,同时向天下宣告信王继承大统的遗诏。次日,朱由检登基,张皇后才放下心来。张皇后凭借自己的机敏果断,完成了一件力定社稷的惊人之举。

朱由检登基后,封张皇后为懿安皇后,尊养于宫中,其父张国纪也恢复了爵位。崇祯十七年,李自成农民军攻下北京。朱由检传令张皇后自裁,张皇后即刻自缢而死。

明朝末帝明思宗朱由检

朱由检(1610~1644),即明思宗。明熹宗朱由校之弟,先被封为信王,朱由校去世后,由于没有子嗣,按照兄终弟及的说法,受遗命入继皇位。因年号崇祯,又称崇祯皇帝。他是中国历史上第一次提出禁止烟草吸食的皇帝。

1.为何没有"南迁"

崇祯皇帝从公元1627到公元1644年,共做了十七年的皇帝。也正在他手中,大明江山走到了头。崇祯十七年,是个多事之秋,内忧外患令崇祯长吁短叹。清军攻占了山东、畿南八十八个州县,摄政王统领十几万大兵虎视眈眈;张献忠一路沿湖北、湖南夺关占地,准备全面占领四川;更严重的是李自成已西进潼关,占领西安,控制了西北,并整顿兵马要直取北京,大有称王建国之势。国家社稷危在旦夕,如果此时崇祯皇帝权衡利弊,当机立断,迁都南京,尚可保住江南半壁江山,明朝或许不会早亡。但是崇祯却迟迟没有南迁,放弃了一条生路,不仅早早地断送了大明江山,而且自己也吊死在景山之上。

不过崇祯皇帝又何尝不想南迁呢？

据说这一年的正月初四，崇祯急召大学士及首辅大臣陈演、魏藻德、丘瑜及兵部尚书到御书房议事，讨论兵部给事中吴麟征、陕西总督余应桂和蓟辽总督王永吉三人提出的速调吴三桂入京勤王的三道紧急奏折。这本是一个拯救危亡的方略，虽然放弃了山海关，但能免得京城落入李自成之手。然而，崇祯却踌躇再三：面对外患的清军铁骑，如果弃地守京，就会落下丢失国土的千古罪名；面对内忧的挥师东指的李自成大军，坐以待毙，又会蒙受失政于寇的奇耻大辱，因

明思宗朱由检

此，他把这个皮球踢给了这些大臣们，想让诸大臣们正式提出动议，他再顺水推舟做个表态，免得承担历史责任。可是，这帮老奸巨猾的家伙们似乎猜透了崇祯心里打的小算盘，竟无一人表态！最终决定"早朝廷议公而决之"。于是，正月初九的早朝上，众朝臣展开了唇枪舌剑的争论，一派主张弃地守京，另一派主张绝不弃地，结果相持不下，不欢而散。那么，主张绝不放弃一寸国土的臣子们，真的是心口如一以死报国的忠臣吗？不然。当朝宰相、首辅大臣陈演就怀着一副不可告人的鬼胎。他想，自己当庭表态不弃国土，就逃脱了丢失国土的罪名。而他后来又不公开反对"弃地守京"，则是崇祯对他的嘱咐。他想，说不定有朝一日，秋后算账，这个刚愎自用又心胸狭窄的皇帝，便会找一个因弃地守京而丢失国土罪名的替罪羊，而他陈演则明哲保身，不担任何干系。试想，靠这种满肚子为个人打算的人把持朝政，再加上个优柔寡断，只顾虚名的皇上，哪里会定下个万全之策？退朝不久，左中允李明睿求见皇上，为崇祯献上南迁之计。他认为即使弃地也难保京，大敌当前应该效仿晋元、宋廷南迁，以后再图恢复北方，以缓目前之急。实事求是地说，这个新思路是当时确保朱明王朝的上策。崇祯心里也是赞同的。但是，他又认为南迁是丢弃宗庙社稷的大罪，比"弃地守

京"更甚,他可不愿承担这个千古骂名,于是,这个适时的策略便被搁置一边了。

至三月初,李自成势如破竹,攻克了宁武,明军一败涂地,京城岌岌可危之时,崇祯又连夜召诸大臣商议对策。这时,李明睿又奏请南迁。崇祯想,这次如果没人反对,他就可以下决心南迁了。没料想,左都御史李邦华竟说,皇上应该守京师,让太子下江南。崇祯见自己的如意算盘被打乱,便怒斥道:"朕经营天下十几年尚不能济,孩子家做得了什么大事?"众人顿时吓得哑口无言,其实人人心里都明白,崇祯是既想当婊子又想立贞节牌坊,自己本想南逃,却要从大臣口中说出来,死要面子。他们又一想,如果皇上南迁,一些大臣们便会留在京师辅佐太子,变成替死鬼;而那些随驾南迁的人,说不定一旦京师失守,又因力主南迁而替人受过。众人都看透了崇祯的心理,于是个个沉默不语。崇祯却不知众人在心里想些什么,见南迁无人再表态,遂似很有决心地说:"诸位爱卿,今夜只讲战守之策,此外不必再言。"结果,只是下了个"入京勤王"的圣旨,等待各路大军来京护驾。但是,此后的几天,勤王的军队没到,敌情却像雪片一样飞来,如再犹豫就什么都来不及了。这时,李明睿又来紧急求见,劝崇祯南迁。崇祯是怎么想的呢? 他是急切地盼望着众大臣都一致赞成南迁,甚至伏地痛哭,一起奏请他离京,而自己则最好是半推半就地哀而受之,而成就一代明君的形象。因此,在这最后关头,他不禁想到,兴许这次大臣们会众口一词奏请他逃往南京的,待召来大臣后,众人仍是各怀心事地一言不发。正在尴尬无奈之时,有人来报,"保定失陷"。这样一来,南迁的路被掐断,往南逃跑的可能性很小了。再议南迁之策,已是不可能实现的了。崇祯闻听这一消息,心里凉透,彻底绝望。

三月十八日,在一片震天的喊杀声中,李自成攻陷了北京城。崇祯在煤山自缢身亡。

2.剑砍公主

崇祯十九年三月十七日的北京城笼罩在一片愁云惨雾之中,人们都惊慌地四处奔走,却又无路可逃。李自成的大军就在城外,隆隆的炮声响了一夜,连皇宫深处也听得非常清楚,每个人都处在一种深深的恐惧之中。这天夜里,李自成派投降了他的明朝太监杜之秩和申芝秀从城墙上吊入城中,一起去皇宫中劝崇祯皇帝主动退位,结果却被皇帝大骂了一顿赶了出来。

太监们退去后,崇祯皇帝一个人在寝宫里走来走去,急得像热锅上的蚂蚁,可是什么退敌的办法也没有。正在他焦躁不安的时候,又一个坏消息传来,他所信任的太监曹化淳放弃了原本守城的职责,反而主动打开自己把守的城门,投降了李自成。崇祯听到这个消息,顿时如同五雷轰顶,外城一破,北京再无险可守了。

崇祯皇帝和太监王承恩来到皇城的高处四下眺望,只见外面到处火光冲天,喊杀声不绝于耳,看起来内城被攻破也只是旦夕之间的事了。他,又回到宫中,见了周皇后,才叹了一口气说:"大势去矣。"两人不禁相对落泪。崇祯又写了一道上谕:"命成国公朱纯臣提督内外诸军事,夹辅东宫。"让人送去内阁,却发现内阁班房早已人去楼空。他只好命太子,永王和定王都换了便装,派人把他们送到外戚周奎、田弘遇的府中去,希望他们能趁城中大乱之际逃得命去。周皇后一直陪在他身边默默垂泪,一言不发。等到打发了太子走后,她才过来跪下向崇祯磕头说:"我服侍陛下十几年了。你却从没听我一句劝,现在也没什么可说的了。我也唯有以一死殉君国了。"话说完,她就站起来转身回房去了。一会儿宫女出来报告说,皇后已经自缢身死了。崇祯听后,呆了一会儿,又说:"好,好,死得好!"他又命人叫来长平公主,这是他最疼爱的女儿,今年刚满十六岁。"长平",长长久久地享受太平,这两个字中包含了父亲对女儿的多少爱和希望啊!他本来已经为爱女选了周显做女婿,两人马上就要成婚了,可是这一切眼看就要成为泡影了。长平公主这时紧紧地拉住父亲的衣襟,满脸都是凄楚的泪水,十六岁的她已经开始懂得一些世事了。崇祯抚摸着女儿的秀发,看着她年轻却苍白的脸庞,不禁长长叹了一口气说:"你为什么要生在我家!"话刚一说完,他就抽出一直放在身旁的宝剑,用衣袖遮住自己的脸,看也不看地就向女儿身上劈去。长平公主被吓傻了,站在那里一动也不动。幸亏崇祯是闭着眼睛砍过去的,这一剑砍得有些偏,一下子从公主的左肩劈了下去,一条臂膀登时掉落地下,鲜血泉涌而出,喷洒得到处都是。公主已经昏了过去,倒卧在血泊之中。崇祯皇帝也被溅得满脸满身都是鲜血,他看着女儿那痛苦的神态,染满了鲜血的手不禁颤抖起来,第二剑说什么也不忍砍下去了。他又转向袁贵妃,命她赶快自尽。袁贵妃遵命自缢,不料绳子却自己脱落了。崇祯见状,又挥着手中的剑砍伤了袁贵妃的左肩。之后,他又发了疯似的接连砍倒了几个嫔妃。看着满屋子的血和倒在血泊中的妻子女儿,他却像已经失去了痛感神经一样,什么都感觉不到了。他又唤来王承恩,两个人在这个满是鲜血的屋子里喝了几杯酒,谁也不说一句话,王承恩只是端着手中的酒杯默默垂泪。之后,两个人就相偕着一前一后离开了紫禁城。

当李自成的太平军闯进内城,四处寻找皇帝的时候,有人发现在皇宫后面的景山上吊着两具尸体。一具是崇祯,另一具则是老太监的尸体。

后来,崇祯皇帝和周皇后的尸体就被葬在昌平的田贵妃墓里。

那长平公主到哪儿去了? 她并没有死。宫中大乱之际,一个太监救了倒在血泊中奄奄一息的公主,把她送到外戚周奎的家中。公主一连昏迷了五天才清醒过来。后来,长平公主上书给顺治皇帝,要求出家为尼。顺治没有答应她的请求,反而安排她和周显成了婚,又赏赐给他们不少田庄、车马和金钱。顺治三年,长平公主病死,死后就埋葬在北京的广宁门外。身受重伤的袁贵妃也没有死,清朝皇帝一直赡养她到终老。

后妃轶事

一代贤后马秀英

1.佐夫君创帝业

元顺帝至正十二年(1352 年)五月的一天,濠州城里热闹非凡,原来,农民起义军首领郭子兴正在他的大帅府里为自己的义女马小姐和自己手下一员年轻小将朱元璋举行婚礼。府内张灯结彩,贺客盈门。望着眼前喜庆的情景,新郎朱元璋不禁浮想联翩:

朱元璋本是濠州人(今安徽凤阳人),父亲朱世珍,是个农民。朱元璋小时候家境是很贫寒的。在他17岁那年,父亲和兄长相继死去。朱元璋无以为生,只好投到皇觉寺里,做了一个小和尚。不久,庙里粮食吃完了,他只好身穿破衣,手持木鱼和瓦钵,开始了化缘的流浪生活。早晨赶路,夜宿古寺,历尽艰辛。在三年多的流浪生活中,他的足迹遍及淮西一带名州大邑。20岁时,

马皇后

又回到皇觉寺。这段流浪生活,使他知道了各地的风土人情,增长了社会知识,也锻炼了坚强的意志和体魄。

元顺帝至正十二年(1352年)二月,安徽定远人郭子兴率领数千人马冲进濠州城,杀官起义。之后,那些不堪忍受压迫的人们,也纷纷从四面八方投奔濠州城。朱元璋当时24岁,正在皇觉寺出家,看到义兵蜂起,他也不甘清贫与寂寞,决心投奔起义军。

三月初一清晨,他早早地赶到濠州城门口,对城上哨兵说:"我要见你们大帅。"哨兵见到与他们说话的是个身穿破旧僧衣的和尚,心中就有几分瞧不起。又细瞧这和尚的面貌:见他身材瘦长,脸色微黑,面部稍长,下巴略大,前额微突,长相又奇又丑,就不免心生疑问。后竟以元军奸细为口实,把朱元璋抓了起来,并派人赶快给郭子兴报信。

不一会儿,郭子兴骑着一匹高头大马飞奔而来。朱元璋迎上去,对他说:"您是个决心成大事的人,怎么能纵容手下随便侮辱壮士?"朱元璋声若洪钟,讲得有理有力。郭子兴不禁产生出一点好感。他命手下人松开绑绳,在详加盘问之后,弄明白了朱元璋是受自己的部下汤和点拨,确实是为投奔自己而来的。

他便把朱元璋留在自己身边,担任一名十夫长。由于朱元璋能够吃苦耐劳,冲锋陷阵十分勇敢,逐渐受到郭子兴的器重。

五月初的一天,一个阳光明媚的日子,朱元璋来到郭子兴府的西厅,等待郭子兴召见他。在西厅,他巧遇郭子兴的妻子张夫人,这段巧遇促成了日后一段美满姻缘。原来,郭子兴有一个义女,是他朋友马公的女儿。称得上端庄秀丽,是纤适度。她已经21岁了,尚未许配人家。马公妻子郑媪死得早,马公曾与女儿相依为命,后来马公杀了人,隐姓埋名,远走他乡,便将这个女儿托付给自己的好朋友郭子兴。郭子兴和张氏待她如同亲生女儿,尤其是张氏,亲自教她读书识字,马小姐很快成长为一个知书识礼的翩翩少女。

当时在郭子兴手下的义兵将领中,有很多人倾慕马小姐,希望攀上这棵高枝。但郭子兴是个粗心的人,由于起兵时间不长,战事繁忙,他一直没有顾上马小姐的婚事。这个缺欠却被他细心的夫人张氏巧妙地弥补了。他对郭子兴说:"朱元璋相貌不凡,来日必成大器。大帅可厚待于他,让他知恩图报,辅佐大帅成就一番功业。您何不把咱们的义女马秀英许配给他,把他长久地笼络在您身边,让他为您效力呢?"

郭子兴呵呵大笑,一指脑门儿:"夫人言之成理。就按你的意见办。"

五月中旬,他们选择了一个良辰吉日,为朱元璋和马小姐举行了婚礼。这一天,天公作美,阳光格外灿烂。郭子兴的大帅府里喜气洋洋、张灯结彩,斗大的红喜字贴满了帅府内外。从早晨开始,贺喜的人便络绎不绝。贺喜的人中有郭子兴手下的将领、亲兵,还有当地有财有势的豪绅地主。他们祝贺郭子兴得到这样一个智勇双全的乘龙佳婿。张夫人含着笑站在郭子兴的身边,接受人们的祝贺。不久,婚礼的高潮来到了,一对新人在傧相的引领下,来到喜庆的婚礼大厅。一拜天地,二拜高堂,郭子兴和张夫人看着这对义女、女婿,乐得合不拢嘴。他们端坐在正厅的太师椅上,接受这对新人的跪拜。然后,傧相引导这对身着大红吉服的夫妻互相参拜,最后将他们送入坐落在大帅府附近的他们的新房里。这一切对于朱元璋来说,真像是一个美丽的梦。他由一个穷和尚一下子变成了大帅的干女婿,真是受宠若惊。马小姐的端庄和婉,稳重沉静,令他着迷,更令他肃然起敬。朱元璋由于这段婚姻身价陡增,被人们称作"朱公子"。

新婚之夜,朱元璋看着刚刚成为他的新娘的马小姐,高兴得不知道说什么才好。他粗糙的大手抚摸着马小姐柔嫩的肩膀和腰肢,继而,把这位新娘紧紧地拥在了怀里。马小姐有欣喜,也有羞涩,她的脸儿始终是红扑扑的,这在朱元璋看来,更是娇羞无比。"真像是一场梦啊。几个月前我还是沿街乞讨的穷和尚,如今却娶到了你这么美丽的姑娘。"他望着马小姐充满深情地说。顿了顿,他又试探性地问道:"你不会嫌弃我出身贫寒又没有功名富贵吧?"马小姐充满信任地望着他,摇了摇头:"我觉得您将来一定会是位很了不起的人。"

隔了一会儿,马小姐开玩笑似的问朱元璋:"奴家一双大脚,你不嫌弃吗?""怎么会?"朱元璋大胆地伸出手来,将马小姐一双健美的天足握在自己掌中。婚后两人夫唱妇随,生活和美。

然而幸运之神也并不总是光顾朱元璋一个人。有时候,人的生活中还少不了大大小小的磨难。朱元璋在被郭子兴招为女婿之后,引起了一些人的嫉妒,特别是他的才干惹得郭子兴的三个儿子十分不舒服。他们更担心朱元璋在军队中的威望有一天会超过他们弟兄三人甚至是他们的父亲。他们终于联合起来向郭子兴进谗言:"朱元璋这个人不可小觑,他有勇有谋,善于笼络人心,父帅手下士兵多愿听他调遣,他有凌驾于大帅之上的野心。"

郭子兴起初不相信这些话,然而这类像乌鸦一样的呱噪声却常常萦绕于耳际,让他不能不心动,不猜疑。俗话说,谎言重复一千遍就成了"真理"。郭子兴对于朱元璋再不那么信任了,对他的态度变得忽冷忽热。需要他的时候,就拍着朱元璋的肩膀"贤婿"长、"贤婿"短的,不需要他的时候,便对朱元璋拉长了脸。朱元璋不无担忧地把郭子兴对自己态度的变化告诉给马氏。马氏拿出私房钱,购买了张夫人平日喜爱的一些东西去讨好她,并委婉地请义母在郭子兴面前多讲朱元璋的好话。

郭子兴虽然生得人高马大,其实气量相当狭小。他性情急躁,嫉贤妒能,不能容人,好听闲话,做事迟疑。所以常和部下、同僚闹意见。朱元璋的豁达大度、有勇有谋,在他看来,是对自己地位的一种威胁。所以尽管张夫人受马小姐之托常常在枕边对他讲朱元璋如何忠诚可靠,并不能减少他对朱元璋的猜疑。矛盾终于爆发了。

有一天,郭子兴在大帅府里召开很重要的军事会议,讨论今后的行动方针。相当多的将领由于目光短浅,缺乏见识,决定采取保守政策,只要保卫好濠州就行;但朱元璋和其他一小部分将领却主张积极进取,以濠州为中心,向南方继续发展势力,并争取尽早与其他几支起义军联合,共图江山大业。朱元璋以非常洪亮的声音阐述了自己的见解,他周密的考察,严谨的逻辑,精心的计划,令众多将领对他刮目相看。直到这时,郭子兴才充分地意识到朱元璋的才能超出自己太多、太多。但是他的刚愎自用决不允许一个后生小子在军队中的威望超过他。郭子兴脸色越来越难看,他挥挥手结束了这场讨论。不久,他抓到朱元璋一点小错,把他囚禁起来,不给他饭吃。太阳西沉了,朱元璋饿了一整天。马氏心中记挂丈夫,便悄悄去厨房,偷了几块刚刚蒸熟的饼,揣在怀里,想给丈夫送去。不料刚一出门,就被义母张夫人看见,张氏见她慌慌张张,心知有异,就故意停下脚步,与马氏有一搭无一搭地闲扯。再看马氏,一边勉强应答,一边被烫得龇牙咧嘴。张氏便将她带进内室仔细盘问,了解了真情,再看马氏胸前,被蒸饼烫起了许多大泡。张氏不由心痛得落泪。她便想了个法子,劝说郭子兴撤销对朱元璋的处罚,马氏自己也跑到义父身边,跪在地上请求郭子兴饶恕自己的丈夫。郭子兴禁不住劝说,便把朱元璋放出来,继续委以重任。至正十五年(公元 1355 年),郭子兴病死,朱元璋便统率了郭子兴的部队。当时他年仅 28 岁。

由于淮河流域灾荒连年,粮食歉收,濠州城里的储备粮日渐减少,细心的马氏便在自己的卧室里私存了一些粮食,准备随时帮助朱元璋渡过难关。如果食品不多,马氏宁可自己挨饿,也要千方百计让丈夫吃饱。

后来,朱元璋做了皇帝,并册封马氏为皇后。追念往事,朱元璋仍然感慨万千。他对大臣们说:"当年汉光武帝酬谢冯异说,'我遇到困难时,你曾经屡次送我豆粥与麦饭渡过难关,这份深情久久难以报答。'君臣之间关系始终亲密如初。我感念皇后出身贫民,与我同甘共苦,曾经随我征战四方。粮食不够吃,她就忍饥挨饿,怀揣干粮糕饼给我吃,比起冯异的豆粥、麦饭来更加难能可贵。唐朝长孙皇后在太宗继位以前,努力协调皇室内各方面关系,消除别人对于李世民的猜忌。我屡次受到郭子兴的猜疑,多亏皇后深明大义,把战利品献给郭子兴,讨他高兴,并多次从中斡旋,使我免于罹祸。其用心之苦比起长孙皇后来更是有过之而无不及。我有时候发起脾气来,她便要告诫我:'陛下忘记当初贫贱之时了吗?'让我警醒。家有贤妻如同国有良相,我怎能忘记她的贤德呢?"

散朝后,朱元璋把这些告诉给马皇后,马皇后说:"我听说夫妇相守容易,君臣相守却难。陛下既然能够不忘我们当初的贫贱之交,希望您也为不忘群臣百姓当年处于艰难之中,况且我怎么能比得上长孙皇后的贤惠呢? 但愿陛下您能效法尧舜作为样板!"

原来这位长孙皇后是历史上有名的贤人,曾辅佐唐太宗开创贞观之治得好局面。太宗初登皇基时,百废待兴,日理万机,她起到了一个贤内助的作用。她恭谨待人,不骄不妒,为后代妃嫔们做出了典范。传说有一次,大臣魏征对唐太宗的过失犯颜直谏,使唐太宗气得在下朝之后,对长孙皇后说:"总有一天,我要杀掉这个乡巴佬!"谁知长孙皇后听了,也不答话,退回内室,换上举行大典时才穿的皇后朝服,走到太宗跟前行礼拜贺。她对太宗说:"我听说只有君王英明,大臣才敢犯颜直谏。我朝能有魏征这样的忠臣,全赖陛下英明有识,我该向陛下您道贺才是呀。"一句话说得唐太宗茅塞顿开,转怒为喜。

在朱元璋顺利进兵的途中,马氏常常提醒丈夫不忘百姓疾苦,不要滥杀无辜。朱元璋在攻占集庆之后,将其改名为应天府,并自封吴国公。朱元璋踌躇满志,对自己的未来充满信心。但马氏却十分清醒地意识到丈夫身边还缺少能为他运筹帷幄的谋臣,便对他说:"从来帝王创业,有良将还须有谋士,才能运筹帷帷幄、决胜千里。如今您身边,还缺少一个像张良、诸葛亮那样杰出的军师。"

朱元璋把马氏的话记在心上,时刻注意网罗人才。在进军浙江的途中,他听人说青田人刘基、金华人宋濂是浙江名士,就有心将他二人聚集到自己麾下。为此,他特派使者携带贵重礼物去把这两个人请到南京,并为他们修筑礼贤馆,将他们二人待若上宾。这种礼贤下士的做法得到当时许多读书人的好感。

刘基上通天文,下晓地理,学识非常渊博,并长于谋略;宋濂品格高洁,才学过人,后来被任命为太子的老师。朱元璋当时在江南面临的两个主要对手是张士诚和陈友谅。刘基便为朱元璋谋划说:"张士诚是一个鼠目寸光之辈,善于守成而不知道进取;陈友谅相比之下却是个野心极大的人,他杀孙寿辉而自立,欲称王天下,对我军构成的威胁也是最大的。我军应该及早动手,全力对付陈友谅。消灭了他,再去进攻张士诚就比较容易了。江南平定之后,我们可以把江南作为根据地,继续挥师北上,灭亡元朝,重建汉族一统的天下。"朱元璋听了,正中下怀,如鱼得水。君臣二人相逢恨晚。

在良将和谋臣们的辅佐之下,朱元璋指挥军队,用了整整四年时间打败了陈友谅,攻占两湖、江西和安徽,然后又很快挥师击败了张士诚,统一了南方、拥有广阔的根据地。最后他指挥千军万马,攻下大都,灭亡了元朝的统治。元顺帝至正二十八年(公元 1368 年)正月初四,朱元璋改应天为南京,登基做了皇帝,改国号为明,年号为洪武。然后,册立马氏为皇后,立马氏所生的长子朱标为太子。

提起朱元璋的成功,与马氏的深明大义也是分不开的。在戎马倥偬之中,朱元璋养成了把思考的事情随时记下来的习惯,后人称此为"札记"。由于他识字不多,札记上难免留有许多空白。马氏便经常帮助他整理札记,填补空白,这对朱元璋随时总结经验教训,处理好各方面关系起了重要作用。马氏在帮助丈夫整理札记的时候,还常常这样提醒他:平定天下,应以仁爱之心待人,以少杀人甚至不杀人为最好。

在军事作战中,马氏除了时常提醒丈夫毋滥杀人之外,还带同其他将士家属,制作战衣鞋袜,以充做军需。每当将士们打了胜仗,她就拿出私蓄代表朱元璋犒赏大家,朱元璋内心深处对她充满了感激。

2.正后宫匡夫过

马氏做了皇后,显示出她与众不同的独特贡献。这一点,朱元璋很快便注意到了。

天下初定,前朝纲纪已坏。朱元璋鉴于元代吏治败坏,法纪不行,便努力进行各种制度法令的创建。他决心以法制约束天下。但就在这时候，女官送呈他一部《宋代家法》，朱元璋好奇地翻阅了一遍，越看越觉得有趣。一问，才知是他聪明的皇后组织编写的。马皇后平时喜欢浏览史书，注意前代兴衰事迹，探究齐家治国的道理。她觉得：宫廷内部争宠夺权是导致国家混乱的重要因素。她召集宫中女史，对她们说："从汉唐以来，有哪些皇后最贤德、哪一代皇帝家法最正，可以书诸文字，作为我朝的法式？"范孺人建议她取法宋代，因为宋代家法最为严正，多贤后，而又没有发生过汉唐那样的女娲。马皇后认为范孺人的建议是对的，她便命令女史们编了一部《宋代家法》，并向明太祖建议颁行六宫，教育后宫妃嫔及公主们。

在马皇后的建议下，太祖又与外廷大臣反复商量，立下了几条严格的戒谕，并用铁牌铸字，挂在一道宫门中，计有"后妃不准预闻政事，有敢于政者，废退问罪。""后妃以下妃嫔女御，不得私自出外，违者斩。""宫嫔额定外用品，先取旨再移部取给。有不遵旨或有滥取者斩。"家法是很严厉的。

这些家法立下之后，确实有一定的效果。整个明代，后妃们都能遵守，所以宫闱严正，没有发生过女人弄权的事情。

为后宫制订家法之后，马皇后以身作则。不仅如此，由于朱元璋过去受的教育较少，脾气又很暴躁，稍不如意，动辄杀人，作为皇后，马氏便常常发挥匡正补阙、补偏救弊的作用。

有一天，朱元璋身着便衣，到城南孔庙一带察访。走到东牌楼附近，看到许多人围着墙上的灯谜七嘴八舌猜测议论。原来谜面上画着一个妇人，怀抱一个西瓜，天生一双大脚，打"今人名人一"。众人都猜不出来，这时有个书生模样的人笑着说道："这个谜还不容易猜吗？这个谜是会意格。妇人怀抱西瓜，意为淮西妇人，生着一双大脚，是指当今马皇后啊！"众人掀开谜面一看，谜底果真是马皇后。有个老人接着书生的话说："老头儿的皇后可是个贤德之后，她那双大脚帮他稳坐江山呢！"

朱元璋看到老百姓用猜谜来打趣自己和自己的皇后，气得暴跳如雷。一回到宫中，他就命令五城兵马司总制和应天府尹把东城一带的老百姓全抓进牢里，他怒斥手下："张士诚当初盘踞江东时，老百姓还称他为张王。朕贵为天子，老百姓却喊朕为老头儿。真是岂有此理！更可恨的是，竟然有人借猜灯谜取笑皇后。他们如此对帝后不恭敬，都是你们平日纵容所致！来人，把这批刁民给我杀了！"

这事被马皇后知道了，她深感不安，急忙赶来劝阻明太祖："当初你在怀远兵败负伤，追兵紧逼在后，你又无法行走，要不是有我这双大脚，背负你逃到山中躲藏，你哪有今日！我这双大脚谁人不知？谁人不晓？当日大家都称我大脚娘子，那时你并未生气，如今又为什么大发雷霆呢？"

"今日你我贵为至尊，哪能和从前相比！"

"民不教不立，这件事情须从根本入手。应当定礼仪。正民俗，颁布天下，责成掌管普教学子，百姓自然会听教化。"马皇后的一番话说得入情入理。终于使朱元璋撤销了自己的命令，从而挽救了东城一大批老百姓。从这件事可以看出，马皇后是一个心地善良、待人宽厚的人，尽管她长了一双大脚，受到了当时人们的取笑，但她也不介意。

一次，朱元璋过生日，杭州教授徐一夔上表贺寿，文中有"光天之下，天生圣人，为世作则"的贺词。朱元璋对文义理解很差，他认为"光天"就是"光头"，又把"圣人"错听成"僧人"，这犯了他的大忌，"作则"则理解为"作贼"，这也触痛了他的伤疤。盛怒之下，他将徐一夔杀头问斩。后来，马皇后知道了这件事，一方面为徐一夔感到惋惜，另一方面深感丈夫学问的不足，导致滥杀无辜，贻笑天下。她向丈夫解释了徐一夔文中的意思，并鼓励丈夫多识字。朱元璋以后就不再因文字不通而杀人了。

定都南京以后，朱元璋想扩建旧城。有个大富翁叫作沈万三的，为了讨好朱元璋，请求出钱修筑新城的三分之一。朱元璋为面子考虑拒绝了他。然而沈万三一心要讨好朱元璋，说愿意贡献一笔金笔，作犒赏朝廷军队之用。谁知马屁恰好拍到马脚上，一个老百姓，居然想要犒赏皇帝的军队，这在朱元璋看来简直是想凌驾于天子之上，大逆不道。他下令逮捕沈万三，要治以重罪。

马皇后知道这件事后，便赶来劝说朱元璋，认为沈万三是献金的名目不大对头,其实,他并无什么恶意。朱元璋认为一个小小百姓居然富可敌国,真是不祥之兆。马皇后却告诉他:"刑罚是诛不法之徒,而不是诛不祥。沈万三并未犯法,皇帝杀他,于法不合。"朱元璋接受了皇后的意见,将他免去死罪,流放云南。

马皇后在世期间,还流传着许多关怀士人、体恤下情的感人事迹。

有一次,朱元璋和大臣们一起讨论国事后用餐,朱元璋的饮食由后宫准备,众大臣的饭菜由光禄寺送进朝堂。马皇后在大家进餐的时候走进前殿,亲口品尝了大臣们的饭菜,发觉饭菜已冷,滋味又很淡。她便对朱元璋说:"朝廷用光禄寺来奉养天下贤才,光禄寺却并没有尽到责任。待士之道,自奉要薄,养贤要厚。如今众大臣的饭菜,滋味寡淡,这不是陛下养士之道啊。"朱元璋便命光禄卿上殿,责令他加以改正。大臣们对于皇后如此的体恤下情,十分感动。

朱元璋很重视太学,延请名儒大师教导学生,太学生们都由国家供给口粮。但马皇后有一次却发现:太学生们的家眷却是不领口粮的。她便这样问皇帝:"太学里有多少学生?""2000多人。""太学生中有家眷的人多吗?""不少人都是有家眷的。你问这做什么呢?"马皇后便把自己的想法娓娓道来:"太学是养育人才的地方。皇帝为国育才,故而重视太学。然而,太学生有国家供给的口粮,他们的妻子儿女却没有。也就是说他们有后顾之忧。皇上何不多赐一份恩典,让每个太学生的家眷都有一份口粮,免去他们的后顾之忧,使他们专心向学呢?"

朱元璋深以为然,便下令在京城附近特建一座粮仓,叫作我"红板仓",专供太学生家眷取给。

宋濂是有名的大学士,还是太子朱标的老师。马皇后一贯尊敬这位学者,有一次还亲自为宋濂向太祖求过情,保全了他的性命。

原来,在洪武十三年,宰相胡惟庸联络四方武将,密谋造反,后被人告发,未遂。此事震动了整个朝廷。当时胡惟庸不少党羽都是朝中的功臣宿将。这件事给朱元璋的刺激很大,他开始大开杀戒。凡同胡党交结往来者,一律杀头。当时宋濂的孙子宋慎、宋燧也被牵连在胡党之内。尽管宋濂早已告老还乡,朱元璋还要派人去杀他。太子朱标作为宋濂亲自督导过的学生,为宋濂求情,想不到反而挨了太祖一顿痛骂。太子又生气又伤心，就一怒跳进了太液池。幸亏被左右看见，及时救起。但朱元璋依然不想收回成命。

马皇后便想了一个办法。当天进膳时，她命令在自己面前摆上素斋。太祖觉得好生奇怪，看她一不喝酒，二不沾荤，便问她："今天为什么要吃素呢？"马皇后回答："为了宋先生。平常百姓人家请了个先生，礼敬还要有始有终，何况我们这帝王之家呢？宋先生教太子以下诸皇子这么多年，今天得罪要被处死，我要为他吃素祈福。"太祖将筷子一扔，拂袖而去。但过后仔细想想，皇后的话也不是没有道理。他便免去宋濂的死罪，将他流放到四川。

不过，明太祖生性严酷，有时对自己的皇后也大发雷霆，令皇后下不了台。

明太祖的饮食起居，一般都由马皇后亲自悉心照料，她是担心其他嫔妃、宫女不能像自己那样了解太祖的口味嗜好。因为，她是太祖的结发妻子，后宫之中，毕竟数她伴随太祖的时间最长。

有一次，太祖正在宫中翻阅奏本，奏本中有些词句对他来说十分生僻，太祖看不懂，越往下读越感到生气。马皇后像往常那样，在太祖翻阅奏章时，给太祖端来一碗羹汤。由于宫人的怠慢，这羹汤由伙食房送到马皇后手中时，已经稍微有些冷了。皇后以为，现在正是夏秋之交，天气不凉，皇帝喝了这碗稍凉的羹汤会更觉舒爽的。太祖头也不抬，伸手接过这碗汤，刚喝了一口，就皱起了眉头，他抬头看了看马皇后：面容衰老，鬓染秋霜，不禁心生厌恶："你这个懒婆娘！怎么把这么凉的汤端给我喝，是希望我生病早死吗？"说完，怒不可遏，举起汤碗朝马皇后掷了过去。马皇后赶紧向旁边闪避，脑袋虽然偏过去了，但耳朵刮着了碗边，皇后顿觉耳朵热辣辣的，伸手一摸，原来耳朵被划破流血了。太祖怒气不消，坐到宝座上闷着头继续翻阅那看不懂的奏章。汤汁顺着马皇后的袍襟滴滴答答地往下流。皇后没有顾得上这些，重新跑到御膳房，要了一碗热腾腾的羹汤，双手捧着，递给了太祖。太祖的怒气消了一些，他一尝，这汤热热的，正合自己胃口。

太祖消了气，皇后便放心了，她转身走出大厅，回到自己的内室，换了一身比较鲜艳的衣服。然后，若无其事地回到太祖身边，准备随时服侍太祖。站在太祖身边的宫人们,这时候看到太祖怒气已消,皇后又很从容自若,他们才敢舒一口长气,不再诚惶诚恐了。他们从来没有看到过太祖对皇后发这么大的脾气,太祖迁怒于皇后,皇后会不会进而怪罪于宫人?然而,事实证明他们的惊慌失措没有必要,皇后不会迁怒于他们。

马皇后的宽容大度,不仅深深地感动了明太祖,也教育了周围的宫人们,她们看在眼里,记在心头,学会了遇事容忍、克制。

这件事在马皇后的心里也掀起了几多感慨。太祖当年以穷和尚的身份娶到她这个大帅干女儿的时候,是何等的关爱、体贴呀。那个时候的朱元璋对待自己多么温柔,多么和气。然而他现如今已是皇帝,享受万乘之尊,今非昔比;自己与他虽是结发夫妻,但到底是年长色衰,看来今后做事更要小心谨慎。

朱元璋对待自己的皇后尚且如此,对待侍奉他的宫人们就更加粗暴了。宫人的服侍稍稍不称他的心意,他就怒加责罚。马皇后看到太祖发这么大的脾气,她也故意发火,挑出宫人好多错处儿,然后命左右将犯了错误的宫人交付宫正司处置。表面上看起来,马皇后对待宫人比太祖还要严厉。

然而,过了几天,朱元璋怒气消了,问起宫正司对宫人的处罚,知道宫人仅仅受了轻微的惩罚。他便问马皇后:"你自己不责罚,却把宫人交付给宫正司,这是为什么?"马皇后回答说:"赏罚要公正,这样才能让人心服。您作为皇帝在生气的时候,对宫人的处罚难免偏重。我将宫人交付宫正司,就是让他们斟酌过失的轻重而加以公正适度的处罚啊。"

朱元璋作为戎马出身的皇帝,从马上得来天下,对好多人情世故都不太懂,平时也没有闲暇留心这些。他常常凭一己好恶处罚自己的臣民,有时甚至不顾青红皂白。幸亏有马皇后在他身边,常常提醒他这个"大老粗"遇事冷静,才没有制造太多的冤屈。有这样一个例子,朱元璋的"好心"差一点让他的大臣郭景祥绝了后代。

郭景祥是跟随朱元璋多年的近臣,所以朱元璋对待他很关心。有一次,有人报告朱元璋,说郭景祥的儿子手持槊杖要杀父亲。朱元璋听后大怒,他也不派人核实,就下令去抓这个不肖之子,要把他杀掉,以儆效尤。郭景祥父子俩听到这个消息,吓得抱头痛哭。郭景祥这个儿子当时年岁很轻,是个独生儿子,平时郭景祥对他十分娇惯,在自己家中不太讲究那些长幼尊卑之礼,所以儿子每每顶撞他,甚至有一次还拿起槊杖说要杀死自己的父亲。这本是一句玩笑语,父子俩过后都不当真,甚至把这件事忘记了。不料想,哪个好事之徒把这句玩笑话报告给了太祖,太祖如今亲自降罪给郭景祥的儿子,君命难违呀。

正在郭景祥父子俩为生离死别而悲痛的时候,忽然听到有人传达太祖的第二个旨意:决定不再处罚郭景祥的儿子,而是要郭景祥自己严加管教。全家人不禁转悲为喜。这其中有什么缘故吗?原来是马皇后从中斡旋,促使朱元璋改变了旨意。

马皇后最初听说太祖要杀郭景祥的儿子,感到事情蹊跷,她急忙劝说太祖:"我听说郭景祥只有这一个儿子,平时对他有些娇生惯养。他们父子俩虽然平时在家中没老没少的,但是,这个小孩子恐怕不至于用槊杖刺杀自己的父亲吧。这种事您应该派人调查清楚,否则您一片好心,帮助郭景祥处罚这个不肖之子,反倒害他绝了后,不是吗?"

朱元璋觉得皇后的话挺有道理,他就派人去调查,得知郭景祥的儿子真是被人诬陷了。他便狠狠责罚了那个好事之徒。

事后,他对马皇后说:"若不是你提醒,郭家险些断了香火呢。"

马皇后以自己女性特有的细心和敏感,挽救了臣子的后代。

3.爱百姓严教子

明太祖朱元璋出身贫寒,年轻时曾经出家做过和尚,这段经历给予他一生以很大的影响,使他养成了生性节俭、不尚奢华的习惯。皇后马氏早年随太祖朱元璋度过了许多颠沛流离、含辛茹苦的日子,所以她深知黎民百姓的疾苦,在她当了皇后之后,自奉节俭,尽量远离那种锦衣玉食的生活。

有时候,江南一带发生了旱灾,或是水灾,她知道消息后总会寝食不安。她要宫人们和她一起,不再吃荤腥肉食,每餐只有很少的粗茶淡饭。当灾区的老百姓啼饥号寒、衣食不继时候,作为一个整日生活在深宫内院中的皇后,不能直接去赈济灾民,她只有以这么一种办法,来表达自己对黎民百姓的关心。有时,水灾很大,连续几十天都有当地官员上报灾情,马皇后就连续几十天不沾一丝一毫的油腥。朱元璋知道后,就劝说她:救济粮早已发往那些受灾地区了,皇后你就不必太忧心啦。你也应该注意一下身体,加强营养。马皇后愁容不展,她说:"我虽然吃的是粗茶淡饭,皇帝陛下为我的身体担心,但灾区的老百姓可是粗茶淡饭都吃不上啊。"她望着窗外连绵的细雨,对太祖说:"这雨怎么下了一两个月还没有停啊?江南的水害不知会有多么大呢?皇帝是天下之父,我作为皇后,便是天下之母,天下老百姓若不能安生,我们做父母的,如向吃得下饭、睡得好觉呢?"几十天过去,马皇后身体瘦多了,眼珠上布满了血丝。

马皇后一生不爱金银珠宝,但对金银珠宝却有独到见解,更善于通过谈论金银珠宝这样的话题引导太祖深思。

明朝军队在攻占大都之后,从元顺帝的皇宫中搜出了大量的珠宝古玩,将它们呈献给太祖朱元璋。这么多美不胜收的金银珠宝令太祖目不暇接,龙心大悦。太祖叫人去请马皇后一同来饱眼福。马皇后来了,穿着朴素的衣服,也不戴一件首饰。太祖对她说:"这些金银珠宝从此就是我们的了。"马皇后并不动心,她对皇帝说:"元朝有这么多金银珠宝却不能牢牢守住,为什么呢?"进而又提出疑问:"什么才是一个国家真正的宝贝呢?"太祖马上明白了她的心意,太祖说:"人才当然是天下第一件宝贝啦。"于是太祖更加尊重人才,把那些拥有治国谋略的读书人纷纷网罗到自己的朝廷里来。

马皇后对自己要求很严,对自己亲生的儿子们要求起来就更加严格了。她平时不让皇子们穿华丽的衣服,吃精美的饭菜。她曾经拿唐代诗人这首《悯农》诗教育儿子们:"锄禾日当午,汗滴禾下土。谁知盘中餐,粒粒皆辛苦。"她要皇子们亲眼观看农民耕田、纺织的辛苦场面,从而体会到一粥一饭、一丝一缕都是来之不易的。平时皇子们在餐桌上抛洒了饭粒,她总是要让皇子们把饭粒捡起来。

马皇后与太祖朱元璋一共生有四个儿子,太祖对于这四个儿子非常喜欢。但马皇后对于他们却处处要求严格,她为皇太子朱标延请了宋濂等名儒进行教读。她时常对朱标说："你生长在帝王之家,不知道民间疾苦。应该跟着老师多读书,从书本上学习做人的道理;还应该注意从各种各样人的口中了解民间的疾苦,以仁德为怀,不可好逸恶劳,不要心存骄奢。"她让太子跟随着朝廷官员定期到民间探访民情,使太子养成了仁爱宽厚的品格,对父母孝顺,对大臣礼敬,对黎民百姓富有同情心。

在朱元璋的24个儿子中,他最宠爱第四子燕王朱棣。朱棣很小的时候就表现出聪明机警,智勇而有谋略。皇太子朱标比起朱棣来显得不那么聪明机智,但皇太子却以仁慈宽厚获得了上下称颂。朱棣仰仗父亲的偏爱,养成了放荡不羁的性格。她不喜欢循规蹈矩,而是喜欢按照自己的心意来处理事情。虽然稍稍有些越轨,但又能十分巧妙地迎合父亲的心意。

他的小聪明虽然讨到了太祖的欢心,然而却没有瞒住马皇后的一双眼睛。马皇后知道朱棣平时不够尊重自己的大哥皇太子朱标,她暗暗为明朝的未来担心。这份担心随着朱棣的成年而增加了。

朱棣成年以后,朱元璋封他为周王,封地在开封。朱棣向父母辞行,马皇后说"不忙",她派人去请江贵妃,告诉小儿子朱棣,"我已经同江贵妃说好,派她与你一同去封地。以后我不在你身边,你要听她的话,她是一个品格高尚的人。"马皇后当着朱棣的面,交给江贵妃一件自己常穿的破旧衣服,又交给她一根木杖,对江贵妃嘱咐道:"倘若周王有什么过错,你就穿上我的衣服,代我杖责他;如果他还是不听话,那你就派人骑马赶快报告给我知道,你不要迁就他的过错。"

周王朱棣垂手站在一边,听到母亲马皇后对于江贵妃的这番嘱咐,不免心中恐惧。到了封地以后他收敛了自己放荡不羁的脾气。直到马皇后死后,他才敢放纵自己。

马皇后死后,朱棣有一次私自离开藩地去游凤阳。手下人报告给了朱元璋。朱元璋听后大怒,藩王私自离开封地是要处死的,他将朱棣发配云南。就在朱棣无可奈何准备启程的时候,传来朱元璋的一纸诏令,原来他昨夜梦见马皇后来到自己的面前,恳请自己照顾她亲生的几个儿子。朱元璋感念马皇后的德行,改令朱棣仍回原藩,朱棣终于绝处逢生了。

4.病痛中忧天下

现在是春天了吧？宫墙外,不知又开放了多少桃花？病中的马皇后在心中吟咏着孟浩然的诗句:"春眠不觉晓,处处闻啼鸟。夜来风雨声,花落知多少?"这场大病使马皇后缠绵病榻数月之久,她多想此刻站在楼台之上,眺望一下宫墙外鲜艳芬芳的桃花啊!宫人们似乎看穿了马皇后的心思,走到她床边悄悄地说:"皇后御体最近已见好转,过几天就可以奏明皇上出宫赏桃花了吧?煤山那边的桃花开得正烂漫呢。"皇后笑着摇了摇头,不久又昏睡过去了。

宫人们对皇后的身体状况十分担忧。如今天下名医差不多都请遍了,皇后的病依然时好时坏。此刻朱元璋的心里又何尝不急呢?他早早地散了朝,来到皇后居住的殿里。皇后的床前挂着一幅明黄色的布幔,显得那么整洁、又那么简朴。在朱元璋众多妃嫔之中,只有马皇后是跟随他时间最长,平时又最不崇尚奢华的一个。她的床帏是从来不挂锦帐的。朱元璋没有让宫人们去叫醒熟睡中的皇后,他慢慢踱到床边,举手撩开布幔,注视着病卧中的妻子。皇后的面容是何等衰老、憔悴!虚汗把她额前的头发也打湿了。皇后有一只手搁在了被子外,瘦骨伶仃。太祖怀着怜爱和痛惜之心,把她的手搁回被子里去。他的眼眶有一点儿湿润了。皇后确实是衰老了,我们都不再年轻啦。太祖心中默默地想。

离开皇后的寝殿,太祖直奔自己的寝宫,宫人们本以为应该服侍太祖安歇了,不料太祖粗暴地将他们赶走。谁能治好皇后的病呢?他高喊了一声:"来人!去把我的御医叫来!"深宫之中,一向安安静静的,这一声洪亮的叫喊,传出去好远,好远。

皇后慢慢地又醒过来了。往昔的生活图景一幕幕地浮现在脑海之中:

这不是义父郭子兴和父母张夫人吗?郭子兴被元军杀死,自己哭过一阵子,而朱元璋那时候也十分伤心。义父死后,义母这些年生活得还好吧?虽然朱元璋做了皇帝之后,这些年一直没有忘记张夫人,但是自己并没有回濠州去看望过她呀。

啊，这是父亲、这是母亲！马皇后仿佛看到了自己的生身父母马公和郑氏，她在心底不由得欢呼起来。然而从自己还是个小姑娘时，这仗义的父亲和慈爱的母亲就永远地离开了自己。马氏对于生身母亲的容貌都有点儿记不清了。

这是在大帅府。那天喜事办得真热闹，来贺喜的人真多呀。马皇后回忆着与朱元璋拜堂成亲之后，朱元璋初见自己时那种又惊又喜又疼又爱的表情，嘴角慢慢地浮上了笑意。

宫人去报告朱元璋：皇后陛下刚刚苏醒。朱元璋亲自带着御医，来到马皇后的寝殿。皇后挣扎着想坐起来，朱元璋对她说："皇后病成这样，就不要再拘礼了。"一面摆手叫御医走近皇后床边。御医的两腿开始微微地发抖了。

马皇后挣扎着坐了起来，对太祖说："皇帝对臣妾的关心，臣妾永志不忘。但是不必再为我请什么名医了吧。医生们尽管医术高明，但有些病却不是一般的针石可以治愈的。我知道医生们已经尽了力了，那么我死也瞑目了，所以请陛下不要再为我延请名医了吧，免得治不好病，处罚就要落到他们头上。死生有命，富贵在天。"朱元璋摆摆手，御医便诚惶诚恐地退下了。"皇后安歇吧。"朱元璋默默地离开马皇后的寝宫。

朱元璋离开后，马皇后派人去叫太子朱标。她让太子坐到自己床边，拉着太子的手对他说："儿啊，我这两天不知道为什么头脑异常清明，怕是古书上提到的'回光返照'吧？我可能不久于人世了。"朱标含着泪打住母亲的话头，他说："母亲您这两天精神好，说明病快好了呀。您千万不要这样想。"马皇后继续对朱标说："我一死，不放心的是你，还有你的几个弟弟。你父皇脾气暴躁，所以你遇事要学会忍让。你身为太子，也要懂得勤政爱民方面的道理。这些，我从前已对你讲过不少了。希望你能记住我的话。你的弟弟周王朱棣，素来心怀大志。你要善待他，但更要好自为之。"朱标听了母亲的话，心中一动，但话题就此结束了。

怀着对天下的种种担忧，马皇后恋恋不舍地辞别了尘世。下葬这天是个风雨如晦的日子。朱元璋心情沉重，他冷冷地对法师宗泐说：你来为皇后的魂灵

国学经典文库

中国古代野史

·明代野史·

图文珍藏版

祝祷吧。宗泐双手合十,面朝西方说了这样四句话:"雨落天垂泪,雷鸣地举哀,西方诸佛子,同送马如来。"抬高了死者身价。这四句话打到了太祖心坎上,他脸色渐渐开朗了。目送着马皇后的灵柩下葬,太祖眼前不禁泪雨蒙蒙。恍惚之中,他似乎重见马皇后当年怀揣炊饼,为受囚禁的自己送饭的情景……

为了纪念马皇后这一红颜知己、患难之妻,朱元璋尽管嫔妃成群,却再没有册立皇后。

马皇后去世多年,宫女妃嫔仍然怀念着她。她们制作了歌曲,传唱着:"我后圣慈,化行家邦,抚我育我,怀德难忘。怀德难忘,于千万年。泌彼下泉,悠悠苍天!"

5.念后德赦太子

马皇后死前两年,朝廷里发生过一件大事:深受太祖朱元璋信任的宰相胡惟庸结党营私,密谋推翻明王朝。胡惟庸可谓处心积虑,蓄谋已久,朝廷里许多掌权的重臣都被他笼络到自己麾下。等到朱元璋终于发觉这场阴谋时,他才意识到自己的周围原来潜伏着这么多图谋不轨之辈,这其中就有曾经与自己同生共死打下天下的功臣宿将。胡惟庸一案居然牵涉到这么多人,使太祖深受震动。从此,他再也不相信任何人了。他还不曾料到,自己的得力谋臣刘基就是胡惟庸派人加害的。大怒之下,太祖杀了与此案有关的许多人,并把胡惟庸满门抄斩。蓝玉一案他也杀了不少人。有些人其实本不该杀头,但朱元璋一怒之下,送了好多人去西天。至于满门抄斩,祸灭九族,连刚刚出生的小娃娃都不放过,更是残暴已极。胡惟庸大案,朱元璋共杀了15000人。马皇后竭尽全力,只挽救了七十多岁的与此案稍有关连的宋濂的生命。

朱元璋在马皇后死后,常常追念马皇后与自己同甘共苦、同舟共济的生活。然而,马皇后一死,他身边缺少了一位敢于匡正补缺的贤妻。无人敢于犯颜直谏,致使朱元璋猜忌和暴虐之心日渐助长,动辄大开杀戒,杀人如麻。这是九泉之下的马皇后怎么也料不到,又无法改变的一个残酷事实。

正因为顾虑着马皇后种种好处,朱元璋对于太子朱标的未来不免忧心忡仲。人心险恶,而太子又是这样善良、仁慈。于是朱元璋内心存下一个狠毒的计划:把那些自己认为不可靠的文臣武将统统除掉,给太子将来统治天下创造一个安定和平的环境。太子买不买他的账呢? 太子知道他用心良苦,但却不赞成他这样大开杀戒。

一天,朱元璋将太子朱标叫到自己跟前,指着地上一根生满了芒刺的木棒说:"你给我把它拾起来。"太子犹犹豫豫地看住父皇说:"木棒浑身是刺,儿臣拾不起来呀。""是呀,你也知道木棒浑身是刺不好拾。我现在之所以大开杀戒,就是把朝廷中的毒刺给你拔掉,将来你才能顺顺利利地统治天下,才可高枕无忧啊。"朱元璋语含凝重。

朱标想了想,说:"儿臣听说好的君王应该仁德爱民,不应动辄以杀人来显示自己的威望。"

朱元璋脸色十分难看,他冷冷地问太子:"那么说我是做错了?""儿臣以为,滥杀无辜实际上与暴君桀、纣无异。"马皇后当年曾经嘱咐过太子在太祖面前遇事要学会忍让克制,但是太子由于年轻气盛,一时间把母亲临死前的遗嘱忘在了脑后,这可就为他招来了巨大的灾祸。"来人! 给我拿下这个逆子!"朱元璋气得暴跳如雷。侍卫们你看看我,我看看你,不知该不该顺从朱元璋的命令。"好哇,你们和太子一样,眼中早就没有我这个皇帝了吗?"朱元璋从腰间抽出宝剑,直逼太子。太子朱标没有料到父皇会发这么大的脾气,一时吓得不知所措。现在求饶也已来不及了,怎么办? 他只能绕着柱子疾跑,与朱元璋在皇宫里展开了游击。侍卫们见了,都替太子捏一把汗,但无人敢于为太子求饶。

眼看朱元璋就要追上太子了,他手中的宝剑举得高高的,仿佛随时都会砍下来,太子朱标无处可躲,便把手往怀中一探,取出一轴画抛在地下。太祖定睛一看,原来是明朝一位有名的画家画的马皇后年轻时背负受伤的朱元璋逃避追敌的情景,画面上,一双健步如飞的大脚栩栩如生。我这是在干什么呀? 朱元璋突然丢下宝剑,抱住太子放声大哭。太子又惊又吓,木然地看着泪水顺着太祖的眼角一滴滴地落下来。"母后! 母后!"太子朱标眼里含满了泪水。心中默念着他死去的母亲——他的保护神。

国学经典文库

中国古代野史

·明代野史·

图文珍藏版

然而马皇后在天之灵也是难以保佑太子一生平安的。经过这场变故，本来生性仁义的太子受不住惊吓，大病了一场，不到一年就追随马皇后而去了。后来，马皇后最不放心的小儿子朱棣在对皇位觊觎已久之后，看到太子朱标已死，便从侄儿朱允炆手中夺取了帝位，是为明成祖。

明成祖仁孝皇后徐皇后

朱元璋后宫多宠，故多子孙。在24个儿子中，他最钟爱的是四子燕王朱棣。他认为朱棣智勇双全，相貌奇伟，为人深沉，酷肖自己。洪武九年（公元1376年），朱棣17岁，朱元璋为儿子挑选王妃。他听说魏国公徐达的长女十分贤淑，自幼贞静好读书，人称"女诸生"，便有心为朱棣聘纳。徐达是明初开国元勋，武将中第一大功臣，与朱元璋是布衣之交。

这天，朱元璋把徐达召进宫去，对他说："自古以来，君臣问如十分相得，即可结为秦晋之好。如今卿有淑女，正可与朕的儿子婚配！"徐达一听，当然乐意，忙跪下谢恩。于是，徐达的长女被册为燕王妃。

在帮助朱元璋打下江山的功臣中，徐达不仅功高盖世，名列第一，其品格高尚，也是屈指可数的。史书说他死后，朱元璋悲恸不已，曾称颂他："受命而出，成功而旋，不矜不伐。妇女无所爱，财宝无所取，中正无疵，昭明乎日月，大将军一人而已！"徐达的这个女儿，也有乃父遗风。

徐皇后

马皇后见儿媳贤淑，十分喜爱，而徐氏对婆婆，也礼敬有加，处处以婆婆地做人行事为榜样。婚后不久，她随燕王离开京都去藩封之地北平（洪武初为北平布政使司治所，永乐元年建为北京城）居住。马皇后病逝，徐氏十分悲痛，为婆婆守孝三年,吃蔬食克尽孝礼。凡马皇后生前所说的,她都努力遵守执行。

建文元年(公元1399年),朱棣为反对建文帝及其大臣齐秦、黄子澄等人的削藩,发动"靖难之役",以入京诛奸臣为名,向南京进兵,北京让世子朱高炽居守,但是军政部署,多由徐妃悉心规划决定。当时,朱棣带兵进攻大宁(今辽宁宁城西),建文帝派去的大将李景隆乘隙想包围北平。眼看大兵压境,而北平城内实已空虚,兵少人稀。徐妃见情势危急,一面部署将士们守城,一面亲自动员全城老少,特别是将士们的家属,皆授以兵甲装备,登上城门,充当守城兵卒。兵甲不够,妇女们以砖石瓦砾充当武器,终于打退了李景隆的军队,保全了北平。

朱棣攻进皇城后,即皇帝位,改年号为永乐,史称明成祖,册封徐妃为皇后。徐后进言道:"南北连年作战,军民疲敝,不堪负担,从今以后应让百姓休养生息了。京中所遗贤才,都是太祖皇帝留下的,能用的就尽量用,不要管他是新臣还是旧僚。"朱棣听了深为嘉许,欣然采纳。

徐皇后幼弟徐增寿,建文帝时官拜左都督。燕王朱棣初露反状时,建文帝十分怀疑,曾召入徐增寿询问,徐增寿有心偏袒朱棣,为他掩饰道:"燕王天潢贵胄,同陛下系骨肉至亲,富贵已极,有何必要造反?"至朱棣以"清君侧"的名义起兵后,徐增寿在京城做内应,把内中虚实报于朱棣,被建文帝觉察。但因军情紧急,建文帝没有来得及查问。燕王大军渡过长江,直逼石头城,建文帝慌了手脚。御史魏冕等连连参奏,告发徐增寿私通燕王,建文帝大为震怒,亲自动手,举起佩刀,把徐增寿砍死廊下。这时,燕兵已攻入皇宫,建文帝惊惶出逃。燕王带兵入宫,见增寿惨死,抚尸大哭。

追念增寿之功,永乐帝拟追封以爵位,但徐皇后认为不妥,她说:"增寿本是椒房至亲,为国捐躯,理所然,不应再行加封。"永乐帝不肯听劝,仍追封徐增寿为定国公,并让徐增寿之子徐景昌袭爵。

当永乐帝喜滋滋把这决定告诉皇后时,徐后淡然答道:"此并非妾身所愿。"也不谢恩。永乐帝讨一场没趣,悻悻然离去。

成祖三个儿子都是徐皇后生的。长子朱高炽被立为太子后,次子朱高煦,三子朱高燧因从战有功,不免自负,常流露夺嫡之意。徐皇后看出二子用心,对成祖说:"汉王(高煦)、赵王(高燧)看来不很顺服太子,宜选择朝中大臣去兼任二王属官,随时窥察动静,以防患于未然。"成祖深以为然。由于皇后英明,才避免了日后一场夺嫡之乱,保住了高炽的太子位。

为了帮助明成祖笼络明廷文武百官的人心,她曾问成祖:"请问陛下,朝中谁助陛下治国?"成祖答道:"众卿处理大小政务,翰林的职责是为治国引经据典。"于是,徐皇后在宫中召见众部大臣及翰林学士的眷属,赐予命服冠帔,钱钞绢帛,对她们婉言说道:

"对于丈夫来说,妇人不只是在衣食方面给予照料,还应随时规劝。朋友的话,往往有听从的,也有不听从的,但夫妇之间讲话,却是婉顺入耳,易于接受。我在宫中日夜侍候皇上时,很注意让皇上时时念及黎民百姓的生计。你们也应该这样对待自己的丈夫,这才是做妻子的本分。"

这以后,徐皇后又命宫中女官搜集《女宪》《女诫》,作成《内训》20篇,又把古人嘉言善行编成一本《劝善书》,颁行天下。

永乐五年(公元1407年)七月,46岁的徐皇后忽然身患重病,竟至不起。重病中,她只有一件心事,就是劝说明成祖要爱惜百姓,广求贤才,对宗室诸王要恩礼有加,不要骄宠后妃的外家。她还嘱咐长子、被立为皇太子的朱高炽说:"我一直牵挂着北平城中将士们的妻女,当年,是她们披甲荷戈浴血奋战,才守住了城池。可惜皇上北巡时,我未能随行去北平加以抚恤。我死后,望我儿能替我了却这桩心愿。"

徐皇后死后,明成祖是很悲恸,特地在灵谷、天禧二寺之间,设下大斋,命文武群臣前去祭悼,并追谥她为"仁孝皇后"。六年之后,明成祖在北平附近的昌平建成长陵,将徐后灵柩移葬长陵。

徐皇后有胞妹名叫妙锦,同姐姐性情相似,端静有见识。明成祖知道后,为感念徐皇后的情义,想聘娶妙锦为继后。但是妙锦不肯,成祖几次三番派遣女官宣诏,妙锦仍是不从,她说:"我相貌平常,无妇容,不足以充入六宫备选,望奏明皇上,别选佳人。"女官再三相劝,妙锦坚不从命,竟削发为尼。明成祖十分懊

国学经典文库

中国古代野史

·明代野史·

图文珍藏版

丧,从此不再册立皇后。

佐政明代三朝的张皇后

在中国封建社会,女子立为后妃,一旦得宠,往往干预朝政,纵容兄弟侄儿横行不法。明代仁宗的张皇后,一生辅佐丈夫仁宗、儿子宣宗、孙子英宗,功德为世人瞩目,却能奉公守法,的确值得称道。

张皇后是永城(今河南永城市)人。父亲张淇把她嫁给燕王的长子——世子朱高炽,当时明太祖朱元璋在世,于洪武(明太祖朱元璋的年号)十六年(公元1383年)被封为世子妃;朱棣夺取政权后,朱高炽被立为太子,她也就被封为太子妃;朱高炽继位,被册封为皇后;宣宗即位,被尊为皇太后;英宗即位,被尊为太皇太后。表面看来,她真是一帆风顺。可是,有谁知道她一生经历了多少艰难啊!

要介绍张皇后的经历,话还要说远一点。明太祖朱元璋,出身寒微,靠着机智勇武打出天下,也想靠强硬的手段统治天下,因此得天下后大杀功臣。他的太子朱标,认为得天下后应以仁义治天下,屡次劝谏不听,抑郁而死,谥为懿文太子。朱元璋最欣赏第四子朱棣,想要立他为太子,但朱棣是庶出,且其上还有第二子和第三子,而长子朱标已生五子,长子早逝,第二子朱允炆是嫡子,且已长大;若舍嫡立庶子,于礼不合,于是听从了大臣们"应立嫡"的意见,立了朱标的儿子朱允炆为皇太孙,最终继位为建文皇帝。但由于朱元璋的偏爱,临终前赋予了燕王朱棣很大的兵权,让"都督杨文从燕王棣,武定侯郭英从辽王植,备御开平,俱听燕王节制"。朱棣向来就有野心,加上建文帝猜忌朱棣,许多事情又处理不

张皇后

当,过早地惊动了他,他就打着"清君侧"的旗号,用武力夺取政权,叔侄之间爆发了大规模的武装冲突。每次出征的时候,照例留世子朱高炽守燕京,二子高煦、三子高燧从征,特别是二子高煦,勇猛异常,在战争中立下大功。朱棣和明太祖朱元璋一样尚武,而世子朱高炽则像他的伯父朱标一样崇尚仁义,高炽的妻子张氏的艰难处境就可想而知了。

张氏身材苗条,端庄秀丽。而她的丈夫身体肥大,在那个战争环境中长大的人竟不会骑马。所幸他虽不秀外却慧中,知书识礼,文质彬彬,性格与她相近,因此夫妻和睦。而高炽的两个弟弟高煦和高燧,却整天舞枪弄棒,性格阴鸷,常常到父亲面前搬弄是非,说高炽无能,身材蠢笨,连马也不会骑。弄得朱棣对高炽非常恼火,常常责骂这个长子,责令他少吃饭,甚至想去掉他的世子身份。张氏在这样的环境中,夹着尾巴做人,对公婆十分孝顺恭敬,加上她的气质本来就十分雅致,又严守妇道,很得公婆的欢心。爱屋及乌,朱棣有时还能给朱炽一点好脸色。不久,张氏生下长子朱瞻基,朱棣夫妇十分喜爱这孩子,因此高炽夫妇保住了世子和世子妃的地位。

洪武三十一年闰五月(1398年5月)朱元璋病逝,谥号太祖。皇太孙朱允炆即位,第二年改元建文元年,随即开始削藩,并派人监视朱棣。七月,朱棣设计杀了建文皇帝派去监视他的谢贵、张昺等人,武装夺取帝位的行动开始。这一年冬天,朱棣派高炽守北京,他带高煦、高燧和众将出兵袭击大宁。建文皇帝的大将李景隆则率兵包围北京。高炽夫妇仁义侍人,人心归附,连妇女也愿上城防守。他善动脑筋,乘着狂风呼啸,大雪纷飞,在城墙上浇水,水结成冰,李军不能登城。这样,拖住了李景隆军,朱棣攻下了大宁。一次又一次出兵,高炽夫妇守住了北京,筹备兵源、粮饷、武器,保证了朱棣的后方、后勤。而高煦则始终跟随在朱棣的鞍马左右,立下很多战功,更得朱棣的欢心。建文三年春,随着燕军的节节胜利,建文皇帝使用了一个反间计:派人送信给朱高炽,答应他做燕王,朱高炽并不看信,派了骑兵连人带信送到朱棣军前。而亲近高燧的一个太监把建文皇帝送密信给高炽的事密报朱棣,朱棣很疑心,征求高煦的意见,高煦乘机说高炽的坏话,朱棣差点要下令惩办高炽。幸亏高炽派的骑兵连人带信及时赶到。即使如此，朱棣还是只亲信高煦，对高炽很冷淡。

朱棣夺取了帝位，史称成祖。按惯例，世子应立为太子。可是，高煦从征有功，一心要夺嫡，明成祖也很想立高煦。世子妃张氏一如既往，孝敬成祖，经常让儿子瞻基承欢祖父膝前。成祖非常喜爱孙子，甚至做过一个梦，梦见太祖授予他一个大圭，圭上刻着"传之子孙永世其昌"八个大字。加上兵部尚书金忠、侍读解缙以废嫡立庶的危害相劝谏，朱高炽才得以立为太子，最终继位为帝，史称仁宗。

不想仁宗福薄，头年继位，第二年改元洪熙，这一年五月，就染病去世，立儿子瞻基为帝。史称宣宗。张皇后被尊为皇太后。

仁宗一死，高煦更加狂妄，又想借"清君侧"为名作乱，竟敢索诛朝廷大臣。皇太后辅佐宣宗，御驾亲征。高煦外强中干，一战讨平。

一时之间，天下太平，谁知宣宗又不安分起来。先是找出种种理由废除了胡皇后，策立他所喜爱的孙氏为后，继而越来越奢侈。在举行完策立孙后的仪式后，在西苑设宴，大会群臣，穷极奢侈，政事也逐步懈怠。由于外族入侵，抵抗不力，甚至想把首都由北京迁回南京以求安全。太后想，宣宗也恰如曹操对汉献帝所评价："生于深宫之中，长于妇人之手"，不知民间疾苦和做人君的艰难，必须想办法启发他。

到了张太后生辰，群臣朝贺毕，又在西苑设宴。趁宣宗去敬酒时，张太后也斟酒给宣宗，对他说："现在天下无事，我们母子能在此同乐，这都是老天和祖宗赐给的。天下的百姓，都是老天和祖宗的赤子，你作为人君，能够保证百姓安全，不使他们饥饿寒冷，我们母子才能长享欢乐啊！"宣宗听了，虽然也谢谢母亲的教诲，但没有完全放在心上。不久，太后让宣宗陪她去拜见先帝的陵墓，看到陵墓旁的百姓扶老携幼地迎接拜见，太后又对宣宗说："百姓爱戴皇帝，无非是因为皇帝能使百姓安宁，作为皇帝，应该慎始慎终，不能辜负了百姓的希望。"拜见陵墓的仪式结束后，太后又要去拜访农家，对农民问寒问暖，亲如一家，赐给他们钱物。自己亲自品尝农民的野蔬家粮，又要宣宗也品尝。出门回宫的时候，看到农民在锄草，太后要宣宗也亲自去试试。宣宗接过锄头，挖了几下，就累得气喘吁吁，对左右的侍臣说："我挖了这么几下，就累得受不了，农民一年到头这么劳动，多辛苦啊！"

经过太后的言传身教，宣宗明确了做人君的责任，从此励精图治，要求君臣互相提醒，兴利除弊，任贤去佞，还是以北京为首都，再也不提迁都的事了。

宣宗三十八岁时，一病不起，传位给太子祁镇（世称英宗）。英宗尊张太后为太皇太后。由于英宗即位时年仅九岁，宣宗遗嘱中说，所有国家大事，都要禀白太后而后行。张太后又面临着辅佐孙子的重任。这时，她也的确成了一言九鼎的人物。朝中有人请太后垂帘听政，她说："祖宗有成法，明确禁止女子干预朝政，你们不要瞎说！"她把朝政委任给五位贤臣，凡遇军国重大事情，都交付给他们裁决。

又有人想巴结张太后，说她的兄弟子侄可以参与朝政，张太后想，前代有很多外戚参与朝政；汉高祖去世后，吕后专权，她把自己的兄弟子侄都封王；武则天当权后，重用武三思等子侄，后来给国家造成多大的危害啊！这些外戚最终也没有好下场。而现在自己有威望，一定要防止这些悲剧重演。她的两个哥哥都在朝为官，他们都是凭着自己的功劳逐步提升起来的：大哥张杲当年跟随着明成祖起兵，在攻大宁府郑村的战役中立了功，被授予义勇中卫指挥同知，在援救蓟州时，打败了辽东军队，回来后帮助当时的世子（仁宗）守北平，永乐初年担任锦衣卫指挥使，仁宗继位时，提拔为中军都督府左都督，父亲去世后，继封为彭城伯；二哥张升，当年成祖起兵时以舍人的身份守北平，有功授予千户职衔，后来升任府军卫指挥佥事，永乐十二年跟随成祖北征，仁宗即位时拜为后府都督同知，宣德初年升为左都督，现在要提拔他们，本很容易，但是不能这么做啊。于是她告诫两个哥哥，只许他们每逢初一、十五入朝，不得参与国政，二哥张升名声很好，大臣杨士奇请求予以委任，张太后一直没有答应。

在封建王朝，容易出现的祸患有两种：一是外戚之祸，二是宦官之祸。张太后预防了外戚之祸，却出现了宦官之祸的苗头。

原来，当初宣宗要废胡皇后，立孙皇后，张太后就不同意。但是，胡皇后没有生育，本来孙皇后也没有生育，但她欺骗宣宗说自己已经怀孕，而一个宫女生了个男孩，她说是自己生的孩子，这孩子被立为太子，这就是后来的英宗。由于张太后同情胡皇后被废，经常照顾她，自然和孙皇后关系不好，也就不可能对她的孩子从小进行教育。而英宗小时由一个叫王振的宦官照料生活，王振为人狡黠，深受小英宗的喜欢，任命他掌管司礼监。王振就作威作福，一次，在朝阳门外筑起一座将台，请英宗去阅兵，所有京城兵营的武卫官，都去比武，名义上是阅兵，实际上是王振夺取兵权。他又借着英宗的名义，私自提拔纪广为都督佥事。王振还嫌自己的权威不够，想要通过压制大臣来显示自己的势力，他趁着兵部尚书王骥和右侍郎邝埜奉旨筹边，没有及时复旨的机会，唆使英宗召二人上殿，随即把二人下狱，右都御史陈智，按王振的授意，弹劾大臣张辅复旨耽误了时间，也把他下了狱。

张太后听说后大吃一惊，连忙命令把他们释放出狱。这回顾不上不干预朝政的初衷了，亲自坐到便殿，召见五位大臣。让英宗站在东边，五位大臣站在西边，对英宗说道："这五位大臣是先帝选拔任命的，留下来辅佐你，一切国家大政，都要和这五位大臣共同议定后，才能施行，没有得到他们的赞同，不能随便行动！"英宗只好含糊答应。

张太后又命令女官宣召王振进殿。王振跪伏在地上，张太后勃然大怒，责骂他说："你这个奴才，作为一个宦官，你只应照料皇帝的生活起居，可是你却做了那么多违法乱纪的事，你的罪不可赦免！现在要杀你的头。"王振大惊，正要狡辩，那左右的女官"唰"的一声拔出剑来，架在他的脖子上。王振吓得魂不附体，一句话也说不出来。英宗哪里舍得王振被杀，连忙跪到地上，替王振求情，五位大臣也依次跪下。张太后说："皇帝年少，不能识别这样的小人，他不能辅佐皇帝治国，有他只会对国家造成祸害，本应处死；现在暂时听皇帝和五位大臣的，留下他的狗头，但从此以后，切不可让他干预国政。"又呵斥王振道："你如果再干预国政，决不饶恕你！"王振吓得屁滚尿流，叩头不止，抱头鼠窜。张太后又把英宗带进宫中，严加教育。王振经这一吓，收敛了许多，好多年不敢干预政事。

可惜英宗并没有接受教育，正统七年十月（1442年11月），张太后去世，英宗重新重用王振,把朝中的贤臣能将贬斥殆尽。王振妄开边衅,并于正统十四年诱英宗亲征瓦剌,由于王振刚愎自用瞎指挥,英宗又只信任王振,土木堡一战,英宗被俘,留下千古耻辱。

明宣宗皇后胡善祥"无子被废后"

明宣德三年,宣宗朱瞻基想到自己年届三十,尚无子嗣,不免忧心。一天,他同宠妃孙贵妃说起这事,愁容满面叹道:"皇后身子有病不能生育,爱卿无病也不能生育,难道朕命中无子?"

孙贵妃一听,忙下跪,做出一番羞涩之态,奏道:"臣妾常蒙陛下雨露承恩,近一个多月来觉得体内有异常征兆,红潮不至,莫非已怀麟儿不成?"

宣宗听说,大喜过望,亲手把贵妃扶了起来,又以双手合掌祈祷上天保佑,让贵妃早产子嗣。激动之余,他又对贵妃许诺道:

"如若爱卿生下男儿,朕当改立爱卿为皇后!"

孙贵妃心下惊喜异常,却又装出诚惶诚恐的样子,连连摆手,说道:"皇后宝座已定,臣妾怎敢有非分之念,望陛下毋出此言!"

宣宗更加喜欢,连连赞道:"真是朕的好贵妃!"又见贵妃娇羞可人,醉如桃花,越觉怜爱,便一把把孙妃揽进怀里,百般抚爱。

比起端庄沉静的胡皇后来,孙贵妃不但生得妖娆聪慧,而且另有一功:善于百般取悦帝意。因此,她虽然屈居妃嫔之位,却同皇后一样尊贵无比。仰仗"三千宠爱在一身"的优势,她把宣宗玩于股掌间,几乎是百依百顺。她出身低微,父亲孙忠不过是一个县城主簿的小官吏,只因张太后的母亲彭成伯夫人与她是同乡,偶然见到她这个美人坯子,把她送进皇宫,才有机会入嫁皇室。她进宫时,年仅 10 岁,在宫中抚养长大。彭城伯夫人本来想让她选作太孙妃的,不料过了七年,成祖下令由司天官为太孙朱瞻基选妃。司天官经占卜后,向济河求淑女,选得济宁人百户胡荣的第三个女儿胡善祥为太孙妃。孙氏女只得立为太孙嫔。

在妻、妾之间，朱瞻基宠爱的是美貌聪慧、有狐媚手段的孙氏，所以当他登上大宝，按成例册太子妃胡氏为皇后时，立即又册孙氏为贵妃。前朝贵妃有金册无金宝，宣宗特命尚宝司制就金宝，赐给孙贵妃，使她享受同皇后一样的待遇。在宫中，这位贵妃的地位确实同皇后几乎不相上下。亏得胡皇后生性贤淑，雍容大度，不予计较，又常称病不管事，故后妃间尚能相安无事。

然而孙妃并非安分守己之辈，她觊觎皇后的宝座，千方百计据为己有。唯一能实现目的的办法当然是生下皇子，因此，当她得知有一宫人在偶然被宣宗召幸之后便怀了孕之后，就设下秘计，先夺人子，后夺后位。

胡皇后退位后，宣宗赐号"静慈仙师"，命她居住长安宫，从此甘怀恬退。只是张太后一向喜欢胡皇后的贞淑娴静，今无故被废，对她深怀怜悯，把她接到自己居住的清宁宫，因胡后推辞，才作罢。每逢内廷朝会或宴饮，总是把胡皇后的位置安排在孙皇后之上。这样，孙皇后非常不快，她想设法贬抑胡后，无奈张太后处处保护，也无可奈何。

英宗正统七年，张太后逝世，胡皇后失去了唯一的保护人，哭得死去活来，第二年也死了，以嫔御礼安葬。她无过被废，天下人为她怜惜。宣宗有时也后悔，感到对不起她，只推说自己当时年少不懂事。英宗天顺六年（公元1462年）孙后病死。英宗的皇后钱氏便向英宗说明胡皇后的委屈，英宗至此才知道自己并非孙太后所生，无奈生母不知是什么人，难以寻觅，心下好生悲伤。钱皇后又奏请追谥胡后名号，英宗准奏，于是天顺七年七月追谥胡皇后为"恭让诚顺康穆静慈章皇后?"还下令为她专修陵寝。

光阴似箭，转眼过了八个多月，孙贵妃居然分娩，生下了一个皇子。当宣宗听一以喜讯之后急急赶至贵妃宫中，抱起儿子一看，见儿子方面阔嘴，啼声响亮，不由更加喜欢，当下亲为取名为祁镇。他哪里知道贵妃并非这孩子的亲生母亲，而是夺宫人所生子，欺骗他的！

几天之后，宣宗决定履行自己在贵妃面前许下的诺言。他把几位重臣张辅、蹇义、夏原吉、杨士奇召入，对他们说："朕三十而无子，中宫有病不育，据术士推算，说中宫命中无子，今幸得贵妃产麟子，当立为嗣君。母以子贵，贵妃理当立为皇后。"

大臣们一听,面面相觑,无人应声。宣宗有些不耐烦,又问道:"卿等何故不发一言?"

杨士奇跪下奏道:"臣事帝后,犹子事父母,母若有过,子当规劝,怎能与父议论废母之事?"

张辅、夏原吉也随之跪下,说道:"此乃宫廷大事,当三思而后行,望陛下慎重!"

宣宗十分不快,拂袖而去。

第二天,宣宗派人秘召杨士奇,对他说:"朕废后意已决,卿等不必多辩。卿须为朕设一良法,若是废后,何以处置中宫?"

杨士奇再三推辞,宣宗再三要求,只得略略思索后问道:"中宫与贵妃有无宿怨?"

宣宗道:"彼此一向和睦,中宫有病,贵妃常去探视,可见深情。"

杨士奇说:"既然如此,倒不如借着中宫有病,由陛下向她言明圣衷,导使她主动让位于贵妃。"

宣宗连连点头称善。

病中的胡皇后已许久不见宣宗来探望她了,然而,她根本想不到宣宗给她带来的竟是这样一番意思。君王薄情,自己多病,且又无子,软弱的她无力抗争,又无法夺回君王的恩爱,只得忍让。自册后以来,她一贯以这种忍让态度对待孙贵妃的娇纵,想不到处处宽容自抑,时时谨守妇道,换来的最终结果竟是如此悲惨! 可怜她在君王面前,还强作笑容,坦然地接受了这道无异于逼她自戕的残酷命令!

宣宗得意扬扬,迅即布置,先立祁镇为皇太子,后又起草中宫让位诏书,颁行天下。任凭张太后阻止,他已不管这些了。孙贵妃实现了多年的皇后梦(从10岁进宫之时,已萌生了这样的野心),可她还矫揉造作地推辞一番,才欣然接过皇后册宝。

国学经典文库

中国古代野史

·明代野史·

图文珍藏版

宠冠后宫的万贵妃

宪宗的生母周太后命司礼监牛玉在三名淑媛中选定一人为皇后。牛玉对周太后说，先帝在时曾属意吴女和王女，我看二女资貌相当，分不出谁更美丽端庄，比较起来，似是吴女更为贤淑。周太后便做主替宪宗择定吴氏为皇后，钱太后当然没有什么意见。

谁知大婚之后，皇帝新郎并不贪恋吴皇后的青春美色，而是常常宿在嫔妃万氏宫中，这使吴皇后又气又羞。她不明白，自己哪一点比不上徐娘半老的万妃，无论姿色才学还是门第修养？她更不明白的是，比皇帝年龄大 19 岁的万妃用什么手段把皇帝的心死死拴住？

原来，大婚前的宪宗，早已同年过 30 的宫女万贞儿有了私情。万贞儿原籍青州诸城（今山东益都县一带）人，父亲万贵为县衙掾吏，犯法流配边疆。万贞儿年仅 4 岁便充入掖廷为奴，十多年后出落得花容月貌。孙太后怜她聪明伶俐，命她在红寿宫管理服装衣饰等事。宪宗小时常去祖母处玩耍，贞儿带着宪宗游玩戏谑，也就日益亲近，久而便成莫逆之交。贞儿是个有心人，一心巴结这位皇太子，盼望有出头之日，对宪宗格外献媚。

天顺六年，孙太后病死，年已 15 的皇太子乘机把万贞儿要进东宫做自己的贴身侍女。尽管贞儿已年过 30，但因仍是处女，且华色犹浓，看上去不过 20 左右。为了勾结情窦初开的太子，她使出种种狐媚手段，终于把太子勾上手，两人便瞒着宫里人，干起了风流韵事。

宪宗即位后，唯恋着万贞儿一人。照他心思，真想册立万贞儿为皇后，但以一个年龄比他大 19 岁，又是微贱的宫女之身，想坐上皇后宝座，几乎是做梦。迫于礼制，也迫于母命，宪宗只得与吴皇后成婚，而于万氏，只能给她个小小妃嫔的名号。

万贞儿可不甘心。她知道，此时的皇帝，已完全拜倒在她的石榴裙下；她认为，只要皇帝下决心，她是完全可以坐上皇后宝座的。仗着皇帝的无比宠幸，她根本不把吴皇后放在眼里。大婚以后，皇帝经常临幸她的寝宫，与她朝夕相处，相亲相爱，这越发助长了她的娇气。因此，她每次谒见吴皇后时，总是板着脸不给面子，甚至故意拿架子，这使吴皇后非常生气。起先碍着宪宗的面子还隐忍着，到后来实在忍耐不住，免不了斥责她无礼。可万妃非但不知收敛，却对皇后恶语相讥。一次惹得吴后性起，命宫人将她拖倒在地，亲自取过杖来打了她几下。

这下可不得了，万妃找到宪宗，哭闹不休。宪宗大怒，要去找皇后评理。万妃是个有心机之人，又故意拦住宪宗不让去闹，说道：

"妾已年长色衰，不及皇后玉女天成，还请陛下命妾出宫，以免皇后生气，妾也省得受那杖刑了！"

宪宗又恨皇后又怜万妃，慢慢替万妃解开衣服，见她雪也似白嫩的肌肤上面，一道道杖痕透着血色，不由怒从心头起，发誓道："此等泼辣货，我若不把她废去，誓不为人！"

第二天一早，宪宗便去见两宫太后，说吴皇后举动轻佻，不守礼法，不堪居六宫之首，定要废去。钱太后不便说什么，周太后劝阻道：

"册后才一月便要废去，岂不惹人笑话？"

宪宗坚持要废，周太后溺爱儿子，只得由着宪宗。于是，一道废后诏书下达，命吴氏退居别宫，还把司礼监牛玉罚往孝陵种菜。

万妃觊觎后位，要宪宗替她去向太后说说，但周太后嫌她年长，且出身微贱，始终不肯应允。

过了两个月，周太后下旨，要宪宗册立已同柏氏一起被封为贤妃的王氏为皇后。王皇后生性软弱怕事，知道皇帝宠幸万妃，自己更不是万妃的对手，只得处处谦虚忍让，做个傀儡皇后也就罢了。

成化二年，万妃生下皇长子，宪宗大喜，立即封她为贵妃，又派出使者四处祷告山川诸神。谁知偏偏天不从人愿，未等满月这位龙子竟是短命夭折，万贵妃也从此不再有娠。但是夺取皇后之位的野心并未放弃，因此她就十分妒恨妃嫔们生子，她知道哪个妃嫔怀胎，她就千方百计逼令喝药打胎。迫于万贵妃在宫中的权势,妃嫔们只有含泪服从。

几年过去了,宪宗一直没有子嗣,宫廷内外,朝野上下为之忧心。大臣们屡屡奏请,要皇帝广施恩泽,宪宗也为之愁眉不展。到成化五年,柏贤妃生下一个皇子,宪宗高兴非凡,大事庆贺,取名祐极,并立即立为皇太子。第二年二月,皇太子突然生起病来,病势来得凶猛,令御医们束手无策,一天一夜后竟夭折了。宪宗哭得死去活来,宫人太监们觉得太子病的奇怪,偷偷查访下来,果然是万贵妃派人毒死了太子。但是,谁也不敢去告发。

光阴似箭,一晃又过了六年。此时的万贵妃不但仍宠冠六宫,而且是威行朝野,连宪宗也制掣不了她了。她内连宦官,外结权臣,太监梁芳、钱能、郑忠、汪直等,俱谄事贵妃,以宫廷采办为名,大肆搜刮,动用内帑无数,宪宗也不敢多问。

这天,宪宗思念亡子,百般无聊中召太监张敏替他梳理头发。对镜自照,忽见头上已有数根白发,不禁长叹道:"朕老了,尚无子嗣!"

张敏一下伏倒在地,连连磕头道:"请万岁爷恕奴死罪,奴直言相告,万岁已有子了!"

宪宗大吃一惊,忙问道:"此话怎讲?朕哪里还有什么子嗣?"

张敏又叩首道:"奴一说出口,恐怕性命难保。万岁爷可千万替皇子做主,奴虽死无憾!"

站在一旁的司礼太监怀恩也跪下奏道:"张敏所言皆是实情。皇子被养育西内密室,现已6岁了。因怕招惹祸患,故隐匿不敢报。"宪宗又惊又喜,怀疑自己在做梦,当下传旨摆驾至西内,派张敏去领皇子前来见面。

这个皇子是谁呢?原来,成化三年,西南土族作乱,朝廷派大将前去征讨,平夷之后,将男女俘虏解入京城。其中有一纪氏女,本是贺县一名士官之女,长得美丽机敏,被充入掖庭。宫中见她性情贤淑,又通文字,升为女史。不久,王皇后看中了她,命她管理内府库藏。

一天,宪宗偶尔来到内藏,问及内藏现有多少金银钱钞,她口齿伶俐对答如流,使龙心大悦。又见她生得明眸皓齿,妩媚动人,宪宗便在纪氏住处召幸了她。过了几个月,纪氏怀了孕。

这事被万贵妃知道了,妒恨异常,派了一名宫婢去内藏打听实情。那宫婢是个好心人,不忍皇帝子嗣又遭残害,回去禀报贵妃说,纪氏不过是生了鼓胀病。万贵妃半信半疑,不太放心,便勒令纪氏退出内藏,移居同自己住处相近的安乐堂,以不时监督她。

几个月过去了,纪氏生下一个男孩。对这样的喜事,纪氏却忧愁万分,她知道儿子一定逃脱不了万贵妃的魔掌,假如不设法弄死,只怕自己的性命也难保。她咬了咬牙,把孩子包好,命令门监张敏把皇子带出宫去溺死。

张敏接过皇子,好生不忍,他想皇上年纪越来越大了,几个儿子不是胎死腹中,就是急病夭亡,至今没有子嗣,我怎能做这种对不起社稷,对不起皇家的事来呢?他冒着杀头的危险,把皇子偷偷藏入密室,取些蜜糖、粉饵之类的食物喂养。由于张敏行事小心,一次次躲过了万贵妃的耳目。不久,废皇后吴氏知道了这件事,便把皇子接到自己居住的西内,细心予以照料,皇子才安然活了下来。

再说纪氏听得宪宗召见儿子,抱着儿子放声大哭,说道:"今日我儿一去,我恐怕性命难保!儿去,若见一穿黄袍,有胡须的人,便是儿的父皇,儿拜见他吧!"她替儿子换上一件小红袍,抱儿子上了小轿,由张敏等护着,离西内而去。

这时,宪宗正眼巴巴地坐在堂上等候,忽见宫门前一顶小轿停下,一个身穿红衣,胎发披肩的小孩子跳了下来,直奔堂前,一见到他,便双膝跪地,口称:"儿臣叩见父皇",向他请安。他悲喜交集,不由掉下眼泪,一把把儿子抱入怀里,放置膝上,仔细端详。良久,才喃喃说道:"这孩子长得真像我,确是我的儿子!"

宪宗派怀恩去内阁报喜,并说明原委。大臣们皆大欢喜,第二天早朝一齐向宪宗道贺。宪宗命内阁起草诏书颁行天下,并封纪氏为淑妃,移居西内。因6岁皇子尚未取名,又命礼部会议,替皇子定名叫祐樘。

大学士商辂仍担心这位皇子会重蹈皇太子祐极的覆辙,但又不敢明言,只说让皇子母子住在一起,便于照料养育。宪宗准奏,命纪淑妃携皇子居住永寿宫,他自己也常常驾临永寿宫,同纪妃欢聚。不仅如此,宪宗还大胆地同其他妃嫔交欢,陆续又生了几个儿子。

喜庆的皇宫里,唯有万贵妃一人恨得咬牙切齿。她日夜怨泣,说是群小们竟敢欺我,我决不同你等干休!

这一年的六月,好端端的纪妃竟暴病而亡。是被毒死的,还是被勒死的,谁也不敢过问,但谁都心中有数。宪宗也不追究,只是下令予以厚葬,并谥纪妃为"恭恪庄禧淑妃"。张敏见淑妃被万贵妃害死,料想自己也难逃毒手,便吞金自杀了。

万贵妃还想除去眼中钉朱祐樘。可是她也不是那么容易下手的。周太后为了保护孙儿,命宪宗将祐樘交给她,放在仁寿宫抚养。不久,朱祐樘被册为皇太子。一天万贵妃请祐樘到她宫里去玩,周太后知道她不安好心,叮嘱孙儿,去了之后不要吃任何东西。到了贵妃宫里,贵妃劝祐樘吃饼,祐樘回答说,已吃过饭了。贵妃又劝他吃羹汤,机灵的孩子反问她:"这羹中有毒吗?"气得贵妃半晌说不出话来。

"这么小的孩子就如此防备我,记恨我,将来他一旦登上皇位,我不就死在他手里吗?"她觉得非下决心逼宪宗易储不可。

这以后,她一有机会,就向宪宗吵闹,要求废掉皇太子朱祐樘,另立邵宸妃的儿子兴王朱祐杬。尽管此时万贵妃已年近60,可宪宗对她又亲又怕,根本离不开她,怎敢不听从她呢?太监梁芳等人勾结万妃,大肆侵吞内府钱财,害怕将来太子即位后会惩治他们,也帮着万贵妃一起攻击太子。宪宗只得答应了。

第二天,宪宗找司礼太监怀恩商量,怀恩连连说不可,惹得宪宗很不高兴,竟把怀恩贬到凤阳去守皇陵。正想再召集群臣们商议废立之事,忽报东岳泰山发生地震,钦天监正据天象所测,说此兆应在东宫,宪宗以为废太子会惹怒天意,不再提易储之事,这才保住了太子的地位。

万贵妃费尽心机也无法动摇太子的地位,不免肝火攻心,不久便得了肝病于成化二十三年春死去。万妃一死,宪宗好似失了主心骨,凄然说道:"贵妃一去,朕亦不久于人世了!"他主持贵妃的葬礼一如皇后之例,并辍朝七日。这年八月,郁郁寡欢的宪宗果然也得了重病,追随万贵妃而去。

万贞儿以一个卑微的宫女,半老徐娘之身,竟一举夺宠,宠冠后宫,做了20多年无名有实的皇后。个中原因,无人能晓。至于宪宗的两个皇后吴氏和王氏,一个是新婚伊始便守活寡,一个是当了一辈子的傀儡。

据史载,吴皇后在朱祐樘即位后,因救驾有功,顿受优待,一切供给皆如太后。她侄儿被封为锦衣卫百户。吴后死于武宗正德元年,以妃礼安葬。

王皇后在孝宗朝瘫为皇太后,武宗朝尊为太皇太后。一直活到正德十三年。(公元年1518年)崩逝,被尊谥为"孝贞庄懿恭靖仁慈钦天辅圣纯皇后",与宪宗合葬茂陵。

明世宗的三位皇后

1.遭凌虐二后惨死

嘉靖元年(公元1522年),16岁的世宗以外藩入承大统,婚事由张太后做主,选中元城县学教授陈万年之女。陈女比皇帝小一岁,长得端庄秀丽,洁白苗条,又因出身诗礼之家,从小娴习书史,能文善画。大婚之后,世宗很宠爱皇后,夫妻二人或赋诗作画互相唱和,或成双成对游戏御苑,着实过了几年美满幸福的生活。

但是随着时光的流逝,原先的一份恩爱渐渐淡薄,世宗后宫又纳了多名宠妃。这还不够,又看上了一个宫女,时常召幸,准备封她一个名号。陈皇后使出皇后的权威,把这名宫女赶出宫去,这使嘉靖帝的尊严大受损害。一场争吵之后,嘉靖帝负气不再常去中宫。

然而,陈皇后妒心未减,她知道丈夫正在搜求长生不老修道成仙的秘方,对一个名叫邵元节的道士言听计从,为了寻回失去的爱情,就派人重贿邵元节。果然,邵元节用一番花言巧语说动了嘉靖帝的心,说是皇上如想要子嗣,应当对皇后多施雨泽,必能诞生贵子。

于是嘉靖帝同皇后重归于好。到嘉靖七年,果然陈皇后怀了孕,嘉靖帝满怀希望皇后生男。这天,帝后两人正在议论未来孩子的性别问题,有中宫新来的张、沈两名宫女,一个捧壶,一个举杯,上来献茶。嘉靖见那个姓张的宫女伸出手来雪白如玉,十指尖尖,好生光滑柔润,大为赞赏,他把一双色限盯住那宫女,边说:"好一双柔美的手",边轻轻抚摸那双玉手。

陈皇后看在眼里,不由妒火中烧,恶狠狠地用力推那宫女,宫女失去重心,跌倒在地,滚烫的一杯茶全泼在嘉靖帝的身上。陈后非但不觉抱歉,反含怒站起身来对嘉靖说:"请陛下自重!"

嘉靖帝一贯妄自尊大,哪里受得了这些,顿时怒火陡升。盛怒之下,他竟抬起脚来朝陈皇后猛踢一下,怒冲冲起身离开了中宫。

这一脚不偏不倚,正好踢在陈皇后的小腹上,顿时,陈皇后痛得眼前天旋地转,站立不稳跌倒在地。片刻以后,下身竟流血不止。任凭御医设法,也无法止住流血。陈皇后不幸流产了。由于失血过多,加上气急攻心,这位年仅22岁的皇后痛苦地离开了人世,满怀对丈夫的怨恨。

嘉靖帝踢死妻儿,一点不知懊悔,反对陈皇后仍怀怒意,丧葬之礼草草了事,给了她一个不雅的谥号"悼灵",也不让这位结发之妻入葬自己的陵寝。大臣们看不过去,劝他把丧礼改得隆重一些,他不听。直到嘉靖十五年,礼部尚书夏言奏请,为陈皇后改谥。这时他的怒气消除了好多,这才答应改为"孝法皇后",但是临死之前立下遗嘱,仍不让子孙把陈皇后同他合葬一起。

陈皇后之所以失去嘉靖帝的欢心,主要是她因感念张太后的选婚之恩,常常劝皇帝不要过于苛待张太后,因此格外容易得罪这个刚愎自用的暴君。

陈皇后的惨死,给后宫妃嫔留下血的教训:对这个皇帝只能事事顺从,处处小心,因为他对任何人都是"顺我者昌,逆我者亡"!

第二个皇后就是被嘉靖帝看中其玉手的张姓宫女。陈后死后,她被晋封为顺妃。她性情本就柔顺,又以卑微之身贵为皇妃,自然对皇帝就格外恭顺,简直是低首下心,任皇帝对她为所欲为了。她见嘉靖帝热衷于迷信活动,也就投其所好,常常陪同嘉靖一起进香祭祀,对嘉靖最为推重的邵元节格外礼敬,尊称邵为"太师"。邵元节也利用皇帝宠爱的顺妃,便在嘉靖面前称赞顺妃有"宜男之相"，力劝嘉靖帝立她为后，嘉靖自然采纳。

张氏被册为皇后之时，正是嘉靖最热衷于古礼，醉心于祭祀活动的当口。为求诸神都来保佑他的长生不老，他什么神仙都要拜祭。除大肆扩建城郊天坛、地坛外，又在四郊分建风、云、雷、雨四坛，坛成之日，率文武百官礼拜祈祷。

在张氏当皇后的五六年里，奉祀不休。每逢节日大祭，张皇后必须穿着礼服陪祭，日久下来，不免使她厌烦。嘉靖还硬要她依照古礼亲祀蚕神于东郊。为了这件事，特命礼官考证古礼，拟定祭祀蚕神的礼仪，并在东郊建造蚕神庙。五里以内，遍植桑树。祭拜的那一天，要张后亲率内外命妇几百人，穿上笨重的特制礼服，从京城浩浩荡荡驾临东郊。祭拜蚕礼后，每人都要亲自掘土种植桑树。

那天不巧的是，祭拜之礼进行到一半，突然狂风大作，暴雨骤降，张皇后同随从们被淋得浑身湿透，狼狈不堪。回宫后，她便得了风寒。

大病期间躺在床上，她越想越气，心想这样下去不堪负担，决定病愈后同皇帝说一说，劝他不要迷醉于这种毫无意思的活动，置国家不顾，浪费精力。

张皇后病刚好，又逢玉霄帝君生辰。嘉靖帝命张后穿上他自己创制的祭服，参加陪祭。这种祭服不伦不类，最特别的是帽子。皇帝用的取名"香叶冠"冠高一尺五寸，用绿纱制成，上绣太极图；皇后戴的帽子高一尺，用天青色纱制成，上绣云纹，取名"垂云冠"。祭服就像道袍.皇帝穿的为杏黄色，上绣八卦图，皇后穿的为橘红色，上绣水波云纹。

当张皇后穿上这套衣冠对镜一照，不由更加来气，像什么样子？就像一个巫婆，哪里还有皇后的尊严？她忍住气，勉强穿了一次，便不肯再穿。

邵元节为了进一步蛊惑皇帝，编了一部专为鼓励妇女信道的书，名曰《圣女训》，说自皇后以下，每隔三天要听讲。张后被迫率六宫嫔御听讲，弄得厌烦透顶。她忍无可忍，大着胆子去劝皇帝：

"陛下每日起早睡晚，若是忧勤国事，倒还好说，却是做那无味的法事，让我们也跟着受罪。我不要做圣女，也不求长生，请求陛下让我免去吧！"

嘉靖帝见一向逆来顺受的张皇后竟敢非议自己听尊崇的法事，大为恼怒，

便瞪起细长的眼睛,斥道:

"这是朕的旨意,你敢抗命吗?"

张后依然苦劝:

"臣妾自从被立为后,哪一处不顺从陛下。臣妾只是希望陛下保重自己身体。想陛下这样虔诚,天帝若有知,也该另眼相看,如今陛下却连个皇子也没有,可见天帝并没有赐福。"

嘉靖帝见张后竟敢挖苦他,更加恼怒。可他一向阴沉促狭,于是表面上答应张后要求,暗中找机会惩治她。

朝中有个名叫严嵩的佞臣,官拜礼部尚书,奸诈善谀。每有祭典,他迎皇帝所好,都要拟写祝颂之词,刻意求工,故很得皇帝宠信。当时浙江巡抚左均用在四明山掘得灵芝十株进献皇帝,还说有白龟蛰伏于灵芝根下。严嵩乘机写了一篇《白龟灵芝颂》进呈皇帝,以博欢心。他说,像这样的灵芝,是上天示瑞,必不止浙江一带有,要皇帝下诏全国各地征求。嘉靖帝深为相信,竟下诏问求。

一时间,各地灵芝纷纷献送京都。嘉靖帝假称灵芝能延年益寿,逼着张皇后煎食,张后不敢不吃,结果上吐下泻,几乎丧命。

张后又气又伤心,抗言道:"陛下何故相信这些无稽之谈,拿我做试验,我这条命早晚会被送掉!"

嘉靖还要取笑她:"千年灵芝,世间珍宝,只怪你无福消受。"

"如果此物真是世间珍稀,陛下何不自己服用呢?"

嘉靖帝哑口无言。张皇后识破皇帝险恶用心,不由更加伤心,又哭又怨。

嘉靖帝盛怒之下,拂袖而去。片刻,便有太监手持废后诏书至中宫,说皇后诅咒,不足以母仪天下,命收其皇后册宝,幽居冷宫。

可怜的张皇后因不堪欺凌虐待,稍做反抗,便遭如此下场。她在冷宫凄苦度日,仅过了两年,便忧愤而死。这是嘉靖十五年(公元 1536 年)的事。

2.纵火伤妻,恩将仇报

嘉靖十年(公元 1531 年),因皇帝久无子嗣,大学士张孚敬奏请,说皇帝春秋鼎盛,正当壮年,应广求淑女,以广子嗣。于是遴选方、郑、王、阎、韦、沈、卢、沈、杜氏共九人,同册为九嫔。

张皇后废死后,嘉靖帝选中九嫔之首,端庄稳重的方氏为第三个皇后。

方皇后是江宁(今南京)人,父为锐官拜都指挥使。在立方后的同时,又晋封沈氏为宸妃,阎氏为丽妃。鉴于前两个皇后的教训,方皇后对嘉靖帝更加曲意逢迎,柔顺听命,以博帝欢。

这时有个名叫蓝道行的道士,向嘉靖帝献上修炼和长寿的秘诀,他说:"臣已八十余岁,仍健步如飞,毫无老态。只因臣处深山之中,每天晨起,受初升朝阳之光华,渴饮天庭玉露,故精气足,肠胃清洁,胸无积滞。"

嘉靖帝也照着做,每晨天不亮即起,面对初升朝阳,接受日华,另一方面又研究求取甘露的方法。但是一个养尊处优的君王,受不了每日早起之苦,坚持了一个月,就放弃了,乃专意于求取甘露一项。他听道士殷朝用建议说,甘露到处都有,在御花园中每天日出前,花果树木枝叶上积有露水,派人采取,积少存多,每天采集一杯饮用,当不致有困难。

于是,每当晨曦初露时,三四十个宫人,每人左手持玉杯,右手持玉簪,站立在御花园的花木丛下,一点一滴地采集甘露。天明即起,工作一个早晨,衣服鞋袜尽湿,手脚被刺伤,一人也采不到一小匙。这样的差事很苦,日复一日宫女们体弱的病倒,未病的怨气冲天。而嘉靖帝无视这些女孩子的苦楚,反想了个坏主意,嫔妃中如有不如意或不为其所喜爱的,就罚她率领宫女们采甘露。

嘉靖帝所册的九嫔中,有一个王宁嫔,长得不甚美丽,但通文墨,一度被宠。但不久,皇帝又迷上了端妃曹氏,曹妃貌美袅娜,又善狐媚,嘉靖独宠她一人,其他妃嫔皆被冷落。王宁嫔尤为妒恨,背后骂曹妃狐骚。曹妃闻知后向皇帝哭诉,并添油加醋说王宁嫔不但骂她狐骚,还骂皇上身带骚狐臭,故天天拜神,神也不会受用。

这番话最刺激嘉靖帝的神经,他火冒三丈,下令鞭挞王宁嫔,又罚她去采集甘露。

在御花园中,有两个也在采集甘露的宫女,一个叫杨金英,一个叫邢翠莲,原在曹妃宫中当差。嘉靖帝时常宿在曹妃宫中，他因服用丹药，脾气暴躁，动辄打骂宫女，一天，杨、邢二宫人无故又得罪了他，一顿毒打之后，也被罚采甘露，三个对皇帝怀有刻骨仇恨的女子聚在一起不免怨言丛生，互吐苦水。随后，又有宫人杨玉香、姚淑翠、关梅秀、陈菊花等人，也先后参加了她们这个吐苦水"集团"，以王宁嫔为首，互相照顾。

嘉靖二十一年（公元 1542 年），严嵩同党赵文华用五种颜色染就一大龟，假说这五色龟是千年灵物，得之于华山，献给嘉靖。嘉靖大喜，命放养于御苑池中，特命杨金英和邢翠莲照看。不想五色龟因受染色的药性所毒，一夜便暴死在池中，吓得杨、邢二人魂不附体，找王宁嫔商量。

王宁嫔替他们想了一个冒死铤而走险的计划，对他们说："灵龟暴死，你们性命难逃，不如孤注一掷，设法杀死皇帝，或许九死一生。"她又慢慢说出这个计划：

"我们每天采集甘露，都要送到端妃住的庆灵宫，端妃一早要到富后的御膳房，亲自监督蒸制甘露给皇帝用。皇帝恰在酣睡，没有人敢惊动他，只有两个宫女在那里。我设法把她们哄出来，你二人潜入寝宫，用绳子打一活圈，一进去就套住皇帝颈脖，用力勒紧，只消几分钟，就可把皇帝勒死。皇帝死在端妃床上，端妃弑逆的罪名怎么也逃不掉。皇帝一死，宫中大乱，谁还敢再来查问灵龟的死活。你们不就逃出这场大祸了吗"。

一听说要她们谋杀皇帝，两人都给吓呆了。

王宁嫔说："我只怕你们没有这胆量，要是怕，那就算了！"

还是年稍长的杨金英下了决心："这种事哪能不怕？但要是没有第三条路好走，我也只有拼将一死了！"最后商定，一切依王宁嫔所设计划行事，只是在下手的人手上，又增加了张金莲、王秀兰二人。

十月的某一天，嘉靖帝于前晚来到庆灵宫，同曹端妃饮酒作乐，很晚才睡下。早晨，王宁嫔先看好宫中动静，等端妃走出来向御膳房走去后，王宁嫔便派一宫女入庆灵宫哄骗侍寝的宫女，说端妃命她俩去一下。这时，寝宫里只有皇帝一人在酣睡，杨金英身上藏着一根丝绳，带着其他三名宫女偷偷走了进去。

王宁嫔留在外面望风。

四人极端紧张地走进内室,杨金英迅速取出丝绳,结了一个套结,向侧身而睡的嘉靖帝颈脖上一套,马上用力收紧。另三名宫女,两个按手,一个按足,大家都紧张得心都快跳了出来,有些手忙脚乱。不想杨金英慌乱中误把绳套结成一个死结,任凭用力也收不紧。这时,嘉靖惊醒,奋力反抗。杨金英只得把绳子的一头拴在床槛上,再用力紧拉。嘉靖帝颈脖被套住,头抵在床槛上,两眼突出,舌头伸出,口中呜呜乱叫,就是断不了气。杨金英急了,命另二人拉紧绳子,她自己叉开两手,用力扼嘉靖帝的脖子,四个人心慌手乱,床上一片零乱。但是,杨金英的力量,究竟敌不过嘉靖帝的奋力反抗。过了片刻,仍是弄不死他。四人中,宫女张金莲见计划眼看失败,大祸已临头,在混乱中悄悄溜了出去,飞奔到方皇后所住的坤宁宫去报告。杨金英在紧张危急之中,无计可施,最后拔出头上银钗,向嘉靖帝胯间阴部猛刺,痛得嘉靖帝乱叫。

再说王宁嫔在外面等了许时,不见杨金英出来,又见张金莲飞奔出宫,不知结果如何,又担心又害怕。隔了一会儿,忽见几名太监拥着方皇后的乘舆飞奔而来,知道事情已败露,马上悄悄逃走。

杨金英等三人措手不及,刚出宫门,便被几名太监抓获。方后随即走进内室,一看床上情形不由惊呆了:奄奄一息的嘉靖帝倒在那里,脖子被拴在床槛上,头发散乱,突眼伸舌,胯间鲜血淋漓,已不能说话。

这时端妃已知道出了事,从御膳房赶来,一进宫门,见方皇后怒容满面,又见嘉靖这般情形,吓得魂不附体。方皇后将从皇帝颈上解下的丝带朝曹端妃身上一掷,厉声说道:"你瞧你瞧,你侍候皇上,竟不在身边,你做的好事!"

当下,方皇后果断下令,救驾要紧,宣召御医们迅速进宫急救。用药之后,嘉靖总算苏醒过来,只是因喉咙被逼,气息不舒,一时间还不能说话。躺在深宫静心养息,两个月之后才恢复。

两个月内,方皇后穷治弑逆诸犯及主谋。先是用刑逼供杨金英,供出王宁嫔。又把王宁嫔逮捕,王宁嫔料知抵赖不过,索性把心一横,把平日痛恨的曹端妃也攀进去,说端妃预先知道谋逆计划,才故意躲开的。

　　方皇后正中下怀,立刻审讯曹妃。曹妃大呼冤枉,方后冷笑道:"逆犯金英,是你爱婢,皇上又是躺在你的床上遭到暗害,不是你与她通同谋逆的,又有何人?"

　　当下也不由分辩,立即下令,将主犯杨金英,王宁嫔,曹端妃三人及其他从犯共20余人全部绑赴法场凌迟处死。临刑前,端妃大呼冤枉,骂王宁嫔血口喷人,王宁嫔冷然说道:

　　"当初你在皇帝面前百般凌辱我,现在你也得到了报应,我纵然死,也要出这口气,叫你也不得好死!"

　　凌迟之刑,残酷异常,受刑者痛苦不堪。这些宫女反抗不成,一个个落得这样悲惨下场,可哀可叹。再说嘉靖帝养好身子之后,才知道他最宠爱的曹端妃也被牵连进此案,且死得如此之惨,不由大为伤心。特别是当他知道临刑前王宁嫔说的这一番话,更是痛悔有加。每每忆及端妃生前的媚态及对他的百般情爱,对方后的救命之恩非但不感激,反而怀起恨来,恨她不查问清楚,害他的爱妃惨死。从此,他对方皇后心存芥蒂,甚至发展到厌恨。

　　嘉靖二十六年(公元1547年)十一月的一天,内宫突然失火,嘉靖帝从睡梦中惊醒,闻报说是皇后所住坤宁宫火势最烈。宫门已被封住,宫人们请求他下令前去救火,当时他住的万寿宫离坤宁宫并不远,却迟迟不肯发令。竟对天喃喃自语:"仙佛无灵,任那厮妒害好人,今日可难逃天命了!"

　　等火势熄灭后,宫监前来禀报,说皇后被火烧伤,伤势沉重。嘉靖帝听了不予理睬,也不去探视,不久皇后便死了。有人猜想这场火可能是这个恶毒的皇帝故意授意放的。

　　后来嘉靖帝一度良心发现,追悼方后道:"后曾救朕一命,朕不能救后,未免太辜负她了!"便命以结发皇后之厚礼丧葬,亲自拟定谥号,为孝烈,附葬永陵。

从容自尽的懿安皇后

　　明朝万历三十五年冬天的一个早上,河南祥符县大雪纷飞。家境贫寒的国子监生员张国纪迫于生计,不敢贪恋床第,去替别人收租。正低头走路,看到一个包裹丢在路旁;打开一看,是一个女孩。她没有冻死,但也不哭。张国纪心中好矛盾:不管她吧,这小孩肯定被冻死;收养她吧,自己家本来就贫困,哪能再添一个人口?抱回去送人吧,是个女孩,肯定没人愿收。正在走又不是,不走又不是的时候,恰好一个和尚路过。问明情由,出于"救人一命,胜造七级浮图"的想法,顾不得"出家人不打诳语"的戒条,对张国纪说:"这个女孩将来一定会大贵,为你光耀门庭,你最好收养她。"张国纪还在犹豫,回头一看,和尚就不见了。张国纪抱着将信将疑的心情收养了这个女孩,这个女孩就是后来的明熹宗的懿安皇后。

懿安皇后

也许是弃婴,是养女,不大娇惯吧,小嫣嫣从小就恬静,从不高声说笑。七岁起,就吃苦耐劳,家中洒扫、缝纫、做饭、洗衣之类的事,她一人承担起来。她的为人赢得了张国纪夫妇的喜爱,张国纪有空时就教她读书识字,养母就教她女红针黹。到了十三四岁,出落得窈窕美丽,举世无双。张国纪有个外甥,自幼成了孤儿,也收养在家,年纪和小嫣嫣相近。张家曾想把他们配为夫妇,但每次提起此事,恰好外甥就大病一场,于是放弃了这个念头。张国纪回想起和尚的话,心想这个女孩说不定真的是个大贵人的命,才正式承认她是自己的女儿。

那时明朝的政治已开始腐败,王孙贵族多行为不法。福王到汴梁(今开封市)受封后,就多次派内监到封地内挑选良家美女。内监跑到张国纪家,看到张嫣长得异常美丽,就想把她选去。张嫣虽小,也曾听大人们说过福王的种种恶行,哪里肯去这样的豪门当丫鬟姬妾?她哭着,手紧紧地抓着门不肯去,家里人都劝她,说去后可以得到富贵,她说什么也不听。逼急了,她就去跳井。内监害怕了,才放过了她。

明熹宗天启元年(公元 1621 年),熹宗朱由校要举行大婚典礼,先朝选天下十三至十六岁的淑女五千人;经过层层筛选,选出五十人;然后由皇太后面试书法、计算、写诗、作画等技艺,选出三个人。这一年,张嫣十五岁,个子颀长而丰满,面如观音,色如朝霞映雪,又如芙蓉出水;鬓如春云,眼如秋水,口若朱樱,皓齿细洁,成了一个风度翩翩的美人。她是被皇太后选中的一个。三人中再由熹宗亲选一个为皇后。熹宗已中意张嫣,又征询光庙赵选侍(熹宗之父光宗的侍妾)意见,赵选侍说:"这三个女子都美艳绝伦,古时的王昭君、杨玉环也比不上;若论端正有福,贞洁不轻佻,则张氏女更胜一筹。"于是选定张嫣为皇后,并加封她的养父张国纪为太康伯。

而张皇后看皇上是个什么样子呢?大概由于从小娇生惯养,没有养成良好的生活习惯,年十七了而身材还好像十三四岁,比自己还矮一个头。

册封典礼后,张皇后逐步适应宫中生活,也逐步了解到宫廷生活的内幕:原来熹宗有个养娘客氏,在熹宗长大后,还一直留在宫中。还有个太监魏进忠(即后来的魏忠贤),熹宗小时,他在尚膳房,后来巴结客氏也被招来服侍熹宗。他们看到熹宗从小爱好游戏,就让匠人别出心裁,制作了很多玩具,引导他游玩,深得熹宗的欢心。熹宗即位后,他们请求结为"菜户"(太监和宫中女子结成的假夫妻)。魏进忠和客氏深知太监和奶娘地位很低,如果让正人君子引导熹宗走上正路,他们就只能一辈子屈居人下,于是他们竭力引诱熹宗游戏玩乐。熹宗从小就没受过很好的教育,哪有心思治理国家,也就乐得顺从,把他们倚为心腹,很多事就交给魏进忠去处理,并把魏进忠改名魏忠贤。魏忠贤有了权,就横行不法,干出了许多伤天害理的事。

张皇后对此很忧心,就经常压制魏忠贤。

客、魏二人看到张皇后一身正气,又深得熹宗的宠爱,本来就对她犯忌,就由客氏屡次在熹宗面前进她的谗言。这件事情被朝官知道了,就纷纷上奏,请求熹宗遣送客氏出宫。熹宗当然不愿意,他说:"皇后年幼,初出闺阁,还需要客氏保护教诲她。"朝官们说:"皇后已成年,并不年幼,而且她向来就贤明,名声在外。她作为一个皇后,母仪天下,怎么容得有人逼迫她!"熹宗无奈,只好遣送客氏出富。

平时游乐惯了的熹宗失去了向来诱导他游乐的客氏,思念起来竟然痛哭流涕,甚至吃不下饭,睡不着觉,只好又宣召客氏回宫。朝官们一再进谏,都受到熹宗的诘责。就连皇后也受到熹宗的冷落。张皇后看到客、魏二人把熹宗玩弄于股掌之上,就常常向他讲客、魏变乱旧章,紊乱国政的种种罪行,客、魏对她恨得咬牙切齿,想尽办法中伤她;无奈张后总能预料到他们的奸计,预先准备,加上熹宗终究爱张后的美貌,他们的奸计总不能得逞。因此他们要下毒手除掉张后了。

天启三年,张后怀孕,客、魏合谋把张后身边的宫女一个个逐出,换上自己的亲信。张后一次偶然腰痛,召宫女捶一下。宫女用力猛捶,造成张后小产。魏忠贤乘机把自己的养女任氏进献给熹宗,企图夺宠,但任氏虽被立为容妃,终究不如张后美貌,不能动摇张后的地位。

不久,魏忠贤知道狱中关着一个叫孙二的死刑犯人,就亲自跑进监狱,百般利诱,叫他说张后是他的亲生女儿,是自己从前犯罪后送给张国纪做养女的。孙二答应了,魏忠贤又广为宣扬。这话传到熹宗耳中,熹宗也怀疑起来,差点废掉张后。但一到张后宫中,他又恋恋不舍起来,用开玩笑的口吻说:"你是死刑犯孙二的女儿吗?"张后的脸一下子红起来,沉默了很久,才说:"皇上如果相信浮言,我岂敢久辱宫禁,请您早点废了我这皇后。"熹宗连忙道歉,出来后对魏忠贤说:"皇后是我所怜爱的人,浮言不值得深究。"客、魏的阴谋又没有得逞。

客、魏对自己的陷害,张后一忍再忍,魏忠贤认为张后软弱可欺;熹宗则对他越来越信任,任命他担任了司礼监,提督东厂(监视朝廷官员的特务机构)。他又网罗了顾秉谦、魏广微、崔呈秀等一大批朝官作为打手,肆无忌惮地干预朝政,朝政一片混乱;上至宰相,下至地方命官,一个个奔走干魏忠贤门下。而对敢于不依附自己的左副都御史杨涟、御史左光斗、给事中魏大中、名将熊廷弼等一大批正直的文武官员都假传圣旨进行处死。客氏也不甘落后,用同样的手段将不依附自己的赵选侍、裕妃、冯贵人贬入冷宫,逐个杀害。

张后忧心如焚,怒发冲冠,一改洁身自好,明哲保身的做法,决心给予反击。

一天,张后端坐坤宁宫正殿,两旁排列着几十个侍御,个个执着佩刀,召来客氏。她操着汴梁口音,义正词严地列举客氏的罪恶,就要对她绳之以法。客氏这时也吓得胆战心惊,魂不附体,冷汗直流。可熹宗听说了,连忙派使者来,赦免了客氏。

　　张后心灰意冷,每天午后身批鹤氅,拜佛念经,熹宗见了,问她为什么要这么苦自己,张后说:"我为忠臣杨涟、左光斗等祈福啊。"熹宗悻悻而去。

　　又一天,熹宗忍不住来到后宫,听到书声琅琅,问张后在读什么书。张后说:"我在读《赵高传》。"熹宗知道张后把魏忠贤比作祸及秦国的赵高,借以讽谏自己,默不作声地走了。

　　魏忠贤听说了这些事,勃然大怒。第二天,派了一群甲士埋伏在便殿里,准备冲进后宫,将张后杀害。恰巧熹宗到那个便殿,发现了甲士,命人一搜,他们人人身怀利刃。熹宗大惊,喝令将他们送进监狱。只要派人一审,案情就会真相大白。可惜昏庸的熹宗脑海里只有魏忠贤值得信任,就把案件交给魏忠贤去审。本来提心吊胆的魏忠贤松了一口气,他眉头一皱,计上心来:何不索性来个一箭三雕,把事情闹大? 就污蔑这些甲士是张国纪派来的,说他派甲士的目的是刺杀皇上,阴谋另立信王为君。这样,既除掉了张国纪,又除掉了张皇后,还可再把案子牵连到不顺眼的朝官,拔去朝中的眼中钉、肉中刺,这大明朝就真正是我魏某的天下了。

　　张后听熹宗说了这件事,心想甲士一定是客氏和魏忠贤为谋害自己而埋伏的,可见他们对自己已经恨入骨髓。现在案子到了魏忠贤手上,就可以由他信口雌黄了,皇上是不会过问的。那么魏忠贤会怎样利用这个案子呢? 一般朝官他可以矫诏杀害,对我的养父他早就想下手,只是还有所顾忌,这次他一定会如此如此了。她赶紧散布这样的消息:皇上对这个事件极为震怒,案子审完了还要派人复查。魏忠贤的同党听到了,赶紧劝告魏忠贤:"皇上在其他事情上都听您的,可以任您处置;唯独对妻子、兄弟不薄。如果事情牵连到皇后,皇后辩解说这甲士是您派来杀害她的,皇上犹豫不决,真的派人复查,我们就没命了。"魏忠贤也吓坏了,就派人秘密杀了所有甲士,事情不了了之,熹宗却问也没问。张皇后的机智,救了自己,也救了一批忠臣。

天启七年五月,年仅二十三岁的明熹宗朱由校,由于生活放荡没有规律,骤然病倒了,一直卧床不起。魏忠贤进献仙方灵露,熹宗喝了病情更加沉重。张皇后寸步不离地侍候。

魏忠贤慌了手脚,他想:熹宗尚无子嗣,如果立了他的兄弟为帝,他们对我魏某的作为谁不是了如指掌? 那时自己还有活路吗? 魏忠贤终究是魏忠贤,他想出了一个主意,跑去劝说张皇后:"您把魏良卿的儿子养为己子,立为帝后垂帘听政,等他长大后再还政给他,天下不就太平了吗?"

张皇后一眼就看出了魏忠贤的阴谋:魏长卿是魏忠贤的同党,立了他的儿子,大明朝不就是魏家的天下了吗? 她极力劝说熹宗召来皇弟——信王朱由检,立他为帝。熹宗说:"魏忠贤告诉我,后宫里有两个宫女怀了孕,到时候她们生了儿子,你把他养为己子,立为皇帝,不是很好吗?"张后说:"不要说后宫没有宫女怀孕,就是有宫女怀孕了,也不可能立他为帝。您健在的时候,他都敢假借您的旨意,杀害忠臣,一个还没出生的皇子还能控制住他吗? 那时天下已不是朱家的天下,皇上百年之后,只怕连祖先的陵墓上连上一炷香火的人都没有了。"于是痛陈了这些年来魏忠贤的种种劣迹。熹宗省悟了,召来自己的弟弟信王朱由检,对他授以遗命。信王了解朝中的情况,害怕阉党,还想推辞;张皇后见已到了千钧一发的关头,顾不上避嫌,从屏风后走出来对信王说:"皇叔继位,义不容辞。此时朝廷危机四伏,推来让去,变乱随时会发生。您赶快谢恩。"信王赶紧叩头谢恩。熹宗勉励他做一个尧、舜那样的皇帝;又向他推荐魏忠贤忠诚可靠,可以委以重任;最后指着张后说:"皇后和我结合七年来,经常用正言劝谏我,使我获益不少。现在她年纪轻轻就守寡,的确很可怜。弟弟你一定要好好看待她。"信王流着泪一一答应了。信王一出宫,张后便派人把他送到别的宫殿藏起来。

八月二十一日,熹宗告别人世。张后传达熹宗的遗诏,命令英国公张维贤等人迎立信王。魏忠贤看到大事不好,就想发动政变,他的同伙朝官崔呈秀认为时机还不成熟,争论来争论去意见不统一,失去了时机。朱由检即皇帝位,是为崇祯皇帝;尊张皇后为懿安皇后。

魏忠贤只好装得没事一样,准备暗中下毒手。张后严加防备,告诫崇祯皇帝不要吃宫中送来的食物,派人另备食物;时时带着可靠的卫士,魏忠贤无法下手。

新皇帝即位,阉党慌了手脚,起了内讧。阉党走狗杨维垣,首先上书告发崔呈秀不守父丧,违背礼制,崇祯皇帝下旨将崔免职。崔呈秀一倒,朝臣们纷纷上奏,告发魏忠贤等阉党,客氏、魏忠贤等被一网打尽。

懿安皇后心中甚感快慰,却又发生了一件事。这一年懿安皇后才21岁。当时的太监总监陈润德,是个漏网的阉党;他看到懿安皇后年轻貌美,心想她当了七年皇后,财宝一定很多;而守寡寂寞,一定希望有人慰藉。于是贿赂懿安皇后的侍女,让她看准机会对懿安皇后说:"您还年轻,而先帝已故去,您又没有子女,一个人太寂寞了。宫中的总监陈德润,人品清雅,性格谨慎厚道,皇后何不召他做个伴,和他结为菜户?这样一来可免除寂寞,二来凡事有个商量。"懿安皇后大怒,把侍女贬出宫去。而陈德润竟不知死活,以为是侍女的话说得不妥,想亲自去见面。一天,懿安皇后刚起床,正在梳洗,陈德润托言奏事,径直走到她面前,正想摇唇鼓舌,被懿安皇后赶了出去。她又派人向崇祯皇帝告发,陈德润被贬到孝陵去种菜,这下他成了地地道道的"菜户"。

按理懿安皇后可以清心寡欲地度过余生了。可是,大明王朝已经被熹宗和阉党折腾得气息奄奄,国力丧尽了。就连给事中胡周鼒请求给懿安皇后上徽号,崇祯皇帝也感到财力紧张,无力办到;在各地腐朽已极的封王、搜刮地皮的贪官鱼肉下的百姓,哪还有活路呢?于是,各地纷纷爆发农民起义。平心而论,崇祯皇帝不算是十分昏庸腐朽的皇帝,但是,他再有本事,也无力回天,阻止大明王朝的彻底崩溃,大明王朝气数已尽。

崇祯十七年三月十八日,闯王的军队攻下北京的外城。崇祯皇帝看到大势已去,逼自己的皇后自杀,又拿刀砍了公主一刀,就上煤山自尽;匆忙中顾不上懿安皇后。十九日天还未亮,宫中望见四面火光,纷传内城已经攻陷,哭声如雷,宫女们纷纷跑出宫门。懿安皇后见势不妙,解带自缢。几个宫女看见了,连忙把她解下,劝她赶快离开宫殿躲避。此时兵荒马乱,她们又能跑到哪儿去呢?只好一同跑到一个偏殿。懿安皇后心想,自己这一生,同客氏斗,同阉党斗,经历无数磨难、艰险,差点丢掉性命,还不是为了活得清白?现在跑没处跑,躲没处躲,就抓住了免不了受辱,又何必苟活在这世上呢?无奈几个宫女围着,不让她自尽。思前想后,她横下一条心,把宫女们赶出偏殿,解带自尽。这时正值中午,偏偏这时有起义军冲进了偏殿,看到有人上吊,忙用剑割断绳子,懿安皇后又苏醒过来。毋庸讳言,这时的起义军已纪律松弛,看到懿安皇后美貌非常,就有人想加辱。恰好这时李岩进了偏殿,问明是懿安皇后,严令众人退出,派人守住宫门。懿安皇后得以从容自尽,实现了她"质本洁来还洁去"的梦想。

权臣逸闻

明初开国功臣徐达

徐达(1332~1385)明朝初年名将。字天德,濠州(今安徽凤阳)人。世代农家出身。元朝末年参加朱元璋军,与常遇春同称才勇。朱元璋攻灭张士诚,北上灭元,都用他为大将军。明洪武元年(1368)率军攻克大都(今北京),分兵定北方各地。以后又连年出击扩廓帖木儿。他有谋略,行军持重有纪律。封魏国公,死后追封中山王。

1.应募投军

元朝顺帝至正十三年(1353)夏天。淮河流域的濠州(今安徽凤阳)钟离县太平乡。这是五月的一天,太阳底下有杆红旗插在一座草屋前面。一群年轻的庄稼汉子,正围着几个头裹红巾的士兵高声谈笑,亲热异常。

为首的士兵头儿,是位大个黑脸青年,高额头长下巴,模样古怪中带着威严。他一边亲热地和大家拉手拍肩,一边眉飞色舞地讲道:"乡亲们,我这次回来,是奉郭元帅的将令来招兵买马,扩充队伍的。如今兵荒马乱,大家伙守在这穷乡僻地,既要忍饥挨饿,还得担惊受怕,不如干干脆脆出去闯荡一场,兴许日后还能闯出个什么名堂来。蒙古人的气数已经快到尽头了。大家都知道濠州城被围困了 7 个月,5 万多官兵硬是打不下来。最后,连他们的主将贾鲁也莫名其妙地得病死了。贾鲁这一死,官军便成了一群无头苍蝇,只好退兵回徐州去了。"

徐达

"嘿! 重八大哥,我们心里想的跟你说的一样。"大个子徐达一拍大腿喊道:"大家早就有心想投奔红巾军,杀几个蒙古官军出出几辈子的怨恨。只是没人牵线。现在你回来了,这下好了,大家就跟你走。你还记得咱们小时候放牛肚子饿得难受,杀了田主家的小牛烤肉吃的事吗? 只要将来能有个不愁吃穿的好日子,弟兄们愿意跟着你打到天边去。"

听了徐达这么一说,周德兴、郭兴、郭英、费聚、邵荣等人也都异口同声地表示同意。

这位名叫"重八"的士兵头目,就是后来的明朝开国皇帝朱元璋。不过这时,他还未成什么大气候。一年前,他是个穷途无路的游方和尚,出家所居的皇觉寺被元兵一把火烧成了残垣断壁,只好走"逼上梁山"的造反之路。

朱元璋这次带着几个士兵回到家乡,是来招募士兵的。虽说身份才只是个小头目,但毕竟今非昔比了。左邻右舍的乡里乡亲,儿童时代一块长大的伙伴朋友,闻讯后都聚拢来了。其中徐达小时候和朱元璋一块放过牛,感情十分友好。这次见面后,两人又谈得非常投机。

在朱元璋和徐达等人的奔走联络、游说鼓动下,不到 10 天功夫,便招募到

700多人。这些人都是世世代代的乡里亲朋,远近多少都有些宗族关系,沾点婚姻亲戚,一旦有人出头号召,自然就会群起响应。他们后来便成为朱元璋军中的骨干将领。史书上称为"淮西老将"。

当朱元璋带着新招募的队伍回到濠州城里,元帅郭子兴十分高兴。过了不长时间,他便任命朱元璋担任镇抚职务。从此,朱元璋便一跃而成为带兵官员了。

朱元璋从招募的这700人中,挑选出24名淮西老乡,担任军中的大小头目。其中第一个就是他儿时好友徐达。

徐达应募投军的这一年,已是23岁的小伙子。他比朱元璋小3岁,人长得身材高大,强壮有力,高高的颧骨,性情刚毅,临危武勇敢为。他的家庭,是世世代代务农为生的庄稼户。在徐达从小到大的这20多年间,淮河流域的老百姓,备受天灾人祸的煎熬,可真是受尽了艰难,吃够了苦头。

先说蒙元统治者的残暴压迫。在蒙古人统治中国的70多年里,民族压迫尤其野蛮苛刻。蒙古人征服中国后,将天下人口划分为四个阶层:第一是蒙古人,地位最高贵,第二是色目人(西北地区各族人和来到中国的中亚、东欧人),被蒙古人利用来压迫较后被征服的汉族人;第三是汉人(原金朝的汉、女真、契丹、渤海、高丽人,以及四川地区的汉人);第四是南人(原南宋地区的汉族和其他各族人),地位最低贱。蒙古统治者贱称汉人为"汉子"、南人为"蛮子"。并且规定蒙古人殴打汉人时,汉人不得还手。即使蒙古人打死汉人,只不过判处当兵出征和罚交烧埋银。反过来,如果汉人打了或打死蒙古人,就要严行断罪。

南宋灭亡后,蒙古统治者将南人20户编为一甲,作为行政管理的最基层组织,甲主由蒙古人担任。甲主对甲内的居民有绝对的权威:衣服饮食唯其所欲,童男少女唯其所命。甲主糟蹋霸占平民的妻子女儿,人们敢怒而不敢言。甚至夜间禁止平民通行,违反者要笞打27下。这些虽然是南宋灭亡后一段时期的情形,但它留给南人的残酷印象和屈辱心理,却是世代难忘的。

再说天灾。在徐达十二三岁时,淮河一带旱灾,蝗虫、瘟疫相继而来。老天爷失时不雨,田地干裂开一条条龟缝,禾苗就像秃子头上的稀毛。蝗灾又如同雪上加霜,把那稀毛般的庄稼吃了个精光。旱蝗之灾过后,又流行起了疫病。吃野菜树皮草根的穷苦百姓,温饱尚且顾不上,哪里有钱买药治病,眼睁睁看着亲人浑身发热,上吐下泻咽了气,大家才明白这是闹上了瘟疫,又慌不择路地拖儿带女,四处逃难了。徐达和家人也曾离乡背井,逃避瘟疫,过后才又返回老家的。至于朱元璋家中,就是这个时候,接连死了三个亲人,在走投无路的情形下,他只好出家当了和尚。

在蒙元王朝统治的末期,不只是淮河一带灾祸频繁,民生凋残。在中原地区,由于官府不修水利,黄河连年决口,百姓流离失所,田地荒芜,到处是人烟寥落,凄凉黯淡的景象。

1351年(元顺帝至正十一年)五月,反抗蒙元残暴统治的红巾军农民大起义,终于在官府督修河道的工地上爆发了。成千上万的贫苦农民,短衣草鞋,头裹红巾,手持竹竿锄头,长矛大刀,捕杀官僚,攻占县城州府,开仓散粮,破牢放囚。起义军传唱着"杀尽不平方太平"的歌谣,敲响了蒙元王朝的丧钟。

红巾军大起义如同燎原烈火,迅速燃遍了中原地区和江淮流域。首举义旗的是颍州(今安徽阜阳)刘福通,随后有徐州芝麻李、赵均用、蕲水(今湖北浠水)徐寿辉,湖北襄县孟海马,濠帅郭子兴等人继起响应。此外,还有非红巾军系统的浙江台州方国珍,江苏泰州张士诚等起义军,皆各据一方,自立名号,创建政权,把个蒙元王朝像剖瓜似的拦腰截成了许多碎块。

话说在濠州举事起义的郭子兴,祖上原是山东曹县人,打他父亲这代起来到安徽定远县居住谋生。郭子兴兄弟三人因善于经营盘算,逐渐发迹成为当地有名的大家富户。红巾军大起义爆发后,定远、钟离一带的农民揭竿而起,动辄就会合起数千人马。常言道"乱世英雄起四方,有兵有粮草头王"。1352年二月间,早已加入民间秘密宗教——弥勒教的郭子兴,召集了几千人,趁黑夜偷袭濠州,冲入州府官衙,杀了元朝州官。然后,郭子兴和起事的头目孙德崖等五人都号称"濠州节制元帅"。

濠州城头红旗一举,远近的穷苦百姓纷纷前来投奔,义军的声势越发壮大。朱元璋是在濠州起事后两月投军的。他先当兵卒,不久,就因机敏能干被郭子

国学经典文库

中国古代野史

·明代野史·

图文珍藏版

兴调到帅府担任亲兵九夫长。又过了几个月，朱元璋在军中以勇敢有见识，重义气得人缘而名声四传，郭子兴便把他当作心腹体已看待，还将干女儿马姑娘许配给他为妻。就连"元璋"这个名字，也是郭子兴给他取的。

前面说到濠州被元兵围困，那是1352年冬天到次年春天的事情。元兵因主将病死退走后，城里的红巾义军才长长松了口气。由于围城期间折损了不少兵马，朱元璋征得郭子兴同意后，回到家乡招募队伍补充兵员。

再说濠州城里的五个义军元帅，并不是心有宏图远志的人物，相互之间常为了一些小事钩心斗角，消耗实力。就连带头起事的郭子兴，也是心胸狭窄，贪图财货，遇事缺乏决断。而朱元璋却是个胸有大志，心有盘算的英雄豪杰。他看出总呆在濠州城里，早晚会出事。所以，他便想打破僵局，开拓新地盘，发展势力。

朱元璋向岳父郭子兴说明心意后，便带着徐达、费聚等24人，南下定远县，准备掠地招兵。定远是郭子兴的家乡，他的旗号在这里很有号召力。朱元璋利用这个地利人和之便，连续收编了几支地主武装，再加上陆续前来投奔的人数，几个月的功夫，竟发展到两万多人。对这支生力军，朱元璋重新编制，加强训练。他特别重视军纪，严令不许扰民。

军势壮大之后，朱元璋在谋士冯国用、李善长的参谋下，决定南下攻打滁州（今安徽滁县）。滁州的元军力量弱小，被朱元璋军队一个猛冲便攻占了。不久，郭子兴也从濠州来到滁州驻扎。

1355年正月，由于滁州缺粮，郭子兴派朱元璋去攻打和州（今安徽和县）。攻取和州后，郭子兴提升朱元璋为总兵官，负责镇守。

从南下定远到攻取和州，徐达一直是朱元璋的得力助手。他不仅作战勇敢，而且善于出谋划策，逐渐显示出了统兵作战的军事才能。朱元璋看到徐达的才干谋略出于众人之上，便在郭子兴面前为他请功，并建议提拔重用。郭子兴采纳了朱元璋的建议，任命徐达为镇抚。

三月间，和州城里的红巾军又闹了一场窝里斗。因濠州缺粮而来到和州就食的孙德崖，与郭子兴难以相处，决定率领自己的队伍离去。朱元璋为了不伤和气,亲自送孙德崖的队伍出城。谁知没走多远,后面传来消息,说是郭子兴将殿后的孙德崖抓了起来。孙德崖的将士不由分说,也将朱元璋扣押不放。然后,派人通报郭子兴换人。但是两边谁也不肯先放人,都怕对方不守信用。

双方就这样僵持了两天,朱元璋在孙军中险遭人害。在这个情势危急关口,新任镇抚官徐达挺身而出,向郭子兴请求:他愿先到孙军中作人质,换回朱元璋,与孙德崖交换。

郭子兴正在不知如何才好,见徐达这样挺身赴险,急忙同意。最后,当孙德崖被放出城回到军中后,徐达才得以释放,平安无事。这件事,使朱元璋对徐达心怀感激,更加信任和重用了。

2.功拜相国

捉放孙德崖这件事,使郭子兴窝了一肚子闷火,气恼之下便得了重病,不久就去世了。郭子兴一死,他的次子郭天叙继任了元帅职位,郭子兴的妻弟张天祐为右副元帅,朱元璋为左副元帅。朱元璋的地位虽说只是第三把手,但因他身边有徐达、汤和、冯国用、李善长等勇将谋士,再加上他招募收编组织起来的军队占多数。所以,实际上朱元璋才是举足轻重的角色。

1355年六月一日,朱元璋与徐达、汤和、李善长、冯国用等人率领3万大军,乘船渡江,杀向南岸。与和州隔江相望的太平路(今安徽当涂),是富庶的产粮区。朱元璋决定先占领太平路,而后相机进取集庆(今南京)。

长江南岸的要塞采石矶,是太平城的咽喉之地。元将蛮子海牙早已率弓箭手和长矛手严阵以待。朱元璋的红巾军两次冲击都被元军打退,开战不利。勇将常遇春和胡大海身先士卒,发起第三次冲击,终于杀散元军,登上南岸。朱元璋和徐达等人指挥大军乘胜进攻,一鼓作气拿下了太平城。

元军不甘心失败。弃城而走的蛮子海牙从水路以战船封锁采石;陆路由陈埜先率地主武装"义军"数万人直扑太平城。

朱元璋早已做好准备。他派徐达、邓愈两人各率一支精锐骑兵埋伏于城南山中。陈埜先仗着人马众多,亲自督促"义军"拼命攻城。就在城上城下攻守双方激烈鏖战之际，南山中的两支伏兵奔袭而来，徐达、邓愈二马当先，从背后杀入"义军"阵中。陈先堡前后受敌，惊惧失措，慌忙领军夺路而逃，结果被邓愈活捉。水路元军得知陆路"义军"失利，只好顺流而下奔集庆去了。

太平城转危为安。接着，徐达又受命带数千人马，出太平向东攻占了溧阳、溧水，从南面对集庆形成包抄之势。1536 年（元至正十六年）三月，朱元璋会合水陆诸军，攻取了集庆城。元朝守将福寿战败身死，军民共计 50 余万人归降于朱元璋。

朱元璋取得集庆后，改名为应天府。这时，他的地盘刚得到扩展，周围是元军或其他起义军，处于四面邻敌的状况。于是，他从长计议，决定以应天为中心，先给自己营建一块根据地，而后再作远图。

应天东面的镇江，由元将定定把守。如果镇江落到割据东吴的张士诚手中，就会对应天构成威胁。因此，朱元璋在应天稍做休整，即命徐达统兵进攻镇江。在出兵时，为了严明军纪，朱元璋与徐达商量演了一场"苦肉计"：他故意找徐达的过错，而后大发脾气要从重处治，经李善长等人再三求情，才准予戴罪出征，立功免罪。

徐达被任命为大将军。大军出发时，朱元璋再三告诫道："我自起兵以来，从不妄杀无辜。你要明白我的心意，严格约束部下。攻取镇江后，不许焚烧杀掠。若有违犯者，定依军法处置。"

徐达顿首领命，率军浮江东下，攻取了军事重地镇江。军中号令严明，百姓宴然。然后又分兵掠取金坛、丹阳等县。朱元璋任命他为统军元帅，驻守镇江。

此时，张士诚已占据常州，派水军来攻镇江。徐达于龙潭击退来犯之敌，急派信使请求朱元璋派兵进围常州，以为牵制。朱元璋派 3 万大军增援徐达。张士诚也派遣兵将驰援常州。

徐达考虑到敌方援军来势锐盛，不易强取，便在常州城外 18 里设下两支伏兵，又派大将王均用为奇兵，然后亲自督军迎敌。张士诚的援军遭徐达迎头拦击，又受王均用侧翼横冲，败阵而退。这时，两支伏兵齐发，敌军大溃奔逃而去。徐达擒获敌方两员大将，乘胜挥兵包围常州。

常州被围既久,城内粮草缺乏,军心动摇。徐达与汤和督军加紧攻击,终于在次年三月攻克了常州。朱元璋将常州改路为府,设立长春枢密院,任命徐达金枢密院事,汤和为枢密院同金,共同领兵镇守。

四月,徐达又与常遇春等将在朱元璋亲自指挥下,攻取宁国。七月,徐达派前锋将赵德胜攻常熟,擒获张士诚的弟弟张士德。张士德善战而有谋略,为张士诚攻取了浙西大片地盘。他被俘后绝食而死,使张士诚极为沮丧。

1358年十月,徐达与邵荣等人联兵夺取了宜兴。这样一来,朱元璋相继取得了应天周围的战略要地,在东面挡住了张士诚西犯的门路;在西面对徐寿辉采取以守为攻的战略。

1360年五月,徐寿辉被部下陈友谅杀害。陈友谅自称皇帝,国号汉。他占有江西、湖广大片地盘,是割据群雄中力量最强,野心也最大的人。他派使者与张士诚相约,东西夹攻朱元璋。然后统率大军沿江东下,来攻应天。

朱元璋命诸将分头埋伏于应天城内外各险要地点,而后派陈友谅的熟人康茂才诈降,诱使陈友谅进入埋伏圈中。伏兵四起之后,陈友谅情知中计,但已无退路。此时,徐达伏兵于南门外,看见朱元璋黄旗挥动,即刻带兵杀出。这一战击溃陈友谅的主力,生俘7000余人,缴获几百艘战船。

陈友谅乘船逃脱,奔还江州(今江西九江)。

徐达乘胜统兵收复太平,又与诸军会合,攻克安庆。

正当朱、陈两军在江南连续作战的同时,江北的红巾军接连失利,形势危急。1363年,投降元朝的张士诚围攻安丰(今安徽寿县),刘福通派人向朱元璋求援。如果安丰失陷,应天就将失去一道屏障。朱元璋带领徐达等将渡江北上救援刘福通。

就在这时,陈友谅乘机发兵60万,大举进攻,首先包围洪都(今江西南昌)。朱元璋的侄儿朱文正督军死守城池,等待援兵。

七月,朱元璋亲率大军至鄱阳湖,与陈友谅决战。开战第一天,徐达冲锋在前,率部下击退敌军前锋部队,杀敌1500余人,缴获一艘大船。俞通海等将发起火攻,烧掉敌船20余艘。徐达战船着火,敌军乘势反攻。徐达奋不顾身,带头扑灭大火,拼死搏战,与朱元璋派来的援兵一起杀退敌军。

两军于湖上相持不下。朱元璋担心张士诚乘虚进犯,便命徐达连夜回应天负责守备。徐达在应天修城备粮,整顿士卒,警惕防守,使朱元璋得以无后顾之忧。

鄱阳湖一战长达 36 天之久。朱元璋依靠火攻终于大胜敌军。陈友谅在激战之中被飞箭射死,全军失去主帅,溃退回武昌。

1364 年(元至正二十四年)正月,朱元璋在应天自立为吴王,设置百官,建中书省,以李善长为右相国,徐达为左相国,常遇春、俞通海为平章政事。

朱元璋从起兵以来,部下将帅中最著名者有三人,第一位就是徐达。其余两人是常遇春、邵荣。

3.开国功臣数第一

洪武二年(1369)春正月,朱元璋下诏建立功臣庙,并亲自确定功臣的位次,以徐达为第一,其后是常遇春、李文忠、邓愈、汤和、沐英、胡大海、冯国用等人。功臣庙建在应天(今南京)城西七里的鸡鸣山下,凡是被列入名次的功臣,都有塑像立于庙中。

大封功臣是朱元璋巩固朱明王朝的重要措施之一。被封公封侯的功臣,绝大多数都是百战沙场的将军。这些将军都是贫苦农民出身,他们都亲身经历了元朝统治者的残暴压迫和剥削,怀着反抗奴役和建立功名的朴素愿望,投奔到红巾起义军队伍中。徐达是这些农民将领中的杰出人物。但徐达能够成为朱明王朝的第一开国功臣,并不仅仅因为他是朱元璋的老乡、少年时代的好伙伴。

世代农家出身的徐达,小时候与朱元璋一起给地主放过牛,自然没有条件和机会进学堂接受知识教育。史书上称徐达少年时代便怀有大志,成人后性格刚毅,勇敢无畏。自从跟随朱元璋投军后,徐达很快就成为一名带兵的将领,并深得朱元璋信任。他在连年征战的环境中,虚心学习,向人求教,逐渐阅读熟悉了兵书,掌握了一个高级将领必须具备的军事知识。每当临敌作战时,徐达总是与部将一起分析形势,制订作战方案,他的分析预料往往高人一筹,令部将信服。当明王朝建立,生活相对安定后,徐达仍然不耻下问,经常请延讲儒士给他讲解古书。虚怀若谷,汇纳百川,徐达以这种谦谦进取的态度,在几十年的戎马征战中,养成了长于谋略、料敌如神、指挥若定、所向必胜的军事才能,从一个普通的农家子弟,成长为能统率百万大军、功勋卓著的杰出将领。他所走过的是一条艰苦卓绝、千锤百炼的战斗历程。

治军严明,是古今中外所有著名将帅都具有的基本特征之一。没有严明纪律的军队,做不到令行禁止,也就不会有坚强的战斗力。军纪松弛的队伍必然会发生侵扰民众的不良现象,从而会失去民众的支持。元朝末年,官军极端腐败,毫无纪律可言,所到之处,烧杀抢掠如同盗匪。当年郭子兴在濠州起义后,元将彻里木花奉命镇压,但他慑于起义军的声势,在离城30里之外扎营,他不敢发兵攻城,便派士兵四出,骚扰乡村,看见成年男子就抓起来,然后给头上包块红布,充作俘获的“红巾军”,向上司报功领赏。

朱元璋为了实现他的宏图大计,特别注重军纪。发兵攻取镇江时,朱元璋为严明军纪而让徐达当众受辱演出“苦肉计”的事,前面已有叙述。徐达自带兵以来,始终号令明肃,所到之处,百姓宴然。每当攻取一个新的城镇,徐达都要重申军令,严厉禁止烧杀抢掠的行为。凡是违反军令的,立即以军法处置,斩首示众。在消灭陈友谅的历次战役中,有一次,徐达与常遇春一同伏击敌军,斩首万人,生俘三千。常遇春要杀掉俘虏,他说:“这是我们的死对头,不杀就会留下后患。”徐达一面制止常遇春的野蛮做法,一面急速派人报告朱元璋。但常遇春还是乘夜活埋了一半俘虏。朱元璋知道后大为生气,下令将剩余俘虏全部释放。从此之后,大军出征,朱元璋总是任命徐达担任统帅,约束众将。

徐达率北伐大军攻克元大都后,立即派兵守卫皇宫大门,并让宦官负责看护宫女、妃嫔、公主,严禁将领士卒随便入宫侵犯骚扰。朱元璋曾对文武大臣说过:“治军持重纪律严明,攻无不克,战无不胜,深得为将之体者,莫如徐达。”

徐达不仅严于治军,而且严于律己。在元朝的官军将领和一些农民起义军的头目中,不少人都是一旦身居高位,就私欲膨胀,胡作非为,打了胜仗就拼命地抢占金银财宝、美女奴仆,隐匿战利品而不上缴。徐达总是始终如一地严格约束自己,不贪不暴。徐达为人处事,言语稳重,深思熟虑。带兵出征时,令出不二,部将皆小心谨慎,奉命行事。徐达善于团结部将,体恤士卒,与他们同甘共苦。将士们对徐达既尊敬又感激,都愿意听从他的指挥,打仗人人奋勇争先,不畏牺牲,因而所向披靡,一路克捷。徐达驰骋沙场几十年,先后攻克都城两座、省会三座,州县城镇数以百计。所经之处,百姓安然而不受兵害。

战功卓著而谦虚谨慎,是徐达的又一优良美德。历朝历代,因居功自傲而被贬官流放,甚至杀头灭门的文武大臣,屡见不鲜。在朱明王朝的创立过程中,徐达开辟江汉流域,扫清淮楚之地,攻取浙西,席卷中原,声势威名直达塞外,先后降伏王公俘获将领,不可胜数。但他功成不骄,在皇帝面前尤其恭敬谨慎。朱元璋经常召见徐达,设宴欢饮,每每以"布衣兄弟"相称,而徐达总是诚惶诚恐,谦恭相对,不越君臣之尊卑秩序。

自从洪武四年徐达奉命镇守北平,常常是春天离京赴任,冬季回朝立即奉还将印。按照朝廷的礼仪制度,徐达封爵国公,官至丞相,外出时备有前呼后拥的威赫仪卫。但他时常乘着普通的车马出门,回到家中也是过着俭朴的生活,从不呼朋唤友歌舞宴欢以夸耀自己的显达高贵。朱元璋曾对徐达说:"大将军征战几十年,功劳最大,从未安宁地休息过。我把过去住过的旧宅院赐给你,你可以安享几年清福。"朱元璋所说的旧宅院,就是他称吴王时的王府。徐达坚决推辞,不肯接受。有一天,朱元璋带徐达来到旧吴王府,与他饮酒并将他灌醉,然后把他抬到床上,蒙上被子,想用这种办法强迫他接受赏赐。徐达酒醒之后,吃惊不小,急忙下床伏地向朱元璋连称"死罪,死罪!"朱元璋见徐达如此谦恭,心中非常高兴,也不再强迫他接受旧王府。随后,朱元璋下令为徐达另建了一座上等宅院,并在门前立牌,刻了"大功坊"三个字。

徐达一生深得朱元璋的信任和重用,除了上述的优秀品德和才能之外,尤为重要的一点是忠诚正直,鄙视奸佞,不结党营私。封建时代道德的两大基准是忠、孝。而封建君臣之间的关系,对臣下来说,第一重要的就是忠诚。朱元璋曾在朝堂上称赞徐达:"受命率军出征,取得胜利凯旋归来,一贯不骄不傲,女色无所爱,财宝无所取,公正无私,像日月行天一样光明磊落的,只有大将军一人而已。"

徐达在朝中功高位显,深得皇帝信任,自然便有人想与他结交,希图利用他的声望影响谋取私利。丞相胡惟庸曾想与徐达拉拢关系,结为友好。但徐达鄙视胡惟庸的品行作为,不予理睬。

胡惟庸是定远人,是朱元璋在和州时的属官。他与丞相李善长是亲戚关系,因而得到李善长在朱元璋面前极力推荐,于洪武三年升任中书省参知政事,洪武六年再升右丞相。由于得到皇帝信任,胡惟庸的权势越来越盛。他仗着自己是皇帝的淮西老乡,又有李善长为首的元老重臣在背后支持,擅权专断,飞扬跋扈,朝廷上有关人命生死和官员升降等重大事项,经常自行处置,不向皇帝请示报告。他还私拆臣民奏章,将对自己不利的扣压不报。他广收贿赂,结纳党羽,门下的故旧僚友结成一个盘根错节的小集团。胡惟庸的权势炙手可热,对于敢触犯他的人,千方百计排挤陷害必置其于死地。大臣刘基曾对朱元璋说过胡惟庸不宜担任丞相之职。胡惟庸因此怀恨在心,后来借刘基生病之机,将其毒死。

当胡惟庸希望与徐达结交通好而遭冷遇后,他便企图收买徐达的看门人福寿,想让福寿捏造罪名陷害徐达。但福寿忠于其主,不为所动,向徐达报告了胡惟庸的卑劣行径。此后,徐达多次向朱元璋进言说胡惟庸为人奸恶,品行不端,不适合再担任丞相。由于胡惟庸贪权骄纵,阴结私党,使朱元璋不仅感到皇权旁落,还感到有谋反的威胁。洪武十三年(1380),朱元璋以擅权枉法和谋反罪名杀掉了胡惟庸。这时,朱元璋想到了徐达的那些忠告,对徐达的忠心耿耿之心更加器重。

洪武十八年(1385)二月,徐达病逝于南京,享年54岁。朱元璋为徐达辍朝以表哀悼,并亲临灵堂祭奠,悲伤不已。朱元璋下诏追封徐达为中山王,谥号"武宁",赠其三代皆封王爵,赐葬于钟山之北,亲自为徐达写了碑文,称赞其为"开国功臣第一"。

关于徐达之死,有的史书上说是被朱元璋害死的。朱元璋从起兵到称帝以后,一直是以威猛严厉治军治国的。登上皇帝座位后,朱元璋想的最重要事情就是江山永固,他的子孙后代永远做皇帝。所以,他对当年鞍前马后,出生入死为他打江山的功臣特别猜疑,担心他们哪一天会谋反夺权。另外,太子朱标性情仁善宽和,朱元璋怕他将来驾驭不了功劳卓著的元老重臣,于是铁硬起心肠,大杀功臣,滥加株连。前面说到杀胡惟庸一案和后来杀大将军蓝玉一案,就牵连而杀掉了几万人。史书上称,朱元璋当皇帝后"无几时不变之法,无一日无过之人"。为了他的独裁统治和江山不易,他杀功臣杀红了眼,因而后人翻阅明初史书,可闻一派血腥气味。

有关徐达被害身死的经过是这样的:徐达在北平身患背疽,这是一种恶疮,不易治疗。朱元璋派徐达的长子徐辉祖带着书信前往北平看望,不久又召徐达回南京疗养。有一天,宫中内侍给徐达送来皇帝赏赐的食盒。徐达从病床上挣扎起来磕头谢恩,然后打开食盒,只见里面放着蒸鹅。据说背疽最忌吃蒸鹅。徐达呆愣了半晌,最后流着泪当着内侍的面吃下了蒸鹅,不几日便死去了。但也有的史书上做了考证,认为"赐食蒸鹅"是野史中歪曲事实真相的牵强附会之说。

徐达有四子三女。长子徐辉祖有才气,徐达死后,继承爵位。三个女儿,长女嫁给朱元璋的儿子燕王朱棣为妃,后来燕王夺权称帝,徐妃被册立为皇后。其余两个女儿,也都嫁给了朱元璋的儿子,一个是代王朱桂的妃子,一个是安王朱楹的妃子。

李善长惨死于开国皇帝之手

李善长是明朝的开国宰相,是明王朝在建立过程中功劳最大的一个。他跟随朱元璋几十年,鞍前马后,数立大功,有"萧何"之称。然而,就在他七十七岁高龄的那一年,却领着全家七十多口走向刑场问斩。在中国历史上,开国宰相惨死于开国皇帝之手的,李善长是第一人。

1.滁州君相会

李善长,字百室,安徽定远人。生于元仁宗延祐元年(1314 年),死于明洪武二十三年（1390年）。祖籍在安徽的祁门，父号憩庵，能写一手好字，是个有相当文化素养的知识分子，还出过一本名为《书法论》的理论著作。所以，李善长也算出身于书香门第，加上他从小就聪明，读书很刻苦，他父亲希望他能走读书中举之路，以求飞黄腾达。

但是，残酷的现实很快就把李善长的愿望击得粉碎：元朝统治者实行严重歧视汉民族的政策，把汉民族列为最劣等的民族；同时也看不起知识分子，把读书人列入社会的最后一等，所谓七尼八娼九儒十丐，比要饭的强一点，比尼姑娼妓还不如。因此，李善长想要在这样的社会环境中通过读书而有所作为是完全不可能的，也是不现实的。

李善长

于是，他受徽州商人社会的影响，决定弃文经商，另辟蹊径。果然，他的智计特长在这个领域里得到了充分的发挥，他往来于家乡与凤阳之间，很快就发了财，又娶了定远富室王家的女儿为妻，在定远安了家。财大气粗，加上计谋远略，"策事多中"，他成了定远的知名人物。他的这种经历也为他以后为朱元璋经商、理财、当大管家打下了坚实的基础。

元顺帝至正十一年（1351年），韩山童、刘福通领导的红巾军大起义爆发了，消息传到定远，李善长高兴极了，因为他从内心是十分仇恨这个王朝的。但他没有马上像别人那样揭竿而起，而是采取客观观望的态度。因为扯旗造反如果成功了固然可喜，败了可是要灭九族的。所以，当他的妻兄王濂劝他及早入伙时，李善长说不能操之过急，他还要看看这些人能不能成气候，是不是干事的人。

至正十二年（1352年）三月，二十五岁的云游和尚朱元璋投奔了在濠州的郭子兴。由于他的精明强干，很快就得到了郭子兴的赏识，并把养女马氏嫁给朱元璋。后来，郭子兴麾下的各个将领彼此不和，为了财产和地盘争得你死我

活。朱元璋认为这些人成不了大器,就率领自己的看牛伙伴徐达、汤和等二十四人离开濠州去定远独立发展。在定远,朱元璋智取驴牌寨,得民兵三千;义召秦把头,获众八百;夜袭横涧山,得元"义兵"大帅缪大亨降卒二万。在很短的时间内,白手起家,收编了近三万人有组织的部队,定远人对这个朱元璋不能不另眼相看了。于是,"喜读书、通兵法"的定远儒生冯国用、冯国胜兄弟等人带着他们结寨自保的子弟,投奔而来,并且向朱元璋提出了奠基金陵,倡仁义、收人心以定天下的建议,使朱元璋很受鼓舞。

朱元璋的一举一动都在李善长的密切注视之中。他很佩服朱元璋的胆识和智慧,一个隐约但模糊的"真龙天子"的形象在他眼前浮现。当断则断,决不可再犹豫迟疑,享大富贵必须要共大患难。于是,他把家事稍做安排,就急忙去追赶朱元璋的队伍。至正十四年(1354年),四十二岁的李善长身穿儒装在朱元璋去滁州途中的歇脚处请求召见。从此,李善长就一直跟随朱元璋,一直到他七十七岁死去。

朱元璋听说是定远的知名人物李善长来投靠他,不禁大喜,说:"先生来投,有何赐教?"李善长不吱声,注视朱元璋良久,忽然兴奋地说:"总算天有日民有主了!"朱元璋问其故,李善长道:"主公家居濠州,跟汉高祖的家乡沛县不远,山川王气,应在主公身上。"朱元璋一听,难以掩饰的喜悦神色溢于言表,问道:"以先生之见,这四方的战乱何时可以结束?"李善长道:"汉高祖虽出身于布衣百姓,然而豁达大度,知人善任,不贪图眼前的富贵享乐,不烧杀抢掠,五年就成了帝业。今天的时局,与秦末有些相似,只要主公效法高祖,天下很快就会平定。"

李善长的一席长谈,使朱元璋听得入了迷,两人你问我答,整整谈了一天。晚饭后,秉烛对坐,谈兴更浓,蜡烛换了一支又一支,直到东方发白。

谈话结束时,李善长提醒朱元璋,如他以汉高祖为榜样,定会大有作为。而朱元璋认为李善长的到来,可能就是萧何转世,于是任命李善长作记室(秘书官),一切机密谋议都认真听取李善长的意见和建议。

从那以后,李善长就成了朱元璋的臂膀和心腹,担负起军师和大总管的重任。

2.称职的大总管

自滁州道中相见之后,朱元璋就把粮饷军需供给的任务交给了李善长。在饥荒战乱的淮河流域,要让近十万士兵填饱肚子,不是一件容易的事。同时,部队在扩大,仗越打越多,越打越大,如何建立一套较正常的后方补给制度,就成了朱元璋事业成败的关键。所以,当朱元璋进入南京后,李善长就像当年萧何随刘邦进据咸阳一样,首先封锁府库,把元朝的册籍档案拿到手,为他征兵筹饷、征收租税找到依据。

由于江南遭受战争的破坏较大,李善长向朱元璋建议,在攻下城后,尽快恢复文官治理,担负起整顿秩序、招抚流亡、恢复生产的任务。朱元璋认真采纳了李善长的意见,每平定一个路府,他都广泛地访求当地知名的儒生,询问平定天下治理国家的道理和办法,有的当即被任命为当地的行政长官。这些人办事也较认真,在受任后,把发展生产、安定民生、保证军需供应放在首位,或者放赋贷粮,或者供给耕牛种子,招徕流亡的百姓各回本土从事耕作,对于各地小股农民武装则予以吸收改编,使社会生产秩序渐渐稳定下来。

在建立江南行省以后,李善长还建立了营田司,专门负责水利工程的疏浚整修工作。康茂才、叶琛、章溢等干练人才都被委派主持其事,这对于防止水涝灾害,保证农业的丰产丰收起了很大的作用。

在地方驻军中,普遍推行了军屯制度,使部队且耕且战,争取做到粮食的自给或半自给,以减轻百姓的负担。作为军屯的实际负责人,李善长高度负责。至正二十二年(1362年),李善长对军屯情况进行了一次全面的检查,向朱元璋做了汇报,严厉批评了一些将士敷衍塞责的行为,表扬了康茂才在龙江屯田得谷一万五千余石的事迹,除自给军粮外,尚余粮食七千余石;同时命令各将士按分定地域,及时垦荒种植,使军粮充足,国有所赖。应该说,朱元璋的最后胜利,也得力于这个措施的贯彻执行。

在新归附的地区,还设立了管理军民万户府,从老百姓中选拔武勇壮丁,编

·明代野史·

图文珍藏版

为军户,农时耕种,闲时练武,一方面负责地方治安,另一方面配合正规部队作战,既增强了军事实力,又省去了政府的军事供给,把兵与农很好地结合起来。

为了增加政府的财政收入,李善长于至正二十一年(1361年)建议制定盐法、钱法和茶法。盐法规定:严禁私盐,设官盐局实行专卖,令商人贩运,取税二十分之一,后来一度增加到十分之一。

钱法:就是政府设局铸钱。元代交易本是用纸币(钞),后来为了解决财政危机,就大量印钞,所以钞票越来越贬值。元政府转而铸钱,但钱质薄,易于损坏,同样无法流通,民间只好退回到以物易物的原始交易方法。这样,严重阻碍了商品经济的发展,也影响了政府的财政收入。

朱元璋打下南京后,李善长就通过发行铜钱来促进货物流通,增辟财源。在征得朱元璋同意后,在南京设立宝源局,铸"大中通宝"铜钱,以四百文为一贯,四十文为一两,四文为一钱。当年铸钱四百三十一万,与历代钱通用。这个办法,一定程度上繁荣了经济,政府也得利。

茶法也是为解决财政困难所采取的一种专卖政策。茶法规定:商人到产茶地区买茶,必须向政府缴钱买贩茶凭据——茶引,每引茶一百斤,纳钱二百,不到一引,叫作畸零,给的凭证叫由贴。没有引、贴或茶数与引证不符,就是私茶,准人告发或逮送官府。

除了筹饷理财之外,粮食草秣、军械器杖的供应传输也是一项浩大的工程。历史经验表明:这个问题解决得好与坏,直接关系到战局的成败。在秦末的群雄角逐中,刘邦所以能够蹶而复起,就多亏了据守关中的萧何源源不断地补给兵源和粮饷。

朱元璋定基南京后,仗越打越多,越打越大,为了保证战争的胜利,几个关键性的战役,朱元璋都亲临前线指挥,南京大后方的一切就交给李善长全权处理。李善长不负君望,工作很出色,做事明肃敏捷,裁决如流,遇到危急情况,他总是镇静自如,使属下的文臣武将都能紧张而有序地工作,避免引起全城士兵和老百姓的惶恐和慌乱。前方的部队打到哪里,他就组织调动各方面的力量把粮草器械及时地供应到哪里。鄱阳湖与陈友谅大战,两军相持四十多天,朱元璋把能拿上的精锐都拿上去了,李善长也把能动员的船只和车辆人夫都动员起来,把各种物资通过水陆两个渠道源源不绝地运到前线。同时,他还与徐达一起,加强南京城的布防,密切注视张士诚的一举一动,尽可能不给张士诚以可乘之机,保证了鄱阳湖大战的胜利。

李善长工作并不惊心动魄,不为一般人所注目和理解,但朱元璋是心知肚明的。洪武三年(1370 年),朱元璋大封功臣,把李善长名列第一。他在诏书中说:"朕起自草莽间,提三尺剑,率众数千,在群雄的夹缝中奋斗,此时善长就来谒军门,倾心协谋,一齐渡过大江,定居南京。一二年间,集兵数十万,东征西伐,善长留守国中,转运粮储,供给器仗,从未缺乏。又治理后方,和睦军民,使上下相安,这是上天将此人援朕。他的功劳,朕独知之,其他人未必尽知。当年萧何有馈饷之功,千载之下,人人传颂。与萧何相比,善长未必过也。"

3.满门抄斩的人生结局

公元 1368 年正月初四,和尚出身的朱元璋正式在南京登基称帝,史称明太祖,改元洪武。

为了顺利登基,朱元璋命李善长为开国大典的大礼使。此时的李善长特别兴奋,各种礼服,卤簿仪仗,宫殿装饰等大小事宜,他都亲自过问。为了表示对皇帝的忠心,他亲自书写"天下太平,皇帝万岁"几个大字作为仪仗的前导旗帜。

正月初四上午,在仪仗护卫的簇拥下,朱元璋来到钟山南面的天坛祭告皇天上帝,李善长率百官及都城士绅拜贺舞蹈,三呼万岁,然后回驾太庙,追封四代祖父母为皇帝皇后,再到社稷坛行祭,最后,朱元璋回奉天殿,正式登上御座,南面称孤。李善长又代表皇帝,捧金册玉玺,封马氏为皇后,长子朱标为皇太子。接下来就是大封功臣,朱元璋封李善长名列第一,封为银青荣禄大夫、上柱国、录军国重事、中书左丞相、宣国公,正式成为明朝开国的第一任宰相。

真是数十年艰辛不寻常,李善长终于如愿以偿。但是,他很快就发觉到自己虽位极人臣,可处于权力斗争的漩涡之中,宰相之位摇摇欲坠。

原来,朱元璋打天下基本上是靠了两部分人:一部分是以他的老乡为核心的淮西武士集团,这是主力,是战斗骨干和征战沙场的元勋;另一部分人是江浙文士集团,他们有知识、有计谋,但入伙晚,没实力,而李善长恰恰具有双方面的特长,所以,在打天下时,朱元璋就要他负起协调诸将的责任。但是作为一个文人,江浙文士集团却瞧不起他,使他在政府中有孤立之感,受到江浙派的攻击。

洪武元年(1368年)正月,朱元璋到开封视察,命李善长和御史中丞刘基做京城留守,李善长全面负责,刘基督察奸恶。刘基不经李善长同意,就对一些权贵的不法行为雷厉风行地进行了打击,其中有一个就是李善长的亲信李彬。于是两人翻脸,官司打到朱元璋那里,朱元璋亲自批复处死李彬,使李善长更丢脸。待朱元璋回京后,李善长就在朱元璋面前说刘基的坏话,于是,朱元璋就把刘基打发走了。

如此一来,江浙文士集团的文人联合起来攻击李善长,说他不是做宰相的材料,肚量太小。杨宪、汪广洋这些江浙文人都在想方设法讨朱元璋喜欢,大有取李善长而代之的意思。所有这些,都不能不使李善长感到一种潜在的危机,很想找一个臂膀,恰好这时他的同乡胡惟庸靠了上来,于是两人的过往愈来愈密切。李善长说:"杨宪为相,我等淮人不得为大官矣。"

而朱元璋呢,他对朝中各派政治力量的明争暗斗看得十分清楚。在打天下时,李善长这种人是大有用处的,一旦天下已定,李善长这种身具淮西与江浙文士双方面优势的人就不那么适合了,觉得他是个威胁,尤其是李善长对权力的热衷和对同僚下属的骄横使朱元璋十分生厌,于是,决定把他拉下来。洪武四年(1371年),朱元璋将他安置在凤阳,赐田一千五百亩,佃户一千五百家,仪仗户二十家,守坟户一百五十家,算是对他出力一场的报答。

冒着杀头灭门的危险,辛辛苦苦几十年,功名刚到手就这样被打发了,李善长很不甘心。洪武四年二月,朱元璋回凤阳扫墓,李善长鞍前马后,恭敬伺候,使朱元璋很动情,觉得对这位老朋友好像欠了点什么。这时,朱元璋正在大规模营建中都凤阳,同时,大批的江南富户也陆续迁到这里。工作很多,头绪乱得很,原来的负责人简直无法招架。于是,朱元璋就把这件事交给李善长去处理。

李善长为讨欢心,全力经营,工程进展很顺利,移民安置也井井有条,朱元璋果然高兴起来,多次派使者携带礼物前来慰问。

为了酬谢老朋友,洪武七年(1374年),朱元璋提升李善长的弟弟李存义为太仆寺丞,负责全国的马政。洪武九年(1376年),又将大女儿临安公主下嫁给李善长的儿子李祺,并在京师为李善长大治府第。这是朱元璋第一次招驸马,李善长也成了朱元璋的第一亲家,结婚庆典自然是华贵而隆重,满朝文武都羡慕得不得了。为了安慰老亲家,朱元璋给了李善长"总中书省、大都督府、御史台、议军国大事"这样一个极荣誉的头衔,至于实际工作不过是临时管一管土木工程和御史台的事务。李善长的虚荣心得到了满足,而此时他的年龄也大了,知足了,也准备安享晚年了。

但是,宦海风波往往是险恶的,尤其在明初的政坛上。朱元璋为了朱明王朝的万世一系,从洪武九年就开始兴起大狱,斩杀功臣宿将。其中最大的案子是胡惟庸案和大将蓝玉案,牵连而死的有四五万人,功臣宿将死亡殆尽,而李善长就是受胡惟庸案的牵连被杀的。

胡惟庸也是定远人,作为李善长的臂膀,得到了李善长的提拔,两人过往甚密,后胡惟庸又把女儿嫁给了李善长的二儿子李祐,同李善长攀上亲戚关系。胡惟庸这个人,有时为了权力达到丧失理性的地步,刘基早就警告过朱元璋,说胡惟庸是"一条疯牛犊,迟早是要冲辕轭的"。果然,胡惟庸把持中书省当上宰相后,飞扬跋扈,形成强大的势力。对于这样的情况,朱元璋肯定不能容忍,就于洪武十三年(1380年),兴起第二次大狱,以谋反罪诛杀了胡惟庸集团。因李善长是朱元璋的亲家,又有大功,朱元璋才没有追究。

过了十年,到了洪武二十三年(1390年),李善长已经七十七岁了,风烛残年,但他还要大治府第,为子孙置办产业。他从卫国公汤和那里借了三百兵士造房子,汤和怕受牵连,马上报告了朱元璋。朱元璋骂道:"真不知好歹!"四月,李善长为自己的亲信、即将被遣送边疆的犯人丁斌求情,这时,有人上告朱元璋,说丁斌原在胡惟庸处办事,是其亲信。于是,朱元璋就火了,命令有司马上逮捕丁斌,并下诏:"好生打着问。"于是由丁斌牵出李存义,再由李存义逼出李善长,打出了这样的口供:胡惟庸准备谋反的时候,曾让存义去说服善长,善长很吃惊:"你说些什么胡话,这是灭九族的勾当。"后来惟庸又让善长的老部下杨文裕去游说,答应事成后,封他做淮西王,善长虽然仍不同意,但很有些心动。过了些日子,惟庸又派存义去,善长叹了一口气说:"我老了,干不成什么事了,等我死了以后,任你们闹去。"

这时,李善长的仆人也去告发,说看见胡惟庸亲自到家来,两人东西对坐,显得很诡秘,说些什么听不清,但见胡惟庸一边说,李善长一连点头。御史们为了抢功,纷纷揭露李善长的过失,奏章像雪片一样飞到朱元璋面前。与此同时,太史令奏:天上有星变,当杀大臣消灾。到了这步田地,李善长也在劫难逃,他就是全身是嘴也分辨不清了。

洪武二十三年五月,朱元璋命人抄了李善长的家,七十七岁的李善长连妻带儿女弟侄七十多口走向刑场。临刑时,他拿出朱元璋赐他不死的诰命铁券,老泪纵横地对天呼喊:"不死! 不死! 这就是我几十年来所追求的吗?"看在父女的情分上,朱元璋赦免了临安公主、驸马李祺和他们的两个孩子,其他人一律砍了头。一直到明宪宗时,李善长的冤案才平反昭雪。

对于李善长的死,朱元璋这个盗贼皇帝为了家、天下的需要而借故斩杀功臣,是要负很大的责任的。但李善并非一点过失也没有,他自恃功大,热衷于权力、富贵,到了老年还要尽情享受,没有看清当时的政治行情,不急流勇退,以致遭灭门之祸。

佐王成帝师的刘基

在军事上,他被称为战略家;在文学史上,他作为诗人载入典册;在政治上,他被誉为思想家。他是元朝的进士、命官,却楚材晋用,成了明朝的开国元勋。他面对成千上万的强敌,镇定自若,筹划自如,但对皇上的怀疑却不敢谏争,虽然急流勇退,隐居全身,最终难逃"飞鸟尽,良弓藏"的可悲下场。

他,刘基,似乎什么都是,什么又都不全是。

1.半百出山

元顺帝至正二十年三月，青田县南田山区，静悄悄的羊肠小道上，几匹快马正往深山腹部飞驰，马蹄得得，惊起那平日里悠哉悠哉的山鸟直叫。马上的差人径直来到山脚下，望着层峰叠峦、气势雄伟的括苍山脉，只见山中云雾缭绕，青翠迷蒙。"刘基在哪里？"几位当差的费了九牛二虎之力，才在一块巨石之旁找到刘基，他这时正在得意地欣赏自己的书法："永忆江湖归白发，欲回天地入扁舟。录唐代诗人李商隐诗句。"来使当即呈上处州总制官孙炎的请柬和礼金。刘

刘基雕像

基看后只是淡淡一笑，不肯答应出去。这几位差人只得悻悻而去，到孙炎那里复命去了。

过了不久，孙炎又派人致信刘基，说主君朱元璋执意要请他辅佐幕府，共创立国大业。刘基早已闻知朱元璋下金华、定括苍，自是非常之人；这回两次是坚请，语词恳切，再不出山，一来与情理不合，二来与自己本性不符，于是他心有所动。他向来相信《易》卦。卜看其乾象，好一个吉卦，刘基看后，自言自语地说："这乃是天意，非人力可为。""邦有道，则仕。"孔圣的教诲这时更有了鼓动力。刘基决计随来使去健康。这年，他已是五十岁了。

要说朱元璋为什么要坚请这样一位倨傲的书生出山？说来却话长。刘基（1311~1375年），字伯温，处州府青田县南田人（今温州市文成县青田区）。从小天资聪颖，受过良好的教育，他的老师很早就料定他将来肯定会成为一个大有出息的人，光宗耀祖。元至顺年间举进士，是元朝的忠实臣僚，颇有政绩，初步显示其卓越的军事、政治才能。曾任江西高安县丞，因为为政严峻，刚正不阿，屡遭豪强倾陷。元至正十二年（1352年），刘基被任命为浙东元帅府都事，

与元帅纳邻哈剌共同谋议,修筑庆元城墙,修好武备,使土匪不敢来掠夺。至正十六年(1356年),元朝行省重新复议以都事之职起用刘基,让他招抚安山起义军吴成七等。刘基自己招募兵勇,组成部队,用软硬兼施的方法:投降元朝的,予以宽大处置,甚至委以官职,抗命不服者立即擒捕诛杀,瓦解了这支义军。镇压农民起义,这是刘基的污点,但在当时看来,却显示了他治军平乱的才干。至正十七年(1357年),刘基被改任行枢密院经历,协助行院判石抹宜孙守处州。处州郡山谷连绵,凭据险阻,一旦盗发,不容易平定,宜孙采用刘基的计谋,或派兵捣毁其巢穴,或用计引诱捕杀,没有多久,全伙盗贼都被歼灭,使处州民心安定。

但刘基的才能在元代并没有得到很好地发挥。当政的因为方国珍招降一事,记恨于他,只给他一个总管府判的闲职文官,不给兵事。刘基大失所望,便遵奉孔夫子"邦有道,则仕;邦无道,则可卷而怀之"的古训,弃官归隐于青田山中,日日以读书为事,等待知遇者。凡天文兵法、四书五径、诗词文章,过目就洞识其要,吟诵不忘。并爱作诗撰文,抒发自己的感情,发表对时政的看法。他在《感怀》诗中,认为"昊天厌秦德,瑞气生芒砀",表示要"修身俟天命,万石全其名"。诗中以"秦"喻"元",既有对时局的正确分析,又表达了自己的情怀。他这一时期的诗大多写得超逸豪迈。

他的《郁离子》用寓言形式表现了他渊博的学识和富有创造性的思想,发人深省。《郁离子》既是书名,又是作者自称,内容涉及面很广泛,从个人、家庭到社会、国家;从政治、经济到军事、外交;从思想、伦理到神仙鬼怪。几乎无所不包,既是前一段从政经验的总结,又为以后立国治乱打好了深厚的理论基础。

关于军事战术的秘书《百战奇略》,也是这一时期的力作。可惜此书被朱元璋封闭朝中,未能面世,现在也只有抄本流传。

宋神宗元丰年间,曾将古代重要兵书汇总成《武经》,以《孙子》《吴子》《六韬》《司马法》《三略》《尉缭子》《李卫公问对》七部兵书,作为用兵必读之书。《百战奇略》便是刘基读《武经》的笔记,同时还收集了从先秦到五代1600多年间散见于史籍中的重要军事资料。最值得珍视的是,在书中刘基根据自己的军事实践和体会,提出了一些很有价值的见解。

在《百战奇略》中,刘基继承发展了我国古代兵家的军事辩证法思想的精华。一方面,反对穷兵黩武,从治国的角度谈治军,以政治家的头脑谈军事,认为好战必亡。另一方面,他又十分强调战略战术,主张安不忘危,治不忘乱,"内修文德,外严武备"。刘基在战略上还主张"善战者省敌",认为"省敌者昌,益敌者亡",反对四面树敌,主张分化瓦解敌军,以敌制敌。《百战奇略》中这类辩证军事观点屡见不鲜,即使从标题上就可看出来:信战与教战,攻战与守战,进战与退战,缓战与速战,分战与合战,饥战与饱战,处处从相反或对立的角度来阐明用兵原则,提出了有信有教、恩威并施、严明赏罚的治兵之道及一系列区别情况、灵活机动的作战方略。

史学家笔下的刘伯温,还是一位奇人、神人。他深通《易》学、阴阳八卦,能以天象预测人事,甚至能料事均合、呼风唤雨,当时就有青田诸葛孔明之称。

在元朝气数已尽,四方鼎沸,生灵涂炭之际,淮西红巾军领袖朱元璋立志尽挫群雄、平定天下。对刘基这样的难得的人才,他求之若渴是很自然的。

刘基随使者一到建康,便不禁记起 10 年前在西湖的一桩往事。

元至顺初年,刘基与一班士子游览杭州西湖,西子湖秀丽的景色没有使他陶醉,西北天空中的异云却使他产生了兴趣。问同来的士子们,他们都认为是表示吉祥的庆云,要以此分韵赋诗。刘基却独自饮酒,不去做那种歌颂升平的谀诗,并作大言说:"这是天子王气所成,10 年后会在金陵(建康)应验,我必定会成为辅佐之臣。"这时的杭州还处在元朝的统治下,士子们一听都吓得变了脸色,认为刘基是大言不惭,是浮夸轻狂,除西蜀赵天泽认为他是奇人外,其他没有一个人理解刘基。

不知是巧合,还是历史的必然。10 年后的今天,他真的来到了金陵,成了朱元璋的重要谋士。

到建康不久,就受到了朱元璋的召见。朱元璋用上宾之礼接待了他,又命有司修礼贤馆让他住进去。刘基自认为遇到了明主,当即呈上时务 18 策,分析内外形势,详陈灭元兴邦、扫除僭乱的大计方针。朱元璋大喜过望,将他留在身边参与机密谋议,尊称他为"老先生""汉之张良"。朱元璋的信任,使刘基为国为民效力的夙愿得到如愿以偿,也使他的政治、军事才干有了用武之地。于是他运筹帷幄,出谋划策,帮助朱元璋征东平西,走南闯北,逐鹿中原,干出了一番轰轰烈烈的事业,成了朱元璋智囊中的核心人物和忠心耿耿的谋士。甚至在他晚年将要告老还乡之前,还不忘朱元璋帝业的巩固。公元1371年,朱元璋雄心勃勃,既定中都,又锐意要灭扩廓军。刘基临归青田前,还上了最后一道奏章说:"凤阳虽帝乡,但不是建都地。王保保不可轻视。"但朱元璋没有认真考虑他的奏文,匆匆发兵西征,失利而归。扩廓最终逃入西北沙漠,成为边疆祸患。事后朱元璋后悔终生。

2.奇策平汉

刘基初到建康,在军事战略上就为朱元璋做了两件大事。这个时期正是朱元璋的政治、军事势力发展壮大的关键时刻。朱元璋起兵后,利用刘福通在北方抗击元军之际,挥兵南进,一路下滁州,取太平,占建康,攻浙江,军事力量有了很大发展。但在政治上,他依然尊奉小明王韩林儿,称为宋后,受他的封爵,用龙凤年号。至正二十一年元旦,朱元璋在南京中书省设御座,遥拜小明王,行正旦庆贺礼,文武百官齐拜,唯独刘基不这样做。朱元璋问其原因,刘基说:"他只不过是个牧竖而已,奉之何为!"刘基认为,在群雄四起之际,要成大业就必须摆脱别人的牵制,完全独立。朱元璋听后大为感动,后来终于废掉了小明王韩林儿。

当时,朱元璋有两支劲敌。一是陈友谅,据湖广,扼长江上游;一是张士诚,称霸苏杭,占富庶之地,对朱元璋形成夹击之势,威胁很大。朱元璋决定主动出击,打破腹背受敌的局面。有人主张先打张士诚,他们认为张士诚力量薄弱,隔得很近,容易取胜,而江南地区物产丰富,攻占后有利军需。朱元璋问刘基的意见,刘基却主张先打陈友谅,他说:"张士诚自守虏,不足为虑。陈友谅劫主胁下,名号不正,地据上流,其亡我之心无日不在,应该先消灭他。陈氏消灭了,张氏势单力孤,一举可定,然后北向中原,王业可成了。"朱元璋听后,觉得还是刘基想得全面,于是摒弃众议,采纳他的计策。这为朱元璋开创帝业制定了抓住主要敌人,各个击破以免多方树敌的战略方针。

刘基不但为朱元璋制定了总的战略目标,而且在平定陈友谅的几次大的军事行动上,为朱元璋统一中国做出了更大的贡献。

至正二十年闰五月,陈友谅夺得朱元璋的太平城后,在采石五通庙行殿称帝,国号汉,改元大义,并得意扬扬,凯旋江州。不久,陈友谅自江州顺长江引兵东下,一路浩浩荡荡,气势益壮。消息传来,建康震动。朱元璋连忙召集群臣商讨对策。有的说陈友谅素有骁鸷之姿,占有江、楚,控扼上游,地险而兵强,才剽势盛,不如就此将建康城献给他,归附在他的旗下;有的认为陈友谅新得太平城,气焰正盛,不如先退出建康,钟山有王气,可以据守在那里;有的说陈友谅不过一沔阳渔家,刀笔小吏,要与他在建康决死一战,万一战不胜,即使逃走也未为晚。朱元璋认为这些主意都不是上策,但自己一时又说不出所以然,他环视一下全场,见刘基双目张开,沉默不言。朱元璋见状,知道这位军事战略家一定又有妙计在胸了,连忙召刘基进入内室,问他为什么一言不发。刘基愤愤地说:"先立斩主张投降及逃奔钟山的人,才可以树立正气,消灭陈贼。"朱元璋说:"先生有什么具体计策?"刘基答道:"陈友谅这次是以骄兵来战,劳师袭远。而我们则有了上次失守太平城的教训,并且是以逸待劳。天道以后举者胜,我们还怕打不赢他吗? 现在我们马上要做的是敞开府库,心怀至诚,以固士民之心。待敌兵临城外,我们诱贼深入,以伏兵看准时机打击他们。取威制敌,以成王业,在于此举。"一番话,正合朱元璋的心意。然后他们密谋,先设法巧妙挑起陈友谅急于求战之心,诱敌深入,再在半路埋伏甲兵对他进行袭击。

朱元璋先请陈友谅的一位老朋友给其写一封密信,假称与陈友谅里应外合,请他速来攻城。陈友谅收到信后,不禁一阵暗喜:"这下胜券在握了。"他急于取胜,占领建康这块风水宝地,于是即刻发兵进攻。朱元璋这边却在积极准备:先在石灰山侧埋伏奇兵3万人,并拆掉江东木桥,易以铁石,设置水障,只等他来上钩。时日既到,陈友谅果然如约,引着战船径直驶入一条狭窄河道,到达江东桥时,看见桥下都是大石块,没有了原来的木桥,大吃一惊,连忙用暗语接头,并无一个答应。这时,陈友谅方知是计,但想撤退已经晚了。朱元璋的军队见陈友谅已抵江东桥,黄旗一举,伏兵见此信号,跳跃四起,水陆夹攻,不一会,陈友谅全军就被杀得大败,他自己只身跳上别舸逃走了。朱元璋指挥全军乘胜追击,太平城失而复得,取得了保卫建康的大捷。

战后,朱元璋犒劳将士,论功行赏,把最高级别的"克胜赏"奖给刘基。刘基认为自己只图怀才有遇、长有所用,不图眼前的名利,坚辞不受。

当年八月,朱元璋想一鼓作气,再次讨伐陈友谅,但心中犹豫不决,只好去征求刘基的意见。刘基分析了目前的形势,认为这时军队行伍士气正旺,如果能做好战前发动,完全可以战胜陈友谅,歼灭其有生力量。有了这位"诸葛孔明"的支持,朱元璋决计再次伐陈。

依照刘基的主意,朱元璋在临行前宣谕众将士道:"陈友谅杀主僭号,侵犯我附近疆土,戮杀我著名将领。观其所为,不灭不足以平民愤,不灭不足以慰我国魂。"朱元璋的一席话,众将士听了,情绪激奋,誓死要与陈友谅决战。然后,整装西上。朱元璋与刘基共乘龙骧巨船,率师乘风溯长江而进。一路上,将士们斗志旺盛,精神抖擞;长江上万舟竞发,旌旗蔽天,蔚为壮观。

朱、刘率部到达安庆后,陈友谅这次吸取上次失败的教训,不敢轻易出城迎战,而固守安庆城。朱元璋的队伍自旦及暮,轮番攻城,但因城墙坚固,无所依托,没有能够把城攻破。

在指挥船上,手捧《百战奇略》的刘基,那清瘦的脸上忽然露出一丝不易觉察的微笑,正在焦急万分的朱元璋见状,连忙追问:"老先生有何妙计?"刘基放下书本,不紧不慢地说:"目前将士士气高涨,如果持久下去,必衰而竭,那时,陈友谅再乘间进攻,后果不堪设想。《武经》云:我欲战,敌虽深沟高筑,不得与我战者,攻其所必救。安庆弹丸之地,虽城池固若金汤,何足以久劳我师? 陈友谅不敢出兵迎战,正由于心虚胆破。我们如果再迅速西上,直逼江州,捣其老巢,陈友谅必定要撤离安庆而救江州。那么,安庆还能跑到哪里去? 不是顺手可以攻克吗? 这样一举两得,可依计而行。"朱元璋心领神会。

夜悄悄,雾沉沉。朱元璋除留少量兵力在安庆迷惑敌人外,其余均偃旗息鼓,沿江西进,长驱直入,逼近江州。当陈友谅的江州守军还在梦中时,他们已发起攻城战。江州守军以为神兵自天而降,忙于应战。陈友谅仓促发兵,却不能挽救败局。江州全线击溃,陈友谅最后只得携妻子逃出,乘夜幕奔往武昌。江州守军投降,很快就为朱元璋所占。

刘基不但在军事进攻上表现出卓越的谋略,而且在政治上、外交上也很灵活,做到战取与招抚并重,处处从具体情况出发,采取机动灵活的办法。

陈友谅的江西省丞相胡廷瑞守卫南昌,早已听说朱元璋部队的声威,更惧怕刘基的计谋百出。派遣部将郑仁杰到朱元璋的军门前通报,请求和谈。朱元璋把他请到内室协商,大部分条件已谈妥,只是在"不解散其部下所属部队"这一条上,朱元璋还很犹豫,面有难色,怕他们养兵滋事。而刘基认为这正是分化瓦解敌军、恩威并重的极好机会,看到朱元璋不想答应的样子,刘基很着急,忙从后面踢朱元璋坐的太师交椅,听到"咚咚"地踢椅声,朱明白了刘的意图,便答应了他们的要求,并附信慰问胡廷瑞军,称赞他们的明智之举。不久,胡廷瑞公开宣布投降。江西诸郡县全部都接受了朱元璋的号令。

十月,那开始久攻不克的孤城安庆,也很快被朱元璋部攻克。

从下面的事例看来,刘基还确实是一位神仙似的圣人,他"剖符发孔明之喻",他会以天象预测人事,其实这只不过是神化了他那知己知彼、善于分析思考、做出正确判断的能力。至顺二十三年(1363年),朱元璋决定亲征,解救被张士诚的将领吕珍包围的安丰城。刘基分析了整个战局,认为这与先取陈友谅后破张士诚的战略相左。如果计较一城一地的得失,就会两面树敌,陈友谅肯定要趁机夹攻我们。朱元璋一急之下,顾不了这么多。也不听刘基的劝说,还是固执己见,出兵安丰。

陈友谅得悉这一消息,急忙乘间发兵强攻洪都,洪都告急。朱元璋闻讯,方知刘基的话是完全正确的,自责说:"不听君言,几乎贻误大计。"刘基宽慰他说:"现在醒悟还来得及。"朱元璋马上率军解救洪都之围,与陈友谅在鄱阳湖摆开了决战阵势。刘基也随军出征,参与军谋。

朱、陈双方在湖中相持了几天,打了几个回合,伤亡都较大,不分胜负。

一天,朱元璋正坐镇指挥船发号施令。忽然,侍坐在身旁的刘基,一跳而起,大呼道:"难星过,急速换乘另船!"平时十分镇定的朱元璋也惊起回顾,只见刘基双手挥舞,坚持说:"火速换船!"朱元璋想也未来得及想清楚,就被刘基和几个贴身卫士拉着换乘另一只船。坐都没有坐稳,只听"轰隆"一声,指挥船被陈友谅的大炮击中,顿时粉碎。这时朱元璋才缓过神来,明白了是怎么回事,不由得称赞刘基的神机妙算。

原来,刘基看到朱元璋急于求胜,顾不得指挥船的隐蔽,穿行兵阵之中,已被陈友谅的军队发现。他想陈友谅必定会设法用大炮首先把朱元璋所乘船只击中,恰好这时天象异常,出现所谓的"难星",刘基便借机督促朱元璋换船,躲过了这场有关胜负成败的祸事。

这边的陈友谅见朱元璋的坐船已被击沉,认为朱元璋必死无疑。全军欢声一片,举杯庆功。正在狂喜中,不久,又看到朱元璋指挥战船进攻,不免大惊失色,以为有神仙辅佑,顿时,陈友谅军阵势大乱。朱元璋军队的战船乘机旋绕汉军巨船时出时没,势如游龙,弄得陈友谅不知所措。朱元璋军的将士见状,一时勇气百倍,呼声惊天动地。同时,湖面上波涛大起,阴云密布,给朱军进攻创造了良好条件。朱元璋军虽是小船,但运转自如,正好采用火攻,陈友谅的巨船却处处挨打,有的被击沉,有的燃起了熊熊大火。

其后,刘基又秘密面授机宜,移军湖口,借等待金、木两星相犯之日,把部队休整好了,再来一决雌雄。

战机终于来了。朱元璋军利用有利地形,将陈友谅军分割包围,截断其江湖交通,陈军退也难,进更难,只能被动挨打,不久陈友谅阵亡。经过几年的奋战,朱元璋终于彻底消灭了这伙强敌。

在平定陈汉的几个主要战役中,刘基胸有成竹,运筹帐内,每奏奇效,可当百万之兵,尤其是鄱阳湖一战,奠定了平汉兴明的霸业。他的这些战略思想和军事实践,至今还有研究的价值。

3.全身远祸

洪武四年(1371年)的一天,南田山区的一座秀丽翠峰上,树木撑天,孤松傲立，百鸟争鸣，流水淙淙。在野草树枝披拂的小径上走来一位虬髯飘发、身材修长、双目明烁的老人，望着林间飞来飞去、自由自在的小鸟，他高声吟诵着陶渊明的《归去来辞》："云无心以出岫，鸟倦飞而知还；景翳翳以将入，抚孤松而盘桓。归去来兮，请息交以绝游。"他，就是大名鼎鼎的刘基。不久前，他借口妻子新逝，辞别太祖，告老还乡。

他是不是官场失意了？不是。朱元璋对他立下的汗马丰功应该说是没有忘记，自出山以来，他累官至御史中丞兼太史令，太子赞善大夫，弘文馆学士，开国翊运守正文臣，资善大夫，上护军，1370 年又封诚意伯，俸禄 240 石。官位可谓显赫。尤其值得一提的是，明太祖在开国之初定处州税粮，依照宋制每亩加五合，太祖为了叫刘伯温的家乡世世代代将他的事迹传为美谈，特意下令，青田不加税粮，使刘基的恩惠施及乡邻，该也很荣耀了吧。

那么，他为什么要归隐山中？其表面上的直接原因有二件事。

刘基因为李彬的事，得罪了李善长，李善长在太祖视察汴梁回朝后，向太祖告发刘基，说他"在祭祀用的坛㙮下斩杀犯人，不敬。"其他怨恨刘基的人也交相潛谗，说他不修边幅，居功自傲，不讲情面。而这时恰好又遇上大旱，刘基上奏说："士卒物故者，其妻悉处别营，总共有数万人，阴气郁结。工匠死，尸骨暴露，吴将吏降者皆编军户，足干和气。"太祖听了他的话，尽快采取措施革除上述弊端。但是，过了 10 日仍不下雨，太祖生气了，认为刘基这次欺骗了他，但没有治他的罪，也未罢他的官，其实，这真是一个天大的冤枉，刘基本想借天象施仁政于民，谁知老天爷不争气，没有像平时一样应验。

然而，刘基归隐的根本原因还在于他对人生真谛、历史真理、人世沧桑的深刻认识。他知道自己的个性和才能只能在一定时期、范围内得到发展。范蠡泛湖全身，文种效忠遭祸，历史上这样的事例还少吗？君不见，为了争夺一官半职，为了得到主子的宠爱，很多士大夫终生都陷在尔虞我诈的角斗场中，或是踩着别人的头爬上去，或是一时失手跌下来。这消耗了多少人的才华，熬白了多少人的青发！慷慨有大节、睿智有哲学头脑的刘基对这些都有清醒的认识。从这个角度看。他的归隐又是必然的。

国学经典文库

中国古代野史

·明代野史·

图文珍藏版

人们往往在失去一样东西时，才感到它的分量。太祖在刘基归隐的当年冬天，就开始感觉到刘基对自己是多么重要。于是，力排众议，亲笔书写诏文，详细叙述刘基的功勋，召基赴京，并赏赐大批钱财、物资，追赠刘基祖父、父亲为永嘉郡公，还要再给刘基加爵进官。刘基固辞不受，他完全看破了红尘，坚持归隐。

刘基回到家乡，每天除游山玩水，怡情悦性，吟诗作文，抒发感受外，还喜欢与乡人饮酒弈棋，评品字画，与儿童谈天说地，耍闹嬉戏。游心物外，逍遥出世，当其得意，与道俱成，有一种摒除世间荣辱、绝对超脱的情致。有时他还与樵夫渔父一起聊天，谈论山中的趣事，水中的雅兴；有时他又与野老桑农一同散步，大谈老年人的养生之道。但绝不讲自己以前的功名和战绩。如果哪位不知趣的人想阿谀几句，提起他的往事，肯定要遭到他的白眼冷淡，甚至被拒之门外。因此，认识他的人都亲切地叫他"伯温兄"，不认识他的人还以为他只是一位不闻世事的普通隐士。

青田县令早已仰慕刘基的才学，听说他回乡了，多次求见。刘基或干脆不见他，或婉言谢绝，对县令提供的各种照顾也坚决不受。他的韬晦埋名的事迹在下面这个故事中更显得有些传奇色彩。

一天，一位农民打扮的乡下人，费了很大劲，才问到刘基在山里的落脚点，辛辛苦苦找到山中，求见刘基。刘基正在用一个粗糙的木盆洗脚，听说后，以为与往常一样，是位过路的或干活的山里人，欣然应允，忙叫从子把这个乡下人请进茅舍。乡下人说并不认识刘基，只是与他随便说说话。两人谈得很投机。刘基还将他留下，做了一顿黍子饭给他吃。吃完饭后，这位乡下人说："请刘学士恕小臣欺瞒之罪，其实，小臣就是青田知县，久仰先生的学识和为人，特来拜谒。"刘基听他说完，惊讶不已，忙起身称民，说："请乞恕小民不敬之罪。基告辞了。"便自己先离茅舍，飘然而去。丢下这位可怜巴巴的县令，站在那里，望着刘基的背影，愣了半天，惆怅万分。以后，这位县令再也没有能见到刘基。

刘基与朝官贵人断绝往还，行踪不定，举动异常，表现了一种狂介的文人风格。其实，这也是他那"性刚嫉恶，与物多忤"个性的异化表现。他企图用这种不正常的、极端的行动来全身远祸,抵御济世思想的诱惑,以求得个性生命的发展。但他终究是一个饱读诗书、受儒家"兼济"思想影响很深的士子,他越是想超脱尘世,世间的厌烦干扰却愈是找上门来。

4.死而后已

刘基因不甘寂寞,放不下对世事的关注而半百出山,赢得了永垂青史的荣誉。说来也巧,他倒霉也就倒在这种情怀上。一件本来芝麻大的事,却招致了杀身之祸。

在鸥、苍之间有一块空隙地叫作淡洋。这里水陆两便,山河湖泊相连,易守难攻。过去它属于一块三不管地带,常有土匪出没,盐盗聚乱。方国珍就是靠这块地方发迹,拥兵自强,对抗朝廷,祸国殃民的。刘基耳闻目睹这些事实,心里很焦虑,在他任官朝中时,就上书请求在这里设立巡检司,镇守节制。那些杀人放火,奸淫盗窃之徒也稍有收敛,不敢放肆。

刘基回家隐居后,恰碰上茗洋逃军叛乱,危及朝廷安全,骚扰百姓,无恶不作。但明官吏企图隐瞒这件事,不让太祖知道。刘基毕竟是位有血性、疾恶如仇的人,虽然不愿自己出面,还是要儿子刘琏不经过中书省,直接向皇帝上奏章,报告这件事。

这时胡惟庸正以左丞主管中书省。俗话说:"君子报仇,十年不晚",看来胡惟庸还是位"君子"。以前刘基在朱元璋面前说了他的坏话,没有让他当丞相的一箭之仇,这下正是报复的时机。于是他指使其党羽刑部尚书吴云弹劾他,诬陷他与百姓争夺淡洋,只因为淡洋位居山海,有王气,刘基想辟之以为墓地,图谋不轨;百姓不肯让给他,他就指派巡检司,借官军的名义逐赶平民,以致激起民变。吴云的弹劾奏文呈上朝廷后,胡惟庸借公报私仇,请求皇上加以重辟,并要逮捕刘基的儿子。

明太祖知道这件事后,觉得刘基也太过分了,颇有所动。只是想到刘基是开国元勋,功劳太大,不忍心加罪于他,只是象征性的处分一下,取消其俸禄,并移文传达给刘基,使他知道这件事。

刘基接到太祖的移文后,即刻入朝面见太祖。由于心里害怕,不敢辩护,怕进一步惹起太祖的不快,只是引咎自责,请办其罪,也不敢提回家的事。这样一折腾,刘基终于病倒了。

不久,太祖又提升胡惟庸为丞相。病中的刘基,在京师听说这件事后,痛心疾首,悲伤地说:"胡惟庸为相,定会出大祸,国家必然会大乱,生灵又将遭受屠戮。假使我的话不应验,那是因为苍生民众有天大的福分;如果我的话应验了,这些芸芸众生怎么办呢?"刘基悲愤交加,积忧成疾,卧床不起。洪武八年三月,明太祖看到刘基行将就木,大发恻隐之心,亲自制表文赐给刘基,并特派使者护送刘基回乡。回家后,刘基病得更重了,只过了 1 个月,他就带着无限的忧怆、满腹的怨气,离开了人世,终年 65 岁。一代谋士、远见卓识的刘基就这样凄凉地长眠在家乡的山峰上。

刘基的死,首先与胡惟庸的进谗加害有关。史料记载,刘基在京病重时,胡惟庸曾假惺惺地派医生来给他诊治,医生给了他一些药,吃了后,腹中就有小拳头大的石头积物。刘基本是一宽宏大度之人,万万想不到胡惟庸会采取如此卑鄙的手段毒害他,真是以君子之腹度小人之心。

其次与明太祖的多疑本性有关。他对这样一位忠心报国的功臣都不放心,为了自己的帝位,什么手段都使得出来。这证明刘基当初请求隐居是完全有远见的,只是他还隐得不彻底,最终还是逃不脱"走狗烹"的可悲下场。

刘基至死都未忘记对明王朝的效忠。在临终前将自己用心血凝成的著作和预测时势、人事的奏章呈献给明太祖,表现了一位既愤激又疏淡,既充满激情又富有柔情的正直谋士的情致。说明了我们的主人公既有飘逸旷达、澄明无滞的气质,又有一颗放不下的心肠,为人生操思的拳拳忧心。这是典型儒学人格的象征。

病榻上的刘基,已是骨瘦如柴、奄奄一息了,他把大儿子刘琏叫到身边,从枕头下颤颤索索拿出一本发黄的小册子,交给他说:"这是一本关于天象人事的书,它凝结着为父多年军事实践、从政生涯的经验。你要将它交给朝廷,并叫皇上不要让后人学习。"它就是至今也使人觉得神秘莫测的《天文书》。后来,太祖下令此书与《百战奇略》一样，属机密文献，秘而不宣，终致失传，可谓历史上一大损失。

他又将一份奏章交给次子刘璟，教诲道："为政之道，宽猛如循环，要有松有紧，有纵有收。澄清天下之时，应该号令严明，有罪必斩，以法治军；坐天下之时；尤其是现在，正处在休养生息的关键时期，必须修明德政，减省严刑，实施仁义，祈天永命。各形胜要害之地，要与京师声势联络。我本想做一份遗表，说明上述观点，只因胡惟庸在位，作了也没有什么作用，反而会贻害于你们。但我坚信，胡惟庸必定要出事，他事发后，皇上必定又会思念我，如果他向你们问起我的情况，你可将这份机密奏章献上去。"

再说，自从杨宪、汪广洋相继因罪罢官后，胡惟庸总揽中书省，独断专行，滥用生杀黜陟的权利，逞淫威，结朋党，营私利。凡是内外各司进奏皇上的封事，胡惟庸先取来阅看，有不利于自己的疏奏，都被他压下，隐匿不予上报。朱元璋渐渐觉察到胡的反常举动。加之想起以前刘基对他说过的药石积腹的事，当时太祖还不在意，认为刘基是多疑，现在回想起来觉得其可能性很大，于是下令追查刘基的死因。胡惟庸知道事情终会败露，自计道："皇上草菅勋旧功臣，怎么会饶恕我？事发是死，起兵反叛也是死，不如先下手为强，不要束手待毙。"因之勾结一帮党羽，并联络倭寇、元兵，密谋重壁藏兵，杀害太祖，推翻明朝。因故事发，被太祖以谋反罪伏诛，牵连的人数以千计。刘基的预言应验了。

胡惟庸死后，刘基的两个儿子遵照父亲的嘱咐，向朝廷献交上《天文书》和密奏。太祖接过这些遗物，就像看到了这位老臣那颗赤诚的心，深深叹服刘基的大义大略。

这时太祖又记起了刘基说过的一句关于胡惟庸的话："小犊耳，将偾辕而破犁"，意思是说胡惟庸终究会搅得天下大乱。看毕刘基的密奏，更见出刘基预言的正确。他悔不该不听刘基的话，铸成大错。

洪武十三年，朱元璋颁布诰命，令刘基子孙世袭诚意伯爵禄。刘基虽然没有正式当过朝廷第一文臣丞相，但他德才兼备、功勋卓著，赢得了后人的怀念和尊敬，明武宗称他"渡江策士无双，开国文臣第一"。

唉,又是一出生前的悲剧,死后的喜剧!

民族英雄戚继光

戚继光是明代中后期著名的军事家。他率领的"戚家军",在几十年的时间里,转战浙江、福建、山东、上海、广东一带,平息了几十年来给东南沿海一带带来深重灾难的倭寇之患,为国家的安危做出了重要贡献,是明王朝中后期的长城与柱石。他晚年受到了不公正的待遇,忧愤猝死,所以几百年来,人们一直在怀念这位把自己的一生献给国家的民族英雄。

1.壮志凌云的将门之后

戚继光,字元敬,号南塘,山东蓬莱市人。生于明世宗嘉靖六年(1527 年),死于明神宗万历十五年(1587 年),父戚景通时任明朝登州的指挥金事,先祖戚祥曾是朱元璋的将军,几十年南征北战,最后死在战场。

戚继光

常言道:国平思相,国乱思将。戚继光所处的时代,正值明王朝从兴旺转向衰败的时期。明世宗朱厚熜是有名的败家子皇帝,他信任宦官奸佞,全国贿赂公行。为了修筑自己的寝陵,他耗费了数千万两白银,使成千上万的百姓倾家荡产。所以,当时有句谚语:"嘉靖,嘉靖,家家干净。"

内忧,必将带来外患。明王朝的腐败衰落,给当时的外国势力以可乘之机。十五世纪中下叶,远在东洋的日本,有一些专以习武、抢劫、不务正业的浪人,为了搜括钱财,成群结队地渡海来到中国,烧杀抢掠,无恶不作。这些亡命之徒登陆时,少则几百人,多则数千甚至上万人,给浙江、山东、江苏、福建、广东沿海一带的老百姓带来了深重的灾难。明王朝的腐朽军队又不是其对手,朝廷伤透了脑筋,又毫无办法。对于这些日本浪人,人们给起了个名字:"倭寇"。

这样的社会环境,客观上为戚继光提供了施展才能与抱负的时代土壤。

戚继光的先祖戚祥,曾跟随朱元璋南征北战,最后死在战场上。明王朝为了追念他的开国功劳,特准戚祥的子孙世袭登州卫(今山东蓬莱)的指挥佥事(正七品)。所以,戚继光以上的几代祖先,都担任这个中下级职务,防守地处沿海,常遭倭寇侵扰的登州达一百四十多年。所以,戚家的祖祖辈辈为明王朝立下了汗马功劳。

由于家风陶冶,戚继光从小就聪颖过人。将门之后以习武为主,可戚继光除习武之外,文学经史也时时研习,其文章得到他的私塾老师的高度称赞。他对戚继光的父亲戚景通说:"此儿必能光大你的门户。"于是,其父就给他取名为"继光",意即继承祖业,发扬光大之意。十三岁那一年,父亲戚景通想检验一下儿子的志向,就问他将来做如何人,戚继光脱口而出:"作霍去病与岳武穆耳。"十四岁时,生母去世。父又多病,家道逐渐衰落,有时甚至到了断炊的地步,但戚继光丝毫没有停止对国家时局的关心和兵法的研究。十六岁就参加山东乡试,并中了武举。

按明政府规定:世袭之职必须每年在规定的时间内去京城办理延期手续,过期不补。嘉靖二十三年(1544年),戚景通病危,就把儿子叫到跟前,拉着儿子的手叮嘱道:"国家多事,你又志在高远,定有前程,但当勿急勿骄,尽忠报国,努力做人。"并要戚继光立即启程去北京办理世袭手续。戚继光担心年迈多病的父亲,不肯北行。戚景通骂道:"呆子,人之能成大功者,当有缘由耳,你是站在高山上看得远,还是在平地上看得远?"意思是要戚继光不要丢了世袭之职,这对他以后的前程与发展大大不利。戚继光只好挥泪去了北京,回来后,老父亲已经长眠多时。

嘉靖二十三年(1544年),十七岁的戚继光做了登州卫指挥佥事,开始了他长达四十多年的军旅生涯。在指挥佥事位上,他每天除了处理公务外,就闭门读书。他对历代各大军事将领的用兵得失有了深刻的研究,这为他日后成为军事大家打下了坚实的基础,而且他立志要像古代那些军事名将一样,建功立业,名垂千古。

为此,他特写了一首五言绝句,以示己志:

云护牙签满,星含宝剑横;

封侯非我愿,但愿海波平。

嘉靖三十二年(1553年),明王朝提升戚继光为都指挥佥事,管理三营二十五卫所,负责防御山东沿海来袭的倭寇。戚继光到任后,立即着手进行改革。针对山东海防卫所残破、军无训练、纪律荡然无存的情况,大刀阔斧地整顿营所,训练士卒,严肃纪律,很快改变了卫所的面貌,海防得到了巩固。

嘉靖三十四年(1555年)秋,戚继光到浙江任都司佥事,参加了抗倭任务最艰巨的浙江战事。因功因才,得到了总督胡宗宪的赏识,推荐戚继光任参将,镇守倭寇出没频繁的宁波、绍兴、台州三府的广大地区。这一年,戚继光二十九岁。

2.名将东南战未休

戚继光能成为明以后的军事大家,主要有两个方面的因素:一是他几十年的实战生涯。他率军与倭寇血战数十百次,歼敌数十万,使倭寇闻名而惧,再也不敢犯边,彻底平息了东南沿海一带几十年的倭寇之患。二是他在长期的战争实践中,总结出了一整套选兵,练兵打仗的理论。这套理论集中体现在《纪效新书》和《练兵纪实》之中,湘军名将曾国藩认为戚继光的这两本书是最有价值的军事著作而爱不释手(注:今上海古籍出版社出版的《四库兵家类丛书》已正式收入了戚继光这两本书)。

嘉靖三十五年(1556年)九月,戚继光刚任参将不久就参加了浙江省慈溪县龙山所的战斗。当时倭寇只有八百人,而明军却有上万人。但是,上万人的明军竟然不能抵挡八百倭寇的三路进攻,并纷纷溃退。戚继光一见,急了,拔剑大呼:"不准后退,后退者斩!"并当场格杀了两个逃跑的士兵,但无奈兵败如山倒,遏制不住,眼见得明军就要大败。戚继光急中生智,连忙跳到一块高石上,一连三箭,射倒三个倭寇头目。倭寇见头目已死,顿时停止进攻,戚继光见了,连忙招呼溃退的士兵,重新组织向倭寇发动进攻,好不容易才把倭寇赶跑。

此次战斗给戚继光的印象实在是太深了：明军已经腐败得不能用了。于是，一个大胆的念头在他脑子里形成：另起炉灶，重建新军。否则，兵再多也无济于事。

　　同年十二月，戚继光就向上级起草了一份《任临观请创立兵营公稿》的报告，正式提出了自己的练兵建议。并说："诚得浙士三千，亲行训练，比及三年，足堪御敌。"报告送到浙江总督胡宗宪那里，石沉大海。

　　可戚继光并不气馁，再送上一份，胡宗宪只看一眼就把它丢在地上，说："练兵我也曾想过，浙江人要是能练，还轮得到你戚继光？"这时，他的幕僚提醒他："戚继光年轻气盛，既有此心，何不让他一试？他试不好也不能怪你，免得让人怨言。"胡宗宪觉得有道理，就拨三千人给戚继光，让他去训练。

　　但这三千兵的素质不好，成分很复杂。吸鸦片者有之，逛窑子者有之，偷鸡摸狗强抢民女者亦有之。戚继光面对这种情况，毫不退缩，痛下猛药，严格要求和训练，使这些兵油子苦不堪言，怨声载道，但戚继光丝毫不为所动。一个月后，围剿倭寇在山东最大的巢窝之一的岑港战役打响了。

　　在总督胡宗宪的指挥下，戚继光率领这三千人从左路出击。倭寇居高临下，据险死守，双方打得十分激烈。经过反复争夺，明军终于攻下了岑港。在这次战役中，戚继光率领的三千人尽管打得很艰苦，败坏军纪、矫情怯战的事时有发生，可战斗力较以前有了很大的提高。而最先冲进岑港内，摧坏倭寇最后据点的就是戚继光的部队。

　　戚继光大喜，觉得自己这步棋走对了，就向胡宗宪第三次提出练兵建议，而且这次练兵不像上次那样从已有的部队中调拨人员，而是另起炉灶，罢汰所有旧部，全部招募新兵。胡宗宪见戚继光练兵确有一套：一支军纪败坏、素质极差的军队，经他训练一个月，就增色不少。就同意了戚继光的建议，要他去招募三千人，组织训练。

　　戚继光的练兵，总共分为三部分：一是创立兵营，在军中置备帐篷，准备好行军用的物资和用具，做到进退无虞，行动自由，无后顾之忧。用今天的话来说是后勤保障跟上去。二是选兵。戚继光选兵有自己的一套理论，根据每个应募者的出身、履历、体格、武艺等条件,严格挑选,浮猥的小市民,过去打过败仗的老兵,沾染坏习气的二流子、地痞,一概不要。这三千人都必须是年轻力壮,武艺基础好的农民和矿工。据说戚继光还通过相学来选兵,如果此人打仗不能拼死,或者福气浅薄则一概摈斥在外。三是训练、招募了人,就开始认真组织训练,严格要求,一丝不苟。据说戚继光的严格训练几乎到了不近人情的地步。他有一弟也参加了这支部队。在一次长跑的体格训练中,其弟因身体稍差,中途开了小差。戚继光知道后,当着部队的面打了他弟二十军棍,还罚他再跑一次,戚继光骑马跟在后面,其弟昏厥在地。戚继光一见,二话不说,上去就是几脚。事后他弟埋怨他心狠,戚继光道:"慈不掌兵,到时,倭寇可不对你仁慈。"

训练内容有队形、格斗、体力和阵图。在战场上,戚继光十分注重整体的威力、团体的力量,而这种团体力量则通过阵图来体现。相传戚继光的鸳鸯阵曾令倭寇闻风丧胆,他的八卦连环阵在中国古代军事学里也占有相当的地位。

几个月过去了,戚继光把他们练成了一支铁军。经批准,在原来的基础上又增募了三千人,总数近达七千。以后,戚继光就带着这支部队转战东南沿海一带,战必胜,攻必取,倭寇望风而逃,老百姓称之为"戚家军"。哪里的敌情最严重,哪里就有"戚家军"。当时的宰相张居正高兴地对人言:"练兵有如戚继光,何虑倭患乎?"并把戚继光的练兵作为自己的政治改革中的一项重要内容,戚继光本人也受到张居正的高度信任和倚重。

嘉靖四十年(1561年)四月,倭寇大举进犯浙江的象山、奉化、宁海等十数个地方,兵力达数万人。五月初,倭寇以数千兵力佯攻宁海,以调动明军主力于宁海,然后以大军袭台州。浙江总督胡宗宪命戚继光御敌,戚继光欣然领命,决心好好打一仗以壮军威。

当他识破倭寇的企图后,佯顺敌意,以一部分兵力趋宁海,主力埋伏于台州。倭寇攻宁海不胜,想调明军主力又未成功,只好改变计划,转而攻台州。不料明军早有准备,戚继光又及时从宁海赶来,与倭寇大战于台州城外。此时的明军已是经过严格挑选和训练的"戚家军",个个奋勇冲杀,无不以一当十。倭寇大吃一惊:没想到明军突然变得如此英勇善战,就不支而溃。见倭寇溃逃,

"戚家军"急起追杀四十里,斩敌数千,生擒倭寇头目两人。剩余的残寇见陆上无路可逃,只好跳海,结果全部被淹死。这一仗打得漂亮,"戚家军"仅阵亡三人。

倭寇由于在浙江遭到严重打击,只好把进攻重点移向福建。嘉靖四十二年(1563年)八月,福建的福宁、漳州、泉州均有倭寇入侵。福建巡抚向朝廷告急,嘉靖帝指定戚继光赴闽。入闽后,"戚家军"纪律严明,作战勇敢,戚继光本人也身先士卒,指挥有方,四战四捷,歼敌五千多人。剩余的倭寇乘船从海上逃走。只有一年时间,福建的倭患基本消除,全歼上万人。

嘉靖四十四年(1565年),广东的倭寇与当地土匪吴平相互勾结,兵力达到数万人。广东深以为患,向朝廷告急。明王朝又指派戚继光入粤。入粤之后,戚继光采取以打击倭寇为主、对当地土匪剿抚并施的战略方针。经过两年艰苦的战斗,歼灭倭寇、土匪达三万多人,全部消除了倭寇及山匪之乱,广东又告平静。

随着东南沿海一带倭患的平息,北方又起狼烟。远在大漠深处的元王朝的残余势力趁明朝内忧,纷纷南下骚扰边界,严重的到达了喜峰口和居庸关。北京形势告急,明王朝只好又调戚继光北上镇守边陲。穆宗隆庆二年(1568年),明王朝晋升戚继光为都指挥使、总兵官,总理蓟州、昌平、辽东、保定军务,节制四镇。

戚继光受命之后,先从南方调去以戚家军为骨干的精兵两万人;到北方后,又加紧修筑长城和烽火台,并坚持军事训练,严阵以待。蒙古军见明朝防守严密,只好打消了南下的念头。如今北京及山海关一带的长城,大部分就是戚继光负责修建的,在当时,确是起到了很大的防御作用。

连续多年的南北转战,消除倭患,镇守北方,戚继光及"戚家军"因而名重天下,明王朝对此也刮目相看。因功,明王朝拜戚继光为太子太保、左都督,后又加封太子少保,位极人臣。

3.忧愤猝死

历史学家认为,中国古代的名将群中,戚继光还算是幸运的。其实,戚继光的幸运只不过是他没有像袁崇焕一样被五马分尸,没有像岳飞一样,父子三人同时被绞死在风波亭上而已,如作为有大功于国的一代名将,戚继光的结局应该说也是悲惨的。

万历十年(1582年),明朝著名宰相张居正死后,朝中的守旧势力纷纷复辟,打击、废除张居正进行的一切改革措施,而这些守旧势力的总代表就是万历皇帝朱翊钧。

朱翊钧是张居正的学生,因为张居正为人严厉,朱翊钧最怕他。还在他当太子时,只要是听到张居正的声音,就屏声敛气,规规矩矩。所以,张居正死后,朱翊钧大喜过望。相传他喝了一天酒,睡了两天,以示庆贺。同时,也开始对他的老师大打出手,首先,派人抄了张居正的家,把其家人流放到边疆;其次,废除张居正的一切新法。朱翊钧觉得这还不够,就对与张居正关系密切的文武大臣,贬的贬,降的降,全部逐出朝廷。

理所当然,曾被张居正倚为长城的戚继光是朱翊钧最先打击的对象。

一五八二年底,万历皇帝下诏免除戚继光的太子少保之职,两个月后,又免去戚继光的节制北方四镇的左都督职务;万历十一年(1583年),戚继光奉命离开北京去镇守已平安无事的广东,任巡抚之职,不久,又被贬为都指挥使。

戚继光见自己一而再、再而三地被贬,就觉得再留恋禄位已是凶多吉少了。万历十三年(1585年),就以自己有病为由,向万历皇帝上疏,请求批准退休。朱翊钧一见疏章,立即朱笔钦准同意。于是,戚继光只好离开生活了几十年的军营去了山东老家当普通老百姓。回家后,靠延师教子,修桥立庙,或整理文稿打发时光,这一年,戚继光还不到六十岁。

但是,即使退休回了老家,戚继光也没有安稳日子过。不久,朱翊钧又唆使其大臣攻击戚继光,说他夸大战功,欺骗国家,沽名钓誉,以干俸禄,说戚家军也并非百战百胜,只是偶尔打了一些胜仗,如此等等。戚继光知道后,半言不发,因为他知道是皇帝的主意,乱说不得。但他作为将军,可杀不可辱,尤其不允许抹杀将壮士们流血取得的战功。所以他每天只好在家喝闷酒,也不与家人谈话,有时也偶尔自言自语地叹气和流泪:"我不要功劳,但也不能中伤我。我转战五省,歼敌数十万,身上负伤十数处,难道这些都成了罪过?"

万历十五年(1587年)十二月的一个深夜,戚继光突然心脏病发作,家人把他扶到床上后,只听见他的嘴里嘟哝一些谁也听不懂的声音,也许是表达皇帝对己不公的愤慨吧!第二天早上待家人前去看望时,他已全身僵硬如石了。

按明王朝的政策,凡有大功于国家的将军,子孙都可世袭其禄,多则十几代,少也有三五代。可戚继光的儿子承袭的还是他的先祖戚祥的爵禄:登州卫指挥佥事。

封建王朝是残忍的、寡恩的,但人民永远不会忘记戚继光。

明末的忠诚良将袁崇焕

一六四四年七月,随着明思宗朱由检吊死北京景山,立国二百七十六年的朱明王朝宣告结束。朱由检上吊前怕城破被辱,拔剑砍死了皇后、妃子及自己的女儿。他一边砍一边喊:"你为什么要生在帝王家!"其实,这场悲剧是朱由检一手造成的,是他刚愎自用、偏听偏信而错杀了一个人,那就是明朝后期的忠诚良将袁崇焕。

1.明朝末期的北方长城

袁崇焕,字元素,广东东莞人。又说他是广西贵县人。他生于明神宗万历十二年(1584年),死于明思宗三年(1630年)。从他万历四十七年(1619年)中进士到被冤死,虽说只有短短十多年的宦海生涯,却留下了值得后人深思的惨痛的一页。

袁崇焕

袁崇焕所处的时代是一个风雨飘摇、内忧外患,国将不国的时代。

明王朝到了神宗朱翊钧执政,可说是一个转折点。著名宰相张居正死后,朝中再也没有人谈论改革朝政一事了,国势从此一落千丈。朱翊钧又是中国历史上最荒唐的一个皇帝,一生在位四十七年就有三十多年不上朝接见大臣。一天到晚深居宫内与宫女、太监做生意,或派太监负责开矿,自己分红,或是与宫女在深宫摆货摊子做生意,自己执秤杆。

朱翊钧一天到晚这样胡闹,国家大事全部交给他最信任的大太监魏忠贤。魏被封为九千岁,人称魏公公。从此,魏党阉竖把持朝政,结党营私、贪赃枉法,卖官鬻爵,把明王朝搞得乌烟瘴气,而老百姓则啼饥号寒,饿殍遍野。万历三十八年(1610年),黄河泛滥,水灾肆虐,千百万百姓无家可归,上万人葬身鱼腹,惨不忍睹。

这种情况,终于激起了农民大起义。当时起义军的主要首领是陕西米脂农民李自成。他因受不了官府的压迫,揭竿而起,投靠了他舅舅高迎祥的队伍。不久,高迎祥战死,李自成接管了他的部队,号称闯王。当时除了李自成外,还有西南的张献忠。两股起义大军攻城掠地,镇压贪官污吏,屡败明王朝的军队。天下又群起响应,起义烽火燃遍大江南北,明王朝的统治摇摇欲坠。

就在李自成、张献忠起义的同时,东北大地上的努尔哈赤后金政权则对明朝怀着叵测的居心,虎视眈眈,寻找可乘之机。努尔哈赤在国内创立了一种兵民合一的八旗军事制度,使得后金兵强马壮,声威赫赫。在萨尔浒大战中,后金全歼明朝关外的主力,山海关以北的广大地区几为后金所有。努尔哈赤死后,他的第八个儿子皇太极继位,皇太极在巩固了东北的政权之后,开始厉兵秣马,准备出关与明王朝决一雌雄了。

在农民起义和后金政权这两大威胁中,对明王朝威胁最大的是后金政权。因地理位置的关系,后金政权的首都沈阳和明朝首都北京相距甚近,只要经过辽西走廊、山海关,就可直达河北平原。所以,为了消灭后金政权,明王朝不惜血本,把在关中与李自成作战的部队调到关外与努尔哈赤作战,像左良玉、熊廷弼、洪承畴等战将也都被调到关外战场。

但是,这些将领无一是努尔哈赤和他儿子皇太极的对手,不是战死就是被俘。因此,明王朝需要一位得力的将领镇守山海关一线,以阻金兵入关,而袁崇焕就是在这种特殊的历史条件下升起的一颗军事新星。

袁崇焕为人性忠梗,好坦然直诉,不避左右,只要对国家有利的事,不畏谗言,敢说敢干。一六一九年,袁崇焕中进士,授福建邵武县的知县。他到任后,除留心民情外,还钻研军事,经常与同僚谈论边防上的形势,对于国家积弱,后金猖獗,常常扼腕不已,闭目长叹。

熹宗天启二年(1622 年),袁崇焕受"天下兴亡匹夫有责"的思想感召,不顾同僚的反对,只身进京,向刚即位的明熹宗朱由校进言,上疏《平金十策》,系统地讲述自己的防御方略。小小的知县在偌大的北京渺小得微不足道,可御史侯恂觉得他是个人才,有胆气、有见识,就奏请明熹宗破格把袁崇焕从地方调到边关搞军事。明熹宗此时也正需要人才,又很欣赏袁崇焕的胆识,就擢升他为兵部职方主事,负责边防上的军事调动事宜。

袁崇焕一到任,就单枪匹马,便装儒服到山海关一带考察边防情况,有时连他家里人也不知道他到哪里去了。一个月后,他回京述职汇报,把边防的情况调查得清清楚楚,哪里可以驻兵,哪里可以阻敌,哪里可以屯粮和防守,了如指掌。明熹宗一听,大喜:"边关从此得人矣。"当即晋升袁崇焕为兵部佥事,监军关外,并拨给他帑金二十万两,命他招募兵马。袁崇焕也不负君望,在关外亲自指挥,整饬边备,修筑城池,先后修复边镇数十处,开疆二百余里。为酬袁崇焕之功,明熹宗升他为将军,镇守宁远,从此,袁崇焕正式成了明王朝的重要边将。

袁崇焕也十分感激皇帝对他的提拔,决心在保卫边关的对金战争中干出更大的成绩来。有一次,袁崇焕的母亲病故,他接到噩耗后正在前线,就买了些纸钱和酒肉,一边哭一边烧:"忠孝不能两全,只能求母亲的在天之灵宽恕!"

当时把持朝政的仍是大宦官魏忠贤,袁崇焕曾受此人排挤而闲置十多年。他最担心此人破坏抗金大业,为防止魏在皇帝面前说自己坏话,袁崇焕就预先提醒明熹宗不要听信谗言。

有一次,袁崇焕回北京向皇帝汇报边关军务时,明熹宗道:"只要能守先王之社稷,你有什么要求,只管奏于朕。"袁崇焕直言不讳:"臣无其他,只有一点,就是陛下不要听小人之谗。"明熹宗道:"卿何出此言?"袁崇焕道:"臣拥兵在外,整天在陛下身边的都是您信任的人,如果我勇敢杀敌,敌人就要仇恨我;如果立下大功,其他人就要嫉恨我。这样一来,诽谤中伤的书信,就会装满箱子;诋毁我的言论,您就会天天听到。自古功臣功亏一篑的原因就在这里。只有英明的君主,才不会听这些谗言,君臣才会互相信任,国家才会安稳。"

明熹宗听后,很赞赏袁崇焕的忠直之言,说:"只要能固社稷北疆,朕岂能误听人言有误祖宗的基业乎?"于是,他向袁崇焕保证:决不信谗,不让流言干扰军事行动。同时,任命袁崇焕督帅蓟、辽、登、莱、天津军务,让他独当一面,放手去干。

果然,袁崇焕没辜负明熹宗的厚望,像一堵长城一样,矗立在山海边上,使后金不敢越雷池一步,并在关外大败努尔哈赤。

天启六年(1626年),镇守辽东的明将高第畏金如虎,见努尔哈赤咄咄逼人,就认为关外守不住了,主张将驻守边城的将士向关内撤退。这是一项非常错误而又愚蠢的战略决策:能守住山海关,是因为有辽东这块战略缓和地带,如弃辽东不守,就等于把山海关暴露在敌人的炮火下,河北必将震动。所以,撤出关外无异于逃跑、自杀。

袁崇焕听后,坚决反对,气愤地说:"锦州三城刚刚收复,岂能轻易让给敌人?这些城市地处前方,如果我们放弃了,后方的城市也要为之震惊,关内也失去保障,这是亡国丧军之言。"但高第不听,坚持要袁崇焕从宁远撤军。袁崇焕怒气冲天:"要撤你自己撤好了,我是镇守宁远的主将,定与此城共存亡。"高第真的撤出关外,把守卫关外的任务交给袁崇焕这支孤军。

在沈阳的努尔哈赤了解到宁远只有袁崇焕一军防守时,大喜,以为是统一关外的时候到了。他就亲率大军,西渡辽河,直扑宁远。袁崇焕见努尔哈赤亲自率军,知道必有一场恶战,就召集诸将商议,决计死守。袁崇焕为激励士气,当场刺臂书写血书,表示血战到底的决心,全军将士见主将勇气如此高昂,个个宣誓效死决战。

在战术上,袁崇焕针对金军野战是其长,攻城、短兵相接是其短的特点,利用宁远坚固的防御工事,充分发挥箭、石和火炮的威力,使善于骑射的八旗兵难以发挥其所长。努尔哈赤多次攻城未下,伤亡惨重,连他本人也被炮火击成重伤,只好下令撤军,回去后就死了。他死前恨恨不已地说:"我用兵三十年,还没有如此败过。"

宁远大捷的战报传到北京,明熹宗兴高采烈,手拿战报朝大臣挥舞,当众表扬袁崇焕:"为将有如袁崇焕,何虑金狗?"下玺书奖励,提升袁崇焕为右佥都御史、辽东巡抚加兵部右侍郎衔,其他职务不变。

一六二八年,明熹宗朱由校死,其弟朱由检即位,史称明思宗年号崇祯。朱由检是明王朝的最后一位君主,即位时十七岁。他很想有所作为,重振大明气象。他上台的第一个大动作就是把魏忠贤下狱处死,清除了朝中的一部分魏党,把政权牢牢地控制在自己手里。

在军事上,他倚重袁崇焕。即位后不久,朱由检就把袁崇焕从辽东召来北京,询问军政大计,要怎样才能把北方的防务搞好。袁崇焕还以为朱由检与他哥哥朱由校一样,是个用人不疑的皇帝,就直率地回答:"如陛下能给臣方便条件,五年内当为陛下肃清关外后金势力。"朱由检问是哪些条件,袁崇焕道:"户部转军饷,工部转器械,吏部用人,兵部调兵遣将,同时,陛下还要给我相应的权力,让我见机行事,方可有济。"

朱由检当面答应了袁崇焕的要求,并把四部大臣召来,严令他们配合袁崇焕,巩固山海关的防务。为表示对袁崇焕的信任,朱由检还赐给他一把尚方宝剑,一切可便宜处置,同时又特加他兵部尚书兼太子太保衔。

按理,袁崇焕可以放心大胆地施展自己的雄才大计了。可事实上并非如此,皇帝赐的尚方宝剑最终砍到袁崇焕自己的头上。

2.五马分尸的悲惨结局

中国古代那些军事大家之所以能立功疆场,最终拜相封侯,在很大程度上是他们遇上了明君,如果遇上昏君,不要说立功,能保住脑袋已属万幸。而明思宗朱由检却是一个昏君。史书上说他:"有志振社稷,又素自用,生性多疑。"不信人,又好自负,喜臣子阿谀奉承他,这样的君主很容易被臣子所骗而上当。因此,像袁崇焕这种性率直又忠梗的大将是很难与朱由检这样的皇帝同在一条船上的,悲剧的发生只是时间问题。

后金首领努尔哈赤中了袁崇焕的大炮而死,死前对儿子皇太极说:"袁崇焕乃吾之劲敌,尔当慎之。"也确实如此,自从袁崇焕镇守辽东山海关后,北方相安无事,后金虽发动过几次攻势,也未占到便宜。因此,袁崇焕对于皇太极来说,是一颗卡在喉咙里的硬核。皇太极见攻不下袁崇焕的防线,就想诱降,答应事成之后,许以高官厚禄。

袁崇焕一见后金使者,大怒:"尔金狗敢诱降?我生是大明人,死是大明鬼。"要杀后金使者,部下劝他,说两国相争,不斩来使。袁崇焕道:"斩使以示威。"说完,把后金使者的人头砍下,悬挂在城墙上。皇太极得知后,大恨之,并死了诱降之心。

皇太极见从山海关的正面攻不破明军的防线,就采取大迂回的战略,避开山海关,绕道千里蒙古大草原,从喜峰口南下,直扑北京,即使不推翻明王朝,也要从心理上给对方以雷霆般的打击。

崇祯二年(1629年)十一月,皇太极亲率后金军数十万之众,绕道古北口袭入长城内,进占遵化等地,然后越蓟州而西,骚扰通化,进围北京。此时的明王朝已成为一个空壳,主力部队不是被调去打李自成,就是调入辽东防守后金。在后金的强大攻势下,巡抚王元雅、总兵朱国彦战死,形势万分危急。这时,朱由检只好命令在辽东的袁崇焕火速回京护驾。袁崇焕接诏后,星夜率军驰入京城,与皇太极大战十几场。皇太极不支,只好北撤蒙古。走时,沿途放火烧了一些民房,抢掠了一些物资,并掳走了一些明太监及宫女。

皇太极在北京又遇上了劲敌袁崇焕,心里很不舒服:"好个袁崇焕,又使我功亏一篑。"这时,他的军师范文程对他说:"陛下勿忧,杀袁崇焕只在眼前。"并在皇太极耳边嘀咕半天,要他如此如此,皇太极一听,面露喜色,不住地点头。

于是,皇太极把抓到的两个明朝宦官各押一处,有意放松看管。同时,让手下人故意议论袁崇焕很快就要投降后金的情况。一个叫杨春的宦官听到此事后,不知是计,喜不自禁,以为可以立一大功了。他连夜逃回北京,向崇祯皇帝报告了袁崇焕将要与后金作城下之盟重要的情报。

这本是皇太极的反间计,想借崇祯皇帝之手除掉自己的劲敌,而且实施得也非常蹩脚,稍有头脑的人一眼就可瞧穿。

但就是这么一个圈套却在明王朝内部掀起轩然大波。魏忠贤的余党王永杰、高捷等人乘机向皇帝告了袁崇焕两条大罪:里通外国和目无君上,擅杀大将以立威,别有图谋。并且为了加重告状的说服力和可信程度,还把袁崇焕向皇帝的上疏和工作上的某些失误也拿来作为证据。

事情是这样的:明熹宗时,袁崇焕刚接手辽东防务。针对敌我双方情况,金军没有大举进攻,而明军也需要时间调整战略,加强防务。此时如果后金想议和,明军可以与后金谈判以争取时间,加强防务,为大战做好准备。主意已定,袁崇焕就上书明熹宗。可此奏一出,朝中哗然。尤其是魏忠贤的阉党更是攻击迭起,说袁崇焕里通外国,想与后金作城下之盟,是投敌,要弹劾他。可明熹宗保了他:"和与战,是将军分内事,他能与朕坦明心迹,忠殊可佳,何来的投敌?"说明明熹宗的头脑还是清醒的。

其次是关于擅杀大将以立威的罪名。朱由检上台后,为了鼓励袁崇焕,让他放手去干,就特赐尚方宝剑,遇事可先斩后奏。其实,这是一种荣誉,不是权力。可袁崇焕不这么想,他认为既是皇上赐的特权,为了国家就应大胆使用。有一次,袁崇焕获悉据兵镇守渤海东江岛上的总兵毛文龙贪污军饷、广招商贾、贩卖鸦片、强占民女,致使部队战斗力下降,屡败于金兵,民愤很大。袁崇焕为了整肃军纪,提高战斗力,在东江岛视察时,就把毛文龙抓起来,宣布了十二条大罪,然后抽出尚方宝剑,把毛文龙当众砍了。

事后,袁崇焕上报朝廷,自请处理,崇祯帝心里想:这小子真敢干,要他先斩后奏,果然有恃无恐。但人已死了,只好表面上安慰袁崇焕几句,但心里已对他很不满意。袁崇焕的这种做法与崇祯帝刚愎自用的个性发生了激烈的冲突,他认为袁崇焕这样做是逆君行为。

果然,朱由检听了宦官的情况汇报,看了魏党的上疏,认为此事不简单,事出必有因。同时,他把袁崇焕前后所作所为连贯起来分析,认为这种可能性并不是没有,而且明朝多难,后金势大,人都想求富贵。因此,不趁早下手,就悔之晚矣。于是,朱由检下诏要袁崇焕进京朝见,然后趁机把他打入大牢。"

其实,魏党构陷袁崇焕的这两条罪都不能成立:上疏与后金议和是袁崇焕作为边关大将向皇帝汇报工作和提建议,是正常的组织程序,何来的投敌?其次,袁崇焕斩杀毛文龙从程序上说确是有失误,斩杀将军之事权应由皇帝定决。可毛文龙并不是没有可杀之罪,而且朱由检又给了袁崇焕这个权力,为了军情的需要,将在外,君命有所不受,袁崇焕也无可厚非。但是,袁崇焕是与昏君共事,是为垂死的王朝出力,一切都在不正常的关系下运作,所以,他越忠直,给人抓的把柄就越多,罪恶就越大。

按《大明律》:通敌与逆君是十恶不赦的大罪,到此时,袁崇焕就是浑身是嘴也不能分辩了,结果他终被昏君及奸党送上了断头台。临刑那天,袁崇焕痛呼冤枉。刽子手见他说话,就用刀在他嘴里一剜,顿时鲜血直喷。然后,刽子手根据崇祯帝的命令,对袁崇焕实施碟刑,一代忠于国家的战将就这样悲惨地五马分尸了。

袁崇焕死后,辽东再也没有人能抵挡皇太极的进攻了。可以这样假设:如果不杀袁崇焕,那么山海关可以固若金汤,明王朝则可集中全力打击李自成。同时也就不会有李自成进北京,崇祯皇帝上吊自杀之举了。

所以,《明史·袁崇焕传》里说:"自崇焕死,边事益无人,明亡征决矣。"一直到康熙四十一年(1702 年),由清王朝内务府公布的皇太极的反间计真相,天下人才知道袁崇焕是冤死。

郑成功光复台湾

郑成功是中国历史上的知名人物,民族英雄,在明末清初那种天崩地裂的年代里,面对满清政权咄咄逼人的军事攻势,知其不可而为之,一心想光复大明王朝。他数度北伐,惨败而归,充当了壮烈的悲剧角色。在这种退无所退的情况下,他毅然率军渡海进攻台湾,第一次把台湾从荷兰外国殖民者的占领下解放出来。郑成功不仅获得了民族英雄的称誉,而且在军事上也获得了极大的成功。

1.亡明的忠臣

郑成功,字大木,原名郑森,生于明熹宗天启四年(1624年),死于康熙二年(1663年)。其父郑芝龙原是一个从事海上贸易的

郑成功

商人,因为人狡猾,经商有方,在海外发了大财,并在日本的河内浦娶了一个叫田川枝子的女人为妻,生下郑成功,所以,郑成功是个混血儿。但是,郑成功从小的正统、忠君思想很浓,大汉族优越感极强。七岁时,就要求回中国,其母田川枝子问他:"汝国内多难,何能为也?"郑成功道:"吾乃明人,生为大明人,死为大明鬼。"强烈要求回国,田川枝子无奈,只好把他交给其父郑芝龙带回国内。

回国之后,正值中国国内的多事之秋。由于明朝末年政治黑暗,官僚腐败,社会危机十分严重,加上水旱灾频繁,所以处于社会底层的农民纷纷举行起义。一六二七年,即郑成功出生后的第三年,中原、关中爆发了李自成、高迎祥的起义。经过十几年的艰难奋战,以李自成为首的起义军推翻了北京的明王朝。结果崇祯皇帝吊死景山,李自成当了皇帝,国号大顺。

这时,盘踞山海关外的满清政权见中国内乱,就想伺机入侵,占领北京。此时,恰好镇守山海关的明朝总兵吴三桂为报杀父之仇,就率军投降了满清,并与满清军一道,向北京凶猛扑来。在北京的李自成不敌满清主力,就退出北京。满清进驻北京,正式开始了对中国长达二百六十多年的统治。

满清进驻北京之后,继续挥军南下。这时,明王朝各级官吏有的南逃,有的投降,但明朝政府的爱国人士则纷纷组织抵抗,使满清军队在南下时遭到了猛烈的阻击。其中,扬州总督史可法的抗清斗争是最为可歌可泣的一个例子。

南方的军民除了纷纷组织军队抵抗之外,还把明王朝往南迁移,在南方拥

立明皇帝的后代组建政府。南明政权与满清王朝公开分庭抗礼，并领导人们的反清武装斗争。

清世祖顺治二年（1645 年），朱元璋的九世孙朱聿键在郑鸿逵、郑芝龙、黄道周、吴春等人的拥戴下，在福建称帝。他们以福州为首都，改元隆武，开始了偏安一隅的政治格局。二十一岁的郑成功这时正式开始加入抗清斗争的行列。由于他是郑芝龙的儿子，可以经常随父入朝。朱聿键与他谈得十分投机，并封郑成功为忠孝伯，还赐姓"朱"。

郑芝龙是商人出身，狡猾、唯利是图是其本性，他之所以拥立朱聿键是想捞取政治资本，如果朱聿键在南方站稳脚跟，他就是再造社稷的开国元勋，就会像宋高宗赵构的功臣那样，荣华富贵享受不尽。但是，满清军队并不以占领黄河以北为满足，继续南下，占南京、攻杭州，尤其"扬州十日""嘉定三屠"那种惨无人道的大屠杀，使郑芝龙吓破了胆。他觉得偏安的局面是靠不住了，于是就想投靠满清以保富贵，并与满清招降人员私下频频往来。

这一切，都被郑成功看在眼里，他对其父的这种叛变行为很是愤恨："大明何负于你？现皇室危难，汝在自保。"郑芝龙见儿子这样说，大骂："犬子何知？明朝覆亡，贤愚皆知，我不能看着我积累的万贯家财毁于一旦。"郑芝龙不仅自己准备投敌，而且还动员时任礼部尚书的弟弟郑鸿逵一块走。

有一次，朱聿键问郑成功："芝龙、鸿逵，朕将焉依？"意思是在郑芝龙、郑鸿逵这两个人里，他依靠哪一个。郑成功非常忠诚和坦率地告诉朱聿键："臣父臣叔，皆怀不测，陛下宜自为计。"意思是两个人都靠不住，要皇帝早做准备。朱聿键一听，大哭起来："奈何？"郑成功一听，指着自己的头，说："陛下宽心，此头此血，久已许之陛下矣！"下定了抗清复明的决心。见自己父亲如此，郑成功索性不回家，住在军营里，与水兵、马步军整天生活在一起。

顺治三年（1646 年）八月，清兵攻入福建，作为时任明朝兵部尚书的郑芝龙通敌撤防，使清兵长驱直入，郑鸿逵不战而逃。朱聿键只好逃走汀州，被清军所获，送入福州处死。九月，郑芝龙公开投降，郑成功跪在地上对父亲哭诉："自古以来，投降叛变乃人臣之大恶，你要再三思考。"但郑芝龙根本不听，自带五百人到清营投降。

郑芝龙投降，明军无帅，在这种情况下，郑成功自告奋勇，承担此责。他深恨父亲的叛变行为，拔剑割断自己的头发，表示与郑芝龙断绝父子关系。然后他在鼓浪屿誓师，设高皇帝（朱元璋）神位，自称"罪臣朱成功"，招集逃散旧部，训练士卒，整理船只，并在军中自制一面大旗，上书四个大字："杀父报国"！因之，军威大振。

一六四七年，朱由榔即位于广东肇庆，年号永历。次年八月，郑成功派人去肇庆朝贺，朱由榔封郑成功为威远侯，后又晋封广平公、漳国公，此后郑成功一直用永历年号。

因郑成功的积极备战，清军在攻下福州后，沿海一带一直久攻不下。从一六四六年到一六五三年的七年中，郑成功一直在东南沿海一带组织抗清斗争，并以厦门，金门为根据地，向外扩展到海澄、长太、漳浦、潮州、潮阳、惠来。他占领了一大片土地，发展壮大了队伍，为以后的几次北伐打下了基础。

顺治十二年（1655年），郑成功开始第一次北伐。他采纳了参军冯澄世的"保全实力，诱敌深入"的方针，发扬自己之所长，全师退守厦门。同时他派出两路大军：一路由黄廷统兵二十镇南下，抵抗广东方面清军的进攻；一路由甘辉统兵二十镇北上，向台州进攻。南下部队迅速攻克广东揭扬、海澄、普宁等地；北伐部队与抗清将领洪旭、陈六御等人会师，进入台州港。顺治十三年（1656年）四月，清军调集沿海各湾的船只，从泉州港出发进攻厦门，郑成功立即派出船队迎击。两军在海上展开决战。由于清军缺乏海上作战的经验，又在战斗中间遇上飓风，结果损失惨重。郑成功乘势率大军北攻闽安，进围福州。由于福州城坚守备强，郑成功久攻不下，遭到清军援军的夹击。郑成功腹背受敌，只好下海退走。

顺治十四年（1657年）年，清军大举进攻逃到云南的明永历帝朱由榔，情况十分紧急。朱由榔派人要郑成功从东面出兵，牵制清军，以减轻云南方面的压力。于是，郑成功组织了第二次北伐。他任命洪旭、陈辉留守厦门基地，自己率大军北上，入浙江海门港，攻占黄岩，进围台州，敌守将投降。台州既下，周围各县纷纷归降，军威大振，浙江全省震动。永历帝得知郑成功胜利的消息后很高兴，就派使臣到厦门晋封郑成功为延平郡王、招讨大将军，允许委任文武官员。郑成功也志气干云，准备大举。这时，传来清军攻陷了闽安镇，并向厦门进军的消息，郑成功恐两处有失，自己退无所归，不得不结束了第二次北伐。

两次北伐失败，郑成功从战略上认真地进行了总结：一是兵力不够强大，二是攻击手段不够迅速猛烈，三是目标不够远大，仅在沿海一带作战，对满清政权不能起到震撼和威慑作用。于是，志在恢复中原的郑成功，于顺治十五年（1658年）五月，很快就组织了第三次北伐。

他通令各提督及各镇各营，除奉命留守者外，悉数出发，总兵力达十七万人。出发前，郑成功重申军令，严禁奸淫、焚烧、掳掠和宰杀耕牛等，违令者斩！一路上，出征大军纪律十分严明，受到了人民群众的热烈欢迎，并连打胜仗。七月，北伐军到达舟山，因遇到飓风，只好暂停北伐，一边补充船只，一边准备粮食。第二年五月，北伐军越过长江，一路上破州夺县，直扑南京，先后攻下了四州二十二县。七月六日，郑成功率八十三营近三十万人的大军把南京团团围困，清朝为之震动。

清军驻南京的总督郎廷佐见全城被围，吓得无计可施。这时，他派入郑成功营中的奸细朱衣佐回来了，对郎廷佐献计："郑成功年轻好胜，计未必全，以好言惑之，拖以时日，则外军云集，我又固守御敌，破郑必矣。"于是，郎廷佐派人到郑成功营中假意投降，提出给三十六天时间以为清理粮草、部曲卒伍。郑成功见南京已成煮熟了的鸭子，不会飞走，于是就同意了清军的投降方案，对南京城只围不攻，坐等敌人投降。而清军利用这三十六天时间，进行认真准备，乘郑成功生日诸将纵酒庆贺的时机，出奇兵击溃明军两个营。之后，又尽出全城兵力，借得胜之威和明军戒备松懈之际，全面出击，明军溃败，只好全线退回镇江。以后又退出镇江，瓜州等地，回到厦门、金门基地，第三次北伐又失败了。

2.败不离湾

清军见郑成功一再北伐，深以为虑。想趁明军在南京败退的时机，一举歼灭。就率兵猛追,追到福建福州一线时,清军再也不能前进一步,并遭到郑成功率领的明军的拼命阻击。清军见郑成功损失惨重,知道他在短时期内不会有大的作为,就派重兵进驻福州一线,把郑成功逼退到厦门、金门一处弹丸之地。因厦门、金门地窄粮少,时间一长,要支撑大军给养,必难维持。清军想以此逼郑成功投降。

要进行长期艰苦的斗争,必须要建立巩固的根据地,厦门、金门二岛地小力单,不易防守,急需寻找一处地大、物丰、易守的根据地才能长期坚持抗清斗争,为此,郑成功忧心忡忡。

关于郑成功横渡台湾海峡,光复台湾历有两种说法:一种是正史。当时的台湾荷兰总督揆一见郑成功在厦门、金门、马祖一带活动,且兵多将广,是一支不可忽视的力量。揆一担心郑成功骚扰,就派一个叫何廷斌的翻译来见郑成功,商讨双方在台湾海峡友好相处,互不攻击一事。而这个何廷斌是一个有爱国思想的人,他久闻郑成功忠贞为国、'胸怀大志,现处境困境,想帮他一把。他向郑成功献计说:"将军久处厦门、金门一带,地窄粮少,非久处之计。台湾本是中国领土,地方沃野千里,便于同海外通商,进可以从此地出击,退可作为后方基地,是一个很有发展前途的地方。"同时,何廷斌还向郑成功献上了台湾地图,说明台湾与大陆隔海相望,顺风鼓帆,朝发夕至。郑成功听后,十分高兴,对何廷斌说:"自古以来成大事者,皆须深根固本以为久计,虽有困挫,终济大业,先生之言,正合吾意。"于是就委任何廷斌为参军,参与进攻台湾事宜的军事谋划。

另一种说法是野史和传说。郑成功败退南京、退据厦门一带时,前有大海,后有清兵,军逢新败,士气低落。以后的发展如何,郑成功心中无数,长吁短叹不已。有一天晚上,当郑成功在海滩上踱步时,一个飘逸神仙的道士来到他的跟前,说:"将军独步沙滩,莫非心有所难?"郑成功见是出家人,人也不猥琐,就直言相告。道士道:"将军志在兴明,忠义贯日月,贫道钦仰。但水顺则清,势所必然。大明气数已尽,将军无力回天。如要为三军前途和子孙考虑,唯有一法。"说着,对郑成功说出八个字:"攻不离门,退不出湾。"要郑成功以厦门、金门为前哨基地,把台湾作为大后方根据地,进可攻,退可守。

　　郑成功是很有军事头脑的人,立即认识到这是使自己摆脱困境的唯一选择。一旦目标已定下,他立即召开各级官员和将领的会议,大修船只,备办粮食物品。在军事会议上,郑成功分析了敌我双方的形势,说:"北伐已成无望,反清复明之志未泯。为当今计,进攻台湾以为根本之地是为上策,可以生聚教养,积蓄力量,再图光复大明之业。同时也可以安顿将士家属,解除后顾之忧。"全军将士听了,欢呼踊跃,士气十分高涨。

　　明永历帝十四年(1660年)三月二十三日,郑成功率文武官员及将士两万五千人,大小船只数百艘,从金门岛的料罗湾出发,浩浩荡荡向台湾海峡开去。三月二十四到达澎湖列岛,遇上逆风大浪,无法继续前进,只好停船待风停了再走。这一停就是好几天,原以为路上不过数日就可到达台湾,未多带粮食。眼看粮食将尽,决定向当地百姓借粮,可岛上山多,百姓以捕鱼为业,农作物也只以蕃薯大麦为主。但当地百姓听说大军缺粮,就各家一斗一升地进献,总数不过百余石,还不够全军一餐之用。而用兵宜贵神速,不能耽搁太久。可是现在风大浪急,船在海上航行,十分危险;但退又不能退回金门,否则前功尽弃。

　　郑成功急得汗毛倒竖,决定不等风停,冒风前进。他传令全军:三十日晚上开船。军中将领听了,纷纷提出意见,认为这样太冒险了。郑成功坚定地对将领们说:"我们收复台湾,要下决心克服一切困难,这一点风浪算什么? 如果因风不走,还要造成更大的损失。这一行动是冒险,险中求生,在此一举!"

　　三月三十晚,收复大军拔锚起航。此时风大浪高,洪涛扑船,几百只船在大海上像一片片飘浮不定的树叶,随时有覆灭的危险。郑成功的部队尽管都是与大海久经搏斗的勇士,但这次也坚持不住了。不时有晕倒或被掀到海里的事故发生。郑成功为稳住军心,拔剑在手,站在船头,仰天长啸:"大明如不当灭,苍天应须助我,令风停浪平,顺抵台湾。"

　　说也奇怪,到了后半夜时,忽然云收雨散,满天星斗,由逆风转为顺风。在船上的将士见了,精神焕发,齐呼万岁! 立即扯起篷帆,借顺风之势,向台湾驶去。

　　第二天清晨就到达台湾的鹿尔门港。守港的荷兰守兵见明军敢于逆风而来,都吓呆了,放不了几枪就弃械而逃,郑成功顺利地占领了鹿尔门港这个滩头阵地和前进基地。之后,郑成功组织将士在禾寮港登陆,手下大将周全斌率领一万多人登上台湾土地,指挥部队奋勇冲杀前来迎战的荷兰军队,斩首上千。荷兰军不敌,只好退守赤崁楼,然后,郑成功命部队把赤崁楼团团包围起来。

荷兰殖民者在台湾已统治三十八年,实行残酷的剥削和血腥的压迫。所以,郑成功在台湾一登陆,受到了台湾各族人民的热烈欢迎,纷纷献粮献物支持登陆大军。登陆后,郑成功还亲自深入内地,访问高山族的头人,高山族同胞也热烈欢迎郑成功的军队。史书上说郑成功登陆之后,"士民男妇,壶浆迎者塞道。"连荷兰人也承认:"郑成功之来,深得民心。"

陷于孤立无援的荷兰守军不得不派人请降。四月五日,荷兰总督揆一派人与郑成功谈投降条件:每年向郑成功纳租税银两五万两,进贡各种土特产,并送劳师银十万两,以保留荷兰在台湾的统治。郑成功一听,严词拒绝,命令他们立即投降。四月七日,郑成功指挥大军包围了台湾城,由于城防坚固,直到二十四还未攻破。郑成功采纳参军肖拱宸的建议:围三阙一。实行长期围困,留几条路口出入,以防敌做困兽之计。同时,随时打击出来抢粮、抢水的荷兰人。两个月后,荷兰人弹尽粮绝,只好派人到爪哇去求援。爪哇的荷兰殖民者派甲板船十余只,水兵数百名来犯,被郑成功的水师打得大败而逃。到了十二月,荷兰统治者实在支持不下去了,揆一又派人请降,同意退出台湾,让其归国。郑成功接受了揆一的投降,让其率手下残兵败将两千人,离开了台湾回到荷兰,从此永远结束了台湾的殖民统治。

郑成功收复台湾,为他继续从事反清事业奠定了基础。他宣布以赤崁地方为东都明京,设一府二县。他又查报田园册籍,从事生产,征收赋税。他把带去的水陆兵士眷属三万多人,实行屯田。他只留少数兵士担任防务守卫,其余兵士眷属分赴台南、台北开垦。他还亲自颁布了八条谕令:明确规定兵士要自己开垦土地,不准侵战当地人民耕地,除统一收缴的赋税外,不准地方官吏私立名目收税。这样有力地促进了台湾生产的发展。

正当郑成功在台湾大显身手时,天不借年。他于康熙元年(1662年)正月初八日在台北因病逝世,终年三十九岁。死前,他抱病起床,在人搀扶下走出室外,遥望大陆,失声痛哭,并对左右说:"无颜见先帝于地下。"意思是没有光复大明江山。郑成功死后,他的儿子郑经继承父亲事业,开发台湾,为光复大明江山做准备。他又出兵福建,克复漳州、泉州诸府,后因清朝政府勾结荷兰殖民者夺取了金门、厦门二岛,郑经只好退出沿海各岛,退守潮湖、台湾。康熙二十年(1681年),郑经死,几个儿子争权夺利,人心大乱,见此,康熙皇帝派水师都督施琅率军进攻台湾,郑经次子郑奭投降,台湾与大陆终归统一。

郑成功光复台湾是一历史壮举,在历史上的影响是深远的。同时,在军事上也不失为主动退却的成功战例:在弱军面对强敌压境实施退却时,其退却点的选择是非常关键的一步,只有在进攻者无力进攻其退却点时,退却点的选择才是安全的、明智的。否则,弱军就有被强敌消灭的可能,更谈不上实施战略反攻了。而郑成功选择台湾作为退却的终点是非常高明和有远见的:宽阔的台湾海峡是天然屏障,又有金门、厦门、马祖、澎湖诸岛以为护卫,使台湾半岛更坚如磐石。所以,守台湾必守金门、马祖,无金门、马祖,必无台湾。

因此,后世有经营台湾者,其举措都无出郑成功之右。所以,郑成功作为一名军事家,是当之无愧的。

郑和七下西洋

十五世纪初期,有一支规模庞大、气势恢宏的中国船队,屡次出现在烟波浩渺的太平洋西部和印度洋海面上。这支船队从中国东海之滨出发,先后七次往返,远涉重洋30年,开辟42条航线,抵达过30余个国家,行程十万余里,比哥伦布发现"新大陆"(公元1492年)早79年,比葡萄牙人发现欧、亚、非三海航道(公元1497年)早84年,为千余年间闭锁海关的中国打开了通向外部世界的海上之路。这支船队的统帅,大明王朝的海上使者,却是永乐年间一位普通的宦官。他的名字叫郑和。

1.好奇少年

郑和本姓马，明洪武四年，诞生在云南昆阳一个虔诚的穆斯林家庭。他的祖父和父亲曾长途跋涉去伊斯兰教圣地麦加朝圣，被当地人尊称为马哈只（意为巡礼人）。他的父亲身材高大，性格耿直豪爽，乐善好施，遇贫困及鳏寡无依者，往往舍己救济。星辰满天的夜晚，父亲常常对围坐四周的儿女们讲述当年漂洋过海到麦加朝圣的故事。少年时代的郑和，好奇地倾听父亲讲述各种各样新奇的趣闻轶事。父、祖辈勇敢、执着的精神，在郑和幼小的心灵里埋下了渴望探险的种子。郑和常常问父亲一个问题：

郑和

"大海里有朋友吗？"

"大海就是你的朋友。"父亲说。

郑和接着问：

"那大海里有海盗吗？"父亲没有正面回答他，眼睛中带着刚毅和微笑说：

"大海会帮你克服一切困难！"

神秘莫测的大海从那时起就像磁石一样吸引着郑和。

2.罹乱入京

明朝洪武十四年（公元1381年），朱明政权建立不久，太祖朱元璋为统一全国，派大将傅友德、蓝玉、沐英率军平定云南。明军在云南掳掠儿童，强行阉割，令其屈从服役。11岁的郑和也未能幸免于难。此后，郑和被随军带往北平，送入燕王朱棣的藩邸做了侍童。从此，郑和离开了温暖的家，离开了父母亲人，失去了人身自由，他那幼小的心灵承受着人生巨大的痛苦。

　　小小年纪的郑和并没因自己的不幸而沉沦,他很快适应了新的生活。燕王府中,设有藏书丰富的图书室,这对从小渴求知识、曾稍习笔墨的郑和来说,具有巨大的吸引力。每当闲暇之时,他便一头钻进书堆里,博览群书。由于他办事机敏,深受燕王宠爱并被纳为近侍,早晚不离左右,每问,则对答如流。主仆之间,相处甚得,他的气质也和燕王相近。加上天赋聪明,少有大志,勤奋好学,少小离家,独立生活的磨炼,使他在燕王朱棣身边长成一个精明而富有才识的魁梧青年。

　　正当郑和日趋成熟之时,建文元年(公元1399年)8月,燕王朱棣发动"靖难之役",攻打南京,要从侄儿建文帝手中夺取帝位。这时郑和已年近三旬,他亲随燕王出入战阵,屡建战功,经三年艰苦作战,燕王一举渡过长江,攻克南京,建文帝出逃,下落不明。

　　建文四年(公元1402年),燕王登上皇位,年号永乐。郑和因战功和不同凡响的军事才能受到朱棣的特别嘉奖,被提拔为内官监太监,不久,又擢升为司礼监掌印太监。永乐二年(公元1404年)正月初一,朱棣在除旧迎新之际,兴之所至,亲笔写了一个"郑"字赐他为姓,由三宝改名郑和。但人们按照习惯,仍称他为"三宝太监"。时年,郑和33岁。

　　富有雄才大略的明成祖朱棣,在政治稳定、经济繁荣的基础上,开始把眼光着重放在辽阔的海疆上,决意实现他"锐意通四夷"的宏大愿望,与海外诸国建立友好关系的对外政策,以显示其"宣德沐仁"的天子之恩和"天朝上国"的强盛。另外,当时传说建文帝逃往南洋,朱棣内心始终惧怕敌人势力死灰复燃,因此,搜寻建文帝的下落,也被列为下西洋的一项秘密任务。

　　朱棣在他周围可信的近侍中物色着满意的对象,最后选中了郑和。他了解郑和虽未曾随祖、父们到过遥远的麦加,但对海洋和异国却有一种从小滋长的神秘感和向往,他更信任这位随他东征西战的得力下属所具有的不寻常的学识和组织才能,而且此时的郑和,已是具备了亲往东洋的外交和航海经验,朱棣确认郑和能担负这一重要使命,有能力指挥一支庞大的远航船队。永乐三年(公元1405年),朱棣任命郑和为钦差总兵太监、正使太监,命其正式组织船队出使西洋。这一年,郑和35岁,正当盛年。

明永乐三年(1405年)冬天,郑和率领着一支规模庞大的船队,从江苏刘家港启程,乘风破浪,驶向茫茫大海。

他的船队由208艘船只组成,分成宝船、马船、粮船、战座船等几大类。最大的宝船长44丈4尺,阔18丈。这大型宝船是郑和座船,如一座小型帅府,一般由使团中的领导人员及各国来访使节乘坐,并装载赐给各国的礼物和各国进贡的物品。

长37丈、阔15丈的中型宝船,称作"马船",是一种运输船。郑和下西洋,每次访问亚非各国,都要携带大量物品。往返一次需达两三年之久,有时连续在海上航行数月,所需物品,从生活用品到修理器材,一点一滴都需自己准备充足,一概由马船运输。船队另外还有15艘运粮船,20艘大型水船等。

3.首航古里

郑和首次出航的目的地是古印度的古里。它是西洋各国中一个较大的国家,也是古代印度西岸的一个大商港,号称"西洋诸番之会"。早些年,明成祖就曾派使者诏谕古里,以彩币相赠。古里国酋长沙米的也曾派使者带着贡品回访,受到明成祖的热情接待,并封沙米的为古里国王。这次,船队顺利到达古里。郑和向古里国王宣读了明成祖朱棣所颁敕书,并赐给诰命银印,对下面各大臣也都赠送丰厚的礼品,升赏带有封爵性质的"品级冠带",国王和诸大臣深受感动。临别时,古里国王也向郑和回赠了礼品。郑和在古里专为国王举行告别宴会。席间,国王举杯祝酒,对郑和高声说道:"小国距中国十万余里,何幸得元帅赏光?今日之别,足称销魂。"郑和也举杯作答:"到贵国如在家中,不觉离中国十万余里之外。"随行官员见状,热情建议道:"十万里之外,不可不立碑纪念。"郑和欣然接受:"此话颇有道理,速速办理。"

他立即吩咐手下建起碑亭一座,内竖石碑,由随行官员王景弘挥毫题字。国王非常感激,与郑和等洒泪而别。从此,古里成了郑和远航交通要道的一个贸易、交通中转站。

郑和这第一次远航,还曾到了占城、爪哇、苏门答腊、满剌加(即马六甲)、锡兰等地,并载回随船来访的各国使节。明初海外关系的大门终于打开了。

永乐四年,第一次远航归途中,船队经过印度尼西亚的巨港——旧港时,郑和打算收降海盗陈祖义。

早在明朝初年,广东、福建一带乡人,为避战乱,有的就拖家带小流落海外。当时广东人梁道明全家背井离乡来到印尼这个叫三佛齐的地方,与土著居民友好相处,传授农艺,开荒拓壤,一时成为当地首领人物;另一名叫施进卿的为副手。陈祖义也是广东人氏,因犯死罪国内无法立足,遂逃亡海上,纠集一群海盗,自立为头目,专门在海上抢劫过往商船,与梁道明争夺三佛齐。后三佛齐为爪哇国所兼并,此地华侨和土著居民被迁往一偏僻角落定居,起名旧港(即今印尼苏门答腊岛)。梁道明受明成祖之诏回国,施进卿接替为首领。陈祖义则为盗海上,长期在海上称霸,骚扰过往船只,无所不为,给中国与南洋地区的贸易往来带来极大威胁。对于陈祖义海盗行径,郑和早有所闻。在一个明朗的日子,郑和亲领随从百余人,带着明天子的命令和金帛厚礼,前往陈祖义处。陈祖义见有厚赏可得,喜不自胜,亲率部下出外夹道欢迎,并以待贵客之礼,设宴款待。席间,郑和宣读成祖之诏令,对其进行赏赐,祖义高兴非凡,一一照收无误。但数日后,当郑和劝谕其每年向明天子纳部属之贡时,祖义便甚为不悦。但慑于明成祖之威,表面上仍表示接受诏谕,暗地里即发兵拦劫郑和船只,幸而有施进卿及时报告,郑和早有准备。当陈祖义率海盗船只前来时,郑和船队奋起自卫,组织严密,战术灵活,陈祖义所率的一群乌合之众,哪里是明军的对手,只见一阵厮杀,不多时便败北而逃。郑和船队诛杀海盗几千人,烧了他们的船只。待陈祖义带了亲信30余人,落荒之中欲乘一小船逃窜时,郑和船队将其团团围住,生擒陈祖义等人,后来带回中国,献俘朝廷。

成祖盛赞郑和机智骁勇,为国扬威。他为表彰郑和的功绩,下诏令将陈祖义推到闹市,斩首示众。

从此,旧港一带海路畅通。不久,施进卿派遣女婿来明朝贡,明朝在旧港设立宣慰使司,令施进卿为宣慰使。旧港与明朝的关系,较之海外他国,便更进了一层。

4.锡兰取胜

明永乐五年(公元1407年)冬,郑和率船队乘着信风,开始了第二次远航。先后经占城、爪哇、暹罗、苏门答腊、南巫里、古里、柯枝,顺利到达了锡兰国。

郑和对美丽的佛教国家——锡兰向往已久。锡兰,即今斯里兰卡,我国古代将其称之为"狮子国",亦称僧伽罗国。国中气候极热,不分冬夏,草木繁盛,禽兽众多。其王宫的旁边建有专供佛牙(指释迦牟尼圆寂后所遗留的牙齿)的精致建筑。据传,每逢锡兰国内有什么天灾,人们精诚恳祈,必有所报。于是,专程前来祈佛保佑者络绎不绝。

郑和船队远航,也热望得到佛祖的保佑,加上他本人又信仰佛教,这次一到锡兰国,他即亲往佛都寺庙祈求平安。他认为两次远航,"人舟两利,来往无虞",是"深赖佛祖慈佑",便虔诚向立佛寺布施一千钱,银五千钱,各色丝五十匹,古铜香炉五个,戗金座朱红金香炉五个,金莲花等五对,香油二千五百斤和蜡烛,檀香等物,厚礼答谢佛祖的"大恩大德",并在此立碑专记此事。

锡兰国王阿烈苦奈儿强横不羁,在古老的圣地佛国,干尽了坏事。其爱好亦与众不同,异常残忍:这爱好就是蓄养猛兽。只要一有空闲,他就以驯狮为乐,老百姓若有得罪之处,便捉来投入虎豹群中,任其撕裂每夺为食,惨不忍睹,百姓敢怒而不敢言。

郑和到锡兰国后,阿列苦奈儿虽也似热情欢迎,但暗地里欲加害郑和。他邀请郑和参观了他的虎豹狮象等猛兽,并对郑和说:"饲养猛兽是我的爱好,我也崇尚猛禽异兽的性格。若得罪和招待不周处,请多多包涵。"

郑和闻言,内心惊诧不已。但他表面依然平静地说:"大王不必客气。狮虎虽猛,仍通人性。我看贵国气象不凡,定当日益繁荣。与我大明的友好往来,也将提高大王声望。"

阿烈苦奈儿听后,哈哈大笑。

第二天,他来热情邀请郑和观狮斗,郑和心中仍有一抹疑云,遂暗中派人探查,果然阿烈苦奈儿"兽性"难改且狡猾无比,想乘郑和观看狮斗之机,嗾使猛兽咬死郑和,达到其不可告人的目的。郑和识破了这一阴谋,连夜逃回船上。阿烈苦奈儿见计谋被识破,恼羞成怒,决计孤注一掷,立即纠合数千兵民,追捕郑和,围困宝船。

郑和在此险恶形势下,临危不乱,指挥官兵奋起抵抗保护宝船。这时,有属下来报:"锡兰大部兵力集结海上,王城必定空虚,何不趁此机会捣其老巢?"

郑和刚一点头,身边立即站出一员勇将,高声请命:"下官愿领前往,不胜不归!"

这时,锡兰兵民已从四周逼近宝船,喊杀声阵阵传来。郑和表情严肃地站起身来,说道:"本帅要亲率兵马,立即出发!"郑和点兵三千,从宝船西侧登陆,出其不意地连夜攻入王城。那阿烈苦奈儿纠集的一伙兵民,哪里是训练有素的郑和官兵的对手。一阵厮杀过后,阿烈苦奈儿的兵民已倒下黑压压的一大片,败下阵来,但阿烈苦奈儿还不服输,又使出他最拿手的一着,放出凶狠的虎豹象,作为前锋冲击郑和官兵。没想到郑和官兵一阵巨炮轰去,虎豹狮象忍不住剧痛,如脱缰的野马向后猛冲,阿烈苦奈儿的兵民不意遭其践踏,溃不成军。阿烈苦奈儿只恨爹娘少生了两条腿,大败落荒而逃。郑和官军乘胜追击,如入无人之境,直捣王城,生擒阿烈苦奈儿及其所有的妻子,取得此战的胜利。

当士兵押着阿烈苦奈儿来见郑和的时候,郑和微微一笑,对他说道:"狮虎凶猛,难脱野性;人之交往,礼仪为上。"

阿烈苦奈儿两眼茫然,面无表情。

随后,郑和将阿烈苦奈儿等人解送朝廷。明成祖朱棣做了一番权衡后,决定让他暂住中国,给予衣食。同时颁诏锡兰,锡兰民众推举了耶巴乃那为国王。事后成祖降旨将阿烈苦奈儿遣送回国。

明王朝礼部会同兵部开了隆重的庆功大会,表彰郑和在险恶的形势下,奋起反击、指挥有方,对全体官兵团结一致奋勇作战的精神,分别升级给赏。

5.西洋扬名

永乐七年(公元1409年)十月,郑和船队从福建五虎门出发,开始了第三次远航。此行的第一站是占城，即今越南的中南部。

明朝与占城素有往来。明初，占城受到安南侵略的威胁，危难之际，明王朝曾受请派兵帮助驱逐安南势力，占城人民为此十分感激。此次郑和船队一到占城，举国上下，群情欢腾，以最高礼仪欢迎大明使者。

国王头戴三山金花冠，身披锦花手巾，手佩金镯，脚穿玳瑁鞋，腰束八宝方带，骑一匹高大坐像，大小首领骑马簇拥，五百名士兵列队护卫。士兵有的手执锋刃短枪，有的舞"皮牌"，有的打善鼓，有的吹"椰壳筒"。

郑和身穿明朝官服，气宇轩昂地宣读了成祖的诏令，逐一赏赐国王及其部下首领；国王连忙下象，向前跪行，匍匐在地接受诏书赏赐，感激之情难以言表。大明王朝的神威从此更加深入人心。

郑和船队停靠在占城的港口新洲（今越南归仁），这港口远远望去有一石塔，当时只有五十多户人家，由两个头目掌管。港口的西南面百里左右就是占城国的王城。这个国家有着独特的风俗人情。国王在位满三十年，就要退位，出家当和尚，到深山老林里去过斋戒独居的生活，经受野兽出没和疾病的考验，并不过问世事，国家大事则暂时由其兄弟或侄子辈来代管。一年以后，国王若能安全无恙地归来的话，仍然继续当政，而且还会加倍受国人尊敬，将从此被敬称为吉祥大王。普通百姓之家，风俗人情也颇有其独特之处，如青年男女的婚嫁习俗即不同一般。先是男方到女方家上门成亲，住过十天、半个月之后，男方的父母及亲友再用鼓乐吹奏，热热闹闹地将新婚夫妇迎接回家，然后客人们围坐成一圈，主人将自制的一种米饭拌上药，将密封在瓮中的酒打开，盛情地招待客人。客人们则用一竹筒插入瓮中轮流饮用，边饮边加水，男女老少，济济一堂，边歌边舞，欢乐无比，直至酒味完全没有时为止。

郑和船队在此作了短暂停留之后，向占城国王告别。国王亲自将郑和一行送到港口，眼含热泪，拱手施礼，激动地说："大明恩情，永志不忘。"

国王将所备厚礼象牙、犀角、伽蓝香等赠予船队。郑和与国王依依而别。

船行途中，郑和还帮助满刺加摆脱了强邻暹罗的控制，建立起了独立的满刺加王国。

满剌加（今马来半岛马六甲），原名王屿，是一个只有头目掌管，没有国王的弱小民族，一直受暹罗的欺凌。满剌加人热切的盼望独立，摆脱暹罗的控制。郑和船队到来之前，明成祖曾派使者到达满剌加，封其酋长拜里迷苏剌为国王，赐以诰印及"织金文绮"，但暹罗国却不予承认，并以武装干涉。这次郑和船队远航到此，奉明成祖朱棣之命，为国王拜里迷苏剌正式举行封王仪式，赐予双台银印，冠带袍服，建立碑石，划定疆界，正式命名为满剌加国。从此，满剌加王国摆脱了暹罗的控制，一直达 117 年之久。郑和征得国王的同意，在这里建造了仓库，装点下西洋的钱粮货物；回航时，往往在这里聚集，等候南风，开航回国。

满剌加独立以后，其国王率领妻子和大臣及随员等 540 人的代表团随郑和船队来中国访问并献上满剌加的特产，以表示对天朝的感激之情。这是继渤泥国王麻那惹加那乃之后，西南各国的第二位国王亲率使团的来访，明成祖给予了热情款待，并厚赐礼物。从此，两国之间长期保持友好往来，满剌加王国成了郑和下西洋中又一个中转站。后来，船队在此停船靠岸贸易往来之余，满剌加还允许郑和遣派官兵入山采集香料及各种土特产。在与满剌加接境的九州山，郑和一行曾采到径作九尺、长八九丈、香味清馨黑细花纹的沉香、黄孰香六株，带回国内，明廷视为瑰宝。

此后船队官兵在所到之处，贸易往来之余，往往可在当地山林采集各类土特产。有一次，船队停泊在婆罗州北岸，看到当地居民们食用的一种汤，为国内所无，于是，郑和也派人进山采集，仿做成汤，以改善船队的伙食。因其味道鲜美，滋润可口，后就采集一些带回国内，献给永乐皇帝享用。这就是富有营养价值的燕窝。从此，燕窝便传入了中国，成为我国人民席上的佳肴珍品。

郑和船队远航途中，曾经发生过这样一件事情。一名士兵在航海途中患了疟疾，船上没有药品医治，生命垂危，这时，有人害怕了，说："这病可怕极了，不想个法子，我们大家都性命难保。"也有人说："总不能把他丢入大海吧，那样，不但我们不忍心，大帅也不会同意的。"人们议论纷纷。这时，他的好朋友"舟师"（即火长）站了出来，向大家请求："我们不如把他搁在一个岛上，给他点粮食和锅碗瓢盆，如果他命大，说不定会活下来呢。"

大家都觉得这个办法可行，就把他留在了一个没有人烟的荒岛上。这之后的一场滂沱大雨，把他浇得浑身淋漓，从此他竟转危为安。他找一处岩洞作居室，以鸟蛋为食，十多天后，疟疾竟奇迹般地痊愈了。在岩洞中，晚上他时而听见一种声音从海中响起，入夜便在岛中渐渐消失；次日早晨声响又起，后慢慢隐入海中。他感到非常奇怪，经过仔细察看，才知是大蟒蛇出入海中的声响。于是，他砍下竹子削成了许多竹刀，插在蟒蛇经常出入往返的路上。后来蟒蛇经过，腹下被竹刀所刺，死在沟中。他到沟中去看，惊异地发现沟中满是珍珠！他将珍珠一一捡起，积攒起来。一年之后，船队返回时经过此岛，他终于见到了朝思暮想的亲人们。他高兴地将珍珠挑上船，随船回国。

郑和船队这次出使，在永乐八年（公元1410年），再次来到暹罗（今泰国），奉旨与暹罗交涉，要求暹罗遣返明朝叛民何八观等人。何八观等人是在永乐时期，在国内犯事的罪犯，为逃避罪责，逃往海上，聚集外岛，成为一股反明朝政府的势力。郑和船队的出使海外，使他们在海岛上站不住脚，于是，就逃入暹罗。永乐七年（公元1409年）十月，暹罗国王派遣的来明奉表进贡地方特产的使臣坤文琨等回国之时，明成祖就曾以钞币相赠，并命其转告暹罗国王，将何八观等遣返回国。但时隔一年多，直至郑和的这次出使之际，何八观等还一直未被送还。成祖又极为重视这件事，他认为洪武时期逃亡南海的反明势力，经过郑和的第一次下西洋，多方贯彻自己的招抚政策，已基本肃清。而何八观等作为永乐时期逃亡海外的"南海叛民"，又是新出现的一股反明势力，必须穷追不舍，将他缉拿归案。这样，秉承成祖之命，郑和在第三次出使中，经过交涉，暹罗国在永乐八年（公元1410年），遣返了何八观等人，并进贡了地方特产。郑和也就完成了明成祖交付的历史使命，进一步肃清了海外的反明势力。

6.横渡印度洋

永乐十年（公元1412年），郑和第四次启程远航，船队首先到达苏门答腊（今印尼苏门答腊岛）。这里是东西洋海上交通的要道，郑和远航基地之一。船队在这里设有"官厂"，作为物品转运站。明成祖一向十分重视与苏门答腊的友好关系,多次派遣使者出访,带去丰厚的礼品,苏门答腊一般每隔两年也遣使来中国朝贡,两国关系密切,往来频繁。这次航行,郑和还助苏门答腊平定了一场内乱。

五年前,苏门答腊国内局势严峻。国王被一个名叫孤儿花面王的用药箭射中而亡,其子年幼,不能为父报仇。在这危难之际,勇敢的王后当众发誓说:"谁能为报杀夫之仇,恢复疆土,我就嫁他为妻,共主国事。"语音刚落,有一本地渔翁,挺身而起,高声应道:"我能为王报仇!"

他果然率领部队,一马当先,杀败花面王,王后也不爽约,按照自己的誓言,与渔翁结为夫妻,称渔翁为老王,从此家室政事,都听渔翁裁决。

永乐七年(公元 1409 年),老王曾来中国进贡,受到成祖款待。永乐十年先王之子锁丹罕难阿长大成人,他不甘心王位落入他人之手,便发动政变,杀害老王,夺得了王位。渔翁亲子苏干剌带领家人逃到邻山一寨,经常率众骚扰,发誓为父亲报仇,篡夺王位。郑和使团来到苏门答腊后,苏干剌曾对人说:"大明船队这次到来,必定封赏锁丹罕难阿,对我构成威胁。到时候,我一定得给郑和点颜色看看。"

郑和果然奉明成祖之命,对现国王锁丹罕难阿宣诏、赏赐,并应所请帮助解决苏干剌问题。苏干剌则借口郑和"赐不给己",领兵数万攻打郑和官兵,郑和不得已进行还击,并直捣其老巢。当时苏干剌所据营寨,城防坚固,易守难攻,苏干剌又募兵固守。郑和只得四面布兵,把他的营寨围得水泄不通,断了他的粮、水供应。苏干剌军宰杀牲畜当粮,也不足以解决饥渴问题,只得杀开一个缺口,夺门而逃。郑和官兵一直追至南渤利国,俘虏苏干剌及其妻子,抚定岛上居民,巩固了前王子锁丹罕难阿的王位,帮助苏门答腊稳定了政局,并置苏门答腊于明朝的保护之下。

郑和四下西洋,航程远至阿拉伯与东非之交。由于当时人们对世界地理认识的局限,都以为到了世界的极点。郑和每到一国,必宣读诏令,赐予丰厚的礼品,这些国家也就纷纷随郑和船队来中国进贡,进行回访。其中,位于阿拉伯地区与东非之交的麻林国(今非洲东岸的 Malinde)遣使来中国进贡麒麟,被时人看作是明王朝国威远扬至天地尽头的大事。

　　船队的这次航行,还远至忽鲁谟斯及非洲沿岸。从古里到忽鲁谟斯,航行了整整21个昼夜。忽鲁谟斯是个依山傍水的国家,气候温和,风景优美,没有寒暑之分。出产的谷物虽不多,却特别利于瓜果的生长。核桃、把聃、松子、石榴、桃干、花红、万年枣、西瓜、菜瓜、甜瓜等各具风味,尤其是甜瓜,竟有二尺来长的;葡萄干不仅无核,且有莲子那么大;把聃是这里特产,果实如核桃,却比核桃还好吃。船员们怀着好奇的心理,饱尝了这些美味的水果。不仅如此,忽鲁谟斯还以其优越的自然条件而成为东西方之间商业往来的重要枢纽,非洲的米息儿(今埃及)、阿拉伯岛的祖法儿(今佐法尔)、阿丹(今亚丁),印度半岛的古里、柯枝等国都从海上来此贸易,就连中东以至欧洲中海沿岸的国家,也从陆路来这里进行买卖交易。

　　郑和船队到达后,照例宣读了明成祖的诏谕,然后,购买了这里的金刚石、珍珠、琥珀、珊瑚、玉器及各种特产回国。忽鲁谟斯国王也派遣使臣,以狮子、麒麟、珍珠、宝石及金表文为回礼,驾船随郑和船队来中国朝贡。

　　这次航行,开辟了横渡印度洋的新航线,在航海史上具有里程碑意义。为纪念这次远航,经明成祖批准,永乐十四年(公元1416年)春,在南京仪凤门外狮子山下,兴建了一座富丽堂皇的天妃宫,并立碑纪念,还栽种了郑和从海外带回的娑罗树,以感谢天妃神灵对远航者的庇佑。传说中的天妃女神,原是一位林氏女子,升华之后,传闻她身着红色的衣服,飞翔海上,乡人从此把她敬为海神天妃,并建起天妃庙以共祭祀,祈保出海平安。

7.远航非洲

　　永乐十五年(公元1417年),郑和船队第五次下西洋,除旧地重游外,最远处到了非洲赤道以南东海岸。

　　这次航行,船队的主要任务有两个:一是由近及远地护送西非各国使臣回国,返航之时,随船载回回访的十七国使臣,其中有王子、王叔、王弟。二是向各国征集珍禽异兽,满足迁都北京后宫廷需要。永乐十四年(公元1416年),明成祖就有迁都北京之意,并曾亲往北京巡视,预做筹划。文武群臣也纷纷以北京乃圣上龙兴之地进言,说北京北枕居庸,西峙太行,东依大海,南俯中原,沃野千里,山川形胜,足以控四夷,制天下,实是帝王万世之都。于是成祖乃下令在北京营建新都。新建的宫廷之内需要大量奇珍异宝作为摆设,内苑花园也需征集大批珍禽异兽。于是,郑和这次下西洋,即奉命带回了忽鲁谟斯国的狮子,金钱豹、大西马;阿丹国的麒麟和长角的马哈兽;木骨都束国的花福鹿和狮子;不剌哇的千里骆驼和驼鸡(鸵鸟);爪哇和古里国的麋里羔兽。各国所赠的这些稀珍之物,都是中国闻所未闻的。它们使满朝的文武官员大开眼界。

这次来访使节中,有苏禄东国(今菲律宾)、苏禄西国的酋长和已故苏禄峒酋长之妻等,他们各率亲属及随从官员组成的三百四十余人的使团,奉金镂表来朝贡,并进献珍珠、宝石、玳瑁等珍贵礼品。这是继渤泥、满剌加国王来访以后,最盛大的一次海外友好国家首脑亲率大型使团的访问,因此受到明王朝格外隆重热烈的欢迎和高规格的接待。明成祖给东、西、峒三王正式封以爵位,确定了苏禄国三王的名分,并各给赏赐。

三国国王激动万分。他们流连忘返,在游览赏玩了几个月之后,才动身回国。永乐十五年(公元1417年)九月十三日,苏禄东国酋长巴都葛巴答剌在回国途经德州时,不幸病逝。明成祖闻讯后,十分悲痛。令以王礼安葬,并亲派礼部郎中陈士启前往主持葬礼,赐谥"恭定",还亲自为他撰写碑文,赞扬其不远万里,执玉帛、奉金表来朝的精神。明王朝在为之举行隆重葬礼后,还在德州为之建立陵墓,安排苏禄东国的王子、王妃及臣姜仆从十人守墓三年,并命东王长子继承苏禄王位。

8.和平使者

永乐十九年(公元1421年)春,郑和奉命六下西洋,送十六国使臣回国,并再度出访亚、非两洲的十六个友好国家或地区。船队分兵两路:太监李兴率领一队到苏门答腊后,再分出船只由内官周满率领前往阿丹;郑和则亲率一队到祖法儿。这次远航中,除照例进行宣诏、赏赐外,还在祖法儿等国进行贸易活动。

郑和率队一来到祖法儿国(今佐法尔),便受到热烈欢迎。祖法儿国位于阿拉伯岛南岸,自古便是世界著名的商埠,各国商贾云集,热闹非凡。永乐十九年时,祖法儿国王曾派使者随同阿丹、剌撒等国来中国朝贡,以表达对中国的向往之情。这次郑和刚一到达,国王便亲自接见,陈述对大明王朝的钦敬,并表示,若有机会一定亲自前往大明朝拜。国王说:"从大帅的气质和风度,就可见到皇皇大明的威仪。像我们这样的小国,必要仰赖大明的扶持。"

郑和颔首而笑,对国王说:"大明圣上派遣臣下出使西洋的原因,正在于加强与各国之间的交往,增进了解,互相团结,和睦相处。"

国王被郑和的话深深感动,下令设盛宴款待明朝使团。

郑和感谢国王的盛情。他把随船带来明朝宝物赐给祖法儿国王,并施大礼向国王发出了访问明朝的邀请。随后,郑和他们用丝绸和瓷器换取了大量的乳香、血竭、芦荟、没药、安息香、苏合油、木器子之类的香料和药物。交易之间,双方遵照祖法儿民间交易形式,拍手交价,和睦相议,气氛甚为欢洽。

从祖法儿返航回来,公元1424年2月到8月,郑和奉明成祖之命,专程去了一趟旧港(今苏门答腊岛巨港一带),以解决旧港宣慰使继承权问题。

旧港原宣慰使施进卿逝世后,他的儿子济深承袭父职,成为旧港首领。但当地有个习惯——"本人死,位不传子",加之国王玉玺在一场大火中被烧毁,所以,当地民众对济深之举颇有微词。施进卿之女施二姐在旧港拥有一定势力,便开始与济深争夺王位。济深遂派使节到中国来,说明旧印为火所毁之事,请求承袭宣慰使之职,希望得到明王朝的支持和保护。旧港所处的地理位置,对于中国发展海外交往十分重要,解决宣慰使继承问题,保持旧港局势稳定与中国利益息息相关。明成祖深知这个问题的困难和复杂,一定要选一位有声望、有经验的外交家去解决才行。于是,这一重大使命,便当然地落在了刚刚回国的郑和身上。

当郑和奉命到达旧港时,施二姐已经掌握了政权。面对这一现实,郑和想,当地既然有"位不传子"的习俗,不如因势利导,接受这一既成的事实,尽快稳定旧港局势。于是,承认了施二姐的合法地位。施二姐在取得了明政府的支持后,如鱼得水,全面控制了旧港。晚年,施二姐移居爪畦东部良港新村,爪哇国王封其为新村蕃舶长,专营贸易。新村居民大多是中国广东及漳州、泉州地区的华侨,经施二姐努力经营和积极开拓,新村逐渐成了国际贸易重要港口和商业中心,施二姐也成了当地华侨领袖。

9.病逝海上

郑和从旧港回来后,明王朝发生了一系列的重大变化:明成祖朱棣去世、仁宗朱高炽即位、宣宗朱瞻基登基,在永乐、洪熙、宣德三朝交替的六七年中,郑和船队的命运浮沉不定。

明成祖朱棣于永乐二十二年(公元 1424 年)七月十八日溘然去世,当时郑和正在旧港。成祖的长子朱高炽于同年八月十五日即位。新皇初登宝座的当天,就听从了一贯反对下西洋的户部尚书夏原吉的建议,下诏调郑和船队全体官兵守备南京,停止下西洋。没想到朱高炽是个短命皇帝,在皇帝的宝座上不到一年就死去了,其子朱瞻基于宣德元年(公元 1426 年)继位。新旧交替,内政繁仍,宣宗虽有雄心,但下西洋的旧业一时还难以恢复。

到了宣德五年(公元 1430 年),郑和船队已停航五六年,海外各国同中国的友谊已渐渐断了,同中国的关系也已日益疏远。外番贡使经年不至,明朝在海外的威望和影响大大下降。明宣宗朱瞻基怀念祖父在世时的永乐全盛之日,向往自己临御天下"万国来朝"的"宣德盛世"的出现,决定重整旗鼓,大力发展与海外各国的友好关系,加上,这时户部尚书夏原吉已死,反对下西洋的力量失去了后台,朱瞻基立即下令再派郑和下西洋,此时郑和已年近六旬,但仍然受命不辞,重整船队,于宣德五年闰十二月(公元 1431 年 1 月)扬帆出海,开始了第七次也是明代最后一次的沉航。

时隔六七年,郑和旧地重游,沿途各地早先所建天妃庙皆呈破败之形,郑和一一修葺,恢复旧观。船队还在国内海域江苏刘家港北漕口、福建和乐六平山,两度停驻下来,一面作远航准备工作,一面修建天妃庙宇,立下石碑,碑文刻下前六次出使历程,并乞求天妃神灵保佑此次下西洋往返平安,吉祥如意。他们来到海神天妃林氏女的家乡福建湄州岛,修整这里的天妃庙宇,祭祀天妃女神。郑和第七次下西洋,所去目的地比前六次更为遥远,所需访问的国家更多,在海上所要遭遇的风险也将会更多,便隆重祭祀天妃,动员全体人员在今后的航行中,战胜海上险恶的惊涛骇浪,"诚朝廷威福","赖天妃之神保佑之德",祈望顺利完成这一使命。

随后,浩浩荡荡的船队重新扬帆出海。

当初,郑和三下西洋时,曾奉明成祖之命,帮助满剌加摆脱了暹罗的控制,建立了独立的满剌加王国。但自郑和船队停航以后,明朝在海外各国的影响也随之减弱,原来仰赖明廷威望已经解决的一些国家间的矛盾,此时有的又日益尖锐起来。

宣德六年二月,满剌加头目巫宝赤纳等到来北京,向明宣宗陈述:

"国王本想亲自前来朝贡,但为暹罗国王所阻,暹罗国一向侵害本国,本国想向明王朝上奏,但没有能书写上奏的。现国王派我们三人搭苏门答腊贡船来京,请求朝廷派人诏谕暹罗国王,劝阻其对我国的肆意欺凌。"

宣宗让巫宝赤纳等搭乘郑和此次下西洋的宝船回国,同时令郑和敕谕暹罗国王,以便再一次改善暹罗与满剌加的关系,维持满剌加的独立自主。当时,朝廷中有人认为这次巫宝赤纳没带贡品来献,就该不予赏赐。宣宗以联谊为本,对其不远万里前来陈诉不平,请求保护,认为这体现了该国对天朝的信任和友好,精神可嘉,因而照样给予丝绸袭衣之重赏。

郑和船队到达暹罗后,郑和即向暹罗国王宣读了明宣宗敕书,耐心说服暹罗国王,调解与满剌加之间的关系。在那里停留的一个多月中,郑和出入暹罗国王廷,晓以大义,动以利害,终于使国王表示愿意接受和好,与满剌加和睦相处。郑和完成使命后,又率队前往苏门答腊等国。

宣宗七年十月,船队从苏门答腊开船,路经翠兰屿(今孟加拉湾东南部尼科巴群岛),因风向关系而停留了三天,竟意外观察到岛上不寻常的奇异风俗人情。这岛屿位于热带,岛上男女居民削发无衣,仅用树叶纫连遮身,俗称"裸形国"。他们不事耕种,唯靠捕鱼捞虾,采摘香蕉椰子为食。船员们怀着非常好奇的心理打听观察,原来,据传释迦佛经过此山时,兴之所至,曾下水游泳,结果袈裟被盗,于是佛就发誓:

"此后此地有穿衣者,必烂其皮肉。"

船员们在岛上短暂停留后,船队便又继续前行,向锡兰、古里、忽鲁谟斯等国开去。到达古里后,郑和又派洪保率分队随古里国船队到天方国访问。

天方国,是伊斯兰教圣地麦加,当年伊斯兰教始祖穆罕默德最先在此传教,从此成为伊斯兰教的圣地,中国史书又称之为"天方"。

每年世界各地来此朝圣的伊斯兰教徒络绎不绝,朝圣者在一宏伟壮观的"清真寺"里朝拜瞻礼。这座"清真寺",当时称作"礼拜寺",又名"天堂"。建筑格局呈四方形,高大深广,气派非凡。所供真主像为黄金制作,座则以玉石雕饰,沉香为梁,黄金为阁,黄甘玉铺地,以蔷薇露、龙涎香涂四壁,馨香而沁人心脾。共有 467 根白木柱,前柱 99,后柱 101,左柱 132,右柱 135。守堂的两只狮子为黑色。真是金碧辉煌,名不虚传。天堂四周则颇像城堡,以五色斑斓的石块砌成,有城门共 466 座。"天堂"左边,有用绿撒卜泥宝石建成的长一丈二尺,高三尺,宽五尺的古塔,四周以泔黄玉筑成五尺高的围墙。此外,围城四周,都以雄伟多层的宝塔环绕,参拜者可登高俯视天堂礼拜寺全景。郑和使团的部分成员以虔诚的伊斯兰教徒之心,拜谒了这座闻名世界的"清真寺"之后,还往西行百里,到达默德那国访问,瞻仰伊斯兰教圣祖穆罕默德陵墓。

天方国风景优美,气候温和,四季如春,适宜于各种动植物的繁衍生长,物产格外丰富。西瓜、甜瓜大到需两人方能举起,石榴、花红、梨、桃大的重四、五斤,有像中国大桑树的棉花树,高一二丈。居民畜养驼、马、驴、骡、牛、羊、猫、犬、鸡、鸭有重十斤以上者。土产蔷薇露、俺八儿香、麒麟、狮子、驼鸡,还有珍珠、珊瑚、琥珀等各色宝石。特别还有一种"押不卢"的药,当地人采集磨碎,以少许渗酒喝下,人便全身麻痹而死,即使刀砍斧斫,毫无知觉,三天之后,另用少药放进,人旋即可活。还有名叫"草上飞",土名"昔雅锅失"的"兽之王",外形像巨狗,浑身玳瑁斑纹,两耳尖黑,驯善如猫,然狮象等猛兽见之,则伏之而不敢稍动。名叫"倘加"的钱币,每钱官寸直径为七分,官秤重一钱,其含金比中国足十二成。中午由于天热罢市,夜市却热闹非常,人群熙攘。郑和船队内宫太监洪宝率七人分队携麝香、瓷器等中国特产上市贸易。他们买到麒麟、狮子、驼鸡等各色奇货异宝之后,还特别将宏伟、壮丽的"天堂清真寺"的图形绘下来带回北京,把这一世界名胜古迹奏报朝廷,介绍给国内。

年逾六旬的郑和,以他对大明王朝的忠诚,凭着他对大海的眷恋,如期完成了七下西洋的使命。宣德八年(公元1433年),在返航途中,他病逝于海上,终年63岁。他的遗体被船队官兵保护着运载回国。

与那些奸猾狡诈的太监决然不同,郑和以其特有的智慧和才能搏击海上30年,写下了非同凡响的人生历史。他历经三朝,先后七次受命出使,促进中国与西洋各国的友好交往,将中国的物产、文化传播海外,也把异域的奇珍异产带回国内,繁荣了明朝的经济、贸易。当年他所游览过的山水,宝船停泊过的港口,军队驻守过的地方,很多都已作为名胜古迹、游览胜地留传后世。南京的龙湾和天妃宫、静海寺,太仓的刘家港,福建泉州的行香碑记,长乐的十里洋街、三宝岩,特别是今日的东南亚诸岛,如马六甲的三宝城、三宝井,爪哇的三宝垅,泰国的三宝庙和三宝塔,斯里兰卡的布施佛寺碑,至今昭示人们一种勇于开拓、不断创新的人生气魄和友谊、和平、正义的精神追求。

于谦临危当机立新帝

于谦(1398~1457年),明浙江钱塘(今杭州)人,字廷益。永乐十九年进士及第。初任监督御史,河南、山西巡抚等职,曾平反冤狱,赈济灾荒。正统十四年(公元1449年)土木之变瓦剌兵掳走英宗后,他从兵部侍郎升任尚书,拥立景帝朱祁钰,并反对南迁,调集重兵在北京城外击退瓦剌军。次年,瓦剌首领也先放回明英宗。天顺元年(公元1457年)明英帝在夺门之变中重新取得帝位,他以"谋逆之罪"杀了于谦。万历年间,于谦被追谥为忠。

永乐十九年(1421年),24岁的于谦中进士。宣德元年(1426年),汉王朱高煦乘新君嗣位未稳之际在乐安州起兵谋叛，明宣宗命于谦口数其罪。于谦义正词严，声音朗朗，朱高煦趴伏于地，战栗不已。宣宗非常欣赏于谦的口才，命他以兵部右侍郎衔巡抚河南、山西。正统十三年（1448年），于谦应召入京。如果不是第二年发生了一场惊天动地的大事变，他也许不过是明廷一个兢兢业业的官僚而已。但这场大事变将于谦推上了政治前台，做出了非常事业。

于谦

正统十四年（1449年）七月，蒙古瓦剌部首领也先率领铁骑分四路大举南犯。年轻气盛的明英宗朱祁镇在宦官王振的蛊惑下，率兵三十万亲征。八月十五日，在土木堡（今河北怀来东），明朝数十万大军被蒙古军队一举击溃，明英宗自己也成了阶下囚，史称"土木之变"。土木之变，影响深远。它标志着明朝失去了对蒙古军事力量的优势，也是明朝由盛转衰的分水岭。

土木之变，使得明朝面临的局势极其危险。皇帝被敌人俘虏，明朝陷入了国无君主的窘境。同时，英宗成为也先手中的一张牌，以向明廷要挟索价。也先挟持英宗，乘土木新胜之余威，率众直趋北京，欲一鼓作气攻取明朝的京城。而数十万明军在土木堡被击溃后，北京守备空虚，形势岌岌可危。当时北京城内人心惶惶，许多大户人家纷纷南逃。朝廷上下，群臣惊愕，束手无措。皇太后孙氏和英宗的皇后钱氏将宫中财宝用八匹健马驮赴也先大营，幻想能够以此换取英宗的自由之身。当然，这种妇人之见是不会产生任何实际效果的。

正是在这种关乎国家存亡的紧要关头，以于谦为代表的一批忠义大臣处变不惊，迅速而果断地采取了一系列强有力的措施，稳定了大局。于谦此刻挺身而出，成为抵抗派的领军人物。他果断采取了以下几个措施，挽救国家于危难之中。

第一，禁南迁之议。面对也先军队直扑北京的严峻形势，是战是守，大臣们的意见存在很大的分歧。侍讲徐珵说天象有变，朝廷应当南迁。对此，于谦有着比较清醒的认识，坚决反对南迁。他厉声说："言南迁者，可斩也。京师天下根本，岂不见宋南渡事乎！"监国郕王朱祁钰支持于谦的看法。由此，南迁之议才被废弃，守卫北京之策乃定。

于谦言南迁者可斩也，绝非耸人听闻，而是经过深思熟虑的正确建议。试想，明朝虽实行南北两京之制，南京为陪都，但如果朝廷南迁，北方势必不保，长江以北将不为明廷所有。有史为鉴，当年宋朝徽、钦二帝被俘，宋高宗赵构逃至江南而失国土大半，只能偏安江南一隅，若依徐珵的主张，恐怕中国历史就要重演南宋偏安的一幕。

第二，除王振余党。宦官王振可以说是导致土木之变的直接责任人。正是他不顾众议，策动英宗亲征。在行军过程中，又考虑到大军会践踏家乡的庄稼，就改道宣府，由此延误了时机，明军被围于土木堡。土木堡乏水，不能久据。被围数日，瓦剌军队四面围攻，明军大乱，伤亡惨重，王振本人也死于乱军之中。王振虽死，但是朝中同党犹在。

土木战败、英宗被俘的消息传入北京后，言官群情激愤，请族诛王振。此时王振的余党锦衣卫指挥马顺，上前叱骂驱逐。但是，群臣早已对这些爪牙倚仗王振而狐假虎威的作为看不顺眼，现在见马顺仍旧气焰嚣张，丧师辱国的怨气统统指向了他。群臣义愤冲天，一哄而上，拳打脚踢，竟然在左顺门将马顺活活打死。随后，众人又将王振余党宦官毛贵、王长随从内宫中要出，乱拳打死，悬尸国门，监国的朱祁钰哪里见过这样的场面，惊慌失措，想要退走。这时于谦上前拦住郕王，请求他宣布马顺等人论罪当死，参与殴杀的众官有功无罪。大家这才安定下来。大家退出左顺门时，吏部尚书王直用力握住于谦的手，感叹地说："国家正要靠先生您了。"正是在国难当头之际，于谦挺身而出，以社稷安危为己任，为百官所倚重。

第三，拥立明景帝。大敌当前，国无君主，而太子朱见深年仅3岁，无法承担起匡复国家的重任。于谦及众大臣请皇太后立朱祁钰为帝，朱祁钰是英宗的亲弟弟,英宗在亲征之前曾命他监国,此时他22岁,仅比英宗小一岁,年富力强。明朝实行嫡长子继承制,而且皇太子还在,郕王朱祁钰是没有资格继承皇位的。但在当时特殊的情况下,新皇帝最重要的不是有名分,而是要有领导百官、消除祸乱的本领,由此观之,朱祁钰就要比太子朱见深更为合适。

当郕王朱祁钰得知群臣请立自己为帝的消息后,惊谢至再,甚至退居王府,表示不愿即皇帝位。这是因为他担心太子朱见深长大成人后对自己不利,不免有顾虑,另外蒙古骑兵兵临城下,可谓吉凶难料。在这种情况下,于谦起到了关键作用,他指出:"我们做臣子的拥立您,是为国家着想,并不是为了个人的私利。"这番话使年轻的朱祁钰意识到了自己身上所承担的责任,于是不再避让,在群臣的簇拥下登基即位,年号景泰,史称景帝。他很快投入到新的角色中,力主抗战,反对南迁,任命于谦负责指挥北京保卫战。此措施为最后的胜利奠定了基础。

第四,保卫北京城。北京保卫战是艰苦而惨烈的。于谦在受命的第二天,立即奏请调南北两京及河南备操军,山东及南方诸军入卫京师,于是人心渐趋稳定。此时,粮食问题又浮出水面。通州为北京的屏障,同时又是京城粮食的储存地。在敌人的进攻下,如果粮食落入敌手,将会为敌所用。但是,短期内明廷难以集中大量人力、物力将粮食搬运入京。为了不让通州的粮食落入敌手,于谦想出个绝妙的主意。他奏请皇帝准许官军预支通州仓粮,令人自取,能多运者还有物质奖励。如此一来,通州的粮食很快就运入京城之中。

如何守卫北京呢?是固守还是主动出击?在战守的策略上出现了不同的意见。成山侯王通建议挖城壕以拒蒙古骑兵,总的原则是固守不出;于谦则认为坚守不出会示弱于人。在景帝的支持下,他分遣诸将率兵22万分列于京师九门之外,石亨列阵于德胜门,都督陶瑾列阵于安定门,广宁伯刘安列阵于东直门,武进伯朱瑛列阵于朝阳门,都督刘聚列阵于阜成门,都指挥李端列阵于正阳门,都督刘得新列阵于崇文门,都指挥汤节列阵于宣武门。

也先挟英宗直抵北京城下后惊异地发现,眼前的明军与在土木堡被自己轻易击溃的明军迥然不同。他原本以为明军不堪一击,现在见明军严阵以待,军纪严明,锐气大为受挫。

也先派遣数骑窥视德胜门。于谦事先在路边空舍内设下伏兵,再派少量骑兵且战且退,诱敌深入。数万瓦剌骑兵追至,明军突然火铳齐发,同时伏兵四起,前后夹击,大败瓦剌军。也先弟弟中炮而亡,瓦剌兵死伤惨重。接着,瓦剌军又在西直门和彰义门与明军激战,瓦剌军多次被击败。这时明朝各路勤王兵将至,也先恐断其归路,连夜拔营北遁,于谦领导的北京保卫战取得胜利。

严嵩专国政近二十年

严嵩(1480~1567),字惟中,号介溪。江西分宜人。明孝宗弘治十八年(1505年)进士,改翰林院庶吉士,授编修,不久病休归里。孝宗正德十一年(1516年),还朝复官。明世宗嘉靖七年(1528年),奉命祭告显陵,归而极言祥瑞,明世宗喜。几年内先后迁其为吏部右侍郎,进南京礼部尚书,两年后改任吏部尚书。嘉靖十五年(1536年),以贺万寿节至京师。时值廷议重修宋史,于是留京以礼部尚书兼翰林院学士衔主持其事。嘉靖二十一年(1542年),拜武英殿大学士。累进吏部尚书,谨身殿大学士、少傅兼太子太师、少师、华盖殿大学士。严嵩无他才略,唯一意媚上,窃权罔利,专国政近20年。

严嵩塑像

1.严嵩与狐仙

严嵩小时有些傻里傻气,读书虽很用功,开始成绩并不怎么好。他从家里上学,要经过一座木搭桥。有次暴涨水,桥冲毁了,他过不去。正在发愁时,有个白发老者陡然出现在他面前,和颜悦色,将他驮过溪去。从此,每逢涨水,老者都准在那里接他。日子长了,一老一少亲如公孙。一天,老者要严嵩到他家里去玩,严嵩满口答应。老者领他到了一个山洞口,指着黑咕隆咚的洞内说:"这就是我的家。"说罢,老者要严嵩闭上眼睛,驮他进去,严嵩遵命,眼睛一闭,老者把他一搂,顿时似腾空而起,耳边阴风飕飕。一落地,睁眼一看,啊,是个神仙境界,楼台亭院,琳琅满目,小桥流水,鸟语嘤嘤,香花扑鼻。可是老者不见了,眼前出现一个俏丽的女郎,陪他到各处游观。他给美景迷住了,到处看个饱。肚子饿了,那女郎就把一颗鲜红的珠子塞进他口里,一刹那,既不饿,也不渴。游够了,他要辞别,女郎领他到洞口,把手在他胸前一按,红珠吐了出来,女郎接去。一忽儿,女郎不见了,他却独个儿立在洞口。从此,严嵩上学,那老者常来邀他去洞里玩。到了洞里,同样是由那女郎陪他玩,给他吞珠。奇怪,严嵩虽贪玩,耽误了一些读书时间,却日见聪明起来,学业大有进步。以后因为玩得多了,旷课多,老师发现了问题,怕受误人子弟之咎,把这情况反映给严嵩父亲。严嵩父严淮是望子成龙的,一听,就拷问严嵩,问到哪里去玩了。严嵩把如何去洞里,洞里那女郎又如何伴他玩、吞珠等等情况——告诉父亲。嵩父感到莫名其妙,便去请问一个道士。道士说:这是妖怪缠身。嵩父一听是妖怪作恶,一时吓破了胆,哭丧着脸忙问:这怎么办呢?道士忙开解说:这事你不要发急,我有办法对付。说完,就当面开处方:今年七月七日,把七钱米粉和我画的一纸符用水揉在一起,做成七个小斋(小米粑),给严嵩藏在身上;严嵩到了洞里,吞下女郎给的红珠后,即暗地将这七个小斋吞下,那珠就按不出来了;这样,不仅能祛除严嵩身上的妖气,还更聪明,会读书,也会写文章。嵩父如法炮制了七个米粑,并如此这般嘱咐严嵩一番。一日严嵩又到了洞里,当他吞下珠后,偷偷摸摸吃了小米粑,等到那女郎再到胸前按珠时,真的按不出来了。女郎哭得很伤心,且边哭边说:这下你好,只是我完蛋了。最后她央求:七天后,她会死在洞外面的石隙中,请严嵩用些草将她尸体掩盖,万勿负言。

严嵩如期到那石隙去看,不见那女郎,只见一只毛茸茸的狐狸。他一见,既害怕,又伤呕,珠吐出来了。死狐狸见严嵩把珠呕出,即时一跃而起,奔了过来,拾起吞下肚去,即时摇身一变,又是一个美丽的女郎。至此,严嵩从一场噩梦里惊醒过来,不再恐惧了,那女郎也笑眯眯对他说:"好,现在你把我的命还回来了,我也不会亏你。我告诉你一件事,今年九月九日重阳节那天,在某地有九辆囚车经过,你去看看,看到其中有个骑马押车者,你就跪下,口喊皇帝万岁,洪福齐天!以后你会飞黄腾达,高官厚禄,这也就是我对你的报答。"九月九日,严嵩真的到某地去看热闹。一见那个骑马者,一一照着女郎说的办了。当他高喊几声后,那骑马者笑哈哈,忙问严嵩姓甚名谁。严嵩如实地说了。那人又说:以后我真的做了皇帝,不会忘记你。

那人就是后来的嘉靖皇帝朱厚熜。他登基后不久,一天夜里做了一场梦,梦见一棵松树上挂着一条鲶鱼。这是吉兆还是凶兆?嘉靖耽于迷信,便去请教道士。道士说:梦者,往事之再现也,陛下想想,曾接触过鲶与松相关的人或事情否?嘉靖开动脑筋,反复回想,终于记起了当年自己押送囚犯路过某地时,有个跪于道旁向他呼喊"皇上万岁"的小孩子严嵩。这梦解开了,便派人顺藤摸瓜去找严嵩。后来终于在朝廷官吏中找到了,他也不食言,遂给严嵩当了宰相。

2. 发迹之路

严嵩本是江西人,年少聪慧,早在弘治年间就中了进士,因他当时还没钻营出门路,只被授了个编修的闲官。

弘治皇帝去世后,正德皇帝继位,也没有提拔他的意思。他觉得前途渺茫,决定以退为进,就向朝廷请长假回到了老家,又苦苦读了十年书。因此他的名声渐渐大起来,又喜欢在文朋诗友面前卖弄,居然被当地书生们尊为大师。这时他也自认为本领超群了,就兴冲冲去还朝复职,指望一下子捞个大官或者肥缺来做做。哪知那时正德皇帝朱厚照只顾纵情享乐,根本没把国家大事放在心里。召见严嵩时随便问了几句,就让他去南京的翰林院当侍讲。

不得不遵命到南京当了侍讲的严嵩,心里一百个不服气。他为自己的十年寒窗苦读感到委屈,更恨自己生不逢时,他觉得这样下去,永远不会有什么出头之日。因为他深知,要想在朝里当大官,非得和皇亲国戚拉扯上关系,否则,就只能是痴心妄想。但他同时更知道,凭自己那点微薄的财力,又怎么能巴结得上皇亲国威呢?

当然,严嵩毕竟读了一肚子书,思维也算敏捷。他凭着和朱厚照的那次见面,就断定正德皇帝朱厚照龙命不长了,而皇位只能落到远在湖北的朱厚熜手里。他想,任何一个皇帝,都得有自己的一班心腹随从,而在朱厚熜还没坐上皇位时,想办法接近他,将来的前途则未可限量。

于是,严嵩干脆再次辞官来到了湖北钟祥,打算伺机先进王府混个差事。由于没有人引荐,他几次想进王府,都被守门人给冷冷的挡在门外。思前想后,他只好到街上摆了一个卦摊,靠给人算命测字解梦来挣几个小钱度日,同时耐心等待机会的到来。

严嵩有才学,随便别人说个什么字,他都能解得别人口服心服。时间一长,他的卦摊就有了名气了,连小兴王朱厚熜也略有所闻。

也是无巧不成书,或者说天赐严嵩良机。这天中午,朱厚熜带着两个随从,穿着便服来到街上。行不多远,就见街边围了一圈人,闹哄哄的,不时传来阵阵喝彩。他挤进人群,见是一个四十来岁的瘦汉在给人算命,便站在一边看。这个算命的人就是严嵩,他正跟别人侃得起劲,突然见两个彪形大汉护着一个方面大耳的公子过来,虽然不知十分底细,心里也有四五分明白,忙堆起笑脸说:"这几位客官,本人善观祸福,明察秋毫。欲试灵验不妨抽一签、测个字,便知分晓。"小兴王朱厚熜自从死了父王,又好久没有得到北京的消息。心里本来就七上八下的。听算命先生这么一说,便在一张纸上歪歪扭扭写了个"问"字,又从签筒内信手抽出一支红签递给算命先生。严嵩刚将红签打开,就听人群外有人高喊:"水,水来了!"原来是一个挑夫挑水从街上过,喊人让路。严嵩眼珠一转,计上心来。他一把推开卦摊,朝着小兴王"扑咚"一声跪了下去,嘴里连呼:"恭喜贺喜,恭喜贺喜!"

兴王问:"何喜之有?"

严嵩说:"好得很啦,这是一支上上大吉的红签,真是再好也没有了啊!"

兴王说:"且莫过言,起来说话。"

严嵩这才起身,摇头晃脑地说:"这支红签上是一个'田'字,田为人抽,人又在田上,本来缺水,马上就有水来了。田乃疆土,至关重要。田上站人,田下流水,又是个'鱼'字,这真是人统田疆,如鱼得水……"

兴王听严嵩说得玄乎,担心街上人多嘴杂,泄露了天机,就拦住了他,再让他解释'问'字。严嵩越发对自己的预测有了肯定,便更加玄乎地说:"这个'问'字更不寻常,不是凡人所能写,妙就妙在左看是个'君',右看呢,还是一个'君',除了君王,谁人能写?"

兴王见他越说越激动,就命其收摊,跟他进兴王府。在兴王府内,严嵩又详细给兴王讲了一番"田"字和"问"字的妙处,说兴王是个真龙天子。兴王想到自己是纯一道人转世,便有些相信。为了更保险,他让严嵩再给他抽个签,严嵩自然是求之不得。还是按老规矩,兴王先写个字。他随手写了个"白"字,这才去抽签,不料抽了个"王"字。严嵩一看就说:"白乃皇首,王爷是基础,这'王'上边加'白'字,就是皇了。"见兴王的眉头还不十分舒展,严嵩又说:"再说这个'王'字,加上一点就是个'主'字了。这就是说,王爷离当皇帝就只差那么一点了。"严嵩的这一番胡言乱语,直说得兴王当真像做了皇帝一般,坐在太师椅上,不由问起了严嵩的来历。严嵩自然把自己说得神乎其神,说他是看到这里有五色祥云而辞官投奔来的。兴王倒是遇着知己似的,将他留在府内。只是,兴王没想到在自己当上皇帝后,让严嵩主持朝政二十余年。他却祸国殃民,做尽了坏事,差点将一个好端端的大明江山给断送掉了。当然,那是后话了。

3.阿谀谄媚得高官

严嵩是明代的著名奸臣,他为人并无特殊才干,但很善于谄谀媚上,他的高官厚禄都是通过谄谀媚上而得到的。嘉靖七年(公元1528年),严嵩为礼部右侍郎,奉世宗朱厚熜命祭告显陵(世宗生父陵地,在今湖北钟祥附近)。事后,严嵩向世宗献媚说:"臣恭上宝册和奉安神床时,应时雨止。又产石地枣阳(今湖北枣阳),有许多鹳鸟绕集;碑运入汉江(今湖北汉水),河流突然水涨。这些都是上天眷爱之意,请命辅臣撰文刻石予以记载。"世宗朱厚熜听后十分欢喜。不久,严嵩便改任吏部左侍郎,后又升南京礼部尚书,继改为吏部尚书。朱厚熜是皇帝朱厚照的堂弟,封国在湖广安陆(今湖北安陆)。武宗朱厚照没有儿子,死后由皇太后和内阁首辅杨廷和定策,以遗诏的名义由世宗朱厚熜弟继兄嗣皇帝位。

世宗朱厚熜登上皇帝位后,即追尊生父兴献王朱祐杬为兴献帝。嘉靖十七年(公元1538年),世宗朱厚熜又准备将兴献帝庙号追尊为睿宗,并将神主入太庙,跻在武宗朱厚照之上。开始,严嵩与群臣一起表示反对,世宗朱厚熜很不高兴,著《明堂或问》给众廷臣看,意在责问群臣。同时,将力言不可之吏部侍郎唐胄下狱。严嵩见此情势,惊恐不已,尽改前说,并精心筹划兴献帝朱祐抗神主入太庙礼仪。礼成后,深合世宗心意,得到了金币等物的赏赐。从此,严嵩越加钻务巧言媚上,阿谀逢迎。世宗追尊太祖朱元璋高皇帝谥号时,大学士夏言、顾鼎臣等奏称见五色吉祥云,严嵩便奏请皇上受群臣贺拜,并仗着历年学问,撰著了《庆云赋》及《大礼告成颂》阿谀皇上。世宗读后大喜。次年,严嵩便晋升为太子太保,赏赐也与辅臣(内阁大臣)同等对待。明代冠制,皇帝与皇太子是用乌纱折上巾,即唐朝所称翼善冠。世宗朱厚熜崇尚道教;不戴翼善冠而戴香叶巾冠,并将五顶香叶巾冠赐夏言、严嵩等大臣。夏言认为这种香叶巾不是大臣应戴之冠,有违祖制而不戴。但严嵩却不放过这一逢迎皇上的机会,他在世宗召见时不仅头戴香叶巾冠,而且还特地用轻纱笼住以示郑重。世宗见状,越喜严嵩而渐疏远夏言。阴险的严嵩趁机在世宗面前谗言夏言傲慢犯上,世宗朱厚熜勃然大怒,当即罢了夏言的大学士职。而严嵩也就在这一年(嘉靖二十一年,公元1542年)八月,补了夏言去职后的空缺,以礼部尚书兼武英殿大学士入阁参与机务,开始掌握内阁重权。当时,严嵩已60余岁,但精神溢发,不亚少壮,朝夕在西苑侍奉世宗,越发得到世宗的宠眷,不久,又晋升为太子太傅。

4.排斥同僚害忠臣

明世宗时期,严嵩靠阿谀逢迎进入内阁,成了一名权臣。但他并不以此为满足,又千方百计打击和排斥同僚,目的是独揽朝政。当时,大学士翟銮资历、名望都在严嵩之上。严嵩为了排挤翟銮,便暗中嗾使给事中王交以翟銮二子同举进士为由,上疏称翟銮二子在科举上有作弊行为。结果,在严嵩的构陷下,翟銮父子均被世宗朱厚熜削职为民,而严嵩越发得志。嘉靖二十二年(1543年),吏部尚书许赞、礼部尚书张璧亦入阁与严嵩一同参与机务。但世宗遇事只召严嵩商讨,严嵩遂不把他二人放在眼里,凡事独断专行。对此,许赞略露不满之词,居心叵测的严嵩便上奏说:"臣子一同侍奉皇上,应当协力同心,不应互相嫌恶。往年,夏言与郭勋同为朝中大臣,却互相猜忌,有失做臣子之道。臣严嵩屡次蒙皇上单独召见,於理未安,恐怕同僚生疑,致重蹈前辙。以后,请照祖宗朝蹇(义)夏(原吉)、三杨(杨士奇、杨荣、杨溥)故事,凡蒙召对,应阁臣一同入见。"严嵩在这里以退为进,明为显示自己能厚待同僚,实际是说其他阁臣对自己之妒。这样,严嵩通过诋毁别人,又进一步获得了世宗的宠信。不久,严嵩便晋升为吏部尚书、谨身殿大学士、少傅兼太子太师。

嘉靖二十四年(1545年)十二月,世宗因许赞老病去职,张璧死,又起用夏言入阁。夏言入阁后,位仍在严嵩之上。严嵩心中很是不甘,表面上对夏言谦恭,暗中却伺机陷害夏言。朱厚熜是一个疑心很重的人,他经常派宫监暗中窥视大臣们的行动。严嵩每次在宫监来窥视自己时,都故意做能够讨好皇帝的事情,例如夜晚在灯下阅看青词稿等。所谓青词稿,就是道士设坛上奏天神的表章,因以青藤纸朱字书写,故叫作青词。由于世宗崇尚道教,夏言和严嵩都以善写青词得宠,因此当时就有人讥讽夏言和严嵩是"青词宰相"。夏言再次入阁后,年迈体衰,每到夜晚入睡很早。当世宗得知严嵩夜晚阅看青词稿而夏言已经入睡的情报后,对严嵩越加宠眷,而对夏言渐生嫌恶。

嘉靖二十五年(1546年)总督陕西三边军务曾铣,在夏言的支持下,提出了收复被蒙古鞑靼部占领的河套地区的计划。河套地区(今宁夏和内蒙古境内贺兰山以东,狼山和大青山以南的黄河沿岸地区)东、西、北三面濒河,南面临近明朝的榆林(今陕西榆林)、宁夏(今宁夏银川)、偏头关(今山西偏关)等边镇,土地肥美,灌溉便利,适宜农桑。控制河套地区,对于明朝北面的边防有着重要的意义。但是,严嵩为了陷害夏言,利用世宗害怕蒙古鞑靼军的心理,攻击夏言、曾铣等收复河套地区的计划是"好大喜功""穷兵黩武"。这时,恰巧内宫失火,皇后去世,世宗朱厚熜对以上变故颇为惧怕。严嵩趁机进谗言说:"灾异发生的原因就是由于夏言、曾铣等要收复河套地区,混淆国事造成的。"世宗朱厚熜信以为真,便把夏言罢职,曾铣下狱,其他支持收复河套地区计划的官员也给了贬谪、罚俸和廷杖的处分。不久,鞑靼军进扰延安(今陕西延安)、宁夏(今宁夏银川)等地,严嵩又趁机对世宗朱厚熜说,鞑靼军是因曾铣要收复河套地区而发的兵。世宗朱厚熜又按开边事之衅罪把曾铣处死。严嵩虽然害死了曾铣,但是夏言还在,严嵩不把他置之死地是不甘心的。于是,又捏造了夏言曾经受过曾铣贿赂的罪行。结果,夏言也被世宗朱厚熜处死;夏言一死,严嵩便爬上了首辅(内阁中为首的大臣)高位,完全掌握了内阁大权。

严嵩在排斥同僚的同时,还极力培植死党,并安插亲信掌握机要部门,以固权势。严嵩以子严世蕃为爪牙,聚类养恶,朋比为奸,仅干儿子就有三十余人,尚书关鹏、欧阳必进、高耀、许炀等都是严嵩党羽。通政司是负责呈送奏章的重要部门,严嵩为了控制这个部门,便由其义子赵文华任通政使,凡上疏奏章,必由赵文华将副本先送严嵩阅看,然后才上奏。吏部文选和兵部职方是二个低微的官职,但由于吏部文选负责办理官吏的升迁、改调,兵部职方负责军制等具体事宜,都比较机要。因此,严嵩也牢牢控制在手中,由亲信万寀和方祥分别担任文选郎和职方郎。他二人经常拿上文簿由严嵩任意填发,时有严嵩"文武二管家"之称。

5.鱼肉百姓误国家

严嵩倚仗权势,贪污纳贿,侵占民产、作恶甚多。严嵩执政期间,朝中官员的升迁贬谪,不是根据其人的贤愚廉耻和能力大小,而是凭他们对严嵩贿赂的多寡。因此,每天到严府贿赂的人络绎不绝,相望于道;馈赠之物,鱼贯联珠,斗量车载。礼部员外郎项治元贿赂严嵩一万三千金而升任吏部主事。举人潘鸿业贿赂严嵩二千二百金得任山东临清知州。犯罪军官仇鸾,被革职后为了复官,以重金贿赂严嵩父子后,竟当上了宣府、大同总兵要职。当时,南北给事、御史等监察官吏都认为,朝中贪污大臣首推严嵩。

严嵩父子侵占的民间田产仅在北京附近就有庄田一百五十余所。另外,在南京、扬州等地豪夺、强买之良田、美宅也有数十处。这些田产每处价值均有数千金,但严嵩父子强买时,卖者往往只能得银十分之四、五。严嵩父子在原籍侵占之民田更是惊人,袁州(今江西宜春)一府四县之田,竟有十分之七被严家侵占。

由于严嵩父子大肆搜刮民财,愚弄百姓,其家财可与皇帝比富。严嵩的府第都是雕梁画栋,峻宇高墙,其巍峨壮丽不减朝堂,至于金银珠宝更是难以计数。严嵩子严世蕃曾自夸说:"朝廷不如我富。"后来,严嵩事败被抄家时,抄出黄金三万余两,白银二百多万两,其他珍珠宝玩价值数百万两。就连严嵩的家仆严年,家财也以数万两计。严嵩父子的生活相当奢侈糜烂。特别是严嵩子严世蕃,美妻爱妾,列屋群居;衣皆龙凤之纹;饰尽珠玉之宝:张象床,围金帐;朝歌夜舞,荒淫无度。对这种腐化生活,严世蕃自鸣得意地说:"朝廷不如我乐!"

严嵩的奸贪和倒行逆施,还直接削弱了明朝的边防力量,造成了北方鞑靼贵族军和东南倭寇对明朝的严重威胁。

明中叶,蒙古瓦剌部渐衰,鞑靼部乘势兴起。不久,鞑靼部达延汗统一了蒙古各部。嘉靖二十三年(1544年)达延汗死,其孙俺答汗势力独盛。在此期间,蒙古俺答汗屡次率军骚扰内地。但是明政府自严嵩执政以来,边将为了保官升职,把诸边军粮大半贿赂了严嵩,以致军士饥疲,边防大坏,无力抵御蒙古鞑靼贵族统治者军队的骚扰。特别是嘉靖二十九年(1550年),鞑靼部俺答汗率军长驱直入北京郊区,北京城已处于万分紧急状态。但严嵩不顾军情紧急,只考虑如果在京郊战事失利难以瞒住皇上,自己作为内阁首辅难脱干系,便千方百计阻止抗战。国子司业赵贞吉等主张出兵保卫京师,严嵩却污蔑他狂诞,致赵贞吉被世宗朱厚熜廷击、贬谪。严嵩还授意兵部尚书丁汝夔说:"京郊不比边塞,在边塞战败还可掩饰,而京郊战败人所共知,俺答军抢掠够了就会离去,我们唯有坚壁是上策。"于是,兵部发令,不得轻易出战。各路勤王军到京,严嵩又荐举其党羽仇鸾为大将军,节制诸路勤王兵马。在严嵩、仇鸾的节制下,各路勤王军队只是坐观俺答军杀掠人口,抢夺财物。仇鸾所率军队甚至尾随俺答军后趁火打劫,烧杀抢掠比俺答军还凶狠。一直到俺答军在北京城郊烧杀抢掠数日,押运着大批男女,金帛、财物志满得意地离去,仇鸾才率军佯作追击,杀了几十个百姓的头来冒功。世宗朱厚熜不加核实,竟加封仇鸾为太保,并赐金币。不过,世宗朱厚熜对于俺答兵临城下还是感到有失皇帝的面子,他为了泄愤,便把兵部尚书丁汝夔下狱。严嵩怕丁汝夔在这个时候揭发自己曾经授意他不出战的罪行,便宽慰丁汝夔说:"有我在,一定不会让你死去。"可是当世宗朱厚熜发怒要处死丁汝夔时,严嵩又噤若寒蝉,一言不发。丁汝夔临刑时方知受骗,大呼"严嵩误我!"

6.奸横骄纵终败亡

奸臣严嵩父子贪鄙奸横、误国误民,使当时许多正直的官员都非常愤慨,纷纷上疏揭露其罪行。其中最著名的是锦衣卫经历沈练和兵部员外郎杨继盛的疏论。嘉靖三十年(公元1551年),沈练上疏指出:俺答军能长驱直入京郊,都是由于严嵩贪婪愚鄙、废弛边防造成的。沈练还在疏中历数了严嵩的纳将帅之贿,揽吏部之权,索抚按岁例,陷害言官,专擅国事等十大罪。请皇上诛杀奸臣严嵩,以谢天下。嘉靖三十二年(公元1553年),兵部员外郎杨继盛就严嵩的罪行进行了全面的揭发。他把严嵩的罪行主要归纳为十大罪、五奸。这十大罪主要是:俨然以丞相自居,坏祖宗成法;假皇上之意,以售其奸;冒朝廷军功,子孙无功而官;纳贿营私,引用贪虐奸邪之臣;废弛战备,贻误国家军机。杨继盛还指出,严嵩正是依靠兜售五奸而得逞的。这五奸的大略是:厚贿交结皇帝侍从宫监,使之成为自己的间谍;严加控制掌管奏章的要害部门通政司,使之成为自己的鹰犬;勾结厂、卫(皇帝的特务组织)官员,使皇上的爪牙也能为自己服务;百般笼络言官,使之成为自己的奴隶;网罗各部臣僚,使之成为自己的党羽。

显然,这些疏论都是对严嵩罪行尖锐的揭发和批判。但是,由于严嵩混淆是非,颠倒黑白,利用明世宗朱厚熜拒谏护短的毛病,激怒世宗,以致严嵩毫发未动,而言官本人却遭到了各种迫害和打击。如锦衣卫经历沈练受到了廷杖、贬谪的处分。沈练到了被贬地保安(今河北怀来西北)后,出于时奸臣严嵩的愤恨，动手扎捆了三个草人当作李林甫（唐代奸相）、秦桧（宋代奸相）、严嵩，经常以箭射之泄愤。严嵩听说后恼恨不已，不久，就捏造罪名把沈炼杀死了。又如兵部员外郎杨继盛被世宗朱厚熜以诬陷大臣罪廷杖一百下狱后，严嵩仍不甘心，必欲置之死地，又把杨继盛无中生有地牵扯到所谓张经冒功一案中而加以杀害。除此以外，先后上疏弹劾严嵩的谢瑜、叶经、童汉臣、赵锦、王宗茂、何维柏、王晔、陈垲、厉汝进、徐学诗、周夫、吴时来、张冲、董传策等，都由于严嵩的诬陷而遭到了廷杖、贬谪、下狱的迫害。这样，由于严嵩的淫威，朝中一度无人再敢上疏弹劾严嵩。

嘉靖四十年，严嵩的老婆欧阳氏因病去世，按照封建礼制的规定：严世蕃应离职回籍守孝三年，叫作"丁忧"。但是，严嵩一天也离不开儿子，他怎能让严世蕃回老家？于是他便找了个借口，向世宗求情，将严世蕃留在京城，而让他的孙子回家代为"丁忧"。严世蕃虽然被留下了，但因他重孝在身，不便入值西苑，所以，公务上的事情还是帮不了严嵩什么忙。没有了儿子的帮助，严嵩深感力不从心，往往将公事处理得一塌糊涂，对于呈上的御札下问，多不能明白其中的意思，有时急得严嵩团团乱转，一筹莫展，最后只好派人回家询问儿子严世蕃。严世蕃虽然在家"守孝"，却一点儿不守孝道、整日里大吃大喝，听歌观舞，他有二十七位妻妾，个个珠围翠绕、脂红粉香，严世蕃左拥右抱，和她们寻欢作乐。严嵩派人来询问御札之意，严世蕃自然没有心思琢磨世宗的御札，通常草草作答，语多隔膜，甚至前言不搭后语，使得严嵩大为光火；有时严嵩不得已自己写奏答，更是驴唇不对马嘴，所以，令世宗很不满意。此时已是严嵩执政的晚期，他们父子手中的权力过重，势力过强，大有阴云蔽日之势，世宗心中早已有所猜忌。这时，世宗正宠信着方士蓝道行，把他看作神仙一般，不说言听计从，他的话也是举足轻重的。严氏父子偏偏把他得罪了，蓝道行就在世宗面前告严氏父子的状。有一次，世宗问蓝道行："天下何以不治？"蓝道行乘机以仙人的身份回答说："严嵩父子，弄权专政，奸人不去，病国妨贤。"世宗又问："如果是这样，上仙何不降灾诛杀他们？"

蓝道行神秘地一笑，说："留待皇上正法。"世宗一听，心有所动，"仙人"既给他指出一条明路,世宗从此便产生了除掉严嵩父子的念头。不久,御史邹应龙又上疏弹劾严嵩父子,列举了父子二人的种种罪状。其后,又有徐阶推波助澜,力劝世宗处分严嵩父子。终于,嘉靖四十一年(1562年)五月,世宗下旨令夺去严嵩的一切官职,并发配回江西老家;严世蕃也被谪戍雷州卫,另外,严嵩的两个孙子及几名私党也都被遣戍边。严世蕃在谪戍雷州的途中,逃跑回家,在家中躲了一阵子,见无人追问,胆子又大了起来,开始四处活动,他伙同严嵩的死党,也是在戍边途中私逃的罗尤文,二人相互勾结,网罗党徒,招纳叛卒,夺人子女、劫掠民财,勾结倭寇、图谋不轨,半年之内,就作案二十七起,情节恶劣,气焰嚣张,真达到了无法无天的地步。严世蕃还役使工匠四千人,大造私第,修建亭台园林,雕梁画栋,穷奢极侈,排场、气势,一如往昔。严府的豪奴悍仆,仍旧挟持相府余威,凌辱官民,为非作歹。嘉靖四十三年(1564年)十月,御史林润又上疏弹劾严世蕃。世宗听说严世蕃逃跑回家,继续作恶,勃然大怒,下旨将严世蕃逮捕治罪。

嘉靖四十四年(1565年)三月,世宗降下圣旨:将严嵩削籍为民,将严世蕃和罗龙文绑赴西市斩首。京城中的百姓听说这个消息,拍手称快,奔走相告,呼朋唤友相邀着来到西市看刑,看到往日不可一世的恶徒终于得到了应有的下场,真是大快人心。严世蕃临别时,家人捧过纸笔,让他写封家书,算作遗书。他接过笔纸,只是流泪不止,浑身筛糠般颤抖着,怎么也写不成一个字,往日作威作福的劲头早已吓得无影无踪。

严世蕃被斩后,其家产全部抄没,严嵩也无家可归,只得寄食墓舍,晚景凄凉。两年后,在贫病交加中结束了罪恶的一生。

"立地皇帝"刘瑾

刘瑾(1451~1510年),明朝宦官,本姓谈,陕西兴平人。景泰年间自宫,依太监刘某进宫,改刘姓。正德三年升任司礼秉笔太监,控制朝政。有司奏章必先投瑾,"权擅天下",有"刘皇帝"或"站皇帝"之称。太监张永密奏刘瑾诸不法事。刘瑾被逮,抄其家,得金银数百万,其他珠宝不可胜计,并查获玉带等违禁物品,遂以谋叛罪被凌迟处死。

1.哄好皇帝得高官

刘瑾是明朝最著名的奸贪大宦官。他原来姓谈,后来靠一个姓刘的宦官的引见得以入宫,为感恩此后便

刘瑾

用刘姓了。刘瑾在明孝宗在位时侍奉太子朱厚照,他对这个难得的机会很知道珍惜,因为他知道太子将来登基即位后他这个日夜服侍的太监就是功臣了,权势与富贵唾手可得。于是,刘瑾便千方百计地讨好太子,侍奉当时只有十多岁的太子。

弘治十八年(1505年),明孝宗因病去世,太子顺利即位,这就是明武宗。刘瑾和马永成、高凤等七名太监得到了新皇帝的宠爱,被称为"八虎",刘瑾则是"八虎"之王。在刘瑾的领导下,这些宦官想方设法地鼓动武宗游玩享乐,他们自己则专权跋扈,隐瞒着皇帝为非作歹。刘瑾最受武宗的信任,在内宫监任职,而且掌管着京城的精锐守卫部队。

第二年,为国忧虑的大臣们见武宗被宦官们搞得不理朝政,便纷纷劝谏。开始武宗听不进去,直到被告知天象有变,是上天在警示他,武宗这才有所表示。武宗打算将刘瑾先贬到南京。

但大臣们则坚决要求杀掉这个祸根。为了让皇帝下决心除掉刘瑾,大臣们联合了当时的京城主要官员,准备第二天一起劝谏武宗杀掉刘瑾。但吏部尚书焦芳却在当天晚上向刘瑾透漏了消息,刘瑾一听,大惊失色,赶忙召集其他七人连夜到武宗面前哭诉求情。武宗念及刘瑾以前的忠心照顾,不仅赦免了他们,而且在他们的怂恿下将司礼监、东厂、西厂也让他们分别掌管。同时,将一个不与他们同流合污的忠直的太监送南京充军,后又在半途追杀。武宗的意气用事、不辨是非给明朝带来了大灾难。

司礼监在当时是很重要的内宫官署,有掌印太监一名,秉笔太监八、九名。在明朝,百官向皇帝上书,要先送内阁,由内阁辅臣做出初步的处理意见,叫作"票拟",再交给皇帝批阅。皇帝用朱笔(即红笔)在奏章上批示,叫作"批红"。有的皇帝如果不勤于政事,便让司礼监宠信的太监代笔,这就给太监的胡作非为提供了可能性。另外,司礼监的太监还有一个其他部门无法比拟的特权:传达皇帝旨意。有时由秉笔太监记录下皇帝的话,然后让内阁起草,或者由太监口头传达给有关大臣。这种制度直接给宦官造成了篡改圣旨的机会。刘瑾就是司礼监的主管,这是他专横跋扈的重要资本。

对于曾经使他身陷绝境的大臣们,刘瑾恨之入骨。在自己掌握大权之后,便向这些不听话与自己作对的大臣们开刀了。他用的方法很多,一是处罚,即罚米供应边境。因为罚的数目很大,有的竟达到几千石之多,致使很多大臣被罚得破产。其次是身体处罚,最狠毒的是去衣廷杖。在明朝,原来的廷杖仅仅是对大臣的一种人格侮辱,并不是身体处罚,所以允许大臣用毡、毯以及棉衣垫在身上。但刘瑾却要大臣脱衣受刑。行刑期间又授意执行的锦衣卫加力责打,结果大臣们常被当场打死。还有,刘瑾造了一种大枷,有一百五十斤重,被他迫害的大臣戴上这种枷后,没几天便被拖累致死。刘瑾的阴险毒辣由此可见一斑。

刘瑾知道负责劝谏的言官们对他的威胁很大,在掌权后,对言官也不放过。除了借故进行罢免、廷杖以及诬陷定罪外,在平时也制裁威胁这些言官:命令他们在早晨寅时(三点到五点)入朝,一直到下午的酉时(五点到七点)才让走。一天上班时间竟达十四个小时左右,刘瑾的目的就是让他们不得休息,让他们没精力弹劾自己。

刘瑾打击异己时随心所欲,对于在平时只对他作揖而没有磕头行大礼的翰林院的官员,他也不放过。找了个借口一次就把20人赶到南京去任职,有的削职为民。

2.恶贯满盈遭凌迟

明武宗教时期,大宦官刘瑾为了达到专权朝政的目的,大肆迫害反对他的正直的大臣。在将异己都清除后,刘瑾便随心所欲地专权了。刘瑾很会控制皇帝为他所用:先用打球跑马、带鹰抓兔等缠住爱玩的武宗,然后,专门在武宗玩得高兴的时候向他请示政事,武宗总是心烦地说:"怎么什么事都来找我,你们都是吃闲饭的吗?"刘瑾装得灰溜溜的样子退下,心中美滋滋地专权误国去了。通过这一手,刘瑾很容易地将内阁的大权也握在手中了。

为了彻底掌握内阁,他还将原来向自己告密立功的焦芳安排在内阁任职,焦芳则事事仰刘瑾的鼻息行事,这就开了内阁辅臣听从太监指挥的恶例。

除了内阁,政权机关就是六部了,刘瑾又将自己的手下同党安排到了六部,刘瑾专横的程度让人无法想象,有时,他仅在张纸上写谁做什么官,六部便要照他的意思安排。那些地位很好的公侯们见了刘瑾也是跪拜,不敢直视。

刘瑾的水平有限,为了批阅奏章,他就将大臣的奏章拿回家里,让在礼部做官的妹夫替他写,再拿到内阁让焦芳修改。所以,当时的人们都在暗地里叫他"刘皇帝"。

为了增加自己的权势,刘瑾还建立了另外的特务组织"内行厂",权利在锦衣卫和东厂、西厂之上。通过特务来监督官吏和百姓,制造恐怖气氛,维持自己的专权。

有了权势之后,刘瑾和很多贪官一样也开始敛财。他的手法也没有什么创新,索贿、受贿、贪污,都是一般的手法。只不过他的胆子比一般的贪官大了很多,因为他的上边仅是一个皇帝。

作为一个太监,刘瑾的性格和一般的贪官还不一样,如果他向你伸手要钱,你就必须给他,否则太监那种狭窄的心胸,报复起来比一般的贪官更心狠手毒。有一个人刚升迁,刘瑾便向他要"贺印钱",其实就是索要贿赂,言外之意是:没有我同意,你根本就做不上这个官。那个人不肯给,刘瑾马上就下令让他退休回老家。

刘瑾受起贿来也是来者不拒,因为他手中有权,所以那些为了得到高官的必然要向他行贿。例如刘宇,刚上任巡抚时,用万金向刘瑾行贿,使刘瑾喜不自胜。后来刘宇又先后给了刘瑾几万两银子,结果一直升迁到兵部尚书的位子上。也有的官员是害怕刘瑾对自己打击报复，于是各地官员进京朝拜述职时总是要向刘瑾行贿，叫作"拜见礼"。少的要上千两，多的则五千两。有一年，考察地方官时，竟有贿赂两万两银子的。如果升了官要立即使用重金"谢"刘瑾，叫作"谢礼"。送少了还不行，否则要马上撤职，但如果你赶紧追加银子，官职又能马上恢复。官位基本上成了刘瑾手中卖钱的商品。

接受别人贿赂之后，刘瑾还枉法行事，直至制造冤狱。御史葛浩原来因为触犯了刘瑾，被杖责后贬为平民，刘瑾却收下了葛浩仇人的贿赂，找借口又将葛浩押进京城，处杖三十。

刘瑾的专权使朝政混乱，他的索贿受贿也直接导致了地方矛盾的激化。官员们向他行贿后，必然要加重剥削百姓，逼得百姓走投无路，只好反抗。在刘瑾被处死后仅仅几个月，京城地区便发生了刘六、刘七起义。

刘瑾在权势的路上越走越远，最后竟动了篡位之心，他私自刻了印玺，暗造弓箭，企图寻机夺位。但是，螳螂捕蝉，黄雀在后，刘瑾只顾自己作威作福，没想到其他的七虎正注视着他的一言一行。因为原来他们向刘瑾要权办事时，刘瑾总是不肯照顾，时间一长，矛盾逐渐激化。

公元1510年，安化王朱寘鐇以反对刘瑾为名，发兵谋反。明武宗派杨一清总督宁夏、延绥一带军事，起兵讨伐朱寘鐇，派宦官张永监军。

杨一清原是陕西一带的军事统帅，在训练士卒、加强边防方面立过功。因为他为人正直，不附和刘瑾，被刘瑾诬陷迫害，后来经大臣们营救，才被释放回乡。这回明武宗为了平定藩王叛乱，才重新起用他。

杨一清到了宁夏，叛乱已经被杨一清原来的部将平定，杨一清、张永俘虏了朱寘鐇，押解到北京献俘。

杨一清早就有心除掉刘瑾，他打听到张永原是"八虎"之一，刘瑾得势以后，张永跟刘瑾也有矛盾，就决心拉拢张永。回京的路上，杨一清找张永密谈，说："这次靠您的大力，平定了叛乱，这是值得高兴的事。但铲除一个藩王容易，内患却不好解决，怎么办？"

张永惊异地说："您说的内患是什么？"杨一清把身子靠近张永，用右手指在左掌心里写了一个"瑾"字。张永一看,皱起眉头说:"这个人每天在皇上身边,耳目众多,要铲除他可难啊!"杨一清说:"您也是皇上亲信。这次凯旋回京,皇上一定会召见您。趁这个机会您把朱寘鐇谋反的起因奏明皇上,皇上一定会杀刘瑾。如果大事成功,您就能名扬后世啦!"

张永心里犹豫了一下,说:"万一不成功,怎么办?"杨一清说:"如果皇上不信,您可以痛哭流涕,表明忠心,大事一定能成功。不过这件事一定要动手得快,晚了怕泄漏事机。"

张永本来对刘瑾不满,经杨一清一怂恿,胆子也壮了起来。

到了北京,张永按杨一清的计策,当夜在武宗面前揭发刘瑾谋反。明武宗命令张永带领禁军捉拿刘瑾。刘瑾毫无防备,正躺在家里睡大觉,禁军一到,就把他逮住,打进大牢。

明武宗派禁军抄了刘瑾的家,抄出黄金 24 万锭,银元宝 500 万锭,珠玉宝器不计其数;还抄出了龙袍玉带,盔甲武器。明武宗这才大吃一惊,把刘瑾判处死刑。

当年的八月,刘瑾被处以凌迟刑,即千刀万剐,共行刑 3 天。

万历首辅张居正

张居正(1525 年~1582 年),字叔大,号太岳,江陵(今湖北沙市)人,嘉靖中叶进士。在中国历史上,张居正是著名的改革家,他执政十年,是明朝中期一道耀眼的曙光,为明朝沉寂的黑暗注入了新的活力。他失败的原因比较复杂,主要是由于得罪了当朝皇帝,使他的改革成果毁于一旦,祸及家族。

1.革故鼎新作帝师

23 岁那年,张居正考中进士。考中进士后,张居正被授予翰林院庶吉士,这其实并不是一个实际的正式职务,并没有发言权,不过可以借助这个窗口,看到国内政治局势的变化。当时内阁大学士夏言与严嵩之间的斗争非常激烈,严嵩取得了首辅的地位后,竟然置国家利益于不顾,借收复河套之事陷害力主抗蒙的夏言等人于死地。张居正由此认识到了政治的腐败。他在积极等待时机,谋求有朝一日改变这种政治格局。同时努力地进行自我保护,谋求发展。

嘉靖二十八年(1549年),张居正升任翰林院编修。这时他闭门谢客,集中精力钻研国典,探索救国兴邦之道。在做翰林院编修期间,他上疏《论时政书》,指责权贵不法,吏治因循守旧,财政亏损,边备荒芜等。张居正25岁的时候,就能如此大胆地揭露

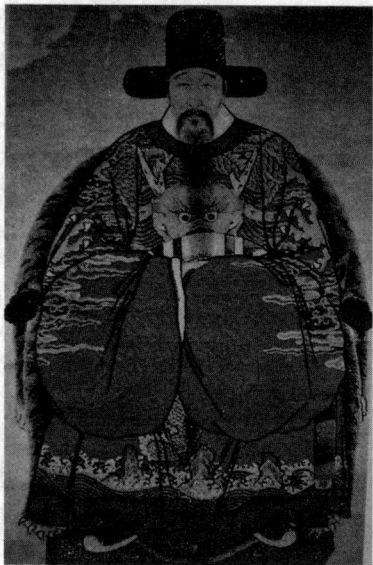

张居正

朝廷的弊端,足见他在政治上的成熟。但这篇奏章没有引起明世宗的关注。

嘉靖二十九年(1550年)六月,蒙古兵攻到明朝首都北京城下,严嵩出于自身政治利益的考虑,阻止大明军队出战,蒙古兵在京郊大肆抢掠,掠夺了无数的男女和牲畜。历史上将这一事件称为庚戌之变。

庚戌之变使张居正亲眼目睹了明王朝的危机。严嵩的卖国嘴脸使张居正非常失望。嘉靖三十二年(1553年),张居正的同年杨继盛上书弹劾严嵩的十大罪状,遭到了严嵩的弹压,杨继盛被关到监狱里杀害了。张居正对严嵩的行为愤懑至极。但严嵩当朝,他无法发泄自己的愤懑,不得已只能告假返乡。直到三年之后,张居正才从江陵返回北京,坐观内阁首辅严嵩与东阁大学士徐阶之间的斗争。徐阶的门生多次对严嵩进行弹劾,使明世宗开始厌恶严嵩这个专横的权臣了。公元1562年,严嵩终于倒台,徐阶成了首辅,张居正也从翰林院编修迁为右春坊右中允兼国子监司业。

严嵩的倒台是张居正一生政治生涯的一个转折点。嘉靖帝驾崩之后,朝廷的第一件事就是发表遗诏,由徐阶和张居正筹划这件事。徐阶在名分上是张居正的老师,他对张居正的才能非常欣赏,将他视为国家的栋梁之材,张居正竭力

帮助徐阶主持朝政,他们革除弊政,平反冤狱,很得人心。

嘉靖四十五年(1566年),明世宗逝世后,隆庆帝即位,张居正晋升为吏部左侍郎兼东阁大学士,当上了宰相。这时,徐阶与高拱的矛盾也逐渐突出与尖锐起来。不久,李春芳取代徐阶为首辅,但他只是一个好好先生,谈不上有什么作为。这正是张居正在政治上大展手脚的好时机。

隆庆六年(1572年),隆庆帝中风而亡。神宗即位。明神宗当皇帝时年仅10岁,是为万历皇帝。皇帝的教育问题是内阁首辅张居正的头等大事,张居正深感教育好一个皇帝是一件利国利民的大事。于是他自己肩负起了教育皇帝的责任。他每天为皇帝安排好功课,还专门为他讲解经史,又请太后移居乾清宫,让其与神宗小皇帝同住,以便管束这个成长中的小皇帝。

张居正的教育使神宗皇帝提高很快,很快就明白了许多治理天下的道理和策略,变得英明起来。张居正感到很高兴,只要有皇帝的支持,他就可以放开手脚地从事一系列的政治改革了。

2.推行改革富国强兵

张居正亲眼目睹了"庚戌之变",所以他对大明军队的素质非常担心,从那时起他就开始筹划着整顿边防。他大胆地任用了一批智勇双全的将领,坚定奉行用人以能的方针,出现了"一时才臣,无不乐为之用,用必尽其才"的大好局面。经他亲手提拔并任用的谭纶、戚继光、李成梁、王崇右、方逢时等人都是智勇双全,而且又有着超群才华的人。

经过张居正的几年努力改革,扭转了长期以来的边防破坏的局面,战守力量不断得到增强,蒙古兵没敢再次来犯。为了加强防御力量,张居正总想着积极改善蒙汉之间的关系,他命令沿边将帅抓住一切有利时机,积极发展与蒙古的友好关系。这些举措当时在蒙古地区引起强烈的反应,汉蒙人民之间的来往频繁增多。

张居正通过重用英勇善战的将领,加强边防保卫,改变了英宗正统以来的不良局面。通过重用智勇双全的良将,发展并改善了汉蒙关系,改变了自明朝开国以来一直与蒙古之间的敌对关系与战争状态,促进了两民族之间的友好往来。

张居正任内阁首辅之后,针对朝中一些空谈阔论、不务实际的现状进行了吏治的改革与整治。万历元年(公元1573年)十月,张居正向万历皇帝上疏了请行考成法,神宗批准了他的要求。张居正的这种改革从根本上肃清了明朝的吏治。

张居正为了扭转吏治腐败的局面,还制定了考核官员的办法,他对官员的考核内容主要有两条,首先六部和都察院把所属官员应办的事情规定完成期限,并分别登记在三个记账本上,一本留部院做底本,一本呈送内阁,一本送科道,六部和督察院按照登记本,逐月进行检查,如果没有按期完成,必须如实上报,六科亦根据登记账本,稽查六部的执行情况。这样层层检查,循环往复,最后由内阁总其成,于是内阁成了名副其实的政治中枢。形成了一个完整的吏治体系。根据检查的结果,对官员进行惩罚与奖励,这样官员有了明确的目标,办事效率也大大提高了,而且贪污腐败等行为也从中得到了抑制。明王朝出现了一种较为清新的气象。

张居正非常重视对吏治的改革。从中央到地方的各级官员,他都要严格考核,那些一心为民、秉公办事的官员,在考核中被列为上等,而那些专门靠花言巧语骗取信任的官员,被列为下等,还有许多专拿薪水不管事的官员,被张居正裁减出官员队伍。在张居正当政期间,裁减的不合格官员约占官吏总数的百分之三十。张居正还广泛搜罗人才,把他们放在重要位置。张居正打破了论资排辈的偏见,任人唯贤,不拘一格地任用人才。

针对赋税严重的现象,张居正提出了"一条鞭"法。所谓"一条鞭"法,就是把田赋、徭役及其他名目繁多的杂税,统统合为一体,按照各家各户的具体情况重新核实编订,将有丁无田的编为下户,将有丁有田的编为中户,将田多丁少和丁田俱多的编为上户。将总数确定之后,按照丁田比例,将所有的赋、役摊派到丁、田里边,这种一条鞭法,简化了征税的手续,在一定程度上防止了富人的避税。为了推行一条鞭法,张居正责成吏部丈量田地,限三年完成,除皇上赐田外，一律按地办纳粮差，不得优免。

清丈田地的工作触及了官僚、贵族、豪强的利益，他们强烈反对，张居正不畏强权，下令对阻挠丈量田地的官员无论是谁都要严肃查处。清丈田地的工作终于突破了种种阻力，取得了实际的效果。

一条鞭法是张居正改革的重点，张居正的一条鞭法的实施，整顿了赋税，缓解了明朝的经济危机、稳定了明朝的统治，产生了积极而重大的影响。远远超越了张居正的主观愿望。

飞扬跋扈的九千九百岁魏忠贤

魏忠贤（1568~1627年），河间肃宁（今属河北）人。万历时因赌博输光钱财而自阉，改名李进忠入宫。熹宗时伍司礼秉笔太监，后兼掌东厂。得势后，勾结熹宗乳母客氏专断朝政。明熹宗天启五年（1625）兴大狱，酷刑囚杀东林党人杨涟、左光斗等朝臣及名将熊廷弼。崇祯帝即位后对其同党定为"逆案"，罢职安置安徽凤阳。魏忠贤自知死罪难逃，在途中畏罪自杀。

魏忠贤

明朝末年，熹宗宠用的魏忠贤是中国历史上最残暴的太监，他诛"六君子"，大灭"东林党"，杀害忠良不计其数。到了熹宗后期，天下竟成了魏家天下，一些谄媚的官员竟公开呼魏忠贤为"九千九百岁"，简直廉耻丧尽。

魏忠贤从小是个无赖，目不识丁，而且嗜赌如命。他结交一批恶少，整天酗酒、赌博、鸡鸣狗盗无所不为。后来，在欠了一屁股赌债，走投无路之际，投师父自宫做了阉人，入宫当了太监。因他做得一手好菜，当了太子朱常洛的生母王才人的司厨，与皇孙朱由校的奶妈客氏勾搭成奸。后来客、魏二人臭味相投，竟从政治上、生活上结成了一体。

由于他俩都有野心，又都是皇孙朱由校的亲近之人，遂阴谋控制朱由校，竭力讨这个小皇孙的欢心，一旦将来小皇孙即位，他俩便可操纵皇帝、独揽大权了。

事有凑巧，万历四十七年（1619年），朱常洛即位，是为光宗，可是只在位三十天就因吃红丸而死。朱由校很快继位，是为熹宗。客氏被封为奉圣夫人，大字不识一个的魏忠贤被擢升为东厂提督，同时兼司礼秉笔太监，"子系中山狼，得志便猖狂"，客魏二人狼狈为奸，开始疯狂地揽权，专权。为了私怨，魏忠贤矫诏杀了光宗的选侍赵氏；皇后张氏怀孕，客氏怕她"母以子贵"，竟让宫女暗下毒手使其流产；裕妃因娠得封，魏忠贤又矫旨勒令自尽。而此时的朱由校则整天在宫中玩得昏天黑地，什么花鸟虫鱼，什么声色犬马，什么操练宫女，什么傀儡戏，都玩不尽玩，玩而不腻，尤其是沉迷于木工活计，操起斧锯来都顾不上吃饭喝水。国家大事都不如他手中的木制小玩艺重要。为了玩，他不上朝，不看奏章，不批军机，一切都放任魏忠贤与客氏为所欲为。

魏忠贤先是设法杀死了原来的司礼秉笔太监王安，除掉了皇帝身边深谙朝政的亲信。然后把屠刀指向了东林党人。

当时，东林党人据有都察院、吏部、兵部、礼部等要职，是魏忠贤独霸朝纲的最大障碍，因此他必欲除之而后快。

魏忠贤有一帮对他自称干儿、义孙的文臣武将，即五虎、五彪、十狗、十孩儿。他们与反对东林党的一些朝臣组成了一个强大的阵营，想狠狠整治东林党人。

天启四年（1624年），都察院左副都御史杨涟疏参魏忠贤专权误国二十四大罪状，件件是实。魏忠贤闻知，来个恶人先告状，痛哭流涕地对朱由校说，外廷有人想整他，才写这些无中生有的东西，他是一心为皇上才得罪了这些人。客氏也在一旁吹风，胡说魏忠贤公正廉明，那些人是别有用心，故意跟他过不去。昏庸的朱由校只知魏忠贤万事顺从，竭尽全力带他玩，哄他高兴，所以根本没看那份奏章，一摆手就算了事。结果，魏忠贤毫毛未损，杨涟却挨了一顿斥责。

杨涟上疏失败，引起了朝臣的义愤，一下子上来七十多人弹劾魏忠贤，可是朱由校在魏忠贤的蒙蔽下，一概不理。杨涟、左光斗等重臣反被罢官。

天启五年（1625年），魏忠贤为了继续报复东林党，兴起了大狱，他指使其党羽诬陷杨涟等人接纳败将熊廷弼的贿赂，将东林党首领杨涟、左光斗、袁化中、魏大中、周朝瑞、顾大章等六人逮捕入狱，严刑拷打，私审逼供，除顾大章被迫自杀外，其余五人全被折磨而死。此即"前六君子"被杀冤案。

天启六年，魏忠贤又逮捕了东林首领高攀龙、周起元等七人，除高攀龙投水自杀外，其余六人也都惨死狱中。这就是"后六君子"被诛案。

后来，魏忠贤榜示天下，悬赏捉拿东林党人，下令毁掉全国的书院。鹰犬密布，恐怖异常。在这疯狂的迫害与残酷的打击下，东林党人被杀者不计其数。到了天启六年（1626年），内阁六部及四方督抚，都是魏忠贤的党羽。魏忠贤的气焰也到了登峰造极的地步，魏氏一族都被加官晋爵。

当时，朝臣在奏疏中，不敢直呼魏忠贤的名字，称其为"厂臣"；内阁下旨，必写"朕与厂臣"，魏忠贤竟与皇帝联名，俨然以皇帝自居。各地又为魏忠贤建生祠，有的甚至把他比做孔子。一些无耻的官员，竟公开呼魏忠贤为"九千九百岁"，吹捧到无以复加的程度。

然而，多行不义必自毙。天启七年（1627年），二十三岁的朱由校病死，其弟朱由检即位。风向骤变，魏忠贤被贬，于途中畏罪自缢而死。客氏也在其后被处死。魏、客两家一律处斩，其阉党也都遭诛遭贬，无一幸免。

权势熏天的魏忠贤及其阉党遭到了可耻的下场，但国家的元气也被他们消耗殆尽了。

洪承畴集功罪于一身

洪承畴（1593～1665年），字彦演，号亨九，福建泉州府南安县（今福建南安）人。他是中国历史上一个颇有争议的人物，他镇压过农民起义，后又背明降清，为满清定鼎中原、统一中国立下赫赫功勋。他集功罪于一身，是令史家众说不一的风云人物。

1.镇压义军耀乌纱

洪承畴出生时家境贫穷，父亲外出不归，他由母亲抚养长大。母亲对他管教很严，并对他进行了很好的启蒙教育。洪承畴11岁因家贫辍学，在家从事劳动，帮助母亲艰难度日。每天清晨，洪承畴走家串户，沿街叫卖豆腐干，在艰辛中度过了童年和少年时光。不久，洪承畴得到一个机会，得以进入水沟学馆读书，他学习异常勤奋，饱读诗书，熟读了《史记》《资治通鉴》《孙子兵法》《三国志》等书，树立了宏伟志向。

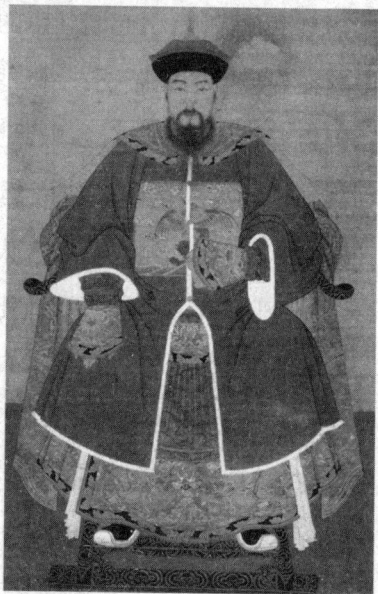

洪承畴

万历四十三年（1615年）乡试时，洪承畴中举。第二年，他24岁的时候进京考中进士。

万历四十四年（1616年），得中进士的洪承畴被任命为刑部江西清吏司主事，随后又升任刑部贵州、云南清吏司主管，从此开始了自己漫长的政治生涯。

天启二年（1622年），而立之年的洪承畴被擢升为两浙提学道佥事，不久又升迁为两浙承宣布政使左参议。天启七年（1627年），洪承畴出任陕西督粮道参议。

崇祯三年（1630年），朝廷任命学过兵法、善于治军的洪承畴为延绥巡抚。次年，洪承畴升任陕西三边总督，主持镇压陕西农民起义军。他根据义军缺乏经验、各自为战的弱点，制定了以剿为主、以抚为辅、分割包抄、各个击破的作战方针，残酷镇压了王左桂、点灯子、不沾泥等多支农民起义军。洪承畴还向崇祯请求留陕饷银20万两，一部分用于赈济贫民，一部分作为剿杀义军的费用。崇祯七年（1634年）十二月，洪承畴被擢升为兵部尚书，他除了担任陕西三边总督之外,还总督湖广、河南、山西、陕西、保定等处军务,洪承畴成为镇压明末农民起义军的军事总指挥。

明崇祯八年(1635年)正月,高迎祥率领义军攻入安徽凤阳,火烧皇陵,挖了明太祖朱元璋的祖坟。崇祯九年(1636年)七月,洪承畴使用反间计将高迎祥俘虏并将其杀害。

高迎祥的牺牲给农民起义军带来了重创,李自成在万分悲痛之中接过战旗,成为明末农民起义的首领。崇祯十一年(1638年)十月,李自成向潼关进军,洪承畴摆下伏兵在潼关将李自成打败。俘杀高迎祥、重创李自成,充分显示了洪承畴的军事才干。因此崇祯帝对洪承畴寄予厚望,并称其领导的军队为"洪兵"。

洪承畴在潼关打败李自成后,心想农民军这群乌合之众好对付,但他在沾沾自喜之时却忽略了一个关键问题,这就是李自成从他的包围之中逃跑。后来李自成重整旗鼓,挥师进入京师,逼迫崇祯在万岁山(今北京景山)自缢。洪承畴这时才知道,这个曾经漏网的李闯王改变了明王朝的命运,同时也改变了自己的命运。

2.松锦大战败降清

崇祯十一年(1638年)十二月,正当明廷上下沉醉在战胜起义军的喜悦之中时,满清皇太极率兵讨伐明朝,京师雪片告急。崇祯皇帝又让洪承畴担负起抗击清军入侵的重任,洪承畴被任命为蓟辽总督,总揽对清战事。崇祯十三年(1640年)三月,清皇太极命令清军对明朝在关外的军事重镇锦州实行战略包围,明清之间的战略大决战由此拉开帷幕。六月,皇太极命令多尔衮、豪格围困锦州,洪承畴主张以持久战解除锦州之围。明清双方处于战略相持阶段。兵部尚书陈新甲力主速战,他认为兵多筹军饷很困难,军饷不够则难以持久。监军张若麒也有同样的看法,崇祯皇帝只好密令洪承畴出城与清军决战。当时,洪承畴在战场上从容指挥,力挫清军锐气。多尔衮、豪格屡战屡败,根本抵挡不住明军凌厉的攻势。经过惨烈的厮杀,明军控制了松山至锦州之间的制高点乳峰山。

满清的援兵到达之后,皇太极下令断明军南撤之路,明军粮仓也遭清军劫掠,松山存粮已不足三日,明军军心大乱。洪承畴召开紧急军事会议,提出明晨展开决战。但是,大多数将领主张突围到宁远,再伺机反攻。在此情况下,洪承畴只得点头同意。明军的突围行动早在皇太极的预料之中,他周密部署,重兵拦截,致使明军主力损失大半,洪承畴被俘。历时二年的松锦战役以清军大获全胜而告终。洪承畴的惨败决定了明朝灭亡的命运就在眼前。

洪承畴被俘之后,皇太极知道他是一个难得的贤才,一心想着收降他。为此他想了种种办法,但洪承畴开始态度坚决,誓死不降。

皇太极见无计可施,无精打采地回宫休息。皇妃博尔济吉特氏问:"国主大败明师,中外震惊,为什么长叹起来?"

皇太极说;"你们女流,怎知国家大事?"

"是不是中原还未征服呢?"

"你真是聪明,一下便说中了心事。只是为征服中原,才想招降明朝的将领洪承畴为我前驱,可是他却矢志不降。"

"怎会有不降的傻瓜?"皇妃说,"威迫不来,利诱就行了!"

皇太极频频摇首说:"难难难! 什么都用过了,他越来越强硬,便用美人计也不行,他根本看不起我国的美女!"然而聪明的皇妃却深知世上男子的弱点。他们密议一番之后,皇妃特别打扮一番,黄昏时候,携了一个壶子秘密出宫,独个儿走到禁闭厅。见洪承畴正闭目危坐,一副凛然不可侵犯的神态,乃细声问,"此位是洪将军吗?"声如出谷黄莺。洪承畴是一个英雄,什么威逼利诱,毫不动心,唯独对于声音婉转、吹气如兰的女人特别敏感,不知不觉地就把眼张开,咦! 怎么有这样一个美人儿?

但洪承畴仍正色问:"你是什么人? 谁叫你来的? 有什么事?"

聪明的皇妃看了看洪承畴,接着说:"你且不要问,我此来是一片好心,想拯救你脱离苦海的!"她既庄重,又妩媚地说。

"什么! 你拯救我? 想劝我投降? 嘿! 我心如铁石,请闭嘴!"但她绝不介意,继续说:"将军! 你不要轻视我,我虽是女子,颇识大义,对将军这种英勇行为,殉节精神,衷心钦佩,岂忍夺将军之志?"

"那你来这里做什么呢?"

"唉,将军! 我不是说过吗,是来救将军的。"她的话充满同情,而又惹人怜爱。"将军是绝食等死吗? 但绝食起码要经七八日才会气绝的。我煎好一煲毒药来敬将军。将军现所求者不外一死,绝食和服毒死,究竟有什么不同? 将军如怕死则已,若不怕死,请饮了这煲药,不就减少死前痛苦吗?"说完捧壶送过去。

洪承畴经她这般一捧一跌、一怜一媚的摇荡,已身不由己,连呼:"好好! 我饮,我饮,死且不怕,何怕毒药!"立即接过壶来,张口狂饮,不料气促,咳了起来,弄得药沫飞溅,喷得美人衣襟尽湿。

洪承畴自惭孟浪,连忙向她道歉。她若无其事的,谈笑自若,拿出香帕来慢慢拂拭,媚眼向洪承畴一翻说:"看样子将军的阳寿还未尽哩!"

"我立志一死,不死不休!"

"将军司谓英勇之至,竟能视死如归,英雄英雄! 钦佩! 钦佩!"她说,"不过,我还有一句话告诉将军。你现在既已为国殉了节,但身丧异域,去家万里,丢下家人,哭望天涯。深闺少妇,对着浮云发呆,春风秋月,苦想为劳,枕边弹泪,情何以堪? 多情如将军,岂能闭眼不顾,不念归情吗?"

洪承畴被勾起了心事,酸楚万分,想到毒药已下了肚,死期定不远,不禁泪如泉涌,长叹一声说:"事到临头,还有什么可说,什么可顾? 唉,可怜无定河边骨,犹是深闺梦里人!"

只这一叹,就暴露了洪承畴内心世界已有所动。他那视死如归的决心开始动摇了。经过那么多次的审讯、威逼、说服、利诱都没有动过一丝决心的洪承畴,只和这么一个弱女子几番问答,就开始犹豫了。此时聪明的皇妃看出他已动心了,又用话挑他:"决心殉国,将军可谓忠贞不贰,无愧臣节啦。但在我看来,确是笨得可以。"

"什么,照你所说,难道失节投降,反是英雄好汉?"

"将军! 不是我说你,你身为国家栋梁,明朝对你的希望正殷,这样轻于一死,得了一个虚誉,究竟对国家有何补益呢? 如果是我的话,会忍辱一时,渐图恢复,所谓忍辱负重,伺机报君,方不负明帝重托,百姓仰望,断不会这般轻生,效匹夫匹妇所为! 不过,士各有志,勉强不得。"

洪承畴虽然等死,但血脉格外畅通,既醉其美貌,又服其见识,心中忐忑,莫知所之,牙齿开始发酸,欲火已冒上了眉尖。

她又说:"将军死后,有什么话要转告家人否? 我两人既然相遇,亦是一段缘分,我无论如何有此传递的责任!"

洪承畴听说,眼泪又流出来了,她再掏出香帕来,迎身靠过去替他拭泪:"将军,不要伤心,看把衣服弄湿了。唉! 我也舍不得你这样离开的!"

一阵脂香粉气,美色娇态,袭击而来。洪承畴这时已欲火正炽,把死置诸脑后,一把将她搂住,说:"只要毒药迟发一刻,就是死在牡丹花下,做鬼也风流!"

于是青苔石上,权为翡翠之床,罗衣绸带,暂作鸳鸯之帐,洛浦腾云巫山雨,此时无声胜有声!

到天明,这位曾经为万民景仰,飨过大明国祭的经略大臣、显赫将军洪承畴,入朝参见清太宗。第二天下午,皇太极为洪承畴举行了隆重的归顺仪式。

3.招抚江南为清朝定鼎效力

洪承畴投降清军之后,受到了满洲皇太极及贵族大臣的厚待,使明朝君臣闻之寒心。洪承畴率领清兵入关,为清朝的问鼎中原立下了难以磨灭的功勋。进入北京之后,洪承畴虽然更加受到清廷的器重,但他却显得愈为孤独。

清崇德八年(1643 年)八月九日,皇太极逝世。皇太极生前对洪承畴恩宠有加,但因其毕竟是变节投降之人,皇太极对他不敢重用。顺治初年,多尔衮摄政之后,洪承畴才被委以重任。

顺治元年(1644 年)四月,明崇祯自缢身亡之后,洪承畴意识到明朝的灭亡是不可逆转的结局,他因此多次向多尔衮建议,清军应争取明朝军民的拥护,集中精力来打击李自成的农民起义军,他强调应该保护人民的利益与生命财产的安全,禁止军队对人民进行打劫。范文程的主张与洪承畴几乎不谋而合,因此洪承畴的主张得到了多尔衮的赞赏。

李自成被打败之后,洪承畴奉命以太子太保、兵部尚书兼都察院右副都御史衔,入内院佐理机务,为秘书院大学士,同范文程等同成为顺治帝的宰相之一。与范文程一样,具有战略眼光的洪承畴认为国家要长治久安,必须满汉合流。福临登基之后,洪承畴多次奏请皇帝应以儒家学说为立国的指导思想,学习汉语,熟读四书五经,以儒学作为治理国家的思想指导。

洪承畴先后两度在京佐理机务,政治上颇为精明老到,他一次又一次地躲避了满清统治集团内部的权力斗争,成为多尔衮和顺治帝的重要辅臣。尤其是顺治帝对洪承畴特别器重。对于南明反抗势力,洪承畴采取一方面镇压,一方面安抚的方式,使明朝兵部尚书张缙彦等文臣武将纷纷降清,加速了对明朝残余势力的瓦解,取得了招降的巨大实绩。洪承畴为了彻底瓦解明朝的残余势力,还向清廷积极推荐黄文焕等149名南明降官,建议清廷授予他们合适官职。洪承畴由于在处理南明政权与残余势力方面表现出色,清廷对他更是依赖,他的权力也越来越大。

顺治四年(1647年)十二月,经过洪承畴的艰苦努力,江南局势趋于稳定。在南京的几年间,洪承畴双目几乎失明,其父病故,洪承畴请假奔丧获得批准。守制期满,又被任命为大学士,洪承畴于顺治五年携母返京,顺治八年(1651年),兼理都察院数月,为了对官署进行改革,他同陈名夏和陈之遴进行秘密磋商,结果却被指责为蓄意谋反,洪承畴因私送母归故里不曾奏报而受到弹劾,尽管如此,洪承畴还是被留任。

顺治五年以后,江南抗清斗争战火不断。顺治九年(1652年),洪承畴母亲病故,他想为母守制,然而清政府没有批准。当时正值清兵在湖南、广西、四川等省与南明将领李定国和孙可望交战失利,清廷忧虑,顺治皇帝于是又让洪承畴充当清军主帅前往征讨,洪承畴担任五省总督之职。他统率五省文武官员,衙署设在长沙。

顺治十五年(1658年),洪承畴被任命为太保兼太子太师,经略湖广、广东

（后改为江西）、广西、云南、贵州五省,总督军务,实际是让他为南征各军筹集粮草和供应银两。不久南明内部起内讧,孙可望为李定国所败,于顺治十四年（1657年）末投降洪承畴,清兵在数月之内就迅速占领了贵州并开赴云南,而洪承畴则在贵阳筹集军饷。顺治十六年（1659年）,攻克了云南首府——明桂王朝的所在地,桂王逃亡缅甸,洪承畴以年迈而不愿意继续追击为由,请求返回北京,顺治帝欣然批准。于是,由降将吴三桂继续追击征讨南明最后一位统治者。

江南经过战争的摧残,人民生活异常艰苦,民不聊生。洪承畴上书朝廷,要求免除重灾区的赋税,安抚地方,并主张应让人民休养生息,从长计议,赢得民心,使人民不再反抗清王朝。洪承畴的一系列中肯建议,对于缓和清初江南的社会矛盾与民族矛盾,起到了积极作用。洪承畴因招抚江南有功,被清廷大加奖赏。洪承畴是获得清廷赏赐财物最多的一位汉臣。

文人传说

周延儒代君"出征"记

周延儒（1593~1644年）,字玉绳,号挹斋,常州宜兴（今宜城镇）人。周延儒少时聪明绝顶,21岁高中状元。曾任少詹事出掌南京翰林院、礼部右侍郎,深得崇祯皇帝器重。崇祯二年（1629年）拜礼部尚书兼东阁大学士,参预机务（宰相）,次年为首辅。遭排挤后崇祯十四年（1641年）复为首辅,加太子太师,进吏部尚书、中极殿大学士。崇祯十六年（1643年）清兵入关,他自出督师,避放不战,事发,勒令自杀。

明亡前清军的最后一次入关,始于崇祯十五年（公元1642年）年底,此次入侵为祸尤烈。据《东华录》载,此次清军由多尔衮、岳托率领,分路攻明,自墙子岭、青山口入长城，明京师闭门自守。于是清军分四路南下，陷真定、广平、顺德、大名等地，直抵明兖州府。先后杀明鲁王以下王、将、吏达数千人，攻破明三府、十八州、六十七县，降伏六城，败明军三十九阵，掠得黄金一万二千二百五十两，白银二百二十万五千二百七十两，珍珠四千四百四十两，牲畜三十二万一千多头，其他物品若干。

崇祯十六年（1643年）四月到六月间，入关清军陆续退净。

就在此次清军进逼北京之前，首辅大臣周延儒正好在准备庆祝他的五十岁大寿。由于他是当时崇祯帝前最得宠的大臣，所以这个寿诞筹备得极为隆重，甚至连皇后都在让自己兄弟周云路去帮他筹办此事，可见其权势之炽。不意初十下午，有北兵进犯之说，周延儒不信，曰"边塞将佐为粮储劫司农，常套也。"周延儒这次不知道出于什么动机，也许是为了让自己安稳过个生日，也许是为又一次迎合崇祯省钱的心意，他说这是边将谎报敌情，目的是为了讹诈朝廷钱粮。不过，这次却并不是谎报军情。崇祯十五年（1642年）十月十日早上五更，入关清军攻破蓟州，随即关闭各处城门戒严，故而便没了后继消息。于是十一、十二两日北京无警。周延儒以为情况被自己料中，还曾因此大为得意。那知道到了十三日早晨，清军却突然发兵南下，一时间"畿辅左右，兽骇禽飞"，北京守军赶紧闭门自守，这一关门，就一直关到了明年去。

崇祯十六年三月，北京终于重开城门。清军终于撤走了。被吓了一大跳的崇祯，在清军进逼北京城下时，就已经龙颜大怒，《明季北略》说他当时恨道："边将不足恃，边抚无可依，更恨邮牒无闻，塘报不发，两抚一镇，悉逮而系之狱，诛之！"

且说周延儒在清军围城后，计无所出，惊慌失措而"为之变色，聊效杨嗣昌

周延儒

故智,使僧道百人,建大法道场于石虎胡同口,唪咏法华经第七卷。"

这次清军撤走,并没有立即返回关外,他们一直都没有出关。他们人不解甲马不卸鞍地一路烧杀抢掠,从入关算起,到现在已将近两百天。其实清军此时已不堪一击。试想,他们哪怕单只是沿路抢东西,也应该抢到手软脚软人马困乏了,战马早已掉膘,哪还有什么战斗力可言。此时此刻如果碰上一支敢硬碰的生力军,清军非大败不可。于是清军大队人马自三月初一日进入莒州地界,戒严四周,开始在敌占区内举行了一次盛大的全军战地疗养活动。

莒州之地,四面环山,水草茂盛,三月又正是春暖花开阳光明媚之际,清军在此牧马于野,人皆休卧,抽空收拾分配一下这一路抢得的金银财帛和女人,当真是一派田园风光,可谓其乐融融哉。

吃好玩好睡好的清军足足安心疗养了一个月,顿时又复人强马壮之势,于是开始整军北还。崇祯得知这个消息后,大感面上无光,于是龙颜大怒道:"朕欲亲征!"

这一下大臣们的脸上都挂不住了,只好硬着头皮出来说要代皇上亲征。头一个发言的自然便是周延儒。

崇祯这个人,刚愎多疑脾气不好,但绝不笨。他心里清楚得很,这群人没几个是真想替自己分忧的,而是生怕自己发怒砸了他们饭碗要了他们脑袋,不得不如此做,所以他根本就不搭理他们。于是便有了这么一幕:

周延儒跪曰:"臣愿代皇上。"崇祯不言,仰视,侧摇其首。延儒起,陈演继之曰:"首辅阁务殷繁,臣可去。"上仍不言。陈起,蒋德璟下跪曰:"臣实可去。"上又侧摇如前。蒋起,延儒再跪请出,上冷笑曰:"先生既果愿去,朕在宫中看过奇门,正在此刻,一出朝门,即向东行,慎勿西转。"圣旨一下,周廷儒当时不得不谢恩而出。

这群人是硬着头皮请代帝出征的,本就不情愿去,这"当时不得不谢恩而出"一说自是当然。但崇祯说在宫中看过奇门云云,却千万不可解错,以为崇祯突然真的喜欢起这些怪力乱神的玩意来了。看奇门起卦之事,当然是没有的。他之所以这样说,乃是因为他知道周延儒的家住在城西。而周延儒一贯善体上意,自然也明白崇祯是什么意思。当下他出了朝门果然便不敢向西走一步,皇恩浩荡之下,大约走路时也是面朝东边的,一路直奔城东而去,最后堂堂大明朝的首辅大臣,竟是在齐化门(今朝阳门)城楼上士兵们的哨铺上睡了一晚,并且在城楼上起草了出征奏章和随征人员名单。

其实崇祯这一逼,倒也不错,让他下去考察了一回普通士兵的生活,走向了基层,如若日后不死,也许有点裨益也未可知。

再说清军北还之时,东起天津,西到涿鹿,横亘三百里,附近城堡,炮声日夜不绝。而此刻已经赶到北京勤王的部队有四镇,其中三镇是辽东系将领:刘泽清、黄得功、周遇吉,还有一镇就是畏清军如虎的唐通。

四月初六日,周延儒率着大队精兵强将出北京,出征随行大臣四名:御史蒋拱宸、兵部职方郎中尹民兴、兵科方士亮、户部刘嘉绩。可是在到了通州(今北京通州区)后,他就停下不走了。皇上命周延儒出京邀击清军,他又何以刚出北京就不走了呢?

原来这周延儒在通州得了四个大门生。他把那四镇大将全都收做了自己门生。大明朝的首辅大臣收了四位兵镇一方的大将为学生,这自然是件大事情,自然是要受拜师大礼的。于是他带着四大臣先去四镇大将那里轮流吃拜师酒席,然后又带四位门生去四大臣处轮流吃祝贺酒席,等拜师祝贺的客席都吃完了,自然还要还礼。于是他又做东,从四镇的场地起一直做到四大臣的场地,这一来就至少花去十六天,正好这时候又来了其他四镇勤王兵马,于是又继续轮流主客相请、还请。喝酒还不免有喝多的时候,因此自然还需要休息个几天。如此一来,一个月时间便轻易过去了。

但这次他领兵出京抗击清军,乃是替皇上出征,当然更是头等大事,以周延儒的聪明,岂能不知道其中厉害,当然绝不会耽误。

所以他早晚两封奏疏拟画各军将士种种如何与清军浴血奋战屡屡大捷状,飞报北京。周延儒二十来岁便是两试头名,大明朝堂堂的状元公,清人乃化外之民,生平了不起只看得一部《三国演义》,故而以他胸中锦绣文章和手中笔墨,要在此处大败清军,当真是杀鸡用牛刀,轻而易举之极。

而日后有人说他"受贿纵敌",却实在是大大地冤枉了他,绝无此事。因为这一大堆部队实不曾出营放过一箭,连演兵也不曾有过,就是清军在什么地方都未必搞得清楚,更不用说见到一个清军了,要纵也无从纵起。五月初六日,蓟镇已经没有清军的消息。初十日,周延儒率军凯旋。崇祯亲自迎接这位代他出征领军奋战打退清军的首辅大臣,握手搀扶,慰劳倍至。十五日,崇祯赏赐阁臣们羊酒,大约是觉得没面子,陈演、蒋德璟两人以"贻我皇忧,方负愧"之由辞谢。周延儒聪明得很,一看情况就知道自己遭妒了,所以赶紧也一样辞谢,而崇祯大约也知道其中原因,所以都准了。

十八日,崇祯命礼、吏、兵三部准备阁臣凯旋的庆贺宴席的各项礼仪和事项,这三部两次送上宴会策划书,崇祯都不满意,发回要求重写。

五月二十三日午刻,崇祯传谕大小九卿,申刻平台候旨,待众人兴冲冲到齐准备吃凯旋庆功宴时,崇祯却没有出来。

不多时有太监出来传口谕道:"周延儒奸贪诈伪,大负朕躬,着议处回奏。"一时间风云突变,大臣们全都傻了眼。

其实这时崇祯得到的密报,只是周延儒怕和清军打仗,撒谎报捷而已,再加又有以陈演为首的不少大臣"公揭救之,延儒席藁待罪,自请戍边。帝犹降温旨,言'卿报国尽忧,终始勿替。'许驰驿归,赐路费百金,以彰保全优礼之意。及廷臣议上,帝复谕延儒功多罪寡,令免议。"周延儒最后终于没有被问罪,而只是罢归家中。

但好景不长,他马上因一名叫吴昌时的官员贪污公款的案子,又被牵了出来。

崇祯此人虽然刚愎多疑脾气不大好,但勤政倒是确实的,聪明也是真的,经常会说些一语中的的话来。

当时在吴昌时的罪状有"通内""朋比"等,也就是说他身为外臣,和内阁的周延儒、宫里的太监串通一气,互相勾结,一起欺瞒崇祯,收受贿赂,卖官鬻爵,甚至在替皇上代回奏章票拟之时,营私舞弊等等。"通内""朋比"这两条,可是犯了崇祯最忌讳的大忌。

于是七月二十五日，崇祯带着太子和定王两个小孩子，在大殿上亲自审问吴昌时。可这厮也确实嘴硬，起先非但死抗不认，还指桑骂槐说崇祯企图将他屈打成招，崇祯大怒，下令用刑，为大臣所阻，《烈皇小识》载：

阁臣蒋德璟、魏藻德出班奏曰："殿陛之间，无用刑例。伏乞将昌时付法司究问。"上曰："此辈奸党，神通彻天，若离此三尺地，谁敢据法从公勘问之？"

崇祯此话倒可谓一语中的。他清楚得很，要不是自己亲自过问，一旦"离此三尺地"，多半周延儒和党羽就会做手脚，"此辈奸党，神通彻天"，搞个稀里糊涂，最后大事化小小事化了，那是正常得很。不过崇祯此举却大大不合，若是皇上自己动刑审案，那还要刑部法司们做甚，这却是要不来的举动。

所以那两位阁臣也没有因为碰了皇上的钉子便就此罢休，而是继续拿出祖宗法制来压崇祯罢手：

二阁臣奏："殿陛用刑，实三百年未有之事！"

可谁知道崇祯这个时候根本不愿意和他们讲道理，这让他们大吃一惊，再无可对之言。崇祯道："吴昌时这厮，亦三百年未有之人！"于是两位内阁大臣"口塞，叩头而退"，吴昌时遂在皇宫大殿之上被夹断双腿，一时昏迷不省人事。

同时被审问的还有周延儒的门客董心葵和四位随他出征的大臣蒋拱宸、尹民兴、方士亮、刘嘉绩，其中蒋拱宸和吴昌时两人互相攻击，蒋拱宸最后词屈狡辩，被崇祯喝声'打'，司刑者将拱宸当头一下，纱帽为裂。终于，在崇祯的主理下，诸人再不敢有侥幸之心，最后全盘招认。崇祯在听完招供之后，愤恨之极，大怒之下勃然推倒案几，转身回宫去了，甚至连怎么发落这些人都没来得及交代。

崇祯十六年十二月初七日五更，圣旨下，赐周延儒自缢，吴昌时弃市，同案被杀的还有两位总督范志完、赵光抃。

此案杀的重臣有首辅大臣一名，总督两名，论涉案人员的官阶，是崇祯朝除魏忠贤逆案外最严重的一案。此后的阁臣们，基本上以不办实事、政治正确为第一要务，无论在朝廷上还是和皇帝私下的商议，都坚决坚持只讲大道理不拿实际方案，只喊口号不做实事的方针，这个状态一直保持到崇祯缢死煤山为止。

施耐庵著书赠女

施耐庵(约1296~1370),名子安,一说名耳,字耐庵,元末明初杰出的小说家,生平事迹不详,所著《水浒传》反映封建社会"官逼民反"的社会现实,是一部歌颂农民起义的长篇小说,对后世有很大影响。

施耐庵一生都很穷,没有什么家产。有一年,他的女儿要出嫁了,可是他办不起嫁妆,于是就把一部书稿送给女儿,并且对女儿说:"孩子,为父一生穷困,不能给你置办嫁妆,只有这部稿子送给你。要是将来生活贫困,就把它拿到书坊去卖吧。"

不料他的女儿后来的确生活艰难、难以为继。就其把书稿拿到书坊去卖。书坊老板看完稿子,暗暗惊叹这是一部好书,就想

施耐庵

把它骗来,于是就对施耐庵之女说:"大嫂,我们老板不在家,你这部稿子我也看不出好是不好,做不了主。你先放在这里,等我们老板回来看了再说吧。"施耐庵的女儿不知是计,便把稿子放在书坊里。过了三天,她又去打听。这时老板已经把稿子全部抄去,便对她说:"大嫂,你这部稿子我全部看过了,没啥稀奇,别人早已写过了。这一部我们不打算再要了。"当下就把稿子退给了她。

日子过不下去,书稿又卖不掉,施耐庵的女儿很是伤心,埋怨父亲不该哄骗她,便一路哭回娘家去。施耐庵见了忙问缘故。女儿气冲冲地说:"都是您骗我!"这一来,施耐庵越发不知从何说起,连忙说:"孩子,到底什么事,你给为父说清楚了再责备我!别说为父不曾欺骗过你,别说是自家女儿,就是三岁孩童也不曾骗过啊!"女儿听父亲这么一说,便把卖书稿的情形一五一十地告诉了父亲。施耐庵一听,知道女儿受了书坊老板的骗,心里也很生气,却哈哈大笑道:

"孩子，你上了书坊老板的当了。这部书稿是我在江阴做的，名叫《水浒》。书坊老板一定是见它是部好书，就先把它抄去了，再把稿子退给你。"女儿知道自己受了骗又错怪了父亲，一时悔恨，哭得更加伤心了。施耐庵连忙安慰她说："孩子，别难过，为父自有法子对付他。我那部稿子只写了三十六天罡星，才六十回，还算不得一部完整的书。现在既然被他骗去了，那我就再写六十回，把七十二地煞星也写进去，写成一部完整的书，他骗去的稿子就毫无用处了。"

女儿听了父亲的话，转悲为喜。施耐庵也真的又写了六十回，编成了一百二十回的《水浒传》。

高明与三杯亭

高明（1305~1359）字则诚，号菜根道人，温州瑞安人，元末戏曲作家。至正进士，曾经担任过处州录事、福建行省部事等职。他著有南戏《琵琶记》等，诗文集《柔克斋集》，也有清代辑本。

高明年轻的时候，离开家乡，外出求师，跟义乌一位名叫黄绍的老师学习。那时私塾的一般学生总是把经书读得滚瓜烂熟，唯独高明很少读经书，却喜欢与民间艺人交往。因此，曾遭到一些同窗的歧视，学习还未期满，他就告辞回乡了。

高明走后，黄绍老师走到高明的书房，偶然在壁柜里发现一部《琵琶记》的草稿，看手迹是高明写的。黄老师开始只不过随手一翻，但不觉就被那引人入胜的人物形象和感人的故事情节吸引住了。他摇晃着脑袋，一气看下去，越看越觉得放不下手。特别是当他看到《琵琶记》的主人公赵五娘"糟糠自咽""祝发买葬""代尝汤药"等章折时，被赵五娘那自我牺牲、舍己为人的可贵精神和她那善良、勤劳、坚韧的美德所感动，不觉中吟诵着《琵琶记》中赵五娘的唱段，不觉中眼泪已滴到稿子上。

黄老师擦去两颊的泪痕以后，立即叫书童准备好酒肴和笔砚，火速追赶高明。

师童两人气喘吁吁地追到义乌城时,忽然乌云密布,一阵狂风过后,雨点像瓢泼那样地直泻下来。书童见此情景劝说道:"老师,还是歇一歇,待雨停了再追吧!"

"不可,如果歇一歇脚,恐怕就追不上高明了。下雨可以撑起伞走嘛!"黄老师说完,紧握雨伞跟跟跄跄地只顾往前追。当师童二人追到离义乌城十里的长亭时,凑巧高明也在这亭里避雨。他一见黄老师浑身这副湿淋淋的模样,不禁大吃一惊,连忙上前作揖施礼说:"老师,今日冒雨赶来,有何要事吩咐?"

黄老师还了礼,神采奕奕地直言说:"老夫在壁柜里看到你写的《琵琶记》,真是出手不凡。我老夫教书教到两鬓生霜,从未碰到像你这样有才华的学生。所以,老夫今日冒雨赶来,一则特向你请教,二则略备酒肴,前来饯行。"

高明被这突如其来的赞扬感动得热泪盈眶,但又感到有点不好意思。他连忙站起来恭恭敬敬地行了一个大礼,说:"老师过奖了,还要请老师多多斧正呢?"

黄老师一边还礼,一边亲切地招呼高明坐在亭子中的石凳上,并叫书童把带来的酒肴摆在石桌上,兴奋地说:"高生,我们好好坐下来谈论谈论《琵琶记》吧!"黄老师边讲边为高明斟满一杯酒,也给自己斟了一杯。

高明对黄老师的盛情,十分感激,他躬一身说:"老师,你满头银发,冒雨赶了十多里路,这叫晚生怎么承当得了!"

"能追到你,痛痛快快地喝两杯,畅谈一番,也心里愉快!我过去看了不少前人的名著,总感到那些文人所写的曲词,不及你写的《琵琶记》那样有生气,那样打动人心。"

高明听了黄老师的夸奖,脸上感到火辣辣的,他低下头思索了一会儿,谦虚地说:"晚生并无什么好谈,只是牢记陆游告诫他幼子的两句话:'汝果欲学诗,工夫在诗外。'我不过仿照陆游的话,跳出书本的圈子,多关心老百姓的疾苦,注意把老百姓的苦乐呼声写入作品而已。"

黄老师听了频频点头,举起酒杯钦佩地说:"来,为你写《琵琶记》能跳出一般文人的俗套而干杯!"

师生两人干了一杯酒以后,谈得更酣畅了。黄老师又为高明斟满一杯酒,捋着生霜的两鬓说:"你的《琵琶记》中,不仅用精雕细琢的笔法刻画出蔡伯喈、赵五娘等人物的鲜明个性,而且语言生动流畅,在音律上运用了众多的曲谱,不论是曲和词都符合人物的身份特点,对此有何诀窍?"

高明连忙欠身说:"晚生并无诀窍,只是多交了几个民间艺人的朋友,虚心拜他们为师,在《琵琶记》的三百零三段唱词中,他们帮助我搜集了二百三十个曲调。我每写好一折,总把草稿念给他们听听,或请他们试唱,帮助琢磨文字,直到朗朗上口为止。"

你"我教书教到胡须都白了,还未见过像你这样写文章的!"黄老师抹抹胡须,满意地望着这个英姿勃勃的年轻人,又一次高举酒杯说,"来,为你的《琵琶记》的成就,再干一杯!"

师生两人越谈越有劲,可是时间已经不早,高明还要上船赶路。最后,黄老师又为高明斟满第三杯酒,祝愿说:"愿你在文学上早有建树,干杯!"

师生连干了三杯酒以后,黄老师叫书童打开笔砚,用高明那雄健的篆书,在亭子的墙壁上写了"三杯亭"三个大字,用以纪念这次有意义的饯行。以后,人们就运用了这个亭名。临别时,黄老师怀着依依不舍的心情送高明到了江边。江水滚滚,船老大不断地催促高明上船,可是黄老师还是紧紧地握住高明的手,相对无言,两眼含着泪花。终于分手了,黄老师还踮着脚,凝望着远去的帆影渐渐消失了,才迈着蹒跚的步子慢慢地回家去了。这个故事在民间广为流传。

刘基通宵达旦写奏章

刘基(1311～1375),字伯温,浙江青田人,明初时的大臣、文学家。元末进士,朱元璋起兵后被征聘为谋臣,协助朱元璋统一天下,并参预议定明初的典章制度,官至御史中丞,封为诚意伯。他擅诗文,著有《诚意伯文集》《郁离子》。

传说刘伯温为人平易近人,而且关心百姓疾苦,时常便服简装出行,察访民情。一次,他来到了江南一带,通过处州,决定到青田看看。来到陈山埠,已是中午时分,他肚里饿得慌,想搞点吃的。见山下有户人家吃黄澄澄的饼,刘伯温向他要了一只,打舌尖一尝,顿觉干涩涩,苦连连的。刘伯温确实难以下咽,便问道:"这是什么饼?"那人说道:"糠皮掺玉米做的。这年头能吃到这样的饼,还算不错哩!"刘伯温深深叹了一口气,放下那个饼,非常伤心地走了。

刘伯温来到锦水。只见到处高峰插云,不少贫苦农民在高山上砌石开田,弄得汗流浃背。他问道:"大家不是说'青田丽水滩连滩,锦水滩头栽牡丹'吗?"农民们摇摇头说,客官有所不知,且听我道来:

瓯江江水绿油油,

从来田字不出头。

种田儿郎没有米,

一年到头眼泪流。

刘伯温听了叹了一口气说:"想不到这里会这样苦!"来到洪府前,心想这里是当初南宋洪妃的故居,生活一定不错吧!刘伯温转过一个山弯,只见一群衣衫褴褛的姑娘在摘苦菜。刘伯温好奇地问道:"你们摘苦菜做什么?"

姑娘答道:"当饭吃。"

另一个姑娘道:"皇妃娘娘好风光,穷人难喝薄粥汤。三餐苦菜算不错,哪有皇家怜穷郎?"

刘伯温听了深深地叹口气道:"原来你们也这么苦呵!"

刘伯温花了九牛二虎之力,好容易爬上水南岭,坐在岭头凉亭乘凉,只见几个衙役押着一个农民走过去,刘伯温问旁边的一个农民:"这个人犯了什么罪?"那个农民答道:

三年大旱三年灾,

十成只收一成粮;

缸无粒米难完税,

衙役捉人苦难当。

百闻不如一见,原来青田百姓苦到这步田地。他在岭头里面的村子里就写起表呈文章,启奏皇上,请求给青田百姓减免租税。他写呀写呀,一直从深夜写到天亮。开头写道："青田,青田,迭石成田;山无粮,水无粮,税粮减半再减半。"

刘伯温决定不回青田,火速赶回京城为民请命。

回到京城后,刘伯温为办妥大事,五更时分,提早上朝。这时金殿还是冷清清的没个人影。他将奏章展开放在御案上。五更三点,景阳钟响,龙凤鼓鸣,朱元璋升殿了。他看着御案上压着奏章,自言自语道:"哪来的东西?"不觉好奇地读下去:

"青田,青田,迭石成田;山无粮,水无粮,税粮减半再减半。"

当朱元璋读到"再减半"时,只见刘伯温从容地跨出一步,面对群臣道:"万岁降旨,青田税粮减半再减半!"紧接着俯首金阶奏道:"谢我主圣恩浩荡,泽及黎民,大明江山像松柏常青。"

朱元璋到这时才恍然大悟,原来是刘伯温做的好戏,可"君无戏言",只好顺势减掉青田的税粮。

刘伯温为民请命,体贴百姓的事迹感人深切,后人为了纪念他,就把他通宵达旦写奏章的村子,取名为"章旦"。刘伯温从此更受人民爱戴。

大明奇才解缙

解缙(1369~1415),字大绅,江西吉水人,明代文学家,洪武进士,永乐初,任翰林学士,主持纂修《永乐大典》,颇受重视,后因犯上而入狱,最终被活埋雪中而死。著有《文毅集》《春雨杂述》等。他才高智广,出口成章。文人学士都十分钦佩他。

1.妙对得妻

解缙从小喜欢吟诗作对,十几岁时他的名声就比较大了。在他附近住着一个告老还乡的李尚书,听说解缙很有才气,非常不服,心想一个做豆腐人家的儿子,还能出口成章,吟诗作对。

过年的时候，李尚书派家人去叫解缙，解缙一听，面带愠色地对李尚书派来的家人说："新年新岁的，我一不欠钱粮，二不欠官银，他凭什么叫我去？如若真有诚意，该用大红帖子来请，否则我是不去的。"李尚书的家人没有办法，只好回报李尚书。

家人走后不久，真的又拿着大红帖来请了，解缙这才跟着去了。解缙走到李尚书的家门前，等候在那里的人连忙把门关上，只开了旁边的一个小门，要解缙从小门进去。解缙见状，淡淡一笑，站着没动。这时，李尚书在门内大声说道："小子无才嫌地狭。"解缙应道："大鹏展翅恨天低。"李尚书听了一惊，这孩子口气不小，忙命大开中门，迎接解缙进去。

李尚书见解缙身穿绿袄，就说："井里蛤蟆穿绿袄。"解缙见李尚书穿的是红袍，就答道："锅中螃蟹着红袍。"李尚书一听，暗想，这小东西果然厉害，我把他比做活的，他却把我比成死的。李尚书又用手往上一指，说道："天当棋盘星当子，谁人敢下？"意思是你好大胆，敢在这里胡闹。解缙一听，神态自若地应道："地作琵琶路作弦，哪个敢弹？"意思是，别看你是做官的，你敢弹我一指头？

李尚书见解缙着实聪明，有点喜欢这个后生了，于是命家人摆下酒席款待解缙。席间，尚书故意问道："你父母是做什么的？"解缙说："父亲在街头，肩挑日月卖；母亲在家里，双手转乾坤。"李尚书一听，这孩子真会说，他父亲每日挑着圆筐卖豆腐，他说是"肩挑日月卖"；他母亲每日在家里磨豆腐，他竟说是"双手转乾坤"。李尚书想着想着，便决定将小女嫁给这个聪明过人的后生，于是，到里面去请夫人出来相陪。夫妻俩一商量，便把此事定了下来。席间，李尚书把这一想法说与解缙听，解缙痛快地答应了下来。吃了酒饭，向李尚书要了小姐的生辰八字，解缙就高高兴兴地回家了。

2.智说皇帝

传说解缙通过与李尚书作对联赢得了李尚书的喜爱，并成了他家的女婿。一天，皇帝忽然下了一道圣旨给李尚书，限期要他进贡公鸡蛋。

李尚书接到圣旨，魂都吓掉了。真是"人在家中坐，祸从天上来"。世上哪有公鸡蛋呢？原来，李尚书在朝时得罪过几个人，告老还乡后，那几个人还是不放过他，在皇帝面前说李尚书家里有公鸡蛋，皇帝这才下了圣旨。

这下可好，急得李尚书躺在床上就像得了重病一样。他的夫人说："你总是夸解缙聪明。现在出了这样为难的事，何不叫他来商量一下。"

解缙来到书房听了此事，咯咯笑起来："这样一点儿芝麻大的事，有什么急的？这样吧，你准备一只官船，插上进贡的旗子，挂两个大灯笼，灯笼上写上你的官衔，我替你去，到京城进贡公鸡蛋。"

李尚书说，"没有公鸡蛋你怎样去进贡？弄得不好会有欺君之罪。"

解缙说："不怕，我有法子。"

李尚书不知道他葫芦里装的什么药，自己又想不出别的法子，就只好依着他，一切照他说的办了。

解缙到了宫里，施了礼，跪在御座前。皇帝一看是个俙崽，就问："你叫什么名字，哪里人，来做什么？"

解缙从容地答道："小人姓解名缙，吉水人，代李尚书来进贡的。"

皇帝又问："李尚书是你什么人？"

"是我岳父。"

"你岳父怎么不亲自来？"

"我岳父生崽，在家里坐月子，不能来。"

皇帝听了，哈哈大笑；"男人怎么会生崽？"

解缙忙道："启奏万岁，男人不会生崽，公鸡哪会生蛋？"

皇帝一听，觉得有理；"是呀，男人不会生崽，公鸡哪会生蛋？"

进贡公鸡蛋的事，就这样取消了。

皇帝见解缙聪明伶俐，很喜欢他，就把他留在身边，还封他为学士。

3. 解缙与《凉州词》

有一天，永乐皇帝向他展示一柄折扇说："此扇是外国进贡来的珍品，可惜上面只有画而无题字，实为美中不足。所以今天召你进宫，是想补写诗词于扇上。"解缙听完后,即请皇帝命题,皇帝说:"扇上的画就是题。不管你抄录别人的也好,你自己作的也好,只要符合画意,就可以。"解缙接过折扇一看,原来这幅画是按唐人《凉州词》的诗意画的。这首诗是:

黄河远上白云间,一片孤城万仞山。

羌笛何须怨杨柳,春风不度玉门关。

解缙当场就在扇上写下这首诗,呈给了皇帝。

皇帝见诗,心中大喜,当着满朝文武官员夸赞解缙笔走龙蛇,诗切画意。王侯大臣,也都争相欣赏解缙的书法。

谁知解缙在写诗的时候由于一时疏忽,竟把诗中的"间"字漏写了。当时他自己没发觉,皇帝也没发觉,王侯大臣中有发觉的,也闷在心里不说,暗为解缙担忧。因为古时给皇帝办事,不允许有丝毫差错,否则就是对皇帝不忠,可囚可杀。解缙掉字这事,当然非同小可:有意写掉是"欺君""戏君";大意写掉是"轻君""慢君"。不管怎么说,罪责难逃。

偏偏冤家遇着了对头,汉王朱高煦也发现了这事。朱高煦因立太子之事,深恨解缙,总想伺机把他除掉,今遇此事,心中高兴极了。第二天早朝时,朱高煦故意当着文武百官,向皇帝奏道:"解缙自恃其才、目无君主,竟敢乘写扇之机,漏字戏君欺主,如此狂乱之徒,今不杀之,后必酿成大患!"皇帝听罢高煦的话,细看折扇,诗中果然掉一"间"字,心中大怒,立即宣解缙上殿。解缙上得殿来,皇帝怒目而视,大声斥责道:"胆大的解缙,朕如此器重于你,任用你为翰林学士,在朝伴随朕左右。你竟敢乘写扇之机,漏字戏君欺主!该当何罪?"解缙一听。忙跪地言道:"臣为圣上办事,一向忠心耿耿,尽心竭力,戏君欺主之事,不知从何说起?"你看,皇帝将折扇扔在解缙面前说:"铁证如山,岂容抵赖!"解缙双手将折扇捧起一看,大惊失色,心中暗道:

"天哪,天哪!我怎么漏写了一个'间'字呢……"

"来人呐!"皇帝话一出口,高煦就赶紧带着四名武士,钢刀出鞘,杀气腾腾地将解缙揪住。皇帝接着说:"如此狂乱之徒,今不杀之,后必酿成大患。推出去斩了!"高煦等人正要将解缙推出午门斩首,文武百官惊恐万状,解缙却哈哈大笑起来。皇帝一挥袍袖，将武士挡住问道："解缙，你笑什么？"

解缙说："我当为了何事，原来是……"他向高煦望了一眼，接着说道："原来是有人向万岁进了谗言，闹出一场误会。""什么误会？"皇帝说，"明明是你漏写一个字，怎说是他人乱进谗言？"解缙道："圣上请息怒，听为臣慢慢讲来。"他从从容容地拾起地上的折扇，说："这是我现作的一首《凉州词》，与唐代诗人王之涣的《凉州词》仅一字之别。不想与我有宿怨之人，竟妄想借此蒙蔽圣上，置我解缙于死地。"说完，他展开折扇，指着扇面说："王之涣的《凉州词》实为诗而不是词，所以有个'间'字。我作的这个《辣州词》，实为词而不是诗，当然没有'间'字。"皇帝说："既然如此，你就在这大殿之上，当着文武百官读读你的《凉州词》吧。只要大家听了以后，都称赞是你的作品，孤王不但不问罪，而且还会重重有赏。若其不然，立即斩首。""谢万岁！"解缙叩头韶身，双手攘扇，当众念道：

"黄河远上，白云一片，孤城万仞山。

羌笛何须怨，杨柳春风，不度玉门关。"

解缙念得有声有色，君臣赞不绝口，高煦一言不发，只呆呆地望着解缙。

解缙凭着自己的聪明才智，逢凶化吉，领赏而去。

沈周画山

沈周（1427~1509），字启南，号石田，晚号石翁，长洲（今江苏苏州）相城人。明代中叶著名画家，不应科举，长期从事绘画和诗文创作，擅画山水，有《石田集》《客座新闻》等。

传说在距沈周的家乡相城东宅里村西北二里路的地方，有一个叫"画师湖"的小湖。传说，曾有凤凰在湖里洗过澡，水是活的。沈周用湖里的水绘画，所以能画啥像啥，后来人们就把这个湖叫作"画师湖"。

从画师湖向北望去，就是常说的虞山。这座山多变，有的说它一天有七十二变：春夏秋冬，早晚中昼，风雨阴晴，变化不同，颜色也捉摸不定。刚刚看上去还是红的,转眼间,就由红变青,由青变蓝,在云堆中忽隐忽现。每天太阳照射在山上,山的折皱也是变化多端,山影倒映到水里,水面色彩更是变化无穷。沈周决心要画好这座多变的虞山。他每天雄鸡报晓就起身,直到太阳落山才回家。他站在湖边一边看,一边画,不论是炎夏寒冬,还是起风落雪,天天如此。几年下来,他终于摸透了虞山七十

沈周

二变化。眼看大功即将告成之际,沈周忽然发现虞山比孙行者七十二般变化还要多一变,心里实在画得有点不耐烦了,便想把画笔、画盂全都抛掉。但他转念一想,还是咬紧牙关画了下去,最后终于大功告成!

这样,沈周的山水画,得以赫赫有名!

王磐嫁女

王磐(约 1470~1530),字鸿渐,号西楼,江苏高邮人,是明代散曲家、画家。少时薄科举,不应试,筑楼于高邮城西,与当时文士谈咏其间,自号西楼。所作散曲,题材广泛;善画。有《王西楼乐府》。

明朝正德年间,高邮出了个画家,叫王磐。他画画的地方,叫西楼,就自称王西楼。传说王西楼画画的笔是支仙笔,画出来的画很有神!

王西楼中年丧妻,只有一个独生女儿,叫青贞。那年,青贞要出阁了。夫家是城里一个有钱人家。王西楼家里清寒,办不起嫁妆,想来想去,决定把自己画的画算陪嫁吧。王西楼把这意思跟青贞一讲,青贞倒蛮乐

王磐

意。王西楼一时高兴，又在西楼上画了一幅《蝉竹图》，一并装在箱子里，送给女儿做嫁妆。

到青贞过门那天，她婆婆一看青贞的嫁妆，气死了，说："王西楼嫁女，画多银子少。要这些破纸干什么？倒把穷气带来了！"说着，就把画朝灶洞门里塞。这事被青贞听到了，急得不得了。新娘子又不兴跑东跑西的，只得叫伴娘去看看。伴娘跑去一看，坏了，画都被塞进灶门里去了，只剩一张还不曾烧着，她赶紧抢回来交给青贞。青贞一看，就是那张出嫁前才画的《蝉竹图》，就不声不响地收了起来。

三朝一过，青贞就把这幅画挂在房间里，小俩口处得蛮好。新官人看看那幅画，几根青竹子，有根把已熏黄了，有根竹竿上，还爬着个知了，就像活的一样。新官人问青贞："那几根竹子怎么发黄的？"

青贞说："怕是给灶火熏黄的。"

新官人一听，才相信是神画，说了："这么好的一幅画，挂在房里多不当。"说着，要把画挂到堂屋里去。哪晓得，青贞婆婆不答应："画的东西真要是活的，有一节竹子我磕一个头。"

青贞怕婆婆又把它烧了，只好把《蝉竹图》仍挂在房里。有一天夜里，小夫妻俩睡在床上，忽然听到画上有"沙沙沙"的声音，就像竹子被风刮一样。小俩口爬起来点着蜡烛一看，怪了，那画上的竹竿，影影绰绰还在摇晃，再一看，那知了也换了地方。青贞心里有数，因为她是看着自家父亲画的。画的时候，这个知了是画在竹梢头的，这会儿，知了到了竹根头上了。小夫妻俩这下留意了，轮流朝着《蝉竹图》望。两天一过，小夫妻俩明白了：这个知了会报时。那根竹子刚巧十二节，知了每过一个时辰就爬一节。

青贞忙把这事告诉婆婆昕，她婆婆还是一百个不相信："要是它能报时辰，我数过了，这几根竹子总共四十九节，我就磕七七四十九个'四方头'！"

听了这几句话，青贞气得当天夜里没睡着觉。到了半夜，只听《蝉竹图》上"劈啪"一声，她吓了一跳，刚爬起来，又是"劈啪"一声，是竹子炸开的声音。再一听，又像有知了飞走的声音。她朝窗子外一看，院子里一片火光。不得了，家里失火了。小夫妻俩拼命死喊，幸亏喊得早，救得快，火才没烧起来。

第二天，青贞把这事一说，她婆婆就叫人把画挂到堂屋里来。大家一看，一点不假，那画上有两个竹节已经像被火熏得裂开了。那只知了又飞了回来，还爬在竹竿上。这下，她婆婆终于相信了。从此，高邮就传下了一句老话，叫"王西楼嫁女，画（话）多银子少"。这件事情一时传为佳话。

江南四大才子之一祝允明

祝允明（1460~1526），字希哲，号枝山，江苏苏州人，明代时的大书法家、文学家，江南四大才子之一，擅长诗文和书法，小楷学钟繇、王羲之，狂草学怀素、黄庭坚，笔势劲健，又能出入变化，自成面目。著有《怀星堂集》等。

1.对斗三秀才

据说有一次，祝枝山来杭州游玩，人们慕名相邀，求联索书者络绎不绝，把个祝才子忙得不亦乐乎。不料好事多磨，无意中得罪了杭州城里的显宦徐某。徐某说祝枝山卖弄学问，狂妄自大，目中无人。一天，徐某邀请城中三个最富才学、自命不凡者，要与祝枝山斗对。

三个秀才洋洋自得，有备而来。甲秀才欲夺先手，有心刁难，出一上联曰：

屋北鹿独宿。

五个字全用的是同韵字，难度不小。祝枝山成竹在胸，随口对曰：

溪西鸡齐啼。

用的也都是同韵字。

乙秀才见未难倒祝枝山，摇头晃脑地走上前来，吟一联曰：

童子打桐子，桐子不落，童子不乐。

用的是谐音。祝枝山略加思索，也以谐音相对：

麻姑吃蘑菇，蘑菇真鲜，麻姑真仙。

丙秀才看看还没有难倒祝枝山，更加挖空心思地出了一联：

大丈夫半截人体。

构思巧妙，并含鄙视之意。祝枝山笑问丙贵姓，丙秀才说姓"朱"。祝枝山即对曰：

朱先生三个牛头。

不仅精妙巧合、工稳贴切，而且反唇相讥、嘲讽辛辣。

三个秀才一听，面面相觑、张口结舌，只得灰溜溜地走了。

2.祝枝山闯席赋诗

一天，唐伯虎和文征明瞒了祝枝山躲在一处喝酒，不料祝枝山得知，急忙赶到那里，就要硬吃。唐伯虎向文征明使个眼色，对祝枝山说："今天吃酒，有个规矩，必须即景吟诗一首作谜面，打一昆虫名，否则不准吃。"祝枝山说："那好，你们先说。"

唐伯虎首先开口：

菜肴香，老醇酒，不唤自来是此君，

不怕别人来嫌恶，撞上席来自营营。（苍蝇）文征明接着道：

华灯明，喜盈盈，不唤自来是此君，

吃人嘴脸生来惯，空腹贪图乱钻营。（蚊子）祝枝山听后，知道他们在取笑他吃白食，他佯作不知，也吟了一首：

来得巧，正逢时，劝君莫吝盘中食，

此公满腹锦绣才，不让吃喝哪来诗？（蚕）吟罢，三人相视大笑，直喝得大醉方归。

天才画家唐寅

唐寅（1470~1523），字伯虎，一字子畏，号六如居士等，吴县（今江苏苏州）人，明代书画家、文学家，擅长画山水，兼精人物、花鸟，工笔、写意俱妙，与沈周、文征明、仇英合称"明四家"，有《六如居士全集》。

1."神画"之传

唐寅

唐伯虎年轻的时候贪玩,天天玩到半夜才回家。他家住在小巷子里,巷口有个栅栏,一到天黑,就上锁了。唐伯虎半夜回来,每每都进不去。这一带有个姓张的更夫,心地善良,每次听见唐伯虎回来,都赶来开栅栏门。一日三、三日九的,唐伯虎过意不去了,就画了张画送给更夫。

更夫晓得唐伯虎有一手好画,就是从没见过。这次唐伯虎送了他一张,非常高兴,打开一看,嘿,奇怪了,只见画上画了三根毛竹,每根十二节,毛竹顶上躲着一只小鸟,毛竹根头一蓬狮子草,草上有只"叫蛐子"。一打开,小鸟翅膀就扑棱扑棱地直跳,"叫蛐子"翅膀一展一展地直叫。画得好,就是不晓得什么意思,于是,更夫就去问唐伯虎。

唐伯虎说:"这画能帮你看更呢!"

"真的?"

"我还骗你不成,回去收起来,起更时就把它挂上。你看着,小鸟,往下跳一节,'叶蛐子'往上爬一节,你就打一更天;小鸟跳下二节,'叫蛐子'爬上二节,你就打二更天。打到五更天,你就要把画收起来,小鸟跟'叫蛐子'就回头了,第二天起更时还能用。不然的话,小鸟跟'叫蛐子'碰了头,小鸟就会把'叫蛐子'吃掉,那样就玩不起来了。"打得就准多了,不在更上时,还可以在家歇歇。

不久,衙门里的县官,听见更夫这几天打更打得准了,觉得非常奇怪,就把更夫传来问话。更夫是个老实人,就把事情一五一十地讲给了县官听。哪知才讲了一半,县官就来气了:"好个唐伯虎,我请了你多次让你画画,你不画,倒给更夫画了!"念头一转,就起了坏心,他叫更夫把画拿来给他看看。

一看,不错,真是唐伯虎画的,县官便拿出五十两银子对更夫说:"我给你五十两银子,你就把画留下吧!"更夫没办法,只好回去了。

当夜，县官回到家里，把画往大厅上一挂，小鸟翅膀就扑棱扑棱地跳，"叫蛐子"翅膀一展一展地叫，守到一更天，真的，小鸟"扑"的一跳，下来一节，"叫蛐子"爬呀爬的，朝上移了一节。到了三更天，县官困了，也不把画收起来，就去睡了。

一夜醒来，再朝画上一看，不好了，只剩下三根光秃秃的毛竹了。"叫蛐子"呢，给小鸟吃掉了，小鸟呢，飞走了。他不怪自己不识其中奥妙，反说唐伯虎画画骗人！

2.醉酒失礼

传说唐伯虎结婚后，有一天随妻子去岳父母家。岳母知他善饮，特设酒宴款待他。席间，岳母频频向他劝酒。唐伯虎新婚宴尔，怡然自得，劝者不拒，不知不觉竟喝醉了。他妻子扶他去床上休息，随后走出卧室，与母亲、妹妹共话家常。

唐伯虎的小姨子年方二八，长得很漂亮，略习诗画，刚好她有事从卧室门口走过，看见姐夫醉卧在床，盖被一半拖于床下，于是上前为姐夫盖被。醉中的唐伯虎以为妻子来陪他了，伸手去抱她，小姨手一缩，他竟抓住她衣角。小姨一挣，以为姐夫对她非礼，气愤而走。唐伯虎一翻身，又鼾声大作，睡得很死。小姨走到门口时，回头看看酣睡中的姐夫，怨气难消，于是提笔在墙上题诗：

"好心来扶被，不该拉我衣；我道是君子，原来是赖皮。——可气，可气！"

唐伯虎醒来看见墙上题诗，依稀忆起适才之事，羞得无地自容，也在旁写诗一首：

"酒醉烂如泥，不分东和西；我道房中妻，原来是小姨。——失礼，失礼！"

唐伯虎走出来后，岳母见他一脸羞涩，心中诧异；又见小女满脸愤怒之状，更是不知发生了什么事。她走进卧室，看见墙上的两首诗，知是一场误会。她也知书达礼，乃在后面添诗一首：

"女婿拉妻衣，不妨拉小姨；怪我多劝酒，使他眼迷离。——莫疑，莫疑！"

并叫小女和唐伯虎一同去看诗。唐伯虎与小姨看完墙上题诗后前嫌冰释。

3.酒酣挥毫题寿诗

传说有一家财主大摆筵席，为其母祝寿，再三邀请唐伯虎赴宴。唐伯虎感到盛情难却，只好出席了。

酒酣耳热之后，财主五兄弟一齐请求唐伯虎题诗祝贺。唐伯虎乘着酒兴随手在纸上挥了一句：

这个婆娘不是人，

太不尊重了，围观者个个目瞪口呆，气氛很紧张。唐伯虎不以为意，稍停下，写出第二句：

九天仙女下凡尘。

原来如此！厅堂里马上响起阵阵赞叹声和欢笑声。声未歇，唐伯虎又写下一句：

生下五男都是贼。

这还了得！财主五兄弟脸色顿变，几乎要发火。这时，唐伯虎却不紧不慢地端起酒杯喝了几口，然后才又写道：

偷得蟠桃献母亲。

财主兄弟高兴得眉飞色舞，宾客们也啧啧称赞。这确是一首独具特色的祝寿诗，"婆娘"是对妇女的鄙称，"不是人"贬得很厉害。"不是人"是什么？原来是"九天仙女"降生的，褒得甚高。第三句说五个儿子都是贼，使人接受不了，而结句点明偷的是蟠桃，就大异其趣。敢于冒犯天帝去偷这种圣品，说明财主兄弟是"大孝子"，这正是祝寿会上需要的祝词。

它还妙在始终与"天"联系在一起。这个寿星本来已是"九天仙女"，如今又吃了那三千年才一熟的蟠桃，怎么不"万寿无疆"。五男是"九天仙女"之子，能跑到天上去偷桃，定然身手不凡，绝不是人间俗物。唐伯虎把这一家子捧到天上去了。

财主五兄弟见唐伯虎为母亲写了这样一首好祝寿诗，轮流给唐伯虎敬酒表示谢意，把唐伯虎灌得酩酊大醉。

王守仁巧收弟子

王守仁(1472~1528),字伯安,余姚(今属浙江)人,明朝时期著名的哲学家和教育家,因其经常居住在故乡阳明洞中,世称阳明先生。幼时聪明超人,远近闻名。

著名学者王守仁听说王龙溪是个难得的人才,又听说他整天游手好闲,常出没于酒馆赌场之间,就想和他当面谈谈,并准备收他为弟子,教他好好的读书用功,将来能够功成名就。可是由于王龙溪整日的和那些乌七八糟的人混在一起,像王守仁这样有谦谦君子之风的儒者他是不愿接近的。经过冥思苦想之后,王守仁终于想出一个办法来,他想婉转而行,每天让自己的弟子们学

王守仁

着玩棋赌博、饮酒作乐,像王龙溪那样游手好闲,把功课和学问都放到一边。过了一段时间,王守仁派了一个弟子偷偷地跟踪王龙溪。这个弟子平日里就不喜欢读书用功,而是每天淘气玩耍,性情脾气比王龙溪有过之而无不及。当师傅让他们整天下棋饮酒时,这个弟子高兴得不得了,其他弟子没有一个在这方面比得上他的。师傅要派人跟踪王龙溪的任务大伙早就知道了,于是他就主动请缨,要求去跟踪王龙溪。他随同王龙溪来到一家酒店,要求与王龙溪一起赌博。王龙溪一看是个书生,大声地笑道:"你们这些迂腐的儒生,每日只会摇头晃脑地吟诗作对、舞文弄墨的,竟然也敢来和我赌博,看我不把你的老本全部赢光!"那个弟子说:"那我们就试试吧。"结果是王龙溪输了个精光。王龙溪觉得有些奇怪,心想,我整天的吃喝玩乐、下棋赌博,怎么会玩不过他呢? 就问那人有什么高招。那个弟子说:"没什么,我们在老师家里赌博、下棋喝酒是经常的事情。"王龙溪听说如此,感到十分的惊讶,便想拜访王守仁,并请求那个人为自己

引荐。王龙溪跟着那个弟子来到王守仁的学馆,两个人刚一见面,王龙溪就被王守仁气宇轩昂的神态气质所折服了,当即便拜王守仁为师,做了他的弟子。

在王守仁的悉心教诲和循循善诱下,王龙溪的学业突飞猛进,最终考取了进士,成为王守仁众多弟子中最为出色的一个。每当别人提及他年轻时候拜师的往事时,王龙溪总是感慨万千地说:"老师的高明之处,我这辈子是赶不上啦。"

杨升庵"谷黄米白饭如霜"

杨升庵(1488~1559),字用修,本名杨慎,号升庵,四川新都人,明代文学家,正德六年试进士第一,授翰林修撰。后因议朝政触怒嘉靖皇帝,谪戍云南,老死在滇西。精通散文、词及散曲,学问渊博,著作达一百余种,后人集其重要者为《升庵集》。

传说有一天中午,杨升庵路过一所私塾,见私塾的老师正用戒尺责打一个学生,便走上前去询问。老师告诉他说:"今晨,我出一下联,要他对上联,时过半日,尚未成句,因而受责。"年幼好学的杨升庵忙向老师请教下联的内容,老师说:"谷黄米白饭如霜。"升庵沉思许久,对老师说:"这上联我一时也对不出,容我回去再慢慢思索。"从

杨升庵

此,升庵总在寻思如何对出上联,可是,却一直没有得到满意的答案。

后来,他随在京城做大学士的父亲杨廷和来到京都。这一天,弘治皇帝在御花园宴请朝中大臣,升庵也随父前往。时值寒冬,取暖的火盆中,黑色的木炭正燃着熊熊的红火。弘治皇帝触景生情,对众大臣说:"朕有一联,看谁先对上。"于是念道:"炭黑火红灰似雪。"说完,笑望群臣,等候答对。这时,峨冠博带的大臣们,个个低头沉思,盛筵之前,鸦雀无声,气氛显得有些紧张。"我来

对。"一个稚嫩的童声,打破了沉寂。众大臣用惊愕的目光一看,原来是年纪最小的杨升庵。只见他向前走了两步,从容答道:"谷黄米白饭如霜。"弘治皇帝一听,不禁拍手叫绝,高声赞道:"对得好!对得好!"随后转向赴宴的群臣说道:"没有想到,你们这些皓首穷经的大臣,却被这小孩子战胜了!"顿时,满座大臣以惊羡的眼光看着杨升庵,发出一片赞叹之声。可是,他们哪里知道,杨升庵的聪明是由他平时勤奋学习、博闻强记、一丝不苟的治学精神逐步积累起来的。

吴承恩上云台

吴承恩(约1510~约1582),字汝忠,号射阳山人,山阳(今江苏淮安)人,明代著名小说家,著有《西游记》及《射阳先生存稿》。

明朝时候,在淮安有一个穷书生叫吴承恩。他很想把唐僧取经的故事,编成一本神话小说。书里要写一个保护唐僧去西天取经的孙猴子,这就得从孙猴子的老家写起。可是写着写着,他写不下去了。

因为他只知道猴子的家住在山上,自己却从未见过山,心里没有个谱。想去看看吧,家乡淮安又没有山,吴承恩感到很为难。

有一天,他到一位朋友家去。朋友告诉

吴承恩

他,在淮安东北二百里的地方,有一个海州,海州东边有一个大海,大海中有一座大山,名叫云台山。吴承恩听了以后,分外高兴。

这年秋末冬初,吴承恩便离开淮安往海州赶去。他到海州一看,那山果然在大海里,但四边都没有上山的路。他就请了一位船老大帮忙,坐船过海上云台。

云台山上有一座山峰,叫青峰顶。青峰顶上有一座大庙,叫三元宫。吴承恩爬上青峰顶后，就住在那座大庙里。此后，他走了好几天，看了好多地方，也没有看出什么门道来。

这一天，他又来到了一个地方。这地方有一片桃树林，枝头上结满了又红又大的桃子，吴承恩觉得很是奇怪。这时，来了一位白发苍苍的老人。吴承恩就上前问那老人道："怎么冬天里还有桃子？"老人答道："这里的桃子和别的地方不同，都是到冬天才结桃子，人们叫它'冬青桃'。"吴承恩又问：

"这山上原来就长这种桃子吗？"老人说："听老辈们讲，在很久很久以前，这山上荒无人烟。有一年，山上来了一对逃难的小夫妻。他们在山上开荒种地、栽花植树，渐渐地穷山变成了宝山。这件事感动了王母娘娘，她派桃花仙女来到云台山，给夫妻俩人送来两个大蟠桃和七七四十九个仙桃核。夫妻俩吃了桃花仙女送来的蟠桃后，就把两个蟠桃核种在他们住的山洞门前，并把七七四十九个仙桃核种在了这块山田里。后来，这夫妻二人成了神仙，跟着桃花仙女上天去了。"吴承恩听到这里，就对老人要求说："我们去看看那对小夫妻住的山洞吧。"老人说："好吧。"山洞就在这桃树林附近，只一会儿工夫，他们就到了。吴承恩一看，洞门前果然有两棵桃树，就是没有结桃子。吴承恩问："树上怎么没有桃子啊？"老人告诉他说："相传很久以前，这山上出过石猴精。有一天，石猴精带一群小猴子在山上找果子吃，找到这里，就把满树的蟠桃一下子都吃光了。听老辈们传说，冬青桃是一千年开花，两千年结果，三千年才成熟。这蟠桃得三千年才开花，六千年才结果，九千年才成熟。现在还没有开花呢！"

石猴精吃蟠桃的故事，引起了吴承恩极大的好奇，他就请老人讲那石猴精的故事。老人对吴承恩说："传说古代有一个女娲仙女，她看天上坏了很多洞，银河里的水一年到头从这些洞里往人间倒，老百姓吃尽了水涝的苦头，女娲就炼石补天。洞补好后，剩下了一块石头，她就把它扔向了东海。哪知道，一下子扔到了云台山青峰顶下面，掉在两块大石头的夹当里。不知过了多少年，这块石头旁边，又生出来一块圆圆的石头。有一天，这块圆石头一声爆响，炸开了。只见金光四射，从里边蹦出一个小石猴。说起来很奇怪，这石猴一出来就嗖嗖地见风长……"老人的故事，引起吴承恩很大的兴趣。他要求老人带他去看看那块石头。不一会儿,他们就来到了那个地方。吴承恩一看,果然不错,两块巨石中间夹着一块石头,上不靠天,下不着地,上边还有"蜗遗石"三个字。紧靠"蜗遗石"的是一块半圆的石头,表面十分光滑,像有人磨过的一样。

老人告诉吴承恩,那半块不知崩到什么地方去了,就剩下了这半边。

在离"蜗遗石"不远的地方,还有许多山洞。老人又带吴承恩去看那些山洞。穿过一片松林,就到山洞了。这里的山洞特别的多,大洞小洞,方洞圆洞,高洞矮洞,一个接一个,一个挨一个。吴承恩跟着老人进去一看,那些山洞,洞洞相连,洞洞相通,真是一个洞天世界。吴承恩边走边看,边看边问,才知道这是七十二洞。他们钻进一个山洞又一个山洞,钻呀钻呀,不知不觉地来到了一个很大很大的山洞前。那山洞的门是一个"人"字形,洞门上的崖头上还有"高山流水,神泉普润"八个大字。从山顶淌下一股流水,正好遮住洞门,像是一个帘子挂在门上。洞的附近长着许多银杏、栗子、桃李等本树。

这时,老人告诉吴承恩说:"传说,有一天,石猴精带着一大群小猴子来到这里。看见有这么多的果树,开心极了。它们一边吃着果子,一边高兴地玩耍。石猴精看山上飘下一股流水,不知里边是什么,就叫小猴子进去看一看。可是,小猴子一个个都胆小怕死,没一个敢往里跳的。这时,只见石猴精蹲下身子,闭上眼睛,大叫一声,纵身跳了进去。它睁开眼睛一看,原来是一个山洞,石猴精非常高兴。只听它一声招呼,小猴子们一个个都学它的样子,蹦了进去。从此,石猴精就在这洞里安下家来。它们朝游青峰顶,夜宿大山洞,饿了吃山果,渴了饮山泉。日子过得无忧无虑,十分快活。"

听到这里,吴承恩问:"这山洞好进去吗?"老人说:"好进去,你跟我来。"吴承恩跟着老人绕到洞后,原来后边还有一个小门,他们钻进去一看,洞有两间房子大,里边还有一个方口水井。吴承恩看井,想起了"神泉普润"的石刻,就问老人:"这就是神泉吧?"老人说:"我们都叫它海眼子。"吴承恩又问:"为什么叫海眼子呢?"老人说:"传说,这井一直通到山下的大海里,井水从来没有干过。"

他们钻出山洞以后,向"三元宫"大庙走去。吴承恩一边走一边问老人:"那石猴精后来到什么地方去了?"老人说:"传说有一年,青峰顶遭到一次大旱灾，很多果树都旱死了。只剩下那冬青桃，还得等三千年才能吃到果子。石猴精就对小猴子们说:'我只好带你们到外面去谋生了。'从那以后，石猴精就再也没有回来过。"说着说着，他们已来到了"三元宫"前。吴承恩请老人到庙里歇歇再走。老人说改日再来，并请吴承恩到他家里去做客。吴承恩非常感激老人，望着老人向山下走去，直到望不见了，才回"三元宫"。

从这一天起，吴承恩天天在云台山青峰顶上下，这里转转，那里看看。有时还到老人家里去，听老人讲故事，回来后，就在"三元宫"里写《西游记》。他把云台山青峰顶当作孙猴子的老家，因为这里一年四季花果满山，吴承恩就把青峰顶改叫花果山。他还把石猴精住的大山洞改叫水帘洞。很快，吴承恩就把《西游记》的开头写好了。有了好的开始，整部书写起来就顺利多了。吴承恩在云台山住了三年，终于写完了《西游记》这部长篇巨著。

汤显祖叶坞灭虎

汤显祖(1550~1616)，字义仍，号若士、海若、清远道人，江西临川人，明代的戏曲作家、文学家。他在戏剧上的成就很高，以有内容和富文采著称。著有《紫箫记》(后改为《紫钗记》)《还魂记》(即《牡丹亭》)《南柯记》《邯郸记》传奇五种。

有一年的冬天，十一月就下了一场大雪，小小的遂昌城银装素裹，分外好看。

遂昌县令汤显祖，这天起得很早，在书房里呵开冻笔，写作《还魂记》。突然，传来一阵击鼓声，只见衙役进来禀告，说东梅村百姓来报命案，他忙叫衙役备几盆炭火，即刻传百姓到花厅里来问话。

十几个衣帽上沾着雪花的百姓，被唤进花厅。一位年近六十的老人，"扑通"一声跪倒在地，接着，几个百姓也跪了下来。

汤显祖忙招呼着说:"这里不是县衙正堂，大家都起来烤火吧，有事慢慢说。"

百姓们道过谢，都高兴地围着火盆取暖，只有那位老人，却还跪在地上，结结巴巴地说："求老爷做主，我那十八岁的小儿子，昨夜死于非命……"

汤显祖把老人扶到火盆边坐下，听他哭诉了一阵，这老汉年过四十才得一子，今年已十八岁。就在昨夜三更时分，突然听到几声猪叫，他儿子连忙起身出门去看，就不见回来了。老汉心知有异，当即点灯出门查看，发现栏内的一头猪已倒在血泊里，那死猪身上，都是虎爪深痕。老汉东寻西找，到

国学经典文库

中国古代野史

·明代野史·

图文珍藏版

1551

汤显祖

了大门外，只见白雪上有一道老虎脚爪印在雪上的点点血迹，一直滴到后山。那老汉倒在雪上大哭，村民闻声赶来，连夜上山找人，在一棵大树下，发现老汉的儿子已被老虎吃了大半个身子。

同来的百姓插话说："汤老爷，我们遂昌坐落在万山之中，经常有野兽出没，一到冬天，老虎更加猖狂，四出觅食，每年都要死伤几条人命。"

只听那雷老汉又说："我儿子已死在虎口，人死不能复生，也就算了。我只求老爷迅速消除虎患，让百姓今后过太平日子，我老汉也就心甘情愿了。"

众百姓也说："望老爷开恩，早日除灭这些吃人老虎，人被虎伤，死了也不甘心啊！"

"好一个死了也不甘心，本县一定做主，灭虎除害！"汤显祖斩钉截铁地下了决心，劝慰大家先回去，又拿出自己的十两俸银，赠给受害的雷老汉。雷老汉捧着十两银子，含着泪花，边走边念："汤公，汤公，灭虎，灭虎！"汤显祖立即派人上街，鸣锣招募乡勇，进山灭虎。锣声惊动了山城百姓，大家顾不得风雷凛冽，纷纷走上街头看热闹，可就是没一个人来应募。汤显祖心里不由得焦急起来，他走到街上的人群里问道："偌大的县城，怎么没有一个猎手前来应募，是怕老虎吗？""人怎么会怕野兽。"百姓们七嘴八舌地说。汤显祖又问："那到底是

怕什么?""不是怕虎,是怕神!""怕神?"有位年轻人说:"遂昌年年有虎伤人,皮神仙却说是天上神虎下凡收人。大家怕打虎受神仙惩罚,所以不敢动手,也不敢前来应募。"

汤显祖问:"皮神仙是谁?"

旁边一个老汉答道:"就是北隅街那个姓皮的财主,读书不成改学医,学医不通又学巫,倒爱玩弄文王八卦、阴阳五行、相面算命,到处哄骗钱财,买下大批田产,如今年已七十,越发谈神说鬼了。"众人正说话间,只见皮神仙眯着一双鼠眼来到衙门前。

皮神仙没有想到在大街上会遇上汤显祖,觉得十分意外,忙说:"老朽洁身自爱,从不足踏公门,今有幸相遇明公,就在这里告禀,听说老爷要聚众灭虎,可是真的吗?"汤显祖答道:"老虎伤害人畜,不能不除!"皮神仙说:"天降神虎下凡,惩罚恶人,千万不可乱杀!"汤显祖说:"如果真的天遣神虎下凡,祸害百姓,那连玉皇大帝都得犯罪!"一席话,说得大家哈哈大笑。

皮神仙还不甘示弱,厚着脸皮说:"天生神虎,百兽之王,死在虎口的都是天命注定,不是前世留下冤孽,就是今生做了坏事。行善积德的人,放在虎口,老虎也会逃开,不敢伤他。"

这时,只听汤显祖厉声喊道:"那就将你皮神仙放在老虎口试试看,到底你是善人还是恶棍!"

皮神仙急得如丧家犬大叫:"使不得,使不得,我还要多活几年啊!"边说边窜到人堆里,悄悄溜掉了。

"哈哈,什么神仙? 不过是个骗饭吃的老王八!"人群里响起一片讥笑声。

轰走皮神仙,人们争着报名应募,一支四十多人的猎虎队成立了。

汤显祖亲自率领猎虎队,穿过冰封雪锁的峻峰来到老虎经常出没的叶坞,布好陷阱,伏下强弓药箭,到第三天就捕杀了一只身长七尺的大老虎,过了两天,又捕杀了四只大虎。这一下,百姓们也自己组织起猎虎队来,最多的一天,竟捕杀了十九只老虎,不到一个月,虎患就平了。从此,百姓过着平安的日子。

汤显祖还在遂昌城里建了一座"灭虎祠",门口高悬他亲笔书写的"灭虎"

两个大字金匾。这块匾，数百年来，一直挂在遂昌人民的心里。

赵南星酒店联对

赵南星(1550~1627)，字梦白，高邑(今属河北)人，万历进士，官至考功郎中、左都御史：吏部尚书。能诗善文，才华出众。

明朝著名政治家、文学家赵南星自幼聪明过人，是家乡河北高邑远近闻名的神童。

有一次，一个南方人来到高邑，听说此地出了个神童赵南星，很不以为然，便想找个机会试试赵南星。

有一天，天正淅淅沥沥地下着细雨，这个南方人走进一家小酒馆里，烫了一壶酒，要了一碟菜，一边自斟自饮，一边和酒家闲扯。闲扯中，南方人得知赵南星上学下学都从门前路过，便打定主意，要在酒馆里难一难北方神童，抖一抖南方人的威风。这个南方人一边喝酒，一边琢磨，见了赵南星该问什么话，该对什么诗，如何压倒赵南星，想到得意之处，不禁摇头晃脑，哼哼唧唧念起诗来。正在他得意之际，酒家忽然向外一看道："客官，赵南星来了。"

这个南方人向外一看，只见雨地里走来一个不满三尺的小孩，上穿粗布棉袄，下着单裤，头上戴顶破草帽，心里便有了几分轻蔑。于是，他跷起二郎腿，冲赵南星一摆手道："过来，过来。"赵南星听见酒馆里有人叫他，循声望去，见是一个陌生人，操着南方口音，便慢慢踱到酒馆门前，深鞠一躬道："先生有何见教？"

"你是赵南星？"

"学生正是。"

"人称你是神童，善于对诗？"

"神童不敢当，对诗倒无妨。"

南方人一听，暗自冷笑：年纪不大，口气倒不小。于是便摇头晃脑地说："今天我倒要考考你，我出上联，你对下联，对得好，赏你一盅酒吃，对不好，必须从

国学经典文库

中国古代野史

·明代野史·

图文珍藏版

桌子底下爬过怎么样?"赵南星听他出言不逊,并不还口,只微微一笑。

南方人一见这小孩的神情,很是气愤,心想今天我非让你钻桌子不可,于是慢慢地扫了一眼赵南星,念出了一句上联:"穿冬衣戴夏帽糊涂春秋。"赵南星不卑不亢,劈口接道:"生南方来北地什么东西?"南方人一听,火冒三丈,连说:"不好,不好!"赵南星答道:"怎么不好,你上联含冬夏春秋。我下联有南北东西。"这个南方人强词夺理地说:"你小小三尺顽童,竟敢如此出言不逊,成何体统?"赵南星答道:"你堂堂七尺须眉,企图让人身钻桌子,太不像话!"南方人一听,认为这神童确实了不得,自己面红耳赤,无言以对。

黄道周题匾额

黄道周(1586~1646),字幼玄,号石斋,福建漳浦人,是明代书画家。擅长书法,峭厉方劲、别具风格,而且还能画山水、松石。关于他的故事在民间广为流传。

漳州公府街,从前叫作"探花街",原是明朝探花谢琏的故居。明末清初时,黄梧因为献海澄城去投降清廷,清廷便封他为"海澄公"。传说这黄梧,原名并不叫"梧",当时他献海澄城投降清廷,是和一个姓吴的同去的。清朝的帝王问他俩的姓名,一个答:黄某,一个答道:吴某。等到这个皇帝回京都下诰封时,只记得他俩的姓,却记不得他俩的名字了。于是,就让把"黄吴"写在诰封上。写诰封的人又把"黄吴"二音写为"黄梧"。

黄道周

在当时,黄梧的权势盛极一时,强占了探花府为黄公府,改探花街为公府街。但是,民间说习惯了,仍然叫探花街,不叫公府街。黄梧就命令家丁,每天在街头街尾,将许多铜钱投入一只瓮中,凡是要走过这条街的人们,就盘问他道:"这条街,叫什么街名?"

行人若答"公府街"，就赏他用手伸入瓮中，尽其所能，拿出一把铜钱来，放他过去。只是，那酒瓮子，瓮口很小，要想多拿，拳头太大也拿不出来。

如果过路人回答是"探花街"，就用皮鞭打他，不让他通过。人们都畏惧黄梧的权势，便逐渐不敢再叫"探花街"了。

黄梧在他的住宅右侧，建造一座祖庙，想要请著名书画家黄道周题"上公祖庙"四字为匾额。黄道周鄙视他，不肯替他题字。黄梧左右的人，就去贿赂黄道周家中的婢女，对她们说道："若得一字，酬之千金。"

黄道周家里的婢女，都是学习写字的。有一婢女，想出计策来，就天天学习写"公"字。黄道周看见这婢女很用功，只是写得不得其法，笑嘻嘻地向婢女说道："我写给你看看吧!"黄道周便执笔，端端正正地写了一个"公"字。这婢女得到黄道周亲手写的"公"字，欢喜极了，暗中送到黄公府去，换取了一千金。

过几天，这婢女又天天学习写"庙"字。黄道周看见了，又对她说道："庙字，不是这样写的。我写一字给你看看吧!"

黄道周又提起笔来，写了个"庙"字，给这婢女仿效。这婢女又暗中送去黄公府，再换了一千金。

再过好几天，黄道周又看见这婢女正在学习写"祖"字，写得不像样子，便说道："这样笨，我写给你看吧!"

说完，他又执笔写个"祖"字。婢女心中想道：黄公府只要四个字，现在，已经到手三个字了，为山九仞，岂可功亏一篑？便向黄道周请求再写一个"上"字，给她看看。

到这时，黄道周才恍然大悟，知道自己上了这婢女的当了，便不肯再写，愤愤然拂袖而去。

这婢女没法子，只好自己写了一个"上"字冒充，说是黄道周亲手写的，拿到黄公府去，一共换取了四千金。

这"上公祖庙"的匾额，迄今尚在。只要认真地细察，便可看出"上"字没有"公祖庙"那三字写得苍古有劲。无数后人曾经去参观过。

徐霞客桂林戏虎

徐霞客(1586~1641),名弘祖,字振之,号霞客,南直隶(今江苏江阴)人,明代地理学家。所著《徐霞客游记》富有地理学价值和文学价值。

传说徐霞客从湘江到了桂林七星岩。此时正是傍晚时分,他要奔山路而行。当地农民看他走过去,就着急地喊:"喂,相公,别走了!那里有虎,老虎快要出洞了。"徐霞客对招呼他的农民点头笑笑,还是要走。那个农民更急了,气愤地说:"你准备给老虎当点心吗?看你长得又高又大,老虎可以吃个够。"徐霞客见这个农民一片好心,就安慰他说:"请放心,不会吃掉的。"那个农民说:

徐霞客雕像

"你又不是仙人,我也不是和你开玩笑。要知道,我们这里门关得稍晚一点,坐在门槛上的孩子就会被老虎衔去。今天你别走,就住在我家里吧。"徐霞客说:"我倒想看看老虎哩。"结果,他谢过这个农民还是走了。

再说,那山前有一棵两抱粗的大树,徐霞客见了,就爬在树上,在树枝上铺上柴草住下了。

老虎出洞时可怕哩,先是"呜——呜——呜"叫得人汗毛直竖,地皮都抖动哩!老虎出了洞,徐霞客故意咳嗽起来,去引老虎。这老虎本来饿着肚皮,闻到一股生人气,又听到人的咳嗽声就要爬树,可是老虎身体笨重爬不上去。徐霞客乘老虎抬头睁着两只眼睛看时,从口袋里把带的石沙轻轻地撒下去。他一次又一次撒沙,老虎一次又一次揩眼,老虎被弄得发火了,又叫又跳,张牙舞爪,拼命用牙齿咬树,可这树又咬不动,发火也没有用。后来老虎弄得精疲力竭,就躺在树下休息。直到东方快要发白时,老虎怕白天猎人打猎,就又跑回到洞里去了。

第二天,徐霞客带了一点吃的东西又爬上树。太阳快落山时,老虎又出洞了。这次,徐霞客不再撒沙子,而是把吃的东西丢下去。老虎见树上撒下来的是又香又甜的糕饼,吃得摇头晃脑的,非常高兴。就这样,一连四五天,他都给老虎吃东西,老虎当然非常开心。趁这时,徐霞客便爬下去,轻轻地摇摇老虎尾巴。老虎呢,不叫也不跳,身子还在树干上轻轻地擦痒。

徐霞客回到村里,把这事讲给人们听。村上的人不分穷富老小都围着他,听得津津有味。后来大家就把这事传开来了,说徐霞客待人好,连老虎也和他交了朋友。这个传说很神奇吧!

明代书画家徐渭

徐渭(1521~1593),初字文清,改字文长,号天池山人、青藤居士,山阴(今浙江绍兴)人,明代文学家、书画家,工书法,长于行草,善绘画,特长花鸟,有《徐文长全集》《徐文长佚稿》《南词叙录》《四声猿》等。

1.难倒窦太师

传说徐文长从小天资聪明,十几岁时学问已很渊博。

有一年秋试,皇帝派了一个叫窦光鼐的老太师到绍兴来主试。他为了筹备考务,提前到了绍兴。

窦太师游街过市时,总是有一块"天下无书不读"的御赐金牌扛在前面,开路喝道、耀武扬威,自以为文章压倒天下,目空一切。非常傲慢。

这一天,正是盛夏,徐文长听说窦光鼐要来了,心想:把他的御赐金牌除下,给他一个下马威。主意既定,他就赤身露腹地睡在东郭门内的官道正当中。

"当……当……"鸣锣开道的声音越来越近,头牌执事看见一个小孩睡在官道当中,就禀告老太师说:"有个小孩子挡拦官道。"窦光鼐听得拦道的是个小孩,也不以为然,吩咐住轿,要自己出来看看。见那拦道的小孩睡得很熟,窦光鼐便把他叫醒。徐文长故作恭敬地站在一旁,等候发落。窦太师问道:"你睡在热石板上做什么,难道不怕把皮肤晒焦?"徐文长大大方方地回答说:"不做什么,晒晒肚子里的万卷书。"窦太师听他好大口气,就对他说:"既然你喜欢读书,一定会对对。我有个对子给你对,对不出来,你就要让道回避。"徐文长立刻反问道:"如果对得出,那又要怎么办?"窦太师想:一个小孩能有什么了不起的,就随口说:"如果对得好,就把全副执事停在这里,老夫步行进学宫。"

窦太师想起绍兴南街有三个阁老台门,便随口出题:"南街三学士。"徐文长不假思索,回对:"东郭两军门。"窦太师一听,觉得南街对东郭,文官对武将,而且这两个军门都是绍兴城内有名声的,不由得点头称赞:"好奇才!"这时徐文长故意问窦太师:"您那金牌上的六个大金字,做何解释?"窦太师听得问起金牌,马上得意地说:"皇上晓得我天下无书不读,因此御赐这块金牌!"徐文长接着又问:"那么,太师爷,您总该熟读了'时建书'吧?"窦太师被问得目瞪口呆,暗想:不要说熟读,就连书名也没有听说过。徐文长见时机已到,就把早已准备好的《万年历》拿了出来,递给窦太师说:"太师没读过,学生倒是会背。"说着,就喃喃地径自背诵起来,背得又流利,又纯熟。

窦太师果然也聪颖,过目不忘,等徐文长背完了,他也能背了。但是,徐文长还能倒背,窦太师却不会了。徐文长就理直气壮地问:"太师爷既有书未读,那么这块金牌将作何处理?"窦太师尴尬地说:"当然不适合我了!"

窦光鼐只好践约,刚想举步朝学宫走去,徐文长却叫住他说:"启禀太师爷,自古中国才子数浙江,浙江才子算绍兴,绍兴处处出才子,太师爷要小心提防啊!"窦太师冷笑一声,转身离去。

等到开考的那一天,大家都写好文章,收毕文卷,窦太师吩咐暂勿退场,拍卷阅读,好文章果然很多,特别是徐文长的考卷,写得更好。但是卷后画上了徐氏祖先的灵位,窦太师借此挥笔落批:"文章虽好,祭祖太早。"

为了想试试绍兴才子的本领,窦太师开口念了一对:"宝塔圆圆,六角四面八方。"然后叫大家来对。全场默默无声,大家都想不出好句子来对。窦太师连声催促,全场只好都举起手来摇摇。窦太师一看,没有不摇的人,连徐文长也在内。这时候,窦太师洋洋得意,禁不住冷言相嘲:"绍兴果然多才子,对起对子来都变呆痴!"窦太师刚要退场,徐文长突然高声喊道:"太师您弄错了,我们都已对出,且都对得很好。"窦太师愕然。徐文长接下去说:"这个对子我们人人从小都会对,因为考场规矩森严,不能你言我语闹成一片,只好用手摇摇作暗号,就是对:玉手尖尖,五指三长两短。不是很好吗?"窦太师经他一说,呆若木鸡。

从此窦光鼐进出府门,只听得到鸣锣开道的声音,再也看不到"天下无书不读"的御赐金牌了。

2.举筋赋诗

绍兴才子徐文长的邻居张山青十分迷信,老婆病危时偏要迎娶儿媳过门来冲喜。谁知儿媳的花轿刚进门,老婆已经断了气,于是只好红白喜事一齐办。碰到这种场合,亲友们的处境是很尴尬的。嘻嘻哈哈,笑声喧哗不合适;呜呜咽咽,唉声叹气也不对。人们既要对死者表示哀悼,又要对婚亲表示祝贺,很是为难。徐文长作为邻居,不得不过来吊丧贺喜。

这天夜里,张山青摆了酒席请客,贺客们看到灵堂里素幡白烛,凄凄清清;洞房里灯红酒绿,喜气洋洋,因而在酒席上也不知该讲什么才好。闷酒喝过三巡,人们看见徐文长也在座,大家都知道他说话诙谐有趣,此刻要打破这尴尬局面,非他不可。于是,有人站了起来,向徐文长拱拱手说:"今晚我们给张山青吊夫人丧,也为他公子迎亲祝贺,大家想请徐君说几句,表表众人心意。徐君诗词歌赋样样在行,万勿推辞。我这里先敬您一杯酒。"一言说罢,提起壶来满满地斟了一杯,放到徐文长面前,自己也斟了一杯,举杯朝徐文长只是请,大家齐声说:"对,对,请徐先生满饮此杯吧!"徐文长难却盛意,便也站起来举杯表示感谢。于是两人一饮而尽。喝了酒,徐文长略一思索,便吟出一首诗来:

红灯银烛两辉煌,

月老无常共举筋。

今日逢凶偏化吉,

一堂吊客贺新郎。

在座的贺客们一听大为称赞。于是人们开始活跃起来,气氛轻松多了。不想这时坐在堂前的几位秀才却对徐文长的诗品头评足,说三道四。人们听了都心里好笑,私下交谈说,这几个穷秀才自己肚里没有什么货色,还有什么资格唠叨不休。谁知那几个秀才听到这些,便放言说:"既然如此,那就请徐先生和我们赛诗好啦。"大家见他们竟如此大言不惭,十分气愤,便拥到徐文长座位前,要求他立即和那几个秀才较量。徐文长笑着摆摆手道:"不必计较。"几个秀才以为徐文长胆怯,越发得意。其中有个秀才竟说:"孺子何足道哉!"这下徐文长不自在了,随口说道:"请他们出题吧!"贺客们顿时高兴起来,纷纷指着那几个秀才说:"诸位开口出题好啦,徐先生已经答应赛诗了!"

几个秀才听说徐文长真要赛诗,反而局促不安,你推我让,半天拟不出一道题来。这时有个贺客提起酒壶高声叫道:"我们别推来让去啦,我看就以这酒壶为题如何?"大家都说好,几个秀才也只好答应了。徐文长让秀才们先做。几个秀才摇头晃脑、哼哼哈哈地闹了半天,也没有吟出半句诗来。大家实在耐不住,便在徐文长面前斟了一杯酒,说:"他们做不出来,还是徐先生请吧!"徐文长喝下酒,从容不迫地说:"那么恕我冒昧了。"接着他高声诵道:

嘴儿尖尖背儿高,

才免饥寒便自豪。

量小岂能容大器,

两三寸水起波涛。

"对呀!酒壶就是这样的。"有人喝起彩来。

"不见得吧,据我看,倒更像这几个秀才。"

"哈哈哈哈……"在一片笑声中,几个秀才狼狈不堪,只好偷偷地溜走了。

3.诗罚老财主

明朝嘉靖年间,绍兴西门外,有个叫苟甫儒的财主,为人心狠手辣,视钱如命。

有一年,苟甫儒听说二月初十县太爷家里双喜临门:一则是县太爷要过五十大寿,二则是姨太太生了个胖小子要过"百天"。于是,他便吩咐管家七手八

国学经典文库

中国古代野史

·明代野史·

图文珍藏版

脚准备一份厚礼。一切准备妥当，只等初十这一天了。忽然，苟甫儒想起县太爷是孔门弟子，最喜难咬文嚼字、讲究斯文，如再写副对子一齐送去，那一定会让县太爷喜出望外的，可是，自己目不识丁，于是便想到了徐文长。

徐文长平日里早就恨透了这个吹牛拍马、谄媚逢迎的家伙，见管家有事相求，灵机一动，竟爽快地答应了下来，说着，唰唰几笔，便写完了。

二月初十这天，老财主乐滋滋地带着礼物和对子，坐上马车直奔县太爷府上。到了县衙门口，苟甫儒将礼物和对子一并交给看门的衙役送了进去，自己在门口恭候。谁知道，过了一会儿，几个如狼似虎的家丁从衙门里冲了出来，为首的一把抓住苟甫儒，咕了声"掌嘴"，劈头盖脸、左右开弓，一连打了八十个耳光。直打得苟甫儒两眼穿花，险些晕倒。苟甫儒自己也被打懵了，原以为礼物送少了，后一打听，才知道是徐文长写的那副对子气得县太爷七窍生烟。

原来，徐文长写的对子是："县令大人不是人，养个儿子要做贼。"苟甫儒听了，又气又恨，连脸上的血都来不及擦净，便连滚带爬地去求见县太爷，说对子是徐文长所写，与他无关。

县太爷一听，勃然大怒，当即叫人将徐文长带来。不一会儿，徐文长若无其事地一步一踱地来了。问明原因，他不慌不忙地说，"只怪狗财主性子太急，原来小生的对子尚未写好，他便令人拿去了，这怎能责备小生呢？"

县太爷一听，半信半疑，心想，这头两句就能给你定罪，看你今天如何圆场。于是，县太爷命人取来笔墨，叫徐文长接着写下去。

徐文长把对子放开，不假思索，一挥而就："县令大人不是人，本是南山老寿星。养个儿子要做贼，偷来蟠桃献父亲。"

众人一看赞不绝口，县太爷脸上顿时也有了喜色，便拉着徐文长吃寿酒。苟甫儒白白地吃了八十个巴掌，在人们的哄笑声中，灰溜溜地走了。

傅山送画

傅山（1607～1684），字青主，别字公它，号朱衣道人，又有真山、浊翁、石道人等别名,是山西阳曲人,明末清初时期的思想家、书画家。他博通经史诸子和佛造之学,而且诗文、书画、金石、医学也很精通。著有《霜红龛集》《荀子评注》等。

傅山的字画很有名气。传说有个姓李的员外,早就请求他给画一幅画。他虽然答应了,但一直没有画出。

一天,傅山的夫人对他说:"人家求你画一张就这么难。这画难道比我们女人做针线活儿还难吗?"博山说:"绘画得选个时辰,画出画来才能形神兼备。假使时辰不对,画出来就是死板的,没有一点儿喜色。不过,今天我心境尚佳,就给他画一张好啦!"于是他取出笔砚,再去找纸,只剩下不

傅山

大点的一小块,他就用这张小纸画了一幅铁匠图,画上有个老头正拿着小榔头指着烧红的铁,一个青年后生拿着大锤正往下砸,只见火星飞舞,火光四射。他把那张小画卷起,用线绳捆好,装在袖筒向李家走去。李员外见傅山前来送画,真是欢喜异常,赶忙吩咐摆酒款待。酒席饭后,傅山才从袖子里取出那一卷小画,放在桌上对李员外说:"今天先给你画了一张小画,等改日再画个大中堂好啦。"说完,便告辞了。

李员外送走傅山后,指着桌上的那幅画,怒气冲冲地说:"这真是哄小娃娃哩!"说着,他拿起小画卷,连看都没有看,一掀帘子就扔到院里。

李员外家有两个长工,是父子俩,儿子名叫智儿。这时,他俩刚从地里回来,正碰上李员外往院里扔画卷,老头便对智儿说:"掌柜的不要,咱们要了吧。"智儿便顺手从地上捡起了那卷小画,解开线绳一看,不禁惊讶地说:"好,真有神色!"

老头说:"贴在咱们长工房吧。"

这个夜晚。院里黑压压的。智儿刚睡了一觉,朦胧中睁开了两眼,忽见墙

国学经典文库

中国古代野史

·明代野史·

图文珍藏版

上那张打铁的小画,火光闪闪,照得满屋通红,智儿高兴地说:"真是个宝贝,我还能借着火光捉臭虫!"

李员外抽完了一顿大烟,发现长工房的窗户上有闪闪的亮光,他坐起来,说:"这父子俩黑天半夜的不睡觉是在干什么,一夜得点多少油呀!"说着,便迈步向长工房走去。

这时,老长工睡得呼呼打鼾,智儿正在捉臭虫,听见门外有脚步声,心想:准是火光把掌柜的招引来了,他来了绝没有好心眼。于是,他端着碗喝了一口水,然后把碗放在炕头上,又躺下装睡觉。

李员外走进长工房,一眼便看见墙上的火光,正想走过去仔细看看是什么东西,只听得"叭"一声,一个大碗正好砸在李员外的头上。李员外被打得头破血流,他"啊呀"一声惊叫,便逃出了长工房。智儿在屋内喊道:"抓小偷,抓小偷!"

第二天中午,智儿父子在院里吃饭。只见员外用布条包着脑袋,慢腾腾地走到院里。

老长工惊讶地看着员外说:"员外,你头上是咋的啦?"

李员外问:"你们家里黑夜火光闪闪的,那是个什么东西?"

智儿抢先说:"那是我想要买的一张古画,以后,我就不当这长工啦!"

李员外说:"为什么?"

智儿向他父亲使了个眼色说:"我在路上碰见一个卖画的老大娘,她的一张小画要卖一百两银子。

我说:'这么一张小画能值百两银子?'老大娘说:'这是俺传家之宝,有了它,黑夜不用点灯,家里就会红光满屋,把这画挂上十年二十年,得省多少油钱呢?'我当时就和老大娘说好,先拿回来试试,一个月交钱,今天已经是半个月啦,天天半夜里时,满屋生光。"

李员外说:"你要它有什么用呢?"

智儿说:"听说,皇帝正广收宝物,把这张画送到皇宫,我岂不成了一个进宝状元,何必在这里当长工受罪呢?"

李员外一听，着急地对智儿说："好小伙子，依我看，你把这张画让给我好啦！"

智儿说："我白白地让给你，那可不行！"

李员外说："让你挣点利钱行不行？"

智儿问道："你给多少？"

李员外说："你要多少？"

智儿说："起码二百两银子。"

李员外说："智儿！我看一百五十两也差不多啦！"

智儿说："这二百两银子是值得的，你的小宝明年就十六岁啦，念书也不是材料，你让他到京都将此画献给皇帝，得他个一官半职不比什么都好？"

员外听了乐滋滋地，当即回房取出四封银子，老长工用褡裢将银子装起来。

智儿也回长工房将那卷小画用纸包起，交给了员外。

员外接过那卷画，左一层、右一层地扒了十几层烂纸，才看到画卷，他惊讶地说："这不是傅山先生的那卷画吗？"老长工说："这是我儿在垃圾堆上捡的。"员外一听，怒气冲冲地扒过来就抢银子。智儿扑过去用手抓住那张画说："你要说话不算话，我就把这张画扯了，叫你财画两空。"这句话点醒了李员外，他暗想：二百两银子在我家算个啥，他要是真的把画扯了，我儿的前程岂不成了泡影？想到这里，便向智儿哀求道："好啦好啦，你放开手吧，银子你只管拿去！"智儿放开了画，便和老长工一起抱上银子，大摇大摆地走出了李员外的大门了。

智儿父子走后，李员外懊悔地说："谁叫咱看不起人家傅山的小画呢！"智儿父子也成了穷人心中的大英雄。

中国古代野史

清代野史

马昊宸⊙主编

线装书局

宫禁趣谈

太后再醮

清太宗刚死后，其后（大玉妃）博尔济氏一人寡居，多尔衮时常去探看。范文程说："皇上（顺治皇帝）视王若父，自古父母不异居，请皇太后同王同住。"当时，皇上年幼，多尔衮为摄政王，所以被称为王。因此，史官便记写道："太后下嫁"。朝野人士都笑这件事，说这是"太后改嫁"。

秘密行乐室

太宗之后博尔济氏有御男之术，每晚需要许多男人。她常常用轿把男子载入宫中，寻乐尽欢。又命令人给自己制造淫器，修建了一所秘密行乐室。清世祖得知后前去窥视，非常生气。他知道了这是由一个姓邢的所造，是由博尔济氏拿出重赏，让多尔衮找的人。

太后出家

太后博尔济氏因多尔衮死了，便往五台山出家修行。离开了男人，没有欢快，她终日闷闷不乐。

欢乐遇险

多尔衮正同太后一起观看龙舟竞赛，正看得高兴，忽然一条舟飞也似的划

国学经典文库

中国古代野史

·清代野史·

图文珍藏版

到跟前来，一个船夫登上岸，拔剑刺向多尔衮，但没有刺中，只刺中了身边的卫士。刺客被捕，经过严刑拷问，才知道原来是皇上（清世祖）指使的。

纳姑奇闻

清圣祖（康熙皇帝）把太宗的女儿留在宫中，纳为妃子。大臣们对他说："礼规定不娶同姓，况且公主是皇上的姑姑，是长辈，就更不能娶了。"圣祖却说："凡是同姓不结婚，指的是母亲、姐妹以及自己所生的女儿。至于姑姑，则既不是母亲，又不是女儿，也不是姐妹，完全可以做妻子。"

易妻奇闻

张英的二儿子、张廷玉的弟弟娶安徽姚家的女儿为妻。姚氏颇有姿色，皇太后寿诞，大臣的妻子都进宫祝贺，她也去了。"姚氏"从宫中回家后，衣服首饰没变，而面目全非，已是另外一个人了。但张氏却不敢声张，姚氏已经留在宫中了。

康熙皇帝

康熙好色

康熙皇帝宠幸卫某的小妾，生下了世宗（雍正皇帝），其实世宗是卫某的儿子，即卫家的种。康熙病重，在遗嘱中写明传位给十四皇子，卫某改"十"字为"于"字，因此世宗才得以登基。世宗即四皇子。

泪哇皆香

卫妃体香、衣香，眼泪和唾液也香，即便洗衣服的水，也有一股芳香气味。唐代人说薛瑶英肌肤生香，不料卫妃也是如此。

世宗母先私年羹尧

也有人说，世宗继皇位，改动康熙皇帝遗诏的是年羹尧，而不是卫某。原先，世宗的母亲同年羹尧私通，入宫才八个月，便生下了世宗。所以，雍正时期，人们都把年羹尧比作吕不韦。

私生子

高宗（乾隆皇帝）见了军机大臣傅恒的妻子，便强迫奸淫，于是怀孕生子，所生子即福康安。傅恒妻子是孝贤皇后的嫂子。

慈禧诱赌

慈禧知道杏花春有喜爱钱财的癖好，便引诱她一起赌博，昼夜不停。慈禧赌输了，文宗替她偿还，因此杏花春最后积下了许多钱。有一个侍者杀死了杏花春，夺走了她的钱财，却竟无人查问追获，这也是宫中的一桩奇闻。

欢喜佛爱财

文宗唯独喜爱杏花春，有时他发怒了，但只要一看见杏花春，便高兴起来了。因此，宫中称杏花春为"欢喜佛"。"欢喜佛"生来爱钱财，凡是得到赏钱，她都藏在一个扑满中,舍不得花用。平时,她斤斤计较,如果有谁想占她的便宜,她必定会拼命地。

孝钦受责

孝贞后列举孝钦(慈禧)的过失,命令下人用棍棒笞挞她。文宗(咸丰皇帝)请求免打,因为她已经怀孕了,但孝贞后不答应,生气地说道:"按照我朝的惯例,不合格的嫔妃,应当用棒杖来教训。"

女童直言

咸丰九年,宫中有一个女孩上书说:"无道之主必定好色,如今皇上选妃挑女,这不是好色而无道吗?"文宗听说之后,便把这女孩驱逐出宫。

防淫

咸丰皇帝宠爱孝钦(慈禧),生下儿子载淳(同治皇帝)。后来,他知道孝钦淫乱,便在临终之前写下遗诏交给孝贞皇后,说:"孝钦如果有污秽行径,你可以召来大臣,宣读我的遗诏,赐她死。"

穆宗小史

穆宗(同治皇帝)不喜欢读书,师傅没办法,便对着他哭了。他把书上"君子不器"句中"器"字下面的两个"口"字遮住,请师傅读,师傅便笑了。选皇后时,他把水洒在地上,令参加选拔的女子走过去。一个女

咸丰皇帝

子怕地上的水把裙子弄脏了,提起裙子而过,另一个却没有提,只管走过去了。他认为没有提裙子的那个女子能遵命,不暇顾及衣裳,便选中了她,册封为皇后。

皇后绝食

穆宗要孝哲皇后留下来陪自己,但皇后不敢,说:"我怕阿妈知道责怪。"便急忙出去。恰在这时,慈禧进来了,揪住皇后的头发,打她的脸,皇后说:"不要打我了,姑且念我是从大门明媒正娶进来的。"慈禧更加发怒了。于是,皇后想服毒自杀,但又怕连累了娘家人,便静坐绝食。

太后私饭店官

饭馆里有一站柜台的伙计姓史,相貌非常英俊。一次,他随李莲英进宫游玩,让慈禧太后看见了,便把他留下了,昼夜淫乱,生下了光绪,命令醇亲王扶养。同治皇帝死后,慈禧太后不立其子而立其弟,是因为光绪皇帝是自己的儿子。

观剧喝彩

醇亲王是穆宗的叔叔。一天,他在宫中观看《翠屏山》一戏,大声叫好,并且笑着说:"家法规定宫中不能演戏,如今宫中演这个戏了。"

太后与伶人共卧

慈禧太后宠爱唱戏的杨月楼,被慈安太后撞见了,慈禧太后便拿杏酪让杨月楼吃,杨吃后中毒而死。她又派婢女给慈安太后送去粽子,慈安太后吃后也死了。其心毒手辣到了如此之地步。

太后做媒

太监李莲英把自己的妹妹献入宫中,其妹很有姿色。内务府某官员刚好死了妻子,慈禧太后便做媒,让李莲英的妹妹嫁给了这个官员。

家丁至后寝所

有一个姓施的浙江人,想谋求一道台的官职,为了活动李莲英,便派家丁携带银两随李莲英入宫,一直来到西太后的(慈禧)寝所。西太后发现了,命令把他抓起来,家丁谎称:"奉陈大人命。"西太后(慈禧)怀疑此人是岑春煊派来监视自己的,非常愤恨,便命令岑春煊来审断处理。原来,西太后把"陈"音听成"岑"音了。岑春煊正要判此人死刑,身边的幕僚阻止了他,说:"大人难道心虚吗? 想杀了他灭口吗?"

梳头毕业

李莲英特别会梳头,原来他是游访了许多妓院才学到这一手绝活的。恰好慈禧太后喜欢新式发髻,李莲英便托兰玉向慈禧推荐自己,由此得到慈禧的宠幸,肆无所忌,慈禧与他并坐同枕,毫无羞耻之心。

宫中俳优

宫中有专门练习排演滑稽逗乐的地方,称为"南府"。此外,还有外学,李莲英善唱小生,外学的学生们都拜他为师,其中许多人专门供奉于诸太监,给他们逗乐子,每月都发给俸钱。这些人每年所吃的米,就将近有二百石之多。

蛇坠后前

醇亲王的府中有一棵大柏树,高数丈,风水先生说有王气。慈禧太后命令工匠把这棵柏树伐去,突然有数十条蛇,从树上飞出来,其中有一条落在了慈禧太后跟前。奕䜣(醇亲王)从此病得非常严重,他问医生:"当今皇上没有儿子,是什么原因呢?"由此可知,德宗(光绪皇帝)没有儿子,是慈禧伐树造成的。

人尽夫也

德宗有一天同隆裕孝定皇后吵了架,皇后向慈禧太后哭诉,慈禧太后对她说:"皇上,是我所立的;皇后,是我的亲侄女。侮辱皇后,就是侮辱我。天下的男人多呢,谁不可以做丈夫?你不要留恋这个病小子,我自有办法处治他。"

皇帝做贼

八国联军不让慈禧太后回到宫中听政,慈禧想使外人知道光绪皇帝是个疯子,自己是不得不回宫继续听政。于是,她便秘谕光绪行窃,先盗窃缪素筠的化妆匣。光绪皇帝果然按照慈禧的吩咐做了,缪素筠不见了化妆匣,大声喊叫说有了贼,不知做贼的却是皇帝。人们都觉得这事非常奇怪。

宫中见鬼

义和团闹事,崔太监用毡子裹住珍妃,扔到井中,这是遵慈禧太后的命令干的。到慈禧避难回宫之后,宫中便经常闹鬼。

丧事戴红顶

管劼安是苏州人,他擅长画仕女,由某王府推荐给西太后画小像,画得惟妙惟肖,西太后特别喜欢。管劼安因父亲死了,回乡安葬,西太后赏了他红顶。

西后饕餮

西太后赏大臣吃东西,大臣们如果不吃,她便大怒,因为她非常爱吃,也特别能吃,讨厌别人违背自己的旨意。一天,她赐溥伦东西吃,溥伦为了讨慈禧欢心,吃得过量,回家后便大病一场。又一天,她赏光绪皇帝吃汤圆,光绪吃得肚子发胀了,不敢再吃了,但又不敢拒绝,便只好把汤圆藏在衣袖中。

内侍答皇后

李莲英经常奉西太后的命令,笞挞隆裕皇后,以至光绪皇帝病了,她都不敢去看望,害怕挨打。

宫中淫乱

小德张同戴沣的妻子私通,让隆裕皇后瞧见了。隆裕皇后本与小德张私通,因此她便醋心大发,于是舍弃了小德张,而同戏子杨小猴私通了。

购秘戏图

小德张娶妻纳妾,经常购买秘戏图来传授妻妾。他的同党常常买良家妇女赠他。人们将他比作秦代宫中与秦始皇之母淫乱的嫪毐,说:"秦宫嫪毐,清宫德张"，确实是这样的。

毅皇后受苦

穆宗病了，孝哲皇后去看望，并向皇上诉苦，慈禧听到了，突然闯进去把皇后拉出来，用大杖责打她。穆宗因此而大受惊吓，身上出的水痘恶化了，慈禧却以不节制房事，致使皇上加重了病情来诬赖皇后。

宫中淫像

宫中塑有泥像，有好几丈高，一个男子向北站着，一个女子向南抱住男子的脖子，女子裸体，样子十分猥亵。凡是出征作战，必定先来这里祭祀。

皇帝拜堂子

入关之时，多尔衮见了美女，强迫行奸，女子说："闯贼叛乱时，我的许多姐妹死了，被埋在暗室中，请大王先祭拜她们，然后我才可以从命。"称为"拜堂子"。

进御嫔妃

清宫旧例，凡是皇帝进御嫔妃，由太监持着被子，该妃子裸体自己钻入被中，太监把她背着送到皇帝的床上，然后太监退下去。第二天早晨，太监又把妃子背回宫去。

西后不老

同治年间，太监李莲英得到了一个何首乌，煮成粥，送给西太后喝，西太后

国学经典文库

中国古代野史

·清代野史·

图文珍藏版

喝了,所以虽然七十岁了,还像美女一样年轻。

报答

吴棠本来没有任何才能,只因把丧礼钱误送到了孝钦(慈禧)的船上,便日后发迹。当时,孝钦的父亲死在任所,姐妹扶灵归丧,由于手头没钱,甚为窘迫,因而得到了吴棠送来的三百两银子,非常感谢。后来,孝钦入宫,生了同治皇帝,她垂帘听政之后,便任命吴棠为四川总督,并赐名勤惠,这都是在报答前情。

挟鼻

孝钦小时候家中贫穷,常常到东城去买东西,店主人总是用手指挟她的鼻子,和她逗乐。她被选进宫后,店主人便投井自杀了,害怕她报仇。

赐西洋狗

光绪皇帝命令继禄修饰自己,西太后恨他不听自己的话而遵奉皇上命令,实在是畜类,便赐他一个匣子,里面装的全是小孩玩具,又赐他一只西洋狗。

帝索毒药

光绪皇帝过生日,西太后对他说:"我看你不是长寿的面相,你今年三十岁了,活到这样也是万幸了。"光绪皇帝知道西太后的意思是让自己快死去,便找毒药要自杀。这天夜里,西太后梦见一对男女站在面前,心想就是奕䜣夫妇,由此她害怕了,不敢让光绪死了。

慈禧干儿

管勾安能吹奏淫声,慈禧特别喜欢他,走到哪儿都带在身边,叫他"我儿",人称慈禧干儿,又有人将他比作张绪、安禄山。

大法船

大法船是用纸制成的,长十八丈,宽二丈,船上有楼台亭阁以及各种陈设,设计无不精巧。船上还做有侍从、舵工数十名,另有神佛以及恶鬼,桅杆高十丈,用缎子做成帆,红莲环绕于船。宣统元年中元节,纸船焚化,前来观看的人多得不得了。

假父

京师白云观的道士高峒元深得慈禧太后信任,被封为总道教司。于是,贵族妇女都愿称作他的干女儿,拜他为义父。有一个侍郎的妻子托高峒元在慈禧那里为丈夫求官,结果得到了学差一职。

神仙会

每年元宵节后,侍女们去白云观游玩的很多,人山人海,称为"神仙会"。观中房屋既幽静又宽畅,被褥枕头都很精美,富贵人家的妻女可以留宿,道士得到的钱,无法计算。朝中卖官鬻爵的勾当,也往往借此时此地而进行。

太后摄影

西太后回宫时,外国人都携带着照相机,登上城墙观望,等她经过时拍照。

国学经典文库

中国古代野史

·清代野史·

图文珍藏版

由于西太后淫秽著名，所以洋人拍下她的照片，作为日后笑谈之资。

摩鬓

满族人见面行礼，用手摩鬓。西太后回宫时，见了人便摩鬓，但别人都不回礼，并且一块儿笑她。由于没有人欢迎她，西太后羞愧万分。

太后开店

慈禧太后在三海（宫中前海、中海、南海）开设辅面，光绪皇帝去买东西时，她命令卖东西的不要卖给他，并且还让称光绪为"阿哥"或"少爷"。

筹款

慈禧太后要修造游乐场所，苦无经费，李鸿章以办海军为名，命令各省巡抚拨款，颐和园就是用这款子建起来的。

宫中秘窟

清朝未灭之前，宫中事事秘密，有时出乎人的意料。比如，皇上晚上住在某宫中，召见某位妃嫔侍寝，值班的内监就令其赤身裸体的，用毯子裹在她身上，背着送到皇上面前。有人说这是明代的制度，还有的说赵匡胤和崇祯是被宫人刺死的，这项制度是到雍正皇帝以后才有的。这种说法或许较为接近事实。但是年代久远，也不能详查了。宫中有条地道和外界相通，有房间，有门窗，有床铺，几案，座椅，灯镜等物俱全。遇到事变，皇帝就带着父母、皇后、妃子、儿子等人钻入地洞。洞外站着一个最亲信的内监，手里拿着枪支，口里连连呼喊着"打拿"。打拿，是满语平安的意思。形势危急时，就不再呼喊打拿了，这时皇帝和后妃等人或者在地洞里自尽，或者由地道逃走。吴樾炸弹事件发生后，满人日夜不安，几次惊诧，而宫中尤其害怕。慈禧除了临朝几个小时以外，就同皇帝后妃等人潜入地洞里，一连数日之久。当时，掌管警部的是尚书徐世昌，京津一带的巡逻兵多到把枪扛起来，如同云彩一样遮天蔽日，士兵洒下的汗水，如同下雨一般，有如大敌压境，实在是可笑。

南府选优

清朝宫中惯例，每年的正月初一、初二，初三日，传令戏曲名角小叫天、王瑶卿等人进宫唱戏。据他们中间人传说，宫中每当选拔一次内侍时，先挑选聪明俊美的献给太后，其次献给皇帝做侍从，再次派做杂务的，然后最下等的让他们学习演戏，称作南府。由外面供府，叫作外学，供奉各监，每年给米一百四十多石，月俸不过数金而已。以后照例以每月的初一、十五进宫当差，逢忌日便依次下推。每演一次，共赏赐大约三千余金。宫中的戏子们，即被称为南府的，技艺都不怎么样，只侍奉各监，有时也有出众的。李莲英唱小生极佳，外学们都称他为师傅。

九门八点

京都人有"九门八点一口钟"的民谚，问那些老年人，他们说："都城中八个城门的开关，都以点为号，只有崇文门以钟为号。"相传崇文门地址是一只海眼，有大鼋覆在上面，此门即是在鼋背建立的。鼋托梦给把门人说："我负此重任，何时才能离去？"把门人告诉它听到钟打点就可以离开。所以此门独以钟为号。这是荒唐无稽的话，但实际上是有所指而发。听说从前某相揽权受贿，住在崇文门内，老百姓痛恨他，造了这个谣，以鼋比喻某相，以门比喻朝政，以钟打点比喻典型。意思是说此等贪官，非自投法网是不能丢官的，至于鸣钟作为城门的开关，或者是因为清朝初年摄政王常由此出入的关系。

帝王传奇

建立后金的清太祖努尔哈赤

努尔哈赤(1559~1626),姓爱新觉罗,号淑勒贝勒。十岁丧母,后寄居外祖父,建州首领王果家。又到抚顺清河等地经商,广交朋友。为八旗兵的创建者和统帅.著名军事家、政治家。

1.努尔哈赤为何也姓佟

清太祖的父亲名叫塔克世,母亲姓喜塔他氏,名额穆齐。努尔哈赤共有兄妹四人。其中三个弟弟,一个妹妹。

努尔哈赤十岁那年。他的生母额穆齐突然去世,努尔哈赤由此带来的不幸,远远超过丧母的悲哀。开始是继母纳拉氏的白眼,继之是父亲的辱骂,努尔哈赤不再拥有家的温暖。在饱受炎凉之中,他十岁的时候走出了家门,加入了采集山货的行列。

清太祖努尔哈赤

传说当年努尔哈赤曾同七人结成挖人参的弟兄,但尽管八兄弟每天不辞辛苦,却是一支人参也没见到。一个晚上,坐在窝棚里的八兄弟愁眉不展。突然,外面刮起一阵狂风,接着又是一声吼叫,八兄弟往外一看,见是一只斑斓猛虎,蹲在窝棚外面。

山里人称老虎为山神爷。按照山里的规矩,挖参人遇到老虎。须轮流向老虎投掷帽子,谁的帽子被老虎叼走,谁就作为老虎的点心。于是,八兄弟一个接着一个地把帽子投向老虎,可是老虎概不理睬。但当努尔哈赤把帽子投出后,老虎叼起帽子,慢腾腾地走了。

努尔哈赤告别了众兄弟,跟着老虎走去。他爬过一座山,又是一座山,老虎始终与努尔哈赤保持一定的距离。终于,努尔哈赤被带到了一座悬崖的平台上。只见平台上长着一片绿茸茸的草,每棵草上都顶着一团红红的花。这时,老虎不见了。第二天,努尔哈赤领着七兄弟在平台上一共挖出了六十四颗大人参。

几年过后,十五六岁的努尔哈赤已经长大成人。尽管他作了种种努力,但家中仍然没有他的容身之地。他不愿再看到纳拉氏那冷若冰霜的面孔,于是,带领小他四岁的胞弟舒尔哈齐寄居到外祖父王杲的家中。后来,明廷派兵俘获了王杲,努尔哈赤也在其中。就在王杲身陷险境之际,努尔哈赤拉着弟弟舒尔哈齐一同跪倒在李成梁的马前,痛哭流涕,求赐一死。李成梁见努尔哈赤乖敏可怜,询问之后,免去他的死罪,将他收在帐下,充作亲丁。

据说,后来李成梁发现努尔哈赤脚底有七颗红痣,认为他便是星相所显示的真命天子,想要将其杀害。在李成梁小夫人的帮助下,努尔哈赤逃了出去。不知是为了躲避李成梁的追捕,还是为了躲开纳拉氏阴沉的面孔,努尔哈赤并未在家中立足,他第二次走出家门,开始了真正的游子生涯。

努尔哈赤重新走进了山林,掘人参、采山货,捕鱼猎兽。他也常常走出山林,隐姓埋名出入辽东官市,佣工于大户乃至府衙。漂泊的生活。丰富了努尔哈赤的人生经历。

传说,努尔哈赤十八九岁时,有一次在山里迷了路,漆黑的夜晚,不时传来令人毛骨悚然的兽鸣。努尔哈赤正在不知所措之际,遇到了一位抚顺的商人佟老翁。佟老翁见其可怜,遂将其带回抚顺家中,收为佣工。

佟家虽然不是辽东巨富,却也家资富饶,是个良田万顷、牛马成群的地主兼商人。家里有着百十人的长工、短工。但佟老翁却不以佣工待努尔哈赤,时而携他下乡收租,时而与他家中闲谈。时日越长,佟老翁对努尔哈赤越器重,于是便将独生孙女嫁于努尔哈赤。

图文珍藏版

虽说这也是个传说，但是努尔哈赤娶了佟家之女是史实。他作了佟家女婿，在佟家他找回了久已失去的温馨。但继母纳拉氏却仍然把冷漠和无情推给他，在努尔哈赤结婚这一年，父亲塔克世在纳拉氏的挑拨下，与努尔哈赤析产分家，努尔哈赤几乎没有得到任何财产。正是纳拉氏的刻薄寡恩，斩断了努尔哈赤对家的最后一点依恋，他甘愿入赘佟家。而且，从此以后，努尔哈赤不但姓爱新觉罗，也姓佟。

入赘女家，而又改变姓氏，这不仅有辱开国皇帝的龙颜，且为封建道德规范所不容。更何况，佟氏并非女真人，而是世居辽东女真化了的汉人，只因为后来佟氏家族追随清朝有功，才划归满族，佟氏也就改为佟佳氏。但在当时，还不曾被封建礼教陈规所束缚的努尔哈赤，却从不以自己改"金"姓"佟"为耻，甚至在他起兵之初给明朝的文告中，也毫无顾忌地写着"佟努尔哈赤"。

2.杀害胞弟舒尔哈齐

在开辟建立清朝的大业中，人们大都把创业功劳归于努尔哈赤，其实，在清帝国的缔造者之中，还有他的三弟舒尔哈齐。为什么舒尔哈齐身后竟寂寥无闻，而他的八世孙在咸丰年间却当了亲王和大臣呢？

这其中原来有一段同室操戈、骨肉相残的公案。

努尔哈赤弟兄五人，同胞中只有三弟舒尔哈齐与他情同手足。他们的祖父和父亲被明军误杀之时，努尔哈赤和舒尔哈齐才二十多岁，成了"孤雏"。过起了孤苦伶仃、受人歧视的流浪生活。后来，明朝辽宁镇帅李成梁纠正错案，就让努尔哈赤继父祖之职领建州左卫都指挥，给还敕书、马匹。努尔哈赤兄弟俩从此时来运转。但他俩却胸怀野心，秣马厉兵，不几年间，建州异军突起，令女真各部刮目相看。两人在开创帝业的三十年间，经常于密室策划军国大事，精诚合作、南征北战，终于鲸吞女真，成为明朝北边的一个强敌。

就在帝业的基础已经打好的时候，舒尔哈齐却无疾而亡，死时才四十八岁。耐人寻味的是，清代的官修史书中，对舒尔哈齐的丰功伟绩却无人提及。他何以致死，丧仪如何，也全没作交代，只在明朝方面有些记载。

如《王朝辽事实录》说:"奴酋(指努尔哈赤)忌其弟舒尔哈齐兵强,计杀之。"《皇明从信录》说:"努尔哈赤杀其弟舒尔哈齐,并其兵。"《博物典记》说:"酋疑弟二心,佯营壮第一区,落成置酒,招弟饮会,入于寝室,银铛之,注铁键其户,仅容二穴,通饮食,出便溺。弟有两名裨以勇闻,酋恨其佐弟,假弟令召入宅,腰斩之。"推测当时情状,舒尔哈齐身为都督,手下有精兵劲卒逾万,不可能束手就擒。因此,努尔哈赤用计将他囚禁起来,并杀死他的亲信,震慑其族党,而后将其所属之军民一并收入自己账下,应该是意料之中的事。至于舒尔哈齐两年后才死去,不是被戮而亡,就是自毙于囚室。总之,他是被努尔哈赤所囚杀,应该是不争的事实。

那么,一对相依为命的亲兄弟,为何要自相残杀呢? 有人认为是权力之争造成的。当时,他二人都是明廷任命的管理建州女贞的官员,又分别握有重兵。舒尔哈齐的兵马虽不如努尔哈赤的强大,但是因其桀骜难制,处处要分庭抗礼,甚至要离兄出走,另立山头,这是努尔哈赤所不能容忍的,于是火并舒尔哈齐。还有人认为,他二人之间的矛盾,是"拥明"与"叛明"的斗争。当时,舒尔哈齐是"拥明"派,受明廷挟持,欲在辽宁铁岭东南里扯木重建建州右卫以削弱"叛明"派的努尔哈赤,于是努尔哈赤只得不顾兄弟情谊,对舒尔哈齐下了毒手。

清世祖福临废后及出家之谜

名爱新觉罗·福临(1638~1661),是清王朝的第三位君主。六岁即帝位,他在位十八年,在孝庄皇太后的辅佐下,削平群雄、打击朋党、沿用汉制、历行节俭,使当时百废待兴的国家得以休养生息,百姓能够安居乐业。但是,正当他风华正茂、年轻有为之时,在他的宠妃董鄂氏死后不到半年,他也从清宫中消失了。年号"顺治"。史称"顺治皇帝"。

1.顺治帝为何废后

传说顺治皇帝六岁即位,朝中大权由皇叔多尔衮把持。直到顺治八年

（1651 年）正月十二，顺治帝在太和殿接受群臣朝贺，才宣布从这天起开始亲政，当时只有十四岁。

顺治帝在其个人婚姻生活方面一直都不那么如意。顺治八年八月十三，顺治帝册封科尔沁蒙古卓礼克图亲王吴克善的女儿博尔济吉特氏为皇后，二十日，举行了隆重的婚礼。不知为什么，在新婚之夜，顺治帝对皇后的态度非常冷漠。不久，又有意疏远皇后，再不和她见面，而且一下子就是近两年的时间。顺治十年（1653 年）八月，顺治

清世祖福临

帝命大学士冯铨等人，整理历史上各朝皇后被废的记载送给他阅读。冯铨等人从中得知皇后要被废的消息，非常震惊。于是，大臣们纷纷上疏，劝告顺治帝不要这样做。顺治帝拒绝了他们的请求，还骂冯铨是不明事理，沽名钓誉。顺治帝又上奏皇太后，把皇后博尔济吉特氏降为静妃，从中宫改居侧宫，并要礼部进行议论。礼部员外朗孔允樾和御史宗敦等十四人再次上疏，建议顺治帝改变决定。顺治帝置之不理，还命诸王、贝勒、大臣集体商议。大臣们仍然坚持要皇后正位中宫，此外可再分立东西两宫。顺治帝大为恼火，命大臣们再次讨论，并谕示孔允樾引咎自责。迫于皇帝的压力，孔允樾承认了自己的过失，大臣们再次讨论后也决定按顺治帝的意思办。就这样，皇后博尔济吉特氏被废。

顺治帝废掉皇后的理由是什么？按照当时他对大臣们的说法是，因为皇后无能，所以应当废掉。那么，皇后到底怎样无能，顺治帝对此又讲不出具体的事例来。显然，这只是个借口。有人说，顺治帝好简朴，皇后喜奢侈，又有妒忌之心，所以被废。其实，这种说法也不能成立。生活在皇宫里的皇帝和皇后，到底能简朴到什么程度呢？更何况这要共同生活一段时间之后才能表现出来。而顺治帝和皇后的情况并不是这样，顺治帝在新婚之夜就对皇后不感兴趣，显然是已有成见。那么，是不是皇后长得不好呢？也不是。据说，博尔济吉特皇后

·清代野史·

图文珍藏版

长得很美丽,也很聪明。显然,顺治帝废后另有原因。

原来,以科尔沁蒙古卓礼克图亲王吴克善女为皇后,是睿亲王多尔衮的主意。那时因为多尔衮掌握军政大权,顺治帝的皇位尚且由他保护,婚姻的决定权就不用说了,所以,这门亲事就定了下来。多尔衮常常以功劳自居,十分骄横,以致当时人们只知道有多尔衮,不知道有顺治帝。顺治帝年幼的时候,对此还不介意,随着年龄越来越大,就日益感到难以忍受。另外,孝庄太后虽然下嫁给多尔衮,但多尔衮对孝庄的感情却日益冷淡。他曾背着孝庄太后,以出关打猎为名,秘密迎娶了一个朝鲜公主。后来,他听说皇太极长子豪格的妻子很漂亮,就设法谋害豪格,霸占了他的妻子。对多尔衮的这些作为,孝庄太后当然很不满意,这必定影响了顺治帝。随着时间的推移,顺治帝对多尔衮的不满越来越强烈。在多尔衮活着的时候,由于他大权在握,孝庄太后和顺治帝暂时压抑了这种情绪。顺治七年(1650年)十二月初九,多尔衮突然咯血而死。这样,顺治帝的顾忌也就不存在了。顺治八年八月初二,科尔沁蒙古亲王吴克善来京朝见顺治帝。但是,顺治帝考虑到和蒙古王公政治上联盟的关系,才对这门已定的亲事没有表示否认。直到结婚两年后,他才找了借口把皇后废掉。在此之前,即顺治八年二月,顺治帝已经公布了多尔衮的罪行,并削去了他的尊号和对其母亲的追封。联系这些情况看,顺治帝废后,是发泄对多尔衮的怨恨情绪的表现。

顺治十一年(1650年)六月,顺治帝又册立科尔沁蒙古贝勒绰尔济的女儿博尔济吉特氏为皇后,历史上称她为孝康章皇后。顺治帝对孝康章皇后也没有什么好感,责备她不懂礼节,还命令停止她应有的某些礼仪待遇,并让诸王和大臣讨论执行。后来由于皇太后的干预,皇后的这些待遇才得到了恢复。

2.不明下落

传说宠妃董鄂氏死后,顺治帝突然下落不明,有的说他出家当了和尚,有的说他病死宫中,说法各异,疑云重重。

据说董鄂妃死后,顺治帝精神受到极大刺激,万念俱灰,看破红尘,最终抛弃帝位,遁入山西五台山,削发为僧。人们不禁要问:顺治帝真的是为了美人(况且美人已死),连江山社稷都不要了吗?

有人认为,顺治确实是因董鄂妃之死而出家的,并剖析了他与董鄂妃相爱的心路历程。据说,董鄂氏聪颖俏丽,知书识礼,十五岁时应选秀女,不久被顺治之弟襄亲王钠为福晋。后来,她以亲王命妇人侍后妃,屡入宫禁,与顺治帝频频接触。当时,顺治的皇后和妃子都是皇太后的侄女,他与她俩根本没有感情,形同陌路。董鄂妃的贤良温驯、柔媚可人,使顺治一见钟情,董鄂妃对他也萌生爱意,于是,顺治帝凭皇权在握,逼死胞弟襄亲王,占夺弟媳,并将其接入宫中,不久即被封为皇贵妃,备受宠幸。从此,顺治帝原来的后妃皆受冷落,这引起她们的不满和皇太后的怨愤。顺治十四年,董鄂妃生皇四子,次日顺治帝即宣称此乃"朕第一子",明白显示此子为皇储,董鄂妃将成为未来的皇太后。孝庄皇太后感到此举将对她亲手操纵的满蒙联姻的政治格局构成威胁,对她一手包办的皇位传承是个讽刺,于公于私都无法容忍。于是,便想方设法除掉董鄂妃。当年冬天,正当董鄂妃产后不久,皇太后忽然要去南宛养病。下谕旨让后妃及文武百官近前视疾问安。董鄂氏岂敢违旨? 只得冒着风雪赶到京郊南宛,"朝夕侍奉废寝食"。董鄂妃经不起如此折磨,面容憔悴,身体衰弱,内心凄苦。更不料,她的爱子只活了四个月就早夭了。这个打击犹如雪上加霜,更使她一蹶不振,从此忧伤郁闷,不到三年便撒手人寰,抱恨西去。顺治帝无比悲痛,辍朝五日,大办丧事,追封董鄂氏为孝庄皇后。半年后,顺治帝就出家当了和尚。以此说看来,顺治真是个"情痴"了,他在女方死后都不能自拔,这在历代皇帝中极为少见。

有人则认为,他出家不假,其真正的原因是他厌倦了尔虞我诈的宫廷政治斗争,想逃避现实,宠妃之死只是个导火线。据考证,顺治自小登基之后,名为皇帝,实不掌权。先有雄才大略、野心勃勃的多尔衮摄政,后有刚毅多谋、独断专行的母后临朝称制,使他形成了喜怒无常、骄顽暴烈的脾性。精神和心理都受到了严重的扭曲。他的一部婚姻史又涂上了浓浓的血腥政治色彩,母后出于统治集团的需要,强加给他不如意的皇后和妃子,而带给他极大喜悦的与董鄂妃的爱情却昙花一现，董鄂妃成了残酷的宫廷斗争的牺牲品，这一切带给他的是无尽的哀怨和愤懑。他身为一国之君，却受制于人，连自己心爱的人都保护不了。人生如梦、世间如棋，他不想混迹于这种钩心斗角的生活中了。

可是，皇帝出家当和尚，在当时的社会环境里，是行不通的。于是，顺治精心设计了一个"病死"的假象，以掩人耳目。据《王文靖集·自撰年谱》记载，顺治十八年元旦，朝臣应援旧例庆贺朝见，朝廷却突然下令朝臣免见。然而，顺治却在养心殿破例召见了王文靖，进行长谈，此后一连三天都单独与他密谈。此时顺治才二十四岁，身体康健，为何紧急磋商？初六日夜，他又被顺治召见，对他说：朕患痘，势将不起，尔可详听朕言，速撰诏书，即就榻前书写。他三拟诏书，顺治三次过目、钦点，直至第二日中午才算定稿，晚上顺治就去世了。此集作者是顺治最宠信的汉族大臣，他说三次面君内容关系重大，"不敢在书中披露"，据说，初五早晨，大臣们突然发现宫廷异样，撤掉庆贺春节的对联、门神，初七晚朝廷下大赦令，刑狱囚犯几近一空，同时传令民间不要炒豆，不要点灯，不要泼水——这正是当时民间祈福天花患者的风俗。即是说，顺治是出天花而死。可是，继位的康熙也出过天花。这能不令人感到疑惑吗？

后来人们普遍认为，顺治帝的情缘断绝之日，正是其佛缘缔造之时，并有文证、事证、物证在。

"文证"是说，顺治的儿子康熙，曾四次上五台山，目的就是探视他出家的父亲。前三次上山，必屏退侍人，独造高峰叩谒，第四次顺治已故，他则吟诗哀悼，诗意悲凄。

"事证"是说，顺治帝曾对宫中禅师说："愿老和尚勿以天子视朕，当如门弟子旅庵相待。"还表示："若非皇太后一人挂念，便可随老和尚出家去。"他从宫中消失的前几日，还叫最宠信的内监吴良辅，到悯忠寺削发做了和尚。

"物证"是说，康熙年间两宫西狩，途经晋北，在五台山上竟找到了内廷器物，作为供御之用。这些器物当是顺治随身所带。

另一种传说是，顺治帝并未出家，而是病死宫中。董鄂妃的去世给了顺治帝以毁灭性的打击，从此，他沉溺于极端痛苦哀悼之中，用蓝笔批阅奏本达四个月之久。(按清代定制,皇帝与太后之丧,蓝笔批本也只二十七日),他的精神和身体都垮了,自己曾感叹道:"骨已瘦如柴,似此病躯,如何挨得长久?"就在他哀伤不能自拔的时候,疾病又向他袭来了。他染上了烈性传染病"天花"。这病在当时是不治之症。挣扎了几天之后,顺治帝就病逝了。距董鄂氏死仅四个多月。

英明君主清圣祖玄烨

康熙(1654~1722),名玄烨,是顺治帝福临的第三子。自幼苦读爱学不倦,学识广博,八岁即位,庙号圣祖,十四岁亲政,在位六十一年,勤奋治国,是中国历史上一位杰出的帝王,也是中国历史上有文字记载以来在位时间最长的皇帝。

1. "天花"成就了皇位

爱新觉罗·玄烨,清世祖顺治帝的第三子。据说,1661年,顺治帝得天花确诊不治后,马上召学士麻勒吉、王熙至养心殿,撰写遗诏,安排后事,其中最重要的一件事是选一个适当的继承人。正月初七子夜,颁遗诏于天下。在这个诏书中,决定年仅八岁的三皇子玄烨即位,以内大臣索尼、苏克萨哈、遏必隆、鳌拜为辅政大臣。初九日玄烨即位。那么,遗诏中为什么会定玄烨即位呢?

清圣祖玄烨

康熙皇帝被立为皇帝,完全与天花有关。

顺治帝共有八个儿子,其中有四个早已夭折,剩下的也都年岁幼小。最大的是次子福全,时年仅九岁,三子玄烨时年八岁。顺治帝生前在指定继承人选上并没有一定的意向,临终前他想从兄弟中选出,但是孝庄皇太后和各位亲王坚决反对,他们都认为应该从皇子中选择一位继承者。但皇子有四个,应该选谁呢? 在最后的争论中,顺治帝的母亲孝庄太后选择了玄烨而没有选择比玄烨稍长的福全。玄烨的被立,尽管与他自小表现出的品质和灵敏聪颖有关,但这并不是主要的,根本的原因是与天花有关。

当时备受顺治帝信任,并被其称为"玛法"的钦天监监正、德国传教士汤若望的观点发挥了重要作用。他认为:应立已出过天花的玄烨为继承人,因他对天花已有终身免疫力,可免其再遭不幸,而福全没有得过天花,没有免疫力,得时时小心着这种可怕的病症,难免会像顺治帝一样出现悲剧。在当时,天花是一种非常可怕的传染疫病,如果有人染上天花,必须实行严格的隔离,连皇子和公主们都不例外,许多皇子和公主就是得了天花后不治而死的。现在汤若望把这个问题提出来作为立嗣君的根据,为祖宗社稷着想,孝庄皇太后不能不认真考虑汤若望的意见。这一点,在顺治帝临死前得到了首肯,而孝庄太后也是十分赞同的,所以得过天花成了玄烨登上帝位的重要条件。

那么,玄烨是在什么时候得过天花的?

玄烨出生于顺治十一年(1654年),当时北京城内天花泛滥成灾,满族王公亲贵吓得到处躲藏,连皇帝也不例外。为了避痘,出生不久的玄烨在内务府正白旗汉军包衣曹玺之妻孙氏的携带下前往皇宫西华门稍北的一座府第居住。孙氏是玄烨的保姆,就是后来写《红楼梦》的曹雪芹的曾祖母,数十年后的康熙对这一段经历仍记得十分清晰。康熙六年(1721年)曾颁谕说:"今王大臣等,为朕御极六十年,奏请庆贺得礼。钦世祖章皇帝,因朕幼年时未经出痘,令保姆护视于紫禁城外,父母膝下,未得一日承欢,此朕六十年来抱歉之处。"不过玄烨在这场天花流行中仍然未能幸免,但染天花后,多亏孙氏精心照料,不久即痊愈回宫。康熙自小就在祖母孝庄太后的照料下成长,所以他的祖母尤其喜欢他。

得过天花的康熙皇帝,脸上留下了不太显眼的痘痕,见过他的法国传教士白晋后来在给法王路易十四的报告中对康熙的长相有过详细描写,说他"威武雄壮,身材匀称,而比普通人略高,五官端正","鼻尖稍圆,略带鹰钩状,虽然脸上有天花留下的痕迹,但并不影响他英俊的外表"。

2.六次南巡

据说康熙皇帝曾先后六次南巡。其时间别是 1684 年、1689 年、1699 年、1703 年、1705 年和 1707 年。连续六次南下,不免使人对他南下的目的有些怀疑了。有人认为,康熙南巡主要是"赏玩川泽""艳赏江南",说白一点是为了欣赏江南的风光和美女。如果这样,他就与历史上的隋炀帝差不多。那么康熙到底为啥要一次又一次地到南方呢?

一些人认为,康熙每次南巡,其实都是有目的的。康熙继位以来,农民军余部和南明小朝廷等各种力量的强烈反抗不断,直到 1662 年才镇压李自成农民起义军,摧毁南明小王朝,俘获永历皇帝,统一了全国。但不久,又爆发了长达八年的三藩叛乱,直到 1681 年才平定三藩,1683 年收复台湾,清朝为巩固政权而进行的大规模军事镇压才告结束。至此,明末清初以来的战争进行了半个世纪,连年的战争使得人口急剧减少,土地大量荒芜,经济萧条,恢复与发展生产已成为当务之急,康熙也明白到能否发展生产直接关系到政局的稳定。接下来,一次又一次的南巡,实际上都是为了一个目的,即促进生产,安抚民心。

康熙南巡的最重要一件事是治理黄河。当时黄河从河南开封南下,经徐州、宿迁入海,黄河与运河在苏北的清河县相交,淮河、睢水流入洪泽湖内,也在清河县泻入黄河。那里河流交错,水情复杂,经常泛滥,河南、安徽、江苏、山东数省受害不断。康熙六次南巡,前三次主要是为了调查了解灾情,后几次是为了亲自部署治河。

1684 年,康熙来到治河重镇宿迁,做出了开挖海口、疏泄里下河地区积水的决定,并命安徽按察使于成龙负责这项工作。第二次南巡时,康熙提出了自己治河的总设想。但这段时间内的治河成绩,康熙并不满意。1699 年的第三次南巡,康熙亲自测量、规划、部署。次年,他任命两江总督张鹏翮为河道总督。1703 年,为了检查张鹏翮的工作,他又第四次南巡。这次南巡中,他两次乘船下河,提出了许多具体意见。1705 年,康熙又来到黄淮流域视察,见到当时的治河工程后,他说"朕心甚为快然",对下属工作比较满意。1170 年的第六次南巡是张鹏翮要求的,康熙乘船来到清河县,查看了那里的地形,并测量水位、流量,对工程中的技术性失误进行了纠正,对治河工程中毁坏民田的事情十分愤怒。

康熙南巡的另一重要目的是"观览民情,周知吏治"。南巡的山东、江苏、浙江等东南沿海各省,历来是中国封建经济文化兴盛之地,土绅集中。南巡中康熙谒明陵,祭孔子,召见学者,奖励文学。1684年,他第一次南巡时亲赴曲阜,举行隆重盛大的祭孔典礼。他还不断举行各种考试,增加江浙一带入学名额来奖励文学。1705年,他南巡到江宁,决定选录一些皇宫内的书记抄写人员,这对于江南读书人来说,可以直接为皇帝服务,将来晋升的机会较多,所以报名者十分踊跃,仅苏州一地的考生就有五百多名。每次南巡,他还要召见还乡旧臣或亲临他们的府第,为其题匾题联,以示优容。

在南巡过程中,每到一地,康熙确也特别喜欢游览"景物雅趣、川泽秀丽者",他说自己喜爱佳美山水的兴趣与一般百姓是一样的,而且要欣赏很长时间。不过从总体上说,他南巡的主要兴趣并不在山水和美色,而在于如何稳定统治,如何发展经济。

3.是否被毒死

康熙是历代皇帝中在位时间最长的一位,达六十一年,他以卓著的功绩名垂青史,不过他糊里糊涂地死去,倒给后人留下不解的谜团。据说,他在六十九岁那年,到南苑狩猎,不到半月因身体不适回京到畅春园休养,十月十三日病情突然恶化,在身边侍奉的皇四子胤禛给他进了一碗人参汤,不知何因,当日夜里康熙就一命呜呼了。次日大殓。不久,胤禛即位,年号"雍正"。有人认为是胤禛把他毒死的,有人认为他是病重而死,争议不休,至今未有定论。

康熙死后,有人列举雍正十大罪状:"谋父,逐母,弑兄,屠弟,贪财,好色,诛忠,任佞。把"谋父"列为他的头条罪状。其理由是:本来康熙死前一日,病情已经稳定,第二天却突生变故,骤然死去,而胤禛的一碗参汤怎能不令人生疑?据说,当时有个意大利人马国贤曾置身其中,认为即使不是毒害,也是出现了非常事变。又推测说,畅春园内担任警卫的是隆科多的部下,而隆科多又是胤禛的亲舅舅,能接近康熙的仅此二人,很难排除胤禛与隆科多联手下毒的可能性。还有人说,康熙死后,是隆科多擅自篡改了遗诏,把"传位十四子胤禵",改为"传位于四子胤禛,"使雍正依诏登基,顺理成章。令人生疑的还有雍正初年,胤禛借口杀了隆科多,是不是为了杀人灭口,让谋父篡位成为永远的秘密呢?

还有人推断,雍正之所以在皇十四子胤禵返京之前,匆匆下手毒死康熙,是怕受康熙分外垂青且又拥有兵权的胤禵回京后另生枝节,影响自己顺利登基。

还有传说认为雍正即位理所当然,是康熙的合法继承人。认为有种种迹象表明,康熙欲传位给四子胤禛。一是在康熙病重期间,胤禛被委以重任。如十一月九日,康熙命胤禛斋戒,代皇帝行南郊大祀。十三日康熙帝改派镇国公吴尔占代行祭天,而让胤禛三次进宫。虽详情无人所知,但此举在斋戒期间是非同寻常的,对其信任不容置疑。二是据《清圣祖实录》所记,康熙临终那天,曾召集皇子允祉和隆科多近前,说:"皇四子人品贵重,深肖朕躬,必能克承大统,着继朕登基,即皇帝位。"一种传说是,康熙病剧之时,曾解下项上念珠送给胤禛,并说:"此乃顺治帝临终时赠朕之物,今我赠尔,有意存焉,尔其知之。"足见康熙早已瞩意于胤禛,胤禛既然皇位在握,何必下毒弑父?

再有关于"改诏"之说,有人认为这种传说也纯属无稽之谈。康熙生前已将遗诏用满汉两种文字写就,放于大殿"正大光明"匾额之后。汉文内容,自清以来,从无有"于"字夹于其中。即使汉文内容改动,满文也绝难更改。

另外,康熙本来选中胤禵和胤禛两人为继位人选,但病危期间必选其一,而胤禵近在咫尺,则占了头筹。还有人推测,即使康熙有意立胤禵为继承人,但胤禵此时远在千里之外,需二十多天才能到京。康熙深知"国不可一日无君",否则身边的众皇子为争帝位互相残杀起来,将国无宁日,家无宁日。这样的先例比比皆是。何况在康熙眼中,胤禛也是个有勇有谋能担大任之人。于是,顺水推舟,把皇位传给了胤禛,免除了不堪设想的后果。照此看来,"毒死"一说似无道理,那就只能是"病死"了。

勤于政事的清世宗胤禛帝

爱新觉罗·胤禛(1678～1735)，谥号宪皇帝，庙号"世宗"。为康熙的第四子，十岁时被封为贝子，三十二岁时晋封为雍亲王。康熙死后继位。

1.矫诏夺位

传说康熙皇帝一生共有皇子三十五人，其中一半以上均有封号。康熙十四年(1675年)，康熙决定册立皇太子。这年的 12 月，他立年仅一岁半的二子允礽为皇太子。长大后的允礽能骑善射，有时随父出征，有时代父办理军国政务，但他日渐养成骄纵恣行的性格，使康熙极为恼火。1708 年，康熙废

清世宗雍正

允礽，并怀疑他参与了索额图的篡权活动。但当时康熙的其他皇子们的势力都已形成，对皇位继承都虎视眈眈，且阴谋陷害皇太子的事情屡有发生，康熙也发现自己可能听信了谗言，遂于 1709 年又复立允礽为皇太子。三年后，康熙发现太子在结党不轨，并暗中派人观察自己的行动，便再次将皇太子废黜，并永远禁锢在成安宫。此后，诸王大臣要求重新册立太子，均遭康熙驳回。

矫诏夺位就是关于继承皇位的一种传说。据说康熙帝对胤禛并无好感，他最中意的继承人其实是皇十四子允禵。康熙五十七年(1718 年)，康熙决定西征准噶尔，正式任命允禵为抚远大将军。由于当时西征之役意义重大，涉及清朝今后的安危，大将军的位置同样是众皇子逐鹿的对象，而十四子担任这个职务，是破格的措施。出发前，康熙还亲自行礼，举行授大将军仪式。康熙还对青海蒙古部落的首领说：大将军是我皇子，确系良将，他有带兵的才能，所以让他掌生杀重任。你们众人的所有军务，都要遵照大将军的指示。这些话实际上说明了胤禵已是康熙心中选定的皇嗣。在康熙的最后四年，胤禵在政治上逐步成

为十分显赫的人物,越来越多的王公大臣和督抚大吏将他作为实际上的皇太子看待。胤禵的气质、品格受到康熙的重视,康熙用各种方式树立胤禵的威信,抚爱他的子女,视为政治上的知己,双方感情深厚。然而康熙帝于1722年11月突然死去,传位给禵的计划也以失败而告终。

由此有传说认为雍正是矫诏嗣位的,他将"十"字改成了"于"字。胤禛在位时就有人在一部叫《大义觉迷录》的书中说:"圣祖皇帝原传十四阿哥胤禵天下,皇上将十字改成于字。"也有人认为雍正将"禎"改为"禛"。十四阿哥胤禵原叫胤禎;康熙遗诏传位给胤禎,却被改成"胤禛",从而造成雍正继位。与这种说法相近的一种观点更进一步认为雍正本不叫胤禛,只是为了符合诏书上的"胤禛"读音,改名为胤禛。另一种说法是康熙在临死时说传位给十四子,但因舌头塞涩,在说到"十"字时,略一停顿,再说出"四子",负责记录的步军统领隆科多是胤禛的舅舅,故意传旨说皇上单召四皇子见驾,有意漏说"十"字。

也有人认为雍正是发动了一场政变,杀父得位的,这种说法清朝时期已有流传。《清朝野史大观》说,康熙帝垂危之际,只有胤禛一人在身旁,康熙帝欲召见诸王大臣和皇子,以托付后事,但无一人前来,他心知有变,用尽全身力气将手腕上的一串玉珠掷向胤禛,不久就传出皇上驾崩的消息。而《大义觉迷录》说康熙病重时,雍正递上了一碗参汤,康熙就一命呜呼了。后代学者进一步推测说参汤里的毒是隆科多下的,当康熙中毒不省人事时,他一面马上派出军队控制局面,一面传假遗诏,宣布康熙已传位给胤禛了。

相当部分的学者认为雍正杀父之说是不能成立的,康熙被毒死更经不起推敲。康熙一向怕被害,他在年老时更对周围的情况小心提防,谋害他谈何容易。他曾经说过自己对人参是不感兴趣的,因此在人参汤里投毒是不可能的。康熙帝的死因可能是年老体弱,患感冒后引起其他疾病不治而死,是寿终正寝。

后来人们渐渐认为矫诏说也是不能成立的。康熙的遗诏之是用满文书写的,用满语宣读,不可能被篡改。至于说遗诏原文是"皇位传十四子胤禛",它的书写方法不符合清朝制度。因为皇帝的儿子一定要称为皇子,如果有传位胤禛的诏书,就应写作"皇位传皇十四子胤禛",若将它的十、禛二字加以改易,则原文变为"皇位传皇于四子胤禛",显然不通,反倒暴露出作伪者的阴谋,这样清世宗就不能以此继承帝位了。清世宗原名就叫胤禛,这有许多证据可以证明,说他为了与诏书中的"胤禛"对上号而盗用了"胤禛",其实根本就没有这个必要。

在反对矫诏说的同时,他们认为雍正是合法继位。康熙与十四子胤禵之间,父子情深,但远不能说胤禵是皇嗣。如果当时真有诏书传位给他,篡位者雍正焉敢把真命天子容留于世,不仅在位不杀他,遗诏不讲杀他,从容使嗣子乾隆封他为王。实际上,康熙十分喜欢胤禛,他八岁时就跟着康熙出塞北巡,十岁时受封贝子,三十二岁时由贝勒晋封为亲王。他先后有22次参与了祭祀,次数之多,居诸皇子之冠,他有比其他皇子更多的机会过问国家政治、钱粮和皇家内部事务。

在立储问题上,康熙很不成功,为此弄得焦头烂额,到晚年更是心灰意冷。康熙六十一年春三月,胤禛请皇上到自己的赐园圆明园,在牡丹台景区用膳,观赏盛开的牡丹。宴席上,康熙见到了胤禛的儿子弘历,康熙帝对这位皇孙特别喜爱,降旨将他招入宫中抚养。从此,康熙为他选定了武术教师,教他学习射箭和使用火器,还教他读书,讲解文义。这年四月,康熙帝巡幸塞外,十多位皇子随驾前往,皇孙弘历也在这个行列中。经过半个月的跋涉,到达避暑山庄。这时康熙安排弘历住到离皇帝寝宫烟波致爽殿很近的万壑松风殿,这是连皇子们也享受不到的殊荣。康熙批阅大臣的奏章时,弘历侍立一旁,康熙为他准备了书案,在边上学习。康熙还在弘历的生母面前,不止一次地称赞这个当时还是雍亲王福晋的儿媳妇是有福之人。康熙曾说弘历"伊命贵重,福将过予",如此喜欢弘历,他如不将帝位传给弘历的父亲胤禛,而传给别的皇子,这样的话又从何说起。从这个角度来看,康熙传位胤禛,实为顺理成章之事,并非夺嫡。

2.密用和尚参政

清代雍正皇帝是历史上颇有争议的人物,人们对他一生功过毁誉参半。他在位期间,改革赋役,实行"摊丁入亩";在西南少数民族聚居地区推行"改土归流",巩固了国家的统一;他设立了军机处,强化了中央集权。他的一系列举措,对"康乾"盛世起了很大作用。但另一方面,他即位不久,兴年羹尧案、隆科多案、八阿哥胤禩案、九阿哥胤禟案、吕留良案等,处死重臣及皇室贵胄,手段毒辣,殃及许多无辜,震惊朝野内外。

传说雍正秉性不喜华靡,日夜忧勤国事,即使在盛夏酷暑或寒冬腊月,他每天深夜批阅奏章,也都要到三更时分才停歇。他的生活是寂寞和枯燥乏味的。

其实,雍正也有知心朋友,他们之间的私人感情也很深厚。如推行改土归流有功的鄂尔泰,大学士张廷玉等都是他的肱股之臣。雍正还有几个御用高僧,是为他筹谋划策的亲信。

雍正是一个很相信迷信的人,佛教、道教、民间的鬼神他都相信,尤其对佛教情有独钟。他即位前的府邸就如同一所殿阁重重的寺院,供奉佛祖,香烟袅袅。雍正三年,改名为"雍和宫",后来成为名闻遐迩的喇嘛寺。他年轻时曾雇人代替自己出家,同时与佛教僧侣颇有来往。他当时曾宣扬佛家的出世思想,但只不过是为他积极谋位作掩护。即位后,他仍继续尊佛,把君臣都比做真仙真圣,是到凡间为百姓做事来了。自称"破尘居士""圆明居士",公开招了十几个门徒,经常谈佛说经,甚至干涉佛教内部事务。与此同时,有些佛教僧侣也参与了政治。其中,西岳华山的住持长老文觉禅师,曾被封为"国师",在宫中直接侍奉雍正。雍正处理军机大事,常请文觉发表意见。文觉足智多谋,往往提出一些颇有见地的见解,深受雍正赏识,成为雍正的心腹。雍正意欲除掉恃功骄横的年羹尧和隆科多两个重臣时,就把他的智囊文觉请来议事。雍正对文觉开门见山地说道:"今有大事和禅师商谈。朕自登基以来,隆科多与年羹尧权重骄横、逾越礼法,深恐他们泄露天机,如何是好?"文觉答道:"圣上有所不知,只要师出有名、待机而动,不怕过河拆桥。要除此二人,只需如此这般,易如反掌。"说着,站了起来,对雍正耳语一番,雍正频频点头称是。后来,果然依文觉之计清除了年、隆二臣。

还有一个京师大觉寺的住持和尚性音,也是雍正颇为器重,引为知己的人。他佛学造诣很深,常常语出惊人。雍正即位后,性音到庐山隐居寺修行,四年后圆寂。雍正曾追赠其为国师,赐谥号,并将其著述收入藏经。然而,数年之后,雍正竟削黜其封号,从藏经中撤出其著述,令人大惑不解。据推测,可能他参与了雍正即位前的许多最高机密,其先荣后黜的经历与年、隆二人相似,如此结局就不足为怪了。

据说雍正还有一个佛门高足超盛和尚。雍正夸奖他听其讲经后能"直蹈三关,洞明妙义",超过所有同辈僧人。北京卧佛寺重修以后,雍正命他去执掌法席。因系自己耳提面命的高足,自然在密谋大事上,免不了会参与其中,只是无人知晓此中隐秘罢了。

文治武功的清高宗弘历

爱新觉罗·弘历(1711~1799),谥号纯皇帝,庙号"高宗"。是雍正的第四子,在位六十年,退位后又当了三年太上皇,终年八十九岁。一生向慕风雅、善于骑射,笔墨留于大江南北,富于许多神奇的传说。年号"乾隆"。史称"乾隆皇帝"。

1.出生传奇

据说康熙五十年八月十三日的一天子夜,雍亲王胤禛的妃子钮祜禄氏生下了一个男孩。胤禛之前已有三子,但前两个儿子短命夭折,只有八岁的三子弘历活了下来。钮祜禄氏是四品典仪凌柱的女儿,她的父亲官爵并不显达,却是完全的满族血统。弘历便是后来在中国历史上执政长达六十年的乾隆皇帝。

有关乾隆的身世,在清末年间,社会上还流传着一些奇怪的认为他是汉族人的儿

清高宗弘历

子的说法。

　　流传最广的一种说法称乾隆是浙江海宁陈氏的儿子，从官僚缙绅到妇孺百姓都津津乐道，尽人皆知。还有一些史籍中似有记载，如《清秘史》《清史要略》《清朝野史大观》，传说早在雍正帝为皇子时，他就与海宁陈氏关系密切，两家相互一直有往来。陈氏是明代末年的江南衣冠大家，到了清朝有多人在朝廷任大官，如陈诜、陈世倌、陈元龙等父子叔侄，都位极人臣，受到朝廷重用。这一年，两家都生了个孩子，年月日和时辰都相同。雍正听说后十分高兴，让陈家把孩子抱来看看，过了很久才送回去。这时，陈家发现孩子已不是自己家的那个了，而且男的变成了女的。陈家大惊，但又不敢声张，只能当作没事一样。后来雍正即位，马上提拔了陈家数人到显要的官位。到乾隆嗣位后，对陈家的优待更厚。他曾经南巡至海宁，当天就到陈氏的家里升堂询问家世。临走前步至中门，让陈氏把门封掉，并说："以后除非天子临幸，此门不要轻易打开。"于是陈氏就把门锁上了。也有人说乾隆曾经怀疑自己的亲生父母是谁，因而下江南时特地到陈家询问家世。更有人说，当年陈氏之子抱进府时，是王妃暗中调的包，雍正帝并不知晓。等乾隆成年，四次到海宁，实是想把这件事弄个明白。《清史要略》说乾隆早已知道自己不是满族，在宫中常穿汉人衣服，还召近侍问："朕像汉人吗？"陈家厅堂里有两方匾额，一题为"爱日堂"，一题为"春晖堂"。爱日取自汉代辞赋家扬雄的"孝子爱日"，后世专指儿子侍奉父母之日为爱日；春晖取自于唐朝诗人孟郊的"报得三春晖"，比喻慈母的恩爱。两方匾额都取意于儿子对父母的尊敬和孝顺，这与传闻多少有点关联。海宁陈家带回的女孩在陈家长大，后来嫁到江苏常熟蒋家，蒋家为她造了一座小楼，后人叫作"公主楼"。

　　不过，还有一种传闻说乾隆帝的生母是热河行宫中的一位李姓宫女。据说有一年的初冬胤禛随康熙在避暑山庄狮子园中狩猎，带了王妃一起从行。恰好当时行宫中有一位汉族的李姓宫女人很漂亮，遂召而幸之。第二天，胤禛返京，将这件事也忘了。第二年秋天，胤禛再次到达狮子园，李氏已近临产。康熙知道后，龙颜大怒，认为当时后宫制度十分严格，是谁把宫女的肚子搞大的，一定要好好深查。三问二查，原来是四阿哥的，弄得康熙很不高兴。这时宫女马上就要生产，为了不污亵宫殿，就让她进一马厩把孩子生下来，就这样，一个统治了中国六十多年的皇帝竟然生在马棚里。不过细加推究，这种传说很难可信。因为康熙四十九年（1710年）五月一日皇帝率百官从京师出发到塞外避暑山庄，胤禛随驾前往，当年九月初三日回到北京，在冬日到来之前已离开了热河行宫，因此冬初幸宫女在时间上就站不住了。即便幸宫在九月初，而弘历生在八月十三日，孕期也不可能长达十一个月。

与这则传说相近，更有一种离奇的说法。雍亲王陪康熙围猎时和大队人马失散，他因喝了鹿血，与一个民女野合。民女分娩时，住在避暑山庄的狮子园里，弘历降生在园中的一座草房里，当年为她母亲接生的杨老太太就住在园外附近。因她接生有功，乾隆登基后允她用一天时间跑马圈地。杨老太太是个牌迷，骑马没几步就下马与人打起牌来。待太阳下山时，她方才想起圈地的事，但时间已到也就没有圈到多少土地。弘历出生时的这一天夜里，月明星稀，有人看到一头金毛狮子驮着个戴红兜肚的小孩向草房走去。到了门口，狮子大吼一声，屋里的婴儿便呱呱坠地。

2.“偷情”韵事

乾隆皇帝在位六十年，可谓政绩卓著。而他的风流韵事更给后世留下了说不尽的逸闻。他与内务府大臣傅恒妻子“偷情”的故事就是其中之一。传说，他俩偷情生下的儿子就是福康安。

乾隆帝自认为自己是个太平天子，不免想尽情享乐一番，遂大兴土木，扩建圆明园。竣工后，他陪着太后，到园中游玩，还发了一道圣旨，自后妃以下，凡公主、宗室、命妇以及近属，都准入园游乐。

时值春季，这一天风和日丽，乾隆帝扶着太后，从迎驾的两列妇女中走过，忽见其中一位美貌秀丽，使他怦然心动。这个丽人正是内务府大臣傅恒的妻子。她鸭蛋脸、柳叶眉，面若桃花、肤如凝脂，粉腮上的两个酒窝和鬓边插着一朵红花，更使她艳压群芳，令乾隆帝魂不守舍。在随意闲游时，两人眉目传情，均生爱意。回宫后，乾隆帝就害起相思病来，整天无精打采，茶饭不思，连朝政也懒得去处理,念念不忘傅夫人那妩媚的面容,恨不得一下子把她拥入怀里,以遂心愿。

这个机会终于来了。在皇后寿辰那天,一听说傅夫人要前来祝寿,乾隆帝心花怒放、精神大振,早早退了朝,到坤宁宫赴宴。席间,他特意与傅夫人又是联诗,又是让酒,说说笑笑,好不亲热。此后,傅夫人在他的有意安排下,常常被召入宫陪皇后散心,有时还留在宫中歇息。乾隆帝终于把这个猎物捉到了手,两人不时偷偷地寻欢作乐,一个是风流倜傥的天子,一个是娇楚动人的美妇,燃烧在情迷意乱的惊喜之中不能自拔。

世上没有不透风的墙,皇后察觉了他俩的私情。但是因傅夫人是她的嫂子,不好说破,只好把苦水咽在肚子里,整日闷闷不乐。这年冬天,她的亲生儿子,已密旨立为皇储的八岁的永琏,突发急病而死。几年后,虽又得子永琮,但也在二岁时患天花不幸夭折,这两次打击使她从此一蹶不振,直感到活着没有意思。为了给她解闷,乾隆帝下旨东巡,陪她散心,不料在旅途中她偶感风寒,竞一病不起。虽经名医诊治,仍无起色,终于在途中死去。乾隆帝与皇后本来十分恩爱,只因为与傅夫人有私情,才稍稍疏远了她。其实他不知道,他与傅夫人的事,才是皇后患病的起因。

皇后生前既贤淑又节俭,深受乾隆敬重,她死之后乾隆回京为她大办丧事,追谥其为"孝贤皇后",并特下谕旨,命为其立碑,亲撰碑文。乾隆帝还对皇后母家格外恩遇,皇后的兄弟们有的封侯,有的封伯,全家有十四人得到爵位。皇后的哥哥傅恒被提升为保和殿大学士,兼任户部尚书。这一切是对皇后的褒奖,是不是也算对傅夫人的答谢呢?

乾隆帝与傅夫人的私情,只有一些宫女知道,傅恒始终被蒙在鼓里。后来傅夫人生下一子,满月时抱入宫中,请乾隆帝赐名。乾隆帝见此子肥硕强壮,面容很像自己,故十分宠爱,遂赐名叫福康安。福康安八岁时,乾隆帝即让他在御书房和皇子们一起读书,十二岁时便被封为贝勒,长大成人后,乾隆帝把御林军交给福康安统领,成为皇帝身边的心腹。

3.六下江南

六下江南,是乾隆一生各种巡幸活动中最为引人注目和津津乐道的话题,也是他本人当初最为欣慰而在事后又深表忏悔的一件事情。乾隆南巡从1751年开始,至1784年结束,历时三十三年。其中前四次带了皇太后、皇后和众多妃嫔,兴师动众,随同的王公大臣、章京侍卫官员等达两千五百多人,巡幸的船队有一千多艘,首尾相接,旌旗招展。每次南巡前,都有周详的计划,派出官员勘察沿途道路,修桥铺路,修葺行宫。巡幸所经过三十里外的地方文武官员都要着朝服前来接驾,一切供顿极尽铺张豪华。乾隆花费了大量的精力组织这样的南巡,其目的是什么呢?

有人认为,六下江南的目的是"艳羡江南,乘兴南游"。乾隆是太平之君,习于骄奢,而当时的江宁、扬州、苏州、杭州等城市相当繁华,经济发达,而且江南风景优美,江南名胜甲天下,乾隆是以闲情逸致去"眺览山川之佳秀,民物之丰美"。从乾隆六次南巡所走的道路,可以发现他都是沿运河南下,经扬州、镇江、常州、苏州,再到达杭州,然后折回,绕道江宁,他喜欢的地方往往是江南最富裕的地方,人杰地灵。如果纯是为了国家大事进行南巡,他也不会带着皇太后、皇后一起下江南了。在第四次南巡结束后,他对东南地区的大臣说,圣母年纪已经很大,而到江浙要经历数千里路程,住宿也很麻烦,"非所以适颐养也",南巡对皇太后来说是颐养天年,那么对乾隆来说是领略风光吧!

另有传说,说乾隆到江南是为了查清自己的身世。

大部分人认为,乾隆南巡的目的其实不是单一的,他六下江南的活动,除游览名胜外,还着眼于社会政治、经济等国家大事。具体来说是着眼于安定社会、笼络官绅、维系民心。他南巡时,蠲免了江苏、安徽等省积欠的地丁钱粮数千万两;他关心文教,选拔人才,量授官职,特命增加江浙地区府州县学岁试文童录取名额,对巡幸各地现任及退休的官员普遍加恩。为了安定社会、笼络汉族士商,他还察访吏治民情,惩办贪官污吏,督察黄淮河务,兴工修筑海塘,赈济灾民,整饬军旅,等等。

从乾隆南巡的主要活动看,其社会积极意义还是不小的。不过六次南巡所花费的开支达两千多万两,浪费之大、时间之长、动用人力之多都开创了新的纪录,这不免滋生了政治腐败的苗头。

平庸天子清仁宗颙琰

永琰(1760～1820),在乾隆皇帝十七个儿子中排列第十五。乾隆六年(公元1795年)九月三日被立为太子,次年元月登基,改元嘉庆,永琰改名为颙琰。史称"嘉庆皇帝"。

1.脱颖而出　嗣承皇位

传说,永琰在皇子时代其实并没有什么特别惊人的地方,他既不像先辈皇太极、多尔衮那样立下赫赫战功和握有雄厚的军事实力,也不像他的祖父那样在争夺皇位继承权斗争中积累有丰富的政治斗争经验,他仅仅是一个在书斋中长大的皇子,那么乾隆皇帝为什么偏偏想立他为嗣君呢?

据说清朝前期的皇位继承,并不采用汉族立嫡长子的办法。雍正即位后,更创设了颇为独特的秘密建储法,即皇帝将属意的储君姓名内定后写在纸上,密封于匣,置于乾清宫的匾额后面,待皇帝临终前后,由众大臣共同打开,按御书所定确立继位人选。乾隆是雍正的第四子,他是按这种办法继位的第一人。不过由于乾隆受儒家思想影响很深,因而他在最初并不认为嫡长建储有什么不妥,相反对于秘密建储进行公开反对,但又不得不遵守祖先定下的制度,把立嫡和秘密立储两者结合起来。

乾隆的嫡子有二,其一是皇次子永琏,生母是孝贤皇后富察氏,乾隆在刚即

清仁宗嘉庆

位时就按秘密建储法立永琏为皇储。但永琏只活了九岁,于乾隆三年病逝,乾隆只能将密诏公开,宣布永琏已经立为皇太子,所以葬礼要按皇太子的仪式进行。永琏去世后,尽管儿子有一大群,但乾隆在很长一段时间内没有重新立储。乾隆十一年(1746年),第二个嫡子皇七子永琮出生,乾隆传嫡的希望又产生了,打算写好名字封起来。但这个嫡子命运不济,只活了一年零八个月因出痘去世了。乾隆十三年,孝贤皇后去世,乾隆立嫡的可能已经没有了。

两年后,乾隆又册立贵妃乌喇那拉氏为皇后。她生有二子,即皇十二子永璂和十三子永景。随着1765年皇后与乾隆吵翻,第二年皇后郁闷而死,所以永璂也跟着倒霉,生前未获任何封号,死后也没有例行的追封。而永景三岁时就夭折了。立嫡不成,总还可以立长吧。长子永璜,生母哲悯贵妃在乾隆登基前已经去世,永璜也就无人真正地疼爱。孝贤皇后死,乾隆郁郁不乐,却发现永璜内心并不悲哀,遂把他大骂一顿,连他的师傅也跟着受罚。但乾隆余怒未消,把对皇后的爱与对永璜的不满连到了一起,说永璜是不能肩承重器,断然把他排斥在继位者之外。与永璜同时倒霉的还有皇三子永璋,母为庶妃,也受到乾隆责骂没有悲哀之情,终于郁郁而死。

乾隆其他儿子中,有多人是短命夭折的。永琰的同母兄长永璐,排行第十四,四岁时生病死了。皇九子和皇十子,当时还没有命名就离开了人世。皇五子永琪,乾隆很钟爱他,但也于乾隆三十一年病逝。永琰的同母弟弟皇十子在四岁时就夭折了。

乾隆皇帝很想立嫡子为嗣君,但没有成功。嫡子死后,他加紧了对众儿子行为的观察,想从中物色一位理想的人选。立嫡不成后,他开始反对公开建储,而对秘密立储大加褒扬。实际上,在无嫡可立的情况下,他不再根据长幼来选继位者,而是考虑根据人品、学问、道德几个方面进行综合挑选。

这时乾隆选储君,以皇子的个人表现作为标准。不久,皇六子永瑢出继给慎郡王为嗣.皇四子永城出继给履亲王为嗣,两人的表现应该说并不符合乾隆的理想,否则也不会出继。至于皇八子永璇,为人轻躁,沉湎酒色,素无人望,根本不会被乾隆看好。皇十一子永瑆,善书法,才气十足,乾隆很喜欢他,但他模仿外面的文人在扇面上题别号,使乾隆很失望,并把他大骂一顿,不再考虑他了。永琰的弟弟皇十七子永璘,常常微服出游,乾隆大为不满。乾隆皇子数量虽多,但当他考虑建储时却没有满意的人选。排选余地很小。这时,从小人品端正的皇十五子永琰就跳到乾隆眼前来了。

乾隆三十八年(1773年)冬,永琰被秘密定为储君,时乾隆已六十三岁,而永琰才十一岁。乾隆直到即位六十年后才把帝位让出来,而这时的永琰接受了二十多年的考验,能在储君的位置上站住而不被废掉,的确不易。

乾隆六十年,乾隆正式公开永琰为皇太子,并于第二年即皇帝位,此时永琰的心情十分复杂,既有点喜出望外,又诚惶诚恐。对此他赋诗一首:"天光下贲到臣身,秩晋青宫恩命申。一己愚衷频战栗,千秋金鉴凛遵循。谦恭作则钦先训,胞与为怀体圣仁。自愧凡材何以报,趋庭听夕侍君亲。"永琰同时改名为颙琰,移居毓庆宫。第二年正月元旦,三十七岁的颙琰受禅即位,成为清王朝入关后的第五代皇帝。

2.遇刺顺贞门

传说嘉庆八年(1803年)闰二月二十日的早晨,一个叫陈德的人身藏小刀,带着长子陈禄儿在东安门内酒铺喝酒,酒后父子俩就进入东华门,穿过东西牌楼门,从西夹道绕到神武门,准备行刺嘉庆帝。他们仔细观察了护卫士兵的站位和巡视路线,便隐蔽在西厢房南山墙后,等待嘉庆的到来。不一会儿,嘉庆帝乘轿进了神武门,将进顺贞门时,陈德猛地冲出,手持小刀,直扑嘉庆帝。眯着两眼的嘉庆帝本在休息养神,此时但见一条黑影向自己奔来,知道大事不妙,惊吓之中、脸色煞白,轿夫们见状加快脚步,抬着嘉庆急忙逃入顺贞门。一百多位守卫在神武门内东西两侧的侍卫、护军,被眼前这一幕搞懵了,一个个呆若木鸡,竟然很多人没有谁想到要冲上去护卫挡驾拦阻捉拿,还是御前大臣定亲王绵恩、固伦额驸拉旺多尔济、御前侍卫扎克塔尔、珠尔杭阿,乾清门侍卫丹巴多尔济、桑吉斯塔等六人冲上去拦截,将陈德包围了起来。陈德挥刀一扑,连嘉庆的轿子边也没有刺到,这时见嘉庆轿子已钻进了顺贞门内,又手挥小刀,左冲右突,想赶到轿子的前面。绵恩等六人将陈德团团围住,陈德挥舞着小刀到处乱戳,将丹巴多尔济连刺三刀,并将定亲王绵恩的袍袖刺破。陈德终于寡不敌众,被束手就擒。

嘉庆帝在惊惶之中回到了宫中,心中既气恼、也害怕,急忙命令军机大臣会同刑部连夜审讯,第二天又加派满汉大学士和六部尚书会同审讯。二十三日再派都察院都御史、大理寺卿、通政使和六部尚书组成九卿会审,要让陈德先尽尝各种刑罚的折磨,再分尸毙命。深感事情重大的官员们不分白天黑夜,运用疲劳战术,不让陈德睡,不让陈德吃,使陈德精神上受到极大地压力。当看到陈德态度十分硬悍时,审讯人员对他大施酷刑,如掌嘴板责、刑夹押棍、拧耳跪链等,无所不用其极。

那么,这个不怕死的陈德到底是个什么样的人?陈德,原名陈岳,原为镶黄旗人,时年四十七岁。陈德父亲陈良是山东青州府海防同知松年的家奴,在行刺发生前其父母亲都已先后去世。青年时的陈德流落在山东,因生活没有着落,才想起京城有个堂姐的儿子在内务府正白旗当护军,三十一岁那年进京让这个叫六格的护军为他找工作,后来在侍卫绷额布、内务府包衣达常索、跟官孟明等人家里打工。嘉庆七年二月,陈德老婆病死,丈母娘张宋氏已经八十多岁了,摔了一跤后瘫在床上,全要靠陈德赡养。陈德有两个儿子,叫对儿的十三岁,叫禄儿的十五岁,原来一家住在孟明的家里,因陈德喜喝酒,而且又叫又唱,遂被孟明辞退,就暂时借住在朋友黄五福的家里。

什么原因促使陈德要行刺嘉庆呢?陈德自己说他穷苦没法过了,往后的日子是上有老下有小,无法为断,心里气恼,于是想行刺嘉庆,把事情搞大,从而因祸得福。又说自己以前曾做过一个梦,一个朋友领他走到东宫的地方;后来又有一梦,梦见自己躺在无水桥下,后跑到桥上,身上穿着蟒袍,因此认为东宫是皇宫之地,蟒袍是黄龙袍,在桥底上睡就是虬龙,自己将来肯定有朝廷福分。这几年来他一直胡思乱想,十六日那天知道嘉庆在二十日要进宫,于是起意要行刺。据此看来,陈德是个穷人,日子艰难,因而一直幻想要改变自己的处境。被孟明解雇后,生活没有着落,残酷的现实使他越想越气,因自己熟悉宫廷门禁、宫内路径以及皇帝护卫的情况,遂决定进宫行刺。

经过对陈德四天四夜的审讯,基本上搞清了行刺的原因。嘉庆皇帝为了杀一儆百,在二十四日下旨将陈德凌迟处死,陈德的两个儿子处绞刑。陈德受刑时,临危不惧,从容自若。《清朝野史》对处决陈德的场面进行了详细描写,说陈德临刑前不看刽子手一眼。行刑者先割下耳鼻,再割下双乳,又从左臂呈鱼鳞形一点一点地割下肉来,再割至右臂、后背、前胸,上身的肉全部割完了,陈德突然张开双目说快点割,但刽子手凶恶地说:"皇上命令,让我们慢点割,让你多受点罪。"事实是否如此,无法确证。

3.惩治和珅

和珅是乾隆朝第一权臣。由于乾隆的宠信,和珅的官职扶摇直上,在清朝近三百年历史上是空前绝后的。和珅身兼多职,武职为镶蓝旗满洲都统,正白旗满洲都统,镶黄旗满洲都统,步军统领;文职为内务府大臣、御前大臣、议政大臣、正白旗领侍卫内大臣、正黄旗领侍卫内大臣、军机大臣、并为《四库全书》馆正总裁、石经馆正总裁、国史馆正总裁、翰林院掌院学士;钱官——崇文门税务监督;内职——兼管太医院、御药房事务;爵位——太子太保、伯爵、公爵。

如此众多的要职担任在和珅身上,可谓他春风得意青云直上。由此·也使他在麻木的人性中,铸下了贪得狂荡的祸根。

在乾隆时期,他是一个非常受宠的人物,其间使自己得到了大大的发迹。然而日月变更、岁月交替,随着乾隆的年老而终,他的命运一霎间地改变了以往的新鲜颜色。

嘉庆早在做皇子嘉亲王时,就对和珅不满。虽然继位,但因乾隆还在,他投鼠忌器,只得隐忍在心。嘉庆四年(1799年)正月初三日,乾隆在紫禁城养心殿去世。嘉庆帝颙琰在乾隆死日亲政。在办理大丧期间,便断然采取措施,惩治权相和珅,举朝上下,大为震惊。

为何嘉庆对和珅极为愤恨呢?这自然与和珅平时为人骄横跋扈、不可一世有关。和珅是一个非常善耍手腕之人,在乾隆做了太上皇的三年多中,他一方面紧紧依靠乾隆,另一方面又在讨好嘉庆的同时,设法限制嘉庆皇帝的权势。其实这一切都已经早在嘉庆的眼中。

和珅运用狡的手腕,试图竭力,培植任用自己的亲信。嘉庆即位时,他的老师朱珪当时任广东巡抚,向朝廷上了封表示庆贺的奏章。和珅就到乾隆面前告朱珪的状,不过乾隆未予理睬。嘉庆元年(1796年),乾隆准备召朱珪回京,升任大学士,嘉庆写诗向老师表示祝贺。和珅又到乾隆那里告状。说嘉庆皇帝笼络人心,把太上皇对朱珪的恩典,算到自己身上。这一次,乾隆生气了。他问军机大臣董诰:"这该怎么办?"董诰跪下劝谏乾隆说:"圣主无过言。"乾隆才作罢。不久,和珅还是找了个借口,大做文章怂恿乾隆将朱珪从两广总督降为安徽巡抚。和珅还将他的门下吴省兰派到嘉庆身边,名义上是帮助整理诗稿,实际上是监视嘉庆的言行。这更使嘉庆激怒在心。嘉庆二年(1797年),领班军机大臣阿桂病故。和珅不知锋芒收敛与进退之道,便成为领班军机大臣。这时的乾隆已年老体衰,记忆力很差,昨天的事,今天就忘了。和珅似乎真正成了乾隆的代言人,也就更加为所欲为。

和珅自作聪明,自坏其事。颙琰当皇子时,被定为储君。和珅密知此事,于乾隆公布嘉庆为皇太子的前一天,送给颙琰一柄如意,暗示自己对嘉庆继位有拥戴之功。嘉庆笑在脸上,恨在心里。但因和珅是乾隆的宠臣,老奸巨猾,朝廷上下各种关系,盘根错节,不便动手,但惩治和珅的心更为坚定。为此,在乾隆死后短短的十五天里,就把一个被先帝恩宠三十年的"二皇帝"加以惩治,举措得体、干净利落,取得胜利。那么,嘉庆是采取什么办法来惩治和珅的呢?

第一,欲擒故纵,麻痹战术。嘉庆继位后,太上皇还健在。他面对一个老谋深算,并深受太上皇宠爱的和珅,采取了欲擒故纵的策略。对和珅的一举一动,看在眼里,不动声色。并对一些机要大事,经常让和珅去代奉太上皇,以此表示信任,用深沉之举稳住了和珅。

第二,调虎离山、巧妙削权。乾隆驾崩,和珅失去靠山。当天,嘉庆一方面任命和珅与睿亲王等一起总理国丧大事,一方面传谕他的老师安徽巡抚朱珪来京供职。初四日,嘉庆发出谕令:谴责在四川前线镇压白莲教起义的将帅玩嬉

·清代野史·

图文珍藏版

冒功,并借此解除和珅死党福长安的军机处大臣职务。为了切断他们与外界联系,嘉庆命和珅与福长安昼夜守灵,不得擅离。这实际上巧妙地削夺了和珅首辅大学士、领班军机大臣、步军统领、翰林院掌院学士的军政大权。

第三,隐忍而发,突然出击。正月初五日,由王念孙等官员上疏,弹劾和珅弄权舞弊,犯下大罪。初八日,嘉庆宣布将和珅革职,逮捕入狱。为了稳定政局,防止朝野波动,嘉庆及时采取了一系列的人事调整。如初八日,嘉庆命令从即日起,所有上奏的文件,都要直接向皇上奏报,军机处不得再抄录副本。并命宗室睿亲王淳颖、定亲王绵恩、仪亲王永璇、庆郡王永磷等分别掌握军政大权。

第四,制造舆论,形成共识。逮捕和珅后,嘉庆命各直省和在京大员,就和珅事向朝廷表态。直隶总督胡季堂首先表态,他在奏折中指责和珅丧心病狂、目无君上、蠹国病民、贪黩放荡,实乃一个无耻小人,请求将其"凌迟处死"。嘉庆立即批示,在京三品以上官员对这个意见进行讨论,若有不同意见,可以自行向皇帝上奏。实际上,就是以胡季堂的意见定下基调,并通报各省督、抚要他们都表明态度,形成共识。

第五,全面清楚,惩办和珅。初九日,在公布乾隆遗诏的同时,也将和珅、福长安的职务革除,下刑部大狱。命仪亲王永璇、成亲王永理等,负责查抄和珅家产,并会同审讯。初十日,嘉庆御批"实力查办以副委任",全面清查和珅大案。十一日,在初步查抄、审讯后,嘉庆宣布和珅二十大罪状:主要有欺骗皇帝、培植党羽、违反祖制、暴敛横财等。十八日,在京文武大臣会议,奏请将和珅凌迟处死,将同案的福长安斩首。后来,嘉庆考虑到和珅曾任领班军机大臣,为了朝廷体面,便做出了赐他自裁的决定。据说和珅在狱中自知生命不久,对着窗外元宵明月,感慨赋诗道:"对景伤前事,怀才误此身。"

第六,讲求策略,稳定人心。嘉庆说,和珅得罪的是先皇,所以要在皇父大丧期间,处治这个先皇的罪臣。和珅被诛后,其党羽皆心惊胆战,惶恐不安。有的朝臣上疏,要求彻底追究其余党。对此,嘉庆并没有这样做,而是在除掉和珅后,马上收兵。对和珅的亲信,除伊江阿、吴省兰、吴省钦等人给予处分外(和琳已死),其他由和珅保举为官或给和珅送贿者,概不追究。嘉庆宣谕:"凡为和坤荐举及奔走其门者,悉不深究。勉其悛改,咸与自新。"这道谕旨发下后,人心始安,政局稳定。由此,可看出嘉庆处理政务的精明和老练能力。

以嫡长子身份继位的皇帝清宣宗旻宁

爱新觉罗·旻宁(1782~1850),是清朝唯一一位以嫡长子的身份继位的皇帝。十三岁时大婚,共有配偶二十人,一共生有九子,十女。

1.危难之中显身手

道光皇帝是1799年嘉庆帝病逝而即位的。早在嘉庆亲政时,他就被秘密地立为皇储。嘉庆皇帝共有五子,旻宁为第二子,但长子早殇,实际上他是居长子之位。旻宁六岁入学,编修秦承业是他最早的启蒙老师,在这些老师的指导下,他系统学习背诵了四书五经及各种先朝圣训,而骑射武艺也是重要的学习内容。1791年,十岁的旻宁随祖父乾隆到威逊格尔打猎。众人骑着高头大马轰隆隆地向前疾驰时,一头惊慌失措的梅花鹿被人赶出了树林,旻宁手疾眼快,在其

清宣宗旻宁

他人之前搭箭就射,梅花鹿应声而倒,这时四周众人欢声雷动,大家为皇孙的武艺齐声叫好。八十岁的乾隆对幼孙的神武智勇十分欣赏,笑逐颜开,当即赐旻宁黄马褂一件,翠翎一支,还咏七律一首以志其事,其中有句说:"老我策骢尚武服,幼孙中鹿赐花翎,是宜志事成七律,所喜争先早二龄。"旻宁受到乾隆如此赞誉和恩眷,使皇子永琰(即后来的嘉庆皇帝)对他格外看重,毕竟儿子争到了他也无法得到的光彩。

嘉庆即位后,在最初的三年中并没有立储。嘉庆四年(1799年)年初,乾隆

病逝,嘉庆开始亲政,渐渐考虑立储君的问题。四月初十,他把亲书旻宁的名字放在小盒子内,加上锁,放到乾清宫的匾后。自从将旻宁立为储君后,嘉庆对他特别关心,春天,让他到南苑学习围猎技术;夏天,让他到瀛台认真读书。1808年,旻宁的嫡福晋病逝,嘉庆特命座罩用金黄色,等于是用了皇妃的待遇。这样做的目的,实际上是全力想突出旻宁在皇子中的特殊地位。

嘉庆十八年(1813年),紫禁城的一场动乱,使旻宁的储君地位得到了完全地巩固。

这年9月,河南、山东、直隶等地爆发了天理教起义,起义军攻下河南滑县等城池,声势浩大。十五日一大早,京城的二百余位教徒在头领林清的率领下发动起义,他们在宫中太监的接应下进入东华门和西华门,与宫廷守卫展开了一场惊心动魄的浴血奋战。当时有三十多名教徒进入了西华门,一直攻到乾清门前横街的西门隆宗门,一些人试图登上廊房,越墙打进皇帝居住的养心殿。当时旻宁与其他皇子在上书房闭门读书,闻听前面喊声四起,急忙命令侍从赶快准备参加战斗。他让人拿来撒袋、腰刀,迅速系到腰间,手拎一杆鸟枪,仓促上阵。其时禁卫军还未入宫,天理教徒们的进攻来势凶猛,宫中守卫节节败退,旻宁出门赶到养心殿台阶下,发现有五六名教徒正在养心门对面南墙外膳房的屋顶上从西大墙向北进攻,旻宁见情况紧急,举枪便射,一名教徒应声而倒,坠下屋顶。另一名教徒手执白旗,正向其他几名向北进攻的教徒指示方向,旻宁加上子弹后又向他射击,把这个人也打了下来。天理教徒们一看同伙死了好几人,被迫撤出西大墙。午后,京城内的多位王爷及内务府大臣引兵入神武门增援,原准备派出京城赴河南滑县的火器营一千多名士兵被调入宫内,攻进宫中的教众因寡不敌众,全被捕获或击毙,暴动被平定。

当天理教与宫内侍卫打得难分难解时,嘉庆皇帝在木兰狩猎。当时因连续阴雨,原本跟随而去的旻宁提前回到京城。京城叛乱平定后,旻宁与皇三子迅速写信派人飞马送至嘉庆行营,嘉庆得知后十分震惊,当了解儿子率众已平定了暴动,内心深为感动。第二天嘉庆回京途中,下罪己诏,检讨自己在政事上做得不够的地方,同时祈求上苍保佑大清江山。这场动乱中,唯一让嘉庆感到可以慰藉的是旻宁的表现,想想自己立宁为皇储真是立对了,他在内心深处对旻宁充满了嘉许,称赞旻宁是有胆有识、忠孝兼备,遂封旻宁为"和硕智亲王",旻宁使用的那杆鸟枪也被冠以"威烈"之名。

旻宁在危难之中身先捍卫,保住了清廷重地,但又事事处处给嘉庆以谦虚的形象。他在给父亲的奏章中说自己放枪是无奈之举,因当时事在仓促,又没有御敌之人,"子臣手足无措,大胆在宫内放枪"。尽管明眼人一看就知旻宁是在故作姿态,但嘉庆皇帝却是喜上眉梢,对旻宁的表现十分满意。从此以后,嘉庆在许多重要场合几乎是公开地把旻宁当作接班人。

2.陵寝搬迁

选择风水宝地,建造陵寝,是历代皇帝在位时都十分注重的一个重要事项。

清朝入关后的皇帝陵寝主要集中在两个地方,一在今河北省的遵化市,称东陵;另一在今河北省的易县,称西陵。入关后清朝的第一个皇帝顺治有一次沿长城巡猎的途中,偶然来到遵化市西北部马兰峪的昌瑞山下,勒马四顾,见到当地风光壮美、层峦叠翠、景色清幽,说"此山王气葱郁,可为朕寿宫",就挑选了这里建陵。此后康熙皇帝也在顺治孝陵的东面物色了自己的地方,建造了景陵。雍正皇帝即位,外界有很多猜测,或说他杀父自立,或说他篡改遗诏,所以传说他死后不敢和康熙皇帝葬在一起。他即位后的第六年,就着手另觅陵地,派出亲信和风水先生,翻山越岭,终于在河北易县永山太平峪找到了一块林木茂密、地势高爽的风水宝地。但这又不合清朝子随父葬的制度,于是大臣们又引经据典说历代帝王父子陵墓可以不在一起,雍正这才表示心安,在西陵开辟陵区,建造了泰陵。这样,清初的三个皇帝,葬到两个地方去了。那么,后面的皇帝死了以后,到底应该葬到西陵还是葬到东陵呢?

当时大权在握的太上皇乾隆帝年已八十多岁,也在不断地考虑自己的身后事,想想自己死后葬到哪里要有明确说法,遂颁谕一道做出规定说:"按清朝成例,皇帝登基后要选择自己的万年吉地。乾隆元年时,我刚刚登上宝位,本想在雍正帝的泰陵旁挑选一块地方建陵。但想到父皇的陵寝在京城的西面,我的万年吉地建在父皇陵墓的边上，这样长此以往，我的子孙也想把陵墓建在他的祖父和父亲的附近，全部在京西挑选吉地，却和京城东面的顺治孝陵和康熙景陵日渐疏远，如此并不足以展现后代对祖宗的孝思，因此，我的万年吉地就建在东陵界内的圣水峪。如果嗣皇帝（指嘉庆）及孙子、曾孙辈因为我的吉地建在东陵将来也挑选东陵，那么就要和西陵的泰陵疏隔了，也不能展现出皇位代代相继的含义。所以嗣皇帝的万年吉地应当在西陵界内挑选，让有关衙门根据这个规定去执行，在泰陵附近认真谨慎地选一块好地方。到了我的孙子继承大位时，他的吉地又应当建在东陵界内。这样我大清王朝景运庞鸿，代代相继。遵化和易州两个地方，山川深邃，灵秀所锤，吉地很多，也没有必要在其他地方另外选择陵址，以免妨害老百姓的土地，这是个万世的好办法。以后应当严格按照我的话去做，这应是我大清无疆之福。"

按照乾隆的说法，由于最初三帝已经造成了东西两陵的局面，后代的皇帝为了表明自己的血统，需按昭穆分葬东西两陵，也不必再去另择地方。嘉庆死，葬到西陵去了，现在他的儿子道光上台，按规定要葬到东陵。道光元年（1821年）九月二日，道光下诏说："国家定制，皇帝登基后应马上选择万年吉地。我现在登位后；按祖宗成法，在东陵界内选择绕斗峪建立吉地。"随即派出庄亲王绵课、大学士戴均元、尚书英和、侍郎阿克当阿办理此事。十月十八日，陵墓正式开工兴建。道光帝认为"绕斗峪"地名不好听，在第二年改名为宝华峪。七月份，道光召见戴均元等人，听取他们的汇报，并面授机宜，具体规定陵寝制度。道光五年三月，道光皇帝还亲自前去察看。两年后，陵寝工程正式完工。这年的九月二十二日，道光帝亲自护送孝穆皇后的梓宫安放到宝华峪地宫中。当时他看到地宫坚固整齐、规模宏伟，心中十分高兴，遂晋升戴均元为太子太师，英和官复一品顶戴。

皇后下葬了，具体负责的官员也得到奖赏，按说此事已经完成了。可是奇怪的是道光帝最后并没有葬在宝华峪，而是葬到西陵去了，这样的做法已更改了乾隆的规定。完工后的第二年，道光帝下令拆毁宝华峪陵寝，所有能用的材料全部运到数百里外的京西易县，搬不走的材料后来在修建咸丰帝的定陵时全部用上,剩下的一部分砖瓦地基材料就地埋掉,苦心经营多年的宝华峪陵寝就这样变成了废墟。那么,这又是什么原因呢?

据说,道光皇帝自己讲是因为地宫内部出现了渗水。道光八年(1829年)九月,有人报告说地宫内有渗水,孝穆皇后的梓宫也浸到水里面了。道光帝勃然大怒,接连发出十三道圣谕,大骂办事的大臣是丧尽天良,指责英和等人罪大恶极。九月十日,他下令将英和革职;戴均元降为三品顶戴;其他官员也受到了各种处罚。两天后,道光帝亲自到宝华峪地宫查看。看到了地宫内汪洋一片,不由得怒火中烧,认为对官员们的处理太轻了,于是又将戴均元革职,英和的两个儿子也被革职。几天后,又将英和等七个具体负责建陵的官员查抄家产,其他官员要罚赔白银二十五万两。至十月初四,他对这件事做了最后处理,认为本要将英和拟斩,但经查实在建筑工程中他并没有贪污行为,所以从轻发落,让他到黑龙江充当苦工,他的两个儿子也到黑龙江去;其他一些官员也发配到伊犁、乌鲁木齐等边境去赎罪;戴均元因为年纪太大了,免其死罪,也不发配到边疆,但要驱逐出京回到原籍,子孙俱免职。

其实,就那个时代的工程技术和建筑材料来看,出现渗水是并不奇怪的。即使如乾隆皇帝的裕陵地宫,里面也有积水。不过当时在地宫建造时,宝华峪地宫的确有技术问题,没有设计安置龙须沟、漏眼之类的排水孔,以便能及时把渗水排泄出去。但一旦发现有问题,再设法补救并不是不可能,说到底渗水问题在当时是可以解决的。即使认为宝华峪土质不佳,不宜建陵,那么道光帝的陵墓当在东陵界内另外再选一个地方重建。然而,道光的陵寝违反乾隆的昭穆规定,建到西陵去了。

道光十一年(1831)二月二十二日,道光帝亲临易县新选的万年吉地阅视,并赐名"龙泉峪"。这年五月,陵寝正式开工,承修大臣是工部尚书穆彰阿。道光曾对穆彰阿等人说:"造陵中的一切都务必俭约,不许弄得太好,现在重新选择这里实在是不容易啊。"看来道光帝也的确感到选址建陵是耗费很大的工程。

道光帝在易县新建造的陵墓叫慕陵,在隆恩殿前的月台左侧有一石幢,上面镌刻着道光帝的两首诗,主要是为从东陵迁到西陵作辩护。第一首云:"毋谓重劳宜改卜,龙泉想是待于吾。人情可叹流虚伪,天命难谌懔典谟。郁郁山川通王气,哀哀考妣近陵区。因时损益无非教,驭世污隆漫道迂。岂敢上沿诸制度,或能后有一规模。心犹自慊增惭惧,慎俭平生其庶乎。"第二首云:"吉卜龙泉工始成,永安二后合佳成。山川惬意时光遇,新故堪伤岁月更。世事看花悲既往,人情寄梦叹平生。东望珠阜瞻依近,罔极恩慈恋慕萦。"从这两首诗中,可以看出道光迁陵的真正原因是因为他找到了比宝华峪更为理想的上吉佳壤龙泉峪。怪不得他在渗水问题上不肯罢休,原来是另有所图,这不免使那些受罚的官员们多蒙上一分冤屈。

清文宗奕詝沉湎于色误国误己

爱新觉罗·奕詝(1831-1861),年号咸丰,庙号文宗。1850年正月道光皇帝死,咸丰即皇帝位,时年二十岁。咸丰皇帝掌权时期,中国是一个内忧外患纷至沓来的时期,第二次鸦片战争使大清皇朝丢尽了颜面,咸丰出奔热河,被迫签订了丧权辱国的《北京条约》,巨额赔款,使得国库空虚,入不敷出;太平天国农民起义从南方发生后,势不可挡,横扫大半个中国,一向以天朝上邦自居的中国,逐渐沦落为各国列强所共厨角逐的半殖民地。咸丰生性柔弱,内乱外患,使他常常半夜落泪,每天只以醇酒美女为伴,由于荒淫无度,身体日益虚弱,纵欲自戕,1861年死的时候只有三十一岁。把江山留给了自己年仅六岁的儿子。

传说咸丰帝从小就体质虚弱,经常咯血,登上皇位后,每天下令杀鹿一头,取血一碗喝下,作为治疗的一种方法。1861年英法联军攻到北京城下时,咸丰帝仓皇逃出圆明园。由于逃的时候手慌脚乱,惊魂未定,到密云时吃饭没有粮食,住宿没有被子,狼狈不堪,咸丰帝不禁怨恨交加,一到热河又因伤风感冒而引发痰喘,呕血不止,一口接着一口。之后,英法联军烧毁了圆明园,咸丰帝平时最喜欢住在那里,听到消息后,更是悲痛。紧接着英法联军和沙俄强迫中国签订了《北京条约》,咸丰悲观无奈,身体一天比一天虚弱,吐血一天比一天厉害。第二年春天,气管炎已转入肺部,病情加重。咸丰曾将自己的病情宣示给大臣说："咳嗽不止,红痰屡见,非静摄断难奏效。"可尽管处于这种情况下咸丰帝仍不忘享乐,每天仍以看戏为乐。到了夏天,他旧病复发,又患腹泻。六月九日是他的生日,接受百官朝贺,赐群臣宴,但宴会还未结束,咸丰已支持不住了,命太监扶掖回宫。七月,咸丰仍是每天看戏,一直到临死的前一天,仍在如意洲的一片云小戏楼观戏,并安排了第二天的剧目。十六日夜半时分,咸丰病情突然加重,十七日晨撒手西归。

据说咸丰的好色在清代帝王中是出了名的,虽然正史中没有记载,但野史中的记录还是较多的。《清朝野史》中曾经谈到圆明园总管大臣文丰迎合咸丰旨意,为他搜求美女的故事。咸丰帝因为东南太平军起事,心中比较忧愁,心中渐渐怀念战国时信陵君的醇酒美人,也想模仿这样做。他居住在圆明园内,命令太监四处寻觅漂亮的汉族女子,充实到后宫中来,以满足他喜欢女人的欲望。圆明园管园大臣文丰有心腹下人两个,都是汉人,一个到扬州,一个前往金阊,购买到民女四人,都是绝色漂亮,但也有人说四个女子都是出身妓院。咸丰特地为四个女人设立了四个院子来安置她们,院内亭馆十分高大宽敞,隔墙可以互相看到,院与院之间有复道相连,这四个人就是民间传说的杏花春、武陵春、牡丹春和海棠春。杏花春十分妖艳,是扬州方姓人家的女儿,年幼时曾被卖给妓院,文丰的心腹下人物色到这位美女后,用两千大洋替她赎身,将她带到京城。海棠春是从金阊购来的,咸丰帝看到后十分满意她的姿色,亲自写了诗奖赏文丰的办事才能,至于奖给文丰的钱财就不计其数了。没过多久,心腹下人又献上了牡丹春。这个女子是苏州人,很善于取媚于咸丰帝,而且能歌善舞。咸丰帝经常带了那拉妃一起听她唱歌,那拉妃也觉得她唱得很好,给她很多奖励。但是后来咸丰对她特别宠爱,那拉妃就起了嫉妒之心,另外派遣心腹至南方选美女,挑到了一位特别漂亮的,想来离间牡丹春与咸丰帝的关系,这个被挑来的女子就是武陵春。咸丰帝后期,"四春"争妍斗奇,其中文丰进呈的有"三春",所以咸丰帝在位时,文丰特别得宠。

咸丰帝喜好美丽女色的特性是事实,弄坏身体也在所难免。

而且,除"四春"之外,在后宫众多的美女中,咸丰帝也有不少宠幸,但他最喜欢的恐怕就是后来的慈禧太后,当时的懿贵人,也即前面所说到的"那拉妃"。那拉妃幼年随父在南方任官,熟悉南方人的生活习性,又善唱南方小调。由于她天生艳丽聪明,在咸丰初年挑选秀女时得以被选入宫,得幸后被册为懿贵人。她之所以能得幸咸丰帝,传说她进宫不久,所唱的吴歌及所扮的汉女装饰,深受咸丰帝喜爱。不过等到"圆明四春"先后入园之后,那拉妃被咸丰帝冷落了,究其原因与咸丰帝特殊的色情爱好有关。

清穆宗载淳死因疑云

爱新觉罗·载淳(1856~1874),是清朝入关后第八位皇帝。五岁即帝位,终生成为其生母慈禧太后垂帘听政的傀儡。他的即位是清代帝王中最顺理成章,最没有争议的一个。在位共十三年。一生共有配偶五人,但无子女。最悲惨的是其死亡之谜。有一种传说是同治死于天花,但据说这些是宫廷里的片面记载,而民间的大多传闻是说他死于梅毒。

同治皇帝是慈禧太后的亲生子,咸丰十一年,咸丰帝死,传位于载淳。此时的载淳年仅六岁。由此,为慈禧太后"垂帘听政"提供了契机。载淳到了十七岁时,慈禧与慈安两宫太后,不得已交出权力,实行归政。可同治亲政不到三年,突然驾崩。死时,年仅十九岁。这样一个风华正茂的青年,怎么会早早地撒手人寰呢?对此,流行着许多不同的传说。

清穆宗载淳

有的说他死于"花柳病",即性病,是因为他生活不检点造成的。据说同治生前,很喜爱孝哲皇后,她端庄贞静、容貌秀丽、贤惠有德。两人感情融洽,生活美满。可是慈禧太后虽表面上还政于同治。其实在宫中仍大权在握,甚至连宫闱之事也横加干涉。在她淫威之下,同治与孝哲竟不敢过分亲近。而慈禧偏偏看中了将军凤秀之女,令同治将其纳为妃嫔,硬要同治同此妃在一起,使同治极为反感。作为一个贵为天子的人,竟不能爱自己所爱之人,反倒要勉强爱己所不爱之人,心里的苦闷可想而知。为消解精神的空虚,同治就偷偷跑到宫外去消遣,找私娼取乐。在灯红酒绿、放荡淫欲中寻求安慰。久而久之,染上了花柳病,开始仅有下部不适,并不在意,后来毒发,在脸上、背上都长了毒疮才请太医诊治。太医明知此为性病,但不敢言说。以治痘药治之,岂能对症?终于一命呜呼。

还有一种传说,说他死于天花。传说同治帝的授读师傅,弘德殿行走翁同龢在日记中写道:"十一月初二日,入至内务府在臣处,……见御医李德立、庄守和脉按言:'天花三日,脉细口渴,腰疼耳脓,四日不得大便,项颈稠密色滞干艳,证属重险,不思食,咽痛作哎。'""初八日,两宫皇太后在御榻上持烛令诸臣上前瞻仰。上舒臂令观,"微语曰:'谁来此?'伏见天颜,温醉偃卧向外,花极稠密,目光微露。"翁同龢从同治帝发病到去世,多次奉命前往探视。他的亲眼所见,应该是绝对真实可靠的。另外,当月末,慈安太后所生之女,大公主,也因患天花而亡,可见当时宫中流行天花病。

另还有传说同治是慈禧害死的。人们从慈禧太后一生专制独裁、凶狠毒辣,以及她后来造成光绪一生不幸的遭遇来看,这个说法颇有一定道理。但此说并无事实根据,只是臆测。况且按当时宫内情势,她干涉朝政是免不了的,但未必会到非亲手杀死自己亲生儿子不可的地步。

清德宗载湉即位之因

爱新觉罗载栽湉(1871～1908),他是同治的堂弟,慈禧太后的外甥。同治死后慈禧为了继续掌握大权,于是让只有四岁的光绪继承皇位,由她再度"垂帘听政"。因"戊戌变法"之事,光绪被囚禁整整十年,死时年仅三十八岁。

辛酉政变以后，慈禧太后独揽大权，批阅奏章、裁决政务，都由她一人操纵。皇太后"垂帘听政"的唯一理由是皇帝年纪小，不能亲理朝政。六岁即位的同治帝，并不能处理国家大事，所以慈禧太后全部替他操办了。同治长到十六岁时，按前朝惯例皇帝应该亲政，可慈禧太后视权如命，根本不提归政之事。直到同治十一年（1872年），同治帝已十七岁了，慈禧才不得不宣布明年归政。但多年以来，慈禧的党羽早已形成，势力很大，同治名为亲政，实际上大权仍在慈禧太后手中。皇帝一有什么自己的看法，慈禧就进行干涉，两人之间的矛盾不断发生。

清德宗载湉

1874年同治患病去世，因为十九岁的同治没有儿子，立谁为皇帝就显得十分重要。慈禧肯定会在皇室中选择一人即位，但问题是在这么多皇室人员中挑选谁呢？假若选一位年富力强的，说不定清朝的积弱之势会得到一定的改变，中国的国运会走向另一条道路。假若所立仍与同治一样是个小孩，国家政权继续为慈禧所控制，清朝的腐朽统治仍会延续，而充满权力欲望的慈禧自然是选择后者。

从当时的清皇室来看，咸丰帝的哥哥奕纬是道光帝的长子，他的一系在同治死时，已经孙子都有了，奕纬孙溥伦按辈分是同治的侄子辈。咸丰的弟弟也即道光的第五子奕谅，这时也是人到中年，有几个儿子。慈禧如果从国家大局的高度考虑立君，可以选继皇帝的人其实不少，按代代相继的原则，比同治低一辈的溥伦接位也未尚不可，但最终的结果是慈禧并没有这样做。

同治死后，慈禧以两宫皇太后的名义随即召开了御前会议，与众王大臣商议择立嗣君的问题。根据参加这个会议的翁同稣的记载，在会议上，慈禧问大家："以后我再继续垂帘听政怎么样？"有大臣说应该以宗庙社稷为重，请选择一个才能贤俊者立为皇帝,然后太后再垂帘听政。慈禧说:"文宗(咸丰帝)没有儿子,现在突然遭此变故,如果继承者是一位年龄较长的,他是不会允许的。必须挑选一位年纪较小的皇室子弟,可塑性强,教育起来也十分方便。我们二位太后意见是完全统一的,你们众大臣一定要认真听好。"随即慈禧报出了醇亲王奕谩的名字。突然听到自己的儿子被立为皇帝,奕谩大吃一惊,激动得碰头痛哭,昏迷伏地,边上的大臣扶也扶不起。众大臣听完太后的话后退下,旋即到军机处拟旨,向全国颁布。接着慈禧又宣布:"溥字辈子弟不应该立为嗣君,奕谩的长子,现在已经四岁了,而且与同治是至亲,我想让他继统。"

在御前会议,慈禧主张立幼,又亲口提出要立奕谩的长子载湉为其意中之人,众大臣哪里敢说什么,新皇帝的上台也就这样定局了。从翁同龢的记载来看,会议之前,慈禧早就有了继续垂帘听政的打算,她并不愿意让政权落入别人的手中,她想独揽政柄,做大清国事实上的主宰。慈禧在这么多人中选择四岁的载湉,不可能是载湉自身有什么特别的资质,而肯定是另有原因的。

从皇室辈分排,载湉与同治是同辈,是同治的堂弟,这样并不影响慈禧继续保持她皇太后的身份,对继续垂帘听政并不造成妨碍。其次,载湉年幼,继续垂帘的理由最充分,慈禧可以堵住外面大臣的嘴巴。再次,载湉之母,乃醇亲王的嫡福晋,是慈禧的亲妹妹,从慈禧这个系统而言,载湉不仅是咸丰的亲侄子,而且是慈禧的亲姨侄。有了这样的双层关系,对于载湉的驾驭比他人也就更容易。当时,慈禧还特别颁发了一道懿旨,为她立载湉进行辩解。她说同治没有儿子,不得已才以醇亲王奕谩的长子载湉承继文宗显皇帝为子,人承大统为嗣皇帝。

在同治死后的皇位更替中,一个不识人事的四岁小孩当上了皇帝,他就是后来的德宗皇帝,年号光绪,共在位三十四年。就这样,光绪靠了慈禧的淫威和阴谋手段当上了皇帝,慈禧也得以如愿地一手遮天,使清朝政权长期地控制在自己手中。

权臣逸闻

飞扬跋扈的权臣鳌拜

鳌拜(？～1669 年)瓜尔佳氏,隶满洲镶黄旗,清初权臣。鳌拜自幼膂力过人,娴于弓马,屡立战功。康熙即位后,鳌拜因专擅朝政,横行无道而被逮捕法办,最后死于牢狱之中。

1.专权擅权,阻我者亡

传说清顺治皇帝去世时,因为继位的康熙帝还很年幼,所以遗命索尼、苏克萨哈、遏必隆和鳌拜四大臣辅佐朝政。尽管鳌拜名列辅政大臣之末,事实上最擅于揽权的恰恰是此人。鳌拜利用索尼年老多病,遏必隆遇事迁就等条件,大肆引用私人,培植党羽,安插亲信,大权在握。对于不肯附他的人,滥施淫威,必欲除之而后快。内大臣费扬古因同鳌拜有隙,鳌拜便以费扬古之子倭赫(时任御前侍卫)当班

鳌拜

时,带小皇帝去景山、瀛台游玩之际擅骑御马、擅用御弓之罪名,而将倭赫以及与倭赫一起当班的三人斩首。至此鳌拜还不肯善罢甘休,又以费扬古因子被杀心怀不满,而将费扬古本人及其子尼侃、萨哈连等处死。偶一泄愤,竟有七人丧生,时为康熙三年(1664 年)四月。

伴随着权力的膨胀,鳌拜对名列辅政大臣最后的事实已经不能忍受。洞察其中原委的遏必隆在上朝时,故意晚到片刻,以便把上座让给鳌拜。鳌拜党羽

工部尚书噶褚哈在上疏言事时，也公然把鳌拜之名列在遏必隆的前面，这些自然都在太皇太后的睿鉴之中。想不到遏必隆已磨得全无棱角。人如其名，太皇太后又怎能把遏制鳌拜的希望寄托在遏必隆的身上。

册立赫舍里氏为后就同当年为顺治册立科尔沁部博尔济吉特氏为后一样，完全是出于政治的考虑。太皇太后是把立后同日后康熙帝亲政，结束鳌拜专权融为一体考虑的，不管鳌拜如何恋栈，其专权的时代终将结束。

面对鳌拜的淫威，三位满汉大臣挺身而出，抵制正在进行的第三次大规模圈地。这三位满汉大臣就是户部尚书苏纳海、直隶三省总督朱昌祚、保定巡抚王登联。

户部尚书苏纳海隶满洲正白旗，顺治十八年（1661年）任工部尚书旋即调任兵部尚书。康熙二年（1663年）三月，户部尚书宁古礼三卒，遂又调任户部尚书。苏纳海在兵部尚书任内，积极支持"迁海"之议，并同侍郎宜理布亲往浙、闽等地。协同地方督抚组织"迁海"清政府为防止内地人民支持和联系在台湾抚清的郑成功而下令沿海居民内迁三十到五十里，并尽烧沿海民居和船只，不准片极入海，康熙二十年（即1681年完全撤销）。因而当鳌拜拟再次进行大规模圈地时，苏纳海便被调往户部，此后仅数月就发生了康熙三年那次较大规模的圈地。康熙三年的囤地给苏纳海留下了极其深刻的印象：一方面是八旗将士那填不满的占有欲，一方面则是近京500里夹空民地所剩无几，户部难为无米之炊。康熙帝针对那次圈地所颁的谕旨，自然令苏纳海不胜惶恐，因而当八旗都统在鳌拜的庇护下，再次以"地土不堪"吁请圈占民地予以"更换"时，苏纳海又怎敢置皇帝的圣旨于不顾？

直隶三省总督朱昌祚在明清之际是一个十分具有传奇色彩的人物。朱昌祚原本是山东高唐一位富商子弟，自幼苦读孔孟之书。崇祯十五年十一月，阿巴泰率清军第四次突破长城防线，袭扰明畿辅重地。山东高唐亦遭清军扫荡，年仅十几岁的朱昌祚被掠至关外，沦为满洲人的家奴。两年后，当清朝统治者利用"甲申之变"，倾巢出动，大举入关时，朱昌祚凭借其渊博的学识，已经从一个供人驱使的家奴，变为从龙入关的汉军旗人。顺治初年，刚刚入主中原的清王朝治理乏人，尚在弱冠之年的朱昌祚便步入仕途，由宗人府启心郎擢为工部侍郎，旋即从工部侍郎升任浙江巡抚。四年后当其任满时又升为福建总督，而在一年后朝廷便诏令朱昌祚改任直隶、山东、河南三省总督，被调进京。

康熙三年（1664年）。清廷再次下达"迁海令"，界墙还要再向内地推进二十里，于是安顿难民有术的朱昌祚，又被调往经济实力远不如浙江的福建。康熙四年（1665年），当鳌拜决定在畿辅地区再一次进行大规模圈地时，朱昌祚则又被调往直隶。

王登联隶汉军镶红旗，先后历任河南郑州知州、山东济宁道、大理寺卿，顺治十七年出任保定巡抚。

康熙五年十月，苏纳海、朱昌祚、王登联奉鳌拜之命前往蓟州、遵化等地，率僚属对地亩一一丈量，登记在册，历时一个多月。时值初冬。从京南迁来的镶黄旗兵丁及其眷属，栖身破庙等候圈拨；从蓟州、遵化等地迁出的正白旗兵丁及其家口，则寄身草棚等待安置；而处于夹空民地的百姓已被逐出家门，辗转于荒郊野外，"号泣之声，闻于数里"。

鳌拜已经习惯独断专行，对登联之所为火冒三丈，随即降旨，令吏、兵二部对"越行干预、纷更具奏"的直隶三省总督、保定巡抚"会同议处"。鳌拜唯恐吏、兵二部拘于律例，不能对朱昌祚、王登联以及从一开始酝酿圈地就从中作梗的苏纳海从重、从严议处，遂又于当天再度降旨，令吏、兵二部把"尚书苏纳海拿来禁守，总督朱昌祚、巡抚王登联拿来"。逮系三大臣的命令便于十一月二十日从北京发出。

康熙五年（1666年）十二月十四日，苏纳海、朱昌祚、王登联被逮入京，均被革职，交刑部议处。刑部"查律无止条"，遂付"拨地迟误"的苏纳海，"纷更妄奏"的朱昌祚、王登联做出各鞭一百"不准折赎""籍没家产"的拟处。

然而鳌拜对于刑部法外施刑的议处仍不满意，早在苏纳海把八旗都统呈请更换土地的行文驳回后，他就已动了杀机。

康熙五年（公元1666年）十二月廿日，对苏纳海、朱昌祚、王登联判处死刑的议处送抵御前。康熙深知鳌拜对苏纳海"不阿其意"深恶痛绝，对朱昌祚、王登联吁请停止圈地，"阻挠其意，必欲置之于死地"。为了避免一起新的冤案，康熙帝"特召辅臣等赐座询问"。但令康熙帝感到震惊的是，不单鳌拜，就连索尼、遏必隆也都坚请把三大臣"置重典"。只有苏克萨哈一语不发，以沉默表示反对。

尽管康熙受到三位辅臣的轮番陈请却毫不为之所动，"终未允所奏"。但权倾内外的鳌拜在御前召见后，竟然假传圣旨将"苏纳海、朱昌祚、王登联俱处绞刑。由此，三大臣冤赴黄泉"。

2.狂妄至极，目无君王

当苏纳海、朱昌祚、王登联被鳌拜假传圣旨处死后，野心勃勃的鳌拜并未就此罢休，仍变本加厉大肆揽权。康熙六年(1667年)二月，晋封他的孙女婿贝勒兰布(敬谨亲王尼堪之子)为郡王，旋即任命他的心腹辅国公领侍卫内大臣班布尔善(努尔哈赤之孙，塔拜第四子)为内秘书院大学士。紧接着又利用三月份的大计京察，任命亲信噶褚哈为兵部尚书.马迩赛为工部尚书.泰壁图为吏部右侍郎，迈音达为兵部右侍郎。此刻就连索尼也对鳌拜的结党营私感到震惊，遂联合苏克萨哈、遏必隆迫使鳌拜联名疏请皇帝亲政，然而这一疏请却被"留中"。在苏克萨哈看来，皇帝亲政是解决问题的唯一办法，因而在四辅臣吁请归政的疏奏被留中后，苏克萨哈仍一再"自行启奏"，请求皇帝亲政，并多次向太皇太后表示："夕归政于皇上，朝即具疏恳往陵寝居住。"用自己愿为顺治守陵以示绝无揽权恋栈之意。

康熙六年(1667年)六月二十三日索尼病故，鳌拜便公然以首席辅政大臣自居，气焰更加嚣张。七月初三日，康熙将索尼、苏克萨哈、遏必隆、鳌拜联名请皇帝亲政的疏奏批示如下：经"太皇太后渝允，择吉亲政"，辅政大臣"仍行佐理"。七月初七日康熙帝行亲政大典，此后皇帝便亲自处理政务。令苏克萨哈感到不解的是，以果断著称的太皇太后，何以在处理归政问题时如此瞻前顾后，一再以"帝尚幼冲，如尔等俱谢政，天下事何能独理，缓一二年再奏"为词，莫非这位太皇太后果真衰老到体力不支、精神欠佳的地步？更令苏克萨哈不解的是,鳌拜对归政本来就没有诚意,而辅政大臣"仍行佐理"的懿旨,则为其继续独揽大权提供了方便。

康熙皇帝亲政以后的情况,的确像苏克萨哈所料,鳌拜在"仍行佐理"的旗号下,日与兄弟子侄心腹党羽穆里玛(弟)、纳穆福(子)、塞木特、纳莫、玛迩赛(侄)以及班布尔善、阿思哈等"结党营私,凡事即家定议,然后施行"。苏纳海死后,户部满尚书缺员,康熙已任命玛希纳出任,但鳌拜"欲以命玛迩赛",竟在玛希纳已经任职的情况下,援引顺治年间户部曾置满尚书二人的旧例,强行增设一个满尚书。这种目无君父目无朝廷的行径。使得苏克萨哈别无他择,只有急流勇退,实践为先帝守陵的诺言。

七月十三日,苏克萨哈疏言:"臣才庸识浅,蒙先皇帝眷遇,拔授内大臣,夙夜悚惧,恐负大恩。值先皇帝上宾之时,唯愿身殉以尽愚悃,不意恭奉遗诏,臣名列于辅臣之中,臣分不获死,以蒙昧余生,勉竭心力,冀图报称。不幸一二年来身婴重疾,不能始终效力于皇上之前,此臣不可之罪也。兹遇皇上恭亲大政,伏祈睿鉴,令臣往守先皇帝陵寝,如残余生,得以生全,则臣仰报皇上鞠育之微忱,亦可以稍尽矣。"

鳌拜一览此疏,即假传圣旨,斥责苏克萨哈"奏请守陵,如残余生"之说,"不识有何逼迫之处,在此何以不得生,守陵何以得生","著议政工大臣会议具奏"。

鳌拜对于异己,从来都是必置于死地而后快。半年前当鳌拜假传圣旨杀害苏纳海、朱昌祚、王登联时,就已经把苏克萨哈作为下一个陷害的目标。在鳌拜看来,苏纳海、朱昌祚、王登联之所以敢阻挠换圈,就是因为得到苏克萨哈的支持。反对换圈的罪魁祸首,不是别人,正是苏克萨哈。更令鳌拜不能容忍的是,苏克萨哈竟然"自行启奏"疏请皇帝亲政。当鳌拜得知苏克萨哈以"夕归政于皇上,朝即具疏恳往陵寝居住"讨好太皇太后时,便恶狠狠地说道:"今日归政于皇上,明门即将苏克萨哈灭族!"

两天后(七月十五日),在鳌拜的策划下,苏克萨哈及其满门均被逮捕入狱。大学士班布尔善在鳌拜授意下,竭尽造谣诬陷之能事,拼凑所谓二十四大罪证,交议政王大臣会议议处。

在鳌拜的把持下,议政王大臣于七月十七日会议,并做出如下议处:苏克萨哈"系辅政大臣,有负世祖章皇帝眷育厚恩,不仰体遗诏,以尽忠诚,怀抱奸诈,存蓄异心,欺藐主上,种种任意诡饰之罪甚大,本朝并无犯此等之例,应将苏克萨哈官职俱行革去,即凌迟处死。苏克萨哈之子内大臣查克旦不行劝阻,革职即凌迟处死。一等侍卫穗黑、塞黑里,郎中那塞、候补塞克精额、苏克萨哈之侄图尔泰俱革职,苏克萨哈之子达器、德器,孙侉克札,苏克萨哈亲弟苏哈喇之子海兰等斩立决。有谁能相信,仅仅由于苏克萨哈奏请守陵,议政王大臣会议竟能做出2人凌迟处死,13人斩立决,38人革职的议处。鳌拜的淫威,可略见一斑。

对苏克萨哈凌迟处死的议处送抵御前后,康熙帝"知鳌拜等怨苏克萨哈数与争是非,积以成仇,与其同党班布尔善等构成罪款,必欲置之极刑,坚持不允所请"。鳌拜因皇帝不允所请,竟捋袖攘臂,高声质问,咆哮御前,毫无人臣之礼。君臣各不相让,争辩持续了整整一天。对于鳌拜专横跋扈挟制君父、目无朝廷的种种不轨,满朝文武竟无一人敢出面纠劾。这种唯唯诺诺的气氛,使康熙感受到"指鹿为马"的危险正一步步逼临。

鳌拜在七年的辅政过程中,已经网罗了一个庞大的集团,如今正凭借着这一个集团对抗君主之权。为了"进",康熙帝决定先退,为了"夺",康熙帝决定先"予"。于是,还不满十五岁的皇帝在经历一场激烈的舌战之后,便偃旗息鼓了。这场争论的唯一结果,就是将苏克萨哈本人由凌迟处死改为绞。鳌拜终于将他的连襟苏克萨哈灭族,时为康熙六年七月十九日。

一代廉吏于成龙

于成龙(1638~1700年),清汉军镶红旗人,字振甲,号如山。康熙初年由荫生授知县,后官至知府、直隶巡抚、河道总督等。曾主持运河通州峄县段、黄河荥泽砀山段各堤加固工程。康熙三十七年(1698年)在直隶(今河北)主持排浚浑河,加固堤防工程,浑河即于此时政名永定河,他一生多为百姓办事,受到当时人民的称颂。

1.为解民疾骗皇帝

相传,一日,康熙皇帝上早朝时问群臣道:"我很想离开京城到外边走走,你们给我介绍介绍,哪些地方值得去看看呀?"

直隶巡抚于成龙站出来说道:"固安值得陛下一游。"

康熙又问:"固安有哪些名胜古迹呢?"

于成龙回答说:"固安的奇观美景太多了,既有西湖二景(前西湖、后西湖),又有

于成龙

太子三公(太子务、北公田、中公田、南公田),更有玉带条(浑河、大清河),牛头马面(牛驼、马庄)。"

康熙听了心中大喜,就跟着于成龙来到固安。

"陛下先看'两条玉带'怎么样?"于成龙请求康熙定出旅游路线。

"好哇,爱卿在前面带路。"康熙兴致高极了。

看到河中滚动着浑浊的河水,汹涌咆哮,随时都会冲破河岸,淹没两岸的田地村庄。河堤年久失修,高低不平,泥土疏松,还有不少缺口。两岸的田地比浑河的水位低得多,到处是一片荒凉的景象。康熙沉着脸,很不高兴地责怪于成龙:"爱卿,这就是你要让我看的固安胜景吗?"

于成龙看见皇上生气,连忙跪在河堤上说:"古人说:闻景不见景,见景更稀松。我们今天看到的,不正是这样吗?陛下是聪明人,难道想不出更深一层的意思吗?"

康熙顿时悟出于成龙的用意,禁不住哈哈大笑起来:"于爱卿把我骗到这里,用心良苦,我不怪罪于你。现在,我命令你负责治理这条浑河,不把它变成

永定河,不要进京见我!"

于成龙连连答应道:"我一定遵从陛下的命令,把浑河治理好,感谢陛下对固安人民的浩荡恩典!"

康熙也就不再在固安一带游览了,提前回到了北京。于成龙专心致志地领导当地人民向浑河开战,填平故漕,开挖新道,高筑堤岸,从此减轻了水患。浑河也因为康熙的一句话,改名永定河。一直沿用至今。

2.路遇病妇破盗案

于成龙作为清朝著名的巡抚大臣,他的智谋是很出名的。民间至今还流传着他当县令的时候,曾为邻县破获了一桩盗窃案的故事。

一日,于成龙在城外(邻县)散步时,只见远处匆匆忙忙地走来一群人,有两个汉子用一块床板抬着一个病人,上面盖着大被,枕上露着头发,头发上插着一股凤钗,病人侧身躺着。旁边跟随着四个壮健的男人,不时用手去掖病人身上的被,将脱落出的被子压于病人的身下,似怕风吹进去。见那抬床板的两个壮汉累得气喘吁吁直冒汗,将担架停至路边,又换两个人来抬,上肩似很沉重,起步踉跄。

于成龙见了很觉奇怪:哪有年轻妇女躺在床上,肯让别人把手伸进被子里的?而且,担子要换人轮流抬,表明担子很重,一个女人不可能会有这种分量,况且担子的两边有人用手保护,可知里面有东西。于是,他派士兵前去询问。

一会儿,士兵回来道:"床板上躺着的是他们其中一人的妹妹,病得很重,送往她婆家。"

于成龙思忖了一下,总觉可疑,便叫士兵说:"你远远地跟着他们,看这些人进了哪个村庄。"

这个士兵遵命悄悄地跟踪于后,看见他们走到一个村屋,门口有两个男人接应,一声不吭急匆匆地帮助将担架抬了进去。一个汉子四周瞧瞧,立即将门关上。士兵立即返回报告。于成龙听后,更加确定自己的推断:要是病得很重的妇女来了,必定有妇女在门口迎接,不可能只有男人,而且一句话都不问。看来这帮人非正道之人,非贼即盗。

于是,于成龙径自来到该县县衙。

他找到该县县令问:"贵县昨晚有没有发生盗案?"

县令有些支吾,回答说没有。于成龙心中有数。知他是生怕人家说他"治安无方",故忌讳说发生盗案,于是不再追问。回到下榻处,于成龙叮嘱所带兵士化装成百姓,外出仔细查访,果然有家富户被抢。于成龙立即将那家当家人找来问被劫情况,他却面露难色。于成龙道:"我已替你把强盗捉住了,你不必有何顾虑。"

富人听了,才跪下来叩头,说:"是县老爷不让说。"

于成龙当即连夜打门去见县令,派能干的差役四更时分离开县城,径直到那个村屋,捉住了八个人。一审,他们就认罪了:昨天晚上他们抢劫后便住在妓院,与妓女合谋,把抢来的财产放在床上,让妓女侧身躺在那里,抬着到窝赃的地方再瓜分。

大贪官和珅

和珅(1750~1799 年),清满洲正红旗人,钮祜禄氏,字致斋,生员出身。袭世职,乾隆时由侍卫擢升为户部侍郎兼军机大臣,执政 20 余年,官至文华殿大学士,授公。乾隆晚年对他倚任极专。任职期间,植党营私,招权纳贿。嘉庆皇帝恨其专横,早有收拾他之心。所以乾隆帝一死,即宣布和珅罪状 20 条,责令自杀,抄没家产。

1.好不容易找到这个孙女婿

和珅在上学的时候就引起了一个人的注意,这个人叫英廉。英廉是什么人呢? 英廉姓冯,他在当时是一个特别大的官刑一部尚书兼直隶总督。

大清朝的中央机构,分为吏、户、礼、兵、刑、工六部。六部的首脑有尚书和侍郎,都是复职,满汉各一。刑部"掌天下刑罚之政令",又与大理寺、都察院一起负责全国各衙门狱案判决的审核。刑部尚书就相当于我们现在的公安部门、检察院、法院三个机关的最高领导人，英廉就是这样一个身兼三任的刑部尚书，此外，他还有另外一个官职是直隶总督。

清朝在省级地方行政机关设立总督和巡抚进行节制。巡抚每省一员，总督则一般辖两个省，也有个别的辖三个省或者一个省的。一般而言，巡抚的品级是从二品，加兵部侍郎者为正二品；总督的品级是正二品，加尚书者为从一品。总督、巡抚同为封疆大吏，掌握着一方的军政监察大权。总督奉旨后还可以兼管河道、漕运、监课、关税等事

和珅

务。一般而言，总督偏重军事，巡抚偏重民事。直隶总督，兼任巡抚之官衔，驻守保定，其权力相当于我们现在的北京、天津、河北三个省和直辖市的党政军一把手。

英廉的职权很大，可惜的是，天有不测风云。也许是老天爷太嫉恨英廉非凡的才能了，英廉的儿子和儿媳妇的寿命都很短。他们在为英廉生了一个孙女儿之后不久就先后早早地死掉了，他们死在了父亲英廉的前边。这就导致了英廉他们家的人口特别的稀少，只有英廉和他的孙女儿。也就是说，英廉的后代只有一个人，他的孙女儿。因此，英廉特别宠爱孙女儿，他把她当作掌上明珠，并且时时在为孙女儿物色一个天下无双的好女婿。

因为是刑部尚书，所以他要经常去紫禁城里找乾隆皇帝汇报情况，所以就经常能够见到乾隆皇帝，也就经常能够在路过西华门附近的时候看到咸安宫官学里面的学生。尤其重要的是，他特别地注意咸安宫官学里面的学生。他在想，我的这个唯一的孙女儿将来嫁给谁呢？不但要嫁给一个相貌英俊潇洒的美男子，更为重要的是，这个相貌英俊潇洒的美男子还一定要比我还要有学问、比

我还要有本事。因此,英廉经常会为自己孙女儿的前途担忧,也就经常会有目的地到咸安宫官学里面去转悠。

转来转去他就看出来了,和珅是一个好苗子。将来我那唯一的孙女儿就应该嫁给和珅这样的人。英廉看中了和珅的什么优点呢?

英廉看中的就是和珅的老成、持重;看重的就是和珅的聪明、机智;看重的就是和珅工作能力够强,而且喜怒不形于色。

这些优秀的品质是经过了英廉的认真了解的。深通官场的英廉非常清楚,和珅在这里学到的不光是丰富的知识,还有高强的能力,而且他将来一定能成就大事业。

当然,他肯定还看中了和珅本人的相貌英俊潇洒,毕竟和珅是一个号称"满洲第一俊男"的美男子呀。

除了上述内容之外,还有一点也很重要:和珅早年父母双亡,他从来没有得到过家庭的温暖,因此他肯定非常渴望有一个温暖安乐的家庭;而英廉的家庭,又是人口如此的稀少,这个家庭更加需要一个强有力的接班人——类似于倒插门女婿的接班人。而和珅,则是一个非常合适的人选。

此后,英廉好不容易盼到和珅 18 岁,能结婚了,赶紧就把自己的孙女儿嫁给了和珅。

2.机敏应对巧于逢迎得赏识

和珅年轻时只是个八旗官学员,后因他高祖尼雅哈那有军功而承袭了三等轻骑都尉,后又做了三等侍卫。乾隆四十年(1775 年)的一天,乾隆要出门,仓促间黄龙伞盖没带,乾隆发了脾气,问左右"是谁之过欤?"一时间,无人敢回答,这时侍卫和珅答曰:"典守者不得辞其责。"他回答得干脆利落,口齿清楚,声音洪亮。乾隆一惊,见说话人相貌英俊、气质非凡,叹曰:"若辈中也有这等人?"详问方知是官学生,是侍卫中少有的读书人。乾隆皇帝一向重视文化,就向和珅问《四书》《五经》中的内容,本读书不精的和珅倒也能对答如流,奏对称旨,乾隆本来对读过《四书》《五经》的满族生员,就另眼看待,这次和珅给乾隆留下了很好的印象,不久就取得了仪仗中的"典守者"这一职务。这一偶然机会使和珅时来运转,平步青云。

和珅随驾得皇帝赏识,自乾隆四十年(1775年)10月,由典守者升为乾清门侍卫,到乾隆四十五年(1780年),短短五年时间,就升为户部尚书兼议政大臣,兼御前大臣,补镶蓝旗满洲都统,授正白旗领侍卫内大臣,充四库馆总裁,兼办理藩院尚书事务。并在这一年5月20日,乾隆下旨,"尚书和珅子赐名丰绅殷德,指为十公主额附,待年及岁时,再派结发大臣,举行婚礼。"十公主即和孝公主,是乾隆皇帝最钟爱的小女。乾隆肯把最钟爱的公主下嫁和珅之子,可见皇帝对和珅的宠信。

乾隆四十五年(1780年),和珅奉皇帝之命去云南查办云南总督李侍尧贪污案。和珅到云南通过审问李侍尧心腹仆人,查清了他贪污的事实,又发现了云南吏治败坏,各州县财政亏空严重,都向皇帝一一奏明,由于他办案有功,乾隆皇帝又把他破格晋升。

和珅的官职,差不多无年不升,有时以月来计算升迁周期,到乾隆五十一年(1786年),晋升为文华殿大学士,仍兼吏部、户部事。

和珅没有什么文韬武略,也没立过什么战功。在政治方面又屡屡出问题。可在大学士和军机大臣中,资历、人品、才干都不如别人的和珅却最受皇帝的宠信,和珅究竟凭什么能受到并不昏庸的乾隆皇帝的专宠呢?人们有种种猜疑,还出现了一个传说:雍正皇帝有一妃子,貌姣美,乾隆那时还是太子,年将冠,因事入宫,过妃侧,见妃子对镜梳头,就用手掩其目,与妃戏闹。妃子不知是太子,用梳向后击打,打中太子额头。第二天,皇后召见太子,看见太子额头有伤痕,问他,隐瞒不说,皇后严责之,乾隆才具实以对。皇后听了大怒,怀疑妃调戏太子,立赐妃死。太子大惊,欲为妃申冤,逡巡着又不敢。返回书斋,筹思再三,不得办法,就用指染殊,往妃子住所,但见妃子已上吊死了,就用染了殊的指印妃颈曰:"我害尔矣,魂有灵,俟二十年后其复与吾相聚乎?"说完,悲伤而还。当乾隆四十年一天出门,没带黄龙伞盖问谁之过时,和珅出答"典守者不得辞其责",乾隆见和珅时,就有似曾相识之感,回宫后,忆起少年事,觉和珅相貌与妃子很相似,于是召和珅入,俯视其颈,见指痕宛在颈上,于是默认和珅是妃的后身,倍加怜惜,如汉哀帝爱董贤一样。

这带有迷信色彩的传说,令人难以信服。其实和珅能蒙乾隆宠信,主要是和珅善于揣摩窥测乾隆的心理,从而谄媚逢迎,投其所好的结果。

清朝宰相刘墉"刘罗锅"

刘墉(1719~1804),字崇如,号石庵,山东诸城人。乾隆十六年考中进士,任翰林院编修。官至体仁阁大学士。清代著名书法家,与翁方纲、梁同书、王文治并称"清四大家",有《石庵诗集》传世。他是乾隆最宠信的汉族官员刘统勋的儿子,继承了父亲忠正廉明、刚直不阿的优良品德。

1.巧施妙计斗和珅

刘墉在朝为官的二十四年中,正是和珅在朝中专权之时。虽然碍于乾隆,刘墉无法与和珅发生正面冲突,而不得不以"太平卿相"的面貌出现,但刚正不阿的他又岂能容忍和珅如此张狂。于是,他便在暗中与和珅较劲,旁敲侧击,借以挫和珅的威风。刘墉天生聪明,又极善辩,所以大多数回合都是以刘墉胜出,和珅当众难堪、吃哑巴亏而告终。

刘墉

每逢大年初一,和珅必定会去皇宫为乾隆拜年。这天,刘墉披了一件沾满油渍的破烂衣服,让人在自家门口倒了水,等在门边。等到和珅的轿子路过门口之时,他忙迎上前去,请和珅下轿到府中一坐,无奈,和珅只得下轿。谁知刘墉一见他下轿,便跪倒在地上,五体投地,按大清礼节,同级官员必须以礼相待。和珅自然不敢违律,于是便极不情愿地跪下回礼。起来时,他为拜见皇上而特意穿的玄绣袄、貂帜孤裙已染上一片污渍了。受此捉弄,和珅又气又恨,跑到乾隆面前哭诉。哪知乾隆一笑了之,令和珅无可奈何。

乾隆丙戌年,天下大旱,尤以山东、直隶两省受灾程度最重。到了冬天,这两省更是哀鸿遍野,令人惨不忍睹。无奈当时国库吃紧,朝廷无法全力赈济灾民,于是刘墉与纪晓岚便想出了请京城首富和珅入瓮,向和珅募集赈灾银两的计策。商定具体方案之后,二人便依计行事。

几天后,和珅便得到了刘府向山东老家偷运二十万两白银,无偿给灾民的消息。这一消息顿时令和珅精神抖擞,以为扳倒刘墉的机会来到了,于是便纠集家丁,拦截了刘府的驮队。和珅实指望赃物在手,告刘墉一个贪赃枉法罪,不曾想追到的却是一箱鹅卵石,中了刘墉的计,反被刘墉以和珅置山东十万灾民死活于不顾、私自拦截灾银的罪名告上了朝廷。

在乾隆帝面前,刘墉和和珅互不相让,他们一个说箱中确实是白银二十万两,另一个则连呼中计,一口咬定箱中装的是石头,根本不是什么白银,令乾隆难下定论。可是朝中大臣纷纷作证,说亲眼看到二十万两赈灾银两装箱起运,为保护和珅,乾隆帝只好顺水推舟,令和珅速速回府,点出四十万两白银,交给刘墉运往灾区,以赈济灾民。

因此次巧施妙计,刘墉不但为灾区募化了四十万两赈灾银,救济了挣扎在死亡线上的百姓,而且他不惧权势,敢在老虎嘴里拔牙的举动更是赢得了满朝文武的钦佩和百姓的称赞。而这件事情,也被传为佳话。和珅这一次是赔了夫人又折兵,哑巴吃黄连,有苦说不出,虽恨刘墉入骨,但却始终处于下风,对刘墉无可奈何。

2.以诗相戏挫奸佞

乾隆四十六年,刘墉从湖南巡抚任上回京,与和珅同在朝中为官。传说当时,和珅仗着有乾隆撑腰,在朝中作威作福,飞扬跋扈。为了保住头上的乌纱帽,大臣们纷纷趋附于和珅。但刘墉、董诰、纪昀、铁保等大臣始终坚持正义,不肯向和珅屈服。这自然引起和珅憎恨,于是和珅千方百计地为难这些大臣。

　　乾隆帝想让刘墉做吏部侍郎。因为吏部负责铨选考核天下官吏,极其重要,而刘墉又不为和珅所用,任吏部侍郎后必然对他有所牵绊,于是和珅便以刘墉个子矮小、面貌丑陋、背部有"驼峰",有碍国体为由,试图使乾隆帝打消任刘墉为吏部侍郎的念头。但刘墉立刻以东晋陶渊明为例进行反驳。他说:"和大人说的不对,古代就有眼斜貌丑的人在朝为官,而且为官清正廉明、流芳百世的,有五柳先生陶渊明,至于陶渊明究竟是否眼斜貌丑,可以从'采菊东篱下,悠然见南山'这句诗句中得出结论。试问,若非眼斜,陶渊明又如何能在东篱采菊却望见南山呢?"一席话,引得在场众人捧腹大笑,连乾隆帝也夸赞他才思敏捷。但和珅却进一步刁难刘墉,要他在金銮殿上,以"驼背"为题吟诗以证明可以担负起吏部侍郎这一重任。和珅本以为这下可以难住刘墉,谁知刘墉出口成章:

　　　　背驼负乾坤,胸高满经纶。

　　　　一眼辨忠奸,单腿跳龙门。

　　　　丹心扶社稷,涂脑谢皇恩。

　　　　以貌取才者,岂是贤德人。

　　不但解了和珅的难题,而且在诗中隐晦地讽刺了和珅,使和珅搬起石头砸了自己的脚。本想阻止刘墉当吏部侍郎,却使刘墉既得到了皇上的赏识,稳获吏部侍郎一职,又使自己在皇上和众大臣面前丢了脸。

一代宗师纪昀

　　纪昀(1724~1805),字晓岚,一字春帆,直隶献县人,清朝时期的著名学者、文学家。乾隆进士,官至礼部尚书、协办大学士,曾任四库全书馆总纂官,纂定《四库全书总目提要》。有《纪文达公遗集》《阅微草堂笔记》等。

1.留诗惊才子

　　传说有一次,纪晓岚赴江南主考,到了武昌,便在街上随便溜达溜达。他抬头见一座酒楼上,有不少才子汇集一处在谈文论诗,准备应试。他看到这个情景,便匆匆上楼,凑到近前坐下。众才子见来了一个素不相识的老头,招呼也不打,就毫不客气地坐下,甚是稀罕。其中一才子对纪晓岚说:"明日就要应考,我等会聚一堂,以文会友,入座者不可无诗,请老先生献章。"原来,这才子心想,你做不成诗,不用我们撵你自己就走了。这伙才子可万万没想到面前这位人是他们的主考大人。

纪昀

纪晓岚干咳了一声,低声说:"哦,作诗,我多少也懂一点点,不妨试试。"才子们也想看个笑话,便去取来文房四宝。纪晓岚也不客气,提笔就写,头一句写的是:

一上上到楼上头

土气得很,这哪里像诗? 逗得大家哄堂大笑。才子们心里想,不知从哪里来了个疯魔,便调侃地催他再写下去。

十二栏杆接斗牛

嗯,多少有点诗味,于是才子们又催着他写。纪晓岚故意做戏,恳求说:"不才生来胆小,临场胆怯,请诸位暂且回避一下,不知行不行?"众才子说:"当然可以。"纪晓岚见众人离开,挥笔疾书,写完,放下笔,扭头就走,匆匆下楼。众人阻拦不住,都道:"疯魔,十足的疯魔,让他走吧!"

众才子回到屋里一看诗句,大惊道:"哎呀,咱们有眼不识泰山,不知主考大人到此,如此失礼,得罪了他,这还了得?"大家面对诗文呆若木鸡,但见上面写的是:

纪郎不愿留诗句,恐压江南十二州。

纪晓岚从此成为才子们十分尊敬的人物。

2."并吞六国"

传说,有一天,纪晓岚和另外六位文人一块儿喝酒。这六人事先商量好,想捉弄一下纪晓岚。那位年长的文人说："喝酒要行酒令。我做令官。今天的酒令是各人说一个典故,要和桌上的菜肴有关。说得出的拿去吃,说不出的不能吃。按年龄大小,一个个地说。"

人有七个,纪晓岚最小,可菜只有六样。

令官说:"姜太公钓鱼。"他就把那碗鱼抢到自己面前。

第二人说:"时迁偷鸡。"他把鸡肉端到自己面前。

第三人说:"张飞卖肉。"他把猪肉端去了。

第四人说:"苏武牧羊。"他把羊肉端去了。

第五人说:"朱元璋杀牛。"他端去了牛肉。

桌上只剩下一碗青菜,第六人说:"刘备种菜。"把桌上的青菜也端去了。

令官于是说:"大家不要客气,各吃各的吧。"六个人你看看我,我看看你,又看看纪晓岚,他们很得意,都哈哈大笑起来。

纪晓岚不慌不忙地说:"且慢,我还没有说呢!"接着两手把袖子一捋,做好手势,大声说:"嘟,秦始皇并吞六国。"一下把他们面前的菜肴统统搬到自己面前来。

六个人无言可答,只好对纪晓岚说:"佩服,佩服!"

纪晓岚哈哈一笑道:"今天算我请客,我们大伙一起吃吧!"七只酒杯碰到一起,直饮到尽欢而散。

3.智对乾隆

有一年,乾隆下江南,纪晓岚也同皇上一道来到了杭州城。一天,纪晓岚陪同乾隆遛街,一行人路过一家杂货店。乾隆见门前高挂着一块黑漆嵌金字的招牌,佯作不知地问:"这是什么?"他想为难一下纪晓岚——因为纪晓岚如果直接回答说是招牌,那等于说堂堂的大清天子连招牌都不识,便有讥笑皇上之嫌。

纪晓岚抬头一看,原来上面写的是"黄杨木梳"。他马上猜透了乾隆的心思,灵机一动,故意说:"这是对联。""对联哪有成单之理?"乾隆乘机反诘。纪晓岚说:"陛下也许还不熟悉此暗藏着各种巧对。有上句必有下句,全靠学生留神观察,心领神会。""那它的下联在哪儿呢?"乾隆又问。

这样,君臣二人你一言我一语,已走过了几家店门。纪晓岚笑着指了指前面的一块招牌说:"陛下请看,这就是下联。"原来那招牌上写的是"白莲藕粉"四个字。乾隆一琢磨,和"黄杨木梳"合在一起的确对仗工整,浑然天成。

乾隆明明知道这是纪晓岚在信口开河,但说得却像真有此事,无懈可击。不过,不驳倒纪晓岚,乾隆总觉得不甘心。这时两人正好走进一家裱画铺。乾隆一见心中大喜,他对纪晓岚说:"按你方才的说法。这'精裱唐宋元明历代名人书画',难道也能算是上联吗?"纪晓岚边边点头称是:"不错不错,它的下联就在刚才来过的那家药店内,这里还能看见。"

乾隆回头一看,顿时语塞,真是太巧了,只见那边一家店铺的招牌上写着"采办川广云贵各省地道药材"。

晚清重臣曾国藩

曾国藩(1811~1872年),清末大臣,湘军首领,湖南湘乡人。道光年间进士。1853年初(咸丰二年底),为了镇压太平天国起义,他以吏部侍郎身份去湖南办团练。后扩编为湘军。1855年初,在湖口、九江被太平军打败,退守南昌。次年因太平天国发生"杨韦事件",乘隙恢复力量。1860年升任两江总督,次年节制浙、苏、皖、赣四省军务。后与李鸿章、左宗棠创办江南制造局、福建马尾船政局等军事工业。

1."曾剃头"绰号的由来

咸丰年间,洪秀全在天京(今南京)建立了太平天国,严重威胁满清王朝,时任两江总督,并任钦差大臣的曾国藩,指挥三路大军向太平天国进行围剿,一路是其弟曾国荃率领的湘军主力,一路是左宗棠率领的另一部分湘军,还有一路是李鸿章率领的淮军及英国人戈登指挥的常胜军。由于太平天国内部发生天京变乱,石达开出走,洪秀全束手无策,致使李秀成指挥的天京保卫战遭到失

败。曾国荃率领的湘军大举攻入天京,制造了一场空前的浩劫,忠实地执行了曾国藩制订的两个基本方法:

一是实行屠杀政策,把人烟稠密的苏南一带变成无民之境;

一是实行焦土政策,把沃野千里变成不耕之乡。

双手沾满了人民鲜血的曾国藩被人们称之为"曾剃头",实不为过。且看曾国藩的湘军的"丰功伟绩":

湘军攻入天京后,就开始了疯狂的烧、杀、掠、淫,无恶不作,其罪行令人发指。

湘军把"烧"作为进攻的武器,又作为灭迹的手段。他们一进城就到处放火,以火为武器开路,他们攻到哪里,大火就燃烧到哪里。无论王府民宅,大肆抢掠一番后,随即付之一炬,一走了事。他们天天抢劫,日日放火,大火一连烧了十余日。经过这场浩劫,这座繁华古都几乎变成一片废墟,满眼残墙断壁,遍地碎砖烂瓦,连一棵树都很难找到。

湘军一冲入城内,就开始了残忍的大屠杀。他们杀死的人中,太平军将士为数仅有数千人,大部分是天京城内的平民百姓,尤其是老人、儿童和中年以上的妇女。这场大屠杀一直持续了十余日。他们杀人的目的并不是为了占领城池,而是为了抢劫财物和奸淫妇女。沿街死尸十有八九是老人,兵勇还以砍杀二三岁的幼童为戏,年龄大的妇女无不带伤,少则十余刀,多则数十刀,哀号之声不绝于耳。尸骸塞路,臭不可闻,秦淮河里尸首如麻。

湘军占领天京后,立即开始肆无忌惮地抢劫,他们先抢王府,再挖地窖,接着就逐户搜抢居民财物,掘地拆屋,挖坟盗墓,直至全城物品荡然无存,洗劫一空。当时不仅攻城的将士横行无忌,四处抢劫,连留在城外看守营寨的老弱兵勇也空营而去,入城大肆抢掠,甚至守卫曾国荃大营的兵勇和各棚长夫厨役人等也都进城搜刮财物,肩挑手提,成群结队,满路都是抢劫而归的兵士。有时抢红了眼,他们之间还互相抢劫甚至发生火拼。

湘军入城后,他们随意闯入民宅,奸淫良家妇女,甚至在光天化日之下公然于大街上施暴。40 岁以下的妇女大多被湘军掳走,成为兵士们奸淫的猎物。

据说,曾国荃的部下李典臣,竟因奸淫过度而致病,进城十几天就一命呜呼了,死时才27岁。而这个贪色无厌之徒还被封为"功臣"。

经过一个多月的烧、杀,抢,攻入天京的湘军将士个个都发了大财。当时长江之中千船百舸,联樯而上,满载着抢掠来的财物和妇女,日夜不停地向湘南老家行进。曾国荃更是大发其财,获资数千万,其后他在家乡大量抢购民田、树木,广起宅第,被人称为"老饕"。后来李鸿章署理两江,曾说,天京没有百年很难恢复。曾国藩的湘军涂炭生灵,留下了千古骂名。

据《太平天国》一书的统计,仅在江浙一隅之地,不过三四年光景,被屠戮的竟达287万人。其屠杀手段极端残酷野蛮。据亲眼目睹此劫的英国军人记述,当时清军屠杀太平军俘虏的实况是:

"俘虏有男有女,有老有少,从刚出世的婴儿,至八十岁蹒跚而行的老翁;从怀孕的妇人,到十至十八岁的姑娘,无所不有。清军把这些妇女和姑娘交给一批流氓,强奸、轮奸之后,再拖回来把她们处死。有些少女,被刽子手翻转过来面朝天,撕去衣服,然后用刀直剖至胸口。这批刽子手做剖腹工作,能不伤五脏,并且伸手进胸膛,把一颗冒热气的心掏出来。被害人直瞪着眼,看他们干这样惨无人道的事。还有很多吃奶的婴儿,也被从母亲怀中夺下剖腹。很多力壮的男俘虏,不但被剖腹,而且还要凌迟非刑。刽子手们割下他们一块一块的肉,有时塞到他们嘴里,有时则抛向喧哗的观众之中。"

曾国荃攻陷安庆,不消半日就杀死了一万多名太平军俘虏,他因此怕到阴曹地府受到惩罚,曾写信给曾国藩流露出后悔之意。曾国藩立即回信说:"你现已带兵,自然要以杀贼为志,何从后悔杀人多?"可见,曾国藩残忍嗜杀的程度,是远远超过他的九弟的。

2.草结刺马案

同治九年(1870年)八月二十二日,当曾国藩在天津查办教案时,南京发生了轰动全国的巨案,两江总督马新贻遇刺身亡。

野史传说,马新贻被刺前数日,忽然接到一份公文,封粘模糊,也不知为何署印章,拆开一看,并无文书,但画死马一匹。马新贻大惊失色,寝食不安。八月二十一日,是督署月课武职的日子,因雨推迟到第二天举行,总督马新贻亲临校场检阅。校场在督署西边,有箭道可达署后便门,马新贻检阅完毕,步行由箭道回署,将入便门,忽见有人跪在道边,"求助川资",原来是同乡武生王咸镇。马新贻没好气地说:"已助两次矣,今胡又来?"话还没说完,忽然看见一个身穿短衣清兵模样的人,快步走到马新贻面前,打千请安,右手随即从靴筒中取出一柄闪闪发光的短刀向马新贻猛刺。行刺者自称张文祥,并不逃跑,束手就擒。马新贻被刺成重伤,不治而亡。

马新贻是两江总督、朝廷重臣,行刺总督,这在清朝多年的历史上还是头一遭,于是人情汹汹,讹言并兴,朝廷更是大为震惊。案发三天后,即严令江宁将军魁玉督同司道各官赶紧严讯,务必究出行刺缘由及有无主使确情。但张文祥供词闪烁、无法定案,朝廷无奈,又派漕运总督张之万前赴金陵,会同审办,连日热审。张文祥供认,过去因拦轿告状,马新贻拒不受理,后开小押店,又被严禁,因怨成仇,谋图行刺,云云,此外"坚不吐实"。如此重案,朝野上下,人言藉藉,如不迅速结案,朝廷脸面无光。天津教案办得差不多,朝廷即令"老成宿望"的曾国藩回任两江,督饬各员,"赶紧严加讯究,以期水落石出"。同时,命刑部尚书郑敦谨为钦差大臣,协助曾国藩办案。

曾国藩深知案情重大,心中没底,赴任前试图窥探慈禧太后的态度,便上奏"恭请陛见",得到允准。同治九年(1870年)十月三十日,慈禧太后在养心殿召见了他。太后问:"马新贻这件事岂不甚奇?"曾国藩对:"这事很奇。"慈禧又问:"马新贻办事很好?"曾国藩对:"他办事精细和平。"仅此寥寥数语,不冷不热,不痛不痒,颇令人玩味。不过,曾国藩已经心领神会。朝廷虽然谕旨一道接一道往下发,措辞一次比一次严厉,骨子里并不是十分重视,其中的隐情,是一个让人猜不透的谜。

既然慈禧太后定下基调,曾国藩也就心中有数,办起这件十分棘手的案子来也就容易多了。他办案的情况,从他的日记看,不过是搜集凶犯人证,点个名而已。如三月十七日的日记中写道:"中饭后,至贡院与郑小山尚书会审张文祥之案,将首犯等十八人点名一过,并未问供。"

曾国藩办事一向比较严谨认真,可是处理张文祥刺马新贻之案,显然过于粗疏了。这也是看朝廷眼色行事而已。既然朝廷要求曾国藩把"刺马案"查个"水落石出",曾国藩当然要有所交代。同治十年(1871年)三月十九日,曾国藩上了一个《复审凶犯行刺马新贻缘由》的折子,上报复审张文祥刺马新贻的缘由。

曾国藩为何草草结案,不再深究呢?因为他深感案情重大而复杂,要是认真审下去,会越审越可怕,于是赶紧结案。他在给朝廷的奏折中说,再三审讯,该犯还是坚持以前的口供。已熬审20余日,该犯屡次绝食,只剩下最后一口气,奄奄待毙,如旦夕丧命,反而让他逃脱了残酷的死刑,所以应该迅速了结此案。

结案并不难,张文祥胆敢戕害重臣,这是对清朝统治者的藐视,"情同叛逆",何况张文祥实属"漏网发逆",又与浙江南田海盗有勾结,凡此都是大逆不道,"罪大恶极",理应凌迟处死。四月三日,曾国藩将张文祥押赴刑场,凌迟处死,并在马新贻灵柩前摘取张文祥的心进行祭奠,以伸张国法而告慰死者。沸沸扬扬半年多的"刺马案",总算落下帷幕。

左宗棠剿捻得功上青云

左宗棠(1812~1885年),字季高,湖南湘阴人。举人之身,初在湖南巡抚骆秉章府中做幕僚。1860年(咸丰十年)由曾国藩推荐,率湘军5000人赴江西、皖南镇压太平军。1862年初任浙江巡抚,后升任闽浙总督。1866年开办福州船政局。同年调任陕甘总督镇压捻军。1875年以钦差大臣督办新疆军务,阻遏英、俄对新疆的侵略。1881年任军机大臣,兼署两江总督。

左宗棠曾经在湖南参与镇压太平天国起义。特别是在太平军进攻长沙时,他因协助抗敌有攻,开始受到朝廷重视。

平定太平天国后,左宗棠把全部精力投入到福州船政局的筹建中,他打算

图文珍藏版

通过兴建中国自己的造船企业,建造强大的海军,抵抗列强的武装侵略,实现富国强兵的目的。但是不久捻军势力崛起,陕西发生回民起义,陕甘总督杨岳斌办理未能有效,清政府便以"左宗棠威望素著,熟娴韬略,于军务、地方俱能措置裕如"为由特授任左宗棠为陕甘总督,命令他立即前往镇压。左宗棠对朝廷分给自己的任务从不推辞,虽然这样一来打乱了自己实业救国的宏伟计划,但到清王朝面临急切的危机时,他马上放下了手头的事情,推荐沈葆桢接替自己,很快安排妥当。

左宗棠

　　捻军是太平天国时期由捻党转化而来的活跃于安徽、河南和山东西南部及江苏北部一带的义军。咸丰三年(1853年),太平军北伐路过安徽、河南,捻党纷纷响应,捻军起义由此兴起。咸丰五年(1855年),各路捻军首领齐集于安徽雉河集,建立黄、白、红、黑、蓝五旗军制。同治二年(1863年),清军僧格林沁部进攻雉河集,捻军战败,其余捻军转战各地。次年,太平天国因天京失陷而基本失败后,太平军北方余部在遵王赖文光率领下与梁王张宗禹、鲁王任化邦统率的捻军会合,组成新捻军。

　　新捻军依据太平军的编制进行整编,并改步兵为骑兵,大大提高了平原作战能力。同治四年(1865年),捻军在山东曹州全歼蒙古精锐骑兵僧格林沁部,杀死了僧格林沁,随后又重创前来镇压的曾国藩部湘军和李鸿章部淮军,声势复振。同治五年(1866年),新捻军在河南许州分兵两支,一支为东捻军,由遵王赖文光、鲁王汪化邦率领,在中原继续抗清;另一支为西捻军,由梁王张宗禹督率,进兵陕甘,互为犄角,互相呼应。

　　左宗棠面对的正是西捻军。左宗棠从福建启行时仅带楚军3000人,他奏请由刘典帮办陕甘军务并委托他再从湖南募兵3000人。他在湖北接见黄州守令,得知捻军大部已经进入湖北省,并接到清廷有关陕西剿捻不利的寄谕。他决定于原拟6000人外再加募6000人,合成12000人。鉴于捻军易步为骑的特点,左宗棠主张训练马队,制造炮车。他不仅奏请调派陆路提督高连升随同征剿,并请教广东巡抚蒋益澧从香港购办上好洋枪2000支。左宗棠把粮食补给和西征饷项视为军事行动的要着。他建议于湖北省城设立陕甘后路粮台,于陕西省城设立甘肃总粮台。左宗棠奏请除福建、广东、浙江等省协甘之饷仍拟解甘外,另由在上海设立的采办转运局委员胡雪岩向洋商借银120万两,以应急需。

正当左宗棠为进兵陕甘而积极谋划之际,清廷特授左宗棠为钦差大臣,督办陕甘军务。清廷同意左提出的"进兵陕西,必先清关外之贼"的用兵方略,并令左宗棠速入陕西,清廷还谕令他到陕西后专心督剿,其陕甘总督督篆暂由穆图善署理,左宗棠仍以陕甘总督、钦差大臣、督办陕甘军务身份任事。左宗棠接到命令后,马上投入到激烈的战事中。

二月二十日和二十四日,左部楚军分前、中、后三路从汉口向陕西进发。六月十八日,左宗棠抵达陕西潼关,驻西关外。此时,陕西境内活跃着捻军和陕西回军,以及董福样等武装势力。左宗棠主张必须将捻军全歼于陕西境内,以免流动到其他地区,更难收拾。

因此,左宗棠始终以"剿捻"为首要任务,他亲自驻扎邻近河南的潼关,防止捻军攻入河南威胁中原。

西捻军在受到左宗棠和刘典分别由陕东和陕南的夹击后,被迫于九月初向陕北进军,转入北山,试图打开进入山西的通道。左宗棠急忙重新部署兵力,力图阻止捻军进入山西。还在入陕之初,便认为剿捻之难,甚于太平军。因此,他到潼关后,设防于陕豫、陕鄂交界处,防范捻军进攻入河南、湖北,不料捻军向北突围,加上陕西回军的牵制,使左宗棠对捻军的作战并不得力。十月下旬,捻军接连攻占陕北的延川等城。左宗棠调派与捻军作战的军队仅有刘松山所部1万人,郭宝昌3000人,刘厚基3000人,左宗棠感到心有余而力不足。

同治六年(1867年)十二月十八日,西捻军强渡黄河,从陕西进入山西。左宗棠非常惊慌,急派刘松山、郭宝昌入晋追剿,自己也随后拔队入晋。西捻军从山西经河南入直隶,于同治七年(1868年)二月六日逼近卢沟桥,清廷大为震惊。清廷鉴于西捻军进入直隶的状况,降旨先行将剿办捻军的钦差大臣李鸿章"拨去双眼花翎、褫去黄马褂、革去骑都尉",随后并将署直隶总督官文和左宗棠交由刑部严加处置,以让他们戴罪立功。二月初,左宗棠率军抵保定近郊。李鸿章、官文和山东巡抚丁宝桢等也督军加紧对进入直隶的西捻军予以堵防。尽管受到朝廷的严厉斥责,左宗棠并没有泄气,而是更加谨慎,重新布置作战事宜。

张宗禹率西捻军由陕冲入晋、豫、直三省,应东捻军赖文光之求救以解东捻军在运河被围之势。但当西捻军仅到达晋、豫之际,东捻军已于同治七年一月五日的扬州之战中被李鸿章部淮军全歼,赖义光被俘后就义于扬州。张宗禹不知此情,仍旧率西捻军北进,虽然逼进京,但也陷入清军的重围之中。

左宗棠亲自率军追击,明定赏格,以此激发士气。西捻军在清军的追剿下,被迫撤出直隶,于同治七年(1868年)三月二十三日夜渡过漳河进入河南。四月初,左宗棠督军追至河南彰德。西捻军又从河南进入山东西部并转入直隶静海。四月二十六日,左宗棠赶至山东穗州。六月初,捻军在直隶作战失利,转入山东海丰、宁津、陵县、临邑、济阳后,又从陵县转向西南进入德州。六月中下旬,张宗禹率西捻军试图从德州高家抢渡运河,结果为清军击退,被迫退至德平、平原、荏平。八月十六日的荏平南镇之役,西捻军被淮军全部击溃,只有张宗禹率十余骑突围至溏沱河边,最后投河自尽,至此,捻军起义失败。清廷论功行赏,给左宗棠加太子太保衔。

左宗棠前后镇压太平天国运动,捻军起义,不遗余力,在危机中能坚持得住,敢于办事,善于办事,因此地位不断提高,权力也越来越大。

李鸿章与"常胜军"的恩怨

李鸿章(1823~1901年)字少荃,安徽合肥人。因镇压太平天国和捻军有功,受到清政府的重用。曾任直隶总督扣北洋大臣,兼管外交、军事、经济大权。后在列强侵略中国的过程中,多次代表清政府签订丧权辱国条约。《马关条约》和《辛丑条约》就是典型的卖国条约。

太平天国起义,是清朝末年的一件大事。清政府倾尽全力来镇压,开始很不理想,但后来曾国藩建立湘军,协助清政府合力围剿,形势才稍有好转。

镇压太平天国后期,朝廷和曾国藩认识到仅仅靠湘军,战争还要持续很长时间,于是制定了"借师助剿"的策略。具体实施,就落在了李鸿章身上。

李鸿章

作为一个传统知识分子,李鸿章对洋人非常厌恶。但是为了尽快镇压太平天国、维护清王朝统治,也只好接受让英法联军和"常胜军"助剿太平军的这一事实。从一开始,他心里就打好了算盘,充分利用洋人,但是绝不能受制于洋人:从与华尔、白齐文和戈登等常胜军将领发生关系之日起,李鸿章就争取利用外人的力量和先进的军事技术而不致其擅权。他惧怕洋人侵权甚于畏惧太平军。"常胜军"是一支受雇于上海官绅并受江苏巡抚节制的一支雇佣武装,而并不是受外国政府派遣并受其直接控制的外国军队。李鸿章的目的是,尽量加强"常胜军"作为清政府雇佣军的性质。所以,他从英国的土迪佛立将军订立《统带常胜军协议》,承诺动用英法兵力与他的军队配合作战,必须听他节制,又承认中国主权不可分割的地位。

在实际作战中,由于淮军刚开始创办,力量和经验都不足,主要依靠了戈登的洋枪队。后来李鸿章自己也承认"两年来剿贼立功",深赖戈登的"指臂之助"。

但李鸿章在利用"常胜军"镇压太平天国过程中,曾与外国人发生过一次非常激烈的冲突。原因是在进攻苏州时,太平军由于断了外援和粮草,于是在常胜军队长戈登的劝诱下,决定献城投降。戈登向太平军保证,只要投降,由他保证太平军将士的生命安全。

没想到太平军投降后,李鸿章不顾戈登的劝阻,竟下令杀了所有投降的太平军将士。

淮军侵入太仓后,屠杀了几万和平居民,并对太平军俘虏施以残忍酷刑。一个外国目击者后来记载说:"他们的衣服全被剥光,每个人被绑在一根木桩上面……他们身体的各个部分全被刺入了箭簇,血流如注。这种酷刑还不能满足那些刑卒的魔鬼般的恶念,于是又换了另一种办法……从这些俘虏身上割下了,或者不如说是砍下了一片片的肉……这些肉挂着一点点的皮,令人不忍卒睹……这些可怜的人们在数小时之内都一直痛苦地扭动着。大约在日落时分,他们被一个兽性的刽子手押到刑场上,这些家伙手里拿着刀,急欲把自己的双手染满鲜血,简直像个恶魔的化身。他抓住这些不幸的牺牲者,威风凛凛地把他们拖到前面,嘲笑他们,侮辱他们,然后把他们乱剁乱砍,用刀来回锯着,最后才把他们的头砍断一大部分,总算结束了他们的痛苦。"

夺取苏州后,李鸿章曾竟然下令:"凡是苏属口音者,悉放归,南京以上,不分良莠尽杀。"淮军侵占无锡以后,也滥杀无辜的居民,达6000人以上,他们唯一的罪名就是居住在太平军的城市里。淮军对常州也同样进行了烧杀抢掠。据记载:

"城中情形,惨不可闻,尸骸遍地……距城破已五十余日,尚未检拾,臭气四塞。房屋俱被兵占住或毁坏,莫敢一言……乡间弥望无烟,耕者万分无一。"

据不完全统计,从1862年5月淮军与"常胜军"会攻南桥开始,到1864年5月淮军与常胜军攻陷常州为止,在苏南几次较大的战役中就杀害太平天国军民约达10万多人。

正因为外国刽子手都看不下去李鸿章的疯狂残忍,所以在发生苏州杀降事件后,李鸿章和戈登的关系迅速恶化,势同水火。苏州八将献城,是戈登充当的保人,李鸿章如此背信弃义,使戈登失了脸面,为此他怒火万丈,持枪欲杀李鸿章。后因未找到李鸿章本人,就留下书信一封,要求李鸿章辞去巡抚之职,将大印关防交戈登保管,以待清政府查办,否则将亲率常胜军攻打淮军,并将所克之城全数归还太平军。与此同时,李鸿章"苏州杀降"的做法,也遭到了在华洋人的抨击。对此,英国驻华陆军提督柏郎决定从李鸿章手中接管对"常胜军"的领导权。同时,停止该军除保卫上海和苏州以外对清政府的所有军事援助;甚至有一天,柏郎还亲赴苏州,要求李鸿章"备文认错",李鸿章笑着说:"这是中国军政,与外国无干,不能为你认错。"柏郎只得拂袖一怒而去。

戈登也是一个杀人不眨眼的刽子手。他与其说是痛恨杀降,不如说是痛恨杀降不利于进一步诱降;加上李鸿章先调常胜军回驻昆山,使得他没有分得入城之功,在恼羞成怒之下,才反目成仇。

李鸿章觉得,日后的攻战仍有求于"常胜军",于是忍辱负重,决定仍采取笼络手段。他多次派英国人马格里和道员潘曾玮、总兵李恒嵩等人前往戈登处疏解劝慰,并奏准清廷颁谕赏给戈登头等功牌一枚,白银1万两。总税务司赫德也往返于戈登与李鸿章之间,从中妥为调停,终于使戈登态度趋缓,决定继续参战,先后配合淮军克复宜兴、荆溪、无锡等地。表面上李鸿章与戈登的矛盾有所缓解,而实则对戈登的戒心日增。他在十二月二十四日致函曾国藩,写道:"戈登利心颇大,'常胜军'霸位要挟,不知又耗许多财力;其实该军除炸弹外,攻剿不若我军,屡称对仗,迄未动手……"

次日,李鸿章又致函曾国荃,谈及"苏州杀降"之事:"而鬼方大不谓然,几欲构衅。今已稍就安帖,但'常胜军'终无结局,外间不知者以为好帮手,其知者以为磨难星也。"

可见李鸿章已经下定决心,要对戈登的"常胜军"动手了。

李鸿章在夺取常州之后,就用高超的手腕解决了遣散"常胜军"的问题。

同治三年(1864年)五月,淮军和"常胜军"侵占常州后,李鸿章认为遣散"常胜军"的条件业已成熟。其间,李鸿章一方面鉴于"常胜军"围攻常州发挥了重要作用,而向清廷奏称"戈登近日颇顺情理,与臣意见相符";另一方面,李鸿章即着手解散"常胜军"。不久,他以长江下游战事已近尾声为由,派丁日昌前往昆山与戈登商议解散"常胜军"事宜,不想戈登竟然慨然应允。

实际上戈登也早有归意。而当他回到昆山,又看到了英国政府寄来的关于取消英国现役军官为中国政府服役的训令,训令还期限他在六月一日之前归队,这自然使他退意更加坚定。清廷认为这是天赐良机,指示李鸿章"乘势利导,妥为遣散"。李鸿章更为高兴,声称"此是苏省最要关键"。

其间,英国领事巴夏礼和赫德纷纷出面阻拦李鸿章遣散"常胜军"之事,但李鸿章并未改变初衷。五月三十日,李鸿章以 122800 元作为遣散费,另外发 6 万元月饷,将"常胜军"三分之二将员遣散完毕,其军械装备尽呈查验收。

当然,李鸿章对"常胜军"并非全裁,还酌留得力炮队 600 人,枪队 300 人,海生轮船数十人,以及原额三分之一,并留外国军官 12 名,帮同教习,这实际上是李鸿章把"常胜军"精锐从戈登之手夺归已有,改为淮军新式枪炮队二营,使之成为淮军的有机组成部分,"训练操纵由我"。他这样做,既壮大了淮军的声势,又消除了英国驻沪领事巴夏礼关于遣散"常胜军"危及上海安全的担心。

不久,戈登启程回国。李鸿章成功地解散了"常胜军"后,感到异常欣慰。就在五月二十九日,他致函曾国藩,指出:"常胜军"竟已遣妥,戈登今年忽变为忠直好人,非鸿章所能革其心面,乃中兴气运使然。

文人传说

文学批评家金圣叹

金圣叹(1608~1661),名采,字若采,明亡后改名人瑞,字圣叹,一说本姓张。江苏苏州人,明末清初文学批评家,入清后,因哭庙案被杀。喜批书,曾批改《水浒》《西厢》,有《沉吟楼诗选》。

1.饮酒题对

金圣叹的舅父钱谦益,老奸巨猾,玩世不恭。他曾在明朝崇祯手下做过经略相公;后又投奔李自成,当过书记官;清兵入关,眼看明朝覆灭,李自成失败,他又摇身一变,屈膝投降,当上清朝的大官。这天钱谦益生日做寿,金圣叹本想避开,怎奈碍着老母的面,不得不装装样子,于是雇艘小船,从苏州到常熟,上钱府祝寿。

这一天,钱府张灯结彩、车水马龙,好不热闹。来祝寿的大都是官场人物,只见红顶子、蓝顶子、金顶子、银顶子、水晶顶子、玉石顶子,五颜六色,令人眼花缭乱。一个个摇头晃脑,弹冠相庆。独有金圣叹板着个脸,不卑不亢,沉默寡言。

酒过三巡,一个宾客过来拍马屁了:

"钱大人,令甥金相公乃江南才子,满腹经纶,博古通今。小人久闻大名,如雷贯耳。今日盛会,正好置酒论文,也可让在座诸位一开眼界。"

"是啊,是啊,都说金相公好书法,铁书银勾,锋芒毕露,真乃龙跳虎门,今日定要一睹为快……"

一时间,酒筵上赞声四起,金圣叹也不便推辞,站起身来淡淡一笑:

"盛情难却,只好献丑了。就题一对联吧。"

众人拍手叫好,钱谦益更是喜出望外,马上吩咐侍女,捧出文房四宝,桌上铺好一张珊瑚撒金粉笺,单等金圣叹动笔。

只见金圣叹手握斗笔,饱蘸浓墨,不假思索,"刷刷刷"几笔,就在粉笺上留下"从明从贼又从清"七个大字。众人一见.个个吓得吐舌失色,钱谦益正在捋胡须的手一颤抖,不觉拔断了几根胡子,笑容立刻收敛起来。他心想,这小子也太狂妄了。这七个字难道可以乱写的吗?且看他下联怎么写法。

这时大厅里鸦雀无声,大家都屏声息气地等着下联。只见金圣叹不慌不忙又写下四个大字:"三朝元老……"

众宾客一见,心里的一块石头落了地,脸上露出笑容,心想,到底是娘舅外甥,这点面子还是有的。钱谦益却还不放心,唯恐外甥发"梗劲",连忙踱到金圣叹身边,对着外甥跷起大拇指,连声称赞说:"人瑞,人瑞,真人才也!"

原来,金圣叹原名采,明亡以后,改名人瑞。钱谦益这句话,正好谐音。表面上是给外甥捧场，暗地里却在打招呼，要他笔下留情。谁知金圣叹冷冷一笑，毫不迟疑，又"刷刷刷"写下去，写罢，把笔一掷，拂袖而去。

众宾客围拢一看，这副对联竟是这样十四个大字：

从明从贼又从清，

三朝元老大奸臣。

钱谦益两眼翻白、手脚冰凉，胡须根根竖起，瘫痪在太师椅上，连一句话也说不出来。

2.对调孔夫子和财神爷

传说有一天，金圣叹正在闭门读书，忽听得门外吵吵闹闹，便推开窗户一看，原来是一些应试未中的考生，在那里高声讲话，大发牢骚。有人说："现在考官不凭文才，只要银钱就可以录取，读书人今后还要读啥书呢？"金圣叹听了这番话，心里着实气恼，就半开玩笑地对大家说："照这样子说，学宫里的孔夫子可以和财神爷对调了。"

大家一听都说："对！"就一起闯进了学宫。他们把学宫里的"至圣先师"牌位抬进了财神庙，又把财神老爷的塑像扛进了学宫。

这件事轰动了整个苏州城。官府要捉拿为首的人，有人就说是金圣叹出的主意。清朝统治者早就想拔掉金圣叹这个眼中钉，现在有了把柄，立即捉了金圣叹，判了个"亵渎至圣"的罪名把他斩首了。

李渔笠翁的来历

李渔（1611~约1680），取名仙侣，后改为渔，号无徒，字笠鸿、号谪凡，字笠翁，浙江兰溪人，清代戏曲理论家、作家。他的著作有《闲情偶寄》，包括戏剧理论、表演艺术及饮食、园艺等内容，在戏剧理论上有所丰富和发展。所作传奇《比目鱼》《风筝误》等十种，合称《笠翁十种曲》，现在均广为流传。

有一年闹大旱，伊山村边的塘水都干了，田间的禾稻瘪枯枯的。有几口大塘,水却是满满的,这是姜财主家的,村里人急得没法,去找李渔商量,托他到姜财主家讨水。

说起这姜财主,是个吃人不吐骨头的家伙。不光家里财产多得连他自己也算不清,而且城里的县官,还是他的什么亲戚,有财有势的,谁敢去碰他一根毫毛。李渔倒不在乎,他受了大家的委托,便上门去了。

开始,姜财主见是李渔,勉强应酬了几句。可当一提起讨水,他竟把脸一沉,皮笑肉不笑地说:"嘿嘿,水,有呀,你带来多少银子?"

李渔一愣,塘里的水还要银子,岂有此理? 但嘴上仍只好说:"乡亲们穷哪!哪有银子?"

姜财主摇了摇头,说:"既然没银子,那就不必多废话。"

李渔一听,好气恼,本要发作,但一想到乡亲的委托,只得耐下气,说:"田里禾稻都快枯死了,哪里还有闲工夫讲废话?"

姜财主把眼珠一横,冷笑一声,说:"晤,既然如此,老兄何必如此认真呢,莫非收了银子难交账?"

李渔再也忍耐不住了,"刷"地站起身来,问:"水从山上来,人人都可用,你凭什么占为己有?"

财主急了,一时不知讲什么好,便拍着胸膛:"喏,喏,就凭我这个,这个,你有啥办法?"

两人言来语去。顶撞了起来。李渔水没讨成。反而讨了一肚子的气。

他回到村里,就把情况跟乡亲们说了。

大家一商量,决定到十里外的龙山坝去引水。话虽这么说,可引水也不容易啊,得穿过一片荒山地,挖条沟,水才能流过来呀。

人心齐,泰山移。大伙一条心,便决定动工啦。

这事很快传到姜财主耳朵里,他想:糟了,要是让穷鬼挖好沟,我这两口大塘,岂非白修了。他转来转去,赶紧上县城去找亲戚,请县官替他做主。

历来乌龟、王八是同一路货色。财主同县官一商量,竟出了张布告,说什么这片荒山地,全是姜家的,谁也不准动。

不得了了，明摆着不准挖沟，逼着要买水啦！村里人又急着找李渔去商量。

李渔想了想，说："你们带几升芝麻，再来八个人，每人带把开山锄，排成行，走一步，挖一下，你们前面去，我在后面跟，一同去查看查看。"

整整跑了大半天，才回到村，李渔又说："先别急，回家歇着，顺便准备准备。待我查了历书，择吉破土。"

李渔这么一说，有的人在肚里嘀咕：人家事情这么急，他还要择个吉日，真不知他葫芦里卖的什么药。但又不好当面说，只得在心里纳闷。

一天，李渔到荒山地上一看，播下去的芝麻都发芽啦，赶紧回来，说是破土吉期已到，即刻动手。

这下，村前村后可热闹了，呼儿唤女的，一群群，一队队，直向荒山地奔去。

姜家财主一看，不妙，这班穷鬼吃了老虎胆啦，竟敢动手破土，那还了得，就奔进城里去告状了。

县官接到状纸，发下竹签，立传伊山村首到堂。谁知李渔早在那里等候，一传就到。

李渔手里也拿着状纸，只见上面写着：

> 村民要治水，挖点芝麻地，
>
> 只挖一条沟，何必多是非。

县官拿着状纸，拿不定主意，眼珠子转了转，问："到底要挖多大的地？"

李渔答："芝麻地吗，就跟七品芝麻官那样，这么一点点。"随手把小指头一举。

县官一听，赶紧摸了摸自己的帽子，点了点头，说："芝麻不大，唔，芝麻地吗……"抬头一看，大堂上站着这么多农民，心里也有些慌，便朝姜家财主说道："姜翁，芝麻地，反正大不了。我看算了吧！"

姜家财主本是个目不识丁的草包，被县官一说，也只好点点头。

县官马上在状纸上批道：

> 区区芝麻地，与民去治水。
>
> 本县今批示，不准有翻悔。

李渔拿着批示,赶紧回到荒山地,真的破土动工啦。

很快便挖了一大片,姜家财主一看,哎唷,不对,芝麻地,怎么有这么大呀!想想实在不放心,又连忙赶进城里,请县官亲自来查看。

县官无奈,只得开锣喝道地坐着大轿,来到荒山地,找着李渔,问:"大胆刁民,为何目无批示?"

李渔不慌不忙,把批示一举,说:"小民素来守法,遵老爷之命,在挖芝麻地!"

县官手一指,又问:"这么大一片,还叫芝麻地?"

李渔也把手一指,答:"这些便是芝麻地,请老爷细看。"

县官哪里认得清芝麻、绿豆,一瞧,的确是些成行成片的嫩芽,轻声问随从:"这些是什么?"

随从点点头,答:"全是芝麻。"

周围的人也都喊了起来:"启禀老爷,全是芝麻。"

李渔嘿嘿一笑,道:"老爷,没错吧,乡民挖的是芝麻地呀!"县官涨红了脸,一个转身钻进轿里,喊:"快抬,快抬!"

县官走了,姜财主灰溜溜地回了家。谁知李渔从此变成了他的眼中钉。

挖通沟,水进村,人们那股乐劲啊,还用说吗?

一天,有人来找李渔,说是姜家财主雇了打手进村了,要暗算他,叫他避一下。

李渔一怔,心想:好汉不吃眼前亏,避一下风头也在理。

哪里知道,李渔正在盘算,几个打手已到面前。急的啊,连家门也没敢进,转身就往村外走。

正巧,村口有人在耕田,听了这事,随手拿起蓑衣、笠帽,往李渔身上一披,往田里一指,李渔心下明白,便装模作样地去耕田了。

不一会儿,几个打手赶到田边,气呼呼地问:"喂,看到李渔了吗?"

李渔没作声。田边的老汉把手一指;答:"哦,李渔么,早到那边去啦!"

过后,李渔心想,千有理,万有理,地头蛇咬人实难避,这趟亏得蓑衣、笠帽救急,想来想去,便决定远走高飞,回到杭州去了,免得县官、财主生是非。于是,便改叫"湖上笠翁",李渔的故事从此广为传诵。

"聊斋先生"蒲松龄

蒲松龄(1640~1715),字留仙,一字剑臣,别号柳泉居士,世称聊斋先生。山东淄川(今淄博)人,清初著名文学家,能诗文,善作俚曲,著有短篇小说集《聊斋志异》及《聊斋文集》《聊斋诗集》《聊斋俚曲》等。

1.蒲松龄写《聊斋》

蒲松龄是怎么写《聊斋》的呢? 这里有如下一段传说呢。

蒲松龄是山东省淄川县蒲家庄人,家住在大道边上。大热天的,蒲松龄坐在屋子里写书,写着写着就搁下了,汗没少流,可总觉得不顺手儿,实在写不下去了,就撂下笔到门口站一会儿。每回在门口站着,看着大道

蒲松龄

上南来北往的行人,蒲松龄寻思着:"一人肚里一条计,三人肚里唱本戏。"我做文章这么费劲儿,不能向大伙借点劲儿吗? 打定主意,他就在柜里翻腾出几件用不着的衣裳来拿去当了,当得的钱,买了五斗绿豆背了回来。他家门口有两棵老柳树,他把炕席揭下来铺到树底下,旁边安了一口缸,然后煮了几锅绿豆汤倒在缸里,缸里头扔了一把瓢,走路的人累了,就可以坐在席子上歇歇腿,舀点绿豆汤解解渴。不过有一条,不论是天南的还是海北的,男的还是女的,老的还是少的,歇过脚来以后,都得给他讲一段稀罕事儿听听。常言说:"一人一把土,堆起万丈山。"这样日日听,年年听,把个普天下的事儿,都记到蒲松龄的肚里去了。直到他觉着差不多了,这才把炕席和装绿豆汤的缸收拾起来,把听人讲的

东西细细地品透了，这才又坐到屋里，闷下头来写书。这回写可和上回大不一样了，那笔就像捅着泉眼儿似的，一溜两行的字儿，自己就冒出来了。

这一年正赶上康熙皇上到淄川来私访，康熙听说蒲家庄有个老蒲头学问大，就打定主意要去会一会这个人。

康熙打听准了地方，就奔老蒲头家去了。这天正赶上就蒲松龄一个人在家。康熙找到门口一看，大门敞着连条狗也没有，到院里问了好几声没人应。他到屋里一看，只有一个老头子背冲着门坐在那儿一心一意地写着什么，有人过来他也没听见。猜着这就是蒲松龄了，康熙进门先看了个脊梁骨，就有三分不高兴。放大嗓子门咳嗽了一声，也不见蒲松龄回头。他想，这个人该不是聋子吧，到跟前看看再说。康熙走前几步探头一看，嘿，笔走如风，遒劲有力。他再仔细一看，不对味啦，看到后来，鼓鼓地堆了一肚子火：好你个蒲老头，这不是绕着弯儿往朝廷脸上吐唾沫吗？当惯皇上的人，动不动就想治人的罪，刚想开口，冷不丁想起自己这是私访，文章是偷着看的，人家也没有请你进屋呀，弄不好叫人家赶出门去就更没脸啦！看蒲松龄还是一个劲儿地写，康熙就气也没敢出跟着脚溜啦。

蒲松龄呢，压根儿就不知道有人在他背后站过，还在那一心一意地写他的文章呢。

2.酒席巧对对联

淄川新来一位县官，姓乌。他年轻为官，十分骄矜，听说当地名士蒲松龄学问过人，很不服气。

有一次，他邀请一批乡绅叙饮，并要蒲松龄同去。这时蒲松龄已经年老，本不想去，后听说此人颇有才名，心想去见一见也好，他如好来，我也好去，他如有意刁难，我也有办法对付，于是前去赴宴。

席上，乌县令乘着酒兴，出了一个上联要蒲松龄对：二人土上坐。

蒲松龄知道这联难对，因"坐"字拆开是两个"人"字和一个"土"字，不过难不倒他。当即对了下联道：一月日边明。

接着乌县令又出上联：八刀分米粉。这联更难了，"八刀"相拼为分，"分"和"米"再相合是"粉"，下联也势必要相拼相合。众人都望着蒲松龄，看他怎么对法。然而，蒲松龄只略一思索，不紧不慢地答道：千里重金锤。

乌县令听了，也暗暗佩服蒲松龄对得好，但见没难倒他，还不罢休。他说："这次我再出一联，对不出要罚酒三杯。"蒲松龄笑道："如果对出又怎么样呢？"乌县令说："罚我三杯酒。"于是又出上联：

笑指深林，一犬眠竹下。蒲松龄应声对道：

闲看幽户，孤木立门中。

乌县令无奈，只得罚酒三杯。本来事情这样结束，也恰到好处。可偏偏乌县令负气不认输，定要压倒蒲松龄。这时，门外一个麻子佣人踏雪送酒进来，因他脚穿钉鞋，雪上留下一个个圆点，好像麻点。乌县令便不顾身份，即景出一上联：

钉鞋踏雪变麻子。

蒲松龄听了，很替那个佣人抱不平，心想：你出对难我无妨，去侮辱佣人，实不应该。既然这样，我也要替这佣人出出气了。他抬头看见乌县令年纪轻轻，身穿大狐裘，洋洋得意地自斟自饮，就随口对道：

皮袄披身装畜生。

蒲松龄下联一出口，满座一阵哄笑，乌县令下不了台，于是恼羞成怒。这时，正巧一只老鼠窜堂而过。乌县令急中生智，忙走到蒲松龄跟前说："蒲老先生，我再出一联给老先生对对。"随后念道：

鼠无大小皆称老。

蒲松龄一听就知道他不怀好意，心想，你身为县令，既然不知自爱，那我就不能给你留面子。于是他一拱手赔笑道："乌县令，我斗胆对下联了。"这时众乡绅见他们刀来枪去，实在坐不住了，但又不好意思走掉。只见蒲松龄对道：

龟有雄雌总姓乌。

至此，乌县令满脸羞惭，无言以答，只好假装酒醉，拂袖退席。

周渔璜饯行宴上挫骄狂

周渔璜（1665～1714），名起渭，号桐野，贵阳人，清朝时的大诗人。曾参与编修《康熙字典》《渊鉴类函》，著有《桐望诗集》。

有一年，周渔璜出任江南主考。主考完毕，次日就要启程回京。晚上。文武官员聚集在巡抚衙门，设宴给他饯行。

巡抚站起来，举着酒杯，瞟了周渔璜一眼，不冷不热地大声说："江南一地，乃世代才子之乡。这次周大人奉旨前来主考.真是辛辛苦苦地白跑了一趟。像周大人这样学

周渔璜故居

问高深的，真是不曾多见，回京复旨，定当受到皇上加官重赏。来来来，各位大人，为周大人的锦绣前程，大家痛饮一杯！"

周渔璜摆摆手，站起来躬躬身子，平静而严肃地说："大人过奖。谈到学问，我周某僻处贵州，蒙皇上看重，这次有机会见识见识这江南世代才子之乡，实在是开了不少眼界。"

周渔璜的话音刚落，就有个身穿绿袍的官员站起来，"嘿嘿"一阵干笑说："周大人恕我直言。你那个'地无三里平，人无三分银'的家乡，下官去过，贵同乡的才学，嘿嘿，不怕你周大人多心，下官也亲自领教过。"

他的话还没说完，就有人发出一阵阵刺耳的嬉笑声；巡抚也得意地斜着眼睛瞅了瞅周渔璜，一语双关地问道："如何？"

周渔璜神情坦然地对绿袍官员说："大人既然不远千里去过敝乡，还亲自考究过学问，实在是敝乡人的荣幸。但不知大人是如何的考法？"

堂上突然鸦雀无声，人们都注视着身穿绿袍的官员。只见那绿袍官员摇头晃脑地说："很简单。有一天，我对一个挑着粪桶下地的农夫说，听说你们贵州人很有学问，还出了个了不起的翰林（注文：指周渔璜），我现在出个对子给

国学经典文库

中国古代野史

·清代野史·

图文珍藏版

1657

你对。"

那官员讲到这里,文武官员忍不住异口同声地问道:"他对得出来吗?"

绿袍官员哈哈一笑,说:"哪有那么简单!"

然后有板有眼地大声念道:

"远望宝塔,八楞四方六面"

众官员一听,连连点头称赞:"绝对,真是绝对!不要说山野村夫,就是在座的,也没有哪个对得上。"

周渔璜等众人安静了一点,才对那个得意忘形的绿袍官员说:"请问大人,当时那个农夫是怎样回答你的?"

"怎样回答,他被吓得连话都不敢跟我讲了,只是连连向我摆手,就转身下地去了。"

"如此说来,大人差矣!你出的对子,他已经给你对了出来,只是你粗心大意,未知其意罢了。"

文武官员听周渔璜这么一讲,都不由得大吃一惊。只有巡抚咧嘴一笑说:"那么周大人,你晓得那农夫是咋个对的啰?"

"这很清楚。农夫不是当即伸出手掌连连摇摆吗? 这就对出来了,他的意思是:'近观手掌,五指两短三长'。"周渔璜说到这里,停了下来,扫了目瞪口呆的巡抚和满堂官员一眼,意味深长地说:"可惜,大人的心胸太狭窄了,一时还不明白。"从此周渔璜的才华远近皆知。

边寿民评画

边寿民(1684~1752 年),原名维棋,字寿民后改字行,更字颐公,渐僧、墨仙,又号苇间居士。江苏淮安人,是一名秀才。

清朝时候的淮安画家边寿民,他画的芦雁栩栩如生,人人赞美。

传说边寿民这个人性情孤僻、洁身自好,他不爱慕荣华富贵,不愿意趋炎附势,为了专心致志画芦雁,就在府城东北角盖了三间草房,起名叫"苇间草堂"。

这里远离闹市，周围全是菜园和芦苇塘，环境幽静极了。

边寿民书画像

淮安有很多盐商富户，边寿民不愿和他们来往。这些人有的是钱，都想用重价找边寿民画一幅芦雁，可每次都碰壁。下游有个姓汪的大盐商，是从安徽徽州迁移到淮安来的，他心里想，你边寿民也太清高了，你不肯卖画给我们盐老板，这个不勉强，但是我拿别的名家画请你品评，这个你可推辞不掉吧！汪盐商盘算好后，就带着他家祖传的一幅古画，请托边寿民的一位好友做引见人，一起到苇间草堂来拜访。

汪大盐商带来的是一幅什么古画呢？据他自己说是唐朝画家吴道子亲笔画的，叫作《钟馗掷骰图》。这幅画上，钟馗就是民间称为捉鬼的判官，两眼睁得铜铃大，直瞅着面前的掷骰盆，右手叉开五指，嘴张得大大的。原来这盆里有六只骰子，其中有五个已经做定，各是吗、二、三、四、六的点子，只剩下一个骰子还在滴溜溜地转，钟馗又开五指，明明吆喝它掷出个五点来啊。

汪大盐商充斯文，咬文嚼字地对边寿民说："此乃吴道子精工杰作，所画钟馗惟妙惟肖，呼之欲出，真是神笔也！敬请先生鉴赏品评，此画可否称为绝世珍品？"边寿民朝这画上看了一眼，就不动声色地掉转脸去。汪大盐商见边寿民仰脸无言，急得不能等待，脱口而出："品评一下何妨？又非央求先生作画。""嘿嘿，这幅画吗？"边寿民淡淡一笑，"实在高明莫测，鄙人不敢妄加评论。"这下子，汪大盐商乐了，他瞟了一眼边寿民，抖着二郎腿，心里想，好哇，你边寿民徒有虚名，什么名画家，连一幅古画都评不出道理来。边寿民的好友毕竟是个文人，这时在旁边望望边寿民脸上诡秘的神色，猜出这幅画里面多半有毛病，就走过来对他附耳说："吾兄何不略评一下，好将他打发出门，免得在此纠缠。"边寿民觉得这话也对，就直截了当地说："盐大老板，恕我大煞风景，直言相告了。此画一文不值，乃假货劣品，不是吴道子所画。""假货，"汪大盐商气呼呼地跳将起来，"这是我家祖传名画，多少高手内行都赞为绝代珍宝，至少要值三千两银子!"边寿民冷冷地说:"吴道子岂能不通晓声韵之学,居然会画出如此劣品?"汪大盐商不懂什么是声韵之学。边寿民那位好朋友虽然懂得些,但总觉得诧异:"请问这与声韵之学有何相干?"边寿民哈哈大笑:"你们试试看,从没到六把几个数字叫一叫,哪个该张开嘴,哪个该合起唇?""行。"汪大盐商抢先把这六个数字接连叫了两遍,别的都是张嘴叫出来,只有叫"五"字时一定要闭嘴。"现在懂了吧?"边寿民说,"画上的钟馗叫着'五',要那骰子掷出个五点来,张着大嘴能行吗?"

汪大盐商讨了没趣,卷起假画急忙溜走了。从此汪大盐再也不敢嚣张了,而边寿民就更加出名了。

"扬州八怪"之一郑板桥

郑燮(1693~1765),字克柔,号板桥,兴化(今江苏兴化)人,清代杰出的书画家、文学家,"扬州八怪"之一,擅画兰竹,工书法,用隶体参入行楷,自称"六分半书",能诗文,有《板桥全集》。

1.郑板桥坐"簸箕"

潍县方圆几百里都知道:郑板桥刚到潍县就座了"簸箕"。

当时的潍县是有名的"柴地"(方言,指那些坏人当道、恶人横行特别严重的地方)。豪门、财主、地痞、流氓串通一气,胡作非为,搅得民不聊生。凡是到任的县官,不是和他们一块儿为非作歹,就是弄得一身罪名,落个不白之冤,被他们挤跑赶走。郑板桥是扬州有名的"八怪"之一,又长得貌不出众,当然明摆着是要受"算计"的。在他到任之前,人家就设好了圈套,单等县太爷一到,就给他来个下马威。

这天,郑板桥终于来上任了。离潍县城还有二十里,就有一抬四人小轿把他接住了。轿夫们又施礼又打躬,郑板桥欢欢喜喜地上了轿。谁知,人刚进去还没坐定,轿子就发疯般地"飞"了起来,活像老太婆簸簸箕,左右摇晃、上下颠簸,直把个郑板桥颠得前仆后继、跳起落下,头上碰出了疙瘩,腚上磕起了饽饽。要不是轿栏遮挡着,早从里面抛出来了。原来,这是豪绅地痞们设下的"簸箕计"。

抬轿的都是他们派去的人,而且,四人小轿十六人抬、忽跑忽停、乱颠乱抖,换着班的折腾郑板桥。一边走,还一边哼着怪调子:

> 今日老爷乍到,先坐簸箕小轿,
>
> 往后不听使唤,拿你乌纱撂高。

郑板桥是个精明人,这其中的"机关"哪能不明白?"哼!瞎了眼的东西们,看我饶得了你们!"他心里这么想着,两手紧紧抓

郑板桥雕像

住轿栏,两眼不停地从轿窗里往外瞅。"有了,"他心里不禁一喜,高声朝外边叫道:"住轿!"

轿夫只好把轿落了,阴阳怪气地问道:"老爷有何吩咐?"

郑板桥走下轿来,用手往右边场里一指说:"那场里堆的是何物呀?"

一个轿夫上前答话:"禀告老爷,那叫土坯,垒墙、支炕用。"

"有何用啊?"郑板桥故意问道。

"老爷熟读圣贤书,这点小小习俗还不知道吗?"

那个轿夫有点卖弄地说,"这本地人用来支炕的,炕是本地人用来睡觉的。"

"好好好,"郑板桥叫道,"快给我把它搬到轿里,抬到府中给老爷我支炕!"

轿夫们一听,愣啦!另一个赶忙躬身说:"启禀老爷,府内有专供您安歇的粽子床……"

"呸,那玩意儿我早睡腻了。"郑板桥打断轿夫的话,"休再啰唆,一人两个,给我搬到轿中!"

他们心想，不搬就是违抗老爷之令，治罪不轻呀。只得乖乖地听候吩咐，不多不少，一人两个，将土坯搬到轿里。这都是些大模子土坯，哪一个也得有十来斤，三十二个就是三百斤重，再加上一个人，可真够抬的。他们一个个压得趔趔趄趄，汗流浃背。郑板桥心中暗暗发笑，高声吩咐道："快颠起来，快唱起来！老爷我就爱坐这个'簸箕轿'。"轿夫们好比"哑巴吃黄连，有苦难言"，只顾呼哧呼哧地大喘气了。郑板桥却来了精神，他坐在轿里，摇头晃脑地作起诗来。

叫你簸簸箕，你偏喘粗气，

抬到衙门里，一人三板子！

2.戒酒三春

世称"扬州八怪"之首的郑板桥，据传是"书画难隔三日，三餐不离酒盅"。然而在潍县做知县时，却有一段"停画百日，戒酒三春"的故事。

清朝乾隆年间，潍县城里有一个独霸一方的大猪鬃商，名叫李武正。李武正这人心狠手毒、盘剥有方、敲诈有术，仅用了二十来年工夫，就成了潍城屈指可数的富户。别看李武正阔气非凡，斗大的字却识不了几个，与大贾名商交往总怕人瞧不起他，就一心想装扮成书香门第。他在自己的大院里设了"圣贤书斋"，八仙桌上摆上文房四宝，买了不少古籍装在书柜里，还不惜银两买来了一些名人字画，挂满书房四壁。可惜的是，在他挂的名流佳作当中，唯独没有当堂知县郑板桥的墨迹。有一次，一位文人墨客观赏了他收藏的字画后留下了这样两句诗：

"搬来天下名山水，未移咫尺郑板桥。"李武正听了很不是滋味。

其实，李武正久住潍城，不是不知郑板桥字画有名，也不是不想弄到他的字画，皆因郑板桥脾气古怪，不屑于与这些刁诈的名绅大贾谋面，更谈不上为之作画。于是，李武正发誓扬言，谁要是能帮他请郑板桥为其作一幅墨竹，宁愿出一千两银子作酬谢。

有个名叫杜士的穷秀才，年纪六十出头。此人虽说有几分学识，但是品行不端，年轻时吃喝嫖赌，在烟花场中学了一身坏毛病，老来既无妻室，又无子女，孤身一人,想当个教书先生都无人肯雇用,生活十分寒苦。他听说李武正出千两银子谋求板桥墨竹,便挖空心思想鬼点子,要捞取这笔银两。经过几个夜晚苦思冥想,终于设下一个骗局。

时值阳春三月,杜士先从李武正那里支领了二十两银子,把自己靠河边的三间房舍修葺一新,又将窗下几簇修竹整理了一下,租了几十盆各式各样的花草摆在屋檐下。摆设停当之后,便每日在河岸边上坐着钓鱼,等候郑板桥到来。因为他久住河边,看见郑板桥每年春暖花开时都来此地游览观景。

果不出杜士所料,清明后的一天,雨过天晴、景色诱人,嗜好山水的郑板桥公事完毕之后,独自素装来到河边,信步顺流观光。他放眼四顾,看到百草含露、杨柳新吐、桃李争芳、流水潋滟,到处生机蓬勃,置身于这清幽明媚的世界,看到这如画的旖旎风光,真是令人心旷神怡。他顺口吟了一首《竹枝词》:

> 城上春云拂画楼,
> 城边春水泊天流。
> 昨宵雨过千山碧,
> 乱落桃花出涧沟。

诗音刚落,只听旁边有人连声称道:"妙,妙,县太爷真不愧是当今才子,出口成诵,令人佩服之极!"

郑板桥举目一看,原来是一位年过花甲的老先生。只见他面容憔悴、须发斑白、身着青衫、手握鱼竿,笑容满面地向这边走来。郑板桥看这人有点落魄文人风度,举止言谈落落大方,一时产生好感,忙答话道:"先生贵姓,家住哪里?"那杜士忙答:"免贵姓李,陋舍便是。"郑板桥顺杜士手指方向看去,见不远处有一小小茅舍。郑板随杜士先来到茅舍前,立即被这里优雅别致的风光所吸引。几株香气诱人的桃花,正含笑摆动,似欲向来客倾谈。桃花一侧,几簇亭亭玉立的修竹,葱翠挺拔。郑板桥赞不绝口:"如此佳景,胜似江南。"

杜士见时机已到,忙上前施一礼道:"今日大人光临寒舍,乃三生有幸。今室内尚有狗肉一盆,大人如不嫌弃,一同畅饮几杯。"郑板桥最喜吃狗肉,一听有狗肉,便点头应允。

酒肉备齐，两人边饮边谈，甚是投机，不知不觉就多喝了几杯。看看太阳已压树梢了，郑板桥已半酣，杜士忙起身作揖求道："大人墨竹名扬天下，贫生久盼不得。今大人亲至，恳请大人留一墨竹，以偿贫生终生夙愿。"

郑板桥一口应允。杜士取出备好的笔、墨、纸、砚。郑板桥借酒兴，提笔挥毫，刷刷刷，顷刻即成。活生生的巨幅墨竹，刚劲有力，跃然纸上。杜士看罢手舞足蹈，欣喜若狂。郑板桥刚要搁笔，杜士忙道："请大人题跋。"郑板桥问："先生大名？"杜士答道："卑名武正。"郑板桥听这名字有点耳熟，但醉意朦胧，就不假思索地书上了名字。书毕，天色将晚，郑板桥告辞，摇摇晃晃地回衙了。杜士酒桌未收，便卷好墨竹，急忙奔往李家。

那李武正得到郑板桥真迹，还有专门为他写的题字，甚为欢喜，可又舍不得千两银子，他只让管家拿了一百两银子，就把杜士轰出门外。第二天一早，李武正令家人大摆宴席，请全城名绅大贾为之祝贺，以便炫耀一番，装潢门面。

郑板桥早堂过后，刚要外出查访。忽然衙役前来禀报，说是不少名绅大贾都到李家赴宴，祝贺县太爷为他作画题跋。郑板桥一听恍然大悟，知是昨天酒后受骗了，于是急忙差人传杜士。差役回禀，杜士家门已反锁，院内花景皆空，一片狼藉景象。经打听，才知道杜士知事不好，怕吃官司，得到李武正的银两后，连夜退还了租赁的花木，逃到外地去了。

郑板桥听到衙役的禀报后，气得长叹一声，说道："昨日只因贪杯，受人欺骗，实是后悔莫及。"于是令衙役笔墨伺候，郑重其事地写了一首"戒己诗"：

> 贪杯辱身，
>
> 理当受责，
>
> 停画百日，
>
> 戒酒三春。

郑板桥自即日起，果真一百天未作画，三年未喝酒，以戒自身。

吴敬梓拒绝赴考

吴敬梓（1701~1754），字敏轩，号粒民，晚年又号文木老人。安徽全椒人，清代著名小说家,他的《儒林外史》是我国古典讽刺小说中的杰出作品,又善诗赋,有《文本山房诗文集》)。

吴敬梓离开老家全椒县城,移居到南京秦淮水亭的第三年春天,正值清朝乾隆皇帝登基坐殿,在北京下诏书,要开"博学鸿词"科考,让全国各省选拔人才,到京城廷试。

吴敬梓的学问大,能诗善文,字又写得漂亮,在那时的江南,没有哪个能压倒他的,如去应考,黄榜及第,一定十拿九稳。

当时,吴敬梓住在南京,属于江宁府学训导唐时琳的管学区。这个唐时琳心想:我只

吴敬梓

要荐举吴敬梓,今后皇上少不了也会在我的面子上赏赏光的。他想到这里,不觉暗自高兴,连忙叫人备上车马,直往吴敬梓的住处奔去。

却说这天吴敬梓正在准备写他的小说《儒林外史》。他坐在一张破桌子前面,左手按着端砚,右手握着徽墨,两眉紧紧锁着,一面研着墨,一面嘴里不停地在咕哝着什么,门外传来的车马喧嚣声,他一点都不在意。

"敬梓先生恭听:江宁府学训导唐时琳前来邀请先生赴京参加博学鸿词科廷试!"唐时琳的侍从说完,推开吴敬梓的破竹门,随即那个衣冠楚楚、文质彬彬的唐时琳便走进门来。

尽管府学官驾到门前,吴敬梓却仍旧坐在那里纹丝未动,只是暂停了研墨,抬了抬厌倦的眼皮。

唐时琳看他这个样子,有些尴尬,又不好发作,只好站在桌子面前说:"卑职此来是想推荐吴先生参加廷试的。吴先生虽是安徽人氏,可如今住在卑职的学区之内,卑职不能不有所照应,故特来荐请先生。"

吴敬梓早已得知廷试的诏书,听唐时琳这么一说,不觉心中生厌,便绷着脸气愤地研起墨来。他一边研一边沾水,又故意使劲地研着,越研越快,砚台上发出"吱留吱留"的声音,一连串墨水直往外溅,一直溅到唐时琳的身上。

　　唐时琳眼看着自己的衣服沾上点点墨迹,却连半句回话都未得到,气得胡子直翘,只好狠狠地甩了甩衣袖,愤恨地骂道:"不识抬举,怪人,疯子!"骂完便走了出去,带着侍从扫兴而归。

　　吴敬梓没有给唐时琳面子,唐时琳气恼不休,消息传到了江宁督学郑筠谷那里。郑筠谷自觉比唐时琳高明,便决定再去走一趟。他一面派人到吴敬梓的茅棚门前监视,一面提前派人开路,然后自己亲乘征聘贤士的车马,一路烟尘奔来。郑筠谷坐在马车中想,唐时琳定是太生硬,我这次采用软硬兼施的办法,定能奏效。只要他吴敬梓去了京城,那时,我就要……他想着想着,嘴角上不觉露出一丝得意的微笑。

　　正在这时,却听先前派去监视的人员报告说:"报督学,吴敬梓刚才把墙凿通,带着家小跑了,家里连个人影也没有,只有一床破被子。""啊,"督学一听,气得满脸发青,大声骂道,"混蛋,无用之徒!"停了半晌,只好狠狠地跺了一下脚,命令回府。

　　看见车马远远离去,吴敬梓在秦淮酒家的阁楼上,倒戴着白羽头巾,仰天长笑,自酌自饮,连声念道:"妙哉,妙哉!"

　　吴敬梓刚从秦淮酒家返回茅屋不到两天工夫,原来凿的墙洞还没有修补好,忽然又听见人报:"安徽巡抚赵国麟前来劝考。"吴敬梓一听,不觉暗暗冷笑道:"嘿嘿,又来了。"他略一思忖,急忙喊过妻子叶氏,附耳说了几句之后,便急急忙忙躺到床上,蒙起被子呻吟起来。妻子连忙坐在桌子跟前,手扶脸蛋,装作苦思的样子。

　　赵国麟被一帮随员簇拥着走进茅屋,一看没有吴敬梓,便问叶氏:"你家官人呢?"

　　叶氏慢慢抬起头来,低声细语地说:"病了,床上躺着呢,看情形是不行了!"

　　"告诉你,这是抚台大人。"一个随员厉声喝道,"真他娘的早不有病,晚不有病,偏偏在这个时候有病!"

　　正在这时,床上传来了吴敬梓凄凄惨惨、似梦似醒的叫喊声:"水,……娘子，……水！”

赵国鳞见此情景，知道自己也是白跑了一趟，气狠狠地说：“命中注定，不是做官的料，走！”说完爬进他的八抬大轿，灰溜溜地走了。

巡抚走后，吴敬梓“忽”地跳下床来，拉着妻子的胳膊又蹦又跳，哈哈大笑：“娘子，拿酒来，陪我干一杯！”他走到门旁，望着飞快抬走的大轿，“呸”地狠狠吐了口唾沫。

这天下午，吴敬梓的朋友金兆恭听说吴敬梓三次拒考，不知是何原因，特地前来看个究竟。当他问起吴敬梓的时候，吴敬梓没有直接回答，只请他朝靠床的墙上细看。金兆恭一看，墙上挂着八股细麻绳，就问：“你这是干什么，难道这绳子里还有什么文章不成？”

吴敬梓笑着说：“你走到跟前再仔细瞧瞧！”

金兆恭爬到床上，将绳子上上下下细细打量一遍，果然看清楚了：八根绳子的上头都按了一个死臭虫，下面都画了一个小小的蚊子。他捧腹大笑起来：“我明白了，我明白了——你不去应考，原来是恨那八股臭文（蚊）呀！”

吴敬梓也一下子高兴起来，连忙笑着说：“知我者，金兆恭也！”

金兆恭笑了一阵子，下得床来，连连拍着吴敬梓的肩膀，十分钦佩地说：“你恨八股文，到了恨臭虫、蚊子的地步，真是可敬，可敬！”说着两个人都大笑起来。

据说，吴敬梓一生不准儿子学作八股文。后来，他的儿子就专攻数学，成了清朝著名的数学家。

庄有恭从容妙对

庄有恭（1713~1767），字容可，号滋圃，广东省广州人。自幼聪明伶俐，胆识过人，是清代著名的书法家。

传说庄有恭十一二岁时，一次与伙伴们放风筝，一不小心，扯断了风筝线，那风筝便飘飘荡荡地掉进了隔壁镇粤将军官署的内宅。其他儿童都傻了眼，呆呆地站在官署门外，连呼“可惜”，懊恼不已，却又束手无策，唯独庄有恭说：“既然掉在将军署中,取出来就是了,有什么好懊恼的?"小伙伴们七嘴八舌地说:"将军的官署,平民百姓怎么进得去?""即使混进去了,不被当成小偷,打个半死才怪呢。"庄有恭自告奋勇地说:"好,那你们在这儿等着,看我进去取风筝。"说着,装出一副漫不经心的样子,慢慢地凑近官署大门玩耍。守门人见是个小孩也没有在意。庄有恭突然跌入门内,直向内宅奔去。待守门人发觉时,庄有恭已在数十步外了,急得守门人连呼:"站住!"然后在后面使劲追赶。

庄有恭

镇粤将军正在客厅里与客人下象棋,听到呼声,连忙起身而出,拦住庄有恭,将他带进客厅询问。庄有恭不慌不忙地说明了来意。镇粤将军见他眉清目秀,一副伶俐相,心中已有几分喜爱,问了他一些家中情况。庄有恭对答如流,镇粤将军更加高兴,又问:"你读过书没有?"庄有恭答道:"正在读。"将军问:"那么,你会不会对对子?"庄有恭满不在乎地说:"对对子是小事一桩,有什么不会?"将军一听,暗想这小子好大的口气,于是又问:"你能对几个字的对子?"庄有恭道:"一个字的能对,一百个字的也能对。"将军哪里肯信,不满地说:"好,那我就出副对联让你对对,若对不出来,我可不饶你。"他抬头看见客厅上悬挂着一幅《龙虎斗》彩图,便随口吟道:

旧画一堂,龙不吟,虎不啸,花不闻香鸟不叫,见此小子可笑可笑。

将军的意思十分明白:你看堂上龙虎尚且不吟不啸,你这个无知小子,不知天高地厚,竟敢口出狂言,若对不出下联来,我可要好好教训你了。哪知庄有恭略一思索,指着将军与客人下的象棋残局,答道:"就凭着这个棋局,便能对出将军的下联了。"然后朗声吟道:

残棋半局,车无轮,马无鞍,炮无烟火卒元粮,喝声将军提防提防!

庄有恭的意思也很明白:你将军的棋艺并不高超。输掉一局棋倒也罢了,若真的统兵打仗，碰上这车马炮卒均难运用的窘境，看你如何对付！

将军与客人听了，都大为叹赏。将军亲自捡起风筝，递给庄有恭，一直送他到大门外，拍着他的肩膀说："好孩子，果然聪明过人。好好用功读书吧，日后前途无量啊！"

古典小说巨匠曹雪芹

曹雪芹（1724～1764），名霑，字梦阮，号雪芹、芹圃、芹溪，满洲正白旗包衣；清代杰出的小说家，所著《石头记》（即《红楼梦》）是我国古典小说中伟大的现实主义作品，他既能诗，又善画，但作品流传绝少。

1.偏爱"芹"字

《红楼梦》的作者曹雪芹，有三个号：雪芹、芹圃、芹溪，都有"芹"字。这绝不是因他江郎才尽，想不出更好的名字，而是缘于他对一种叫"水芹"的植物情有独钟，并用它治好了不少疑难大病。

相传曹雪芹被抄家后，流落到京郊西山脚下的正白旗村，过着"举家食粥酒常赊"的穷苦生活。在他常赊酒喝的酒馆里有个年过半百的老伙计叫马青，见曹雪芹满腹学问，便时不时地接济他。一来二去，两人就成了推心置腹的好朋友。

曹雪芹

有一回，曹雪芹一连三天未见马青露面，一打听，才知马青病得不轻，便大步流星地跑到他家，却见马青昏昏沉沉地躺在炕上呻吟。曹雪芹走近炕前，为马青号了脉后，便胸有成竹地跑到村头的池塘边，割下一把野生的水芹，熬成汤，令马青喝下。药到病除，不上三天，马青就恢复了健康。从此，曹雪芹的名声大振，前来求医的村民络绎不绝。他也因此就地取材.以水芹和从山中采来的草药为主，为当地群众治病，分文不收。老百姓都说他是华佗再世。为了表达自己的志向，他便给自己起了个叫"雪芹"的号，意思是说愿做乡间的一棵野芹，为饥者充饥，为病者治病。以后又起了"芹圃""芹溪"两个号，以反映他矢志为民的意愿。

2.曹雪芹与品香泉

香山的泉水可多啦！老人们说："香山遍地泉，大小七十眼。""香山三百寺，无寺没泉眼。"这里是神州宝地，名泉很多，要说哪一口泉水最好，说法就不同啦，什么"罗大天的泉养神仙，双清的泉炼过丹""喝了水源头儿的泉，养生保平安；常饮品香泉，管保活万年！"正白旗的曹雪芹尝遍了香山的泉水，他的评论是：泉水清、泉水甜，烹茶要属品香泉！

品香泉，源头在得山法海寺南边的一个山洼里，泉水清清，长流不断。曹雪芹和他的朋友鄂比先生，差不多每天早晨都要到这里来溜弯儿。回来的时候总要带上一壶品香泉的水，沏茶喝。鄂比直纳闷，有一次就问他为什么单喜欢喝这个泉的水。雪芹告诉他："香山大小七十泉，我都品尝过了，独有这品香泉水清洌、味香甜，水质最轻，有养生延年的功能。不信，你可以尝一尝！"鄂比说："我看水源头儿的泉也不错嘛！"雪芹笑了笑说："老弟说的可是外行话啦，水源头儿的泉水固然也不错，与品香泉相比，那就不可同日而语了！"鄂比听了，摇摇头说："恐怕也不见得吧，一股泉水，都让你给说神了。"

一天早晨，鄂比先生又来邀曹雪芹到香山闲溜。雪芹写《红楼梦》正写到兴头儿上，不能相陪，就请鄂比顺便给带一壶品香泉的水来。

鄂比不负朋友的委托，把泉水捎回来递给雪芹。二人一边聊天，一边烧开了泉水，沏了两碗茶。曹雪芹刚喝了半碗，就把茶碗放在桌子上，问鄂比先生："这壶水是从哪股泉水打来的？"鄂比一愣，笑着说："这是品香泉的水呀！"雪芹一听哈哈大笑，说："老兄你真的开玩笑。你不要蒙我啦！这壶里盛的是两股泉的水，一半是水源头儿的，一半是品香泉的。"鄂比见雪芹说得那么肯定，就问："莫非你刚才没有写书，偷偷跟着我上山去了？"雪芹说："我这碗茶，上边半碗水清味儿正,是品香泉的水;下边半碗就逊色多了,是水源头的泉水。是你老兄捣鬼了吧?"

鄂比先生开的玩笑被雪芹看破,就如实地告诉了雪芹,他确实是先去水源头儿灌了半壶水,又到品香泉灌了半壶水,想试一试雪芹能不能品尝出来。他称赞雪芹说:"你真是茶仙再世,陆羽复生,不光有识别杜康的本领,还是一位品茶的高手啊!"

这个故事传出去,品香泉的水就出了名啦。远近的人都到香山来取水烹茶。有人还说:品香泉的水能医治百病,常年饮用还可益寿延年哩!后来乾隆皇帝也知道了,就在品香泉修建了一座小行宫,泉水被皇家独占了。乾隆住在紫禁城里的时候,也有一辆专门运送泉水的龙车,天天把品香泉的水,送到皇宫里去。香山一带的老百姓,谁也喝不上品香泉的水啦。

袁枚品茶

袁枚(1716~1797),字子才,号简斋、随园老人,浙江钱塘(今杭州)人,是清朝时期的诗人,著有《小仓山房集》《随园诗话》《子不语》等流传至今。

传说袁枚一生最喜欢饮茶,考中进士后,不愿做官,立意周游名山大川,品尝各地名茶。在游览浙江西湖,饮过龙井茶以后,他又到江西,登庐山,过湖口县石钟山,至婺源县饮过阳羡茶,赞不绝口,称为好茶。又从江西到福建,他一路风尘仆仆地到了武夷山,也不稍事休息,就沿着羊肠小道攀登幔亭蜂,凭吊了太姥、武夷君的遗迹;登上天游峰,站在双览台放眼望去,见云海出没在山谷峰岩之间,似觉成了神仙中人,怎么也不想离开了。

袁枚每到一处,不论是道观的道士,还是寺庙的和尚,看他谈吐风雅、仪表非凡,无不争相献茶,端出果品,殷勤招待。一次,在武夷山的寺庙中,袁枚急着要品尝一下武夷岩茶,以偿夙愿,可是接过茶杯一看,茶色太浓,叶片又大,第一个印象就不好,小试一口,苦得像喝药。他就放在一旁茶几上,再也不看一眼。几天来,他跑遍武夷山寺庙,饮的差不多都是一样的茶,在他临走的前一天,为此事专门拜访了武夷宫的道长。

这武夷宫，历史悠久，规模宏大，有房屋三百余间，周围的祠堂、庙宇、亭台有几十座。南唐保大二年元宗李璟的弟弟李良佐，就在这里修道，一住三十六年，死了葬在宫后面。宋朝有很多名人，像辛弃疾、陆游、朱熹等人，都曾经负责管理过武夷宫。袁枚进到宫中，道长亲自出见。袁枚见道长年逾古稀，俨然神仙中人，肃然起敬地起身相迎，告坐后，尝过童子献上的武夷岩茶，寒暄几句，问道："陆羽每次饮茶，都要满饮七大碗，还著有一部《茶经》，故此人称为茶圣。但他的著作，都没有提到武夷岩茶，不知何故？"

老道长领会到他提问的含意，没有立即回答，微微一笑，起身到书橱旁，抽出一部书回到原位，指着书上的诗句给袁枚看。袁枚忙起身接过书，根据所指，只见上面是范仲淹《斗茶歌》中的几句诗：

> 年来春自东南来，建溪先暖冰微开。
>
> 溪过奇茗冠天下，武夷仙人自古栽。

袁枚早已看过《斗茶歌》，今天再看，想到连日所尝过的武夷岩茶，觉得歌中的"不如仙人一啜好，泠然便欲乘风飞"有点言过其实，但在老道长面前，又不好直说，只是默不作声。

老道长望了他一眼，说道："武夷岩茶，没有见诸《茶经》，足见陆羽著书立说，态度严谨，非道听途说者可比。据蔡襄考证，陆羽就没有来过武夷，故没有提到武夷岩茶。蔡襄著的《茶录》，对武夷岩茶言之甚详，不知先生过目否？"

袁枚听了老道长一席话，既不表示赞成，也不表示反对，两眼望着老道长，一言不发。老道长知道，此人不是用言辞可以说服他的，便说道："先生如果嗜茶，不妨将老朽饮用的茶，请先生试一试，如何？"

袁枚一听，连忙起身，表示感谢。老道长命童子重新备茶，不一会儿，童子用精制茶盘，端出崇安遇林窑烧制的黑瓷茶具，杯子像胡桃，壶小如香橼。老道长持壶在手，满酌一杯，最多不过一两，请袁枚品尝。袁枚遵照老道长的吩咐，持杯在手，先闻其香，再试其味，一小口一小口地慢慢吞下，顿觉心旷神怡，和这几天饮的茶，大不一样。他又自酌一杯，先闻香，后试味，再慢慢吞下去，果然清香扑鼻，舌有余甘，精神倍增，疲劳顿消。他一连吃了五杯，才连声说："好茶，好茶！"他起身谢了老道长，又一连喝了三壶。老道长看袁枚嗜茶如命，一边捋着胡须，一边微笑。

袁枚说："不瞒老道长，袁枚唯一嗜好就是饮茶。天下名茶不少，看来龙井味太薄，阳羡少余味，和武夷岩茶相比，不过是水晶和玉之不同。武夷岩茶，享有天下盛名，真是名不虚传，名不虚传……"

老道长见袁枚赞美不已，就告诉他来武夷数日所饮之茶，那是招待一般游客用的。袁枚听了大笑不止。

袁枚第二天没有走，一直和老道长饮茶论道。

老道长称赞他："事必躬亲、态度严谨，当今之世，难能可贵！"

袁枚也笑着说："差一点失掉了这个机会，领略佳茗，实在令人高兴。"

袁枚住了三天，才和老道长依依惜别。

袁枚回到家中，还念念不忘武夷岩茶，对亲戚客人故旧称赞不已，在他有名的《随园诗话》食单章中写有："赏尽天下名茶，以武夷山顶所生、冲开白色者为第一……"

中国古代野史

太平天国野史

马昊宸⊙主编

线装书局

太平天國禮文

东王女为父报仇

天王洪秀全一天来到东王杨秀清的府中,杨秀清不但不出来迎接,反而口出大言,怠慢无礼。洪秀全只好低着头,以好言安慰东王,并答应自己要退位,把王位禅让给东王。但是,洪秀全一回到天王府,便立即召集众头目,在一起商议如何诛斩杨秀清,命令韦昌辉带兵在夜间围住东王府,杀戮一空,但唯独不见了杨秀清。第二天,在一个土穴上面发现了两只绣龙黄缎鞋,挖开土穴后,发现了杨秀清的尸体,就把尸体运到闹市中,斩首示众。洪秀全又把杨秀清的女儿收为宫女。后来,清兵攻克南京之后,到处搜寻不到洪秀全的尸体。忽然,有一个姓杨的宫女告诉出埋尸的地方,于是清兵掘出了洪秀全的尸体。洪秀全的尸体不用棺木,只用绣着黄龙的大被子裹着,于是清兵斩其首尸而焚之。清兵询问这姓杨的宫女,原来她就是杨秀清的女儿。

天王洪秀全雕像

天王诏谕

洪秀全以传教开始号众人,他告诉人们,天父名叫耶和华,生有四子一女,长子名叫耶稣,次子便是他自己,第三子和第四子分别是东王杨秀清和北王韦昌辉。一女即他的妹妹洪宣娇。之所以没有提到南王冯云山和西王萧朝贵,是因为洪秀全创立这种说法时,已经定都南京了,而南王和西王在这时都已经去世了。某年五月间,城中春粮歉收,恰好天又降大雾,洪秀全便颁下诏书说:"现在,承蒙天父耶和华降下甘露。因而从今始,大小文武官员以及军队士兵,一起吃甘露。"迷信可笑到了如此地步。另外,洪秀全在诏书中对自己所亲信的人,都有特别称呼,如称东王杨有和为"和甥",西王萧全福为"福甥",干王洪仁玕为"玕胞",侍王李世贤为"贤胞",辅王杨辅清为"辅胞",翼王石达开为"达胞",忠王李秀成为"秀胞",赞王蒙得恩为"恩胞",章王林绍璋为"璋胞",等等,不一而足。

天国王宫

太平天国的制度,称诸王所住的地方为"府",府外有两座辕门,三座大门,都高好几丈,门墙上全画有彩色龙虎。甬道中筑有高台一座,两旁悬挂着几十面金锣,有事便敲锣相告。门内不准男子进入,都用女侍者传递消息。肴馔酒浆,全从门外传进。天王的宫殿,用的是从前制军署的地方,在南京城北,雄伟壮丽更胜于它处。大门的牌匾上写着"荣光门"几个大字,另一大门的匾上的字为"圣天门",两座门内各有东西朝向房屋数十间。大殿前有一座牌坊,上下都雕着龙纹,饰以金彩。殿身尤其高壮阔大,梁栋都涂以赤金,画着龙凤,光耀射目,四壁用彩色画着龙虎狮象。正殿之中,有墙围起,中间凿一水池,池子数十丈见方,池中用青石砌成一条船,长约十多丈,宽五、六尺。池子的北面又有一座亭子,高好几尺。东王府稍逊于天王宫,旧府已经被北王韦昌辉在丙辰年放火烧毁,后来又给新袭位的年幼东王建了府第,名为"正九重天延府"。府后有花园,入门有亭子一座,亭畔有花椒树二株,树冠半亩见方,园中的花木草树繁盛,馨香可人。亭子往北,叠石为山,绵延不断。假山脚下,清泉环绕。各位王爷的府中,都有花园,垒石凿池,穷奢极丽;楼台亭榭,逶迤相属,都是役使掠来的工匠们建成的,而各个府上,各种女官仆佣充斥,一片声色狗马。

下诏求欢

天王洪秀全生性好色狡猾,在宫中无所不为。虽然身边有数十名宫女,仍不能满足他的贪欲,常常命令手下官员给他提供妇女。如有容貌秀美的女子献给他,就会受到大大赏赐,三个月中不能献上一个美女的,就处以死刑。曾下达诏书,内容是:

"即自今四周来朝,万方统一。东方贡大妹,西北献娇娃。太平天一统,天福尽堪夸。"

又有诏书下达,内容是:"你们姊妹休违拗,肯来欢是要好,受打受骂休悔恨,打是恩情骂是俏。"这份诏书是天王府中洪仁玕撰写的,很得天王称赞。用侯裕宽等人专门管束被掠来的妇女。若是已出嫁的,充当女头;未结婚的,充当妖女;是处女的,充当元女。一时之间,妇女中稍有烈性的,没有不悬梁自尽的。

特别称呼

天王对于下属各王,都有特别的称呼,用以表示他的亲切和信任。比如称东王杨秀清为和甥,西王萧朝贵为福甥。干王洪仁玕为玕胞,侍王李世贤为贤胞,辅王杨辅清为辅胞,翼王石达开为达胞,忠王李秀成为秀胞,赞王蒙得恩为恩胞,章王林绍璋为璋胞。上述这些仅仅是指一二级王而称呼的,如果再低等的,就不能够得到这样特殊的恩典。

开裆裤子

太平天国时期,宫中女官的服制,大致和宫外差不多。凡是穿皇缎子上面绣有龙图案的为上等,黄色次之,红色紫色的次之,青、蓝、黑三色又次之。只有女官才另外有缝裳、钮裳、开裳、散裳的区别,所谓缝裳,是裤裆虽然全缝死,但裤腿却是非常肥大;钮裳,则是裤裆不缝死,而钉上钮扣;开裳,就是开裆裤,散裳是裙子,散袍即是斗篷。遮腿,分为左、右、后三幅束在腰部,这是乘凉时穿的,这些是宫中女子服制的特色。

野蛮食品

天王每顿饭,必须得备有二十四种肉食,上文已经说过了。尤其可笑的是,每个牲体必须是全的,连头和脚也不许除去。牛羊虽然个头大,也必须整个放到一个大盆里,然后送上来。另外,牲畜或者禽鸟等做熟之后,仍然要把羽毛覆盖在上面,让人看上去如同活禽活兽一样,到要吃的时候,才叫侍人把毛皮等揭下去。这也是天王进食的趣谈。

瑶台点缀

太平天国的宫殿,虽说是草草造就,但宫中各殿,雕梁画栋,珠帘绣柱,极其考究。天王驾到,后宫的妃嫔们都跪在地上迎接。他乘的车子,前后用十六个人抬举着,红色的车轮,黄色的帘幕,色彩鲜明灿烂。天王经常光顾的地方是瑶台,台子占地面积约数十亩,台中有花草树木池馆,像平地一样。台阶一百二十级,六面都设有台阶,全用白色石头和美丽的矿石铺就,名叫白玉天梯。台上建有一个正殿,四个偏殿,每个殿的四角,各平行摆列着三座院落,共为十二院。掌管正殿的是徐妃,所以天王在瑶台,必定住地正殿,徐妃就受到天王的专宠了。

玉散香消

太平天国时,有个叫赵碧城的女子,原本是良家女子,长得丰姿秀美,年龄有十五六岁,在刺绣馆中任教师,享有针神之美名。与傅善祥有文字之交,善祥为她在东王面前周旋,因而使之得以保全名节。东王虽然好猎求美色,但是因为他喜欢傅善祥,十分相信她的话,况且碧城端庄高洁,东王知道她不能向自己献媚,所以并不去劝问她,而碧城也没有意外的忧虑事。凡是宫中的刺绣衣缎及各种屏帐坐垫,加上东府的衣裙服饰,没有不出自她手的。天王的妹妹洪宣娇曾经很喜欢赵碧城,想叫她拜为义女,碧城却一再推辞拖延,终究未如洪宣娇的心意,从此宣娇嫉恨在心,寻思要报复碧城。一天,碧城承蒙蔽恩宠被召进宫中密室,说是商量天王新制龙衣的事。洪氏惯例:用黄缎子绣上龙做成帝衣。当时正值庆祝天王生日之时,将要预备新式服装以向天王的家眷邀功,所以特意召碧城商议做法,碧城并不疑心。不一会儿,碧城面色愤怒,匆匆走出来,而且得到恩准,请假不来议事了。过了一天,锦衣使者率领捕役来,将刺绣之女尽数捕获投到狱中,说有大逆不道的案件被发现。众绣女都惊恐万分,不知所措。投到狱中后,又不立即传讯审问,这才感到牢狱里所受的苦,比在绣馆里更为严重。碧城以谋反领袖的罪名被单独押在东王府监狱,命令东王审问她,东王就命丞相审问她。碧城满口喊冤叫屈,声称并没有与她们串通的证据。善祥为她们向东王求情,大约碧城可以不定罪,而怀疑是其他绣女犯罪,于是将全部处以绞刑,案子已定下来了。突然中使传达命令告诉东王说:"王要保全这个妖女,固然是好生之心,但是按着她的实情,则万万没有丝毫减罪的道理。大王可曾听说过她的所作所为吗?"东王询问情况,中使说:"昨天有劳丞相上报实情,并得赃物一大堆,都是些锦绣的冠帔衮衣却有裂缝好让人观看的,天王惊问为什么这样做,一看才知道是一片片吴锦上,全染上血迹,不仅仅做鞋的衬垫,而且公然用妇女用的月经用物缝入衣里子中,而假装不知道,大概是将靠它驱除噩梦。事情被同馆人发现后,刑宫三天之内历数其党羽的罪恶事实,处以极刑的有两个人,绞死罚做苦役的数十人。案子已经审理定罪,不再更改,幸好东王不被她们所蒙蔽,叛逆以党徒罪大恶极,不可再让她活着了。"东王听说后,甚表同情,只是因为善祥的缘故,特意为碧城求情免死。中使返回复命,洪宣娇已先入宫得到了天王的恩准,督促执刑官即日将碧城和其余人等一齐处死,碧城仅获得降凌迟罪一等(凌迟是古代一种残酷的刑罚,也叫剐刑,先断四肢,再割喉处死),已身首分家了。东王大为恼怒,从此和天王的抵触日甚一日。

国学经典文库

中国古代野史

·太平天国野史·

图文珍藏版

祭天祈福

洪秀全起义传教开始,所以好制造一些邪门歪道,只有对祭天最为重视。每个月的初一和十五,宫中都摆设香烛,五更天就起床,洪氏亲自率领群臣对天叩拜祈祷,为万民求福。这一天,吃素而不动荤腥,不亲近女人,众大臣也如此照办。又用天晴或下雨来卜测吉凶,以为晴天则是天老爷高兴;下雨则是天公发怒;阴天是天公忧怒;刮风打雷则是天公大怒,必定要有不平常的灾祸发生。如果初一那天是晴或者是下雨,就是上半月吉凶的兆头;十五的天气好坏则决定后半月的吉凶兆头。本月的最后一天,必定又烧香上供,感谢上天,意思是承蒙上天保佑,这一个月能够平安度过。洪氏如此愚蠢,真叫人发笑。

空门匿迹

洪氏起兵后,就抢掠民间女子作为妃妾,不知有多少。有识之士论断:这是帝业不能成就的所在。洪氏的第三个女儿安宁公主,她的母亲本是大家闺秀,熟读诗书,深知礼仪。被洪氏抢来之后,几次寻死,都没死成。不久生下一女,即安宁公主。安宁公主虽然出生在军中,却端庄娴静,非常聪明,洪氏非常喜欢她。定都南京后,洪秀全自称天王,封女儿为安宁公主。当女儿长到十五岁时,平日里总是郁郁寡欢,常常以泪洗面。天王担心她,每月命人把那些娱乐的玩具送到公主面前,而公主面对这些东西,愈加神情暗淡。天王私下里问她因何不乐,公主说:"如今满人还没灭亡,天下没统一,正是皇上枕戈尝胆(即卧薪尝胆之意)的时候。皇上日效勤政,没有闲暇之时,然而大臣们却在朝廷内部吃喝玩乐,将军们在外面飞扬跋扈,民心离散,士兵疲软。由此看来,这并不是国家的福分。这是女儿之所以日夜忧虑的原因。小女观察当今的形势,如同抱着火放在柴堆之下,一旦火烧起来,势不可救。又像是小燕的巢穴坐在危幕上,却还自以为安全,殊不知顷刻之间巢穴就将倾覆。所以我为皇上考虑,目前应整顿军队,赏罚分明,整顿纲纪,收拢民心,以此来奠定亿万太平的基础。不然的话,白白地依靠半个东南江山,自以为无忧无虑,我是不信的。"天王听了这番话,一时似乎有所触动,但是终归不能改变他的老主意。公主知道他没有悔悟的决心,将来必定不会有好的结果,就屡次对天王说,她要出宫进山去修道。天王开始制止不让她去,到后来因她心诚,就随她的意了,不忍心扫她的兴。公主就带了她母亲同往清凉山的一座庙中修行,晨钟暮鼓,享清福去了。

甜露活人

洪秀全建都天京后,不能听从安宁公主的劝说,致使纲纪废弛,民心离散。不到几年时间,南京城内就渐渐宣告粮食用尽,而且长江上下,都被清军堵截,竟然成了坐等困境的局面。最初还向百姓搜刮,来供给宫中食用。一晃又是几个月过去了,民间也没有可搜刮的了。而清军相持不下,天王日夜忧虑,无计可施。忽然异想天开,向天祈祷,每天必定斋戒沐浴,登到坛上祈祷说:"上天赐给甜露,以拯救我天国的百姓!"甜露是什么呢?就是地上长的各种草。因此时的宫中,捕雀掘鼠充饥,食物已尽,不得已,才干这种迷信的勾当。一方面告谕百姓,都去采集甜露,一方面派宫人分头去拾草,又在宫中央开辟一大块地方,收所采到的草放到几个大盆里,煮熟捣烂,分给宫中人吃,起名叫承露场。宫人虽难以下咽,但不敢说一句话,只有强颜欢笑。否则的话,立即遭到杀头之祸,所以不敢说草难吃。

中国古代野史

洪宪野史

马昊宸⊙主编

线装书局

窃国大盗袁世凯

1.纨绔子弟

公元1857年9月16日,在河南省项城县袁寨村的袁保中家中,随着一声响亮的啼哭,一个男婴呱呱坠地。那清脆而又无比响亮的啼哭声,好似晴天中的一个响雷,使急切中的全家老小先是一惊,继之又雀跃起来,他便是在中国历史上曾经出卖过四万万中国人的卖国贼——袁世凯,其字慰庭,又称袁项城。

袁家是当地的大户,袁世凯曾祖父以上三代都是学富五车的大儒,因而袁家无论从哪方面讲,都是一个殷实而又儒雅的家庭。但是,袁世凯出生时,正值太平天国运动发展之时,从袁世凯的祖父开始,便"备守具,练乡团,以保护乡里",抵御农民起义军。那种儒雅的家风便多少有点变化,而这种变化,正好是培养纨绔子弟的极好温床,袁世凯便是在这种环境里长大的。

袁世凯

袁世凯的父亲袁保中是本县著名的地主豪绅,大办团练,与农民起义军为敌。其叔父袁保庆亦是靠办团练起家的,后由于镇压农民起义军有功,便由郎中升为道员。

袁保中先后娶妻两个,均姓刘,第一个夫人生子世敦后便病故。后又娶妾,生子世昌、世廉和世凯,可谓人丁兴旺。而其叔父保庆家则不然,袁保庆一妻两妾均不曾为其生下一子,袁保庆心急如焚却又无可奈何。或许是上苍怜其盼子心切,让袁世凯一生下来便缺奶,而袁保庆妾牛氏奶水却极充足。于是,袁世凯便被牛氏抱去喂养。牛氏与保庆特别喜欢,待之如同亲生儿子。保中见胞弟年近40尚无子嗣,又如此深爱世凯,便将世凯过继给保庆成为养子。

袁世凯过继到叔父家以后，深受宠爱。他聪敏、好强。6岁时，袁保庆便给他请了一位启蒙教师，袁世凯读书写字悟性也很高。但是，优裕的生活条件，使他很早很快就厌倦了这种苦行僧的生活，他学习极不用功。

1867年，袁保庆去山东做道员，袁世凯当时8岁随养父一块到山东，袁保庆又聘请了很有名望的秀才王志清作为袁世凯的教师。

两年后，袁保庆又调到江宁（今南京），袁世凯一直跟随到江宁，这时袁世凯已满10岁。袁保庆殷切希望袁世凯将来能通过科举取第，光宗耀祖，因而特地为其聘请了两位有名望的老师。同时，为了让其安心读书，把他的哥哥世敦、世廉也从家乡叫来，让他们共同学习，互相监督。但是，由于袁世凯自小过的是娇生惯养、寄生安逸的生活，加之保中、保庆兄弟俩对他的溺爱，即便是和两个哥哥一块读书，他也极不用功。时常逃学，不时结交一些少年无赖吃喝玩乐，游山玩水，放荡不羁。两位哥哥时常劝导，他全当作耳旁风，对养父也常常阳奉阴违。袁世凯毕竟不是一位简单的人物，在厌倦学习的同时，在另一方面却得到了极好的锻炼，以至于和他以后走上军旅生涯都有着极大的联系，那就是他热衷拳术，酷爱骑马，而且特爱骑桀骜不驯的烈马，并能自如地控制驰骋。此时的袁世凯尽管只有十三四岁，但是那种花花公子，纨绔子弟的作风已经完全形成。

1873年，袁保庆病死江宁，袁世凯随养母牛氏回原籍项城老家。后来，袁世凯的堂叔袁保恒回家探亲，见其游手好闲，无所事事，又恐其荒废学业，便将其同袁世廉一同送往北京，由另一堂叔袁保龄管教。袁保龄管教很严，为袁世凯聘请了三个老师，一个教写诗，一个教写字，另一人教写八股文。但袁世凯在堂叔和老师在时，尚能装模作样地看书学习，他们一旦离开，便开始打闹嬉笑。就这样，袁世凯学了一年多，文章尚不入门，但却对北京八大胡同的秦楼楚馆驾轻就熟。

1876年秋天，又是一次乡试开科。袁世凯从北京赶回河南应试，结果名落孙山，这一年袁世凯16岁。落第之后，其堂叔父袁保恒鼓励袁世凯，要他苦心钻研经史，致力于闱艺策论，以求下次乡试夺魁。但袁世凯通过这次科举考试，已明白自己不是坐冷板凳的料，落第的打击又使他意志颓废，无心再在八股文上猎取功名。袁世凯希望走其他道路，获得飞黄腾达的机会，不愿再受寒窗青灯之苦。不久，与于氏结婚。

1877年，河南遭受了历史上罕见的大旱灾。袁世凯的家乡项城，更是雪上加霜，又发生了蝗灾，一时间饿殍遍野，一片凄惨景象，有的地方甚至发生了食人现象。这时，袁世凯的堂叔父袁保恒被派往河南帮办赈灾。袁保恒上任之时，也把袁世凯带到省府开封，以便让袁世凯学点做官的本领，并帮助自己办点事情。这下可对了袁世凯的胃口，很快便熟悉了官场中的应付本领，且游刃有余，成为袁保恒的得力助手。但好景不长，1878年夏天，袁保恒病死。袁世凯将其堂叔父葬在陈州，自己也和妻子于氏在陈州袁家的一处房子居住下来。后来，由于家大业大，人口众多，无法共同生活，袁家便分了家。袁世凯在其养父的名义下，获得了一份颇丰的家产。从此，袁世凯过起了游手好闲的生活，整日里骑马试剑，斗鸡走狗，下棋赌博，甚至结交官府，仗势欺人。袁世凯本人虽胸无点墨，却喜欢附庸风雅，沽名钓誉。1879年秋天，袁世凯又参加了一次乡试，到头来仍名落孙山，使得袁世凯彻底丧失了信心。气愤之余，袁世凯慷慨陈词："大丈夫当效命疆场，安内攘外，乌能龌龊久困笔砚间，自误光阴耶!"决定投身军旅，以求发达。

1881年，一个叫吴长庆的人在山东登州主持海防。袁世凯的养父袁保庆是吴长庆父亲的救命恩人，吴长庆与袁保庆也是八拜之交。吴长庆为了报答袁保庆，便写信给袁世凯，要他去山东学习军旅之事。袁世凯接信之后，真是喜从天降，欢喜不已，便启程到了吴长庆军中，开始了他的军旅生涯，结束了浪荡不羁的纨绔子弟生活。

2.青云直上

袁世凯在军队当中，由于与吴长庆的特殊关系，很受重用。吴长庆对袁世凯也非常信任，处处关怀，让其帮办文案之事。

1882年7月，清政府的蕃邦朝鲜发生了"壬午兵变"，朝鲜请求清政府出兵救援。清政府立即派吴长庆率六营士兵，在水师提督丁汝昌率领的三艘军舰护卫之下,东渡朝鲜。袁世凯被吴长庆委派负责军需,并勘探行军路线。袁世凯大喜过望,他觉着自己到朝鲜可以建功立业,大出风头,并且可以看到异国风光,这一切对于年轻的袁世凯来说,无疑具有极强的吸引力。另外,出国征战,对于喜骑马试剑的袁世凯来说,更合其性格和胃口。这次出征朝鲜,也为袁世凯以后的升官发财创造了良好的契机。

说来事也凑巧,吴长庆率军乘船抵达朝鲜的南洋港后,命令一个营作为先锋,准备次日登陆。但这个营的长官说士兵不习航海,多数晕船,请求稍缓时日。吴长庆大怒,立即撤了那个营的长官之职,让袁世凯代理。袁世凯代理营长官之职后,表现得相当机智果断,在两小时之内把一切布置就绪,吴长庆大加夸奖。后来,清军登陆之后,由于纪律松弛,奸淫妇女、抢掠财物之事,时有发生,袁世凯觉得有损于大清体面,便向吴长庆做了报告。吴长庆大怒,指着袁世凯说:"你为什么不严办?"

袁世凯连忙回答:"我已发出命令,正法七人,现有七个首级在此,请大人验过。"

吴长庆听了非常高兴,夸奖说:"好孩子,好孩子,你真不愧名门之后!"由于袁世凯的聪明机智,令吴长庆刮目相看,便让其总理前敌营务处,专门负责整顿军纪事宜。在吴长庆的支持下,袁世凯执法毫不徇情,雷厉风行地处置了犯法的士兵,查办了一些管兵不严的军官,军队的纪律大为改观。吴长庆对袁世凯更加赏识,袁世凯也因此在军队中树立了自己的威信,就连吴长庆的一些亲近故旧军官,也惧怕袁世凯三分。

一切就绪之后,清军向朝鲜叛军发起攻击。袁世凯也参加了作战行动,并率领清军杀死几十名叛军。由于参加兵变的人员缺乏统一领导,全是乌合之众,所以在清军的攻击之下,纷纷作鸟兽散,兵变很快被平息。朝鲜国王李熙为感谢清军,设宴招待吴长庆等人,袁世凯也受到李熙的接见。对于袁世凯的表现,吴长庆给予了很高评价。他夸奖袁世凯"治军严肃,调度有方,争先攻剿,尤为奋勇",并上报李鸿章为其请功。不久,在李鸿章的奏保之下,清政府赐袁世凯花翎,并被提升为同知。

朝鲜的"壬午兵变"平息之后,清政府出于对朝鲜局势的考虑,让吴长庆驻军朝鲜,袁世凯也留了下来。从此,袁世凯成为吴长庆麾下的一员猛将,年仅24岁。这时,朝鲜国王李熙吸取兵变的教训,准备训练新军,拟请袁世凯为军事顾问。李熙亲自来到吴长庆的军营拜访,求借袁世凯。起初,吴长庆不答应,但在李熙的再三恳求之下,吴长庆只答应袁世凯替朝鲜兼练新军。袁世凯接受了朝鲜国王李熙的要求之后,便按照清军的规格草定制度,编选壮丁,又鉴于朝鲜王室地位的孱弱,他便先建立国王的亲卫军,其次组织镇抚军,以加强政府的地位。李熙对于袁世凯的一切措施感到极为满意,便敦请袁世凯移居朝鲜的三军府居住,以便就近指挥和督练朝鲜军队。

　　起初,吴长庆对袁世凯关怀备至,特别信任。袁世凯也感恩戴德,经常在家信中说:"吴帅相待日见加优,谏行言听,可感之至。"但随着袁世凯声望鹊起,日益活跃,吴长庆便与其关系日渐疏远,甚至怀疑袁世凯居心叵测,想夺自己的权。吴长庆态度的冷淡,使袁世凯心灰意冷,感到升迁无望,前途渺茫,希望调回国内,摆脱困境。其堂叔袁保龄与李鸿章之婿张佩纶过从甚密。于是,袁世凯便通过这层关系写信给张佩纶,并送了八件罕见的古物,想在李鸿章的北洋署内谋一位置。

　　1884 年 5 月,清政府令李鸿章加强东北边防。张佩纶便和袁保龄密谋,让李鸿章把吴长庆调回国内,主持东北边防。于是,李鸿章奏请朝廷让吴长庆率三营兵马回国,其余三营仍留驻朝鲜,以记名提督吴兆有统带,袁世凯总理营务处并办理朝鲜防务。这样一来,袁世凯实际上成了驻朝鲜清军的最高统帅,成为一个手握军权的实力人物。一朝大权在握,袁世凯便飞扬跋扈起来,认为自己有李鸿章作为靠山,从此便可青云直上。但朝鲜的局势并不稳定,一批亲日派官员在日本的煽动和诱骗之下,企图摆脱清政府的控制,成为与清政府并驾齐驱的独立自主的国家。终于在 1884 年 12 月 4 日,在日本的支持配合下,朝鲜的亲日派冲入皇宫之中,劫持了国王李熙,并准备废掉李熙,另立国王。这就是朝鲜历史上的"甲申政变"。"甲申政变"发生之后,袁世凯急忙率兵前往弹压,但王宫大门紧闭,袁世凯便上书李熙要求入宫护卫。劫持李熙的亲日派矫

国学经典文库 中国古代野史 ·洪宪野史· 图文珍藏版

诏不允,但朝鲜的亲清派官员纷纷向袁世凯求援。袁世凯一方面向李鸿章请示,另一方面又致书日本驻朝公使竹添,但日本公使不作回答。如果听任亲日派掌权,朝鲜就会摆脱清政府而投靠日本,袁世凯作为驻朝清军主要负责人,将难逃失职之罪。面对事态的进一步扩大,袁世凯身冒冷汗,唯恐自己好不容易取得的功名利禄化为乌有。于是,袁世凯便破釜沉舟,决定一战。当时驻朝日军人数远比清军要少,袁世凯也无顾忌,便率清军疾攻王宫。日军开枪射击,袁世凯命令还击,并包围了日军,亲日派官员逃跑,日本驻朝公使竹添也出走仁川。平息政变之后,李熙重新执政。

袁世凯在"甲申政变"中成为胜利者,心花怒放,欢喜不已,同时也大大助长了其政治野心。袁世凯上书李鸿章,要求清政府往朝鲜"特派大员,设立监国,统率重兵,内治外交,均代为理",至于其言外之意,监国大员非他莫属。李鸿章恐与日本失和,没有同意袁世凯的建议,这使袁世凯非常失望。但袁世凯并没有就此罢休,他竟自行搬进李熙的王宫,其住处与李熙仅一墙之隔,对李熙进行监视,并让李熙的各个大臣向他报告所奏之事,听他指挥,行监国大员之实。袁世凯洋洋得意之余,忘乎所以,竟私自挪用军饷抚恤被亲日派杀害的官员的家属,并要求李鸿章将这笔款项作为正当开支予以报销,遭到李鸿章的训斥,并让其赔偿这笔军饷。就在袁世凯快快不乐之时,日本政府致函清政府,反咬一口,指控袁世凯在"甲申政变"中肆意挑衅,引起中日冲突。清政府不明真相,便命李鸿章和吴大澂负责处理。经过商议,决定由吴大澂、续昌二人赴朝查办袁世凯。吴大澂、续昌到达朝鲜之后,袁世凯将事变经过书面呈报,并当面辩解。吴、续二人了解真相之后,未责备袁世凯,反夸奖他劳苦功高。但恐袁世凯继续住在王宫引起日本人猜疑,又寻找别的什么借口,便令其撤出,驻回清军大营。前后两件事情对袁世凯的打击,使他心灰意冷。就在袁世凯处境不妙之时,其养母牛氏闻知朝廷派人到朝鲜查办袁世凯,吓得卧床不起。于是,袁世凯以探母为由,向吴大澂告假回国。

吴大澂、续昌回京复命时,对李鸿章说袁世凯乃奇才,可大用。这时,袁世凯还在天津,尚未回老家探母,李鸿章便召见了袁世凯,让他仍回朝鲜任职,但袁世凯坚持回家探母,没有答应。后来,袁世凯又以驻朝鲜总理交涉通商事宜的身份出使朝鲜。在出使朝鲜的九年时间里,袁世凯在政治舞台上崭露头角,成为中外皆知的人物。但由于日本不断增加驻朝兵力,到1894年时,已超过驻朝清军人数,日本企图霸占朝鲜的野心已暴露无遗,并把枪口对准清军,战争一触即发。在这种情况下,袁世凯仓皇逃归。袁世凯逃归不久,日本海军在牙山口外海面突然袭击中国军舰和运兵船只,不宣而战,挑起战争。清政府被迫对日宣战,中日甲午战争爆发。

甲午战败之后。1895年2月,清政府派李鸿章前往日本办理投降事宜。这时的李鸿章已成为众矢之的,但袁世凯却对他毕恭毕敬。李鸿章在马关遇刺之时,袁世凯立即拍电报表示慰问。李鸿章与日本签订《马关条约》之后,舆论哗然。正在北京参加应试的举人康有为等人上书朝廷,要求废除和约,进行改良,挽救民族危机,这就是历史上有名的"公车上书"。甚至有的人提出杀李鸿章以谢天下,废约再战。李鸿章回国之后,呆在天津的家里不敢出来。袁世凯不避嫌疑,专程赴天津谒拜李鸿章,李鸿章夸奖了袁世凯一番,并答应保举袁世凯进一步升迁。就这样,袁世凯在李鸿章的卵翼之下步步高升,成为一个政治宠儿。

3.小站练兵

甲午战争失败,使清政府看到了洋枪洋炮的厉害,也显示出清政府旧有军队的腐败无能。于是,清政府各方面人士都深切地感到应当迅速改革旧军队,建立新军队。1895年初,清政府派胡燏棻到小站练兵,这支由胡燏棻训练的新军名为"定武军",并聘请德国人汉纳根担任教官。小站距离天津70里,原名新农镇,是天津到大沽这段铁路中间的一个小站,本来很荒凉,只因铁路修筑后才渐趋热闹,小站这个新地名也逐渐代替了原名——新农镇。后来,胡燏棻调任芦汉铁路督办,于是李鸿章、荣禄等人向朝廷推荐说:"袁世凯,朴实勇敢,晓畅戎机,前驻朝鲜颇有声望,……相应请旨饬派袁世凯督练新建陆军,假以事权,俾专责任,现先就定武十营,步队三千人,炮队一千人,马队二百五十人,工程队五百人以为根本,并加步队二千人,马队二百五十人,共足七千人之数。"袁世凯便以浙江温处道头衔在小站接管定武军,并改定武军为新建陆军,在原有四千余人的基础上扩充为七千人。从此,袁世凯利用手中的新建陆军,呼风唤雨,培植自己的势力,成为清廷之中继李鸿章之后的又一个实力派人物。

袁世凯自认为文武全才,但他毕竟缺乏军事知识,而且所选幕僚像徐世昌、唐绍仪等全是文人,因此袁世凯迫切需要一批军事人才。李鸿章曾经在天津创办过武备学堂,而荫昌曾为武备学堂的总办。于是,袁世凯便请荫昌推荐几名军事人才,荫昌向袁世凯推荐了武备学堂毕业的冯国璋、段祺瑞、王士珍和梁华殿。在荫昌推荐的四个人当中,梁华殿到小站不久,在一次夜间操练中,不慎失足跌落水中淹死,其余三人则成了袁世凯的台柱子。袁世凯在自己的新建陆军中,设有随营军事学校,分别步兵学堂、炮兵学堂,工兵学堂。他任命冯国璋为步兵学堂监督兼督操营务处总分,段祺瑞为炮兵学堂监督兼炮兵营统带,王士珍为讲武堂总教习兼工程营统带。这三人既要带兵,又兼管训练,很得袁世凯欣赏,人称"北洋三杰",也称其为龙(王士珍)、虎(段祺瑞)、狗(冯国璋)。同时,袁世凯还成立了新建陆军督练处,自任督练官。一切布置停当之后,袁世凯又认为清军的编制和组织机构陈旧过时,他便革新军制,参照西方模式,进行训练。清政府批准袁世凯在原有军队基础上,扩充为一万两千人,作为新建陆军的基本力量。其中步队八营,共八千人;炮队两营,共两千人;马队两营,共一千人;工程队一营,一千人,以步队为主,炮队为辅,马队巡护,工程队供临时调遣。

由于小站练兵完全采用新式方法训练,花去大量钱财,引起清政府中一些守旧人物的抨击,甚至有人上书弹劾袁世凯,说他练兵浪费国帑。于是,清政府派荣禄到小站详细检阅,同时考查训练情形。袁世凯也非同小可,他早已买通荣禄,甚至连慈禧的宠爱太监李莲英也被他买通,所以荣禄考查新军之时,袁世凯喜不自胜。荣禄见袁世凯的新军训练有素,成绩斐然,大加赞赏,对袁世凯更是刮目相看。荣禄回朝之后,在光绪皇帝和慈禧面前,说了袁世凯许多好话,两位最高统治者对袁世凯也留下了深刻的印象。

袁世凯通过在官场的跌打滚爬,深知有兵则有权的道理,所以他在训练之时，竭力把军队变为自己的私有武装。袁世凯曾亲口对张之洞说："练兵的事情"看起来似乎很复杂，其实也很简单，主要的是要练成'绝对服从命令'。我们一手拿着钱，一手拿着刀，服从就有官有钱，不服从就吃刀"。为达到让军队"绝对服从命令"的目的，袁世凯对于手下官员不惜金钱、地位和美女，使之效命于自己。袁世凯的属下有一个叫阮忠枢的，此人专管文案之事，在天津某妓院结识一名叫小玉的妓女，二人感情笃好，欲纳为妾。阮忠枢将自己的心思告诉了袁世凯，袁世凯以有碍于军誉为名，没有答应，阮忠枢只好作罢。事过之后，袁世凯却秘密派人将小玉从妓院赎出，并购置了房产和各种设施，然后带阮忠枢奔赴天津。阮忠枢不知何事，以为是什么军机大事，便没有多问。等他随袁世凯进入一个院落之时，见房中铺设异常华丽，堂上红烛高照，摆着丰盛的酒宴。及至进入屋内，只听人喊道："新郎官到！"阮忠枢更如坠云雾，正在他发愣之时，众位女宾从屋内搀出一俏丽佳人，阮忠枢定睛一看，方知是自己朝思暮想的小玉，这才恍然大悟。从此，阮忠枢对袁世凯感恩戴德，直至袁世凯死去。

对于士兵，袁世凯经常给他们灌输"事事以本督办为心"的思想，宣传个人迷信，并将自己的训词编成四言白话，令兵丁背诵。同时，袁世凯为让士兵效命于己，经常给他们宣讲封建伦理、升官发财的腐朽言论，并编成《劝兵歌》让士兵朗诵。歌云："为子当尽孝，为臣当尽忠。朝廷出利借国债，不惜重金来养兵。……打仗真奋勇，命不该死自然生……你若常记此等话。必然就把头目升；如果全然不经意，轻打重杀不容情。"除过对士兵思想进行束缚之外，袁世凯还常对士兵施以小恩小惠，如发饷银时亲自监督，严禁官员克扣等等，换取士兵的好感，士兵头脑中渐渐地只有袁世凯而不知皇帝为谁。

袁世凯训练出来的官兵，唯袁命是从，而且思想上都有对袁报恩的观念。名义上他们属于朝廷，实际上却同袁世凯有更浓烈的人身依附关系。特别是新军中的官员，他们为了追求个人的名利地位，后来都成为袁的亲信、心腹。袁世凯正是利用手中的新军，作为他自己的政治资本，最终成为中国近代史上一个风云人物。1897年7月，袁世凯因练兵有功，被晋升为直隶按察使，仍专管练兵事宜，从此他的官运亨通，逐渐走向权力之巅。

4.出卖志士

袁世凯在小站练兵之时，清政府内部却发生了一件重大的历史事件——"戊戌变法"。这次变法运动是由康有为、梁启超等人发起的，他们通过上书光绪皇帝，打动了年轻的皇帝的心，使其决心变法图强，不愿做亡国皇帝。1898年6月11日，光绪帝颁布"明定国是"的诏书，实行变法。诏书中说："数年以来，中外臣工讲求时务，多主变法自强。迩者诏书数下，如开特科，汰冗兵，改武科制度，立大小学堂，皆经再三审定，筹之至熟，甫议施行。惟是风气尚未大开，论说莫衷一是，或托于老成爱国，以为旧章必应墨守，新法必当摈除，众喙哓哓，空言无补……嗣后中外大小诸臣，自王公以及士庶，各宜努力向上，发愤为维，以圣贤义理之学植其根本，又须博采西学之切于时务者，实力讲求，以救空疏迂谬之弊。"

光绪皇帝的新政诏书，虽然一道接一道地颁布，但他并没有实权，他上有慈禧，下有军机处，外有手握军权的直隶总督。康有为虽是变法领袖，却只能在总理衙门章京行走，无法进入军机处。光绪皇帝感到行新政没有新人的帮忙，实在无法施展，于是下了一道手谕："内阁候补侍读杨锐，刑部候补主事刘光第，内阁候补中书林旭，江苏候补知府谭嗣同均着赏加四品卿衔，在军机章京上行走，参与新政事宜。"所有新政奏折都交他们四人审阅，所有新政谕旨都由他们撰拟，人们称之为"四京卿"，军机处的实权当时几乎全在他们四人之手。如果照这种形势发展下去，新政必然成功。

新政形势的朗然，使康有为等人产生了错觉，以为只要凭借光绪皇帝一道道诏书就可以成功。但以慈禧为首的顽固派，完全不理会新政诏书。特别是各省的督抚们更是老奸巨猾，他们尽管接到了新政诏书，却并不动手执行，坐观慈禧和光绪的这场政治斗争，到底谁胜谁负，这就使新政的执行效果大打折扣。后来，光绪皇帝为了杀一儆百，也曾罢免过顽固派官员。有一次，礼部主事王照上奏请求光绪游历日本，但礼部尚书怀塔布等人不肯上报，被光绪得知以后，便免去怀塔布等六个人的官职。怀塔布也不肯善罢甘休，便到慈禧面前哭诉，说光绪要把满人赶出朝廷,这下惹怒了本来就心存不满的慈禧。此后,光绪皇帝又撤去李鸿章的总理各国事务衙门大臣的职务。这样一来,清廷内务府的巨子们环跪在慈禧面前,泣诉光绪妄变祖法,欺压满籍旧臣,要求慈禧重新临朝训政,但慈德并没有立刻答应。这件事情过了不久,光绪皇帝在康有为的建议下,准备设立懋勤殿顾问官。当光绪的上谕送至慈禧处时,慈禧非但不同意,而且面色非常难看,并把上谕往御座旁一扔。慈禧和光绪的关系已陷入僵局,光绪皇帝也深感自己已陷入进退维谷的境地。

再说荣禄出任北洋大臣之后,就积极安排在 1898 年 9 月间于天津举行一次盛大的阅兵典礼,要恭迎光绪和慈禧驾临阅兵,并扬言要在阅兵之时罢黜光绪皇帝。当光绪皇帝闻知这一消息之后,曾激动地说:"朕誓死不往天津!"光绪皇帝与慈禧闹僵之后,荣禄突然调聂士成的军队 5000 驻扎天津,命董福祥的军队移驻北京长辛店。面对此种情形,光绪皇帝深感事态严重,便写了一道密谕,让杨锐转给康有为,要康有为等人"妥速密筹,设法相救",并说"朕十分焦灼,不胜企望之至。"

康有为接到光绪皇帝的密谕,急忙与林旭、谭嗣同、刘光第、杨锐等人商议,他们一时也竟手足无措,最后提了四条不切实际的对策。

(一)仿照日本设立参谋本部,使皇帝能直接统御军队,成为事实上的海陆军大元帅。

(二)索性革新得彻底,宣布改元为"维新元年"。

(三)迁都上海,以脱出太后和旧党的迫害。

(四)召见在小站练兵的袁世凯,因为他曾参加过强学会,现在正练新军,应该说是一个新政派的人,请皇帝在召见袁的时候,予以温慰,要他为皇帝效力,保护皇帝。

在四条对策当中,光绪皇帝选中了第四个对策。为什么光绪皇帝和康有为如此看中袁世凯呢? 这得从 1895 年谈起。

1895 年,就在康有为、梁启超在京鼓吹变法时,袁世凯一方面投靠顽固派,另一方面又恐变法派获胜之后,自己没有什么资本,便主动找康有为、梁启超拉关系,并把康有为的一份万言书递送给荣禄。就在这一年的8月,康有为在北京发起创立了爱国团体强学会,袁世凯也加入了这一团体,进行政治投机,并自愿捐款,还游说别人也进行捐款,为建立报馆、图书馆做准备。到了1898年3月,当维新变法的声浪日益高涨的时候,袁世凯也不甘落后,大谈维新变法。但袁世凯却非常狡猾,始终脚踩两只船,维新派人士受其迷惑,视其为同路人。加之这时的袁世凯手握兵权,维新派人士极力想拉住袁世凯,使其为维新变法效力。

光绪皇帝在选择了第四条对策之后,于1898年9月11日召袁世凯进京,并于16日在颐和园召见了袁世凯,对袁世凯温语慰勉,还详细地询问了军事情况。当光绪皇帝问袁世凯:"苟付汝以统领军队之任,能矢忠于朕否?"作为一个臣子,谁敢说不效忠皇上呢?袁世凯赶忙赌咒发誓:"臣当竭力以答皇上之恩,一息尚存,必思效忱。"袁退出后,光绪皇帝误以为袁世凯可以信任,便下诏嘉奖,命以侍郎衔专办练兵事务,并许其专具奏折,使袁世凯不再受荣禄控制。17日早晨,袁世凯入颐和园谢恩,光绪皇帝又一次召见了袁世凯。就在此时,顽固派又一次请求慈禧临朝训政,光绪知大事不好,立即写了一道上谕,要康有为等人逃离京城。康有为等人读罢上谕,感到朝廷将要发生重大变故,便把赌注压在袁世凯身上,以求最后一搏。

袁世凯这时在干什么呢?他自从来京之后,静观局势变化,又通过拜访李鸿章、奕劻等人,基本摸清了局势。袁世凯断定软弱的光绪和维新派必然失败,而以慈禧为首的顽固派势力强大,一定会胜利。于是,袁世凯决定彻底撕下伪装,倒戈一击。但他仍以维新派的面目出现,与维新派进行周旋,等探得他们的真实意图之后进行出卖,在慈禧面前立一大功。1898年9月18日,康有为、梁启超、谭嗣同等人商议勤王事宜,决定让谭嗣同至袁世凯处进行劝说,让其起兵救光绪,杀荣禄,陈旧党。这一天的深夜,谭嗣同来到袁世凯的寓所。袁世凯佯装镇静地迎接谭嗣同,二人坐定之后,谭嗣同便单刀直入地问袁世凯:"当今皇上是何等样人?"袁世凯说:"当然是旷代圣主。"谭嗣同又问:"天津阅兵要行废立之事,足下知道吗?"袁世凯回答说:"也曾风闻。"

说到这里，谭嗣同拿出光绪皇帝的密诏示袁，然后对袁世凯说："当前能救皇上的人，只有足下，足下忠义著于天下，又受皇上特达之遇。今值皇上有难，足下若能救则救，如果不愿意的话，"说到这里，谭嗣同用手摸摸自己的脑袋，然后接着说"可往报太后，谭嗣同的头颅可换足下的高位。"

　　袁世凯闻言，面色大变，慌忙解释说："足下把袁某当作何等样人？圣主是我辈共同拥戴的，足下与我同受圣主特达之遇，救护之责也是共同的，足下有何高见，某愿闻其详。"谭嗣同以严肃的语气对袁世凯说："传说荣禄奉太后密诏，预备趁天津阅兵之时，胁迫皇上退位，另立新君。荣禄所恃，惟足和董福祥、聂士成三支军队，他要行废立大事势必也赖此三军。董、聂二军如与足下新建陆军对抗，必非敌手，天下健者唯有足下。愚意以为，如果祸变发生，足下以新军压制董、聂二军，护卫皇上，驱逐旧党，整肃宫廷，这乃千秋大业，不朽的功劳。"袁世凯也同样以严肃的口气回答说："如果天津阅兵有变，皇上可移驾袁某营中，传谕杀贼，新建陆军必能受诏完功。"谭嗣同见袁世凯词恳意切，以为袁世凯已动心，但仍追问："荣禄待足下有恩，足下如何对付他呢？"袁世凯听了谭嗣同的问话，立即表现出忠义之情，回答说："荣禄待足下有恩，但救君父是公，荣禄之情是私，公私岂能两全，唯有奉公而忘私。"谭嗣同又说："荣禄有曹操、王莽之才，恐不易对付。"袁世凯慷慨陈词："若皇上在袁某之营，则诛杀荣禄如杀一狗耳。"袁世凯激昂的言辞，使谭嗣同以为自己的推心置腹、肝胆相照打动了袁世凯，便与袁世凯详详细细地商量种种细节。最后，袁世凯对谭嗣同说："现在袁某营中的枪弹火药都在荣禄手中，事情既然如此急迫，袁某必须先回天津做一番布置。"两人相互叮嘱一番，这时已是午夜，星斗满天，谭嗣同告辞而去。

　　9月20日，光绪皇帝再次召见了袁世凯，对其嘉勉一番。但袁世凯出朝之后，却又散布说："皇上若责我以练兵之事，我不敢不奉诏，若他事则非我所知也。"这些话已充分暴露了袁世凯准备叛卖维新派和光绪皇帝的狼子野心。就在当天晚上，袁世凯乘火车返回天津。袁世凯一下火车，即奔赴荣禄处，把谭嗣同的计划和盘托出。荣禄听了袁世凯的密报之后，深感事关重大，便立即入京向慈禧汇报了一切。慈禧听了荣禄的汇报，便于9月21日早晨，以迅雷不及掩耳之势发动了宫廷政变。这天早晨,慈禧乘銮舆直入光绪寝宫,把所有文件抢夺而去。光绪皇帝惊慌失措,战战兢兢地跪在太后面前,慈禧指着光绪皇帝恨恨地说:"我抚养你廿余年,你竟然听信小人之言要谋害我,你还有良心吗?"光绪皇帝面无人色,嗫嗫地说:"儿子怎敢?"慈禧说:"呸!痴儿,今日没有了我,明天还会有你吗?"接着,慈禧宣布重新训政,并把光绪皇帝囚禁在瀛台。

囚禁了光绪皇帝之后,顽固派便对维新志士大力捕杀。这时,康有为已于政变前逃离京城。梁启超躲进了日本使馆,后来在日本人护送下逃往日本。谭嗣同与侠士王五谋救光绪皇帝,没有成功。日本人劝他逃跑,他没有听从,说:"各国变法,无不从流血而成,今中国未闻有因变法而流血者,此国之所以不昌也。有之,请自嗣同始。"9月28日,谭嗣同、林旭、康广仁、杨锐、刘光第、杨深秀六位志士同时被杀害于北京菜市口,史称"戊戌六君子"。其余的维新派人士以及支持、倾向于变法的官员均遭放逐罢黜。变法宣布的各种措施,多被废除。这次变法从1898年6月11日至9月21日,前后共计103天,史称"百日维新",最终以失败告终。袁世凯在政变的过程中,充当了一个可耻叛徒的角色,当时社会上流传着这样一首歌谣:

"六君子,头颅送,袁项城,顶子红,卖同党,邀奇功。康与梁,在梦中,不知他,是枭雄。"

一针见血地指出维新志士的鲜血,竟然成了袁世凯的晋身阶梯。后来,袁世凯因密报有功,被慈禧赏可在西苑门内骑马,并乘坐船只拖床,官封工部右侍郎兼管钱法堂事。尽管如此,袁世凯的内心颇不自安,为了洗清自己千秋骂名,竟恬不知耻地写了《戊戌日记》和《自书戊戌纪略后》,结果欲盖弥彰,把自己的丑恶面目越描越丑恶。维新变法失败了,它的失败因素是众多的,但关键时刻袁世凯的叛卖行径,加速了它的失败。这一事件不仅是清末的大事,也是历史上少见的宫廷秘闻。正如林旭的一首诗中所说:

伏蒲泣血知无用,慷慨何曾报主恩。

愿为公歌千里青,本初健者莫轻言。

将袁世凯比作历史上的董卓,真是一针见血。袁世凯的丑恶嘴脸,将永远为正义者所不齿。

5.清廷重臣

"戊戌变法"失败以后,袁世凯因密报之功而飞黄腾达。1899 年 12 月,袁世凯官至署理山东巡抚。在他的巡抚任内,剿杀义和团运动非常卖力,却对洋人奴颜婢膝,一副洋奴丑态。袁世凯的军队前后杀死的团民,可以说不计其数。仅以其先锋队后路左营为例,1900 年 7、8、9 三个月,在海丰县南关一次击毙 100 多名;在阳信东门书院击毙 500 多名,生擒 50 余名;在蒲台县双台击毙 500 余名,生擒 200 余名;在滨州小范家击毙 120 余名、生擒 30 余名;在盐山击毙 210 余名,生擒 27 名。这仅是有据可查的一部分,据估计,山东全省被杀团民约在数万人。由此看来,袁世凯对义和团民众欠下了累累血债,是一个不折不扣的杀人如麻的刽子手。

广大的义和团民众,对于袁世凯的屠杀义愤之至,恨入骨髓,人人皆欲得而杀之,食其肉,寝其皮。他们到处散发揭帖,骂他为"袁奸雄""卖国贼",甚至有人还编了"杀了袁鼋蛋,我们好吃饭"的歌谣,在民间广为流传。有的团民还在巡抚衙门的墙壁上画了一个头戴红顶花翎的大乌龟,奴气十足地趴在洋人屁股后面,以泄心头之恨。

当慈禧下令对外宣战之后,命令各省督抚招集义民,与官兵一起御敌。但袁世凯拒不执行朝廷命令,继续对义和团进行剿杀。后来,八国联军攻陷天津,清政府命袁世凯速援,袁世凯却授意部下,始终迟滞不前,作壁上观,而且欺骗朝廷说,军队早已北上驰援,未敢有丝毫延缓。当八国联军逼近京城之时,清政府又一次下令各路援军加紧北上,并特命袁世凯接济军火,加派军队,以保卫京城完全。袁世凯仍然无动于衷,并且上奏朝廷说:"自津郡不守,游匪溃勇勾结土匪,多持洋枪,时来窜扰,几于防不胜防。……半月以来,已觉疲于奔命,左支右绌。"借口抽不出兵力拒不出兵,但袁世凯又恐朝廷日后怪罪,又虚情假意地说:"京师天下根本,现值军情紧急,奉诏出兵,……中心焚灼,莫知所措。可否仰恳天恩俯准,俟将郑家口及平阴两股土匪办理稍有就绪,再抽拨队饬令迅即北上之处,出自鸿慈逾。"面对列强的入侵,袁世凯置民族大义于不顾,一味安内,其丑恶面目暴露无遗。

1900 年 8 月 14 日,八国联军攻陷北京,慈禧出逃。袁世凯唯恐慈禧追究自己,心中十分害怕。为了消除慈禧的疑忌,对出逃在外的慈禧非常恭顺。这时的慈禧惶惶如丧家之犬,急急如漏网之鱼,由于出逃时非常仓促,什么也没有来得及带,有时不得不忍饥挨饿赶路,路途的颠簸使昔日的太后威严丧尽。但慈禧仍没有忘记袁世凯,急令其筹款接济。这正是袁世凯梦中所求之事,这样可讨慈禧欢心,又可消释缓兵之罪。于是,袁世凯便截获安徽、江苏运往北京的饷银 16.6 万两送给慈禧。后来又派人送去 21 万两白银、200 匹贡缎以及大量食物。得到袁世凯接济的慈禧,心中大悦,并命袁世凯派军保卫,袁世凯也立即照办,没有丝毫怠慢。

《辛丑条约》签订之后,八国联军撤出北京,袁世凯便立即派部下姜桂题前往京城,准备迎接慈禧銮驾回京,并且肃清京城一带的混乱局面。慈禧闻知大喜,夸奖袁世凯忠心耿耿。袁世凯不但对慈禧百依百顺,而且还与张之洞、刘坤一合筹 2.5 万两银子,接济留京和随慈禧出逃的官员,以取得他们的好感。袁世凯在错综复杂的局面中,应付自如,得心应手,不但取得慈禧的好感,疑云消散,而且博得了朝中大臣一片赞誉,并且送给袁世凯一个"才堪应变"的美名。

1901 年 11 月,李鸿章病死。同月 7 日,清政府任命袁世凯署理直隶总督兼北洋大臣,袁世凯终于爬进了封建统治集团的行列,成为一名举足轻重的大臣,一时间声势显赫,炙手可热。袁世凯之所以能够爬得如此之快,除过其他原因之外,其中最重要的一条就是袁世凯手握重兵。清廷的其他军队,如聂士成的军队在与八国联军作战中全军覆没,荣禄的亲军也已解体,董福祥的军队护送慈禧至西安后也已解散。只有袁世凯的军队完整地保存了下来,在此种情况之下,慈禧回京后的京城防务还要依靠袁世凯,李鸿章死后出现的权力空缺,便非袁世凯莫属。

1901 年 10 月,慈禧带领出逃至西安的官员起驾返京,到 12 月下旬方才进入直隶境内。这时的袁世凯由于天津还在洋人之手,他便至保定任职。当袁世凯得知慈禧返京的消息后,便派人拟就了《直隶大差章程》,做好了迎接慈禧的准备。并且把保定行宫布置得富丽堂皇,光彩夺人。为了表示自己的恭顺,袁世凯亲自到省界迎接慈禧。慈禧便在顺德府、内邱县两次召见袁世凯,夸奖袁世凯的忠心。1902年1月3日,慈禧到达保定,停留了3天,在这3天的时间里,袁世凯极力奉迎慈禧,深得慈禧的赏识。后来,袁世凯随慈禧的大驾亲自护送其回京,慈禧高兴之余,赏赐袁世凯黄马褂、紫禁城骑马。

就在慈禧大驾回京之时,直隶广宗县发生了以景廷宾领导的起义,并与部分义和团民众联合,提出"扫清灭洋"的口号。他们抗击清军,进攻教堂,杀死法国神甫罗泽博,周围20多个县的人民奋起响应,起义队伍迅速壮大。洋人认为这是义和团重起,要求清政府剿灭。刚刚回京的慈禧,早已被洋人吓破了胆,再也不敢惹怒他们,便急令袁世凯从速剿灭。在袁世凯的残酷镇压之下,起义失败,景廷宾被俘。袁世凯为讨洋人欢心,竟然下令将景廷宾押解至法国神甫罗泽博被杀之处,凌迟处死。慈禧见袁世凯极力替朝廷卖命,便于1902年6月将署理直隶总督兼北洋大臣改为实授。

袁世凯这时身为朝廷重臣,深知军队的重要性,便在原来军队的基础上,继续增练新军。到1905年之时,已练成6镇(相当于后来的师)新军,使袁世凯手中的兵力增至8.9万人,成为地方上实力最为强大的军阀。而且袁世凯的军中官长全是袁世凯的嫡系亲信,北洋派军人自成一个体系,犹如一个独立王国,其他势力根本插不进去。

袁世凯虽然手握重兵,却非常小心谨慎,他深知慈禧异常专制,便竭力讨好,以其为靠山。袁世凯搜刮民财,不遗余力,然后把搜刮来的钱物上贡朝廷,供慈禧挥霍。他甚至连同僚也不肯放过,有一次,袁世凯秘密派人到天津几大票号(银行)搞清了朝中官员的存款,共计100万两白银。然后,把那些存款的官员召到一起,虚情假意地说:"天津的票号真是可恶,他们竟然用诸位大人的名义招摇撞骗。为了惩戒他们,我已把这些冒名顶替的存款暂时借用了。"那些存款的官员哑巴吃黄连,有口说不出。袁世凯得到这一笔款子之后,隔三岔五地上贡财物,慈禧大喜过望。

袁世凯不仅竭力奉迎慈禧,他还拉拢满族亲贵,特别是对庆亲王奕劻,袁世凯死死拉住不放。一次,袁世凯闻知奕劻要出任首席军机大臣,便立即送去10万两银票,并恬不知耻地说:"区区数目,只供王爷作零花之用。"后来,无论是庆亲王夫人生日,还是小姐出嫁,所需费用,全都被袁世凯预先垫付,不费王府一分一文。庆亲王奕劻也时常向朝廷说袁世凯的好话,二人关系日渐紧密。袁世凯为了探知内廷消息,他便巴结慈禧最为宠信的太监李莲英,就连地位较低的太监马宾廷也极力奉迎,极尽卑鄙之能事。有一次,袁世凯至颐和园,马宾廷从中出迎,袁世凯急忙上前,向马宾廷跪单腿请安。一个堂堂的封疆大吏,竟然下跪向一名太监请安,实乃亘古未有的奇事,也可以看出袁世凯的无耻用心。即使对那些无名太监,袁世凯也拉拢备至,每次入朝,他身上总带着数张10两、100两银票,审时度势及时送出,使他对朝廷内的消息了如指掌,以便及时调整策略,见风使舵。袁世凯凭借这些手段,每每入朝言事之时,必合慈禧心意。

就在袁世凯宦海顺利之时,朝廷外面的形势发生了巨大的变化,革命党人的排满运动日益扩大,立宪思潮逐渐兴起。在清廷内部,有相当一部分满族亲贵疑忌之心渐重,对汉族官僚也不甚信任,首当其冲的便是袁世凯。于是,一些满族亲贵把袁世凯看作一个危险人物,极力想削去袁世凯的权柄。特别是1906年秋天,清政府在河南彰德举行了一新军秋操大演习,袁世凯和满族亲贵铁良任阅兵大臣。铁良、良弼两个亲贵看了北洋军的训练情况之后,疑惧心理陡增,排袁之心愈切。

袁世凯为人非常机警,他看出满族贵胄对自己极为不满,而他自己这时也不敢与清政府抗衡,便在彰德会操之后主动向清政府奏请调整军事指挥权,建议把自己的第一、三、五、六镇的兵权归兵部大臣直接统辖,只留下驻扎直隶境内的第二、四镇的兵权,以训练为理由,请仍由直隶总督统辖。袁世凯在紧要关头,他自己主动交出大半数以上的兵权,使得反袁之人无话可说,取得了慈禧的更加信任,庆亲王奕劻也极力支持袁世凯,而且袁世凯手中还握有两镇兵权。清廷为了安慰袁世凯,决定补授袁世凯长子袁克定为农工部参议。尽管袁世凯用尽心思去应付满族亲贵的猜忌,可是排汉的满族亲贵对他仍不放心,尤其是对他仍握有兵权很不放心。为了解除袁世凯所有兵权,便借故解除了他的直隶总督一职,补授他为军机大臣兼外务部尚书。在任命袁世凯为军机大臣的同时,又任命湖南总督张之洞也为军机大臣。军机大臣在清末虽是枢臣地位,但对袁世凯来说,这种调升实是解除他的兵权,是一种削权的举措,袁世凯心明如镜。

袁世凯奉命入朝,对于军机大臣一职坚辞不受,朝廷当然不会批准,他也只好就任。这时的首席军机大臣是庆亲王奕劻,他和袁世凯关系比较亲密,加上慈禧仍对袁世凯宠信不衰,袁世凯在军机处还站得住脚,但他和张之洞不很融洽,二人关系很僵。袁世凯任军机大臣兼外务部尚书大约一年半的时间,这期间是袁世凯一生中最没有成就的时期。

6.归隐洹上

随着立宪呼声的高涨,清政府为了敷衍求变的潮流,乃同意君主立宪,立宪之前先派了五个大臣出国考察,搜集资料。五大臣出国考察分为两途:一是由载泽、李盛铎、尚其亨前往日本、英国、法国、比利时等国;一是由戴鸿慈、端方前往美国、德国、意大利、奥地利等国。可是这些大臣并不懂国际知识,也不懂各国宪法,于是随五大臣出访的熊希龄出了个主意,请杨度捉刀代笔起草考察报告,后来梁启超也参与了报告的起草。

1906年8月,五大臣出游归国,并把考察报告呈给清政府,同声奏请实行宪制。于是,清政府召开御前会议,同意了考察报告,并颁布了预备立宪的诏书。就慈禧本人而言,她宁死也不愿见宪政这两个字,所以她只是勉强同意“预备立宪”。1908年,清政府根据杨度主持编就的宪法大纲,公布预备立宪期为9年。

袁世凯在戊戌政变时和维新派结下了血海深仇,他后来的地位也可以说是戊戌六君子的血换来的。但这时立宪已成为潮流,甚至极端仇视新政的慈禧也不能正面反对,袁世凯面对此种局面,不得不改弦易辙。于是,袁世凯极力拉拢杨度做自己的幕僚,做出热心推进宪政的姿态,俨然成了倡行宪政的领袖人物。对于实行宪政,满族亲贵是极力反对的,袁世凯便请庆亲王奕劻向慈禧建议:行宪乃清王朝万世一系的可靠保证,同时借此可以缓和革命危机,转移全国视线,因此最好由清政府延请几个精通宪法的专家,在颐和园向满族亲贵讲宪法可以救国的专题,只有让他们懂得这个道理,才不会反对立宪。慈禧接受了这个建议,袁世凯便推荐杨度做讲师,在颐和园开讲立宪可以救国的道理。尽管杨度鼓动自己的如簧巧舌,最终也没有说服满族亲贵。

就在清政府预备行宪之时,已是风烛残年的慈禧病情加重,与慈禧不和的光绪皇帝也正期待着这一天早日到来,希望慈禧寿终正寝之后自己重新掌权执政。袁世凯对于这一点非常恐惧,他死命地抓住北洋军,巩固自己的地位,以防万一。但不幸的是,光绪皇帝也大病不起,清廷为防备万一,准备为光绪皇帝立嗣。在立嗣问题上,袁世凯极力支持立庆亲王奕劻的长孙为嗣,这样自己可以利用与庆亲王的关系,巩固自己的地位,但袁世凯的计划没有得到慈禧的赞同。慈禧虽然不喜欢光绪皇帝,但她和醇亲王奕𫍽一家人的关系非常密切,因为她的亲妹妹嫁给了奕𫍽。奕𫍽的儿子一个是光绪皇帝,一个是载沣,载沣继承了醇亲王的王位,所娶的夫人是慈禧的亲信荣禄的女儿。慈禧为了这种私情,便决定立载沣才三岁的儿子溥仪为嗣。1908 年 11 月 13 日,光绪皇帝病危,慈禧下懿旨,授载沣为摄政王,命其将年仅 3 岁的溥仪抱到宫内教养,在上书房读书。至 14 日,朝廷宣布年仅 38 岁的光绪皇帝驾崩,立溥仪为嗣皇帝,入承大统。不久,慈禧也因痢疾死去。

关于光绪皇帝之死,历史上有种种说法,代表性的说法有两种:一说慈禧在垂危之时叫人先谋害了皇帝;一说是袁世凯害死了光绪,据传光绪吃了袁世凯送去的一剂药之后,才丧命的。但这些仅是传闻,谁也无法证实其真实情况。还有一个传说,当病中的光绪皇帝听到自己的亲兄要成为摄政王,不禁面露笑容,于是便秘密地写了一字条给载沣,上面只有四个字:"杀袁世凯"。

且不论上述传说是否真实,有一点则无可置疑,那就是袁世凯在载沣被任命为摄政王之后,其内心非常不安,唯恐载沣为兄报仇。于是,袁世凯为求得载沣的原谅,竟以国家需立长君为由,建议载沣自己做皇帝。可是,袁世凯的这个建议非但不被载沣接受,反而却召来一顿很严厉的训斥。袁世凯无法,便佯称足迹请假到天津小住。

　　载津摄政之后，一方面为避免大权旁落，另一方面为替皇兄报仇，便筹划诛杀袁世凯。这时康有为也上书摄政王，强调光绪之死乃袁世凯所为，请"杀贼臣袁世凯"。于是，载沣召见满汉军机大臣宣示先帝遗诏，准备杀袁世凯。这时，张之洞却跪在地上连连叩头，以"国有大丧，不宜诛戮大臣"为由表示反对，庆亲王奕劻也随声附和。为此，载沣密电征询北洋系的几个军事长官的意见，吴凤岭、赵国贤回电答复说："请勿诛袁，如必诛袁，则先解除臣等职务，以免兵士有变，致辜天恩。"大臣们的反对与可能发生的兵变，使载沣打消了诛袁的念头，袁世凯也得以漏脱被诛杀的命运。诛杀袁世凯的计划流产之后，载沣以嗣皇帝溥仪的名义降旨说："军机大臣外务部尚书袁世凯，夙蒙先朝擢用，朕登基之后，复与殊赏，正以其才可用，使效驰驱，不意袁世凯现患足迹，步履维艰，难胜职任。袁世凯着即开缺，回籍养疴，以示朝廷体恤之意。"

　　袁世凯在天津接到圣旨之后，急忙与英国驻清公使朱尔典取得联络，他们二人关系极为亲密。朱尔典闻知袁世凯的境况之后，向袁世凯拍胸膛表示愿意担保他的生命安全。于是，袁世凯怀着沉重的心情由天津返回京城，向皇帝谢恩并辞行。权势显赫的袁世凯竟在几天之内变成了丧家之犬，仓皇告别京城。临行之前，袁世凯把他在北京新购置的价值30万元的府学胡同私宅，赠送给了段祺瑞。

　　袁世凯离京之后，回到老家河南项城。1909年，又隐居彰德府北门外的洹上村。洹上村有一座天津人何氏的别墅，袁世凯将其购买下来，并进行装修，题名"养寿园"，并自号"洹上钓叟"，表现出一副闲云野鹤的姿态。每日里，袁世凯饮酒赋诗，游山玩水，借以消除清政府之中满族亲贵的疑忌。实际上，袁世凯对朝廷的动静了若指掌。他任北洋大臣时的亲信冯国璋、段祺瑞和其他将领们，经常秘密来到彰德，向袁世凯报告情况，请示办法。袁世凯则以非常亲密的态度接待他们，临别之时还要赠上十分丰厚的路费。另外，袁世凯的老友徐世昌在袁归隐之后，并没有受到影响，反而红极一时，竟升任内阁协理大臣（相当于副内阁总理的地位）；袁世凯一手提拔的赵秉钧这时出任民政部侍郎，掌管全国警察和特务;袁世凯的长子袁克定也出任邮传部丞参,这些人都与袁世凯保持密切的联系。甚至内阁总理大臣庆亲王奕劻、陆军大臣荫昌这些满族亲贵,也与袁世凯时时联络,再加上各省督抚大员中也有许多是袁世凯的亲戚故旧。这样一来,袁世凯虽然归隐,却拥有极大的政治潜在势力。袁世凯在等候、盼望、焦急之中,阴郁地度过了两年多的归隐生活。但是,就在袁世凯归隐期间,革命党人起义不断,清王朝摇摇欲坠,为袁世凯日后东山再起,创造了良好的氛围。

7.重新出山

1911年10月10日,武昌起义爆发,革命党人迅速占领武汉三镇。当这一消息传至袁世凯隐居的洹上村时,袁世凯正在为自己的寿诞大摆酒宴,他立即叫人撤去宴席,让众位宾客畅谈国家大事。但袁世凯却一言不发,只是紧锁双眉,急急思索,渐渐地他露出了微笑。宾客问袁世凯有何高见?袁世凯未置可否,但他内心却喜悦异常,感到自己梦寐以求的出头之日就要到来了。之后,袁世凯进行了一番布置,向内阁总理大臣奕劻孝敬了一笔数目不小的款子,然后眼望北京,静候佳音。

革命党人一举攻克武汉三镇的消息传至北京之后,清政府上下大骇,人心惶惶,慌忙派陆军大臣率两镇陆军南下征讨,并电令海军提督萨镇冰率军舰会同长江水师往援。荫昌所率军队系袁世凯的北洋军,冯国璋也在南下征讨的行列。就在荫昌率军南下之时,冯国璋秘密来到洹上村,向袁世凯请示策略,袁世凯给冯国璋写了六个字:"慢慢走,等等看。"这样一来,征讨军便以极缓慢的速度向前进发,荫昌急得没有办法,只好留在北京。

身在洹上的袁世凯这时翻手为云,覆手为雨。一方面宣称自己赞成君主立宪;一方面又和汪精卫密切往来,暗中表示赞成革命。忽进忽退,扑朔迷离,就连热切盼望袁世凯出山的北洋派,也无法捉摸,只觉得隐居两年多的袁世凯行事不大对头。杨度将这一看法告诉袁世凯,袁世凯竟然仰天大笑,并说:"杨度啊,你也是聪明之人,怎么不懂得我的意图呢?你知道拔树的办法吗?专用猛力去拔，是无法把树根拔出来的，过分去扭，树一定会折断。只有一个办法，那就是左右摇撼不已，才能把树根的泥土松动，不必用大力就可以一拔而起。清朝是棵大树，还是棵300多年的老树，想要拔这棵又大又老的树木，不是一件容易的事。闹革命的，都是些年轻人，有力气却不懂如何拔树；闹君主立宪的，懂得拔树却没有气力。我今天的忽进忽退就是在摇撼大树，现在泥土已经松动了，大树不久也就会拔出来的。"

清政府面对严峻的形势，加上内阁总理大臣奕劻又受了袁世凯的贿赂，奕劻便与徐世昌、那桐等人向摄政王载沣提议重新起用袁世凯。但载沣对袁世凯充满仇恨，一听说要起用袁世凯，便把奕劻等人申斥了一顿。受到训斥的奕劻不上朝议事，那桐也以辞职相要挟，无奈前方军情急如水火，必须立即处理。载沣无法，只得将他们请来重新计议。奕劻这时进一步阐明起用袁世凯之由："此种非常局面，本人年老，绝对不能承当。袁世凯有气魄，并且北洋军队都是他一手编练，若令其赴鄂剿办，办操胜算，否则畏葸迁延，不堪设想。洋人那边也说此等局面非袁世凯不能收拾。"载沣仍不放心地说："你能担保没有别的问题吗？"奕劻回答："这个不消说的。"素性懦弱，毫无主见的载沣见奕劻坚持甚力，自己只好屈从他的意见。

武昌起义爆发的第三天，清廷正式起用罢黜已两年多的袁世凯，任命他为湖广总督，同时命其兼办剿抚事宜。袁世凯想钓到更大的鱼，对这一任命极不满意，便以足疾未愈为由，推辞了湖广总督的任命。内阁总理大臣奕劻接到袁世凯的推辞电之后，急忙派协理大臣徐世昌微服前往洹上村访袁，袁世凯与徐世昌秘密计议一番之后，袁世凯对徐世昌面授机宜，然后徐世昌返回京城。

返回京城的徐世昌假装非常生气的样子，哭丧着脸对奕劻和满族亲贵们说："老袁真是不知好歹，他竟然提出条件，说要他干未尝不可，可必须听从他的意见。我看还是叫荫昌赶快赴前线吧，没有袁世凯不见得就不能打仗。"奕劻听了徐世昌的话，便问袁世凯有什么条件，徐世昌这才支支吾吾地说出了袁世凯的六个条件：(一)明年(1912年)召开国会；(二)组织责任内阁；(三)开放党禁；(四)宽容革命党；(五)授以指挥前方军事的全权；(六)保证粮糈的充分供给。袁世凯的这六个条件意图利用革命党对付清王朝,再留着清政府对付革命党,而自己则依靠北洋军,坐收渔人之利。

当袁世凯的六个条件一公布,清政府内的要员竭力反对。但随着前方战事的危机,清政府急忙命荫昌南下督战。袁世凯早就算定了清政府不会一口气接受他提出的条件,于是他又一次暗中命令北洋军将领按兵不动,不听荫昌的指挥。荫昌南下后,北洋军全部停留在信阳和孝感之间,兵车阻塞不通,荫昌的号令完全不起作用,只落得在孝感满头大汗,跳着骂人。但革命形势并没有停止发展,武昌起义之后湖南、陕西率先宣布独立,接着便是江西、云南、上海等地纷纷宣布独立。面对革命形势的发展,惊慌失措的清政府不得不向袁世凯做出更大让步,解除了荫昌的职务,派袁世凯为钦差大臣,节制冯国璋、段祺瑞的军队以及水陆各军。袁世凯被起用之后,依旧呆在洹上村,发号施令。袁世凯秘密指示北洋军将领,要给革命军一点颜色看看,于是汉口的革命军便受到前所未有的猛烈进攻。并且由于革命军前敌总指挥张景良叛变通敌,放火烧了弹药辎重库,军心大乱,致使北洋军乘势占领汉口。身在洹上村的袁世凯露了一手,一方面给清政府尝到了一点甜头,一方面也给革命军看了一点颜色。对袁世凯来说,钦差大臣和前方的军事指挥权仍然不过瘾,他要在这场鹬蚌相争的局面中坐得渔翁之利。因此,袁世凯仍然呆在洹上村养他的所谓"足疾",饮酒赋诗,一副闲情逸致的姿态。但就在这时,山西太原新军起义,巡抚陆钟琦被杀。屯兵滦州的第二十镇统制张绍曾联合其他将领电奏清政府,提出迅速召开国会,改定宪法,组织责任内阁,皇族永远不得充任内阁总理大臣、国务大臣,对于政治犯一律特赦并录用等 12 条要求。并致电武昌革命军,表示不督师南下与民作战,还扣留了清政府运往湖北的一列军火车。这两件事情都发生在 1911 年10 月 29 日,载沣闻知,惊惧交加,准备携溥仪逃往热河承德。

面对清政府土崩瓦解的局面,袁世凯唯恐失去手中可玩弄的工具,呆在洹上村的袁世凯再也坐不住了,于 1911 年 10 月 30 日离开彰德南下督师,并电阻清政府逃往热河。10 月 31 日袁世凯抵达信阳,荫昌向袁世凯让权;11 月 1 日,袁世凯抵达湖北孝感。这时,清政府见袁世凯重新出山,方才安静下来。内阁总理大臣奕劻见袁已出山,便奏请辞职,其他国务大臣也接着辞职。清政府批准了他们的辞职请求,然后授袁世凯为内阁总理大臣,命其来京,着手组织完全内阁,其原来所领赴湖北各军及长江水师,仍归其节制调遣。袁世凯接到任命诏旨之后,脸上露出狡狯的微笑,但又故意致电奏请辞谢。载沣知其在故意做作,没有允许,再三促其早日进京。这时,袁世凯不再装腔作势,把前方的军事权交给自己的亲信干将冯国璋、段祺瑞,自己则带领大批卫队浩浩荡荡耀武扬威地北上京城。

1911 年 11 月 13 日,袁世凯抵达北京。第二天,隆裕太后和载沣召见了他,叫他不要辜负重托。袁世凯听后,假装忠心地说:"世凯拜此大命,愿杀身成仁,以古之圣贤之心为心,誓为清廷保全社稷。"到 11 月 16 日,袁世凯组成责任内阁。在袁世凯的内阁中,有许多君主立宪派人物,如梁启超、张謇都名列榜上,其实很多人都没有往北京就职。袁世凯之所以要任用他们,其意图在于把他们作为内阁的点缀品,以显示自己的内阁已不同于以往的内阁。袁世凯的责任内阁组成之后,载沣解除了摄政王,恢复自己醇亲王封号而退居藩邸。这样一来,清廷几乎成了傀儡。

袁世凯组成责任内阁之后,便着手抓清廷的军事大权。他深深地明白,如果不能控制军队,主持责任内阁也没有任何用处,他要将北方和北京的军事大权完全掌握在自己手上。这时的袁世凯已经取得了北京近畿北洋各镇的节制调遣全权,但北京城内军咨府大臣载涛统帅的禁卫军,是袁世凯归隐时组建的。禁卫军全是满族人,他们待遇好,训练有素,装备精良,主要是保护满族亲贵。北京城内有这样一支军队,使袁世凯还不敢肆意妄为,袁世凯为了拔去眼中钉,便打起禁卫军的主意。于是,袁世凯向清廷建议:革命军大敌当前,为了振奋军心,鼓励士气,禁卫军应该起倡导和示范作用,皇族大臣也该为臣民做表率,所以皇族大臣应统率部分禁卫军出征南方。他的要求堂而皇之,但却吓坏了胆小如鼠的载涛,他一听袁世凯要点他为帅,立刻去找庆亲王奕劻,要庆亲王替他说情,免去出征之役。载涛的请求正中袁世凯下怀,他同意不调载涛去前方征战,同时也接受了载涛辞去军咨府大臣的请求,并推荐徐世昌出任军咨府大臣。这样一来,禁卫军的统帅权也由皇族转移到了袁世凯的手中,袁世凯终于把清王朝的军事大权悉数握在自己手中,成为一个真正的举足轻重的实力派人物。从此,袁世凯利用手中的权力和军事实力,不仅左右清廷,而且也左右着当时的局势。

8.窃居总统

武昌起义成功以后,革命军迫切需要一个统一的临时中央政府,特别是到了1911年11月,随着南方半个中国已基本脱离清政府的统治,临时中央政府的建立已迫在眉睫。鉴于此种情况,11月9日黎元洪便向独立各省提出建议,请他们派代表到武昌开会。黎元洪的电报在路途耽误了8天才到上海,而在此之前苏、浙、沪三地都督已邀请各省代表到上海开会,讨论统一组织机构问题,同时建议在中央机构未组成以前,先行推定伍廷芳、温宗尧为革命军的临时外交代表。等黎元洪的电报到达上海后,各方代表为了尊重黎元洪的意见,决定以武昌为中央政府所在地,并推举鄂军都督代行中央职权。在上海的各省代表决定每省派一位代表到武昌参加各省代表联席会议,留代表一人在上海担任联络工作。

各省代表到达武昌后,于11月30日在汉口英租界顺昌洋行举行革命军各省区代表大会,公推谭人凤为议长。这一次代表大会做出了一个幕后的决定,那就是虚临时总统之席以待袁世凯反正归来。之所以有这样的决定,是由于11月29日袁世凯派朱其瑁来到武昌,并带来一封汪精卫的亲笔函,汪精卫在信中告诉武昌首义的革命同志,希望南北达成协议,联合一致要求清帝逊位,并推举袁世凯为临时大总统。汪精卫的这封信函恰巧在各省代表大会期间送到,于是代表们便集中讨论这一问题。在讨论过程中,部分代表认为清政府已名存实亡,今后和平与战争的问题,不在于革命军与清廷之间,而在于革命军与袁世凯之间,假如要避免更多的流血,最好的办法是将袁世凯拉到革命阵营来。要拉拢袁世凯须给他以高官,但袁世凯在清廷已是一人之下万人之上,所以只要袁世凯愿意推翻清朝,赞成民主共和,就只有给他以临时大总统之位,方才能打动袁世凯。革命军的这种思想意识,更加助长了袁世凯的野心。

1911 年 12 月 4 日,革命党人陈其美等人趁南京光复,武昌又面临危机的情况之下,又一次把留在上海做联络工作的各省代表召集起来举行会议,推举黄兴为大元帅,黎元洪为副元帅,决定南京为临时政府所在地,由大元帅组织中华民国临时政府。会议决定以汉口为议和地点,公举伍廷芳为议和全权代表,与清政府代表和谈。12 月 7 日,清政府授袁世凯为与革命军和谈的全权大臣,袁世凯即日便委任唐绍仪为总代表。南北双方议定,和谈期间停战 15 天。后来因伍廷芳有事不能前往汉口,双方谈判地点改在上海。

12 月 12 日,武昌及上海的各省代表汇集南京。在代表们选举临时大总统的前夕,袁世凯故意让唐绍仪放出话来,说什么"袁内阁亦主张共和,但须由国民会议议决后,袁世凯据以告清廷,即可实行逊位"。袁世凯醉翁之意不在酒,意在叫代表们推迟选举,将来选举他为大总统。代表们信以为真,15 日便决定暂缓选举总统,一时间妥协的气氛弥漫于上海、南京。18 日,南北议和首次会议正式举行。和谈一开始,革命军方面就提出和谈的先决条件,那就是清廷必须承认民主共和,如果不在这个基础上谈,则无和谈的必要。唐绍仪立即把这一条件电告袁世凯,袁世凯接到电报之后,便向隆裕太后请示,最后接受了革命军提出的先决条件。袁世凯这时之所以主张和谈,是他已经深知,只要赞成共和,大总统的位置大有到手的希望,只是还没有得到革命军方面的明确保证。

1911 年 11 月 25 日,孙中山先生从国外回到上海,他的到来既解决了南方各省为推选临时政府领导人而发生的争执,又给革命党人以极大的鼓舞。11 月 29 日,各省代表选举孙中山为临时政府大总统。1912 年 1 月 1 日,孙中山在南京宣誓就任中华民国临时大总统。这一天南北双方和谈代表在上海讨论国民会议的组织问题,这个议题有两点要讨论:一是出席代表的产生,由革命军所占领的 14 省和清廷所统治的 8 省,各派代表 3 人组成,这一点已经由唐绍仪代表清政府表示接受;二是开会地点问题,革命军代表伍廷芳提议在上海召开,唐绍仪则表示要向袁世凯请示后才能答复。于是,唐绍仪的请示电报和孙中山就任大总统的电报同时到达袁世凯的手上。袁世凯得知临时政府已经成立,感觉到自己受了革命军的欺骗,非常生气地说:"既然已经选了总统,那么我坐在什么位子上?算了吧,不必和谈了。"袁世凯在心情极坏的情况之下,认为唐绍仪未经他许可就同意国民会议的代表权分配办法,应视为无效,并且发电报声明他不同意唐绍仪已接受的条件,还谴责了唐绍仪的越权行为。唐绍仪在此种情形之下,进退维谷,只好引咎辞职。袁世凯接受了唐绍仪的辞职请求,同时他还电请伍廷芳北上直接谈判,伍廷芳则电请袁世凯南下,这样双方的和谈变成了电报往还,不得要领。

这时的袁世凯可谓花招百出,使出各种手段要挟清政府,同时又威胁革命军。他首先让北洋军的姜桂题、冯国璋等将领发表联名通电:"拥护君主立宪,反对共和政体",来威胁革命军,其次让清政府的驻外使节,由出使俄国的陆徵祥领头,电请清帝退位,来要挟清廷;同时命令张勋的辫子军反攻南京,以试探革命军的力量;最后设法取得革命军方面的保证,如果清帝退位即推举他继任大总统。

孙中山先生虽然就任中华民国临时大总统,但当时的革命军中有大批的妥协分子,他们认为利用袁世凯可以事半功倍。孙中山不是不知道袁世凯的奸险,不过他是一位虚怀若谷的领袖,处处尊重多数人的意见,于是孙中山先生通电宣布:"袁世凯若表示赞成共和,当以总统相让,但须南下就职。"后来,又亲自致电袁世凯说:"前日抵沪,诸同志皆以组织临时政府之责相属,问其理由,盖以东南诸省欠统一机关,行动非常困难,故以组织临时政府为生存之必要条件。文既审艰虞,义不容辞,只得暂时担任。公方以旋乾转坤自任,即知亿兆属望,而目前之地位,尚不能不引嫌自避。故文虽暂时承乏,而虚位以待之心,终可大白于将来。望早定大计,以慰四万万人之渴望。"袁世凯对孙中山先生的诚意将信将疑,在其复电中打官腔:"君主共和问题,现方付之国民公决,所决如何?无从预揣。临时政府之说,未敢与闻。谬承奖诱,惭悚至不敢当,惟希谅鉴为幸。"孙中山先生担心袁世凯摇摆不定,便又复一电说:"文不忍南北战争,生灵涂炭,故于议和之举,并不反对。虽民主君主不待再计,而君之苦心,自有人谅之。倘由君之力,不劳战争,达国民之志愿,保民族之调和,清室亦得安乐,一举数善,推动让能,自有公论。文承各省推举,誓词俱在,区区此心,天日鉴之,若以文为诱致之意,则误会矣。"孙中山先生的这个电报的诚恳,简直是对袁世凯指天发誓,只要袁世凯能把清室推翻,他即以总统一席相让。袁世凯得到了孙中山先生的保证,他便着手逼清帝退位。

就在这时,北方革命党人的活动日趋活跃,并于1912年1月10日,在袁世凯上朝之时谋刺袁世凯,但未成功。北方革命党人的这次刺袁活动,帮了袁世凯的大忙。在此之前,由于革命军中有推举袁世凯为大总统之议,满族亲贵都骂袁世凯是个卖主求荣、私通革命党的奸贼。袁世凯也曾对清廷说革命党已大批潜入京城、满族亲贵们都说这是袁世凯以革命党进行威胁,不予置信。有了这次刺袁案件,隆裕太后于是相信袁世凯是清朝的大忠臣,同时也相信革命党已大批潜入京城。

袁世凯遇刺之后,他便借机向清廷要挟,一方面请病假不上朝,另一方面逼清廷宣布清帝退位,否则他便要辞职。良弼这时挺身而出,主张批准袁世凯的内阁辞职,另组皇族战斗内阁,派铁良南下统率清军,以不受袁世凯的北洋军牵制。良弼是当时满族亲贵中唯一有才识的军事人才,他是日本士官生,任职禁卫军第一协协统兼禁卫军训练总办。虽然袁世凯夺去了禁卫军的指挥权,但实权仍在良弼手中,他不但不买冯国璋的账,而且对袁世凯也极不满意,他自认定清室的保护者,有监督袁世凯阴谋叛逆的责任。良弼虽然有点实力,但和袁世凯比较起来那是小巫见大巫,袁世凯要对付良弼实在是轻而易举。但老奸巨猾的袁世凯不愿蒙受谋杀满族亲贵的罪名,于是他采取借刀杀人的策略,暗示由上海回到北京的汪精卫:清帝退位已无问题,目前的阻力来自良弼,只要除掉良弼,一切便水到渠成。汪精卫得到这个消息后,便派人用炸弹炸死了良弼,扫除了清帝退位的障碍。

就在良弼遇刺的同一天,北洋军由段祺瑞领衔与其他清军将领联名致电清廷内阁、军咨府、陆军部、并各王公大臣:请即代奏清廷,明降谕旨,宣示中外,立定共和政体。

两件事情的发生,震惊了清廷,使满族亲贵一方面觉得革命党人已布满京城内外,可以为所欲为;一方面又感到握有兵权的北洋军将领已向清廷敲响了丧钟,奏响了哀乐。这样一来,清廷的满族亲贵吓得魂飞魄散,有如风声鹤唳、草木皆兵。于是,他们纷纷席卷细软,携带妻妾避难到天津、青岛、大连租界,托庇于洋人,不能走的则纷纷请袁世凯派兵保护。惊慌失措的隆裕太后急忙召集御前会议,王公亲贵到会的竟寥寥可数,只有代表袁世凯的赵秉钧按时到会。隆裕太后哭着对赵秉钧说:"赵秉钧啊,你快点去对袁世凯说说,一切事都好商量,保全我母子的性命要紧。"

召开御前会议的第三天,袁世凯命杨度等在北京发起组织共和促进会,宣言目前主张君主立宪为时已晚,为挽救国家危亡,保全皇室,应速实行共和。同时,袁世凯也上奏朝廷:"近议国体一事,已由皇族王公讨论多日,当有决定办法,请旨定夺。臣职司行政,唯遵朝旨。"借以催促清廷迅速做出抉择,早日退位。这一招很是奏效,隆裕太后在其催逼之下,整日抱着溥仪皇帝痛哭流涕,醇亲王载沣向来缺乏主见,不敢参与决策,皇室贵族乱作一团。隆裕太后所能采取的唯一办法只能是尽量拖延时日。到了2月1日,她又一次召开御前会议,提出采取虚君共和体,即君主不干预国政的办法把皇帝保留下来。她的建议自然不会得到袁世凯和民国政府的同意。隆裕太后见无路可走,经过反复考虑,觉得保留性命退位后享受优待条件,总比宗族覆灭的结局强得多。万般无奈,隆裕太后做出了皇帝退位,颁布共和的决定。

1912年2月3日,隆裕太后授权袁世凯与革命党人协商清帝退位条件。已因所谓疾病多日不上朝的袁世凯,闻知这一授权,他的病立即不治而愈,当即把他所拟的清帝退位条件电告伍廷芳。经过双方协商,在退位条件的基本问题上达成协议,于是在1912年2月12日,清王朝隆裕太后以皇帝溥仪的名义颁布退位诏书。至此,统治中国长达260余年之久的清王朝覆亡了。当天晚上,袁世凯在外交部大楼里把拖在脑后的辫子剪掉。他一边剪,一边不断哈哈大笑,这在他的一生中是极其罕见的欢乐时刻,并于当天给南京临时政府发了一封电报,表示赞成共和:

"南京孙大总统、黎副总统、各部总长、参议院同鉴:共和为最良国体,世界所公认,今由帝政一跃而跻及之,实诸公累年心血,亦民国无穷之幸福。大清皇帝既明诏辞位,业经世凯署名,则宣布之日,为帝政之终局,即民国之始基。从此努力进行,务令达到圆满地位,永不使君主政体再行于中国。现在统一组织,至重且繁,世凯亟愿南行,畅聆大教,共谋进行之法;只因北方秩序不易维持,军旅如林,须加部署;而东北人心,未尽一致,稍有动摇,牵涉全国,诸君皆洞鉴时局,必能谅此苦衷。至共和建设重要问题,诸君研究有素,成竹在胸,应如何协商统一组织之法,尚希迅即见教。袁世凯真。"

袁世凯认为他逼迫清帝退位工作已告完成,他已履行了他的诺言,于是他要等革命党人履行他们的诺言——推举他为大总统。袁世凯怕革命党人食言,所以在清帝的退位诏书内加上"由袁世凯以全权组织临时共和政府"一句话,好像民国的大总统不是由国民选出来的,而是由清政府命令的。

孙中山先生在南京得知清帝退位的消息以及袁世凯赞成共和的电报后,立即致电袁世凯,告以推让之意并促其南来。同时,孙中山先生也履行自己的诺言,向参议院提出辞职咨文,并为巩固民国而附加了三项条件:

"中华民国临时大总统咨:前后和议情形,并昨日伍代表得北京一电,本处又接北京一电,又接唐绍仪电,均经咨明贵院在案。本总统以为我国民之志,在建设共和,倾覆专制,义师大起,全国景从。清帝鉴于大势,知保全君位,必然无效,遂有退位之议。今既宣布退位,赞成共和,承认中华民国,从此帝制永不留存于中国之内,民国目的,亦已达到。缔造民国之始,本总统被选为公仆,宣言誓书,实以倾覆专制,巩固民国,图谋民生幸福为任。至专制政府既倒,国内无变乱,民国卓立于世界,为列邦公认,本总统即行辞职。现在清帝退位,专制已除,南北一心,更无变乱,民国为各国承认,且夕可期,本总统当践誓言,辞职引退。为此咨告贵院,应代表国民之公意,速举贤能,来南京接事,以便解职。附办法条件如左:

——临时政府地点设于南京,为各省代表所议定,不能更议。

——辞职后,俟参议院举定新总统亲到南京受任之时,大总统及国务各员乃行解职。

——临时政府《约法》为参议院所制定,新总统必须遵守;颁布之一切法制章程,非经参议院改订,仍继续有效。此咨参议院。"

孙中山先生提出辞职咨文的同时,又提出推荐袁世凯候选临时大总统之咨文:"今日本总统提出辞职,要求改选贤能。选举之事,原国民公权,本总统实无容喙之地,惟前使伍代表电北京有约,以清帝实行退位,袁世凯君宣布政见,赞成共和,即当推让,提议于贵院,亦表同情。此次清帝逊位,南北统一,袁君之力实多,发表政见,更为绝对赞成,举为公仆,必能尽忠国民。且袁君富于经验,民国统一,赖有建设之才,故敢以私见贡荐于贵院,请为民国前途熟计,无失当选之人大局幸甚。此咨。"

孙中山先生的两件咨文,表现出他伟大的领袖人格,不恋权位,重诺言,视大总统为公仆。不过他了解袁世凯是一个只知实力政治而不尊重法治的人,所以他有所保留,附带了条件,促使袁世凯到南京来继任总统而脱离北京的封建势力,同时把临时参议院所制定的《临时约法》作为一道紧箍咒套在袁的颈项上,借以约束袁的野心,使其走上法治轨道。

1912年2月15日,南京临时政府接受了孙中山先生的辞职咨文和荐袁咨文。临时参议院还召开了临时大总统选举会,到会的17省代表共计17票,投票结果袁世凯得17票,当选为中华民国临时大总统。南京临时政府立即致电袁世凯:"昨孙大总统辞职,经本院承诺,业已电知尊处。本日开临时大总统选举会,满场一致,选公为中华民国临时大总统。查世界历史,选举大总统,满场一致者,只华盛顿一人。公为再见。同人深幸公为世界之第二华盛顿,我中华民国之第一之伟业,共和之幸福,实基此日。务请得电后,即日驾莅南京参议院受职。"

袁世凯当选为总统,如愿以偿,欢欣若狂。可是叫他到南京就职,他说什么也不肯,他不肯离开自己的老巢,不肯离开自己的老本——北洋军,去南京当空头的大总统。袁世凯的奸猾在其2月15日的回电中暴露无遗:

"南京孙大总统、黎副总统、各部总长、参议院、各省都督、各军队长鉴:清帝退位自应速谋统一,以定危局,此时间不容发,实为唯一要图,民国存亡胥关于是。顷接孙大总统电闻,提出辞表,推荐鄙人,嘱速来宁,并举人电知临时政府,畀以镇安北方全权各等因。黄陆军总长暨各军队长电招鄙人赴宁等因。世凯德薄能鲜,何敢肩此重任? 南行之愿,真电业已声明,然暂时羁绊在此,实为北方危机隐伏,全国半数之生命财产万难弪置,并非因清帝委任组织,极为正确。现北方各省军队暨全蒙代表,皆以函电推举为临时大总统,清帝委任一层无足再论。然总未遽组织者,特虑南北意见因此而生,统一愈难,恐非国家之福。若专为个人职任计,舍南而北实有无穷窒碍:北方军尚多分歧,隐患实繁;皇族受外人愚弄,根株潜长;北京外交团向以凯离此为虑,屡经言及;奉、江两省时有动摇;外蒙各盟迭来警告;内讧外患遽引互牵……然长此不能统一,外人无可承认……反复思考,与其孙大总统辞职,不如世凯退居。"

袁世凯的电文摆出了一系列不能南下的理由,甚至发出了威胁,其实他之所以敢如此大言不惭,完全是乘当时清帝刚刚退位,人民不愿再看到战争和流血,希望用和平手段达成协议这一历史契机。尽管袁世凯不愿南下就职,但孙中山先生坚持无论如何要他南下,于是在 2 月 18 日南京临时政府以教育总长蔡元培为迎袁专使,偕同唐绍仪前往北京迎袁南下,并将欢迎人员名单电告袁世凯。蔡元培一行 27 日抵京,并晋见了袁世凯,面陈了孙中山先生的手书,劝袁南下就职。袁世凯用隆重的礼节欢迎蔡元培一行抵京,他不再涉及拒绝南下之事,反而用非常诚恳的态度商谈南行的路线,他的这种态度使来迎接他的人员松了一口气,认为袁世凯基本态度已改变。其实袁世凯正在策划一场阴谋,更进一步实现他在北京就职而不南下的目的。

蔡元培等人抵京后,北京市政当局通知各家各户举行三天大会,晚上提灯游行,庆祝中华民国的成立,对迎袁专使表示欢迎。在第三天即 2 月 29 日晚上,游行刚刚开始,就从东北方向传来大炮轰鸣的声音,人们还以为是在放礼炮。但就在这时,北洋军第三镇的许多士兵冲上街头,口里嚷着:"袁世凯要走了,我们没人管了!""抢哇!"旋即冲向各家店铺进行抢劫。一刹那间,人们猛然醒悟,大街上顿时乱作一团。叛乱的士兵抢劫之后,又冲向煤渣胡同专使下榻的招待所,蔡元培等人有的未及穿鞋,匆忙逾墙逃入六国饭店避难。发生兵变的第二天早晨,北洋军第三镇统制曹锟前去向袁世凯报告,适值唐绍仪也在袁世凯处,但唐绍仪坐在门的一侧,一身戎装的曹锟没有看见。曹锟一进门便向袁世凯说:"报告大总统,昨夜奉大总统密令,兵变之事已经办到。"袁世凯见曹锟说漏了嘴,立即大骂:"胡说,滚出去!"

就在袁世凯策划兵变的同时,日、德、英、俄等国紧密配合袁的阴谋。先是在京津出动军队来回巡逻,接着又从外地调来几千兵力进京,大有战争即将爆发之势,实则只是在迎袁专使面前制造声势。袁世凯的一套骗吓术,迷惑了蔡元培等人。3月2日,蔡元培等人致电参议院:"北京兵变,外人极为激昂,日本已派多兵入京。设使再有此等事变发生,外人自由行动恐不可免。培等睹此情形,集议以为速建统一政府,为今日最要问题,余尽可迁就,以定大局。"要求参议院在袁南下问题上让步。

袁世凯在兵变之后,通电全国说:"专使到时,决意南下,组织临时政府,统一南北,用慰国民之厚望。今遇此变,实行维艰,公等幸谅。且驻京外交团及吾国驻外各代表等,均云方今欲巩固民国,保全共和,舍速建设统一政府,别无他法。想全国心理,均表同情。因兹事变,南行无期,组织政府,势必从缓,凯实焦灼万状。"诉说自己的所谓苦衷,求得各方面的谅解,达到他留在北京的目的。

3月6日,南京参议院通过了统一政府组织办法六条:(一)由参议院电告袁世凯,允其在北京就职;(二)袁接电后,即电告参议院宣誓;(三)参议院接宣誓电后,即复电认为受职,并通告全国;(四)袁受职后,即将拟派国务总理及国务委员姓名,电告参议院,求得同意;(五)国务总理及国务委员任定后,即在南京接收交代事宜;(六)孙中山于交代之日始行辞职。3月7日,孙中山先生致电蔡元培让其转告袁世凯,按参议院所议六条办法在北京正式受职,袁世凯闻知如释重负。3月8日,袁世凯即电告参议院,完全承认所列六条办法,并将誓词电达。3月9日,参议院电告袁世凯,承认他受职。3月10日,袁世凯身着大礼服,趾高气扬地宣誓:"民国建设肇端,百凡待治。世凯深愿竭其能力,发扬共和之精神,涤荡专制之瑕秽,谨守宪法,依国民之愿望,蕲达国家于安全强固之域,俾五大民族同臻乐利。凡兹志愿,率履勿渝!俟召集国会,选定第一期,世凯即行解职。谨掬诚悃,誓告同胞。"就这样,袁世凯终于实现了自己的目的,在其老巢北京就任了大总统之职。

袁世凯就任临时大总统以后,即着手组织政府。经袁世凯提议,参议院通过,唐绍仪被任命为内阁总理。在唐绍仪的内阁之中,比较重要的外交、内务、陆军、海军、财政各部总长,全为袁世凯的亲信,而司法、教育、农林、工商各部总长为革命党人,孰轻孰重,一目了然。工于心计的袁世凯,为了敷衍一下革命党人,便任命黄兴为有职无权的参谋长,黄兴拒不接受,便改任其为南京留守。

4月1日,孙中山先生解除临时大总统职务。袁世凯极其虚伪地致电孙中山先生说:"闻公宣布解职,国事代以世凯负荷综览,深虑陨越。公为民国第一华盛顿,功成自退,万众倾心。此后建设事宜,多待雅教,乞即日北上,惠我方针。"4月2日,参议院决定北迁。不久,参议院和临时政府迁移北京。就这样,伟大的辛亥革命的胜利果实,被袁世凯篡夺了。

袁世凯实现了总统之梦,但他是个封建官僚政客,具有极大的政治野心。在袁世凯的心目中,当总统要讲民主,个人不能独断专行,为所欲为,同时别人对自己的所作所为可以评头论足,任意褒贬,他对此难以忍受。袁世凯非常羡慕封建帝王那一套威严,很想登上金銮宝殿过一过皇帝瘾。况且当皇帝终身掌权,万世一系,至高无上,子孙后代皆可锦衣玉食,享尽人间荣华富贵。狂妄的政治野心,促使袁世凯朝着皇帝的目标迈进。

袁世凯首先搞垮了不唯命是从的唐绍仪内阁,接着派人刺杀宋教仁,镇压"二次革命",双手沾满革命党人的鲜血。此后,又胁迫参议院选举他为正式大总统,废除《临时约法》,颁布所谓新《约法》。新《约法》将总统的地位和权力提高到与皇帝等同,以法律形式肯定了袁世凯的专制独裁。

1914年12月29日,袁世凯又颁布了新的《大总统选举法》。新的选举法规定:大总统任期十年,可连选连任;选举之年,参政院参政认为政治上有必要时,以三分之二以上之同意,议决现任大总统留任;选举之前,大总统有权推荐具有资格者3人为候选人。这样一来,袁世凯实际上成了终身总统,不仅如此,还使总统变成了袁氏一族的世袭总统。因为3名候选人由总统提名,选举人只能在 3 名候选人和现任大总统中挑选一个,袁世凯可以把 3 个候选人都写成他的儿子,如果儿子当选总统,又可以再找 3 个孙子,如此一代一代传下去。不过,终身总统也好,世袭总统也好,都不是袁世凯的最终目的。他之所以要搞这一套,主要是把总统打扮得像个皇帝,以便将来总统变为皇帝之时使人们不感到突然,减少阻力。

袁世凯为了实现他复辟帝制的野心,不仅对国民大耍阴谋手段,而且为了取得日本的支持,大肆卖国,无耻地签订《二十一条》。接着,为自己即帝位大造舆论,祭祀天地,尊孔复古。最后于 1916 年元旦宣布改元洪宪,正式称帝,恢复了已被推翻的帝制。袁世凯恢复帝制不得人心,引起全国上下一片反对。以蔡锷为首的云南志士,宣布云南独立,成立了中华民国护国军,举起了讨袁大旗。在全国的反袁浪涛声中,袁世凯于 3 月 22 日宣布撤销帝制,3 月 23 日命令废止洪宪年号。从 1916 年元旦至 3 月 23 日,共 83 天,袁世凯在这 83 天里做了一场皇帝梦。

袁世凯虽然撤销了帝制,但他仍自封为大总统。各路护国军为了彻底打倒袁世凯,并未停止军事行动,就连袁世凯的一些亲信心腹也纷纷倒戈。袁世凯在羞愤之中,一病不起,于 1916 年 6 月 6 日一命呜呼,结束了他罪恶的一生。

9.小白菜

袁世凯原娶姓于的女子为妻,因这于氏不但长得丑,而且相当蠢笨,袁世凯瞧不上,夫妻感情不和。因此,袁世凯便偷偷地在外面干起了拈花惹草的风流韵事。在所有的相好中间,袁世凯独钟情于小白菜。小白菜本是开豆腐店的黄甲的女儿,相貌美丽,皮肤白净,非常有韵致,人们为此而编了顺口溜:"白豆腐烧小白菜,人人见了心中爱。"袁世凯住的地方,离小白菜不远。一天,袁世凯同朋友到郊外去踏青游玩,刚出门,就瞧见小白菜坐在门槛里洗衣裳。她那楚楚动人的神态打动了袁世凯,袁世凯站住看得出了神,不忍离去。一个朋友见袁世凯这般样子,便调侃他说:"您如果真的喜欢这女子,弄到手又有什么难处呢?"袁世凯笑着承认了。回到家后,袁世凯晚上翻来覆去睡不着觉,想怎样把小白菜搞到手,终于想出一个计策。第二天,袁世凯派仆人把小白菜的父亲黄甲叫来,向他谎称每天早晨自己要喝一碗豆浆,或者让他派人送来,或者自己亲自去他那里喝。黄甲知道袁世凯是大家子弟,现在能放下架子和自己打交道,正是求之不得的事情,岂能不从命呢,因此便当即答应下来了。袁世凯给了他几千个钱,黄甲收下,非常高兴地回去了。从此以后,袁世凯每天早晨必定去小白菜家喝豆浆,并且时不时地给小白菜的母亲一些钱,想通过她与小白菜接近。小白菜的母亲知道了袁世凯的用意,也不加以制止,时间久了,袁世凯终于如愿以偿,与小白菜私通上了。袁世凯又同小白菜的母亲商量,想把小白菜买到家中去。小白菜的母亲知道袁世凯醉心于自己的女儿,故意要价很高,索要一千两银子,袁世凯恳求减一些,并且许愿日后多加酬报,小白菜的母亲被后一句话打动了,便答应减一半。袁世凯多方筹措,仅仅得到三百两,还是不够,便把夫人于氏的衣服首饰偷出去卖了,凑足了数目。原来,袁世凯从小便不务正业,向来被家里人瞧不起,所以不能掌管财权,而且纳妾也不是什么正当行为,不便于向父母启齿,即使说了也未必能给自己的钱,所以才不得已做出了偷夫人首饰的事情。事情被于夫人打探清楚了,立即告诉了公婆。袁世凯的父亲袁保中向来不为儿子护短,所以训斥了袁世凯一顿,勒令他改悔。袁世凯便同小白菜商量,姑且暂缓接她到家之事,小白菜勉强同意了。袁世凯后来因他人介绍,想投奔到吴长庆麾下做事,但苦于没有路费盘缠,小白菜便拿出自己所有的钱财,又向别人借了一些,全部交给了袁世凯,袁世凯摸着小白菜的后背说:"您是我的女鲍叔牙啊!我如果发迹了,一定不会忘了你的。"于是,袁世凯便上路了,去投靠吴长庆将军。吴长庆因为袁世凯是熟人的堂孙(吴长庆曾是袁世凯的叔祖袁甲三的部下),因而对他特别照顾,委以重任。吴长庆后来驻扎朝鲜,袁世凯也随他去了。不几年之后,袁世凯代替了吴长庆的职务,便派得力的仆人去接小白菜。这时,正好朝鲜方面大院君同闵妃争夺政权,出现了一系列秘闻,袁世凯为闵妃出谋划策,闵妃终于取胜。由此,闵妃极其钦慕袁世凯的为人,常常把袁世凯召进宫,同他商量对策。一天,闵妃以盛宴款待袁世凯,席间,闵妃盯着袁世凯,频送秋波,袁世凯心领神会,于是两人便暗中结成秦晋之好,时常幽会。

闵妃担心与袁世凯的事被李泳及宫监识破,便去游说李泳:"我母亲的养女碧蝉,可以许给袁大使做别室。"李泳同意了,闵妃便为碧蝉做媒,于是碧蝉便嫁给了袁世凯。闵妃以姐妹名义,经常去袁世凯的寓所,同袁世凯幽会,碧蝉知道之后,对袁世凯说:"快把于夫人迎回韩国来,以使闵妃不便这么三天两头地来,否则你的名誉一定要受到影响,说不定还有性命危险。"碧蝉催促袁世凯速迎于夫人前来,袁世凯想到同于夫人向来感情不和,不如干脆把小白菜接来,便再次派人去接。小白菜到来时,袁世凯亲自到轮船码头去接,他告诉小白菜自己已纳碧蝉为妾了,又叮嘱小白菜不要暴露身份,而以于夫人自居。小白菜知袁已纳妾,醋意顿发,但最终还是听从了袁世凯的吩咐。碧蝉把小白菜当正室夫人来对待,后来知道小白菜并不是于夫人,便不再恭敬了,因此两人之间争执日多,仆人们都叫小白菜为中国姨太,叫碧蝉为高丽姨太。闵妃知道了袁世凯接来小白菜是碧蝉出的主意,想借此来阻止自己与袁世凯继续瓜葛下去,便同小白菜搞好了关系,两人合伙起来整碧蝉,报了一箭之仇。

10.红红

袁世凯的第五个小老婆名叫红红,是戏子出身的美人一个,凡丝竹乐器,样样精通,尤其擅长唱梆子戏。相传,袁世凯在小站练兵时,山东德州兵工厂正在着手创办,清政府任命袁世凯为该厂督办,袁世凯得到命令后来到德州。袁世凯极其好色,一天也离不开女人,所以到德州后,他便只好在青楼妓院中消遣,遂与红红相遇并好上了。袁世凯有一大特点,凡是他所中意的女子,便不容他人染指,所以在他的一生中,每相好一个女子,必要设法弄到手,据为己有,红红便是其中之一。红红被袁世凯纳妾之后,倍受宠爱,袁世凯的心思全在她一人身上,到袁世凯出任山东巡抚时,红红便偷偷地与仆人私通,后来被袁世凯查知。于是,袁世凯设计杀害了红红及那个同她私通的仆人。

11.洪姨太妙计救仆人

袁世凯妻妾成群,洪姨太按次序排在第六。这洪姨太倍受袁世凯的宠爱,其他几位姨太太特别嫉妒，给她送了一个外号"潘六儿"，将她比作潘金莲。袁世凯的第一个小妾被称为大姨太，其他的以此类推，唯独洪姨太例外，被称为"姨太"，以表示对她的尊重。袁世凯担任直隶总督时，患失眠症，多方延医疗治，说需要喝人参汤补养。袁世凯取出两只古董碗，是他在朝鲜时闵妃所赠送的。袁世凯让用这两只碗来盛参汤，并告诫仆人说："你一定要小心，不要把我的稀世宝物打了。"后来，仆人不小心失手把碗给打碎了，吓得要自杀，同伙看见他很可怜，便告诉他去求洪姨太出个主意，兴许能救他一命。仆人去找洪姨太，洪姨太给他出了一个良策，告诉他以别的碗盛着开水，把打了的碗的碎磁片放在其中，端到袁世凯的卧榻之前，装作失手扔在地上，然后大声惊叫，袁世凯必定由睡梦中被惊醒，询问到底是怎么回事，这时你便说刚才来送参汤，掀开帐子叫主人，看见有一条又长又粗通体赤红的巨蛇缠绕在主人身上，情形特别吓人，于是受惊摔倒在地，便把主人心爱的宝物打碎了。洪姨太告诉仆人只要按她所交代的行事，袁世凯不但不会责备他，而且还一定会有厚赏。仆人按洪姨太所说的去做了，袁世凯果然没有斥责仆人，并且告诫仆人保守秘密，不要往外传说。袁世凯没有发迹之时，曾经遇见一个相面地告诉他日后必定能做皇帝，因此袁世凯心中暗怀不轨。洪姨太最受宠爱之时，袁世凯曾把相面先生说的话告诉过她，洪姨太教仆人如此行事，只是投袁世凯所好罢了。这件事情之后，袁世凯借故杀害了这个仆人，因为害怕他向外人说出此事，故不得不杀人灭口。

12.侍婢为妾

袁世凯出生之后，他的母亲刘氏没有奶，便雇了一个奶妈。这个奶妈姓范，是一个农妇，后来丈夫去世，没有儿子，只有一个女儿，她便带着女儿来到袁家居住。范氏的女儿名叫凤儿，比袁世凯小十多岁，长得很美，玲珑小巧，既娇且俏，袁世凯的大老婆于氏特别喜欢她，便收她为婢女，专门奉伺自己。凤儿长大之后，出落得更加漂亮，袁世凯暗中同她私通，时间长了便有了身孕。于夫人见凤儿肚子大如鼓，怀疑她同别的男仆人通奸，便把她叫到密室中来，严厉地盘问她。凤儿以实情相告，于夫人非常气怒，想袁世凯身为要人，竟然如此不顾及脸面,张狂放纵,恶习不改,连自己身边的丫鬟也不放过,于是向袁世凯摊牌,大闹不已,经其他姨太太从中调停,方才答应把凤儿列为第七姨太太。数月之后,凤儿生下一个儿子,名为袁克济。当时人们做了一副对联来这样嘲讽袁世凯:"今宵侍婢为姬妾,昔日同知过道班。"颇为有趣。

13.居丧纳妾

叶巽死了之后,他的妻子日子过得特别艰难,邻居的聋老太太替她想了一个解救办法,让她把女儿卖掉,以所得的钱过日子。她的女儿已经到了成人年龄,便卖给了项城县的张镇芳家。张夫人见女子长得俊巧,醋意大发,便与丈夫大闹特闹。张镇芳无奈,便让女子寄住在一个好朋友家中。袁世凯曾经过继给他的叔父袁保庆,从孩提起到长大,都接受叔母牛夫人的教养。袁世凯有了官之时,想带牛夫人一起去赴任,以便尽到奉养的责任。但是,牛夫人不习惯远离外出,没有随袁世凯去。这时,牛夫人在老家病故,袁世凯回乡为她办丧事。张镇芳同袁世凯是表兄弟关系,早就想通过袁世凯而侧身政界,以便光耀门庭。他听说袁世凯回来了,便前去拜见,并愿意把买来的姓叶的女儿给袁世凯。袁世凯因返回故里时没有携带妻妾,孤枕独眠,颇为难熬,因此有此机会,自然不会放过,便占有了这女子。后来,袁世凯查办盛宣怀案件而从家乡返回官署,即推荐张镇芳做了长芦盐运使。张镇芳经常以私人的名义,到袁世凯的官署去见袁,叶氏听说张镇芳来了,便藏在居室中不出来,是羞于同张镇芳见面。张镇芳后来因事而被撤职,要求袁世凯另外给他安排一个好位子。袁世凯因为众人议论太多,久久没有答复,张镇芳便请求袁世凯把叶氏还给他。于是,袁世凯便给张镇芳颁了委任状。从此,张镇芳以要还叶氏为借口,屡次要挟袁世凯,袁世凯实在舍不得叶氏,不得不一再满足了张镇芳的要求。此事说起来真令人生笑。

14.假桂儿

袁世凯向清廷请假给叔母办丧事,慈禧太后嘱咐他秘密查办盛宣怀的案件。袁世凯抵达上海,来到盛的住宅,假装说抽空来看看,盛宣怀以盛宴款待袁世凯。席间,袁世凯瞧见了盛宣怀的婢女桂儿,便想强迫盛宣怀把她赠给自己,盛宣怀不好公然拒绝,只好换成另一个丫鬟,谎称是桂儿,送给袁世凯。袁世凯识破了盛宣怀的掉包计,责问其实,被换来的女子只好以实情相告,说自己是桂儿的妹妹。袁世凯颇生气,准备派人把她给盛宣怀送回去,但又着实喜欢她的模样,所以想把她留下来。盛宣怀知道情况后,笑着对家人说:"我说过袁世凯这人好色如饥,就像兼收并蓄的古董收藏家一样,虽然给他一个伪造的假鼎,也乐于收藏,今果然如此。"袁世凯带着假桂儿返天津,给她起名为贵姨,排为第九姨太太,贵姨同袁世凯前不久新纳的小妾叶氏关系最好,原来贵姨也是扬州人,同叶氏是同乡,所以亲善。

15.十姨太十一姨太

袁世凯共有妻妾十人,生儿子九个,女儿十二个。一天,他盯见了洪姨太的两个婢女,很喜欢她们。从此,袁世凯必定睡在这两个女子处,夜夜不空。到袁世凯五十寿辰,妻妾子女都登堂给袁世凯祝寿之时,这两个婢女也随着他们跪拜在阶下,于夫人感到诧异,问她们是谁,仆人们告诉她说是十姨太和十一姨太,于夫人愤愤地对袁世凯说:"没想到我回老家给儿子克良完婚,来去共两个月,而你就又弄来了这两个孽障。"

16.手段毒辣

袁世凯自从退居彰德以来,终日或闭门不出,或带着他的哥哥和儿子乘小船往返于洹水之滨,他自己则穿着蓑衣,戴着斗笠,装扮成一个渔翁,坐在船头,一手执钓鱼竿,一手持船桨,荡漾在绿水碧波之间。有时,袁世凯又带上妻妾好几人,让她们都打扮成村妇的模样,驾着小舟,靠着自己的船而行,以此而为乐趣。由于几个姨太太都不会划船,袁世凯便出钱请船夫的女儿教她们。船夫的女儿年龄约十六七岁,不施脂粉,别有一种自然清纯的风韵,袁世凯喜欢上了,便叫来她的父母,给了他们一些金子,让他们把女儿卖给他。不料,这女子已经许嫁人家了,袁世凯便命令她的父亲向男家悔掉婚约,强把聘礼退还回去,男方害怕袁世凯的势力，不敢争斗。但是，男方有个舅舅是专门帮人打官司的远近出名的讼师，听说袁世凯依仗权势，擅夺民妇为妾，便唆使男方父亲向官方上告，谎称船夫把女儿卖为妓女。官府受理了这一案件，发出公文，把船夫拘押到案，还没有开始审理，而袁世凯的秘信以及赠送的银钱便已经来了。因此，官府立刻改变了态度，反而指责男方的父亲凭空捏造，陷害别人。讼师知道官府受袁世凯指使，便让男方的父亲在群众中间散布消息，说将要赴京上告。这时，清政府虽然放袁世凯返回故乡，但仍然瞅着他的空子，欲借故给他判罪，所以讼师便以这个要挟他。袁世凯听到这一传闻之后，便叮嘱亲信某某，把讼师邀请到府上来秘密谈判，愿意给他三千元为酬献，并且每月另给津贴若干，让他不要唆使男方上告。这讼师答应了袁世凯的条件，事情便平息下去了。从此，这个讼师便奔走于袁氏之门，袁世凯挺欣赏他的才干，为他谋了一个职位，并且把来函拿出来让他看。讼师一看，知道原来是某省的制军聘自己为其幕府的文书，因而异常高兴，再三向袁世凯表示感谢。袁世凯告诉他："你应该马上动身赴任，路费如不足，我送你五百元。"这讼师如期而行，前去某县上任去了。但是，不久他的妻子却听到消息说自己的丈夫在途中遇上强盗，抢走他所带之钱，然后杀了他。袁世凯立即召来讼师的妻子，装作对她丈夫的遇难非常气愤，说道："没想到你丈夫的命这么薄，我一定去函给那个地方的长官，让他缉拿强盗归案，重加治罪。我给你几百元钱，你作为生活费去用吧。"讼师的妻子拿着袁世凯给的钱走了。其实，是袁世凯派干练的仆人在路上截杀了讼师，以报复他唆使别人控告自己的宿怨，其手段之毒辣到了如此之地步。

17.女教师为女秘书

　　袁世凯在彰德隐居的时间久了，静极而思动，想遍游天下名山大川，以及各地方的名胜古迹。袁世凯同徐东海到了浙江，他喜欢西湖的风景，又舍不得妓女忆秦楼，想要为她赎身，给了鸨母许多金钱，方才同意了。从此，袁世凯便携带忆秦楼住在湖心亭，准备等秋凉之后再返回故乡。这是发生在辛亥年七月间的事情。不久，武昌首义爆发，袁世凯带上忆秦楼取道浦口北上，转陇海铁路返回彰德。回家之后,袁世凯对诸位姨太太说:"我带回来了一位女先生,日后你们应当跟她学习读书写字,她将成为你们的良师益友。"几天之后,清政府来了命令,召袁世凯出山,袁世凯认为忆秦楼刚刚跟了自己,朝廷便起用了自己,可见她是个能带来福运的人,其他姨太太无法比得上,因此便对她特别好。袁世凯做了总统之后,凡是秘密文件,全都归忆秦楼收管,其他姨太太嫉妒不已,便给她送了一个外号叫"女秘书",表面上尊称,实际上是在讽刺。

18.少阴补老阳

民国二年春天,袁世凯因过度劳累,经常觉得眼眩耳鸣心悸。有一个江南名医进京为袁世凯治病,他不用参、苓、芪、术等治疗这种病的常用药,只是告诉袁世凯多蓄养年不足十六岁的处女,每天晚上按次序让二人陪伴而眠,以少阴补老阳,只是不能同她们发生肉体关系。袁世凯觉得医生说的有道理,就听从了他的建议,先从丫鬟中选了一些,数目不够,又从民间女子中购买,假称是给府中买使女,买了不下几十人,轮流陪伴,不到二十天,袁世凯的病果然好了。这些女子中也有姿色相当不错而又情窦大开的,一旦同袁世凯同床共枕,未免动情。有一个名叫阿香的女子,还不到成人年龄,便早就同无赖小子姘居过了,并且珠胎暗结,她的父母却丝毫不知情,阿香进袁府后,知道袁世凯是一国元首,便殷勤备至,卖弄风骚,袁世凯情不能忍,便同她有了勾当。不过几个月,阿香的肚子鼓起来了,袁世凯便把她纳为妾,列为第十四姨太太,且喜自己到晚年说不定还又能得一个麒麟子。阿香仗着袁世凯宠爱自己,便乘机为自己从前的相好谋出路。她假称那无赖小子是自己的表亲,袁世凯立即命令侍从官把他增补为卫士。袁府中规定,凡采购物品,都由司务人员来具体经办,唯独阿香破了此例,让已成为袁世凯的卫士的自己相好承担其事。洪姨太识破了阿香的秘密,便设计害死了卫士,袁世凯到此时方知道了实情,命令把阿香囚禁在另外的房子里,事情便这样了结了。

19.翠媛

袁世凯的第十五姨太太,是洪姨太的堂侄女。袁世凯到中年以后,最喜玩弄年轻的处女。洪姨太的哥哥洪述祖有一个堂兄,他的女儿名叫翠媛,生得玲珑娇小,令人疼爱。到袁世凯做了民国的元首之后,洪姨太把翠媛招入袁府,以叙姑侄久别之情。袁世凯见到了翠媛,见她是一个绝代佳丽,便私下里对洪姨太说:"你那侄女,颇可人意,比你容貌还要姣好,我特别艳羡她。"洪姨太想要加强自己的势力,便从中搭桥,让翠媛做了袁世凯的小妾。翠媛所要达到的目的实现之后,转过来又防忌洪姨太。洪姨太知道了之后,指使自己的心腹婢女散布流言蜚语,说翠媛嫌弃袁世凯年老体衰,偷偷地同袁世凯的儿子通奸。这话竟传到了袁世凯耳中,袁世凯由此防范甚严,限制自己的几个儿子不许擅自进入姨太太们住的地方,即使侍从们如不是奉召,也不准迈进门槛一步,其时,翠媛已经有了身子。后来,蔡锷将军和唐继尧在云南起兵反袁,军情传到北京,袁世凯万分愤怒,竟亲手用刀杀死了翠媛和她所生的儿子。这是一怒之下,又想起了前此传说的翠媛同自己的儿子私通的事,在失去控制之下便做出了如此残忍的事情。

20.克定之妻

袁世凯的长子袁克定的妻子听说公公将实行帝制,自己要做皇帝,猜想东宫太子之位,必定属于自己的丈夫,于是夜郎自大,俨然以未来的太子妃的身份自居。平时,她除了对于丈夫袁克定还稍稍小心谨慎一些外,其余的凡是袁世凯的那些姨太太以及服役的婢女仆妇之类,无不以矜持的态度对待之,对她们说话非常沉稳老练,认为不这样便不足以为天下母亲做榜样。袁克定有个小妾叫红珠,原来是个戏子,瞧见正室夫人做出种种丑态,便忠告她不要如此,谁知她不但不听,反而喝令婢女用木棒把红珠打了一顿,打得遍体鳞伤,袁克定心痛了,责备夫人说:"你还没有居于皇妃之位,便如此作威作福,真是太不应该了。"夫人反唇相讥,两人吵成一锅粥,比唱戏还要热闹。

21.袁克定痛打小灵仙

袁克定平时最喜欢狎妓,一向同某胡同的妓女小灵仙往来密切。到父亲袁世凯实行帝制之后,克定同六君子、十三太保等每天忙于处理各种事情,无暇再去妓院厮混了,小灵仙怀疑克定把他疏远了,便又另找到了新欢。一天,小灵仙正在同一个富家子弟谑浪调笑,下流狎亵,不堪入目。恰恰在这时袁克定来了,看见其情形,不觉妒火中烧,上前抓住小灵仙的头发,使劲打她的耳光,并对她说:"我还准备那天给你一个贵人的位置,谁知你竟没有福气消受。"

22.兄弟相谋

袁世凯共有十六个儿子,而最爱第四子袁克端。袁克定非常嫉妒,私下里罗致了一些文人学士以及有武力敢拼命的勇士,把他们养在门下,衣食优厚,并给他好多钱,以便他日能效忠于自己。这样的食客,袁克定养了一百多人。

23.妓女请愿团

花元春是京师的名妓女之一,袁克定同她厮混。一次,袁克定对元春说:"有朝一日,我父亲登上了皇位,我便是太子,一定选你入宫做贵人。"花元春笑着答应了,因此开始叫袁克定大阿哥。当时,各省请愿团入京,上书劝袁世凯做皇帝,各界都有代表。杨度等人想让妓女也组成请愿团,加入请愿行列,以别具一格。因此,印制了无数传单,在各妓院中散发,称妓女们如果上书请愿,到袁世凯登基之后,必定会对她们有所敕封。于是,妓女们便也列名上书请求袁世凯称帝,名字排在最前面的是花元春,为的是她的名字吉祥。当时,幽默的人说袁世凯强奸民意下及妓女,袁克定听了笑着说:"大错特错,世上哪有强奸妓女的事呢?"

24.太子兵

袁世凯同梁士诒、杨度等人商议,拟在南苑操练一支军队,称为"皇帝兵"。袁克定为了同袁克端争一高低,也想招募一支军队,组成一个混成旅,起名"太子兵",但袁世凯坚决不同意,袁克定便对人讲他父亲专制,竟然专制到家庭中来了。

袁克定的儿子叫袁家融,年纪十一岁,仪表非凡,袁克定经常对妻妾们说:"家融这孩子龙璋凤姿,颇有帝王之相。我父亲是皇帝,驾崩之后,应该由长子继位,所以将来皇位一定是我的,我死后一定传位给家融。"因此,家人们都叫家融为"皇孙",而袁家融也以当然的皇孙自居了。

25.袁氏诸子

袁世凯的二儿子袁克文爱好文学,喜欢发表文章,系由袁世凯的二姨太所生。三儿子袁克良是张镇芳的女婿,在清华上学,考试老是优等,被派赴美国留学,是三姨太生的。四儿子袁克端,身材魁梧,皮肤白净,袁世凯最喜欢他,德国陆军学校毕业,也是三姨太生的。五儿子袁克权,天生资钝,爱好赌博,是六姨太洪姨太生的。六儿子袁克桓,喜欢绘图,测绘学校毕业,是四姨太生的。第七子袁克齐,钻研占卜星相等书籍,袁世凯要称帝,他推算了一番,便知道有凶无吉,大为不利,也是三姨太生的。第八姨太太叶氏生了三个女儿,两个儿子,儿子分别叫袁克轸,袁克玖,是袁世凯的第八、第九子。克轸无能,克玖相貌俊美,品质纯朴,黎黄陂把女儿嫁他为妻。第十子袁克坚,第十一子袁克安,第十二子袁克度,第十三子袁克相,第十四子袁克捷,第十五子袁克和,或者在家中的私塾中读书,或者才刚离襁褓,没有什么可记写的事迹。

26.袁氏诸女

袁世凯的长女名叫袁淑贤,是高丽姨太太生的,大有诗才,出口成章。二女儿名叫袁淑顺,是三姨太生的,贞洁朴素,没出嫁时,主持家政,无不井井有条。三女儿名袁淑婉,是叶氏生的,相貌秀美,风流自赏,不拘小节,出一千大洋,为母亲四十大寿时的筵席费。又召集女友,请来名士撰写寿序,然后求翁同龢书写,以便大增光彩。四女儿袁淑贞,四姨太所生,为人厚道,言语行动端庄,女红也不错,品德贞洁,许嫁杨度的儿子。袁世凯准备以公主的身份为她举办婚礼,不料还未举行,袁世凯便去世了,袁淑贞未能如愿以偿,真是既可怜又可笑。六女儿袁淑兰,为八姨太叶氏的掌上明珠。淑兰生下时两脚底有两颗红痣,袁世凯说这女孩将来必定大富贵,看相的人说将来能成为帝王之妃,袁世凯便把她许嫁给溥仪为妻,这样袁世凯便同溥仪有了翁婿关系,从而对她严加监督。订婚之时,淑兰年仅八岁,家人玩笑着对她说:"你的丈夫是已经退位的皇帝,你父亲是将要登基的皇帝,你是双料的贵人呀。"此外,淑缇、淑瑾、淑珍、淑梅、淑芸、淑玲、淑英等十一人,都是袁世凯的各个姨太太生的,因没有什么事迹可记,故从略。总计,袁世凯共有妻妾十六个,生儿子十五个,生女儿十四个,有孙子七个。

27.陆建章奏折

陆建章宠爱的妓女湘云,本是越西妓院中妓女,同袁世凯的十姨太忆秦楼有姐妹之谊。陆建章同湘云商议,让湘云进京,走忆秦楼的门子,让她向袁世凯推荐,为自己谋一位置。湘云当日启程赴京,不到一个月,陆建章便得到了陕西将军的职位。陆建章感激忆秦楼,每个月都用大宗的烟土报效她。到袁世凯筹备实行帝制之时,陆建章首先上表称臣劝进,又请秘书为湘云拟写了一篇给忆秦楼的奏稿,其中有皇姐臣妹的称谓。除奏稿以外,又献了许多珠宝钻翠宝物,总价值约十万金以上。忆秦楼得到这些物品之后秘而不宣,所以袁世凯死后,诸妻妾都私囊富有,但又以忆秦楼为首富。

28.白昼宣淫

袁世凯有一个怪癖,一贯喜欢白昼宣淫。他每到兴致勃勃、不可自制之时,便不拘何时,不论何地,也不论何人,只管行事。有时正在用餐或会客之时,如果兴致来了,即借故来到内室,只要看见一个妇女,便拉住强迫从事。因此之故,那些婢女仆妇,遭到他玷污的,不可胜计。事后,袁世凯则一定给遭凌辱的女人许多金钱,称之为"遮羞仪"。因此,袁世凯的儿媳妇以及侄女辈们,都对他存有戒心,并想出了一个良方,凡是袁世凯平时经过的地方,她们绝不敢轻易进入,唯恐他饥不择食,以致受到蹂躏。她们还特意穿上红裤以示区别,即使有时让袁世凯撞上了,也让他知道这不是自己下手的对象,于是望一眼便走了,不敢有染指的念头。婢仆中也有报定坚贞不屈主意的人,当袁世凯突然来到面前,欲加非礼时,坚决不从,不许他问鼎。这样的女子,纵然不至于丧命,也必将遭到袁世凯的鞭挞,立即被驱赶走,只因为逆抗了袁世凯的旨意。相传袁世凯的姨太太叶氏曾有一个丫鬟,长得特别漂亮,袁世凯早就对她垂涎三尺了,一天,竟以强迫的手段,欲加非礼,丫鬟不允许,大声呼喊,袁世凯恼羞成怒,使劲打她耳光,丫鬟含羞受辱,无地自容,便上吊自杀了。袁世凯告诫家人谁也不要外传此事,把丫鬟入殓,埋葬到郊外,谎称这丫鬟是突然得暴病死的。

29.裙下双钩

袁世凯爱好女色,更迷恋女性裙下面的两只小脚。他认为妇人女子,最让人动心的是那两只莲花纤足,如果是自然天足,便不免蠢俗,毫无所取。因此,袁世凯的许多姨太太,都是宵宵娘新月,潘妃莲花,纤纤小脚。所有的小妾中,脚最瘦削而又有棱角的当首推叶氏,因为叶氏是扬州人,而扬州女子缠足的样式又是天下第一。袁世凯得到叶氏之后,命令其他姨太太以叶氏的小脚为榜样,刻意缠足,使其变小,如有谁不遵命,立即便把她赶走。于是,谁也不敢违抗袁世凯的意旨,只好勉力从之。因此,由于缠足而得病的,十有五、六,以致根本无法行走,从床榻到门口,都要有人扶着。袁世凯监督考察她们的成绩,如果有人阳奉阴违,立即鞭打惩罚。到袁世凯将要称帝时,杨度等人建议,袁世凯登基后,每样事情都必须与前清的惯例不一样,袁世凯笑着说:"第一,我的后妃们,在体质上便同满人有不同之处。"杨度等人不解其意,都惊愕而不知说什么好,袁世凯继续说道:"爱新觉罗氏统治天下二百六十多年,其历代的后妃都是大脚,唯独我的眷属都是三寸金莲。"

30.入股分红

袁世凯改元洪宪的命令下达时,先命令设置称帝大典筹备处。起初,袁世凯尚且顾虑舆论的攻击,所以严格保守秘密,也不敢动用国库中的钱。由于筹备登基的经济力量不足,所以便由二姨太、三姨太发起,先由家庭内部捐款。袁世凯共有妻妾十六个,儿子十五个,女儿十四个,每人资助一万元,称为入股,凡出资者,待日后袁世凯登基后,各能得到优先的利益。家中拟先为袁世凯举行朝贺礼,苦无礼服,便派仆人去戏班子中借戏装,京师梨园,搜罗一空。部署完毕之后,家人一起涌到袁世凯的寝室,其时袁世凯还在梦乡中,众妾把他推醒,让他起来,大伙一一跪拜在地,齐声说道:"敬请圣驾升殿,接受臣妾的朝贺。"袁世凯见众人都穿着华美的袍服,全是古装式样,与时装大不相同,便知道是从戏班中借来的,便笑着对她们说:"你们如此恶作剧,这不等于让我登场扮演大花脸吗?"

31.于夫人不赏脸

袁世凯改元之后,曾设家宴庆贺,众后妃太子公主都参加。宴席中央,设有两个座位,一个袁世凯自己坐,一个空着,等待于夫人前来,其他眷属,都分坐两旁陪侍。酒过数巡,于夫人还没有到,袁世凯派人再来敦请,强让她前来入席,终于来了,但面带愁容,两眼泪汪汪的,入座后,突然对袁世凯大声喊叫起来。袁世凯气得咬牙切齿,愤恨难忍,准备痛打她一顿,多亏众嫔妃极力调解,方才没有酿成惨剧。这一晚上,全家不欢而散。

32.后院着火

袁世彤是袁世凯的堂兄,听说袁世凯改元,便起兵讨伐,并且宣布了袁世凯的二十四大罪状,河南都督张镇芳对他说:"您何必要在我管辖的地盘内起兵,让我左右为难呢?"于是,袁世彤便进入陕西,准备在此起兵讨伐,陕西都督陆建章抓获并杀了他。袁世传也是袁世凯的族弟,以修家谱为借口,将袁世凯的名字从家谱中除掉了,召来工匠刻板,印好后送发给亲戚朋友。袁世凯对众妃子和儿子们说:"老六用兵力革命,老七用文字革命,真是越闹越不像话了。"

33.对外称总统,对内称皇帝

自从改元的命令颁布以来,凡是公文案件,一律改用中华帝国洪宪元年字样,而驻京的各国公使,却总是把袁世凯送来的公文退回去,并且送来各国的劝告,限令袁世凯于十五日内答复。袁世凯特别忧虑,洪妃对他说:"质问由他质问,皇帝我自为之,不要去理他们,那些公使不至于因没得到答复而兴师问罪的。"袁世凯听了直摇头,说:"这不是正当的办法。"江妃即忆秦楼说:"对内称皇帝,对外称总统,等登基之后,再正式给各国元首送去国书,要他们承认,那些公使岂能反抗呢?"袁世凯听了拍手称妙,江妃谑笑道:"这是所谓双料头衔。"

34.隔墙有耳

赵连壁在财政部供职。一天,他核算账目,到晚上八点钟还没有离开办公室,其他人都已经走了。这时,电话铃突然响了,赵连壁急忙拿起听筒,问是何处打来的。这时,一个非常柔媚的声音回答道:"我是江妃宫中的嫔女,你是虞贵人(袁世凯的第十四姨太太)的住处吗?"赵连壁听到这里,知道是电话接错了(袁世凯住的新华宫中有电话百余部,袁世凯的眷属子女的房中都设有电话),不觉好奇心起,便回答道:"我就是虞贵人的仆人,姐姐有什么事情要吩咐,只管说。"紧接着又听到听筒中答道:"万岁爷刚才在江妃宫中用晚餐,吃完后说今晚留在这儿住,不上别处去了。江妃因江潮忽然来了,不便于承幸,已推荐虞贵人代替她,已经得到万岁爷的同意了。这会儿,万岁爷因杨小鬼(宫中称杨度为小鬼)有重要事情面陈,已出去见他了,过一会儿就会驾临虞贵人处,江妃命令我预先通知一下,让虞贵人早点做准备,以免临时仓促忙乱。"赵连壁连连答应,说:"承江妃及姐姐关照,我这就去告诉虞贵人。"听筒中又继续说道:"昨天虞贵人托江妃代制黄角蜂药(春药,清朝皇帝多用之,袁世凯也离不开此物),还没有配制完毕。今晚万岁爷宠幸虞贵人,急需这东西,不知虞贵人还有存余的没有?"赵连壁谎称:"没有了,怎么办呢?请姐姐给想一个变通办法吧。"马上听筒中笑着说道:"虞美人真是年轻不懂事,如今没有别的办法,只有向江妃商量,暂借一点用看行不行;姐姐您稍等一下,我去向江妃说一下。"不一会儿,又说道:"我刚才同江妃说了,江妃说这种药如各人怀中的秘宝,哪能轻易给别人呢?虞贵人如果急需此物,是可以通融的,但必须互相交换好处,她才能同意。否则，请向别的妃子借去。"赵连壁故意苦苦恳求，说："你所说的交换好处，究竟是指什么物品，姐姐试着说一下，虞贵人无不答应。"听筒内又说道："从前万岁爷送给虞贵人钻石戒指一枚，江妃特别喜欢，她如果把这戒指赠给江妃，那么黄角蜂药品，马上就可以送到。否则，不要责怪江妃悭吝。"听到这里，赵连壁笑不可忍，心想口头上慷他人之慨也未尝不可，于是应道："恭敬从命，就这样定了。"说毕，有人进来了，赵连壁只好放下听筒。赵连壁回到寓所后，心里还在想着此事，深深地为没有完全了解袁府之秘密而遗憾。这也是趣史一桩。

35.龟皇帝

袁世凯因筹划帝制，操劳过度，身体大衰，萎靡不振，医生让他每天吃龟肉，一百天后即可康复。袁世凯听从了医生的吩咐，但又害怕让别人讥笑，于是便不让厨师烹治，叮嘱妃子们每晚给他做龟肉吃，外面的报纸戏骂他为"龟皇帝"，袁世凯看见报纸，也无可奈何。

36.宫中赌局

袁世凯的宫中赌钱风气很盛，与清朝相比，要严重好几倍。袁世凯又生性挥霍，视钱财如粪土。他与人交往，专恃金钱，用钱来收买人心。对于妻妾子女们，只要有所求，他绝无吝啬。所以，众姨太太们饱食终日，无所事事，动不动就以赌博来消遣，各以所住之处做赌场，依次轮流作东道，袁世凯共有妃子十多人，每月每人可轮到两次。洪妃有一副牌，全是用羊脂玉做成的，镌刻极工，系出自京师著名画家宋小坡之手笔，其价值约在五千元以上。聚赌时，有的打麻将，有的打扑克，有的玩别的，喧嚣吵闹，而胜负数目之巨，尤其骇人听闻。一天，某妃子过生日，大伙集资办筵席为她祝寿，筵席完后入局开始打一圈输赢为五万元的麻将。听说这天洪妃竟输了两圈以上。因输的数目太大了，洪妃坚持要增加圈数，再打下去，以图东山再起，但别的妃子不同意，正相持不下之时，袁世凯恰好来了，原来已经到了他休息的时候了。袁世凯见洪妃悻悻不乐，忙问她因何缘故，知她赌输了，就笑着对她说："你今天赌运不佳，我替你重整旗鼓，以争取最后的胜利。袁世凯一定要众妃子同他赌，大伙不敢逆其旨，勉强服从。刚一交锋，袁世凯又大输，于是气得脸红脖子粗，嘴里骂个不停。原来，袁世凯性子特急，在赌博方面，向来品谊不纯，一不顺心，便做出这副模样，并不是爱惜金钱。继续打下去，袁世凯照样还是输，便扔下牌离开，让洪妃再次入局。这次赌，洪妃共输了十多万元，她坚决不承认，要袁世凯赔偿损失，袁世凯笑着如数给她了。

37.醉中加冕

袁世凯为自己筹备的称帝时所用的物品，无不穷极侈丽，而祭天和登基时的礼服，尤为壮观。衮冕用赤金线盘织而成，上面缀饰满明珠，每个宝珠都有指头那么大。冕的四周，垂以九旒，每旒上面系着十粒宝珠，冕檐上嵌着拇指大的东珠，又大又圆，光彩璀璨，其余如钻石之类，不可胜计，价值约在五十万元以上。据袁世凯的亲信说，这套制装，袁世凯共做了八十三天皇帝，仅仅穿戴过两次，第一次是冬至祭天之时，第二次是在除夕之日。袁世凯本来准备在民国五年的正月初一这天登基，恰好蔡锷、唐继尧先此几日在云南宣布独立，袁世凯大为扫兴，拟改期登位。谁知到时，贵州、广西又响应蔡、唐之举，也宣布独立，袁世凯怒不可遏，说：“我誓死扫清天下，然后再安然登位。”众妃子则认为登基之事何等重大，岂能一再改期，便要求在正月初一举行登基大典，袁世凯也用劝谕众大臣的话语劝谕她们。除夕之夜，袁世凯把于后、众妃子以及子女们召集起来，共聚一室，饮酒欢乐，称之为“合家欢筵席”。大家守岁坐等天亮，袁世凯则懊丧万状，郁郁寡欢。洪妃举酒相劝，袁世凯不忍拂她的好意，一饮而尽。其他妃子以及子女们也轮流把盏敬酒，袁世凯来者不拒，一一饮之，不一会儿，便醉倒了，伏在案子上睡着了。很快，天就要亮了，洪妃急忙把登基时用的冠冕、礼服取出来，吩咐其他妃子们快给袁世凯换上。袁世凯从醉梦中惊醒过来，问是怎么回事，洪妃谎称天气忽然寒冷了，所以为陛下穿皮大衣，然后扶入宫中就寝，袁世凯糊里糊涂地答应了。换装完毕后，袁世凯被扶进两人抬的小轿之中（袁世凯平时在宫中从不步行，一定要两人用轿抬着，因为他害怕走路），抬到太和殿,安放在座位上。这时,那些鼓动袁世凯实行帝制的功臣们早已肃立丹墀下面了,已恭候了许久。这时,袁世凯醒过来了,听见了三呼万岁的声音,急忙睁开睡眼看,只见众大臣们都跪拜在自己面前,再看一下自身,已换上了帝王的服装,心想真奇怪,怎么到了这里。然而,既然已经南面而坐了,大臣们又都北面而拜,这是无论如何也拒绝不了的,只有接受的份了。帝制被迫取消后,袁世凯命令将所制的冕旒衮裳一律保存好,但众妃子们把冠服上宝珠钻石偷摘下来,平均分配了。听说那颗最大的东珠,让洪妃拿走了。袁世凯死后,于夫人和袁克定检查这些东西,但统统都不翼而飞。

38.病入膏肓

袁世凯在少壮之时,除娶了许多妾外,又喜欢在妓院中鬼混,曾经染上了梅毒,深入骨髓,但因身强体壮,没有发作。到了晚年,身体衰弱,从前遗积在身上的病毒,全部发作了。刚开始发作时仅出现在下体部位,渐渐延及全身,头上以及眼耳口鼻之间,出现了无数猩红点,而嘴唇和舌头则浮肿了,口角不停地流涎水,浑身散发腥臭味,使人不敢近前去。而且,吃饭时无法咽下食物,即使用匙子灌,也难入口。姨太太叶氏可怜他如此痛苦,便亲自口对口地给他喂食,以免他饿死。这样一来,叶氏也染上了病毒,不久也卧病不起了。

39.叶氏获独赏

一天,袁世凯午睡起来,觉得腹痛难忍,如万箭攒刺一样,急忙让人扶他上厕所。刚蹲坐下,忽然觉得头眩耳鸣,很快就昏迷过去,竟掉到茅坑中了。侍从们赶紧把他救上来,已经是遍身屎尿,臭不可近了。众妃子见他这样,都捂着鼻子躲开了,只有第八妃子叶氏给他清洗,换上了干净衣裤。袁世凯抓住叶氏的手臂,长叹一声说道:"你平日虽沉默寡言,但能任劳任怨,毫不奸猾,今天我才知道了你的一片诚心。"从此,袁世凯每晚便住在叶氏的房间,同其他妃子都疏远了。

40.仆从遭殃

袁世凯生病时,肝火上升,仆人做事稍不称意,便骂不绝口,还不解气,便鞭抽棒打,如果碰上他怒火正旺时,竟把刀子都使上了。一天,袁世凯想喝稀粥,命令厨师去做。厨师因他急着要喝,仓促从事,以致稀粥中的米还稍微有些硬,煮的时间不足。袁世凯一喝,不觉大怒,把碗摔在地上,立即把厨师叫来,命令两三个侍从把他的衣服扒下,绑住手脚,取来木棒狠命笞打他的大腿和屁股,直打得血肉横飞,骨头都露出来了,还不停下来。厨师突然遭此毒打,不知犯了那条罪状,又不敢直接发话相问,只好不住地高呼冤枉。袁世凯听了越发恼火,喝道:"你把没煮熟的粥给我吃,是要害我的命吗?我非把你打死不可。"又对侍从们说:"没有把他打死之前,不要停下来。"侍从看见厨师的腿骨几乎要断了,已经昏迷不醒了,不忍心再打下去了,趁袁世凯同别人说话之机,便停下来不打了。袁世凯听不见了木肉相搏的声音,喝问道:"为什么不执行我的命令?"侍从们谎称:"他不出声了,大概已经死了。"袁世凯便让人验视,看厨师是否真的死了,这时厨师突然又呻吟起来了,袁世凯笑着对侍从说:"你为什么要这样哄骗我,难道受了他的贿赂吗?"立即叫来另一个侍从,把先头行刑的那个侍从当场斩于台阶之下,并且割下厨师的头,命令抬到郊外草草埋掉,其暴虐达到了如此的地步。袁世凯平时对于侍奉他的人,还算和气,现在一改过去,是一种反常,而反常则往往是不久于人世的征兆。不久,袁世凯便死了,果然应验了这点。

41.鲈鱼事件

一天,袁世凯特别想吃松江鲈鱼,命令厨师制作。鲈鱼本是南方出产,南北地隔千里,仓促之间如何能弄到呢?于是,厨师便请袁世凯给浙江将军朱瑞发电报,让他派专人采办并专程送往北京。朱瑞接受了袁世凯的命令,急忙派人购来鲈鱼,装入水桶之中,让副官某某连夜出发,经过上海、南京、转津浦线火车而北上,给袁世凯送鱼。鱼送到后,袁世凯命令厨师宰割烹调好,吃得津津有味,极力夸赞味道鲜美。但是,还没有用毕餐,肚子突然痛起来了,很快腹泻如注,延医吃药,折腾了一场,方才止住了。袁世凯见送来的鲈鱼味道不错,就没有一个人独享,分了一些给众姨太太以及子女们品尝,结果都腹痛下泻,同袁世凯一样。袁世凯觉得其中有异,便叫来医生检验,说是鱼中有毒。袁世凯怀疑是送鱼的副官受革命党人指使,偷偷地把毒药放在鱼中,企图谋害他的生命。于是,袁世凯一边电告朱瑞,一边拘捕了那副官,交到步军统领衙门执法处,严加审讯,动用了各种刑法,让他招供,但他坚决不承认。很快,得到了朱瑞的复电,说自己同副官相知有素,愿以身家性命担保,决不会暗害袁世凯的。袁世凯答应了朱瑞的请求,命令释放这副官返回浙江。后来,传说这个副官确实是一个革命党人,他的投效朱瑞,实际上是另有图谋,由于表面上装得极其老实谨慎,所以博得了朱瑞的信任。此次,他解送鲈鱼进京,偷偷地把毒药浸入水桶中,可惜药品被水稀释,毒性不甚强烈,所以没有能将袁世凯毒死。还有另一种传说,即副官专程给袁世凯送鱼时,有革命党人装扮成商人的模样,同他坐同一个车,乘他不注意之时,将毒药投入装鱼的水桶中,这个副官却毫无所知。这两种说法不知到底那种符合实际,所以一并记录于此。

42.分家产

袁世凯活着之时,日常支出的大权,全归洪妃一人掌管,所以洪妃的私囊较其他妃子要丰厚得多,蓄积有好几百万,全都存在某外国银行,事情做得很隐秘,只有袁克定稍微知道一些底细,其他人毫无所知。袁世凯去世之后,袁克定将全部财政权夺取过来了。袁克定一向知道洪妃平时非常跋扈,屡次在袁世凯面前说自己的短处,所以乘此机会报仇,剥夺了洪妃掌管财务的权力。洪妃心怀不满,便在众妃子中间进行挑拨,分别对她们说:"姐姐你知道有人想要把我们姐妹全部赶走吗?"众妃子听了无不惊愕,问洪妃说这话根据是什么,她便捏造了种种谣言,众人听了无不恐慌,都求洪妃给她们出主意。洪妃说:"没有别的好办法,只有提出同他分家产,这是上策。事不宜迟,如果再犹豫,恐怕老爷子留下来的积蓄,我们一点也得不到了。"众人都说:"对,是这样的。"她们都准

国学经典文库

中国古代野史

·洪宪野史·

图文珍藏版

备要同袁克定谈判,洪妃急忙拦住她们,对她们说:"和他吵吵嚷嚷,没什么用处。最好的办法是先当面同某大人说,或者能奏效。"第一天,恰好这位大人来了。洪妃把众妃子都叫到自己房里,又请来这位大人,告诉他袁克定多么不好,并提出了分家产的要求,这位大人有点不同意,说:"居丧期间不便分家产,你们等到日后再说吧。"洪妃又说:"过了这个机会,再想要分便不可能了,所以宁可冒犯,让人指说,也必须这么做,求老人家高抬贵手吧。"说毕,跪在地上哭开了。这位大人见此情形,心里实在不忍,想她也是有自个的不得已的苦衷,况且袁克定的为人,自己也清楚,勉强让他们共处下去,终非长远之计,倒不如趁此机会给他们把家产分了,一切问题都解决了。于是,便答应了。这位大人向袁克定稍微流露出分家产的意见,不料袁克定也有这个想法,一切便无须多言了。第二天,开始第一步骤,查验家产数目,合计现金约二千万。袁克定首先提出条件,说:"我们家人口众多,谁没有私房积蓄,应该把各人的私房都拿出来,放到公有的家产中去,然后平均分配,这样就不会有偏多偏少的弊病。"洪妃,周妃首先反对,说:"个人的私蓄,是当时从每月应得的月钱中积累下来的,至于珍贵饰物,或者是老爷子所赏的,或者是自己置办的,似乎不应该同共同财产相提并论。"袁克定马上又想出一个主意,让人把各个妃子都叫来,用话语诱引她们:"如果仅用二千万共有财产来分,每人所得不太多,要知道洪、周二妃的私产,都超过了共有财产的一半。"众妃子说:"她们两人岂肯把自己的私蓄拿出来呢?"袁克定笑着说:"我明天当众宣布,她们如果不答应,就率领仆人直接到各人的屋中去搜查,不就解决问题了吗?"众妃子都回去了,都把自己的私蓄寄放在别处,只留下一些不怎么贵重的物品,以及一些数目不大的钱款,以备检查。第二天,袁克定又把众人叫到一起,提议这件事,洪、周二妃仍坚持原先的态度,说实在没有多少积蓄。袁克定说:"不许你们二人分辩。"便命令心腹进入各妃子的屋里,翻箱倒柜,一有所得,便编上号码,登记上册,虽然一点也不遗漏,但各个妃子的私产,也仅仅抵得上一个中等人家的财产。只有洪妃最富,计有银行存单四百多万元,现金以及纸币五、六十万元,珠钻金翠等首饰约值几十万元,而衣物尚不在此数目内。周妃的私蓄,总计也有三百万元之多。袁克定笑着对洪、周二妃说:"把你们每月应得之钱,以及我父亲平时给你们的全部加起来,哪能有这么大的数目呢?你们不是侵吞全家的钱财,怎么能有这么多呢?"

袁克定计算了一下,家中原有的公产同洪、周二妃的私蓄,合起来约在三千万元上下。他说:"我是长子,又是正房生的,按理应该独得财产的一半,剩余下的和洪、周二妃的私蓄合在一起,按人分配。"众妃子因袁克定所得过多,都不同意,争执了十多日。袁克定扬言:"我就是一点也不分给你们,你们又能把我怎么样呢?"众妃子害怕了他,只好同意了。听说各个妃子所分到的钱财,少的不过十几万,最多的也不超过一百万。洪、周二妃各人仅分到六十万元,和她们原有的私蓄相比,仅占十分之一。她们闹分家产,真是太不值得了,也太让人觉得可怜了。

43.树倒猢狲散

从分家产之日起,袁府便不在一起吃饭了,众妃子在各自住处的空房中,或砌砖灶,或安上铁炉子,又是买米,又是运煤,忙忙碌碌,分开过日子了。每天早晨,必定有几十个男女仆人,各自携带着大竹篮或小提篮,到市场上去购买蔬菜。中午时分,如果站在三海或宫墙上观看,便可以看到故宫中一股股的炊烟袅袅升空。让人忘了这是宫禁森严的地方,而怀疑是否来到了乡村。众妃子各自开火做饭,彼此之间断绝了交际往来,即使平时感情很不错的,现在也不来往了,只有每天祭供袁世凯之时或许能见一面,但互相说说话,不是你诉说钱不够花用,便是她诉说手头已经无法开支了。而看她们的神情,又特别像大富翁害怕别人向他借钱,先用自己也穷得揭不开锅了的话阻止向他开口借贷。开头,在袁世凯的忌日或逢七之时,众妃子还都自解悭囊,购置纸箔锞锭香烛等物品,亲自到袁世凯的灵前烧拜,以表达哀思。分家产之后,所有的祭品,不约而同都停止了,婢仆们觉得很奇怪,便问其缘故,众妃子说:"现在我们所得到的财产,数目少得可怜,即使节衣缩食,也无法度日,以后的日子还长着呢,活着的人钱都不够用,还哪有多余的钱顾及死者呢?"

44.克定拍卖宝座

袁克定分家产时攫取了大宗财产,又搜罗袁世凯为称帝而备办的物品,凡属贵重之物,一律变卖,换成金钱,其中以檀香宝座的价格最高昂。相传这个宝座本来是袁世凯准备在登基时用,系全部用千年老檀香木雕制成的,样式是龙形,龙头则安放在座背上,张着如盆大口,龙舌是用珊瑚石做的,龙牙是用白玉做的,又用金丝穿钻石为龙须,两只眼睛中嵌着指头般大的明珠,珠的四周,又镶着钻石,五光璀璨,光彩射人,不可近处观看。龙的浑身鳞甲闪烁,鳞甲之间,都嵌入金丝,不时地闪现出黄颜色来,宝光灼灼。龙的五爪盘绕在座腿上,构想精巧,妙夺天工,毫无牵强之感,是登基大典筹备处处长袁乃宽所经办的,价值约六十万元,可谓奢侈到了极点,只可惜袁世凯一次也没有用过。帝制取消之后,袁世凯命令袁克定保存这个宝座。袁世凯死后,龙座归袁克定所有,他想高价出卖,恰好有某国的一个富商来华,想不惜巨款,购买中国的奇异宝物,运往美洲巴拿马,在博览会上展出。他听说袁克定有这么一件珍品,即请一个人介绍,来到袁府。见到宝座,外国商人大为惊叹,说从未见过这样的稀世珍品,问要卖多少钱,袁克定要价八十万元,洋商人如数付给,说:"我不是认为座子上镶嵌有珠钻宝贵,而是因为它是袁皇帝所用的东西。博览会结束后,我要把它放在博物院中,成为一件特殊的陈列品。"

45.诸妃云散

袁克定修整家规,亲自制定了八条规章,众妃子一起反对,说这是束缚她们的自由。袁克定对她们说:"我决不会改变家法的,你们如不愿服从,自己想自己的办法可以吗?"众妃子问:"你是什么意思?"袁克定说:"你们或去或留,我不强迫。"洪妃对众人说赞成离去的站在屋子的东边了,不愿走的站到西边,话刚一说完,多数人站到东边去了,愿意走的人有何氏、柳氏、洪氏、范氏、贵儿、大小尹妃、周氏等八人,愿意留下来的只有黄氏、叶氏、翠媛、汪氏几人。袁克定对要走的八个人说:"你们准备到哪去呢?"又告诉她们:"袁家的门第,我父亲的名誉,以及你们的操守,这三者要特别注意,不要留下污点让别人笑话。"众妃子应声说道:"这事你不要过于操心。"于是,各人打点行装,收拾财产,准备妥当后,便带着子女离开了。

何妃还有一个老母亲,一向住在天津。于是,她就带着儿子以及媳妇,从彰德当日北上,到天津后,在日本租界赁了一所高大的洋房住下来,门口高高地悬挂着一块黑字蓝牌,上面写着"袁第"的字样。平时,奴婢在前,仆人在后。何妃之子经常带着漂亮的婢女乘着摩托车出去游玩,剧场、餐馆,到处都有他的身影。

柳妃本来是天津侯家垢韩家班的妓女,是袁世凯的干儿子送给干爸爸的。她同何妃一起到了天津,投靠了袁世凯的干儿子。柳妃分到的财产,约有六十万元,她托袁的干儿子替自己存在银行。恰好袁的干儿子正同几个同伙在河北大桥筹办一个大银楼,正在招收股东,他劝柳妃合资,说利息比银行高出一倍,柳妃答应了。从此,两人来往越加密切了,人们把他们比成是范蠡带着西施游湖。

洪妃一生诡谲诈虞,没有人不骂她。她带着不务正业的儿子,想投靠洪述祖住下来。但是,因洪述祖是宋教仁一案的嫌疑者,他匿居在东三省,踪迹不定。所以,洪妃便由彰德赴汉口,住在华景街庆安里,并改换了姓名。不料,住在这里的第七师团原系袁世凯所害,黎元洪撤换了他们。军队在开拔前一夕,大肆奸淫掳掠,洪妃亦在殃及池鱼之列。她被军士们捆绑住,正要施以奸污之时,洪妃知道难以逃脱了,便大声喊叫:"我是袁皇帝的第六妃子。"有一个军官命令给她松了绑,洪妃乞求不要侵害她的财产,军官却说:"这个恐怕不可能。"所幸银行的存单放在身上,没有被抢去,其他财物被一抢而空,财产损失了十分之五、六。洪妃遭此不幸,但又不敢告诉别人,只有暗中悔恨不绝。

范妃名叫凤儿,只有兄嫂可以投靠。她哥哥正同朋友在开封开办一个火柴工厂,由于经营不好,负债累累,想要停办。恰好妹妹回来了,便向她借了三万元,工厂才得以继续办下去,并恢复了原来的规模。凤儿没有生儿子,只生了一个女儿。她临走时,袁克定念她是自己奶妈的女儿,特意给她一万元做路费,并且派人护送到开封。

大小尹妃是姐妹俩,她们一向喜爱杭州西湖风景,因此便从彰德来到浙江省。但是,住下不几月,大尹妃便得了传染病突然死了。小尹妃因孤身一人,且儿子还年幼,不便久留异乡,便护送姐姐的灵柩,带着两个儿子返回北方。恰好袁克定这

图文珍藏版

时到上海，便带着她们回到彰德。从此，小尹妃依袁克定而居，一直到老。

贵儿是盛杏荪送给袁世凯的，当初是用她来假充桂儿的（见前）。现在，贵儿同周妃一起来到上海，住在静安寺路民厚南里。闲暇之时，贵儿便来到盛杏荪府上同桂儿见面，下棋玩牌，饮酒赏花。或者同周妃一起开车出去，出入于剧馆戏场之间，衣饰华丽，在上海妇女中是独一份的。一天晚上，上海的一个大戏院请梅兰芳来沪演出，场中坐满了人，忽然见两个华丽的女人携手翩翩而至，无不风采动人。她们脖子带的项链，一个是钻石的，一个是明珠的。而身上的穿着，在电灯光下，熠熠生辉，耀人眼目。全场的观众，无不注意。多方打听，才知道她们是袁世凯皇帝的宠妃。后来，每逢她们两人出门，必定有许多青年跟在后面，上海俗话称之为"钉梢"。

周妃也寓居在静安寺路民厚里，同贵儿比邻而住，互相来往，异常亲密。不久因为某种缘故，断绝了往来。贵儿经常同盛杏荪府上的桂儿一起玩游，周妃则同上海女学界交往。一天，爱俪园开筹赈大会，遍请住在上海的绅士、商人以及官宦人家的眷属入场参观，周妃慷慨解囊，捐款两万，在场的士女无不注意她，一了解，方知她曾是洪宪皇帝的宠妃，于是争相上前表示钦慕之情。有一个清朝遗老的如夫人同周妃结为干姐妹，周妃曾用四千五百元买了一枚钻石戒指作为赠礼，可见她开支之浩繁。听说她分到财产，已经用去十分之三、四了。

此外袁世凯的儿子，各随其母亲离去。只有袁克文纯粹是名士风度，蔡锷死后，袁克文赠送了一副挽联，写道："军人模范，国民模范，自由精神共和精神。"有人问他："你父亲到手的皇位，推翻于姓蔡的之手。但是，你现在用这么一副对联挽蔡，将置令尊于何处呢？"袁克文笑着回答："就私情而论，蔡锷是我的仇人；现在我这么做，是服从公理呀。"可见其旷达之程度。

特别提示：

本书在编写过程中，参阅和使用了一些报刊、著述和图片。由于联系上的困难，和部分作品的作者（或译者）未能取得联系，对此谨致深深的歉意。敬请原作者（或译者）见到本书后，及时与本书编者联系，以便我们按照国家有关规定支付稿酬并赠送样书。

联系电话：010-80776121　联系人：马老师